CÓDIGO PENAL MILITAR
CÓDIGO DE PROCESSO PENAL MILITAR

Constituição Federal • Legislação

2 0 1 3

Atualização gratuita na internet: **www.editorarideel.com.br**
As atualizações de 2012 encontram-se destacadas em negrito e itálico

CÓDIGO PENAL MILITAR
CÓDIGO DE PROCESSO PENAL MILITAR

Constituição Federal • Legislação

Organização **Ricardo Vergueiro Figueiredo**

2 0 1 3

11ª EDIÇÃO

Expediente

Presidente e Editor	Italo Amadio
Diretora Editorial	Katia F. Amadio
Equipe Técnica	Flavia G. Falcão de Oliveira
	Marcella Pâmela da Costa Silva
Projeto Gráfico	Sergio A. Pereira
Diagramação	Sheila Fahl/Projeto e Imagem
Produção Gráfica	Hélio Ramos
Impressão	RR Donnelley

Dados Internacionais de Catalogação na Publicação (CIP)
Angélica Ilacqua CRB-8/7057

Brasil
 [Código penal militar]
  Código penal militar : Código de processo penal militar / Ricardo Vergueiro Figueiredo, organização. – 11. ed. – São Paulo : Rideel, 2013. – (Coleção de leis Rideel. Série compacta)

 Inclui: Constituição Federal e Legislação.
 ISBN 978-85-339-2367-6

 1. Direito militar – Legislação – Brasil 2. Processo penal – Legislação – Brasil
I. Figueiredo, Ricardo Vergueiro. II. Título. III. Série.

12-0383   CDU-344.1(81)(094.4)

Índice para catálogo sistemático:
1. Brasil : Código penal militar

Edição Atualizada até 11-1-2013

© Copyright - Todos os direitos reservados à

Av. Casa Verde, 455 – Casa Verde
CEP 02519-000 – São Paulo – SP
e-mail: sac@rideel.com.br
www.editorarideel.com.br
www.juridicorideel.com.br

Proibida qualquer reprodução, mecânica ou eletrônica,
total ou parcial, sem prévia permissão por escrito do editor.

1 3 5 7 9 8 6 4 2
0 1 1 3

Índice Geral da Obra

Apresentação... VII

Lista de Abreviaturas.. IX

Índice Cronológico da Legislação por Tipo de Ato Normativo....................................... XI

Constituição Federal

Índice Sistemático da Constituição da República Federativa do Brasil.............................. 3
Constituição da República Federativa do Brasil.. 7
Ato das Disposições Constitucionais Transitórias.. 106
Índice Alfabético-Remissivo da Constituição da República Federativa do Brasil
e de suas Disposições Transitórias... 125

Código Penal Militar

Índice Sistemático do Código Penal Militar... 153
Exposição de Motivos do Código Penal Militar... 157
Código Penal Militar... 161
Índice Alfabético-Remissivo do Código Penal Militar.. 207

Código de Processo Penal Militar

Índice Sistemático do Código de Processo Penal Militar... 223
Exposição de Motivos do Código de Processo Penal Militar... 227
Código de Processo Penal Militar... 233
Índice Alfabético-Remissivo do Código de Processo Penal Militar.................................. 307

Lei de Introdução às normas do Direito Brasileiro.. 323

Legislação Complementar.. 327

Súmulas

Vinculantes do Supremo Tribunal Federal.. 645
Supremo Tribunal Federal.. 647
Tribunal Federal de Recursos... 651
Superior Tribunal de Justiça... 651
Superior Tribunal Militar.. 655

**Índice por Assuntos da Legislação Complementar ao Código Penal Militar,
Código de Processo Penal Militar e Súmulas**... 659

Apresentação

A Editora Rideel, reconhecida no mercado editorial pela excelência de suas publicações, oferece, em 2013, a nova Série Compacta.

Esta série contém 16 títulos:

- Constituição Federal
- Código Civil
- Código de Processo Civil
- Código Penal
- Código de Processo Penal
- Código Penal Militar e Código de Processo Penal Militar
- Código Comercial (contendo os Livros I a III do Código Civil de 2002)
- Código de Defesa do Consumidor
- Código Tributário Nacional
- Código Eleitoral
- Código de Trânsito Brasileiro
- Consolidação das Leis do Trabalho
- Legislação de Direito Previdenciário
- Legislação de Direito Administrativo
- Legislação de Direito Ambiental
- Legislação de Direito Internacional

A edição 2013 traz seu conteúdo rigorosamente revisto e atualizado, e mantém cada título organizado por conceituados nomes do cenário jurídico, preservando a tradicional qualidade Rideel.

Seu formato e projeto gráfico conjugam praticidade e comodidade e os diversos facilitadores de consulta continuam sendo um diferencial da obra, apreciados pelos profissionais, professores e acadêmicos do Direito, a saber:

- Índice Cronológico Geral, contendo todos os diplomas legais publicados na obra
- Notas remissivas a outros artigos, diplomas legais e súmulas
- Índices Sistemático e Alfabético-Remissivo para cada Código
- Índices por assuntos da legislação extravagante
- Atualizações de 2012 em destaque e apontamento especial para todas as novas normas inseridas no produto
- Tarjas laterais identificativas
- Indicação do número dos artigos no cabeçalho dos Códigos e do número das leis no cabeçalho da legislação

Todos os diplomas legais estão rigorosamente atualizados, e a Rideel oferece, gratuitamente, as atualizações publicadas até 31 de outubro de 2013, em seu *site* www.editorarideel.com.br, disponíveis para *download* até 31 de dezembro de 2013.

Esta Editora, sempre empenhada em oferecer o melhor, continua seguindo seus objetivos de constante aprimoramento e atualização, mantendo-se sempre receptiva às críticas e sugestões pelo *e-mail*: sac@rideel.com.br.

O Editor

Lista de Abreviaturas Utilizadas nas Notas

ADCT	Ato das Disposições Constitucionais Transitórias	LC	Lei Complementar
ADECON	Ação Declaratória de Constitucionalidade	LCP	Lei das Contravenções Penais
		LEP	Lei de Execução Penal
ADIN	Ação Direta de Inconstitucionalidade	LICC	Lei de Introdução ao Código Civil, cuja ementa foi alterada para Lei de Introdução às normas do Direito Brasileiro pela Lei nº 12.376, de 30-12-2010.
Art.	Artigo		
Arts.	Artigos		
CADE	Conselho Administrativo de Defesa Econômica		
		MP	Medida Provisória
c/c	combinado com	MPAS	Ministério da Previdência e Assistência Social
CC/1916	Código Civil de 1916		
CC/2002	Código Civil de 2002	MTE	Ministério do Trabalho e Emprego
CCom.	Código Comercial	OAB	Ordem dos Advogados do Brasil
CDC	Código de Defesa do Consumidor	OIT	Organização Internacional do Trabalho
CE	Código Eleitoral		
CEF	Caixa Econômica Federal	OJ	Orientação Jurisprudencial
CF	Constituição Federal de 1988	Port.	Portaria
CGJT	Corregedoria-Geral da Justiça do Trabalho	REFIS	Programa de Recuperação Fiscal
		REPORTO	Regime Tributário para Incentivo à Modernização e à Ampliação da Estrutura Portuária
CLT	Consolidação das Leis do Trabalho		
CONAMA	Conselho Nacional do Meio Ambiente		
		Res.	Resolução
CONTRAN	Conselho Nacional de Trânsito	Res. Adm.	Resolução Administrativa
CP	Código Penal	Res. Norm.	Resolução Normativa
CPM	Código Penal Militar	RFB	Secretaria da Receita Federal do Brasil
CPP	Código de Processo Penal		
CPPM	Código de Processo Penal Militar	RISTF	Regimento Interno do Supremo Tribunal Federal
CTB	Código de Trânsito Brasileiro	RISTJ	Regimento Interno do Superior Tribunal de Justiça
CTN	Código Tributário Nacional	SDC	Seção de Dissídios Coletivos
CTVV	Convenção de Viena sobre Trânsito Viário	SDE	Secretaria de Direito Econômico
		SDI	Seção de Dissídios Individuais
CVM	Comissão de Valores Mobiliários	SEAE	Secretaria de Acompanhamento Econômico
Dec.	Decreto		
Dec.-lei	Decreto-lei	SECEX	Secretaria de Comércio Exterior
Del.	Deliberação	SIT	Secretaria de Inspeção do Trabalho
DENATRAN	Departamento Nacional de Trânsito	SRT	Secretaria de Relações do Trabalho
DSST	Departamento de Segurança e Saúde no Trabalho	STF	Supremo Tribunal Federal
		STJ	Superior Tribunal de Justiça
DOU	Diário Oficial da União	STM	Superior Tribunal Militar
EC	Emenda Constitucional	Súm.	Súmula
ECA	Estatuto da Criança e do Adolescente	TDA	Títulos da Dívida Agrária
ECR	Emenda Constitucional de Revisão	TFR	Tribunal Federal de Recursos
ER	Emenda Regimental	TJ	Tribunal de Justiça
FAT	Fundo de Amparo ao Trabalhador	TRF	Tribunal Regional Federal
FGTS	Fundo de Garantia do Tempo de Serviço	TRT	Tribunal Regional do Trabalho
		TSE	Tribunal Superior Eleitoral
IN	Instrução Normativa	TST	Tribunal Superior do Trabalho

Índice Cronológico da Legislação por Tipo de Ato Normativo

Leis Complementares

- 75, de 20 de maio de 1993 – Dispõe sobre a organização, as atribuições e o estatuto do Ministério Público da União (Excertos) 490
- 97, de 9 de junho de 1999 – Dispõe sobre as normas gerais para a organização, o preparo e o emprego das Forças Armadas 531

Decretos-Leis

- 4.657, de 4 de setembro de 1942 – Lei de Introdução às normas do Direito Brasileiro 323
- 1.001, de 21 de outubro de 1969 – Código Penal Militar 161
- 1.002, de 21 de outubro de 1969 – Código de Processo Penal Militar 233

Leis

- 4.375, de 17 de agosto de 1964 – Lei do Serviço Militar 327
- 4.898, de 9 de dezembro de 1965 – Regula o direito de representação e o processo de responsabilidade administrativa civil e penal, nos casos de abuso de autoridade 335
- 5.836, de 5 de dezembro de 1972 – Dispõe sobre o Conselho de Justificação, e dá outras providências 374
- 6.880, de 9 de dezembro de 1980 – Dispõe sobre o Estatuto dos Militares 387
- 7.170, de 14 de dezembro de 1983 – Define os crimes contra a segurança nacional, a ordem política e social, estabelece seu processo e julgamento e dá outras providências 416
- 7.210, de 11 de julho de 1984 – Institui a Lei de Execução Penal 432
- 7.524, de 17 de julho de 1986 – Dispõe sobre a manifestação, por militar inativo, de pensamento e opinião políticos ou filosóficos 451
- 7.565, de 19 de dezembro de 1986 – Dispõe sobre o Código Brasileiro de Aeronáutica (Excertos) 451
- 7.960, de 21 de dezembro de 1989 – Dispõe sobre prisão temporária 452
- 8.072, de 25 de julho de 1990 – Dispõe sobre os crimes hediondos, nos termos do artigo 5º, inciso XLIII, da Constituição Federal, e determina outras providências 453
- 8.239, de 4 de outubro de 1991 – Regulamenta o art. 143, §§ 1º e 2º, da Constituição Federal, que dispõe sobre a prestação de Serviço Alternativo ao Serviço Militar Obrigatório 455
- 8.457, de 4 de setembro de 1992 – Organiza a Justiça Militar da União e regula o funcionamento de seus Serviços Auxiliares 455
- 8.625, de 12 de fevereiro de 1993 – Institui a Lei Orgânica Nacional do Ministério Público, dispõe sobre normas gerais para a organização do Ministério Público dos Estados e dá outras providências 479
- 8.906, de 4 de julho de 1994 – Dispõe sobre o Estatuto da Advocacia e a Ordem dos Advogados do Brasil – OAB 499
- 9.034, de 3 de maio de 1995 – Dispõe sobre a utilização de meios operacionais para a prevenção e repressão de ações praticadas por organizações criminosas 517
- 9.051, de 18 de maio de 1995 – Dispõe sobre a expedição de certidões para a defesa de direitos e esclarecimentos de situações 518
- 9.099, de 26 de setembro de 1995 – Dispõe sobre os Juizados Especiais Cíveis e Criminais e dá outras providências (Excertos) 518
- 9.296, de 24 de julho de 1996 – Regulamenta o inciso XII, parte final, do artigo 5º da Constituição Federal 522
- 9.455, de 7 de abril de 1997 – Define os crimes de tortura e dá outras providências 523
- 9.507, de 12 de novembro de 1997 – Regula o direito de acesso a informações e disciplina o rito processual do habeas data 523
- 9.613, de 3 de março de 1998 – Dispõe sobre os crimes de "lavagem" ou ocultação de bens, direitos e valores; a prevenção da utilização do sistema financeiro para os ilícitos previstos nesta Lei; cria o Conselho de Controle de Atividades Financeiras – COAF, e dá outras providências 525
- 9.800, de 26 de maio de 1999 – Permite às partes a utilização de sistema de transmissão de dados para a prática de atos processuais 531

- 9.807, de 13 de julho de 1999 – Estabelece normas para a organização e a manutenção de programas especiais de proteção a vítimas e a testemunhas ameaçadas, institui o Programa Federal de Assistência a Vítimas e a Testemunhas Ameaçadas e dispõe sobre a proteção de acusados ou condenados que tenham voluntariamente prestado efetiva colaboração à investigação policial e ao processo criminal.. 535

- 10.259, de 12 de julho de 2001 – Dispõe sobre a instituição dos Juizados Especiais Cíveis e Criminais no âmbito da Justiça Federal 538

- 10.826, de 22 de dezembro de 2003 – Dispõe sobre registro, posse e comercialização de armas de fogo e munição, sobre o Sistema Nacional de Armas – SINARM, define crimes e dá outras providências................... 592

- 11.343, de 23 de agosto de 2006 – Institui o Sistema Nacional de Políticas Públicas sobre Drogas – SISNAD; prescreve medidas para prevenção do uso indevido, atenção e reinserção social de usuários e dependentes de drogas; estabelece normas para repressão à produção não autorizada e ao tráfico ilícito de drogas; define crimes e dá outras providências.. 611

- 11.417, de 19 de dezembro de 2006 – Regulamenta o art. 103-A da Constituição Federal e altera a Lei nº 9.784, de 29 de janeiro de 1999, disciplinando a edição, a revisão e o cancelamento de enunciado de súmula vinculante pelo Supremo Tribunal Federal, e dá outras providências.. 622

- 11.419, de 19 de dezembro de 2006 – Dispõe sobre a informatização do processo judicial; altera a Lei nº 5.869, de 11 de janeiro de 1973 – Código de Processo Civil; e dá outras providências... 623

- 11.473, de 10 de maio de 2007 – Dispõe sobre cooperação federativa no âmbito da segurança pública e revoga a Lei nº 10.277, de 10 de setembro de 2001 626

- 11.631, de 27 de dezembro de 2007 – Dispõe sobre a Mobilização Nacional e cria o Sistema Nacional de Mobilização – SINAMOB. 627

- 11.705, de 19 junho de 2008 – Altera a Lei nº 9.503, de 23 de setembro de 1997, que "institui o Código de Trânsito Brasileiro", e a Lei nº 9.294, de 15 de julho de 1996, que dispõe sobre as restrições ao uso e à propaganda de produtos fumígeros, bebidas alcoólicas, medicamentos, terapias e defensivos agrícolas, nos termos do § 4º do art. 220 da Constituição Federal, para inibir o consumo de bebida alcoólica por condutor de veículo automotor, e dá outras providências 628

- 11.971, de 6 de julho de 2009 – Dispõe sobre as certidões expedidas pelos Ofícios do Registro de Distribuição e Distribuidores Judiciais.. 629

- 12.016, de 7 de agosto de 2009 – Disciplina o mandado de segurança individual e coletivo e dá outras providências 630

- 12.030, de 17 de setembro de 2009 – Dispõe sobre as perícias oficiais e dá outras providências................... 633

- 12.037, de 1º de outubro de 2009 – Dispõe sobre a identificação criminal do civilmente identificado, regulamentando o art. 5º, inciso LVIII, da Constituição Federal.. 633

- 12.663, de 5 de junho de 2012 – Dispõe sobre as medidas relativas à Copa das Confederações FIFA 2013, à Copa do Mundo FIFA 2014 e à Jornada Mundial da Juventude – 2013, que serão realizadas no Brasil; altera as Leis nºs 6.815, de 19 de agosto de 1980, e 10.671, de 15 de maio de 2003; e estabelece concessão de prêmio e de auxílio especial mensal aos jogadores das seleções campeãs do mundo em 1958, 1962 e 1970 (Excertos) ... 635

- 12.694, de 24 de julho de 2012 – Dispõe sobre o processo e o julgamento colegiado em primeiro grau de jurisdição de crimes praticados por organizações criminosas; altera o Decreto-Lei nº 2.848, de 7 de dezembro de 1940 – Código Penal, o Decreto-Lei nº 3.689, de 3 de outubro de 1941 – Código de Processo Penal, e as Leis nºs 9.503, de 23 de setembro de 1997 – Código de Trânsito Brasileiro, e 10.826, de 22 de dezembro de 2003; e dá outras providências.. 639

- 12.714, de 14 de setembro de 2012 – Dispõe sobre o sistema de acompanhamento da execução das penas, da prisão cautelar e da medida de segurança... 640

- 12.735, de 30 de novembro de 2012 – Altera o Decreto-Lei nº 2.848, de 7 de dezembro de 1940 – Código Penal, o Decreto-Lei nº 1.001, de 21 de outubro de 1969 – Código Penal Militar, e a Lei nº 7.716, de 5 de janeiro de 1989, para tipificar condutas realizadas mediante uso de sistema eletrônico, digital ou similares, que sejam praticadas contra sistemas informatizados e similares; e dá outras providências.. 641

Decretos

- 57.654, de 20 de janeiro de 1966 – Regulamenta a Lei do Serviço Militar (Lei nº 4.375, de 17 de agosto de 1964), retificada pela Lei nº 4.754, de 18 de agosto de 1965 338

- 71.500, de 5 de dezembro de 1972 – Dispõe sobre o Conselho de Disciplina, e dá outras providências 376

- 76.322, de 22 de setembro de 1975 – Aprova o Regulamento Disciplinar da Aeronáutica (RDAER)................. 378

- 88.545, de 26 de julho de 1983 – Aprova o Regulamento Disciplinar para a Marinha e dá outras providências.. 409

- 678, de 6 de novembro de 1992 – Promulga a Convenção Americana sobre Direitos Humanos (Pacto de São José da Costa Rica), de 22 de novembro de 1969 468

- 983, de 12 de novembro de 1993 – Dispõe sobre a colaboração dos órgãos e entidades da Administração Pública Federal com o Ministério Público Federal na repressão a todas as formas de improbidade administrativa 499
- 3.897, de 24 de agosto de 2001 – Fixa as diretrizes para o emprego das Forças Armadas na garantia da lei e da ordem, e dá outras providências... 540
- 4.346, de 26 de agosto de 2002 – Aprova o Regulamento Disciplinar do Exército (R-4) e dá outras providências... 541
- 4.388, de 25 de setembro de 2002 – Promulga o Estatuto de Roma do Tribunal Penal Internacional............... 556
- 5.123, de 1º de julho de 2004 – Regulamenta a Lei nº 10.826, de 22 de dezembro de 2003, que dispõe sobre registro, posse e comercialização de armas de fogo e munição, sobre o Sistema Nacional de Armas – SINARM e define crimes 598
- 5.289, de 29 de novembro de 2004 – Disciplina a organização e o funcionamento da Administração Pública Federal, para desenvolvimento do programa de cooperação federativa denominado Força Nacional de Segurança Pública, e dá outras providências.. 609
- 5.912, de 27 de setembro de 2006 – Regulamenta a Lei nº 11.343, de 23 de agosto de 2006, que trata das políticas públicas sobre drogas e da instituição do Sistema Nacional de Políticas Públicas sobre Drogas – SISNAD, e dá outras providências 619
- 7.627, de 24 de novembro de 2011 – Regulamenta a monitoração eletrônica de pessoas prevista no Decreto-Lei nº 3.689, de 3 de outubro de 1941 – Código de Processo Penal, e na Lei nº 7.210, de 11 de julho de 1984 – Lei de Execução Penal 634

Código de Ética e Disciplina da OAB.. 512

Exposições de Motivos

- do Código Penal Militar... 157
- do Código de Processo Penal Militar 227
- 213, de 9 de maio de 1983 – Da Lei de Execução Penal – LEP 419

Constituição Federal

Índice Sistemático da Constituição da República Federativa do Brasil

PREÂMBULO

TÍTULO I
DOS PRINCÍPIOS FUNDAMENTAIS

Arts. 1º a 4º 7

TÍTULO II
DOS DIREITOS E GARANTIAS FUNDAMENTAIS

Arts. 5º a 17 8
   Capítulo I – Dos direitos e deveres individuais e coletivos – art. 5º 8
   Capítulo II – Dos direitos sociais – arts. 6º a 11 16
   Capítulo III – Da nacionalidade – arts. 12 e 13 20
   Capítulo IV – Dos direitos políticos – arts. 14 a 16 21
   Capítulo V – Dos partidos políticos – art. 17 22

TÍTULO III
DA ORGANIZAÇÃO DO ESTADO

Arts. 18 a 43 23
   Capítulo I – Da organização político-administrativa – arts. 18 e 19 23
   Capítulo II – Da União – arts. 20 a 24 23
   Capítulo III – Dos Estados federados – arts. 25 a 28 30
   Capítulo IV – Dos Municípios – arts. 29 a 31 31
   Capítulo V – Do Distrito Federal e dos Territórios – arts. 32 e 33 33
      Seção I – Do Distrito Federal – art. 32 33
      Seção II – Dos Territórios – art. 33 33
   Capítulo VI – Da intervenção – arts. 34 a 36 34
   Capítulo VII – Da administração pública – arts. 37 a 43 34
      Seção I – Disposições gerais – arts. 37 e 38 35
      Seção II – Dos servidores públicos – arts. 39 a 41 38
      Seção III – Dos Militares dos Estados, do Distrito Federal e dos Territórios – art. 42 ... 41
      Seção IV – Das regiões – art. 43 41

TÍTULO IV
DA ORGANIZAÇÃO DOS PODERES

Arts. 44 a 135 42
   Capítulo I – Do Poder Legislativo – arts. 44 a 75 42
      Seção I – Do Congresso Nacional – arts. 44 a 47 42
      Seção II – Das atribuições do Congresso Nacional – arts. 48 a 50 42
      Seção III – Da Câmara dos Deputados – art. 51 43
      Seção IV – Do Senado Federal – art. 52 44
      Seção V – Dos Deputados e dos Senadores – arts. 53 a 56 44
      Seção VI – Das reuniões – art. 57 45
      Seção VII – Das comissões – art. 58 46
      Seção VIII – Do processo legislativo – arts. 59 a 69 46
      Subseção I – Disposição geral – art. 59 46
      Subseção II – Da Emenda à Constituição – art. 60 47
      Subseção III – Das leis – arts. 61 a 69 47
      Seção IX – Da fiscalização contábil, financeira e orçamentária – arts. 70 a 75 ... 49
   Capítulo II – Do Poder Executivo – arts. 76 a 91 50
      Seção I – Do Presidente e do Vice-Presidente da República – arts. 76 a 83 50
      Seção II – Das atribuições do Presidente da República – art. 84 51
      Seção III – Da responsabilidade do Presidente da República – arts. 85 e 86 52
      Seção IV – Dos Ministros de Estado – arts. 87 e 88 52
      Seção V – Do Conselho da República e do Conselho de Defesa Nacional – arts. 89 a 91 ... 53

Subseção I –	Do Conselho da República – arts. 89 e 90	53
Subseção II –	Do Conselho de Defesa Nacional – art. 91	53
Capítulo III –	Do Poder Judiciário – arts. 92 a 126	53
Seção I –	Disposições gerais – arts. 92 a 100	53
Seção II –	Do Supremo Tribunal Federal – arts. 101 a 103-B	57
Seção III –	Do Superior Tribunal de Justiça – arts. 104 e 105	60
Seção IV –	Dos Tribunais Regionais Federais e dos juízes federais – arts. 106 a 110	61
Seção V –	Dos Tribunais e Juízes do Trabalho – arts. 111 a 117	63
Seção VI –	Dos Tribunais e Juízes Eleitorais – arts. 118 a 121	64
Seção VII –	Dos Tribunais e Juízes Militares – arts. 122 a 124	65
Seção VIII –	Dos Tribunais e Juízes dos Estados – arts. 125 e 126	65
Capítulo IV –	Das funções essenciais à justiça – arts. 127 a 135	66
Seção I –	Do Ministério Público – arts. 127 a 130-A	66
Seção II –	Da Advocacia Pública – arts. 131 e 132	68
Seção III –	Da Advocacia e da Defensoria Pública – arts. 133 a 135	69

TÍTULO V
DA DEFESA DO ESTADO E DAS INSTITUIÇÕES DEMOCRÁTICAS

Arts. 136 a 144		69
Capítulo I –	Do estado de defesa e do estado de sítio – arts. 136 a 141	69
Seção I –	Do estado de defesa – art. 136	69
Seção II –	Do estado de sítio – arts. 137 a 139	69
Seção III –	Disposições gerais – arts. 140 e 141	70
Capítulo II –	Das Forças Armadas – arts. 142 e 143	70
Capítulo III –	Da segurança pública – art. 144	71

TÍTULO VI
DA TRIBUTAÇÃO E DO ORÇAMENTO

Arts. 145 a 169		72
Capítulo I –	Do sistema tributário nacional – arts. 145 a 162	72
Seção I –	Dos princípios gerais – arts. 145 a 149-A	72
Seção II –	Das limitações do poder de tributar – arts. 150 a 152	73
Seção III –	Dos impostos da União – arts. 153 e 154	74
Seção IV –	Dos impostos dos Estados e do Distrito Federal – art. 155	76
Seção V –	Dos impostos dos Municípios – art. 156	77
Seção VI –	Da repartição das receitas tributárias – arts. 157 a 162	78
Capítulo II –	Das finanças públicas – arts. 163 a 169	80
Seção I –	Normas gerais – arts. 163 e 164	80
Seção II –	Dos orçamentos – arts. 165 a 169	80

TÍTULO VII
DA ORDEM ECONÔMICA E FINANCEIRA

Arts. 170 a 192		83
Capítulo I –	Dos princípios gerais da atividade econômica – arts. 170 a 181	83
Capítulo II –	Da política urbana – arts. 182 e 183	86
Capítulo III –	Da política agrícola e fundiária e da reforma agrária – arts. 184 a 191	87
Capítulo IV –	Do sistema financeiro nacional – art. 192	88

TÍTULO VIII
DA ORDEM SOCIAL

Arts. 193 a 232		88
Capítulo I –	Disposição geral – art. 193	88
Capítulo II –	Da seguridade social – arts. 194 a 204	88
Seção I –	Disposições gerais – arts. 194 e 195	88
Seção II –	Da saúde – arts. 196 a 200	90
Seção III –	Da previdência social – arts. 201 e 202	91
Seção IV –	Da assistência social – arts. 203 e 204	93
Capítulo III –	Da educação, da cultura e do desporto – arts. 205 a 217	94
Seção I –	Da educação – arts. 205 a 214	94
Seção II –	Da cultura – arts. 215 a 216-A	96
Seção III –	Do desporto – art. 217	98

Capítulo IV – Da ciência e tecnologia – arts. 218 e 219 98
Capítulo V – Da comunicação social – arts. 220 a 224 98
Capítulo VI – Do meio ambiente – art. 225 100
Capítulo VII – Da família, da criança, do adolescente, do jovem e do idoso – arts. 226 a 230 101
Capítulo VIII – Dos índios – arts. 231 e 232 103

TÍTULO IX
DAS DISPOSIÇÕES CONSTITUCIONAIS GERAIS

Arts. 233 a 250 104

ATO DAS DISPOSIÇÕES
CONSTITUCIONAIS TRANSITÓRIAS

Arts. 1º a 97 106

CONSTITUIÇÃO DA REPÚBLICA FEDERATIVA DO BRASIL

PREÂMBULO

Nós, representantes do povo brasileiro, reunidos em Assembleia Nacional Constituinte para instituir um Estado Democrático, destinado a assegurar o exercício dos direitos sociais e individuais, a liberdade, a segurança, o bem-estar, o desenvolvimento, a igualdade e a justiça como valores supremos de uma sociedade fraterna, pluralista e sem preconceitos, fundada na harmonia social e comprometida, na ordem interna e internacional, com a solução pacífica das controvérsias, promulgamos, sob a proteção de Deus, a seguinte CONSTITUIÇÃO DA REPÚBLICA FEDERATIVA DO BRASIL.

▶ Publicada no *DOU* nº 191-A, de 5-10-1988.

TÍTULO I – DOS PRINCÍPIOS FUNDAMENTAIS

Art. 1º A República Federativa do Brasil, formada pela união indissolúvel dos Estados e Municípios e do Distrito Federal, constitui-se em Estado Democrático de Direito e tem como fundamentos:

▶ No plebiscito realizado em 21-4-1993, disciplinado na EC nº 2, de 25-8-1992, foram mantidos a república e o presidencialismo, como forma e sistema de governo, respectivamente.
▶ Arts.18, *caput*, e 60, § 4º, I e II, desta Constituição.

I – a soberania;

▶ Arts. 20, VI, 21, I e III, 84, VII, VIII, XIX e XX, desta Constituição.
▶ Arts. 201, 202, 210 e 211 do CPC.
▶ Arts. 780 a 790 do CPP.
▶ Arts. 215 a 229 do RISTF.

II – a cidadania;

▶ Arts. 5º, XXXIV, LIV, LXXI, LXXIII e LXXVII, e 60, § 4º, desta Constituição.
▶ Lei nº 9.265, de 12-2-1996, estabelece a gratuidade dos atos necessários ao exercício da cidadania.
▶ Lei nº 10.835, de 8-1-2004, institui a renda básica da cidadania.

III – a dignidade da pessoa humana;

▶ Arts. 5º, XLII, XLIII, XLVIII, XLIX, L, 34, VII, *b*, 226, § 7º, 227 e 230 desta Constituição.
▶ Art. 8º, III, da Lei nº 11.340, de 7-8-2006 (Lei que Coíbe a Violência Doméstica e Familiar Contra a Mulher).
▶ Dec. nº 41.721, de 25-6-1957, promulgou a Convenção nº 29 da OIT, sobre Trabalho Forçado ou Obrigatório.
▶ Dec. nº 58.822, de 14-7-1966, promulgou a Convenção nº 105 da OIT, sobre Abolição do Trabalho Forçado.
▶ Súmulas Vinculantes nºs 6, 11 e 14 do STF.

IV – os valores sociais do trabalho e da livre iniciativa;

▶ Arts. 6º a 11 e 170 desta Constituição.

V – o pluralismo político.

▶ Art. 17 desta Constituição.

▶ Lei nº 9.096, de 19-9-1995 (Lei dos Partidos Políticos).

Parágrafo único. Todo o poder emana do povo, que o exerce por meio de representantes eleitos ou diretamente, nos termos desta Constituição.

▶ Arts. 14, 27, § 4º, 29, XIII, 60, § 4º, II, e 61, § 2º, desta Constituição.
▶ Art. 1º da Lei nº 9.709, de 19-11-1998, regulamenta a execução do disposto nos incisos I, II e III do art. 14 desta Constituição.

Art. 2º São Poderes da União, independentes e harmônicos entre si, o Legislativo, o Executivo e o Judiciário.

▶ Art. 60, § 4º, III, desta Constituição.
▶ Súm. nº 649 do STF.

Art. 3º Constituem objetivos fundamentais da República Federativa do Brasil:

I – construir uma sociedade livre, justa e solidária;

▶ Art. 29, 1, *d*, do Dec. nº 99.710, de 21-11-1990, que promulga a convenção sobre os direitos das crianças.
▶ Art. 10, 1, do Dec. nº 591, de 6-7-1992, que promulga o Pacto Internacional Sobre Direitos Econômicos, Sociais e Culturais.

II – garantir o desenvolvimento nacional;

▶ Arts. 23, parágrafo único, e 174, § 1º, desta Constituição.

III – erradicar a pobreza e a marginalização e reduzir as desigualdades sociais e regionais;

▶ Arts. 23, X, e 214 desta Constituição.
▶ Arts. 79 a 81 do ADCT.
▶ LC nº 111, de 6-7-2001, dispõe sobre o Fundo de Combate e Erradicação da Pobreza.

IV – promover o bem de todos, sem preconceitos de origem, raça, sexo, cor, idade e quaisquer outras formas de discriminação.

▶ Art. 4º, VIII, desta Constituição.
▶ Lei nº 7.716, de 5-1-1989 (Lei do Racismo).
▶ Lei nº 8.081, de 21-9-1990, dispõe sobre os crimes e penas aplicáveis aos atos discriminatórios ou de preconceito de raça, cor, religião, etnia ou procedência nacional, praticados pelos meios de comunicação ou por publicação de qualquer natureza.
▶ Lei nº 11.340, de 7-8-2006 (Lei que Coíbe a Violência Doméstica e Familiar Contra a Mulher).
▶ Lei nº 12.288, de 20-7-2010 (Estatuto da Igualdade Racial).
▶ Dec. nº 62.150, de 19-1-1968, promulga a Convenção nº 111 da OIT sobre discriminação em matéria de emprego e profissão.
▶ Dec. nº 3.956, de 8-10-2001, promulga a Convenção Interamericana para Eliminação de Todas as Formas de Discriminação contra as Pessoas Portadoras de Deficiência.
▶ Dec. nº 4.377, de 13-9-2002, promulga a Convenção sobre a Eliminação de Todas as Formas de Discriminação contra a Mulher, de 1979.
▶ Dec. nº 4.886, de 20-11-2003, dispõe sobre a Política Nacional de Promoção de Igualdade Racial – PNPIR.

► Dec. nº 5.397, de 22-3-2005, dispõe sobre a composição, competência e funcionamento do Conselho Nacional de Combate à Discriminação – CNCD.

► O STF, por unanimidade de votos, julgou procedentes a ADPF nº 132 (como ação direta de inconstitucionalidade) e a ADIN nº 4.277, com eficácia *erga omnes* e efeito vinculante, para dar ao art. 1.723 do CC interpretação conforme à CF para dele excluir qualquer significado que impeça o reconhecimento da união contínua, pública e duradoura entre pessoas do mesmo sexo como entidade familiar (*DOU* de 13-5-2011).

Art. 4º A República Federativa do Brasil rege-se nas suas relações internacionais pelos seguintes princípios:

► Arts. 21, I, e 84, VII e VIII, desta Constituição.

► Art. 39, V, da Lei nº 9.082 de 25-7-1995, que dispõe sobre a intensificação das relações internacionais do Brasil com os seus parceiros comerciais, em função de um maior apoio do Banco do Brasil S.A. ao financiamento dos setores exportador e importador.

I – independência nacional;

► Arts. 78, *caput*, e 91, § 1º, III e IV, desta Constituição.

► Lei nº 8.183, de 11-4-1991, dispõe sobre a organização e o funcionamento do Conselho de Defesa Nacional, regulamentada pelo Dec. nº 893, de 12-8-1993.

II – prevalência dos direitos humanos;

► Dec. nº 678, de 6-11-1992, promulga a Convenção Americana sobre Direitos Humanos – Pacto de São José da Costa Rica.

► Dec. nº 4.463, de 8-11-2002, dispõe sobre a declaração de reconhecimento da competência obrigatória da Corte Interamericana em todos os casos relativos à interpretação ou aplicação da Convenção Americana sobre Diretos Humanos.

► Dec. nº 6.980, de 13-10-2009, dispõe sobre a estrutura regimental da Secretaria Especial dos Direitos Humanos da Presidência da República, transformada em Secretaria de Direitos Humanos da Presidência da República pelo art. 3º, I, da Lei nº 12.314, de 19-8-2010.

III – autodeterminação dos povos;
IV – não intervenção;
V – igualdade entre os Estados;
VI – defesa da paz;
VII – solução pacífica dos conflitos;
VIII – repúdio ao terrorismo e ao racismo;

► Art. 5º, XLII e XLIII, desta Constituição.
► Lei nº 7.716, de 5-1-1989 (Lei do Racismo).
► Lei nº 8.072, de 25-7-1990 (Lei dos Crimes Hediondos).
► Dec. nº 5.639, de 26-12-2005, promulga a Convenção Interamericana contra o Terrorismo.

IX – cooperação entre os povos para o progresso da humanidade;
X – concessão de asilo político.

► Lei nº 9.474, de 22-7-1997, define mecanismos para a implementação do Estatuto dos Refugiados de 1951.
► Dec. nº 55.929, de 14-4-1965, promulgou a Convenção sobre Asilo Territorial.
► Art. 98, II, do Dec. nº 99.244, de 10-5-1990, que dispõe sobre a reorganização e o funcionamento dos órgãos da Presidência da República.

Parágrafo único. A República Federativa do Brasil buscará a integração econômica, política, social e cultural dos povos da América Latina, visando à formação de uma comunidade latino-americana de nações.

► Dec. nº 350, de 21-11-1991, promulgou o Tratado de Assunção que estabeleceu o Mercado Comum entre o Brasil, Paraguai, Argentina e Uruguai – MERCOSUL.
► Dec. nº 922, de 10-9-1993, promulga o Protocolo para Solução de Controvérsias no âmbito do Mercado Comum do Sul – MERCOSUL.

TÍTULO II – DOS DIREITOS E GARANTIAS FUNDAMENTAIS

Capítulo I

DOS DIREITOS E DEVERES INDIVIDUAIS E COLETIVOS

Art. 5º Todos são iguais perante a lei, sem distinção de qualquer natureza, garantindo-se aos brasileiros e aos estrangeiros residentes no País a inviolabilidade do direito à vida, à liberdade, à igualdade, à segurança e à propriedade, nos termos seguintes:

► Arts. 5º, §§ 1º e 2º, 14, *caput*, e 60, § 4º, IV, desta Constituição.
► Lei nº 1.542, de 5-1-1952, dispõe sobre o casamento dos funcionários da carreira de diplomata com pessoa de nacionalidade estrangeira.
► Lei nº 5.709, de 7-10-1971, regula a aquisição de imóvel rural por estrangeiro residente no país ou pessoa jurídica estrangeira autorizada a funcionar no Brasil.
► Lei nº 6.815, de 19-8-1980 (Estatuto do Estrangeiro), regulamentada pelo Dec. nº 86.715, de 10-12-1981.
► Arts. 4º e 24 do Pacto de São José da Costa Rica.
► Dec. nº 58.819, de 14-7-1966, promulgou a Convenção nº 97 da OIT, sobre Trabalhadores Migrantes.
► Súmulas Vinculantes nos 6 e 11 do STF.
► Súm. nº 683 do STF.

I – homens e mulheres são iguais em direitos e obrigações, nos termos desta Constituição;

► Arts. 143, § 2º, e 226, § 5º, desta Constituição.
► Art. 372 da CLT.
► Art. 4º da Lei nº 8.159, de 8-1-1991, que dispõe sobre a política nacional de arquivos públicos e privados.
► Lei nº 9.029, de 13-4-1995, proíbe a exigência de atestado de gravidez e esterilização e outras práticas discriminatórias, para efeitos admissionais ou de permanência da relação jurídica de trabalho.
► Lei nº 12.318, de 26-8-2010 (Lei da Alienação Parental).
► Dec. nº 41.721, de 25-6-1957, promulgou a Convenção nº 100 da OIT, sobre Igualdade de Remuneração de Homens e Mulheres Trabalhadores por Trabalho de Igual Valor.
► Dec. nº 86.715, de 10-12-1981, que regulamenta a Lei nº 6.815, de 19-8-1980 (Estatuto do Estrangeiro).
► Dec. nº 678, de 6-11-1992, promulga a Convenção Americana sobre Direitos Humanos – Pacto de São José da Costa Rica.
► Dec. nº 4.377, de 13-9-2002, promulga a Convenção sobre a Eliminação de todas as Formas de Discriminação contra a Mulher, de 1979.
► Port. do MTE nº 1.246, de 28-5-2010, orienta as empresas e os trabalhadores em relação à testagem relacionada ao vírus da imunodeficiência adquirida – HIV.

II – ninguém será obrigado a fazer ou deixar de fazer alguma coisa senão em virtude de lei;

► Arts. 14, § 1º, I, e 143 desta Constituição.

► Súmulas nos 636 e 686 do STF.

III – ninguém será submetido a tortura nem a tratamento desumano ou degradante;

► Incisos XLIII, XLVII, e, XLIX, LXII, LXIII, LXV e LXVI deste artigo.
► Art. 4º, b, da Lei nº 4.898, de 9-12-1965 (Lei do Abuso de Autoridade).
► Arts. 2º e 8º da Lei nº 8.072, de 25-7-1990 (Lei dos Crimes Hediondos).
► Lei nº 9.455, de 7-4-1997 (Lei dos Crimes de Tortura).
► Dec. nº 40, de 15-2-1991, promulga a Convenção contra a Tortura e Outros Tratamentos ou Penas Cruéis, Desumanos ou Degradantes.
► Art. 5º, nº 2, do Pacto de São José da Costa Rica.
► Súm. Vinc. nº 11 do STF.

IV – é livre a manifestação do pensamento, sendo vedado o anonimato;

► Art. 220, § 1º, desta Constituição.
► Art. 6º, XIV, e, da LC nº 75, de 20-5-1993 (Lei Orgânica do Ministério Público da União).
► Art. 1º da Lei nº 7.524 de 17-7-1986, que dispõe sobre a manifestação, por militar inativo, de pensamento e opinião políticos e filosóficos.
► Art. 2º, a, da Lei nº 8.389, de 30-12-1991, que institui o Conselho Nacional de Comunicação Social.
► Art. 13 do Pacto de São José da Costa Rica.

V – é assegurado o direito de resposta, proporcional ao agravo, além da indenização por dano material, moral ou à imagem;

► Art. 220, § 1º, desta Constituição.
► Lei nº 7.524, de 17-7-1986, dispõe sobre a manifestação, por militar inativo, de pensamento e opinião políticos ou filosóficos.
► Art. 6º da Lei nº 8.159, de 8-1-1991, que dispõe sobre a Política Nacional de arquivos públicos e privados.
► Dec. nº 1.171, de 22-6-1994, aprova o código de ética profissional do servidor público civil do Poder Executivo Federal.
► Art. 14 do Pacto de São José da Costa Rica.
► Súmulas nos 37, 227, 362, 387, 388 e 403 do STJ.

VI – é inviolável a liberdade de consciência e de crença, sendo assegurado o livre exercício dos cultos religiosos e garantida, na forma da lei, a proteção aos locais de culto e a suas liturgias;

► Arts. 208 a 212 do CP.
► Art. 24 da LEP.
► Arts. 16, II, e 124, XIV, do ECA.
► Art. 3º, d, e e, da Lei nº 4.898, de 9-12-1965 (Lei do Abuso de Autoridade).
► Art. 39 da Lei nº 8.313, de 23-12-1991, que restabelece princípios da Lei nº 7.505, de 2-7-1986, institui o Programa Nacional de Apoio à Cultura – PRONAC.
► Arts. 23 a 26 da Lei nº 12.288, de 20-7-2010 (Estatuto da Igualdade Racial).
► Art. 12, 1, do Pacto de São José da Costa Rica.

VII – é assegurada, nos termos da lei, a prestação de assistência religiosa nas entidades civis e militares de internação coletiva;

► Art. 24 da LEP.
► Art. 124, XIV, do ECA.
► Lei nº 6.923, de 29-6-1981, dispõe sobre o serviço de assistência religiosa nas Forças Armadas.

► Lei nº 9.982, de 14-7-2000, dispõe sobre prestação de assistência religiosa nas entidades hospitalares públicas e privadas, bem como nos estabelecimentos prisionais civis e militares.

VIII – ninguém será privado de direitos por motivo de crença religiosa ou de convicção filosófica ou política, salvo se as invocar para eximir-se de obrigação legal a todos imposta e recusar-se a cumprir prestação alternativa, fixada em lei;

► Arts. 15, IV, e 143, §§ 1º e 2º, desta Constituição.
► Lei nº 7.210 de 11-7-1984 (Lei de Execução Penal).
► Lei nº 8.239, de 4-10-1991, dispõe sobre a prestação de serviço alternativo ao serviço militar obrigatório.
► Dec.-lei nº 1.002, de 21-10-1969 (Código de Processo Penal Militar).
► Art. 12 do Pacto de São José da Costa Rica.

IX – é livre a expressão da atividade intelectual, artística, científica e de comunicação, independentemente de censura ou licença;

► Art. 220, § 2º, desta Constituição.
► Art. 5º, d, da LC nº 75, de 20-5-1993 (Lei Orgânica do Ministério Público da União).
► Art. 39 da Lei nº 8.313, de 23-12-1991, que restabelece princípios da Lei nº 7.505, de 2-7-1986, instituiu o Programa Nacional de Apoio à Cultura – PRONAC.
► Lei nº 9.456, de 25-4-1997, institui a Lei de Proteção de Cultivares.
► Lei nº 9.609, de 19-2-1998, dispõe sobre a proteção da propriedade intelectual de programa de computador e sua comercialização no país.
► Lei nº 9.610, de 19-2-1998 (Lei de Direitos Autorais).
► O STF, ao julgar o RE nº 511.961, concluiu pela não recepção pela atual Constituição da exigência de diploma de curso superior para o exercício da profissão de jornalista.

X – são invioláveis a intimidade, a vida privada, a honra e a imagem das pessoas, assegurado o direito à indenização pelo dano material ou moral decorrente de sua violação;

► Art. 37, § 3º, II, desta Constituição.
► Arts. 4º e 6º da Lei nº 8.159, de 8-1-1981, que dispõe sobre a Política Nacional de Arquivos Públicos e Privados.
► Art. 30, V, da Lei nº 8.935, de 18-11-1994 (Lei dos Serviços Notariais e de Registro).
► Art. 101, § 1º, da Lei nº 11.101, de 9-2-2005 (Lei de Recuperação de Empresas e Falências).
► Art. 11, 2, do Pacto de São José da Costa Rica.
► Súm. Vinc. nº 11 do STF.
► Súm. nº 714 do STF.
► Súmulas nos 227, 387, 388, 403 e 420 do STJ.

XI – a casa é asilo inviolável do indivíduo, ninguém nela podendo penetrar sem consentimento do morador, salvo em caso de flagrante delito ou desastre, ou para prestar socorro, ou, durante o dia, por determinação judicial;

► Art. 172, § 2º, do CPC.
► Art. 150, §§ 1º a 5º, do CP.
► Art. 283 do CPP.
► Art. 226, §§ 1º a 5º, do CPM.
► Art. 11 do Pacto de São José da Costa Rica.

XII – é inviolável o sigilo da correspondência e das comunicações telegráficas, de dados e das comunicações

telefônicas, salvo, no último caso, por ordem judicial, nas hipóteses e na forma que a lei estabelecer para fins de investigação criminal ou instrução processual penal;
- Arts.136, § 1º, I, *b* e c, e 139, III, desta Constituição.
- Arts. 151 a 152 do CP.
- Art. 233 do CPP.
- Art. 227 do CPM.
- Art. 6º, XVIII, *a*, da LC nº 75, de 20-5-1993 (Lei Orgânica do Ministério Público da União).
- Arts. 55 a 57 da Lei nº 4.117, de 24-8-1962 (Código Brasileiro de Telecomunicações).
- Art. 3º, c, da Lei nº 4.898, de 9-12-1965 (Lei do Abuso de Autoridade).
- Lei nº 6.538, de 22-6-1978, dispõe sobre os serviços postais.
- Art. 7º, II, da Lei nº 8.906, de 4-7-1994 (Estatuto da Advocacia e da OAB).
- Lei nº 9.296, de 24-7-1996 (Lei das Interceptações Telefônicas).
- Art. 11 do Pacto de São José da Costa Rica.
- Dec. nº 3.505, de 13-6-2000, institui a Política de Segurança da Informação nos órgãos e entidades da Administração Pública Federal.
- Res. do CNJ nº 59, de 9-9-2008, disciplina e uniformiza as rotinas visando ao aperfeiçoamento do procedimento de interceptação de comunicações telefônicas e de sistemas de informática e telemática nos órgãos jurisdicionais do Poder Judiciário.

XIII – é livre o exercício de qualquer trabalho, ofício ou profissão, atendidas as qualificações profissionais que a lei estabelecer;
- Arts. 170 e 220, § 1º, desta Constituição.
- Art. 6º do Pacto de São José da Costa Rica.
- O STF, a julgar o RE nº 511.961, considerou não recepcionado pela Constituição de 1988 o art. 4º, V, do Dec.-lei nº 972/1969, que exigia diploma de curso superior para o exercício da profissão de jornalista.

XIV – é assegurado a todos o acesso à informação e resguardado o sigilo da fonte, quando necessário ao exercício profissional;
- Art. 220, § 1º, desta Constituição.
- Art. 154 do CP.
- Art. 8º, § 2º, da LC nº 75, de 20-5-1993 (Lei Orgânica do Ministério Público da União).
- Art. 6º da Lei nº 8.394, de 30-12-1991, que dispõe sobre a preservação, organização e proteção dos acervos documentais privados dos Presidentes da República.
- O STF, ao julgar a ADPF nº 130, declarou como não recepcionada pela Constituição de 1988 a Lei de Imprensa (Lei nº 5.250/1967).

XV – é livre a locomoção no território nacional em tempo de paz, podendo qualquer pessoa, nos termos da lei, nele entrar, permanecer ou dele sair com seus bens;
- Arts. 109, X, e 139 desta Constituição.
- Art. 3º, *a*, da Lei nº 4.898, de 9-12-1965 (Lei do Abuso de Autoridade).
- Art. 2º, III, da Lei nº 7.685, de 2-12-1988, que dispõe sobre o registro provisório para o estrangeiro em situação ilegal em território nacional.
- Art. 22 do Pacto de São José da Costa Rica.

XVI – todos podem reunir-se pacificamente, sem armas, em locais abertos ao público, independentemente de autorização, desde que não frustrem outra reunião anteriormente convocada para o mesmo local, sendo apenas exigido prévio aviso à autoridade competente;
- Arts. 109, X, 136, § 1º, I, *a*, e 139, IV, desta Constituição.
- Art. 3º, *a*, da Lei nº 4.898, de 9-12-1965 (Lei do Abuso de Autoridade).
- Art. 2º, III, da Lei nº 7.685, de 2-12-1988, que dispõe sobre o registro provisório para o estrangeiro em situação ilegal em território nacional.
- Art. 21 do Dec. nº 592, de 6-7-1992, que promulga o Pacto Internacional sobre Direitos Civis e Políticos.
- Art. 15 do Pacto de São José da Costa Rica.

XVII – é plena a liberdade de associação para fins lícitos, vedada a de caráter paramilitar;
- Arts. 8º, 17, § 4º, e 37, VI, desta Constituição.
- Art. 199 do CP.
- Art. 3º, *f*, da Lei nº 4.898, de 9-12-1965 (Lei do Abuso de Autoridade).
- Art. 117, VII, da Lei nº 8.112, de 11-12-1990 (Estatuto dos Servidores Públicos Civis da União, Autarquias e Fundações Públicas Federais).
- Art. 16 do Pacto de São José da Costa Rica.

XVIII – a criação de associações e, na forma da lei, a de cooperativas independem de autorização, sendo vedada a interferência estatal em seu funcionamento;
- Arts. 8º, I, e 37, VI, desta Constituição.
- Lei nº 5.764, de 16-12-1971 (Lei das Cooperativas).
- Lei nº 9.867, de 10-11-1999, dispõe sobre a criação e o funcionamento de Cooperativas Sociais, visando à integração social dos cidadãos.

XIX – as associações só poderão ser compulsoriamente dissolvidas ou ter suas atividades suspensas por decisão judicial, exigindo-se, no primeiro caso, o trânsito em julgado;
XX – ninguém poderá ser compelido a associar-se ou a permanecer associado;
- Arts. 4º, II, a, e 5º, V, do CDC.
- Art. 117, VII, da Lei nº 8.112, de 11-12-1990 (Estatuto dos Servidores Públicos Civis da União, Autarquias e Fundações Públicas Federais).
- Art. 16 do Pacto de São José da Costa Rica.
- O STF, ao julgar a ADIN nº 3.464, declarou a inconstitucionalidade do art. 2º, IV, *a*, *b*, e c, da Lei nº 10.779/2003, por condicionar a habilitação ao seguro-desemprego na hipótese descrita na lei à filiação à colônia de pescadores.

XXI – as entidades associativas, quando expressamente autorizadas, têm legitimidade para representar seus filiados judicial ou extrajudicialmente;
- Art. 82, VI, do CDC.
- Art. 210, III, do ECA.
- Art. 5º da Lei nº 7.347, de 24-7-1985 (Lei da Ação Civil Pública).
- Arts. 3º e 5º, I e III, da Lei nº 7.853, de 24-10-1989 (Lei de Apoio às Pessoas Portadoras de Deficiência), regulamentada pelo Dec. nº 3.298, de 20-12-1999.
- Súm. nº 629 do STF.

XXII – é garantido o direito de propriedade;
- Art. 243 desta Constituição.
- Arts. 1.228 a 1.368 do CC.
- Lei nº 4.504, de 30-10-1964 (Estatuto da Terra).

► Arts. 1º, 4º e 15 da Lei nº 8.257, de 26-10-1991, que dispõe sobre a expropriação das glebas nas quais se localizem culturas ilegais de plantas psicotrópicas.

XXIII – a propriedade atenderá a sua função social;

► Arts.156, § 1º, 170, III, 182, § 2º, e 186 desta Constituição.
► Art. 5º do Dec.-lei nº 4.657, de 4-9-1942 (Lei de Introdução às normas do Direito Brasileiro).
► Arts. 2º, 12, 18, a, e 47, I, da Lei nº 4.504, de 30-10-1964 (Estatuto da Terra).
► Art. 2º, I, da Lei nº 8.171, de 17-1-1991 (Lei da Política Agrícola).
► Arts. 2º, § 1º, 5º, § 2º, e 9º, da Lei nº 8.629, de 25-2-1993, que regula os dispositivos constitucionais relativos à reforma agrária.
► Arts. 27 a 37 da Lei nº 12.288, de 20-7-2010 (Estatuto da Igualdade Racial).
► Art. 1º da Lei nº 12.529, de 30-11-2011 (Lei do Sistema Brasileiro de Defesa da Concorrência).

XXIV – a lei estabelecerá o procedimento para desapropriação por necessidade ou utilidade pública, ou por interesse social, mediante justa e prévia indenização em dinheiro, ressalvados os casos previstos nesta Constituição;

► Arts. 22, II, 182, § 4º, 184, caput, e 185, I e II,desta Constituição.
► Art. 1.275, V, do CC.
► LC nº 76, de 6-7-1993 (Lei de Desapropriação de Imóvel Rural para fins de Reforma Agrária).
► Lei nº 4.132, de 10-9-1962 (Lei da Desapropriação por Interesse Social).
► Arts. 17, a, 18, 19, §§ 1º a 4º, 31, IV, e 35, caput, da Lei nº 4.504, de 30-11-1964 (Estatuto da Terra).
► Lei nº 6.602, de 7-12-1978, altera a redação do art. 5º do Dec.-lei nº 3.365, de 21-6-1941 (Lei das Desapropriações).
► Arts. 28, 29 e 32 da Lei nº 6.662, de 25-6-1979, que dispõe sobre a política nacional de irrigação.
► Arts. 2º, § 1º, 5º, § 2º, e 7º, IV, da Lei nº 8.629, de 25-2-1993, que regula os dispositivos constitucionais relativos à reforma agrária.
► Art. 10 da Lei nº 9.074, de 7-7-1995, que estabelece normas para outorga e prorrogações das concessões e permissões de serviços públicos.
► Art. 34, IV, da Lei nº 9.082, de 25-7-1995, que dispõe sobre as diretrizes para a elaboração da lei orçamentária de 1996.
► Dec.-lei nº 1.075, de 22-1-1970 (Lei da Imissão de Posse).
► Dec.-lei nº 3.365, de 21-6-1941 (Lei das Desapropriações).
► Súmulas nºs 23, 111, 157, 164, 218, 345, 378, 416, 561, 618 e 652 do STF.
► Súmulas nºs 56, 69, 70, 113, 114 e 119 do STJ.

XXV – no caso de iminente perigo público, a autoridade competente poderá usar de propriedade particular, assegurada ao proprietário indenização ulterior, se houver dano;

XXVI – a pequena propriedade rural, assim definida em lei, desde que trabalhada pela família, não será objeto de penhora para pagamento de débitos decorrentes de sua atividade produtiva, dispondo a lei sobre os meios de financiar o seu desenvolvimento;

► Art. 185 desta Constituição.

► Art. 4º, I, da LC nº 76, de 6-7-1993 (Lei de Desapropriação de Imóvel Rural para fins de Reforma Agrária).
► Lei nº 4.504, de 30-11-1964 (Estatuto da Terra).
► Art. 19, IX, da Lei nº 4.595, de 31-12-1964 (Lei do Sistema Financeiro Nacional).
► Art. 4º, § 2º, da Lei nº 8.009, de 29-3-1990 (Lei da Impenhorabilidade do Bem de Família).
► Art. 4º, II, e parágrafo único, da Lei nº 8.629, de 25-2-1993, que regula os dispositivos constitucionais relativos à reforma agrária.
► Súm. nº 364 do STJ.

XXVII – aos autores pertence o direito exclusivo de utilização, publicação ou reprodução de suas obras, transmissível aos herdeiros pelo tempo que a lei fixar;

► Art. 842, § 3º, do CPC.
► Art. 184 do CP.
► Art. 30 da Lei nº 8.977, de 6-1-1995, que dispõe sobre o serviço de TV a cabo, regulamentado pelo Dec. nº 2.206, de 8-4-1997.
► Lei nº 9.456, de 25-4-1997, institui a Lei de Proteção de Cultivares.
► Lei nº 9.609, de 19-2-1998, dispõe sobre a proteção da propriedade intelectual de programa de computador e sua comercialização no país.
► Lei nº 9.610, de 19-2-1998 (Lei de Direitos Autorais).
► Súm. nº 386 do STF.

XXVIII – são assegurados, nos termos da lei:

a) a proteção às participações individuais em obras coletivas e à reprodução da imagem e voz humanas, inclusive nas atividades desportivas;

► Lei nº 6.533 de 24-5-1978, dispõe sobre a regulamentação das profissões de Artista e de Técnico em Espetáculos de Diversões.
► Lei nº 9.610, de 19-2-1998 (Lei de Direitos Autorais).
► Art. 42 da Lei nº 9.615, de 24-3-1998, que institui normas gerais sobre desporto.

b) o direito de fiscalização do aproveitamento econômico das obras que criarem ou de que participarem aos criadores, aos intérpretes e às respectivas representações sindicais e associativas;

XXIX – a lei assegurará aos autores de inventos industriais privilégio temporário para sua utilização, bem como proteção às criações industriais, à propriedade das marcas, aos nomes de empresas e a outros signos distintivos, tendo em vista o interesse social e o desenvolvimento tecnológico e econômico do País;

► Art. 4º, VI, do CDC.
► Lei nº 9.279, de 14-5-1996 (Lei da Propriedade Industrial).
► Lei nº 9.456, de 25-4-1997, institui a Lei de Proteção de Cultivares.
► Art. 48, IV, da Lei nº 11.101, de 9-2-2005 (Lei de Recuperação de Empresas e Falências).

XXX – é garantido o direito de herança;

► Arts. 1.784 a 2.027 do CC.
► Arts. 856, § 2º, 1.138 e 1.158 do CPC.
► Lei nº 6.858, de 24-11-1980, dispõe sobre o pagamento aos dependentes ou sucessores, de valores não recebidos em vida pelos respectivos titulares.
► Lei nº 8.971, de 29-12-1994, regula o direito dos companheiros a alimentos e sucessão.
► Lei nº 9.278, de 10-5-1996 (Lei da União Estável).

XXXI – a sucessão de bens de estrangeiros situados no País será regulada pela lei brasileira em benefício do cônjuge ou dos filhos brasileiros, sempre que não lhes seja mais favorável a lei pessoal do *de cujus*;

▶ Art. 10, §§ 1º e 2º, do Dec.-lei nº 4.657, de 4-9-1942 (Lei de Introdução às normas do Direito Brasileiro).

XXXII – o Estado promoverá, na forma da lei, a defesa do consumidor;

▶ Art. 48 do ADCT.
▶ Lei nº 8.078, de 11-9-1990 (Código de Defesa do Consumidor).
▶ Art. 4º da Lei nº 8.137, de 27-12-1990 (Lei dos Crimes contra a Ordem Tributária, Econômica e contra as Relações de Consumo).
▶ Lei nº 8.178, de 1º-3-1991, estabelece regras sobre preços e salários.
▶ Lei nº 12.529, de 30-11-2011 (Lei do Sistema Brasileiro de Defesa da Concorrência).

XXXIII – todos têm direito a receber dos órgãos públicos informações de seu interesse particular, ou de interesse coletivo ou geral, que serão prestadas no prazo da lei, sob pena de responsabilidade, ressalvadas aquelas cujo sigilo seja imprescindível à segurança da sociedade e do Estado;

▶ Arts. 5º, LXXII, e 37, § 3º, II, desta Constituição.
▶ Lei nº 12.527, de 18-11-2011, regula o acesso a informações previsto neste inciso.
▶ Súm. Vinc. nº 14 do STF.
▶ Súm. nº 202 do STJ.

XXXIV – são a todos assegurados, independentemente do pagamento de taxas:

a) o direito de petição aos Poderes Públicos em defesa de direitos ou contra ilegalidade ou abuso de poder;

▶ Súm. Vinc. nº 21 do STF.
▶ Súm. nº 373 do STJ.
▶ Súm. nº 424 do TST.
▶ Ao julgar a ADPF nº 156, o Plenário do STF declarou não recepcionada pela Constituição de 1988 a exigência de depósito prévio do valor correspondente à multa por infração trabalhista como condição de admissibilidade de recurso administrativo interposto junto à autoridade trabalhista, constante do § 1º do art. 636 da CLT. No mesmo sentido, o Plenário do STF, ao julgar a ADIN nº 1.976, concluiu pela inconstitucionalidade da regra constante do art. 32 da MP nº 1.699-41, convertida na Lei nº 10.522, de 19-7-2002, que exigia depósito ou arrolamento prévio de bens e direitos como condição de admissibilidade de recurso administrativo.

b) a obtenção de certidões em repartições públicas, para defesa de direitos e esclarecimento de situações de interesse pessoal;

▶ Art. 6º do Dec.-lei nº 4.657, de 4-9-1942 (Lei de Introdução às normas do Direito Brasileiro).
▶ Lei nº 9.051, de 18-5-1995, dispõe sobre a expedição de certidões para defesa de direitos e esclarecimentos de situações.
▶ Lei nº 9.307, de 23-9-1996 (Lei da Arbitragem).
▶ Art. 40 da Lei nº 11.101, de 9-2-2005 (Lei de Recuperação de Empresas e Falências).

XXXV – a lei não excluirá da apreciação do Poder Judiciário lesão ou ameaça a direito;

▶ Lei nº 9.307, de 23-9-1996 (Lei da Arbitragem).

▶ Súm. Vinc. nº 28 do STF.
▶ Súm. nº 667 do STF.
▶ OJ da SBDI-I nº 391do TST.
▶ O Plenário do STF, ao julgar as cautelares das Ações Diretas de Inconstitucionalidade nos 2.139 e 2.160 deram interpretação conforme à Constituição ao art. 625-D da CLT, para declararem que a submissão do litígio à Comissão de Conciliação Prévia não constitui fase administrativa obrigatória e antecedente ao exercício do direito de ação.
▶ Ao julgar a ADC nº 4, o Plenário do STF declarou a constitucionalidade do art. 1º da Lei nº 9.494, de 10-9-1997, a restringir o poder geral de cautela do juiz nas ações contra a Fazenda Pública.

XXXVI – a lei não prejudicará o direito adquirido, o ato jurídico perfeito e a coisa julgada;

▶ Art. 6º, *caput*, do Dec.-lei nº 4.657, de 4-9-1942 (Lei de Introdução às normas do Direito Brasileiro).
▶ Súmulas Vinculantes nos 1 e 9 do STF.
▶ Súmulas nos 654, 667, 678 e 684 do STF.
▶ Súm. nº 315 do TST.

XXXVII – não haverá juízo ou tribunal de exceção;

XXXVIII – é reconhecida a instituição do júri, com a organização que lhe der a lei, assegurados:

▶ Arts. 406 a 432 do CPP.
▶ Arts. 18 e 19 da Lei nº 11.697, de 13-6-2008 (Lei da Organização Judiciária do Distrito Federal e dos Territórios).

a) a plenitude de defesa;

▶ Súmulas nos 156 e 162 do STF.

b) o sigilo das votações;
c) a soberania dos veredictos;
d) a competência para o julgamento dos crimes dolosos contra a vida;

▶ Arts. 74, § 1º, e 406 a 502 do CPP.
▶ Súmulas nos 603, 713 e 721 do STF.

XXXIX – não há crime sem lei anterior que o defina, nem pena sem prévia cominação legal;

▶ Art. 1º do CP.
▶ Art. 1º do CPM.
▶ Art. 9º do Pacto de São José da Costa Rica.

XL – a lei penal não retroagirá, salvo para beneficiar o réu;

▶ Art. 2º, parágrafo único, do CP.
▶ Art. 2º, § 1º, do CPM.
▶ Art. 66, I, da LEP.
▶ Art. 9º do Pacto de São José da Costa Rica.
▶ Súmulas Vinculantes nos 3, 5, 14, 21, 24 e 28 do STF.
▶ Súmulas nos 611 e 711 do STF.

XLI – a lei punirá qualquer discriminação atentatória dos direitos e liberdades fundamentais;

▶ Lei nº 7.716, de 5-1-1989 (Lei do Racismo).
▶ Lei nº 8.081, de 21-9-1990, estabelece os crimes e as penas aplicáveis aos atos discriminatórios ou de preconceito de raça, cor, religião, etnia ou procedência de qualquer natureza.
▶ Lei nº 9.029, de 13-4-95, proíbe a exigência de atestados de gravidez e esterilização e outras práticas discriminatórias, para efeitos admissionais ou de permanência da relação jurídica de trabalho.

Constituição Federal – Art. 5º

- Dec. nº 3.956, de 8-10-2001, promulga a Convenção Interamericana para eliminação de todas as Formas de Discriminação contra as Pessoas Portadoras de Deficiência.
- Dec. nº 4.377, de 13-9-2002, promulga a Convenção Sobre a Eliminação de Todas as Formas de Discriminação Contra a Mulher, de 1979.
- Dec. nº 4.886, de 20-11-2003, institui a Política Nacional de Promoção da Igualdade Racial – PNPIR.
- Dec. nº 5.397, de 22-3-2005, dispõe sobre a composição, competência e funcionamento do Conselho Nacional de Combate à Discriminação – CNCD.

XLII – a prática do racismo constitui crime inafiançável e imprescritível, sujeito à pena de reclusão, nos termos da lei;

- Art. 323, I, do CPP.
- Lei nº 7.716, de 5-1-1989 (Lei do Racismo).
- Lei nº 10.678, de 23-5-2003, cria a Secretaria Especial de Políticas de Promoção da Igualdade Racial, da Presidência da República.
- Lei nº 12.288, de 20-7-2010 (Estatuto da Igualdade Racial).

XLIII – a lei considerará crimes inafiançáveis e insuscetíveis de graça ou anistia a prática da tortura, o tráfico ilícito de entorpecentes e drogas afins, o terrorismo e os definidos como crimes hediondos, por eles respondendo os mandantes, os executores e os que, podendo evitá-los, se omitirem;

- Lei nº 8.072, de 25-7-1990 (Lei dos Crimes Hediondos).
- Lei nº 9.455, de 7-4-1997 (Lei dos Crimes de Tortura).
- Lei nº 11.343, de 23-8-2006 (Lei Antidrogas).
- Dec. nº 5.639, de 29-12-2005, promulga a Convenção Interamericana contra o Terrorismo.
- Súm. Vinc. nº 26 do STF.

XLIV – constitui crime inafiançável e imprescritível a ação de grupos armados, civis ou militares, contra a ordem constitucional e o Estado Democrático;

- Lei nº 9.034, de 3-5-1995 (Lei do Crime Organizado).

XLV – nenhuma pena passará da pessoa do condenado, podendo a obrigação de reparar o dano e a decretação do perdimento de bens ser, nos termos da lei, estendidas aos sucessores e contra eles executadas, até o limite do valor do patrimônio transferido;

- Arts. 932 e 935 do CC.
- Arts. 32 a 52 do CP.
- Art. 5º, nº 3, do Pacto de São José da Costa Rica.

XLVI – a lei regulará a individualização da pena e adotará, entre outras, as seguintes:

- Arts. 32 a 52 do CP.
- Súm. Vinc. nº 26 do STF.

a) privação ou restrição da liberdade;
- Arts. 33 a 42 do CP.

b) perda de bens;
- Art. 43, II, do CP.

c) multa;
- Art. 49 do CP.

d) prestação social alternativa;
- Arts. 44 e 46 do CP.

e) suspensão ou interdição de direitos;
- Art. 47 do CP.

XLVII – não haverá penas:
- Art. 60, § 4º, IV, desta Constituição.
- Arts. 32 a 52 do CP.
- Súm. Vinc. nº 26 do STF.

a) de morte, salvo em caso de guerra declarada, nos termos do artigo 84, XIX;
- Arts. 55 a 57 do CPM.
- Arts. 707 e 708 do CPPM.
- Art. 4º, nºs 2 a 6, do Pacto de São José da Costa Rica.

b) de caráter perpétuo;
c) de trabalhos forçados;
- Art. 6º, nº 2, do Pacto de São José da Costa Rica.
- Dec. nº 41.721, de 25-6-1957, promulga a Convenção nº 29 da OIT sobre trabalho forçado ou obrigatório.
- Dec. nº 58.822, de 14-7-1966, promulga a Convenção nº 105 da OIT sobre Abolição do trabalho forçado.
- Dec. nº 58.821, de 14-7-1966, promulga a Convenção nº 104 da OIT sobre Abolição das sanções penais (trabalhadores indígenas).

d) de banimento;
e) cruéis;
- Art. 7º, 7, do Pacto de São José da Costa Rica.
- Súmulas nºs 280, 309 e 419 do STJ.

XLVIII – a pena será cumprida em estabelecimentos distintos, de acordo com a natureza do delito, a idade e o sexo do apenado;

- Arts. 32 a 52 do CP.
- Arts. 82 a 104 da LEP.

XLIX – é assegurado aos presos o respeito à integridade física e moral;

- Art. 5º, III, desta Constituição.
- Art. 38 do CP.
- Art. 40 da LEP.
- Lei nº 8.653, de 10-5-1993, dispõe sobre o transporte de presos.
- Art. 5º, nº 1, do Pacto de São José da Costa Rica.
- Súm. Vinc. nº 11 do STF.

L – às presidiárias serão asseguradas condições para que possam permanecer com seus filhos durante o período de amamentação;

- Art. 89 da LEP.

LI – nenhum brasileiro será extraditado, salvo o naturalizado, em caso de crime comum, praticado antes da naturalização, ou de comprovado envolvimento em tráfico ilícito de entorpecentes e drogas afins, na forma da lei;

- Art. 12, II, desta Constituição.
- Arts. 76 a 94 da Lei nº 6.815, de 19-8-1980 (Estatuto do Estrangeiro).
- Lei nº 11.343, de 23-8-2006 (Lei Antidrogas).
- Art. 110 do Dec. nº 86.715, de 10-12-1981, que regulamenta a Lei nº 6.815, de 19-8-1980 (Estatuto do Estrangeiro).
- Súm. nº 421 do STF.

LII – não será concedida extradição de estrangeiro por crime político ou de opinião;

- Arts. 76 a 94 da Lei nº 6.815, de 19-8-1980 (Estatuto do Estrangeiro).
- Art. 100 do Dec. nº 86.715, de 10-12-1981, que regulamenta a Lei nº 6.815, de 19-8-1980 (Estatuto do Estrangeiro).

LIII – ninguém será processado nem sentenciado senão pela autoridade competente;

- Art. 8º, nº 1, do Pacto de São José da Costa Rica.
- Súm. nº 704 do STF.

LIV – ninguém será privado da liberdade ou de seus bens sem o devido processo legal;

- Súmulas Vinculantes nºs 3 e 14 do STF.
- Súm. nº 704 do STF.
- Súmulas nºs 255 e 347 do STJ.

LV – aos litigantes, em processo judicial ou administrativo, e aos acusados em geral são assegurados o contraditório e ampla defesa, com os meios e recursos a ela inerentes;

- Lei nº 8.112, de 11-12-1990 (Estatuto dos Servidores Públicos Civis da União, Autarquias e Fundações Públicas Federais).
- Lei nº 9.784, de 29-1-1999 (Lei do Processo Administrativo Federal).
- Súmulas Vinculantes nºs 3, 5, 14, 21, 24 e 28 do STF.
- Súmulas nºs 523, 701, 704, 705, 707, 708 e 712 do STF.
- Súmulas nºs 196, 255, 312, 347 e 373 do STJ.

LVI – são inadmissíveis, no processo, as provas obtidas por meios ilícitos;

- Arts. 332 a 443 do CPC.
- Art. 157 do CPP.
- Lei nº 9.296, de 24-7-1996 (Lei das Interceptações Telefônicas).

LVII – ninguém será considerado culpado até o trânsito em julgado de sentença penal condenatória;

- Art. 8º, nº 2, do Pacto de São José da Costa Rica.
- Súm. nº 9 do STJ.

LVIII – o civilmente identificado não será submetido à identificação criminal, salvo nas hipóteses previstas em lei;

- Lei nº 12.037, de 1º-10-2009, regulamenta este inciso.
- Art. 6º, VIII, do CPP.
- Súm. nº 568 do STF.

LIX – será admitida ação privada nos crimes de ação pública, se esta não for intentada no prazo legal;

- Art. 100, § 3º, do CP.
- Art. 29 do CPP.

LX – a lei só poderá restringir a publicidade dos atos processuais quando a defesa da intimidade ou o interesse social o exigirem;

- Art. 93, IX, desta Constituição.
- Arts. 155, caput, I e II, e 444 do CPC.
- Art. 20 do CPP.
- Art. 770 da CLT.
- Lei nº 9.800, de 26-5-1999, dispõe sobre sistemas de transmissão de dados para a prática de atos processuais.
- Art. 8º, nº 5, do Pacto de São José da Costa Rica.

- Súm. nº 708 do STF.
- Súm. nº 427 do TST.

LXI – ninguém será preso senão em flagrante delito ou por ordem escrita e fundamentada de autoridade judiciária competente, salvo nos casos de transgressão militar ou crime propriamente militar, definidos em lei;

- Art. 93, IX, desta Constituição.
- Art. 302 do CPP.
- Dec.-lei nº 1.001, de 21-10-1969 (Código Penal Militar).
- Art. 244 do CPPM.
- Lei nº 6.880, de 9-12-1980 (Estatuto dos Militares).
- Art. 7º, nº 2, do Pacto de São José da Costa Rica.
- Súmulas nºs 9 e 280 do STJ.

LXII – a prisão de qualquer pessoa e o local onde se encontre serão comunicados imediatamente ao juiz competente e à família do preso ou à pessoa por ele indicada;

- Art. 136, § 3º, IV, desta Constituição.

LXIII – o preso será informado de seus direitos, entre os quais o de permanecer calado, sendo-lhe assegurada a assistência da família e de advogado;

- Art. 289-A, § 4º, do CPP.
- Art. 8º, nº 2, g, do Pacto de São José da Costa Rica.

LXIV – o preso tem direito à identificação dos responsáveis por sua prisão ou por seu interrogatório policial;

- Art. 306, § 2º, do CPP.

LXV – a prisão ilegal será imediatamente relaxada pela autoridade judiciária;

- Art. 310, I, do CPP.
- Art. 224 do CPPM.
- Art. 7º, nº 6, do Pacto de São José da Costa Rica.
- Súm. nº 697 do STF.

LXVI – ninguém será levado à prisão ou nela mantido, quando a lei admitir a liberdade provisória, com ou sem fiança;

- Art. 310, III, do CPP.
- Arts. 270 e 271 do CPPM.

LXVII – não haverá prisão civil por dívida, salvo a do responsável pelo inadimplemento voluntário e inescusável de obrigação alimentícia e a do depositário infiel;

- Art. 652 do CC.
- Art. 733, § 1º, do CPC.
- Arts. 466 a 480 do CPPM.
- Arts. 19 e 22 da Lei nº 5.478, de 25-7-1968 (Lei da Ação de Alimentos).
- Lei nº 8.866, de 11-4-1994 (Lei do Depositário Infiel).
- Dec.-lei nº 911, de 1-10-1969 (Lei das Alienações Fiduciárias).
- Art. 7º, 7, do Pacto de São José da Costa Rica.
- Súm. Vinc. nº 25 do STF.
- Súmulas nºs 280, 309 e 419 do STJ.
- Orientações Jurisprudenciais da SBDI-II nºs 89 e 143 do TST.

LXVIII – conceder-se-á habeas corpus sempre que alguém sofrer ou se achar ameaçado de sofrer violência ou coação em sua liberdade de locomoção, por ilegalidade ou abuso de poder;

- Art. 142, § 2º, desta Constituição.
- Arts. 647 a 667 do CPP.

- Arts. 466 a 480 do CPPM.
- Art. 5º da Lei nº 9.289, de 4-7-1996 (Regimento de Custas da Justiça Federal).
- Súmulas nºs 693 a 695 do STF.
- OJ da SBDI-II nº 156 do TST.

LXIX – conceder-se-á mandado de segurança para proteger direito líquido e certo, não amparado por *habeas corpus* ou *habeas data*, quando o responsável pela ilegalidade ou abuso de poder for autoridade pública ou agente de pessoa jurídica no exercício de atribuições do Poder Público;

- Lei nº 9.507, de 12-11-1997 (Lei do *Habeas Data*).
- Lei nº 12.016, de 7-8-2009 (Lei do Mandado de Segurança Individual e Coletivo).
- Súmulas nºs 266, 268, 271, 510, 512, 625 e 632 do STF.
- Súmulas nºs 33, 414, 415, 416, 417 e 418 do TST.

LXX – o mandado de segurança coletivo pode ser impetrado por:

- Súm. nº 630 do STF.

a) partido político com representação no Congresso Nacional;
b) organização sindical, entidade de classe ou associação legalmente constituída e em funcionamento há pelo menos um ano, em defesa dos interesses de seus membros ou associados;

- Art. 5º da Lei nº 7.347, de 24-7-1985 (Lei da Ação Civil Pública).
- Súmulas nºs 629 e 630 do STF.

LXXI – conceder-se-á mandado de injunção sempre que a falta de norma regulamentadora torne inviável o exercício dos direitos e liberdades constitucionais e das prerrogativas inerentes à nacionalidade, à soberania e à cidadania;

- Lei nº 9.265, de 12-2-1996, estabelece a gratuidade dos atos necessários ao exercício da cidadania.

LXXII – conceder-se-á *habeas data*:

- Art. 5º da Lei nº 9.289, de 4-7-1996 (Regimento de Custas da Justiça Federal).
- Lei nº 9.507, de 12-11-1997 (Lei do *Habeas Data*).
- Súm. nº 368 do STJ.

a) para assegurar o conhecimento de informações relativas à pessoa do impetrante, constantes de registros ou bancos de dados de entidades governamentais ou de caráter público;

- Súm. nº 2 do STJ.

b) para a retificação de dados, quando não se prefira fazê-lo por processo sigiloso, judicial ou administrativo;

- Súm. nº 368 do STJ.

LXXIII – qualquer cidadão é parte legítima para propor ação popular que vise a anular ato lesivo ao patrimônio público ou de entidade de que o Estado participe, à moralidade administrativa, ao meio ambiente e ao patrimônio histórico e cultural, ficando o autor, salvo comprovada má-fé, isento de custas judiciais e do ônus da sucumbência;

- Lei nº 4.717, de 29-6-1965 (Lei da Ação Popular).
- Lei nº 6.938, de 31-8-1981 (Lei da Política Nacional do Meio Ambiente).
- Súm. nº 365 do STF.

LXXIV – o Estado prestará assistência jurídica integral e gratuita aos que comprovarem insuficiência de recursos;

- Art. 134 desta Constituição.
- LC nº 80, de 12-1-1994 (Lei da Defensoria Pública).
- Lei nº 1.060, de 5-2-1950 (Lei de Assistência Judiciária).
- Art. 8º, nº 2, e, do Pacto de São José da Costa Rica.
- Súm. nº 102 do STJ.

LXXV – o Estado indenizará o condenado por erro judiciário, assim como o que ficar preso além do tempo fixado na sentença;

- Art. 10 do Pacto de São José da Costa Rica.

LXXVI – são gratuitos para os reconhecidamente pobres, na forma da lei:

- Art. 30 da Lei nº 6.015, de 31-12-1973 (Lei dos Registros Públicos).
- Art. 45 da Lei nº 8.935, de 18-11-1994 (Lei dos Serviços Notariais e de Registro).
- Lei nº 9.265, de 12-2-1996, estabelece a gratuidade dos atos necessários ao exercício da cidadania.
- Dec. nº 6.190, de 20-8-2007, regulamenta o disposto no art. 1º do Decreto-Lei nº 1.876, de 15-7-1981, para dispor sobre a isenção do pagamento de foros, taxas de ocupação e laudêmios, referentes a imóveis de propriedade da União, para as pessoas consideradas carentes ou de baixa renda.

a) o registro civil de nascimento;

- Art. 46 da Lei nº 6.015, de 31-12-1973 (Lei dos Registros Públicos).

b) a certidão de óbito;

- Arts. 77 a 88 da Lei nº 6.015, de 31-12-1973 (Lei dos Registros Públicos).

LXXVII – são gratuitas as ações de *habeas corpus* e *habeas data* e, na forma da lei, os atos necessários ao exercício da cidadania;

- Lei nº 9.265, de 12-2-1996, estabelece a gratuidade dos atos necessários ao exercício da cidadania.
- Lei nº 9.507, de 12-11-1997 (Lei do *Habeas Data*).

LXXVIII – a todos, no âmbito judicial e administrativo, são assegurados a razoável duração do processo e os meios que garantam a celeridade de sua tramitação.

- Inciso LXXVIII acrescido pela EC nº 45, de 8-12-2004.
- Art. 75, parágrafo único, da Lei nº 11.101, de 9-2-2005 (Lei de Recuperação de Empresas e Falências).
- Art. 7º, nº 5º, do Pacto de São José da Costa Rica.

§ 1º As normas definidoras dos direitos e garantias fundamentais têm aplicação imediata.

§ 2º Os direitos e garantias expressos nesta Constituição não excluem outros decorrentes do regime e dos princípios por ela adotados, ou dos tratados internacionais em que a República Federativa do Brasil seja parte.

- Súm. Vinc. nº 25 do STF.

§ 3º Os tratados e convenções internacionais sobre direitos humanos que forem aprovados, em cada Casa do Congresso Nacional, em dois turnos, por três quintos dos votos dos respectivos membros, serão equivalentes às emendas constitucionais.

§ 4º O Brasil se submete à jurisdição de Tribunal Penal Internacional a cuja criação tenha manifestado adesão.

- §§ 3º e 4º acrescidos pela EC nº 45, de 8-12-2004.

- Dec. nº 4.388, de 25-9-2002, promulga o Estatuto de Roma do Tribunal Penal Internacional.

Capítulo II
DOS DIREITOS SOCIAIS

Art. 6º São direitos sociais a educação, a saúde, a alimentação, o trabalho, a moradia, o lazer, a segurança, a previdência social, a proteção à maternidade e à infância, a assistência aos desamparados, na forma desta Constituição.

- Artigo com a redação dada pela EC nº 64, de 4-2-2010.
- Arts. 208, 212, § 4º, e 227 desta Constituição.
- Lei nº 10.689, de 13-6-2003, cria o Programa Nacional de Acesso à Alimentação – PNAA.
- Lei nº 10.836, de 9-1-2004, cria o programa "Bolsa-Família", que tem por finalidade a unificação dos procedimentos da gestão e execução das ações de transferência de renda do Governo Federal, incluindo o "Bolsa-Alimentação".
- Art. 6º da Lei nº 12.288, de 20-7-2010 (Estatuto da Igualdade Racial).
- MP nº 2.206-1, de 6-9-2001, que até o encerramento desta edição não havia sido convertida em Lei, cria o Programa Nacional de Renda Mínima vinculado à saúde: "Bolsa-Alimentação", regulamentada pelo Dec. nº 3.934, de 30-9-2001.
- Dec. nº 58.820, de 14-7-1966, promulgou a Convenção nº 103 da OIT, sobre Proteção à maternidade.
- Dec. nº 66.467, de 27-4-1970, promulgou a Convenção nº 118, sobre Igualdade de tratamento dos nacionais e não nacionais em matéria de previdência social.
- Dec. nº 66.496, de 27-4-1970, promulgou a Convenção nº 117 da OIT, sobre os objetivos e as normas básicas da política social.
- Dec. nº 3.964, de 10-10-2001, dispõe sobre o Fundo Nacional de Saúde.
- Decreto Legislativo nº 269, 18-9-2008, aprova a Convenção nº 102 da OIT sobre normas mínimas da seguridade social.

Art. 7º São direitos dos trabalhadores urbanos e rurais, além de outros que visem à melhoria de sua condição social:

- Lei nº 9.799, de 26-5-1999, insere na CLT regras de acesso da mulher ao mercado de trabalho.
- Arts. 38 e 39 da Lei nº 12.288, de 20-7-2010 (Estatuto da Igualdade Racial).
- Declaração sobre Princípios e Direitos Fundamentais no Trabalho e seu seguimento, aprovada pela Conferência Internacional do Trabalho da OIT, em 1998.

I – relação de emprego protegida contra despedida arbitrária ou sem justa causa, nos termos de lei complementar, que preverá indenização compensatória, dentre outros direitos;

- Art. 10 do ADCT.

II – seguro-desemprego, em caso de desemprego involuntário;

- Art. 201, IV, desta Constituição.
- Art. 12 da CLT.
- Leis nºs 7.998, de 11-1-1990; 8.019, de 11-4-1990; 8.178, de 1º-3-1991; e 8.900, de 30-6-1994, dispõem sobre seguro-desemprego.
- Lei nº 10.779, de 25-11-2003, dispõe sobre a concessão do benefício de seguro-desemprego, durante o período de defeso, ao pescador profissional que exerce a atividade pesqueira de forma artesanal.

- Dec. nº 2.682, de 21-7-1998, promulga a Convenção nº 168 da OIT sobre promoção do emprego e à proteção contra o desemprego.
- Dec. nº 3.361, de 10-2-2000, regulamenta dispositivos da Lei nº 5.859, de 11-12-1972 (Lei do Empregado Doméstico).
- Súm. nº 389 do TST.

III – Fundo de Garantia do Tempo de Serviço;

- Arts. 7º, 477, 478 e 492 da CLT.
- LC nº 110, de 29-6-2001, institui contribuições sociais, autoriza créditos de complementos de atualização monetária em contas vinculadas do FGTS, regulamentada pelos Decretos nº 3.913, de 11-9-2001, e 3.914, de 11-9-2001.
- Lei nº 8.036, de 11-5-1990, Dec. nº 99.684, de 8-11-1990 (Regulamento), e Lei nº 8.844, de 20-1-1994, dispõem sobre o FGTS.
- Dec. nº 3.361, de 10-2-2000, regulamenta dispositivos da Lei nº 5.859, de 11-12-1972 (Lei do Empregado Doméstico).
- Súm. nº 353 do STJ.
- Súmulas nºs 63, 98, 206, 305, 362, 363 e 426 do TST.
- Orientações Jurisprudenciais da SBDI-I nºs 42, 125, 195, 232, 302, 341, 344, 362, 370 e 394 do TST.

IV – salário mínimo, fixado em lei, nacionalmente unificado, capaz de atender a suas necessidades vitais básicas e às de sua família com moradia, alimentação, educação, saúde, lazer, vestuário, higiene, transporte e previdência social, com reajustes periódicos que lhe preservem o poder aquisitivo, sendo vedada sua vinculação para qualquer fim;

- Art. 39, § 3º, desta Constituição.
- Lei nº 6.205, de 29-4-1975, estabelece a descaracterização do salário mínimo como fator de correção monetária.
- Dec. nº 41.721, de 25-6-1957 promulga as Convenções da OIT nº 26 sobre Instituição de métodos de fixação de salários mínimos e nº 99 sobre Métodos de fixação do salário mínimo na agricultura.
- Dec. nº 89.686, de 22-5-1984, promulga a Convenção nº 131 da OIT sobre Fixação de salários mínimos, com referências especial aos países em desenvolvimento.
- Súmulas Vinculantes nºs 4, 6, 15 e 16 do STF.
- Súm. nº 201 do STJ.
- Súm. nº 356 do TST.
- Orientações Jurisprudenciais da SBDI-I nºs 272, 358 e 393 do TST.
- Orientações Jurisprudenciais da SBDI-II nºs 2 e 71 do TST.
- Ao julgar a ADIN nº 4.568, o Plenário do STF declarou a constitucionalidade da Lei nº 12.382, de 25-2-2011, que estipula os parâmetros para fixação do salário mínimo, cabendo ao Presidente da República aplicar os índices definidos para reajuste e aumento e divulgá-los por meio de decreto.

V – piso salarial proporcional à extensão e à complexidade do trabalho;

- LC nº 103, de 14-7-2000, autoriza os Estados e o Distrito Federal a instituir o piso salarial a que se refere este inciso.
- OJ da SBDI-I nº 358 do TST.

VI – irredutibilidade do salário, salvo o disposto em convenção ou acordo coletivo;

- Súm. nº 391 do TST.

Constituição Federal – Art. 7º   17

▶ Orientações Jurisprudenciais da SBDI-I nºs 358 e 396 do TST.

VII – garantia de salário, nunca inferior ao mínimo, para os que percebem remuneração variável;

▶ Art. 39, § 3º, desta Constituição.
▶ Lei nº 8.716, de 11-10-1993, dispõe sobre a garantia do salário mínimo.
▶ Lei nº 9.032, de 28-4-1995, dispõe sobre o valor do salário mínimo.

VIII – décimo terceiro salário com base na remuneração integral ou no valor da aposentadoria;

▶ Arts. 39, § 3º, e 142, § 3º, VIII, desta Constituição.
▶ Leis nºs 4.090, de 13-7-1962; 4.749, de 12-8-1965; Decretos nºs 57.155, de 3-11-1965; e 63.912, de 26-12-1968, dispõem sobre o 13º salário.
▶ OJ da SBDI-I nº 358 do TST.
▶ Súm. nº 349 do STJ.

IX – remuneração do trabalho noturno superior à do diurno;

▶ Art. 39, § 3º, desta Constituição.
▶ Art. 73, §§ 1º a 5º, da CLT.
▶ Dec. nº 5.005, de 8-3-2004, promulga a Convenção nº 171 da OIT, sobre trabalho noturno.
▶ Súmulas nºs 60, 140, 265 e 354 do TST.
▶ Orientações Jurisprudenciais da SBDI-I nºs 97, 265 e 388 do TST.

X – proteção do salário na forma da lei, constituindo crime sua retenção dolosa;

▶ Dec. nº 41.721, de 25-6-1957, promulga a Convenção nº 95 da OIT, sobre proteção do salário.

XI – participação nos lucros, ou resultados, desvinculada da remuneração, e, excepcionalmente, participação na gestão da empresa, conforme definido em lei;

▶ Arts. 543 e 621 da CLT.
▶ Lei nº 10.101, de 19-12-2000 (Lei da Participação nos Lucros e Resultados).
▶ OJ da SBDI-I nº 390 do TST.
▶ OJ da SBDI-I Transitória nº 73 do TST.

XII – salário-família pago em razão do dependente do trabalhador de baixa renda nos termos da lei;

▶ Inciso XII com a redação dada pela EC nº 20, de 15-12-1998.
▶ Arts. 39, § 3º, e 142, § 3º, VIII, desta Constituição.
▶ Art. 12 da CLT.
▶ Leis nºs 4.266, de 3-10-1963; 5.559, de 11-12-1968; e Dec. nº 53.153, de 10-12-1963, dispõem sobre salário-família.
▶ Arts. 18, 26, 28, 65 a 70 da Lei nº 8.213, de 24-7-1991 (Lei dos Planos de Benefícios da Previdência Social).
▶ Arts. 5º, 25, 30 a 32, 42, 81 a 92, 173, 217, § 6º, 218, 225 e 255 do Dec. nº 3.048, de 6-5-1999 (Regulamento da Previdência Social).
▶ OJ da SBDI-I nº 358 do TST.

XIII – duração do trabalho normal não superior a oito horas diárias e quarenta e quatro semanais, facultada a compensação de horários e a redução da jornada, mediante acordo ou convenção coletiva de trabalho;

▶ Art. 39, § 3º, desta Constituição.
▶ Arts. 57 a 75 e 224 a 350 da CLT.
▶ Súmulas nºs 85 e 445 do TST.
▶ OJ da SBDI-I nº 323 do TST.

XIV – jornada de seis horas para o trabalho realizado em turnos ininterruptos de revezamento, salvo negociação coletiva;

▶ Art. 58 da CLT.
▶ Súm. nº 675 do STF.
▶ Súmulas nºs 360 e 423 do TST.
▶ Orientações Jurisprudenciais da SBDI-I nºs 360 e 395 do TST.

XV – repouso semanal remunerado, preferencialmente aos domingos;

▶ Art. 39, §§ 2º e 3º, desta Constituição.
▶ Art. 67 da CLT.
▶ Lei nº 605, de 5-1-1949 (Lei do Repouso Semanal Remunerado).
▶ Dec. nº 27.048, de 12-8-1949, regulamenta a Lei nº 605, de 5-1-1949 (Lei do Repouso Semanal Remunerado).
▶ Dec. nº 58.823, de 14-7-1966, promulga a Convenção nº 106 da OIT, sobre repouso semanal no comércio e nos escritórios.
▶ Súm. nº 27 do TST.
▶ Orientações Jurisprudenciais da SBDI-I nºs 394 e 410 do TST.

XVI – remuneração do serviço extraordinário superior, no mínimo, em cinquenta por cento à do normal;

▶ Art. 39, §§ 2º e 3º, desta Constituição.
▶ Art. 59 da CLT.

XVII – gozo de férias anuais remuneradas com, pelo menos, um terço a mais do que o salário normal;

▶ Art. 39, §§ 2º e 3º, desta Constituição.
▶ Arts. 7º e 129 a 153 da CLT.
▶ Dec. nº 3.168, de 14-9-1999, promulga a Convenção nº 146 da OIT sobre férias remuneradas anuais da gente do mar.
▶ Dec. nº 3.197, de 5-10-1999, promulgou a Convenção nº 132 da OIT sobre férias anuais remuneradas.
▶ Súm. nº 386 do STJ.
▶ Súmulas nºs 171 e 328 do TST.

XVIII – licença à gestante, sem prejuízo do emprego e do salário, com a duração de cento e vinte dias;

▶ O STF, por unanimidade de votos, julgou parcialmente procedente a ADIN nº 1.946-5, para dar, ao art. 14 da EC nº 20, de 15-12-1998, interpretação conforme a CF, excluindo-se sua aplicação ao salário da licença gestante, a que se refere este inciso (DJU de 16-5-2003 e DOU de 3-6-2003).
▶ Art. 39, §§ 2º e 3º, desta Constituição.
▶ Art. 10, II, b, do ADCT.
▶ Arts. 391 e 392 da CLT.
▶ Arts. 71 a 73 da Lei nº 8.213, de 24-7-1991 (Lei dos Planos de Benefícios da Previdência Social).
▶ Lei nº 10.421, de 15-4-2002, estende à mãe adotiva o direito à licença-maternidade e ao salário-maternidade.
▶ Lei nº 11.770, de 9-9-2008 (Lei do Programa Empresa Cidadã), regulamentada pelo Dec. nº 7.052, de 23-12-2009.
▶ Dec. nº 58.820, de 14-7-1966, promulgou a Convenção nº 103 da OIT, sobre proteção à maternidade.
▶ Dec. nº 4.377, de 13-9-2002, promulga a Convenção Sobre a Eliminação de Todas as Formas de Discriminação Contra a Mulher, de 1979.
▶ Súm. nº 244 do TST.
▶ OJ da SBDI-I nº 44 do TST.

XIX – licença-paternidade, nos termos fixados em lei;
- Art. 39, §§ 2º e 3º, desta Constituição.
- Art. 10, § 1º, do ADCT.

XX – proteção do mercado de trabalho da mulher, mediante incentivos específicos, nos termos da lei;
- Art. 39, §§ 2º e 3º, desta Constituição.
- Arts. 372 a 401 da CLT.
- Dec. nº 41.721, de 25-6-1957, promulga a Convenção nº 100 da OIT sobre igualdade de remuneração para a mão de obra masculina e a mão de obra feminina por um trabalho de igual valor.
- Dec. nº 4.377, de 13-9-2002, promulga a Convenção sobre a Eliminação de Todas as Formas de Discriminação contra a Mulher, de 1979.

XXI – aviso prévio proporcional ao tempo de serviço, sendo no mínimo de trinta dias, nos termos da lei;
- Arts. 7º e 487 a 491 da CLT.
- Lei nº 12.506, de 11-10-2011 (Lei do Aviso Prévio).
- Súm. nº 441 do TST.

XXII – redução dos riscos inerentes ao trabalho, por meio de normas de saúde, higiene e segurança;
- Art. 39, §§ 2º e 3º, desta Constituição.
- Arts. 154 a 159 e 192 da CLT.
- Dec. nº 62.151, de 19-1-1968, promulga a Convenção nº 115 da OIT sobre proteção contra as radiações ionizantes.
- Dec. nº 66.498, de 27-4-1970, promulga a Convenção nº 120 da OIT relativa à higiene no comércio e escritórios.
- Dec. nº 67.339, de 5-10-1970, promulga a Convenção nº 127 da OIT sobre peso máximo das cargas.
- Dec. nº 93.413, de 15-10-1986, promulga a Convenção nº 148 da OIT sobre proteção dos trabalhadores contra os riscos profissionais devidos à poluição do ar, ao ruído e às vibrações nos locais de trabalho.
- Dec. nº 99.534, de 19-9-1990, promulga a Convenção nº 152 da OIT sobre segurança e higiene (trabalho portuário).
- Dec. nº 127, de 22-5-1991, promulga a Convenção nº 161 da OIT sobre serviços de saúde do trabalho.
- Dec. nº 126, de 22-5-1991, promulga a Convenção nº 162 da OIT sobre utilização do asbesto com segurança.
- Dec. nº 157, de 2-7-1991, promulga a Convenção nº 139 da OIT sobre prevenção e controle de riscos profissionais causados pelas substâncias ou agentes cancerígenos.
- Dec. nº 1.237, de 29-9-1994, promulga a Convenção nº 133 da OIT sobre alojamento a bordo de navios (disposições complementares).
- Dec. nº 1.253, de 27-9-1994, promulga a Convenção nº 136 da OIT sobre proteção contra os riscos de intoxicação provocados pelo benzeno.
- Dec. nº 1.254, de 29-9-1994, promulga a Convenção nº 155 da OIT sobre segurança e saúde dos trabalhadores e o meio ambiente de trabalho.
- Dec. nº 2.420, de 16-12-1997, promulga a Convenção nº 126 da OIT sobre alojamento a bordo dos navios de pesca.
- Dec. nº 2.657, de 3-7-1998, promulga a Convenção nº 170 da OIT sobre segurança na utilização de produtos químicos no trabalho.
- Dec. nº 2.669, de 15-7-1998, promulga a Convenção nº 163 da OIT sobre bem-estar dos trabalhadores marítimos no mar e no porto.
- Dec. nº 2.671, de 15-7-1998, promulga a Convenção nº 164 da OIT sobre proteção à saúde e assistência médica aos trabalhadores marítimos.
- Dec. nº 3.251, de 17-11-1999, promulga a Convenção nº 134 da OIT sobre acidentes do trabalho dos marítimos.
- Dec. nº 4.085, de 15-1-2002, promulga a Convenção nº 174 da OIT sobre prevenção de acidentes industriais maiores.
- Dec. nº 6.270, de 22-11-2007, promulga a Convenção nº 176 da OIT sobre a segurança e saúde nas minas.
- Dec. nº 6.271, de 22-11-2007, promulga a Convenção nº 167 da OIT sobre segurança e saúde na construção.
- Súm. nº 736 do STF.

XXIII – adicional de remuneração para as atividades penosas, insalubres ou perigosas, na forma da lei;
- Art. 39, § 2º, desta Constituição.
- Arts. 189 a 197 da CLT.
- Súm. Vinc. nº 4 do STF.
- Orientações Jurisprudenciais nºs 385 e 406 do TST.

XXIV – aposentadoria;
- Art. 154 da CLT.
- Arts. 42 a 58 da Lei nº 8.213, de 24-7-1991 (Lei dos Planos de Benefícios da Previdência Social).
- Lei nº 9.477, de 24-7-1997, institui o Fundo de Aposentadoria Programa Individual – FAPI e o Plano de Incentivo à Aposentadoria Programa Individual.
- Arts. 25, 29, 30, 43 a 70, 120, 135, 167, 168, 173, 180, 181-A, 181-B, 183, 184, 187, 188, 188-A, 189, parágrafo único, e 202 do Dec. nº 3.048, de 6-5-1999 (Regulamento da Previdência Social).

XXV – assistência gratuita aos filhos e dependentes desde o nascimento até 5 (cinco) anos de idade em creches e pré-escolas;
- Inciso XXV com a redação dada pela EC nº 53, de 19-12-2006.
- Art. 208, IV, desta Constituição.

XXVI – reconhecimento das convenções e acordos coletivos de trabalho;
- Arts. 611 a 625 da CLT.
- Dec. nº 1.256, de 29-9-1994, promulga a Convenção nº 154 da OIT sobre fomento à negociação coletiva.
- Súmulas nºs 277 e 374 do TST.
- Orientações Jurisprudenciais da SBDI-I Transitória nºs 61 e 73 do TST.

XXVII – proteção em face da automação, na forma da lei;
- Dec. nº 1.255, de 16-12-1991, promulga a Convenção nº 119 da OIT sobre proteção das máquinas.

XXVIII – seguro contra acidentes de trabalho, a cargo do empregador, sem excluir a indenização a que este está obrigado, quando incorrer em dolo ou culpa;
- Art. 114, VI, desta Constituição.
- Art. 154 da CLT.
- Lei nº 6.338, de 7-6-1976, inclui as ações de indenização por acidentes do trabalho entre as que têm curso nas férias forenses.
- Lei nº 8.212, de 24-7-1991 (Lei Orgânica da Seguridade Social).
- Lei nº 8.213, de 24-7-1991 (Lei dos Planos de Benefícios da Previdência Social).

► Lei nº 9.307, de 23-9-1996 (Lei da Arbitragem).
► Art. 40 da Lei nº 11.101, de 9-2-2005 (Lei de Recuperação de Empresas e Falências).
► Dec. nº 1.361, de 12-1-1937, promulga a Convenção nº 42 da OIT sobre indenização por enfermidade profissional.
► Dec. nº 41.721, de 25-6-1957, promulga a Convenção nº 19 da OIT sobre igualdade de tratamento dos trabalhadores estrangeiros e nacionais em matéria de indenização por acidentes no trabalho.
► Dec. nº 3.048, de 6-5-1999 (Regulamento da Previdência Social).
► Súm. Vinc. nº 22 do STF.
► Súm. nº 378 do TST.

XXIX – ação, quanto aos créditos resultantes das relações de trabalho, com prazo prescricional de cinco anos para os trabalhadores urbanos e rurais, até o limite de dois anos após a extinção do contrato de trabalho;

► Inciso XXIX com a redação dada pela EC nº 28, de 25-5-2000.
► Art. 11, I e II, da CLT.
► Art. 10 da Lei nº 5.889, de 8-6-1973 (Lei do Trabalho Rural).
► Súmulas nºs 206, 294, 308, 362 e 409 do TST.
► Orientações Jurisprudenciais da SBDI-I nºs 271, 359, 399 e 417 do TST.

a e b) Revogadas. EC nº 28, de 25-5-2000.

XXX – proibição de diferença de salários, de exercício de funções e de critério de admissão por motivo de sexo, idade, cor ou estado civil;

► Art. 39, § 3º, desta Constituição.
► Lei nº 9.029, de 13-4-1995, proíbe a exigência de atestados de gravidez e esterilização, e outras praticas discriminatórias, para efeitos admissionais ou de permanência da relação jurídica de trabalho.
► Dec. nº 41.721, de 25-6-1957 promulga a Convenção nº 100 da OIT sobre igualdade de remuneração para a mão de obra masculina e a mão de obra feminina por um trabalho de igual valor.
► Dec. nº 62.150, de 19-1-1968, promulga a Convenção nº 111 da OIT sobre discriminação em matéria de emprego e ocupação.
► Dec. nº 4.377, de 13-9-2002, promulga a Convenção sobre a Eliminação de Todas as Formas de Discriminação contra a Mulher, de 1979.
► Port. do MTE nº 1.246, de 28-5-2010, orienta as empresas e os trabalhadores em relação à testagem relacionada ao vírus da imunodeficiência adquirida – HIV.
► Súm. nº 683 do STF.
► Súmulas nºs 6 e 443 do TST.
► OJ da SBDI-I nº 383 do TST.
► Orientações Jurisprudenciais da SDC nºs 25 e 26 do TST.

XXXI – proibição de qualquer discriminação no tocante a salário e critérios de admissão do trabalhador portador de deficiência;

► Dec. nº 129, de 22-5-1991, promulga a Convenção nº 159 da OIT sobre reabilitação profissional e emprego de pessoas deficientes.
► Dec. nº 3.298, de 20-12-1999, dispõe sobre a Política Nacional para Integração da Pessoa Portadora de Deficiência e consolida as normas de proteção.

XXXII – proibição de distinção entre trabalho manual, técnico e intelectual ou entre os profissionais respectivos;

► Súm. nº 84 do TST.

XXXIII – proibição de trabalho noturno, perigoso ou insalubre a menores de dezoito e de qualquer trabalho a menores de dezesseis anos, salvo na condição de aprendiz, a partir de quatorze anos;

► Inciso XXXIII com a redação dada pela EC nº 20, de 15-12-1998.
► Art. 227 desta Constituição.
► Arts. 192, 402 a 410 e 792 da CLT.
► Arts. 60 a 69 do ECA.
► Arts. 27, V, e 78, XVIII, da Lei nº 8.666, de 21-6-1993 (Lei de Licitações e Contratos Administrativos).
► Art. 13 da Lei nº 11.685, de 2-6-2008 (Estatuto do Garimpeiro).
► Dec. nº 3.597, de 12-9-2000, promulga a Convenção nº 182 da OIT sobre proibição das piores formas de trabalho infantil e ação imediata para sua eliminação.
► Dec. nº 4.134, de 15-2-2002, promulga a Convenção nº 138 e a Recomendação nº 146 da OIT sobre Idade Mínima de Admissão ao Emprego.

XXXIV – igualdade de direitos entre o trabalhador com vínculo empregatício permanente e o trabalhador avulso.

Parágrafo único. São assegurados à categoria dos trabalhadores domésticos os direitos previstos nos incisos IV, VI, VIII, XV, XVII, XVIII, XIX, XXI e XXIV, bem como a sua integração à previdência social.

► Art. 7º da CLT.
► Leis nºs 5.859, de 11-12-1972, e 7.195, de 12-6-1984; Decretos nºs 71.885, de 9-3-1973, e 1.197, de 14-7-1994, dispõem sobre empregado doméstico.
► Arts. 93 a 103 do Dec. nº 3.048, de 6-5-1999 (Regulamento da Previdência Social).
► Dec. nº 3.361, de 10-2-2000, regulamenta dispositivos da Lei nº 5.859, de 11-12-1972 (Lei do Empregado Doméstico).

Art. 8º É livre a associação profissional ou sindical, observado o seguinte:

► Arts. 511 a 515, 524, 537, 543, 553, 558 e 570 da CLT.

I – a lei não poderá exigir autorização do Estado para a fundação de sindicato, ressalvado o registro no órgão competente, vedadas ao Poder Público a interferência e a intervenção na organização sindical;

► Dec. nº 1.703, de 17-11-1995, promulga a Convenção nº 141 da OIT sobre organizações de trabalhadores rurais e sua função no desenvolvimento econômico e social.
► Port. do MTE nº 186, de 10-4-2008, trata de procedimentos administrativos de registro sindical.
► Súm. nº 677 do STF.
► OJ da SDC nº 15 do TST.

II – é vedada a criação de mais de uma organização sindical, em qualquer grau, representativa de categoria profissional ou econômica, na mesma base territorial, que será definida pelos trabalhadores ou empregadores interessados, não podendo ser inferior à área de um município;

► Súm. nº 677 do STF.

III – ao sindicato cabe a defesa dos direitos e interesses coletivos ou individuais da categoria, inclusive em questões judiciais ou administrativas;

▶ Orientações Jurisprudenciais da SBDI-I nºs 359 e 365 do TST.
▶ OJ da SDC nº 22 do TST.

IV – a assembleia-geral fixará a contribuição que, em se tratando de categoria profissional, será descontada em folha, para custeio do sistema confederativo da representação sindical respectiva, independentemente da contribuição prevista em lei;

▶ Súm. nº 666 do STF.
▶ Súm. nº 396 do STJ.
▶ OJ da SDC nº 17 do TST.
▶ Precedente Normativo da SDC nº 119 do TST.
▶ Ao julgar a ADIN nº 4.033, o Plenário do STF julgou constitucional a isenção de contribuição sindical patronal das microempresas e empresas de pequeno porte, optantes do regime SIMPLES NACIONAL, constante do art. 13, § 3º, da LC nº 123, 14-12-2006.
▶ No julgamento da ADIN nº 2.522, o Plenário do STF julgou constitucional o art. 47 da Lei nº 8.906, de 4-7-1994, (Estatuto da OAB) a isentar o recolhimento da contribuição sindical obrigatória aos advogados inscritos na Ordem dos Advogados do Brasil.
▶ Súm. nº 396 do STJ.

V – ninguém será obrigado a filiar-se ou manter-se filiado a sindicato;

▶ Art. 199 do CP.
▶ Dec. nº 33.196, de 29-6-1953, promulga a Convenção nº 98 da OIT sobre direito de sindicalização e de negociação coletiva.
▶ OJ da SDC nº 20 do TST.

VI – é obrigatória a participação dos sindicatos nas negociações coletivas de trabalho;

▶ O STF, ao julgar as Ações Diretas de Inconstitucionalidade nºs 1.861 e 1.361, declararam a inconstitucionalidade de regra constante da MP nº 1.698-46, de 30-6-1998 e art. 2º da MP nº 1.136, de 26-9-1995, que previam a possibilidade de negociação coletiva para instituição de participação nos lucros, por meio de comissão de trabalhadores integrada por um representante indicado pelo sindicato, em alternativa ao acordo coletivo ou convenção coletiva de trabalho.

VII – o aposentado filiado tem direito a votar e ser votado nas organizações sindicais;

VIII – é vedada a dispensa do empregado sindicalizado, a partir do registro da candidatura a cargo de direção ou representação sindical e, se eleito, ainda que suplente, até um ano após o final do mandato, salvo se cometer falta grave nos termos da lei.

▶ Art. 543 da CLT.
▶ Dec. nº 131, de 22-5-2001, promulga a Convenção nº 135 da OIT sobre proteção de representantes de trabalhadores.
▶ Súm. nº 197 do STF.
▶ Súmulas nºs 369 e 379 do TST.
▶ Orientações Jurisprudenciais da SBDI-I nºs 365 e 369 do TST.

Parágrafo único. As disposições deste artigo aplicam-se à organização de sindicatos rurais e de colônias de pescadores, atendidas as condições que a lei estabelecer.

▶ Lei nº 11.699, de 13-6-2008, dispõe sobre as Colônias, Federações e Confederação Nacional dos Pescadores, regulamentando este parágrafo.

Art. 9º É assegurado o direito de greve, competindo aos trabalhadores decidir sobre a oportunidade de exercê-lo e sobre os interesses que devam por meio dele defender.

▶ Arts. 37, VII, 114, II, e 142, § 3º, IV, desta Constituição.
▶ Lei nº 7.783, de 28-6-1989 (Lei de Greve).

§ 1º A lei definirá os serviços ou atividades essenciais e disporá sobre o atendimento das necessidades inadiáveis da comunidade.

§ 2º Os abusos cometidos sujeitam os responsáveis às penas da lei.

▶ Súm. nº 316 do STF.
▶ OJ da SDC nº 10 do TST.

Art. 10. É assegurada a participação dos trabalhadores e empregadores nos colegiados dos órgãos públicos em que seus interesses profissionais ou previdenciários sejam objeto de discussão e deliberação.

Art. 11. Nas empresas de mais de duzentos empregados, é assegurada a eleição de um representante destes com a finalidade exclusiva de promover-lhes o entendimento direto com os empregadores.

▶ Art. 543 da CLT.
▶ Precedente Normativo da SDC nº 86 do TST.

Capítulo III

DA NACIONALIDADE

▶ Art. 5º, LXXI, desta Constituição.
▶ Dec. nº 4.246, de 22-5-2002, promulga a Convenção sobre o Estatuto dos Apátridas.

Art. 12. São brasileiros:

I – natos:

a) os nascidos na República Federativa do Brasil, ainda que de pais estrangeiros, desde que estes não estejam a serviço de seu país;

b) os nascidos no estrangeiro, de pai brasileiro ou mãe brasileira, desde que qualquer deles esteja a serviço da República Federativa do Brasil;

c) os nascidos no estrangeiro de pai brasileiro ou de mãe brasileira, desde que sejam registrados em repartição brasileira competente ou venham a residir na República Federativa do Brasil e optem, em qualquer tempo, depois de atingida a maioridade, pela nacionalidade brasileira;

▶ Alínea c com a redação dada pela EC nº 54, de 20-9-2007.
▶ Art. 95 do ADCT.

II – naturalizados:

▶ Lei nº 818, de 18-9-1949 (Lei da Nacionalidade Brasileira).
▶ Arts. 111 a 121 da Lei nº 6.815, de 19-8-1980 (Estatuto do Estrangeiro).
▶ Arts. 119 a 134 do Dec. nº 86.715, de 10-12-1981, que regulamenta a Lei nº 6.815, de 19-8-1980 (Estatuto do Estrangeiro).

Constituição Federal – Arts. 13 e 14   21

▶ Dec. nº 3.453, de 9-5-2000, delega competência ao Ministro de Estado da Justiça para declarar a perda e a reaquisição da nacionalidade Brasileira.

a) os que, na forma da lei, adquiram a nacionalidade brasileira, exigidas aos originários de países de língua portuguesa apenas residência por um ano ininterrupto e idoneidade moral;
b) os estrangeiros de qualquer nacionalidade, residentes na República Federativa do Brasil há mais de quinze anos ininterruptos e sem condenação penal, desde que requeiram a nacionalidade brasileira.

▶ Alínea b com a redação dada pela ECR nº 3, de 7-6-1994.

§ 1º Aos portugueses com residência permanente no País, se houver reciprocidade em favor de brasileiros, serão atribuídos os direitos inerentes ao brasileiro, salvo os casos previstos nesta Constituição.

▶ § 1º com a redação dada pela ECR nº 3, de 7-6-1994.

§ 2º A lei não poderá estabelecer distinção entre brasileiros natos e naturalizados, salvo nos casos previstos nesta Constituição.

§ 3º São privativos de brasileiro nato os cargos:

I – de Presidente e Vice-Presidente da República;
II – de Presidente da Câmara dos Deputados;
III – de Presidente do Senado Federal;
IV – de Ministro do Supremo Tribunal Federal;
V – da carreira diplomática;
VI – de oficial das Forças Armadas;

▶ LC nº 97, de 9-6-1999, dispõe sobre as normas gerais para organização, o preparo e o emprego das Forças Armadas.

VII – de Ministro de Estado da Defesa.

▶ Inciso VII acrescido pela EC nº 23, de 2-9-1999.
▶ LC nº 97, de 9-6-1999, dispõe sobre a criação do Ministério de Defesa.

§ 4º Será declarada a perda da nacionalidade do brasileiro que:

I – tiver cancelada sua naturalização, por sentença judicial, em virtude de atividade nociva ao interesse nacional;
II – adquirir outra nacionalidade, salvo nos casos:
a) de reconhecimento de nacionalidade originária pela lei estrangeira;
b) de imposição de naturalização, pela norma estrangeira, ao brasileiro residente em Estado estrangeiro, como condição para permanência em seu território ou para o exercício de direitos civis.

▶ Inciso II, alíneas a e b, com a redação dada pela ECR nº 3, de 7-6-1994.
▶ Lei nº 818, de 18-9-1949 (Lei da Nacionalidade Brasileira).
▶ Dec. nº 3.453, de 9-5-2000, delega competência ao Ministro de Estado da Justiça para declarar a perda e a reaquisição da nacionalidade brasileira.

Art. 13. A língua portuguesa é o idioma oficial da República Federativa do Brasil.

▶ Dec. nº 5.002, de 3-3-2004, promulga a Declaração Constitutiva e os Estatutos da Comunidade dos Países de Língua Portuguesa.

§ 1º São símbolos da República Federativa do Brasil a bandeira, o hino, as armas e o selo nacionais.

▶ Lei nº 5.700, de 1º-9-1971, dispõe sobre a forma e a apresentação dos Símbolos Nacionais.
▶ Dec. nº 98.068, de 18-8-1989, dispõe sobre o hasteamento da bandeira nacional nas repartições públicas federais e nos estabelecimentos de ensino.

§ 2º Os Estados, o Distrito Federal e os Municípios poderão ter símbolos próprios.

Capítulo IV
DOS DIREITOS POLÍTICOS

▶ Art. 5º, LXXI, desta Constituição.

Art. 14. A soberania popular será exercida pelo sufrágio universal e pelo voto direto e secreto, com valor igual para todos, e, nos termos da lei, mediante:

▶ Lei nº 4.737, de 15-7-1965 (Código Eleitoral).
▶ Lei nº 9.709, de 18-11-1998, regulamenta a execução do disposto nos incisos I, II e III do artigo supratranscrito.

I – plebiscito;

▶ Arts. 18, §§ 3º e 4º, e 49, XV, desta Constituição.
▶ Art. 2º do ADCT.

II – referendo;

▶ Arts. 1º, II, 2º, § 2º, 3º, 6º, 8º e 10 a 12 da Lei nº 9.709, de 18-11-1998, que regulamenta a execução do disposto nos incisos I, II e III deste artigo.

III – iniciativa popular.

▶ Art. 61, § 2º, desta Constituição.
▶ Arts. 1º, III, 13 e 14 da Lei nº 9.709, de 18-11-1998, que regulamenta a execução do disposto nos incisos I, II e III deste artigo.

§ 1º O alistamento eleitoral e o voto são:

▶ Arts. 42 a 81 e 133 a 157 do CE.

I – obrigatórios para os maiores de dezoito anos;

▶ Lei nº 9.274, de 7-5-1996, dispõe sobre anistia relativamente às eleições de 3 de outubro e de 15 de novembro dos anos de 1992 e 1994.

II – facultativos para:
a) os analfabetos;
b) os maiores de setenta anos;
c) os maiores de dezesseis e menores de dezoito anos.

§ 2º Não podem alistar-se como eleitores os estrangeiros e, durante o período do serviço militar obrigatório, os conscritos.

§ 3º São condições de elegibilidade, na forma da lei:

I – a nacionalidade brasileira;
II – o pleno exercício dos direitos políticos;

▶ Art. 47, I, do CP.

III – o alistamento eleitoral;
IV – o domicílio eleitoral na circunscrição;
V – a filiação partidária;

▶ Lei nº 9.096, de 19-9-1995 (Lei dos Partidos Políticos).
▶ Res. do TSE nº 23.282, de 22-6-2010, disciplina a criação, organização, fusão, incorporação e extinção de partidos políticos.

VI – a idade mínima de:

a) trinta e cinco anos para Presidente e Vice-Presidente da República e Senador;
b) trinta anos para Governador e Vice-Governador de Estado e do Distrito Federal;
c) vinte e um anos para Deputado Federal, Deputado Estadual ou Distrital, Prefeito, Vice-Prefeito e juiz de paz;

▶ Dec.-lei nº 201, de 27-2-1967 (Lei de Responsabilidade dos Prefeitos e Vereadores).

d) dezoito anos para Vereador.

▶ Dec.-lei nº 201, de 27-2-1967 (Lei de Responsabilidade dos Prefeitos e Vereadores).

§ 4º São inelegíveis os inalistáveis e os analfabetos.

§ 5º O Presidente da República, os Governadores de Estado e do Distrito Federal, os Prefeitos e quem os houver sucedido ou substituído no curso dos mandatos poderão ser reeleitos para um único período subsequente.

▶ § 5º com a redação dada pela EC nº 16, de 4-6-1997.
▶ Súm. nº 8 do TSE.

§ 6º Para concorrerem a outros cargos, o Presidente da República, os Governadores de Estado e do Distrito Federal e os Prefeitos devem renunciar aos respectivos mandatos até seis meses antes do pleito.

§ 7º São inelegíveis, no território de jurisdição do titular, o cônjuge e os parentes consanguíneos ou afins, até o segundo grau ou por adoção, do Presidente da República, de Governador de Estado ou Território, do Distrito Federal, de Prefeito ou de quem os haja substituído dentro dos seis meses anteriores ao pleito, salvo se já titular de mandato eletivo e candidato à reeleição.

▶ Súm. Vinc. nº 18 do STF.
▶ Súmulas nºˢ 6 e 12 do TSE.

§ 8º O militar alistável é elegível, atendidas as seguintes condições:

I – se contar menos de dez anos de serviço, deverá afastar-se da atividade;
II – se contar mais de dez anos de serviço, será agregado pela autoridade superior e, se eleito, passará automaticamente, no ato da diplomação, para a inatividade.

▶ Art. 42, § 1º, desta Constituição.

§ 9º Lei complementar estabelecerá outros casos de inelegibilidade e os prazos de sua cessação, a fim de proteger a probidade administrativa, a moralidade para o exercício do mandato, considerada a vida pregressa do candidato, e a normalidade e legitimidade das eleições contra a influência do poder econômico ou o abuso do exercício de função, cargo ou emprego na administração direta ou indireta.

▶ § 9º com a redação dada pela ECR nº 4, de 7-6-1994.
▶ Art. 37, § 4º, desta Constituição.
▶ LC nº 64, de 18-5-1990 (Lei dos Casos de Inelegibilidade).
▶ Súm. nº 13 do TSE.

§ 10. O mandato eletivo poderá ser impugnado ante a Justiça Eleitoral no prazo de quinze dias contados da diplomação, instruída a ação com provas de abuso do poder econômico, corrupção ou fraude.

▶ O STF, ao julgar as Ações Diretas de Inconstitucionalidade nºˢ 3.999 e 4.086, confirmou a constitucionalidade da Res. do TSE nº 22.610, de 25-10-2007, que disciplina o processo de perda do mandato eletivo por infidelidade partidária.

§ 11. A ação de impugnação de mandato tramitará em segredo de justiça, respondendo o autor, na forma da lei, se temerária ou de manifesta má-fé.

Art. 15. É vedada a cassação de direitos políticos, cuja perda ou suspensão só se dará nos casos de:

▶ Lei nº 9.096, de 19-9-1995 (Lei dos Partidos Políticos).

I – cancelamento da naturalização por sentença transitada em julgado;
II – incapacidade civil absoluta;
III – condenação criminal transitada em julgado, enquanto durarem seus efeitos;

▶ Art. 92, I e parágrafo único, do CP.
▶ Súm. nº 9 do TSE.

IV – recusa de cumprir obrigação a todos imposta ou prestação alternativa, nos termos do artigo 5º, VIII;

▶ Art. 143 desta Constituição.
▶ Lei nº 8.239, de 4-10-1991, dispõe sobre a prestação de serviço alternativo ao Serviço Militar Obrigatório.

V – improbidade administrativa, nos termos do artigo 37, § 4º.

Art. 16. A lei que alterar o processo eleitoral entrará em vigor na data de sua publicação, não se aplicando à eleição que ocorra até um ano da data de sua vigência.

▶ Artigo com a redação dada pela EC nº 4, de 14-9-1993.
▶ Lei nº 9.504, de 30-9-1997 (Lei das Eleições).

CAPÍTULO V

DOS PARTIDOS POLÍTICOS

Art. 17. É livre a criação, fusão, incorporação e extinção de partidos políticos, resguardados a soberania nacional, o regime democrático, o pluripartidarismo, os direitos fundamentais da pessoa humana e observados os seguintes preceitos:

▶ Lei nº 9.096, de 19-9-1995 (Lei dos Partidos Políticos).
▶ Lei nº 9.504, de 30-9-1997 (Lei das Eleições).
▶ Res. do TSE nº 23.282, de 22-6-2010, disciplina a criação, organização, fusão, incorporação e extinção de partidos políticos.

I – caráter nacional;
II – proibição de recebimento de recursos financeiros de entidade ou governo estrangeiros ou de subordinação a estes;
III – prestação de contas à Justiça Eleitoral;

▶ Lei nº 9.096, de 19-9-1995 (Lei dos Partidos Políticos).

IV – funcionamento parlamentar de acordo com a lei.

§ 1º É assegurada aos partidos políticos autonomia para definir sua estrutura interna, organização e funcionamento e para adotar os critérios de escolha e o regime de suas coligações eleitorais, sem obrigatoriedade de vinculação entre as candidaturas em âmbito nacional, estadual, distrital ou municipal, devendo seus estatutos estabelecer normas de disciplina e fidelidade partidária.

▶ § 1º com a redação dada pela EC nº 52, de 8-3-2006.
▶ O STF, por maioria de votos, julgou procedente a ADIN nº 3.685-8, para fixar que este parágrafo, com a redação dada pela EC nº 52, de 8-3-2006, não se aplica às

eleições de 2006, remanescendo aplicável a tal eleição a redação original (*DOU* de 31-3-2006 e *DJU* de 10-8-2006).

§ 2º Os partidos políticos, após adquirirem personalidade jurídica, na forma da lei civil, registrarão seus estatutos no Tribunal Superior Eleitoral.

§ 3º Os partidos políticos têm direito a recursos do fundo partidário e acesso gratuito ao rádio e à televisão, na forma da lei.

▶ Art. 241 do CE.

§ 4º É vedada a utilização pelos partidos políticos de organização paramilitar.

TÍTULO III – DA ORGANIZAÇÃO DO ESTADO

Capítulo I
DA ORGANIZAÇÃO POLÍTICO-ADMINISTRATIVA

Art. 18. A organização político-administrativa da República Federativa do Brasil compreende a União, os Estados, o Distrito Federal e os Municípios, todos autônomos, nos termos desta Constituição.

§ 1º Brasília é a Capital Federal.

§ 2º Os Territórios Federais integram a União, e sua criação, transformação em Estado ou reintegração ao Estado de origem serão reguladas em lei complementar.

§ 3º Os Estados podem incorporar-se entre si, subdividir-se ou desmembrar-se para se anexarem a outros, ou formarem novos Estados ou Territórios Federais, mediante aprovação da população diretamente interessada, através de plebiscito, e do Congresso Nacional, por lei complementar.

▶ Arts. 3º e 4º da Lei nº 9.709, de 18-11-1998, que dispõe sobre a convocação do plebiscito e o referendo nas questões de relevância nacional, de competência do Poder Legislativo ou do Poder Executivo.

§ 4º A criação, a incorporação, a fusão e o desmembramento de Municípios, far-se-ão por lei estadual, dentro do período determinado por lei complementar federal, e dependerão de consulta prévia, mediante plebiscito, às populações dos Municípios envolvidos, após divulgação dos Estudos de Viabilidade Municipal, apresentados e publicados na forma da lei.

▶ § 4º com a redação dada pela EC nº 15, de 12-9-1996.

▶ Art. 5º da Lei nº 9.709, de 18-11-1998, que dispõe sobre o plebiscito destinado à criação, à incorporação, à fusão e ao desmembramento de Municípios.

▶ Lei nº 10.521, de 18-7-2002, assegura a instalação de Municípios criados por lei estadual.

Art. 19. É vedado à União, aos Estados, ao Distrito Federal e aos Municípios:

I – estabelecer cultos religiosos ou igrejas, subvencioná-los, embaraçar-lhes o funcionamento ou manter com eles ou seus representantes relações de dependência ou aliança, ressalvada, na forma da lei, a colaboração de interesse público;

II – recusar fé aos documentos públicos;

III – criar distinções entre brasileiros ou preferências entre si.

▶ Art. 325 da CLT.

Capítulo II
DA UNIÃO

Art. 20. São bens da União:

▶ Art. 176, §§ 1º a 4º, desta Constituição.
▶ Art. 99 do CC.
▶ Dec.-lei nº 9.760, de 5-9-1946 (Lei dos Bens Imóveis da União).

I – os que atualmente lhe pertencem e os que lhe vierem a ser atribuídos;

▶ Súm. nº 650 do STF.

II – as terras devolutas indispensáveis à defesa das fronteiras, das fortificações e construções militares, das vias federais de comunicação e à preservação ambiental, definidas em lei;

▶ Lei nº 4.504, de 30-11-1964 (Estatuto da Terra).
▶ Lei nº 6.383, de 7-12-1976 (Lei das Ações Discriminatórias).
▶ Lei nº 6.431, de 11-7-1977, autoriza a doação de porções de terras devolutas a Municípios incluídos na região da Amazônia Legal, para os fins que especifica.
▶ Lei nº 6.634, de 2-5-1979, dispõe sobre a faixa de fronteira.
▶ Lei nº 6.938, de 31-8-1981 (Lei da Política Nacional do Meio Ambiente).
▶ Dec.-lei nº 227, de 28-2-1967 (Código de Mineração).
▶ Dec.-lei nº 1.135, de 3-12-1970, dispõe sobre a organização, a competência e o funcionamento do Conselho de Segurança Nacional.
▶ Dec.-lei nº 1.414, de 18-8-1975, dispõe sobre o processo de ratificação das concessões e alterações de terras devolutas na faixa de fronteiras.
▶ Súm. nº 477 do STF.

III – os lagos, rios e quaisquer correntes de água em terrenos de seu domínio, ou que banhem mais de um Estado, sirvam de limites com outros países, ou se estendam a território estrangeiro ou dele provenham, bem como os terrenos marginais e as praias fluviais;

▶ Dec. nº 1.265, de 11-10-1994, aprova a Política Marítima Nacional – PMN.

IV – as ilhas fluviais e lacustres nas zonas limítrofes com outros países; as praias marítimas; as ilhas oceânicas e as costeiras, excluídas, destas, as que contenham a sede de Municípios, exceto aquelas áreas afetadas ao serviço público e a unidade ambiental federal, e as referidas no art. 26, II;

▶ Inciso IV com a redação dada pela EC nº 46, de 5-5-2005.
▶ Dec. nº 1.265, de 11-10-1994, aprova a Política Marítima Nacional – PMN.

V – os recursos naturais da plataforma continental e da zona econômica exclusiva;

▶ Lei nº 8.617, de 4-1-1993, dispõe sobre o mar territorial, a zona contígua, a zona econômica exclusiva e a plataforma continental brasileiros.
▶ Dec. nº 1.265, de 11-10-1994, aprova a Política Marítima Nacional – PMN.

VI – o mar territorial;

▶ Lei nº 8.617, de 4-1-1993, dispõe sobre o mar territorial, a zona contígua, a zona econômica exclusiva e a plataforma continental brasileira.

► Dec. nº 1.265, de 11-10-1994, aprova a Política Marítima Nacional – PMN.

VII – os terrenos de marinha e seus acrescidos;
► Súm nº 496 do STJ.

VIII – os potenciais de energia hidráulica;
IX – os recursos minerais, inclusive os do subsolo;
X – as cavidades naturais subterrâneas e os sítios arqueológicos e pré-históricos;
XI – as terras tradicionalmente ocupadas pelos índios.

► Súm. nº 650 do STF.

§ 1º É assegurada, nos termos da lei, aos Estados, ao Distrito Federal e aos Municípios, bem como a órgãos da administração direta da União, participação no resultado da exploração de petróleo ou gás natural, de recursos hídricos para fins de geração de energia elétrica e de outros recursos minerais no respectivo território, plataforma continental, mar territorial ou zona econômica exclusiva, ou compensação financeira por essa exploração.

► Art. 177 desta Constituição.

► Lei nº 7.990, de 28-12-1989, institui, para os Estados, Distrito Federal e Municípios, compensação financeira pelo resultado da exploração de petróleo ou gás natural, de recursos hídricos para fins de geração de energia elétrica, de recursos minerais em seus respectivos territórios, plataforma continental, mar territorial ou zona econômica exclusiva.

► Lei nº 8.001, de 13-3-1990, define os percentuais da distribuição da compensação financeira instituída pela Lei nº 7.990, de 28-12-1989.

► Lei nº 9.427, de 26-12-1996, institui a Agência Nacional de Energia Elétrica (ANEEL), e disciplina o regime de concessões de serviços públicos de energia elétrica.

► Lei nº 9.478, de 6-8-1997, dispõe sobre a Política Energética Nacional, as atividades relativas a o monopólio do petróleo, institui o Conselho Nacional de Política Energética e a Agência Nacional de Petróleo – ANP.

► Lei nº 9.984, de 17-7-2000, dispõe sobre a Agência Nacional de Águas – ANA.

► Dec. nº 1, de 11-1-1991, regulamenta o pagamento da compensação financeira instituída pela Lei nº 7.990, de 28-12-1989.

§ 2º A faixa de até cento e cinquenta quilômetros de largura, ao longo das fronteiras terrestres, designada como faixa de fronteira, é considerada fundamental para defesa do território nacional, e sua ocupação e utilização serão reguladas em lei.

► Lei nº 6.634, de 2-5-1979, dispõe sobre a faixa de fronteira.
► Art. 10, § 3º, da Lei nº 11.284, de 2-3-2006 (Lei de Gestão de Florestas Públicas).
► Dec.-lei nº 1.135, de 3-12-1970, dispõe sobre a organização, a competência e o funcionamento do Conselho de Segurança Nacional.

Art. 21. Compete à União:

I – manter relações com Estados estrangeiros e participar de organizações internacionais;
II – declarar a guerra e celebrar a paz;
III – assegurar a defesa nacional;

IV – permitir, nos casos previstos em lei complementar, que forças estrangeiras transitem pelo território nacional ou nele permaneçam temporariamente;

► LC nº 90, de 1º-10-1997, regulamenta este inciso e determina os casos em que forças estrangeiras possam transitar pelo território nacional ou nele permanecer temporariamente.
► Dec. nº 97.464, de 20-1-1989, estabelece procedimentos para a entrada no Brasil e o sobrevoo de seu território por aeronaves civis estrangeiras, que não estejam em serviço aéreo internacional regular.

V – decretar o estado de sítio, o estado de defesa e a intervenção federal;
VI – autorizar e fiscalizar a produção e o comércio de material bélico;
VII – emitir moeda;
VIII – administrar as reservas cambiais do País e fiscalizar as operações de natureza financeira, especialmente as de crédito, câmbio e capitalização, bem como as de seguros e de previdência privada;

► LC nº 108, de 29-5-2001, dispõe sobre a relação entre União, os Estados o Distrito Federal e os Municípios, suas autarquias, fundações, sociedades de economia mista e outras entidades públicas e suas respectivas entidades fechadas de previdência complementar.
► LC nº 109, de 29-5-2001 (Lei do Regime de Previdência Complementar).
► Lei nº 4.595, de 31-12-1964 (Lei do Sistema Financeiro Nacional).
► Lei nº 4.728, de 14-7-1965 (Lei do Mercado de Capitais).
► Dec. nº 73, de 21-11-1966, regulamentado pelo Dec. nº 60.459, de 13-3-1967, dispõe sobre o sistema nacional de seguros privados e regula as operações de seguros e resseguros.

IX – elaborar e executar planos nacionais e regionais de ordenação do território e de desenvolvimento econômico e social;

► Lei nº 9.491, de 9-9-1997, altera procedimentos relativos ao programa nacional de desestatização.

X – manter o serviço postal e o correio aéreo nacional;

► Lei nº 6.538, de 22-6-1978, dispõe sobre os serviços postais.

XI – explorar, diretamente ou mediante autorização, concessão ou permissão, os serviços de telecomunicações, nos termos da lei, que disporá sobre a organização dos serviços, a criação de um órgão regulador e outros aspectos institucionais;

► Inciso XI com a redação dada pela EC nº 8, de 15-8-1995.
► Art. 246 desta Constituição.
► Lei nº 8.987, de 13-2-1995 (Lei da Concessão e Permissão da Prestação de Serviços Públicos).
► Lei nº 9.295, de 19-7-1996, dispõe sobre serviços de telecomunicações, organizações e órgão regulador.
► Lei nº 9.472, de 16-7-1997, dispõe sobre a organização dos serviços de telecomunicações, a criação e funcionamento de um Órgão Regulador e outros aspectos institucionais.
► Lei nº 10.052, de 28-11-2000, institui o Fundo para o Desenvolvimento Tecnológico das Telecomunicações – FUNTTEL.
► Dec. nº 3.896, de 23-8-2001, dispõe sobre a regência dos serviços de telecomunicações.

Constituição Federal – Art. 21   25

XII – explorar, diretamente ou mediante autorização, concessão ou permissão:

▶ Lei nº 4.117, de 24-8-1962 (Código Brasileiro de Telecomunicações).
▶ Dec. nº 2.196, de 8-4-1997, aprova o Regulamento de Serviços Especiais.
▶ Dec. nº 2.197, de 8-4-1997, aprova o Regulamento de Serviços Limitados.
▶ Dec. nº 2.198, de 8-4-1997, aprova o Regulamento de Serviços Público-Restritos.

a) os serviços de radiodifusão sonora e de sons e imagens;

▶ Alínea a com a redação dada pela EC nº 8, de 15-8-1995.
▶ Art. 246 desta Constituição.
▶ Lei nº 9.472, de 16-7-1997, dispõe sobre a organização dos serviços de telecomunicações, a criação e funcionamento de um Órgão Regulador e outros aspectos institucionais.
▶ Lei nº 10.052, de 28-11-2000, institui o Fundo para o Desenvolvimento Tecnológico das Telecomunicações – FUNTTEL.

b) os serviços e instalações de energia elétrica e o aproveitamento energético dos cursos de água, em articulação com os Estados onde se situam os potenciais hidroenergéticos;

▶ Lei nº 9.427, de 26-12-1996, institui a Agência Nacional de Energia Elétrica – ANEEL e disciplina o regime de concessão de serviços públicos de energia elétrica.
▶ Lei nº 9.648, de 27-5-1998, regulamentada pelo Dec. nº 2.655, de 2-7-1998, autoriza o Poder Executivo a promover a reestruturação da Centrais Elétricas Brasileiras – ELETROBRÁS e de suas subsidiárias.
▶ Lei nº 12.111, de 9-12-2009, dispõe sobre os serviços de energia elétrica nos Sistemas Isolados.

c) a navegação aérea, aeroespacial e a infraestrutura aeroportuária;

▶ Lei nº 7.565, de 19-12-1986 (Código Brasileiro de Aeronáutica).
▶ Lei nº 9.994, de 24-7-2000, institui o Programa de Desenvolvimento Científico e Tecnológico do Setor Espacial.

d) os serviços de transporte ferroviário e aquaviário entre portos brasileiros e fronteiras nacionais, ou que transponham os limites de Estado ou Território;

▶ Lei nº 9.277, de 10-5-1996, autoriza a União a delegar aos Municípios, Estados da Federação e ao Distrito Federal a Administração e Exploração de Rodovias e Portos Federais.

e) os serviços de transporte rodoviário interestadual e internacional de passageiros;

f) os portos marítimos, fluviais e lacustres;

▶ Lei nº 10.233, de 5-6-2001, dispõe sobre a reestruturação dos transportes aquaviário e terrestre, cria o Conselho Nacional de Integração de Políticas de Transporte, a Agência Nacional de Transportes Terrestres, a Agência Nacional de Transportes Aquaviários e o Departamento Nacional de Infraestrutura de Transportes.
▶ Dec. nº 1.265, de 11-10-1994, aprova a Política Marítima Nacional – PMN.
▶ Dec. nº 1.574, de 31-7-1995, promulga a Convenção nº 137 da OIT sobre repercussões sociais dos novos métodos de manipulação de cargas nos portos.

XIII – organizar e manter o Poder Judiciário, o Ministério Público do Distrito Federal e dos Territórios e a Defensoria Pública dos Territórios;

▶ Inciso XIII com a redação dada pela EC nº 69, de 29-3-2012, em vigor na data de sua publicação, produzindo efeitos após 120 dias de sua publicação oficial (DOU de 30-3-2012).

XIV – organizar e manter a polícia civil, a polícia militar e o corpo de bombeiros militar do Distrito Federal, bem como prestar assistência financeira ao Distrito Federal para a execução de serviços públicos, por meio de fundo próprio;

▶ Inciso XIV com a redação dada pela EC nº 19, de 4-6-1998.
▶ Art. 25 da EC nº 19, de 4-6-1998 (Reforma Administrativa).
▶ Lei nº 10.633, de 27-12-2002, institui o Fundo Constitucional do Distrito Federal – FCDF, para atender o disposto neste inciso.
▶ Dec. nº 3.169, de 14-9-1999, institui Comissão de Estudo para criação do fundo de que trata este inciso.
▶ Súm. nº 647 do STF.

XV – organizar e manter os serviços oficiais de estatística, geografia, geologia e cartografia de âmbito nacional;

▶ Art. 71, § 3º, da Lei nº 11.355, de 19-10-2006, que dispõe sobre plano de carreiras e cargos do Instituto Brasileiro de Geografia e Estatística – IBGE.
▶ Dec. nº 243, de 28-2-1967, fixa as diretrizes e bases da Cartografia Brasileira.

XVI – exercer a classificação, para efeito indicativo, de diversões públicas e de programas de rádio e televisão;

▶ Art. 23 do ADCT.

XVII – conceder anistia;

XVIII – planejar e promover a defesa permanente contra as calamidades públicas, especialmente as secas e as inundações;

XIX – instituir sistema nacional de gerenciamento de recursos hídricos e definir critérios de outorga de direitos de seu uso;

▶ Lei nº 9.433, de 8-1-1997, institui a Política Nacional de Recursos Hídricos, cria o Sistema Nacional de Gerenciamento de Recursos Hídricos e regulamenta o inciso acima transcrito.

XX – instituir diretrizes para o desenvolvimento urbano, inclusive habitação, saneamento básico e transportes urbanos;

▶ Lei nº 5.318, de 26-9-1967, institui a Política Nacional de Saneamento e cria o Conselho Nacional de Saneamento.
▶ Lei nº 7.196, de 13-6-1984, institui o Plano Nacional de Moradia – PLAMO.
▶ Lei nº 10.188, de 12-2-2001, cria o Programa de Arrendamento Residencial e institui o arrendamento residencial com opção de compra.
▶ Lei nº 10.233, de 5-6-2001, dispõe sobre a reestruturação dos transportes aquaviário e terrestre, cria o Conselho Nacional de Integração de Políticas de Transporte, a Agência Nacional de Transportes Terrestres, a Agência Nacional de Transportes Aquaviários e o Departamento Nacional de Infraestrutura de Transportes.
▶ Lei nº 11.445, de 5-1-2007, estabelece diretrizes nacionais para o saneamento básico, regulamentada pelo Dec. nº 7.217, de 21-6-2010.

► Lei nº 12.587, de 3-1-2012 (Lei da Política Nacional de Mobilidade Urbana).

XXI – estabelecer princípios e diretrizes para o sistema nacional de viação;

► Lei nº 10.233, de 5-6-2001, dispõe sobre a reestruturação dos transportes aquaviário e terrestre, cria o Conselho Nacional de Integração de Políticas de Transporte, a Agência Nacional de Transportes Terrestres, a Agência Nacional de Transportes Aquaviários e o Departamento Nacional de Infraestrutura de Transportes.

XXII – executar os serviços de polícia marítima, aeroportuária e de fronteiras;

► Inciso XXII com a redação dada pela EC nº 19, de 4-6-1998.

XXIII – explorar os serviços e instalações nucleares de qualquer natureza e exercer monopólio estatal sobre a pesquisa, a lavra, o enriquecimento e reprocessamento, a industrialização e o comércio de minérios nucleares e seus derivados, atendidos os seguintes princípios e condições:

► Lei nº 10.308, de 20-11-2001, estabelece normas para o destino final dos rejeitos radioativos produzidos em território nacional, incluídos a seleção de locais, a construção, o licenciamento, a operação, a fiscalização, os custos, a indenização e a responsabilidade civil.

► Dec.-lei nº 1.982, de 28-12-1982, dispõe sobre o exercício das atividades nucleares incluídas no monopólio da União e o controle do desenvolvimento de pesquisas no campo da energia nuclear.

a) toda atividade nuclear em Território Nacional somente será admitida para fins pacíficos e mediante aprovação do Congresso Nacional;

► Dec.-lei nº 1.809, de 7-10-1980, regulamentado pelo Dec. nº 2.210, de 22-4-1997, instituiu o Sistema de Proteção ao Programa Nuclear Brasileiro – SIPRON.

b) sob regime de permissão, são autorizadas a comercialização e a utilização de radioisótopos para a pesquisa e usos médicos, agrícolas e industriais;

c) sob regime de permissão, são autorizadas a produção, comercialização e utilização de radioisótopos de meia-vida igual ou inferior a duas horas;

► Alíneas b e c com a redação dada pela EC nº 49, de 8-2-2006.

► Lei nº 10.308, de 20-11-2001, dispõe sobre a seleção de locais, a construção, o licenciamento, a operação, a fiscalização, os custos, a indenização, a responsabilidade civil e as garantias referentes aos depósitos de rejeitos radioativos.

d) a responsabilidade civil por danos nucleares independe da existência de culpa;

► Alínea d acrescida pela EC nº 49, de 8-2-2006.

► Lei nº 6.453, de 17-10-1977, dispõe sobre a responsabilidade civil por danos nucleares e responsabilidade criminal por atos relacionados a atividades nucleares.

► Lei nº 9.425, de 24-12-1996, dispõe sobre a concessão de pensão especial às vítimas do acidente nuclear ocorrido em Goiânia, Goiás.

► Lei nº 10.308, de 20-11-2001, estabelece normas para o destino final dos rejeitos radioativos produzidos e território nacional, incluídos a seleção de locais, a construção, o licenciamento, a operação, a fiscalização, os custos, a indenização, a responsabilidade civil.

XXIV – organizar, manter e executar a inspeção do trabalho;

► Art. 174 desta Constituição.

► Dec. nº 41.721, de 25-6-1957, promulga a Convenção nº 81 da OIT sobre Inspeção do trabalho na indústria e no comércio.

► Dec. nº 58.816, de 14-7-1966, promulga a Convenção nº 21 da OIT sobre simplificação da inspeção dos emigrantes a bordo de navios.

► Dec. nº 6.766, de 10-2-2009, promulga a Convenção nº 178 da OIT sobre inspeção das condições de vida e de trabalho dos trabalhadores marítimos.

XXV – estabelecer as áreas e as condições para o exercício da atividade de garimpagem, em forma associativa.

► Lei nº 7.805, de 18-7-1989, regulamentada pelo Dec. nº 98.812, de 9-1-1990, disciplina o regime de permissão de lavra garimpeira.

Art. 22. Compete privativamente à União legislar sobre:

I – direito civil, comercial, penal, processual, eleitoral, agrário, marítimo, aeronáutico, espacial e do trabalho;

► Lei nº 556, de 25-6-1850 (Código Comercial).

► Lei nº 4.504, de 30-11-1964 (Estatuto da Terra).

► Lei nº 4.737, de 15-7-1965 (Código Eleitoral).

► Lei nº 4.947, de 6-4-1966, fixa normas de direito agrário, dispõe sobre o sistema de organização e funcionamento do Instituto Brasileiro de Reforma Agrária – IBRA.

► Lei nº 5.869, de 11-1-1973 (Código de Processo Civil).

► Lei nº 7.565, de 19-12-1986 (Código Brasileiro de Aeronáutica).

► Lei nº 10.406, de 10-1-2002 (Código Civil).

► Dec.-lei nº 2.848, de 7-12-1940 (Código Penal).

► Dec.-lei nº 3.689, de 3-10-1941 (Código de Processo Penal).

► Dec.-lei nº 5.452, de 1-5-1943 (Consolidação das Leis do Trabalho).

► Dec.-lei nº 1.001, de 21-10-1969 (Código Penal Militar).

► Dec.-lei nº 1.002, de 21-10-1969 (Código de Processo Penal Militar).

► Dec. nº 1.265, de 11-10-1994, aprova a Política Marítima Nacional – PMN.

► Súm. nº 722 do STF.

II – desapropriação;

► Arts. 184 e 185, I e II, desta Constituição.

► Arts. 1.228, § 3º, e 1.275, V, do CC.

► LC nº 76, de 6-7-1993 (Lei de Desapropriação de Imóvel Rural para fins de Reforma Agrária).

► Leis nº 4.132, de 10-9-1962, 8.257, de 26-11-1991, e 8.629, de 25-2-1993, dispõem sobre desapropriação por interesse social.

► Dec.-lei nº 3.365, de 21-6-1941 (Lei das Desapropriações).

► Dec.-lei nº 1.075, de 22-1-1970 (Lei da Imissão de Posse).

III – requisições civis e militares, em caso de iminente perigo e em tempo de guerra;

IV – águas, energia, informática, telecomunicações e radiodifusão;

▶ Lei nº 4.117, de 24-8-1962 (Código Brasileiro de Telecomunicações).
▶ Lei nº 9.295, de 19-7-1996, dispõe sobre os serviços de telecomunicações e sua organização e sobre o órgão regulador.
▶ Lei nº 9.472, de 16-7-1997, dispõe sobre a organização dos serviços de telecomunicações, a criação e funcionamento de um Órgão Regulador e outros aspectos institucionais.
▶ Lei nº 9.984, de 17-7-2000, dispõe sobre a criação da Agência Nacional de Águas – ANA.
▶ Dec. nº 2.196, de 8-4-1997, aprova o Regulamento de Serviços Especiais.
▶ Dec. nº 2.197, de 8-4-1997, aprova o Regulamento de Serviços Limitados.
▶ Dec. nº 2.198, de 8-4-1997, aprova o regulamento de Serviços Público-Restritos.

V – serviço postal;

▶ Lei nº 6.538, de 22-6-1978, dispõe sobre serviços postais.

VI – sistema monetário e de medidas, títulos e garantias dos metais;

▶ Leis nº 9.069, de 26-9-1995, e 10.192, de 14-2-2001, dispõem sobre o Plano Real.

VII – política de crédito, câmbio, seguros e transferência de valores;
VIII – comércio exterior e interestadual;
IX – diretrizes da política nacional de transportes;

▶ Decretos nºs 4.122, de 13-2-2002, e 4.130, de 13-2-2002, dispõem sobre o Conselho Nacional de Integração de Políticas de Transportes.

X – regime dos portos, navegação lacustre, fluvial, marítima, aérea e aeroespacial;

▶ Lei nº 9.277, de 10-5-1996, autoriza a União a delegar aos Municípios, Estados da Federação e ao Distrito Federal a Administração e Exploração de Rodovias e Portos Federais.
▶ Lei nº 9.994, de 24-7-2000, institui o Programa de Desenvolvimento Científico e Tecnológico do Setor Espacial.

XI – trânsito e transporte;

▶ Lei nº 9.503, de 23-9-1997 (Código de Trânsito Brasileiro).

XII – jazidas, minas, outros recursos minerais e metalurgia;

▶ Dec.-lei nº 227, de 28-2-1967 (Código de Mineração).

XIII – nacionalidade, cidadania e naturalização;

▶ Lei nº 6.815, de 19-8-1980 (Estatuto do Estrangeiro).
▶ Dec. nº 86.715, de 10-12-1981, cria o Conselho Nacional de Imigração.

XIV – populações indígenas;

▶ Art. 231 desta Constituição.
▶ Lei nº 6.001, de 19-12-1973 (Estatuto do Índio).

XV – emigração e imigração, entrada, extradição e expulsão de estrangeiros;

▶ Lei nº 6.815, de 19-8-1980 (Estatuto do Estrangeiro).
▶ Dec. nº 840, de 22-6-1993, dispõe sobre a organização e o funcionamento do Conselho Nacional de Imigração.

XVI – organização do sistema nacional de emprego e condições para o exercício de profissões;
XVII – *organização judiciária, do Ministério Público do Distrito Federal e dos Territórios e da Defensoria Pública dos Territórios, bem como organização administrativa destes;*

▶ Inciso XVII com a redação dada pela EC nº 69, de 29-3-2012, em vigor na data de sua publicação, produzindo efeitos após 120 dias de sua publicação oficial (DOU de 30-3-2012).
▶ LC nº 75, de 20-5-1993 (Lei Orgânica do Ministério Público da União).
▶ LC nº 80, de 12-1-1994 (Lei da Defensoria Pública).

XVIII – sistema estatístico, sistema cartográfico e de geologia nacionais;

▶ Art. 71, § 3º, da Lei nº 11.355, de 19-10-2006, que dispõe sobre plano de carreiras e cargos do Instituto Brasileiro de Geografia e Estatística – IBGE.

XIX – sistemas de poupança, captação e garantia da poupança popular;

▶ Leis nºs 8.177, de 1º-3-1991, 9.069, de 29-6-1995, e 10.192, de 14-2-2001, dispõem sobre regras para a remuneração das cadernetas de poupança.
▶ Dec.-lei nº 70, de 21-11-1966 (Lei de Execução de Cédula Hipotecária).

XX – sistemas de consórcios e sorteios;

▶ Lei nº 5.768, de 20-12-1971, regulamentada pelo Dec. nº 70.951, de 9-8-1972, dispõe sobre a distribuição gratuita de prêmios, mediante sorteio, vale-brinde ou concurso, a título de propaganda, e estabelece normas de proteção à poupança popular.
▶ Súm. Vinc. nº 2 do STF.

XXI – normas gerais de organização, efetivos, material bélico, garantias, convocação e mobilização das Polícias Militares e Corpos de Bombeiros Militares;
XXII – competência da Polícia Federal e das Polícias Rodoviária e Ferroviária Federais;

▶ Lei nº 9.654, de 2-6-1998, cria a carreira de Policial Rodoviário Federal.

XXIII – seguridade social;

▶ Lei nº 8.212, de 24-7-1991 (Lei Orgânica da Seguridade Social).

XXIV – diretrizes e bases da educação nacional;

▶ Lei nº 9.394, de 20-12-1996 (Lei das Diretrizes e Bases da Educação Nacional).

XXV – registros públicos;

▶ Lei nº 6.015, de 31-12-1973 (Lei dos Registros Públicos).

XXVI – atividades nucleares de qualquer natureza;

▶ Lei nº 10.308, de 20-11-2001, dispõe sobre a seleção de locais, a construção, o licenciamento, a operação, a fiscalização, os custos, a indenização, a responsabilidade civil e as garantias referentes aos depósitos de rejeitos radioativos.

XXVII – normas gerais de licitação e contratação, em todas as modalidades, para as administrações públicas diretas, autárquicas e fundacionais da União, Estados, Distrito Federal e Municípios, obedecido o disposto no artigo 37, XXI, e para as empresas públicas e sociedades de economia mista, nos termos do artigo 173, § 1º, III;

- Inciso XXVII com a redação dada pela EC nº 19, de 4-6-1998.
- Art. 37, XXI, desta Constituição.
- Lei nº 8.666, de 21-6-1993 (Lei de Licitações).
- Lei nº 10.520, de 17-7-2002 (Lei do Pregão), regulamentada pelo Dec. nº 3.555, de 8-8-2000.

XXVIII – defesa territorial, defesa aeroespacial, defesa marítima, defesa civil e mobilização nacional;

- Lei nº 12.340, de 1º-12-2010, dispõe sobre o Sistema Nacional de Defesa Civil – SINDEC, sobre as transferências de recursos para ações de socorro, assistência às vítimas, restabelecimento de serviços essenciais e reconstrução nas áreas atingidas por desastre, e sobre o Fundo Especial para Calamidades Públicas.
- Dec. nº 5.376, de 17-2-2005, dispõe sobre o Sistema Nacional de Defesa Civil – SINDEC e o Conselho Nacional de Defesa Civil.
- Dec. nº 7.294, de 6-9-2010, dispõe sobre a Política de Mobilização Nacional.

XXIX – propaganda comercial.

- Lei nº 8.078, de 11-9-1990 (Código de Defesa do Consumidor).

Parágrafo único. Lei complementar poderá autorizar os Estados a legislar sobre questões específicas das matérias relacionadas neste artigo.

- LC nº 103, de 14-7-2000, autoriza os Estados e o Distrito Federal a instituir o piso salarial a que se refere o inciso V do art. 7º desta Constituição.

Art. 23. É competência comum da União, dos Estados, do Distrito Federal e dos Municípios:

I – zelar pela guarda da Constituição, das leis e das instituições democráticas e conservar o patrimônio público;

II – cuidar da saúde e assistência pública, da proteção e garantia das pessoas portadoras de deficiência;

- Art. 203, V, desta Constituição.
- Lei nº 10.436, de 24-4-2002, dispõe sobre a Língua Brasileira de Sinais – LIBRAS.
- Lei nº 12.319, de 1º-9-2010, regulamenta a profissão de Tradutor e Intérprete da Língua Brasileira de Sinais – LIBRAS.
- Dec. nº 3.956, de 8-10-2001, promulga a Convenção Interamericana para eliminação de todas as Formas de Discriminação contra as Pessoas Portadoras de Deficiência.
- Dec. nº 3.964, de 10-10-2001, dispõe sobre o Fundo Nacional de Saúde.

III – proteger os documentos, as obras e outros bens de valor histórico, artístico e cultural, os monumentos, as paisagens naturais notáveis e os sítios arqueológicos;

- LC nº 140, de 8-12-2011, fixa normas, nos termos deste inciso, para a cooperação entre a União, os Estados, o Distrito Federal e os Municípios nas ações administrativas decorrentes do exercício da competência comum relativas à proteção das paisagens naturais notáveis, à proteção do meio ambiente, ao combate à poluição em qualquer de suas formas e à preservação das florestas, da fauna e da flora.

- Dec.-lei nº 25, de 30-11-1937, organiza a Proteção do Patrimônio Histórico e Artístico Nacional.

IV – impedir a evasão, a destruição e a descaracterização de obras de arte e de outros bens de valor histórico, artístico ou cultural;

V – proporcionar os meios de acesso à cultura, à educação e à ciência;

VI – proteger o meio ambiente e combater a poluição em qualquer de suas formas;

- LC nº 140, de 8-12-2011, fixa normas, nos termos deste inciso, para a cooperação entre a União, os Estados, o Distrito Federal e os Municípios nas ações administrativas decorrentes do exercício da competência comum relativas à proteção das paisagens naturais notáveis, à proteção do meio ambiente, ao combate à poluição em qualquer de suas formas e à preservação das florestas, da fauna e da flora.
- Lei nº 6.938, de 31-8-1981 (Lei da Política Nacional do Meio Ambiente).
- Lei nº 9.605, de 12-2-1998 (Lei dos Crimes Ambientais).
- Lei nº 9.966, de 28-4-2000, dispõe sobre a prevenção, o controle e a fiscalização da poluição causada por lançamento de óleo e outras substâncias nocivas ou perigosas em águas sob jurisdição nacional.
- Lei nº 11.284, de 2-3-2006 (Lei de Gestão de Florestas Públicas).
- Lei nº 12.305, de 2-8-2010 (Lei da Política Nacional de Resíduos Sólidos).
- Dec. nº 4.297, de 10-7-2002, regulamenta o inciso II do art. 9º da Lei nº 6.938, de 31-8-1981 (Lei da Política Nacional do Meio Ambiente), estabelecendo critérios para o Zoneamento Ecológico-Econômico do Brasil – ZEE.
- Dec. nº 6.514, de 22-7-2008, dispõe sobre as infrações e sanções administrativas ao meio ambiente e estabelece o processo administrativo federal para apuração destas infrações.

VII – preservar as florestas, a fauna e a flora;

- LC nº 140, de 8-12-2011, fixa normas, nos termos deste inciso, para a cooperação entre a União, os Estados, o Distrito Federal e os Municípios nas ações administrativas decorrentes do exercício da competência comum relativas à proteção das paisagens naturais notáveis, à proteção do meio ambiente, ao combate à poluição em qualquer de suas formas e à preservação das florestas, da fauna e da flora.
- Lei nº 5.197, de 3-1-1967 (Lei de Proteção à Fauna).
- Lei nº 11.284, de 2-3-2006 (Lei de Gestão de Florestas Públicas).
- Lei nº 12.651, de 25-5-2012 (Novo Código Florestal).
- Dec.-lei nº 221, de 28-2-1967 (Lei de Proteção e Estímulos à Pesca).
- Dec. nº 3.420, de 20-4-2000, cria o Programa Nacional de Florestas.

VIII – fomentar a produção agropecuária e organizar o abastecimento alimentar;

- Lei nº 10.836, de 9-1-2004, cria o programa "Bolsa-Família", que tem por finalidade a unificação dos procedimentos da gestão e execução das ações de transferência de renda do Governo Federal, incluindo o "Bolsa-Alimentação".
- MP nº 2.206-1, de 6-9-2001, que até o encerramento desta edição não havia sido convertida em Lei, cria o programa Nacional de Renda Mínima vinculado a saúde: "bolsa-alimentação", regulamentada pelo Dec. nº 3.934, de 30-9-2001.

IX – promover programas de construção de moradias e a melhoria das condições habitacionais e de saneamento básico;

- Lei nº 10.188, de 12-2-2001, cria o Programa de Arrendamento Residencial e institui o arrendamento residencial com opção de compra.
- Lei nº 11.445, de 5-1-2007, estabelece diretrizes nacionais para o saneamento básico, regulamentada pelo Dec. nº 7.217, de 21-6-2010.

X – combater as causas da pobreza e os fatores de marginalização, promovendo a integração social dos setores desfavorecidos;

- EC nº 31, de 14-12-2000, altera o ADCT, introduzindo artigos que criam o Fundo de Combate e Erradicação da Pobreza.
- LC nº 111, de 6-7-2001, dispõe sobre o Fundo de Combate e Erradicação da Pobreza, na forma prevista nos arts. 19, 80 e 81 do ADCT.

XI – registrar, acompanhar e fiscalizar as concessões de direitos de pesquisa e exploração de recursos hídricos e minerais em seus territórios;

- Lei nº 9.433, de 8-1-1997, institui a Política Nacional de Recursos Hídricos, e cria o Sistema Nacional de Gerenciamento de Recursos Hídricos.

XII – estabelecer e implantar política de educação para a segurança do trânsito.

Parágrafo único. Leis complementares fixarão normas para a cooperação entre a União e os Estados, o Distrito Federal e os Municípios, tendo em vista o equilíbrio do desenvolvimento e do bem-estar em âmbito nacional.

- Parágrafo único com a redação dada pela EC nº 53, de 19-12-2006.
- LC nº 140, de 8-12-2011, fixa normas, nos termos deste parágrafo único, para a cooperação entre a União, os Estados, o Distrito Federal e os Municípios nas ações administrativas decorrentes do exercício da competência comum relativas à proteção das paisagens naturais notáveis, à proteção do meio ambiente, ao combate à poluição em qualquer de suas formas e à preservação das florestas, da fauna e da flora.

Art. 24. Compete à União, aos Estados e ao Distrito Federal legislar concorrentemente sobre:

I – direito tributário, financeiro, penitenciário, econômico e urbanístico;

- Lei nº 4.320, de 17-3-1964, estatui normas gerais de direito financeiro para elaboração e controle dos orçamentos e balanços da União, dos Estados, dos Municípios e do Distrito Federal.
- Lei nº 5.172, de 25-10-1966 (Código Tributário Nacional).
- Lei nº 7.210, de 11-7-1984 (Lei de Execução Penal).

II – orçamento;
III – juntas comerciais;

- Lei nº 8.934, de 18-11-1994 (Lei do Registro Público de Empresas Mercantis), regulamentada pelo Dec. nº 1.800, de 30-1-1996.

IV – custas dos serviços forenses;

- Lei nº 9.289, de 4-7-1996 (Regimento de Custas da Justiça Federal).
- Súm. nº 178 do STJ.

V – produção e consumo;

VI – florestas, caça, pesca, fauna, conservação da natureza, defesa do solo e dos recursos naturais, proteção do meio ambiente e controle da poluição;

- Lei nº 5.197, de 3-1-1967 (Lei de Proteção à Fauna).
- Lei nº 9.605, de 12-2-1998 (Lei dos Crimes Ambientais).
- Lei nº 9.795, de 27-4-1999, dispõe sobre a educação ambiental e institui a Política Nacional de Educação Ambiental.
- Lei nº 9.966, de 24-4-2000, dispõe sobre a prevenção, o controle e a fiscalização da poluição causada por lançamentos de óleo e outras substâncias nocivas ou perigosas em águas sob jurisdição nacional.
- Lei nº 12.651, de 25-5-2012 (Novo Código Florestal).
- Dec.-lei nº 221, de 28-2-1967 (Lei de Proteção e Estímulos à Pesca).
- Dec. nº 3.420, de 20-4-2000, cria o Programa Nacional de Florestas.
- Dec. nº 6.514, de 22-7-2008, dispõe sobre as infrações e sanções administrativas ao meio ambiente e estabelece o processo administrativo federal para apuração destas infrações.

VII – proteção ao patrimônio histórico, cultural, artístico, turístico e paisagístico;

- Lei nº 5.197, de 3-1-1967 (Lei de Proteção à Fauna).
- Dec.-lei nº 221, de 28-2-1967 (Lei de Proteção e Estímulos à Pesca).

VIII – responsabilidade por dano ao meio ambiente, ao consumidor, a bens e direitos de valor artístico, estético, histórico, turístico e paisagístico;

- Arts. 6º, VII, b, e 37, II, da LC nº 75, de 20-5-1993 (Lei Orgânica do Ministério Público da União).
- Lei nº 7.347, de 24-7-1985 (Lei da Ação Civil Pública).
- Art. 25, VI, a, da Lei nº 8.625, de 12-2-1993 (Lei Orgânica Nacional do Ministério Público).
- Lei nº 9.605, de 12-2-1998 (Lei de Crimes Ambientais).
- Dec. nº 1.306, de 9-11-1994, regulamenta o Fundo de Defesa de Direitos Difusos, e seu conselho gestor.
- Dec nº 2.181, de 20-3-1997, dispõe sobre a organização do Sistema Nacional de Defesa do Consumidor – SNDC, e estabelece as normas gerais de aplicação das sanções administrativas previstas no CDC.
- Dec. nº 6.514, de 22-7-2008, dispõe sobre as infrações e sanções administrativas ao meio ambiente, estabelece o processo administrativo federal para apuração destas infrações.

IX – educação, cultura, ensino e desporto;

- Lei nº 9.394, de 20-12-1996 (Lei das Diretrizes e Bases da Educação Nacional).
- Lei nº 9.615, de 24-3-1998, institui normas gerais sobre desporto.

X – criação, funcionamento e processo do juizado de pequenas causas;

- Art. 98, I, desta Constituição.
- Lei nº 9.099, de 26-9-1995 (Lei dos Juizados Especiais).
- Lei nº 10.259, de 12-7-2001 (Lei dos Juizados Especiais Federais).

XI – procedimentos em matéria processual;

- Art. 98, I, desta Constituição.
- Lei nº 9.099, de 26-9-1995 (Lei dos Juizados Especiais).
- Lei nº 10.259, de 12-7-2001 (Lei dos Juizados Especiais Federais).

XII – previdência social, proteção e defesa da saúde;

▶ Lei nº 8.080, de 19-9-1990, dispõe sobre as condições para a promoção, proteção e recuperação da saúde e a organização e o funcionamento dos serviços correspondentes.

▶ Lei nº 8.213, de 24-7-1991 (Lei dos Planos de Benefícios da Previdência Social).

▶ Lei nº 9.273, de 3-5-1996, torna obrigatória a inclusão de dispositivo de segurança que impeça a reutilização das seringas descartáveis.

▶ Dec. nº 3.048, de 6-5-1999 (Regulamento da Previdência Social).

XIII – assistência jurídica e defensoria pública;

▶ LC nº 80, de 12-1-1994 (Lei da Defensoria Pública).

▶ Lei nº 1.060, de 5-2-1950 (Lei de Assistência Judiciária).

XIV – proteção e integração social das pessoas portadoras de deficiência;

▶ Art. 203, V, desta Constituição.

▶ Lei nº 7.853, de 24-10-1989 (Lei de Apoio às Pessoas Portadoras de Deficiência), regulamentada pelo Dec. nº 3.298, de 20-12-1999.

▶ Dec. nº 6.949, de 25-8-2009, promulga a Convenção Internacional sobre os Direitos das Pessoas com Deficiência.

XV – proteção à infância e à juventude;

▶ Lei nº 8.069, de 13-7-1990 (Estatuto da Criança e do Adolescente).

▶ Lei nº 10.515, de 11-7-2002, que institui o 12 de agosto como Dia Nacional da Juventude.

XVI – organização, garantias, direitos e deveres das polícias civis.

§ 1º No âmbito da legislação concorrente, a competência da União limitar-se-á a estabelecer normas gerais.

§ 2º A competência da União para legislar sobre normas gerais não exclui a competência suplementar dos Estados.

§ 3º Inexistindo lei federal sobre normas gerais, os Estados exercerão a competência legislativa plena, para atender a suas peculiaridades.

§ 4º A superveniência de lei federal sobre normas gerais suspende a eficácia da lei estadual, no que lhe for contrário.

Capítulo III

DOS ESTADOS FEDERADOS

Art. 25. Os Estados organizam-se e regem-se pelas Constituições e leis que adotarem, observados os princípios desta Constituição.

▶ Súm. nº 681 do STF.

§ 1º São reservadas aos Estados as competências que não lhes sejam vedadas por esta Constituição.

▶ Art. 19 desta Constituição.

§ 2º Cabe aos Estados explorar diretamente, ou mediante concessão, os serviços locais de gás canalizado, na forma da lei, vedada a edição de medida provisória para a sua regulamentação.

▶ § 2º com a redação dada pela EC nº 5, de 15-8-1995.

▶ Art. 246 desta Constituição.

▶ Lei nº 9.478, de 6-8-1997, dispõe sobre a Política Nacional, as atividades relativas ao monopólio do petróleo, institui o Conselho Nacional de Política Energética e a Agência Nacional do Petróleo – ANP.

§ 3º Os Estados poderão, mediante lei complementar, instituir regiões metropolitanas, aglomerações urbanas e microrregiões, constituídas por agrupamentos de municípios limítrofes, para integrar a organização, o planejamento e a execução de funções públicas de interesse comum.

Art. 26. Incluem-se entre os bens dos Estados:

I – as águas superficiais ou subterrâneas, fluentes, emergentes e em depósito, ressalvadas, neste caso, na forma da lei, as decorrentes de obras da União;

▶ Lei nº 9.984, de 17-7-2000, dispõe sobre a criação da Agência Nacional de Águas – ANA.

▶ Art. 29 do Dec. nº 24.643, de 10-7-1934 (Código de Águas).

II – as áreas, nas ilhas oceânicas e costeiras, que estiverem no seu domínio, excluídas aquelas sob domínio da União, Municípios ou terceiros;

▶ Art. 20, IV, desta Constituição.

III – as ilhas fluviais e lacustres não pertencentes à União;

IV – as terras devolutas não compreendidas entre as da União.

Art. 27. O número de Deputados à Assembleia Legislativa corresponderá ao triplo da representação do Estado na Câmara dos Deputados e, atingido o número de trinta e seis, será acrescido de tantos quantos forem os Deputados Federais acima de doze.

▶ Art. 32 desta Constituição.

§ 1º Será de quatro anos o mandato dos Deputados Estaduais, aplicando-se-lhes as regras desta Constituição sobre sistema eleitoral, inviolabilidade, imunidades, remuneração, perda de mandato, licença, impedimentos e incorporação às Forças Armadas.

§ 2º O subsídio dos Deputados Estaduais será fixado por lei de iniciativa da Assembleia Legislativa, na razão de, no máximo, setenta e cinco por cento daquele estabelecido, em espécie, para os Deputados Federais, observado o que dispõem os artigos 39, § 4º, 57, § 7º, 150, II, 153, III, e 153, § 2º, I.

▶ § 2º com a redação dada pela EC nº 19, de 4-6-1998.

§ 3º Compete às Assembleias Legislativas dispor sobre seu regimento interno, polícia e serviços administrativos de sua Secretaria, e prover os respectivos cargos.

▶ Art. 6º da Lei nº 9.709, de 18-11-1998, que dispõe sobre a convocação de plebiscitos e referendos pelos Estados, Distrito Federal e Municípios.

§ 4º A lei disporá sobre a iniciativa popular no processo legislativo estadual.

▶ Art. 6º da Lei nº 9.709, de 18-11-1998, regulamenta a execução do disposto nos incisos I, II e III do art. 14 desta Constituição.

Art. 28. A eleição do Governador e do Vice-Governador de Estado, para mandato de quatro anos, realizar-se-á no primeiro domingo de outubro, em primeiro turno, e no último domingo de outubro, em segundo turno, se houver, do ano anterior ao do término do mandato de seus antecessores, e a posse ocorrerá no dia 1º de ja-

neiro do ano subsequente, observado, quanto ao mais, o disposto no artigo 77.
▶ *Caput* com a redação dada pela EC nº 16, de 4-6-1997.
▶ Lei nº 9.504, de 30-9-1997 (Lei das Eleições).

§ 1º Perderá o mandato o Governador que assumir outro cargo ou função na administração pública direta ou indireta, ressalvada a posse em virtude de concurso público e observado o disposto no artigo 38, I, IV e V.
▶ Parágrafo único transformado em § 1º pela EC nº 19, de 4-6-1998.
▶ Art. 29, XIV, desta Constituição.

§ 2º Os subsídios do Governador, do Vice-Governador e dos Secretários de Estado serão fixados por lei de iniciativa da Assembleia Legislativa, observado o que dispõem os artigos 37, XI, 39, § 4º, 150, II, 153, III, e 153, § 2º, I.
▶ § 2º acrescido pela EC nº 19, de 4-6-1998.

Capítulo IV
DOS MUNICÍPIOS

Art. 29. O Município reger-se-á por lei orgânica, votada em dois turnos, com o interstício mínimo de dez dias, e aprovada por dois terços dos membros da Câmara Municipal, que a promulgará, atendidos os princípios estabelecidos nesta Constituição, na Constituição do respectivo Estado e os seguintes preceitos:

I – eleição do Prefeito, do Vice-Prefeito e dos Vereadores, para mandato de quatro anos, mediante pleito direto e simultâneo realizado em todo o País;
▶ Lei nº 9.504, de 30-9-1997 (Lei das Eleições).

II – eleição do Prefeito e do Vice-Prefeito realizada no primeiro domingo de outubro do ano anterior ao término do mandato dos que devam suceder, aplicadas as regras do artigo 77 no caso de Municípios com mais de duzentos mil eleitores;
▶ Inciso II com a redação dada pela EC nº 16, de 4-6-1997.

III – posse do Prefeito e do Vice-Prefeito no dia 1º de janeiro do ano subsequente ao da eleição;

IV – para a composição das Câmaras Municipais, será observado o limite máximo de:
▶ *Caput* do inciso IV com a redação dada pela EC nº 58, de 23-9-2009 (*DOU* de 24-9-2009), produzindo efeitos a partir do processo eleitoral de 2008.
▶ O STF, por maioria de votos, referendou as medidas cautelares concedidas nas Ações Diretas de Inconstitucionalidade nºs 4.307 e 4.310, com eficácia *ex tunc*, para sustar os efeitos do art. 3º, I, da EC nº 58, de 23-9-2009, que altera este inciso IV (*DJE* de 8-10-2009).

a) 9 (nove) Vereadores, nos Municípios de até 15.000 (quinze mil) habitantes;
b) 11 (onze) Vereadores, nos Municípios de mais de 15.000 (quinze mil) habitantes e de até 30.000 (trinta mil) habitantes;
c) 13 (treze) Vereadores, nos Municípios com mais de 30.000 (trinta mil) habitantes e de até 50.000 (cinquenta mil) habitantes;
▶ Alíneas a a c com a redação dada pela EC nº 58, de 23-9-2009 (*DOU* de 24-9-2009), produzindo efeitos a partir do processo eleitoral de 2008.

d) 15 (quinze) Vereadores, nos Municípios de mais de 50.000 (cinquenta mil) habitantes e de até 80.000 (oitenta mil) habitantes;
e) 17 (dezessete) Vereadores, nos Municípios de mais de 80.000 (oitenta mil) habitantes e de até 120.000 (cento e vinte mil) habitantes;
f) 19 (dezenove) Vereadores, nos Municípios de mais de 120.000 (cento e vinte mil) habitantes e de até 160.000 (cento e sessenta mil) habitantes;
g) 21 (vinte e um) Vereadores, nos Municípios de mais de 160.000 (cento e sessenta mil) habitantes e de até 300.000 (trezentos mil) habitantes;
h) 23 (vinte e três) Vereadores, nos Municípios de mais de 300.000 (trezentos mil) habitantes e de até 450.000 (quatrocentos e cinquenta mil) habitantes;
i) 25 (vinte e cinco) Vereadores, nos Municípios de mais de 450.000 (quatrocentos e cinquenta mil) habitantes e de até 600.000 (seiscentos mil) habitantes;
j) 27 (vinte e sete) Vereadores, nos Municípios de mais de 600.000 (seiscentos mil) habitantes e de até 750.000 (setecentos e cinquenta mil) habitantes;
k) 29 (vinte e nove) Vereadores, nos Municípios de mais de 750.000 (setecentos e cinquenta mil) habitantes e de até 900.000 (novecentos mil) habitantes;
l) 31 (trinta e um) Vereadores, nos Municípios de mais de 900.000 (novecentos mil) habitantes e de até 1.050.000 (um milhão e cinquenta mil) habitantes;
m) 33 (trinta e três) Vereadores, nos Municípios de mais de 1.050.000 (um milhão e cinquenta mil) habitantes e de até 1.200.000 (um milhão e duzentos mil) habitantes;
n) 35 (trinta e cinco) Vereadores, nos Municípios de mais de 1.200.000 (um milhão e duzentos mil) habitantes e de até 1.350.000 (um milhão e trezentos e cinquenta mil) habitantes;
o) 37 (trinta e sete) Vereadores, nos Municípios de 1.350.000 (um milhão e trezentos e cinquenta mil) habitantes e de até 1.500.000 (um milhão e quinhentos mil) habitantes;
p) 39 (trinta e nove) Vereadores, nos Municípios de mais de 1.500.000 (um milhão e quinhentos mil) habitantes e de até 1.800.000 (um milhão e oitocentos mil) habitantes;
q) 41 (quarenta e um) Vereadores, nos Municípios de mais de 1.800.000 (um milhão e oitocentos mil) habitantes e de até 2.400.000 (dois milhões e quatrocentos mil) habitantes;
r) 43 (quarenta e três) Vereadores, nos Municípios de mais de 2.400.000 (dois milhões e quatrocentos mil) habitantes e de até 3.000.000 (três milhões) de habitantes;
s) 45 (quarenta e cinco) Vereadores, nos Municípios de mais de 3.000.000 (três milhões) de habitantes e de até 4.000.000 (quatro milhões) de habitantes;
t) 47 (quarenta e sete) Vereadores, nos Municípios de mais de 4.000.000 (quatro milhões) de habitantes e de até 5.000.000 (cinco milhões) de habitantes;
u) 49 (quarenta e nove) Vereadores, nos Municípios de mais de 5.000.000 (cinco milhões) de habitantes e de até 6.000.000 (seis milhões) de habitantes;

v) 51 (cinquenta e um) Vereadores, nos Municípios de mais de 6.000.000 (seis milhões) de habitantes e de até 7.000.000 (sete milhões) de habitantes;

w) 53 (cinquenta e três) Vereadores, nos Municípios de mais de 7.000.000 (sete milhões) de habitantes e de até 8.000.000 (oito milhões) de habitantes; e

x) 55 (cinquenta e cinco) Vereadores, nos Municípios de mais de 8.000.000 (oito milhões) de habitantes;

► Alíneas *d* a *x* acrescidas pela EC nº 58, de 23-9-2009 (*DOU* de 24-9-2009), produzindo efeitos a partir do processo eleitoral de 2008.

V – subsídios do Prefeito, do Vice-Prefeito e dos Secretários municipais fixados por lei de iniciativa da Câmara Municipal, observado o que dispõem os artigos 37, XI, 39, § 4º, 150, II, 153, III, e 153, § 2º, I;

► Inciso V com a redação dada pela EC nº 19, de 4-6-1998.

VI – o subsídio dos Vereadores será fixado pelas respectivas Câmaras Municipais em cada legislatura para a subsequente, observado o que dispõe esta Constituição, observados os critérios estabelecidos na respectiva Lei Orgânica e os seguintes limites máximos:

a) em Municípios de até dez mil habitantes, o subsídio máximo dos Vereadores corresponderá a vinte por cento do subsídio dos Deputados Estaduais;

b) em Municípios de dez mil e um a cinquenta mil habitantes, o subsídio máximo dos Vereadores corresponderá a trinta por cento do subsídio dos Deputados Estaduais;

c) em Municípios de cinquenta mil e um a cem mil habitantes, o subsídio máximo dos Vereadores corresponderá a quarenta por cento do subsídio dos Deputados Estaduais;

d) em Municípios de cem mil e um a trezentos mil habitantes, o subsídio máximo dos Vereadores corresponderá a cinquenta por cento do subsídio dos Deputados Estaduais;

e) em Municípios de trezentos mil e um a quinhentos mil habitantes, o subsídio máximo dos Vereadores corresponderá a sessenta por cento do subsídio dos Deputados Estaduais;

f) em Municípios de mais de quinhentos mil habitantes, o subsídio máximo dos Vereadores corresponderá a setenta e cinco por cento do subsídio dos Deputados Estaduais;

► Inciso VI com a redação dada pela EC nº 25, de 14-2-2000.

VII – o total da despesa com a remuneração dos Vereadores não poderá ultrapassar o montante de cinco por cento da receita do Município;

► Inciso VII acrescido pela EC nº 1, de 31-3-1992, renumerando os demais.

VIII – inviolabilidade dos Vereadores por suas opiniões, palavras e votos no exercício do mandato e na circunscrição do Município;

► Inciso VIII renumerado pela EC nº 1, de 31-3-1992.

IX – proibições e incompatibilidades, no exercício da vereança, similares, no que couber, ao disposto nesta Constituição para os membros do Congresso Nacional e, na Constituição do respectivo Estado, para os membros da Assembleia Legislativa;

► Inciso IX renumerado pela EC nº 1, de 31-3-1992.

X – julgamento do Prefeito perante o Tribunal de Justiça;

► Inciso X renumerado pela EC nº 1, de 31-3-1992.
► Dec.-lei nº 201, de 27-2-1967 (Lei de Responsabilidade dos Prefeitos e Vereadores).
► Súmulas n°s 702 e 703 do STF.
► Súm. nº 209 do STJ.

XI – organização das funções legislativas e fiscalizadoras da Câmara Municipal;

► Inciso XI renumerado pela EC nº 1, de 31-3-1992.
► Lei nº 9.452, de 20-3-1997, determina que as Câmaras Municipais sejam obrigatoriamente notificadas da liberação de recursos federais para os respectivos Municípios.

XII – cooperação das associações representativas no planejamento municipal;

► Inciso XII renumerado pela EC nº 1, de 31-3-1992.

XIII – iniciativa popular de projetos de lei de interesse específico do Município, da cidade ou de bairros, através de manifestação de, pelo menos, cinco por cento do eleitorado;

► Inciso XIII renumerado pela EC nº 1, de 31-3-1992.

XIV – perda do mandato do Prefeito, nos termos do artigo 28, parágrafo único.

► Inciso XIV renumerado pela EC nº 1, de 31-3-1992.

Art. 29-A. O total da despesa do Poder Legislativo Municipal, incluídos os subsídios dos Vereadores e excluídos os gastos com inativos, não poderá ultrapassar os seguintes percentuais, relativos ao somatório da receita tributária e das transferências previstas no § 5º do artigo 153 e nos artigos 158 e 159, efetivamente realizado no exercício anterior:

▲ Artigo acrescido pela EC nº 25, de 14-2-2000.

I – 7% (sete por cento) para Municípios com população de até 100.000 (cem mil) habitantes;

II – 6% (seis por cento) para Municípios com população entre 100.000 (cem mil) e 300.000 (trezentos mil) habitantes;

III – 5% (cinco por cento) para Municípios com população entre 300.001 (trezentos mil e um) e 500.000 (quinhentos mil) habitantes;

IV – 4,5% (quatro inteiros e cinco décimos por cento) para Municípios com população entre 500.001 (quinhentos mil e um) e 3.000.000 (três milhões) de habitantes;

► Incisos I a IV com a redação dada pela EC nº 58, de 23-9-2009 (*DOU* de 24-9-2009), para vigorar na data de sua promulgação, produzindo efeitos a partir de 1º de janeiro do ano subsequente ao da promulgação desta Emenda.

V – 4% (quatro por cento) para Municípios com população entre 3.000.001 (três milhões e um) e 8.000.000 (oito milhões) de habitantes;

VI – 3,5% (três inteiros e cinco décimos por cento) para Municípios com população acima de 8.000.001 (oito milhões e um) habitantes.

► Incisos V e VI acrescidos pela EC nº 58, de 23-9-2009 (*DOU* de 24-9-2009), para vigorar na data de sua promulgação, produzindo efeitos a partir de 1º de janeiro do ano subsequente ao da promulgação desta Emenda.

§ 1º A Câmara Municipal não gastará mais de setenta por cento de sua receita com folha de pagamento, incluído o gasto com o subsídio de seus Vereadores.

§ 2º Constitui crime de responsabilidade do Prefeito Municipal:

I – efetuar repasse que supere os limites definidos neste artigo;

II – não enviar o repasse até o dia vinte de cada mês; ou

III – enviá-lo a menor em relação à proporção fixada na Lei Orçamentária.

§ 3º Constitui crime de responsabilidade do Presidente da Câmara Municipal o desrespeito ao § 1º deste artigo.

▶ §§ 1º a 3º acrescidos pela EC nº 25, de 14-2-2000.

Art. 30. Compete aos Municípios:

I – legislar sobre assuntos de interesse local;

▶ Súm. nº 645 do STF.

II – suplementar a legislação federal e a estadual no que couber;

III – instituir e arrecadar os tributos de sua competência, bem como aplicar suas rendas, sem prejuízo da obrigatoriedade de prestar contas e publicar balancetes nos prazos fixados em lei;

▶ Art. 156 desta Constituição.

IV – criar, organizar e suprimir distritos, observada a legislação estadual;

V – organizar e prestar, diretamente ou sob regime de concessão ou permissão, os serviços públicos de interesse local, incluído o de transporte coletivo, que tem caráter essencial;

VI – manter, com a cooperação técnica e financeira da União e do Estado, programas de educação infantil e de ensino fundamental;

▶ Inciso VI com a redação dada pela EC nº 53, de 19-12-2006.

VII – prestar, com a cooperação técnica e financeira da União e do Estado, serviços de atendimento à saúde da população;

▶ Dec. nº 3.964, de 10-10-2001, dispõe sobre o Fundo Nacional de Saúde.

VIII – promover, no que couber, adequado ordenamento territorial, mediante planejamento e controle do uso, do parcelamento e da ocupação do solo urbano;

▶ Art. 182 desta Constituição.

IX – promover a proteção do patrimônio histórico-cultural local, observada a legislação e a ação fiscalizadora federal e estadual.

Art. 31. A fiscalização do Município será exercida pelo Poder Legislativo Municipal, mediante controle externo, e pelos sistemas de controle interno do Poder Executivo Municipal, na forma da lei.

§ 1º O controle externo da Câmara Municipal será exercido com o auxílio dos Tribunais de Contas dos Estados ou do Município ou dos Conselhos ou Tribunais de Contas dos Municípios, onde houver.

§ 2º O parecer prévio, emitido pelo órgão competente sobre as contas que o Prefeito deve anualmente prestar, só deixará de prevalecer por decisão de dois terços dos membros da Câmara Municipal.

§ 3º As contas dos Municípios ficarão, durante sessenta dias, anualmente, à disposição de qualquer contribuinte, para exame e apreciação, o qual poderá questionar-lhes a legitimidade, nos termos da lei.

§ 4º É vedada a criação de Tribunais, Conselhos ou órgãos de Contas Municipais.

CAPÍTULO V

DO DISTRITO FEDERAL E DOS TERRITÓRIOS

SEÇÃO I

DO DISTRITO FEDERAL

Art. 32. O Distrito Federal, vedada sua divisão em Municípios, reger-se-á por lei orgânica, votada em dois turnos com interstício mínimo de dez dias, e aprovada por dois terços da Câmara Legislativa, que a promulgará, atendidos os princípios estabelecidos nesta Constituição.

§ 1º Ao Distrito Federal são atribuídas as competências legislativas reservadas aos Estados e Municípios.

▶ Súm. nº 642 do STF.

§ 2º A eleição do Governador e do Vice-Governador, observadas as regras do artigo 77, e dos Deputados Distritais coincidirá com a dos Governadores e Deputados Estaduais, para mandato de igual duração.

§ 3º Aos Deputados Distritais e à Câmara Legislativa aplica-se o disposto no artigo 27.

§ 4º Lei federal disporá sobre a utilização, pelo Governo do Distrito Federal, das Polícias Civil e Militar e do Corpo de Bombeiros Militar.

▶ Lei nº 6.450, de 14-10-1977, dispõe sobre a organização básica da Polícia Militar do Distrito Federal.

▶ Lei nº 7.289, de 18-12-1984, dispõe sobre o Estatuto dos Policiais Militares da Polícia Militar do Distrito Federal.

▶ Lei nº 7.479, de 2-6-1986, aprova o Estatuto dos Bombeiros Militares do Corpo de Bombeiros do Distrito Federal.

▶ Lei nº 12.086, de 6-11-2009, dispõe sobre os militares da Polícia Militar do Distrito Federal e do Corpo de Bombeiros Militar do Distrito Federal.

▶ Dec.-lei nº 667, de 2-7-1969, reorganiza as Polícias Militares e os Corpos de Bombeiros Militares dos Estados, dos Territórios e do Distrito Federal.

SEÇÃO II

DOS TERRITÓRIOS

Art. 33. A lei disporá sobre a organização administrativa e judiciária dos Territórios.

▶ Lei nº 8.185, de 14-5-1991 (Lei de Organização Judiciária do Distrito Federal).

§ 1º Os Territórios poderão ser divididos em Municípios, aos quais se aplicará, no que couber, o disposto no Capítulo IV deste Título.

§ 2º As contas do Governo do Território serão submetidas ao Congresso Nacional, com parecer prévio do Tribunal de Contas da União.

§ 3º Nos Territórios Federais com mais de cem mil habitantes, além do Governador nomeado na forma desta Constituição, haverá órgãos judiciários de primeira e segunda instância, membros do Ministério Público e defensores públicos federais; a lei disporá sobre as eleições para a Câmara Territorial e sua competência deliberativa.

Capítulo VI
DA INTERVENÇÃO

Art. 34. A União não intervirá nos Estados nem no Distrito Federal, exceto para:

I – manter a integridade nacional;

► Art. 1º desta Constituição.

II – repelir invasão estrangeira ou de uma Unidade da Federação em outra;

III – pôr termo a grave comprometimento da ordem pública;

IV – garantir o livre exercício de qualquer dos Poderes nas Unidades da Federação;

► Art. 36, I, desta Constituição.

V – reorganizar as finanças da Unidade da Federação que:

a) suspender o pagamento da dívida fundada por mais de dois anos consecutivos, salvo motivo de força maior;

b) deixar de entregar aos Municípios receitas tributárias fixadas nesta Constituição, dentro dos prazos estabelecidos em lei;

► Art. 10 da LC nº 63, de 11-1-1990, que dispõe sobre critérios e prazos de crédito das parcelas do produto da arrecadação de impostos de competência dos Estados e de transferências por estes recebidas, pertencentes aos Municípios.

VI – prover a execução de lei federal, ordem ou decisão judicial;

► Art. 36, § 3º, desta Constituição.
► Súm. nº 637 do STF.

VII – assegurar a observância dos seguintes princípios constitucionais:

► Art. 36, III e § 3º, desta Constituição.

a) forma republicana, sistema representativo e regime democrático;
b) direitos da pessoa humana;
c) autonomia municipal;
d) prestação de contas da administração pública, direta e indireta;
e) aplicação do mínimo exigido da receita resultante de impostos estaduais, compreendida a proveniente de transferências, na manutenção e desenvolvimento do ensino e nas ações e serviços públicos de saúde.

► Alínea e com a redação dada pela EC nº 29, de 13-9-2000.
► Art. 212 desta Constituição.

Art. 35. O Estado não intervirá em seus Municípios, nem a União nos Municípios localizados em Território Federal, exceto quando:

► Súm. nº 637 do STF.

I – deixar de ser paga, sem motivo de força maior, por dois anos consecutivos, a dívida fundada;

II – não forem prestadas contas devidas, na forma da lei;

III – não tiver sido aplicado o mínimo exigido da receita municipal na manutenção e desenvolvimento do ensino e nas ações e serviços públicos de saúde;

► Inciso III com a redação dada pela EC nº 29, de 13-9-2000.
► Art. 212 desta Constituição.

IV – o Tribunal de Justiça der provimento a representação para assegurar a observância de princípios indicados na Constituição Estadual, ou para prover a execução de lei, de ordem ou de decisão judicial.

Art. 36. A decretação da intervenção dependerá:

I – no caso do artigo 34, IV, de solicitação do Poder Legislativo ou do Poder Executivo coacto ou impedido, ou de requisição do Supremo Tribunal Federal, se a coação for exercida contra o Poder Judiciário;

II – no caso de desobediência a ordem ou decisão judiciária, de requisição do Supremo Tribunal Federal, do Superior Tribunal de Justiça ou do Tribunal Superior Eleitoral;

► Arts. 19 a 22 da Lei nº 8.038, de 28-5-1990, que institui normas procedimentais para os processos que especifica, perante o STJ e o STF.

III – de provimento, pelo Supremo Tribunal Federal, de representação do Procurador-Geral da República, na hipótese do art. 34, VII, e no caso de recusa à execução de lei federal.

► Inciso III com a redação dada pela EC nº 45, de 8-12-2004.
► Lei nº 12.562, de 23-12-2011, regulamenta este inciso para dispor sobre o processo e julgamento da representação interventiva perante o STF.

IV – *Revogado*. EC nº 45, de 8-12-2004.

§ 1º O decreto de intervenção, que especificará a amplitude, o prazo e as condições de execução e que, se couber, nomeará o interventor, será submetido à apreciação do Congresso Nacional ou da Assembleia Legislativa do Estado, no prazo de vinte e quatro horas.

§ 2º Se não estiver funcionando o Congresso Nacional ou a Assembleia Legislativa, far-se-á convocação extraordinária, no mesmo prazo de vinte e quatro horas.

§ 3º Nos casos do artigo 34, VI e VII, ou do artigo 35, IV, dispensada a apreciação pelo Congresso Nacional ou pela Assembleia Legislativa, o decreto limitar-se-á a suspender a execução do ato impugnado, se essa medida bastar ao restabelecimento da normalidade.

§ 4º Cessados os motivos da intervenção, as autoridades afastadas de seus cargos a estes voltarão, salvo impedimento legal.

Capítulo VII
DA ADMINISTRAÇÃO PÚBLICA

► Lei nº 8.112, de 11-12-1990 (Estatuto dos Servidores Públicos Civis da União, Autarquias e Fundações Públicas Federais).
► Lei nº 8.727, de 5-11-1993, estabelece diretrizes para consolidação e o reescalonamento pela União, de dívidas internas da administração direta e indireta dos Estados, do Distrito Federal e dos Municípios.
► Lei nº 9.784, de 29-1-1999 (Lei do Processo Administrativo Federal).

SEÇÃO I

DISPOSIÇÕES GERAIS

Art. 37. A administração pública direta e indireta de qualquer dos Poderes da União, dos Estados, do Distrito Federal e dos Municípios obedecerá aos princípios de legalidade, impessoalidade, moralidade, publicidade e eficiência e, também, ao seguinte:

- *Caput* com a redação dada pela EC nº 19, de 4-6-1998.
- Art. 19 do ADCT.
- Arts. 3º e 5º, I a VI, §§ 1º e 2º, da Lei nº 8.112, de 11-12-1990 (Estatuto dos Servidores Públicos Civis da União, Autarquias e Fundações Públicas Federais).
- Lei nº 8.727, de 5-11-1993, estabelece diretrizes para a consolidação e o reescalonamento, pela União, de dívidas internas das administrações direta e indireta dos Estados, do Distrito Federal e dos Municípios.
- Lei nº 8.730, de 10-11-1993, estabelece a obrigatoriedade da declaração de bens e rendas para o exercício de cargos, empregos, e funções nos Poderes Executivo, Legislativo e Judiciário.
- Súm. Vinc. nº 13 do STF.
- Súmulas nºs 346 e 473 do STF.

I – os cargos, empregos e funções públicas são acessíveis aos brasileiros que preencham os requisitos estabelecidos em lei, assim como aos estrangeiros, na forma da lei;

- Inciso I com a redação dada pela EC nº 19, de 4-6-1998.
- Art. 7º da CLT.
- Arts. 3º a 5º, I a VI, §§ 1º e 2º, da Lei nº 8.112, de 11-12-1990 (Estatuto dos Servidores Públicos Civis da União, Autarquias e Fundações Públicas Federais).
- Lei nº 8.730, de 10-11-1993, estabelece a obrigatoriedade da declaração de bens e rendas para o exercício de cargos, empregos e funções nos Poderes Executivo, Legislativo e Judiciário.
- Súmulas nºs 683, 684 e 686 do STF.
- Súm. nº 266 do STJ.

II – a investidura em cargo ou emprego público depende de aprovação prévia em concurso público de provas ou de provas e títulos, de acordo com a natureza e a complexidade do cargo ou emprego, na forma prevista em lei, ressalvadas as nomeações para cargo em comissão declarado em lei de livre nomeação e exoneração;

- Inciso II com a redação dada pela EC nº 19, de 4-6-1998.
- Art. 7º da CLT.
- Arts. 11 e 12 da Lei nº 8.112, de 11-12-1990 (Estatuto dos Servidores Públicos Civis da União, Autarquias e Fundações Públicas Federais).
- Lei nº 9.962, de 22-2-2000, disciplina o regime de emprego público do pessoal da administração federal direta, autárquica e fundacional.
- Dec. nº 7.203, de 4-6-2010, dispõe sobre a vedação do nepotismo no âmbito da administração pública federal.
- Súm. nº 685 do STF.
- Súmulas nºs 331 e 363 do TST.
- Orientações Jurisprudenciais da SBDI-I nºs 321, 338 e 366 do TST.

III – o prazo de validade do concurso público será de até dois anos, prorrogável uma vez, por igual período;

- Art. 12 da Lei nº 8.112, de 11-12-1990 (Estatuto dos Servidores Públicos Civis da União, Autarquias e Fundações Públicas Federais).
- Lei nº 12.562, de 23-12-2011, regulamenta este inciso para dispor sobre o processo e julgamento da representação interventiva perante o STF.

IV – durante o prazo improrrogável previsto no edital de convocação, aquele aprovado em concurso público de provas ou de provas e títulos será convocado com prioridade sobre novos concursados para assumir cargo ou emprego, na carreira;

- Art. 7º da CLT.

V – as funções de confiança, exercidas exclusivamente por servidores ocupantes de cargo efetivo, e os cargos em comissão, a serem preenchidos por servidores de carreira nos casos, condições e percentuais mínimos previstos em lei, destinam-se apenas às atribuições de direção, chefia e assessoramento;

- Inciso V com a redação dada pela EC nº 19, de 4-6-1998.

VI – é garantido ao servidor público civil o direito à livre associação sindical;

VII – o direito de greve será exercido nos termos e nos limites definidos em lei específica;

- Inciso VII com a redação dada pela EC nº 19, de 4-6-1998.
- Dec. nº 1.480, de 3-5-1995, dispõe sobre os procedimentos a serem adotados em casos de paralisações dos serviços públicos federais.
- Ao julgar os MIs nºs 708 e 712, o Plenário do Supremo Tribunal deferiu injunção e regulamentou provisoriamente o exercício do direito de greve pelos servidores públicos, com base nas Leis nºs 7.701, de 21-12-1988 e 7.783, 28-6-1989, no que for compatível.

VIII – a lei reservará percentual dos cargos e empregos públicos para as pessoas portadoras de deficiência e definirá os critérios de sua admissão;

- Lei nº 7.853, de 24-10-1989 (Lei de Apoio às Pessoas Portadoras de Deficiência), regulamentada pelo Dec. nº 3.298, de 20-12-1999.
- Art. 5º, § 2º, da Lei nº 8.112, de 11-12-1990 (Estatuto dos Servidores Públicos Civis da União, Autarquias e Fundações Públicas Federais).
- Dec. nº 6.949, de 25-8-2009, promulga a Convenção Internacional sobre os Direitos das Pessoas com Deficiência.
- Súm. nº 377 do STJ.

IX – a lei estabelecerá os casos de contratação por tempo determinado para atender a necessidade temporária de excepcional interesse público;

- Lei nº 8.745, de 9-12-1993, dispõe sobre a contratação de servidor público por tempo determinado, para atender a necessidade temporária de excepcional interesse público.
- Art. 30 da Lei nº 10.871, de 20-5-2004, dispõe sobre a criação de carreiras e organização de cargos efetivos das autarquias especiais denominadas Agências Reguladoras.
- MP nº 2.165-36, de 23-8-2001, que até o encerramento desta edição não havia sido convertida em Lei, institui o auxílio-transporte.

X – a remuneração dos servidores públicos e o subsídio de que trata o § 4º do artigo 39 somente poderão ser fixados ou alterados por lei específica, observada a iniciativa privativa em cada caso, assegurada revisão geral anual, sempre na mesma data e sem distinção de índices;

▶ Inciso X com a redação dada pela EC nº 19, de 4-6-1998.
▶ Arts. 39, § 4º, 95, III, e 128, § 5º, I, c, desta Constituição.
▶ Lei nº 7.706, de 21-12-1988, dispõe sobre a revisão dos vencimentos, salários, soldos e proventos dos servidores, civis e militares, da Administração Federal Direta, das Autarquias, dos extintos Territórios Federais e das Fundações Públicas.
▶ Lei nº 10.331, de 18-12-2001, regulamenta este inciso.
▶ Súmulas nºˢ 672 e 679 do STF.

XI – a remuneração e o subsídio dos ocupantes de cargos, funções e empregos públicos da administração direta, autárquica e fundacional, dos membros de qualquer dos Poderes da União, dos Estados, do Distrito Federal e dos Municípios, dos detentores de mandato eletivo e dos demais agentes políticos e os proventos, pensões ou outra espécie remuneratória, percebidos cumulativamente ou não, incluídas as vantagens pessoais ou de qualquer outra natureza, não poderão exceder o subsídio mensal, em espécie, dos Ministros do Supremo Tribunal Federal, aplicando-se como limite, nos Municípios, o subsídio do Prefeito, e nos Estados e no Distrito Federal, o subsídio mensal do Governador no âmbito do Poder Executivo, o subsídio dos Deputados Estaduais e Distritais no âmbito do Poder Legislativo e o subsídio dos Desembargadores do Tribunal de Justiça, limitado a noventa inteiros e vinte e cinco centésimos por cento do subsídio mensal, em espécie, dos Ministros do Supremo Tribunal Federal, no âmbito do Poder Judiciário, aplicável este limite aos membros do Ministério Público, aos Procuradores e aos Defensores Públicos;

▶ Inciso XI com a redação dada pela EC nº 41, de 19-12-2003.
▶ O STF, por maioria de votos, concedeu a liminar na ADIN nº 3.854-1, para dar interpretação conforme a CF ao art. 37, XI e § 12, o primeiro dispositivo com a redação dada pela EC nº 41, de 19-12-2003, e o segundo introduzido pela EC nº 47, de 5-7-2005, excluindo a submissão dos membros da magistratura estadual ao subteto de remuneração (DOU de 8-3-2007).
▶ Arts. 27, § 2º, 28, § 2º, 29, V e VI, 39, §§ 4º e 5º, 49, VII, e VIII, 93, V, 95, III, 128, § 5º, I, c, e 142, § 3º, VIII, desta Constituição.
▶ Art. 3º, § 3º, da EC nº 20, de 15-12-1998 (Reforma Previdenciária).
▶ Arts. 7º e 8º da EC nº 41, de 19-12-2003.
▶ Art. 4º da EC nº 47, de 5-7-2005.
▶ Lei nº 8.112, de 11-12-1990 (Estatuto dos Servidores Públicos Civis da União, Autarquias e Fundações Públicas Federais).
▶ Leis nº 8.448, de 21-7-1992, e 8.852, de 4-2-1994, dispõem sobre este inciso.
▶ Art. 3º da Lei nº 10.887, de 18-6-2004, que dispõe sobre a aplicação de disposições da EC nº 41, de 19-12-2003.
▶ Lei nº 12.770, de 28-12-2012, dispõe sobre o subsídio do Procurador-Geral da República.
▶ Lei Delegada nº 13, de 27-8-1982, institui Gratificações de Atividade para os servidores civis do Poder Executivo, revê vantagens.
▶ OJ da SBDI-I nº 339 do TST.

XII – os vencimentos dos cargos do Poder Legislativo e do Poder Judiciário não poderão ser superiores aos pagos pelo Poder Executivo;

▶ Art. 135 desta Constituição.
▶ Art. 42 da Lei nº 8.112, de 11-12-1990 (Estatuto dos Servidores Públicos Civis da União, Autarquias e Fundações Públicas Federais).
▶ Lei nº 8.852, de 4-2-1994, dispõe sobre a aplicação deste inciso.

XIII – é vedada a vinculação ou equiparação de quaisquer espécies remuneratórias para o efeito de remuneração de pessoal do serviço público;

▶ Inciso XIII com a redação dada pela EC nº 19, de 4-6-1998.
▶ Art. 142, § 3º, VIII, desta Constituição.
▶ Orientações Jurisprudenciais da SBDI-I nºˢ 297 e 353 do TST.

XIV – os acréscimos pecuniários percebidos por servidor público não serão computados nem acumulados para fins de concessão de acréscimos ulteriores;

▶ Inciso XIV com a redação dada pela EC nº 19, de 4-6-1998.
▶ Art. 142, § 3º, VIII, desta Constituição.

XV – o subsídio e os vencimentos dos ocupantes de cargos e empregos públicos são irredutíveis, ressalvado o disposto nos incisos XI e XIV deste artigo e nos artigos 39, § 4º, 150, II, 153, III, e 153, § 2º, I;

▶ Inciso XV com a redação dada pela EC nº 19, de 4-6-1998.
▶ Art. 142, § 3º, VIII, desta Constituição.

XVI – é vedada a acumulação remunerada de cargos públicos, exceto, quando houver compatibilidade de horários, observado em qualquer caso o disposto no inciso XI:

▶ Inciso XVI com a redação dada pela EC nº 19, de 4-6-1998.

a) a de dois cargos de professor;
b) a de um cargo de professor com outro, técnico ou científico;

▶ Alíneas a e b com a redação dada pela EC nº 19, de 4-6-1998.

c) a de dois cargos ou empregos privativos de profissionais de saúde, com profissões regulamentadas;

▶ Alínea c com a redação dada pela EC nº 34, de 13-12-2001.
▶ Arts. 118 a 120 da Lei nº 8.112, de 11-12-1990 (Estatuto dos Servidores Públicos Civis da União, Autarquias e Fundações Públicas Federais).

XVII – a proibição de acumular estende-se a empregos e funções e abrange autarquias, fundações, empresas públicas, sociedades de economia mista, suas subsidiárias, e sociedades controladas, direta ou indiretamente, pelo Poder Público;

▶ Inciso XVII com a redação dada pela EC nº 19, de 4-6-1998.

▶ Art. 118, § 1º, da Lei nº 8.112, de 11-12-1990 (Estatuto dos Servidores Públicos Civis da União, Autarquias e Fundações Públicas Federais).

XVIII – a administração fazendária e seus servidores fiscais terão, dentro de suas áreas de competência e jurisdição, precedência sobre os demais setores administrativos, na forma da lei;

XIX – somente por lei específica poderá ser criada autarquia e autorizada a instituição de empresa pública, de sociedade de economia mista e de fundação, cabendo à lei complementar, neste último caso, definir as áreas de sua atuação;

▶ Inciso XIX com a redação dada pela EC nº 19, de 4-6-1998.

XX – depende de autorização legislativa, em cada caso, a criação de subsidiárias das entidades mencionadas no inciso anterior, assim como a participação de qualquer delas em empresa privada;

XXI – ressalvados os casos especificados na legislação, as obras, serviços, compras e alienações serão contratados mediante processo de licitação pública que assegure igualdade de condições a todos os concorrentes, com cláusulas que estabeleçam obrigações de pagamento, mantidas as condições efetivas da proposta, nos termos da lei, o qual somente permitirá as exigências de qualificação técnica e econômica indispensáveis à garantia do cumprimento das obrigações;

▶ Art. 22, XXVII, desta Constituição.
▶ Lei nº 8.666, de 21-6-1993 (Lei de Licitações e Contratos Administrativos).
▶ Lei nº 10.520, de 17-7-2002 (Lei do Pregão).
▶ Dec. nº 3.555, de 8-8-2000, regulamenta a modalidade de licitação denominada pregão.
▶ Súm. nº 333 do STJ.
▶ Súm. nº 331 do TST.

XXII – as administrações tributárias da União, dos Estados, do Distrito Federal e dos Municípios, atividades essenciais ao funcionamento do Estado, exercidas por servidores de carreiras específicas, terão recursos prioritários para a realização de suas atividades e atuarão de forma integrada, inclusive com o compartilhamento de cadastros e de informações fiscais, na forma da lei ou convênio.

▶ Inciso XXII acrescido pela EC nº 42, de 19-12-2003.
▶ Art. 137, IV, desta Constituição.

§ 1º A publicidade dos atos, programas, obras, serviços e campanhas dos órgãos públicos deverá ter caráter educativo, informativo ou de orientação social, dela não podendo constar nomes, símbolos ou imagens que caracterizem promoção pessoal de autoridades ou servidores públicos.

▶ Lei nº 8.389, de 30-12-1991, institui o Conselho de Comunicação Social.
▶ Dec. nº 4.799, de 4-8-2003, dispõe sobre a comunicação de Governo do Poder Executivo Federal.

§ 2º A não observância do disposto nos incisos II e III implicará a nulidade do ato e a punição da autoridade responsável, nos termos da lei.

▶ Arts. 116 a 142 da Lei nº 8.112, de 11-12-1990 (Estatuto dos Servidores Públicos Civis da União, Autarquias e Fundações Públicas Federais).
▶ Lei nº 8.429, de 2-6-1992 (Lei da Improbidade Administrativa).

▶ Súm. nº 466 do STJ.
▶ Súm. nº 363 do TST.

§ 3º A lei disciplinará as formas de participação do usuário na administração pública direta e indireta, regulando especialmente:

I – as reclamações relativas à prestação dos serviços públicos em geral, asseguradas a manutenção de serviços de atendimento ao usuário e a avaliação periódica, externa e interna, da qualidade dos serviços;

II – o acesso dos usuários a registros administrativos e a informações sobre atos de governo, observado o disposto no artigo 5º, X e XXXIII;

▶ Lei nº 12.527, de 18-11-2011, regula o acesso a informações previsto neste inciso.

III – a disciplina da representação contra o exercício negligente ou abusivo de cargo, emprego ou função na administração pública.

▶ § 3º e incisos I a III com a redação dada pela EC nº 19, de 4-6-1998.

§ 4º Os atos de improbidade administrativa importarão a suspensão dos direitos políticos, a perda da função pública, a indisponibilidade dos bens e o ressarcimento ao erário, na forma e gradação previstas em lei, sem prejuízo da ação penal cabível.

▶ Art. 15, V, desta Constituição.
▶ Arts. 312 a 327 do CP.
▶ Lei nº 8.026, de 12-4-1990, dispõe sobre a aplicação de pena de demissão a funcionário publico.
▶ Lei nº 8.027, de 12-4-1990, dispõe sobre normas de conduta dos servidores públicos civis da União, das Autarquias e das Fundações Públicas.
▶ Lei nº 8.112, de 11-12-1990 (Estatuto dos Servidores Públicos Civis da União, Autarquias e Fundações Públicas Federais).
▶ Art. 3º da Lei nº 8.137, de 27-12-1990 (Lei dos Crimes Contra a Ordem Tributária, Econômica e Contra as Relações de Consumo).
▶ Lei nº 8.429, de 2-6-1992 (Lei da Improbidade Administrativa).
▶ Dec.-lei nº 3.240, de 8-5-1941 sujeita a sequestro os bens de pessoas indiciadas por crimes de que resulta prejuízo para a Fazenda Pública.
▶ Dec. nº 4.410, de 7-10-2002, promulga a Convenção Interamericana contra a Corrupção.

§ 5º A lei estabelecerá os prazos de prescrição para ilícitos praticados por qualquer agente, servidor ou não, que causem prejuízos ao erário, ressalvadas as respectivas ações de ressarcimento.

▶ Lei nº 8.112, de 11-12-1990 (Estatuto dos Servidores Públicos Civis da União, Autarquias e Fundações Públicas Federais).
▶ Lei nº 8.429, de 2-6-1992 (Lei da Improbidade Administrativa).

§ 6º As pessoas jurídicas de direito público e as de direito privado prestadoras de serviços públicos responderão pelos danos que seus agentes, nessa qualidade, causarem a terceiros, assegurado o direito de regresso contra o responsável nos casos de dolo ou culpa.

▶ Art. 43 do CC.
▶ Lei nº 6.453, de 17-10-1977, dispõe sobre a responsabilidade civil por danos nucleares e a responsabilidade criminal por atos relacionados com atividades nucleares.

► Dec. nº 58.818, de 14-7-1966, promulga a Convenção nº 94 da OIT, sobre cláusulas de trabalho em contratos com órgãos públicos.

§ 7º A lei disporá sobre os requisitos e as restrições ao ocupante de cargo ou emprego da administração direta e indireta que possibilite o acesso a informações privilegiadas.

§ 8º A autonomia gerencial, orçamentária e financeira dos órgãos e entidades da administração direta e indireta poderá ser ampliada mediante contrato, a ser firmado entre seus administradores e o poder público, que tenha por objeto a fixação de metas de desempenho para o órgão ou entidade, cabendo à lei dispor sobre:

I – o prazo de duração do contrato;
Ii – os controles e critérios de avaliação de desempenho, direitos, obrigações e responsabilidade dos dirigentes;
III – a remuneração do pessoal.

§ 9º O disposto no inciso XI aplica-se às empresas públicas e às sociedades de economia mista, e suas subsidiárias, que receberem recursos da União, dos Estados, do Distrito Federal ou dos Municípios para pagamento de despesas de pessoal ou de custeio em geral.

► §§ 7º a 9º acrescidos pela EC nº 19, de 4-6-1998.

§ 10. É vedada a percepção simultânea de proventos de aposentadoria decorrentes do artigo 40 ou dos artigos 42 e 142 com a remuneração de cargo, emprego ou função pública, ressalvados os cargos acumuláveis na forma desta Constituição, os cargos eletivos e os cargos em comissão declarados em lei de livre nomeação e exoneração.

► § 10 acrescido pela EC nº 20, de 15-12-1998.

§ 11. Não serão computadas, para efeito dos limites remuneratórios de que trata o inciso XI do *caput* deste artigo, as parcelas de caráter indenizatório previstas em lei.

► Art. 4º da EC nº 47, de 5-7-2005.

§ 12. Para os fins do disposto no inciso XI do *caput* deste artigo, fica facultado aos Estados e ao Distrito Federal fixar, em seu âmbito, mediante emenda às respectivas Constituições e Lei Orgânica, como limite único, o subsídio mensal dos Desembargadores do respectivo Tribunal de Justiça, limitado a noventa inteiros e vinte e cinco centésimos por cento do subsídio mensal dos Ministros do Supremo Tribunal Federal, não se aplicando o disposto neste parágrafo aos subsídios dos Deputados Estaduais e Distritais e dos Vereadores.

► §§ 11 e 12 acrescidos pela EC nº 47, de 5-7-2005.
► O STF, por maioria de votos, concedeu a liminar na ADIN nº 3.854-1, para dar interpretação conforme a CF ao art. 37, XI e § 12, o primeiro dispositivo com a redação dada pela EC nº 41, de 19-12-2003, e o segundo introduzido pela EC nº 47, de 5-7-2005, excluindo a submissão dos membros da magistratura estadual ao subteto de remuneração (*DOU* de 8-3-2007).

Art. 38. Ao servidor público da administração direta, autárquica e fundacional, no exercício de mandato eletivo, aplicam-se as seguintes disposições:

► *Caput* com a redação dada pela EC nº 19, de 4-6-1998.
► Art. 28 desta Constituição.

► Lei nº 8.112, de 11-12-1990 (Estatuto dos Servidores Públicos Civis da União, Autarquias e Fundações Públicas Federais).

I – tratando-se de mandato eletivo federal, estadual ou distrital, ficará afastado de seu cargo, emprego ou função;

► Art. 28, § 1º, desta Constituição.

II – investido no mandato de Prefeito será afastado do cargo, emprego ou função, sendo-lhe facultado optar pela sua remuneração;
III – investido no mandato de Vereador, havendo compatibilidade de horários, perceberá as vantagens de seu cargo, emprego ou função, sem prejuízo da remuneração do cargo eletivo, e, não havendo compatibilidade, será aplicada a norma do inciso anterior;
IV – em qualquer caso que exija o afastamento para o exercício de mandato eletivo, seu tempo de serviço será contado para todos os efeitos legais, exceto para promoção por merecimento;

► Art. 28, § 1º, desta Constituição.

V – para efeito de benefício previdenciário, no caso de afastamento, os valores serão determinados como se no exercício estivesse.

► Art. 28, § 1º, desta Constituição.

SEÇÃO II

DOS SERVIDORES PÚBLICOS

► Denominação desta Seção dada pela EC nº 18, de 5-2-1998.
► Lei nº 8.026, de 12-4-1990, dispõe sobre a aplicação de pena de demissão a funcionário público.
► Lei nº 8.027, de 12-4-1990, dispõe sobre normas de conduta dos servidores públicos civis da União, das autarquias e das fundações públicas.
► Lei nº 8.112, de 11-12-1990 (Estatuto dos Servidores Públicos Civis da União, Autarquias e Fundações Públicas Federais).
► Súm. nº 378 do STJ.

Art. 39. A União, os Estados, o Distrito Federal e os Municípios instituirão conselho de política de administração e remuneração de pessoal, integrado por servidores designados pelos respectivos Poderes.

► *Caput* com a redação dada pela EC nº 19, de 4-6-1998.
► O STF, por maioria de votos, deferiu parcialmente a medida cautelar na ADIN nº 2.135-4, para suspender, com efeitos *ex nunc*, a eficácia do *caput* deste artigo, razão pela qual continuará em vigor a redação original: "Art. 39. A União, os Estados, o Distrito Federal e os Municípios instituirão, no âmbito de sua competência, regime jurídico único e planos de carreira para os servidores da administração pública direta, das autarquias e das fundações públicas" (*DOU* de 14-8-2007).
► Art. 24 do ADCT.
► Lei nº 8.026, de 12-4-1990, dispõe sobre a aplicação de pena de demissão a funcionário público.
► Lei nº 8.027, de 12-4-1990, dispõe sobre normas de conduta dos servidores públicos civis da União, Autarquias e das Fundações Públicas.
► Lei nº 8.112, de 11-12-1990 (Estatuto dos Servidores Públicos Civis da União, Autarquias e Fundações Públicas Federais).
► Súm. Vinc. nº 4 do STF.
► Súm. nº 97 do STJ.

Constituição Federal – Art. 40

§ 1º A fixação dos padrões de vencimento e dos demais componentes do sistema remuneratório observará:

I – a natureza, o grau de responsabilidade e a complexidade dos cargos componentes de cada carreira;
II – os requisitos para a investidura;
III – as peculiaridades dos cargos.

▶ Art. 41, § 4º, da Lei nº 8.112, de 11-12-1990 (Estatuto dos Servidores Públicos Civis da União, Autarquias e Fundações Públicas Federais).
▶ Lei nº 8.448, de 21-7-1992, regulamenta este parágrafo.
▶ Lei nº 8.852, de 4-2-1994, dispõe sobre a aplicação deste parágrafo.
▶ Lei nº 9.367, de 16-12-1996, fixa critérios para a progressiva unificação das tabelas de vencimentos dos servidores.
▶ Súm. Vinc. nº 4 do STF.
▶ Súm. nº 339 do STF.

§ 2º A União, os Estados e o Distrito Federal manterão escolas de governo para a formação e o aperfeiçoamento dos servidores públicos, constituindo-se a participação nos cursos um dos requisitos para a promoção na carreira, facultada, para isso, a celebração de convênios ou contratos entre os entes federados.

▶ §§ 1º e 2º com a redação dada pela EC nº 19, de 4-6-1998.

§ 3º Aplica-se aos servidores ocupantes de cargo público o disposto no artigo 7º, IV, VII, VIII, IX, XII, XIII, XV, XVI, XVII, XVIII, XIX, XX, XXII e XXX, podendo a lei estabelecer requisitos diferenciados de admissão quando a natureza do cargo o exigir.

▶ Dec.-lei nº 5.452, de 1-5-1943 (Consolidação das Leis do Trabalho).
▶ Decreto Legislativo nº 206, de 7-4-2010, aprova a ratificação da Convenção nº 151 da OIT sobre direito de sindicalização e relações de trabalho na administração pública.
▶ Súmulas Vinculantes nºs 4, 15 e 16 do STF.
▶ Súmulas nºs 683 e 684 do STF.
▶ Súm. nº 243 do TST.

§ 4º O membro de Poder, o detentor de mandato eletivo, os Ministros de Estado e os Secretários Estaduais e Municipais serão remunerados exclusivamente por subsídio fixado em parcela única, vedado o acréscimo de qualquer gratificação, adicional, abono, prêmio, verba de representação ou outra espécie remuneratória, obedecido, em qualquer caso, o disposto no artigo 37, X e XI.

▶ Arts. 27, § 2º, 28, § 2º, 29, V, e VI, 37, XV, 48, XV, 49, VII e VIII, 93, V, 95, III, 128, § 5º, I, c, e 135 desta Constituição.
▶ Lei nº 11.144, de 26-7-2005, dispõe sobre o subsídio do Procurador-Geral da República.
▶ Lei nº 12.770, de 28-12-2012, dispõe sobre o subsídio do Procurador-Geral da República.

§ 5º Lei da União, dos Estados, do Distrito Federal e dos Municípios poderá estabelecer a relação entre a maior e a menor remuneração dos servidores públicos, obedecido, em qualquer caso, o disposto no artigo 37, XI.

§ 6º Os Poderes Executivo, Legislativo e Judiciário publicarão anualmente os valores do subsídio e da remuneração dos cargos e empregos públicos.

§ 7º Lei da União, dos Estados, do Distrito Federal e dos Municípios disciplinará a aplicação de recursos orçamentários provenientes da economia com despesas correntes em cada órgão, autarquia e fundação, para aplicação no desenvolvimento de programas de qualidade e produtividade, treinamento e desenvolvimento, modernização, reaparelhamento e racionalização do serviço público, inclusive sob a forma de adicional ou prêmio de produtividade.

§ 8º A remuneração dos servidores públicos organizados em carreira poderá ser fixada nos termos do § 4º.

▶ §§ 3º a 8º acrescidos pela EC nº 19, de 4-6-1998.

Art. 40. Aos servidores titulares de cargos efetivos da União, dos Estados, do Distrito Federal e dos Municípios, incluídas suas autarquias e fundações, é assegurado regime de previdência de caráter contributivo e solidário, mediante contribuição do respectivo ente público, dos servidores ativos e inativos e dos pensionistas, observados critérios que preservem o equilíbrio financeiro e atuarial e o disposto neste artigo.

▶ *Caput* com a redação dada pela EC nº 41, de 19-12-2003.
▶ Arts. 37, § 10, 73, § 3º, e 93, VI, desta Constituição.
▶ Arts. 4º e 6º da EC nº 41, de 19-12-2003.
▶ Art. 3º da EC nº 47, de 5-7-2005.

§ 1º Os servidores abrangidos pelo regime de previdência de que trata este artigo serão aposentados, calculados os seus proventos a partir dos valores fixados na forma dos §§ 3º e 17:

▶ § 1º com a redação dada pela EC nº 41, de 19-12-2003.
▶ Art. 2º, § 5º, da EC nº 41, de 19-12-2003.
▶ Súm. nº 726 do STF.

I – por invalidez permanente, sendo os proventos proporcionais ao tempo de contribuição, exceto se decorrente de acidente em serviço, moléstia profissional ou doença grave, contagiosa ou incurável, na forma da lei;

▶ Inciso I com a redação dada pela EC nº 41, de 19-12-2003.

II – compulsoriamente, aos setenta anos de idade, com proventos proporcionais ao tempo de contribuição;

▶ Arts. 2º, § 5º, e 3º, § 1º, da EC nº 41, de 19-12-2003.

III – voluntariamente, desde que cumprido tempo mínimo de dez anos de efetivo exercício no serviço público e cinco anos no cargo efetivo em que se dará a aposentadoria, observadas as seguintes condições:

▶ Incisos II e III acrescidos pela EC nº 20, de 15-12-1998.
▶ Arts. 2º e 6º-A da EC nº 41, de 19-12-2003.

a) sessenta anos de idade e trinta e cinco de contribuição, se homem, e cinquenta e cinco anos de idade e trinta de contribuição, se mulher;

▶ Art. 3º, III, da EC nº 47, de 5-7-2005.

b) sessenta e cinco anos de idade, se homem, e sessenta anos de idade, se mulher, com proventos proporcionais ao tempo de contribuição.

▶ Alíneas *a* e *b*, acrescidas pela EC nº 20, de 15-12-1998.

§ 2º Os proventos de aposentadoria e as pensões, por ocasião de sua concessão, não poderão exceder a remuneração do respectivo servidor, no cargo efetivo em que se deu a aposentadoria ou que serviu de referência para a concessão da pensão.

▶ § 2º com a redação dada pela EC nº 20, de 15-12-1998.

§ 3º Para o cálculo dos proventos de aposentadoria, por ocasião da sua concessão, serão consideradas as remunerações utilizadas como base para as contribuições do servidor aos regimes de previdência de que tratam este artigo e o art. 201, na forma da lei.

▶ § 3º com a redação dada pela EC nº 41, de 19-12-2003.
▶ Art. 2º da EC nº 41, de 19-12-2003.
▶ Art. 1º da Lei nº 10.887, de 18-6-2004, que dispõe sobre a aplicação de disposições da EC nº 41, de 19-12-2003.

§ 4º É vedada a adoção de requisitos e critérios diferenciados para a concessão de aposentadoria aos abrangidos pelo regime de que trata este artigo, ressalvados, nos termos definidos em leis complementares, os casos de servidores:

▶ Caput do § 4º com a redação dada pela EC nº 47, de 5-7-2005.
▶ Súm. nº 680 do STF.

I – portadores de deficiência;
II – que exerçam atividades de risco;
III – cujas atividades sejam exercidas sob condições especiais que prejudiquem a saúde ou integridade física.

▶ Incisos I a III acrescidos pela EC nº 47, de 5-7-2005.

§ 5º Os requisitos de idade e de tempo de contribuição serão reduzidos em cinco anos, em relação ao disposto no § 1º, III, a, para o professor que comprove exclusivamente tempo de efetivo exercício das funções de magistério na educação infantil e no ensino fundamental e médio.

▶ Arts. 2º, § 1º, e 6º, caput, da EC nº 41, de 19-12-2003.
▶ Art. 67, § 2º, da Lei nº 9.394, de 20-12-1996 (Lei das Diretrizes e Bases da Educação Nacional).
▶ Súm. nº 726 do STF.

§ 6º Ressalvadas as aposentadorias decorrentes dos cargos acumuláveis na forma desta Constituição, é vedada a percepção de mais de uma aposentadoria à conta do regime de previdência previsto neste artigo.

▶ §§ 5º e 6º com a redação dada pela EC nº 20, de 15-12-1998.

§ 7º Lei disporá sobre a concessão do benefício de pensão por morte, que será igual:

▶ Art. 42, § 2º, desta Constituição.

I – ao valor da totalidade dos proventos do servidor falecido, até o limite máximo estabelecido para os benefícios do regime geral de previdência social de que trata o art. 201, acrescido de setenta por cento da parcela excedente a este limite, caso aposentado à data do óbito; ou
II – ao valor da totalidade da remuneração do servidor no cargo efetivo em que se deu o falecimento, até o limite máximo estabelecido para os benefícios do regime geral de previdência social de que trata o art. 201, acrescido de setenta por cento da parcela excedente a este limite, caso em atividade na data do óbito.

▶ § 7º com a redação dada pela EC nº 41, de 19-12-2003.

§ 8º É assegurado o reajustamento dos benefícios para preservar-lhes, em caráter permanente, o valor real, conforme critérios estabelecidos em lei.

▶ § 8º com a redação dada pela EC nº 41, de 19-12-2003.
▶ Arts. 2º, § 6º, e 6º-A da EC nº 41, de 19-12-2003.
▶ Súm. Vinc. nº 20 do STF.

§ 9º O tempo de contribuição federal, estadual ou municipal será contado para efeito de aposentadoria e o tempo de serviço correspondente para efeito de disponibilidade.

▶ Art. 42, § 1º, desta Constituição.

§ 10. A lei não poderá estabelecer qualquer forma de contagem de tempo de contribuição fictício.

▶ Art. 4º da EC nº 20, de 15-12-1998 (Reforma Previdenciária).

§ 11. Aplica-se o limite fixado no artigo 37, XI, à soma total dos proventos de inatividade, inclusive quando decorrentes da acumulação de cargos ou empregos públicos, bem como de outras atividades sujeitas a contribuição para o regime geral de previdência social, e ao montante resultante da adição de proventos de inatividade com remuneração de cargo acumulável na forma desta Constituição, cargo em comissão declarado em lei de livre nomeação e exoneração, e de cargo eletivo.

§ 12. Além do disposto neste artigo, o regime de previdência dos servidores públicos titulares de cargo efetivo observará, no que couber, os requisitos e critérios fixados para o regime geral de previdência social.

§ 13. Ao servidor ocupante, exclusivamente, de cargo em comissão declarado em lei de livre nomeação e exoneração bem como de outro cargo temporário ou de emprego público, aplica-se o regime geral de previdência social.

▶ Lei nº 9.962, de 22-2-2000, disciplina o regime de emprego público do pessoal da administração federal direta, autárquica e fundacional.

§ 14. A União, os Estados, o Distrito Federal e os Municípios, desde que instituam regime de previdência complementar para os seus respectivos servidores titulares de cargo efetivo, poderão fixar, para o valor das aposentadorias e pensões a serem concedidas pelo regime de que trata este artigo, o limite máximo estabelecido para os benefícios do regime geral de previdência social de que trata o artigo 201.

▶ §§ 9º a 14 acrescidos pela EC nº 20, de 15-12-1998.
▶ LC nº 108, de 29-5-2001, dispõe sobre a relação entre a União, e os Estados, o Distrito Federal e os Municípios, suas autarquias, fundações, sociedades de economia mista e outras entidades públicas e suas respectivas entidades fechadas de previdência complementar.
▶ Lei nº 12.618, de 30-4-2012, institui o regime de previdência complementar para os servidores públicos federais titulares de cargo efetivo.

§ 15. O regime de previdência complementar de que trata o § 14 será instituído por lei de iniciativa do respectivo Poder Executivo, observado o disposto no art. 202 e seus parágrafos, no que couber, por intermédio de entidades fechadas de previdência complementar, de natureza pública, que oferecerão aos respectivos participantes planos de benefícios somente na modalidade de contribuição definida.

▶ § 15 com a redação dada pela EC nº 41, de 19-12-2003.

▶ Lei nº 12.618, de 30-4-2012, institui o regime de previdência complementar para os servidores públicos federais titulares de cargo efetivo.

§ 16. Somente mediante sua prévia e expressa opção, o disposto nos §§ 14 e 15 poderá ser aplicado ao servidor que tiver ingressado no serviço público até a data da publicação do ato de instituição do correspondente regime de previdência complementar.

▶ § 16 acrescido pela EC nº 20, de 15-12-1998.
▶ Lei nº 9.717, de 27-11-1998, dispõe sobre regras gerais para a organização e o funcionamento dos regimes próprios de previdência social dos servidores públicos da União, dos Estados, do Distrito Federal e dos Municípios, bem como dos militares dos Estados e do Distrito Federal.
▶ Lei nº 10.887, de 18-6-2004, dispõe sobre a aplicação de disposições da EC nº 41, de 19-12-2003.
▶ Lei nº 12.618, de 30-4-2012, institui o regime de previdência complementar para os servidores públicos federais titulares de cargo efetivo.

§ 17. Todos os valores de remuneração considerados para o cálculo do benefício previsto no § 3º serão devidamente atualizados, na forma da lei.

▶ Arts. 2º e 6º-A da EC nº 41, de 19-12-2003.

§ 18. Incidirá contribuição sobre os proventos de aposentadorias e pensões concedidas pelo regime de que trata este artigo que superem o limite máximo estabelecido para os benefícios do regime geral de previdência social de que trata o art. 201, com percentual igual ao estabelecido para os servidores titulares de cargos efetivos.

▶ Art. 4º, I e II, da EC nº 41, de 19-12-2003.

§ 19. O servidor de que trata este artigo que tenha completado as exigências para aposentadoria voluntária estabelecidas no § 1º, III, *a*, e que opte por permanecer em atividade fará jus a um abono de permanência equivalente ao valor da sua contribuição previdenciária até completar as exigências para aposentadoria compulsória contidas no § 1º, II.

§ 20. Fica vedada a existência de mais de um regime próprio de previdência social para os servidores titulares de cargos efetivos, e de mais de uma unidade gestora do respectivo regime em cada ente estatal, ressalvado o disposto no art. 142, § 3º, X.

▶ §§ 17 a 20 acrescidos pela EC nº 41, de 19-12-2003.
▶ Art. 28 da EC nº 19, de 4-6-1998 (Reforma Administrativa).

§ 21. A contribuição prevista no § 18 deste artigo incidirá apenas sobre as parcelas de proventos de aposentadoria e de pensão que superem o dobro do limite máximo estabelecido para os benefícios do regime geral de previdência social de que trata o artigo 201 desta Constituição, quando o beneficiário, na forma da lei, for portador de doença incapacitante.

▶ § 21 acrescido pela EC nº 47, de 5-7-2005, em vigor na data de sua publicação, com efeitos retroativos à data de vigência da EC nº 41, de 19-12-2003 (*DOU* de 6-7-2005).

Art. 41. São estáveis após três anos de efetivo exercício os servidores nomeados para cargo de provimento efetivo em virtude de concurso público.

▶ Súm. nº 390 do TST.

§ 1º O servidor público estável só perderá o cargo:

I – em virtude de sentença judicial transitada em julgado;

II – mediante processo administrativo em que lhe seja assegurada ampla defesa;

▶ Súmulas nºs 18, 19, 20 e 21 do STF.
▶ OJ da SBDI-I nº 247 do TST.

III – mediante procedimento de avaliação periódica de desempenho, na forma de lei complementar, assegurada ampla defesa.

▶ Art. 247 desta Constituição.

§ 2º Invalidada por sentença judicial a demissão do servidor estável, será ele reintegrado, e o eventual ocupante da vaga, se estável, reconduzido ao cargo de origem, sem direito a indenização, aproveitado em outro cargo ou posto em disponibilidade com remuneração proporcional ao tempo de serviço.

§ 3º Extinto o cargo ou declarada a sua desnecessidade, o servidor estável ficará em disponibilidade, com remuneração proporcional ao tempo de serviço, até seu adequado aproveitamento em outro cargo.

▶ Súmulas nºs 11 e 39 do STF.

§ 4º Como condição para a aquisição da estabilidade, é obrigatória a avaliação especial de desempenho por comissão instituída para essa finalidade.

▶ Art. 41 com a redação dada pela EC nº 19, de 4-6-1998.
▶ Art. 28 da EC nº 19, de 4-6-1998 (Reforma Administrativa).

Seção III

DOS MILITARES DOS ESTADOS, DO DISTRITO FEDERAL E DOS TERRITÓRIOS

▶ Denominação desta Seção dada pela EC nº 18, de 5-2-1998.

Art. 42. Os membros das Polícias Militares e Corpos de Bombeiros Militares, instituições organizadas com base na hierarquia e disciplina, são militares dos Estados, do Distrito Federal e dos Territórios.

▶ *Caput* com a redação dada pela EC nº 18, de 5-2-1998.
▶ Art. 37, § 10, desta Constituição.
▶ Art. 89 do ADCT.

§ 1º Aplicam-se aos militares dos Estados, do Distrito Federal e dos Territórios, além do que vier a ser fixado em lei, as disposições do artigo 14, § 8º; do artigo 40, § 9º; e do artigo 142, §§ 2º e 3º, cabendo a lei estadual específica dispor sobre as matérias do artigo 142, § 3º, X, sendo as patentes dos oficiais conferidas pelos respectivos governadores.

▶ § 1º com a redação dada pela EC nº 20, de 15-12-1998.
▶ Súm. Vinc. nº 4 do STF.

§ 2º Aos pensionistas dos militares dos Estados, do Distrito Federal e dos Territórios aplica-se o que for fixado em lei específica do respectivo ente estatal.

▶ § 2º com a redação dada pela EC nº 41, de 19-12-2003.

Seção IV

DAS REGIÕES

Art. 43. Para efeitos administrativos, a União poderá articular sua ação em um mesmo complexo geoeconômico e social, visando a seu desenvolvimento e à redução das desigualdades regionais.

§ 1º Lei complementar disporá sobre:

I – as condições para integração de regiões em desenvolvimento;
II – a composição dos organismos regionais que executarão, na forma da lei, os planos regionais, integrantes dos planos nacionais de desenvolvimento econômico e social, aprovados juntamente com estes.

▶ LC nº 124, de 3-1-2007, institui a Superintendência do Desenvolvimento da Amazônia – SUDAM.

▶ LC nº 125, de 3-1-2007, institui a Superintendência do Desenvolvimento do Nordeste – SUDENE.

▶ LC nº 134, de 14-1-2010, dispõe sobre a composição do Conselho de Administração da Superintendência da Zona Franca de Manaus – SUFRAMA.

§ 2º Os incentivos regionais compreenderão, além de outros, na forma da lei:

I – igualdade de tarifas, fretes, seguros e outros itens de custos e preços de responsabilidade do Poder Público;
II – juros favorecidos para financiamento de atividades prioritárias;
III – isenções, reduções ou diferimento temporário de tributos federais devidos por pessoas físicas ou jurídicas;
IV – prioridade para o aproveitamento econômico e social dos rios e das massas de água represadas ou represáveis nas regiões de baixa renda, sujeitas a secas periódicas.

§ 3º Nas áreas a que se refere o § 2º, IV, a União incentivará a recuperação de terras áridas e cooperará com os pequenos e médios proprietários rurais para o estabelecimento, em suas glebas, de fontes de água e de pequena irrigação.

TÍTULO IV – DA ORGANIZAÇÃO DOS PODERES

CAPÍTULO I

DO PODER LEGISLATIVO

SEÇÃO I

DO CONGRESSO NACIONAL

Art. 44. O Poder Legislativo é exercido pelo Congresso Nacional, que se compõe da Câmara dos Deputados e do Senado Federal.

Parágrafo único. Cada legislatura terá a duração de quatro anos.

Art. 45. A Câmara dos Deputados compõe-se de representantes do povo, eleitos, pelo sistema proporcional, em cada Estado, em cada Território e no Distrito Federal.

§ 1º O número total de Deputados, bem como a representação por Estado e pelo Distrito Federal, será estabelecido por lei complementar, proporcionalmente à população, procedendo-se aos ajustes necessários, no ano anterior às eleições, para que nenhuma daquelas Unidades da Federação tenha menos de oito ou mais de setenta Deputados.

▶ Arts. 1º a 3º da LC nº 78, de 30-12-1993, que disciplina a fixação do número de Deputados, nos termos deste parágrafo.

§ 2º Cada Território elegerá quatro Deputados.

Art. 46. O Senado Federal compõe-se de representantes dos Estados e do Distrito Federal, eleitos segundo o princípio majoritário.

§ 1º Cada Estado e o Distrito Federal elegerão três Senadores, com mandato de oito anos.

§ 2º A representação de cada Estado e do Distrito Federal será renovada de quatro em quatro anos, alternadamente, por um e dois terços.

§ 3º Cada Senador será eleito com dois suplentes.

Art. 47. Salvo disposição constitucional em contrário, as deliberações de cada Casa e de suas Comissões serão tomadas por maioria dos votos, presente a maioria absoluta de seus membros.

SEÇÃO II

DAS ATRIBUIÇÕES DO CONGRESSO NACIONAL

Art. 48. Cabe ao Congresso Nacional, com a sanção do Presidente da República, não exigida esta para o especificado nos artigos 49, 51 e 52, dispor sobre todas as matérias de competência da União, especialmente sobre:

I – sistema tributário, arrecadação e distribuição de rendas;
II – plano plurianual, diretrizes orçamentárias, orçamento anual, operações de crédito, dívida pública e emissões de curso forçado;
III – fixação e modificação do efetivo das Forças Armadas;
IV – planos e programas nacionais, regionais e setoriais de desenvolvimento;
V – limites do território nacional, espaço aéreo e marítimo e bens do domínio da União;
VI – incorporação, subdivisão ou desmembramento de áreas de Territórios ou Estados, ouvidas as respectivas Assembleias Legislativas;

▶ Art. 4º da Lei nº 9.709, de 18-11-1998, que regulamenta o art. 14 desta Constituição.

VII – transferência temporária da sede do Governo Federal;
VIII – concessão de anistia;

▶ Art. 187 da LEP.

IX – organização administrativa, judiciária, do Ministério Público e da Defensoria Pública da União e dos Territórios e organização judiciária e do Ministério Público do Distrito Federal;

▶ Inciso IX com a redação dada pela EC nº 69, de 29-3-2012, em vigor na data de sua publicação, produzindo efeitos após 120 dias de sua publicação oficial (DOU de 30-3-2012).

X – criação, transformação e extinção de cargos, empregos e funções públicas, observado o que estabelece o art. 84, VI, b;

Constituição Federal – Arts. 49 a 51

XI – criação e extinção de Ministérios e órgãos da administração pública;

▶ Incisos X e XI com a redação dada pela EC nº 32, de 11-9-2001.

XII – telecomunicações e radiodifusão;

▶ Lei nº 9.295, de 19-7-1996, dispõe sobre serviços de telecomunicações, organizações e órgão regulador.

▶ Lei nº 9.472, de 16-7-1997, dispõe sobre a organização dos serviços de telecomunicações, a criação e funcionamento de um órgão regulador e outros aspectos institucionais.

▶ Lei nº 9.612, de 19-2-1998, institui o serviço de radiodifusão comunitária.

XIII – matéria financeira, cambial e monetária, instituições financeiras e suas operações;
XIV – moeda, seus limites de emissão, e montante da dívida mobiliária federal;
XV – fixação do subsídio dos Ministros do Supremo Tribunal Federal, observado o que dispõem os arts. 39, § 4º; 150, II; 153, III; e 153, § 2º, I.

▶ Inciso XV com a redação dada pela EC nº 41, de 19-12-2003.

▶ Lei nº 12.771, de 28-12-2012, dispõe sobre o subsídio de Ministro do Supremo Tribunal Federal.

Art. 49. É da competência exclusiva do Congresso Nacional:

▶ Art. 48 desta Constituição.

I – resolver definitivamente sobre tratados, acordos ou atos internacionais que acarretem encargos ou compromissos gravosos ao patrimônio nacional;
II – autorizar o Presidente da República a declarar guerra, a celebrar a paz, a permitir que forças estrangeiras transitem pelo território nacional ou nele permaneçam temporariamente, ressalvados os casos previstos em lei complementar;
III – autorizar o Presidente e o Vice-Presidente da República a se ausentarem do País, quando a ausência exceder a quinze dias;
IV – aprovar o estado de defesa e a intervenção federal, autorizar o estado de sítio, ou suspender qualquer uma dessas medidas;
V – sustar os atos normativos do Poder Executivo que exorbitem do poder regulamentar ou dos limites de delegação legislativa;
VI – mudar temporariamente sua sede;
VII – fixar idêntico subsídio para os Deputados Federais e os Senadores, observado o que dispõem os artigos 37, XI, 39, § 4º, 150, II, 153, III, e 153, § 2º, I;
VIII – fixar os subsídios do Presidente e do Vice-Presidente da República e dos Ministros de Estado, observado o que dispõem os artigos 37, XI, 39, § 4º, 150, II, 153, III, e 153, § 2º, I;

▶ Incisos VII e VIII com a redação dada pela EC nº 19, de 4-6-1998.

IX – julgar anualmente as contas prestadas pelo Presidente da República e apreciar os relatórios sobre a execução dos planos de governo;
X – fiscalizar e controlar, diretamente, ou por qualquer de suas Casas, os atos do Poder Executivo, incluídos os da administração indireta;
XI – zelar pela preservação de sua competência legislativa em face da atribuição normativa dos outros Poderes;
XII – apreciar os atos de concessão e renovação de concessão de emissoras de rádio e televisão;
XIII – escolher dois terços dos membros do Tribunal de Contas da União;

▶ Dec. Legislativo nº 6, de 22-4-1993, regulamenta a escolha de Ministro do Tribunal de Contas da União pelo Congresso Nacional.

XIV – aprovar iniciativas do Poder Executivo referentes a atividades nucleares;
XV – autorizar referendo e convocar plebiscito;

▶ Arts. 1º a 12 da Lei nº 9.709, de 18-11-1998, que regulamenta o art. 14 desta Constituição.

XVI – autorizar, em terras indígenas, a exploração e o aproveitamento de recursos hídricos e a pesquisa e lavra de riquezas minerais;
XVII – aprovar, previamente, a alienação ou concessão de terras públicas com área superior a dois mil e quinhentos hectares.

Art. 50. A Câmara dos Deputados e o Senado Federal, ou qualquer de suas Comissões, poderão convocar Ministro de Estado ou quaisquer titulares de órgãos diretamente subordinados à Presidência da República para prestarem, pessoalmente, informações sobre assunto previamente determinado, importando em crime de responsabilidade a ausência sem justificação adequada.

▶ Caput com a redação dada pela ECR nº 2, de 7-6-1994.

§ 1º Os Ministros de Estado poderão comparecer ao Senado Federal, à Câmara dos Deputados, ou a qualquer de suas Comissões, por sua iniciativa e mediante entendimentos com a Mesa respectiva, para expor assunto de relevância de seu Ministério.

§ 2º As Mesas da Câmara dos Deputados e do Senado Federal poderão encaminhar pedidos escritos de informação a Ministros de Estado ou a qualquer das pessoas referidas no *caput* deste artigo, importando em crime de responsabilidade a recusa, ou o não atendimento, no prazo de trinta dias, bem como a prestação de informações falsas.

▶ § 2º com a redação dada pela ECR nº 2, de 7-6-1994.

Seção III

DA CÂMARA DOS DEPUTADOS

Art. 51. Compete privativamente à Câmara dos Deputados:

▶ Art. 48 desta Constituição.

I – autorizar, por dois terços de seus membros, a instauração de processo contra o Presidente e o Vice-Presidente da República e os Ministros de Estado;
II – proceder à tomada de contas do Presidente da República, quando não apresentadas ao Congresso Nacional dentro de sessenta dias após a abertura da sessão legislativa;
III – elaborar seu regimento interno;
IV – dispor sobre sua organização, funcionamento, polícia, criação, transformação ou extinção dos cargos,

empregos e funções de seus serviços, e a iniciativa de lei para fixação da respectiva remuneração, observados os parâmetros estabelecidos na lei de diretrizes orçamentárias;

▶ Inciso IV com a redação dada pela EC nº 19, de 4-6-1998.

V – eleger membros do Conselho da República, nos termos do artigo 89, VII.

SEÇÃO IV

DO SENADO FEDERAL

Art. 52. Compete privativamente ao Senado Federal:

▶ Art. 48 desta Constituição.

I – processar e julgar o Presidente e o Vice-Presidente da República nos crimes de responsabilidade, bem como os Ministros de Estado e os Comandantes da Marinha, do Exército e da Aeronáutica nos crimes da mesma natureza conexos com aqueles;

▶ Inciso I com a redação dada pela EC nº 23, de 2-9-1999.
▶ Art. 102, I, c, desta Constituição.
▶ Lei nº 1.079, de 10-4-1950 (Lei dos Crimes de Responsabilidade).

II – processar e julgar os Ministros do Supremo Tribunal Federal, os membros do Conselho Nacional de Justiça e do Conselho Nacional do Ministério Público, o Procurador-Geral da República e o Advogado-Geral da União nos crimes de responsabilidade;

▶ Inciso II com a redação dada pela EC nº 45, de 8-12-2004.
▶ Arts. 103-B, 130-A, 131 e 132 desta Constituição.
▶ Art. 5º da EC nº 45, de 8-12-2004 (Reforma do Judiciário).

III – aprovar previamente, por voto secreto, após arguição pública, a escolha de:

a) magistrados, nos casos estabelecidos nesta Constituição;
b) Ministros do Tribunal de Contas da União indicados pelo Presidente da República;
c) Governador de Território;
d) presidente e diretores do Banco Central;
e) Procurador-Geral da República;
f) titulares de outros cargos que a lei determinar;

IV – aprovar previamente, por voto secreto, após arguição em sessão secreta, a escolha dos chefes de missão diplomática de caráter permanente;

V – autorizar operações externas de natureza financeira, de interesse da União, dos Estados, do Distrito Federal, dos Territórios e dos Municípios;

VI – fixar, por proposta do Presidente da República, limites globais para o montante da dívida consolidada da União, dos Estados, do Distrito Federal e dos Municípios;

VII – dispor sobre limites globais e condições para as operações de crédito externo e interno da União, dos Estados, do Distrito Federal e dos Municípios, de suas autarquias e demais entidades controladas pelo Poder Público Federal;

VIII – dispor sobre limites e condições para a concessão de garantia da União em operações de crédito externo e interno;

IX – estabelecer limites globais e condições para o montante da dívida mobiliária dos Estados, do Distrito Federal e dos Municípios;

X – suspender a execução, no todo ou em parte, de lei declarada inconstitucional por decisão definitiva do Supremo Tribunal Federal;

XI – aprovar, por maioria absoluta e por voto secreto, a exoneração, de ofício, do Procurador-Geral da República antes do término de seu mandato;

XII – elaborar seu regimento interno;

XIII – dispor sobre sua organização, funcionamento, polícia, criação, transformação ou extinção dos cargos, empregos e funções de seus serviços, e a iniciativa de lei para fixação da respectiva remuneração, observados os parâmetros estabelecidos na lei de diretrizes orçamentárias;

▶ Inciso XIII com a redação dada pela EC nº 19, de 4-6-1998.

XIV – eleger membros do Conselho da República, nos termos do artigo 89, VII;

XV – avaliar periodicamente a funcionalidade do Sistema Tributário Nacional, em sua estrutura e seus componentes, e o desempenho das administrações tributárias da União, dos Estados e do Distrito Federal e dos Municípios.

▶ Inciso XV acrescido pela EC nº 42, de 19-12-2003.

Parágrafo único. Nos casos previstos nos incisos I e II, funcionará como Presidente o do Supremo Tribunal Federal, limitando-se a condenação, que somente será proferida por dois terços dos votos do Senado Federal, à perda do cargo, com inabilitação, por oito anos, para o exercício de função pública, sem prejuízo das demais sanções judiciais cabíveis.

SEÇÃO V

DOS DEPUTADOS E DOS SENADORES

▶ Lei nº 9.504, de 30-9-1997 (Lei das Eleições).

Art. 53. Os Deputados e Senadores são invioláveis, civil e penalmente, por quaisquer de suas opiniões, palavras e votos.

▶ Caput com a redação dada pela EC nº 35, de 20-12-2001.
▶ Súm. nº 245 do STF.

§ 1º Os Deputados e Senadores, desde a expedição do diploma, serão submetidos a julgamento perante o Supremo Tribunal Federal.

▶ Art. 102, I, b, desta Constituição.

§ 2º Desde a expedição do diploma, os membros do Congresso Nacional não poderão ser presos, salvo em flagrante de crime inafiançável. Nesse caso, os autos serão remetidos dentro de vinte e quatro horas à Casa respectiva, para que, pelo voto da maioria de seus membros, resolva sobre a prisão.

▶ Arts. 43, III, e 301 do CPP.

§ 3º Recebida a denúncia contra o Senador ou Deputado, por crime ocorrido após a diplomação, o Supremo Tribunal Federal dará ciência à Casa respectiva, que, por iniciativa de partido político nela representado e pelo voto da maioria de seus membros, poderá, até a decisão final, sustar o andamento da ação.

§ 4º O pedido de sustação será apreciado pela Casa respectiva no prazo improrrogável de quarenta e cinco dias do seu recebimento pela Mesa Diretora.

§ 5º A sustação do processo suspende a prescrição, enquanto durar o mandato.

§ 6º Os Deputados e Senadores não serão obrigados a testemunhar sobre informações recebidas ou prestadas em razão do exercício do mandato, nem sobre as pessoas que lhes confiaram ou deles receberam informações.

§ 7º A incorporação às Forças Armadas de Deputados e Senadores, embora militares e ainda que em tempo de guerra, dependerá de prévia licença da Casa respectiva.

▶ §§ 1º a 7º com a redação dada pela EC nº 35, de 20-12-2001.

§ 8º As imunidades de Deputados ou Senadores subsistirão durante o estado de sítio, só podendo ser suspensas mediante o voto de dois terços dos membros da Casa respectiva, nos casos de atos praticados fora do recinto do Congresso Nacional, que sejam incompatíveis com a execução da medida.

▶ § 8º acrescido pela EC nº 35, de 20-12-2001.
▶ Arts. 137 a 141 desta Constituição.
▶ Arts. 138 a 145 do CP.

Art. 54. Os Deputados e Senadores não poderão:

I – desde a expedição do diploma:

a) firmar ou manter contrato com pessoa jurídica de direito público, autarquia, empresa pública, sociedade de economia mista ou empresa concessionária de serviço público, salvo quando o contrato obedecer a cláusulas uniformes;

b) aceitar ou exercer cargo, função ou emprego remunerado, inclusive os de que sejam demissíveis *ad nutum*, nas entidades constantes da alínea anterior;

II – desde a posse:

a) ser proprietários, controladores ou diretores de empresa que goze de favor decorrente de contrato com pessoa jurídica de direito público, ou nela exercer função remunerada;

b) ocupar cargo ou função de que sejam demissíveis *ad nutum*, nas entidades referidas no inciso I, a;

c) patrocinar causa em que seja interessada qualquer das entidades a que se refere o inciso I, a;

d) ser titulares de mais de um cargo ou mandato público eletivo.

Art. 55. Perderá o mandato o Deputado ou Senador:

I – que infringir qualquer das proibições estabelecidas no artigo anterior;

▶ Art. 1º do Dec. Legislativo nº 16, de 24-3-1994, que submete à condição suspensiva a renúncia de parlamentar contra o qual pende procedimento fundado nos termos deste inciso.

II – cujo procedimento for declarado incompatível com o decoro parlamentar;

▶ Art. 1º do Dec. Legislativo nº 16, de 24-3-1994, que submete à condição suspensiva a renúncia de parlamentar contra o qual pende procedimento fundado nos termos deste inciso.

III – que deixar de comparecer, em cada sessão legislativa, à terça parte das sessões ordinárias da Casa a que pertencer, salvo licença ou missão por esta autorizada;
IV – que perder ou tiver suspensos os direitos políticos;
V – quando o decretar a Justiça Eleitoral, nos casos previstos nesta Constituição;
VI – que sofrer condenação criminal em sentença transitada em julgado.

▶ Art. 92, I, do CP.

§ 1º É incompatível com o decoro parlamentar, além dos casos definidos no regimento interno, o abuso das prerrogativas asseguradas a membro do Congresso Nacional ou a percepção de vantagens indevidas.

§ 2º Nos casos dos incisos I, II e VI, a perda do mandato será decidida pela Câmara dos Deputados ou pelo Senado Federal, por voto secreto e maioria absoluta, mediante provocação da respectiva Mesa ou de partido político representado no Congresso Nacional, assegurada ampla defesa.

§ 3º Nos casos previstos nos incisos III a V, a perda será declarada pela Mesa da Casa respectiva, de ofício ou mediante provocação de qualquer de seus membros, ou de partido político representado no Congresso Nacional, assegurada ampla defesa.

§ 4º A renúncia de parlamentar submetido a processo que vise ou possa levar à perda do mandato, nos termos deste artigo, terá seus efeitos suspensos até as deliberações finais de que tratam os §§ 2º e 3º.

▶ § 4º acrescido pela ECR nº 6, de 7-6-1994.

Art. 56. Não perderá o mandato o Deputado ou Senador:

I – investido no cargo de Ministro de Estado, Governador de Território, Secretário de Estado, do Distrito Federal, de Território, de Prefeitura de Capital ou chefe de missão diplomática temporária;

II – licenciado pela respectiva Casa por motivo de doença, ou para tratar, sem remuneração, de interesse particular, desde que, neste caso, o afastamento não ultrapasse cento e vinte dias por sessão legislativa.

§ 1º O suplente será convocado nos casos de vaga, de investidura em funções previstas neste artigo ou de licença superior a cento e vinte dias.

§ 2º Ocorrendo vaga e não havendo suplente, far-se-á eleição para preenchê-la se faltarem mais de quinze meses para o término do mandato.

§ 3º Na hipótese do inciso I, o Deputado ou Senador poderá optar pela remuneração do mandato.

Seção VI

DAS REUNIÕES

Art. 57. O Congresso Nacional reunir-se-á, anualmente, na Capital Federal, de 2 de fevereiro a 17 de julho e de 1º de agosto a 22 de dezembro.

▶ *Caput* com a redação dada pela EC nº 50, de 14-2-2006.

§ 1º As reuniões marcadas para essas datas serão transferidas para o primeiro dia útil subsequente, quando recaírem em sábados, domingos ou feriados.

§ 2º A sessão legislativa não será interrompida sem a aprovação do projeto de lei de diretrizes orçamentárias.

§ 3º Além de outros casos previstos nesta Constituição, a Câmara dos Deputados e o Senado Federal reunir-se-ão em sessão conjunta para:

I – inaugurar a sessão legislativa;
II – elaborar o regimento comum e regular a criação de serviços comuns às duas Casas;
III – receber o compromisso do Presidente e do Vice-Presidente da República;
IV – conhecer do veto e sobre ele deliberar.

§ 4º Cada uma das Casas reunir-se-á em sessões preparatórias, a partir de 1º de fevereiro, no primeiro ano da legislatura, para a posse de seus membros e eleição das respectivas Mesas, para mandato de 2 (dois) anos, vedada a recondução para o mesmo cargo na eleição imediatamente subsequente.

▶ § 4º com a redação dada pela EC nº 50, de 14-2-2006.

§ 5º A Mesa do Congresso Nacional será presidida pelo Presidente do Senado Federal, e os demais cargos serão exercidos, alternadamente, pelos ocupantes de cargos equivalentes na Câmara dos Deputados e no Senado Federal.

§ 6º A convocação extraordinária do Congresso Nacional far-se-á:

▶ § 6º com a redação dada pela EC nº 50, de 14-2-2006.

I – pelo Presidente do Senado Federal, em caso de decretação de estado de defesa ou de intervenção federal, de pedido de autorização para a decretação de estado de sítio e para o compromisso e a posse do Presidente e do Vice-Presidente da República;
II – pelo Presidente da República, pelos Presidentes da Câmara dos Deputados e do Senado Federal ou a requerimento da maioria dos membros de ambas as Casas, em caso de urgência ou interesse público relevante, em todas as hipóteses deste inciso com a aprovação da maioria absoluta de cada uma das Casas do Congresso Nacional.

▶ Inciso II com a redação dada pela EC nº 50, de 14-2-2006.

§ 7º Na sessão legislativa extraordinária, o Congresso Nacional somente deliberará sobre a matéria para a qual foi convocado, ressalvada a hipótese do § 8º deste artigo, vedado o pagamento de parcela indenizatória, em razão da convocação.

▶ § 7º com a redação dada pela EC nº 50, de 14-2-2006.

§ 8º Havendo medidas provisórias em vigor na data de convocação extraordinária do Congresso Nacional, serão elas automaticamente incluídas na pauta da convocação.

▶ § 8º acrescido pela EC nº 32, de 11-9-2001.

Seção VII
DAS COMISSÕES

Art. 58. O Congresso Nacional e suas Casas terão comissões permanentes e temporárias, constituídas na forma e com as atribuições previstas no respectivo regimento ou no ato de que resultar sua criação.

§ 1º Na constituição das Mesas e de cada Comissão, é assegurada, tanto quanto possível, a representação proporcional dos partidos ou dos blocos parlamentares que participem da respectiva Casa.

§ 2º Às comissões, em razão da matéria de sua competência, cabe:

I – discutir e votar projeto de lei que dispensar, na forma do regimento, a competência do Plenário, salvo se houver recurso de um décimo dos membros da Casa;
II – realizar audiências públicas com entidades da sociedade civil;
III – convocar Ministros de Estado para prestar informações sobre assuntos inerentes a suas atribuições;
IV – receber petições, reclamações, representações ou queixas de qualquer pessoa contra atos ou omissões das autoridades ou entidades públicas;
V – solicitar depoimento de qualquer autoridade ou cidadão;
VI – apreciar programas de obras, planos nacionais, regionais e setoriais de desenvolvimento e sobre eles emitir parecer.

§ 3º As comissões parlamentares de inquérito, que terão poderes de investigação próprios das autoridades judiciais, além de outros previstos nos regimentos das respectivas Casas, serão criadas pela Câmara dos Deputados e pelo Senado Federal, em conjunto ou separadamente, mediante requerimento de um terço de seus membros, para a apuração de fato determinado e por prazo certo, sendo suas conclusões, se for o caso, encaminhadas ao Ministério Público, para que promova a responsabilidade civil ou criminal dos infratores.

▶ Lei nº 1.579, de 18-3-1952 (Lei das Comissões Parlamentares de Inquérito).
▶ Lei nº 10.001, de 4-9-2000, dispõe sobre a prioridade nos procedimentos a serem adotados pelo Ministério Publico e por outros órgãos a respeito das conclusões das Comissões Parlamentares de Inquérito.

§ 4º Durante o recesso, haverá uma Comissão Representativa do Congresso Nacional, eleita por suas Casas na última sessão ordinária do período legislativo, com atribuições definidas no regimento comum, cuja composição reproduzirá, quanto possível, a proporcionalidade da representação partidária.

Seção VIII
DO PROCESSO LEGISLATIVO

Subseção I

DISPOSIÇÃO GERAL

Art. 59. O processo legislativo compreende a elaboração de:

I – emendas à Constituição;
II – leis complementares;
III – leis ordinárias;
IV – leis delegadas;
V – medidas provisórias;

▶ Arts. 70 e 73 do ADCT.

VI – decretos legislativos;

▶ Art. 3º da Lei nº 9.709, de 18-11-1998, que dispõe sobre a convocação do plebiscito e o referendo nas questões de relevância nacional, de competência do Poder Legislativo ou do Poder Executivo.

VII – resoluções.

Parágrafo único. Lei complementar disporá sobre a elaboração, redação, alteração e consolidação das leis.

▶ LC nº 95, de 26-2-1998, trata do disposto neste parágrafo único.

▶ Dec. nº 4.176, de 28-3-2002, estabelece normas e diretrizes para a elaboração, a redação, a alteração, a consolidação e o encaminhamento ao Presidente da República de projetos de atos normativos de competência dos órgãos do Poder Executivo Federal.

Subseção II

DA EMENDA À CONSTITUIÇÃO

Art. 60. A Constituição poderá ser emendada mediante proposta:

I – de um terço, no mínimo, dos membros da Câmara dos Deputados ou do Senado Federal;

II – do Presidente da República;

III – de mais da metade das Assembleias Legislativas das Unidades da Federação, manifestando-se, cada uma delas, pela maioria relativa de seus membros.

§ 1º A Constituição não poderá ser emendada na vigência de intervenção federal, de estado de defesa ou de estado de sítio.

▶ Arts. 34 a 36, e 136 a 141 desta Constituição.

§ 2º A proposta será discutida e votada em cada Casa do Congresso Nacional, em dois turnos, considerando-se aprovada se obtiver, em ambos, três quintos dos votos dos respectivos membros.

§ 3º A emenda à Constituição será promulgada pelas Mesas da Câmara dos Deputados e do Senado Federal, com o respectivo número de ordem.

§ 4º Não será objeto de deliberação a proposta de emenda tendente a abolir:

I – a forma federativa de Estado;

▶ Arts. 1º e 18 desta Constituição.

II – o voto direto, secreto, universal e periódico;

▶ Arts. 1º, 14 e 81, § 1º, desta Constituição.

▶ Lei nº 9.709, de 18-11-1998, regulamenta o art. 14 desta Constituição.

III – a separação dos Poderes;

▶ Art. 2º desta Constituição.

IV – os direitos e garantias individuais.

▶ Art. 5º desta Constituição.

§ 5º A matéria constante de proposta de emenda rejeitada ou havida por prejudicada não pode ser objeto de nova proposta na mesma sessão legislativa.

Subseção III

DAS LEIS

Art. 61. A iniciativa das leis complementares e ordinárias cabe a qualquer membro ou Comissão da Câmara dos Deputados, do Senado Federal ou do Congresso Nacional, ao Presidente da República, ao Supremo Tribunal Federal, aos Tribunais Superiores, ao Procurador-Geral da República e aos cidadãos, na forma e nos casos previstos nesta Constituição.

§ 1º São de iniciativa privativa do Presidente da República as leis que:

I – fixem ou modifiquem os efetivos das Forças Armadas;

II – disponham sobre:

▶ Súmulas nºˢ 679 e 681 do STF.

a) criação de cargos, funções ou empregos públicos na administração direta e autárquica ou aumento de sua remuneração;

▶ Súm. nº 679 do STF.

b) organização administrativa e judiciária, matéria tributária e orçamentária, serviços públicos e pessoal da administração dos Territórios;

c) servidores públicos da União e Territórios, seu regime jurídico, provimento de cargos, estabilidade e aposentadoria;

▶ Alínea c com a redação dada pela EC nº 18, de 5-2-1998.

d) organização do Ministério Público e da Defensoria Pública da União, bem como normas gerais para a organização do Ministério Público e da Defensoria Pública dos Estados, do Distrito Federal e dos Territórios;

e) criação e extinção de Ministérios e órgãos da administração pública, observado o disposto no artigo 84, VI;

▶ Alínea e com a redação dada pela EC nº 32, de 11-9-2001.

f) militares das Forças Armadas, seu regime jurídico, provimento de cargos, promoções, estabilidade, remuneração, reforma e transferência para a reserva.

▶ Alínea f acrescida pela EC nº 18, de 5-2-1998.

§ 2º A iniciativa popular pode ser exercida pela apresentação à Câmara dos Deputados de projeto de lei subscrito por, no mínimo, um por cento do eleitorado nacional, distribuído pelo menos por cinco Estados, com não menos de três décimos por cento dos eleitores de cada um deles.

▶ Arts.1º, III, 13 e 14 da Lei nº 9.709, de 18-11-1998, que regulamenta o art. 14 desta Constituição.

Art. 62. Em caso de relevância e urgência, o Presidente da República poderá adotar medidas provisórias, com força de lei, devendo submetê-las de imediato ao Congresso Nacional.

▶ *Caput* com a redação dada pela EC nº 32, de 11-9-2001.

▶ Arts. 167, § 3º, e 246 desta Constituição.

▶ Art. 2º da EC nº 32, de 11-9-2001.

▶ Súm. nº 651 do STF.

§ 1º É vedada a edição de medidas provisórias sobre matéria:

I – relativa a:

a) nacionalidade, cidadania, direitos políticos, partidos políticos e direito eleitoral;

b) direito penal, processual penal e processual civil;

c) organização do Poder Judiciário e do Ministério Público, a carreira e a garantia de seus membros;

d) planos plurianuais, diretrizes orçamentárias, orçamento e créditos adicionais e suplementares, ressalvado o previsto no artigo 167, § 3º;

II – que vise a detenção ou sequestro de bens, de poupança popular ou qualquer outro ativo financeiro;

III – reservada a lei complementar;

IV – já disciplinada em projeto de lei aprovado pelo Congresso Nacional e pendente de sanção ou veto do Presidente da República.

§ 2º Medida provisória que implique instituição ou majoração de impostos, exceto os previstos nos artigos 153, I, II, IV, V, e 154, II, só produzirá efeitos no exercício financeiro seguinte se houver sido convertida em lei até o último dia daquele em que foi editada.

§ 3º As medidas provisórias, ressalvado o disposto nos §§ 11 e 12 perderão eficácia, desde a edição, se não forem convertidas em lei no prazo de sessenta dias, prorrogável, nos termos do § 7º, uma vez por igual período, devendo o Congresso Nacional disciplinar, por decreto legislativo, as relações jurídicas delas decorrentes.

§ 4º O prazo a que se refere o § 3º contar-se-á da publicação da medida provisória, suspendendo-se durante os períodos de recesso do Congresso Nacional.

§ 5º A deliberação de cada uma das Casas do Congresso Nacional sobre o mérito das medidas provisórias dependerá de juízo prévio sobre o atendimento de seus pressupostos constitucionais.

§ 6º Se a medida provisória não for apreciada em até quarenta e cinco dias contados de sua publicação, entrará em regime de urgência, subsequentemente, em cada uma das Casas do Congresso Nacional, ficando sobrestadas, até que se ultime a votação, todas as demais deliberações legislativas da Casa em que estiver tramitando.

§ 7º Prorrogar-se-á uma única vez por igual período a vigência de medida provisória que, no prazo de sessenta dias, contado de sua publicação, não tiver a sua votação encerrada nas duas Casas do Congresso Nacional.

§ 8º As medidas provisórias terão sua votação iniciada na Câmara dos Deputados.

§ 9º Caberá à comissão mista de Deputados e Senadores examinar as medidas provisórias e sobre elas emitir parecer, antes de serem apreciadas, em sessão separada, pelo plenário de cada uma das Casas do Congresso Nacional.

§ 10. É vedada a reedição, na mesma sessão legislativa, de medida provisória que tenha sido rejeitada ou que tenha perdido sua eficácia por decurso de prazo.

§ 11. Não editado o decreto legislativo a que se refere o § 3º até sessenta dias após a rejeição ou perda de eficácia de medida provisória, as relações jurídicas constituídas e decorrentes de atos praticados durante sua vigência conservar-se-ão por ela regidas.

§ 12. Aprovado projeto de lei de conversão alterando o texto original da medida provisória, esta manter-se-á integralmente em vigor até que seja sancionado ou vetado o projeto.

▶ §§ 1º a 12 acrescidos pela EC nº 32, de 11-9-2001.

Art. 63. Não será admitido aumento da despesa prevista:

I – nos projetos de iniciativa exclusiva do Presidente da República, ressalvado o disposto no artigo 166, §§ 3º e 4º;

II – nos projetos sobre organização dos serviços administrativos da Câmara dos Deputados, do Senado Federal, dos Tribunais Federais e do Ministério Público.

Art. 64. A discussão e votação dos projetos de lei de iniciativa do Presidente da República, do Supremo Tribunal Federal e dos Tribunais Superiores terão início na Câmara dos Deputados.

§ 1º O Presidente da República poderá solicitar urgência para apreciação de projetos de sua iniciativa.

§ 2º Se, no caso do § 1º, a Câmara dos Deputados e o Senado Federal não se manifestarem sobre a proposição, cada qual sucessivamente, em até quarenta e cinco dias, sobrestar-se-ão todas as demais deliberações legislativas da respectiva Casa, com exceção das que tenham prazo constitucional determinado, até que se ultime a votação.

▶ § 2º com a redação dada pela EC nº 32, de 11-9-2001.

§ 3º A apreciação das emendas do Senado Federal pela Câmara dos Deputados far-se-á no prazo de dez dias, observado quanto ao mais o disposto no parágrafo anterior.

§ 4º Os prazos do § 2º não correm nos períodos de recesso do Congresso Nacional, nem se aplicam aos projetos de código.

Art. 65. O projeto de lei aprovado por uma Casa será revisto pela outra, em um só turno de discussão e votação, e enviado à sanção ou promulgação, se a Casa revisora o aprovar, ou arquivado, se o rejeitar.

Parágrafo único. Sendo o projeto emendado, voltará à Casa iniciadora.

Art. 66. A Casa na qual tenha sido concluída a votação enviará o projeto de lei ao Presidente da República, que, aquiescendo, o sancionará.

§ 1º Se o Presidente da República considerar o projeto, no todo ou em parte, inconstitucional ou contrário ao interesse público, vetá-lo-á total ou parcialmente, no prazo de quinze dias úteis, contados da data do recebimento, e comunicará, dentro de quarenta e oito horas, ao Presidente do Senado Federal os motivos do veto.

§ 2º O veto parcial somente abrangerá texto integral de artigo, de parágrafo, de inciso ou de alínea.

§ 3º Decorrido o prazo de quinze dias, o silêncio do Presidente da República importará sanção.

§ 4º O veto será apreciado em sessão conjunta, dentro de trinta dias a contar de seu recebimento, só podendo ser rejeitado pelo voto da maioria absoluta dos Deputados e Senadores, em escrutínio secreto.

§ 5º Se o veto não for mantido, será o projeto enviado, para promulgação, ao Presidente da República.

§ 6º Esgotado sem deliberação o prazo estabelecido no § 4º, o veto será colocado na ordem do dia da sessão imediata, sobrestadas as demais proposições, até sua votação final.

▶ § 6º com a redação dada pela EC nº 32, de 11-9-2001.

§ 7º Se a lei não for promulgada dentro de quarenta e oito horas pelo Presidente da República, nos casos dos §§ 3º e 5º, o Presidente do Senado a promulgará, e, se este não o fizer em igual prazo, caberá ao Vice-Presidente do Senado fazê-lo.

Art. 67. A matéria constante de projeto de lei rejeitado somente poderá constituir objeto de novo projeto, na mesma sessão legislativa, mediante proposta da maioria absoluta dos membros de qualquer das Casas do Congresso Nacional.

Art. 68. As leis delegadas serão elaboradas pelo Presidente da República, que deverá solicitar a delegação ao Congresso Nacional.

§ 1º Não serão objeto de delegação os atos de competência exclusiva do Congresso Nacional, os de competência privativa da Câmara dos Deputados ou do Senado Federal, a matéria reservada à lei complementar, nem a legislação sobre:

I – organização do Poder Judiciário e do Ministério Público, a carreira e a garantia de seus membros;

II – nacionalidade, cidadania, direitos individuais, políticos e eleitorais;

III – planos plurianuais, diretrizes orçamentárias e orçamentos.

§ 2º A delegação ao Presidente da República terá a forma de resolução do Congresso Nacional, que especificará seu conteúdo e os termos de seu exercício.

§ 3º Se a resolução determinar a apreciação do projeto pelo Congresso Nacional, este a fará em votação única, vedada qualquer emenda.

Art. 69. As leis complementares serão aprovadas por maioria absoluta.

SEÇÃO IX

DA FISCALIZAÇÃO CONTÁBIL, FINANCEIRA E ORÇAMENTÁRIA

▶ Dec. nº 3.590, de 6-9-2000, dispõe sobre o Sistema de Administração Financeira Federal.

▶ Dec. nº 3.591, de 6-9-2000, dispõe sobre o Sistema de Controle Interno do Poder Executivo Federal.

▶ Dec. nº 6.976, de 7-10-2009, dispõe sobre o Sistema de Contabilidade Federal.

Art. 70. A fiscalização contábil, financeira, orçamentária, operacional e patrimonial da União e das entidades da administração direta e indireta, quanto à legalidade, legitimidade, economicidade, aplicação das subvenções e renúncia de receitas, será exercida pelo Congresso Nacional, mediante controle externo, e pelo sistema de controle interno de cada Poder.

Parágrafo único. Prestará contas qualquer pessoa física ou jurídica, pública ou privada, que utilize, arrecade, guarde, gerencie ou administre dinheiros, bens e valores públicos ou pelos quais a União responda, ou que, em nome desta, assuma obrigações de natureza pecuniária.

▶ Parágrafo único com a redação dada pela EC nº 19, de 4-6-1998.

Art. 71. O controle externo, a cargo do Congresso Nacional, será exercido com o auxílio do Tribunal de Contas da União, ao qual compete:

▶ Lei nº 8.443, de 16-7-1992, dispõe sobre a Lei Orgânica do Tribunal de Contas da União – TCU.

I – apreciar as contas prestadas anualmente pelo Presidente da República, mediante parecer prévio que deverá ser elaborado em sessenta dias a contar de seu recebimento;

II – julgar as contas dos administradores e demais responsáveis por dinheiros, bens e valores públicos da administração direta e indireta, incluídas as fundações e sociedades instituídas e mantidas pelo Poder Público federal, e as contas daqueles que derem causa a perda, extravio ou outra irregularidade de que resulte prejuízo ao erário público;

III – apreciar, para fins de registro, a legalidade dos atos de admissão de pessoal, a qualquer título, na administração direta e indireta, incluídas as fundações instituídas e mantidas pelo Poder Público, excetuadas as nomeações para cargo de provimento em comissão, bem como a das concessões de aposentadorias, reformas e pensões, ressalvadas as melhorias posteriores que não alterem o fundamento legal do ato concessório;

▶ Súm. Vinc. nº 3 do STF.

IV – realizar, por iniciativa própria, da Câmara dos Deputados, do Senado Federal, de Comissão técnica ou de inquérito, inspeções e auditorias de natureza contábil, financeira, orçamentária, operacional e patrimonial, nas unidades administrativas dos Poderes Legislativo, Executivo e Judiciário, e demais entidades referidas no inciso II;

V – fiscalizar as contas nacionais das empresas supranacionais de cujo capital social a União participe, de forma direta ou indireta, nos termos do tratado constitutivo;

VI – fiscalizar a aplicação de quaisquer recursos repassados pela União mediante convênio, acordo, ajuste ou outros instrumentos congêneres, a Estado, ao Distrito Federal ou a Município;

VII – prestar as informações solicitadas pelo Congresso Nacional, por qualquer de suas Casas, ou por qualquer das respectivas Comissões, sobre a fiscalização contábil, financeira, orçamentária, operacional e patrimonial e sobre resultados de auditorias e inspeções realizadas;

VIII – aplicar aos responsáveis, em caso de ilegalidade de despesa ou irregularidade de contas, as sanções previstas em lei, que estabelecerá, entre outras cominações, multa proporcional ao dano causado ao erário;

IX – assinar prazo para que o órgão ou entidade adote as providências necessárias ao exato cumprimento da lei, se verificada ilegalidade;

X – sustar, se não atendido, a execução do ato impugnado, comunicando a decisão à Câmara dos Deputados e ao Senado Federal;

XI – representar ao Poder competente sobre irregularidades ou abusos apurados.

§ 1º No caso de contrato, o ato de sustação será adotado diretamente pelo Congresso Nacional, que solicitará, de imediato, ao Poder Executivo as medidas cabíveis.

§ 2º Se o Congresso Nacional ou o Poder Executivo, no prazo de noventa dias, não efetivar as medidas previstas no parágrafo anterior, o Tribunal decidirá a respeito.

§ 3º As decisões do Tribunal de que resulte imputação de débito ou multa terão eficácia de título executivo.

§ 4º O Tribunal encaminhará ao Congresso Nacional, trimestral e anualmente, relatório de suas atividades.

Art. 72. A Comissão mista permanente a que se refere o artigo 166, § 1º, diante de indícios de despesas não autorizadas, ainda que sob a forma de investimentos não programados ou de subsídios não aprovados, poderá solicitar à autoridade governamental responsável que, no prazo de cinco dias, preste os esclarecimentos necessários.

▶ Art. 16, § 2º, do ADCT.

§ 1º Não prestados os esclarecimentos, ou considerados estes insuficientes, a Comissão solicitará ao Tribunal pronunciamento conclusivo sobre a matéria, no prazo de trinta dias.

§ 2º Entendendo o Tribunal irregular a despesa, a Comissão, se julgar que o gasto possa causar dano irreparável ou grave lesão à economia pública, proporá ao Congresso Nacional sua sustação.

Art. 73. O Tribunal de Contas da União, integrado por nove Ministros, tem sede no Distrito Federal, quadro próprio de pessoal e jurisdição em todo o Território Nacional, exercendo, no que couber, as atribuições previstas no artigo 96.

▶ Art. 84, XV, desta Constituição.
▶ Lei nº 8.443, de 16-7-1992, dispõe sobre a Lei Orgânica do Tribunal de Contas da União –TCU.

§ 1º Os Ministros do Tribunal de Contas da União serão nomeados dentre brasileiros que satisfaçam os seguintes requisitos:

I – mais de trinta e cinco e menos de sessenta e cinco anos de idade;
II – idoneidade moral e reputação ilibada;
III – notórios conhecimentos jurídicos, contábeis, econômicos e financeiros ou de administração pública;
IV – mais de dez anos de exercício de função ou de efetiva atividade profissional que exija os conhecimentos mencionados no inciso anterior.

▶ Dec. Legislativo nº 6, de 22-4-1993, dispõe sobre a escolha de Ministro do Tribunal de Contas da União.

§ 2º Os Ministros do Tribunal de Contas da União serão escolhidos:

▶ Súm. nº 653 do STF.

I – um terço pelo Presidente da República, com aprovação do Senado Federal, sendo dois alternadamente dentre auditores e membros do Ministério Público junto ao Tribunal, indicados em lista tríplice pelo Tribunal, segundo os critérios de antiguidade e merecimento;
II – dois terços pelo Congresso Nacional.

▶ Dec. Legislativo nº 6, de 22-4-1993, dispõe sobre a escolha de Ministro do Tribunal de Contas da União.

§ 3º Os Ministros do Tribunal de Contas da União terão as mesmas garantias, prerrogativas, impedimentos, vencimentos e vantagens dos Ministros do Superior Tribunal de Justiça, aplicando-se-lhes, quanto à aposentadoria e pensão, as normas constantes do art. 40.

▶ § 3º com a redação dada pela EC nº 20, de 15-12-1998.

§ 4º O auditor, quando em substituição a Ministro, terá as mesmas garantias e impedimentos do titular e, quando no exercício das demais atribuições da judicatura, as de juiz de Tribunal Regional Federal.

Art. 74. Os Poderes Legislativo, Executivo e Judiciário manterão, de forma integrada, sistema de controle interno com a finalidade de:

I – avaliar o cumprimento das metas previstas no plano plurianual, a execução dos programas de governo e dos orçamentos da União;

II – comprovar a legalidade e avaliar os resultados, quanto à eficácia e eficiência, da gestão orçamentária, financeira e patrimonial nos órgãos e entidades da administração federal, bem como da aplicação de recursos públicos por entidades de direito privado;
III – exercer o controle das operações de crédito, avais e garantias, bem como dos direitos e haveres da União;
IV – apoiar o controle externo no exercício de sua missão institucional.

§ 1º Os responsáveis pelo controle interno, ao tomarem conhecimento de qualquer irregularidade ou ilegalidade, dela darão ciência ao Tribunal de Contas da União, sob pena de responsabilidade solidária.

§ 2º Qualquer cidadão, partido político, associação ou sindicato é parte legítima para, na forma da lei, denunciar irregularidades ou ilegalidades perante o Tribunal de Contas da União.

▶ Arts. 1º, XVI, e 53, da Lei nº 8.443, de 16-7-1992, que dispõe sobre a Lei Orgânica do Tribunal de Contas da União – TCU.

Art. 75. As normas estabelecidas nesta seção aplicam-se, no que couber, à organização, composição e fiscalização dos Tribunais de Contas dos Estados e do Distrito Federal, bem como dos Tribunais e Conselhos de Contas dos Municípios.

▶ Súm. nº 653 do STF.

Parágrafo único. As Constituições estaduais disporão sobre os Tribunais de Contas respectivos, que serão integrados por sete Conselheiros.

Capítulo II
DO PODER EXECUTIVO

Seção I
DO PRESIDENTE E DO VICE-PRESIDENTE DA REPÚBLICA

▶ Lei nº 10.683, de 28-5-2003, dispõe sobre a organização da Presidência da República e dos Ministérios.

Art. 76. O Poder Executivo é exercido pelo Presidente da República, auxiliado pelos Ministros de Estado.

Art. 77. A eleição do Presidente e do Vice-Presidente da República realizar-se-á, simultaneamente, no primeiro domingo de outubro, em primeiro turno, e no último domingo de outubro, em segundo turno, se houver, do ano anterior ao do término do mandato presidencial vigente.

▶ Caput com a redação dada pela EC nº 16, de 4-6-1997.
▶ Arts. 28, 29, II, 32, § 2º, desta Constituição.
▶ Lei nº 9.504, de 30-9-1997 (Lei das Eleições).

§ 1º A eleição do Presidente da República importará a do Vice-Presidente com ele registrado.

§ 2º Será considerado eleito Presidente o candidato que, registrado por partido político, obtiver a maioria absoluta de votos, não computados os em branco e os nulos.

§ 3º Se nenhum candidato alcançar maioria absoluta na primeira votação, far-se-á nova eleição em até vinte dias após a proclamação do resultado, concorrendo os dois candidatos mais votados e considerando-se eleito aquele que obtiver a maioria dos votos válidos.

§ 4º Se, antes de realizado o segundo turno, ocorrer morte, desistência ou impedimento legal de candidato, convocar-se-á, dentre os remanescentes, o de maior votação.

§ 5º Se, na hipótese dos parágrafos anteriores, remanescer, em segundo lugar, mais de um candidato com a mesma votação, qualificar-se-á o mais idoso.

Art. 78. O Presidente e o Vice-Presidente da República tomarão posse em sessão do Congresso Nacional, prestando o compromisso de manter, defender e cumprir a Constituição, observar as leis, promover o bem geral do povo brasileiro, sustentar a união, a integridade e a independência do Brasil.

Parágrafo único. Se, decorridos dez dias da data fixada para a posse, o Presidente ou o Vice-Presidente, salvo motivo de força maior, não tiver assumido o cargo, este será declarado vago.

Art. 79. Substituirá o Presidente, no caso de impedimento, e suceder-lhe-á, no de vaga, o Vice-Presidente.

Parágrafo único. O Vice-Presidente da República, além de outras atribuições que lhe forem conferidas por lei complementar, auxiliará o Presidente, sempre que por ele convocado para missões especiais.

Art. 80. Em caso de impedimento do Presidente e do Vice-Presidente, ou vacância dos respectivos cargos, serão sucessivamente chamados ao exercício da Presidência o Presidente da Câmara dos Deputados, o do Senado Federal e o do Supremo Tribunal Federal.

Art. 81. Vagando os cargos de Presidente e Vice-Presidente da República, far-se-á eleição noventa dias depois de aberta a última vaga.

§ 1º Ocorrendo a vacância nos últimos dois anos do período presidencial, a eleição para ambos os cargos será feita trinta dias depois da última vaga, pelo Congresso Nacional, na forma da lei.

§ 2º Em qualquer dos casos, os eleitos deverão completar o período de seus antecessores.

Art. 82. O mandato do Presidente da República é de quatro anos e terá início em primeiro de janeiro do ano subsequente ao da sua eleição.

▶ Artigo com a redação dada pela EC nº 16, de 4-6-1997.

Art. 83. O Presidente e o Vice-Presidente da República não poderão, sem licença do Congresso Nacional, ausentar-se do País por período superior a quinze dias, sob pena de perda do cargo.

Seção II

DAS ATRIBUIÇÕES DO PRESIDENTE DA REPÚBLICA

Art. 84. Compete privativamente ao Presidente da República:

▶ Arts. 55 a 57 do CPM.
▶ Arts. 466 a 480 do CPPM.

I – nomear e exonerar os Ministros de Estado;
II – exercer, com o auxílio dos Ministros de Estado, a direção superior da administração federal;
III – iniciar o processo legislativo, na forma e nos casos previstos nesta Constituição;
IV – sancionar, promulgar e fazer publicar as leis, bem como expedir decretos e regulamentos para sua fiel execução;
V – vetar projetos de lei, total ou parcialmente;

▶ Art. 66, §§ 1º a 7º, desta Constituição.

VI – dispor, mediante decreto, sobre:

▶ Art. 61, § 1º, II, e, desta Constituição.

a) organização e funcionamento da administração federal, quando não implicar aumento de despesa nem criação ou extinção de órgãos públicos;
b) extinção de funções ou cargos públicos, quando vagos;

▶ Inciso VI com a redação dada pela EC nº 32, de 11-9-2001.
▶ Art. 48, X, desta Constituição.

VII – manter relações com Estados estrangeiros e acreditar seus representantes diplomáticos;
VIII – celebrar tratados, convenções e atos internacionais, sujeitos a referendo do Congresso Nacional;
IX – decretar o estado de defesa e o estado de sítio;
X – decretar e executar a intervenção federal;
XI – remeter mensagem e plano de governo ao Congresso Nacional por ocasião da abertura da sessão legislativa, expondo a situação do País e solicitando as providências que julgar necessárias;
XII – conceder indulto e comutar penas, com audiência, se necessário, dos órgãos instituídos em lei;

▶ Dec. nº 1.860, de 11-4-1996, concede indulto especial e condicional.
▶ Dec. nº 2.002, de 9-9-1996, concede indulto e comuta penas.

XIII – exercer o comando supremo das Forças Armadas, nomear os Comandantes da Marinha, do Exército e da Aeronáutica, promover seus oficiais-generais e nomeá-los para os cargos que lhes são privativos;

▶ Inciso XIII com a redação dada pela EC nº 23, de 2-9-1999.
▶ Art. 49, I, desta Constituição.
▶ LC nº 97, de 9-6-1999, dispõe sobre as normas gerais para a organização, o preparo e o emprego das Forças Armadas.

XIV – nomear, após aprovação pelo Senado Federal, os Ministros do Supremo Tribunal Federal e dos Tribunais Superiores, os Governadores de Territórios, o Procurador-Geral da República, o presidente e os diretores do Banco Central e outros servidores, quando determinado em lei;
XV – nomear, observado o disposto no artigo 73, os Ministros do Tribunal de Contas da União;
XVI – nomear os magistrados, nos casos previstos nesta Constituição, e o Advogado-Geral da União;

▶ Arts. 131 e 132 desta Constituição.
▶ Súm. nº 627 do STF.

XVII – nomear membros do Conselho da República, nos termos do artigo 89, VII;
XVIII – convocar e presidir o Conselho da República e o Conselho de Defesa Nacional;
XIX – declarar guerra, no caso de agressão estrangeira, autorizado pelo Congresso Nacional ou referendado por ele, quando ocorrida no intervalo das sessões le-

gislativas, e, nas mesmas condições, decretar, total ou parcialmente, a mobilização nacional;

▶ Art. 5º, XLVII, a, desta Constituição.
▶ Dec. nº 7.294, de 6-9-2010, dispõe sobre a Política de Mobilização Nacional.

XX – celebrar a paz, autorizado ou com o referendo do Congresso Nacional;
XXI – conferir condecorações e distinções honoríficas;
XXII – permitir, nos casos previstos em lei complementar, que forças estrangeiras transitem pelo Território Nacional ou nele permaneçam temporariamente;

▶ LC nº 90, de 1º-10-1997, regulamenta este inciso e determina os casos em que forças estrangeiras possam transitar pelo território nacional ou nele permanecer temporariamente.

XXIII – enviar ao Congresso Nacional o plano plurianual, o projeto de lei de diretrizes orçamentárias e as propostas de orçamento previstos nesta Constituição;
XXIV – prestar anualmente, ao Congresso Nacional, dentro de sessenta dias após a abertura da sessão legislativa, as contas referentes ao exercício anterior;
XXV – prover e extinguir os cargos públicos federais, na forma da lei;
XXVI – editar medidas provisórias com força de lei, nos termos do artigo 62;
XXVII – exercer outras atribuições previstas nesta Constituição.

Parágrafo único. O Presidente da República poderá delegar as atribuições mencionadas nos incisos VI, XII e XXV, primeira parte, aos Ministros de Estado, ao Procurador-Geral da República ou ao Advogado-Geral da União, que observarão os limites traçados nas respectivas delegações.

SEÇÃO III

DA RESPONSABILIDADE DO PRESIDENTE DA REPÚBLICA

Art. 85. São crimes de responsabilidade os atos do Presidente da República que atentem contra a Constituição Federal e, especialmente, contra:

▶ Lei nº 1.079, de 10-4-1950 (Lei dos Crimes de Responsabilidade).
▶ Lei nº 8.429, de 2-6-1992 (Lei da Improbidade Administrativa).

I – a existência da União;
II – o livre exercício do Poder Legislativo, do Poder Judiciário, do Ministério Público e dos Poderes Constitucionais das Unidades da Federação;
III – o exercício dos direitos políticos, individuais e sociais;
IV – a segurança interna do País;

▶ LC nº 90, de 1º-10-1997, determina os casos em que forças estrangeiras possam transitar pelo território nacional ou nele permanecer temporariamente.

V – a probidade na administração;

▶ Art. 37, § 4º, desta Constituição.

VI – a lei orçamentária;
VII – o cumprimento das leis e das decisões judiciais.

Parágrafo único. Estes crimes serão definidos em lei especial, que estabelecerá as normas de processo e julgamento.

▶ Lei nº 1.079, de 10-4-1950 (Lei dos Crimes de Responsabilidade).
▶ Súm. nº 722 do STF.

Art. 86. Admitida a acusação contra o Presidente da República, por dois terços da Câmara dos Deputados, será ele submetido a julgamento perante o Supremo Tribunal Federal, nas infrações penais comuns, ou perante o Senado Federal, nos crimes de responsabilidade.

§ 1º O Presidente ficará suspenso de suas funções:

I – nas infrações penais comuns, se recebida a denúncia ou queixa-crime pelo Supremo Tribunal Federal;
II – nos crimes de responsabilidade, após a instauração do processo pelo Senado Federal.

§ 2º Se, decorrido o prazo de cento e oitenta dias, o julgamento não estiver concluído, cessará o afastamento do Presidente, sem prejuízo do regular prosseguimento do processo.

§ 3º Enquanto não sobrevier sentença condenatória, nas infrações comuns, o Presidente da República não estará sujeito à prisão.

§ 4º O Presidente da República, na vigência de seu mandato, não pode ser responsabilizado por atos estranhos ao exercício de suas funções.

SEÇÃO IV

DOS MINISTROS DE ESTADO

▶ Lei nº 10.683, de 28-5-2003, e Dec. nº 4.118, de 7-2-2002, dispõem sobre a organização da Presidência da República e dos Ministérios.

Art. 87. Os Ministros de Estado serão escolhidos dentre brasileiros maiores de vinte e um anos e no exercício dos direitos políticos.

Parágrafo único. Compete ao Ministro de Estado, além de outras atribuições estabelecidas nesta Constituição e na lei:

I – exercer a orientação, coordenação e supervisão dos órgãos e entidades da administração federal na área de sua competência e referendar os atos e decretos assinados pelo Presidente da República;
II – expedir instruções para a execução das leis, decretos e regulamentos;
III – apresentar ao Presidente da República relatório anual de sua gestão no Ministério;
IV – praticar os atos pertinentes às atribuições que lhe forem outorgadas ou delegadas pelo Presidente da República.

Art. 88. A lei disporá sobre a criação e extinção de Ministérios e órgãos da administração pública.

▶ Artigo com a redação dada pela EC nº 32, de 11-9-2001.

SEÇÃO V
DO CONSELHO DA REPÚBLICA E DO CONSELHO DE DEFESA NACIONAL

SUBSEÇÃO I
DO CONSELHO DA REPÚBLICA

► Lei nº 8.041, de 5-6-1990, dispõe sobre a organização e o funcionamento do Conselho da República.
► Art. 14 do Dec. nº 4.118, de 7-2-2002, que dispõe sobre a organização da Presidência da República e dos Ministérios.

Art. 89. O Conselho da República é órgão superior de consulta do Presidente da República, e dele participam:

► Lei nº 8.041, de 5-6-1990, dispõe sobre a organização e o funcionamento do Conselho da República.

I – o Vice-Presidente da República;
II – o Presidente da Câmara dos Deputados;
III – o Presidente do Senado Federal;
IV – os líderes da maioria e da minoria na Câmara dos Deputados;
V – os líderes da maioria e da minoria no Senado Federal;
VI – o Ministro da Justiça;
VII – seis cidadãos brasileiros natos, com mais de trinta e cinco anos de idade, sendo dois nomeados pelo Presidente da República, dois eleitos pelo Senado Federal e dois eleitos pela Câmara dos Deputados, todos com mandato de três anos, vedada a recondução.

► Arts. 51, V, 52, XIV, e 84, XVII, desta Constituição.

Art. 90. Compete ao Conselho da República pronunciar-se sobre:

I – intervenção federal, estado de defesa e estado de sítio;
II – as questões relevantes para a estabilidade das instituições democráticas.

§ 1º O Presidente da República poderá convocar Ministro de Estado para participar da reunião do Conselho, quando constar da pauta questão relacionada com o respectivo Ministério.

§ 2º A lei regulará a organização e o funcionamento do Conselho da República.

► Lei nº 8.041, de 5-6-1990, dispõe sobre a organização e o funcionamento do Conselho da República.

SUBSEÇÃO II
DO CONSELHO DE DEFESA NACIONAL

► Lei nº 8.183, de 11-4-1991, dispõe sobre a organização e o funcionamento do Conselho de Defesa Nacional.
► Dec. nº 893, de 12-8-1993, aprova o regulamento do Conselho de Defesa Nacional.
► Art. 15 do Dec. nº 4.118, de 7-2-2002, que dispõe sobre o Conselho de Defesa Nacional.

Art. 91. O Conselho de Defesa Nacional é órgão de consulta do Presidente da República nos assuntos relacionados com a soberania nacional e a defesa do Estado democrático, e dele participam como membros natos:

► Lei nº 8.183, de 11-4-1991, dispõe sobre a organização e funcionamento do Conselho de Defesa Nacional.
► Dec. nº 893, de 12-8-1993, aprova o regulamento do Conselho de Defesa Nacional.

I – o Vice-Presidente da República;
II – o Presidente da Câmara dos Deputados;
III – o Presidente do Senado Federal;
IV – o Ministro da Justiça;
V – o Ministro de Estado da Defesa;

► Inciso V com a redação dada pela EC nº 23, de 2-9-1999.

VI – o Ministro das Relações Exteriores;
VII – o Ministro do Planejamento;
VIII – os Comandantes da Marinha, do Exército e da Aeronáutica.

► Inciso VIII acrescido pela EC nº 23, de 2-9-1999.

§ 1º Compete ao Conselho de Defesa Nacional:

I – opinar nas hipóteses de declaração de guerra e de celebração da paz, nos termos desta Constituição;
II – opinar sobre a decretação do estado de defesa, do estado de sítio e da intervenção federal;
III – propor os critérios e condições de utilização de áreas indispensáveis à segurança do território nacional e opinar sobre seu efetivo uso, especialmente na faixa de fronteira e nas relacionadas com a preservação e a exploração dos recursos naturais de qualquer tipo;
IV – estudar, propor e acompanhar o desenvolvimento de iniciativas necessárias a garantir a independência nacional e a defesa do Estado democrático.

§ 2º A lei regulará a organização e o funcionamento do Conselho de Defesa Nacional.

► Lei nº 8.183, de 11-4-1991, dispõe sobre a organização e o funcionamento do Conselho de Defesa Nacional.
► Dec. nº 893, de 12-8-1993, aprova o Regulamento do Conselho de Defesa Nacional.

CAPÍTULO III
DO PODER JUDICIÁRIO

SEÇÃO I
DISPOSIÇÕES GERAIS

Art. 92. São órgãos do Poder Judiciário:

I – o Supremo Tribunal Federal;
I-A – O Conselho Nacional de Justiça;

► Inciso I-A acrescido pela EC nº 45, de 8-12-2004.
► Art. 103-B desta Constituição.
► Art. 5º da EC nº 45, de 8-12-2004 (Reforma do Judiciário).
► O STF, ao julgar a ADIN nº 3.367, considerou constitucional a criação do CNJ, como órgão interno de controle administrativo, financeiro e disciplinar da magistratura, inovação trazida com a EC nº 45, 8-12-2004.

II – o Superior Tribunal de Justiça;
III – os Tribunais Regionais Federais e Juízes Federais;
IV – os Tribunais e Juízes do Trabalho;
V – os Tribunais e Juízes Eleitorais;
VI – os Tribunais e Juízes Militares;
VII – os Tribunais e Juízes dos Estados e do Distrito Federal e Territórios.

§ 1º O Supremo Tribunal Federal, o Conselho Nacional de Justiça e os Tribunais Superiores têm sede na Capital Federal.

► Art. 103-B desta Constituição.

§ 2º O Supremo Tribunal Federal e os Tribunais Superiores têm jurisdição em todo o território nacional.
► §§ 1º e 2º acrescidos pela EC nº 45, de 8-12-2004.

Art. 93. Lei complementar, de iniciativa do Supremo Tribunal Federal, disporá sobre o Estatuto da Magistratura, observados os seguintes princípios:
► LC nº 35, de 14-3-1979 (Lei Orgânica da Magistratura Nacional).
► Lei nº 5.621, de 4-11-1970, dispõe sobre organização e divisão judiciária.

I – ingresso na carreira, cujo cargo inicial será o de juiz substituto, mediante concurso público de provas e títulos, com a participação da Ordem dos Advogados do Brasil em todas as fases, exigindo-se do bacharel em direito, no mínimo, três anos de atividade jurídica e obedecendo-se, nas nomeações, à ordem de classificação;
► Inciso I com a redação dada pela EC nº 45, de 8-12-2004.

II – promoção de entrância para entrância, alternadamente, por antiguidade e merecimento, atendidas as seguintes normas:
a) é obrigatória a promoção do juiz que figure por três vezes consecutivas ou cinco alternadas em lista de merecimento;
b) a promoção por merecimento pressupõe dois anos de exercício na respectiva entrância e integrar o juiz a primeira quinta parte da lista de antiguidade desta, salvo se não houver com tais requisitos quem aceite o lugar vago;
c) aferição do merecimento conforme o desempenho e pelos critérios objetivos de produtividade e presteza no exercício da jurisdição e pela frequência e aproveitamento em cursos oficiais ou reconhecidos de aperfeiçoamento;
d) na apuração de antiguidade, o tribunal somente poderá recusar o juiz mais antigo pelo voto fundamentado de dois terços de seus membros, conforme procedimento próprio, e assegurada ampla defesa, repetindo-se a votação até fixar-se a indicação;
► Alíneas c e d com a redação dada pela EC nº 45, de 8-12-2004.
e) não será promovido o juiz que, injustificadamente, retiver autos em seu poder além do prazo legal, não podendo devolvê-los ao cartório sem o devido despacho ou decisão;
► Alínea e acrescida pela EC nº 45, de 8-12-2004.

III – o acesso aos tribunais de segundo grau far-se-á por antiguidade e merecimento, alternadamente, apurados na última ou única entrância;
IV – previsão de cursos oficiais de preparação, aperfeiçoamento e promoção de magistrados, constituindo etapa obrigatória do processo de vitaliciamento a participação em curso oficial ou reconhecido por escola nacional de formação e aperfeiçoamento de magistrados;
► Incisos III e IV com a redação dada pela EC nº 45, de 8-12-2004.

V – o subsídio dos Ministros dos Tribunais Superiores corresponderá a noventa e cinco por cento do subsídio mensal fixado para os Ministros do Supremo Tribunal Federal e os subsídios dos demais magistrados serão fixados em lei e escalonados, em nível federal e estadual, conforme as respectivas categorias da estrutura judiciária nacional, não podendo a diferença entre uma e outra ser superior a dez por cento ou inferior a cinco por cento, nem exceder a noventa e cinco por cento do subsídio mensal dos Ministros dos Tribunais Superiores, obedecido, em qualquer caso, o disposto nos artigos 37, XI, e 39, § 4º;
► Inciso V com a redação dada pela EC nº 19, de 4-6-1998.
► Lei nº 9.655, de 2-6-1998, altera o percentual de diferença entre a remuneração dos cargos de Ministros do Superior Tribunal de Justiça e dos Juízes da Justiça Federal de Primeiro e Segundo Graus.

VI – a aposentadoria dos magistrados e a pensão de seus dependentes observarão o disposto no artigo 40;
► Inciso VI com a redação dada pela EC nº 20, de 15-12-1998.

VII – o juiz titular residirá na respectiva comarca, salvo autorização do tribunal;
VIII – o ato de remoção, disponibilidade e aposentadoria do magistrado, por interesse público, fundar-se-á em decisão por voto da maioria absoluta do respectivo tribunal ou do Conselho Nacional de Justiça, assegurada ampla defesa;
► Incisos VII e VIII com a redação dada pela EC nº 45, de 8-12-2004.
► Arts. 95, II, e 103-B desta Constituição.
► Art. 5º da EC nº 45, de 8-12-2004 (Reforma do Judiciário).

VIII-A – a remoção a pedido ou a permuta de magistrados de comarca de igual entrância atenderá, no que couber, ao disposto nas alíneas a, b, c e e do inciso II;
► Inciso VIII-A acrescido pela EC nº 45, de 8-12-2004.

IX – todos os julgamentos dos órgãos do Poder Judiciário serão públicos, e fundamentadas todas as decisões, sob pena de nulidade, podendo a lei limitar a presença, em determinados atos, às próprias partes e a seus advogados, ou somente a estes, em casos nos quais a preservação do direito à intimidade do interessado no sigilo não prejudique o interesse público à informação;
► Súm. nº 123 do STJ.

X – as decisões administrativas dos tribunais serão motivadas e em sessão pública, sendo as disciplinares tomadas pelo voto da maioria absoluta de seus membros;
XI – nos tribunais com número superior a vinte e cinco julgadores, poderá ser constituído órgão especial, com o mínimo de onze e o máximo de vinte e cinco membros, para o exercício das atribuições administrativas e jurisdicionais delegadas da competência do tribunal pleno, provendo-se metade das vagas por antiguidade e a outra metade por eleição pelo tribunal pleno;
► Incisos IX a XI com a redação dada pela EC nº 45, de 8-12-2004.

XII – a atividade jurisdicional será ininterrupta, sendo vedado férias coletivas nos juízos e tribunais de segundo grau, funcionando, nos dias em que não houver expediente forense normal, juízes em plantão permanente;

XIII – o número de juízes na unidade jurisdicional será proporcional à efetiva demanda judicial e à respectiva população;

XIV – os servidores receberão delegação para a prática de atos de administração e atos de mero expediente sem caráter decisório;

XV – a distribuição de processos será imediata, em todos os graus de jurisdição.

▶ Incisos XII a XV acrescidos pela EC nº 45, de 8-12-2004.

Art. 94. Um quinto dos lugares dos Tribunais Regionais Federais, dos Tribunais dos Estados, e do Distrito Federal e Territórios será composto de membros, do Ministério Público, com mais de dez anos de carreira, e de advogados de notório saber jurídico e de reputação ilibada, com mais de dez anos de efetiva atividade profissional, indicados em lista sêxtupla pelos órgãos de representação das respectivas classes.

▶ Arts. 104, II, e 115, II, desta Constituição.

Parágrafo único. Recebidas as indicações, o Tribunal formará lista tríplice, enviando-a ao Poder Executivo, que, nos vinte dias subsequentes, escolherá um de seus integrantes para nomeação.

Art. 95. Os juízes gozam das seguintes garantias:

I – vitaliciedade, que, no primeiro grau, só será adquirida após dois anos de exercício, dependendo a perda do cargo, nesse período, de deliberação do Tribunal a que o juiz estiver vinculado, e, nos demais casos, de sentença judicial transitada em julgado;

▶ Súm. nº 36 do STF.

II – inamovibilidade, salvo por motivo de interesse público, na forma do artigo 93, VIII;

III – irredutibilidade de subsídio, ressalvado o disposto nos artigos 37, X e XI, 39, § 4º, 150, II, 153, III, e 153, § 2º, I.

▶ Inciso III com a redação dada pela EC nº 19, de 4-6-1998.

Parágrafo único. Aos juízes é vedado:

I – exercer, ainda que em disponibilidade, outro cargo ou função, salvo uma de magistério;

II – receber, a qualquer título ou pretexto, custas ou participação em processo;

III – dedicar-se à atividade político-partidária;

IV – receber, a qualquer título ou pretexto, auxílios ou contribuições de pessoas físicas, entidades públicas ou privadas, ressalvadas as exceções previstas em lei;

V – exercer a advocacia no juízo ou tribunal do qual se afastou, antes de decorridos três anos do afastamento do cargo por aposentadoria ou exoneração.

▶ Incisos IV e V acrescidos pela EC nº 45, de 8-12-2004.
▶ Art. 128, § 6º, desta Constituição.

Art. 96. Compete privativamente:

▶ Art. 4º da EC nº 45, de 8-12-2004.

I – aos Tribunais:

a) eleger seus órgãos diretivos e elaborar seus regimentos internos, com observância das normas de processo e das garantias processuais das partes, dispondo sobre a competência e o funcionamento dos respectivos órgãos jurisdicionais e administrativos;

b) organizar suas secretarias e serviços auxiliares e os dos juízos que lhes forem vinculados, velando pelo exercício da atividade correicional respectiva;

c) prover, na forma prevista nesta Constituição, os cargos de juiz de carreira da respectiva jurisdição;

d) propor a criação de novas varas judiciárias;

e) prover, por concurso público de provas, ou de provas e títulos, obedecido o disposto no artigo 169, parágrafo único, os cargos necessários à administração da Justiça, exceto os de confiança assim definidos em lei;

▶ De acordo com a alteração processada pela EC nº 19, de 4-6-1998, a referência passa a ser ao art. 169, § 1º.

f) conceder licença, férias e outros afastamentos a seus membros e aos juízes e servidores que lhes forem imediatamente vinculados;

II – ao Supremo Tribunal Federal, aos Tribunais Superiores e aos Tribunais de Justiça propor ao Poder Legislativo respectivo, observado o disposto no artigo 169:

a) a alteração do número de membros dos Tribunais inferiores;

b) a criação e a extinção de cargos e a remuneração dos seus serviços auxiliares e dos juízos que lhes forem vinculados, bem como a fixação do subsídio de seus membros e dos juízes, inclusive dos tribunais inferiores, onde houver;

▶ Alínea b com a redação dada pela EC nº 41, de 19-12-2003.
▶ Lei nº 10.475 de 27-6-2002, reestrutura as carreiras dos servidores do Poder Judiciário da União.

c) a criação ou extinção dos Tribunais inferiores;

d) a alteração da organização e da divisão judiciárias;

III – aos Tribunais de Justiça julgar os juízes estaduais e do Distrito Federal e Territórios, bem como os membros do Ministério Público, nos crimes comuns e de responsabilidade, ressalvada a competência da Justiça Eleitoral.

Art. 97. Somente pelo voto da maioria absoluta de seus membros ou dos membros do respectivo órgão especial poderão os Tribunais declarar a inconstitucionalidade de lei ou ato normativo do Poder Público.

▶ Súm. Vinc. nº 10 do STF.

Art. 98. A União, no Distrito Federal e nos Territórios, e os Estados criarão:

I – juizados especiais, providos por juízes togados, ou togados e leigos, competentes para a conciliação, o julgamento e a execução de causas cíveis de menor complexidade e infrações penais de menor potencial ofensivo, mediante os procedimentos oral e sumaríssimo, permitidos, nas hipóteses previstas em lei, a transação e o julgamento de recursos por turmas de juízes de primeiro grau;

▶ Lei nº 9.099, de 26-9-1995 (Lei dos Juizados Especiais).
▶ Lei nº 10.259, de 12-7-2001 (Lei dos Juizados Especiais Federais).
▶ Lei nº 12.153, 22-12-2009 (Lei dos Juizados Especiais da Fazenda Pública).
▶ Súm. Vinc. nº 27 do STF.
▶ Súm. nº 376 do STJ.

II – justiça de paz, remunerada, composta de cidadãos eleitos pelo voto direto, universal e secreto, com mandato de quatro anos e competência para, na forma da lei, celebrar casamentos, verificar, de ofício ou em face de impugnação apresentada, o processo de habilitação e exercer atribuições conciliatórias, sem caráter jurisdicional, além de outras previstas na legislação.

▶ Art. 30 do ADCT.

§ 1º Lei federal disporá sobre a criação de juizados especiais no âmbito da Justiça Federal.

▶ Antigo parágrafo único renumerado para § 1º pela EC nº 45, de 8-12-2004.
▶ Lei nº 10.259, de 12-7-2001 (Lei dos Juizados Especiais Federais).
▶ Súm. nº 428 do STJ.

§ 2º As custas e emolumentos serão destinados exclusivamente ao custeio dos serviços afetos às atividades específicas da Justiça.

▶ § 2º acrescido pela EC nº 45, de 8-12-2004.

Art. 99. Ao Poder Judiciário é assegurada autonomia administrativa e financeira.

§ 1º Os Tribunais elaborarão suas propostas orçamentárias dentro dos limites estipulados conjuntamente com os demais Poderes na lei de diretrizes orçamentárias.

▶ Art. 134, § 2º, desta Constituição.

§ 2º O encaminhamento da proposta, ouvidos os outros Tribunais interessados, compete:

▶ Art. 134, § 2º, desta Constituição.

I – no âmbito da União, aos Presidentes do Supremo Tribunal Federal e dos Tribunais Superiores, com a aprovação dos respectivos Tribunais;

II – no âmbito dos Estados e no do Distrito Federal e Territórios, aos Presidentes dos Tribunais de Justiça, com a aprovação dos respectivos Tribunais.

§ 3º Se os órgãos referidos no § 2º não encaminharem as respectivas propostas orçamentárias dentro do prazo estabelecido na lei de diretrizes orçamentárias, o Poder Executivo considerará, para fins de consolidação da proposta orçamentária anual, os valores aprovados na lei orçamentária vigente, ajustados de acordo com os limites estipulados na forma do § 1º deste artigo.

§ 4º Se as propostas orçamentárias de que trata este artigo forem encaminhadas em desacordo com os limites estipulados na forma do § 1º, o Poder Executivo procederá aos ajustes necessários para fins de consolidação da proposta orçamentária anual.

§ 5º Durante a execução orçamentária do exercício, não poderá haver a realização de despesas ou a assunção de obrigações que extrapolem os limites estabelecidos na lei de diretrizes orçamentárias, exceto se previamente autorizadas, mediante a abertura de créditos suplementares ou especiais.

▶ §§ 3º a 5º acrescidos pela EC nº 45, de 8-12-2004.

Art. 100. Os pagamentos devidos pelas Fazendas Públicas Federal, Estaduais, Distrital e Municipais, em virtude de sentença judiciária, far-se-ão exclusivamente na ordem cronológica de apresentação dos precatórios e à conta dos créditos respectivos, proibida a designação de casos ou de pessoas nas dotações orçamentárias e nos créditos adicionais abertos para este fim.

▶ *Caput* com a redação dada pela EC nº 62, de 9-12-2009.
▶ Arts. 33, 78, 86, 87 e 97 do ADCT.

▶ Art. 4º da EC nº 62, de 9-12-2009.
▶ Art. 6º da Lei nº 9.469, de 10-7-1997, que regula os pagamentos devidos pela Fazenda Pública em virtude de sentença judiciária.
▶ Res. do CNJ nº 92, de 13-10-2009, dispõe sobre a Gestão de Precatórios no âmbito do Poder Judiciário.
▶ Súmulas nos 655 e 729 do STF.
▶ Súmulas nos 144 e 339 do STJ.
▶ Orientações Jurisprudenciais do Tribunal Pleno nos 12 e 13 do TST.

§ 1º Os débitos de natureza alimentícia compreendem aqueles decorrentes de salários, vencimentos, proventos, pensões e suas complementações, benefícios previdenciários e indenizações por morte ou por invalidez, fundadas em responsabilidade civil, em virtude de sentença judicial transitada em julgado, e serão pagos com preferência sobre todos os demais débitos, exceto sobre aqueles referidos no § 2º deste artigo.

§ 2º Os débitos de natureza alimentícia cujos titulares tenham 60 (sessenta) anos de idade ou mais na data de expedição do precatório, ou sejam portadores de doença grave, definidos na forma da lei, serão pagos com preferência sobre todos os demais débitos, até o valor equivalente ao triplo do fixado em lei para os fins do disposto no § 3º deste artigo, admitido o fracionamento para essa finalidade, sendo que o restante será pago na ordem cronológica de apresentação do precatório.

▶ Art. 97, § 17, do ADCT.

§ 3º O disposto no *caput* deste artigo relativamente à expedição de precatórios não se aplica aos pagamentos de obrigações definidas em leis como de pequeno valor que as Fazendas referidas devam fazer em virtude de sentença judicial transitada em julgado.

▶ Art. 87 do ADCT.
▶ Lei nº 10.099, de 19-12-2000, regulamenta este parágrafo.
▶ Art. 17, § 1º, da Lei nº 10.259, de 12-7-2001 (Lei dos Juizados Especiais Federais).
▶ Art. 13 da Lei nº 12.153, de 22-12-2009 (Lei dos Juizados Especiais da Fazenda Pública).

§ 4º Para os fins do disposto no § 3º, poderão ser fixados, por leis próprias, valores distintos às entidades de direito público, segundo as diferentes capacidades econômicas, sendo o mínimo igual ao valor do maior benefício do regime geral de previdência social.

▶ Art. 97, § 12º, do ADCT.
▶ Orientações Jurisprudenciais nos 1 e 9 do Tribunal Pleno do TST.

§ 5º É obrigatória a inclusão, no orçamento das entidades de direito público, de verba necessária ao pagamento de seus débitos, oriundos de sentenças transitadas em julgado, constantes de precatórios judiciários apresentados até 1º de julho, fazendo-se o pagamento até o final do exercício seguinte, quando terão seus valores atualizados monetariamente.

▶ Súm. Vinc. nº 17 do STF.

§ 6º As dotações orçamentárias e os créditos abertos serão consignados diretamente ao Poder Judiciário, cabendo ao Presidente do Tribunal que proferir a decisão exequenda determinar o pagamento integral e autorizar, a requerimento do credor e exclusivamente para os casos de preterimento de seu direito de precedência ou de não alocação orçamentária do valor necessário à satisfação do seu débito, o sequestro da quantia respectiva.

▶ §§ 1º a 6º com a redação dada pela EC nº 62, de 9-12-2009.
▶ Súm. nº 733 do STF.

§ 7º O Presidente do Tribunal competente que, por ato comissivo ou omissivo, retardar ou tentar frustrar a liquidação regular de precatórios incorrerá em crime de responsabilidade e responderá, também, perante o Conselho Nacional de Justiça.

▶ Lei nº 1.079, de 10-4-1950 (Lei dos Crimes de Responsabilidade).

§ 8º É vedada a expedição de precatórios complementares ou suplementares de valor pago, bem como o fracionamento, repartição ou quebra do valor da execução para fins de enquadramento de parcela do total ao que dispõe o § 3º deste artigo.

▶ Art. 87 do ADCT.

§ 9º No momento da expedição dos precatórios, independentemente de regulamentação, deles deverá ser abatido, a título de compensação, valor correspondente aos débitos líquidos e certos, inscritos ou não em dívida ativa e constituídos contra o credor original pela Fazenda Pública devedora, incluídas parcelas vincendas de parcelamentos, ressalvados aqueles cuja execução esteja suspensa em virtude de contestação administrativa ou judicial.

▶ Orient. Norm. do CJF nº 4, de 8-6-2010, estabelece regra de transição para os procedimentos de compensação previstos neste inciso.

§ 10. Antes da expedição dos precatórios, o Tribunal solicitará à Fazenda Pública devedora, para resposta em até 30 (trinta) dias, sob pena de perda do direito de abatimento, informação sobre os débitos que preencham as condições estabelecidas no § 9º, para os fins nele previstos.

▶ Orient. Norm. do CJF nº 4, de 8-6-2010, estabelece regra de transição para os procedimentos de compensação previstos neste inciso.

§ 11. É facultada ao credor, conforme estabelecido em lei da entidade federativa devedora, a entrega de créditos em precatórios para compra de imóveis públicos do respectivo ente federado.

§ 12. A partir da promulgação desta Emenda Constitucional, a atualização de valores de requisitórios, após sua expedição, até o efetivo pagamento, independentemente de sua natureza, será feita pelo índice oficial de remuneração básica da caderneta de poupança, e, para fins de compensação da mora, incidirão juros simples no mesmo percentual de juros incidentes sobre a caderneta de poupança, ficando excluída a incidência de juros compensatórios.

▶ OJ do Tribunal Pleno nº 7 do TST.
▶ OJ da SBDI-I nº 382 do TST.

§ 13. O credor poderá ceder, total ou parcialmente, seus créditos em precatórios a terceiros, independentemente da concordância do devedor, não se aplicando ao cessionário o disposto nos §§ 2º e 3º.

▶ Art. 5º da EC nº 62, de 9-12-2009, que convalida todas as cessões de precatórios efetuadas antes da sua promulgação, independentemente da concordância da entidade devedora.

▶ Arts. 286 a 298 do CC.

§ 14. A cessão de precatórios somente produzirá efeitos após comunicação, por meio de petição protocolizada, ao tribunal de origem e à entidade devedora.

§ 15. Sem prejuízo do disposto neste artigo, lei complementar a esta Constituição Federal poderá estabelecer regime especial para pagamento de crédito de precatórios de Estados, Distrito Federal e Municípios, dispondo sobre vinculações à receita corrente líquida e forma e prazo de liquidação.

▶ Art. 97, *caput*, do ADCT.

§ 16. A seu critério exclusivo e na forma de lei, a União poderá assumir débitos, oriundos de precatórios, de Estados, Distrito Federal e Municípios, refinanciando-os diretamente.

▶ §§ 7º a 16 acrescidos pela EC nº 62, de 9-12-2009.

SEÇÃO II

DO SUPREMO TRIBUNAL FEDERAL

Art. 101. O Supremo Tribunal Federal compõe-se de onze Ministros, escolhidos dentre cidadãos com mais de trinta e cinco anos e menos de sessenta e cinco anos de idade, de notável saber jurídico e reputação ilibada.

▶ Lei nº 8.038, de 28-5-1990, institui normas procedimentais para os processos que especifica, perante o STJ e o STF.

Parágrafo único. Os Ministros do Supremo Tribunal Federal serão nomeados pelo Presidente da República, depois de aprovada a escolha pela maioria absoluta do Senado Federal.

Art. 102. Compete ao Supremo Tribunal Federal, precipuamente, a guarda da Constituição, cabendo-lhe:

I – processar e julgar, originariamente:

▶ Res. do STF nº 427, de 20-4-2010, regulamenta o processo eletrônico no âmbito do Supremo Tribunal Federal.

a) a ação direta de inconstitucionalidade de lei ou ato normativo federal ou estadual e a ação declaratória de constitucionalidade de lei ou ato normativo federal;

▶ Alínea *a* com a redação dada pela EC nº 3, de 17-3-1993.
▶ Lei nº 9.868, de 10-11-1999 (Lei da ADIN e da ADECON).
▶ Dec. nº 2.346, de 10-10-1997, consolida as normas de procedimentos a serem observadas pela administração pública federal em razão de decisões judiciais.
▶ Súmulas nºs 360, 642 e 735 do STF.

b) nas infrações penais comuns, o Presidente da República, o Vice-Presidente, os membros do Congresso Nacional, seus próprios Ministros e o Procurador-Geral da República;

c) nas infrações penais comuns e nos crimes de responsabilidade, os Ministros de Estado e os Comandantes da Marinha, do Exército e da Aeronáutica, ressalvado o disposto no artigo 52, I, os membros dos Tribunais Superiores, os do Tribunal de Contas da União e os chefes de missão diplomática de caráter permanente;

▶ Alínea c com a redação dada pela EC nº 23, de 2-9-1999.
▶ Lei nº 1.079, de 10-4-1950 (Lei dos Crimes de Responsabilidade).

d) o *habeas corpus*, sendo paciente qualquer das pessoas referidas nas alíneas anteriores; o mandado de segurança e o *habeas data* contra atos do Presidente da República, das Mesas da Câmara dos Deputados e do Senado Federal, do Tribunal de Contas da União, do Procurador-Geral da República e do próprio Supremo Tribunal Federal;

▶ Lei nº 9.507, de 12-11-1997 (Lei do *Habeas Data*).
▶ Lei nº 12.016, de 7-8-2009 (Lei do Mandado de Segurança Individual e Coletivo).
▶ Súm. nº 624 do STF.

e) o litígio entre Estado estrangeiro ou organismo internacional e a União, o Estado, o Distrito Federal ou o Território;

f) as causas e os conflitos entre a União e os Estados, a União e o Distrito Federal, ou entre uns e outros, inclusive as respectivas entidades da administração indireta;

g) a extradição solicitada por Estado estrangeiro;

▶ Súmulas nºs 367, 421 e 692 do STF.

h) *Revogada*. EC nº 45, de 8-12-2004;

i) o *habeas corpus*, quando o coator for Tribunal Superior ou quando o coator ou o paciente for autoridade ou funcionário cujos atos estejam sujeitos diretamente à jurisdição do Supremo Tribunal Federal, ou se trate de crime sujeito à mesma jurisdição em uma única instância;

▶ Alínea i com a redação dada pela EC nº 22, de 18-3-1999.
▶ Súmulas nºs 606, 691, 692 e 731 do STF.

j) a revisão criminal e a ação rescisória de seus julgados;

▶ Arts. 485 a 495 do CPC.
▶ Arts. 621 a 631 do CPP.

l) A reclamação para a preservação de sua competência e garantia da autoridade de suas decisões;

▶ Arts. 13 a 18 da Lei nº 8.038, de 28-5-1990, que institui normas procedimentais para os processos que especifica, perante o STJ e o STF.
▶ Súm. 734 do STF.

m) a execução de sentença nas causas de sua competência originária, facultada a delegação de atribuições para a prática de atos processuais;

n) a ação em que todos os membros da magistratura sejam direta ou indiretamente interessados, e aquela em que mais da metade dos membros do Tribunal de origem estejam impedidos ou sejam direta ou indiretamente interessados;

▶ Súmulas nºs 623 e 731 do STF.

o) os conflitos de competência entre o Superior Tribunal de Justiça e quaisquer Tribunais, entre Tribunais Superiores, ou entre estes e qualquer outro Tribunal;

▶ Arts. 105, I, d, 108, I, e, e 114, V, desta Constituição.

p) o pedido de medida cautelar das ações diretas de inconstitucionalidade;

q) o mandado de injunção, quando a elaboração da norma regulamentadora for atribuição do Presidente da República, do Congresso Nacional, da Câmara dos Deputados, do Senado Federal, das Mesas de uma dessas Casas Legislativas, do Tribunal de Contas da União, de um dos Tribunais Superiores, ou do próprio Supremo Tribunal Federal;

r) as ações contra o Conselho Nacional de Justiça e contra o Conselho Nacional do Ministério Público;

▶ Alínea r acrescida pela EC nº 45, de 8-12-2004.
▶ Arts. 103-A e 130-B desta Constituição.

II – julgar, em recurso ordinário:

a) o *habeas corpus*, o mandado de segurança, o *habeas data* e o mandado de injunção decididos em única instância pelos Tribunais Superiores, se denegatória a decisão;

▶ Lei nº 9.507, de 12-11-1997 (Lei do *Habeas Data*).
▶ Lei nº 12.016, de 7-8-2009 (Lei do Mandado de Segurança Individual e Coletivo).

b) o crime político;

III – julgar, mediante recurso extraordinário, as causas decididas em única ou última instância, quando a decisão recorrida:

▶ Lei nº 8.658, de 26-5-1993, dispõe sobre a aplicação, nos Tribunais de Justiça e nos Tribunais Regionais Federais, das normas da Lei nº 8038, de 28-5-1990.
▶ Súmulas nºs 279, 283, 634, 635, 637, 640, 727 e 733 do STF.

a) contrariar dispositivo desta Constituição;

▶ Súmulas nºs 400 e 735 do STF.

b) declarar a inconstitucionalidade de tratado ou lei federal;

c) julgar válida lei ou ato de governo local contestado em face desta Constituição;

d) julgar válida lei local contestada em face de lei federal.

▶ Alínea d acrescida pela EC nº 45, de 8-12-2004.

§ 1º A arguição de descumprimento de preceito fundamental decorrente desta Constituição será apreciada pelo Supremo Tribunal Federal, na forma da lei.

▶ Parágrafo único transformado em § 1º pela EC nº 3, de 17-3-1993.
▶ Lei nº 9.882, de 3-12-1999 (Lei da Ação de Descumprimento de Preceito Fundamental).

§ 2º As decisões definitivas de mérito, proferidas pelo Supremo Tribunal Federal, nas ações diretas de inconstitucionalidade e nas ações declaratórias de constitucionalidade, produzirão eficácia contra todos e efeito vinculante, relativamente aos demais órgãos do Poder Judiciário e à administração pública direta e indireta, nas esferas federal, estadual e municipal.

▶ § 2º com a redação dada pela EC nº 45, de 8-12-2004.
▶ Lei nº 9.868, de 10-11-1999 (Lei da ADIN e da ADECON).

§ 3º No recurso extraordinário o recorrente deverá demonstrar a repercussão geral das questões constitucionais discutidas no caso, nos termos da lei, a fim de que o Tribunal examine a admissão do recurso, somente

podendo recusá-lo pela manifestação de dois terços de seus membros.
▶ § 3º acrescido pela EC nº 45, de 8-12-2004.
▶ Lei nº 11.418, de 19-12-2006, regulamenta este parágrafo.
▶ Arts. 543-A e 543-B do CPC.

Art. 103. Podem propor a ação direta de inconstitucionalidade e a ação declaratória de constitucionalidade:
▶ *Caput* com a redação dada pela EC nº 45, de 8-12-2004.
▶ Arts. 2º, 12-A e 13 da Lei nº 9.868, de 10-11-1999 (Lei da ADIN e da ADECON).

I – o Presidente da República;
II – a Mesa do Senado Federal;
III – a Mesa da Câmara dos Deputados;
IV – a Mesa de Assembleia Legislativa ou da Câmara Legislativa do Distrito Federal;
V – o Governador de Estado ou do Distrito Federal;
▶ Incisos IV e V com a redação dada pela EC nº 45, de 8-12-2004.

VI – o Procurador-Geral da República;
VII – o Conselho Federal da Ordem dos Advogados do Brasil;
VIII – partido político com representação no Congresso Nacional;
IX – confederação sindical ou entidade de classe de âmbito nacional.

§ 1º O Procurador-Geral da República deverá ser previamente ouvido nas ações de inconstitucionalidade e em todos os processos de competência do Supremo Tribunal Federal.

§ 2º Declarada a inconstitucionalidade por omissão de medida para tornar efetiva norma constitucional, será dada ciência ao Poder competente para a adoção das providências necessárias e, em se tratando de órgão administrativo, para fazê-lo em trinta dias.
▶ Art. 12-H da Lei nº 9.868, de 10-11-1999 (Lei da ADIN e da ADECON).

§ 3º Quando o Supremo Tribunal Federal apreciar a inconstitucionalidade, em tese, de norma legal ou ato normativo, citará, previamente, o Advogado-Geral da União, que defenderá o ato ou texto impugnado.

§ 4º *Revogado*. EC nº 45, de 8-12-2004.

Art. 103-A. O Supremo Tribunal Federal poderá, de ofício ou por provocação, mediante decisão de dois terços dos seus membros, após reiteradas decisões sobre matéria constitucional, aprovar súmula que, a partir de sua publicação na imprensa oficial, terá efeito vinculante em relação aos demais órgãos do Poder Judiciário e à administração pública direta e indireta, nas esferas federal, estadual e municipal, bem como proceder à sua revisão ou cancelamento, na forma estabelecida em lei.
▶ Art. 8º da EC nº 45, de 8-12-2004 (Reforma do Judiciário).
▶ Lei nº 11.417, de 19-12-2006 (Lei da Súmula Vinculante), regulamenta este artigo.

§ 1º A súmula terá por objetivo a validade, a interpretação e a eficácia de normas determinadas, acerca das quais haja controvérsia atual entre órgãos judiciários ou entre esses e a administração pública que acarrete grave insegurança jurídica e relevante multiplicação de processos sobre questão idêntica.

§ 2º Sem prejuízo do que vier a ser estabelecido em lei, a aprovação, revisão ou cancelamento de súmula poderá ser provocada por aqueles que podem propor a ação direta de inconstitucionalidade.

§ 3º Do ato administrativo ou decisão judicial que contrariar a súmula aplicável ou que indevidamente a aplicar, caberá reclamação ao Supremo Tribunal Federal que, julgando-a procedente, anulará o ato administrativo ou cassará a decisão judicial reclamada, e determinará que outra seja proferida com ou sem a aplicação da súmula, conforme o caso.
▶ Art. 103-A acrescido pela EC nº 45, de 8-12-2004.

Art. 103-B. O Conselho Nacional de Justiça compõe-se de 15 (quinze) membros com mandato de 2 (dois) anos, admitida 1 (uma) recondução, sendo:
▶ *Caput* com a redação dada pela EC nº 61, de 11-11-2009.
▶ Art. 5º da EC nº 45, de 8-12-2004 (Reforma do Judiciário).
▶ Lei nº 11.364, de 26-10-2006, dispõe sobre as atividades de apoio ao Conselho Nacional de Justiça.

I – o Presidente do Supremo Tribunal Federal;
▶ Inciso I com a redação dada pela EC nº 61, de 11-11-2009.

II – um Ministro do Superior Tribunal de Justiça, indicado pelo respectivo tribunal;
III – um Ministro do Tribunal Superior do Trabalho, indicado pelo respectivo tribunal;
IV – um desembargador de Tribunal de Justiça, indicado pelo Supremo Tribunal Federal;
V – um juiz estadual, indicado pelo Supremo Tribunal Federal;
VI – um juiz de Tribunal Regional Federal, indicado pelo Superior Tribunal de Justiça;
VII – um juiz federal, indicado pelo Superior Tribunal de Justiça;
VIII – um juiz de Tribunal Regional do Trabalho, indicado pelo Tribunal Superior do Trabalho;
IX – um juiz do trabalho, indicado pelo Tribunal Superior do Trabalho;
X – um membro do Ministério Público da União, indicado pelo Procurador-Geral da República;
XI – um membro do Ministério Público estadual, escolhido pelo Procurador-Geral da República dentre os nomes indicados pelo órgão competente de cada instituição estadual;
XII – dois advogados, indicados pelo Conselho Federal da Ordem dos Advogados do Brasil;
XIII – dois cidadãos, de notável saber jurídico e reputação ilibada, indicados um pela Câmara dos Deputados e outro pelo Senado Federal.
▶ Incisos II a XIII acrescidos pela EC nº 45, de 8-12-2004.

§ 1º O Conselho será presidido pelo Presidente do Supremo Tribunal Federal e, nas suas ausências e impedimentos, pelo Vice-Presidente do Supremo Tribunal Federal.

§ 2º Os demais membros do Conselho serão nomeados pelo Presidente da República, depois de aprovada a escolha pela maioria absoluta do Senado Federal.

▶ §§ 1º e 2º com a redação dada pela EC nº 61, de 11-11-2009.

§ 3º Não efetuadas, no prazo legal, as indicações previstas neste artigo, caberá a escolha ao Supremo Tribunal Federal.

§ 4º Compete ao Conselho o controle da atuação administrativa e financeira do Poder Judiciário e do cumprimento dos deveres funcionais dos juízes, cabendo-lhe, além de outras atribuições que lhe forem conferidas pelo Estatuto da Magistratura:

I – zelar pela autonomia do Poder Judiciário e pelo cumprimento do Estatuto da Magistratura, podendo expedir atos regulamentares, no âmbito de sua competência, ou recomendar providências;
II – zelar pela observância do art. 37 e apreciar, de ofício ou mediante provocação, a legalidade dos atos administrativos praticados por membros ou órgãos do Poder Judiciário, podendo desconstituí-los, revê-los ou fixar prazo para que se adotem as providências necessárias ao exato cumprimento da lei, sem prejuízo da competência do Tribunal de Contas da União;
III – receber e conhecer das reclamações contra membros ou órgãos do Poder Judiciário, inclusive contra seus serviços auxiliares, serventias e órgãos prestadores de serviços notariais e de registro que atuem por delegação do poder público ou oficializados, sem prejuízo da competência disciplinar e correicional dos tribunais, podendo avocar processos disciplinares em curso e determinar a remoção, a disponibilidade ou a aposentadoria com subsídios ou proventos proporcionais ao tempo de serviço e aplicar outras sanções administrativas, assegurada ampla defesa;
IV – representar ao Ministério Público, no caso de crime contra a administração pública ou de abuso de autoridade;
V – rever, de ofício ou mediante provocação, os processos disciplinares de juízes e membros de tribunais julgados há menos de um ano;
VI – elaborar semestralmente relatório estatístico sobre processos e sentenças prolatadas, por unidade da Federação, nos diferentes órgãos do Poder Judiciário;
VII – elaborar relatório anual, propondo as providências que julgar necessárias, sobre a situação do Poder Judiciário no País e as atividades do Conselho, o qual deve integrar mensagem do Presidente do Supremo Tribunal Federal a ser remetida ao Congresso Nacional, por ocasião da abertura da sessão legislativa.

§ 5º O Ministro do Superior Tribunal de Justiça exercerá a função de Ministro-Corregedor e ficará excluído da distribuição de processos no Tribunal, competindo-lhe, além das atribuições que lhe forem conferidas pelo Estatuto da Magistratura, as seguintes:

I – receber as reclamações e denúncias, de qualquer interessado, relativas aos magistrados e aos serviços judiciários;
II – exercer funções executivas do Conselho, de inspeção e de correição geral;
III – requisitar e designar magistrados, delegando-lhes atribuições, e requisitar servidores de juízos ou tribunais, inclusive nos Estados, Distrito Federal e Territórios.

§ 6º Junto ao Conselho oficiarão o Procurador-Geral da República e o Presidente do Conselho Federal da Ordem dos Advogados do Brasil.

§ 7º A União, inclusive no Distrito Federal e nos Territórios, criará ouvidorias de justiça, competentes para receber reclamações e denúncias de qualquer interessado contra membros ou órgãos do Poder Judiciário, ou contra seus serviços auxiliares, representando diretamente ao Conselho Nacional de Justiça.

▶ §§ 3º a 7º acrescidos pela EC nº 45, de 8-12-2004.
▶ Res. do CNJ nº 103, de 24-2-2010, dispõe sobre as atribuições da Ouvidoria do Conselho Nacional de Justiça e determina a criação de ouvidorias no âmbito dos Tribunais.

SEÇÃO III

DO SUPERIOR TRIBUNAL DE JUSTIÇA

▶ Lei nº 8.038, de 28-5-1990, institui normas procedimentais para os processos que especifica, perante o STJ e o STF.

Art. 104. O Superior Tribunal de Justiça compõe-se de, no mínimo, trinta e três Ministros.

Parágrafo único. Os Ministros do Superior Tribunal de Justiça serão nomeados pelo Presidente da República, dentre brasileiros com mais de trinta e cinco e menos de sessenta e cinco anos, de notável saber jurídico e reputação ilibada, depois de aprovada a escolha pela maioria absoluta do Senado Federal, sendo:

▶ Parágrafo único com a redação dada pela EC nº 45, de 8-12-2004.
▶ Lei nº 8.038, de 28-5-1990, institui normas procedimentais para os processos que especifica, perante o STJ e o STF.

I – um terço dentre juízes dos Tribunais Regionais Federais e um terço dentre desembargadores dos Tribunais de Justiça, indicados em lista tríplice elaborada pelo próprio Tribunal;
II – um terço, em partes iguais, dentre advogados e membros do Ministério Público Federal, Estadual, do Distrito Federal e Territórios, alternadamente, indicados na forma do artigo 94.

Art. 105. Compete ao Superior Tribunal de Justiça:

I – processar e julgar, originariamente:

a) nos crimes comuns, os Governadores dos Estados e do Distrito Federal, e, nestes e nos de responsabilidade, os desembargadores dos Tribunais de Justiça dos Estados e do Distrito Federal, os membros dos Tribunais de Contas dos Estados e do Distrito Federal, os dos Tribunais Regionais Federais, dos Tribunais Regionais Eleitorais e do Trabalho, os membros dos Conselhos ou Tribunais de Contas dos Municípios e os do Ministério Público da União que oficiem perante tribunais;
b) os mandados de segurança e os *habeas data* contra ato de Ministro de Estado, dos Comandantes da Marinha, do Exército e da Aeronáutica ou do próprio Tribunal;

▶ Alínea *b* com a redação dada pela EC nº 23, de 2-9-1999.
▶ Lei nº 9.507, de 12-11-1997 (Lei do *Habeas Data*).
▶ Lei nº 12.016, de 7-8-2009 (Lei do Mandado de Segurança Individual e Coletivo).
▶ Súm. nº 41 do STJ.

c) os *habeas corpus*, quando o coator ou paciente for qualquer das pessoas mencionadas na alínea *a*, ou quando o coator for tribunal sujeito à sua jurisdição, Ministro de Estado ou Comandante da Marinha, do Exército ou da Aeronáutica, ressalvada a competência da Justiça Eleitoral;

▶ Alínea *c* com a redação dada pela EC nº 23, de 2-9-1999.

d) os conflitos de competência entre quaisquer tribunais, ressalvado o disposto no artigo 102, I, *o*, bem como entre Tribunal e juízes a ele não vinculados e entre juízes vinculados a Tribunais diversos;

▶ Súm. nº 22 do STJ.

e) as revisões criminais e as ações rescisórias de seus julgados;

▶ Arts. 485 a 495 do CPC.
▶ Arts. 621 a 631 do CPP.

f) a reclamação para a preservação de sua competência e garantia da autoridade de suas decisões;

▶ Arts. 13 a 18 da Lei nº 8.038, de 28-5-1990, que institui normas procedimentais para os processos que especifica, perante o STJ e o STF.

g) os conflitos de atribuições entre autoridades administrativas e judiciárias da União, ou entre autoridades judiciárias de um Estado e administrativas de outro ou do Distrito Federal, ou entre as deste e da União;

h) o mandado de injunção, quando a elaboração da norma regulamentadora for atribuição de órgão, entidade ou autoridade federal, da administração direta ou indireta, excetuados os casos de competência do Supremo Tribunal Federal e dos órgãos da Justiça Militar, da Justiça Eleitoral, da Justiça do Trabalho e da Justiça Federal;

▶ Art. 109 desta Constituição.
▶ Arts. 483 e 484 do CPC.

i) a homologação de sentenças estrangeiras e a concessão de *exequatur* às cartas rogatórias;

▶ Alínea *i* acrescida pela EC nº 45, de 8-12-2004.
▶ Art. 109, X, desta Constituição.
▶ Arts. 483 e 484 do CPC.

II – julgar, em recurso ordinário:

a) os *habeas corpus* decididos em única ou última instância pelos Tribunais Regionais Federais ou pelos Tribunais dos Estados, do Distrito Federal e Territórios, quando a decisão for denegatória;

b) os mandados de segurança decididos em única instância pelos Tribunais Regionais Federais ou pelos Tribunais dos Estados, do Distrito Federal e Territórios, quando denegatória a decisão;

▶ Lei nº 12.016, de 7-8-2009 (Lei do Mandado de Segurança Individual e Coletivo).

c) as causas em que forem partes Estado estrangeiro ou organismo internacional, de um lado, e do outro, Município ou pessoa residente ou domiciliada no País;

III – julgar, em recurso especial, as causas decididas, em única ou última instância, pelos Tribunais Regionais Federais ou pelos Tribunais dos Estados, do Distrito Federal e Territórios, quando a decisão recorrida:

▶ Lei nº 8.658, de 26-5-1993, dispõe sobre a aplicação, nos Tribunais de Justiça e nos Tribunais Regionais Federais, das normas da Lei nº 8038, de 28-5-1990.
▶ Súmulas nºˢ 5, 7, 86, 95, 203, 207, 320 e 418 do STJ.

a) contrariar tratado ou lei federal, ou negar-lhes vigência;
b) julgar válido ato de governo local contestado em face de lei federal;

▶ Alínea *b* com a redação dada pela EC nº 45, de 8-12-2004.

c) der a lei federal interpretação divergente da que lhe haja atribuído outro Tribunal.

▶ Súm. nº 13 do STJ.

Parágrafo único. Funcionarão junto ao Superior Tribunal de Justiça:

▶ Parágrafo único com a redação dada pela EC nº 45, de 8-12-2004.

I – a escola nacional de formação e aperfeiçoamento de magistrados, cabendo-lhe, dentre outras funções, regulamentar os cursos oficiais para o ingresso e promoção na carreira;

II – o Conselho da Justiça Federal, cabendo-lhe exercer, na forma da lei, a supervisão administrativa e orçamentária da Justiça Federal de primeiro e segundo graus, como órgão central do sistema e com poderes correicionais, cujas decisões terão caráter vinculante.

▶ Incisos I e II acrescidos pela EC nº 45, de 8-12-2004.

Seção IV

DOS TRIBUNAIS REGIONAIS FEDERAIS E DOS JUÍZES FEDERAIS

Art. 106. São órgãos da Justiça Federal:

▶ Lei nº 7.727, de 9-1-1989, dispõe sobre a composição inicial dos Tribunais Regionais Federais e sua instalação, cria os respectivos quadros de pessoal.

I – os Tribunais Regionais Federais;
II – os Juízes Federais.

Art. 107. Os Tribunais Regionais Federais compõem-se de, no mínimo, sete juízes, recrutados, quando possível, na respectiva região e nomeados pelo Presidente da República dentre brasileiros com mais de trinta anos e menos de sessenta e cinco anos, sendo:

I – um quinto dentre advogados com mais de dez anos de efetiva atividade profissional e membros do Ministério Público Federal com mais de dez anos de carreira;
II – os demais, mediante promoção de juízes federais com mais de cinco anos de exercício, por antiguidade e merecimento, alternadamente.

▶ Art. 27, § 9º, do ADCT.
▶ Lei nº 9.967, de 10-5-2000, dispõe sobre as reestruturações dos Tribunais Regionais Federais das cinco Regiões.

§ 1º A lei disciplinará a remoção ou a permuta de juízes dos Tribunais Regionais Federais e determinará sua jurisdição e sede.

▶ Parágrafo único transformado em § 1º pela EC nº 45, de 8-12-2004.

► Art. 1º da Lei nº 9.967, de 10-5-2000, que dispõe sobre as reestruturações dos Tribunais Regionais Federais das cinco regiões.
► Lei nº 9.968, de 10-5-2000, dispõe sobre a reestruturação do Tribunal Regional Federal da 3ª Região.

§ 2º Os Tribunais Regionais Federais instalarão a justiça itinerante, com a realização de audiências e demais funções da atividade jurisdicional, nos limites territoriais da respectiva jurisdição, servindo-se de equipamentos públicos e comunitários.

§ 3º Os Tribunais Regionais Federais poderão funcionar descentralizadamente, constituindo Câmaras regionais, a fim de assegurar o pleno acesso do jurisdicionado à justiça em todas as fases do processo.

► §§ 2º e 3º acrescidos pela EC nº 45, de 8-12-2004.

Art. 108. Compete aos Tribunais Regionais Federais:

I – processar e julgar, originariamente:

a) os juízes federais da área de sua jurisdição, incluídos os da Justiça Militar e da Justiça do Trabalho, nos crimes comuns e de responsabilidade, e os membros do Ministério Público da União, ressalvada a competência da Justiça Eleitoral;

b) as revisões criminais e as ações rescisórias de julgados seus ou dos juízes federais da região;

► Arts. 485 a 495 do CPC.
► Arts. 621 a 631 do CPP.

c) os mandados de segurança e os *habeas data* contra ato do próprio Tribunal ou de juiz federal;

► Lei nº 9.507, de 12-11-1997 (Lei do *Habeas Data*).
► Lei nº 12.016, de 7-8-2009 (Lei do Mandado de Segurança Individual e Coletivo).

d) os *habeas corpus*, quando a autoridade coatora for juiz federal;

e) os conflitos de competência entre juízes federais vinculados ao Tribunal;

► Súmulas nºs 3 e 428 do STJ.

II – julgar, em grau de recurso, as causas decididas pelos juízes federais e pelos juízes estaduais no exercício da competência federal da área de sua jurisdição.

► Súm. nº 55 do STJ.

Art. 109. Aos juízes federais compete processar e julgar:

► Lei nº 7.492, de 16-6-1986 (Lei dos Crimes Contra o Sistema Financeiro Nacional).
► Lei nº 9.469, de 9-7-1997, dispõe sobre a intervenção da União nas causas em que figurarem, como autores ou réus, entes da Administração indireta.
► Lei nº 10.259, de 12-7-2001 (Lei dos Juizados Especiais Federais).
► Art. 70 da Lei nº 11.343, de 23-8-2006 (Lei Antidrogas).
► Súmulas nºs 15, 32, 42, 66, 82, 150, 173, 324, 349 e 365 do STJ.

I – as causas em que a União, entidade autárquica ou empresa pública federal forem interessadas na condição de autoras, rés, assistentes ou oponentes, exceto as de falência, as de acidentes de trabalho e as sujeitas à Justiça Eleitoral e à Justiça do Trabalho;

► Súmulas Vinculantes nºs 22 e 27 do STF.
► Súmulas nºs 15, 32, 42, 66, 82, 150, 173, 324, 365, 374 e 489 do STJ.

II – as causas entre Estado estrangeiro ou organismo internacional e Município ou pessoa domiciliada ou residente no País;

III – as causas fundadas em tratado ou contrato da União com Estado estrangeiro ou organismo internacional;

► Súm. nº 689 do STF.

IV – os crimes políticos e as infrações penais praticadas em detrimento de bens, serviços ou interesse da União ou de suas entidades autárquicas ou empresas públicas, excluídas as contravenções e ressalvada a competência da Justiça Militar e da Justiça Eleitoral;

► Art. 9º do CPM.
► Súmulas nºs 38, 42, 62, 73, 104, 147, 165 e 208 do STJ.

V – os crimes previstos em tratado ou convenção internacional, quando, iniciada a execução no País, o resultado tenha ou devesse ter ocorrido no estrangeiro, ou reciprocamente;

V-A – as causas relativas a direitos humanos a que se refere o § 5º deste artigo;

► Inciso V-A acrescido pela EC nº 45, de 8-12-2004.

VI – os crimes contra a organização do trabalho e, nos casos determinados por lei, contra o sistema financeiro e a ordem econômico-financeira;

► Arts. 197 a 207 do CP.
► Lei nº 7.492, de 16-6-1986 (Lei dos Crimes contra o Sistema Financeiro Nacional).
► Lei nº 8.137, de 27-12-1990 (Lei dos Crimes Contra a Ordem Tributária, Econômica e contra as Relações de Consumo).
► Lei nº 8.176, de 8-2-1991 (Lei dos Crimes contra a Ordem Econômica).

VII – os *habeas corpus*, em matéria criminal de sua competência ou quando o constrangimento provier de autoridade cujos atos não estejam diretamente sujeitos a outra jurisdição;

VIII – os mandados de segurança e os *habeas data* contra ato de autoridade federal, excetuados os casos de competência dos Tribunais federais;

► Lei nº 9.507, de 12-11-1997 (Lei do *Habeas Data*).
► Lei nº 12.016, de 7-8-2009 (Lei do Mandado de Segurança Individual e Coletivo).

IX – os crimes cometidos a bordo de navios ou aeronaves, ressalvada a competência da Justiça Militar;

► Art. 125, § 4º, desta Constituição.
► Art. 9º do CPM.

X – os crimes de ingresso ou permanência irregular de estrangeiro, a execução de carta rogatória, após o *exequatur*, e de sentença estrangeira após a homologação, as causas referentes à nacionalidade, inclusive a respectiva opção, e à naturalização;

► Art. 105, I, *i*, desta Constituição.
► Art. 484 do CPC.

XI – a disputa sobre direitos indígenas.

► Súm. nº 140 do STJ.

§ 1º As causas em que a União for autora serão aforadas na seção judiciária onde tiver domicílio a outra parte.

§ 2º As causas intentadas contra a União poderão ser aforadas na seção judiciária em que for domiciliado o autor, naquela onde houver ocorrido o ato ou fato que deu origem à demanda ou onde esteja situada a coisa, ou, ainda, no Distrito Federal.

§ 3º Serão processadas e julgadas na justiça estadual, no foro do domicílio dos segurados ou beneficiários, as causas em que forem parte instituição de previdência social e segurado, sempre que a comarca não seja sede de vara do juízo federal, e, se verificada essa condição, a lei poderá permitir que outras causas sejam também processadas e julgadas pela justiça estadual.

▶ Lei nº 5.010, de 30-5-1966 (Lei de Organização da Justiça Federal).
▶ Súmulas nºs 11, 15 e 32 do STJ.

§ 4º Na hipótese do parágrafo anterior, o recurso cabível será sempre para o Tribunal Regional Federal na área de jurisdição do juiz de primeiro grau.

▶ Súm. nº 32 do STJ.

§ 5º Nas hipóteses de grave violação de direitos humanos, o Procurador-Geral da República, com a finalidade de assegurar o cumprimento de obrigações decorrentes de tratados internacionais de direitos humanos dos quais o Brasil seja parte, poderá suscitar, perante o Superior Tribunal de Justiça, em qualquer fase do inquérito ou processo, incidente de deslocamento de competência para a Justiça Federal.

▶ § 5º acrescido pela EC nº 45, de 8-12-2004.

Art. 110. Cada Estado, bem como o Distrito Federal, constituirá uma seção judiciária que terá por sede a respectiva Capital, e varas localizadas segundo o estabelecido em lei.

▶ Lei nº 5.010, de 30-5-1966 (Lei de Organização da Justiça Federal).

Parágrafo único. Nos Territórios Federais, a jurisdição e as atribuições cometidas aos juízes federais caberão aos juízes da justiça local, na forma da lei.

▶ Lei nº 9.788, de 19-2-1999, dispõe sobre a reestruturação da Justiça Federal de Primeiro Grau, nas cinco regiões, com a criação de cem Varas Federais.

SEÇÃO V
DOS TRIBUNAIS E JUÍZES DO TRABALHO

▶ Art. 743 e seguintes da CLT.
▶ Lei nº 9.957, de 12-1-2000, institui o procedimento sumaríssimo no processo trabalhista.
▶ Lei nº 9.958, de 12-1-2000, criou as Comissões de Conciliação Prévia no âmbito na Justiça do Trabalho.

Art. 111. São órgãos da Justiça do Trabalho:

I – o Tribunal Superior do Trabalho;
II – os Tribunais Regionais do Trabalho;
III – Juízes do Trabalho.

▶ Inciso III com a redação dada pela EC nº 24, de 9-12-1999.

§§ 1º a 3º *Revogados*. EC nº 45, de 8-12-2004.

Art. 111-A. O Tribunal Superior do Trabalho compor-se-á de vinte e sete Ministros, escolhidos dentre brasileiros com mais de trinta e cinco e menos de sessenta e cinco anos, nomeados pelo Presidente da República após aprovação pela maioria absoluta do Senado Federal, sendo:

I – um quinto dentre advogados com mais de dez anos de efetiva atividade profissional e membros do Ministério Público do Trabalho com mais de dez anos de efetivo exercício, observado o disposto no art. 94;

II – os demais dentre juízes do Trabalho dos Tribunais Regionais do Trabalho, oriundos da magistratura da carreira, indicados pelo próprio Tribunal Superior.

§ 1º A lei disporá sobre a competência do Tribunal Superior do Trabalho.

§ 2º Funcionarão junto ao Tribunal Superior do Trabalho:

I – a Escola Nacional de Formação e Aperfeiçoamento de Magistrados do Trabalho, cabendo-lhe, dentre outras funções, regulamentar os cursos oficiais para o ingresso e promoção na carreira;

II – o Conselho Superior da Justiça do Trabalho, cabendo-lhe exercer, na forma da lei, a supervisão administrativa, orçamentária, financeira e patrimonial da Justiça do Trabalho de primeiro e segundo graus, como órgão central do sistema, cujas decisões terão efeito vinculante.

▶ Art. 111-A acrescido pela EC nº 45, de 8-12-2004.
▶ Art. 6º da EC nº 45, de 8-12-2004 (Reforma do Judiciário).

Art. 112. A lei criará varas da Justiça do Trabalho, podendo, nas comarcas não abrangidas por sua jurisdição, atribuí-la aos juízes de direito, com recurso para o respectivo Tribunal Regional do Trabalho.

▶ Artigo com a redação dada pela EC nº 45, de 8-12-2004.

Art. 113. A lei disporá sobre a constituição, investidura, jurisdição, competência, garantias e condições de exercício dos órgãos da Justiça do Trabalho.

▶ Artigo com a redação dada pela EC nº 24, de 9-12-1999.
▶ Arts. 643 a 673 da CLT.
▶ LC nº 35, de 14-3-1979 (Lei Orgânica da Magistratura Nacional).

Art. 114. Compete à Justiça do Trabalho processar e julgar:

▶ *Caput* com a redação dada pela EC nº 45, de 8-12-2004.
▶ Art. 651 da CLT.
▶ Art. 6º, § 2º, da Lei nº 11.101, de 9-2-2005 (Lei de Recuperação de Empresas e Falências).
▶ Súm. Vinc. nº 22 do STF.
▶ Súmulas nºs 349 e 736 do STF.
▶ Súmulas nºs 57, 97, 137, 180, 222, 349 e 363 do STJ.
▶ Súmulas nºs 300, 389 e 392 do TST.

I – as ações oriundas da relação de trabalho, abrangidos os entes de direito público externo e da administração pública direta e indireta da União, dos Estados, do Distrito Federal e dos Municípios;

▶ O STF, por maioria de votos, referendou a liminar concedida na ADIN nº 3.395-6, com efeito *ex tunc*, para dar interpretação conforme a CF a este inciso, com a redação dada pela EC nº 45, de 8-12-2004, suspendendo toda e qualquer interpretação dada a este inciso que inclua, na competência da Justiça do Trabalho, a "(...) apreciação (...) de causas que (...) sejam instauradas entre o Poder Público e seus servidores, a ele vinculados por típica relação de ordem estatutária ou

de caráter jurídico-administrativo" (*DJU* de 4-2-2005 e 10-11-2006).
▶ OJ da SBDI-I nº 26 do TST.

II – as ações que envolvam exercício do direito de greve;

▶ Art. 9º desta Constituição.
▶ Lei nº 7.783, de 28-6-1989 (Lei de Greve).
▶ Súm. Vinc. nº 23 do STF.
▶ Súm. nº 189 do TST.

III – as ações sobre representação sindical, entre sindicatos, entre sindicatos e trabalhadores, e entre sindicatos e empregadores;

▶ Lei nº 8.984, de 7-2-1995, estende a competência da Justiça do Trabalho.

IV – os mandados de segurança, *habeas corpus* e *habeas data*, quando o ato questionado envolver matéria sujeita à sua jurisdição;

▶ Arts. 5º, LXVIII, LXIX, LXXII, 7º, XXVIII, desta Constituição.
▶ Lei nº 9.507, de 12-11-1997 (Lei do *Habeas Data*).
▶ Lei nº 12.016, de 7-8-2009 (Lei do Mandado de Segurança Individual e Coletivo).
▶ OJ da SBDI-II nº 156 do TST.

V – os conflitos de competência entre órgãos com jurisdição trabalhista, ressalvado o disposto no art. 102, I, *o*;

▶ Arts. 803 a 811 da CLT.
▶ Súm. nº 420 do TST.
▶ OJ da SBDI-II nº 149 do TST.

VI – as ações de indenização por dano moral ou patrimonial, decorrentes da relação de trabalho;

▶ Arts. 186, 927, 949 a 951 do CC.
▶ Art. 8º da CLT.
▶ Súmulas nºs 227, 362, 370, 376 e 387 do STJ.
▶ Súm. nº 392 do TST.

VII – as ações relativas às penalidades administrativas impostas aos empregadores pelos órgãos de fiscalização das relações de trabalho;

▶ OJ da SBDI-II nº 156 do TST.

VIII – a execução, de ofício, das contribuições sociais previstas no art. 195, I, *a*, e II, e seus acréscimos legais, decorrentes das sentenças que proferir;

▶ Súm. nº 368 do TST.
▶ Orientações Jurisprudenciais da SBDI-I nºs 363, 368, 398 e 400 do TST.

IX – outras controvérsias decorrentes da relação de trabalho, na forma da lei.

▶ Incisos I a IX acrescidos pela EC nº 45, de 8-12-2004.
▶ O STF, por unanimidade de votos, concedeu a liminar na ADIN nº 3.684-0, com efeito *ex tunc*, para dar interpretação conforme a CF ao art. 114, I, IV e IX, com a redação dada pela EC nº 45, de 8-12-2004, no sentido de que não se atribui à Justiça do Trabalho competência para processar e julgar ações penais (*DJU* de 3-8-2007).
▶ Súm. nº 736 do STF.
▶ Súm. nº 389 do TST.

§ 1º Frustrada a negociação coletiva, as partes poderão eleger árbitros.

§ 2º Recusando-se qualquer das partes à negociação coletiva ou à arbitragem, é facultado às mesmas, de comum acordo, ajuizar dissídio coletivo de natureza econômica, podendo a Justiça do Trabalho decidir o conflito, respeitadas as disposições mínimas legais de proteção ao trabalho, bem como as convencionadas anteriormente.

§ 3º Em caso de greve em atividade essencial, com possibilidade de lesão do interesse público, o Ministério Público do Trabalho poderá ajuizar dissídio coletivo, competindo à Justiça do Trabalho decidir o conflito.

▶ §§ 2º e 3º com a redação dada pela EC nº 45, de 8-12-2004.
▶ Art. 9º, § 1º, desta Constituição.
▶ Lei nº 7.783, de 28-6-1989 (Lei de Greve).
▶ Súm. nº 190 do TST.

Art. 115. Os Tribunais Regionais do Trabalho compõem-se de, no mínimo, sete juízes, recrutados, quando possível, na respectiva região, e nomeados pelo Presidente da República dentre brasileiros com mais de trinta e menos de sessenta e cinco anos, sendo:

▶ *Caput* com a redação dada pela EC nº 45, de 8-12-2004.
▶ Súm. nº 628 do STF.

I – um quinto dentre advogados com mais de dez anos de efetiva atividade profissional e membros do Ministério Público do Trabalho com mais de dez anos de efetivo exercício, observado o disposto no art. 94;

II – os demais, mediante promoção de juízes do trabalho por antiguidade e merecimento, alternadamente.

▶ Incisos I e II acrescidos pela EC nº 45, de 8-12-2004.

§ 1º Os Tribunais Regionais do Trabalho instalarão a justiça itinerante, com a realização de audiências e demais funções de atividade jurisdicional, nos limites territoriais da respectiva jurisdição, servindo-se de equipamentos públicos e comunitários.

§ 2º Os Tribunais Regionais do Trabalho poderão funcionar descentralizadamente, constituindo Câmaras regionais, a fim de assegurar o pleno acesso do jurisdicionado à justiça em todas as fases do processo.

▶ §§ 1º e 2º acrescidos pela EC nº 45, de 8-12-2004.

Art. 116. Nas Varas do Trabalho, a jurisdição será exercida por um juiz singular.

▶ *Caput* com a redação dada pela EC nº 24, de 9-12-1999.

Parágrafo único. *Revogado.* EC nº 24, de 9-12-1999.

Art. 117. *Revogado.* EC nº 24, de 9-12-1999.

SEÇÃO VI

DOS TRIBUNAIS E JUÍZES ELEITORAIS

▶ Arts. 12 a 41 do CE.

Art. 118. São órgãos da Justiça Eleitoral:

I – o Tribunal Superior Eleitoral;
II – os Tribunais Regionais Eleitorais;
III – os Juízes Eleitorais;
IV – as Juntas Eleitorais.

Art. 119. O Tribunal Superior Eleitoral compor-se-á, no mínimo, de sete membros, escolhidos:

I – mediante eleição, pelo voto secreto:

a) três juízes dentre os Ministros do Supremo Tribunal Federal;

b) dois juízes dentre os Ministros do Superior Tribunal de Justiça;

II – por nomeação do Presidente da República, dois juízes dentre seis advogados de notável saber jurídico e idoneidade moral, indicados pelo Supremo Tribunal Federal.

Parágrafo único. O Tribunal Superior Eleitoral elegerá seu Presidente e o Vice-Presidente dentre os Ministros do Supremo Tribunal Federal, e o Corregedor Eleitoral dentre os Ministros do Superior Tribunal de Justiça.

Art. 120. Haverá um Tribunal Regional Eleitoral na Capital de cada Estado e no Distrito Federal.

§ 1º Os Tribunais Regionais Eleitorais compor-se-ão:

I – mediante eleição, pelo voto secreto:

a) de dois juízes dentre os desembargadores do Tribunal de Justiça;

b) de dois juízes, dentre juízes de direito, escolhidos pelo Tribunal de Justiça;

II – de um juiz do Tribunal Regional Federal com sede na Capital do Estado ou no Distrito Federal, ou, não havendo, de juiz federal, escolhido, em qualquer caso, pelo Tribunal Regional Federal respectivo;

III – por nomeação, pelo Presidente da República, de dois juízes dentre seis advogados de notável saber jurídico e idoneidade moral, indicados pelo Tribunal de Justiça.

§ 2º O Tribunal Regional Eleitoral elegerá seu Presidente e o Vice-Presidente dentre os desembargadores.

Art. 121. Lei complementar disporá sobre a organização e competência dos Tribunais, dos juízes de direito e das juntas eleitorais.

▶ Arts. 22, 23, 29, 30, 34, 40 e 41 do CE.
▶ Súm. nº 368 do STJ.

§ 1º Os membros dos Tribunais, os juízes de direito e os integrantes das juntas eleitorais, no exercício de suas funções, e no que lhes for aplicável, gozarão de plenas garantias e serão inamovíveis.

§ 2º Os juízes dos Tribunais eleitorais, salvo motivo justificado, servirão por dois anos, no mínimo, e nunca por mais de dois biênios consecutivos, sendo os substitutos escolhidos na mesma ocasião e pelo mesmo processo, em número igual para cada categoria.

§ 3º São irrecorríveis as decisões do Tribunal Superior Eleitoral, salvo as que contrariarem esta Constituição e as denegatórias de *habeas corpus* ou mandado de segurança.

§ 4º Das decisões dos Tribunais Regionais Eleitorais somente caberá recurso quando:

I – forem proferidas contra disposição expressa desta Constituição ou de lei;

II – ocorrer divergência na interpretação de lei entre dois ou mais Tribunais eleitorais;

III – versarem sobre inelegibilidade ou expedição de diplomas nas eleições federais ou estaduais;

IV – anularem diplomas ou decretarem a perda de mandatos eletivos federais ou estaduais;

V – denegarem *habeas corpus*, mandado de segurança, *habeas data* ou mandado de injunção.

SEÇÃO VII

DOS TRIBUNAIS E JUÍZES MILITARES

Art. 122. São órgãos da Justiça Militar:

▶ Lei nº 8.457, de 4-9-1992, organiza a Justiça Militar da União e regula o funcionamento de seus Serviços Auxiliares.
▶ Art. 90-A da Lei nº 9.099, de 26-9-1995 (Lei dos Juizados Especiais).

I – o Superior Tribunal Militar;

II – os Tribunais e Juízes Militares instituídos por lei.

Art. 123. O Superior Tribunal Militar compor-se-á de quinze Ministros vitalícios, nomeados pelo Presidente da República, depois de aprovada a indicação pelo Senado Federal, sendo três dentre oficiais-generais da Marinha, quatro dentre oficiais-generais do Exército, três dentre oficiais-generais da Aeronáutica, todos da ativa e do posto mais elevado da carreira, e cinco dentre civis.

Parágrafo único. Os Ministros civis serão escolhidos pelo Presidente da República dentre brasileiros maiores de trinta e cinco anos, sendo:

I – três dentre advogados de notório saber jurídico e conduta ilibada, com mais de dez anos de efetiva atividade profissional;

II – dois, por escolha paritária, dentre juízes auditores e membros do Ministério Público da Justiça Militar.

Art. 124. À Justiça Militar compete processar e julgar os crimes militares definidos em lei.

▶ Dec.-lei nº 1.002, de 21-10-1969 (Código de Processo Penal Militar).
▶ Art. 90-A da Lei nº 9.099, de 26-9-1995 (Lei dos Juizados Especiais).

Parágrafo único. A lei disporá sobre a organização, o funcionamento e a competência da Justiça Militar.

▶ Lei nº 8.457, de 4-9-1992, organiza a Justiça Militar da União e regula o funcionamento de seus Serviços Auxiliares.

SEÇÃO VIII

DOS TRIBUNAIS E JUÍZES DOS ESTADOS

Art. 125. Os Estados organizarão sua Justiça, observados os princípios estabelecidos nesta Constituição.

▶ Art. 70 do ADCT.
▶ Súm. nº 721 do STF.

§ 1º A competência dos Tribunais será definida na Constituição do Estado, sendo a lei de organização judiciária de iniciativa do Tribunal de Justiça.

▶ Súm. Vinc. nº 27 do STF.
▶ Súm. nº 721 do STF.
▶ Súm. nº 238 do STJ.

§ 2º Cabe aos Estados a instituição de representação de inconstitucionalidade de leis ou atos normativos estaduais ou municipais em face da Constituição Estadual, vedada a atribuição da legitimação para agir a um único órgão.

§ 3º A lei estadual poderá criar, mediante proposta do Tribunal de Justiça, a Justiça Militar estadual, constituída, em primeiro grau, pelos juízes de direito e pelos Conselhos de Justiça e, em segundo grau, pelo próprio Tribunal de Justiça, ou por Tribunal de Justiça Militar nos Estados em que o efetivo militar seja superior a vinte mil integrantes.

§ 4º Compete à Justiça Militar estadual processar e julgar os militares dos Estados, nos crimes militares definidos em lei e as ações judiciais contra atos disciplinares militares, ressalvada a competência do júri quando a vítima for civil, cabendo ao tribunal competente decidir sobre a perda do posto e da patente dos oficiais e da graduação das praças.

▶ §§ 3º e 4º com a redação dada pela EC nº 45, de 8-12-2004.
▶ Súm. nº 673 do STF.
▶ Súmulas nºs 6, 53 e 90 do STJ.

§ 5º Compete aos juízes de direito do juízo militar processar e julgar, singularmente, os crimes militares cometidos contra civis e as ações judiciais contra atos disciplinares militares, cabendo ao Conselho de Justiça, sob a presidência de juiz de direito, processar e julgar os demais crimes militares.

§ 6º O Tribunal de Justiça poderá funcionar descentralizadamente, constituindo Câmaras regionais, a fim de assegurar o pleno acesso do jurisdicionado à justiça em todas as fases do processo.

§ 7º O Tribunal de Justiça instalará a justiça itinerante, com a realização de audiências e demais funções da atividade jurisdicional, nos limites territoriais da respectiva jurisdição, servindo-se de equipamentos públicos e comunitários.

▶ §§ 5º a 7º acrescidos pela EC nº 45, de 8-12-2004.

Art. 126. Para dirimir conflitos fundiários, o Tribunal de Justiça proporá a criação de varas especializadas, com competência exclusiva para questões agrárias.

▶ *Caput* com a redação dada pela EC nº 45, de 8-12-2004.

Parágrafo único. Sempre que necessário à eficiente prestação jurisdicional, o juiz far-se-á presente no local do litígio.

Capítulo IV

DAS FUNÇÕES ESSENCIAIS À JUSTIÇA

Seção I

DO MINISTÉRIO PÚBLICO

▶ LC nº 75, de 20-5-1993 (Lei Orgânica do Ministério Público da União).
▶ Lei nº 8.625, de 12-2-1993 (Lei Orgânica do Ministério Público).

Art. 127. O Ministério Público é instituição permanente, essencial à função jurisdicional do Estado, incumbindo-lhe a defesa da ordem jurídica, do regime democrático e dos interesses sociais e individuais indisponíveis.

§ 1º São princípios institucionais do Ministério Público a unidade, a indivisibilidade e a independência funcional.

§ 2º Ao Ministério Público é assegurada autonomia funcional e administrativa, podendo, observado o disposto no artigo 169, propor ao Poder Legislativo a criação e extinção de seus cargos e serviços auxiliares, provendo-os por concurso público de provas ou de provas e títulos, a política remuneratória e os planos de carreira; a lei disporá sobre sua organização e funcionamento.

▶ § 2º com a redação dada pela EC nº 19, de 4-6-1998.
▶ Lei nº 12.770, de 28-12-2012, dispõe sobre o subsídio do Procurador-Geral da República.

§ 3º O Ministério Público elaborará sua proposta orçamentária dentro dos limites estabelecidos na lei de diretrizes orçamentárias.

§ 4º Se o Ministério Público não encaminhar a respectiva proposta orçamentária dentro do prazo estabelecido na lei de diretrizes orçamentárias, o Poder Executivo considerará, para fins de consolidação da proposta orçamentária anual, os valores aprovados na lei orçamentária vigente, ajustados de acordo com os limites estipulados na forma do § 3º.

§ 5º Se a proposta orçamentária de que trata este artigo for encaminhada em desacordo com os limites estipulados na forma do § 3º, o Poder Executivo procederá aos ajustes necessários para fins de consolidação da proposta orçamentária anual.

§ 6º Durante a execução orçamentária do exercício, não poderá haver a realização de despesas ou a assunção de obrigações que extrapolem os limites estabelecidos na lei de diretrizes orçamentárias, exceto se previamente autorizadas, mediante a abertura de créditos suplementares ou especiais.

▶ §§ 4º a 6º acrescidos pela EC nº 45, de 8-12-2004.

Art. 128. O Ministério Público abrange:

▶ LC nº 75, de 20-5-1993 (Lei Orgânica do Ministério Público da União).

I – o Ministério Público da União, que compreende:

a) o Ministério Público Federal;
b) o Ministério Público do Trabalho;
c) o Ministério Público Militar;
d) o Ministério Público do Distrito Federal e Territórios;

II – os Ministérios Públicos dos Estados.

§ 1º O Ministério Público da União tem por chefe o Procurador-Geral da República, nomeado pelo Presidente da República dentre integrantes da carreira, maiores de trinta e cinco anos, após a aprovação de seu nome pela maioria absoluta dos membros do Senado Federal, para mandato de dois anos, permitida a recondução.

§ 2º A destituição do Procurador-Geral da República, por iniciativa do Presidente da República, deverá ser precedida de autorização da maioria absoluta do Senado Federal.

§ 3º Os Ministérios Públicos dos Estados e o do Distrito Federal e Territórios formarão lista tríplice dentre integrantes da carreira, na forma da lei respectiva, para escolha de seu Procurador-Geral, que será nomeado pelo Chefe do Poder Executivo, para mandato de dois anos, permitida uma recondução.

§ 4º Os Procuradores-Gerais nos Estados e no Distrito Federal e Territórios poderão ser destituídos por deliberação da maioria absoluta do Poder Legislativo, na forma da lei complementar respectiva.

§ 5º Leis complementares da União e dos Estados, cuja iniciativa é facultada aos respectivos Procuradores-Gerais, estabelecerão a organização, as atribuições e o estatuto de cada Ministério Público, observadas, relativamente a seus membros:

I – as seguintes garantias:

a) vitaliciedade, após dois anos de exercício, não podendo perder o cargo senão por sentença judicial transitada em julgado;

b) inamovibilidade, salvo por motivo de interesse público, mediante decisão do órgão colegiado competente do Ministério Público, pelo voto da maioria absoluta de seus membros, assegurada ampla defesa;

▶ Alínea b com a redação dada pela EC nº 45, de 8-12-2004.

c) irredutibilidade de subsídio, fixado na forma do artigo 39, § 4º, e ressalvado o disposto nos artigos 37, X e XI, 150, II, 153, III, 153, § 2º, I;

▶ Alínea c com a redação dada pela EC nº 19, de 4-6-1998.

▶ Lei nº 12.770, de 28-12-2012, dispõe sobre o subsídio do Procurador-Geral da República.

II – as seguintes vedações:

a) receber, a qualquer título e sob qualquer pretexto, honorários, percentagens ou custas processuais;
b) exercer a advocacia;
c) participar de sociedade comercial, na forma da lei;
d) exercer, ainda que em disponibilidade, qualquer outra função pública, salvo uma de magistério;
e) exercer atividade político-partidária;

▶ Alínea e com a redação dada pela EC nº 45, de 8-12-2004.

f) receber, a qualquer título ou pretexto, auxílios ou contribuições de pessoas físicas, entidades públicas ou privadas, ressalvadas as exceções previstas em lei.

▶ Alínea f acrescida pela EC nº 45, de 8-12-2004.

§ 6º Aplica-se aos membros do Ministério Público o disposto no art. 95, parágrafo único, V.

▶ § 6º acrescido pela EC nº 45, de 8-12-2004.

Art. 129. São funções institucionais do Ministério Público:

I – promover, privativamente, a ação penal pública, na forma da lei;

▶ Art. 100, § 1º, do CP.
▶ Art. 24 do CPP.
▶ Lei nº 8.625, de 12-2-1993 (Lei Orgânica Nacional do Ministério Público).
▶ Súm. nº 234 do STJ.

II – zelar pelo efetivo respeito dos Poderes Públicos e dos serviços de relevância pública aos direitos assegurados nesta Constituição, promovendo as medidas necessárias a sua garantia;

III – promover o inquérito civil e a ação civil pública, para a proteção do patrimônio público e social, do meio ambiente e de outros interesses difusos e coletivos;

▶ Lei nº 7.347, de 24-7-1985 (Lei da Ação Civil Pública).
▶ Súm. nº 643 do STF.
▶ Súm. nº 329 do STJ.

IV – promover a ação de inconstitucionalidade ou representação para fins de intervenção da União e dos Estados, nos casos previstos nesta Constituição;

▶ Arts. 34 a 36 desta Constituição.

V – defender judicialmente os direitos e interesses das populações indígenas;

▶ Art. 231 desta Constituição.

VI – expedir notificações nos procedimentos administrativos de sua competência, requisitando informações e documentos para instruí-los, na forma da lei complementar respectiva;

▶ Súm. nº 234 do STJ.

VII – exercer o controle externo da atividade policial, na forma da lei complementar mencionada no artigo anterior;

▶ LC nº 75, de 20-5-1993 (Lei Orgânica do Ministério Público da União).

VIII – requisitar diligências investigatórias e a instauração de inquérito policial, indicados os fundamentos jurídicos de suas manifestações processuais;

IX – exercer outras funções que lhe forem conferidas, desde que compatíveis com sua finalidade, sendo-lhe vedada a representação judicial e a consultoria jurídica de entidades públicas.

§ 1º A legitimação do Ministério Público para as ações civis previstas neste artigo não impede a de terceiros, nas mesmas hipóteses, segundo o disposto nesta Constituição e na lei.

▶ Lei nº 7.347, de 24-7-1985 (Lei da Ação Civil Pública).

§ 2º As funções do Ministério Público só podem ser exercidas por integrantes da carreira, que deverão residir na comarca da respectiva lotação, salvo autorização do chefe da instituição.

§ 3º O ingresso na carreira do Ministério Público far-se-á mediante concurso público de provas e títulos, assegurada a participação da Ordem dos Advogados do Brasil em sua realização, exigindo-se do bacharel em direito, no mínimo, três anos de atividade jurídica e observando-se, nas nomeações, a ordem de classificação.

§ 4º Aplica-se ao Ministério Público, no que couber, o disposto no art. 93.

▶ §§ 2º a 4º com a redação dada pela EC nº 45, de 8-12-2004.

§ 5º A distribuição de processos no Ministério Público será imediata.

▶ § 5º acrescido pela EC nº 45, de 8-12-2004.

Art. 130. Aos membros do Ministério Público junto aos Tribunais de Contas aplicam-se as disposições desta seção pertinentes a direitos, vedações e forma de investidura.

Art. 130-A. O Conselho Nacional do Ministério Público compõe-se de quatorze membros nomeados pelo Presidente da República, depois de aprovada a escolha pela maioria absoluta do Senado Federal, para um mandato de dois anos, admitida uma recondução, sendo:

▶ Art. 5º da EC nº 45, de 8-12-2004 (Reforma do Judiciário).

I – o Procurador-Geral da República, que o preside;

II – quatro membros do Ministério Público da União, assegurada a representação de cada uma de suas carreiras;
III – três membros do Ministério Público dos Estados;
IV – dois juízes, indicados um pelo Supremo Tribunal Federal e outro pelo Superior Tribunal de Justiça;
V – dois advogados, indicados pelo Conselho Federal da Ordem dos Advogados do Brasil;
VI – dois cidadãos de notável saber jurídico e reputação ilibada, indicados um pela Câmara dos Deputados e outro pelo Senado Federal.

§ 1º Os membros do Conselho oriundos do Ministério Público serão indicados pelos respectivos Ministérios Públicos, na forma da lei.

▶ Lei nº 11.372, de 28-11-2006, regulamenta este parágrafo.

§ 2º Compete ao Conselho Nacional do Ministério Público o controle da atuação administrativa e financeira do Ministério Público e do cumprimento dos deveres funcionais de seus membros, cabendo-lhe:
I – zelar pela autonomia funcional e administrativa do Ministério Público, podendo expedir atos regulamentares, no âmbito de sua competência, ou recomendar providências;
II – zelar pela observância do art. 37 e apreciar, de ofício ou mediante provocação, a legalidade dos atos administrativos praticados por membros ou órgãos do Ministério Público da União e dos Estados, podendo desconstituí-los, revê-los ou fixar prazo para que se adotem as providências necessárias ao exato cumprimento da lei, sem prejuízo da competência dos Tribunais de Contas;
III – receber e conhecer das reclamações contra membros ou órgãos do Ministério Público da União ou dos Estados, inclusive contra seus serviços auxiliares, sem prejuízo da competência disciplinar e correicional da instituição, podendo avocar processos disciplinares em curso, determinar a remoção, a disponibilidade ou a aposentadoria com subsídios ou proventos proporcionais ao tempo de serviço e aplicar outras sanções administrativas, assegurada ampla defesa;
IV – rever, de ofício ou mediante provocação, os processos disciplinares de membros do Ministério Público da União ou dos Estados julgados há menos de um ano;
V – elaborar relatório anual, propondo as providências que julgar necessárias sobre a situação do Ministério Público no País e as atividades do Conselho, o qual deve integrar a mensagem prevista no art. 84, XI.

§ 3º O Conselho escolherá, em votação secreta, um Corregedor nacional, dentre os membros do Ministério Público que o integram, vedada a recondução, competindo-lhe, além das atribuições que lhe forem conferidas pela lei, as seguintes:
I – receber reclamações e denúncias, de qualquer interessado, relativas aos membros do Ministério Público e dos seus serviços auxiliares;
II – exercer funções executivas do Conselho, de inspeção e correição geral;
III – requisitar e designar membros do Ministério Público, delegando-lhes atribuições, e requisitar servidores de órgãos do Ministério Público.

§ 4º O Presidente do Conselho Federal da Ordem dos Advogados do Brasil oficiará junto ao Conselho.

§ 5º Leis da União e dos Estados criarão ouvidorias do Ministério Público, competentes para receber reclamações e denúncias de qualquer interessado contra membros ou órgãos do Ministério Público, inclusive contra seus serviços auxiliares, representando diretamente ao Conselho Nacional do Ministério Público.

▶ Art. 130-A acrescido pela EC nº 45, de 8-12-2004.

Seção II

DA ADVOCACIA PÚBLICA

▶ Denominação da Seção dada pela EC nº 19, de 4-6-1998.
▶ LC nº 73, de 10-2-1993 (Lei Orgânica da Advocacia-Geral da União).
▶ Lei nº 9.028, de 12-4-1995, dispõe sobre o exercício das atribuições institucionais da Advocacia-Geral da União, em caráter emergencial e provisório.
▶ Dec. nº 767, de 5-3-1993, dispõe sobre as atividades de controle interno da Advocacia-Geral da União.

Art. 131. A Advocacia-Geral da União é a instituição que, diretamente ou através de órgão vinculado, representa a União, judicial e extrajudicialmente, cabendo-lhe, nos termos da lei complementar que dispuser sobre sua organização e funcionamento, as atividades de consultoria e assessoramento jurídico do Poder Executivo.

▶ LC nº 73, de 10-2-1993 (Lei Orgânica da Advocacia-Geral da União).
▶ Lei nº 9.028, de 12-4-1995, dispõe sobre o exercício das atribuições institucionais da Advocacia-Geral da União, em caráter emergencial e provisório.
▶ Dec. nº 767, de 5-3-1993, dispõe sobre as atividades de controle interno da Advocacia-Geral da União.
▶ Dec. nº 7.153, de 9-4-2010, dispõe sobre a representação e a defesa extrajudicial dos órgãos e entidades da administração federal junto ao Tribunal de Contas da União, por intermédio da Advocacia-Geral da União.
▶ Súm. nº 644 do STF.

§ 1º A Advocacia-Geral da União tem por chefe o Advogado-Geral da União, de livre nomeação pelo Presidente da República dentre cidadãos maiores de trinta e cinco anos, de notável saber jurídico e reputação ilibada.

§ 2º O ingresso nas classes iniciais das carreiras da instituição de que trata este artigo far-se-á mediante concurso público de provas e títulos.

§ 3º Na execução da dívida ativa de natureza tributária, a representação da União cabe à Procuradoria-Geral da Fazenda Nacional, observado o disposto em lei.

▶ Súm. nº 139 do STJ.

Art. 132. Os Procuradores dos Estados e do Distrito Federal, organizados em carreira, na qual o ingresso dependerá de concurso público de provas e títulos, com a participação da Ordem dos Advogados do Brasil em todas as suas fases, exercerão a representação judicial e a consultoria jurídica das respectivas unidades federadas.

Parágrafo único. Aos procuradores referidos neste artigo é assegurada estabilidade após três anos de efetivo exercício, mediante avaliação de desempenho perante os órgãos próprios, após relatório circunstanciado das corregedorias.

▶ Art. 132 com a redação dada pela EC nº 19, de 4-6-1998.

Seção III
DA ADVOCACIA E DA DEFENSORIA PÚBLICA

Art. 133. O advogado é indispensável à administração da justiça, sendo inviolável por seus atos e manifestações no exercício da profissão, nos limites da lei.

▶ Art. 791 da CLT.
▶ Lei nº 8.906, de 4-7-1994 (Estatuto da Advocacia e da OAB).
▶ Súm. Vinc. nº 14 do STF.
▶ Súm. nº 219, 329 e 425 do TST.
▶ O STF, ao julgar a ADIN nº 1.194, deu interpretação conforme à Constituição ao art. 21 e parágrafo único da Lei nº 8.906, de 4-7-1994 (Estatuto da OAB), no sentido da preservação da liberdade contratual quanto à destinação dos honorários de sucumbência fixados judicialmente.

Art. 134. A Defensoria Pública é instituição essencial à função jurisdicional do Estado, incumbindo-lhe a orientação jurídica e a defesa, em todos os graus, dos necessitados, na forma do artigo 5º, LXXIV.

▶ LC nº 80, de 12-1-1994 (Lei da Defensoria Pública).
▶ Súm. Vinc. nº 14 do STF.

§ 1º Lei complementar organizará a Defensoria Pública da União e do Distrito Federal e dos Territórios e prescreverá normas gerais para sua organização nos Estados, em cargos de carreira, providos, na classe inicial, mediante concurso público de provas e títulos, assegurada a seus integrantes a garantia da inamovibilidade e vedado o exercício da advocacia fora das atribuições institucionais.

▶ Parágrafo único transformado em § 1º pela EC nº 45, de 8-12-2004.
▶ Súm. nº 421 do STJ.

§ 2º Às Defensorias Públicas Estaduais é assegurada autonomia funcional e administrativa, e a iniciativa de sua proposta orçamentária dentro dos limites estabelecidos na lei de diretrizes orçamentárias e subordinação ao disposto no art. 99, § 2º.

▶ § 2º acrescido pela EC nº 45, de 8-12-2004.

Art. 135. Os servidores integrantes das carreiras disciplinadas nas Seções II e III deste Capítulo serão remunerados na forma do artigo 39, § 4º.

▶ Artigo com a redação dada pela EC nº 19, de 4-6-1998.
▶ Art. 132 desta Constituição.

TÍTULO V – DA DEFESA DO ESTADO E DAS INSTITUIÇÕES DEMOCRÁTICAS

Capítulo I
DO ESTADO DE DEFESA E DO ESTADO DE SÍTIO

Seção I
DO ESTADO DE DEFESA

Art. 136. O Presidente da República pode, ouvidos o Conselho da República e o Conselho de Defesa Nacional, decretar estado de defesa para preservar ou prontamente restabelecer, em locais restritos e determinados, a ordem pública ou a paz social ameaçadas por grave e iminente instabilidade institucional ou atingidas por calamidades de grandes proporções na natureza.

▶ Arts. 89 a 91 desta Constituição.
▶ Lei nº 8.041, de 5-6-1990, dispõe sobre a organização e o funcionamento do Conselho da República.
▶ Lei nº 8.183, de 11-4-1991, dispõe sobre a organização e o funcionamento do Conselho de Defesa Nacional.
▶ Dec. nº 893, de 12-8-1993, aprova o regulamento do Conselho de Defesa Nacional.

§ 1º O decreto que instituir o estado de defesa determinará o tempo de sua duração, especificará as áreas a serem abrangidas e indicará, nos termos e limites da lei, as medidas coercitivas a vigorarem, dentre as seguintes:

I – restrições aos direitos de:

a) reunião, ainda que exercida no seio das associações;
b) sigilo de correspondência;
c) sigilo de comunicação telegráfica e telefônica;

II – ocupação e uso temporário de bens e serviços públicos, na hipótese de calamidade pública, respondendo a União pelos danos e custos decorrentes.

§ 2º O tempo de duração do estado de defesa não será superior a trinta dias, podendo ser prorrogado uma vez, por igual período, se persistirem as razões que justificaram a sua decretação.

§ 3º Na vigência do estado de defesa:

I – a prisão por crime contra o Estado, determinada pelo executor da medida, será por este comunicada imediatamente ao juiz competente, que a relaxará, se não for legal, facultado ao preso requerer exame de corpo de delito à autoridade policial;
II – a comunicação será acompanhada de declaração, pela autoridade, do estado físico e mental do detido no momento de sua autuação;
III – a prisão ou detenção de qualquer pessoa não poderá ser superior a dez dias, salvo quando autorizada pelo Poder Judiciário;
IV – é vedada a incomunicabilidade do preso.

§ 4º Decretado o estado de defesa ou sua prorrogação, o Presidente da República, dentro de vinte e quatro horas, submeterá o ato com a respectiva justificação ao Congresso Nacional, que decidirá por maioria absoluta.

§ 5º Se o Congresso Nacional estiver em recesso, será convocado, extraordinariamente, no prazo de cinco dias.

§ 6º O Congresso Nacional apreciará o decreto dentro de dez dias contados de seu recebimento, devendo continuar funcionando enquanto vigorar o estado de defesa.

§ 7º Rejeitado o decreto, cessa imediatamente o estado de defesa.

Seção II
DO ESTADO DE SÍTIO

Art. 137. O Presidente da República pode, ouvidos o Conselho da República e o Conselho de Defesa Nacional, solicitar ao Congresso Nacional autorização para decretar o estado de sítio nos casos de:

I – comoção grave de repercussão nacional ou ocorrência de fatos que comprovem a ineficácia de medida tomada durante o estado de defesa;

II – declaração de estado de guerra ou resposta a agressão armada estrangeira.

Parágrafo único. O Presidente da República, ao solicitar autorização para decretar o estado de sítio ou sua prorrogação, relatará os motivos determinantes do pedido, devendo o Congresso Nacional decidir por maioria absoluta.

Art. 138. O decreto do estado de sítio indicará sua duração, as normas necessárias a sua execução e as garantias constitucionais que ficarão suspensas, e, depois de publicado, o Presidente da República designará o executor das medidas específicas e as áreas abrangidas.

§ 1º O estado de sítio, no caso do artigo 137, I, não poderá ser decretado por mais de trinta dias, nem prorrogado, de cada vez, por prazo superior; no do inciso II, poderá ser decretado por todo o tempo que perdurar a guerra ou a agressão armada estrangeira.

§ 2º Solicitada autorização para decretar o estado de sítio durante o recesso parlamentar, o Presidente do Senado Federal, de imediato, convocará extraordinariamente o Congresso Nacional para se reunir dentro de cinco dias, a fim de apreciar o ato.

§ 3º O Congresso Nacional permanecerá em funcionamento até o término das medidas coercitivas.

Art. 139. Na vigência do estado de sítio decretado com fundamento no artigo 137, I, só poderão ser tomadas contra as pessoas as seguintes medidas:

I – obrigação de permanência em localidade determinada;

II – detenção em edifício não destinado a acusados ou condenados por crimes comuns;

III – restrições relativas à inviolabilidade da correspondência, ao sigilo das comunicações, à prestação de informações e à liberdade de imprensa, radiodifusão e televisão, na forma da lei;

▶ Lei nº 9.296, de 24-7-1996 (Lei das Interceptações Telefônicas).

IV – suspensão da liberdade de reunião;

▶ Lei nº 9.296, de 24-7-1996 (Lei das Interceptações Telefônicas).

V – busca e apreensão em domicílio;
VI – intervenção nas empresas de serviços públicos;
VII – requisição de bens.

Parágrafo único. Não se inclui nas restrições do inciso III a difusão de pronunciamentos de parlamentares efetuados em suas Casas Legislativas, desde que liberada pela respectiva Mesa.

Seção III

DISPOSIÇÕES GERAIS

Art. 140. A Mesa do Congresso Nacional, ouvidos os líderes partidários, designará Comissão composta de cinco de seus membros para acompanhar e fiscalizar a execução das medidas referentes ao estado de defesa e ao estado de sítio.

Art. 141. Cessado o estado de defesa ou o estado de sítio, cessarão também seus efeitos, sem prejuízo da responsabilidade pelos ilícitos cometidos por seus executores ou agentes.

Parágrafo único. Logo que cesse o estado de defesa ou o estado de sítio, as medidas aplicadas em sua vigência serão relatadas pelo Presidente da República, em mensagem ao Congresso Nacional, com especificação e justificação das providências adotadas, com relação nominal dos atingidos, e indicação das restrições aplicadas.

Capítulo II

DAS FORÇAS ARMADAS

▶ Dec. nº 3.897, de 24-8-2001, fixa as diretrizes para o emprego das Forças Armadas na garantia da Lei e da Ordem.

Art. 142. As Forças Armadas, constituídas pela Marinha, pelo Exército e pela Aeronáutica, são instituições nacionais permanentes e regulares, organizadas com base na hierarquia e na disciplina, sob a autoridade suprema do Presidente da República, e destinam-se à defesa da Pátria, à garantia dos poderes constitucionais e, por iniciativa de qualquer destes, da lei e da ordem.

▶ Art. 37, X, desta Constituição.
▶ LC nº 69, de 23-7-1991, dispõe sobre a organização e emprego das Forças Armadas.
▶ Lei nº 8.071, de 17-7-1990, dispõe sobre os efetivos do Exército em tempo de paz.

§ 1º Lei complementar estabelecerá as normas gerais a serem adotadas na organização, no preparo e no emprego das Forças Armadas.

▶ LC nº 97, de 9-6-1999, dispõe sobre as normas gerais para a organização, o preparo e o emprego das Forças Armadas.

§ 2º Não caberá *habeas corpus* em relação a punições disciplinares militares.

▶ Art. 42, § 1º, desta Constituição.
▶ Dec.-lei nº 1.001, de 21-10-1969 (Código Penal Militar).
▶ Dec. nº 76.322, de 22-9-1975 (Regulamento Disciplinar da Aeronáutica).
▶ Dec. nº 88.545, de 26-7-1983 (Regulamento Disciplinar para a Marinha).
▶ Dec. nº 4.346, de 26-8-2002 (Regulamento Disciplinar do Exército).

§ 3º Os membros das Forças Armadas são denominados militares, aplicando-se-lhes, além das que vierem a ser fixadas em lei, as seguintes disposições:

▶ § 3º acrescido pela EC nº 18, de 5-2-1998.
▶ Art. 42, § 1º, desta Constituição.
▶ Lei nº 9.786, de 8-2-1999, dispõe sobre o ensino do Exército Brasileiro.
▶ Dec. nº 3.182, de 23-9-1999, regulamenta a Lei nº 9.786, de 8-2-1999, que dispõe sobre o ensino do Exército Brasileiro.

I – as patentes, com prerrogativas, direitos e deveres a elas inerentes, são conferidas pelo Presidente da República e asseguradas em plenitude aos oficiais da ativa, da reserva ou reformados, sendo-lhes privativos os títulos e postos militares e, juntamente com os demais membros, o uso dos uniformes das Forças Armadas;

II – o militar em atividade que tomar posse em cargo ou emprego público civil permanente será transferido para a reserva, nos termos da lei;
III – o militar da ativa que, de acordo com a lei, tomar posse em cargo, emprego ou função pública civil temporária, não eletiva, ainda que da administração indireta, ficará agregado ao respectivo quadro e somente poderá, enquanto permanecer nessa situação, ser promovido por antiguidade, contando-se-lhe o tempo de serviço apenas para aquela promoção e transferência para a reserva, sendo depois de dois anos de afastamento, contínuos ou não, transferido para a reserva, nos termos da lei;
IV – ao militar são proibidas a sindicalização e a greve;
V – o militar, enquanto em serviço ativo, não pode estar filiado a partidos políticos;
VI – o oficial só perderá o posto e a patente se for julgado indigno do oficialato ou com ele incompatível, por decisão de Tribunal militar de caráter permanente, em tempo de paz, ou de Tribunal especial, em tempo de guerra;
VII – o oficial condenado na justiça comum ou militar a pena privativa de liberdade superior a dois anos, por sentença transitada em julgado, será submetido ao julgamento previsto no inciso anterior;
VIII – aplica-se aos militares o disposto no artigo 7º, VIII, XII, XVII, XVIII, XIX e XXV e no artigo 37, XI, XIII, XIV e XV;
▶ Súm. Vinc. nº 6 do STF.
IX – *Revogado*. EC nº 41, de 19-12-2003;
X – a lei disporá sobre o ingresso nas Forças Armadas, os limites de idade, a estabilidade e outras condições de transferência do militar para a inatividade, os direitos, os deveres, a remuneração, as prerrogativas e outras situações especiais dos militares, consideradas as peculiaridades de suas atividades, inclusive aquelas cumpridas por força de compromissos internacionais e de guerra.
▶ Incisos I a X acrescidos pela EC nº 18, de 5-2-1998.
▶ Arts. 40, § 20, e 42, § 1º, desta Constituição.
▶ Súm. Vinc. nº 4 do STF.

Art. 143. O serviço militar é obrigatório nos termos da lei.
▶ Lei nº 4.375, de 17-8-1964 (Lei do Serviço Militar), regulamentada pelo Dec. nº 57.654, de 20-1-1966.
▶ Dec. nº 3.289, de 15-12-1999, aprova o Plano Geral de Convocação para o Serviço Militar Inicial nas Forças Armadas em 2001.

§ 1º Às Forças Armadas compete, na forma da lei, atribuir serviço alternativo aos que, em tempo de paz, após alistados, alegarem imperativo de consciência, entendendo-se como tal o decorrente de crença religiosa e de convicção filosófica ou política, para se eximirem de atividades de caráter essencialmente militar.
▶ Art. 5º, VIII, desta Constituição.

§ 2º As mulheres e os eclesiásticos ficam isentos do serviço militar obrigatório em tempo de paz, sujeitos, porém, a outros encargos que a lei lhes atribuir.
▶ Lei nº 8.239, de 4-10-1991, regulamenta os §§ 1º e 2º deste artigo.
▶ Súm. Vinc. nº 6 do STF.

Capítulo III
DA SEGURANÇA PÚBLICA

▶ Dec. nº 5.289, de 29-11-2004, disciplina a organização e o funcionamento da administração pública federal, para o desenvolvimento do programa de cooperação federativa denominado Força Nacional de Segurança Pública.

Art. 144. A segurança pública, dever do Estado, direito e responsabilidade de todos, é exercida para a preservação da ordem pública e da incolumidade das pessoas e do patrimônio, através dos seguintes órgãos:
▶ Dec. nº 4.332, de 12-8-2002, estabelece normas para o planejamento, a coordenação e a execução de medidas de segurança a serem implementadas durante as viagens presidenciais em território nacional, ou em eventos na capital federal.

I – polícia federal;
II – polícia rodoviária federal;
▶ Dec. nº 1.655, de 3-10-1995, define a competência da Polícia Rodoviária Federal.

III – polícia ferroviária federal;
IV – polícias civis;
V – polícias militares e corpos de bombeiros militares.

§ 1º A polícia federal, instituída por lei como órgão permanente, organizado e mantido pela União e estruturado em carreira, destina-se a:
▶ § 1º com a redação dada pela EC nº 19, de 4-6-1998.

I – apurar infrações penais contra a ordem política e social ou em detrimento de bens, serviços e interesses da União ou de suas entidades autárquicas e empresas públicas, assim como outras infrações cuja prática tenha repercussão interestadual ou internacional e exija repressão uniforme, segundo se dispuser em lei;
▶ Lei nº 8.137, de 27-12-1990 (Lei dos Crimes contra a Ordem Tributária, Econômica e contra as Relações de Consumo).
▶ Lei nº 10.446, de 8-5-2002, dispõe sobre infrações penais de repercussão interestadual ou internacional que exigem repressão uniforme, para os fins de aplicação do disposto neste inciso.

II – prevenir e reprimir o tráfico ilícito de entorpecentes e drogas afins, o contrabando e o descaminho, sem prejuízo da ação fazendária e de outros órgãos públicos nas respectivas áreas de competência;
▶ Lei nº 11.343, de 23-8-2006 (Lei Antidrogas).
▶ Dec. nº 2.781, de 14-9-1998, institui o Programa Nacional de Combate ao Contrabando e o Descaminho.

III – exercer as funções de polícia marítima, aeroportuária e de fronteiras;
▶ Inciso III com a redação dada pela EC nº 19, de 4-6-1998.

IV – exercer, com exclusividade, as funções de polícia judiciária da União.

§ 2º A polícia rodoviária federal, órgão permanente, organizado e mantido pela União e estruturado em carreira, destina-se, na forma da lei, ao patrulhamento ostensivo das rodovias federais.
▶ Lei nº 9.654, de 2-3-1998, cria a carreira de Policial Rodoviário Federal.

§ 3º A polícia ferroviária federal, órgão permanente, organizado e mantido pela União e estruturado em carreira, destina-se, na forma da lei, ao patrulhamento ostensivo das ferrovias federais.

▶ §§ 2º e 3º com a redação dada pela EC nº 19, de 4-6-1998.

§ 4º Às polícias civis, dirigidas por delegados de polícia de carreira, incumbem, ressalvada a competência da União, as funções de polícia judiciária e a apuração de infrações penais, exceto as Militares.

▶ Art. 9º do CPM.
▶ Art. 7º do CPPM.

§ 5º Às polícias militares cabem a polícia ostensiva e a preservação da ordem pública; aos corpos de bombeiros militares, além das atribuições definidas em lei, incumbe a execução de atividades de defesa civil.

▶ Dec.-lei nº 667, de 2-7-1969, reorganiza as Polícias Militares e os Corpos de Bombeiros Militares dos Estados, dos Territórios e do Distrito Federal.

§ 6º As polícias militares e corpos de bombeiros militares, forças auxiliares e reserva do Exército, subordinam-se, juntamente com as polícias civis, aos Governadores dos Estados, do Distrito Federal e dos Territórios.

§ 7º A lei disciplinará a organização e o funcionamento dos órgãos responsáveis pela segurança pública, de maneira a garantir a eficiência de suas atividades.

▶ Dec. nº 6.950, de 26-8-2009, dispõe sobre o Conselho Nacional de Segurança Pública – CONASP.

§ 8º Os Municípios poderão constituir guardas municipais destinadas à proteção de seus bens, serviços e instalações, conforme dispuser a lei.

§ 9º A remuneração dos servidores policiais integrantes dos órgãos relacionados neste artigo será fixada na forma do § 4º do artigo 39.

▶ § 9º acrescido pela EC nº 19, de 4-6-1998.

TÍTULO VI – DA TRIBUTAÇÃO E DO ORÇAMENTO

▶ Lei nº 5.172, de 27-12-1990 (Código Tributário Nacional).

CAPÍTULO I

DO SISTEMA TRIBUTÁRIO NACIONAL

▶ Lei nº 8.137, de 27-12-1990 (Lei de Crimes contra a Ordem Tributária, Econômica e contra as Relações de Consumo).
▶ Lei nº 8.176, de 8-2-1991, define crimes contra a ordem econômica e cria o sistema de estoque de combustíveis.
▶ Dec. nº 2.730, de 10-8-1998, dispõe sobre o encaminhamento ao Ministério Público da representação fiscal para os crimes contra a ordem tributária.

SEÇÃO I

DOS PRINCÍPIOS GERAIS

Art. 145. A União, os Estados, o Distrito Federal e os Municípios poderão instituir os seguintes tributos:

▶ Arts. 1º a 5º do CTN.
▶ Súm. nº 667 do STF.

I – impostos;

▶ Arts. 16 a 76 do CTN.

II – taxas, em razão do exercício do poder de polícia ou pela utilização, efetiva ou potencial, de serviços públicos específicos e divisíveis, prestados ao contribuinte ou postos a sua disposição;

▶ Arts. 77 a 80 do CTN.
▶ Súm. Vinc. nº 19 do STF.
▶ Súmulas nºs 665 e 670 do STF.

III – contribuição de melhoria, decorrente de obras públicas.

▶ Arts. 81 e 82 do CTN.
▶ Dec.-lei nº 195, de 24-2-1967 (Lei da Contribuição de Melhoria).

§ 1º Sempre que possível, os impostos terão caráter pessoal e serão graduados segundo a capacidade econômica do contribuinte, facultado à administração tributária, especialmente para conferir efetividade a esses objetivos, identificar, respeitados os direitos individuais e nos termos da lei, o patrimônio, os rendimentos e as atividades econômicas do contribuinte.

▶ Lei nº 8.021, de 12-4-1990, dispõe sobre a identificação dos contribuintes para fins fiscais.
▶ Súmulas nºs 656 e 668 do STF.

§ 2º As taxas não poderão ter base de cálculo própria de impostos.

▶ Art. 77, parágrafo único, do CTN.
▶ Súm. Vinc. nº 29 do STF.
▶ Súm. nº 665 do STF.

Art. 146. Cabe à lei complementar:

I – dispor sobre conflitos de competência, em matéria tributária, entre a União, os Estados, o Distrito Federal e os Municípios;

▶ Arts. 6º a 8º do CTN.

II – regular as limitações constitucionais ao poder de tributar;

▶ Arts. 9º a 15 do CTN.

III – estabelecer normas gerais em matéria de legislação tributária, especialmente sobre:

▶ Art. 149 desta Constituição.

a) definição de tributos e de suas espécies, bem como, em relação aos impostos discriminados nesta Constituição, a dos respectivos fatos geradores, bases de cálculo e contribuintes;
b) obrigação, lançamento, crédito, prescrição e decadência tributários;

▶ Súm. Vinc. nº 8 do STF.

c) adequado tratamento tributário ao ato cooperativo praticado pelas sociedades cooperativas;
d) definição de tratamento diferenciado e favorecido para as microempresas e para as empresas de pequeno porte, inclusive regimes especiais ou simplificados no caso do imposto previsto no art. 155, II, das contribuições previstas no art. 195, I e §§ 12 e 13, e da contribuição a que se refere o art. 239.

▶ Alínea d acrescida pela EC nº 42, de 19-12-2003.
▶ Art. 94 do ADCT.
▶ LC nº 123, de 14-12-2006 (Estatuto Nacional da Microempresa e da Empresa de Pequeno Porte).

Parágrafo único. A lei complementar de que trata o inciso III, d, também poderá instituir um regime único de arrecadação dos impostos e contribuições da União, dos Estados, do Distrito Federal e dos Municípios, observado que:

I – será opcional para o contribuinte;
II – poderão ser estabelecidas condições de enquadramento diferenciadas por Estado;
III – o recolhimento será unificado e centralizado e a distribuição da parcela de recursos pertencentes aos respectivos entes federados será imediata, vedada qualquer retenção ou condicionamento;
IV – a arrecadação, a fiscalização e a cobrança poderão ser compartilhadas pelos entes federados, adotado cadastro nacional único de contribuintes.

▶ Parágrafo único acrescido pela EC nº 42, de 19-12-2003.

Art. 146-A. Lei complementar poderá estabelecer critérios especiais de tributação, com o objetivo de prevenir desequilíbrios da concorrência, sem prejuízo da competência de a União, por lei, estabelecer normas de igual objetivo.

▶ Art. 146-A acrescido pela EC nº 42, de 19-12-2003.

Art. 147. Competem à União, em Território Federal, os impostos estaduais e, se o Território não for dividido em Municípios, cumulativamente, os impostos municipais; ao Distrito Federal cabem os impostos municipais.

Art. 148. A União, mediante lei complementar, poderá instituir empréstimos compulsórios:

I – para atender a despesas extraordinárias, decorrentes de calamidade pública, de guerra externa ou sua iminência;
II – no caso de investimento público de caráter urgente e de relevante interesse nacional, observado o disposto no artigo 150, III, *b*.

▶ Art. 34, § 12, do ADCT.

Parágrafo único. A aplicação dos recursos provenientes de empréstimo compulsório será vinculada à despesa que fundamentou sua instituição.

Art. 149. Compete exclusivamente à União instituir contribuições sociais, de intervenção no domínio econômico e de interesse das categorias profissionais ou econômicas, como instrumento de sua atuação nas respectivas áreas, observado o disposto nos artigos 146, III, e 150, I e III, e sem prejuízo do previsto no artigo 195, § 6º, relativamente às contribuições a que alude o dispositivo.

▶ Lei nº 10.336, de 19-12-2001, institui a Contribuição de Intervenção no Domínio Econômico incidente sobre a importação e a comercialização de petróleo e seus derivados, gás natural e seus derivados e álcool etílico combustível – CIDE a que se refere este artigo.

§ 1º Os Estados, o Distrito Federal e os Municípios instituirão contribuição, cobrada de seus servidores, para o custeio, em benefício destes, do regime previdenciário de que trata o art. 40, cuja alíquota não será inferior à da contribuição dos servidores titulares de cargos efetivos da União.

▶ § 1º com a redação dada pela EC nº 41, de 19-12-2003.

§ 2º As contribuições sociais e de intervenção no domínio econômico de que trata o *caput* deste artigo:

I – não incidirão sobre as receitas decorrentes de exportação;

II – incidirão também sobre a importação de produtos estrangeiros ou serviços;

▶ Inciso II com a redação dada pela EC nº 42, de 19-12-2003.
▶ Lei nº 10.336, de 19-12-2001, institui Contribuição de Intervenção no Domínio Econômico incidente sobre a importação e a comercialização de petróleo e seus derivados, e álcool etílico combustível – CIDE.
▶ Lei nº 10.865, de 30-4-2004, dispõe sobre o PIS/PASEP-Importação e a COFINS-Importação.

III – poderão ter alíquotas:

a) *ad valorem*, tendo por base o faturamento, a receita bruta ou o valor da operação e, no caso de importação, o valor aduaneiro;
b) específica, tendo por base a unidade de medida adotada.

§ 3º A pessoa natural destinatária das operações de importação poderá ser equiparada a pessoa jurídica, na forma da lei.

§ 4º A lei definirá as hipóteses em que as contribuições incidirão uma única vez.

▶ §§ 2º a 4º acrescidos pela EC nº 33, de 11-12-2001.

Art. 149-A. Os Municípios e o Distrito Federal poderão instituir contribuição, na forma das respectivas leis, para o custeio do serviço de iluminação pública, observado o disposto no art. 150, I e III.

Parágrafo único. É facultada a cobrança da contribuição a que se refere o *caput*, na fatura de consumo de energia elétrica.

▶ Art. 149-A acrescido pela EC nº 39, de 19-12-2002.

Seção II

DAS LIMITAÇÕES DO PODER DE TRIBUTAR

Art. 150. Sem prejuízo de outras garantias asseguradas ao contribuinte, é vedado à União, aos Estados, ao Distrito Federal e aos Municípios:

▶ Lei nº 5.172 de 25-10-1966 (Código Tributário Nacional).

I – exigir ou aumentar tributo sem lei que o estabeleça;

▶ Arts. 3º e 97, I e II, do CTN.

II – instituir tratamento desigual entre contribuintes que se encontrem em situação equivalente, proibida qualquer distinção em razão de ocupação profissional ou função por eles exercida, independentemente da denominação jurídica dos rendimentos, títulos ou direitos;

▶ Art. 5º, *caput*, desta Constituição.
▶ Súm. nº 658 do STF.

III – cobrar tributos:

a) em relação a fatos geradores ocorridos antes do início da vigência da lei que os houver instituído ou aumentado;

▶ Art. 9º, II, do CTN.

b) no mesmo exercício financeiro em que haja sido publicada a lei que os instituiu ou aumentou;

▶ Art. 195, § 6º, desta Constituição.

c) antes de decorridos noventa dias da data em que haja sido publicada a lei que os instituiu ou aumentou, observado o disposto na alínea *b*;

▶ Alínea c acrescida pela EC nº 42, de 19-12-2003.

IV – utilizar tributo com efeito de confisco;
V – estabelecer limitações ao tráfego de pessoas ou bens, por meio de tributos interestaduais ou intermunicipais, ressalvada a cobrança de pedágio pela utilização de vias conservadas pelo Poder Público;

▶ Art. 9º, III, do CTN.

VI – instituir impostos sobre:

a) patrimônio, renda ou serviços, uns dos outros;

▶ Art. 9º, IV, *a*, do CTN.

b) templos de qualquer culto;

▶ Art. 9º, IV, *b*, do CTN.

c) patrimônio, renda ou serviços dos partidos políticos, inclusive suas fundações, das entidades sindicais dos trabalhadores, das instituições de educação e de assistência social, sem fins lucrativos, atendidos os requisitos da lei;

▶ Art. 9º, IV, *c*, e 14 do CTN.
▶ Lei nº 3.193, de 4-7-1957, dispõe sobre isenção de impostos em templos de qualquer culto, bens e serviços de partidos políticos e instituições de educação e assistência social.
▶ Súmulas nºs 724 e 730 do STF.

d) livros, jornais, periódicos e o papel destinado à sua impressão.

▶ Lei nº 10.753, de 30-10-2003, institui a Política Internacional do Livro.
▶ Art. 1º, *caput*, I e II, da Lei nº 11.945, de 4-6-2009, que dispõe sobre o Registro Especial na Secretaria da Receita Federal do Brasil.
▶ Súm. nº 657 do STF.

§ 1º A vedação do inciso III, *b*, não se aplica aos tributos previstos nos arts. 148, I, 153, I, II, IV e V; e 154, II; e a vedação do inciso III, *c*, não se aplica aos tributos previstos nos arts. 148, I, 153, I, II, III e V; e 154, II, nem à fixação da base de cálculo dos impostos previstos nos arts. 155, III, e 156, I.

▶ § 1º com a redação dada pela EC nº 42, de 19-12-2003.

§ 2º A vedação do inciso VI, *a*, é extensiva às autarquias e às fundações instituídas e mantidas pelo Poder Público, no que se refere ao patrimônio, à renda e aos serviços, vinculados a suas finalidades essenciais ou às delas decorrentes.

§ 3º As vedações do inciso VI, *a*, e do parágrafo anterior não se aplicam ao patrimônio, à renda e aos serviços, relacionados com exploração de atividades econômicas regidas pelas normas aplicáveis a empreendimentos privados, ou em que haja contraprestação ou pagamento de preços ou tarifas pelo usuário, nem exonera o promitente comprador da obrigação de pagar imposto relativamente ao bem imóvel.

§ 4º As vedações expressas no inciso VI, alíneas *b* e *c*, compreendem somente o patrimônio, a renda e os serviços, relacionados com as finalidades essenciais das entidades nelas mencionadas.

§ 5º A lei determinará medidas para que os consumidores sejam esclarecidos acerca dos impostos que incidam sobre mercadorias e serviços.

▶ Lei nº 12.741, de 8-12-2012, dispõe sobre as medidas de esclarecimento ao consumidor, de que trata este parágrafo.

§ 6º Qualquer subsídio ou isenção, redução de base de cálculo, concessão de crédito presumido, anistia ou remissão, relativos a impostos, taxas ou contribuições, só poderá ser concedido mediante lei específica, federal, estadual ou municipal, que regule exclusivamente as matérias acima enumeradas ou o correspondente tributo ou contribuição, sem prejuízo do disposto no artigo 155, § 2º, XII, *g*.

§ 7º A lei poderá atribuir a sujeito passivo de obrigação tributária a condição de responsável pelo pagamento de imposto ou contribuição, cujo fato gerador deva ocorrer posteriormente, assegurada a imediata e preferencial restituição da quantia paga, caso não se realize o fato gerador presumido.

▶ §§ 6º e 7º acrescidos pela EC nº 3, de 17-3-1993.

Art. 151. É vedado à União:

I – instituir tributo que não seja uniforme em todo o Território Nacional ou que implique distinção ou preferência em relação a Estado, ao Distrito Federal ou a Município, em detrimento de outro, admitida a concessão de incentivos fiscais destinados a promover o equilíbrio do desenvolvimento socioeconômico entre as diferentes regiões do País;

▶ Art. 10 do CTN.
▶ Lei nº 9.440, de 14-3-1997, estabelece incentivos fiscais para o desenvolvimento regional.
▶ Lei nº 11.508, de 20-7-2007 (Lei das Zonas de Processamento de Exportação).

II – tributar a renda das obrigações da dívida pública dos Estados, do Distrito Federal e dos Municípios, bem como a remuneração e os proventos dos respectivos agentes públicos, em níveis superiores aos que fixar para suas obrigações e para seus agentes;

III – instituir isenções de tributos da competência dos Estados, do Distrito Federal ou dos Municípios.

▶ Súm. nº 185 do STJ.

Art. 152. É vedado aos Estados, ao Distrito Federal e aos Municípios estabelecer diferença tributária entre bens e serviços, de qualquer natureza, em razão de sua procedência ou destino.

▶ Art. 11 do CTN.

SEÇÃO III

DOS IMPOSTOS DA UNIÃO

Art. 153. Compete à União instituir impostos sobre:

I – importação de produtos estrangeiros;

▶ Arts. 60, § 2º, e 154, I, desta Constituição.
▶ Lei nº 7.810, de 30-8-1989, dispõe sobre a redução de impostos na importação.
▶ Lei nº 8.032, de 12-4-1990, dispõe sobre a isenção ou redução de imposto de importação.
▶ Lei nº 9.449, de 14-3-1997, reduz o Imposto de Importação para os produtos que especifica.

II – exportação, para o exterior, de produtos nacionais ou nacionalizados;

▶ Art. 60, § 2º, desta Constituição.

III – renda e proventos de qualquer natureza;
- Arts. 27, § 2º, 28, § 2º, 29, V e VI, 37, XV, 48, XV, 49, VII e VIII, 95, III, 128, § 5º, I, c, desta Constituição.
- Art. 34, § 2º, I, do ADCT.
- Lei nº 8.166, de 11-1-1991, dispõe sobre a não incidência do imposto de renda sobre lucros ou dividendos distribuídos a residentes ou domiciliados no exterior, doados a instituições sem fins lucrativos.
- Lei nº 9.430, de 27-12-1996, dispõe sobre a legislação tributária federal, as contribuições para a Seguridade Social, o processo administrativo de consulta.
- Dec. nº 3.000, de 26-3-1999, regulamenta a tributação, fiscalização, arrecadação e administração do Imposto sobre a Renda e proventos de qualquer natureza.
- Súmulas nºs 125, 136 e 386 do STJ.

IV – produtos industrializados;
- Art. 60, § 2º, desta Constituição.
- Art. 34, § 2º, I, do ADCT.
- Lei nº 9.363, de 13-12-1996, dispõe sobre a instituição de crédito presumido do Imposto sobre Produtos Industrializados, para ressarcimento do valor do PIS/PASEP e COFINS nos casos que especifica.
- Lei nº 9.493, de 10-9-1997, concede isenção do Imposto sobre Produtos Industrializados – IPI na aquisição de equipamentos, máquinas, aparelhos e instrumentos, dispõe sobre período de apuração e prazo de recolhimento do referido imposto para as microempresas e empresas de pequeno porte, e estabelece suspensão do IPI na saída de bebidas alcoólicas, acondicionadas para venda a granel, dos estabelecimentos produtores e dos estabelecimentos equiparados a industrial.
- Dec. nº 7.212, de 15-6-2010, regulamenta a cobrança, fiscalização, arrecadação e administração do Imposto sobre Produtos Industrializados – IPI.

V – operações de crédito, câmbio e seguro, ou relativas a títulos ou valores mobiliários;
- Art. 60, § 2º, desta Constituição.
- Arts. 63 a 67 do CTN.
- Lei nº 8.894, de 21-6-1994, dispõe sobre o Imposto sobre Operações de Crédito, Câmbio e Seguro, ou relativas a Títulos e Valores Mobiliários.
- Dec. nº 6.306, de 14-12-2007, regulamenta o imposto sobre Operações de Crédito, Câmbio e Seguro, ou relativas a Títulos e Valores Mobiliários – IOF.
- Sum. Vinc. nº 32 do STF.
- Súm. nº 664 do STF.

VI – propriedade territorial rural;
- Lei nº 8.847, de 28-1-1994, dispõe sobre o Imposto sobre a Propriedade Territorial Rural – ITR.
- Lei nº 9.393, de 19-12-1996, dispõe sobre a Propriedade Territorial Rural – ITR, e sobre o pagamento da dívida representada por Títulos da Dívida Agrária – TDA.
- Dec. nº 4.382, de 19-9-2002, regulamenta a tributação, fiscalização, arrecadação e administração do Imposto sobre a Propriedade Territorial Rural – ITR.
- Súm. nº 139 do STJ.

VII – grandes fortunas, nos termos de lei complementar.
- LC nº 111, de 6-7-2001, dispõe sobre o Fundo de Combate e Erradicação da Pobreza, na forma prevista nos arts. 79 a 81 do ADCT.

§ 1º É facultado ao Poder Executivo, atendidas as condições e os limites estabelecidos em lei, alterar as alíquotas dos impostos enumerados nos incisos I, II, IV e V.
- Art. 150, § 1º, desta Constituição.
- Lei nº 8.088, de 30-10-1990, dispõe sobre a atualização do Bônus do Tesouro Nacional e dos depósitos de poupança.

§ 2º O imposto previsto no inciso III:
I – será informado pelos critérios da generalidade, da universalidade e da progressividade, na forma da lei;
- Arts. 27, § 2º, 28, § 2º, 29, V e VI, 37, XV, 48, XV, 49, VII e VIII, 95, III, e 128, § 5º, I, c, desta Constituição.

II – *Revogado*. EC nº 20, de 15-12-1998.

§ 3º O imposto previsto no inciso IV:
I – será seletivo, em função da essencialidade do produto;
II – será não cumulativo, compensando-se o que for devido em cada operação com o montante cobrado nas anteriores;
III – não incidirá sobre produtos industrializados destinados ao exterior;
IV – terá reduzido seu impacto sobre a aquisição de bens de capital pelo contribuinte do imposto, na forma da lei.
- Inciso IV acrescido pela EC nº 42, de 19-12-2003.

§ 4º O imposto previsto no inciso VI do *caput*:
- *Caput* com a redação dada pela EC nº 42, de 19-12-2003.
- Lei nº 8.629, de 25-2-1993, regula os dispositivos constitucionais relativos à reforma agrária.

I – será progressivo e terá suas alíquotas fixadas de forma a desestimular a manutenção de propriedades improdutivas;
II – não incidirá sobre pequenas glebas rurais, definidas em lei, quando as explore o proprietário que não possua outro imóvel;
III – será fiscalizado e cobrado pelos Municípios que assim optarem, na forma da lei, desde que não implique redução do imposto ou qualquer outra forma de renúncia fiscal.
- Incisos I a III acrescidos pela EC nº 42, de 19-12-2003.
- Lei nº 11.250, de 27-12-2005, regulamenta este inciso.

§ 5º O ouro, quando definido em lei como ativo financeiro ou instrumento cambial, sujeita-se exclusivamente à incidência do imposto de que trata o inciso V do *caput* deste artigo, devido na operação de origem; a alíquota mínima será de um por cento, assegurada a transferência do montante da arrecadação nos seguintes termos:
- Art. 74, § 2º, do ADCT.
- Lei nº 7.766, de 11-5-1989, dispõe sobre o ouro, ativo financeiro e sobre seu tratamento tributário.

I – trinta por cento para o Estado, o Distrito Federal ou o Território, conforme a origem;
II – setenta por cento para o Município de origem.
- Arts. 72, § 3º, 74, § 2º, 75 e 76, § 1º, do ADCT.
- Lei nº 7.766, de 11-5-1989, dispõe sobre o ouro, ativo financeiro e sobre seu tratamento tributário.

Art. 154. A União poderá instituir:

I – mediante lei complementar, impostos não previstos no artigo anterior, desde que sejam não cumulativos e

não tenham fato gerador ou base de cálculo próprios dos discriminados nesta Constituição;
▶ Art. 195, § 4º, desta Constituição.
▶ Arts. 74, § 2º, e 75 do ADCT.

II – na iminência ou no caso de guerra externa, impostos extraordinários, compreendidos ou não em sua competência tributária, os quais serão suprimidos, gradativamente, cessadas as causas de sua criação.
▶ Arts. 62, § 2º, 150, § 1º, desta Constituição.

Seção IV
DOS IMPOSTOS DOS ESTADOS E DO DISTRITO FEDERAL

Art. 155. Compete aos Estados e ao Distrito Federal instituir impostos sobre:
▶ Caput com a redação dada pela EC nº 3, de 17-3-1993.

I – transmissão *causa mortis* e doação de quaisquer bens ou direitos;
II – operações relativas à circulação de mercadorias e sobre prestações de serviços de transporte interestadual e intermunicipal e de comunicação, ainda que as operações e as prestações se iniciem no exterior;
▶ Art. 60, § 2º, do ADCT.
▶ LC nº 24, de 7-1-1975, dispõe sobre os convênios para a concessão de isenções do imposto sobre operações relativas à circulação de mercadorias.
▶ LC nº 87, de 13-9-1996 (Lei Kandir – ICMS).
▶ Súm. nº 662 do STF.
▶ Súmulas nºs 334 e 457 do STJ.

III – propriedade de veículos automotores;
▶ Incisos I a III acrescidos pela EC nº 3, de 17-3-1993.

§ 1º O imposto previsto no inciso I:
▶ § 1º com a redação dada pela EC nº 3, de 17-3-1993.

I – relativamente a bens imóveis e respectivos direitos, compete ao Estado da situação do bem, ou ao Distrito Federal;
II – relativamente a bens móveis, títulos e créditos, compete ao Estado onde se processar o inventário ou arrolamento, ou tiver domicílio o doador, ou ao Distrito Federal;
III – terá a competência para sua instituição regulada por lei complementar:
a) se o doador tiver domicílio ou residência no exterior;
b) se o *de cujus* possuía bens, era residente ou domiciliado ou teve o seu inventário processado no exterior;
IV – terá suas alíquotas máximas fixadas pelo Senado Federal.

§ 2º O imposto previsto no inciso II atenderá ao seguinte:
▶ Caput do § 2º com a redação dada pela EC nº 3, de 17-3-1993.
▶ LC nº 24, de 7-1-1975, dispõe sobre os convênios para a concessão de isenções do imposto sobre operações relativas à circulação de mercadorias.
▶ LC nº 101, de 4-5-2000 (Lei da Responsabilidade Fiscal).
▶ Dec.-lei nº 406, de 31-12-1968, estabelece normas gerais de direito financeiro, aplicáveis aos Impostos sobre Operações relativas à Circulação de Mercadorias e sobre Serviços de Qualquer Natureza.

I – será não cumulativo, compensando-se o que for devido em cada operação relativa à circulação de mercadorias ou prestação de serviços com o montante cobrado nas anteriores pelo mesmo ou outro Estado ou pelo Distrito Federal;
II – a isenção ou não incidência, salvo determinação em contrário da legislação:
▶ LC nº 24, de 7-1-1975, dispõe sobre os convênios para concessão para isenções do Imposto sobre Obrigações Relativas a Circulação de Mercadorias.
▶ LC nº 87, de 13-9-1996 (Lei Kandir – ICMS).
▶ Súm. nº 662 do STF.

a) não implicará crédito para compensação com o montante devido nas operações ou prestações seguintes;
b) acarretará a anulação do crédito relativo às operações anteriores;

III – poderá ser seletivo, em função da essencialidade das mercadorias e dos serviços;
IV – resolução do Senado Federal, de iniciativa do Presidente da República ou de um terço dos Senadores, aprovada pela maioria absoluta de seus membros, estabelecerá as alíquotas aplicáveis às operações e prestações, interestaduais e de exportação;
V – é facultado ao Senado Federal:
a) estabelecer alíquotas mínimas nas operações internas, mediante resolução de iniciativa de um terço e aprovada pela maioria absoluta de seus membros;
b) fixar alíquotas máximas nas mesmas operações para resolver conflito específico que envolva interesse de Estados, mediante resolução de iniciativa da maioria absoluta e aprovada por dois terços de seus membros;

VI – salvo deliberação em contrário dos Estados e do Distrito Federal, nos termos do disposto no inciso XII, *g*, as alíquotas internas, nas operações relativas à circulação de mercadorias e nas prestações de serviços, não poderão ser inferiores às previstas para as operações interestaduais;
VII – em relação às operações e prestações que destinem bens e serviços a consumidor final localizado em outro Estado, adotar-se-á:
a) a alíquota interestadual, quando o destinatário for contribuinte do imposto;
b) a alíquota interna, quando o destinatário não for contribuinte dele;

VIII – na hipótese da alínea *a* do inciso anterior, caberá ao Estado da localização do destinatário o imposto correspondente à diferença entre a alíquota interna e a interestadual;
IX – incidirá também:
▶ Súmulas nºs 660 e 661 do STF.
▶ Súm. nº 155 do STJ.

a) sobre a entrada de bem ou mercadoria importados do exterior por pessoa física ou jurídica, ainda que não seja contribuinte habitual do imposto, qualquer que seja a sua finalidade, assim como sobre o serviço prestado no exterior, cabendo o imposto ao Estado onde estiver situado o domicílio ou o estabelecimento do destinatário da mercadoria, bem ou serviço;

▶ Alínea *a* com a redação dada pela EC nº 33, de 11-12-2001.
▶ Súmulas nºˢ 660 e 661 do STF.
▶ Súm. nº 198 do STJ.

b) sobre o valor total da operação, quando mercadorias forem fornecidas com serviços não compreendidos na competência tributária dos Municípios;

X – não incidirá:

a) sobre operações que destinem mercadorias para o exterior, nem sobre serviços prestados a destinatários no exterior, assegurada a manutenção e o aproveitamento do montante do imposto cobrado nas operações e prestações anteriores;

▶ Alínea *a* com a redação dada pela EC nº 42, de 19-12-2003.
▶ Súm. nº 433 do STJ.

b) sobre operações que destinem a outros Estados petróleo, inclusive lubrificantes, combustíveis líquidos e gasosos dele derivados, e energia elétrica;
c) sobre o ouro, nas hipóteses definidas no artigo 153, § 5º;

▶ Lei nº 7.766, de 11-5-1989, dispõe sobre o ouro, ativo financeiro, e sobre seu tratamento tributário.

d) nas prestações de serviço de comunicação nas modalidades de radiodifusão sonora e de sons e imagens de recepção livre e gratuita;

▶ Alínea *d* acrescida pela EC nº 42, de 19-12-2003.

XI – não compreenderá, em sua base de cálculo, o montante do imposto sobre produtos industrializados, quando a operação, realizada entre contribuintes e relativa a produto destinado à industrialização ou à comercialização, configure fato gerador dos dois impostos;

XII – cabe à lei complementar:

▶ Art. 4º da EC nº 42, de 19-12-2003.

a) definir seus contribuintes;
b) dispor sobre substituição tributária;
c) disciplinar o regime de compensação do imposto;
d) fixar, para efeito de sua cobrança e definição do estabelecimento responsável, o local das operações relativas à circulação de mercadorias e das prestações de serviços;
e) excluir da incidência do imposto, nas exportações para o exterior, serviços e outros produtos além dos mencionados no inciso X, *a*;
f) prever casos de manutenção de crédito, relativamente a remessa para outro Estado e exportação para o exterior, de serviços e de mercadorias;
g) regular a forma como, mediante deliberação dos Estados e do Distrito Federal, isenções, incentivos e benefícios fiscais serão concedidos e revogados;

▶ Art. 22, parágrafo único, da LC nº 123, de 14-12-2006 (Estatuto Nacional da Microempresa e da Empresa de Pequeno Porte).

h) definir os combustíveis e lubrificantes sobre os quais o imposto incidirá uma única vez, qualquer que seja a sua finalidade, hipótese em que não se aplicará o disposto no inciso X, *b*;

▶ Alínea *h* acrescida pela EC nº 33, de 11-12-2001.

▶ Conforme o art. 4º da EC nº 33, de 11-12-2001, enquanto não entrar em vigor a lei complementar de que trata esta alínea, os Estados e o Distrito Federal, mediante convênio celebrado nos termos do § 2º, XII, *g*, deste artigo, fixarão normas para regular provisoriamente a matéria.

i) fixar a base de cálculo, de modo que o montante do imposto a integre, também na importação do exterior de bem, mercadoria ou serviço.

▶ Alínea *i* acrescida pela EC nº 33, de 11-12-2001.
▶ Súm. nº 457 do STJ.

§ 3º À exceção dos impostos de que tratam o inciso II do *caput* deste artigo e o artigo 153, I e II, nenhum outro imposto poderá incidir sobre operações relativas a energia elétrica, serviços de telecomunicações, derivados de petróleo, combustíveis e minerais do País.

▶ § 3º com a redação dada pela EC nº 33, de 11-12-2001.
▶ Súm. nº 659 do STF.

§ 4º Na hipótese do inciso XII, *h*, observar-se-á o seguinte:

I – nas operações com os lubrificantes e combustíveis derivados de petróleo, o imposto caberá ao Estado onde ocorrer o consumo;
II – nas operações interestaduais, entre contribuintes, com gás natural e seus derivados, e lubrificantes e combustíveis não incluídos no inciso I deste parágrafo, o imposto será repartido entre os Estados de origem e de destino, mantendo-se a mesma proporcionalidade que ocorre nas operações com as demais mercadorias;
III – nas operações interestaduais com gás natural e seus derivados, e lubrificantes e combustíveis não incluídos no inciso I deste parágrafo, destinadas a não contribuinte, o imposto caberá ao Estado de origem;
IV – as alíquotas do imposto serão definidas mediante deliberação dos Estados e Distrito Federal, nos termos do § 2º, XII, *g*, observando-se o seguinte:

a) serão uniformes em todo o território nacional, podendo ser diferenciadas por produto;
b) poderão ser específicas, por unidade de medida adotada, ou *ad valorem*, incidindo sobre o valor da operação ou sobre o preço que o produto ou seu similar alcançaria em uma venda em condições de livre concorrência;
c) poderão ser reduzidas e restabelecidas, não se lhes aplicando o disposto no artigo 150, III, *b*.

§ 5º As regras necessárias à aplicação do disposto no § 4º, inclusive as relativas à apuração e à destinação do imposto, serão estabelecidas mediante deliberação dos Estados e do Distrito Federal, nos termos do § 2º, XII, *g*.

▶ §§ 4º e 5º acrescidos pela EC nº 33, de 11-12-2001.

§ 6º O imposto previsto no inciso III:

I – terá alíquotas mínimas fixadas pelo Senado Federal;
II – poderá ter alíquotas diferenciadas em função do tipo e utilização.

▶ § 6º acrescido pela EC nº 42, de 19-12-2003.

Seção V

DOS IMPOSTOS DOS MUNICÍPIOS

Art. 156. Compete aos Municípios instituir impostos sobre:

▶ Art. 167, § 4º, desta Constituição.

I – propriedade predial e territorial urbana;
► Arts. 32 a 34 do CTN.
► Súm. nº 589 do STF.
► Súm. nº 399 do STJ.

II – transmissão *inter vivos*, a qualquer título, por ato oneroso, de bens imóveis, por natureza ou acessão física, e de direitos reais sobre imóveis, exceto os de garantia, bem como cessão de direitos à sua aquisição;
► Arts. 34 a 42 do CTN.
► Súm. nº 656 do STF.

III – serviços de qualquer natureza, não compreendidos no artigo 155, II, definidos em lei complementar.
► Inciso III com a redação dada pela EC nº 3, de 17-3-1993.
► LC nº 116, de 31-4-2003 (Lei do ISS).
► Súm. Vinc. nº 31 do STF.
► Súm. nº 424 do STJ.

IV – *Revogado*. EC nº 3, de 17-3-1993.

§ 1º Sem prejuízo da progressividade no tempo a que se refere o artigo 182, § 4º, inciso II, o imposto previsto no inciso I poderá:
► Arts. 182, §§ 2º e 4º, e 186 desta Constituição.
► Súm. nº 589 do STF.

I – ser progressivo em razão do valor do imóvel; e
II – ter alíquotas diferentes de acordo com a localização e o uso do imóvel.
► § 1º com a redação dada pela EC nº 29, de 13-9-2000.
► Lei nº 10.257, de 10-7-2001 (Estatuto da Cidade).

§ 2º O imposto previsto no inciso II:
I – não incide sobre a transmissão de bens ou direitos incorporados ao patrimônio de pessoa jurídica em realização de capital, nem sobre a transmissão de bens ou direitos decorrentes de fusão, incorporação, cisão ou extinção de pessoa jurídica, salvo se, nesses casos, a atividade preponderante do adquirente for a compra e venda desses bens ou direitos, locação de bens imóveis ou arrendamento mercantil;
II – compete ao Município da situação do bem.

§ 3º Em relação ao imposto previsto no inciso III do *caput* deste artigo, cabe à lei complementar:
► § 3º com a redação dada pela EC nº 37, de 12-6-2002.

I – fixar as suas alíquotas máximas e mínimas;
► Inciso I com a redação dada pela EC nº 37, de 12-6-2002.
► Art. 88 do ADCT.

II – excluir da sua incidência exportações de serviços para o exterior;
► Inciso II com a redação dada pela EC nº 3, de 17-3-1993.

III – regular a forma e as condições como isenções, incentivos e benefícios fiscais serão concedidos e revogados.
► Inciso III acrescido pela EC nº 37, de 12-6-2002.
► Art. 88 do ADCT.

§ 4º *Revogado*. EC nº 3, de 17-3-1993.

SEÇÃO VI
DA REPARTIÇÃO DAS RECEITAS TRIBUTÁRIAS

Art. 157. Pertencem aos Estados e ao Distrito Federal:
► Art. 167, § 4º, desta Constituição.

I – o produto da arrecadação do imposto da União sobre renda e proventos de qualquer natureza, incidente na fonte, sobre rendimentos pagos, a qualquer título, por eles, suas autarquias e pelas fundações que instituírem e mantiverem;
► Art. 159, § 1º, desta Constituição.
► Art. 76, § 1º, do ADCT.
► Dec. nº 3.000, de 26-3-1999, regulamenta a tributação, fiscalização, arrecadação e administração do Imposto sobre a Renda e proventos de qualquer natureza.
► Súm. nº 447 do STJ.

II – vinte por cento do produto da arrecadação do imposto que a União instituir no exercício da competência que lhe é atribuída pelo artigo 154, I.
► Art. 72, § 3º, do ADCT.

Art. 158. Pertencem aos Municípios:
► Art. 167, IV, desta Constituição.
► LC nº 63, de 11-1-1990, dispõe sobre critérios e prazos de crédito das parcelas do produto da arrecadação de impostos de competência dos Estados e de transferências por estes recebidas, pertencentes aos Municípios.

I – o produto da arrecadação do imposto da União sobre renda e proventos de qualquer natureza, incidente na fonte, sobre rendimentos pagos, a qualquer título, por eles, suas autarquias e pelas fundações que instituírem e mantiverem;
► Art. 159, § 1º, desta Constituição.
► Art. 76, § 1º, do ADCT.

II – cinquenta por cento do produto da arrecadação do imposto da União sobre a propriedade territorial rural, relativamente aos imóveis neles situados, cabendo a totalidade na hipótese da opção a que se refere o art. 153, § 4º, III;
► Inciso II com a redação dada pela EC nº 42, de 19-12-2003.
► Arts. 72, § 4º, e 76, § 1º, do ADCT.
► Súm. nº 139 do STJ.

III – cinquenta por cento do produto da arrecadação do imposto do Estado sobre a propriedade de veículos automotores licenciados em seus territórios;
► Art. 1º da LC nº 63, de 11-1-1990, que dispõe sobre critérios e prazos de crédito das parcelas do produto da arrecadação de impostos de competência dos Estados e de transferências por estes recebidas, pertencentes aos Municípios.

IV – vinte e cinco por cento do produto da arrecadação do imposto do Estado sobre operações relativas à circulação de mercadorias e sobre prestações de serviços de transporte interestadual e intermunicipal e de comunicação.
► Arts. 60, § 2º, e 82, § 1º, do ADCT.
► Art. 1º da LC nº 63, de 11-1-1990, que dispõe sobre critérios e prazos de crédito das parcelas do produto da arrecadação de impostos de competência dos Estados e de transferências por estes recebidas, pertencentes aos Municípios.

Parágrafo único. As parcelas de receita pertencentes aos Municípios, mencionadas no inciso IV, serão creditadas conforme os seguintes critérios:

I – três quartos, no mínimo, na proporção do valor adicionado nas operações relativas à circulação de mercadorias e nas prestações de serviços, realizadas em seus territórios;

II – até um quarto, de acordo com o que dispuser lei estadual ou, no caso dos Territórios, lei federal.

Art. 159. A União entregará:

▶ Art. 167, IV, desta Constituição.
▶ Arts. 72, §§ 2º e 4º, e 80, § 1º, do ADCT.
▶ LC nº 62, de 28-12-1989, dispõe sobre normas para cálculo, entrega e controle de liberações de recursos dos Fundos de Participação.

I – do produto da arrecadação dos impostos sobre renda e proventos de qualquer natureza e sobre produtos industrializados quarenta e oito por cento na seguinte forma:

▶ Inciso I com a redação dada pela EC nº 55, de 20-9-2007.
▶ Art. 3º da EC nº 17, de 22-11-1997.
▶ Art. 2º da EC nº 55, de 20-9-2007, que determina que as alterações inseridas neste artigo somente se aplicam sobre a arrecadação dos impostos sobre renda e proventos de qualquer natureza e sobre produtos industrializados realizada a partir de 1º-9-2007.
▶ Art. 60, § 2º, do ADCT.

a) vinte e um inteiros e cinco décimos por cento ao Fundo de Participação dos Estados e do Distrito Federal;

▶ Arts. 34, § 2º, II e 60, § 2º, 76, § 1º, do ADCT.
▶ LC nº 62, de 28-12-1989, estabelece normas sobre o cálculo, a entrega e o controle das liberações dos recursos dos fundos de participação dos Estados, do Distrito Federal e dos Municípios.

b) vinte e dois inteiros e cinco décimos por cento ao Fundo de Participação dos Municípios;

▶ Art. 76, § 1º, do ADCT.
▶ LC nº 62, de 28-12-1989, estabelece normas sobre o cálculo, a entrega e o controle das liberações dos recursos dos fundos de participação dos Estados, do Distrito Federal e dos Municípios.
▶ LC nº 91, de 22-12-1997, dispõe sobre a fixação dos coeficientes do Fundo de Participação dos Municípios.

c) três por cento, para aplicação em programas de financiamento ao setor produtivo das Regiões Norte, Nordeste e Centro-Oeste, através de suas instituições financeiras de caráter regional, de acordo com os planos regionais de desenvolvimento, ficando assegurada ao semiárido do Nordeste a metade dos recursos destinados à Região, na forma que a lei estabelecer;

▶ Lei nº 7.827, de 22-9-1989, regulamenta esta alínea.

d) um por cento ao Fundo de Participação dos Municípios, que será entregue no primeiro decêndio do mês de dezembro de cada ano;

▶ Alínea d acrescida pela EC nº 55, de 20-9-2007.
▶ Art. 2º da EC nº 55, de 20-9-2007, estabelece que as alterações inseridas neste artigo somente se aplicam sobre a arrecadação dos impostos sobre renda e pro-

ventos de qualquer natureza e sobre produtos industrializados realizada a partir de 1º-9-2007.

II – do produto da arrecadação do imposto sobre produtos industrializados, dez por cento aos Estados e ao Distrito Federal, proporcionalmente ao valor das respectivas exportações de produtos industrializados;

▶ Arts. 60, § 2º, e 76, § 1º, do ADCT.
▶ Art. 1º da LC nº 63, de 11-1-1990, que dispõe sobre critérios e prazos de crédito das parcelas do produto da arrecadação de impostos de competência dos Estados e de transferências por estes recebidas, pertencentes aos Municípios.
▶ Lei nº 8.016, de 8-4-1990, dispõe sobre a entrega das quotas de participação dos Estados e do Distrito Federal na arrecadação do Imposto sobre Produtos Industrializados – IPI, a que se refere este inciso.

III – do produto da arrecadação da contribuição de intervenção no domínio econômico prevista no art. 177, § 4º, 29% (vinte e nove por cento) para os Estados e o Distrito Federal, distribuídos na forma da lei, observada a destinação a que se refere o inciso II, c, do referido parágrafo.

▶ Inciso III com a redação dada pela EC nº 44, de 30-6-2004.
▶ Art. 93 do ADCT.

§ 1º Para efeito de cálculo da entrega a ser efetuada de acordo com o previsto no inciso I, excluir-se-á a parcela da arrecadação do imposto de renda e proventos de qualquer natureza pertencente aos Estados, ao Distrito Federal e aos Municípios, nos termos do disposto nos artigos 157, I, e 158, I.

§ 2º A nenhuma unidade federada poderá ser destinada parcela superior a vinte por cento do montante a que se refere o inciso II, devendo o eventual excedente ser distribuído entre os demais participantes, mantido, em relação a esses, o critério de partilha nele estabelecido.

▶ LC nº 61, de 26-12-1989, dispõe sobre normas para participação dos Estados e do Distrito Federal no produto de arrecadação do Imposto sobre Produtos Industrializados – IPI, relativamente às exportações.

§ 3º Os Estados entregarão aos respectivos Municípios vinte e cinco por cento dos recursos que receberem nos termos do inciso II, observados os critérios estabelecidos no artigo 158, parágrafo único, I e II.

▶ LC nº 63, de 11-1-1990, dispõe sobre critérios e prazos de crédito das parcelas do produto da arrecadação de impostos de competência dos Estados e de transferências por estes recebidas, pertencentes aos Municípios.

§ 4º Do montante de recursos de que trata o inciso III que cabe a cada Estado, vinte e cinco por cento serão destinados aos seus Municípios, na forma da lei a que se refere o mencionado inciso.

▶ § 4º acrescido pela EC nº 42, de 19-12-2003.
▶ Art. 93 do ADCT.

Art. 160. É vedada a retenção ou qualquer restrição à entrega e ao emprego dos recursos atribuídos, nesta seção, aos Estados, ao Distrito Federal e aos Municípios, neles compreendidos adicionais e acréscimos relativos a impostos.

▶ Art. 3º da EC nº 17, de 22-11-1997.

Parágrafo único. A vedação prevista neste artigo não impede a União e os Estados de condicionarem a entrega de recursos:

▶ *Caput* do parágrafo único com a redação dada pela EC nº 29, de 13-9-2000.

I – ao pagamento de seus créditos, inclusive de suas autarquias;

II – ao cumprimento do disposto no artigo 198, § 2º, incisos II e III.

▶ Incisos I e II acrescidos pela EC nº 29, de 13-9-2000.

Art. 161. Cabe à lei complementar:

I – definir valor adicionado para fins do disposto no artigo 158, parágrafo único, I;

▶ LC nº 63, de 11-1-1990, dispõe sobre critérios e prazos de crédito das parcelas do produto da arrecadação de impostos de competência dos Estados e de transferências por estes recebidas, pertencentes aos Municípios.

II – estabelecer normas sobre a entrega dos recursos de que trata o artigo 159, especialmente sobre os critérios de rateio dos fundos previstos em seu inciso I, objetivando promover o equilíbrio socioeconômico entre Estados e entre Municípios;

▶ Art. 34, § 2º, do ADCT.

▶ LC nº 62, de 28-12-1989, estabelece normas sobre o cálculo, a entrega e o controle das liberações dos recursos dos fundos de participação dos Estados, do Distrito Federal e dos Municípios.

III – dispor sobre o acompanhamento, pelos beneficiários, do cálculo das quotas e da liberação das participações previstas nos artigos 157, 158 e 159.

▶ LC nº 62, de 28-12-1989, estabelece normas sobre o cálculo, a entrega e o controle das liberações dos recursos dos fundos de participação dos Estados, do Distrito Federal e dos Municípios.

Parágrafo único. O Tribunal de Contas da União efetuará o cálculo das quotas referentes aos fundos de participação a que alude o inciso II.

Art. 162. A União, os Estados, o Distrito Federal e os Municípios divulgarão, até o último dia do mês subsequente ao da arrecadação, os montantes de cada um dos tributos arrecadados, os recursos recebidos, os valores de origem tributária entregues e a entregar e a expressão numérica dos critérios de rateio.

Parágrafo único. Os dados divulgados pela União serão discriminados por Estado e por Município; os dos Estados, por Município.

Capítulo II

DAS FINANÇAS PÚBLICAS

Seção I

NORMAS GERAIS

Art. 163. Lei complementar disporá sobre:

▶ Art. 30 da EC nº 19, de 4-6-1998.

▶ Lei nº 4.320, de 17-3-1964, estatui normas gerais de direito financeiro para elaboração e controle dos orçamentos e balanços da União, dos Estados, dos Municípios e do Distrito Federal.

▶ Lei nº 6.830, de 22-9-1980 (Lei das Execuções Fiscais).

I – finanças públicas;

▶ LC nº 101, de 4-5-2000 (Lei da Responsabilidade Fiscal).

II – dívida pública externa e interna, incluída a das autarquias, fundações e demais entidades controladas pelo Poder Público;

▶ Lei nº 8.388, de 30-12-1991, estabelece diretrizes para que a União possa realizar a consolidação e o reescalonamento de dívidas das administrações direta e indireta dos Estados, do Distrito Federal e dos Municípios.

III – concessão de garantias pelas entidades públicas;

IV – emissão e resgate de títulos da dívida pública;

▶ Art. 34, § 2º, I, do ADCT.

V – fiscalização financeira da administração pública direta e indireta;

▶ Inciso V com a redação dada pela EC nº 40, de 29-5-2003.

▶ Lei nº 4.595, de 31-12-1964 (Lei do Sistema Financeiro Nacional).

VI – operações de câmbio realizadas por órgãos e entidades da União, dos Estados, do Distrito Federal e dos Municípios;

▶ Lei nº 4.131, de 3-9-1962, disciplina a aplicação do capital estrangeiro e as remessas de valores para o exterior.

▶ Dec.-lei nº 9.025, de 27-2-1946, dispõe sobre as operações de cambio e regulamenta o retorno de capitais estrangeiros.

▶ Dec.-lei nº 9.602, de 16-8-1946, e Lei nº 1.807, de 7-1-1953, dispõem sobre operações de câmbio.

VII – compatibilização das funções das instituições oficiais de crédito da União, resguardadas as características e condições operacionais plenas das voltadas ao desenvolvimento regional.

▶ Art. 30 da EC nº 19, de 4-6-1998 (Reforma Administrativa).

▶ LC nº 101, de 4-5-2000 (Lei da Responsabilidade Fiscal).

▶ Lei nº 4.595, de 31-12-1964 (Lei do Sistema Financeiro Nacional).

Art. 164. A competência da União para emitir moeda será exercida exclusivamente pelo Banco Central.

§ 1º É vedado ao Banco Central conceder, direta ou indiretamente, empréstimos ao Tesouro Nacional e a qualquer órgão ou entidade que não seja instituição financeira.

§ 2º O Banco Central poderá comprar e vender títulos de emissão do Tesouro Nacional, com o objetivo de regular a oferta de moeda ou a taxa de juros.

§ 3º As disponibilidades de caixa da União serão depositadas no Banco Central; as dos Estados, do Distrito Federal, dos Municípios e dos órgãos ou entidades do Poder Público e das empresas por ele controladas, em instituições financeiras oficiais, ressalvados os casos previstos em lei.

Seção II

DOS ORÇAMENTOS

Art. 165. Leis de iniciativa do Poder Executivo estabelecerão:

I – o plano plurianual;

II – as diretrizes orçamentárias;

III – os orçamentos anuais.

§ 1º A lei que instituir o plano plurianual estabelecerá, de forma regionalizada, as diretrizes, os objetivos e

Constituição Federal – Art. 166

metas da administração pública federal para as despesas de capital e outras delas decorrentes e para as relativas aos programas de duração continuada.

§ 2º A lei de diretrizes orçamentárias compreenderá as metas e prioridades da administração pública federal, incluindo as despesas de capital para o exercício financeiro subsequente, orientará a elaboração da lei orçamentária anual, disporá sobre as alterações na legislação tributária e estabelecerá a política de aplicação das agências financeiras oficiais de fomento.

▶ Art. 4º da LC nº 101, de 4-5-2000 (Lei da Responsabilidade Fiscal).

§ 3º O Poder Executivo publicará, até trinta dias após o encerramento de cada bimestre, relatório resumido da execução orçamentária.

§ 4º Os planos e programas nacionais, regionais e setoriais previstos nesta Constituição serão elaborados em consonância com o plano plurianual e apreciados pelo Congresso Nacional.

▶ Lei nº 9.491, de 9-9-1997, altera procedimentos relativos ao Programa Nacional de Desestatização.

§ 5º A lei orçamentária anual compreenderá:

I – o orçamento fiscal referente aos Poderes da União, seus fundos, órgãos e entidades da administração direta e indireta, inclusive fundações instituídas e mantidas pelo Poder Público;
II – o orçamento de investimento das empresas em que a União, direta ou indiretamente, detenha a maioria do capital social com direito a voto;
III – o orçamento da seguridade social, abrangendo todas as entidades e órgãos a ela vinculados, da administração direta ou indireta, bem como os fundos e fundações instituídos e mantidos pelo Poder Público.

§ 6º O projeto de lei orçamentária será acompanhado de demonstrativo regionalizado do efeito, sobre as receitas e despesas, decorrente de isenções, anistias, remissões, subsídios e benefícios de natureza financeira, tributária e creditícia.

§ 7º Os orçamentos previstos no § 5º, I e II, deste artigo, compatibilizados com o plano plurianual, terão entre suas funções a de reduzir desigualdades inter-regionais, segundo critério populacional.

▶ Art. 35 do ADCT.

§ 8º A lei orçamentária anual não conterá dispositivo estranho à previsão da receita e à fixação da despesa, não se incluindo na proibição a autorização para abertura de créditos suplementares e contratação de operações de crédito, ainda que por antecipação de receita, nos termos da lei.

▶ Art. 167, IV, desta Constituição.

§ 9º Cabe à lei complementar:

▶ Art. 168 desta Constituição.
▶ Art. 35, § 2º, do ADCT.
▶ Lei nº 4.320, de 17-3-1964, estatui normas gerais de direito financeiro para elaboração e controle dos orçamentos e balanços da União, dos Estados, dos Municípios e do Distrito Federal.
▶ Dec.-lei nº 200, de 25-2-1967, dispõe sobre a organização da Administração Federal, estabelece diretrizes para a Reforma Administrativa.

I – dispor sobre o exercício financeiro, a vigência, os prazos, a elaboração e a organização do plano plurianual, da lei de diretrizes orçamentárias e da lei orçamentária anual;
II – estabelecer normas de gestão financeira e patrimonial da administração direta e indireta, bem como condições para a instituição e funcionamento de fundos.

▶ Arts. 35, § 2º, 71, § 1º, e 81, § 3º, do ADCT.
▶ LC nº 89, de 18-2-1997, institui o Fundo para Aparelhamento e Operacionalização das Atividades-fim da Polícia Federal – FUNAPOL.
▶ LC nº 101, de 4-5-2000 (Lei da Responsabilidade Fiscal).

Art. 166. Os projetos de lei relativos ao plano plurianual, às diretrizes orçamentárias, ao orçamento anual e aos créditos adicionais serão apreciados pelas duas Casas do Congresso Nacional, na forma do regimento comum.

§ 1º Caberá a uma Comissão mista permanente de Senadores e Deputados:

I – examinar e emitir parecer sobre os projetos referidos neste artigo e sobre as contas apresentadas anualmente pelo Presidente da República;
II – examinar e emitir parecer sobre os planos e programas nacionais, regionais e setoriais previstos nesta Constituição e exercer o acompanhamento e a fiscalização orçamentária, sem prejuízo da atuação das demais comissões do Congresso Nacional e de suas Casas, criadas de acordo com o artigo 58.

§ 2º As emendas serão apresentadas na Comissão mista, que sobre elas emitirá parecer, e apreciadas, na forma regimental, pelo Plenário das duas Casas do Congresso Nacional.

§ 3º As emendas ao projeto de lei do orçamento anual ou aos projetos que o modifiquem somente podem ser aprovadas caso:

I – sejam compatíveis com o plano plurianual e com a lei de diretrizes orçamentárias;
II – indiquem os recursos necessários, admitidos apenas os provenientes de anulação de despesa, excluídas as que incidam sobre:

a) dotações para pessoal e seus encargos;
b) serviço da dívida;
c) transferências tributárias constitucionais para Estados, Municípios e Distrito Federal; ou

III – sejam relacionadas:

a) com a correção de erros ou omissões; ou
b) com os dispositivos do texto do projeto de lei.

§ 4º As emendas ao projeto de lei de diretrizes orçamentárias não poderão ser aprovadas quando incompatíveis com o plano plurianual.

▶ Art. 63, I, desta Constituição.

§ 5º O Presidente da República poderá enviar mensagem ao Congresso Nacional para propor modificação nos projetos a que se refere este artigo enquanto não iniciada a votação, na Comissão mista, da parte cuja alteração é proposta.

§ 6º Os projetos de lei do plano plurianual, das diretrizes orçamentárias e do orçamento anual serão enviados pelo Presidente da República ao Congresso

Nacional, nos termos da lei complementar a que se refere o artigo 165, § 9º.

§ 7º Aplicam-se aos projetos mencionados neste artigo, no que não contrariar o disposto nesta seção, as demais normas relativas ao processo legislativo.

§ 8º Os recursos que, em decorrência de veto, emenda ou rejeição do projeto de lei orçamentária anual, ficarem sem despesas correspondentes poderão ser utilizados, conforme o caso, mediante créditos especiais ou suplementares, com prévia e específica autorização legislativa.

Art. 167. São vedados:

I – o início de programas ou projetos não incluídos na lei orçamentária anual;
II – a realização de despesas ou a assunção de obrigações diretas que excedam os créditos orçamentários ou adicionais;
III – a realização de operações de créditos que excedam o montante das despesas de capital, ressalvadas as autorizadas mediante créditos suplementares ou especiais com finalidade precisa, aprovados pelo Poder Legislativo por maioria absoluta;

▶ Art. 37 do ADCT.
▶ Art. 38, § 1º, da LC nº 101, de 4-5-2000 (Lei da Responsabilidade Fiscal).

IV – a vinculação de receita de impostos a órgão, fundo ou despesa, ressalvadas a repartição do produto da arrecadação dos impostos a que se referem os arts. 158 e 159, a destinação de recursos para as ações e serviços públicos de saúde, para manutenção e desenvolvimento do ensino e para realização de atividades da administração tributária, como determinado, respectivamente, pelos arts. 198, § 2º, 212 e 37, XXII, e a prestação de garantias às operações de crédito por antecipação de receita, previstas no art. 165, § 8º, bem como o disposto no § 4º deste artigo;

▶ Inciso IV com a redação dada pela EC nº 42, de 19-12-2003.
▶ Art. 80, § 1º, do ADCT.
▶ Art. 2º, parágrafo único, da LC nº 111, de 6-7-2001, que dispõe sobre o Fundo de Combate e Erradicação da Pobreza, na forma prevista nos arts. 79 a 81 do ADCT.

V – a abertura de crédito suplementar ou especial sem prévia autorização legislativa e sem indicação dos recursos correspondentes;
VI – a transposição, o remanejamento ou a transferência de recursos de uma categoria de programação para outra ou de um órgão para o outro, sem prévia autorização legislativa;
VII – a concessão ou utilização de créditos ilimitados;
VIII – a utilização, sem autorização legislativa específica, de recursos dos orçamentos fiscal e da seguridade social para suprir necessidade ou cobrir déficit de empresas, fundações e fundos, inclusive dos mencionados no artigo 165, § 5º;
IX – a instituição de fundos de qualquer natureza, sem prévia autorização legislativa;
X – a transferência voluntária de recursos e a concessão de empréstimos, inclusive por antecipação de receita, pelos Governos Federal e Estaduais e suas instituições financeiras, para pagamento de despesas com pessoal ativo, inativo e pensionista, dos Estados, do Distrito Federal e dos Municípios;

▶ Inciso X acrescido pela EC nº 19, de 4-6-1998.

XI – a utilização dos recursos provenientes das contribuições sociais de que trata o artigo 195, I, a, e II, para realização de despesas distintas do pagamento de benefícios do regime geral de previdência social de que trata o artigo 201.

▶ Inciso XI acrescido pela EC nº 20, de 15-12-1998.

§ 1º Nenhum investimento cuja execução ultrapasse um exercício financeiro poderá ser iniciado sem prévia inclusão no plano plurianual, ou sem lei que autorize a inclusão, sob pena de crime de responsabilidade.

§ 2º Os créditos especiais e extraordinários terão vigência no exercício financeiro em que forem autorizados, salvo se o ato de autorização for promulgado nos últimos quatro meses daquele exercício, caso em que, reabertos nos limites de seus saldos, serão incorporados ao orçamento do exercício financeiro subsequente.

§ 3º A abertura de crédito extraordinário somente será admitida para atender a despesas imprevisíveis e urgentes, como as decorrentes de guerra, comoção interna ou calamidade pública, observado o disposto no artigo 62.

§ 4º É permitida a vinculação de receitas próprias geradas pelos impostos a que se referem os artigos 155 e 156, e dos recursos de que tratam os artigos 157, 158 e 159, I, a e b, e II, para a prestação de garantia ou contra garantia à União e para pagamento de débitos para com esta.

▶ § 4º acrescido pela EC nº 3, de 17-3-1993.

Art. 168. Os recursos correspondentes às dotações orçamentárias, compreendidos os créditos suplementares e especiais, destinados aos órgãos dos Poderes Legislativo e Judiciário, do Ministério Público e da Defensoria Pública, ser-lhes-ão entregues até o dia 20 de cada mês, em duodécimos, na forma da lei complementar a que se refere o art. 165, § 9º.

▶ Artigo com a redação dada pela EC nº 45, de 8-12-2004.

Art. 169. A despesa com pessoal ativo e inativo da União, dos Estados, do Distrito Federal e dos Municípios não poderá exceder os limites estabelecidos em lei complementar.

▶ Arts. 96, II, e 127, § 2º, desta Constituição.
▶ Arts. 19 a 23 da LC nº 101, de 4-5-2000 (Lei da Responsabilidade Fiscal).
▶ Lei nº 9.801, de 14-6-1999, dispõe sobre normas gerais para a perda de cargo público por excesso de despesa.

§ 1º A concessão de qualquer vantagem ou aumento de remuneração, a criação de cargos, empregos e funções ou alteração de estrutura de carreiras, bem como a admissão ou contratação de pessoal, a qualquer título, pelos órgãos e entidades da administração direta ou indireta, inclusive fundações instituídas e mantidas pelo poder público, só poderão ser feitas:

▶ Art. 96, I, e, desta Constituição.

I – se houver prévia dotação orçamentária suficiente para atender às projeções de despesa de pessoal e aos acréscimos dela decorrentes;

II – se houver autorização específica na lei de diretrizes orçamentárias, ressalvadas as empresas públicas e as sociedades de economia mista.

▶ § 1º com a redação dada pela EC nº 19, de 4-6-1998.

§ 2º Decorrido o prazo estabelecido na lei complementar referida neste artigo para a adaptação aos parâmetros ali previstos, serão imediatamente suspensos todos os repasses de verbas federais ou estaduais aos Estados, ao Distrito Federal e aos Municípios que não observarem os referidos limites.

§ 3º Para o cumprimento dos limites estabelecidos com base neste artigo, durante o prazo fixado na lei complementar referida no *caput*, a União, os Estados, o Distrito Federal e os Municípios adotarão as seguintes providências:

I – redução em pelo menos vinte por cento das despesas com cargos em comissão e funções de confiança;
II – exoneração dos servidores não estáveis.

▶ Art. 33 da EC nº 19, de 4-6-1998 (Reforma Administrativa).

§ 4º Se as medidas adotadas com base no parágrafo anterior não forem suficientes para assegurar o cumprimento da determinação da lei complementar referida neste artigo, o servidor estável poderá perder o cargo, desde que ato normativo motivado de cada um dos Poderes especifique a atividade funcional, o órgão ou unidade administrativa objeto da redução de pessoal.

▶ Art. 198, § 6º, desta Constituição.

§ 5º O servidor que perder o cargo na forma do parágrafo anterior fará jus a indenização correspondente a um mês de remuneração por ano de serviço.

§ 6º O cargo objeto da redução prevista nos parágrafos anteriores será considerado extinto, vedada a criação de cargo, emprego ou função com atribuições iguais ou assemelhadas pelo prazo de quatro anos.

§ 7º Lei federal disporá sobre as normas gerais a serem obedecidas na efetivação do disposto no § 4º.

▶ §§ 2º a 7º acrescidos pela EC nº 19, de 4-6-1998.
▶ Art. 247 desta Constituição.
▶ Lei nº 9.801, de 14-6-1999, dispõe sobre as normas gerais para a perda de cargo público por excesso de despesa.

TÍTULO VII – DA ORDEM ECONÔMICA E FINANCEIRA

CAPÍTULO I

DOS PRINCÍPIOS GERAIS DA ATIVIDADE ECONÔMICA

▶ Lei nº 8.137, de 27-12-1990 (Lei dos Crimes contra a Ordem Tributária, Econômica e contra as Relações de Consumo).
▶ Lei nº 8.176, de 8-2-1991, define crimes contra a ordem econômica e cria o sistema de estoque de combustíveis.
▶ Lei nº 12.529, de 30-11-2011 (Lei do Sistema Brasileiro de Defesa da Concorrência).

Art. 170. A ordem econômica, fundada na valorização do trabalho humano e na livre iniciativa, tem por fim assegurar a todos existência digna, conforme os ditames da justiça social, observados os seguintes princípios:

I – soberania nacional;

▶ Art. 1º, I, desta Constituição.

II – propriedade privada;

▶ Art. 5º, XXII, desta Constituição.
▶ Arts. 1.228 a 1.368 do CC.

III – função social da propriedade;

▶ Lei nº 12.529, de 30-11-2011 (Lei do Sistema Brasileiro de Defesa da Concorrência).

IV – livre concorrência;

▶ Lei nº 12.529, de 30-11-2011 (Lei do Sistema Brasileiro de Defesa da Concorrência).
▶ Art. 52 do Dec. nº 2.594, de 15-4-1998, que dispõe sobre a defesa da concorrência na desestatização.
▶ Súm. nº 646 do STF.

V – defesa do consumidor;

▶ Lei nº 8.078, de 11-9-1990 (Código de Defesa do Consumidor).
▶ Lei nº 10.504, de 8-7-2002, institui o Dia Nacional do Consumidor, que é comemorado anualmente, no dia 15 de março.
▶ Dec. nº 2.181, de 20-3-1997, dispõe sobre a organização do Sistema Nacional de Defesa do Consumidor – SNDC e estabelece normas gerais de aplicação das sanções administrativas previstas no CDC.
▶ Súm. nº 646 do STF.

VI – defesa do meio ambiente, inclusive mediante tratamento diferenciado conforme o impacto ambiental dos produtos e serviços e de seus processos de elaboração e prestação;

▶ Inciso VI com a redação dada pela EC nº 42, de 19-12-2003.
▶ Art. 5º, LXXIII, desta Constituição.
▶ Lei nº 7.347, de 24-7-1985 (Lei da Ação Civil Pública).
▶ Lei nº 9.605, de 12-2-1998 (Lei dos Crimes Ambientais).
▶ Dec. nº 6.514, de 22-7-2008, dispõe sobre as infrações e sanções administrativas ao meio ambiente e estabelece o processo administrativo federal para apuração destas infrações.
▶ Res. do CONAMA nº 369, de 28-3-2006, dispõe sobre os casos excepcionais, de utilidade pública, interesse social ou baixo impacto ambiental, que possibilitam a intervenção ou supressão de vegetação em Área de Preservação Permanente – APP.

VII – redução das desigualdades regionais e sociais;

▶ Art. 3º, III, desta Constituição.

VIII – busca do pleno emprego;

▶ Arts. 6º e 7º desta Constituição.
▶ Art. 47 da Lei nº 11.101, de 9-2-2005 (Lei de Recuperação de Empresas e Falências).
▶ Dec. nº 41.721, de 25-6-1957 promulga a Convenção nº 88 da OIT sobre organização do serviço de emprego.
▶ Dec. nº 66.499, de 27-4-1970, promulga a Convenção nº 122 da OIT sobre política de emprego.

IX – tratamento favorecido para as empresas de pequeno porte constituídas sob as leis brasileiras e que tenham sua sede e administração no País.

▶ Inciso IX com a redação dada pela EC nº 6, de 15-8-1995.
▶ Art. 246 desta Constituição.

► LC nº 123, de 14-12-2006 (Estatuto Nacional da Microempresa e da Empresa de Pequeno Porte).
► Lei nº 6.174, de 1-8-2007, institui e regulamenta o Fórum Permanente das Microempresas de Pequeno Porte.

Parágrafo único. É assegurado a todos o livre exercício de qualquer atividade econômica, independentemente de autorização de órgãos públicos, salvo nos casos previstos em lei.

► Súm. nº 646 do STF.

Art. 171. *Revogado.* EC nº 6, de 15-8-1995.

Art. 172. A lei disciplinará, com base no interesse nacional, os investimentos de capital estrangeiro, incentivará os reinvestimentos e regulará a remessa de lucros.

► Lei nº 4.131, de 3-9-1962, disciplina a aplicação do capital estrangeiro e as remessas de valores para o exterior.
► Dec.-lei nº 37, de 18-11-1966 (Lei do Imposto de Importação).

Art. 173. Ressalvados os casos previstos nesta Constituição, a exploração direta de atividade econômica pelo Estado só será permitida quando necessária aos imperativos da segurança nacional ou a relevante interesse coletivo, conforme definidos em lei.

► OJ da SBDI-I nº 364 do TST.

§ 1º A lei estabelecerá o estatuto jurídico da empresa pública, da sociedade de economia mista e de suas subsidiárias que explorem atividade econômica de produção ou comercialização de bens ou de prestação de serviços, dispondo sobre:

► § 1º com a redação dada pela EC nº 19, de 4-6-1998.

I – sua função social e formas de fiscalização pelo Estado e pela sociedade;
II – a sujeição ao regime jurídico próprio das empresas privadas, inclusive quanto aos direitos e obrigações civis, comerciais, trabalhistas e tributários;

► OJ da SBDI-I nº 353 do TST.

III – licitação e contratação de obras, serviços, compras e alienações, observados os princípios da administração pública;

► Art. 22, XXVII, desta Constituição.
► Súm. nº 333 do STJ.

IV – a constituição e o funcionamento dos conselhos de administração e fiscal, com a participação de acionistas minoritários;
V – os mandatos, a avaliação de desempenho e a responsabilidade dos administradores.

► Incisos I a V com a redação dada pela EC nº 19, de 4-6-1998.

§ 2º As empresas públicas e as sociedades de economia mista não poderão gozar de privilégios fiscais não extensivos aos do setor privado.

§ 3º A lei regulamentará as relações da empresa pública com o Estado e a sociedade.

§ 4º A lei reprimirá o abuso do poder econômico que vise à dominação dos mercados, à eliminação da concorrência e ao aumento arbitrário dos lucros.

► Lei nº 8.137, de 27-12-1990 (Lei dos Crimes Contra a Ordem Tributária, Econômica e Contra as Relações de Consumo).
► Lei nº 8.176, de 8-2-1991 (Lei dos Crimes Contra a Ordem Econômica).
► Lei nº 9.069, de 29-6-1995, dispõe sobre o Plano Real, o Sistema Monetário Nacional, estabelece as regras e condições de emissão do Real e os critérios para conversão das obrigações para o Real.
► Lei nº 12.529, de 30-11-2011 (Lei do Sistema Brasileiro de Defesa da Concorrência).
► Súm. nº 646 do STF.

§ 5º A lei, sem prejuízo da responsabilidade individual dos dirigentes da pessoa jurídica, estabelecerá a responsabilidade desta, sujeitando-a às punições compatíveis com sua natureza, nos atos praticados contra a ordem econômica e financeira e contra a economia popular.

► Lei Delegada nº 4, de 26-9-1962, dispõe sobre a intervenção no domínio econômico para assegurar a livre distribuição de produtos necessários ao consumo do povo.

Art. 174. Como agente normativo e regulador da atividade econômica, o Estado exercerá, na forma da lei, as funções de fiscalização, incentivo e planejamento, sendo este determinante para o setor público e indicativo para o setor privado.

§ 1º A lei estabelecerá as diretrizes e bases do planejamento do desenvolvimento nacional equilibrado, o qual incorporará e compatibilizará os planos nacionais e regionais de desenvolvimento.

§ 2º A lei apoiará e estimulará o cooperativismo e outras formas de associativismo.

► Lei nº 5.764, de 16-12-1971 (Lei das Cooperativas).
► Lei nº 9.867, de 10-11-1999, dispõe sobre a criação e o funcionamento de Cooperativas Sociais, visando à integração social dos cidadãos.

§ 3º O Estado favorecerá a organização da atividade garimpeira em cooperativas, levando em conta a proteção do meio ambiente e a promoção econômico-social dos garimpeiros.

► Dec.-lei nº 227, de 28-2-1967 (Código de Mineração).

§ 4º As cooperativas a que se refere o parágrafo anterior terão prioridade na autorização ou concessão para pesquisa e lavra dos recursos e jazidas de minerais garimpáveis, nas áreas onde estejam atuando, e naquelas fixadas de acordo com o artigo 21, XXV, na forma da lei.

Art. 175. Incumbe ao Poder Público, na forma da lei, diretamente ou sob regime de concessão ou permissão, sempre através de licitação, a prestação de serviços públicos.

► Lei nº 8.987, de 13-2-1995 (Lei da Concessão e Permissão da Prestação de Serviços Públicos).
► Lei nº 9.074, de 7-7-1995, estabelece normas para outorga e prorrogações das concessões e permissões de serviços públicos.
► Lei nº 9.427, de 26-12-1996, institui a Agência Nacional de Energia Elétrica – ANEEL e disciplina o regime das concessões de serviços públicos de energia elétrica.
► Lei nº 9.791, de 24-3-1999, dispõe sobre a obrigatoriedade de as concessionárias de serviços públicos estabelecerem ao consumidor e ao usuário datas opcionais para o vencimento de seus débitos.
► Dec. nº 2.196, de 8-4-1997, aprova o Regulamento de Serviços Especiais.

Parágrafo único. A lei disporá sobre:

I – o regime das empresas concessionárias e permissionárias de serviços públicos, o caráter especial de seu contrato e de sua prorrogação, bem como as condições de caducidade, fiscalização e rescisão da concessão ou permissão;
II – os direitos dos usuários;
III – política tarifária;
▶ Súm. nº 407 do STJ.
IV – a obrigação de manter serviço adequado.

Art. 176. As jazidas, em lavra ou não, e demais recursos minerais e os potenciais de energia hidráulica constituem propriedade distinta da do solo, para efeito de exploração ou aproveitamento, e pertencem à União, garantida ao concessionário a propriedade do produto da lavra.

§ 1º A pesquisa e a lavra de recursos minerais e o aproveitamento dos potenciais a que se refere o caput deste artigo somente poderão ser efetuados mediante autorização ou concessão da União, no interesse nacional, por brasileiros ou empresa constituída sob as leis brasileiras e que tenha sua sede e administração no País, na forma da lei, que estabelecerá as condições específicas quando essas atividades se desenvolverem em faixa de fronteira ou terras indígenas.

▶ § 1º com a redação dada pela EC nº 6, de 15-8-1995.
▶ Art. 246 desta Constituição.
▶ Dec.-lei nº 227, de 28-2-1967 (Código de Mineração).

§ 2º É assegurada participação ao proprietário do solo nos resultados da lavra, na forma e no valor que dispuser a lei.

▶ Lei nº 8.901, de 30-6-1995, regulamenta este parágrafo.
▶ Dec.-lei nº 227, de 28-2-1967 (Código de Mineração).

§ 3º A autorização de pesquisa será sempre por prazo determinado, e as autorizações e concessões previstas neste artigo não poderão ser cedidas ou transferidas, total ou parcialmente, sem prévia anuência do poder concedente.

§ 4º Não dependerá de autorização ou concessão o aproveitamento do potencial de energia renovável de capacidade reduzida.

Art. 177. Constituem monopólio da União:

▶ Lei nº 9.478, de 6-8-1997, dispõe sobre a política energética nacional, as atividades relativas ao monopólio do petróleo, institui o Conselho Nacional de Política Energética e a Agência Nacional do Petróleo – ANP.

I – a pesquisa e a lavra das jazidas de petróleo e gás natural e outros hidrocarbonetos fluidos;

▶ Lei nº 12.304, de 2-8-2010, autoriza o Poder Executivo a criar a empresa pública denominada Empresa Brasileira de Administração de Petróleo e Gás Natural S.A. – Pré-Sal Petróleo S.A. (PPSA).

II – a refinação do petróleo nacional ou estrangeiro;

▶ Art. 45 do ADCT.

III – a importação e exportação dos produtos e derivados básicos resultantes das atividades previstas nos incisos anteriores;

▶ Lei nº 11.909, de 4-3-2009, dispõe sobre as atividades relativas à importação, exportação, transporte por meio de condutos, tratamento, processamento, estocagem, liquefação, regaseificação e comercialização de gás natural.

IV – o transporte marítimo do petróleo bruto de origem nacional ou de derivados básicos de petróleo produzidos no País, bem assim o transporte, por meio de conduto, de petróleo bruto, seus derivados e gás natural de qualquer origem;

▶ Lei nº 11.909, de 4-3-2009, dispõe sobre as atividades relativas à importação, exportação, transporte por meio de condutos, tratamento, processamento, estocagem, liquefação, regaseificação e comercialização de gás natural.

V – a pesquisa, a lavra, o enriquecimento, o reprocessamento, a industrialização e o comércio de minérios e minerais nucleares e seus derivados, com exceção dos radioisótopos cuja produção, comercialização e utilização poderão ser autorizadas sob regime de permissão, conforme as alíneas b e c do inciso XXIII do caput do art. 21 desta Constituição Federal.

▶ Inciso V com a redação dada pela EC nº 49, de 8-2-2006.

§ 1º A União poderá contratar com empresas estatais ou privadas a realização das atividades previstas nos incisos I a IV deste artigo, observadas as condições estabelecidas em Lei.

▶ § 1º com a redação dada pela EC nº 9, de 9-11-1995.
▶ Lei nº 12.304, de 2-8-2010, autoriza o Poder Executivo a criar a empresa pública denominada Empresa Brasileira de Administração de Petróleo e Gás Natural S.A. – Pré-Sal Petróleo S.A. (PPSA).

§ 2º A lei a que se refere o § 1º disporá sobre:

▶ Lei nº 9.478, de 6-8-1997, dispõe sobre a Política Energética Nacional, as atividades relativas ao monopólio do petróleo, institui o Conselho Nacional de Política Energética e a Agência Nacional de Petróleo – ANP.
▶ Lei nº 9.847, de 26-10-1999, dispõe sobre a fiscalização das atividades relativas ao abastecimento nacional de combustíveis de que trata a Lei nº 9.478, de 6-8-1997, e estabelece sanções administrativas.

I – a garantia do fornecimento dos derivados de petróleo em todo o Território Nacional;
II – as condições de contratação;
III – a estrutura e atribuições do órgão regulador do monopólio da União.

▶ § 2º acrescido pela EC nº 9, de 9-11-1995.
▶ Lei nº 9.478, de 6-8-1997, dispõe sobre a política energética nacional, as atividades relativas ao monopólio do petróleo, que institui o Conselho Nacional de Política Energética e a Agência Nacional de Petróleo – ANP.

§ 3º A lei disporá sobre transporte e a utilização de materiais radioativos no Território Nacional.

▶ Antigo § 2º transformado em § 3º pela EC nº 9, de 9-11-1995.
▶ Art. 3º da EC nº 9, de 9-11-1995.

§ 4º A lei que instituir contribuição de intervenção no domínio econômico relativa às atividades de importação ou comercialização de petróleo e seus derivados, gás natural e seus derivados e álcool combustível deverá atender aos seguintes requisitos:

I – a alíquota da contribuição poderá ser:

a) diferenciada por produto ou uso;

b) reduzida e restabelecida por ato do Poder Executivo, não se lhe aplicando o disposto no artigo 150, III, *b;*

II – os recursos arrecadados serão destinados:

a) ao pagamento de subsídios a preços ou transporte de álcool combustível, gás natural e seus derivados e derivados de petróleo;

▶ Lei nº 10.453, de 13-5-2002, dispõe sobre subvenções ao preço e ao transporte do álcool combustível e subsídios ao preço do gás liquefeito de petróleo – GLP.

b) ao financiamento de projetos ambientais relacionados com a indústria do petróleo e do gás;
c) ao financiamento de programas de infraestrutura de transportes.

▶ § 4º acrescido pela EC nº 33, de 11-12-2001.

▶ O STF, por maioria de votos, julgou parcialmente procedente a ADIN nº 2.925-8, para dar interpretação conforme a CF, no sentido de que a abertura de crédito suplementar deve ser destinada às três finalidades enumeradas nas alíneas *a* a *c,* deste inciso (*DJ* de 4-3-2005).

▶ Lei nº 10.336, de 19-12-2001, institui Contribuição de Intervenção no Domínio Econômico incidente sobre a importação e a comercialização de petróleo e seus derivados, gás natural e seus derivados, e álcool etílico combustível – CIDE.

▶ Art. 1º da Lei nº 10.453, de 13-5-2002, que dispõe sobre subvenções ao preço e ao transporte do álcool combustível e subsídios ao preço do gás liquefeito de petróleo – GLP.

Art. 178. A lei disporá sobre a ordenação dos transportes aéreo, aquático e terrestre, devendo, quanto à ordenação do transporte internacional, observar os acordos firmados pela União, atendido o princípio da reciprocidade.

▶ Art. 246 desta Constituição.
▶ Lei nº 7.565, de 19-15-1986, dispõe sobre o Código Brasileiro de Aeronáutica.
▶ Lei nº 11.442, de 5-1-2007, dispõe sobre o transporte rodoviário de cargas por conta de terceiros e mediante remuneração.
▶ Dec.-lei nº 116, de 25-1-1967, dispõe sobre as operações inerentes ao transporte de mercadorias por via d'água nos portos brasileiros, delimitando suas responsabilidades e tratando das faltas e avarias.

Parágrafo único. Na ordenação do transporte aquático, a lei estabelecerá as condições em que o transporte de mercadorias na cabotagem e a navegação interior poderão ser feitos por embarcações estrangeiras.

▶ Art. 178 com a redação dada pela EC nº 7, de 15-8-1995.
▶ Art. 246 desta Constituição.
▶ Lei nº 10.233, de 5-6-2001, dispõe sobre a reestruturação dos transportes aquaviário e terrestre, cria o Conselho Nacional de Integração de Políticas de Transporte, a Agência Nacional de Transportes Terrestres, a Agência Nacional de Transportes Aquaviários e o Departamento Nacional de Infraestrutura de Transportes.
▶ Dec. nº 4.130, de 13-2-2002, aprova o Regulamento e o Quadro Demonstrativo dos Cargos Comissionados e dos Cargos Comissionados Técnicos da Agência Nacional de Transporte Terrestre – ANTT.
▶ Dec. nº 4.244, de 22-5-2002, dispõe sobre o transporte aéreo, no País, de autoridades em aeronave do comando da aeronáutica.

Art. 179. A União, os Estados, o Distrito Federal e os Municípios dispensarão às microempresas e às empresas de pequeno porte, assim definidas em lei, tratamento jurídico diferenciado, visando a incentivá-las pela simplificação de suas obrigações administrativas, tributárias, previdenciárias e creditícias, ou pela eliminação ou redução destas por meio de lei.

▶ Art. 47, § 1º, do ADCT.
▶ LC nº 123, de 14-12-2006 (Estatuto Nacional da Microempresa e da Empresa de Pequeno Porte).

Art. 180. A União, os Estados, o Distrito Federal e os Municípios promoverão e incentivarão o turismo como fator de desenvolvimento social e econômico.

Art. 181. O atendimento de requisição de documento ou informação de natureza comercial, feita por autoridade administrativa ou judiciária estrangeira, a pessoa física ou jurídica residente ou domiciliada no País dependerá de autorização do Poder competente.

CAPÍTULO II

DA POLÍTICA URBANA

▶ Lei nº 10.257, de 10-7-2001 (Estatuto da Cidade).

Art. 182. A política de desenvolvimento urbano, executada pelo Poder Público municipal, conforme diretrizes gerais fixadas em lei, tem por objetivo ordenar o pleno desenvolvimento das funções sociais da cidade e garantir o bem-estar de seus habitantes.

▶ Lei nº 10.257, de 10-7-2001 (Estatuto da Cidade), regulamenta este artigo.
▶ Lei nº 12.587, de 3-1-2012 (Lei da Política Nacional de Mobilidade Urbana).

§ 1º O plano diretor, aprovado pela Câmara Municipal, obrigatório para cidades com mais de vinte mil habitantes, é o instrumento básico da política de desenvolvimento e de expansão urbana.

§ 2º A propriedade urbana cumpre sua função social quando atende às exigências fundamentais de ordenação da cidade expressas no plano diretor.

▶ Art. 186 desta Constituição.
▶ Súm. nº 668 do STF.

§ 3º As desapropriações de imóveis urbanos serão feitas com prévia e justa indenização em dinheiro.

▶ Art. 46 da LC nº 101, de 4-5-2000 (Lei da Responsabilidade Fiscal).
▶ Dec.-lei nº 3.365, de 21-6-1941 (Lei das Desapropriações).
▶ Súmulas nºs 113 e 114 do STJ.

§ 4º É facultado ao Poder Público municipal, mediante lei específica para área incluída no plano diretor, exigir, nos termos da lei federal, do proprietário do solo urbano não edificado, subutilizado ou não utilizado, que promova seu adequado aproveitamento, sob pena, sucessivamente, de:

I – parcelamento ou edificação compulsórios;
II – imposto sobre a propriedade predial e territorial urbana progressivo no tempo;

▶ Art. 156, § 1º, desta Constituição.
▶ Súm. nº 668 do STF.

III – desapropriação com pagamento mediante títulos da dívida pública de emissão previamente aprovada pelo Senado Federal, com prazo de resgate de até dez anos, em parcelas anuais, iguais e sucessivas, assegurados o valor real da indenização e os juros legais.

▶ Lei nº 10.257, de 10-7-2001 (Estatuto da Cidade).
▶ Dec.-lei nº 3.365, de 21-6-1941 (Lei das Desapropriações).

Art. 183. Aquele que possuir como sua área urbana de até duzentos e cinquenta metros quadrados, por cinco anos, ininterruptamente e sem oposição, utilizando-a para sua moradia ou de sua família, adquirir-lhe-á o domínio, desde que não seja proprietário de outro imóvel urbano ou rural.

▶ Arts. 1.238 e 1.240 do CC.
▶ Lei nº 10.257, de 10-7-2001 (Estatuto da Cidade), regulamenta este artigo.

§ 1º O título de domínio e a concessão de uso serão conferidos ao homem ou à mulher, ou a ambos, independentemente do estado civil.

▶ MP nº 2.220, de 4-9-2001, que até o encerramento desta edição não havia sido convertida em Lei, dispõe sobre a concessão de uso especial de que trata este parágrafo.

§ 2º Esse direito não será reconhecido ao mesmo possuidor mais de uma vez.

§ 3º Os imóveis públicos não serão adquiridos por usucapião.

▶ Lei nº 10.257, de 10-7-2001 (Estatuto da Cidade), regulamenta este artigo.

CAPÍTULO III

DA POLÍTICA AGRÍCOLA E FUNDIÁRIA E DA REFORMA AGRÁRIA

▶ LC nº 93, de 4-2-1998, cria o Fundo de Terras e da Reforma Agrária – Banco da Terra, e seu Dec. regulamentador nº 2.622, de 9-6-1998.
▶ Lei nº 4.504, de 30-11-1964 (Estatuto da Terra).
▶ Lei nº 8.174, de 30-1-1991, dispõe sobre princípios de política agrícola, estabelecendo atribuições ao Conselho Nacional de Política Agrícola – CNPA, tributação compensatória de produtos agrícolas, amparo ao pequeno produtor e regras de fixação e liberação dos estoques públicos.
▶ Lei nº 8.629, de 25-2-1993, regulamenta os dispositivos constitucionais relativos à reforma agrária.
▶ Lei nº 9.126, de 10-11-1995, dispõe sobre a concessão de subvenção econômica nas operações de crédito rural.
▶ Lei nº 9.138, de 29-11-1995, dispõe sobre o crédito rural.
▶ Lei nº 9.393, de 19-12-1996, dispõe sobre o ITR.

Art. 184. Compete à União desapropriar por interesse social, para fins de reforma agrária, o imóvel rural que não esteja cumprindo sua função social, mediante prévia e justa indenização em títulos da dívida agrária, com cláusula de preservação do valor real, resgatáveis no prazo de até vinte anos, a partir do segundo ano de sua emissão, e cuja utilização será definida em lei.

▶ Lei nº 8.629, de 25-2-1993, regula os dispositivos constitucionais relativos à reforma agrária.

§ 1º As benfeitorias úteis e necessárias serão indenizadas em dinheiro.

§ 2º O decreto que declarar o imóvel como de interesse social, para fins de reforma agrária, autoriza a União a propor a ação de desapropriação.

§ 3º Cabe à lei complementar estabelecer procedimento contraditório especial, de rito sumário, para o processo judicial de desapropriação.

▶ LC nº 76, de 6-7-1993 (Lei de Desapropriação de Imóvel Rural para fins de Reforma Agrária).

§ 4º O orçamento fixará anualmente o volume total de títulos da dívida agrária, assim como o montante de recursos para atender ao programa de reforma agrária no exercício.

§ 5º São isentas de impostos federais, estaduais e municipais as operações de transferência de imóveis desapropriados para fins de reforma agrária.

Art. 185. São insuscetíveis de desapropriação para fins de reforma agrária:

▶ Lei nº 8.629, de 25-2-1993, regula os dispositivos constitucionais relativos à reforma agrária.

I – a pequena e média propriedade rural, assim definida em lei, desde que seu proprietário não possua outra;
II – a propriedade produtiva.

Parágrafo único. A lei garantirá tratamento especial à propriedade produtiva e fixará normas para o cumprimento dos requisitos relativos à sua função social.

Art. 186. A função social é cumprida quando a propriedade rural atende, simultaneamente, segundo critérios e graus de exigência estabelecidos em lei, aos seguintes requisitos:

▶ Lei nº 8.629, de 25-2-1993, regula os dispositivos constitucionais relativos à reforma agrária.

I – aproveitamento racional e adequado;
II – utilização adequada dos recursos naturais disponíveis e preservação do meio ambiente;

▶ Res. do CONAMA nº 369, de 28-3-2006, dispõe sobre os casos excepcionais, de utilidade pública, interesse social ou baixo impacto ambiental, que possibilitam a intervenção ou supressão de vegetação em Área de Preservação Permanente – APP.

III – observância das disposições que regulam as relações de trabalho;
IV – exploração que favoreça o bem-estar dos proprietários e dos trabalhadores.

Art. 187. A política agrícola será planejada e executada na forma da lei, com a participação efetiva do setor de produção, envolvendo produtores e trabalhadores rurais, bem como dos setores de comercialização, de armazenamento e de transportes, levando em conta, especialmente:

▶ Lei nº 8.171, de 17-1-1991 (Lei da Política Agrícola).
▶ Lei nº 8.174, de 30-1-1991, dispõe sobre princípios de política agrícola, estabelecendo atribuições ao Conselho Nacional de Política Agrícola – CNPA, tributação compensatória de produtos agrícolas, amparo ao pequeno produtor e regras de fixação e liberação dos estoques públicos.
▶ Súm. nº 298 do STJ.

I – os instrumentos creditícios e fiscais;
II – os preços compatíveis com os custos de produção e a garantia de comercialização;
III – o incentivo à pesquisa e à tecnologia;
IV – a assistência técnica e extensão rural;
V – o seguro agrícola;
VI – o cooperativismo;

VII – a eletrificação rural e irrigação;
VIII – a habitação para o trabalhador rural.

§ 1º Incluem-se no planejamento agrícola as atividades agroindustriais, agropecuárias, pesqueiras e florestais.

§ 2º Serão compatibilizadas as ações de política agrícola e de reforma agrária.

Art. 188. A destinação de terras públicas e devolutas será compatibilizada com a política agrícola e com o plano nacional de reforma agrária.

§ 1º A alienação ou a concessão, a qualquer título, de terras públicas com área superior a dois mil e quinhentos hectares a pessoa física ou jurídica, ainda que por interposta pessoa, dependerá de prévia aprovação do Congresso Nacional.

§ 2º Excetuam-se do disposto no parágrafo anterior as alienações ou as concessões de terras públicas para fins de reforma agrária.

Art. 189. Os beneficiários da distribuição de imóveis rurais pela reforma agrária receberão títulos de domínio ou de concessão de uso, inegociáveis, pelo prazo de dez anos.

▶ Lei nº 8.629, de 25-2-1993, regula os dispositivos constitucionais relativos à reforma agrária.
▶ Art. 6º, II, da Lei nº 11.284, de 2-3-2006 (Lei de Gestão de Florestas Públicas).

Parágrafo único. O título de domínio e a concessão de uso serão conferidos ao homem ou à mulher, ou a ambos, independentemente do estado civil, nos termos e condições previstos em lei.

Art. 190. A lei regulará e limitará a aquisição ou o arrendamento de propriedade rural por pessoa física ou jurídica estrangeira e estabelecerá os casos que dependerão de autorização do Congresso Nacional.

▶ Lei nº 5.709, de 7-10-1971, regula a aquisição de imóveis rurais por estrangeiro residente no País ou pessoa jurídica estrangeira autorizada a funcionar no Brasil.
▶ Lei nº 8.629, de 25-2-1993, regula os dispositivos constitucionais relativos à reforma agrária.

Art. 191. Aquele que, não sendo proprietário de imóvel rural ou urbano, possua como seu, por cinco anos ininterruptos, sem oposição, área de terra, em zona rural, não superior a cinquenta hectares, tornando-a produtiva por seu trabalho ou de sua família, tendo nela sua moradia, adquirir-lhe-á a propriedade.

▶ Art. 1.239 do CC.
▶ Lei nº 6.969, de 10-12-1981 (Lei do Usucapião Especial).

Parágrafo único. Os imóveis públicos não serão adquiridos por usucapião.

CAPÍTULO IV

DO SISTEMA FINANCEIRO NACIONAL

Art. 192. O sistema financeiro nacional, estruturado de forma a promover o desenvolvimento equilibrado do País e a servir aos interesses da coletividade, em todas as partes que o compõem, abrangendo as cooperativas de crédito, será regulado por leis complementares que disporão, inclusive, sobre a participação do capital estrangeiro nas instituições que o integram.

▶ *Caput* com a redação dada pela EC nº 40, de 29-5-2003.

I a VIII – *Revogados*. EC nº 40, de 29-5-2003.
§§ 1º a 3º *Revogados*. EC nº 40, de 29-5-2003.

TÍTULO VIII – DA ORDEM SOCIAL

CAPÍTULO I

DISPOSIÇÃO GERAL

Art. 193. A ordem social tem como base o primado do trabalho, e como objetivo o bem-estar e a justiça sociais.

CAPÍTULO II

DA SEGURIDADE SOCIAL

▶ Lei nº 8.212, de 24-7-1991 (Lei Orgânica da Seguridade Social).
▶ Lei nº 8.213, de 24-7-1991 (Lei dos Planos de Benefícios da Previdência Social).
▶ Lei nº 8.742, de 7-12-1993 (Lei Orgânica da Assistência Social).
▶ Dec. nº 3.048, de 6-5-1999 (Regulamento da Previdência Social).

SEÇÃO I

DISPOSIÇÕES GERAIS

Art. 194. A seguridade social compreende um conjunto integrado de ações de iniciativa dos Poderes Públicos e da sociedade, destinadas a assegurar os direitos relativos à saúde, à previdência e à assistência social.

▶ Lei nº 8.212, de 24-7-1991 (Lei Orgânica da Seguridade Social).
▶ Lei nº 8.213, de 24-7-1991 (Lei dos Planos de Benefícios da Previdência Social).

Parágrafo único. Compete ao Poder Público, nos termos da lei, organizar a seguridade social, com base nos seguintes objetivos:

I – universalidade da cobertura e do atendimento;
II – uniformidade e equivalência dos benefícios e serviços às populações urbanas e rurais;
III – seletividade e distributividade na prestação dos benefícios e serviços;
IV – irredutibilidade do valor dos benefícios;
V – equidade na forma de participação no custeio;
VI – diversidade da base de financiamento;
VII – caráter democrático e descentralizado da administração, mediante gestão quadripartite, com participação dos trabalhadores, dos empregadores, dos aposentados e do Governo nos órgãos colegiados.

▶ Inciso VII com a redação dada pela EC nº 20, de 15-12-1998.

Art. 195. A seguridade social será financiada por toda a sociedade, de forma direta e indireta, nos termos da lei, mediante recursos provenientes dos orçamentos da União, dos Estados, do Distrito Federal e dos Municípios, e das seguintes contribuições sociais:

▶ Art. 12 da EC nº 20, de 15-12-1998 (Reforma Previdenciária).
▶ LC nº 70, de 30-12-1991, institui contribuição para financiamento da Seguridade Social, eleva a alíquota da contribuição social sobre o lucro das instituições financeiras.
▶ Lei nº 7.689, de 15-12-1988 (Lei da Contribuição Social Sobre o Lucro das Pessoas Jurídicas).

Constituição Federal – Art. 195

▶ Lei nº 7.894, de 24-11-1989, dispõe sobre as contribuições para o Finsocial e PIS/PASEP.

▶ Lei nº 9.363, de 13-12-1996, dispõe sobre a instituição de crédito presumido do Imposto sobre Produtos Industrializados, para ressarcimento do valor do PIS/PASEP e COFINS nos casos que especifica.

▶ Lei nº 9.477, de 24-7-1997, institui o Fundo de Aposentadoria Programada Individual – FAPI e o plano de incentivo à aposentadoria programada individual.

▶ Súmulas nºs 658, 659 e 688 do STF.

▶ Súm. nº 423 do STJ.

I – do empregador, da empresa e da entidade a ela equiparada na forma da lei, incidentes sobre:

▶ Súm. nº 688 do STF.

a) a folha de salários e demais rendimentos do trabalho pagos ou creditados, a qualquer título, à pessoa física que lhe preste serviço, mesmo sem vínculo empregatício;

▶ Art. 114, VIII, desta Constituição.

b) a receita ou o faturamento;
c) o lucro;

▶ Alíneas a a c acrescidas pela EC nº 20, de 15-12-1998.

▶ Art. 195, § 9º, desta Constituição.

▶ LC nº 70, de 30-12-1991, institui contribuição para o funcionamento da Seguridade Social e eleva alíquota da contribuição social sobre o lucro das instituições financeiras.

II – do trabalhador e dos demais segurados da previdência social, não incidindo contribuição sobre aposentadoria e pensão concedidas pelo regime geral de previdência social de que trata o artigo 201;

▶ Incisos I e II com a redação dada pela EC nº 20, de 15-12-1998.

▶ Arts. 114, VIII, e 167, IX, desta Constituição.

▶ Lei nº 9.477, de 24-7-1997, institui o Fundo de Aposentadoria Programada Individual – FAPI e o Plano de Incentivo à Aposentadoria Programada Individual.

III – sobre a receita de concursos de prognósticos;

▶ Art. 4º da Lei nº 7.856, de 24-10-1989, que dispõe sobre a destinação da renda de concursos de prognósticos.

IV – do importador de bens ou serviços do exterior, ou de quem a lei a ele equiparar.

▶ Inciso IV acrescido pela EC nº 42, de 19-12-2003.

▶ Lei nº 10.865, de 30-4-2004, dispõe sobre o PIS/PASEP-Importação e a COFINS-Importação.

§ 1º As receitas dos Estados, do Distrito Federal e dos Municípios destinadas à seguridade social constarão dos respectivos orçamentos, não integrando o orçamento da União.

§ 2º A proposta de orçamento da seguridade social será elaborada de forma integrada pelos órgãos responsáveis pela saúde, previdência social e assistência social, tendo em vista as metas e prioridades estabelecidas na lei de diretrizes orçamentárias, assegurada a cada área a gestão de seus recursos.

§ 3º A pessoa jurídica em débito com o sistema da seguridade social, como estabelecido em lei, não poderá contratar com o Poder Público nem dele receber benefícios ou incentivos fiscais ou creditícios.

▶ Lei nº 8.212, de 24-7-1991 (Lei Orgânica da Seguridade Social).

§ 4º A lei poderá instituir outras fontes destinadas a garantir a manutenção ou expansão da seguridade social, obedecido o disposto no artigo 154, I.

▶ Lei nº 9.876, de 26-11-1999, dispõe sobre a contribuição previdenciária do contribuinte individual e o cálculo do benefício.

§ 5º Nenhum benefício ou serviço da seguridade social poderá ser criado, majorado ou estendido sem a correspondente fonte de custeio total.

▶ Art. 24 da LC nº 101, de 4-5-2000 (Lei da Responsabilidade Fiscal).

§ 6º As contribuições sociais de que trata este artigo só poderão ser exigidas após decorridos noventa dias da data da publicação da lei que as houver instituído ou modificado, não se lhes aplicando o disposto no artigo 150, III, b.

▶ Art. 74, § 4º, do ADCT.

▶ Súm. nº 669 do STF.

§ 7º São isentas de contribuição para a seguridade social as entidades beneficentes de assistência social que atendam às exigências estabelecidas em lei.

▶ Súm. nº 659 do STF.

▶ Súm. nº 352 do STJ.

§ 8º O produtor, o parceiro, o meeiro e o arrendatário rurais e o pescador artesanal, bem como os respectivos cônjuges, que exerçam suas atividades em regime de economia familiar, sem empregados permanentes, contribuirão para a seguridade social mediante a aplicação de uma alíquota sobre o resultado da comercialização da produção e farão jus aos benefícios nos termos da lei.

▶ § 8º com a redação dada pela EC nº 20, de 15-12-1998.

▶ Súm. nº 272 do STJ.

§ 9º As contribuições sociais previstas no inciso I do caput deste artigo poderão ter alíquotas ou bases de cálculo diferenciadas, em razão da atividade econômica, da utilização intensiva de mão de obra, do porte da empresa ou da condição estrutural do mercado de trabalho.

▶ § 9º com a redação dada pela EC nº 47, de 5-7-2005, para vigorar a partir da data de sua publicação, produzindo efeitos retroativos a partir da data de vigência da EC nº 41, de 19-12-2003 (DOU de 31-12-2003).

§ 10. A lei definirá os critérios de transferência de recursos para o sistema único de saúde e ações de assistência social da União para os Estados, o Distrito Federal e os Municípios, e dos Estados para os Municípios, observada a respectiva contrapartida de recursos.

§ 11. É vedada a concessão de remissão ou anistia das contribuições sociais de que tratam os incisos I, a, e II deste artigo, para débitos em montante superior ao fixado em lei complementar.

▶ §§ 10 e 11 acrescidos pela EC nº 20, de 15-12-1998.

§ 12. A lei definirá os setores de atividade econômica para os quais as contribuições incidentes na forma dos incisos I, b; e IV do caput, serão não cumulativas.

§ 13. Aplica-se o disposto no § 12 inclusive na hipótese de substituição gradual, total ou parcial, da contribuição incidente na forma do inciso I, a, pela incidente sobre a receita ou o faturamento.
► §§ 12 e 13 acrescidos pela EC nº 42, de 19-12-2003.

SEÇÃO II

DA SAÚDE

► Lei nº 8.147, de 28-12-1990, dispõe sobre a alíquota do Finsocial.
► Lei nº 9.790, de 23-3-1999, dispõe sobre a qualificação de pessoas jurídicas de direito privado, sem fins lucrativos, como organizações da sociedade civil de interesse público e institui e disciplina o termo de parceria.
► Lei nº 9.961, de 28-1-2000, cria a Agência Nacional de Saúde Suplementar – ANS, regulamentada pelo Dec. nº 3.327, de 5-1-2000.
► Lei nº 10.216, de 6-4-2001, dispõe sobre a proteção e os direitos das pessoas portadoras de transtornos mentais e redireciona o modelo assistencial em saúde mental.
► Dec. nº 3.964, de 10-10-2001, dispõe sobre o Fundo Nacional de Saúde.

Art. 196. A saúde é direito de todos e dever do Estado, garantido mediante políticas sociais e econômicas que visem à redução do risco de doença e de outros agravos e ao acesso universal e igualitário às ações e serviços para sua promoção, proteção e recuperação.

► Lei nº 9.273, de 3-5-1996, torna obrigatória a inclusão de dispositivo de segurança que impeça a reutilização das seringas descartáveis.
► Lei nº 9.313, de 13-11-1996, dispõe sobre a distribuição gratuita de medicamentos aos portadores do HIV e doentes de AIDS.
► Lei nº 9.797, de 5-6-1999, Dispõe sobre a obrigatoriedade da cirurgia plástica reparadora da mama pela rede de unidades integrantes do Sistema Único de Saúde – SUS nos casos de mutilação decorrentes de tratamento de câncer.

Art. 197. São de relevância pública as ações e serviços de saúde, cabendo ao Poder Público dispor, nos termos da lei, sobre sua regulamentação, fiscalização e controle, devendo sua execução ser feita diretamente ou através de terceiros e, também, por pessoa física ou jurídica de direito privado.

► Lei nº 8.080, de 19-9-1990, dispõe sobre as condições para a promoção, proteção e recuperação da saúde, a organização e o funcionamento dos serviços correspondentes.
► Lei nº 9.273, de 3-5-1996, torna obrigatória a inclusão de dispositivo de segurança que impeça a reutilização das seringas descartáveis.

Art. 198. As ações e serviços públicos de saúde integram uma rede regionalizada e hierarquizada e constituem um sistema único, organizado de acordo com as seguintes diretrizes:

I – descentralização, com direção única em cada esfera de governo;

► Lei nº 8.080, de 19-9-1990, dispõe sobre as condições para a promoção, proteção e recuperação da saúde, a organização e o funcionamento dos serviços correspondentes.

II – atendimento integral, com prioridade para as atividades preventivas, sem prejuízo dos serviços assistenciais;

III – participação da comunidade.

§ 1º O sistema único de saúde será financiado, nos termos do artigo 195, com recursos do orçamento da seguridade social, da União, dos Estados, do Distrito Federal e dos Municípios, além de outras fontes.

► Parágrafo único transformado em § 1º pela EC nº 29, de 13-9-2000.

§ 2º União, os Estados, o Distrito Federal e os Municípios aplicarão, anualmente, em ações e serviços públicos de saúde recursos mínimos derivados da aplicação de percentuais calculados sobre:

► Art. 167, IV, desta Constituição.

I – no caso da União, na forma definida nos termos da lei complementar prevista no § 3º;

II – no caso dos Estados e do Distrito Federal, o produto da arrecadação dos impostos a que se refere o artigo 155 e dos recursos de que tratam os artigos 157 e 159, inciso I, alínea a e inciso II, deduzidas as parcelas que forem transferidas aos respectivos Municípios;

III – no caso dos Municípios e do Distrito Federal, o produto da arrecadação dos impostos a que se refere o artigo 156 e dos recursos de que tratam os artigos 158 e 159, inciso I, alínea b e § 3º.

§ 3º Lei complementar, que será reavaliada pelo menos a cada cinco anos, estabelecerá:

I – os percentuais de que trata o § 2º;

II – os critérios de rateio dos recursos da União vinculados à saúde destinados aos Estados, ao Distrito Federal e aos Municípios, e dos Estados destinados a seus respectivos Municípios, objetivando a progressiva redução das disparidades regionais;

III – as normas de fiscalização, avaliação e controle das despesas com saúde nas esferas federal, estadual, distrital e municipal;

IV – as normas de cálculo do montante a ser aplicado pela União.

► §§ 2º e 3º acrescidos pela EC nº 29, de 13-9-2000.
► LC nº 141, de 13-1-2012, regulamenta este parágrafo para dispor sobre os valores mínimos a serem aplicados anualmente pela União, Estados, Distrito Federal e Municípios em ações e serviços públicos de saúde.

§ 4º Os gestores locais do sistema único de saúde poderão admitir agentes comunitários de saúde e agentes de combate às endemias por meio de processo seletivo público, de acordo com a natureza e complexidade de suas atribuições e requisitos específicos para sua atuação.

► § 4º acrescido pela EC nº 51, de 14-2-2006.
► Art. 2º da EC nº 51, de 14-2-2006, que dispõe sobre a contratação dos agentes comunitários de saúde e de combate às endemias.

§ 5º Lei federal disporá sobre o regime jurídico, o piso salarial profissional nacional, as diretrizes para os Planos de Carreira e a regulamentação das atividades de agente comunitário de saúde e agente de combate às endemias, competindo à União, nos termos da lei, prestar assistência financeira complementar aos Estados, ao Distrito Federal e aos Municípios, para o cumprimento do referido piso salarial.

► § 5º com a redação dada pela EC nº 63, de 4-2-2010.
► Lei nº 11.350, de 5-10-2006, regulamenta este parágrafo.

Constituição Federal – Arts. 199 a 201

§ 6º Além das hipóteses previstas no § 1º do art. 41 e no § 4º do art. 169 da Constituição Federal, o servidor que exerça funções equivalentes às de agente comunitário de saúde ou de agente de combate às endemias poderá perder o cargo em caso de descumprimento dos requisitos específicos, fixados em lei, para o seu exercício.

▶ § 6º acrescido pela EC nº 51, de 14-2-2006.

Art. 199. A assistência à saúde é livre à iniciativa privada.

▶ Lei nº 9.656, de 3-6-1998 (Lei dos Planos e Seguros Privados de Saúde).

§ 1º As instituições privadas poderão participar de forma complementar do sistema único de saúde, segundo diretrizes deste, mediante contrato de direito público ou convênio, tendo preferência as entidades filantrópicas e as sem fins lucrativos.

§ 2º É vedada a destinação de recursos públicos para auxílios ou subvenções às instituições privadas com fins lucrativos.

§ 3º É vedada a participação direta ou indireta de empresas ou capitais estrangeiros na assistência à saúde no País, salvo nos casos previstos em lei.

▶ Lei nº 8.080, de 19-9-1990, dispõe sobre as condições para a promoção, proteção e recuperação da saúde, a organização e o funcionamento dos serviços correspondentes.

§ 4º A lei disporá sobre as condições e os requisitos que facilitem a remoção de órgãos, tecidos e substâncias humanas para fins de transplante, pesquisa e tratamento, bem como a coleta, processamento e transfusão de sangue e seus derivados, sendo vedado todo tipo de comercialização.

▶ Lei nº 8.501, de 30-11-1992, dispõe sobre a utilização de cadáver não reclamado, para fins de estudos ou pesquisas científicas.

▶ Lei nº 9.434, de 4-2-1997 (Lei de Remoção de Órgãos e Tecidos), regulamentada pelo Dec. nº 2.268, de 30-6-1997.

▶ Lei nº 10.205, de 21-3-2001, regulamenta este parágrafo, relativo à coleta, processamento, estocagem, distribuição e aplicação do sangue, seus componentes e derivados.

▶ Lei nº 10.972, de 2-12-2004, autoriza o Poder Executivo a criar a empresa pública denominada Empresa Brasileira de Hemoderivados e Biotecnologia – HEMOBRÁS.

▶ Dec. nº 5.402, de 28-5-2005, aprova o Estatuto da Empresa Brasileira de Hemoderivados e Biotecnologia – HEMOBRÁS.

Art. 200. Ao sistema único de saúde compete, além de outras atribuições, nos termos da lei:

▶ Lei nº 8.080, de 19-9-1990, dispõe sobre as condições para a promoção, proteção e recuperação da saúde e a organização e o funcionamento dos serviços correspondentes.

▶ Lei nº 8.142, de 28-12-1990, dispõe sobre a participação da comunidade na gestão do Sistema Único de Saúde – SUS e sobre as transferências intergovernamentais de recursos financeiros na área da saúde.

I – controlar e fiscalizar procedimentos, produtos e substâncias de interesse para a saúde e participar da produção de medicamentos, equipamentos, imunobiológicos, hemoderivados e outros insumos;

▶ Lei nº 9.431, de 6-1-1997, dispõe sobre a obrigatoriedade da manutenção de programa de controle de infecções hospitalares pelos hospitais do País.

▶ Lei nº 9.677, de 2-7-1998, dispõe sobre a obrigatoriedade da cirurgia plástica reparadora da mama pela rede de unidades integrantes do Sistema Único de Saúde – SUS, nos casos de mutilação decorrente do tratamento de câncer.

▶ Lei nº 9.695, de 20-8-1998, incluíram na classificação dos delitos considerados hediondos determinados crimes contra a saúde pública.

II – executar as ações de vigilância sanitária e epidemiológica, bem como as de saúde do trabalhador;

III – ordenar a formação de recursos humanos na área de saúde;

IV – participar da formulação da política e da execução das ações de saneamento básico;

V – incrementar em sua área de atuação o desenvolvimento científico e tecnológico;

VI – fiscalizar e inspecionar alimentos, compreendido o controle de seu teor nutricional, bem como bebidas e águas para consumo humano;

VII – participar do controle e fiscalização da produção, transporte, guarda e utilização de substâncias e produtos psicoativos, tóxicos e radioativos;

▶ Lei nº 7.802, de 11-7-1989, dispõe sobre a pesquisa, a experimentação, a produção, a embalagem e rotulagem, o transporte, o armazenamento, a comercialização, a propaganda comercial, a utilização, a importação, a exportação, o destino final dos resíduos e embalagens, o registro, a classificação, o controle, a inspeção e a fiscalização, de agrotóxicos, seus componentes, e afins.

VIII – colaborar na proteção do meio ambiente, nele compreendido o do trabalho.

Seção III

DA PREVIDÊNCIA SOCIAL

▶ Lei nº 8.147, de 28-12-1990, dispõe sobre a alíquota do Finsocial.

▶ Lei nº 8.213, de 24-7-1991 (Lei dos Planos de Benefícios da Previdência Social).

▶ Lei nº 9.796, de 5-5-1999, dispõe sobre a compensação financeira entre o Regime Geral de Previdência Social e os Regimes de previdência dos servidores da União, dos Estados, do Distrito Federal e dos Municípios, nos casos de contagem recíproca de tempo de contribuição para efeito de aposentadoria.

▶ Dec. nº 3.048, de 6-5-1999 (Regulamento da Previdência Social).

Art. 201. A previdência social será organizada sob a forma de regime geral, de caráter contributivo e de filiação obrigatória, observados critérios que preservem o equilíbrio financeiro e atuarial, e atenderá, nos termos da lei, a:

▶ *Caput* com a redação dada pela EC nº 20, de 15-12-1998.

▶ Arts. 40, 167, XI e 195, II, desta Constituição.

▶ Art. 14 da EC nº 20, de 15-12-1998 (Reforma Previdenciária).

▶ Arts. 4º, parágrafo único, I e II, e 5º, da EC nº 41, de 19-12-2003.

► Lei nº 8.212, de 24-7-1991 (Lei Orgânica da Seguridade Social).
► Lei nº 8.213, de 24-7-1991 (Lei dos Planos de Benefícios da Previdência Social).
► Dec. nº 3.048, de 6-5-1999 (Regulamento da Previdência Social).

I – cobertura dos eventos de doença, invalidez, morte e idade avançada;
II – proteção à maternidade, especialmente à gestante;
III – proteção ao trabalhador em situação de desemprego involuntário;

► Lei nº 7.998, de 11-1-1990 (Lei do Seguro-Desemprego).
► Lei nº 10.779, de 25-11-2003, dispõe sobre a concessão do benefício de seguro-desemprego, durante o período de defeso, ao pescador profissional que exerce a atividade pesqueira de forma artesanal.

IV – salário-família e auxílio-reclusão para os dependentes dos segurados de baixa renda;
V – pensão por morte do segurado, homem ou mulher, ao cônjuge ou companheiro e dependentes, observado o disposto no § 2º.

► Incisos I a V com a redação dada pela EC nº 20, de 15-12-1998.

§ 1º É vedada a adoção de requisitos e critérios diferenciados para a concessão de aposentadoria aos beneficiários do regime geral de previdência social, ressalvados os casos de atividades exercidas sob condições especiais que prejudiquem a saúde ou a integridade física e quando se tratar de segurados portadores de deficiência, nos termos definidos em lei complementar.

► § 1º com a redação dada pela EC nº 47, de 5-7-2005.
► Art. 15 da EC nº 20, de 15-12-1998 (Reforma Previdenciária).

§ 2º Nenhum benefício que substitua o salário de contribuição ou o rendimento do trabalho do segurado terá valor mensal inferior ao salário mínimo.

§ 3º Todos os salários de contribuição considerados para o cálculo de benefício serão devidamente atualizados, na forma da lei.

► Súm. nº 456 do STJ.

§ 4º É assegurado o reajustamento dos benefícios para preservar-lhes, em caráter permanente, o valor real, conforme critérios definidos em lei.

§ 5º É vedada a filiação ao regime geral de previdência social, na qualidade de segurado facultativo, de pessoa participante de regime próprio de previdência.

§ 6º A gratificação natalina dos aposentados e pensionistas terá por base o valor dos proventos do mês de dezembro de cada ano.

► §§ 2º a 6º com a redação dada pela EC nº 20, de 15-12-1998.
► Leis nºs 4.090, de 13-7-1962; 4.749, de 12-8-1965; e Decretos nºs 57.155, de 3-11-1965; e 63.912, de 26-12-1968, dispõem sobre o 13º salário.
► Súm. nº 688 do STF.

§ 7º É assegurada aposentadoria no regime geral de previdência social, nos termos da lei, obedecidas as seguintes condições:

► *Caput* com a redação dada pela EC nº 20, de 15-12-1998.

I – trinta e cinco anos de contribuição, se homem, e trinta anos de contribuição, se mulher;
II – sessenta e cinco anos de idade, se homem, e sessenta anos de idade, se mulher, reduzido em cinco anos o limite para os trabalhadores rurais de ambos os sexos e para os que exerçam suas atividades em regime de economia familiar, nestes incluídos o produtor rural, o garimpeiro e o pescador artesanal.

► Incisos I e II acrescidos pela EC nº 20, de 15-12-1998.

§ 8º Os requisitos a que se refere o inciso I do parágrafo anterior serão reduzidos em cinco anos, para o professor que comprove exclusivamente tempo de efetivo exercício das funções de magistério na educação infantil e no ensino fundamental e médio.

► § 8º com a redação dada pela EC nº 20, de 15-12-1998.
► Art. 67, § 2º, da Lei nº 9.394, de 20-12-1996 (Lei das Diretrizes e Bases da Educação Nacional).

§ 9º Para efeito de aposentadoria, é assegurada a contagem recíproca do tempo de contribuição na administração pública e na atividade privada, rural e urbana, hipótese em que os diversos regimes de previdência social se compensarão financeiramente, segundo critérios estabelecidos em lei.

► Lei nº 9.796, de 5-5-1999, dispõe sobre a compensação financeira entre o Regime Geral de Previdência Social e os Regimes de Previdência dos Servidores da União, dos Estados, do Distrito Federal e dos Municípios, nos casos de contagem recíproca de tempo de contribuição para efeito de aposentadoria.
► Dec. nº 3.112, de 6-7-1999, regulamenta a Lei nº 9.796, de 5-5-1999.

§ 10. Lei disciplinará a cobertura do risco de acidente do trabalho, a ser atendida concorrentemente pelo regime geral de previdência social e pelo setor privado.

§ 11. Os ganhos habituais do empregado, a qualquer título, serão incorporados ao salário para efeito de contribuição previdenciária e consequente repercussão em benefícios, nos casos e na forma da lei.

► §§ 9º a 11 acrescidos pela EC nº 20, de 15-12-1998.
► Art. 3º da EC nº 20, de 15-12-1998 (Reforma Previdenciária).
► Lei nº 8.213, de 24-7-1991 (Lei dos Planos de Benefícios da Previdência Social).
► Dec. nº 3.048, de 6-5-1999 (Regulamento da Previdência Social).

§ 12. Lei disporá sobre sistema especial de inclusão previdenciária para atender a trabalhadores de baixa renda e àqueles sem renda própria que se dediquem exclusivamente ao trabalho doméstico no âmbito de sua residência, desde que pertencentes a famílias de baixa renda, garantindo-lhes acesso a benefícios de valor igual a um salário mínimo.

► § 12 com a redação dada pela EC nº 47, de 5-7-2005.

§ 13. O sistema especial de inclusão previdenciária de que trata o § 12 deste artigo terá alíquotas e carências inferiores às vigentes para os demais segurados do regime geral de previdência social.

► § 13 acrescido pela EC nº 47, de 5-7-2005.

Art. 202. O regime de previdência privada, de caráter complementar e organizado de forma autônoma em relação ao regime geral de previdência social, será facultativo, baseado na constituição de reservas que garantam o benefício contratado, e regulado por lei complementar.

▶ *Caput* com a redação dada pela EC nº 20, de 15-12-1998.
▶ Art. 40, § 15, desta Constituição.
▶ Art. 7º da EC nº 20, de 15-12-1998 (Reforma Previdenciária).
▶ LC nº 109, de 29-5-2001 (Lei do Regime de Previdência Complementar), regulamentada pelo Dec. nº 4.206, de 23-4-2002.
▶ Lei nº 9.656, de 3-6-1998 (Lei dos Planos e Seguros Privados de Saúde).
▶ Lei nº 10.185, de 12-2-2001, dispõe sobre a especialização das sociedades seguradoras em planos privados de assistência à saúde.
▶ Dec. nº 3.745, de 5-2-2001, institui o Programa de Interiorização do Trabalho em Saúde.
▶ Dec. nº 7.123, de 3-3-2010, dispõe sobre o Conselho Nacional de Previdência Complementar – CNPC e sobre a Câmara de Recursos de Previdência Complementar – CRPC.
▶ Súm. nº 149 do STJ.

§ 1º A lei complementar de que trata este artigo assegurará ao participante de planos de benefícios de entidades de previdência privada o pleno acesso às informações relativas à gestão de seus respectivos planos.

§ 2º As contribuições do empregador, os benefícios e as condições contratuais previstas nos estatutos, regulamentos e planos de benefícios das entidades de previdência privada não integram o contrato de trabalho dos participantes, assim como, à exceção dos benefícios concedidos, não integram a remuneração dos participantes, nos termos da lei.

▶ §§ 1º e 2º com a redação dada pela EC nº 20, de 15-12-1998.

§ 3º É vedado o aporte de recursos a entidade de previdência privada pela União, Estados, Distrito Federal e Municípios, suas autarquias, fundações, empresas públicas, sociedades de economia mista e outras entidades públicas, salvo na qualidade de patrocinador, situação na qual, em hipótese alguma, sua contribuição normal poderá exceder a do segurado.

▶ Art. 5º da EC nº 20, de 15-12-1998 (Reforma Previdenciária).
▶ LC nº 108, de 29-5-2001, regulamenta este parágrafo.

§ 4º Lei complementar disciplinará a relação entre a União, Estados, Distrito Federal ou Municípios, inclusive suas autarquias, fundações, sociedades de economia mista e empresas controladas direta ou indiretamente, enquanto patrocinadoras de entidades fechadas de previdência privada, e suas respectivas entidades fechadas de previdência privada.

▶ Art. 40, § 14, desta Constituição.
▶ LC nº 108, de 29-5-2001, regulamenta este parágrafo.

§ 5º A lei complementar de que trata o parágrafo anterior aplicar-se-á, no que couber, às empresas privadas permissionárias ou concessionárias de prestação de serviços públicos, quando patrocinadoras de entidades fechadas de previdência privada.

▶ LC nº 108, de 29-5-2001, regulamenta este parágrafo.

§ 6º A lei complementar a que se refere o § 4º deste artigo estabelecerá os requisitos para a designação dos membros das diretorias das entidades fechadas de previdência privada e disciplinará a inserção dos participantes nos colegiados e instâncias de decisão em que seus interesses sejam objeto de discussão e deliberação.

▶ §§ 3º a 6º acrescidos pela EC nº 20, de 15-12-1998.
▶ LC nº 108, de 29-5-2001, regulamenta este parágrafo.
▶ LC nº 109, de 29-5-2001 (Lei do Regime de Previdência Complementar).

Seção IV
DA ASSISTÊNCIA SOCIAL

▶ Lei nº 8.147, de 28-12-1990, dispõe sobre a alíquota do Finsocial.
▶ Lei nº 8.742, de 7-12-1993 (Lei Orgânica da Assistência Social).
▶ Lei nº 8.909, de 6-7-1994, dispõe sobre a prestação de serviços por entidades de assistência social, entidades beneficentes de assistência social e entidades de fins filantrópicos e estabelece prazos e procedimentos para o recadastramento de entidades junto ao Conselho Nacional de Assistência Social.
▶ Lei nº 9.790, de 23-3-1999, dispõe sobre a promoção da assistência social por meio de organizações da sociedade civil de interesse público.

Art. 203. A assistência social será prestada a quem dela necessitar, independentemente de contribuição à seguridade social, e tem por objetivos:

▶ Lei nº 8.213, de 24-7-1991 (Lei dos Planos de Benefícios da Previdência Social).
▶ Lei nº 8.742, de 7-12-1993 (Lei Orgânica da Assistência Social).
▶ Lei nº 8.909, de 6-7-1994, dispõe, em caráter emergencial, sobre a prestação de serviços por entidades de assistência social, entidades beneficentes de assistência social e entidades de fins filantrópicos e estabelece prazos e procedimentos para o recadastramento de entidades junto ao Conselho Nacional de Assistência Social.
▶ Lei nº 9.429, de 26-12-1996, dispõe sobre prorrogação de prazo para renovação de Certificado de Entidades de Fins Filantrópicos e de recadastramento junto ao Conselho Nacional de Assistência Social – CNAS e anulação de atos emanados do Instituto Nacional do Seguro Social – INSS contra instituições que gozavam de isenção da contribuição social, pela não apresentação do pedido de renovação do certificado em tempo hábil.

I – a proteção à família, à infância, à maternidade, à adolescência e à velhice;
II – o amparo às crianças e adolescentes carentes;
III – a promoção da integração ao mercado de trabalho;
IV – a habilitação e reabilitação das pessoas portadoras de deficiência e a promoção de sua integração à vida comunitária;

▶ Dec. nº 6.949, de 25-8-2009, promulga a Convenção Internacional sobre os Direitos das Pessoas com Deficiência.

V – a garantia de um salário mínimo de benefício mensal à pessoa portadora de deficiência e ao idoso que comprovem não possuir meios de prover à própria manutenção ou de tê-la provida por sua família, conforme dispuser a lei.

▶ Lei nº 10.741, de 1º-10-2003 (Estatuto do Idoso).

Art. 204. As ações governamentais na área da assistência social serão realizadas com recursos do orçamento da seguridade social, previstos no artigo 195, além de outras fontes, e organizadas com base nas seguintes diretrizes:

I – descentralização político-administrativa, cabendo a coordenação e as normas gerais à esfera federal e a coordenação e a execução dos respectivos programas às esferas estadual e municipal, bem como a entidades beneficentes e de assistência social;

II – participação da população, por meio de organizações representativas, na formulação das políticas e no controle das ações em todos os níveis.

Parágrafo único. É facultado aos Estados e ao Distrito Federal vincular a programa de apoio à inclusão e promoção social até cinco décimos por cento de sua receita tributária líquida, vedada a aplicação desses recursos no pagamento de:

I – despesas com pessoal e encargos sociais;
II – serviço da dívida;
III – qualquer outra despesa corrente não vinculada diretamente aos investimentos ou ações apoiados.

▶ Parágrafo único acrescido pela EC nº 42, de 19-12-2003.

Capítulo III
DA EDUCAÇÃO, DA CULTURA E DO DESPORTO

Seção I
DA EDUCAÇÃO

▶ Lei nº 9.394, de 20-12-1996 (Lei das Diretrizes e Bases da Educação Nacional).
▶ Lei nº 9.424, de 24-12-1996, dispõe sobre o fundo de manutenção e desenvolvimento e de valorização do magistério.
▶ Lei nº 9.766, de 18-12-1998, altera a legislação que rege o salário-educação.
▶ Lei nº 10.219, de 11-4-2001, cria o Programa Nacional de Renda Mínima vinculado à educação – "Bolsa-Escola", regulamentada pelo Dec. nº 4.313, de 24-7-2002.
▶ Lei nº 10.558, de 13-11-2002, cria o Programa Diversidade na Universidade.
▶ Art. 27, X, g, da Lei nº 10.683, de 28-5-2003, que dispõe sobre a organização da Presidência da República e dos Ministérios.
▶ Lei nº 11.096, de 13-1-2005, institui o Programa Universidade para Todos – PROUNI.
▶ Lei nº 11.274, de 6-2-2006, fixa a idade de seis anos para o início do ensino fundamental obrigatório e altera para nove anos seu período de duração.
▶ Lei nº 12.089, de 11-11-2009, proíbe que uma mesma pessoa ocupe 2 (duas) vagas simultaneamente em instituições públicas de ensino superior.

Art. 205. A educação, direito de todos e dever do Estado e da família, será promovida e incentivada com a colaboração da sociedade, visando ao pleno desenvolvimento da pessoa, seu preparo para o exercício da cidadania e sua qualificação para o trabalho.

▶ Lei nº 8.147, de 28-12-1990, dispõe sobre a alíquota do Finsocial.
▶ Lei nº 9.394, de 20-12-1996 (Lei das Diretrizes e Bases da Educação Nacional).

Art. 206. O ensino será ministrado com base nos seguintes princípios:

I – igualdade de condições para o acesso e permanência na escola;

II – liberdade de aprender, ensinar, pesquisar e divulgar o pensamento, a arte e o saber;

III – pluralismo de ideias e de concepções pedagógicas, e coexistência de instituições públicas e privadas de ensino;

IV – gratuidade do ensino público em estabelecimentos oficiais;

▶ Art. 242 desta Constituição.
▶ Súm. Vinc. nº 12 do STF.

V – valorização dos profissionais da educação escolar, garantidos, na forma da lei, planos de carreira, com ingresso exclusivamente por concurso público de provas e títulos, aos das redes públicas;

▶ Inciso V com a redação dada pela EC nº 53, de 19-12-2006.
▶ Lei nº 9.424, de 24-12-1996, dispõe sobre o Fundo de Manutenção e Desenvolvimento do Ensino Fundamental e de Valorização do Magistério.

VI – gestão democrática do ensino público, na forma da lei;

▶ Lei nº 9.394, de 20-12-1996 (Lei das Diretrizes e Bases da Educação Nacional).

VII – garantia de padrão de qualidade;
VIII – piso salarial profissional nacional para os profissionais da educação escolar pública, nos termos de lei federal.

▶ Inciso VIII acrescido pela EC nº 53, de 19-12-2006.

Parágrafo único. A lei disporá sobre as categorias de trabalhadores considerados profissionais da educação básica e sobre a fixação de prazo para a elaboração ou adequação de seus planos de carreira, no âmbito da União, dos Estados, do Distrito Federal e dos Municípios.

▶ Parágrafo único acrescido pela EC nº 53, de 19-12-2006.

Art. 207. As universidades gozam de autonomia didático-científica, administrativa e de gestão financeira e patrimonial, e obedecerão ao princípio de indissociabilidade entre ensino, pesquisa e extensão.

§ 1º É facultado às universidades admitir professores, técnicos e cientistas estrangeiros, na forma da lei.

§ 2º O disposto neste artigo aplica-se às instituições de pesquisa científica e tecnológica.

▶ §§ 1º e 2º acrescidos pela EC nº 11, de 30-4-1996.

Art. 208. O dever do Estado com a educação será efetivado mediante a garantia de:

I – educação básica obrigatória e gratuita dos 4 (quatro) aos 17 (dezessete) anos de idade, assegurada inclusive sua oferta gratuita para todos os que a ela não tiveram acesso na idade própria;

▶ Inciso I com a redação dada pela EC nº 59, de 11-11-2009.
▶ Art. 6º da EC nº 59, de 11-11-2009, determina que o disposto neste inciso deverá ser implementado progressivamente, até 2016, nos termos do Plano Nacional de Educação, com apoio técnico e financeiro da União.

II – progressiva universalização do ensino médio gratuito;

▶ Inciso II com a redação dada pela EC nº 14, de 12-9-1996.

▶ Art. 6º da EC nº 14, de 12-9-1996.

III – atendimento educacional especializado aos portadores de deficiência, preferencialmente na rede regular de ensino;

▶ Lei nº 7.853, de 24-10-1989 (Lei de Apoio às Pessoas Portadoras de Deficiência), regulamentada pelo Dec. nº 3.298, de 20-12-1999.
▶ Lei nº 10.436, de 24-4-2002, dispõe sobre a Língua Brasileira de Sinais – LIBRA.
▶ Lei nº 10.845, de 5-3-2004, institui o Programa de Complementação ao Atendimento Educacional Especializado às Pessoas Portadoras de Deficiência – PAED.
▶ Dec. nº 3.956, de 8-10-2001, promulga a Convenção Interamericana para a Eliminação de todas as Formas de Discriminação contra as Pessoas Portadoras de Deficiência.
▶ Dec. nº 6.949, de 25-8-2009, promulga a Convenção Internacional sobre os Direitos das Pessoas com Deficiência.

IV – educação infantil, em creche e pré-escola, às crianças até 5 (cinco) anos de idade;

▶ Inciso IV com a redação dada pela EC nº 53, de 19-12-2006.
▶ Art. 7º, XXV, desta Constituição.

V – acesso aos níveis mais elevados do ensino, da pesquisa e da criação artística, segundo a capacidade de cada um;

▶ Lei nº 10.260, de 10-7-2001, dispõe sobre o Fundo de Financiamento ao Estudante do Ensino Superior.
▶ Lei nº 12.089, de 11-11-2009, proíbe que uma mesma pessoa ocupe 2 (duas) vagas simultaneamente em instituições públicas de ensino superior.

VI – oferta de ensino noturno regular, adequado às condições do educando;

VII – atendimento ao educando, em todas as etapas da educação básica, por meio de programas suplementares de material didático-escolar, transporte, alimentação e assistência à saúde.

▶ Inciso VII com a redação dada pela EC nº 59, de 11-11-2009.
▶ Arts. 6º e 212, § 4º, desta Constituição.

§ 1º O acesso ao ensino obrigatório e gratuito é direito público subjetivo.

§ 2º O não oferecimento do ensino obrigatório pelo Poder Público, ou sua oferta irregular, importa responsabilidade da autoridade competente.

§ 3º Compete ao Poder Público recensear os educandos no ensino fundamental, fazer-lhes a chamada e zelar, junto aos pais ou responsáveis, pela frequência à escola.

Art. 209. O ensino é livre à iniciativa privada, atendidas as seguintes condições:

I – cumprimento das normas gerais da educação nacional;

II – autorização e avaliação de qualidade pelo Poder Público.

Art. 210. Serão fixados conteúdos mínimos para o ensino fundamental, de maneira a assegurar formação básica comum e respeito aos valores culturais e artísticos, nacionais e regionais.

§ 1º O ensino religioso, de matrícula facultativa, constituirá disciplina dos horários normais das escolas públicas de ensino fundamental.

§ 2º O ensino fundamental regular será ministrado em língua portuguesa, assegurada às comunidades indígenas também a utilização de suas línguas maternas e processos próprios de aprendizagem.

Art. 211. A União, os Estados, o Distrito Federal e os Municípios organizarão em regime de colaboração seus sistemas de ensino.

▶ Art. 60 do ADCT.
▶ Art. 6º da EC nº 14, de 12-9-1996.

§ 1º A União organizará o sistema federal de ensino e o dos Territórios, financiará as instituições de ensino públicas federais e exercerá, em matéria educacional, função redistributiva e supletiva, de forma a garantir equalização de oportunidades educacionais e padrão mínimo de qualidade de ensino mediante assistência técnica e financeira aos Estados, ao Distrito Federal e aos Municípios.

§ 2º Os Municípios atuarão prioritariamente no ensino fundamental e na educação infantil.

▶ §§ 1º e 2º com a redação dada pela EC nº 14, de 12-9-1996.

§ 3º Os Estados e o Distrito Federal atuarão prioritariamente no ensino fundamental e médio.

▶ § 3º acrescido pela EC nº 14, de 12-9-1996.

§ 4º Na organização de seus sistemas de ensino, a União, os Estados, o Distrito Federal e os Municípios definirão formas de colaboração, de modo a assegurar a universalização do ensino obrigatório.

▶ § 4º com a redação dada pela EC nº 59, de 11-11-2009.

§ 5º A educação básica pública atenderá prioritariamente ao ensino regular.

▶ § 5º acrescido pela EC nº 53, de 19-12-2006.

Art. 212. A União aplicará, anualmente, nunca menos de dezoito, e os Estados, o Distrito Federal e os Municípios vinte e cinco por cento, no mínimo, da receita resultante de impostos, compreendida a proveniente de transferências, na manutenção e desenvolvimento do ensino.

▶ Arts. 34, VII, e 35, III, e 167, IV, desta Constituição.
▶ Arts. 60, caput, § 6º, 72, §§ 2º e 3º, e 76, § 3º, do ADCT.
▶ Lei nº 9.424, de 24-12-1996, dispõe sobre o Fundo de Manutenção e Desenvolvimento do Ensino Fundamental e de Valorização do Magistério.

§ 1º A parcela da arrecadação de impostos transferida pela União aos Estados, ao Distrito Federal e aos Municípios, ou pelos Estados aos respectivos Municípios, não é considerada, para efeito do cálculo previsto neste artigo, receita do governo que a transferir.

§ 2º Para efeito do cumprimento do disposto no caput deste artigo, serão considerados os sistemas de ensino federal, estadual e municipal e os recursos aplicados na forma do artigo 213.

§ 3º A distribuição dos recursos públicos assegurará prioridade ao atendimento das necessidades do ensino obrigatório, no que se refere a universalização, garantia de padrão de qualidade e equidade, nos termos do plano nacional de educação.

▶ § 3º com a redação dada pela EC nº 59, de 11-11-2009.

§ 4º Os programas suplementares de alimentação e assistência à saúde previstos no artigo 208, VII, serão financiados com recursos provenientes de contribuições sociais e outros recursos orçamentários.

§ 5º A educação básica pública terá como fonte adicional de financiamento a contribuição social do salário-educação, recolhida pelas empresas na forma da lei.

▶ § 5º com a redação dada pela EC nº 53, de 19-12-2006.
▶ Art. 76, § 2º, do ADCT.
▶ Lei nº 9.424, de 24-12-1996, dispõe sobre o Fundo de Manutenção e Desenvolvimento do Ensino Fundamental e de Valorização do Magistério.
▶ Lei nº 9.766, de 18-12-1998, dispõe sobre o salário-educação.
▶ Dec. nº 3.142, de 16-8-1999, regulamenta a contribuição social do salário-educação.
▶ Dec. nº 6.003, de 28-12-2006, regulamenta a arrecadação, a fiscalização e a cobrança da contribuição social do salário-educação.
▶ Súm. nº 732 do STF

§ 6º As cotas estaduais e municipais da arrecadação da contribuição social do salário-educação serão distribuídas proporcionalmente ao número de alunos matriculados na educação básica nas respectivas redes públicas de ensino.

▶ § 6º acrescido pela EC nº 53, de 19-12-2006.

Art. 213. Os recursos públicos serão destinados às escolas públicas, podendo ser dirigidos a escolas comunitárias, confessionais ou filantrópicas, definidas em lei, que:

▶ Art. 212 desta Constituição.
▶ Art. 61 do ADCT.
▶ Lei nº 9.394, de 20-12-1996 (Lei das Diretrizes e Bases da Educação Nacional).

I – comprovem finalidade não lucrativa e apliquem seus excedentes financeiros em educação;
II – assegurem a destinação de seu patrimônio à outra escola comunitária, filantrópica ou confessional, ou ao Poder Público, no caso de encerramento de suas atividades.

▶ Art. 61 do ADCT.

§ 1º Os recursos de que trata este artigo poderão ser destinados a bolsas de estudo para o ensino fundamental e médio, na forma da lei, para os que demonstrarem insuficiência de recursos, quando houver falta de vagas e cursos regulares da rede pública na localidade da residência do educando, ficando o Poder Público obrigado a investir prioritariamente na expansão de sua rede na localidade.

▶ Lei nº 9.394, de 20-12-1996 (Lei das Diretrizes e Bases da Educação Nacional).

§ 2º As atividades universitárias de pesquisa e extensão poderão receber apoio financeiro do Poder Público.

▶ Lei nº 8.436, de 25-6-1992, institucionaliza o Programa de Crédito Educativo para estudantes carentes.

Art. 214. A lei estabelecerá o plano nacional de educação, de duração decenal, com o objetivo de articular o sistema nacional de educação em regime de colaboração e definir diretrizes, objetivos, metas e estratégias de implementação para assegurar a manutenção e desenvolvimento do ensino em seus diversos níveis, etapas e modalidades por meio de ações integradas dos poderes públicos das diferentes esferas federativas que conduzam a:

▶ *Caput* com a redação dada pela EC nº 59, de 11-11-2009.

I – erradicação do analfabetismo;
II – universalização do atendimento escolar;
III – melhoria da qualidade do ensino;
IV – formação para o trabalho;
V – promoção humanística, científica e tecnológica do País;

▶ Lei nº 10.172, de 9-1-2001, aprova o Plano Nacional de Educação.

VI – estabelecimento de meta de aplicação de recursos públicos em educação como proporção do produto interno bruto.

▶ Inciso VI acrescido pela EC nº 59, de 11-11-2009.
▶ Lei nº 9.394, de 20-12-1996 (Lei das Diretrizes e Bases da Educação Nacional).
▶ Lei nº 10.172, de 9-1-2001, aprova o Plano Nacional de Educação.

SEÇÃO II

DA CULTURA

Art. 215. O Estado garantirá a todos o pleno exercício dos direitos culturais e acesso às fontes da cultura nacional, e apoiará e incentivará a valorização e a difusão das manifestações culturais.

▶ Lei nº 8.313, de 23-12-1991, institui o Programa Nacional de Apoio à Cultura – PRONAC, regulamentada pelo Dec. nº 5.761, de 27-4-2002.
▶ Lei nº 8.685, de 20-7-1993, cria mecanismos de fomento à atividade audiovisual.
▶ Lei nº 10.454, de 13-5-2002, dispõe sobre remissão da Contribuição para o Desenvolvimento da Indústria Cinematográfica – CONDECINE.
▶ MP nº 2.228-1, de 6-9-2001, que até o encerramento desta edição não havia sido convertida em Lei, cria a Agência Nacional do Cinema – ANCINE.
▶ Dec. nº 2.290, de 4-8-1997, regulamenta o art. 5º, VIII, da Lei nº 8.313, de 23-12-1991.

§ 1º O Estado protegerá as manifestações das culturas populares, indígenas e afro-brasileiras, e das de outros grupos participantes do processo civilizatório nacional.

§ 2º A lei disporá sobre a fixação de datas comemorativas de alta significação para os diferentes segmentos étnicos nacionais.

§ 3º A lei estabelecerá o Plano Nacional de Cultura, de duração plurianual, visando ao desenvolvimento cultural do País e à integração das ações do poder público que conduzam à:

▶ Lei nº 12.343, de 2-12-2010, institui o Plano Nacional de Cultura – PNC e cria o Sistema Nacional de Informações e Indicadores Culturais – SNIIC.

I – defesa e valorização do patrimônio cultural brasileiro;
II – produção, promoção e difusão de bens culturais;
III – formação de pessoal qualificado para a gestão da cultura em suas múltiplas dimensões;

IV – democratização do acesso aos bens de cultura;
V – valorização da diversidade étnica e regional.

▶ § 3º acrescido pela EC nº 48, de 10-8-2005.

Art. 216. Constituem patrimônio cultural brasileiro os bens de natureza material e imaterial, tomados individualmente ou em conjunto, portadores de referência à identidade, à ação, à memória dos diferentes grupos formadores da sociedade brasileira, nos quais se incluem:

I – as formas de expressão;
II – os modos de criar, fazer e viver;
III – as criações científicas, artísticas e tecnológicas;

▶ Lei nº 9.610, de 19-2-1998 (Lei de Direitos Autorais).

IV – as obras, objetos, documentos, edificações e demais espaços destinados às manifestações artístico-culturais;
V – os conjuntos urbanos e sítios de valor histórico, paisagístico, artístico, arqueológico, paleontológico, ecológico e científico.

▶ Lei nº 3.924, de 26-7-1961 (Lei dos Monumentos Arqueológicos e Pré-Históricos).
▶ Arts. 1º, 20, 28, I, II e parágrafo único, da Lei nº 7.542, de 26-9-1986, que dispõe sobre a pesquisa, exploração, remoção e demolição de coisas ou bens afundados, submersos, encalhados e perdidos em águas sob jurisdição nacional, em terreno de marinha e seus acrescidos e em terrenos marginais, em decorrência de sinistro, alijamento ou fortuna do mar.

§ 1º O Poder Público, com a colaboração da comunidade, promoverá e protegerá o patrimônio cultural brasileiro, por meio de inventários, registros, vigilância, tombamento e desapropriação, e de outras formas de acautelamento e preservação.

▶ Lei nº 7.347, de 24-7-1985 (Lei da Ação Civil Pública).
▶ Lei nº 8.394, de 30-12-1991, dispõe sobre a preservação, organização e proteção dos acervos documentais privados dos presidentes da República.
▶ Dec. nº 3.551, de 4-8-2000, institui o registro de bens culturais de natureza imaterial que constituem Patrimônio Cultural Brasileiro e cria o Programa Nacional do Patrimônio Imaterial.

§ 2º Cabem à administração pública, na forma da lei, a gestão da documentação governamental e as providências para franquear sua consulta a quantos dela necessitem.

▶ Lei nº 8.159, de 8-1-1991, dispõe sobre a Política Nacional de arquivos públicos e privados.
▶ Lei nº 12.527, de 18-11-2011, regula o acesso a informações previsto neste parágrafo.

§ 3º A lei estabelecerá incentivos para a produção e o conhecimento de bens e valores culturais.

▶ Lei nº 7.505, de 2-7-1986, dispõe sobre benefícios fiscais na área do imposto de renda concedidos a operações de caráter cultural ou artístico.
▶ Lei nº 8.313, de 23-12-1991, dispõe sobre benefícios fiscais concedidos a operações de caráter cultural ou artístico e cria o Programa Nacional de Apoio a Cultura – PRONAC.
▶ Lei nº 8.685, de 20-7-1993, cria mecanismos de fomento à atividade audiovisual.
▶ Lei nº 10.454, de 13-5-2002, dispõe sobre remissão da Contribuição para o Desenvolvimento da Indústria Cinematográfica – CONDECINE.

▶ MP nº 2.228-1, de 6-9-2001, que até o encerramento desta edição não havia sido convertida em Lei, cria a Agência Nacional do Cinema – ANCINE.

§ 4º Os danos e ameaças ao patrimônio cultural serão punidos, na forma da lei.

▶ Lei nº 3.924, de 26-7-1961 (Lei dos Monumentos Arqueológicos e Pré-Históricos).
▶ Lei nº 4.717, de 29-6-1965 (Lei da Ação Popular).
▶ Lei nº 7.347, de 24-7-1985 (Lei da Ação Civil Pública).

§ 5º Ficam tombados todos os documentos e os sítios detentores de reminiscências históricas dos antigos quilombos.

§ 6º É facultado aos Estados e ao Distrito Federal vincular a fundo estadual de fomento à cultura até cinco décimos por cento de sua receita tributária líquida, para o financiamento de programas e projetos culturais, vedada a aplicação desses recursos no pagamento de:

I – despesas com pessoal e encargos sociais;
II – serviço da dívida;
III – qualquer outra despesa corrente não vinculada diretamente aos investimentos ou ações apoiados.

▶ § 6º acrescido pela EC nº 42, de 19-12-2003.

Art. 216-A. *O Sistema Nacional de Cultura, organizado em regime de colaboração, de forma descentralizada e participativa, institui um processo de gestão e promoção conjunta de políticas públicas de cultura, democráticas e permanentes, pactuadas entre os entes da Federação e a sociedade, tendo por objetivo promover o desenvolvimento humano, social e econômico com pleno exercício dos direitos culturais.*

§ 1º O Sistema Nacional de Cultura fundamenta-se na política nacional de cultura e nas suas diretrizes, estabelecidas no Plano Nacional de Cultura, e rege-se pelos seguintes princípios:

I – diversidade das expressões culturais;
II – universalização do acesso aos bens e serviços culturais;
III – fomento à produção, difusão e circulação de conhecimento e bens culturais;
IV – cooperação entre os entes federados, os agentes públicos e privados atuantes na área cultural;
V – integração e interação na execução das políticas, programas, projetos e ações desenvolvidas;
VI – complementaridade nos papéis dos agentes culturais;
VII – transversalidade das políticas culturais;
VIII – autonomia dos entes federados e das instituições da sociedade civil;
IX – transparência e compartilhamento das informações;
X – democratização dos processos decisórios com participação e controle social;
XI – descentralização articulada e pactuada da gestão, dos recursos e das ações;
XII – ampliação progressiva dos recursos contidos nos orçamentos públicos para a cultura.

§ 2º Constitui a estrutura do Sistema Nacional de Cultura, nas respectivas esferas da Federação:

I – órgãos gestores da cultura;
II – conselhos de política cultural;
III – conferências de cultura;

IV – *comissões intergestores;*
V – *planos de cultura;*
VI – *sistemas de financiamento à cultura;*
VII – *sistemas de informações e indicadores culturais;*
VIII – *programas de formação na área da cultura; e*
IX – *sistemas setoriais de cultura.*

§ 3º *Lei federal disporá sobre a regulamentação do Sistema Nacional de Cultura, bem como de sua articulação com os demais sistemas nacionais ou políticas setoriais de governo.*

§ 4º *Os Estados, o Distrito Federal e os Municípios organizarão seus respectivos sistemas de cultura em leis próprias.*

▶ Art. 216-A acrescido pela EC nº 71, de 29-11-2012.

SEÇÃO III

DO DESPORTO

▶ Lei nº 9.615, de 24-3-1998, institui normas gerais sobre desportos.
▶ Lei nº 10.891, de 9-7-2004, institui a Bolsa-Atleta.

Art. 217. É dever do Estado fomentar práticas desportivas formais e não formais, como direito de cada um, observados:

I – a autonomia das entidades desportivas dirigentes e associações, quanto a sua organização e funcionamento;
II – a destinação de recursos públicos para a promoção prioritária do desporto educacional e, em casos específicos, para a do desporto de alto rendimento;
III – o tratamento diferenciado para o desporto profissional e o não profissional;
IV – a proteção e o incentivo às manifestações desportivas de criação nacional.

§ 1º O Poder Judiciário só admitirá ações relativas à disciplina e às competições desportivas após esgotarem-se as instâncias da justiça desportiva, regulada em lei.

§ 2º A justiça desportiva terá o prazo máximo de sessenta dias, contados da instauração do processo, para proferir decisão final.

§ 3º O Poder Público incentivará o lazer, como forma de promoção social.

CAPÍTULO IV

DA CIÊNCIA E TECNOLOGIA

▶ Lei nº 9.257, de 9-1-1996, dispõe sobre o Conselho Nacional de Ciência e Tecnologia.
▶ Lei nº 10.168, de 29-12-2000, institui Contribuição de Intervenção de Domínio Econômico destinado a financiar o Programa de Estímulo à Interação Universidade-Empresa para o apoio à inovação.
▶ Lei nº 10.332, de 19-12-2001, institui mecanismo de financiamento para o Programa de Ciência e Tecnologia para o Agronegócio, para o Programa de Fomento à Pesquisa em Saúde, para o Programa Biotecnologia e Recursos Genéticos, para o Programa de Ciência e Tecnologia para o Setor Aeronáutico e para o Programa de Inovação para Competitividade.

Art. 218. O Estado promoverá e incentivará o desenvolvimento científico, a pesquisa e a capacitação tecnológicas.

▶ Lei nº 10.973, de 2-12-2004, estabelece medidas de incentivo à inovação e à pesquisa científica e tecnológica no ambiente produtivo, com vistas à capacitação e ao alcance da autonomia tecnológica e ao desenvolvimento industrial do país, nos termos deste artigo e do art. 219.

§ 1º A pesquisa científica básica receberá tratamento prioritário do Estado, tendo em vista o bem público e o progresso das ciências.

§ 2º A pesquisa tecnológica voltar-se-á preponderantemente para a solução dos problemas brasileiros e para o desenvolvimento do sistema produtivo nacional e regional.

§ 3º O Estado apoiará a formação de recursos humanos nas áreas de ciência, pesquisa e tecnologia, e concederá aos que delas se ocupem meios e condições especiais de trabalho.

§ 4º A lei apoiará e estimulará as empresas que invistam em pesquisa, criação de tecnologia adequada ao País, formação e aperfeiçoamento de seus recursos humanos e que pratiquem sistemas de remuneração que assegurem ao empregado, desvinculada do salário, participação nos ganhos econômicos resultantes da produtividade de seu trabalho.

▶ Lei nº 9.257, de 9-1-1996, dispõe sobre o Conselho Nacional de Ciência e Tecnologia.

§ 5º É facultado aos Estados e ao Distrito Federal vincular parcela de sua receita orçamentária a entidades públicas de fomento ao ensino e à pesquisa científica e tecnológica.

▶ Lei nº 8.248, de 23-10-1991, dispõe sobre a capacitação e competitividade do setor de informática e automação.

Art. 219. O mercado interno integra o patrimônio nacional e será incentivado de modo a viabilizar o desenvolvimento cultural e socioeconômico, o bem-estar da população e a autonomia tecnológica do País, nos termos de lei federal.

▶ Lei nº 10.973, de 2-12-2004, estabelece medidas de incentivo à inovação e à pesquisa científica e tecnológica no ambiente produtivo, com vistas à capacitação e ao alcance da autonomia tecnológica e ao desenvolvimento industrial do país, nos termos deste artigo e do art. 218.

CAPÍTULO V

DA COMUNICAÇÃO SOCIAL

Art. 220. A manifestação do pensamento, a criação, a expressão e a informação, sob qualquer forma, processo ou veículo não sofrerão qualquer restrição, observado o disposto nesta Constituição.

▶ Arts. 1º, III e IV, 3º, III e IV, 4º, II, 5º, IX, XII, XIV, XXVII, XXVIII e XXIX, desta Constituição.
▶ Arts. 36, 37, 43 e 44 do CDC.
▶ Lei nº 4.117, de 24-8-1962 (Código Brasileiro de Telecomunicações).
▶ Art. 1º da Lei nº 7.524, de 17-7-1986, que dispõe sobre a manifestação, por militar inativo, de pensamento e opinião políticos ou filosóficos.
▶ Art. 2º da Lei nº 8.389, de 30-12-1991, que institui o Conselho de Comunicação Social.

Constituição Federal – Arts. 221 a 223

▶ Lei nº 9.472, de 16-7-1997, dispõe sobre a organização dos serviços de telecomunicações, a criação e funcionamento de um Órgão Regulador e outros aspectos institucionais.
▶ Art. 7º da Lei nº 9.610, de 19-2-1998 (Lei de Direitos Autorais).

§ 1º Nenhuma lei conterá dispositivo que possa constituir embaraço à plena liberdade de informação jornalística em qualquer veículo de comunicação social, observado o disposto no artigo 5º, IV, V, X, XIII e XIV.

▶ Art. 45 da Lei nº 9.504, de 30-9-1997 (Lei das Eleições).

§ 2º É vedada toda e qualquer censura de natureza política, ideológica e artística.

§ 3º Compete à lei federal:

I – regular as diversões e espetáculos públicos, cabendo ao Poder Público informar sobre a natureza deles, as faixas etárias a que não se recomendem, locais e horários em que sua apresentação se mostre inadequada;

▶ Art. 21, XVI, desta Constituição.
▶ Arts. 74, 80, 247 e 258 do ECA.

II – estabelecer os meios legais que garantam à pessoa e à família a possibilidade de se defenderem de programas ou programações de rádio e televisão que contrariem o disposto no artigo 221, bem como da propaganda de produtos, práticas e serviços que possam ser nocivos à saúde e ao meio ambiente.

▶ Arts. 9º e 10 do CDC.
▶ Art. 5º da Lei nº 8.389, de 30-12-1991, que instituí o Conselho de Comunicação Social.

§ 4º A propaganda comercial de tabaco, bebidas alcoólicas, agrotóxicos, medicamentos e terapias estará sujeita a restrições legais, nos termos do inciso II do parágrafo anterior, e conterá, sempre que necessário, advertência sobre os malefícios decorrentes de seu uso.

▶ Lei nº 9.294, de 15-7-1996, dispõe sobre as restrições ao uso e à propaganda de produtos fumígenos, bebidas alcoólicas, medicamentos, terapias e defensivos agrícolas referidos neste parágrafo.
▶ Lei nº 10.359, de 27-12-2001, dispõe sobre a obrigatoriedade de os novos aparelhos de televisão conterem dispositivo que possibilite o bloqueio temporário da recepção de programação inadequada.

§ 5º Os meios de comunicação social não podem, direta ou indiretamente, ser objeto de monopólio ou oligopólio.

▶ Arts. 36 e segs. da Lei nº 12.529, de 30-11-2011 (Lei do Sistema Brasileiro de Defesa da Concorrência).

§ 6º A publicação de veículo impresso de comunicação independe de licença de autoridade.

▶ Art. 114, parágrafo único, da Lei nº 6.015, de 31-12-1973 (Lei dos Registros Públicos).

Art. 221. A produção e a programação das emissoras de rádio e televisão atenderão aos seguintes princípios:

I – preferência a finalidades educativas, artísticas, culturais e informativas;

▶ Dec. nº 4.901, de 26-11-2003, instituí o Sistema Brasileiro de Televisão Digital – SBTVD.

II – promoção da cultura nacional e regional e estímulo à produção independente que objetive sua divulgação;

▶ Art. 2º da MP nº 2.228-1, de 6-9-2001, cria a Agência Nacional do Cinema – ANCINE.

▶ Lei nº 10.454, de 13-5-2002, dispõe sobre remissão da Contribuição para o Desenvolvimento da Indústria Cinematográfica – CONDECINE.

III – regionalização da produção cultural, artística e jornalística, conforme percentuais estabelecidos em lei;

▶ Art. 3º, III, desta Constituição.

IV – respeito aos valores éticos e sociais da pessoa e da família.

▶ Arts. 1º, III, 5º, XLII, XLIII, XLVIII, XLIX, L, 34, VII, *b*, 225 a 227 e 230 desta Constituição.
▶ Art. 8º, III, da Lei nº 11.340, de 7-8-2006 (Lei que Coíbe a Violência Doméstica e Familiar Contra a Mulher).

Art. 222. A propriedade de empresa jornalística e de radiodifusão sonora e de sons e imagens é privativa de brasileiros natos ou naturalizados há mais de dez anos, ou de pessoas jurídicas constituídas sob as leis brasileiras e que tenham sede no País.

▶ *Caput* com a redação dada pela EC nº 36, de 28-5-2002.

§ 1º Em qualquer caso, pelo menos setenta por cento do capital total e do capital votante das empresas jornalísticas e de radiodifusão sonora e de sons e imagens deverá pertencer, direta ou indiretamente, a brasileiros natos ou naturalizados há mais de dez anos, que exercerão obrigatoriamente a gestão das atividades e estabelecerão o conteúdo da programação.

§ 2º A responsabilidade editorial e as atividades de seleção e direção da programação veiculada são privativas de brasileiros natos ou naturalizados há mais de dez anos, em qualquer meio de comunicação social.

▶ §§ 1º e 2º com a redação dada pela EC nº 36, de 28-5-2002.

§ 3º Os meios de comunicação social eletrônica, independentemente da tecnologia utilizada para a prestação do serviço, deverão observar os princípios enunciados no art. 221, na forma de lei específica, que também garantirá a prioridade de profissionais brasileiros na execução de produções nacionais.

§ 4º Lei disciplinará a participação de capital estrangeiro nas empresas de que trata o § 1º.

▶ Lei nº 10.610, de 20-12-2002, dispõe sobre a participação de capital estrangeiro nas empresas jornalísticas e de radiodifusão sonora e de sons e imagens.

§ 5º As alterações de controle societário das empresas de que trata o § 1º serão comunicadas ao Congresso Nacional.

▶ §§ 3º a 5º acrescidos pela EC nº 36, de 28-5-2002.

Art. 223. Compete ao Poder Executivo outorgar e renovar concessão, permissão e autorização para o serviço de radiodifusão sonora e de sons e imagens, observado o princípio da complementaridade dos sistemas privado, público e estatal.

▶ Lei nº 9.612, de 19-2-1998, instituí o serviço de radiodifusão comunitária.
▶ Arts. 2º, 10 e 32 do Dec. nº 52.795, de 31-10-1963, que aprova regulamento dos serviços de radiodifusão.

§ 1º O Congresso Nacional apreciará o ato no prazo do artigo 64, §§ 2º e 4º, a contar do recebimento da mensagem.

§ 2º A não renovação da concessão ou permissão dependerá de aprovação de, no mínimo, dois quintos do Congresso Nacional, em votação nominal.

§ 3º O ato de outorga ou renovação somente produzirá efeitos legais após deliberação do Congresso Nacional, na forma dos parágrafos anteriores.

§ 4º O cancelamento da concessão ou permissão, antes de vencido o prazo, depende de decisão judicial.

§ 5º O prazo da concessão ou permissão será de dez anos para as emissoras de rádio e de quinze para as de televisão.

Art. 224. Para os efeitos do disposto neste Capítulo, o Congresso Nacional instituirá, como seu órgão auxiliar, o Conselho de Comunicação Social, na forma da lei.

▶ Lei nº 6.650, de 23-5-1979, dispõe sobre a criação, na Presidência da República, da Secretaria de Comunicação Social.

▶ Lei nº 8.389, de 30-12-1991, institui o Conselho de Comunicação Social.

▶ Dec. nº 4.799, de 4-8-2003, dispõe sobre a comunicação de Governo do Poder Executivo Federal.

Capítulo VI

DO MEIO AMBIENTE

▶ Lei nº 7.802, de 11-7-1989, dispõe sobre a pesquisa, a experimentação, a produção, a embalagem e rotulagem, o transporte, o armazenamento, a comercialização, a propaganda comercial, a utilização, a importação, a exportação, o destino final dos resíduos e embalagens, o registro, a classificação, o controle, a inspeção e a fiscalização, de agrotóxicos, seus componentes, e afins.

▶ Lei nº 9.605, de 12-2-1998 (Lei dos Crimes Ambientais).

▶ Arts. 25, XV, 27, XV, e 29, XV, da Lei nº 10.683, de 28-5-2003, que dispõem sobre a organização do Ministério do Meio Ambiente.

▶ Dec. nº 4.339, de 22-8-2002, institui princípios e diretrizes para a implementação Política Nacional da Biodiversidade.

▶ Dec. nº 4.411, de 7-10-2002, dispõe sobre a atuação das Forças Armadas e da Polícia Federal nas unidades de conservação.

Art. 225. Todos têm direito ao meio ambiente ecologicamente equilibrado, bem de uso comum do povo e essencial à sadia qualidade de vida, impondo-se ao Poder Público e à coletividade o dever de defendê-lo e preservá-lo para as presentes e futuras gerações.

▶ Lei nº 7.735, de 22-2-1989, dispõe sobre a extinção de órgão e de entidade autárquica, cria o Instituto Brasileiro do Meio Ambiente e dos Recursos Naturais Renováveis.

▶ Lei nº 7.797, de 10-7-1989 (Lei do Fundo Nacional de Meio Ambiente).

▶ Lei nº 11.284, de 2-3-2006 (Lei de Gestão de Florestas Públicas).

▶ Dec. nº 4.339, de 22-8-2002, institui princípios e diretrizes para a implementação Política Nacional da Biodiversidade.

§ 1º Para assegurar a efetividade desse direito, incumbe ao Poder Público:

▶ Lei nº 9.985, de 18-7-2000 (Lei do Sistema Nacional de Unidades de Conservação da Natureza).

I – preservar e restaurar os processos ecológicos essenciais e prover o manejo ecológico das espécies e ecossistemas;

▶ Lei nº 9.985, de 18-7-2000 (Lei do Sistema Nacional de Unidades de Conservação da Natureza), regulamentada pelo Dec. nº 4.340, de 22-8-2002.

II – preservar a diversidade e a integridade do patrimônio genético do País e fiscalizar as entidades dedicadas à pesquisa e manipulação de material genético;

▶ Inciso regulamentado pela MP nº 2.186-16, de 23-8-2001, que até o encerramento desta edição não havia sido convertida em Lei.

▶ Lei nº 9.985, de 18-7-2000 (Lei do Sistema Nacional de Unidades de Conservação da Natureza), regulamentada pelo Dec. nº 4.340, de 22-8-2002.

▶ Lei nº 11.105, de 24-3-2005 (Lei de Biossegurança), regulamenta este inciso.

▶ Dec. nº 5.705, de 16-2-2006, promulga o Protocolo de Cartagena sobre Biossegurança da Convenção sobre Diversidade Biológica.

III – definir, em todas as Unidades da Federação, espaços territoriais e seus componentes a serem especialmente protegidos, sendo a alteração e a supressão permitidas somente através de lei, vedada qualquer utilização que comprometa a integridade dos atributos que justifiquem sua proteção;

▶ Lei nº 9.985, de 18-7-2000 (Lei do Sistema Nacional de Unidades de Conservação da Natureza), regulamentada pelo Dec. nº 4.340, de 22-8-2002.

▶ Res. do CONAMA nº 369, de 28-3-2006, dispõe sobre os casos excepcionais, de utilidade pública, interesse social ou baixo impacto ambiental, que possibilitam a intervenção ou supressão de vegetação em Área de Preservação Permanente – APP.

IV – exigir, na forma da lei, para instalação de obra ou atividade potencialmente causadora de significativa degradação do meio ambiente, estudo prévio de impacto ambiental, a que se dará publicidade;

▶ Lei nº 11.105, de 24-3-2005 (Lei de Biossegurança), regulamenta este inciso.

V – controlar a produção, a comercialização e o emprego de técnicas, métodos e substâncias que comportem risco para a vida, a qualidade de vida e o meio ambiente;

▶ Lei nº 7.802, de 11-7-1989, dispõe sobre a pesquisa, a experimentação, a produção, a embalagem e rotulagem, o transporte, o armazenamento, a comercialização, a propaganda comercial, a utilização, a importação, a exportação, o destino final dos resíduos e embalagens, o registro, a classificação, o controle, a inspeção e a fiscalização, de agrotóxicos, seus componentes, e afins.

▶ Lei nº 9.985, de 18-7-2000 (Lei do Sistema Nacional de Unidades de Conservação da Natureza), regulamentada pelo Dec. nº 4.340, de 22-8-2002.

▶ Lei nº 11.105, de 24-3-2005 (Lei de Biossegurança), regulamenta este inciso.

VI – promover a educação ambiental em todos os níveis de ensino e a conscientização pública para a preservação do meio ambiente;

▶ Lei nº 9.795, de 27-4-1999, dispõe sobre a educação ambiental e a instituição da Política Nacional de Educação Ambiental.

VII – proteger a fauna e a flora, vedadas, na forma da lei, as práticas que coloquem em risco sua função ecológica, provoquem a extinção de espécies ou submetam os animais à crueldade.

▶ Lei nº 5.197, de 3-1-1967 (Lei de Proteção à Fauna).

▶ Lei nº 7.802, de 11-7-1989, dispõe sobre a pesquisa, a experimentação, a produção, a embalagem e rotulagem, o transporte, o armazenamento, a comercialização, a propaganda comercial, a utilização, a importação, a exportação, o destino final dos resíduos e embalagens, o registro, a classificação, o controle, a inspeção e a fiscalização, de agrotóxicos, seus componentes, e afins.

▶ Lei nº 9.605, de 12-2-1998 (Lei dos Crimes Ambientais).
▶ Lei nº 9.985, de 18-7-2000 (Lei do Sistema Nacional de Unidades de Conservação da Natureza), regulamentada pelo Dec. n º 4.340, de 22-8-2002.
▶ Lei nº 12.651, de 25-5-2012 (Novo Código Florestal).
▶ Dec.-lei nº 221, de 28-2-1967 (Lei de Proteção e Estímulos à Pesca).
▶ Lei nº 11.794, de 8-10-2008, regulamenta este inciso, estabelecendo procedimentos para o uso científico de animais.

§ 2º Aquele que explorar recursos minerais fica obrigado a recuperar o meio ambiente degradado, de acordo com solução técnica exigida pelo órgão público competente, na forma da lei.

▶ Dec.-lei nº 227, de 28-2-1967 (Código de Mineração).

§ 3º As condutas e atividades consideradas lesivas ao meio ambiente sujeitarão os infratores, pessoas físicas ou jurídicas, a sanções penais e administrativas, independentemente da obrigação de reparar os danos causados.

▶ Art. 3º, *caput*, e parágrafo único, da Lei nº 9.605, de 12-2-1998 (Lei dos Crimes Ambientais).
▶ Dec. nº 6.514, de 22-7-2008, dispõe sobre as infrações e sanções administrativas ao meio ambiente e estabelece o processo administrativo federal para apuração destas infrações.

§ 4º A Floresta Amazônica brasileira, a Mata Atlântica, a Serra do Mar, o Pantanal Mato-Grossense e a Zona Costeira são patrimônio nacional, e sua utilização far-se-á, na forma da lei, dentro de condições que assegurem a preservação do meio ambiente, inclusive quanto ao uso dos recursos naturais.

▶ Lei nº 6.902, de 27-4-1981 (Lei das Estações Ecológicas e das Áreas de Proteção Ambiental).
▶ Lei nº 6.938, de 31-8-1981 (Lei da Política Nacional do Meio Ambiente).
▶ Lei nº 7.347, de 24-7-1985 (Lei da Ação Civil Pública).
▶ Dec. nº 4.297, de 10-7-2002, regulamenta o inciso II do art. 9º da Lei nº 6.938, de 31-8-1981 (Lei da Política Nacional do Meio Ambiente), estabelecendo critério para o Zoneamento Ecológico-Econômico do Brasil – ZEE.
▶ Res. do CONAMA nº 369, de 28-3-2006, dispõe sobre os casos excepcionais, de utilidade pública, interesse social ou baixo impacto ambiental, que possibilitam a intervenção ou supressão de vegetação em Área de Preservação Permanente – APP.

§ 5º São indisponíveis as terras devolutas ou arrecadadas pelos Estados, por ações discriminatórias, necessárias à proteção dos ecossistemas naturais.

▶ Lei nº 6.383, de 7-12-1976 (Lei das Ações Discriminatórias).
▶ Dec.-lei nº 9.760, de 5-9-1946 (Lei dos Bens Imóveis da União).
▶ Dec.-lei nº 1.414, de 18-8-1975, dispõe sobre o processo de ratificação das concessões e alterações de terras devolutas na faixa de fronteiras.
▶ Arts. 1º, 5º e 164 do Dec. nº 87.620, de 21-9-1982, que dispõe sobre o procedimento administrativo para o reconhecimento da aquisição, por usucapião especial, de imóveis rurais compreendidos em terras devolutas.
▶ Res. do CONAMA nº 369, de 28-3-2006, dispõe sobre os casos excepcionais, de utilidade pública, interesse social ou baixo impacto ambiental, que possibilitam a

intervenção ou supressão de vegetação em Área de Preservação Permanente – APP.

§ 6º As usinas que operem com reator nuclear deverão ter sua localização definida em lei federal, sem o que não poderão ser instaladas.

▶ Dec.-lei nº 1.809, de 7-10-1980, institui o Sistema de Proteção ao Programa Nuclear Brasileiro – SIPRON.

Capítulo VII

DA FAMÍLIA, DA CRIANÇA, DO ADOLESCENTE, DO JOVEM E DO IDOSO

▶ Capítulo VII com a denominação dada pela EC nº 65, de 13-7-2010.
▶ Lei nº 8.069, de 13-7-1990 (Estatuto da Criança e do Adolescente).
▶ Lei nº 8.842, de 4-1-1994, dispõe sobre a composição, estruturação, competência e funcionamento do Conselho Nacional dos Direitos do Idoso – CNDI.
▶ Lei nº 10.741, de 1º-10-2003 (Estatuto do Idoso).
▶ Lei nº 12.010, de 3-8-2009 (Lei da Adoção).

Art. 226. A família, base da sociedade, tem especial proteção do Estado.

▶ Arts. 1.533 a 1.542 do CC.
▶ Lei nº 6.015, de 31-12-1973 (Lei dos Registros Públicos).
▶ Lei nº 8.069, de 13-7-1990 (Estatuto da Criança e do Adolescente).

§ 1º O casamento é civil e gratuita a celebração.

▶ Arts. 1.511 a 1.570 do CC.
▶ Arts. 67 a 76 da Lei nº 6.015, de 31-12-1973 (Lei dos Registros Públicos).

§ 2º O casamento religioso tem efeito civil, nos termos da lei.

▶ Lei nº 1.110, de 23-5-1950, regula o reconhecimento dos efeitos civis ao casamento religioso.
▶ Arts. 71 a 75 da Lei nº 6.015, de 31-12-1973 (Lei dos Registros Públicos).
▶ Lei nº 9.278, de 10-5-1996 (Lei da União Estável).
▶ Art. 5º do Dec.-lei nº 3.200, de 19-4-1941, que dispõe sobre a organização e proteção da família.

§ 3º Para efeito da proteção do Estado, é reconhecida a união estável entre o homem e a mulher como entidade familiar, devendo a lei facilitar sua conversão em casamento.

▶ Arts. 1.723 a 1.727 do CC.
▶ Lei nº 8.971, de 29-12-1994, regula o direito dos companheiros a alimentos e sucessão.
▶ Lei nº 9.278, de 10-5-1996 (Lei da União Estável).
▶ O STF, por unanimidade de votos, julgou procedentes a ADPF nº 132 (como ação direta de inconstitucionalidade) e a ADIN nº 4.277, com eficácia *erga omnes* e efeito vinculante, para dar ao art. 1.723 do CC interpretação conforme à CF para dele excluir qualquer significado que impeça o reconhecimento da união contínua, pública e duradoura entre pessoas do mesmo sexo como entidade familiar (*DOU* de 13-5-2011).

§ 4º Entende-se, também, como entidade familiar a comunidade formada por qualquer dos pais e seus descendentes.

§ 5º Os direitos e deveres referentes à sociedade conjugal são exercidos igualmente pelo homem e pela mulher.

▶ Arts. 1.511 a 1.570 do CC.
▶ Arts. 2º a 8º da Lei nº 6.515, de 26-12-1977 (Lei do Divórcio).

§ 6º O casamento civil pode ser dissolvido pelo divórcio.
▶ § 6º com a redação dada pela EC nº 66, de 13-7-2010.
▶ Lei nº 6.515, de 26-12-1977 (Lei do Divórcio).

§ 7º Fundado nos princípios da dignidade da pessoa humana e da paternidade responsável, o planejamento familiar é livre decisão do casal, competindo ao Estado propiciar recursos educacionais e científicos para o exercício desse direito, vedada qualquer forma coercitiva por parte de instituições oficiais ou privadas.
▶ Lei nº 9.263, de 12-1-1996 (Lei do Planejamento Familiar), regulamenta este parágrafo.

§ 8º O Estado assegurará a assistência à família na pessoa de cada um dos que a integram, criando mecanismos para coibir a violência no âmbito de suas relações.
▶ Lei nº 11.340, de 7-8-2006 (Lei que Coíbe a Violência Doméstica e Familiar Contra a Mulher).

Art. 227. É dever da família, da sociedade e do Estado assegurar à criança, ao adolescente e ao jovem, com absoluta prioridade, o direito à vida, à saúde, à alimentação, à educação, ao lazer, à profissionalização, à cultura, à dignidade, ao respeito, à liberdade e à convivência familiar e comunitária, além de colocá-los a salvo de toda forma de negligência, discriminação, exploração, violência, crueldade e opressão.
▶ *Caput* com a redação dada pela EC nº 65, de 13-7-2010.
▶ Arts. 6º, 208 e 212, § 4º, desta Constituição.
▶ Lei nº 8.069, de 13-7-1990 (Estatuto da Criança e do Adolescente).
▶ Lei nº 12.318, de 26-8-2010 (Lei da Alienação Parental).
▶ Dec. nº 3.413, de 14-4-2000, promulga a Convenção sobre os Aspectos Civis do Sequestro Internacional de Crianças, concluída na cidade de Haia, em 25-10-1980.
▶ Dec. nº 3.597, de 12-9-2000, promulga a Convenção 182 e a Recomendação 190 da Organização Internacional do Trabalho – OIT sobre a proibição das piores formas de trabalho infantil e a ação imediata para sua eliminação, concluídas em Genebra em 17-6-1999.
▶ Dec. nº 3.951, de 4-10-2001, designa a Autoridade Central para dar cumprimento às obrigações impostas pela Convenção sobre os Aspectos Civis do Sequestro Internacional de Crianças, cria o Conselho da Autoridade Central Administrativa Federal Contra o Sequestro Internacional de Crianças e institui o Programa Nacional para Cooperação no Regresso de Crianças e Adolescentes Brasileiros Sequestrados Internacionalmente.
▶ Dec. Legislativo nº 79, de 15-9-1999, aprova o texto da Convenção sobre os Aspectos Civis do Sequestro Internacional de Crianças, concluída na cidade de Haia, em 25-10-1980, com vistas a adesão pelo governo brasileiro.
▶ Res. do CNJ nº 94, de 27-10-2009, determina a criação de Coordenadorias da Infância e da Juventude no âmbito dos Tribunais de Justiça dos Estados e do Distrito Federal.

§ 1º O Estado promoverá programas de assistência integral à saúde da criança, do adolescente e do jovem, admitida a participação de entidades não governamentais, mediante políticas específicas e obedecendo aos seguintes preceitos:
▶ § 1º com a redação dada pela EC nº 65, de 13-7-2010.
▶ Lei nº 8.642, de 31-3-1993, dispõe sobre a instituição do Programa Nacional de Atenção à Criança e ao Adolescente – PRONAICA.

I – aplicação de percentual dos recursos públicos destinados à saúde na assistência materno-infantil;

II – criação de programas de prevenção e atendimento especializado para as pessoas portadoras de deficiência física, sensorial ou mental, bem como de integração social do adolescente e do jovem portador de deficiência, mediante o treinamento para o trabalho e a convivência, e a facilitação do acesso aos bens e serviços coletivos, com a eliminação de obstáculos arquitetônicos e de todas as formas de discriminação.
▶ Inciso II com a redação dada pela EC nº 65, de 13-7-2010.
▶ Lei nº 7.853, de 24-10-1989 (Lei de Apoio às Pessoas Portadoras de Deficiência), regulamentada pelo Dec. nº 3.298, de 20-12-1999.
▶ Lei nº 8.069, de 13-7-1990 (Estatuto da Criança e do Adolescente).
▶ Lei nº 10.216, de 6-4-2001, dispõe sobre a proteção e os direitos das pessoas portadoras de transtornos mentais e redireciona o modelo assistencial em saúde mental.
▶ Dec. nº 3.956, de 8-10-2001, promulga a Convenção Interamericana para Eliminação de Todas as Formas de Discriminação contra as Pessoas Portadoras de Deficiência.
▶ Dec. nº 6.949, de 25-8-2009, promulga a Convenção Internacional sobre os Direitos das Pessoas com Deficiência.

§ 2º A lei disporá sobre normas de construção dos logradouros e dos edifícios de uso público e de fabricação de veículos de transporte coletivo, a fim de garantir acesso adequado às pessoas portadoras de deficiência.
▶ Art. 244 desta Constituição.
▶ Art. 3º da Lei nº 7.853, de 24-10-1989 (Lei de Apoio às Pessoas Portadoras de Deficiência), regulamentada pelo Dec. nº 3.298, de 20-12-1999.
▶ Dec. nº 6.949, de 25-8-2009, promulga a Convenção Internacional sobre os Direitos das Pessoas com Deficiência.

§ 3º O direito a proteção especial abrangerá os seguintes aspectos:

I – idade mínima de quatorze anos para admissão ao trabalho, observado o disposto no artigo 7º, XXXIII;
▶ O art. 7º, XXXIII, desta Constituição, foi alterado pela EC nº 20, de 15-12-1998, e agora fixa em dezesseis anos a idade mínima para admissão ao trabalho.

II – garantia de direitos previdenciários e trabalhistas;
III – garantia de acesso do trabalhador adolescente e jovem à escola;
▶ Inciso III com a redação dada pela EC nº 65, de 13-7-2010.

IV – garantia de pleno e formal conhecimento da atribuição de ato infracional, igualdade na relação processual e defesa técnica por profissional habilitado, segundo dispuser a legislação tutelar específica;
V – obediência aos princípios de brevidade, excepcionalidade e respeito à condição peculiar de pessoa em desenvolvimento, quando da aplicação de qualquer medida privativa da liberdade;
VI – estímulo do Poder Público, através de assistência jurídica, incentivos fiscais e subsídios, nos termos da lei, ao acolhimento, sob a forma de guarda, de criança ou adolescente órfão ou abandonado;
▶ Arts. 33 a 35 do ECA.

VII – programas de prevenção e atendimento especializado à criança, ao adolescente e ao jovem dependente de entorpecentes e drogas afins.
- Inciso VII com a redação dada pela EC nº 65, de 13-7-2010.
- Lei nº 11.343, de 23-8-2006 (Lei Antidrogas).

§ 4º A lei punirá severamente o abuso, a violência e a exploração sexual da criança e do adolescente.
- Arts. 217-A a 218-B e 224 do CP.
- Arts. 225 a 258 do ECA.

§ 5º A adoção será assistida pelo Poder Público, na forma da lei, que estabelecerá casos e condições de sua efetivação por parte de estrangeiros.
- Arts. 1.618 e 1.619 do CC.
- Arts. 39 a 52 do ECA.
- Lei nº 12.010, de 3-8-2009 (Lei da Adoção).
- Dec. nº 3.087, de 21-6-1999, promulga a Convenção Relativa à Proteção das Crianças e a Cooperação em Matéria de Adoção Internacional, concluída em Haia, em 29-5-1993.

§ 6º Os filhos, havidos ou não da relação do casamento, ou por adoção, terão os mesmos direitos e qualificações, proibidas quaisquer designações discriminatórias relativas à filiação.
- Art. 41, §§ 1º e 2º, do ECA.
- Lei nº 8.560, de 29-12-1992 (Lei de Investigação de Paternidade).
- Lei nº 10.317, de 6-12-2001, dispõe sobre a gratuidade no exame de DNA nos casos que especifica.
- Lei nº 12.010, de 3-8-2009 (Lei da Adoção).

§ 7º No atendimento dos direitos da criança e do adolescente levar-se-á em consideração o disposto no artigo 204.

§ 8º A lei estabelecerá:
I – o estatuto da juventude, destinado a regular os direitos dos jovens;
II – o plano nacional de juventude, de duração decenal, visando à articulação das várias esferas do poder público para a execução de políticas públicas.
- § 8º acrescido pela EC nº 65, de 13-7-2010.

Art. 228. São penalmente inimputáveis os menores de dezoito anos, sujeitos às normas da legislação especial.
- Art. 27 do CP.
- Arts. 101, 104 e 112 do ECA.

Art. 229. Os pais têm o dever de assistir, criar e educar os filhos menores, e os filhos maiores têm o dever de ajudar e amparar os pais na velhice, carência ou enfermidade.
- Art. 22 do ECA.

Art. 230. A família, a sociedade e o Estado têm o dever de amparar as pessoas idosas, assegurando sua participação na comunidade, defendendo sua dignidade e bem-estar e garantindo-lhes o direito à vida.
- Lei nº 8.842, de 4-1-1994, dispõe sobre a política nacional do idoso.
- Lei nº 10.741, de 1º-10-2003 (Estatuto do Idoso).

§ 1º Os programas de amparo aos idosos serão executados preferencialmente em seus lares.

§ 2º Aos maiores de sessenta e cinco anos é garantida a gratuidade dos transportes coletivos urbanos.

Capítulo VIII

DOS ÍNDIOS

Art. 231. São reconhecidos aos índios sua organização social, costumes, línguas, crenças e tradições, e os direitos originários sobre as terras que tradicionalmente ocupam, competindo à União demarcá-las, proteger e fazer respeitar todos os seus bens.
- Lei nº 6.001, de 19-12-1973 (Estatuto do Índio).
- Dec. nº 26, de 4-2-1991, dispõe sobre a educação indígena no Brasil.
- Dec. nº 1.141, de 19-5-1994, dispõe sobre ações de proteção ambiental, saúde e apoio às atividades produtivas para as comunidades indígenas.
- Dec. nº 1.775, de 8-1-1996, dispõe sobre o procedimento administrativo de demarcação de terras indígenas.
- Dec. nº 3.156, de 7-10-1999, dispõe sobre as condições para a prestação de assistência à saúde dos povos indígenas, no âmbito do Sistema Único de Saúde.
- Dec. nº 4.412, de 7-10-2002, dispõe sobre a atuação das Forças Armadas e da Polícia Federal nas terras indígenas.
- Dec. nº 5.051, de 19-4-2004, promulga a Convenção nº 169 da OIT sobre povos indígenas e tribais.
- Dec. nº 6.040, de 7-2-2007, institui a Política Nacional de Desenvolvimento Sustentável dos Povos e Comunidades Tradicionais.

§ 1º São terras tradicionalmente ocupadas pelos índios as por eles habitadas em caráter permanente, as utilizadas para suas atividades produtivas, as imprescindíveis à preservação dos recursos ambientais necessários a seu bem-estar e as necessárias a sua reprodução física e cultural, segundo seus usos, costumes e tradições.

§ 2º As terras tradicionalmente ocupadas pelos índios destinam-se a sua posse permanente, cabendo-lhes o usufruto exclusivo das riquezas do solo, dos rios e dos lagos nelas existentes.

§ 3º O aproveitamento dos recursos hídricos, incluídos os potenciais energéticos, a pesquisa e a lavra das riquezas minerais em terras indígenas só podem ser efetivados com autorização do Congresso Nacional, ouvidas as comunidades afetadas, ficando-lhes assegurada participação nos resultados da lavra, na forma da lei.

§ 4º As terras de que trata este artigo são inalienáveis e indisponíveis, e os direitos sobre elas, imprescritíveis.

§ 5º É vedada a remoção dos grupos indígenas de suas terras, salvo, *ad referendum* do Congresso Nacional, em caso de catástrofe ou epidemia que ponha em risco sua população, ou no interesse da soberania do País, após deliberação do Congresso Nacional, garantindo, em qualquer hipótese, o retorno imediato logo que cesse o risco.

§ 6º São nulos e extintos, não produzindo efeitos jurídicos, os atos que tenham por objeto a ocupação, o domínio e a posse das terras a que se refere este artigo, ou a exploração das riquezas naturais do solo, dos rios e dos lagos nelas existentes, ressalvado relevante interesse público da União, segundo o que dispuser lei complementar, não gerando a nulidade e a extinção direito a indenização ou ações contra a União, salvo, na forma da lei, quanto às benfeitorias derivadas da ocupação de boa-fé.
- Art. 62 da Lei nº 6.001, de 19-12-1973 (Estatuto do Índio).

§ 7º Não se aplica às terras indígenas o disposto no artigo 174, §§ 3º e 4º.

Art. 232. Os índios, suas comunidades e organizações são partes legítimas para ingressar em juízo em defesa de seus direitos e interesses, intervindo o Ministério Público em todos os atos do processo.

▶ Lei nº 6.001, de 19-12-1973 (Estatuto do Índio).

TÍTULO IX – DAS DISPOSIÇÕES CONSTITUCIONAIS GERAIS

Art. 233. *Revogado.* EC nº 28, de 25-5-2000.

§§ 1º a 3º *Revogados.* EC nº 28, de 25-5-2000.

Art. 234. É vedado à União, direta ou indiretamente, assumir, em decorrência da criação de Estado, encargos referentes a despesas com pessoal inativo e com encargos e amortizações da dívida interna ou externa da administração pública, inclusive da indireta.

▶ Art. 13, § 6º, do ADCT.

Art. 235. Nos dez primeiros anos da criação de Estado, serão observadas as seguintes normas básicas:

I – a Assembleia Legislativa será composta de dezessete Deputados se a população do Estado for inferior a seiscentos mil habitantes, e de vinte e quatro, se igual ou superior a esse número, até um milhão e quinhentos mil;

II – o Governo terá no máximo dez Secretarias;

III – o Tribunal de Contas terá três membros, nomeados, pelo Governador eleito, dentre brasileiros de comprovada idoneidade e notório saber;

IV – o Tribunal de Justiça terá sete Desembargadores;

V – os primeiros Desembargadores serão nomeados pelo Governador eleito, escolhidos da seguinte forma:

a) cinco dentre os magistrados com mais de trinta e cinco anos de idade, em exercício na área do novo Estado ou do Estado originário;

b) dois dentre promotores, nas mesmas condições, e advogados de comprovada idoneidade e saber jurídico, com dez anos, no mínimo, de exercício profissional, obedecido o procedimento fixado na Constituição;

VI – no caso de Estado proveniente de Território Federal, os cinco primeiros Desembargadores poderão ser escolhidos dentre juízes de direito de qualquer parte do País;

VII – em cada Comarca, o primeiro Juiz de Direito, o primeiro Promotor de Justiça e o primeiro Defensor Público serão nomeados pelo Governador eleito após concurso público de provas e títulos;

VIII – até a promulgação da Constituição Estadual, responderão pela Procuradoria-Geral, pela Advocacia-Geral e pela Defensoria-Geral do Estado advogados de notório saber, com trinta e cinco anos de idade, no mínimo, nomeados pelo Governador eleito e demissíveis *ad nutum*;

IX – se o novo Estado for resultado de transformação de Território Federal, a transferência de encargos financeiros da União para pagamento dos servidores optantes que pertenciam à Administração Federal ocorrerá da seguinte forma:

a) no sexto ano de instalação, o Estado assumirá vinte por cento dos encargos financeiros para fazer face ao pagamento dos servidores públicos, ficando ainda o restante sob a responsabilidade da União;

b) no sétimo ano, os encargos do Estado serão acrescidos de trinta por cento e, no oitavo, dos restantes cinquenta por cento;

X – as nomeações que se seguirem às primeiras, para os cargos mencionados neste artigo, serão disciplinadas na Constituição Estadual;

XI – as despesas orçamentárias com pessoal não poderão ultrapassar cinquenta por cento da receita do Estado.

Art. 236. Os serviços notariais e de registro são exercidos em caráter privado, por delegação do Poder Público.

▶ Art. 32 do ADCT.

▶ Lei nº 8.935, de 18-11-1994 (Lei dos Serviços Notariais e de Registro).

§ 1º Lei regulará as atividades, disciplinará a responsabilidade civil e criminal dos notários, dos oficiais de registro e de seus prepostos, e definirá a fiscalização de seus atos pelo Poder Judiciário.

§ 2º Lei federal estabelecerá normas gerais para fixação de emolumentos relativos aos atos praticados pelos serviços notariais e de registro.

▶ Lei nº 10.169, de 29-12-2000, dispõe sobre normas gerais para a fixação de emolumentos relativos aos atos praticados pelos serviços notariais e de registro.

§ 3º O ingresso na atividade notarial e de registro depende de concurso público de provas e títulos, não se permitindo que qualquer serventia fique vaga, sem abertura de concurso de provimento ou de remoção, por mais de seis meses.

Art. 237. A fiscalização e o controle sobre o comércio exterior, essenciais à defesa dos interesses fazendários nacionais, serão exercidos pelo Ministério da Fazenda.

▶ Dec. nº 2.781, de 14-9-1998, instituiu o Programa Nacional de Combate ao Contrabando e ao Descaminho.

▶ Dec. nº 4.732, de 10-6-2003, dispõe sobre a CAMEX – Câmara de Comércio Exterior, que tem por objetivo a formulação, a doação, implementação e a coordenação das políticas e atividades relativas ao comércio exterior de bens de serviço, incluindo o turismo.

Art. 238. A lei ordenará a venda e revenda de combustíveis de petróleo, álcool carburante e outros combustíveis derivados de matérias-primas renováveis, respeitados os princípios desta Constituição.

▶ Lei nº 9.478, de 6-8-1997, dispõe sobre a Política Energética Nacional, as atividades relativas ao monopólio do petróleo, instituiu o Conselho Nacional de Política Energética e a Agência Nacional de Petróleo – ANP.

▶ Lei nº 9.847, de 26-10-1999, disciplina a fiscalização das atividades relativas ao abastecimento nacional de combustíveis, de que trata a Lei nº 9.478, de 6-8-1997, e estabelece sanções.

Art. 239. A arrecadação decorrente das contribuições para o Programa de Integração Social, criado pela Lei Complementar nº 7, de 7 de setembro de 1970, e para o Programa de Formação do Patrimônio do Servidor Público, criado pela Lei Complementar nº 8, de 3 de dezembro de 1970, passa, a partir da promulgação desta Constituição, a financiar, nos termos que a lei dispuser, o programa do seguro-desemprego e o abono de que trata o § 3º deste artigo.

▶ Art. 72, §§ 2º e 3º, do ADCT.

► Lei nº 7.998, de 11-1-1990 (Lei do Seguro-Desemprego).
► Lei nº 9.715, de 25-11-1998, dispõe sobre as contribuições para os Programas de Integração Social e de Formação do Patrimônio do Servidor Público – PIS/PASEP.

§ 1º Dos recursos mencionados no *caput* deste artigo, pelo menos quarenta por cento serão destinados a financiar programas de desenvolvimento econômico, através do Banco Nacional de Desenvolvimento Econômico e Social, com critérios de remuneração que lhes preservem o valor.

► Dec. nº 4.418, de 11-10-2002, aprovou novo Estatuto Social da empresa pública Banco Nacional de Desenvolvimento Econômico e Social – BNDES.

§ 2º Os patrimônios acumulados do Programa de Integração Social e do Programa de Formação do Patrimônio do Servidor Público são preservados, mantendo-se os critérios de saque nas situações previstas nas leis específicas, com exceção da retirada por motivo de casamento, ficando vedada a distribuição da arrecadação de que trata o *caput* deste artigo, para depósito nas contas individuais dos participantes.

§ 3º Aos empregados que percebam de empregadores que contribuem para o Programa de Integração Social ou para o Programa de Formação do Patrimônio do Servidor Público, até dois salários mínimos de remuneração mensal, é assegurado o pagamento de um salário mínimo anual, computado neste valor o rendimento das contas individuais, no caso daqueles que já participavam dos referidos programas, até a data da promulgação desta Constituição.

► Lei nº 7.859, de 25-10-1989, regula a concessão e o pagamento de abono previsto neste parágrafo.

§ 4º O financiamento do seguro-desemprego receberá uma contribuição adicional da empresa cujo índice de rotatividade da força de trabalho superar o índice médio da rotatividade do setor, na forma estabelecida por lei.

► Lei nº 7.998, de 11-1-1990 (Lei do Seguro-Desemprego).
► Lei nº 8.352, de 28-12-1991, dispõe sobre as disponibilidades financeiras do Fundo de Amparo ao Trabalhador – FAT.

Art. 240. Ficam ressalvadas do disposto no artigo 195 as atuais contribuições compulsórias dos empregadores sobre a folha de salários, destinadas às entidades privadas de serviço social e de formação profissional vinculadas ao sistema sindical.

► Art. 13, § 3º, da LC nº 123, de 14-12-2006 (Estatuto Nacional da Microempresa e da Empresa de Pequeno Porte).

Art. 241. A União, os Estados, o Distrito Federal e os Municípios disciplinarão por meio de lei os consórcios públicos e os convênios de cooperação entre os entes federados, autorizando a gestão associada de serviços públicos, bem como a transferência total ou parcial de encargos, serviços, pessoal e bens essenciais à continuidade dos serviços transferidos.

► Artigo com a redação dada pela EC nº 19, de 4-6-1998.
► Lei nº 11.107, de 6-4-2005 (Lei de Consórcios Públicos), regulamenta este artigo.

Art. 242. O princípio do artigo 206, IV, não se aplica às instituições educacionais oficiais criadas por lei estadual ou municipal e existentes na data da promulgação desta Constituição, que não sejam total ou preponderantemente mantidas com recursos públicos.

§ 1º O ensino da História do Brasil levará em conta as contribuições das diferentes culturas e etnias para a formação do povo brasileiro.

§ 2º O Colégio Pedro II, localizado na cidade do Rio de Janeiro, será mantido na órbita federal.

Art. 243. As glebas de qualquer região do País onde forem localizadas culturas ilegais de plantas psicotrópicas serão imediatamente expropriadas e especificamente destinadas ao assentamento de colonos, para o cultivo de produtos alimentícios e medicamentosos, sem qualquer indenização ao proprietário e sem prejuízo de outras sanções previstas em lei.

► Lei nº 8.257, de 26-11-1991, dispõe sobre a expropriação das glebas nas quais se localizem culturas ilegais de plantas psicotrópicas, regulamentada pelo Dec. nº 577, de 24-6-1992.

Parágrafo único. Todo e qualquer bem de valor econômico apreendido em decorrência do tráfico ilícito de entorpecentes e drogas afins será confiscado e reverterá em benefício de instituições e pessoal especializados no tratamento e recuperação de viciados e no aparelhamento e custeio de atividades de fiscalização, controle, prevenção e repressão do crime de tráfico dessas substâncias.

► Lei nº 11.343, de 23-8-2006 (Lei Antidrogas).

Art. 244. A lei disporá sobre a adaptação dos logradouros, dos edifícios de uso público e dos veículos de transporte coletivo atualmente existentes a fim de garantir acesso adequado às pessoas portadoras de deficiência, conforme o disposto no art. 227, § 2º.

► Lei nº 7.853, de 24-10-1989 (Lei de Apoio às Pessoas Portadoras de Deficiência), regulamentada pelo Dec. nº 3.298, de 20-12-1999.
► Lei nº 8.899, de 29-6-1994, concede passe livre às pessoas portadoras de deficiência, no sistema de transporte coletivo interestadual.
► Lei nº 10.098, de 19-12-2000, estabelece normas gerais e critérios básicos para a promoção da acessibilidade das pessoas portadoras de deficiência ou com mobilidade reduzida.
► Dec. nº 6.949, de 25-8-2009, promulga a Convenção Internacional sobre os Direitos das Pessoas com Deficiência.

Art. 245. A lei disporá sobre as hipóteses e condições em que o Poder Público dará assistência aos herdeiros e dependentes carentes de pessoas vitimadas por crime doloso, sem prejuízo da responsabilidade civil do autor do ilícito.

► LC nº 79, de 7-1-1994, cria o Fundo Penitenciário Nacional – FUNPEN.

Art. 246. É vedada a adoção de medida provisória na regulamentação de artigo da Constituição cuja redação tenha sido alterada por meio de emenda promulgada entre 1º de janeiro de 1995 até a promulgação desta emenda, inclusive.

► Artigo com a redação dada pela EC nº 32, de 11-9-2001.
► Art. 62 desta Constituição.

Art. 247. As leis previstas no inciso III do § 1º do artigo 41 e no § 7º do artigo 169 estabelecerão critérios e garantias especiais para a perda do cargo pelo servidor público estável que, em decorrência das atribuições de seu cargo efetivo, desenvolva atividades exclusivas de Estado.

Parágrafo único. Na hipótese de insuficiência de desempenho, a perda do cargo somente ocorrerá mediante processo administrativo em que lhe sejam assegurados o contraditório e a ampla defesa.

▶ Art. 247 acrescido pela EC nº 19, de 4-6-1998.

Art. 248. Os benefícios pagos, a qualquer título, pelo órgão responsável pelo regime geral de previdência social, ainda que à conta do Tesouro Nacional, e os não sujeitos ao limite máximo de valor fixado para os benefícios concedidos por esse regime observarão os limites fixados no artigo 37, XI.

Art. 249. Com o objetivo de assegurar recursos para o pagamento de proventos de aposentadoria e pensões concedidas aos respectivos servidores e seus dependentes, em adição aos recursos dos respectivos tesouros, a União, os Estados, o Distrito Federal e os Municípios poderão constituir fundos integrados pelos recursos provenientes de contribuições e por bens, direitos e ativos de qualquer natureza, mediante lei que disporá sobre a natureza e administração desses fundos.

Art. 250. Com o objetivo de assegurar recursos para o pagamento dos benefícios concedidos pelo regime geral de previdência social, em adição aos recursos de sua arrecadação, a União poderá constituir fundo integrado por bens, direitos e ativos de qualquer natureza, mediante lei que disporá sobre a natureza e administração desse fundo.

▶ Arts. 248 a 250 acrescidos pela EC nº 20, de 15-12-1998.

ATO DAS DISPOSIÇÕES CONSTITUCIONAIS TRANSITÓRIAS

Art. 1º O Presidente da República, o Presidente do Supremo Tribunal Federal e os membros do Congresso Nacional prestarão o compromisso de manter, defender e cumprir a Constituição, no ato e na data de sua promulgação.

Art. 2º No dia 7 de setembro de 1993 o eleitorado definirá, através de plebiscito, a forma (república ou monarquia constitucional) e o sistema de governo (parlamentarismo ou presidencialismo) que devem vigorar no País.

▶ EC nº 2, de 25-8-1992.

▶ Lei nº 8.624, de 4-2-1993, dispõe sobre o plebiscito que definirá a Forma e o Sistema de Governo, regulamentando este artigo.

▶ No plebiscito realizado em 21-4-1993, disciplinado pela EC nº 2, de 25-8-1992, foram mantidos a República e o Presidencialismo, como forma e sistema de Governo, respectivamente.

§ 1º Será assegurada gratuidade na livre divulgação dessas formas e sistemas, através dos meios de comunicação de massa cessionários de serviço público.

§ 2º O Tribunal Superior Eleitoral, promulgada a Constituição, expedirá as normas regulamentadoras deste artigo.

Art. 3º A revisão constitucional será realizada após cinco anos, contados da promulgação da Constituição, pelo voto da maioria absoluta dos membros do Congresso Nacional, em sessão unicameral.

▶ Emendas Constitucionais de Revisão nºs 1 a 6.

Art. 4º O mandato do atual Presidente da República terminará em 15 de março de 1990.

§ 1º A primeira eleição para Presidente da República após a promulgação da Constituição será realizada no dia 15 de novembro de 1989, não se lhe aplicando o disposto no artigo 16 da Constituição.

§ 2º É assegurada a irredutibilidade da atual representação dos Estados e do Distrito Federal na Câmara dos Deputados.

§ 3º Os mandatos dos Governadores e dos Vice-Governadores eleitos em 15 de novembro de 1986 terminarão em 15 de março de 1991.

§ 4º Os mandatos dos atuais Prefeitos, Vice-Prefeitos e Vereadores terminarão no dia 1º de janeiro de 1989, com a posse dos eleitos.

Art. 5º Não se aplicam às eleições previstas para 15 de novembro de 1988 o disposto no artigo 16 e as regras do artigo 77 da Constituição.

§ 1º Para as eleições de 15 de novembro de 1988 será exigido domicílio eleitoral na circunscrição pelo menos durante os quatro meses anteriores ao pleito, podendo os candidatos que preencham este requisito, atendidas as demais exigências da lei, ter seu registro efetivado pela Justiça Eleitoral após promulgação da Constituição.

§ 2º Na ausência de norma legal específica, caberá ao Tribunal Superior Eleitoral editar as normas necessárias à realização das eleições de 1988, respeitada a legislação vigente.

§ 3º Os atuais parlamentares federais e estaduais eleitos Vice-Prefeitos, se convocados a exercer a função de Prefeito, não perderão o mandato parlamentar.

§ 4º O número de vereadores por município será fixado, para a representação a ser eleita em 1988, pelo respectivo Tribunal Regional Eleitoral, respeitados os limites estipulados no artigo 29, IV, da Constituição.

§ 5º Para as eleições de 15 de novembro de 1988, ressalvados os que já exercem mandato eletivo, são inelegíveis para qualquer cargo, no território de jurisdição do titular, o cônjuge e os parentes por consanguinidade ou afinidade, até o segundo grau, e por adoção, do Presidente da República, do Governador de Estado, do Governador do Distrito Federal e do Prefeito que tenham exercido mais da metade do mandato.

Art. 6º Nos seis meses posteriores à promulgação da Constituição, parlamentares federais, reunidos em número não inferior a trinta, poderão requerer ao Tribunal Superior Eleitoral o registro de novo partido político, juntando ao requerimento o manifesto, o estatuto e o programa devidamente assinados pelos requerentes.

§ 1º O registro provisório, que será concedido de plano pelo Tribunal Superior Eleitoral, nos termos deste artigo, defere ao novo partido todos os direitos, deveres e prerrogativas dos atuais, entre eles o de participar, sob legenda própria, das eleições que vierem a ser realizadas nos doze meses seguintes à sua formação.

§ 2º O novo partido perderá automaticamente seu registro provisório se, no prazo de vinte e quatro meses, contados de sua formação, não obtiver registro definitivo no Tribunal Superior Eleitoral, na forma que a lei dispuser.

Art. 7º O Brasil propugnará pela formação de um Tribunal Internacional dos Direitos Humanos.
▶ Dec. nº 4.388, de 25-9-2002, promulga o Estatuto de Roma do Tribunal Penal Internacional.
▶ Dec. nº 4.463, de 8-11-2002, promulga a Declaração de Reconhecimento da Competência Obrigatória da Corte Interamericana em todos os casos relativos à interpretação ou aplicação da Convenção Americana sobre Direitos Humanos.

Art. 8º É concedida anistia aos que, no período de 18 de setembro de 1946 até a data da promulgação da Constituição, foram atingidos, em decorrência de motivação exclusivamente política, por atos de exceção, institucionais ou complementares, aos que foram abrangidos pelo Decreto Legislativo nº 18, de 15 de dezembro de 1961, e aos atingidos pelo Decreto-Lei nº 864, de 12 de setembro de 1969, asseguradas as promoções, na inatividade, ao cargo, emprego, posto ou graduação a que teriam direito se estivessem em serviço ativo, obedecidos os prazos de permanência em atividade previstos nas leis e regulamentos vigentes, respeitadas as características e peculiaridades das carreiras dos servidores públicos civis e militares e observados os respectivos regimes jurídicos.
▶ Lei nº 10.559, de 13-11-2002, regulamenta este artigo.
▶ Lei nº 12.528, de 18-11-2011, cria a Comissão Nacional da Verdade no âmbito da Casa Civil da Presidência da República.
▶ Súm. nº 674 do STF.

§ 1º O disposto neste artigo somente gerará efeitos financeiros a partir da promulgação da Constituição, vedada a remuneração de qualquer espécie em caráter retroativo.

§ 2º Ficam assegurados os benefícios estabelecidos neste artigo aos trabalhadores do setor privado, dirigentes e representantes sindicais que, por motivos exclusivamente políticos, tenham sido punidos, demitidos ou compelidos ao afastamento das atividades remuneradas que exerciam, bem como aos que foram impedidos de exercer atividades profissionais em virtude de pressões ostensivas ou expedientes oficiais sigilosos.

§ 3º Aos cidadãos que foram impedidos de exercer, na vida civil, atividade profissional específica, em decorrência das Portarias Reservadas do Ministério da Aeronáutica nº S-50-GM5, de 19 de junho de 1964, e nº S-285-GM5 será concedida reparação de natureza econômica, na forma que dispuser lei de iniciativa do Congresso Nacional e a entrar em vigor no prazo de doze meses a contar da promulgação da Constituição.

§ 4º Aos que, por força de atos institucionais, tenham exercido gratuitamente mandato eletivo de vereador serão computados, para efeito de aposentadoria no serviço público e Previdência Social, os respectivos períodos.

§ 5º A anistia concedida nos termos deste artigo aplica-se aos servidores públicos civis e aos empregados em todos os níveis de governo ou em suas fundações, empresas públicas ou empresas mistas sob controle estatal, exceto nos Ministérios militares, que tenham sidos punidos ou demitidos por atividades profissionais interrompidas em virtude de decisão de seus trabalhadores, bem como em decorrência do Decreto-lei nº 1.632, de 4 de agosto de 1978, ou por motivos exclusivamente políticos, assegurada a readmissão dos que foram atingidos a partir de 1979, observado o disposto no § 1º.
▶ O referido Decreto-lei foi revogado pela Lei nº 7.783, de 28-6-1989 (Lei de Greve).

Art. 9º Os que, por motivos exclusivamente políticos, foram cassados ou tiveram seus direitos políticos suspensos no período de 15 de julho a 31 de dezembro de 1969, por ato do então Presidente da República, poderão requerer ao Supremo Tribunal Federal o reconhecimento dos direitos e vantagens interrompidos pelos atos punitivos, desde que comprovem terem sido estes eivados de vício grave.

Parágrafo único. O Supremo Tribunal Federal proferirá a decisão no prazo de cento e vinte dias, a contar do pedido do interessado.

Art. 10. Até que seja promulgada a lei complementar a que se refere o artigo 7º, I, da Constituição:

I – fica limitada a proteção nele referida ao aumento, para quatro vezes, da porcentagem prevista no artigo 6º, caput e § 1º, da Lei nº 5.107, de 13 de setembro de 1966;
▶ A referida Lei foi revogada pela Lei nº 7.839, de 12-10-1989, e essa pela Lei nº 8.036, de 11-5-1990.
▶ Art. 18 da Lei nº 8.036, de 11-5-1990 (Lei do FGTS).

II – fica vedada a dispensa arbitrária ou sem justa causa:

a) do empregado eleito para cargo de direção de comissões internas de prevenção de acidentes, desde o registro de sua candidatura até um ano após o final de seu mandato;
▶ Súm. nº 676 do STF.
▶ Súm. nº 339 do TST.

b) da empregada gestante, desde a confirmação da gravidez até cinco meses após o parto.
▶ Súm. nº 244 do TST.
▶ OJ da SDC nº 30 do TST.

§ 1º Até que a lei venha a disciplinar o disposto no artigo 7º, XIX, da Constituição, o prazo da licença-paternidade a que se refere o inciso é de cinco dias.

§ 2º Até ulterior disposição legal, a cobrança das contribuições para o custeio das atividades dos sindicatos rurais será feita juntamente com a do imposto territorial rural, pelo mesmo órgão arrecadador.

§ 3º Na primeira comprovação do cumprimento das obrigações trabalhistas pelo empregador rural, na forma do artigo 233, após a promulgação da Constituição, será certificada perante a Justiça do Trabalho a regularidade do contrato e das atualizações das obrigações trabalhistas de todo o período.
▶ O referido art. 233 foi revogado pela EC nº 28, de 25-5-2000.

Art. 11. Cada Assembleia Legislativa, com poderes constituintes, elaborará a Constituição do Estado, no prazo de um ano, contado da promulgação da Constituição Federal, obedecidos os princípios desta.

Parágrafo único. Promulgada a Constituição do Estado, caberá à Câmara Municipal, no prazo de seis meses, votar a Lei Orgânica respectiva, em dois turnos de discussão e votação, respeitado o disposto na Constituição Federal e na Constituição Estadual.

Art. 12. Será criada, dentro de noventa dias da promulgação da Constituição, Comissão de Estudos Territoriais, com dez membros indicados pelo Congresso Nacional e cinco pelo Poder Executivo, com a finalidade de apresentar estudos sobre o território nacional e anteprojetos relativos a novas unidades territoriais, notadamente na Amazônia Legal e em áreas pendentes de solução.

§ 1º No prazo de um ano, a Comissão submeterá ao Congresso Nacional os resultados de seus estudos para, nos termos da Constituição, serem apreciados nos doze meses subsequentes, extinguindo-se logo após.

§ 2º Os Estados e os Municípios deverão, no prazo de três anos, a contar da promulgação da Constituição, promover, mediante acordo ou arbitramento, a demarcação de suas linhas divisórias atualmente litigiosas, podendo para isso fazer alterações e compensações de área que atendam aos acidentes naturais, critérios históricos, conveniências administrativas e comodidade das populações limítrofes.

§ 3º Havendo solicitação dos Estados e Municípios interessados, a União poderá encarregar-se dos trabalhos demarcatórios.

§ 4º Se, decorrido o prazo de três anos, a contar da promulgação da Constituição, os trabalhos demarcatórios não tiverem sido concluídos, caberá à União determinar os limites das áreas litigiosas.

§ 5º Ficam reconhecidos e homologados os atuais limites do Estado do Acre com os Estados do Amazonas e de Rondônia, conforme levantamentos cartográficos e geodésicos realizados pela Comissão Tripartite integrada por representantes dos Estados e dos serviços técnico-especializados do Instituto Brasileiro de Geografia e Estatística.

Art. 13. É criado o Estado do Tocantins, pelo desmembramento da área descrita neste artigo, dando-se sua instalação no quadragésimo sexto dia após a eleição prevista no § 3º, mas não antes de 1º de janeiro de 1989.

§ 1º O Estado do Tocantins integra a Região Norte e limita-se com o Estado de Goiás pelas divisas norte dos Municípios de São Miguel do Araguaia, Porangatu, Formoso, Minaçu, Cavalcante, Monte Alegre de Goiás e Campos Belos, conservando a leste, norte e oeste as divisas atuais de Goiás com os Estados da Bahia, Piauí, Maranhão, Pará e Mato Grosso.

§ 2º O Poder Executivo designará uma das cidades do Estado para sua Capital provisória até a aprovação da sede definitiva do governo pela Assembleia Constituinte.

§ 3º O Governador, o Vice-Governador, os Senadores, os Deputados Federais e os Deputados Estaduais serão eleitos, em um único turno, até setenta e cinco dias após a promulgação da Constituição, mas não antes de 15 de novembro de 1988, a critério do Tribunal Superior Eleitoral, obedecidas, entre outras, as seguintes normas:

I – o prazo de filiação partidária dos candidatos será encerrado setenta e cinco dias antes da data das eleições;

II – as datas das convenções regionais partidárias destinadas a deliberar sobre coligações e escolha de candidatos, de apresentação de requerimento de registro dos candidatos escolhidos e dos demais procedimentos legais serão fixadas em calendário especial, pela Justiça Eleitoral;

III – são inelegíveis os ocupantes de cargos estaduais ou municipais que não se tenham deles afastado, em caráter definitivo, setenta e cinco dias antes da data das eleições previstas neste parágrafo;

IV – ficam mantidos os atuais diretórios regionais dos partidos políticos do Estado de Goiás, cabendo às Comissões Executivas Nacionais designar comissões provisórias no Estado do Tocantins, nos termos e para os fins previstos na lei.

§ 4º Os mandatos do Governador, do Vice-Governador, dos Deputados Federais e Estaduais eleitos na forma do parágrafo anterior extinguir-se-ão concomitantemente aos das demais Unidades da Federação; o mandato do Senador eleito menos votado extinguir-se-á nessa mesma oportunidade, e os dos outros dois, juntamente com os Senadores eleitos em 1986 nos demais Estados.

§ 5º A Assembleia Estadual Constituinte será instalada no quadragésimo sexto dia da eleição de seus integrantes, mas não antes de 1º de janeiro de 1989, sob a presidência do Presidente do Tribunal Regional Eleitoral do Estado de Goiás, e dará posse, na mesma data, ao Governador e ao Vice-Governador eleitos.

§ 6º Aplicam-se à criação e instalação do Estado do Tocantins, no que couber, as normas legais disciplinadoras da divisão do Estado de Mato Grosso, observado o disposto no artigo 234 da Constituição.

§ 7º Fica o Estado de Goiás liberado dos débitos e encargos decorrentes de empreendimentos no território do novo Estado, e autorizada a União, a seu critério, a assumir os referidos débitos.

Art. 14. Os Territórios Federais de Roraima e do Amapá são transformados em Estados Federados, mantidos seus atuais limites geográficos.

§ 1º A instalação dos Estados dar-se-á com a posse dos Governadores eleitos em 1990.

§ 2º Aplicam-se à transformação e instalação dos Estados de Roraima e Amapá as normas e critérios seguidos na criação do Estado de Rondônia, respeitado o disposto na Constituição e neste Ato.

§ 3º O Presidente da República, até quarenta e cinco dias após a promulgação da Constituição, encaminhará à apreciação do Senado Federal os nomes dos Governadores dos Estados de Roraima e do Amapá que exercerão o Poder Executivo até a instalação dos novos Estados com a posse dos Governadores eleitos.

§ 4º Enquanto não concretizada a transformação em Estados, nos termos deste artigo, os Territórios Federais de Roraima e do Amapá serão beneficiados pela transferência de recursos prevista nos artigos 159, I, a, da Constituição, e 34, § 2º, II, deste Ato.

Art. 15. Fica extinto o Território Federal de Fernando de Noronha, sendo sua área reincorporada ao Estado de Pernambuco.

Art. 16. Até que se efetive o disposto no artigo 32, § 2º, da Constituição, caberá ao Presidente da República, com a aprovação do Senado Federal, indicar o Governador e o Vice-Governador do Distrito Federal.

§ 1º A competência da Câmara Legislativa do Distrito Federal, até que se instale, será exercida pelo Senado Federal.

§ 2º A fiscalização contábil, financeira, orçamentária, operacional e patrimonial do Distrito Federal, enquanto não for instalada a Câmara Legislativa, será exercida pelo Senado Federal, mediante controle externo, com o auxílio do Tribunal de Contas do Distrito Federal, observado o disposto no artigo 72 da Constituição.

§ 3º Incluem-se entre os bens do Distrito Federal aqueles que lhe vierem a ser atribuídos pela União na forma da lei.

Art. 17. Os vencimentos, a remuneração, as vantagens e os adicionais, bem como os proventos de aposentadoria que estejam sendo percebidos em desacordo com a Constituição serão imediatamente reduzidos aos limites dela decorrentes, não se admitindo, neste caso, invocação de direito adquirido ou percepção de excesso a qualquer título.

▶ Art. 9º da EC nº 41, de 19-12-2003, dispõe sobre a Reforma Previdenciária.

§ 1º É assegurado o exercício cumulativo de dois cargos ou empregos privativos de médico que estejam sendo exercidos por médico militar na administração pública direta ou indireta.

§ 2º É assegurado o exercício cumulativo de dois cargos ou empregos privativos de profissionais de saúde que estejam sendo exercidos na administração pública direta ou indireta.

Art. 18. Ficam extintos os efeitos jurídicos de qualquer ato legislativo ou administrativo, lavrado a partir da instalação da Assembleia Nacional Constituinte, que tenha por objeto a concessão de estabilidade a servidor admitido sem concurso público, da administração direta ou indireta, inclusive das fundações instituídas e mantidas pelo Poder Público.

Art. 19. Os servidores públicos civis da União, dos Estados, do Distrito Federal e dos Municípios, da administração direta, autárquica e das fundações públicas, em exercício na data da promulgação da Constituição, há pelo menos cinco anos continuados, e que não tenham sido admitidos na forma regulada no artigo 37, da Constituição, são considerados estáveis no serviço público.

▶ OJ da SBDI-I nº 364 do TST.

§ 1º O tempo de serviço dos servidores referidos neste artigo será contado como título quando se submeterem a concurso para fins de efetivação, na forma da lei.

§ 2º O disposto neste artigo não se aplica aos ocupantes de cargos, funções e empregos de confiança ou em comissão, nem aos que a lei declare de livre exoneração, cujo tempo de serviço não será computado para os fins do *caput* deste artigo, exceto se se tratar de servidor.

§ 3º O disposto neste artigo não se aplica aos professores de nível superior, nos termos da lei.

Art. 20. Dentro de cento e oitenta dias, proceder-se-á à revisão dos direitos dos servidores públicos inativos e pensionistas e à atualização dos proventos e pensões a eles devidos, a fim de ajustá-los ao disposto na Constituição.

▶ EC nº 41, de 19-12-2003, dispõe sobre a Reforma Previdenciária.
▶ Lei nº 8.112, de 11-12-1990 (Estatuto dos Servidores Públicos Civis da União, Autarquias e Fundações Públicas Federais).

Art. 21. Os juízes togados de investidura limitada no tempo, admitidos mediante concurso público de provas e títulos e que estejam em exercício na data da promulgação da Constituição, adquirem estabilidade, observado o estágio probatório, e passam a compor quadro em extinção, mantidas as competências, prerrogativas e restrições da legislação a que se achavam submetidos, salvo as inerentes à transitoriedade da investidura.

Parágrafo único. A aposentadoria dos juízes de que trata este artigo regular-se-á pelas normas fixadas para os demais juízes estaduais.

Art. 22. É assegurado aos defensores públicos investidos na função até a data de instalação da Assembleia Nacional Constituinte o direito de opção pela carreira, com a observância das garantias e vedações previstas no artigo 134, parágrafo único, da Constituição.

▶ O referido parágrafo único foi renumerado para § 1º, pela EC nº 45, de 8-12-2004.

Art. 23. Até que se edite a regulamentação do artigo 21, XVI, da Constituição, os atuais ocupantes do cargo de Censor Federal continuarão exercendo funções com este compatíveis, no Departamento de Polícia Federal, observadas as disposições constitucionais.

▶ Lei nº 9.688, de 6-7-1998, dispõe sobre a extinção dos cargos de Censor Federal e o enquadramento de seus ocupantes.

Parágrafo único. A lei referida disporá sobre o aproveitamento dos Censores Federais, nos termos deste artigo.

Art. 24. A União, os Estados, o Distrito Federal e os Municípios editarão leis que estabeleçam critérios para a compatibilização de seus quadros de pessoal ao disposto no artigo 39 da Constituição e à reforma administrativa dela decorrente, no prazo de dezoito meses, contados da sua promulgação.

Art. 25. Ficam revogados, a partir de cento e oitenta dias da promulgação da Constituição, sujeito este prazo a prorrogação por lei, todos os dispositivos legais que atribuam ou deleguem a órgão do Poder Executivo competência assinalada pela Constituição ao Congresso Nacional, especialmente no que tange à:

I – ação normativa;

II – alocação ou transferência de recursos de qualquer espécie.

§ 1º Os decretos-leis em tramitação no Congresso Nacional e por este não apreciados até a promulgação da Constituição terão seus efeitos regulados da seguinte forma:

I – se editados até 2 de setembro de 1988, serão apreciados pelo Congresso Nacional no prazo de até cento e oitenta dias a contar da promulgação da Constituição, não computado o recesso parlamentar;

II – decorrido o prazo definido no inciso anterior, e não havendo apreciação, os decretos-leis ali mencionados serão considerados rejeitados;

III – nas hipóteses definidas nos incisos I e II, terão plena validade os atos praticados na vigência dos respectivos decretos-leis, podendo o Congresso Nacional, se necessário, legislar sobre os efeitos deles remanescentes.

§ 2º Os decretos-leis editados entre 3 de setembro de 1988 e a promulgação da Constituição serão convertidos, nesta data, em medidas provisórias, aplicando-se-lhes as regras estabelecidas no artigo 62, parágrafo único.

▶ Art. 62, § 3º, desta Constituição.

Art. 26. No prazo de um ano a contar da promulgação da Constituição, o Congresso Nacional promoverá, através de Comissão Mista, exame analítico e pericial dos atos e fatos geradores do endividamento externo brasileiro.

§ 1º A Comissão terá a força legal de Comissão Parlamentar de Inquérito para os fins de requisição e convocação, e atuará com o auxílio do Tribunal de Contas da União.

§ 2º Apurada irregularidade, o Congresso Nacional proporá ao Poder Executivo a declaração de nulidade do ato e encaminhará o processo ao Ministério Público Federal, que formalizará, no prazo de sessenta dias, a ação cabível.

Art. 27. O Superior Tribunal de Justiça será instalado sob a Presidência do Supremo Tribunal Federal.

§ 1º Até que se instale o Superior Tribunal de Justiça, o Supremo Tribunal Federal exercerá as atribuições e competências definidas na ordem constitucional precedente.

§ 2º A composição inicial do Superior Tribunal de Justiça far-se-á:
I – pelo aproveitamento dos Ministros do Tribunal Federal de Recursos;
II – pela nomeação dos Ministros que sejam necessários para completar o número estabelecido na Constituição.

§ 3º Para os efeitos do disposto na Constituição, os atuais Ministros do Tribunal Federal de Recursos serão considerados pertencentes à classe de que provieram, quando de sua nomeação.

§ 4º Instalado o Tribunal, os Ministros aposentados do Tribunal Federal de Recursos tornar-se-ão, automaticamente, Ministros aposentados do Superior Tribunal de Justiça.

§ 5º Os Ministros a que se refere o § 2º, II, serão indicados em lista tríplice pelo Tribunal Federal de Recursos, observado o disposto no artigo 104, parágrafo único, da Constituição.

§ 6º Ficam criados cinco Tribunais Regionais Federais, a serem instalados no prazo de seis meses a contar da promulgação da Constituição, com a jurisdição e sede que lhes fixar o Tribunal Federal de Recursos, tendo em conta o número de processos e sua localização geográfica.

▶ Lei nº 7.727, de 9-1-1989, dispõe sobre a composição inicial dos Tribunais Regionais Federais e sua instalação, cria os respectivos quadros de pessoal.

§ 7º Até que se instalem os Tribunais Regionais Federais, o Tribunal Federal de Recursos exercerá a competência a eles atribuída em todo o território nacional, cabendo-lhe promover sua instalação e indicar os candidatos a todos os cargos da composição inicial, mediante lista tríplice, podendo desta constar juízes federais de qualquer região, observado o disposto no § 9º.

§ 8º É vedado, a partir da promulgação da Constituição, o provimento de vagas de Ministros do Tribunal Federal de Recursos.

§ 9º Quando não houver juiz federal que conte o tempo mínimo previsto no artigo 107, II, da Constituição, a promoção poderá contemplar juiz com menos de cinco anos no exercício do cargo.

§ 10. Compete à Justiça Federal julgar as ações nela propostas até a data da promulgação da Constituição, e aos Tribunais Regionais Federais bem como ao Superior Tribunal de Justiça julgar as ações rescisórias das decisões até então proferidas pela Justiça Federal, inclusive daquelas cuja matéria tenha passado à competência de outro ramo do Judiciário.

▶ Súmulas nºs 38, 104, 147 e 165 do STJ.

Art. 28. Os juízes federais de que trata o artigo 123, § 2º, da Constituição de 1967, com a redação dada pela Emenda Constitucional nº 7, de 1977, ficam investidos na titularidade de varas na Seção Judiciária para a qual tenham sido nomeados ou designados; na inexistência de vagas, proceder-se-á ao desdobramento das varas existentes.

▶ Dispunha o artigo citado: "A lei poderá atribuir a juízes federais exclusivamente funções de substituição, em uma ou mais seções judiciárias e, ainda, as de auxílio a juízes titulares de Varas, quando não se encontrarem no exercício de substituição".

Parágrafo único. Para efeito de promoção por antiguidade, o tempo de serviço desses juízes será computado a partir do dia de sua posse.

Art. 29. Enquanto não aprovadas as leis complementares relativas ao Ministério Público e à Advocacia-Geral da União, o Ministério Público Federal, a Procuradoria-Geral da Fazenda Nacional, as Consultorias Jurídicas dos Ministérios, as Procuradorias e Departamentos Jurídicos de autarquias federais com representação própria e os membros das Procuradorias das Universidades fundacionais públicas continuarão a exercer suas atividades na área das respectivas atribuições.

▶ LC nº 73, de 10-2-1993 (Lei Orgânica da Advocacia-Geral da União).
▶ LC nº 75, de 20-5-1993 (Lei Orgânica do Ministério Público da União).
▶ Dec. nº 767, de 5-3-1993, dispõe sobre as atividades de controle interno da Advocacia-Geral da União.

§ 1º O Presidente da República, no prazo de cento e vinte dias, encaminhará ao Congresso Nacional projeto de lei complementar dispondo sobre a organização e o funcionamento da Advocacia-Geral da União.

§ 2º Aos atuais Procuradores da República, nos termos da lei complementar, será facultada a opção, de forma irretratável, entre as carreiras do Ministério Público Federal e da Advocacia-Geral da União.

§ 3º Poderá optar pelo regime anterior, no que respeita às garantias e vantagens, o membro do Ministério Público admitido antes da promulgação da Constituição, observando-se, quanto às vedações, a situação jurídica na data desta.

§ 4º Os atuais integrantes do quadro suplementar dos Ministérios Públicos do Trabalho e Militar que tenham adquirido estabilidade nessas funções passam a integrar o quadro da respectiva carreira.

§ 5º Cabe à atual Procuradoria-Geral da Fazenda Nacional, diretamente ou por delegação, que pode ser ao Ministério Público Estadual, representar judicialmente a União nas causas de natureza fiscal, na área da respectiva competência, até a promulgação das leis complementares previstas neste artigo.

Art. 30. A legislação que criar a Justiça de Paz manterá os atuais juízes de paz até a posse dos novos titulares, assegurando-lhes os direitos e atribuições conferidos a estes, e designará o dia para a eleição prevista no artigo 98, II, da Constituição.

Art. 31. Serão estatizadas as serventias do foro judicial, assim definidas em lei, respeitados os direitos dos atuais titulares.

▶ Lei nº 8.935, de 18-11-1994 (Lei dos Serviços Notariais e de Registro).

Art. 32. O disposto no artigo 236 não se aplica aos serviços notariais e de registro que já tenham sido oficializados pelo Poder Público, respeitando-se o direito de seus servidores.

Art. 33. Ressalvados os créditos de natureza alimentar, o valor dos precatórios judiciais pendentes de pagamento na data da promulgação da Constituição, incluído o remanescente de juros e correção monetária, poderá ser pago em moeda corrente, com atualização, em prestações anuais, iguais e sucessivas, no prazo máximo de oito anos, a partir de 1º de julho de 1989, por decisão editada pelo Poder Executivo até cento e oitenta dias da promulgação da Constituição.

▶ Res. do CNJ nº 92, de 13-10-2009, dispõe sobre a Gestão de Precatórios no âmbito do Poder Judiciário.
▶ Art. 97, § 15, deste Ato.

Parágrafo único. Poderão as entidades devedoras, para o cumprimento do disposto neste artigo, emitir, em cada ano, no exato montante do dispêndio, títulos de dívida pública não computáveis para efeito do limite global de endividamento.

▶ Súm. nº 144 do STJ.

Art. 34. O sistema tributário nacional entrará em vigor a partir do primeiro dia do quinto mês seguinte ao da promulgação da Constituição, mantido, até então, o da Constituição de 1967, com a redação dada pela Emenda nº 1, de 1969, e pelas posteriores.

§ 1º Entrarão em vigor com a promulgação da Constituição os artigos 148, 149, 150, 154, I, 156, III, e 159, I, c, revogadas as disposições em contrário da Constituição de 1967 e das Emendas que a modificaram, especialmente de seu artigo 25, III.

§ 2º O Fundo de Participação dos Estados e do Distrito Federal e o Fundo de Participação dos Municípios obedecerão às seguintes determinações:

I – a partir da promulgação da Constituição, os percentuais serão, respectivamente, de dezoito por cento e de vinte por cento, calculados sobre o produto da arrecadação dos impostos referidos no artigo 153, III e IV, mantidos os atuais critérios de rateio até a entrada em vigor da lei complementar a que se refere o artigo 161, II;

II – o percentual relativo ao Fundo de Participação dos Estados e do Distrito Federal será acrescido de um ponto percentual no exercício financeiro de 1989 e, a partir de 1990, inclusive, à razão de meio ponto por exercício, até 1992, inclusive, atingindo em 1993 o percentual estabelecido no artigo 159, I, a;

III – o percentual relativo ao Fundo de Participação dos Municípios, a partir de 1989, inclusive, será elevado à razão de meio ponto percentual por exercício financeiro, até atingir o estabelecido no artigo 159, I, b.

§ 3º Promulgada a Constituição, a União, os Estados, o Distrito Federal e os Municípios poderão editar as leis necessárias à aplicação do sistema tributário nacional nela previsto.

§ 4º As leis editadas nos termos do parágrafo anterior produzirão efeitos a partir da entrada em vigor do sistema tributário nacional previsto na Constituição.

§ 5º Vigente o novo sistema tributário nacional, fica assegurada a aplicação da legislação anterior, no que não seja incompatível com ele e com a legislação referida nos §§ 3º e 4º.

▶ Súm. nº 663 do STF.
▶ Súm. nº 198 do STJ.

§ 6º Até 31 de dezembro de 1989, o disposto no artigo 150, III, b, não se aplica aos impostos de que tratam os artigos 155, I, a e b, e 156, II e III, que podem ser cobrados trinta dias após a publicação da lei que os tenha instituído ou aumentado.

▶ Com a alteração determinada pela EC nº 3, de 17-3-1993, a referência ao art. 155, I, b, passou a ser ao art. 155, II.

§ 7º Até que sejam fixadas em lei complementar, as alíquotas máximas do imposto municipal sobre vendas a varejo de combustíveis líquidos e gasosos não excederão a três por cento.

§ 8º Se, no prazo de sessenta dias contados da promulgação da Constituição, não for editada a lei complementar necessária à instituição do imposto de que trata o artigo 155, I, b, os Estados e o Distrito Federal, mediante convênio celebrado nos termos da Lei Complementar nº 24, de 7 de janeiro de 1975, fixarão normas para regular provisoriamente a matéria.

▶ De acordo com a nova redação dada pela EC nº 3, de 17-3-1993, a referência ao art. 155, I, b passou a ser art. 155, II.
▶ LC nº 24, de 7-1-1975, dispõe sobre os convênios para a concessão de isenções de imposto sobre operações relativas à circulação de mercadorias.
▶ LC nº 87, de 13-9-1996 (Lei Kandir – ICMS).
▶ Súm. nº 198 do STJ.

§ 9º Até que lei complementar disponha sobre a matéria, as empresas distribuidoras de energia elétrica, na condição de contribuintes ou de substitutos tributários, serão as responsáveis, por ocasião da saída do produto de seus estabelecimentos, ainda que destinado a outra Unidade da Federação, pelo pagamento do Imposto sobre Operações Relativas à Circulação de mercadorias incidente sobre energia elétrica, desde a produção ou importação até a última operação, calculado o imposto sobre o preço então praticado na operação final e assegurado seu recolhimento ao Estado ou ao Distrito Federal, conforme o local onde deva ocorrer essa operação.

§ 10. Enquanto não entrar em vigor a lei prevista no artigo 159, I, c, cuja promulgação se fará até 31 de dezembro de 1989, é assegurada a aplicação dos recursos previstos naquele dispositivo da seguinte maneira:
▶ Lei nº 7.827, de 27-9-1989, regulamenta o art. 159, inciso I, alínea c, desta Constituição, institui o Fundo Constitucional de Financiamento do Norte – FNO, o Fundo Constitucional de Financiamento do Nordeste – FNE e o Fundo Constitucional de Financiamento do Centro-Oeste – FCO.

I – seis décimos por cento na Região Norte, através do Banco da Amazônia S/A;
II – um inteiro e oito décimos por cento na Região Nordeste, através do Banco do Nordeste do Brasil S/A;
III – seis décimos por cento na Região Centro-Oeste, através do Banco do Brasil S/A.

§ 11. Fica criado, nos termos da lei, o Banco de Desenvolvimento do Centro-Oeste, para dar cumprimento, na referida região, ao que determinam os artigos 159, I, c, e 192, § 2º, da Constituição.
▶ O referido § 2º foi revogado pela EC nº 40, de 29-5-2003.

§ 12. A urgência prevista no artigo 148, II, não prejudica a cobrança do empréstimo compulsório instituído, em benefício das Centrais Elétricas Brasileiras S/A (ELETROBRÁS), pela Lei nº 4.156, de 28 de novembro de 1962, com as alterações posteriores.

Art. 35. O disposto no artigo 165, § 7º, será cumprido de forma progressiva, no prazo de até dez anos, distribuindo-se os recursos entre as regiões macroeconômicas em razão proporcional à população, a partir da situação verificada no biênio 1986/1987.

§ 1º Para aplicação dos critérios de que trata este artigo, excluem-se das despesas totais as relativas:
I – aos projetos considerados prioritários no plano plurianual;
II – à segurança e defesa nacional;
III – à manutenção dos órgãos federais no Distrito Federal;
IV – ao Congresso Nacional, ao Tribunal de Contas da União e ao Poder Judiciário;
V – ao serviço da dívida da administração direta e indireta da União, inclusive fundações instituídas e mantidas pelo Poder Público Federal.

§ 2º Até a entrada em vigor da lei complementar a que se refere o artigo 165, § 9º, I e II, serão obedecidas as seguintes normas:
I – o projeto do plano plurianual, para vigência até o final do primeiro exercício financeiro do mandato presidencial subsequente, será encaminhado até quatro meses antes do encerramento do primeiro exercício financeiro e devolvido para sanção até o encerramento da sessão legislativa;
II – o projeto de lei de diretrizes orçamentárias será encaminhado até oito meses e meio antes do encerramento do exercício financeiro e devolvido para sanção até o encerramento do primeiro período da sessão legislativa;
III – o projeto de lei orçamentária da União será encaminhado até quatro meses antes do encerramento do exercício financeiro e devolvido para sanção até o encerramento da sessão legislativa.

Art. 36. Os fundos existentes na data da promulgação da Constituição, excetuados os resultantes de isenções fiscais que passem a integrar patrimônio privado e os que interessem à defesa nacional, extinguir-se-ão, se não forem ratificados pelo Congresso Nacional no prazo de dois anos.

Art. 37. A adaptação ao que estabelece o artigo 167, III, deverá processar-se no prazo de cinco anos, reduzindo-se o excesso à base de, pelo menos, um quinto por ano.

Art. 38. Até a promulgação da lei complementar referida no artigo 169, a União, os Estados, o Distrito Federal e os Municípios não poderão despender com pessoal mais do que sessenta e cinco por cento do valor das respectivas receitas correntes.

Parágrafo único. A União, os Estados, o Distrito Federal e os Municípios, quando a respectiva despesa de pessoal exceder o limite previsto neste artigo, deverão retornar àquele limite, reduzindo o percentual excedente à razão de um quinto por ano.

Art. 39. Para efeito do cumprimento das disposições constitucionais que impliquem variações de despesas e receitas da União, após a promulgação da Constituição, o Poder Executivo deverá elaborar e o Poder Legislativo apreciar projeto de revisão da lei orçamentária referente ao exercício financeiro de 1989.

Parágrafo único. O Congresso Nacional deverá votar no prazo de doze meses a lei complementar prevista no artigo 161, II.

Art. 40. É mantida a Zona Franca de Manaus, com suas características de área livre de comércio, de exportação e importação, e de incentivos fiscais, pelo prazo de vinte e cinco anos, a partir da promulgação da Constituição.
▶ Art. 92 deste Ato.
▶ Dec. nº 205, de 5-9-1991, dispõe sobre a apresentação de guias de importação ou documento de efeito equivalente, na Zona Franca de Manaus e suspende a fixação de limites máximos globais anuais de importação, durante o prazo de que trata este artigo.

Parágrafo único. Somente por lei federal podem ser modificados os critérios que disciplinaram ou venham a disciplinar a aprovação dos projetos na Zona Franca de Manaus.

Art. 41. Os Poderes Executivos da União, dos Estados, do Distrito Federal e dos Municípios reavaliarão todos os incentivos fiscais de natureza setorial ora em vigor, propondo aos Poderes Legislativos respectivos as medidas cabíveis.
▶ Arts. 151, I, 155, XII, g, 195, § 3º, e 227, § 3º, VI, desta Constituição.
▶ Lei nº 8.402, de 8-1-1992, restabelece os incentivos fiscais que menciona.

§ 1º Considerar-se-ão revogados após dois anos, a partir da data da promulgação da Constituição, os incentivos que não forem confirmados por lei.

§ 2º A revogação não prejudicará os direitos que já tiverem sido adquiridos, àquela data, em relação a incentivos concedidos sob condição e com prazo certo.

§ 3º Os incentivos concedidos por convênio entre Estados, celebrados nos termos do artigo 23, § 6º, da Constituição de 1967, com a redação da Emenda nº 1, de 17 de outubro de 1969, também deverão ser reavaliados e reconfirmados nos prazos deste artigo.

Art. 42. Durante 25 (vinte e cinco) anos, a União aplicará, dos recursos destinados à irrigação:
▶ *Caput* com a redação dada pela EC nº 43, de 15-4-2004.

I – vinte por cento na Região Centro-Oeste;
II – cinquenta por cento na Região Nordeste, preferencialmente no semiárido.

Art. 43. Na data da promulgação da lei que disciplinar a pesquisa e a lavra de recursos e jazidas minerais, ou no prazo de um ano, a contar da promulgação da Constituição, tornar-se-ão sem efeito as autorizações, concessões e demais títulos atributivos de direitos minerários, caso os trabalhos de pesquisa ou de lavra não hajam sido comprovadamente iniciados nos prazos legais ou estejam inativos.
▶ Lei nº 7.886, de 20-11-1989, regulamenta este artigo.

Art. 44. As atuais empresas brasileiras titulares de autorização de pesquisa, concessão de lavra de recursos minerais e de aproveitamento dos potenciais de energia hidráulica em vigor terão quatro anos, a partir da promulgação da Constituição, para cumprir os requisitos do artigo 176, § 1º.

§ 1º Ressalvadas as disposições de interesse nacional previstas no texto constitucional, as empresas brasileiras ficarão dispensadas do cumprimento do disposto no artigo 176, § 1º, desde que, no prazo de até quatro anos da data da promulgação da Constituição, tenham o produto de sua lavra e beneficiamento destinado a industrialização no território nacional, em seus próprios estabelecimentos ou em empresa industrial controladora ou controlada.

§ 2º Ficarão também dispensadas do cumprimento do disposto no artigo 176, § 1º, as empresas brasileiras titulares de concessão de energia hidráulica para uso em seu processo de industrialização.

§ 3º As empresas brasileiras referidas no § 1º somente poderão ter autorizações de pesquisa e concessões de lavra ou potenciais de energia hidráulica, desde que a energia e o produto da lavra sejam utilizados nos respectivos processos industriais.

Art. 45. Ficam excluídas do monopólio estabelecido pelo artigo 177, II, da Constituição as refinarias em funcionamento no País amparadas pelo artigo 43 e nas condições do artigo 45 da Lei nº 2.004, de 3 de outubro de 1953.
▶ A referida Lei foi revogada pela Lei nº 9.478, de 6-8-1997.

Parágrafo único. Ficam ressalvados da vedação do artigo 177, § 1º, os contratos de risco feitos com a Petróleo Brasileiro S/A (PETROBRAS), para pesquisa de petróleo, que estejam em vigor na data da promulgação da Constituição.

Art. 46. São sujeitos à correção monetária desde o vencimento, até seu efetivo pagamento, sem interrupção ou suspensão, os créditos junto a entidades submetidas aos regimes de intervenção ou liquidação extrajudicial, mesmo quando esses regimes sejam convertidos em falência.
▶ Súm. nº 304 do TST.

Parágrafo único. O disposto neste artigo aplica-se também:
I – às operações realizadas posteriormente à decretação dos regimes referidos no *caput* deste artigo;

II – às operações de empréstimo, financiamento, refinanciamento, assistência financeira de liquidez, cessão ou sub-rogação de créditos ou cédulas hipotecárias, efetivação de garantia de depósitos do público ou de compra de obrigações passivas, inclusive as realizadas com recursos de fundos que tenham essas destinações;
III – aos créditos anteriores à promulgação da Constituição;
IV – aos créditos das entidades da administração pública anteriores à promulgação da Constituição, não liquidados até 1º de janeiro de 1988.

Art. 47. Na liquidação dos débitos, inclusive suas renegociações e composições posteriores, ainda que ajuizados, decorrentes de quaisquer empréstimos concedidos por bancos e por instituições financeiras, não existirá correção monetária desde que o empréstimo tenha sido concedido:

I – aos micro e pequenos empresários ou seus estabelecimentos no período de 28 de fevereiro de 1986 a 28 de fevereiro de 1987;
II – aos mini, pequenos e médios produtores rurais no período de 28 de fevereiro de 1986 a 31 de dezembro de 1987, desde que relativos a crédito rural.

§ 1º Consideram-se, para efeito deste artigo, microempresas as pessoas jurídicas e as firmas individuais com receitas anuais de até dez mil Obrigações do Tesouro Nacional, e pequenas empresas as pessoas jurídicas e as firmas individuais com receita anual de até vinte e cinco mil Obrigações do Tesouro Nacional.
▶ Art. 179 desta Constituição.

§ 2º A classificação de mini, pequeno e médio produtor rural será feita obedecendo-se às normas de crédito rural vigentes à época do contrato.

§ 3º A isenção da correção monetária a que se refere este artigo só será concedida nos seguintes casos:
I – se a liquidação do débito inicial, acrescido de juros legais e taxas judiciais, vier a ser efetivada no prazo de noventa dias, a contar da data da promulgação da Constituição;
II – se a aplicação dos recursos não contrariar a finalidade do financiamento, cabendo o ônus da prova à instituição credora;
III – se não for demonstrado pela instituição credora que o mutuário dispõe de meios para o pagamento de seu débito, excluído desta demonstração seu estabelecimento, a casa de moradia e os instrumentos de trabalho e produção;
IV – se o financiamento inicial não ultrapassar o limite de cinco mil Obrigações do Tesouro Nacional;
V – se o beneficiário não for proprietário de mais de cinco módulos rurais.

§ 4º Os benefícios de que trata este artigo não se estendem aos débitos já quitados e aos devedores que sejam constituintes.

§ 5º No caso de operações com prazos de vencimento posteriores à data-limite de liquidação da dívida, havendo interesse do mutuário, os bancos e as instituições financeiras promoverão, por instrumento próprio, alteração nas condições contratuais originais de forma a ajustá-las ao presente benefício.

§ 6º A concessão do presente benefício por bancos comerciais privados em nenhuma hipótese acarretará ônus para o Poder Público, ainda que através de refinanciamento e repasse de recursos pelo Banco Central.

§ 7º No caso de repasse a agentes financeiros oficiais ou cooperativas de crédito, o ônus recairá sobre a fonte de recursos originária.

Art. 48. O Congresso Nacional, dentro de cento e vinte dias da promulgação da Constituição, elaborará Código de Defesa do Consumidor.

► Lei nº 8.078, de 11-9-1990 (Código de Defesa do Consumidor).

Art. 49. A lei disporá sobre o instituto da enfiteuse em imóveis urbanos, sendo facultada aos foreiros, no caso de sua extinção, a remição dos aforamentos mediante aquisição do domínio direto, na conformidade do que dispuserem os respectivos contratos.

► Dec.-lei nº 9.760, de 5-9-1946 (Lei dos Bens Imóveis da União).

§ 1º Quando não existir cláusula contratual, serão adotados os critérios e bases hoje vigentes na legislação especial dos imóveis da União.

§ 2º Os direitos dos atuais ocupantes inscritos ficam assegurados pela aplicação de outra modalidade de contrato.

► Lei nº 9.636, de 15-5-1998, regulamenta este parágrafo.

§ 3º A enfiteuse continuará sendo aplicada aos terrenos de marinha e seus acrescidos, situados na faixa de segurança, a partir da orla marítima.

► Art. 2.038, § 2º, do CC.

► Dec.-lei nº 9.760, de 5-9-1946 (Lei dos Bens Imóveis da União).

§ 4º Remido o foro, o antigo titular do domínio direto deverá, no prazo de noventa dias, sob pena de responsabilidade, confiar à guarda do registro de imóveis competente toda a documentação a ele relativa.

Art. 50. Lei agrícola a ser promulgada no prazo de um ano disporá, nos termos da Constituição, sobre os objetivos e instrumentos de política agrícola, prioridades, planejamento de safras, comercialização, abastecimento interno, mercado externo e instituição de crédito fundiário.

► Lei nº 8.171, de 17-1-1991 (Lei da Política Agrícola).

Art. 51. Serão revistos pelo Congresso Nacional, através de Comissão Mista, nos três anos a contar da data da promulgação da Constituição, todas as doações, vendas e concessões de terras públicas com área superior a três mil hectares, realizadas no período de 1º de janeiro de 1962 a 31 de dezembro de 1987.

§ 1º No tocante às vendas, a revisão será feita com base exclusivamente no critério de legalidade da operação.

§ 2º No caso de concessões e doações, a revisão obedecerá aos critérios de legalidade e de conveniência do interesse público.

§ 3º Nas hipóteses previstas nos parágrafos anteriores, comprovada a ilegalidade, ou havendo interesse público, as terras reverterão ao patrimônio da União, dos Estados, do Distrito Federal ou dos Municípios.

Art. 52. Até que sejam fixadas as condições do art. 192, são vedados:

► Caput com a redação dada pela EC nº 40, de 29-5-2003.

I – a instalação, no País, de novas agências de instituições financeiras domiciliadas no exterior;
II – o aumento do percentual de participação, no capital de instituições financeiras com sede no País, de pessoas físicas ou jurídicas residentes ou domiciliadas no exterior.

Parágrafo único. A vedação a que se refere este artigo não se aplica às autorizações resultantes de acordos internacionais, de reciprocidade, ou de interesse do Governo brasileiro.

Art. 53. Ao ex-combatente que tenha efetivamente participado de operações bélicas durante a Segunda Guerra Mundial, nos termos da Lei nº 5.315, de 12 de setembro de 1967, serão assegurados os seguintes direitos:

► Lei nº 8.059, de 4-7-1990, dispõe sobre a pensão especial devida aos ex-combatentes da Segunda Guerra Mundial e a seus dependentes.

I – aproveitamento no serviço público, sem a exigência de concurso, com estabilidade;
II – pensão especial correspondente à deixada por segundo-tenente das Forças Armadas, que poderá ser requerida a qualquer tempo, sendo inacumulável com quaisquer rendimentos recebidos dos cofres públicos, exceto os benefícios previdenciários, ressalvado o direito de opção;
III – em caso de morte, pensão à viúva ou companheira ou dependente, de forma proporcional, de valor igual à do inciso anterior;
IV – assistência médica, hospitalar e educacional gratuita, extensiva aos dependentes;
V – aposentadoria com proventos integrais aos vinte e cinco anos de serviço efetivo, em qualquer regime jurídico;
VI – prioridade na aquisição da casa própria, para os que não a possuam ou para suas viúvas ou companheiras.

Parágrafo único. A concessão da pensão especial do inciso II substitui, para todos os efeitos legais, qualquer outra pensão já concedida ao ex-combatente.

Art. 54. Os seringueiros recrutados nos termos do Decreto-Lei nº 5.813, de 14 de setembro de 1943, e amparados pelo Decreto-Lei nº 9.882, de 16 de setembro de 1946, receberão, quando carentes, pensão mensal vitalícia no valor de dois salários mínimos.

► Lei nº 7.986, de 28-12-1989, dispõe sobre a concessão do benefício previsto neste artigo.

► Lei nº 9.882, de 3-12-1999 (Lei da Ação de Descumprimento de Preceito Fundamental).

► Dec.-lei nº 5.813, de 14-9-1943, aprova o acordo relativo ao recrutamento, encaminhamento e colocação de trabalhadores para a Amazônia.

§ 1º O benefício é estendido aos seringueiros que, atendendo a apelo do Governo brasileiro, contribuíram para o esforço de guerra, trabalhando na produção de borracha, na Região Amazônica, durante a Segunda Guerra Mundial.

§ 2º Os benefícios estabelecidos neste artigo são transferíveis aos dependentes reconhecidamente carentes.

§ 3º A concessão do benefício far-se-á conforme lei a ser proposta pelo Poder Executivo dentro de cento e cinquenta dias da promulgação da Constituição.

Art. 55. Até que seja aprovada a lei de diretrizes orçamentárias, trinta por cento, no mínimo, do orçamento da seguridade social, excluído o seguro-desemprego, serão destinados ao setor de saúde.

Art. 56. Até que a lei disponha sobre o artigo 195, I, a arrecadação decorrente de, no mínimo, cinco dos seis décimos percentuais correspondentes à alíquota da contribuição de que trata o Decreto-Lei nº 1.940, de 25 de maio de 1982, alterada pelo Decreto-Lei nº 2.049, de 1º de agosto de 1983, pelo Decreto nº 91.236, de 8 de maio de 1985, e pela Lei nº 7.611, de 8 de julho de 1987, passa a integrar a receita da seguridade social, ressalvados, exclusivamente no exercício de 1988, os compromissos assumidos com programas e projetos em andamento.

▶ LC nº 70, de 30-12-1991, institui contribuição para financiamento da Seguridade Social e eleva alíquota da contribuição social sobre o lucro das instituições financeiras.
▶ Dec.-lei nº 1.940, de 25-5-1982, institui contribuição social para financiamento da Seguridade Social e cria o Fundo de Investimento Social – FINSOCIAL.
▶ Súm. nº 658 do STF.

Art. 57. Os débitos dos Estados e dos Municípios relativos às contribuições previdenciárias até 30 de junho de 1988 serão liquidados, com correção monetária, em cento e vinte parcelas mensais, dispensados os juros e multas sobre eles incidentes, desde que os devedores requeiram o parcelamento e iniciem seu pagamento no prazo de cento e oitenta dias a contar da promulgação da Constituição.

§ 1º O montante a ser pago em cada um dos dois primeiros anos não será inferior a cinco por cento do total do débito consolidado e atualizado, sendo o restante dividido em parcelas mensais de igual valor.

§ 2º A liquidação poderá incluir pagamentos na forma de cessão de bens e prestação de serviços, nos termos da Lei nº 7.578, de 23 de dezembro de 1986.

§ 3º Em garantia do cumprimento do parcelamento, os Estados e os Municípios consignarão, anualmente, nos respectivos orçamentos as dotações necessárias ao pagamento de seus débitos.

§ 4º Descumprida qualquer das condições estabelecidas para concessão do parcelamento, o débito será considerado vencido em sua totalidade, sobre ele incidindo juros de mora; nesta hipótese, parcela dos recursos correspondentes aos Fundos de Participação, destinada aos Estados e Municípios devedores, será bloqueada e repassada à Previdência Social para pagamento de seus débitos.

Art. 58. Os benefícios de prestação continuada, mantidos pela Previdência Social na data da promulgação da Constituição, terão seus valores revistos, a fim de que seja restabelecido o poder aquisitivo, expresso em número de salários mínimos, que tinham na data de sua concessão, obedecendo-se a esse critério de atualização até a implantação do plano de custeio e benefícios referidos no artigo seguinte.

▶ Súm. nº 687 do STF.

Parágrafo único. As prestações mensais dos benefícios atualizadas de acordo com este artigo serão devidas e pagas a partir do sétimo mês a contar da promulgação da Constituição.

Art. 59. Os projetos de lei relativos à organização da seguridade social e aos planos de custeio e de benefício serão apresentados no prazo máximo de seis meses da promulgação da Constituição ao Congresso Nacional, que terá seis meses para apreciá-los.

Parágrafo único. Aprovados pelo Congresso Nacional, os planos serão implantados progressivamente nos dezoito meses seguintes.

▶ Lei nº 8.212, de 24-7-1991 (Lei Orgânica da Seguridade Social).
▶ Lei nº 8.213, de 24-7-1991 (Lei dos Planos de Benefícios da Previdência Social).

Art. 60. Até o 14º (décimo quarto) ano a partir da promulgação desta Emenda Constitucional, os Estados, o Distrito Federal e os Municípios destinarão parte dos recursos a que se refere o *caput* do art. 212 da Constituição Federal à manutenção e desenvolvimento da educação básica e à remuneração condigna dos trabalhadores da educação, respeitadas as seguintes disposições:

▶ *Caput* com a redação dada pela EC nº 53, de 19-12-2006.
▶ Lei nº 11.494, de 20-6-2007, regulamenta o Fundo de Manutenção e Desenvolvimento da Educação Básica e de Valorização dos Profissionais da Educação – FUNDEB, regulamentada pelo Dec. nº 6.253, de 13-11-2007.

I – a distribuição dos recursos e de responsabilidades entre o Distrito Federal, os Estados e seus Municípios é assegurada mediante a criação, no âmbito de cada Estado e do Distrito Federal, de um Fundo de Manutenção e Desenvolvimento da Educação Básica e de Valorização dos Profissionais da Educação – FUNDEB, de natureza contábil;

II – os Fundos referidos no inciso I do *caput* deste artigo serão constituídos por 20% (vinte por cento) dos recursos a que se referem os incisos I, II e III do art. 155; o inciso II do *caput* do art. 157; os incisos II, III e IV do *caput* do art. 158; e as alíneas *a* e *b* do inciso I e o inciso II do *caput* do art. 159, todos da Constituição Federal, e distribuídos entre cada Estado e seus Municípios, proporcionalmente ao número de alunos das diversas etapas e modalidades da educação básica presencial, matriculados nas respectivas redes, nos respectivos âmbitos de atuação prioritária estabelecidos nos §§ 2º e 3º do art. 211 da Constituição Federal;

III – observadas as garantias estabelecidas nos incisos I, II, III e IV do *caput* do art. 208 da Constituição Federal e as metas de universalização da educação básica estabelecidas no Plano Nacional de Educação, a lei disporá sobre:

a) a organização dos Fundos, a distribuição proporcional de seus recursos, as diferenças e as ponderações quanto ao valor anual por aluno entre etapas e modalidades da educação básica e tipos de estabelecimento de ensino;

b) a forma de cálculo do valor anual mínimo por aluno;

c) os percentuais máximos de apropriação dos recursos dos Fundos pelas diversas etapas e modalidades da educação básica, observados os arts. 208 e 214 da Constituição Federal, bem como as metas do Plano Nacional de Educação;

d) a fiscalização e o controle dos Fundos;

e) prazo para fixar, em lei específica, piso salarial profissional nacional para os profissionais do magistério público da educação básica;
► Lei nº 11.738, de 16-7-2008, regulamenta esta alínea.

IV – os recursos recebidos à conta dos Fundos instituídos nos termos do inciso I do *caput* deste artigo serão aplicados pelos Estados e Municípios exclusivamente nos respectivos âmbitos de atuação prioritária, conforme estabelecido nos §§ 2º e 3º do art. 211 da Constituição Federal;
V – a União complementará os recursos dos Fundos a que se refere o inciso II do *caput* deste artigo sempre que, no Distrito Federal e em cada Estado, o valor por aluno não alcançar o mínimo definido nacionalmente, fixado em observância ao disposto no inciso VII do *caput* deste artigo, vedada a utilização dos recursos a que se refere o § 5º do art. 212 da Constituição Federal;
VI – até 10% (dez por cento) da complementação da União prevista no inciso V do *caput* deste artigo poderá ser distribuída para os Fundos por meio de programas direcionados para a melhoria da qualidade da educação, na forma da lei a que se refere o inciso III do *caput* deste artigo;
VII – a complementação da União de que trata o inciso V do *caput* deste artigo será de, no mínimo:
a) R$ 2.000.000.000,00 (dois bilhões de reais), no primeiro ano de vigência dos Fundos;
b) R$ 3.000.000.000,00 (três bilhões de reais), no segundo ano de vigência dos Fundos;
c) R$ 4.500.000.000,00 (quatro bilhões e quinhentos milhões de reais), no terceiro ano de vigência dos Fundos;
d) 10% (dez por cento) do total dos recursos a que se refere o inciso II do *caput* deste artigo, a partir do quarto ano de vigência dos Fundos;
VIII – a vinculação de recursos à manutenção e desenvolvimento do ensino estabelecida no art. 212 da Constituição Federal suportará, no máximo, 30% (trinta por cento) da complementação da União, considerando-se para os fins deste inciso os valores previstos no inciso VII do *caput* deste artigo;
IX – os valores a que se referem as alíneas *a*, *b*, e *c* do inciso VII do *caput* deste artigo serão atualizados, anualmente, a partir da promulgação desta Emenda Constitucional, de forma a preservar, em caráter permanente, o valor real da complementação da União;
X – aplica-se à complementação da União o disposto no art. 160 da Constituição Federal;
XI – o não cumprimento do disposto nos incisos V e VII do *caput* deste artigo importará crime de responsabilidade da autoridade competente;
XII – proporção não inferior a 60% (sessenta por cento) de cada Fundo referido no inciso I do *caput* deste artigo será destinada ao pagamento dos profissionais do magistério da educação básica em efetivo exercício.

► Incisos I a XII acrescidos pela EC nº 53, de 19-12-2006.

§ 1º A União, os Estados, o Distrito Federal e os Municípios deverão assegurar, no financiamento da educação básica, a melhoria da qualidade de ensino, de forma a garantir padrão mínimo definido nacionalmente.

§ 2º O valor por aluno do ensino fundamental, no Fundo de cada Estado e do Distrito Federal, não poderá ser inferior ao praticado no âmbito do Fundo de Manutenção e Desenvolvimento do Ensino Fundamental e de Valorização do Magistério – FUNDEF, no ano anterior à vigência desta Emenda Constitucional.

§ 3º O valor anual mínimo por aluno do ensino fundamental, no âmbito do Fundo de Manutenção e Desenvolvimento da Educação Básica e de Valorização dos Profissionais da Educação – FUNDEB, não poderá ser inferior ao valor mínimo fixado nacionalmente no ano anterior ao da vigência desta Emenda Constitucional.

§ 4º Para efeito de distribuição de recursos dos Fundos a que se refere o inciso I do *caput* deste artigo, levar-se-á em conta a totalidade das matrículas no ensino fundamental e considerar-se-á para a educação infantil, para o ensino médio e para a educação de jovens e adultos 1/3 (um terço) das matrículas no primeiro ano, 2/3 (dois terços) no segundo ano e sua totalidade a partir do terceiro ano.

► §§ 1º a 4º com a redação dada pela EC nº 53, de 19-12-2006.

§ 5º A porcentagem dos recursos de constituição dos Fundos, conforme o inciso II do *caput* deste artigo, será alcançada gradativamente nos primeiros 3 (três) anos de vigência dos Fundos, da seguinte forma:

► *Caput* do § 5º com a redação dada pela EC nº 53, de 19-12-2006.

I – no caso dos impostos e transferências constantes do inciso II do *caput* do art. 155; do inciso IV do *caput* do art. 158; e das alíneas *a* e *b* do inciso I e do inciso II do *caput* do art. 159 da Constituição Federal:
a) 16,66% (dezesseis inteiros e sessenta e seis centésimos por cento), no primeiro ano;
b) 18,33% (dezoito inteiros e trinta e três centésimos por cento), no segundo ano;
c) 20% (vinte por cento), a partir do terceiro ano;

II – no caso dos impostos e transferências constantes dos incisos I e III do *caput* do art. 155; do inciso II do *caput* do art. 157; e dos incisos II e III do *caput* do art. 158 da Constituição Federal:
a) 6,66% (seis inteiros e sessenta e seis centésimos por cento), no primeiro ano;
b) 13,33% (treze inteiros e trinta e três centésimos por cento), no segundo ano;
c) 20% (vinte por cento), a partir do terceiro ano.

► Incisos I e II acrescidos pela EC nº 53, de 19-12-2006.

§§ 6º e 7º *Revogados*. EC nº 53, de 19-12-2006.

Art. 61. As entidades educacionais a que se refere o artigo 213, bem como as fundações de ensino e pesquisa cuja criação tenha sido autorizada por lei, que preencham os requisitos dos incisos I e II do referido artigo e que, nos últimos três anos, tenham recebido recursos públicos, poderão continuar a recebê-los, salvo disposição legal em contrário.

Art. 62. A lei criará o Serviço Nacional de Aprendizagem Rural (SENAR) nos moldes da legislação relativa ao Serviço Nacional de Aprendizagem Industrial (SENAI) e ao Serviço Nacional de Aprendizagem do Comércio (SENAC), sem prejuízo das atribuições dos órgãos públicos que atuam na área.

► Lei nº 8.315, de 13-12-1991, dispõe sobre a criação do Serviço Nacional de Aprendizagem Rural – SENAR.

Art. 63. É criada uma Comissão composta de nove membros, sendo três do Poder Legislativo, três do Poder Judiciário e três do Poder Executivo, para promover as comemorações do centenário da proclamação da República e da promulgação da primeira Constituição republicana do País, podendo, a seu critério, desdobrar-se em tantas subcomissões quantas forem necessárias.

Parágrafo único. No desenvolvimento de suas atribuições, a Comissão promoverá estudos, debates e avaliações sobre a evolução política, social, econômica e cultural do País, podendo articular-se com os governos estaduais e municipais e com instituições públicas e privadas que desejem participar dos eventos.

Art. 64. A Imprensa Nacional e demais gráficas da União, dos Estados, do Distrito Federal e dos Municípios, da administração direta ou indireta, inclusive fundações instituídas e mantidas pelo Poder Público, promoverão edição popular do texto integral da Constituição, que será posta à disposição das escolas e dos cartórios, dos sindicatos, dos quartéis, das igrejas e de outras instituições representativas da comunidade, gratuitamente, de modo que cada cidadão brasileiro possa receber do Estado um exemplar da Constituição do Brasil.

Art. 65. O Poder Legislativo regulamentará, no prazo de doze meses, o artigo 220, § 4º.

Art. 66. São mantidas as concessões de serviços públicos de telecomunicações atualmente em vigor, nos termos da lei.

▶ Lei nº 9.472, de 16-7-1997, dispõe sobre a organização dos serviços de telecomunicações, a criação e funcionamento de um Órgão Regulador e outros aspectos institucionais.

Art. 67. A União concluirá a demarcação das terras indígenas no prazo de cinco anos a partir da promulgação da Constituição.

Art. 68. Aos remanescentes das comunidades dos quilombos que estejam ocupando suas terras é reconhecida a propriedade definitiva, devendo o Estado emitir-lhes os títulos respectivos.

▶ Dec. nº 4.887, de 20-11-2003, regulamenta o procedimento para identificação, reconhecimento, delimitação, demarcação e titulação das terras ocupadas por remanescentes das comunidades dos quilombos de que trata este artigo.

▶ Dec. nº 6.040, de 7-2-2007, institui a Política Nacional de Desenvolvimento Sustentável dos Povos e Comunidades Tradicionais.

Art. 69. Será permitido aos Estados manter consultorias jurídicas separadas de suas Procuradorias-Gerais ou Advocacias-Gerais, desde que, na data da promulgação da Constituição, tenham órgãos distintos para as respectivas funções.

Art. 70. Fica mantida a atual competência dos tribunais estaduais até que a mesma seja definida na Constituição do Estado, nos termos do artigo 125, § 1º, da Constituição.

▶ Art. 4º da EC nº 45, de 8-12-2004 (Reforma do Judiciário).

Art. 71. É instituído, nos exercícios financeiros de 1994 e 1995, bem assim nos períodos de 1º de janeiro de 1996 a 30 de junho de 1997 e 1º de julho de 1997 a 31 de dezembro de 1999, o Fundo Social de Emergência, com o objetivo de saneamento financeiro da Fazenda Pública Federal e de estabilização econômica, cujos recursos serão aplicados prioritariamente no custeio das ações dos sistemas de saúde e educação, incluindo a complementação de recursos de que trata o § 3º do artigo 60 do Ato das Disposições Constitucionais Transitórias, benefícios previdenciários e auxílios assistenciais de prestação continuada, inclusive liquidação de passivo previdenciário, e despesas orçamentárias associadas a programas de relevante interesse econômico e social.

▶ *Caput* com a redação dada pela EC nº 17, de 22-11-1997.

§ 1º Ao Fundo criado por este artigo não se aplica o disposto na parte final do inciso II do § 9º do artigo 165 da Constituição.

§ 2º O Fundo criado por este artigo passa a ser denominado Fundo de Estabilização Fiscal a partir do início do exercício financeiro de 1996.

§ 3º O Poder Executivo publicará demonstrativo da execução orçamentária, de periodicidade bimestral, no qual se discriminarão as fontes e usos do Fundo criado por este artigo.

▶ §§ 1º a 3º acrescidos pela EC nº 10, de 4-3-1996.

Art. 72. Integram o Fundo Social de Emergência:

▶ Art. 72 acrescido pela ECR nº 1, de 1º-3-1994.

I – o produto da arrecadação do imposto sobre renda e proventos de qualquer natureza incidente na fonte sobre pagamentos efetuados, a qualquer título, pela União, inclusive suas autarquias e fundações;

II – a parcela do produto da arrecadação do imposto sobre renda e proventos de qualquer natureza e do imposto sobre operações de crédito, câmbio e seguro, ou relativas a títulos e valores mobiliários, decorrente das alterações produzidas pela Lei nº 8.894, de 21 de junho de 1994, e pelas Leis nºs 8.849 e 8.848, ambas de 28 de janeiro de 1994, e modificações posteriores;

III – a parcela do produto da arrecadação resultante da elevação da alíquota da contribuição social sobre o lucro dos contribuintes a que se refere o § 1º do artigo 22 da Lei nº 8.212, de 24 de julho de 1991, a qual, nos exercícios financeiros de 1994 e 1995, bem assim no período de 1º de janeiro de 1996 a 30 de junho de 1997, passa a ser de trinta por cento, sujeita a alteração por lei ordinária, mantidas as demais normas da Lei nº 7.689, de 15 de dezembro de 1988;

IV – vinte por cento do produto da arrecadação de todos os impostos e contribuições da União, já instituídos ou a serem criados, excetuado o previsto nos incisos I, II e III, observado o disposto nos §§ 3º e 4º;

▶ Incisos II a IV com a redação dada pela EC nº 10, de 4-3-1996.

V – a parcela do produto da arrecadação da contribuição de que trata a Lei Complementar nº 7, de 7 de setembro de 1970, devida pelas pessoas jurídicas a que se refere o inciso III deste artigo, a qual será calculada, nos exercícios financeiros de 1994 a 1995, bem assim nos períodos de 1º de janeiro de 1996 a 30 de junho de 1997 e de 1º de julho de 1997 a 31 de dezembro de 1999, mediante a aplicação da alíquota de setenta e cinco centésimos por cento, sujeita a alteração por lei ordinária posterior, sobre a receita bruta operacional, como definida na legislação do imposto sobre renda e proventos de qualquer natureza;

▶ Inciso V com a redação dada pela EC nº 17, de 22-11-1997.

VI – outras receitas previstas em lei específica.

§ 1º As alíquotas e a base de cálculo previstas nos incisos III e IV aplicar-se-ão a partir do primeiro dia do mês seguinte aos noventa dias posteriores à promulgação desta Emenda.

§ 2º As parcelas de que tratam os incisos I, II, III e V serão previamente deduzidas da base de cálculo de qualquer vinculação ou participação constitucional ou legal, não se lhes aplicando o disposto nos artigos 159, 212 e 239 da Constituição.

§ 3º A parcela de que trata o inciso IV será previamente deduzida da base de cálculo das vinculações ou participações constitucionais previstas nos artigos 153, § 5º, 157, II, 212 e 239 da Constituição.

§ 4º O disposto no parágrafo anterior não se aplica aos recursos previstos nos artigos 158, II, e 159 da Constituição.

§ 5º A parcela dos recursos provenientes do imposto sobre renda e proventos de qualquer natureza, destinada ao Fundo Social de Emergência, nos termos do inciso II deste artigo, não poderá exceder a cinco inteiros e seis décimos por cento do total do produto da sua arrecadação.

▶ §§ 2º a 5º acrescidos pela EC nº 10, de 4-3-1996.

Art. 73. Na regulação do Fundo Social de Emergência não poderá ser utilizado o instrumento previsto no inciso V do artigo 59 da Constituição.

▶ Artigo acrescido pela ECR nº 1, de 1º-3-1994.

Art. 74. A União poderá instituir contribuição provisória sobre movimentação ou transmissão de valores e de créditos e direitos de natureza financeira.

▶ Art. 84 deste Ato.

§ 1º A alíquota da contribuição de que trata este artigo não excederá a vinte e cinco centésimos por cento, facultado ao Poder Executivo reduzi-la ou restabelecê-la, total ou parcialmente, nas condições e limites fixados em lei.

▶ Alíquota alterada pela EC nº 21, de 18-3-1999.

§ 2º À contribuição de que trata este artigo não se aplica o disposto nos artigos 153, § 5º, e 154, I, da Constituição.

§ 3º O produto da arrecadação da contribuição de que trata este artigo será destinado integralmente ao Fundo Nacional de Saúde, para financiamento das ações e serviços de saúde.

§ 4º A contribuição de que trata este artigo terá sua exigibilidade subordinada ao disposto no artigo 195, § 6º, da Constituição, e não poderá ser cobrada por prazo superior a dois anos.

▶ Art. 74 acrescido pela EC nº 12, de 15-8-1996.
▶ Lei nº 9.311 de 24-10-1996, institui a Contribuição Provisória sobre Movimentação ou Transmissão de Valores e de Créditos e Direitos de Natureza Financeira – CPMF.

Art. 75. É prorrogada, por trinta e seis meses, a cobrança da contribuição provisória sobre movimentação ou transmissão de valores e de créditos e direitos de natureza financeira de que trata o artigo 74, instituída pela Lei nº 9.311, de 24 de outubro de 1996, modificada pela Lei nº 9.539, de 12 de dezembro de 1997, cuja vigência é também prorrogada por idêntico prazo.

▶ Arts. 80, I, e 84 deste Ato.

§ 1º Observado o disposto no § 6º do artigo 195 da Constituição Federal, a alíquota da contribuição será de trinta e oito centésimos por cento, nos primeiros doze meses, e de trinta centésimos, nos meses subsequentes, facultado ao Poder Executivo reduzi-la total ou parcialmente, nos limites aqui definidos.

§ 2º O resultado do aumento da arrecadação, decorrente da alteração da alíquota, nos exercícios financeiros de 1999, 2000 e 2001, será destinado ao custeio da Previdência Social.

§ 3º É a União autorizada a emitir títulos da dívida pública interna, cujos recursos serão destinados ao custeio da saúde e da Previdência Social, em montante equivalente ao produto da arrecadação da contribuição, prevista e não realizada em 1999.

▶ Art. 75 acrescido pela EC nº 21, de 18-3-1999.
▶ O STF, por maioria de votos, julgou parcialmente procedente a ADIN nº 2.031-5, para declarar a inconstitucionalidade deste parágrafo, acrescido pela EC nº 21, de 18-3-1999 (DOU de 5-11-2003).
▶ LC nº 111, de 6-7-2001, dispõe sobre o Fundo de Combate e Erradicação da Pobreza, na forma prevista nos arts. 79, 80 e 81 do ADCT.

Art. 76. São desvinculados de órgão, fundo ou despesa, até 31 de dezembro de 2015, 20% (vinte por cento) da arrecadação da União de impostos, contribuições sociais e de intervenção no domínio econômico, já instituídos ou que vierem a ser criados até a referida data, seus adicionais e respectivos acréscimos legais.

§ 1º O disposto no *caput* não reduzirá a base de cálculo das transferências a Estados, Distrito Federal e Municípios, na forma do § 5º do art. 153, do inciso I do art. 157, dos incisos I e II do art. 158 e das alíneas *a*, *b* e *d* do inciso I e do inciso II do art. 159 da Constituição Federal, nem a base de cálculo das destinações a que se refere a alínea *c* do inciso I do art. 159 da Constituição Federal.

§ 2º Excetua-se da desvinculação de que trata o *caput* a arrecadação da contribuição social do salário-educação a que se refere o § 5º do art. 212 da Constituição Federal.

§ 3º Para efeito do cálculo dos recursos para manutenção e desenvolvimento do ensino de que trata o art. 212 da Constituição Federal, o percentual referido no *caput* será nulo.

▶ Art. 76 com a redação dada pela EC nº 68, de 21-12-2011.

Art. 77. Até o exercício financeiro de 2004, os recursos mínimos aplicados nas ações e serviços públicos de saúde serão equivalentes:

I – no caso da União:

a) no ano 2000, o montante empenhado em ações e serviços públicos de saúde no exercício financeiro de 1999 acrescido de, no mínimo, cinco por cento;
b) do ano de 2001 ao ano de 2004, o valor apurado no ano anterior, corrigido pela variação nominal do Produto Interno Bruto – PIB;

II – no caso dos Estados e do Distrito Federal, doze por cento do produto da arrecadação dos impostos a que se refere o artigo 155 e dos recursos de que tratam os artigos 157 e 159, inciso I, alínea *a* e inciso II, deduzidas as parcelas que forem transferidas aos respectivos Municípios; e

III – no caso dos Municípios e do Distrito Federal, quinze por cento do produto da arrecadação dos impostos a que se refere o artigo 156 e dos recursos de que tratam os artigos 158 e 159, inciso I, alínea *b* e § 3º.

§ 1º Os Estados, o Distrito Federal e os municípios que apliquem percentuais inferiores aos fixados nos incisos II e III deverão elevá-los gradualmente, até o exercício financeiro de 2004, reduzida a diferença à razão de, pelo menos, um quinto por ano, sendo que, a partir de 2000, a aplicação será de pelo menos sete por cento.

§ 2º Dos recursos da União apurados nos termos deste artigo, quinze por cento, no mínimo, serão aplicados nos Municípios, segundo o critério populacional, em ações e serviços básicos de saúde, na forma da lei.

§ 3º Os recursos dos Estados, do Distrito Federal e dos Municípios destinados às ações e serviços públicos de saúde e os transferidos pela União para a mesma finalidade serão aplicados por meio de Fundo de Saúde que será acompanhado e fiscalizado por Conselho de Saúde, sem prejuízo do disposto no artigo 74 da Constituição Federal.

§ 4º Na ausência da lei complementar a que se refere o artigo 198, § 3º, a partir do exercício financeiro de 2005, aplicar-se-á à União, aos Estados, ao Distrito Federal e aos Municípios o disposto neste artigo.

▶ Art. 77 acrescido pela EC nº 29, de 13-9-2000.

Art. 78. Ressalvados os créditos definidos em lei como de pequeno valor, os de natureza alimentícia, os de que trata o artigo 33 deste Ato das Disposições Constitucionais Transitórias e suas complementações e os que já tiverem os seus respectivos recursos liberados ou depositados em juízo, os precatórios pendentes na data da publicação desta Emenda e os que decorram de ações iniciais ajuizadas até 31 de dezembro de 1999 serão liquidados pelo seu valor real, em moeda corrente, acrescido de juros legais, em prestações anuais, iguais e sucessivas, no prazo máximo de dez anos, permitida a cessão dos créditos.

▶ O STF, por maioria de votos, deferiu as cautelares, nas Ações Diretas de Inconstitucionalidade nºs 2.356 e 2.362, para suspender a eficácia do art. 2º da EC nº 30/2000, que introduziu este artigo ao ADCT (*DOU* de 7-12-2010).

▶ Arts. 86, 87 e 97, § 15, do ADCT.

▶ Res. do CNJ nº 92, de 13-10-2009, dispõe sobre a Gestão de Precatórios no âmbito do Poder Judiciário.

§ 1º É permitida a decomposição de parcelas, a critério do credor.

§ 2º As prestações anuais a que se refere o *caput* deste artigo terão, se não liquidadas até o final do exercício a que se referem, poder liberatório do pagamento de tributos da entidade devedora.

▶ Art. 6º da EC nº 62, de 9-12-2009, que convalida todas as compensações de precatórios com tributos vencidos até 31-10-2009 da entidade devedora, efetuadas na forma deste parágrafo, realizadas antes da promulgação desta Emenda Constitucional.

§ 3º O prazo referido no *caput* deste artigo fica reduzido para dois anos, nos casos de precatórios judiciais originários de desapropriação de imóvel residencial do credor, desde que comprovadamente único à época da imissão na posse.

§ 4º O Presidente do Tribunal competente deverá, vencido o prazo ou em caso de omissão no orçamento, ou preterição ao direito de precedência, a requerimento do credor, requisitar ou determinar o sequestro de recursos financeiros da entidade executada, suficientes à satisfação da prestação.

▶ Art. 78 acrescido pela EC nº 30, de 13-12-2000.

Art. 79. É instituído, para vigorar até o ano de 2010, no âmbito do Poder Executivo Federal, o Fundo de Combate e Erradicação da Pobreza, a ser regulado por lei complementar com o objetivo de viabilizar a todos os brasileiros acesso a níveis dignos de subsistência, cujos recursos serão aplicados em ações suplementares de nutrição, habitação, educação, saúde, reforço de renda familiar e outros programas de relevante interesse social voltados para melhoria da qualidade de vida.

▶ Art. 4º da EC nº 42, de 19-12-2003.

▶ EC nº 67, de 22-12-2010, prorroga, por tempo indeterminado, o prazo de vigência do Fundo de Combate e Erradicação da Pobreza.

Parágrafo único. O Fundo previsto neste artigo terá Conselho Consultivo e de Acompanhamento que conte com a participação de representantes da sociedade civil, nos termos da lei.

▶ Art. 79 acrescido pela EC nº 31, de 14-12-2000.

▶ LC nº 111, de 6-7-2001, dispõe sobre o Fundo de Combate e Erradicação da Pobreza, na forma prevista nos arts. 79 a 81 do ADCT.

▶ Dec. nº 3.997, de 1º-11-2001, define o órgão gestor do Fundo de Combate e Erradicação da Pobreza, e regulamenta a composição e o funcionamento do seu Conselho Consultivo e de Acompanhamento.

Art. 80. Compõem o Fundo de Combate e Erradicação da Pobreza:

▶ Art. 31, III, do Dec. nº 6.140, de 3-7-2007, que regulamenta a Contribuição Provisória sobre Movimentação ou Transmissão de Valores e de Créditos e Direitos de Natureza Financeira – CPMF.

I – a parcela do produto da arrecadação correspondente a um adicional de oito centésimos por cento, aplicável de 18 de junho de 2000 a 17 de junho de 2002, na alíquota da contribuição social de que trata o art. 75 do Ato das Disposições Constitucionais Transitórias;

▶ Art. 84 deste Ato.

▶ Art. 4º da EC nº 42, de 19-12-2003.

II – a parcela do produto da arrecadação correspondente a um adicional de cinco pontos percentuais na alíquota do Imposto sobre Produtos Industrializados – IPI, ou do imposto que vier a substituí-lo, incidente sobre produtos supérfluos e aplicável até a extinção do Fundo;

III – o produto da arrecadação do imposto de que trata o artigo 153, inciso VII, da Constituição;

IV – dotações orçamentárias;

V – doações, de qualquer natureza, de pessoas físicas ou jurídicas do País ou do exterior;

VI – outras receitas, a serem definidas na regulamentação do referido Fundo.

§ 1º Aos recursos integrantes do Fundo de que trata este artigo não se aplica o disposto nos artigos 159 e 167, inciso IV, da Constituição, assim como qualquer desvinculação de recursos orçamentários.

§ 2º A arrecadação decorrente do disposto no inciso I deste artigo, no período compreendido entre 18 de junho de 2000 e o início da vigência da lei complementar a que se refere o artigo 79, será integralmente repassada ao Fundo, preservando o seu valor real, em títulos públicos federais, progressivamente resgatáveis após 18 de junho de 2002, na forma da lei.

▶ Art. 80 acrescido pela EC nº 31, de 14-12-2000.

▶ LC nº 111, de 6-7-2001, dispõe sobre o Fundo de Combate e Erradicação da Pobreza, na forma prevista nos arts. 79 a 81 do ADCT.

Art. 81. É instituído Fundo constituído pelos recursos recebidos pela União em decorrência da desestatização de sociedades de economia mista ou empresas públicas por ela controladas, direta ou indiretamente, quando a operação envolver a alienação do respectivo controle acionário a pessoa ou entidade não integrante da Administração Pública, ou de participação societária remanescente após a alienação, cujos rendimentos, gerados a partir de 18 de junho de 2002, reverterão ao Fundo de Combate e Erradicação da Pobreza.

▶ Art. 31, III, do Dec. nº 6.140, de 3-7-2007, que regulamenta a Contribuição Provisória sobre Movimentação ou Transmissão de Valores e de Créditos e Direitos de Natureza Financeira – CPMF.

§ 1º Caso o montante anual previsto nos rendimentos transferidos ao Fundo de Combate e Erradicação da Pobreza, na forma deste artigo, não alcance o valor de quatro bilhões de reais, far-se-á complementação na forma do artigo 80, inciso IV, do Ato das Disposições Constitucionais Transitórias.

§ 2º Sem prejuízo do disposto no § 1º, o Poder Executivo poderá destinar o Fundo a que se refere este artigo outras receitas decorrentes da alienação de bens da União.

§ 3º A constituição do Fundo a que se refere o caput, a transferência de recursos ao Fundo de Combate e Erradicação da Pobreza e as demais disposições referentes ao § 1º deste artigo serão disciplinadas em lei, não se aplicando o disposto no artigo 165, § 9º, inciso II, da Constituição.

▶ Art. 81 acrescido pela EC nº 31, de 13-12-2000.

▶ LC nº 111, de 6-7-2001, dispõe sobre o Fundo de Combate e Erradicação da Pobreza, na forma prevista nos arts. 79 a 81 do ADCT.

Art. 82. Os Estados, o Distrito Federal e os Municípios devem instituir Fundos de Combate à Pobreza, com os recursos de que trata este artigo e outros que vierem a destinar, devendo os referidos Fundos ser geridos por entidades que contém com a participação da sociedade civil.

▶ Artigo acrescido pela EC nº 31, de 14-12-2000.
▶ Art. 4º da EC nº 42, de 19-12-2003.

§ 1º Para o financiamento dos Fundos Estaduais e Distrital, poderá ser criado adicional de até dois pontos percentuais na alíquota do Imposto sobre Circulação de Mercadorias e Serviços – ICMS, sobre os produtos e serviços supérfluos e nas condições definidas na lei complementar de que trata o art. 155, § 2º, XII, da Constituição, não se aplicando, sobre este percentual, o disposto no art. 158, IV, da Constituição.

▶ § 1º com a redação dada pela EC nº 42, de 19-12-2003.

§ 2º Para o financiamento dos Fundos Municipais, poderá ser criado adicional de até meio ponto percentual na alíquota do Imposto sobre serviços ou do imposto que vier a substituí-lo, sobre os serviços supérfluos.

▶ § 2º acrescido pela EC nº 31, de 14-12-2000.

Art. 83. Lei federal definirá os produtos e serviços supérfluos a que se referem os arts. 80, II, e 82, § 2º.

▶ Artigo com a redação dada pela EC nº 42, de 19-12-2003.

Art. 84. A contribuição provisória sobre movimentação ou transmissão de valores e de créditos e direitos de natureza financeira, prevista nos arts. 74, 75 e 80, I, deste Ato das Disposições Constitucionais Transitórias, será cobrada até 31 de dezembro de 2004.

▶ Art. 90 deste Ato.

▶ Dec. nº 6.140, de 3-7-2007, regulamenta a Contribuição Provisória sobre Movimentação ou Transmissão de Valores e de Créditos e Direitos de Natureza Financeira – CPMF.

§ 1º Fica prorrogada, até a data referida no caput deste artigo, a vigência da Lei nº 9.311, de 24 de outubro de 1996, e suas alterações.

§ 2º Do produto da arrecadação da contribuição social de que trata este artigo será destinada a parcela correspondente à alíquota de:

▶ Art. 31 do Dec. nº 6.140, de 3-7-2007, que regulamenta a Contribuição Provisória sobre Movimentação ou Transmissão de Valores e de Créditos e Direitos de Natureza Financeira – CPMF.

I – vinte centésimos por cento ao Fundo Nacional de Saúde, para financiamento das ações e serviços de saúde;

II – dez centésimos por cento ao custeio da previdência social;

III – oito centésimos por cento ao Fundo de Combate e Erradicação da Pobreza, de que tratam os arts. 80 e 81 deste Ato das Disposições Constitucionais Transitórias.

§ 3º A alíquota da contribuição de que trata este artigo será de:

I – trinta e oito centésimos por cento, nos exercícios financeiros de 2002 e 2003;

II – *Revogado*. EC nº 42, de 19-12-2003.

▶ Art. 84 acrescido pela EC nº 37, de 12-6-2002.

Art. 85. A contribuição a que se refere o art. 84 deste Ato das Disposições Constitucionais Transitórias não incidirá, a partir do trigésimo dia da data de publicação desta Emenda Constitucional, nos lançamentos:

▶ Art. 3º do Dec. nº 6.140, de 3-7-2007, que regulamenta a Contribuição Provisória sobre Movimentação ou Transmissão de Valores e de Créditos e Direitos de Natureza Financeira – CPMF.

I – em contas correntes de depósito especialmente abertas e exclusivamente utilizadas para operações de:

▶ Art. 2º da Lei nº 10.892, de 13-7-2004, que dispõe sobre multas nos casos de utilização diversa da prevista na legislação das contas correntes de depósitos beneficiárias da alíquota 0 (zero), bem como da inobservância de normas baixadas pelo BACEN que resultem na falta de cobrança do CPMF devida.

a) câmaras e prestadoras de serviços de compensação e de liquidação de que trata o parágrafo único do art. 2º da Lei nº 10.214, de 27 de março de 2001;

b) companhias securitizadoras de que trata a Lei nº 9.514, de 20 de novembro de 1997;

c) sociedades anônimas que tenham por objeto exclusivo a aquisição de créditos oriundos de operações praticadas no mercado financeiro;

▶ Art. 2º, § 3º, da Lei nº 10.892, de 13-7-2004, que altera os arts. 8º e 16 da Lei nº 9.311, de 24-10-1996, que institui a Contribuição Provisória sobre Movimentação ou Transmissão de Valores e de Créditos e Direitos de Natureza Financeira – CPMF.

II – em contas correntes de depósito, relativos a:

a) operações de compra e venda de ações, realizadas em recintos ou sistemas de negociação de bolsas de valores e no mercado de balcão organizado;
b) contratos referenciados em ações ou índices de ações, em suas diversas modalidades, negociados em bolsas de valores, de mercadorias e de futuros;

III – em contas de investidores estrangeiros, relativos a entradas no País e a remessas para o exterior de recursos financeiros empregados, exclusivamente, em operações e contratos referidos no inciso II deste artigo.

§ 1º O Poder Executivo disciplinará o disposto neste artigo no prazo de trinta dias da data de publicação desta Emenda Constitucional.

§ 2º O disposto no inciso I deste artigo aplica-se somente às operações relacionadas em ato do Poder Executivo, dentre aquelas que constituam o objeto social das referidas entidades.

§ 3º O disposto no inciso II deste artigo aplica-se somente a operações e contratos efetuados por intermédio de instituições financeiras, sociedades corretoras de títulos e valores mobiliários, sociedades distribuidoras de títulos e valores mobiliários e sociedades corretoras de mercadorias.

▶ Art. 85 acrescido pela EC nº 37, de 12-6-2002.

Art. 86. Serão pagos conforme disposto no art. 100 da Constituição Federal, não se lhes aplicando a regra de parcelamento estabelecida no *caput* do art. 78 deste Ato das Disposições Constitucionais Transitórias, os débitos da Fazenda Federal, Estadual, Distrital ou Municipal oriundos de sentenças transitadas em julgado, que preencham, cumulativamente, as seguintes condições:

I – ter sido objeto de emissão de precatórios judiciários;

▶ Res. do CNJ nº 92, de 13-10-2009, dispõe sobre a Gestão de Precatórios no âmbito do Poder Judiciário.

II – ter sido definidos como de pequeno valor pela lei de que trata o § 3º do art. 100 da Constituição Federal ou pelo art. 87 deste Ato das Disposições Constitucionais Transitórias;
III – estar, total ou parcialmente, pendentes de pagamento na data da publicação desta Emenda Constitucional.

§ 1º Os débitos a que se refere o *caput* deste artigo, ou os respectivos saldos, serão pagos na ordem cronológica de apresentação dos respectivos precatórios, com precedência sobre os de maior valor.

▶ Res. do CNJ nº 92, de 13-10-2009, dispõe sobre a Gestão de Precatórios no âmbito do Poder Judiciário.

§ 2º Os débitos a que se refere o *caput* deste artigo, se ainda não tiverem sido objeto de pagamento parcial, nos termos do art. 78 deste Ato das Disposições Constitucionais Transitórias, poderão ser pagos em duas parcelas anuais, se assim dispuser a lei.

§ 3º Observada a ordem cronológica de sua apresentação, os débitos de natureza alimentícia previstos neste artigo terão precedência para pagamento sobre todos os demais.

▶ Art. 86 acrescido pela EC nº 37, de 12-6-2002.

Art. 87. Para efeito do que dispõem o § 3º do art. 100 da Constituição Federal e o art. 78 deste Ato das Disposições Constitucionais Transitórias serão considerados de pequeno valor, até que se dê a publicação oficial das respectivas leis definidoras pelos entes da Federação, observado o disposto no § 4º do art. 100 da Constituição Federal, os débitos ou obrigações consignados em precatório judiciário, que tenham valor igual ou inferior a:

I – quarenta salários mínimos, perante a Fazenda dos Estados e do Distrito Federal;
II – trinta salários mínimos, perante a Fazenda dos Municípios.

Parágrafo único. Se o valor da execução ultrapassar o estabelecido neste artigo, o pagamento far-se-á, sempre, por meio de precatório, sendo facultada à parte exequente a renúncia ao crédito do valor excedente, para que possa optar pelo pagamento do saldo sem o precatório, da forma prevista no § 3º do art. 100.

▶ Art. 87 acrescido pela EC nº 37, de 12-6-2002.
▶ Res. do CNJ nº 92, de 13-10-2009, dispõe sobre a Gestão de Precatórios no âmbito do Poder Judiciário.

Art. 88. Enquanto lei complementar não disciplinar o disposto nos incisos I e III do § 3º do art. 156 da Constituição Federal, o imposto a que se refere o inciso III do *caput* do mesmo artigo:

I – terá alíquota mínima de dois por cento, exceto para os serviços a que se referem os itens 32, 33 e 34 da Lista de Serviços anexa ao Decreto-Lei nº 406, de 31 de dezembro de 1968;
II – não será objeto de concessão de isenções, incentivos e benefícios fiscais, que resulte, direta ou indiretamente, na redução da alíquota mínima estabelecida no inciso I.

▶ Art. 88 acrescido pela EC nº 37, de 12-6-2002.

Art. 89. Os integrantes da carreira policial militar e os servidores municipais do ex-Território Federal de Rondônia, que, comprovadamente, se encontravam no exercício regular de suas funções prestando serviço àquele ex-Território na data em que foi transformado em Estado, bem como os servidores e os policiais militares alcançados pelo disposto no art. 36 da Lei Complementar nº 41, de 22 de dezembro de 1981, e aqueles admitidos regularmente nos quadros do Estado de Rondônia até a data da posse do primeiro Governador eleito, em 15 de março de 1987, constituirão, mediante opção, quadro em extinção da administração federal, assegurados os direitos e as vantagens a eles inerentes, vedado o pagamento, a qualquer título, de diferenças remuneratórias.

▶ *Caput* com a redação dada pela EC nº 60, de 11-11-2009.
▶ Art. 1º da EC nº 60, de 11-11-2009, que veda o pagamento, a qualquer título, em virtude da alteração pela referida Emenda, de ressarcimentos ou indenizações, de qualquer espécie, referentes a períodos anteriores à data de sua publicação (*DOU* de 12-11-2009).

§ 1º Os membros da Polícia Militar continuarão prestando serviços ao Estado de Rondônia, na condição de cedidos, submetidos às corporações da Polícia Militar, observadas as atribuições de função compatíveis com o grau hierárquico.

§ 2º Os servidores a que se refere o *caput* continuarão prestando serviços ao Estado de Rondônia na condição de cedidos, até seu aproveitamento em órgão ou entidade da administração federal direta, autárquica ou fundacional.

▶ §§ 1º e 2º acrescidos pela EC nº 60, de 11-11-2009.

Art. 90. O prazo previsto no *caput* do art. 84 deste Ato das Disposições Constitucionais Transitórias fica prorrogado até 31 de dezembro de 2007.

§ 1º Fica prorrogada, até a data referida no *caput* deste artigo, a vigência da Lei nº 9.311, de 24 de outubro de 1996, e suas alterações.

§ 2º Até a data referida no *caput* deste artigo, a alíquota da contribuição de que trata o art. 84 deste Ato das Disposições Constitucionais Transitórias será de trinta e oito centésimos por cento.

▶ Art. 90 acrescido pela EC nº 42, de 19-12-2003.

Art. 91. A União entregará aos Estados e ao Distrito Federal o montante definido em lei complementar, de acordo com critérios, prazos e condições nela determinados, podendo considerar as exportações para o exterior de produtos primários e semielaborados, a relação entre as exportações e as importações, os créditos decorrentes de aquisições destinadas ao ativo permanente e a efetiva manutenção e aproveitamento do crédito do imposto a que se refere o art. 155, § 2º, X, *a*.

§ 1º Do montante de recursos que cabe a cada Estado, setenta e cinco por cento pertencem ao próprio Estado, e vinte e cinco por cento, aos seus Municípios, distribuídos segundo os critérios a que se refere o art. 158, parágrafo único, da Constituição.

§ 2º A entrega de recursos prevista neste artigo perdurará, conforme definido em lei complementar, até que o imposto a que se refere o art. 155, II, tenha o produto de sua arrecadação destinado predominantemente, em proporção não inferior a oitenta por cento, ao Estado onde ocorrer o consumo das mercadorias, bens ou serviços.

§ 3º Enquanto não for editada a lei complementar de que trata o *caput*, em substituição ao sistema de entrega de recursos nele previsto, permanecerá vigente o sistema de entrega de recursos previsto no art. 31 e Anexo da Lei Complementar nº 87, de 13 de setembro de 1996, com a redação dada pela Lei Complementar nº 115, de 26 de dezembro de 2002.

§ 4º Os Estados e o Distrito Federal deverão apresentar à União, nos termos das instruções baixadas pelo Ministério da Fazenda, as informações relativas ao imposto de que trata o art. 155, II, declaradas pelos contribuintes que realizarem operações ou prestações com destino ao exterior.

▶ Art. 91 acrescido pela EC nº 42, de 19-12-2003.

Art. 92. São acrescidos dez anos ao prazo fixado no art. 40 deste Ato das Disposições Constitucionais Transitórias.

▶ Artigo acrescido pela EC nº 42, de 19-12-2003.

Art. 93. A vigência do disposto no art. 159, III, e § 4º, iniciará somente após a edição da lei de que trata o referido inciso III.

▶ Artigo acrescido pela EC nº 42, de 19-12-2003.

Art. 94. Os regimes especiais de tributação para microempresas e empresas de pequeno porte próprios da União, dos Estados, do Distrito Federal e dos Municípios cessarão a partir da entrada em vigor do regime previsto no art. 146, III, *d*, da Constituição.

▶ Artigo acrescido pela EC nº 42, de 19-12-2003.

Art. 95. Os nascidos no estrangeiro entre 7 de junho de 1994 e a data da promulgação desta Emenda Constitucional, filhos de pai brasileiro ou mãe brasileira, poderão ser registrados em repartição diplomática ou consular brasileira competente ou em ofício de registro, se vierem a residir na República Federativa do Brasil.

▶ Artigo acrescido pela EC nº 54, de 20-9-2007.
▶ Art. 12 desta Constituição.

Art. 96. Ficam convalidados os atos de criação, fusão, incorporação e desmembramento de Municípios, cuja lei tenha sido publicada até 31 de dezembro de 2006, atendidos os requisitos estabelecidos na legislação do respectivo Estado à época de sua criação.

▶ Artigo acrescido pela EC nº 57, de 18-12-2008.

Art. 97. Até que seja editada a Lei Complementar de que trata o § 15 do art. 100 da Constituição Federal, os Estados, o Distrito Federal e os Municípios que, na data de publicação desta Emenda Constitucional, estejam em mora na quitação de precatórios vencidos, relativos às suas administrações direta e indireta, inclusive os emitidos durante o período de vigência do regime especial instituído por este artigo, farão esses pagamentos de acordo com as normas a seguir estabelecidas, sendo inaplicável o disposto no art. 100 desta Constituição Federal, exceto em seus §§ 2º, 3º, 9º, 10, 11, 12, 13 e 14, e sem prejuízo dos acordos de juízos conciliatórios já formalizados na data de promulgação desta Emenda Constitucional.

▶ Art. 3º da EC nº 62, de 9-12-2009, estabelece que a implantação do regime de pagamento criado por este artigo deverá ocorrer no prazo de até 90 (noventa dias), contados da data de sua publicação (*DOU* de 10-12-2009).

§ 1º Os Estados, o Distrito Federal e os Municípios sujeitos ao regime especial de que trata este artigo optarão, por meio de ato do Poder Executivo:

▶ Art. 4º da EC nº 62, de 9-12-2009, que estabelece os casos em que a entidade federativa voltará a observar somente o disposto no art. 100 da CF.

I – pelo depósito em conta especial do valor referido pelo § 2º deste artigo; ou

II – pela adoção do regime especial pelo prazo de até 15 (quinze) anos, caso em que o percentual a ser depositado na conta especial a que se refere o § 2º deste artigo corresponderá, anualmente, ao saldo total dos precatórios devidos, acrescido do índice oficial de remuneração básica da caderneta de poupança e de juros simples no mesmo percentual de juros incidentes sobre a caderneta de poupança para fins de compensação da mora, excluída a incidência de juros compensatórios, diminuído das amortizações e dividido pelo número de anos restantes no regime especial de pagamento.

§ 2º Para saldar os precatórios, vencidos e a vencer, pelo regime especial, os Estados, o Distrito Federal e os Municípios devedores depositarão mensalmente, em conta especial criada para tal fim, 1/12 (um doze avos) do valor calculado percentualmente sobre as respectivas receitas correntes líquidas, apuradas no segundo mês anterior ao mês de pagamento, sendo que esse percentual, calculado no momento de opção pelo regime e mantido fixo até o final do prazo a que se refere o § 14 deste artigo, será:

I – para os Estados e para o Distrito Federal:

a) de, no mínimo, 1,5% (um inteiro e cinco décimos por cento), para os Estados das regiões Norte, Nordeste e Centro-Oeste, além do Distrito Federal, ou cujo estoque de precatórios pendentes das suas administrações direta e indireta corresponder a até 35% (trinta e cinco por cento) do total da receita corrente líquida;
b) de, no mínimo, 2% (dois por cento), para os Estados das regiões Sul e Sudeste, cujo estoque de precatórios pendentes das suas administrações direta e indireta corresponder a mais de 35% (trinta e cinco por cento) da receita corrente líquida;

II – para Municípios:

a) de, no mínimo, 1% (um por cento), para Municípios das regiões Norte, Nordeste e Centro-Oeste, ou cujo estoque de precatórios pendentes das suas administrações direta e indireta corresponder a até 35% (trinta e cinco por cento) da receita corrente líquida;
b) de, no mínimo, 1,5% (um inteiro e cinco décimos por cento), para Municípios das regiões Sul e Sudeste, cujo estoque de precatórios pendentes das suas administrações direta e indireta corresponder a mais de 35 % (trinta e cinco por cento) da receita corrente líquida.

§ 3º Entende-se como receita corrente líquida, para os fins de que trata este artigo, o somatório das receitas tributárias, patrimoniais, industriais, agropecuárias, de contribuições e de serviços, transferências correntes e outras receitas correntes, incluindo as oriundas do § 1º do art. 20 da Constituição Federal, verificado no período compreendido pelo mês de referência e os 11 (onze) meses anteriores, excluídas as duplicidades, e deduzidas:

I – nos Estados, as parcelas entregues aos Municípios por determinação constitucional;
II – nos Estados, no Distrito Federal e nos Municípios, a contribuição dos servidores para custeio do seu sistema de previdência e assistência social e as receitas provenientes da compensação financeira referida no § 9º do art. 201 da Constituição Federal.

§ 4º As contas especiais de que tratam os §§ 1º e 2º serão administradas pelo Tribunal de Justiça local, para pagamento de precatórios expedidos pelos tribunais.

§ 5º Os recursos depositados nas contas especiais de que tratam os §§ 1º e 2º deste artigo não poderão retornar para Estados, Distrito Federal e Municípios devedores.

§ 6º Pelo menos 50% (cinquenta por cento) dos recursos de que tratam os §§ 1º e 2º deste artigo serão utilizados para pagamento de precatórios em ordem cronológica de apresentação, respeitadas as preferências definidas no § 1º, para os requisitórios do mesmo ano e no § 2º do art. 100, para requisitórios de todos os anos.

§ 7º Nos casos em que não se possa estabelecer a precedência cronológica entre 2 (dois) precatórios, pagar-se-á primeiramente o precatório de menor valor.

§ 8º A aplicação dos recursos restantes dependerá de opção a ser exercida por Estados, Distrito Federal e Municípios devedores, por ato do Poder Executivo, obedecendo à seguinte forma, que poderá ser aplicada isoladamente ou simultaneamente:

I – destinados ao pagamento dos precatórios por meio do leilão;
II – destinados a pagamento a vista de precatórios não quitados na forma do § 6º e do inciso I, em ordem única e crescente de valor por precatório;
III – destinados a pagamento por acordo direto com os credores, na forma estabelecida por lei própria da entidade devedora, que poderá prever criação e forma de funcionamento de câmara de conciliação.

§ 9º Os leilões de que trata o inciso I do § 8º deste artigo:

I – serão realizados por meio de sistema eletrônico administrado por entidade autorizada pela Comissão de Valores Mobiliários ou pelo Banco Central do Brasil;
II – admitirão a habilitação de precatórios, ou parcela de cada precatório indicada pelo seu detentor, em relação aos quais não esteja pendente, no âmbito do Poder Judiciário, recurso ou impugnação de qualquer natureza, permitida por iniciativa do Poder Executivo a compensação com débitos líquidos e certos, inscritos ou não em dívida ativa e constituídos contra devedor originário pela Fazenda Pública devedora até a data da expedição do precatório, ressalvados aqueles cuja exigibilidade esteja suspensa nos termos da legislação, ou que já tenham sido objeto de abatimento nos termos do § 9º do art. 100 da Constituição Federal;
III – ocorrerão por meio de oferta pública a todos os credores habilitados pelo respectivo ente federativo devedor;
IV – considerarão automaticamente habilitado o credor que satisfaça o que consta no inciso II;
V – serão realizados tantas vezes quanto necessário em função do valor disponível;
VI – a competição por parcela do valor total ocorrerá a critério do credor, com deságio sobre o valor desta;
VII – ocorrerão na modalidade deságio, associado ao maior volume ofertado cumulado ou não com o maior percentual de deságio, pelo maior percentual de deságio, podendo ser fixado valor máximo por credor, ou por outro critério a ser definido em edital;
VIII – o mecanismo de formação de preço constará nos editais publicados para cada leilão;
IX – a quitação parcial dos precatórios será homologada pelo respectivo Tribunal que o expediu.

§ 10. No caso de não liberação tempestiva dos recursos de que tratam o inciso II do § 1º e os §§ 2º e 6º deste artigo:

I – haverá o sequestro de quantia nas contas de Estados, Distrito Federal e Municípios devedores, por ordem do Presidente do Tribunal referido no § 4º, até o limite do valor não liberado;
II – constituir-se-á, alternativamente, por ordem do Presidente do Tribunal requerido, em favor dos credores de precatórios, contra Estados, Distrito Federal e

Municípios devedores, direito líquido e certo, autoaplicável e independentemente de regulamentação, à compensação automática com débitos líquidos lançados por esta contra aqueles, e, havendo saldo em favor do credor, o valor terá automaticamente poder liberatório do pagamento de tributos de Estados, Distrito Federal e Municípios devedores, até onde se compensarem;

III – o chefe do Poder Executivo responderá na forma da legislação de responsabilidade fiscal e de improbidade administrativa;

IV – enquanto perdurar a omissão, a entidade devedora:

a) não poderá contrair empréstimo externo ou interno;
b) ficará impedida de receber transferências voluntárias;

V – a União reterá os repasses relativos ao Fundo de Participação dos Estados e do Distrito Federal e ao Fundo de Participação dos Municípios, e os depositará nas contas especiais referidas no § 1º, devendo sua utilização obedecer ao que prescreve o § 5º, ambos deste artigo.

§ 11. No caso de precatórios relativos a diversos credores, em litisconsórcio, admite-se o desmembramento do valor, realizado pelo Tribunal de origem do precatório, por credor, e, por este, a habilitação do valor total a que tem direito, não se aplicando, neste caso, a regra do § 3º do art. 100 da Constituição Federal.

§ 12. Se a lei a que se refere o § 4º do art. 100 não estiver publicada em até 180 (cento e oitenta) dias, contados da data de publicação desta Emenda Constitucional, será considerado, para os fins referidos, em relação a Estados, Distrito Federal e Municípios devedores, omissos na regulamentação, o valor de:

I – 40 (quarenta) salários mínimos para Estados e para o Distrito Federal;
II – 30 (trinta) salários mínimos para Municípios.

§ 13. Enquanto Estados, Distrito Federal e Municípios devedores estiverem realizando pagamentos de precatórios pelo regime especial, não poderão sofrer sequestro de valores, exceto no caso de não liberação tempestiva dos recursos de que tratam o inciso II do § 1º e o § 2º deste artigo.

§ 14. O regime especial de pagamento de precatório previsto no inciso I do § 1º vigorará enquanto o valor dos precatórios devidos for superior ao valor dos recursos vinculados, nos termos do § 2º, ambos deste artigo, ou pelo prazo fixo de até 15 (quinze) anos, no caso da opção prevista no inciso II do § 1º.

§ 15. Os precatórios parcelados na forma do art. 33 ou do art. 78 deste Ato das Disposições Constitucionais Transitórias e ainda pendentes de pagamento ingressarão no regime especial com o valor atualizado das parcelas não pagas relativas a cada precatório, bem como o saldo dos acordos judiciais e extrajudiciais.

§ 16. A partir da promulgação desta Emenda Constitucional, a atualização de valores de requisitórios, até o efetivo pagamento, independentemente de sua natureza, será feita pelo índice oficial de remuneração básica da caderneta de poupança, e, para fins de compensação da mora, incidirão juros simples no mesmo percentual de juros incidentes sobre a caderneta de poupança, ficando excluída a incidência de juros compensatórios.

§ 17. O valor que exceder o limite previsto no § 2º do art. 100 da Constituição Federal será pago, durante a vigência do regime especial, na forma prevista nos §§ 6º e 7º ou nos incisos I, II e III do § 8º deste artigo, devendo os valores dispendidos para o atendimento do disposto no § 2º do art. 100 da Constituição Federal serem computados para efeito do § 6º deste artigo.

§ 18. Durante a vigência do regime especial a que se refere este artigo, gozarão também da preferência a que se refere o § 6º os titulares originais de precatórios que tenham completado 60 (sessenta) anos de idade até a data da promulgação desta Emenda Constitucional.

▶ Art. 97 acrescido pela EC nº 62, de 9-12-2009.

Brasília, 5 de outubro de 1988.

Ulysses Guimarães – Presidente,
Mauro Benevides – 1º Vice-Presidente,
Jorge Arbage – 2º Vice-Presidente,
Marcelo Cordeiro – 1º Secretário,
Mário Maia – 2º Secretário,
Arnaldo Faria de Sá – 3º Secretário,
Benedita da Silva – 1º Suplente de Secretário,
Luiz Soyer – 2º Suplente de Secretário,
Sotero Cunha – 3º Suplente de Secretário,
Bernardo Cabral – Relator Geral,
Adolfo Oliveira – Relator Adjunto,
Antônio Carlos Konder Reis – Relator Adjunto,
José Fogaça – Relator Adjunto.

Índice Alfabético-Remissivo da Constituição da República Federativa do Brasil e de suas Disposições Transitórias

A

ABASTECIMENTO ALIMENTAR: art. 23, VIII, CF

ABUSO DE PODER
- concessão de *habeas corpus*: art. 5º, LXVIII, CF; Súms. 693 a 695, STF
- concessão de mandado de segurança: art. 5º, LXIX, CF; Súm. 632, STF
- direito de petição: art. 5º, XXXIV, a, CF; Súm. Vinc. 21, STF; Súm. 373, STJ

ABUSO DE PRERROGATIVAS: art. 55, § 1º, CF

ABUSO DO DIREITO DE GREVE: art. 9º, § 2º, CF

ABUSO DO EXERCÍCIO DE FUNÇÃO: art. 14, § 9º, *in fine*, CF; Súm. 13, TSE

ABUSO DO PODER ECONÔMICO: art. 173, § 4º, CF; Súm. 646, STF

AÇÃO CIVIL PÚBLICA: art. 129, III e § 1º, CF; Súm. 643, STF; Súm. 329, STJ

AÇÃO DE GRUPOS ARMADOS CONTRA O ESTADO: art. 5º, XLIV, CF

AÇÃO DE *HABEAS CORPUS*: art. 5º, LXXVII, CF

AÇÃO DE *HABEAS DATA*: art. 5º, LXXVII, CF

AÇÃO DE IMPUGNAÇÃO DE MANDATO ELETIVO: art. 14, §§ 10 e 11, CF

AÇÃO DECLARATÓRIA DE CONSTITUCIONALIDADE (ADECON)
- eficácia de decisões definitivas de mérito proferidas pelo STF: art. 102, § 2º, CF
- legitimação ativa: art. 103, CF
- processo e julgamento: art. 102, I, a, CF; Súms. 642 e 735, STF

AÇÃO DIRETA DE INCONSTITUCIONALIDADE (ADIN)
- audiência prévia do Procurador-Geral da República: art. 103, § 1º, CF
- citação prévia do Advogado-Geral da União: art. 103, § 3º, CF
- competência do STF: art. 102, I, a, CF; Súms. 642 e 735, STF
- legitimação ativa: arts. 103 e 129, IV, CF
- omissão de medida: art. 103, § 2º, CF
- processo e julgamento l: art. 102, I, a, CF; Súms. 642 e 735, STF
- recurso extraordinário: art. 102, III, CF
- suspensão da execução de lei: art. 52, X, CF

AÇÃO PENAL: art. 37, § 4º, CF

AÇÃO PENAL PRIVADA: art. 5º, LIX, CF

AÇÃO PENAL PÚBLICA: art. 129, I, CF; Súm. 234, STJ

AÇÃO POPULAR: art. 5º, LXXIII, CF

AÇÃO PÚBLICA: art. 5º, LIX, CF

AÇÃO RESCISÓRIA
- competência originária; STF: art. 102, I, j, CF
- competência originária; STJ: art. 105, I, e, CF
- competência originária; TRF: art. 108, I, b, CF
- de decisões anteriores à promulgação da CF: art. 27, § 10, ADCT; Súms. 38, 104, 147 e 165, STJ

ACESSO À CULTURA, À EDUCAÇÃO E À CIÊNCIA: art. 23, V, CF

ACESSO À INFORMAÇÃO: art. 5º, XIV, CF

ACIDENTES DO TRABALHO
- cobertura pela previdência social: art. 201, I e § 10, CF
- seguro: art. 7º, XXVIII, CF; Súm. Vinc. 22, STF

AÇÕES TRABALHISTAS: arts. 7º, XXIX, e 114, CF; Súm. Vinc. 22, STF; Súm. 349, STF; Súms. 308, 392 e 409, TST

ACORDOS COLETIVOS DE TRABALHO: art. 7º, XXVI, CF

ACORDOS INTERNACIONAIS: arts. 49, I, e 84, VIII, CF

ACRE: art. 12, § 5º, ADCT

ADICIONAIS: art. 17, ADCT

ADICIONAL DE REMUNERAÇÃO: art. 7º, XXIII, CF; Súm. Vinc. 4, STF

ADMINISTRAÇÃO PÚBLICA: arts. 37 a 43, CF; Súm. Vinc. 13, STF
- acumulação de cargos públicos: art. 37, XVI e XVII, CF
- aposentadoria de servidor; casos: art. 40, § 1º, CF; Súm. 726, STF
- atos; fiscalização e controle: art. 49, X, CF
- cargo em comissão: art. 37, II, *in fine*, e V, CF; Súm. 685, STF; Súms. 331 e 363, TST
- cômputo de tempo de serviço: art. 40, § 9º, CF
- concurso público: art. 37, II, III e IV, CF; Súm. 685, STF; Súm. 363, TST
- contas: art. 71, CF
- contratação de servidores por prazo determinado: art. 37, IX, CF
- controle interno: art. 74, CF
- despesas com pessoal: art. 169; art. 38, par. ún., ADCT
- empresa pública: art. 37, XIX, CF
- estabilidade de servidores: art. 41, CF; Súm. 390, TST
- extinção de cargo: art. 41, § 3º, CF
- federal: arts. 84, VI, a, e 87, par. ún., e 165, §§ 1º e 2º, CF
- função de confiança: art. 37, V e XVII, CF
- gestão da documentação governamental: art. 216, § 2º, CF
- gestão financeira e patrimonial: art. 165, § 9º, CF; art. 35, § 2º, ADCT
- improbidade administrativa: art. 37, § 4º, CF
- incentivos regionais: art. 43, § 2º, CF
- militares: art. 42, CF
- Ministérios e órgãos: arts. 48, XI, 61, § 1º, II, e, CF
- pessoas jurídicas; responsabilidade: art. 37, § 6º, CF
- princípios: art. 37, CF; Súm. Vinc. 13, STF
- profissionais de saúde: art. 17, § 2º, ADCT
- publicidade: art. 37, § 1º, CF
- regiões: art. 43, CF
- reintegração de servidor estável: art. 41, § 2º, CF
- remuneração de servidores: art. 37, X, CF
- servidor público: arts. 38 a 41, CF; Súm. 390, TST
- sindicalização de servidores públicos: art. 37, VI, CF
- tributárias: arts. 37, XXII, 52, XV, e 167, IV, CF
- vencimentos: art. 37, XII e XIII, CF

ADOÇÃO: art. 227, §§ 5º e 6º, CF

ADOLESCENTE: art. 227, CF
- assistência social: art. 203, I e II, CF
- imputabilidade penal: art. 228, CF
- proteção: art. 24, XV, CF

ADVOCACIA E DEFENSORIA PÚBLICA: arts. 133 a 135, CF; Súm. 421, STJ; Súms. 219 e 329, TST

ADVOCACIA-GERAL DA UNIÃO
- *vide* ADVOCACIA PÚBLICA
- defesa de ato ou texto impugnado em ação de inconstitucionalidade: art. 103, § 3º, CF
- organização e funcionamento: art. 29, § 1º, ADCT
- Procuradores da República: art. 29, § 2º, ADCT

ADVOCACIA PÚBLICA: arts. 131 e 132, CF
- *vide* ADVOGADO-GERAL DA UNIÃO
- crimes de responsabilidade: art. 52, II, CF
- organização e funcionamento: art. 29, *caput*, e § 1º, ADCT

ADVOGADO
- assistência ao preso: art. 5º, LXIII, CF
- composição STJ: art. 104, par. ún., II, CF
- composição STM: art. 123, par. ún., I, CF

- composição TREs: art. 120, § 1º, III, CF
- composição TRF: arts. 94 e 107, I, CF
- composição Tribunais do DF, dos Estados e dos Territórios: art. 94, CF
- composição TSE: art. 119, II, CF
- composição TST: art. 111-A, I, CF
- inviolabilidade de seus atos e manifestações: art. 133, CF
- necessidade na administração da Justiça: art. 133, CF
- OAB; proposição de ADIN e ADECON: art. 103, VII, CF

ADVOGADO-GERAL DA UNIÃO
- vide ADVOCACIA PÚBLICA
- citação prévia pelo STF: art. 103, § 3º, CF
- crimes de responsabilidade: art. 52, II, CF
- estabilidade: art. 132, par. ún., CF
- ingresso na carreira: art. 131, § 2º, CF
- nomeação: arts. 84, XVI, e 131, § 1º, CF

AEROPORTOS: art. 21, XII, c, CF

AGÊNCIAS FINANCEIRAS OFICIAIS DE FOMENTO: art. 165, § 2º, CF

AGROPECUÁRIA: art. 23, VIII, CF

AGROTÓXICOS: art. 220, § 4º, CF; e art. 65, ADCT

ÁGUAS
- vide RECURSOS HÍDRICOS
- bens dos Estados: art. 26, I a III, CF
- competência privativa da União: art. 22, IV, CF
- fiscalização: art. 200, VI, CF

ÁLCOOL CARBURANTE: art. 238, CF

ALIENAÇÕES: art. 37, XXI, CF

ALIMENTAÇÃO
- vide ALIMENTOS
- abastecimento: art. 23, VIII, CF
- direito social: art. 6º, CF
- fiscalização: art. 200, VI, CF
- programas suplementares: art. 212, § 4º, CF

ALIMENTOS
- pagamento por precatórios: art. 100, caput, e §§ 1º e 2º, CF; Súm. 655, STF; Súm. 144, STJ
- prisão civil: art. 5º, LXVII, CF; Súm. Vinc. 25, STF; Súms. 280 e 419, STJ

ALÍQUOTAS: art. 153, § 1º, CF

ALISTAMENTO ELEITORAL: art. 14, §§ 1º e 2º e 3º, III, CF

AMAMENTAÇÃO: art. 5º, L, CF

AMAPÁ: art. 14, ADCT

AMAZÔNIA LEGAL: art. 12, ADCT

AMEAÇA A DIREITO: art. 5º, XXXV, CF

AMÉRICA LATINA: art. 4º, par. ún., CF

AMPLA DEFESA: art. 5º, LV, CF; Súms. Vincs. 3, 5, 14, 21 e 24, STF; Súms. 701, 704, 705, 707 e 712, STF; Súms. 196, 312 e 373, STJ

ANALFABETISMO: art. 214, I, CF; e art. 60, § 6º, ADCT

ANALFABETO
- alistamento e voto: art. 14, § 1º, II, a, CF
- inelegibilidade: art. 14, § 4º, CF

ANISTIA
- competência da União: art. 21, XVII, CF
- concessão: art. 48, VIII, CF
- fiscal: art. 150, § 6º, CF
- punidos por razões políticas: arts. 8º e 9º, ADCT; Súm. 674, STF

APOSENTADO SINDICALIZADO: art. 8º, VII, CF

APOSENTADORIA
- cálculo do benefício: art. 201, CF
- contagem recíproca do tempo de contribuição: art. 201, § 9º, CF
- direito social: art. 7º, XXIV, CF
- ex-combatente: art. 53, V, ADCT
- homem e da mulher: art. 201, § 7º, CF

- juízes togados; art. 21, par. ún., ADCT
- magistrado: art. 93, VI e VIII, CF
- percepção simultânea de proventos: art. 37, § 10, CF
- professores: arts. 40, § 5º, e 201, § 8º, CF; Súm. 726, STF
- proporcional: arts. 3º e 9º da EC no 20/1998
- proventos em desacordo com a CF: art. 17, ADCT
- requisitos e critérios diferenciados; vedação: art. 40, § 4º, CF; Súm. 680, STF
- servidor público: art. 40, CF
- tempo de contribuição: art. 201, §§ 7º a 9º, CF
- trabalhadores rurais: art. 201, § 7º, II, CF

APRENDIZ: art. 7º, XXXIII, CF

ARGUIÇÃO DE DESCUMPRIMENTO DE PRECEITO FUNDAMENTAL (ADPF): art. 102, § 1º, CF

ASILO POLÍTICO: art. 4º, X, CF

ASSEMBLEIA ESTADUAL CONSTITUINTE
- elaboração da Constituição Estadual: art. 11, ADCT
- Tocantins: art. 13, §§ 2º e 5º, ADCT

ASSEMBLEIAS LEGISLATIVAS
- ADIN: art. 103, IV, CF
- competência: art. 27, § 3º, CF
- composição: arts. 27, caput, e 235, I, CF
- elaboração da Constituição Estadual: art. 11, ADCT
- emendas à CF Federal: art. 60, III, CF
- incorporação de Estados: art. 48, VI, CF
- intervenção estadual: art. 36, §§ 1º a 3º, CF

ASSISTÊNCIA
- desamparados: art. 6º, CF
- filhos e dependentes do trabalhador: art. 7º, XXV, CF
- gratuita dever do Estado: art. 5º, CF
- jurídica: arts. 5º, LXXIV, 24, XIII, e 227, § 3º, VI, CF
- médica; ex-combatente: art. 53, IV, ADCT
- pública: arts. 23, II, e 245, CF
- religiosa: art. 5º, VII, CF
- saúde: art. 212, § 4º, CF
- social: arts. 150, VI, c, 203 e 204, CF

ASSOCIAÇÃO
- apoio e estímulo: art. 174, § 2º, CF
- atividade garimpeira: arts. 21, XXV, e 174, §§ 3º e 4º, CF
- colônias de pescadores: art. 8º, par. ún., CF
- compulsória: art. 5º, XX, CF
- criação: art. 5º, XVIII, CF
- denúncia: art. 74, § 2º, CF
- desportiva: art. 217, I, CF
- dissolução: art. 5º, XIX, CF
- filiados: art. 5º, XXI, CF
- fiscalização: art. 5º, XXVIII, b, CF
- mandado de segurança coletivo: art. 5º, LXX, b, CF; Súm. 629, STF
- paramilitar: art. 5º, XVII, CF
- profissional: art. 8º, CF
- sindicatos rurais: art. 8º, par. ún., CF

ASSOCIAÇÃO PROFISSIONAL OU SINDICAL: art. 8º, CF; Súm. 4, STJ
- filiados: art. 5º, XXI, CF
- sindical de servidor público civil: art. 37, VI, CF
- sindical de servidor público militar: art. 142, § 3º, IV, CF

ATIVIDADE
- desportiva: art. 5º, XXVIII, a, in fine, CF
- econômica: arts. 170 a 181, CF
- essencial: art. 9º, § 1º, CF
- exclusiva do Estado: art. 247, CF
- garimpeira associação: arts. 21, XXV, e 174, §§ 3º e 4º, CF
- insalubre: art. 7º, XXIII, CF
- intelectual: art. 5º, IX, CF
- nociva ao interesse nacional: art. 12, § 4º, I, CF
- notarial e de registro: art. 236, CF
- nuclear: arts. 21, XXIII, 22, XXVI, 49, XIV, 177, V, e 225, § 6º, CF
- penosa: art. 7º, XXIII, CF
- perigosa: art. 7º, XXIII, CF

ATO
- administrativo: art. 103-A, § 3º, CF
- governo local: art. 105, III, b, CF
- internacional: arts. 49, I, e 84, VIII, CF
- jurídico perfeito: art. 5º, XXXVI, CF; Súms. Vincs. 1 e 9, STF; Súm. 654, STF
- mero expediente: art. 93, XIV, CF
- normativo: arts. 49, V, e 102, I, a, CF
- processual: art. 5º, LX, CF
- remoção: art. 93, VIII e VIII-A, CF

B

BANCO CENTRAL: art. 164, CF
- Presidente e diretores: arts. 52, III, d, e 84, XIV, CF

BANDEIRA NACIONAL: art. 13, § 1º, CF

BANIMENTO: art. 5º, XLVII, d, CF

BENEFÍCIOS PREVIDENCIÁRIOS
- vide PREVIDÊNCIA SOCIAL
- contribuintes: art. 201, CF
- fundos: art. 250, CF
- irredutibilidade de seu valor: art. 194, par. ún., IV, CF
- limites: art. 248, CF

BENS
- competência para legislar sobre responsabilidade por dano: art. 24, VIII, CF
- confisco: art. 243, par. ún., CF
- Distrito Federal: art. 16, § 3º, ADCT
- Estados federados: art. 26, CF
- estrangeiros: art. 5º, XXXI, CF
- indisponibilidade: art. 37, § 4º, CF
- limitações ao tráfego: art. 150, V, CF
- móveis e imóveis: arts. 155, § 1º, I e II, e 156, II e § 2º, CF; Súm. 656, STF
- ocupação e uso temporário: art. 136, § 1º, II, CF
- perda: art. 5º, XLV, e XLVI, b, CF
- privação: art. 5º, LIV, CF
- requisição: art. 139, VII, CF
- União: arts. 20, 48, V, e 176, caput, CF
- valor artístico: arts. 23, III, IV, e 24, VIII, CF
- valor: art. 24, VIII, CF

BRASILEIRO: art. 12, CF
- adoção por estrangeiros: art. 227, § 5º, CF
- cargos, empregos e funções públicas: art. 37, I, CF; Súm. 686, STF; Súm. 266, STJ
- direitos fundamentais: art. 5º, CF; Súm. 683, STF
- Ministro de Estado: art. 87, CF
- nascidos no estrangeiro: art. 12, I, b e c, CF
- recursos minerais e energia hidráulica: art. 176, § 1º, CF

BRASILEIRO NATO
- caracterização: art. 12, I, CF
- cargos privativos: art. 12, § 3º, CF
- Conselho da República: art. 89, VII, CF
- distinção: art. 12, § 2º, CF
- perda da nacionalidade: art. 12, § 4º, CF
- propriedade de empresas jornalísticas: art. 222, § 2º, CF

BRASILEIRO NATURALIZADO
- cancelamento de naturalização: art. 15, I, CF
- caracterização: art. 12, II, CF
- distinção: art. 12, § 2º, CF
- extradição: art. 5º, LI, CF
- perda da nacionalidade: art. 12, § 4º, CF
- propriedade de empresa jornalística: art. 222, § 2º, CF

C

CALAMIDADE PÚBLICA
- empréstimo compulsório: art. 148, I, CF
- estado de defesa: art. 136, § 1º, II, CF
- planejamento e promoção da defesa: art. 21, XVIII, CF

CÂMARA DOS DEPUTADOS
- acusação contra o Presidente da República: art. 86, caput, CF
- ADECON: art. 103, III, CF
- ADIN: art. 103, III, CF
- cargo privativo de brasileiro nato: art. 12, § 3º, II, CF
- CPI: art. 58, § 3º, CF
- comissões permanentes e temporárias: art. 58, CF
- competência privativa: arts. 51 e 68, § 1º, CF
- composição: art. 45, CF
- Congresso Nacional: art. 44, caput, CF
- Conselho da República: art. 89, II, IV e VII, CF
- Conselho de Defesa Nacional: art. 91, II, CF
- despesa: art. 63, II, CF
- emenda constitucional: art. 60, I, CF
- emendas em projetos de lei: art. 64, § 3º, CF
- estado de sítio: art. 53, § 8º, CF
- exercício da Presidência da República: art. 80, CF
- informações a servidores públicos: art. 50, § 2º, CF
- iniciativa de leis: art. 61, CF
- irredutibilidade da representação dos Estados e do DF na: art. 4º, § 2º, ADCT
- legislatura: art. 44, par. ún., CF
- licença prévia a Deputados: art. 53, § 7º, CF
- Mesa; CF: art. 58, § 1º, CF
- Ministros de Estado: art. 50, CF
- projetos de lei: art. 64, CF
- quorum: art. 47, CF
- reunião em sessão conjunta com o Senado Federal: art. 57, § 3º, CF

CÂMARA LEGISLATIVA: art. 32, CF; art. 16, §§ 1º e 2º, ADCT

CÂMARA MUNICIPAL
- composição: art. 29, IV, CF
- controle externo: art. 31, §§ 1º e 2º, CF
- despesas: art. 29-A, CF
- funções legislativas e fiscalizadoras: art. 29, XI, CF
- iniciativa de lei: art. 29, V, CF
- lei orgânica: art. 11, par. ún., ADCT
- plano diretor: art. 182, § 1º, CF
- quorum: art. 29, caput, CF
- subsídios dos Vereadores: art. 29, VI, CF

CAPITAL
- estrangeiro: arts. 172 e 199, § 3º, CF
- social de empresa jornalística ou de radiodifusão: art. 222, §§ 1º, 2º e 4º, CF

CAPITAL FEDERAL: art. 18, § 1º, CF

CARGOS PRIVATIVOS DE BRASILEIROS NATOS: art. 12, § 3º, CF

CARGOS PÚBLICOS
- acesso por concurso: art. 37, I a IV, e § 2º, CF; Súm. 266, STJ; Súm. 363, TST
- acumulação: art. 37, XVI e XVII, CF; art. 17, §§ 1º e 2º, ADCT
- comissão: art. 37, V, CF
- criação, transformação e extinção: arts. 48, X, 61, § 1º, II, a, e 96, II, b, CF
- deficiência física: art. 37, VIII, CF; Súm. 377, STJ
- estabilidade: art. 41, CF, art. 19, ADCT; Súm. 390, TST
- Estado: art. 235, X, CF
- extinção: art. 41, § 3º, CF
- federais: art. 84, XXV, CF
- perda: arts. 41, § 1º, e 247, CF
- Poder Judiciário: art. 96, I, c e e, CF
- subsídios: art. 37, X e XI, CF

CARTAS ROGATÓRIAS: arts. 105, I, i, e 109, X, CF
- inadmissibilidade: art. 5º, IX, CF
- proibição: art. 220, caput e § 2º, CF

CIDADANIA
- atos necessários ao exercício: art. 5º, LXXVII, CF
- competência privativa da União para legislar: arts. 22, XIII, e 68, § 1º, II, CF
- fundamento da República Federativa do Brasil: art. 1º, II, CF
- mandado de injunção: art. 5º, LXXI, CF

CIDADÃO
- direito a um exemplar da CF: art. 64, ADCT

- direito de denúncia: art. 74, § 2º, CF
- iniciativa de leis: art. 61, *caput* e § 2º, CF

COISA JULGADA: art. 5º, XXXVI, CF; Súm. 315, TST

COMANDANTES DA MARINHA, EXÉRCITO E AERONÁUTICA
- Conselho de Defesa Nacional: art. 91, VIII, CF
- crimes comuns e de responsabilidade: art. 102, I, c, CF
- crimes conexos: art. 52, I, CF
- mandados de segurança, *habeas data* e *habeas corpus*: art. 105, I, *b* e c, CF

COMBUSTÍVEIS
- imposto municipal: art. 34, § 7º, ADCT
- tributos: art. 155, XII, *h*, e §§ 3º a 5º, CF; Súm. 659, STF
- venda e revenda: art. 238, CF

COMÉRCIO EXTERIOR
- competência privativa da União: art. 22, VIII, CF
- fiscalização e controle: art. 237, CF

COMÉRCIO INTERESTADUAL: art. 22, VIII, CF

COMISSÃO DE ESTUDOS TERRITORIAIS: art. 12, ADCT

COMISSÃO DO CONGRESSO NACIONAL
- competência: art. 58, § 2º, CF
- constituição: art. 58, *caput* e § 1º, CF
- mistas: arts. 26 e 51, ADCT
- mista permanente orçamentária: arts. 72 e 166, §§ 1º a 5º, CF
- parlamentares de inquérito (CPI): art. 58, § 3º, CF
- representativa durante o recesso: art. 58, § 4º, CF

COMISSÃO ESPECIAL
- mista; instalação pelo Congresso Nacional: art. 7º, da EC nº 45/2004
- mista do Congresso Nacional: art. 72; art. 51, ADCT

COMISSÃO INTERNA DE PREVENÇÃO DE ACIDENTES: art. 10, II, *a*, ADCT

COMPENSAÇÃO DE HORÁRIOS DE TRABALHO: art. 7º, XIII, CF

COMPETÊNCIA
- comum da União, dos Estados, do DF e dos Municípios: art. 23, CF
- concorrente: art. 24, CF
- Congresso Nacional: arts. 48 e 49, CF
- Conselho da República: art. 90, CF
- Conselho de Defesa Nacional: art. 91, CF
- Conselho Nacional de Justiça: art. 103-B, § 4º, CF
- Conselho Nacional do Ministério Público: art. 130-A, § 2º, CF
- DF: art. 32, § 1º, CF; Súm. 642, STF
- Júri: art. 5º, XXXVIII, *d*, CF; Súm. 721, STF
- juízes federais: art. 109, CF; Súms. 32, 66, 82, 150, 173, 324, 349 e 365, STJ
- Justiça do Trabalho: art. 114, CF; Súm. Vinc. 22, STF; Súms. 349 e 736, STF; Súms. 57, 97, 180, STJ; Súm. 392, TST
- Justiça Federal: art. 27, § 10, ADCT; Súms. 38, 104, 147 e 165, STJ
- Justiça Militar: art. 124, CF
- Justiça Militar estadual: art. 125, § 4º, CF; Súm. 90, STJ
- Municípios: art. 30, CF
- Municípios; interesse local: art. 30, I, CF; Súm. 645, STF
- privativa da Câmara dos Deputados: art. 51, CF
- privativa da União: art. 22, CF
- privativa do Presidente da República: art. 84, CF
- privativa do Senado Federal: art. 52, CF
- privativa dos Tribunais: art. 96, CF
- STJ: art. 105, CF
- STF: art. 102, CF; art. 27, § 10, ADCT
- STF até a instalação do STJ: art. 27, § 1º, ADCT
- TCU: art. 71, CF
- Tribunais Estaduais: art. 125, § 1º, CF; art. 70, ADCT; Súms. 104 e 137, STJ
- Tribunais Federais: art. 27, § 10, ADCT; Súms. 32, 66, 147, 150 e 165, STJ
- TRE: art. 121, CF
- TRF: art. 108, CF
- União: arts. 21 e 184, CF

COMUNICAÇÃO: arts. 220 a 224, CF
- *vide* ORDEM SOCIAL
- impostos sobre prestações de serviços: art. 155, II, e § 2º, CF; Súm. 662, STF; Súm. 334, STJ
- propaganda comercial: art. 220, § 4º, CF, art. 65, ADCT
- serviço de radiodifusão: arts. 49, XII, e 223, CF
- sigilo: arts. 5º, XII, 136, § 1º, I, c, e 139, III, CF

CONCESSÃO DE ASILO POLÍTICO: art. 4º, X, CF

CONCUBINATO
- *vide* UNIÃO ESTÁVEL

CONCURSO PÚBLICO
- ingresso na atividade notarial e de registro: art. 236, § 3º, CF
- ingresso no magistério público: art. 206, V, CF
- ingresso no Poder Judiciário: art. 96, I, e, CF
- investidura em cargo ou emprego público; exigência: art. 37, II, e § 2º, CF; Súm. 685, STF; Súm. 363, TST
- prazo de convocação dos aprovados: art. 37, IV, CF
- prazo de validade: art. 37, III, CF

CONGRESSO NACIONAL: arts. 44 a 50, CF
- apresentação de estudos territoriais: art. 12, § 1º, ADCT
- CDC: art. 48, ADCT
- comissões de estudos territoriais: art. 12, ADCT
- comissões permanentes: art. 58, CF
- competência assinalada pela CF; revogação: art. 25, II, ADCT
- compromisso de seus membros: art. 1º, ADCT
- Conselho de Comunicação Social: art. 224, CF
- convocação extraordinária: arts. 57, § 6º, 136, § 5º, e 138, § 2º, CF
- CPI: art. 58, § 3º, CF
- doações: art. 51, ADCT
- estado de defesa: art. 136, § 5º, e 140, CF
- estado de sítio: art. 138, § 3º e 140, CF
- fiscalização pelo Congresso Nacional: art. 70, CF
- fundos existentes: art. 36, ADCT
- intervenção federal: art. 36, §§ 2º e 3º, CF
- irregularidades; apuração: art. 26, § 2º, ADCT
- membros: art. 102, I, *b* e 1º, ADCT
- posse de seus membros: art. 57, § 4º, CF
- presidência da mesa: art. 57, § 5º, CF
- projetos de lei: art. 59, ADCT
- recesso: art. 58, § 4º, CF
- representação partidária: art. 58, § 1º, CF
- reuniões: art. 57, CF
- revisão constitucional: art. 3º, ADCT
- Senado Federal; convocação de Ministro de estado: art. 50, §§ 1º e 2º, CF
- sessão extraordinária: art. 57, § 7º, CF

CONSELHO DA JUSTIÇA FEDERAL: art. 105, par. ún., CF

CONSELHO DA REPÚBLICA
- convocação e presidência: art. 84, XVIII, CF
- eleição de membros: arts. 51, V, e 52, XIV, CF
- estado de defesa: arts. 90, I, e 136, *caput*, CF
- estado de sítio: arts. 90, I, e 137, *caput*, CF
- intervenção federal: art. 90, I, CF
- membros: arts. 51, V, 89 e 84, XVII, CF

CONSELHO DE DEFESA NACIONAL
- convocação e presidência: art. 84, XVIII, CF
- estado de defesa: art. 91, § 1º, II, CF
- estado de sítio: arts. 91, § 1º, II, e 137, *caput*, CF
- função: art. 91, *caput*, CF
- intervenção federal: art. 91, § 1º, II, CF
- membros: art. 91, CF
- organização e funcionamento: art. 91, § 2º, CF

CONSELHO FEDERAL DA OAB: art. 103, VII, CF

CONSELHO NACIONAL DE JUSTIÇA: art. 103-B, CF
- ação contra: art. 102, I, *r*, CF
- órgãos do Poder Judiciário: art. 92, CF

CONSELHO NACIONAL DO MINISTÉRIO PÚBLICO: art. 130-A, CF

CONSELHO SUPERIOR DA JUSTIÇA DO TRABALHO: art. 111-A, § 2º, II, CF

- prazo de instalação: art. 6º, da EC nº 45/2004

CONSÓRCIOS: art. 22, XX, CF; Súm. Vinc. 2, STF

CONSULTORIA JURÍDICA DOS MINISTÉRIOS: art. 29, ADCT

CONSUMIDOR
- Código de Defesa: art. 5º, XXXII, CF; e art. 48, ADCT
- dano: art. 24, VIII, CF
- defesa da ordem econômica: art. 170, V, CF; Súm. 646, STF

CONTAS DO PRESIDENTE DA REPÚBLICA: art. 49, IX, CF

CONTRABANDO: art. 144, II, CF

CONTRADITÓRIO: art. 5º, LV, CF; Súms. Vincs. 5 e 21, STF; Súms. 701, 704 e 712, STF; Súms. 196, 312 e 373, STJ

CONTRATAÇÃO
- licitação: art. 37, XXI, CF; Súm. 333, STJ
- normas gerais: art. 22, XXVII, CF
- servidores por tempo determinado: art. 37, IX, CF

CONTRIBUIÇÃO
- compulsória: art. 240, CF
- interesse das categorias profissionais ou econômicas: art. 149, CF
- intervenção no domínio econômico: arts. 149, 159, III, e 177, § 4º, CF
- melhoria: art. 145, III, CF
- previdenciária: art. 249, CF
- provisória: art.75, ADCT
- sindical: art. 8º, IV, CF; Súm. 666, STF; Súm. 396, STJ
- sobre a movimentação ou transmissão de créditos: arts. 74, 75, 80, I, 84 e 85, ADCT
- social: arts. 114, § 3º, 149, 167, XI, 195, CF; art. 34, § 1º, ADCT
- social da União: art. 76, ADCT
- social do salário-educação: art. 212, § 5º, CF; art. 76, § 2º, ADCT; Súm. 732, STF
- subsídio: art. 150, § 6º, CF

CONTRIBUINTE
- capacidade econômica: art. 145, § 1º, CF; Súms. 656 e 668, STF
- definição: art. 155, § 2º, XII, a, CF
- exame das contas do Município: art. 31, § 3º, CF
- tratamento desigual: art. 150, II, CF

CONTROLE EXTERNO
- apoio: art. 74, IV, CF
- competência do Congresso Nacional: art. 71, CF
- Municipal: art. 31, CF

CONTROLE INTERNO
- finalidade: art. 74, CF
- Municipal: art. 31, CF

CONVENÇÕES E ACORDOS COLETIVOS DE TRABALHO: art. 7º, XXVI, CF

CONVENÇÕES INTERNACIONAIS: arts. 49, I, e 84, VIII, CF

CONVÊNIOS DE COOPERAÇÃO: art. 241, CF

CONVICÇÃO FILOSÓFICA OU POLÍTICA: arts. 5º, VIII, e 143, § 1º, CF

COOPERAÇÃO ENTRE OS POVOS: art. 4º, IX, CF

COOPERATIVAS
- atividade garimpeira: arts. 21, XXV, e 174, §§ 3º e 4º, CF
- criação na forma da lei: art. 5º, XVIII, CF
- crédito: art. 192, CF
- estímulo: art. 174, § 2º, CF
- política agrícola: art. 187, VI, CF

CORPO DE BOMBEIROS MILITAR
- competência: arts. 22, XXI, e 144, § 5º, CF
- Distrito Federal: arts. 21, XIV, e 32, § 4º, CF
- organização: art. 42, CF
- órgão da segurança pública: art. 144, V, CF
- subordinação: art. 144, § 6º, CF

CORREÇÃO MONETÁRIA: arts. 46 e 47, ADCT; Súm. 304, TST

CORREIO AÉREO NACIONAL: art. 21, X, CF

CORRESPONDÊNCIA: arts. 5º, XII, 136, § 1º, I, b, e 139, III, CF

CRECHES
- assistência gratuita: art. 7º, XXV, CF
- garantia: art. 208, IV, CF

CRÉDITO(S)
- adicionais: art. 166, caput, CF
- competência privativa da União: art. 22, VII, CF
- controle: art. 74, III, CF
- externo e interno: art. 52, VII e VIII, CF
- extraordinário: art. 167, §§ 2º e 3º, CF
- ilimitados: art. 167, VII, CF
- operações: art. 21, VIII, CF
- pagamentos por precatórios: art. 100, CF; Súm. 655, STF; Súm. 144, STJ
- suplementar ou especial: arts. 165, § 8º, 166, § 8º, 167, III, V, e § 2º, e 168, CF
- União: art. 163, VII, CF
- União e Estados: art. 160, par. ún., I, CF

CRENÇA RELIGIOSA
- liberdade: art. 5º, VI e VII, CF
- restrições de direitos: art. 5º, VIII, CF
- serviço militar: art. 143, § 1º, CF

CRIANÇA: arts. 203, 227 a 229, CF

CRIME(S)
- ação pública: art. 5º, LIX, CF
- cometidos a bordo de navios ou aeronaves: art. 109, IX, CF
- comuns: arts. 86, 105, I, a, 108, I, a, CF
- contra o Estado: art. 136, § 3º, I, CF
- contra o sistema financeiro nacional: art. 109, VI, CF
- dolosos contra a vida: art. 5º, XXXVIII, d, CF; Súm. 721, STF
- hediondos: art. 5º, XLIII, CF
- inafiançável; cometido por Senador ou Deputado: arts. 5º, XLII, XLIV, 53, §§ 2º a 4º, CF
- inexistência de: art. 5º, XXXIX, CF
- ingresso ou permanência irregular de estrangeiro: art. 109, X, CF
- militar: arts. 5º, LXI, 124 e 125, § 4º, CF
- político: arts. 5º, LII, 102, II, b, e 109, IV, CF
- previstos em tratado internacional: art. 109, V, CF
- retenção dolosa de salário: art. 7º, X, CF

CRIME DE RESPONSABILIDADE
- acusação pela Câmara dos Deputados: art. 86, caput e § 1º, II, CF
- competência privativa do Senado Federal: arts. 52, I e par. ún., e 86, CF
- definição em lei especial: art. 85, par. ún., CF; Súm. 722, STF
- desembargadores (TJ/TCE/TRF/TRE/TRT), membros (TCM/MPU): art. 105, I, a, CF
- juízes federais/MPU: art. 108, I, a, CF
- Ministros Estado, Comandantes (Mar./Exérc./Aeron.), membros (Tribunais Superiores/TCU), chefes de missão diplomática: art. 102, I, c, CF
- Ministros Estado: art. 50, CF
- Ministros do STF/PGR/AGU: art. 52, II e par. ún., CF
- Presidente da República: arts. 85 e 86, § 1º, II, CF
- Presidente do Tribunal: art. 100, § 7º, CF
- prisão: art. 86, § 3º, CF

CULTOS RELIGIOSOS
- liberdade de exercício: art. 5º, VI, CF
- limitações constitucionais: art. 19, I, CF

CULTURA(S)
- vide ORDEM SOCIAL
- acesso: art. 23, V, CF
- afro-brasileiras: art. 215, § 1º, CF
- bens de valor cultural: arts. 23, III e IV, e 30, IX, CF
- competência legislativa: art. 24, VII, VIII e IX, CF
- garantia do Estado: art. 215, CF
- ilegais: art. 243, CF
- incentivos: art. 216, § 3º, CF
- indígenas: art. 215, § 1º, CF
- patrimônio cultural: arts. 5º, LXXIII, e 216, CF
- quilombos: art. 216, § 5º, CF

CUSTAS JUDICIAIS
- competência: art. 24, IV, CF

- emolumentos: art. 98, § 2º, CF
- isenção: art. 5º, LXXIII, *in fine*, CF
- vedação: art. 95, par. ún., II, CF

D

DANO
- material, moral ou à imagem: art. 5º, V e X, CF; Súm. Vinc. 11, STF; Súms. 37, 227, 362 e 403, STJ
- meio ambiente: art. 225, § 3º, CF
- moral ou patrimonial: art. 114, VI, CF; Súms. 362 e 376, STJ
- nucleares: art. 21, XXIII, c, CF
- patrimônio cultural: art. 216, § 4º, CF
- reparação: art. 5º, XLV, CF
- responsabilidade: art. 37, § 6º, CF

DATAS COMEMORATIVAS: art. 215, § 2º, CF

DÉBITOS
- Fazenda Federal, Estadual ou Municipal: art. 100, CF; Súm. 655, STF; Súms. 144 e 339, STJ
- natureza alimentícia: art. 100, §§ 1º e 2º, CF
- previdenciários de Estados e Municípios: art. 57, ADCT
- seguridade social: art. 195, § 3º, CF

DÉCIMO TERCEIRO SALÁRIO: arts. 7º, VIII, e 201, § 6º, CF; Súm. 688, STF; Súm. 349, STJ

DECISÃO JUDICIAL: arts. 34, VI, 35, IV, e 36, II, e § 3º, CF; Súm. 637, STF

DECLARAÇÃO DE GUERRA: art. 21, II, CF

DECORO PARLAMENTAR: art. 55, II, e §§ 1º e 2º, CF

DECRETO
- Dec.-leis: art. 25, § 1º, ADCT
- estado de defesa: art. 136, § 1º, CF
- estado de sítio: art. 138, CF
- regulamentadores: art. 84, IV, CF
- legislativo: art. 59, VI, CF

DEFENSORES PÚBLICOS: art. 22, ADCT

DEFENSORIA PÚBLICA: arts. 133 a 135, CF; Súm. 329, TST
- competência: art. 24, XIII, CF
- dos Territórios: arts. 21, XIII, e 22, XVII, CF
- DF e dos Territórios: arts. 21, XIII, e 22, XVII, CF
- iniciativa de lei: arts. 61, § 1º, II, d, e 134, § 1º, CF; Súm. 421, STJ
- opção pela carreira: art. 22, ADCT
- organização nos Estados: art. 134, § 1º, CF; Súm. 421, STJ
- União e dos Territórios: art. 48, IX, CF

DEFESA
- ampla: art. 5º, LV, CF; Súms. Vincs. 5, 21 e 24, STF; Súms. 701, 704 e 712, STF; Súms. 196, 312 e 373, STJ
- civil: art. 144, § 5º, CF
- consumidor: arts. 5º, XXXII, 170, V, CF; e art. 48, ADCT; Súm. 646, STF
- direitos: art. 5º, XXXIV, CF
- júri: art. 5º, XXXVIII, a, CF
- Ministro de Estado: art. 12, § 3º, VII, CF
- nacional: art. 21, III, CF
- pátria: art. 142, *caput*, CF
- paz: art. 4º, VI, CF
- solo: art. 24, VI, CF
- territorial: art. 22, XXVIII, CF

DEFESA DO ESTADO E DAS INSTITUIÇÕES DEMOCRÁTICAS: arts. 136 a 144, CF

DEFICIENTES
- acesso a edifícios públicos e transportes coletivos: art. 227, § 2º, CF
- adaptação de logradouros e veículos de transporte coletivo: art. 244, CF
- cargos e empregos públicos: art. 37, VIII, CF; Súm. 377, STJ
- criação de programas de prevenção e atendimento: art. 227, § 1º, II, CF
- discriminação: art. 7º, XXXI, CF
- educação: art. 208, III, CF
- habilitação e reabilitação: art. 203, IV e V, CF

- integração social: art. 227, § 1º, II, CF
- proteção e garantia: art. 23, II, CF
- proteção e integração social: art. 24, XIV, CF
- salário mínimo garantido: art. 203, V, CF

DELEGAÇÃO LEGISLATIVA: art. 68, CF

DELEGADOS DE POLÍCIA: art. 144, § 4º, CF

DEMARCAÇÃO DE TERRAS: art. 12 e §§, ADCT

DENÚNCIA DE IRREGULARIDADES: art. 74, § 2º, CF

DEPARTAMENTO DE POLÍCIA FEDERAL: art. 54, § 2º, ADCT

DEPOSITÁRIO INFIEL: art. 5º, LXVII, CF; Súm. Vinc. 25, STF; Súms. 280 e 419, STJ

DEPUTADOS DISTRITAIS
- eleição: art. 32, § 2º, CF
- idade mínima: art. 14, § 3º, VI, c, CF
- número: art. 32, § 3º, CF

DEPUTADOS ESTADUAIS: art. 27, CF
- *vide* ASSEMBLEIAS LEGISLATIVAS
- idade mínima: art. 14, § 3º, VI, c, CF
- servidor público: art. 38, I, CF

DEPUTADOS FEDERAIS
- *vide* CÂMARA DOS DEPUTADOS e CONGRESSO NACIONAL
- decoro parlamentar: art. 55, II, e §§ 1º e 2º, CF
- duração do mandato: art. 44, par. ún., CF
- idade mínima: art. 14, § 3º, VI, c, CF
- imunidades: arts. 53 e 139, par. ún., CF
- incorporação às Forças Armadas: art. 53, § 7º, CF
- inviolabilidade: art. 53, CF
- julgamento perante o STF: arts. 53, § 1º, e 102, I, b, d e q, CF
- perda de mandato: arts. 55 e 56, CF
- prisão: art. 53, § 2º, CF
- restrições: art. 54, CF
- servidor público: art. 38, I, CF
- sistema eleitoral: art. 45, *caput*, CF
- subsídio: art. 49, VII, CF
- suplente: art. 56, § 1º, CF
- sustação do andamento da ação: art. 53, §§ 3ª a 5º, CF
- testemunho: art. 53, § 6º, CF
- vacância: art. 56, § 2º, CF

DESAPROPRIAÇÃO
- competência: art. 22, II, CF
- glebas com culturas ilegais de plantas psicotrópicas: art. 243, CF
- imóveis urbanos: arts. 182, §§ 3º e 4º, III, e 183, CF
- interesse social: arts. 184 e 185, CF
- necessidade, utilidade pública ou interesse social: art. 5º, XXIV, CF
- requisitos: art. 5º, XXIV, CF

DESCUMPRIMENTO DE PRECEITO FUNDAMENTAL: art. 102, § 1º, CF

DESENVOLVIMENTO
- científico e tecnológico: arts. 200, V, e 218, CF
- cultural e socioeconômico: art. 219, CF
- econômico e social: art. 21, IX, CF
- equilíbrio: art. 23, par. ún., CF
- nacional: arts. 3º, II, 48, IV, 58, § 2º, VI, e 174, § 1º, CF
- regional: arts. 43 e 151, I, CF
- urbano: arts. 21, XX, e 182, CF

DESIGUALDADES SOCIAIS E REGIONAIS: arts. 3º, III, e 170, VII, CF

DESPEDIDA SEM JUSTA CAUSA
- *vide* DISPENSA SEM JUSTA CAUSA

DESPESAS
- aumento: art. 63, CF
- excedam os créditos orçamentários: art. 167, II, CF
- extraordinárias: art. 148, CF
- ilegalidade: art. 71, VIII, CF
- não autorizadas: art. 72, CF
- pessoal: arts. 167, X, 169, e § 1º, I, CF; e art. 38, ADCT
- Poder Legislativo Municipal: art. 29-A, CF
- União: art. 39, ADCT

- vinculação de receita de impostos: art. 167, IV, CF

DESPORTO
- *vide* ORDEM SOCIAL
- competência: art. 24, IX, CF
- fomento pelo Estado: art. 217, CF
- imagem e voz humanas: art. 5º, XXVIII, a, CF

DIPLOMATAS
- brasileiro nato: art. 12, § 3º, V, CF
- chefes de missão diplomática: art. 52, IV, CF
- infrações penais: art. 102, I, c, CF

DIREITO
- adquirido: art. 5º, XXXVI, CF; Súms. Vincs. 1 e 9, STF; Súm. 654, STF
- aeronáutico: art. 22, I, CF
- agrário: art. 22, I, CF
- associação: art. 5º, XVII a XXI, CF
- autoral: art. 5º, XXVII e XXVIII, CF; Súm. 386, STF
- civil: art. 22, I, CF
- comercial: art. 22, I, CF
- disposições transitórias: art. 10, ADCT
- econômico: art. 24, I, CF
- eleitoral: arts. 22, I, e 68, § 1º, II, CF
- espacial: art. 22, I, CF
- Estado Democrático de: art. 1º, *caput*, CF
- financeiro: art. 24, I, CF
- fundamentais: arts. 5º a 17, CF
- greve; arts. 9º e 37, VII, CF
- herança; garantia do direito respectivo: art. 5º, XXX, CF
- humanos: arts. 4º, II, 109, § 5º, CF; art. 7º, ADCT
- igualdade: art. 5º, *caput*, e I, CF
- lesão ou ameaça: art. 5º, XXXV, CF
- líquido e certo: art. 5º, LXIX, CF
- marítimo: art. 22, I, CF
- penal: art. 22, I, CF
- penitenciário: art. 24, I, CF
- petição: art. 5º, XXXIV, a, CF; Súm. Vinc. 21, STF; Súm. 373, STJ
- políticos: arts. 14 a 16, CF
- políticos; cassação; condenação criminal: art. 15, III, CF; Súm. 9, TSE
- preso: art. 5º, LXII, LXIII e LXIV, CF
- processual: art. 22, I, CF
- propriedade: art. 5º, XXII, CF; e art. 68, ADCT
- resposta: art. 5º, V, CF
- reunião: arts. 5º, XVI, e 136, § 1º, I, a, CF
- servidores públicos inativos: art. 20, ADCT
- sociais: arts. 6º a 11, CF
- suspensão ou interdição: art. 5º, XLVI, e, CF
- trabalhadores urbanos e rurais: art. 7º, CF
- trabalho: art. 22, I, CF
- tributário: art. 24, I, CF
- urbanístico: art. 24, I, CF

DIRETRIZES E BASES DA EDUCAÇÃO NACIONAL: art. 22, XXIV, CF

DIRETRIZES ORÇAMENTÁRIAS
- atribuição ao Congresso Nacional: art. 48, II, CF
- projetos de lei: art. 166, CF
- seguridade social: art. 195, § 2º, CF
- União: art. 35, § 2º, II, ADCT

DISCIPLINA PARTIDÁRIA: art. 17, § 1º, *in fine*, CF

DISCRIMINAÇÃO
- punição: art. 5º, XLI, CF
- vedação: art. 3º, IV, CF

DISPENSA DE EMPREGADO SINDICALIZADO: art. 8º, VIII, CF

DISPENSA SEM JUSTA CAUSA
- empregada gestante: art. 10, II, *b*, ADCT
- empregado eleito para cargo de CIPA: art. 10, II, a, ADCT; Súm. 339, TST
- proibição: art. 10, II, ADCT
- proteção contra: art. 7º, I, CF

DISPOSIÇÕES CONSTITUCIONAIS GERAIS: arts. 234 a 250, CF

DISSÍDIOS COLETIVOS E INDIVIDUAIS: art. 114, CF

DISTINÇÕES HONORÍFICAS: art. 84, XXI, CF

DISTRITO FEDERAL: art. 32, CF
- aposentadorias e pensões: art. 249, CF
- autonomia: art. 18, *caput*, CF
- bens: art. 16, § 3º, ADCT
- Câmara Legislativa: art. 16, § 1º, ADCT
- competência comum: art. 23, CF
- competência legislativa: art. 24, CF
- conflitos com a União: art. 102, I, f, CF
- contribuição: art. 149, § 1º, CF
- Defensoria Pública: arts. 22, XVII, e 48, IX, CF
- Deputados distritais: art. 45, CF
- despesa com pessoal: art. 169, CF; art. 38, ADCT
- disponibilidades de caixa: art. 164, § 3º
- dívida consolidada: art. 52, VI, CF
- dívida mobiliária: art. 52, IX, CF
- eleição: art. 32, § 2º, CF
- empresas de pequeno porte: art. 179, CF
- ensino: arts. 212 e 218, § 5º, CF
- fiscalização: arts. 75, *caput*, CF; e 16, § 2º, ADCT
- Fundo de Participação: art. 34, § 2º, ADCT
- fundos; aposentadorias e pensões: art. 249, CF
- Governador e Deputados distritais: art. 14, § 3º, VI, b e c, CF
- Governador e Vice-Governador: art. 16, *caput*, ADCT
- impostos: arts. 147 e 155, CF
- intervenção da União: art. 34, CF
- lei orgânica: art. 32, *caput*, CF
- limitações: art. 19, CF
- litígio com Estado estrangeiro ou organismo internacional: art. 102, I, e, CF
- microempresas: art. 179, CF
- Ministério Público: arts. 22, XVII, 48, IX, e 128, I, d, CF
- operações de crédito externo e interno: art. 52, VII, CF
- pesquisa científica e tecnológica: art. 218, § 5º, CF
- petróleo ou gás natural: art. 20, § 1º, CF
- Polícias Civil e Militar e Corpo de Bombeiros Militar: art. 32, § 4º, CF
- princípios: art. 37, CF; Súm. Vinc. 13, STF
- receitas tributárias: arts. 153, § 5º, I, e 157 a 162, CF
- representação judicial e consultoria jurídica: art. 132, CF
- representação na Câmara dos Deputados: art. 4º, § 2º, ADCT
- representação no Senado Federal: art. 46, CF
- Senadores distritais: art. 46, § 1º, CF
- símbolos: art. 13, § 2º, CF
- sistema de ensino: art. 211, CF
- sistema tributário nacional: art. 34, § 3º, ADCT
- sistema único de saúde: art. 198, §§ 1º a 3º, CF
- TCU: art. 73, *caput*, CF
- tributos: arts. 145, 150 e 152, CF
- turismo: art. 180, CF

DIVERSÕES E ESPETÁCULOS PÚBLICOS
- classificação: art. 21, XVI, CF
- lei federal: art. 220, § 3º, I, CF

DÍVIDA AGRÁRIA: art. 184, § 4º, CF

DÍVIDA MOBILIÁRIA
- atribuição ao Congresso Nacional: art. 48, XIV, CF
- limites globais: art. 52, IX, CF

DÍVIDA PÚBLICA
- atribuição ao Congresso Nacional: art. 48, II, CF
- externa e interna: arts. 163, II, e 234, CF
- externa do Brasil: art. 26, ADCT
- limites globais: art. 52, VI, CF
- pagamento: arts. 34, V, a, e 35, I, CF
- títulos: art. 163, IV, CF
- tributação da renda das obrigações da: art. 151, II, CF

DIVÓRCIO: art. 226, § 6º, CF

DOMICÍLIO: art. 6º, CF
- busca e apreensão: art. 139, V, CF
- eleitoral na circunscrição: art. 14, § 3º, IV, CF; art. 5º, § 1º, ADCT

E

ECLESIÁSTICOS: art. 143, § 2º, CF

ECONOMIA POPULAR: art. 173, § 5º, CF

EDUCAÇÃO
- arts. 205 a 214, CF
- vide ENSINO e ORDEM SOCIAL
- acesso à: art. 23, V, CF
- alimentação: art. 212, § 4º, CF
- ambiental: art. 225, § 1º, VI, CF
- atividades universitárias: art. 213, § 2º, CF
- autonomia das universidades: art. 207, CF
- bolsas de estudo: art. 213, § 1º, CF
- competência: art. 24, IX, CF
- custeio: art. 71, ADCT
- deficiente: art. 208, III, CF
- dever do Estado: arts. 205, caput, e 208, CF
- direito de todos: art. 205, caput, CF
- direito social: art. 6º, CF
- ensino obrigatório e gratuito: art. 208, §§ 1º e 2º, CF
- ensino religioso: art. 210, § 1º, CF
- escolas filantrópicas: art. 213, CF; art. 61, ADCT
- escolas públicas: art. 213, CF
- garantia de acesso do trabalhador adolescente e jovem à escola: art. 227, § 3º, III, CF
- garantias: art. 208, CF
- impostos: art. 150, VI, c, e § 4º, CF; Súm. 724, STF
- iniciativa privada: art. 209, CF
- municípios: arts. 30, VI, e 211, § 2º, CF
- nacional: art. 22, XXIV, CF
- plano nacional; distribuição de recursos: arts. 212, § 3º, e 214, CF
- princípios: art. 206, CF
- promoção e incentivo: art. 205, caput, CF
- recursos públicos: arts. 212 e 213, CF
- sistemas de ensino: art. 211, CF

ELEIÇÃO
- alistamento eleitoral: art. 14, §§ 1º e 2º, CF
- Câmara Territorial: art. 33, § 3º, CF
- condições de elegibilidade: art. 14, §§ 3º a 8º, CF
- Deputados Federais: art. 45, CF
- exigibilidade: art. 5º, § 1º, ADCT
- Governadores, Vice-Governadores e Deputados Estaduais e Distritais: arts. 28 e 32, § 2º, CF
- inaplicabilidades: art. 5º, ADCT
- inelegibilidade: art. 5º, § 5º, ADCT
- inelegíveis: art. 14, §§ 4º, 7º e 9º, CF; Súm. Vinc. 18, STF; Súm. 13, TSE
- Prefeito; Vice-Prefeito e Vereadores: art. 29, CF
- Presidente da República: art. 4º, § 1º, ADCT
- Presidente e Vice-Presidente da República: art. 77, CF
- processo eleitoral: art. 16, CF
- Senadores: art. 46, CF
- voto direto e secreto: art. 14, caput, CF

EMENDAS À CF: arts. 59, I, e 60, CF
- deliberação: art. 60, §§ 4º e 5º, CF
- iniciativa: art. 60, CF
- intervenção federal, estado de defesa ou estado de sítio: art. 60, § 1º, CF
- promulgação: art. 60, § 3º, CF
- rejeição: art. 60, § 5º, CF
- votação e requisito de aprovação: art. 60, § 2º, CF

EMIGRAÇÃO: art. 22, XV, CF

EMPREGADORES
- participação nos colegiados dos órgãos públicos: art. 10, CF
- rurais: art. 10, § 3º, ADCT

EMPREGADOS
- vide TRABALHADOR

EMPREGO
- gestante: art. 7º, XVIII, CF; art. 10, II, b, ADCT
- pleno: art. 170, VIII, CF
- proteção: art. 7º, I, CF
- sistema nacional de: art. 22, XVI, CF

EMPREGOS PÚBLICOS
- acumulação: art. 37, XVI e XVII, CF; art. 17, §§ 1º e 2º, ADCT
- concurso: art. 37, I a IV, e § 2º, CF; Súm. 266, STJ; Súm. 363, TST
- criação: arts. 48, X, e 61, § 1º, II, a, CF
- deficiência física: art. 37, VIII, CF; Súm. 377, STJ
- subsídios: art. 37, X e XI, CF; Súm. 672, STF

EMPRESA(S)
- apoio e estímulo: art. 218, § 4º, CF
- concessionárias e permissionárias: art. 175, par. ún., I, CF
- gestão: art. 7º, XI, CF
- mais de 200 empregados: art. 11, CF
- pequeno porte e microempresas: arts. 146, III, d, e par. ún., 170, IX, e 179, CF

EMPRESAS ESTATAIS
- exploração: art. 21, XI, CF
- orçamento de investimento: art. 165, § 5º, II, CF

EMPRESA JORNALÍSTICA E DE RADIODIFUSÃO: art. 222, CF

EMPRESAS PÚBLICAS
- compras e alienações: art. 37, XXI, CF; Súm. 333, STJ
- criação: art. 37, XIX e XX, CF
- disponibilidade de caixa: art. 164, § 3º, CF
- estatuto jurídico: art. 173, § 1º
- federais: art. 109, I, CF
- infrações penais: art. 144, § 1º, I, CF
- licitação: art. 22, XXVII, CF
- licitação e contratação de obras, serviços, compras e alienações: art. 173, § 1º, III, CF; Súm. 333, STJ
- orçamento de investimento: art. 165, § 5º, II, CF
- privilégios fiscais: art. 173, § 2º, CF
- relações com o Estado e a sociedade: art. 173, § 3º, CF
- supranacionais: art. 71, V, CF

EMPRÉSTIMO AO TESOURO NACIONAL: art. 164, § 1º, CF

EMPRÉSTIMO COMPULSÓRIO
- Eletrobrás: art. 34, § 12, ADCT
- instituição e finalidades: art. 148, CF
- vigência imediata: art. 34, § 1º, ADCT

ENERGIA
- competência privativa da União: art. 22, IV, CF
- elétrica; ICMS: art. 155, § 3º, CF; e art. 34, § 9º, ADCT
- elétrica; instalações: art. 21, XII, b, CF
- elétrica; participação no resultado da exploração: art. 20, § 1º, CF
- elétrica; terras indígenas: art. 231, § 3º, CF
- hidráulica; bens da União: art. 20, VIII, CF
- hidráulica; exploração: art. 176, CF; e art. 44, ADCT
- nuclear; competência privativa da União: art. 22, XXVI, CF
- nuclear; iniciativas do Poder Executivo: art. 49, XIV, CF
- nuclear; usinas; localização: art. 225, § 6º, CF

ENFITEUSE EM IMÓVEIS URBANOS: art. 49, ADCT

ENSINO
- vide EDUCAÇÃO
- acesso: arts. 206, I, 208, V, e § 1º, CF
- competência concorrente: art. 24, IX, CF
- entidades públicas de fomento: art. 218, § 5º, CF
- fundamental público; salário-educação: art. 212, § 5º, CF; Súm. 732, STF
- fundamental; competência dos Municípios: art. 30, VI, CF
- fundamental; conteúdos: art. 210, caput, CF
- fundamental; língua portuguesa: art. 210, § 2º, CF
- fundamental; obrigatoriedade e gratuidade: art. 208, I, CF
- fundamental; programas suplementares: arts. 208, VII, e 212, § 4º, CF
- fundamental; recenseamento dos educandos: art. 208, § 3º, CF
- gratuidade; estabelecimentos oficiais: art. 206, IV, CF; Súm. Vinc. 12, STF
- História do Brasil: art. 242, § 1º, CF
- iniciativa privada: art. 209, CF
- médio gratuito: art. 208, II, CF
- Municípios; áreas de atuação: art. 211, § 2º, CF

- noturno: art. 208, VI, CF
- obrigatório e gratuito: art. 208, §§ 1º e 2º, CF
- obrigatório; prioridade no atendimento: art. 212, § 3º, CF
- percentuais aplicados pela União: art. 212, CF
- princípios: art. 206, CF
- qualidade; melhoria: art. 214, III, CF
- religioso: art. 210, § 1º, CF
- sistemas: art. 211, CF
- superior: art. 207, CF

ENTORPECENTES E DROGAS AFINS
- dependente; criança e adolescente: art. 227, § 3º, VII, CF
- extradição: art. 5º, LI, CF
- tráfico; confisco de bens: art. 243, par. ún., CF
- tráfico; crime inafiançável: art. 5º, XLIII, CF
- tráfico; prevenção: art. 144, § 1º, II, CF

ESTADO DE DEFESA
- apreciação; Congresso Nacional: art. 136, §§ 4º a 7º, CF
- aprovação; Congresso Nacional: art. 49, IV, CF
- cabimento: art. 136, *caput*, CF
- calamidade pública: art. 136, § 1º, II, CF
- cessação dos efeitos: art. 141, CF
- Conselho da República: arts. 90, I, e 136, *caput*, CF
- Conselho de Defesa Nacional: arts. 91, § 1º, II, e 136, *caput*, CF
- decretação: arts. 21, V, e 84, IX, CF
- decreto; conteúdo: art. 136, § 1º, CF
- disposições gerais: arts. 140 e 141, CF
- duração e abrangência territorial: art. 136, §§ 1º e 2º, CF
- emendas à CF na vigência de; vedação: art. 60, § 1º, CF
- fiscalização da execução: art. 140, CF
- medidas coercitivas: art. 136, §§ 1º e 3º, CF
- prisão ou detenção: art. 136, § 3º, CF
- pronunciamento: art. 90, I, CF
- suspensão: art. 49, IV, CF

ESTADO DEMOCRÁTICO DE DIREITO: art. 1º, *caput*, CF

ESTADO DE SÍTIO: arts. 137 a 139, CF
- cabimento: art. 137, CF
- cessação dos efeitos: art. 141, CF
- Congresso Nacional; apreciação: art. 138, §§ 2º e 3º, CF
- Congresso Nacional; aprovação: art. 49, IV, CF
- Congresso Nacional; suspensão: art. 49, IV, CF
- Conselho da República e Conselho de Defesa Nacional: arts. 90, I, 91, § 1º, II, e 137, *caput*, CF
- decretação: arts. 21, V, 84, IX, e 137, *caput*, CF
- decreto; conteúdo: art. 138, CF
- disposições gerais: arts. 140 e 141, CF
- duração máxima: art. 138, § 1º, CF
- emendas à CF; vedação: art. 60, § 1º, CF
- fiscalização da execução: art. 140, CF
- imunidades; Deputados e Senadores: art. 53, § 8º, CF
- medidas coercitivas: arts. 138, § 3º, e 139, CF
- pronunciamento de parlamentares: art. 139, par. ún., CF
- prorrogação: arts. 137, par. ún., e 138, § 1º, CF

ESTADO ESTRANGEIRO
- cartas rogatórias: arts. 105, I, *i*, e 109, X, CF
- extradição: art. 102, I, *g*, CF
- litígio com os entes federados: art. 102, I, e, CF
- litígio com pessoa residente ou domiciliada no Brasil: arts. 105, II, c, 109, II, CF
- litígio fundado em tratado ou contrato da União: art. 109, III, CF
- relações: arts. 21, I, e 84, VII, CF

ESTADOS FEDERADOS: arts. 25 a 28, CF
- aposentadorias e pensões: art. 249, CF
- autonomia: arts. 18 e 25, CF
- bens: art. 26, CF
- Câmara dos Deputados; representação: art. 4º, § 2º, ADCT
- competência comum: art. 23, CF
- competência legislativa concorrente: art. 24, CF
- competência legislativa plena: arts. 24, §§ 3º e 4º, CF
- competência legislativa supletiva: art. 24, § 2º, CF
- competência legislativa; questões específicas: art. 22, par. ún., CF
- competência residual: art. 25, § 1º, CF
- competência; Assembleias Legislativas: art. 27, § 3º, CF
- competência; tribunais: art. 125, § 1º, CF
- conflitos com a União: art. 102, I, *f*, CF
- conflitos fundiários: art. 126, CF
- consultoria jurídica: art. 132, CF
- contribuição; regime previdenciário: art. 149, § 1º, CF
- criação: arts. 18, § 3º, e 235, CF
- Deputados Estaduais: art. 27, CF
- desmembramento: arts. 18, § 3º, e 48, VI, CF
- despesa; limite: art. 169, CF; art. 38, ADCT
- disponibilidades de caixa: art. 164, § 3º, CF
- dívida consolidada: art. 52, VI, CF
- dívida mobiliária: art. 52, IX, CF
- empresas de pequeno porte: art. 179, CF
- encargos com pessoal inativo: art. 234, CF
- ensino; aplicação de receita: art. 212, CF
- ensino; vinculação de receita orçamentária: art. 218, § 5º, CF
- fiscalização: art. 75, *caput*, CF
- Fundo de Participação; determinações: art. 34, § 2º, ADCT
- fundos; aposentadorias e pensões: art. 249, CF
- gás canalizado: art. 25, § 2º, CF
- Governador; eleição: art. 28, CF
- Governador; perda do mandato: art. 28, §§ 1º e 2º, CF
- Governador; posse: art. 28, *caput*, CF
- impostos: arts. 155 e 160, CF
- incentivos fiscais; reavaliação: art. 41, ADCT
- inconstitucionalidade de leis: art. 125, § 2º, CF
- incorporação: arts. 18, § 3º, e 48, VI, CF
- iniciativa popular: art. 27, § 4º, CF
- intervenção da União: art. 34, CF
- intervenção nos Municípios: art. 35, CF
- Juizados Especiais; criação: art. 98, I, CF
- Justiça de Paz; criação: art. 98, II, CF
- Justiça Militar estadual: art. 125, §§ 3º e 4º, CF
- limitações: art. 19, CF
- litígio com Estado estrangeiro ou organismo internacional: art. 102, I, e, CF
- microempresas; tratamento diferenciado: art. 179, CF
- microrregiões: art. 25, § 3º, CF
- Ministério Público: art. 128, II, CF
- normas básicas: art. 235, CF
- operações de crédito externo e interno: art. 52, VII, CF
- organização judiciária: art. 125, CF
- pesquisa científica e tecnológica: art. 218, § 5º, CF
- petróleo ou gás natural; exploração: art. 20, § 1º, CF
- precatórios; pagamento: art. 100, CF; Súm. 655, STF; Súms. 144 e 339, STJ
- princípios; administração pública: art. 37, *caput*, CF; Súm. Vinc. 13, STF
- receitas tributárias: arts. 153, § 5º, I, 157, 158, III, IV, e par. ún., e 159 a 162, CF
- reforma administrativa: art. 24, ADCT
- regiões metropolitanas: art. 25, § 3º, CF
- Senado Federal; representação: art. 46, CF
- símbolos: art. 13, § 2º, CF
- sistema de ensino: art. 211, CF
- sistema tributário nacional: art. 34, § 3º, ADCT
- sistema único de saúde (SUS): art. 198, §§ 1º a 3º, CF
- subdivisão; requisitos: arts. 18, § 3º, e 48, VI, CF
- terras em litígio: art. 12, § 2º, ADCT
- Território; reintegração: art. 18, § 2º, CF
- tributos: arts. 145, 150 e 152, CF
- turismo: art. 180, CF

ESTADO-MEMBRO
- Acre: art. 12, § 5º, ADCT
- Amapá: art. 14, ADCT
- Goiás: art. 13, § 7º, ADCT
- Roraima: art. 14, ADCT
- Tocantins: art. 13, ADCT

ESTADO; ORGANIZAÇÃO: arts. 18 a 43, CF
- administração pública: arts. 37 a 43, CF
- Distrito Federal: art. 32, CF
- estados federados: arts. 25 a 28, CF
- intervenção estadual: arts. 35 e 36, CF

- intervenção federal: arts. 34 e 36, CF
- militares: art. 42, CF
- municípios: arts. 29 a 31, CF
- organização político-administrativa: arts. 18 e 19, CF
- regiões: art. 43, CF
- servidores públicos: arts. 39 a 41, CF; Súm. Vinc. 4, STF; Súm. 390, TST
- Territórios: art. 33, CF
- União: arts. 20 a 24, CF

ESTATUTO DA MAGISTRATURA: art. 93, CF

ESTRANGEIROS
- adoção de brasileiro: art. 227, § 5º, CF
- alistamento eleitoral: art. 14, § 2º, CF
- crimes de ingresso ou permanência irregular: art. 109, X, CF
- emigração, imigração, entrada, extradição e expulsão: art. 22, XV, CF
- entrada no país: art. 22, XV, CF
- extradição: art. 5º, LII, CF
- naturalização: art. 12, II, CF
- originários de países de língua portuguesa: art. 12, II, a, CF
- propriedade rural; aquisição: art. 190, CF
- residentes no País: art. 5º, caput, CF
- sucessão de bens: art. 5º, XXXI, CF

EXPULSÃO DE ESTRANGEIROS: art. 22, XV, CF

EXTRADIÇÃO
- brasileiro nato; inadmissibilidade: art. 5º, LI, CF
- brasileiro naturalizado: art. 5º, LI, CF
- estrangeiro: art. 5º, LII, CF
- estrangeiro; competência privativa: art. 22, XV, CF
- solicitada por Estado estrangeiro; competência originária do STF: art. 102, I, g, CF

F

FAIXA DE FRONTEIRA
- vide FRONTEIRA

FAMÍLIA: arts. 226 a 230, CF
- adoção: art. 227, § 5º, CF
- assistência pelo Estado: art. 226, § 8º, CF
- caracterização: art. 226, §§ 3º, 4º e 6º, CF
- casamento: art. 226, §§ 1º e 2º, CF
- dever; criança e adolescente: art. 227, CF
- dever; filhos maiores: art. 229, CF
- dever; idosos: art. 230, CF
- dever; pais: art. 229, CF
- entidade familiar: art. 226, § 4º, CF
- planejamento familiar: art. 226, § 7º, CF
- proteção do Estado: art. 226, caput, CF
- proteção; objetivo da assistência social: art. 203, I, CF
- sociedade conjugal: art. 226, § 5º, CF
- união estável: art. 226, § 3º, CF
- violência; coibição: art. 226, § 8º, CF

FAUNA
- legislação; competência concorrente: art. 24, VI, CF
- preservação; competência comum: art. 23, VII, CF
- proteção: art. 225, § 1º, VII, CF

FAZENDA FEDERAL, ESTADUAL OU MUNICIPAL: art. 100, CF; arts. 33 e 78, ADCT; Súm. 339, STJ

FILHO
- adoção: art. 227, § 6º, CF
- havidos fora do casamento: art. 227, § 6º, CF
- maiores: art. 229, CF
- menores: art. 229, CF
- pai ou mãe brasileiros; nascimento no estrangeiro: art. 90, ADCT

FILIAÇÃO PARTIDÁRIA: arts. 14, § 3º, V, e 142, § 3º, V, CF

FINANÇAS PÚBLICAS: arts. 163 a 169, CF

FLORA
- preservação: art. 23, VII, CF
- proteção: art. 225, § 1º, VII, CF

FLORESTA
- legislação; competência concorrente: art. 24, VI, CF
- preservação; competência comum: art. 23, VII, CF

FORÇAS ARMADAS: arts. 142 e 143, CF
- cargo privativo de brasileiro nato: art. 12, § 3º, VI, CF
- comando supremo: arts. 84, XIII, e 142, caput, CF
- conceito: art. 142, CF
- Deputados e Senadores: art. 53, § 7º, CF
- Deputados Estaduais: art. 27, § 1º, CF
- eclesiásticos; isenção: art. 143, § 2º, CF
- efetivo; fixação e modificação: arts. 48, III, e 61, § 1º, I, CF
- mulheres; isenção: art. 143, § 2º, CF
- obrigatório; serviço militar: art. 143, CF
- punições disciplinares: art. 142, § 2º, CF
- serviço alternativo: art. 143, § 1º, CF

FORÇAS ESTRANGEIRAS: arts. 21, IV, 49, II, e 84, XXII, CF

FORMA DE GOVERNO: art. 1º, CF; art. 2º, ADCT

FORMA FEDERATIVA DE ESTADO: arts. 1º e 60, § 4º, I, CF

FRONTEIRA
- faixa; defesa do Território Nacional: arts. 20, § 2º, e 91, § 1º, III, CF
- pesquisa, lavra e aproveitamento de recursos minerais: art. 176, § 1º, CF

FUNÇÃO SOCIAL
- cidade; política urbana: art. 182, CF
- imóvel rural; desapropriação: arts. 184 e 185, CF
- propriedade rural: art. 186, CF
- propriedade urbana: art. 182, § 2º, CF; Súm. 668, STF
- propriedade; atendimento: art. 5º, XXIII, CF

FUNCIONÁRIOS PÚBLICOS
- vide SERVIDOR PÚBLICO

FUNÇÕES ESSENCIAIS À JUSTIÇA: arts. 127 a 135, CF

FUNÇÕES PÚBLICAS
- acesso a todos os brasileiros: art. 37, I, CF
- acumulação: art. 37, XVI e XVII, CF
- confiança: art. 37, V, CF
- criação: arts. 48, X, e 61, § 1º, II, a, CF
- perda; atos de improbidade: art. 37, § 4º, CF
- subsídios: art. 37, X e XI, CF

FUNDAÇÕES
- compras e alienações: art. 37, XXI, CF
- controle externo: art. 71, II, III e IV, CF
- criação: art. 37, XIX e XX, CF
- dívida pública externa e interna: art. 163, II, CF
- educacionais: art. 61, ADCT
- impostos sobre patrimônio; vedação: art. 150, § 2º, CF
- licitação: art. 22, XXVII, CF
- pessoal: art. 169, § 1º, CF
- pública: art. 37, XIX, CF

FUNDO DE COMBATE E ERRADICAÇÃO DA POBREZA: arts. 79 a 83, ADCT

FUNDO DE ESTABILIZAÇÃO FISCAL: art. 71, § 2º, ADCT

FUNDO DE GARANTIA DO TEMPO DE SERVIÇO: art. 7º, III, CF; e art. 3º, da EC nº 45/2004; Súm. 353, STJ

FUNDO DE PARTICIPAÇÃO DOS ESTADOS E DO DISTRITO FEDERAL
- normas: art. 34, § 2º, ADCT
- repartição das receitas tributárias: arts. 159, I, a, e 161, II, III, e par. ún., CF

FUNDO DE PARTICIPAÇÃO DOS MUNICÍPIOS
- normas: art. 34, § 2º, ADCT
- repartição das receitas tributárias: arts. 159, I, b, e 161, II, III, e par. ún., CF

FUNDO INTEGRADO: art. 250, CF

FUNDO NACIONAL DE SAÚDE: art. 74, § 3º, ADCT

FUNDO PARTIDÁRIO: art. 17, § 3º, CF

FUNDO SOCIAL DE EMERGÊNCIA: arts. 71 a 73, ADCT

G

GARANTIAS DA MAGISTRATURA: arts. 95 e 121, § 1º, CF

GARANTIAS FUNDAMENTAIS: art. 5º, § 1º, CF

GARIMPAGEM
- áreas e condições: art. 21, XXV, CF
- organização em cooperativas: art. 174, §§ 3º e 4º, CF

GÁS
- canalizado: art. 25, § 2º, CF
- importação e exportação: art. 177, III, CF
- participação; resultado da exploração: art. 20, § 1º, CF
- pesquisa e lavra: art. 177, I, e § 1º, CF
- transporte: art. 177, IV, CF

GESTANTE
- dispensa sem justa causa; proibição: art. 10, II, *b*, ADCT
- licença; duração: art. 7º, XVIII, CF
- proteção; previdência social: art. 201, II, CF

GOVERNADOR
- *vide* ESTADOS FEDERADOS e VICE-GOVERNADOR DE ESTADO
- ADIN; legitimidade: art. 103, V, CF
- crimes comuns: art. 105, I, *a*, CF
- eleição: art. 28, *caput*, CF
- *habeas corpus*: art. 105, I, *c*, CF
- idade mínima: art. 14, § 3º, VI, *b*, CF
- inelegibilidade; cônjuge e parentes: art. 14, § 7º, CF; art. 5º, § 5º, ADCT; Súm. Vinc. 18, STF
- mandato; duração: art. 28, *caput*, CF
- mandato; perda: art. 28, § 1º, CF
- mandatos; promulgação da CF: art. 4º, § 3º, ADCT
- posse: art. 28, *caput*, CF
- reeleição: art. 14, § 5º, CF
- subsídios: art. 28, § 2º, CF

GOVERNADOR DE TERRITÓRIO
- aprovação: art. 52, III, *c*, CF
- nomeação: art. 84, XIV, CF

GOVERNADOR DO DISTRITO FEDERAL
- eleição: art. 32, § 2º, CF
- idade mínima: art. 14, § 3º, VI, *b*, CF

GRATIFICAÇÃO NATALINA: arts. 7º, VIII, e 201, § 6º, CF

GREVE
- competência para julgar: art. 114, II, CF; Súm. Vinc. 23, STF
- direito e abusos: art. 9º, CF
- serviços ou atividades essenciais: art. 9º, § 1º, CF
- servidor público: art. 37, VII, CF
- servidor público militar: art. 142, § 3º, IV, CF

GUERRA
- Congresso Nacional; autorização: art. 49, II, CF
- Conselho de Defesa Nacional; opinião: art. 91, § 1º, CF
- declaração; competência: arts. 21, II, e 84, XIX, CF
- estado de sítio: art. 137, II, CF
- impostos extraordinários: art. 154, II, CF
- pena de morte: art. 5º, XLVII, *a*, CF
- requisições; tempo de guerra: art. 22, III, CF

H

HABEAS CORPUS
- competência; juízes federais: art. 109, VII, CF
- competência; STF: art. 102, I, *d* e *i*, e II, *a*, CF; Súm. 691, STF
- competência; STJ: art. 105, I, *c*, e II, *a*, CF
- competência; TRF: art. 108, I, *d*, CF
- concessão: art. 5º, LXVIII, CF
- decisão denegatória proferida por TRE: art. 121, § 4º, V, CF
- gratuidade: art. 5º, LXXVII, CF
- inadmissibilidade; militar: art. 142, § 2º, CF

HABEAS DATA
- competência; juízes federais: art. 109, VIII, CF
- competência; STF: art. 102, I, *d*, e II, *a*, CF
- competência; STJ: art. 105, I, *b*, CF
- competência; TRF: art. 108, I, *c*, CF

- concessão: art. 5º, LXXII, CF
- corretivo: art. 5º, LXXII, *b*, CF
- decisão denegatória do TRE: art. 121, § 4º, V, CF
- direito à informação: art. 5º, XXXIII e LXXII, CF; Súm. Vinc. 14, STF
- gratuidade da ação: art. 5º, LXXVII, CF
- preventivo: art. 5º, LXXII, *a*, CF; Súm. 2, STJ

HABITAÇÃO
- competência comum: art. 23, IX, CF
- diretrizes: art. 21, XX, CF

HERANÇA: art. 5º, XXX, CF

HIGIENE E SEGURANÇA DO TRABALHO: art. 7º, XXII, CF

HORA EXTRA: art. 7º, XVI, CF

I

IDADE: art. 3º, IV, CF

IDENTIFICAÇÃO CRIMINAL: art. 5º, LVIII, CF; Súm. 568, STF

IDOSOS
- amparo; filhos: art. 229, CF
- assistência social: art. 203, I, CF
- direitos: art. 230, CF
- salário mínimo: art. 203, V, CF
- transportes coletivos urbanos; gratuidade: art. 230, § 2º, CF

IGUALDADE
- acesso à escola: art. 206, I, CF
- empregado e trabalhador avulso: art. 7º, XXXIV, CF
- Estados; relações internacionais: art. 4º, V, CF
- homens e mulheres: art. 5º, I, CF
- perante a lei: art. 5º, *caput*, CF

ILEGALIDADE OU ABUSO DE PODER: art. 5º, LXVIII, CF

ILHAS
- fluviais e lacustres: arts. 20, IV, e 26, III, CF
- oceânicas e costeiras: arts. 20, IV, e 26, II, CF

IMIGRAÇÃO: art. 22, XV, CF

IMÓVEIS PÚBLICOS: arts. 183, § 3º, e 191, par. ún., CF

IMÓVEIS RURAIS: arts. 184 e 189, CF

IMÓVEIS URBANOS
- desapropriação: art. 182, §§ 3º e 4º, III, CF
- enfiteuse: art. 49, ADCT

IMPOSTO
- anistia ou remissão: art. 150, § 6º, CF
- capacidade contributiva: art. 145, § 1º, CF; Súms. 656 e 668, STF
- caráter pessoal: art. 145, § 1º, CF
- classificação: art. 145, I, CF
- criação; vigência imediata: art. 34, § 1º, CF
- distribuição da arrecadação; regiões Norte, Nordeste e Centro-Oeste: art. 34, § 1º, ADCT
- Estadual e Distrito Federal: arts. 147 e 155, CF
- imunidades: art. 150, IV, CF
- instituição: art. 145, *caput*, CF
- isenção; crédito presumido: art. 150, § 6º, CF
- limitações; poder de tributar: arts. 150 a 152, CF
- mercadorias e serviços: art. 150, § 5º, CF
- Municipais: art. 156, CF; e art. 34, § 1º, ADCT
- reforma agrária: art. 184, § 5º, CF
- repartição das receitas tributárias: arts. 157 a 162, CF
- serviços; alíquota: art. 86, ADCT
- telecomunicações: art. 155, § 3º, CF; Súm. 659, STF
- União: arts. 153 e 154, CF

IMPOSTOS EXTRAORDINÁRIOS: arts. 150, § 1º, e 154, II, CF

IMPOSTO SOBRE COMBUSTÍVEIS LÍQUIDOS E GASOSOS: art. 155, §§ 3º a 5º, CF; Súm. 659, STF

IMPOSTO SOBRE DIREITOS REAIS EM IMÓVEIS: art. 156, II, CF

IMPOSTO SOBRE DOAÇÕES: art. 155, I, e § 1º, CF

IMPOSTO SOBRE EXPORTAÇÃO
- alíquotas: art. 153, § 1º, CF
- competência: art. 153, II, CF
- limitações ao poder de tributar: art. 150, § 1º, CF

IMPOSTO SOBRE GRANDES FORTUNAS: art. 153, VII, CF

IMPOSTO SOBRE IMPORTAÇÃO
- alíquotas: art. 153, § 1º, CF
- competência: art. 153, I, CF
- limitações ao poder de tributar: art. 150, § 1º, CF

IMPOSTO SOBRE LUBRIFICANTES: art. 155, §§ 3º a 5º, CF; Súm. 659, STF

IMPOSTO SOBRE MINERAIS: art. 155, § 3º, CF; Súm. 659, STF

IMPOSTO SOBRE OPERAÇÕES DE CRÉDITO, CÂMBIO E SEGURO, OU RELATIVAS A TÍTULOS OU VALORES MOBILIÁRIOS
- alíquotas: art. 153, § 1º, CF
- competência: art. 153, V, e § 5º, CF
- limitações ao poder de tributar: art. 150, § 1º, CF

IMPOSTO SOBRE OPERAÇÕES RELATIVAS À CIRCULAÇÃO DE MERCADORIAS E SOBRE PRESTAÇÕES DE SERVIÇOS DE TRANSPORTE INTERESTADUAL E INTERMUNICIPAL E DE COMUNICAÇÃO: art. 155, II, e §§ 2º a 5º, CF; Súm. 662, STF; Súms. 334 e 457, STJ

IMPOSTO SOBRE PRESTAÇÃO DE SERVIÇOS: art. 155, II, CF

IMPOSTO SOBRE PRODUTOS INDUSTRIALIZADOS
- alíquotas: art. 153, § 1º, CF
- competência: art. 153, IV, e § 3º, CF
- limitações ao poder de tributar: art. 150, § 1º, CF
- repartição das receitas tributárias: art. 159, CF

IMPOSTO SOBRE PROPRIEDADE DE VEÍCULOS AUTOMOTORES: art. 155, III e § 6º, CF

IMPOSTO SOBRE PROPRIEDADE PREDIAL E TERRITORIAL URBANA: arts. 156, I, e § 1º, 182, § 4º, II, CF; Súms. 589 e 668, STF; Súm. 399, STJ

IMPOSTO SOBRE PROPRIEDADE TERRITORIAL RURAL: art. 153, VI, e § 4º, CF; Súm. 139, STJ

IMPOSTO SOBRE RENDA E PROVENTOS DE QUALQUER NATUREZA
- competência: art. 153, III, CF; Súms. 125, 136 e 386, STJ
- critérios: art. 153, § 2º, CF
- limitações: art. 150, VI, a e c, e §§ 2º a 4º, CF; Súm. 730, STF
- repartição das receitas tributárias: arts. 157, I, 158, I, e 159, I, e § 1º, CF; Súm. 447, STJ

IMPOSTO SOBRE SERVIÇOS DE QUALQUER NATUREZA: art. 156, III, § 3º, CF; art. 88, ADCT; Súm. Vinc. 31, STF; Súm. 424, STJ

IMPOSTO SOBRE TRANSMISSÃO *CAUSA MORTIS*: art. 155, I, e § 1º, I a III, CF

IMPOSTO SOBRE TRANSMISSÃO *INTER VIVOS*: art. 156, II, e § 2º, CF; Súm. 656, STF

IMPRENSA NACIONAL: art. 64, ADCT

IMPROBIDADE ADMINISTRATIVA: arts. 15, V, e 37, § 4º, CF

IMUNIDADE: art. 53, CF

INAMOVIBILIDADE
- Defensoria Pública: art. 134, § 1º, CF
- juízes: art. 95, II, CF
- Ministério Público: art. 128, § 5º, I, b, CF

INCENTIVOS FISCAIS
- concessão; União: art. 151, I, CF
- Municipais: art. 156, § 3º, III, CF
- reavaliação: art. 41, ADCT
- Zona Franca de Manaus: art. 40, *caput*, ADCT

INCENTIVOS REGIONAIS: art. 43, § 2º, CF

INCONSTITUCIONALIDADE
- ação direta: arts. 102, I, a, e 103, CF; Súm. 642, STF
- declaração pelos Tribunais; *quorum*: art. 97, CF
- legitimação ativa: arts. 103 e 129, IV, CF

- recurso extraordinário: art. 102, III, CF
- representação pelo estado federado: art. 125, § 2º, CF
- suspensão da execução de lei: art. 52, X, CF

INDENIZAÇÃO
- acidente de trabalho: art. 7º, XXVIII, CF; Súm. Vinc. 22, STF
- compensatória do trabalhador: art. 7º, I, CF
- dano material, moral ou à imagem: art. 5º, V e X, CF; Súms. 227, 403 e 420, STJ
- desapropriações: arts. 5º, XXIV, 182, § 3º, 184, *caput* e § 1º, CF; Súms. 378 e 416, STF; Súms. 113, 114 e 119, STJ
- erro judiciário: art. 5º, LXXV, CF
- uso de propriedade particular por autoridade: art. 5º, XXV, CF

INDEPENDÊNCIA NACIONAL: art. 4º, I, CF

ÍNDIOS
- bens; proteção: art. 231, *caput*, CF
- capacidade processual: art. 232, CF
- culturas indígenas: art. 215, § 1º, CF
- direitos e interesses: arts. 129, V, e 231, CF
- disputa; direitos: art. 109, XI, CF; Súm. 140, STJ
- ensino: art. 210, § 2º, CF
- legislação; competência privativa: art. 22, XIV, CF
- ocupação de terras: art. 231, § 6º, CF
- processo; Ministério Público: art. 232, CF
- recursos hídricos: art. 231, § 3º, CF
- remoção: art. 231, § 5º, CF
- terras; bens da União: art. 20, XI, CF; Súm. 650, STF
- terras; especificação: art. 231, § 1º, CF
- terras; inalienabilidade, indisponibilidade e imprescritibilidade: art. 231, § 4º, CF

INDULTO: art. 84, XII, CF

INELEGIBILIDADE
- analfabetos: art. 14, § 4º, CF
- casos; lei complementar: art. 14, § 9º, CF; Súm. 13, TSE
- inalistáveis: art. 14, § 4º, CF
- parentes dos ocupantes de cargos políticos: art. 14, § 7º, CF; Súms. Vincs. 13 e18, STF

INFÂNCIA
- *vide* ADOLESCENTE e CRIANÇA
- direitos sociais: art. 6º, CF
- legislação; competência concorrente: art. 24, XV, CF
- proteção; assistência social: art. 203, I, CF

INICIATIVA POPULAR: art. 61, *caput*, CF
- âmbito federal: art. 61, § 2º, CF
- âmbito municipal: art. 29, XIII, CF
- Estados: art. 27, § 4º, CF

INICIATIVA PRIVADA: arts. 199 e 209, CF

INICIATIVA PRIVATIVA DO PRESIDENTE DA REPÚBLICA: arts. 61, § 1º, 63, I, e 64, CF

ININPUTABILIDADE PENAL: art. 228, CF

INQUÉRITO: art. 129, III e VIII, CF

INSALUBRIDADE: art. 7º, XXIII, CF

INSPEÇÃO DO TRABALHO: art. 21, XXIV, CF

INSTITUIÇÕES FINANCEIRAS
- aumento no capital: art. 52, II, ADCT
- Congresso Nacional; atribuição: art. 48, XIII, CF
- domiciliadas no exterior: art. 52, I, ADCT
- fiscalização: art. 163, V, CF
- oficiais: art. 164, § 3º, CF
- vedação: art. 52, par. ún., ADCT

INSTITUTO BRASILEIRO DE GEOGRAFIA E ESTATÍSTICA (IBGE): art. 12, § 5º, ADCT

INTEGRAÇÃO
- povos da América Latina: art. 4º, par. ún., CF
- social dos setores desfavorecidos: art. 23, X, CF

INTERVENÇÃO ESTADUAL: arts. 35 e 36, CF

INTERVENÇÃO FEDERAL: arts. 34 a 36, CF
- Congresso Nacional; aprovação: art. 49, IV, CF

- Congresso Nacional; suspensão: art. 49, IV, CF
- Conselho da República; pronunciamento: art. 90, I, CF
- Conselho de Defesa Nacional; opinião: art. 91, § 1º, II, CF
- decretação; competência da União: art. 21, V, CF
- emendas à Constituição: art. 60, § 1º, CF
- execução; competência privativa do Presidente da República: art. 84, X, CF
- motivos: art. 34, CF
- requisitos: art. 36, CF

INTERVENÇÃO INTERNACIONAL: art. 4º, IV, CF

INTERVENÇÃO NO DOMÍNIO ECONÔMICO
- contribuição de: art. 177, § 4º, CF
- pelo Estado: arts. 173 e 174, CF

INTIMIDADE: art. 5°, X, CF

INVALIDEZ: art. 201, I, CF

INVENTOS INDUSTRIAIS: art. 5º, XXIX, CF

INVESTIMENTOS DE CAPITAL ESTRANGEIRO: art. 172, CF

INVIOLABILIDADE
- advogados: art. 133, CF
- casa: art. 5º, XI, CF
- Deputados e Senadores: art. 53, caput, CF
- intimidade, vida privada, honra e imagem das pessoas: art. 5º, X, CF; Súms. 227 e 403, STJ
- sigilo da correspondência, comunicações telegráficas, dados e comunicações telefônicas: art. 5º, XII, CF
- Vereadores: art. 29, VIII, CF

ISENÇÕES DE CONTRIBUIÇÕES À SEGURIDADE SOCIAL: art. 195, § 7º, CF; Súm. 659, STF; Súm. 352, STJ

ISENÇÕES FISCAIS
- concessão: art. 150, § 6º, CF
- incentivos regionais: art. 43, § 2º, CF
- limitações de sua concessão pela União: art. 151, III, CF
- Municipais: art. 156, § 3º, III, CF

J

JAZIDAS
- legislação; competência privativa: art. 22, XII, CF
- minerais garimpáveis: art. 174, § 3º, CF
- pesquisa e lavra: art. 44, ADCT
- petróleo e gás natural; monopólio da União: art. 177, I, CF
- propriedade: art. 176, caput, CF

JORNADA DE TRABALHO: art. 7º, XIII e XIV, CF; Súm. 675, STF; Súm. 360, TST

JOVEM: art. 227, CF

JUIZ
- recusa pelo Tribunal; casos: art. 93, II, d, CF
- substituto; ingresso na carreira; requisitos: art. 93, I, CF
- vedação: art. 95, par. ún., CF

JUIZ DE PAZ: art. 14, § 3º, VI, c, CF

JUIZADO DE PEQUENAS CAUSAS: arts. 24, X, e 98, I, CF; Súm. 376, STJ

JUIZADOS ESPECIAIS: art. 98, I, e § 1º, CF; Súms. 376 e 428, STJ

JUIZ
- acesso aos tribunais: art. 93, III, CF
- aposentadoria: art. 93, VI e VIII, CF
- aprovação; Senado Federal: art. 52, III, a, CF
- cursos; preparação e aperfeiçoamento: art. 93, IV, CF
- disponibilidade: art. 93, VIII, CF
- eleitoral: arts. 118 a 121, CF
- estadual: arts. 125 e 126, CF
- federal: arts. 106 a 110, CF
- garantia: arts. 95 e 121, § 1º, CF
- ingresso; carreira: art. 93, I, CF
- justiça militar: art. 108, I, a, CF
- militar: arts. 122 a 124, CF
- nomeação: arts. 84, XVI, e 93, I, CF
- pensão: art. 93, VI, CF
- promoção: art. 93, II, CF
- remoção: art. 93, VIII, CF
- subsídio: arts. 93, V, e 95, III, CF
- titular: art. 93, VII, CF
- togado: art. 21, ADCT
- trabalho: arts. 111 a 116, CF
- vedações: art. 95, par. ún., CF

JUÍZO DE EXCEÇÃO: art. 5º, XXXVII, CF

JUNTAS COMERCIAIS: art. 24, III, CF

JÚRI: art. 5º, XXXVIII, d, CF; Súm. 721, STF

JURISDIÇÃO: art. 93, XII, CF

JUROS
- favorecidos: art. 43, § 2º, II, CF
- taxa; controle Banco Central: art. 164, § 2º, CF

JUS SANGUINIS: art. 12, I, b e c, CF

JUS SOLI: art. 12, I, a, CF

JUSTIÇA
- desportiva: art. 217, CF
- eleitoral: arts. 118 a 121, CF
- estadual: arts. 125 e 126, CF
- federal: arts. 106 a 110, CF
- itinerante; direito do trabalho: art. 115, § 1º, CF
- itinerante; instalação: art. 107, § 2º, CF
- militar estadual: art. 125, § 3º, CF
- militar: arts. 122 a 124, CF
- paz: art. 98, II, CF
- social: art. 193, CF
- trabalho: arts. 111 a 116, CF

L

LAGOS: art. 20, III, CF

LEI: arts. 61 a 69, CF

LEI AGRÍCOLA: art. 50, ADCT

LEI COMPLEMENTAR
- aprovação; quorum: art. 69, CF
- incorporação estados federados: art. 18, § 3º, CF
- matéria reservada: art. 68, § 1º, CF
- matéria tributária: art. 146, III, CF
- normas de cooperação: art. 23, par. ún., CF
- processo legislativo: art. 59, II, CF

LEI DE DIRETRIZES ORÇAMENTÁRIAS: art. 165, II, e § 2º, CF

LEI DELEGADA: art. 68, CF
- processo legislativo: art. 59, IV, CF

LEI ESTADUAL
- ADIN: art. 102, I, a, CF; Súm. 642, STF
- suspensão de eficácia: art. 24, §§ 3º e 4º, CF

LEI FEDERAL
- ADECON: art. 102, I, a, CF; Súm. 642, STF
- ADIN: art. 102, I, a, CF; Súms. 642, STF

LEI INCONSTITUCIONAL: art. 52, X, CF

LEI ORÇAMENTÁRIA: arts. 39 e 165, CF

LEI ORÇAMENTÁRIA ANUAL
- critérios; exclusões: art. 35, § 1º, ADCT
- normas aplicáveis: art. 35, § 2º, ADCT

LEI ORDINÁRIA: art. 59, III, CF

LEI ORGÂNICA DE MUNICÍPIOS: art. 29, CF

LEI ORGÂNICA DO DISTRITO FEDERAL: art. 32, CF

LEI PENAL
- anterioridade: art. 5º, XXXIX, CF
- irretroatividade: art. 5º, XL, CF; Súm. Vinc. 24, STF

LESÃO OU AMEAÇA A DIREITO: art. 5º, XXXV, CF

LESÕES AO MEIO AMBIENTE: art. 225, § 3º, CF

LIBERDADE
- aprender, ensinar: art. 206, II, CF
- associação: arts. 5º, XVII e XX, e 8º, CF
- consciência e crença; inviolabilidade: art. 5º, VI, CF
- direito: art. 5º, *caput*, CF
- exercício de trabalho ou profissão: art. 5º, XIII, CF
- expressão da atividade intelectual: art. 5º, IX, CF
- fundamental: art. 5º, XLI, CF
- informação; proibição de censura: art. 220, CF
- iniciativa: art. 1º, IV, CF
- locomoção: arts. 5º, XV e LXVIII, e 139, I, CF
- manifestação do pensamento: art. 5º, IV, CF
- ofício: art. 5º, XIII, CF
- privação ou restrição: art. 5º, XLVI, *a*, e LIV, CF; Súm. Vinc. 14, STF; Súm. 704, STF; Súm. 347, STJ
- provisória: art. 5º, LXVI, CF
- reunião: arts. 5º, XVI, 136, § 1º, I, a, e 139, IV, CF

LICENÇA À GESTANTE: arts. 7º, XVIII, e 39, § 3º, CF

LICENÇA-PATERNIDADE: arts. 7º, XIX, e 39, § 3º, CF; art. 10, § 1º, ADCT

LICITAÇÃO: arts. 22, XXVII, 37, XXI, e 175, CF; Súm. 333, STJ

LIMITAÇÕES AO PODER DE TRIBUTAR
- Estados, DF e Municípios: art. 152, CF
- inaplicabilidade: art. 34, § 6º, ADCT
- União: art. 151, CF
- União, Estados, DF e Municípios: art. 150, CF
- vedações; livros, jornais, periódicos e o papel destinado à sua impressão: art. 150, VI, *d*, CF; Súm. 657, STF
- vigência imediata: art. 34, § 1º, ADCT

LIMITES DO TERRITÓRIO NACIONAL
- Congresso Nacional; atribuição: art. 48, V, CF
- outros países: art. 20, III e IV, CF

LÍNGUA INDÍGENA: art. 210, § 2º, CF

LÍNGUA PORTUGUESA
- emprego; ensino fundamental: art. 210, § 2º, CF
- idioma oficial: art. 13, *caput*, CF

M

MAGISTRADOS
- *vide* JUIZ

MAIORES
- 16 anos; alistamento eleitoral: art. 14, § 1º, II, *c*, CF
- 70 anos; alistamento eleitoral: art. 14, § 1º, II, *b*, CF

MANDADO DE INJUNÇÃO
- competência STF: art. 102, I, *q*, e II, *a*, CF
- competência STJ: art. 105, I, *h*, CF
- concessão: art. 5º, LXXI, CF
- decisão denegatória do TRE: art. 121, § 4º, V, CF

MANDADO DE SEGURANÇA
- competência juízes federais: art. 109, VIII, CF
- competência STF: art. 102, I, *d*, e II, *a*, CF; Súm. 624, STF
- competência STJ: art. 105, I, *b*, e II, *b*, CF; Súms. 41 e 177, STJ
- competência TRF: art. 108, I, *c*, CF
- concessão: art. 5º, LXIX, CF
- decisão denegatória do TRE: art. 121, § 4º, V, CF
- decisão denegatória do TSE: art. 121, § 3º, CF

MANDADO DE SEGURANÇA COLETIVO: art. 5º, LXX, CF; Súm. 630, STF

MANDATO
- Deputado Estadual: art. 27, § 1º, CF
- Deputado Federal: art. 44, par. ún., CF
- Deputado ou Senador; perda: arts. 55 e 56, CF
- eletivo; ação de impugnação: art. 14, §§ 10 e 11, CF
- eletivo; servidor público: art. 38, CF
- Governador e Vice-Governador Estadual: art. 28, CF; art. 4º, § 3º, ADCT
- Governador, Vice-Governador e Deputado Distrital: art. 32, §§ 2º e 3º, CF
- Prefeito e Vice-prefeito: art. 4º, § 4º, ADCT
- Prefeito, Vice-Prefeito e Vereadores: art. 29, I e II, CF
- Prefeito; perda: art. 29, XIV, CF
- Presidente da República: art. 82, CF; e art. 4º, ADCT
- Senador: art. 46, § 1º, CF
- Vereador: art. 4º, § 4º, ADCT

MANIFESTAÇÃO DO PENSAMENTO: arts. 5º, IV, e 220, CF

MARGINALIZAÇÃO
- combate aos fatores: art. 23, X, CF
- erradicação: art. 3º, III, CF

MAR TERRITORIAL: art. 20, VI, CF

MATERIAIS RADIOATIVOS: art. 177, § 3º, CF

MATERIAL BÉLICO
- fiscalização; competência da União: art. 21, VI, CF
- legislação; competência privativa: art. 22, XXI, CF

MATERNIDADE
- proteção; direito social: arts. 6º e 7º, XVIII, CF
- proteção; objetivo da assistência social: art. 203, I, CF
- proteção; previdência social: art. 201, II, CF

MEDICAMENTOS
- produção; SUS: art. 200, I, CF
- propaganda comercial: art. 220, § 4º, CF; e art. 65, ADCT

MEDIDA CAUTELAR: art. 102, I, *p*, CF

MEDIDAS PROVISÓRIAS
- Congresso Nacional; apreciação: art. 62, §§ 5º a 9º, CF
- conversão em lei: art. 62, §§ 3º, 4º e 12, CF
- convocação extraordinária: art. 57, § 8º, CF
- edição; competência privativa: art. 84, XXVI, CF
- impostos; instituição ou majoração: art. 62, § 2º, CF
- perda de eficácia: art. 62, § 3º, CF
- reedição: art. 62, § 10, CF
- rejeitadas: art. 62, §§ 3º e 11, CF
- requisitos: art. 62, *caput*, CF
- vedação: arts. 62, §§ 1º e 10, e 246, CF
- votação: art. 62, § 8º, CF

MEIO AMBIENTE
- ato lesivo; ação popular: art. 5º, LXXIII, CF
- bem de uso comum do povo: art. 225, *caput*, CF
- defesa e preservação: art. 225, *caput*, CF
- defesa; ordem econômica: art. 170, VI, CF
- exploração; responsabilidade: art. 225, § 2º, CF
- Floresta Amazônica, Mata Atlântica, Serra do Mar, Pantanal Mato-Grossense e Zona Costeira; uso: art. 225, § 4º, CF
- legislação; competência concorrente: art. 24, VI, CF
- propaganda nociva: art. 220, § 3º, II, CF
- proteção; colaboração do SUS: art. 200, VIII, CF
- proteção; competência: art. 23, VI e VII, CF
- reparação dos danos: arts. 24, VIII; e 225, § 3º, CF
- sanções penais e administrativas: art. 225, § 3º, CF
- usinas nucleares: art. 225, § 6º, CF

MEIOS DE COMUNICAÇÃO SOCIAL: art. 220, § 5º, CF

MENOR
- direitos previdenciários e trabalhistas: art. 227, § 3º, II, CF
- direitos sociais: art. 227, § 3º, CF
- idade mínima para o trabalho: art. 227, § 3º, I, CF
- inimputabilidade penal: art. 228, CF
- trabalho noturno; proibição: art. 7º, XXXIII, CF
- violência: arts. 226, § 8º, e 227, § 4º, CF

MESAS DO CONGRESSO: art. 57, § 4º, CF

MICROEMPRESAS
- débitos: art. 47, ADCT
- tratamento jurídico diferenciado: arts. 146, III, *d*, e par. ún., e 179, CF

MICRORREGIÕES: art. 25, § 3º, CF

MILITAR(ES)
- ativa: art. 142, § 3º, III, CF
- elegibilidade: arts. 14, § 8º, e 42, § 1º, CF
- estabilidade: arts. 42, § 1º, e 142, § 3º, X, CF
- Estados, do Distrito Federal e dos Territórios: art. 42, CF
- filiação a partido político: art. 142, § 3º, V, CF

Índice Alfabético-Remissivo da CF e ADCT

- Forças Armadas; disposições aplicáveis: art. 142, § 3º, CF
- Forças Armadas; regime jurídico: art. 61, § 1º, II, f, CF
- habeas corpus; não cabimento: art. 142, § 2º, CF
- inatividade: art. 142, § 3º, X, CF
- justiça comum ou militar; julgamento: art. 142, § 3º, VII, CF
- limites de idade: art. 142, § 3º, X, CF
- patentes: arts. 42, § 1º, e 142, § 3º, I e X, CF
- perda do posto e da patente: art. 142, 3º, VI, CF
- prisão; crime propriamente militar: art. 5º, LXI, CF
- prisão; transgressão: art. 5º, LXI, CF
- proventos e pensão: arts. 40, §§ 7º e 8º, e 42, § 2º, CF
- remuneração e subsídios: arts. 39, § 4º, 142, § 3º, X, e 144, § 9º, CF
- reserva: art. 142, § 3º, II e III, CF
- sindicalização e greve; proibição: art. 142, § 3º, IV, CF

MINÉRIOS: art. 23, XI, CF

MINÉRIOS NUCLEARES
- legislação; competência da União: art. 21, XXIII, CF
- monopólio da União: art. 177, V, CF

MINISTÉRIO PÚBLICO: arts. 127 a 130-A, CF
- abrangência: art. 128, CF
- ação civil pública: art. 129, III, CF; Súm. 643, STF; Súm. 329, STJ
- ação penal pública: art. 129, I, CF
- ADIN: art. 129, IV, CF
- atividade policial: art. 129, VII, CF
- aumento da despesa: art. 63, II, CF
- autonomia administrativa e funcional: art. 127, § 2º, CF
- carreira; ingresso: art. 129, § 3º, CF
- consultoria jurídica de entidades públicas: art. 129, IX, CF
- CPI: art. 58, § 3º, CF
- crimes comuns e de responsabilidade: art. 96, III, CF
- diligências investigatórias: art. 129, VIII, CF
- estatuto; princípios: arts. 93, II e VI, e 129, § 4º, CF
- federal; composição dos TRF: art. 107, I, CF
- funções institucionais: art. 129, CF
- funções; exercício: art. 129, § 2º, CF
- garantias: art. 128, § 5º, I, CF
- incumbência: art. 127, CF
- índios: arts. 129, V, e 232, CF
- inquérito civil: art. 129, III, CF
- inquérito policial: art. 129, VIII, CF
- interesses difusos e coletivos; proteção: art. 129, III, CF; Súm. 329, STJ
- intervenção da União e dos Estados: art. 129, IV, CF
- membros; STJ: art. 104, par. ún., II, CF
- membros; Tribunais de Contas: art. 130, CF
- membros; Tribunais: art. 94, CF
- membros; TST: art. 111-A, CF
- notificações: art. 129, VI, CF
- organização, atribuições e estatuto: art. 128, § 5º, CF
- organização; competência da União: art. 21, XIII, CF
- organização; vedação de delegação: art. 68, § 1º, I, CF
- órgãos: art. 128, CF
- princípios institucionais: art. 127, § 1º, CF
- Procurador-Geral da República: art. 128, § 2º, CF
- promoção: art. 129, § 4º, CF
- proposta orçamentária: art. 127, § 3º, CF
- provimento de cargos: art. 127, § 2º, CF
- União: art. 128, § 1º, CF
- vedações: arts. 128, § 5º, II, e 129, IX, CF

MINISTÉRIO PÚBLICO DA UNIÃO
- chefia: art. 128, § 1º, CF
- crimes comuns e responsabilidade: arts. 105, I, a, e 108, I, a, CF
- habeas corpus: art. 105, I, c, CF
- organização: arts. 48, IX, e 61, § 1º, II, d, CF
- órgãos: art. 128, I, CF

MINISTÉRIO PÚBLICO DO DISTRITO FEDERAL E TERRITÓRIOS
- organização: arts. 21, XIII, 22, XVII, 48, IX, e 61, § 1º, II, d, CF
- órgão do Ministério Público da União: art. 128, I, d, CF
- Procuradores-Gerais: art. 128, §§ 3º 4º, CF

MINISTÉRIO PÚBLICO DOS ESTADOS: art. 128, II, e §§ 3º e 4º, CF

MINISTÉRIO PÚBLICO DO TRABALHO
- estabilidade: art. 29, § 4º, ADCT
- membros; TRT: art. 115, I e II, CF
- membros; TST: art. 111-A, CF
- organização: art. 61, § 1º, II, d, CF
- órgão do Ministério Público da União: art. 128, I, b, CF

MINISTÉRIO PÚBLICO FEDERAL
- atribuições: art. 29, § 2º, ADCT
- atuais procuradores: art. 29, § 2º, ADCT
- composição dos TRF: art. 107, I, CF
- integrantes dos Ministérios Públicos do Trabalho e Militar: art. 29, § 4º, ADCT
- opção pelo regime anterior: art. 29, § 3º, ADCT
- órgão do Ministério Público da União: art. 128, I, a, CF

MINISTÉRIO PÚBLICO MILITAR
- estabilidade: art. 29, § 4º, ADCT
- membro; Superior Tribunal Militar: art. 123, par. ún., II, CF
- órgão do Ministério Público da União: art. 128, I, c, CF

MINISTÉRIOS
- criação e extinção; disposições em lei: arts. 48, XI, 61, § 1º, II, e, e 88, CF
- Defesa: arts. 52, I, 84, XIII, e 91, I a VIII, CF

MINISTROS
- aposentados; TFR: art. 27, § 4º, ADCT
- Estado: art. 50 e §§ 1º e 2º, CF
- Ministros do TFR para o STJ: art. 27, § 2º, I, ADCT
- STJ; indicação e lista tríplice: art. 27, § 5º, ADCT
- STJ; nomeação: art. 27, § 2º, II, ADCT
- TFR; classe: art. 27, § 3º, ADCT

MINISTRO DA JUSTIÇA: arts. 89, VI, e 91, IV, CF

MINISTRO DE ESTADO: arts. 87 e 88, CF
- atribuições: art. 84, par. ún., CF
- auxílio; Presidente da República: arts. 76 e 84, II, CF
- comparecimento; Senado Federal ou Câmara dos Deputados: art. 50, §§ 1º e 2º, CF
- competência: art. 87, par. ún., CF
- Conselho da República; participação: art. 90, § 1º, CF
- crimes comuns e de responsabilidade: arts. 52, I, e 102, I, b e c, CF
- escolha: art. 87, caput, CF
- exoneração: art. 84, I, CF
- habeas corpus: art. 102, I, d, CF
- habeas data: art. 105, I, b, CF
- nomeação: art. 84, I, CF
- processo contra; autorização: art. 51, I, CF
- requisitos: art. 87, caput, CF
- subsídios: art. 49, VIII, CF

MINISTRO DO STF
- brasileiro nato: art. 12, § 3º, VI, CF
- nomeação: art. 84, XIV, CF
- processo e julgamento: art. 52, II, CF

MINISTROS DO TRIBUNAL DE CONTAS DA UNIÃO
- aprovação; Senado Federal: art. 52, III, b, CF
- nomeação: art. 84, XV, CF
- número: art. 73, caput, CF
- prerrogativas: art. 73, § 3º, CF
- requisitos: art. 73, §§ 1º e 2º, CF

MISSÃO DIPLOMÁTICA: arts. 52, IV, e 102, I, c, CF

MOEDA
- emissão: arts. 21, VII, e 164, caput, CF
- limites: art. 48, XIV, CF

MONUMENTOS: art. 23, III, CF

MORADIAS: art. 23, IX, CF

MULHER
- igualdade em direitos: art. 5º, I, CF
- proteção; mercado de trabalho: art. 7º, XX, CF
- serviço militar obrigatório; isenção: art. 143, § 2º, CF

MUNICÍPIOS: arts. 29 a 31, CF
- aposentadorias e pensões: art. 249, CF
- autonomia: art. 18, *caput*, CF
- competência: arts. 23 e 30, CF
- Conselhos de Contas: art. 31, § 4º, CF
- contas; apreciação pelos contribuintes: art. 31, § 3º, CF
- contribuição: art. 149, § 1º, CF
- controle externo: art. 31, § 1º, CF
- criação: art. 18, § 4º, CF
- desmembramento: art. 18, § 4º, CF
- despesa; limite: art. 169; art. 38, ADCT
- disponibilidades de caixa: art. 164, § 3º, CF
- Distrito Federal: art. 32, *caput*, CF
- dívida consolidada: art. 52, VI, CF
- dívida mobiliária: art. 52, IX, CF
- empresas de pequeno porte: art. 179, CF
- ensino: arts. 211, § 2º, e 212, CF
- fiscalização: arts. 31 e 75, CF
- Fundo de Participação: art. 34, § 2º, ADCT
- fusão: art. 18, § 4º, CF
- guardas municipais: art. 144, § 8º, CF
- impostos: arts. 156, 158 e 160, CF
- incentivos fiscais: art. 41, ADCT
- incorporação: art. 18, § 4º, CF
- iniciativa popular: art. 29, XIII, CF
- intervenção: art. 35, CF
- lei orgânica: art. 29, CF; art. 11, par. ún., ADCT
- limitações: art. 19, CF
- microempresas: art. 179, CF
- operações de crédito externo e interno: art. 52, VII, CF
- pensões: art. 249, CF
- petróleo ou gás natural e outros recursos: art. 20, § 1º, CF
- precatórios: art. 100, CF; Súm. 655, STF; Súm. 144, STJ
- princípios: art. 37, *caput*, CF; Súm. Vinc. 13, STF
- receita; ITR: art. 158, II, CF; Súm. 139, STJ
- reforma administrativa: art. 24, ADCT
- símbolos: art. 13, § 2º, CF
- sistema tributário nacional: art. 34, § 3º, ADCT
- sistema único de saúde: art. 198, §§ 1º a 3º, CF
- sistemas de ensino: art. 211, CF
- terras em litígio; demarcação: art. 12, § 2º, ADCT
- Tribunal de Contas: art. 31, § 4º, CF
- tributos: arts. 145, 150 e 152, CF
- turismo: art. 180, CF

N

NACIONALIDADE: arts. 12 e 13, CF
- brasileiros natos: art. 12, I, CF
- brasileiros naturalizados: art. 12, II, CF
- cargos privativos de brasileiro nato: art. 12, § 3º, CF
- causas referentes à: 109, X, CF
- delegação legislativa; vedação: art. 68, § 1º, II, CF
- distinção entre brasileiros natos e naturalizados: art. 12, § 2º, CF
- legislação; competência privativa: art. 22, XIII, CF
- perda: art. 12, § 4º, CF
- portugueses: art. 12, II, *a*, e § 1º, CF

NASCIMENTO
- estrangeiro: art. 95, ADCT
- registro civil: art. 5º, LXXVI, *a*, CF

NATURALIZAÇÃO
- direitos políticos; cancelamento: art. 15, I, CF
- foro competente: 109, X, CF
- legislação; competência privativa: art. 22, XIII, CF
- perda da nacionalidade: art. 12, § 4º, II, CF
- perda da nacionalidade; cancelamento: art. 12, § 4º, I, CF

NATUREZA
- vide MEIO AMBIENTE

NAVEGAÇÃO
- aérea e aeroespacial: arts. 21, XII, c, e 22, X, CF
- cabotagem: art. 178, par. ún., CF
- fluvial: art. 22, X, CF
- lacustre: art. 22, X, CF

- marítima: art. 22, X, CF

NEGOCIAÇÕES COLETIVAS DE TRABALHO: art. 8º, VI, CF

NOTÁRIOS
- atividades: art. 236, § 1º, CF
- carreira: art. 236, § 3º, CF

O

OBRAS
- coletivas: art. 5º, XXVIII, *a*, CF
- direitos autorais: art. 5º, XXVII e XXVIII, CF; Súm. 386, STF
- patrimônio cultural brasileiro: art. 216, IV, CF
- proteção: art. 23, III e IV, CF
- públicas: art. 37, XXI, CF; Súm. 333, STJ

OBRIGAÇÃO ALIMENTÍCIA: art. 5º, LXVII, CF

OFICIAL
- forças armadas: art. 12, § 3º, VI, CF
- general: art. 84, XIII, CF
- registro: art. 236, CF

OLIGOPÓLIO: art. 220, § 5º, CF

OPERAÇÃO DE CRÉDITO
- adaptação: art. 37, ADCT
- Congresso Nacional; atribuição: art. 48, II, CF
- controle: art. 74, III, CF
- externo e interno: art. 52, VII e VIII, CF

OPERAÇÃO FINANCEIRA
- externas: art. 52, V, CF
- fiscalização: art. 21, VIII, CF

ORÇAMENTO: arts. 165 a 169, CF
- anual: art. 48, II, CF
- delegação legislativa; vedação: art. 68, § 1º, III, CF
- diretrizes orçamentárias: art. 165, II, e § 2º, CF
- legislação; competência concorrente: art. 24, II, CF
- lei orçamentária anual; conteúdo: art. 165, § 5º, CF
- plano plurianual: art. 165, I, e § 1º, CF
- projetos de lei; envio, apreciação e tramitação: arts. 84, XXIII, e 166, CF
- vedações: art. 167, CF

ORDEM DOS ADVOGADOS DO BRASIL: art. 103, VII, CF

ORDEM ECONÔMICA E FINANCEIRA: arts. 170 a 192, CF
- política agrícola e fundiária e reforma agrária: arts. 184 a 191, CF
- política urbana: arts. 182 e 183, CF
- princípios gerais da atividade econômica: arts. 170 a 181, CF
- sistema financeiro nacional: art. 192, CF

ORDEM JUDICIAL: art. 5º, XIII, CF

ORDEM SOCIAL arts. 193 a 232, CF
- assistência social: arts. 203 e 204, CF
- ciência e tecnologia: arts. 218 e 219, CF
- comunicação social: arts. 220 a 224, CF
- cultura: arts. 215 e 216, CF
- desporto: art. 217, CF
- educação: arts. 205 a 214, CF
- família, criança, adolescente e idoso: arts. 226 a 230, CF
- idosos: art. 230, CF
- índios: arts. 231 e 232, CF
- meio ambiente: art. 225, CF
- objetivos: art. 193, CF
- previdência social: arts. 201 e 202, CF
- saúde: arts. 196 a 200, CF
- seguridade social: arts. 194 a 204, CF

ORGANISMOS REGIONAIS: art. 43, § 1º, II, CF

ORGANIZAÇÃO JUDICIÁRIA: art. 22, XVII, CF

ORGANIZAÇÃO POLÍTICO-ADMINISTRATIVA DO ESTADO BRASILEIRO: art. 18, CF

ORGANIZAÇÃO SINDICAL
- criação: art. 8º, II, CF
- interferência: art. 8º, I, CF; Súm. 677, STF

- mandado de segurança coletivo: art. 5º, LXX, b, CF; Súm. 629, STF

ORGANIZAÇÕES INTERNACIONAIS: art. 21, I, CF

ÓRGÃOS PÚBLICOS
- disponibilidades de caixa: art. 164, § 3º, CF
- publicidade dos atos: art. 37, § 1º, CF

OURO: art. 153, § 5º, CF

P

PAGAMENTO
- precatórios judiciais: art. 33, CF

PAÍS: art. 230, CF

PARLAMENTARISMO: art. 2º, ADCT

PARTICIPAÇÃO NOS LUCROS: art. 7º, XI, CF

PARTIDOS POLÍTICOS: art. 17, CF
- ADIN; legitimidade: art. 103, VIII, CF

PATRIMÔNIO: art. 150, VI, c, CF; Súms. 724 e 730, STF

PATRIMÔNIO CULTURAL BRASILEIRO: art. 216, CF

PATRIMÔNIO HISTÓRICO, ARTÍSTICO, CULTURAL E ARQUEOLÓGICO: art. 23, III e IV, CF

PATRIMÔNIO HISTÓRICO, CULTURAL, ARTÍSTICO, TURÍSTICO E PAISAGÍSTICO: art. 24, VII e VIII, CF

PATRIMÔNIO HISTÓRICO E CULTURAL: art. 5º, LXXIII, CF

PATRIMÔNIO NACIONAL
- encargos ou compromissos gravosos: art. 49, I, CF
- Floresta Amazônica, Mata Atlântica, Serra do Mar, Pantanal Mato-Grossense e Zona Costeira: art. 225, § 4º, CF
- mercado interno: art. 219, CF

PATRIMÔNIO PÚBLICO: art. 23, I, CF

PAZ
- Congresso Nacional; autorização: art. 49, II, CF
- Conselho de Defesa Nacional; opinião: art. 91, § 1º, I, CF
- defesa; princípio adotado pelo Brasil: art. 4º, VI, CF
- Presidente da República; competência: art. 84, XX, CF
- União; competência: art. 21, II, CF

PENA(S)
- comutação: art. 84, XII, CF
- cruéis: art. 5º, XLVII, e, CF; Súm. 280, STJ
- espécies adotadas: art. 5º, XLVI, CF
- espécies inadmissíveis: art. 5º, XLVII, CF
- estabelecimentos específicos: art. 5º, XLVIII, CF
- individualização: art. 5º, XLV e XLVI, CF; Súm. Vinc. 26, STF
- morte: art. 5º, XLVII, a, CF
- perpétua: art. 5º, XLVII, b, CF
- prévia cominação legal: art. 5º, XXXIX, CF
- reclusão: art. 5º, XLII, CF

PENSÃO
- especial para ex-combatente da 2ª Guerra Mundial: art. 53, ADCT
- gratificação natalina: art. 201, § 6º, CF
- mensal vitalícia; seringueiros: art. 54, § 3º, ADCT
- militares: art. 42, § 2º, CF
- morte do segurado: art. 201, V, CF
- revisão dos direitos: art. 20, CF
- seringueiros que contribuíram durante a 2ª Guerra Mundial: art. 54, § 1º, ADCT
- seringueiros; benefícios transferíveis: art. 54, § 2º, ADCT
- servidor público: art. 40, §§ 2º, 7º, 8º e 14, CF

PETRÓLEO
- exploração e participação nos resultados: art. 20, § 1º, CF
- pesquisa e lavra: art. 177, I, CF
- refinação; monopólio da União: art. 177, II, e § 1º, CF
- transporte marítimo: art. 177, IV, e § 1º, CF
- venda e revenda: art. 238, CF

PETRÓLEO BRASILEIRO S/A – PETROBRAS: art. 45, par. ún., ADCT

PISO SALARIAL: art. 7º, V, CF

PLANEJAMENTO AGRÍCOLA: art. 187, § 1º, CF

PLANEJAMENTO DO DESENVOLVIMENTO NACIONAL: arts. 21, IX, 48, IV, e 174, § 1º, CF

PLANEJAMENTO FAMILIAR: art. 226, § 7º, CF

PLANO DE CUSTEIO E DE BENEFÍCIO: art. 59, CF

PLANO DIRETOR: art. 182, § 1º, CF

PLANO NACIONAL DE EDUCAÇÃO: arts. 212, § 3º, e 214, CF

PLANO PLURIANUAL
- Congresso Nacional; atribuição: art. 48, II, CF
- elaboração e organização: art. 165, § 9º, I, CF
- estabelecimento em lei: art. 165, I, e § 1º, CF
- lei orçamentária: art. 35, § 1º, I, ADCT
- Presidente da República; competência privativa: art. 84, XXIII, CF
- projeto; encaminhamento: art. 35, § 2º, I, ADCT
- projetos de lei: art. 166, CF

PLANOS DA PREVIDÊNCIA SOCIAL: art. 201, CF

PLEBISCITO
- anexação de estados federados: art. 18, § 3º, CF
- Congresso Nacional; competência: art. 49, XV, CF
- criação, incorporação, fusão e desmembramento de municípios: art. 18, § 4º, CF
- escolha da forma e do regime de governo: art. 2º, ADCT
- incorporação, subdivisão ou desmembramento de estados federados: art. 18, § 3º, CF
- instrumento de exercício da soberania popular: art. 14, I, CF

PLURALISMO POLÍTICO: art. 1º, V, CF

PLURIPARTIDARISMO: art. 17, caput, CF

POBREZA
- combate às causas; competência comum: art. 23, X, CF
- erradicação: art. 3º, III, CF
- Fundo de Combate e Erradicação da Pobreza: arts. 79 a 83, ADCT

PODER DE TRIBUTAR: arts. 150 a 152, CF

PODER ECONÔMICO: art. 14, § 9º, CF; Súm. 13, TSE

PODER EXECUTIVO: arts. 76 a 91, CF
- atividades nucleares; aprovação: art. 49, XIV, CF
- atos normativos regulamentares; sustação: art. 49, V, CF
- atos; fiscalização e controle: art. 49, X, CF
- comissão de estudos territoriais; indicação: art. 12, ADCT
- Conselho da República: arts. 89 e 90, CF
- Conselho de Defesa Nacional: art. 91, CF
- controle interno: art. 74, CF
- exercício; Presidente da República: art. 76, CF
- impostos; alteração da alíquota: art. 153, § 1º, CF
- independência e harmonia com os demais poderes: art. 2º, CF
- Ministros de Estado: arts. 87 e 88, CF
- Presidente da República; atribuições: art. 84, CF
- Presidente da República; autorização de ausência: art. 49, III, CF
- Presidente da República; eleição: art. 77, CF
- Presidente da República; responsabilidade: arts. 85 e 86, CF
- radiodifusão; concessão: art. 223, caput, CF
- reavaliação de incentivos fiscais: art. 41, ADCT
- revisão da lei orçamentária de 1989: art. 39, ADCT
- vencimentos dos cargos do: art. 37, XII, CF

PODER JUDICIÁRIO: arts. 92 a 126, CF
- ações desportivas: art. 217, § 1º, CF
- atos notariais: art. 236, § 1º, CF
- autonomia administrativa e financeira: art. 99, CF
- competência privativa dos tribunais: art. 96, CF
- conflitos fundiários: art. 126, CF
- controle interno: art. 74, CF
- Distrito Federal e Territórios: art. 21, XIII, CF
- Estados federados: art. 125, CF
- Estatuto da Magistratura: art. 93, CF
- garantias da magistratura: art. 95, CF
- independência e harmonia com os demais poderes: art. 2º, CF
- juizados especiais; criação: art. 98, I, CF; Súm. 376, STJ

- juízes; proibições: art. 95, par. ún., CF
- julgamentos; publicidade: art. 93, IX, CF
- justiça de paz: art. 98, II, CF
- Justiça Eleitoral: art. 118, CF
- Justiça Militar: arts. 122 a 124, CF
- órgãos que o integram: art. 92, CF
- quinto constitucional: art. 94, CF
- seções judiciárias: art. 110, caput, CF
- STF: arts. 101 a 103-B, CF
- STJ: arts. 104 e 105, CF
- Superior Tribunal Militar; composição: art. 123, CF
- Territórios Federais: art. 110, par. ún., CF
- Tribunais e Juízes do Trabalho: arts. 111 a 116, CF
- Tribunais e Juízes Eleitorais: arts. 118 a 121, CF
- Tribunais e Juízes Estaduais: arts. 125 a 126, CF; Súm. 721, STF
- Tribunais e Juízes Militares: arts. 122 a 124, CF
- Tribunais Regionais e Juízes Federais: arts. 106 a 110, CF
- vencimentos dos cargos do: art. 37, XII, CF

PODER LEGISLATIVO: arts. 44 a 75, CF
- Câmara dos Deputados: arts. 44, 45 e 51, CF
- comissão mista; dívida externa brasileira: art. 26, ADCT
- comissões permanentes e temporárias: art. 58, CF
- competência exclusiva: art. 68, § 1º, CF
- Congresso Nacional: arts. 44, 48 e 49, CF
- controle interno: art. 74, CF
- delegação legislativa: art. 68, CF
- Deputados: arts. 54 a 56, CF
- fiscalização contábil: arts. 70 a 75, CF
- imunidades: art. 53, CF
- incentivos fiscais: art. 41, ADCT
- independência e harmonia com os demais poderes: art. 2º, CF
- legislatura: art. 44, par. ún., CF
- lei orçamentária de 1989: art. 39, ADCT
- processo legislativo: arts. 59 a 69, CF
- propaganda comercial: art. 65, ADCT
- recesso: art. 58, § 4º, CF
- reuniões: art. 57, CF
- sanção presidencial: art. 48, caput, CF
- Senado Federal: arts. 44, 46 e 52, CF
- Senador: arts. 46, 54 a 56, CF
- sessão legislativa: art. 57, CF
- Territórios: art. 45, § 2º, CF
- vencimentos dos cargos: art. 37, XII, CF

POLÍCIA AEROPORTUÁRIA
- exercício da função pela polícia federal: art. 144, § 1º, III, CF
- serviços; competência da União: art. 21, XXII, CF

POLÍCIA DE FRONTEIRA
- exercício da função pela polícia federal: ar. 144, § 1º, III, CF
- serviços; competência da União: art. 21, XXII, CF

POLÍCIA FEDERAL
- funções: art. 144, § 1º, CF
- legislação; competência privativa: art. 22, XXII, CF
- órgão da segurança pública: art. 144, I, CF

POLÍCIA FERROVIÁRIA
- federal; órgão da segurança pública: art. 144, II, e § 3º, CF
- legislação; competência privativa: art. 22, XXII, CF

POLÍCIA MARÍTIMA
- exercício da função pela polícia federal: art. 144, § 1º, III, CF
- serviços; competência da União: art. 21, XXII, CF

POLÍCIA RODOVIÁRIA
- federal; órgão da segurança pública; funções: art. 144, II, e § 2º, CF
- legislação; competência privativa: art. 22, XXII, CF

POLÍCIAS CIVIS
- Distrito Federal: arts. 21, XIV, e 32, § 4º, CF; Súm. 647, STF
- funções: art. 144, § 4º, CF
- legislação; competência concorrente: art. 24, XVI, CF
- órgão da segurança pública: art. 144, IV, CF
- subordinação: art. 144, § 6º, CF

POLÍCIAS MILITARES
- Distrito Federal: arts. 21, XIV, e 32, § 4º, CF; Súm. 647, STF

- funções: art. 144, § 5º, CF
- legislação; competência privativa: art. 22, XXI, CF
- membros: art. 42, CF
- órgão da segurança pública: art. 144, V, CF
- subordinação: art. 144, § 6º, CF

POLÍTICA AGRÍCOLA E FUNDIÁRIA: arts. 184 a 191, CF

POLÍTICA DE DESENVOLVIMENTO URBANO: art. 182, caput, CF

POLÍTICA NACIONAL DE TRANSPORTES: art. 22, IX, CF

POLÍTICA URBANA: arts. 182 e 183, CF

PORTADORES DE DEFICIÊNCIA FÍSICA: art. 37, VIII, CF; Súm. 377, STJ

PORTOS: arts. 21, XII, f, e 22, X, CF

PRAIAS
- fluviais: art. 20, III, CF
- marítimas: art. 20, IV, CF

PRECATÓRIOS
- assumidos pela união; possibilidade: art. 100, § 16, CF
- complementares ou suplementares; expedição: art. 100, § 8º, CF
- natureza alimentícia: art. 100, caput, e §§ 1º e 2º, CF; Súm. 655, STF; Súm. 144, STJ
- pagamento: art. 100, CF; Súm. 655, STF; Súm. 144, STJ
- pagamento; regime especial: art. 97, ADCT
- pendentes de pagamento: arts. 33, 78 e 86, ADCT; Súm. 144, STJ
- pequeno valor: art. 100, §§ 3º e 4º, CF
- produção de efeitos; comunicação por meio de petição protocolizada: art. 100, § 14, CF
- regime especial para pagamento: art. 100, § 15, CF

PRECONCEITOS: art. 3º, IV, CF

PRÉ-ESCOLA
- assistência gratuita: art. 7º, XXV, CF
- crianças de até seis anos de idade: art. 208, IV, CF

PREFEITO MUNICIPAL
- contas; fiscalização: art. 31, § 2º, CF
- crimes de responsabilidade: art. 29-A, § 2º, CF
- eleição: art. 29, I e II, CF
- idade mínima: art. 14, § 3º, VI, c, CF
- inelegibilidade de cônjuge e de parentes até o segundo grau: art. 14, § 7º, CF; Súm. Vinc. 18, STF
- julgamento: art. 29, X, CF; Súms. 702 e 703, STF; Súm. 209, STJ
- perda do mandato: art. 29, XIV, CF
- posse: art. 29, III, CF
- reeleição: art. 14, § 5º, CF
- servidor público: art. 38, II, CF
- subsídios: art. 29, V, CF

PRESIDENCIALISMO: art. 2º, ADCT

PRESIDENTE DA CÂMARA DOS DEPUTADOS: art. 12, § 3º, II, CF

PRESIDENTE DA REPÚBLICA E VICE-PRESIDENTE: arts. 76 a 86, CF
- ADECON e ADIN; legitimidade: art. 103, I, CF
- afastamento; cessação: art. 86, § 2º, CF
- atos estranhos ao exercício de suas funções: art. 86, § 4º, CF
- ausência do País por mais de 15 dias: arts. 49, III, e 83, CF
- cargo privativo de brasileiro nato: art. 12, § 3º, I, CF
- Chefia de Estado: art. 84, VII, VIII, XIX, XX e XXII, CF
- Chefia de Governo: art. 84, I a VI, IX a XVIII, XXI, XXIII a XXVII, CF
- competência privativa: art. 84, CF
- compromisso: art. 1º, CF
- Congresso Nacional; convocação extraordinária: art. 57, § 6º, CF
- Conselho da República; órgão de consulta: art. 89, CF
- Conselho de Defesa Nacional; órgão de consulta: art. 91, caput, CF
- contas; apreciação: arts. 49, IX, 51, II, e 71, I, CF
- crimes de responsabilidade: arts. 52, I, e par. ún., 85 e 86, CF
- delegação legislativa: art. 68, CF
- Distrito Federal: art. 16, ADCT
- eleição: art. 77, CF; art. 4º, § 1º, ADCT

- exercício do Poder Executivo: art. 76, CF
- governadores de Roraima e do Amapá; indicação: art. 14, § 3º, ADCT
- *habeas corpus* e *habeas data*: art. 102, I, *d*, CF
- idade mínima: art. 14, § 3º, VI, *a*, CF
- impedimento: arts. 79, *caput*, e 80, CF
- inelegibilidade de cônjuge e de parentes até o segundo grau: art. 14, § 7º, CF; Súm. Vinc. 18, STF
- infrações penais comuns: arts. 86 e 102, I, *b*, CF
- iniciativa de leis: arts. 60, II, 61, § 1º, 63, I, 64, CF
- leis orçamentárias: art. 165, CF
- mandado de injunção: art. 102, I, *q*, CF
- mandado de segurança: art. 102, I, *d*, CF
- mandato: art. 82; art. 4º, ADCT
- medidas provisórias: arts. 62 e 84, XXVI, CF; Súm. 651, STF
- morte de candidato, antes de realizado o segundo turno: art. 77, § 4º, CF
- Poder Executivo; exercício: art. 76, CF
- posse: art. 78, *caput*, CF
- prisão: art. 86, § 3º, CF
- processo contra; autorização da Câmara dos Deputados: arts. 51, I, e 86, CF
- promulgação de lei: art. 66, §§ 5º e 7º, CF
- reeleição: art. 14, § 5º, CF
- responsabilidade: arts. 85 e 86, CF
- sanção: arts. 48, *caput*, 66, *caput* e § 3º, CF
- subsídios: art. 49, VIII, CF
- substituição: art. 79, CF
- sucessão: art. 79, CF
- suspensão de suas funções: art. 86, § 1º, CF
- tomada de contas: art. 51, II, CF
- vacância do cargo: arts. 78, par. ún., 79, 80 e 81, CF
- veto: art. 66, §§ 1º a 6º, CF

PRESIDENTE DO BANCO CENTRAL: art. 52, III, *d*, CF

PRESIDENTE DO SENADO FEDERAL: art. 12, § 3º, III, CF

PREVIDÊNCIA COMPLEMENTAR: art. 5º, XLVI, *d*, CF

PREVIDÊNCIA PRIVADA
- complementar: art. 202, CF
- fiscalização; competência da União: art. 21, VIII, *in fine*, CF
- planos de benefícios e serviços: art. 6º da EC no 20/1998
- subvenção oficial: art. 202, § 3º; art. 5º da EC no 20/1998

PREVIDÊNCIA SOCIAL: arts. 201 e 202, CF
- aposentadoria: art. 201, §§ 7º a 9º, CF
- aposentadoria; contagem recíproca do tempo de contribuição: art. 201, § 9º, CF
- benefício; limite: art. 248, CF; art. 14 da EC nº 20/1998
- benefício; reajustamento: art. 201, § 4º, CF
- benefício; revisão dos valores: art. 58, ADCT
- benefício; valor mínimo mensal: art. 201, § 2º, CF
- benefício; vinculação da receita ao pagamento: art. 167, XI, CF
- contribuintes: art. 201, CF
- correção monetária; salários de contribuição: art. 201, § 3º, CF; Súm. 456, STJ
- custeio: art. 149, § 1º, CF
- direito social: art. 6º, CF
- fundos: arts. 249 e 250, CF
- ganhos habituais do empregado; incorporação ao salário: art. 201, § 11, CF
- gratificação natalina de aposentados e pensionistas: art. 201, § 6º, CF
- legislação; competência concorrente: art. 24, XII, CF
- prestação continuada; revisão de valores: art. 58, ADCT; Súm. 687, STF
- prestações mensais dos benefícios atualizadas: art. 58, par. ún., ADCT
- princípios: art. 201, CF
- subvenção a entidade de previdência privada: art. 202, § 3º, CF
- trabalhadores de baixa renda; inclusão previdenciária: art. 201, § 12, CF

PRINCÍPIO
- ampla defesa: art. 5º, LV, CF; Súms. Vincs. 5, 21 e 24, STF; Súms. 701, 704 e 712, STF; Súms. 196, 312 e 373, STJ
- contraditório: art. 5º, LV, CF; Súms. Vincs. 5, 21 e 24, STF; Súms. 701, 704 e 712, STF; Súms. 196, 312 e 373, STJ
- eficiência: art. 37, *caput*, CF; Súm. Vinc. 13, STF
- fundamentais: arts. 1º a 4º, CF
- impessoalidade: art. 37, *caput*, CF; Súm. Vinc. 13, STF
- legalidade: arts. 5º, II, e 37, *caput*, CF; Súm. Vinc. 13, STF; Súms. 636 e 686, STF
- livre concorrência: art. 170, IV, CF; Súm. 646, STF
- moralidade: art. 37, *caput*, CF; Súm. Vinc. 13, STF
- publicidade: art. 37, *caput*, CF

PRISÃO
- civil: art. 5º, LXVII, CF; Súm. Vinc. 25, STF; Súms. 280 e 419, STJ
- comunicação ao Judiciário e à família do preso: art. 5º, LXII, CF
- durante o estado de defesa: art. 136, § 3º, III, CF
- flagrante delito: art. 5º, LXI, CF
- ilegal: art. 5º, LXV, CF
- perpétua: art. 5º, XLVII, *b*, CF

PROCESSO
- autoridade competente: art. 5º, LIII, CF
- distribuição imediata: arts. 93, XV, e 129, § 5º, CF
- inadmissibilidade de provas ilícitas: art. 5º, LVI, CF
- judicial ou administrativo: art. 5º, LV, CF; Súms. Vincs. 5 e 21, STF; Súms. 701, 704 e 712, STF; Súms. 196, 312 e 373, STJ
- julgamento de militares do Estado: art. 125, §§ 4º e 5º, CF; Súms. 6, 53 e 90, STJ
- legislação; competência concorrente: art. 24, XI, CF
- necessidade: art. 5º, LIV, CF
- razoável duração: art. 5º, LXXVIII, CF

PROCESSO ELEITORAL: art. 16, CF

PROCESSO LEGISLATIVO: arts. 59 a 69, CF
- diplomas legais: art. 59, CF
- emenda constitucional: art. 60, CF
- iniciativa popular: art. 61, § 2º, CF
- iniciativa popular; estadual: art. 27, § 4º, CF
- iniciativa; leis complementares e ordinárias: art. 61, CF
- iniciativa; Presidente da República: arts. 61, § 1º, e 84, III, CF
- início; Câmara dos Deputados: art. 64, CF
- leis complementares; *quorum*: art. 69, CF
- leis delegadas: art. 68, CF
- medidas provisórias: art. 62, CF; Súm. 651, STF
- projetos de codificação: art. 64, § 4º, CF
- promulgação: arts. 65 e 66, §§ 5º e 7º, CF
- sanção presidencial: art. 66, CF
- veto presidencial: art. 66, CF

PROCURADORES DOS ESTADOS E DO DISTRITO FEDERAL: art. 132, CF

PROCURADOR-GERAL DA REPÚBLICA
- ADIN; legitimidade: art. 103, VI, CF
- audiência prévia: art. 103, § 1º, CF
- crimes de responsabilidade: art. 52, II, CF
- destituição: art. 128, § 2º, CF
- *habeas corpus* e *habeas data*: art. 102, I, *d*, CF
- infrações penais comuns: art. 102, I, *b*, CF
- mandado de segurança: art. 102, I, *d*, CF
- Ministério Público da União; chefe: art. 128, § 1º, CF
- nomeação; requisitos: art. 128, § 1º, CF
- opção: art. 29, § 2º, ADCT
- Presidente da República; atribuições: art. 84, par. ún., CF
- Presidente da República; nomeação: art. 84, XIV, CF
- recondução: art. 128, § 1º, CF
- Senado Federal; aprovação: art. 52, III, e, CF
- Senado Federal; exoneração de ofício: art. 52, XI, CF

PROCURADORIA-GERAL DA FAZENDA NACIONAL
- representação da União; causas fiscais: art. 29, § 5º, ADCT
- representação da União; execuções da dívida: art. 131, § 3º, CF; Súm. 139, STJ

PROGRAMA
- formação do patrimônio do servidor público: art. 239, *caput*, e § 3º, CF
- integração social: art. 239, CF

- nacionais, regionais e setoriais; atribuição do Congresso Nacional: art. 48, IV, CF
- nacionais, regionais e setoriais; elaboração e apreciação: art. 165, § 4º, CF

PROJETO DE LEI
- *vide* PROCESSO LEGISLATIVO

PROPRIEDADE
- direito; garantia: art. 5º, XXII, CF
- função social: arts. 5º, XXIII, e 170, III, CF
- particular: art. 5º, XXV, CF
- predial e territorial urbana; impostos: art. 156, I, CF; Súm. 589, STF; Súm. 399, STJ
- privada: art. 170, II, CF
- produtiva: art. 185, par. ún., CF
- veículos automotores; imposto: art. 155, III, CF

PROPRIEDADE RURAL
- aquisição; pessoa estrangeira: art. 190, CF
- desapropriação para fins de reforma agrária: art. 185, CF
- desapropriação por interesse social: art. 184, CF
- função social: arts. 184 e 186, CF
- média: art. 185, I, CF
- penhora: art. 5º, XXVI, CF
- pequena; definição em lei: art. 5º, XXVI, CF
- pequena; impenhorabilidade: art. 5º, XXVI, CF; Súm. 364, STJ
- usucapião: art. 191, CF

PROPRIEDADE URBANA
- aproveitamento: art. 182, § 4º, CF
- concessão de uso: art. 183, § 1º, CF
- desapropriação: art. 182, §§ 3º e 4º, III, CF; Súms. 113 e 114, STJ
- função social; art. 182, § 2º, CF; Súm. 668, STF
- título de domínio: art. 183, § 1º, CF
- usucapião: art. 183, CF

PUBLICIDADE DE ATOS PROCESSUAIS: art. 5º, LX, CF; Súm. 708, STF

Q

QUILOMBOS
- propriedade de seus remanescentes: art. 68, ADCT
- tombamento: art. 216, § 5º, CF

QUINTO CONSTITUCIONAL: arts. 94, 107, I e 111-A, I, CF

R

RAÇA: art. 3º, IV, CF

RACISMO
- crime inafiançável e imprescritível: art. 5º, XLII, CF
- repúdio: art. 4º, VIII, CF

RÁDIO
- acesso gratuito dos partidos políticos: art. 17, § 3º, CF
- concessão e renovação à emissora: art. 48, XII, CF
- produção e programação: arts. 220, § 3º, II, e 221, CF
- programas; classificação: art. 21, XVI, CF

RADIODIFUSÃO
- dispor; competência do Congresso Nacional: art. 48, XII, CF
- empresa: art. 222, CF
- exploração; competência da União: art. 21, XII, *a*, CF
- legislação; competência privativa: art. 22, IV, CF
- serviço de: art. 223, CF

RADIOISÓTOPOS
- meia-vida igual ou inferior a duas horas: art. 21, XXIII, *b*, CF
- utilização; regime de concessão ou permissão: art. 21, XXIII, *b*, CF

RECEITAS TRIBUTÁRIAS
- Estados e do Distrito Federal: arts. 157, 159, I, a, II, §§ 1º e 2º, CF
- Municípios: arts. 158, 159, I, *b*, §§ 1º e 3º, CF
- repartição: arts. 157 a 162, CF
- União; exercício 1989: art. 39, ADCT

RECURSO ESPECIAL: art. 105, III, CF

RECURSO EXTRAORDINÁRIO: art. 102, III, CF; Súm. 640, STF

RECURSO ORDINÁRIO
- competência; STJ: art. 105, II, CF
- competência; STF: art. 102, II, CF

RECURSOS HÍDRICOS
- fiscalização; competência comum: art. 23, XI, CF
- participação no resultado da exploração: art. 20, § 1º, CF
- sistema nacional de gerenciamento; competência da União: art. 21, XIX, CF

RECURSOS MINERAIS
- bens da União: art. 20, IX, CF
- exploração: art. 225, § 2º, CF
- fiscalização; competência comum: art. 23, XI, CF
- legislação; competência privativa: art. 22, XII, CF
- participação no resultado da exploração: art. 20, § 1º, CF
- pesquisa e lavra: art. 176, §§ 1º e 3º, CF; art. 43, ADCT
- terras indígenas; exploração: art. 49, XVI, CF

RECURSOS NATURAIS
- bens da União: art. 20, V, CF
- defesa; competência concorrente: art. 24, VI, CF

REELEIÇÃO: art. 14, § 5º, CF

REFERENDO
- autorização; competência do Congresso Nacional: art. 49, XV, CF
- instrumento de exercício da soberania popular: art. 14, I, CF

REFINAÇÃO DE PETRÓLEO: art. 177, II, CF

REFINARIAS: art. 45, ADCT

REFORMA AGRÁRIA
- beneficiários: art. 189, CF
- compatibilização; política agrícola: art. 187, § 2º, CF
- compatibilização; terras públicas: art. 188, CF
- desapropriação: arts. 184 e 185, CF

REGIÕES
- criação; objetivos: art. 43, CF
- metropolitanas: art. 25, § 3º, CF

REGISTRO
- civil de nascimento: art. 5º, LXXVI, *a*, CF
- filhos nascidos no estrangeiro: art. 90, ADCT
- públicos: art. 22, XXV, CF

RELAÇÕES EXTERIORES: art. 21, I, CF

RELAÇÕES INTERNACIONAIS DO BRASIL: art. 4º, CF

RELAXAMENTO DA PRISÃO ILEGAL: art. 5º, LXV, CF

RELIGIÃO: art. 210, § 1º, CF

RENÚNCIA A CARGOS POLÍTICOS: art. 14, § 6º, CF

REPARAÇÃO DE DANO: art. 5º, XLV, CF

REPARTIÇÃO DAS RECEITAS TRIBUTÁRIAS: arts. 157 a 162, CF

REPOUSO SEMANAL REMUNERADO: art. 7º, XV, CF

REPÚBLICA FEDERATIVA DO BRASIL
- apreciação popular mediante plebiscito: art. 2º, ADCT
- fundamentos: art. 1º, CF
- integração da América Latina: art. 4º, par. ún., CF
- objetivos fundamentais: art. 3º, CF
- organização político-administrativa: art. 18, *caput*, CF
- relações internacionais; princípios: art. 4º, *caput*, CF

RESERVAS CAMBIAIS DO PAÍS: art. 21, VIII, CF

RETROATIVIDADE DA LEI PENAL: art. 5º, XL, CF

REVISÃO CONSTITUCIONAL: art. 3º, ADCT

REVISÃO CRIMINAL
- competência; STJ: art. 105, I, *e*, CF
- competência; STF: art. 102, I, *j*, CF
- competência; TRF: art. 108, I, *b*, CF

S

SALÁRIO(S)
- décimo terceiro: art. 7º, VIII, CF
- de contribuição: art. 201, § 3º, CF; Súm. 456, STJ

- diferença; proibição: art. 7º, XXX, CF
- discriminação: art. 7º, XXXI, CF
- educação: art. 212, § 5º, CF; Súm. 732, STF
- família: art. 7º, XII, CF
- irredutibilidade: art. 7º, VI, CF
- mínimo anual: art. 239, § 3º, CF
- mínimo; garantia: art. 7º, VII, CF
- mínimo; vinculação: art. 7º, IV, CF: Súms. Vincs. 4, 6 e 15, STF; Súm. 201, STJ
- proteção: art. 7º, X, CF

SANEAMENTO BÁSICO
- ações; competência do SUS: art. 200, IV, CF
- diretrizes; competência da União: art. 21, XX, CF
- promoção; competência comum: art. 23, IX, CF

SANGUE: art. 199, § 4º, CF

SAÚDE: arts. 196 a 200, CF
- aplicação de percentual do orçamento da seguridade social: art. 55, ADCT
- cuidar; competência comum: art. 23, II, CF
- custeio do sistema: art. 71, ADCT
- direito da criança e do adolescente: art. 227, § 1º, CF
- direito de todos e dever do Estado: art. 196, CF
- direito social: art. 6º, CF
- diretrizes dos serviços: art. 198, CF
- execução; Poder Público ou terceiros: art. 197, CF
- iniciativa privada: art. 199, CF
- propaganda de produtos, práticas e serviços nocivos à: art. 220, § 3º, II, CF
- proteção e defesa; competência concorrente: art. 24, XII, CF
- regulamentação, fiscalização e controle: art. 197, CF
- serviços; competência dos Municípios: art. 30, VII, CF
- serviços; relevância pública: art. 197, CF
- sistema único: arts. 198 e 200, CF

SEDE DO GOVERNO FEDERAL: art. 48, VII, CF

SEGREDO DE JUSTIÇA: art. 14, § 11, CF

SEGURANÇA
- direito social: arts. 6º e 7º, XXII, CF
- trabalho: art. 7º, XXII, CF

SEGURANÇA PÚBLICA
- corpos de bombeiros militares: art. 144, §§ 5º e 6º, CF
- dever do Estado: art. 144, caput, CF
- direito e responsabilidade de todos: art. 144, caput, CF
- guardas municipais: art. 144, § 8º, CF
- objetivos: art. 144, caput, CF
- órgãos: art. 144, I a V, e § 7º, CF
- polícia civil: art. 144, §§ 5º e 6º, CF
- polícia federal: art. 144, § 1º, CF
- polícia ferroviária federal: art. 144, § 3º, CF
- polícia militar: art. 144, §§ 5º e 6º, CF
- polícia rodoviária federal: art. 144, § 2º, CF

SEGURIDADE SOCIAL: arts. 194 a 204, CF
- arrecadação; integrar a receita: art. 56, ADCT; Súm. 658, STF
- assistência social: arts. 203 e 204, CF
- atividade em regime de economia familiar; alíquota: art. 195, § 8º, CF; Súm. 272, STJ
- benefícios: art. 248, CF
- débito; sanções: art. 195, § 3º, CF
- estrutura: art. 194, CF
- finalidade: art. 194, caput, CF
- financiamento pela sociedade: arts. 195 e 240, CF; Súms. 658 e 659, STF
- isenções de entidades beneficentes: art. 195, § 7º, CF; Súm. 352, STJ
- legislação; competência privativa: art. 22, XXIII, CF
- objetivos: art. 194, par. ún., CF
- orçamento: art. 165, § 5º, III, CF
- orçamento destinado ao serviço de saúde: art. 55, ADCT
- organização: art. 194, par. ún., CF
- previdência social: arts. 201 e 202, CF
- projeto de lei relativo à organização: art. 59, ADCT
- proposta de orçamento: art. 195, § 2º, CF

- receitas estaduais, municipais e do Distrito Federal: art. 195, § 1º, CF
- saúde: arts. 196 a 200, CF

SEGURO
- contra acidentes do trabalho: art. 7º, XXVIII, CF
- fiscalização; competência da União: art. 21, VIII, CF
- legislação; competência privativa: art. 22, VII, CF
- seguro-desemprego: arts. 7º, II, e 239, caput, e § 4º, CF

SENADO FEDERAL: art. 52, CF
- ADECON; legitimidade: art. 103, § 4º, CF
- Câmara Legislativa do Distrito Federal; competência: art. 16, §§ 1 e 2º, CF
- comissões permanentes e temporárias: art. 58, CF
- competência privativa: art. 52, CF
- competência privativa; vedação de delegação: art. 68, § 1º, CF
- composição: art. 46, CF
- Congresso Nacional; composição: art. 44, caput, CF
- Conselho da República; participação: art. 89, III, V e VII, CF
- Conselho de Defesa Nacional; participação: art. 91, III, CF
- CPI; criação e poderes: art. 58, § 3º, CF
- crimes de responsabilidade; Presidente da República: art. 86, CF
- despesa: art. 63, II, CF
- emenda constitucional; proposta: art. 60, I, CF
- emendas em projetos de lei: art. 64, § 3º, CF
- estado de sítio: art. 53, § 8º, CF
- impostos; alíquotas: art. 155, §§ 1º, IV, e 2º, IV e V, CF
- iniciativa de leis: art. 61, CF
- legislatura: art. 44, par. ún., CF
- licença prévia a Senadores; incorporação às Forças Armadas: art. 53, § 7º, CF
- Mesa: art. 58, § 1º, CF
- Ministros de Estado: art. 50, CF
- Presidente; cargo privativo de brasileiro nato: art. 12, § 3º, III, CF
- Presidente; exercício da Presidência da República: art. 80, CF
- projetos de lei; discussão e votação: art. 64, CF
- promulgação de leis pelo Presidente: art. 66, § 7º, CF
- quorum: art. 47, CF
- reunião; sessão conjunta com a Câmara dos Deputados: art. 57, § 3º, CF

SENADORES
vide SENADO FEDERAL e CONGRESSO NACIONAL
- decoro parlamentar: art. 55, II, e §§ 1º e 2º, CF
- duração do mandato: art. 46, § 1º, CF
- Forças Armadas; requisito: art. 53, § 7º, CF
- idade mínima: art. 14, § 3º, VI, a, CF
- impedimentos: art. 54, CF
- imunidades: arts. 53, § 8º, e 139, par. ún., CF
- inviolabilidade: art. 53, CF
- julgamento perante o STF: arts. 53, § 1º, e 102, I, b, d e q, CF
- perda de mandato: arts. 55 e 56, CF
- prisão: art. 53, § 2º, CF
- servidor público; afastamento: art. 38, I, CF
- sistema eleitoral: art. 46, caput, CF
- subsídio: art. 49, VII, CF
- suplente; convocação: arts. 46, § 3º, 56, § 1º, CF
- sustação do andamento da ação: art. 53, §§ 3º a 5º, CF
- testemunho: art. 53, § 6º, CF
- vacância: art. 56, § 2º, CF

SENTENÇA
- estrangeira; homologação: art. 105, I, i, CF
- penal condenatória; trânsito em julgado: art. 5º, LVII, CF
- perda do cargo de servidor público estável: art. 41, §§ 1º, I, e 2º, CF
- proferida pela autoridade competente: art. 5º, LIII, CF

SEPARAÇÃO DE PODERES: art. 60, § 4º, III, CF

SEPARAÇÃO JUDICIAL: art. 226, § 6º, CF

SERINGUEIROS: art. 54, ADCT

SERVENTIAS DO FORO JUDICIAL: art. 31, ADCT

SERVIÇO(S)
- energia elétrica: art. 21, XII, b, CF
- essenciais: arts. 9º, § 1º, e 30, V, CF

- forenses: art. 24, IV, CF
- gás canalizado: art. 25, § 2º, CF
- navegação aérea: art. 21, XII, c, CF
- notariais e de registro: art. 236, CF
- nucleares: art. 21, XXIII, CF
- oficiais de estatística: art. 21, XV, CF
- postal: arts. 21, X, e 22, V, CF
- públicos; de interesse local: art. 30, V, CF
- públicos; dever do Poder Público: art. 175, CF
- públicos; licitação: art. 37, XXI, CF; Súm. 333, STJ
- públicos; prestação; política tarifária: art. 175, par. ún., III, CF; Súm. 407, STJ
- públicos; reclamações: art. 37, § 3º, I, CF
- radiodifusão: arts. 21, XII, a, e 223, CF
- registro: art. 236 e §§ 1ª a 3ª, CF
- saúde: art. 197, CF
- telecomunicações: art. 21, XI, CF
- transporte ferroviário, aquaviário e rodoviário: art. 21, XII, d e e, CF

SERVIÇO EXTRAORDINÁRIO: art. 7º, XVI, CF

SERVIÇO MILITAR
- imperativo de consciência: art. 143, § 1º, CF
- mulheres e eclesiásticos: art. 143, § 2º, CF; Súm. Vinc. 6, STF
- obrigatoriedade: art. 143, caput, CF
- obrigatório; alistamento eleitoral dos conscritos: art. 14, § 2º, CF

SERVIDOR PÚBLICO: arts. 39 a 41, CF; Súm. Vinc. 4, STF; Súms. 683 e 684, STF; Súms. 97 e 378, STJ; Súm. 390, TST
- acréscimos pecuniários: art. 37, XIV, CF
- acumulação remunerada de cargos: art. 37, XVI e XVII, CF
- adicional noturno: art. 39, § 3º, CF
- adicional por serviço extraordinário: art. 39, § 3º, CF
- administração fazendária: art. 37, XVIII, CF
- anistia: art. 8º, § 5º, ADCT
- aposentadoria: art. 40, CF
- aposentadoria; legislação anterior à EC no 20/98: arts. 3º e 8º da EC nº 20/98
- associação sindical: art. 37, VI, CF
- ato de improbidade administrativa: art. 37, § 4º, CF
- ato ilícito: art. 37, § 5º, CF
- avaliação especial de desempenho: art. 41, § 4º, CF
- benefício; atualização: art. 37, § 17, CF
- benefício; limite máximo: art. 14 da EC no 20/98
- cargo efetivo: art. 37, V, CF
- cargo em comissão: art. 40, § 13, CF
- concorrência; prevenção de desequilíbrio: art. 146-A, CF
- contratação por tempo determinado: art. 37, IX, CF
- décimo terceiro salário: art. 39, § 3º, CF
- desnecessidade de cargo: art. 41, § 3º, CF
- direito: art. 39, § 3º, CF
- direito de greve: art. 37, VII, CF
- discriminação: art. 39, § 3º, CF
- disponibilidade remunerada: art. 41, § 3º, CF
- estabilidade: art. 41, CF; art. 19, ADCT; Súm. 390, TST
- exercício de mandato eletivo: art. 38, CF
- extinção de cargo: art. 41, § 3º, CF
- férias e adicional: art. 39, § 3º, CF
- formação e aperfeiçoamento: art. 39, § 2º, CF
- funções de confiança: art. 37, V, CF
- informações privilegiadas; acesso: art. 37, § 7º, CF
- jornada de trabalho: art. 39, § 3º, CF
- licença à gestante: art. 39, § 3º, CF
- licença-paternidade: art. 39, § 3º, CF
- microempresas: art. 146, III, d, e par. ún., CF
- pensão por morte: art. 40, §§ 7º e 8º, CF
- perda do cargo: arts. 41, § 1º, 169, § 4º, e 247, CF
- recursos orçamentários: art. 39, § 7º, CF
- regime de previdência complementar: art. 40, §§ 14, 15 e 16, CF
- regime de previdência de caráter contributivo: arts. 40 e 249, CF
- reintegração: art. 41, § 2º, CF
- remuneração: art. 37, X a XIII, CF; Súm. 672, STF
- repouso semanal remunerado: art. 39, § 3º, CF
- riscos do trabalho; redução: art. 39, § 3º, CF
- salário-família: art. 39, § 3º, CF
- salário mínimo: art. 39, § 3º, CF
- subsídios e vencimentos: art. 37, XV, CF
- subsídios: art. 37, XI, CF
- tempo de contribuição e de serviço: art. 40, § 9º, CF
- tempo de serviço: art. 4º da EC nº 20/98
- Tribunais; licenças e férias: art. 96, I, f, CF
- União e Territórios: art. 61, § 1º, II, c, CF
- vencimento; peculiaridades dos cargos: art. 39, § 1º, III, CF
- vencimento e sistema remuneratório: arts. 37, XI, XII e XIV, e 39, §§ 1º, 4º, 5º e 8º, CF

SESSÃO LEGISLATIVA DO CONGRESSO NACIONAL: art. 57, CF

SIGILO DA CORRESPONDÊNCIA E DAS COMUNICAÇÕES TELEGRÁFICAS E TELEFÔNICAS
- estado de defesa; restrições: art. 136, § 1º, I, b e c, CF
- estado de sítio; restrições: art. 139, III, CF
- inviolabilidade; ressalva: art. 5º, XII, CF

SIGILO DAS VOTAÇÕES: art. 5º, XXXVIII, b, CF

SÍMBOLOS: art. 13, §§ 1º e 2º, CF

SINDICATOS: art. 8º, CF; Súm. 4, STJ
- denúncia de irregularidades; legitimidade: art. 74, § 2º, CF
- direitos; interesses coletivos ou individuais; defesa: art. 8º, III, CF
- impostos; vedação de instituição: art. 150, VI, c, e § 4º, CF
- liberdade de filiação: art. 8º, V, CF
- rurais; normas aplicáveis: art. 8º, par. ún., CF; art. 10, § 2º, ADCT

SISTEMA CARTOGRÁFICO
- legislação; competência privativa: art. 22, XVIII, CF
- manutenção; competência da União: art. 21, XV, CF

SISTEMA DE GOVERNO: art. 2º, ADCT

SISTEMA DE MEDIDAS: art. 22, VI, CF

SISTEMA ESTATÍSTICO: art. 22, XVIII, CF

SISTEMA FEDERAL DE ENSINO: art. 22, VI, CF

SISTEMA FINANCEIRO NACIONAL: art. 192, CF

SISTEMA MONETÁRIO E DE MEDIDAS: art. 22, VI, CF

SISTEMA NACIONAL DE CULTURA: art. 216-A

SISTEMA NACIONAL DE EMPREGO: art. 22, XVI, CF

SISTEMA NACIONAL DE VIAÇÃO: art. 21, XXI, CF

SISTEMA TRIBUTÁRIO NACIONAL: arts. 145 a 162, CF
- administrações tributárias: art. 37, XXII, CF
- Congresso Nacional; atribuição: art. 48, I, CF
- impostos da União: arts. 153 e 154, CF
- impostos dos Estados federados e do Distrito Federal: art. 155, CF
- impostos municipais: art. 156, CF
- limitações do poder de tributar: arts. 150 a 152, CF
- princípios gerais: arts. 145 a 149, CF
- repartição das receitas tributárias: arts. 157 a 162, CF
- Senado Federal; avaliação: art. 52, XV, CF
- vigência; início: art. 34, ADCT

SISTEMA ÚNICO DE SAÚDE: arts. 198 a 200, CF

SÍTIOS ARQUEOLÓGICOS
- bens da União: art. 20, X, CF
- patrimônio cultural brasileiro: art. 216, V, CF
- proteção; competência comum: art. 23, III, CF

SÍTIOS PRÉ-HISTÓRICOS: art. 20, X, CF

SOBERANIA DOS VEREDICTOS DO JÚRI: art. 5º, XXXVIII, c, CF

SOBERANIA NACIONAL
- fundamento do Estado brasileiro: art. 1º, caput, I, CF
- respeitada pelos partidos políticos: art. 17, caput, CF

SOBERANIA POPULAR: art. 14, CF

SOCIEDADE CONJUGAL: art. 226, § 5º, CF

SOCIEDADE DE ECONOMIA MISTA
- criação; autorização: art. 37, XIX e XX, CF
- privilégios fiscais não admitidos: art. 173, § 2º, CF
- regime jurídico: art. 173, § 1º, CF

SOLO: art. 24, VI, CF

SORTEIOS: art. 22, XX, CF

SUBSÍDIOS
- Deputados Estaduais; fixação: art. 27, § 2º, CF
- fiscal: art. 150, § 6º, CF
- fixação; alteração por lei específica: art. 37, X, CF
- fixação; parcela única: art. 39, § 4º, CF
- Governador, Vice-Governador e Secretários de Estado; fixação: art. 28, § 2º, CF
- irredutibilidade: art. 37, XV, CF
- limite: art. 37, XI, CF
- Ministros do STF; fixação: art. 48, XV, CF
- Ministros dos Tribunais Superiores: art. 93, V, CF
- Prefeito, Vice-Prefeito e Secretários municipais; fixação: art. 29, V, CF
- publicação anual: art. 39, § 6º, CF
- revisão geral anual: art. 37, X, CF; Súm. 672, STF
- Vereadores; fixação: art. 29, VI, CF

SUCESSÃO DE BENS DE ESTRANGEIROS: art. 5º, XXXI, CF

SUCUMBÊNCIA: art. 5º, LXXIII, *in fine*, CF

SUFRÁGIO UNIVERSAL: art. 14, *caput*, CF

SÚMULAS
- efeito vinculante: art. 8º, da EC nº 45/2004
- efeito vinculante; objetivo: art. 103-A, §§ 1º e 2º, CF

SUPERIOR TRIBUNAL DE JUSTIÇA: arts. 104 e 105, CF
- ações rescisórias: art. 105, I, e, CF
- competência originária: art. 105, I, CF
- competência privativa: art. 96, I e II, CF
- composição: art. 104, CF; art. 27, § 2º, ADCT
- conflitos de atribuições: art. 105, I, g, CF
- conflitos de competência: art. 105, I, d, CF
- Conselho da Justiça Federal: art. 105, par. ún., CF
- crimes comuns e de responsabilidade: art. 105, I, a, CF
- *exequatur* às cartas rogatórias: art. 105, I, i, CF
- *habeas corpus*: art. 105, I, c, e II, a, CF
- *habeas data*: art. 105, I, b, CF
- homologação de sentenças estrangeiras: art. 105, I, i, CF
- iniciativa de leis: art. 61, *caput*, CF
- instalação: art. 27, ADCT
- jurisdição: art. 92, § 2º, CF
- lei federal; interpretação divergente: art. 105, III, c, CF;
- mandado de injunção: art. 105, I, h, CF
- mandado de segurança: art. 105, I, b, e II, b, CF; Súms. 41 e 177, STJ
- Ministros: arts. 84, XIV, e 104, par. ún., CF
- Ministros; processo e julgamento: art. 102, I, c, d e i, CF
- órgão do Poder Judiciário: art. 92, II, CF
- projetos de lei: art. 64, *caput*, CF
- reclamação: art. 105, I, f, CF
- recurso especial: art. 105, III, CF
- recurso ordinário: art. 105, II, CF
- revisões criminais: art. 105, I, e, CF
- sede: art. 92, § 1º, CF

SUPERIOR TRIBUNAL MILITAR
- competência privativa: art. 96, I e II, CF
- composição: art. 123, CF
- iniciativa de leis: art. 61, *caput*, CF
- jurisdição: art. 92, § 2º, CF
- Ministros militares e civis: art. 123, CF
- Ministros; nomeação: arts. 84, XIV, e 123, CF
- Ministros; processo e julgamento: art. 102, I, c, d e i, CF
- organização e funcionamento: art. 124, CF
- órgão da Justiça Militar: art. 122, I, CF
- projetos de lei de iniciativa: art. 64, *caput*, CF
- sede: art. 92, § 1º, CF

SUPREMO TRIBUNAL FEDERAL: arts. 101 a 103, CF
- ação rescisória: art. 102, I, j, CF
- ADECON: art. 102, I, a, e § 2º, CF
- ADIN: arts. 102, I, a, 103, CF; Súm. 642, STF
- ADPF: art. 102, § 1º, CF
- atribuições: art. 27, § 1º, ADCT
- causas e conflitos entre a União e os estados federados: art. 102, I, f, CF

- competência originária: art. 102, I, CF
- competência privativa: art. 96, I e II, CF
- composição: art. 101, CF
- conflitos de competência: art. 102, I, o, CF
- contrariedade à CF: art. 102, III, a, CF; Súm. 400, STF
- crime político: art. 102, II, b, CF
- crimes de responsabilidade: art. 102, I, c, CF
- decisões definitivas de mérito: art. 102, § 2º, CF
- Estatuto da Magistratura: art. 93, CF
- execução de sentença: art. 102, I, m, CF
- extradição: art. 102, I, g, CF
- *habeas corpus*: art. 102, I, d e i, e II, a, CF; Súm. 691, STF
- *habeas data*: art. 102, I, d, e II, a, CF
- inconstitucionalidade em tese: art. 103, § 3º, CF
- inconstitucionalidade por omissão: art. 103, § 2º, CF
- infrações penais comuns: art. 102, I, b e c, CF
- iniciativa de leis: art. 61, *caput*, CF
- jurisdição: art. 92, § 2º, CF
- litígio entre Estado estrangeiro e a União, o Estado, o DF ou Território: art. 102, I, e, CF
- mandado de injunção: art. 102, I, q, e II, a, CF
- mandado de segurança: art. 102, I, d, e II, a, CF; Súm. 624, STF
- medida cautelar na ADIN: art. 102, I, p, CF
- membros da magistratura: art. 102, I, n, CF; Súms. 623 e 731, STF
- Ministro; cargo privativo de brasileiro nato: art. 12, § 3º, IV, CF
- Ministros; crimes de responsabilidade: art. 52, II, e par. ún., CF
- Ministro; idade mínima e máxima: art. 101, CF
- Ministro; nomeação: arts. 101, par. ún., e 84, XIV, CF
- órgão do Poder Judiciário: art. 92, I, CF
- Presidente; compromisso; disposições constitucionais transitórias: art. 1º, ADCT
- Presidente; exercício da Presidência da República: art. 80, CF
- projetos de lei de iniciativa: art. 64, *caput*, CF
- reclamações: art. 102, I, l, CF
- reconhecimento dos direitos: art. 9º, ADCT
- recurso extraordinário: art. 102, III, CF
- recurso ordinário: art. 102, II, CF
- revisão criminal: art. 102, I, j, CF
- sede: art. 92, § 1º, CF
- súmula vinculante: art. 103-A, CF

SUSPENSÃO DE DIREITOS: art. 5º, XLVI, e, CF

SUSPENSÃO DE DIREITOS POLÍTICOS: art. 15, CF

T

TABACO
- propaganda comercial; competência: art. 65, ADCT
- propaganda comercial; restrições legais: art. 220, § 4º, CF

TAXAS
- inexigibilidade: art. 5º, XXXIV, a, CF
- instituição: art. 145, II, e § 2º, CF; Súm. Vinc. 29, STF; Súms. 665 e 670, STF
- subsídio: art. 150, § 6º, CF

TECNOLOGIA: arts. 218 e 219, CF
- *vide* ORDEM SOCIAL

TELECOMUNICAÇÕES
- atribuição; competência do Congresso Nacional: art. 48, XII, CF
- exploração dos serviços: art. 21, XI e XII, a, CF
- legislação; competência privativa: art. 22, IV, CF
- serviços públicos; concessões mantidas: art. 66, ADCT

TELEVISÃO
- concessão; competência exclusiva do Congresso Nacional: art. 48, XII, CF
- partidos políticos; gratuidade: art. 17, § 3º, CF
- produção e programação: arts. 220, § 3º, II, e 221, CF

TEMPLOS DE QUALQUER CULTO: art. 150, VI, b, CF

TERRAS DEVOLUTAS
- bens da União e dos Estados federados: arts. 20, II, e 26, IV, CF; Súm. 477, STF
- destinação: art. 188, CF
- necessárias: art. 225, § 5º, CF

TERRAS INDÍGENAS
- bens da União: art. 20, XI, CF; Súm. 650, STF
- demarcação: art. 231, *caput*, CF; art. 67, ADCT
- exploração; autorização pelo Congresso Nacional: art. 49, XVI, CF
- inalienabilidade, indisponibilidade e imprescritibilidade: art. 231, § 4º, CF
- posse e usufruto: art. 231, §§ 2º e 6º, CF
- recursos hídricos; aproveitamento: art. 231, § 3º, CF
- remoção; grupos indígenas: art. 231, § 5º, CF

TERRAS PÚBLICAS
- alienação ou concessão: art. 188, §§ 1º e 2º, CF
- alienação ou concessão; aprovação pelo Congresso Nacional: art. 49, XVII, CF
- destinação: art. 188, CF
- doações, vendas e concessões: art. 51, ADCT

TERRENOS DE MARINHA
- bens da União: art. 20, VII, CF
- enfiteuse: art. 49, § 3º, ADCT

TERRENOS MARGINAIS: art. 20, III, CF

TERRITÓRIO NACIONAL
- liberdade de locomoção: art. 5º, XV, CF
- limites; atribuição ao Congresso Nacional: art. 48, V, CF
- trânsito ou permanência de forças estrangeiras: art. 49, II, CF

TERRITÓRIOS FEDERAIS: art. 33, CF
- Amapá; transformação em estado federado: art. 14, ADCT
- competência; Câmara Territorial: art. 33, § 3º, *in fine*, CF
- contas; apreciação pelo Congresso Nacional: art. 33, § 2º, CF
- criação; lei complementar: art. 18, § 2º, CF
- defensores públicos federais: art. 33, § 3º, CF
- deputados; número: art. 45, § 2º, CF
- divisão em municípios: art. 33, § 1º, CF
- eleições; Câmara Territorial: art. 33, § 3º, *in fine*, CF
- Fernando de Noronha; extinção: art. 15, ADCT
- Governador; escolha e nomeação: arts. 33, § 2º, 52, III, c, e 84, XIV, CF
- impostos: art. 147, CF
- incorporação; atribuição do Congresso Nacional: art. 48, VI, CF
- integram a União: art. 18, § 2º, CF
- litígio com Estado estrangeiro ou organismo internacional: art. 102, I, e, CF
- Ministério Público: art. 33, § 3º, CF
- organização administrativa e judiciária: arts. 33, *caput*, e 61, § 1º, II, b, CF
- organização administrativa; competência privativa: art. 22, XVII, CF
- órgãos judiciários: art. 33, § 3º, CF
- reintegração ao Estado de origem; lei complementar: art. 18, § 2º, CF
- Roraima: art. 14, ADCT
- sistema de ensino: art. 211, § 1º, CF
- transformação em Estado: art. 18, § 2º, CF

TERRORISMO
- crime inafiançável: art. 5º, XLIII, CF
- repúdio: art. 4º, VIII, CF

TESOURO NACIONAL: art. 164, CF

TÍTULOS
- crédito; impostos: art. 155, § 1º, II, CF
- dívida agrária; indenização; desapropriação para fins de reforma agrária: art. 184, CF
- dívida pública; emissão e resgate: art. 163, IV, CF
- dívida pública; indenização; desapropriação: art. 182, § 4º, III, CF
- domínio ou de concessão de uso: arts. 183, § 1º, e 189, CF
- emitidos pelo Tesouro Nacional: art. 164, § 2º, CF
- impostos; incidência: art. 155, I, e § 1º, II, CF
- legislação; competência privativa: art. 22, VI, CF

TOMBAMENTO: art. 216, § 5º, CF

TORTURA
- crime inafiançável: art. 5º, XLIII, CF
- proibição: art. 5º, III, CF

TRABALHADOR
- ação trabalhista; prescrição: art. 7º, XXIX, CF; Súm. 308, TST
- avulsos: art. 7º, XXXIV, CF
- baixa renda: art. 201, § 12, CF
- direitos sociais: art. 7º, CF
- domésticos: art. 7º, par. ún., CF
- participação nos colegiados de órgãos públicos: art. 10, CF
- sindicalizados: art. 8º, VIII, CF

TRABALHO
- avulso: art. 7º, XXXVI, CF
- direito social: art. 6º, CF
- duração: art. 7º, XIII, CF
- férias; remuneração: art. 7º, XVII, CF; Súm. 386, STJ; Súms. 171 e 328, TST
- forçado: art. 5º, XLVII, c, CF
- inspeção; competência da União: art. 21, XXIV, CF
- intelectual: art. 7º, XXXII, CF
- livre exercício: art. 5º, XIII, CF
- manual: art. 7º XXXII, CF
- noturno, perigoso ou insalubre: art. 7º, XXXIII, CF
- primado; objetivo da ordem social: art. 193, CF
- técnico; distinção proibitiva: art. 7º, XXXII, CF
- turnos ininterruptos de revezamento: art. 7º, XIV, CF; Súm. 675, STF; Súm. 360, TST
- valores sociais: art. 1º, IV, CF

TRÁFICO ILÍCITO DE ENTORPECENTES E DROGAS AFINS
- crime; extradição de brasileiro naturalizado: art. 5º, LI, CF
- crime inafiançável: art. 5º, XLIII, CF
- prevenção e repressão: art. 144, II, CF

TRÂNSITO
- forças estrangeiras no território nacional: art. 21, IV, CF
- legislação; competência privativa: art. 22, XI, CF
- segurança; competência: art. 23, XII, CF

TRANSMISSÃO *CAUSA MORTIS*: art. 155, I, CF

TRANSPORTE
- aéreo, aquático e terrestre: art. 178, CF
- aquaviário e ferroviário: art. 21, XII, d, CF
- coletivo: arts. 30, V , 227, § 2º, e 244, CF
- gás natural, petróleo e derivados; monopólio da União: art. 177, IV, CF
- gratuito aos maiores de 75 anos: art. 230, § 2º, CF
- internacional: art. 178, CF
- legislação; competência privativa: art. 22, IX e XI, CF
- rodoviário interestadual e internacional de passageiros: art. 21, XII, e, CF
- urbano: art. 21, XX, CF

TRATADOS INTERNACIONAIS
- celebração e referendo: arts. 49, I, e 84, VIII, CF
- direitos e garantias constitucionais: art. 5º, § 2º, CF
- equivalente às emendas constitucionais: art. 5º, § 3º, CF

TRATAMENTO DESUMANO OU DEGRADANTE: art. 5º, III, CF

TRIBUNAL DE ALÇADA: art. 4º da EC nº 45/2004

TRIBUNAL DE CONTAS DA UNIÃO
- aplicação; sanções: art. 71, VIII, CF
- auditor substituto de Ministro: art. 73, § 4º, CF
- cálculo de quotas; fundos de participação: art. 161, par. ún., CF
- competência: art. 71, CF
- competência privativa: art. 96, CF
- composição: art. 73, CF
- controle externo: arts. 70 e 71, CF
- débito ou multa; eficácia de título executivo: art. 71, § 3º, CF
- denúncias de irregularidades ou ilegalidades: art. 74, § 2º, CF
- infrações penais comuns e crimes de responsabilidade: art. 102, I, c, CF
- jurisdição: art. 73, CF
- membros; escolha de 2/3 pelo Congresso Nacional: art. 49, XIII, CF
- membros; *habeas corpus*, mandado de segurança, *habeas data* e mandado de injunção: art. 102, I, d e q, CF
- Ministros; escolha: arts. 52, III, b, e 73, § 2º, CF
- Ministros; nomeação: art. 84, XV, CF

- Ministros; número: art. 73, *caput*, CF
- Ministros; prerrogativas: art. 73, § 3º, CF
- Ministros; requisitos: art. 73, § 1º, CF
- parecer prévio: art. 33, § 2º, CF
- prestação de informações: art. 71, VII, CF
- relatório de suas atividades: art. 71, § 4º, CF
- representação: art. 71, XI, CF
- sede: art. 73, CF
- sustação de contrato: art. 71, §§ 1º e 2º, CF

TRIBUNAL DE CONTAS DOS ESTADOS E DO DISTRITO FEDERAL
- crimes comuns e de responsabilidade: art. 105, I, a, CF
- organização, composição e fiscalização: art. 75, CF; Súm. 653, STF

TRIBUNAL DE EXCEÇÃO: art. 5º, XXXVII, CF

TRIBUNAL ESTADUAL: arts. 125 e 126, CF; Súm. 721, STF
- competência anterior à CF: art. 70, ADCT
- competência privativa: art. 96, CF
- competência; definição: art. 125, § 1º, CF
- conflitos fundiários: art. 126, CF
- Justiça Militar estadual: art. 125, §§ 3º e 4º, CF; Súm. 673, STF; Súms. 53 e 90, STJ
- órgão do Poder Judiciário: art. 92, VII, CF
- quinto constitucional: art. 94, CF

TRIBUNAL INTERNACIONAL DOS DIREITOS HUMANOS: art. 7º, ADCT

TRIBUNAL MILITAR: arts. 122 a 124, CF

TRIBUNAL PENAL INTERNACIONAL: art. 5º, § 4º, CF

TRIBUNAL REGIONAL DO TRABALHO: arts. 111 a 117, CF
- competência privativa: art. 96, CF
- composição: art. 115, CF
- distribuição pelos Estados e no Distrito Federal: art. 112, CF
- órgãos da Justiça do Trabalho: art. 111, II, CF
- órgãos do Poder Judiciário: art. 92, IV, CF

TRIBUNAL REGIONAL ELEITORAL: arts. 118 a 121, CF
- competência privativa: art. 96, CF
- composição: art. 120, § 1º, CF
- distribuição pelos Estados e o Distrito Federal: art. 120, CF
- garantias de seus membros: art. 121, § 1º, CF
- órgãos da Justiça Eleitoral: art. 118, II, CF
- órgãos do Poder Judiciário: art. 92, V, CF
- prazos: art. 121, § 2º, CF
- recurso; cabimento: art. 121, § 4º, CF

TRIBUNAL REGIONAL FEDERAL: arts. 106 a 108, CF
- competência: art. 108, CF; Súms. 3 e 428, STJ
- competência privativa: art. 96, CF
- composição: art. 107, CF
- conflito de competência: art. 108, I, e, CF
- criação: art. 27, § 6º, ADCT
- órgão do Poder Judiciário: art. 92, III, CF
- órgãos da Justiça Federal: art. 106, I, CF
- quinto constitucional: arts. 94 e 107, I, CF

TRIBUNAIS SUPERIORES
- competência privativa: art. 96, CF
- conflito de competência: art. 102, I, o, CF
- *habeas corpus*, mandado de segurança, *habeas data* e mandado de injunção: art. 102, I, d, i e q, e II, a, CF; Súms. 691 e 692, STF
- infrações penais comuns e crimes de responsabilidade: art. 102, I, c, CF
- jurisdição: art. 92, § 2º, CF
- Ministros; nomeação: art. 84, XIV, CF
- sede: art. 92, § 1º, CF

TRIBUNAL SUPERIOR DO TRABALHO
- competência: art. 111, § 3º, CF
- competência privativa: art. 96, CF
- composição: art. 111, § 1º, CF
- iniciativa de leis: art. 61, *caput*, CF
- jurisdição: art. 92, § 2º, CF
- Ministro; nomeação: arts. 84, XIV, e 111, § 1º, CF
- Ministro; processo e julgamento: art. 102, I, c, d e i, CF

- órgão da Justiça do Trabalho: art. 111, I, CF
- órgão do Poder Judiciário: art. 92, IV, CF
- projetos de lei de iniciativa: art. 64, *caput*, CF
- quinto constitucional: art. 111, § 2º, CF
- sede: art. 92, § 1º, CF

TRIBUNAL SUPERIOR ELEITORAL
- competência privativa: art. 96, CF
- composição: art. 119, CF
- garantias de seus membros: art. 121, § 1º, CF
- iniciativa de leis: art. 61, *caput*, CF
- irrecorribilidade de suas decisões: art. 121, § 3º, CF
- jurisdição: art. 92, § 2º, CF
- Ministro; nomeação: arts. 84, XIV, e 119, CF
- Ministro; processo e julgamento: art. 102, I, c, d e i, CF
- órgão da Justiça Eleitoral: art. 118, I, CF
- órgão do Poder Judiciário: art. 92, V, CF
- pedido de registro de partido político: art. 6º, ADCT
- projetos de lei de iniciativa: art. 64, *caput*, CF
- sede: art. 92, § 1º, CF

TRIBUTAÇÃO E ORÇAMENTO: arts. 145 a 169, CF
- finanças públicas: arts. 163 a 169, CF
- impostos municipais: art. 156, CF
- impostos; Estados e Distrito Federal: art. 155, CF
- impostos; União: arts. 153 e 154, CF
- limitações ao poder de tributar: arts. 150 a 152, CF
- orçamentos: arts. 165 a 169, CF
- repartição das receitas tributárias: arts. 157 a 162, CF
- sistema tributário nacional: arts. 145 a 162, CF

TRIBUTOS
- efeito de confisco: art. 150, IV, CF
- cobrança vedada: art. 150, III, e § 1º, CF
- espécies que podem ser instituídas: art. 145, CF
- exigência ou aumento sem lei; vedação: art. 150, I, CF
- instituição de impostos; vedação: art. 150, VI, CF
- limitação do tráfego de pessoas ou bens: art. 150, V, CF
- limitações: art. 150, CF
- subsídio, isenção: art. 150, § 6º, CF

TURISMO: art. 180, CF

U

UNIÃO: arts. 20 a 24, CF
- AGU: arts. 131 e 132, CF
- aposentadorias e pensões: art. 249, CF
- autonomia: art. 18, CF
- bens: arts. 20 e 176, CF
- causas contra si: art. 109, § 2º, CF
- causas e conflitos com os Estados e DF: art. 102, I, f, CF
- causas em que for autora: art. 109, § 1º, CF
- competência: art. 21, CF
- competência comum: art. 23, CF
- competência concorrente: art. 24, CF
- competência privativa: art. 22, CF
- competência; emissão de moeda: art. 164, CF
- competência; instituição de contribuições sociais: art. 149, CF
- competência; proteção de terras indígenas: art. 231, CF
- despesa com pessoal: art. 38, ADCT
- disponibilidades de caixa: art. 164, § 3º, CF
- dívida consolidada: art. 52, VI, CF
- dívida mobiliária: art. 52, IX, CF
- empresas de pequeno porte: art. 179, CF
- empréstimos compulsórios: art. 148, CF
- encargos com pessoal inativo: art. 234, CF
- encargos de novos Estados federados: art. 234, CF
- ensino: arts. 211 e 212, CF
- fiscalização contábil: arts. 70 a 74, CF
- fundos, aposentadorias e pensões: art. 249, CF
- impostos estaduais e municipais dos Territórios: art. 147, CF
- impostos: arts. 153, 154 e 160, CF
- incentivos fiscais: art. 41, ADCT
- intervenção nos Estados e DF: art. 34, CF
- Juizados Especiais e Justiça de Paz: art. 98, CF
- limitações: art. 19, CF

- limitações ao poder de tributar: arts. 150 e 151, CF
- microempresas: art. 179, CF
- Ministério Público: art. 128, I, CF
- monopólio: art. 177, CF
- operações de crédito externo e interno: art. 52, VII, CF
- poderes; independência e harmonia: art. 2º, CF; Súm. 649, STF
- precatórios: art. 100, CF; Súm. 655, STF; Súm. 144, STJ
- princípios: art. 37, caput, CF; Súm. Vinc. 13, STF
- receitas tributárias: arts. 157 a 162, CF
- representação judicial e extrajudicial: art. 131, CF
- sistema tributário nacional: art. 34, § 3º, ADCT
- sistema único de saúde: art. 198, §§ 1º a 3º, CF
- tributos: arts. 145, 150 e 151, CF
- turismo: art. 180, CF

UNIVERSIDADES: art. 207, CF

USINAS NUCLEARES: art. 225, § 6º, CF

USUCAPIÃO
- imóveis públicos: arts. 183, § 3º, e 191, par. ún., CF
- imóvel rural: art. 191, CF
- imóvel urbano: art. 183, CF

V

VARAS DO TRABALHO: art. 116, CF

VEREADOR(ES)
- eleição: art. 29, I, CF
- idade mínima: art. 14, § 3º, VI, d, CF
- inviolabilidade: art. 29, VIII, CF
- mandato por força de atos institucionais: art. 8º, § 4º, ADCT
- mandatos: art. 29, I, CF; e art. 4º, § 4º, ADCT
- número proporcional à população do município: art. 29, IV, CF
- proibições e incompatibilidades: art. 29, IX, CF
- servidor público: art. 38, III, CF
- subsídios: art. 29, VI e VII, CF

VEREDICTOS: art. 5º, XXXVIII, c, CF

VERTICALIZAÇÃO: art. 17, § 1º, CF

VETO
- características: art. 66, §§ 1º a 5º, CF
- competência: art. 84, V, CF
- deliberação pelo Congresso Nacional: art. 57, § 3º, IV, CF

VICE-GOVERNADOR DE ESTADO
- eleição: art. 28, caput, CF

- idade mínima: art. 14, § 3º, VI, b, CF
- mandatos: art. 4º, § 3º, ADCT
- posse: art. 28, caput, CF

VICE-GOVERNADOR DO DISTRITO FEDERAL: art. 32, § 2º, CF

VICE-PREFEITO
- eleição: art. 29, I e II, CF
- idade mínima: art. 14, § 3º, VI, c, CF
- inelegibilidade de cônjuge e parentes até o segundo grau: art. 14, § 7º, CF; Súm. Vinc. 18, STF
- mandatos: art. 4º, § 4º, ADCT
- posse: art. 29, III, CF
- reeleição: art. 14, § 5º, CF
- subsídios: art. 29, V, CF

VICE-PRESIDENTE DA REPÚBLICA
- atribuições: art. 79, par. ún., CF
- ausência do País superior a 15 dias: arts. 49, III, e 83, CF
- cargo privativo de brasileiro nato: art. 12, § 3º, I, CF
- crimes de responsabilidade: art. 52, I, e par. ún., CF
- eleição: art. 77, caput, e § 1º, CF
- idade mínima: art. 14, § 3º, VI, a, CF
- impedimento: art. 80, CF
- inelegibilidade de cônjuge e parentes até o segundo grau: art. 14, § 7º, CF; Súm. Vinc. 18, STF
- infrações penais comuns: art. 102, I, b, CF
- missões especiais: art. 79, par. ún., CF
- posse: art. 78, CF
- processos: art. 51, I, CF
- subsídios: art. 49, VIII, CF
- substituição ou sucessão do Presidente: art. 79, CF
- vacância do cargo: arts. 78, par. ún., 80 e 81, CF

VIDA
- direito: art. 5º, caput, CF
- privada: art. 5º, X, CF

VIGILÂNCIA SANITÁRIA E EPIDEMIOLÓGICA: art. 200, II, CF

VOTO
- direto, secreto, universal e periódico: art. 60, § 4º, II, CF
- facultativo: art. 14, § 1º, II, CF
- obrigatório: art. 14, § 1º, I, CF

Z

ZONA COSTEIRA: art. 225, § 4º, CF

ZONA FRANCA DE MANAUS: art. 40, ADCT

Código Penal Militar

Índice Sistemático do Código Penal Militar

(Decreto-Lei nº 1.001, de 21-10-1969)

PARTE GERAL
LIVRO ÚNICO

TÍTULO I
DA APLICAÇÃO DA LEI PENAL MILITAR

Arts. 1º a 28 161

TÍTULO II
DO CRIME

Arts. 29 a 47 163

TÍTULO III
DA IMPUTABILIDADE PENAL

Arts. 48 a 52 165

TÍTULO IV
DO CONCURSO DE AGENTES

Arts. 53 e 54 166

TÍTULO V
DAS PENAS

Capítulo I – Das penas principais (arts. 55 a 68) 166
Capítulo II – Da aplicação da pena (arts. 69 a 83) 167
Capítulo III – Da suspensão condicional da pena (arts. 84 a 88) 169
Capítulo IV – Do livramento condicional (arts. 89 a 97) 170
Capítulo V – Das penas acessórias (arts. 98 a 108) 171
Capítulo VI – Dos efeitos da condenação (art. 109) 172

TÍTULO VI
DAS MEDIDAS DE SEGURANÇA

Arts. 110 a 120 172

TÍTULO VII
DA AÇÃO PENAL

Arts. 121 e 122 173

TÍTULO VIII
DA EXTINÇÃO DA PUNIBILIDADE

Arts. 123 a 135 173

PARTE ESPECIAL
LIVRO I
DOS CRIMES MILITARES EM TEMPO DE PAZ

TÍTULO I
DOS CRIMES CONTRA A SEGURANÇA EXTERNA DO PAÍS

Arts. 136 a 148 175

TÍTULO II
DOS CRIMES CONTRA A AUTORIDADE OU DISCIPLINA MILITAR

Capítulo I – Do motim e da revolta (arts. 149 a 153)... 176
Capítulo II – Da aliciação e do incitamento (arts. 154 a 156).. 177
Capítulo III – Da violência contra superior ou militar de serviço (arts. 157 a 159)......................... 177
Capítulo IV – Do desrespeito a superior e a símbolo nacional ou a farda (arts. 160 a 162) 178
Capítulo V – Da insubordinação (arts. 163 a 166).. 178
Capítulo VI – Da usurpação e do excesso ou abuso de autoridade (arts. 167 a 176)................... 178
Capítulo VII – Da resistência (art. 177) 179
Capítulo VIII – Da fuga, evasão, arrebatamento e amotinamento de presos (arts. 178 a 182) 179

TÍTULO III
DOS CRIMES CONTRA O SERVIÇO MILITAR E O DEVER MILITAR

Capítulo I – Da insubmissão (arts. 183 a 186) 179
Capítulo II – Da deserção (arts. 187 a 194) 180
Capítulo III – Do abandono de posto e de outros crimes em serviço (arts. 195 a 203) 181
Capítulo IV – Do exercício de comércio (art. 204)... 181

TÍTULO IV
DOS CRIMES CONTRA A PESSOA

Capítulo I – Do homicídio (arts. 205 a 207) 182
Capítulo II – Do genocídio (art. 208)... 182
Capítulo III – Da lesão corporal e da rixa (arts. 209 a 211).. 182
Capítulo IV – Da periclitação da vida ou da saúde (arts. 212 e 213).. 183
Capítulo V – Dos crimes contra a honra (arts. 214 a 221) 183
Capítulo VI – Dos crimes contra a liberdade (arts. 222 a 231).. 184
   Seção I – Dos crimes contra a liberdade individual (arts. 222 a 225)....................................... 184
   Seção II – Do crime contra a inviolabilidade do domicílio (art. 226)....................................... 185
   Seção III – Dos crimes contra a inviolabilidade de correspondência ou comunicação (art. 227) 185
   Seção IV – Dos crimes contra a inviolabilidade dos segredos de caráter particular
   (arts. 228 a 231) 186
Capítulo VII – Dos crimes sexuais (arts. 232 a 237).. 186
Capítulo VIII – Do ultraje público ao pudor (arts. 238 e 239) 187

TÍTULO V
DOS CRIMES CONTRA O PATRIMÔNIO

Capítulo I – Do furto (arts. 240 e 241) 187
Capítulo II – Do roubo e da extorsão (arts. 242 a 247)... 187
Capítulo III – Da apropriação indébita (arts. 248 a 250).. 188
Capítulo IV – Do estelionato e outras fraudes (arts. 251 a 253) 188
Capítulo V – Da receptação (arts. 254 a 256) 189
Capítulo VI – Da usurpação (arts. 257 e 258) 189
Capítulo VII – Do dano (arts. 259 a 266) 189
Capítulo VIII – Da usura (art. 267)... 190

TÍTULO VI
DOS CRIMES CONTRA A INCOLUMIDADE PÚBLICA

Capítulo I – Dos crimes de perigo comum (arts. 268 a 281)... 190
Capítulo II – Dos crimes contra os meios de transporte e de comunicação (arts. 282 a 289) 192
Capítulo III – Dos crimes contra a saúde (arts. 290 a 297).. 193

TÍTULO VII
DOS CRIMES CONTRA A ADMINISTRAÇÃO MILITAR

Capítulo I – Do desacato e da desobediência (arts. 298 a 302) 194
Capítulo II – Do peculato (arts. 303 e 304) 195
Capítulo III – Da concussão, excesso de exação e desvio (arts. 305 a 307) 195
Capítulo IV – Da corrupção (arts. 308 a 310) 195
Capítulo V – Da falsidade (arts. 311 a 318) 196
Capítulo VI – Dos crimes contra o dever funcional (arts. 319 a 334) 197
Capítulo VII – Dos crimes praticados por particular contra a administração militar
(arts. 335 a 339) 198

TÍTULO VIII
DOS CRIMES CONTRA A ADMINISTRAÇÃO DA JUSTIÇA MILITAR

Arts. 340 a 354 199

Livro II
Dos Crimes Militares em Tempo de Guerra

TÍTULO I
DO FAVORECIMENTO AO INIMIGO

Capítulo I – Da traição (arts. 355 a 361) 200
Capítulo II – Da traição imprópria (art. 362) 201
Capítulo III – Da cobardia (arts. 363 a 365) 201
Capítulo IV – Da espionagem (arts. 366 e 367) 201
Capítulo V – Do motim e da revolta (arts. 368 e 369) 201
Capítulo VI – Do incitamento (arts. 370 e 371) 201
Capítulo VII – Da inobservância do dever militar (arts. 372 a 382) 202
Capítulo VIII – Do dano (arts. 383 a 385) 202
Capítulo IX – Dos crimes contra a incolumidade pública (art. 386) 203
Capítulo X – Da insubordinação e da violência (arts. 387 e 389) 203
Capítulo XI – Do abandono de posto (art. 390) 203
Capítulo XII – Da deserção e da falta de apresentação (arts. 391 a 393) 203
Capítulo XIII – Da libertação, da evasão e do amotinamento de prisioneiros (arts. 394 a 396) 203
Capítulo XIV – Do favorecimento culposo ao inimigo (art. 397) 204

TÍTULO II
DA HOSTILIDADE E DA ORDEM ARBITRÁRIA

Arts. 398 e 399 204

TÍTULO III
DOS CRIMES CONTRA A PESSOA

Capítulo I – Do homicídio (art. 400) 204
Capítulo II – Do genocídio (arts. 401 e 402) 204
Capítulo III – Da lesão corporal (art. 403) 204

TÍTULO IV
DOS CRIMES CONTRA O PATRIMÔNIO

Arts. 404 a 406 204

TÍTULO V
DO RAPTO E DA VIOLÊNCIA CARNAL

Arts. 407 e 408 205

DISPOSIÇÕES FINAIS

Arts. 409 e 410 205

EXPOSIÇÃO DE MOTIVOS DO CÓDIGO PENAL MILITAR
DECRETO-LEI Nº 1.001, DE 21 DE OUTUBRO DE 1969

Excelentíssimos Senhores Ministros de Estado da Marinha de Guerra, do Exército e da Aeronáutica Militar.

Tenho a honra de passar às mãos de Vossas Excelências o Projeto de Código Penal Militar, que resultou de cuidadoso trabalho da Comissão Revisora designada por este Ministério, para rever o Anteprojeto elaborado pelo Professor Ivo d'Aquino.

A comissão foi integrada pelos Professores Benjamim Moraes Filho, como seu Presidente, José Telles Barbosa e pelo autor do Anteprojeto.

Na fase inicial, realizou-se a primeira revisão, segundo os passos da Comissão Revisora do Anteprojeto de Código Penal, de autoria do Ministro Nélson Hungria, e procurando atender as sugestões recebidas do Estado-Maior das Forças Armadas, da Escola Superior de Guerra, de diversos Ministros do Superior Tribunal Militar e de outras fontes de cultura jurídica, civis e militares. Essas sugestões foram acolhidas na sua quase totalidade, com exceção apenas das que já tinham sido atendidas em outros dispositivos, ou vieram a colidir com outros princípios que informavam o sistema do Código.

O acompanhamento dos trabalhos da Comissão Revisora do Anteprojeto do Código Penal Comum teve por objetivo dar o máximo de unidade às leis substantivas penais do Brasil, evitando a adoção de duas doutrinas para o tratamento do mesmo tema, a fim de se estabelecer perfeita aplicação das novas leis penais em todo o território nacional.

Na segunda fase, houve revisão, desde o art. 1º, por força de mudanças na composição da Comissão paralela revisora do Anteprojeto de autoria do Ministro Nélson Hungria, a qual fez completo reexame do trabalho, realizando fundas alterações em todo o Anteprojeto, o que obrigou a Comissão Revisora do Código Penal Militar à nova e delicada operação revisionista.

De assinalar que nem sempre pode ser acompanhado o trabalho da Comissão Revisora do Código Penal comum, já pela especificidade do direito militar, já pela necessidade de coerência com outros princípios adotados, com grande justeza, pelo Anteprojeto Ivo d'Aquino.

A terceira fase consistiu na fase revisão final, para uniformização da linguagem, renumeração dos artigos e retoque na forma de apresentação do Anteprojeto, agora convertido em Projeto.

Cumpre registrar que, entre a segunda fase e a terceira, a Comissão Revisora se viu desfalecida da Figura ilustre do Professor José Telles Barbosa, falecido em meio a geral consternação do mundo jurídico.

No tocante às modificações feitas no Anteprojeto, deve-se ressaltar terem elas sido realizadas, que em obediência à sugestões apresentadas pelos órgãos ou pessoas retrorreferidas, que pela própria iniciativa ou consciência do autor do Anteprojeto. Assim, as decisões da Comissão foram sempre uniformes.

2. Cumpre, agora, apontar os motivos principais do Projeto, na sua forma atual.

Na distribuição da matéria, adotou-se critério novo, dividindo o Projeto em Parte Geral e Parte Especial, como de resto se fez com os códigos penais que o Brasil tem tido e com vários códigos penais militares modernos. A divisão necessária, na Parte Especial, dos crimes militares em tempo de paz e em tempo de guerra, é feita através dos Livros I e II, respectivamente, tal como se fez na redação do Código Civil, em que os Livros são divisões de uma Parte.

3. A Parte Geral integra-se por um Livro Único, seguindo-se os títulos e capítulos, conforme a tradição jurídica de nosso País.

4. Dentro do Título I – "Da Aplicação da Lei Penal Militar", adotou-se o princípio da territorialidade e o da extraterritorialidade na amplitude usual do direito militar.

O conceito de crime militar continuou *ex vi legis* segundo o modelo do Código vigente, com os aperfeiçoamentos resultantes de doutrinas mais modernas e da construção jurisprudencial de nossas cortes de Justiça Militar.

Entretanto, não se faz distinção entre as modalidades dolosa e culposa de um crime, para a sua conceituação de crime militar no comum. Nunca o elemento subjetivo importará, pelo reconhecimento da culpa em lugar do dolo, na descaracterização do crime militar.

Na definição do tempo de guerra, para os efeitos penais militares, adotou-se distribuição e redação melhor que a do Código vigente e desprezou-se a extensão do conceito de "estado de guerra", que deverá ser definido, não no Código Penal Militar, mas em lei administrativa militar.

5. No Título II, referente ao Crime, incluíram-se vários tópicos importantes.

Incluiu-se, como modalidade especial do estado de necessidade, disposição relativa à inexigibilidade de outra conduta como excludente da culpabilidade, não obstante as críticas surgidas em círculos especializados. À vida militar, sempre obediente aos princípios de hierarquia e disciplina, muita vez se defronta com situações em que não se pode exigir do agente conduta diverso da que ele exerceu.

Quanto à exclusão de crime, adotou-se melhor sistemática, separando em itens diferentes o estrito cumprimento do dever legal e o exercício regular do direito. Igualmente enquadrou-se, entre as causas excludentes da criminalidade, a ação do comandante que compele subalternos a executar serviços ou manobras urgentes para evitar perda de vidas ou de materiais, nos casos que especifica, ou ainda o esfacelamento de autoridade ou de ordem militar. O Código vigente estabelece uma norma permissiva em tais casos, quando o certo é admitir-se mais uma norma excludente do crime.

6. A idade mínima para os efeitos da responsabilidade, que direito penal militar vigente admite inferior a 18 anos, aparece agora mais bem tratado. Não só é deferida ao juiz a faculdade de reconhecer em alguns casos a capacidade penal, entre 16 e 18 anos, como é estabelecida taxativamente a equiparação, em casos específicos que a Justiça Militar tem definido, de menores de 18 anos aos maiores dessa idade.

7. Conserva-se, no concurso de agentes, o conceito militar de cabeços, não só para os que dirigem a ação nos crimes de autoria coletiva necessária, como também para os oficiais, numa *fictio iuris* baseada no princípio de hierarquia, quando estes aparecem em concurso com inferiores na autoria de um crime.

8. No capítulo da penas principais, o Projeto introduziu nova modalidade de pena privativa de liberdade: o impedimento, para o crime de insubmissão, sujeitando o condenado a permanecer no recinto da unidade, sem prejuízo da instrução militar.

Para abranger todos os possíveis autores no crime militar, alargou-se a pena do Código vigente, de "suspensão do exercício do posto ou cargo", incluindo-se agora também o exercício da graduação e da função.

Alongou-se de cinco para sete dias o prazo de comunicação ao Presidente da República de sentença definitiva de condenação à pena de morte, para tender às hipóteses de distância do local de julgamento e possíveis dificuldades de comunicação em estado de guerra. Manteve-se, porém, a norma do Código vigente, de execução imediata da pena, quando o exigir o interesse da ordem e da disciplina militares.

A conversão das penas de reclusão e detenção em pena de prisão permaneceu limitada aos casos obrigatórios da legislação atual. A faculdade, ora existente, de converter a pena de reclusão em detenção, com aumento que não exceda à décima parte, deixou de figurar-se Projeto pelo seu total desuso, uma vez que não trazia real vantagem prática. Incluiu-se, entretanto, a conversão da pena de suspensão do exercício em detenção, quando o condenado já estiver na reserva, ou reformado ou aposentado, pois em tais casos aquela pena não teria sentido.

9. Medida de política criminal de largo alcance é a introdução da suspensão condicional da pena no novo direito penal militar.

Embora não seja aplicável em casos que atingem gravemente a ordem e a disciplina militares, a sua aceitação no novo Código se fazia urgente. Ao caráter repressivo da pena imputa-se acrescentar o princípio utilitário da recuperação do criminoso, sem, todavia, lhe executar a pena. Este princípio da recuperação já era, aliás, reconhecido no direito vigente, através do instituto do livramento condicional. O *sursis*, agora adotado no Projeto, longe de ferir o princípio de disciplina, essencial às Forças Armadas virá estimulá-lo, pela obrigação da conduta exemplar do beneficiado pelo referido instituto.

10. Entre as penas acessórias, incluíram-se várias que não constam do elenco do Código vigente. Além de definir, com precisão, as interdições de direito, duas penas foram estabelecidas para aplicação pela justiça criminal, como sequência a uma pena principal: indignidade para o oficialato e incompatibilidade com o oficialato. Aparecem, agora, tais sanções independentemente de possíveis declarações de igual natureza como medidas disciplinares de caráter administrativo, sem serem em sequência a outra pena.

11. As medidas de segurança abrangem, agora, um quadro completo, incluindo as de caráter não detentivo, que não se acham contemplados no Código vigente.

12. Dentro do quadro de ação penal, foi mantido o seu caráter estritamente público, incondicionado, exceção feita para os crimes militares contra a segurança do País, nos quais há a condição prévia de requisição do Ministro da pasta interessada.

13. Dentre as causas extintivas da punibilidade, o Projeto incorporou, em suas linhas gerais, a recente lei sobre reabilitação, que alterou os dispositivos do Código Penal comum relativo a este instituto. A nova legislação tornou-o mais humano incentivando de modo positivo a regeneração do delinquente. Não poderia o Código Penal Militar deixar de adotá-lo, na forma da lei promulgada pelo Governo revolucionário.

14. A Parte Especial é integrada por dois Livros, compreendendo o pirmeiro os "Crimes Militares em Tempo de Paz" e o segundo os "Crimes Militares em Tempo de Guerra".

Dentre os primeiros, o Projeto mantém o relevo que o Código vigente dá aos crimes contra a segurança externa do País. Não interfere esta classificação com a legislação especial de segurança, pois no Projeto já se configuram os delitos que, além de ferirem a segurança externa do País, têm a natureza jurídica de *crimes militares*. São os praticados ou que configuram os casos de espionagem, tradicionalmente admitidos no direito militar.

15. No Título II, que abrange os delitos contra a autoridade ou a disciplina militar, o Projeto mantém o quadro geral da legislação vigente, mas dá-lhe melhor classificação e acrescenta inúmeras figuras que a experiência da vida militar estava a exigir que fossem erigidas em crime.

16. Entre os crimes contra o serviço militar e o dever militar, objeto do Título III, avultam os de insubmissão e os de deserção. O Projeto transportou as circunstâncias atenuantes e agravantes específicas, que o Código vigente mantinha na Parte geral, para o lugar próprio que é o Capítulo I deste Título.

17. Incorpora-se, agora, entre os crimes contra a pessoa", o delito do genocídio, em termos quase idênticos à lei especial que rege a matéria, segundo os tratados de que o Brasil foi signatário após a segunda guerra mundial.

Entre os crimes de lesão corporal, incluiu-se o de *lesão levíssima*, a qual, segundo o ensino da vivência militar, pode ser desclassificada pelo juiz para infração disciplinar, poupando-se, em tal caso, o pesado encargo de um processo penal para fato de tão pequena monta.

O projeto inova, no tocante aos crimes contra a honra, já pela ereção em delito autônomo da ofensa às Forças Armadas, já pela admissão, como crime, da apreciação crítica às instituições militares, quando inequívoca a intenção de ofender.

Inclui-se entre os crimes sexuais nova figura: a pederastia ou outro ato de libidinagem, quando a sua prática se der em lugar sujeito à administração militar. É a maneira de tornar mais severa a repressão contra o mal, onde os regulamentos disciplinares se revelarem insuficientes.

18. No Título V, tratando dos "Crimes contra o Patrimônio", o Projeto incorpora o *furto de uso*, desconhecido da lei vigente, mas que vem coibir uma série de abusos que se generalizam, atingindo a propriedade pública e particular.

Criou-se entre as modalidades do crime de dano a ação de *fazer desaparecer* coisa alheia, que ocorre, por vezes, na vida militar. Não se confunde com o furto, que é a destruição, fato que nem sempre se pode provar. Com facilidade, o agente determina o desaparecimento da coisa, o que não ficará impune, como agora acontece, pelo princípio estrito da tipicidade. Foi mantida com maior precisão, a modalidade culposa do crime de dano.

19. Aperfeiçoou-se a linguagem jurídica de toda a matéria do Título VI, que trata dos "Crimes contra a Incolumidade Pública". Incluiu-se aí o moderno princípio da isenção da prisão em flagrante para o agente que, na condução de veículo motorizado, presta socorro à sua vítima, na medida das possibilidades, sem se afastar do local do fato.

No mesmo título foi também incluído um capítulo relativo aos crimes contra a saúde, tendo-se em atenção especial aos entorpecentes e substâncias que determinam a dependência psíquica.

20. Entre os crimes contra a Administração – Título VII – o Projeto atende à melhor doutrina incluindo o cheque sem fundos entre os crimes de falsidade, dando-lhe características próprias, para sua conceituação como crime militar.

A fim de melhor proteger as modernas técnicas processuais, equipara-se a *documento* não só o disco fonográfico, como a fita ou fio de aparelho eletromagnético, a que se incorpore declaração destinada à prova do fato juridicamente relevante.

O delito de condescendência criminosa é agora mais bem conceituado, diferindo a pena se o fato fou praticado por indulgência (modalidade dolosa) ou por negligência (modalidade culposa). A mesma distinção se faz do crime de inobservância de lei, regulamento ou instrução que cause diretamente ato prejudicial à administração militar.

Entre os delitos que criam obstáculos à realização de hasta pública e concorrência, inseriu-se também a hipótese da *tomada de preços*, que se generaliza em muitos setores da administração militar.

Para evitar a identidade de *nomina iuris* para dois crimes, deu-se o nome de "Tráfico de Influência" ao delito contra a administração em geral, reservando-se o de "Exploração de Prestígio" para o mesmo crime quando praticado contra a administração da Justiça Militar.

No Livro II, que compreende os "Crimes Militares em Tempo de Guerra", criou-se no Título I, Capítulo II, ao lado do delito de "Traição", sempre praticado por nacional, o crime de "Traição Imprópria", para não deixar impune perante a lei militar brasileira o estrangeiro que, de forma idêntica, favoreça o inimigo.

Todos os demais crimes do Livro II apresentam melhor distribuição, definições jurídicas mais exatas, apenação mais cuidada, bem como rubricas marginais ajustadas ao conteúdo das respectivas normas.

As disposições finais são reduzidas a duas: a que revoga o Código Penal Militar vigente e demais disposições em contrário ao novo Código, com exceção das leis especiais que definem os crimes contra a segurança nacional e a ordem política e social, e a que determina a data de entrada em vigor do novo Código.

É este o Projeto que tenho a satisfação e a honra de submeter à elevada apreciação de Vossas Excelências e que, pelo seu mérito, marcará o início de uma séria de Códigos que darão ao Governo da República a oportunidade e a benemerência de prestar inestimável serviço à eletividade da Justiça e contribuição das mais relevantes à cultura jurídica do País.

Aproveito a oportunidade para apresentar a Vossas Excelências protestos de profundo respeito.

Luís Antônio da Gama e Silva
Ministro da Justiça

CÓDIGO PENAL MILITAR
DECRETO-LEI Nº 1.001, DE 21 DE OUTUBRO DE 1969

Código Penal Militar.

▶ Publicado no *DOU* de 21-10-1969.

Os Ministros da Marinha de Guerra, do Exército e da Aeronáutica Militar, usando das atribuições que lhes confere o artigo 3º do Ato Institucional nº 16, de 14 de outubro de 1969, combinado com o § 1º do artigo 2º, do Ato Institucional nº 5, de 13 de dezembro de 1968, decretam:

CÓDIGO PENAL MILITAR

Parte Geral

Livro Único

TÍTULO I – DA APLICAÇÃO DA LEI PENAL MILITAR

Princípio de legalidade

Art. 1º Não há crime sem lei anterior que o defina, nem pena sem prévia cominação legal.

▶ Art. 5º, XXXIX, da CF.
▶ Art. 1º do CP.

Lei supressiva de incriminação

Art. 2º Ninguém pode ser punido por fato que lei posterior deixa de considerar crime, cessando, em virtude dela, a própria vigência de sentença condenatória irrecorrível, salvo quanto aos efeitos de natureza civil.

▶ Art. 5º, XL, da CF.
▶ Art. 123, III, deste Código.
▶ Art. 2º do CP.
▶ Art. 66 da LEP.
▶ Art. 9º do Pacto de São José da Costa Rica.

Retroatividade de lei mais benigna

§ 1º A lei posterior que, de qualquer outro modo, favorece o agente, aplica-se retroativamente, ainda quando já tenha sobrevindo sentença condenatória irrecorrível.

▶ Art. 5º, XL, da CF.
▶ Súm. nº 611 do STF.

Apuração da maior benignidade

§ 2º Para se reconhecer qual a mais favorável, a lei posterior e a anterior devem ser consideradas separadamente, cada qual no conjunto de suas normas aplicáveis ao fato.

▶ Art. 5º, XXXIX, da CF.

Medidas de segurança

Art. 3º As medidas de segurança regem-se pela lei vigente ao tempo da sentença, prevalecendo, entretanto, se diversa, a lei vigente ao tempo da execução.

▶ Arts. 110 a 120 deste Código.
▶ Arts. 659 a 674 do CPPM.

Lei excepcional ou temporária

Art. 4º A lei excepcional ou temporária, embora decorrido o período de sua duração ou cessadas as circunstâncias que a determinaram, aplica-se ao fato praticado durante sua vigência.

▶ Art. 3º do CP.

Tempo do crime

Art. 5º Considera-se praticado o crime no momento da ação ou omissão, ainda que outro seja o do resultado.

▶ Art. 4º do CP.

Lugar do crime

Art. 6º Considera-se praticado o fato, no lugar em que se desenvolveu a atividade criminosa, no todo ou em parte, e ainda que sob forma de participação, bem como onde se produziu ou deveria produzir-se o resultado. Nos crimes omissivos, o fato considera-se praticado no lugar em que deveria realizar-se a ação omitida.

▶ Art. 6º do CP.
▶ Arts. 88 a 92 do CPPM.

Territorialidade. Extraterritorialidade

Art. 7º Aplica-se a lei penal militar, sem prejuízo de convenções, tratados e regras de direito internacional, ao crime cometido, no todo ou em parte, no território nacional, ou fora dele, ainda que, neste caso, o agente esteja sendo processado ou tenha sido julgado pela justiça estrangeira.

▶ Art. 7º do CP.
▶ Art. 4º do CPPM.

Território nacional por extensão

§ 1º Para os efeitos da lei penal militar consideram-se como extensão do território nacional as aeronaves e os navios brasileiros, onde quer que se encontrem, sob comando militar ou militarmente utilizados ou ocupados por ordem legal de autoridade competente, ainda que de propriedade privada.

Ampliação a aeronaves ou navios estrangeiros

§ 2º É também aplicável a lei penal militar ao crime praticado a bordo de aeronaves ou navios estrangeiros, desde que em lugar sujeito à administração militar, e o crime atente contra as instituições militares.

Conceito de navio

§ 3º Para efeito da aplicação deste Código, considera-se navio toda embarcação sob comando militar.

Pena cumprida no estrangeiro

Art. 8º A pena cumprida no estrangeiro atenua a pena imposta no Brasil pelo mesmo crime, quando diversas, ou nela é computada, quando idênticas.

▶ Art. 8º do CP.

Crimes militares em tempo de paz

Art. 9º Consideram-se crimes militares, em tempo de paz:

I – os crimes de que trata este Código, quando definidos de modo diverso na lei penal comum, ou nela não previstos, qualquer que seja o agente, salvo disposição especial;

II – os crimes previstos neste Código, embora também o sejam com igual definição na lei penal comum, quando praticados:

a) por militar em situação de atividade ou assemelhado, contra militar na mesma situação ou assemelhado;

▶ Arts. 21 e 22 deste Código.
▶ Art. 84 do CPPM.

b) por militar em situação de atividade ou assemelhado, em lugar sujeito à administração militar, contra militar da reserva, ou reformado, ou assemelhado, ou civil;

c) por militar em serviço ou atuando em razão da função, em comissão de natureza militar, ou em formatura, ainda que fora do lugar sujeito à administração militar contra militar da reserva, ou reformado, ou civil;

▶ Alínea c com a redação dada pela Lei nº 9.299, de 7-8-1996.
▶ LC nº 97, de 9-6-1999, dispõe sobre as normas gerais para a organização, o preparo e o emprego das Forças Armadas.

d) por militar durante o período de manobras ou exercício, contra militar da reserva, ou reformado, ou assemelhado, ou civil;

e) por militar em situação de atividade, ou assemelhado, contra o patrimônio sob a administração militar, ou a ordem administrativa militar;

▶ Art. 251, § 2º, deste Código.

f) Revogada. Lei nº 9.299, de 7-8-1996.

III – os crimes praticados por militar da reserva, ou reformado, ou por civil, contra as instituições militares, considerando-se como tais não só os compreendidos no inciso I, como os do inciso II, nos seguintes casos:

a) contra o patrimônio sob a administração militar, ou contra a ordem administrativa militar;

b) em lugar sujeito à administração militar contra militar em situação de atividade ou assemelhado, ou contra funcionário de Ministério Militar ou da Justiça Militar, no exercício de função inerente ao seu cargo;

c) contra militar em formatura, ou durante o período de prontidão, vigilância, observação, exploração, exercício, acampamento, acantonamento ou manobras;

d) ainda que fora do lugar sujeito à administração militar, contra militar em função de natureza militar, ou no desempenho de serviço de vigilância, garantia e preservação da ordem pública, administrativa ou judiciária, quando legalmente requisitado para aquele fim, ou em obediência a determinação legal superior.

Crimes dolosos

Parágrafo único. Os crimes de que trata este artigo quando dolosos contra a vida e cometidos contra civil serão da competência da justiça comum, salvo quando praticados no contexto de ação militar realizada na forma do art. 303 da Lei nº 7.565, de 19 de dezembro de 1986 – Código Brasileiro de Aeronáutica.

▶ Parágrafo único com a redação dada pela Lei nº 12.432, de 29-6-2011.

Crimes militares em tempo de guerra

Art. 10. Consideram-se crimes militares, em tempo de guerra:

▶ Art. 675 e segs. do CPPM.

I – os especialmente previstos neste Código para o tempo de guerra;

▶ Art. 355 e segs. deste Código.

II – os crimes militares previstos para o tempo de paz;

▶ Art. 9º deste Código.

III – os crimes previstos neste Código, embora também o sejam com igual definição na lei penal comum ou especial, quando praticados, qualquer que seja o agente:

a) em Território Nacional, ou estrangeiro, militarmente ocupado;

b) em qualquer lugar, se comprometem ou podem comprometer a preparação, a eficiência ou as operações militares ou, de qualquer outra forma, atentam contra a segurança externa do País ou podem expô-la a perigo;

IV – os crimes definidos na lei penal comum ou especial, embora não previstos neste Código, quando praticados em zona de efetivas operações militares ou em território estrangeiro, militarmente ocupado.

Militares estrangeiros

Art. 11. Os militares estrangeiros, quando em comissão ou estágio nas Forças Armadas, ficam sujeitos à lei penal militar brasileira, ressalvado o disposto em tratados ou convenções internacionais.

Equiparação a militar da ativa

Art. 12. O militar da reserva ou reformado, empregado na administração militar, equipara-se ao militar em situação de atividade, para o efeito da aplicação da lei penal militar.

▶ Arts. 3º e 4º da Lei nº 6.880, de 9-12-1980 (Estatuto dos Militares).

Militar da reserva ou reformado

Art. 13. O militar da reserva, ou reformado, conserva as responsabilidades e prerrogativas do posto ou graduação, para o efeito da aplicação da lei penal militar, quando pratica ou contra ele é praticado crime militar.

▶ Arts. 3º e 4º da Lei nº 6.880, de 9-12-1980 (Estatuto dos Militares).

Defeito de incorporação

Art. 14. O defeito do ato de incorporação não exclui a aplicação da lei penal militar, salvo se alegado ou conhecido antes da prática do crime.

Tempo de guerra

Art. 15. O tempo de guerra, para os efeitos da aplicação da lei penal militar, começa com a declaração ou o reconhecimento do estado de guerra, ou com o decreto de mobilização se nele estiver compreendido aquele reconhecimento; e termina quando ordenada a cessação das hostilidades.

▶ Art. 84, XIX, da CF.
▶ Art. 355 e seguintes deste Código.

Contagem de prazo

Art. 16. No cômputo dos prazos inclui-se o dia do começo. Contam-se os dias, os meses e os anos pelo calendário comum.

▶ Art. 10 do CP.

Legislação especial. Salário mínimo

Art. 17. As regras gerais deste Código aplicam-se aos fatos incriminados por lei penal militar especial, se esta não dispõe de modo diverso. Para os efeitos penais, salário mínimo é o maior mensal vigente no País, ao tempo da sentença.

Crimes praticados em prejuízo de país aliado

Art. 18. Ficam sujeitos às disposições deste Código os crimes praticados em prejuízo de país em guerra contra país inimigo do Brasil:

I – se o crime é praticado por brasileiro;

II – se o crime é praticado no Território Nacional, ou em território estrangeiro, militarmente ocupado por força brasileira, qualquer que seja o agente.

Infrações disciplinares

Art. 19. Este Código não compreende as infrações dos regulamentos disciplinares.

▶ Dec. nº 88.545, de 26-7-1983, aprova o Regulamento Disciplinar para a Marinha.

▶ Dec. nº 76.322, de 22-9-1975, aprova o Regulamento Disciplinar da Aeronáutica – RDAER.

▶ Dec. nº 4.346, de 26-8-2002, aprova o Regulamento Disciplinar do Exército – R-4.

Crimes praticados em tempo de guerra

Art. 20. Aos crimes praticados em tempo de guerra, salvo disposição especial, aplicam-se as penas cominadas para o tempo de paz, com o aumento de um terço.

▶ Art. 10 deste Código.

Assemelhado

Art. 21. Considera-se assemelhado o servidor, efetivo ou não, dos Ministérios da Marinha, do Exército ou da Aeronáutica, submetido a preceito de disciplina militar, em virtude de lei ou regulamento.

▶ Art. 84 do CPPM.

Pessoa considerada militar

Art. 22. É considerada militar, para efeito da aplicação deste Código, qualquer pessoa que, em tempo de paz ou de guerra, seja incorporada às Forças Armadas, para nelas servir em posto, graduação, ou sujeição à disciplina militar.

Equiparação a comandante

Art. 23. Equipara-se ao comandante, para o efeito da aplicação da lei penal militar, toda autoridade com função de direção.

Conceito de superior

Art. 24. O militar que, em virtude da função, exerce autoridade sobre outro de igual posto ou graduação, considera-se superior, para efeito da aplicação da lei penal militar.

▶ Art. 47 deste Código.

Crime praticado em presença do inimigo

Art. 25. Diz-se crime praticado em presença do inimigo, quando o fato ocorre em zona de efetivas operações militares, ou na iminência ou em situação de hostilidade.

Referência a "brasileiro" ou "nacional"

Art. 26. Quando a lei penal se refere a "brasileiro" ou "nacional", compreende as pessoas enumeradas como brasileiros na Constituição do Brasil.

▶ Art. 12 da CF.

Estrangeiros

Parágrafo único. Para os efeitos da lei penal militar, são considerados estrangeiros os apátridas e os brasileiros que perderam a nacionalidade.

Os que se compreendem, como funcionários da Justiça Militar

Art. 27. Quando este Código se refere a funcionários, compreende, para efeito da sua aplicação, os juízes, os representantes do Ministério Público, os funcionários e auxiliares da Justiça Militar.

Casos de prevalência do Código Penal Militar

Art. 28. Os crimes contra a segurança externa do País ou contra as instituições militares, definidos neste Código, excluem os da mesma natureza definidos em outras leis.

TÍTULO II – DO CRIME

Relação de causalidade

Art. 29. O resultado de que depende a existência do crime somente é imputável a quem lhe deu causa. Considera-se causa a ação ou omissão sem a qual o resultado não teria ocorrido.

▶ Art. 13 do CP.

Superveniência de causa independente

§ 1º A superveniência de causa relativamente independente exclui a imputação quando, por si só, produziu o resultado. Os fatos anteriores imputam-se, entretanto, a quem os praticou.

Relevância de omissão

§ 2º A omissão é relevante como causa quando o omitente devia e podia agir para evitar o resultado. O dever de agir incumbe a quem tenha por lei obrigação de cuidado, proteção ou vigilância; a quem, de outra forma, assumiu a responsabilidade de impedir o resultado; e a quem, com seu comportamento anterior, criou o risco de sua superveniência.

Art. 30. Diz-se o crime:

▶ Art. 14 do CP.

Crime consumado

I – consumado, quando nele se reúnem todos os elementos de sua definição legal;

▶ Art. 125, § 2º, a, deste Código.

Tentativa

II – tentado, quando, iniciada a execução, não se consuma por circunstâncias alheias à vontade do agente.

▶ Art. 125, § 2º, b, deste Código.

Pena de tentativa

Parágrafo único. Pune-se a tentativa com a pena correspondente ao crime, diminuída de um a dois terços, podendo o juiz, no caso de excepcional gravidade, aplicar a pena do crime consumado.

Desistência voluntária e arrependimento eficaz

Art. 31. O agente que, voluntariamente, desiste de prosseguir na execução ou impede que o resultado se produza, só responde pelos atos já praticados.

▶ Art. 15 do CP.

Crime impossível

Art. 32. Quando, por ineficácia absoluta do meio empregado ou por absoluta impropriedade do objeto, é impossível consumar-se o crime, nenhuma pena é aplicável.

▶ Art. 17 do CP.
▶ Súm. nº 145 do STF.

Art. 33. Diz-se o crime:

▶ Art. 18 do CP.

Culpabilidade

I – doloso, quando o agente quis o resultado ou assumiu o risco de produzi-lo;
II – culposo, quando o agente, deixando de empregar a cautela, atenção, ou diligência ordinária, ou especial, a que estava obrigado em face das circunstâncias, não prevê o resultado que podia prever ou, prevendo-o, supõe levianamente que não se realizaria ou que poderia evitá-lo.

Excepcionalidade do crime culposo

Parágrafo único. Salvo os casos expressos em lei, ninguém pode ser punido por fato previsto como crime, senão quando o pratica dolosamente.

Nenhuma pena sem culpabilidade

Art. 34. Pelos resultados que agravam especialmente as penas só responde o agente quando os houver causado, pelo menos, culposamente.

▶ Art. 19 do CP.

Erro de direito

Art. 35. A pena pode ser atenuada ou substituída por outra menos grave quando o agente, salvo em se tratando de crime que atente contra o dever militar, supõe lícito o fato, por ignorância ou erro de interpretação da lei, se escusáveis.

▶ Arts. 183 a 204 deste Código.

Erro de fato

Art. 36. É isento de pena quem, ao praticar o crime, supõe, por erro plenamente escusável, a inexistência de circunstância de fato que o constitui ou a existência de situação de fato que tornaria a ação legítima.

▶ Art. 20, § 1º, do CP.

Erro culposo

§ 1º Se o erro deriva de culpa, a este título responde o agente, se o fato é punível como crime culposo.

▶ Art. 33, parágrafo único, deste Código.

Erro provocado

§ 2º Se o erro é provocado por terceiro, responderá este pelo crime, a título de dolo ou culpa, conforme o caso.

▶ Art. 20, § 2º, do CP.

Erro sobre a pessoa

Art. 37. Quando o agente, por erro de percepção ou no uso dos meios de execução, ou outro acidente, atinge uma pessoa em vez de outra, responde como se tivesse praticado o crime contra aquela que realmente pretendia atingir. Devem ter-se em conta não as condições e qualidades da vítima, mas as da outra pessoa, para configuração, qualificação ou exclusão do crime, e agravação ou atenuação da pena.

▶ Art. 20, § 3º, do CP.

Erro quanto ao bem jurídico

§ 1º Se, por erro ou outro acidente na execução, é atingido bem jurídico diverso do visado pelo agente, responde este por culpa, se o fato é previsto como crime culposo.

▶ Art. 74 do CP.

Duplicidade do resultado

§ 2º Se, no caso do artigo, é também atingida a pessoa visada, ou, no caso do parágrafo anterior, ocorre ainda o resultado pretendido, aplica-se a regra do artigo 79.

▶ Art. 73 do CP.

Art. 38. Não é culpado quem comete o crime:

▶ Art. 22 do CP.

Coação irresistível

a) sob coação irresistível ou que lhe suprima a faculdade de agir segundo a própria vontade;

Obediência hierárquica

b) em estrita obediência a ordem direta de superior hierárquico, em matéria de serviços.

▶ Art. 24 deste Código.

§ 1º Responde pelo crime o autor da coação ou da ordem.

§ 2º Se a ordem do superior tem por objeto a prática de ato manifestamente criminoso, ou há excesso nos atos ou na forma da execução, é punível também o inferior.

Estado de necessidade, como excludente de culpabilidade

Art. 39. Não é igualmente culpado quem, para proteger direito próprio ou de pessoa a quem está ligado por estreitas relações de parentesco ou afeição, contra perigo certo e atual, que não provocou, nem podia de outro modo evitar, sacrifica direito alheio, ainda quando superior ao direito protegido, desde que não lhe era razoavelmente exigível conduta diversa.

Coação física ou material

Art. 40. Nos crimes em que há violação do dever militar, o agente não pode invocar coação irresistível senão quando física ou material.

Atenuação de pena

Art. 41. Nos casos do artigo 38, letras *a* e *b*, se era possível resistir à coação, ou se a ordem não era manifestamente ilegal; ou, no caso do artigo 39, se era razoavelmente exigível o sacrifício do direito ameaçado, o juiz, tendo em vista as condições pessoais do réu, pode atenuar a pena.

Exclusão de crime

Art. 42. Não há crime quando o agente pratica o fato:
I – em estado de necessidade;
II – em legítima defesa;
III – em estrito cumprimento do dever legal;
IV – em exercício regular de direito.

Parágrafo único. Não há igualmente crime quando o comandante de navio, aeronave ou praça de guerra, na iminência de perigo ou grave calamidade, compele os subalternos, por meios violentos, a executar serviços e manobras urgentes, para salvar a unidade ou vidas, ou evitar o desânimo, o terror, a desordem, a rendição, a revolta ou o saque.

▶ Art. 23 do CP.
▶ Arts. 188, I, e 1.210, § 1º, do CC.

Estado de necessidade, como excludente do crime

Art. 43. Considera-se em estado de necessidade quem pratica o fato para preservar direito seu ou alheio, de perigo certo e atual, que não provocou, nem podia de outro modo evitar, desde que o mal causado, por sua natureza e importância, é consideravelmente inferior ao mal evitado, e o agente não era legalmente obrigado a arrostar o perigo.

▶ Art. 24 do CP.

Legítima defesa

Art. 44. Entende-se em legítima defesa quem, usando moderadamente dos meios necessários, repele injusta agressão, atual ou iminente, a direito seu ou de outrem.

▶ Art. 25 do CP.

Excesso culposo

Art. 45. O agente que, em qualquer dos casos de exclusão de crime, excede culposamente os limites da necessidade, responde pelo fato, se este é punível, a título de culpa.

▶ Art. 23, parágrafo único, do CP.

Excesso escusável

Parágrafo único. Não é punível o excesso quando resulta de escusável surpresa ou perturbação de ânimo, em face da situação.

Excesso doloso

Art. 46. O juiz pode atenuar a pena ainda quando punível o fato por excesso doloso.

Elementos não constitutivos do crime

Art. 47. Deixam de ser elementos constitutivos do crime:

I – a qualidade de superior ou a de inferior, quando não conhecida do agente;
II – a qualidade de superior ou a de inferior, a de oficial de dia, de serviço ou de quarto, ou a de sentinela, vigia, ou plantão, quando a ação é praticada em repulsa à agressão.

▶ Art. 24 deste Código.

TÍTULO III – DA IMPUTABILIDADE PENAL

Inimputáveis

Art. 48. Não é imputável quem, no momento da ação ou da omissão, não possui a capacidade de entender o caráter ilícito do fato ou de determinar-se de acordo com esse entendimento, em virtude de doença mental, de desenvolvimento mental incompleto ou retardado.

▶ Art. 26 do CP.

Redução facultativa da pena

Parágrafo único. Se a doença ou a deficiência mental não suprime, mas diminui consideravelmente a capacidade de entendimento da ilicitude do fato ou a de autodeterminação, não fica excluída a imputabilidade, mas a pena pode ser atenuada, sem prejuízo do disposto no artigo 113.

Embriaguez

Art. 49. Não é igualmente imputável o agente que, por embriaguez completa proveniente de caso fortuito ou força maior, era, ao tempo da ação ou da omissão, inteiramente incapaz de entender o caráter criminoso do fato ou de determinar-se de acordo com esse entendimento.

▶ Art. 28 do CP.
▶ Art. 45 da Lei nº 11.343, de 23-8-2006 (Lei Antidrogas).

Parágrafo único. A pena pode ser reduzida de um a dois terços, se o agente por embriaguez proveniente de caso fortuito ou força maior, não possuía, ao tempo da ação ou da omissão, a plena capacidade de entender o caráter criminoso do fato ou de determinar-se de acordo com esse entendimento.

▶ Art. 46 da Lei nº 11.343, de 23-8-2006 (Lei Antidrogas).

Menores

Art. 50. O menor de dezoito anos é inimputável, salvo se, já tendo completado dezesseis anos, revela suficiente desenvolvimento psíquico para entender o caráter ilícito do fato e determinar-se de acordo com este entendimento. Neste caso, a pena aplicável é diminuída de um terço até a metade.

▶ Art. 228 da CF.
▶ Art. 7º, parágrafo único da Lei nº 7.170, de 14-10-1983 (Lei da Segurança Nacional).
▶ Lei nº 8.069, de 13-7-1990 (Estatuto da Criança e do Adolescente).

Equiparação a maiores

Art. 51. Equiparam-se aos maiores de dezoito anos, ainda que não tenham atingido essa idade:
a) os militares;
b) os convocados, os que se apresentam à incorporação e os que, dispensados temporariamente desta, deixam de se apresentar, decorrido o prazo de licenciamento;
c) os alunos de colégios ou outros estabelecimentos de ensino, sob direção e disciplina militares, que já tenham completado dezessete anos.

Art. 52. Os menores de dezesseis anos, bem como os menores de dezoito e maiores de dezesseis inimputáveis ficam sujeitos às medidas educativas, curativas ou disciplinares determinadas em legislação especial.

TÍTULO IV – DO CONCURSO DE AGENTES

Coautoria

Art. 53. Quem, de qualquer modo, concorre para o crime incide nas penas a este cominadas.

▶ Arts. 29 a 31 do CP.

Condições ou circunstâncias pessoais

§ 1º A punibilidade de qualquer dos concorrentes é independente da dos outros, determinando-se segundo a sua própria culpabilidade. Não se comunicam, outrossim, as condições ou circunstâncias de caráter pessoal, salvo quando elementares do crime.

Agravação de pena

§ 2º A pena é agravada em relação ao agente que:

I – promove ou organiza a cooperação no crime ou dirige a atividade dos demais agentes;
II – coage outrem à execução material do crime;
III – instiga ou determina a cometer o crime alguém sujeito à sua autoridade, ou não punível em virtude de condição ou qualidade pessoal;
IV – executa o crime, ou nele participa, mediante paga ou promessa de recompensa.

Atenuação de pena

§ 3º A pena é atenuada com relação ao agente, cuja participação no crime é de somenos importância.

▶ Arts. 73 a 75 deste Código.

Cabeças

§ 4º Na prática de crime de autoria coletiva necessária, reputam-se cabeças os que dirigem, provocam, instigam ou excitam a ação.

▶ Arts. 149 a 152 deste Código.

§ 5º Quando o crime é cometido por inferiores e um ou mais oficiais, são estes considerados cabeças, assim como os inferiores que exercem função de oficial.

Casos de impunibilidade

Art. 54. O ajuste, a determinação ou instigação e o auxílio, salvo disposição em contrário, não são puníveis se o crime não chega, pelo menos, a ser tentado.

▶ Art. 31 do CP.

TÍTULO V – DAS PENAS

Capítulo I

DAS PENAS PRINCIPAIS

Penas principais

Art. 55. As penas principais são:

▶ Art. 5º, XLV a L e LXVII, da CF.
▶ Art. 32 do CP.

a) morte;

▶ Art. 5º, XLVII, da CF.
▶ Art. 4º do Pacto de São José da Costa Rica.

b) reclusão;
c) detenção;
d) prisão;
e) impedimento;

f) suspensão do exercício do posto, graduação, cargo ou função;
g) reforma.

Pena de morte

Art. 56. A pena de morte é executada por fuzilamento.

▶ Arts. 5º, XLVII, e 60, § 4º, IV, da CF.
▶ Arts. 707 e 708 do CPPM.

Comunicação

Art. 57. A sentença definitiva de condenação à morte é comunicada, logo que passe em julgado, ao Presidente da República, e não pode ser executada senão depois de sete dias após a comunicação.

Parágrafo único. Se a pena é imposta em zona de operações de guerra, pode ser imediatamente executada, quando o exigir o interesse da ordem e da disciplina militares.

▶ Art. 84, XII, da CF.

Mínimos e máximos genéricos

Art. 58. O mínimo da pena de reclusão é de um ano, e o máximo de trinta anos; o mínimo da pena de detenção é de trinta dias, e o máximo de dez anos.

Pena até dois anos aplicada a militar

Art. 59. A pena de reclusão ou de detenção até dois anos, aplicada a militar, é convertida em pena de prisão e cumprida, quando não cabível a suspensão condicional:

▶ *Caput* com a redação dada pela Lei nº 6.544, de 30-6-1978.

I – pelo oficial, em recinto de estabelecimento militar;
II – pela praça, em estabelecimento penal militar, onde ficará separada de presos que estejam cumprindo pena disciplinar ou pena privativa de liberdade por tempo superior a dois anos.

Separação de praças especiais e graduadas

Parágrafo único. Para efeito de separação, no cumprimento da pena de prisão, atender-se-á, também, à condição das praças especiais e à das graduadas, ou não; e, dentre as graduadas, à das que tenham graduação especial.

Pena do assemelhado

Art. 60. O assemelhado cumpre a pena conforme o posto ou graduação que lhe é correspondente.

▶ Art. 21 deste Código.
▶ Art. 84 do CPPM.

Pena dos não assemelhados

Parágrafo único. Para os não assemelhados dos Ministérios Militares e órgãos sob controle destes, regula-se a correspondência pelo padrão de remuneração.

Pena superior a dois anos, aplicada a militar

Art. 61. A pena privativa da liberdade por mais de dois anos, aplicada a militar, é cumprida em penitenciária militar e, na falta dessa, em estabelecimento prisional civil, ficando o recluso ou detento sujeito ao regime conforme a legislação penal comum, de cujos benefícios e concessões, também, poderá gozar.

▶ Artigo com a redação dada pela Lei nº 6.544, de 30-6-1978.
▶ Art. 598 do CPPM.

Pena privativa da liberdade aplicada a civil

Art. 62. O civil cumpre a pena aplicada pela Justiça Militar, em estabelecimento prisional civil, ficando ele sujeito ao regime conforme a legislação penal comum, de cujos benefícios e concessões, também, poderá gozar.

- Arts. 82 a 104 da LEP.
- Art. 3º da Lei nº 8.072, de 25-7-1990 (Lei dos Crimes Hediondos).
- Súm. nº 192 do STJ.

Cumprimento em penitenciária militar

Parágrafo único. Por crime militar praticado em tempo de guerra poderá o civil ficar sujeito a cumprir a pena, no todo ou em parte, em penitenciária militar, se, em benefício da segurança nacional, assim o determinar a sentença.

- Art. 62 com a redação dada pela Lei nº 6.544, de 30-6-1978.

Pena de impedimento

Art. 63. A pena de impedimento sujeita o condenado a permanecer no recinto da unidade, sem prejuízo da instrução militar.

Pena de suspensão do exercício do posto, graduação, cargo ou função

Art. 64. A pena de suspensão do exercício do posto, graduação, cargo ou função consiste na agregação, no afastamento, no licenciamento ou na disponibilidade do condenado, pelo tempo fixado na sentença, sem prejuízo do seu comparecimento regular à sede do serviço. Não será contado como tempo de serviço, para qualquer efeito, o do cumprimento da pena.

- Art. 604 do CPPM.

Caso de reserva, reforma ou aposentadoria

Parágrafo único. Se o condenado, quando proferida a sentença, já estiver na reserva, ou reformado ou aposentado, a pena prevista neste artigo será convertida em pena de detenção, de três meses a um ano.

Pena de reforma

Art. 65. A pena de reforma sujeita o condenado à situação de inatividade, não podendo perceber mais de um vinte e cinco avos do soldo, por ano de serviço, nem receber importância superior à do soldo.

Superveniência de doença mental

Art. 66. O condenado a que sobrevenha doença mental deve ser recolhido a manicômio judiciário ou, na falta deste, a outro estabelecimento adequado, onde lhe seja assegurado custódia e tratamento.

- Arts. 26 e 41 do CP.
- Art. 154 do CPP.
- Art. 600 do CPPM.
- Art. 183 da LEP.

Tempo computável

Art. 67. Computam-se na pena privativa de liberdade o tempo de prisão provisória, no Brasil ou no estrangeiro, e o de internação em hospital ou manicômio, bem como o excesso de tempo, reconhecido em decisão judicial irrecorrível, no cumprimento da pena, por outro crime, desde que a decisão seja posterior ao crime de que se trata.

- Art. 42 do CP.

Transferência de condenados

Art. 68. O condenado pela Justiça Militar de uma região, distrito ou zona pode cumprir pena em estabelecimento de outra região, distrito ou zona.

Capítulo II
DA APLICAÇÃO DA PENA

Fixação da pena privativa de liberdade

Art. 69. Para fixação da pena privativa de liberdade, o juiz aprecia a gravidade do crime praticado e a personalidade do réu, devendo ter em conta a intensidade do dolo ou grau da culpa, a maior ou menor extensão do dano ou perigo de dano, os meios empregados, o modo de execução, os motivos determinantes, as circunstâncias de tempo e lugar, os antecedentes do réu e sua atitude de insensibilidade, indiferença ou arrependimento após o crime.

- Art. 59 do CP.
- Art. 5º, nº 6, do Pacto de São José da Costa Rica.
- Súmulas nºs 231, 241, 440 e 442 a 444 do STJ.

Determinação da pena

§ 1º Se são cominadas penas alternativas, o juiz deve determinar qual delas é aplicável.

Limites legais da pena

§ 2º Salvo o disposto no artigo 76, é fixada dentro dos limites legais a quantidade da pena aplicável.

Circunstâncias agravantes

Art. 70. São circunstâncias que sempre agravam a pena, quando não integrantes ou qualificativas do crime:

- Art. 61 do CP.

I – a reincidência;

- Súm. nº 241 do STJ.

II – ter o agente cometido o crime:

a) por motivo fútil ou torpe;
b) para facilitar ou assegurar a execução, a ocultação, a impunidade ou vantagem de outro crime;
c) depois de embriagar-se, salvo se a embriaguez decorre de caso fortuito, engano ou força maior;
d) à traição, de emboscada, com surpresa, ou mediante outro recurso insidioso que dificultou ou tornou impossível a defesa da vítima;
e) com o emprego de veneno, asfixia, tortura, fogo, explosivo, ou qualquer outro meio dissimulado ou cruel, ou de que podia resultar perigo comum;

- Art. 5º, nº 2, do Pacto de São José da Costa Rica.

f) contra ascendente, descendente, irmão ou cônjuge;
g) com abuso de poder ou violação de dever inerente a cargo, ofício, ministério ou profissão;
h) contra criança, velho ou enfermo;
i) quando o ofendido estava sob a imediata proteção da autoridade;
j) em ocasião de incêndio, naufrágio, encalhe, alagamento, inundação, ou qualquer calamidade pública, ou de desgraça particular do ofendido;
l) estando de serviço;

m) com emprego de arma, material ou instrumento de serviço, para esse fim procurado;
n) em auditório da Justiça Militar ou local onde tenha sede a sua administração;
o) em país estrangeiro.

Parágrafo único. As circunstâncias das letras *c*, salvo no caso de embriaguez preordenada, *l*, *m* e *o*, só agravam o crime quando praticado por militar.

Reincidência

Art. 71. Verifica-se a reincidência quando o agente comete novo crime, depois de transitar em julgado a sentença que, no País ou no estrangeiro, o tenha condenado por crime anterior.

► Art. 63 do CP.
► Súm. nº 241 do STJ.

Temporariedade da reincidência

§ 1º Não se toma em conta, para efeito da reincidência, a condenação anterior, se, entre a data do cumprimento ou extinção da pena e o crime posterior, decorreu período de tempo superior a cinco anos.

► Arts. 603, 615 e 638 do CPPM.

Crimes não considerados para efeito da reincidência

§ 2º Para efeito da reincidência, não se consideram os crimes anistiados.

► Arts. 21, XVII, e 48, VIII, da CF.
► Art. 187 da LEP.

Circunstâncias atenuantes

Art. 72. São circunstâncias que sempre atenuam a pena:

► Art. 65 do CP.
► Súm. nº 231 do STJ.

I – ser o agente menor de vinte e um ou maior de setenta anos;

► Súm. nº 74 do STJ.

II – ser meritório seu comportamento anterior;
III – ter o agente:

a) cometido o crime por motivo de relevante valor social ou moral;
b) procurado, por sua espontânea vontade e com eficiência, logo após o crime, evitar-lhe ou minorar-lhe as consequências, ou ter, antes do julgamento, reparado o dano;
c) cometido o crime sob a influência de violenta emoção, provocada por ato injusto da vítima;
d) confessado espontaneamente, perante a autoridade, a autoria do crime, ignorada ou imputada a outrem;

► Arts. 307 a 310 do CPPM.

e) sofrido tratamento com rigor não permitido em lei.

Não atendimento de atenuantes

Parágrafo único. Nos crimes em que a pena máxima cominada é de morte, ao juiz é facultado atender, ou não, às circunstâncias atenuantes enumeradas no artigo.

Quantum da agravação ou atenuação

Art. 73. Quando a lei determina a agravação ou atenuação da pena sem mencionar o *quantum*, deve o juiz fixá-lo entre um quinto e um terço, guardados os limites da pena cominada ao crime.

Mais de uma agravante ou atenuante

Art. 74. Quando ocorre mais de uma agravante ou mais de uma atenuante, o juiz poderá limitar-se a uma só agravação ou a uma só atenuação.

Concurso de agravantes e atenuantes

Art. 75. No concurso de agravantes e atenuantes, a pena deve aproximar-se do limite indicado pelas circunstâncias preponderantes, entendendo-se como tais as que resultam dos motivos determinantes do crime, da personalidade do agente, e da reincidência. Se há equivalência entre umas e outras, é como se não tivessem ocorrido.

Majorantes e minorantes

Art. 76. Quando a lei prevê causas especiais de aumento ou diminuição da pena, não fica o juiz adstrito aos limites da pena cominada ao crime, senão apenas aos da espécie de pena aplicável (art. 58).

Parágrafo único. No concurso dessas causas especiais, pode o juiz limitar-se a um só aumento ou a uma só diminuição, prevalecendo, todavia, a causa que mais aumente ou diminua.

Pena-base

Art. 77. A pena que tenha de ser aumentada ou diminuída, de quantidade fixa ou dentro de determinados limites, é a que o juiz aplicaria, se não existisse a circunstância ou causa que importa o aumento ou diminuição.

Criminoso habitual ou por tendência

Art. 78. Em se tratando de criminoso habitual ou por tendência, a pena a ser imposta será por tempo indeterminado. O juiz fixará a pena correspondente à nova infração penal, que constituirá a duração mínima da pena privativa da liberdade, não podendo ser, em caso algum, inferior a três anos.

Limite da pena indeterminada

§ 1º A duração da pena indeterminada não poderá exceder a dez anos, após o cumprimento da pena imposta.

Habitualidade presumida

§ 2º Considera-se criminoso habitual aquele que:

a) reincide pela segunda vez na prática de crime doloso da mesma natureza, punível com pena privativa de liberdade em período de tempo não superior a cinco anos, descontado o que se refere a cumprimento de pena;

Habitualidade reconhecível pelo juiz

b) embora sem condenação anterior, comete sucessivamente, em período de tempo não superior a cinco anos, quatro ou mais crimes dolosos da mesma natureza, puníveis com pena privativa de liberdade, e demonstra, pelas suas condições de vida e pelas circunstâncias dos fatos apreciados em conjunto, acentuada inclinação para tais crimes.

► Art. 82 deste Código.

Criminoso por tendência

§ 3º Considera-se criminoso por tendência aquele que comete homicídio, tentativa de homicídio ou lesão corporal grave, e, pelos motivos determinantes e meios ou modos de execução, revela extraordinária torpeza, perversão ou malvadez.

Ressalva do artigo 113

§ 4º Fica ressalvado, em qualquer caso, o disposto no artigo 113.

Crimes da mesma natureza

§ 5º Consideram-se crimes da mesma natureza os previstos no mesmo dispositivo legal, bem como os que, embora previstos em dispositivos diversos, apresentam, pelos fatos que os constituem ou por seus motivos determinantes, caracteres fundamentais comuns.

Concurso de crimes

Art. 79. Quando o agente, mediante uma só ou mais de uma ação ou omissão, pratica dois ou mais crimes, idênticos ou não, as penas privativas de liberdade devem ser unificadas. Se as penas são da mesma espécie, a pena única é a soma de todas; se, de espécies diferentes, a pena única é a mais grave, mas com aumento correspondente à metade do tempo das menos graves, ressalvado o disposto no artigo 58.

▶ Arts. 69 e 70 do CP.

Crime continuado

Art. 80. Aplica-se a regra do artigo anterior, quando o agente, mediante mais de uma ação ou omissão, pratica dois ou mais crimes da mesma espécie e, pelas condições de tempo, lugar, maneira de execução e outras semelhantes, devem os subsequentes ser considerados como continuação do primeiro.

▶ Art. 71 do CP
▶ Súm. nº 711 do STF.

Parágrafo único. Não há crime continuado quando se trata de fatos ofensivos de bens jurídicos inerentes à pessoa, salvo se as ações ou omissões sucessivas são dirigidas contra a mesma vítima.

▶ Súm. nº 605 do STF.

Limite da pena unificada

Art. 81. A pena unificada não pode ultrapassar de trinta anos, se é de reclusão, ou de quinze anos, se é de detenção.

▶ Art. 75 do CP.
▶ Súm. nº 715 do STF.

Redução facultativa da pena

§ 1º A pena unificada pode ser diminuída de um sexto a um quarto, no caso de unidade de ação ou omissão, ou de crime continuado.

Graduação no caso de pena de morte

§ 2º Quando cominada a pena de morte como grau máximo e a de reclusão como grau mínimo, aquela corresponde, para o efeito de graduação, à reclusão por trinta anos.

▶ Art. 5º, XLVII, da CF.

Cálculo da pena aplicável à tentativa

§ 3º Nos crimes punidos com a pena de morte, esta corresponde à de reclusão por trinta anos, para cálculo da pena aplicável à tentativa, salvo disposição especial.

▶ Art. 30, parágrafo único, deste Código.

Ressalva do artigo 78, § 2º, letra *b*

Art. 82. Quando se apresenta o caso do artigo 78, § 2º, letra *b*, fica sem aplicação o disposto quanto ao concurso de crimes idênticos ou ao crime continuado.

Penas não privativas de liberdade

Art. 83. As penas não privativas de liberdade são aplicadas distinta e integralmente, ainda que previstas para um só dos crimes concorrentes.

CAPÍTULO III
DA SUSPENSÃO CONDICIONAL DA PENA

Requisitos para a suspensão

Art. 84. A execução da pena privativa da liberdade, não superior a dois anos, pode ser suspensa, por dois anos a seis anos, desde que:

▶ *Caput* com a redação dada pela Lei nº 6.544, de 30-6-1978.
▶ Arts. 606 a 617 do CPPM.
▶ Arts. 156 a 163 da LEP.
▶ Art. 5º da Lei nº 1.521, de 23-12-1951 (Lei dos Crimes Contra a Economia Popular).

I – o sentenciado não haja sofrido no País ou no estrangeiro, condenação irrecorrível por outro crime a pena privativa da liberdade, salvo o disposto no § 1º do artigo 71;

II – os seus antecedentes e personalidade, os motivos e as circunstâncias do crime, bem como sua conduta posterior, autorizem a presunção de que não tornará a delinquir.

▶ Incisos I e II com a redação dada pela Lei nº 6.544, de 30-6-1978.

Restrições

Parágrafo único. A suspensão não se estende às penas de reforma, suspensão do exercício do posto, graduação ou função ou à pena acessória, nem exclui a aplicação de medida de segurança não detentiva.

Condições

Art. 85. A sentença deve especificar as condições a que fica subordinada a suspensão.

▶ Art. 79 do CP.

Revogação obrigatória da suspensão

Art. 86. A suspensão é revogada se, no curso do prazo, o beneficiário:

▶ Art. 81 do CP.
▶ Arts. 162 e 163 da LEP.

I – é condenado, por sentença irrecorrível, na Justiça Militar ou na comum, em razão de crime, ou de contravenção reveladora de má índole ou a que tenha sido imposta pena privativa de liberdade;
II – não efetua, sem motivo justificado, a reparação do dano;
III – sendo militar, é punido por infração disciplinar considerada grave.

Revogação facultativa

§ 1º A suspensão pode ser também revogada, se o condenado deixa de cumprir qualquer das obrigações constantes da sentença.

Prorrogação de prazo

§ 2º Quando facultativa a revogação, o juiz pode, ao invés de decretá-la, prorrogar o período de prova até o máximo, se este não foi o fixado.

§ 3º Se o beneficiário está respondendo a processo que, no caso de condenação, pode acarretar a revogação, considera-se prorrogado o prazo da suspensão até o julgamento definitivo.

Extinção da pena

Art. 87. Se o prazo expira sem que tenha sido revogada a suspensão, fica extinta a pena privativa de liberdade.

▶ Art. 615 do CPPM.

Não aplicação da suspensão condicional da pena

Art. 88. A suspensão condicional da pena não se aplica:

I – ao condenado por crime cometido em tempo de guerra;
II – em tempo de paz:
a) por crime contra a segurança nacional, de aliciação e incitamento, de violência contra superior, oficial de dia, de serviço ou de quarto, sentinela, vigia ou plantão, de desrespeito a superior, de insubordinação, ou de deserção;
b) pelos crimes previstos nos artigos 160, 161, 162, 235, 291 e seu parágrafo único, n^{os} I a IV.

CAPÍTULO IV

DO LIVRAMENTO CONDICIONAL

Requisitos

Art. 89. O condenado à pena de reclusão ou de detenção por tempo igual ou superior a dois anos pode ser liberado condicionalmente, desde que:

▶ Art. 96 deste Código.
▶ Art. 83 do CP.
▶ Arts. 618 a 642 do CPPM.
▶ Art. 5º da Lei nº 1.521, de 26-12-1951 (Lei dos Crimes Contra a Economia Popular).
▶ Arts. 128, 131 a 146 e 170, § 1º, da LEP.
▶ Súm. nº 441 do STJ.

I – tenha cumprido:
a) metade da pena, se primário;
b) dois terços, se reincidente;

▶ Art. 71 deste Código.

II – tenha reparado, salvo impossibilidade de fazê-lo, o dano causado pelo crime;
III – sua boa conduta durante a execução da pena, sua adaptação ao trabalho e às circunstâncias atinentes a sua personalidade, ao meio social e à sua vida pregressa permitem supor que não voltará a delinquir.

Penas em concurso de infrações

§ 1º No caso de condenação por infrações penais em concurso, deve ter-se em conta a pena unificada.

Condenação de menor de 21 ou maior de 70 anos

§ 2º Se o condenado é primário e menor de vinte e um ou maior de setenta anos, o tempo de cumprimento da pena pode ser reduzido a um terço.

Especificação das condições

Art. 90. A sentença deve especificar as condições a que fica subordinado o livramento.

▶ Art. 85 do CP.
▶ Arts. 625, 626 e 639 do CPPM.

Preliminares da concessão

Art. 91. O livramento somente se concede mediante parecer do Conselho Penitenciário, ouvidos o diretor do estabelecimento em que está ou tenha estado o liberando e o representante do Ministério Público da Justiça Militar; e, se imposta medida de segurança detentiva, após perícia conclusiva de não periculosidade do liberando.

▶ Arts. 622 e 671 do CPPM.

Observação cautelar e proteção do liberado

Art. 92. O liberado fica sob observação cautelar e proteção realizadas por patrono oficial ou particular, dirigido aquele e inspecionado este pelo Conselho Penitenciário. Na falta de patronato, o liberado fica sob observação cautelar realizada por serviço social penitenciário ou órgão similar.

Revogação obrigatória

Art. 93. Revoga-se o livramento, se o liberado vem a ser condenado, em sentença irrecorrível, a pena privativa de liberdade:

▶ Art. 86 do CP.

I – por infração penal cometida durante a vigência do benefício;
II – por infração penal anterior, salvo se, tendo de ser unificadas as penas, não fica prejudicado o requisito do artigo 89, nº I, letra a.

Revogação facultativa

§ 1º O juiz pode, também, revogar o livramento se o liberado deixa de cumprir qualquer das obrigações constantes da sentença ou é irrecorrivelmente condenado, por motivo de contravenção, a pena que não seja privativa de liberdade; ou, se militar, sofre penalidade por transgressão disciplinar considerada grave.

▶ Art. 87 do CP.

Infração sujeita à jurisdição penal comum

§ 2º Para os efeitos da revogação obrigatória, são tomadas, também, em consideração, nos termos dos n^{os} I e II deste artigo, as infrações sujeitas à jurisdição penal comum; e, igualmente, a contravenção compreendida no § 1º, se assim, com prudente arbítrio, o entender o juiz.

Efeitos da revogação

Art. 94. Revogado o livramento, não pode ser novamente concedido e, salvo quando a revogação resulta de condenação por infração penal anterior ao benefício, não se desconta na pena o tempo em que esteve solto o condenado.

▶ Art. 88 do CP.

Extinção da pena

Art. 95. Se, até o seu termo, o livramento não é revogado, considera-se extinta a pena privativa de liberdade.
▶ Art. 90 do CP.

Parágrafo único. Enquanto não passa em julgado a sentença em processo, a que responde o liberado por infração penal cometida na vigência do livramento, deve o juiz abster-se de declarar a extinção da pena.
▶ Art. 89 do CP.

Não aplicação do livramento condicional

Art. 96. O livramento condicional não se aplica ao condenado por crime cometido em tempo de guerra.

Casos especiais do livramento condicional

Art. 97. Em tempo de paz, o livramento condicional por crime contra a segurança externa do País, ou de revolta, motim, aliciação e incitamento, violência contra superior ou militar de serviço, só será concedido após o cumprimento de dois terços da pena, observado ainda o disposto no artigo 89, preâmbulo, seus nºˢ II e III e §§ 1º e 2º.

CAPÍTULO V
DAS PENAS ACESSÓRIAS

Penas acessórias

Art. 98. São penas acessórias:

I – a perda de posto e patente;
II – a indignidade para o oficialato;
III – a incompatibilidade com o oficialato;
IV – a exclusão das Forças Armadas;
V – a perda da função pública, ainda que eletiva;
VI – a inabilitação para o exercício de função pública;
VII – a suspensão do pátrio poder, tutela ou curatela;

▶ A Lei nº 10.406, de 10-1-2002 (Código Civil), substituiu a expressão "pátrio poder" por "poder familiar".

VIII – a suspensão dos direitos políticos.

Função pública equiparada

Parágrafo único. Equipara-se a função pública a que é exercida em empresa pública, autarquia, sociedade de economia mista, ou sociedade de que participe a União, o Estado ou o Município como acionista majoritário.

Perda de posto e patente

Art. 99. A perda de posto e patente resulta da condenação a pena privativa de liberdade por tempo superior a dois anos, e importa a perda das condecorações.

Indignidade para o oficialato

Art. 100. Fica sujeito à declaração de indignidade para o oficialato o militar condenado, qualquer que seja a pena, nos crimes de traição, espionagem ou covardia, ou em qualquer dos definidos nos artigos 161, 235, 240, 242, 243, 244, 245, 251, 252, 303, 304, 311 e 312.

Incompatibilidade com o oficialato

Art. 101. Fica sujeito à declaração de incompatibilidade com o oficialato o militar condenado nos crimes dos artigos 141 e 142.

Exclusão das Forças Armadas

Art. 102. A condenação da praça a pena privativa de liberdade, por tempo superior a dois anos, importa sua exclusão das Forças Armadas.

Perda da função pública

Art. 103. Incorre na perda da função pública o assemelhado ou o civil:

I – condenado a pena privativa de liberdade por crime cometido com abuso de poder ou violação de dever inerente à função pública;
II – condenado, por outro crime, a pena privativa de liberdade por mais de dois anos.

Parágrafo único. O disposto no artigo aplica-se ao militar da reserva, ou reformado, se estiver no exercício de função pública de qualquer natureza.

▶ Art. 21 deste Código.
▶ Art. 92 do CP.
▶ Art. 84 do CPPM.

Inabilitação para o exercício de função pública

Art. 104. Incorre na inabilitação para o exercício de função pública, pelo prazo de dois até vinte anos, o condenado a reclusão por mais de quatro anos, em virtude de crime praticado com abuso de poder ou violação do dever militar ou inerente à função pública.

▶ Art. 92 do CP.

Termo inicial

Parágrafo único. O prazo da inabilitação para o exercício de função pública começa ao termo da execução da pena privativa de liberdade ou da medida de segurança imposta em substituição, ou da data em que se extingue a referida pena.

▶ Art. 603 do CPPM.

Suspensão do pátrio poder, tutela ou curatela

Art. 105. O condenado a pena privativa de liberdade por mais de dois anos, seja qual for o crime praticado, fica suspenso do exercício do pátrio poder, tutela ou curatela, enquanto dura a execução da pena, ou da medida de segurança imposta em substituição (artigo 113).

▶ A Lei nº 10.406, de 10-1-2002 (Código Civil), substituiu a expressão "pátrio poder" por "poder familiar".
▶ Art. 92 do CP.

Suspensão provisória

Parágrafo único. Durante o processo pode o juiz decretar a suspensão provisória do exercício do pátrio poder, tutela ou curatela.

▶ A Lei nº 10.406, de 10-1-2002 (Código Civil), substituiu a expressão "pátrio poder" por "poder familiar".
▶ Art. 276 do CPPM.

Suspensão dos direitos políticos

Art. 106. Durante a execução da pena privativa de liberdade ou da medida de segurança imposta em substituição, ou enquanto perdura a inabilitação para função pública, o condenado não pode votar, nem ser votado.

Imposição de pena acessória

Art. 107. Salvo os casos dos artigos 99, 103, nº II, e 106, a imposição da pena acessória deve constar expressamente da sentença.

Tempo computável

Art. 108. Computa-se no prazo das inabilitações temporárias o tempo de liberdade resultante da suspensão condicional da pena ou do livramento condicional, se não sobrevém revogação.

CAPÍTULO VI
DOS EFEITOS DA CONDENAÇÃO

Art. 109. São efeitos da condenação:

▶ Art. 91 do CP.

Obrigação de reparar o dano

I – tornar certa a obrigação de reparar o dano resultante do crime;

Perda em favor da Fazenda Nacional

II – a perda, em favor da Fazenda Nacional, ressalvado o direito do lesado ou de terceiro de boa-fé:

a) dos instrumentos do crime, desde que consistam em coisas cujo fabrico, alienação, uso, porte ou detenção constitua fato ilícito;
b) do produto do crime ou de qualquer bem ou valor que constitua proveito auferido pelo agente com a sua prática.

TÍTULO VI – DAS MEDIDAS DE SEGURANÇA

Espécies de medidas de segurança

Art. 110. As medidas de segurança são pessoais ou patrimoniais. As da primeira espécie subdividem-se em detentivas e não detentivas. As detentivas são a internação em manicômio judiciário e a internação em estabelecimento psiquiátrico anexo ao manicômio judiciário ou ao estabelecimento penal, ou em seção especial de um ou de outro. As não detentivas são a cassação de licença para direção de veículos motorizados, o exílio local e a proibição de frequentar determinados lugares. As patrimoniais são a interdição de estabelecimento ou sede de sociedade ou associação, e o confisco.

▶ Arts. 96 a 99 do CP.
▶ Arts. 659 a 674 do CPPM.

Pessoas sujeitas às medidas de segurança

Art. 111. As medidas de segurança somente podem ser impostas:

I – aos civis;
II – aos militares ou assemelhados, condenados a pena privativa de liberdade por tempo superior a dois anos, ou aos que de outro modo hajam perdido função, posto e patente, ou hajam sido excluídos das Forças Armadas;
III – aos militares ou assemelhados, no caso do artigo 48;
IV – aos militares ou assemelhados, no caso do artigo 115, com aplicação dos seus §§ 1º, 2º e 3º.

Manicômio judiciário

Art. 112. Quando o agente é inimputável (artigo 48), mas suas condições pessoais e o fato praticado revelam que ele oferece perigo à incolumidade alheia, o juiz determina sua internação em manicômio judiciário.

▶ Arts. 663 e 674 do CPPM.

Prazo de internação

§ 1º A internação, cujo mínimo deve ser fixado de entre um a três anos, é por tempo indeterminado, perdurando enquanto não for averiguada, mediante perícia médica, a cessação da periculosidade do internado.

Perícia médica

§ 2º Salvo determinação da instância superior, a perícia médica é realizada ao término do prazo mínimo fixado à internação e, não sendo esta revogada, deve aquela ser repetida de ano em ano.

▶ Súm. nº 520 do STF.

Desinternação condicional

§ 3º A desinternação é sempre condicional, devendo ser restabelecida a situação anterior, se o indivíduo, antes do decurso de um ano, vem a praticar fato indicativo de persistência de sua periculosidade.

§ 4º Durante o período de prova, aplica-se o disposto no artigo 92.

Substituição da pena por internação

Art. 113. Quando o condenado se enquadra no parágrafo único do artigo 48 e necessita de especial tratamento curativo, a pena privativa de liberdade pode ser substituída pela internação em estabelecimento psiquiátrico anexo ao manicômio judiciário ou ao estabelecimento penal, ou em seção especial de um ou de outro.

Superveniência de cura

§ 1º Sobrevindo a cura, pode o internado ser transferido para o estabelecimento penal, não ficando excluído o seu direito a livramento condicional.

Persistência do estado mórbido

§ 2º Se, ao término do prazo, persistir o mórbido estado psíquico do internado, condicionante de periculosidade atual, a internação passa a ser por tempo indeterminado, aplicando-se o disposto nos §§ 1º a 4º do artigo anterior.

Ébrios habituais ou toxicômanos

§ 3º À idêntica internação para fim curativo, sob as mesmas normas, ficam sujeitos os condenados reconhecidos como ébrios habituais ou toxicômanos.

Regime de internação

Art. 114. A internação, em qualquer dos casos previstos nos artigos precedentes, deve visar não apenas ao tratamento curativo do internado, senão também ao seu aperfeiçoamento a um regime educativo ou de trabalho, lucrativo ou não, segundo o permitirem suas condições pessoais.

Cassação de licença para dirigir veículos motorizados

Art. 115. Ao condenado por crime cometido na direção ou relacionadamente à direção de veículos motorizados, deve ser cassada a licença para tal fim, pelo prazo mínimo de um ano, se as circunstâncias do caso e os antecedentes do condenado revelam a sua inaptidão para essa atividade e consequente perigo para a incolumidade alheia.

▶ Arts. 672 e 674 do CPPM.

§ 1º O prazo da interdição se conta do dia em que termina a execução da pena privativa de liberdade ou da medida de segurança detentiva, ou da data da suspensão condicional da pena ou da concessão do livramento ou desinternação condicionais.

§ 2º Se, antes de expirado o prazo estabelecido, é averiguada a cessação do perigo condicionante da interdição, esta é revogada; mas, se o perigo persiste ao termo do prazo, prorroga-se este enquanto não cessa aquele.

§ 3º A cassação da licença deve ser determinada ainda no caso de absolvição do réu em razão de inimputabilidade.

Exílio local

Art. 116. O exílio local, aplicável quando o juiz o considera necessário como medida preventiva, a bem da ordem pública ou do próprio condenado, consiste na proibição de que este resida ou permaneça, durante um ano, pelo menos, na localidade, município ou comarca em que o crime foi praticado.

Parágrafo único. O exílio deve ser cumprido logo que cessa ou é suspensa condicionalmente a execução da pena privativa de liberdade.

Proibição de frequentar determinados lugares

Art. 117. A proibição de frequentar determinados lugares consiste em privar o condenado, durante um ano, pelo menos, da faculdade de acesso a lugares que favoreçam, por qualquer motivo, seu retorno à atividade criminosa.

Parágrafo único. Para o cumprimento da proibição, aplica-se o disposto no parágrafo único do artigo anterior.

Interdição de estabelecimento, sociedade ou associação

Art. 118. A interdição de estabelecimento comercial ou industrial, ou de sociedade ou associação, pode ser decretada por tempo não inferior a quinze dias, nem superior a seis meses, se o estabelecimento, sociedade ou associação serve de meio ou pretexto para a prática de infração penal.

▶ Art. 272, § 1º, do CPPM.

§ 1º A interdição consiste na proibição de exercer no local o mesmo comércio ou indústria, ou atividade social.

§ 2º A sociedade ou associação, cuja sede é interditada, não pode exercer em outro local as suas atividades.

Confisco

Art. 119. O juiz, embora não apurada a autoria, ou ainda quando o agente é inimputável, ou não punível, deve ordenar o confisco dos instrumentos e produtos do crime, desde que consistam em coisas:

I – cujo fabrico, alienação, uso, porte ou detenção constitui fato ilícito;

II – que, pertencendo às Forças Armadas ou sendo de uso exclusivo de militares, estejam em poder ou em uso do agente, ou de pessoa não devidamente autorizada;

III – abandonadas, ocultas ou desaparecidas.

Parágrafo único. É ressalvado o direito do lesado ou de terceiro de boa-fé, nos casos dos nºs I e III.

Imposição da medida de segurança

Art. 120. A medida de segurança é imposta em sentença, que lhe estabelecerá as condições, nos termos da lei penal militar.

Parágrafo único. A imposição da medida de segurança não impede a expulsão do estrangeiro.

TÍTULO VII – DA AÇÃO PENAL

Propositura da ação penal

Art. 121. A ação penal somente pode ser promovida por denúncia do Ministério Público da Justiça Militar.

▶ Art. 129, I, da CF.
▶ Art. 100 do CP.

Dependência de requisição

Art. 122. Nos crimes previstos nos artigos 136 a 141, a ação penal, quando o agente for militar ou assemelhado, depende da requisição do Ministério Militar a que aquele estiver subordinado; no caso do artigo 141, quando o agente for civil e não houver coautor militar, a requisição será do Ministério da Justiça.

▶ Art. 21 deste Código.
▶ Art. 84 do CPPM.

TÍTULO VIII – DA EXTINÇÃO DA PUNIBILIDADE

Causas extintivas

Art. 123. Extingue-se a punibilidade:

▶ Art. 107 do CP.

I – pela morte do agente;

II – pela anistia ou indulto;

III – pela retroatividade de lei que não mais considera o fato como criminoso;

IV – pela prescrição;

V – pela reabilitação;

VI – pelo ressarcimento do dano, no peculato culposo (art. 303, § 4º).

Parágrafo único. A extinção da punibilidade de crime, que é pressuposto, elemento constitutivo ou circunstância agravante de outro, não se estende a este. Nos crimes conexos, a extinção da punibilidade de um deles não impede, quanto aos outros, a agravação da pena resultante da conexão.

▶ Art. 108 do CP.

Espécies de prescrição

Art. 124. A prescrição refere-se à ação penal ou à execução da pena.

Prescrição da ação penal

Art. 125. A prescrição da ação penal, salvo o disposto no § 1º deste artigo, regula-se pelo máximo da pena privativa de liberdade cominada ao crime, verificando-se:

▶ Art. 109 do CP.
▶ Súmulas nºs 220 e 415 do STJ.

I – em trinta anos, se a pena é de morte;

II – em vinte anos, se o máximo da pena é superior a doze;
III – em dezesseis anos, se o máximo da pena é superior a oito e não excede a doze;
IV – em doze anos, se o máximo da pena é superior a quatro e não excede a oito;
V – em oito anos, se o máximo da pena é superior a dois e não excede a quatro;
VI – em quatro anos, se o máximo da pena é igual a um ano ou, sendo superior, não excede a dois;
VII – em dois anos, se o máximo da pena é inferior a um ano.

Superveniência de sentença condenatória de que somente o réu recorre

§ 1º Sobrevindo sentença condenatória, de que somente o réu tenha recorrido, a prescrição passa a regular-se pela pena imposta, e deve ser logo declarada, sem prejuízo do andamento do recurso se, entre a última causa interruptiva do curso da prescrição (§ 5º) e a sentença, já decorreu tempo suficiente.

Termo inicial da prescrição da ação penal

§ 2º A prescrição da ação penal começa a correr:
▶ Art. 111 do CP.
a) do dia em que o crime se consumou;
b) no caso de tentativa, do dia em que cessou a atividade criminosa;
c) nos crimes permanentes, do dia em que cessou a permanência;
▶ Súm. nº 711 do STF.
d) nos crimes de falsidade, da data em que o fato se tornou conhecido.

Caso de concurso de crimes ou de crime continuado

§ 3º No caso de concurso de crimes ou de crime continuado, a prescrição é referida, não à pena unificada, mas à de cada crime considerado isoladamente.

Suspensão da prescrição

§ 4º A prescrição da ação penal não corre:
▶ Art. 116 do CP.
I – enquanto não resolvida, em outro processo, questão de que dependa o reconhecimento da existência do crime;
II – enquanto o agente cumpre pena no estrangeiro.

Interrupção da prescrição

§ 5º O curso da prescrição da ação penal interrompe-se:
▶ Art. 117 do CP.
I – pela instauração do processo;
▶ Arts. 35 e 396 do CPPM.
II – pela sentença condenatória recorrível.

§ 6º A interrupção da prescrição produz efeito relativamente a todos os autores do crime; e nos crimes conexos, que sejam objeto do mesmo processo, a interrupção relativa a qualquer deles estende-se aos demais.

Prescrição da execução da pena ou da medida de segurança que a substitui

Art. 126. A prescrição da execução da pena privativa de liberdade ou da medida de segurança que a substitui (artigo 113) regula-se pelo tempo fixado na sentença e verifica-se nos mesmos prazos estabelecidos no artigo 125, os quais se aumentam de um terço, se o condenado é criminoso habitual ou por tendência.

▶ Art. 110 do CP.

§ 1º Começa a correr a prescrição:
a) do dia em que passa em julgado a sentença condenatória ou a que revoga a suspensão condicional da pena ou o livramento condicional;
b) do dia em que se interrompe a execução, salvo quando o tempo da interrupção deva computar-se na pena.

§ 2º No caso de evadir-se o condenado ou de revogar-se o livramento ou desinternação condicionais, a prescrição se regula pelo restante tempo da execução.

▶ Art. 601 do CPPM.

§ 3º O curso da prescrição da execução da pena suspende-se enquanto o condenado está preso por outro motivo, e interrompe-se pelo início ou continuação do cumprimento da pena, ou pela reincidência.

▶ Art. 597 do CPPM.

Prescrição no caso de reforma ou suspensão de exercício

Art. 127. Verifica-se em quatro anos a prescrição nos crimes cuja pena cominada, no máximo, é de reforma ou de suspensão do exercício do posto, graduação, cargo ou função.

Disposições comuns a ambas as espécies de prescrição

Art. 128. Interrompida a prescrição, salvo o caso do § 3º, segunda parte, do artigo 126, todo o prazo começa a correr, novamente, do dia da interrupção.

▶ Art. 117, § 2º, do CP.

Redução

Art. 129. São reduzidos de metade os prazos da prescrição, quando o criminoso era, ao tempo do crime, menor de vinte e um anos ou maior de setenta.

▶ Art. 115 do CP.

Imprescritibilidade das penas acessórias

Art. 130. É imprescritível a execução das penas acessórias.

▶ Art. 98 deste Código.

Prescrição no caso de insubmissão

Art. 131. A prescrição começa a correr, no crime de insubmissão, do dia em que o insubmisso atinge a idade de trinta anos.

▶ Art. 183 deste Código.

Prescrição no caso de deserção

Art. 132. No crime de deserção, embora decorrido o prazo da prescrição, esta só extingue a punibilidade quando o desertor atinge a idade de quarenta e cinco anos, e, se oficial, a de sessenta.

▶ Art. 187 e seguintes deste Código.

Declaração de ofício
Art. 133. A prescrição, embora não alegada, deve ser declarada de ofício.
▶ Art. 81 do CPPM.

Reabilitação
Art. 134. A reabilitação alcança quaisquer penas impostas por sentença definitiva.
▶ Arts. 93 a 95 do CP.
▶ Art. 202 da LEP.
▶ Arts. 70 e 71 da Lei nº 6.880, de 9-12-1980 (Estatuto dos Militares).

§ 1º A reabilitação poderá ser requerida decorridos cinco anos do dia em que for extinta, de qualquer modo, a pena principal ou terminar a execução desta ou da medida de segurança aplicada em substituição (artigo 113), ou do dia em que terminar o prazo da suspensão condicional da pena ou do livramento condicional, desde que o condenado:
a) tenha tido domicílio no País, no prazo acima referido;
b) tenha dado, durante esse tempo, demonstração efetiva e constante de bom comportamento público e privado;
c) tenha ressarcido o dano causado pelo crime ou demonstre absoluta impossibilidade de o fazer até o dia do pedido, ou exiba documento que comprove a renúncia da vítima ou novação da dívida.

§ 2º A reabilitação não pode ser concedida:
a) em favor dos que foram reconhecidos perigosos, salvo prova cabal em contrário;
b) em relação aos atingidos pelas penas acessórias do artigo 98, inciso VII, se o crime for de natureza sexual em detrimento de filho, tutelado ou curatelado.

Prazo para renovação do pedido
§ 3º Negada a reabilitação, não pode ser novamente requerida senão após o decurso de dois anos.

§ 4º Os prazos para o pedido de reabilitação serão contados em dobro no caso de criminoso habitual ou por tendência.

Revogação
§ 5º A reabilitação será revogada de ofício, ou a requerimento do Ministério Público, se a pessoa reabilitada for condenada, por decisão definitiva, ao cumprimento de pena privativa de liberdade.

Cancelamento do registro de condenações penais
Art. 135. Declarada a reabilitação, serão cancelados, mediante averbação, os antecedentes criminais.
▶ Arts. 655 e 656 do CPPM.

Sigilo sobre antecedentes criminais
Parágrafo único. Concedida a reabilitação, o registro oficial de condenações penais não pode ser comunicado senão à autoridade policial ou judiciária, ou ao representante do Ministério Público, para instrução de processo penal que venha a ser instaurado contra o reabilitado.

PARTE ESPECIAL

LIVRO I – DOS CRIMES MILITARES EM TEMPO DE PAZ

TÍTULO I – DOS CRIMES CONTRA A SEGURANÇA EXTERNA DO PAÍS

Hostilidade contra país estrangeiro
Art. 136. Praticar o militar ato de hostilidade contra país estrangeiro, expondo o Brasil a perigo de guerra:
Pena – reclusão, de oito a quinze anos.

Resultado mais grave
§ 1º Se resulta ruptura de relações diplomáticas, represália ou retorsão:
Pena – reclusão, de dez a vinte e quatro anos.
§ 2º Se resulta guerra:
Pena – reclusão, de doze a trinta anos.

Provocação a país estrangeiro
Art. 137. Provocar o militar, diretamente, país estrangeiro a declarar guerra ou mover hostilidade contra o Brasil ou a intervir em questão que respeite à soberania nacional:
Pena – reclusão, de doze a trinta anos.

Ato de jurisdição indevida
Art. 138. Praticar o militar, indevidamente, no Território Nacional, ato de jurisdição de país estrangeiro, ou favorecer a prática de ato dessa natureza:
Pena – reclusão, de cinco a quinze anos.

Violação de território estrangeiro
Art. 139. Violar o militar território estrangeiro, com o fim de praticar ato de jurisdição em nome do Brasil:
Pena – reclusão, de dois a seis anos.

Entendimento para empenhar o Brasil à neutralidade ou à guerra
Art. 140. Entrar ou tentar entrar o militar em entendimento com país estrangeiro, para empenhar o Brasil à neutralidade ou à guerra:
Pena – reclusão, de seis a doze anos.

Entendimento para gerar conflito ou divergência com o Brasil
Art. 141. Entrar em entendimento com país estrangeiro, ou organização nele existente, para gerar conflito ou divergência de caráter internacional entre o Brasil e qualquer outro país, ou para lhes perturbar as relações diplomáticas:
Pena – reclusão, de quatro a oito anos.

Resultado mais grave
§ 1º Se resulta ruptura de relações diplomáticas:
Pena – reclusão, de seis a dezoito anos.
§ 2º Se resulta guerra:
Pena – reclusão, de dez a vinte e quatro anos.

Tentativa contra a soberania do Brasil

Art. 142. Tentar:

I – submeter o Território Nacional, ou parte dele, à soberania de país estrangeiro;

II – desmembrar, por meio de movimento armado ou tumultos planejados, o Território Nacional, desde que o fato atente contra a segurança externa do Brasil ou a sua soberania;

III – internacionalizar, por qualquer meio, região ou parte do Território Nacional:

Pena – reclusão, de quinze a trinta anos, para os cabeças; de dez a vinte anos, para os demais agentes.

▶ Arts. 101 e 357 deste Código.

Consecução de notícia, informação ou documento para fim de espionagem

Art. 143. Conseguir, para o fim de espionagem militar, notícia, informação ou documento, cujo sigilo seja de interesse da segurança externa do Brasil:

▶ Art. 366 deste Código.

Pena – reclusão, de quatro a doze anos.

§ 1º A pena é de reclusão de dez a vinte anos:

I – se o fato compromete a preparação ou eficiência bélica do Brasil, ou o agente transmite ou fornece, por qualquer meio, mesmo sem remuneração, a notícia, informação ou documento, a autoridade ou pessoa estrangeira;

II – se o agente, em detrimento da segurança externa do Brasil, promove ou mantém no Território Nacional atividade ou serviço destinado à espionagem;

III – se o agente se utiliza, ou contribui para que outrem se utilize, de meio de comunicação, para dar indicação que ponha ou possa pôr em perigo a segurança externa do Brasil.

Modalidade culposa

§ 2º Contribuir culposamente para a execução do crime:

Pena – detenção, de seis meses a dois anos, no caso do artigo; ou até quatro anos, no caso do § 1º, nº I.

Revelação de notícia, informação ou documento

Art. 144. Revelar notícia, informação ou documento, cujo sigilo seja de interesse da segurança externa do Brasil:

▶ Art. 366 deste Código.

Pena – reclusão, de três a oito anos.

Fim de espionagem militar

§ 1º Se o fato é cometido com o fim de espionagem militar:

Pena – reclusão, de seis a doze anos.

Resultado mais grave

§ 2º Se o fato compromete a preparação ou a eficiência bélica do País:

Pena – reclusão, de dez a vinte anos.

Modalidade culposa

§ 3º Se a revelação é culposa:

Pena – detenção, de seis meses a dois anos, no caso do artigo; ou até quatro anos, nos casos dos §§ 1º e 2º.

Turbação de objeto ou documento

Art. 145. Suprimir, subtrair, deturpar, alterar, desviar, ainda que temporariamente, objeto ou documento concernente à segurança externa do Brasil:

Pena – reclusão, de três a oito anos.

Resultado mais grave

§ 1º Se o fato compromete a segurança ou a eficiência bélica do País:

Pena – reclusão, de dez a vinte anos.

Modalidade culposa

§ 2º Contribuir culposamente para o fato:

Pena – detenção, de seis meses a dois anos.

Penetração com o fim de espionagem

Art. 146. Penetrar, sem licença, ou introduzir-se clandestinamente ou sob falso pretexto, em lugar sujeito à administração militar, ou centro industrial a serviço de construção ou fabricação sob fiscalização militar, para colher informação destinada a país estrangeiro ou agente seu:

▶ Art. 366 deste Código.

Pena – reclusão, de três a oito anos.

Parágrafo único. Entrar, em local referido no artigo, sem licença de autoridade competente, munido de máquina fotográfica ou qualquer outro meio hábil para a prática de espionagem:

Pena – reclusão, até três anos.

Desenho ou levantamento de plano ou planta de local militar ou de engenho de guerra

Art. 147. Fazer desenho ou levantar plano ou planta de fortificação, quartel, fábrica, arsenal, hangar ou aeródromo, ou de navio, aeronave ou engenho de guerra motomecanizado, utilizados ou em construção sob administração ou fiscalização militar, ou fotografá-los ou filmá-los:

Pena – reclusão, até quatro anos, se o fato não constitui crime mais grave.

Sobrevoo em local interdito

Art. 148. Sobrevoar local declarado interdito:

Pena – reclusão, até três anos.

TÍTULO II – DOS CRIMES CONTRA A AUTORIDADE OU DISCIPLINA MILITAR

CAPÍTULO I

DO MOTIM E DA REVOLTA

Motim

Art. 149. Reunirem-se militares ou assemelhados:

▶ Art. 368 deste Código.

I – agindo contra a ordem recebida de superior, ou negando-se a cumpri-la;

II – recusando obediência a superior, quando estejam agindo sem ordem ou praticando violência;

III – assentindo em recusa conjunta de obediência, ou em resistência ou violência, em comum, contra superior;

IV – ocupando quartel, fortaleza, arsenal, fábrica ou estabelecimento militar, ou dependência de qualquer deles, hangar, aeródromo ou aeronave, navio ou viatura militar, ou utilizando-se de qualquer daqueles locais ou meios de transportes, para ação militar, ou prática de violência, em desobediência a ordem superior ou em detrimento da ordem ou da disciplina militar:

Pena – reclusão, de quatro a oito anos, com aumento de um terço para os cabeças.

▶ Arts. 24 e 47 deste Código.

Revolta

Parágrafo único. Se os agentes estavam armados:

Pena – reclusão, de oito a vinte anos, com aumento de um terço para os cabeças.

Organização de grupo para a prática de violência

Art. 150. Reunirem-se dois ou mais militares ou assemelhados, com armamento ou material bélico, de propriedade militar, praticando violência à pessoa ou à coisa pública ou particular em lugar sujeito ou não à administração militar:

Pena – reclusão, de quatro a oito anos.

▶ Art. 153 deste Código.

Omissão de lealdade militar

Art. 151. Deixar o militar ou assemelhado de levar ao conhecimento do superior o motim ou revolta de cuja preparação teve notícia, ou, estando presente ao ato criminoso, não usar de todos os meios ao seu alcance para impedi-lo:

▶ Art. 369 deste Código.

Pena – reclusão, de três a cinco anos.

Conspiração

Art. 152. Concertarem-se militares ou assemelhados para a prática do crime previsto no artigo 149:

▶ Art. 368 deste Código.

Pena – reclusão, de três a cinco anos.

Isenção de pena

Parágrafo único. É isento de pena aquele que, antes da execução do crime e quando era ainda possível evitar-lhe as consequências, denuncia o ajuste de que participou.

Cumulação de penas

Art. 153. As penas dos artigos 149 e 150 são aplicáveis sem prejuízo das correspondentes à violência.

CAPÍTULO II

DA ALICIAÇÃO E DO INCITAMENTO

Aliciação para motim ou revolta

Art. 154. Aliciar militar ou assemelhado para a prática de qualquer dos crimes previstos no capítulo anterior:

Pena – reclusão, de dois a quatro anos.

Incitamento

Art. 155. Incitar à desobediência, à indisciplina ou à prática de crime militar:

Pena – reclusão, de dois a quatro anos.

▶ Art. 286 do CP.

Parágrafo único. Na mesma pena incorre quem introduz, afixa ou distribui, em lugar sujeito à administração militar, impressos, manuscritos ou material mimeografado, fotocopiado ou gravado, em que se contenha incitamento à prática dos atos previstos no artigo.

Apologia de fato criminoso ou do seu autor

Art. 156. Fazer apologia de fato que a lei militar considera crime, ou do autor do mesmo, em lugar sujeito à administração militar:

Pena – detenção, de seis meses a um ano.

▶ Art. 287 do CP.

CAPÍTULO III

DA VIOLÊNCIA CONTRA SUPERIOR OU MILITAR DE SERVIÇO

Violência contra superior

Art. 157. Praticar violência contra superior:

Pena – detenção, de três meses a dois anos.

▶ Arts. 24, 47 e 389 deste Código.

Formas qualificadas

§ 1º Se o superior é comandante da unidade a que pertence o agente, ou oficial-general:

Pena – reclusão, de três a nove anos.

§ 2º Se a violência é praticada com arma, a pena é aumentada de um terço.

§ 3º Se da violência resulta lesão corporal, aplica-se, além da pena da violência, a do crime contra a pessoa:

▶ Art. 79 deste Código.

§ 4º Se da violência resulta morte:

Pena – reclusão, de doze a trinta anos.

§ 5º A pena é aumentada da sexta parte, se o crime ocorre em serviço.

Violência contra militar de serviço

Art. 158. Praticar violência contra oficial de dia, de serviço, ou de quarto, ou contra sentinela, vigia ou plantão:

▶ Art. 389 deste Código.

Pena – reclusão, de três a oito anos.

Formas qualificadas

§ 1º Se a violência é praticada com arma, a pena é aumentada de um terço.

§ 2º Se da violência resulta lesão corporal, aplica-se, além da pena da violência, a do crime contra a pessoa.

§ 3º Se da violência resulta morte:

Pena – reclusão, de doze a trinta anos.

Ausência de dolo no resultado

Art. 159. Quando da violência resulta morte ou lesão corporal e as circunstâncias evidenciam que o agente não quis o resultado nem assumiu o risco de produzi-lo, a pena do crime contra a pessoa é diminuída de metade.

Capítulo IV
DO DESRESPEITO A SUPERIOR E A SÍMBOLO NACIONAL OU A FARDA

Desrespeito a superior

Art. 160. Desrespeitar superior diante de outro militar:

Pena – detenção de três meses a um ano, se o fato não constitui crime mais grave.

Desrespeito a comandante, oficial-general ou oficial de serviço

Parágrafo único. Se o fato é praticado contra o comandante da unidade a que pertence o agente, oficial-general, oficial de dia, de serviço ou de quarto, a pena é aumentada da metade.

Desrespeito a símbolo nacional

Art. 161. Praticar o militar diante da tropa, ou em lugar sujeito à administração militar, ato que se traduza em ultraje a símbolo nacional:

Pena – detenção, de um a dois anos.

Despojamento desprezível

Art. 162. Despojar-se de uniforme, condecoração militar, insígnia ou distintivo, por menosprezo ou vilipêndio:

Pena – detenção, de seis meses a um ano.

Parágrafo único. A pena é aumentada da metade, se o fato é praticado diante da tropa, ou em público.

Capítulo V
DA INSUBORDINAÇÃO

Recusa de obediência

Art. 163. Recusar obedecer a ordem do superior sobre assunto ou matéria de serviço, ou relativamente a dever imposto em lei, regulamento ou instrução:

▶ Art. 387 deste Código.

Pena – detenção, de um a dois anos, se o fato não constitui crime mais grave.

Oposição a ordem de sentinela

Art. 164. Opor-se às ordens da sentinela:

▶ Art. 387 deste Código.

Pena – detenção, de seis meses a um ano, se o fato não constitui crime mais grave.

Reunião ilícita

Art. 165. Promover a reunião de militares, ou nela tomar parte, para discussão de ato de superior ou assunto atinente à disciplina militar:

Pena – detenção, de seis meses a um ano a quem promove a reunião; de dois a seis meses a quem dela participa, se o fato não constitui crime mais grave.

Publicação ou crítica indevida

Art. 166. Publicar o militar ou assemelhado, sem licença, ato ou documento oficial, ou criticar publicamente ato de seu superior ou assunto atinente à disciplina militar, ou a qualquer resolução do Governo:

Pena – detenção, de dois meses a um ano, se o fato não constitui crime mais grave.

Capítulo VI
DA USURPAÇÃO E DO EXCESSO OU ABUSO DE AUTORIDADE

Assunção de comando sem ordem ou autorização

Art. 167. Assumir o militar, sem ordem ou autorização, salvo se em grave emergência, qualquer comando, ou a direção de estabelecimento militar:

Pena – reclusão, de dois a quatro anos, se o fato não constitui crime mais grave.

Conservação ilegal de comando

Art. 168. Conservar comando ou função legitimamente assumida, depois de receber ordem de seu superior para deixá-los ou transmiti-los a outrem:

Pena – detenção, de um a três anos.

Operação militar sem ordem superior

Art. 169. Determinar o comandante, sem ordem superior e fora dos casos em que essa se dispensa, movimento de tropa ou ação militar:

Pena – reclusão, de três a cinco anos.

Forma qualificada

Parágrafo único. Se o movimento da tropa ou ação militar é em território estrangeiro ou contra força, navio ou aeronave de país estrangeiro:

Pena – reclusão, de quatro a oito anos, se o fato não constitui crime mais grave.

Ordem arbitrária de invasão

Art. 170. Ordenar, arbitrariamente, o comandante de força, navio, aeronave ou engenho de guerra motomecanizado a entrada de comandados seus em águas ou território estrangeiro, ou sobrevoá-los:

Pena – suspensão do exercício do posto, de um a três anos, ou reforma.

Uso indevido por militar de uniforme, distintivo ou insígnia

Art. 171. Usar o militar ou assemelhado, indevidamente, uniforme, distintivo ou insígnia de posto ou graduação superior:

Pena – detenção, de seis meses a um ano, se o fato não constitui crime mais grave.

Uso indevido de uniforme, distintivo ou insígnia militar por qualquer pessoa

Art. 172. Usar, indevidamente, uniforme, distintivo ou insígnia militar a que não tenha direito:

Pena – detenção, até seis meses.

Abuso de requisição militar

Art. 173. Abusar do direito de requisição militar, excedendo os poderes conferidos ou recusando cumprir dever imposto em lei:

Pena – detenção, de um a dois anos.

Rigor excessivo

Art. 174. Exceder a faculdade de punir o subordinado, fazendo-o com rigor não permitido, ou ofendendo-o por palavra, ato ou escrito:

Pena – suspensão do exercício do posto, por dois a seis meses, se o fato não constitui crime mais grave.

Violência contra inferior
Art. 175. Praticar violência contra inferior:

Pena – detenção, de três meses a um ano.

Resultado mais grave
Parágrafo único. Se da violência resulta lesão corporal ou morte é também aplicada a pena do crime contra a pessoa, atendendo-se, quando for o caso, ao disposto no artigo 159.

Ofensa aviltante a inferior
Art. 176. Ofender inferior, mediante ato de violência que, por natureza ou pelo meio empregado, se considere aviltante:

Pena – detenção, de seis meses a dois anos.

Parágrafo único. Aplica-se o disposto no parágrafo único do artigo anterior.

CAPÍTULO VII
DA RESISTÊNCIA

Resistência mediante ameaça ou violência
Art. 177. Opor-se à execução de ato legal, mediante ameaça ou violência ao executor, ou a quem esteja prestando auxílio:

Pena – detenção, de seis meses a dois anos.

▶ Art. 329 do CP.

Forma qualificada
§ 1º Se o ato não se executa em razão da resistência:

Pena – reclusão de dois a quatro anos.

Cumulação de penas
§ 2º As penas deste artigo são aplicáveis sem prejuízo das correspondentes à violência, ou ao fato que constitua crime mais grave.

CAPÍTULO VIII
DA FUGA, EVASÃO, ARREBATAMENTO E AMOTINAMENTO DE PRESOS

Fuga de preso ou internado
Art. 178. Promover ou facilitar a fuga de pessoa legalmente presa ou submetida a medida de segurança detentiva:

Pena – detenção, de seis meses a dois anos.

▶ Art. 351 do CP.

Formas qualificadas
§ 1º Se o crime é praticado a mão armada ou por mais de uma pessoa, ou mediante arrombamento:

Pena – reclusão, de dois a seis anos.

§ 2º Se há emprego de violência contra pessoa, aplica-se também a pena correspondente à violência.

§ 3º Se o crime é praticado por pessoa sob cuja guarda, custódia ou condução está o preso ou internado:

Pena – reclusão, até quatro anos.

Modalidade culposa
Art. 179. Deixar, por culpa, fugir pessoa legalmente presa, confiada à sua guarda ou condução:

Pena – detenção, de três meses a um ano.

Evasão de preso ou internado
Art. 180. Evadir-se, ou tentar evadir-se o preso ou internado, usando de violência contra a pessoa:

▶ Art. 352 do CP.

Pena – detenção, de um a dois anos, além da correspondente à violência.

§ 1º Se a evasão ou a tentativa ocorre mediante arrombamento da prisão militar:

Pena – detenção, de seis meses a um ano.

Cumulação de penas
§ 2º Se ao fato sucede deserção, aplicam-se cumulativamente as penas correspondentes.

Arrebatamento de preso ou internado
Art. 181. Arrebatar preso ou internado, a fim de maltratá-lo, do poder de quem o tenha sob guarda ou custódia militar:

▶ Art. 353 do CP.

Pena – reclusão, até quatro anos, além da correspondente a violência.

Amotinamento
Art. 182. Amotinarem-se presos, ou internados, perturbando a disciplina do recinto de prisão militar:

▶ Art. 354 do CP.
▶ Art. 50, parágrafo único, da LEP.

Pena – Reclusão, até três anos, aos cabeças; aos demais, detenção de um a dois anos.

Responsabilidade de partícipe ou de oficial
Parágrafo único. Na mesma pena incorre quem participa do amotinamento ou, sendo oficial e estando presente, não usa os meios ao seu alcance para debelar o amotinado ou evitar-lhe as consequências.

TÍTULO III – DOS CRIMES CONTRA O SERVIÇO MILITAR E O DEVER MILITAR

CAPÍTULO I
DA INSUBMISSÃO

Insubmissão
Art. 183. Deixar de apresentar-se o convocado à incorporação, dentro do prazo que lhe foi marcado, ou, apresentando-se, ausentar-se antes do ato oficial de incorporação:

▶ Arts. 463 a 465 do CPPM.

Pena – impedimento, de três meses a um ano.

▶ Súmulas nºs 3 e 7 do STM.

Caso assimilado
§ 1º Na mesma pena incorre quem, dispensado temporariamente da incorporação, deixa de se apresentar, decorrido o prazo de licenciamento.

Diminuição da pena
§ 2º A pena é diminuída de um terço:

a) pela ignorância ou a errada compreensão dos atos da convocação militar, quando escusáveis;

b) pela apresentação voluntária dentro do prazo de um ano, contado do último dia marcado para a apresentação.

Criação ou simulação de incapacidade física

Art. 184. Criar ou simular incapacidade física, que inabilite o convocado para o serviço militar:

▶ Art. 171, § 2º, V, do CP.

Pena – detenção, de seis meses a dois anos.

Substituição de convocado

Art. 185. Substituir-se o convocado por outrem na apresentação ou na inspeção de saúde:

Pena – detenção, de seis meses a dois anos.

Parágrafo único. Na mesma pena incorre quem substitui o convocado.

Favorecimento a convocado

Art. 186. Dar asilo a convocado, ou tomá-lo a seu serviço, ou proporcionar-lhe ou facilitar-lhe transporte ou meio que obste ou dificulte a incorporação, sabendo ou tendo razão para saber que cometeu qualquer dos crimes previstos neste capítulo:

Pena – detenção, de três meses a um ano.

Isenção de pena

Parágrafo único. Se o favorecedor é ascendente, descendente, cônjuge ou irmão do criminoso, fica isento de pena.

Capítulo II
DA DESERÇÃO

Deserção

Art. 187. Ausentar-se o militar, sem licença, da unidade em que serve, ou do lugar em que deve permanecer, por mais de oito dias:

Pena – detenção, de seis meses a dois anos; se oficial, a pena é agravada.

▶ Arts. 132 e 391 deste Código.
▶ Arts. 451 a 462 do CPPM.
▶ Art. 90 da Lei nº 6.880, de 9-12-1980 (Estatuto dos Militares).
▶ Súmulas nºs 3 e 8 do STM.

Casos assimilados

Art. 188. Na mesma pena incorre o militar que:

I – não se apresenta no lugar designado, dentro de oito dias, findo o prazo de trânsito ou férias;

II – deixa de se apresentar à autoridade competente, dentro do prazo de oito dias, contados daquele em que termina ou é cassada a licença ou agregação ou em que é declarado o estado de sítio ou de guerra;

III – tendo cumprido a pena, deixa de se apresentar, dentro do prazo de oito dias;

IV – consegue exclusão do serviço ativo ou situação de inatividade, criando ou simulando incapacidade.

Art. 189. Nos crimes dos artigos 187 e 188, nºs I, II e III.

Atenuante especial

I – se o agente se apresenta voluntariamente dentro em oito dias após a consumação do crime, a pena é diminuída de metade; e de um terço, se de mais de oito dias e até sessenta;

Agravante especial

II – se a deserção ocorre em unidade estacionada em fronteira ou país estrangeiro, a pena é agravada de um terço.

Deserção especial

Art. 190. Deixar o militar de apresentar-se no momento da partida do navio ou aeronave, de que é tripulante, ou do deslocamento da unidade ou força em que serve:

Pena – detenção, até três meses, se após a partida ou deslocamento se apresentar, dentro de vinte e quatro horas, à autoridade militar do lugar, ou, na falta desta, à autoridade policial, para ser comunicada a apresentação ao comando militar competente.

▶ *Caput* e pena com a redação dada pela Lei nº 9.764, de 17-12-1998.

§ 1º Se a apresentação se der dentro de prazo superior a vinte e quatro horas e não excedente a cinco dias:

Pena – detenção, de dois a oito meses.

§ 2º Se superior a cinco dias e não excedente a oito dias:

Pena – detenção, de três meses a um ano.

▶ § 2º com a redação dada pela Lei nº 9.764, de 17-12-1998.

§ 2º-A. Se superior a oito dias:

Pena – detenção, de seis meses a dois anos.

▶ § 2º-A acrescido pela Lei nº 9.764, de 17-12-1998.

Aumento de pena

§ 3º A pena é aumentada de um terço, se se tratar de sargento, subtenente ou suboficial, e de metade, se oficial.

▶ § 3º com a redação dada pela Lei nº 9.764, de 17-12-1998.

Concerto para deserção

Art. 191. Concertarem-se militares para a prática da deserção:

I – se a deserção não chega a consumar-se:

Pena – detenção, de três meses a um ano;

Modalidade complexa

II – se consumada a deserção:

Pena – reclusão, de dois a quatro anos.

Deserção por evasão ou fuga

Art. 192. Evadir-se o militar do poder da escolta, ou de recinto de detenção ou de prisão, ou fugir em seguida à prática de crime para evitar prisão, permanecendo ausente por mais de oito dias.

Pena – detenção, de seis meses a dois anos.

Favorecimento a desertor

Art. 193. Dar asilo a desertor, ou tomá-lo a seu serviço, ou proporcionar-lhe ou facilitar-lhe transporte ou meio de ocultação, sabendo ou tendo razão para saber que cometeu qualquer dos crimes previstos neste capítulo:

Pena – detenção, de quatro meses a um ano.

Isenção de pena

Parágrafo único. Se o favorecedor é ascendente, descendente, cônjuge ou irmão do criminoso, fica isento de pena.

Omissão de oficial

Art. 194. Deixar o oficial de proceder contra desertor, sabendo, ou devendo saber encontrar-se entre os seus comandados:

Pena – detenção, de seis meses a um ano.

CAPÍTULO III

DO ABANDONO DE POSTO E DE OUTROS CRIMES EM SERVIÇO

Abandono de posto

Art. 195. Abandonar, sem ordem superior, o posto ou lugar de serviço que lhe tenha sido designado, ou o serviço que lhe cumpria, antes de terminá-lo:

- Art. 390 deste Código.
- Art. 10, nº 17, do Dec. nº 76.322, de 22-9-1975 (Regulamento Disciplinar da Aeronáutica).
- Art. 7º, nº 53, do Dec. nº 88.545, de 26-7-1983 (Regulamento Disciplinar para a Marinha).
- Anexo I, nº 28, do Dec. nº 4.346, de 26-8-2002 (Regulamento Disciplinar do Exército).

Pena – detenção, de três meses a um ano.

Descumprimento de missão

Art. 196. Deixar o militar de desempenhar a missão que lhe foi confiada:

Pena – detenção, de seis meses a dois anos, se o fato não constitui crime mais grave.

§ 1º Se é oficial o agente, a pena é aumentada de um terço.

§ 2º Se o agente exerça função de comando, a pena é aumentada de metade.

Modalidade culposa

§ 3º Se a abstenção é culposa:

Pena – detenção, de três meses a um ano.

Retenção indevida

Art. 197. Deixar o oficial de restituir, por ocasião da passagem de função, ou quando lhe é exigido, objeto, plano, carta, cifra, código ou documento que lhe haja sido confiado:

Pena – suspensão do exercício do posto, de três a seis meses, se o fato não constitui crime mais grave.

Parágrafo único. Se o objeto, plano, carta, cifra, código, ou documento envolve ou constitui segredo relativo à segurança nacional:

Pena – detenção, de três meses a um ano, se o fato não constitui crime mais grave.

Omissão de eficiência da força

Art. 198. Deixar o comandante de manter a força sob seu comando em estado de eficiência:

Pena – suspensão do exercício do posto, de três meses a um ano.

Omissão de providências para evitar danos

Art. 199. Deixar o comandante de empregar todos os meios ao seu alcance para evitar perda, destruição ou inutilização de instalações militares, navio, aeronave ou engenho de guerra motomecanizado em perigo:

Pena – reclusão, de dois a oito anos.

Modalidade culposa

Parágrafo único. Se a abstenção é culposa:

Pena – detenção, de três meses a um ano.

Omissão de providências para salvar comandados

Art. 200. Deixar o comandante, em ocasião de incêndio, naufrágio, encalhe, colisão, ou outro perigo semelhante, de tomar todas as providências adequadas para salvar os seus comandados e minorar as consequências do sinistro, não sendo o último a sair de bordo ou a deixar a aeronave ou o quartel ou sede militar sob seu comando:

Pena – reclusão, de dois a seis anos.

Modalidade culposa

Parágrafo único. Se a abstenção é culposa:

Pena – detenção, de seis meses a dois anos.

Omissão de socorro

Art. 201. Deixar o comandante de socorrer, sem justa causa, navio de guerra ou mercante, nacional ou estrangeiro, ou aeronave, em perigo, ou náufragos que hajam pedido socorro:

Pena – suspensão do exercício do posto, de um a três anos ou reforma.

Embriaguez em serviço

Art. 202. Embriagar-se o militar, quando em serviço, ou apresentar-se embriagado para prestá-lo:

Pena – detenção, de seis meses a dois anos.

Dormir em serviço

Art. 203. Dormir o militar, quando em serviço, como oficial de quarto ou da ronda, ou em situação equivalente, ou, não sendo oficial, em serviço de sentinela, vigia, plantão às máquinas, ao leme, de ronda ou em qualquer serviço de natureza semelhante:

Pena – detenção, de três meses a um ano.

CAPÍTULO IV

DO EXERCÍCIO DE COMÉRCIO

Exercício de comércio por oficial

Art. 204. Comerciar o oficial da ativa, ou tomar parte na administração ou gerência de sociedade comercial, ou dela ser sócio ou participar, exceto como acionista ou cotista em sociedade anônima, ou por cotas de responsabilidade limitada:

Pena – suspensão do exercício do posto, de seis meses a dois anos, ou reforma.

TÍTULO IV – DOS CRIMES CONTRA A PESSOA

Capítulo I
DO HOMICÍDIO

Homicídio simples

Art. 205. Matar alguém:

- Arts. 208 e 400 deste Código.
- Art. 121 do CP.
- Art. 1º da Lei nº 2.889, de 1º-10-1956 (Lei do Crime de Genocídio).
- Art. 1º, III, a, da Lei nº 7.960, de 21-12-1989 (Lei da Prisão Temporária).
- Art. 1º, I, da Lei nº 8.072, de 25-7-1990 (Lei dos Crimes Hediondos).
- Art. 3º da Lei nº 9.434, de 4-2-1997 (Lei de Remoção de Órgãos e Tecidos).
- Art. 4º, nº 1, do Pacto de São José da Costa Rica.

Pena – reclusão, de seis a vinte anos.

Minoração facultativa da pena

§ 1º Se o agente comete o crime impelido por motivo de relevante valor social ou moral, ou sob o domínio de violenta emoção, logo em seguida a injusta provocação da vítima, o juiz pode reduzir a pena, de um sexto a um terço.

- Art. 121, § 1º, do CP.

Homicídio qualificado

§ 2º Se o homicídio é cometido:

- Art. 121, § 2º, do CP.
- Art. 1º, I, da Lei nº 8.072, de 25-7-1990 (Lei dos Crimes Hediondos).

I – por motivo fútil;
II – mediante paga ou promessa de recompensa, por cupidez, para excitar ou saciar desejos sexuais, ou por outro motivo torpe;
III – com emprego de veneno, asfixia, tortura, fogo, explosivo, ou qualquer outro meio dissimulado ou cruel, ou de que possa resultar perigo comum;

- Art. 5º, nº 2, do Pacto de São José da Costa Rica.

IV – à traição, de emboscada, com surpresa ou mediante outro recurso insidioso, que dificultou ou tornou impossível a defesa da vítima;
V – para assegurar a execução, a ocultação, a impunidade ou vantagem de outro crime;
VI – prevalecendo-se o agente da situação de serviço:

Pena – reclusão, de doze a trinta anos.

Homicídio culposo

Art. 206. Se o homicídio é culposo:

- Art. 121, § 3º, do CP.

Pena – detenção, de um a quatro anos.

§ 1º A pena pode ser agravada se o crime resulta de inobservância de regra técnica de profissão, arte ou ofício, ou se o agente deixa de prestar imediato socorro à vítima.

- Arts. 121, § 4º, e 129, § 7º, do CP.

Multiplicidade de vítimas

§ 2º Se, em consequência de uma só ação ou omissão culposa, ocorre morte de mais de uma pessoa ou também lesões corporais em outras pessoas, a pena é aumentada de um sexto até metade.

Provocação direta ou auxílio a suicídio

Art. 207. Instigar ou induzir alguém a suicidar-se, ou prestar-lhe auxílio para que o faça, vindo o suicídio a consumar-se:

- Art. 122 do CP.
- Art. 4º, nº 1, do Pacto de São José da Costa Rica.

Pena – reclusão, de dois a seis anos.

Agravação de pena

§ 1º Se o crime é praticado por motivo egoístico, ou a vítima é menor ou tem diminuída, por qualquer motivo, a resistência moral, a pena é agravada.

- Art. 122, parágrafo único, do CP.

Provocação indireta ao suicídio

§ 2º Com a detenção de um a três anos, será punido quem, desumana e reiteradamente, inflige maus-tratos a alguém, sob sua autoridade ou dependência, levando-o, em razão disso, à prática de suicídio.

Redução de pena

§ 3º Se o suicídio é apenas tentado, e da tentativa resulta lesão grave, a pena é reduzida de um a dois terços.

Capítulo II
DO GENOCÍDIO

Genocídio

Art. 208. Matar membros de um grupo nacional, étnico, religioso ou pertencente a determinada raça, com o fim de destruição total ou parcial desse grupo:

- Arts. 401 e 402 deste Código.
- Art. 1º da Lei nº 2.889, de 1º-10-1956 (Lei do Crime de Genocídio).
- Art. 4º, nº 1, do Pacto de São José da Costa Rica.

Pena – reclusão, de quinze a trinta anos.

Casos assimilados

Parágrafo único. Será punido com reclusão, de quatro a quinze anos, quem, com o mesmo fim:

I – inflige lesões graves a membros do grupo;
II – submete o grupo a condições de existência, físicas ou morais, capazes de ocasionar a eliminação de todos os seus membros ou parte deles;
III – força o grupo à sua dispersão;
IV – impõe medidas destinadas a impedir os nascimentos no seio do grupo;
V – efetua coativamente a transferência de crianças do grupo para outro grupo.

Capítulo III
DA LESÃO CORPORAL E DA RIXA

Lesão leve

Art. 209. Ofender a integridade corporal ou a saúde de outrem:

- Art. 403 deste Código.
- Art. 129 do CP.
- Art. 331 do CPPM.
- Art. 88 da Lei nº 9.099, de 26-9-1995 (Lei dos Juizados Especiais).
- Art. 4º, nº 1, do Pacto de São José da Costa Rica.

Pena – detenção, de três meses a um ano.

Lesão grave

§ 1º Se se produz, dolosamente, perigo de vida, debilidade permanente de membro, sentido ou função, ou incapacidade para as ocupações habituais, por mais de trinta dias:

Pena – reclusão, até cinco anos.

§ 2º Se se produz, dolosamente, enfermidade incurável, perda ou inutilização de membro, sentido ou função, incapacidade permanente para o trabalho, ou deformidade duradoura:

Pena – reclusão, de dois a oito anos.

Lesões qualificadas pelo resultado

§ 3º Se os resultados previstos nos §§ 1º e 2º forem causados culposamente, a pena será de detenção, de um a quatro anos; se da lesão resultar morte e as circunstâncias evidenciarem que o agente não quis o resultado, nem assumiu o risco de produzi-lo, a pena será de reclusão, até oito anos.

Minoração facultativa da pena

§ 4º Se o agente comete o crime impelido por motivo de relevante valor moral ou social ou sob o domínio de violenta emoção, logo em seguida a injusta provocação da vítima, o juiz pode reduzir a pena, de um sexto a um terço.

§ 5º No caso de lesões leves, se estas são recíprocas, não se sabendo qual dos contendores atacou primeiro, ou quando ocorre qualquer das hipóteses do parágrafo anterior, o juiz pode diminuir a pena de um a dois terços.

Lesão levíssima

§ 6º No caso de lesões levíssimas, o juiz pode considerar a infração como disciplinar.

Lesão culposa

Art. 210. Se a lesão é culposa:

▶ Art. 129, § 6º, do CP.
▶ Art. 303 do CTB.
▶ Art. 88 da Lei nº 9.099, de 26-9-1995 (Lei dos Juizados Especiais).

Pena – detenção, de dois meses a um ano.

§ 1º A pena pode ser agravada se o crime resulta de inobservância de regra técnica de profissão, arte ou ofício, ou se o agente deixa de prestar imediato socorro à vítima.

Aumento de pena

§ 2º Se, em consequência de uma só ação ou omissão culposa, ocorrem lesões em várias pessoas, a pena é aumentada de um sexto até metade.

Participação em rixa

Art. 211. Participar de rixa, salvo para separar os contendores:

▶ Art. 137 do CP.

Pena – detenção, até dois meses.

Parágrafo único. Se ocorre morte ou lesão grave, aplica-se, pelo fato de participação na rixa, a pena de detenção, de seis meses a dois anos.

Capítulo IV
DA PERICLITAÇÃO DA VIDA OU DA SAÚDE

Abandono de pessoa

Art. 212. Abandonar o militar pessoa que está sob seu cuidado, guarda, vigilância ou autoridade e, por qualquer motivo, incapaz de defender-se dos riscos resultantes do abandono:

▶ Art. 133 do CP.

Pena – detenção, de seis meses a três anos.

Formas qualificadas pelo resultado

§ 1º Se do abandono resulta lesão grave:

Pena – reclusão, até cinco anos.

§ 2º Se resulta morte:

Pena – reclusão, de quatro a doze anos.

Maus-tratos

Art. 213. Expor a perigo a vida ou saúde, em lugar sujeito à administração militar ou no exercício de função militar, de pessoa sob sua autoridade, guarda ou vigilância, para o fim de educação, instrução, tratamento ou custódia, quer privando-a de alimentação ou cuidados indispensáveis, quer sujeitando-a a trabalhos excessivos ou inadequados, quer abusando de meios de correção ou disciplina:

▶ Art. 136 do CP.

Pena – detenção, de dois meses a um ano.

Formas qualificadas pelo resultado

§ 1º Se do fato resulta lesão grave:

Pena – reclusão, até quatro anos.

§ 2º Se resulta morte:

Pena – reclusão, de dois a dez anos.

Capítulo V
DOS CRIMES CONTRA A HONRA

▶ Art. 11, nº 1, do Pacto de São José da Costa Rica.

Calúnia

Art. 214. Caluniar alguém, imputando-lhe falsamente fato definido como crime:

Pena – detenção, de seis meses a dois anos.

▶ Art. 138 do CP.
▶ Art. 324 do CE.
▶ Art. 53 da Lei nº 4.117, de 24-8-1962 (Código Brasileiro de Telecomunicações).
▶ Art. 26 da Lei nº 7.170, de 14-10-1983 (Lei da Segurança Nacional).
▶ Art. 58 da Lei nº 9.504, de 30-9-1997 (Lei das Eleições).

§ 1º Na mesma pena incorre quem, sabendo falsa a imputação, a propala ou divulga.

Exceção da verdade

§ 2º A prova da verdade do fato imputado exclui o crime, mas não é admitida:

I – se, constituindo o fato imputado crime de ação privada, o ofendido não foi condenado por sentença irrecorrível;

II – se o fato é imputado a qualquer das pessoas indicadas no nº 1 do artigo 218;

III – se do crime imputado, embora de ação pública, o ofendido foi absolvido por sentença irrecorrível.

Difamação

Art. 215. Difamar alguém, imputando-lhe fato ofensivo à sua reputação:

- Art. 139 do CP.
- Art. 325 do CE.
- Art. 53 da Lei nº 4.117, de 24-8-1962 (Código Brasileiro de Telecomunicações).
- Art. 26 da Lei nº 7.170, de 14-10-1983 (Lei da Segurança Nacional).
- Art. 58 da Lei nº 9.504, de 30-9-1997 (Lei das Eleições).

Pena – detenção, de três meses a um ano.

Parágrafo único. A exceção da verdade somente se admite se a ofensa é relativa ao exercício da função pública, militar ou civil, do ofendido.

Injúria

Art. 216. Injuriar alguém, ofendendo-lhe a dignidade ou o decoro:

- Art. 140 do CP.
- Art. 256 do CPP.
- Art. 326 do CE.
- Art. 53 da Lei nº 4.117, de 24-8-1962 (Código Brasileiro de Telecomunicações).
- Art. 26 da Lei nº 7.170, de 14-10-1983 (Lei da Segurança Nacional).
- Art. 58 da Lei nº 9.504, de 30-9-1997 (Lei das Eleições).

Pena – detenção, até seis meses.

Injúria real

Art. 217. Se a injúria consiste em violência, ou outro ato que atinja a pessoa, e, por sua natureza ou pelo meio empregado, se considera aviltante:

- Art. 140, § 2º, do CP.

Pena – detenção, de três meses a um ano, além da pena correspondente à violência.

Disposições comuns

Art. 218. As penas cominadas nos antecedentes artigos deste capítulo aumentam-se de um terço, se qualquer dos crimes é cometido:

- Art. 141 do CP.

I – contra o Presidente da República ou chefe de governo estrangeiro;
II – contra superior;
III – contra militar, ou funcionário público civil, em razão das suas funções;
IV – na presença de duas ou mais pessoas, ou de inferior do ofendido, ou por meio que facilite a divulgação da calúnia, da difamação ou da injúria.

Parágrafo único. Se o crime é cometido mediante paga ou promessa de recompensa, aplica-se a pena em dobro, se o fato não constitui crime mais grave.

Ofensa às Forças Armadas

Art. 219. Propalar fatos, que sabe inverídicos, capazes de ofender a dignidade ou abalar o crédito das Forças Armadas ou a confiança que estas merecem do público:

Pena – detenção, de seis meses a um ano.

Parágrafo único. A pena será aumentada de um terço, se o crime é cometido pela imprensa, rádio ou televisão.

Exclusão de pena

Art. 220. Não constitui ofensa punível, salvo quando inequívoca a intenção de injuriar, difamar ou caluniar:

- Art. 142 do CP.

I – a irrogada em juízo, na discussão de causa, por uma das partes ou seu procurador contra a outra parte ou seu procurador;
II – a opinião desfavorável da crítica literária, artística ou científica;
III – a apreciação crítica às instituições militares, salvo quando inequívoca a intenção de ofender;
IV – o conceito desfavorável em apreciação ou informação prestada no cumprimento do dever de ofício.

Parágrafo único. Nos casos dos nºs I e IV, responde pela ofensa quem lhe dá publicidade.

Equivocidade da ofensa

Art. 221. Se a ofensa é irrogada de forma imprecisa ou equívoca, quem se julga atingido pode pedir explicações em juízo. Se o interpelado se recusa a dá-las ou, a critério do juiz, não as dá satisfatórias, responde pela ofensa.

- Art. 144 do CP.

Capítulo VI

DOS CRIMES CONTRA A LIBERDADE

Seção I

DOS CRIMES CONTRA A LIBERDADE INDIVIDUAL

- Art. 7º, nº 1, do Pacto de São José da Costa Rica.

Constrangimento ilegal

Art. 222. Constranger alguém, mediante violência ou grave ameaça, ou depois de lhe haver reduzido, por qualquer outro meio, a capacidade de resistência, a não fazer o que a lei permite, ou a fazer ou a tolerar que se faça, o que ela não manda:

- Art. 5º, II, da CF.
- Art. 146 do CP.
- Art. 301 do CE.
- Art. 71 do CDC.
- Art. 232 do ECA.
- Arts. 6º, itens 2 e 6, e 9º, item 6, da Lei nº 1.079, de 10-4-1950 (Lei dos Crimes de Responsabilidade).
- Arts. 3º, a, e 4º da Lei nº 4.898, de 9-12-1965 (Lei do Abuso de Autoridade).

Pena – detenção, até um ano, se o fato não constitui crime mais grave.

Aumento de pena

§ 1º A pena aplica-se em dobro, quando, para a execução do crime, se reúnem mais de três pessoas, ou há emprego de arma, ou quando o constrangimento é exercido com abuso de autoridade, para obter de alguém confissão de autoria de crime ou declaração como testemunha.

§ 2º Além da pena cominada, aplica-se a correspondente à violência.

Exclusão de crime

§ 3º Não constitui crime:

I – salvo o caso de transplante de órgãos, a intervenção médica ou cirúrgica, sem o consentimento do paciente ou de seu representante legal, se justificada para conjurar iminente perigo de vida ou de grave dano ao corpo ou à saúde;

II – a coação exercida para impedir suicídio.

Ameaça

Art. 223. Ameaçar alguém, por palavra, escrito ou gesto, ou qualquer outro meio simbólico, de lhe causar mal injusto e grave:

Pena – detenção, até seis meses, se o fato não constitui crime mais grave.

▶ Art. 147 do CP.
▶ Art. 71 do CDC.

Parágrafo único. Se a ameaça é motivada por fato referente a serviço de natureza militar, a pena é aumentada de um terço.

Desafio para duelo

Art. 224. Desafiar outro militar para duelo ou aceitar-lhe o desafio, embora o duelo não se realize:

Pena – detenção, até três meses, se o fato não constitui crime mais grave.

Sequestro ou cárcere privado

Art. 225. Privar alguém de sua liberdade, mediante sequestro ou cárcere privado:

▶ Art. 148 do CP.
▶ Art. 230 do ECA.
▶ Art. 1º, e, da Lei nº 2.889, de 1º-10-1956 (Lei do Crime de Genocídio).
▶ Art. 20 da Lei nº 7.170, de 14-10-1983 (Lei da Segurança Nacional).
▶ Art. 1º, III, b, da Lei nº 7.960, de 21-12-1989 (Lei da Prisão Temporária).
▶ Art. 1º, I, da Lei nº 10.446, de 8-5-2002, que dispõe sobre infrações penais de repercussão interestadual ou internacional.

Pena – reclusão, até três anos.

Aumento de pena

§ 1º A pena é aumentada de metade:

I – se a vítima é ascendente, descendente ou cônjuge do agente;

II – se o crime é praticado mediante internação da vítima em casa de saúde ou hospital;

III – se a privação de liberdade dura mais de quinze dias.

Formas qualificadas pelo resultado

§ 2º Se resulta à vítima, em razão de maus-tratos ou da natureza da detenção, grave sofrimento físico ou moral:

Pena – reclusão, de dois a oito anos.

§ 3º Se, pela razão do parágrafo anterior, resulta morte:

Pena – reclusão, de doze a trinta anos.

Seção II

DO CRIME CONTRA A INVIOLABILIDADE DO DOMICÍLIO

▶ Art. 11 do Pacto de São José da Costa Rica.

Violação de domicílio

Art. 226. Entrar ou permanecer, clandestina ou astuciosamente, ou contra a vontade expressa ou tácita de quem de direito, em casa alheia ou em suas dependências:

▶ Art. 5º, XI, da CF.
▶ Art. 150 do CP.
▶ Arts. 170 a 184 do CPPM.

Pena – detenção, até três meses.

Forma qualificada

§ 1º Se o crime é cometido durante o repouso noturno, ou com emprego de violência ou de arma, ou mediante arrombamento, ou por duas ou mais pessoas:

Pena – detenção, de seis meses a dois anos, além da pena correspondente à violência.

Agravação de pena

§ 2º Aumenta-se a pena de um terço, se o fato é cometido por militar em serviço ou por funcionário público civil, fora dos casos legais, ou com inobservância das formalidades prescritas em lei, ou com abuso de poder.

Exclusão de crime

§ 3º Não constitui crime a entrada ou permanência em casa alheia ou em suas dependências:

I – durante o dia, com observância das formalidades legais, para efetuar prisão ou outra diligência em cumprimento de lei ou regulamento militar;

II – a qualquer hora do dia ou da noite para acudir vítima de desastre ou quando alguma infração penal está sendo ali praticada ou na iminência de o ser.

Compreensão do termo "casa"

§ 4º O termo "casa" compreende:

I – qualquer compartimento habitado;

II – aposento ocupado de habitação coletiva;

III – compartimento não aberto ao público, onde alguém exerce profissão ou atividade.

§ 5º Não se compreende no termo "casa":

I – hotel, hospedaria, ou qualquer outra habitação coletiva, enquanto aberta, salvo a restrição do nº II do parágrafo anterior;

II – taverna, boate, casa de jogo e outras do mesmo gênero.

Seção III

DOS CRIMES CONTRA A INVIOLABILIDADE DE CORRESPONDÊNCIA OU COMUNICAÇÃO

▶ Art. 11 do Pacto de São José da Costa Rica.

Violação de correspondência

Art. 227. Devassar indevidamente o conteúdo de correspondência privada dirigida a outrem:

▶ Art. 151 do CP.
▶ Art. 41, XV, e parágrafo único, da LEP.
▶ Art. 3º, c, da Lei nº 4.898, de 9-12-1965 (Lei do Abuso de Autoridade).

► Arts. 13 e 14 da Lei nº 7.170, de 14-10-1983 (Lei da Segurança Nacional).

Pena – detenção, até seis meses.

§ 1º Nas mesmas penas incorre:

I – quem se apossa de correspondência alheia, fechada ou aberta, e, no todo ou em parte, a sonega ou destrói;
II – quem indevidamente divulga, transmite a outrem ou utiliza, abusivamente, comunicação telegráfica ou radioelétrica dirigida a terceiro, ou conversação telefônica entre outras pessoas;
III – quem impede a comunicação ou a conversação referida no número anterior.

Aumento de pena

§ 2º A pena aumenta-se de metade, se há dano para outrem.

§ 3º Se o agente comete o crime com abuso de função, em serviço postal, telegráfico, radioelétrico ou telefônico:

Pena – detenção, de um a três anos.

Natureza militar do crime

§ 4º Salvo o disposto no parágrafo anterior, qualquer dos crimes previstos neste artigo só é considerado militar no caso do artigo 9º, nº II, letra *a*.

SEÇÃO IV
DOS CRIMES CONTRA A INVIOLABILIDADE DOS SEGREDOS DE CARÁTER PARTICULAR

► Art. 11 do Pacto de São José da Costa Rica.

Divulgação de segredo

Art. 228. Divulgar, sem justa causa, conteúdo de documento particular sigiloso ou de correspondência confidencial, de que é detentor ou destinatário, desde que da divulgação possa resultar dano a outrem:

► Art. 153 do CP.

Pena – detenção, até seis meses.

Violação de recato

Art. 229. Violar, mediante processo técnico o direito ao recato pessoal ou o direito ao resguardo das palavras que não forem pronunciadas publicamente:

Pena – detenção, até um ano.

Parágrafo único. Na mesma pena incorre quem divulga os fatos captados.

Violação de segredo profissional

Art. 230. Revelar, sem justa causa, segredo de que tem ciência, em razão de função ou profissão, exercida em local sob administração militar, desde que da revelação possa resultar dano a outrem:

► Art. 154 do CP.
► Art. 21 da Lei nº 7.170, de 14-10-1983 (Lei da Segurança Nacional).

Pena – detenção, de três meses a um ano.

Natureza militar do crime

Art. 231. Os crimes previstos nos artigos 228 e 229 somente são considerados militares no caso do artigo 9º, nº II, letra *a*.

CAPÍTULO VII
DOS CRIMES SEXUAIS

Estupro

Art. 232. Constranger mulher a conjunção carnal, mediante violência ou grave ameaça:

Pena – reclusão, de três a oito anos, sem prejuízo da correspondente à violência.

► Art. 5º, XLIII, da CF.
► Art. 217-A do CP.
► Art. 408 deste Código.
► Art. 1º, III, *f*, da Lei nº 7.960, de 21-12-1989 (Lei da Prisão Temporária).
► Arts. 1º, V, e 9º da Lei nº 8.072, de 25-7-1990 (Lei dos Crimes Hediondos).

Atentado violento ao pudor

Art. 233. Constranger alguém, mediante violência ou grave ameaça, a presenciar, a praticar ou permitir que com ele pratique ato libidinoso diverso da conjunção carnal:

Pena – reclusão, de dois a seis anos, sem prejuízo da correspondente à violência.

► Art. 5º, XLIII, da CF.
► Art. 408 deste Código.
► Art. 217-A do CP.
► Art. 1º, III, *g*, da Lei nº 7.960, de 21-12-1989 (Lei da Prisão Temporária).
► Arts. 1º, VI, e 9º da Lei nº 8.072, de 25-7-1990 (Lei dos Crimes Hediondos).

Corrupção de menores

Art. 234. Corromper ou facilitar a corrupção de pessoa menor de dezoito e maior de quatorze anos, com ela praticando ato de libidinagem, ou induzindo-a a praticá-lo ou presenciá-lo:

► Art. 218 do CP.
► Arts. 240 e 241 do ECA.

Pena – reclusão, até três anos.

Pederastia ou outro ato de libidinagem

Art. 235. Praticar, ou permitir o militar que com ele se pratique ato libidinoso, homossexual ou não, em lugar sujeito à administração militar:

Pena – detenção, de seis meses a um ano.

Presunção de violência

Art. 236. Presume-se a violência, se a vítima:

I – não é maior de quatorze anos, salvo fundada suposição contrária do agente;
II – é doente ou deficiente mental, e o agente conhecia esta circunstância;
III – não pode, por qualquer outra causa, oferecer resistência.

Aumento de pena

Art. 237. Nos crimes previstos neste capítulo, a pena é agravada, se o fato é praticado:

► Art. 226 do CP.

I – com o concurso de duas ou mais pessoas;
II – por oficial, ou por militar em serviço.

Capítulo VIII
DO ULTRAJE PÚBLICO AO PUDOR
Ato obsceno
Art. 238. Praticar ato obsceno em lugar sujeito à administração militar:
▶ Art. 233 do CP.
▶ Art. 61 da LCP.
Pena – detenção, de três meses a um ano.
Parágrafo único. A pena é agravada, se o fato é praticado por militar em serviço ou por oficial.

Escrito ou objeto obsceno
Art. 239. Produzir, distribuir, vender, expor à venda, exibir, adquirir ou ter em depósito para o fim de venda, distribuição ou exibição, livros, jornais, revistas, escritos, pinturas, gravuras, estampas, imagens, desenhos ou qualquer outro objeto de caráter obsceno, em lugar sujeito à administração militar, ou durante o período de exercício ou manobras:
▶ Art. 234 do CP.
Pena – detenção, de seis meses a dois anos.
Parágrafo único. Na mesma pena incorre quem distribui, vende, oferece à venda ou exibe a militares em serviço objeto de caráter obsceno.

TÍTULO V – DOS CRIMES CONTRA O PATRIMÔNIO

Capítulo I
DO FURTO
Furto simples
Art. 240. Subtrair, para si ou para outrem, coisa alheia móvel:
▶ Art. 404 deste Código.
▶ Art. 155 do CP.
▶ Arts. 24 e 25 da LCP.
Pena – reclusão, até seis anos.

Furto atenuado
§ 1º Se o agente é primário e é de pequeno valor a coisa furtada, o juiz pode substituir a pena de reclusão pela de detenção, diminuí-la de um a dois terços, ou considerar a infração como disciplinar. Entende-se pequeno o valor que não exceda a um décimo da quantia mensal do mais alto salário mínimo do País.

§ 2º A atenuação do parágrafo anterior é igualmente aplicável no caso em que o criminoso, sendo primário, restitui a coisa ao seu dono ou repara o dano causado, antes de instaurada a ação penal.
▶ Arts. 35 e 396 do CPPM.

Energia de valor econômico
§ 3º Equipara-se à coisa móvel a energia elétrica ou qualquer outra que tenha valor econômico.

Furto qualificado
§ 4º Se o furto é praticado durante a noite:
Pena – reclusão, de dois a oito anos.

§ 5º Se a coisa furtada pertence à Fazenda Nacional:
Pena – reclusão, de dois a seis anos.

§ 6º Se o furto é praticado:
I – com destruição ou rompimento de obstáculo à subtração da coisa;
II – com abuso de confiança ou mediante fraude, escalada ou destreza;
III – com emprego de chave falsa;
IV – mediante concurso de duas ou mais pessoas:
▶ Súm. nº 442 do STJ.
Pena – reclusão, de três a dez anos.

§ 7º Aos casos previstos nos §§ 4º e 5º são aplicáveis as atenuações a que se referem os §§ 1º e 2º. Aos previstos no § 6º é aplicável a atenuação referida no § 2º.

Furto de uso
Art. 241. Se a coisa é subtraída para o fim de uso momentâneo e, a seguir, vem a ser imediatamente restituída ou reposta no lugar onde se achava:
▶ Art. 404 deste Código.
Pena – detenção, até seis meses.
Parágrafo único. A pena é aumentada de metade, se a coisa usada é veículo motorizado; e de um terço, se é animal de sela ou de tiro.

Capítulo II
DO ROUBO E DA EXTORSÃO
Roubo simples
Art. 242. Subtrair coisa alheia móvel, para si ou para outrem, mediante emprego ou ameaça de emprego de violência contra pessoa, ou depois de havê-la, por qualquer modo, reduzido à impossibilidade de resistência:
▶ Art. 405 deste Código.
▶ Art. 157 do CP.
▶ Art. 20 da Lei nº 7.170, de 14-10-1983 (Lei da Segurança Nacional).
Pena – reclusão, de quatro a quinze anos.

§ 1º Na mesma pena incorre quem, em seguida à subtração da coisa, emprega ou ameaça empregar violência contra pessoa, a fim de assegurar a impunidade do crime ou a detenção da coisa para si ou para outrem.

Roubo qualificado
§ 2º A pena aumenta-se de um terço até metade:
▶ Súm. nº 443 do STJ.
I – se a violência ou ameaça é exercida com emprego de arma;
II – se há concurso de duas ou mais pessoas;
III – se a vítima está em serviço de transporte de valores, e o agente conhece tal circunstância;
IV – se a vítima está em serviço de natureza militar;
V – se é dolosamente causada lesão grave;
VI – se resulta morte e as circunstâncias evidenciam que o agente não quis esse resultado, nem assumiu o risco de produzi-lo.

Latrocínio
§ 3º Se, para praticar o roubo, ou assegurar a impunidade do crime, ou a detenção da coisa, o agente ocasiona dolosamente a morte de alguém, a pena será de reclusão, de quinze a trinta anos, sendo irrelevante se a lesão patrimonial deixa de consumar-se. Se há mais

de uma vítima dessa violência à pessoa, aplica-se o disposto no artigo 79.

- Art. 5º, XLIII, da CF.
- Art. 1º, II, da Lei nº 8.072, de 25-7-1990 (Lei dos Crimes Hediondos).

Extorsão simples

Art. 243. Obter para si ou para outrem indevida vantagem econômica, constrangendo alguém, mediante violência ou grave ameaça:

- Art. 405 deste Código.
- Art. 158 do CP.
- Art. 20 da Lei nº 7.170, de 14-10-1983 (Lei da Segurança Nacional).
- Art. 1º, III, d, da Lei nº 7.960, de 21-12-1989 (Lei da Prisão Temporária).
- Súm. nº 96 do STJ.

a) a praticar ou tolerar que se pratique ato lesivo do seu patrimônio, ou de terceiro;
b) a omitir ato de interesse do seu patrimônio, ou de terceiro:

Pena – reclusão, de quatro a quinze anos.

Formas qualificadas

§ 1º Aplica-se à extorsão o disposto no § 2º do artigo 242.

§ 2º Aplica-se à extorsão, praticada mediante violência, o disposto no § 3º do artigo 242.

Extorsão mediante sequestro

Art. 244. Extorquir ou tentar extorquir para si ou para outrem, mediante sequestro de pessoa, indevida vantagem econômica:

- Art. 405 deste Código.
- Art. 159 do CP.
- Art. 20 da Lei nº 7.170, de 14-10-1983 (Lei da Segurança Nacional).
- Art. 1º, III, e, da Lei nº 7.960, de 21-12-1989 (Lei da Prisão Temporária).
- Art. 1º, IV, da Lei nº 8.072, de 25-7-1990 (Lei dos Crimes Hediondos).

Pena – reclusão, de seis a quinze anos.

Formas qualificadas

§ 1º Se o sequestro dura mais de vinte e quatro horas, ou se o sequestrado é menor de dezesseis ou maior de sessenta anos, ou se o crime é cometido por mais de duas pessoas, a pena é de reclusão de oito a vinte anos.

§ 2º Se à pessoa sequestrada, em razão de maus-tratos ou da natureza do sequestro, resulta grave sofrimento físico ou moral, a pena de reclusão é aumentada de um terço.

§ 3º Se o agente vem a empregar violência contra a pessoa sequestrada, aplicam-se correspondentemente, as disposições do artigo 242, § 2º, nºs V e VI, e § 3º.

Chantagem

Art. 245. Obter ou tentar obter de alguém, para si ou para outrem, indevida vantagem econômica, mediante a ameaça de revelar fato, cuja divulgação pode lesar a sua reputação ou de pessoa que lhe seja particularmente cara:

Pena – reclusão, de três a dez anos.

Parágrafo único. Se a ameaça é de divulgação pela imprensa, radiodifusão ou televisão, a pena é agravada.

Extorsão indireta

Art. 246. Obter de alguém, como garantia de dívida, abusando de sua premente necessidade, documento que pode dar causa a procedimento penal contra o devedor ou contra terceiro:

- Art. 160 do CP.

Pena – reclusão, até três anos.

Aumento de pena

Art. 247. Nos crimes previstos neste capítulo, a pena é agravada, se a violência é contra superior, ou militar de serviço.

- Art. 24 deste Código.

Capítulo III

DA APROPRIAÇÃO INDÉBITA

Apropriação indébita simples

Art. 248. Apropriar-se de coisa alheia móvel, de que tem a posse ou detenção:

- Art. 168 do CP.
- Art. 5º da Lei nº 7.492, de 16-6-1986 (Lei dos Crimes Contra o Sistema Financeiro Nacional).
- Art. 173 da Lei nº 11.101, de 9-2-2005 (Lei de Recuperação de Empresas e Falências).

Pena – reclusão, até seis anos.

Agravação de pena

Parágrafo único. A pena é agravada, se o valor da coisa excede vinte vezes o maior salário mínimo, ou se o agente recebeu a coisa:

I – em depósito necessário;
II – em razão de ofício, emprego ou profissão.

Apropriação de coisa havida acidentalmente

Art. 249. Apropriar-se alguém de coisa alheia vinda ao seu poder por erro, caso fortuito ou força da natureza:

- Art. 169 do CP.

Pena – detenção, até um ano.

Apropriação de coisa achada

Parágrafo único. Na mesma pena incorre quem acha coisa alheia perdida e dela se apropria, total ou parcialmente, deixando de restituí-la ao dono ou legítimo possuidor, ou de entregá-la à autoridade competente, dentro do prazo de quinze dias.

- Art. 169, parágrafo único, II, do CP.

Art. 250. Nos crimes previstos neste capítulo, aplica-se o disposto nos §§ 1º e 2º do artigo 240.

Capítulo IV

DO ESTELIONATO E OUTRAS FRAUDES

Estelionato

Art. 251. Obter, para si ou para outrem, vantagem ilícita, em prejuízo alheio, induzindo ou mantendo alguém em erro, mediante artifício, ardil ou qualquer outro meio fraudulento:

- Art. 171 do CP.
- Art. 6º da Lei nº 7.492, de 16-6-1986 (Lei dos Crimes Contra o Sistema Financeiro Nacional).

Pena – reclusão, de dois a sete anos.

§ 1º Nas mesmas penas incorre quem:

Disposição de coisa alheia como própria

I – vende, permuta, dá em pagamento, em locação ou em garantia, coisa alheia como própria;

Alienação ou oneração fraudulenta de coisa própria

II – vende, permuta, dá em pagamento ou em garantia coisa própria inalienável, gravada de ônus ou litigiosa, ou imóvel que prometeu vender a terceiro, mediante pagamento em prestações, silenciando sobre qualquer dessas circunstâncias;

Defraudação de penhor

III – defrauda, mediante alienação não consentida pelo credor ou por outro modo, a garantia pignoratícia, quando tem a posse do objeto empenhado;

Fraude na entrega de coisa

IV – defrauda substância, qualidade ou quantidade de coisa que entrega a adquirente;

Fraude no pagamento de cheque

V – defrauda de qualquer modo o pagamento de cheque que emitiu a favor de alguém.

▶ Súmulas nºs 246, 521 e 554 do STF.
▶ Súm. nº 244 do STJ.

§ 2º Os crimes previstos nos nºs I a V do parágrafo anterior são considerados militares somente nos casos do artigo 9º, nº II, letras *a* e *e*.

Agravação de pena

§ 3º A pena é agravada, se o crime é cometido em detrimento da administração militar.

Abuso de pessoa

Art. 252. Abusar, em proveito próprio ou alheio, no exercício de função, em unidade, repartição ou estabelecimento militar, da necessidade, paixão ou inexperiência, ou da doença ou deficiência mental de outrem, induzindo-o à prática de ato que produza efeito jurídico, em prejuízo próprio ou de terceiro, ou em detrimento da administração militar:

▶ Art. 173 do CP.
▶ Art. 4º, *b*, da Lei nº 1.521, de 26-12-1951 (Lei dos Crimes Contra a Economia Popular).

Pena – reclusão, de dois a seis anos.

Art. 253. Nos crimes previstos neste capítulo, aplica-se o disposto nos §§ 1º e 2º do artigo 240.

CAPÍTULO V

DA RECEPTAÇÃO

Receptação

Art. 254. Adquirir, receber ou ocultar em proveito próprio ou alheio, coisa proveniente de crime, ou influir para que terceiro, de boa-fé, a adquira, receba ou oculte:

▶ Art. 180 do CP.
▶ Art. 2º, § 1º, Lei nº 8.176, de 8-2-1991 (Lei dos Crimes Contra a Ordem Econômica).

Pena – reclusão, até cinco anos.

Parágrafo único. São aplicáveis os §§ 1º e 2º do artigo 240.

Receptação culposa

Art. 255. Adquirir ou receber coisa que, por sua natureza ou pela manifesta desproporção entre o valor e o preço, ou pela condição de quem a oferece, deve presumir-se obtida por meio criminoso:

▶ Art. 180, § 3º, do CP.

Pena – detenção, até um ano.

Parágrafo único. Se o agente é primário e o valor da coisa não é superior a um décimo do salário mínimo, o juiz pode deixar de aplicar a pena.

▶ Art. 180, § 5º, do CP.

Punibilidade de receptação

Art. 256. A receptação é punível ainda que desconhecido ou isento de pena o autor do crime de que proveio a coisa.

▶ Art. 180, § 4º, do CP.

CAPÍTULO VI

DA USURPAÇÃO

Alteração de limites

Art. 257. Suprimir ou deslocar tapume, marco ou qualquer outro sinal indicativo de linha divisória, para apropriar-se, no todo ou em parte, de coisa imóvel sob administração militar:

▶ Art. 161 do CP.
▶ Art. 2º da Lei nº 8.176, de 8-2-1991 (Lei dos Crimes Contra a Ordem Econômica).

Pena – detenção, até seis meses.

§ 1º Na mesma pena incorre quem:

Usurpação de águas

I – desvia ou represa, em proveito próprio ou de outrem, águas sob administração militar;

Invasão de propriedade

II – invade, com violência à pessoa ou à coisa, ou com grave ameaça, ou mediante concurso de duas ou mais pessoas, terreno ou edifício sob administração militar.

Pena correspondente à violência

§ 2º Quando há emprego de violência, fica ressalvada a pena a esta correspondente.

Aposição, supressão ou alteração de marca

Art. 258. Apor, suprimir ou alterar, indevidamente, em gado ou rebanho alheio, sob guarda ou administração militar, marca ou sinal indicativo de propriedade:

▶ Art. 162 do CP.

Pena – detenção, de seis meses a três anos.

CAPÍTULO VII

DO DANO

Dano simples

Art. 259. Destruir, inutilizar, deteriorar ou fazer desaparecer coisa alheia:

▶ Arts. 383 e 384 deste Código.
▶ Art. 163 do CP.
▶ Art. 65 da Lei nº 9.605, de 12-2-1998 (Lei dos Crimes Ambientais).

Pena – detenção, até seis meses.

Parágrafo único. Se se trata de bem público:

Pena – detenção, de seis meses a três anos.

Dano atenuado

Art. 260. Nos casos do artigo anterior, se o criminoso é primário e a coisa é de valor não excedente a um décimo do salário mínimo, o juiz pode atenuar a pena, ou considerar a infração como disciplinar.

Parágrafo único. O benefício previsto no artigo é igualmente aplicável, se, dentro das condições nele estabelecidas, o criminoso repara o dano causado antes de instaurada a ação penal.

Dano qualificado

Art. 261. Se o dano é cometido:

I – com violência à pessoa ou grave ameaça;
II – com emprego de substância inflamável ou explosiva, se o fato não constitui crime mais grave;
III – por motivo egoístico ou com prejuízo considerável:

Pena – reclusão, até quatro anos, além da pena correspondente à violência.

Dano em material ou aparelhamento de guerra

Art. 262. Praticar dano em material ou aparelhamento de guerra ou de utilidade militar, ainda que em construção ou fabricação, ou em efeitos recolhidos a depósito, pertencentes ou não às Forças Armadas:

▶ Art. 383 deste Código.

Pena – reclusão, até seis anos.

Dano em navio de guerra ou mercante em serviço militar

Art. 263. Causar a perda, destruição, inutilização, encalhe, colisão ou alagamento de navio de guerra ou de navio mercante em serviço militar, ou nele causar avaria:

▶ Art. 383 deste Código.

Pena – reclusão, de três a dez anos.

§ 1º Se resulta lesão grave, a pena correspondente é aumentada da metade; se resulta a morte, é aplicada em dobro.

§ 2º Se, para a prática do dano previsto no artigo, usou o agente de violência contra a pessoa, ser-lhe-á aplicada igualmente a pena a ela correspondente.

Dano em aparelhos e instalações de aviação e navais, e em estabelecimentos militares

Art. 264. Praticar dano:

▶ Art. 383 deste Código.

I – em aeronave, hangar, depósito, pista ou instalações de campo de aviação, engenho de guerra motomecanizado, viatura em comboio militar, arsenal, dique, doca, armazém, quartel, alojamento ou em qualquer outra instalação militar;
II – em estabelecimento militar sob regime industrial, ou centro industrial a serviço de construção ou fabricação militar:

Pena – reclusão, de dois a dez anos.

Parágrafo único. Aplica-se o disposto nos parágrafos do artigo anterior.

Desaparecimento, consumação ou extravio

Art. 265. Fazer desaparecer, consumir ou extraviar combustível, armamento, munição, peças de equipamento de navio ou de aeronave ou de engenho de guerra motomecanizado:

Pena – reclusão, até três anos, se o fato não constitui crime mais grave.

Modalidades culposas

Art. 266. Se o crime dos artigos 262, 263, 264 e 265 é culposo, a pena é de detenção de seis meses a dois anos; ou, se o agente é oficial, suspensão do exercício do posto de um a três anos, ou reforma; se resulta lesão corporal ou morte, aplica-se também a pena cominada ao crime culposo contra a pessoa, podendo ainda, se o agente é oficial, ser imposta a pena de reforma.

Capítulo VIII

DA USURA

Usura pecuniária

Art. 267. Obter ou estipular, para si ou para outrem, no contrato de mútuo de dinheiro, abusando da premente necessidade, inexperiência ou leviandade do mutuário, juro que excede a taxa fixada em lei, regulamento ou ato oficial:

Pena – detenção, de seis meses a dois anos.

Casos assimilados

§ 1º Na mesma pena incorre quem, em repartição ou local sob administração militar, recebe vencimento ou provento de outrem, ou permite que estes sejam recebidos, auferindo ou permitindo que outrem aufira proveito cujo valor excede a taxa de três por cento.

Agravação de pena

§ 2º A pena é agravada, se o crime é cometido por superior ou por funcionário em razão da função.

TÍTULO VI – DOS CRIMES CONTRA A INCOLUMIDADE PÚBLICA

Capítulo I

DOS CRIMES DE PERIGO COMUM

Incêndio

Art. 268. Causar incêndio em lugar sujeito à administração militar, expondo a perigo a vida, a integridade física ou o patrimônio de outrem:

Pena – reclusão, de três a oito anos.

▶ Art. 386 deste Código.
▶ Art. 250 do CP.
▶ Art. 343 do CPPM.
▶ Art. 20 da Lei nº 7.170, de 14-10-1983 (Lei da Segurança Nacional).

Agravação de pena

§ 1º A pena é agravada:

I – se o crime é cometido com intuito de obter vantagem pecuniária para si ou para outrem;
II – se o incêndio é:

a) em casa habitada ou destinada a habitação;

b) em edifício público ou qualquer construção destinada a uso público ou a obra de assistência social ou de cultura;
c) em navio, aeronave, comboio ou veículo de transporte coletivo;
d) em estação ferroviária, rodoviária, aeródromo ou construção portuária;
e) em estaleiro, fábrica ou oficina;
f) em depósito de explosivo, combustível ou inflamável;
g) em poço petrolífero ou galeria de mineração;
h) em lavoura, pastagem, mata ou floresta.

▶ Art. 41 da Lei nº 9.605, de 12-2-1998 (Lei dos Crimes Ambientais).

Incêndio culposo

§ 2º Se culposo o incêndio:

Pena – detenção, de seis meses a dois anos.

Explosão

Art. 269. Causar ou tentar causar explosão, em lugar sujeito à administração militar, expondo a perigo a vida, a integridade ou o patrimônio de outrem:

▶ Art. 386 deste Código.
▶ Art. 251 do CP.
▶ Art. 20 da Lei nº 7.170, de 14-10-1983 (Lei de Segurança Nacional).

Pena – reclusão, até quatro anos.

Forma qualificada

§ 1º Se a substância utilizada é dinamite ou outra de efeitos análogos:

Pena – reclusão, de três a oito anos.

Agravação de pena

§ 2º A pena é agravada se ocorre qualquer das hipóteses previstas no § 1º, nº I, do artigo anterior, ou é visada ou atingida qualquer das coisas enumeradas no nº II do mesmo parágrafo.

§ 3º Se a explosão é causada pelo desencadeamento de energia nuclear:

Pena – reclusão, de cinco a vinte anos.

Modalidade culposa

§ 4º No caso de culpa, se a explosão é causada por dinamite ou substância de efeitos análogos, a pena é detenção, de seis meses a dois anos; se é causada pelo desencadeamento de energia nuclear, detenção de três a dez anos; nos demais casos, detenção de três meses a um ano.

Emprego de gás tóxico ou asfixiante

▶ Art. 252 do CP.

Art. 270. Expor a perigo de vida, a integridade física ou o patrimônio de outrem, em lugar sujeito à administração militar, usando de gás tóxico ou asfixiante ou prejudicial de qualquer modo à incolumidade da pessoa ou da coisa:

▶ Art. 386 deste Código.
▶ Art. 54 da Lei nº 9.605, de 12-2-1998 (Lei dos Crimes Ambientais).

Pena – reclusão, até cinco anos.

Modalidade culposa

Parágrafo único. Se o crime é culposo:

Pena – detenção, de seis meses a dois anos.

Abuso de radiação

Art. 271. Expor a perigo a vida ou a integridade física de outrem, em lugar sujeito à administração militar, pelo abuso de radiação ionizante ou de substância radioativa:

▶ Art. 386 deste Código.

Pena – reclusão, até quatro anos.

Modalidade culposa

Parágrafo único. Se o crime é culposo:

Pena – detenção, de seis meses a dois anos.

Inundação

Art. 272. Causar inundação, em lugar sujeito à administração militar, expondo a perigo a vida, a integridade física ou o patrimônio de outrem:

▶ Art. 386 deste Código.
▶ Art. 254 do CP.

Pena – reclusão, de três a oito anos.

Modalidade culposa

Parágrafo único. Se o crime é culposo:

Pena – detenção, de seis meses a dois anos.

Perigo de inundação

Art. 273. Remover, destruir ou inutilizar obstáculo natural ou obra destinada a impedir inundação, expondo a perigo a vida, a integridade física ou o patrimônio de outrem, em lugar sujeito à administração militar:

▶ Art. 386 deste Código.
▶ Art. 255 do CP.

Pena – reclusão, de dois a quatro anos.

Desabamento ou desmoronamento

Art. 274. Causar desabamento ou desmoronamento, em lugar sujeito à administração militar, expondo a perigo a vida, a integridade física ou o patrimônio de outrem:

▶ Art. 386 deste Código.
▶ Art. 256 do CP.

Pena – reclusão, até cinco anos.

Modalidade culposa

Parágrafo único. Se o crime é culposo:

Pena – detenção, de seis meses a dois anos.

Subtração, ocultação ou inutilização de material de socorro

Art. 275. Subtrair, ocultar ou inutilizar, por ocasião de incêndio, inundação, naufrágio, ou outro desastre ou calamidade, aparelho, material ou qualquer meio destinado a serviço de combate ao perigo, de socorro ou salvamento; ou impedir ou dificultar serviço de tal natureza:

▶ Art. 386 deste Código.
▶ Art. 257 do CP.

Pena – reclusão, de três a seis anos.

Fatos que expõem a perigo aparelhamento militar

Art. 276. Praticar qualquer dos fatos previstos nos artigos anteriores deste capítulo, expondo a perigo, embora em lugar não sujeito à administração militar, navio, aeronave, material ou engenho de guerra motomecanizado ou não, ainda que em construção ou fabricação, destinados às Forças Armadas, ou instalações especialmente a serviço delas:

► Art. 386 deste Código.

Pena – reclusão, de dois a seis anos.

Modalidade culposa

Parágrafo único. Se o crime é culposo:

Pena – detenção, de seis meses a dois anos.

Formas qualificadas pelo resultado

Art. 277. Se do crime doloso de perigo comum resulta, além da vontade do agente, lesão grave, a pena é aumentada de metade; se resulta morte, é aplicada em dobro. No caso de culpa, se do fato resulta lesão corporal, a pena aumenta-se de metade; se resulta morte, aplica-se a pena cominada ao homicídio culposo, aumentada de um terço.

► Art. 258 do CP.

Difusão de epizootia ou praga vegetal

Art. 278. Difundir doença ou praga que possa causar dano a floresta, plantação, pastagem ou animais de utilidade econômica ou militar, em lugar sob administração militar:

► Art. 386 deste Código.
► Art. 259 do CP.
► Art. 61 da Lei nº 9.605, de 12-2-1998 (Lei dos Crimes Ambientais).

Pena – reclusão, até três anos.

Modalidade culposa

Parágrafo único. No caso de culpa, a pena é de detenção, até seis meses.

Embriaguez ao volante

Art. 279. Dirigir veículo motorizado, sob administração militar, na via pública, encontrando-se em estado de embriaguez, por bebida alcoólica, ou qualquer outro inebriante:

Pena – detenção, de três meses a um ano.

Perigo resultante de violação de regra de trânsito

Art. 280. Violar regra de regulamento de trânsito, dirigindo veículo sob administração militar, expondo a efetivo e grave perigo a incolumidade de outrem:

Pena – detenção, até seis meses.

Fuga após acidente de trânsito

Art. 281. Causar, na direção de veículo motorizado, sob administração militar, ainda que sem culpa, acidente de trânsito, de que resulte dano pessoal, e, em seguida, afastar-se do local, sem prestar socorro à vítima que dele necessite:

Pena – detenção, de seis meses a um ano, sem prejuízo das cominadas nos artigos 206 e 210.

Isenção de prisão em flagrante

Parágrafo único. Se o agente se abstém de fugir e, na medida que as circunstâncias o permitam, presta ou providencia para que seja prestado socorro à vítima, fica isento de prisão em flagrante.

Capítulo II

DOS CRIMES CONTRA OS MEIOS DE TRANSPORTE E DE COMUNICAÇÃO

Perigo de desastre ferroviário

Art. 282. Impedir ou perturbar serviço de estrada de ferro, sob administração ou requisição militar emanada de ordem legal:

► Art. 260 do CP.

I – danificando ou desarranjando, total ou parcialmente, linha férrea, material rodante ou de tração, obra de arte ou instalação;
II – colocando obstáculo na linha;
III – transmitindo falso aviso acerca do movimento dos veículos, ou interrompendo ou embaraçando o funcionamento dos meios de comunicação;

► Art. 41 da LCP.

IV – praticando qualquer outro ato de que possa resultar desastre:

Pena – reclusão, de dois a cinco anos.

Desastre efetivo

§ 1º Se do fato resulta desastre:

Pena – reclusão, de quatro a doze anos.

§ 2º Se o agente quis causar o desastre ou assumiu o risco de produzi-lo:

Pena – reclusão, de quatro a quinze anos.

Modalidade culposa

§ 3º No caso de culpa, ocorrendo desastre:

Pena – detenção, de seis meses a dois anos.

Conceito de "estrada de ferro"

§ 4º Para os efeitos deste artigo, entende-se por "estrada de ferro" qualquer via de comunicação em que circulem veículos de tração mecânica, em trilhos ou por meio de cabo aéreo.

Atentado contra transporte

Art. 283. Expor a perigo aeronave, ou navio próprio ou alheio, sob guarda, proteção ou requisição militar emanada de ordem legal, ou em lugar sujeito à administração militar, bem como praticar qualquer ato tendente a impedir ou dificultar navegação aérea, marítima, fluvial ou lacustre sob administração, guarda ou proteção militar:

► Art. 261 do CP.
► Art. 35 da LCP.
► Art. 15 da Lei nº 7.170, de 14-10-1983 (Lei da Segurança Nacional).

Pena – reclusão, de dois a cinco anos.

Superveniência de sinistro

§ 1º Se do fato resulta naufrágio, submersão ou encalhe do navio, ou a queda ou destruição da aeronave:

Pena – reclusão, de quatro a doze anos.

Modalidade culposa

§ 2º No caso de culpa, se ocorre o sinistro:

Pena – detenção, de seis meses a dois anos.

Atentado contra viatura ou outro meio de transporte

Art. 284. Expor a perigo viatura ou outro meio de transporte militar, ou sob guarda, proteção ou requisição militar emanada de ordem legal, impedir-lhe ou dificultar-lhe o funcionamento:

▶ Art. 262 do CP.
▶ Art. 15 da Lei nº 7.170, de 14-10-1983 (Lei da Segurança Nacional).

Pena – reclusão, até três anos.

Desastre efetivo

§ 1º Se do fato resulta desastre, a pena é reclusão de dois a cinco anos.

Modalidade culposa

§ 2º No caso de culpa, se ocorre desastre:

Pena – detenção, até um ano.

Formas qualificadas pelo resultado

Art. 285. Se de qualquer dos crimes previstos nos artigos 282 a 284, no caso de desastre ou sinistro, resulta morte de alguém, aplica-se o disposto no artigo 277.

▶ Art. 263 do CP.

Arremesso de projétil

Art. 286. Arremessar projétil contra veículo militar, em movimento, destinado a transporte por terra, por água ou pelo ar:

▶ Art. 264 do CP.
▶ Art. 37 da LCP.

Pena – detenção, até seis meses.

Forma qualificada pelo resultado

Parágrafo único. Se do fato resulta lesão corporal, a pena é de detenção, de seis meses a dois anos; se resulta morte, a pena é a do homicídio culposo, aumentada de um terço.

Atentado contra serviço de utilidade militar

Art. 287. Atentar contra a segurança ou o funcionamento de serviço de água, luz, força ou acesso, ou qualquer outro de utilidade, em edifício ou outro lugar sujeito à administração militar:

▶ Art. 265 do CP.

Pena – reclusão, até cinco anos.

Parágrafo único. Aumentar-se-á a pena de um terço até metade, se o dano ocorrer em virtude de subtração de material essencial ao funcionamento do serviço.

Interrupção ou perturbação de serviço ou meio de comunicação

Art. 288. Interromper, perturbar ou dificultar serviço telegráfico, telefônico, telemétrico, de televisão, telepercepção, sinalização, ou outro meio de comunicação militar; ou impedir ou dificultar a sua instalação em lugar sujeito à administração militar, ou desde que para esta seja de interesse qualquer daqueles serviços ou meios:

▶ Art. 266 do CP.
▶ Art. 41 da LCP.

Pena – detenção, de um a três anos.

Aumento de pena

Art. 289. Nos crimes previstos neste capítulo, a pena será agravada, se forem cometidos em ocasião de calamidade pública.

Capítulo III

DOS CRIMES CONTRA A SAÚDE

Tráfico, posse ou uso de entorpecente ou substância de efeito similar

Art. 290. Receber, preparar, produzir, vender, fornecer, ainda que gratuitamente, ter em depósito, transportar, trazer consigo, ainda que para uso próprio, guardar, ministrar ou entregar de qualquer forma a consumo substância entorpecente, ou que determine dependência física ou psíquica, em lugar sujeito à administração militar, sem autorização ou em desacordo com determinação legal ou regulamentar:

Pena – reclusão, até cinco anos.

▶ Arts. 27 a 29 e 33 a 47 da Lei nº 11.343, de 23-8-2006 (Lei Antidrogas).

Casos assimilados

§ 1º Na mesma pena incorre, ainda que o fato incriminado ocorra em lugar não sujeito à administração militar:

I – o militar que fornece, de qualquer forma, substância entorpecente ou que determine dependência física ou psíquica a outro militar;

II – o militar que, em serviço ou em missão de natureza militar, no País ou no estrangeiro, pratica qualquer dos fatos especificados no artigo;

III – quem fornece, ministra ou entrega, de qualquer forma, substância entorpecente ou que determine dependência física ou psíquica a militar em serviço, ou em manobras ou exercício.

Forma qualificada

§ 2º Se o agente é farmacêutico, médico, dentista ou veterinário:

Pena – reclusão, de dois a oito anos.

▶ Art. 38 da Lei nº 11.343, de 23-8-2006 (Lei Antidrogas).

Receita ilegal

Art. 291. Prescrever o médico ou dentista militar, ou aviar o farmacêutico militar receita, ou fornecer substância entorpecente ou que determine dependência física ou psíquica, fora dos casos indicados pela terapêutica, ou em dose evidentemente maior que a necessária, ou com infração de preceito legal ou regulamentar, para uso de militar, ou para entrega a este; ou para qualquer fim, a qualquer pessoa, em consultório, gabinete, farmácia, laboratório ou lugar, sujeitos à administração militar:

Pena – detenção, de seis meses a dois anos.

▶ Art. 38 da Lei nº 11.343, de 23-8-2006 (Lei Antidrogas).

Casos assimilados

Parágrafo único. Na mesma pena incorre:

I – o militar ou funcionário que, tendo sob sua guarda ou cuidado substância entorpecente ou que determine dependência física ou psíquica, em farmácia, laboratório, consultório, gabinete ou depósito militar, dela lança mão para uso próprio ou de outrem, ou para destino que não seja lícito ou regular;

II – quem subtrai substância entorpecente ou que determine dependência física ou psíquica, ou dela se apropria, em lugar sujeito à administração militar, sem prejuízo da pena decorrente da subtração ou apropriação indébita;

III – quem induz ou instiga militar em serviço ou em manobras ou exercício a usar substância entorpecente ou que determine dependência física ou psíquica;

IV – quem contribui de qualquer forma, para incentivar ou difundir o uso de substância entorpecente ou que determine dependência física ou psíquica, em quartéis, navios, arsenais, estabelecimentos industriais, alojamentos, escolas, colégios ou outros quaisquer estabelecimentos ou lugares sujeitos à administração militar, bem como entre militares que estejam em serviço, ou o desempenhem em missão para a qual tenham recebido ordem superior ou tenham sido legalmente requisitados.

Epidemia

Art. 292. Causar epidemia, em lugar sujeito à administração militar, mediante propagação de germes patogênicos:

▶ Art. 267 do CP.

Pena – reclusão, de cinco a quinze anos.

Forma qualificada

§ 1º Se do fato resulta morte, a pena é aplicada em dobro.

▶ Art. 1º, III, *i*, da Lei nº 7.960, de 21-12-1989 (Lei da Prisão Temporária).
▶ Art. 1º, VII, da Lei nº 8.072, de 25-7-1990 (Lei dos Crimes Hediondos).

Modalidade culposa

§ 2º No caso de culpa, a pena é de detenção, de um a dois anos, ou, se resulta morte, de dois a quatro anos.

Envenenamento com perigo extensivo

Art. 293. Envenenar água potável ou substância alimentícia ou medicinal, expondo a perigo a saúde de militares em manobras ou exercício, ou de indefinido número de pessoas, em lugar sujeito à administração militar:

Pena – reclusão, de cinco a quinze anos.

▶ Art. 385 deste Código.
▶ Art. 270 do CP.
▶ Art. 1º da Lei nº 2.889, de 1º-10-1956 (Lei do Crime de Genocídio).
▶ Art. 1º, III, *j*, da Lei nº 7.960, de 21-12-1989 (Lei da Prisão Temporária).
▶ Art. 54 da Lei nº 9.605, de 12-2-1998 (Lei dos Crimes Ambientais).

Caso assimilado

§ 1º Está sujeito à mesma pena quem, em lugar sujeito à administração militar, entrega a consumo, ou tem em depósito, para o fim de ser distribuída, água ou substância envenenada.

▶ Art. 56 da Lei nº 9.605, de 12-2-1998 (Lei dos Crimes Ambientais).

Forma qualificada

§ 2º Se resulta a morte de alguém:

Pena – reclusão, de quinze a trinta anos.

Modalidade culposa

§ 3º Se o crime é culposo, a pena é de detenção, de seis meses a dois anos; ou, se resulta a morte, de dois a quatro anos.

Corrupção ou poluição de água potável

Art. 294. Corromper ou poluir água potável de uso de quartel, fortaleza, unidade, navio, aeronave ou estabelecimento militar, ou de tropa em manobras ou exercício, tornando-a imprópria para consumo ou nociva à saúde:

▶ Art. 385 deste Código.
▶ Art. 271 do CP.
▶ Art. 54 da Lei nº 9.605, de 12-2-1998 (Lei dos Crimes Ambientais).

Pena – reclusão, de dois a cinco anos.

Modalidade culposa

Parágrafo único. Se o crime é culposo:

Pena – detenção, de dois meses a um ano.

Fornecimento de substância nociva

Art. 295. Fornecer às Forças Armadas substância alimentícia ou medicinal corrompida, adulterada ou falsificada, tornada, assim, nociva à saúde:

Pena – reclusão, de dois a seis anos.

Modalidade culposa

Parágrafo único. Se o crime é culposo:

Pena – detenção, de seis meses a dois anos.

Fornecimento de substância alterada

Art. 296. Fornecer às Forças Armadas substância alimentícia ou medicinal alterada, reduzindo, assim, o seu valor nutritivo ou terapêutico:

Pena – detenção, de seis meses a dois anos.

Modalidade culposa

Parágrafo único. Se o crime é culposo:

Pena – detenção, até seis meses.

Omissão de notificação de doença

Art. 297. Deixar o médico militar, no exercício da função, de denunciar à autoridade pública doença cuja notificação é compulsória:

▶ Art. 269 do CP.

Pena – detenção, de seis meses a dois anos.

TÍTULO VII – DOS CRIMES CONTRA A ADMINISTRAÇÃO MILITAR

CAPÍTULO I

DO DESACATO E DA DESOBEDIÊNCIA

Desacato a superior

Art. 298. Desacatar superior, ofendendo-lhe a dignidade ou o decoro, ou procurando deprimir-lhe a autoridade:

▶ Art. 331 do CP.

Pena – reclusão até quatro anos, se o fato não constitui crime mais grave.

Agravação de pena

Parágrafo único. A pena é agravada, se o superior é oficial-general ou comandante da unidade a que pertence o agente.

Desacato a militar

Art. 299. Desacatar militar no exercício de função de natureza militar ou em razão dela:

▶ Art. 331 do CP.

Pena – detenção, de seis meses a dois anos, se o fato não constitui outro crime.

Desacato a assemelhado ou funcionário

Art. 300. Desacatar assemelhado ou funcionário civil no exercício de função ou em razão dela, em lugar sujeito à administração militar:

▶ Art. 331 do CP.

Pena – detenção, de seis meses a dois anos, se o fato não constitui outro crime.

Desobediência

Art. 301. Desobedecer a ordem legal de autoridade militar:

▶ Art. 330 do CP.
▶ Art. 12 da Lei nº 1.079, de 10-4-1950 (Lei dos Crimes de Responsabilidade).

Pena – detenção, até seis meses.

Ingresso clandestino

Art. 302. Penetrar em fortaleza, quartel, estabelecimento militar, navio, aeronave, hangar ou em outro lugar sujeito à administração militar, por onde seja defeso ou não haja passagem regular, ou iludindo a vigilância da sentinela ou de vigia:

Pena – detenção, de seis meses a dois anos, se o fato não constitui crime mais grave.

CAPÍTULO II

DO PECULATO

Peculato

Art. 303. Apropriar-se de dinheiro, valor ou qualquer outro bem móvel, público ou particular, de que tem a posse ou detenção, em razão do cargo ou comissão, ou desviá-lo em proveito próprio ou alheio:

▶ Art. 312 do CP.
▶ Art. 5º da Lei nº 7.492, de 16-6-1986 (Lei dos Crimes Contra o Sistema Financeiro Nacional).
▶ Art. 173 da Lei nº 11.101, de 9-2-2005 (Lei de Recuperação de Empresas e Falências).
▶ Art. 1º, I, do Dec.-lei nº 201, de 27-2-1967 (Lei de Responsabilidade dos Prefeitos e Vereadores).

Pena – reclusão, de três a quinze anos.

§ 1º A pena aumenta-se de um terço, se o objeto da apropriação ou desvio é de valor superior a vinte vezes o salário mínimo.

Peculato-furto

§ 2º Aplica-se a mesma pena a quem, embora não tendo a posse ou detenção do dinheiro, valor ou bem, o subtrai, ou contribui para que seja subtraído, em proveito próprio ou alheio, valendo-se da facilidade que lhe proporciona a qualidade de militar ou de funcionário.

▶ Art. 312, § 1º, do CP.

Peculato culposo

§ 3º Se o funcionário ou o militar contribui culposamente para que outrem subtraia ou desvie o dinheiro, valor ou bem, ou dele se aproprie:

▶ Art. 312, § 2º, do CP.

Pena – detenção, de três meses a um ano.

Extinção ou minoração da pena

§ 4º No caso do parágrafo anterior, a reparação do dano, se precede a sentença irrecorrível, extingue a punibilidade; se lhe é posterior, reduz de metade a pena imposta.

▶ Art. 312, § 3º, do CP.

Peculato mediante aproveitamento do erro de outrem

Art. 304. Apropriar-se de dinheiro ou qualquer utilidade que, no exercício do cargo ou comissão, recebeu por erro de outrem:

▶ Art. 313 do CP.

Pena – reclusão, de dois a sete anos.

CAPÍTULO III

DA CONCUSSÃO, EXCESSO DE EXAÇÃO E DESVIO

Concussão

Art. 305. Exigir, para si ou para outrem, direta ou indiretamente, ainda que fora da função ou antes de assumi-la, mas em razão dela, vantagem indevida:

Pena – reclusão, de dois a oito anos.

▶ Art. 316 do CP.

Excesso de exação

Art. 306. Exigir imposto, taxa ou emolumento que sabe indevido, ou, quando devido, empregar na cobrança meio vexatório ou gravoso, que a lei não autoriza:

▶ Art. 316, § 1º, do CP.
▶ Art. 4º, f, Lei nº 4.898, de 9-12-1965 (Lei do Abuso de Autoridade).
▶ Art. 3º, II, da Lei nº 8.137, de 27-12-1990 (Lei dos Crimes Contra a Ordem Tributária, Econômica e Contra as Relações de Consumo).

Pena – detenção, de seis meses a dois anos.

Desvio

Art. 307. Desviar, em proveito próprio ou de outrem, o que recebeu indevidamente, em razão do cargo ou função, para recolher aos cofres públicos:

Pena – reclusão, de dois a doze anos.

CAPÍTULO IV

DA CORRUPÇÃO

Corrupção passiva

Art. 308. Receber, para si ou para outrem, direta ou indiretamente, ainda que fora da função, ou antes de assumi-la, mas em razão dela, vantagem indevida, ou aceitar promessa de tal vantagem:

Pena – reclusão, de dois a oito anos.
► Art. 317 do CP.

Aumento de pena

§ 1º A pena é aumentada de um terço, se, em consequência da vantagem ou promessa, o agente retarda ou deixa de praticar qualquer ato de ofício ou o pratica infringindo dever funcional.

Diminuição de pena

§ 2º Se o agente pratica, deixa de praticar ou retarda o ato de ofício com infração de dever funcional, cedendo a pedido ou influência de outrem:

Pena – detenção, de três meses a um ano.

Corrupção ativa

Art. 309. Dar, oferecer ou prometer dinheiro ou vantagem indevida para a prática, omissão ou retardamento de ato funcional:

► Art. 333 do CP.
► Art. 299 do CE.
► Art. 6º, item 2, da Lei nº 1.079, de 10-4-1950 (Lei dos Crimes de Responsabilidade).
► Art. 1º, V, da Lei nº 4.729, de 14-7-1965, que define o crime de sonegação fiscal.

Pena – reclusão, até oito anos.

Aumento de pena

Parágrafo único. A pena é aumentada de um terço, se, em razão da vantagem, dádiva ou promessa, é retardado ou omitido o ato, ou praticado com infração de dever funcional.

Participação ilícita

Art. 310. Participar, de modo ostensivo ou simulado, diretamente ou por interposta pessoa, em contrato, fornecimento, ou concessão de qualquer serviço concernente à administração militar, sobre que deva informar ou exercer fiscalização em razão do ofício:

Pena – reclusão, de dois a quatro anos.

Parágrafo único. Na mesma pena incorre quem adquire para si, direta ou indiretamente, ou por ato simulado, no todo ou em parte, bens ou efeitos em cuja administração, depósito, guarda, fiscalização ou exame, deve intervir em razão de seu emprego ou função, ou entra em especulação de lucro ou interesse, relativamente a esses bens ou efeitos.

CAPÍTULO V

DA FALSIDADE

► Súmulas nos 17, 48, 62, 73, 104, 107, 165 e 200 do STJ.

Falsificação de documento

Art. 311. Falsificar, no todo ou em parte, documento público ou particular, ou alterar documento verdadeiro, desde que o fato atente contra a administração ou o serviço militar:

► Arts. 297 e 298 do CP.
► Arts. 348 e 349 do CE.
► Art. 1º, III e IV, da Lei nº 8.137, de 27-12-1990 (Lei dos Crimes Contra a Ordem Tributária, Econômica e Contra as Relações de Consumo).

Pena – sendo documento público, reclusão, de dois a seis anos; sendo documento particular, reclusão, até cinco anos.

Agravação da pena

§ 1º A pena é agravada se o agente é oficial ou exerce função em repartição militar.

Documento por equiparação

§ 2º Equipara-se a documento, para os efeitos penais, o disco fonográfico ou a fita ou fio de aparelho eletromagnético a que se incorpore declaração destinada à prova de fato juridicamente relevante.

Falsidade ideológica

Art. 312. Omitir, em documento público ou particular, declaração que dele devia constar, ou nele inserir ou fazer inserir declaração falsa ou diversa da que devia ser escrita, com o fim de prejudicar direito, criar obrigação ou alterar a verdade sobre fato juridicamente relevante, desde que o fato atente contra a administração ou o serviço militar:

► Art. 299 do CP.
► Art. 315 do CE.
► Art. 125, XIII, da Lei nº 6.815, de 19-8-1980 (Estatuto do Estrangeiro).
► Arts. 9º e 10 da Lei nº 7.492, de 16-6-1986 (Lei dos Crimes Contra o Sistema Financeiro Nacional).
► Art. 168, § 1º, da Lei nº 11.101, de 9-2-2005 (Lei de Recuperação de Empresas e Falências).

Pena – reclusão, até cinco anos, se o documento é público; reclusão, até três anos, se o documento é particular.

Cheque sem fundos

Art. 313. Emitir cheque sem suficiente provisão de fundos em poder do sacado, se a emissão é feita de militar em favor de militar, ou se o fato atenta contra a administração militar:

► Súm. nº 244 do STJ.

Pena – reclusão, até cinco anos.

Circunstância irrelevante

§ 1º Salvo o caso do artigo 245, é irrelevante ter sido o cheque emitido para servir como título ou garantia de dívida.

Atenuação de pena

§ 2º Ao crime previsto no artigo aplica-se o disposto nos §§ 1º e 2º do artigo 240.

Certidão ou atestado ideologicamente falso

Art. 314. Atestar ou certificar falsamente, em razão de função, ou profissão, fato ou circunstância que habilite alguém a obter cargo, posto ou função, ou isenção de ônus ou de serviço, ou qualquer outra vantagem, desde que o fato atente contra a administração ou serviço militar:

► Art. 301 do CP.

Pena – detenção, até dois anos.

Agravação de pena

Parágrafo único. A pena é agravada se o crime é praticado com o fim de lucro ou em prejuízo de terceiro.

Uso de documento falso

Art. 315. Fazer uso de qualquer dos documentos falsificados ou alterados por outrem, a que se referem os artigos anteriores:
- Art. 304 do CP.
- Art. 14 da Lei nº 7.492, de 16-6-1986 (Lei dos Crimes Contra o Sistema Financeiro Nacional).

Pena – a cominada à falsificação ou à alteração.

Supressão de documento

Art. 316. Destruir, suprimir ou ocultar, em benefício próprio ou de outrem, ou em prejuízo alheio, documento verdadeiro, de que não podia dispor, desde que o fato atente contra a administração ou o serviço militar:
- Art. 305 do CP.

Pena – reclusão, de dois a seis anos, se o documento é público; reclusão, até cinco anos, se o documento é particular.

Uso de documento pessoal alheio

Art. 317. Usar, como próprio, documento de identidade alheia, ou de qualquer licença ou privilégio em favor de outrem, ou ceder a outrem documento próprio da mesma natureza, para que dele se utilize, desde que o fato atente contra a administração ou o serviço militar:
- Art. 308 do CP.

Pena – detenção, até seis meses, se o fato não constitui elemento de crime mais grave.

Falsa identidade

Art. 318. Atribuir-se, ou a terceiro, perante a administração militar, falsa identidade, para obter vantagem em proveito próprio ou alheio, ou para causar dano a outrem:
- Art. 307 do CP.

Pena – detenção, de três meses a um ano, se o fato não constitui crime mais grave.

Capítulo VI
DOS CRIMES CONTRA O DEVER FUNCIONAL

Prevaricação

Art. 319. Retardar ou deixar de praticar, indevidamente, ato de ofício, ou praticá-lo contra expressa disposição de lei, para satisfazer interesse ou sentimento pessoal:
- Art. 319 do CP.
- Art. 345 do CE.
- Art. 10, § 4º, da Lei nº 1.521, de 26-12-1951 (Lei dos Crimes Contra a Economia Popular).
- Art. 23 da Lei nº 7.492, de 16-6-1986 (Lei dos Crimes Contra o Sistema Financeiro Nacional).

Pena – detenção, de seis meses a dois anos.

Violação do dever funcional com o fim de lucro

Art. 320. Violar, em qualquer negócio de que tenha sido incumbido pela administração militar, seu dever funcional para obter especulativamente vantagem pessoal, para si ou para outrem:

Pena – reclusão, de dois a oito anos.

Extravio, sonegação ou inutilização de livro ou documento

Art. 321. Extraviar livro oficial, ou qualquer documento, de que tem a guarda em razão do cargo, sonegá-lo ou inutilizá-lo, total ou parcialmente:
- Art. 314 do CP.

Pena – reclusão, de dois a seis anos, se o fato não constitui crime mais grave.

Condescendência criminosa

Art. 322. Deixar de responsabilizar subordinado que comete infração no exercício do cargo, ou, quando lhe falte competência, não levar o fato ao conhecimento da autoridade competente:
- Art. 320 do CP.
- Art. 9º, item 3, da Lei nº 1.079, de 10-4-1950 (Lei dos Crimes de Responsabilidade).

Pena – se o fato foi praticado por indulgência, detenção até seis meses; se por negligência, detenção até três meses.

Não inclusão de nome em lista

Art. 323. Deixar, no exercício de função, de incluir, por negligência, qualquer nome em relação ou lista para o efeito de alistamento ou de convocação militar:

Pena – detenção, até seis meses.

Inobservância de lei, regulamento ou instrução

Art. 324. Deixar, no exercício de função, de observar lei, regulamento ou instrução, dando causa direta à prática de ato prejudicial à administração militar:

Pena – se o fato foi praticado por tolerância, detenção até seis meses; se por negligência, suspensão do exercício do posto, graduação, cargo ou função, de três meses a um ano.

Violação ou divulgação indevida de correspondência ou comunicação

Art. 325. Devassar indevidamente o conteúdo de correspondência dirigida à administração militar, ou por esta expedida:

Pena – detenção, de dois a seis meses, se o fato não constitui crime mais grave.

Parágrafo único. Na mesma pena incorre quem, ainda que não seja funcionário, mas desde que o fato atente contra a administração militar:

I – indevidamente se apposse de correspondência, embora não fechada, e no todo ou em parte a sonega ou destrói;

II – indevidamente divulga, transmite a outrem, ou abusivamente utiliza comunicação de interesse militar;

III – impede a comunicação referida no número anterior.

- Art. 227 deste Código.

Violação de sigilo funcional

Art. 326. Revelar fato de que tem ciência em razão do cargo ou função e que deva permanecer em segredo, ou facilitar-lhe a revelação, em prejuízo da administração militar:

Pena – detenção, de seis meses a dois anos, se o fato não constitui crime mais grave.

▶ Art. 230 deste Código.

Violação de sigilo de proposta de concorrência

Art. 327. Devassar o sigilo de proposta de concorrência de interesse da administração militar ou proporcionar a terceiro o ensejo de devassá-lo:

Pena – detenção, de três meses a um ano.

▶ Art. 326 do CP.
▶ Art. 94 da Lei nº 8.666, de 21-6-1993 (Lei de Licitações e Contratos Administrativos).

Obstáculo à hasta pública, concorrência ou tomada de preços

Art. 328. Impedir, perturbar ou fraudar a realização de hasta pública, concorrência ou tomada de preços, de interesse da administração militar:

Pena – detenção, de seis meses a dois anos.

Exercício funcional ilegal

Art. 329. Entrar no exercício de posto ou função militar, ou de cargo ou função em repartição militar, antes de satisfeitas as exigências legais, ou continuar o exercício, sem autorização, depois de saber que foi exonerado, ou afastado, legal e definitivamente, qualquer que seja o ato determinante do afastamento:

▶ Art. 324 do CP.

Pena – detenção, até quatro meses, se o fato não constitui crime mais grave.

Abandono de cargo

Art. 330. Abandonar cargo público, em repartição ou estabelecimento militar:

▶ Art. 323 do CP.
▶ Art. 344 do CE.

Pena – detenção, até dois meses.

Formas qualificadas

§ 1º Se do fato resulta prejuízo à administração militar:

Pena – detenção, de três meses a um ano.

§ 2º Se o fato ocorre em lugar compreendido na faixa de fronteira:

Pena – detenção, de um a três anos.

Aplicação ilegal de verba ou dinheiro

Art. 331. Dar às verbas ou ao dinheiro público aplicação diversa da estabelecida em lei:

▶ Art. 315 do CP.
▶ Art. 1º, II, do Dec.-lei nº 201, de 27-2-1967 (Lei de Responsabilidade dos Prefeitos e Vereadores).

Pena – detenção, até seis meses.

Abuso de confiança ou boa-fé

Art. 332. Abusar da confiança ou boa-fé de militar, assemelhado ou funcionário, em serviço ou em razão deste, apresentando-lhe ou remetendo-lhe, para aprovação, recebimento, anuência ou aposição de visto, relação, nota, empenho de despesa, ordem ou folha de pagamento, comunicação, ofício ou qualquer outro documento que sabe, ou deve saber, serem inexatos ou irregulares, desde que o fato atente contra a administração ou o serviço militar:

Pena – detenção, de seis meses a dois anos, se o fato não constitui crime mais grave.

Forma qualificada

§ 1º A pena é agravada, se do fato decorre prejuízo material ou processo penal militar para a pessoa de cuja confiança ou boa-fé se abusou.

Modalidade culposa

§ 2º Se a apresentação ou remessa decorre de culpa:

Pena – detenção, até seis meses.

Violência arbitrária

Art. 333. Praticar violência, em repartição ou estabelecimento militar, no exercício de função ou a pretexto de exercê-la:

▶ Art. 322 do CP.
▶ Art. 21 da LCP.

Pena – detenção, de seis meses a dois anos, além da correspondente à violência.

Patrocínio indébito

Art. 334. Patrocinar, direta ou indiretamente, interesse privado perante a administração militar, valendo-se da qualidade de funcionário ou de militar:

▶ Art. 321 do CP.
▶ Art. 3º, III, da Lei nº 8.137, de 27-12-1990 (Lei dos Crimes Contra a Ordem Tributária, Econômica e Contra as Relações de Consumo).

Pena – detenção, até três meses.

Parágrafo único. Se o interesse é ilegítimo:

Pena – detenção, de três meses a um ano.

CAPÍTULO VII
DOS CRIMES PRATICADOS POR PARTICULAR CONTRA A ADMINISTRAÇÃO MILITAR

Usurpação de função

Art. 335. Usurpar o exercício de função em repartição ou estabelecimento militar:

Pena – detenção, de três meses a dois anos.

▶ Art. 328 do CP.
▶ Arts. 45 a 47 da LCP.

Tráfico de influência

Art. 336. Obter, para si ou para outrem, vantagem ou promessa de vantagem, a pretexto de influir em militar ou assemelhado ou funcionário de repartição militar, no exercício de função:

▶ Art. 332 do CP.

Pena – reclusão, até cinco anos.

Aumento de pena

Parágrafo único. A pena é agravada, se o agente alega ou insinua que a vantagem é também destinada ao militar ou assemelhado, ou ao funcionário.

Subtração ou inutilização de livro, processo ou documento

Art. 337. Subtrair ou inutilizar, total ou parcialmente, livro oficial, processo ou qualquer documento, desde que o fato atente contra a administração ou o serviço militar:

▶ Art. 314 do CP.

Pena – reclusão, de dois a cinco anos, se o fato não constitui crime mais grave.

Inutilização de edital ou sinal de oficial

Art. 338. Rasgar, ou de qualquer forma inutilizar ou conspurcar edital afixado por ordem da autoridade militar; violar ou inutilizar selo ou sinal empregado, por determinação legal ou ordem de autoridade militar, para identificar ou cerrar qualquer objeto:

▶ Art. 336 do CP.

Pena – detenção, até um ano.

Impedimento, perturbação ou fraude de concorrência

Art. 339. Impedir, perturbar ou fraudar em prejuízo da Fazenda Nacional, concorrência, hasta pública ou tomada de preços ou outro qualquer processo administrativo para aquisição ou venda de coisas ou mercadorias de uso das Forças Armadas, seja elevando arbitrariamente os preços, auferindo lucro excedente a um quinto do valor da transação, seja alterando substância, qualidade ou quantidade da coisa ou mercadoria fornecida, seja impedindo a livre concorrência de outros fornecedores, ou por qualquer modo, tornando mais onerosa a transação:

▶ Art. 335 do CP.
▶ Arts. 93 e 95 da Lei nº 8.666, de 21-6-1993 (Lei de Licitações e Contratos Administrativos).

Pena – detenção, de um a três anos.

§ 1º Na mesma pena incorre o intermediário na transação.

§ 2º É aumentada a pena de um terço, se o crime ocorre em período de grave crise econômica.

TÍTULO VIII – DOS CRIMES CONTRA A ADMINISTRAÇÃO DA JUSTIÇA MILITAR

Recusa de função na Justiça Militar

Art. 340. Recusar o militar ou assemelhado exercer, sem motivo legal, função que lhe seja atribuída na administração da Justiça Militar:

Pena – suspensão do exercício do posto ou cargo, de dois a seis meses.

Desacato

Art. 341. Desacatar autoridade judiciária militar no exercício da função ou em razão dela:

▶ Arts. 298 a 300 deste Código.
▶ Art. 331 do CP.

Pena – reclusão, até quatro anos.

Coação

Art. 342. Usar de violência ou grave ameaça, com o fim de favorecer interesse próprio ou alheio, contra autoridade, parte, ou qualquer outra pessoa que funciona, ou é chamada a intervir em inquérito policial, processo administrativo ou judicial militar:

Pena – reclusão, até quatro anos, além da pena correspondente à violência.

▶ Art. 344 do CP.

Denunciação caluniosa

Art. 343. Dar causa à instauração de inquérito policial ou processo judicial militar contra alguém, imputando-lhe crime sujeito à jurisdição militar, de que o sabe inocente:

▶ Art. 339 do CP.
▶ Art. 19 da Lei nº 8.429, de 2-6-1992 (Lei da Improbidade Administrativa).

Pena – reclusão, de dois a oito anos.

Agravação de pena

Parágrafo único. A pena é agravada, se o agente se serve do anonimato ou de nome suposto.

Comunicação falsa de crime

Art. 344. Provocar a ação da autoridade, comunicando-lhe a ocorrência de crime sujeito à jurisdição militar, que sabe não se ter verificado:

▶ Art. 340 do CP.
▶ Art. 41 da LCP.

Pena – detenção, até seis meses.

Autoacusação falsa

Art. 345. Acusar-se, perante a autoridade, de crime sujeito à jurisdição militar, inexistente ou praticado por outrem:

▶ Art. 341 do CP.

Pena – detenção, de três meses a um ano.

Falso testemunho ou falsa perícia

Art. 346. Fazer afirmação falsa, ou negar ou calar a verdade, como testemunha, perito, tradutor ou intérprete, em inquérito policial, processo administrativo ou judicial militar:

Pena – reclusão, de dois a seis anos.

▶ Art. 342 do CP.
▶ Art. 364 do CPPM.
▶ Art. 4º, II, da Lei nº 1.579, de 18-3-1952 (Lei das Comissões Parlamentares de Inquérito).
▶ Art. 171 da Lei nº 11.101, de 9-2-2005 (Lei de Recuperação de Empresas e Falências).

Aumento de pena

§ 1º A pena aumenta-se de um terço, se o crime é praticado mediante suborno.

Retratação

§ 2º O fato deixa de ser punível, se, antes da sentença o agente se retrata ou declara a verdade.

Corrupção ativa de testemunha, perito ou intérprete

Art. 347. Dar, oferecer ou prometer dinheiro ou qualquer outra vantagem a testemunha, perito, tradutor ou intérprete, para fazer afirmação falsa, negar ou calar a verdade em depoimento, perícia, tradução ou interpretação, em inquérito policial, processo administrativo ou judicial, militar, ainda que a oferta não seja aceita:

▶ Art. 343 do CP.

Pena – reclusão, de dois a oito anos.

Publicidade opressiva

Art. 348. Fazer pela imprensa, rádio ou televisão, antes da intercorrência de decisão definitiva em processo penal militar, comentário tendente a exercer pressão sobre declaração de testemunha ou laudo de perito:

Pena – detenção, até seis meses.

Desobediência a decisão judicial

Art. 349. Deixar, sem justa causa, de cumprir decisão da Justiça Militar, ou retardar ou fraudar o seu cumprimento:

Pena – detenção, de três meses a um ano.

§ 1º No caso de transgressão dos artigos 116, 117 e 118, a pena será cumprida sem prejuízo da execução da medida de segurança.

§ 2º Nos casos do artigo 118 e seus §§ 1º e 2º, a pena pela desobediência é aplicada ao representante, ou representantes legais, do estabelecimento, sociedade ou associação.

Favorecimento pessoal

Art. 350. Auxiliar a subtrair-se à ação da autoridade autor de crime militar, a que é cominada pena de morte ou reclusão:

▶ Art. 348 do CP.

Pena – detenção, até seis meses.

Diminuição de pena

§ 1º Se ao crime é cominada pena de detenção ou impedimento, suspensão ou reforma:

Pena – detenção, até três meses.

Isenção de pena

§ 2º Se quem presta o auxílio é ascendente, descendente, cônjuge ou irmão do criminoso, fica isento da pena.

Favorecimento real

Art. 351. Prestar a criminoso, fora dos casos de coautoria ou de receptação, auxílio destinado a tornar seguro o proveito do crime:

▶ Art. 349 do CP.

Pena – detenção, de três meses a um ano.

Inutilização, sonegação ou descaminho de material probante

Art. 352. Inutilizar, total ou parcialmente, sonegar ou dar descaminho a autos, documento ou objeto de valor probante, que tem sob guarda ou recebe para exame:

▶ Art. 356 do CP.

Pena – detenção, de seis meses a três anos, se o fato não constitui crime mais grave.

Modalidade culposa

Parágrafo único. Se a inutilização ou o descaminho resulta de ação ou omissão culposa:

Pena – detenção, até seis meses.

Exploração de prestígio

Art. 353. Solicitar ou receber dinheiro ou qualquer outra utilidade, a pretexto de influir em juiz, órgão do Ministério Público, funcionário de justiça, perito, tradutor, intérprete ou testemunha, na Justiça Militar:

▶ Art. 357 do CP.

Pena – reclusão, até cinco anos.

Aumento de pena

Parágrafo único. A pena é aumentada de um terço, se o agente alega ou insinua que o dinheiro ou utilidade também se destina a qualquer das pessoas referidas no artigo.

Desobediência a decisão sobre perda ou suspensão de atividade ou direito

Art. 354. Exercer função, atividade, direito, autoridade ou múnus, de que foi suspenso ou privado por decisão da Justiça Militar:

▶ Art. 359 do CP.

Pena – detenção, de três meses a dois anos.

LIVRO II – DOS CRIMES MILITARES EM TEMPO DE GUERRA

TÍTULO I – DO FAVORECIMENTO AO INIMIGO

CAPÍTULO I

DA TRAIÇÃO

Traição

Art. 355. Tomar o nacional armas contra o Brasil ou Estado aliado, ou prestar serviço nas Forças Armadas de nação em guerra contra o Brasil:

▶ Art. 4º, nºˢ 2 a 6, do Pacto de São José da Costa Rica.

Pena – morte, grau máximo; reclusão, de vinte anos, grau mínimo.

Favor ao inimigo

Art. 356. Favorecer ou tentar o nacional favorecer o inimigo, prejudicar ou tentar prejudicar o bom êxito das operações militares, comprometer ou tentar comprometer a eficiência militar:

▶ Art. 4º, nºˢ 2 a 6, do Pacto de São José da Costa Rica.

I – empreendendo ou deixando de empreender ação militar;

II – entregando ao inimigo ou expondo a perigo dessa consequência navio, aeronave, força ou posição, engenho de guerra motomecanizado, provisões ou qualquer outro elemento de ação militar;

III – perdendo, destruindo, inutilizando, deteriorando ou expondo a perigo de perda, destruição, inutilização ou deterioração, navio, aeronave, engenho de guerra motomecanizado, provisões ou qualquer outro elemento de ação militar;

IV – sacrificando ou expondo a perigo de sacrifício força militar;

V – abandonando posição ou deixando de cumprir missão ou ordem:

Pena – morte, grau máximo; reclusão, de vinte anos, grau mínimo.

Tentativa contra a soberania do Brasil

Art. 357. Praticar o nacional o crime definido no artigo 142:

▶ Art. 4º, nºˢ 2 a 6, do Pacto de São José da Costa Rica.

Pena – morte, grau máximo; reclusão, de vinte anos, grau mínimo.

Código Penal Militar – Arts. 358 a 370

Coação a comandante
Art. 358. Entrar o nacional em conluio, usar de violência ou ameaça, provocar tumulto ou desordem com o fim de obrigar o comandante a não empreender ou a cessar ação militar, a recuar ou render-se:

► Art. 4º, nºˢ 2 a 6, do Pacto de São José da Costa Rica.

Pena – morte, grau máximo; reclusão, de vinte anos, grau mínimo.

Informação ou auxílio ao inimigo
Art. 359. Prestar o nacional ao inimigo informação ou auxílio que lhe possa facilitar a ação militar:

► Art. 4º, nºˢ 2 a 6, do Pacto de São José da Costa Rica.

Pena – morte, grau máximo; reclusão, de vinte anos, grau mínimo.

Aliciação de militar
Art. 360. Aliciar o nacional algum militar a passar-se para o inimigo ou prestar-lhe auxílio para esse fim:

► Art. 4º, nºˢ 2 a 6, do Pacto de São José da Costa Rica.

Pena – morte, grau máximo; reclusão, de vinte anos, grau mínimo.

Ato prejudicial à eficiência da tropa
Art. 361. Provocar o nacional, em presença do inimigo, a debandada de tropa, ou guarnição, impedir a reunião de uma ou outra ou causar alarme, com o fim de nelas produzir confusão, desalento ou desordem:

► Art. 4º, nºˢ 2 a 6, do Pacto de São José da Costa Rica.

Pena – morte, grau máximo; reclusão, de vinte anos, grau mínimo.

Capítulo II
DA TRAIÇÃO IMPRÓPRIA

Traição imprópria
Art. 362. Praticar o estrangeiro os crimes previstos nos artigos 356, nºˢ I, primeira parte, II, III e IV, 357 a 361:

► Art. 4º, nºˢ 2 a 6, do Pacto de São José da Costa Rica.

Pena – morte, grau máximo; reclusão, de dez anos, grau mínimo.

Capítulo III
DA COBARDIA

Cobardia
Art. 363. Subtrair-se ou tentar subtrair-se o militar, por temor, em presença do inimigo, ao cumprimento do dever militar:

Pena – reclusão, de dois a oito anos.

Cobardia qualificada
Art. 364. Provocar o militar, por temor, em presença do inimigo, a debandada de tropa ou guarnição; impedir a reunião de uma ou outra, ou causar alarme com o fim de nelas produzir confusão, desalento ou desordem:

► Art. 4º, nºˢ 2 a 6, do Pacto de São José da Costa Rica.

Pena – morte, grau máximo; reclusão, de vinte anos, grau mínimo.

Fuga em presença do inimigo
Art. 365. Fugir o militar, ou incitar à fuga, em presença do inimigo:

Pena – morte, grau máximo; reclusão, de vinte anos, grau mínimo.

► Art. 4º, nºˢ 2 a 6, do Pacto de São José da Costa Rica.

Capítulo IV
DA ESPIONAGEM

Espionagem
Art. 366. Praticar qualquer dos crimes previstos nos artigos 143 e seu § 1º, 144 e seus §§ 1º e 2º, e 146, em favor do inimigo ou comprometendo a preparação, a eficiência ou as operações militares:

► Art. 4º, nºˢ 2 a 6, do Pacto de São José da Costa Rica.

Pena – morte, grau máximo; reclusão, de vinte anos, grau mínimo.

Caso de concurso
Parágrafo único. No caso de concurso por culpa, para execução do crime previsto no artigo 143, § 2º, ou de revelação culposa (artigo 144, § 3º):

Pena – reclusão, de três a seis anos.

Penetração de estrangeiro
Art. 367. Entrar o estrangeiro em Território Nacional, ou insinuar-se em força ou unidade em operações de guerra, ainda que fora do Território Nacional, a fim de colher documento, notícia ou informação de caráter militar, em benefício do inimigo, ou em prejuízo daquelas operações:

Pena – reclusão, de dez a vinte anos, se o fato não constitui crime mais grave.

Capítulo V
DO MOTIM E DA REVOLTA

Motim, revolta ou conspiração
Art. 368. Praticar qualquer dos crimes definidos nos artigos 149 e seu parágrafo único, e 152:

► Art. 4º, nºˢ 2 a 6, do Pacto de São José da Costa Rica.

Pena – aos cabeças, morte, grau máximo; reclusão, de quinze anos, grau mínimo. Aos coautores, reclusão, de dez a trinta anos.

Forma qualificada
Parágrafo único. Se o fato é praticado em presença do inimigo:

► Art. 4º, nºˢ 2 a 6, do Pacto de São José da Costa Rica.

Pena – aos cabeças, morte, grau máximo; reclusão, de vinte anos, grau mínimo. Aos coautores, morte, grau máximo; reclusão, de quinze anos, grau mínimo.

Omissão de lealdade militar
Art. 369. Praticar o crime previsto no artigo 151:

Pena – reclusão, de quatro a doze anos.

Capítulo VI
DO INCITAMENTO

Incitamento
Art. 370. Incitar militar à desobediência, à indisciplina ou à prática de crime militar:

Pena – reclusão, de três a dez anos.

Parágrafo único. Na mesma pena incorre quem introduz, afixa ou distribui, em lugar sujeito à administração militar, impressos, manuscritos ou material mimeografado, fotocopiado ou gravado, em que se contenha incitamento à prática dos atos previstos no artigo.

Incitamento em presença do inimigo

Art. 371. Praticar qualquer dos crimes previstos no artigo 370 e seu parágrafo, em presença do inimigo:

▶ Art. 4º, nºs 2 a 6, do Pacto de São José da Costa Rica.

Pena – morte, grau máximo; reclusão, de dez anos, grau mínimo.

CAPÍTULO VII
DA INOBSERVÂNCIA DO DEVER MILITAR

Rendição ou capitulação

Art. 372. Render-se o comandante, sem ter esgotado os recursos extremos de ação militar; ou, em caso de capitulação, não se conduzir de acordo com o dever militar:

▶ Art. 4º, nºs 2 a 6, do Pacto de São José da Costa Rica.

Pena – morte, grau máximo; reclusão, de vinte anos, grau mínimo.

Omissão de vigilância

Art. 373. Deixar-se o comandante surpreender pelo inimigo:

Pena – detenção, de um a três anos, se o fato não constitui crime mais grave.

Resultado mais grave

Parágrafo único. Se o fato compromete as operações militares:

Pena – reclusão, de cinco a vinte anos, se o fato não constitui crime mais grave.

Descumprimento do dever militar

Art. 374. Deixar, em presença do inimigo, de conduzir-se de acordo com o dever militar:

Pena – reclusão, até cinco anos, se o fato não constitui crime mais grave.

Falta de cumprimento de ordem

Art. 375. Dar causa, por falta de cumprimento de ordem, à ação militar do inimigo:

▶ Art. 4º, nºs 2 a 6, do Pacto de São José da Costa Rica.

Pena – reclusão, de dois a oito anos.

Resultado mais grave

Parágrafo único. Se o fato expõe a perigo força, posição ou outros elementos de ação militar:

Pena – morte, grau máximo; reclusão, de vinte anos, grau mínimo.

Entrega ou abandono culposo

Art. 376. Dar causa, por culpa, ao abandono ou à entrega ao inimigo de posição, navio, aeronave, engenho de guerra, provisões, ou qualquer outro elemento de ação militar:

Pena – reclusão, de dez a trinta anos.

Captura ou sacrifício culposo

Art. 377. Dar causa, por culpa, ao sacrifício ou captura de força sob o seu comando:

Pena – reclusão, de dez a trinta anos.

Separação reprovável

Art. 378. Separar o comandante, em caso de capitulação, a sorte própria da dos oficiais e praças:

▶ Art. 4º, nºs 2 a 6, do Pacto de São José da Costa Rica.

Pena – morte, grau máximo; reclusão, de vinte anos, grau mínimo.

Abandono de comboio

Art. 379. Abandonar comboio, cuja escolta lhe tenha sido confiada:

Pena – reclusão, de dois a oito anos.

Resultado mais grave

§ 1º Se do fato resulta avaria grave, ou perda total ou parcial do comboio:

▶ Art. 4º, nºs 2 a 6, do Pacto de São José da Costa Rica.

Pena – morte, grau máximo; reclusão, de vinte anos, grau mínimo.

Modalidade culposa

§ 2º Separar-se, por culpa, do comboio ou da escolta:

Pena – reclusão, até quatro anos, se o fato não constitui crime mais grave.

Caso assimilado

§ 3º Nas mesmas penas incorre quem, de igual forma, abandona material de guerra, cuja guarda lhe tenha sido confiada.

Separação culposa de comando

Art. 380. Permanecer o oficial, por culpa, separado do comando superior:

Pena – reclusão, até quatro anos, se o fato não constitui crime mais grave.

Tolerância culposa

Art. 381. Deixar, por culpa, evadir-se prisioneiro:

Pena – reclusão, até quatro anos.

Entendimento com o inimigo

Art. 382. Entrar o militar, sem autorização, em entendimento com outro militar ou emissário de país inimigo, ou servir, para esse fim, de intermediário:

Pena – reclusão, até três anos, se o fato não constitui crime mais grave.

CAPÍTULO VIII
DO DANO

Dano especial

Art. 383. Praticar ou tentar praticar qualquer dos crimes definidos nos artigos 262, 263, §§ 1º e 2º, e 264, em benefício do inimigo, ou comprometendo ou podendo comprometer a preparação, a eficiência ou as operações militares:

▶ Art. 4º, nºs 2 a 6, do Pacto de São José da Costa Rica.

Pena – morte, grau máximo; reclusão, de vinte anos, grau mínimo.

Modalidade culposa

Parágrafo único. Se o crime é culposo:

Pena – detenção, de quatro a dez anos.

Dano em bens de interesse militar

Art. 384. Danificar serviço de abastecimento de água, luz ou força, estrada, meio de transporte, instalação telegráfica ou outro meio de comunicação, depósito de combustível, inflamáveis, matérias-primas necessárias à produção, depósito de víveres ou forragem, mina, fábrica, usina ou qualquer estabelecimento de produção de artigo necessário à defesa nacional ou ao bem-estar da população e, bem assim, rebanho, lavoura ou plantação, se o fato compromete ou pode comprometer a preparação, a eficiência ou as operações militares, ou de qualquer forma atenta contra a segurança externa do País:

▶ Art. 4º, n⁰ˢ 2 a 6, do Pacto de São José da Costa Rica.

Pena – morte, grau máximo; reclusão, de vinte anos, grau mínimo.

Envenenamento, corrupção ou epidemia

Art. 385. Envenenar ou corromper água potável, víveres ou forragens, ou causar epidemia mediante a propagação de germes patogênicos, se o fato compromete ou pode comprometer a preparação, a eficiência ou as operações militares, ou de qualquer forma atenta contra a segurança externa do País:

▶ Art. 4º, n⁰ˢ 2 a 6, do Pacto de São José da Costa Rica.

Pena – morte, grau máximo; reclusão, de vinte anos, grau mínimo.

Modalidade culposa

Parágrafo único. Se o crime é culposo:

Pena – detenção, de dois a oito anos.

Capítulo IX
DOS CRIMES CONTRA A INCOLUMIDADE PÚBLICA

Crimes de perigo comum

Art. 386. Praticar crime de perigo comum definido nos artigos 268 a 276 e 278, na modalidade dolosa:

▶ Art. 4º, n⁰ˢ 2 a 6, do Pacto de São José da Costa Rica.

I – se o fato compromete ou pode comprometer a preparação, a eficiência ou as operações militares;

II – se o fato é praticado em zona de efetivas operações militares e dele resulta morte:

Pena – morte, grau máximo; reclusão, de vinte anos, grau mínimo.

Capítulo X
DA INSUBORDINAÇÃO E DA VIOLÊNCIA

Recusa de obediência ou oposição

Art. 387. Praticar, em presença do inimigo, qualquer dos crimes definidos nos artigos 163 e 164:

▶ Art. 4º, n⁰ˢ 2 a 6, do Pacto de São José da Costa Rica.

Pena – morte, grau máximo; reclusão, de dez anos, grau mínimo.

Coação contra oficial-general ou comandante

Art. 388. Exercer coação contra oficial-general ou comandante da unidade, mesmo que não seja superior, com o fim de impedir-lhe o cumprimento do dever militar:

Pena – reclusão, de cinco a quinze anos, se o fato não constitui crime mais grave.

Violência contra superior ou militar de serviço

Art. 389. Praticar qualquer dos crimes definidos nos artigos 157 e 158, a que esteja cominada, no máximo, reclusão, de trinta anos:

▶ Art. 4º, n⁰ˢ 2 a 6, do Pacto de São José da Costa Rica.

Pena – morte, grau máximo; reclusão, de vinte anos, grau mínimo.

Parágrafo único. Se ao crime não é cominada, no máximo, reclusão de trinta anos, mas é praticado com arma e em presença do inimigo:

▶ Art. 4º, n⁰ˢ 2 a 6, do Pacto de São José da Costa Rica.

Pena – morte, grau máximo; reclusão, de quinze anos, grau mínimo.

Capítulo XI
DO ABANDONO DE POSTO

Abandono de posto

Art. 390. Praticar, em presença do inimigo, crime de abandono de posto, definido no artigo 195:

▶ Art. 4º, n⁰ˢ 2 a 6, do Pacto de São José da Costa Rica.

Pena – morte, grau máximo; reclusão, de vinte anos, grau mínimo.

Capítulo XII
DA DESERÇÃO E DA FALTA DE APRESENTAÇÃO

Deserção

Art. 391. Praticar crime de deserção definido no Capítulo II, do Título III, do Livro I, da Parte Especial:

Pena – a cominada ao mesmo crime, com aumento da metade, se o fato não constitui crime mais grave.

Parágrafo único. Os prazos para a consumação do crime são reduzidos de metade.

▶ Art. 693 do CPPM.

Deserção em presença do inimigo

Art. 392. Desertar em presença do inimigo:

▶ Art. 4º, n⁰ˢ 2 a 6, do Pacto de São José da Costa Rica.

Pena – morte, grau máximo; reclusão, de vinte anos, grau mínimo.

Falta de apresentação

Art. 393. Deixar o convocado, no caso de mobilização total ou parcial, de apresentar-se, dentro do prazo marcado, no centro de mobilização ou ponto de concentração:

Pena – detenção, de um a seis anos.

Parágrafo único. Se o agente é oficial da reserva, aplica-se a pena com aumento de um terço.

Capítulo XIII
DA LIBERTAÇÃO, DA EVASÃO E DO AMOTINAMENTO DE PRISIONEIROS

Libertação de prisioneiro

Art. 394. Promover ou facilitar a libertação de prisioneiro de guerra sob guarda ou custódia de força nacional ou aliada:

▶ Art. 4º, n⁰ˢ 2 a 6, do Pacto de São José da Costa Rica.

Pena – morte, grau máximo; reclusão, de quinze anos, grau mínimo.

Evasão de prisioneiro

Art. 395. Evadir-se prisioneiro de guerra e voltar a tomar armas contra o Brasil ou Estado aliado:

▶ Art. 4º, nºˢ 2 a 6, do Pacto de São José da Costa Rica.

Pena – morte, grau máximo; reclusão, de vinte anos, grau mínimo.

Parágrafo único. Na aplicação deste artigo, serão considerados os tratados e as convenções internacionais, aceitos pelo Brasil relativamente ao tratamento dos prisioneiros de guerra.

Amotinamento de prisioneiros

Art. 396. Amotinarem-se prisioneiros em presença do inimigo:

▶ Art. 4º, nºˢ 2 a 6, do Pacto de São José da Costa Rica.

Pena – morte, grau máximo; reclusão, de vinte anos, grau mínimo.

Capítulo XIV
DO FAVORECIMENTO CULPOSO AO INIMIGO

Favorecimento culposo

Art. 397. Contribuir culposamente para que alguém pratique crime que favoreça o inimigo:

Pena – reclusão, de dois a quatro anos, se o fato não constitui crime mais grave.

TÍTULO II – DA HOSTILIDADE E DA ORDEM ARBITRÁRIA

Prolongamento de hostilidades

Art. 398. Prolongar o comandante as hostilidades, depois de oficialmente saber celebrada a paz ou ajustado o armistício:

Pena – reclusão, de dois a dez anos.

▶ Art. 84, XX, da CF.

Ordem arbitrária

Art. 399. Ordenar o comandante contribuição de guerra, sem autorização, ou excedendo os limites desta:

Pena – reclusão, até três anos.

TÍTULO III – DOS CRIMES CONTRA A PESSOA

Capítulo I
DO HOMICÍDIO

Homicídio simples

Art. 400. Praticar homicídio, em presença do inimigo:

I – no caso do artigo 205:

Pena – reclusão, de doze a trinta anos;

II – no caso do § 1º do artigo 205, o juiz pode reduzir a pena de um sexto a um terço;

Homicídio qualificado

III – no caso do § 2º do artigo 205:

▶ Art. 4º, nºˢ 2 a 6, do Pacto de São José da Costa Rica.

Pena – morte, grau máximo; reclusão, de vinte anos, grau mínimo.

Capítulo II
DO GENOCÍDIO

Genocídio

Art. 401. Praticar, em zona militarmente ocupada, o crime previsto no artigo 208:

▶ Art. 4º, nºˢ 2 a 6, do Pacto de São José da Costa Rica.

Pena – morte, grau máximo; reclusão, de vinte anos, grau mínimo.

Casos assimilados

Art. 402. Praticar, com o mesmo fim e na zona referida no artigo anterior, qualquer dos atos previstos nos nºˢ I, II, III, IV ou V, do parágrafo único, do artigo 208:

Pena – reclusão, de seis a vinte e quatro anos.

Capítulo III
DA LESÃO CORPORAL

Lesão leve

Art. 403. Praticar, em presença do inimigo, o crime definido no artigo 209:

Pena – detenção, de seis meses a dois anos.

Lesão grave

§ 1º No caso do § 1º do artigo 209:

Pena – reclusão, de quatro a dez anos.

§ 2º No caso do § 2º do artigo 209:

Pena – reclusão, de seis a quinze anos.

Lesões qualificadas pelo resultado

§ 3º No caso do § 3º do artigo 209:

Pena – reclusão, de oito a vinte anos no caso de lesão grave; reclusão, de dez a vinte e quatro anos, no caso de morte.

Minoração facultativa da pena

§ 4º No caso do § 4º do artigo 209, o juiz pode reduzir a pena de um sexto a um terço.

§ 5º No caso do § 5º do artigo 209, o juiz pode diminuir a pena de um terço.

TÍTULO IV – DOS CRIMES CONTRA O PATRIMÔNIO

Furto

Art. 404. Praticar crime de furto definido nos artigos 240 e 241 e seus parágrafos, em zona de operações militares ou em território militarmente ocupado:

Pena – reclusão, no dobro da pena cominada para o tempo de paz.

Roubo ou extorsão

Art. 405. Praticar crime de roubo, ou de extorsão definidos nos artigos 242, 243 e 244, em zona de operações militares ou em território militarmente ocupado:

▶ Art. 4º, nºˢ 2 a 6, do Pacto de São José da Costa Rica.

Pena – morte, grau máximo, se cominada pena de reclusão de trinta anos; reclusão pelo dobro da pena para o tempo de paz, nos outros casos.

Saque

Art. 406. Praticar o saque em zona de operações militares ou em território militarmente ocupado:

▶ Art. 4º, nºˢ 2 a 6, do Pacto de São José da Costa Rica.

Pena – morte, grau máximo; reclusão, de vinte anos, grau mínimo.

TÍTULO V – DO RAPTO E DA VIOLÊNCIA CARNAL

Rapto

▶ A Lei nº 11.106, de 28-3-2005, revogou o art. 219 do CP, que previa o crime de rapto.

Art. 407. Raptar mulher honesta, mediante violência ou grave ameaça, para fim libidinoso, em lugar de efetivas operações militares:

Pena – reclusão, de dois a quatro anos.

Resultado mais grave

§ 1º Se da violência resulta lesão grave:

Pena – reclusão, de seis a dez anos.

§ 2º Se resulta morte:

Pena – reclusão, de doze a trinta anos.

Cumulação de pena

§ 3º Se o autor, ao efetuar o rapto, ou em seguida a este, pratica outro crime contra a raptada, aplicam-se, cumulativamente, a pena correspondente ao rapto e a cominada ao outro crime.

▶ O crime de rapto foi expressamente revogado pela Lei nº 11.106, de 28-3-2005.

Violência carnal

Art. 408. Praticar qualquer dos crimes de violência carnal definidos nos artigos 232 e 233, em lugar de efetivas operações militares:

Pena – reclusão, de quatro a doze anos.

Resultado mais grave

Parágrafo único. Se da violência resulta:

a) lesão grave:

Pena – reclusão, de oito a vinte anos;

b) morte:

▶ Art. 4º, nºˢ 2 a 6, do Pacto de São José da Costa Rica.

Pena – morte, grau máximo; reclusão, de quinze anos, grau mínimo.

DISPOSIÇÕES FINAIS

Art. 409. São revogados o Decreto-Lei nº 6.227, de 24 de janeiro de 1944, e demais disposições contrárias a este Código, salvo as leis especiais que definem os crimes contra a segurança nacional e a ordem política e social.

▶ O Dec.-lei nº 6.227, de 24-1-1944, dispunha sobre o CPM.

Art. 410. Este Código entrará em vigor no dia 1º de janeiro de 1970.

Brasília, 21 de outubro de 1969;
148º da Independência e
81º da República.

**Augusto Hamann Rademaker Grunewald
Aurélio de Lyra Tavares
Márcio de Souza e Mello
Luís Antônio da Gama e Silva**

Índice Alfabético-Remissivo do Código Penal Militar
(Decreto-Lei nº 1.001, de 21-10-1969)

A

ABANDONO DE CARGO: art. 330

ABANDONO DE POSTO
- lugar de serviço; pena: art. 195
- presença do inimigo; pena: art. 390

ABOLITIO CRIMINIS: art. 2º

ABOLITIO ICTUS: art. 37

ABUSO DE CONFIANÇA E BOA-FÉ: art. 332

ABUSO DE FUNÇÃO: art. 227, §§ 2º e 3º

ABUSO DE PESSOA: arts. 252 e 253

ABUSO DE PODER: art. 104

ABUSO DE RADIAÇÃO: art. 271

ABUSO DE REQUISIÇÃO MILITAR: art. 173

AÇÃO PENAL
- prescrição: art. 125
- propositura: art. 121
- propositura; dependência de requisição: art. 122

ACIDENTE DE TRÂNSITO: art. 281

ACTIO LIBERA IN CAUSA: art. 49

AERONAVE(S)
- brasileiras: art. 7º, § 1º
- comandante: art. 42, par. ún.
- corrupção de água potável de uso: art. 294
- destruição: art. 283
- estrangeira; operação militar sem ordem superior: art. 169, par. ún.
- estrangeira; aplicação da lei brasileira: art. 7º, § 2º
- exposição a perigo: arts. 276 e 283
- falta de apresentação no momento de partida: art. 190
- fazer desenho: art. 147
- incêndio: art. 268, § 1º, II, c
- ingresso clandestino: art. 302
- omissão de providências para evitar danos em: art. 199

AGENTE(S)
- conceito; concurso: art. 53 e § 3º
- desiste voluntariamente da execução do crime: art. 31
- impunibilidade: art. 54
- oficial; no descumprimento de missão; aumento de pena: art. 196
- oficial; nos crimes de dano; aplicação da pena: art. 266
- pratica crime em prejuízo de país aliado: art. 18, II
- primário; atenuação da pena ou desclassificação para infração disciplinar: art. 260
- primário; substituição de pena em caso de crime contra o patrimônio: art. 240, §§ 1º e 2º
- qualquer que seja; prática de crime considerado militar em tempo de guerra: art. 10
- responsabilidade em caso de erro culposo: art. 36, § 1º
- responsabilidade em caso de erro provocado: art. 36, § 2º
- responsabilidade em caso de erro quanto ao bem jurídico: art. 37, § 1º
- responsabilidade em caso de erro sobre a pessoa: art. 37
- responsabilidade pelo resultado pelo menos causado culposamente: art. 34

AGRESSÃO: art. 44

ÁGUA POTÁVEL: art. 294

ALICIAÇÃO
- incitação: art. 155
- não aplicação da suspensão condicional da pena: art. 88, II, a
- para motim ou revolta: art. 154

ALUNOS DE COLÉGIOS MILITARES: art. 51, c

AMEAÇA: art. 223

AMOTINAMENTO
- presos ou internados: art. 182
- prisioneiros: art. 396

ANTECEDENTES CRIMINAIS: art. 135

ANTERIORIDADE DA LEI PENAL: art. 1º

APARELHAMENTO MILITAR
- fatos que exponham a perigo; forma qualificada pelo resultado: art. 277
- fatos que exponham a perigo; modalidade culposa; penas: art. 276

APÁTRIDAS: art. 26, par. ún.

APLICAÇÃO DA LEI MILITAR
- militar da reserva: art. 12
- tempo de guerra: art. 15
- princípio da legalidade: art. 1º

APLICAÇÃO DA PENA
- cálculo da pena aplicável à tentativa: art. 81, § 3º
- circunstâncias agravantes e atenuantes: arts. 70 e 72
- concurso de agravantes e atenuantes: art. 75
- concurso de crimes: art. 79
- crime continuado: art. 80
- crimes da mesma natureza: art. 78, § 5º
- criminoso habitual ou por tendência: art. 78, § 5º
- criminoso habitual; pena indeterminada: art. 78, § 1º
- criminoso habitual; presunção; reconhecimento: art. 78, § 2º
- criminoso por tendência: art. 78, § 3º
- determinação da pena: art. 69, § 1º
- graduação no caso de pena de morte: art. 81, § 2º
- limite da pena unificada: art. 81
- limites legais: art. 69, § 2º
- mais de uma agravante ou atenuante: art. 74
- majorantes e minorantes: art. 76
- pena base: art. 77
- pena privativa de liberdade: art. 69
- penas não privativas de liberdade: art. 83
- *quantum* da agravação ou atenuação: art. 73
- reincidência: art. 71

APOLOGIA DE FATO CRIMINOSO OU DE SEU AUTOR: art. 156

APRESENTAÇÃO
- convocado; substituição; pena: art. 185
- falta; casos assimilados: arts. 188 e 190
- falta; pena: art. 393
- voluntária; crimes contra o serviço militar: art. 183, § 2º, b
- voluntária; no caso de deserção: art. 189, I

APROPRIAÇÃO INDÉBITA
- aplicação do disposto no crime de furto simples: art. 250
- apropriação de coisa achada: art. 249, par. ún.
- apropriação de coisa havida acidentalmente: art. 249
- simples: art. 248
- simples; agravação de pena: art. 248, par. ún.

APURAÇÃO DA MAIOR BENIGNIDADE: art. 2º, § 2º

ARREBATAMENTO DE PRESO OU INTERNADO: art. 181

ARREMESSO DE PROJÉTIL: art. 286

ARREPENDIMENTO EFICAZ
- após o crime: art. 69
- efeitos: art. 31

ASCENDENTE
- aumento de pena nos crimes contra a liberdade: art. 225, § 1º, I
- favorecimento ao convocado: art. 186, par. ún.

ASSEMELHADO: art. 21

ASSOCIAÇÃO: art. 118

ASSUNÇÃO DE COMANDO SEM ORDEM OU AUTORIZAÇÃO: art. 167

ATENTADO VIOLENTO AO PUDOR: art. 233

ATESTADO FALSO: art. 314

ATIVIDADE CRIMINOSA: art. 6º

ATO DE JURISDIÇÃO INDEVIDA: art. 138

ATO LIBIDINOSO
- constrangimento violento para a prática de; crime sexual; pena: art. 233
- libidinagem; pessoa menor; prática ou presenciá-lo: art. 234
- libidinagem em lugar sujeito à administração militar; pena: art. 235

ATO OBSCENO: art. 238

AUSÊNCIA DE DOLO NO RESULTADO: art. 159

AUTOACUSAÇÃO FALSA: art. 345

B

BRASILEIRO(S)
- perderem a nacionalidade: art. 26, par. ún.
- sentido desta expressão no CPM: art. 26

C

CABEÇAS; CRIME DE AUTORIA COLETIVA: art. 53, §§ 3º e 4º

CALÚNIA
- conceito; pena: art. 214
- exceção da verdade: art. 214, § 2º
- exclusão de pena: art. 220

CÁRCERE PRIVADO: art. 225

CARGO OU FUNÇÃO
- abandono: art. 330
- pena de suspensão: art. 64

CASA
- conceito legal: art. 226, § 4º
- incêndio: art. 268, § 1º, II, a
- não se compreende no termo: art. 226, § 5º

CAUSA DO CRIME: art. 29

CAUSAS DE EXCLUSÃO DE CRIME: art. 42
- excesso culposo: art. 45
- excesso doloso: art. 46
- excesso escusável: art. 45, par. ún.

CHANTAGEM: art. 245

CHEQUE
- fraude no pagamento: art. 251, § 1º, V
- sem fundos: art. 313

CIVIL
- cumprimento de pena aplicada pela Justiça Militar: art. 62
- cumprimento em penitenciária militar: art. 62, par. ún.

COAÇÃO FÍSICA OU MATERIAL: art. 40

COAÇÃO IRRESISTÍVEL
- atenuante de pena: art. 41
- casos em que poderá ser invocada: art. 40
- escusa da culpa: art. 38, a
- responsabilidade: art. 38, § 1º

COAUTORIA
- agravante de pena: art. 53, § 2º
- conceito: art. 53, e § 1º

COBARDIA
- crime: art. 363
- fuga em presença do inimigo: art. 365
- qualificada: art. 364

CÓDIGO PENAL MILITAR
- casos de prevalência: art. 28
- regras gerais: art. 17

COISA ACHADA
- apropriação: art. 249, par. ún.
- pena: art. 250

COMANDADOS: art. 200

COMANDANTE
- aeronave: art. 42, par. ún.
- autoridades a ele equiparadas: art. 23
- é o superior da unidade: art. 157
- insubordinação: art. 388
- navio: art. 42, par. ún.
- omissão de providência para salvar comandados: art. 200, par. ún.

COMBOIO: art. 268, § 1º, II, c

COMBUSTÍVEL OU INFLAMÁVEL
- desaparecimento: art. 265
- incêndio: art. 268, § 1º, II, f

COMÉRCIO: art. 204

COMUNICAÇÃO
- interrupção ou perturbação: art. 288
- pena: art. 289
- violação; correspondência dirigida à administração militar: art. 325
- violação; correspondência privada: art. 227

CONCORRÊNCIA
- impedimento: art. 339
- obstáculo a: art. 328
- proposta: art. 327

CONCURSO DE AGENTES
- agravação de pena: art. 53, § 2º
- atenuação de pena: art. 53, § 3º
- atenuação de pena nos casos de crimes sexuais: art. 237
- autoria coletiva necessária: art. 53, § 4º
- coautoria: art. 53
- conceito; incidência de pena: art. 53
- instigação: art. 54
- punibilidade: art. 53, § 1º

CONCURSO DE CRIMES: art. 79

CONCUSSÃO: art. 305
- excesso de exação: art. 306

CONDECORAÇÃO MILITAR: art. 162

CONDENAÇÃO: art. 135

CONDESCENDÊNCIA CRIMINOSA: art. 322

CONFISCO: art. 119

CÔNJUGE
- aumento de pena em caso de crime contra a liberdade: art. 225, § 1º, I
- favorecimento ao convocado: art. 186, par. ún.

CONSECUÇÃO DE NOTÍCIA, INFORMAÇÃO OU DOCUMENTO PARA FIM DE ESPIONAGEM: art. 143

CONSERVAÇÃO ILEGAL DE COMANDO: art. 168

CONSPIRAÇÃO: art. 152

CONSTRANGIMENTO ILEGAL: art. 222

CONSTRUÇÃO DESTINADA A USO PÚBLICO: art. 268, § 1º, II, b

CONTAGEM DE PRAZOS: art. 16

CONVOCADOS
- deixar de apresentar-se à corporação: art. 183
- deixar no exercício da função de incluir nome para efeito: art. 323
- favorecimento: art. 186
- menores de 18 anos: art. 51, b
- substituição: art. 185

CORRESPONDÊNCIA
- dirigida à administração militar: art. 325
- privada: art. 227

CORRUPÇÃO
- ativa: art. 309
- ativa; de testemunha, perito ou intérprete: art. 347
- ativa; participação ilícita: art. 310
- passiva: art. 308
- passiva; pena; aumento e diminuição: art. 308, §§ 1º e 2º

CORRUPÇÃO DE MENORES: art. 234

CRIME: arts. 29 a 47
- autoria coletiva: art. 53, §§ 4º e 5º
- causa do crime; conceito: art. 29, caput
- causas de exclusão do crime: art. 42
- coação física em crimes de violação do dever militar: art. 40
- coação irresistível: art. 38, a
- comunicação falsa: art. 344
- consumado: art. 30, I
- contra a segurança externa do País: art. 28
- culposo; excepcionalidade: arts. 33, II, e par. ún., e 34
- desistência; efeitos: art. 31
- doloso: art. 33, I
- elementos não constitutivos do crime: art. 47
- erro de direito: art. 35
- erro de fato: art. 36
- erro sobre a pessoa: art. 37
- estrita obediência à ordem direta de superior hierárquico: art. 38, b
- excesso culposo: art. 45
- exclusão de: art. 42
- impossível: art. 32
- legítima defesa: art. 44
- lugar: art. 6º
- mesma natureza; aplicação da pena: art. 78, § 5º
- militares; em tempo de guerra: art. 10
- militares; em tempo de paz: art. 9º
- natureza militar em caso de paz: art. 231
- omissão; relevância como causa do crime: art. 29, § 2º
- omissivos; lugar do crime: art. 6º, parte final
- praticados em prejuízo de país aliado do Brasil: art. 18
- praticados em presença do inimigo: art. 25
- praticados em tempo de guerra: art. 20
- quando se considera praticado: art. 5º
- superveniência de causa relativamente independente: art. 29, § 1º
- tempo do art. 5º
- tentado: art. 30, II
- tentativa; punição: art. 30, par. ún.

CRIME CONSUMADO
- aplicação da mesma pena à tentativa: art. 30, II
- conceito: art. 30, I

CRIME CULPOSO
- conceito: art. 33, II
- excepcionalidade: art. 33, par. ún.
- penas agravadas: art. 34

CRIME DOLOSO: art. 33, I

CRIME IMPOSSÍVEL: art. 32

CRIME TENTADO: art. 30, II, e par. ún.

CRIME PRATICADO EM PRESENÇA DO INIMIGO: art. 25

CRIMES CONTRA A ADMINISTRAÇÃO DA JUSTIÇA MILITAR
- autoacusação falsa: art. 345

- coação: art. 342
- comunicação falsa de crime: art. 344
- corrupção ativa de testemunha, perito ou intérprete: art. 347
- denunciação caluniosa: art. 343
- desobediência à decisão judicial: art. 349
- desobediência à decisão sobre perda ou suspensão de atividade ou direito: art. 354
- exploração de prestígio: art. 353
- falso testemunho ou falsa perícia: art. 346
- favorecimento pessoal: art. 350
- favorecimento real: art. 351
- inutilização, sonegação ou descaminho de material probante: art. 352
- publicidade opressiva: art. 348
- recusa de função na Justiça Militar: art. 340
- retratação: art. 346, § 2º

CRIMES CONTRA A AUTORIDADE OU DISCIPLINA MILITAR: arts. 149 a 182
- aliciamento e incitamento: arts. 154 a 156
- desrespeito a superior e a símbolo nacional ou a farda: arts. 160 a 162
- fuga, evasão, arrebatamento e amotinamento de presos: arts. 178 a 182
- insubordinação: arts. 163 a 166
- motim e revolta: arts. 149 a 153
- resistência: art. 177
- usurpação e excesso ou abuso de autoridade: arts. 167 a 176
- violência contra superior ou militar de serviço: arts. 157 a 159

CRIMES CONTRA A HONRA: arts. 214 a 221
- calúnia: art. 214
- calúnia; exceção da verdade: art. 214, § 2º
- difamação: art. 215
- difamação; exceção da verdade: art. 215, par. ún.
- disposições comuns: art. 218
- equivocidade da ofensa: art. 221
- exclusão de pena: art. 220
- injúria: art. 216
- injúria real: art. 217
- ofensa às Forças Armadas: art. 219

CRIMES CONTRA A INCOLUMIDADE PÚBLICA
- abuso de radiação: art. 271
- contra os meios de transporte e de comunicação: arts. 282 a 289
- desabamento ou desmoronamento: art. 274
- difusão de epizootia ou praga vegetal: art. 278
- embriaguez ao volante: art. 279
- emprego de gás tóxico ou asfixiante: art. 270
- explosão: art. 296
- fatos que expõe a perigo aparelhamento militar: art. 276
- fuga após acidente de trânsito: art. 281
- incêndio: art. 268
- inundação e perigo: arts. 272 e 273
- perigo resultante de violação de regra de trânsito: art. 280
- saúde: arts. 290 a 297
- subtração, ocultação ou inutilização de material de socorro: art. 275
- tempo de guerra: art. 386
- tempo de paz: arts. 268 a 297

CRIMES CONTRA A INVIOLABILIDADE DE CORRESPONDÊNCIA OU COMUNICAÇÃO
- correspondência; violação: art. 227
- ultraje público ao pudor: art. 238

CRIMES CONTRA A INVIOLABILIDADE DE DOMICÍLIO: art. 226

CRIMES CONTRA A INVIOLABILIDADE DOS SEGREDOS DE CARÁTER PARTICULAR
- crime de natureza militar: art. 231
- divulgação de segredo: arts. 228 e 231
- violação de recato: arts. 229 e 231
- violação de segredo profissional: art. 230

CRIMES CONTRA A LIBERDADE: arts. 222 a 231

- ameaça: art. 223
- constrangimento ilegal: art. 222
- desafio para duelo: art. 224
- divulgação de segredo: arts. 228 e 231
- natureza militar dos crimes: arts. 227, § 4º, e 231
- sequestro ou cárcere privado: art. 225
- violação de correspondência: art. 227
- violação de domicílio: art. 226
- violação de recato: arts. 229 e 231
- violação de segredo profissional: art. 230

CRIMES CONTRA A PESSOA: arts. 205 a 239
- abandono de pessoa: art. 212
- abandono de pessoa; formas qualificadas pelo resultado: arts. 213, §§ 1º e 2º
- atentado violento ao pudor: art. 233
- ato obsceno: art. 238
- aumento de pena em crimes sexuais: art. 237
- calúnia: art. 214
- corrupção de menores: art. 234
- crime contra a inviolabilidade do domicílio: art. 226
- crimes contra a honra: arts. 214 a 221
- crimes contra a inviolabilidade de correspondência ou comunicação: arts. 227 a 231
- crimes contra a liberdade individual: arts. 222 a 225
- crimes contra a liberdade: arts. 222 a 231
- crimes sexuais: arts. 232 a 236
- culposo: art. 206
- desacato e desobediência: arts. 298 a 302
- difamação: art. 215
- equivocidade da ofensa: art. 221
- exclusão de pena aos crimes contra a honra: art. 220
- falsidade: arts. 311 a 318
- genocídio: arts. 208, 401 e 402
- homicídio: arts. 205 a 207 e 400
- injúria real: art. 217
- injúria: art. 216
- lesão corporal e rixa: arts. 208 a 211 e 403
- lesão culposa: art. 210
- lesão grave: art. 209, § 1º
- lesão leve: art. 209
- lesão levíssima: art. 209, § 6º
- lesões qualificadas pelo resultado: art. 209, § 3º
- maus-tratos: art. 213, §§ 1º e 2º
- participação em rixa: art. 211
- peculato: arts. 303 e 304
- pederastia ou outro ato de libidinagem: art. 235
- periclitação de vida e da saúde: arts. 212 e 213
- privilegiado: art. 205, § 1º
- qualificado: art. 205, § 2º
- simples: art. 205

CRIMES CONTRA A SAÚDE
- água potável: art. 294
- doença: art. 297
- entorpecentes; casos assimilados; pena: art. 290, § 1º
- entorpecentes; tráfico, posse ou uso: art. 290
- envenenamento com perigo extensivo: art. 293
- epidemia: art. 292
- fornecimento de substância alterada: art. 296
- fornecimento de substância nociva: art. 295
- receita ilegal: art. 291
- receita ilegal; casos assimilados; pena: art. 291, par. ún.

CRIMES CONTRA A SEGURANÇA EXTERNA DO PAÍS: arts. 136 a 148
- ato de jurisdição indevida: art. 138
- caso especial do livramento condicional; requisitos: art. 97
- consecução de notícia, informação ou documento para fim de espionagem: art. 143
- desenho ou levantamento de plano ou planta de local militar ou de engenho de guerra: art. 147
- entendimento para empenhar o Brasil à neutralidade ou à guerra: art. 140
- entendimento para gerar conflito ou divergência com o Brasil: art. 141
- espionagem militar: art. 144, § 1º
- hostilidade contra país estrangeiro: art. 136
- penetração com o fim de espionagem: art. 146
- provocação a país estrangeiro: art. 137
- revelação de notícia, informação ou documento: art. 144
- sobrevoo em local interdito: art. 148
- tentativa contra a soberania do Brasil: art. 142
- turbação de objeto ou documento: art. 145
- violação de território estrangeiro: art. 139

CRIMES CONTRA O DEVER FUNCIONAL
- abandono de cargo: art. 330
- abuso de confiança ou boa-fé: art. 332
- aplicação ilegal de verba ou dinheiro: art. 331
- certidão ou atestado ideologicamente falso: art. 314
- cheque sem provisão de fundos: art. 313
- concorrência; obstáculo, impedimento: art. 328
- concorrência; violação de sigilo ou proposta: art. 327
- condescendência criminosa: art. 322
- correspondência ou comunicação; violação ou divulgação indevida: art. 325
- dever funcional; violação com o fim de lucro: art. 320
- documento por equiparação: art. 319, § 2º
- exercício funcional ilegal: art. 329
- extravio, sonegação ou inutilização de livro ou documento: art. 321
- falsidade ideológica: art. 312
- inobservância de lei, regulamento ou instrução: art. 324
- não inclusão do nome em lista: art. 323
- patrocínio indébito: art. 334
- prevaricação: art. 319
- sigilo funcional; violação: art. 326
- violência arbitrária: art. 333

CRIMES CONTRA O PATRIMÔNIO EM TEMPO DE GUERRA: arts. 404 a 406
- furto; pena: arts. 240, 241 e 404
- roubo ou extorsão: arts. 242 a 244 e 405
- saque: art. 406

CRIMES CONTRA O PATRIMÔNIO EM TEMPO DE PAZ: arts. 240 a 267
- apropriação indébita: arts. 248 a 250
- dano: arts. 259 a 266
- estelionato e outras fraudes: arts. 251 a 253
- furto: arts. 240 a 241
- receptação: arts. 254 a 256
- roubo e extorsão: arts. 242 a 247
- saque: art. 406
- usura: art. 267
- usurpação: arts. 257 e 258

CRIMES CONTRA O SERVIÇO MILITAR E O DEVER MILITAR: arts. 183 a 204
- abandono de posto e de outros crimes em serviço: arts. 195 a 203
- deserção: arts. 187 a 194
- exercício de comércio: art. 204
- insubmissão: arts. 183 a 186

CRIMES CONTRA OS MEIOS DE TRANSPORTE E COMUNICAÇÃO
- arremesso de projétil: art. 286
- atentado contra o serviço de utilidade militar: art. 287
- atentado contra transporte: art. 283
- atentado contra viatura ou outro meio de transporte: arts. 284 e 285
- desastre ferroviário; perigo: art. 282
- interrupção ou perturbação de serviço ou meio de comunicação: arts. 288 e 289
- superveniência de sinistro: art. 283, § 1º

CRIMES DE PERIGO COMUM
- abuso de radiação: art. 271

Índice Alfabético-Remissivo do Código Penal Militar 211

- aparelhamento militar: arts. 276 e 277
- desabamento ou desmoronamento: art. 274
- difusão de epizootia ou praga vegetal: art. 278
- embriaguez ao volante: art. 279
- emprego de gás tóxico ou asfixiante: art. 270
- explosão: art. 269
- fuga; acidente de trânsito: art. 281
- incêndio: art. 268
- inundação: arts. 272 e 273
- material de socorro: art. 275
- violação de regra de trânsito: art. 280

CRIMES EM SERVIÇO
- descumprimento de missão: art. 196, § 3º
- embriaguez em serviço: art. 202
- omissão de eficiência da força: art. 198
- omissão de providência para salvar comandados: art. 200
- omissão de providências para evitar danos: art. 199
- omissão de socorro: art. 201
- retenção indevida: art. 97

CRIMES MILITARES EM TEMPO DE GUERRA
- aliciação de militar: art. 360
- ato prejudicial à eficiência da tropa: art. 361
- coação a comandante: art. 358
- cobardia: arts. 363 a 365
- consideração; igual definição na lei penal comum: art. 10
- dano: arts. 383 a 385
- espionagem: arts. 366 e 367
- favor ao inimigo: art. 356
- fuga em presença do inimigo: art. 365
- incitamento: arts. 370 e 371
- inobservância do dever militar: arts. 372 a 382
- motim e revolta: arts. 368 e 369
- tentativa contra a soberania do Brasil: art. 357
- traição: art. 355

CRIMES MILITARES EM TEMPO DE PAZ: art. 9º

CRIMES PRATICADOS EM PREJUÍZO DE PAÍS ALIADO: art. 18

CRIMES PRATICADOS EM TEMPO DE GUERRA
- aplicação das penas cominadas para o tempo de paz com aumento: art. 20
- aplicação do CPM ao considerado militar: art. 22
- assemelhado: art. 21

CRIMES PRATICADOS POR PARTICULAR CONTRA A ADMINISTRAÇÃO MILITAR
- vide CRIMES CONTRA A ADMINISTRAÇÃO DA JUSTIÇA MILITAR
- atestar ou certificar falsamente; pena: art. 314
- cheque sem fundos: art. 313
- concorrência; impedimento, perturbação ou fraude: art. 339
- edital ou sinal oficial: art. 338
- livro, processo ou documento: art. 337
- supressão de documento em benefício próprio: art. 316
- tráfico de influência: art. 336
- usurpação de função: art. 335
- atentado violento ao pudor: art. 233
- aumento de pena: art. 237
- corrupção de menores: art. 234
- estupro: art. 232
- inadmissibilidade de reabilitação: art. 134, § 2º
- pederastia ou outro ato de libidinagem: art. 235
- presunção de violência: art. 236

CRIMES SEXUAIS

CRÍTICA INDEVIDA: art. 166

CULPABILIDADE
- crime culposo: art. 33
- estado de necessidade: art. 39
- nenhuma pena sem: art. 34

CURATELA: art. 105

D

DANO EM TEMPO DE GUERRA
- bens de interesse militar: art. 384
- envenenamento, corrupção ou epidemia: art. 385
- especial: art. 383
- modalidade culposa: art. 383, par. ún.

DANO EM TEMPO DE PAZ: arts. 259 a 266
- aparelhos e instalações de aviação e navais: art. 264
- aparelhos e instalações de aviação e navais; modalidade culposa: art. 266
- atenuado: art. 260
- desaparecimento, consumação ou extravio: arts. 265 e 266
- material ou aparelhamento de guerra: art. 262
- navio de guerra ou mercante em serviço militar; modalidade culposa: art. 266
- navio de guerra ou mercante em serviço militar; pena; aumento: art. 263
- obrigação de reparar: art. 109, I
- obrigação de reparar; atenuante: art. 72, III, b
- qualificado: art. 261
- simples: art. 259

DEFEITO DO ATO DE INCORPORAÇÃO: art. 14

DEFRAUDAÇÃO DE PENHOR: art. 251, § 1º, III

DEPÓSITO: art. 264, I

DESABAMENTO: art. 274

DESACATO
- agravação de pena: art. 298, par. ún.
- assemelhado ou funcionário: art. 300
- militar: art. 299
- superior: art. 298

DESAFIO PARA DUELO: art. 224

DESASTRE FERROVIÁRIO: art. 282

DESCAMINHO: art. 352

DESCENDENTE
- aumento de pena em caso de crime contra a liberdade: art. 225, § 1º, I
- favorecimento ao convocado: art. 186, par. ún.

DESCUMPRIMENTO DE MISSÃO: art. 196

DESENHO OU LEVANTAMENTO DE PLANO OU PLANTA DE LOCAL MILITAR OU DE ENGENHO DE GUERRA: art. 147

DESERÇÃO: arts. 187 e 391
- agravante especial: art. 189, II
- atenuante especial: art. 189
- aumento de pena: art. 190, § 3º
- casos assimilados: art. 188
- concerto: art. 191
- concerto; modalidade complexa: art. 191, II
- em presença do inimigo: art. 392
- especial: art. 190
- evasão ou fuga: art. 192
- prescrição no crime de: art. 132

DESERTOR
- concerto para deserção: art. 191
- falta de apresentação: art. 393
- favorecimento a: art. 193
- isenção de pena: art. 193, par. ún.
- omissão de oficial: art. 194

DESISTÊNCIA VOLUNTÁRIA: art. 31

DESMORONAMENTO: art. 274

DESOBEDIÊNCIA
- decisão judicial: art. 349
- decisão sobre a perda ou suspensão da atividade ou direito: art. 354
- ordem legal de autoridade: art. 301

DESPOJAMENTO DESPREZÍVEL: art. 162

DESRESPEITO A COMANDANTE OFICIAL-GENERAL OU OFICIAL DE SERVIÇO: art. 160, par. ún.

DESRESPEITO A SÍMBOLO NACIONAL: art. 161

DESVIO
- excesso de exação: arts. 305 a 307
- proveito próprio: art. 307

DEVER DE AGIR: art. 29, § 2º

DEVER FUNCIONAL: arts. 319 a 334

DEVER MILITAR: arts. 372 a 382

DIFAMAÇÃO: art. 215
- exclusão de pena: art. 220

DIFUSÃO: art. 278

DIREITOS POLÍTICOS
- suspensão: art. 98, VIII
- suspensão; pena acessória: art. 106

DISTINTIVO
- despojamento desprezível: art. 162
- uso indevido: art. 171

DIVULGAÇÃO: art. 325

DIVULGAÇÃO DE SEGREDO: art. 228

DOCUMENTO
- equiparação para efeitos penais: art. 311, § 2º
- extravio, sonegação ou inutilização: art. 321
- falso; uso: art. 315
- particular; divulgação de conteúdo sigiloso; pena: art. 228
- pessoal, alheio; uso: art. 317
- subtração ou inutilização: art. 337
- supressão: art. 316
- turbação: art. 145

DOENÇA: art. 297

DOENÇA OU DEFICIÊNCIA MENTAL
- atenuante da pena: art. 48, par. ún.
- substituição da pena por internação: art. 113
- superveniência: art. 66
- superveniência de cura: art. 113, § 1º

DOMICÍLIO: art. 226

DORMIR EM SERVIÇO: art. 203

DUPLICIDADE DO RESULTADO: art. 37, § 2º

E

ÉBRIOS HABITUAIS: art. 113, § 3º

EDITAL: art. 338

EFEITOS DA CONDENAÇÃO: art. 109

ELEMENTOS NÃO CONSTITUTIVOS DO CRIME: art. 47

EMBRIAGUEZ
- crime praticado por militar em estado: art. 70, II, c, e par. ún.
- redução da pena: art. 49
- serviço: art. 202
- volante; pena: art. 279

ENGENHO DE GUERRA
- exposição a perigo: art. 276
- fazer desenho de: art. 147
- omissão de providências para evitar danos: art. 199

ENTENDIMENTO PARA EMPENHAR O BRASIL À NEUTRALIDADE OU À GUERRA: art. 140

ENTENDIMENTO PARA GERAR CONFLITO OU DIVERGÊNCIA COM O BRASIL
- perturbar as relações diplomáticas: art. 141
- resultado mais grave: art. 141, § 1º
- sujeição à declaração de incompatibilidade com o oficialato: art. 101

ENTORPECENTES
- fornecimento diverso: art. 291
- tráfico: art. 290

ENVENENAMENTO: art. 385
- perigo extensivo: art. 293

EPIDEMIA: art. 292

EPIZOOTIA: art. 278

EQUIVOCIDADE DA OFENSA: art. 221

ERRO CONTRA A PESSOA: art. 37

ERRO CULPOSO: art. 36, § 1º

ERRO DE DIREITO: art. 35

ERRO DE FATO: art. 36

ERRO PROVOCADO POR TERCEIRO: art. 36, § 2º

ERRO QUANTO AO BEM JURÍDICO: art. 37, § 1º

ESCRITO OU OBJETO OBSCENO: art. 239

ESPIONAGEM: arts. 366 e 367
- militar: art. 144, § 1º
- penetração de estrangeiro a fim de colher documento: art. 367
- penetração sem licença para colher informação destinada a país estrangeiro: art. 146

ESTAÇÃO FERROVIÁRIA: art. 268, § 1º, II, d

ESTADO DE NECESSIDADE
- conceito: art. 43
- excludente de culpabilidade: art. 39
- exclusão de crime: art. 42, I

ESTALEIRO: art. 268, § 1º, II, e

ESTELIONATO: art. 251

ESTRADA DE FERRO
- conceito: art. 282, § 4º
- desastre efetivo: art. 282, § 2º

ESTRANGEIRO
- cumprimento de pena: art. 8º
- entendimento com país; gerar conflito ou divergência de caráter internacional: art. 141
- entendimento com país; neutralidade ou guerra: art. 140
- expulsão não impedida por imposição de medida de segurança: art. 120, par. ún.
- militar em comissão ou estágio nas Forças Armadas: art. 11
- para efeitos da lei penal militar: art. 26, par. ún.
- penetração: art. 367

ESTRITA OBEDIÊNCIA: art. 38, b

ESTUPRO: art. 232
- lugar de operações militares: art. 408

EVASÃO
- deserção: art. 192
- prisioneiro: art. 395

EVASÃO DE PRESO OU INTERNADO: art. 180

EXCESSO
- culposo: art. 45
- doloso: art. 46
- escusável: art. 45, par. ún.

EXCESSO DE EXAÇÃO: art. 306

EXCLUDENTE DE CULPABILIDADE: art. 39

EXCLUDENTE DO CRIME
- estado de necessidade: art. 43
- responsabilidade em caso de excesso: art. 45

EXCLUSÃO DAS FORÇAS ARMADAS
- pena acessória: art. 98, IV
- pena privativa de liberdade superior a 2 anos: art. 102

EXCLUSÃO DE CRIME: art. 42

EXERCÍCIO DE COMÉRCIO POR OFICIAL: art. 204

EXERCÍCIO FUNCIONAL ILEGAL; art. 329

EXERCÍCIO REGULAR DO DIREITO: art. 42, IV

EXÍLIO LOCAL
- aplicação; cumprimento: art. 116
- medida de segurança não detentiva: art. 110

EXPLORAÇÃO DE PRESTÍGIO: art. 353

EXPLOSÃO: art. 269

EXPLOSIVO: art. 268, § 1º, II, *f*

EXTENSÃO TERRITORIAL: art. 7º, § 1º

EXTINÇÃO DA PUNIBILIDADE: arts. 123 a 135
- antecedentes criminais; sigilo: art. 135, par. ún.
- cancelamento: art. 135
- causas: art. 123
- concurso de crimes ou de crime continuado: art. 125, § 3º
- declaração de ofício em caso de prescrição: art. 133
- imprescritibilidade de execução das penas acessórias: art. 130
- interrupção da prescrição: art. 125, § 5º
- interrupção da prescrição; alcance de seus efeitos: art. 125, § 6º
- prazo; renovação do pedido: art. 134, § 3º
- prescrição da ação penal: art. 125
- prescrição da ação penal ou da execução da pena; espécies: art. 124
- prescrição da ação penal; início: art. 125, § 2º
- prescrição da ação penal; quando não ocorrerá: art. 125, § 4º
- prescrição no caso de reforma ou suspensão de exercício: art. 127
- prescrição; deserção: art. 132
- prescrição; execução da pena ou da medida de segurança: art. 126
- prescrição; insubmissão: art. 131
- prescrição; redução dos prazos: art. 129
- reabilitação: art. 134
- reabilitação; revogação: art. 134, § 5º
- superveniência de sentença condenatória: art. 125, § 1º

EXTORSÃO
- aumento de pena: art. 247
- chantagem: art. 245
- formas qualificadas: art. 243, §§ 1º e 2º
- indireta: art. 245, par. ún.
- indireta; aumento de pena: art. 247
- mediante sequestro: art. 244
- mediante sequestro; formas qualificadas: art. 244, §§ 1º, 2º e 3º
- simples: art. 243
- zonas de operações militares: art. 405

EXTRATERRITORIALIDADE: art. 7º

EXTRAVIO
- aeronave, navio ou de engenho de guerra; peças de equipamento: art. 265
- combustível: art. 265
- livro ou documento: art. 321
- modalidade culposa; pena: art. 266

F

FÁBRICA OU OFICINA: art. 268, 1º, II, *e*

FALSA IDENTIDADE: art. 318

FALSA PERÍCIA: art. 346

FALSIDADE
- certidão ou atestado: art. 314
- cheque sem fundos: art. 313
- falsificação de documento: art. 311
- ideológica: art. 312
- supressão de documento: art. 316
- uso de documento falso: art. 315
- uso de documento pessoal alheio: art. 317

FALSO TESTEMUNHO: art. 346

FATO CRIMINOSO: art. 156

FATOS ANTERIORES: art. 29, § 1º

FAVORECIMENTO
- pessoal: art. 350
- real: art. 351

FAVORECIMENTO AO INIMIGO
- abandono de posto: art. 390
- cobardia: arts. 363 a 365
- deserção e falta de apresentação: arts. 391 a 393
- espionagem: arts. 366 e 367
- favorecimento culposo: art. 397
- incitamento: arts. 370 e 371
- inobservância do dever militar: arts. 372 a 382
- insubordinação e violência: arts. 387 a 389
- libertação, evasão e amotinamento de prisioneiros: arts. 394 a 396
- motim e revolta: arts. 368 e 369
- traição: arts. 355 a 362

FLORESTA OU MATA: art. 268, § 1º, II, *h*

FORÇAS ARMADAS: art. 219 e par. ún.

FRAUDE
- entrega de coisa: art. 251, § 1º, IV
- pagamento de cheque; agravação de pena: art. 251, § 1º, V e § 3º

FUGA
- após acidente de trânsito: art. 281
- militar em poder da escolta: art. 192

FUGA DE PRESO OU INTERNADO: art. 178
- formas qualificadas: art. 178, §§ 1º a 3º
- modalidade culposa: art. 179

FUNÇÃO PÚBLICA
- equiparada: art. 98, par. ún.
- inabilitação para o exercício: art. 104
- inabilitação para o exercício; pena acessória: art. 98, VI
- inabilitação para o exercício; termo inicial: art. 104, par. ún.
- inabilitação; perda dos direitos políticos: art. 106
- pena acessória: art. 98, V
- perda; pelo assemelhado ou civil: art. 103

FUNCIONÁRIOS: art. 27

FURTO
- atenuado: art. 240, § 1º
- coisa pertencente à Fazenda Nacional: art. 240, § 5º
- energia de valor econômico: art. 240, § 3º
- qualificado: art. 240, §§ 4º a 6º
- simples: art. 240
- uso: art. 241
- zonas de operações militares: art. 404

G

GALERIA DE MINERAÇÃO: art. 268, § 1º, II, *g*

GÁS TÓXICO OU ASFIXIANTE: art. 270

GENOCÍDIO
- tempo de guerra: arts. 208 e 401
- tempo de paz; casos assimilados: arts. 208, par. ún. e 402

GUERRA
- aumento das penas para os crimes praticados no seu transcorrer: art. 20
- começo e término: art. 15

H

HASTA PÚBLICA: art. 328

HOMICÍDIO
- culposo: art. 206
- privilegiado: art. 205, § 1º
- qualificado: arts. 205, § 2º, e 400, III
- simples: arts. 205, *caput*, e 400, I
- suicídio: art. 207

HOSTILIDADE
- ordem arbitrária: art. 399
- prolongamento: art. 398

HOSTILIDADE CONTRA PAÍS ESTRANGEIRO: art. 136
- resultado mais grave: art. 136, § 1º

I

IDENTIDADE FALSA: art. 318

IMPUNIBILIDADE: art. 54

IMPUTABILIDADE PENAL: arts. 48 a 52
- embriaguez; pena; redução: art. 49 e par. ún.
- inimputáveis: arts. 48 e 50
- inimputáveis; internação: art. 112
- menores de 16 anos e menores de 18 e maiores de 16: art. 52
- pessoas equiparadas aos maiores de 18 anos: art. 51
- redução facultativa da pena: art. 48, par. ún.

INCAPACIDADE: art. 184

INCÊNDIO
- crime com intuito de obter vantagem pecuniária; agravação de pena: art. 268, § 1º, I
- crime contra a incolumidade pública: art. 268
- culposo: art. 268, § 2º
- ocultação de material de socorro por ocasião de; pena: art. 275
- pena; agravante: art. 268, § 1º

INCITAMENTO: arts. 155 e 370
- desobediência, indisciplina ou prática de crime militar: art. 155
- presença do inimigo: art. 371

INCOLUMIDADE PÚBLICA
- *vide* CRIMES CONTRA A INCOLUMIDADE PÚBLICA
- crimes em tempo de guerra: art. 386
- crimes em tempo de paz: arts. 268 a 297

INCORPORAÇÃO: art. 14

INDIGNIDADE PARA O OFICIALATO: art. 100

INFERIOR
- ofensa aviltante a: art. 176
- violência contra: art. 175

INFRAÇÕES
- cometida no exercício do cargo: art. 322
- disciplinares: art. 19
- penal: art. 95, § 1º
- sujeitas à jurisdição penal comum: art. 93, § 2º

INGRESSO CLANDESTINO: art. 302

INIMIGO: arts. 355 a 397

INIMPUTÁVEIS: art. 48

INJÚRIA
- conceito; pena: art. 216
- crime cometido mediante paga: art. 218, par. ún.
- disposições comuns: art. 218
- isenção de pena: art. 220
- real; conceito; pena: art. 217

INOBSERVÂNCIA DO DEVER MILITAR
- abandono de comboio: art. 379
- captura ou sacrifício culposo: art. 377
- descumprimento do dever militar: art. 374
- entendimento com o inimigo: art. 382
- entrega ou abandono culposo: art. 376
- falta de cumprimento de ordem: art. 375
- omissão de vigilância: art. 373
- rendição ou capitulação: art. 372
- separação culposa de comando: art. 380
- separação reprovável: art. 378
- tolerância culposa: art. 381

INSÍGNIA
- despojamento desprezível: art. 162
- uso indevido: art. 172

INSTIGAÇÃO: art. 54

INSTRUÇÃO: art. 324

INSUBMISSÃO: art. 183
- caso assimilado: art. 183, § 1º
- criação ou simulação de incapacidade física: art. 184
- diminuição da pena: art. 183, § 2º
- favorecimento ao convocado: art. 186
- prescrição; termo inicial: art. 131
- substituição de convocação: art. 185

INSUBORDINAÇÃO
- coação contra oficial-general ou comandante: art. 388
- oposição à ordem de sentinela: art. 164
- publicação ou crítica indevida: art. 166
- recusa de obediência ou oposição: art. 387
- recusa de obediência: art. 163
- reunião ilícita: art. 165
- violência contra superior ou militar em serviço: art. 389

INTERDIÇÃO DE ESTABELECIMENTO: art. 118

INTERNAÇÃO
- aumento de pena em caso de crime contra a liberdade: art. 225, § 1º, II
- ébrios ou toxicômanos: art. 113, § 3º
- manicômio judicial: art. 112
- perícia médica; realização: art. 112, § 2º
- prazo: art. 112, § 1º
- regime e fins: art. 114
- substituição por pena de: art. 113
- tempo indeterminado quando da persistência do estado mórbido: art. 113, § 2º

INTERNADO
- amotinamento: art. 182
- arrebatamento: art. 181
- evasão: art. 180
- fuga: art. 178

INTÉRPRETE: art. 347

INUNDAÇÃO
- crime de perigo comum: art. 272
- crime na modalidade culposa; pena: art. 272, par. ún.
- perigo de: art. 273
- subtração, ocultação ou inutilização de material de socorro por ocasião de; pena: art. 275

INUTILIZAÇÃO
- livro ou documento: art. 321
- material probante: art. 352

INVASÃO: art. 170

INVIOLABILIDADE DE CORRESPONDÊNCIA OU COMUNICAÇÃO: art. 227

INVIOLABILIDADE DE DOMICÍLIO: art. 226

IRMÃO: art. 186, par. ún.

J

JUSTIÇA MILITAR
- condenação irrecorrível: art. 86, I
- funcionários para efeito de aplicação do CPM: art. 27
- parecer do representante: art. 91
- pretexto de influir na; pena: art. 353

L

LATROCÍNIO: art. 242, § 3º

LEALDADE MILITAR: art. 151

LEGISLAÇÃO ESPECIAL: art. 17

LEGÍTIMA DEFESA: art. 44

LEI ANTERIOR AO FATO: art. 2º, § 2º

LEI MAIS FAVORÁVEL
- reconhecimento: art. 2º, § 2º
- retroatividade; aplicação: art. 2º, § 1º

LEI MILITAR: art. 156

LEI PENAL MILITAR: arts. 1º ao 28

LEI SUPRESSIVA DE INCRIMINAÇÃO: art. 2º

LEI TEMPORÁRIA: art. 4º

LESÃO(ÕES) CORPORAL(AIS)
- culposa: art. 210
- culposa; aumento de pena: art. 210, § 2º
- em tempo de guerra: art. 403
- grave: arts. 209, § 1º, e 403, § 1º
- leve: arts. 209 e 403
- levíssima: art. 209, § 6º
- minoração facultativa da pena: arts. 209, § 4º, e 403, § 4º
- qualificadas pelo resultado: art. 209, § 3º, e 403, § 3º
- resultante de violência contra superior; pena: art. 157, § 3º

LIBERDADE: arts. 222 a 225

LIBERDADE, EVASÃO E AMOTINAMENTO DE PRISIONEIROS
- amotinamento de prisioneiros: art. 396
- evasão de prisioneiros: art. 395
- libertação de prisioneiros: art. 394

LIBERDADE INDIVIDUAL: arts. 222 a 225

LIBIDINAGEM: art. 235

LICENÇA PARA DIRIGIR VEÍCULO: art. 115

LIVRAMENTO CONDICIONAL
- concessão em tempo de paz: art. 97
- concessão; preliminares: art. 91
- condenação: art. 89, § 2º
- extinção da pena privativa de liberdade: art. 95
- inaplicabilidade a crime cometido em tempo de guerra: art. 96
- não exclusão por superveniência de cura do internado: art. 113, § 1º
- observação do liberado por patronato: art. 92
- penas em concurso de infrações: art. 89, § 1º
- requisitos: art. 89
- revogação facultativa: art. 93, § 1º
- revogação obrigatória: art. 93
- revogação; efeitos: art. 94
- sentença; especificação das condições do livramento: art. 90
- tempo computável: art. 108

LIVRO
- extravio, sonegação ou inutilização: art. 321
- subtração ou inutilização: art. 337

LUGAR DO CRIME: art. 6º

M

MANICÔMIO JUDICIÁRIO: art. 112
- pena detentiva; medida de segurança: art. 110
- substituição de pena privativa de liberdade; internação em: art. 113
- superveniência de cura; efeitos: art. 113, § 1º
- superveniência de doença mental; recolhimento do condenado: art. 66

MATERIAL DE SOCORRO: art. 275

MEDIDAS DE SEGURANÇA
- agente inimputável; internação em manicômio judiciário: art. 112
- cassação de licença para dirigir veículos motorizados: arts. 110 e 115
- confisco dos instrumentos e produtos do crime: art. 119
- desinternação condicional: art. 112, § 3º
- detentiva; preliminar de concessão de livramento condicional da pena: art. 91
- ébrios habituais e toxicômanos: art. 113, § 3º
- em caso de fuga de evasão do condenado: art. 126, § 2º
- espécies: art. 110
- estado mórbido: art. 113, § 2º
- execução: art. 126
- exílio local: art. 116
- imposição a civis e militares: art. 111
- imposição: art. 120
- interdição de estabelecimento: art. 118
- internação; prazo: art. 112, § 1º
- internação; regime: art. 114
- internação; substituição da pena: art. 113
- manicômio judiciário: art. 112
- não detentiva: art. 84, par. ún.
- não impedem a expulsão de estrangeiro: art. 120, par. ún.
- patrimonial e pessoal: art. 110
- perda dos direitos políticos: art. 106
- perícia médica: art. 112, § 2º
- proibição de frequentar determinados lugares: art. 117
- rege-se pela lei vigente ao tempo da sentença: art. 3º
- superveniência de cura: arts. 113, § 1º
- término; prazo inicial para cassação de licença para dirigir: art. 115, § 1º

MEIOS DE COMUNICAÇÃO: art. 288
- vide CRIMES CONTRA OS MEIOS DE TRANSPORTE E DE COMUNICAÇÃO

MENOR(ES)
- 16 anos; medidas educativas; lei especial: art. 52
- 18 e maiores de 16 anos; medidas educativas; lei especial: art. 52
- 21 ou maior de 70 anos; atenuante da pena: art. 72, I
- corrupção: art. 234
- equiparação a maiores: art. 51
- inimputabilidade: art. 50
- redução dos prazos de prescrição: art. 129

MILITAR(ES)
- vide CRIMES CONTRA O SERVIÇO MILITAR; CRIMES MILITARES EM TEMPO DE GUERRA; CRIMES MILITARES EM TEMPO DE PAZ
- abuso de confiança ou boa-fé de; pena: art. 332
- considera-se superior para efeito da lei penal militar: art. 24
- conspiração para a prática de motim: art. 152
- deserção especial: art. 190
- estrangeiros; sujeição à lei penal militar brasileira; ressalva: art. 11
- fuga em presença do inimigo; pena: art. 363
- fuga ou incitação em presença do inimigo: art. 365
- indignidade para o oficialato; sujeição à declaração: art. 100
- menores de 18 anos; equiparação aos maiores de 18 anos: art. 51, a
- omissão de lealdade: art. 151
- pena aplicada até dois anos; conversão; locais de cumprimento: art. 59, I e II
- pena aplicada superior a dois anos; local de cumprimento: art. 61
- prisão; amotinamento de preso, perturbando a disciplina do recinto: art. 182, par. ún.
- provocação da debandada de tropa; pena: art. 364
- provocação direta de declaração de guerra; pena: art. 137
- quem será considerado como: art. 22
- reserva ou reformado; aplicação da lei penal militar: art. 13
- reserva ou reformado; equiparação ao militar da ativa, para efeito da aplicação da lei penal militar: art. 12
- reserva ou reformado; perda da função pública: art. 103, par. ún.
- serviço; crime contra; livramento condicional da pena; tempo de cumprimento: art. 97
- serviço; em casos de crimes sexuais; aumento de pena: arts. 237, II, 238 e 239
- serviço; pena no caso de crimes contra a saúde: arts. 290 e 291
- serviço; violência contra: art. 158
- zonas de efetivas operações; prática de crime: art. 25

MISSÃO; DESCUMPRIMENTO: art. 196

MOTIM: arts. 149 e 368

- aliciação para: art. 154
- com armamento ou material bélico; pena: art. 150.
- conspiração: arts. 152 e 153
- cumulação de penas: art. 153
- omissão de lealdade militar: arts. 151 e 369
- organização de grupo para a prática de violência: art. 150
- presença do inimigo: art. 368, par. ún.

N

NACIONAL: art. 26

NAVIO(S)
- brasileiros; extensão do Território Nacional: art. 7º, § 1º
- conceito legal, para efeito: art. 7º, § 3º
- estrangeiros; aplicação da lei brasileira: art. 7º, § 2º
- falta de apresentação no momento da partida de; pena: art. 190
- incêndio em; agravação de pena: art. 268, § 1º, II, c

O

OBEDIÊNCIA HIERÁRQUICA: arts. 38, b
- atenuação da pena: art. 41
- recusa: art. 163
- responsabilidade: art. 38, § 1º

OBJETO OBSCENO: art. 239

OBSERVAÇÃO CAUTELAR: art. 92

OFENSA: art. 221

OFENSA ÀS FORÇAS ARMADAS: art. 219

OFENSA AVILTANTE A INFERIOR
- mediante ato de violência; pena: art. 176
- resultado mais grave: art. 175

OFICIAL
- descumprimento de missão: art. 196, §§ 1º e 2º
- exercício de comércio; exceção: art. 204
- função exercida por inferior: art. 53, § 5º
- omissão de: art. 194
- pena de reclusão ou detenção convertida em pena de prisão: art. 59, I
- responsabilidade em amotinamento de preso ou internado: art. 182, par. ún.
- sinal: art. 338

OFICIALATO
- incompatibilidade com o: art. 101
- incompatibilidade com o; pena acessória: art. 98, III
- indignidade para o: art. 100
- indignidade para o; pena acessória: art. 98, II

OMISSÃO DE EFICIÊNCIA DA FORÇA: art. 198

OMISSÃO DE LEALDADE MILITAR: art. 151

OMISSÃO DE PROVIDÊNCIAS PARA EVITAR DANOS: art. 199

OMISSÃO DE PROVIDÊNCIAS PARA SALVAR COMANDADOS: art. 200

OMISSÃO DE SOCORRO: art. 201

OPERAÇÃO MILITAR SEM ORDEM SUPERIOR: art. 169

OPOSIÇÃO A ORDEM DE SENTINELA: art. 164

ORDEM ARBITRÁRIA
- contribuição de guerra: art. 399
- invasão: art. 170

ORGANIZAÇÃO DE GRUPO PARA A PRÁTICA DE VIOLÊNCIA: art. 150
- cumulação de penas: art. 153

P

PARTICIPAÇÃO EM RIXA: art. 211

PARTICIPAÇÃO ILÍCITA: art. 310

PÁTRIO PODER
- suspensão: art. 105
- suspensão; pena acessória: art. 98, VII

PATROCINATO INDÉBITO: art. 334

PECULATO
- culposo: art. 303, § 3º
- mediante aproveitamento do erro de outrem: art. 304
- peculato furto: art. 303, § 2º
- pena; extinção ou minoração: art. 303, § 4º
- simples: art. 303

PEDERASTIA: art. 235

PENA: arts. 55 a 108
- acessórias: arts. 98 a 108
- aplicação da pena: arts. 69 a 83
- assemelhado: art. 60
- aumento em tempo de guerra: art. 20
- base: art. 77
- cálculo da pena aplicável à tentativa: art. 81, § 3º
- caso de conversão: art. 59
- circunstâncias agravantes: art. 70
- circunstâncias atenuantes: art. 72
- civil; cumprimento da pena em estabelecimento prisional civil: art. 62
- concurso de agravantes e atenuantes: art. 75
- concurso de crimes: art. 79
- concurso de infrações: art. 89, § 1º
- condições de suspensão: art. 85
- crime continuado; inocorrência: art. 80, par. ún.
- crime continuado; unificação das penas: art. 80, caput
- crimes da mesma natureza: art. 78, § 5º
- criminoso habitual ou por tendência: art. 78
- criminoso habitual, reconhecido pelo juiz: art. 82
- criminoso por tendência; conceito: art. 78, § 3º
- cumprida no estrangeiro; atenuação daquela imposta no Brasil: art. 8º
- cumprida no estrangeiro; tempo computável: art. 67
- cumprimento em penitenciária militar: art. 62, par. ún.
- determinação da: art. 69, § 1º
- doença mental: art. 66
- efeitos da condenação: art. 109
- estabelecimento prisional militar: art. 61
- extinção: arts. 87 e 95
- fixação do quantum de agravação ou atenuação: art. 73
- fuzilamento: art. 56
- impedimento: art. 63
- indeterminada; limite: art. 78, § 1º
- limites legais: art. 69, § 2º
- livramento condicional: arts. 89 a 97
- mais de um agravante ou atenuante: art. 74
- majorante e minorantes: art. 75
- menor de 21 ou maior de 70 anos: art. 89, § 2º
- menores: art. 50
- mínimos e máximos genéricos: art. 58
- morte: arts. 55, a, e 56
- não aplicação da suspensão condicional: art. 88
- não assemelhado: art. 60, par. ún.
- não privativa de liberdade: art. 83
- penitenciária militar: art. 61
- praças especiais e graduação: art. 69, par. ún.
- principais; espécies: art. 55
- privativa de liberdade: arts. 59 a 62
- reclusão ou detenção: art. 59
- reclusão por mais de 4 anos: art. 104
- reclusão; mínimo e máximo: art. 58
- redução em caso de embriaguez: art. 49, par. ún.
- redução facultativa: art. 81, § 1º
- reforma: art. 65
- região militar em que será cumprida: art. 68
- reincidência; agravante: art. 70, I
- reincidência; caracterização: art. 71

- reincidência; desconsideração dos crimes anistiados: art. 71, § 2º
- reincidência; temporariedade: art. 71, § 1º
- requisitos para a suspensão: art. 64
- revogação da suspensão: art. 86
- substituição por internação: art. 113
- superveniência de doença mental: art. 66
- suspensão condicional: arts. 84 a 88
- suspensão do exercício do posto, graduação, cargo ou função; em que consiste: art. 64
- suspensão do exercício do posto: art. 64, par. ún.
- unificada; limite: art. 81
- unificada; redução facultativa: art. 81, § 1º

PENA ACESSÓRIA
- espécies: art. 98
- exclusão das Forças Armadas: art. 102
- função pública equiparada: art. 98, par. ún.
- imposição: art. 107
- imprescritibilidade: art. 130
- inabilitação para o exercício de função pública: art. 104
- incompatibilidade com o oficialato: art. 101
- indignidade para o oficialato: art. 100
- não extensão da suspensão condicional da pena: art. 84, par. ún.
- perda da função pública: art. 103
- perda de posto e patente: art. 99
- suspensão do exercício do pátrio poder: art. 105
- suspensão dos direitos políticos: art. 106
- suspensão provisória do exercício do pátrio poder: art. 105, par. ún.
- tempo computável: art. 108
- termo inicial: art. 104, par. ún.

PENA DE MORTE
- comunicação da sentença: art. 57
- execução imediata se imposta em zona de operações militares: art. 57, par. ún.
- forma de execução: art. 56
- graduação: art. 81, § 2º
- limite do regime de reclusão: art. 81, § 3º
- não atendimento de atenuantes: art. 72, par. ún.

PENA DE RECLUSÃO
- aplicada a militar até 2 anos: art. 59
- aplicada a militar superior a 2 anos: art. 61
- mínimos e máximos genéricos: art. 58

PENA PRIVATIVA DE LIBERDADE
- aplicada a civil; local de cumprimento; regimes sujeitos: art. 62
- aplicada a militar até 2 anos; local de cumprimento: art. 59
- aplicada a militar, superior a 2 anos; local de cumprimento: art. 61
- fixação: art. 69
- perda dos direitos políticos: art. 106
- prisão provisória: art. 67
- reabilitação revogada: art. 134, § 5º
- superior a 2 anos: perda de posto e patente: art. 99
- superior a 2 anos; a quem são impostas: art. 111
- superior a 2 anos; perda da função pública: art. 103, II
- superior a 2 anos; perda do pátrio poder: art. 105
- suspensão condicional da execução: art. 116, par. ún.
- tempo computável: art. 67
- término de seu cumprimento: art. 115, § 1º

PENA PRINCIPAIL: art. 55
- caso de reserva, reforma ou aposentadoria: art. 64, par. ún.
- comunicação da pena de morte: art. 57
- cumprimento em penitenciária militar: art. 62, par. ún.
- mínimos e máximos genéricos: art. 58
- não assemelhados: art. 60, par. ún.
- pena de até 2 anos; aplicação ao militar: art. 59
- pena de impedimento: art. 63
- pena de morte: art. 56
- pena de reforma: art. 65
- pena de suspensão do exercício do posto, graduação, cargo ou função: art. 64

- pena do assemelhado e não assemelhado: art. 60
- separação de praças especiais e graduadas: art. 59, par. ún.
- superveniência de doença mental: art. 66
- tempo computável na pena privativa de liberdade: art. 67

PENETRAÇÃO COM O FIM DE ESPIONAGEM: art. 146

PENHOR: art. 251, § 1º, III

PERDA DE POSTO E PATENTE
- pena acessória: art. 98, I
- pena privativa de liberdade superior a 2 anos: art. 99

PERÍCIA
- conclusiva de não periculosidade: art. 91
- falsa: art. 346

PERICLITAÇÃO DA VIDA OU DA SAÚDE: arts. 212 e 213
- abandono de pessoa: art. 212
- maus-tratos: art. 213

PERICULOSIDADE
- atual: art. 113, § 2º
- condição de determinação de prazo de internação: art. 112, § 1º
- persistência; efeitos: art. 112, § 3º

PERITO
- corrupção: art. 347
- falso testemunho: art. 346

PORTO OU CONSTRUÇÃO PORTUÁRIA: art. 268, § 1º, II, d

POSIÇÃO: art. 356, V

PRAÇA(S)
- cumprimento de pena: separação: art. 59, par. ún.
- pena de reclusão ou detenção convertida em pena de prisão: art. 59, II
- pena do assemelhado: art. 60
- pena dos não assemelhados: art. 60, par. ún.

PRAGA VEGETAL: art. 278

PRAZO
- contagem no CPM: art. 16
- internação: art. 112, § 1º

PRESCRIÇÃO
- ação penal: art. 125
- caso de concurso de crimes ou crime continuado: art. 125, § 3º
- caso de reforma ou suspensão do exercício: art. 127
- declaração de ofício: art. 133
- execução da pena privativa de liberdade: art. 126
- redução dos prazos; caso: art. 129

PRESO
- amotinamento: arts. 182 e 396
- arrebatamento: art. 181
- evasão: arts. 180 e 395
- fuga: art. 178
- libertação: art. 394

PRESUNÇÃO DE VIOLÊNCIA
- crimes sexuais: art. 236
- crimes sexuais; aumento de pena: art. 237

PREVARICAÇÃO: art. 319

PRINCÍPIO DA RESERVA LEGAL: art. 1º

PRISÃO
- flagrante; fuga após acidente de trânsito: art. 281, par. ún.
- fuga do militar para evitar a: art. 192
- militar: art. 182

PROCESSO; INUTILIZAÇÃO: art. 337

PRODUTOS DO CRIME: art. 109, II

PROIBIÇÃO DE FREQUENTAR DETERMINADOS LUGARES: art. 117

PROVAS: art. 352

PROVOCAÇÃO A PAÍS ESTRANGEIRO: art. 137

PUBLICAÇÃO OU CRÍTICA INDEVIDA: art. 166

PUBLICIDADE OPRESSIVA: art. 348
PUDOR: arts. 238 e 239

Q

QUARTEL
- dano: art. 264, I
- fazer desempenho, fotografá-lo, filmá-lo ou levantar planta: art. 147
- motim: art. 149, IV
- sinistro, omissão de comandante: art. 200, par. ún.

QUARTO
- oficial de; dormir em serviço: art. 203
- violência contra oficial de: arts. 158 e 159

R

RAPTO: art. 407
REABILITAÇÃO
- alcance: art. 134
- cancelamento dos antecedentes criminais: art. 135
- desfavorecidos: art. 134, § 2º
- renovação de pedido; prazo: art. 134, §§ 3º e 4º
- revogação de ofício: art. 134, § 5º
- sigilo sobre os antecedentes criminais: art. 135, par. ún.

RECATO: art. 229
RECEITA ILEGAL: art. 291
RECEPTAÇÃO: art. 254
- culposa: art. 255
- pena do furto: art. 254, par. ún.
- punibilidade: art. 256

RECUSA DE OBEDIÊNCIA: art. 163
- superior; caso de crime contra a autoridade militar: art. 149

REFORMA
- agente oficial na prática de crime de dano: art. 266
- pena; não extensão da suspensão condicional da pena: art. 84, par. ún.
- pena; prazo: art. 126
- pena; sujeição do condenado; recebimento do soldo: art. 65
- quando proferida a sentença já estiver na; conversão da pena: art. 63, par. ún.

REGISTRO DE CONDENAÇÕES PENAIS: art. 135
REGULAMENTO
- inobservância: art. 324
- recusa ordem do superior, relativamente a: art. 163

REGULAMENTOS DISCIPLINARES: art. 19
REINCIDÊNCIA: art. 71
RESERVA LEGAL: art. 1º
RESISTÊNCIA MEDIANTE AMEAÇA OU VIOLÊNCIA: art. 177
- crimes sexuais: art. 236, III
- cumulação de penas: art. 177, § 2º
- forma qualificada: art. 177, § 1º
- impossibilidade de: art. 242

RESPONSABILIDADE DE PARTÍCIPE OU DE OFICIAL EM AMOTINAMENTO: art. 182, par. ún.
RESULTADO: art. 37, § 2º
RETENÇÃO INDEVIDA: art. 197
RETRATAÇÃO: art. 346, § 2º
RETROATIVIDADE BENIGNA DA LEI PENAL: art. 2º, § 1º
REUNIÃO ILÍCITA: art. 165
REVELAÇÃO DE NOTÍCIA, INFORMAÇÃO OU DOCUMENTO: art. 144
REVOGAÇÃO DE LIVRAMENTO CONDICIONAL: art. 93, caput
REVOLTA: arts. 149, par. ún., 154 e 368

RIGOR EXCESSIVO NA PUNIÇÃO DE SUBORDINADO: art. 174
RIXA: art. 211
RODOVIÁRIA: art. 268, § 1º, II, d
ROUBO
- extorsão simples: art. 243
- extorsão simples; formas qualificadas: art. 243, §§ 1º e 2º
- latrocínio: art. 242, § 3º
- qualificado: art. 242, § 2º
- simples: art. 242
- zona de operações militares: art. 405

S

SALÁRIO MÍNIMO: art. 17
SAQUE
- inexistência de crime: art. 42, par. ún.
- zona de operações militares: art. 406

SAÚDE; CRIMES: arts. 290 a 297
SEGREDO PROFISSIONAL: art. 230
SEGURANÇA EXTERNA DO PAÍS: arts. 136 a 148
SENTENÇA: art. 93, caput
SEQUESTRO OU CÁRCERE PRIVADO: art. 225
SERVIÇO: art. 288
SIGILO PROFISSIONAL: art. 326
SÍMBOLO NACIONAL: art. 161
SINAL OFICIAL: art. 338
SOBREVOO EM LOCAL INTERDITO: art. 148
SOCIEDADES: art. 118
SONEGAÇÃO
- livro e documento: art. 321
- material probante: art. 352

SUBSTÂNCIA ALTERADA: art. 296
SUICÍDIO: art. 207
SUPERIOR
- caso de crime contra: art. 97
- conceito para efeito da aplicação da lei penal militar: art. 24
- desrespeito a: art. 160
- ordem: art. 38, § 2º
- violência contra: art. 157, e § 1º

SUPRESSÃO DE DOCUMENTO: art. 316
SUSPENSÃO CONDICIONAL DA PENA: arts. 84 a 88
- condições: art. 85
- extinção da pena privativa de liberdade: art. 87
- inaplicabilidade; casos: art. 88
- requisitos: art. 84
- restrições: art. 84, par. ún.
- revogação facultativa: art. 86, § 1º
- revogação facultativa; prorrogação de prazo: art. 86, §§ 2º e 3º
- revogação obrigatória: art. 86
- sentença; especificação das condições da suspensão: art. 85
- suspensão de pena não superior a 2 anos; requisitos: art. 84
- tempo computável: art. 108

SUSPENSÃO DO EXERCÍCIO DO POSTO: art. 127
SUSPENSÃO DO PÁTRIO PODER: art. 105
SUSPENSÃO DOS DIREITOS POLÍTICOS
- durante a execução da pena: art. 106
- pena acessória: art. 98, VIII

T

TEMPO DE GUERRA: art. 15
TEMPO DO CRIME: art. 5º

TENTATIVA
- caracterização da modalidade: art. 30, II
- homicídio: art. 78, § 3º
- na ação penal: art. 125, § 2º, b
- nos crimes punidos com a pena de morte: art. 81, § 3º
- pena de: art. 30, par. ún.
- suicídio: art. 207, § 3º

TENTATIVA CONTRA A SOBERANIA DO BRASIL: art. 142, I a III
- praticar o nacional; pena: art. 357
- sujeição à declaração de incompatibilidade com o oficialato: art. 101

TERRITORIALIDADE: art. 7º

TERRITÓRIO NACIONAL: art. 7º

TESTEMUNHA
- corrupção de: art. 347
- falso testemunho: art. 346

TOMADA DE PREÇO: art. 328

TOXICÔMANOS: art. 113, § 3º

TÓXICOS: art. 290

TRÁFICO DE INFLUÊNCIA: art. 336

TRAIÇÃO
- aliciação de militar: art. 360
- ato prejudicial à eficiência da tropa: art. 361
- coação a comandante: art. 358
- favor ao inimigo: arts. 355 e 356
- imprópria: art. 362
- informação ou auxílio ao inimigo: art. 359
- sujeição à declaração de indignidade para o oficialato: art. 100
- tentativa contra a soberania do Brasil: arts. 142 e 357

TRANSFERÊNCIA
- condenados: art. 68
- doente mental por superveniência de cura: art. 113, § 1º

TRÂNSITO
- embriaguez ao volante: art. 279
- fuga após acidente de: art. 281
- perigo resultante de violação de regras: art. 280

TRANSPORTE
- atentado a: art. 283
- coletivo: arts. 268, § 1º, II, c, e 269, § 2º
- desertor: art. 193
- valores: art. 242, § 2º, III

TURBAÇÃO DE OBJETO OU DOCUMENTO: art. 145

TUTELA: arts. 98, VII, e 105

U

ULTRAJE PÚBLICO AO PUDOR: arts. 238 e 239
- ato obsceno: art. 238
- escrito ou objeto obsceno: art. 239
- extensão da pena: art. 239, par. ún.

UNIFORME
- despojamento desprezível: art. 162
- uso indevido: art. 172
- uso indevido por militar ou assemelhado: art. 171

USO INDEVIDO DE UNIFORME, DISTINTIVO OU INSÍGNIA
- despojamento desprezível; pena; aumento: art. 162, e par. ún.
- civil: art. 172
- militar ou assemelhado: art. 171

USURA: art. 267

USURPAÇÃO
- alteração de limites: art. 257
- aposição, supressão ou alteração de marca: art. 258
- de águas: art. 257, § 1º, I
- invasão de propriedade: art. 257, § 1º, II
- pena correspondente a violência: art. 257, § 2º

USURPAÇÃO DE FUNÇÃO: art. 335

USURPAÇÃO E EXCESSO OU ABUSO DE AUTORIDADE
- abuso de requisição militar: art. 173
- assunção de comando sem ordem ou autorização: art. 167
- conservação ilegal de comando: art. 168
- ofensa aviltante a inferior: art. 176
- operação militar sem ordem superior: art. 169
- ordem arbitrária de invasão: art. 170
- rigor excessivo: art. 174
- uso indevido de uniforme: arts. 171 e 172
- violência contra inferior: art. 175

V

VALORES; TRANSPORTE: art. 242, § 2º, III

VIATURA
- atentado contra: art. 284
- comboio militar; dano: art. 264, I

VIGILÂNCIA
- militar: art. 9º, III, c
- omissão de: art. 373

VIOLAÇÃO DE CORRESPONDÊNCIA: art. 227
- dirigida a administração militar: art. 325

VIOLAÇÃO DE DEVER FUNCIONAL: art. 320

VIOLAÇÃO DE DOMICÍLIO: art. 226

VIOLAÇÃO DE RECATO: art. 229

VIOLAÇÃO DE REGRA DE TRÂNSITO: art. 280

VIOLAÇÃO DE SEGREDO PROFISSIONAL: art. 230

VIOLAÇÃO DE SIGILO DE PROPOSTA DE CONCORRÊNCIA: art. 327

VIOLAÇÃO DE SIGILO FUNCIONAL: art. 326

VIOLAÇÃO DE TERRITÓRIO ESTRANGEIRO: art. 139

VIOLÊNCIA
- arbitrária: art. 333
- carnal: art. 408
- contra inferior: art. 175
- contra oficial de quarto: arts. 158 e 159, par. ún.
- contra superior: art. 157
- emprego de; nos crimes contra o patrimônio: art. 257, § 2º
- militar de serviço: arts. 158 e 159
- organização de grupo para a prática: art. 150
- organização de grupo para a prática; cumulação de penas: art. 153
- presunção de: art. 236
- resulta morte ou lesão corporal: art. 159

VIOLÊNCIA CONTRA INFERIOR: art. 175

VIOLÊNCIA CONTRA MILITAR DE SERVIÇO: art. 158
- formas qualificadas: art. 15, §§ 1º a 3º

VIOLÊNCIA CONTRA SUPERIOR: art. 157
- formas qualificadas: art. 157, §§ 1º a 5º
- militar em serviço: art. 389

Z

ZONA EFETIVA DE OPERAÇÕES MILITARES
- considera-se crime praticado em presença do inimigo: art. 25
- pena imposta; execução imediata: art. 57, par. ún.
- pena; crimes contra o patrimônio: arts. 404, 405 e 406
- prática de crime; considerado crime militar: art. 10, IV

Código de Processo Penal Militar

Índice Sistemático do Código de Processo Penal Militar

(Decreto-Lei nº 1.002, de 21-10-1969)

Livro I

TÍTULO I

Capítulo Único – Da lei de processo penal militar e da sua aplicação (arts. 1º a 6º) 233

TÍTULO II

Capítulo Único – Da polícia judiciária militar (arts. 7º e 8º) 234

TÍTULO III

Capítulo Único – Do inquérito policial militar (arts. 9º a 28) 234

TÍTULO IV

Capítulo Único – Da ação penal militar e do seu exercício (arts. 29 a 33) 237

TÍTULO V
DO PROCESSO PENAL MILITAR EM GERAL

Capítulo Único – Do processo (arts. 34 e 35) 238

TÍTULO VI
DO JUIZ, AUXILIARES E PARTES DO PROCESSO

Capítulo I – Do juiz e seus auxiliares (arts. 36 a 53) 238
   Seção I – Do juiz (arts. 36 a 41) 238
   Seção II – Dos auxiliares do juiz (arts. 42 a 46) 239
   Seção III – Dos peritos e intérpretes (arts. 47 a 53) 239
Capítulo II – Das partes (arts. 54 a 76) 240
   Seção I – Do acusador (arts. 54 a 59) 240
   Seção II – Do assistente (arts. 60 a 68) 240
   Seção III – Do acusado, seus defensores e curadores (arts. 69 a 76) 241

TÍTULO VII

Capítulo Único – Da denúncia (arts. 77 a 81) 242

TÍTULO VIII

Capítulo Único – Do foro militar (arts. 82 a 84) 243

TÍTULO IX

Capítulo I – Da competência em geral (arts. 85 a 87) 243
Capítulo II – Da competência pelo lugar da infração (arts. 88 a 92) 243
Capítulo III – Da competência pelo lugar da residência ou domicílio do acusado (art. 93) 244
Capítulo IV – Da competência por prevenção (arts. 94 e 95) 244
Capítulo V – Da competência pela sede do lugar de serviço (art. 96) 244
Capítulo VI – Da competência pela especialização das Auditorias (art. 97) 244
Capítulo VII – Da competência por distribuição (art. 98) 244
Capítulo VIII – Da conexão ou continência (arts. 99 a 107) 245
Capítulo IX – Da competência pela prerrogativa do posto ou da função (art. 108) 246
Capítulo X – Do desaforamento (arts. 109 e 110) 246

TÍTULO X

Capítulo Único – Dos conflitos de competência (arts. 111 a 121) 246

TÍTULO XI

Capítulo Único – Das questões prejudiciais (arts. 122 a 127) 247

TÍTULO XII
DOS INCIDENTES

Capítulo I – Das exceções em geral (arts. 128 a 155) 247
    Seção I – Da exceção de suspeição ou impedimento (arts. 129 a 142) 247
    Seção II – Da exceção de incompetência (arts. 143 a 147) 248
    Seção III – Da exceção da litispendência (arts. 148 a 152) 249
    Seção IV – Da exceção de coisa julgada (arts. 153 a 155) 249
Capítulo II – Do incidente de insanidade mental do acusado (arts. 156 a 162) 249
Capítulo III – Do incidente de falsidade de documento (arts. 163 a 169) 250

TÍTULO XIII
DAS MEDIDAS PREVENTIVAS E ASSECURATÓRIAS

Capítulo I – Das providências que recaem sobre coisas ou pessoas (arts. 170 a 198) 251
    Seção I – Da busca (arts. 170 a 184) 251
    Seção II – Da apreensão (arts. 185 a 189) 252
    Seção III – Da restituição (arts. 190 a 198) 253
Capítulo II – Das providências que recaem sobre coisas (arts. 199 a 219) 254
    Seção I – Do sequestro (arts. 199 a 205) 254
    Seção II – Da hipoteca legal (arts. 206 a 214) 255
    Seção III – Do arresto (arts. 215 a 219) 255
Capítulo III – Das providências que recaem sobre pessoas (arts. 220 a 261) 256
    Seção I – Da prisão provisória. Disposições gerais (arts. 220 a 242) 256
    Seção II – Da prisão em flagrante (arts. 243 a 253) 258
    Seção III – Da prisão preventiva (arts. 254 a 261) 260
Capítulo IV – Do comparecimento espontâneo (art. 262) 260
Capítulo V – Da menagem (arts. 263 a 269) 260
Capítulo VI – Da liberdade provisória (arts. 270 e 271) 261
Capítulo VII – Da aplicação provisória de medidas de segurança (arts. 272 a 276) 261

TÍTULO XIV

Capítulo Único – Da citação, da intimação e da notificação (arts. 277 a 293) 262

TÍTULO XV
DOS ATOS PROBATÓRIOS

Capítulo I – Disposições gerais (arts. 294 a 301) 264
Capítulo II – Da qualificação e do interrogatório do acusado (arts. 302 a 306) 265
Capítulo III – Da confissão (arts. 307 a 310) 266
Capítulo IV – Das perguntas ao ofendido (arts. 311 a 313) 266
Capítulo V – Das perícias e exames (arts. 314 a 346) 266
Capítulo VI – Das testemunhas (arts. 347 a 364) 269
Capítulo VII – Da acareação (arts. 365 a 367) 271
Capítulo VIII – Do reconhecimento de pessoa e de coisa (arts. 368 a 370) 271
Capítulo IX – Dos documentos (arts. 371 a 381) 271
Capítulo X – Dos indícios (arts. 382 e 383) 272

Livro II
Dos Processos em Espécie

TÍTULO I
DO PROCESSO ORDINÁRIO

Capítulo Único – Da instrução criminal (arts. 384 a 450) 273

Seção I – Da prioridade de instrução da polícia e ordem das sessões. Disposições gerais
(arts. 384 a 395) 273
Seção II – Do início do processo ordinário (arts. 396 a 398) 274
Seção III – Da instalação do Conselho de Justiça (arts. 399 a 403) 274
Seção IV – Da qualificação e do interrogatório do acusado. Das exceções que podem ser
opostas. Do comparecimento do ofendido (arts. 404 a 410) 275
Seção V – Da revelia (arts. 411 a 414) 275
Seção VI – Da inquirição de testemunhas, do reconhecimento de pessoa ou coisa
e das diligências em geral (arts. 415 a 430) 276
Seção VII – Da sessão do julgamento e da sentença (arts. 431 a 450) 277

TÍTULO II
DOS PROCESSOS ESPECIAIS

Capítulo I – Da deserção em geral (arts. 451 a 453) 280
Capítulo II – Do processo de deserção de oficial (arts. 454 e 455) 281
Capítulo III – Do processo de deserção de praça com ou sem graduação e de praça especial
(arts. 456 a 459) 281
Capítulo IV – Do processo de deserção de praça, com ou sem graduação, e de praça
especial, na Marinha e na Aeronáutica (arts. 460 a 462) (*revogados*) 282
Capítulo V – Do processo de crime de insubmissão (arts. 463 a 465) 282
Capítulo VI – Do *habeas corpus* (arts. 466 a 480) 283
Capítulo VII – Do processo para restauração de autos (arts. 481 a 488) 284
Capítulo VIII – Do processo de competência originário do Superior Tribunal Militar
(arts. 489 a 497) 285
Seção I – Da instrução criminal (arts. 489 a 495) 285
Seção II – Do julgamento (arts. 496 e 497) 286
Capítulo IX – Da correição parcial (art. 498) 286

Livro III
Das Nulidades e Recursos em Geral

TÍTULO I

Capítulo Único – Das nulidades (arts. 499 a 509) 286

TÍTULO II
DOS RECURSOS

Capítulo I – Regras gerais (arts. 510 a 515) 288
Capítulo II – Dos recursos em sentido estrito (arts. 516 a 525) 288
Capítulo III – Da apelação (arts. 526 a 537) 289
Capítulo IV – Dos embargos (arts. 538 a 549) 290
Capítulo V – Da revisão (arts. 550 a 562) 291
Capítulo VI – Dos recursos da competência do Supremo Tribunal Federal (art. 563) 292
Capítulo VII – Do recurso nos processos contra civis e governadores de Estado e seus secretários
(arts. 564 a 567) 292
Capítulo VIII – Do recurso das decisões denegatórias de *habeas corpus* (arts. 568 e 569) 292
Capítulo IX – Do recurso extraordinário (arts. 570 a 583) 292
Capítulo X – Da reclamação (arts. 584 a 587) 293

Livro IV
Da Execução

TÍTULO I
DA EXECUÇÃO DA SENTENÇA

Capítulo I – Disposições gerais (arts. 588 a 593) 293
Capítulo II – Da execução das penas em espécie (arts. 594 a 603) 294
Capítulo III – Das penas principais não privativas da liberdade e das acessórias (arts. 604 e 605) 294

TÍTULO II
DOS INCIDENTES DA EXECUÇÃO

Capítulo I – Da suspensão condicional da pena (arts. 606 a 617).. 295
Capítulo II – Do livramento condicional (arts. 618 a 642)... 296

TÍTULO III
DO INDULTO, DA COMUTAÇÃO DA PENA, DA ANISTIA E DA REABILITAÇÃO

Capítulo I – Do indulto, da comutação da pena e da anistia (arts. 643 a 650)... 299
Capítulo II – Da reabilitação (arts. 651 a 658).. 299

TÍTULO IV

Capítulo Único – Da execução das medidas de segurança (arts. 659 a 674)... 300

Livro V

TÍTULO ÚNICO
DA JUSTIÇA MILITAR EM TEMPO DE GUERRA

Capítulo I – Do processo (arts. 675 a 693)... 302
Capítulo II – Dos recursos (arts. 694 a 706).. 303
Capítulo III – Disposições especiais relativas à Justiça Militar em tempo de guerra
(arts. 707 a 710) 304

DISPOSIÇÕES FINAIS E TRANSITÓRIAS

Arts. 711 a 718 304

EXPOSIÇÃO DE MOTIVOS DO CÓDIGO DE PROCESSO PENAL MILITAR
DECRETO-LEI Nº 1.002, DE 21 DE OUTUBRO DE 1969

Excelentíssimos Senhores Ministros de Estado da Marinha de Guerra, do Exército e da Aeronáutica Militar.

O Projeto de Código de Processo Penal Militar, que tenho a honra de submeter à elevada apreciação de Vossas Excelências, está moldado no Anteprojeto elaborado por uma Comissão, que, indicada pelo Egrégio Superior Tribunal Militar, ficou, pela Portaria nº 90-B, de 11 de maio de 1967, deste Ministério, inicialmente constituída pelos Ministros General de Exército Olympio Mourão Filho, na qualidade de Presidente, Almirante de Esquadra Waldemar de Figueiredo Costa, Doutor Orlando Ribeiro da Costa, Doutor Washington Vaz de Mello e pelo Professor Doutor Ivo d'Aquino, que desempenhou a função de Relator. Tendo ocorrido a renúncia do Ministro Doutor Orlando Ribeiro da Costa, no curso dos trabalhos da Comissão, foi seu lugar preenchido pelo ministro Doutor João Romeiro Neto, com aprovação daquele Tribunal e conforme Portaria deste Ministério. Faleceu esse Ministro a 20 de março do corrente ano, após o término da elaboração do Anteprojeto.

2. O processo penal militar tem sido até agora regido pelo Decreto-Lei nº 925, de 2 de dezembro de 1938 (Código da Justiça Militar), que engloba a organização judiciária militar. As modificações que sofreu, no correr dos anos, não lhe atingiram a substância. Embora tenha sido instrumento útil à prática da Justiça Militar, a cujas necessidades procurou atender dentro de normas reputadas clássicas no processo penal brasileiro, podendo até ser considerado, sob certos aspectos, mais liberal do que o Código de Processo Penal comum, promulgado em 1941, impunha-se a sua reforma para atender a novas solicitações, assim de ordem jurídica como de ordem política, no âmbito processual militar.

O Projeto não compreende a organização judiciária militar, que será objeto de lei à parte, em Anteprojeto já elaborado, alterando-se, nesse sentido, o sistema do Código da Justiça Militar, e seguindo-se o que é usualmente adotado na legislação penal processual do País.

3. Procurou o Projeto realizar uma codificação que abrangesse toda a matéria relativa ao processo penal militar, sem ter o seu aplicador necessidade, a não ser em casos especialíssimos, sempre imprevisíveis, de recorrer à legislação penal comum, como acontece atualmente, com frequência, por motivo das omissões do Código da Justiça Militar vigente.

Teve, igualmente, em vista, traduzir em preceitos positivos a tradição e os usos e costumes militares, resguardando os princípios de hierarquia e disciplina que regem as Forças Armadas. Assim, desde a investigação policial militar e a instrução criminal, até o julgamento, estão aqueles princípios meticulosamente preceituados.

Isto, porém, não afastou o Projeto de considerar o respeito em que deve ser tida a pessoa do indiciado ou acusado, militar ou civil, quer processado solto quer sob prisão, assegurando-lhe, efetivamente, assistência judiciária e a mais ampla defesa na fase contraditória do processo, nos termos constitucionais, e mantendo as tradições liberais da Justiça Militar brasileira, sem paralelo, aliás, em qualquer outro país, conforme se pode verificar do próprio Código de Justiça Militar, ainda vigente.

4. As normas processuais do Projeto não excluem nem elidem as constantes de lei especial relativa à repressão dos crimes contra a segurança nacional, das quais, todavia, são subsidiárias, pela forma nelas estabelecidas. Houve o propósito de fazer do Código de Processo Penal Militar uma lei de caráter permanente, permitindo, porém, que, sem modificação das suas linhas estruturais, outras leis de natureza especial possam ter vigência no foro militar.

Prescreveu que obedecerão as normas processuais ali previstas os processos da Justiça Militar Estadual, nos crimes estabelecidos na Lei Penal Militar, a que respondem os oficiais e praças das Polícias e Corpos de Bombeiros, Militares, salvo quanto à organização da Justiça, aos recursos e à execução da sentença.

5. O Projeto está dividido em cinco Livros, sendo que o último deles se refere a normas concernentes à Justiça Militar em tempo de guerra. Nas Disposições Finais do Projeto foram incluídos preceitos reguladores da aplicação intertemporal do Código, bem como algumas outras de feição complementar ou transitória, que não assentavam naqueles Livros.

6. A distribuição das matérias nos Códigos Processuais está longe de ser coincidente de um Código para outro.

O Projeto adotou o critério que lhe pareceu mais metódico e obediente a uma sequência lógica e eventual, desde a investigação policial até a instrução criminal, às quais antecedem as normas de regência do processo penal militar e as de interpretação, suprimento e aplicação territorial, em tempo de paz e de guerra, do novo Código. Refere-se, ainda, à polícia judiciária militar, à sua competência e às autoridades militares que a exercem, na respectiva escala hierárquica. O pensamento do Projeto é de que a polícia judiciária militar, sendo federal pela sua natureza, tem não só competência especial para apurar os crimes militares, como tais definidos em lei, mas também competência cumulativa para apurar infrações penais, que, por lei especial, fiquem sujeitas à jurisdição militar.

7. Dispõe minuciosamente, quanto ao inquérito policial militar, tendo em atenção cuidadosa as normas de hierarquia entre o indiciado, se militar, e o encarregado do inquérito. Supriu, a este respeito, as lacunas existentes no Código vigente.

Deu ao inquérito policial militar o caráter que foi preconizado na Exposição de Motivos do atual Código de Processo Penal, isto é, salvo casos especiais, a sua necessidade como instrução provisória antecedente à propositura da ação penal, sendo, porém, efetivamente instrutórios desta os exames, perícias e avaliações regularmente realizados no curso do inquérito.

Permite que o indiciado fique detido, independentemente de flagrante delito, durante as investigações policiais, até trinta dias, comunicando-se, entretanto, a detenção à autoridade judiciária competente, nos termos da Constituição. A prorrogação daquele prazo, até vinte dias, somente poderá ser permitida, mediante solicitação fundamentada do encarregado do inquérito, por comandante de Distrito Naval, Região Militar ou Zona Aérea. Acrescentou-se que, se entender necessário, o encarregado do inquérito solicitará, dentro do mesmo prazo ou sua prorrogação, justificando-a, a decretação da prisão preventiva do indiciado. Esta disposição deixa bem clara a distinção entre a detenção durante as investigações policiais e a prisão preventiva, independentes entre si.

Ficou mantido, em princípio, o sigilo do inquérito, como é de regra na legislação processual penal, mas o seu encarregado poderá permitir que dele tome conhecimento o advogado do indiciado. Poderá, igualmente, manter a incomunicabilidade do indiciado, até três dias. Teve-se aí em vista evitar, em certos casos, a divulgação de declarações prestadas pelo indiciado, em proveito de partícipes do crime, ainda não detidos.

O Projeto teve o cuidado de evitar situação opressiva, para as testemunhas, estabelecendo que serão, salvo caso de urgência inadiável, inquiridos durante o dia, em período que medeie entre as sete e as dezoito horas. Determinou, igualmente, que as testemunhas não serão inqueridas por mais de quatro horas consecutivas, sendo-lhes facultado o descanso de meia hora, sempre que tiverem de prestar declarações além daquele termo.

Ficou, outrossim, prescrito que a autoridade encarregada do inquérito não poderá mandar arquivá-lo, embora conclusivo da inexistência de crime ou inimputabilidade do indiciado, tocando essa decisão somente à autoridade judiciária.

8. Dispondo a respeito da ação penal militar, manteve a norma da sua promoção só mediante denúncia do Ministério Público, que não poderá dela desistir, após o oferecimento. Em Capítulo especial, que antecede o relativo aos crimes sujeitos ao foro militar em tempo de paz e em tempo de guerra, são enumerados os requisitos a que deve obedecer a denúncia, bem como fixados os prazos para o seu oferecimento, conforme esteja solto ou preso o indiciado, e estabelecidos, restritivamente, os casos em que o juiz não a receberá, cabendo, entretanto, do respectivo despacho recurso para o Superior Tribunal Militar.

9. Em Título especial, situou as pessoas que tomam parte no processo – juiz e seus auxiliares (serventuários da Justiça, peritos e intérpretes) e as partes (acusador, assistentes e acusado) – e regulou os impedimentos processuais e a suspeição dos juízes e seus auxiliares e os dos representantes do Ministério Público. Prescreveu que nenhum acusado, ainda que ausente ou foragido, seja processado ou julgado sem defensor, tendo as praças o patrocínio do advogado de ofício, cujas atribuições são definidas na Lei de Organização Judiciária Militar. Determinou a nomeação de curador ao acusado incapaz, assim como o adiamento do processo, na falta de comparecimento do defensor, desde que indispensável a sua presença. Declarou que, no exercício da sua função no processo, terão os advogados os direitos que lhe são assegurados e os deveres que lhe são impostos pelo Estatuto da Ordem dos Advogados do Brasil.

10. Na competência do foro militar, atendendo às peculiaridades dessa Justiça, bem como a situação profissional dos militares e suas prerrogativas, o Projeto regula a matéria de modo diferente do adotado na legislação processual comum, embora mantendo a primazia da competência pelo lugar da infração. Seguindo ordem exclusiva, a começar por esta competência, admite, de modo geral, e da residência ou domicílio do acusado e, depois, a da prevenção, quando não conhecido ou incerto o lugar da infração, sendo que, para a competência por prevenção, especifica outros casos em que essa pode ocorrer. Mas, para o militar em situação de atividade, ou o assemelhado na mesma situação, e para o funcionário lotado em repartição militar, a competência do foro, quando não se puder determinar o lugar da infração, será o da unidade, navio, força ou órgão onde estiver servindo, não lhe sendo aplicável o critério da prevenção, salvo entre Auditorias da mesma sede e atendida a respectiva especialização.

Ficou ainda estabelecida a competência dentro de cada Circunscrição Judiciária, obedecendo ordenadamente, à especialização das Auditorias (da Marinha de Guerra, do Exército ou da Aeronáutica Militar, onde as houver) e à distribuição, onde existir mais de uma.

Na parte relativa à competência pelo lugar da infração, foi prevista a relativa aos crimes cometidos a bordo de navio, embarcação ou aeronave sob comando militar ou militarmente ocupados, bem como aos cometidos fora do Território Nacional ou neste somente em parte.

Quanto à prerrogativa de posto ou função, a respeito da qual não prevalecem as regras de competência acima mencionadas, tal como acontece nos casos de continência e conexão e de desaforamento, o Projeto deixou explícito que a competência decorre da natureza da mesma prerrogativa e não da natureza da infração, regulando-se, estritamente, pelas normas expressas no Código.

Regulou e estabeleceu, em todas as particularidades, os casos de conexão e continência; e, em especial, a respeito de concurso da competência militar, prevendo as hipóteses de unidade e de separação de processos e os de separação somente dos julgamentos.

Da mesma forma dispôs em relação ao desaforamento de processo.

11. Os conflitos de competência, quer entre as autoridades judiciárias militares quer entre estas e as da Justiça comum, ficaram disciplinados em Título autônomo.

12. Está prevista, também em Título especial, a ocorrência das questões prejudiciais, a forma de decidi-las e as autoridades judiciárias a que compete fazê-lo, nas diferentes fases do processo.

13. Subordinados a um Título só, que se subdivide em vários Capítulos e Seções, foram objeto de atenção particular os incidentes processuais, ordenados na seguinte sequência: exceções, insanidade mental do acusado e falsidade de documento.

Foram admitidas as exceções de suspeição, incompetência de juízo, litispendência e coisa julgada, sendo regulados os respectivos processos.

Ficou previsto, tal como dispõe, com felicidade, o Código da Justiça Militar vigente, que a verificação da insanidade mental pode ser feita quer na fase da instrução criminal quer na do inquérito, correndo em auto separado, que somente será apenso ao principal após a apresentação do laudo pericial.

14. A verificação de falsidade de documento constante do processo decorrerá de impugnação da parte ou de procedimento *ex officio* do juiz, sendo autuada em apartado, mas podendo sustar o feito, até a apuração, se imprescindível esta para a condenação ou absolvição do acusado.

15. Dispondo em Título autônomo sobre as medidas preventivas e assecuratórias, adotou o Projeto o método de as distribuir em Capítulos reguladores das providências que recaem sobre coisas e pessoas (busca, apreensão e restituição); das que recaem sobre coisas somente (sequestro, hipoteca legal e arresto), e das que recaem somente sobre pessoas (prisão em flagrante, prisão preventiva, menagem e aplicação provisória de medida de segurança). No mesmo Título, como complemento das disposições concernentes à prisão preventiva, trata, em Capítulo próprio, do comparecimento espontâneo do acusado; e, ainda, da liberdade provisória, no caso de infração a que não for cominada pena privativa da liberdade, no de infração culposa, exceto se compreendida entre as previstas como infringentes da segurança do País, e no de infração punida com pena de detenção não superior a 2 (dois) anos, salvo os crimes que cita o que, de modo geral, são atentatórios à autoridade, à disciplina ou à dignidade, militares.

Tratando da busca e apreensão, estabelece com minudência os requisitos para a sua execução e as cautelas a que devem ficar adstritas.

As disposições sobre sequestro, hipoteca legal e arresto de bens do acusado, para os casos de infração que atinge o patrimônio sob administração militar, não estavam previstas na legislação processual militar, embora aplicável, nas espécies, o Código de Processo Penal comum, por força do artigo 396, do Código da Justiça Militar.

A ausência daquelas disposições deixava de alertar as autoridades militares, juízes e procuradores, a fim de que aquelas medidas fossem tomadas com oportunidade, nos casos indicados.

Quanto à prisão provisória, isto é, aquela que ocorre durante o inquérito ou no curso do processo antes da condenação definitiva (a prisão em flagrante ou a prisão preventiva), o Projeto contém um Capítulo especial e minudente sobre as disposições que a regem, inclusive a respeito do tratamento que deve receber o indiciado ou acusado sob custódia, e as pessoas que, pela sua qualidade, têm direito a recolhimento em quartel ou prisão especial.

As regras adotadas para a prisão em flagrante coincidem com as da legislação processual comum, exceto nas peculiaridades ao âmbito militar.

A prisão preventiva ficou admitida com os requisitos da prova do fato delituoso ou indícios suficientes de autoria. Além desses requisitos, deve fundar-se em um dos casos de garantia da ordem pública, conveniência da instrução criminal, periculosidade do indiciado ou acusado, segurança da aplicação da lei penal militar, exigência da manutenção das normas ou princípios de hierarquia e disciplina militares, quando ficarem ameaçados com a liberdade do indiciado ou acusado. O fundamento básico para a decretação é, em resumo, a sua necessidade, em face da lei. Não tem prazo fixo, mas esta indeterminação não significa que a prisão preventiva deixe de ter limite. Este é traçado pela cessação da necessidade que fora decorrente, por sua vez, dos fundamentos postulados na lei, expressamente com caráter restritivo.

O Projeto não manteve a distinção absoluta, ora existente, de a prisão preventiva ser decretada pelo auditor, em se tratando de oficial, como indiciado, e pelo Conselho Permanente de Justiça, quando o indiciado for praça ou civil. Ficou conceituado que o auditor pode decretá-la em ambos os casos, devendo-se, entretanto, entender que, no segundo caso, até o recebimento da denúncia e, no outro, até a instalação do Conselho Especial, que é sorteado. Procedeu-se, desta forma, tendo-se em atenção a urgência reclamada para a decisão da prisão preventiva.

A menagem, que é de tradição no processo penal militar, foi conservada nos moldes em vigor, atualmente.

16. Os preceitos relativos à citação inicial e às notificações e intimações foram expostos em Título especial, que antecede ao que compreende os atos probatórios.

O Projeto, quanto à citação por mandado, precatória ou edital, não tem modificações de relevo no que é usual àquele respeito no processo penal comum, salvo peculiaridades atinentes ao âmbito militar.

Não acolheu, entretanto, a carta rogatória para citação de acusado em país estrangeiro, tal como se entende no direito processual comum, dada a sua impraticabilidade no processo penal militar, e, cremos, de modo geral, em qualquer processo criminal de ação pública.

Para a citação de acusado que esteja no estrangeiro, em lugar sabido, previu a carta citatória, cuja remessa será solicitada pela autoridade judiciária ao Ministério das Relações Exteriores, que, por intermédio de preposto seu, com jurisdição diplomática ou consular no lugar onde estiver o citando, fará a este a entrega daquela carta. Em se tratando de militar em situação de atividade, a remessa, para o mesmo fim, será solicitada ao Ministério a que aquele pertencer. A citação considerar-se-á cumprida com a comunicação oficial à autoridade judiciária da entrega da carta citatória. Não sendo encontrado o acusado, ou se ocultar ou opuser obstáculo à citação pessoal, será citado por edital.

17. O Título concernente aos atos probatórios, além do Capítulo que encerra disposições gerais, no tocante àqueles atos, compreende Capítulos a respeito da qualificação e interrogatório do acusado, confissão, perguntas ao ofendido, perícias e exames, testemunhas, acareação, reconhecimento de pessoa e de coisa, documentos e indícios.

O sistema preferido pelo Projeto foi o de englobar em um só Título normas relativas aos atos probatórios aplicáveis a quaisquer processos, quer em primeira quer em segunda instância, sempre que tenham de ser utilizadas.

As Disposições Gerais, por sua vez, além de compendiarem regras fundamentais sobre a admissão e alcance da prova, encerram outras que se estendem a várias espécies de provas, evitando repetições, quando estas são tratadas nos respectivos Capítulos, como, por exemplo, a preceituação a respeito da versão oral ou escrita, para a língua nacional, de quaisquer atos do processo.

Houve o cuidado de premunir os atos probatórios com elementos que lhes permitam propiciar ao julgador a realidade do processo, pondo no mesmo nível a acusação e a defesa, na contradita da instrução criminal, e permitindo ao juiz a intervenção, de ofício, sempre que julgar necessária diligência para o esclarecimento da verdade, em benefício da Justiça.

Ficou declarado que serão observadas no inquérito as disposições referentes às testemunhas e sua acareação, ao reconhecimento de pessoas e coisas, aos atos periciais e a documentos, bem como quaisquer outros atos que tenham pertinência com a investigação do fato delituoso e sua autoria.

18. O Livro II do Projeto trata dos processos em espécie, com dois Títulos, relativos, respectivamente, ao processo ordinário e aos processos especiais, contendo o primeiro deles um Capítulo único, com sete Seções, e o segundo oito Capítulos.

A instrução criminal bem como o julgamento dos processos na Justiça Militar, são feitos perante Conselhos Especiais sorteados, quando os acusados são oficiais até o posto de Coronel, ou Conselhos Permanentes (mutáveis de três em três meses), quando os acusados são praças ou civis. São executados os casos de deserção de praças do Exército e os de insubmissão, em que a instrução criminal e o julgamento são feitos perante os Conselhos de Justiça de corpos, formações e estabelecimentos militares, conforme os artigos 456 a 458, e seus parágrafos, do Projeto.

O Capítulo referente à instrução criminal divide-se em sete Seções reguladoras:

a) da prioridade de instrução e da polícia e ordem das sessões dos Conselhos de Justiça;
b) do início da instrução;
c) da instalação do Conselho de Justiça;
d) da qualificação e interrogatório do acusado, das exceções que podem ser opostas na ocasião e do comparecimento do ofendido;
e) da revelia;
f) da inquirição de testemunhas, do reconhecimento de pessoas ou coisa e das diligências em geral;
g) da sessão de julgamento e da sentença.

19. O Título II, do Livro II, compreende os processos especiais, referentes a deserção, insubmissão, *habeas corpus* e restauração de autos, os da competência originária do Superior Tribunal Militar e o de correição parcial.

O *habeas corpus* obedeceu às preceituações que são usuais na legislação penal brasileira, excetuados, entretanto, os casos em que a ameaça ou coação resultar: a) de punições disciplinares aplicadas de acordo com os regulamentos disciplinares das Forças Armadas; b) de punição aplicada aos oficiais e praças das Polícias e Corpos de Bombeiros, Militares, de acordo com os respectivos regulamentos; c) de prisão administrativa nos termos da legislação em vigor; d) das medidas que a Constituição autoriza durante o estado de sítio; e) de disposição que, com força de lei constitucional, excetue o *habeas corpus* em caso especial. O Projeto manteve a competência privativa do Superior Tribunal Militar para o julgamento do *habeas corpus*, determinando que, antes do julgamento, se dê vista do processo ao Procurador-Geral.

O processo de restauração de autos, que não consta do Código da Justiça Militar, foi regulado de forma a adaptar-se ao processo penal militar.

Tendo em atenção a extensão e a importância dadas pela Constituição à competência originária do Superior Tribunal Militar, o Projeto regulou em todos os seus termos o respectivo processo, desde a instrução até o julgamento. Da decisão definitiva ou com força definitiva, unânime ou não, declarou-se o cabimento de embargos, tendo-se em consideração o julgamento do acusado em uma única instância e não haver das decisões do Tribunal recurso ordinário para instância superior.

No processo de correição parcial, ficaram conceituados com precisão os casos para a sua procedência:

a) mediante requerimento das partes, para o fim de ser corrigido erro ou omissão inescusável, abuso ou ato tumultuário cometido ou consentido pelo juiz, desde que, para obviar tais fatos, não haja recurso previsto no Código;
b) mediante representação do auditor corregedor, para corrigir arquivamento irregular em inquérito ou processo. É pensamento do Projeto que a correição parcial não substitui o *habeas corpus*.

Ao Regimento Interno do Tribunal ficou pertencendo regular o processo e julgamento da correição parcial.

20. O Livro III do Projeto compreende dois Títulos, divididos em vários Capítulos, e tratam, respectivamente, das nulidades e dos recursos.

O Livro IV refere-se à execução da sentença, com Títulos a respeito dos incidentes da execução, indulto, comutação da pena, anistia, reabilitação e execução das medidas de segurança.

Foram especificados os casos de nulidade e, bem assim, as normas para a sua arguição e decretação. Quanto aos recursos para a segunda instância, admitiu os recursos em sentido estrito e a apelação, dispondo, respectivamente, sobre os casos e forma de interposição e de admissibilidade. No tocante à apelação, regulou o seu trânsito na instância superior e seus efeitos nos casos de absolvição e condenação, estabelecendo expressamente obrigação do o réu se recolher à prisão para interpor aquele recurso que ficará sustado, no caso de fuga da prisão, após ter sido o mesmo interposto. Declarou ser secreto o julgamento da apelação quando o réu estiver solto.

Regulou os recursos ordinários de decisões do Superior Tribunal Militar para o Supremo Tribunal Federal, nos crimes contra a segurança nacional ou as instituições militares, praticados por civis e Governadores de Estado ou seus Secretários, e os das decisões denegatórias do *habeas corpus*, bem como a interposição do recurso extraordinário para o Supremo Tribunal Federal.

Admitiu a reclamação, dirigida ao Superior Tribunal Militar, a fim de lhe preservar a competência ou assegurar a autoridade de julgado seu.

21. Na parte relativa à execução da sentença, versa, em vários Capítulos – além das normas gerais que nela se compreendem – a execução das penas em espécie, a das penas principais não privativas da liberdade e a das acessórias.

22. Referindo-se aos incidentes da execução, estabelece normas, casos e condições para a concessão da suspensão condicional da pena e do livramento condicional. Sendo a suspensão condicional da pena instituto somente agora admitido na Justiça Militar, o Projeto, em consonância com o Projeto de Código Penal Militar, dedica-lhe especial cuidado, enumerando os casos em que não pode ser liberalizado, embora satisfaçam a regra geral de outorga do benefício. São os casos que envolvem crime contra a segurança nacional ou contra a hierarquia, a disciplina ou a dignidade militar. Além disso, não pode a suspensão da pena ser concedida em tempo de guerra.

23. Em Título especial e dois Capítulos ficaram desenvolvidas as regras atinentes ao indulto, comutação da pena e anistia e, bem assim, à reabilitação, tendo tido, quanto a esta, em atenção, a Lei nº 5.467, de 5 de julho de 1968.

24. Em outro Título e Capítulo único, foi tratada a execução das medidas de segurança, previstas no Projeto de Código Penal Militar. É repetido o preceito restritivo neste previsto, quanto à aplicação de medida de segurança a militar ou seu assemelhado.

25. As normas a respeito da Justiça Militar em tempo de guerra estão tratadas no Livro V, que compreende um Título único com três Capítulos, relativos ao processo, aos recursos e a Disposições Especiais. Do Anteprojeto de Lei de Organização Judiciária Militar constam os órgãos a que compete o julgamento dos crimes praticados em zonas de operações ou território estrangeiro militarmente ocupado por forças brasileiras, tendo-se em atenção os tratados e convenções internacionais.

O processo é caracterizado pela sua rapidez, reduzindo-se os prazos, quer de acusação quer de defesa, e suprimindo-se certos termos admissíveis nos processos em tempo de paz. A instrução criminal e o julgamento são feitos perante os órgãos de Justiça, que acompanham a tropa. Há preceitos especiais quanto aos crimes de responsabilidade e de deserção.

São previstos, além da apelação voluntária de sentença de primeira instância, os recursos de ofício, de sentença que impuser pena restritiva da liberdade superior a oito anos e quando se tratar de crime a que é cominada pena de morte, e a sentença for absolutória ou não aplicar a pena máxima. Não haverá *habeas corpus*, nem revisão.

Não são suscetíveis de embargos as sentenças proferidas pelo Conselho Superior, que é o Tribunal de segunda instância perante as forças que operem em território estrangeiro militarmente ocupado.

As Disposições Especiais estabelecem normas para a execução da pena de morte, definem o que são *forças em operação de guerra* e determinam que os auditores, procuradores, advogados de ofício e escrivães da Justiça Militar, que acompanharem as forças em operação de guerra, sejam comissionados em postos militares, de acordo com as respectivas categorias funcionais.

26. A presente Exposição de Motivos procurou pôr em relevo os princípios e normas que inspiraram o Projeto de Código de Processo Penal Militar, complemento indispensável do Código Penal Militar, cujo Projeto está sendo encaminhado a Vossas Excelências. Significam ambos harmônica contribuição da mais alta valia às letras jurídicas do País e, especialmente, à prática da Justiça Militar, dando-lhe eficiência para o cumprimento da sua missão constitucional.

Aproveito a oportunidade para apresentar a Vossas Excelências protestos de profundo respeito.

**Luís Antônio da Gama e Silva
Ministro da Justiça**

CÓDIGO DE PROCESSO PENAL MILITAR
DECRETO-LEI Nº 1.002, DE 21 DE OUTUBRO DE 1969

Código de Processo Penal Militar.
▶ Publicado no *DOU* de 21-10-1969 e retificado nos *DOU* de 23-1-1970 e 28-1-1970.

Os Ministros da Marinha de Guerra, do Exército e da Aeronáutica Militar, usando das atribuições que lhes confere o artigo 3º do Ato Institucional nº 16, de 14 de outubro de 1969, combinado com o § 1º do artigo 2º do Ato Institucional nº 5, de 13 de dezembro de 1968, decretam:

CÓDIGO DE PROCESSO PENAL MILITAR

LIVRO I

TÍTULO I

CAPÍTULO ÚNICO

DA LEI DE PROCESSO PENAL MILITAR E DA SUA APLICAÇÃO

Fontes de Direito Judiciário Militar

Art. 1º O processo penal militar reger-se-á pelas normas contidas neste Código, assim em tempo de paz como em tempo de guerra, salvo legislação especial que lhe for estritamente aplicável.

▶ Arts. 1º a 3º do CPP.

Divergência de normas

§ 1º Nos casos concretos, se houver divergência entre essas normas e as de convenção ou tratado de que o Brasil seja signatário, prevalecerão as últimas.

Aplicação subsidiária

§ 2º Aplicam-se, subsidiariamente, as normas deste Código aos processos regulados em leis especiais.

Interpretação literal

Art. 2º A lei de processo penal militar deve ser interpretada no sentido literal de suas expressões. Os termos técnicos hão de ser entendidos em sua acepção especial, salvo se evidentemente empregados com outra significação.

Interpretação extensiva ou restritiva

§ 1º Admitir-se-á a interpretação extensiva ou a interpretação restritiva, quando for manifesto, no primeiro caso, que a expressão da lei é mais estrita e, no segundo, que é mais ampla, do que sua intenção.

Casos de inadmissibilidade de interpretação não literal

§ 2º Não é, porém, admissível qualquer dessas interpretações, quando:

a) cercear a defesa pessoal do acusado;
b) prejudicar ou alterar o curso normal do processo, ou lhe desvirtuar a natureza;
c) desfigurar de plano os termos da acusação que deram origem ao processo.

Suprimento dos casos omissos

Art. 3º Os casos omissos neste Código serão supridos:

a) pela legislação de processo penal comum, quando aplicável ao caso concreto e sem prejuízo da índole do processo penal militar;
b) pela jurisprudência;
c) pelos usos e costumes militares;
d) pelos princípios gerais de Direito;
e) pela analogia.

Aplicação no espaço e no tempo

Art. 4º Sem prejuízo de convenções, tratados e regras de direito internacional, aplicam-se as normas deste Código:

Tempo de paz

I – em tempo de paz:

a) em todo o Território Nacional;
b) fora do Território Nacional ou em lugar de extraterritorialidade brasileira, quando se tratar de crime que atente contra as instituições militares ou a segurança nacional, ainda que seja o agente processado ou tenha sido julgado pela justiça estrangeira;
c) fora do Território Nacional, em zona ou lugar sob administração ou vigilância da força militar brasileira, ou em ligação com esta, de força militar estrangeira no cumprimento de missão de caráter internacional ou extraterritorial;
d) a bordo de navios, ou quaisquer outras embarcações, e de aeronaves, onde quer se encontrem, ainda que de propriedade privada, desde que estejam sob comando militar ou militarmente utilizados ou ocupados por ordem de autoridade militar competente;
e) a bordo de aeronaves e navios estrangeiros desde que em lugar sujeito à administração militar, e a infração atente contra as instituições militares ou a segurança nacional.

Tempo de guerra

II – em tempo de guerra:

▶ Art. 355 e segs. do CPM.

a) aos mesmos casos previstos para o tempo de paz;
b) em zona, espaço ou lugar onde se realizem operações de força militar brasileira, ou estrangeira que lhe seja aliada, ou cuja defesa, proteção ou vigilância interesse à segurança nacional, ou ao bom êxito daquelas operações;
c) em território estrangeiro militarmente ocupado.

Aplicação intertemporal

Art. 5º As normas deste Código aplicar-se-ão a partir da sua vigência, inclusive nos processos pendentes, ressalvados os casos previstos no artigo 711, e sem prejuízo da validade dos atos realizados sob a vigência da lei anterior.

Aplicação à Justiça Militar Estadual

Art. 6º Obedecerão às normas processuais previstas neste Código, no que forem aplicáveis, salvo quanto à organização de Justiça, aos recursos e à execução de sentença, os processos da Justiça Militar Estadual, nos crimes previstos na Lei Penal Militar a que responderem os oficiais e praças das Polícias e dos Corpos de Bombeiros, Militares.

TÍTULO II

Capítulo Único

DA POLÍCIA JUDICIÁRIA MILITAR

Exercício da polícia judiciária militar

Art. 7º A polícia judiciária militar é exercida nos termos do artigo 8º, pelas seguintes autoridades, conforme as respectivas jurisdições:

▶ Art. 144, § 1º, IV, da CF.
▶ Art. 4º do CPP.

a) pelos ministros da Marinha, do Exército e da Aeronáutica, em todo o Território Nacional e fora dele, em relação às forças e órgãos que constituem seus Ministérios, bem como a militares que, neste caráter, desempenhem missão oficial, permanente ou transitória, em país estrangeiro;
b) pelo chefe do Estado-Maior das Forças Armadas, em relação a entidades que, por disposição legal, estejam sob sua jurisdição;
c) pelos chefes de Estado-Maior e pelo secretário-geral da Marinha, nos órgãos, forças e unidades que lhes são subordinados;
d) pelos comandantes de Exército e pelo comandante-chefe da Esquadra, nos órgãos, forças e unidades compreendidos no âmbito da respectiva ação de comando;
e) pelos comandantes de Região Militar, Distrito Naval ou Zona Aérea, nos órgãos e unidades dos respectivos territórios;
f) pelo secretário do Ministério do Exército e pelo chefe de Gabinete do Ministério da Aeronáutica, nos órgãos e serviços que lhes são subordinados;
g) pelos diretores e chefes de órgãos, repartições, estabelecimentos ou serviços previstos nas leis de organização básica da Marinha, do Exército e da Aeronáutica;
h) pelos comandantes de forças, unidades ou navios.

Delegação do exercício

§ 1º Obedecidas as normas regulamentares de jurisdição, hierarquia e comando, as atribuições enumeradas neste artigo poderão ser delegadas a oficiais da ativa, para fins especificados e por tempo limitado.

§ 2º Em se tratando de delegação para instauração de inquérito policial militar, deverá aquela recair em oficial de posto superior ao do indiciado, seja este oficial da ativa, da reserva, remunerada ou não, ou reformado.

§ 3º Não sendo possível a designação de oficial de posto superior ao do indiciado, poderá ser feita a de oficial do mesmo posto, desde que mais antigo.

§ 4º Se o indiciado é oficial da reserva ou reformado, não prevalece, para a delegação, a antiguidade de posto.

Designação de delegado e avocamento de inquérito pelo ministro

§ 5º Se o posto e a antiguidade de oficial da ativa excluírem, de modo absoluto, a existência de outro oficial da ativa, nas condições do § 3º, caberá ao ministro competente a designação de oficial da reserva de posto mais elevado para a instauração do inquérito policial militar; e, se este estiver iniciado, avocá-lo, para tomar essa providência.

Competência da polícia judiciária militar

Art. 8º Compete à polícia judiciária militar:

a) apurar os crimes militares, bem como os que, por lei especial, estão sujeitos à jurisdição militar, e sua autoria;
b) prestar aos órgãos e juízes da Justiça Militar e aos membros do Ministério Público as informações necessárias à instrução e julgamento dos processos, bem como realizar as diligências que por eles lhe forem requisitadas;
c) cumprir os mandados de prisão expedidos pela Justiça Militar;
d) representar as autoridades judiciárias militares acerca da prisão preventiva e da insanidade mental do indiciado;
e) cumprir as determinações da Justiça Militar relativas aos presos sob sua guarda e responsabilidade, bem como as demais prescrições deste Código, nesse sentido;
f) solicitar das autoridades civis as informações e medidas que julgue úteis à elucidação das infrações penais, que esteja a seu cargo;
g) requisitar da polícia civil e das repartições técnicas civis as pesquisas e exames necessários ao complemento e subsídio de inquérito policial militar;
h) atender, com observância dos regulamentos militares, a pedido de apresentação de militar ou funcionário de repartição militar à autoridade civil competente, desde que legal e fundamentado o pedido.

TÍTULO III

Capítulo Único

DO INQUÉRITO POLICIAL MILITAR

Finalidade do inquérito

Art. 9º O inquérito policial militar é a apuração sumária de fato, que, nos termos legais, configure crime militar, e de sua autoria. Tem o caráter de instrução provisória, cuja finalidade precípua é a de ministrar elementos necessários à propositura da ação penal.

▶ Arts. 29 e 30 deste Código.

Parágrafo único. São, porém, efetivamente instrutórios da ação penal os exames, perícias e avaliações realizados regularmente no curso do inquérito, por peritos idôneos e com obediência às formalidades previstas neste Código.

Modos por que pode ser iniciado

Art. 10. O inquérito é iniciado mediante portaria:

▶ Art. 5º do CPP.
▶ Súm. nº 397 do STF.

a) de ofício, pela autoridade militar em cujo âmbito de jurisdição ou comando haja ocorrido a infração penal, atendida a hierarquia do infrator;
b) por determinação ou delegação da autoridade militar superior, que, em caso de urgência, poderá ser feita por via telegráfica ou radiotelefônica e confirmada, posteriormente, por ofício;
c) em virtude de requisição do Ministério Público;
d) por decisão do Superior Tribunal Militar, nos termos do artigo 25;
e) a requerimento da parte ofendida ou de quem legalmente a represente, ou em virtude de representação devidamente autorizada de quem tenha conhecimento de infração penal, cuja repressão caiba à Justiça Militar;
f) quando, de sindicância feita em âmbito de jurisdição militar, resulte indício da existência de infração penal militar.

Superioridade ou igualdade de posto do infrator

§ 1º Tendo o infrator posto superior ou igual ao do comandante, diretor ou chefe de órgão ou serviço, em cujo âmbito de jurisdição militar haja ocorrido a infração penal, será feita a comunicação do fato à autoridade superior competente, para que esta torne efetiva a delegação, nos termos do § 2º do artigo 7º.

Providências antes do inquérito

§ 2º O aguardamento da delegação não obsta que o oficial responsável por comando, direção ou chefia, ou aquele que o substitua ou esteja de dia, de serviço ou de quarto, tome ou determine que sejam tomadas imediatamente as providências cabíveis, previstas no artigo 12, uma vez que tenha conhecimento de infração penal que lhe incumba reprimir ou evitar.

Infração de natureza não militar

§ 3º Se a infração penal não for, evidentemente, de natureza militar, comunicará o fato à autoridade policial competente, a quem fará apresentar o infrator. Em se tratando de civil, menor de dezoito anos, a apresentação será feita ao Juiz de Menores.

Oficial-general como infrator

§ 4º Se o infrator for oficial-general, será sempre comunicado o fato ao ministro e ao chefe de Estado-Maior competente, obedecidos os trâmites regulamentares.

Indícios contra oficial de posto superior ou mais antigo no curso do inquérito

§ 5º Se, no curso do inquérito, o seu encarregado verificar a existência de indícios contra oficial de posto superior ao seu, ou mais antigo, tomará as providências necessárias para que as suas funções sejam delegadas a outro oficial, nos termos do § 2º do artigo 7º.

Escrivão do inquérito

Art. 11. A designação de escrivão para o inquérito caberá ao respectivo encarregado, se não tiver sido feita pela autoridade que lhe deu delegação para aquele fim, recaindo em segundo ou primeiro-tenente, se o indiciado for oficial, e em sargento, subtenente ou suboficial, nos demais casos.

Compromisso legal

Parágrafo único. O escrivão prestará compromisso de manter o sigilo do inquérito e de cumprir fielmente as determinações deste Código, no exercício da função.

Medidas preliminares ao inquérito

Art. 12. Logo que tiver conhecimento da prática de infração penal militar, verificável na ocasião, a autoridade a que se refere o § 2º do artigo 10 deverá, se possível:

▶ Art. 6º do CPP.
▶ Art. 69 da Lei nº 9.099, de 26-9-1995 (Lei dos Juizados Especiais).

a) dirigir-se ao local, providenciando para que se não alterem o estado e a situação das coisas, enquanto necessário;
b) apreender os instrumentos e todos os objetos que tenham relação com o fato;
c) efetuar a prisão do infrator, observado o disposto no artigo 244;
d) colher todas as provas que sirvam para o esclarecimento do fato e suas circunstâncias.

Formação do inquérito

Art. 13. O encarregado do inquérito deverá, para a formação deste:

Atribuição do seu encarregado

a) tomar as medidas previstas no artigo 12, se ainda não o tiverem sido;
b) ouvir o ofendido;
c) ouvir o indiciado;
d) ouvir testemunhas;
e) proceder a reconhecimento de pessoas e coisas, e acareações;
f) determinar, se for o caso, que se proceda a exame de corpo de delito e a quaisquer outros exames e perícias;
g) determinar a avaliação e identificação da coisa subtraída, desviada, destruída ou danificada, ou da qual houve indébita apropriação;

▶ Art. 342 deste Código.

h) proceder a buscas e apreensões, nos termos dos artigos 172 a 184 e 185 a 189;
i) tomar as medidas necessárias destinadas à proteção de testemunhas, peritos ou do ofendido, quando coactos ou ameaçados de coação que lhes tolha a liberdade de depor, ou a independência para a realização de perícias ou exames.

Reconstituição dos fatos

Parágrafo único. Para verificar a possibilidade de haver sido a infração praticada de determinado modo, o encarregado do inquérito poderá proceder à reprodução simulada dos fatos, desde que esta não contrarie a moralidade ou a ordem pública, nem atente contra a hierarquia ou a disciplina militar.

▶ Art. 5º, LXIII, da CF.
▶ Art. 7º do CPP.

Assistência de procurador

Art. 14. Em se tratando da apuração de fato delituoso de excepcional importância ou de difícil elucidação, o encarregado do inquérito poderá solicitar do procurador-geral a indicação de procurador que lhe dê assistência.

Encarregado de inquérito. Requisitos

Art. 15. Será encarregado do inquérito, sempre que possível, oficial de posto não inferior ao de capitão ou capitão-tenente; e, em se tratando de infração penal contra a segurança nacional, sê-lo-á, sempre que possível, oficial superior, atendida, em cada caso, a sua hierarquia, se oficial o indiciado.

Sigilo do inquérito

Art. 16. O inquérito é sigiloso, mas seu encarregado pode permitir que dele tome conhecimento o advogado do indiciado.

▶ Art. 5º, XXXIII, da CF.
▶ Arts. 20 e 745 do CPP.
▶ Art. 7º, XIII a XV, e § 1º, da Lei nº 8.906, de 4-7-1994 (Estatuto da Advocacia e da OAB).

Incomunicabilidade do indiciado. Prazo

Art. 17. O encarregado do inquérito poderá manter incomunicável o indiciado, que estiver legalmente preso, por três dias no máximo.

▶ Arts. 5º, LXII, e 136, § 3º, IV, da CF.
▶ Art. 21 do CPP.
▶ Art. 4º, *b* e *c*, da Lei nº 4.898, de 9-12-1965 (Lei do Abuso de Autoridade).

Detenção de indiciado

Art. 18. Independentemente de flagrante delito, o indiciado poderá ficar detido, durante as investigações policiais, até trinta dias, comunicando-se a detenção à autoridade judiciária competente. Esse prazo poderá ser prorrogado, por mais vinte dias, pelo comandante da Região, Distrito Naval ou Zona Aérea, mediante solicitação fundamentada do encarregado do inquérito e por via hierárquica.

Prisão preventiva e menagem. Solicitação

Parágrafo único. Se entender necessário, o encarregado do inquérito solicitará, dentro do mesmo prazo ou sua prorrogação, justificando-a, a decretação da prisão preventiva ou de menagem, do indiciado.

Inquirição durante o dia

Art. 19. As testemunhas e o indiciado, exceto caso de urgência inadiável, que constará da respectiva assentada, devem ser ouvidas durante o dia, em período que medeie entre as sete e as dezoito horas.

Inquirição. Assentada de início, interrupção e encerramento

§ 1º O escrivão lavrará assentada do dia e hora do início das inquirições ou depoimentos; e, da mesma forma, do seu encerramento ou interrupções, no final daquele período.

Inquirição. Limite de tempo

§ 2º A testemunha não será inquirida por mais de quatro horas consecutivas, sendo-lhe facultado o descanso de meia hora, sempre que tiver de prestar declarações além daquele termo. O depoimento que não ficar concluído às dezoito horas será encerrado, para prosseguir no dia seguinte, em hora determinada pelo encarregado do inquérito.

§ 3º Não sendo útil o dia seguinte, a inquirição poderá ser adiada para o primeiro dia que o for, salvo caso de urgência.

Prazos para terminação do inquérito

Art. 20. O inquérito deverá terminar dentro em vinte dias, se o indiciado estiver preso, contado esse prazo a partir do dia em que se executar a ordem de prisão; ou no prazo de quarenta dias, quando o indiciado estiver solto, contados a partir da data em que se instaurar o inquérito.

▶ Art. 10 do CPP.
▶ Art. 66 da Lei nº 5.010, de 30-5-1966 (Lei de Organização da Justiça Federal).

Prorrogação de prazo

§ 1º Este último prazo poderá ser prorrogado por mais vinte dias pela autoridade militar superior, desde que não estejam concluídos exames ou perícias já iniciados, ou haja necessidade de diligência, indispensáveis à elucidação do fato. O pedido de prorrogação deve ser feito em tempo oportuno, de modo a ser atendido antes da terminação do prazo.

Diligências não concluídas até o inquérito

§ 2º Não haverá mais prorrogação, além da prevista no § 1º, salvo dificuldade insuperável, a juízo do ministro de Estado competente. Os laudos de perícias ou exames não concluídos nessa prorrogação, bem como os documentos colhidos depois dela, serão posteriormente remetidos ao juiz, para a juntada ao processo. Ainda, no seu relatório, poderá o encarregado do inquérito indicar, mencionando, se possível, o lugar onde se encontram as testemunhas que deixaram de ser ouvidas, por qualquer impedimento.

▶ Art. 22 deste Código.

Dedução em favor dos prazos

§ 3º São deduzidas dos prazos referidos neste artigo as interrupções pelo motivo previsto no § 5º do artigo 10.

Reunião e ordem das peças de inquérito

Art. 21. Todas as peças do inquérito serão, por ordem cronológica, reunidas num só processado e datilografadas, em espaço dois, com as folhas numeradas e rubricadas, pelo escrivão.

▶ Art. 9º do CPP.

Juntada de documento

Parágrafo único. De cada documento junto, a que precederá despacho do encarregado do inquérito, o escrivão lavrará o respectivo termo, mencionando a data.

Relatório

Art. 22. O inquérito será encerrado com minucioso relatório, em que o seu encarregado mencionará as diligências feitas, as pessoas ouvidas e os resultados obtidos, com indicação do dia, hora e lugar onde ocorreu o fato delituoso. Em conclusão, dirá se há infração disciplinar a punir ou indício de crime, pronunciando-se, neste último caso, justificadamente, sobre a conveniência da prisão preventiva do indiciado, nos termos legais.

▶ Arts. 254 e 255 deste Código.

Solução

§ 1º No caso de ter sido delegada a atribuição para a abertura do inquérito, o seu encarregado enviá-lo-á à autoridade de que recebeu a delegação, para que lhe homologue ou não a solução, aplique penalidades, no caso de ter sido apurada infração disciplinar, ou determine novas diligências, se as julgar necessárias.

Advocação

§ 2º Discordando da solução dada ao inquérito, a autoridade que o delegou poderá avocá-lo e dar solução diferente.

Remessa do inquérito à Auditoria da Circunscrição

Art. 23. Os autos do inquérito serão remetidos ao auditor da Circunscrição Judiciária Militar onde ocorreu a infração penal, acompanhados dos instrumentos desta, bem como dos objetos que interessem à sua prova.

Remessa a Auditorias Especializadas

§ 1º Na Circunscrição onde houver Auditorias Especializadas da Marinha, do Exército e da Aeronáutica, atender-se-á, para a remessa, à especialização de cada uma. Onde houver mais de uma na mesma sede, especializada ou não, a remessa será feita à primeira Auditoria, para a respectiva distribuição. Os incidentes ocorridos no curso do inquérito serão resolvidos pelo juiz a que couber tomar conhecimento do inquérito, por distribuição.

§ 2º Os autos de inquérito instaurado fora do Território Nacional serão remetidos à 1ª Auditoria da Circunscrição com sede na Capital da União, atendida, contudo, a especialização referida no § 1º.

Arquivamento de inquérito. Proibição

Art. 24. A autoridade militar não poderá mandar arquivar autos de inquérito, embora conclusivo da inexistência de crime ou de inimputabilidade do indiciado.

▶ Art. 17 do CPP.

Instauração de novo inquérito

Art. 25. O arquivamento de inquérito não obsta a instauração de outro, se novas provas aparecerem em relação ao fato, ao indiciado ou a terceira pessoa, ressalvados o caso julgado e os casos de extinção da punibilidade.

▶ Arts. 18, 67, I, e 414, parágrafo único, do CPP.
▶ Art. 7º da Lei nº 1.521, de 26-12-1951 (Lei dos Crimes Contra a Economia Popular).

§ 1º Verificando a hipótese contida neste artigo, o juiz remeterá os autos ao Ministério Público, para os fins do disposto no artigo 10, letra c.

§ 2º O Ministério Público poderá requerer o arquivamento dos autos, se entender inadequada a instauração do inquérito.

Devolução de autos de inquérito

Art. 26. Os autos de inquérito não poderão ser devolvidos a autoridade policial militar, a não ser:

▶ Art. 129, VIII, da CF.
▶ Art. 16 do CPP.

I – mediante requisição do Ministério Público, para diligências por ele consideradas imprescindíveis ao oferecimento da denúncia;

II – por determinação do juiz, antes da denúncia, para o preenchimento de formalidades previstas neste Código, ou para complemento de prova que julgue necessária.

Parágrafo único. Em qualquer dos casos, o juiz marcará prazo, não excedente de vinte dias, para a restituição dos autos.

Suficiência do auto de flagrante delito

Art. 27. Se, por si só, for suficiente para a elucidação do fato e sua autoria, o auto de flagrante delito constituirá o inquérito, dispensando outras diligências, salvo o exame de corpo de delito no crime que deixe vestígios, a identificação da coisa e a sua avaliação, quando o seu valor influir na aplicação da pena. A remessa dos autos, com breve relatório da autoridade policial militar, far-se-á sem demora ao juiz competente, nos termos do artigo 20.

Dispensa de inquérito

Art. 28. O inquérito poderá ser dispensado, sem prejuízo de diligência requisitada pelo Ministério Público:

▶ Art. 12 do CPP.

a) quando o fato e sua autoria já estiverem esclarecidos por documentos ou outras provas materiais;
b) nos crimes contra a honra, quando decorrerem de escrito ou publicação, cujo autor esteja identificado;
c) nos crimes previstos nos artigos 341 e 349 do Código Penal Militar.

TÍTULO IV

Capítulo Único

DA AÇÃO PENAL MILITAR E DO SEU EXERCÍCIO

Promoção da ação penal

Art. 29. A ação penal é pública e somente pode ser promovida por denúncia do Ministério Público Militar.

▶ Arts. 5º, LIX, e 129, I, da CF.
▶ Art. 24 do CPP.
▶ Arts. 121 e 122 do CPM.

Obrigatoriedade

Art. 30. A denúncia deve ser apresentada sempre que houver:

a) prova de fato que, em tese, constitua crime;
b) indícios de autoria.

Dependência de requisição do Governo

Art. 31. Nos crimes previstos nos artigos 136 a 141 do Código Penal Militar, a ação penal, quando o agente for militar ou assemelhado, depende de requisição, que será feita ao procurador-geral da Justiça Militar, pelo Ministério a que o agente estiver subordinado; no caso do artigo 141 do mesmo Código, quando o agente for civil e não houver coautor militar, a requisição será do Ministério da Justiça.

Comunicação ao Procurador-Geral da República

Parágrafo único. Sem prejuízo dessa disposição, o procurador-geral da Justiça Militar dará conhecimento ao Procurador-Geral da República de fato apurado em inquérito que tenha relação com qualquer dos crimes referidos neste artigo.

Proibição de existência da denúncia

Art. 32. Apresentada a denúncia, o Ministério Público não poderá desistir da ação penal.

▶ Art. 42 do CPP.

Exercício do direito de representação

Art. 33. Qualquer pessoa, no exercício do direito de representação, poderá provocar a iniciativa do Ministério Público, dando-lhe informações sobre fato que constitua crime militar e sua autoria, e indicando-lhe os elementos de convicção.

▶ Art. 27 do CPP.

Informações

§ 1º As informações, se escritas, deverão estar devidamente autenticadas; se verbais, serão tomadas por termo perante o juiz, a pedido do órgão do Ministério Público, e na presença deste.

Requisição de diligências

§ 2º Se o Ministério Público as considerar procedentes, dirigir-se-á à autoridade policial militar para que esta proceda às diligências necessárias ao esclarecimento do fato, instaurando inquérito, se houver motivo para esse fim.

TÍTULO V – DO PROCESSO PENAL MILITAR EM GERAL

Capítulo Único

DO PROCESSO

Direito de ação e defesa. Poder de jurisdição

Art. 34. O direito de ação é exercido pelo Ministério Público, como representante da lei e fiscal da sua execução, e o de defesa pelo acusado, cabendo ao juiz exercer o poder de jurisdição, em nome do Estado.

Relação processual. Início e extinção

Art. 35. O processo inicia-se com o recebimento de denúncia pelo juiz, efetiva-se com a citação do acusado e extingue-se no momento em que a sentença definitiva se torna irrecorrível, quer resolva o mérito, quer não.

Casos de suspensão

Parágrafo único. O processo suspende-se ou extingue-se nos casos previstos neste Código.

TÍTULO VI – DO JUIZ, AUXILIARES E PARTES DO PROCESSO

Capítulo I

DO JUIZ E SEUS AUXILIARES

Seção I

DO JUIZ

Função do juiz

Art. 36. O juiz proverá a regularidade do processo e a execução da lei, e manterá a ordem no curso dos respectivos atos, podendo, para tal fim, requisitar a força militar.

▶ Arts. 251, 497, 794 e 795 do CPP.
▶ Arts. 60 e 80 da Lei nº 9.099, de 26-9-1995 (Lei dos Juizados Especiais).
▶ Art. 8º, nº 1, do Pacto de São José da Costa Rica.

§ 1º Sempre que este Código se refere a juiz abrange, nesta denominação, quaisquer autoridades judiciárias, singulares ou colegiadas, no exercício das respectivas competências atributivas ou processuais.

Independência da função

§ 2º No exercício das suas atribuições, o juiz não deverá obediência senão, nos termos legais, à autoridade judiciária que lhe é superior.

Impedimento para exercer a jurisdição

Art. 37. O juiz não poderá exercer jurisdição no processo em que:

▶ Art. 500, I, deste Código.
▶ Arts. 112, 252, 267 e 564, I, do CPP.

a) como advogado ou defensor, órgão do Ministério Público, autoridade policial, auxiliar de justiça ou perito, tiver funcionado seu cônjuge, ou parente consanguíneo ou afim até o terceiro grau inclusive;
b) ele próprio houver desempenhado qualquer dessas funções ou servido como testemunha;
c) tiver funcionado como juiz de outra instância, pronunciando-se, de fato ou de direito, sobre a questão;

▶ Súm. nº 206 do STF.

d) ele próprio ou seu cônjuge, ou parente consanguíneo ou afim, até o terceiro grau inclusive, for parte ou diretamente interessado.

Inexistência de atos

Parágrafo único. Serão considerados inexistentes os atos praticados por juiz impedido, nos termos deste artigo.

Casos de suspeição do juiz

Art. 38. O juiz dar-se-á por suspeito e, se o não fizer, poderá ser recusado por qualquer das partes:

▶ Art. 500, I, deste Código.
▶ Arts. 97, 254 e 564, I, do CPP.

a) se for amigo íntimo ou inimigo de qualquer delas;
b) se ele, seu cônjuge, ascendente ou descendente, de um ou de outro, estiver respondendo a processo por fato análogo, sobre cujo caráter criminoso haja controvérsia;
c) se ele, seu cônjuge, ou parente, consanguíneo ou afim até o segundo grau inclusive, sustentar demanda ou responder a processo que tenha de ser julgado por qualquer das partes;
d) se ele, seu cônjuge, ou parente, a que alude a alínea anterior, sustentar demanda contra qualquer das partes ou tiver sido procurador de qualquer delas;
e) se tiver dado parte oficial do crime;
f) se tiver aconselhado qualquer das partes;
g) se ele ou seu cônjuge for herdeiro presuntivo, donatário ou usufrutuário de bens ou empregador de qualquer das partes;
h) se for presidente, diretor ou administrador de sociedade interessada no processo;

i) se for credor ou devedor, tutor ou curador, de qualquer das partes.

Suspeição entre adotante e adotado

Art. 39. A suspeição entre adotante e adotado será considerada nos mesmos termos da resultante entre ascendente e descendente, mas não se estenderá aos respectivos parentes e cessará no caso de se dissolver o vínculo da adoção.

Suspeição por afinidade

Art. 40. A suspeição ou impedimento decorrente de parentesco por afinidade cessará pela dissolução do casamento que lhe deu causa, salvo sobrevindo descendentes. Mas, ainda que dissolvido o casamento, sem descendentes, não funcionará como juiz o parente afim em primeiro grau na linha ascendente ou descendente em segundo grau na linha colateral, de quem for parte do processo.

▶ Art. 255 do CPP.

Suspeição provocada

Art. 41. A suspeição não poderá ser declarada nem reconhecida, quando a parte injuriar o juiz, ou de propósito der motivo para criá-la.

▶ Art. 256 do CPP.

Seção II

DOS AUXILIARES DO JUIZ

Funcionários e serventuários da Justiça

Art. 42. Os funcionários ou serventuários da Justiça Militar são, nos processos em que funcionam, auxiliares do juiz, a cujas determinações devem obedecer.

▶ Art. 274 do CPP.

Escrivão

Art. 43. O escrivão providenciará para que estejam em ordem e em dia as peças e termos dos processos.

Oficial de Justiça

Art. 44. O Oficial de Justiça realizará as diligências que lhe atribuir a lei de organização judiciária militar e as que lhe forem ordenadas por despacho do juiz, certificando o ocorrido, no respectivo instrumento, com designação de lugar, dia e hora.

Diligências

§ 1º As diligências serão feitas durante o dia, em período que medeie entre as seis e as dezoito horas e, sempre que possível, na presença de duas testemunhas.

Mandados

§ 2º Os mandados serão entregues em cartório, logo depois de cumpridos, salvo motivo de força maior.

Convocação de substituto. Nomeação ad hoc

Art. 45. Nos impedimentos do funcionário ou serventuário de justiça, o juiz convocará o substituto; e, na falta deste, nomeará um *ad hoc*, que prestará compromisso de bem desempenhar a função, tendo em atenção as ordens do juiz e as determinações de ordem legal.

Suspeição de funcionário ou serventuário

Art. 46. O funcionário ou serventuário de justiça fica sujeito, no que for aplicável, às mesmas normas referentes a impedimento ou suspeição do juiz, inclusive o disposto no artigo 41.

Seção III

DOS PERITOS E INTÉRPRETES

Nomeação de peritos

Art. 47. Os peritos e intérpretes serão de nomeação do juiz, sem intervenção das partes.

▶ Arts. 177 e 276 do CPP.
▶ Art. 8º, nº 2, *a*, do Pacto de São José da Costa Rica.
▶ Súm. nº 361 do STF.

Preferência

Art. 48. Os peritos ou intérpretes serão nomeados de preferência dentre oficiais da ativa, atendida a especialidade.

Compromisso legal

Parágrafo único. O perito ou intérprete prestará compromisso de desempenhar a função com obediência à disciplina judiciária e de responder fielmente aos quesitos propostos pelo juiz e pelas partes.

Encargo obrigatório

Art. 49. O encargo de perito ou intérprete não pode ser recusado, salvo motivo relevante que o nomeado justificará, para apreciação do juiz.

▶ Art. 277 do CPP.

Penalidade em caso de recusa

Art. 50. No caso de recusa irrelevante, o juiz poderá aplicar multa correspondente até três dias de vencimentos, se o nomeado os tiver fixos por exercício de função; ou, se isto não acontecer, arbitrá-lo em quantia que irá de um décimo à metade do maior salário mínimo do País.

▶ Art. 277 do CPP.

Casos extensivos

Parágrafo único. Incorrerá na mesma pena o perito ou o intérprete que, sem justa causa:

a) deixar de acudir ao chamado da autoridade;
b) não comparecer no dia e local designados para o exame;
c) não apresentar o laudo, ou concorrer para que a perícia não seja feita, nos prazos estabelecidos.

Não comparecimento do perito

Art. 51. No caso de não comparecimento do perito, sem justa causa, o juiz poderá determinar sua apresentação, oficiando, para esse fim, à autoridade militar ou civil competente, quando se tratar de oficial ou de funcionário público.

▶ Art. 278 do CPP.

Impedimentos dos peritos

Art. 52. Não poderão ser peritos ou intérpretes:

▶ Art. 279 do CPP.

a) os que estiverem sujeitos a interdição que os inabilite para o exercício de função pública;
b) os que tiverem prestado depoimento no processo ou opinado anteriormente sobre o objeto da perícia;
c) os que não tiverem habilitação ou idoneidade para o seu desempenho;

d) os menores de vinte e um anos.

Suspeição de peritos e intérpretes

Art. 53. É extensivo aos peritos e intérpretes, no que lhes for aplicável, o disposto sobre suspeição de juízes.

▶ Art. 280 do CPP.

Capítulo II
DAS PARTES

Seção I
DO ACUSADOR

Ministério Público

Art. 54. O Ministério Público é o orgão de acusação no processo penal militar, cabendo ao procurador-geral exercê-la nas ações de competência originária no Superior Tribunal Militar e aos procuradores nas ações perante os órgãos judiciários de primeira instância.

▶ Arts. 127 a 130 da CF.
▶ Arts. 257 e 258 do CPP.
▶ Lei nº 8.625, de 12-2-1993 (Lei Orgânica Nacional do Ministério Público).
▶ Arts. 76 e 89 da Lei nº 9.099, de 26-9-1995 (Lei dos Juizados Especiais).

Pedido de absolvição

Parágrafo único. A função de órgão de acusação não impede o Ministério Público de opinar pela absolvição do acusado, quando entender que, para aquele efeito, existem fundadas razões de fato ou de direito.

Fiscalização e função especial do Ministério Público

Art. 55. Cabe ao Ministério Público fiscalizar o cumprimento da lei penal militar, tendo em atenção especial o resguardo das normas de hierarquia e disciplina, como bases da organização das Forças Armadas.

Independência do Ministério Público

Art. 56. O Ministério Público desempenhará as suas funções de natureza processual sem dependência a quaisquer determinações que não emanem de decisão ou despacho da autoridade judiciária competente, no uso de atribuição prevista neste Código e regularmente exercida, havendo no exercício das funções recíproca independência entre os órgãos do Ministério Público e os da ordem judiciária.

Subordinação direta ao Procurador-Geral

Parágrafo único. Os procuradores são diretamente subordinados ao Procurador-Geral.

Impedimentos

Art. 57. Não pode funcionar no processo o membro do Ministério Público:

▶ Súm. nº 234 do STJ.

a) se nele já houver intervindo seu cônjuge ou parente consanguíneo ou afim, até o terceiro grau inclusive, como juiz, defensor do acusado, autoridade policial ou auxiliar de justiça;
b) se ele próprio houver desempenhado qualquer dessas funções;
c) se ele próprio ou seu cônjuge ou parente consanguíneo ou afim, até o terceiro grau inclusive, for parte ou diretamente interessado no feito.

Suspeição

Art. 58. Ocorrerá a suspeição do membro do Ministério Público:

▶ Súm. nº 234 do STJ.

a) se for amigo íntimo ou inimigo do acusado ou ofendido;
b) se ele próprio, seu cônjuge ou parente consanguíneo ou afim, até o terceiro grau inclusive, sustentar demanda ou responder a processo que tenha de ser julgado pelo acusado ou pelo ofendido;
c) se houver aconselhado o acusado;
d) se for tutor ou curador, credor ou devedor do acusado;
e) se for herdeiro presuntivo, ou donatário ou usufrutuário de bens, do acusado ou seu empregador;
f) se for presidente, diretor ou administrador de sociedade ligada de qualquer modo ao acusado.

Aplicação extensiva de disposição

Art. 59. Aplica-se aos membros do Ministério Público o disposto nos artigos 39, 40 e 41.

Seção II
DO ASSISTENTE

Habilitação do ofendido como assistente

Art. 60. O ofendido, seu representante legal e seu sucessor podem habilitar-se a intervir no processo como assistentes do Ministério Público.

▶ Arts. 268 e 598 do CPP.
▶ Art. 26, parágrafo único, da Lei nº 7.492, de 16-6-1986 (Lei dos Crimes Contra o Sistema Financeiro Nacional).
▶ Súmulas nºs 208, 210 e 448 do STF.

Representante e sucessor do ofendido

Parágrafo único. Para os efeitos deste artigo, considera-se representante legal o ascendente ou descendente, tutor ou curador do ofendido, se menor de dezoito anos ou incapaz; e sucessor, o seu ascendente, descendente ou irmão, podendo qualquer deles, com exclusão dos demais, exercer o encargo, ou constituir advogado para esse fim, em atenção à ordem estabelecida neste parágrafo, cabendo ao juiz a designação se entre eles não houver acordo.

Competência para admissão do assistente

Art. 61. Cabe ao juiz do processo, ouvido o Ministério Público, conceder ou negar a admissão de assistente de acusação.

▶ Art. 272 do CPP.

Oportunidade da admissão

Art. 62. O assistente será admitido enquanto não passar em julgado a sentença e receberá a causa no Estado em que se achar.

▶ Art. 269 do CPP.

Advogado de ofício como assistente

Art. 63. Pode ser assistente o advogado da Justiça Militar, desde que não funcione no processo naquela qualidade ou como procurador de qualquer acusado.

Ofendido que for também acusado

Art. 64. O ofendido que for também acusado no mesmo processo não poderá intervir como assistente, salvo se absolvido por sentença passada em julgado, e daí em diante.

▶ Art. 270 do CPP.

Intervenção do assistente no processo

Art. 65. Ao assistente será permitido, com aquiescência do juiz e ouvido o Ministério Público:

▶ Art. 271 do CPP.
▶ Súmulas nºs 208, 210 e 448 do STF.

a) propor meios de prova;
b) requerer perguntas às testemunhas, fazendo-o depois do procurador;
c) apresentar quesitos em perícia determinada pelo juiz ou requerida pelo Ministério Público;
d) juntar documentos;
e) arrazoar os recursos interpostos pelo Ministério Público;
f) participar do debate oral.

Arrolamento de testemunhas e interposição de recursos

§ 1º Não poderá arrolar testemunhas, exceto requerer o depoimento das que forem referidas, nem requerer a expedição de precatória ou rogatória, ou diligência que retarde o curso do processo, salvo, a critério do juiz e com audiência do Ministério Público, em se tratando de apuração de fato do qual dependa o esclarecimento do crime. Não poderá, igualmente impetrar recursos, salvo de despacho que indeferir o pedido de assistência.

Efeito do recurso

§ 2º O recurso do despacho que indeferir a assistência não terá efeito suspensivo, processando-se em autos apartados. Se provido, o assistente será admitido ao processo no Estado em que este se encontrar.

Assistente em processo perante o Superior Tribunal Militar

§ 3º Caberá ao relator do feito, em despacho irrecorrível, após audiência do procurador-geral, admitir ou não o assistente, em processo da competência originária do Superior Tribunal Militar. Nos julgamentos perante esse Tribunal, se o seu presidente consentir, o assistente poderá falar após o Procurador-Geral, por tempo não superior a dez minutos. Não poderá opor embargos, mas lhe será consentido impugná-los, se oferecidos pela defesa, e depois de o ter feito o Procurador-Geral.

Notificação do assistente

Art. 66. O processo prosseguirá independentemente de qualquer aviso ao assistente, salvo notificação para assistir ao julgamento.

Cassação de assistência

Art. 67. O juiz poderá cassar a admissão do assistente, desde que este tumultue o processo ou infrinja a disciplina judiciária.

Não decorrência de impedimento

Art. 68. Da assistência não poderá decorrer impedimento do juiz, do membro do Ministério Público ou do escrivão, ainda que supervenientes na causa. Neste caso, o juiz cassará a admissão do assistente, sem prejuízo da nomeação de outro, que não tenha impedimento, nos termos do artigo 60.

SEÇÃO III

DO ACUSADO, SEUS DEFENSORES E CURADORES

Personalidade do acusado

Art. 69. Considera-se acusado aquele a quem é imputada a prática de infração penal em denúncia recebida.

▶ Arts. 35 e 396 deste Código.

Identificação do acusado

Art. 70. A impossibilidade de identificação do acusado com o seu verdadeiro nome ou outros qualificativos não retardará o processo, quando certa sua identidade física. A qualquer tempo, no curso do processo ou da execução da sentença, far-se-á a retificação, por termo, nos autos, sem prejuízo da validade dos atos precedentes.

▶ Arts. 6º, VIII, 41 e 259 do CPP.

Nomeação obrigatória de defensor

Art. 71. Nenhum acusado, ainda que ausente ou foragido, será processado ou julgado sem defensor.

▶ Arts. 5º, LV, e 133 da CF.
▶ Arts. 261, 532 e 564, III, c, do CPP.
▶ Art. 8º, nº 2, d e e, do Pacto de São José da Costa Rica.
▶ Súmulas nºs 523 e 708 do STF.

Constituição de defensor

§ 1º A constituição de defensor independerá de instrumento de mandado, se o acusado o indicar por ocasião do interrogatório ou em qualquer outra fase do processo por termo nos autos.

Defensor dativo

§ 2º O juiz nomeará defensor ao acusado que o não tiver, ficando a este ressalvado o direito de, a todo o tempo, constituir outro, de sua confiança.

Defesa própria do acusado

§ 3º A nomeação de defensor não obsta ao acusado o direito de a si mesmo defender-se, caso tenha habilitação; mas o juiz manterá a nomeação, salvo recusa expressa do acusado, a qual constará dos autos.

Nomeação preferente de advogado

§ 4º É, salvo motivo relevante, obrigatória a aceitação do patrocínio da causa, se a nomeação recair em advogado.

Defesa de praças

§ 5º As praças serão defendidas pelo advogado de ofício, cujo patrocínio é obrigatório, devendo preferir a qualquer outro.

Proibição de abandono do processo

§ 6º O defensor não poderá abandonar o processo, senão por motivo imperioso, a critério do juiz.

Sanções no caso de abandono do processo

§ 7º No caso de abandono sem justificativa, ou de não ser esta aceita, o juiz, em se tratando de advogado, comunicará o fato à Seção da Ordem dos Advogados do Brasil onde estiver inscrito, para que a mesma aplique as medidas disciplinares que julgar cabíveis. Em se tratando de advogado de ofício, o juiz comunicará o fato ao presidente do Superior Tribunal Militar, que aplicará ao infrator a punição que no caso couber.

Nomeação de curador

Art. 72. O juiz dará curador ao acusado incapaz.

► Arts. 15, 262 e 564, III, c, do CPP.
► Súm. nº 352 do STF.

Prerrogativa do posto ou graduação

Art. 73. O acusado que for oficial ou graduado não perderá, embora sujeito à disciplina judiciária, as prerrogativas do posto ou graduação. Se preso ou compelido a apresentar-se em juízo, por ordem da autoridade judiciária, será acompanhado por militar de hierarquia superior a sua.

Parágrafo único. Em se tratando de praça que não tiver graduação, será escoltada por graduado ou por praça mais antiga.

Não comparecimento de defensor

Art. 74. A falta de comparecimento do defensor, se motivada, adiará o ato do processo, desde que nele seja indispensável a sua presença. Mas, em se repetindo a falta, o juiz lhe dará substituto para efeito do ato, ou, se a ausência perdurar, para prosseguir no processo.

Direitos e deveres do advogado

Art. 75. No exercício da sua função no processo, o advogado terá os direitos que lhe são assegurados e os deveres que lhe são impostos pelo Estatuto da Ordem dos Advogados do Brasil, salvo disposição em contrário, expressamente prevista neste Código.

Impedimentos do defensor

Art. 76. Não poderá funcionar como defensor o cônjuge ou o parente consanguíneo ou afim, até o terceiro grau inclusive, do juiz, do membro do Ministério Público ou do escrivão. Mas, se em idênticas condições, qualquer destes for superveniente no processo, tocar-lhe-á o impedimento, e não ao defensor, salvo se dativo, caso em que será substituído por outro.

► Art. 267 do CPP.

TÍTULO VII

Capítulo Único

DA DENÚNCIA

Requisitos da denúncia

Art. 77. A denúncia conterá:

► Art. 41 do CPP.
► Art. 8º, nº 2, b, do Pacto de São José da Costa Rica.

a) a designação do juiz a que se dirigir;
b) o nome, idade, profissão e residência do acusado, ou esclarecimentos pelos quais possa ser qualificado;
c) o tempo e o lugar do crime;
d) a qualificação do ofendido e a designação da pessoa jurídica ou instituição prejudicada ou atingida, sempre que possível;
e) a exposição do fato criminoso, com todas as suas circunstâncias;
f) as razões de convicção ou presunção da delinquência;
g) a classificação do crime;
h) o rol das testemunhas, em número não superior a seis, com a indicação da sua profissão e residência; e o das informantes com a mesma indicação.

Dispensa de testemunhas

Parágrafo único. O rol de testemunhas poderá ser dispensado, se o Ministério Público dispuser de prova documental suficiente para oferecer a denúncia.

Rejeição da denúncia

Art. 78. A denúncia não será recebida pelo juiz:

► Art. 516, d, deste Código.
► Arts. 395 e 581, I, do CPP.
► Art. 82 da Lei nº 9.099, de 26-9-1995 (Lei dos Juizados Especiais).

a) se não contiver os requisitos expressos no artigo anterior;
b) se o fato narrado não constituir evidentemente crime da competência da Justiça Militar;
c) se já estiver extinta a punibilidade;
► Art. 123 do CPM.
d) se for manifesta a incompetência do juiz ou a ilegitimidade do acusador.
► Art. 516, d, deste Código.

Preenchimento de requisitos

§ 1º No caso da alínea a, o juiz, antes de rejeitar a denúncia, mandará, em despacho fundamentado, remeter o processo ao órgão do Ministério Público para que, dentro do prazo de três dias, contados da data do recebimento dos autos, sejam preenchidos os requisitos que não o tenham sido.

Ilegitimidade do acusador

§ 2º No caso de ilegitimidade do acusador, a rejeição da denúncia não obstará o exercício da ação penal, desde que promovida depois por acusador legítimo, a quem o juiz determinará a apresentação dos autos.

Incompetência do juiz. Declaração

§ 3º No caso de incompetência do juiz, este a declarará em despacho fundamentado, determinando a remessa do processo ao juiz competente.

► Art. 508 deste Código.
► Art. 8º, nº 1, do Pacto de São José da Costa Rica.

Prazo para oferecimento da denúncia

Art. 79. A denúncia deverá ser oferecida, se o acusado estiver preso, dentro do prazo de cinco dias, contados da data do recebimento dos autos para aquele fim; e, dentro do prazo de quinze dias, se o acusado estiver solto. O auditor deverá manifestar-se sobre a denúncia, dentro do prazo de quinze dias.

► Art. 46 do CPP.

Prorrogação de prazo

§ 1º O prazo para o oferecimento da denúncia poderá, por despacho do juiz, ser prorrogado ao dobro; ou ao triplo, em caso excepcional e se o acusado não estiver preso.

§ 2º Se o Ministério Público não oferecer a denúncia dentro deste último prazo, ficará sujeito à pena disciplinar que no caso couber, sem prejuízo da responsabilidade penal em que incorrer, competindo ao juiz providenciar no sentido de ser a denúncia oferecida pelo substituto legal, dirigindo-se, para este fim, ao Procurador-Geral, que, na falta ou impedimento do substituto, designará outro procurador.

Complementação de esclarecimentos

Art. 80. Sempre que, no curso do processo, o Ministério Público necessitar de maiores esclarecimentos, de documentos complementares ou de novos elementos de convicção, poderá requisitá-los, diretamente, de qualquer autoridade militar ou civil, em condições de os fornecer, ou requerer ao juiz que os requisite.

▶ Art. 47 do CPP.

Extinção da punibilidade. Declaração

Art. 81. A extinção da punibilidade poderá ser reconhecida e declarada em qualquer fase do processo, de ofício ou a requerimento de qualquer das partes, ouvido o Ministério Público, se deste não for o pedido.

▶ Art. 123 do CPM.

Morte do acusado

Parágrafo único. No caso de morte, não se declarará a extinção sem a certidão de óbito do acusado.

▶ Súm. nº 74 do STJ.

TÍTULO VIII

CAPÍTULO ÚNICO

DO FORO MILITAR

Foro militar em tempo de paz

Art. 82. O foro militar é especial, e, exceto nos crimes dolosos contra a vida praticados contra civil, a ele estão sujeitos, em tempo de paz:

▶ *Caput* com a redação dada pela Lei nº 9.299, de 7-8-1996.

Pessoas sujeitas ao foro militar

I – nos crimes definidos em lei contra as instituições militares ou a segurança nacional:

a) os militares em situação de atividade e os assemelhados na mesma situação;
b) os militares da reserva, quando convocados para o serviço ativo;
c) os reservistas, quando convocados e mobilizados, em manobras, ou no desempenho de funções militares;
d) os oficiais e praças das Polícias e Corpos de Bombeiros, Militares, quando incorporados às Forças Armadas;

Crimes funcionais

II – nos crimes funcionais contra a administração militar ou contra a administração da Justiça Militar, os auditores, os membros do Ministério Público, os advogados de ofício e os funcionários da Justiça Militar.

Extensão do foro militar

§ 1º O foro militar se estenderá aos militares da reserva, aos reformados e aos civis, nos crimes contra a segurança nacional ou contra as instituições militares, como tais definidos em lei.

▶ Parágrafo único transformado em § 1º pela Lei nº 9.299, de 7-8-1996.

Crimes dolosos

§ 2º Nos crimes dolosos contra a vida, praticados contra civil, a Justiça Militar encaminhará os autos do inquérito policial militar à justiça comum.

▶ § 2º acrescido pela Lei nº 9.299, de 7-8-1996.

Foro militar em tempo de guerra

Art. 83. O foro militar, em tempo de guerra, poderá, por lei especial, abranger outros casos, além dos previstos no artigo anterior e seu parágrafo.

Assemelhado

Art. 84. Considera-se assemelhado o funcionário efetivo, ou não, dos Ministérios da Marinha, do Exército ou da Aeronáutica, submetidos a preceito de disciplina militar, em virtude de lei ou regulamento.

TÍTULO IX

CAPÍTULO I

DA COMPETÊNCIA EM GERAL

Determinação da competência

Art. 85. A competência do foro militar será determinada:

▶ Art. 5º, LIII, da CF.
▶ Arts. 69 e 564, I, do CPP.

I – de modo geral:

a) pelo lugar da infração;

▶ Art. 6º do CPM.

b) pela residência ou domicílio do acusado;
c) pela prevenção.

II – de modo especial, pela sede do lugar de serviço.

Na circunscrição judiciária

Art. 86. Dentro de cada Circunscrição Judiciária Militar, a competência será determinada:

a) pela especialização das Auditorias;
b) pela distribuição;
c) por disposição especial deste Código.

Modificação da competência

Art. 87. Não prevalecem os critérios de competência indicados nos artigos anteriores, em caso de:

a) conexão ou continência;

▶ Arts. 99 a 107 deste Código.

b) prerrogativa de posto ou função;
c) desaforamento.

CAPÍTULO II

DA COMPETÊNCIA PELO LUGAR DA INFRAÇÃO

Lugar da infração

Art. 88. A competência será, de regra, determinada pelo lugar da infração; e, no caso de tentativa, pelo lugar em que for praticado o último ato de execução.

▶ Arts. 70 e 71 do CPP.
▶ Art. 63 da Lei nº 9.099, de 26-9-1995 (Lei dos Juizados Especiais).

A bordo de navio

Art. 89. Os crimes cometidos a bordo de navio ou embarcação sob comando militar ou militarmente ocupado em porto nacional, nos lagos e rios fronteiriços ou em águas territoriais brasileiras, serão, nos dois primeiros casos, processados na Auditoria da Circunscrição Judiciária correspondente a cada um daqueles lugares; e no último caso, na 1ª Auditoria da Marinha, com sede na Capital do Estado da Guanabara.

▶ Art. 109, IX, da CF.

A bordo de aeronave

Art. 90. Os crimes cometidos a bordo de aeronave militar ou militarmente ocupada, dentro do espaço aéreo correspondente ao Território Nacional, serão processados pela Auditoria da Circunscrição em cujo território se verificar o pouso após o crime; e se este se efetuar em lugar remoto ou em tal distância que torne difíceis as diligências, a competência será da Auditoria da Circunscrição de onde houver partido a aeronave, salvo se ocorrerem os mesmos óbices, caso em que a competência será da Auditoria mais próxima da 1ª, se na Circunscrição houver mais de uma.

▶ Art. 109, IX, da CF.

Crimes fora do Território Nacional

Art. 91. Os crimes militares cometidos fora do Território Nacional serão, de regra, processados em Auditoria da Capital da União, observado, entretanto, o disposto no artigo seguinte.

Crimes praticados em parte no Território Nacional

Art. 92. No caso de crime militar somente em parte cometido no Território Nacional, a competência do foro militar se determina de acordo com as seguintes regras:

a) se, iniciada a execução em território estrangeiro, o crime se consumar no Brasil, será competente a Auditoria da Circunscrição em que o crime tenha produzido ou devia produzir o resultado;

b) se, iniciada a execução no Território Nacional, o crime se consumar fora dele, será competente a Auditoria da Circunscrição em que se houver praticado o último ato ou execução.

Diversidade de Auditorias ou de sedes

Parágrafo único. Na Circunscrição onde houver mais de uma Auditoria na mesma sede, obedecer-se-á à distribuição e, se for o caso, à especialização de cada uma. Se as sedes forem diferentes, atender-se-á ao lugar da infração.

Capítulo III
DA COMPETÊNCIA PELO LUGAR DA RESIDÊNCIA OU DOMICÍLIO DO ACUSADO

Residência ou domicílio do acusado

Art. 93. Se não for conhecido o lugar da infração, a competência regular-se-á pela residência ou domicílio do acusado, salvo o disposto no artigo 96.

▶ Arts. 72 e 73 do CPP.

Capítulo IV
DA COMPETÊNCIA POR PREVENÇÃO

Prevenção. Regra

Art. 94. A competência firmar-se-á por prevenção, sempre que, concorrendo dois ou mais juízes igualmente competentes ou com competência cumulativa, um deles tiver antecedido aos outros na prática de algum ato do processo ou de medida a este relativa, ainda que anterior ao oferecimento da denúncia.

▶ Art. 83 do CPP.
▶ Súm. nº 706 do STF.

Casos em que pode ocorrer

Art. 95. A competência pela prevenção pode ocorrer:

a) quando incerto o lugar da infração, por ter sido praticado na divisa de duas ou mais jurisdições;

b) quando incerto o limite territorial entre duas ou mais jurisdições;

c) quando se tratar de infração continuada ou permanente, praticada em território de duas ou mais jurisdições;

▶ Art. 80 do CPM.

d) quando o acusado tiver mais de uma residência ou não tiver nenhuma, ou forem vários os acusados e com diferentes residências.

Capítulo V
DA COMPETÊNCIA PELA SEDE DO LUGAR DE SERVIÇO

Lugar de serviço

Art. 96. Para o militar em situação de atividade ou assemelhado na mesma situação, ou para o funcionário lotado em repartição militar, o lugar da infração, quando este não puder ser determinado, será o da unidade, navio, força ou órgão onde estiver servindo, não lhe sendo aplicável o critério da prevenção, salvo entre Auditorias da mesma sede e atendida a respectiva especialização.

Capítulo VI
DA COMPETÊNCIA PELA ESPECIALIZAÇÃO DAS AUDITORIAS

Auditorias Especializadas

Art. 97. Nas Circunscrições onde existirem Auditorias Especializadas, a competência de cada uma decorre de pertencerem os oficiais e praças sujeitos a processo perante elas aos quadros da Marinha, do Exército ou da Aeronáutica. Como oficiais, para os efeitos deste artigo, se compreendem os da ativa, os da reserva, remunerada ou não, e os reformados.

Militares de corporações diferentes

Parágrafo único. No processo em que forem acusados militares de corporações diferentes, a competência da Auditoria especializada se regulará pela prevenção. Mas esta não poderá prevalecer em detrimento de oficial da ativa, se os corréus forem praças ou oficiais da reserva ou reformados, ainda que superiores, nem em detrimento destes, se os corréus forem praças.

Capítulo VII
DA COMPETÊNCIA POR DISTRIBUIÇÃO

Distribuição

Art. 98. Quando, na sede de Circunscrição, houver mais de uma Auditoria com a mesma competência, esta se fixará pela distribuição.

▶ Art. 75 do CPP.

Juízo prevento pela distribuição
Parágrafo único. A distribuição realizada em virtude de ato anterior à fase judicial do processo prevenirá o juízo.

Capítulo VIII
DA CONEXÃO OU CONTINÊNCIA
Casos de conexão
Art. 99. Haverá conexão:
▶ Art. 76 do CPP.

a) se, ocorridas duas ou mais infrações, tiverem sido praticadas, ao mesmo tempo, por várias pessoas reunidas ou por várias pessoas em concurso, embora diverso o tempo e o lugar, ou por várias pessoas, umas contra as outras;
b) se, no mesmo caso, umas infrações tiverem sido praticadas para facilitar ou ocultar as outras, ou para conseguir impunidade ou vantagem em relação a qualquer delas;
c) quando a prova de uma infração ou de qualquer de suas circunstâncias elementares influir na prova de outra infração.

Casos de continência
Art. 100. Haverá continência:
▶ Art. 77 do CPP.

a) quando duas ou mais pessoas forem acusadas da mesma infração;
▶ Art. 53 do CPM.
b) na hipótese de uma única pessoa praticar várias infrações em concurso.

Regras para determinação
Art. 101. Na determinação da competência por conexão ou continência, serão observadas as seguintes regras:
▶ Art. 78 do CPP.

Concurso e prevalência
I – no concurso entre a jurisdição especializada e a cumulativa, preponderá aquela;
II – no concurso de jurisdições cumulativas:
a) prevalecerá a do lugar da infração, para a qual é cominada pena mais grave;
b) prevalecerá a do lugar onde houver ocorrido o maior número de infrações, se as respectivas penas forem de igual gravidade;

Prevenção
c) firmar-se-á a competência pela prevenção, nos demais casos, salvo disposição especial deste Código;

Categorias
III – no concurso de jurisdição de diversas categorias, predominará a de maior graduação.

Unidade do processo
Art. 102. A conexão e a continência determinarão a unidade do processo, salvo:
▶ Art. 79 do CPP.

Casos especiais
a) no concurso entre a jurisdição militar e a comum;
b) no concurso entre a jurisdição militar e a do Juízo de Menores.

Jurisdição militar e civil no mesmo processo
Parágrafo único. A separação do processo, no concurso entre a jurisdição militar e a civil, não quebra a conexão para o processo e julgamento, no seu foro, do militar da ativa, quando este, no mesmo processo, praticar em concurso crime militar e crime comum.

Prorrogação de competência
Art. 103. Em caso de conexão ou continência, o juízo prevalente, na conformidade do artigo 101, terá a sua competência prorrogada para processar as infrações cujo conhecimento, de outro modo, não lhe competiria.

Reunião de processos
Art. 104. Verificada a reunião dos processos, em virtude de conexão ou continência, ainda que no processo da sua competência própria venha o juiz ou tribunal a proferir sentença absolutória ou que desclassifique a infração para outra que não se inclua na sua competência, continuará ele competente em relação às demais infrações.
▶ Art. 81 do CPP.

Separação de julgamento
Art. 105. Separar-se-ão somente os julgamentos:
a) se, de vários acusados, algum estiver foragido e não puder ser julgado à revelia;
b) se os defensores de dois ou mais acusados não acordarem na suspeição de juiz de Conselho de Justiça, superveniente para compô-lo, por ocasião do julgamento.

Separação de processos
Art. 106. O juiz poderá separar os processos:
a) quando as infrações houverem sido praticadas em situações de tempo e lugar diferentes;
b) quando for excessivo o número de acusados, para não lhes prolongar a prisão;
c) quando ocorrer qualquer outro motivo que ele próprio repute relevante.

Recurso de ofício
§ 1º Da decisão de auditor ou de Conselho de Justiça em qualquer desses casos, haverá recurso de ofício para o Superior Tribunal Militar.

§ 2º O recurso a que se refere o parágrafo anterior subirá em traslado com as cópias autênticas das peças necessárias, e não terá efeito suspensivo, prosseguindo-se a ação penal em todos os seus termos.

Avocação de processo
Art. 107. Se, não obstante a conexão ou a continência, forem instaurados processos diferentes, a autoridade de jurisdição prevalente deverá avocar os processos que corram perante os juízes, salvo se já estiverem com sentença definitiva. Neste caso, a unidade do processo

só se dará ulteriormente, para efeito de soma ou de unificação de penas.

Capítulo IX
DA COMPETÊNCIA PELA PRERROGATIVA DO POSTO OU DA FUNÇÃO

Natureza do posto ou função

Art. 108. A competência por prerrogativa do posto ou da função decorre da sua própria natureza e não da natureza da infração, e regula-se estritamente pelas normas expressas neste Código.

▶ Arts. 84 a 87 do CPP.
▶ Súm. nº 704 do STF.

Capítulo X
DO DESAFORAMENTO

Caso de desaforamento

Art. 109. O desaforamento do processo poderá ocorrer:

▶ Arts. 427 e 428 do CPP.

a) no interesse da ordem pública, da Justiça ou da disciplina militar;
b) em benefício da segurança pessoal do acusado;
c) pela impossibilidade de se constituir o Conselho de Justiça ou quando a dificuldade de constituí-lo ou mantê-lo retarde demasiadamente o curso do processo.

Competência do Superior Tribunal Militar

§ 1º O pedido de desaforamento poderá ser feito ao Superior Tribunal Militar:

Autoridades que podem pedir

a) pelos Ministros da Marinha, do Exército ou da Aeronáutica;
b) pelos comandantes de Região Militar, Distrito Naval ou Zona Aérea, ou autoridades que lhe forem superiores, conforme a respectiva jurisdição;
c) pelos Conselhos de Justiça ou pelo auditor;
d) mediante representação do Ministério Público ou do acusado.

Justificação do pedido e audiência do Procurador-Geral

§ 2º Em qualquer dos casos, o pedido deverá ser justificado e sobre ele ouvido o Procurador-Geral, se não provier de representação deste.

Audiência a autoridades

§ 3º Nos casos das alíneas c e d, o Superior Tribunal Militar, antes da audiência ao Procurador-Geral ou a pedido deste poderá ouvir as autoridades a que se refere a alínea b.

Auditoria onde correrá o processo

§ 4º Se deferir o pedido, o Superior Tribunal Militar designará a Auditoria onde deva ter curso o processo.

Renovação do pedido

Art. 110. O pedido de desaforamento, embora denegado, poderá ser renovado se o justificar motivo superveniente.

TÍTULO X

Capítulo Único
DOS CONFLITOS DE COMPETÊNCIA

Questões atinentes à competência

Art. 111. As questões atinentes à competência resolver-se-ão assim pela exceção própria como pelo conflito positivo ou negativo.

▶ Arts. 95, II, e 113 do CPP.
▶ Súm. nº 59 do STJ.

Conflito de competência

Art. 112. Haverá conflito:

▶ Art. 114 do CPP.

I – em razão da competência:

Positivo

a) positivo, quando duas ou mais autoridades judiciárias entenderem, ao mesmo tempo, que lhes cabe conhecer do processo;

Negativo

b) negativo, quando cada uma de duas ou mais autoridades judiciárias entender, ao mesmo tempo, que cabe a outra conhecer do mesmo processo;

Controvérsia sobre função ou separação de processo

II – em razão da unidade de juízo, função ou separação de processos, quando, a esse respeito, houver controvérsia entre duas ou mais autoridades judiciárias.

Suscitantes do conflito

Art. 113. O conflito poderá ser suscitado:

▶ Art. 115 do CPP.

a) pelo acusado;
b) pelo órgão do Ministério Público;
c) pela autoridade judiciária.

▶ Súm. nº 59 do STJ.

Órgão suscitado

Art. 114. O conflito será suscitado perante o Superior Tribunal Militar pelos auditores ou os Conselhos de Justiça, sob a forma de representação, e pelas partes interessadas, sob a de requerimento, fundamentados e acompanhados dos documentos comprobatórios. Quando negativo o conflito, poderá ser suscitado nos próprios autos do processo.

▶ Arts. 102, I, o, e 105, I, d, da CF.
▶ Art. 116 do CPP.

Parágrafo único. O conflito suscitado pelo Superior Tribunal Militar será regulado no seu Regimento Interno.

Suspensão da marcha do processo

Art. 115. Tratando-se de conflito positivo, o relator do feito poderá ordenar, desde logo, que se suspenda o andamento do processo, até a decisão final.

Pedido de informações. Prazo, requisição de autos

Art. 116. Expedida, ou não, a ordem de suspensão, o relator requisitará informações às autoridades em conflito, remetendo-lhes cópia da representação ou requerimento, e, marcando-lhes prazo para as informações, requisitará, se necessário, os autos em original.

Audiência do Procurador-Geral e decisão

Art. 117. Ouvido o Procurador-Geral, que dará parecer no prazo de cinco dias, contados da data da vista, o Tribunal decidirá o conflito na primeira sessão, salvo se a instrução do feito depender de diligência.

Remessa de cópias do acórdão

Art. 118. Proferida a decisão, serão remetidas cópias do acórdão, para execução, às autoridades contra as quais tiver sido levantado o conflito ou que o houverem suscitado.

Inexistência do recurso

Art. 119. Da decisão final do conflito não caberá recurso.

Avocatória do Tribunal

Art. 120. O Superior Tribunal Militar, mediante avocatória, restabelecerá sua competência sempre que invadida por juiz inferior.

▶ Art. 117 do CPP.

Atribuição ao Supremo Tribunal Federal

Art. 121. A decisão de conflito entre a autoridade judiciária da Justiça Militar e a da Justiça comum será atribuída ao Supremo Tribunal Federal.

TÍTULO XI

CAPÍTULO ÚNICO

DAS QUESTÕES PREJUDICIAIS

Decisão prejudicial

Art. 122. Sempre que o julgamento da questão de mérito depender de decisão anterior de questão de direito material, a segunda será prejudicial da primeira.

▶ Arts. 92 a 94 do CPP.

Estado civil da pessoa

Art. 123. Se a questão prejudicial versar sobre estado civil de pessoa envolvida no processo, o juiz:

a) decidirá se a arguição é séria e se está fundada em lei;

Alegação irrelevante

b) se entender que a alegação é irrelevante ou que não tem fundamento legal, prosseguirá no feito;

Alegação séria e fundada

c) se reputar a alegação séria e fundada, colherá as provas inadiáveis e, em seguida, suspenderá o processo, até que, no juízo cível, seja a questão prejudicial dirimida por sentença transitada em julgado, sem prejuízo, entretanto, da inquirição de testemunhas e de outras provas que independam da solução no outro juízo.

Suspensão do processo. Condições

Art. 124. O juiz poderá suspender o processo e aguardar a solução, pelo juízo cível, de questão prejudicial que se não relacione com o estado civil das pessoas, desde que:

a) tenha sido proposta ação civil para dirimi-la;

b) seja ela de difícil solução;

c) não envolva direito ou fato cuja prova a lei civil limite.

Prazo da suspensão

Parágrafo único. O juiz marcará o prazo da suspensão, que poderá ser razoavelmente prorrogado, se a demora não for imputável à parte. Expirado o prazo sem que o juiz do cível tenha proferido decisão, o juiz criminal fará prosseguir o processo, retomando sua competência para resolver de fato e de direito toda a matéria da acusação ou da defesa.

Autoridades competentes

Art. 125. A competência para resolver a questão prejudicial caberá:

a) ao auditor, se arguida antes de instalado o Conselho de Justiça;

b) ao Conselho de Justiça, em qualquer fase do processo, em primeira instância;

c) ao relator do processo, no Superior Tribunal Militar, se arguida pelo Procurador-Geral ou pelo acusado;

d) a esse Tribunal, se iniciado o julgamento.

Promoção de ação no juízo cível

Art. 126. Ao juiz ou órgão a que competir a apreciação da questão prejudicial, caberá dirigir-se ao órgão competente do juízo cível, para a promoção da ação civil ou prosseguimento da que tiver sido iniciada, bem como de quaisquer outras providências que interessem ao julgamento do feito.

Providências de ofício

Art. 127. Ainda que sem arguição de qualquer das partes, o julgador poderá, de ofício, tomar as providências referidas nos artigos anteriores.

TÍTULO XII – DOS INCIDENTES

CAPÍTULO I

DAS EXCEÇÕES EM GERAL

Exceções admitidas

Art. 128. Poderão ser opostas as exceções de:

▶ Art. 95 do CPP.

a) suspeição ou impedimento;
b) incompetência de juízo;
c) litispendência;
d) coisa julgada.

SEÇÃO I

DA EXCEÇÃO DE SUSPEIÇÃO OU IMPEDIMENTO

Precedência da arguição de suspeição

Art. 129. A arguição de suspeição ou impedimento precederá a qualquer outra, salvo quando fundada em motivo superveniente.

▶ Arts. 37 a 41, 53, 58, 59, 500, I, e 509 deste Código.

Motivação do despacho

Art. 130. O juiz que se declarar suspeito ou impedido motivará o despacho.

Suspeição de natureza íntima

Parágrafo único. Se a suspeição for de natureza íntima, comunicará os motivos ao auditor corregedor, podendo fazê-lo sigilosamente.

Recusa do juiz

Art. 131. Quando qualquer das partes pretender recusar o juiz, fá-lo-á em petição assinada por ela própria ou seu representante legal, ou por procurador com poderes especiais, aduzindo as razões, acompanhadas de prova documental ou do rol de testemunhas, que não poderão exceder a duas.

Reconhecimento da suspeição alegada

Art. 132. Se reconhecer a suspeição ou impedimento, o juiz sustará a marcha do processo, mandará juntar aos autos o requerimento do recusante com os documentos que o instruam e, por despacho, se declarará suspeito, ordenando a remessa dos autos ao substituto.

Arguição de suspeição não aceita pelo juiz

Art. 133. Não aceitando a suspeição ou impedimento, o juiz mandará autuar em separado o requerimento, dará a sua resposta dentro em três dias, podendo instruí-la e oferecer testemunhas. Em seguida, determinará a remessa dos autos apartados, dentro em vinte e quatro horas, ao Superior Tribunal Militar, que processará e decidirá a arguição.

Juiz do Conselho de Justiça

§ 1º Proceder-se-á, da mesma forma, se o juiz arguido de suspeito for membro de Conselho de Justiça.

Manifesta improcedência da arguição

§ 2º Se a arguição for de manifesta improcedência, o juiz ou relator a rejeitará liminarmente.

Reconhecimento preliminar da arguição do Superior Tribunal Militar

§ 3º Reconhecida, preliminarmente, a relevância da arguição, o relator, com intimação das partes, marcará dia e hora para inquirição das testemunhas, seguindo-se o julgamento, independentemente de mais alegações.

Nulidade dos atos praticados pelo juiz suspeito

Art. 134. Julgada procedente a arguição de suspeição ou impedimento, ficarão nulos os atos do processo principal.

Suspeição declarada de ministro do Superior Tribunal Militar

Art. 135. No Superior Tribunal Militar, o ministro que se julgar suspeito ou impedido declará-lo-á em sessão. Se relator ou revisor, a declaração será feita nos autos, para nova distribuição.

Arguição de suspeição de ministro ou do Procurador-Geral. Processo

Parágrafo único. Arguida a suspeição ou o impedimento de ministro ou do Procurador-Geral, o processo, se a alegação for aceita, obedecerá às normas previstas no Regimento do Tribunal.

Suspeição declarada do Procurador-Geral

Art. 136. Se o Procurador-Geral se der por suspeito ou impedido, delegará a sua função, no processo, ao seu substituto legal.

Suspeição declarada de procurador, perito, intérprete ou auxiliar de Justiça

Art. 137. Os procuradores, os peritos, os intérpretes e os auxiliares da Justiça Militar poderão, motivadamente, dar-se por suspeitos ou impedidos, nos casos previstos neste Código; os primeiros e os últimos, antes da prática de qualquer ato no processo, e os peritos e intérpretes, logo que nomeados. O juiz apreciará de plano os motivos da suspeição ou impedimento; e, se os considerar em termos legais, providenciará imediatamente a substituição.

Arguição de suspeição de procurador

Art. 138. Se arguida a suspeição ou impedimento de procurador o auditor, depois de ouvi-lo, decidirá, sem recurso, podendo, antes, admitir a produção de provas no prazo de três dias.

Arguição de suspeição de perito e intérprete

Art. 139. Os peritos e os intérpretes poderão ser, pelas partes, arguidos de suspeitos ou impedidos; os primeiros, por elas impugnados, se não preencherem os requisitos de capacidade técnico-profissional para as perícias que, pela sua natureza, os exijam, nos termos dos artigos 52, letra c, e 318.

Decisão de plano irrecorrível

Art. 140. A suspeição ou impedimento, ou a impugnação a que se refere o artigo anterior, bem como a suspeição ou impedimento arguidos, de serventuário ou funcionário da Justiça Militar serão decididas pelo auditor, de plano e sem recurso, à vista da matéria alegada e prova imediata.

Declaração de suspeição quando evidente

Art. 141. A suspeição ou impedimento poderá ser declarada pelo juiz ou Tribunal, se evidente nos autos.

Suspeição do encarregado de inquérito

Art. 142. Não se poderá opor suspeição ao encarregado do inquérito, mas deverá este declarar-se suspeito quando ocorrer motivo legal, que lhe seja aplicável.

▶ Art. 107 do CPP.

Seção II

DA EXCEÇÃO DE INCOMPETÊNCIA

Oposição da exceção de incompetência

Art. 143. A exceção de incompetência poderá ser oposta verbalmente ou por escrito, logo após a qualificação do acusado. No primeiro caso, será tomada por termo nos autos.

▶ Arts. 85 a 87 e 516, e, deste Código.
▶ Art. 8º, nº 1, do Pacto de São José da Costa Rica.

Vista à parte contrária

Art. 144. Alegada a incompetência do juízo, será dada vista dos autos à parte contrária, para que diga sobre a arguição, no prazo de quarenta e oito horas.

Aceitação ou rejeição da exceção. Recurso em autos apartados. Nulidade de autos

Art. 145. Se aceita a alegação, os autos serão remetidos ao juízo competente. Se rejeitada, o juiz continuará no feito. Mas, neste caso, caberá recurso, em autos apartados, para o Superior Tribunal Militar, que, se lhe der provimento, tornará nulos os atos praticados pelo juiz declarado incompetente, devendo os autos do recurso ser anexados aos do processo principal.

Alegação antes do oferecimento da denúncia. Recurso nos próprios autos

Art. 146. O órgão do Ministério Público poderá alegar a incompetência do juízo, antes de oferecer a denúncia. A arguição será apreciada pelo auditor, em primeira instância; e, no Superior Tribunal Militar, pelo relator, em se tratando de processo originário. Em ambos os casos, se rejeitada a arguição, poderá, pelo órgão do Ministério Público, ser impetrado recurso, nos próprios autos, para aquele Tribunal.

Declaração de incompetência de ofício

Art. 147. Em qualquer fase do processo, se o juiz reconhecer a existência de causa que o torne incompetente, declará-lo-á nos autos e os remeterá ao juízo competente.

SEÇÃO III

DA EXCEÇÃO DA LITISPENDÊNCIA

Litispendência, quando existe, Reconhecimento e processo

Art. 148. Cada feito somente pode ser objeto de um processo. Se o auditor ou o Conselho de Justiça reconhecer que o litígio proposto a seu julgamento já pende de decisão em outro processo, na mesma Auditoria, mandará juntar os novos autos aos anteriores. Se o primeiro processo correr em outra Auditoria, para ela serão remetidos os novos autos, tendo-se, porém, em vista, a especialização da Auditoria e a Categoria do Conselho de Justiça.

▶ Art. 516, *f*, deste Código.

Arguição de litispendência

Art. 149. Qualquer das partes poderá arguir, por escrito, a existência de anterior processo sobre o mesmo feito.

Instrução do pedido

Art. 150. A arguição de litispendência será instruída com certidão passada pelo cartório do juízo ou pela Secretaria do Superior Tribunal Militar, perante o qual esteja em curso o outro processo.

Prazo para a prova da alegação

Art. 151. Se o arguente não puder apresentar a prova da alegação, o juiz poderá conceder-lhe prazo para que o faça, ficando-lhe, nesse caso, à discrição, suspender ou não o curso do processo.

Decisão de plano irrecorrível

Art. 152. O juiz ouvirá a parte contrária a respeito da arguição, e decidirá de plano, irrecorrivelmente.

SEÇÃO IV

DA EXCEÇÃO DE COISA JULGADA

Existência de coisa julgada. Arquivamento de denúncia

Art. 153. Se o juiz reconhecer que o feito sob seu julgamento já foi, quanto ao fato principal, definitivamente julgado por sentença irrecorrível, mandará arquivar a nova denúncia, declarando a razão por que o faz.

▶ Art. 516, *f*, deste Código.
▶ Art. 8º, nº 4, do Pacto de São José da Costa Rica.

Arguição de coisa julgada

Art. 154. Qualquer das partes poderá arguir, por escrito, a existência de anterior sentença passada em julgado, juntando-lhe certidão.

Arguição do acusado. Decisão de plano. Recurso de ofício

Parágrafo único. Se a arguição for do acusado, o juiz ouvirá o Ministério Público e decidirá de plano, recorrendo de ofício para o Superior Tribunal Militar, se reconhecer a existência da coisa julgada.

Limite de efeito da coisa julgada

Art. 155. A coisa julgada opera somente em relação às partes, não alcançando quem não foi parte no processo.

CAPÍTULO II

DO INCIDENTE DE INSANIDADE MENTAL DO ACUSADO

Dúvida a respeito de imputabilidade

Art. 156. Quando, em virtude de doença ou deficiência mental, houver dúvida a respeito da imputabilidade penal do acusado, será ele submetido a perícia médica.

▶ Art. 149 do CPP.
▶ Art. 48 do CPM.

Ordenação de perícia

§ 1º A perícia poderá ser ordenada pelo juiz, de ofício, ou a requerimento do Ministério Público, do defensor, do curador, ou do cônjuge, ascendente, descendente ou irmão do acusado, em qualquer fase do processo.

Na fase do inquérito

§ 2º A perícia poderá ser também ordenada na fase do inquérito policial militar, por iniciativa do seu encarregado ou em atenção a requerimento de qualquer das pessoas referidas no parágrafo anterior.

Internação para a perícia

Art. 157. Para efeito da perícia, o acusado, se estiver preso, será internado em manicômio judiciário, onde houver; ou, se estiver solto e o requererem os peritos, em estabelecimento adequado, que o juiz designará.

▶ Art. 150 do CPP.

Apresentação do laudo

§ 1º O laudo pericial deverá ser apresentado dentro do prazo de quarenta e cinco dias, que o juiz poderá prorrogar, se os peritos demonstrarem a necessidade de maior lapso de tempo.

Entrega dos autos a perito

§ 2º Se não houver prejuízo para a marcha do processo, o juiz poderá autorizar a entrega dos autos aos peritos, para lhes facilitar a tarefa. A mesma autorização poderá ser dada pelo encarregado do inquérito, no curso deste.

Não sustentação do processo e caso excepcional

Art. 158. A determinação da perícia, quer na fase policial militar quer na fase judicial, não sustará a prática de diligências que possam ficar prejudicadas com o adiamento, mas sustará o processo quanto à produção de prova em que seja indispensável a presença do acusado submetido ao exame pericial.

Quesitos pertinentes

Art. 159. Além de outros quesitos que, pertinentes ao fato, lhes forem oferecidos, e dos esclarecimentos que julgarem necessários, os peritos deverão responder aos seguintes:

Quesitos obrigatórios

a) se o indiciado, ou acusado, sofre de doença mental de desenvolvimento mental incompleto ou retardado;

b) se no momento da ação ou omissão, o indiciado, ou acusado, se achava em algum dos estados referidos na alínea anterior;

c) se, em virtude das circunstâncias referidas nas alíneas antecedentes, possuía o indiciado, ou acusado, capacidade de entender o caráter ilícito do fato ou de se determinar de acordo com esse entendimento;

d) se a doença ou deficiência mental do indiciado, ou acusado, não lhe suprimindo, diminuiu-lhe, entretanto, consideravelmente, a capacidade de entendimento da ilicitude do fato ou a de autodeterminação, quando o praticou.

Parágrafo único. No caso de embriaguez proveniente de caso fortuito ou força maior, formular-se-ão quesitos congêneres, pertinentes ao caso.

Inimputabilidade. Nomeação de curador. Medida de segurança

Art. 160. Se os peritos concluírem pela inimputabilidade penal do acusado, nos termos do artigo 48 (preâmbulo) do Código Penal Militar, o juiz, desde que concorde com a conclusão do laudo, nomear-lhe-á curador e lhe declarará, por sentença, a inimputabilidade, com aplicação da medida de segurança correspondente.

▶ Art. 151 do CPP.

Inimputabilidade relativa. Prosseguimento do inquérito ou de processo. Medida de segurança

Parágrafo único. Concluindo os peritos pela inimputabilidade relativa do indiciado, ou acusado, nos termos do parágrafo único do artigo 48 do Código Penal Militar, o inquérito ou o processo prosseguirá, com a presença de defensor neste último caso. Sendo condenatória a sentença, será aplicada a medida de segurança prevista no artigo 113 do mesmo Código.

Doença mental superveniente

Art. 161. Se a doença mental sobrevier ao crime, o inquérito ou o processo ficará suspenso, se já iniciado, até que o indiciado ou acusado se restabeleça, sem prejuízo das diligências que possam ser prejudicadas com o adiamento.

▶ Art. 152 do CPP.

Internação em manicômio

§ 1º O acusado poderá, nesse caso, ser internado em manicômio judiciário ou em outro estabelecimento congênere.

Restabelecimento do acusado

§ 2º O inquérito ou o processo retomará o seu curso, desde que o acusado se restabeleça, ficando-lhe assegurada a faculdade de reinquirir as testemunhas que houverem prestado depoimento sem a sua presença ou a repetição de diligência em que a mesma presença teria sido indispensável.

Verificação em autos apartados

Art. 162. A verificação de insanidade mental correrá em autos apartados, que serão apensos ao processo principal somente após a apresentação do laudo.

▶ Art. 153 do CPP.

§ 1º O exame de sanidade mental requerido pela defesa, de algum ou alguns dos acusados, não obstará sejam julgados os demais, se o laudo correspondente não houver sido remetido ao Conselho, até a data marcada para o julgamento. Neste caso, aqueles acusados serão julgados oportunamente.

Procedimento no inquérito

§ 2º Da mesma forma se procederá no curso do inquérito, mas este poderá ser encerrado sem a apresentação do laudo, que será remetido pelo encarregado do inquérito ao juiz, nos termos do § 2º do artigo 20.

CAPÍTULO III

DO INCIDENTE DE FALSIDADE DE DOCUMENTO

Arguição de falsidade

Art. 163. Arguida a falsidade de documento constante dos autos, o juiz, se o reputar necessário à decisão da causa:

▶ Art. 371 deste Código.
▶ Arts. 293 a 311 do CP.
▶ Art. 145 do CPP.
▶ Arts. 311 a 318 do CPM.

Autuação em apartado

a) mandará autuar em apartado a impugnação e, em seguida, ouvirá a parte contrária, que, no prazo de quarenta e oito horas, oferecerá a resposta;

Prazo para a prova

b) abrirá dilação probatória num tríduo, dentro do qual as partes aduzirão a prova de suas alegações;

Diligências

c) conclusos os autos, poderá ordenar as diligências que entender necessárias, decidindo a final;

Reconhecimento. Decisão irrecorrível. Desanexação do documento

d) reconhecida a falsidade, por decisão que é irrecorrível, mandará desentranhar o documento e remetê-lo, com os autos do processo incidente, ao Ministério Público.

Arguição oral

Art. 164. Quando a arguição de falsidade se fizer oralmente, o juiz mandará tomá-la por termo, que será autuado em processo incidente.

Por procurador

Art. 165. A arguição de falsidade, feita por procurador, exigirá poderes especiais.

▶ Art. 146 do CPP.

Verificação de ofício

Art. 166. A verificação de falsidade poderá proceder-se de ofício.

▶ Art. 147 do CPP.

Documento oriundo de outro juízo

Art. 167. Se o documento reputado falso for oriundo de repartição ou órgão com sede em lugar sob jurisdição de outro juízo, nele se procederá à verificação da falsidade, salvo se esta for evidente, ou puder ser apurada por perícia no juízo do feito criminal.

Providências do juiz do feito

Parágrafo único. Caso a verificação deva ser feita em outro juízo, o juiz do feito criminal dará, para aquele fim, as providências necessárias.

Sustação do feito

Art. 168. O juiz poderá sustar o feito até a apuração da falsidade, se imprescindível para a condenação ou absolvição do acusado, sem prejuízo, entretanto, de outras diligências que não dependam daquela apuração.

Limite da decisão

Art. 169. Qualquer que seja a decisão, não fará coisa julgada em prejuízo de ulterior processo penal.

▶ Art. 148 do CPP.

TÍTULO XIII – DAS MEDIDAS PREVENTIVAS E ASSECURATÓRIAS

Capítulo I

DAS PROVIDÊNCIAS QUE RECAEM SOBRE COISAS OU PESSOAS

Seção I

DA BUSCA

Espécies de busca

Art. 170. A busca poderá ser domiciliar ou pessoal.

▶ Art. 5º, XI, da CF.
▶ Art. 240 do CPP.
▶ Art. 11 do Pacto de São José da Costa Rica.

Busca domiciliar

Art. 171. A busca domiciliar consistirá na procura material portas adentro da casa.

Finalidade

Art. 172. Proceder-se-á à busca domiciliar, quando fundadas razões a autorizarem, para:

a) prender criminosos;
b) apreender coisas obtidas por meios criminosos ou guardadas ilicitamente;
c) apreender instrumentos de falsificação ou contrafação;
d) apreender armas e munições e instrumentos utilizados na prática de crime ou destinados a fim delituoso;
e) descobrir objetos necessários à prova da infração ou à defesa do acusado;
f) apreender correspondência destinada ao acusado ou em seu poder, quando haja fundada suspeita de que o conhecimento do seu conteúdo possa ser útil à elucidação do fato;
g) apreender pessoas vítimas de crime;
h) colher elemento de convicção.

Compreensão do termo "casa"

Art. 173. O termo casa compreende:

▶ Art. 5º, XI, da CF.
▶ Art. 246 do CPP.
▶ Art. 226, § 4º, do CPM.

a) qualquer compartimento habitado;
b) aposento ocupado de habitação coletiva;
c) compartimento não aberto ao público, onde alguém exerce profissão ou atividade.

Não compreensão

Art. 174. Não se compreende no termo casa:

▶ Art. 226, § 5º, do CPM.

a) hotel, hospedaria ou qualquer outra habitação coletiva, enquanto abertas, salvo a restrição da alínea b do artigo anterior;
b) taverna, boate, casa de jogo e outras do mesmo gênero;
c) a habitação usada como local para a prática de infrações penais.

Oportunidade da busca domiciliar

Art. 175. A busca domiciliar será executada de dia, salvo para acudir vítimas de crime ou desastre.

Parágrafo único. Se houver consentimento expresso do morador, poderá ser realizada à noite.

Ordem da busca

Art. 176. A busca domiciliar poderá ser ordenada pelo juiz, de ofício ou a requerimento das partes, ou determinada pela autoridade policial militar.

▶ Art. 242 do CPP.

Parágrafo único. O representante do Ministério Público, quando assessor no inquérito, ou deste tomar conhecimento, poderá solicitar do seu encarregado a realização da busca.

Precedência de mandado

Art. 177. Deverá ser precedida de mandado a busca domiciliar que não for realizada pela própria autoridade judiciária ou pela autoridade que presidir o inquérito.

▶ Art. 241 do CPP.
▶ Art. 226 do CPM.

Conteúdo do mandado

Art. 178. O mandado de busca deverá:

▶ Art. 243 do CPP.

a) indicar, o mais precisamente possível, a casa em que será realizada a diligência e o nome do seu morador ou proprietário; ou, no caso de busca pessoal, o nome da pessoa que a sofrerá ou os sinais que a identifiquem;
b) mencionar o motivo e os fins da diligência;

c) ser subscrito pelo escrivão e assinado pela autoridade que o fizer expedir.

Parágrafo único. Se houver ordem de prisão, constará do próprio texto do mandado.

Procedimento

Art. 179. O executor da busca domiciliar procederá da seguinte maneira:

Presença do morador

I – se o morador estiver presente:

a) ler-lhe-á o mandado, ou, se for o próprio autor da ordem, identificar-se-á e dirá o que pretende;
b) convidá-lo-á a franquear a entrada, sob pena de a forçar se não for atendido;
c) uma vez dentro da casa, se estiver à procura de pessoa ou coisa, convidará o morador a apresentá-la ou exibi-la;
d) se não for atendido ou se se tratar de pessoa ou coisa incerta, procederá à busca;
e) se o morador ou qualquer outra pessoa recalcitrar ou criar obstáculo usará da força necessária para vencer a resistência ou remover o empecilho e arrombará, se necessário, quaisquer móveis ou compartimentos em que, presumivelmente, possam estar as coisas ou pessoas procuradas;

Ausência do morador

II – se o morador estiver ausente:

a) tentará localizá-lo para lhe dar ciência da diligência e aguardará a sua chegada, se puder ser imediata;
b) no caso de não ser encontrado o morador ou não comparecer com a necessária presteza, convidará pessoa capaz, que identificará para que conste do respectivo auto, a fim de testemunhar a diligência;
c) entrará na casa, arrombando-a, se necessário;
d) fará a busca, rompendo, se preciso, todos os obstáculos em móveis ou compartimentos onde, presumivelmente, possam estar as coisas e pessoas procuradas;

Casa desabitada

III – se a casa estiver desabitada, tentará localizar o proprietário, procedendo da mesma forma como no caso de ausência do morador.

Rompimento de obstáculo

§ 1º O rompimento de obstáculos deve ser feito com o menor dano possível à coisa ou compartimento passível da busca, providenciando-se, sempre que possível, a intervenção de serralheiro ou outro profissional habilitado, quando se tratar de remover ou desmontar fechadura, ferrolho, peça de segredo ou qualquer outro aparelhamento que impeça a finalidade da diligência.

Reposição

§ 2º Os livros, documentos, papéis e objetos que não tenham sido apreendidos devem ser repostos nos seus lugares.

§ 3º Em casa habitada, a busca será feita de modo que não moleste os moradores mais do que o indispensável ao bom êxito da diligência.

Busca pessoal

Art. 180. A busca pessoal consistirá na procura material feita nas vestes, pastas, malas e outros objetos que estejam com a pessoa revistada e, quando necessário, no próprio corpo.

Revista pessoal

Art. 181. Proceder-se-á à revista, quando houver fundada suspeita de que alguém oculte consigo:

a) instrumento ou produto do crime;
b) elementos de prova.

Revista independentemente de mandado

Art. 182. A revista independe de mandado:

▶ Art. 244 do CPP.

a) quando feita no ato da captura de pessoa que deve ser presa;
b) quando determinada no curso da busca domiciliar;
c) quando ocorrer o caso previsto na alínea a do artigo anterior;
d) quando houver fundada suspeita de que o revistando traz consigo objetos ou papéis que constituam corpo de delito;
e) quando feita na presença da autoridade judiciária ou do presidente do inquérito.

Busca em mulher

Art. 183. A busca em mulher será feita por outra mulher, se não importar retardamento ou prejuízo da diligência.

▶ Art. 249 do CPP.
▶ Art. 4º, b, da Lei nº 4.898, de 9-12-1965 (Lei do Abuso de Autoridade).

Busca no curso do processo ou do inquérito

Art. 184. A busca domiciliar ou pessoal por mandado será, no curso do processo, executada por oficial de justiça; e, no curso do inquérito, por oficial, designado pelo encarregado do inquérito, atendida a hierarquia do posto ou graduação de quem a sofrer, se militar.

Requisição a autoridade civil

Parágrafo único. A autoridade militar poderá requisitar da autoridade policial civil a realização da busca.

Seção II

DA APREENSÃO

▶ Art. 11 do Pacto de São José da Costa Rica.

Apreensão de pessoas ou coisas

Art. 185. Se o executor da busca encontrar as pessoas ou coisas a que se referem os artigos 172 e 181, deverá apreendê-las. Fá-lo-á, igualmente, de armas ou objetos pertencentes às Forças Armadas ou de uso exclusivo de militares, quando estejam em posse indevida, ou seja incerta a sua propriedade.

Correspondência aberta

§ 1º A correspondência aberta ou não, destinada ao indiciado ou ao acusado, ou em seu poder, será apreendida se houver fundadas razões para suspeitar que pode ser útil à elucidação do fato.

▶ Art. 5º, XII e LVI, da CF.

Documento em poder do defensor

§ 2º Não será permitida a apreensão de documentos em poder do defensor do acusado, salvo quando constituir elemento do corpo de delito.

Território de outra jurisdição

Art. 186. Quando, para apreensão, o executor for em seguimento de pessoa ou coisa, poderá penetrar em território sujeito a outra jurisdição.

Parágrafo único. Entender-se-á que a autoridade ou seus agentes vão em seguimento de pessoa ou coisa, quando:

a) tendo conhecimento de sua remoção ou transporte, a seguirem sem interrupção, embora depois a percam de vista;
b) ainda que não a tenham avistado, mas forem em seu encalço, sabendo, por informações fidedignas ou circunstâncias judiciárias, que está sendo removida ou transportada em determinada direção.

Apresentação à autoridade local

Art. 187. O executor que entrar em território de jurisdição diversa deverá, conforme o caso, apresentar-se à respectiva autoridade civil ou militar, perante a qual se identificará. A apresentação poderá ser feita após a diligência, se a urgência desta não permitir solução de continuidade.

Pessoa sob custódia

Art. 188. Descoberta a pessoa ou coisa que se procura, será imediatamente apreendida e posta sob custódia da autoridade ou de seus agentes.

Requisitos do auto

Art. 189. Finda a diligência, lavrar-se-á auto circunstanciado da busca e apreensão, assinado por duas testemunhas, com declaração do lugar, dia e hora em que se realizou, com citação das pessoas que a sofreram e das que nelas tomaram parte ou as tenham assistido, com as respectivas identidades, bem como de todos os incidentes ocorridos durante a sua execução.

Conteúdo do auto

Parágrafo único. Constarão do auto, ou dele farão parte em anexo devidamente rubricado pelo executor da diligência, a relação e descrição das coisas apreendidas, com a especificação:

a) se máquinas, veículos, instrumentos ou armas, da sua marca e tipo e, se possível, da sua origem, número e data da fabricação;
b) se livros, o respectivo título e o nome do autor;
c) se documentos, a sua natureza.

▶ Art. 371 deste Código.

SEÇÃO III

DA RESTITUIÇÃO

Restituição de coisas

Art. 190. As coisas apreendidas não poderão ser restituídas enquanto interessarem ao processo.

▶ Art. 118 do CPP.

§ 1º As coisas a que se referem o artigo 109, nº II, letra *a*, e o artigo 119, nos I e II, do Código Penal Militar, não poderão ser restituídas em tempo algum.

§ 2º As coisas a que se refere o artigo 109, nº II, letra *b*, do Código Penal Militar, poderão ser restituídas somente ao lesado ou a terceiro de boa-fé.

Ordem de restituição

Art. 191. A restituição poderá ser ordenada pela autoridade policial militar ou pelo juiz, mediante termo nos autos, desde que:

▶ Art. 120 do CPP.

a) a coisa apreendida não seja irrestituível, na conformidade do artigo anterior;
b) não interesse mais ao processo;
c) não exista dúvida quanto ao direito do reclamante.

Direito duvidoso

Art. 192. Se duvidoso o direito do reclamante, somente em juízo poderá ser decidido, autuando-se o pedido em apartado e assinando-se o prazo de cinco dias para a prova, findo o qual o juiz decidirá, cabendo da decisão recurso para o Superior Tribunal Militar.

Questão de alta indagação

Parágrafo único. Se a autoridade judiciária militar entender que a matéria é de alta indagação, remeterá o reclamante para o juízo cível, continuando as coisas apreendidas até que se resolva a controvérsia.

Coisa em poder de terceiro

Art. 193. Se a coisa houver sido apreendida em poder de terceiro de boa-fé, proceder-se-á da seguinte maneira:

a) se a restituição for pedida pelo próprio terceiro, o juiz do processo poderá ordená-la, se estiverem preenchidos os requisitos do artigo 191;
b) se pedida pelo acusado ou pelo lesado e, também, pelo terceiro, o incidente autuar-se-á em apartado e os reclamantes terão, em conjunto, o prazo de cinco dias para apresentar provas e o de três dias para arrazoar, findos os quais o juiz decidirá, cabendo da decisão recurso para o Superior Tribunal Militar.

Persistência de dúvida

§ 1º Se persistir dúvida quanto à propriedade da coisa, os reclamantes serão remetidos para o juízo cível, onde se decidirá aquela dúvida, com efeito sobre a restituição no juízo militar, salvo se motivo superveniente não tornar a coisa irrestituível.

Nomeação de depósito

§ 2º A autoridade judiciária militar poderá, se assim julgar conveniente, nomear depositário idôneo, para a guarda da coisa, até que se resolva a controvérsia.

Audiência do Ministério Público

Art. 194. O Ministério Público será sempre ouvido em pedido ou incidente de restituição.

Parágrafo único. Salvo o caso previsto no artigo 195, caberá recurso, com efeito suspensivo, para o Superior Tribunal Militar, do despacho do juiz que ordenar a restituição da coisa.

Coisa deteriorável

Art. 195. Tratando-se de coisa facilmente deteriorável, será avaliada e levada a leilão público, depositando-se o dinheiro apurado em estabelecimento oficial de crédito determinado em lei.

Sentença condenatória

Art. 196. Decorrido o prazo de noventa dias, após o trânsito em julgado de sentença condenatória, proceder-se-á da seguinte maneira em relação aos bens apreendidos:

Destino das coisas

a) os referidos no artigo 109, nº II, letra a, do Código Penal Militar, serão inutilizados ou recolhidos a Museu Criminal ou entregues às Forças Armadas, se lhes interessarem;
b) quaisquer outros bens serão avaliados e vendidos em leilão público, recolhendo-se ao fundo da organização militar correspondente ao Conselho de Justiça o que não couber ao lesado ou terceiro de boa-fé.

Destino em caso de sentença absolutória

Art. 197. Transitando em julgado sentença absolutória, proceder-se-á da seguinte maneira:

a) se houver sido decretado o confisco (Código Penal Militar, artigo 119), observar-se-á o disposto na letra a do artigo anterior;
b) nos demais casos, as coisas serão restituídas àquele de quem houverem sido apreendidas.

Venda em leilão

Art. 198. Fora dos casos previstos nos artigos anteriores, se, dentro do prazo de noventa dias, a contar da data em que transitar em julgado a sentença final, condenatória ou absolutória, os objetos apreendidos não forem reclamados por quem de direito, serão vendidos em leilão, depositando-se o saldo à disposição do juiz de ausentes.

▶ Art. 123 do CPP.

CAPÍTULO II

DAS PROVIDÊNCIAS QUE RECAEM SOBRE COISAS

SEÇÃO I

DO SEQUESTRO

Bens sujeitos a sequestro

Art. 199. Estão sujeitos a sequestro os bens adquiridos com os proventos da infração penal, quando desta haja resultado, de qualquer modo, lesão a patrimônio sob administração militar, ainda que já tenham sido transferidos a terceiros por qualquer forma de alienação, ou por abandono ou renúncia.

▶ Art. 5º, XLV, da CF.
▶ Art. 125 do CPP.

§ 1º Estão, igualmente, sujeitos a sequestro os bens de responsáveis por contrabando, ou outro ato ilícito, em aeronave ou embarcação militar, em proporção aos prejuízos e riscos por estas sofridos, bem como os dos seus tripulantes, que não tenham participado da prática do ato ilícito.

Bens insusceptíveis de sequestro

§ 2º Não poderão ser sequestrados bens, a respeito dos quais haja decreto de desapropriação da União, do Estado ou do Município, se anterior à data em que foi praticada a infração penal.

Requisitos para o sequestro

Art. 200. Para decretação do sequestro é necessária a existência de indícios veementes da proveniência ilícita dos bens.

▶ Art. 126 do CPP.

Fases da sua determinação

Art. 201. A autoridade judiciária militar, de ofício ou a requerimento do Ministério Público, poderá ordenar o sequestro, em qualquer fase do processo; e, antes da denúncia, se o solicitar, com fundado motivo, o encarregado do inquérito.

▶ Art. 127 do CPP.

Providências a respeito

Art. 202. Realizado o sequestro, a autoridade judiciária militar providenciará:

▶ Art. 128 do CPP.

a) se de imóvel, a sua inscrição no Registro de Imóveis;
b) se de coisa móvel, o seu depósito, sob a guarda de depositário nomeado para esse fim.

Autuação em embargos

Art. 203. O sequestro autuar-se-á em apartado e admitirá embargos, assim do indiciado ou acusado como de terceiro, sob os fundamentos de:

▶ Art. 129 do CPP.

I – se forem do indiciado ou acusado:

a) não ter ele adquirido a coisa com os proventos da infração penal;
b) não ter havido lesão a patrimônio sob administração militar.

II – se de terceiro:

a) haver adquirido a coisa em data anterior à da infração penal praticada pelo indiciado ou acusado;
b) havê-la, em qualquer tempo, adquirido de boa-fé.

Prova. Decisão. Recurso

§ 1º Apresentada a prova da alegação dentro em dez dias e ouvido o Ministério Público, a autoridade judiciária militar decidirá de plano, aceitando ou rejeitando os embargos, cabendo da decisão recurso para o Superior Tribunal Militar.

Remessa ao juízo cível

§ 2º Se a autoridade judiciária militar entender que se trata de matéria de alta indagação, remeterá o embargante para o juízo cível e manterá o sequestro até que seja dirimida a controvérsia.

§ 3º Da mesma forma procederá, desde logo, se não se tratar de lesão ao patrimônio sob administração militar.

Levantamento do sequestro

Art. 204. O sequestro será levantado no juízo penal militar:

▶ Art. 131 do CPP.

a) se forem aceitos os embargos, ou negado provimento ao recurso da decisão que os aceitou;
b) se a ação penal não for promovida no prazo de sessenta dias, contado da data em que foi instaurado o inquérito;

c) se o terceiro, a quem tiverem sido transferidos os bens, prestar caução real ou fidejussória que assegure a aplicação do disposto no artigo 109, nos I e II, letra *b*, do Código Penal Militar;
d) se for julgada extinta a ação penal ou absolvido o acusado por sentença irrecorrível.

▶ Art. 123 do CPM.

Sentença condenatória. Avaliação da venda

Art. 205. Transitada em julgado a sentença condenatória, a autoridade judiciária militar, de ofício ou a requerimento do Ministério Público, determinará a avaliação e a venda dos bens em leilão público.

▶ Art. 133 do CPP.

Recolhimento de dinheiro

§ 1º Do dinheiro apurado, recolher-se-á ao Tesouro Nacional o que se destinar a ressarcir prejuízo ao patrimônio sob administração militar.

§ 2º O que não se destinar a esse fim será restituído a quem de direito, se não houver controvérsia; se esta existir, os autos de sequestro serão remetidos ao juízo cível, a cuja disposição passará o saldo apurado.

Seção II

DA HIPOTECA LEGAL

Bens sujeitos a hipoteca legal

Art. 206. Estão sujeitos a hipoteca legal os bens imóveis do acusado, para satisfação do dano causado pela infração penal ao patrimônio sob administração militar.

Inscrição e especialização da hipoteca

Art. 207. A inscrição e a especialização da hipoteca legal serão requeridas à autoridade judiciária militar, pelo Ministério Público, em qualquer fase do processo, desde que haja certeza da infração penal e indícios suficientes de autoria.

▶ Art. 134 do CPP.

Estimação do valor da obrigação e do imóvel

Art. 208. O requerimento estimará o valor da obrigação resultante do crime, bem como indicará e estimará o imóvel ou imóveis, que ficarão especialmente hipotecados; será instruído com os dados em que se fundarem as estimativas e com os documentos comprobatórios do domínio.

▶ Art. 135 do CPP.

Arbitramento

Art. 209. Pedida a especialização, a autoridade judiciária militar mandará arbitrar o montante da obrigação resultante do crime e avaliar o imóvel ou imóveis indicados, nomeando perito idôneo para esse fim.

▶ Art. 135 do CPP.

§ 1º Ouvidos o acusado e o Ministério Público, no prazo de três dias, cada um, a autoridade judiciária militar poderá corrigir o arbitramento do valor da obrigação, se lhe parecer excessivo ou deficiente.

Liquidação após a condenação

§ 2º O valor da obrigação será liquidado definitivamente após a condenação, podendo ser requerido novo arbitramento se o acusado ou o Ministério Público não se conformar com o anterior à sentença condenatória.

Oferecimento de caução

§ 3º Se o acusado oferecer caução suficiente, real ou fidejussória, a autoridade judiciária militar poderá deixar de mandar proceder à inscrição da hipoteca.

Limite da inscrição

§ 4º Somente deverá ser autorizada a inscrição da hipoteca dos imóveis necessários à garantia da obrigação.

Processos em autos apartados

Art. 210. O processo da inscrição e especialização correrá em autos apartados.

▶ Art. 138 do CPP.

Recurso

§ 1º Da decisão que a determinar, caberá recurso para o Superior Tribunal Militar.

§ 2º Se o caso comportar questão de alta indagação, o processo será remetido ao juízo cível, para a decisão.

Imóvel clausulado de inalienabilidade

Art. 211. A hipoteca legal não poderá recair em imóvel com cláusula de inalienabilidade.

Caso de hipoteca anterior

Art. 212. No caso de hipoteca anterior ao fato delituoso, não ficará prejudicado o direito do patrimônio sob administração militar à constituição da hipoteca legal, que se considerará segunda hipoteca, nos termos da lei civil.

Renda dos bens hipotecados

Art. 213. Das rendas dos bens sob hipoteca legal, poderão ser fornecidos recursos, arbitrados pela autoridade judiciária militar, para a manutenção do acusado e sua família.

▶ Art. 137, § 2º, do CPP.

Cancelamento da inscrição

Art. 214. A inscrição será cancelada:
a) se, depois de feita, o acusado oferecer caução suficiente, real ou fidejussória;
b) se for julgada extinta a ação penal ou absolvido o acusado por sentença irrecorrível.

Seção III

DO ARRESTO

Bens sujeitos a arresto

Art. 215. O arresto de bens do acusado poderá ser decretado pela autoridade judiciária militar, para satisfação do dano causado pela infração penal ao patrimônio sob a administração militar:
a) se imóveis, para evitar artifício fraudulento que os transfira ou grave, antes da inscrição e especialização da hipoteca legal;
b) se móveis e representarem valor apreciável, tentar ocultá-los ou deles tentar realizar tradição que burle a possibilidade da satisfação do dano, referida no preâmbulo deste artigo.

Revogação do arresto

§ 1º Em se tratando de imóvel, o arresto será revogado, se, dentro em quinze dias, contados da sua decretação, não for requerida a inscrição e especialização da hipoteca legal.

Na fase do inquérito

§ 2º O arresto poderá ser pedido ainda na fase do inquérito.

Preferência

Art. 216. O arresto recairá de preferência sobre imóvel, e somente se estenderá a bem móvel se aquele não tiver valor suficiente para assegurar a satisfação do dano; em qualquer caso, o arresto somente será decretado quando houver certeza da infração e fundada suspeita da sua autoria.

Bens insuscetíveis de arresto

Art. 217. Não é permitido arrestar bens que, de acordo com a lei civil, sejam insuscetíveis de penhora, ou, de qualquer modo, signifiquem conforto indispensável ao acusado e à sua família.

Coisas deterioráveis

Art. 218. Se os bens móveis arrestados forem coisas facilmente deterioráveis, serão levadas a leilão público, depositando-se o dinheiro apurado em conta corrente de estabelecimento de crédito oficial.

Processo em autos apartados

Art. 219. O processo de arresto correrá em autos apartados, admitindo embargos, se se tratar de coisa móvel, com recurso para o Superior Tribunal Militar da decisão que os aceitar ou negar.

Disposições de sequestro

Parágrafo único. No processo de arresto seguir-se-ão as disposições a respeito do sequestro, no que forem aplicáveis.

CAPÍTULO III

DAS PROVIDÊNCIAS QUE RECAEM SOBRE PESSOAS

SEÇÃO I

DA PRISÃO PROVISÓRIA

DISPOSIÇÕES GERAIS

Definição

Art. 220. Prisão provisória é a que ocorre durante o inquérito, ou no curso do processo, antes da condenação definitiva.

▶ Arts. 243 a 261, 263 a 269, 453 e 464 deste Código.
▶ Art. 7º do Pacto de São José da Costa Rica.

Legalidade da prisão

Art. 221. Ninguém será preso senão em flagrante delito ou por ordem escrita de autoridade competente.

▶ Art. 5º, LXI a LXVII, da CF.
▶ Arts. 254 a 261, deste Código.
▶ Arts. 283, *caput*, 427 e 428 do CPP.
▶ Lei nº 4.898, de 9-12-1965 (Lei do Abuso de Autoridade).
▶ Art. 74 da Lei nº 6.880, de 9-12-1980 (Estatuto dos Militares).
▶ Art. 7º, nºˢ 2 a 6, do Pacto de São José da Costa Rica.

Comunicação ao juiz

Art. 222. A prisão ou detenção de qualquer pessoa será imediatamente levada ao conhecimento da autoridade judiciária competente, com a declaração do local onde a mesma se acha sob custódia e se está, ou não, incomunicável.

▶ Art. 5º, LXII, da CF.
▶ Art. 7º, nºˢ 2 a 6, do Pacto de São José da Costa Rica.

Prisão de militar

Art. 223. A prisão de militar deverá ser feita por outro militar de posto ou graduação superior; ou, se igual, mais antigo.

▶ Arts. 17 a 19 da Lei nº 6.880, de 9-12-1980 (Estatuto dos Militares).

Relaxamento da prisão

Art. 224. Se, ao tomar conhecimento da comunicação, a autoridade judiciária verificar que a prisão não é legal, deverá relaxá-la imediatamente.

▶ Art. 5º, LXV, da CF.
▶ Art. 7º, nº 6, do Pacto de São José da Costa Rica.

Expedição de mandado

Art. 225. A autoridade judiciária ou o encarregado do inquérito que ordenar a prisão fará expedir em duas vias o respectivo mandado, com os seguintes requisitos:

▶ Art. 286 do CPP.

Requisitos

a) será lavrado pelo escrivão do processo ou do inquérito, ou *ad hoc*, e assinado pela autoridade que ordenar a expedição;
b) designará a pessoa sujeita à prisão com a respectiva identificação e moradia, se possível;
c) mencionará o motivo da prisão;
d) designará o executor da prisão.

Assinatura do mandado

Parágrafo único. Uma das vias ficará em poder do preso, que assinará a outra; e, se não quiser ou não puder fazê-lo, certificá-lo-á o executor do mandado, na própria via deste.

Tempo e lugar da captura

Art. 226. A prisão poderá ser efetuada em qualquer dia e a qualquer hora, respeitadas as garantias relativas à inviolabilidade do domicílio.

▶ Art. 150 do CP.
▶ Art. 283, § 2º, do CPP.
▶ Art. 226 do CPM.
▶ Art. 236 do CE.

Desdobramento do mandado

Art. 227. Para cumprimento do mandado, a autoridade policial militar, ou a judiciária poderá expedir tantos outros quantos necessários às diligências, devendo em cada um deles ser fielmente reproduzido o teor do original.

▶ Arts. 13, III, e 297 do CPP.
▶ Art. 13, *h*, deste Código.

Expedição de precatória ou ofício

Art. 228. Se o capturando estiver em lugar estranho à jurisdição do juiz que ordenar a prisão, mas em Território Nacional, a captura será pedida por precatória, da qual constará o mesmo que se contém nos mandados de prisão; no curso do inquérito policial militar a providência será solicitada pelo seu encarregado, com os mesmos requisitos, mas por meio de ofício, ao comandante da Região Militar, Distrito Naval ou Zona Aérea, respectivamente.

▶ Arts. 289 e 299 do CPP.

Via telegráfica ou radiográfica

Parágrafo único. Havendo urgência, a captura poderá ser requisitada por via telegráfica ou radiográfica, autenticada a firma da autoridade requisitante, o que se mencionará no despacho.

Captura no estrangeiro

Art. 229. Se o capturando estiver no estrangeiro, a autoridade judiciária se dirigirá ao Ministro da Justiça para que, por via diplomática, sejam tomadas as providências que no caso couberem.

Caso de flagrante

Art. 230. A captura se fará:

a) em caso de flagrante, pela simples voz de prisão;

Caso de mandado

b) em caso de mandado, pela entrega ao capturando de uma das vias e consequente voz de prisão dada pelo executor, que se identificará.

Recaptura

Parágrafo único. A recaptura de indiciado ou acusado evadido independe de prévia ordem da autoridade, e poderá ser feita por qualquer pessoa.

Captura em domicílio

Art. 231. Se o executor verificar que o capturando se encontra em alguma casa, ordenará ao dono dela que o entregue, exibindo-lhe o mandado de prisão.

▶ Art. 5º, XI, da CF.
▶ Art. 150 do CP.
▶ Art. 293 do CPP.
▶ Art. 226 do CPM.
▶ Art. 11 do Pacto de São José da Costa Rica.

Caso de busca

Parágrafo único. Se o executor não tiver certeza da presença do capturando na casa, poderá proceder à busca, para a qual, entretanto, será necessária a expedição do respectivo mandado, a menos que o executor seja a própria autoridade competente para expedi-lo.

Recusa da entrega do capturando

Art. 232. Se não for atendido, o executor convocará duas testemunhas e procederá da seguinte forma:

▶ Art. 293 do CPP.

a) sendo dia, entrará à força na casa, arrombando-lhe a porta, se necessário;

b) sendo noite, fará guardar todas as saídas, tornando a casa incomunicável, e, logo que amanheça, arrombar-lhe-á a porta e efetuará a prisão.

Parágrafo único. O morador que se recusar à entrega do capturando será levado à presença da autoridade, para que contra ele se proceda, como de direito, se sua ação configurar infração penal.

Flagrante no interior de casa

Art. 233. No caso de prisão em flagrante que se deva efetuar no interior de casa, observar-se-á o disposto no artigo anterior, no que for aplicável.

▶ Art. 244 deste Código.

Emprego de força

Art. 234. O emprego de força só é permitido quando indispensável, no caso de desobediência, resistência ou tentativa de fuga. Se houver resistência da parte de terceiros, poderão ser usados os meios necessários para vencê-la ou para defesa do executor e auxiliares seus, inclusive a prisão do ofensor. De tudo se lavrará auto subscrito pelo executor e por duas testemunhas.

▶ Arts. 23, III, 329 a 331 e 352 do CP.
▶ Arts. 284 e 292 do CPP.
▶ Art. 199 da LEP.

Emprego de algemas

§ 1º O emprego de algemas deve ser evitado, desde que não haja perigo de fuga ou de agressão da parte do preso, e de modo algum será permitido, nos presos a que se refere o artigo 242.

▶ Súm. Vinc. nº 11 do STF.

Uso de armas

§ 2º O recurso ao uso de armas só se justifica quando absolutamente necessário para vencer a resistência ou proteger a incolumidade do executor da prisão ou a de auxiliar seu.

Captura fora da jurisdição

Art. 235. Se o indiciado ou acusado, sendo perseguido, passar a território de outra jurisdição, observar-se-á, no que for aplicável, o disposto nos artigos 186, 187 e 188.

▶ Arts. 250 e 290 do CPP.

Cumprimento de precatória

Art. 236. Ao receber precatória para a captura de alguém, cabe ao auditor deprecado:

a) verificar a autenticidade e a legalidade do documento;

b) se o reputar perfeito, apor-lhe o cumpra-se e expedir mandado de prisão;

c) cumprida a ordem, remeter a precatória e providenciar a entrega do preso ao juiz deprecante.

Remessa dos autos a outro juiz

Parágrafo único. Se o juiz deprecado verificar que o capturando se encontra em território sujeito à jurisdição de outro juiz militar, remeter-lhe-á os autos da precatória. Se não tiver notícia do paradeiro do capturando, devolverá os autos ao juiz deprecante.

Entrega de preso. Formalidades

Art. 237. Ninguém será recolhido à prisão sem que ao responsável pela custódia seja entregue cópia do respectivo mandado, assinada pelo executor, ou apresentada guia expedida pela autoridade competente, devendo ser passado recibo da entrega do preso, com declaração do dia, hora e lugar da prisão.

- Art. 288 do CPP.
- Art. 107 da LEP.
- Art. 4º, *a*, Lei nº 4.898, de 9-12-1965 (Lei do Abuso de Autoridade).

Recibo

Parágrafo único. O recibo será passado no próprio exemplar do mandado, se este for o documento exibido.

Transferência de prisão

Art. 238. Nenhum preso será transferido de prisão sem que o responsável pela transferência faça a devida comunicação à autoridade judiciária que ordenou a prisão, nos termos do artigo 18.

Recolhimento a nova prisão

Parágrafo único. O preso transferido deverá ser recolhido à nova prisão com as mesmas formalidades previstas no artigo 237 e seu parágrafo único.

Separação de prisão

Art. 239. As pessoas sujeitas a prisão provisória deverão ficar separadas das que estiverem definitivamente condenadas.

- Art. 300 do CPP.
- Art. 84 da LEP.
- Art. 5º, nº 4, do Pacto de São José da Costa Rica.

Local da prisão

Art. 240. A prisão deve ser em local limpo e arejado, onde o detento possa repousar durante a noite, sendo proibido o seu recolhimento a masmorra, solitária ou cela onde não penetre a luz do dia.

- Art. 5º, XLIX, da CF.
- Art. 88 da LEP.
- Lei nº 4.898, de 9-12-1965 (Lei do Abuso de Autoridade).
- Art. 5º, nº 2, do Pacto de São José da Costa Rica.

Respeito à integridade do preso e assistência

Art. 241. Impõe-se à autoridade responsável pela custódia o respeito à integridade física e moral do detento, que terá direito a presença de pessoa da sua família e a assistência religiosa, pelo menos uma vez por semana, em dia previamente marcado, salvo durante o período de incomunicabilidade, bem como à assistência de advogado que indicar, nos termos do artigo 71, ou, se estiver impedido de fazê-lo, à do que for indicado por seu cônjuge, ascendente ou descendente.

- Arts. 5º, nº 2, e 8º, nº 2, *d*, do Pacto de São José da Costa Rica.

Parágrafo único. Se o detento necessitar de assistência para tratamento de saúde, ser-lhe-á prestada por médico militar.

Prisão especial

Art. 242. Serão recolhidos a quartel ou a prisão especial, à disposição da autoridade competente, quando sujeitos a prisão, antes de condenação irrecorrível:

- Art. 234, § 1º, deste Código.
- Art. 295 do CPP.
- Súm. nº 717 do STF.

a) os ministros de Estado;
b) os governadores ou interventores de Estados, ou Territórios, o prefeito do Distrito Federal, seus respectivos secretários e chefes de Polícia;
c) os membros do Congresso Nacional, dos Conselhos da União e das Assembleias Legislativas dos Estados;
d) os cidadãos inscritos no Livro de Mérito das ordens militares ou civis reconhecidas em lei;
e) os magistrados;
f) os oficiais das Forças Armadas, das Polícias e dos Corpos de Bombeiros, Militares, inclusive os da reserva, remunerada ou não, e os reformados;
g) os oficiais da Marinha Mercante Nacional;
h) os diplomados por faculdade ou instituto superior de ensino nacional;
i) os ministros do Tribunal de Contas;
j) os ministros de confissão religiosa.

Prisão de praças

Parágrafo único. A prisão de praças especiais e a de graduados atenderá aos respectivos graus de hierarquia.

- Art. 296 do CPP.
- Súm. nº 717 do STF.

Seção II

DA PRISÃO EM FLAGRANTE

Pessoas que efetuam prisão em flagrante

Art. 243. Qualquer pessoa poderá e os militares deverão prender quem for insubmisso ou desertor, ou seja encontrado em flagrante delito.

- Art. 5º, LXI a LXVI, da CF.
- Art. 301 do CPP.
- Arts. 183 a 194 e 391 a 393 do CPM.
- Art. 301 do CTB.
- Art. 69, parágrafo único, da Lei nº 9.099, de 26-9-1995 (Lei dos Juizados Especiais).
- Súmulas nºs 145 e 397 do STF.

Sujeição a flagrante delito

Art. 244. Considera-se em flagrante delito aquele que:

- Art. 302 do CPP.

a) está cometendo o crime;
b) acaba de cometê-lo;
c) é perseguido logo após o fato delituoso em situação que faça acreditar ser ele o seu autor;

- Art. 290, § 1º, do CPP.
- Art. 2º, II, da Lei nº 9.034, de 3-5-1995 (Lei do Crime Organizado).

d) é encontrado, logo depois, com instrumentos, objetos, material ou papéis que façam presumir a sua participação no fato delituoso.

Infração permanente

Parágrafo único. Nas infrações permanentes, considera-se o agente em flagrante delito enquanto não cessar a permanência.

- Arts. 71 e 303 do CPP.

Lavratura do auto

Art. 245. Apresentado o preso ao comandante ou ao oficial de dia, de serviço ou de quarto, ou autoridade correspondente, ou à autoridade judiciária, será, por

qualquer deles, ouvido o condutor e as testemunhas que o acompanharem, bem como inquirido o indiciado sobre a imputação que lhe é feita, e especialmente sobre o lugar e hora em que o fato aconteceu, lavrando-se de tudo auto, que será por todos assinado.
▶ Art. 5º, LXII a LXV, da CF.
▶ Arts. 13, c, 302, 500, IV, e 504 deste Código.
▶ Arts. 6º, V, 185, 304, 564, IV, e 572 do CPP.
▶ Art. 8º, nº 2, d e g, e nº 3, do Pacto de São José da Costa Rica.

§ 1º Em se tratando de menor inimputável, será apresentado, imediatamente, ao juiz de menores.

Ausência de testemunhas

§ 2º A falta de testemunhas não impedirá o auto de prisão em flagrante, que será assinado por duas pessoas, pelo menos, que hajam testemunhado a apresentação do preso.

Recusa ou impossibilidade de assinatura do auto

§ 3º Quando a pessoa conduzida se recusar a assinar, não souber ou não puder fazê-lo, o auto será assinado por duas testemunhas, que lhe tenham ouvido a leitura na presença do indiciado, do condutor e das testemunhas do fato delituoso.

Designação de escrivão

§ 4º Sendo o auto presidido por autoridade militar, designará esta, para exercer as funções de escrivão, um capitão, capitão-tenente, primeiro ou segundo-tenente, se o indiciado for oficial. Nos demais casos, poderá designar um subtenente, suboficial ou sargento.

Falta ou impedimento de escrivão

§ 5º Na falta ou impedimento de escrivão ou das pessoas referidas no parágrafo anterior, a autoridade designará, para lavrar o auto, qualquer pessoa idônea, que, para esse fim, prestará o compromisso legal.

Recolhimento a prisão. Diligências

Art. 246. Se das respostas resultarem fundadas suspeitas contra a pessoa conduzida, a autoridade mandará recolhê-la à prisão, procedendo-se, imediatamente, se for o caso, a exame de corpo de delito, à busca e apreensão dos instrumentos do crime e a qualquer outra diligência necessária ao seu esclarecimento.
▶ Art. 251 deste Código.
▶ Art. 8º, nº 3, do Pacto de São José da Costa Rica.

Nota de culpa

Art. 247. Dentro em vinte e quatro horas após a prisão, será dada ao preso nota de culpa assinada pela autoridade, com o motivo da prisão, o nome do condutor e os das testemunhas.
▶ Art. 5º, LXIV, da CF.
▶ Art. 467, f, deste Código.
▶ Arts. 306, § 2º, e 648, II, do CPP.
▶ Art. 8º, nº 2, b, do Pacto de São José da Costa Rica.

Recibo da nota de culpa

§ 1º Da nota de culpa o preso passará recibo que será assinado por duas testemunhas, quando ele não souber, não puder ou não quiser assinar.

Relaxamento da prisão

§ 2º Se, ao contrário da hipótese prevista no artigo 246, a autoridade militar ou judiciária verificar a manifesta inexistência de infração penal militar ou a não participação da pessoa conduzida, relaxará a prisão. Em se tratando de infração penal comum, remeterá o preso à autoridade civil competente.
▶ Art. 5º, LXV, da CF.
▶ Art. 7º, nº 6, do Pacto de São José da Costa Rica.

Registro das ocorrências

Art. 248. Em qualquer hipótese, de tudo quanto ocorrer será lavrado auto ou termo, para remessa à autoridade judiciária competente, a fim de que esta confirme ou infirme os atos praticados.

Fato praticado em presença da autoridade

Art. 249. Quando o fato for praticado em presença da autoridade, ou contra ela, no exercício de suas funções, deverá ela própria prender e autuar em flagrante o infrator, mencionando a circunstância.
▶ Arts. 252, II, e 307 do CPP.

Prisão em lugar não sujeito à administração militar

Art. 250. Quando a prisão em flagrante for efetuada em lugar não sujeito à administração militar, o auto poderá ser lavrado por autoridade civil, ou pela autoridade militar do lugar mais próximo daquele em que ocorrer a prisão.
▶ Art. 308 do CPP.
▶ Art. 231 do ECA.
▶ Art. 4º, c, da Lei nº 4.898, de 9-12-1965 (Lei do Abuso de Autoridade).

Remessa do auto de flagrante ao juiz

Art. 251. O auto de prisão em flagrante deve ser remetido imediatamente ao juiz competente, se não tiver sido lavrado por autoridade judiciária; e, no máximo, dentro em cinco dias, se depender de diligência prevista no artigo 246.
▶ Art. 5º, LXII e LXV, da CF.
▶ Art. 27 deste Código.
▶ Art. 306 do CPP.
▶ Art. 7º, nº 6, do Pacto de São José da Costa Rica.

Passagem do preso à disposição do juiz

Parágrafo único. Lavrado o auto de flagrante delito, o preso passará imediatamente à disposição da autoridade judiciária competente para conhecer do processo.

Devolução do auto

Art. 252. O auto poderá ser mandado ou devolvido à autoridade militar, pelo juiz ou a requerimento do Ministério Público, se novas diligências forem julgadas necessárias ao esclarecimento do fato.
▶ Art. 26 deste Código.

Concessão de liberdade provisória

Art. 253. Quando o juiz verificar pelo auto de prisão em flagrante que o agente praticou o fato nas condições dos artigos 35, 38, observado o disposto no artigo 40, e dos artigos 39 e 42, do Código Penal Militar, poderá conceder ao indiciado liberdade provisória, mediante termo de comparecimento a todos os atos do processo, sob pena de revogar a concessão.

▶ Arts. 310, III, e parágrafo único, 581, V, e 648, I, do CPP.

Seção III
DA PRISÃO PREVENTIVA

Competência e requisitos para a decretação

Art. 254. A prisão preventiva pode ser decretada pelo auditor ou pelo Conselho de Justiça, de ofício, a requerimento do Ministério Público ou mediante representação da autoridade encarregada do inquérito policial militar, em qualquer fase deste ou do processo, concorrendo os requisitos seguintes:

▶ Art. 5º, LXI e LXII, da CF.
▶ Arts. 13, IV, 311, 581, V, e 648, I, do CPP.
▶ Art. 7º, nº 2, do Pacto de São José da Costa Rica.

a) prova do fato delituoso;
b) indícios suficientes de autoria.

No Superior Tribunal Militar

Parágrafo único. Durante a instrução de processo originário do Superior Tribunal Militar, a decretação compete ao relator.

Casos de decretação

Art. 255. A prisão preventiva, além dos requisitos do artigo anterior, deverá fundar-se em um dos seguintes casos:

▶ Art. 86, § 3º, da CF.
▶ Arts. 312 e 324, IV, do CPP.

a) garantia da ordem pública;
b) conveniência da instrução criminal;
c) periculosidade do indiciado ou acusado;
d) segurança da aplicação da lei penal militar;
e) exigência da manutenção das normas ou princípios de hierarquia e disciplina militares, quando ficarem ameaçados ou atingidos com a liberdade do indiciado ou acusado.

Fundamentação do despacho

Art. 256. O despacho que decretar ou denegar a prisão preventiva será sempre fundamentado; e, da mesma forma, o seu pedido ou requisição, que deverá preencher as condições previstas nas letras *a* e *b*, do artigo 254.

▶ Arts. 5º, LXI, e 93, IX, da CF.
▶ Arts. 315 e 581, V, do CPP.

Desnecessidade da prisão

Art. 257. O juiz deixará de decretar a prisão preventiva, quando, por qualquer circunstância evidente dos autos, ou pela profissão, condições de vida ou interesse do indiciado ou acusado, presumir que este não fuja, nem exerça influência em testemunha ou perito, nem impeça ou perturbe, de qualquer modo, a ação da justiça.

Modificação de condições

Parágrafo único. Essa decisão poderá ser revogada a todo o tempo, desde que se modifique qualquer das condições previstas neste artigo.

Proibição

Art. 258. A prisão preventiva em nenhum caso será decretada se o juiz verificar, pelas provas constantes dos autos, ter o agente praticado o fato nas condições dos artigos 35, 38, observado o disposto no artigo 40, e dos artigos 39 e 42, do Código Penal Militar.

▶ Arts. 314, 415, IV, e 648, I do CPP.

Revogação e nova decretação

Art. 259. O juiz poderá revogar a prisão preventiva se, no curso do processo, verificar a falta de motivos para que subsista, bem como de novo decretá-la, se sobrevierem razões que a justifiquem.

▶ Arts. 80, 316 e 492, II, *a*, do CPP.

Parágrafo único. A prorrogação da prisão preventiva dependerá de prévia audiência do Ministério Público.

Execução da prisão preventiva

Art. 260. A prisão preventiva executar-se-á por mandado, com os requisitos do artigo 225. Se o indiciado ou acusado já se achar detido, será notificado do despacho que a decretar pelo escrivão do inquérito, ou do processo, que o certificará nos autos.

Passagem à disposição do juiz

Art. 261. Decretada a prisão preventiva, o preso passará à disposição da autoridade judiciária, observando-se o disposto no artigo 237.

Capítulo IV
DO COMPARECIMENTO ESPONTÂNEO

Tomada de declarações

Art. 262. Comparecendo espontaneamente o indiciado ou acusado, tomar-se-ão por termo as declarações que fizer. Se o comparecimento não se der perante a autoridade judiciária, esta serão apresentados o termo e o indiciado ou acusado, para que delibere acerca da prisão preventiva ou de outra medida que entender cabível.

Parágrafo único. O termo será assinado por duas testemunhas presenciais do ocorrido; e, se o indiciado ou acusado não souber ou não puder assinar, sê-lo-á por uma pessoa a seu rogo, além das testemunhas mencionadas.

Capítulo V
DA MENAGEM

Competência e requisitos para a concessão

Art. 263. A menagem poderá ser concedida pelo juiz, nos crimes cujo máximo da pena privativa da liberdade não exceda a quatro anos, tendo-se, porém, em atenção a natureza do crime e os antecedentes do acusado.

▶ Art. 7º, nº 2, do Pacto de São José da Costa Rica.

Lugar da menagem

Art. 264. A menagem a militar poderá efetuar-se no lugar em que residia quando ocorreu o crime ou seja sede do juízo que o estiver apurando, ou, atendido o seu posto ou graduação, em quartel, navio, acampamento, ou em estabelecimento ou sede de órgão militar. A menagem a civil será no lugar da sede do juízo, ou em lugar sujeito à administração militar, se assim o entender necessário a autoridade que a conceder.

Audiência do Ministério Público

§ 1º O Ministério Público será ouvido, previamente, sobre a concessão da menagem, devendo emitir parecer dentro do prazo de três dias.

Pedido de informação

§ 2º Para a menagem em lugar sujeito à administração militar, será pedida informação, a respeito da sua conveniência, à autoridade responsável pelo respectivo comando ou direção.

Cassação da menagem

Art. 265. Será cassada a menagem àquele que se retirar do lugar para o qual foi ela concedida, ou faltar, sem causa justificada, a qualquer ato judicial para que tenha sido intimado ou a que deva comparecer independentemente de intimação especial.

▶ Art. 288 deste Código.

Menagem do insubmisso

Art. 266. O insubmisso terá o quartel por menagem, independentemente de decisão judicial, podendo, entretanto, ser cassada pela autoridade militar, por conveniência de disciplina.

▶ Art. 183 do CPM.

Cessação da menagem

Art. 267. A menagem cessa com a sentença condenatória, ainda que não tenha passado em julgado.

Parágrafo único. Salvo o caso do artigo anterior, o juiz poderá ordenar a cessação da menagem, em qualquer tempo, com a liberação das obrigações dela decorrentes, desde que não a julgue mais necessária ao interesse da Justiça.

Contagem para a pena

Art. 268. A menagem concedida em residência ou cidade não será levada em conta no cumprimento da pena.

Reincidência

Art. 269. Ao reincidente não se concederá menagem.

▶ Art. 71 do CPM.

CAPÍTULO VI

DA LIBERDADE PROVISÓRIA

Casos de liberdade provisória

Art. 270. O indiciado ou acusado livrar-se-á solto no caso de infração a que não for cominada pena privativa de liberdade.

▶ Arts. 321 a 350 do CPP.

Parágrafo único. Poderá livrar-se solto:

a) no caso de infração culposa, salvo se compreendida entre as previstas no Livro I, Título I, da Parte Especial do Código Penal Militar;
b) no caso de infração punida com pena de detenção não superior a dois anos, salvo as previstas nos artigos 157, 160, 161, 162, 163, 164, 166, 173, 176, 177, 178, 187, 192, 235, 299 e 302, do Código Penal Militar.

Suspensão

Art. 271. A superveniência de qualquer dos motivos referidos no artigo 255 poderá determinar a suspensão da liberdade provisória, por despacho da autoridade que a concedeu, de ofício ou a requerimento do Ministério Público.

CAPÍTULO VII

DA APLICAÇÃO PROVISÓRIA DE MEDIDAS DE SEGURANÇA

Casos de aplicação

Art. 272. No curso do inquérito, mediante representação do encarregado, ou no curso do processo, de ofício ou a requerimento do Ministério Público, enquanto não for proferida sentença irrecorrível, o juiz poderá, observado o disposto no artigo 111, do Código Penal Militar, submeter às medidas de segurança que lhes forem aplicáveis:

▶ Art. 373 do CPP.

a) os que sofram de doença mental, de desenvolvimento mental incompleto ou retardado, ou outra grave perturbação de consciência;
b) os ébrios habituais;
c) os toxicômanos;
d) os que estejam no caso do artigo 115, do Código Penal Militar.

Interdição de estabelecimento ou sociedade

§ 1º O juiz poderá, da mesma forma, decretar a interdição, por tempo não superior a cinco dias, de estabelecimento industrial ou comercial, bem como de sociedade ou associação, que esteja no caso do artigo 118, do Código Penal Militar, a fim de ser nela realizada busca ou apreensão ou qualquer outra diligência permitida neste Código, para elucidação de fato delituoso.

Fundamentação

§ 2º Será fundamentado o despacho que aplicar qualquer das medidas previstas neste artigo.

Irrecorribilidade de despacho

Art. 273. Não caberá recurso do despacho que decretar ou denegar a aplicação provisória da medida de segurança, mas esta poderá ser revogada, substituída ou modificada, a critério do juiz, mediante requerimento do Ministério Público, do indiciado ou acusado, ou de representante legal de qualquer destes, nos casos das letras a e c do artigo anterior.

▶ Art. 374 do CPP.

Necessidade da perícia médica

Art. 274. A aplicação provisória da medida de segurança, no caso da letra a do artigo 272, não dispensa nem supre a realização da perícia médica, nos termos dos artigos 156 e 160.

Normas supletivas

Art. 275. Decretada a medida, atender-se-á, no que for aplicável, às disposições relativas à execução da sentença definitiva.

▶ Arts. 659 a 674 deste Código.

Suspensão do pátrio poder, tutela ou curatela

Art. 276. A suspensão provisória do exercício do pátrio poder, da tutela ou da curatela, para efeito no juízo penal militar, deverá ser processada no juízo civil.

▶ A Lei nº 10.406, de 10-1-2002 (Código Civil), substituiu a expressão "pátrio poder" por "poder familiar".

TÍTULO XIV

Capítulo Único
DA CITAÇÃO, DA INTIMAÇÃO E DA NOTIFICAÇÃO

Formas de citação

Art. 277. A citação far-se-á por oficial de justiça:

▶ Arts. 351, 564, III, e, 570 e 572 do CPP.
▶ Art. 164 da LEP.
▶ Arts. 66, 68 e 78 da Lei nº 9.099, de 26-9-1995 (Lei dos Juizados Especiais).
▶ Súm. nº 351 do STF.

I – mediante mandado, quando o acusado estiver servindo ou residindo na sede do juízo em que se promove a ação penal;
II – mediante precatória, quando o acusado estiver servindo ou residindo fora dessa sede, mas no País;
III – mediante requisição, nos casos dos artigos 280 e 282;
IV – pelo correio, mediante expedição de carta;
V – por edital:

▶ Arts. 286 e 287 deste Código.

a) quando o acusado se ocultar ou opuser obstáculo para não ser citado;
b) quando estiver asilado em lugar que goze de extraterritorialidade de país estrangeiro;
c) quando não for encontrado;
d) quando estiver em lugar incerto ou não sabido;
e) quando incerta a pessoa que tiver de ser citada.

Parágrafo único. Nos casos das letras a, c e d, o oficial de justiça, depois de procurar o acusado por duas vezes, em dias diferentes, certificará, cada vez, a impossibilidade da citação pessoal e o motivo. No caso da letra b, o oficial de justiça certificará qual o lugar em que o acusado está asilado.

Requisitos do mandado

Art. 278. O mandado, do qual se extrairão tantas duplicatas quantos forem os acusados, para servirem de contrafé, conterá:

▶ Art. 352 do CPP.

a) o nome da autoridade judiciária que o expedir;
b) o nome do acusado, seu posto ou graduação, se militar; seu cargo, se assemelhado ou funcionário de repartição militar, ou, se for desconhecido, os seus sinais característicos;
c) a transcrição da denúncia, com o rol das testemunhas;

▶ Art. 8º, nº 2, b, do Pacto de São José da Costa Rica.

d) o lugar, dia e hora em que o acusado deverá comparecer a juízo;
e) a assinatura do escrivão e a rubrica da autoridade judiciária.

Assinatura do mandado

Parágrafo único. Em primeira instância a assinatura do mandado compete ao auditor, e, em ação originária do Superior Tribunal Militar, ao relator do feito.

▶ Arts. 490 a 492 deste Código.

Requisitos da citação por mandado

Art. 279. São requisitos da citação por mandado:

▶ Art. 357 do CPP.

a) a sua leitura ao citando pelo oficial de justiça, e entrega da contrafé;
b) declaração do recebimento da contrafé pelo citando, a qual poderá ser feita na primeira via do mandado;
c) declaração do oficial de justiça, na certidão, da leitura do mandado.

Recusa ou impossibilidade da parte do citando

Parágrafo único. Se o citando se recusar a ouvir a leitura do mandado, a receber a contrafé ou a declarar o seu recebimento, o oficial de justiça certificá-lo-á no próprio mandado. Do mesmo modo procederá, se o citando, embora recebendo a contrafé, estiver impossibilitado de o declarar por escrito.

Citação a militar

Art. 280. A citação a militar em situação de atividade ou assemelhado far-se-á mediante requisição à autoridade sob cujo comando ou chefia estiver, a fim de que o citando se apresente para ouvir a leitura do mandado e receber a contrafé.

▶ Arts. 221, § 2º, e 358 do CPP.

Citação a funcionário

Art. 281. A citação a funcionário que servir em repartição militar deverá, para se realizar dentro desta, ser precedida de licença do seu diretor ou chefe, a quem se dirigirá o oficial de justiça, antes de cumprir o mandado, na forma do artigo 279.

▶ Arts. 221, § 3º, e 359 do CPP.

Citação a preso

Art. 282. A citação de acusado preso por ordem de outro juízo ou por motivo de outro processo, far-se-á nos termos do artigo 279, requisitando-se, por ofício, a apresentação do citando ao oficial de justiça, no recinto da prisão, para o cumprimento do mandado.

▶ Art. 360 do CPP.
▶ Súm. nº 351 do STF.

Requisitos da precatória

Art. 283. A precatória de citação indicará:

▶ Art. 354 do CPP.

a) o juiz deprecado e o juiz deprecante;
b) a sede das respectivas jurisdições;
c) o fim para que é feita a citação, com todas as especificações;
d) o lugar, dia e hora de comparecimento do acusado.

Urgência

Parágrafo único. Se houver urgência, a precatória, que conterá em resumo os requisitos deste artigo, poderá ser expedida por via telegráfica, depois de reco-

nhecida a firma do juiz, o que a estação expedidora mencionará.
▶ Art. 356 do CPP.

Cumprimento da precatória

Art. 284. A precatória será devolvida ao juiz deprecante, independentemente de traslado, depois de lançado o *"cumpra-se"* e de feita a citação por mandado do juiz deprecado, com os requisitos do artigo 279.
▶ Art. 355 do CPP.

§ 1º Verificado que o citando se encontra em território sujeito à jurisdição de outro juiz, a este o juiz deprecado remeterá os autos, para efetivação da diligência, desde que haja tempo para se fazer a citação.

§ 2º Certificada pelo oficial de justiça a existência de qualquer dos casos referidos no nº V, do artigo 277, a precatória será imediatamente devolvida, para o fim previsto naquele artigo.

Carta citatória

Art. 285. Estando o acusado no estrangeiro, mas em lugar sabido, a citação far-se-á por meio de carta citatória, cuja remessa a autoridade judiciária solicitará ao Ministério das Relações Exteriores, para ser entregue ao citando, por intermédio de representante diplomático ou consular do Brasil, ou preposto de qualquer deles, com jurisdição no lugar onde aquele estiver. A carta citatória conterá o nome do juiz que a expedir e as indicações a que se referem as alíneas *b, c* e *d*, do artigo 283.
▶ Arts. 369 e 783 a 786 do CPP.

Caso especial de militar

§ 1º Em se tratando de militar em situação de atividade, a remessa, para o mesmo fim, será solicitada ao Ministério em que servir.

Carta citatória considerada cumprida

§ 2º A citação considerar-se-á cumprida desde que, por qualquer daqueles Ministérios, seja comunicada ao juiz a entrega ao citando da carta citatória.

Ausência do citando

§ 3º Se o citando não for encontrado no lugar, ou se ocultar ou opuser obstáculo à citação, publicar-se-á edital para este fim, pelo prazo de vinte dias, de acordo com o artigo 286, após a comunicação, naquele sentido, à autoridade judiciária.

Exilado ou foragido em país estrangeiro

§ 4º O exilado ou foragido em país estrangeiro, salvo se internado em lugar certo e determinado pelo Governo desse país, será citado por edital, conforme o parágrafo anterior.

§ 5º A publicação do edital a que se refere o parágrafo anterior somente será feita após certidão do oficial de justiça, afirmativa de estar o citando exilado ou foragido em lugar incerto e não sabido.

Requisitos do edital

Art. 286. O edital de citação conterá, além dos requisitos referidos no artigo 278, a declaração do prazo, que será contado do dia da respectiva publicação na imprensa, ou da sua afixação.
▶ Art. 365 do CPP.

▶ Súm. nº 366 do STF.

§ 1º Além da publicação por três vezes em jornal oficial do lugar ou, na falta deste, em jornal que tenha ali circulação diária, será o edital afixado em lugar ostensivo, na portaria do edifício onde funciona o juízo. A afixação será certificada pelo oficial de justiça que a houver feito e a publicação provada com a página do jornal de que conste a respectiva data.

Edital resumido

§ 2º Sendo por demais longa a denúncia, dispensar-se-á a sua transcrição, resumindo-se o edital às indicações previstas nas alíneas *a, b, d* e *e*, do artigo 278 e à declaração do prazo a que se refere o preâmbulo deste artigo. Da mesma forma se procederá, quando o número de acusados exceder a cinco.

Prazo do edital

Art. 287. O prazo do edital será conforme o artigo 277, nº V:

a) de cinco dias, nos casos das alíneas *a* e *b*;
b) de quinze dias, no caso da alínea *c*;
c) de vinte dias, no caso da alínea *d*;
d) de vinte a noventa dias, no caso da alínea *e*.

Parágrafo único. No caso da alínea *a*, deste artigo, bastará publicar o edital uma só vez.

Intimação e notificação pelo escrivão

Art. 288. As intimações e notificações, para a prática de atos ou seu conhecimento no curso do processo, poderão, salvo determinação especial do juiz, ser feitas pelo escrivão às partes, testemunhas e peritos, por meio de carta, telegrama ou comunicação telefônica, bem como pessoalmente, se estiverem presentes em juízo, o que será certificado nos autos.
▶ Arts. 370, 392 e 570 do CPP.

Residente fora da sede do juízo

§ 1º A intimação ou notificação a pessoa que residir fora da sede do juízo poderá ser feita por carta ou telegrama, com assinatura da autoridade judiciária.

Intimação ou notificação a advogado ou curador

§ 2º A intimação ou notificação ao advogado constituído nos autos com poderes *ad juditia*, ou de ofício, ao defensor dativo ou ao curador judicial, supre a do acusado, salvo se este estiver preso, caso em que deverá ser intimado ou notificado pessoalmente, com conhecimento do responsável pela sua guarda, que fará apresentar em juízo, no dia e hora designados, salvo motivo de força maior, que comunicará ao juiz.
▶ Art. 370, § 1º, do CPP.
▶ Art. 67 da Lei nº 9.099, de 26-9-1995 (Lei dos Juizados Especiais).

Intimação ou notificação a militar

§ 3º A intimação ou notificação de militar em situação de atividade, ou assemelhado, ou de funcionário lotado em repartição militar, será feita por intermédio da autoridade a que estiver subordinado. Estando preso, o oficial deverá ser apresentado, atendida a sua hierarquia, sob a guarda de outro oficial, e a praça sob escolta, de acordo com os regulamentos militares.

Dispensa de comparecimento

§ 4º O juiz poderá dispensar a presença do acusado, desde que, sem dependência dela, possa realizar-se o ato processual.

Agregação de oficial processado

Art. 289. Estando solto, o oficial sob processo será agregado em unidade, força ou órgão, cuja distância da sede do juízo lhe permita comparecimento imediato aos atos processuais. A sua transferência, em cada caso, deverá ser comunicada à autoridade judiciária processante.

Mudança de residência de acusado civil

Art. 290. O acusado civil, solto, não poderá mudar de residência ou dela ausentar-se por mais de oito dias, sem comunicar à autoridade judiciária processante o lugar onde pode ser encontrado.

Antecedência da citação

Art. 291. As citações, intimações ou notificações serão sempre feitas de dia e com a antecedência de vinte e quatro horas, pelo menos, do ato a que se referirem.

Revelia do acusado

Art. 292. O processo seguirá à revelia do acusado que, citado, intimado ou notificado para qualquer ato do processo, deixar de comparecer sem motivo justificado.

▶ Art. 367 do CPP.

Citação inicial do acusado

Art. 293. A citação feita no início do processo é pessoal, bastando, para os demais termos, a intimação ou notificação do seu defensor, salvo se o acusado estiver preso, caso em que será, da mesma forma, intimado ou notificado.

▶ Art. 500, III, c, deste Código.

TÍTULO XV – DOS ATOS PROBATÓRIOS

Capítulo I

DISPOSIÇÕES GERAIS

Irrestrição da prova

Art. 294. A prova no juízo penal militar, salvo quanto ao estado das pessoas, não está sujeita às restrições estabelecidas na lei civil.

▶ Art. 5º, LVI, da CF.
▶ Arts. 92 e 155 do CPP.
▶ Súm. nº 74 do STJ.

Admissibilidade do tipo de prova

Art. 295. É admissível, nos termos deste Código, qualquer espécie de prova, desde que não atente contra a moral, a saúde ou a segurança individual ou coletiva, ou contra a hierarquia ou a disciplina militares.

▶ Art. 157 do CPP.

Ônus da prova. Determinação de diligência

Art. 296. O ônus da prova compete a quem alegar o fato, mas o juiz poderá, no curso da instrução criminal ou antes de proferir sentença, determinar, de ofício, diligências para dirimir dúvida sobre ponto relevante. Realizada a diligência, sobre ela serão ouvidas as partes, para dizerem nos autos, dentro em quarenta e oito horas, contadas da intimação, por despacho do juiz.

▶ Art. 156 do CPP.
▶ Art. 81, § 1º, da Lei nº 9.099, de 26-9-1995 (Lei dos Juizados Especiais).

Inversão do ônus da prova

§ 1º Inverte-se o ônus de provar se a lei presume o fato até prova em contrário.

Isenção

§ 2º Ninguém está obrigado a produzir prova que o incrimine, ou ao seu cônjuge, descendente, ascendente ou irmão.

▶ Art. 5º, LXIII, da CF.

Avaliação de prova

Art. 297. O juiz formará convicção pela livre apreciação do conjunto das provas colhidas em juízo. Na consideração de cada prova, o juiz deverá confrontá-la com as demais, verificando se entre elas há compatibilidade e concordância.

▶ Arts. 157, 182, 184, 200 e 381, III, do CPP.

Prova na língua nacional

Art. 298. Os atos do processo serão expressos na língua nacional.

Intérprete

§ 1º Será ouvido por meio de intérprete o acusado, a testemunha ou quem quer que tenha de prestar esclarecimento oral no processo, desde que não saiba falar a língua nacional ou nela não consiga, com exatidão, enunciar o que pretende ou compreender o que lhe é perguntado.

Tradutor

§ 2º Os documentos em língua estrangeira serão traduzidos para a nacional, por tradutor público ou por tradutor nomeado pelo juiz, sob compromisso.

Interrogatório ou inquirição do mudo, do surdo e do surdo-mudo

Art. 299. O interrogatório ou inquirição do mudo, do surdo, ou do surdo-mudo será feito pela forma seguinte:

▶ Art. 192 do CPP.

a) ao surdo, serão apresentados por escrito as perguntas, que ele responderá oralmente;
b) ao mudo, as perguntas serão feitas oralmente, respondendo-as ele por escrito;
c) ao surdo-mudo, as perguntas serão formuladas por escrito, e por escrito dará ele as respostas.

§ 1º Caso o interrogado ou o inquirido não saiba ler ou escrever, intervirá no ato, como intérprete, pessoa habilitada a entendê-lo.

§ 2º Aplica-se ao ofendido o disposto neste artigo e § 1º.

Consignação das perguntas e respostas

Art. 300. Sem prejuízo da exposição que o ofendido, o acusado ou a testemunha quiser fazer, a respeito do fato delituoso ou circunstâncias que tenham com este relação direta, serão consignadas as perguntas que lhes forem dirigidas, bem como, imediatamente, as respectivas respostas, devendo estas obedecer, com a possível exatidão, aos termos em que foram dadas.

Oralidade e formalidades das declarações

§ 1º As perguntas e respostas serão orais, podendo estas, entretanto, ser dadas por escrito, se o declarante, embora não seja mudo, estiver impedido de enunciá-las. Obedecida esta condição, o mesmo poderá ser admitido a respeito da exposição referida neste artigo, desde que escrita no ato da inquirição e sem intervenção de outra pessoa.

§ 2º Nos processos de primeira instância compete ao auditor e nos originários do Superior Tribunal Militar ao relator fazer as perguntas ao declarante e ditar as respostas ao escrivão. Qualquer dos membros do Conselho de Justiça poderá, todavia, fazer as perguntas que julgar necessárias e que serão consignadas com as respectivas respostas.

§ 3º As declarações do ofendido, do acusado e das testemunhas, bem como os demais incidentes que lhes tenham relação, serão reduzidos a termo pelo escrivão, assinado pelo juiz, pelo declarante e pelo defensor do acusado, se o quiser. Se o declarante não souber escrever ou se recusar a assiná-lo, o escrivão o declarará à fé do seu cargo, encerrando o termo.

Observância no inquérito

Art. 301. Serão observadas no inquérito as disposições referentes às testemunhas e sua acareação, ao reconhecimento de pessoas e coisas, aos atos periciais e a documentos, previstas neste Título, bem como quaisquer outras que tenham pertinência com a apuração do fato delituoso e sua autoria.

▶ Arts. 9º a 28 deste Código.

CAPÍTULO II

DA QUALIFICAÇÃO E DO INTERROGATÓRIO DO ACUSADO

Tempo e lugar do interrogatório

Art. 302. O acusado será qualificado e interrogado num só ato, no lugar, dia e hora designados pelo juiz, após o recebimento da denúncia; e, se presente à instrução criminal ou preso, antes de ouvidas as testemunhas.

▶ Art. 5º, LIII, LIV, LV, LVI e LVII, da CF.
▶ Arts. 6º, V, 185, 304 do CPP.
▶ Art. 8º, nº 1, do Pacto de São José da Costa Rica.

Comparecimento no curso do processo

Parágrafo único. A qualificação e o interrogatório do acusado que se apresentar ou for preso no curso do processo, serão feitos logo que ele comparecer perante o juiz.

Interrogatório pelo juiz

Art. 303. O interrogatório será feito, obrigatoriamente, pelo juiz, não sendo nele permitida a intervenção de qualquer outra pessoa.

▶ Art. 188 do CPP.

Questões de ordem

Parágrafo único. Findo o interrogatório, poderão as partes levantar questões de ordem, que o juiz resolverá de plano, fazendo-as consignar em ata com a respectiva solução, se assim lhe for requerido.

Interrogatório em separado

Art. 304. Se houver mais de um acusado, será cada um deles interrogado separadamente.

▶ Art. 191 do CPP.

Observações ao acusado

Art. 305. Antes de iniciar o interrogatório, o juiz observará ao acusado que, embora não esteja obrigado a responder às perguntas que lhe forem formuladas, o seu silêncio poderá ser interpretado em prejuízo da própria defesa.

▶ Art. 5º, LXIII, da CF.
▶ Art. 186 do CPP.
▶ Art. 8º, nº 2, g, e nº 3, do Pacto de São José da Costa Rica.

Perguntas não respondidas

Parágrafo único. Consignar-se-ão as perguntas que o acusado deixar de responder e as razões que invocar para não fazê-lo.

Forma e requisitos do interrogatório

Art. 306. O acusado será perguntado sobre o seu nome, naturalidade, estado, idade, filiação, residência, profissão ou meios de vida e lugar onde exerce a sua atividade, se sabe ler e escrever e se tem defensor. Respondidas essas perguntas, será cientificado da acusação pela leitura da denúncia e estritamente interrogado da seguinte forma:

▶ Art. 187 do CPP.
▶ Art. 68 da LCP.

a) onde estava ao tempo em que foi cometida a infração e se teve notícia desta e de que forma;
b) se conhece a pessoa ofendida e as testemunhas arroladas na denúncia, desde quando e se tem alguma coisa a alegar contra elas;
c) se conhece as provas contra ele apuradas e se tem alguma coisa a alegar a respeito das mesmas;
d) se conhece o instrumento com que foi praticada a infração, ou qualquer dos objetos com ela relacionados e que tenham sido apreendidos;
e) se é verdadeira a imputação que lhe é feita;
f) se, não sendo verdadeira a imputação, sabe de algum motivo particular a que deva atribuí-la ou conhece a pessoa ou pessoas a que deva ser imputada a prática do crime e se com elas esteve antes ou depois desse fato;
g) se está sendo ou já foi processado pela prática de outra infração e, em caso afirmativo, em que juízo, se foi condenado, qual a pena imposta e se a cumpriu;
h) se tem quaisquer outras declarações a fazer.

Nomeação de defensor ou curador

§ 1º Se o acusado declarar que não tem defensor, o juiz dar-lhe-á um, para assistir ao interrogatório. Se menor de vinte e um anos, nomear-lhe-á curador, que poderá ser o próprio defensor.

▶ Art. 431 deste Código.

Caso de confissão

§ 2º Se o acusado confessar a infração, será especialmente interrogado:

a) sobre quais os motivos e as circunstâncias da infração;
b) sobre se outras pessoas concorreram para ela, quais foram e de que modo agiram.

Negativa da imputação

§ 3º Se o acusado negar a imputação no todo ou em parte, será convidado a indicar as provas da verdade de suas declarações.

CAPÍTULO III

DA CONFISSÃO

Validade da confissão

Art. 307. Para que tenha valor de prova, a confissão deve:

▶ Arts. 59 e 65, III, d, do CP.
▶ Arts. 197 e 630, § 2º, a, do CPP.
▶ Art. 72, III, d, do CPM.
▶ Art. 8º, nº 3, do Pacto de São José da Costa Rica.

a) ser feita perante autoridade competente;
b) ser livre, espontânea e expressa;
c) versar sobre o fato principal;
d) ser verossímil;
e) ter compatibilidade e concordância com as demais provas do processo.

Silêncio do acusado

Art. 308. O silêncio do acusado não importará confissão, mas poderá constituir elemento para a formação do convencimento do juiz.

▶ Art. 5º, LXIII, da CF.
▶ Art. 198 do CPP.
▶ Art. 8º, nº 2, g, do Pacto de São José da Costa Rica.

Retratabilidade e divisibilidade

Art. 309. A confissão é retratável e divisível, sem prejuízo do livre convencimento do juiz, fundado no exame das provas em conjunto.

▶ Art. 200 do CPP.

Confissão fora do interrogatório

Art. 310. A confissão, quando feita fora do interrogatório, será tomada por termo nos autos, observado o disposto no artigo 304.

▶ Art. 199 do CPP.

CAPÍTULO IV

DAS PERGUNTAS AO OFENDIDO

Qualificação do ofendido. Perguntas

Art. 311. Sempre que possível, o ofendido será qualificado e perguntado sobre as circunstâncias da infração, quem seja ou presuma ser seu autor, as provas que possa indicar, tomando-se por termo as suas declarações.

▶ Art. 410 deste Código.
▶ Art. 201 do CPP.
▶ Art. 339 do CP.
▶ Art. 81 da Lei nº 9.099, de 26-9-1995 (Lei dos Juizados Especiais).

Falta de comparecimento

Parágrafo único. Se, notificado para esse fim, deixar de comparecer sem motivo justo, poderá ser conduzido à presença da autoridade, sem ficar sujeito, entretanto, a qualquer sanção.

Presença do acusado

Art. 312. As declarações do ofendido serão feitas na presença do acusado, que poderá contraditá-las no todo ou em parte, após a sua conclusão, bem como requerer ao juiz que o ofendido esclareça ou torne mais precisa qualquer das suas declarações, não podendo, entretanto, reperguntá-lo.

Isenção de resposta

Art. 313. O ofendido não está obrigado a responder pergunta que possa incriminá-lo, ou seja estranha ao processo.

▶ Art. 8º, nº 2, g, do Pacto de São José da Costa Rica.

CAPÍTULO V

DAS PERÍCIAS E EXAMES

Objeto da perícia

Art. 314. A perícia pode ter por objeto os vestígios materiais deixados pelo crime ou as pessoas e coisas, que, por sua ligação com o crime, possam servir-lhe de prova.

Determinação

Art. 315. A perícia pode ser determinada pela autoridade policial militar ou pela judiciária, ou requerida por qualquer das partes.

▶ Art. 8º, nº 2, f, do Pacto de São José da Costa Rica.

Negação

Parágrafo único. Salvo no caso de exame de corpo de delito, o juiz poderá negar a perícia, se a reputar desnecessária ao esclarecimento da verdade.

▶ Arts. 14, 158 e 184 do CPP.

Formulação de quesitos

Art. 316. A autoridade que determinar a perícia formulará os quesitos que entender necessários. Poderão, igualmente, fazê-lo: no inquérito, o indiciado; e, durante a instrução criminal, o Ministério Público e o acusado, em prazo que lhes for marcado para aquele fim, pelo auditor.

▶ Arts. 14 e 176 do CPP.

Quesitos

Art. 317. Os quesitos devem ser específicos, simples e de sentido inequívoco, não podendo ser sugestivos nem conter implícita a resposta.

Exigência de especificação e esclarecimento

§ 1º O juiz, de ofício ou a pedido de qualquer dos peritos, poderá mandar que as partes especifiquem os quesitos genéricos, dividam os complexos ou esclareçam os duvidosos, devendo indeferir os que não sejam pertinentes ao objeto da perícia, bem como os que sejam sugestivos ou contenham implícita a resposta.

Esclarecimento de ordem técnica

§ 2º Ainda que o quesito não permita resposta decisiva do perito, poderá ser formulado, desde que tenha por fim esclarecimento indispensável de ordem técnica, a respeito de fato que é objeto da perícia.

Número dos peritos e habilitação

Art. 318. As perícias serão, sempre que possível, feitas por dois peritos, especializados no assunto ou com habilitação técnica, observado o disposto no artigo 48.

▶ Arts. 159 e 178 do CPP.
▶ Súm. nº 361 do STF.

Resposta aos quesitos

Art. 319. Os peritos descreverão minuciosamente o que examinarem e responderão com clareza e de modo positivo aos quesitos formulados, que serão transcritos no laudo.

▶ Art. 160 do CPP.

Fundamentação

Parágrafo único. As respostas poderão ser fundamentadas, em sequência a cada quesito.

Apresentação de pessoas e objetos

Art. 320. Os peritos poderão solicitar da autoridade competente a apresentação de pessoas, instrumentos ou objetos que tenham relação com o crime, assim como os esclarecimentos que se tornem necessários à orientação da perícia.

Requisição de perícia ou exame

Art. 321. A autoridade policial militar e a judiciária poderão requisitar dos institutos médico-legais, dos laboratórios oficiais e de quaisquer repartições técnicas, militares ou civis, as perícias e exames que se tornem necessários ao processo, bem como, para o mesmo fim, homologar os que neles tenham sido regularmente realizados.

Divergência entre os peritos

Art. 322. Se houver divergência entre os peritos, serão consignadas no auto de exame as declarações e respostas de um e de outro, ou cada um redigirá separadamente o seu laudo, e a autoridade nomeará um terceiro. Se este divergir de ambos, a autoridade poderá mandar proceder a novo exame por outros peritos.

▶ Art. 180 do CPP.

Suprimento do laudo

Art. 323. No caso de inobservância de formalidade ou no caso de omissão, obscuridade ou contradição, a autoridade policial militar ou judiciária mandará suprir a formalidade, ou completar ou esclarecer o laudo. Poderá igualmente, sempre que entender necessário, ouvir os peritos, para qualquer esclarecimento.

▶ Arts. 181, 563, 564, IV, 566 e 572 do CPP.

Procedimento de novo exame

Parágrafo único. A autoridade poderá, também, ordenar que se proceda a novo exame, por outros peritos, se julgar conveniente.

Ilustração dos laudos

Art. 324. Sempre que conveniente e possível, os laudos de perícias ou exames serão ilustrados com fotografias, microfotografias, desenhos ou esquemas, devidamente rubricados.

Prazo para apresentação do laudo

Art. 325. A autoridade policial militar ou a judiciária, tendo em atenção a natureza do exame, marcará prazo razoável, que poderá ser prorrogado, para a apresentação dos laudos.

Vista do laudo

Parágrafo único. Do laudo será dada vista às partes, pelo prazo de três dias, para requererem quaisquer esclarecimentos dos peritos ou apresentarem quesitos suplementares para esse fim, que o juiz poderá admitir, desde que pertinentes e não infrinjam o artigo 137 e seu § 1º.

Liberdade de apreciação

Art. 326. O juiz não ficará adstrito ao laudo, podendo aceitá-lo ou rejeitá-lo, no todo ou em parte.

▶ Arts. 155 e 182 do CPP.

Perícias em lugar sujeito à administração militar ou repartição

Art. 327. As perícias, exames ou outras diligências que, para fins probatórios, tenham que ser feitos em quartéis, navios, aeronaves, estabelecimentos ou repartições, militares ou civis, devem ser precedidos de comunicações aos respectivos comandantes, diretores ou chefes, pela autoridade competente.

Infração que deixa vestígios

Art. 328. Quando a infração deixar vestígios, será indispensável o exame de corpo de delito, direto ou indireto, não podendo supri-lo a confissão do acusado.

▶ Art. 307 deste Código.
▶ Arts. 158, 167, 525 e 564, III, b, do CPP.
▶ Arts. 69 e 77, § 1º, da Lei nº 9.099, de 26-9-1995 (Lei dos Juizados Especiais).

Corpo de delito indireto

Parágrafo único. Não sendo possível o exame de corpo de delito direto, por haverem desaparecido os vestígios da infração, supri-lo-á a prova testemunhal.

Oportunidade do exame

Art. 329. O exame de corpo de delito poderá ser feito em qualquer dia e a qualquer hora.

▶ Arts. 6º, VII, e 161 do CPP.

Exame nos crimes contra a pessoa

Art. 330. Os exames que tiverem por fim comprovar a existência de crime contra a pessoa abrangerão:

a) exames de lesões corporais;
b) exames de sanidade física;
c) exames de sanidade mental;
d) exames cadavéricos, precedidos ou não de exumação;
e) exames de identidade de pessoa;
f) exames de laboratório;
g) exames de instrumentos que tenham servido à prática do crime.

Exame pericial incompleto

Art. 331. Em caso de lesões corporais, se o primeiro exame pericial tiver sido incompleto, proceder-se-á a exame complementar, por determinação da autoridade policial militar ou judiciária, de ofício ou a requerimento do indiciado, do Ministério Público, do ofendido ou do acusado.

▶ Art. 168 do CPP.

Suprimento de deficiência

§ 1º No exame complementar, os peritos terão presente o auto de corpo de delito, a fim de suprir-lhe a deficiência ou retificá-lo.

Exame de sanidade física

§ 2º Se o exame complementar tiver por fim verificar a sanidade física do ofendido, para efeito da classificação do delito, deverá ser feito logo que decorra o prazo de trinta dias, contado da data do fato delituoso.

Suprimento do exame complementar

§ 3º A falta de exame complementar poderá ser suprida pela prova testemunhal.

Realização pelos mesmos peritos

§ 4º O exame complementar pode ser feito pelos mesmos peritos que procederam ao de corpo de delito.

Exame de sanidade mental

Art. 332. Os exames de sanidade mental obedecerão, em cada caso, no que for aplicável, às normas prescritas no Capítulo II, do Título XII.

▶ Arts. 156 a 162 deste Código.

Autópsia

Art. 333. Haverá autópsia:

a) quando, por ocasião de ser feito o corpo de delito, os peritos a julgarem necessária;
b) quando existirem fundados indícios de que a morte resultou, não da ofensa, mas de causas mórbidas anteriores ou posteriores à infração;
c) nos casos de envenenamento.

Ocasião da autópsia

Art. 334. A autópsia será feita pelo menos seis horas depois do óbito, salvo se os peritos, pela evidência dos sinais da morte, julgarem que possa ser feita antes daquele prazo, o que declararão no auto.

▶ Art. 162 do CPP.

Impedimento de médico

Parágrafo único. A autópsia não poderá ser feita por médico que haja tratado o morto em sua última doença.

Casos de morte violenta

Art. 335. Nos casos de morte violenta, bastará o simples exame externo do cadáver, quando não houver infração penal que apurar, ou quando as lesões externas permitirem precisar a causa da morte e não houver necessidade de exame interno, para a verificação de alguma circunstância relevante.

▶ Art. 162, parágrafo único, do CPP.

Fotografia de cadáver

Art. 336. Os cadáveres serão, sempre que possível, fotografados na posição em que forem encontrados.

▶ Arts. 6º, I, e 164 do CPP.

Identidade do cadáver

Art. 337. Havendo dúvida sobre a identidade do cadáver, proceder-se-á ao reconhecimento pelo Instituto de Identificação e Estatística, ou repartição congênere, pela inquirição de testemunhas ou outro meio de direito, lavrando-se o auto de reconhecimento e identidade, no qual se descreverá o cadáver, com todos os sinais e indicações.

▶ Art. 166 do CPP.

Arrecadação de objetos

Parágrafo único. Em qualquer caso, serão arrecadados e autenticados todos os objetos que possam ser úteis para a identificação do cadáver.

Exumação

Art. 338. Haverá exumação, sempre que esta for necessária ao esclarecimento do processo.

▶ Art. 163 do CPP.

Designação de dia e hora

§ 1º A autoridade providenciará para que, em dia e hora previamente marcados, se realize a diligência e o exame cadavérico, dos quais se lavrará auto circunstanciado.

Indicação de lugar

§ 2º O administrador do cemitério ou por ele responsável indicará o lugar da sepultura, sob pena de desobediência.

Pesquisas

§ 3º No caso de recusa ou de falta de quem indique a sepultura, ou o lugar onde esteja o cadáver, a autoridade mandará proceder às pesquisas necessárias, o que tudo constará do auto.

Conservação do local do crime

Art. 339. Para o efeito de exame do local onde houver sido praticado o crime, a autoridade providenciará imediatamente para que não se altere o estado das coisas, até a chegada dos peritos.

▶ Arts. 6º, I, e 169 do CPP.

Perícias de laboratório

Art. 340. Nas perícias de laboratório, os peritos guardarão material suficiente para a eventualidade de nova perícia.

▶ Art. 170 do CPP.

Danificação da coisa

Art. 341. Nos crimes em que haja destruição, danificação ou violação da coisa, ou rompimento de obstáculo ou escalada para fim criminoso, os peritos, além de descrever os vestígios, indicarão com que instrumentos, por que meios e em que época presumem ter sido o fato praticado.

▶ Art. 155, § 4º, I e II, do CP.
▶ Art. 171 do CPP.
▶ Art. 240, § 6º, I e II, do CPM.

Avaliação direta

Art. 342. Proceder-se-á à avaliação de coisas destruídas, deterioradas ou que constituam produto de crime.

▶ Art. 172 do CPP.

Avaliação indireta

Parágrafo único. Se impossível a avaliação direta, os peritos procederão à avaliação por meio dos elementos existentes nos autos e dos que resultem de pesquisas ou diligências.

Caso de incêndio

Art. 343. No caso de incêndio, os peritos verificarão a causa e o lugar em que houver começado, o perigo que dele tiver resultado para a vida e para o patrimônio alheio, e, especialmente, a extensão do dano e o seu valor, quando atingido o patrimônio sob administração militar, bem como quaisquer outras circunstâncias que interessem à elucidação do fato. Será recolhido no local o material que os peritos julgarem necessário para qualquer exame, por eles ou outros peritos especializados, que o juiz nomeará, se entender indispensáveis.

- ► Art. 250 do CP.
- ► Art. 173 do CPP.
- ► Art. 268 do CPM.

Reconhecimento de escritos

Art. 344. No exame para o reconhecimento de escritos, por comparação de letra, observar-se-á o seguinte:

- ► Art. 174 do CPP.

a) a pessoa, a que se atribua ou se possa atribuir o escrito, será intimada para o ato, se for encontrada;
b) para a comparação, poderão servir quaisquer documentos que ela reconhecer ou já tiverem sido judicialmente reconhecidos como de seu punho, ou sobre cuja autenticidade não houver dúvida;

Requisição de documentos

c) a autoridade, quando necessário, requisitará, para o exame, os documentos que existirem em arquivos ou repartições públicas, ou neles realizará a diligência, se dali não puderem ser retirados;
d) quando não houver escritos para a comparação ou forem insuficientes os exibidos, a autoridade mandará que a pessoa escreva o que lhe for ditado;

Ausência da pessoa

e) se estiver ausente a pessoa, mas em lugar certo, esta última diligência poderá ser feita por precatória, em que se consignarão as palavras a que a pessoa será intimada a responder.

Exame de instrumentos do crime

Art. 345. São sujeitos a exame os instrumentos empregados para a prática de crime, a fim de se lhes verificar a natureza e a eficiência e, sempre que possível, a origem e propriedade.

- ► Arts. 6º, II, e 175 do CPP.

Precatória

Art. 346. Se a perícia ou exame tiver de ser feito em outra jurisdição, policial militar ou judiciária, expedir-se-á precatória, que obedecerá, no que lhe for aplicável, às prescrições dos artigos 283, 359, 360 e 361.

- ► Art. 177 do CPP.

Parágrafo único. Os quesitos da autoridade deprecante e os das partes serão transcritos na precatória.

CAPÍTULO VI
DAS TESTEMUNHAS

Notificação de testemunhas

Art. 347. As testemunhas serão notificadas em decorrência de despacho do auditor ou deliberação do Conselho de Justiça, em que será declarado o fim da notificação e o lugar, dia e hora em que devem comparecer.

Comparecimento obrigatório

§ 1º O comparecimento é obrigatório, nos termos da notificação, não podendo dele eximir-se a testemunha, salvo motivo de força maior, devidamente justificado.

Falta de comparecimento

§ 2º A testemunha que, notificada regularmente, deixar de comparecer sem justo motivo, será conduzida por oficial de justiça e multada pela autoridade notificante na quantia de um vigésimo a um décimo do salário mínimo vigente no lugar. Havendo recusa ou resistência à condução, o juiz poderá impor-lhe prisão até quinze dias, sem prejuízo do processo penal por crime de desobediência.

- ► Art. 330 do CP.
- ► Art. 219 do CPP.
- ► Art. 301 do CPM.

Oferecimento de testemunhas

Art. 348. A defesa poderá indicar testemunhas, que deverão ser apresentadas independentemente de intimação, no dia e hora designados pelo juiz para inquirição, ressalvado o disposto no artigo 349.

- ► Art. 8º, nº 2, f, do Pacto de São José da Costa Rica.

Requisição de militar ou funcionário

Art. 349. O comparecimento de militar, assemelhado, ou funcionário público será requisitado ao respectivo chefe, pela autoridade que ordenar a notificação.

Militar de patente superior

Parágrafo único. Se a testemunha for militar de patente superior à da autoridade notificante, será compelida a comparecer, sob as penas do § 2º do artigo 347, por intermédio da autoridade militar a que estiver imediatamente subordinada.

Dispensa de comparecimento

Art. 350. Estão dispensados de comparecer para depor:

a) o Presidente e o Vice-Presidente da República, os governadores e interventores dos Estados, os ministros de Estado, os senadores, os deputados federais e estaduais, os membros do Poder Judiciário e do Ministério Público, o prefeito do Distrito Federal, e dos Municípios, os secretários dos Estados, os membros dos Tribunais de Contas da União e dos Estados, o presidente do Instituto dos Advogados Brasileiros e os presidentes do Conselho Federal e dos Conselhos Seccionais da Ordem dos Advogados do Brasil, os quais serão inquiridos em local, dia e hora previamente ajustados entre eles e o juiz;

- ► Art. 221 do CPP.

b) as pessoas impossibilitadas por enfermidade ou por velhice, que serão inquiridas onde estiverem.

- ► Arts. 220 e 792, § 2º, do CPP.

Capacidade para ser testemunha

Art. 351. Qualquer pessoa poderá ser testemunha.

- ► Art. 53, § 6º, da CF.
- ► Arts. 342 e 343 do CP.
- ► Art. 202 do CPP.
- ► Arts. 346 e 347 do CPM.
- ► Art. 81 da Lei nº 9.099, de 26-9-1995 (Lei dos Juizados Especiais).

Declaração da testemunha

Art. 352. A testemunha deve declarar seu nome, idade, estado civil, residência, profissão e lugar onde exerce atividade, se é parente, e em que grau, do acusado e do ofendido, quais as suas relações com qualquer deles, e relatar o que sabe ou tem razão de saber, a respeito do fato delituoso narrado na denúncia e circunstâncias que com o mesmo tenham pertinência, não podendo limitar o seu depoimento à simples declaração de que confirma o que prestou no inquérito. Sendo numerária ou referida, prestará o compromisso de dizer a verdade sobre o que souber e lhe for perguntado.

▶ Art. 203 do CPP.
▶ Art. 68 da LCP.

Dúvida sobre a identidade da testemunha

§ 1º Se ocorrer dúvida sobre a identidade da testemunha, o juiz procederá à verificação pelos meios ao seu alcance, podendo, entretanto, tomar-lhe o depoimento desde logo.

▶ Art. 205 do CPP.

Não deferimento de compromisso

§ 2º Não se deferirá o compromisso aos doentes e deficientes mentais, aos menores de quatorze anos, nem às pessoas a que se refere o artigo 354.

▶ Art. 208 do CPP.

Contradita de testemunha antes do depoimento

§ 3º Antes de iniciado o depoimento, as partes poderão contraditar a testemunha ou arguir circunstâncias ou defeitos que a tornem suspeita de parcialidade ou indigna de fé. O juiz fará consignar a contradita ou arguição e a resposta da testemunha, mas só não lhe deferirá compromisso ou a excluirá, nos casos previstos no parágrafo anterior e no artigo 355.

Após o depoimento

§ 4º Após a prestação do depoimento, as partes poderão contestá-lo, no todo ou em parte, por intermédio do juiz, que mandará consignar a arguição e a resposta da testemunha, não permitindo, porém, réplica a essa resposta.

Inquirição separada

Art. 353. As testemunhas serão inquiridas cada uma de *per si*, de modo que uma não possa ouvir o depoimento da outra.

▶ Art. 210 do CPP.

Obrigação e recusa de depor

Art. 354. A testemunha não poderá eximir-se da obrigação de depor. Excetuam-se o ascendente, o descendente, o afim em linha reta, o cônjuge, ainda que desquitado, e o irmão do acusado, bem como pessoa que, com ele, tenha vínculo de adoção, salvo quando não for possível, por outro modo, obter-se ou integrar-se a prova do fato e de suas circunstâncias.

▶ Art. 206 do CPP.

Proibição de depor

Art. 355. São proibidas de depor as pessoas que, em razão de função, ministério, ofício ou profissão, devam guardar segredo, salvo se, desobrigadas pela parte interessada, quiserem dar o seu testemunho.

▶ Art. 154 do CP.
▶ Art. 207 do CPP.
▶ Art. 34, VII, da Lei nº 8.906, de 4-7-1994 (Estatuto da Advocacia e da OAB).

Testemunhas suplementares

Art. 356. O juiz, quando julgar necessário, poderá ouvir outras testemunhas, além das indicadas pelas partes.

▶ Art. 209 do CPP.

Testemunhas referidas

§ 1º Se ao juiz parecer conveniente, ainda que não haja requerimento das partes, serão ouvidas as pessoas a que as testemunhas se referirem.

Testemunha não computada

§ 2º Não será computada como testemunha a pessoa que nada souber que interesse à decisão da causa.

Manifestação de opinião pessoal

Art. 357. O juiz não permitirá que a testemunha manifeste suas apreciações pessoais, salvo quando inseparáveis da narrativa do fato.

▶ Art. 213 do CPP.

Caso de constrangimento da testemunha

Art. 358. Se o juiz verificar que a presença do acusado, pela sua atitude, poderá influir no ânimo de testemunha, de modo que prejudique a verdade do depoimento, fará retirá-lo, prosseguindo na inquirição, com a presença do seu defensor. Neste caso, deverá constar da ata da sessão a ocorrência e os motivos que a determinaram.

▶ Arts. 217, 497, VI, e 796 do CPP.

Expedição de precatória

Art. 359. A testemunha que residir fora da jurisdição do juízo poderá ser inquirida pelo auditor do lugar da sua residência, expedindo-se, para esse fim, carta precatória, nos termos do artigo 283, com prazo razoável, intimadas as partes, que formularão quesitos, a fim de serem respondidos pela testemunha.

▶ Art. 222 do CPP.

Sem efeito suspensivo

§ 1º A expedição da precatória não suspenderá a instrução criminal.

Juntada posterior

§ 2º Findo o prazo marcado, e se não for prorrogado, poderá realizar-se o julgamento, mas, a todo tempo, a carta precatória, uma vez devolvida, será junta aos autos.

Precatória a juiz do foro comum

Art. 360. Caso não seja possível, por motivo relevante, o comparecimento da testemunha perante auditor, a carta precatória poderá ser expedida a juiz criminal de comarca onde resida a testemunha ou a esta seja acessível, observado o disposto no artigo anterior.

Precatória a autoridade militar

Art. 361. No curso do inquérito policial militar, o seu encarregado poderá expedir carta precatória à autoridade militar superior do local onde a testemunha estiver servindo ou residindo, a fim de notificá-la e inquiri-la, ou designar oficial que a inquira, tendo em atenção as normas de hierarquia, se a testemunha for militar. Com a precatória, enviará cópias da parte que deu origem ao inquérito e da portaria que lhe determinou a abertura, e os quesitos formulados, para serem respondidos pela testemunha, além de outros dados que julgar necessários ao esclarecimento do fato.

Inquirição deprecada do ofendido

Parágrafo único. Da mesma forma, poderá ser ouvido o ofendido, se o encarregado do inquérito julgar desnecessário solicitar-lhe a apresentação à autoridade competente.

Mudança de residência da testemunha

Art. 362. As testemunhas comunicarão ao juiz, dentro de um ano, qualquer mudança de residência, sujeitando-se, pela simples omissão, às penas do não comparecimento.

▶ Art. 224 do CPP.

Antecipação de depoimento

Art. 363. Se qualquer testemunha tiver de ausentar-se ou, por enfermidade ou idade avançada, inspirar receio de que, ao tempo da instrução criminal, esteja impossibilitado de depor, o juiz poderá, de ofício ou a requerimento de qualquer das partes, tomar-lhe antecipadamente o depoimento.

▶ Art. 225 do CPP.

Afirmação falsa de testemunha

Art. 364. Se o Conselho de Justiça ou o Superior Tribunal Militar, ao pronunciar sentença final, reconhecer que alguma testemunha fez afirmação falsa, calou ou negou a verdade, remeterá cópia do depoimento à autoridade policial competente, para a instauração de inquérito.

▶ Arts. 40 e 211 do CPP.

Capítulo VII

DA ACAREAÇÃO

Admissão da acareação

Art. 365. A acareação é admitida, assim na instrução criminal como no inquérito, sempre que houver divergência em declarações sobre fatos ou circunstâncias relevantes:

▶ Arts. 390, § 5º, e 425 deste Código.
▶ Arts. 6º, IV, 229 do CPP.

a) entre acusados;
b) entre testemunhas;
c) entre acusado e testemunha;
d) entre acusado ou testemunha e a pessoa ofendida;
e) entre as pessoas ofendidas.

Pontos de divergência

Art. 366. A autoridade que realizar a acareação explicará aos acusados quais os pontos em que divergem e, em seguida, os reinquirirá, a cada um de per si e em presença do outro.

▶ Art. 229, parágrafo único, do CPP.

§ 1º Da acareação será lavrado termo, com as perguntas e respostas, obediência às formalidades prescritas no § 3º do artigo 300 e menção na ata da audiência ou sessão.

§ 2º As partes poderão, por intermédio do juiz, reperguntar as testemunhas ou os ofendidos acareados.

Ausência de testemunha divergente

Art. 367. Se ausente alguma testemunha, cujas declarações divirjam de outra, que esteja presente, a esta se darão a conhecer os pontos da divergência, consignando-se no respectivo termo o que explicar.

▶ Art. 230 do CPP.

Capítulo VIII

DO RECONHECIMENTO DE PESSOA E DE COISA

Formas do procedimento

Art. 368. Quando houver necessidade de se fazer o reconhecimento de pessoa, proceder-se-á pela seguinte forma:

▶ Art. 426 deste Código.
▶ Art. 226 do CPP.

a) a pessoa que tiver de fazer o reconhecimento será convidada a descrever a pessoa que deva ser reconhecida;
b) a pessoa cujo reconhecimento se pretender, será colocada, se possível, ao lado de outras que com ela tiverem qualquer semelhança, convidando-se a apontá-la quem houver de fazer o reconhecimento;
c) se houver razão para recear que a pessoa chamada para o reconhecimento, por efeito de intimidação ou outra influência, não diga a verdade em face da pessoa que deve ser reconhecida, a autoridade providenciará para que esta não seja vista por aquela.

§ 1º O disposto na alínea c só terá aplicação no curso do inquérito.

§ 2º Do ato de reconhecimento lavrar-se-á termo pormenorizado, subscrito pela autoridade, pela pessoa chamada para proceder ao reconhecimento e por duas testemunhas presenciais.

Reconhecimento de coisa

Art. 369. No reconhecimento de coisa, proceder-se-á com as cautelas estabelecidas no artigo anterior, no que for aplicável.

▶ Art. 227 do CPP.

Variedade de pessoas ou coisas

Art. 370. Se várias forem as pessoas chamadas a efetuar o reconhecimento de pessoa ou coisa, cada uma o fará em separado, evitando-se qualquer comunicação entre elas. Se forem várias as pessoas ou coisas que tiverem de ser reconhecidas, cada uma o será por sua vez.

▶ Art. 228 do CPP.

Capítulo IX

DOS DOCUMENTOS

Natureza

Art. 371. Consideram-se documentos quaisquer escritos, instrumentos ou papéis, públicos ou particulares.

▶ Art. 297, § 2º, do CP.
▶ Art. 232 do CPP.

Presunção de veracidade

Art. 372. O documento público tem a presunção de veracidade, quer quanto à sua formação quer quanto aos fatos que o serventuário, com fé pública, declare que ocorreram na sua presença.

► Art. 237 do CPP.

Identidade de prova

Art. 373. Fazem a mesma prova que os respectivos originais:

a) as certidões textuais de qualquer peça do processo, do protocolo das audiências ou de outro qualquer livro a cargo do escrivão, sendo extraídas por ele, ou sob sua vigilância e por eles subscritas;

b) os traslados e as certidões extraídas por oficial público, de escritos lançados em suas notas;

c) as fotocópias de documentos, desde que autenticadas por oficial público.

Declaração em documento particular

Art. 374. As declarações constantes de documento particular escrito e assinado, ou somente assinado, presumem-se verdadeiras em relação ao signatário.

Parágrafo único. Quando, porém, contiver declaração de ciência, tendente a determinar o fato, o documento particular prova a declaração, mas não o fato declarado, competindo o ônus de provar o fato a quem interessar a sua veracidade.

Correspondência obtida por meios criminosos

Art. 375. A correspondência particular, interceptada ou obtida por meios criminosos, não será admitida em juízo, devendo ser desentranhada dos autos se a estes tiver sido junta, para a restituição a seus donos.

► Art. 5º, LVI, da CF.
► Arts. 151 e 152 do CP.
► Art. 233 do CPP.

Exibição de correspondência em juízo

Art. 376. A correspondência de qualquer natureza poderá ser exibida em juízo pelo respectivo destinatário, para a defesa do seu direito, ainda que não haja consentimento do signatário ou remetente.

► Art. 233, parágrafo único, do CPP.

Exame pericial de letra e firma

Art. 377. A letra e firma dos documentos particulares serão submetidas a exame pericial, quando contestada a sua autenticidade.

► Art. 344 deste Código.
► Arts. 174 e 235 do CPP.

Apresentação de documentos

Art. 378. Os documentos poderão ser apresentados em qualquer fase do processo, salvo se os autos deste estiverem conclusos para julgamento, observado o disposto no artigo 379.

► Art. 231 do CPP.

Providências do juiz

§ 1º Se o juiz tiver notícia da existência de documento relativo a ponto relevante da acusação ou da defesa, providenciará, independentemente de requerimento das partes, para a sua juntada aos autos, se possível.

Requisição de certidões ou cópias

§ 2º Poderá, igualmente, requisitar às repartições ou estabelecimentos públicos as certidões ou cópias autênticas necessárias à prova de alegações das partes. Se, dentro do prazo fixado, não for atendida a requisição nem justificada a impossibilidade do seu cumprimento, o juiz representará à autoridade competente contra o funcionário responsável.

Providências do curso do inquérito

§ 3º O encarregado de inquérito policial militar poderá, sempre que necessário ao esclarecimento do fato e sua autoria, tomar as providências referidas nos parágrafos anteriores.

Audiências das partes sobre documento

Art. 379. Sempre que, no curso do processo, um documento for apresentado por uma das partes, será ouvida, a respeito dele, a outra parte. Se junto por ordem do juiz, serão ouvidas ambas as partes, inclusive o assistente da acusação e o curador do acusado, se o requererem.

Conferência da pública-forma

Art. 380. O juiz, de ofício ou a requerimento das partes, poderá ordenar diligência para a conferência de pública-forma de documento que não puder ser exibido no original ou em certidão ou cópia autêntica revestida dos requisitos necessários à presunção de sua veracidade. A conferência será feita pelo escrivão do processo, em dia, hora e lugar previamente designados, com ciência das partes.

Devolução de documentos

Art. 381. Os documentos originais, juntos a processo findo, quando não exista motivo relevante que justifique a sua conservação, nos autos, poderão, mediante requerimento, e depois de ouvido o Ministério Público, ser entregues à parte que os produziu, ficando traslado nos autos; ou recibo, se se tratar de traslado ou certidão de escritura pública. Neste caso, do recibo deverão constar a natureza da escritura, a sua data, os nomes das pessoas que a assinaram e a indicação do livro e respectiva folha do cartório em que foi celebrada.

► Art. 238 do CPP.

Capítulo X

DOS INDÍCIOS

Definição

Art. 382. Indício é a circunstância ou fato conhecido e provado, de que se induz a existência de outra circunstância ou fato, de que não se tem prova.

► Art. 239 do CPP.

Requisitos

Art. 383. Para que o indício constitua prova, é necessário:

a) que a circunstância ou fato indicante tenha relação de causalidade, próxima ou remota, com a circunstância ou o fato indicado;

b) que a circunstância ou fato coincida com a prova resultante de outro ou outros indícios, ou com as provas diretas colhidas no processo.

Livro II – Dos Processos em Espécie

TÍTULO I – DO PROCESSO ORDINÁRIO

Capítulo Único

DA INSTRUÇÃO CRIMINAL

Seção I

DA PRIORIDADE DE INSTRUÇÃO DA POLÍCIA E ORDEM DAS SESSÕES

DISPOSIÇÕES GERAIS

Preferência para a instrução criminal

Art. 384. Terão preferência para a instrução criminal:
a) os processos, a que respondam os acusados presos;
b) dentre os presos, os de prisão mais antiga;
c) dentre os acusados soltos e os revéis, os de prioridade de processo.

Alteração da preferência

Parágrafo único. A ordem de preferência poderá ser alterada por conveniência da justiça ou da ordem militar.

Polícia das sessões

Art. 385. A polícia e a disciplina das sessões da instrução criminal serão, de acordo com o artigo 36 e seus §§ 1º e 2º, exercidas pelo presidente do Conselho de Justiça, e pelo auditor, nos demais casos.
► Art. 450 deste Código.

Conduta da assistência

Art. 386. As partes, os escrivães e os espectadores poderão estar sentados durante as sessões. Levantar-se-ão, porém, quando se dirigirem aos juízes ou quando estes se levantarem para qualquer ato do processo.
► Art. 795 do CPP.

Prerrogativas

Parágrafo único. O representante do Ministério Público e os advogados poderão falar sentados, e ambos terão, no que for aplicável, as prerrogativas que lhes assegura o artigo 89 da Lei nº 4.215, de 27 de abril de 1963.

► A Lei referenciada no parágrafo acima foi revogada pela de nº 8.906, de 4-7-1994, Estatuto da Advocacia e da Ordem dos Advogados do Brasil, que em seu Capítulo II dispõe sobre os direitos dos advogados.

Publicidade da instrução criminal

Art. 387. A instrução criminal será sempre pública, podendo, excepcionalmente, a juízo do Conselho de Justiça, ser secreta a sessão, desde que o exija o interesse da ordem e disciplina militares, ou a segurança nacional.
► Art. 93, IX, da CF.
► Art. 792 do CPP.
► Art. 8º, nº 5, do Pacto de São José da Costa Rica.

Sessões fora da sede

Art. 388. As sessões e os atos processuais poderão, em caso de necessidade, realizar-se fora da sede da Auditoria, em local especialmente designado pelo auditor, intimadas as partes para esse fim.
► Art. 792, § 2º, do CPP.

Conduta inconveniente do acusado

Art. 389. Se o acusado, durante a sessão, se portar de modo inconveniente, será advertido pelo presidente do Conselho; e, se persistir, poderá ser mandado retirar da sessão, que prosseguirá sem a sua presença, perante, porém, o seu advogado ou curador. Se qualquer destes se recusar a permanecer no recinto, o presidente nomeará defensor ou curador ad hoc ao acusado, para funcionar até o fim da sessão. Da mesma forma procederá, o auditor, em se tratando de ato da sua competência.
► Art. 796 do CPP.

Caso de desacato

Parágrafo único. No caso de desacato a juiz, ao procurador ou ao escrivão, o presidente do Conselho ou o auditor determinará a lavratura do auto de flagrante delito, que será remetido à autoridade judiciária competente.
► Art. 331 do CP.
► Art. 341 do CPM.

Prazo para a instrução criminal

Art. 390. O prazo para a conclusão da instrução criminal é de cinquenta dias, estando o acusado preso, e de noventa, quando solto, contados do recebimento da denúncia.
► Art. 5º, LXXVIII, da CF.
► Art. 7º, nº 5, do Pacto de São José da Costa Rica.

Não computação de prazo

§ 1º Não será computada naqueles prazos a demora determinada por doença do acusado ou defensor, por questão prejudicial ou por outro motivo de força maior justificado pelo auditor, inclusive a inquirição de testemunhas por precatória ou a realização de exames periciais ou outras diligências necessárias à instrução criminal, dentro dos respectivos prazos.

Doença do acusado

§ 2º No caso de doença do acusado, ciente o seu advogado ou curador e o representante do Ministério Público, poderá o Conselho de Justiça ou o auditor, por delegação deste, transportar-se ao local onde aquele se encontrar, procedendo aí ao ato da instrução criminal.

Doença e ausência do defensor

§ 3º No caso de doença do defensor, que o impossibilite de comparecer à sede do juízo, comprovada por atestado médico, com a firma de seu signatário devidamente reconhecida, será adiado o ato a que aquele devia comparecer, salvo se a doença perdurar por mais de dez dias, caso em que lhe será nomeado substituto, se outro defensor não estiver ou não for constituído pelo acusado. No caso de ausência do defensor, por outro motivo ou sem justificativa, ser-lhe-á nomeado substituto, para assistência ao ato e funcionamento no processo, enquanto a ausência persistir, ressalvado ao acusado o direito de constituir outro defensor.

Prazo para devolução de precatória

§ 4º Para a devolução de precatória, o auditor marcará prazo razoável, findo o qual, salvo motivo de força maior, a instrução criminal prosseguirá, podendo a parte juntar, posteriormente, a precatória, como documento, nos termos dos artigos 378 e 379.

Atos procedidos perante o auditor

§ 5º Salvo o interrogatório do acusado, a acareação nos termos do artigo 365 e a inquirição de testemunhas, na sede da Auditoria, todos os demais atos da instrução criminal poderão ser procedidos perante o auditor, com ciência do advogado, ou curador, do acusado e do representante do Ministério Público.

§ 6º Para os atos probatórios em que é necessária a presença do Conselho de Justiça, bastará o comparecimento da sua maioria. Se ausente o presidente, será substituído, na ocasião, pelo oficial imediato em antiguidade ou em posto.

▶ Art. 7º, nº 5, do Pacto de São José da Costa Rica.
▶ Art. 25 da Lei nº 8.457, de 4-9-1992, organiza a Justiça Militar da União e regula o funcionamento de seus serviços auxiliares.

Juntada da fé de ofício ou antecedentes

Art. 391. Juntar-se-á aos autos do processo o extrato da fé de ofício ou dos assentamentos do acusado militar. Se o acusado for civil será junta a folha de antecedentes penais e, além desta, a de assentamentos, se servidor de repartição ou estabelecimento militar.

Individual datiloscópica

Parágrafo único. Sempre que possível, juntar-se-á individual datiloscópica do acusado.

Proibição de transferência ou remoção

Art. 392. O acusado ficará à disposição exclusiva da Justiça Militar, não podendo ser transferido ou removido para fora da sede da Auditoria, até a sentença final, salvo motivo relevante que será apreciado pelo auditor, após comunicação da autoridade militar, ou a requerimento do acusado, se civil.

Proibição de transferência para a reserva

Art. 393. O oficial processado, ou sujeito a inquérito policial militar, não poderá ser transferido para a reserva, salvo se atingir a idade-limite de permanência no serviço ativo.

Dever do exercício de função ou serviço militar

Art. 394. O acusado solto não será dispensado do exercício das funções ou do serviço militar, exceto se, no primeiro caso, houver incompatibilidade com a infração cometida.

Lavratura de ata

Art. 395. De cada sessão será, pelo escrivão, lavrada ata, da qual se juntará cópia autêntica aos autos, dela constando os requerimentos, decisões e incidentes ocorridos na sessão.

Retificação de ata

Parágrafo único. Na sessão seguinte, por determinação do Conselho ou a requerimento de qualquer das partes, a ata poderá ser retificada, quando omitir ou não houver declarado fielmente fato ocorrido na sessão.

Seção II

DO INÍCIO DO PROCESSO ORDINÁRIO

Início do processo ordinário

Art. 396. O processo ordinário inicia-se com o recebimento da denúncia.

Falta de elementos para a denúncia

Art. 397. Se o procurador, sem prejuízo da diligência a que se refere o artigo 26, nº I, entender que os autos do inquérito ou as peças de informação não ministram os elementos indispensáveis ao oferecimento da denúncia, requererá ao auditor que os mande arquivar. Se este concordar com o pedido, determinará o arquivamento; se dele discordar, remeterá os autos ao Procurador-Geral.

▶ Art. 28 do CPP.

Designação de outro procurador

§ 1º Se o Procurador-Geral entender que há elementos para a ação penal, designará outro procurador, a fim de promovê-la; em caso contrário, mandará arquivar o processo.

Avocamento do processo

§ 2º A mesma designação poderá fazer, avocando o processo, sempre que tiver conhecimento de que, existindo em determinado caso elementos para a ação penal, esta não foi promovida.

Alegação de incompetência do juízo

Art. 398. O procurador, antes de oferecer a denúncia, poderá alegar a incompetência do juízo, que será processada de acordo com o artigo 146.

Seção III

DA INSTALAÇÃO DO CONSELHO DE JUSTIÇA

Providências do auditor

Art. 399. Recebida a denúncia, o auditor:

▶ Arts. 110, § 2º, e 117, I, do CP.
▶ Art. 125, § 5º, I, do CPM.
▶ Arts. 77 a 83, da Lei nº 9.099, de 26-9-1995 (Lei dos Juizados Especiais).

Sorteio ou Conselho

a) providenciará, conforme o caso, o sorteio do Conselho Especial ou a convocação do Conselho Permanente de Justiça;

Instalação do Conselho

b) designará dia, lugar e hora para a instalação do Conselho de Justiça;

Citação do acusado e do procurador militar

c) determinará a citação do acusado, de acordo com o artigo 277, para assistir a todos os termos do processo até decisão final, nos dias, lugar e horas que forem designados, sob pena de revelia, bem como a intimação do representante do Ministério Público;

▶ Art. 8º, nº 2, b, do Pacto de São José da Costa Rica.

Intimação das testemunhas arroladas e do ofendido

d) determinará a intimação das testemunhas arroladas na denúncia, para comparecerem no lugar, dia e hora que lhes for designado, sob as penas de lei; e se couber, a notificação do ofendido, para os fins dos artigos 311 e 312.

Compromisso legal

Art. 400. Tendo à sua direita o auditor, à sua esquerda o oficial de posto mais elevado ou mais antigo e, nos outros lugares, alternadamente, os demais juízes, conforme os seus postos ou antiguidade, ficando o escrivão em mesa próxima ao auditor e o procurador em mesa que lhe é reservada – o presidente, na primeira reunião do Conselho de Justiça prestará em voz alta, de pé, descoberto, o seguinte compromisso: "Prometo apreciar com imparcial atenção os fatos que me forem submetidos e julgá-los de acordo com a lei e a prova dos autos". Esse compromisso será também prestado pelos demais juízes, sob a fórmula: "Assim o prometo".

Parágrafo único. Desse ato, o escrivão lavrará certidão nos autos.

▶ Art. 472 do CPP.

Assento dos advogados

Art. 401. Para o advogado será destinada mesa especial, no recinto, e, se houver mais de um, serão, ao lado da mesa, colocadas cadeiras para que todos possam assentar-se.

Designação para a qualificação e interrogatório

Art. 402. Prestado o compromisso pelo Conselho de Justiça, o auditor poderá, desde logo, se presentes as partes e cumprida a citação prevista no artigo 277, designar lugar, dia e hora para a qualificação e interrogatório do acusado, que se efetuará pelo menos sete dias após a designação.

Presença do acusado

Art. 403. O acusado preso assistirá a todos os termos do processo, inclusive ao sorteio do Conselho de Justiça, quando Especial.

▶ Art. 5º, LV, da CF.
▶ Art. 500, III, *h*, deste Código.
▶ Art. 8º, nº 2, do Pacto de São José da Costa Rica.

Seção IV

DA QUALIFICAÇÃO E DO INTERROGATÓRIO DO ACUSADO. DAS EXCEÇÕES QUE PODEM SER OPOSTAS. DO COMPARECIMENTO DO OFENDIDO

Normas da qualificação e interrogatório

Art. 404. No lugar, dia e hora marcados para a qualificação e interrogatório do acusado, que obedecerão às normas prescritas nos artigos 302 a 306, ser-lhe-ão lidos, antes, pelo escrivão, a denúncia e os nomes das testemunhas nela arroladas, com as respectivas identidades.

▶ Art. 5º, LXIII, da CF.
▶ Art. 8º, nº 2, *g*, do Pacto de São José da Costa Rica.

Solicitação da leitura de peças do inquérito

§ 1º O acusado poderá solicitar, antes do interrogatório ou para esclarecer qualquer pergunta dele constante, que lhe seja lido determinado depoimento, ou trechos dele, prestado no inquérito, bem como as conclusões do relatório do seu encarregado.

Dispensa de perguntas

§ 2º Serão dispensadas as perguntas enumeradas no artigo 306 que não tenham relação com o crime.

Interrogatórios em separado

Art. 405. Presentes mais de um acusado, serão interrogados separadamente, pela ordem de autuação no processo, não podendo um ouvir o interrogatório do outro.

Postura do acusado

Art. 406. Durante o interrogatório o acusado ficará de pé, salvo se o seu estado de saúde não o permitir.

Exceções opostas pelo acusado

Art. 407. Após o interrogatório e dentro em quarenta e oito horas, o acusado poderá opor as exceções de suspeição do juiz, procurador ou escrivão, de incompetência do juízo, de litispendência ou de coisa julgada, as quais serão processadas de acordo com o Título XII, Capítulo I, Seções I a IV, do Livro I, no que for aplicável.

▶ Art. 411, parágrafo único, deste Código.

Matéria de defesa

Parágrafo único. Quaisquer outras exceções ou alegações serão recebidas como matéria de defesa para apreciação no julgamento.

Exceções opostas pelo procurador militar

Art. 408. O procurador, no mesmo prazo previsto no artigo anterior, poderá opor as mesmas exceções em relação ao juiz ou ao escrivão.

Presunção da menoridade

Art. 409. A declaração de menoridade do acusado valerá até prova em contrário. Se, no curso da instrução criminal, ficar provada a sua maioridade, cessarão as funções do curador, que poderá ser designado advogado de defesa. A verificação da maioridade não invalida os atos anteriormente praticados em relação ao acusado.

Comparecimento do ofendido

Art. 410. Na instrução criminal em que couber o comparecimento do ofendido, proceder-se-á na forma prescrita nos artigos 311, 312 e 313.

Seção V

DA REVELIA

Revelia do acusado preso

Art. 411. Se o acusado preso recusar-se a comparecer à instrução criminal, sem motivo justificado, ser-lhe-á designado o advogado de ofício para defendê-lo, ou outro advogado se este estiver impedido, e, independentemente da qualificação e interrogatório, o processo prosseguirá à sua revelia.

Qualificação e interrogatório posteriores

Parágrafo único. Comparecendo mais tarde, será qualificado e interrogado mas sem direito a opor qualquer

das exceções previstas no artigo 407 e seu parágrafo único.
▶ Art. 5º, LXIII, da CF.
▶ Art. 8º, nº 2, g, do Pacto de São José da Costa Rica.

Revelia do acusado solto

Art. 412. Será considerado revel o acusado que, estando solto e tendo sido regularmente citado, não atender ao chamado judicial para o início da instrução criminal, ou que, sem justa causa, se previamente cientificado, deixar de comparecer a ato do processo em que sua presença seja indispensável.

Acompanhamento posterior do processo

Art. 413. O revel que comparecer após o início do processo acompanhá-lo-á nos termos em que este estiver, não tendo direito à repetição de qualquer ato.

Defesa do revel. Recursos que pode interpor

Art. 414. O curador do acusado revel se incumbirá da sua defesa até o julgamento, podendo interpor os recursos legais, excetuada a apelação de sentença condenatória.

Seção VI
DA INQUIRIÇÃO DE TESTEMUNHAS, DO RECONHECIMENTO DE PESSOA OU COISA E DAS DILIGÊNCIAS EM GERAL

Normas de inquirição

Art. 415. A inquirição das testemunhas obedecerá às normas prescritas nos artigos 347 a 364, além dos artigos seguintes.

Leitura da denúncia

Art. 416. Qualificada a testemunha, o escrivão far-lhe-á a leitura da denúncia, antes da prestação do depoimento. Se presentes várias testemunhas, ouvirão todas, ao mesmo tempo, aquela leitura, finda a qual se retirarão do recinto da sessão as que não forem depor em seguida, a fim de que uma não possa ouvir o depoimento da outra, que a preceder.

Leitura de peças do inquérito

Parágrafo único. As partes poderão requerer ou o auditor determinar que à testemunha seja lido depoimento seu prestado no inquérito, ou peça deste, a respeito da qual seja esclarecedor o depoimento prestado na instrução criminal.

Precedência na inquirição

Art. 417. Serão ouvidas, em primeiro lugar, as testemunhas arroladas na denúncia e as referidas por estas, além das que forem substituídas ou incluídas posteriormente pelo Ministério Público, de acordo com o § 4º deste artigo. Após estas, serão ouvidas as testemunhas indicadas pela defesa.
▶ Art. 8º, nº 2, f, do Pacto de São José da Costa Rica.

Inclusão de outras testemunhas

§ 1º Havendo mais de três acusados, o procurador poderá requerer a inquirição de mais três testemunhas numerárias, além das arroladas na denúncia.

Indicação das testemunhas de defesa

§ 2º As testemunhas de defesa poderão ser indicadas em qualquer fase da instrução criminal, desde que não seja excedido o prazo de cinco dias, após a inquirição da última testemunha de acusação. Cada acusado poderá indicar até três testemunhas, podendo ainda requerer sejam ouvidas testemunhas referidas ou informantes, nos termos do § 3º.

▶ Art. 8º, nº 2, f, do Pacto de São José da Costa Rica.

Testemunhas referidas e informantes

§ 3º As testemunhas referidas, assim como as informantes, não poderão exceder a três.

Substituição, desistência e inclusão

§ 4º Quer o Ministério Público quer a defesa poderá requerer a substituição ou desistência de testemunha arrolada ou indicada, bem como a inclusão de outras, até o número permitido.

Inquirição pelo auditor

Art. 418. As testemunhas serão inquiridas pelo auditor e, por intermédio deste, pelos juízes militares, procurador, assistente e advogados. Às testemunhas arroladas pelo procurador, o advogado formulará perguntas por último. Da mesma forma o procurador, às indicadas pela defesa.

Recusa de perguntas

Art. 419. Não poderão ser recusadas as perguntas das partes, salvo se ofensivas ou impertinentes ou sem relação com o fato descrito na denúncia, ou importarem repetição de outra pergunta já respondida.

Consignação em ata

Parágrafo único. As perguntas recusadas serão, a requerimento de qualquer das partes, consignadas na ata da sessão, salvo se ofensivas e sem relação com o fato descrito na denúncia.

Testemunha em lugar incerto. Caso de prisão

Art. 420. Se não for encontrada, por estar em lugar incerto, qualquer das testemunhas, o auditor poderá deferir o pedido de substituição. Se averiguar que a testemunha se esconde para não depor, determinará a sua prisão para esse fim.

Notificação prévia

Art. 421. Nenhuma testemunha será inquirida sem que, com três dias de antecedência pelo menos, sejam notificados o representante do Ministério Público, o advogado e o acusado, se estiver preso.
▶ Art. 403 deste Código.

Redução a termo, leitura e assinatura de depoimento

Art. 422. O depoimento será reduzido a termo pelo escrivão e lido à testemunha que, se não tiver objeção, assiná-lo-á após o presidente do Conselho e o auditor. Assinarão, em seguida, conforme se trate de testemunhas de acusação ou de defesa, o representante do Ministério Público e o assistente ou o advogado e o curador. Se a testemunha declarar que não sabe ler ou escrever, certificá-lo-á o escrivão e encerrará o termo, sem necessidade de assinatura a rogo da testemunha.

Pedido de retificação

§ 1º A testemunha poderá, após a leitura do depoimento, pedir a retificação de tópico que não tenha, em seu entender, traduzido fielmente declaração sua.

Recusa de assinatura

§ 2º Se a testemunha ou qualquer das partes se recusar a assinar o depoimento, o escrivão o certificará, bem como o motivo da recusa, se este for expresso e o interessado requerer que conste por escrito.

Termo de assinatura

Art. 423. Sempre que, em cada sessão, se realizar inquirição de testemunhas, o escrivão lavrará termo de assentada, do qual constarão lugar, dia e hora em que se iniciou a inquirição.

Período da inquirição

Art. 424. As testemunhas serão ouvidas durante o dia, das sete às dezoito horas, salvo prorrogação autorizada pelo Conselho de Justiça, por motivo relevante, que constará da ata da sessão.

Determinação de acareação

Art. 425. A acareação entre testemunhas poderá ser determinada pelo Conselho de Justiça, pelo auditor ou requerida por qualquer das partes, obedecendo ao disposto nos artigos 365, 366 e 367.

Determinação de reconhecimento de pessoa ou coisa

Art. 426. O reconhecimento de pessoa e de coisa, nos termos dos artigos 368, 369 e 370, poderá ser realizado por determinação do Conselho de Justiça, do auditor ou a requerimento de qualquer das partes.

Conclusão dos autos ao auditor

Art. 427. Após a inquirição da última testemunha de defesa, os autos irão conclusos ao auditor, que deles determinará vista em cartório às partes, pelo prazo de oito dias, para requererem, se não o tiverem feito, o que for de direito, nos termos deste Código.

▶ Art. 500, III, d, deste Código.

Determinação de ofício e fixação de prazo

Parágrafo único. Ao auditor, que poderá determinar de ofício as medidas que julgar convenientes ao processo, caberá fixar os prazos necessários à respectiva execução, se, a esse respeito, não existir disposição especial.

Vista para as alegações escritas

Art. 428. Findo o prazo aludido no artigo 427 e se não tiver havido requerimento ou despacho para os fins nele previstos, o auditor determinará ao escrivão abertura de vista dos autos para alegações escritas, sucessivamente, por oito dias, ao representante do Ministério Público e ao advogado do acusado. Se houver assistente, constituído até o encerramento da instrução criminal, ser-lhe-á dada vista dos autos, se o requerer, por cinco dias, imediatamente após as alegações apresentadas pelo representante do Ministério Público.

Dilatação do prazo

§ 1º Se ao processo responderem mais de cinco acusados e diferentes forem os advogados, o prazo de vista será de doze dias, correndo em cartório e em comum para todos. O mesmo prazo terá o representante do Ministério Público.

Certidão do recebimento das alegações. Desentranhamento

§ 2º O escrivão certificará, com a declaração do dia e hora, o recebimento das alegações escritas, à medida da apresentação. Se recebidas fora do prazo, o auditor mandará desentranhá-las dos autos, salvo prova imediata de que a demora resultou de óbice irremovível materialmente.

Observância de linguagem decorosa nas alegações

Art. 429. As alegações escritas deverão ser feitas em termos convenientes ao decoro dos tribunais e à disciplina judiciária e sem ofensa à autoridade pública, às partes ou às demais pessoas que figuram no processo, sob pena de serem riscadas, de modo que não possam ser lidas, por determinação do presidente do Conselho ou do auditor, as expressões que infrinjam aquelas normas.

Sanação de nulidade ou falta. Designação de dia e hora do julgamento

Art. 430. Findo o prazo concedido para as alegações escritas, o escrivão fará os autos conclusos ao auditor, que poderá ordenar diligência para sanar qualquer nulidade ou suprir falta prejudicial ao esclarecimento da verdade. Se achar o processo devidamente preparado, designará dia e hora para o julgamento, cientes os demais juízes do Conselho de Justiça e as partes, e requisição do acusado preso à autoridade que o detenha, a fim de ser apresentado com as formalidades previstas neste Código.

Seção VII

DA SESSÃO DO JULGAMENTO E DA SENTENÇA

Abertura da sessão

Art. 431. No dia e hora designados para o julgamento reunido o Conselho de Justiça e presentes todos os seus juízes e o procurador, o presidente declarará aberta a sessão e mandará apresentar o acusado.

Comparecimento do revel

§ 1º Se o acusado revel comparecer nessa ocasião sem ter sido ainda qualificado e interrogado, proceder-se-á a estes atos, na conformidade dos artigos 404, 405 e 406, perguntando-lhe antes o auditor se tem advogado. Se declarar que não o tem, o auditor nomear-lhe-á um, cassada a função de curador, que poderá, entretanto, ser nomeado advogado.

▶ Arts. 411 e 412 deste Código.

Revel de menor idade

§ 2º Se o acusado revel for menor, e a sua menoridade só vier a ficar comprovada na fase de julgamento, o presidente do Conselho de Justiça nomear-lhe-á curador, que poderá ser o mesmo já nomeado pelo motivo da revelia.

Falta de apresentação de acusado preso

§ 3º Se o acusado, estando preso, deixar de ser apresentado na sessão de julgamento, o auditor providenciará quanto ao seu comparecimento à nova sessão que for designada para aquele fim.

Adiamento de julgamento no caso de acusado solto

§ 4º O julgamento poderá ser adiado por uma só vez, no caso de falta de comparecimento de acusado solto. Na segunda falta, o julgamento será feito à revelia, com curador nomeado pelo presidente do Conselho.

Falta de comparecimento de advogado

§ 5º Ausente o advogado, será adiado o julgamento uma vez. Na segunda ausência, salvo motivo de força maior devidamente comprovado, será o advogado substituído por outro.

Falta de comparecimento de assistente ou curador

§ 6º Não será adiado o julgamento, por falta de comparecimento do assistente ou seu advogado, ou de curador de menor ou revel, que será substituído por outro, de nomeação do presidente do Conselho de Justiça.

Saída do acusado por motivo de doença

§ 7º Se o estado de saúde do acusado não lhe permitir a permanência na sessão, durante todo o tempo em que durar o julgamento, este prosseguirá com a presença do defensor do acusado. Se o defensor se recusar a permanecer na sessão, a defesa será feita por outro, nomeado pelo presidente do Conselho de Justiça, desde que advogado.

Leitura de peças do processo

Art. 432. Iniciada a sessão de julgamento, o presidente do Conselho de Justiça ordenará que o escrivão proceda à leitura das seguintes peças do processo:

a) a denúncia e seu aditamento, se houver;
b) o exame de corpo de delito e a conclusão de outros exames ou perícias fundamentais à configuração ou classificação do crime;
c) o interrogatório do acusado;
d) qualquer outra peça dos autos, cuja leitura for proposta por algum dos juízes, ou requerida por qualquer das partes, sendo, neste caso, ordenada pelo presidente do Conselho de Justiça, se deferir o pedido.

Sustentação oral da acusação e defesa

Art. 433. Terminada a leitura, o presidente do Conselho de Justiça dará a palavra, para sustentação das alegações escritas ou de outras alegações, em primeiro lugar ao procurador, em seguida ao assistente ou seu procurador, se houver, e, finalmente, ao defensor ou defensores, pela ordem de autuação dos acusados que representam, salvo acordo manifestado entre eles.

Tempo para acusação e defesa

§ 1º O tempo, assim para a acusação como para a defesa, será de três horas para cada uma, no máximo.

▶ Art. 477 do CPP.

Réplica e tréplica

§ 2º O procurador e o defensor poderão, respectivamente, replicar e treplicar por tempo não excedente a uma hora, para cada um.

▶ Art. 477 do CPP.

Prazo para o assistente

§ 3º O assistente ou seu procurador terá a metade do prazo concedido ao procurador para a acusação e a réplica.

Defesa de vários acusados

§ 4º O advogado que tiver a seu cargo a defesa de mais de um acusado terá direito a mais uma hora, além do tempo previsto no § 1º, se fizer a defesa de todos em conjunto, com alteração, neste caso, da ordem prevista no preâmbulo do artigo.

Acusados excedentes a dez

§ 5º Se os acusados excederem a dez, cada advogado terá direito a uma hora para a defesa de cada um dos seus constituintes, pela ordem da respectiva autuação, se não usar da faculdade prevista no parágrafo anterior. Não poderá, entretanto, exceder a seis horas o tempo total, que o presidente do Conselho de Justiça marcará, e o advogado distribuirá, como entender, para a defesa de todos os seus constituintes.

Uso da tribuna

§ 6º O procurador, o assistente ou seu procurador, o advogado e o curador desenvolverão a acusação ou a defesa, da tribuna para esse fim destinada, na ordem que lhes tocar.

Disciplina dos debates

§ 7º A linguagem dos debates obedecerá às normas do artigo 429, podendo o presidente do Conselho de Justiça, após a segunda advertência, cassar a palavra de quem as transgredir, nomeando-lhe substituto *ad hoc*.

Permissão de apartes

§ 8º Durante os debates poderão ser dados apartes, desde que permitidos por quem esteja na tribuna, e não tumultuem a sessão.

Conclusão dos debates

Art. 434. Concluídos os debates e decidida qualquer questão de ordem levantada pelas partes, o Conselho de Justiça passará a deliberar em sessão secreta, podendo qualquer dos juízes militares pedir ao auditor esclarecimentos sobre questões de direito que se relacionem com o fato sujeito a julgamento.

Pronunciamento dos juízes

Art. 435. O presidente do Conselho de Justiça convidará os juízes a se pronunciarem sobre as questões preliminares e o mérito da causa, votando em primeiro lugar o auditor; depois, os juízes militares, por ordem inversa de hierarquia, e finalmente o presidente.

Diversidade de votos

Parágrafo único. Quando, pela diversidade de votos, não se puder constituir maioria para a aplicação da pena, entender-se-á que o juiz que tiver votado por pena maior, ou mais grave, terá virtualmente votado por pena imediatamente menor ou menos grave.

Interrupção da sessão na fase pública

Art. 436. A sessão de julgamento será permanente. Poderá, porém, ser interrompida na fase pública por tempo razoável, para descanso ou alimentação dos juízes, auxiliares das Justiça e partes. Na fase secreta não se interromperá por motivo estranho ao processo, salvo moléstia de algum dos juízes, caso em que será transferida para dia designado na ocasião.

Conselho Permanente. Prorrogação de jurisdição

Parágrafo único. Prorrogar-se-á a jurisdição do Conselho Permanente de Justiça, se o novo dia designado estiver incluído no trimestre seguinte àquele em que findar a sua jurisdição, fazendo-se constar o fato de ata.

Definição do fato pelo Conselho

Art. 437. O Conselho de Justiça poderá:

a) dar ao fato definição jurídica diversa da que constar na denúncia, ainda que, em consequência, tenha de aplicar pena mais grave, desde que aquela definição haja sido formulada pelo Ministério Público em alegações escritas e a outra parte tenha tido a oportunidade de respondê-la;

▶ Arts. 383, 384 e 617 do CPP.
▶ Súm. nº 5 do STM.

Condenação e reconhecimento de agravante não arguida

b) proferir sentença condenatória por fato articulado na denúncia, não obstante haver o Ministério Público opinado pela absolvição, bem como reconhecer agravante objetiva, ainda que nenhuma tenha sido arguida.

▶ Art. 385 do CPP.

Conteúdo da sentença

Art. 438. A sentença conterá:

▶ Art. 93, IX, da CF.
▶ Arts. 381, 564, III, m, e 800, I, do CPP.
▶ Art. 81, § 3º, da Lei nº 9.099, de 26-9-1995 (Lei dos Juizados Especiais).

a) o nome do acusado e, conforme o caso, seu posto ou condição civil;
b) a exposição sucinta da acusação e da defesa;
c) a indicação dos motivos de fato e de direito em que se fundar a decisão;
d) a indicação, de modo expresso, do artigo ou artigos de lei em que se acha incurso o acusado;
e) a data e as assinaturas dos juízes do Conselho de Justiça, a começar pelo presidente e por ordem de hierarquia e declaração dos respectivos postos, encerrando-as o auditor.

Declaração de voto

§ 1º Se qualquer dos juízes deixar de assinar a sentença, será declarado, pelo auditor, o seu voto, como vencedor ou vencido.

Redação da sentença

§ 2º A sentença será redigida pelo auditor, ainda que discorde dos seus fundamentos ou da sua conclusão, podendo, entretanto, justificar o seu voto, se vencido, no todo ou em parte, após a assinatura. O mesmo poderá fazer cada um dos juízes militares.

Sentença datilografada e rubricada

§ 3º A sentença poderá ser datilografada, rubricando-a, neste caso, o auditor, folha por folha.

Sentença absolutória. Requisitos

Art. 439. O Conselho de Justiça absolverá o acusado, mencionando os motivos na parte expositiva da sentença, desde que reconheça:

▶ Arts. 386, 397 e 415 do CPP.

a) estar provada a inexistência do fato, ou não haver prova da sua existência;
b) não constituir o fato infração penal;
c) não existir prova de ter o acusado concorrido para a infração penal;
d) existir circunstância que exclua a ilicitude do fato ou a culpabilidade ou imputabilidade do agente (artigos 38, 39, 42, 48 e 52 do Código Penal Militar);
e) não existir prova suficiente para a condenação;
f) estar extinta a punibilidade.

▶ Art. 123 e segs. do CPM.

Especificação

§ 1º Se houver várias causas para a absolvição, serão todas mencionadas.

Providências

§ 2º Na sentença absolutória determinar-se-á:

a) pôr o acusado em liberdade, se for o caso;
b) a cessação de qualquer pena acessória e, se for o caso, de medida de segurança provisoriamente aplicada;
c) a aplicação de medida de segurança cabível.

▶ Art. 110 e seguintes do CPM.

Sentença condenatória. Requisitos

Art. 440. O Conselho de Justiça ao proferir sentença condenatória:

▶ Arts. 387 e 492, I, do CPP.

a) mencionará as circunstâncias apuradas e tudo o mais que deva ser levado em conta na fixação da pena, tendo em vista obrigatoriamente o disposto no artigo 69 e seus parágrafos do Código Penal Militar;

▶ Art. 5º, nº 6, do Pacto de São José da Costa Rica.
▶ Súmulas nºs 231, 241, 440 e 442 a 444 do STJ.

b) mencionará as circunstâncias agravantes ou atenuantes definidas no citado Código, e cuja existência reconhecer;

▶ Arts. 70 e 72 do CPM.

c) imporá as penas, de acordo com aqueles dados, fixando a quantidade dos principais e, se for o caso, a espécie e o limite das acessórias;
d) aplicará as medidas de segurança que, no caso, couberem.

Proclamação do julgamento e prisão do réu

Art. 441. Reaberta a sessão pública e proclamado o resultado do julgamento pelo presidente do Conselho de Justiça, o auditor expedirá mandado de prisão contra o réu, se este for condenado a pena privativa de liberdade, ou alvará de soltura, se absolvido. Se presente o réu, ser-lhe-á dada voz de prisão pelo presidente do Conselho de Justiça, no caso de condenação. A aplicação de pena não privativa de liberdade será comunicada à autoridade competente, para os devidos efeitos.

Permanência do acusado absolvido na prisão

§ 1º Se a sentença for absolutória, por maioria de votos, e a acusação versar sobre crime a que a lei comina pena, no máximo por tempo igual ou superior a vinte anos, o acusado continuará preso, se interposta apelação pelo Ministério Público, salvo se se tiver apresentado espontaneamente à prisão para confessar crime, cuja autoria era ignorada ou imputada a outrem.

Cumprimento anterior do tempo de prisão

§ 2º No caso de sentença condenatória, o réu será posto em liberdade se, em virtude de prisão provisória, tiver cumprido a pena aplicada.

§ 3º A cópia da sentença, devidamente conferida e subscrita pelo escrivão e rubricada pelo auditor, ficará arquivada em cartório.

Indícios de outro crime

Art. 442. Se, em processo submetido a seu exame, o Conselho de Justiça, por ocasião do julgamento, verificar a existência de indícios de outro crime, determinará a remessa das respectivas peças, por cópia autêntica, ao órgão do Ministério Público competente, para os fins de direito.

Leitura da sentença em sessão pública e intimação

Art. 443. Se a sentença ou decisão não for lida na sessão em que se proclamar o resultado do julgamento, sê-lo-á pelo auditor em pública audiência, dentro do prazo de oito dias, e dela ficarão, desde logo, intimados o representante do Ministério Público, o réu e seu defensor, se presentes.

Intimação do representante do Ministério Público

Art. 444. Salvo o disposto no artigo anterior, o escrivão, dentro do prazo de três dias, após a leitura da sentença ou decisão, dará ciência dela ao representante do Ministério Público, para os efeitos legais.

Intimação de sentença condenatória

Art. 445. A intimação da sentença condenatória será feita, se não o tiver sido nos termos do artigo 443:

▶ Art. 392 do CPP.
▶ Art. 82, § 1º, da Lei nº 9.099, de 26-9-1995 (Lei dos Juizados Especiais).

a) ao defensor de ofício ou dativo;
b) ao réu, pessoalmente, se estiver preso;
c) ao defensor constituído pelo réu.

Intimação a réu solto ou revel

Art. 446. A intimação da sentença condenatória a réu solto ou revel far-se-á após a prisão, e bem assim ao seu defensor ou advogado que nomear por ocasião da intimação, e ao representante do Ministério Público.

Requisitos da certidão de intimação

Parágrafo único. Na certidão que lavrar da intimação, o oficial de justiça declarará se o réu nomeou advogado e, em caso afirmativo, intimá-lo-á também da sentença. Em caso negativo, dará ciência da sentença e da prisão do réu ao seu defensor de ofício ou dativo.

Certidões nos autos

Art. 447. O escrivão lavrará nos autos, em todos os casos, as respectivas certidões de intimação, com a indicação do lugar, dia e hora em que houver sido feita.

Lavratura de ata

Art. 448. O escrivão lavrará ata circunstanciada de todas as ocorrências na sessão de julgamento.

Anexação de cópia da ata

Parágrafo único. Da ata será anexada aos autos cópia autêntica datilografada e rubricada pelo escrivão.

Efeitos da sentença condenatória

Art. 449. São efeitos da sentença condenatória recorrível:

a) ser o réu preso ou conservado na prisão;
b) ser o seu nome lançado no rol dos culpados.

Aplicação de artigos

Art. 450. Aplicam-se à sessão de julgamento, no que couber, os artigos 385, 386 e seu parágrafo único, 389, 411, 412 e 413.

TÍTULO II – DOS PROCESSOS ESPECIAIS

Capítulo I
DA DESERÇÃO EM GERAL

Termo de deserção. Formalidades

Art. 451. Consumado o crime de deserção, nos casos previstos na lei penal militar, o comandante da unidade, ou autoridade correspondente, ou ainda a autoridade superior, fará lavrar o respectivo termo imediatamente, que poderá ser impresso ou datilografado, sendo por ele assinado e por duas testemunhas idôneas, além do militar incumbindo da lavratura.

▶ Súm. nº 3 do STM.

§ 1º A contagem dos dias de ausência, para efeito da lavratura do termo de deserção, iniciar-se-á à zero hora do dia seguinte àquele em que for verificada a falta injustificada do militar.

§ 2º No caso de deserção especial, prevista no artigo 190 do Código Penal Militar, a lavratura do termo será, também, imediata.

▶ Art. 451 com a redação dada pela Lei nº 8.236, de 20-9-1991.

Efeitos do termo de deserção

Art. 452. O termo de deserção tem o caráter de instrução provisória e destina-se a fornecer os elementos necessários à propositura da ação penal, sujeitando, desde logo, o desertor à prisão.

▶ Artigo com a redação dada pela Lei nº 8.236, de 20-9-1991.

Retardamento do processo

Art. 453. O desertor que não for julgado dentro de sessenta dias, a contar do dia de sua apresentação voluntária ou captura, será posto em liberdade, salvo se tiver dado causa ao retardamento do processo.

▶ Artigo com a redação dada pela Lei nº 8.236, de 20-9-1991.
▶ Súmulas nºs 3 e 10 do STM.

Capítulo II
DO PROCESSO DE DESERÇÃO DE OFICIAL

Lavratura do termo de deserção e sua publicação em Boletim

Art. 454. Transcorrido o prazo para consumar-se o crime de deserção, o comandante da unidade, ou autoridade correspondente, ou ainda a autoridade superior, fará lavrar o termo de deserção circunstanciadamente, inclusive com a qualificação do desertor, assinando-o com duas testemunhas idôneas, publicando-se em boletim ou documento equivalente, o termo de deserção, acompanhado da parte de ausência.

§ 1º O oficial desertor será agregado, permanecendo nessa situação ao apresentar-se ou ser capturado, até decisão transitada em julgado.

Remessa do termo de deserção e documentos à Auditoria

§ 2º Feita a publicação, a autoridade militar remeterá, em seguida, o termo de deserção à Auditoria competente, juntamente com a parte de ausência, o inventário do material permanente da Fazenda Nacional e as cópias do boletim ou documento equivalente e dos assentamentos do desertor.

Autuação e vista ao Ministério Público

§ 3º Recebido o termo de deserção e demais peças, o juiz-auditor mandará autuá-los e dar vista do processo, por cinco dias ao procurador, podendo este requerer o arquivamento, ou o que for de direito, ou oferecer denúncia, se nenhuma formalidade tiver sido omitida, ou após o cumprimento das diligências requeridas.

§ 4º Recebida a denúncia, o juiz-auditor determinará seja aguardada a captura ou apresentação voluntária do desertor.

Apresentação ou captura do desertor. Sorteio do Conselho

Art. 455. Apresentando-se ou sendo capturado o desertor, a autoridade militar fará a comunicação ao juiz-auditor, com a informação sobre a data e o lugar onde o mesmo se apresentou ou foi capturado, além de quaisquer outras circunstâncias concernentes ao fato. Em seguida, procederá o juiz-auditor ao sorteio e à convocação do Conselho Especial de Justiça, expedindo o mandado de citação do acusado, para ser processado e julgado. Nesse mandado, será transcrita a denúncia.

Rito processual

§ 1º Reunido o Conselho Especial de Justiça, presentes o procurador, o defensor e o acusado, o presidente ordenará a leitura da denúncia, seguindo-se o interrogatório do acusado, ouvindo-se, na ocasião, as testemunhas arroladas pelo Ministério Público. A defesa poderá oferecer prova documental e requerer a inquirição de testemunhas, até o número de três, que serão arroladas dentro do prazo de três dias e ouvidas dentro do prazo de cinco dias, prorrogável até o dobro pelo Conselho, ouvido o Ministério Público.

Julgamento

§ 2º Findo o interrogatório, e se nada for requerido ou determinado, ou finda a inquirição das testemunhas arroladas pelas partes e realizadas as diligências ordenadas, o presidente do Conselho dará a palavra às partes, para sustentação oral, pelo prazo máximo de trinta minutos, podendo haver réplica e tréplica por tempo não excedente a quinze minutos, para cada uma delas, passando o Conselho ao julgamento, observando-se o rito prescrito neste Código.

▶ Arts. 444 e 455 com a redação dada pela Lei nº 8.236, de 20-9-1991.

Capítulo III
DO PROCESSO DE DESERÇÃO DE PRAÇA COM OU SEM GRADUAÇÃO E DE PRAÇA ESPECIAL

Inventário dos bens deixados ou extraviados pelo ausente

Art. 456. Vinte e quatro horas depois de iniciada a contagem dos dias de ausência de uma praça, o comandante da respectiva subunidade, ou autoridade competente, encaminhará parte de ausência ao comandante ou chefe da respectiva organização, que mandará inventariar o material permanente da Fazenda Nacional, deixado ou extraviado pelo ausente, com a assistência de duas testemunhas idôneas.

§ 1º Quando a ausência se verificar em subunidade isolada ou em destacamento, o respectivo comandante, oficial ou não, providenciará o inventário, assinando-o com duas testemunhas idôneas.

Parte de deserção

§ 2º Decorrido o prazo para se configurar a deserção, o comandante da subunidade, ou autoridade correspondente, encaminhará ao comandante, ou chefe competente, uma parte acompanhada do inventário.

Lavratura do termo de deserção

§ 3º Recebida a parte de que trata o parágrafo anterior, fará o comandante, ou autoridade correspondente, lavrar o termo de deserção, onde se mencionarão todas as circunstâncias do fato. Esse termo poderá ser lavrado por uma praça, especial ou graduada, e será assinado pelo comandante e por duas testemunhas idôneas, de preferência oficiais.

Exclusão do serviço ativo, agregação e remessa à Auditoria

§ 4º Consumada a deserção de praça especial ou praça sem estabilidade, será ela imediatamente excluída do serviço ativo. Se praça estável, será agregada, fazendo-se, em ambos os casos, publicação, em boletim ou documento equivalente, do termo de deserção e remetendo-se, em seguida, os autos à Auditoria competente.

Vistas ao Ministério Público Militar

Art. 457. Recebidos do Comandante da unidade, ou da autoridade competente, o termo de deserção e a cópia do boletim, ou documento equivalente que o publicou, acompanhados dos demais atos lavrados e dos assentamentos, o juiz-auditor mandará autuá-los e dar vista do processo, por cinco dias, ao procurador, que requererá o que for de direito, aguardando-se a captura ou apresentação voluntária do desertor, se nenhuma formalidade tiver sido omitida, ou após o cumprimento das diligências requeridas.

Inspeção de saúde, para fins de reinclusão

§ 1º O desertor sem estabilidade que se apresentar ou for capturado deverá ser submetido a inspeção de saúde e, quando julgado apto para o serviço militar, será reincluído.

Incapacidade para serviço ativo

§ 2º A ata de inspeção de saúde será remetida, com urgência, à Auditoria a que tiverem sido distribuídos os autos, para que, em caso de incapacidade definitiva, seja o desertor sem estabilidade isento da reinclusão e do processo, sendo os autos arquivados, após o pronunciamento do representante do Ministério Público Militar.

▶ Súm. nº 8 do STM.

Notícia de reinclusão ou reversão. Denúncia

§ 3º Reincluída ou seja a praça especial ou a praça sem estabilidade, ou procedida à reversão da praça estável, o comandante da unidade providenciará, com urgência, sob pena de responsabilidade, a remessa à Auditoria de cópia do ato de reinclusão ou ato de reversão. O juiz-auditor determinará sua juntada aos autos e deles dará vista, por cinco dias, ao procurador, que requererá o arquivamento, ou o que for de direito, ou oferecerá denúncia, se nenhuma formalidade tiver sido omitida, ou após o cumprimento das diligências requeridas.

Citação, interrogatório e inquirição de testemunha

§ 4º Recebida a denúncia, determinará o juiz-auditor a citação do acusado, realizando-se em dia e hora previamente designados, perante o Conselho Permanente de Justiça, o interrogatório do acusado, ouvindo-se, na ocasião, as testemunhas arroladas pelo Ministério Público. A defesa poderá oferecer prova documental e requerer a inquirição de testemunhas, até o número de três que serão arroladas dentro do prazo de três dias e ouvidas dentro de cinco dias, prorrogáveis até o dobro pelo Conselho, ouvido o Ministério Público.

Julgamento

§ 5º Feita a leitura do processo, o presidente do Conselho dará a palavra às partes, para sustentação oral, pelo prazo máximo de trinta minutos, podendo haver réplica e tréplica por tempo não excedente a quinze minutos para cada uma delas, passando o Conselho ao julgamento, observando-se o rito prescrito neste Código.

Comunicação de sentença condenatória

§ 6º Em caso de condenação do acusado, o juiz-auditor fará expedir, imediatamente, a devida comunicação à autoridade competente, para os devidos fins e efeitos legais.

Sentença absolutória. Alvará de soltura

§ 7º Sendo absolvido o acusado, ou se este já tiver cumprido a pena imposta na sentença, o juiz-auditor providenciará, sem demora, para que seja posto em liberdade, mediante alvará de soltura, se por outro motivo não estiver preso.

▶ Arts. 456 e 457 com a redação dada pela Lei nº 8.236, de 20-9-1991.

Arts. 458 e 459. Revogados. Lei nº 8.236, de 20-9-1991.

Capítulo IV
DO PROCESSO DE DESERÇÃO DE PRAÇA, COM OU SEM GRADUAÇÃO, E DE PRAÇA ESPECIAL, NA MARINHA E NA AERONÁUTICA

Arts. 460 a 462. Revogados. Lei nº 8.236, de 20-9-1991.

Capítulo V
DO PROCESSO DE CRIME DE INSUBMISSÃO

Lavratura de termo de insubmissão

Art. 463. Consumado o crime de insubmissão, o comandante, ou autoridade correspondente, da unidade para que fora designado o insubmisso, fará lavrar o termo de insubmissão, circunstanciadamente, com indicação de nome, filiação, naturalidade e classe a que pertencer o insubmisso e a data em que este deveria apresentar-se, sendo o termo assinado pelo referido comandante, ou autoridade correspondente, e por duas testemunhas idôneas, podendo ser impresso ou datilografado.

▶ Arts. 183 a 186 e 393 do CPM.
▶ Súm. nº 3 do STM.

Efeitos do termo de insubmissão

§ 1º O termo, juntamente com os demais documentos relativos à insubmissão, tem o caráter de instrução provisória, destina-se a fornecer os elementos necessários à propositura da ação penal e é o instrumento legal autorizador da captura do insubmisso, para efeito da incorporação.

Remessa do termo de insubmissão e documentos à Auditoria

§ 2º O comandante ou autoridade competente que tiver lavrado o termo de insubmissão remetê-lo-á à Auditoria, acompanhado de cópia autêntica do documento hábil que comprove o conhecimento pelo insubmisso da data e local de sua apresentação, e demais documentos.

§ 3º Recebido o termo de insubmissão e os documentos que o acompanham, o juiz-auditor determinará sua autuação e dará vista do processo, por cinco dias, ao procurador, que requererá o que for de direito, aguardando-se a captura ou apresentação voluntária do insubmisso, se nenhuma formalidade tiver sido omitida ou após cumprimento das diligências requeridas.

Menagem e inspeção de saúde

Art. 464. O insubmisso que se apresentar ou for capturado terá o direito ao quartel por menagem e será submetido a inspeção de saúde. Se incapaz, ficará isento do processo e da inclusão.

▶ Arts. 263 a 269 deste Código.
▶ Súm. nº 8 do STM.

Incapacidade para o serviço militar

§ 1º A ata de inspeção de saúde será, pelo comandante da unidade, ou autoridade competente, remetida, com urgência, à Auditoria a que tiverem sido distribuídos os autos, para que, em caso de incapacidade para o serviço militar, sejam arquivados, após pronunciar-se o Ministério Público Militar.

Inclusão de insubmisso

§ 2º Incluído o insubmisso, o comandante da unidade, ou autoridade correspondente, providenciará, com urgência, a remessa à Auditoria de cópia do ato de inclusão. O juiz-auditor determinará sua juntada aos autos e deles dará vista, por cinco dias, ao procurador, que poderá requerer o arquivamento, ou o que for de direito, ou oferecer denúncia, se nenhuma formalidade tiver sido omitida ou após o cumprimento das diligências requeridas.

Liberdade do insubmisso

§ 3º O insubmisso que não for julgado no prazo de sessenta dias, a contar do dia de sua apresentação voluntária ou captura, sem que para isso tenha dado causa, será posto em liberdade.

▶ Arts. 463 e 464 com a redação dada pela Lei nº 8.236, de 20-9-1991.

Equiparação ao processo de deserção

Art. 465. Aplica-se ao processo de insubmissão, para sua instrução e julgamento, o disposto para o processo de deserção, previsto nos §§ 4º, 5º, 6º e 7º do artigo 457 deste Código.

▶ *Caput* com a redação dada pela Lei nº 8.236, de 20-9-1991.

Remessa à Auditoria competente

Parágrafo único. Na Marinha e na Aeronáutica, o processo será enviado à Auditoria competente, observando-se o disposto no art. 461 e seus parágrafos, podendo o Conselho de Justiça, na mesma sessão, julgar mais de um processo.

CAPÍTULO VI

DO *HABEAS CORPUS*

Cabimento da medida

Art. 466. Dar-se-á *habeas corpus* sempre que alguém sofrer ou se achar ameaçado de sofrer violência ou coação em sua liberdade de locomoção, por ilegalidade ou abuso de poder.

▶ Art. 647 do CPP.
▶ Art. 7º do Pacto de São José da Costa Rica.
▶ Súmulas nºs 694 e 695 do STF.

Exceção

Parágrafo único. Excetuam-se, todavia, os casos em que a ameaça ou a coação resultar:

a) de punição aplicada de acordo com os Regulamentos Disciplinares das Forças Armadas;
b) de punição aplicada aos oficiais e praças das Polícias e dos Corpos de Bombeiros, Militares, de acordo com os respectivos Regulamentos Disciplinares;
c) da prisão administrativa, nos termos da legislação em vigor, de funcionário civil responsável para com a Fazenda Nacional, perante a administração militar;
d) da aplicação de medidas que a Constituição do Brasil autoriza durante o estado de sítio;
e) nos casos especiais previstos em disposição de caráter constitucional.

Abuso de poder e ilegalidade. Existência

Art. 467. Haverá ilegalidade ou abuso de poder:

▶ Art. 648 do CPP.

a) quando o cerceamento da liberdade for ordenado por quem não tinha competência para tal;
b) quando ordenado ou efetuado sem as formalidades legais;
c) quando não houver justa causa para a coação ou constrangimento;
d) quando a liberdade de ir e vir for cerceada fora dos casos previstos em lei;
e) quando cessado o motivo que autorizava o cerceamento;
f) quando alguém estiver preso por mais tempo do que determina a lei;
g) quando alguém estiver processado por fato que não constitua crime em tese;
h) quando estiver extinta a punibilidade;
i) quando o processo estiver evidentemente nulo.

Concessão após sentença condenatória

Art. 468. Poderá ser concedido *habeas corpus*, não obstante já ter havido sentença condenatória:

▶ Art. 648 do CPP.

a) quando o fato imputado, tal como estiver narrado na denúncia, não constituir infração penal;
b) quando a ação ou condenação já estiver prescrita;
c) quando o processo for manifestamente nulo;
d) quando for incompetente o juiz que proferiu a condenação.

Competência para a concessão

Art. 469. Compete ao Superior Tribunal Militar o conhecimento do pedido de *habeas corpus*.

▶ Art. 650 do CPP.

Pedido. Concessão de ofício

Art. 470. O *habeas corpus* pode ser impetrado por qualquer pessoa em seu favor ou de outrem, bem como pelo Ministério Público. O Superior Tribunal Militar pode concedê-lo de ofício, se, no curso do processo submetido à sua apreciação, verificar a existência de qualquer dos motivos previstos no artigo 467.

▶ Art. 5º, LXXVII, da CF.
▶ Art. 654 do CPP.

Rejeição do pedido

§ 1º O pedido será rejeitado se o paciente a ele se opuser.

Competência *ad referendum* do Superior Tribunal Militar

§ 2º *Revogado*. Lei nº 8.457, de 4-9-1992.

Petição. Requisitos

Art. 471. A petição de *habeas corpus* conterá:

a) o nome da pessoa que sofre ou está ameaçada de sofrer violência ou coação e o de quem é responsável pelo exercício da violência, coação ou ameaça;
b) a declaração da espécie de constrangimento ou, em caso de ameaça de coação, as razões em que o impetrante funda o seu temor;

c) a assinatura do impetrante, ou de alguém a seu rogo, quando não souber ou não puder escrever, e a designação das respectivas residências.

Forma do pedido

Parágrafo único. O pedido de *habeas corpus* pode ser feito por telegrama, com as indicações enumeradas neste artigo e a transcrição literal do reconhecimento da firma do impetrante, por tabelião.

Pedido de informações

Art. 472. Despachada a petição e distribuída, serão, pelo relator, requisitadas imediatamente informações ao detentor ou a quem fizer a ameaça, que deverá prestá-las dentro do prazo de cinco dias, contados da data do recebimento da requisição.

▶ Art. 480 deste Código.

Prisão por ordem de autoridade superior

§ 1º Se o detentor informar que o paciente está preso por determinação de autoridade superior, deverá indicá-la, para que a esta sejam requisitadas as informações, a fim de prestá-las na forma mencionada no preâmbulo deste artigo.

Soltura ou remoção do preso

§ 2º Se informar que não é mais detentor do paciente, deverá esclarecer se este já foi solto ou removido para outra prisão. No primeiro caso, dirá em que dia e hora; no segundo, qual o local da nova prisão.

Vista ao Procurador-Geral

§ 3º Imediatamente após as informações, o relator, se as julgar satisfatórias, dará vista do processo, por quarenta e oito horas, ao Procurador-Geral.

Julgamento do pedido

Art. 473. Recebido de volta o processo, o Relator apresentá-lo-á em mesa, sem demora, para o julgamento, que obedecerá ao disposto no Regimento Interno do Tribunal.

Determinação de diligências

Art. 474. O relator ou Tribunal poderá determinar as diligências que entender necessárias, inclusive a requisição do processo e a apresentação do paciente, em dia e hora que designar.

▶ Art. 656 do CPP.

Apresentação obrigatória do preso

Art. 475. Se o paciente estiver preso, nenhum motivo escusará o detentor de apresentá-lo, salvo:

▶ Art. 657 do CPP.
▶ Art. 7º, nº 5, do Pacto de São José da Costa Rica.

a) enfermidade que lhe impeça a locomoção ou a não aconselhe, por perigo de agravamento do seu estado mórbido;
b) não estar sob a guarda da pessoa a quem se atribui a detenção.

Diligência no local da prisão

Parágrafo único. Se o paciente não puder ser apresentado por motivo de enfermidade, o Relator poderá ir ao local em que ele se encontrar; ou, por proposta sua, o Tribunal, mediante ordem escrita, poderá determinar que ali compareça o seu secretário ou, fora da Circunscrição Judiciária de sua sede, o auditor que designar, os quais prestarão as informações necessárias, que constarão do processo.

Prosseguimento do processo

Art. 476. A concessão de *habeas corpus* não obstará o processo nem lhe porá termo, desde que não conflite com os fundamentos da concessão.

▶ Art. 651 do CPP.

Renovação do processo

Art. 477. Se o *habeas corpus* for concedido em virtude de nulidade do processo, será este renovado, salvo se do seu exame se tornar evidente a inexistência de crime.

▶ Arts. 499 a 509 deste Código.
▶ Art. 652 do CPP.

Forma da decisão

Art. 478. As decisões do Tribunal sobre *habeas corpus* serão lançadas em forma de sentença nos autos. As ordens necessárias ao seu cumprimento serão, pelo secretário do Tribunal, expedidas em nome do seu presidente.

Salvo-conduto

Art. 479. Se a ordem de *habeas corpus* for concedida para frustrar ameaça de violência ou coação ilegal, dar-se-á ao paciente salvo-conduto, assinado pelo presidente do Tribunal.

Sujeição a processo

Art. 480. O detentor do preso ou responsável pela sua detenção ou quem quer que, sem justa causa, embarace ou procrastine a expedição de ordem de *habeas corpus*, as informações sobre a causa da prisão, a condução e apresentação do paciente, ou desrespeite salvo-conduto expedido de acordo com o artigo anterior, ficará sujeito a processo pelo crime de desobediência a decisão judicial.

▶ Art. 330 do CP.
▶ Art. 655 do CPP.
▶ Art. 349 do CPM.

Promoção da ação penal

Parágrafo único. Para esse fim, o presidente do Tribunal oficiará ao Procurador-Geral para que este promova ou determine a ação penal, nos termos do artigo 28, letra *c*.

CAPÍTULO VII

DO PROCESSO PARA RESTAURAÇÃO DE AUTOS

Obrigatoriedade da restauração

Art. 481. Os autos originais de processo penal militar extraviados ou destruídos, em primeira ou segunda instância, serão restaurados.

▶ Arts. 314, 337 e 356 do CP.
▶ Art. 541 do CPP.
▶ Art. 352 do CPM.

Existência de certidão ou cópia autêntica

§ 1º Se existir e for exibida cópia autêntica ou certidão do processo, será uma ou outra considerada como original.

Falta de cópia autêntica ou certidão

§ 2º Na falta de cópia autêntica ou certidão do processo, o juiz mandará, de ofício ou a requerimento de qualquer das partes, que:

Certidão do escrivão

a) o escrivão certifique o estado do processo, segundo a sua lembrança, e reproduza o que houver a respeito em seus protocolos e registros;

Requisições

b) sejam requisitadas cópias do que constar a respeito do processo no Instituto Médico Legal, no Instituto de Identificação e Estatística, ou em estabelecimentos congêneres, repartições públicas, penitenciárias, presídios ou estabelecimentos militares;

Citação das partes

c) sejam citadas as partes pessoalmente ou, se não forem encontradas, por edital, com o prazo de dez dias, para o processo de restauração.

Restauração em primeira instância. Execução

§ 3º Proceder-se-á à restauração em primeira instância, ainda que os autos se tenham extraviado na segunda, salvo em se tratando de processo originário do Superior Tribunal Militar, ou que nele transite em grau de recurso.

Auditoria competente

§ 4º O processo de restauração correrá em primeira instância perante o auditor, na Auditoria onde se iniciou.

Audiência das partes

Art. 482. No dia designado, as partes serão ouvidas, mencionando-se em termo circunstanciado os pontos em que estiverem acordes e a exibição e a conferência das certidões e mais reproduções do processo, apresentadas e conferidas.

▶ Art. 542 do CPP.

Instrução

Art. 483. O juiz determinará as diligências necessárias para a restauração, observando-se o seguinte:

▶ Art. 543 do CPP.

a) caso ainda não tenha sido proferida a sentença, reinquirir-se-ão as testemunhas, podendo ser substituídas as que tiverem falecido ou se encontrarem em lugar não sabido;

b) os exames periciais, quando possível, serão repetidos, e de preferência pelos mesmos peritos;

c) a prova documental será reproduzida por meio de cópia autêntica ou, quando impossível, por meio de testemunhas;

d) poderão também ser inquiridas, sobre os autos do processo em restauração, as autoridades, os serventuários, os peritos e mais pessoas que tenham nele funcionado;

e) o Ministério Público e as partes poderão oferecer testemunhas e produzir documentos, para provar o teor do processo extraviado ou destruído.

Conclusão

Art. 484. Realizadas as diligências que, salvo motivo de força maior, deverão terminar dentro em quarenta dias, serão os autos conclusos para julgamento.

▶ Art. 544 do CPP.

Parágrafo único. No curso do processo e depois de subirem os autos conclusos para sentença, o juiz poderá, dentro em cinco dias, requisitar de autoridades ou repartições todos os esclarecimentos necessários à restauração.

Eficácia probatória

Art. 485. Julgada a restauração, os autos respectivos valerão pelos originais.

▶ Art. 547 do CPP.

Parágrafo único. Se no curso da restauração aparecerem o autos originais, nestes continuará o processo, sendo a eles apensos os da restauração.

Prosseguimento da execução

Art. 486. Até a decisão que julgue restaurados os autos, a sentença condenatória em execução continuará a produzir efeito, desde que conste da respectiva guia arquivada na prisão onde o réu estiver cumprindo pena, ou de registro que torne inequívoca a sua existência.

▶ Arts. 594 a 596 deste Código.
▶ Art. 548 do CPP.

Restauração no Superior Tribunal Militar

Art. 487. A restauração perante o Superior Tribunal Militar caberá ao relator do processo em andamento, ou a ministro que for sorteado para aquele fim, no caso de não haver relator.

Responsabilidade criminal

Art. 488. O causador do extravio ou destruição responderá criminalmente pelo fato, nos termos do artigo 352 e seu parágrafo único, do Código Penal Militar.

▶ Arts. 314, 337 e 356 do CP.
▶ Art. 546 do CPP.

CAPÍTULO VIII
DO PROCESSO DE COMPETÊNCIA ORIGINÁRIO DO SUPERIOR TRIBUNAL MILITAR

SEÇÃO I

DA INSTRUÇÃO CRIMINAL

Denúncia. Oferecimento

Art. 489. No processo e julgamento dos crimes da competência do Superior Tribunal Militar, a denúncia será oferecida ao Tribunal e apresentada ao seu presidente para a designação de Relator.

Juiz instrutor

Art. 490. O Relator será um ministro togado, escolhido por sorteio, cabendo-lhe as atribuições de juiz instrutor do processo.

Recurso do despacho do Relator

Art. 491. Caberá recurso do despacho do Relator que:

a) rejeitar a denúncia;
b) decretar a prisão preventiva;
c) julgar extinta a ação penal;
d) concluir pela incompetência do foro militar;

e) conceder ou negar menagem.

Recebimento da denúncia

Art. 492. Recebida a denúncia, mandará o Relator citar o denunciado e intimar as testemunhas.

Função do Ministério Público, do escrivão e do oficial de Justiça

Art. 493. As funções do Ministério Público serão desempenhadas pelo Procurador-Geral. As de escrivão por um funcionário graduado da Secretaria, designado pelo presidente, e as de oficial de justiça, pelo chefe da portaria ou seu substituto legal.

Rito da instrução criminal

Art. 494. A instrução criminal seguirá o rito estabelecido para o processo dos crimes da competência do Conselho de Justiça, desempenhando o ministro instrutor as atribuições conferidas a esse Conselho.

Despacho saneador

Art. 495. Findo o prazo para as alegações escritas, o escrivão fará os autos conclusos ao Relator, o qual, se encontrar irregularidades sanáveis ou falta de diligências que julgar necessárias, mandará saná-las ou preenchê-las.

SEÇÃO II

DO JULGAMENTO

Julgamento

Art. 496. Concluída a instrução, o Tribunal procederá, em sessão plenária, ao julgamento do processo, observando-se o seguinte:

Designação de dia e hora

a) por despacho do Relator, os autos serão conclusos ao presidente, que designará dia e hora para o julgamento, cientificados o réu, seu advogado e o Ministério Público;

Resumo do processo

b) aberta a sessão, com a presença de todos os ministros em exercício, será apregoado o réu e, presente este, o presidente dará a palavra ao Relator, que fará o resumo das principais peças dos autos e da prova produzida;

c) se algum dos ministros solicitar a leitura integral dos autos ou de parte deles, poderá o Relator ordenar seja ela efetuada pelo escrivão;

Acusação e defesa

d) findo o relatório, o presidente dará, sucessivamente, a palavra ao Procurador-Geral e ao acusado, ou a seu defensor, para sustentarem oralmente as suas alegações finais;

Prazo para as alegações orais

e) o prazo tanto para a acusação como para a defesa será de duas horas, no máximo;

Réplica e tréplica

f) as partes poderão replicar e treplicar em prazo não excedente de uma hora;

Normas a serem observadas para o julgamento

g) encerrados os debates, passará o Tribunal a funcionar em sessão secreta, para proferir o julgamento, cujo resultado será anunciado em sessão pública;

h) o julgamento efetuar-se-á em uma ou mais sessões, a critério do Tribunal;

i) se for vencido o Relator, o acórdão será lavrado por um dos ministros vencedores, observada a escala.

Revelia

Parágrafo único. Se o réu solto deixar de comparecer, sem causa legítima ou justificada, será julgado à revelia, independentemente de publicação de edital.

Recurso admissível das decisões definitivas ou com força de definitivas

Art. 497. Das decisões definitivas ou com força de definitivas, unânimes ou não, proferidas pelo Tribunal, cabem embargos, que deverão ser oferecidos dentro em cinco dias, contados da intimação do acórdão. O réu revel não pode embargar, sem se apresentar à prisão.

▶ Arts. 538 a 549 deste Código.

CAPÍTULO IX

DA CORREIÇÃO PARCIAL

Casos de correição parcial

Art. 498. O Superior Tribunal Militar poderá proceder à correição parcial:

a) a requerimento das partes, para o fim de ser corrigido o erro ou omissão inescusáveis, abuso ou ato tumultuário, em processo, cometido ou consentido por juiz, desde que, para obviar tais fatos, não haja recurso previsto neste Código;

b) mediante representação do Ministro Corregedor-Geral, para corrigir arquivamento irregular em inquérito ou processo.

▶ Alínea b com a redação dada pela Lei nº 7.040, de 11-10-1982.

▶ A referida Lei nº 7.040, que dá nova redação a esta alínea, foi declarada inconstitucional e teve sua eficácia suspensa pela Res. do Senado Federal nº 27, de 7-5-1996.

§ 1º É de cinco dias o prazo para o requerimento ou a representação, devidamente fundamentados, contados da data do ato que os motivar.

Disposição regimental

§ 2º O Regimento do Superior Tribunal Militar disporá a respeito do processo e julgamento da correição parcial.

LIVRO III – DAS NULIDADES E RECURSOS EM GERAL

TÍTULO I

CAPÍTULO ÚNICO

DAS NULIDADES

Sem prejuízo não há nulidade

Art. 499. Nenhum ato judicial será declarado nulo se da nulidade não resultar prejuízo para a acusação ou para a defesa.

▶ Arts. 563 e 566 do CPP.

▶ Art. 65, § 1º, da Lei nº 9.099, de 26-9-1995 (Lei dos Juizados Especiais).

▶ Súm. nº 523 do STF.

Casos de nulidade

Art. 500. A nulidade ocorrerá nos seguintes casos:
- Art. 564 do CPP.

I – por incompetência, impedimento, suspeição ou suborno do juiz;
- Art. 567 do CPP.

II – por ilegitimidade de parte;
- Arts. 95, IV, 110, 395, II, e 568 do CPP.

III – por preterição das fórmulas ou termos seguintes:

a) a denúncia;
b) o exame de corpo de delito nos crimes que deixam vestígios, ressalvado o disposto no parágrafo único do artigo 328;
- Arts. 158 a 184 do CPP.
- Súm. nº 361 do STF.

c) a citação do acusado para ver-se processar e o seu interrogatório, quando presente;
- Art. 572 do CPP.
- Súm. nº 351 do STF.

d) os prazos concedidos à acusação e à defesa;
- Art. 572 do CPP.
- Súm. nº 351 do STF.

e) a intervenção do Ministério Público em todos os termos da ação penal;
- Arts. 24, 29 e 572 do CPP.

f) a nomeação de defensor ao réu presente que não o tiver, ou de curador ao ausente e ao menor de dezoito anos;
- Súmulas nºs 352, 523 e 708 do STF.

g) a intimação das testemunhas arroladas na denúncia;
- Art. 572 do CPP.

h) o sorteio dos juízes militares e seu compromisso;
- Art. 403 deste Código.
- Arts. 447, 467 e 495, XII, do CPP.

i) a acusação e a defesa nos termos estabelecidos por este Código;
j) a notificação do réu ou seu defensor para a sessão de julgamento;
l) a intimação das partes para a ciência da sentença ou decisão de que caiba recurso;
- Arts. 370 a 372, 392 e 420 do CPP.

IV – por omissão de formalidade que constitua elemento essencial do processo.

Impedimento para a arguição da nulidade

Art. 501. Nenhuma das partes poderá arguir a nulidade de que tenha dado causa ou para que tenha concorrido, ou referente a formalidade cuja observância só à parte contrária interessa.
- Art. 565 do CPP.

Nulidade não declarada

Art. 502. Não será declarada a nulidade de ato processual que não houver influído na apuração da verdade substancial ou na decisão da causa.
- Art. 566 do CPP.

Falta ou nulidade da citação, da intimação ou da notificação. Presença do interessado. Consequência

Art. 503. A falta ou a nulidade da citação, da intimação ou notificação ficará sanada com o comparecimento do interessado antes de o ato consumar-se, embora declare que o faz com o único fim de argui-la. O juiz ordenará, todavia, a suspensão ou adiamento do ato, quando reconhecer que a irregularidade poderá prejudicar o direito da parte.
- Arts. 564, III, e, g, e h, e 570 do CPP.
- Súm. nº 155 do STF.

Oportunidade para a arguição

Art. 504. As nulidades deverão ser arguidas:
- Art. 571 do CPP.

a) as da instrução do processo, no prazo para a apresentação das alegações escritas;
b) as ocorridas depois do prazo das alegações escritas, na fase do julgamento ou nas razões de recurso.

Parágrafo único. A nulidade proveniente de incompetência do juízo pode ser declarada a requerimento da parte ou de ofício, em qualquer fase do processo.

Silêncio das partes

Art. 505. O silêncio das partes sana os atos nulos, se se tratar de formalidade de seu exclusivo interesse.

Renovação e retificação

Art. 506. Os atos, cuja nulidade não houver sido sanada, serão renovados ou retificados.
- Art. 573 do CPP.

Nulidade de um ato e sua consequência

§ 1º A nulidade de um ato, uma vez declarada, envolverá a dos atos subsequentes.

Especificação

§ 2º A decisão que declarar a nulidade indicará os atos a que ela se estende.

Revalidação de atos

Art. 507. Os atos da instrução criminal, processados perante juízo incompetente, serão revalidados, por termo, no juízo competente.

Anulação dos atos decisórios

Art. 508. A incompetência do juízo anula somente os atos decisórios, devendo o processo, quando for declarada a nulidade, ser remetido ao juiz competente.
- Art. 567 do CPP.

Juiz irregularmente investido, impedido ou suspeito

Art. 509. A sentença proferida pelo Conselho de Justiça com juiz irregularmente investido, impedido ou suspeito, não anula o processo, salvo se a maioria se constituir com o seu voto.

TÍTULO II – DOS RECURSOS

Capítulo I
REGRAS GERAIS

Cabimento dos recursos

Art. 510. Das decisões do Conselho de Justiça ou do auditor poderão as partes interpor os seguintes recursos:

▶ Arts. 8º, nº 2, *h*, e 25, nº 1, do Pacto de São José da Costa Rica.

a) recurso em sentido estrito;
b) apelação.

Os que podem recorrer

Art. 511. O recurso poderá ser interposto pelo Ministério Público, ou pelo réu, seu procurador, ou defensor.

▶ Arts. 271, 577 e 598 do CPP.
▶ Súmulas nºs 210 e 448 do STF.

Inadmissibilidade por falta de interesse

Parágrafo único. Não se admitirá, entretanto, recurso da parte que não tiver interesse na reforma ou modificação da decisão.

Proibição da desistência

Art. 512. O Ministério Público não poderá desistir do recurso que haja interposto.

▶ Arts. 42 e 576 do CPP.

Interposição e prazo

Art. 513. O recurso será interposto por petição e esta, com o despacho do auditor, será, até o dia seguinte ao último do prazo, entregue ao escrivão, que certificará, no termo da juntada, a data da entrega; e, na mesma data, fará os autos conclusos ao auditor, sob pena de sanção disciplinar.

▶ Art. 578 do CPP.

Erro na interposição

Art. 514. Salvo a hipótese de má-fé, não será a parte prejudicada pela interposição de um recurso por outro.

▶ Art. 579 do CPP.

Propriedade do recurso

Parágrafo único. Se o auditor ou o Tribunal reconhecer a impropriedade do recurso, mandará processá-lo de acordo com o rito do recurso cabível.

Efeito extensivo

Art. 515. No caso de concurso de agentes, a decisão do recurso interposto por um dos réus, se fundada em motivos que não sejam de caráter exclusivamente pessoal, aproveitará aos outros.

▶ Art. 580 do CPP.
▶ Art. 53 do CPM.

Capítulo II
DOS RECURSOS EM SENTIDO ESTRITO

Cabimento

Art. 516. Caberá recurso em sentido estrito da decisão ou sentença que:

▶ Arts. 581 e 593, § 4º, do CPP.
▶ Art. 8º, nº 2, *h*, do Pacto de São José da Costa Rica.

a) reconhecer a inexistência de crime militar, em tese;

▶ Arts. 9º e 10 do CPM.

b) indeferir o pedido de arquivamento, ou a devolução do inquérito à autoridade administrativa;
c) absolver o réu no caso do artigo 48 do Código Penal Militar;
d) não receber a denúncia no todo ou em parte, ou seu aditamento;

▶ Art. 78 deste Código.
▶ Art. 395 do CPP.
▶ Súmulas nºs 707 e 709 do STF.

e) concluir pela incompetência da Justiça Militar, do auditor ou do Conselho de Justiça;

▶ Art. 124 da CF.
▶ Arts. 108, 109, 564, I, e 567 do CPP.

f) julgar procedente a exceção, salvo de suspeição;

▶ Arts. 95 a 111 do CPP.

g) julgar improcedente o corpo de delito ou outros exames;
h) decretar, ou não, a prisão preventiva, ou revogá-la;

▶ Arts. 5º, LXV e LXVI, da CF.
▶ Arts. 310, parágrafo único, 311 a 316, e 321 a 350 do CPP.
▶ Súm. nº 697 do STF.

i) conceder ou negar a menagem;
j) decretar a prescrição, ou julgar, por outro modo, extinta a punibilidade;

▶ Art. 107 do CP.
▶ Art. 123 do CPM.

l) indeferir o pedido de reconhecimento da prescrição ou de outra causa extintiva da punibilidade;

▶ Art. 107 do CP.
▶ Art. 123 do CPM.

m) conceder, negar, ou revogar o livramento condicional ou a suspensão condicional da pena;

▶ Arts. 77 a 90 do CP.
▶ Arts. 131 a 146 e 156 a 163 da LEP.

n) anular, no todo ou em parte, o processo da instrução criminal;

▶ Arts. 563 a 573 do CPP.

o) decidir sobre a unificação das penas;

▶ Art. 66, III, *a*, da LEP.

p) decretar, ou não, a medida de segurança;

▶ Arts. 171 a 179, 183 e 184 da LEP.

q) não receber a apelação ou recurso.

▶ Art. 639, I, do CPP.

Recursos sem efeito suspensivo

Parágrafo único. Esses recursos não terão efeito suspensivo, salvo os interpostos das decisões sobre matéria de competência, das que julgarem extinta a ação penal, ou decidirem pela concessão do livramento condicional.

Recurso nos próprios autos

Art. 517. Subirão, sempre, nos próprios autos, os recursos a que se referem as letras *a, b, d, e, i, j, m, n* e *p* do artigo anterior.
▶ Art. 583 do CPP.

Prazo de interposição

Art. 518. Os recursos em sentido estrito serão interpostos no prazo de três dias, contados da data da intimação da decisão, ou da sua publicação ou leitura em pública audiência, na presença das partes ou seus procuradores, por meio de requerimento em que se especificarão, se for o caso, as peças dos autos de que se pretenda traslado para instruir o recurso.
▶ Art. 586 do CPP.

Prazo para extração de traslado

Parágrafo único. O traslado será extraído, conferido e concertado no prazo de dez dias, e dele constarão, sempre, a decisão recorrida e a certidão de sua intimação, se por outra forma não for possível verificar-se a oportunidade do recurso.

Prazo para as razões

Art. 519. Dentro em cinco dias, contados da vista dos autos, ou do dia em que, extraído o traslado, dele tiver vista o recorrente, oferecerá estes as razões do recurso, sendo, em seguida, aberta vista ao recorrido, em igual prazo.
▶ Art. 588 do CPP.
▶ Súm. nº 707 do STF.

Parágrafo único. Se o recorrido for o réu, será intimado na pessoa de seu defensor.

Reforma ou sustentação

Art. 520. Com a resposta do recorrido ou sem ela, o auditor ou o Conselho de Justiça, dentro em cinco dias, poderá reformar a decisão recorrida ou mandar juntar ao recurso o traslado das peças dos autos, que julgar convenientes para a sustentação dela.
▶ Art. 589 do CPP.

Recurso da parte prejudicada

Parágrafo único. Se reformada a decisão recorrida, poderá a parte prejudicada, por simples petição, recorrer da nova decisão, quando, por sua natureza, dela caiba recurso. Neste caso, os autos subirão imediatamente à instância superior, assinado o termo de recurso independentemente de novas razões.

Prorrogação de prazo

Art. 521. Não sendo possível ao escrivão extrair o translado no prazo legal, poderá o auditor prorrogá-lo até o dobro.
▶ Art. 590 do CPP.

Prazo para a sustentação

Art. 522. O recurso será remetido ao Tribunal dentro em cinco dias, contados da sustentação da decisão.

Julgamento na instância

Art. 523. Distribuído o recurso, irão os autos com vista ao procurador-geral, pelo prazo de oito dias, sendo, a seguir, conclusos ao relator que, no intervalo de duas sessões, o colocará em pauta para o julgamento.

Decisão

Art. 524. Anunciado o julgamento, será feito o relatório, sendo facultado às partes usar da palavra pelo prazo de dez minutos. Discutida a matéria, proferirá o Tribunal a decisão final.

Devolução para cumprimento do acórdão

Art. 525. Publicada a decisão do Tribunal, os autos baixarão à instância inferior para o cumprimento do acórdão.
▶ Art. 592 do CPP.

CAPÍTULO III

DA APELAÇÃO

Admissibilidade da apelação

Art. 526. Cabe apelação:
▶ Art. 593 do CPP.
▶ Art. 82 da Lei nº 9.099, de 26-9-1995 (Lei dos Juizados Especiais).
▶ Art. 8º, nº 2, *h*, do Pacto de São José da Costa Rica.

a) da sentença definitiva de condenação ou de absolvição;
b) de sentença definitiva ou com força de definitiva, nos casos não previstos no capítulo anterior.

Parágrafo único. Quando cabível a apelação, não poderá ser usado o recurso em sentido estrito, ainda que somente de parte da decisão se recorra.

Recolhimento à prisão

Art. 527. O réu não poderá apelar sem recolher-se à prisão, salvo se primário e de bons antecedentes, reconhecidas tais circunstâncias na sentença condenatória.
▶ Artigo com a redação dada pela Lei nº 6.544, de 30-6-1978.
▶ Art. 5º, LVII, da CF.
▶ Arts. 533 e 549 deste Código.
▶ Súmulas nºˢ 9 e 347 do STJ.

Recurso sobrestado

Art. 528. Será sobrestado o recurso se, depois de haver apelado, fugir o réu da prisão.
▶ Súm. nº 347 do STJ.

Interposição e prazo

Art. 529. A apelação será interposta por petição escrita, dentro do prazo de cinco dias, contados da data da intimação da sentença ou da sua leitura em pública audiência, na presença das partes ou seus procuradores.

Revelia e intimação

§ 1º O mesmo prazo será observado para a interposição do recurso de sentença condenatória de réu solto ou revel. A intimação da sentença só se fará, entretanto, depois de seu recolhimento à prisão.

Apelação sustada

§ 2º Se revel, solto ou foragido o réu, ficará sustado o seguimento da apelação do Ministério Público, sem prejuízo de sua interposição no prazo legal.

Os que podem apelar

Art. 530. Só podem apelar o Ministério Público e o réu, ou seu defensor.

Razões. Prazo

Art. 531. Recebida a apelação, será aberta vista dos autos, sucessivamente, ao apelante e ao apelado pelo prazo de dez dias, a cada um, para oferecimento de razões.

▶ Art. 600 do CPP.

§ 1º Se houver assistente, poderá este arrazoar, no prazo de três dias, após o Ministério Público.

§ 2º Quando forem dois ou mais os apelantes, ou apelados, os prazos serão comuns.

Efeitos da sentença absolutória

Art. 532. A apelação da sentença absolutória não obstará que o réu seja imediatamente posto em liberdade, salvo se a acusação versar sobre crime a que a lei comina pena de reclusão, no máximo, por tempo igual ou superior a vinte anos, e não tiver sido unânime a sentença absolutória.

▶ Art. 596 do CPP.

Sentença condenatória. Efeito suspensivo

Art. 533. A apelação da sentença condenatória terá efeito suspensivo, salvo o disposto nos artigos 272, 527 e 606.

▶ Art. 597 do CPP.

Subida dos autos à instância superior

Art. 534. Findos os prazos para as razões, com ou sem elas, serão os autos remetidos ao Superior Tribunal Militar, no prazo de cinco dias, ainda que haja mais de um réu e não tenham sido, todos, julgados.

▶ Art. 601 do CPP.

Distribuição da apelação

Art. 535. Distribuída a apelação, irão os autos imediatamente com vista ao procurador-geral e, em seguida, passarão ao relator e ao revisor.

▶ Súm. nº 708 do STF.

Processo a julgamento

§ 1º O recurso será posto em pauta pelo relator, depois de restituídos os autos pelo revisor.

§ 2º Anunciado o julgamento pelo presidente, fará o relator a exposição do feito e, depois de ouvido o revisor, concederá o presidente, pelo prazo de vinte minutos, a palavra aos advogados ou às partes que a solicitarem, e ao procurador-geral.

§ 3º Discutida a matéria pelo Tribunal, se não for ordenada alguma diligência, proferirá ele sua decisão.

§ 4º A decisão será tomada por maioria de votos; no caso de empate, prevalecerá a decisão mais favorável ao réu.

§ 5º Se o Tribunal anular o processo, mandará submeter o réu a novo julgamento, reformados os termos invalidados.

Julgamento secreto

§ 6º Será secreto o julgamento da apelação, quando o réu estiver solto.

Comunicação de condenação

Art. 536. Se for condenatória a decisão do Tribunal, mandará o presidente comunicá-la imediatamente ao auditor respectivo, a fim de que seja expedido mandado de prisão ou tomadas as medidas que, no caso, couberem.

Parágrafo único. No caso de absolvição, a comunicação será feita pela via mais rápida, devendo o auditor providenciar imediatamente a soltura do réu.

Intimação

Art. 537. O diretor-geral da Secretaria do Tribunal remeterá ao auditor cópia do acórdão condenatório para que ao réu, seu advogado ou curador, conforme o caso, sejam feitas as devidas intimações.

§ 1º Feita a intimação ao réu e ao seu advogado ou curador, será enviada ao Diretor-Geral da Secretaria, para juntada aos autos, a certidão da intimação passada pelo oficial de justiça ou por quem tiver sido encarregado da diligência.

§ 2º O Procurador-Geral terá ciência nos próprios autos.

CAPÍTULO IV

DOS EMBARGOS

Cabimento e modalidade

Art. 538. O Ministério Público e o réu poderão opor embargos de nulidade, infringentes do julgado e de declaração, às sentenças finais proferidas pelo Superior Tribunal Militar.

▶ Arts. 382 e 619 do CPP.

Inadmissibilidade

Art. 539. Não caberão embargos de acórdão unânime ou quando proferido em grau de embargos, salvo os de declaração, nos termos do artigo 542.

Restrições

Parágrafo único. Se for unânime a condenação, mas houver divergência quanto à classificação do crime ou à quantidade ou natureza da pena, os embargos só serão admissíveis na parte em que não houve unanimidade.

Prazo

Art. 540. Os embargos serão oferecidos por petição dirigida ao presidente, dentro do prazo de cinco dias, contados da data da intimação do acórdão.

§ 1º Para os embargos será designado novo relator.

Dispensa de intimação

§ 2º É permitido às partes oferecerem embargos independentemente de intimação do acórdão.

Infringentes e de nulidade

Art. 541. Os embargos de nulidade ou infringentes do julgado serão oferecidos juntamente com a petição, quando articulados, podendo ser acompanhados de documentos.

De declaração

Art. 542. Nos embargos de declaração indicará a parte os pontos em que entende ser o acórdão ambíguo, obscuro, contraditório ou omisso.

Parágrafo único. O requerimento será apresentado ao Tribunal pelo relator e julgado na sessão seguinte à do seu recebimento.

▶ Art. 539 deste Código.

Apresentação dos embargos

Art. 543. Os embargos deverão ser apresentados na Secretaria do Tribunal ou no cartório da Auditoria onde foi feita a intimação.

Parágrafo único. Será em cartório a vista dos autos para oferecimento de embargos.

Remessa à Secretaria do Tribunal

Art. 544. O auditor remeterá à Secretaria do Tribunal os embargos oferecidos, com a declaração da data do recebimento, e a cópia do acórdão com a intimação do réu e seu defensor.

Medida contra o despacho de não recebimento

Art. 545. Do despacho do relator que não receber os embargos terá ciência a parte, que, dentro em três dias, poderá requerer serem os autos postos em mesa, para confirmação ou reforma do despacho. Não terá voto o relator.

Juntada aos autos

Art. 546. Recebidos os embargos, serão juntos, por termo, aos autos, e conclusos ao relator.

Prazo para impugnação ou sustentação

Art. 547. É de cinco dias o prazo para as partes impugnarem ou sustentarem os embargos.

Marcha do julgamento

Art. 548. O julgamento dos embargos obedecerá ao rito da apelação.

Recolhimento à prisão

Art. 549. O réu condenado a pena privativa da liberdade não poderá opor embargos infringentes ou de nulidade, sem se recolher à prisão, salvo se atendidos os pressupostos do art. 527.

▶ Artigo com a redação dada pela Lei nº 6.544, de 30-6-1978.

CAPÍTULO V

DA REVISÃO

Cabimento

Art. 550. Caberá revisão dos processos findos em que tenha havido erro quanto aos fatos, sua apreciação, avaliação ou enquadramento.

▶ Art. 10 do Pacto de São José da Costa Rica.

Casos de revisão

Art. 551. A revisão dos processos findos será admitida:

▶ Art. 621 do CPP.

a) quando a sentença condenatória for contrária à evidência dos autos;

b) quando a sentença condenatória se fundar em depoimentos, exames ou documentos comprovadamente falsos;

c) quando, após a sentença condenatória, se descobrirem novas provas que invalidem a condenação ou que determinem ou autorizem a diminuição da pena.

Não exigência de prazo

Art. 552. A revisão poderá ser requerida a qualquer tempo.

▶ Art. 622 do CPP.
▶ Súmulas nºs 393 e 611 do STF.

Reiteração do pedido. Condições

Parágrafo único. Não será admissível a reiteração do pedido, salvo se baseado em novas provas ou novo fundamento.

Os que podem requerer revisão

Art. 553. A revisão poderá ser requerida pelo próprio condenado ou por seu procurador; ou, no caso de morte, pelo cônjuge, ascendente, descendente ou irmão.

▶ Art. 623 do CPP.

Competência

Art. 554. A revisão será processada e julgada pelo Superior Tribunal Militar, nos processos findos na Justiça Militar.

▶ Art. 624 do CPP.

Processo de revisão

Art. 555. O pedido será dirigido ao presidente do Tribunal e, depois de autuado, distribuído a um relator e a um revisor, devendo funcionar como relator, de preferência, ministro que não tenha funcionado anteriormente como relator ou revisor.

▶ Art. 625 do CPP.

§ 1º O requerimento será instruído com certidão de haver transitado em julgado a sentença condenatória e com as peças necessárias à comprovação dos fatos arguidos.

§ 2º O relator poderá determinar que se apensem os autos originais, se dessa providência não houver dificuldade à execução normal da sentença.

Vista ao Procurador-Geral

Art. 556. O Procurador-Geral terá vista do pedido.

Julgamento

Art. 557. No julgamento da revisão serão observadas, no que for aplicável, as normas previstas para o julgamento da apelação.

Efeitos do julgamento

Art. 558. Julgando procedente a revisão, poderá o Tribunal absolver o réu, alterar a classificação do crime, modificar a pena ou anular o processo.

▶ Art. 626 do CPP.

Proibição de agravamento da pena

Parágrafo único. Em hipótese alguma poderá ser agravada a pena imposta pela sentença revista.

Efeitos da absolvição

Art. 559. A absolvição implicará no restabelecimento de todos os direitos perdidos em virtude da condenação, devendo o Tribunal, se for o caso, impor a medida de segurança cabível.

▶ Art. 627 do CPP.

Providência do auditor

Art. 560. À vista da certidão do acórdão que cassar ou modificar a decisão revista, o auditor providenciará o seu inteiro cumprimento.

▶ Art. 629 do CPP.

Curador nomeado em caso de morte

Art. 561. Quando, no curso da revisão, falecer a pessoa cuja condenação tiver de ser revista, o presidente nomeará curador para a defesa.

▶ Art. 631 do CPP.

Recurso. Inadmissibilidade

Art. 562. Não haverá recurso contra a decisão proferida em grau de revisão.

CAPÍTULO VI
DOS RECURSOS DA COMPETÊNCIA DO SUPREMO TRIBUNAL FEDERAL

Cabimento do recurso

Art. 563. Cabe recurso para o Supremo Tribunal Federal:

a) das sentenças proferidas pelo Superior Tribunal Militar, nos crimes contra a segurança nacional ou as instituições militares, praticados por civil ou governador de Estado e seus secretários;
b) das decisões denegatórias de *habeas corpus*;
c) quando extraordinário.

▶ Art. 564 deste Código.

CAPÍTULO VII
DO RECURSO NOS PROCESSOS CONTRA CIVIS E GOVERNADORES DE ESTADO E SEUS SECRETÁRIOS

Recurso ordinário

Art. 564. É ordinário o recurso a que se refere a letra *a* do artigo 563.

Prazo para a interposição

Art. 565. O recurso será interposto por petição dirigida ao relator, no prazo de três dias, contados da intimação ou publicação do acórdão, em pública audiência, na presença das partes.

Prazo para as razões

Art. 566. Recebido o recurso pelo relator, o recorrente e, depois dele, o recorrido, terão o prazo de cinco dias para oferecer razões.

Subida do recurso

Parágrafo único. Findo esse prazo, subirão os autos ao Supremo Tribunal Federal.

Normas complementares

Art. 567. O Regimento Interno do Superior Tribunal Militar estabelecerá normas complementares para o processo do recurso.

CAPÍTULO VIII
DO RECURSO DAS DECISÕES DENEGATÓRIAS DE *HABEAS CORPUS*

Recurso em caso de *habeas corpus*

Art. 568. O recurso da decisão denegatória de *habeas corpus* é ordinário e deverá ser interposto nos próprios autos em que houver sido lançada a decisão recorrida.

Subida ao Supremo Tribunal Federal

Art. 569. Os autos subirão ao Supremo Tribunal Federal logo depois de lavrado o termo de recurso, com os documentos que o recorrente juntar à sua petição, dentro do prazo de quinze dias, contado da intimação do despacho, e com os esclarecimentos que ao presidente do Superior Tribunal Militar ou ao Procurador-Geral parecerem convenientes.

CAPÍTULO IX
DO RECURSO EXTRAORDINÁRIO

▶ Art. 102, III, da CF.
▶ Arts. 26 a 29 da Lei nº 8.038, de 28-5-1990, que institui normas procedimentais para os processos que especifica, perante o STJ e o STF.

Competência

Art. 570. Caberá recurso extraordinário para o Supremo Tribunal Federal das decisões proferidas em última ou única instância pelo Superior Tribunal Militar, nos casos previstos na Constituição.

Interposição

Art. 571. O recurso extraordinário será interposto dentro em dez dias, contados da intimação da decisão recorrida ou da publicação das suas conclusões no órgão oficial.

A quem deve ser dirigido

Art. 572. O recurso será dirigido ao presidente do Superior Tribunal Militar.

Aviso de seu recebimento e prazo para a impugnação

Art. 573. Recebida a petição do recurso, publicar-se-á aviso de seu recebimento. A petição ficará na Secretaria do Tribunal à disposição do recorrido, que poderá examiná-la e impugnar o cabimento do recurso, dentro em três dias, contados da publicação do aviso.

Decisão sobre o cabimento do recurso

Art. 574. Findo o prazo estabelecido no artigo anterior, os autos serão conclusos ao presidente do Tribunal, tenha ou não havido impugnação, para que decida, no prazo de cinco dias, do cabimento do recurso.

Motivação

Parágrafo único. A decisão que admitir, ou não, o recurso, será sempre motivada.

Prazo para a apresentação de razões

Art. 575. Admitido o recurso e intimado o recorrido, mandará o presidente do Tribunal abrir vista dos autos, sucessivamente, ao recorrente e ao recorrido, para que cada um, no prazo de dez dias, apresente razões, por escrito.

Traslado

Parágrafo único. Quando o recurso subir em traslado, deste constará cópia da denúncia, do acórdão, ou da sentença, assim como das demais peças indicadas pelo recorrente, devendo ficar concluído dentro em sessenta dias.

Deserção

Art. 576. O recurso considerar-se-á deserto se o recorrente não apresentar razões dentro do prazo.

Subida do recurso

Art. 577. Apresentadas as razões do recorrente, e findo o prazo para as do recorrido, os autos serão remetidos, dentro do prazo de quinze dias, à Secretaria do Supremo Tribunal Federal.

Efeito

Art. 578. O recurso extraordinário não tem efeito suspensivo.

Agravo da decisão denegatória

Art. 579. Se o recurso extraordinário não for admitido, cabe agravo de instrumentos da decisão denegatória.

Cabimento do mesmo recurso

Art. 580. Cabe, igualmente, agravo de instrumento da decisão que, apesar de admitir o recurso extraordinário, obste a sua expedição ou seguimento.

Requerimento das peças do agravo

Art. 581. As peças do agravo, que o recorrente indicará, serão requeridas ao diretor-geral da Secretaria do Superior Tribunal Militar, nas quarenta e oito horas seguintes à decisão que denegar o recurso extraordinário.

Prazo para a entrega

Art. 582. O diretor-geral dará recibo da petição à parte, e, no prazo máximo de sessenta dias, fará a entrega das peças, devidamente conferidas e concertadas.

Normas complementares

Art. 583. O Regimento Interno do Superior Tribunal Militar estabelecerá normas complementares para o processamento do agravo.

Capítulo X

DA RECLAMAÇÃO

Admissão da reclamação

Art. 584. O Superior Tribunal Militar poderá admitir reclamação do Procurador-Geral ou da defesa, a fim de preservar a integridade de sua competência ou assegurar a autoridade do seu julgado.

Avocamento do processo

Art. 585. Ao Tribunal competirá, se necessário:

a) avocar o conhecimento do processo em que se verifique manifesta usurpação de sua competência, ou desrespeito de decisão que haja proferido;
b) determinar lhe sejam enviados os autos de recurso para ele interposto e cuja remessa esteja sendo indevidamente retardada.

Sustentação do pedido

Art. 586. A reclamação, em qualquer dos casos previstos no artigo anterior, deverá ser instruída com prova documental dos requisitos para a sua admissão.

Distribuição

§ 1º A reclamação, quando haja Relator do processo principal, será a este distribuída, incumbindo-lhe requisitar informações da autoridade, que as prestará dentro em quarenta e oito horas. Far-se-á a distribuição por sorteio, se não estiver em exercício o Relator do processo principal.

Suspensão ou remessa dos autos

§ 2º Em face da prova, poderá ser ordenada a suspensão do curso do processo, ou a imediata remessa dos autos ao Tribunal.

Impugnação pelo interessado

§ 3º Qualquer dos interessados poderá impugnar por escrito o pedido do reclamante.

Audiência do Procurador-Geral

§ 4º Salvo quando por ele requerida, o Procurador-Geral será ouvido, no prazo de três dias, sobre a reclamação.

Inclusão em pauta

Art. 587. A reclamação será incluída na pauta da primeira sessão do Tribunal que se realizar após a devolução dos autos, pelo Relator, à Secretaria.

Cumprimento imediato

Parágrafo único. O presidente do Tribunal determinará o imediato cumprimento da decisão, lavrando-se depois o respectivo acórdão.

Livro IV – Da Execução

TÍTULO I – DA EXECUÇÃO DA SENTENÇA

Capítulo I

DISPOSIÇÕES GERAIS

Competência

Art. 588. A execução da sentença compete ao auditor da Auditoria por onde correu o processo, ou, nos casos de competência originária do Superior Tribunal Militar, ao seu presidente.

► Art. 668 do CPP.

Tempo de prisão

Art. 589. Será integralmente levado em conta, no cumprimento da pena, o tempo de prisão provisória, salvo o disposto no artigo 268.

Incidentes da execução

Art. 590. Todos os incidentes da execução serão decididos pelo auditor, ou pelo presidente do Superior Tribunal Militar, se for o caso.

Apelação de réu que já sofreu prisão

Art. 591. Verificando nos processos pendentes de apelação, unicamente interposta pelo réu, que este já sofreu prisão por tempo igual ao da pena a que foi condenado, mandará o Relator pô-lo imediatamente em liberdade.

Quando se torna exequível

Art. 592. Somente depois de passada em julgado, será exequível a sentença.

Comunicação

Art. 593. O presidente, no caso de sentença proferida originariamente pelo Tribunal, e o auditor, nos demais casos, comunicarão à autoridade, sob cujas ordens estiver o réu, a sentença definitiva, logo que transite em julgado.

CAPÍTULO II

DA EXECUÇÃO DAS PENAS EM ESPÉCIE

▶ Arts. 105 a 146 da LEP.

Carta de guia

Art. 594. Transitando em julgado a sentença que impuser pena privativa da liberdade, se o réu já estiver preso ou vier a ser preso, o auditor ordenará a expedição da carta de guia, para o cumprimento da pena.

Formalidades

Art. 595. A carta de guia, extraída pelo escrivão e assinada pelo auditor, que rubricará todas as folhas, será remetida para a execução da sentença:

a) ao comandante ou autoridade correspondente da unidade ou estabelecimento militar em que tenha de ser cumprida a pena, se esta não ultrapassar de dois anos, imposta a militar ou assemelhado;

▶ Arts. 59 e 60 do CPM.

b) ao diretor da penitenciária em que tenha de ser cumprida a pena, quando superior a dois anos, imposta a militar ou assemelhado ou a civil.

▶ Arts. 61 e 62 do CPM.

Conteúdo

Art. 596. A carta de guia deverá conter:

▶ Art. 676 do CPP.

a) o nome do condenado, naturalidade, filiação, idade, estado civil, profissão, posto ou graduação;
b) a data do início e da terminação da pena;
c) o teor da sentença condenatória.

Início do cumprimento

Art. 597. Expedida a carta de guia para o cumprimento da pena, se o réu estiver cumprindo outra, só depois de terminada a execução desta será aquela executada. Retificar-se-á a carta de guia sempre que sobrevenha modificação quanto ao início ou ao tempo de duração da pena.

▶ Art. 676, parágrafo único, do CPP.

Conselho Penitenciário

Art. 598. Remeter-se-ão ao Conselho Penitenciário cópia da carta de guia e de seus aditamentos, quando o réu tiver de cumprir pena em estabelecimento civil.

▶ Art. 677 do CPP.

Execução quando impostas penas de reclusão e de detenção

Art. 599. Se impostas cumulativamente penas privativas da liberdade, será executada primeiro a de reclusão e depois a de detenção.

▶ Art. 681 do CPP.

Internação por doença mental

Art. 600. O condenado a que sobrevier doença mental, verificada por perícia médica, será internado em manicômio judiciário ou, à falta, em outro estabelecimento adequado, onde lhe sejam assegurados tratamento e custódia.

▶ Art. 682 do CPP.

Parágrafo único. No caso de urgência, o comandante ou autoridade correspondente, ou o diretor do presídio, poderá determinar a remoção do sentenciado, comunicando imediatamente a providência ao auditor, que, tendo em vista o laudo médico, ratificará ou revogará a medida.

Fuga ou óbito do condenado

Art. 601. A autoridade militar ou o diretor do presídio comunicará imediatamente ao auditor a fuga, a soltura ou o óbito do condenado.

▶ Art. 683 do CPP.

Parágrafo único. A certidão de óbito acompanhará a comunicação.

Recaptura

Art. 602. A recaptura do condenado evadido não depende de ordem judicial, podendo ser efetuada por qualquer pessoa.

▶ Art. 684 do CPP.

Cumprimento da pena

Art. 603. Cumprida ou extinta a pena, o condenado será posto imediatamente em liberdade, mediante alvará do auditor, no qual se ressalvará a hipótese de dever o sentenciado continuar na prisão, caso haja outro motivo legal.

▶ Arts. 615 e 638 deste Código.
▶ Art. 685 do CPP.

Medida de segurança

Parágrafo único. Se houver sido imposta medida de segurança detentiva, irá o condenado para estabelecimento adequado.

CAPÍTULO III

DAS PENAS PRINCIPAIS NÃO PRIVATIVAS DA LIBERDADE E DAS ACESSÓRIAS

Comunicação

Art. 604. O auditor dará à autoridade administrativa competente conhecimento da sentença transitada em julgado, que impuser a pena de reforma ou suspensão

do exercício do posto, graduação, cargo ou função, ou de que resultar a perda de posto, patente ou função, ou a exclusão das Forças Armadas.
▶ Art. 691 do CPP.

Inclusão na folha de antecedentes e rol dos culpados

Parágrafo único. As penas acessórias também serão comunicadas à autoridade administrativa militar ou civil, e figurarão na folha de antecedentes do condenado, sendo mencionadas, igualmente, no rol dos culpados.

Comunicação complementar

Art. 605. Iniciada a execução das interdições temporárias, o auditor, de ofício, ou a requerimento do Ministério Público ou do condenado, fará as devidas comunicações do seu termo final, em complemento às providências determinadas no artigo anterior.
▶ Art. 695 do CPP.

TÍTULO II – DOS INCIDENTES DA EXECUÇÃO

CAPÍTULO I
DA SUSPENSÃO CONDICIONAL DA PENA
▶ Arts. 77 a 82 do CP.
▶ Arts. 84 a 88 do CPM.
▶ Arts. 156 a 163 da LEP.

Competência e requisitos para a concessão do benefício

Art. 606. O Conselho de Justiça, o Auditor ou o Tribunal poderão suspender, por tempo não inferior a dois anos nem superior a seis anos, a execução da pena privativa da liberdade que não exceda a dois anos, desde que:

▶ *Caput* com a redação dada pela Lei nº 6.544, de 30-6-1978.
▶ Art. 696 do CPP.

a) não tenha o sentenciado sofrido, no País ou no estrangeiro, condenação irrecorrível por outro crime a pena privativa da liberdade, salvo o disposto no § 1º do artigo 71 do Código Penal Militar;
b) os antecedentes e a personalidade do sentenciado, os motivos e as circunstâncias do crime, bem como sua conduta posterior, autorizem a presunção de que não tornará a delinquir.

▶ Alíneas *a* e *b* com a redação dada pela Lei nº 6.544, de 30-6-1978.

Restrições

Parágrafo único. A suspensão não se estende às penas de reforma, suspensão do exercício do posto, graduação ou função, ou à pena acessória, nem exclui a medida de segurança não detentiva.

Pronunciamento

Art. 607. O Conselho de Justiça, o Auditor ou o Tribunal, na decisão que aplicar pena privativa da liberdade não superior a dois anos, deverão pronunciar-se, motivadamente, sobre a suspensão condicional, quer a concedam, quer a deneguem.

▶ Artigo com a redação dada pela Lei nº 6.544, de 30-6-1978.
▶ Art. 697 do CPP.

Condições e regras impostas ao beneficiário

Art. 608. No caso de concessão do benefício, a sentença estabelecerá as condições e regras a que ficará sujeito o condenado durante o prazo fixado, começando este a correr da audiência em que for dado conhecimento da sentença ao beneficiário.

▶ Art. 610 deste Código.
▶ Art. 698 do CPP.

§ 1º As condições serão adequadas ao delito, ao meio social e à personalidade do condenado.

§ 2º Poderão ser impostas, como normas de conduta e obrigações, além das previstas no artigo 626 deste Código, as seguintes condições:

I – frequentar curso de habilitação profissional ou de instrução escolar;
II – prestar serviços em favor da comunidade;
III – atender aos encargos de família;
IV – submeter-se a tratamento médico.

§ 3º Concedida a suspensão, será entregue ao beneficiário um documento similar ao descrito no artigo 641 ou no seu parágrafo único, deste Código, em que conste, também, o registro da pena acessória a que esteja sujeito, e haja espaço suficiente para consignar o cumprimento das condições e normas de conduta impostas.

§ 4º O Conselho de Justiça poderá fixar, a qualquer tempo, de ofício ou a requerimento do Ministério Público, outras condições além das especificadas na sentença e das referidas no parágrafo anterior, desde que as circunstâncias o aconselhem.

§ 5º A fiscalização do cumprimento das condições será feita pela entidade assistencial penal competente segundo a lei local, perante a qual o beneficiário deverá comparecer, periodicamente, para comprovar a observância das condições e normas de conduta a que está sujeito, comunicando, também, a sua ocupação, os salários ou proventos de que vive, as economias que conseguiu realizar e as dificuldades materiais ou sociais que enfrenta.

§ 6º A entidade fiscalizadora deverá comunicar imediatamente ao Auditor ou ao representante do Ministério Público Militar, qualquer fato capaz de acarretar a revogação do benefício, a prorrogação do prazo ou a modificação das condições.

§ 7º Se for permitido ao beneficiário mudar-se, será feita comunicação à autoridade judiciária competente e à entidade fiscalizadora do local da nova residência, aos quais deverá apresentar-se imediatamente.

▶ §§ 1º a 7º com a redação dada pela Lei nº 6.544, de 30-6-1978.

Coautoria

Art. 609. Em caso de coautoria, a suspensão poderá ser concedida a uns e negada a outros.

▶ Art. 702 do CPP.

Leitura da sentença

Art. 610. O auditor, em audiência previamente marcada, lerá ao réu a sentença que concedeu a suspensão da pena, advertindo-o das consequências de

nova infração penal e da transgressão das obrigações impostas.
▶ Art. 703 do CPP.

Concessão pelo Tribunal

Art. 611. Quando for concedida a suspensão pela superior instância, a esta caberá estabelecer-lhe as condições, podendo a audiência ser presidida por qualquer membro do Tribunal ou por Auditor designado no acórdão.
▶ Artigo com a redação dada pela Lei nº 6.544, de 30-6-1978.
▶ Art. 704 do CPP.

Suspensão sem efeito por ausência do réu

Art. 612. Se, intimado pessoalmente ou por edital, com o prazo de dez dias, não comparecer o réu à audiência, a suspensão ficará sem efeito e será executada imediatamente a pena, salvo prova de justo impedimento, caso em que será marcada nova audiência.
▶ Art. 705 do CPP.

Suspensão sem efeito em virtude de recurso

Art. 613. A suspensão também ficará sem efeito se, em virtude de recurso interposto pelo Ministério Público, for aumentada a pena, de modo que exclua a concessão do benefício.
▶ Art. 706 do CPP.

Revogação obrigatória

Art. 614. A suspensão será revogada se, no curso do prazo, o beneficiário:
▶ Art. 707 do CPP.
▶ Art. 86 do CPM.

I – for condenado, na justiça militar ou na comum, por sentença irrecorrível, a pena privativa da liberdade;
II – não efetuar, sem motivo justificado, a reparação do dano;
III – sendo militar, for punido por crime próprio ou por transgressão disciplinar considerada grave.

Revogação facultativa

§ 1º A suspensão poderá ser revogada, se o beneficiário:
a) deixar de cumprir qualquer das obrigações constantes da sentença;
b) deixar de observar obrigações inerentes à pena acessória;
c) for irrecorrivelmente condenado a pena que não seja privativa da liberdade.

§ 2º Quando, em caso do parágrafo anterior, o juiz não revogar a suspensão, deverá:
a) advertir o beneficiário, ou
b) exacerbar as condições ou, ainda,
c) prorrogar o período de suspensão até o máximo, se esse limite não foi o fixado.

Declaração de prorrogação

§ 3º Se o beneficiário estiver respondendo a processo, que, no caso de condenação, poderá acarretar a revogação, o juiz declarará, por despacho, a prorrogação do prazo da suspensão até sentença passada em julgado, fazendo as comunicações necessárias nesse sentido.
▶ Art. 614 com a redação dada pela Lei nº 6.544, de 30-6-1978.

Extinção da pena

Art. 615. Expirado o prazo da suspensão, ou da prorrogação, sem que tenha havido motivo de revogação, a pena privativa da liberdade será declarada extinta.
▶ Art. 708 do CPP.

Averbação

Art. 616. A condenação será inscrita, com a nota de suspensão, em livro especial do Instituto de Identificação e Estatística ou repartição congênere, civil ou militar, averbando-se, mediante comunicação do auditor ou do Tribunal, a revogação da suspensão ou a extinção da pena. Em caso de revogação, será feita averbação definitiva no Registro Geral.
▶ Art. 709 do CPP.

§ 1º O registro será secreto, salvo para efeito de informações requisitadas por autoridade judiciária, em caso de novo processo.

§ 2º Não se aplicará o disposto no § 1º quando houver sido imposta, ou resultar de condenação, pena acessória consistente em interdição de direitos.

Crimes que impedem a medida

Art. 617. A suspensão condicional da pena não se aplica:
▶ Art. 88 do CPM.

I – em tempo de guerra;
II – em tempo de paz:
a) por crime contra a segurança nacional, de aliciação e incitamento, de violência contra superior, oficial de serviço, sentinela, vigia ou plantão, de desrespeito a superior e desacato de insubordinação, insubmissão ou de deserção;
b) pelos crimes previstos nos artigos 160, 161, 162, 235, 291 e parágrafo único, nos. I a IV, do Código Penal Militar.

Capítulo II
DO LIVRAMENTO CONDICIONAL

▶ Arts. 83 a 90 do CP.
▶ Arts. 89 a 97 do CPM.
▶ Arts. 131 a 146 da LEP.

Condições para a obtenção do livramento condicional

Art. 618. O condenado a pena de reclusão ou detenção por tempo igual ou superior a dois anos pode ser liberado condicionalmente, desde que:
▶ Art. 710 do CPP.
▶ Súm. nº 441 do STJ.

I – tenha cumprido:
a) a metade da pena, se primário;
b) dois terços, se reincidente;

II – tenha reparado, salvo impossibilidade de fazê-lo, o dano causado pelo crime;

III – sua boa conduta durante a execução da pena, sua adaptação ao trabalho e às circunstâncias atinentes à sua personalidade, ao meio social e à sua vida pregressa permitam supor que não voltará a delinquir.

Atenção à pena unificada

§ 1º No caso de condenação por infrações penais em concurso, deve ter-se em conta a pena unificada.

Redução do tempo

§ 2º Se o condenado é primário e menor de vinte e um ou maior de setenta anos, o tempo de cumprimento da pena pode ser reduzido a um terço.

Os que podem requerer a medida

Art. 619. O livramento condicional poderá ser concedido mediante requerimento do sentenciado, de seu cônjuge ou parente em linha reta, ou por proposta do diretor do estabelecimento penal, ou por iniciativa do Conselho Penitenciário, ou órgão equivalente, incumbindo a decisão ao auditor, ou ao Tribunal se a sentença houver sido proferida em única instância.

▶ Art. 712 do CPP.

§ 1º A decisão será fundamentada.

§ 2º São indispensáveis a audiência prévia do Ministério Público e a do Conselho Penitenciário, ou órgão equivalente, se deste não for a iniciativa.

Verificação das condições

Art. 620. As condições de admissibilidade, conveniência e oportunidade da concessão da medida serão verificadas em cada caso pelo Conselho Penitenciário ou órgão equivalente, a cujo parecer não ficará, entretanto, adstrito o juiz ou Tribunal.

▶ Art. 713 do CPP.

Relatório do diretor do presídio

Art. 621. O diretor do estabelecimento penal remeterá ao Conselho Penitenciário minucioso relatório sobre:

▶ Art. 714 do CPP.

a) o caráter do sentenciado, tendo em vista os seus antecedentes e a sua conduta na prisão;
b) a sua aplicação ao trabalho, trato com os companheiros e grau de instrução e aptidão profissional;
c) a sua situação financeira e propósitos quanto ao futuro.

Prazo para a remessa do relatório

Parágrafo único. O relatório será remetido, dentro em vinte dias, com o prontuário do sentenciado. Na falta deste, o Conselho opinará livremente, comunicando à autoridade competente a omissão do diretor da prisão.

Medida de segurança detentiva. Exame para comprovar a cessação da periculosidade

Art. 622. Se tiver sido imposta medida de segurança detentiva, não poderá ser concedido o livramento, sem que se verifique, mediante exame das condições do sentenciado, a cessação da periculosidade.

▶ Art. 715 do CPP.

Exame mental no caso de medida de segurança detentiva

Parágrafo único. Se consistir a medida de segurança na internação em caso de custódia e tratamento, proceder-se-á ao exame mental do sentenciado.

Petição ou proposta de livramento

Art. 623. A petição ou proposta de livramento será remetida ao auditor ou ao Tribunal pelo Conselho Penitenciário, com a cópia do respectivo parecer e do relatório do diretor da prisão.

▶ Art. 716 do CPP.

Remessa ao juiz do processo

§ 1º Para emitir parecer, poderá o Conselho Penitenciário requisitar os autos do processo.

§ 2º O juiz ou o Tribunal mandará juntar a petição ou a proposta com os documentos que acompanharem a os autos do processo, e proferirá a decisão, depois de ouvido o Ministério Público.

Indeferimento in limine

Art. 624. Na ausência de qualquer das condições previstas no artigo 618, será liminarmente indeferido o pedido.

▶ Art. 717 do CPP.

Especificação das condições

Art. 625. Sendo deferido o pedido, a decisão especificará as condições a que ficará subordinado o livramento.

▶ Art. 718 do CPP.

Normas obrigatórias para obtenção do livramento

Art. 626. Serão normas obrigatórias impostas ao sentenciado que obtiver o livramento condicional:

a) tomar ocupação, dentro de prazo razoável, se for apto para o trabalho;
b) não se ausentar do território da jurisdição do juiz, sem prévia autorização;
c) não portar armas ofensivas ou instrumentos capazes de ofender;
d) não frequentar casas de bebidas alcoólicas ou de tavolagem;
e) não mudar de habitação, sem aviso prévio à autoridade competente.

Residência do liberado fora da jurisdição do juiz da execução

Art. 627. Se for permitido ao liberado residir fora da jurisdição do juiz da execução, será remetida cópia da sentença à autoridade judiciária do local para onde se houver transferido, ou ao patronato oficial, ou órgão equivalente.

▶ Art. 718, § 1º, do CPP.

Vigilância da autoridade policial

Parágrafo único. Na falta de patronato oficial ou órgão equivalente, ou de particular, dirigido ou inspecionado pelo Conselho Penitenciário, ficará o liberado sob observação cautelar realizada por serviço social penitenciário ou órgão similar.

Pagamento de custas e taxas

Art. 628. Salvo em caso de insolvência, o liberado ficará sujeito ao pagamento de custas e taxas penitenciárias.

▶ Art. 719 do CPP.

Carta de guia

Art. 629. Concedido o livramento, será expedida carta de guia com a cópia de sentença em duas vias, remetendo-se uma ao diretor da prisão e a outra ao Conselho Penitenciário, ou órgão equivalente.

▶ Art. 722 do CPP.

Finalidade da vigilância

Art. 630. A vigilância dos órgãos dela incumbidos, exercer-se-á para o fim de:

a) proibir ao liberado a residência, estada ou passagem nos locais indicados na sentença;
b) permitir visitas e buscas necessárias à verificação do procedimento do liberado;
c) deter o liberado que transgredir as condições estabelecidas na sentença, comunicando o fato não só ao Conselho Penitenciário, como também ao juiz da execução, que manterá, ou não, a detenção.

Transgressão das condições impostas ao liberado

Parágrafo único. Se o liberado transgredir as condições que lhe foram impostas na sentença, poderá o Conselho Penitenciário representar ao auditor, ou ao Conselho de Justiça, ou ao Tribunal, para o efeito de ser revogado o livramento.

Revogação da medida por condenação durante a sua vigência

Art. 631. Se por crime ou contravenção penal vier o liberado a ser condenado a pena privativa da liberdade, por sentença irrecorrível, será revogado o livramento condicional.

▶ Art. 726 do CPP.

Revogação por outros motivos

Art. 632. Poderá também ser revogado o livramento se o liberado:

▶ Art. 93 do CPM.

a) deixar de cumprir quaisquer das obrigações constantes da sentença;
b) for irrecorrivelmente condenado, por motivo de contravenção penal, embora a pena não seja privativa da liberdade;
c) sofrer, se militar, punição por transgressão disciplinar considerada grave.

Novo livramento. Soma do tempo de infrações

Art. 633. Se o livramento for revogado por motivo de infração penal anterior à sua vigência, computar-se-á no tempo da pena o período em que esteve solto, sendo permitida, para a concessão do novo livramento, a soma do tempo das duas penas.

▶ Art. 728 do CPP.

Tempo em que esteve solto o liberado

Art. 634. No caso de revogação por outro motivo, não se computará na pena o tempo em que esteve solto o liberado, e tampouco se concederá, em relação à mesma pena, novo livramento.

▶ Art. 729 do CPP.

Órgãos e autoridades que podem requerer a revogação

Art. 635. A revogação será decretada a requerimento do Ministério Público ou mediante representação do Conselho Penitenciário, ou dos patronatos oficiais, ou do órgão a que incumbir a vigilância, ou de ofício, podendo ser ouvido antes o liberado e feitas diligências, permitida a produção de provas, no prazo de cinco dias, sem prejuízo do disposto no artigo 630, letra c.

▶ Art. 730 do CPP.

Modificação das condições impostas

Art. 636. O auditor ou o Tribunal, a requerimento do Ministério Público ou do Conselho Penitenciário, dos patronatos ou órgão de vigilância, poderá modificar as normas de conduta impostas na sentença, devendo a respectiva decisão ser lida ao liberado por uma das autoridades ou um dos funcionários indicados no artigo 639, letra a, com a observância do disposto nas letras b e c, e §§ 1º e 2º do mesmo artigo.

▶ Art. 731 do CPP.

Processo no curso do livramento

Art. 637. Praticando o liberado nova infração, o auditor ou o Tribunal poderá ordenar a sua prisão, ouvido o Conselho Penitenciário, ficando suspenso o curso de livramento condicional, cuja revogação, entretanto, dependerá da decisão final do novo processo.

▶ Art. 631 deste Código.
▶ Art. 732 do CPP.

Extinção de pena

Art. 638. O juiz, de ofício ou a requerimento do interessado, do Ministério Público ou do Conselho Penitenciário, julgará extinta a pena privativa da liberdade, se expirar o prazo do livramento sem revogação ou, na hipótese do artigo anterior, for o liberado absolvido por sentença irrecorrível.

▶ Art. 733 do CPP.

Cerimônia do livramento

Art. 639. A cerimônia do livramento condicional será realizada solenemente, em dia marcado pela autoridade que deva presidi-la, observando-se o seguinte:

▶ Art. 723 do CPP.

a) a sentença será lida ao liberando, na presença dos demais presos, salvo motivo relevante, pelo presidente do Conselho Penitenciário, ou por quem o represente junto ao estabelecimento penal, ou na falta, pela autoridade judiciária local;
b) o diretor do estabelecimento penal chamará a atenção do liberando para as condições impostas na sentença que concedeu o livramento;
c) o preso deverá, a seguir, declarar se aceita as condições.

§ 1º De tudo se lavrará termo em livro próprio, subscrito por quem presidir a cerimônia, e pelo liberando, ou alguém a rogo, se não souber ou não puder escrever.

§ 2º Deste termo se enviará cópia à Auditoria por onde correu o processo, ou ao Tribunal.

Caderneta e conteúdo para o fim de a exibir às autoridades

Art. 640. Ao deixar a prisão, receberá o liberado, além do saldo do seu pecúlio e do que lhe pertencer, uma caderneta que exibirá à autoridade judiciária ou administrativa, sempre que lhe for exigido.

▶ Art. 724 do CPP.

Conteúdo da caderneta

Art. 641. A caderneta conterá:

▶ Art. 724 do CPP.

a) a reprodução da ficha de identidade, com o retrato do liberado, sua qualificação e sinais característicos;
b) o texto impresso ou datilografado dos artigos do presente capítulo;
c) as condições impostas ao liberado.

Salvo-conduto

Parágrafo único. Na falta da caderneta, será entregue ao liberado um salvo-conduto, de que constem as condições do livramento, podendo substituir-se a ficha de identidade e o retrato do liberado pela descrição dos sinais que o identifiquem.

Crimes que excluem o livramento condicional

Art. 642. Não se aplica o livramento condicional ao condenado por crime cometido em tempo de guerra.

▶ Art. 96 do CPM.

Casos especiais

Parágrafo único. Em tempo de paz, pelos crimes referidos no artigo 97 do Código Penal Militar, o livramento condicional só será concedido após o cumprimento de dois terços da pena, observado ainda o disposto no artigo 618, nos I, c, II e III, e §§ 1º e 2º.

▶ Mantivemos o texto com referência à alínea c do inciso I do art. 618 conforme publicação oficial. Contudo, entendemos que a menção correta deveria ser para a alínea b do mesmo dispositivo.

TÍTULO III – DO INDULTO, DA COMUTAÇÃO DA PENA, DA ANISTIA E DA REABILITAÇÃO

Capítulo I

DO INDULTO, DA COMUTAÇÃO DA PENA E DA ANISTIA

▶ Art. 84, XII, da CF.
▶ Art. 123, II, do CPM.
▶ Arts. 187 a 193 da LEP.

Requerimento

Art. 643. O indulto e a comutação da pena são concedidos pelo Presidente da República e poderão ser requeridos pelo condenado ou, se não souber escrever, por procurador ou pessoa a seu rogo.

Caso de remessa ao Ministro da Justiça

Art. 644. A petição será remetida ao Ministro da Justiça, por intermédio do Conselho Penitenciário, se o condenado estiver cumprindo pena em penitenciária civil.

▶ Art. 735 do CPP.

Audiência do Conselho Penitenciário

Art. 645. O Conselho Penitenciário, à vista dos autos do processo, e depois de ouvir o diretor do estabelecimento penal a que estiver recolhido o condenado, fará, em relatório, a narração do fato criminoso, apreciará as provas, apontará qualquer formalidade ou circunstância omitida na petição e exporá os antecedentes do condenado, bem como seu procedimento durante a prisão, opinando, a final, sobre o mérito do pedido.

▶ Art. 736 do CPP.

Condenado militar. Encaminhamento do pedido

Art. 646. Em se tratando de condenado militar ou assemelhado, recolhido a presídio militar, a petição será encaminhada ao Ministério a que pertencer o condenado, por intermédio do comandante, ou autoridade equivalente, sob cuja administração estiver o presídio.

Relatório da autoridade militar

Parágrafo único. A autoridade militar que encaminhar o pedido fará o relatório de que trata o artigo 645.

Faculdade do Presidente da República de conceder espontaneamente o indulto e a comutação

Art. 647. Se o Presidente da República decidir, de iniciativa própria, conceder o indulto ou comutar a pena, ouvirá, antes, o Conselho Penitenciário ou a autoridade militar a que se refere o artigo 646.

Modificação da pena ou extinção da punibilidade

Art. 648. Concedido o indulto ou comutada a pena, o juiz de ofício, ou por iniciativa do interessado ou do Ministério Público, mandará juntar aos autos a cópia do decreto, a cujos termos ajustará a execução da pena, para modificá-la, ou declarar a extinção da punibilidade.

▶ Art. 738 do CPP.

Recusa

Art. 649. O condenado poderá recusar o indulto ou a comutação da pena.

▶ Art. 739 do CPP.

Extinção da punibilidade pela anistia

Art. 650. Concedida a anistia, após transitar em julgado a sentença condenatória, o auditor, de ofício, ou por iniciativa do interessado ou do Ministério Público, declarará extinta a punibilidade.

▶ Art. 742 do CPP.

Capítulo II

DA REABILITAÇÃO

▶ Arts. 93 a 95 do CP.
▶ Arts. 123, V, 134 e 135 do CPM.
▶ Art. 202 da LEP.

Requerimentos e requisitos

Art. 651. A reabilitação poderá ser requerida ao Auditor da Auditoria por onde correu o processo, após cinco anos contados do dia em que for extinta, de qualquer modo, a pena principal ou terminar sua execução, ou do dia em que findar o prazo de suspensão condicional da pena ou do livramento condicional, desde que o condenado tenha tido, durante aquele prazo, domicílio no País.

▶ Art. 743 do CPP.

Parágrafo único. Os prazos para o pedido serão contados em dobro no caso de criminoso habitual ou por tendência.

▶ Art. 78, §§ 2º e 3º, do CPM.

Instrução do requerimento

Art. 652. O requerimento será instruído com:

▶ Art. 744 do CPP.

a) certidões comprobatórias de não ter o requerente respondido, nem estar respondendo a processo, em qualquer dos lugares em que houver residido durante o prazo a que se refere o artigo anterior;
b) atestados de autoridades policiais ou outros documentos que comprovem ter residido nos lugares indicados, e mantido, efetivamente, durante esse tempo, bom comportamento público e privado;
c) atestados de bom comportamento fornecidos por pessoas a cujo serviço tenha estado;
d) prova de haver ressarcido o dano causado pelo crime ou da absoluta impossibilidade de o fazer até o dia do pedido, ou documento que comprove a renúncia da vítima ou novação da dívida.

▶ Art. 360 do CC.

Ordenação de diligências

Art. 653. O auditor poderá ordenar as diligências necessárias para a apreciação do pedido, cercando-as do sigilo possível e ouvindo, antes da decisão, o Ministério Público.

▶ Art. 745 do CPP.

Recurso de ofício

Art. 654. Haverá recurso de ofício da decisão que conceder a reabilitação.

▶ Art. 746 do CPP.

Comunicação ao Instituto de Identificação e Estatística

Art. 655. A reabilitação, depois da sentença irrecorrível, será comunicada ao Instituto de Identificação e Estatística ou repartição congênere.

▶ Art. 747 do CPP.

Menção proibida de condenação

Art. 656. A condenação ou condenações anteriores não serão mencionadas na folha de antecedentes do reabilitado, nem em certidão extraída dos livros do juízo, salvo quando requisitadas por autoridade judiciária criminal.

▶ Art. 748 do CPP.

Renovação do pedido de reabilitação

Art. 657. Indeferido o pedido de reabilitação, não poderá o condenado renová-lo, senão após o decurso de dois anos, salvo se o indeferimento houver resultado de falta ou insuficiência de documentos.

▶ Art. 749 do CPP.

Revogação da reabilitação

Art. 658. A revogação da reabilitação será decretada pelo auditor, de ofício ou a requerimento do interessado, ou do Ministério Público, se a pessoa reabilitada for condenada, por decisão definitiva, ao cumprimento de pena privativa da liberdade.

▶ Art. 750 do CPP.

TÍTULO IV

Capítulo Único

DA EXECUÇÃO DAS MEDIDAS DE SEGURANÇA

▶ Arts. 96 a 99 do CP.
▶ Arts. 110 a 120 do CPM.
▶ Arts. 171 a 179 da LEP.

Aplicação das medidas de segurança durante a execução da pena

Art. 659. Durante a execução da pena ou durante o tempo em que a ela se furtar o condenado, poderá ser imposta medida de segurança, se não a houver decretado a sentença, e fatos anteriores, não apreciados no julgamento, ou fatos subsequentes, demonstrarem a sua periculosidade.

▶ Art. 751 do CPP.

Imposição da medida ao agente isento da pena, ou perigoso

Art. 660. Ainda depois de transitar em julgado a sentença absolutória, poderá ser imposta medida de segurança, enquanto não decorrer tempo equivalente ao de sua duração mínima, ao agente absolvido no caso do artigo 48 do Código Penal Militar, ou a que a lei, por outro modo, presuma perigoso.

▶ Art. 753 do CPP.

Aplicação pelo juiz

Art. 661. A aplicação da medida de segurança, nos casos previstos neste capítulo, incumbirá ao juiz da execução e poderá ser decretada de ofício ou a requerimento do Ministério Público.

▶ Art. 665 deste Código.
▶ Art. 754 do CPP.

Fatos indicativos de periculosidade

Parágrafo único. O diretor do estabelecimento que tiver ciência de fatos indicativos de periculosidade do condenado a quem não tiver sido imposta medida de segurança, deverá logo comunicá-los ao juiz da execução.

Diligências

Art. 662. Depois de proceder às diligências que julgar necessárias, o juiz ouvirá o Ministério Público e o condenado, concedendo a cada um o prazo de três dias para alegações.

▶ Art. 757 do CPP.

§ 1º Será dado defensor ao condenado que o requerer.

§ 2º Se o condenado estiver foragido, o juiz ordenará as diligências que julgar convenientes, ouvido o Ministério Público, que poderá apresentar provas dentro do prazo que lhe for concedido.

§ 3º Findos os prazos concedidos ao condenado e ao Ministério Público, o juiz proferirá a sua decisão.

Tempo da internação

Art. 663. A internação, no caso previsto no artigo 112 do Código Penal Militar, é por tempo indeterminado, perdurando enquanto não for averiguada, mediante perícia médica, a cessação da periculosidade do internado.

Perícia médica

§ 1º A perícia médica é realizada no prazo mínimo fixado à internação e, não sendo esta revogada, deve ser repetida de ano em ano.

§ 2º A desinternação é sempre condicional, devendo ser restabelecida a situação anterior se o indivíduo, dentro do decurso de um ano, vier a praticar fato indicativo de persistência da periculosidade.

Internação de indivíduos em estabelecimentos adequados

Art. 664. Os condenados que se enquadrem no parágrafo único do artigo 48 do Código Penal Militar, bem como os que forem reconhecidos como ébrios habituais ou toxicômanos, recolhidos a qualquer dos estabelecimentos a que se refere o artigo 113 do referido Código, não serão transferidos para a prisão, se sobrevier a cura.

Novo exame mental

Art. 665. O juiz, no caso do artigo 661, ouvirá o curador já nomeado ou que venha a nomear, podendo mandar submeter o paciente a novo exame mental, internando-o, desde logo, em estabelecimento adequado.

▶ Art. 759 do CPP.

Regime dos internados

Art. 666. O trabalho nos estabelecimentos referidos no artigo 113 do Código Penal Militar será educativo e remunerado, de modo a assegurar ao internado meios de subsistência, quando cessar a internação.

Exílio local

Art. 667. O exílio local consiste na proibição ao condenado de residir ou permanecer, durante um ano, pelo menos, na comarca, município ou localidade em que o crime foi praticado.

▶ Art. 771 do CPP.

Comunicação

Parágrafo único. Para a execução dessa medida, o juiz comunicará sua decisão à autoridade policial do lugar ou dos lugares onde o exilado está proibido de permanecer ou residir.

Proibição de frequentar determinados lugares

Art. 668. A proibição de frequentar determinados lugares será também comunicada à autoridade policial, para a devida vigilância.

▶ Art. 772 do CPP.

Fechamento de estabelecimentos e interdição de associações

Art. 669. A medida de fechamento de estabelecimento ou interdição de associação será executada pela autoridade policial, mediante mandado judicial.

▶ Art. 773 do CPP.

Transgressão das medidas de segurança

Art. 670. O transgressor de qualquer das medidas de segurança a que se referem os artigos 667, 668 e 669, será responsabilizado por crime de desobediência contra a administração da Justiça Militar, devendo o juiz, logo que a autoridade policial lhe faça a devida comunicação, mandá-la juntar aos autos, e dar vista ao Ministério Público, para os fins de direito.

Cessação da periculosidade. Verificação

Art. 671. A cessação, ou não, da periculosidade é verificada ao fim do prazo mínimo da duração da medida de segurança, pelo exame das condições da pessoa a que tiver sido imposta, observando-se o seguinte:

▶ Art. 775 do CPP.

Relatório

a) o diretor do estabelecimento de internação ou a autoridade incumbida da vigilância, até um mês antes de expirado o prazo da duração mínima da medida, se não for inferior a um ano, ou a quinze dias, nos outros casos, remeterá ao juiz da execução minucioso relatório que o habilite a resolver sobre a cessação ou permanência da medida;

Acompanhamento do laudo

b) se o indivíduo estiver internado em manicômio judiciário ou em qualquer dos estabelecimentos a que se refere o artigo 113 do Código Penal Militar, o relatório será acompanhado do laudo de exame pericial, feito por dois médicos designados pelo diretor do estabelecimento;

Conveniência ou revogação da medida

c) o diretor do estabelecimento de internação, ou a autoridade policial, deverá, no relatório, concluir pela conveniência, ou não, da revogação da medida de segurança;

Ordenação de diligências

d) se a medida de segurança for de exílio local, ou proibição de frequentar determinados lugares, o juiz da execução, um mês ou quinze dias antes de expirado o prazo mínimo de duração, ordenará as diligências necessárias, para verificar se desapareceram as causas da aplicação da medida;

Audiência das partes

e) junto aos autos o relatório, ou realizadas as diligências, serão ouvidos, sucessivamente, o Ministério Público e o curador ou defensor, no prazo de três dias;

Ordenação de novas diligências

f) o juiz, de ofício, ou a requerimento de qualquer das partes, poderá determinar novas diligências, ainda que expirado o prazo de duração mínima da medida de segurança;

Decisão e prazo

g) ouvidas as partes ou realizadas as diligências a que se refere o parágrafo anterior, será proferida a decisão no prazo de cinco dias.

Revogação da licença para direção de veículo

Art. 672. A interdição prevista no artigo 115 do Código Penal Militar poderá ser revogada antes de expirado o prazo estabelecido, se for averiguada a cessação do perigo condicionante da sua aplicação; se, porém, o perigo persiste ao término do prazo, será este prorrogado enquanto não cessar aquele.

Confisco

Art. 673. O confisco de instrumentos e produtos do crime, no caso previsto no artigo 119 do Código Penal Militar, será decretado no despacho de arquivamento do inquérito.

Restrições quanto aos militares

Art. 674. Aos militares ou assemelhados, que não hajam perdido essa qualidade, somente são aplicáveis as medidas de segurança previstas nos casos dos artigos 112 e 115 do Código Penal Militar.

Livro V

TÍTULO ÚNICO – DA JUSTIÇA
MILITAR EM TEMPO DE GUERRA

Capítulo I

DO PROCESSO

▶ Arts. 89 a 97 da Lei nº 8.457, de 4-9-1992, que organiza a Justiça Militar da União e regula o funcionamento de seus Serviços Auxiliares.

Remessa do inquérito à Justiça

Art. 675. Os autos do inquérito, do flagrante, ou documentos relativos ao crime serão remetidos à Auditoria, pela autoridade militar competente.

▶ Arts. 10, 15, 20 e 355 a 408 do CPM.

§ 1º O prazo para a conclusão do inquérito é de cinco dias, podendo, por motivo excepcional, ser prorrogado por mais três dias.

§ 2º Nos casos de violência praticada contra inferior para compeli-lo ao cumprimento do dever legal ou em repulsa à agressão, os autos do inquérito serão remetidos diretamente ao Conselho Superior, que determinará o arquivamento, se o fato estiver justificado; ou, em caso contrário, a instauração de processo.

Oferecimento da denúncia e seu conteúdo e regras

Art. 676. Recebidos os autos do inquérito, do flagrante, ou documentos, o auditor dará vista imediata ao procurador que, dentro em vinte e quatro horas, oferecerá a denúncia, contendo:

a) o nome do acusado e sua qualificação;
b) a exposição sucinta dos fatos;
c) a classificação do crime;
d) a indicação das circunstâncias agravantes expressamente previstas na lei penal e a de todos os fatos e circunstâncias que devam influir na fixação da pena;
e) a indicação de duas a quatro testemunhas.

Parágrafo único. Será dispensado o rol de testemunhas, se a denúncia se fundar em prova documental.

Recebimento da denúncia e citação

Art. 677. Recebida a denúncia, mandará o auditor citar *incontinenti* o acusado e intimar as testemunhas, nomeando-lhe defensor o advogado de ofício, que terá vistas dos autos em cartório, pelo prazo de vinte e quatro horas, podendo, dentro desse prazo, oferecer defesa escrita e juntar documentos.

Parágrafo único. O acusado poderá dispensar a assistência de advogado, se estiver em condições de fazer sua defesa.

Julgamento à revelia

Art. 678. O réu preso será requisitado, devendo ser processado e julgado à revelia, independentemente de citação, se se ausentar sem permissão.

Instrução criminal

Art. 679. Na audiência de instrução criminal, que será iniciada vinte e quatro horas após a citação, qualificação e interrogatório do acusado, proceder-se-á à inquirição das testemunhas de acusação, pela forma prescrita neste Código.

§ 1º Em seguida, serão ouvidas até duas testemunhas de defesa, se apresentadas no ato.

§ 2º As testemunhas de defesa que forem militares poderão ser requisitadas, se o acusado o requerer, e for possível o seu comparecimento em juízo.

§ 3º Será na presença do escrivão a vista dos autos às partes, para alegações escritas.

Dispensa de comparecimento do réu

Art. 680. É dispensado o comparecimento do acusado à audiência de julgamento, se assim o desejar.

Questões preliminares

Art. 681. As questões preliminares ou incidentes, que forem suscitadas, serão resolvidas, conforme o caso, pelo auditor ou pelo Conselho de Justiça.

Rejeição da denúncia

Art. 682. Se o procurador não oferecer denúncia, ou esta for rejeitada, os autos serão remetidos ao Conselho Superior de Justiça Militar, que decidirá de forma definitiva a respeito do oferecimento.

Julgamento de praça ou civil

Art. 683. Sendo praça ou civil o acusado, o auditor procederá ao julgamento em outra audiência, dentro em quarenta e oito horas. O procurador e o defensor terão, cada um, vinte minutos, para fazer oralmente suas alegações.

Parágrafo único. Após os debates orais, o auditor lavrará a sentença, dela mandando intimar o procurador e o réu, ou seu defensor.

Julgamento de oficiais

Art. 684. No processo a que responder oficial até o posto de tenente-coronel, inclusive, proceder-se-á ao julgamento pelo Conselho de Justiça, no mesmo dia da sua instalação.

Lavratura da sentença

Parágrafo único. Prestado o compromisso pelos juízes nomeados, serão lidas pelo escrivão as peças essenciais do processo e, após os debates orais, que não excederão o prazo fixado pelo artigo anterior, passará o Conselho a deliberar em sessão secreta, devendo a sentença ser lavrada dentro do prazo de vinte e quatro horas.

Certidão da nomeação dos juízes militares

Art. 685. A nomeação dos juízes do Conselho constará dos autos do processo, por certidão.

Parágrafo único. O procurador e o acusado, ou seu defensor, serão intimados da sentença no mesmo dia em que esta for assinada.

Suprimento do extrato da fé de ofício ou dos assentamentos

Art. 686. A falta do extrato da fé de ofício ou dos assentamentos do acusado poderá ser suprida por outros meios informativos.

Classificação do crime

Art. 687. Os órgãos da Justiça Militar, tanto em primeira como em segunda instância, poderão alterar a classificação do crime, sem todavia inovar a acusação.

▶ Art. 437 deste Código.

Parágrafo único. Havendo impossibilidade de alterar a classificação do crime, o processo será anulado, devendo ser oferecida nova denúncia.

Julgamento em grupos no mesmo processo

Art. 688. Quando, na denúncia, figurarem diversos acusados, poderão ser processados e julgados em grupos, se assim o aconselhar o interesse da Justiça.

Procurador em processo originário perante o Conselho Superior

Art. 689. Nos processos a que responderem oficiais-generais, coronéis ou capitães de mar e guerra, as funções do Ministério Público serão desempenhadas pelo procurador que servir junto ao Conselho Superior de Justiça Militar.

§ 1º A instrução criminal será presidida pelo auditor que funcionar naquele Conselho, cabendo-lhe ainda relatar os processos para julgamento.

§ 2º O oferecimento da denúncia, citação do acusado, intimação de testemunhas, nomeação de defensor, instrução criminal, julgamento e lavratura da sentença, reger-se-ão, no que lhes for aplicável, pelas normas estabelecidas para os processos da competência do auditor e do Conselho de Justiça.

Crimes de responsabilidade

Art. 690. Oferecida a denúncia, nos crimes de responsabilidade, o auditor mandará intimar o denunciado para apresentar defesa dentro do prazo de dois dias, findo o qual decidirá sobre o recebimento, ou não, da denúncia, submetendo o despacho, no caso de rejeição, à decisão do Conselho.

Recursos das decisões do Conselho Superior de Justiça

Art. 691. Das decisões proferidas pelo Conselho Superior de Justiça, nos processos de sua competência originária, somente caberá o recurso de embargos.

Desempenho da função de escrivão

Art. 692. As funções de escrivão serão desempenhadas pelo secretário do Conselho, e as de oficial de justiça por uma praça graduada.

Processo e julgamento de desertores

Art. 693. No processo de deserção observar-se-á o seguinte:

▶ Arts. 391 e 392 do CPM.

I – após o transcurso do prazo de graça, o comandante ou autoridade militar equivalente, sob cujas ordens servir o oficial ou praça, fará lavrar um termo com todas as circunstâncias, assinado por duas testemunhas, equivalendo esse termo à formação da culpa;

II – a publicação da ausência em boletim substituirá o edital;

III – os documentos relativos à deserção serão remetidos ao auditor, após a apresentação ou captura do acusado, e permanecerão em cartório pelo prazo de vinte e quatro horas, com vista ao advogado de ofício, para apresentar defesa escrita, seguindo-se o julgamento pelo Conselho de Justiça, conforme o caso.

CAPÍTULO II

DOS RECURSOS

Recurso das decisões do Conselho e do auditor

Art. 694. Das sentenças de primeira instância caberá recurso de apelação para o Conselho Superior de Justiça Militar.

Parágrafo único. Não caberá recurso de decisões sobre questões incidentes, que poderão, entretanto, ser renovadas na apelação.

Prazo para a apelação

Art. 695. A apelação será interposta dentro em vinte e quatro horas, a contar da intimação da sentença ao procurador e ao defensor do réu, revel ou não.

Recurso de ofício

Art. 696. Haverá recurso de ofício:

a) da sentença que impuser pena restritiva da liberdade superior a oito anos;

b) quando se tratar de crime a que a lei comina pena de morte e a sentença for absolutória, ou não aplicar a pena máxima.

Razões do recurso

Art. 697. As razões do recurso serão apresentadas, com a petição, em cartório. Conclusos os autos ao auditor, este os remeterá, *incontinenti*, à instância superior.

Processo de recurso e seu julgamento

Art. 698. Os autos serão logo conclusos ao Relator, que mandará abrir vista ao representante do Ministério Público, a fim de apresentar parecer, dentro em vinte e quatro horas.

Estudo dos autos pelo Relator

Art. 699. O Relator estudará os autos no intervalo de duas sessões.

Exposição pelo Relator

Art. 700. Anunciado o julgamento pelo presidente, o Relator fará a exposição dos fatos.

Alegações orais

Art. 701. Findo o relatório, poderão o defensor e o procurador fazer alegações orais por quinze minutos, cada um.

Decisão pelo Conselho

Art. 702. Discutida a matéria, o Conselho Superior proferirá sua decisão.

§ 1º O Relator será o primeiro a votar, sendo o presidente o último.

§ 2º O resultado do julgamento constará da ata que será junta ao processo. A decisão será lavrada dentro em dois dias, salvo motivo de força maior.

Não cabimento de embargos

Art. 703. As sentenças proferidas pelo Conselho Superior, como Tribunal de segunda instância, não são suscetíveis de embargos.

Efeitos da apelação

Art. 704. A apelação do Ministério Público devolve o pleno conhecimento do feito ao Conselho Superior.

Casos de embargos

Art. 705. O recurso de embargos, nos processos originários, seguirá as normas estabelecidas para a apelação.

Não cabimento de *habeas corpus* ou revisão

Art. 706. Não haverá *habeas corpus*, nem revisão.

Capítulo III
DISPOSIÇÕES ESPECIAIS RELATIVAS À JUSTIÇA MILITAR EM TEMPO DE GUERRA

Execução da pena de morte

Art. 707. O militar que tiver de ser fuzilado sairá da prisão com uniforme comum e sem insígnias, e terá os olhos vendados, salvo se o recusar, no momento em que tiver de receber as descargas. As vozes de fogo serão substituídas por sinais.

► Arts. 56 e 57 do CPM.
► Art. 4º, nºˢ 2 a 6, do Pacto de São José da Costa Rica.

§ 1º O civil ou assemelhado será executado nas mesmas condições, devendo deixar a prisão decentemente vestido.

Socorro espiritual

§ 2º Será permitido ao condenado receber socorro espiritual.

Data para a execução

§ 3º A pena de morte só será executada sete dias após a comunicação ao Presidente da República, salvo se imposta em zona de operações de guerra e o exigir o interesse da ordem e da disciplina.

Lavratura de ata

Art. 708. Da execução da pena de morte lavrar-se-á ata circunstanciada que, assinada pelo executor e duas testemunhas, será remetida ao comandante-chefe, para ser publicada em boletim.

Sentido da expressão "forças em operação de guerra"

Art. 709. A expressão "forças em operação de guerra" abrange qualquer força naval, terrestre ou aérea, desde o momento de seu deslocamento para o teatro das operações até o seu regresso, ainda que cessada as hostilidades.

Comissionamento em postos militares

Art. 710. Os auditores, procuradores, advogados de ofício e escrivães da Justiça Militar, que acompanharem as forças em operação de guerra, serão comissionados em postos militares, de acordo com as respectivas categorias funcionais.

DISPOSIÇÕES FINAIS E TRANSITÓRIAS

Art. 711. Nos processos pendentes na data da entrada em vigor deste Código, observar-se-á o seguinte:

► Art. 718 deste Código.

a) aplicar-se-ão à prisão provisória as disposições que forem mais favoráveis ao indiciado ou acusado;

b) o prazo já iniciado, inclusive o estabelecido para a interposição de recurso, será regulado pela lei anterior, se esta não estatuir prazo menor do que o fixado neste Código;

c) se a produção da prova testemunhal tiver sido iniciada, o interrogatório do acusado far-se-á de acordo com as normas da lei anterior;

d) as perícias já iniciadas, bem como os recursos já interpostos, continuarão a reger-se pela lei anterior.

Art. 712. Os processos da Justiça Militar não são sujeitos a custas, emolumentos, selos, ou portes de correio, terrestre, marítimo ou aéreo.

Art. 713. As certidões, em processos findos arquivados no Superior Tribunal Militar, serão requeridas ao diretor-geral da sua Secretaria, com a declaração da respectiva finalidade.

Art. 714. Os juízes e os membros do Ministério Público poderão requisitar certidões ou cópias autênticas de peças a processo arquivado, para instrução de processo em andamento, dirigindo-se, para aquele fim, ao serventuário ou funcionário responsável pela sua guarda. No superior Tribunal Militar, a requisição será feita por intermédio do diretor-geral da Secretaria daquele Tribunal.

Art. 715. As penas pecuniárias cominadas neste Código serão cobradas executivamente e, em seguida, recolhidas ao erário federal. Tratando-se de militares, funcionários da Justiça Militar ou dos respectivos Ministérios, a execução da pena pecuniária será feita mediante desconto na respectiva folha de pagamento. O desconto não excederá, em cada mês, a dez por cento dos respectivos vencimentos.

Art. 716. O presidente do Tribunal, o Procurador-Geral e o auditor requisitarão diretamente das companhias de transportes terrestres, marítimos ou aéreos, nos termos da lei e para fins exclusivos do serviço judiciário, que serão declarados na requisição, passagens para si, juízes dos Conselhos, procuradores e auxiliares da Justiça Militar. Terão, igualmente, bem como os procuradores, para os mesmos fins, franquia postal e telegráfica.

Art. 717. O serviço judicial pretere a qualquer outro, salvo os casos previstos neste Código.

Art. 718. Este Código entrará em vigor a 1º de janeiro de 1970, revogadas as disposições em contrário.

Brasília, 21 de outubro de 1969; 148º da Independência e 81º da República.

Augusto Hamann Rademaker Grunewald
Aurélio de Lyra Tavares
Márcio de Souza e Mello
Luís Antônio da Gama e Silva

Índice Alfabético-Remissivo do Código de Processo Penal Militar
(Decreto-Lei nº 1.002, de 21-10-1969)

A

ABANDONO DO PROCESSO PELO DEFENSOR
- inadmissibilidade; ressalva: art. 71, § 6º
- sanção no caso de: art. 71, § 7º

ABERTURA DA SESSÃO DO JULGAMENTO E DA SENTENÇA: art. 431

ABSOLVIÇÃO
- alvará de soltura: arts. 441 e 457, § 7º
- apelação: art. 526, a
- comunicação: art. 536, par. ún.
- levantamento de sequestro: art. 204, d
- pedida pelo órgão da acusação: art. 54, par. ún.
- recurso em sentido estrito: art. 516, c
- sentença absolutória transitada em julgado: art. 197

ABUSO DE PODER: art. 467

AÇÃO PENAL MILITAR
- comunicação ao Procurador-Geral: art. 31, par. ún.
- denúncia: arts. 29 e 30
- dependência de requisição do Governo: art. 31
- desistência pelo Ministério Público: art. 32
- diligência; requisição: art. 33, § 2º
- exercício do direito de representação: art. 33
- informações escritas; autenticação obrigatória: art. 33, § 1º
- natureza e competência para promovê-la: art. 29
- proibição de existência de denúncia: art. 32
- requisição: art. 31

ACAREAÇÃO(ÕES)
- admissão nos atos probatórios: art. 365
- atribuição do encarregado do inquérito: art. 13, e
- ausência de testemunha divergente: art. 367
- determinada pelo Conselho de Justiça ou pelo auditor: art. 425
- pontos divergentes: art. 366

ACUSADO
- adiamento da sessão de julgamento: art. 431, § 4º
- citação para o Conselho de Justiça: art. 399, c
- citação: art. 293
- civil solto; mudança de residência: art. 290
- civil; folhas de antecedentes penais; juntada: art. 391
- conceito legal: art. 69
- conduta inconveniente: art. 389
- confissão: arts. 307 e 308
- constituição de defensor: art. 71, § 1º
- declaração de menoridade: art. 409
- defensor dativo: art. 71, § 2º
- defensor; impedimentos: art. 76
- defensor; não comparecimento: art. 74
- defesa de praças: art. 71, § 5º
- defesa em causa própria: art. 71, § 3º
- disposição exclusiva da Justiça Militar: art. 392
- doença, durante a instrução criminal: art. 390, § 2º
- doença; saída da sessão de julgamento: art. 431, § 7º
- exceções; oposição; prazo: art. 407
- extinção da punibilidade; momento de reconhecimento: art. 81
- identificação: art. 70
- incapaz; nomeação de curador: art. 72
- incidente de insanidade mental: arts. 156 a 162
- instrução criminal; procedimento ordinário: art. 405
- morte: art. 81, par. ún.
- mudança de domicílio de acusado civil solto: art. 290
- nomeação obrigatória de defensor: art. 71
- nomeação preferente de advogado: art. 71, § 4º
- oficial ou graduado; conservação das prerrogativas do posto ou graduação: art. 73
- personalidade: art. 69
- presença: art. 403
- proibição de abandono do processo: art. 71, §§ 6º e 7º
- qualificação e interrogatório: arts. 302 a 306
- qualificação e interrogatório; processo ordinário: art. 406
- revelia do acusado preso; admissibilidade: art. 411
- revelia: art. 292
- silêncio: art. 308
- solto; adiamento da sessão de julgamento: art. 431, § 4º
- solto; dever do exercício; exceção: art. 394
- tomada de declarações: art. 262

ACUSADOR: arts. 54 a 59
- *vide* MINISTÉRIO PÚBLICO
- ilegitimidade: art. 78, § 2º
- sustentação oral em sessão de julgamento e sentença: art. 433

ADVOGADO
- ausência na sessão de julgamento: art. 431, § 5º
- direitos e deveres do: art. 75
- na audiência do Conselho de Justiça: art. 401
- notificação ou intimação: art. 288, § 2º
- prerrogativas: art. 386, par. ún.

AGENTE ISENTO DE PENA OU PERIGOSO: art. 660

AGRAVO
- decisão denegatória de recurso extraordinário: art. 579
- decisão que negar seguimento ao recurso extraordinário: art. 580
- normas complementares para o processamento: art. 583
- peças: art. 582
- requerimento de peças: art. 581

ALEGAÇÕES
- arguente de litispendência: art. 151
- escritas; certidão de recebimento: art. 428, § 2º
- escritas; linguagem compatível com o decoro e a disciplina judiciária: art. 429
- escritas; recebimento fora do prazo: art. 428, § 2º
- escritas; vistas dos autos na presença do escrivão: art. 679, § 3º
- finais; sustentação oral: art. 496, d
- orais, na fase recursal: art. 701
- orais; prazo; julgamento pelo tribunal: art. 496, c

ALVARÁ DE SOLTURA
- expedição de: arts. 441
- sentença absolutória; liberdade imediata mediante: art. 457, § 7º

ANISTIA: arts. 643 a 650

ANTECEDENTES
- inclusão na folha: art. 604, par. ún.
- penais de civil: art. 391
- penais de militar: art. 391, *in fine*

APELAÇÃO
- admissibilidade do recurso: art. 526
- competência para recorrer: art. 530
- comunicação da condenação; fins de: art. 536
- distribuição; processo e julgamento: art. 535
- efeitos da condenação com efeito suspensivo: art. 533
- efeitos da sentença absolutória: art. 532
- interposição; prazo; forma: art. 529
- intimação; acórdão condenatório: art. 537
- julgamento secreto: arts. 535, § 6º
- prazo, em tempo de guerra: art. 695
- prazo; razões: art. 531
- processo e julgamento de: art. 535, §§ 1º ao 6º
- recolhimento do réu à prisão: art. 527
- revelia e intimação: art. 529, § 1º

- sobrestamento, havendo fuga do réu: art. 528
- subida dos autos à instância superior: art. 534
- sustada: art. 529, § 2º

APLICABILIDADE DA LEI DE PROCESSO PENAL MILITAR
- espaço e tempo: art. 4º
- intertemporal: art. 5º
- Justiça Militar Estadual: art. 6º
- tempo de guerra: art. 4º, II
- tempo de paz: art. 4º, I

APREENSÃO DE PESSOAS OU COISAS
- apresentação de pessoa à autoridade: art. 187
- armas ou objetos pertencentes às Forças Armadas: art. 185, *caput*
- auto; conteúdo: art. 189, par. ún.
- auto; requisitos: art. 189
- correspondência destinada ao indiciado ou acusado: art. 185, § 1º
- documento em poder do defensor do acusado: art. 185, § 2º
- lavratura de auto circunstanciado: art. 189
- pessoa sob custódia: art. 188
- providências que recaem sobre coisas ou pessoas: art. 185
- território de outra jurisdição: art. 186

ARMA
- apreensão em busca domiciliar: art. 172, *d*
- apreensão; descrição no auto respectivo: art. 189, par. ún., *a*
- proibição de seu porte: art. 626, *c*
- uso; permissibilidade: art. 234, § 2º

ARRESTO DE BENS DO ACUSADO
- bens insuscetíveis: art. 217
- coisas deterioráveis: art. 218
- disposições de sequestro: art. 219, par. ún.
- pedido em fase de inquérito: art. 215, § 2º
- precedência de bens imóveis: art. 216
- preferência: art. 216
- processo em autos apartados: art. 219
- providências que recaem sobre coisas; bens sujeitos: art. 215
- revogação: art. 215, § 1º

ASSISTENTE
- admissão; competência: art. 61
- admissão; oportunidade: art. 62
- advogado de ofício: art. 63
- arrolamento de testemunhas: art. 65, § 1º
- cassação da assistência; motivos: art. 67
- habilitação do ofendido como: art. 60
- intervenção: art. 65
- não decorrência de impedimento: art. 68
- notificação: art. 66
- ofendido que for também acusado; impedimento: art. 64
- processo ordinário: art. 431, § 6º
- processo perante o Superior Tribunal Militar: art. 65, § 3º
- recurso; admissibilidade de interposição: art. 65, § 1º
- recursos; interposição: art. 65, § 2º
- representante e sucessor do ofendido: art. 60, par. ún.

ATA
- justiça militar em tempo de guerra: art. 708
- lavratura em instrução criminal: art. 395
- retificação: art. 39

ATOS PROBATÓRIOS
- acareação: arts. 365 a 367
- confissão: arts. 307 a 310
- disposições gerais: arts. 294 a 301
- documentos: arts. 371 a 381
- indícios: arts. 382 e 383
- perguntas ao ofendido: arts. 311 a 313
- perícias e exames: arts. 314 a 346
- qualificação e interrogatório: arts. 302 a 306
- reconhecimento de pessoas e coisas: arts. 368 a 370
- testemunhas: arts. 347 a 364

AUDITOR
- apreciação do pedido de transferência: art. 392
- atos que poderão ser procedidos: art. 390, § 5º
- pronunciamento motivado sobre a suspensão condicional da pena: art. 607
- providências ao receber a denúncia: art. 399
- providências para a qualificação e interrogatório: art. 402
- saneamento do processo: art. 430

AUTÓPSIA
- ato probatório: art. 333
- não poderá ser feita pelo médico: art. 334, par. ún.
- ocasião em que será realizada: art. 334

AUTOS
- processo de restauração: arts. 481 a 488
- requisição; peças; cópias: art. 714

AUXILIARES DO JUIZ
- convocação de substituto: art. 45
- escrivão: art. 43
- funcionários ou serventuários da Justiça Militar: art. 42
- oficial de justiça: art. 44

B

BUSCA DE PESSOAS OU COISAS
- conteúdo do mandado: art. 178
- definição do termo "casa": art. 173
- domiciliar ou pessoal: art. 170
- domiciliar; ausência do morador: art. 179, II
- domiciliar; em que consiste: art. 171
- domiciliar; finalidades: art. 172
- em mulher: art. 183
- mandado; conteúdo: art. 178
- medidas preventivas e assecuratórias: art. 170
- não compreensão do termo "casa": art. 174
- no curso do processo ou do inquérito: art. 184
- oportunidade da busca domiciliar: art. 175
- ordem de: art. 176
- pessoal; em que consiste: art. 180
- precedência de mandado: art. 177
- presença do morador: art. 179
- procedimento: art. 179
- reposição: art. 179, § 2º
- requisição à autoridade civil: art. 184, par. ún.
- residência desabitada: art. 179, III
- revista independentemente de mandado: art. 182
- revista pessoal; admissibilidade: art. 181
- rompimento de obstáculo: art. 179, § 1º

C

CADÁVER
- exumação: art. 338
- fotografia na posição em que for encontrado: art. 336
- identificação pelo Instituto de Identificação e Estatística: art. 337

CERTIDÕES
- lavratura nos autos pelo escrivão: art. 400, par. ún.
- requerimento: art. 713
- requisição por juízes e promotores de justiça: art. 714

CITAÇÃO
- antecedência; prazo: art. 291
- ausência do citando: art. 285, § 3º
- carta citatória: art. 285
- caso especial de militar: art. 285, § 1º
- correio: art. 277, IV
- edital resumido: art. 286, § 2º
- edital: art. 277, V
- edital; prazo: art. 287
- edital; requisitos: art. 286
- espécies: art. 277
- exilado ou foragido em país estrangeiro: art. 285, § 4º

- funcionários que servir em repartição militar: art. 281
- inicial do acusado: art. 293
- mandado; assinatura: art. 278, par. ún.
- mandado; cumprimento: art. 285, § 2º
- mandado; requisitos: arts. 278 e 279
- mediante mandado: art. 277, I
- mediante precatória: art. 277, II
- mediante requisição; art. 277, III
- militar em situação de atividade ou semelhado: art. 280
- oficial de Justiça: art. 277
- postal: art. 277, IV
- precatória; cumprimento: art. 284
- precatória; requisitos: art. 283
- precatória; urgência: art. 283, par. ún.
- preso; por ordem de outro juízo ou outro processo: art. 282
- processo ordinário: art. 399, c
- recusa ou impossibilidade: art. 279, par. ún.
- revelia do acusado; não comparecimento injustificado: art. 292

COISA JULGADA: arts. 153 a 155

COMPARECIMENTO
- dispensa de: art. 288, § 4º
- espontâneo: art. 262
- ofendido; falta de: art. 311, par. ún.

COMPARECIMENTO ESPONTÂNEO DO INDICIADO OU ACUSADO: art. 262

COMPETÊNCIA
- circunscrição judiciária militar: art. 86
- conexão ou continência: arts. 99 a 107
- conflitos respectivos: arts. 111 a 121
- desaforamento: arts. 109 e 110
- distribuição: art. 98
- especialização das auditorias: art. 97
- foro militar; determinação: art. 85
- modificação: art. 87
- polícia judiciária militar: art. 8º
- prerrogativa do posto ou função: art. 108
- prevenção pela distribuição: art. 98, par. ún.
- prevenção: arts. 94 e 95
- sede do lugar de serviço: art. 96

COMPETÊNCIA PELA ESPECIALIZAÇÃO DAS AUDITORIAS: art. 97

COMPETÊNCIA PELA PRERROGATIVA DO POSTO OU DA FUNÇÃO: art. 108

COMPETÊNCIA PELA SEDE DO LUGAR DE SERVIÇO: art. 96

COMPETÊNCIA PELO LUGAR DA INFRAÇÃO
- crimes cometidos a bordo de aeronave militar: art. 90
- crimes cometidos a bordo de navio ou embarcação sob comando militar: art. 89
- crimes cometidos em parte do Território Nacional: art. 92
- crimes cometidos fora do Território Nacional: art. 91
- crimes cometidos na divisa de duas ou mais jurisdição: art. 95, a
- diversidade de auditorias ou de sedes: art. 92, par. ún.

COMPETÊNCIA PELO LUGAR DA RESIDÊNCIA OU DOMICÍLIO DO ACUSADO
- mais de uma residência do acusado: art. 95, d
- ressalva: art. 93

COMPETÊNCIA POR PREVENÇÃO
- casos em que poderá ocorrer: art. 95
- pela distribuição: art. 98, par. ún.
- regra: art. 94

COMUTAÇÃO DA PENA: art. 643

CONDUTA DA ASSISTÊNCIA: art. 386

CONEXÃO
- caracterização: art. 99
- determinação da competência: art. 101
- unidade do processo: art. 102

CONEXÃO OU CONTINÊNCIA
- avocação de processo: art. 107
- casos de conexão: art. 99
- casos de continência: art. 100
- concurso e prevalência: art. 101, I e II
- jurisdição militar e civil: art. 102, par. ún.
- prevenção: art. 101, II, c
- prorrogação de competência: art. 103
- recurso de ofício: art. 106, §§ 1º e 2º
- regras para a determinação: art. 101
- reunião de processos: art. 104
- separação de julgamento: art. 105
- separação de processo: art. 106
- unidade do processo: art. 102, a e b

CONFISSÃO
- feita fora do interrogatório: art. 310
- prova: art. 307
- retratação: art. 309
- silêncio do acusado: art. 308

CONFLITOS DE COMPETÊNCIA
- atribuição do Superior Tribunal Militar: art. 121
- avocatória do Superior Tribunal Militar: art. 120
- decisão; audiência do Procurador-Geral: art. 117
- decisão; inexistência de recurso: art. 119
- decisão; remessa de cópias do acórdão: art. 118
- entre autoridade judiciária militar e autoridade da justiça comum: art. 121
- haverá positivo ou negativo: art. 112, I, a e b, e II
- pedido de informações: art. 116
- perante o Superior Tribunal Militar: art. 114, caput
- questões atinentes: art. 111
- razão da unidade, juízo, função ou separação de processos: art. 112, II
- suscitado pelo Superior Tribunal Militar: art. 114, par. ún.
- suscitante do conflito: art. 113
- suspensão da marcha do processo: art. 115

CONTINÊNCIA
- avocação de processo: art. 107
- caracterização: art. 100
- determinação da competência: art. 101
- prorrogação: art. 103
- reunião de processos: art. 104
- unidade do processo: art. 102

CONTRADITA
- acusado: art. 312
- testemunha: art. 352, § 3º

CORREIÇÃO PARCIAL: art. 498

CRIME DE INSUBMISSÃO: arts. 463 a 465

CURADOR
- incumbência de defesa do réu revel: ar. 414
- não comparecimento ao julgamento: art. 431, § 6º
- nomeação: art. 72

CUSTAS PROCESSUAIS: art. 712

D

DEFENSOR
- abandono do processo: art. 71, § 6º
- constituição: art. 71, § 1º
- dativo: art. 71, § 2º
- de praças; patrocínio obrigatório: art. 71, § 5º
- direitos e deveres: art. 75
- doença que o impossibilite de comparecer à sede do juízo: art. 390, § 3º
- impedimento: art. 76
- não comparecimento: art. 74
- nomeação obrigatória: art. 71
- sustentação oral; sessão de julgamento e sentença: art. 433

DENÚNCIA
- conteúdo: arts. 77 e 78, § 1º
- dispensa do rol de testemunhas: art. 77, par. ún.
- extinção de punibilidade; declaração: art. 81
- extinção de punibilidade; morte do acusado: art. 81, par. ún.
- falta de elementos, no início do processo ordinário: art. 80
- falta de elementos: art. 397
- ilegitimidade do acusador: art. 78, § 2º
- incompetência do juiz; declaração: art. 78, § 3º
- não recebimento pelo juiz; casos: art. 78
- prazo para oferecimento: art. 79
- prorrogação do prazo de oferecimento: art. 79, § 1º
- rejeição: art. 78
- rejeição; justiça militar em tempo de guerra: art. 682

DESACATO: art. 389, par. ún.

DESAFORAMENTO DE PROCESSO: arts. 109 e 110

DESERÇÃO: arts. 451 a 459
- geral: arts. 451 a 453
- militar; processo e julgamento: art. 693
- oficial: arts. 454 e 455
- praça com ou sem graduação e praça especial no exército: arts. 456 a 459

DETERMINAÇÕES DO AUDITOR
- acareação entre testemunhas: art. 425
- arquivamento de autos ou remessa ao Procurador-Geral: art. 397, *in fine*
- desentranhamento de alegações intempestivas: art. 428, § 2º
- linguagem indecorosa seja riscada dos autos: art. 429
- ofício e fixação de prazo: art. 427, par. ún.
- reconhecimento de pessoa ou coisa: art. 426
- vista dos autos para alegações escritas: art. 428

DIREITO JUDICIÁRIO MILITAR
- aplicação à justiça militar estadual: art. 6º
- aplicação da lei de processo penal militar no espaço e no tempo: art. 4º
- aplicação intertemporal: art. 5º
- aplicação subsidiária: art. 1º, § 2º
- casos omissos; suprimento: art. 3º
- divergência de normas: art. 1º, § 1º
- fontes: art. 1º
- interpretação extensiva ou restritiva: art. 2º, § 1º
- interpretação literal: art. 2º
- tempo de guerra: art. 4º, II
- tempo de paz: art. 4º, I

DOCUMENTOS
- apresentação: art. 378
- audiência das partes sobre: art. 379
- conferência da pública-forma: art. 380
- devolução: art. 381
- exibição de correspondência em juízo: art. 376
- identidade de prova: art. 373
- incidente de falsidade: arts. 163 a 169
- natureza: art. 371
- obtenção por meios ilícitos: art. 375
- particular: art. 374
- presunção de veracidade: art. 372
- providência do juiz: art. 378, § 1º
- providência no curso do inquérito: art. 378, § 3º
- requisição de certidões ou cópias: art. 378, § 2º

E

EDITAL: art. 277, V, e par. ún.

EMBARGOS
- apresentação: art. 543
- cabimento e modalidades: art. 538
- declaração: art. 542
- dispensa de intimação: art. 540, § 2º
- inadmissibilidade: arts. 539 e 703
- juntada aos autos: art. 546
- marcha do julgamento: arts. 548 e 705
- medida contra o despacho de não recebimento: art. 545
- nulidade ou infringentes: art. 541
- prazo para oferecimento: art. 540
- prazo para sustentação ou impugnação: art. 547
- recolhimento à prisão: art. 549
- remessa à secretaria do Tribunal: art. 544

EMOLUMENTOS: art. 712

EMPREGO DE ALGEMAS: art. 234, § 1º

EMPREGO DE FORÇA: art. 234 e §§ 1º e 2º

ENTREGA DE PRESOS: art. 237

ERRO
- interposição de recurso parte: art. 514
- omissão inescusável: art. 498, *a*

ESCRITURA PÚBLICA: art. 381

ESCRIVÃO: art. 43

ESTADO CIVIL
- questão prejudicial: art. 123
- requisito do interrogatório: art. 306

EXAMES
- ato probatório: art. 329
- autópsia; ocasião: arts. 333 e 334
- complementar: art. 331, § 1º
- crimes contra a pessoa art. 330
- pericial de letra e firma: art. 377
- pericial incompleto: art. 331
- sanidade física: art. 331, § 2º
- sanidade mental: art. 332

EXCEÇÃO DE COISA JULGADA: arts. 153 a 155

EXCEÇÃO DE INCOMPETÊNCIA: arts. 143 a 147

EXCEÇÃO DE LITISPENDÊNCIA: arts. 149 a 152

EXCEÇÃO DE SUSPEIÇÃO OU IMPEDIMENTO: arts. 129 a 142

EXECUÇÃO
- incidentes: arts. 606 a 642
- indulto, da comutação da pena: arts. 643 a 658
- medida de segurança: arts. 659 a 674
- penas em espécie: arts. 594 a 603, par. ún.
- penas principais não privativas de liberdade e das acessórias: arts. 604 e 605
- sentença: arts. 588 a 593

EXECUÇÃO DA PENA DE MORTE: arts. 707 e 708

EXECUÇÃO DA SENTENÇA
- carta de guia: arts. 596 a 598
- competência: art. 588
- cumulação de penas privativas de liberdade: art. 599
- disposições gerais: arts. 588 a 593
- doença mental de condenado: art. 600
- execução das penas em espécie: arts. 594 a 603
- exequibilidade: art. 592
- expedição de carta de guia: art. 594
- fuga ou óbito do condenado: art. 601
- incidentes: art. 590
- óbito do condenado: art. 601, par. ún.
- penas não privativas da liberdade e acessórias: arts. 604 e 605
- recaptura de condenado evadido: art. 602
- réu que já sofrera prisão por tempo igual ao da pena a que foi condenado: art. 591
- sentença definitiva: art. 593

EXECUÇÃO DAS MEDIDAS DE SEGURANÇA
- cessação da periculosidade; verificação: art. 671
- competência para aplicação da medida: art. 661
- comunicação: art. 667, par. ún.
- confisco dos instrumentos e produtos do crime: art. 673
- conveniência ou revogação: art. 671, c
- desinternação: art. 663, § 2º

- diligências: art. 662
- exílio local; conceito: art. 667
- fatos indicativos de periculosidade: art. 661, par. ún.
- fechamento de estabelecimentos e interdição de associações: art. 669
- imposição ao agente isento de pena ou perigoso: art. 660
- internação em estabelecimentos adequados: art. 664
- novo exame mental: art. 665
- perícia médica: art. 663, § 1º
- proibição de frequentar determinados lugares: art. 668
- regime dos internados: art. 666
- restrições quanto aos militares: art. 674
- revogação da licença para direção de veículos: art. 672
- tempo da internação: art. 663
- transgressões das medidas: art. 670

EXUMAÇÃO: art. 338

F

FALSIDADE DE DOCUMENTO
- arguição: art. 163
- arguição oral: art. 164
- arguição por procurador: art. 165
- autuação em apartado: art. 163, a
- diligências: art. 163, c
- documento oriundo de outro juízo: art. 167
- incidente: arts. 163 a 169
- limite da decisão: art. 169
- prazo para prova: art. 163, b
- providências judiciais: art 167, par. ún.
- reconhecimento; decisão irrecorrível; desanexação: art. 163, d
- sustação do feito: art. 168
- verificação de ofício: art. 166

FATO
- análogo; impedimento do juiz: art. 38, b
- definição pelo conselho: art. 437
- indicativo de periculosidade: art. 661, par. ún.

FILIAÇÃO: art. 306

FORAGIDO
- apelação sustada: art. 529, § 2º
- citação por edital: art. 285, § 4º
- separação de julgamento: art. 105, a

FORO MILITAR
- assemelhado: art. 84
- crimes funcionais: art. 82, II
- extensão: art. 82, § 1º
- pessoas a ele sujeitas: art. 82, I
- tempo de guerra: art. 83
- tempo de paz: art. 82

G

GOVERNADORES DE ESTADO: arts. 563, 564 e 567

H

HABEAS CORPUS
- apresentação obrigatória do preso: art. 475
- competência ad referendum; STM: art. 470, § 2º
- competência: art. 469
- concessão após sentença condenatória: art. 468
- decisões denegatórias: arts. 568 e 569
- diligência; local da prisão: art. 475, par. ún.
- diligências: art. 474
- exceção: art. 466, par. ún.
- existência de abuso de poder e ilegalidade: art. 467
- forma da decisão: art. 478
- julgamento do pedido: art. 473
- não cabimento em tempo de guerra: art. 706
- nulidade processual ensejadora do habeas corpus: art. 477
- ordem respectiva: art. 480
- pedido de informação: art. 472
- pedido; concessão de ofício: art. 470
- petição; requisitos; forma do pedido: art. 471
- preso; soltura ou remoção: art. 472, § 2º
- prisão por ordem de autoridade superior: art. 472, § 1º
- processo especial; cabimento: art. 466
- processo; prosseguimento: art. 476
- procurador-geral; vista: art. 472, § 3º
- promoção da ação penal: art. 480, par. ún.
- rejeição do pedido: art. 470, § 1º
- salvo-conduto: art. 479

HIPOTECA LEGAL
- arbitramento: art. 209
- autos apartados: art. 210
- bens sujeitos: art. 206
- cancelamento da inscrição: art. 214
- casos de hipoteca anterior: art. 212
- caução: art. 209, § 3º
- estimativa do valor da obrigação do imóvel: art. 208
- imóvel com cláusula de inalienabilidade: art. 211
- inscrição e especialização: art. 207
- inscrição; limite: art. 209, § 4º
- liquidação após a condenação: art. 209, § 2º
- recursos: art. 210, § 1º
- renda de bens hipotecados: art. 213

I

ILEGALIDADE: art. 467, a

ILEGITIMIDADE
- acusador: art. 78, d, e § 2º
- parte: art. 500, II

IMPEDIMENTOS
- juiz para exercer a função: art. 37
- Ministério Público: art. 57

INCIDENTES
- exceção de coisa julgada: arts. 153 a 155
- exceção de incompetência: arts. 143 a 147
- exceção de litispendência: arts. 148 a 152
- exceção de suspeição ou impedimento: arts. 129 a 142
- exceções admitidas: arts. 128 a 155
- exceções em geral: art. 128
- falsidade de documento: arts. 163 a 169
- insanidade mental do acusado: arts. 156 a 162

INCIDENTE DE INSANIDADE MENTAL DO ACUSADO
- apresentação do laudo pericial; prazo: art. 157, § 1º
- dúvida a respeito de imputabilidade: art. 156
- entrega dos autos a perito; ressalva: art. 157, § 2º
- inimputabilidade; nomeação de curador: art. 160
- internação em manicômio: art. 161, § 1º
- internação para perícia: art. 157
- não sustentação do processo e caso excepcional: art. 158
- quesitos pertinentes: art. 159
- restabelecimento do acusado: art. 161, § 2º
- verificação em autos apartados: art. 162

INCIDENTES DA EXECUÇÃO
- averbação: art. 616
- coautoria: art. 609
- concessão pelo tribunal: art. 611
- condições e regras impostas ao beneficiário: art. 608
- crimes que impedem a medida de suspensão da pena: art. 67
- declaração de prorrogação: art. 614, § 3º
- extinção da pena: art. 615
- leitura da sentença: art. 610
- livramento condicional: arts. 618 a 642
- pronunciamento: art. 607
- restrições: art. 606, par. ún.
- revogação facultativa: art. 614, § 1º
- revogação obrigatória: art. 614
- suspensão condicional da pena: arts. 606 a 617
- suspensão sem efeito em virtude de recurso: art. 613
- suspensão sem efeito por ausência do réu: art. 612

INCOMPETÊNCIA: arts. 143 a 147

INCOMUNICABILIDADE DO INDICIADO: art. 17

INDICIADO: arts. 17 a 19

INDÍCIOS: arts. 382 a 383

INDIVIDUAL DATILOSCÓPICA: art. 391, par. ún.

INDULTO
- concessão pelo Presidente da República: art. 643
- concessão; efeitos: art. 648
- petição; a quem será remetida: art. 644
- recusa pelo condenado; faculdade: art. 649

INDULTO, COMUTAÇÃO DA PENA, ANISTIA
- audiência de conselho penal: art. 645
- condenado militar; encaminhamento do pedido: art. 646
- execução; requerimento: art. 642
- extinção da punibilidade pela anistia: art. 650
- faculdade do Presidente da República: art. 647
- modificação da pena ou extinção da punibilidade: art. 648
- recusa: art. 649
- relatório da autoridade militar: art. 646, par. ún.
- remessa ao ministro da justiça: art. 644

INÍCIO DO PROCESSO ORDINÁRIO
- alegação de incompetência do juízo: art. 398
- avocamento do processo: art. 397, § 2º
- designação de outro procurador: art. 397, § 1º
- falta de elementos para a denúncia: art. 397
- início: art. 396

INQUÉRITO POLICIAL MILITAR
- advocação: art. 22, § 2º
- apreensão de instrumentos e objetos: art. 12, b
- arquivamento pela autoridade militar: art. 24
- assistência de procurador: art. 14
- ato probatório; observância no: art. 301
- ato probatório; providências quanto aos documentos no curso do: art. 378, § 3º
- compromisso legal: art. 11, par. ún.
- conceito: art. 9º, caput
- crime de excepcional importância ou de difícil elucidação: art. 14
- datilografia das peças: art. 21, caput
- detenção do indiciado: art. 18
- devolução dos autos: art. 26
- diligências não concluídas: art. 20, § 2º
- dispensa: art. 28
- encarregado: art. 15
- encerramento: art. 22, caput
- escrivão: art. 11
- finalidade do: art. 9º, par. ún.
- formação: art. 13
- incomunicabilidade do indiciado: art. 17
- indícios contra oficial de posto superior ou mais antigo no curso: art. 10, § 5º
- infração de natureza não militar: art. 10, § 3º
- início; modos: art. 10
- inquirição durante o dia: art. 19
- instauração de novo inquérito: art. 25
- juntada de documentos: art. 21, par. ún.
- medidas preliminares: art. 12
- oficial-general como infrator: art. 10, § 4º
- peças; reunião num só processado: art. 21
- prazos para conclusão: art. 20
- prisão preventiva e menagem; solicitação: art. 18, par. ún.
- providências antes do: art. 10, § 2º
- reconstituição dos fatos: art. 13, par. ún.
- remessa dos autos ao auditor: art. 23, caput
- remessa para auditorias especializadas: art. 23, § 1º
- requisitos: art. 15
- sigilo: art. 16
- solução: art. 22, § 1º
- suficiência do auto de flagrante delito: art. 27
- superioridade ou igualdade de posto do infrator: art. 10, § 1º

INQUIRIÇÃO
- assentada de início: art. 19, § 1º
- ato probatório de testemunhas; separação: art. 353
- diligências não concluídas até o inquérito: art. 20, § 2º
- durante o dia: art. 19
- limite de tempo: art. 19, § 2º
- mudo, surdo e de surdo-mudo: art. 299
- testemunha; normas a observar: art. 19, § 2º

INQUIRIÇÃO DE TESTEMUNHAS, RECONHECIMENTO DE PESSOA OU COISA E DILIGÊNCIA EM GERAL
- certidão do recebimento das alegações; desentranhamento: art. 428, § 2º
- conclusão dos autos ao auditor: art. 427
- consignação em ata: art. 419, par. ún.
- determinação de acareação: art. 425
- determinação de ofício e fixação de prazo: art. 427, par. ún.
- determinação de reconhecimento de pessoa ou coisa: art. 426
- dilatação de prazo: art. 428, § 1º
- inclusão de outras testemunhas: art. 417, § 1º
- indicação das testemunhas de defesa: art. 417, § 2º
- inquirição pelo auditor: art. 418
- leitura da denúncia: art. 416
- leitura de peças do inquérito: art. 416, par. ún.
- normas de inquirição: art. 415
- notificação prévia: art. 421
- observância de linguagem decorosa nas alegações: art. 429
- pedido de retificação: art. 422, § 1º
- período de inquirição: art. 424
- recusa de assinatura: art. 422, § 2º
- recusa de perguntas: art. 419
- redução a termo, leitura e assinatura do depoimento: art. 422
- sanção de nulidade ou falta: art. 430
- substituição, desistência inclusão: art. 417, § 4º
- termo de assinatura: art. 423
- testemunha em lugar incerto: art. 420
- testemunhas referidas e informantes: art. 417, § 3º
- vista para as alegações escritas: art. 428

INSANIDADE MENTAL DO ACUSADO
- vide INCIDENTE DE INSANIDADE MENTAL DO ACUSADO
- apresentação do laudo: art. 157, § 1º
- autos apartados: art. 162
- curador; nomeação: art. 160
- doença mental superveniente: art. 161
- entrega dos autos a perito: art. 157, § 2º
- incidentes: arts. 156 a 162
- internação em manicômio: art. 161, § 1º
- internação para perícia: art. 157
- não sustentação do processo e caso excepcional: art. 158
- perícia: art. 156, § 1º
- procedimento no inquérito: art. 162, § 2º
- quesitos obrigatórios: art. 159, a
- quesitos pertinentes: art. 159
- restabelecimento do acusado: art. 161, § 2º

INSTALAÇÃO DO CONSELHO DE JUSTIÇA
- assentos dos advogados: art. 401
- ata; retificação; determinação: art. 395, par. ún.
- citação do acusado e do procurador militar: art. 399, c
- compromisso legal: art. 400
- designação para qualificação e interrogatório: art. 402
- instalação: art. 399, b
- intimação das testemunhas arroladas e do ofendido: art. 399, d
- presença do acusado preso: art. 403
- processo ordinário; providência do auditor: art. 399
- revelia do acusado citado: art. 399, c
- sorteio ou conselho: art. 399, a

INSTRUÇÃO CRIMINAL NO PROCESSO DE COMPETÊNCIA ORIGINÁRIA DO SUPERIOR TRIBUNAL MILITAR
- alteração da preferência: art. 384, par. ún.
- atos procedidos perante o auditor: art. 390, § 5º
- caso de desacato: art. 389, par. ún.
- citação do denunciado: art. 492

- conduta da assistência: art. 386
- conduta inconveniente do acusado: art. 389
- denúncia; oferecimento para designação do relator: art. 489
- doença do acusado: art. 390, § 2º
- início do processo ordinário: arts. 396 a 398
- inquirição de testemunhas: arts. 415 a 430
- instalação do conselho de justiça: arts. 399 a 403
- juntada de fé de ofício ou antecedentes: art. 391
- juntada de individual datiloscópica: art. 391, par. ún.
- justiça militar em tempo de guerra: art. 679
- lavratura da ata: art. 395
- não computação do prazo: art. 390, § 1º
- prazo: art. 390
- prazo; precatória: art. 390, § 4º
- prerrogativa: art. 386, par. ún.
- prioridade de instrução: arts. 384 a 395
- procedimento: art. 494
- processo ordinário; prioridade de instrução: art. 384
- publicidade: art. 387
- recurso de despacho do relator: art. 491
- relator: art. 490
- retificação da ata: art. 396
- revelia: arts. 411 e 414
- sessão de julgamento e da sentença: arts. 431 a 450
- sessões fora da sede: art. 388

INSTRUÇÃO CRIMINAL NO PROCESSO ORDINÁRIO
- ata; lavratura; retificação: art. 395
- atos probatórios perante o Conselho de Justiça: art. 390, § 6º
- atos procedidos perante o auditor: art. 390, § 5º
- avocamento do processo: arts. 395, § 2º
- conduta da assistência: art. 386
- conduta inconveniente do acusado; providência: art. 389
- desacato: art. 389, par. ún.
- dever de exercício e função; exceção: art. 394
- doença do acusado: art. 390, § 2º
- doença e ausência do defensor: art. 390, § 3º
- exceção de incompetência do juízo: art. 398
- juntada da fé de ofícios ou antecedentes: art. 391
- polícia das sessões: art. 385
- prazo para conclusão da; não computação: art. 390, § 1º
- prazo para devolução de precatória: art. 390, § 4º
- preferência e alteração: art. 384 e par. ún.
- publicidade; excepcionalidade: art. 387
- sessões fora da sede da Auditoria: art. 388
- transferência ou remoção: art. 392
- transferência para a reserva: art. 393

INTERPRETAÇÃO DA LEI DE PROCESSO PENAL MILITAR: arts. 2º e 3º

INTERROGATÓRIO
- formas e requisitos: art. 306
- juiz: art. 303

INTIMAÇÃO(ÕES) E NOTIFICAÇÕES
- advogado ou curador: art. 288, § 2º
- agregação de oficial processado: art. 289
- antecedência da citação: art. 291
- citação inicial do acusado: art. 293
- dispensa de comparecimento: art. 288, § 4º
- espécies: art. 288
- lavratura da ata: art. 708
- lavratura da sentença: art. 684, par. ún.
- militar, por intermédio de autoridade militar: art. 288, § 3º
- mudança de residência: art. 290
- oferecimento da denúncia, conteúdo e regras: art. 676
- pessoas residentes fora da sede do juízo: art. 288, § 1º
- processo de recurso e julgamento: art. 698
- processo e julgamento de desertores: art. 693
- procurador em processo ordinário perante o conselho superior: art. 689
- recebimento da denúncia: art. 677
- representante do Ministério Público: art. 444
- réu solto ou revel: art. 446
- revelia do acusado: art. 292
- sentença condenatória: art. 445
- testemunhas arroladas e do ofendido: art. 399, d

J

JUIZ
- auxiliares: arts. 42 a 53
- casos de suspeição: art. 38
- função: art. 36
- impedimento para exercer a jurisdição: art. 37
- impedimento por fato análogo: art. 38, b
- independência de função: art. 36, § 2º
- inexistência de atos: art. 37, par. ún.
- injuriado pela parte: art. 41
- militar; nomeação: art. 685
- recusa: art. 131
- remessa do auto de prisão em flagrante: art. 251
- suspeição por afinidade: art. 40
- suspeito: art. 134

JULGAMENTO
- apelação: art. 535
- designação de dia e hora: art. 457, § 5º
- embargos: art. 548
- pedido de revisão: art. 557

JURISDIÇÃO
- hierarquia e comando: art. 7º, § 1º
- militar e civil no mesmo processo: art. 102, par. ún.
- militar; competência: art. 8º, a
- poder a ser exercido pelo juiz: art. 34

JUSTIÇA MILITAR EM TEMPO DE GUERRA
- vide PROCESSO DA JUSTIÇA MILITAR EM TEMPO DE GUERRA
- disposições especiais: arts. 707 a 710
- disposições transitórias: arts. 711 a 718
- processo: arts. 675 a 693
- recursos: arts. 694 a 706

JUSTIÇA MILITAR ESTADUAL: art. 6º

L

LAUDO PERICIAL
- aceitação ou rejeição pelo juiz: art. 326
- complementação ou esclarecimento: art. 323
- divergência entre peritos: art. 322
- ilustração por fotografias: art. 324
- prorrogação de prazo: art. 325
- vista às partes: art. 325, par. ún.

LEI DE PROCESSO PENAL MILITAR: arts. 1º a 6º

LIBERDADE PROVISÓRIA: arts. 270 e 271

LITISPENDÊNCIA: art. 149 a 152

LIVRAMENTO CONDICIONAL
- caderneta para o fim de exibir às autoridades: art. 640
- caderneta; conteúdo: art. 641
- carta de guia: art. 629
- cerimônia do livramento: art. 639
- condições impostas; transgressões: art. 630, par. ún.
- condições; verificação: art. 620
- crimes que o excluem: art. 642, par. ún.
- custas e taxas: art. 628
- especificações das condições: art. 625
- exame mental no caso de medida de segurança detentiva; periculosidade: art. 622
- extinção da pena: art. 638
- indeferimento liminar: art. 624
- modificação das condições: art. 636
- obtenção; condições: art. 618
- obtenção; normas obrigatórias: art. 626
- pena unificada: art. 618, § 1º
- petição ou proposta: art. 623
- processo no curso do livramento: art. 637

- quem poderá requerê-lo: art. 619
- redução do tempo: art. 618, § 2º
- relatório do diretor do presídio: art. 621
- remessa do juiz do processo: art. 623, § 1º
- remessa do relatório: art. 621, par. ún.
- residência do liberado fora da jurisdição do juiz da execução: art. 627
- revogação: arts. 631 e 632
- revogação; legitimidade de requerimento: art. 635
- salvo-conduto: art. 641, par. ún.
- soma do tempo de infrações: art. 633
- tempo em que esteve solto o liberado: art. 634
- vigilância da autoridade policial: art. 627, par. ún.
- vigilância; finalidade: art. 630

LIVRO DO MÉRITO: art. 242, d

M

MAGISTRADO: art. 242, e

MANDADO
- assinatura; competência: art. 278, par. ún.
- citação: art. 277, I
- condenação: art. 441
- cumprimento pela polícia judiciária militar: art. 8º, a
- cumprimento por oficial de justiça: art. 44, § 2º
- requisitos: art. 278

MARINHA MERCANTE NACIONAL: art. 242, g

MASMORRA: art. 240

MEDIDAS DE SEGURANÇA
- aplicação pelo juiz da execução: art. 661
- aplicação provisória: arts. 272 a 276
- detentiva; exame mental: art. 622, par. ún.
- execução: arts. 659 a 674
- fundamentação: art. 272, § 2º
- imposição da medida ao agente isento de pena ou perigoso: art. 660
- interdição de estabelecimento ou sociedade: art. 272, § 1º
- irrecorribilidade de despacho: art. 273
- normas supletivas: art. 275
- penas em espécie: art. 603, par. ún.
- perícia médica; necessidade: art. 274
- restrição quanto aos militares: art. 674
- suspensão do pátrio poder: art. 276
- transgressão: art. 670

MEDIDAS PREVENTIVAS E ASSECURATÓRIAS
- aplicação provisória das medidas de segurança: arts. 272 a 276
- apreensão: arts. 185 a 189
- arresto: arts. 215 a 219
- busca: arts. 170 a 184
- busca de coisa ou pessoa: arts. 170 a 198
- comparecimento espontâneo: art. 262
- hipoteca legal: arts. 206 a 214
- liberdade provisória: arts. 270 e 271
- medidas de segurança; aplicação provisória: arts. 272 a 276
- menagem: arts. 263 a 269
- pessoas: arts. 220 a 261
- prisão em flagrante: arts. 243 a 253
- prisão preventiva: arts. 254 a 261
- prisão provisória: arts. 220 a 242
- restituição: arts. 190 a 198
- sequestro: arts. 199 a 205

MENAGEM
- audiência do Ministério Público: art. 264, § 1º
- cassação: art. 265
- cessação: art. 267
- concessão; competência e requisitos: art. 263
- contagem para a pena: art. 268
- insubmisso: art. 266
- local: art. 264
- pedido de informação: art. 264, § 2º

- processo especial; crime de insubmissão: art. 464
- reincidência: art. 269

MINISTÉRIO PÚBLICO
- aplicação extensiva: art. 59
- conduta no processo de rito ordinário: art. 386, par. ún.
- função especial: art. 55
- impedimento: art. 57
- independência: art. 56
- órgãos investidos da função respectiva: art. 54
- subordinação direta: art. 56, par. ún.
- suspeição: art. 58

MUNIÇÕES E ARMAS: art. 172, d

N

NOTIFICAÇÃO(ÕES)
- advogado do acusado; efeitos: art. 288, § 2º
- assistente: art. 66
- carta, telegrama ou comunicação telefônica: art. 288, caput
- comparecimento do interessado: art. 503
- escrivão: art. 288
- militar em situação de atividade; por quem será feita: art. 288, § 3º
- pessoa residente fora do juízo: art. 288, § 1º
- prévia: art. 421
- réu ou seu defensor: art. 500, III, j
- testemunha: art. 347

NULIDADES: arts. 500 a 510
- atos praticados por juiz suspeito: art. 134

O

OFENDIDO
- assistência ao Ministério Público: art. 60
- assistente: art. 60, par. ún.
- declarações na presença do acusado: art. 312
- instalação do conselho de justiça: art. 399, d
- não comparecimento: art. 311, par. ún.
- pergunta que possa incriminá-lo: art. 313
- perguntas que lhe serão feitas: arts. 311 a 313
- qualificação e perguntas que lhe serão feitas: art. 311
- que for, também, acusado no mesmo processo: art. 64
- testemunhas: art. 361, par. ún.

OFICIAL
- processado; disposição da Justiça Militar: art. 392
- processado; proibição de transferência para a reserva; ressalva: art. 393
- processo de deserção: arts. 454 e 455

OFICIAL DE JUSTIÇA: arts. 44 a 46

P

PARTES: arts. 54 a 76

PENA
- comutação: arts. 643 a 650
- cumprida ou extinta: art. 603
- espécie; carta de guia: art. 594
- espécie; conteúdo: art. 596
- espécie; execução: arts. 594 a 603
- espécie; formalidades: art. 595
- espécie; medida de segurança: art. 603, par. ún.
- início do cumprimento: art. 597
- pecuniárias; cobrança: art. 715
- principais não privativas de liberdade e acessórias: arts. 604 e 605
- suspensão condicional: arts. 605 a 617

PENAS EM ESPÉCIE
- carta de guia: art. 594
- conselho penitenciário: art. 598
- conteúdo: art. 596
- cumprimento: art. 603

- formalidades: art. 595
- fuga ou óbito do condenado: art. 601
- início do cumprimento: art. 597
- internação por doença mental: art. 600
- quando impostas penas de reclusão e de detenção: art. 599
- recaptura: art. 602

PENAS PECUNIÁRIAS: art. 715

PENAS PRINCIPAIS NÃO PRIVATIVAS DE LIBERDADE E PENAS ACESSÓRIAS: arts. 604 e 605
- comunicação à autoridade competente: art. 441, *in fine*

PERGUNTAS AO OFENDIDO: arts. 311 e 313

PERÍCIA E EXAME
- apresentação de pessoas e objetos: art. 320
- ausência da pessoa para reconhecimento de escritos: art. 344, e
- autópsia: arts. 333 e 334
- avaliação direta: art. 342
- avaliação indireta: art. 341, par. ún.
- competência para determiná-la: art. 315
- conservação do local do crime: art. 339
- corpo de delito indireto: art. 328, par. ún.
- crimes contra a pessoa; exame: art. 330
- danificação da coisa: art. 341
- denegação: art. 315, par. ún.
- determinação: art. 315
- divergência entre os peritos: art. 322
- divergência entre peritos: art. 322
- em navios: art. 327
- esclarecimento de ordem técnica: art. 317, § 2º
- esclarecimento e especificações; exigências: art. 317, § 1º
- escritos; reconhecimento: art. 344
- exame de corpo de delito: art. 328
- exame de sanidade mental: art. 332
- exame pericial incompleto: art. 331
- exumação: art. 338
- formulação de quesitos: art. 316
- fotografia de cadáver: art. 336
- fundamentação: art. 319, par. ún.
- identidade do cadáver: art. 337
- ilustração dos laudos: art. 324
- impedimento de médico: art. 334, par. ún.
- incêndio: art. 343
- infração que deixa vestígios: art. 328
- instrumento do crime: art. 345
- laboratório: art. 340
- laudo; aceitação ou rejeição: art. 326
- laudo; apresentação; prazo: art. 325
- laudo; suprimento: art. 323
- laudo; vista: art. 325, par. ún.
- laudos; ilustração: art. 324
- letra e firma: art. 377
- liberdade de apreciação: art. 326
- lugar sujeito à administração militar ou repartição: art. 327
- morte violenta: art. 335
- negação: art. 315, par. ún.
- novo exame: art. 323, par. ún.
- número de peritos e habilitação art. 318
- objeto: art. 314
- objetos; arrecadação: art. 337, par. ún.
- oportunidade do exame: art. 329
- prazo para apresentação de laudo: art. 325
- precatória: art. 346
- quesitos: art. 316
- quesitos; especificação: art. 317
- requisição: art. 321
- resposta aos quesitos: art. 319
- sanidade mental: art. 332

PERITOS E INTÉRPRETES
- casos extensivos: art. 50, par. ún.
- compromisso: art. 48, par. ún.
- encargo obrigatório: art. 49
- impedimentos: art. 52

- não comparecimento: art. 51
- nomeação: art. 47
- preferência: art. 48
- recusa; penalidade: art. 50
- suspeição: art. 53

POLÍCIA DAS SESSÕES: art. 385

POLÍCIA JUDICIÁRIA MILITAR: arts. 7º e 8º

PRAÇA: arts. 456 a 462

PRAZO
- apresentação das razões; apelação: art. 531
- apresentação do laudo: art. 325
- conflito de competência: art. 116
- dedução em favor: art. 20, § 3º
- edital de citação: art. 287
- embargos: art. 540
- entrega das peças; prazo: art. 582
- extração de traslado: art. 518, par. ún.
- impugnação ou sustentação dos embargos: art. 547
- incomunicabilidade do indiciado: art. 17
- inquérito: art. 20, § 1º
- instrução criminal: art. 390, § 1º
- instrução e julgamento no caso de crime de insubmissão: art. 464, § 3º
- interposição de apelação: art. 529
- interposição de recursos: art. 518
- justiça militar em tempo de guerra: art. 695
- laudo; apresentação: art. 325
- não exigência: art. 552
- oferecimento da denúncia: art. 79
- processo especial: art. 496, e
- processo ordinário: art. 390
- procurador-geral em conflito de competência: art. 117
- prorrogação: art. 79, § 1º
- prova da alegação: art. 152
- prova no incidente de falsidade de documentos: art. 163, *b*
- questões prejudiciais: art. 124, par. ún.
- razões de apelação: art. 531
- razões: art. 519
- recursos referentes a processos contra civis e governadores de Estado: arts. 565 e 566
- sessão de julgamento e sentença: art. 433
- sessão de julgamento e sentença: art. 433
- sustentação dos embargos: art. 547
- término de inquérito: art. 20

PRECATÓRIA
- atos probatórios: art. 346
- expedição: art. 359, § 1º
- inquérito policial militar: art. 361
- inquirição de testemunha: arts. 359 e 360
- juiz do foro comum: art. 360
- juntada aos autos: art. 359, § 2º
- processo ordinário: art. 390, § 4º

PRISÃO EM FLAGRANTE
- ausência de testemunhas: art. 245, § 2º
- designação de escrivão: art. 245, § 4º
- devolução do auto de: art. 252
- falta ou impedimento: art. 245, § 5º
- fato praticado em presença de autoridade: art. 249
- infração permanente: art. 244, par. ún.
- lavratura do auto: art. 245
- liberdade provisória: art. 253
- lugar não sujeito à administração militar: art. 250
- nota de culpa: art. 247
- passagem do preso à disposição do juiz: art. 251, par. ún.
- pessoas que efetuam: art. 243
- recolhimento à prisão; diligência: art. 246
- recusa ou impossibilidade de assinatura do auto de: art. 245, § 3º
- registro de ocorrências: art. 248
- relaxamento: art. 247, § 2º

- remessa do auto para o juiz: art. 251
- sujeição a flagrante delito: art. 244

PRISÃO PREVENTIVA
- competência e requisitos: art. 254 e par. ún.
- decretação; casos: art. 255
- desnecessidade da prisão: art. 257
- execução: art. 260
- fundamentação de despacho: art. 256
- modificação de condições: art. 257, par. ún.
- passagem à disposição do juiz: art. 261
- proibições: art. 258
- revogação e nova decretação: art. 259

PRISÃO PROVISÓRIA
- captura em domicílio: art. 231
- captura fora da jurisdição: art. 235
- captura no estrangeiro: art. 229
- captura; tempo e lugar: art. 226
- caso de busca: art. 231, par. ún.
- caso de flagrante: art. 230, a
- comunicação ao juiz: art. 222
- cumprimento da pena aplicada em virtude: art. 441, § 2º
- definição: art. 220
- emprego de algemas: art. 234, § 1º
- emprego de força: art. 234
- entrega do preso: art. 237
- flagrante no interior de casa: art. 233
- integridade física do preso: art. 241
- legalidade: art. 221
- local da prisão: art. 240
- mandado: art. 230, b
- mandado; desdobramento: art. 227
- mandado; expedição: art. 225
- militar: art. 223
- necessidade de tratamento de saúde: art. 241, par. ún.
- praças: art. 242, par. ún.
- precatória; cumprimento: art. 236
- precatória; expedição: art. 228
- precatória; mandado: art. 236
- providência que recaem sobre as pessoas: art. 220
- recaptura: art. 230, par. ún.
- recolhimento à nova prisão: art. 238, par. ún.
- recusa da entrega do recapturando: art. 232
- relaxamento: art. 224
- remessa do auto ao juiz: art. 236, par. ún.
- requisitos: art. 225
- separação de prisão: art. 239
- transferência de prisão: art. 238
- uso de armas: art. 234, § 2º
- via telegráfica ou radiográfica: art. 238, par. ún.

PROCESSO DA JUSTIÇA MILITAR EM TEMPO DE GUERRA
- alegações orais em recurso; prazo: art. 701
- apelação; prazo para interposição: art. 695
- certidões em processos findos: art. 713
- certidões; instrução de processos em andamento: art. 714
- classificação do crime: art. 687
- comissionamento em postos militares: art. 710
- crime de responsabilidade: art. 690
- custas e emolumentos: art. 712
- desertores: art. 693
- escrivão: art. 692
- instrução criminal: art. 679
- julgamento à revelia: art. 678
- julgamento de oficial: art. 684
- julgamento de praça ou civil: art. 683
- nomeação dos juízes militares: art. 685

PROCESSO DE COMPETÊNCIA ORIGINÁRIA DO SUPERIOR TRIBUNAL MILITAR
- acusação e defesa: art. 496, d
- alegações orais: art. 496, e
- denúncia; oferecimento: art. 489
- denúncia; recebimento: art. 492
- despacho do relator: art. 491
- despacho saneador: art. 495
- instrução criminal: art. 494
- juiz instrutor: art. 490
- julgamento: art. 496
- ministério público: art. 493
- normas do julgamento: art. 496, g
- recurso admissível: art. 497
- réplica e tréplica: art. 496, f
- resumo do processo: art. 496, b e c
- revelia: art. 496, par. ún.

PROCESSO DE CRIME DE INSUBMISSÃO: arts. 463 a 465

PROCESSO DE DESERÇÃO DE OFICIAL: arts. 451 a 455

PROCESSO DE DESERÇÃO DE PRAÇA COM OU SEM GRADUAÇÃO E DE PRAÇA ESPECIAL: arts. 456 a 457

PROCESSO DE RESTAURAÇÃO DE AUTOS
- vide RESTAURAÇÃO DE AUTOS

PROCESSO ORDINÁRIO
- início: arts. 396 a 398
- inquirição de testemunhas: arts. 415 a 430
- instalação do Conselho de Justiça: arts. 399 a 403
- instrução criminal: arts. 384 a 450
- instrução criminal; prioridades: arts. 384 a 395
- processos a que responderem oficiais-generais, coronéis ou capitães de mar e guerra: art. 689
- qualificações: arts. 404 a 410
- revelia: arts. 411 a 414
- sessão do julgamento e sentença: arts. 431 a 450
- sessões; polícia e ordem: arts. 385 a 395

PROCESSO PENAL MILITAR
- casos de suspensão: art. 35, par. ún.
- direito de ação e defesa: art. 34
- especiais: arts. 415 a 498
- início e extinção: art. 35
- justiça militar em tempo de guerra: arts. 675 a 693
- ordinário: arts. 384 a 450
- pendentes: art. 711

PROCESSOS ESPECIAIS
- competência originária do Superior Tribunal Militar: arts. 489 a 562
- correição parcial: art. 498
- crime de insubmissão: arts. 463 a 465
- deserção de oficial: arts. 451 a 455
- deserção de praça: arts. 456 a 458
- habeas corpus: arts. 466 a 480
- instrução criminal: arts. 489 a 495
- julgamento: arts. 496 e 497
- restauração de autos: arts. 481 a 488

PROCURADOR
- alegação de incompetência do juízo: art. 398
- competência para requerer arquivamento dos autos: art. 397
- designação de outro em processo de rito ordinário: art. 395, § 1º
- militar: art. 399, c

PROVA(S)
- admissibilidade do tipo de: art. 295
- autoincriminação; ressalva legal: art. 296, § 2º
- avaliação: art. 297
- consignação das perguntas e respostas: art. 300
- intérprete do acusado: art. 298, § 1º
- interrogatório ou inquirição do mudo, do surdo e do surdo-mudo: art. 299
- inversão do ônus respectivo: art. 296, § 1º
- irrestrição da: art. 294
- juízo penal militar; inaplicabilidade das restrições da lei civil: art. 294
- língua nacional: art. 298
- observância no inquérito: art. 301
- ônus: art. 296
- oralidade e formalidades das declarações: art. 300, § 1º

- tradução de documentos: art. 298, § 2º

Q

QUALIFICAÇÃO E INTERROGATÓRIO DO ACUSADO
- ato probatório; tempo e lugar do interrogatório: art. 302
- comparecimento no curso do processo: art. 302, par. ún.
- confissão fora do interrogatório: art. 310
- confissão: art. 306, § 2º
- formas e requisitos do interrogatório: art. 306
- interrogatório em separado: art. 304
- interrogatório pelo juiz: art. 303
- negativa da imputação: art. 306, § 3º
- nomeação do defensor ou curador: art. 306, § 1º
- observações do acusado: art. 305
- perguntas não respondidas: art. 305, par. ún.
- questão de ordem: art. 303, par. ún.

QUALIFICAÇÃO, INTERROGATÓRIO, EXCEÇÕES E COMPARECIMENTO DO OFENDIDO
- comparecimento do ofendido: art. 410
- dispensa de perguntas: art. 404, § 2º
- exceções opostas pelo acusado: art. 407
- exceções opostas pelo procurador militar: art. 408
- matéria de defesa: art. 407, par. ún.
- postura do acusado: art. 406
- presunção de menoridade: art. 409
- processo ordinário: art. 404
- solicitação de leitura de peças do inquérito: art. 404, § 1º

QUESTÕES PREJUDICIAIS
- alegação séria e fundada: art. 123, c
- alegações irrelevantes: art. 123, b
- autoridades competentes: art. 125
- competência: art. 125
- decisão prejudicial: art. 122
- estado civil de pessoa envolvida no processo: art. 123
- promoção de ação no juízo cível: art. 126
- providência de ofício: art. 127
- suspensão do processo; condições; prazo: art. 124 e par. ún.

R

REABILITAÇÃO
- comunicação ao Instituto de Identificação e Estatística: art. 655
- concessão: art. 654
- diligências para apreciação do pedido: art. 653
- menção proibida de condenação: art. 656
- recurso de ofício: art. 654
- requerimento; instrução: art. 652
- requerimento; requisito: art. 651
- revogação: art. 658

RECAPTURA
- condenado: art. 602
- foragido: art. 230, par. ún.

RECLAMAÇÃO
- admissão: art. 584
- audiência do Procurador-Geral: art. 586, § 4º
- avocamento do processo: art. 585
- cumprimento imediato: art. 587, par. ún.
- distribuição, a relator do processo principal: art. 586, § 1º
- finalidades: art. 584
- impugnação pelo interessado: art. 586, § 3º
- inclusão em pauta: art. 587
- suspensão ou remessa dos autos: art. 586, § 2º
- sustentação do pedido: art. 586

RECONHECIMENTO DE PESSOA E DE COISA
- coisa: art. 369
- escritos: art. 344
- procedimento: art. 368
- variedade de pessoa ou coisa: art. 370

RECURSO
- admissibilidade; os que podem recorrer: art. 511
- apelação: art. 526
- cabimento; regras gerais: art. 510
- competência do STF: art. 563
- contra civis e governadores do estado e seus secretários: arts. 564 a 567
- decisão extensiva a outros réus: art. 515
- decisões denegatórias de habeas corpus: arts. 568 e 569
- embargos: art. 538
- extraordinário: arts. 570 a 583
- parte prejudicada: art. 520, par. ún.
- reclamação: arts. 584 a 587
- revisão: arts. 550 a 562
- sentido estrito: arts. 516 a 525

RECURSO DA COMPETÊNCIA DO STF
- cabimento: art. 563 c
- decisões denegatórias de habeas corpus: art. 563, b
- processos contra civis e governadores de estado e seus secretários: art. 563, a

RECURSO DAS DECISÕES DENEGATÓRIAS DE HABEAS CORPUS
- embargos: art. 538
- interposição: art. 568, segunda parte
- reclamação: arts. 584 a 587
- revisão: arts. 550 a 562
- subida dos autos ao STF: art. 569

RECURSO EM SENTIDO ESTRITO
- cabimento: art. 516
- cumprimento do acórdão: art. 525
- decisão: art. 524
- julgamento na instância: art. 523
- prazo de interposição: art. 518
- prazo para extração de traslado: art. 518, par. ún.
- prazo para razões: art. 519
- prazo para sustentação: art. 522
- prorrogação de prazo: art. 521
- reforma ou sustentação: art. 520
- sem efeito suspensivo: art. 516, par. ún.
- subirão sempre nos próprios autos: art. 517

RECURSO EXTRAORDINÁRIO
- aviso de recebimento: art. 573
- cabimento: art. 574
- competência: art. 570
- denegação: art. 579
- deserção: art. 576
- efeito não suspensivo: art. 578
- interposição: art. 571
- motivação: art. 574, par. ún.
- normas complementares: art. 583
- obstaculização: art. 580
- peças do agravo: art. 581
- razões: art. 575
- subida: art. 577
- traslado: art. 575, par. ún.

RECURSOS NA JUSTIÇA MILITAR EM TEMPO DE GUERRA
- alegações orais: art. 701
- apelação; das decisões do Conselho e do auditor: art. 694
- apelação; efeitos: art. 704
- apelação; prazo para interposição: art. 695
- caso de desertores: art. 693
- casos de embargos: art. 705
- classificação do crime: art. 687
- crimes de responsabilidade: art. 690
- dispensa de comparecimento do réu: art. 680
- estudo dos autos pelo relator: arts. 699 e 700
- função de escrivão: art. 692
- inexistência de habeas corpus e revisão: art. 706
- instrução criminal: art. 679
- juízes militares: art. 685
- julgamento a revelia: art. 678
- julgamento de oficiais; lavratura de sentença: art. 684
- julgamento de praça ou civil: art. 683

- julgamento em grupo no mesmo processo: art. 688
- oferecimento da denúncia e seu conteúdo: art. 676
- processo e julgamento: art. 698
- processo e julgamento; decisão pelo Conselho: art. 702
- procurador em processo originário perante o Conselho Superior: art. 689
- questões preliminares: art. 681
- razões: art. 697
- recebimento da denúncia e citação: art. 677
- recurso de apelação: art. 695
- recurso de ofício: art. 696
- recurso; estudo dos autos: arts. 699 e 700
- recurso; processo e julgamento: art. 698
- recursos das decisões do Conselho Superior de Justiça: arts. 691 e 694
- recursos; razões: arts. 694 e 697
- rejeição da denúncia: art. 682
- remessa do inquérito; prazo de conclusão do inquérito: art. 675
- suprimento do extrato da fé de ofício e outros assentamentos: art. 686

RECURSOS NOS PROCESSOS CONTRA CIVIS E GOVERNADORES DE ESTADO E SECRETÁRIO
- normas complementares: art. 567
- ordinários: art. 564
- prazo para interposição: art. 565
- prazo para razões; subida: art. 566

REGISTRO
- imóveis: art. 202, a
- todas as ocorrências: art. 248

RELAXAMENTO DA PRISÃO
- autoridade judiciária competente; reexame: art. 224
- inexistência de infração penal: art. 247, § 2º

RESTAURAÇÃO DE AUTOS
- audiência das partes: art. 482
- causador do extravio ou destruição dos autos: art. 488
- certidão do escrivão: art. 481, § 2º, a
- citação das partes: art. 481, § 2º, c
- conclusão para julgamento: art. 484
- cópia autenticada ou certidão: art. 484, § 1º
- diligências necessárias: art. 483
- eficácia probatória: art. 485
- falta de cópia autêntica ou certidão: art. 481, § 2º
- instrução: art. 483
- primeira instância; execução: art. 481, § 3º
- processo especial; obrigatoriedade: art. 481
- prosseguimento da execução: art. 486
- requisições: art. 481, § 2º, b
- restauração no Superior Tribunal Militar: art. 487

RESTITUIÇÃO
- audiência do Ministério Público: art. 194
- autos; prazo: art. 26, par. ún.
- coisa deteriorável: art. 195
- coisa em poder de terceiro: art. 193
- coisas: art. 190
- dinheiro: art. 205, § 2º
- direito duvidoso: art. 192
- nomeação de depósito: art. 193, § 2º
- ordem de: art. 191
- persistência de dúvida: art. 193, § 1º
- questão de alta indagação: art. 192, par. ún.
- sentença absolutória: art. 197, b
- sentença condenatória: art. 196
- venda em leilão: art. 198

REVELIA
- acompanhamento posterior do processo: art. 413
- acusado preso: art. 11
- acusado solto: art. 412
- qualificação e interrogatório posteriores: art. 411, par. ún.

- recursos que o revel pode interpor: art. 414

REVISÃO CRIMINAL
- cabimento: art. 550
- casos de: art. 551
- competência: art. 554
- efeitos da absolvição: art. 559
- efeitos do julgamento: art. 558
- julgamento; normas a serem observadas: art. 557
- legitimidade: art. 553
- nomeação de curador em caso de morte: art. 561
- prazo: art. 552
- processo: art. 555
- procurador-geral: art. 556
- proibição de agravamento de pena: art. 558, par. ún.
- providências do auditor: art. 560
- recurso; inadmissibilidade: art. 562
- reiteração do pedido; condições: art. 552, par. ún.

S

SALVO-CONDUTO
- desrespeito: art. 480
- *habeas corpus*: art. 479
- livramento condicional: art. 641, par. ún.

SENTENÇA
- absolutória; requisitos: art. 439
- condenatória; efeitos: art. 449
- condenatória; intimação: art. 445
- cópia; arquivamento: art. 441, § 3º
- execução: arts. 588 a 593
- execução; apelação do réu que já sofreu prisão: art. 591
- execução; competência: art. 588
- execução; comunicação: art. 593
- execução; incidentes: art. 590
- execução; tempo de prisão: art. 589
- leitura em sessão pública: art. 443

SEPARAÇÃO DE JULGAMENTOS: art. 105

SEQUESTRO DE BENS
- autuação em embargos: art. 203
- bens ressalvados: art. 199, § 1º
- bens sujeitos: art. 199
- fases de sua determinação: art. 201
- insusceptíveis de: art. 199, § 2º
- levantamento: art. 204
- prova; decisão; recurso: art. 203, § 1º
- providências a respeito: art. 202
- recolhimento de dinheiro: art. 205, § 1º
- remessa ao Juízo Cível: art. 203, § 2º
- requisitos: art. 200
- sentença condenatória; avaliação da venda: art. 205

SESSÃO DE JULGAMENTO E SENTENÇA
- abertura: art. 431
- acusado solto: art. 431, § 4º
- acusados em número maior de 10: art. 433, § 5º
- apartes: art. 433, § 8º
- aplicação de artigos: art. 450
- apresentação de revel preso: art. 431, § 3º
- assistente; prazo: art. 433, § 3º
- certidão de intimação: art. 446, par. ún.
- certidão nos autos: art. 447
- comparecimento de revel: art. 431, § 1º
- comparecimento do assistente ou curador: art. 431, § 6º
- conclusão dos debates: art. 434
- condenação e reconhecimento de agravante não arguida: art. 437, b
- conselho permanente; prorrogação de jurisdição: art. 436, par. ún.
- declaração de voto: art. 438, § 1º
- defesa de vários acusados: art. 433, § 4º

- definição do fato pelo conselho: art. 437
- disciplina dos debates: art. 433, § 7º
- intimação do Ministério Público: art. 444
- justiça militar em tempo de guerra: arts. 675 a 705
- lavratura da ata: art. 448
- leitura da sentença: art. 443
- leitura de peças: art. 432
- não comparecimento de advogado: art. 431, § 5º
- outros crimes: art. 442
- permanência do acusado na prisão: art. 441, § 1º
- proclamação do julgamento e prisão do réu: art. 441
- pronunciamento dos juízes; diversidade de votos: art. 435
- réplica e tréplica: art. 433, § 2º
- réu solto ou revel; intimação: art. 446
- revelia; menor: art. 431, § 2º
- saída do acusado; doença: art. 431, § 7º
- sentença absolutória; requisitos: art. 439
- sentença condenatória; efeitos: art. 449
- sentença condenatória; intimação: art. 445
- sentença condenatória; requisitos: art. 440
- sentença; conteúdo; redação; formalidades: art. 438
- sessão na fase pública; interrupção: art. 436
- sustentação oral: art. 433
- tempo para acusação e defesa: art. 433, § 1º
- tribuna; fazer uso: art. 433, § 6º

SUPERIOR TRIBUNAL FEDERAL: art. 563

SUPERIOR TRIBUNAL MILITAR: arts. 489 a 497

SUSPEIÇÃO OU IMPEDIMENTO
- adotante e adotado: art. 39
- afinidade: art. 40
- encarregado do inquérito: art. 142
- evidente; declaração pelo juiz ou tribunal: art. 141
- exceção respectiva: arts. 129 a 142
- funcionário ou serventuário: art. 46
- órgão do Ministério Público: art. 58
- peritos e intérpretes: arts. 53 e 139
- procuradores, peritos, intérpretes e auxiliares da Justiça Militar: art. 137

SUSPENSÃO
- liberdade provisória: art. 271
- processo; condições para: art. 124

SUSPENSÃO CONDICIONAL DA PENA
- competência e requisitos para a concessão do benefício: art. 606
- concessão por superior instância: art. 611
- condições e regras impostas ao beneficiário: art. 608
- crimes que impedem a medida: art. 617
- em caso de coautoria; alcance: art. 609
- execução imediata da pena; ausência do réu: art. 612
- extinção da pena; sem revogação do benefício: art. 616
- leitura da sentença de concessão; advertências: art. 610
- pronunciamento sobre a concessão ou denegação: art. 607
- prorrogação: art. 614, § 3º
- revogação; obrigatória; facultativa: art. 614
- sem efeito em virtude de recurso: art. 613

T

TESTEMUNHAS
- afirmação falsa: art. 364
- antecipação do depoimento: art. 363
- após o depoimento; contradita: art. 352, § 4º
- capacidade para ser: art. 351
- comparecimento obrigatório: art. 347, § 1º
- conselho de justiça; instalação: art. 399, d
- constrangimento: art. 358
- contradita: art. 352, §§ 3º
- declaração: art. 352
- denúncia; dispensa de rol: art. 77, par. ún.
- dispensa do comparecimento: art. 350
- divergentes; ausência: art. 367
- dúvida sobre a identidade: art. 352, § 1º
- expedição de precatória; efeito; juntada: art. 359
- falta de comparecimento: art. 347, § 2º
- inquirição deprecada do ofendido: art. 361, par. ún.
- inquirição separada da: art. 353
- militar de patente superior: art. 349, par. ún.
- militar ou funcionário; requisição: art. 349
- mudança da residência: art. 362
- não comparecimento: art. 350
- não computadas: art. 356, § 2º
- não deferimento de compromisso de doentes: art. 352, § 2º
- notificação de atos probatórios: art. 347
- obrigação e recusa de depor: art. 354
- oferecimento: art. 348
- opinião pessoal; manifestação: art. 357
- precatória a autoridade militar: art. 361
- precatória a juiz de foro comum: art. 360
- proibição de depor: art. 355
- referidas: art. 356, § 1º
- residentes fora do juízo; precatória: arts. 359 a 361
- suplementares: art. 356

TOXICÔMANOS: art. 272, c

TRANSFERÊNCIA OU REMOÇÃO
- acusado: art. 392
- para a reserva; oficial processado: art. 393

U

UNIFICAÇÃO DAS PENAS: art. 516, o

USO DE ARMAS: art. 234, § 2º

V

VIGÊNCIA
- deste Código: art. 718
- normas processuais: art. 5º

VOTO
- declaração; justificação de voto vencido: art. 438, §§ 1º e 2º
- diversidade de: sessão de julgamento e sentença: art. 435, par. ún.

Lei de Introdução às normas do Direito Brasileiro

LEI DE INTRODUÇÃO ÀS NORMAS DO DIREITO BRASILEIRO
DECRETO-LEI Nº 4.657, DE 4 DE SETEMBRO DE 1942

Lei de Introdução às normas do Direito Brasileiro.

▶ Antiga Lei de Introdução ao Código Civil (LICC), cuja ementa foi alterada pela Lei nº 12.376, de 30-12-2010.
▶ Publicado no *DOU* de 9-9-1942, retificado no *DOU* de 8-10-1942 e no *DOU* de 17-6-1943.

O Presidente da República, usando da atribuição que lhe confere o artigo 180 da Constituição, decreta:

Art. 1º Salvo disposição contrária, a lei começa a vigorar em todo o País quarenta e cinco dias depois de oficialmente publicada.

▶ Art. 8º da LC nº 95, de 26-2-1998, que dispõe sobre a elaboração, a redação, a alteração e a consolidação das leis.

§ 1º Nos Estados estrangeiros, a obrigatoriedade da lei brasileira, quando admitida, se inicia três meses depois de oficialmente publicada.

§ 2º *Revogado*. Lei nº 12.036, de 1º-10-2009.

§ 3º Se, antes de entrar a lei em vigor, ocorrer nova publicação de seu texto, destinada a correção, o prazo deste artigo e dos parágrafos anteriores começará a correr da nova publicação.

§ 4º As correções a texto de lei já em vigor consideram-se lei nova.

Art. 2º Não se destinando à vigência temporária, a lei terá vigor até que outra a modifique ou revogue.

§ 1º A lei posterior revoga a anterior quando expressamente o declare, quando seja com ela incompatível ou quando regule inteiramente a matéria de que tratava a lei anterior.

§ 2º A lei nova, que estabeleça disposições gerais ou especiais a par das já existentes, não revoga nem modifica a lei anterior.

§ 3º Salvo disposição em contrário, a lei revogada não se restaura por ter a lei revogadora perdido a vigência.

Art. 3º Ninguém se escusa de cumprir a lei, alegando que não a conhece.

Art. 4º Quando a lei for omissa, o juiz decidirá o caso de acordo com a analogia, os costumes e os princípios gerais de direito.

▶ Arts. 126, 127 e 335 do CPC.

Art. 5º Na aplicação da lei, o juiz atenderá aos fins sociais a que ela se dirige e às exigências do bem comum.

Art. 6º A Lei em vigor terá efeito imediato e geral, respeitados o ato jurídico perfeito, o direito adquirido e a coisa julgada.

▶ Art. 5º, XXXVI, da CF.
▶ Súm. Vinc. nº 1 do STF.

§ 1º Reputa-se ato jurídico perfeito o já consumado segundo a lei vigente ao tempo em que se efetuou.

§ 2º Consideram-se adquiridos assim os direitos que o seu titular, ou alguém por ele, possa exercer, como aqueles cujo começo do exercício tenha termo prefixo, ou condição preestabelecida inalterável, a arbítrio de outrem.

▶ Arts. 131 e 135 do CC.

§ 3º Chama-se coisa julgada ou caso julgado a decisão judicial de que já não caiba recurso.

▶ Art. 6º com a redação dada pela Lei nº 3.238, de 1º-8-1957.
▶ Art. 467 do CPC.

Art. 7º A lei do país em que for domiciliada a pessoa determina as regras sobre o começo e o fim da personalidade, o nome, a capacidade e os direitos de família.

▶ Arts. 2º, 6º e 8º do CC.
▶ Arts. 31, 42 e segs. da Lei nº 6.815, de 19-8-1980 (Estatuto do Estrangeiro).
▶ Dec. nº 66.605, de 20-5-1970, promulgou a Convenção sobre Consentimento para Casamento.

§ 1º Realizando-se o casamento no Brasil, será aplicada a lei brasileira quanto aos impedimentos dirimentes e às formalidades da celebração.

▶ Art. 1.511 e segs. do CC.

§ 2º O casamento de estrangeiros poderá celebrar-se perante autoridades diplomáticas ou consulares do país de ambos os nubentes.

▶ § 2º com a redação dada pela Lei nº 3.238, de 1º-8-1957.

§ 3º Tendo os nubentes domicílio diverso, regerá os casos de invalidade do matrimônio a lei do primeiro domicílio conjugal.

§ 4º O regime de bens, legal ou convencional, obedece à lei do país em que tiverem os nubentes domicílio, e, se este for diverso, à do primeiro domicílio conjugal.

▶ Arts. 1.658 a 1.666 do CC.

§ 5º O estrangeiro casado, que se naturalizar brasileiro, pode, mediante expressa anuência de seu cônjuge, requerer ao juiz, no ato de entrega do decreto de naturalização, se apostile ao mesmo a adoção do regime de comunhão parcial de bens, respeitados os direitos de terceiros e dada esta adoção ao competente registro.

▶ § 5º com a redação dada pela Lei nº 6.515, de 26-12-1977 (Lei do Divórcio).
▶ Arts. 1.658 a 1.666 do CC.

§ 6º O divórcio realizado no estrangeiro, se um ou ambos os cônjuges forem brasileiros, só será reconhecido no Brasil depois de 1 (um) ano da data da sentença, salvo se houver sido antecedida de separação judicial por igual prazo, caso em que a homologação produzirá efeito imediato, obedecidas as condições estabelecidas para a eficácia das sentenças estrangeiras no país. O Superior Tribunal de Justiça, na forma do seu regimento interno, poderá reexaminar, a requerimento do interessado, decisões já proferidas em pedidos de homologação de sentenças estrangeiras de divórcio de brasileiros, a fim de que passem a produzir todos os efeitos legais.

▶ § 6º com a redação dada pela Lei nº 12.036, de 1º-10-2009.
▶ Art. 226, § 6º, da CF.

§ 7º Salvo o caso de abandono, o domicílio do chefe da família estende-se ao outro cônjuge e aos filhos não emancipados, e o do tutor ou curador aos incapazes sob sua guarda.

§ 8º Quando a pessoa não tiver domicílio, considerar-se-á domiciliada no lugar de sua residência ou naquele em que se encontre.

Art. 8º Para qualificar os bens e regular as relações a eles concernentes, aplicar-se-á a lei do país em que estiverem situados.

§ 1º Aplicar-se-á a lei do país em que for domiciliado o proprietário, quanto aos bens móveis que ele trouxer ou se destinarem a transporte para outros lugares.

§ 2º O penhor regula-se pela lei do domicílio que tiver a pessoa, em cuja posse se encontre a coisa apenhada.

Art. 9º Para qualificar e reger as obrigações, aplicar-se-á a lei do país em que se constituírem.

§ 1º Destinando-se a obrigação a ser executada no Brasil e dependendo de forma essencial, será esta observada, admitidas as peculiaridades da lei estrangeira quanto aos requisitos extrínsecos do ato.

§ 2º A obrigação resultante do contrato reputa-se constituída no lugar em que residir o proponente.

Art. 10. A sucessão por morte ou por ausência obedece à lei do país em que era domiciliado o defunto ou o desaparecido, qualquer que seja a natureza e a situação dos bens.

▶ Arts. 26 a 39, 1.784 e segs. do CC.

§ 1º A sucessão de bens de estrangeiros, situados no País, será regulada pela lei brasileira em benefício do cônjuge ou dos filhos brasileiros, ou de quem os represente, sempre que não lhes seja mais favorável a lei pessoal do *de cujus*.

▶ § 1º com a redação dada pela Lei nº 9.047, de 18-5-1995.
▶ Art. 5º, XXXI, da CF.

§ 2º A lei do domicílio do herdeiro ou legatário regula a capacidade para suceder.

▶ Arts. 1.798 a 1.803 do CC.

Art. 11. As organizações destinadas a fins de interesse coletivo, como as sociedades e as fundações, obedecem à lei do Estado em que se constituírem.

▶ Arts. 40 a 69, 981 e segs. do CC.

§ 1º Não poderão, entretanto, ter no Brasil filiais, agências ou estabelecimentos antes de serem os atos constitutivos aprovados pelo Governo brasileiro, ficando sujeitas à lei brasileira.

§ 2º Os Governos estrangeiros, bem como as organizações de qualquer natureza, que eles tenham constituído, dirijam ou hajam investido de funções públicas, não poderão adquirir no Brasil bens imóveis ou suscetíveis de desapropriação.

§ 3º Os Governos estrangeiros podem adquirir a propriedade dos prédios necessários à sede dos representantes diplomáticos ou dos agentes consulares.

Art. 12. É competente a autoridade judiciária brasileira, quando for o réu domiciliado no Brasil ou aqui tiver de ser cumprida a obrigação.

▶ Arts. 88 a 90 do CPC.

§ 1º Só à autoridade judiciária brasileira compete conhecer das ações relativas a imóveis situados no Brasil.

§ 2º A autoridade judiciária brasileira cumprirá, concedido o *exequatur* e segundo a forma estabelecida pela lei brasileira, as diligências deprecadas por autoridade estrangeira competente, observando a lei desta, quanto ao objeto das diligências.

▶ A concessão de *exequatur* às cartas rogatórias passou a ser da competência do STJ, conforme art. 105, I, *i*, da CF, com a redação dada pela EC nº 45, de 8-12-2004.

Art. 13. A prova dos fatos ocorridos em país estrangeiro rege-se pela lei que nele vigorar, quanto ao ônus e aos meios de produzir-se, não admitindo os tribunais brasileiros provas que a lei brasileira desconheça.

▶ Arts. 333 e 334 do CPC.

Art. 14. Não conhecendo a lei estrangeira, poderá o juiz exigir de quem a invoca prova do texto e da vigência.

Art. 15. Será executada no Brasil a sentença proferida no estrangeiro, que reúna os seguintes requisitos:

a) haver sido proferida por juiz competente;
b) terem sido as partes citadas ou haver-se legalmente verificado à revelia;
c) ter passado em julgado e estar revestida das formalidades necessárias para a execução no lugar em que foi proferida;
d) estar traduzida por intérprete autorizado;
e) ter sido homologada pelo Supremo Tribunal Federal.

▶ A concessão de *exequatur* às cartas rogatórias passou a ser da competência do STJ, conforme art. 105, I, *i*, da CF, com a redação dada pela EC nº 45, de 8-12-2004.

Parágrafo único. *Revogado*. Lei nº 12.036, de 1º-10-2009.

Art. 16. Quando, nos termos dos artigos precedentes, se houver de aplicar a lei estrangeira, ter-se-á em vista a disposição desta, sem considerar-se qualquer remissão por ela feita a outra lei.

Art. 17. As leis, atos e sentenças de outro país, bem como quaisquer declarações de vontade, não terão eficácia no Brasil, quando ofenderem a soberania nacional, a ordem pública e os bons costumes.

Art. 18. Tratando-se de brasileiros, são competentes as autoridades consulares brasileiras para lhes celebrar o casamento e os mais atos de registro civil e de tabelionato, inclusive o registro de nascimento e de óbito dos filhos de brasileiro ou brasileira nascidos no país da sede do consulado.

▶ Artigo com a redação dada pela Lei nº 3.238, de 1º-8-1957.

Art. 19. Reputam-se válidos todos os atos indicados no artigo anterior e celebrados pelos cônsules brasileiros na vigência do Decreto-Lei nº 4.657, de 4 de setembro de 1942, desde que satisfaçam todos os requisitos legais.

Parágrafo único. No caso em que a celebração desses atos tiver sido recusada pelas autoridades consulares, com fundamento no artigo 18 do mesmo Decreto-Lei, ao interessado é facultado renovar o pedido dentro de noventa dias contados da data da publicação desta Lei.

▶ Art. 19 acrescido pela Lei nº 3.238, de 1º-8-1957.

Rio de Janeiro, 4 de setembro de 1942;
121º da Independência e
54º da República.

Getúlio Vargas

Legislação Complementar

LEI Nº 4.375, DE 17 DE AGOSTO DE 1964

Lei do Serviço Militar.

▶ Publicada no *DOU* de 3-9-1964.
▶ Dec. nº 57.654, de 20-1-1966, regulamenta esta Lei.

TÍTULO I – DA NATUREZA, OBRIGATORIEDADE E DURAÇÃO DO SERVIÇO MILITAR

Capítulo I
DA NATUREZA E OBRIGATORIEDADE DO SERVIÇO MILITAR

Art. 1º O Serviço Militar consiste no exercício de atividades específicas desempenhadas nas Forças Armadas – Exército, Marinha e Aeronáutica – e compreenderá, na mobilização, todos os encargos relacionados com a defesa nacional.

Art. 2º Todos os brasileiros são obrigados ao Serviço Militar, na forma da presente Lei e sua regulamentação.

▶ Art. 143 da CF.

§ 1º A obrigatoriedade do Serviço Militar dos brasileiros naturalizados ou por opção será definida na regulamentação da presente Lei.

§ 2º As mulheres ficam isentas do Serviço Militar em tempo de paz e, de acordo com suas aptidões, sujeitas aos encargos do interesse da mobilização.

Art. 3º O Serviço Militar inicial será prestado por classes constituídas de brasileiros nascidos entre 1º de janeiro a 31 de dezembro, no ano em que completarem 19 (dezenove) anos de idade.

§ 1º A classe será designada pelo ano de nascimento dos cidadãos que a constituem.

§ 2º A prestação do Serviço Militar dos brasileiros compreendidos no § 1º deste artigo será fixada na regulamentação da presente Lei.

Art. 4º Os brasileiros nas condições previstas nesta Lei prestarão o Serviço Militar incorporados em Organizações da Ativa das Forças Armadas ou matriculados em Órgãos de Formação de Reserva.

Parágrafo único. O Serviço prestado nas Polícias Militares, Corpos de Bombeiros e outras corporações encarregadas da segurança pública será considerado de interesse militar. O ingresso nessas corporações dependerá de autorização de autoridade militar competente e será fixado na regulamentação desta Lei.

Capítulo II
DA DURAÇÃO DO SERVIÇO MILITAR

Art. 5º A obrigação para com o Serviço Militar, em tempo de paz, começa no 1º dia de janeiro do ano em que o cidadão completar 18 (dezoito) anos de idade e subsistirá até 31 de dezembro do ano em que completar 45 (quarenta e cinco) anos.

§ 1º Em tempo de guerra, esse período poderá ser ampliado, de acordo com os interesses da defesa nacional.

§ 2º Será permitida a prestação do Serviço Militar como voluntário, a partir dos 17 (dezessete) anos de idade.

Art. 6º O Serviço Militar inicial dos incorporados terá a duração normal de 12 (doze) meses.

§ 1º Os Ministros da Guerra, da Marinha e da Aeronáutica poderão reduzir até 2 (dois) meses ou dilatar até 6 (seis) meses a duração do tempo do Serviço Militar inicial dos cidadãos incorporados às respectivas Forças Armadas.

§ 2º Mediante autorização do Presidente da República, a duração do tempo do Serviço Militar inicial poderá:

a) ser dilatada por prazo superior a 18 (dezoito) meses, em caso de interesse nacional;
b) ser reduzida de período superior a 2 (dois) meses desde que solicitada, justificadamente, pelo Ministério Militar interessado.

▶ § 2º com a redação dada pelo Dec.-lei nº 549, de 24-4-1969.

§ 3º Durante o período de dilação do tempo de Serviço Militar, prevista nos parágrafos anteriores, as praças por ela abrangidas serão consideradas engajadas.

Art. 7º O Serviço Militar dos matriculados em Órgãos de Formação de Reserva terá a duração prevista nos respectivos regulamentos.

Art. 8º A contagem do tempo de Serviço Militar terá início no dia da incorporação.

Parágrafo único. Não será computado como tempo de serviço o período que o incorporado levar no cumprimento de sentença passada em julgado.

TÍTULO II – DA DIVISÃO TERRITORIAL E DOS ÓRGÃOS DE DIREÇÃO E EXECUÇÃO DO SERVIÇO MILITAR

Capítulo I
DA DIVISÃO TERRITORIAL

Art. 9º O território nacional, para efeito do Serviço Militar compreende:

a) Juntas de Serviço Militar, correspondentes aos Municípios Administrativos;
b) Delegacias de Serviço Militar, abrangendo uma ou mais Juntas de Serviço Militar;
c) Circunscrições de Serviço Militar, abrangendo diversas Delegacias de Serviço Militar, situadas, tanto quanto possível, no mesmo Estado;
d) Zonas de Serviço Militar, abrangendo duas ou mais Circunscrições do Serviço Militar, que serão fixadas na regulamentação da presente Lei.

§ 1º O Distrito Federal e os Territórios Federais, exceto Fernando de Noronha são, para os efeitos desta Lei, equiparados a Estados, e as suas divisões administrativas, a Municípios. O Território de Fernando de Noronha, para o mesmo fim, fica equiparado a Município.

§ 2º Os Municípios serão considerados tributários ou não tributários, conforme sejam ou não designados contribuintes à convocação para o Serviço Militar inicial.

§ 3º Compete ao Estado-Maior das Forças Armadas (EMFA), mediante propostas dos Ministros Militares, planejar anualmente a tributação referida neste artigo.

CAPÍTULO II
DOS ÓRGÃOS DE DIREÇÃO E EXECUÇÃO DO SERVIÇO MILITAR

Art. 10. Ao Estado-Maior das Forças Armadas (EMFA), caberá a direção geral do Serviço Militar.

Art. 11. Os órgãos de direção e execução, no âmbito de cada Força, serão fixados pela regulamentação da presente Lei.

§ 1º Nos Municípios Administrativos, as Juntas de Serviço Militar, como órgãos de execução, serão presididas pelos prefeitos, tendo como secretários um funcionário municipal ou agente estatístico local, um e outro, de reconhecida idoneidade moral.

§ 2º Nos Municípios onde houver Tiro de Guerra, os prefeitos ficam dispensados da presidência das J.S.M. que, neste caso, caberá ao Diretor do TG, tendo como secretário o instrutor, designado na forma da regulamentação desta Lei.

§ 3º A responsabilidade de instalação e manutenção das J.S.M., em qualquer caso, é da alçada do Município Administrativo.

TÍTULO III – DO RECRUTAMENTO PARA O SERVIÇO MILITAR

CAPÍTULO I
DO RECRUTAMENTO

Art. 12. O recrutamento para o Serviço Militar compreende:

a) seleção;
b) convocação;
c) incorporação ou matrícula nos Órgãos de Formação de Reserva;
d) voluntariado.

CAPÍTULO II
DA SELEÇÃO

Art. 13. A seleção, quer da classe a ser convocada, quer dos voluntários, será realizada dentro dos seguintes aspectos:

a) físico;
b) cultural;
c) psicológico;
d) moral.

Parágrafo único. Para fins de seleção ou regularização de sua situação militar, todos os brasileiros deverão apresentar-se, no ano em que completarem 18 (dezoito) anos de idade, independentemente de Editais, Avisos ou Notificações, em local e época que forem fixados na regulamentação da presente Lei, quando serão alistados.

Art. 14. A seleção será realizada por Comissões de Seleção, para isso especialmente designadas pelas autoridades competentes. Essas Comissões serão constituídas por militares da ativa ou da reserva e, se necessário, completadas por civis devidamente qualificados.

Parágrafo único. O funcionamento dessas Comissões e as condições de execução da seleção obedecerão a normas fixadas na regulamentação da presente Lei.

Art. 15. Os critérios para a seleção serão fixados pelo Estado-Maior das Forças Armadas (EMFA), de acordo com os requisitos apresentados pelas Forças Armadas, de per si.

CAPÍTULO III
DA CONVOCAÇÃO

Art. 16. Serão convocados anualmente, para prestar o Serviço Militar inicial nas Forças Armadas, os brasileiros pertencentes a uma única classe.

Art. 17. A classe convocada será constituída dos brasileiros que completarem 19 (dezenove) anos de idade entre 1º de janeiro e 31 de dezembro do ano em que deverão ser incorporados em Organização Militar da Ativa ou matriculados em Órgãos de Formação de Reserva.

§ 1º Os brasileiros das classes anteriores ainda em débito com o serviço militar, bem como os médicos, farmacêuticos, dentistas e veterinários possuidores de Certificado de Dispensa de Incorporação, sujeitam-se às mesmas obrigações impostas aos da classe convocada, sem prejuízo das sanções que lhes forem aplicáveis na forma desta Lei e de seu regulamento.

▶ § 1º com a redação dada pela Lei nº 12.336, de 26-10-2010.

§ 2º Por Organização Militar da Ativa, entendem-se os Corpos de Tropa, Repartições, Estabelecimentos, Navios, Bases Navais ou Aéreas e qualquer outra unidade tática ou administrativa que faça parte do todo orgânico do Exército, da Marinha ou da Aeronáutica.

§ 3º Órgãos de Formação de Reserva é a denominação genérica dada aos órgãos de formação de oficiais, graduados e soldados para a reserva.

§ 4º As subunidades-quadros com a finalidade de formar soldados especialistas e graduados de fileira e especialistas, destinados não só à ativa como à reserva, são consideradas, conforme o caso, como Organização Militar da Ativa ou Órgão de Formação de Reserva.

Art. 18. Será elaborado anualmente pelo Estado-Maior das Forças Armadas (EMFA), com participação dos Ministérios Militares, um Plano Geral de Convocação para o Serviço Militar inicial, que regulará as condições de recrutamento da classe a incorporar no ano seguinte, nas Forças Armadas.

Art. 19. Em qualquer época, tenham ou não prestado o Serviço Militar, poderão os brasileiros ser objeto de convocação de emergência, em condições determinadas pelo Presidente da República, para evitar a perturbação da ordem ou para sua manutenção, ou, ainda, em caso de calamidade pública.

Parágrafo único. Os Ministros Militares poderão convocar pessoal da reserva para participação em exercícios, manobras e aperfeiçoamento de conhecimentos militares.

CAPÍTULO IV
DA INCORPORAÇÃO E DA MATRÍCULA NOS ÓRGÃOS DE FORMAÇÃO DE RESERVA

Art. 20. Incorporação é o ato de inclusão do convocado ou voluntário em uma Organização Militar da Ativa das Forças Armadas.

Art. 21. Tanto quanto possível, os convocados serão incorporados em Organização Militar da Ativa localizada no Município de sua residência.

Parágrafo único. Só nos casos de absoluta impossibilidade de preencher os seus próprios claros, será permitida a transferência de convocados de uma para outra Zona de Serviço Militar.

Art. 22. Matrícula é o ato de admissão do convocado ou voluntário em qualquer Escola, Centro, Curso de Formação de Militar da Ativa, ou Órgão de Formação de Reserva.

§ 1º Os brasileiros matriculados em Escolas Superiores ou no último ano do Ciclo Colegial do Ensino Médio, quando convocados para o Serviço Militar inicial, serão considerados com prioridade para matrícula ou incorporação nos Órgãos de Formação de Reservas, existentes na Guarnição Militar onde os mesmos estiverem frequentando Cursos, satisfeitas as demais condições de seleção previstas nos regulamentos desses Órgãos.

§ 2º Caberá ao EMFA, em ligação com os Ministros Militares, designar os municípios constitutivos de cada uma das guarnições militares, para os efeitos desta Lei.

Art. 23. Os convocados de que tratam os parágrafos do artigo anterior, embora não incorporados, ficam sujeitos, durante a prestação do Serviço Militar, às atividades correlatas à manutenção da ordem interna.

CAPÍTULO V

DOS REFRATÁRIOS, INSUBMISSOS E VOLUNTÁRIOS

Art. 24. O brasileiro que não se apresentar para a seleção durante a época de seleção do contingente de sua classe ou que, tendo-o feito, se ausentar sem a ter completado, será considerado refratário.

Art. 25. O convocado selecionado e designado para incorporação ou matrícula que não se apresentar à Organização Militar que lhe for designada, dentro do prazo marcado ou que, tendo-o feito, se ausentar antes do ato oficial de incorporação ou matrícula, será declarado insubmisso.

Parágrafo único. A expressão "convocado à incorporação", constante do Código Penal Militar (art. 159), aplica-se ao selecionado para convocação e designado para a incorporação ou matrícula em Organização Militar, à qual deverá apresentar-se no prazo que lhe for fixado.

Art. 26. Aos refratários e insubmissos serão aplicadas as sanções previstas nesta Lei, sem prejuízo do que, sobre os últimos, estabelece o Código Penal Militar.

§ 1º Os insubmissos, quando apresentados, serão submetidos à seleção e, se considerados aptos, obrigatoriamente incorporados.

§ 2º Em igualdade de condições, na Seleção a que forem submetidos, os refratários, ao se apresentarem, terão prioridade para incorporação.

Art. 27. Os Ministros Militares poderão, em qualquer época do ano, autorizar a aceitação de voluntários, reservistas ou não.

TÍTULO IV – DAS ISENÇÕES, DO ADIAMENTO DE INCORPORAÇÃO E DA DISPENSA DE INCORPORAÇÃO

CAPÍTULO I

DAS ISENÇÕES

Art. 28. São isentos do Serviço Militar:

a) por incapacidade física ou mental definitiva; em qualquer tempo, os que forem julgados inaptos em seleção ou inspeção e considerados irrecuperáveis para o Serviço Militar nas Forças Armadas;

b) em tempo de paz, por incapacidade moral, os convocados que estiverem cumprindo sentença por crime doloso, os que depois de incorporados forem expulsos das fileiras e os que, quando da seleção, apresentarem indícios de incompatibilidade que, comprovados em exame ou sindicância, revelem incapacidade moral para integrarem as Forças Armadas.

Parágrafo único. A reabilitação dos incapazes poderá ser feita *ex officio* ou a requerimento do interessado, segundo normas fixadas na regulamentação desta Lei.

CAPÍTULO II

DO ADIAMENTO DE INCORPORAÇÃO

Art. 29. Poderão ter a incorporação adiada:

a) por 1 (um) ou 2 (dois) anos, os candidatos às Escolas de Formação de Oficiais da Ativa, ou Escola, Centro ou Curso de Formação de Oficiais da Reserva das Forças Armadas, desde que satisfaçam na época da seleção, ou possam vir a satisfazer, dentro desses prazos, as condições de escolaridade exigidas para o ingresso nos citados órgãos de formação de oficiais;

b) pelo tempo correspondente à duração do curso, os que estiverem matriculados em Institutos de Ensino destinados à formação de sacerdotes e ministros de qualquer religião ou de membros de ordens religiosas regulares;

c) os que se encontrarem no exterior e o comprovem, ao regressarem ao Brasil;

d) os matriculados em Cursos de Formação de Oficiais das Polícias Militares e Corpos de Bombeiros, até o término ou interrupção do curso;

e) os que estiverem matriculados ou que se candidatarem à matrícula em institutos de ensino (IEs) destinados à formação, residência médica ou pós-graduação de médicos, farmacêuticos, dentistas e veterinários até o término ou a interrupção do curso.

▶ Alínea e com a redação dada pela Lei nº 12.336, de 26-10-2010.

§ 1º Aqueles que tiverem sua incorporação adiada, nos termos da letra a, deste artigo, destinados à matrícula nas escolas de Formação de Oficiais da Ativa e que não se matricularem, terão prioridade para matrícula nas Escolas, Centros ou Cursos de Formação de Oficiais da Reserva; aqueles destinados a Escolas, Centros ou Cursos de Formação de Oficiais da Reserva terão prioridade, satisfeitas as condições, para matrícula nesses órgãos e, caso não se apresentem, findos os prazos concedidos, ou não satisfaçam as condições de matrícula, terão prioridade para a incorporação em unidades de tropa.

§ 2º Aqueles que tiverem a incorporação adiada, nos termos da letra b, se interromperem o curso eclesiástico, concorrerão à incorporação com a 1ª classe a ser convocada, e, se concluírem, serão dispensados do Serviço Militar obrigatório.

§ 3º Aqueles compreendidos nos termos da letra d, em caso de interrupção do curso, deverão ser apresentados às Circunscrições de Serviço Militar, para regularizar a sua situação militar.

§ 4º Aqueles que tiverem a incorporação adiada, nos termos da letra e, deste artigo, e concluírem os respectivos cursos terão a situação militar regulada em lei especial. Os que não terminarem os cursos, e satisfeitas as demais condições, terão prioridade para matrícula nos órgãos de Formação de Reserva ou incorporação em unidade da ativa, conforme o caso.

§ 5º As normas de obtenção de adiamento serão fixadas na regulamentação da presente Lei.

Capítulo III

DA DISPENSA DE INCORPORAÇÃO

Art. 30. São dispensados de incorporação os brasileiros da classe convocada:

a) residentes há mais de um ano, referido à data de início da época de seleção, em Município não tributário ou em zona rural de Município somente tributário de órgão de Formação de Reserva;
b) residentes em Municípios tributários, excedentes às necessidades das Forças Armadas;
c) matriculados em Órgãos de Formação de Reserva;
d) matriculados em Estabelecimentos de Ensino Militares, na forma estabelecida pela regulamentação desta Lei;
e) operários, funcionários ou empregados de estabelecimentos ou empresas industriais de interesse militar; de transporte e de comunicações, que forem, anualmente, declarados diretamente relacionados com a Segurança Nacional pelo Estado-Maior das Forças Armadas (EMFA);
f) arrimos de família, enquanto durar essa situação;
g) VETADO.

§ 1º Quando os convocados de que trata a letra e forem dispensados de incorporação, esta deverá ser solicitada pelos estabelecimentos ou empresas amparadas, até o início da seleção da classe respectiva, de acordo com a regulamentação da presente Lei.

§ 2º Os dispensados de incorporação de que trata a letra c, que, por motivo justo e na forma da regulamentação desta Lei, não tiverem aproveitamento ou forem desligados, serão rematriculados no ano seguinte; no caso de reincidência, ficarão obrigados a apresentar-se à seleção, para a incorporação no ano imediato.

§ 3º Os dispensados de incorporação de que trata a letra c, desligados por motivo de faltas não justificadas, serão incorporados na forma do parágrafo anterior.

§ 4º Os dispensados de incorporação de que tratam as letras d e e, que respectivamente interromperem o curso ou deixarem o emprego ou função, durante o período de serviço de sua classe, serão submetidos à seleção com a classe seguinte.

§ 5º Os cidadãos de que trata a letra b ficarão, durante o período de serviço da classe a que pertencem, à disposição da autoridade militar competente, para atender à chamada complementar destinada ao preenchimento dos claros das Organizações Militares já existentes ou daquelas que vierem a ser criadas.

§ 6º Aqueles que tiverem sido dispensados da incorporação e concluírem os cursos em IEs destinados à formação de médicos, farmacêuticos, dentistas e veterinários poderão ser convocados para a prestação do serviço militar.

▶ § 6º acrescido pela Lei nº 12.336, de 26-10-2010.

TÍTULO V – DAS INTERRUPÇÕES E DAS PRORROGAÇÕES DO SERVIÇO MILITAR

Capítulo I

DA INTERRUPÇÃO

Art. 31. O serviço ativo das Forças Armadas será interrompido:

a) pela anulação da incorporação;
b) pela desincorporação;
c) pela expulsão;
d) pela deserção.

§ 1º A anulação da incorporação ocorrerá em qualquer época, nos casos em que tenham sido verificadas irregularidades no recrutamento, inclusive relacionadas com a seleção, em condições fixadas na regulamentação da presente Lei.

§ 2º A desincorporação ocorrerá:

a) por moléstia em consequência da qual o incorporado venha a faltar ao serviço durante 90 (noventa) dias, consecutivos ou não, hipótese em que será excluído e terá sua situação militar fixada na regulamentação da presente Lei;
b) por aquisição das condições de arrimo após a incorporação, obedecidas as disposições de regulamentação da presente Lei;
c) por moléstia ou acidente que torne o incorporado definitivamente incapaz para o Serviço Militar; o incorporado nessas condições será excluído e isento definitivamente do Serviço Militar;
d) por condenação irrecorrível, resultante de prática de crime comum de caráter culposo; o incorporado nessas condições será excluído, entregue à autoridade civil competente e terá sua situação militar fixada na regulamentação da presente Lei.

§ 3º A expulsão ocorrerá:

a) por condenação irrecorrível resultante da prática de crime comum ou militar, de caráter doloso;
b) pela prática de ato contra a moral pública, pundonor militar ou falta grave que, na forma da Lei ou de Regulamentos Militares, caracterize seu autor como indigno de pertencer às Forças Armadas;
c) pelo ingresso no mau comportamento contumaz, de forma a tornar-se inconveniente à disciplina e à permanência nas fileiras.

§ 4º O incorporado que responder a processo no Foro Comum será apresentado à autoridade competente que o requisitar e dela ficará à disposição, em xadrez de organização militar, no caso de prisão preventiva. Após passada em julgado a sentença condenatória, será entregue à autoridade competente.

§ 5º O incorporado que responder a processo no Foro Militar permanecerá na sua unidade, mesmo como excedente.

Art. 32. A interrupção do Serviço Militar dos convocados matriculados em órgãos de Formação de Reserva, atendido o disposto nos parágrafos 2º e 3º do art. 30, obedecerá às normas fixadas nos respectivos regulamentos.

Capítulo II
DAS PRORROGAÇÕES DO SERVIÇO MILITAR

Art. 33. Aos incorporados que concluírem o tempo de serviço a que estiverem obrigados poderá, desde que o requeiram, ser concedida prorrogação desse tempo, uma ou mais vezes, como engajados ou reengajados, segundo as conveniências da Força Armada interessada.

Parágrafo único. Os prazos e condições de engajamento ou reengajamento serão fixados em Regulamentos, Normas ou Instruções especiais, baixados pelos Ministérios da Guerra, da Marinha e da Aeronáutica.

TÍTULO VI – DO LICENCIAMENTO, DA RESERVA, DOS CERTIFICADOS DE ALISTAMENTO, DE RESERVISTA, DE DISPENSA DE INCORPORAÇÃO E DE ISENÇÃO

Capítulo I
DO LICENCIAMENTO

Art. 34. O licenciamento das praças que integram o contingente anual se processará de acordo com as normas estabelecidas pelos Ministérios da Guerra, da Marinha e da Aeronáutica, nos respectivos Planos de Licenciamento.

Parágrafo único. Os licenciados terão direito, dentro de 30 (trinta) dias que se seguirem ao licenciamento, ao transporte e alimentação por conta da União até o lugar, dentro do País, onde tinham sua residência ao serem convocados.

Capítulo II
DA RESERVA

Art. 35. A Reserva, no que concerne às praças, será constituída pelos reservistas de 1ª e 2ª categorias.

Parágrafo único. A inclusão na Reserva de 1ª e 2ª categorias obedecerá aos interesses de cada uma das Forças Armadas e será fixada na regulamentação da presente Lei.

Art. 36. Os dispensados de incorporação, para efeito do § 3º do art. 181 da Constituição da República, são considerados em dia com o Serviço Militar inicial.

Capítulo III
DOS CERTIFICADOS DE ALISTAMENTO MILITAR, DE RESERVISTA, DE DISPENSA DE INCORPORAÇÃO E DE ISENÇÃO

Art. 37. O Certificado de Alistamento Militar é o documento comprovante da apresentação para a prestação do Serviço Militar inicial, fornecido gratuitamente, pelas autoridades indicadas em regulamentação da presente Lei.

Art. 38. O Certificado de Reservista é o documento comprovante da inclusão do cidadão na Reserva do Exército, da Marinha ou da Aeronáutica e será de formato único para as três Forças Armadas.

Parágrafo único. Todo brasileiro, ao ser incluído na Reserva, receberá gratuitamente, da autoridade militar competente, o Certificado de Reservista correspondente à respectiva categoria.

Art. 39. Aos brasileiros isentos do Serviço Militar será fornecido, pela autoridade militar competente, o Certificado de Isenção.

Parágrafo único. O Certificado de Isenção será fornecido gratuitamente.

Art. 40. Aos brasileiros dispensados de incorporação será fornecido, pela autoridade militar competente, um Certificado de Dispensa de Incorporação.

Parágrafo único. O fornecimento de Certificado de Dispensa de Incorporação será feito mediante pagamento da taxa militar respectiva.

Art. 40-A. O Certificado de Isenção e o Certificado de Dispensa de Incorporação dos brasileiros concluintes dos cursos de Medicina, Farmácia, Odontologia e Veterinária terão validade até a diplomação e deverão ser revalidados pela região militar competente para ratificar a dispensa ou recolhidos, no caso de incorporação, a depender da necessidade das Forças Armada.

▶ Artigo acrescido pela Lei nº 12.336, de 26-10-2010.

Art. 41. A entrega do Certificado às praças expulsas será feita no próprio ato de expulsão, na forma da legislação em vigor.

Art. 42. É vedado, a quem quer que seja, reter Certificados de Alistamento, de Reservista, de Isenção ou de Dispensa de Incorporação, ou incluí-los em processo burocrático, ressalvados os casos de suspeita de fraude de pessoa ou da coisa e o que dispõe o art. 55 desta Lei.

Art. 43. Os modelos de Certificados, sua impressão, distribuição, escrituração, autenticidade e mais particularidades serão estabelecidos na regulamentação desta Lei.

TÍTULO VII – DAS INFRAÇÕES E PENALIDADES

Capítulo Único

Art. 44. As infrações da presente Lei, caracterizadas como crime definido na legislação penal militar, implicarão em processos e julgamento dos infratores pela Justiça Militar, quer sejam militares, quer civis.

Art. 45. As multas estabelecidas nesta Lei serão aplicadas sem prejuízo da ação penal ou de punição disciplinar que couber em cada caso.

Parágrafo único. As multas serão calculadas em relação ao menor Valor de Referência, fixado com apoio no artigo 2º da Lei nº 6.205, de 29 de abril de 1975; a multa mínima terá o valor de 1/17 (um dezessete avos) deste Valor de Referência, arredondado para a unidade de cruzeiros imediatamente superior.

▶ Parágrafo único com a redação dada pelo Dec.-lei nº 1.786, de 20-5-1980.

Art. 46. Incorrerá na multa mínima quem:

a) não se apresentar nos prazos previstos no art. 13 e seu parágrafo único;

▶ Alínea a com a redação dada pela Lei nº 4.754, de 18-8-1965.

b) for considerado refratário;
c) na qualidade de reservista, deixar de cumprir a obrigação constante nas alíneas c e d do art. 65.

▶ Alínea c com a redação dada pela Lei nº 4.754, de 18-8-1965.

Art. 47. Incorrerá na multa correspondente a três vezes a multa mínima quem:

a) alterar ou inutilizar Certificado de Alistamento, de Reservista, de Dispensa de Incorporação ou de

Isenção ou for responsável por qualquer destas ocorrências;
b) sendo civil e não exercendo função pública ou em entidade autárquica, deixar de cumprir qualquer obrigação imposta pela presente Lei ou sua regulamentação, para cuja infração não esteja prevista outra multa nesta Lei;
c) na qualidade de reservista, deixar de cumprir o disposto na letra a do art. 65;

▶ Alínea c com a redação dada pela Lei nº 4.754, de 18-8-1965.

d) sendo reservista, não comunicar a mudança de domicílio até 60 (sessenta) dias após sua realização, ou o fizer erradamente em qualquer ocasião.

Art. 48. Incorrerá na multa correspondente a cinco vezes a multa mínima, o refratário que se não apresentar à seleção:

a) pela segunda vez;
b) em cada uma das demais vezes.

Art. 49. Incorrerá na multa correspondente a dez vezes a multa mínima quem:

a) no exercício de função pública de qualquer natureza, seja autoridade civil ou militar, dificultar ou retardar, por prazo superior a 20 (vinte) dias, sem motivo justificado, qualquer informação ou diligência solicitada pelos órgãos do Serviço Militar;
b) fizer declarações falsas aos órgãos do Serviço Militar;
c) sendo militar ou escrivão de registro civil, ou em exercício de função pública, em autarquia ou em sociedade de economia mista, deixar de cumprir, nos prazos estabelecidos – qualquer obrigação imposta pela presente Lei ou sua regulamentação – para cuja infração não esteja prevista pena especial.

Parágrafo único. Em casos de reincidência, a multa será elevada ao dobro.

Art. 50. Incorrerá na multa correspondente a 25 (vinte e cinco) vezes a multa mínima quem:

a) o chefe de repartição pública, civil ou militar, chefe de repartição autárquica ou de economia mista, chefe de órgão com função prevista nesta Lei, ou quem legalmente for investido de encargos relacionados com o Serviço Militar, retiver, sem motivo justificado, documento de situação militar, ou recusar recebimento de petição e justificação;
b) os responsáveis pela inobservância de qualquer das prescrições do artigo 74 da presente Lei.

▶ Alínea b com a redação dada pela Lei nº 4.754, de 18-8-1965.

Art. 51. Incorrerá na multa correspondente a 50 (cinquenta) vezes a multa mínima a autoridade que prestar informações inverídicas ou fornecer documento que habilite o seu possuidor a obter indevidamente o Certificado de Alistamento, de Reservista, de Dispensa de Incorporação e de Isenção do Serviço Militar.

Parágrafo único. Em casos de reincidência, a multa será elevada ao dobro.

Art. 52. Os brasileiros, no exercício de função pública, quer em caráter efetivo ou interino, quer em estágio probatório ou em comissão, e extranumerários de qualquer modalidade, da União, dos Estados, dos Territórios, dos Municípios e da Prefeitura do Distrito Federal, quando insubmissos, ficarão suspensos do cargo, função ou emprego, e privados de qualquer remuneração enquanto não regularizarem sua situação militar.

Parágrafo único. O disposto neste artigo aplica-se aos servidores ou empregados das entidades autárquicas, das sociedades de economia mista e das empresas concessionárias de serviço público.

Art. 53. Os convocados que forem condenados ao pagamento de multa, e não possuírem recursos para atendê-lo, sofrerão o desconto do valor da mesma, quando forem incorporados.

Parágrafo único. Ficarão isentos de pagamento de taxas e de multas aqueles que provarem impossibilidade de pagá-las, na forma da regulamentação da presente Lei.

Art. 54. As multas de que trata este Capítulo serão aplicadas pelas autoridades competentes de qualquer das Forças Armadas.

§ 1º Da imposição administrativa da multa caberá recurso à autoridade militar imediatamente superior, dentro de 15 (quinze) dias a contar da data em que o infrator dela tiver ciência, se depositar, previamente, no órgão militar investido deste encargo, a quantia correspondente à multa, a qual será ulteriormente restituída, se for o caso.

§ 2º Se o infrator for militar, ou exercer função pública, a multa será descontada dos seus vencimentos, proventos ou ordenados e comunicado o desconto ao órgão que a aplicou observadas as prescrições de leis e regulamentos em vigor.

Art. 55. O Alistado, o Reservista, o Dispensado de Incorporação ou o isento de Serviço Militar, que incorrer em multa terá o respectivo certificado retido pelo órgão competente das Forças Armadas, enquanto não efetuar o pagamento.

TÍTULO VIII – DOS ÓRGÃOS DE FORMAÇÃO DE RESERVAS

Capítulo Único

Art. 56. Os Ministros Militares poderão criar órgãos para formação de Oficiais, Graduados e Soldados a fim de satisfazer às necessidades da reserva.

Parágrafo único. A formação de Oficiais, Graduados e Soldados para a Reserva poderá ser feita em órgãos especialmente criados para este fim, em Escolas de Nível Superior e Médio inclusive técnico-profissionais, ou em Subunidades-quadros.

Art. 57. As condições de matrícula e o funcionamento dos órgãos de formação de Oficiais, Graduados e Soldados para a Reserva serão fixadas na regulamentação desta Lei, de acordo com os interesses de cada uma das Forças Armadas.

Parágrafo único. Os Órgãos de Formação de Reserva terão organização e regulamento próprios, deles devendo constar, obrigatoriamente, a responsabilidade do emprego, na forma do art. 23 da presente Lei, orientação, funcionamento, fiscalização e eficiência da instrução.

Art. 58. A criação e localização dos Órgãos de Formação de Reserva obedecerá, em princípio, à disponibilidade de convocados habilitados às diferentes necessidades de Oficiais, Graduados e Soldados e às disponibilidades de meios de cada uma das Forças Armadas.

Art. 59. Os Órgãos de Formação de (VETADO) Reserva, Subunidades-quadros, Tiros de Guerra e outros, se destinam, também, a atender à instrução militar dos convocados não incorporados em organizações militares da ativa das Forças Armadas. Estes Órgãos serão localizados de modo a satisfazer às exigências dos planos militares e, sempre que possível, às conveniências dos municípios, quando se tratar de Tiros de Guerra.

§ 1º Os Tiros de Guerra terão sede, material, móveis, utensílios e polígono de tiro provido pelas Prefeituras Municipais, sem no entanto ficarem subordinados ao executivo municipal. Tais sejam o interesse e as possibilidades dos Municípios, estes poderão assumir outros ônus do funcionamento daqueles Órgãos de Formação da Reserva, mediante convênios com os Ministérios Militares.

§ 2º Os instrutores, armamento, munição e outros artigos julgados necessários à instrução dos Tiros de Guerra serão fornecidos pelas Forças Armadas, cabendo aos instrutores a responsabilidade de conservação do material distribuído. As Forças Armadas poderão fornecer fardamento aos alunos, quando carentes de recursos.

▶ §§ 1º e 2º com a redação dada pelo Dec.-lei nº 899, de 29-9-1969.

§ 3º Quando, por qualquer motivo, não funcionar, o Tiro de Guerra, durante dois anos consecutivos, será extinto.

TÍTULO IX – DISPOSIÇÕES GERAIS

CAPÍTULO I

DOS DIREITOS DOS CONVOCADOS E RESERVISTAS

Art. 60. Os funcionários públicos federais, estaduais ou municipais, bem como os empregados, operários ou trabalhadores, qualquer que seja a natureza da entidade em que exerçam as suas atividades, quando incorporados ou matriculados em Órgão de Formação de Reserva, por motivo de convocação para prestação do Serviço Militar inicial estabelecido pelo art. 16, desde que para isso forçados a abandonarem o cargo ou emprego, terão assegurado o retorno ao cargo ou emprego respectivo, dentro dos 30 (trinta) dias que se seguirem ao licenciamento, ou término de curso, salvo se declararem, por ocasião da incorporação ou matrícula, não pretender a ele voltar.

§ 1º Esses convocados, durante o tempo em que estiverem incorporados a organizações militares da Ativa ou matriculados em órgãos de Formação de Reserva, nenhuma remuneração, vencimento ou salário perceberão das organizações a que pertenciam.

▶ § 1º com a redação dada pela Lei nº 4.754, de 18-8-1965.

§ 2º Perderá o direito de retorno ao emprego, cargo ou função que exercia ao ser incorporado, o convocado que engajar.

§ 3º Compete ao Comandante, Diretor ou Chefe de Organização Militar em que for incorporado ou matriculado o convocado, comunicar sua pretensão à entidade a que caiba reservar a função, cargo ou emprego e, bem assim, se for o caso, o engajamento concedido; essas comunicações deverão ser feitas dentro de 20 (vinte) dias que se seguirem à incorporação ou concessão do engajamento.

§ 4º Todo convocado matriculado em Órgão de Formação de Reserva que seja obrigado a faltar a suas atividades civis, por força de exercício ou manobras, ou reservista que seja chamado para fins de exercício de apresentação das reservas ou cerimônia cívica do Dia do Reservista, terá suas faltas abonadas para todos os efeitos.

▶ § 4º com a redação dada pelo Dec.-lei nº 715, de 30-7-1969.

Art. 61. Os brasileiros, quando incorporados, por motivo de convocação para manobras, exercícios, manutenção da ordem interna ou guerra, terão assegurado o retorno ao cargo, função ou emprego que exerciam ao serem convocados e garantido o direito a percepção de 2/3 (dois terços) da respectiva remuneração, durante o tempo em que permanecerem incorporados; vencerão pelo Exército, Marinha ou Aeronáutica apenas as gratificações regulamentares.

§ 1º Aos convocados fica assegurado o direito de optar pelos vencimentos, salários ou remuneração que mais lhes convenham.

§ 2º Perderá a garantia e o direito assegurado por este artigo o incorporado que obtiver engajamento.

§ 3º Compete ao Comandante, Diretor ou Chefe da Organização Militar em que for incorporado o convocado, comunicar, à entidade a que caiba reservar a função, cargo ou emprego, a sua pretensão, opção quanto aos vencimentos e, se for o caso, o engajamento concedido; a comunicação relativa ao retorno à função deverá ser feita dentro dos 30 (trinta) dias que seguirem à incorporação; as mais, tão logo venham a ocorrer.

Art. 62. Terão direito ao transporte por conta da União, dentro do território nacional:

a) os convocados selecionados e designados para incorporação, da sede do Município em que residem à da Organização Militar para que forem designados;

b) os convocados de que trata a alínea anterior que, por motivos estranhos à sua vontade, devam retornar aos Municípios de residência;

c) os convocados licenciados que, até 30 (trinta) dias após o licenciamento, desejarem retornar às localidades em que residiam ao serem incorporados.

Parágrafo único. Os convocados de que trata este artigo perceberão as etapas fixadas na legislação própria, correspondentes aos dias de viagem.

Art. 63. Os convocados contarão, de acordo com o estabelecido na Legislação Militar, para efeito de aposentadoria, o tempo de serviço ativo prestado nas Forças Armadas, quando a elas incorporados.

Parágrafo único. Igualmente será computado para efeito de aposentadoria o serviço prestado pelo convocado matriculado em Órgão de Formação de Reserva na base de 1 (um) dia para período de 8 (oito) horas de instrução, desde que concluam com aproveitamento a sua formação.

Art. 64. Em caso de infração às disposições desta Lei, relativamente à exigência de estar em dia com as obrigações militares, poderá o interessado dirigir-se às autoridades militares fixadas na regulamentação desta Lei, tendo em vista sobreguardar seus direitos ou interesses.

CAPÍTULO II

DOS DEVERES DOS RESERVISTAS

Art. 65. Constituem deveres do Reservista:

a) apresentar-se, quando convocado, no local e prazo que lhe tiverem sido determinados;
b) comunicar, dentro de 60 (sessenta) dias, pessoalmente ou por escrito, à Organização Militar mais próxima, as mudanças de residência;
c) apresentar-se, anualmente, no local e data que forem fixados, para fins de exercício de apresentação das reservas ou cerimônia cívica do Dia do Reservista;
d) comunicar à Organização Militar a que estiver vinculado, a conclusão de qualquer curso técnico ou científico, comprovada pela apresentação do respectivo instrumento legal, e, bem assim, qualquer ocorrência que se relacione com o exercício de qualquer função de caráter técnico ou científico;
e) apresentar ou entregar à autoridade militar competente o documento de quitação com o Serviço Militar de que for possuidor, para fins de anotações, substituições ou arquivamento, de acordo com o prescrito nesta Lei e na sua regulamentação.

Capítulo III

DAS AUTORIDADES PARTICIPANTES DA EXECUÇÃO DESTA LEI

Art. 66. Participarão da execução da presente Lei:

a) Estado-Maior das Forças Armadas, Ministérios Civis e Militares e as repartições que lhes são subordinadas;
b) os Estados, Territórios e Municípios e as repartições que lhes são subordinadas;
c) os titulares e serventuários da Justiça;
d) os cartórios de registro civil de pessoas naturais;
e) as entidades autárquicas e sociedades de economia mista;
f) os estabelecimentos de ensino, públicos ou particulares, de qualquer natureza;
g) as empresas, companhias e instituições de qualquer natureza.

Parágrafo único. Essa participação consistirá:

a) obrigatoriedade, na remessa de informações estabelecidas na regulamentação desta lei;
b) mediante anuência ou acordo, na instalação de postos de recrutamento e criação de outros serviços ou encargos nas repartições ou estabelecimentos civis, federais, estaduais ou municipais.

Art. 67. As autoridades ou os responsáveis pelas repartições incumbidas da fiscalização do exercício profissional não poderão conceder a carteira profissional nem registrar diplomas de profissões liberais a brasileiros, sem que esses apresentem, previamente, provas de que estão em dia com as obrigações militares, obedecido o disposto nos artigos 74 e 75 desta Lei.

▶ Artigo com a redação dada pela Lei nº 4.754, de 18-8-1965.

Capítulo IV

DO FUNDO DO SERVIÇO MILITAR

Art. 68. É criado o Fundo do Serviço Militar, destinado a:

a) permitir a melhoria das instalações e o provimento de material de instrução para os Órgãos de Formação de Reserva das Forças Armadas, que não disponham de verbas próprias suficientes;
b) prover os órgãos do Serviço Militar de meios que melhor lhes permitam cumprir suas finalidades;
c) propiciar os recursos materiais para a criação de novos órgãos de formação de reservas;
d) proporcionar fundos adicionais como reforço às verbas previstas e para socorrer a outras despesas relacionadas com a execução do Serviço Militar.

Parágrafo único. O Fundo do Serviço Militar, constituído das receitas provenientes da arrecadação das multas prescritas na presente Lei e da Taxa Militar, será administrado pelos órgãos fixados na regulamentação da presente Lei.

Art. 69. A Taxa Militar será cobrada, pelo valor da multa mínima, aos convocados que obtiverem adiamento de incorporação, concedida na forma do regulamento desta Lei, ou àqueles a quem for concedido o certificado de Dispensa de Incorporação.

Parágrafo único. Não será cobrada a Taxa Militar aos cidadãos que provarem impossibilidade de pagá-la, na forma da regulamentação da presente Lei.

Art. 70. As multas e Taxa Militar serão pagas em selos próprios a serem emitidos pelo Ministério da Fazenda.

Art. 71. A receita proveniente do Fundo do Serviço Militar será escriturada pelo Tesouro Nacional, sob o título desse Fundo.

Parágrafo único. Esse Título constará do Orçamento Geral da União:

a) na Receita – como Renda Ordinária – Diversas Rendas – Estado-Maior das Forças Armadas (EMFA) – Fundo do Serviço Militar;
b) na Despesa – em dotação própria para o Estado-Maior das Forças Armadas (EMFA), que a distribuirá de acordo com os encargos próprios e de cada uma das Forças Armadas.

Art. 72. Independente dos recursos provenientes das multas e Taxa Militar, serão anualmente fixadas, no orçamento do Estado-Maior das Forças Armadas e dos Ministérios Militares, dotações destinadas às despesas para execução desta Lei, no que se relacionar com os trabalhos de recrutamento, publicidade do Serviço Militar e administração das Reservas.

Capítulo V

DISPOSIÇÕES DIVERSAS

Art. 73. Para efeito do Serviço Militar, cessará a incapacidade civil do menor, na data em que completar 17 (dezessete) anos.

Art. 74. Nenhum brasileiro, entre 1º de janeiro do ano em que completar 19 (dezenove) e 31 de dezembro do ano em que completar 45 (quarenta e cinco) anos de idade, poderá, sem fazer prova de que está em dia com as obrigações militares:

a) obter passaporte ou prorrogação de sua validade;
b) ingressar como funcionário, empregado ou associado em instituição, empresa ou associação oficial ou oficializada ou subvencionada ou cuja existência ou funcionamento dependa de autorização ou reconhecimento do Governo Federal, Estadual, dos Territórios ou Municipal;
c) assinar contrato com o Governo Federal, Estadual, dos Territórios ou Municipal;
d) prestar exame ou matricular-se em qualquer estabelecimento de ensino;

e) obter carteira profissional, matrícula ou inscrição para o exercício de qualquer função e licença de indústria e profissão;

f) inscrever-se em concurso para provimento de cargo público;

g) exercer, a qualquer título, sem distinção de categoria, ou forma de pagamento, qualquer função ou cargo público:

I – estipendiado pelos cofres públicos federais, estaduais ou municipais;

II – de entidades paraestatais e das subvencionadas ou mantidas pelo poder público;

h) receber qualquer prêmio ou favor do Governo Federal, Estadual, dos Territórios ou Municipal.

Art. 75. Constituem prova de estar o brasileiro em dia com as suas obrigações militares:

a) o Certificado de Alistamento, nos limites da sua validade;
b) o Certificado de Reservista;
c) o Certificado de Isenção;
d) o Certificado de Dispensa de Incorporação.

§ 1º Outros documentos comprobatórios da situação militar do brasileiro, poderão ser estabelecidos na regulamentação desta Lei.

§ 2º A regulamentação da presente Lei poderá discriminar anotações periódicas ou não a serem feitas nos Certificados acima.

§ 3º Para os concluintes de curso de ensino superior de Medicina, Farmácia, Odontologia e Veterinária, o Certificado de Dispensa de Incorporação de que trata a alínea *d* do *caput* deste artigo deverá ser revalidado pela região militar respectiva, ratificando a dispensa, ou recolhido, no caso de incorporação, a depender da necessidade das Forças Armadas, nos termos da legislação em vigor.

▶ § 3º acrescido pela Lei nº 12.336, de 26-10-2010.

Art. 76. A transferência de reservista de uma Força Armada para outra será fixada na regulamentação da presente Lei.

Art. 77. Os Ministros Militares deverão, no dia 16 de dezembro, considerado Dia do Reservista, determinar a realização de solenidades nas corporações das respectivas Forças Armadas, visando a homenagem àquele que, civil, foi o maior propugnador pelo Serviço Militar – Olavo Bilac; a despertar os sentimentos cívicos e a consolidar os de solidariedade e camaradagem militar.

Art. 78. Ressalvados os casos de infração desta Lei, ficam isentos de selo, taxa, custas e emolumentos de qualquer natureza, as petições e, bem assim, certidões e outros documentos destinados a instruir processos concernentes ao Serviço Militar.

Art. 79. Os secretários das Juntas de Serviço Militar receberão uma gratificação *pro labore* por certificado entregue. O valor e o pagamento da gratificação serão objeto da regulamentação desta Lei.

Art. 80. O Estado-Maior das Forças Armadas (EMFA) designará uma Comissão Interministerial para, no prazo de 90 (noventa) dias, apresentar um anteprojeto de regulamentação desta Lei.

Art. 81. Esta Lei revoga as Leis nºˢ 1.200, de 1950, 1.585, de 1952, 4.027, de 1961, Decreto-Lei nº 9.500, de 1946, e demais disposições em contrário e só entra em vigor após a sua regulamentação.

Brasília, em 17 de agosto de 1964;
143º da Independência e
76º da República.

H. Castello Branco

LEI Nº 4.898, DE 9 DE DEZEMBRO DE 1965

Regula o direito de representação e o processo de responsabilidade administrativa civil e penal, nos casos de abuso de autoridade.

▶ Publicada no *DOU* de 13-12-1965.

Art. 1º O direito de representação e o processo de responsabilidade administrativa civil e penal, contra as autoridades que, no exercício de suas funções, cometerem abusos, são regulados pela presente Lei.

▶ Lei nº 5.249, de 9-2-1967, dispõe sobre a ação pública nos crimes de responsabilidade.

Art. 2º O direito de representação será exercido por meio de petição:

a) dirigida à autoridade superior que tiver competência legal para aplicar, à autoridade civil ou militar culpada, a respectiva sanção;

b) dirigida ao órgão do Ministério Público que tiver competência para iniciar processo-crime contra a autoridade culpada.

Parágrafo único. A representação será feita em duas vias e conterá a exposição do fato constitutivo do abuso de autoridade, com todas as suas circunstâncias, a qualificação do acusado e o rol de testemunhas, no máximo de três, se as houver.

Art. 3º Constitui abuso de autoridade qualquer atentado:

a) à liberdade de locomoção;
▶ Art. 5º, XV, da CF.
▶ Arts. 146 a 149 do CP.

b) à inviolabilidade do domicílio;
▶ Art. 5º, XI, da CF.
▶ Art. 150 do CP.

c) ao sigilo da correspondência;
▶ Art. 5º, XII, da CF.
▶ Arts. 151 e 152 do CP.

d) à liberdade de consciência e de crença;
▶ Art. 5º, VIII, da CF.

e) ao livre exercício de culto religioso;
▶ Art. 5º, VI, da CF.
▶ Art. 208 do CP.

f) à liberdade de associação;
▶ Art. 5º, XVII a XX, da CF.

g) aos direitos e garantias legais assegurados ao exercício do voto;
▶ Arts. 14 e 60, § 4º, II, da CF.

h) ao direito de reunião;
▶ Art. 5º, XVI, da CF.

i) à incolumidade física do indivíduo;
j) aos direitos e garantias legais assegurados ao exercício profissional.

Art. 4º Constitui também abuso de autoridade:

a) ordenar ou executar medida privativa da liberdade individual, sem as formalidades legais ou com abuso de poder;
▶ Art. 5º, LXI, LXIII e LXIV, da CF.
▶ Súm. Vinc. nº 11 do STF.

b) submeter pessoa sob sua guarda ou custódia a vexame ou a constrangimento não autorizado em lei;
▶ Art. 5º, III e XLIX, da CF.

c) deixar de comunicar, imediatamente, ao juiz competente a prisão ou detenção de qualquer pessoa;
▶ Art. 5º, LXII, da CF.

d) deixar o juiz de ordenar o relaxamento de prisão ou detenção ilegal que lhe seja comunicada;
▶ Art. 5º, LXV, da CF.

e) levar à prisão e nela deter quem quer que se proponha a prestar fiança, permitida em lei;
▶ Art. 5º, LXVI, da CF.

f) cobrar o carcereiro ou agente de autoridade policial carceragem, custas, emolumentos ou qualquer outra despesa, desde que a cobrança não tenha apoio em lei, quer quanto à espécie, quer quanto ao seu valor;
▶ Art. 317 do CP.

g) recusar o carcereiro ou agente de autoridade policial recibo de importância recebida a título de carceragem, custas, emolumentos ou de qualquer outra despesa;
h) o ato lesivo da honra ou do patrimônio de pessoa natural ou jurídica, quando praticado com abuso ou desvio de poder ou sem competência legal;
▶ Arts. 138 a 145 do CP.

i) Alínea *i* acrescida pela Lei nº 7.960, de 21-12-1989.

Art. 5º Considera-se autoridade, para os efeitos desta Lei, quem exerce cargo, emprego ou função pública, de natureza civil, ou militar, ainda que transitoriamente e sem remuneração.
▶ Art. 327 do CP.

Art. 6º O abuso de autoridade sujeitará o seu autor à sanção administrativa, civil e penal.

§ 1º A sanção administrativa será aplicada de acordo com a gravidade do abuso cometido e consistirá em:

a) advertência;
b) repreensão;
c) suspensão do cargo, função ou posto por prazo de cinco a cento e oitenta dias, com perda de vencimentos e vantagens;
d) destituição de função;
e) demissão;
f) demissão, a bem do serviço público.

§ 2º A sanção civil, caso não seja possível fixar o valor do dano, consistirá no pagamento de uma indenização de quinhentos a dez mil cruzeiros.

§ 3º A sanção penal será aplicada de acordo com as regras dos artigos 42 a 56 do Código Penal e consistirá em:
▶ Referência a dispositivos originais do CP. Arts. 59 a 76 da atual Parte Geral.

a) multa de cem cruzeiros a cinco mil cruzeiros;
▶ O art. 2º da Lei nº 7.209, de 11-7-1984, revogou, nas leis especiais abrangidas pelo art. 12 do CP, quaisquer referências a valores de multa, substituindo-se a expressão "multa de" por "multa".

b) detenção por dez dias a seis meses;
c) perda do cargo e a inabilitação para o exercício de qualquer outra função pública por prazo até três anos.

§ 4º As penas previstas no parágrafo anterior poderão ser aplicadas autônoma ou cumulativamente.

§ 5º Quando o abuso for cometido por agente de autoridade policial, civil ou militar, de qualquer categoria, poderá ser cominada a pena autônoma ou acessória, de não poder o acusado exercer funções de natureza policial ou militar no município da culpa, por prazo de um a cinco anos.

Art. 7º Recebida a representação em que for solicitada a aplicação de sanção administrativa, a autoridade civil ou militar competente determinará a instauração de inquérito para apurar o fato.

§ 1º O inquérito administrativo obedecerá às normas estabelecidas nas leis municipais, estaduais ou federais, civis ou militares, que estabeleçam o respectivo processo.

§ 2º Não existindo no Município, no Estado ou na legislação militar normas reguladoras do inquérito administrativo serão aplicadas, supletivamente, as disposições dos artigos 219 a 225 da Lei nº 1.711, de 28 de outubro de 1952 (Estatuto dos Funcionários Públicos Civis da União).
▶ A Lei mencionada neste parágrafo foi revogada pela Lei nº 8.112, de 11-12-1990 (Estatuto dos Servidores Públicos Civis da União, Autarquias e Fundações Públicas Federais).

§ 3º O processo administrativo não poderá ser sobrestado para o fim de aguardar a decisão da ação penal ou civil.

Art. 8º A sanção aplicada será anotada na ficha funcional da autoridade civil ou militar.

Art. 9º Simultaneamente com a representação dirigida à autoridade administrativa ou independentemente dela, poderá ser promovida, pela vítima do abuso, a responsabilidade civil ou penal ou ambas, da autoridade culpada.

Art. 10. VETADO.

Art. 11. À ação civil serão aplicáveis as normas do Código do Processo Civil.

Art. 12. A ação penal será iniciada, independentemente de inquérito policial ou justificação, por denúncia do Ministério Público, instruída com a representação da vítima do abuso.
▶ Conforme art. 1º da Lei nº 5.249, de 9-2-1967, a falta de representação do ofendido não obsta a iniciativa ou o curso de ação pública.

Art. 13. Apresentada ao Ministério Público a representação da vítima, aquele, no prazo de quarenta e oito horas, denunciará o réu, desde que o fato narrado constitua abuso de autoridade, e requererá ao juiz a sua citação, e, bem assim, a designação de audiência de instrução e julgamento.

§ 1º A denúncia do Ministério Público será apresentada em duas vias.

▶ Apenas § 1º, conforme publicação oficial.

Art. 14. Se o ato ou fato constitutivo do abuso de autoridade houver deixado vestígios o ofendido ou o acusado poderá:

a) promover a comprovação da existência de tais vestígios, por meio de duas testemunhas qualificadas;
b) requerer ao juiz, até setenta e duas horas antes da audiência de instrução e julgamento, a designação de um perito para fazer as verificações necessárias.

§ 1º O perito ou as testemunhas farão o seu relatório e prestarão seus depoimentos verbalmente, ou o apresentarão por escrito, querendo, na audiência de instrução e julgamento.

§ 2º No caso previsto na letra a deste artigo a representação poderá conter a indicação de mais duas testemunhas.

Art. 15. Se o órgão do Ministério Público, ao invés de apresentar a denúncia, requerer o arquivamento da representação, o juiz, no caso de considerar improcedentes as razões invocadas, fará remessa da representação ao Procurador-Geral e este oferecerá a denúncia, ou designará outro órgão do Ministério Público para oferecê-la ou insistirá no arquivamento, ao qual só então deverá o juiz atender.

▶ Art. 28 do CPP.

Art. 16. Se o órgão do Ministério Público não oferecer a denúncia no prazo fixado nesta Lei, será admitida ação privada. O órgão do Ministério Público poderá porém aditar a queixa, repudiá-la e oferecer denúncia substitutiva e intervir em todos os termos do processo, interpor recursos, e, a todo tempo, no caso de negligência do querelante, retomar a ação como parte principal.

▶ Art. 5º, LIX, da CF.
▶ Art. 29 do CPP.

Art. 17. Recebidos os autos, o juiz dentro do prazo de quarenta e oito horas, proferirá despacho, recebendo ou rejeitando a denúncia.

▶ Art. 395 do CPP.

§ 1º No despacho em que receber a denúncia, o juiz designará, desde logo, dia e hora para a audiência de instrução e julgamento, que deverá ser realizada, improrrogavelmente, dentro de cinco dias.

§ 2º A citação do réu para se ver processar, até julgamento final e para comparecer à audiência de instrução e julgamento, será feita por mandado sucinto que será acompanhado da segunda via da representação e da denúncia.

Art. 18. As testemunhas de acusação e defesa poderão ser apresentadas em juízo, independentemente de intimação.

Parágrafo único. Não serão deferidos pedidos de precatória para a audiência ou a intimação de testemunhas ou, salvo o caso previsto no artigo 14, b, requerimentos para a realização de diligências, perícias ou exames, a não ser que o juiz, em despacho motivado, considere indispensáveis tais providências.

Art. 19. À hora marcada, o juiz mandará que o porteiro dos auditórios ou o oficial de justiça declare aberta a audiência, apregoando em seguida o réu, as testemunhas, o perito, o representante do Ministério Público ou o advogado que tenha subscrito a queixa e o advogado ou defensor do réu.

Parágrafo único. A audiência somente deixará de realizar-se se ausente o juiz.

Art. 20. Se até meia hora depois da hora marcada o juiz não houver comparecido, os presentes poderão retirar-se devendo o ocorrido constar do livro de termos de audiência.

Art. 21. A audiência de instrução e julgamento será pública, se contrariamente não dispuser o juiz, e realizar-se-á em dia útil, entre dez e dezoito horas, na sede do juízo ou, excepcionalmente, no local que o juiz designar.

Art. 22. Aberta a audiência o juiz fará a qualificação e o interrogatório do réu, se estiver presente.

Parágrafo único. Não comparecendo o réu nem seu advogado, o juiz nomeará imediatamente defensor para funcionar na audiência e nos ulteriores termos do processo.

Art. 23. Depois de ouvidas as testemunhas e o perito, o juiz dará a palavra, sucessivamente, ao Ministério Público ou ao advogado que houver subscrito a queixa e ao advogado ou defensor do réu, pelo prazo de quinze minutos para cada um, prorrogável por mais dez, a critério do juiz.

Art. 24. Encerrado o debate, o juiz proferirá imediatamente a sentença.

Art. 25. Do ocorrido na audiência o escrivão lavrará no livro próprio, ditado pelo juiz, termo que conterá, em resumo, os depoimentos e as alegações da acusação e da defesa, os requerimentos e, por extenso, os despachos e a sentença.

Art. 26. Subscreverão o termo o juiz, o representante do Ministério Público ou o advogado que houver subscrito a queixa, o advogado ou defensor do réu e o escrivão.

Art. 27. Nas comarcas onde os meios de transporte forem difíceis e não permitirem a observância dos prazos fixados nesta Lei, o juiz poderá aumentá-los, sempre motivadamente, até o dobro.

Art. 28. Nos casos omissos, serão aplicáveis as normas do Código de Processo Penal, sempre que compatíveis com o sistema de instrução e julgamento regulado por esta Lei.

Parágrafo único. Das decisões, despachos e sentenças, caberão os recursos e apelações previstas no Código de Processo Penal.

Art. 29. Revogam-se as disposições em contrário.

Brasília, 9 de dezembro de 1965;
144º da Independência e
77º da República.

H. Castello Branco

DECRETO Nº 57.654, DE 20 DE JANEIRO DE 1966

Regulamenta a Lei do Serviço Militar (Lei nº 4.375, de 17 de agosto de 1964), retificada pela Lei nº 4.754, de 18 de agosto de 1965.

► Publicado no *DOU* de 31-1-1966 e retificado no *DOU* de 19-8-1966.

TÍTULO I – GENERALIDADES

Capítulo I
DAS FINALIDADES DESTE REGULAMENTO (RLSM)

Art. 1º Este Regulamento estabelece normas e processos para a aplicação da Lei do Serviço Militar, nele designada pela abreviatura LSM (Lei nº 4.375, de 17 de agosto de 1964, retificada pela Lei nº 4.754, de 18 de agosto de 1965).

Parágrafo único. Caberá a cada Força Armada introduzir as modificações que se fizerem necessárias nos Regulamentos dos órgãos de direção e execução do Serviço Militar, de sua responsabilidade, bem como baixar instruções ou diretrizes com base na LSM e neste Regulamento, tendo em vista estabelecer os pormenores de execução que lhe forem peculiares.

Art. 2º A participação, na defesa nacional, dos brasileiros que não estiverem no desempenho de atividades específicas nas Forças Armadas, será regulada em legislação especial.

Capítulo II
DOS CONCEITOS E DEFINIÇÕES

Art. 3º Para os efeitos deste Regulamento são estabelecidos os seguintes conceitos e definições:

1) adição (passar a adido) – Ato de manutenção da praça, antes de incluída ou depois de excluída, na Organização Militar, para fins específicos, declarados no próprio ato.
2) alistamento – Ato prévio à seleção. Compreende o preenchimento da Ficha de Alistamento Militar (FAM) e do Certificado de Alistamento Militar (CAM).
3) classe – Conjunto dos brasileiros nascidos entre 1º de janeiro e 31 de dezembro de um mesmo ano. É designado pelo ano de nascimento dos que a constituem.
4) classe convocada – Conjunto dos brasileiros, de uma mesma classe, chamado para a prestação do Serviço Militar, quer inicial, quer sob outra forma ou fase.
5) conscritos – Brasileiros que compõem a classe chamada para a seleção, tendo em vista a prestação do Serviço Militar inicial.
6) convocação (nas suas diferentes finalidades) – Ato pelo qual os brasileiros são chamados para a prestação do Serviço Militar, quer inicial, quer sob outra forma ou fase.
7) convocação à incorporação ou matrícula (designação) – Ato pelo qual os brasileiros, após julgados aptos em seleção, são designados para incorporação ou matrícula, a fim de prestar o Serviço Militar, quer inicial, quer sob outra forma ou fase. A expressão "convocado à incorporação", constante do Código Penal Militar (art. 159), aplica-se ao selecionado para convocação e designado para a incorporação ou matrícula em Organização Militar, à qual deverá apresentar-se no prazo que lhe for fixado.
8) dilação do tempo de serviço – Aumento compulsório da duração do tempo de Serviço Militar.
9) desincorporação – Ato de exclusão da praça do serviço ativo de uma Força Armada:
   a) antes de completar o tempo do Serviço Militar inicial, ressalvados os casos de anulação de incorporação, expulsão e deserção. Poderá haver inclusão na reserva, se realizadas as condições mínimas de instrução, exceto quanto aos casos de isenção por incapacidade física ou mental definitiva;
   b) após o tempo de Serviço Militar inicial, apenas para os casos de isenção por incapacidade física ou mental definitiva, quando não tiver direito a reforma.
10) desligamento – Ato de desvinculação da praça da Organização Militar.
11) dispensa de incorporação – Ato pelo qual os brasileiros são dispensados de incorporação em Organizações Militares da Ativa, tendo em vista as suas situações peculiares ou por excederem às possibilidades de incorporação existentes.
12) dispensa do Serviço Militar inicial – Ato pelo qual os brasileiros, embora obrigados ao Serviço Militar, são dispensados da prestação do Serviço Militar inicial, por haverem sido dispensados de incorporação em Organizações Militares da Ativa e não terem obrigações de matrícula em Órgãos de Formação de Reserva, continuando, contudo, sujeitos a convocações posteriores e a deveres previstos neste Regulamento. Os brasileiros nessas condições farão jus ao Certificado de Dispensa de Incorporação.
13) disponibilidade – Situação de vinculação do pessoal da reserva a uma Organização Militar durante o prazo fixado pelos Ministros Militares, de acordo com as necessidades de mobilização.
14) encostamento (ou depósito) – Ato de manutenção do convocado, voluntário, reservista, desincorporado, insubmisso ou desertor na Organização Militar, para fins específicos, declarados no ato (alimentação, pousada, justiça etc.).
15) em débito com o Serviço Militar – Situação dos brasileiros que, tendo obrigações definidas para com o Serviço Militar, tenham deixado de cumpri-las nos prazos fixados.
16) engajamento – Prorrogação voluntária do tempo de serviço do incorporado.
17) estar em dia com as obrigações militares – É estar o brasileiro com sua situação militar regularizada, com relação às sucessivas exigências do Serviço Militar. Para isto, necessita possuir documento comprobatório de situação militar, com as anotações fixadas neste Regulamento, referentes ao cumprimento das obrigações posteriores ao recebimento daquele documento. Esta expressão tem a mesma acepção de "estar quite com o

Serviço Militar", constante de legislação comum, anterior.

18) exclusão – Ato pelo qual a praça deixa de integrar uma Organização Militar.

19) Fundo do Serviço Militar – Fundo especial, criado pela LSM constituído das receitas de arrecadação de multas e de Taxa Militar.

20) inclusão – Ato pelo qual o convocado, voluntário ou reservista passa a integrar uma Organização Militar.

21) incorporação – Ato de inclusão do convocado ou voluntário em Organização Militar da Ativa, bem como em certos Órgãos de Formação de Reserva.

22) insubmisso – Convocado selecionado e designado para incorporação ou matrícula, que não se apresentar à Organização Militar que lhe for designada, dentro do prazo marcado ou que, tendo-o feito, ausentar-se antes do ato oficial de incorporação ou matrícula.

23) isentos do Serviço Militar – Brasileiros que, devido às suas condições morais (em tempo de paz), físicas ou mentais, ficam dispensados das obrigações do Serviço Militar, em caráter permanente ou enquanto persistirem essas condições.

24) Licenciamento – Ato de exclusão da praça do serviço ativo de uma Força Armada, após o término do tempo de Serviço Militar inicial, com a sua inclusão na reserva.

25) matrícula – Ato de admissão do convocado ou voluntário em Órgão de Formação de Reserva, bem como em certas Organizações Militares da Ativa – Escola, Centro ou Curso de Formação de Militar da Ativa. Toda a vez que o convocado ou voluntário for designado para matrícula em um Órgão de Formação de Reserva, ao qual fique vinculado para prestação de serviço, em períodos descontínuos, em horários limitados ou com encargos limitados apenas àqueles necessários à sua formação, será incluído no referido Órgão e matriculado, sem contudo ser incorporado. Quando o convocado ou voluntário for matriculado em uma Escola, Centro ou Curso de Formação de Militar da Ativa, ou Órgão de Formação de Reserva, ao qual fique vinculado de modo permanente, independente de horário, e com os encargos inerentes às Organizações Militares da Ativa, será incluído e incorporado à referida Escola, Centro, Curso ou Órgão.

26) multa – Penalidade em dinheiro, aplicada pelas autoridades militares, por infração a dispositivos da LSM e deste Regulamento.

27) multa mínima – Penalidade em dinheiro, básica, com o valor de 1/30 (um trinta avos) do menor salário mínimo existente no País, por ocasião da aplicação da multa, arredondada para centena de cruzeiros superior.

28) município não tributário – Município considerado, pelo Plano Geral de Convocação anual, como não contribuinte à convocação para o Serviço Militar inicial.

29) município tributário – Município considerado, pelo Plano Geral de Convocação anual, contribuinte à convocação para o Serviço Militar inicial. Dentro das suas possibilidades e localização, poderá contribuir seja apenas para as Organizações Militares da Ativa, seja apenas para os Órgãos de Formação de Reserva, seja para ambos, simultaneamente, para uma ou mais Forças Armadas.

30) Organização Militar da Ativa – Corpos (Unidades) de Tropa, Repartições, Estabelecimentos, Navios, Bases Navais ou Aéreas e qualquer outra unidade tática ou administrativa, que faça parte do todo orgânico do Exército, Marinha ou Aeronáutica.

31) Órgão de Formação de Reserva – Denominação genérica dada aos órgãos de formação de oficiais, graduados, soldados e marinheiros para a reserva. Os Órgãos de Formação de Reserva, em alguns casos, poderão ser, também, Organizações Militares da Ativa, desde que tenham as características dessas Organizações Militares e existência permanente. Existem Órgãos de Formação de Reserva das Forças Armadas, que não são constituídos de militares, mas apenas são orientados, instruídos ou fiscalizados por elementos das citadas Forças.

32) preferenciados – Brasileiros com destino preferencial para uma das Forças Armadas, na distribuição anual do contingente, por exercerem atividades normais de grande interesse da respectiva Força, e que ficarão vinculados à mesma, quanto à prestação do Serviço Militar e quanto à mobilização. Determinados preferenciados tem os mesmos deveres dos reservistas.

33) Publicidade do Serviço Militar – Parte das atividades de Relações Públicas, que visa o esclarecimento do público. Realiza-se através da divulgação institucional e da propaganda educacional.

34) reengajamento – Prorrogação do tempo de serviço, uma vez terminado o engajamento. Podem ser concedidos sucessivos reengajamentos à mesma praça, obedecidas as condições que regulam a concessão.

35) refratário – O brasileiro que não se apresentar para a seleção de sua classe na época determinada ou que, tendo-o feito, ausentar-se sem a haver completado. Não será considerado refratário o que faltar, apenas, ao alistamento, ato prévio à seleção, bem como o residente em município não tributário, há mais de um ano, referido à data de início da época da seleção da sua classe.

36) reinclusão – Ato pelo qual o reservista ou desertor passa a reintegrar uma Organização Militar.

37) reincorporação – Ato de reinclusão do reservista ou isento, em determinadas condições, em Organização Militar da Ativa, bem como em certos Órgãos de Formação de Reserva.

38) Relações Públicas do Serviço Militar – Atividades dos diferentes órgãos do Serviço Militar, visando ao bom atendimento e ao esclarecimento do público.

39) reserva – Conjunto de oficiais e praças componentes da reserva, de acordo com legislação própria e com este Regulamento.

40) Reservista – Praça componente da reserva.

41) reservista de 1ª categoria – Aquele que atingiu um grau de instrução que o habilite ao desempenho de função de uma das qualificações ou es-

pecializações militares de cada uma das Forças Armadas.

42) reservista de 2ª categoria – Aquele que tenha recebido, no mínimo, a instrução militar suficiente para o exercício de função geral básica de caráter militar.

43) situação especial – Situação do possuidor do Certificado de Dispensa de Incorporação, por se encontrar em função ou ter aptidão de interesse da defesa nacional e fixada pela respectiva Força Armada. É registrada no Certificado correspondente.

44) subunidade-quadro – Subunidade com quadro de organização composto apenas de elementos de comando e de enquadramento e tendo por finalidade a formação de:
a) soldados ou marinheiros especialistas (ou de qualificações militares específicas) destinados à ativa ou à reserva;
b) graduados de fileira e especialistas (ou de qualificações militares específicas) destinados à ativa ou à reserva.

As Subunidades-quadro são consideradas, conforme o caso, Organização Militar da Ativa ou Órgão de Formação da Reserva. Poderão existir integrando Organizações Militares da Ativa ou ser localizadas isoladamente.

45) Taxa Militar – Importância em dinheiro cobrada, pelos órgãos do Serviço Militar, aos convocados que obtiverem adiamento de incorporação ou a quem for concedido o Certificado de Dispensa de Incorporação. Terá o valor da multa mínima.

46) voluntário – Brasileiro que se apresenta, por vontade própria, para a prestação do Serviço Militar, seja inicial, seja sob outra forma ou fase. A sua aceitação e as condições a que fica obrigado são fixadas pelos Ministérios Militares.

TÍTULO II – DA NATUREZA, OBRIGATORIEDADE E DURAÇÃO DO SERVIÇO MILITAR

Capítulo III

DA NATUREZA E OBRIGATORIEDADE DO SERVIÇO MILITAR

Art. 4º O Serviço Militar consiste no exercício das atividades específicas desempenhadas nas Forças Armadas – Exército, Marinha e Aeronáutica – e compreenderá, na mobilização, todos os encargos relacionados com a defesa nacional.

§ 1º Tem por base a cooperação consciente dos brasileiros, sob os aspectos espiritual, moral, físico, intelectual e profissional, na segurança nacional.

§ 2º Com as suas atividades, coopera na educação moral e cívica dos brasileiros em idade militar e lhes proporciona a instrução adequada para a defesa nacional.

Art. 5º Todos os brasileiros são obrigados ao Serviço Militar na forma da LSM e deste Regulamento.

▶ Caput com a redação dada pelo Dec. nº 1.294, de 26-10-1994.

§ 1º As mulheres ficam isentas do Serviço Militar em tempo de paz e, de acordo com as suas aptidões, sujeitas aos encargos de interesse da mobilização.

§ 2º É permitida a prestação do Serviço Militar pelas mulheres que forem voluntárias.

▶ §§ 1º e 2º com a redação dada pelo Dec. nº 1.294, de 26-10-1994.

§ 3º O Serviço Militar a que se refere o parágrafo anterior poderá ser adotado por cada Força Armada segundo seus critérios de conveniência e oportunidade.

§ 4º Os brasileiros naturalizados e por opção são obrigados ao Serviço Militar a partir da data em que receberem o certificado de naturalização ou da assinatura do termo de opção.

▶ §§ 3º e 4º acrescidos pelo Dec. nº 1.294, de 26-10-1994.

Art. 6º As atividades a que, em caso de mobilização, estão sujeitas as mulheres são as constantes dos números 2 e 3 do art. 10 deste Regulamento.

Art. 7º O Serviço Militar inicial será o prestado por classes constituídas de brasileiros nascidos entre 1º de janeiro e 31 de dezembro, no ano em que completarem 19 (dezenove) anos de idade.

Parágrafo único. A classe será designada pelo ano de nascimento dos brasileiros que a constituem e o consequente recrutamento para a prestação do Serviço Militar será fixado neste Regulamento.

Art. 8º Os brasileiros nas condições previstas na LSM e neste Regulamento prestarão o Serviço Militar incorporados em Organizações Militares da Ativa ou matriculados em Órgãos de Formação de Reserva.

Art. 9º As condições para a prestação de outras formas e fases do Serviço Militar obrigatório são fixadas neste Regulamento e em legislação especial.

Art. 10. Na mobilização, o Serviço Militar abrangerá a prestação de serviços:
1) na forma prescrita nos artigos 7º e 9º deste Regulamento;
2) decorrentes das necessidades militares, correspondentes aos encargos de mobilização; e
3) em organizações civis que interessem à defesa nacional.

Art. 11. O Serviço prestado nas Polícias Militares, Corpos de Bombeiros e em outras Corporações encarregadas da Segurança Pública, que, por legislação específica, forem declaradas reservas das Forças Armadas, será considerado de interesse militar. O ingresso nessas Corporações será feito de acordo com as normas baixadas pelas autoridades competentes, respeitadas as prescrições deste Regulamento.

Art. 12. As Polícias Militares poderão receber, como voluntários, os reservistas de 1ª e 2ª categorias e os portadores de Certificado de Dispensa de Incorporação.

§ 1º Os reservistas "na disponibilidade", assim como os possuidores de Certificado de Dispensa de Incorporação, considerados pela respectiva Força como em situação especial, na forma dos arts. 160 e 202, parágrafo único, respectivamente, deste Regulamento, necessitarão de autorização prévia do Comandante de Região Militar, Distrito Naval ou Zona Aérea correspondentes, ressalvado o disposto no art. 15, ainda deste Regulamento.

§ 2º As Polícias Militares também poderão receber, como voluntários, os portadores de Certificado de Isenção por incapacidade física, desde que aprovados em nova inspeção de saúde, nessas Corporações.

§ 3º Os Comandantes das Corporações referidas neste artigo remeterão à correspondente Circunscrição de Serviço Militar, Capitania dos Portos ou Serviço de Recrutamento e Mobilização da Zona Aérea, relações dos brasileiros incluídos nas suas Corporações, especificando:

1) filiação;
2) data e local de nascimento; e
3) número, origem e natureza do documento comprobatório de situação militar.

Art. 13. Os brasileiros excluídos das Polícias Militares por conclusão de tempo, antes de 31 de dezembro do ano em que completarem 45 (quarenta e cinco) anos de idade, terão as situações militares atualizadas de acordo com as novas qualificações e com o grau de instrução alcançado:

1) serão considerados reservistas da 2ª categoria, nas graduações e qualificações atingidas, se anteriormente eram portadores de Certificados de Isenção, de Dispensa de Incorporação ou de Reservista, quer de 1ª, quer de 2ª categoria, com graduação inferior à atingida.
2) nos demais casos, permanecerão na categoria, na graduação e na qualificação que possuíam antes da inclusão na Polícia Militar.

§ 1º Os excluídos por qualquer motivo, antes da conclusão do tempo a que se obrigaram, exceto por incapacidade física ou moral, retornarão à situação anterior, que possuíam na reserva, ou serão considerados reservistas de 2ª categoria na forma fixada neste Regulamento.

§ 2º Os excluídos das referidas Corporações por incapacidade física ou moral serão considerados isentos do Serviço Militar, qualquer que tenha sido a sua situação anterior, devendo receber o respectivo Certificado.

§ 3º As Polícias Militares fornecerão aos excluídos de suas corporações os certificados a que fizerem jus, por ocasião da exclusão, de acordo com o estabelecido neste artigo:

1) restituindo o Certificado que possuíam anteriormente à inclusão, aos que não tiveram alterada sua situação militar;
2) fornecendo o Certificado de 2ª Categoria ou de Isenção, conforme o caso, aos que tiveram alterada sua situação militar.

§ 4º Caberá aos Comandantes de Corporação das Polícias Militares o processamento e a entrega dos novos certificados previstos neste artigo, os quais serão fornecidos, sob controle, pelas Circunscrições de Serviço Militar.

Art. 14. Os brasileiros matriculados em Cursos de Formação de Oficiais das Polícias Militares, quando pertencentes à classe chamada para a seleção, terão a incorporação adiada automaticamente até a conclusão ou interrupção do curso.

§ 1º Os que forem desligados desses Cursos antes de um ano, e que não tiverem direito à rematrícula, concorrerão à prestação do Serviço Militar inicial, a que estiverem sujeitos, com a primeira classe a ser convocada, após o desligamento, com prioridade para incorporação. Neste caso, o Comandante da Corporação os encaminhará ao Chefe da Circunscrição do Serviço Militar ou ao órgão alistador mais próximo, para que regularizem a sua situação militar.

§ 2º Os que forem desligados após terem completado um ano de curso, exceto se o desligamento se der por incapacidade moral ou física, serão considerados reservistas de 2ª Categoria.

Art. 15. Os reservistas, ou possuidores de Certificado de Dispensa de Incorporação e os isentos do Serviço Militar por incapacidade física poderão frequentar Cursos de Formação de Oficiais das Polícias Militares, independentemente de autorização especial.

§ 1º Neste caso, os reservistas serão considerados em destino reservado, e os possuidores de Certificado de Dispensa de Incorporação, bem como os isentos, permanecerão nesta situação até o término ou desligamento do curso.

§ 2º Quando desligados antes da conclusão do curso, por qualquer motivo, exceto por incapacidade moral:

1) os reservistas, retornarão à mesma situação que possuíam na reserva;
2) os possuidores de Certificado de Dispensa de Incorporação e os isentos por incapacidade física continuarão na mesma situação. Entretanto, se tiverem completado, no mínimo, um ano de curso, serão considerados reservistas de 2ª categoria, nos termos do § 2º do art. 14, deste Regulamento.

§ 3º Os desligados por incapacidade física ou moral terão a situação regulada pelo § 2º, do art. 13 deste Regulamento.

Art. 16. Os brasileiros, reservistas ou não, que concluírem os Cursos de Formação de Oficiais das Polícias Militares terão a situação fixada no Regulamento do Corpo de Oficiais da Reserva do Exército.

Art. 17. Os responsáveis pelos Cursos de Formação de Oficiais das Polícias Militares deverão remeter aos Chefes de Circunscrição de Serviço Militar, relações nominais dos matriculados, dos que interromperem os cursos sem direito à rematrícula e dos que concluírem os cursos, idênticas às fixadas pelo § 3º do art. 12, deste Regulamento.

Parágrafo único. As relações a que se refere este artigo serão remetidas logo após o início ou término do curso e tão logo se verifiquem as interrupções.

Art. 18. Aos Corpos de Bombeiros e outras Corporações encarregadas da Segurança Pública, nas condições fixadas no art. 11 deste Regulamento, serão aplicadas as prescrições fixadas para as Polícias Militares que, sem serem Organizações Militares ou Órgãos de Formação de Reserva das Forças Armadas, na forma estabelecida na LSM e neste Regulamento, são reservas do Exército.

Capítulo IV
DA DURAÇÃO DO SERVIÇO MILITAR

Art. 19. A obrigação para com o Serviço Militar, em tempo de paz, começa no 1º dia de janeiro do ano em que o brasileiro completar 18 (dezoito) anos de idade e subsistirá até 31 de dezembro do ano em que completar 45 (quarenta e cinco) anos.

Parágrafo único. Em tempo de guerra, esse período poderá ser ampliado, de acordo com os interesses da defesa nacional.

Art. 20. Será permitida aos brasileiros a prestação de Serviço Militar como voluntário, a partir do ano em que completarem 17 (dezessete) anos e até o limite de idade fixado no artigo anterior, e na forma do prescrito no art. 127 e seus parágrafos, deste Regulamento.

Art. 21. O Serviço Militar inicial dos incorporados terá a duração normal de 12 (doze) meses.

§ 1º Os Ministros da Guerra, Marinha e Aeronáutica poderão reduzir até dois meses ou dilatar até seis meses a duração do tempo de Serviço Militar inicial dos brasileiros incorporados às respectivas Forças Armadas.

§ 2º Em caso de interesse nacional, a dilação do tempo de Serviço Militar dos incorporados além de 18 (dezoito) meses poderá ser feita mediante autorização do Presidente da República.

§ 3º Durante o período, de dilação do tempo de Serviço Militar, prevista nos parágrafos anteriores, as praças por ela abrangidas serão consideradas engajadas.

§ 4º As reduções e dilações do tempo de Serviço Militar, previstas nos §§ 1º e 2º deste artigo, serão feitas mediante ato específico e terão caráter compulsório, ressalvado o disposto no art. 133, deste Regulamento.

Art. 22. O Serviço Militar inicial dos matriculados em Órgãos de Formação de Reserva terá a duração prevista nos respectivos regulamentos.

Art. 23. A duração do tempo de prestação de outras formas e fases do Serviço Militar será fixada nos atos que determinarem as convocações, aceitarem voluntários ou concederem as prorrogações de tempo de serviço, com base neste Regulamento ou em legislação especial.

Art. 24. A contagem do tempo de Serviço Militar terá início no dia da incorporação ou da matrícula.

Parágrafo único. Não será computado como tempo de Serviço Militar:

1) qualquer período anterior ao ano a partir do qual é permitida a aceitação do voluntário, definido no art. 20 deste Regulamento;
2) o período que o incorporado levar no cumprimento de sentença judicial passada em julgado;
3) o período decorrido sem aproveitamento, de acordo com as exigências dos respectivos regulamentos, pelos matriculados em Órgãos de Formação de Reserva.

Art. 25. Quando, por motivo de força-maior, devidamente comprovado (incêndio, inundações etc.), faltarem dados para contagem de tempo de Serviço Militar, caberá aos Ministros Militares arbitrarem o tempo a ser computado para cada caso particular, de acordo com os elementos de que dispuserem.

TÍTULO III – DOS ÓRGÃOS DE DIREÇÃO E EXECUÇÃO DO SERVIÇO MILITAR E DA DIVISÃO TERRITORIAL

Capítulo V
DOS ÓRGÃOS DE DIREÇÃO E DE EXECUÇÃO DO SERVIÇO MILITAR

Art. 26. Ao Estado-Maior das Forças Armadas (EMFA) caberá a direção geral do Serviço Militar, mediante a coordenação de determinadas atividades essenciais, focalizadas na LSM e neste Regulamento, cabendo aos Ministérios Militares a responsabilidade da direção, planejamento e execução do referido Serviço na respectiva Força Armada.

Parágrafo único. Todos os documentos, elaborados pelo EMFA, que encerrem prescrições, a serem executadas pelos Ministros Militares, deverão ser aprovados pelo Presidente da República.

Art. 27. Compete ao EMFA:

1) elaborar, anualmente, com participação dos Ministérios Militares, um Plano Geral de convocação para o Serviço Militar inicial, regulando as condições de recrutamento da classe a incorporar no ano seguinte, nas Forças Armadas;
2) fixar, anualmente, as condições de tributação dos municípios, mediante proposta dos Ministros Militares;
3) fixar critérios para a seleção, tendo em vista a prestação do Serviço Militar inicial, de acordo com os requisitos apresentados pelos Ministérios Militares;
4) declarar, anualmente, quais os estabelecimentos ou empresas industriais, de interesse militar, de transporte e de comunicações, que são relacionados, diretamente, com a Segurança Nacional, para fins de dispensa de incorporação de empregados, operários ou funcionários;
5) baixar instruções para execução do Serviço Militar no exterior, quanto aos brasileiros que se encontrarem fora do país;
6) coordenar a confecção de tabelas únicas de uniforme e material de instrução dos Tiros de Guerra ou Órgãos criados com a mesma finalidade;
7) programar, orientar e coordenar as atividades de Relações Públicas (inclusive Publicidade) do Serviço Militar nos aspectos comum às três Forças Armadas;

▶ Item 7 com a redação dada pelo Dec. nº 58.759, de 28-6-1966.

8) encarregar-se do Fundo do Serviço Militar, de conformidade com o disposto neste Regulamento;
9) propor a fixação de dotações orçamentárias próprias, destinadas às despesas para execução da LSM e administrá-las, de acordo com o disposto neste Regulamento;
10) coordenar qualquer assunto referente ao Serviço Militar não especificado nos números anteriores deste artigo, que envolva interesses essenciais relacionados com mais de uma Força Armada e que exija critério uniforme de solução.

Art. 28. São órgãos de direção do Serviço Militar:

1) no Exército: a Diretoria do Serviço Militar (DSM);

2) na Marinha: a Diretoria do Pessoal da Marinha (DPM);
3) na Aeronáutica: a Diretoria do Pessoal da Aeronáutica (DPAer).

Parágrafo único. Cada Diretoria terá seu regulamento próprio.

Art. 29. A execução do Serviço Militar, no Exército, ficará a cargo das Regiões Militares (RM).

§ 1º Constituem órgãos do Serviço Militar, nos territórios das Regiões Militares:

1) as Seções de Serviço Militar Regional (SSMR) e as de Tiro de Guerra (STG), que são órgãos regionais de planejamento, execução e coordenação do Serviço Militar. Dependem tecnicamente da Diretoria do Serviço Militar;
2) as Circunscrições do Serviço Militar (CSM), que são órgãos regionais de execução e fiscalização do Serviço Militar. Terão instruções próprias de funcionamento, em que serão definidas as atribuições dos órgãos subordinados. São dependentes técnica e doutrinariamente da DSM, através das SSMR, e administrativa e disciplinarmente dos Comandantes de RM;
3) as Delegacias de Serviço Militar (Del SM), que são órgãos executores e fiscalizadores, diretamente subordinados à CSM em cujo território tenham sede e que abrangem uma ou mais Juntas de Serviço Militar;
4) as Juntas de Serviço Militar (JSM), que são órgãos executores do Serviço Militar nos Municípios Administrativos. Estão subordinados tecnicamente às CSM correspondentes por intermédio das Del SM; e
5) os Órgãos Alistadores (OA), sob a responsabilidade de Organizações Militares, designadas pelo Ministro da Guerra, que, como as JSM, são órgãos executores do Serviço Militar e encarregados do alistamento militar. Dependem tecnicamente da CSM, em cujo território tenham sede.

§ 2º As CSM e as Del SM terão organização adequada à população e território que lhes competir atender. Sempre que necessário, delas poderão fazer parte, permanente ou temporariamente, elementos dos outros Ministérios Militares, de acordo com o disposto no parágrafo único do art. 32, deste Regulamento.

§ 3º As JSM, como órgãos de execução nos municípios, serão presididas pelos Prefeitos Municipais, tendo como Secretário um funcionário municipal. Em caso de necessidade absoluta, o agente estatístico local desempenhará as funções de Secretário. A critério do Presidente da JSM poderão ser designados seus auxiliares outros funcionários municipais. Todo o pessoal da JSM deverá ser de reconhecida idoneidade moral e profissional.

§ 4º Quando razões imperiosas, devidamente justificadas, impedirem o Prefeito Municipal de exercer as funções de Presidente da JSM, poderá ele designar seu representante para exercê-las um funcionário municipal de reconhecida capacidade e idoneidade moral.

§ 5º O Secretário da JSM será designado pelo Comandante da RM, por proposta da CSM competente, mediante indicação do Prefeito Municipal. Deverá realizar, sempre que possível, um estágio preparatório das funções na Del SM ou na CSM ou por correspondência. Excepcionalmente, se o vulto dos trabalhos da JSM o aconselhar, poderão ser designados mais de um Secretário para a mesma JSM.

§ 6º Os Comandantes de RM poderão modificar a composição de qualquer JSM, cuja atuação contrarie o interesse público, adotando, então, aquela autoridade, medidas que no caso couberem.

§ 7º Nos Municípios onde houver Tiros de Guerra, o seu Diretor será, também, o Presidente da JSM, que terá como Secretário o instrutor mais antigo. E, neste caso:

1) o Presidente da JSM será designado pelo Comandante da Região e os Prefeitos municipais ficam dispensados da presidência;
2) funcionários municipais poderão também ser designados, pelos Prefeitos, para auxiliares da JSM presidida pelo Diretor do Tiro de Guerra;
3) se os Prefeitos municipais forem também Diretores do Tiro de Guerra, a JSM ficará constituída normalmente, de acordo com o disposto no § 3º, deste artigo.

§ 8º Nos municípios sede de CSM e de outras Organizações Militares, mediante proposta dos Comandantes de RSM, poderá deixar de ser instalada JSM. Nesses municípios, os encargos da JSM serão desempenhados por Órgão Alistador, sob a responsabilidade de uma Organização Militar.

§ 9º A responsabilidade pela instalação e manutenção adequadas das JSM (sede, pessoal e material), quer presididas pelo Prefeito, quer pelo Diretor do Tiro de Guerra, é do Município Administrativo.

§ 10. O Comandante da RM, em caso de dificuldades para o funcionamento das JSM, por irregularidades graves ou por falta de sede, pessoal ou material adequados, poderá suspender o seu funcionamento, em caráter temporário, caso em que designará a JSM de outro Município, para atendimento dos trabalhos vinculados à Junta de funcionamento suspenso, sem prejuízo de medidas administrativas e judiciais, julgadas necessárias.

§ 11. Compete às JSM:

1) cumprir as instruções para o seu funcionamento, baixadas pelo Ministro da Guerra;
2) cumprir as prescrições técnicas baixadas pela CSM correspondente;
3) executar os trabalhos de Relações Públicas, inclusive Publicidade do Serviço Militar, no seu território; e
4) efetuar a fiscalização dos trabalhos do Serviço Militar, a seu cargo, mantendo elevado padrão moral e funcional nas suas atividades e proibindo a atuação de intermediários.

§ 12. As Del SM funcionarão anexas a uma JSM, escolhida de acordo com a capacidade de atendimento do município e de comunicação com as demais JSM de sua jurisdição. Excepcionalmente, poderão funcionar nas sedes das CSM.

§ 13. Constituem órgãos alistadores, no Exército:

1) Juntas de Serviço Militar;
2) Circunscrições de Serviço Militar; e

3) Órgãos Alistadores (OA), sob a responsabilidade de Organizações do Exército.

Art. 30. A execução do Serviço Militar, na Marinha, ficará a cargo da Diretoria do Pessoal da Marinha (DPM).

§ 1º Para esse fim, a DPM superintenderá tecnicamente os seguintes órgãos e elementos navais:

1) Distritos Navais (DN) – que são órgãos de planejamento, execução e fiscalização do Serviço Militar nos territórios de sua Jurisdição;
2) Bases Navais (BN) – que são órgãos de execução e fiscalização do Serviço Militar, subordinados aos Distritos Navais respectivos;
3) Capitanias dos Portos (CP) – que, com suas Delegacias (DelCP) e Agências (AgCP), são órgãos executantes do Serviço Militar nos territórios de sua jurisdição, subordinadas aos Distritos Navais respectivos; e
4) Corpo de Fuzileiros Navais (CFN) – órgão de execução do Serviço Militar, concernente ao pessoal a ele destinado.

§ 2º Constituem órgãos alistadores, na Marinha:

1) Diretoria do Pessoal da Marinha;
2) Distritos Navais;
3) Capitanias dos Portos;
4) Delegacias das Capitanias dos Portos;
5) Agências das Capitanias dos Portos;
6) Arsenal de Marinha do Rio de Janeiro;
7) Centro de Armamento da Marinha; e
8) Outros órgãos ou comissões, assim declarados pelo Ministro da Marinha.

Art. 31. A execução do Serviço Militar, na Aeronáutica, ficará a cargo das Zonas Aéreas (ZAé).

§ 1º Constituem órgãos do Serviço Militar, nos territórios das ZAé:

1) os Serviços de Recrutamento e Mobilização de Zona Aérea (SRMZAé), que são órgãos de planejamento, execução e coordenação do Serviço Militar, no âmbito da ZAé. Dependem tecnicamente da DPAer e reger-se-ão por instruções próprias; e
2) as Juntas de Alistamento da Aeronáutica (JAAer), nas Unidades e Estabelecimentos. Dependem tecnicamente dos SRMZAé.

§ 2º Constituem órgãos alistadores na Aeronáutica:

1) Serviços de Recrutamento e Mobilização de Zona Aérea;
2) Juntas de Alistamento da Aeronáutica;
3) Comissões de Seleção, a funcionarem junto a repartições públicas civis ou militares, autárquicas e de economia mista, federais, estaduais e municipais e estabelecimentos de ensino e industriais; e
4) outros órgãos, assim declarados pelo Ministro da Aeronáutica.

Art. 32. Os Órgãos do Serviço Militar de cada Ministério Militar, enumerados nos arts. 29, 30 e 31 deste Regulamento, atenderão, também, as necessidades dos outros dois Ministérios, mediante entendimento adequado.

Parágrafo único. Para este fim, poderão ser designadas comissões ou representantes de um Ministério, permanentes ou temporários, junto aos órgãos de execução de outro Ministério.

Art. 33. Os Consulados do Brasil serão órgãos executores do Serviço Militar no exterior, quanto aos brasileiros que se encontrarem dentro de sua jurisdição.

CAPÍTULO VI

DA DIVISÃO TERRITORIAL

Art. 34. O território nacional, para efeito do Serviço Militar, compreende:

1) Juntas de Serviço Militar (JSM), correspondentes aos Municípios Administrativos;
2) Delegacias de Serviço Militar (Del SM), abrangendo uma ou mais Juntas de Serviço Militar;
3) Circunscrições de Serviço Militar (CSM), abrangendo diversas Delegacias de Serviço Militar, situadas, tanto quanto possível, no mesmo Estado; e
4) Zonas de Serviço Militar (ZSM), abrangendo duas ou mais Circunscrições de Serviço Militar. Para efeitos deste Regulamento:

a) no Exército, serão constituídas as Zonas: de Serviço Militar Norte, abrangendo as CSM localizadas no território das 7ª, 8ª e 10ª RM; de Serviço Militar Centro, abrangendo as CSM localizadas no território das 1ª, 2ª, 4ª, 6ª, 9ª e 11ª RM; e de Serviço Militar Sul, abrangendo as CSM localizadas nas 3ª e 5ª RM;
b) na Marinha e na Aeronáutica, as ZSM serão organizadas, quando necessário, por proposta dos respectivos Ministérios.

§ 1º O Distrito Federal e os Territórios Federais, exceto o de Fernando de Noronha, são equiparados a Estados para os efeitos da LSM e deste Regulamento; as suas divisões administrativas são equiparadas a Municípios. O território de Fernando de Noronha, para o mesmo fim, fica equiparado a Município.

§ 2º Os municípios serão considerados tributários ou não tributários, conforme sejam ou não designados, no Plano Geral de Convocação, contribuintes para a seleção e consequente convocação para o Serviço Militar inicial.

Art. 35. A designação dos municípios tributários será feita anualmente pelo EMFA, mediante proposta dos Ministros Militares.

§ 1º As propostas para a tributação dos municípios deverão especificar:

1) municípios tributários de Organizações Militares da Ativa;
2) municípios tributários de Órgãos de Formação de Reserva; e
3) municípios tributários de Organizações Militares da Ativa e de Órgãos de Formação de Reserva, simultaneamente;

§ 2º Na tributação dos municípios serão levadas em consideração as seguintes condições:

1) necessidades e localização das Organizações Militares da Ativa e dos Órgãos de Formação de Reserva;
2) índice demográfico e facilidades de comunicação e de transporte do município;
3) possibilidades orçamentárias dos Ministérios Militares; e
4) características da mobilização.

§ 3º Deverá, ainda, ser levada em consideração a necessidade de evitar a certeza de que um determinado município seja sempre dispensado de incorporação.

§ 4º Em consequência da tributação de que trata o presente artigo, serão designados, quando necessário, os municípios constitutivos das Guarnições Militares, referidas no art. 89 e seus parágrafos, deste Regulamento.

Art. 36. Entre outros, serão designados como tributários:

1) de Organização Militar da Ativa – os municípios sede dessas Organizações e, se necessário, os mais próximos delas;
2) de Órgãos de Formação de Reserva – os municípios (apenas as suas zonas urbana e suburbana) sede desses Órgãos e vizinhos, se possível.

Art. 37. Terão prioridade para serem classificados como não tributários de Organizações Militares da Ativa os municípios que possuírem uma das seguintes condições:

1) recenseamento militar de fraco coeficiente; ou
2) meios de comunicação e de transporte deficientes.

TÍTULO IV – DO RECRUTAMENTO PARA O SERVIÇO MILITAR

CAPÍTULO VII

DO RECRUTAMENTO

Art. 38. O recrutamento fundamenta-se na prestação do Serviço Militar em caráter obrigatório ou no voluntariado, nos Termos dos arts. 5º e 127 do presente Regulamento. Compreende:

1) convocação (nas suas diferentes finalidades);
2) seleção;
3) convocação à incorporação ou à matrícula (designação); e
4) incorporação ou matrícula nas Organizações Militares da Ativa ou nos Órgãos de Formação de Reserva.

CAPÍTULO VIII

DE SELEÇÃO E DO ALISTAMENTO

Art. 39. A seleção, quer da classe a ser convocada, quer dos voluntários, será realizada dentro dos seguintes aspectos:

1) físico;
2) cultural;
3) psicológico; e
4) moral.

Art. 40. Todos os brasileiros deverão apresentar-se, obrigatoriamente, para fins de seleção ou de regularização de sua situação militar, no ano em que completarem 18 (dezoito) anos de idade, independentemente de Editais, Avisos ou Notificações, em local e época que forem fixados neste Regulamento e nos Planos e Instruções de Convocação.

Parágrafo único. A apresentação deverá ser realizada inicialmente para o alistamento e posteriormente para a seleção propriamente dita.

Art. 41. O alistamento constitui o ato prévio, e obrigatório, à seleção.

§ 1º A apresentação obrigatória para o alistamento será feita dentro dos primeiros seis meses do ano em que o brasileiro completar 18 (dezoito) anos de idade. Quanto àqueles que sejam voluntários para a prestação do Serviço Militar inicial, poderá ser feita a partir da data em que o interessado completar 16 (dezesseis) anos de idade. Quanto aos brasileiros naturalizados ou por opção, deverá realizar-se dentro do prazo de 30 (trinta) dias, a contar da data em que receberem o certificado de naturalização ou da assinatura do termo de opção.

§ 2º O alistamento será efetuado normalmente pelo órgão alistador do local de residência, ou, excepcionalmente, em outro órgão alistador, se as circunstâncias o justificarem, a juízo desse último órgão, bem como nos Consulados do Brasil, para os que estiverem no exterior. Os órgãos alistadores funcionarão normalmente durante todo o ano.

§ 3º Aos brasileiros que residirem ou se encontrarem no exterior, próximo a localidade brasileira, é facultada a apresentação, por conta própria, para o alistamento, ao órgão alistador da referida localidade.

§ 4º A inexistência ou falta de órgão alistador no local de residência não constituirá motivo para isentar qualquer brasileiro do alistamento obrigatório no período previsto no § 1º, deste artigo.

§ 5º O brasileiro que não se tiver apresentado para o alistamento obrigatório, na condição fixada no § 1º, deste artigo:

1) incorrerá na multa mínima prevista no nº 1 do art. 176, deste Regulamento; e
2) será alistado pelo órgão alistador a que comparecer por qualquer motivo.

Art. 42. Ao ser alistado, todo o brasileiro receberá imediata e gratuitamente, do órgão alistador, o Certificado de Alistamento Militar (CAM).

§ 1º Na ocasião da lavratura do CAM, será registrada, como limite de validade inicial, a data de 1º de dezembro do ano que anteceder ao da incorporação da classe a que pertencer o alistado ou daquela a que se encontrar vinculado.

§ 2º Terminado o prazo acima estabelecido e continuando o brasileiro em dia com as obrigações militares, a validade do CAM será prorrogada, nas condições seguintes:

1) até a data da incorporação ou matrícula;
2) até o recebimento, quando for o caso, do Certificado de Isenção ou de Dispensa de Incorporação; ou
3) enquanto permanecer com a incorporação adiada.

Art. 43. Ao apresentar-se ao órgão alistador do local de residência para o alistamento, de conformidade com o fixado nos arts. 40 e 41 deste Regulamento, todo o brasileiro deverá estar munido dos seguintes documentos:

1) certidão de nascimento ou prova equivalente. Se for brasileiro naturalizado ou por opção, a prova de naturalização ou certidão do termo de opção;
2) duas fotografias 3 x 4 cm; e
3) declaração de não haver se alistado ainda em outro órgão alistador, assinada pelo alistando, ou, a seu rogo, por pessoa idônea. Essa declaração poderá ser feita na Ficha de Alistamento Militar (FAM), a ser organizada pelo órgão alistador.

§ 1º Os alistandos residentes em municípios tributários e que sejam arrimos de família deverão apresentar, ainda, os documentos comprovantes dessa situação e o requerimento solicitando dispensa de incorporação, nos termos do § 10 do art. 105, deste Regulamento.

§ 2º O brasileiro que não tiver sido registrado civilmente, que não possuir documento hábil de identificação ou que ignorar se foi registrado ou o lugar em que o tenha sido:

1) será alistado de acordo com as declarações de duas testemunhas identificadas, sobre o nome, data e lugar de nascimento, filiação, estado civil, residência e profissão as quais serão anotadas em livro especial e válidas em caráter provisório, exclusivamente para fins de Serviço Militar. No CAM deverá ser anotado (carimbo em cor vermelha): "Não é válido como prova de identidade, por falta de apresentação de documento hábil de identificação";
2) se for incorporado ou matriculado, caberá ao seu Comandante, Chefe ou Diretor, fazê-lo regularizar a sua situação, dentro do prazo de prestação do Serviço Militar inicial, com o registro civil, ou com providências para obtenção da prova desse registro, ou, ainda, com a competente justificação judicial;
3) se for dispensado do Serviço Militar inicial, ou isento, o Certificado correspondente deverá conter a anotação prevista no nº 1 deste parágrafo, a menos que tenha sido apresentado, em tempo útil, o documento hábil de identificação.

§ 3º Os brasileiros residentes no exterior, ao se alistarem nos Consulados do Brasil, deverão apresentar, também, prova legal de residência.

§ 4º Os brasileiros preferenciados para cada uma das Forças Armadas, de acordo com o art. 69, deste Regulamento deverão alistar-se em órgão alistador do Ministério correspondente.

Art. 44. O brasileiro que se alistar duas vezes incorrerá na multa prevista no nº 1 do art. 177, deste Regulamento independentemente de outras sanções a que possa estar sujeito.

Art. 45. No alistamento realizado em município tributário, serão anotados, no CAM, o local e a data em que deverá ser feita a apresentação para a seleção, desde que esses elementos sejam conhecidos.

Parágrafo único. Caso o alistando apresente notória incapacidade física, terá aplicação o disposto em os arts. 59 e 60 deste Regulamento. O órgão alistador poderá providenciar a inspeção de saúde do requerente.

Art. 46. Por ocasião do alistamento da classe, e a critério dos Comandantes de RM, DN ou ZAé, poderão ser constituídas Comissões de Seleção, nas Organizações Militares onde funcionarem órgãos alistadores, com a finalidade de realizarem a inspeção de saúde dos alistandos. Essa inspeção se regerá pelo disposto em o art. 52 deste Regulamento.

§ 1º Os julgados incapazes definitivamente receberão Certificados de Isenção.

§ 2ª Os demais deverão apresentar-se, na época da seleção da classe, conforme estabelece o art. 48 do presente Regulamento, sendo, então, submetidos a nova inspeção de saúde.

Art. 47. Para os brasileiros residentes nos municípios não tributários, o recrutamento ficará limitado ao alistamento.

Art. 48. Os brasileiros da classe a ser convocada, residentes em municípios tributários, ficam obrigados a apresentar-se para a seleção, a ser realizada dentro do segundo semestre do ano em que completarem 18 (dezoito) anos de idade, independentemente de Editais, Avisos e Notificações, em locais e prazos fixados neste Regulamento e nos Planos e Instruções de Convocação. Também ficam obrigados a essa apresentação os brasileiros vinculados à classe a ser convocada.

§ 1º A seleção deve proporcionar a avaliação dos brasileiros, a serem convocados para o Serviço Militar inicial, quanto aos aspectos físico, cultural, psicológico e moral, de forma a permitir sejam aproveitados para incorporação ou matrícula, de acordo com as suas aptidões e as necessidades dos Ministérios Militares.

§ 2ª Serão submetidos à seleção os conscritos, os voluntários e os pertencentes a classes anteriores, ainda em débito com o Serviço Militar.

§ 3º Os brasileiros que se apresentarem para a seleção, sem terem realizado o alistamento, deverão, previamente, ser alistados, no órgão alistador competente.

Art. 49. A seleção, para todas as Forças Armadas, será realizada por meio de Comissões de Seleção (CS), para isso designadas pela autoridade competente e constituídas por militares da ativa ou da reserva e, se necessário, completadas com civis devidamente qualificados. Essas Comissões funcionarão de acordo com instruções particulares, nos locais e prazos previstos nos Planos e Instruções de Convocação.

§ 1º O Ministro Militar interessado fixará as indenizações e gratificações para o médico civil ou da reserva não convocado, que colaborar nas inspeções de saúde realizadas pela Comissão de Seleção.

§ 2º Os brasileiros residentes em municípios tributários que, por qualquer motivo, deixarem de se apresentar nas épocas fixadas para a seleção de sua classe e os vinculados a essa classe poderão apresentar-se, durante as épocas de incorporação, às Comissões de Seleção, que estarão funcionando nas Organizações designadas para esse fim, sem prejuízo das sanções (multas) a que estiverem sujeitos.

§ 3º Os brasileiros naturalizados e os por opção serão submetidos à primeira seleção a ser realizada, após o fornecimento do certificado de naturalização ou da assinatura do termo de opção.

§ 4º Os brasileiros, após completarem 16 (dezesseis) anos de idade, residentes em quaisquer municípios, poderão apresentar-se para a seleção desde que satisfaçam as condições fixadas pelos Ministros Militares para a sua aceitação, como voluntários, de acordo com o disposto no art. 127 e seus parágrafos, deste Regulamento.

§ 5º Os voluntários, nas condições fixadas no § 4º, anterior, uma vez apresentados para a seleção, ficam sujeitos às mesmas obrigações impostas à classe a ser convocada, respeitando-se as condições fixadas nas inscrições para a sua aceitação.

§ 6º Aos brasileiros que residirem ou se encontrarem no exterior, próximo a localidade brasileira onde funcionar CS, é facultado que ali se apresentem, por conta própria, para a seleção.

Art. 50. A seleção compreenderá além do alistamento:

1) inspeção de saúde e, a critério dos Ministérios Militares, outras provas físicas;
2) testes de seleção;
3) entrevista; e
4) apreciação de outros elementos disponíveis.

Parágrafo único. A seleção de que trata este artigo será feita de acordo com instruções baixadas pelo Ministro Militar interessado.

Art. 51. As CS, que funcionarão, em princípio, nas sedes dos municípios tributários, serão constituídas, no mínimo, de três oficiais, inclusive de um médico e do Delegado do Serviço Militar no território jurisdicionado pela respectiva Delegacia. Também integrarão as CS praças auxiliares necessárias e os Secretários de JSM, nas sedes dos seus municípios.

§ 1º Quando houver interesse, poderão integrar as CS oficiais das outras Forças Armadas, mediante entendimento prévio entre os Comandantes de RM, DN e ZAé.

§ 2º As CS poderão ser fixas ou rolantes.

Art. 52. Os inspecionados de saúde, para fins do Serviço Militar, serão classificados em quatro grupos:

1) Grupo "A", quando satisfizerem os requisitos regulamentares, possuindo boas condições de robustez física. Podem apresentar pequenas lesões, defeitos físicos ou doenças, desde que compatíveis com o Serviço Militar.
2) Grupo "B-1", quando, incapazes temporariamente, puderem ser recuperados em curto prazo.
3) Grupo "B-2", quando, incapazes temporariamente, puderem ser recuperados, porém sua recuperação exija um prazo longo e as lesões, defeitos ou doenças, de que foram ou sejam portadores, desaconselhem sua incorporação ou matrícula.
4) Grupo "C", quando forem incapazes definitivamente (irrecuperáveis), por apresentarem lesão, doença ou defeito físico considerados incuráveis e incompatíveis com o Serviço Militar.

Parágrafo único. Os pareceres emitidos nas atas de inspeção de saúde serão dados sob uma das seguintes formas:

1) "Apto A";
2) "Incapaz B-1";
3) "Incapaz B-2";
4) "Incapaz C".

Art. 53. Os conscritos que, inspecionados de saúde por ocasião do alistamento, forem julgados "Apto A", "Incapaz B-1" e "Incapaz B-2", serão submetidos a nova inspeção de saúde, por ocasião da seleção a que estão sujeitos de acordo com o disposto em o § 2º do art. 46 deste Regulamento. Apenas os que tiverem sido julgados "Aptos A", há menos de 6 (seis) meses, poderão deixar de realizá-la, a critério da CS.

Art. 54. Os conscritos e voluntários julgados "Aptos A" serão submetidos aos testes e entrevistas, consoante as instruções para a seleção, dos Ministros Militares.

Art. 55. Os conscritos julgados "Incapaz B-1" terão adiamento de incorporação por um ano e concorrerão a nova seleção com a classe seguinte. Nos CAM respectivos serão devidamente anotados o Grupo em que foram classificados, o número do diagnóstico, a data e o local em que deverão apresentar-se para nova inspeção de saúde.

§ 1º A requerimento dos interessados, poderão ser mandados a nova inspeção de saúde nas épocas de incorporação da sua classe, desde que comprovem o tratamento do que ocasionou a incapacidade temporária. Se julgados aptos, concorrerão à incorporação com a sua classe.

§ 2º Por iniciativa da Força Armada em que tenha sido realizada a seleção e de acordo com os meios disponíveis, os conscritos poderão ser submetidos a tratamento do que ocasionou a incapacidade temporária e mandados à nova inspeção de saúde nas épocas de incorporação da sua classe. Se julgados aptos, concorrerão à incorporação com a mesma classe.

Art. 56. Os conscritos que forem julgados "Incapaz B-1" em duas inspeções de saúde, realizadas para a seleção de duas classes distintas, qualquer que seja o diagnóstico, serão incluídos, desde logo, no excesso do contingente. Terão, nos respectivos CAM, anotados o Grupo em que foram classificados, o número do diagnóstico e a expressão "Excesso do contingente".

Parágrafo único. Os conscritos que forem julgados "Incapaz B-1", com o mesmo diagnóstico ou com diagnósticos diferentes, em duas inspeções de saúde, realizadas em datas afastadas de mais de 6 (seis) meses e durante a seleção da mesma classe, poderão ser mandados incluir, de imediato, no excesso do contingente, a critério dos Comandantes de RM, DN ou ZAé, uma vez que não haja outras servidões a satisfazer. Uma das inspeções poderá ser realizada por ocasião do alistamento. Os CAM respectivos, se for o caso, receberão anotações idênticas às prescritas neste artigo.

Art. 57. Os conscritos julgados "Incapaz B-2" serão incluídos, desde logo, no excesso do contingente, fazendo-se nos CAM correspondentes as anotações determinadas no artigo anterior.

Parágrafo único. A reabilitação dos conscritos de que trata este artigo, bem como dos julgados "Incapaz B-1" nos termos do artigo anterior e seu parágrafo único, em consequência de requerimento do interessado, por uma única vez, será feita na forma do art. 110 e seus §§ 1º e 2º, do presente Regulamento.

Art. 58. Os conscritos e voluntários julgados "Incapaz C", em qualquer das inspeções, receberão o Certificado de Isenção, que lhes será fornecido pelas autoridades fixadas no art. 165, § 1º, deste Regulamento.

Art. 59. Os portadores de lesão, defeito físico ou doença incurável, notoriamente incapazes para o Serviço Militar, a partir do ano em que completarem 17 (dezessete) anos de idade, poderão requerer o Certificado de Isenção às CSM, ou órgãos correspondentes da Marinha e da Aeronáutica, se residentes no País, e à DSM, DPM ou DPAer, por intermédio dos Consulados, se residentes no exterior. Estas prescrições também são aplicáveis aos residentes em municípios não tributários.

Parágrafo único. Os requerimentos, a que se refere este artigo, serão instruídos com documentos necessários para comprovar a situação alegada e caberá às CSM, ou órgãos correspondentes da Marinha e da Aeronáutica, e aos Consulados do Brasil, tomar as providências necessárias à verificação da veracidade do alegado, seja diretamente por seus órgãos, seja por solicitação a outros órgãos oficiais disponíveis.

Art. 60. Os conscritos, que se encontrarem clinicamente impossibilitados de comparecer à seleção, poderão requerer a regularização de sua situação militar, aos Comandantes de RM, DN ou ZAé, diretamente ou por intermédio das CS fixas ou volantes, juntando atestado médico que comprove o deficiente estado físico ou mental e a impossibilidade da locomoção. Quando se encontrarem recolhidos a hospitais ou clínicas especializadas, o Diretor desses estabelecimentos deverá participar essa situação do conscrito ao Comandante de RM, DN ou ZAé, o qual adotará as medidas convenientes.

Art. 61. Os Ministros Militares através das Diretorias de Saúde respectivas, baixarão instruções para a inspeção de saúde dos conscritos, de modo que atendam as diferentes necessidades dos Ministérios.

§ 1º Deverão ser realizados, pelas referidas Diretorias, estudos dos resultados das inspeções efetuadas em cada ano, tendo em vista as exigências das futuras inspeções e o interesse dos problemas relacionados com a situação física da população.

§ 2º Os resultados desses estudos deverão ser remetidos, simultaneamente, ao EMFA e ao Ministério da Saúde.

Art. 62. Os conscritos que devam fazer deslocamentos para os locais de seleção o farão por conta própria.

Art. 63. Colaborarão na seleção anual do contingente, mediante solicitação dos Comandantes de RM, DN e ZAé, os serviços médicos de entidades federais e, mediante anuência ou acordo prévio, os mesmos serviços de órgãos estaduais e municipais, bem como de entidades autárquicas, de economia mista e particulares, com a finalidade de utilização dos processos mais adequados nas inspeções de saúde.

Art. 64. A seleção para matrícula nos Órgãos de Formação de Reserva será realizada nas épocas fixadas para a seleção da classe a ser convocada, de acordo com o estabelecido nos Planos de Convocação e nos regulamentos dos respectivos Órgãos.

§ 1º Nessa seleção, serão obedecidas, no que forem aplicáveis, as prescrições gerais estabelecidas neste Regulamento.

§ 2º As CS para matrícula nos Tiros de Guerra poderão ser constituídas pelo Diretor do Tiro, pelo Delegado do Serviço Militar ou pelo Instrutor do Tiro de Guerra e por um médico local, designado pelo Comandante da RM, de acordo com a legislação vigente.

CAPÍTULO IX

DA CONVOCAÇÃO E DA DISTRIBUIÇÃO DO CONTINGENTE

Art. 65. Serão convocados anualmente, para prestar o Serviço Militar inicial nas Forças Armadas, os brasileiros pertencentes a uma única classe, bem como os abrangidos pelo parágrafo único do art. 111, deste Regulamento.

Art. 66. A classe convocada será constituída dos brasileiros que completarem 19 (dezenove) anos de idade entre 1º de janeiro e 31 de dezembro do ano em que deverão ser incorporados em Organização Militar da Ativa ou matriculados em Órgão de Formação de Reserva.

§ 1º Por Organização Militar, entendem-se os Corpos de Tropa, Repartições, Estabelecimentos, Navios, Bases Navais ou Aéreas e qualquer unidade tática ou administrativa, que faça parte do todo orgânico do Exército, da Marinha ou da Aeronáutica.

§ 2º Órgãos de Formação de Reserva é a denominação genérica dada aos órgãos de formação de oficiais, graduados e soldados ou marinheiros para a reserva.

§ 3º As Subunidades-quadros, com a finalidade de formar soldados ou marinheiros especialistas e graduados de fileira e especialistas, destinados não só à ativa como à reserva, são consideradas, conforme o caso, como Organização Militar da Ativa ou Órgão de Formação de Reserva.

Art. 67. A convocação para o Serviço Militar inicial será regulada anualmente pelo Plano Geral de Convocação, elaborado pelo EMFA, com participação dos Ministérios Militares, no qual se especificarão:

1) classe a ser convocada;
2) épocas para a seleção e para a incorporação ou matrícula dos convocados;
3) prazos de apresentação;
4) tributação dos municípios, de acordo com o disposto nos arts. 35, 36 e 37 deste Regulamento;
5) distribuição dos contingentes, segundo as necessidades dos Ministérios Militares; e
6) outras prescrições necessárias.

§ 1º O Plano Geral de Convocação para o Serviço Militar inicial deverá ser expedido até 30 de novembro do ano anterior em que a classe a ser convocada completar 18 (dezoito) anos de idade. Para isso, os Ministros Militares encaminharão as suas propostas ao EMFA, até o dia 30 de setembro do mesmo ano.

▶ § 1º com a redação dada pelo Dec. nº 76.324, de 22-9-1975.

§ 2º A tributação dos municípios deverá constar de anexo ao Plano Geral de Convocação, para fins de distribuição aos Ministérios interessados.

Art. 68. A distribuição dos contingentes dependerá:

1) dos Quadros de Efetivos a preencher, levando-se em consideração os claros abertos pelo licenciamento dos incorporados e por outros motivos;
2) das necessidades e possibilidades de matrícula nos Órgãos de Formação de Reserva.

Parágrafo único. Caberá ao Exército, em princípio, a responsabilidade geral do recrutamento para o Serviço Militar inicial dos residentes nos municípios sedes das suas Organizações Militares da Ativa e dos seus órgãos de Formação de Reserva, ou próximos daquelas Organizações e desses Órgãos de Formação. As necessidades da Marinha e da Aeronáutica, quanto aos residentes nesses municípios, serão atendidas pelas propostas de tributação de que trata o art. 35 e objetivadas nos termos do art. 71, ambos deste Regulamento.

Art. 69. Terão destino preferencial, na distribuição, os que na época da seleção da classe:

1) para o Exército:
   a) exercerem profissões ou tiverem aptidões de interesse especial; ou
   b) exercerem profissões compreendidas no nº 5 do art. 105 do presente Regulamento e não estiverem preferenciados para a Marinha ou para a Aeronáutica.

2) para a Marinha:
   a) tiverem um ano de exercício nas profissões para a qual se matricularam nas Capitanias dos Portos, suas Delegacias ou Agências;
   b) tiverem exercido, por um ano, atividades técnico-profissionais em bases, fábricas, centros de construção ou reparo naval, estaleiros, diques, carreiras, oficinas ou terminais marítimos, bem como os que estiverem matriculados, há mais de um ano, em escolas técnico-profissionais concernentes às atividades navais;
   c) como Escoteiro do Mar, tiverem pelo menos três anos de atividade escoteira;
   d) os que contarem pelo menos um ano de serviço em atividades de fotogrametria e cartografia náutica em estabelecimentos navais; ou
   e) estiverem inscritos em associações de pesca submarina registradas nas Capitanias dos Portos e que contarem pelo menos três anos de atividade regular nessas associações.

3) para a Aeronáutica:
   a) estiverem matriculados nas Escolas Técnicas de Aviação;
   b) estiverem matriculados nas Escolas de Pilotagem das Associações de Voo, das Empresas de Aviação Comercial, dos Aeroclubes e os que forem possuidores de habilitação como piloto de avião;
   c) pertencerem ao escoteirismo aéreo, ou praticarem voo a vela;
   d) forem aprendizes de artífice, operários ou técnicos de qualquer grau, em fábricas, indústrias ou oficinas de material aeronáutico;
   e) exercerem função técnico-profissional em Empresas de Aviação Comercial, desportiva, de atividades comuns ou de execução de levantamento aerofotogramétrico; ou
   f) forem servidores civis do Ministério da Aeronáutica, com mais de um ano de serviço.

Parágrafo único. Os preferenciados ficarão vinculados à Força Armada respectiva, que fixará a melhor maneira para o seu aproveitamento, dentro das prescrições da LSM e deste Regulamento, tendo em vista as necessidades do Serviço Militar, no tempo de paz e na mobilização. Só mediante entendimento entre os Ministérios Militares, o preferenciado de uma Força pode ser aproveitado em outra Força.

Art. 70. Os Ministérios Militares baixarão, se necessário, instruções complementares de Convocação para o Serviço Militar inicial, as quais completarão o Plano Geral de Convocação.

Art. 71. As Regiões Militares elaborarão os Planos Regionais de Convocação, nele incluindo as necessidades dos Distritos Navais e Zonas Aéreas, com informações sobre os preferenciados, fornecidas pelos Comandantes respectivos. Os Planos Regionais de Convocação especificarão todas as medidas de execução relacionadas com apresentação, a seleção, a incorporação e matrícula e outras particularidades.

Art. 72. Os DN e ZAé baixarão as Instruções necessárias para a execução da convocação, no âmbito das suas responsabilidades.

Art. 73. Deverão ser divulgadas, mediante publicidade adequada, e oportuna, as prescrições do Plano Geral de Convocação, instruções Complementares de Convocação, Planos Regionais de Convocação e Instruções dos DN e ZAé, que interessarem aos brasileiros abrangidos por esses documentos.

Art. 74. Os brasileiros, uma vez satisfeitas as condições de seleção, serão considerados convocados à incorporação ou matrícula e:

1) receberão destino, isto é, designação; ou
2) constituirão o excesso do contingente.

§ 1º Os seus CAM lhes serão devolvidos, após devidamente anotados com:

1) a expressão: "Designado para incorporação (ou matrícula)" e mais a data e o local onde deverão apresentar-se para a efetivação da medida; ou
2) a expressão: "Excesso do contingente" e mais a correspondente à revalidação do CAM até 31 de dezembro do ano em que a sua classe deva ser incorporada.

§ 2º Os brasileiros que forem selecionados por órgãos da Marinha ou da Aeronáutica e que excederem as necessidades de incorporação ou de matrícula, nessas Forças, após incluídas as majorações necessárias, serão mandados apresentar aos órgãos de seleção do Exército, com a finalidade de nele concorrerem à incorporação ou matrícula com sua classe.

§ 3º A apresentação dos excedentes, de que trata o parágrafo anterior, deverá ser feita de modo a que possam ser submetidos, no Exército, à seleção da sua classe, ou no mínimo à seleção da primeira época de incorporação da mesma classe.

§ 4º Dessa apresentação, e a critério da respectiva Força, serão exceptuados os preferenciados, de que trata o art. 69, deste Regulamento.

CAPÍTULO X

DA INCORPORAÇÃO

Art. 75. Incorporação é o ato de inclusão do convocado ou voluntário em uma Organização Militar da Ativa das Forças Armadas.

§ 1º A incorporação para a prestação do Serviço Militar inicial poderá ser feita em mais de uma época, em todas ou determinadas RM, DN ou ZAé ou Organizações das Forças Armadas, conforme proposta dos Ministros Militares, consignada no Plano Geral de Convocação e regulada nos documentos decorrentes.

§ 2º Concorrerão à incorporação os brasileiros que, após a seleção, tenham sido convocados à incorporação e recebido um destino.

§ 3º Os assim convocados que deixarem de se apresentar dentro dos prazos estipulados, nos destinos que lhes forem atribuídos, serão declarados insubmissos.

Art. 76. Tanto quanto possível, os convocados serão incorporados em Organização Militar da Ativa, localizada no Município de sua residência.

Parágrafo único. Só nos casos de absoluta impossibilidade de preencher os seus próprios claros, uma Zona de Serviço Militar poderá receber convocados transferidos de outra Zona.

Art. 77. Para cada Organização Militar será destinado um contingente igual às suas necessidades de incorporação, acrescido de uma percentagem variável, fixada pelos Planos Regionais de Convocação e pelas Instruções dos DN e ZAé, para atender a faltas, por diferentes motivos.

Art. 78. As Organizações Militares da Ativa poderão complementar a seleção dos convocados que lhes forem destinados, visando a selecionar aqueles que serão incorporados.

§ 1º Os que excederem às necessidades da Organização serão incluídos no excesso do contingente, nas condições previstas no § 1º do art. 74, deste Regulamento.

§ 2º A complementação de que trata este artigo, que poderá compreender nova inspeção de saúde, será regulada por instruções particulares, baixadas pelos Comandantes de RM, DN e ZAé.

Art. 79. Durante as épocas de incorporação serão designadas, em cada RM, DN e ZAé, organizações onde funcionarão CS fixas, destinadas a receber a apresentação e selecionar os conscritos da classe convocada e os das anteriores ainda em débito com o Serviço Militar.

§ 1º No Exército, as CS receberão, também, acompanhados dos documentos com os resultados da seleção, os conscritos que tiverem excedido às necessidades da Marinha e da Aeronáutica, na forma do § 2º do art. 74, deste Regulamento, dispensando-lhes o tratamento que for estabelecido nos Planos Regionais de Convocação.

§ 2º Serão, ainda, submetidos à seleção, nas CS, os julgados em inspeção de saúde "Incapaz B-1", para o Serviço Militar, amparados pelos §§ 1º e 2º do art. 55, deste Regulamento.

Art. 80. Os insubmissos e desertores, quando se apresentarem ou forem capturados, serão obrigatoriamente incorporados ou reincluídos, se julgados aptos para o Serviço Militar, em inspeção de saúde. A incorporação ou reinclusão deverá ser efetuada, em princípio, na Organização Militar para que haviam sido anteriormente designados.

Parágrafo único. Os absolvidos nos processos e os condenados que tenham cumprido pena completarão ou prestarão o Serviço Militar inicial, ressalvado o disposto no § 5º do art. 140 deste Regulamento.

Art. 81. Os insubmissos e desertores que, na inspeção de saúde de que trata o artigo anterior, não forem julgados aptos para o Serviço Militar, ficam sujeitos a legislação especial.

Art. 82. Terão prioridade para incorporação nas Organizações Militares da Ativa:

1) os convocados que, tendo recebido destino de incorporação ou de matrícula em uma RM, DN ou ZAé, venham a transferir sua residência para o território de outra RM, DN ou ZAé;
2) os conscritos, das classes anteriores, que obtiverem adiamento de incorporação para se candidatar à matrícula em Escolas, Centros ou Cursos de Oficiais da Reserva, bem como em Institutos de Ensino, oficiais ou reconhecidos, destinados à formação de médicos, dentistas, farmacêuticos ou veterinários, e não satisfizerem as condições exigidas para a matrícula ou não se apresentarem findos os prazos concedidos;
3) os que, tendo obtido adiamento de incorporação por estarem matriculados em Cursos de Formação de Oficiais das Polícias Militares e Corpos de Bombeiros, interromperem os cursos antes de um ano, sem direito à rematrícula e os que interromperem em qualquer tempo, os cursos dos Institutos de Ensino destinados à formação de médicos, dentistas, farmacêuticos ou veterinários, desde que não tenha sido possível a matrícula em Órgãos de Formação de Reserva;
4) os brasileiros naturalizados e os por opção, estes desde que tenham sido educados no exterior;
5) os que apresentarem melhores resultados na seleção.

Art. 83. Em igualdade de condições de seleção, terão prioridade para incorporação:

1) os refratários;
2) os demais brasileiros, pertencentes a classes anteriores, ainda em débito com o Serviço militar;
3) os brasileiros por opção, desde que educados no Brasil; e
4) os preferenciados.

Art. 84. A incorporação, em qualquer dos casos enumerados nos arts. 82 e 83, deste Regulamento, fica condicionada a que o convocado tenha menos de 30 (trinta) anos de idade e sido julgado apto em inspeção de saúde.

Capítulo XI

DA MATRÍCULA

Art. 85. Matrícula é o ato de admissão do convocado ou voluntário em Órgão de Formação de Reserva, bem como em certas Organizações Militares da Ativa-Escola, Centro, Curso de Formação de militar da ativa.

Parágrafo único. As condições específicas de matrícula nas Organizações referidas neste artigo constarão dos regulamentos respectivos. Em nenhum caso, a matrícula realizada antes do ano em que o matriculado completar 17 (dezessete) anos terá efeito para fins da prestação do Serviço Militar, tendo em vista a idade mínima fixada no art. 20, deste Regulamento.

Art. 86. Concorrerão à matrícula nos Órgãos de Formação de Reserva os brasileiros que, após a seleção, tenham sido convocados à matrícula e recebido o destino correspondente.

Parágrafo único. Os assim convocados que deixarem de se apresentar, dentro dos prazos estipulados, nos destinos que lhes forem atribuídos, serão declarados insubmissos.

Art. 87. As condições de matrícula, inclusive prioridade, nos Órgãos de Formação de Reserva, serão determinadas pelos atos que os criarem e pelos respectivos regulamentos, complementados, quando necessário, pelos Planos Regionais de Convocação e Instruções para execução da Convocação dos DN e Zaé. Na fixação dessas condições, serão levadas em consideração a finalidade determinante da criação desses Órgãos, a melhor forma de aproveitamento dos contingentes disponíveis e as prescrições do presente Regulamento.

Parágrafo único. Terão prioridade para matrícula em Órgãos de Formação de Reserva, em igualdade de condições de seleção, os brasileiros que, tendo obtido adiamento de incorporação, interromperem os cursos dos Institutos de Ensino, destinados à formação de médicos, dentistas, farmacêuticos ou veterinários e satisfizerem as condições de ingresso nos mesmos Órgãos. Não havendo possibilidade de matrícula, terão prioridade para incorporação em Organização Militar da Ativa, nos termos do nº 3 do art. 82, deste Regulamento.

Art. 88. Nos Tiros de Guerra, quer localizados em município tributário apenas de Órgãos de Formação de Reserva, quer em município tributário simultaneamente desses Órgãos e de Organizações Militares da Ativa, só poderão ser matriculados os brasileiros residentes, há mais de 1 (um) ano, referido à data do início da época de seleção, nas zonas urbanas e suburbana do município sede ou de município constitutivo de Guarnição Militar, a que se refere o § 1º do art. 89, deste Regulamento, se for o caso.

Parágrafo único. Os residentes em zona rural dos municípios tributários simultaneamente de Órgãos de Formação de Reserva (Tiros de Guerra) e de Organizações Militares da Ativa, bem como os excedentes das zonas urbana e suburbana dos referidos municípios concorrerão à incorporação nestas últimas Organizações.

Art. 89. Os brasileiros que, na época da seleção da sua classe, se encontrarem matriculados em Escolas Superiores ou no último ano do Ciclo Colegial do Ensino Médio, terão prioridade para matrícula ou incorporação nos Órgãos de Formação de Reserva, existentes na Guarnição Militar, onde estiverem frequentando cursos. Para isto, deverão satisfazer, além das condições de seleção da classe, as previstas nos regulamentos dos Órgãos de Formação de Reserva a que forem destinados.

§ 1º Os municípios constitutivos de cada uma dessas Guarnições Militares serão designados pelo EMFA, por proposta dos Ministros Militares, apenas para os efeitos do presente artigo (§§ 1º e 2º, do art. 22, da LSM).

§ 2º Nos municípios tributários simultaneamente de Organizações Militares da Ativa e de Órgãos de Formação de Reserva, os brasileiros a que se refere este artigo:

1) que excederem às necessidades de matrícula dos Órgãos de Formação de Reserva, concorrerão à incorporação nas Organizações Militares da Ativa;
2) que satisfizerem as condições de seleção da classe, mas não as dos Órgãos de Formação de Reserva, concorrerão à incorporação nas Organizações Militares da Ativa.

Art. 90. Os refratários dos municípios tributários somente de Órgãos de Formação de Reserva, em igualdade de condições de seleção com a classe a que ficar vinculada, terão prioridade para matrícula no referido Órgão.

Art. 91. Os insubmissos de Órgãos de Formação de Reserva, bem como os desertores desses mesmos Órgãos, por terem sido neles incorporados quando se apresentarem ou forem capturados, serão, respectivamente, incorporados em Organização da Ativa ou reincluídos, de acordo com o estabelecido no art. 80, deste Regulamento.

Art. 92. Os matriculados em Órgãos de Formação de Reserva, mesmo quando não incorporados em consequência das condições de funcionamento daqueles Órgãos, ficarão sujeitos, a prestação do Serviço Militar, às atividades correlatas à manutenção da ordem interna, nos termos do art. 23 e do parágrafo único do art. 57, da LSM.

CAPÍTULO XII

DO EXCESSO OU DA DEFICIÊNCIA DO CONTINGENTE

Art. 93. Os convocados à incorporação ou matrícula que, por qualquer motivo, não forem incorporados nas Organizações Militares da Ativa ou matriculados nos Órgãos de Formação de Reserva constituirão o excesso do contingente e serão relacionados nas CSM, ou órgão correspondente da Marinha e da Aeronáutica.

§ 1º O excesso do contingente destina-se a atender, durante a prestação do Serviço Militar inicial da classe, a chamada complementar para o recompletamento ou acréscimo de efetivo das Organizações desfalcadas ou que forem criadas.

§ 2º Constituirão o excesso do contingente os brasileiros residentes em municípios tributários e que:

1) tenham sido julgados aptos em seleção e não tenham podido receber destino de incorporação ou matrícula por excederem às necessidades;
2) tenham sido julgados "Incapaz B-1", para o Serviço Militar, nos termos do art. 56 e seu parágrafo único, bem como "Incapaz B-2", na forma dos arts. 57; 139, § 4º, nº 2, e 140, § 6º, todos deste Regulamento; e
3) tenham mais de 30 (trinta) anos de idade e estejam em débito com o Serviço Militar, independentemente da aplicação das penalidades a que estiverem sujeitos.

Art. 94. Se houver deficiência para o atendimento das necessidades normais de incorporação ou matrícula, nos territórios das RM, DN e ZAé, poderão ser usados os seguintes recursos:

1) aceitação de voluntários;
2) transferência de convocados, desde que dentro da mesma Zona de Serviço Militar; e
3) dilação da duração do tempo do Serviço Militar prevista nos parágrafos do art. 21, deste Regulamento.

Art. 95. Os incluídos no excesso do contingente anual, que não forem chamados para incorporação ou matrícula até 31 de dezembro do ano designado para a prestação do Serviço Militar inicial da sua classe, serão dispensados de incorporação e de matrícula e farão jus ao Certificado de Dispensa de Incorporação, a partir daquela data.

Parágrafo único. Os compreendidos nos nºs 2 e 3 do § 2º do art. 93 deste Regulamento, receberão o referido Certificado imediatamente após a sua inclusão no excesso do contingente.

Capítulo XIII

DO ADIAMENTO DE INCORPORAÇÃO

Art. 96. O adiamento de incorporação e de matrícula constitui o ato de transferência de um conscrito de uma classe para prestar o Serviço Militar com outra classe posterior à sua.

§ 1º O adiamento de incorporação poderá ser concedido mediante requerimento dirigido ao Comandante da RM, onde residir o interessado, ou aos Comandantes de DN, ZAé, nos casos dos preferenciados ou alistados na Marinha e na Aeronáutica, através das CS ou de outros órgãos do Serviço Militar.

§ 2º Os requerimentos a que se refere o parágrafo anterior serão apresentados durante a época da seleção, de preferência até 30 dias antes do seu término. Os documentos necessários para os instruir constarão das Instruções Complementares de Convocação.

§ 3º A concessão dos adiamentos de incorporação será anotada no CAM do interessado, após o pagamento da Taxa Militar, na forma do art. 224, deste Regulamento, seja pelas CS, quando fixas, seja pelo órgão alistador correspondente. As CSM registrarão as referidas concessões.

§ 4º Os residentes no exterior, inclusive os que ali estiverem frequentando cursos e que o comprovem, mediante a apresentação do CAM e do passaporte, ao regressarem ao Brasil, terão a situação militar regularizada do seguinte modo:

1) o tempo passado no exterior será considerado como adiamento de incorporação, sem necessidade de requerimento, devendo ser paga a Taxa Militar correspondente; e
2) concorrerão à seleção da primeira classe a ser incorporada.

§ 5º Para comprovarem, quando do seu regresso ao Brasil, a situação de residentes no exterior, os brasileiros de que trata o § 4º deste artigo, deverão apresentar-se, anualmente ao Consulado do Brasil, respectivo, para anotação da referida situação, no CAM.

Art. 97. Terão a incorporação adiada por 1 (um) ano os conscritos julgados "Incapaz B-1", por ocasião da seleção, nos termos do art. 55, deste Regulamento.

Art. 98. Poderão ter a incorporação adiada:

1) por 1 (um) ano ou 2 (dois) anos:
a) os candidatos à matrícula nas Escolas de Formação de Oficiais da Ativa, desde que satisfaçam, na época da seleção, ou venham a satisfazer dentro do prazo do adiamento, as condições de escolaridade exigidas para o ingresso nas referidas Escolas;
b) os candidatos à matrícula nas Escolas, Centros ou Cursos de Formação de Oficiais da Reserva, nas mesmas condições fixadas na letra a, anterior; e
c) os que se candidatarem à matrícula em Institutos de Ensino, oficiais ou reconhecidos, destinados à formação de médicos, dentistas, farmacêuticos ou veterinários, desde que aprovados no 2º ano do Ciclo Colegial de Ensino Médio, à época da seleção da sua classe.

2) por tempo igual ao da duração dos cursos ou até a sua interrupção, os que estiverem matriculados:
a) em Institutos de Ensino, devidamente registrados, destinados à formação de sacerdotes e ministros de qualquer religião ou de membros de ordens religiosas regulares;
b) em Cursos de Formação de Oficiais das Polícias Militares e Corpos de Bombeiros, conforme o já prescrito no art. 14, deste Regulamento; e
c) em Institutos de Ensino, oficiais ou reconhecidos, destinados à formação de médicos, dentistas, farmacêuticos ou veterinários.

3) pelo tempo de permanência no exterior:
a) os que se encontrarem no exterior, inclusive frequentando cursos e que o comprovem, nos termos dos §§ 4º e 5º do art. 96, deste Regulamento; e
b) os que obtiverem bolsas de estudo no exterior, de caráter técnico, científico ou artístico, até data anterior à que lhe for marcada para incorporação ou matrícula, na forma dos §§ 4º e 5º do art. 96, do presente Regulamento.

§ 1º Os que tiverem a incorporação adiada nos termos do nº 1, deste artigo:

1) candidatos à matrícula em Escolas de Formação de Oficiais da Ativa e que não se matricularem, terão prioridade para matrícula nas Escolas, Centros ou Cursos de Oficiais da Reserva;
2) candidatos à matrícula em Escolas, Centros ou Cursos de Oficiais da Reserva, terão prioridade para matrícula nesses órgãos, desde que satisfaçam as condições exigidas; caso não satisfaçam essas condições ou não se apresentem findos os prazos concedidos, terão prioridade para incorporação em Corpos de Tropa ou Organizações navais e aéreas correspondentes, com a primeira classe a ser convocada; ou
3) candidatos à matrícula nos Institutos de Ensino destinado à formação de médicos, dentistas, farmacêuticos ou veterinários, que não obtenham matrícula em nenhum desses Institutos, concorrerão, com prioridade, à incorporação, nas Organizações Militares da Ativa, com a primeira classe a ser convocada.

§ 2º Os que tiverem a incorporação adiada, de acordo com o número 2 deste artigo, após concluírem os cursos:

1) os da letra a serão considerados dispensados do Serviço Militar, inicial ficando sujeitos ao cumprimento de obrigações que lhes forem fixadas nos serviços das Forças Armadas ou na sua assistência espiritual, de acordo com a respectiva formação, mediante legislação especial, e nos termos do § 2º do art. 181, da Constituição da República. Farão jus ao documento comprobatório de situação militar, fixado no § 4º do art. 107, deste Regulamento;

2) os da letra *b* terão a situação regulada pelo Regulamento do Corpo de Oficiais da Reserva do Exército; e
3) os da letra *c* terão a situação regulada em legislação especial.

§ 3º Os que tiverem a incorporação adiada de acordo com o nº 2, deste artigo, e que interromperem o respectivo curso:

1) os da letra *a*, concorrerão à incorporação com a primeira classe a ser convocada;
2) os da letra *b*, que tenham sido desligados antes de 1 (um) ano de curso e não tenham direito à rematrícula, concorrerão, com prioridade, à incorporação com a primeira classe a ser convocada, de acordo com o prescrito no art. 14, deste Regulamento. Após 1 (um) ano de curso serão considerados reservistas de 2ª categoria; e
3) os da letra *c*, terão prioridade, em igualdade de condições de seleção, para matrícula em órgãos de Formação de Reserva ou terão prioridade para incorporação em Organização Militar da Ativa, com a primeira classe a ser convocada, conforme o caso.

§ 4º Os que tiverem a incorporação adiada, até a terminação ou interrupção dos cursos, por estarem matriculados em Institutos de Ensino destinados à formação de sacerdotes e ministros de qualquer religião ou de membros de ordens religiosas regulares, bem como em Institutos de Ensino destinados à formação de médicos, dentistas, farmacêuticos ou veterinários, deverão apresentar-se anualmente ao Órgão do Serviço Militar adequado, a fim de terem, sucessivamente, prorrogada a data de validade do CAM, registrada na ocasião da concessão do adiamento.

Art. 99. Os refratários não poderão obter o adiamento de incorporação, com o fim de se candidatarem à matrícula nas Escolas, Centros, Cursos e Institutos previstos no nº 1 do art. 98, deste Regulamento.

Art. 100. Não será interrompido o prazo de adiamento de incorporação dos brasileiros que se encontrarem frequentando cursos no exterior e que vierem ao Brasil em gozo de férias, por prazo não superior a 90 dias.

Art. 101. Os que obtiverem adiamento de incorporação por qualquer prazo e motivo deverão apresentar-se nas épocas que lhes forem marcadas, sob pena de incorrerem na multa prevista no nº 2 do art. 177, deste Regulamento, sem prejuízo da ação penal, que couber no caso:

1) seja às CS para incorporação e matrícula;
2) seja a um órgão adequado do Serviço Militar, para a regularização da sua situação militar.

Parágrafo único. Deverão, ainda, apresentar-se aqueles cujo motivo da concessão do adiamento houver cessado antes da terminação do prazo fixado. A apresentação deverá realizar-se imediatamente após a cessação do motivo da concessão.

Art. 102. Os diretores dos Institutos de Ensino a que se referem as letras *a* e *c* do nº 2 do art. 98, deste Regulamento, deverão remeter aos Comandantes de RM, DN ou ZAé, em cujos territórios tenham sede, relações dos alistados de cada Força que concluírem os respectivos cursos ou forem desligados antes de os concluírem contendo: nome, filiação, data e local de nascimento, número, origem e natureza do documento comprobatório de situação militar.

Parágrafo único. As relações a que se refere este artigo serão remetidas imediatamente após o término do curso ou o desligamento, no caso de sua interrupção.

Art. 103. A cada concessão de adiamento corresponderá o pagamento prévio da Taxa Militar prevista no art. 224, deste Regulamento.

Parágrafo único. Não será cobrada Taxa Militar dos que tiverem sua incorporação adiada por terem sido julgados incapazes temporariamente para o Serviço Militar, ou por estarem matriculados em Cursos de Formação de Oficiais das Polícias Militares ou de Corpos de Bombeiros.

Capítulo XIV
DA DISPENSA DE INCORPORAÇÃO

Art. 104. A dispensa de incorporação é o ato pelo qual os brasileiros são dispensados de incorporação em Organizações Militares da Ativa, tendo em vista as suas situações peculiares ou por excederem às possibilidades de incorporação nessas Organizações.

Art. 105. São dispensados de incorporação os brasileiros da classe convocada:

1) residentes, há mais de um ano, referido à data do início da época de seleção, em município não tributário ou em zona rural de município somente tributário de Órgão de Formação de Reserva;
2) residentes em municípios tributários, desde que excedam às necessidades das Forças Armadas;
3) matriculados em Órgãos de Formação de Reserva;
4) matriculados em Estabelecimentos de Ensino Militar, na forma do § 5º, deste artigo;
5) operários funcionários ou empregados de estabelecimentos ou empresas industriais de interesse militar, de transporte e de comunicações, que forem anualmente declarados diretamente relacionados com a Segurança Nacional pelo Estado-Maior das Forças Armadas; e
6) arrimos de família, enquanto durar essa situação.

§ 1º A comprovação da situação prevista no nº 1, deste artigo, será feita por meio de Atestado de Residência, passado pela autoridade policial, mediante a investigação que for julgada necessária por essa autoridade, e testemunhada por duas pessoas idôneas residentes na localidade.

§ 2º Os brasileiros de que trata o nº 2, deste artigo, serão relacionados no excesso de contingente e ficarão, durante o período de prestação do Serviço Militar inicial da classe a que pertencem, à disposição da autoridade militar competente, para atender a chamada complementar destinada ao preenchimento dos claros das Organizações Militares já existentes ou daquelas que vierem a ser criadas. A sua situação é regulada pelos arts. 93 e 95 e seus parágrafos, deste Regulamento.

§ 3º Os brasileiros de que trata o número 3 deste artigo, que, por motivo justo, não tiverem aproveitamento ou forem desligados, serão rematriculados no ano seguinte. Os que forem reincidentes na falta de aproveitamento e no desligamento, mesmo por motivo justo, bem como os desligados por faltas não justificadas, serão apresentados à seleção para incorporação em Organização Militar da Ativa, com a primeira classe a ser incorporada, nos termos do nº 2 do art. 83, deste Regulamento.

§ 4º O motivo justo a que se refere o § 3º, anterior, é aquele que os regulamentos dos Órgãos de Formação de Reserva respectivos considerem como capaz de assegurar o direito à rematrícula.

§ 5º Os brasileiros de que trata o número 4 deste artigo, matriculados em Estabelecimentos de Ensino onde o aluno não seja obrigatoriamente incorporado, serão dispensados de incorporação, quando o Estabelecimento dispuser de Órgão de Formação de Reserva, onde estejam também matriculados. Se interromperem o curso, antes de completar a instrução desses Órgãos, serão submetidos à seleção com a sua classe ou com a seguinte, caso a sua já tenha sido incorporada.

§ 6º Os Diretores de estabelecimentos ou empresas industriais de interesse militar, bem como de transporte e de comunicações, de que trata o número 5, deste artigo, deverão:

1) solicitar aos Comandantes de RM, DN, ou ZAé, conforme a natureza do estabelecimento ou empresa, para que conste das propostas dos Ministros Militares, encaminhadas nos termos do § 1º do art. 67, deste Regulamento, a inclusão do estabelecimento ou empresa na relação dos declarados, anualmente, diretamente relacionados com a Segurança Nacional, pelo EMFA. A solicitação deve ser devidamente justificada e feita no terceiro trimestre do ano que anteceder ao da seleção de cada classe; e
2) solicitar, desde que atendido no pedido anterior, aos Comandantes de RM, DN ou ZAé, no primeiro semestre do ano de seleção da classe, a dispensa de incorporação dos seus operários, funcionários ou empregados, cujo trabalho, especificamente declarado, seja imprescindível ao funcionamento do estabelecimento ou empresa. A solicitação deverá ser acompanhada de relação nominal, contendo data e local de nascimento, filiação e qualificação funcional.

§ 7º Os estabelecimentos e empresas industriais das Forças Armadas (Fábricas, Parques, Bases, Arsenais, Estaleiros etc.) serão automaticamente incluídos na relação anual dos declarados diretamente relacionados com a Segurança Nacional. Em consequência, os seus Diretores limitar-se-ão ao prescrito no nº 2 do § 6º, deste artigo.

§ 8º Serão considerados arrimos de família para os efeitos deste artigo:

1) o filho único de mulher viúva ou solteira, da abandonada pelo marido ou da desquitada, à qual sirva de único arrimo ou o que ela escolher quando tiver mais de um, sem direito a outra opção;
2) o filho que sirva de único arrimo ao pai fisicamente incapaz para prover o seu sustento;
3) o viúvo ou desquitado que tiver filho menor (legítimo ou legitimado) de que seja único arrimo;
4) o casado que sirva de único arrimo à esposa ou à esposa e filho; menor (legítimo ou legitimado);
5) o solteiro que tiver filho menor (legalmente reconhecido) de que seja único arrimo;
6) o órfão de pai e mãe que sustente irmão menor, ou maior inválido ou interdito, ou ainda irmã solteira ou viúva que viva em sua companhia; ou
7) o órfão de pai e mãe que sirva de único arrimo a uma de suas avós ou avô decrépito ou valetudinário, incapaz de prover os meios de subsistência.

§ 9º Para fins de dispensa de incorporação, só será considerada a situação de arrimo quando, comprovadamente:

1) o conscrito sustentar dependentes mencionados no parágrafo anterior e não dispuser de recursos para efetivar essa função, caso seja incorporado; e
2) o sustentado não dispuser de recursos financeiros ou econômicos para a própria subsistência.

§ 10. O conscrito que alegar ser arrimo deverá requerer, em tempo útil, a sua dispensa de incorporação aos Comandantes de RM, DN ou ZAé. Além do fixado em o § 1º do art. 43, deste Regulamento, as instruções complementares de Convocação determinarão as épocas de apresentação dos requerimentos, os órgãos de Serviço Militar onde devem ser entregues, assim como os documentos necessários à comprovação do alegado.

Capítulo XV

DA DISPENSA DO SERVIÇO MILITAR INICIAL

Art. 106. Os brasileiros que, além de dispensados de incorporação nas Organizações Militares da Ativa, nas formas fixadas no Capítulo XIV deste Regulamento, não tiverem obrigações de matrícula em Órgãos de Formação de Reserva, serão dispensados do Serviço Militar inicial, continuando, contudo, sujeitos a convocações posteriores, bem como a determinados deveres, previstos na LSM e neste Regulamento.

Art. 107. Os brasileiros, nas condições do artigo anterior, farão jus ao Certificado de Dispensa de incorporação, a partir do dia 31 de dezembro do ano que anteceder ao da incorporação da sua classe, ressalvados os compreendidos pelo art. 95 e pelo número 5 do art. 105, os quais farão jus ao referido Certificado, a partir de 31 de dezembro do ano de incorporação da classe; e os abrangidos pelo parágrafo único do art. 95, nº 2 do § 2º e § 6º do art. 110, todos deste Regulamento, que os receberão desde logo.

§ 1º Os abrangidos pelo art. 105, deste Regulamento, com exceção dos compreendidos pelos nºs 3 e 4 do mesmo artigo, deverão requerer o Certificado ao Chefe da CSM correspondente, através do Órgão alistador da residência, ou aos Comandantes de DN e ZAé, para os alistados ou preferenciados para a Marinha e a Aeronáutica.

§ 2º O requerimento solicitando o Certificado de Dispensa de Incorporação será acompanhado do comprovante do pagamento da Taxa Militar, de que trata o art. 224, deste Regulamento, bem como:

1) do Atestado de Residência quanto aos brasileiros abrangidos pelo nº 1 do art. 105, do presente Regulamento; ou
2) de declaração do estabelecimento ou empresa, de que permaneceram no emprego ou função durante todo o ano da incorporação de sua clas-

se, quanto aos brasileiros de que trata o nº 5, do mesmo art. 105. Os que deixarem o emprego ou função antes do término do ano serão submetidos à seleção com a classe seguinte.

§ 3º As folhas dos requerimentos solicitando o Certificado de Dispensa de Incorporação, bem como dos Atestados de Residência, estes a serem passados pela autoridade policial, serão fornecidas e preenchidas gratuitamente pelas JSM ou órgãos alistadores correspondentes, obedecendo a modelos fixados pelas DSM, DPM ou DPAer.

§ 4º Os abrangidos pelo nº 1 do § 2º do art. 98, deste Regulamento, farão jus, desde logo, ao Certificado de Dispensa de Incorporação, mediante requerimento ao Chefe da CSM correspondente, através do órgão alistador da residência.

§ 5º Os dispensados do Serviço Militar inicial, que sejam possuidores de habilitações de particular interesse das Forças Armadas, poderão ser considerados em situação especial, com o correspondente registro nos Certificados de Dispensa de Incorporação.

§ 6º Os Certificados de Dispensa de Incorporação deverão ser entregues em cerimônia cívica apropriada, na qual serão explicados os deveres dos brasileiros para com o Serviço Militar obrigatório, os motivos da dispensa do Serviço Militar inicial e a atenção necessária quanto a qualquer convocação de emergência.

TÍTULO V – DAS ISENÇÕES E DOS BRASILEIROS EM DÉBITO COM O SERVIÇO MILITAR

CAPÍTULO XVI

DAS ISENÇÕES

Art. 108. Isentos do Serviço Militar são os brasileiros que, devido às suas condições físicas, mentais ou morais, ficam dispensados das obrigações para com o Serviço Militar, em caráter permanente, ou enquanto persistirem essas condições.

Art. 109. São isentos do Serviço Militar:

1) por incapacidade física ou mental definitiva, em qualquer tempo, os que forem julgados inaptos em seleção ou inspeção de saúde e considerados irrecuperáveis para o Serviço Militar nas Forças Armadas;
2) em tempo de paz, por incapacidade moral, os convocados que estiverem cumprindo sentença por crime doloso, ou que, quando da seleção, apresentarem indícios de incompatibilidade que, comprovados em exame na sindicância, revelem incapacidade moral para integrarem as Forças Armadas, bem como os que, depois de incorporados, forem expulsos das fileiras.

§ 1º Serão considerados irrecuperáveis para o Serviço Militar os portadores de lesões, doenças ou defeitos físicos, que os tornem incompatíveis para o Serviço Militar nas Forças Armadas e que só possam ser sanados ou removidos com o desenvolvimento da ciência.

§ 2º Para a comprovação dos indícios a que se refere o nº 2 do presente artigo, as sindicâncias a serem instauradas, durante o trabalho das CS, deverão obter, entre outros, elementos das autoridades locais.

Art. 110. A reabilitação dos incapazes poderá ser feita ex officio ou a requerimento do interessado.

§ 1º Os requerimentos serão dirigidos aos Comandantes de RM, DN ou ZAé, conforme a origem do Certificado de Isenção, diretamente, ou através de órgão alistador, e deverão ser instruídos com os documentos que comprovem o alegado, necessários em cada caso.

§ 2º Os incapazes por lesão, doença ou defeito físico que, em consequência de tratamento e do progresso da ciência, se julguem, comprovadamente recuperados e requeiram a sua reabilitação serão mandados a inspeção de saúde:

1) se julgados "Aptos A", deverão ser apresentados à seleção da primeira classe a ser incorporada;
2) se julgados "Incapaz B-1" ou "Incapaz B-2", farão jus, desde logo, ao Certificado de Dispensa de Incorporação, com a inclusão prévia no excesso do contingente;
3) se julgados "Incapaz C", continuarão na mesma situação em que se encontravam.

§ 3º Os isentos do Serviço Militar por incapacidade moral, por estarem cumprindo sentença por crime doloso, quando convocados, poderão ser reabilitados, mediante requerimento apresentado depois de postos em liberdade. Deverão anexar, ao citado requerimento, atestado de boa conduta do estabelecimento onde cumpriram a pena e, se for o caso, também da autoridade policial competente, referente aos últimos 2 (dois) anos.

§ 4º Os isentos do Serviço Militar por incapacidade moral, por terem sido julgados incapazes moralmente durante a seleção, poderão requerer reabilitação 2 (dois) anos após a data em que forem julgados incapazes. Deverão anexar, aos respectivos requerimentos, atestado passado por autoridade policial competente, sobre a sua conduta, referente aos últimos 2 (dois) anos.

§ 5º Os que forem reabilitados antes de completar 30 (trinta) anos de idade, nos casos previstos pelos §§ 3º e 4º, anteriores, deverão concorrer à seleção com a primeira classe a ser incorporada e submeter-se, nessa seleção, a exames psicotécnicos. Os que tiverem mais de 30 (trinta) anos serão dispensados de incorporação, com inclusão prévia no excesso do contingente.

§ 6º A reabilitação dos expulsos das Organizações Militares da Ativa ou dos Órgãos de Formação de Reserva só poderá ser efetivada após 2 (dois) anos da data da expulsão e na forma estabelecida pela legislação de cada Força Armada. Uma vez reabilitados, farão jus à substituição de seu Certificado pelo de Dispensa de Incorporação ou de Reservista, conforme o grau de instrução alcançado.

CAPÍTULO XVII

DOS BRASILEIROS EM DÉBITO COM O SERVIÇO MILITAR

Art. 111. São considerados em débito com o Serviço Militar todos os brasileiros que, tendo obrigações definidas com esse Serviço, tenham deixado de cumpri-las nos prazos fixados.

Parágrafo único. Os brasileiros em débito com o Serviço Militar inicial ficarão sujeitos às obrigações impostas aos da classe que estiver sendo selecionada, sem prejuízo das sanções e prescrições que lhes forem aplicáveis, na forma da LSM e deste Regulamento.

Art. 112. O brasileiro que não se apresentar durante a época de seleção de sua classe ou que, tendo-o feito, ausentar-se sem a ter completado, será considerado refratário.

§ 1º Não é refratário:

1) o brasileiro que faltar, apenas, ao alistamento, na época normal de alistamento da sua classe; ou
2) o brasileiro residente, em município não tributário, há mais de um ano, referido à data de início da época da seleção da sua classe.

§ 2º Aos refratários serão aplicadas as prescrições e sanções previstas na LSM e neste Regulamento.

Art. 113. O convocado designado para incorporação ou matrícula que não se apresentar, à Organização Militar que lhe for designada, dentro do prazo marcado, ou que, tendo-o feito, ausentar-se antes do ato oficial de incorporação ou matrícula, será declarado "insubmisso".

§ 1º A expressão "convocado à incorporação" constante do Código Penal Militar (art. 159), aplica-se ao selecionado para convocação e designado para incorporação ou matrícula em Organização Militar, à qual deverá apresentar-se no prazo que lhe for designado.

§ 2º Aos insubmissos serão aplicadas as prescrições e sanções previstas na LSM e neste Regulamento, sem prejuízo do que sobre eles estabelece o Código Penal Militar.

Art. 114. Aos insubmissos e desertores, quando se apresentarem ou forem capturados, será aplicado o disposto nos arts. 80, 81 e 91, deste Regulamento.

Art. 115. Aos insubmissos e desertores, que adquirirem a condição de arrimo ou tenham mais de 30 (trinta) anos de idade, será aplicado o contido no § 5º do art. 140, do presente Regulamento.

Art. 116. As organizações Militares publicarão, nos seus Boletins ou em Ordens de Serviço, no dia imediato à data da incorporação, a relação nominal dos que se tornarem insubmissos, com a discriminação da filiação, naturalidade, data do nascimento e data em que deveriam apresentar-se.

§ 1º Os Boletins ou Ordens do Dia das RM, DN ou ZAé, um mês após a data da insubmissão, transcreverão, em aditamento, as relações nominais dos insubmissos das Organizações Militares localizadas nos respectivos territórios, com todos os dados citados no presente artigo.

§ 2º Exemplares desses Boletins ou Ordens do Dia, logo após a publicação, deverão ser remetidos a todas as RM, DN, ZAé, DPM e CSM.

TÍTULO VI – DA PRESTAÇÃO DE OUTRAS FORMAS E FASES DO SERVIÇO MILITAR

Capítulo XVIII

DAS OUTRAS FORMAS E FASES DO SERVIÇO MILITAR

Art. 117. O Serviço Militar, além do inicial, previsto no art. 7º deste Regulamento, abrange outras formas e fases, consequentes de convocações posteriores, de aceitação de voluntários e de prorrogação de tempo de serviço, quer em tempo de paz, quer na mobilização.

Art. 118. Os brasileiros, reservistas ou não, licenciados após o Serviço Militar, prestado de acordo com o artigo anterior, terão atualizada a sua situação na reserva, de conformidade com o grau de instrução alcançado.

Capítulo XIX

DAS CONVOCAÇÕES POSTERIORES

Art. 119. Os dispensados da prestação do Serviço Militar inicial, como os reservistas, estarão sujeitos a outras formas e fases do Serviço Militar, do mesmo modo como a outros encargos necessários à defesa da Pátria, nos termos do art. 181 da Constituição, da LSM, do presente Regulamento e de legislação especial.

Art. 120. Os Ministros Militares poderão convocar pessoal da reserva para a participação em exercícios, manobras e aperfeiçoamento de conhecimentos militares.

§ 1º A convocação e a incorporação em Organizações Militares da Ativa, ou a matrícula em Cursos de Aperfeiçoamento, do pessoal da reserva de 2ª classe ou não remunerada, serão realizadas de acordo com legislação específica ou com instruções especiais baixadas, em cada caso, pelos Ministros Militares interessados.

§ 2º Os atos de convocação especificarão os prazos e a finalidade e, se for o caso, a remuneração a que fará jus o pessoal por ele abrangido.

Art. 121. Os oficiais, aspirantes a oficial e guardas-marinha, da reserva de 2ª classe ou não remunerada, serão convocados para exercícios de apresentação das reservas, nos termos do artigo anterior.

Parágrafo único. O comparecimento ao referido exercício é necessário para a atualização da situação militar, na forma do § 1º do art. 209, deste Regulamento. O não comparecimento importará na multa prevista no nº 3 do art. 177, do presente Regulamento.

Art. 122. O pessoal da reserva (oficiais e praças), de acordo com o artigo 120 deste Regulamento e com as prescrições do Regulamento para o Corpo de Oficiais da Reserva de cada Força, está sujeito a convocação, tendo por objetivo o aperfeiçoamento, atualização e complementação da instrução recebida, paralelamente com o atendimento de outras necessidades das Forças Armadas.

Art. 123. O aperfeiçoamento, atualização e complementação da instrução dos oficiais, aspirantes a oficial ou guardas-marinha, da reserva de 2ª classe ou não remunerada, serão estabelecidos nos Regulamentos para o Corpo de Oficiais da Reserva de cada Força e serão realizados através de Estágios de Instrução.

§ 1º O caráter obrigatório ou voluntário dos Estágios de Instrução será estabelecido pelo ato de convocação.

§ 2º O Estágio de Instrução dos aspirantes a oficial ou guardas-marinha da reserva, após a conclusão do Curso de Formação, terá caráter obrigatório, uma vez realizada a convocação, a fim de que seja completado o Serviço militar inicial.

§ 3º Os aspirantes a oficial e guardas-marinha da reserva, pertencentes aos quadros de Saúde e Veterinária das Forças Armadas, estarão sujeitos obrigatoriamente a um Estágio de Adaptação, previsto em legislação especial.

Art. 124. Os oficiais da reserva de 2ª classe ou não remunerada poderão ainda ser convocados para estágios especiais, visando à atualização da instrução e treinamento. Essa convocação visará, também, ao preenchimento temporário de claros existentes em tempo de paz e será regulada por legislação específica.

Art. 125. O aperfeiçoamento, atualização e complementação de instrução dos graduados e soldados reservistas, bem como a sua participação em exercícios e manobras, serão regulados por Instruções particulares dos Ministros Militares, nos termos do art. 120 e seus parágrafos, deste Regulamento.

Art. 126. Em qualquer época, tenham ou não prestado o Serviço Militar, poderão os brasileiros ser objeto de convocação de emergência, em condições determinadas pelo Presidente da República, para evitar a perturbação da ordem ou para a sua manutenção, ou, ainda, em caso de calamidade pública.

CAPÍTULO XX

DO VOLUNTARIADO

Art. 127. Os Ministros Militares poderão, em qualquer época do ano, autorizar a aceitação de voluntários, reservistas ou não, com a finalidade de atender necessidades normais, eventuais ou específicas das Forças Armadas.

§ 1º O voluntário pode ser aceito a partir do ano em que completar 17 (dezessete) anos de idade, de quaisquer municípios, tributários ou não, e de todas ou determinadas RM, DN ou ZAé.

§ 2º A aceitação do voluntariado é realizada por ato do Ministro Militar interessado, especificando as condições do serviço a ser prestado, as obrigações decorrentes, bem como os direitos que serão assegurados aos voluntários.

§ 3º Entre os voluntários que poderão ser aceitos estão incluídos os que, residentes em municípios tributários, desejem antecipar a prestação do Serviço Militar inicial. Se estes voluntários não puderem ser aproveitados, não serão incluídos no excesso do contingente, devendo apresentar-se para a seleção da sua classe.

§ 4º Sempre que a abertura de voluntariado tiver amplitude significativa em uma determinada área do país, com reflexos nos interesses das outras Forças Armadas, o Ministério Militar interessado deverá ouvir os outros Ministérios e, se for o caso, submeter o assunto à ação coordenadora do EMFA.

CAPÍTULO XXI

DAS PRORROGAÇÕES DO SERVIÇO MILITAR

Art. 128. Aos incorporados que concluírem o tempo de serviço a que estiverem obrigados poderá, desde que o requeiram, ser concedida prorrogação desse tempo, uma ou mais vezes, como engajados ou reengajados, segundo as conveniências da Força Armada interessada.

Art. 129. O engajamento e os reengajamentos poderão ser concedidos, pela autoridade competente, às praças de qualquer grau da hierarquia militar, que o requererem, dentro das exigências estabelecidas neste Regulamento e dos prazos e condições fixados pelos Ministérios da Guerra, da Marinha e da Aeronáutica.

Art. 130. Para a concessão do engajamento e reengajamento devem ser realizadas as exigências seguintes:

1) incluírem-se os mesmos nas percentagens fixadas, periodicamente, pelos Ministros Militares;
2) haver conveniência para o Ministério interessado;
3) satisfazerem os requerentes as seguintes condições:

a) boa formação moral;
b) robustez física;
c) comprovada capacidade de trabalho;
d) boa conduta civil e militar;
e) estabelecidas pelo Ministério competente para a respectiva qualificação, ou especialidade, ou classificação, bem como, quando for o caso, graduação.

Art. 131. Para a concessão do reengajamento que permita à praça completar 10 (dez) anos de serviço deverão ser satisfeitos requisitos constantes da legislação competente, tendo em vista o interesse de cada Força Armada, em particular no que se refere ao acesso.

Art. 132. As praças matriculadas, voluntariamente, em curso para o qual se exija, para os que o concluírem com aproveitamento, a obrigação de permanecerem no serviço ativo, por prazo determinado, continuarão, após o curso, consideradas como engajadas ou reengajadas, durante o citado prazo, mesmo que daí resulte ficarem servindo por tempo maior que o estabelecido para a correspondente prorrogação.

§ 1º Quando, nesses cursos, for admitida a matrícula de praças que não tenham completado o tempo normal do serviço militar inicial, bem como de civis ou de reservistas, os que os concluírem com aproveitamento, dentro das condições estabelecidas no Regulamento respectivo, serão considerados engajados durante o prazo da obrigação contraída.

§ 2º Findo o prazo de permanência a que se obrigaram, poderão essas praças obter prorrogação, de acordo com as prescrições deste Capítulo e com as condições fixadas pelo Ministério Militar correspondente, aplicáveis, no caso.

§ 3º Na aplicação deste artigo e seus §§ 1º e 2º será observada a exigência do art. 131, deste Regulamento.

Art. 133. Os incorporados que concluírem o tempo de serviço inicial em operações militares ou em serviço delas dependentes ou decorrentes serão automaticamente considerados engajados pelo prazo que for julgado conveniente ao interesse das operações ou serviço, na forma prevista nos parágrafos do art. 21 do presente Regulamento.

Art. 134. Os Ministérios Militares regularão as condições de exceção, que se fizerem necessárias, para os engajamentos e reengajamentos nas Organizações Militares da Ativa situadas nas localidades consideradas especiais, tendo em vista as conveniências de cada Força Armada e o interesse do serviço daquelas Organizações.

Art. 135. Os engajamentos ou reengajamentos serão contados a partir do dia imediato àquele em que terminar o período do serviço anterior.

Art. 136. Para fins de engajamento, o tempo do Serviço Militar inicial obrigatório terminará ao serem completados 12 (doze) meses de serviço.

Art. 137. Nenhuma praça poderá servir sem compromisso de tempo, a não ser em períodos específicos, necessários a certas situações referidas no presente Regulamento.

Parágrafo único. Excetuam-se do disposto neste artigo as praças com estabilidade assegurada em lei.

TÍTULO VII – DAS INTERRUPÇÕES DO SERVIÇO MILITAR

CAPÍTULO XXII

DAS INTERRUPÇÕES DO SERVIÇO MILITAR

Art. 138. O serviço ativo das Forças Armadas, será interrompido:

1) pela anulação da incorporação;
2) pela desincorporação;
3) pela expulsão;
4) pela deserção.

Parágrafo único. As prescrições do presente Capítulo são extensivas, no que forem aplicáveis e de acordo com legislação peculiar, aos incorporados que se encontrem prestando o Serviço Militar sob outras formas e fases, previstas no Título VI, deste Regulamento.

Art. 139. A anulação da incorporação ocorrerá, em qualquer época, nos casos em que tenham sido verificadas irregularidades no recrutamento, inclusive relacionadas com a seleção.

§ 1º Caberá à autoridade competente, Comandantes de Organizações Militares, RM, DN ou ZAé, mandar apurar, por sindicância ou IPM, se a irregularidade preexistia ou não, à data da incorporação, e a quem cabe a responsabilidade correspondente.

§ 2º Se ficar apurado que a causa ou irregularidade preexistia à data da incorporação, esta será anulada e nenhum amparo do Estado caberá ao incorporado. Além disso:

1) se a responsabilidade pela irregularidade couber ao incorporado, ser-lhe-á aplicada a multa prevista no nº 2 do art. 179, deste Regulamento, independentemente de outras sanções cabíveis no caso; ou
2) se a responsabilidade pela irregularidade couber a qualquer elemento executante do recrutamento, ser-lhe-ão aplicadas a multa ou multas correspondentes, sem prejuízo das sanções cabíveis, nos casos de cometimento de crime ou transgressões disciplinares.

§ 3º São competentes para determinar a anulação a autoridade que efetuou a incorporação, desde que não lhe caiba responsabilidade no caso, e as autoridades superiores àquela.

§ 4º Os brasileiros que tiverem a incorporação anulada, na forma do § 2º deste artigo, terão a sua situação militar assim definida:

1) em se tratando de incapacidade moral ou de lesão, doença ou defeito físico, que os tornem definitivamente incapazes ("Incapaz C"), serão considerados isentos do Serviço Militar;
2) os julgados "Incapaz B-2", farão jus, desde logo, ao Certificado de Dispensa de Incorporação, sendo previamente incluídos no excesso do contingente. A sua reabilitação poderá ser feita na forma prevista no parágrafo único do art. 57, deste Regulamento;
3) em se tratando de arrimo, serão considerados dispensados do Serviço Militar, com apresentação de documentos irregulares;
4) os residentes em municípios tributários, que anteciparam a prestação do Serviço Militar, com apresentação de documentos irregulares:

a) caso não completem 17 (dezessete) anos de idade no ano em que forem incorporados, deverão receber o CAM de volta, com a devida anotação para retornar à seleção com a sua classe;
b) caso completem 17 (dezessete) anos de idade no ano em que forem incorporados, poderão, a juízo do Comandante da Organização Militar, continuar servindo, não havendo, então, anulação de incorporação;

5) os que tiverem ocultado o grau de escolaridade ou de preparo intelectual para se esquivar do ingresso em Órgão de Formação de Reserva concorrerão à matrícula no referido Órgão, com a primeira classe a ser incorporada, devendo-lhes ser o CAM restituído, com a devida anotação;
6) nos casos em que forem apuradas outras irregularidades, simples ou combinadas, como determinantes da anulação da incorporação, a situação militar deverá ser definida de acordo com as prescrições aplicáveis deste Regulamento.

§ 5º No caso de a irregularidade referir-se a "Incapaz B-1", não caberá a anulação da incorporação, devendo o incorporado ser tratado, se for o caso.

§ 6º Se ficar comprovado, na sindicância ou IPM, de que trata o § 1º do presente artigo, que a irregularidade tenha ocorrido após a data da incorporação, ou se não ficar devidamente provada a sua preexistência, não caberá a anulação da incorporação, mas a desincorporação, sendo aplicado ao incorporado o prescrito no art. 140 e seus parágrafos, deste Regulamento.

Art. 140. A desincorporação ocorrerá:

1) por moléstia, em consequência da qual o incorporado venha a faltar ao serviço durante 90 (noventa) dias, consecutivos ou não, durante a prestação do Serviço Militar inicial;
2) por moléstia ou acidente que torne o incorporado definitivamente incapaz para o Serviço Militar;
3) por aquisição das condições de arrimo após a incorporação;
4) por condenação irrecorrível, resultante da prática de crime comum de caráter culposo;
5) por ter sido insubmisso ou desertor e encontrar-se em determinadas situações; ou
6) por moléstia ou acidente, que torne o incorporado temporariamente incapaz para o Serviço Militar, só podendo ser recuperado a longo prazo.

§ 1º No caso do nº 1 deste artigo, o incorporado deverá ser submetido a inspeção de saúde. Se julgado "Apto A" ou "Incapaz B-1", será desincorporado, excluído e considerado de incorporação adiada; o CAM deverá ser-lhe restituído com a devida anotação, para concorrer à seleção com a classe seguinte. Quando baixado a enfermaria ou hospital, deverá ser entregue à família ou encaminhado a estabelecimento hospitalar civil, após os entendimentos necessários.

§ 2º No caso do nº 2, deste artigo, quer durante, quer depois da prestação do Serviço Militar inicial, o incapacitado será desincorporado, excluído e considerado isento do Serviço Militar, por incapacidade física definitiva. Quando baixado a hospital ou enfermaria, neles será mantido até a efetivação da alta, embora já excluído; se necessário, será entregue à família ou encaminhado a estabelecimento hospitalar civil, mediante entendimentos prévios. Caso tenha direito ao amparo do Estado, não será desincorporado; após a exclusão, será mantido adido, aguardando reforma.

§ 3º No caso do nº 3, deste artigo, deverão ser obedecidas, no que for aplicável, as prescrições dos §§ 8º e 9º do art. 105, do presente Regulamento, fazendo o desincorporado jus ao Certificado de Dispensa de Incorporação ou de Reservista, de acordo com o grau de instrução alcançado. O processo deverá ser realizado *ex officio*, ou mediante requerimento do interessado ao Comandante da Organização Militar.

§ 4º No caso do nº 4, deste artigo, o condenado será desincorporado e excluído, tendo a sua situação regulada como no parágrafo anterior.

§ 5º No caso do nº 5 deste artigo, o insubmisso ou desertor será desincorporado e excluído, quando:

1) tenha adquirido a condição de arrimo após a insubmissão ou deserção, e depois de absolvido ou do cumprimento da pena. Fará jus ao Certificado de Dispensa de Incorporação ou de Reservista, conforme o grau de instrução alcançado; ou
2) tenha mais de 30 (trinta) anos de idade e desde que haja sido absolvido, fazendo jus ao Certificado de Dispensa de Incorporação ou de Reservista, de acordo com o grau de instrução alcançado. Se, contudo, condenado, após o cumprimento da pena prestará o Serviço Militar inicial, na forma do parágrafo único do art. 80, deste Regulamento.

§ 6º No caso do nº 6 deste artigo em que o incorporado for julgado "Incapaz B-2", será ele desincorporado e excluído, fazendo jus ao Certificado de Dispensa de Incorporação, com inclusão prévia no excesso do contingente, ou ao Certificado de Reservista, de acordo com o grau de instrução alcançado. Terá aplicação, no que for cabível, o disposto no § 2º, deste artigo.

Art. 141. A expulsão ocorrerá:

1) por condenação irrecorrível resultante da prática do crime comum ou militar de caráter doloso;
2) pela prática de ato contra a moral pública, pundonor militar ou falta grave, que, na forma da lei ou de regulamentos militares, caracterize o seu autor como indigno de pertencer às Forças Armadas; ou
3) pela prática contumaz de faltas que tornem o incorporado, já classificado no mau comportamento, inconveniente à disciplina e à permanência nas fileiras.

§ 1º O expulso será considerado isento do Serviço Militar e a sua reabilitação obedecerá ao estabelecido no § 6º do art. 110, deste Regulamento.

§ 2º No caso do nº 1, do presente artigo, em se tratando de crime comum, o expulso será entregue à autoridade competente e, nos casos dos nºs 2 e 3, será apresentado, com ofício informativo da causa da expulsão, à autoridade policial local.

§ 3º A autoridade militar que reabilitar um expulso, na forma do § 1º deste artigo, deverá informar da reabilitação à autoridade policial competente.

Art. 142. A interrupção do tempo de serviço pela deserção é regulada em legislação específica.

Art. 143. As interrupções de Serviço Militar dos convocados matriculados em Órgãos de Formação de Reserva, atendido o disposto nos §§ 3º e 4º do art. 105 do presente Regulamento, obedecerão às normas fixadas nos regulamentos dos respectivos Órgãos.

Art. 144. O incorporado, que responder a processo no Foro Comum, será apresentado à autoridade competente, que o requisitar, e dela ficará à disposição, em xadrez de Organização Militar, no caso de prisão preventiva, não havendo interrupção do Serviço Militar. Após passada em julgado a sentença condenatória, será expulso ou desincorporado, conforme o crime tenha sido de caráter doloso ou culposo, respectivamente, e entregue à autoridade competente.

Art. 145. O incorporado que responder a inquérito policial militar ou a processo no Foro Militar permanecerá na sua Unidade, mesmo como excedente, não lhe sendo aplicada, enquanto durar essa situação, a interrupção do tempo de serviço, prevista neste Capítulo.

TÍTULO VIII – DO LICENCIAMENTO, DA RESERVA, DA DISPONIBILIDADE E DOS CERTIFICADOS MILITARES

Capítulo XXIII

DO LICENCIAMENTO

Art. 146. O licenciamento das praças que integram o contingente anual se processará, *ex officio*, de acordo com as normas estabelecidas pelos Ministérios da Guerra, da Marinha e da Aeronáutica, nos respectivos Planos de Licenciamento, após a terminação do tempo de serviço, fixado nos termos o art. 21 e seus §§ 1º e 2º e dos arts. 22 e 24, todos deste Regulamento.

Art. 147. Os voluntários só terminarão o tempo de serviço após decorrido o prazo pelo qual se obrigarem, na forma do § 2º, do art. 127, do presente Regulamento.

Art. 148. Os insubmissos e desertores terão o tempo de serviço contado da data da incorporação, não lhes sendo computado o período em que estiverem cumprindo sentença, e foragidos, quanto aos desertores.

Art. 149. As praças que se encontrarem baixadas a enfermaria ou hospital, ao término do tempo de serviço, serão inspecionadas de saúde, e mesmo depois de licenciadas, desincorporadas, desligadas ou reformadas, continuarão em tratamento, até a efetivação da alta, por restabelecimento ou a pedido. Podem ser encaminhadas a organização hospitalar civil, mediante entendimentos prévios por parte da autoridade militar.

Art. 150. Às praças engajadas ou reengajadas com mais de metade do tempo de serviço, a que se tiverem obrigado, será facultado o licenciamento, desde que o requeiram e não haja prejuízo para o Serviço Militar.

Parágrafo único. Não são amparadas por este artigo as praças que concluírem cursos com aproveitamento e das quais se exigiu, previamente, o compromisso de permanecerem no serviço ativo por determinado tempo.

Art. 151. As praças que tiverem prestado o Serviço Militar inicial serão transferidas para a reserva, remunerada ou não, desde que aceitem cargo público civil de provimento efetivo.

Art. 152. As praças alistáveis eleitoralmente, com menos de 5 (cinco) anos de serviço, na data em que tiverem registrada a sua candidatura a cargo eletivo de natureza pública serão licenciadas, *ex officio*.

Art. 153. As praças alistáveis eleitoralmente com 5 (cinco) ou mais anos de serviço, ao serem diplomadas para cargo eletivo de natureza pública, serão transferidas para a reserva.

Art. 154. As praças sujeitas a inquérito policial comum e a processos no Foro Civil, ao término do tempo de serviço e desde que não tenham estabilidade assegurada, serão licenciadas, mediante comunicação prévia à autoridade policial ou judiciária competente e indicação dos respectivos domicílios.

Capítulo XXIV
DA RESERVA E DA DISPONIBILIDADE

Art. 155. A Reserva das Forças Armadas compõe-se dos oficiais, aspirantes a oficial ou guardas-marinha e das praças incluídas na reserva de acordo com a legislação própria.

Parágrafo único. No que concerne às praças, a Reserva é constituída pelos reservistas de 1ª e de 2ª categoria.

Art. 156. A Reserva de 1ª categoria é composta de reservistas que tenham atingido um grau de instrução que os habilite ao desempenho de função de uma das qualificações ou especializações militares de cada Força Armada.

Parágrafo único. Serão incluídos na Reserva de 1ª categoria, ao serem licenciados, desincorporados, ou desligados, com a instrução militar prevista neste artigo:

1) as praças;
2) os alunos das Escolas de Formação de Oficiais para a ativa, que tenham completado com aproveitamento, no mínimo, um ano do respectivo curso. Se forem desligados antes, deverão ser apresentados à seleção da primeira classe e terão prioridade para a incorporação; e
3) os alunos das Escolas de Formação de Graduados para a ativa, bem como as praças ou alunos dos Órgãos de Formação de reservistas de 1ª categoria (graduados e soldados), que tenham completado um ano de curso.

Art. 157. A reserva de 2ª categoria é composta de reservistas que tenham recebido, no mínimo, a instrução militar suficiente para o exercício de funções gerais básicas de caráter militar.

Parágrafo único. Serão incluídos na Reserva de 2ª categoria, ao serem licenciados, desincorporados ou desligados, com a instrução prevista neste artigo:

1) as praças;
2) os alunos dos Órgãos de Formação de reservistas de 2ª categoria, inclusive dos Tiros de Guerra e Centros de Formação de Reservistas da Marinha, que terminarem toda a instrução militar, com aproveitamento;
3) os alunos das Escolas Preparatórias de Cadetes do Exército e da Aeronáutica, do Colégio Naval, das Escolas de Aprendizes de Marinheiros, das Escolas de Marinha Mercante e dos centros de Formação de Marítimos, que tiverem completado, no mínimo, um ano de curso com aproveitamento, desde que satisfeitas as condições de idade mínima para a prestação do Serviço Militar inicial, prevista no art. 20, deste Regulamento;
4) os alunos dos Colégios Militares que tenham concluído a instrução militar com aproveitamento e satisfeito as condições de idade mínima, de que trata o nº 3 deste artigo; e
5) as praças das Polícias Militares e Corpos de Bombeiros, que tenham completado um ano de serviço, bem como os alunos das Escolas de Formação de Oficiais dessas Corporações, que tiverem completado um ano de curso, satisfeitas as condições de idade mínima, de que trata o nº 3 deste artigo.

Art. 158. Os alunos dos Cursos de Formação de Oficiais para a reserva das Forças Armadas, que não terminarem o respectivo curso, não serão incluídos na reserva e deverão ser apresentados à seleção com a primeira turma a ser incorporada, com prioridade para incorporação, qualquer que tenha sido o seu tempo de instrução.

Art. 159. Caberá aos Ministros Militares baixar instruções regulando a qualificação ou especialização militar das praças, assim como qual a instrução militar necessária para o exercício de funções gerais básicas de caráter militar.

Art. 160. Ao ser incluído na reserva o brasileiro permanecerá na disponibilidade por prazo a ser fixado pelos Ministros Militares, de acordo com as necessidades de mobilização.

Art. 161. Durante o período passado "na disponibilidade", o reservista estará vinculado à Organização Militar onde prestou o serviço Militar inicial ou a outra que lhe tiver sido indicada.

Art. 162. Enquanto permanecer "na disponibilidade", o reservista deverá comunicar toda mudança de residência, no cumprimento do dever fixado no nº 2 do art. 202, deste Regulamento.

Capítulo XXV
DOS CERTIFICADOS DE ALISTAMENTO MILITAR, DE RESERVISTA, DE ISENÇÃO E DE DISPENSA DE INCORPORAÇÃO

Art. 163. O Certificado de Alistamento Militar (CAM) é o documento comprovante da apresentação para a prestação do Serviço Militar inicial. Será fornecido gratuitamente pelo órgão alistador, sob a responsabilidade do Presidente ou Chefe desse órgão.

§ 1º Nos limites da sua validade, e com as anotações devidas quando for o caso, o CAM é, ainda, documento comprobatório de estar o brasileiro em dia com as suas obrigações militares.

§ 2º O registro do prazo de validade e outras anotações, posteriores, serão feitos na forma prescrita neste Regulamento.

§ 3º Na ocasião do preenchimento do CAM, o órgão alistador preencherá a Ficha de Alistamento Militar (FAM), contendo os elementos necessários ao seu arquivo e ao do CSM, ou órgão correspondente da Marinha e da Aeronáutica de dimensões e modelos fixados pelos Ministérios Militares.

§ 4º O CAM, quando substituído pelo Certificado definitivo, deverá ser recolhido e incinerado.

Art. 164. O Certificado de Reservista é documento comprovante de inclusão do brasileiro na Reserva do Exército, da Marinha ou da Aeronáutica.

§ 1º Todo brasileiro, ao ser incluído na Reserva, receberá gratuitamente, da autoridade militar competente, o Certificado de Reservista correspondente à respectiva categoria.

§ 2º Com as devidas anotações quando for o caso, é, ainda, o Certificado de Reservista, documento comprobatório de estar o brasileiro em dia com as suas obrigações militares.

§ 3º Durante o período em que o reservista permanecer "na disponibilidade", é obrigatória a anotação da sua apresentação anual no respectivo Certificado de Reservista, para estar em dia com as suas obrigações militares.

§ 4º São responsáveis pela expedição do Certificado de Reservista:

1) os Comandantes, Chefes ou Diretores das Organizações Militares das Forças Armadas;
2) os Chefes de Seções de Tiros de Guerra, quando se tratar de reservista oriundo de Tiro de Guerra; e
3) os Comandantes de Corporações das Polícias Militares e dos Corpos de Bombeiro, na situação fixada no art. 11 deste Regulamento, para efeito de expedição de Certificado de Reservista de 2ª Categoria, tem as mesmas atribuições e responsabilidades das autoridades fixadas no nº 1 do presente artigo.

Art. 165. Aos brasileiros isentos do Serviço Militar será fornecido, gratuitamente, pela autoridade militar competente, o Certificado de Isenção, que é documento comprobatório de situação militar.

§ 1º São autoridades competentes para expedir o Certificado de Isenção:

1) os Comandantes, Chefes ou Diretores das Organizações Militares das Forças Armadas;
2) os Chefes de Seção dos Tiros de Guerra;
3) os Presidentes de Comissão de Seleção, se for o caso; e
4) os Comandantes de Corporações de Polícias Militares e de Corpos de Bombeiro na situação prevista no art. 11, de conformidade com o prescrito nos §§ 2º e 4º do art. 13, ambos deste Regulamento.

§ 2º Nos Certificados de Isenção, concedidos por incapacidade física ou mental definitiva ("Incapaz C"), quer verificado durante a seleção, quer determinante de interrupção do Serviço Militar do incorporado ou matriculado, deverá constar à máquina, o motivo da isenção, mediante uma das expressões seguintes entre aspas:

1) "por incapacidade física", quanto aos portadores de moléstia infecto contagiosa e distúrbio mental grave;
2) "por insuficiência física para o Serviço Militar, podendo exercer atividades civis", ou apenas "por insuficiência física para o Serviço Militar", quando não puder exercer atividades civis, quanto a todos os demais casos.

§ 3º Nos Certificados de Isenção, concedidos por incapacidade moral, em tempo de paz, deverá ser feita à máquina, de acordo com o motivo da isenção, a citação por extenso, de um dos números seguintes, deste parágrafo:

1) por estar cumprindo sentença por crime doloso, quando convocado (Exemplo: "por estar compreendido no número um, parágrafo terceiro, artigo cento e sessenta e cinco do Regulamento da LSM");
2) por incompatibilidade para integrarem as Forças Armadas, comprovada quando da seleção (Exemplo: "por estar compreendido no número dois, parágrafo terceiro, artigo cento e sessenta e cinco do Regulamento do LSM"); ou
3) por ter sido expulso das fileiras (Exemplo: "por estar compreendido no número três, parágrafo terceiro, artigo cento e sessenta e cinco, do Regulamento da LSM").

§ 4º Os reabilitados terão o Certificado de Isenção substituído por aquele a que fizerem jus.

§ 5º Os Certificados de Isenção devem ser entregues logo que possível, sendo que os das praças expulsas será entregue no ato da expulsão.

Art. 166. Aos brasileiros dispensados do Serviço Militar inicial, nos termos dos arts. 106, 107 e 98, § 2º, nº 1, deste Regulamento, será fornecido, mediante pagamento da Taxa Militar, o Certificado de Dispensa de Incorporação.

§ 1º Também será fornecido o mesmo Certificado, mediante pagamento da Taxa Militar, aos que, embora tenham sido incorporados ou matriculados, sofrerem interrupção no seu tempo de serviço, na forma do disposto ao Capítulo XXII deste Regulamento, sem realizarem as condições necessárias para a inclusão na reserva das Forças Armadas.

§ 2º O Certificado de Dispensa de Incorporação, com as devidas anotações quando for o caso, é documento comprobatório de estar o brasileiro em dia com as suas obrigações militares.

§ 3º No Certificado de Dispensa de Incorporação deverá constar, à máquina, o motivo da dispensa mediante uma das expressões seguintes, entres aspas:

1) "por residir em município não tributário" ou "por residir em zona rural de município tributário de Órgão de Formação de Reserva" (número 1, do art. 105, deste Regulamento);
2) por excederem às necessidades das Forças Armadas embora residentes em municípios tributários:

a) "por ter sido incluído no excesso do contingente" (número 2, do Artigo 105 e número 1, do § 2º do Artigo 93, deste Regulamento);
b) "por insuficiência física temporária para o Serviço Militar, podendo exercer atividades civis", ou apenas "por insuficiência física temporária" quando não puder exercer atividades civis (número 2, do art. 105 e número 2 do § 2º, do art. 93, deste Regulamento).
c) "por ter mais de 30 anos de idade" (número 2, do art. 105 e número 3, do § 2º, do art. 93, deste Regulamento).

3) "por ser operário" (funcionário, empregado) de empresa (estabelecimento) industrial (de transporte, de comunicações) relacionada com a Segurança Nacional (número 5, do Artigo 105, deste Regulamento). Neste caso, o Certificado consignará a situação especial;
4) "por ser arrimo família" (número 6, do art. 105, deste Regulamento);
5) "por ser sacerdote ou ministro de tal religião" (número 1, do § 2º, do art. 98, deste Regulamento); ou
6) por interrupção do Serviço Militar:

a) "por adquirir condições de arrimo" (número 3, do § 4º, do art. 139 ou § 3º do art. 140, deste Regulamento); ou
b) "nos termos do parágrafo quarto, artigo cento e quarenta do Regulamento da LSM" (por extenso).

§ 4º Os Certificados de Dispensa de Incorporação serão expedidos pelos Comandantes, Chefes ou Diretores de Organizações Militares das Forças Armadas, respeitadas as prescrições deste Regulamento:

1) no Exército, em todos os casos previstos no parágrafo anterior;
2) na Marinha e na Aeronáutica:

a) aos conscritos que foram submetidos à seleção sob a sua responsabilidade e incluídos nos números 2, 3 e 4 do parágrafo anterior;
b) aos preferenciados, em todos casos do parágrafo anterior, exceto quando aos sacerdotes e ministros de qualquer religião; e
c) aos incorporados que interromperem o Serviço Militar, previstos no nº 6 do parágrafo anterior.

Art. 167. Os Certificados Militares serão de formato único para as três Forças Armadas e terão impressas a numeração e a seriação por espécie do Certificado, dentro de cada Força. Obedecerão os modelos e características seguintes:

1) Certificados de Reservista, de Isenção e de Dispensa de Incorporação – (Modelos nos Anexos A, B, C e D);

Formato: 13 cm de altura por 16 cm de largura.
Papel: apergaminhado, de 30 kg – BB 66-96, de cor branca.
Marca d'água: Armas Nacionais em cada Certificado.
► Item 1 com a redação dada pelo Dec. nº 58.759, de 28-6-1966.

2) Certificado de Alistamento Militar – (Modelo do Anexo E).

Formato: 16 cm de altura por 13 cm de largura.

Papel: apergaminhado de 30 kg – AA 76-112, de cor branca.

§ 1º Os modelos referem-se a Certificados destinados às três Forças Armadas. Caberá aos Ministérios Militares fazer as substituições necessárias no cabeçalho.

§ 2º Os Certificados Militares serão impressos, distribuídos e controlados, sob exclusiva responsabilidade dos órgãos de direção do Serviço Militar de cada Força Armada e definidos no art. 28, deste Regulamento.

Art. 168. Os Certificados Militares, além dos dizeres impressos e dos datilografados necessários ao seu preenchimento, só deverão conter as anotações estritamente necessárias para definir a situação e obrigações do seu possuidor.

§ 1º As anotações nos Certificados são referentes aos motivos abaixo, ou a outros julgados necessários pelos Ministérios Militares:

1) Certificados de Reservista – apresentação por diferentes motivos: exercício de apresentação das reservas; Dia do Reservista; convocações de emergência, para exercícios, manobras ou aperfeiçoamento de conhecimentos militares; e pagamento de multa ao chegar ao Brasil;
2) Certificado de Isenção – não apresentação de documento hábil de identificação; e reabilitação não concedida e respectiva data;
3) Certificados de Dispensa de Incorporação – não apresentação de documento hábil de identificação; pagamento de multa (ou Taxa Militar) ao chegar ao Brasil; convocação de emergência; reabilitação não concedida e respectiva data; e, quanto aos compreendidos pelo parágrafo único do art. 22, deste Regulamento, apresentações anuais obrigatórias;
4) Certificados de Alistamento Militar – não apresentação de documento hábil de identificação; inspeção de saúde; ordem de apresentação; designação para incorporação ou matrícula; excesso de contingente; situações diversas, inclusive a de insubmisso ou de refratário; pagamento ou isenção de multas; multas a serem descontadas, depois da incorporação ou matrícula; vinculação a outra classe; mudança de residência; adiamento de incorporação; prorrogação do prazo de validade; e viagens ao Brasil dos residentes no exterior;
5) 2as vias dos Certificados Militares, fornecidas na forma do art. 171, deste Regulamento – "2ª VIA" em caracteres vermelhos, com carimbo de 12 mm de largura por 8 mm de altura, no cabeçalho, antes da designação do Ministério, bem como "Este Certificado substitui o de nº tal, série tal", na mesma linha de "Outros dados", ou abaixo do número e série no CAM.

§ 2º As anotações dos nºs 1 a 4 do parágrafo anterior deverão ser feitas, nos Certificados Militares, com carimbos de 3 cm de altura por 5 cm de largura e com os dizeres fixados em cada Força Armada.

§ 3º Nos Certificados Militares, logo abaixo da assinatura da autoridade expedidora, deverão ser escritos, à máquina, o nome, posto e função dessa autoridade.

§ 4º Somente os Consulados poderão fazer anotações nos Certificados de Alistamento Militar, sem utilizar carimbos. Estas anotações são relativas a pagamento de multa (ou Taxa Militar) ao chegar ao Brasil, situação de residência no exterior, apresentação e partida ou regresso de viagens ao Brasil.

§ 5º Desde que não haja possibilidade de obtenção do tipo sanguíneo, os Certificados Militares serão fornecidos sem o seu registro.

Art. 169. Na ocasião da lavratura do CAM, será registrado, como limite do prazo de validade, a data de 31 de dezembro do ano que anteceder o da incorporação da classe a que pertencer o alistado ou daquela com a qual deva prestar o Serviço Militar.

Parágrafo único. Terminado o prazo estabelecido e continuando o alistado em dia com as obrigações militares, a validade do CAM será prorrogada nas condições seguintes:

1) até a data da incorporação ou matrícula do convocado;
2) até a data de 31 de dezembro do ano de incorporação da classe, quanto aos componentes do excesso de contingente, para cumprimento do prescrito no art. 95, deste Regulamento, ressalvados os abrangidos pelo parágrafo único do mesmo artigo;
3) de acordo com as condições de adiamento de incorporação que for concedido ao possuidor do CAM.

Art. 170. Por se encontrarem desobrigados com o Serviço Militar, não caberá fornecimento de nenhum Certificado Militar aos brasileiros que vierem a optar pela nacionalidade brasileira até 4 (quatro) anos após atingirem a maioridade, bem como aos brasileiros, a partir de 1º de janeiro do ano em que completarem 46 (quarenta e seis) anos de idade, de acordo com o disposto no art. 19, deste Regulamento.

Parágrafo único. Por solicitação, as autoridades responsáveis pela expedição de Certificados, enumeradas nos nºs 1 e 3, do § 4º do art. 164 do presente Regulamento, fornecerão aos interessados um Atestado, de acordo com os Modelos nos Anexos F1 e F2.

Art. 171. Em caso de alteração, inutilização ou extravio de Certificado Militar, o interessado deverá requerer uma 2ª Via, anexando o comprovante do pagamento da multa cabível.

Art. 172. É vedado, a quem quer que seja, reter o Certificado de Alistamento, de Reservista, de Isenção ou de Dispensa de Incorporação, ou incluí-los em processo burocrático, ressalvados os casos de suspeita de fraude de pessoa ou de coisa e o que dispõem o art. 187, deste Regulamento e o § 2º deste artigo.

§ 1º Para esse fim, a primeira autoridade, civil ou militar, que receber, diretamente do interessado, requerimento ou memorial acompanhado de Certificado Militar, fará constar, no próprio requerimento ou memorial, a apresentação do documento, declarando a sua natureza, o nome, filiação, classe e o município de nascimento do interessado, de acordo com o Modelo no Anexo G, deste Regulamento, restituindo o Certificado Militar ao seu possuidor.

§ 2º Os Certificados dos que requererem qualquer retificação nos seus dizeres poderão ser retidos, nos órgãos do Serviço Militar, pelo tempo indispensável ao atendimento do solicitado.

TÍTULO IX – DAS INFRAÇÕES E PENALIDADES

Capítulo XXVI
DAS INFRAÇÕES, PENALIDADES E MULTA MÍNIMA

Art. 173. As infrações da LSM, autorizadas como crime definido na legislação penal militar, implicarão em processos e julgamento dos infratores pela Justiça Militar, quer sejam militares, quer civis (art. 44, da LSM).

Art. 174. As multas estabelecidas na LSM serão aplicadas sem prejuízo da ação penal ou de punição disciplinar, que couber em cada caso (art. 45, da LSM).

Art. 175. A multa mínima terá o valor correspondente a 1,3 (um inteiro e três décimos) da Unidade Fiscal de Referência mensal (UFIR), a que se refere o art. 1º da Lei nº 8.383, de 30 de dezembro de 1991, arredondado para a unidade de cruzeiros imediatamente superior, quando for o caso.

▶ Artigo com a redação dada pelo Dec. nº 627, de 7-8-1992.

Art. 176. Incorrerá na multa mínima quem (art. 46, da LSM):

1) não se apresentar nos prazos previstos no § 1º do art. 41 e art. 43, deste Regulamento;
2) for considerado refratário; ou
3) como reservista, deixar de cumprir as obrigações determinadas nos nºs 3 e 4 do art. 202, deste Regulamento.

Art. 177. Incorrerá na multa correspondente a três vezes a multa mínima quem (art. 47, da LSM):

1) alterar ou inutilizar Certificados de Alistamento, de Reservista, de Dispensa de Incorporação ou de Isenção, e outros documentos comprobatórios de situação militar, enumerados no art. 209, do presente Regulamento, ou for responsável por qualquer dessas ocorrências. O Certificado extraviado será considerado como inutilizado, para efeito deste artigo;
2) sendo civil e não exercendo função pública ou em entidade autárquica, deixar de cumprir qualquer obrigação imposta pela LSM e por este Regulamento, para cuja infração não esteja prevista outra multa na LSM;
3) como reservista, deixar de cumprir o que dispõe o nº 1 do art. 202, deste Regulamento. Também incorrerão nesta multa os abrangidos pelo art. 121, do presente Regulamento, e que deixarem de cumprir as obrigações fixadas neste último artigo;
4) sendo reservista, não comunicar, durante o prazo a ser limitado pelos Ministros Militares, a mudança de residência ou domicílio, até 60 (sessenta) dias após a sua realização, ou o fizer erradamente em qualquer ocasião.

Art. 178. Incorrerá na multa correspondente a cinco vezes a multa mínima o refratário que não se apresentar à seleção (art. 48 da LSM):

1) pela segunda vez; e
2) em cada uma das demais vezes.

Parágrafo único. O brasileiro só será considerado refratário por tantas vezes quantas sejam as suas faltas às anuais e sucessivas seleções, a partir do recebimento do CAM.

Art. 179. Incorrerá na multa correspondente a dez vezes a multa mínima quem (art. 49 da LSM):

1) no exercício de função pública de qualquer natureza, seja autoridade civil ou militar, dificultar ou retardar por prazo superior a 20 (vinte) dias, sem motivo justificado, qualquer informação ou diligência solicitada pelos órgãos do Serviço Militar;
2) fizer declarações falsas aos órgãos do Serviço Militar; ou
3) sendo militar ou escrivão de registro civil, ou em exercício de função pública, em autarquia ou em sociedade de economia mista, deixar de cumprir, nos prazos estabelecidos, qualquer obrigação imposta pela LSM e por este Regulamento, para cuja infração não esteja prevista pena especial.

Parágrafo único. Em casos de reincidência, a multa será elevada ao dobro.

Art. 180. Incorrerá na multa correspondente a vinte e cinco vezes a multa mínima (art. 50 da LSM):

1) o Chefe de repartição pública, civil ou militar, Chefe de repartição autárquica ou de economia mista, Chefe de órgão com função prevista na LSM ou o legalmente investido de encargos relacionados com o Serviço Militar, que retiver, sem motivo justificado, documento de situação militar, ou recusar recebimento de petição e justificação; ou
2) o responsável pela inobservância de qualquer das prescrições do art. 210, deste Regulamento.

Art. 181. Incorrerá na multa correspondente a cinquenta vezes a multa mínima a autoridade que prestar informações inverídicas ou fornecer documento que habilite o seu possuidor a obter indevidamente o Certificado de Alistamento, de Reservista, de Isenção e de Dispensa de Incorporação (art. 51, da LSM).

Parágrafo único. Em casos de reincidência, a multa será elevada ao dobro.

Art. 182. Os brasileiros, no exercício de função pública, quer em caráter efetivo ou interino, quer em estágio probatório ou em comissão, ou na situação de extranumerários de qualquer modalidade, da União, dos Estados, dos Territórios, dos Municípios e da Prefeitura do Distrito Federal, quando insubmissos, ficarão suspensos do cargo, função ou emprego e privados de qualquer remuneração, enquanto não regularizarem a sua situação militar (art. 52 da LSM).

§ 1º O disposto neste artigo aplica-se aos servidores ou empregados das entidades autárquicas, das sociedades de economia mista e das empresas concessionárias do serviço público.

§ 2º São responsáveis pela aplicação do disposto neste artigo as diferentes autoridades das referidas organizações ou entidades, com atribuições para a execução das medidas citadas, que devam tomar conhecimento do fato, pelas funções que exercem.

Art. 183. Os convocados que forem condenados ao pagamento de multa e não possuírem recursos para atendê-lo, sofrerão o desconto do seu valor, quando incorporados ou matriculados, estes quando for o caso (art. 53, da LSM).

Parágrafo único. Para efeito deste artigo, deverá ser anotada no CAM a importância a ser descontada pela Organização Militar de destino do convocado.

Art. 184. A isenção do pagamento de multas e Taxa Militar dos que provarem a impossibilidade de atendê-lo, por pobreza, está regulada no art. 225, deste Regulamento.

Art. 185. Da imposição administrativa da multa caberá recurso a autoridade militar imediatamente superior, dentro de 15 (quinze) dias a contar da data em que o infrator dela tiver ciência, se depositar, previamente, no órgão que aplicou a multa, a quantia correspondente, que será ulteriormente restituída, se for o caso.

§ 1º A importância respectiva deverá ser depositada, mediante recibo, no órgão do Serviço Militar que aplicou a multa, com declaração escrita, do infrator, de que está recorrendo contra a sua aplicação. Essa importância deverá ser recolhida a um estabelecimento bancário pelo órgão referido, até a solução do recurso.

§ 2º Após a solução do recurso, conforme o caso, a importância da multa será devolvida simplesmente ao interessado, ou será recolhida, pelo órgão que aplicou a penalidade, ao Fundo do Serviço Militar, sendo a 3ª via da Guia de Recolhimento anexada ao processo.

Art. 186. Se o infrator for militar, ou exercer função pública, a multa será descontada dos seus vencimentos, proventos ou ordenados, observadas as prescrições de leis e regulamentos em vigor, mediante ofício das autoridades referentes aos nºs 2, 3, 4 e 5 do art. 188, deste Regulamento, ao órgão administrativo, por onde o infrator receber.

§ 1º O órgão administrativo, que, efetuar o desconto, comunicará o fato à autoridade solicitante, recolherá a importância correspondente ao Fundo do Serviço Militar, de acordo com o art. 236, do presente Regulamento e encaminhará a 3ª via da Guia de Recolhimento à mesma autoridade solicitante, como comprovante do pagamento.

§ 2º Se o infrator desejar recolher a multa diretamente, poderá fazê-lo, dando disso conhecimento ao órgão onde serve ou é lotado, mediante apresentação do comprovante do recolhimento da importância correspondente à multa (3ª via da Guia de Recolhimento), que será encaminhado à autoridade solicitante.

Art. 187. O Alistado, o Reservista, o Dispensado de incorporação ou o Isento, que incorrer em multa, terá o respectivo Certificado retido pelo órgão responsável pela sua aplicação ou execução, enquanto não efetuar o pagamento ou, quando for o caso, não apresentar o Atestado de Pobreza.

Parágrafo único. Não estão compreendidos neste artigo aqueles que depositarem a importância da multa, em consequência de interposição de recurso contra a sua aplicação.

Capítulo XXVII
DA COMPETÊNCIA PARA A APLICAÇÃO DAS PENALIDADES

Art. 188. São competentes para a aplicação das multas a que se referem a LSM e este Regulamento, na gradação indicada, os seguintes órgãos, representados por seus Comandantes, Chefes, Diretores e Presidentes:

1) órgãos alistadores – nos casos dos:
   a) art. 176, nos 1, 2 e 3;
   b) art. 177, nº 1 (quanto a Certificado de Alistamento Militar) e 3 (quanto a praças);
   c) art. 178, nos 1 e 2;

2) Organizações Militares – nos casos dos:
   a) art. 176, nº 3;
   b) art. 177, nos 1 (quanto aos Certificados de sua responsabilidade), 3 e 4;
   c) art. 179, nº 2;

3) circunscrições de Serviço Militar e órgãos correspondentes da Marinha e da Aeronáutica – nos casos dos:
   a) art. 176, nos 1, 2 e 3;
   b) art. 177, nos 1, 2 e 3 (quanto a praças) e 4;
   c) art. 178, nos 1 e 2;
   d) art. 179, nº 2;

4) Região Militar, Distrito Naval e Zona Aérea – nos casos dos:
   a) art. 177, nos 1, 2 e 3 (quanto a oficial);
   b) art. 179, nos 1, 2 e 3;
   c) art. 180, nos 1 e 2;
   d) art. 181;

5) Ministros Militares – nos casos dos:
   a) art. 179, nos 1, 2 e 3;
   b) art. 180, nos 1 e 2;
   c) art. 181.

§ 1º Nos casos em que o EMFA julgue necessária a aplicação de penalidades, nos processos do seu conhecimento, elas serão sugeridas aos Ministros Militares ou submetidas, conforme o caso, à consideração do Presidente da República.

§ 2º Os Comandantes de RM, DN ou ZAé e autoridades superiores, bem como os Chefes de CSM, poderão delegar a órgãos subordinados competentes a atribuição de aplicar multas, desde que mantido o princípio de hierarquia funcional e a posição relativa das autoridades ou organizações militares ou civis, participantes do processo.

Art. 189. Toda autoridade, militar ou civil, que verificar infração da LSM e deste Regulamento, ou dela tomar conhecimento, deverá providenciar, na esfera das suas atribuições, a aplicação da multa, pagamento de Taxa Militar, abertura de sindicância ou inquérito, ou comunicar a irregularidade à autoridade militar competente.

Parágrafo único. Ao infrator das disposições deste artigo aplicar-se-á a multa prevista no nº 3, do art. 179, deste Regulamento.

TÍTULO X – DOS ÓRGÃOS DE FORMAÇÃO DE RESERVA

Capítulo XXVIII
DOS ÓRGÃOS DE FORMAÇÃO DE RESERVA

Art. 190. Os Ministérios Militares poderão criar órgãos para a formação de oficiais, graduados e soldados ou marinheiros a fim de satisfazer às necessidades da reserva.

Art. 191. Os Órgãos de Formação de Reserva terão regulamentos próprios, elaborados pela respectiva Força Armada, obedecidas as normas gerais fixadas na LSM e neste Regulamento.

§ 1º Deverão constar obrigatoriamente dos regulamentos:

1) as condições de matrícula, de acordo com o art. 87 do presente Regulamento;
2) a sujeição às atividades correlatas à manutenção da ordem interna, fixada no art. 92 deste Regulamento e as responsabilidades consequentes do emprego do Órgão;
3) os deveres dos formados nestes Órgãos, posteriores à conclusão do curso; e
4) a orientação, o funcionamento, a fiscalização e as normas para obtenção da eficiência na instrução.

§ 2º Os órgãos de Formação de Reserva poderão funcionar:

1) em regime contínuo de instrução, cujos trabalhos não devem durar mais de 12 (doze) meses, incluindo, se for o caso, o Estágio de Instrução, ressalvadas as dilações previstas neste Regulamento. O referido estágio poderá ser realizado em seguida à conclusão do curso, ou em época posterior; ou
2) em regime descontínuo de instrução, de modo a atender, tanto quanto possível, os demais interesses dos convocados, tendo seus trabalhos duração regulada de acordo com o art. 22, deste Regulamento, incluindo se for o caso, o Estágio de Instrução.

Art. 192. A criação e localização dos Órgãos de Formação de Reserva obedecerão, em princípio, à disponibilidade de convocados habilitados às diferentes necessidades de oficiais, graduados e soldados ou marinheiros e às disponibilidades de meios de cada Força Armada, bem como, se for o caso, de entidades civis.

Art. 193. A formação de oficiais, graduados, soldados e marinheiros para a reserva poderá ser feita, também, em Órgãos especialmente criados para este fim, em Escolas de Nível Superior e Médio, inclusive técnico-profissionais. As praças poderão, ainda, ser formadas em Subunidades-quadros.

§ 1º A criação e funcionamento de Órgãos de Formação de Reserva em Escolas ficarão subordinados ao interesse dos Ministérios Militares e à existência de condições que possibilitem esse empreendimento. Deverá haver entendimento prévio entre os Ministérios (Militares e Civis) interessados e demais autoridades ou entidades competentes, de modo a que a instrução militar se entrose nas atividades escolares, facilitando a prestação do Serviço Militar obrigatório pelos alunos, sob a responsabilidade de órgão militar.

§ 2º As autoridades e entidades, especificadas no parágrafo anterior, designarão os seus representantes para, sob a presidência do representante do Ministério Militar, constituírem uma Comissão Interministerial, com a finalidade de elaborar instruções a serem introduzidas nos regulamentos dos referidos Órgãos e Escolas interessadas, contendo os elementos necessários aos fins visados, entre os quais os regimes de instrução e as modificações de organização. Dessa Comissão fará parte, obrigatoriamente, o Diretor da Escola interessada.

Art. 194. Os Órgãos de Formação de Reserva (Subunidades-quadros, destinadas à formação de soldados ou marinheiros e graduados, e Tiros de Guerra, destinados à formação de soldados ou marinheiros e cabos, além de outros) específicos de formação de praças destinam-se, também, a atender a instrução e possibilitar a prestação do Serviço Militar dos convocados não incorporados em Organizações Militares da Ativa das Forças Armadas.

§ 1º Os órgãos a que se refere este artigo serão localizados de modo a satisfazer às exigências dos planos militares e, sempre que possível, às conveniências dos municípios, quando se tratar de Tiros de Guerra.

§ 2º Os Tiros de Guerra terão sede, material, móveis, utensílios e polígono de tiro providos pelas Prefeituras Municipais, sem, no entanto, ficarem subordinados ao executivo municipal. A manutenção respectiva deverá ser realizada pelas referidas Prefeituras, em condições fixadas em convênio prévio.

§ 3º Nas localidades onde houver dificuldade para a instalação dos instrutores, as Prefeituras Municipais, mediante convênio com as autoridades competentes, facilitarão as residências necessárias.

§ 4º Os instrutores, armamento, munição, fardamento e outros materiais julgados necessários à instrução dos Tiros de Guerra serão fornecidos pelos Ministérios Militares interessados, cabendo aos instrutores a responsabilidade da conservação do material distribuído.

§ 5º Os Ministérios Militares deverão fazer constar de suas propostas orçamentárias as importâncias correspondentes ao fornecimento de uniforme de instrução e material necessários aos Tiros de Guerra, de acordo com tabelas únicas para as Forças Armadas, coordenadas pelo EMFA.

§ 6º Desde que deixem de existir, temporariamente, as condições necessárias ao regular funcionamento de um determinado Tiro de Guerra, poderá ele ter as atividades suspensas pelo órgão de direção do Serviço Militar de cada Força Armada.

§ 7º Quando, por qualquer motivo, não funcionar durante 2 (dois) anos consecutivos, o Tiro de Guerra será extinto, por ato do Ministro Militar competente.

TÍTULO XI – DOS DIREITOS E DEVERES DOS CONVOCADOS, RESERVISTAS E DISPENSADOS DO SERVIÇO MILITAR INICIAL

Capítulo XXIX

DOS DIREITOS DOS CONVOCADOS, RESERVISTAS E DISPENSADOS DO SERVIÇO MILITAR INICIAL

Art. 195. Os funcionários públicos federais, estaduais ou municipais, bem como os empregados, operários ou trabalhadores, qualquer que seja a natureza da entidade em que exerçam as suas atividades, quando incorporados ou matriculados em Órgão de Formação de Reserva, por motivo de convocação para prestação do Serviço Militar inicial, estabelecido pelo art. 65, deste Regulamento, desde que para isso tenham sido forçados a abandonarem o cargo ou emprego, terão assegurado o retorno ao cargo ou emprego respectivo, dentro dos 30 (trinta) dias que se seguirem ao licenciamento, ou término de curso, salvo se declararem, por ocasião da incorporação ou matrícula, não pretender a ele voltar.

§ 1º Esses convocados, durante o tempo em que estiverem incorporados em Órgãos Militares da Ativa ou matriculados nos de Formação de Reserva, nenhum vencimento, salário ou remuneração perceberão da organização a que pertenciam.

§ 2º Perderá o direito de retorno ao emprego, cargo ou função, que exercia ao ser incorporado, o convocado que engajar. Este dispositivo não se aplica aos incorporados que tiverem o tempo de serviço dilatado na forma do art. 21, deste Regulamento.

§ 3º Compete ao Comandante, Diretor ou Chefe de Organização Militar comunicar à entidade de origem do convocado da sua incorporação ou matrícula e, se for o caso, da sua pretensão quanto ao retorno à função, cargo ou emprego, bem como, posteriormente, do engajamento concedido; essas comunicações deverão ser feitas dentro dos 20 (vinte) dias que se seguirem à incorporação ou concessão do engajamento, sem prejuízo do que preceitua o § 1º do art. 472, do Dec.-lei nº 5.432, de 1943.

§ 4º Todo convocado matriculado em Órgão de Formação de Reserva que seja obrigado a faltar às suas atividades civis, por força de exercícios ou manobras, terá as suas faltas abonadas para todos os efeitos. Para isto, caberá ao Comandante, Diretor ou Chefe desses Órgãos, dar ciência à entidade interessada, com antecedência, dos exercícios ou manobras programadas e, depois, confirmar a sua realização, para fins de abono das faltas.

Art. 196. Os brasileiros, quando incorporados, por motivo de convocação para manobras, exercícios, manutenção de ordem interna ou guerra, terão assegurado o retorno ao cargo, função ou emprego que exerciam ao serem convocados e garantido o direito à percepção de 2/3 (dois terços) da respectiva remuneração, durante o tempo em que permanecerem incorporados; vencerão pelo Exército, Marinha ou Aeronáutica apenas as gratificações regulamentares.

§ 1º Aos convocados, a que se refere este artigo, fica assegurado o direito de optar pelos vencimentos, salários ou remuneração que mais lhes convenham.

§ 2º Perderá a garantia e o direito assegurado por este artigo o incorporado que obtiver engajamento.

§ 3º Compete ao Comandante, Diretor ou Chefe da Organização Militar em que for incorporado o convocado comunicar, à entidade de origem do mesmo, a referida incorporação, bem como a sua pretensão quanto ao retorno à função, cargo ou emprego, a opção quanto aos vencimentos e, se for o caso, o engajamento concedido; a comunicação relativa ao retorno à função deverá ser feita dentro dos 30 (trinta) dias que se seguirem à incorporação; as demais, tão logo venham a ocorrer.

Art. 197. Terão direito ao transporte por conta da União, dentro do território nacional:

1) os convocados designados para incorporação, da sede do Município em que residem à da Organização Militar para onde forem designados;
2) os convocados de que trata o número anterior que, por motivos estranhos à sua vontade, devam retornar aos municípios de residência de onde provierem; e
3) os licenciados que, até 30 (trinta) dias após o licenciamento, desejarem retornar às localidades em que residiam ao serem incorporados.

Parágrafo único. Os convocados e licenciados, de que trata este artigo perceberão as etapas fixadas na legislação própria, correspondentes aos dias de viagem.

Art. 198. Os brasileiros contarão, de acordo com o estabelecido na legislação militar, para efeito de aposentadoria, o tempo de serviço ativo prestado nas Forças Armadas, quando a elas incorporados em Organização Militar da Ativa ou em Órgão de Formação de Reserva.

§ 1º Igualmente será computado para efeito de aposentadoria o serviço prestado pelos que estiverem ou vierem a ser matriculados em Órgão de Formação de Reserva, na base de 1 (um) dia para período de 8 (oito) horas de instrução, desde que concluam com aproveitamento a sua formação.

§ 2º Os Comandantes, Diretores ou Chefes de Órgãos de Formação de Reserva deverão fazer constar do ato de exclusão dos alunos, por término do curso, o tempo de serviço prestado, na forma do parágrafo anterior.

§ 3º No cômputo do tempo de serviço deverão ser observadas as prescrições dos arts. 24 e 25, deste Regulamento.

Art. 199. Os reservistas de 1ª e 2ª categorias, bem como os dispensados do Serviço Militar inicial (portadores de Certificados de Dispensa de Incorporação) poderão ser recebidos como voluntários nas Polícias Militares, Corpos de Bombeiros e outras Corporações encarregadas da segurança pública, nos termos dos arts. 18 e 19 deste Regulamento.

Art. 200. Além dos direitos previstos neste Capítulo, os convocados, reservistas e dispensados do Serviço Militar inicial (portadores do Certificado de Dispensa de Incorporação) gozarão, ainda, dos direitos fixados nos demais Capítulos deste Regulamento.

Art. 201. Em caso de infração às disposições da LSM e do presente Regulamento, relativamente à exigência de estar em dia com as obrigações militares, poderá o interessado dirigir-se aos Chefes de CSM, ou seus correspondentes na Marinha e na Aeronáutica, diretamente ou por meio dos Órgãos do Serviço Militar competentes, tendo em vista salvaguardar os seus direitos ou interesses. Recursos posteriores poderão ser dirigidos aos Comandantes de RM, DN ou ZAé ou, ainda, aos responsáveis pelos órgãos de direção do Serviço Militar de cada Ministério.

Capítulo XXX
DOS DEVERES DOS RESERVISTAS E DOS DISPENSADOS DO SERVIÇO MILITAR INICIAL

Art. 202. Constituem deveres do Reservista:

1) apresentar-se, quando convocado, no local e prazo que lhe tiverem sido determinados;
2) comunicar, dentro de 60 (sessenta) dias, pessoalmente ou por escrito, à Organização Militar mais próxima, se não for possível fazê-lo àquela a estiver vinculado, as mudanças de residência ou domicílio realizadas durante o período que for fixado pelos Ministros Militares;
3) apresentar-se, anualmente, no local e data que forem fixados, para fins de exercício de apresentação das reservas ou cerimônia cívica do Dia do Reservista;
4) comunicar à Organização Militar a que estiver vinculado, diretamente ou por intermédio do órgão do Serviço Militar da residência, a conclusão de qualquer curso técnico ou científico, comprovada pela apresentação do respectivo instrumento legal e, bem assim, qualquer ocorrência que se relacione com o exercício de função de caráter técnico ou científico; e
5) apresentar ou entregar à autoridade militar competente o documento comprobatório de situação militar de que for possuidor, para fins de anotações, substituições ou arquivamento, de acordo com o prescrito na LSM e neste Regulamento.

Parágrafo único. Terão os mesmos deveres dos Reservistas, e ficarão sujeitos às mesmas penalidades no caso de os não cumprirem, os brasileiros dispensados do Serviço Militar inicial (portadores do Certificado de Dispensa de Incorporação), considerados em situação especial pela Força Armada correspondente:

1) abrangidos pelo nº 5, do art. 105, deste Regulamento;
2) situados entre os preferenciados, de que trata o art. 69 do presente Regulamento; e
3) dispensados do Serviço Militar inicial de que trata o § 5º, do art. 107, deste Regulamento.

Art. 203. É dever dos dispensados do Serviço Militar inicial (portadores do Certificado de Dispensa de Incorporação), não incluídos no parágrafo único do artigo anterior, apresentar-se no local e prazo que lhe tiverem sido determinados, por convocação de emergência ou necessidade da mobilização.

Art. 204. Os Reservistas e os dispensados do Serviço Militar inicial (portadores do Certificado de Dispensa de Incorporação), que deixarem de cumprir qualquer dos deveres mencionados neste Capítulo, não estarão em dia com as suas obrigações militares.

Art. 205. Além dos deveres mencionados nos arts. 202 e 203 deste Capítulo e dos demais prescritos no presente Regulamento, únicos sujeitos a sanções, o Reservista e o dispensado do Serviço Militar inicial (possuidor do Certificado de Dispensa de Incorporação) terão o dever moral de explicar aos demais brasileiros o significado do Serviço Militar, bem como condenar, com os meios ao seu alcance, os processos de fraude de que tiverem conhecimento.

TÍTULO XII – DAS AUTORIDADES EXECUTORAS, DOS DOCUMENTOS COMPROBATÓRIOS DE SITUAÇÃO MILITAR E DAS RESTRIÇÕES CONSEQUENTES

Capítulo XXXI

DAS AUTORIDADES PARTICIPANTES DA EXECUÇÃO DA LSM E DESTE REGULAMENTO

Art. 206. Participarão da execução da LSM e deste Regulamento os responsáveis pelas entidades, bem como as autoridades a seguir enumeradas:

1) o Estado-Maior das Forças Armadas, os Ministérios, Civis e Militares, e as repartições que lhes são subordinadas;
2) os Estados, Territórios e Municípios e as repartições que lhes são subordinadas;
3) os titulares e serventuários da Justiça;
4) os cartórios de registro civil de pessoas naturais;
5) as entidades autárquicas e sociedades de economia mista;
6) os estabelecimentos de ensino, públicos ou particulares, de qualquer natureza; e
7) as empresas, companhias e instituições de qualquer natureza.

Parágrafo único. Essa participação consistirá:

1) na obrigatoriedade da remessa de informações fixadas neste Regulamento, bem como das solicitadas pelos órgãos do Serviço Militar competentes, para cumprimento das suas prescrições;
2) na exigência, nos limites da sua competência, do cumprimento das disposições legais referentes ao Serviço Militar, em particular quanto ao prescrito no art. 210 e seu parágrafo único, deste Regulamento; e
3) mediante anuência ou acordo, na instalação de postos de recrutamento e criação de outros serviços ou encargos nas repartições ou estabelecimentos civis, federais, estaduais ou municipais, não previstos na LSM e no presente Regulamento.

Art. 207. São autoridades competentes para estabelecer acordo na forma do nº 3 do parágrafo único do artigo anterior:

1) acordo por prazo longo ou por prazo indeterminado: Comandantes de RM, DN e ZAé e, quando for o caso, autoridades que lhes forem superiores; ou
2) acordo para casos transitórios: demais órgãos do Serviço Militar.

Parágrafo único. Em qualquer situação, deverá ser mantido o princípio da hierarquia funcional e respeitados os limites de atribuições de cada órgão.

Art. 208. As autoridades ou os responsáveis pelas repartições incumbidas da fiscalização do exercício profissional não poderão conceder carteira profissional, nem registrar diplomas de profissões liberais a brasileiros, sem que estes apresentem, previamente, prova de que estão em dia com as suas obrigações militares, obedecido o disposto no art. 210 e seu parágrafo único, deste Regulamento.

Capítulo XXXII

DOS DOCUMENTOS COMPROBATÓRIOS DE SITUAÇÃO MILITAR E DAS RESTRIÇÕES CONSEQUENTES

Art. 209. São documentos comprobatórios de situação militar:

1) o certificado de Alistamento Militar, nos limites da sua validade;
2) o Certificado de Reservista;
3) o Certificado de Dispensa de Incorporação;
4) o Certificado de Isenção;
5) a Certidão de Situação Militar, destinada a:

a) comprovar a situação daqueles que perderam os seus postos e patentes ou graduações;
b) comprovar a situação dos aspirantes a oficial ou guardas-marinha;
c) instruir processo, quando necessário;

6) a Carta Patente para oficial da ativa, da reserva e reformado das Forças Armadas ou de corporações consideradas suas reservas;
7) a provisão de reforma, para as praças reformadas;
8) o Atestado de Situação Militar, quando necessário, para aqueles que estejam prestando o Serviço Militar, válido apenas durante o ano em que for expedido;
9) Atestado de se encontrar desobrigado do Serviço Militar, até à data da assinatura do termo de opção pela nacionalidade brasileira, no registro civil das pessoas naturais, para aquele que o requerer;

a) até a data da assinatura do termo de opção pela nacionalidade brasileira, no registro civil das pessoas naturais, para aquele que o requerer;
b) a partir de 1º de janeiro do ano em que completar 46 (quarenta e seis) anos de idade, para o brasileiro que o solicitar.

▶ Item 9 com a redação dada pelo Dec. nº 93.670, de 9-12-1986.

10) o Cartão ou Carteira de Identidade:

a) fornecidos por Ministério Militar para os militares da ativa, da reserva remunerada e reformados das Forças Armadas; e
b) fornecidos por órgão legalmente competente para os componentes das corporações consideradas como reserva das Forças Armadas.

▶ Item 10 acrescido pelo Dec. nº 93.670, de 9-12-1986.

§ 1º Está em dia com o Serviço Militar o brasileiro que possuir um dos documentos mencionados neste artigo e tiver a sua situação militar atualizada com o cumprimento dos deveres fixados nos arts. 121, 122,

123 e seus parágrafos, 124, 125, 126, 202 e 208 deste Regulamento.

§ 2º A substituição dos Certificados mencionados nos nºs 1, 2, 3 e 4 deste artigo; alterados, inutilizados ou extraviados, será feita mediante o disposto no art. 171 do presente Regulamento.

Art. 210. Nenhum brasileiro, entre 1º de janeiro do ano em que completar 19 (dezenove) anos de idade e 31 de dezembro do ano em que completar 45 (quarenta e cinco) anos de idade, poderá, sem fazer prova de que está em dia com as suas obrigações militares:

▶ *Caput* com a redação dada pelo Dec. nº 93.670, de 9-12-1986.

1) obter passaporte ou prorrogação de sua validade;
2) ingressar como funcionário, empregado ou associado em instituição, empresa ou associação oficial, oficializada ou subvencionada ou cuja existência ou funcionamento dependa de autorização ou reconhecimento do Governo Federal, Estadual, dos Territórios ou Municipal;
3) assinar contrato com o Governo Federal, Estadual, dos Territórios ou Municipal;
4) prestar exame ou matricular-se em qualquer estabelecimento de ensino;
5) obter carteira profissional, registro de diploma de profissões liberais, matrícula ou inscrição para o exercício de qualquer função e licença de indústria e profissão;
6) inscrever-se em concurso para provimento de cargo público;
7) exercer, a qualquer título, sem distinção de categoria ou forma de pagamento, qualquer função pública ou cargo público, eletivos ou de nomeação, quer estipendiado pelos cofres públicos federais, estaduais ou municipais, quer em entidades paraestatais e nas subvencionadas ou mantidas pelo poder público;
8) receber qualquer prêmio ou favor do Governo Federal, Estadual, dos Territórios ou Municipal.

Parágrafo único. Para fins deste artigo, constituem prova de estar o brasileiro em dia com as suas obrigações militares os documentos citados nos nºs 1 a 10 do art. 209 deste regulamento, nos quais apenas deverão ser exigidas as anotações seguintes:

▶ Parágrafo único com a redação dada pelo Dec. nº 93.670, de 9-12-1986.

1) nos Certificados de Reservista, e nos de Dispensa de Incorporação dos brasileiros incluídos no parágrafo único do art. 202, deste Regulamento – apresentações anuais obrigatórias; apresentações resultantes de convocações; e pagamento de multa (ou Taxa Militar) ao chegar ao Brasil quando for o caso;
2) nos Certificados de Dispensa de Incorporação – as correspondentes a qualquer convocação posterior à realizada para a prestação do Serviço Militar inicial.

Art. 211. Os dirigentes das entidades federais, estaduais, municipais ou particulares são responsáveis pelo cumprimento das exigências previstas no art. 210, relacionadas com as suas respectivas atribuições, nos termos do nº 2, do parágrafo único do art. 206 e do nº 2, do art. 180, todos deste Regulamento.

TÍTULO XIII – DAS RELAÇÕES PÚBLICAS (E PUBLICIDADE) DO SERVIÇO MILITAR

Capítulo XXXIII
DAS RELAÇÕES PÚBLICAS (E PUBLICIDADE) DO SERVIÇO MILITAR

Art. 212. As atividades dos diferentes órgãos do Serviço Militar referentes a Relações Públicas (inclusive Publicidade) devem ser programadas e orientadas, no EMFA dentro de cada Força, em consonância com as suas diretrizes peculiares, pelos órgãos de direção enumerados no art. 28, deste Regulamento.

§ 1º O EMFA coordenará os trabalhos de Relações Públicas (e Publicidade) do Serviço Militar, nos aspectos comuns às três Forças Armadas.

§ 2º Essas atividades serão exercidas pelo pessoal normalmente atribuído aos diferentes órgãos do Serviço Militar, cumulativamente com os seus encargos correntes, ou, sempre que necessário e possível, por elementos específicos, previstos na organização em pessoal.

Art. 213. Os Programas orientadores das atividades de Relações Públicas dos diferentes órgãos do Serviço Militar definirão os objetivos visados, os diferentes públicos (interno ou externo) a serem esclarecidos, as prescrições sobre utilização dos meios de comunicação, bem como as Campanhas de Publicidade a serem efetuadas.

Art. 214. A publicidade do Serviço Militar será realizada sob as formas de:

1) divulgação institucional – visando a informar o público das peculiaridades e atividades do Serviço Militar, em particular das relacionadas com o perfeito cumprimento dos deveres dos brasileiros para com a defesa nacional;
2) propaganda educacional – tendo em vista produzir na opinião pública conceitos favoráveis às atividades institucionais do Serviço Militar, de modo a que estas se desenvolvam dentro das bases fixadas no art. 4º, deste Regulamento. Visará a obter a compreensão pública de que a prestação do Serviço Militar pelos brasileiros, tendo por objetivo a segurança nacional, constitui um direito, antes que um dever. Será desenvolvida de maneira sóbria, moderada, honesta, verdadeira e, portanto, moral.

Art. 215. Tendo em vista que o atendimento do público absorve grande parte das atividades dos órgãos do Serviço Militar, devem esses órgãos dispor de pessoal executante de elevado padrão moral e adequado preparo técnico, de perfeita organização material (instalações, mobiliário, material de expediente, diversos), de recursos financeiros suficientes, bem como contar com normas, métodos e processos de trabalho que possibilitem a obtenção da eficiência.

Art. 216. A entrega dos Certificados de Reservista de 1ª e de 2ª Categorias, bem como dos de Dispensa de Incorporação deverá ser realizada em cerimônias cívico-militares especiais.

Parágrafo único. Os reservistas de 1ª e 2ª Categorias, que houverem terminado a prestação do Serviço Militar inicial sendo considerados, pelo seu Comandante,

Chefe ou Diretor, como tendo trabalhado bem no desempenho dos diferentes encargos e sem terem sofrido nenhuma punição disciplinar, farão jus a um diploma "Ao Mérito", de Modelo no Anexo H, a ser entregue nas cerimônias fixadas no artigo anterior. No referido diploma poderão ser inseridos emblemas das Organizações Militares expedidoras.

Art. 217. As cerimônias cívicas para entrega aos brasileiros, em idade de prestação do Serviço Militar, dos Certificados de Dispensa de Incorporação, de que trata o § 6º, do art. 107, deste Regulamento, deverão ser realizadas sob a direção do Presidente ou Chefe de órgão alistador, sendo obrigatoriamente cantado o Hino Nacional e prestado, pelos dispensados do Serviço Militar inicial, perante a Bandeira Nacional e com o braço direito estendido horizontalmente à frente do corpo, mão aberta, dedos unidos, palma para baixo, o compromisso seguinte:

"Dispensado da prestação do Serviço Militar inicial, por força de disposições legais e consciente dos deveres que a Constituição impõe a todos os brasileiros, para com a defesa nacional, prometo estar sempre pronto a cumprir com as minhas obrigações militares, inclusive a de atender a convocações de emergência e, na esfera das minhas atribuições, a dedicar-me inteiramente aos interesses da Pátria, cuja honra, integridade e instituições defenderei, com o sacrifício da própria vida."

Art. 218. Os Ministros Militares deverão, no dia 16 de dezembro, considerado "Dia do Reservista", determinar a realização de solenidades nas corporações das respectivas Forças Armadas, visando a homenagear aquele que, civil, foi o maior propugnador do Serviço Militar – Olavo Bilac; a despertar os sentimentos cívicos e a consolidar os laços de solidariedade e camaradagem militar. Poderá ser comemorada, também, a "Semana do Reservista", incluindo aquela data.

Art. 219. O EMFA e os Ministérios Militares deverão:

1) prover os órgãos de direção do Serviço Militar das Forças Armadas, as RM, DN ou ZAé e as CSM, ou órgãos correspondentes da Marinha e da Aeronáutica, dos recursos financeiros necessários à publicidade, nos termos dos arts. 220 e 241, deste Regulamento.
2) providenciar a impressão e ampla distribuição, no âmbito das suas atividades, da LSM e deste Regulamento, sobretudo às autoridades militares e civis, federais, estaduais, municipais e particulares, responsáveis pela execução do Serviço Militar e pelo cumprimento das suas prescrições pelos brasileiros.

Parágrafo único. Para a realização da publicidade, os órgãos do Serviço Militar poderão receber cooperação das entidades federais, estaduais e municipais, relacionadas com essa atividade, bem como de entidades civis, julgadas credenciadas e capazes de elevada atuação cívica.

TÍTULO XIV – DO FUNDO DO SERVIÇO MILITAR

CAPÍTULO XXXIV
DAS FINALIDADES E DA ADMINISTRAÇÃO

Art. 220. O Fundo do Serviço Militar (FSM), criado pela LSM, destina-se a:

1) prover os órgãos do Serviço Militar de meios que melhor lhes permitam cumprir as suas finalidades;
2) proporcionar fundos adicionais como reforço às verbas previstas e para socorrer a outras despesas relacionadas com a execução do Serviço Militar;
3) permitir a melhoria das instalações e o provimento de material de instrução para os órgãos de Formação de Reserva das Forças Armadas, que não disponham de verbas próprias suficientes; e
4) propiciar os recursos materiais para a criação de novos Órgãos de Formação de Reserva.

Art. 221. O FSM será administrado pelos elementos componentes do EMFA e pelos Ministérios Militares, através dos seus órgãos de finanças e de direção do Serviço Militar: Diretoria de Finanças e DSM, no Exército; Diretoria de Intendência da Marinha e DPM, na Marinha; e Diretoria de Intendência da Aeronáutica e DPAer, na Aeronáutica.

Art. 222. Aplicar-se-ão ao FSM as prescrições da Lei nº 601, de 28 de dezembro de 1948, do Código de Contabilidade da União e do seu Regulamento, bem como os dispositivos dos regulamentos de administração de cada Força Armada.

CAPÍTULO XXXV
DA RECEITA

Art. 223. O FSM é constituído das receitas, provenientes da arrecadação:

1) das multas previstas na LSM e neste Regulamento; e
2) da Taxa Militar.

Art. 224. A Taxa Militar será cobrada dos brasileiros que obtiverem adiamento de incorporação ou Certificado de Dispensa de Incorporação, de acordo com as prescrições deste Regulamento (art. 69, da LSM).

Parágrafo único. A Taxa Militar terá o valor da multa mínima.

Art. 225. Ficarão isentos do pagamento de multas e Taxa Militar aqueles que provarem a impossibilidade de pagá-la, mediante a apresentação de atestado de pobreza, real ou notória. Esse atestado será expedido por serviço de assistência social oficial, onde houver tal serviço, ou pela autoridade policial competente, isento de selos ou de emolumentos.

§ 1º Na Guia de Recolhimento, de que trata o art. 233 deste Regulamento, deverá ser anotado, no local reservado ao recibo:

"Isento do pagamento de multa (ou Taxa Militar), de acordo com o parágrafo único do art. 53, da LSM".

§ 2º A falsa qualidade de pobreza sujeitará os infratores às penas da lei, devendo a autoridade militar competente instaurar sindicância, em caso de dúvidas ou de fundadas suspeitas de fraude.

Art. 226. A receita constituinte do FSM será escriturada pelo Tesouro Nacional, de conformidade com o disposto no art. 71, da LSM, sob o título Fundo do Serviço Militar.

§ 1º O referido título constará do Orçamento Geral da União, com a devida classificação e codificação, quanto à Receita e Despesa, esta última em dotação própria para o Estado-Maior das Forças Armadas (EMFA).

§ 2º Competirá ao EMFA informar aos Ministérios Militares, no terceiro trimestre de cada ano, dos elementos, extraídos do Orçamento Geral da União para o ano seguinte, a serem incluídos nas Guias de Recolhimento, de que trata o art. 233, deste Regulamento, referentes à codificação da Receita, quanto às multas e Taxa Militar.

§ 3º No fim de cada exercício financeiro, os saldos não aplicados do FSM serão transferidos para o exercício seguinte, sob o mesmo título.

CAPÍTULO XXXVI

DO FUNCIONAMENTO

Art. 227. Na sua proposta orçamentária, o EMFA incluirá o FSM, com rubrica própria, tomando por base a importância total arrecadada de multa e Taxa Militar, no ano anterior, com as devidas correções.

Art. 228. O FSM será sacado pelo EMFA, juntamente com as demais dotações orçamentárias.

Art. 229. Os Ministérios Militares enviarão, anualmente, ao EMFA, um Plano de Trabalho a ser executado no ano seguinte, com os recursos do FSM.

Art. 230. O EMFA distribuirá os recursos do FSM, de acordo com os seus próprios encargos e os de cada Força Armada, de conformidade com as respectivas responsabilidades, relacionadas com as finalidades do Fundo, previstos no art. 220, deste Regulamento.

Parágrafo único. O EMFA e os Ministérios Militares prestarão contas das importâncias recebidas do FSM, pelo mesmo processo aplicado nas suas demais dotações orçamentárias.

Art. 231. Os recursos do FSM só poderão ser aplicados nas finalidades a que se referem os arts. 68, da LSM e 220, deste Regulamento.

Art. 232. A aplicação das multas será feita pelas autoridades competentes, fixadas no art. 188 (art. 54 da LSM), para os diferentes casos previstos nos arts. 176 e 181, todos deste Regulamento (arts. 46 a 51 da LSM), e a determinação do pagamento da Taxa Militar será feita pelas autoridades responsáveis pelos órgãos do Serviço Militar e Comissões de Seleção.

Art. 233. O pagamento das multas e Taxa Militar será feito pelo interessado diretamente aos órgãos arrecadadores do Governo Federal (Exatorias Federais, Mesas de Renda, Postos e Registros Fiscais, Delegacias Regionais e Seccionais de Arrecadação, Alfândegas), ao Banco do Brasil S.A. ou outros Estabelecimentos bancários, oficiais ou privados, autorizados a arrecadar rendas federais, bem como, onde não houver esses órgãos, às Agencias de Departamento Nacional de Correios e Telégrafos. O pagamento será realizado mediante apresentação de uma Guia de Recolhimento, em 4 (quatro) vias, emitidas pelo órgão do Serviço Militar que aplica a multa ou determina o pagamento da Taxa Militar.

§ 1º Da Guia de Recolhimento, de que trata este artigo, constarão: a designação do órgão que determinou o pagamento, o nome do interessado, os artigos da LSM em que se apoiam as multas e a Taxa Militar, os seus respectivos valores, a classificação orçamentária, bem como a autenticação manual ou mecânica da comprovação do pagamento (Modelo no Anexo I do presente Regulamento).

§ 2º As vias da Guia de Recolhimento destinam-se: as 1ª e 2ª ao órgão recebedor; a 3ª, com o recibo do agente arrecadador, ao órgão do Serviço Militar que aplicou a multa ou determinou o pagamento da Taxa Militar; e a 4ª ao arquivo desse último órgão.

§ 3º Os órgãos de direção de que trata o art. 28, deste Regulamento, deverão dar conhecimento, aos órgãos de Serviço Militar da sua responsabilidade, das relações dos Estabelecimentos bancários, oficiais ou privados, admitidos no sistema de arrecadação pela rede bancária nacional, de acordo com o art. 17, da Lei nº 4.503 de 30 de novembro de 1964 e instruções reguladoras correspondentes.

Art. 234. As 3as vias das Guias de Recolhimento serão encaminhadas às CSM, ou órgãos correspondentes da Marinha e da Aeronáutica, como comprovante do pagamento das multas e Taxa Militar. O interessado deverá receber, do órgão do Serviço Militar que aplicou a multa ou determinou o pagamento da Taxa Militar, um comprovante de haver entregue a 3ª via da Guia de Recolhimento, devidamente quitada pelo agente da arrecadação.

Art. 235. Os órgãos do Serviço Militar que aplicarem a multa ou determinarem o pagamento da Taxa Militar remeterão às CSM ou órgão correspondente da Marinha e da Aeronáutica, mensalmente, até o dia 5 (cinco) do mês seguinte, uma relação contendo o número e ano das Guias de Recolhimento, o nome, as importâncias e a soma total.

Parágrafo único. As CSM, ou órgãos correspondentes da Marinha e da Aeronáutica, informarão à DSM, DPM ou DPAer, até o dia 20 (vinte) de cada mês, das somas pagas no seu território, no mês anterior.

Art. 236. Excepcionalmente, como nos casos de apresentação de recursos contra a imposição administrativa de multas e de desconto de seu montante nos vencimentos, proventos ou ordenados, previstos nos arts. 185 e 186, deste Regulamento, os órgãos do Serviço Militar ou os órgãos pagadores de militares, ou dos que exerçam função pública, e que tenham recebido importâncias referentes a multas, recolherão, diretamente, essas importâncias aos órgãos mencionados no art. 233, deste Regulamento.

Art. 237. Os Ministérios Militares informarão ao EMFA, durante o primeiro mês de cada quadrimestre, a importância total recolhida, no quadrimestre anterior, de multas e de Taxa Militar, de modo a que seja possível o controle do Fundo e a organização da proposta prevista no art. 227, do presente Regulamento.

Art. 238. Os órgãos enumerados no art. 233, deste Regulamento, quando solicitados, deverão prestar, aos responsáveis pelos órgãos do Serviço Militar, todas as informações necessárias ao perfeito recolhimento dos recursos referentes ao FSM.

TÍTULO XV – DISPOSIÇÕES DIVERSAS

CAPÍTULO XXXVII

DISPOSIÇÕES FINAIS

Art. 239. Para efeito do Serviço Militar, cessará a incapacidade civil do menor, na data em que completar 17 (dezessete) anos.

Parágrafo único. Os voluntários que, no ato de incorporação ou matrícula, tiverem 17 (dezessete) anos incompletos deverão apresentar documento hábil, de consentimento do responsável.

Art. 240. Os possuidores do Certificado de Dispensa de Incorporação, para efeito do § 3º do art. 181, da Constituição da República, são considerados em dia com o Serviço Militar.

Art. 241. Independentemente dos recursos provenientes das multas e Taxa Militar, que constituem o FSM, de que trata o Título XIV deste Regulamento, serão anualmente fixadas, no orçamento do EMFA e dos Ministérios Militares dotações destinadas às despesas para execução da LSM, no que se relacionar com os trabalhos de recrutamento, publicidade do Serviço Militar e administração das reservas.

Parágrafo único. As dotações fixadas deverão compreender, também, os recursos indispensáveis às viagens mínimas obrigatórias, anuais, destinadas a uma inspeção da CSM às Del SM, a duas inspeções do Delegado do Serviço Militar às JSM e a duas idas do referido Delegado à CSM, bem como às viagens de inspeção necessárias aos órgãos correspondentes da Marinha e da Aeronáutica.

Art. 242. Os portadores de moléstia infectocontagiosa ou distúrbios mentais graves, verificados durante a seleção ou inspeção de saúde, que vierem a ser isentos ou dispensados de incorporação, deverão ser apresentados à autoridade sanitária civil competente. Na impossibilidade dessa apresentação, o fato deverá ser comunicado, por escrito, à mesma autoridade, com indicação do nome e residência do doente.

Art. 243. Ao órgão de direção do Serviço Militar de cada Força caberá a regularização da situação militar dos brasileiros que tiverem prestado Serviço Militar, ou de caráter militar, nas Forças Armadas de países amigos, com reciprocidade, respeitados os acordos existentes.

Art. 244. Caberá ao Ministério da Guerra o processamento e a solução dos casos em que brasileiros procurem eximir-se da prestação do Serviço Militar, com a perda de direitos políticos, nos termos do § 8º do art. 141, combinado com o inciso II do § 2º do art. 135, da Constituição da República.

Parágrafo único. Se o interessado for eximido e posteriormente desejar readquirir os seus direitos políticos, será obrigatoriamente incorporado em Organização Militar da Ativa, com a primeira classe a ser convocada, para a prestação do Serviço Militar inicial, após aprovado em inspeção de saúde e desde que tenha menos de 45 (quarenta e cinco) anos de idade.

Art. 245. A prestação do Serviço Militar pelos estudantes de medicina, odontologia, farmácia ou veterinária e pelos médicos, dentistas, farmacêuticos ou veterinários é fixada pela LSM, por este Regulamento e por legislação específica.

Art. 246. A transferência de reservistas de uma Força Armada para outra poderá ser feita por conveniência de uma das Forças ou do reservista.

§ 1º No caso de conveniência de uma das Forças Armadas, a medida deve ser solicitada ao Ministério a que pertencer o reservista, com os esclarecimentos referentes ao motivo da solicitação. Esses entendimentos poderão ser feitos diretamente entre as RM, DN ou ZAé.

§ 2º No caso de conveniência do reservista, este deve requerer a medida aos Comandantes de RM, DN ou ZAé. Se não houver inconveniente por parte da Força Armada a que foi dirigido o requerimento, este será encaminhado à Força para a qual o reservista solicitou transferência, para o pronunciamento definitivo.

§ 3º O reservista de uma Força Armada poderá candidatar-se à matrícula em Escola de Formação de oficiais ou graduados para a ativa ou em órgãos de Formação de oficiais e graduados para a reserva de outra Força, desde que satisfaça as condições fixadas nos regulamentos dessas Escolas ou Órgãos. Satisfeitas as condições da matrícula, a transferência de uma Força para outra será feita *ex officio*, à simples comunicação do fato pela Escola ou Órgão de Formação à RM, DN ou ZAé, à qual pertencia o reservista.

§ 4º O brasileiro que se fizer reservista por mais de uma Força será considerado pertencente à reserva da última em que serviu.

§ 5º Nos casos de realização de transferência, de acordo com este artigo, o documento comprobatório da situação militar anterior do reservista será restituído à Força que o expediu, depois de invalidado e substituído pelo da nova situação.

§ 6º A anulação da transferência de reservista de uma Força Armada para outra poderá ser realizada, obedecidas as prescrições deste artigo e seus parágrafos, no que forem aplicáveis.

Art. 247. É de caráter gratuito todo o serviço prestado pelos diferentes órgãos do Serviço Militar aos brasileiros que os procurem, para o trato dos seus interesses, sob qualquer aspecto, ligados ao mesmo Serviço, com exceção apenas da cobrança da Taxa Militar, de que trata o art. 224, deste Regulamento.

Art. 248. É proibido o intermediário no trato de assuntos do Serviço Militar, junto aos diferentes órgãos desse Serviço, salvo para os casos de incapacidade física, devidamente comprovada.

Art. 249. Os órgãos do Serviço Militar não poderão receber dinheiro em espécie dos brasileiros que os procurem para o trato dos seus interesses, salvo quanto aos casos de recursos contra a imposição administrativa da multa, prevista no § 1º do art. 185, deste Regulamento.

Art. 250. Os brasileiros residentes ou que se encontrarem no exterior pagarão as multas ou Taxa Militar, a que estiverem sujeitos, ao chegarem ao Brasil. Para isto, no Certificado Militar correspondente, deverá ser registrada a anotação: "Deverá efetuar, ao chegar ao Brasil, o pagamento da multa (ou Taxa Militar) prevista no inciso tal da LSM, no valor de Cr$ (....................)". Só após o pagamento o Certificado terá validade em nosso País.

Art. 251. Ressalvados os casos de infração da LSM e deste Regulamento, ficam isentos de selo, taxa, custas e emolumentos de qualquer natureza as petições e, bem assim, certidões e outros documentos destinados a instruir processos concernentes ao Serviço Militar (art. 78, da LSM). Estão incluídos nesta isenção os Atestados de Residência e de Pobreza passados pelas autoridades competentes, bem como o reconhecimento de firmas em quaisquer documentos para fins militares.

Art. 252. Os Secretários das JSM receberão uma gratificação *pro labore* por Certificado de Alistamento e de Dispensa de Incorporação entregues pela sua Junta.

§ 1º A gratificação a que se refere este artigo é fixada em 1/24 (um vinte e quatro avos) da importância da Taxa Militar, arredondada para dezena de cruzeiros superior.

§ 2º O pagamento ficará a cargo das CSM ou órgão correspondente da Marinha ou da Aeronáutica, correndo a despesa por conta dos recursos fixados nos arts. 220 e 241, deste Regulamento.

§ 3º Caberá aos Ministérios Militares estabelecer as normas para o pagamento da gratificação de que trata este artigo.

Art. 253. Caberá aos Ministérios Militares tomar as medidas julgadas necessárias para a atualização dos fichários dos reservistas, com relação aos óbitos ocorridos.

Art. 254. Os órgãos do Serviço Militar, através de publicidade adequada, deverão solicitar a cooperação das famílias dos reservistas, no sentido de informarem o seu falecimento às Organizações a que estavam vinculados.

Capítulo XXXVIII
DISPOSIÇÕES TRANSITÓRIAS

Art. 255. O EMFA constituirá uma Comissão interministerial, em que estarão incluídos oficiais médicos das três Forças Armadas, para, no prazo de 60 (sessenta) dias, elaborar as Instruções Gerais para inspeção de saúde dos conscritos, atendendo particularmente às condições que sejam comuns às três Forças.

Art. 256. Os casos de permanência de praças no serviço ativo, existentes na data da publicação deste Regulamento e que contrariem as suas prescrições, serão solucionados, em caráter de exceção, pelos Ministros Militares, no sentido de ser mantida a permanência, desde que seja esta julgada justa e de interesse da Força Armada respectiva.

Art. 257. Os modelos de Certificados militares, que constituem os Anexos A, B, C e E, deste Regulamento, entrarão em vigor, mediante autorização do órgão de direção do Serviço Militar, de cada Força, tão logo sejam esgotados os antigos modelos dos mesmos Certificados e no prazo máximo de 2 (dois) anos, a contar da data da publicação deste Regulamento.

Art. 258. O modelo do Certificado de Dispensa de Incorporação, Anexo D, entrará em vigor mediante determinação do órgão de direção do Serviço Militar de cada Força, tão logo seja realizada a impressão e distribuição dos Certificados correspondentes, e, no máximo, até a data de 31 de dezembro de 1966.

▶ *Caput* com a redação dada pelo Dec. nº 58.759, de 28-6-1966.

§ 1º Enquanto não entrar em vigor o modelo do Certificado de Dispensa de Incorporação, só poderão ser concedidos Certificados de Reservistas de 3ª Categoria, àqueles que ao mesmo tenham feito jus até o dia 31 de janeiro de 1966.

§ 2º Os que venham a fazer jus ao Certificado de Dispensa de Incorporação em data posterior à referida no § 1º deste artigo e anterior a de entrada em vigor do modelo desse Certificado, Anexo D, deverão receber uma Certidão de Situação Militar, para futura substituição, ou ter a validade do CAM prorrogada até 31 de dezembro de 1966.

§ 3º Os estoques dos Certificados de Reservista de 3ª Categoria, em branco, ainda existentes após a data de entrada em vigor do modelo do Certificado de Dispensa de Incorporação, Anexo D, deverão ser incinerados.

▶ §§ 1º a 3º acrescidos pelo Dec. nº 58.759, de 28-6-1966.

Art. 259. Os Certificados Militares concedidos de acordo com as disposições do Decreto-lei nº 9.500, de 23 de julho de 1946, inclusive os de Reservista de 3ª Categoria, continuarão a constituir prova de estar o seu possuidor em dia com as suas obrigações militares, desde que apresentem as anotações fixadas neste Regulamento.

Parágrafo único. Em caso de alteração, inutilização ou extravio, serão substituídos por 2ª via, de novo modelo, com exceção do Certificado de 3ª Categoria, o qual continuará a ser substituído por Certidão de Situação Militar.

Art. 260. É autorizada a utilização do estoque atual de papel apergaminhado, de 30 kg – BB 66-96, de cor branca, com as Armas Nacionais em marca d'água, existente na DSM, destinado à impressão dos antigos modelos de Certificados de Reservista e isenção, na confecção de Certificados de Alistamento Militar do novo modelo, até o seu completo consumo.

Art. 261. De acordo com o Orçamento Geral da União para 1966, deverão ser incluídos no local apropriado da Guia de Recolhimento, de modelo no Anexo I, deste Regulamento, e durante o mesmo ano, os elementos seguintes referentes à codificação da Receita, quanto a multas e Taxa Militar:

EXERCÍCIO DE 1966
1.0.0.00 - Receitas Correntes
1.1.0.00 - Receita Tributária
1.1.1.00 - Impostos
1.1.1.14 - Imposto de Selo e Afins 05.00 - Taxa Militar Importância Cr$ ....
I.0 0.00 - Receitas Correntes
I.5.0.00 - Receitas Diversas
1.5.1.00 - Multas 5.00 - De Outras Origens Importância Cr$ ....
Total ....Cr$ ....

Art. 262. O EMFA deverá incluir o FSM na sua proposta orçamentária para o ano de 1966, após uma estimativa, com base nas atividades atuais ao Serviço Militar das Forças Armadas.

Art. 263. Este Decreto entrará em vigor na data de sua publicação, revogadas as disposições em contrário.

Brasília, 20 de janeiro de 1966;
145º da Independência e
78º da República.

H. Castello Branco

LEI Nº 5.836,
DE 5 DE DEZEMBRO DE 1972

Dispõe sobre o Conselho de Justificação, e dá outras providências.

▶ Publicada no *DOU* de 6-12-1972.

Art. 1º O Conselho de Justificação é destinado a julgar, através de processo especial, da incapacidade do oficial das Forças Armadas – militar de carreira – para permanecer na ativa, criando-lhe, ao mesmo tempo, condições para se justificar.

Parágrafo único. O Conselho de Justificação pode, também, ser aplicado ao oficial da reserva remunerada ou reformado, presumivelmente incapaz de permanecer na situação de inatividade em que se encontra.

Art. 2º É submetido a Conselho de Justificação, a pedido ou *ex officio* o oficial das Forças Armadas:

I – acusado oficialmente ou por qualquer meio lícito de comunicação social de ter:

a) procedido incorretamente no desempenho do cargo;
b) tido conduta irregular; ou
c) praticado ato que afete a honra pessoal, o pundonor militar ou o decoro da classe.

II – considerado não habilitado para o acesso, em caráter provisório, no momento em que venha a ser objeto de apreciação para ingresso em Quadros de Acesso ou Lista de Escolha;

III – afastado do cargo, na forma do Estatuto dos Militares, por se tornar incompatível com o mesmo ou demonstrar incapacidade no exercício de funções militares a ele inerentes, salvo se o afastamento é decorrência de fatos que motivem sua submissão a processo;

IV – condenado por crime de natureza dolosa, não previsto na legislação especial concernente a segurança do Estado, em Tribunal Civil ou Militar, a pena restritiva de liberdade individual até 2 (dois) anos, tão logo transite em julgado a sentença; ou

V – pertencente a partido político ou associação, suspensos ou dissolvidos por força de disposição legal ou decisão judicial, ou que exerçam atividades prejudiciais ou perigosas à segurança nacional.

Parágrafo único. É considerado, entre outros, para os efeitos desta Lei, pertencente a partido ou associação a que se refere este artigo o oficial das Forças Armadas que, ostensiva ou clandestinamente:

a) estiver inscrito como seu membro;
b) prestar serviços ou angariar valores em seu benefício;
c) realizar propaganda de suas doutrinas; ou
d) colaborar, por qualquer forma, mas sempre de modo inequívoco ou doloso, em suas atividades.

Art. 3º O oficial da ativa das Forças Armadas, ao ser submetido a Conselho de Justificação, é afastado do exercício de suas funções:

I – automaticamente, nos casos dos itens IV e V, do art. 2º; e

II – a critério do respectivo Ministro, no caso do item I, do art. 2º.

Art. 4º A nomeação do Conselho de Justificação é da competência:

I – do Ministro da Força Armada a que pertence o oficial a ser julgado; e

II – do Comandante do Teatro de Operações ou de Zona de Defesa ou dos mais altos comandantes das forças singulares isoladas, para os oficiais sob seu comando e no caso de fatos ocorridos na área de sua jurisdição, quando em campanha no país ou no exterior.

§ 1º As autoridades referidas neste artigo podem, com base nos antecedentes do oficial a ser julgado e na natureza ou falta de consistência dos fatos arguidos, considerar, desde logo, improcedente a acusação e indeferir, em consequência, o pedido de nomeação do Conselho de Justificação.

§ 2º O indeferimento do pedido de nomeação do Conselho de Justificação, devidamente fundamentado, deve ser publicado oficialmente e transcrito nos assentamentos do oficial, se este é da ativa.

Art. 5º O Conselho de Justificação é composto de 3 (três) oficiais, da ativa, da Força Armada do justificante, de posto superior ao seu.

§ 1º O membro mais antigo do Conselho de Justificação, no mínimo um oficial superior da ativa, é o presidente, o que lhe segue em antiguidade é o interrogante e relator, e o mais moderno, o escrivão.

§ 2º Não podem fazer parte do Conselho de Justificação:

a) o oficial que formulou a acusação;
b) os oficiais que tenham entre si, com o acusador ou com o acusado, parentesco consanguíneo ou afim, na linha reta ou até quarto grau de consanguinidade colateral ou da natureza civil; e
c) os oficiais subalternos.

§ 3º Quando o justificante é oficial-general, cujo posto não permita a nomeação de membros do Conselho de Justificação com posto superior, estes serão nomeados dentre os oficiais daquele posto, da ativa ou na inatividade, mais antigos que o justificante.

§ 4º Quando o justificante é oficial da reserva remunerada ou reformado, um dos membros do Conselho de Justificação pode ser da reserva remunerada.

Art. 6º O Conselho de Justificação funciona sempre com a totalidade de seus membros, em local onde a autoridade nomeante julgue melhor indicado para a apuração do fato.

Art. 7º Reunido o Conselho de Justificação, convocado previamente por seu presidente, em local, dia e hora designados com antecedência presente o justificante, o presidente manda proceder a leitura e a autuação dos documentos que constituíram o ato de nomeação do Conselho; em seguida, ordena a qualificação e o interrogatório do justificante, o que é reduzido a auto, assinado por todos os membros do Conselho e pelo justificante, fazendo-se a juntada de todos os documentos por este oferecidos.

Parágrafo único. Quando o justificante é oficial da reserva remunerada ou reformado e não é localizado ou deixa de atender a intimação por escrito para comparecer perante o Conselho de Justificação:

a) a intimação é publicada em órgão de divulgação na área do domicílio do justificante; e
b) o processo corre à revelia, se não atender à publicação.

Art. 8º Aos membros do Conselho de Justificação é lícito reperguntar ao justificante e às testemunhas sobre o objeto da acusação e propor diligências para o esclarecimento dos fatos.

Art. 9º Ao justificante é assegurada ampla defesa, tendo ele, após o interrogatório, prazo de 5 (cinco) dias para oferecer suas razões por escrito, devendo o Conselho de Justificação fornecer-lhe o libelo acusatório, onde se contenham com minúcias o relato dos fatos e a descrição dos atos que lhe são imputados.

▶ Art. 5º, LV, da CF.

§ 1º O justificante deve estar presente a todas as sessões do Conselho de Justificação, exceto à sessão secreta de deliberação do relatório.

§ 2º Em sua defesa, pode o justificante requerer a produção, perante o Conselho de Justificação, de todas as provas permitidas no Código de Processo Penal Militar.

§ 3º As provas a serem realizadas mediante Carta Precatória são efetuadas por intermédio da autoridade militar ou, na falta desta, da autoridade judiciária local.

Art. 10. O Conselho de Justificação pode inquirir o acusador ou receber, por escrito, seus esclarecimentos, ouvindo, posteriormente, a respeito, o justificante.

Art. 11. O Conselho de Justificação dispõe de um prazo de 30 (trinta) dias, a contar da data de sua nomeação, para a conclusão de seus trabalhos, inclusive remessa do relatório.

Parágrafo único. A autoridade nomeante, por motivos excepcionais, pode prorrogar até 20 (vinte) dias o prazo de conclusão dos trabalhos.

Art. 12. Realizadas todas as diligências, o Conselho de Justificação passa a deliberar, em sessão secreta, sobre o relatório a ser redigido.

§ 1º O relatório, elaborado pelo escrivão e assinado por todos os membros do Conselho de Justificação, deve julgar se o justificante:

a) é, ou não, culpado da acusação que lhe foi feita; ou
b) no caso do item II, do art. 2º, está ou não, sem habilitação para o acesso, em caráter definitivo; ou
c) no caso do item IV, do art. 2º, levados em consideração os preceitos de aplicação da pena previstos no Código Penal Militar, está, ou não, incapaz de permanecer na ativa ou na situação em que se encontra na inatividade.

§ 2º A deliberação do Conselho de Justificação é tomada por maioria de votos de seus membros.

§ 3º Quando houver voto vencido é facultada sua justificação por escrito.

§ 4º Elaborado o relatório, com um termo de encerramento, o Conselho de Justificação remete o processo ao Ministro Militar respectivo, através da autoridade nomeante, se for o caso.

Art. 13. Recebidos os autos do processo do Conselho de Justificação, o Ministro Militar, dentro do prazo de 20 (vinte) dias, aceitando ou não seu julgamento e, neste último caso, justificando os motivos de seu despacho, determina:

I – o arquivamento do processo se considera procedente a justificação;

II – a aplicação de pena disciplinar, se considera contravenção ou transgressão disciplinar a razão pela qual o oficial foi julgado culpado;

III – na forma do Estatuto dos Militares, e conforme o caso, a transferência do acusado para a reserva remunerada ou os atos necessários à sua efetivação pelo Presidente da República, se o oficial foi considerado não habilitado para o acesso em caráter definitivo;

IV – a remessa do processo ao auditor competente, se considera crime a razão pela qual o oficial foi considerado culpado;

V – a remessa do processo ao Superior Tribunal Militar:

a) se a razão pela qual o oficial foi julgado culpado está prevista nos itens I, III e V do art. 2º; ou
b) se, pelo crime cometido, previsto no item IV do art. 2º, o oficial foi julgado incapaz de permanecer na ativa ou na inatividade.

Parágrafo único. O despacho que julgou procedente a justificação deve ser publicado oficialmente e transcrito nos assentamentos do oficial, se este é da ativa.

Art. 14. É da competência do Superior Tribunal Militar julgar, em instância única, os processos oriundos de Conselhos de Justificação, a ele remetidos por Ministro Militar.

Art. 15. No Superior Tribunal Militar, distribuído o processo, é o mesmo relatado por um dos Ministros que, antes, deve abrir prazo de 5 (cinco) dias para a defesa se manifestar por escrito sobre a decisão do Conselho de Justificação.

Parágrafo único. Concluída esta fase é o processo submetido a julgamento.

Art. 16. O Superior Tribunal Militar, caso julgue provado que o oficial é culpado de ato ou fato previsto nos itens I, III e V, do art. 2º, ou que, pelo crime cometido, previsto no item IV, do art. 2º, é incapaz de permanecer na ativa ou na inatividade, deve conforme o caso:

I – declará-lo indigno do oficialato ou com ele incompatível, determinando a perda de seu posto e patente; ou

II – determinar sua reforma.

§ 1º A reforma do oficial é efetuada no posto que possui na ativa, com proventos proporcionais ao tempo de serviço.

§ 2º A reforma do oficial, ou sua demissão *ex officio* consequente da perda de posto e patente, conforme o caso, é efetuada pelo Ministro Militar respectivo ou encaminhada ao Presidente da República, tão logo seja publicado o acórdão do Superior Tribunal Militar.

Art. 17. Aplicam-se a esta lei, subsidiariamente, as normas do Código de Processo Penal Militar.

Art. 18. Prescrevem em 6 (seis) anos, computados na data em que foram praticados, os casos previstos nesta Lei.

Parágrafo único. Os casos também previstos no Código Penal Militar como crime prescrevem nos prazos nele estabelecidos.

Art. 19. Esta Lei entra em vigor na data de sua publicação, revogada a Lei nº 5.300, de 29 de junho de 1967, e demais disposições em contrário.

Brasília, 5 de dezembro de 1972;
151º da Independência e
84º da República.

Emílio G. Médici

DECRETO Nº 71.500, DE 5 DE DEZEMBRO DE 1972

Dispõe sobre o Conselho de Disciplina, e dá outras providências.

▶ Publicado no *DOU* de 12-12-1972 e retificado no *DOU* de 15-12-1972.

Art. 1º O Conselho de Disciplina é destinado a julgar da incapacidade do Guarda-Marinha, do Aspirante a Oficial e das demais praças das Forças Armadas com estabilidade assegurada, para permanecerem na ativa, criando-lhes, ao mesmo tempo, condições para se defenderem.

Parágrafo único. O Conselho de Disciplina pode, também, ser aplicado ao Guarda-Marinha, ao Aspirante a Oficial e às demais praças das Forças Armadas, reformados ou na reserva remunerada, presumivelmente incapazes de permanecerem na situação de inatividade em que se encontram.

Art. 2º É submetida a Conselho de Disciplina, *ex officio*, a praça referida no art. 1º e seu parágrafo único:

I – acusada oficialmente ou por qualquer meio lícito de comunicação social de ter:
a) procedido incorretamente no desempenho do cargo;
b) tido conduta irregular; ou
c) praticado ato que afete a honra pessoal, o pundonor militar ou decoro da classe;

II – afastado do cargo, na forma do Estatuto dos Militares, por se tornar incompatíveis com o mesmo ou demonstrar incapacidade no exercício de funções militares a eles inerentes, salvo se o afastamento é decorrência de fatos que motivem sua submissão a processo;

III – condenado por crime de natureza dolosa, não previsto na legislação especial concernente à segurança do Estado, em tribunal de liberdade individual até 2 (dois) anos, tão logo transite em julgado a sentença; ou

IV – pertencente a partido político ou associação, suspensos ou dissolvidos por força de disposição legal ou decisão judicial, ou que exerçam atividades prejudiciais ou perigosas à segurança nacional.

Parágrafo único. É considerada entre outros, para os efeitos deste decreto, pertencente a partido ou associação a que se refere este artigo a praça das Forças Armadas que, ostensiva ou clandestinamente:

a) estiver inscrita como seu membro;
b) prestar serviços ou angariar valores em seu benefício;
c) realizar propaganda de suas doutrinas; ou
d) colaborar, por qualquer forma, mas sempre de modo inequívoco ou doloso, em suas atividades.

Art. 3º A praça da ativa das Forças Armadas, ao ser submetida a Conselho de Disciplina, é afastada do exercício de suas funções.

Art. 4º A nomeação do Conselho de Disciplina por deliberação própria ou por ordem superior é da competência:

I – do Oficial-General, em função de comando, direção ou chefia mais próxima, na linha de subordinação direta, ao Guarda-Marinha, Aspirante a Oficial, Suboficial ou Subtenente, da ativa, a ser julgado;

II – do Comandante de Distrito Naval, Região Militar ou Zona Aérea a que estiver vinculada a praça da reserva remunerada ou reformado, a ser julgada; ou

III – do Comandante, Diretor, Chefe ou autoridade com atribuições disciplinares equivalentes, no caso das demais praças com estabilidade assegurada.

Art. 5º O Conselho de Disciplina é composto de 3 (três) oficiais da Força Armada da praça a ser julgada.

§ 1º O membro mais antigo do Conselho de Disciplina, no mínimo um oficial intermediário, é o presidente; o que lhe segue em antiguidade é o interrogante e relator, e o mais moderno, o escrivão.

§ 2º Não podem fazer parte do Conselho de Disciplina:
a) o oficial que formulou a acusação;
b) os oficiais que tenham entre si, com o acusador ou com o acusado, parentesco consanguíneo ou afim, na linha reta ou até quarto grau de consanguinidade colateral ou de natureza civil; e
c) os oficiais que tenham particular interesse na decisão do Conselho de Disciplina.

Art. 6º O Conselho de Disciplina funciona sempre com a totalidade de seus membros, em local onde a autoridade nomeante julgue melhor indicado para a apuração do fato.

Art. 7º Reunido o Conselho de Disciplina, convocado previamente por seu presidente, em local, dia e hora designados com antecedência, presente o acusado, o presidente manda proceder a leitura e a autuação dos documentos que constituíram o ato de nomeação do Conselho; em seguida, ordena a qualificação e o interrogatório do acusado, o que é reduzido a auto, assinado por todos os membros do Conselho e pelo acusado, fazendo-se a juntada de todos os documentos por este oferecidos.

Parágrafo único. Quando o acusado é praça da reserva remunerada ou reformado e não é localizado ou deixa de atender à intimação por escrito para comparecer perante o Conselho de Disciplina:

a) a intimação é publicada em órgão de divulgação na área de domicílio do acusado; e
b) o processo corre à revelia, se não atender à publicação.

Art. 8º Aos membros do Conselho de Disciplina é lícito reperguntar ao justificante e às testemunhas sobre o objeto da acusação e propor diligências para o esclarecimento dos fatos.

Art. 9º Ao acusado é assegurada ampla defesa, tendo ele, após o interrogatório, prazo de 5 (cinco) dias para oferecer suas razões por escrito, devendo o Conselho de Disciplina fornecer-lhe o libelo acusatório, onde se contenham com minúcias o relato dos fatos e a descrição dos atos que lhe são imputados.

▶ Art. 5º, LV, da CF.

§ 1º O acusado deve estar presente a todas as sessões do Conselho de Disciplina, exceto à sessão secreta de deliberação do relatório.

§ 2º Em sua defesa, pode o acusado requerer a produção, perante o Conselho de Disciplina, de todas as provas permitidas no Código de Processo Penal Militar.

§ 3º As provas a serem realizadas mediante Carta Precatória são efetuadas por intermédio da autoridade militar ou, na falta desta, da autoridade judiciária local.

§ 4º O processo é acompanhado por um oficial:
a) indicado pelo acusado, quando este o desejar para orientação de sua defesa; ou
b) designado pela autoridade que nomeou o Conselho de Disciplina, nos casos de revelia.

Art. 10. O Conselho de Disciplina pode inquirir o acusador ou receber, por escrito, seus esclarecimentos, ouvindo, posteriormente, a respeito, o acusado.

Art. 11. O Conselho de Disciplina dispõe de um prazo de 30 (trinta) dias a contar da data de sua nomeação, para a conclusão de seus trabalhos, inclusive remessa do relatório.

Parágrafo único. A autoridade nomeante, por motivos excepcionais, pode prorrogar até 20 (vinte) dias o prazo de conclusão dos trabalhos.

Art. 12. Realizadas todas as diligências, o Conselho de Disciplina passa a deliberar, em sessão secreta, sobre o relatório a ser redigido.

§ 1º O relatório, elaborado pelo escrivão e assinado por todos os membros do Conselho de Disciplina, deve decidir se a praça:
a) é, ou não, culpada da acusação que lhe foi feita; ou
b) no caso do item III, do art. 2º, levados em consideração os preceitos de aplicação da pena previstos no Código Penal Militar, está, ou não, incapaz de permanecer na ativa ou na situação em que se encontra na inatividade.

§ 2º A decisão do Conselho de Disciplina é tomada por maioria de votos de seus membros.

§ 3º Quando houver voto vencido, é facultada sua justificação, por escrito.

§ 4º Elaborado o relatório, com um termo de encerramento, o Conselho de Disciplina remete o processo à autoridade nomeante.

Art. 13. Recebidos os autos do processo do Conselho de Disciplina, a autoridade nomeante, dentro do prazo de 20 (vinte) dias, aceitando, ou não, seu julgamento e, neste último caso, justificando os motivos de seu despacho, determina:

I – o arquivamento do processo, se não julga a praça culpada ou incapaz de permanecer na ativa ou na inatividade;

II – a aplicação de pena disciplinar, se considera contravenção ou transgressão disciplinar a razão pela qual a praça foi julgada culpada;

III – a remessa do processo ao auditor competente, se considera crime a razão pela qual a praça foi julgada culpada; ou

IV – a remessa do processo ao Ministro Militar respectivo ou autoridade a quem tenha sido delegada competência para efetivar reforma ou exclusão a bem da disciplina, com a indicação de uma destas medidas, se considera que:

a) a razão pela qual a praça foi julgada culpada está prevista nos itens I, II ou IV, do art. 2º; ou
b) se, pelo crime cometido, previsto no item III do art. 2º, a praça foi julgada incapaz de permanecer na ativa ou na inatividade.

§ 1º O despacho que determinou o arquivamento do processo deve ser publicado oficialmente e transcrito nos assentamentos da praça, se esta é da ativa.

§ 2º A reforma da praça é efetuada no grau hierárquico que possui na ativa, com proventos proporcionais ao tempo de serviço.

Art. 14. O acusado ou, no caso de revelia, o oficial que acompanhou o processo podem interpor recurso da decisão do Conselho de Disciplina ou da solução posterior da autoridade nomeante.

Parágrafo único. O prazo para interposição de recurso é de 10 (dez) dias, contados da data na qual o acusado tem ciência da decisão do Conselho de Disciplina ou da publicação da solução da autoridade nomeante.

Art. 15. Cabe ao Ministro Militar respectivo, em última instância, no prazo de 20 (vinte) dias, contados da data do recebimento do processo, julgar os recursos que forem interpostos nos processos oriundos dos Conselhos de Disciplina.

Art. 16. Aplicam-se a este decreto, subsidiariamente, as normas do Código de Processo Penal Militar.

Art. 17. Prescrevem em 6 (seis) anos, computados da data em que foram praticados, os casos previstos neste decreto.

Parágrafo único. Os casos também previstos no Código Penal Militar como crime prescrevem nos prazos nele estabelecidos.

Art. 18. Os Ministros Militares, atendendo às peculiaridades de cada Força Armada, baixarão as respectivas instruções complementares necessárias à execução deste decreto.

Art. 19. Este decreto entra em vigor na data de sua publicação, revogados os arts. 47 a 53, do Regulamento Disciplinar da Marinha, aprovado pelo Decreto nº 38.010, de 5 de outubro de 1955; arts. 81 a 87, do Regulamento Disciplinar do Exército, aprovado pelo Decreto nº 8.835, de 23 de fevereiro de 1942; 76 a 83, do Regulamento Disciplinar da Aeronáutica, aprovado pelo Decreto nº 11.665, de 17 de fevereiro de 1943, e demais disposições em contrário.

Brasília, 5 de dezembro de 1972;
151º da Independência e
84º da República.

Emílio G. Médici

DECRETO Nº 76.322, DE 22 DE SETEMBRO DE 1975

Aprova o Regulamento Disciplinar da Aeronáutica (RDAER)

▶ Publicado no *DOU* de 23-9-1975.
▶ Dec. nº 6.854, de 25-5-2009, dispõe sobre o Regulamento da Reserva da Aeronáutica.

Art. 1º Fica aprovado o Regulamento Disciplinar da Aeronáutica que com este baixa, assinado pelo Ministro da Aeronáutica.

Art. 2º Este Decreto entrará em vigor 60 (sessenta) dias após sua publicação, ficando revogados, nessa data, o Decreto nº 11.665, de 17 de fevereiro de 1943, e demais disposições em contrário.

Brasília, 22 de setembro de 1975;
154º da Independência e
87º da República.

Ernesto Geisel

ANEXO I – REGULAMENTO DISCIPLINAR DA AERONÁUTICA (RDAER)

TÍTULO I – DISPOSIÇÕES GERAIS

CAPÍTULO ÚNICO

PRINCÍPIOS GERAIS DE DISCIPLINA E ESFERA DE AÇÃO

Art. 1º As disposições deste regulamento abrangem os militares da Aeronáutica, da ativa, da reserva remunerada e os reformados.

§ 1º As disposições previstas neste regulamento são também aplicáveis aos assemelhados, definidos no artigo 21 do Decreto-lei nº 1.001, de 21 de outubro de 1969, nos casos de guerra, emergência, prontidão e manobras.

§ 2º Para os efeitos disciplinares, os assemelhados serão considerados em correspondência com os oficiais e praças, tomando-se por base a equivalência das respectivas remunerações.

Art. 2º As ordens devem ser prontamente executadas, delas cabendo inteira responsabilidade à autoridade que as formular ou emitir.

Parágrafo único. Quando a ordem parecer obscura, compete ao subordinado, no ato de recebê-la, solicitar os esclarecimentos que julgue necessários; quando importar responsabilidade pessoal para o executante poderá este pedi-la por escrito, cumprindo à autoridade atender.

Art. 3º O militar deve considerar, respeito e acatamento aos seus superiores hierárquicos.

Art. 4º As demonstrações de cortesia e consideração, obrigatórias entre os militares da Aeronáutica, são extensivas aos das outras Forças Armadas, auxiliares e aos das estrangeiras.

Art. 5º O militar que encontrar subordinado hierárquico na prática de ato irregular deve adverti-lo; tratando-se de transgressão, deve levar o fato ao conhecimento da autoridade competente; tratando-se de crime, deve prendê-lo e encaminhá-lo à autoridade competente.

Art. 6º A punição só se torna necessária quando dela advém benefício para o punido, pela sua reeducação, ou para a Organização Militar a que pertence, pelo fortalecimento da disciplina e da justiça.

Art. 7º Este Regulamento deverá fazer parte dos programas de instrução do pessoal militar da Aeronáutica.

TÍTULO II – TRANSGRESSÕES DISCIPLINARES

CAPÍTULO I

DEFINIÇÃO E ESPECIFICAÇÃO

Art. 8º Transgressão disciplinar é toda ação ou omissão contrária ao dever militar, e como tal classificada nos termos do presente Regulamento. Distingue-se do crime militar, que é ofensa mais grave a esse mesmo dever, segundo o preceituado na legislação penal militar.

Art. 9º No concurso de crime militar e transgressão disciplinar, ambos de idêntica natureza, será aplicada somente a penalidade relativa ao crime.

Parágrafo único. A transgressão disciplinar será apreciada para efeito de punição, quando da absolvição ou da rejeição da denúncia da Justiça.

Art. 10. São transgressões disciplinares, quando não constituírem crime:

1 – aproveitar-se de missões de voo para realizar voos de caráter não militar ou pessoal;
2 – utilizar-se, sem ordem, de aeronave militar ou civil;
3 – transportar, na aeronave que comanda, pessoal ou material sem autorização de autoridade competente;
4 – deixar de observar as regras de tráfego aéreo;
5 – deixar de cumprir ou alterar, sem justo motivo, as determinações constantes da ordem de missão, ou qualquer outra determinação escrita ou verbal;
6 – executar voos a baixa altura, acrobáticos ou de instrução fora das áreas para tal fim estabelecidas, excetuando-se os autorizados por autoridade competente;
7 – fazer, ou permitir que se faça, a escrituração do relatório de voo com dados que não correspondam com a realidade;
8 – deixar de cumprir ou de fazer cumprir, quando isso lhe competir, qualquer prescrição regulamentar;
9 – deixar por negligência, de cumprir ordem recebida;
10 – deixar de comunicar ao superior a execução de ordem dele recebida;
11 – deixar de executar serviço para o qual tenha sido escalado;
12 – deixar de participar, a tempo, à autoridade a que estiver imediatamente subordinado, a impossibilidade de comparecer ao local de trabalho, ou a qualquer ato de serviço ou instrução a que deva tomar parte ou a que deva assistir;
13 – retardar, sem justo motivo, a execução de qualquer ordem;
14 – permitir serviço, sem a devida autorização;
15 – declarar-se doente ou simular doença para se esquivar de qualquer serviço ou instrução;

16 – trabalhar mal, intencionalmente ou por falta de atenção em qualquer serviço ou instrução;
17 – ausentar-se, sem licença, do local do serviço ou de outro qualquer em que deva encontrar-se por força de disposição legal ou ordem;
18 – faltar ou chegar atrasado, sem justo motivo, a qualquer ato, serviço ou instrução de que deva participar ou a que deva assistir;
19 – abandonar o serviço para o qual tenha sido designado;
20 – deixar de cumprir punição legalmente imposta;
21 – dirigir-se ou referir-se a superior de modo desrespeitoso;
22 – procurar desacreditar autoridade ou superior hierárquico, ou concorrer para isso;
23 – censurar atos de superiores;
24 – ofender moralmente ou procurar desacreditar outra pessoa quer seja militar ou civil, ou concorrer para isso;
25 – deixar o militar, quer uniformizado quer trajando civilmente, de cumprimentar o superior quando uniformizado, ou em traje civil desde que o conheça;
26 – deixar, o militar, deliberadamente, de corresponder ao cumprimento que seja dirigido;
27 – deixar o oficial ou aspirante a oficial, quando no quartel, de apresentar-se ao seu Comandante para cumprimentá-lo, de acordo com as normas de cada Organização;
28 – deixar, quando sentado, de oferecer o lugar a superior de pé por falta de lugar, exceto em teatros, cinemas, restaurantes ou casas análogas, bem como em transportes pagos;
29 – deixar o oficial ou aspirante a oficial quando de serviço de Oficial de Dia de se apresentar regularmente a qualquer superior que entrar em sua Organização, quando disso tenha ciência;
30 – retirar-se da presença de superior sem a devida licença ou ordem para o fazer;
31 – entrar em qualquer Organização Militar ou dela sair por lugar que não o para isso destinado;
32 – entrar ou sair o militar em Organização Militar que não a sua, sem dar ciência ao Comandante ou Oficial de Serviço ou os respectivos substitutos;
33 – entrar, sem permissão, em dependência destinada a superior, ou onde este se ache, ou em outro local cuja entrada lhe seja normalmente vedada;
34 – desrespeitar, por palavras ou atos, as instituições, as religiões ou os costumes do país estrangeiro em que se achar;
35 – desrespeitar autoridade civil;
36 – desrespeitar medidas gerais de ordem policial, embaraçar sua execução ou para isso concorrer;
37 – representar contra o superior, sem fundamento ou sem observar as prescrições regulamentares;
38 – comunicar a superior hierárquico que irá representar contra o mesmo e deixar de fazê-lo;
39 – faltar, por ação ou omissão, ao respeito devido aos Símbolos Nacionais, Estaduais, Municipais, de nações amigas ou de instituições militares;
40 – tomar parte, sem autorização, em competições desportivas militares de círculos diferentes;
41 – usar de violência desnecessária no ato de efetuar prisão;
42 – tratar o subordinado hierárquico com injustiça, prepotência ou maus-tratos;
43 – maltratar o preso que esteja sob sua guarda;
44 – consentir que presos conservem em seu poder objetos não permitidos ou instrumentos que se prestem à danificação das prisões;
45 – introduzir, distribuir ou possuir, em Organização Militar, publicações, estampas prejudiciais à disciplina e à moral;
46 – frequentar lugares incompatíveis com o decoro da sociedade;
47 – desrespeitar as convenções sociais;
48 – ofender a moral ou os bons costumes, por atos, palavras e gestos;
49 – portar-se inconvenientemente ou sem compostura;
50 – faltar à verdade ou tentar ilidir outrem;
51 – induzir ou concorrer intencionalmente para que outrem incorra em erro;
52 – apropriar-se de quantia ou objeto pertencente a terceiro, em proveito próprio ou de outrem;
53 – concorrer para discórdia, desarmonia ou inimizade entre colegas de corporação ou entre superiores hierárquicos;
54 – utilizar-se de anonimato para qualquer fim;
55 – estar fora do uniforme ou trazê-lo em desalinho;
56 – ser descuidado na apresentação pessoal e no asseio do corpo;
57 – travar disputa, rixa ou luta corporal;
58 – embriagar-se com bebida alcoólica ou similar;
59 – fazer uso de psicotrópicos, entorpecentes ou similar;
60 – tomar parte em jogos proibidos por lei;
61 – assumir compromissos, prestar declarações ou divulgar informações, em nome da Corporação ou da Unidade em que serve, sem estar para isso autorizado;
62 – servir-se da condição de militar ou da função que exerce para usufruir vantagens pessoais;
63 – contrair dívidas ou assumir compromissos superiores às suas possibilidades, comprometendo o bom nome da classe;
64 – esquivar-se a satisfazer compromissos de ordem moral ou pecuniária que houver assumido;
65 – realizar ou propor empréstimo de dinheiro a outro militar, visando auferição de lucro;
66 – deixar de cumprir ou de fazer cumprir o previsto em Regulamentos e Atos emanados de autoridade competente;
67 – representar a corporação em qualquer ato, sem estar para isso autorizado;
68 – vagar ou passear, o cabo, soldado ou taifeiro por logradouros públicos em horas de expediente, sem permissão escrita da autoridade competente;
69 – publicar, comentar, difundir ou apregoar notícias exageradas, tendenciosas ou falsas, de caráter alarmante ou não, que possam gerar o desassossego público;
70 – publicar, pela imprensa ou outro meio, sem permissão da autoridade competente, documentos oficiais ou fornecer dados neles contidos a pessoas não autorizadas;
71 – travar polêmica, através dos meios de comunicação sobre assunto militar ou político;
72 – autorizar, promover, assinar representações, documentos coletivos ou publicações de qualquer tipo, com finalidade política, de reivindicação ou de crítica a autoridades constituídas ou às suas atividades;

73 – externar-se publicamente a respeito de assuntos políticos;
74 – provocar ou participar, em Organização Militar, de discussão sobre política ou religião que possa causar desassossego;
75 – ser indiscreto em relação a assuntos de caráter oficial, cuja divulgação possa ser prejudicial à disciplina ou a boa ordem do serviço;
76 – comparecer fardado a manifestações ou reuniões de caráter político;
77 – fumar em lugares em que seja isso vedado;
78 – deixar, quando for o caso, de punir o subordinado hierárquico que cometer transgressão, ou deixar de comunicá-la à autoridade competente;
79 – deixar de comunicar ao superior imediato, ou na ausência deste a outros, quaisquer informações sobre iminente perturbação da ordem pública ou da boa marcha do serviço, logo que disso tenha conhecimento;
80 – deixar de apresentar-se sem justo motivo, por conclusão de férias, dispensa, licença, ou imediatamente após tomar conhecimento que quaisquer deles lhe tenha sido interrompida ou suspensa;
81 – deixar de comunicar ao órgão competente de sua Organização Militar o seu endereço domiciliar;
82 – deixar de ter consigo documentos de identidade que o identifiquem;
83 – deixar de estar em dia com as inspeções de saúde obrigatórias;
84 – deixar de identificar-se, quando solicitado por quem de direito;
85 – recusar pagamento, fardamento, alimento e equipamento ou outros artigos de recebimento obrigatório;
86 – ser descuidado com objetos pertencentes à Fazenda Nacional;
87 – dar, vender, empenhar ou trocar peças de uniforme ou equipamento fornecidos pela Fazenda Nacional;
88 – extraviar ou concorrer para que se extravie ou estrague qualquer objeto da Fazenda Nacional ou documento oficial, sob a sua responsabilidade;
89 – abrir, ou tentar abrir, qualquer dependência da Organização Militar, fora das horas de expediente, desde que não seja o respectivo chefe ou por necessidade urgente do serviço;
90 – introduzir bebidas alcoólicas, entorpecentes ou similares em Organização Militar sem que para isso esteja autorizado;
91 – introduzir material inflamável ou explosivo em Organização Militar, sem ser em cumprimento de ordem;
92 – introduzir armas ou instrumentos proibidos em Organização Militar, ou deles estar de posse, sem autorização;
93 – conversar com sentinela, vigia, plantão ou preso incomunicável;
94 – conversar ou fazer ruído desnecessário, por ocasião de manobra, exercício, reunião para qualquer serviço ou após o toque de silêncio;
95 – dar toques, fazer sinais, içar ou arriar a Bandeira Nacional ou insígnias, sem ter ordem para isso;
96 – fazer, ou permitir que se faça, dentro de Organização Militar, rifas, sorteios, coletas de dinheiro etc., sem autorização do Comandante;
97 – ingressar, como atleta, em equipe profissional, sem autorização do Comandante;
98 – andar a praça armada, sem ser em serviço ou sem ter para isso ordem escrita, a qual deverá ser exibida quando solicitada;
99 – usar traje civil, quando as disposições em vigor não o permitirem;
100 – concorrer, de qualquer modo, para a prática de transgressão disciplinar.

Parágrafo único. São consideradas, também, transgressões disciplinares as ações ou omissões não especificadas no presente artigo e não qualificadas como crime nas leis penais militares, contra os Símbolos Nacionais; contra a honra e o pundonor individual militar; contra o decoro da classe, contra os preceitos sociais e as normas da moral contra os princípios de subordinação, regras e ordens de serviço, estabelecidos nas leis ou regulamentos, ou prescritos por autoridade competente.

Capítulo II

CLASSIFICAÇÃO E JULGAMENTO DAS TRANSGRESSÕES

Art. 11. As transgressões disciplinares são classificadas em graves, médias e leves conforme a gradação do dano que possam causar à disciplina, ao serviço ou à instrução.

Art. 12. A classificação das transgressões disciplinares será feita tendo em vista a pessoa do transgressor e o fato, este apreciado em conjunto com as circunstâncias que o condicionaram.

Parágrafo único. Quando não chegue a constituir crime, será classificada como grave a transgressão:

a) de natureza desonrosa;
b) ofensiva à dignidade militar;
c) atentatória às instituições ou ao Estado;
d) de indisciplina de voo;
e) de negligência ou de imprudência na manutenção ou operação de aeronaves ou viaturas de forma a afetar a sua segurança;
f) que comprometa a saúde ou coloque em perigo vida humana.

Art. 13. Influem no julgamento das transgressões circunstâncias justificativas, atenuantes e agravantes.

1 – São circunstâncias justificativas da transgressão:

a) desconhecimento, comprovado, da disposição ou da ordem transgredida;
b) motivo de força maior ou caso fortuito, plenamente comprovados;
c) o uso imperativo de meios violentos para compelir o subordinado a cumprir o seu dever, nos casos de perigo, de necessidade urgente, de calamidade pública ou de manutenção da ordem e da disciplina;
d) ter sido a transgressão cometida na prática de ação meritória no interesse do serviço, da ordem ou do bem público;
e) caso de legítima defesa, própria ou de outrem;
f) obediência a ordem superior.

2 – São circunstâncias atenuantes:

a) o bom comportamento;
b) relevância de serviços prestados;
c) falta de prática do serviço;
d) ter sido a transgressão, cometida sob influência de fatores adversos;
e) ocorrência da transgressão para evitar mal maior;

f) defesa dos direitos próprios ou de outrem.

3 – São circunstâncias agravantes:

a) mau comportamento;
b) reincidência na mesma transgressão;
c) prática simultânea ou conexão de duas ou mais transgressões;
d) existência de conluio;
e) premeditação ou má-fé;
f) ocorrência de transgressão colocando em risco vidas humanas, segurança de aeronave, viaturas ou propriedade do Estado ou de particulares;
g) ocorrência da transgressão em presença de subordinado, de tropa ou em público;
h) abuso de autoridade hierárquica ou funcional;
i) ocorrência da transgressão durante o serviço ou instrução.

Art. 14. Não haverá punição quando, no julgamento da transgressão, for reconhecida qualquer causa justificativa.

Parágrafo único. No julgamento das transgressões disciplinares a que se referem os n°s 71, 72 e 73 do art. 10, em se tratando de militar da reserva remunerada ou reformado, será observado o disposto na legislação específica aplicável àqueles militares.

TÍTULO III – PUNIÇÕES DISCIPLINARES

CAPÍTULO I

DEFINIÇÃO E GRADAÇÃO

Art. 15. As punições disciplinares previstas neste regulamento são:

1 – Repreensão:

a) em particular:

(1) verbalmente
(2) por escrito

b) em público:

(1) verbalmente
(2) por escrito

2 – Detenção até 30 dias.

3 – Prisão:

a) fazendo serviço, ou comum, até 30 dias;
b) sem fazer serviço, até 15 dias;
c) em separado, até 10 dias.

4 – Licenciamento a bem da disciplina.
5 – Exclusão a bem da disciplina.

Parágrafo único. A prisão, em separado aplicável, em casos especiais, será sempre sem fazer serviço.

Art. 16. As transgressões, segundo sua gravidade, corresponderão às seguintes punições disciplinares:

1 – para oficial da ativa:

a) repreensão;
b) detenção;
c) prisão;

2 – para oficiais reformados e da reserva remunerada, as do número 1 e ainda:

a) proibição do uso de uniforme;

3 – para aspirante a oficial e para as praças com estabilidade assegurada, as do número 1 e ainda:

a) exclusão a bem da disciplina;

4 – para as praças sem estabilidade assegurada, as do número 1 e ainda:

a) licenciamento a bem da disciplina;

5 – para cadetes, alunos das demais escolas de formação e preparação, as do número 1 e ainda:

a) desligamento do curso;
b) licenciamento a bem da disciplina;
c) exclusão a bem da disciplina;

6 – aos assemelhados aplicam-se as penalidades previstas no Estatuto dos funcionários Públicos e Civis da União (EFPCU) e Consolidação das Leis do Trabalho (CLT), salvo nos casos de guerra, emergência, prontidão e manobra, em que caberão as punições previstas no número 1, obedecida a correspondência fixada no § 2º do art. 1º

Art. 17. O pagamento da Indenização de Compensação Orgânica poderá ser suspenso até 90 (noventa) dias quando o militar cometer transgressão disciplinar relacionada com o exercício da atividade especial considerada.

Art. 18. Além das punições discriminadas neste Capítulo, são aplicáveis aos militares outras penalidades estabelecidas em leis, regulamentos ou disposições que a eles se refiram, respeitados os preceitos da Constituição.

Parágrafo único. Não será considerada como punição disciplinar a admoestação que o superior fizer ao subordinado, mostrando-lhe alguma irregularidade do serviço ou chamando sua atenção para ato que possa trazer como conseqüência uma transgressão.

CAPÍTULO II

EXECUÇÃO DAS PUNIÇÕES DISCIPLINARES

A – Repreensão

Art. 19. A repreensão consiste na declaração formal de que ao transgressor coube essa punição por haver cometido determinada falta, podendo ser:

1 – em particular, feita verbalmente, ou por escrito, pelo superior que a impuser diretamente ao transgressor;

2 – em público, aplicada pelo superior, ou por delegação sua:

a) verbalmente:

(1) ao oficial e ao aspirante a oficial na presença de militares do mesmo posto e/ou de postos superiores;

(2) ao suboficial – na presença de suboficiais e/ou de oficiais;

(3) ao sargento – na presença de suboficiais e de sargentos e ou de oficiais;

(4) ao cabo, soldado e taifeiro em formatura parcial ou geral da subunidade ou da Organização a que pertencer o transgressor;

(5) ao cadete e aluno das escolas de formação e de preparação, em formatura parcial ou geral da subunidade ou corpo de alunos a que pertencer o transgressor;

b) por escrito – mediante publicação em boletim interno da Organização.

Parágrafo único. Na ausência de boletim interno, será solicitada a publicação no Boletim da Organização a que estiver subordinado aquele que impuser a punição.

B – Detenção

Art. 20. A detenção consiste na retenção do transgressor em lugar não destinado a cárcere comum, e que a juízo do comandante poderá ser:

1 – para oficial e aspirante a oficial – residência do transgressor ou recinto da Organização;
2 – para cadete, suboficial, sargento e alunos – recinto da Organização;
3 – para cabo, soldado ou taifeiro – recinto da Organização.

C – Prisão

Art. 21. A prisão consiste na reclusão do transgressor em local apropriado e que, a juízo do comandante, poderá ser:

1 – para oficial e aspirante a oficial – residência do transgressor, quando a punição não for superior a 48 horas, quarto, dependência da Organização ou local equivalente;
2 – para cadete, suboficial, sargento e demais alunos – quarto, alojamento ou local equivalente;
3 – para cabo, soldado e taifeiro – alojamento ou compartimento fechado denominado xadrez.

Art. 22. Quando, na Organização, não houver local adequado, não houver oficial de serviço ou quando convir à disciplina, à administração ou à segurança, a punição imposta poderá ser cumprida em outra Organização da Aeronáutica ou de outra Força Armada.

Art. 23. A prisão, ao ser imposta, deve implicar em uma das modalidades constantes do número 3 do artigo 15, observando o seguinte:

1 – o militar preso, fazendo serviço, deverá recolher-se ao local previsto da reclusão logo após o término do expediente;
2 – a prisão, sem fazer serviço, faculta o uso dos cabos, soldados e taifeiros punidos, nos trabalhos de limpeza da Organização;
3 – o soldado ou taifeiro, que não taifeiro-mor, preso sem fazer serviço, terá a seu cargo a faxina do local de prisão em que se ache;
4 – o militar punido com prisão em separado será recolhido dentro da Organização, a local em separado e compatível com seu posto ou graduação, e de acordo com o que for aplicável e previsto nos n°s 1, 2 e 3 do art. 21;
5 – o tripulante de aeronave, preso durante o voo, continuará a desempenhar as suas funções a bordo, se assim determinar a autoridade que impôs a punição;
6 – aos presos, a critério do Comandante, serão permitidas visitas.

Art. 24. O tempo de detenção ou prisão é contado a partir do momento em que o transgressor é detido ou recolhido ao lugar destinado ao cumprimento da punição.

§ 1º Será computado o tempo de prisão preventiva e aquele em que o transgressor ficar recolhido, em virtude de voz de prisão recebida.

§ 2º Será computado, no tempo de punição, aquele em que o transgressor deixar de ser recolhido por não lhe haver sido dado substituto no serviço em que se encontrava.

§ 3º Não será computado para o cumprimento da punição disciplinar o tempo que o transgressor permanecer hospitalizado.

D – Proibição do uso do uniforme

Art. 25. A proibição do uso do uniforme será aplicada aos militares na inatividade que praticarem atos contrários à dignidade militar.

E – Licenciamento a bem da disciplina

Art. 26. Será licenciado a bem da disciplina o militar sem estabilidade assegurada cuja permanência na Aeronáutica se torne inconveniente, de acordo com o disposto neste regulamento.

Art. 27. O licenciamento a bem da disciplina será aplicado ao militar sem estabilidade quando:

1 – participar de conspiração ou movimento sedicioso;
2 – fizer propaganda nociva ao interesse público;
3 – praticar atos contrários à segurança da Organização, do Estado ou das estruturas das instituições;
4 – cometer atos desonestos ou ofensivos à dignidade militar;
5 – corromper-se ou procurar corromper outrem pela prática de atos indecorosos;
6 – condenado por crime doloso, militar ou comum, logo que passe em julgado a sentença;
7 – cometer falta grave de indisciplina de voo ou relacionada com manutenção de aeronaves;
8 – permanecer classificado no "mau comportamento" por período superior a 12 meses contínuos ou não.

Parágrafo único. No caso previsto no inciso 8, o comandante poderá promover, mesmo antes de decorridos os 12 meses, o imediato licenciamento a bem da disciplina do militar classificado no "mau comportamento", se o mesmo, por sofrer novas punições, tornar-se incapaz de deixar aquela classificação dentro do prazo estipulado.

F – Exclusão a bem da disciplina

Art. 28. A exclusão a bem da disciplina será aplicada *ex officio* ao aspirante a oficial ou às praças com estabilidade assegurada:

1 – sobre as quais tal sentença houver sido pronunciada por Conselho Permanente de Justiça, em tempo de paz, ou tribunal especial, em tempo de guerra, por haverem sido condenados, em sentença passada em julgado, por qualquer daqueles tribunais militares ou tribunal civil, à pena restritiva de liberdade individual superior a 2 (dois) anos ou, nos crimes previstos na legislação especial concernente à segurança do Estado, à pena de qualquer duração;
2 – sobre os quais tal sentença houver sido pronunciada por Conselho Permanente de Justiça, em tempo de paz, ou tribunal especial em tempo de guerra, por haverem perdido a nacionalidade brasileira; e
3 – que incidirem nos casos que motivarem julgamento por Conselho de Disciplina e neste forem considerados culpados.

Parágrafo único. O aspirante a oficial, ou a praça com estabilidade assegurada, que houver sido excluído a bem da disciplina só poderá readquirir a situação militar anterior:

a) por outra sentença de Conselho Permanente de Justiça, em tempo de paz, ou tribunal especial, em tempo de guerra, e nas condições nela estabelecidas, se a exclusão for consequência de sentença de um daqueles tribunais; e

b) por decisão do Ministro da Aeronáutica, se a exclusão for consequência de ter sido julgado culpado em Conselho de Disciplina.

Art. 29. É da competência do Ministro da Aeronáutica, ou autoridades às quais tenha sido delegada competência para isso, o ato de exclusão a bem da disciplina do aspirante a oficial, bem como das praças com estabilidade assegurada.

Art. 30. A exclusão ou licenciamento da praça, a bem da disciplina, acarreta a perda de seu grau hierárquico e não isenta das indenizações dos prejuízos causados à Fazenda Nacional ou a terceiros, nem das pensões decorrentes de sentença judicial.

Parágrafo único. A praça excluída ou licenciada a bem da disciplina receberá o certificado de isenção do serviço militar, previsto na Lei do Serviço Militar, e não terá direito a qualquer remuneração ou indenização.

Art. 31. Só após ser reabilitada, a praça excluída ou licenciada a bem da disciplina poderá ingressar na Reserva.

Art. 32. A praça excluída ou licenciada a bem da disciplina poderá, a critério do seu comandante, ser entregue à Polícia Civil, com a devida informação das causas que o levaram a essa medida.

Art. 33. O militar excluído ou licenciado a bem da disciplina, e que não for reabilitado de acordo com o estatuto dos Militares, ficará inabilitado para exercer cargo, função ou emprego no Ministério da Aeronáutica.

CAPÍTULO III

APLICAÇÃO DAS PENAS DISCIPLINARES

Art. 34. Nenhuma punição será imposta sem ser ouvido o transgressor e sem estarem os fatos devidamente apurados.

1 – A punição deverá ser imposta dentro do prazo de 3 dias úteis, contados do momento em que a transgressão chegar ao conhecimento da autoridade que deve punir, podendo, porém, sua aplicação ser retardada quando no interesse da administração.

2 – Nenhum transgressor será interrogado ou punido enquanto permanecer com suas faculdades mentais restringidas por efeito de doença, acidente ou embriaguez. No caso de embriaguez, porém, poderá ficar desde logo preso ou detido, em benefício da própria segurança, da disciplina e da manutenção da ordem.

3 – Quando forem necessários maiores esclarecimentos sobre a transgressão, deverá ser procedida sindicância.

4 – Durante o período de investigações de que trata o número anterior, a pedido do respectivo encarregado da sindicância, o Comandante poderá determinar a detenção do transgressor na Organização ou em outro local que a situação recomendar, até um prazo máximo de oito dias.

5 – Os detidos para averiguações podem ser mantidos incomunicáveis para interrogatório da autoridade a cuja disposição se achem. A cessação da incomunicabilidade depende da ultimação das averiguações procedidas com a máxima urgência, não podendo, de qualquer forma, o período de incomunicabilidade ser superior a quatro dias.

Art. 35. As transgressões disciplinares serão julgadas pela autoridade competente com isenção de ânimo, com justiça, sem condescendência nem rigor excessivo, consideradas as circunstâncias justificativas, atenuantes e agravantes, analisando a situação pessoal do transgressor e o fato que lhe é imputado.

Art. 36. A punição imposta, quando for o caso, será publicada em boletim da autoridade que a impuser e transcrita no das autoridades subordinadas, até o daquela sob cuja jurisdição se acharem o transgressor e o signatário da parte que deu origem à punição; se este se encontrar sob jurisdição diferente, terá ciência da solução por intermédio do seu Comandante, a quem a autoridade que aplicou a punição fará obrigatoriamente a devida comunicação.

1 – Na publicação (de acordo com o Anexo I) da punição imposta serão mencionados:

a) a transgressão cometida, em termos precisos e sintéticos;

b) a classificação da transgressão;

c) o item ou itens, o parágrafo e o artigo do Regulamento que enquadram a(s) falta(s) cometida(s);

d) as circunstâncias atenuantes e agravantes, se as houver, com a indicação dos respectivos itens, parágrafos e artigos;

e) a punição imposta;

f) a categoria de comportamento em que ingressa ou permanece o transgressor.

2 – Se a autoridade, a quem competir a aplicação da punição, não dispuser de boletim para publicação, essa será feita, à vista de comunicação regulamentar, no da autoridade imediatamente superior que possuir boletim.

3 – As punições de Oficiais são publicadas em boletim confidencial. A autoridade que as impuser cumpre determinar quem delas deve ter conhecimento.

4 – As punições de Aspirante a Oficial, Suboficiais e Sargentos serão publicadas em boletim reservado e serão do conhecimento de seus superiores hierárquicos.

5 – As punições constantes dos nºs 3 e 4 poderão ser publicadas em boletim comum, quando a natureza e as circunstâncias da transgressão assim o recomendarem.

6 – A repreensão feita em particular ou verbalmente em público não será publicada em boletim, figurando como simples referência na ficha individual; a repreensão em público por escrito será publicada em boletim e averbada nos assentamentos do militar.

Art. 37. Na aplicação de punição deve ser observado o seguinte:

1 – A punição será proporcional à gravidade da falta, observados os seguintes limites mínimos e máximos:

a) para transgressões leves: repreensão em particular e detenção até 10 dias;

b) para transgressões médias: repreensão em público por escrito e prisão até 10 dias;
c) para transgressões graves: 1 (um) dia de prisão, e os limites estabelecidos no Quadro de punições máximas (Anexo II).

2 – Ocorrendo somente circunstâncias atenuantes, a punição tenderá para o mínimo previsto respectivamente nas letras a, b e c do nº 1 deste artigo.

3 – Ocorrendo circunstâncias atenuantes e agravantes, a punição será aplicada tendo-se em vista a preponderância de umas sobre as outras.

4 – Ocorrendo somente circunstâncias agravantes, a punição poderá ser aplicada em seu grau máximo.

5 – Salvo a suspensão do pagamento da Indenização de Compensação Orgânica prevista no art. 17, que é imposta como punição acessória, a qualquer transgressão não será aplicada mais de uma punição.

6 – Na ocorrência de várias transgressões, sem conexão entre si, a cada uma será aplicada a punição correspondente.

7 – Na ocorrência de várias transgressões inter-relacionadas ou cometidas simultânea ou seguidamente, as de menor influência disciplinar serão consideradas circunstâncias agravantes da mais importante.

8 – Em nenhum caso a punição poderá exceder o prescrito nos incisos 2 e 3 do art. 15 e no "Quadro de Punições Máximas" (Anexo II).

Art. 38. A primeira punição de prisão de que seja passível o militar será sempre de atribuição do Comandante da Organização a que pertença ou a que esteja incorporado.

Art. 39. Todas as punições impostas, observado o previsto no inciso 6 do art. 36, serão transcritas nos assentamentos do transgressor.

Parágrafo único. Nessa transcrição haverá a menção da falta cometida e da punição imposta.

Art. 40. Quanto ao comportamento militar, a praça, excetuando o Aspirante a Oficial, é considerada:

1 – de excelente comportamento, quando no período de 10 (dez) anos consecutivos de serviço, não haja sofrido qualquer punição.

Após ingressar neste comportamento, a praça punida com um total de punições de:

a) até 2 (dois) dias de prisão comum em 5 (cinco) anos consecutivos de serviço, nele permanece;
b) mais de 2 (dois) até 4 (quatro) dias de prisão comum em 5 (cinco) anos consecutivos de serviço, retorna ao "ótimo comportamento";
c) mais de 4 (quatro) dias de prisão comum em 5 (cinco) anos consecutivos de serviço passa para o "bom", "insuficiente" ou "mau" comportamento, de acordo com o prescrito nos incisos 3, 4 e 5 deste artigo.

2 – de ótimo comportamento, quando no período de 5 (cinco) anos consecutivos de serviço não haja sofrido qualquer punição.

Após ingressar neste comportamento a praça punida com um total de punições de:

a) até 4 (quatro) dias de prisão comum em 5 (cinco) anos consecutivos de serviço, nele permanece;
b) mais de 4 (quatro) dias de prisão comum em 5 (cinco) anos consecutivos de serviço passa para o "bom", "insuficiente" ou "mau" comportamento, de acordo com o prescrito nos incisos 3, 4 e 5 deste artigo.

3 – de bom comportamento, quando no período de 2 (dois) anos consecutivos de serviço, não tenha atingido um total de punições de 30 (trinta) dias de prisão comum.

4 – de insuficiente comportamento:

a) quando, no período de 1 (um) ano de serviço, tenha sido punido com um total superior a 20 (vinte) e até 30 (trinta) dias de prisão comum; ou
b) quando num período superior a 1 (um) ano e inferior a 2 (dois) anos de serviço tenha sido punido com um total superior a 30 (trinta) dias de prisão comum.

5 – de mau comportamento, quando no período de 1 (um) ano, haja sido punido com um total superior a 30 (trinta) dias de prisão comum.

§ 1º Para efeito da classificação de comportamento, as punições disciplinares são assim conversíveis: duas repreensões transcritas em boletim valem um dia de detenção; dois dias de detenção valem um dia de prisão comum; um dia de prisão, sem fazer serviço, vale dois dias de prisão comum e um dia de prisão em separado vale três dias de prisão comum.

§ 2º A melhoria de comportamento far-se-á automaticamente, de acordo com os prazos estabelecidos neste artigo, devendo ser publicada em boletim interno.

§ 3º A classificação de comportamento deve acompanhar a nota de punição das praças.

§ 4º Todo cidadão ao verificar praça, ingressa na categoria de "bom comportamento".

§ 5º As sentenças, proferidas por tribunais civis ou militares, também serão consideradas para efeito de classificação de comportamento.

TÍTULO V – COMPETÊNCIA E JURISDIÇÃO PARA APLICAR, AGRAVAR, ATENUAR, RELEVAR, CANCELAR E ANULAR PUNIÇÕES DISCIPLINARES

CAPÍTULO ÚNICO

Art. 41. A competência para aplicar punição disciplinar é atribuição do cargo.

Art. 42. Tem competência para aplicar punições disciplinares:

1 – A todos os que estão sujeitos a esse regulamento:

a) o Presidente da República;
b) o Ministro da Aeronáutica.

2 – A todos os que servirem sob seus respectivos comandos ou forem subordinados funcionalmente:

a) os Oficiais-Generais em função;
b) os Oficiais Comandantes de Organização;
c) os Chefes de Estado-Maior;
d) os Chefes de Gabinete;
e) os Oficiais Comandantes de Destacamento, Grupamento e Núcleo;

f) os Oficiais Comandantes de Grupo, Esquadrão e Esquadrilha.

3 – Os Chefes de Divisão e Seção administrativas ou outros órgãos, responsáveis pela administração de pessoal, quando especificamente previsto no Regulamento ou Regimento Interno da Organização.

Parágrafo único. O Quadro Anexo II especifica a punição máxima que pode ser aplicada pelas autoridades referidas neste artigo.

Art. 43. Quando duas autoridades de níveis hierárquicos diferentes, ambas com ação disciplinar sobre o transgressor, conhecerem da transgressão, à de nível mais elevado competirá punir, salvo se entender que a punição está dentro dos limites de competência da menos graduada, caso em que esta comunicará ao superior a sanção disciplinar que aplicou.

Art. 44. A punição imposta pelos oficiais de uma Organização que possuem atribuições disciplinares depende da prévia aprovação do Comandante da Organização que, a seu juízo, e de acordo com este Regulamento poderá alterar a punição, o que será levado ao conhecimento daqueles oficiais.

Art. 45. São autoridades competentes para aplicar os dispositivos deste Regulamento em militares da Reserva Remunerada ou Reformados as previstas no inciso I do art. 42 e autoridades em cuja área de jurisdição territorial residam aqueles militares.

Art. 46. É vedado às autoridades abaixo do Comandante da Organização Militar recolher à prisão qualquer militar, salvo nos casos de crime ou falta grave, justificando o seu ato.

Art. 47. A autoridade que tiver que punir seu subordinado, em serviço em outra Organização ou à disposição de outra autoridade, requisitará a apresentação do transgressor, devendo tal requisição ser atendida sem demora.

Art. 48. As autoridades especificadas no nº 1 e na letra *b* do nº 2 do art. 42 têm competência para anular as punições impostas por elas próprias ou por seus subordinados a militares sob seu comando, quando reconhecerem ou tiverem ciência de ilegalidade, irregularidade ou injustiça que se tenha praticado na aplicação da punição.

▶ *Caput* com a redação dada pelo Dec. nº 96.013, de 6-5-1988.

§ 1º A decisão da anulação da punição, com os necessários esclarecimentos, será publicada em boletim.

§ 2º A punição anulada não deverá constar dos assentamentos do militar, substituindo-se as folhas de alterações que tragam referências a ela.

Art. 49. A anulação da punição poderá ser efetuada a partir da data em que for publicada, até o limite dos seguintes prazos:

1 – em qualquer tempo, pelo Presidente da República e pelo Ministro da Aeronáutica;

2 – 3 três anos, por Tenente-Brigadeiro em função, ou Oficial de posto inferior, nomeado interinamente para cargo de Tenente-Brigadeiro;

3 – dois anos e meio (2 e 1/2), por Major-Brigadeiro em função, ou Oficial de posto inferior, nomeado interinamente para cargo de Major-Brigadeiro;

4 – 2 dois anos, por Brigadeiro em função, ou Oficial de posto inferior, nomeado interinamente para cargo de Brigadeiro;

5 – 6 seis meses, por Coronel em função, ou Oficial de posto inferior, nomeado interinamente para cargo de Coronel.

Parágrafo único. Em relação a subordinado seu e quando não tiver competência para aplicar essa medida, qualquer Oficial em função poderá propô-la fundamentando devidamente o proposto.

Art. 50. As autoridades especificadas no nº 1 e letra *b* do nº 2 do art. 42 têm competência para agravar ou atenuar as punições impostas por seus subordinados quando as julgarem insuficientes ou excessivas em face da transgressão cometida.

Parágrafo único. A agravação ou atenuação serão publicadas em boletim e constarão dos assentamentos do militar.

Art. 51. As autoridades especificadas no nº 1 e letra *b* do nº 2 do art. 42 podem conceder a relevação do cumprimento do restante da punição imposta por elas ou por seus subordinados, quando:

1 – verificarem que a punição surtiu o efeito desejado;

2 – a saúde e o estado moral do punido assim o exigirem;

3 – por motivo de datas nacionais, datas festivas, ou de passagem de Comando, desde que o transgressor haja cumprido, pelo menos a metade da punição.

§ 1º A relevação, com as razões que lhe deram origem, será publicada em boletim e constará dos assentamentos do militar.

§ 2º A relevação visa exclusivamente a dispensa do cumprimento da punição. Para os demais efeitos, a punição será considerada integralmente como foi publicada em boletim.

Art. 52. O cancelamento de punição será concedido atendendo aos bons serviços prestados pelo militar e depois de decorridos 10 (dez) anos de efetivo serviço, sem qualquer outra punição a contar da última punição imposta.

§ 1º As autoridades especificadas no nº 1 e letra a do nº 2 do art. 42 são competentes para conceder na forma deste artigo o cancelamento de punições.

§ 2º O cancelamento de punição será feito ex *officio* ou mediante solicitação do interessado.

§ 3º O cancelamento de punição será publicado em boletim e constará dos assentamentos do militar.

Art. 53. A autoridade que impõe punição disciplinar procurará estar a par de seus efeitos sobre o transgressor.

Art. 54. A proibição do uso do uniforme para o militar na inatividade é da competência do Ministro da Aeronáutica.

TÍTULO VI – PARTE E RECURSOS DISCIPLINARES

Capítulo I
PARTE DISCIPLINAR

Art. 55. A parte disciplinar é o instrumento pelo qual o militar comunica à autoridade competente a transgressão que presenciou ou de que teve conhecimento, praticada por subordinado hierárquico. Deve ser a expressão da verdade e redigida em termos precisos, sem comentários desnecessários.

Art. 56. O militar que tiver dado parte disciplinar acerca de um fato que considere transgressão disciplinar tem cumprido o seu dever. A solução é da inteira e exclusiva responsabilidade da autoridade competente e deve ser dada dentro de cinco dias úteis, a partir da data do recebimento da parte disciplinar.

Parágrafo único. O militar que tiver dado parte disciplinar poderá solicitar à autoridade competente a solução da mesma, se após transcorrido o prazo regulamentar não tenha ainda sido solucionada.

Art. 57. O militar responsável pela solução de parte disciplinar emanada de autoridade que lhe tenha ascendência hierárquica deverá informá-la das medidas tomadas dentro de cinco dias úteis, após o recebimento da parte.

Capítulo II
PEDIDO DE RECONSIDERAÇÃO

Art. 58. Ao militar assiste o direito de pedir reconsideração de ato, emanado de superior, que repute injusto ou infringente das leis ou regulamentos militares e que:

1 – o atinja direta ou indiretamente; ou
2 – atinja subordinado de quem seja chefe imediato.

Art. 59. O pedido de reconsideração na esfera disciplinar dever ser feito por meio de parte fundamentada, dentro do prazo de quinze dias corridos, contados da data em que o peticionário tenha tomado conhecimento do ato a ser reconsiderado.

Art. 60. O pedido de reconsideração não pode ficar sem despacho e a solução deve ser dada dentro de quinze dias corridos, contados da data do recebimento do pedido.

Art. 61. Os prazos citados nos arts. 59 e 60 podem ser dilatados desde que o militar responsável pela formulação ou pela solução do pedido de reconsideração se encontre ausente, quando então a data inicial será a da sua apresentação na Organização Militar.

Capítulo III
REPRESENTAÇÃO

Art. 62. O militar poderá representar contra ato de superior que considere injusto ou infringente das leis ou regulamentos militares e que:

1 – o atinja direta ou indiretamente; e
2 – atinja subordinado de quem seja chefe imediato.

Parágrafo único. Da solução de uma representação só cabe recurso perante a autoridade hierárquica seguinte na escala funcional, sucessivamente até o Ministro da Aeronáutica e, contra a decisão deste, só há o recurso de pedido de reconsideração à mesma autoridade.

Art. 63. O militar que representar contra o superior deverá observar as seguintes disposições:

1 – a representação deve, sempre que cabível, ser precedida de pedido de reconsideração do ato que lhe deu motivo;
2 – a representação, na esfera disciplinar, deve ser feita no prazo máximo de 15 dias corridos, a contar da data:

a) da solução do pedido de reconsideração;
b) do término do prazo regulamentar previsto para solução do pedido de reconsideração, caso não tenha sido, ainda, solucionado; e
c) do ato motivador da representação, quando não for cabível o pedido de reconsideração.

3 – a entrega da representação deve ser precedida da comunicação, por escrito, do representante ao representado, em termos respeitosos dela constando apenas o objeto da representação;
4 – a representação é dirigida à autoridade imediatamente superior àquela contra a qual é feita;
5 – a representação não pode ser feita durante a execução do serviço, exercício ou ordem que lhe deu motivo, nem durante o cumprimento da punição que tenha originado o recurso;
6 – a representação, redigida em forma de parte e em termos respeitosos, precisará o fato que a motiva sem comentários ou insinuações, podendo ser acompanhada de peças comprobatórias ou somente a elas fazer referência, quando se tratar de documentos oficiais;
7 – a representação não poderá tratar de assuntos estranhos ao fato e às circunstâncias que a determinam, nem versar sobre matéria capciosa, impertinente ou fútil.

Art. 64. Após comunicar que vai representar, não pode o representante deixar de fazê-lo.

Art. 65. A autoridade responsável pela solução da representação deve:

1 – afastar o representante da jurisdição do representado, logo que o serviço o permita;
2 – apreciar a representação, tomar as medidas regulamentares que se impuserem e publicá-las em boletim, dentro do prazo de 15 (quinze) dias, a contar da data do recebimento da representação.

Art. 66. Quando o pedido de reconsideração e a representação se referirem a assuntos administrativos e não a disciplinares, os prazos constantes dos arts. 59 e 60, do inciso 2 do art. 63 e do inciso 2 do art. 65, serão de 120 (cento e vinte) dias.

TÍTULO VII – RECOMPENSAS

Capítulo Único

Art. 67. As recompensas previstas neste Regulamento são:

1 – elogio, louvor e referência elogiosa; e
2 – dispensa de serviço de acordo com as normas em vigor.

Parágrafo único. As recompensas constantes do inciso 1 somente serão transcritas em boletim para constar dos assentamentos dos militares recompensados, quando obtidas no desempenho de funções próprias à Aeronáutica e:

1 – concedidas por autoridade com atribuições para fazê-las; ou
2 – quando concedidas por autoridades não constantes do art. 42, se elas fizerem a devida comunicação ao comandante do recompensado ou aos respectivos escalões superiores.

Art. 68. São competentes para conceder as recompensas previstas neste capítulo as autoridades previstas no art. 42, incisos 1, 2 e 3.

Art. 69. A recompensa dada por uma autoridade pode ser anulada, dentro do prazo de 10 (dez) dias úteis de sua concessão, pela autoridade superior, que justificará seu ato.

TÍTULO VIII – REABILITAÇÃO DE MILITAR LICENCIADO OU EXCLUÍDO A BEM DA DISCIPLINA

CAPÍTULO ÚNICO

Art. 70. A reabilitação do militar excluído ou licenciado a bem da disciplina será efetuada:

1 – de acordo com os Códigos Penal Militar e de Processo Penal Militar, se tiver sido condenado, por sentença definitiva, a quaisquer penas previstas no Código Penal Militar; e
2 – de acordo com a Lei do Serviço Militar se tiver sido excluído ou licenciado a bem da disciplina.

Parágrafo único. Nos casos em que a condenação do militar acarretar sua exclusão a bem da disciplina, a reabilitação prevista na Lei do Serviço Militar poderá anteceder a efetuada de acordo com os Códigos Penal Militar e de Processo Penal Militar.

Art. 71. A reabilitação do militar implica em que sejam cancelados, mediante averbação, os antecedentes criminais do militar ou substituídos seus documentos comprobatórios de situação militar pelos adequados à nova situação.

TÍTULO IX – DISPOSIÇÕES FINAIS E TRANSITÓRIAS

CAPÍTULO ÚNICO

Art. 72. Os Comandantes de Organização Militar devem determinar a reclassificação dos comportamentos militares das praças sob o seu comando, de forma a compatibilizá-los com este Regulamento.

§ 1º As reclassificações de comportamento devem ser publicadas em boletim e constar dos assentamentos dos militares.

§ 2º As reclassificações de comportamento, para todos os efeitos, vigorarão a partir da vigência deste Regulamento.

Art. 73. Os casos omissos do presente Regulamento serão resolvidos pelo Ministério da Aeronáutica.

Joelmir Campos de Araripe Macedo
Ministro da Aeronáutica

▶ Optamos por não publicar o Anexo I nesta edição.

LEI Nº 6.880, DE 9 DE DEZEMBRO DE 1980

Dispõe sobre o Estatuto dos Militares.

▶ Publicada no *DOU* de 11-12-1980 e republicada no *DOU* de 9-1-1981.

ESTATUTO DOS MILITARES

TÍTULO I – GENERALIDADES

CAPÍTULO I

DISPOSIÇÕES PRELIMINARES

Art. 1º O presente Estatuto regula a situação, obrigações, deveres, direitos e prerrogativas dos membros das Forças Armadas.

▶ EC nº 18, de 5-2-1998, dispõe sobre o regime constitucional dos militares.

Art. 2º As Forças Armadas, essenciais à execução da política de segurança nacional, são constituídas pela Marinha, pelo Exército e pela Aeronáutica, e destinam-se a defender a Pátria e a garantir os poderes constituídos, a lei e a ordem. São instituições nacionais, permanentes e regulares, organizadas com base na hierarquia e na disciplina, sob a autoridade suprema do Presidente da República e dentro dos limites da lei.

▶ Art. 142 da CF.

Art. 3º Os membros das Forças Armadas, em razão de sua destinação constitucional, formam uma categoria especial de servidores da Pátria e são denominados militares.

§ 1º Os militares encontram-se em uma das seguintes situações:

a) na ativa:

I – os de carreira;
II – os incorporados às Forças Armadas para prestação de serviço militar inicial, durante os prazos previstos na legislação que trata do serviço militar, ou durante as prerrogativas daqueles prazos;
III – os componentes da reserva das Forças Armadas quando convocados, reincluídos, designados ou mobilizados;
IV – os alunos de órgão de formação de militares da ativa e da reserva; e
V – em tempo de guerra, todo cidadão brasileiro mobilizado para o serviço ativo nas Forças Armadas.

b) na inatividade:

I – os da reserva remunerada, quando pertençam à reserva das Forças Armadas e percebam remuneração da União, porém sujeitos, ainda, à prestação de serviço na ativa, mediante convocação ou mobilização; e
II – os reformados, quando, tendo passado por uma das situações anteriores estejam dispensados, definitivamente, da prestação de serviço na ativa, mas continuem a perceber remuneração da União;
III – os da reserva remunerada, e, excepcionalmente, os reformados, executando tarefa por tempo certo, segundo regulamentação para cada Força Armada.

▶ Inciso III acrescido pela Lei nº 9.442, de 14-3-1997.

§ 2º Os militares de carreira são os da ativa que, no desempenho voluntário e permanente do serviço militar, tenham vitaliciedade assegurada ou presumida.

Art. 4º São considerados reserva das Forças Armadas:

I – individualmente:

a) os militares da reserva remunerada; e
b) os demais cidadãos em condições de convocação ou de mobilização para a ativa;

II – no seu conjunto:

a) as polícias militares; e
b) os corpos de bombeiros militares.

§ 1º A Marinha Mercante, a Aviação Civil e as empresas declaradas diretamente devotada às finalidades precípuas das Forças Armadas, denominada atividade efeitos de mobilização e de emprego, reserva das Forças Armadas.

§ 2º O pessoal componente da Marinha Mercante, da Aviação Civil e das empresas declaradas diretamente relacionadas com a segurança nacional, bem como os demais cidadãos em condições de convocação ou mobilização para a ativa, só serão considerados militares quando convocados ou mobilizados para o serviço nas Forças Armadas.

Art. 5º A carreira militar é caracterizada por atividade continuada e inteiramente devotada às finalidades precípuas das Forças Armadas, denominada atividade militar.

§ 1º A carreira militar é privativa do pessoal da ativa. Inicia-se com o ingresso nas Forças Armadas e obedece às diversas sequências de graus hierárquicos.

§ 2º São privativas de brasileiro nato as carreiras de oficial da Marinha, do Exército e da Aeronáutica.

Art. 6º São equivalentes as expressões "na ativa", "da ativa", "em serviço ativo", "em serviço na ativa", "em serviço", "em atividade" ou "em atividade militar", conferidas aos militares no desempenho de cargo, comissão, encargo, incumbência ou missão, serviço ou atividade militar ou considerada de natureza militar nas organizações militares das Forças Armadas, bem como na Presidência da República, na Vice-Presidência da República, no Ministério da Defesa e nos demais órgãos quando previsto em lei, ou quando incorporados às Forças Armadas.

▶ Artigo com a redação dada pela MP nº 2.215-10, de 31-8-2001, que até o encerramento desta edição não havia sido convertida em Lei.

Art. 7º A condição jurídica dos militares é definida pelos dispositivos da Constituição que lhes sejam aplicáveis, por este Estatuto e pela legislação, que lhes outorgam direitos e prerrogativas e lhes impõem deveres e obrigações.

Art. 8º O disposto neste Estatuto aplica-se, no que couber:

I – aos militares da reserva remunerada e reformados;
II – aos alunos de órgão de formação da reserva;
III – aos membros do Magistério Militar; e
IV – aos Capelães Militares.

Art. 9º Os oficiais-generais nomeados Ministros do Superior Tribunal Militar, os membros do Magistério Militar e os Capelães Militares são regidos por legislação específica.

Capítulo II
DO INGRESSO NAS FORÇAS ARMADAS

Art. 10. O ingresso nas Forças Armadas é facultado, mediante incorporação, matrícula ou nomeação, a todos os brasileiros que preencham os requisitos estabelecidos em lei e nos regulamentos da Marinha, do Exército e da Aeronáutica.

▶ Art. 6º, nº 3, b, do Pacto de São José da Costa Rica.

§ 1º Quando houver conveniência para o serviço de qualquer das Forças Armadas, o brasileiro possuidor de reconhecida competência técnico-profissional ou de notória cultura científica poderá, mediante sua aquiescência e proposta do Ministro da Força interessada, ser incluído nos Quadros ou Corpos da Reserva e convocado para o serviço na ativa em caráter transitório.

§ 2º A inclusão nos termos do parágrafo anterior será feita em grau hierárquico compatível com sua idade, atividades civis e responsabilidades que lhe serão atribuídas, nas condições reguladas pelo Poder Executivo.

Art. 11. Para a matrícula nos estabelecimentos de ensino militar destinados à formação de oficiais, da ativa e da reserva, e de graduados, além das condições relativas à nacionalidade, idade, aptidão intelectual, capacidade física e idoneidade moral, é necessário que o candidato não exerça ou não tenha exercido atividades prejudiciais ou perigosas à segurança nacional.

Parágrafo único. O disposto neste artigo e no anterior aplica-se, também, aos candidatos ao ingresso nos Corpos ou Quadros de Oficiais em que é exigido o diploma de estabelecimento de ensino superior reconhecido pelo Governo Federal.

Art. 12. A convocação em tempo de paz é regulada pela legislação que trata do serviço militar.

§ 1º Em tempo de paz e independentemente de convocação, os integrantes da reserva poderão ser designados para o serviço ativo, em caráter transitório e mediante aceitação voluntária.

§ 2º O disposto no parágrafo anterior será regulamentado pelo Poder Executivo.

Art. 13. A mobilização é regulada em legislação específica.

Parágrafo único. A incorporação às Forças Armadas de deputados federais e senadores, embora militares e ainda que em tempo de guerra, dependerá de licença da Câmara respectiva.

Capítulo III
DA HIERARQUIA MILITAR E DA DISCIPLINA

Art. 14. A hierarquia e a disciplina são a base institucional das Forças Armadas. A autoridade e a responsabilidade crescem com o grau hierárquico.

§ 1º A hierarquia militar é a ordenação da autoridade, em níveis diferentes, dentro da estrutura das Forças Armadas. A ordenação se faz por postos ou graduações; dentro de um mesmo posto ou graduação se faz pela antiguidade no posto ou na graduação. O respeito à hierarquia é consubstanciado no espírito de acatamento à sequência de autoridade.

§ 2º Disciplina é a rigorosa observância e o acatamento integral das leis, regulamentos, normas e disposições fundamentam o organismo militar e coordenam seu funcionamento regular e harmônico, traduzindo-se pelo perfeito cumprimento do dever por parte de todos e de cada um dos componentes desse organismo.

§ 3º A disciplina e o respeito à hierarquia devem ser mantidos em todas as circunstâncias da vida entre militares da ativa, da reserva remunerada e reformados.

Art. 15. Círculos hierárquicos são âmbito de convivência entre os militares da mesma categoria e têm a finalidade de desenvolver o espírito de camaradagem, em ambiente de estima e confiança, sem prejuízo do respeito mútuo.

Art. 16. Os círculos hierárquicos e a escala hierárquica nas Forças Armadas, bem como a correspondência entre os postos e as graduações da Marinha, do Exército e da Aeronáutica, são fixados nos parágrafos seguintes e no Quadro em anexo.

§ 1º Posto é o grau hierárquico do oficial, conferido por ato do Presidente da República ou do Ministro de Força Singular e confirmado em Carta Patente.

§ 2º Os postos de Almirante, Marechal e Marechal do Ar somente serão providos em tempo de guerra.

§ 3º Graduação é o grau hierárquico da praça, conferido pela autoridade militar competente.

§ 4º Os Guardas-Marinha, os Aspirantes a Oficial e os alunos de órgãos específicos de formação de militares são denominados praças especiais.

§ 5º Os graus hierárquicos inicial e final dos diversos Corpos, Quadros, Armas, Serviços, Especialidades ou Subespecialidades são fixados, separadamente, para cada caso, na Marinha, no Exército e na Aeronáutica.

§ 6º Os militares da Marinha, do Exército e da Aeronáutica, cujos graus hierárquicos tenham denominação comum, acrescentarão aos mesmos, quando julgado necessário, a indicação do respectivo Corpo, Quadro, Arma ou Serviço e, se ainda necessário, a Força Armada a que pertencerem, conforme os regulamentos e normas em vigor.

§ 7º Sempre que o militar da reserva remunerada ou reformado fizer uso do posto ou graduação, deverá fazê-lo com as abreviaturas respectivas de sua situação.

Art. 17. A precedência entre militares da ativa do mesmo grau hierárquico, ou correspondente, é assegurada pela antiguidade no posto ou graduação, salvo nos casos de precedência funcional estabelecida em lei.

§ 1º A antiguidade em cada posto ou graduação é contada a partir da data da assinatura do ato da respectiva promoção, nomeação, declaração ou incorporação, salvo quando estiver taxativamente fixada outra data.

§ 2º No caso do parágrafo anterior, havendo empate, a antiguidade será estabelecida:

a) entre militares do mesmo Corpo, Quadro, Arma ou Serviço, pela posição nas respectivas escalas numéricas ou registros existentes em cada Força;

b) nos demais casos, pela antiguidade no posto ou graduação anterior; se, ainda assim, subsistir a igualdade, recorrer-se-á, sucessivamente, aos graus hierárquicos anteriores, à data de praça e à data de nascimento para definir a precedência, e, neste último caso, o de mais idade será considerado o mais antigo;

c) na existência de mais de uma data de praça, inclusive de outra Força Singular, prevalece a antiguidade do militar que tiver maior tempo de efetivo serviço na praça anterior ou nas praças anteriores; e

d) entre os alunos de um mesmo órgão de formação de militares, de acordo com o regulamento do respectivo órgão, se não estiverem especificamente enquadrados nas letras *a*, *b* e *c*.

§ 3º Em igualdade de posto ou de graduação, os militares da ativa têm precedência sobre os da inatividade.

§ 4º Em igualdade de posto ou de graduação, a precedência entre os militares de carreira na ativa e os da reserva remunerada ou não, que estejam convocados, é definida pelo tempo de efetivo serviço no posto ou graduação.

Art. 18. Em legislação especial, regular-se-á:

I – a precedência entre militares e civis, em missões diplomáticas, ou em comissão no País ou no estrangeiro; e

II – a precedência nas solenidades oficiais.

Art. 19. A precedência entre as praças especiais e as demais praças é assim regulada:

I – os Guardas-Marinha e os Aspirantes a Oficial são hierarquicamente superiores às demais praças;

II – os Aspirantes, alunos da Escola Naval, e os Cadetes, alunos da Academia Militar das Agulhas Negras e da Academia da Força Aérea, bem como os alunos da Escola de Oficiais Especialistas da Aeronáutica, são hierarquicamente superiores aos suboficiais e aos subtenentes;

III – os alunos de Escola Preparatória de Cadetes e do Colégio Naval têm precedência sobre os Terceiros-Sargentos, aos quais são equiparados;

IV – os alunos dos órgãos de formação de oficiais da reserva, quando fardados, têm precedência sobre os Cabos, aos quais são equiparados; e

V – os Cabos têm precedência sobre os alunos das escolas ou dos centros de formação de sargentos, que a eles são equiparados, respeitada, no caso de militares, a antiguidade relativa.

CAPÍTULO IV

DO CARGO E DA FUNÇÃO MILITARES

Art. 20. Cargo militar é um conjunto de atribuições, deveres e responsabilidades cometidos a um militar em serviço ativo.

§ 1º O cargo militar, a que se refere este artigo, é o que se encontra especificado nos Quadros de Efetivo ou Tabelas de Lotação das Forças Armadas ou previsto, caracterizado ou definido como tal em outras disposições legais.

§ 2º As obrigações inerentes ao cargo militar devem ser compatíveis com o correspondente grau hierárquico e definidas em legislação ou regulamentação específicas.

Art. 21. Os cargos militares são providos com pessoal que satisfaça aos requisitos de grau hierárquico e de qualificação exigidos para o seu desempenho.

Parágrafo único. O provimento de cargo militar far-se-á por ato de nomeação ou determinação expressa da autoridade competente.

Art. 22. O cargo militar é considerado vago a partir de sua criação e até que um militar nele tome posse, ou desde o momento em que o militar exonerado, ou que tenha recebido determinação expressa da autoridade competente, o deixe e até que outro militar nele tome posse de acordo com as normas de provimento previstas no parágrafo único do artigo anterior.

Parágrafo único. Consideram-se também vagos os cargos militares cujos ocupantes tenham:

a) falecido;
b) sido considerado extraviado;
c) sido feito prisioneiros; e
d) sido considerados desertores.

Art. 23. Função militar é o exercício das obrigações inerentes ao cargo militar.

Art. 24. Dentro de uma mesma organização militar, a sequência de substituições para assumir cargo ou responder por funções, bem como as normas, atribuições e responsabilidades relativas, são as estabelecidas na legislação ou regulamentação específicas, respeitadas a precedência e a qualificação exigidas para o cargo ou o exercício da função.

Art. 25. O militar ocupante de cargo provido em caráter efetivo ou interino, de acordo com o parágrafo único do artigo 21, faz jus aos direitos correspondentes ao cargo, conforme previsto em dispositivo legal.

Art. 26. As obrigações que, pela generalidade, peculiaridade, duração, vulto ou natureza, não são catalogadas como posições tituladas em "Quadro de Efetivo", "Quadro de Organização", "Tabela de Lotação" ou dispositivo legal, são cumpridas como encargo, incumbência, comissão, serviço ou atividade, militar ou de natureza militar.

Parágrafo único. Aplica-se, no que couber, a encargo, incumbência, comissão, serviço ou atividade, militar ou de natureza militar, o disposto neste Capítulo para cargo militar.

TÍTULO II – DAS OBRIGAÇÕES E DOS DEVERES MILITARES

▶ EC nº 18, de 5-2-1998, dispõe sobre o regime constitucional dos militares.

Capítulo I

DAS OBRIGAÇÕES MILITARES

Seção I

DO VALOR MILITAR

Art. 27. São manifestações essenciais do valor militar:

I – o patriotismo, traduzido pela vontade inabalável de cumprir o dever militar e pelo solene juramento de fidelidade à Pátria até com o sacrifício da própria vida;
II – o civismo e o culto das tradições históricas;
III – a fé na missão elevada das Forças Armadas;
IV – o espírito de corpo, orgulho do militar pela organização onde serve;
V – o amor à profissão das armas e o entusiasmo com que é exercida; e
VI – o aprimoramento técnico-profissional.

Seção II

DA ÉTICA MILITAR

Art. 28. O sentimento do dever, o pundonor militar e o decoro da classe impõem, a cada um dos integrantes das Forças Armadas, conduta moral e profissional irrepreensíveis, com a observância dos seguintes preceitos de ética militar:

I – amar a verdade e a responsabilidade como fundamento de dignidade pessoal;
II – exercer, com autoridade, eficiência e probidade, as funções que lhe couberem em decorrência do cargo;
III – respeitar a dignidade da pessoa humana;
IV – cumprir e fazer cumprir as leis, os regulamentos, as instruções e as ordens das autoridades competentes;
V – ser justo e imparcial no julgamento dos atos e na apreciação do mérito dos subordinados;
VI – zelar pelo preparo próprio, moral, intelectual e físico e, também, pelo dos subordinados, tendo em vista o cumprimento da missão comum;
VII – empregar todas as suas energias em benefício do serviço;
VIII – praticar a camaradagem e desenvolver, permanentemente, o espírito de cooperação;
IX – ser discreto em suas atitudes, maneiras e em sua linguagem escrita e falada;
X – abster-se de tratar, fora do âmbito apropriado, de matéria sigilosa de qualquer natureza;
XI – acatar as autoridades civis;
XII – cumprir seus deveres de cidadão;
XIII – proceder de maneira ilibada na vida pública e na particular;
XIV – observar as normas da boa educação;
XV – garantir assistência moral e material ao seu lar e conduzir-se como chefe de família modelar;
XVI – conduzir-se, mesmo fora do serviço ou quando já na inatividade, de modo que não sejam prejudicados os princípios da disciplina, do respeito e do decoro militar;
XVII – abster-se de fazer uso do posto ou da graduação para obter facilidades pessoais de qualquer natureza ou para encaminhar negócios particulares ou de terceiros;
XVIII – abster-se, na inatividade, do uso das designações hierárquicas:

a) em atividades político-partidárias;
b) em atividades comerciais;
c) em atividades industriais;
d) para discutir ou provocar discussões pela imprensa a respeito de assuntos políticos ou militares, excetuando-se os de natureza exclusivamente técnica, se devidamente autorizado; e
e) no exercício de cargo ou função de natureza civil, mesmo que seja da Administração Pública; e

XIX – zelar pelo bom nome das Forças Armadas e de cada um de seus integrantes, obedecendo e fazendo obedecer aos preceitos da ética militar.

Art. 29. Ao militar da ativa é vedado comerciar ou tomar parte na administração ou gerência de sociedade ou dela ser sócio ou participar, exceto como acionista ou quotista em sociedade anônima ou por quotas de responsabilidade limitada.

§ 1º Os integrantes da reserva, quando convocados, ficam proibidos de tratar, nas organizações militares e nas repartições públicas civis, de interesse de organizações ou empresas privadas de qualquer natureza.

§ 2º Os militares da ativa podem exercer, diretamente, a gestão de seus bens, desde que não infrinjam o disposto no presente artigo.

§ 3º No intuito de desenvolver a prática profissional, é permitido aos oficiais titulares dos Quadros ou Serviços de Saúde e de Veterinária o exercício de atividade técnico-profissional, no meio civil, desde que tal prática não prejudique o serviço e não infrinja o disposto neste artigo.

Art. 30. Os Ministros das Forças Singulares poderão determinar aos militares da ativa da respectiva Força que, no interesse da salvaguarda da dignidade dos mesmos, informem sobre a origem e natureza dos seus bens, sempre que houver razões que recomendem tal medida.

CAPÍTULO II

DOS DEVERES MILITARES

SEÇÃO I

CONCEITUAÇÃO

Art. 31. Os deveres militares emanam de um conjunto de vínculos racionais, bem como morais, que ligam o militar à Pátria e ao seu serviço, e compreendem, essencialmente:

I – a dedicação e a fidelidade à Pátria, cuja honra, integridade e instituições devem ser defendidas mesmo com o sacrifício da própria vida;
II – o culto aos Símbolos Nacionais;
III – a probidade e a lealdade em todas as circunstâncias;
IV – a disciplina e o respeito à hierarquia;
V – o rigoroso cumprimento das obrigações e das ordens; e
VI – a obrigação de tratar o subordinado dignamente e com urbanidade.

SEÇÃO II

DO COMPROMISSO MILITAR

Art. 32. Todo cidadão, após ingressar em uma das Forças Armadas mediante incorporação, matrícula ou nomeação, prestará compromisso de honra, no qual afirmará a sua aceitação consistente das obrigações e dos deveres militares e manifestará a sua firme disposição de bem cumpri-los.

Art. 33. O compromisso do incorporado, do matriculado e do nomeado a que se refere o artigo anterior, terá caráter solene e será sempre prestado sob a forma de juramento à Bandeira na presença de tropa ou guarnição formada, conforme os dizeres estabelecidos nos regulamentos específicos das Forças Armadas, e tão logo o militar tenha adquirido um grau de instrução compatível com o perfeito entendimento de seus deveres como integrante das Forças Armadas.

§ 1º O compromisso de Guarda-Marinha ou Aspirante a Oficial é prestado nos estabelecimentos de formação, obedecendo o cerimonial ao fixado nos respectivos regulamentos.

§ 2º O compromisso como oficial, quando houver, será regulado em cada Força Armada.

SEÇÃO III

DO COMANDO E DA SUBORDINAÇÃO

Art. 34. Comando é a soma de autoridade, deveres e responsabilidades de que o militar é investido legalmente quando conduz homens ou dirige uma organização militar. O comando é vinculado ao grau hierárquico e constitui uma prerrogativa impessoal, em cujo exercício o militar se define e se caracteriza como chefe.

Parágrafo único. Aplica-se à direção e à chefia de organização militar, no que couber, o estabelecido para comando.

Art. 35. A subordinação não afeta, de modo algum, a dignidade pessoal do militar e decorre, exclusivamente, da estrutura hierarquizada das Forças Armadas.

Art. 36. O oficial é preparado, ao longo da carreira, para o exercício de funções de comando, de chefia e de direção.

Art. 37. Os graduados auxiliam ou complementam as atividades dos oficiais, quer no adestramento e no emprego de meios, quer na instrução e na administração.

Parágrafo único. No exercício das atividades mencionadas neste artigo e no comando de elementos subordinados, os suboficiais, os subtenentes e os sargentos deverão impor-se pela lealdade, pelo exemplo e pela capacidade profissional e técnica, incumbindo-lhes assegurar a observância minuciosa e ininterrupta das ordens, das regras do serviço e das normas operativas pelas praças que lhes estiverem diretamente subordinadas e a manutenção da coesão e do moral das mesmas praças em todas as circunstâncias.

Art. 38. Os Cabos, Taifeiros-Mores, Soldados de Primeira Classe, Taifeiros de Primeira Classe, Marinheiros, Soldados, Soldados de Segunda Classe e Taifeiros de Segunda Classe são, essencialmente, elementos de execução.

Art. 39. Os Marinheiros-Recrutas, Recrutas, Soldados-Recrutas e Soldados de Segunda Classe constituem os elementos incorporados às Forças Armadas para a prestação do serviço militar inicial.

Art. 40. Às praças especiais cabe a rigorosa observância das prescrições dos regulamentos que lhes são pertinentes, exigindo-se-lhes inteira dedicação ao estudo e ao aprendizado técnico-profissional.

Parágrafo único. Às praças especiais também se assegura a prestação do serviço militar inicial.

Art. 41. Cabe ao militar a responsabilidade integral pelas decisões que tomar, pelas ordens que emitir e pelos atos que praticar.

CAPÍTULO III

DA VIOLAÇÃO DAS OBRIGAÇÕES E DOS DEVERES MILITARES

SEÇÃO I

CONCEITUAÇÃO

Art. 42. A violação das obrigações ou dos deveres militares constituirá crime, contravenção ou transgressão disciplinar, conforme dispuser a legislação ou regulamentação específicas.

§ 1º A violação dos preceitos da ética militar será tão mais grave quanto mais elevado for o grau hierárquico de quem a cometer.

§ 2º No concurso de crime militar e de contravenção ou transgressão disciplinar, quando forem da mesma natureza, será aplicada somente a pena relativa ao crime.

Art. 43. A inobservância dos deveres especificados nas leis e regulamentos, ou a falta de exação no cumprimento dos mesmos, acarreta para o militar responsabilidade funcional, pecuniária, disciplinar ou penal, consoante a legislação específica.

Parágrafo único. A apuração da responsabilidade funcional, pecuniária, disciplinar ou penal poderá concluir pela incompatibilidade do militar com o cargo ou pela incapacidade para o exercício das funções militares a ele inerentes.

Art. 44. O militar que, por sua atuação, se tornar incompatível com o cargo, ou demonstrar incapacidade no exercício de funções militares a ele inerentes, será afastado do cargo.

§ 1º São competentes para determinar o imediato afastamento do cargo ou o impedimento do exercício da função:

a) o Presidente da República;
b) os titulares das respectivas pastas militares e o Chefe do Estado-Maior das Forças Armadas; e
c) os comandantes, os chefes e os diretores, na conformidade da legislação ou regulamentação específica de cada Força Armada.

§ 2º O militar afastado do cargo, nas condições mencionadas neste artigo, ficará privado do exercício de qualquer função militar até a solução do processo ou das providências legais cabíveis.

Art. 45. São proibidas quaisquer manifestações coletivas, tanto sobre atos de superiores quanto as de caráter reivindicatório ou político.

Seção II

DOS CRIMES MILITARES

Art. 46. O Código Penal Militar relaciona e classifica os crimes militares, em tempo de paz e em tempo de guerra, e dispõe sobre a aplicação aos militares das penas correspondentes aos crimes por eles cometidos.

▶ Arts. 9º e 10 do CPM.

Seção III

DAS CONTRAVENÇÕES OU TRANSGRESSÕES DISCIPLINARES

Art. 47. Os regulamentos disciplinares das Forças Armadas especificarão e classificarão as contravenções ou transgressões disciplinares e estabelecerão as normas relativas à amplitude e aplicação das penas disciplinares, à classificação do comportamento militar e à interposição de recursos contra as penas disciplinares.

▶ Dec. nº 76.322, de 22-9-1975 (Regulamento Disciplinar da Aeronáutica).
▶ Dec. nº 88.545, de 26-7-1983 (Regulamento Disciplinar para a Marinha).
▶ Dec. nº 4.346, de 26-8-2002 (Regulamento Disciplinar do Exército).

§ 1º As penas disciplinares de impedimento, detenção ou prisão não podem ultrapassar trinta dias.

§ 2º À praça especial aplicam-se, também, as disposições disciplinares previstas no regulamento do estabelecimento de ensino onde estiver matriculada.

Seção IV

DOS CONSELHOS DE JUSTIFICAÇÃO E DE DISCIPLINA

Art. 48. O oficial presumivelmente incapaz de permanecer como militar da ativa será, na forma da legislação específica, submetido a Conselho de Justificação.

▶ Lei nº 5.836, de 5-12-1972, dispõe sobre o Conselho de Justificação.

§ 1º O oficial, ao ser submetido a Conselho de Justificação, poderá ser afastado do exercício de suas funções, a critério do respectivo Ministro, conforme estabelecido em legislação específica.

§ 2º Compete ao Superior Tribunal Militar, em tempo de paz, ou a tribunal especial, em tempo de guerra, julgar, em instância única, os processos oriundos dos Conselhos de Justificação, nos casos previstos em lei específica.

§ 3º A Conselho de Justificação poderá, também, ser submetido o oficial da reserva remunerada ou reformado, presumivelmente incapaz de permanecer na situação de inatividade em que se encontra.

Art. 49. O Guarda-Marinha, o Aspirante a Oficial e as praças com estabilidade assegurada, presumivelmente incapazes de permanecer como militares da ativa, serão submetidos a Conselho de Disciplina e afastados das atividades que estiverem exercendo, na forma da regulamentação específica.

▶ Dec. nº 71.500, de 5-12-1972, dispõe sobre o Conselho de Disciplina.

§ 1º O Conselho de Disciplina obedecerá a normas comuns às três Forças Armadas.

§ 2º Compete aos Ministros das Forças Singulares julgar, em última instância, os processos oriundos dos Conselhos de Disciplina convocados no âmbito das respectivas Forças Armadas.

§ 3º A Conselho de Disciplina poderá, também, ser submetida a praça na reserva remunerada ou reformada, presumivelmente incapaz de permanecer na situação de inatividade em que se encontra.

TÍTULO III – DOS DIREITOS E DAS PRERROGATIVAS DOS MILITARES

Capítulo I

DOS DIREITOS

Seção I

ENUMERAÇÃO

Art. 50. São direitos dos militares:

I – a garantia da patente em toda a sua plenitude, com as vantagens, prerrogativas e deveres a ela inerentes, quando oficial, nos termos da Constituição;

II – o provento calculado com base no soldo integral do posto ou graduação que possuía quando da transferência para a inatividade remunerada, se contar com mais de trinta anos de serviço;

III – o provento calculado com base no soldo integral do posto ou graduação quando, não contando trinta anos de serviço, for transferido para a reserva remunerada, *ex officio*, por ter atingido a idade-limite de permanência em atividade no posto ou na graduação, ou ter sido abrangido pela quota compulsória; e

▶ incisos II e III com a redação dada pela MP nº 2.215-10, de 31-8-2001, que até o encerramento desta edição não havia sido convertida em lei.

IV – nas condições ou nas limitações impostas na legislação e regulamentação específica:

a) a estabilidade, quando praça com dez ou mais anos de tempo de efetivo serviço;

▶ Súm. nº 346 do STJ.

b) o uso das designações hierárquicas;
c) a ocupação de cargo correspondente ao posto ou à graduação;
d) a percepção de remuneração;
e) a assistência médico-hospitalar para si e seus dependentes, assim entendida como o conjunto de atividades relacionadas com a prevenção, conservação ou recuperação da saúde, abrangendo serviços profissionais médicos, farmacêuticos e odontológicos, bem como o fornecimento, a aplicação de meios e os cuidados e demais atos médicos e paramédicos necessários;
f) o funeral para si e seus dependentes, constituindo-se no conjunto de medidas tomadas pelo Estado, quando solicitado, desde o óbito até o sepultamento condigno;
g) a alimentação, assim entendida como as refeições fornecidas aos militares em atividade;
h) o fardamento, constituindo-se no conjunto de uniformes, roupa branca e roupa de cama, fornecido ao militar na ativa de graduação inferior a Terceiro-Sargento e, em casos especiais, a outros militares;
i) a moradia para o militar em atividade, compreendendo:

1) alojamento em organização militar, quando aquartelado ou embarcado; e
2) habitação para si e seus dependentes, em imóveis sob a responsabilidade da União, de acordo com a disponibilidade existente;

j) Revogada. MP nº 2.215-10, de 31-8-2001, que até o encerramento desta edição não havia sido convertida em lei. Tinha a seguinte redação: "*o transporte, assim entendido como os meios fornecidos ao militar para seu deslocamento por interesse do serviço; quando o deslocamento implicar em mudança de sede ou de moradia, compreende também as passagens para seus dependentes e a translação das respectivas bagagens, de residência a residência;*"
l) a constituição de pensão militar;
m) a promoção;
n) a transferência a pedido para a reserva remunerada;
o) as férias, os afastamentos temporários do serviço e as licenças;
p) a demissão e o licenciamento voluntários;
q) o porte de arma quando oficial em serviço ativo ou em inatividade, salvo caso de inatividade por alienação mental ou condenação por crimes contra a segurança do Estado ou por atividades que desaconselhem aquele porte;
r) o porte de arma, pelas praças, com as restrições impostas pela respectiva Força Armada; e
s) outros direitos previstos em leis específicas.

§ 1º Revogado. MP nº 2.215-10, de 31-8-2001, que até o encerramento desta edição não havia sido convertida em lei. Tinha a seguinte redação: "*A percepção da remuneração correspondente ao grau hierárquico superior ou melhoria da mesma, a que se refere o item II, deste artigo, obedecerá às seguintes condições:* a) *o oficial que contar mais de trinta anos de serviço, após o ingresso na inatividade, terá seus proventos calculados sobre o soldo correspondente ao posto imediato, se em sua Força existir, em tempo de paz, posto superior ao seu, mesmo que de outro Corpo, Quadro, Arma ou Serviço; se ocupante do último posto da hierarquia militar de sua Força, em tempo de paz, o oficial terá os proventos calculados tomando-se por base o soldo de seu próprio posto, acrescido de percentual fixado em legislação específica;* b) *os subtenentes e suboficiais, quando transferidos para a inatividade, terão os proventos calculados sobre o soldo correspondente ao posto de segundo-tenente, desde que contem mais de trinta anos de serviço; e* c) *as demais praças que contem mais de trinta anos de serviço, ao serem transferidas para a inatividade, terão os proventos calculados sobre o soldo correspondente à graduação imediatamente superior*".

§ 2º São considerados dependentes do militar:

I – a esposa;
II – o filho menor de 21 anos ou inválido ou interdito;
III – a filha solteira, desde que não receba remuneração;
IV – o filho estudante menor de 24 anos, desde que não receba remuneração;
V – a mãe viúva, desde que não receba remuneração;
VI – o enteado, ou filho adotivo e o tutelado, nas mesmas condições dos itens II, III e IV;
VII – a viúva do militar, enquanto permanecer neste estado, e os demais dependentes mencionados nos itens II, III, IV, V e VI deste parágrafo, desde que vivam sob a responsabilidade da viúva;
VIII – a ex-esposa com direito à pensão alimentícia estabelecida por sentença transitado em julgado enquanto não contrair novo matrimônio.

§ 3º São, ainda, considerados dependentes do militar, desde que vivam sob sua dependência econômica, sob o mesmo teto, e quando expressamente declarados na organização militar competente:

a) a filha, a enteada e a tutelada, nas condições de viúvas, separadas judicialmente ou divorciadas, desde que não recebam remuneração;
b) a mãe solteira, a madrasta viúva, a sogra viúva ou solteira, bem como separadas judicialmente ou divorciadas, desde que, em qualquer dessas situações, não recebam remuneração;
c) os avós e os pais, quando inválidos ou interditos, e respectivos cônjuges, estes desde que não recebam remuneração;
d) o pai maior de sessenta anos e seu respectivo cônjuge, desde que ambos não recebam remuneração;

e) o irmão, o cunhado e o sobrinho, quando menores ou inválidos ou interditos, sem outro arrimo;

f) a irmã, a cunhada e a sobrinha, solteiras, viúvas, separadas judicialmente ou divorciadas, desde que não recebam remuneração;

g) o neto, órfão, menor inválido ou interdito;

h) a pessoa que viva, no mínimo há cinco anos, sob a sua exclusiva dependência econômica, comprovada mediante justificação judicial;

i) a companheira, desde que viva em sua companhia há mais de cinco anos, comprovada por justificação judicial; e

j) o menor que esteja sob sua guarda, sustento e responsabilidade, mediante autorização judicial.

§ 4º Para efeito do disposto nos parágrafos 2º e 3º deste artigo, não serão considerados como remuneração os rendimentos não provenientes de trabalho assalariado, ainda que recebidos dos cofres públicos, ou a remuneração que, mesmo resultante de relação de trabalho, não enseje ao dependente do militar qualquer direito à assistência previdenciária oficial.

Art. 51. O militar que se julgar prejudicado ou ofendido por qualquer ato administrativo ou disciplinar de superior hierárquico poderá recorrer ou interpor pedido de reconsideração, queixa ou representação, segundo regulamentação específica de cada Força Armada.

§ 1º O direito de recorrer na esfera administrativa prescreverá:

a) em quinze dias corridos, a contar do recebimento da comunicação oficial, quanto a ato que decorra de inclusão em quota compulsória ou de composição de Quadro de Acesso; e

b) em cento e vinte dias, nos demais casos.

§ 2º O pedido de reconsideração, a queixa e a representação não podem ser feitos coletivamente.

§ 3º O militar só poderá recorrer ao Judiciário após esgotados todos os recursos administrativos e deverá participar esta iniciativa, antecipadamente, à autoridade à qual estiver subordinado.

Art. 52. Os militares são alistáveis, como eleitores, desde que oficiais, guardas-marinha ou aspirantes a oficial, suboficiais ou subtenentes, sargentos ou alunos das escolas militares de nível superior para formação de oficiais.

Parágrafo único. Os militares alistáveis são elegíveis, atendidas às seguintes condições:

a) se contar menos de cinco anos de serviços, será, ao se candidatar a cargo eletivo, excluído do serviço ativo mediante demissão ou licenciamento *ex officio*; e

b) se em atividade, com cinco ou mais anos de serviço, será, ao se candidatar a cargo eletivo, afastado, temporariamente, do serviço ativo e agregado, considerado em licença para tratar de interesse particular; se eleito, será, no ato da diplomação, transferido para a reserva remunerada, percebendo a remuneração a que fizer jus em função do seu tempo de serviço.

Seção II

DA REMUNERAÇÃO

Art. 53. A remuneração dos militares será estabelecida em legislação específica, comum às Forças Armadas.

▶ Artigo com a redação dada pela MP nº 2.215-10, de 31-8-2001, que até o encerramento desta edição não havia sido convertida em lei.

Art. 54. O soldo é irredutível e não está sujeito à penhora, sequestro ou arresto, exceto nos casos previstos em lei.

Art. 55. O valor do soldo é igual para o militar da ativa, da reserva remunerada ou reformado, de um mesmo grau hierárquico, ressalvado o disposto no item II, do *caput do* artigo 50.

Art. 56. Por ocasião de sua passagem para a inatividade, o militar terá direito a tantas quotas de soldo quantos forem os anos de serviço, computáveis para a inatividade, até o máximo de trinta anos, ressalvado o disposto no item III do *caput*, do artigo 50.

Parágrafo único. Para efeito de contagem das quotas, a fração de tempo igual ou superior a cento e oitenta dias será considerada um ano.

Art. 57. Nos termos do § 9º, do artigo 93, da Constituição, a proibição de acumular proventos de inatividade não se aplica aos militares da reserva remunerada e aos reformados quanto ao exercício de mandato eletivo, quanto ao de função de magistério ou de cargo em comissão ou quanto ao contrato para prestação de serviços técnicos ou especializados.

Art. 58. Os proventos de inatividade serão revistos sempre que, por motivo de alteração do poder aquisitivo da moeda, se modificarem os vencimentos dos militares em serviço ativo.

Parágrafo único. Ressalvados os casos previstos em Lei, os proventos da inatividade não poderão exceder à remuneração percebida pelo militar da ativa no posto ou graduação correspondente aos dos seus proventos.

Seção III

DA PROMOÇÃO

Art. 59. O acesso na hierarquia militar, fundamentado principalmente no valor moral e profissional, é seletivo, gradual e sucessivo e será feito mediante promoções, de conformidade com a legislação e regulamentação de promoções de oficiais e de praças, de modo a obter-se um fluxo regular e equilibrado de carreira para os militares.

Parágrafo único. O planejamento da carreira dos oficiais e das praças é atribuição de cada um dos Ministérios das Forças Singulares.

Art. 60. As promoções serão efetuadas pelos critérios de antiguidade, merecimento ou escolha, ou, ainda, por bravura e *post mortem*.

§ 1º Em casos extraordinários e independentemente de vagas, poderá haver promoção em ressarcimento de preterição.

§ 2º A promoção de militar feita em ressarcimento de preterição será efetuada segundo os critério de antiguidade ou merecimento, recebendo ele o número que lhe competir na escala hierárquica, como se houvesse sido promovido, na época devida, pelo critério em que ora é feita sua promoção.

Art. 61. A fim de manter a renovação, o equilíbrio e a regularidade de acesso nos diferentes Corpos, Quadros, Armas ou Serviços, haverá anual e obrigatoriamente um número fixado de vagas à promoção, nas proporções abaixo indicadas:

I – Almirantes de Esquadra, Generais de Exército e Tenentes-Brigadeiros – 1/4 dos respectivos Corpos ou Quadros;
II – Vice-Almirantes, Generais de Divisão e Majores-Brigadeiros – 1/4 dos respectivos Corpos ou Quadros;
III – Contra-Almirantes, Generais de Brigada e Brigadeiros – 1/4 dos respectivos Corpos ou Quadros;
IV – Capitães de Mar e Guerra e Coronéis – no mínimo 1/8 dos respectivos Corpos, Quadros, Armas ou Serviços;
V – Capitães de Fragata e Tenentes-Coronéis – no mínimo 1/15 dos respectivos Corpos, Quadros, Armas ou Serviços;
VI – Capitães de Corveta e Majores – no mínimo 1/20 dos respectivos Corpos, Quadros, Armas ou Serviços; e
VII – Oficiais dos três últimos postos dos Quadros de que trata a alínea b, do inciso I do artigo 98, 1/4 para o último posto, no mínimo 1/10 para o penúltimo posto, e no mínimo 1/15 para o antepenúltimo posto, dos respectivos Quadros, exceto quando o último e o penúltimo postos forem Capitão-Tenente ou Capitão e Primeiro-Tenente, caso em que as proporções serão no mínimo 1/10 e 1/20, respectivamente.

▶ Inciso VII com a redação dada pela Lei nº 7.666, de 22-8-1988.

§ 1º O número de vagas para promoção obrigatória em cada ano-base para os postos relativos aos itens IV, V, VI e VII deste artigo será fixado, para cada Força, em decretos separados, até o dia quinze de janeiro do ano seguinte.

§ 2º As frações que resultarem da aplicação das proporções estabelecidas neste artigo serão adicionadas, cumulativamente, aos cálculos correspondentes dos anos seguintes, até completar-se pelo menos um inteiro, que, então, será computado para obtenção de uma vaga para promoção obrigatória.

§ 3º As vagas serão consideradas abertas:
a) na data da assinatura do ato que promover, passar para a inatividade, transferir de Corpo ou Quadro, demitir ou agregar o militar;
b) na data fixada na Lei de Promoções de Oficiais da Ativa das Forças Armadas ou seus Regulamentos, em casos neles indicados; e
c) na data oficial do óbito do militar.

Art. 62. Não haverá promoção de militar por ocasião de sua transferência para a reserva remunerada ou reforma.

SEÇÃO IV

DAS FÉRIAS E DE OUTROS AFASTAMENTOS TEMPORÁRIOS DO SERVIÇO

Art. 63. Férias são afastamentos totais do serviço, anual e obrigatoriamente, concedidos aos militares para descanso, a partir do último mês do ano a que se referem e durante todo o ano seguinte.

§ 1º O Poder Executivo fixará a duração das férias, inclusive para os militares servindo em localidades especiais.

§ 2º Compete aos Ministros Militares regulamentar a concessão de férias.

§ 3º A concessão de férias não é prejudicada pelo gozo anterior de licença para tratamento de saúde, nem por punição anterior decorrente de contravenção ou transgressão disciplinar, ou pelo estado de guerra, ou para que sejam cumpridos atos em serviço, bem como não anula o direito àquela licença.

▶ § 3º com a redação dada pela MP nº 2.215-10, de 31-8-2001, que até o encerramento desta edição não havia sido convertida em Lei.

§ 4º Somente em casos de interesse da segurança nacional, de manutenção da ordem, de extrema necessidade do serviço, de transferência para a inatividade, ou para cumprimento de punição decorrente de contravenção ou de transgressão disciplinar de natureza grave e em caso de baixa a hospital, os militares terão interrompido ou deixarão de gozar na época prevista o período de férias a que tiverem direito, registrando-se, o fato em seus assentamentos.

§ 5º *Revogado.* MP nº 2.215-10, de 31-8-2001, que até o encerramento desta edição não havia sido convertida em lei. Tinha a seguinte redação: "*Na impossibilidade do gozo de férias no ano seguinte pelos motivos previstos no parágrafo anterior, ressalvados os casos de contravenção ou transgressão disciplinar de natureza grave, o período de férias não gozado será computado dia a dia, pelo dobro, no momento da passagem do militar para a inatividade e, nesta situação, para todos os efeitos legais*".

Art. 64. Os militares têm direito, ainda, aos seguintes períodos de afastamento total do serviço, obedecidas às disposições legais e regulamentares, por motivo de:

I – núpcias: oito dias;
II – luto: oito dias;
III – instalação: até dez dias; e
IV – trânsito: até trinta dias.

Art. 65. As férias e os afastamentos mencionadas no artigo anterior são concedidos com a remuneração prevista na Legislação específica e computados como tempo de efetivo serviço para todos os efeitos legais.

Art. 66. As férias, instalação e trânsito dos militares que se encontrem a serviço no estrangeiro devem ter regulamentação idêntica para as três Forças Armadas.

SEÇÃO V

DAS LICENÇAS

Art. 67. Licença é a autorização para afastamento total do serviço, em caráter temporário, concedida ao militar, obedecidas às disposições legais e regulamentares.

§ 1º A licença pode ser:
a) *Revogada.* MP nº 2.215-10, de 31-8-2001, que até o encerramento desta edição não havia sido convertida em lei. Tinha a seguinte redação: "*especial*";
b) para tratar de interesse particular;
c) para tratamento de saúde de pessoa da família; e
d) para tratamento de saúde própria;

e) para acompanhar cônjuge ou companheiro(a).
▶ Alínea e acrescida pela Lei nº 11.447, de 5-1-2007.

§ 2º A remuneração do militar licenciado será regulada em Legislação específica.

§ 3º A concessão da licença é regulada pelo Comandante da Força.

▶ § 3º com a redação dada pela MP nº 2.215-10, de 31-8-2001, que até o encerramento desta edição não havia sido convertida em Lei.

Art. 68. *Revogado*. MP nº 2.215-10, de 31-8-2001, que até o encerramento desta edição não havia sido convertida em lei. Tinha a seguinte redação: "*Licença especial é a autorização para o afastamento total do serviço, relativa a cada decênio de tempo de efetivo serviço prestado, concedida ao militar que a requeira, sem que implique em qualquer restrição para a sua carreira. § 1º A licença especial tem a duração de seis meses, a ser gozada de uma só vez; quando solicitado pelo interessado e julgada conveniente pela autoridade competente, poderá ser parcelada em dois ou três meses. § 2º O período de licença especial não interrompe a contagem de tempo de efetivo serviço. § 3º Os períodos de licença especial não gozados pelo militar são computados em dobro para fins exclusivos de contagem de tempo para a passagem à inatividade e, nesta situação, para todos os efeitos legais. § 4º A licença especial não é prejudicada pelo gozo anterior de qualquer licença para tratamento de saúde e para que sejam cumpridos atos de serviço, bem como não anula o direito àquelas licenças. § 5º Uma vez concedida a licença especial, o militar será exonerado do cargo ou dispensado do exercício das funções que exercer e ficará à disposição do órgão de pessoal da respectiva Força Armada, adido à Organização Militar onde servir*".

Art. 69. Licença para tratar de interesse particular é a autorização para o afastamento total do serviço, concedida ao militar, com mais de dez anos de efetivo serviço, que a requeira com aquela finalidade.

Parágrafo único. A licença de que trata este artigo será sempre concedida com prejuízo da remuneração e da contagem de tempo de efetivo serviço, exceto, quanto a este último, para fins de indicação para a quota compulsória.

Art. 69-A. Licença para acompanhar cônjuge ou companheiro(a) é a autorização para o afastamento total do serviço, concedida a militar com mais de 10 (dez) anos de efetivo serviço que a requeira para acompanhar cônjuge ou companheiro(a) que, sendo servidor público da União ou militar das Forças Armadas, for, de ofício, exercer atividade em órgão público federal situado em outro ponto do território nacional ou no exterior, diverso da localização da organização militar do requerente.

§ 1º A licença será concedida sempre com prejuízo da remuneração e da contagem de tempo de efetivo serviço, exceto, quanto a este último, para fins de indicação para a quota compulsória.

§ 2º O prazo-limite para a licença será de 36 (trinta e seis) meses, podendo ser concedido de forma contínua ou fracionada.

§ 3º Para a concessão da licença para acompanhar companheiro(a), há necessidade de que seja reconhecida a união estável entre o homem e a mulher como entidade familiar, de acordo com a legislação específica.

§ 4º Não será concedida a licença de que trata este artigo quando o militar acompanhante puder ser passado à disposição ou à situação de adido ou ser classificado/lotado em organização militar das Forças Armadas para o desempenho de funções compatíveis com o seu nível hierárquico.

§ 5º A passagem à disposição ou à situação de adido ou a classificação/lotação em organização militar, de que trata o § 4º deste artigo, será efetivada sem ônus para a União e sempre com a aquiescência das Forças Armadas envolvidas.

▶ Art. 69-A acrescido pela Lei nº 11.447, de 5-1-2007.

Art. 70. As licenças poderão ser interrompidas a pedido ou nas condições estabelecidas neste artigo.

§ 1º A interrupção da licença especial, da licença para tratar de interesse particular e da licença para acompanhar cônjuge ou companheiro(a) poderá ocorrer:

▶ § 1º com a redação dada pela Lei nº 11.447, de 5-1-2007.

a) em caso de mobilização e estado de guerra;
b) em caso de decretação de estado de emergência ou de estado de sítio;
c) para cumprimento de sentença que importe em restrição da liberdade individual;
d) para cumprimento de punição disciplinar, conforme regulamentação de cada Força;

▶ Alínea d com a redação dada pela MP nº 2.215-10, de 31-8-2001, que até o encerramento desta edição não havia sido convertida em Lei.

e) em caso de denúncia ou de pronúncia em processo criminal ou indiciação em inquérito militar, a juízo da autoridade que efetivou a denúncia, a pronúncia ou a indicação.

§ 2º A interrupção da licença para tratar de interesse particular e da licença para acompanhar cônjuge ou companheiro(a) será definitiva quando o militar for reformado ou transferido, de ofício, para a reserva remunerada.

▶ § 2º com a redação dada pela Lei nº 11.447, de 5-1-2007.

§ 3º A interrupção da licença para tratamento de saúde de pessoa da família, para cumprimento de pena disciplinar que importe em restrição da liberdade individual, será regulada em cada Força.

Seção VI

DA PENSÃO MILITAR

Art. 71. A pensão militar destina-se a amparar os beneficiários do militar falecido ou extraviado e será paga conforme o disposto em legislação específica.

§ 1º Para fins de aplicação da legislação específica, será considerado como posto ou graduação do militar o correspondente ao soldo sobre o qual forem calculadas as suas contribuições.

§ 2º Todos os militares são contribuintes obrigatórios da pensão militar correspondente ao seu posto ou graduação, com as exceções previstas em legislação específica.

§ 3º Todo militar é obrigado a fazer sua declaração de beneficiários que, salvo prova em contrário, prevalecerá para a habilitação dos mesmos à pensão militar.

Art. 72. A pensão militar defere-se nas prioridades e condições estabelecidas em legislação específica.

Capítulo II

DAS PRERROGATIVAS

Seção I

CONSTITUIÇÃO E ENUMERAÇÃO

Art. 73. As prerrogativas dos militares são constituídas pelas honras, dignidades e distinções devidas aos graus hierárquicos e cargos.

Parágrafo único. São prerrogativas dos militares:

a) uso de títulos, uniformes, distintivos, insígnias e emblemas militares das Forças Armadas, correspondentes ao posto ou graduação, Corpo, Quadro, Arma, Serviço ou Cargo;
b) honras, tratamento e sinais de respeito que lhes sejam assegurados em leis e regulamentos;
c) cumprimento de pena de prisão ou detenção somente em organização militar da respectiva Força cujo comandante, chefe ou diretor tenha precedência hierárquica sobre os presos ou, na impossibilidade de cumprir esta disposição, em organização militar de outra Força cujo comandante, chefe ou diretor tenha a necessária precedência; e
d) julgamento em foro especial, nos crimes militares.

► Art. 124 da CF.

Art. 74. Somente em caso de flagrante delito o militar poderá ser preso por autoridade policial, ficando esta obrigada a entregá-lo imediatamente à autoridade militar mais próxima, só podendo retê-lo, na delegacia ou posto policial, durante o tempo necessário à lavratura do flagrante.

§ 1º Cabe à autoridade militar competente a iniciativa de responsabilizar a autoridade policial que não cumprir o disposto neste artigo e que a maltratar ou consentir que seja maltratado qualquer preso militar ou não lhe der o tratamento devido ao seu posto ou graduação.

§ 2º Se, durante o processo e julgamento no foro civil, houver perigo de vida para qualquer preso militar, a autoridade militar competente, mediante requisição da autoridade judiciária, mandará guardar os pretórios ou tribunais por força federal.

Art. 75. Os militares da ativa, no exercício de funções militares, são dispensados do serviço na instituição do Júri e do serviço na Justiça Eleitoral.

► Art. 437, VIII, do CPP.

Seção II

DO USO DOS UNIFORMES

Art. 76. Os uniformes das Forças Armadas, com seus distintivos, insígnias e emblemas, são privativos dos militares e simbolizam a autoridade militar, com as prerrogativas que lhes são inerentes.

► Art. 172 do CPM.

Parágrafo único. Constituem crimes previstos na legislação específica o desrespeito aos uniformes, distintivos, insígnias e emblemas militares, bem como seu uso por quem a eles não tiver direito.

Art. 77. O uso dos uniformes com seus distintivos, insígnias e emblemas, bem como os modelos, descrição, composição, peças acessórias e outras disposições, são estabelecidos na regulamentação específica de cada Força Armada.

§ 1º É proibido ao militar o uso dos uniformes:

a) em manifestação de caráter político-partidária;
b) em atividade não militar no estrangeiro, salvo quando expressamente determinado ou autorizado; e
c) na inatividade, salvo para comparecer a solenidades militares, a cerimônias cívicas comemorativas de datas nacionais ou a atos sociais solenes de caráter particular, desde que autorizado.

§ 2º O oficial na inatividade, quando no cargo de Ministro de Estado da Marinha, do Exército ou da Aeronáutica, poderá usar os mesmos uniformes dos militares na ativa.

§ 3º Os militares na inatividade cuja conduta possa ser considerada como ofensiva à dignidade da classe poderão ser definitivamente proibidos de usar uniformes por decisão do Ministro da respectiva Força Singular.

Art. 78. O militar fardado tem as obrigações correspondentes ao uniforme que use e aos distintivos, emblemas ou às insígnias que ostente.

Art. 79. É vedado às Forças Auxiliares e a qualquer elemento civil ou organizações civis usar uniformes ou ostentar distintivos, insígnias ou emblemas que possam ser confundidos com os adotados nas Forças Armadas.

Parágrafo único. São responsáveis pela infração das disposições deste artigo, além dos indivíduos que a tenham cometido, os comandantes das Forças Auxiliares, diretores ou chefes de repartições, organizações de qualquer natureza, firmas ou empregadores, empresas, institutos ou departamentos que tenham adotado ou consentido sejam usados uniformes ou ostentados distintivos, insígnias ou emblemas que possam ser confundidos com os adotados nas Forças Armadas.

TÍTULO IV – DAS DISPOSIÇÕES DIVERSAS

► EC nº 18, de 5-2-1998, dispõe sobre o regime constitucional dos militares.

Capítulo I

DAS SITUAÇÕES ESPECIAIS

Seção I

DA AGREGAÇÃO

Art. 80. A agregação é a situação na qual o militar da ativa deixa de ocupar vaga na escala hierárquica de seu Corpo, Quadro, Arma ou Serviço, nela permanecendo sem número.

Art. 81. O militar será agregado e considerado, para todos os efeitos legais, como em serviço ativo quando:

I – for nomeado para cargo, militar ou considerado de natureza militar, estabelecido em lei ou decreto, no País ou no estrangeiro, não previsto nos Quadros de Organização ou Tabelas de Lotação da respectiva Força Armada, exceção feita aos membros das comissões de estudo ou de aquisição de material, aos observadores de guerra e aos estagiários para aperfeiçoamento de conhecimentos militares em organizações militares ou industriais no estrangeiro;

II – for posto à disposição exclusiva do Ministério da Defesa ou de Força Armada diversa daquela a que pertença, para ocupar cargo militar ou considerado de natureza militar;

► Inciso II com a redação dada pela MP nº 2.215-10, de 31-8-2001, que até o encerramento desta edição não havia sido convertida em Lei.

III – aguardar transferência *ex officio* para a reserva, por ter sido enquadrado em qualquer dos requisitos que a motivaram;

IV – o órgão competente para formalizar o respectivo processo tiver conhecimento oficial do pedido de transferência do militar para a reserva; e

V – houver ultrapassado seis meses contínuos na situação de convocado para funcionar como Ministro do Supremo Tribunal Militar.

§ 1º A agregação de militar nos casos dos itens I e II é contada a partir da data da posse no novo cargo até o regresso à Força Armada a que pertence ou a transferência *ex officio* para a reserva.

§ 2º A agregação de militar no caso do item III é contada a partir da data indicada no ato que tornar público o respectivo evento.

§ 3º A agregação de militar no caso do item IV é contada a partir da data indicada no ato que tornar pública a comunicação oficial até a transferência para a reserva.

§ 4º A agregação de militar no caso do item V é contada a partir do primeiro dia após o respectivo prazo e enquanto durar o evento.

Art. 82. O militar será agregado quando for afastado temporariamente do serviço ativo por motivo de:

I – ter sido julgado incapaz temporariamente, após um ano contínuo de tratamento;

II – haver ultrapassado um ano contínuo em licença para tratamento de saúde própria;

III – haver ultrapassado 6 (seis) meses contínuos em licença para tratar de interesse particular ou em licença para acompanhar cônjuge ou companheiro(a);

► Inciso III com a redação dada pela Lei nº 11.447, de 5-1-2007.

IV – haver ultrapassado seis meses contínuos em licença para tratar de saúde de pessoa da família;

V – ter sido julgado incapaz definitivamente, enquanto tramita o processo de reforma;

VI – ter sido considerado oficialmente extraviado;

VII – ter-se esgotado o prazo que caracteriza o crime de deserção previsto no Código Penal Militar, se oficial ou praça com estabilidade assegurada;

VIII – como desertor, ter-se apresentado voluntariamente, ou ter sido capturado, e reincluído a fim de ser ver processar;

IX – se ver processar, após ficar exclusivamente à disposição da Justiça Comum;

X – ter sido condenado à pena restritiva de liberdade superior a seis meses, em sentença transitada em julgado, enquanto durar a execução, excluído o período de sua suspensão condicional, se concedida esta, ou até ser declarado indigno de pertencer às Forças Armadas ou com elas incompatível;

XI – ter sido condenado à pena de suspensão do exercício do posto, graduação, cargo ou função prevista no Código Penal Militar;

XII – ter passado à disposição de Ministério Civil, de órgão do Governo Federal, de Governo Estadual, de Território ou Distrito Federal, para exercer função de natureza civil;

XIII – ter sido nomeado para qualquer cargo público civil temporário, não eleito, inclusive da administração indireta; e

XIV – ter se candidatado a cargo eletivo, desde que conte cinco ou mais anos de Serviço.

§ 1º A agregação de militar, nos casos dos itens I, II, III e IV é contada a partir do primeiro dia após os respectivos prazos e enquanto durar o evento.

§ 2º A agregação de militar, nos casos dos itens V, VI, VII, VIII, IX, X e XI é contada a partir da data indicada no ato que tornar público o respectivo evento.

§ 3º A agregação de militar, nos casos dos itens XII e XIII é contada a partir da data de posse no novo cargo até o regresso à Força Armada a que pertence ou transferência *ex officio* para a reserva.

§ 4º A agregação de militar, no caso do item XIV é contada a partir da data do registro como candidato até sua diplomação ou seu regresso à Força Armada a que pertence, se não houver sido eleito.

Art. 83. O militar agregado fica sujeito às obrigações disciplinares concernentes às suas relações com outros militares e autoridades civis, salvo quando titular de cargo que lhe dê precedência funcional sobre outros militares mais graduados ou mais antigos.

Art. 84. O militar agregado ficará adido, para efeito de alterações e remuneração, à organização militar que lhe for designada, continuando a figurar no respectivo registro, sem número, no lugar que até então ocupava.

Art. 85. A agregação se faz por ato do Presidente da República ou da autoridade à qual tenha sido delegada a devida competência.

SEÇÃO II

DA REVERSÃO

Art. 86. Reversão é o ato pelo qual o militar agregado retorna ao respectivo Corpo, Quadro, Arma ou Serviço tão logo cesse o motivo que determinou sua agregação, voltando a ocupar o lugar que lhe competir na respectiva escala numérica, na primeira vaga que ocorrer, observado o disposto no § 3º do artigo 100.

Parágrafo único. Em qualquer tempo poderá ser determinada a reversão do militar agregado nos casos previstos nos itens IX, XII e XIII do artigo 82.

Art. 87. A reversão será efetuada mediante ato do Presidente da República ou da autoridade à qual tenha sido delegada a devida competência.

SEÇÃO III

DO EXCEDENTE

Art. 88. Excedente é a situação transitória a que, automaticamente, passa o militar que:

I – tendo cessado motivo que determinou sua agregação, reverta ao respectivo Corpo, Quadro, Arma ou Serviço, estando qualquer destes com seu efetivo completo;

II – aguarda a colocação a que faz jus na escala hierárquica, após haver sido transferido de Corpo ou Quadro, estando os mesmos com seu efetivo completo;
III – é promovido por bravura, sem haver vaga;
IV – é promovido indevidamente;
V – sendo o mais moderno da respectiva escala hierárquica, ultrapassa o efetivo de seu Corpo, Quadro, Arma ou Serviço, em virtude de promoção de outro militar em ressarcimento de preterição; e
VI – tendo cessado o motivo que determinou sua reforma por incapacidade definitiva, retorna ao respectivo Corpo, Quadro, Arma ou Serviço, estando qualquer destes com seu efetivo completo.

§ 1º O militar cuja situação é a de excedente, salvo o indevidamente promovido, ocupa a mesma posição relativa, em antiguidade, que lhe cabe na escala hierárquica e receberá o número que lhe competir, em consequência da primeira vaga que se verificar, observado o disposto no § 3º do artigo 100.

§ 2º O militar, cuja situação é de excedente, é considerado, para todos os efeitos, como em efetivo serviço e concorre, respeitados os requisitos legais, em igualdade de condições e sem nenhuma restrição, a qualquer cargo militar, bem como à promoção e à quota compulsória.

§ 3º O militar promovido por bravura sem haver vaga ocupará a primeira vaga aberta, observado o disposto no § 3º do artigo 100, deslocando o critério de promoção a ser seguido para a vaga seguinte.

§ 4º O militar promovido indevidamente só contará antiguidade e receberá o número que lhe competir na escala hierárquica quando a vaga que deverá preencher corresponder ao critério pelo qual deveria ter sido promovido, desde que satisfaça aos requisitos para promoção.

SEÇÃO IV

DO AUSENTE E DO DESERTOR

Art. 89. É considerado ausente o militar que, por mais de vinte e quatro horas consecutivas:

I – deixar de comparecer à sua organização militar sem comunicar qualquer motivo de impedimento; e
II – ausentar-se, sem licença, da organização militar onde serve ou local onde deve permanecer.

Parágrafo único. Decorrido o prazo mencionado neste artigo, serão observadas as formalidades previstas em legislação específica.

Art. 90. O militar é considerado desertor nos casos previstos na legislação penal militar.

▶ Arts. 187 a 194 do CPM.

SEÇÃO V

DO DESAPARECIDO E DO EXTRAVIADO

Art. 91. É considerado desaparecido o militar na ativa que, no desempenho de qualquer serviço, em viagem, em campanha ou em caso de calamidade pública, tiver paradeiro ignorado por mais de oito dias.

Parágrafo único. A situação de desaparecimento só será considerada quando não houver indício de deserção.

Art. 92. O militar que, na forma do artigo anterior, permanecer desaparecido por mais de trinta dias, será oficialmente considerado extraviado.

SEÇÃO VI

DO COMISSIONADO

Art. 93. Após a declaração de estado de guerra, os militares em serviço ativo poderão ser comissionados, temporariamente, em postos ou graduações superiores aos que efetivamente possuírem.

Parágrafo único. O comissionamento de que trata este artigo será regulado em legislação específica.

CAPÍTULO II

DA EXCLUSÃO DO SERVIÇO ATIVO

SEÇÃO I

DA OCORRÊNCIA

Art. 94. A exclusão do serviço ativo das Forças Armadas e o consequente desligamento da organização a que estiver vinculado o militar decorrem dos seguintes motivos:

I – transferência para a reserva remunerada;
II – reforma;
III – demissão;
IV – perda de posto e patente;
V – licenciamento;
VI – anulação de incorporação;
VII – desincorporação;
VIII – a bem da disciplina;
IX – deserção;
X – falecimento; e
XI – extravio.

§ 1º O militar excluído do serviço ativo e desligado da organização a que estiver vinculado passará a integrar a reserva das Forças Armadas, exceto se incidir em qualquer dos itens II, IV, VI, VIII, X e XI deste artigo ou for licenciado, *ex officio*, a bem da disciplina.

§ 2º Os atos referentes às situações de que trata o presente artigo são da alçada do Presidente da República, ou da autoridade competente para realizá-los, por delegação.

Art. 95. O militar na ativa, enquadrado em um dos itens I, II, V e VII do artigo anterior, ou demissionário a pedido, continuará no exercício de suas funções até ser desligado da organização militar em que serve.

§ 1º O desligamento do militar da organização em que serve deverá ser feito após a publicação em *Diário Oficial*, em Boletim ou em Ordem de Serviço de sua organização militar, do ato oficial correspondente, e não poderá exceder de quarenta e cinco dias da data da primeira publicação oficial.

§ 2º Ultrapassado o prazo a que se refere o parágrafo anterior, o militar será considerado desligado da organização a que estiver vinculado, deixando de contar tempo de serviço, para fins de transferência para a inatividade.

SEÇÃO II

DA TRANSFERÊNCIA PARA A RESERVA REMUNERADA

Art. 96. A passagem do militar à situação de inatividade, mediante transferência para a reserva remunerada, se efetua:

I – a pedido; e
II – *ex officio*.

Parágrafo único. A transferência do militar para a reserva remunerada pode ser suspensa na vigência do estado de guerra, estado de sítio, estado de emergência ou em caso de mobilização.

Art. 97. A transferência para a reserva remunerada, a pedido, será concedida, mediante requerimento, ao militar que contar, no mínimo, trinta anos de serviço.

§ 1º O oficial da ativa pode pleitear transferência para a reserva remunerada mediante inclusão voluntária na quota compulsória.

§ 2º No caso de o militar haver realizado qualquer curso ou estágio de duração superior a seis meses, por conta da União, no estrangeiro, sem haver decorrido três anos de seu término, a transferência para a reserva só será concedida mediante indenização de todas as despesas correspondentes à realização do referido curso ou estágio, inclusive as diferenças de vencimentos. O cálculo da indenização será efetuado pelos respectivos Ministérios.

§ 3º O disposto no parágrafo anterior não se aplica aos oficiais que deixem de ser incluídos em Lista de Escolha, quando nela tenha entrado oficial mais moderno do seu respectivo Corpo, Quadro, Arma ou Serviço.

§ 4º Não será concedida transferência para a reserva remunerada; a pedido, ao militar que:
a) estiver respondendo a inquérito ou processo em qualquer jurisdição; e
b) estiver cumprindo pena de qualquer natureza.

Art. 98. A transferência para a reserva remunerada, *ex officio*, verificar-se-á sempre que o militar incidir em um dos seguintes casos:

I – atingir as seguintes idades-limites:

▶ *Caput* do nciso I com a redação dada pela Lei nº 7.503, de 2-7-1986.

a) na Marinha, no Exército e na Aeronáutica, para os Oficiais dos Corpos, Quadros, Armas e Serviços não incluídos na letra *b*:

▶ Alínea *a* com a redação dada pela Lei nº 7.666, de 22-8-1988.

Postos	Idades
Almirante de Esquadra, General de Exército e Tenente Brigadeiro	66 anos
Vice-Almirante, General de Divisão e Major-Brigadeiro	64 anos
Contra-Almirante, General de Brigada e Brigadeiro	62 anos
Capitão de Mar e Guerra e Coronel	59 anos
Capitão de Fragata e Tenente-Coronel	56 anos
Capitão de Corveta e Major	52 anos
Capitão-Tenente ou Capitão e Oficiais Subalternos	48 anos

▶ Tabela com a redação dada pela Lei nº 7.503, de 2-7-1986.

b) na Marinha, para os Oficiais do Quadro de Cirurgiões-Dentistas (CD) e do Quadro de Apoio à Saúde (S), componentes do Corpo de Saúde da Marinha e do Quadro Técnico (T), do Quadro Auxiliar da Armada (AA) e do Quadro Auxiliar de Fuzileiros Navais (AFN), componentes do Corpo Auxiliar da Marinha; no Exército, para os Oficiais do Quadro Complementar de Oficiais (QCO), do Quadro Auxiliar de Oficiais (QAO), do Quadro de Oficiais Médicos (QOM), do Quadro de Oficiais Farmacêuticos (QOF), e do Quadro de Oficiais Dentistas (QOD); na Aeronáutica, para os Oficiais do Quadro de Oficiais Médicos (QOMed), do Quadro de Oficiais Farmacêuticos (QOFarm), do Quadro de Oficiais Dentistas (QODent), do Quadro de Oficiais de Infantaria da Aeronáutica (QOInf), dos Quadros de Oficiais Especialistas em Aviões (QOEAv), em Comunicações (QOECom), em Armamento (QOEArm), em Fotografia (QOEFot), em Meteorologia (QOEMet), em Controle de Tráfego Aéreo (QOECTA), em Suprimento Técnico (QOESup) e do Quadro de Oficiais Especialistas da Aeronáutica (QOEA):

Postos	Idades
Capitão de Mar e Guerra e Coronel	62 anos
Capitão de Fragata e Tenente-Coronel	60 anos
Capitão de Corveta e Major	58 anos
Capitão-Tenente e Capitão	56 anos
Primeiro-Tenente	56 anos
Segundo-Tenente	56 anos

▶ Alínea *b* com a redação dada pela Lei nº 10.416, de 27-3-2002.

c) na Marinha, no Exército e na Aeronáutica, para Praças:

Graduação	Idades
Suboficial e Subtenente	54 anos
Primeiro-Sargento e Taifeiro-Mor	52 anos
Segundo-Sargento e Taifeiro de Primeira Classe	50 anos

Graduação	Idades
Terceiro-Sargento	49 anos
Cabo e Taifeiro de Segunda Classe	48 anos
Marinheiro, Soldado e Soldado de Primeira Classe	44 anos

▶ Alínea *c* com a redação dada pela Lei nº 7.666, de 22-8-1988.

II – completar o Oficial-General quatro anos no último posto da hierarquia, em tempo de paz, prevista para cada Corpo ou Quadro da respectiva Força;

▶ Inciso II com a redação dada pela Lei nº 7.659, de 10-5-1988.

III – completar os seguintes tempos de serviço como oficial-general:
a) nos Corpos ou Quadros que possuírem até o posto de Almirante de Esquadra, General de Exército e Tenente-Brigadeiro, doze anos;
b) nos Corpos ou Quadros que possuírem até o posto de Vice-Almirante, General de Divisão e Major-Brigadeiro oito anos; e

c) nos Corpos ou Quadros que possuírem apenas o posto de Contra-Almirante, General de Brigada e Brigadeiro, quatro anos;

IV – ultrapassar o oficial cinco anos de permanência no último posto da hierarquia de paz de seu Corpo, Quadro, Arma ou Serviço; para o Capitão de Mar e Guerra ou Coronel esse prazo será acrescido de quatro anos se, ao completar os primeiros cinco anos no Posto, já possuir o curso exigido para a promoção ao primeiro posto de oficial-general, ou nele estiver matriculado e vier a concluí-lo com aproveitamento;

V – for o oficial abrangido pela quota compulsória;

VI – for a praça abrangida pela quota compulsória, na forma regulada em decreto, para cada Força Singular;

VII – for o oficial considerado não habilitado para o acesso em caráter definitivo, no momento em que vier a ser objeto de apreciação para ingresso em Quadro de Acesso ou Lista de Escolha;

VIII – deixar o oficial-general, o Capitão de Mar e Guerra ou o Coronel de integrar a Lista de Escolha a ser apresentada ao Presidente da República, pelo número de vezes fixado pela Lei de Promoções de Oficiais da Ativa das Forças Armadas, quando na referida Lista de Escolha tenha entrado oficial mais moderno do seu respectivo Corpo, Quadro, Arma ou Serviço;

IX – for o Capitão de Mar e Guerra ou Coronel, inabilitado para o acesso, por estar definitivamente impedido de realizar o curso exigido, ultrapassado duas vezes, consecutivas ou não, por oficial mais moderno do respectivo Corpo, Quadro, Arma ou Serviço, que tenha sido incluído em Lista de Escolha;

X – na Marinha e na Aeronáutica, deixar o oficial do penúltimo posto de Quadro cujo último posto seja de oficial superior, de ingressar em Quadro de Acesso por Merecimento pelo número de vezes fixado pela Lei de Promoções de Oficiais da Ativa das Forças Armadas, quando nele tenha entrado oficial mais moderno do respectivo Quadro;

XI – ingressar o oficial no Magistério Militar, se assim o determinar a legislação específica;

XII – ultrapassar dois anos, contínuos ou não, em licença para tratar de interesse particular;

XIII – ultrapassar dois anos contínuos em licença para tratamento de saúde de pessoa de sua família;

XIV – *Revogado*. Lei nº 9.297, de 25-7-1996.

XV – ultrapassar dois anos de afastamento, contínuos ou não, agregado em virtude de ter passado a exercer cargo ou emprego público civil temporário, não eletivo, inclusive da administração indireta; e

XVI – ser diplomado em cargo eletivo, na forma da letra *b*, do parágrafo único, do artigo 52.

§ 1º A transferência para a reserva processar-se-á quando o militar for enquadrado em um dos itens deste artigo, salvo quanto ao item V, caso em que será processada na primeira quinzena de março.

§ 2º *Revogado*. Lei nº 9.297, de 25-7-1996.

§ 3º A nomeação ou admissão do militar para os cargos ou empregos públicos de que trata o inciso XV deste artigo somente poderá ser feita se:

▶ § 3º com a redação dada pela Lei nº 9.297, de 25-7-1996.

a) oficial, pelo Presidente da República ou mediante sua autorização quando a nomeação ou admissão for da alçada de qualquer outra autoridade federal, estadual ou municipal; e

b) praça, mediante autorização do respectivo Ministro.

§ 4º Enquanto o militar permanecer no cargo ou emprego de que trata o item XV:

a) é-lhe assegurada a opção entre a remuneração de cargo ou emprego e a do posto ou da graduação;

b) somente poderá ser promovido por antiguidade; e

c) o tempo de serviço é contado apenas para aquela promoção e para a transferência para a inatividade.

§ 5º Entende-se como Lista de Escolha aquela que como tal for definida na Lei que dispõe sobre as promoções dos oficiais da ativa das Forças Armadas.

Art. 99. A quota compulsória, a que se refere o item V do artigo anterior, é destinada a assegurar a renovação, o equilíbrio, a regularidade de acesso e a adequação dos efetivos de cada Força Singular.

Art. 100. Para assegurar o número fixado de vagas à promoção na forma estabelecida no artigo 61, quando este número não tenha sido alcançado com as vagas ocorridas durante o ano considerado ano-base, aplicar-se-á quota compulsória a que se refere o artigo anterior.

§ 1º A quota compulsória é calculada deduzindo-se das vagas fixadas para o ano-base para um determinado posto:

a) as vagas fixadas para o posto imediatamente superior no referido ano-base; e

b) as vagas havidas durante o ano-base e abertas a partir de primeiro de janeiro até trinta e um de dezembro, inclusive.

§ 2º Não estarão enquadradas na letra *b* do parágrafo anterior, as vagas que:

a) resultarem da fixação de quota compulsória para o ano anterior ao base; e

b) abertas durante o ano-base, tiverem sido preenchidas por oficiais excedentes nos Corpos, Quadros, Armas ou Serviços ou que a eles houverem revertido em virtude de terem cessado as causas que deram motivo à agregação, observado o disposto no § 3º deste artigo.

§ 3º As vagas decorrentes da aplicação direta da quota compulsória e as resultantes das promoções efetivadas nos diversos postos, em face daquela aplicação inicial, não serão preenchidas por oficiais excedentes ou agregados que reverterem em virtude de haverem cessado as causas da agregação.

§ 4º As quotas compulsórias só serão aplicadas quando houver, no posto imediatamente abaixo, oficiais que satisfaçam às condições de acesso.

Art. 101. A indicação dos oficiais para integrarem a quota compulsória obedecerá às seguintes prescrições:

I – inicialmente serão apreciadas os requerimentos apresentados pelos oficiais da ativa que, contando mais de vinte anos de tempo de efetivo serviço, requererem sua inclusão na quota compulsória, dando-se atendimento, por prioridade em cada posto, aos mais idosos; e

II – se o número de oficiais voluntários na forma do item I não atingir o total de vagas da quota fixada em cada posto, esse total será completado, *ex officio*, pelos oficiais que:

a) contarem, no mínimo, como tempo de efetivo serviço:

1) trinta anos, se oficial-general;
2) vinte e oito anos, se Capitão de Mar e Guerra ou Coronel;
3) vinte e cinco anos, se Capitão de Fragata ou Tenente-Coronel; e
4) vinte anos, se Capitão de Corveta ou Major;

b) possuírem interstício para promoção, quando for o caso;
c) estiverem compreendidos nos limites quantitativos de antiguidade que definem a faixa dos que concorrem à constituição dos Quadros de Acesso por Antiguidade, Merecimento ou Escolha;
d) ainda que não concorrendo à constituição dos Quadros de Acesso por Escolha, estiverem compreendidos nos limites quantitativos de antiguidade estabelecidos para a organização dos referidos Quadros; e
e) satisfizerem às condições das letras *a*, *b*, *c* e *d* na seguinte ordem de prioridade:

1ª) não possuírem as condições regulamentares para a promoção, ressalvada a incapacidade física até seis meses contínuos ou doze meses descontínuos; dentre eles os de menor merecimento a ser apreciado pelo órgão competente da Marinha, do Exército e da Aeronáutica; em igualdade de merecimento, os de mais idade e, em caso de mesma idade, os mais modernos;
2ª) deixarem de integrar os Quadros de Acesso por Merecimento ou Lista de Escolha, pelo maior número de vezes no posto, quando neles tenha entrado oficial mais moderno; em igualdade de condições, os de maior merecimento a ser apreciado pelo órgão competente da Marinha, do Exército e da Aeronáutica; em igualdade de merecimento, os de mais idade e, em caso de mesma idade, os mais modernos; e
3ª) forem os de mais idade e, no caso da mesma idade, os mais modernos.

§ 1º Aos oficiais excedentes, aos agregados e aos não numerados em virtude de lei especial aplicam-se as disposições deste artigo e os que forem relacionados para a compulsória serão transferidos para a reserva juntamente com os demais componentes da quota, não sendo computados, entretanto, no total das vagas fixadas.

§ 2º Nos Corpos, Quadros, Armas ou Serviços, nos quais não haja posto de oficial-general, só poderão ser atingidos pela quota compulsória os oficiais do último posto da hierarquia que tiverem, no mínimo, vinte e oito anos de tempo de efetivo serviço e os oficiais dos penúltimo e antepenúltimo postos que tiverem, no mínimo, vinte e cinco anos de tempo de efetivo serviço.

§ 3º Computar-se-á, para os fins de aplicação da quota compulsória, no caso previsto no item II, letra *a*, número 1, como de efetivo serviço, o acréscimo a que se refere o item II do artigo 137.

Art. 102. O órgão competente da Marinha, do Exército e da Aeronáutica organizará, até o dia trinta e um de janeiro de cada ano, a lista dos oficiais destinados a integrarem a quota compulsória, na forma do artigo anterior.

§ 1º Os oficiais indicados para integrarem a quota compulsória anual serão notificados imediatamente e terão, para apresentar recursos contra essa medida, o prazo previsto na letra *a*, do § 1º, do artigo 51.

§ 2º Não serão relacionados para integrarem a quota compulsória os oficiais que estiverem agregados por terem sido declarados extraviados ou desertores.

Art. 103. Para assegurar a adequação dos efetivos à necessidade de cada Corpo, Quadro, Arma ou Serviço, o Poder Executivo poderá aplicar também a quota compulsória aos Capitães de Mar e Guerra e Coronéis não numerados, por não possuírem o curso exigido para ascender ao primeiro posto de oficial-general.

§ 1º Para aplicação da quota compulsória na forma deste artigo, o Poder Executivo fixará percentual calculado sobre os efetivos de oficiais não remunerados existentes em cada Corpo, Quadro, Arma ou Serviço, em 31 de dezembro de cada ano.

§ 2º A indicação de oficiais não numerados para integrarem a quota compulsória, os quais deverão ter, ao mínimo, vinte e oito anos de efetivo serviço, obedecerá às seguintes prioridades:

1ª) os que requererem sua inclusão na quota compulsória;
2ª) os de menor merecimento a ser apreciado pelo órgão competente da Marinha, do Exército e da Aeronáutica; em igualdade de merecimento os de mais idade e, em caso de mesma idade, os mais modernos; e
3ª) forem os de mais idade e, no caso de mesma idade, os mais modernos.

§ 3º Observar-se-ão na aplicação da quota compulsória, referida no parágrafo anterior, as disposições estabelecidas no artigo 102.

Seção III

DA REFORMA

Art. 104. A passagem do militar à situação de inatividade, mediante reforma, se efetua:

I – a pedido; e
II – *ex officio*.

Art. 105. A reforma a pedido exclusivamente aplicada aos membros do Magistério Militar, se o dispuser a legislação específica da respectiva Força, somente poderá ser concedida àquele que contar mais de trinta anos de serviço, dos quais dez, no mínimo, de tempo de Magistério Militar.

Art. 106. A reforma *ex officio* será aplicada ao militar que:

I – atingir as seguintes idades-limite de permanência na reserva:

a) para oficial-general, sessenta e oito anos;
b) para oficial superior, inclusive membros do Magistério Militar, sessenta e quatro anos;
c) para Capitão-Tenente, Capitão e oficial subalterno, sessenta anos; e
d) para praças, cinquenta e seis anos;

II – for julgado incapaz, definitivamente, para o serviço ativo das Forças Armadas;

III – estiver agregado por mais de dois anos por ter sido julgado incapaz, temporariamente, mediante homologação de junta superior de saúde, ainda que se trate de moléstia curável;

IV – for condenado à pena de reforma prevista no Código Penal Militar, por sentença transitada em julgado;

V – sendo oficial, a tiver determinado em julgado do Superior Tribunal Militar, efetuado em consequência de Conselho de Justificação a que foi submetido; e

▶ Lei nº 5.836, de 5-12-1972, dispõe sobre o Conselho de Justificação.

VI – sendo Guarda-Marinha, Aspirante a Oficial ou praça com estabilidade assegurada, for para tal indicado, ao Ministro respectivo, em julgamento de Conselho de Disciplina.

▶ Dec. nº 71.500, de 5-12-1972, dispõe sobre o Conselho de Disciplina.

Parágrafo único. O militar reformado na forma dos itens V ou VI só poderá readquirir a situação militar anterior:

a) no caso do item V, por outra sentença do Superior Tribunal Militar e nas condições nela estabelecidas; e

b) no caso do item VI, por decisão do Ministro respectivo.

Art. 107. Anualmente, no mês de fevereiro, o órgão competente da Marinha, do Exército e da Aeronáutica organizará a relação dos militares, inclusive membros do Magistério Militar, que houverem atingido a idade-limite de permanência na reserva, a fim de serem reformados.

Parágrafo único. A situação de inatividade do militar da reserva remunerada, quando reformado por limite de idade, não sofre solução de continuidade, exceto quanto às condições de mobilização.

Art. 108. A incapacidade definitiva pode sobrevir em consequência de:

I – ferimento recebido em campanha ou na manutenção da ordem pública;

II – enfermidade contraída em campanha ou na manutenção da ordem pública, ou enfermidade cuja causa eficiente decorra de uma dessas situações;

III – acidente em serviço;

IV – doença, moléstia ou enfermidade adquirida em tempo de paz, com relação de causa e efeito a condições inerentes ao serviço;

V – tuberculose ativa, alienação mental, esclerose múltipla, neoplasia maligna, cegueira, lepra, paralisia irreversível e incapacitante, cardiopatia grave, mal de Parkinson, pênfigo, espondiloartrose anquilosante, nefropatia grave e outras moléstias que a lei indicar com base nas conclusões da medicina especializada; e

▶ Inciso V com a redação dada pela Lei nº 12.670, de 19-6-2012.

VI – acidente ou doença, moléstia ou enfermidade, sem relação de causa e efeito com o serviço.

§ 1º Os casos de que tratam os itens I, II, III e IV, serão provados por atestado de origem, inquérito sanitário de origem ou ficha de evacuação, sendo os termos do acidente, baixa ao hospital, papeleta de tratamento nas enfermarias e hospitais, e os registros de baixa utilizados como meios subsidiários para esclarecer a situação.

§ 2º Os militares julgados incapazes por um dos motivos constantes do item V deste artigo somente poderão ser reformados após a homologação, por junta superior de saúde, da inspeção de saúde que concluiu pela incapacidade definitiva, obedecida à regulamentação específica de cada Força Singular.

Art. 109. O militar da ativa, julgado incapaz definitivamente por um dos motivos constantes dos itens I, II, III, IV e V do artigo anterior, será reformado com qualquer tempo de serviço.

Art. 110. O militar da ativa ou da reserva remunerada, julgado incapaz definitivamente por um dos motivos constantes dos incisos I e II do artigo 108, será reformado com a remuneração calculada com base no soldo correspondente ao grau hierárquico imediato ao que possuir ou que possuía na ativa, respectivamente.

▶ Caput com a redação dada pela Lei nº 7.580, de 23-12-1986.

§ 1º Aplica-se o disposto neste artigo aos casos previstos nos itens III, IV e V do artigo 108, quando, verificada a incapacidade definitiva, for o militar considerado inválido, isto é, impossibilidade total e permanentemente para qualquer trabalho.

§ 2º Considera-se, para efeito deste artigo, grau hierárquico imediato:

a) o de Primeiro-Tenente, para Guarda Marinha, Aspirante a Oficial e Suboficial ou Subtenente;

b) o de Segundo-Tenente, para Primeiro-Sargento, Segundo-Sargento e Terceiro-Sargento; e

c) o de Terceiro-Sargento, para Cabo e demais praças constantes do Quadro a que se refere o artigo 16.

§ 3º Aos benefícios previstos neste artigo e seus parágrafos poderão ser acrescidos outros relativos à remuneração, estabelecidos em leis especiais, desde que o militar, ao ser reformado, já satisfaça às condições por elas exigidas.

§§ 4º e 5º Revogados. MP nº 2.215-10, de 31-8-2001, que até o encerramento desta edição não havia sido convertida em lei. Tinham a seguinte redação: "*§ 4º O direito do militar previsto no artigo 50, item II, independerá de qualquer dos benefícios referidos no caput e no § 1º deste artigo, ressalvado o disposto no parágrafo único do artigo 152. § 5º Quando a praça fizer jus ao direito previsto no artigo 50, II, e, conjuntamente, a um dos benefícios a que se refere o parágrafo anterior, aplicar-se-á somente o disposto no § 2º deste artigo*".

Art. 111. O militar da ativa julgado incapaz definitivamente por um dos motivos constantes do item VI do artigo 108, será reformado:

I – com remuneração proporcional ao tempo de serviço, se oficial ou praça com estabilidade assegurada; e

II – com remuneração calculada com base no soldo integral do posto ou graduação, desde que, com qualquer tempo de serviço seja considerado inválido, isto é, impossibilitado total e permanentemente para qualquer trabalho.

Art. 112. O militar reformado por incapacidade definitiva que for julgado apto em inspeção de saúde por junta superior, em grau de recurso ou revisão, poderá retornar ao serviço ativo ou ser transferido para a reserva remunerada, conforme dispuser regulamentação específica.

§ 1º O retorno ao serviço ativo ocorrerá se o tempo decorrido na situação de reformado não ultrapassar dois anos e na forma do disposto no § 1º do artigo 88.

§ 2º A transferência para a reserva remunerada, observado o limite de idade para a permanência nessa reserva, ocorrerá se o tempo transcorrido na situação de reformado ultrapassar dois anos.

Art. 113. A interdição judicial do militar reformado por alienação mental deverá ser providenciada junto ao Ministério Público, por iniciativa de beneficiários, parentes ou responsáveis, até sessenta dias a contar da data do ato da reforma.

§ 1º A integração judicial do militar e seu internamento em instituição apropriada, militar ou não, deverão ser providenciados pelo Ministério Militar, sob cuja responsabilidade houver sido preparado o processo de reforma, quando:

a) não existirem beneficiários, parentes ou responsáveis, ou estes não promoverem a interdição conforme previsto no parágrafo anterior; ou
b) não forem satisfeitas às condições de tratamento exigidas neste artigo.

§ 2º Os processos e os atos de registro de interdição do militar terão andamento sumário, serão instruídos com laudo proferido por junta militar de saúde e isentos de custas.

§ 3º O militar reformado por alienação mental, enquanto não ocorrer a designação judicial do curador, terá sua remuneração paga aos seus beneficiários, desde que estes o tenham sob sua guarda e responsabilidade e lhe dispensem tratamento humano e condigno.

Art. 114. Para fins de passagem à situação de inatividade, mediante reforma *ex officio*, as praças especiais, constantes do Quadro a que se refere o artigo 16, são consideradas como:

I – Segundo-Tenente: os Guardas-Marinha e Aspirantes a Oficial;
II – Guarda-Marinha ou Aspirante a Oficial: os Aspirantes, os Cadetes, os alunos da Escola de Oficiais Especialistas da Aeronáutica, conforme o caso específico;
III – Segundo-Sargento: os alunos do Colégio Naval, da Escola Preparatória de Cadetes do Exército e da Escola Preparatória de Cadetes do Ar;
IV – Terceiro-Sargento: os alunos de órgão de formação de oficiais da reserva e de escola ou centro de formação de sargento; e
V – Cabo: os Aprendizes-Marinheiros e os demais alunos de órgãos de formação de praças, da ativa e da reserva.

Parágrafo único. O disposto nos itens II, III e IV é aplicável às praças especiais em qualquer ano escolar.

SEÇÃO IV

DA DEMISSÃO

Art. 115. A demissão das Forças Armadas, aplicada exclusivamente aos oficiais, se efetua:

I – a pedido; e
II – *ex officio*.

Art. 116. A demissão a pedido será concedida mediante requerimento do interessado:

I – sem indenização aos cofres públicos, quando contar mais de cinco anos de oficialato, ressalvado o disposto no § 1º deste artigo; e
II – com indenização das despesas feitas pela União, com a sua preparação e formação, quando contar menos de cinco anos de oficialato.

§ 1º A demissão a pedido só será concedida mediante a indenização de todas as despesas correspondentes, acrescidas, se for o caso, das previstas no item II, quando o oficial tiver realizado qualquer curso ou estágio, no País ou no exterior, e não tenham decorrido os seguintes prazos:

a) dois anos, para curso ou estágio de duração igual ou superior a dois meses e inferior a seis meses;
b) três anos, para curso ou estágio de duração igual ou superior a seis meses e igual ou inferior a dezoito meses;
c) cinco anos, para curso ou estágio de duração superior a dezoito meses.

§ 2º O cálculo das indenizações a que se referem o item II e o parágrafo anterior será efetuado pelos respectivos Ministérios.

§ 3º O oficial demissionário, a pedido, ingressará na reserva, onde permanecerá sem direito a qualquer remuneração. O ingresso na reserva será no mesmo posto que tinha no serviço ativo e sua situação, inclusive promoções, será regulada pelo Regulamento do Corpo de Oficiais da Reserva da respectiva Força.

§ 4º O direito a demissão a pedido pode ser suspenso na vigência de estado de guerra, estado de emergência, estado de sítio ou em caso de mobilização.

Art. 117. O oficial da ativa que passar a exercer cargo ou emprego público permanente, estranho à sua carreira, será imediatamente demitido *ex officio* e transferido para a reserva não remunerada, onde ingressará com o posto que possuía na ativa e com as obrigações estabelecidas na legislação do serviço militar, obedecidos os preceitos do artigo 116 no que se refere às indenizações.

▶ Artigo com a redação dada pela Lei nº 9.297, de 25-7-1996.

SEÇÃO V

DA PERDA DO POSTO E DA PATENTE

Art. 118. O oficial perderá o posto e a patente se for declarado indigno do oficialato, ou com ele incompatível, por decisão do Superior Tribunal Militar, em tempo de paz, ou de Tribunal Especial, em tempo de guerra, em decorrência de julgamento a que for submetido.

Parágrafo único. O oficial declarado indigno do oficialato, ou com ele incompatível, e condenado à perda de posto e patente só poderá readquirir a situação militar anterior por força de sentença dos tribunais referidos neste artigo e nas condições nela estabelecidas.

Art. 119. O oficial que houver perdido o posto e a patente será demitido *ex officio* sem direito a qualquer remuneração ou indenização e receberá a certidão de situação militar prevista na legislação que trata do serviço militar.

Art. 120. Ficará sujeito à declaração de indignidade para o oficialato, ou de incompatibilidade com o mesmo, o oficial que:

I – for condenado, por tribunal civil ou militar, em sentença transitada em julgado, à pena restritiva de liberdade individual superior a dois anos;

II – for condenado, em sentença transitada em julgado, por crimes para os quais o Código Penal Militar comina essas penas acessórias e por crimes previstos na legislação especial concernente à segurança do Estado;

III – incidir nos casos, previstos em lei específica, que motivam o julgamento por Conselho de Justificação e neste for considerado culpado; e

IV – houver perdido a nacionalidade brasileira.

Seção VI
DO LICENCIAMENTO

Art. 121. O licenciamento do serviço ativo se efetua:

I – a pedido; e
II – ex officio.

§ 1º O licenciamento a pedido poderá ser concedido, desde que não haja prejuízo para o serviço:

a) ao oficial da reserva convocado, após prestação do serviço ativo durante seis meses; e
b) à praça engajada ou reengajada, desde que conte, no mínimo, a metade do tempo de serviço a que se obrigou.

§ 2º a praça com estabilidade assegurada, quando licenciada para fins de matrícula em Estabelecimento de Ensino de Formação ou Preparatório de outra Força Singular ou Auxiliar, caso não conclua o curso onde foi matriculada, poderá ser reincluída na Força de origem, mediante requerimento ao respectivo Ministro.

§ 3º O licenciamento ex officio será feito na forma da legislação que trata do serviço militar e dos regulamentos específicos de cada Força Armada:

a) por conclusão de tempo de serviço ou de estágio;
b) por conveniência do serviço; e
c) a bem da Disciplina.

§ 4º O militar licenciado não tem direito a qualquer remuneração e, exceto licenciado ex officio a bem da disciplina, deve ser incluído ou reincluído na reserva.

§ 5º O licenciado ex officio a bem da disciplina receberá o certificado de isenção do serviço militar, previsto na legislação que trata do serviço militar.

Art. 122. O Guarda-Marinha, o Aspirante a Oficial e as demais praças empossados em cargos ou empregos públicos permanentes, estranhos à sua carreira, serão imediatamente, mediante licenciamento ex officio, transferidos para a reserva não remunerada, com as obrigações estabelecidas na legislação que trata do serviço militar.

▶ Artigo com a redação dada pela Lei nº 9.297, de 25-7-1996.

Art. 123. O licenciamento poderá ser suspenso na vigência de estado de guerra, estado de emergência, estado de sítio ou em caso de mobilização.

Seção VII
DA ANULAÇÃO DE INCORPORAÇÃO E DA DESINCORPORAÇÃO DA PRAÇA

Art. 124. A anulação de incorporação e a desincorporação da praça resultam na interrupção do serviço militar com a consequente exclusão do serviço ativo.

Parágrafo único. A legislação que trata do serviço militar estabelece os casos em que haverá anulação de incorporação ou desincorporação da praça.

Seção VIII
DA EXCLUSÃO DA PRAÇA A BEM DA DISCIPLINA

Art. 125. A exclusão a bem da disciplina será aplicada ex officio ao Guarda-Marinha, ao Aspirante a Oficial ou às praças com estabilidade assegurada:

I – quando assim se pronunciar o Conselho Permanente de Justiça, em tempo de paz, ou Tribunal Especial, em tempo de guerra, ou tribunal civil após terem sido essas praças condenadas, em sentença transitada em julgado, à pena restritiva de liberdade individual superior a dois anos ou, nos crimes previstos na legislação especial concernente à segurança do Estado, a pena de qualquer duração;

II – quando assim se pronunciar o Conselho Permanente de Justiça, em tempo de paz, ou Tribunal Especial, em tempo de guerra, por haverem perdido a nacionalidade brasileira; e

III – que incidirem nos casos que motivarem o julgamento pelo Conselho de Disciplina previsto no art. 49 e nele forem considerados culpados.

Parágrafo único. O Guarda-Marinha, o Aspirante a Oficial ou a praça com estabilidade assegurada que houver sido excluído a bem da disciplina só poderá readquirir a situação militar anterior:

a) por outra sentença do Conselho Permanente de Justiça, em tempo de paz, ou Tribunal Especial, em tempo de guerra, e nas condições nela estabelecidas, se a exclusão tiver sido consequência de sentença de um daqueles Tribunais; e
b) por decisão do Ministro respectivo, se a exclusão foi consequência de ter sido julgado culpado em Conselho de Disciplina.

Art. 126. É da competência dos Ministros das Forças Singulares, ou autoridades às quais tenha sido delegada competência para isso, o ato de exclusão a bem da disciplina do Guarda-Marinha e do Aspirante a Oficial, bem como das praças com estabilidade assegurada.

Art. 127. A exclusão da praça a bem da disciplina acarreta a perda de seu grau hierárquico e não a isenta das indenizações dos prejuízos causados à Fazenda nacional ou a terceiros nem das pensões decorrentes de sentença judicial.

Parágrafo único. A praça excluída a bem da disciplina receberá o certificado de isenção do serviço militar previsto na legislação que trata do serviço militar, sem direito a qualquer remuneração ou indenização.

Seção IX
DA DESERÇÃO

Art. 128. A deserção do militar acarreta interrupção do serviço militar, com a consequente demissão ex *officio* para o oficial, ou a exclusão do serviço ativo, para a praça.

§ 1º A demissão do oficial ou a exclusão da praça com estabilidade assegurada processar-se-á após um ano de agregação, se não houver captura ou apresentação voluntária antes desse prazo.

§ 2º A praça sem estabilidade assegurada será automaticamente excluída após oficialmente declarada desertora.

§ 3º O militar desertor que for capturado ou que se apresentar voluntariamente, depois de haver sido demitido ou excluído, será reincluído no serviço ativo e, a seguir, agregado para se ver processar.

§ 4º A reinclusão em definitivo do militar de que trata o parágrafo anterior dependerá de sentença de Conselho de Justiça.

SEÇÃO X

DO FALECIMENTO E DO EXTRAVIO

Art. 129. O Militar na ativa que vier a falecer será excluído do serviço ativo e desligado da organização a que estava vinculado, a partir da data da ocorrência do óbito.

Art. 130. O extravio do militar na ativa acarreta interrupção do serviço militar, com o consequente afastamento temporário do serviço ativo, a partir da data em que o mesmo for oficialmente considerado extraviado.

§ 1º A exclusão do serviço ativo será feita seis meses após a agregação por motivo de extravio.

§ 2º Em caso de naufrágio, sinistro aéreo, catástrofe, calamidade pública ou outros acidentes oficialmente reconhecidos, o extravio ou o desaparecimento de militar da ativa será considerado, para fins deste Estatuto, como falecimento, tão logo sejam esgotados os prazos máximos de possível sobrevivência ou quando se deem por encerradas as providências de salvamento.

Art. 131. O militar reaparecido será submetido a Conselho de Justificação ou a Conselho de Disciplina, por decisão do Ministro da respectiva Força, se assim for julgado necessário.

▶ Lei nº 5.836, de 5-12-1972, dispõe sobre o Conselho de Justificação.
▶ Dec. nº 71.500, de 5-12-1972, dispõe sobre o Conselho de Disciplina.

Parágrafo único. O reaparecimento de militar extraviado, já excluído do serviço ativo, resultará em sua reinclusão e nova agregação enquanto se apuram as causas que deram origem ao seu afastamento.

CAPÍTULO III

DA REABILITAÇÃO

Art. 132. A reabilitação do militar será efetuada:

I – de acordo com o Código Penal Militar e o Código de Processo Penal Militar, se tiver sido condenado, por sentença definitiva, a quaisquer penas previstas no Código Penal Militar;

II – de acordo com a legislação que trata do serviço militar, se tiver sido excluído ou licenciado a bem da disciplina.

Parágrafo único. Nos casos em que a condenação do militar acarretar sua exclusão a bem da disciplina, a reabilitação prevista na legislação que trata do serviço militar poderá anteceder a efetuada de acordo com o Código Penal Militar e o Código de Processo Penal Militar.

Art. 133. A concessão da reabilitação implica em que sejam cancelados, mediante averbação, os antecedentes criminais do militar e os registros constantes de seus assentamentos militares ou alterações, ou substituídos seus documentos comprobatórios de situação militar pelos adequados à nova situação.

CAPÍTULO IV

DO TEMPO DE SERVIÇO

Art. 134. Os militares começam a contar tempo de serviço nas Forças Armadas a partir da data de seu ingresso em qualquer organização militar da Marinha, do Exército ou da Aeronáutica.

§ 1º Considera-se como data de ingresso, para fins deste artigo:

a) a do ato em que o convocado ou voluntário é incorporado em uma organização militar;
b) a de matrícula como praça especial; e
c) a do ato de nomeação.

§ 2º O tempo de serviço como aluno de órgão de formação da reserva é computado, apenas, para fins de inatividade na base de um dia para cada período de oito horas de instrução, desde que concluída com aproveitamento a formação militar.

§ 3º O militar reincluído recomeça a contar tempo de serviço a partir da data de sua reinclusão.

§ 4º Quando, por motivo de força maior, oficialmente reconhecida, decorrente de incêndio, inundação, naufrágio, sinistro aéreo e outras calamidades, faltarem dados para contagem de tempo de serviço, caberá aos Ministros Militares arbitrar o tempo a ser computado para cada caso particular, de acordo com os elementos disponíveis.

Art. 135. Na apuração do tempo de serviço militar, será feita distinção entre:

I – tempo de efetivo serviço; e
II – anos de serviço.

Art. 136. Tempo de efetivo serviço é o espaço de tempo computado dia a dia entre a data de ingresso e a data-limite estabelecida para a contagem ou a data do desligamento em consequência da exclusão do serviço ativo, mesmo que tal espaço de tempo seja parcelado.

§ 1º O tempo de serviço em campanha é computado pelo dobro como tempo de efetivo serviço, para todos os efeitos, exceto indicação para a quota compulsória.

§ 2º Será, também, computado como tempo de efetivo serviço o tempo passado dia a dia nas organizações militares, pelo militar da reserva convocado ou mobilizado, no exercício de funções militares.

§ 3º Não serão deduzidos do tempo de efetivo serviço, além dos afastamentos previstos no artigo 65, os períodos em que o militar estiver afastado do exercício de suas funções em gozo de licença especial.

§ 4º Ao tempo de efetivo serviço, de que trata este artigo, apurado e totalizado em dias, será aplicado o divisor trezentos e sessenta e cinco para a correspondente obtenção dos anos de efetivo serviço.

Art. 137. Anos de serviço é a expressão que designa o tempo de efetivo serviço a que se refere o artigo anterior, com os seguintes acréscimos:

I – tempo de serviço público federal, estadual ou municipal, prestado pelo militar anteriormente à sua incorporação, matrícula, nomeação ou reinclusão em qualquer organização militar;

II – *Revogado.* MP nº 2.215-10, de 31-8-2001, que até o encerramento desta edição não havia sido convertida em lei. Tinha a seguinte redação: "*um ano para cada cinco anos de tempo de efetivo serviço prestado pelo oficial do Corpo, Quadro ou Serviço de Saúde ou Veterinária que possuir curso universitário até que este acréscimo complete o total de anos de duração normal do referido curso, sem superposição a qualquer tempo de serviço militar ou público eventualmente prestado durante a realização deste mesmo curso;*"

III – tempo de serviço computável durante o período matriculado como aluno de órgão de formação da reserva;

IV e V – *Revogados.* MP nº 2.215-10, de 31-8-2001, que até o encerramento desta edição não havia sido convertida em lei: Tinham a seguinte redação: "*IV – tempo relativo a cada licença especial não gozada, contado em dobro; V – tempo relativo a férias não gozadas, contado em dobro;*"

VI – 1/3 (um terço) para cada período consecutivo ou não de 2 (dois) anos de efetivo serviço passados pelo militar nas guarnições especiais da Categoria "A", a partir da vigência da Lei nº 5.774, de 23 de dezembro de 1971.

▶ Inciso VI com a redação dada pela Lei nº 7.698, de 20-12-1988.

§ 1º Os acréscimos a que se referem os itens I, III e VI serão computados somente no momento da passagem do militar à situação de inatividade e para esse fim.

§§ 2º e 3º *Revogados.* MP nº 2.215-10, de 31-8-2001, que até o encerramento desta edição não havia sido convertida em lei. Tinham a seguinte redação: "*§ 2º Os acréscimos a que se referem os itens II, IV e V serão computados somente no momento da passagem do militar à situação de inatividade e, nessa situação, para todos os efeitos legais, inclusive quanto a percepção definitiva de gratificação de tempo de serviço, ressalvado o disposto no § 3º do artigo 101. § 3º O disposto no item II aplicar-se-á, nas mesmas condições e na forma da legislação específica, aos possuidores de curso universitário, reconhecido oficialmente, que vierem a ser aproveitados como oficiais das Forças Armadas, desde que este curso seja requisito essencial para seu aproveitamento*".

§ 4º Não é compatível para efeito algum, salvo para fins de indicação para a quota compulsória, o tempo:

a) que ultrapassar de um ano, contínuo ou não, em licença para tratamento de saúde de pessoa da família;

b) passado em licença para tratar de interesse particular ou para acompanhar cônjuge ou companheiro(a);

▶ Alínea *b* com a redação dada pela Lei nº 11.447, de 5-1-2007.

c) passado como desertor;

d) decorrido em cumprimento de pena de suspensão do exercício do posto, graduação, cargo ou função por sentença transitada em julgado; e

e) decorrido em cumprimento de pena restritiva da liberdade, por sentença transitada em julgado, desde que não tenha sido concedida suspensão condicional da pena, quando, então, o tempo correspondente ao período da pena será computado apenas para fins de indicação para a quota compulsória e o que dele exceder, para todos os efeitos, caso as condições estipuladas na sentença não o impeçam.

Art. 138. *Revogado.* MP nº 2.215-10, de 31-8-2001, que até o encerramento desta edição não havia sido convertida em lei. Tinha a seguinte redação: "*Uma vez computado o tempo de efetivo serviço e seus acréscimos, previstos nos artigos 136 e 137, e no momento da passagem do militar à situação de inatividade, pelos motivos previstos nos itens I, II, III, IV, V, VI, VII, VIII, IX e X do artigo 98 e nos itens II e III do artigo 106, a fração de tempo igual ou superior a cento e oitenta dias será considerada como um ano para todos os efeitos legais*".

Art. 139. O tempo que o militar passou ou vier a passar afastado do exercício de suas funções, em consequência de ferimentos recebidos em acidente quando em serviço, combate, na defesa da Pátria e na garantia dos poderes constituídos, da Lei e da ordem, ou de moléstia adquirida no exercício de qualquer função militar, será computado como se o tivesse passado no exercício efetivo daquelas funções.

Art. 140. Entende-se por tempo de serviço em campanha o período em que o militar estiver em operações de guerra.

Parágrafo único. A participação do militar em atividades dependentes ou decorrentes das operações de guerra será regulada em legislação específica.

Art. 141. O tempo de serviço dos militares beneficiados por anistia será contado como estabelecer o ato legal que a conceder.

Art. 142. A data-limite estabelecida para final da contagem dos anos de serviço para fins de passagem para a inatividade será do desligamento em consequência da exclusão do serviço ativo.

Art. 143. Na contagem dos anos de serviço não poderá ser computado qualquer superposição dos tempos de serviço público federal, estadual e municipal ou passado em administração indireta, entre si, nem com os acréscimos de tempo, para os possuidores de curso universitário, e nem com o tempo de serviço computável após a incorporação em organização militar, matrícula em órgão de formação de militares ou nomeação em posto ou graduação nas Forças Armadas.

CAPÍTULO V

DO CASAMENTO

Art. 144. O militar da ativa pode contrair matrimônio, desde que observada a legislação civil específica.

§ 1º Os Guardas-Marinha e os Aspirantes a Oficial não podem contrair matrimônio, salvo em casos excepcionais, a critério do Ministro da respectiva Força.

§ 2º É vedado o casamento às praças especiais, com qualquer idade, enquanto estiverem sujeitas aos regulamentos dos órgãos de formação de oficiais, de graduados e de praças, cujos requisitos para admissão exijam a condição de solteiro, salvo em casos excepcionais, a critério do Ministro da respectiva Força Armada.

§ 3º O casamento com mulher estrangeira somente poderá ser realizado após a autorização do Ministro da Força Armada a que pertencer o militar.

Art. 145. As praças especiais que contraírem matrimônio em desacordo com os §§ 1º e 2º do artigo anterior serão excluídas do serviço ativo, sem direito a qualquer remuneração ou indenização.

CAPÍTULO VI

DAS RECOMPENSAS E DAS DISPENSAS DO SERVIÇO

Art. 146. As recompensas constituem reconhecimento dos bons serviços prestados pelos militares.

§ 1º São recompensas:

a) os prêmios de Honra ao Mérito;
b) as condecorações por serviços prestados na paz e na guerra;
c) os elogios, louvores e referências elogiosas; e
d) as dispensas de serviços.

§ 2º As recompensas serão concedidas de acordo com as normas estabelecidas nos regulamentos da Marinha, do Exército e da Aeronáutica.

Art. 147. As dispensas de serviço são autorizações concedidas aos militares para afastamento total do serviço, em caráter temporário.

Art. 148. As dispensas de serviço podem ser concedidas aos militares:

I – como recompensa;
II – para desconto em férias; e
III – em decorrência de prescrição médica.

Parágrafo único. As dispensas de serviço serão concedidas com a remuneração integral e computadas como tempo de efetivo serviço.

TÍTULO V – DISPOSIÇÕES GERAIS, TRANSITÓRIAS E FINAIS

Art. 149. A transferência para a reserva remunerada ou a reforma não isentam o militar da indenização dos prejuízos causados à Fazenda Nacional ou a terceiros, nem do pagamento das pensões decorrentes de sentença judicial.

Art. 150. A Assistência Religiosa às Forças Armadas é regulada por lei específica.

Art. 151. É vedado o uso por organização civil de designações que possam sugerir sua vinculação às Forças Armadas.

Parágrafo único. Excetuam-se das prescrições deste artigo as associações, clubes, círculos e outras organizações que congreguem membros das Forças Armadas e que se destinem, exclusivamente, a promover intercâmbio social e assistencial entre os militares e suas famílias e entre esses e a sociedade civil.

Art. 152. Ao militar amparado por uma ou mais das Leis n°s 288, de 8 de junho de 1948, 616, de 2 de fevereiro de 1949, 1.156, de 12 de julho de 1950, e 1.267, de 9 de dezembro de 1950, e que em virtude do disposto no artigo 62 desta Lei não mais usufruirá as promoções previstas naquelas Leis, fica assegurada, por ocasião da transferência para a reserva ou da reforma, a remuneração da inatividade relativa ao posto ou graduação a que seria promovido em decorrência da aplicação das referidas Leis.

Parágrafo único. A remuneração de inatividade assegurada neste artigo não poderá exceder, em nenhum caso, a que caberia ao militar, se fosse ele promovido até dois graus hierárquico acima daquele que tiver por ocasião do processamento de sua transferência para a reserva ou reforma, incluindo-se nesta limitação a aplicação do disposto no § 1º do artigo 50 e no artigo 110 e seu § 1º.

Art. 153. Na passagem para a reserva remunerada, aos militares obrigados ao voo serão computados os acréscimos de tempo de efetivo serviço decorrentes das horas de voo realizadas até 20 de outubro de 1946, na forma da legislação então vigente.

Art. 154. Os militares da Aeronáutica que, por enfermidade, acidente ou deficiência psicofisiológica, verificada em inspeção de saúde, na forma regulamentar, forem considerados definitivamente incapacitados para o exercício da atividade aérea, exigida pelos regulamentos específicos, só passarão à inatividade se essa incapacidade o for também para todo o serviço militar.

Parágrafo único. A regulamentação própria da Aeronáutica estabelece a situação do pessoal enquadrado neste artigo.

▶ Dec. nº 94.507, de 23-6-1987, regulamenta este artigo.

Art. 155. Aos Cabos que, na data de vigência desta lei, tenham adquirido estabilidade será permitido permanecer no serviço ativo, em caráter excepcional, de acordo com o interesse da respectiva Força Singular, até completarem cinquenta anos de idade, ressalvadas outras disposições legais.

Art. 156. *Revogado.* MP nº 2.215-10, de 31-8-2001, que até o encerramento desta edição não havia sido convertida em lei. Tinha a seguinte redação: "*Enquanto não entrar em vigor nova Lei de Pensões Militares, considerar-se-ão vigentes os artigos 76 a 78 da Lei nº 5.774, de 23 de dezembro de 1971*".

Art. 157. As disposições deste Estatuto não retroagem para alcançar situações definidas anteriormente à data de sua vigência.

Art. 158. Após a vigência do presente Estatuto serão a ele ajustadas todas as disposições legais e regulamentares que com ele tenham ou venham a ter pertinência.

Art. 159. O presente Estatuto entrará em vigor a partir de 1º de janeiro de 1981, salvo quanto ao disposto no item IV do artigo 98, que terá vigência um ano após a data da publicação desta Lei.

Parágrafo único. Até a entrada em vigor do disposto no item IV do artigo 98, permanecerão em vigor as disposições constantes dos itens IV e V do artigo 102 da Lei nº 5.774, de 23 de dezembro de 1971.

Art. 160. *Revogado.* MP nº 2.215-10, de 31-8-2001, que até o encerramento desta edição não havia sido convertida em lei. Tinha a seguinte redação: *"Ressalvado o disposto no artigo 156 e no parágrafo único do artigo anterior, ficam revogadas a Lei nº 5.774, de 23 de dezembro de 1971, e demais disposições em contrário".*

Brasília, 9 de dezembro de 1980;
159º da Independência e
92º da República.

João Figueiredo

DECRETO Nº 88.545, DE 26 DE JULHO DE 1983

Aprova o Regulamento Disciplinar para a Marinha e dá outras providências.

▶ Publicada no *DOU* de 27-7-1983.

Art. 1º Fica aprovado o Regulamento Disciplinar para a Marinha que com este baixa, assinado pelo Ministro de Estado da Marinha.

Art. 2º Este Decreto entrará em vigor na data da sua publicação, ficando revogados o Decreto nº 38.010, de 5 de outubro de 1955, e demais disposições em contrário.

Brasília, 26 de julho de 1983;
162º da Independência e
95º da República.

Aureliano Chaves

REGULAMENTO

TÍTULO I – GENERALIDADES

Capítulo I

DO PROPÓSITO

Art. 1º O Regulamento Disciplinar para a Marinha tem por propósito a especificação e a classificação das contravenções disciplinares e o estabelecimento das normas relativas à amplitude e à aplicação das penas disciplinares, à classificação do comportamento militar e à interposição de recursos contra as penas disciplinares.

Capítulo II

DA DISCIPLINA E DA HIERARQUIA MILITAR

Art. 2º Disciplina é a rigorosa observância e o acatamento integral das leis, regulamentos, normas e disposições que fundamentam o organismo militar e coordenam seu funcionamento regular e harmônico, traduzindo-se pelo perfeito cumprimento do dever por parte de todos e de cada um dos componentes desse organismo.

Parágrafo único. A disciplina militar manifesta-se basicamente pela:

- obediência pronta às ordens do superior;
- utilização total das energias em prol do serviço;
- correção de atitudes; e
- cooperação espontânea em benefício da disciplina coletiva e da eficiência da instituição.

Art. 3º Hierarquia Militar é a ordenação da autoridade em níveis diferentes, dentro da estrutura militar. A ordenação se faz por postos ou graduações; dentro de um mesmo posto ou graduação, se faz pela antiguidade no posto ou na graduação.

Parágrafo único. O respeito à hierarquia é consubstanciado no espírito de acatamento à sequência de autoridade.

Art. 4º A boa educação militar não prescinde da cortesia. É dever de todos, em serviço ou não, tratarem-se mutuamente com urbanidade, e aos subordinados com atenção e justiça.

Capítulo III

DA ESFERA DE AÇÃO DISCIPLINAR

Art. 5º As prescrições deste Regulamento aplicam-se aos militares da Marinha da ativa, da reserva remunerada e aos reformados.

TÍTULO II – DAS CONTRAVENÇÕES DISCIPLINARES

Capítulo I

DEFINIÇÃO E ESPECIFICAÇÃO

Art. 6º Contravenção Disciplinar é toda ação ou omissão contrária às obrigações ou aos deveres militares estatuídos nas leis, nos regulamentos, nas normas e nas disposições em vigor que fundamentam a Organização Militar, desde que não incidindo no que é capitulado pelo Código Penal Militar como crime.

Art. 7º São contravenções disciplinares:

1. dirigir-se ou referir-se a superior de modo desrespeitoso;
2. censurar atos de superior;
3. responder de maneira desatenciosa ao superior;
4. dirigir-se ao superior para tratar de assuntos de serviço ou de caráter particular em inobservância à via hierárquica;
5. deixar o subalterno, quer uniformizado quer trajando à paisana, de cumprimentar o superior quando uniformizado, ou em traje civil, desde que o conheça; ou deixar de prestar-lhe as homenagens e sinais de consideração e respeito previstos nos regulamentos militares;
6. deixar deliberadamente de corresponder ao cumprimento do subalterno;
7. deixar de cumprir ordem recebida da autoridade competente;
8. retardar, sem motivo justo, o cumprimento de ordem recebida de autoridade competente;
9. aconselhar ou concorrer para o não cumprimento de qualquer ordem de autoridade competente ou para o retardamento da sua execução;
10. induzir ou concorrer intencionalmente para que outrem incida em contravenção;
11. deixar de comunicar ao superior a execução de ordem dele recebida;
12. retirar-se da presença do superior sem a sua devida licença ou ordem para fazê-lo;
13. deixar o Oficial presente a solenidade interna ou externa onde se encontrem superiores hierárquicos de apresentar-se ao mais antigo e saudar os demais;

14. deixar, quando estiver sentado, de oferecer seu lugar ao superior, ressalvadas as exceções regulamentares previstas;
▶ Item 14 com a redação dada pelo Dec. nº 1.011, de 22-12-1993.
15. representar contra o superior:
a) sem prévia autorização deste;
b) em inobservância à via hierárquica;
c) em termos desrespeitosos; e
d) empregando argumentos falsos ou envolvendo má-fé,
16. deixar de se apresentar, finda a licença ou cumprimento de pena, aos seus superiores ou a quem deva fazê-lo, de acordo com as normas de serviço da Organização Militar;
17. permutar serviço sem autorização do superior competente;
18. autorizar, promover, tomar parte ou assinar representação ou manifestação coletiva de qualquer caráter contra superior;
19. recusar pagamento, fardamento, equipamento ou artigo de recebimento obrigatório;
20. recusar-se ao cumprimento de castigo imposto;
21. tratar subalterno com injustiça;
22. dirigir-se ou referir-se a subalterno em termos incompatíveis com a disciplina militar;
23. tratar com excessivo rigor preso sob sua guarda;
24. negar licença a subalterno para representar contra ato seu;
25. protelar licença, sem motivo justificável, a subalterno para representar contra ato seu;
26. negar licença, sem motivo justificável, a subalterno para se dirigir a autoridade superior, a fim de tratar dos seus interesses;
27. deixar de punir o subalterno que cometer contravenção, ou de promover sua punição pela autoridade competente;
28. deixar de cumprir ou de fazer cumprir, quando isso lhe competir, qualquer prescrição ou ordem regulamentar;
29. atingir física ou moralmente qualquer pessoa, procurar desacreditá-la ou concorrer para isso, desde que não seja tal atitude enquadrada como crime;
▶ Item 29 com a redação dada pelo Dec. nº 1.011, de 22-12-1993.
30. desrespeitar medidas gerais de ordem policial, embaraçar sua execução ou concorrer para isso;
31. desrespeitar ou desconsiderar autoridade civil;
32. desrespeitar, por palavras ou atos, a religião, as instituições ou os costumes de país estrangeiro em que se achar;
33. faltar à verdade ou omitir informações que possam conduzir à sua apuração;
34. portar-se sem compostura em lugar público;
35. apresentar-se em Organização Militar em estado de embriaguez ou embriagar-se e comportar-se de modo inconveniente ou incompatível com a disciplina militar em Organização Militar;
36. contrair dívidas ou assumir compromissos superiores às suas possibilidades, comprometendo o bom nome da classe;
37. esquivar-se a satisfazer compromissos assumidos de ordem moral ou pecuniária;
38. não atender a advertência de superior para satisfazer débito já reclamado;
39. participar em Organização Militar de jogos proibidos, ou jogar a dinheiro os permitidos;
40. fazer qualquer transação de caráter comercial em Organização Militar;
41. estar fora do uniforme determinado ou tê-lo em desalinho;
42. ser descuidado no asseio do corpo e do uniforme;
43. ter a barba, o bigode, as costeletas, o cavanhaque ou o cabelo fora das normas regulamentares;
▶ Item 43 com a redação dada pelo Dec. nº 1.011, de 22-12-1993.
44. dar, vender, empenhar ou trocar peças de uniformes fornecidas pela União;
45. simular doença;
46. executar intencionalmente mal qualquer serviço ou exercício;
47. ser negligente no desempenho da incumbência ou serviço que lhe for confiado;
48. extraviar ou concorrer para que se extraviem ou se estraguem quaisquer objetos da Fazenda Nacional ou documentos oficiais, estejam ou não sob sua responsabilidade direta;
49. deixar de comparecer ou atender imediatamente à chamada para qualquer exercício, faina, manobra ou formatura;
50. deixar de se apresentar, sem motivo justificado, nos prazos regulamentares, à Organização Militar para que tenha sido transferido e, às autoridades competentes, nos casos de comissões ou serviços extraordinários para que tenha sido nomeado ou designado;
51. deixar de participar, em tempo, à autoridade a que estiver diretamente subordinado, a impossibilidade de comparecer à Organização Militar ou a qualquer ato de serviço a que esteja obrigado a participar ou a que tenha que assistir;
52. faltar ou chegar atrasado, sem justo motivo, a qualquer ato ou serviço de que deva participar ou a que deva assistir;
53. ausentar-se sem a devida autorização da Organização Militar onde serve ou do local onde deva permanecer;
54. ausentar-se sem a devida autorização da sede da Organização Militar onde serve;
55. deixar de regressar à hora determinada à Organização Militar onde serve;
56. exceder a licença;
57. deixar de comunicar à Organização Militar onde serve mudança de endereço domiciliar;
58. contrair matrimônio em desacordo com a legislação em vigor;
59. deixar de se identificar quando solicitado por quem de direito;
60. transitar sem ter em seu poder documento atualizado comprobatório de identidade;
61. trajar à paisana em condições que não as permitidas pelas disposições em vigor;
62. permanecer em Organização Militar em traje civil, contrariando instruções em vigor;
63. conversar com sentinela, vigia, plantão, ou, quando não autorizado, com preso;

64. conversar, sentar-se ou fumar, estando de serviço, quando não for permitido pelas normas e disposições da Organização Militar;

▶ Itens 63 e 64 com a redação dada pelo Dec. nº 1.011, de 22-12-1993.

65. fumar em lugares onde seja proibido fazê-lo, em ocasião não permitida, ou em presença de superior que não seja do seu círculo, exceto quando dele tenha obtido licença;
66. penetrar nos aposentos de superior, em paióis e outros lugares reservados, sem a devida permissão ou ordem para fazê-lo;
67. entrar ou sair da Organização Militar por acesso que não o determinado;
68. introduzir clandestinamente bebidas alcoólicas em Organização Militar;
69. introduzir clandestinamente matérias inflamáveis, explosivas, tóxicas ou outras, em Organização Militar, pondo em risco sua segurança, e desde que não seja tal atitude enquadrada como crime;
70. introduzir ou estar de posse em Organização Militar de publicações prejudiciais à moral e à disciplina;
71. introduzir ou estar de posse em Organização Militar de armas ou instrumentos proibidos;
72. portar arma sem autorização legal ou ordem escrita de autoridade competente;
73. dar toques, fazer sinais, içar ou arriar a bandeira nacional ou insígnias, disparar qualquer arma sem ordem;
74. conversar ou fazer ruído desnecessário por ocasião de faina, manobra, exercício ou reunião para qualquer serviço;
75. deixar de comunicar em tempo hábil ao seu superior imediato ou a quem de direito o conhecimento que tiver de qualquer fato, que possa comprometer a disciplina ou a segurança da Organização Militar, ou afetar os interesses da Segurança Nacional;
76. ser indiscreto em relação a assuntos de caráter oficial, cuja divulgação possa ser prejudicial à disciplina ou à boa ordem do serviço;
77. discutir pela imprensa ou por qualquer outro meio de publicidade, sem autorização competente, assunto militar, exceto de caráter técnico não sigiloso e que não se refira à Defesa ou à Segurança Nacional;
78. manifestar-se publicamente a respeito de assuntos políticos ou tomar parte fardado em manifestações de caráter político-partidário;
79. provocar ou tomar parte em Organização Militar em discussão a respeito de política ou religião;
80. faltar com o respeito devido, por ação ou omissão, a qualquer dos símbolos nacionais, desde que em situação não considerada como crime;
81. fazer uso indevido de viaturas, embarcações ou aeronaves pertencentes à Marinha, desde que o ato não constitua crime;
82. disparar arma em Organização Militar por imprudência ou negligência;
83. concorrer para a discórdia ou desarmonia ou cultivar inimizades entre os militares ou seus familiares; e
84. disseminar boatos ou notícias tendenciosas.

Parágrafo único. São também consideradas contravenções disciplinares todas as omissões do dever militar não especificadas no presente artigo, desde que não qualificadas como crimes nas leis penais militares, cometidas contra preceitos de subordinação e regras de serviço estabelecidos nos diversos regulamentos militares e determinações das autoridades superiores competentes.

Capítulo II

DA NATUREZA DAS CONTRAVENÇÕES E SUAS CIRCUNSTÂNCIAS

Art. 8º As contravenções disciplinares são classificadas em graves e leves – conforme o dano – grave ou leve – que causarem à disciplina ou ao serviço, em virtude da sua natureza intrínseca, ou das consequências que delas advierem, ou puderem advir, pelas circunstâncias em que forem cometidas.

Art. 9º No concurso de crime militar e de contravenção disciplinar, ambos de idêntica natureza, será aplicada somente a penalidade relativa ao crime.

Parágrafo único. No caso de descaracterização de crime para contravenção disciplinar, esta deverá ser julgada pela autoridade a que o contraventor estiver subordinado.

Art. 10. São circunstâncias agravantes da contravenção disciplinar:

a) acúmulo de contravenções simultâneas e correlatas;
b) reincidência;
c) conluio de duas ou mais pessoas;
d) premeditação;
e) ter sido praticada com ofensa à honra e ao pundonor militar;
f) ter sido praticada durante o serviço ordinário ou com prejuízo do serviço;
g) ter sido cometida estando em risco a segurança da Organização Militar;
h) maus antecedentes militares;
i) ter o contraventor abusado da sua autoridade hierárquica ou funcional; e
j) ter cometido a falta em presença de subordinado.

Art. 11. São circunstâncias atenuantes da contravenção disciplinar:

a) bons antecedentes militares;
b) idade menor de 18 anos;
c) tempo de serviço militar menor de seis meses;
d) prestação anterior de serviços relevantes já reconhecidos;
e) tratamento em serviço ordinário com rigor não autorizado pelos regulamentos militares; e
f) provocação.

Art. 12. São circunstâncias justificativas ou dirimentes da contravenção disciplinar:

a) ignorância plenamente comprovada de ordem transgredida;
b) força maior ou caso fortuito plenamente comprovado;
c) evitar mal maior ou dano ao serviço ou à ordem pública;
d) ordem de superior hierárquico; e
e) legítima defesa, própria ou de outrem.

TÍTULO III – DAS PENAS DISCIPLINARES

Capítulo I
DA CLASSIFICAÇÃO E EXTENSÃO

Art. 13. As contravenções definidas e classificadas no título anterior serão punidas com penas disciplinares.

Art. 14. As penas disciplinares são as seguintes:

a) para Oficiais da ativa:
1. repreensão;
2. prisão simples, até 10 dias; e
3. prisão rigorosa, até 10 dias;

b) para Oficiais da reserva que exerçam funções de atividade:
1. repreensão;
2. prisão simples, até 10 dias;
3. prisão rigorosa, até 10 dias; e
4. dispensa das funções de atividade;

c) para os Oficiais da reserva remunerada não compreendidos na alínea anterior e os reformados:
1. repreensão;
2. prisão simples, até 10 dias; e
3. prisão rigorosa, até 10 dias;

d) para Suboficiais:
1. repreensão;
2. prisão simples, até 10 dias;
3. prisão rigorosa, até 10 dias; e
4. exclusão do serviço ativo, a bem da disciplina;

e) para Sargentos:
1. repreensão;
2. impedimento, até 30 dias;
3. prisão simples, até 10 dias;
4. prisão rigorosa, até 10 dias; e
5. licenciamento ou exclusão do serviço ativo, a bem da disciplina;

f) para Cabos, Marinheiros e Soldados:
1. repreensão;
2. impedimento, até 30 dias;
3. serviço extraordinário, até 10 dias;
4. prisão simples, até 10 dias;
5. prisão rigorosa, até 10 dias; e
6. licenciamento ou exclusão do serviço ativo, a bem da disciplina.

Parágrafo único. Às Praças da reserva ou reformados aplicam-se as mesmas penas estabelecidas neste artigo, de acordo com a respectiva graduação.

Art. 15. Não será considerada como pena a admoestação que o superior fizer ao subalterno, mostrando-lhe irregularidade praticada no serviço ou chamando sua atenção para fato que possa trazer como consequência uma contravenção.

Art. 16. Não será considerado como pena o recolhimento em compartimento fechado, com ou sem sentinela, nem a aplicação de camisa de força, algemas ou outro meio de coerção física, de quem for atacado de loucura ou excitação violenta.

▶ Súm. Vinc. nº 11 do STF.

Art. 17. Por uma única contravenção não pode ser aplicada mais de uma punição.

Art. 18. A punição disciplinar não exime o punido da responsabilidade civil que lhe couber.

Capítulo II
DA COMPETÊNCIA E JURISDIÇÃO PARA IMPOSIÇÃO

Art. 19. Têm competência para impor penas disciplinares as seguintes autoridades:

a) a todos os militares da Marinha:
– o Presidente da República e o Ministro da Marinha;

b) aos seus comandados ou aos que servem sob sua direção ou ordem:
– o Chefe, Vice-Chefe e Subchefes do Estado-Maior da Armada;
– o Comandante, Chefe do Estado-Maior e os Subchefes do Comando de Operações Navais;
– o Secretário-Geral da Marinha;
– os Diretores-Gerais;
– o Comandante-Geral do Corpo de Fuzileiros Navais;
– os Comandantes dos Distritos Navais ou de Comando Naval;
– os Comandantes de Forças Navais, Aeronavais e de Fuzileiros Navais;
– os Presidentes e Encarregados de Organizações Militares;
– os Diretores dos Órgãos do Setor de Apoio;
– o Comandante de Apoio do CFN;
– os Comandantes de Navios e Unidades de Tropa;
– os Diretores de Estabelecimentos de Apoio ou Ensino;
– os Chefes de Gabinete; e
– os Capitães dos Portos e seus Delegados; e

c) nos casos em que a Direção ou Chefia de Estabelecimento ou Repartição for exercida por servidor civil:
– Oficial da ativa, mais antigo da OM.

▶ Alínea c acrescida pelo Dec. nº 93.665, de 9-12-1986.

§ 1º Os Almirantes poderão delegar esta competência, no todo ou em parte, a Oficiais subordinados.

§ 2º Os Comandantes de Força observarão a competência preconizada na Ordenança Geral para o Serviço da Armada.

§ 3º A pena de licenciamento e exclusão do serviço ativo da Marinha será imposta pelo Ministro da Marinha ou por autoridade que dele tenha recebido delegação de competência.

§ 4º A pena de licenciamento do serviço ativo da Marinha *ex officio*, a bem da disciplina, será aplicada às Praças prestando serviço militar inicial pelo Comandante de Distrito Naval ou do Comando Naval onde ocorreu a incorporação, de acordo com o Regulamento da Lei do Serviço Militar.

§ 5º A pena de dispensa das funções de atividade será imposta privativamente pelo Ministro da Marinha.

§ 6º Os Comandantes dos Distritos Navais ou de Comando Naval têm competência, ainda, para aplicar punição aos militares da reserva remunerada ou reformados que residem ou exercem atividades na área de jurisdição do respectivo Comando, respeitada a precedência hierárquica.

Art. 20. Quando duas autoridades, ambas com jurisdição disciplinar sobre o contraventor, tiverem conhecimento da falta, caberá o julgamento à autoridade mais antiga, ou à mais moderna, se o seu superior assim o determinar.

Parágrafo único. A autoridade mais moderna deverá manter o mais antigo informado a respeito da falta, dos esclarecimentos que se fizerem necessários, bem como, quando julgar a falta, participar a pena imposta e os motivos que orientaram sua disposição.

CAPÍTULO III

DO CUMPRIMENTO

Art. 21. A repreensão consistirá na declaração formal de que o contraventor é assim punido por haver cometido determinada contravenção, podendo ser aplicada em particular ou não.

§ 1º Quando em particular, será aplicada diretamente pelo superior que a impuser; verbalmente, na presença única do contraventor; por escrito, em ofício reservado a ele dirigido.

§ 2º Quando pública, será aplicada pelo superior, ou por sua delegação:

a) verbalmente:

1. ao Oficial: na presença de Oficiais do mesmo posto ou superiores;
2. ao Suboficial: nos círculos de Oficiais e Suboficiais;
3. ao Sargento: nos círculos de Oficiais, Suboficiais e Sargentos; e
4. às Praças de graduação inferior a Sargento: em formatura da guarnição, ou parte dela, a que pertencer o contraventor;

b) por escrito, em documento do qual será dado conhecimento aos mesmos círculos acima indicados.

Art. 22. A pena de impedimento obriga o contraventor a permanecer na Organização Militar, sem prejuízo de qualquer serviço que lhe competir.

Art. 23. A pena de serviço extraordinário consistirá no desempenho pelo contraventor de qualquer serviço interno, inclusive faina, em dias e horas em que não lhe competir esse serviço.

Art. 24. A pena de prisão simples consiste no recolhimento:

a) do Oficial, Suboficial ou Sargento na Organização Militar ou outro local determinado, sem prejuízo do serviço interno que lhe couber;
b) da Praça, à sua coberta na Organização Militar ou outro local determinado, sem prejuízo dos serviços internos que lhe couberem, salvo os de responsabilidade e confiança.

Art. 25. A pena de prisão rigorosa consiste no recolhimento:

a) do Oficial, Suboficial ou Sargento aos recintos que na Organização Militar forem destinados ao uso do seu círculo;
b) da Praça, à prisão fechada.

§ 1º Quando na Organização Militar não houver lugar ou recinto apropriado ao cumprimento da prisão rigorosa com a necessária segurança ou em boas condições de higiene, o Comandante ou autoridade equivalente solicitará que esse cumprimento seja feito em outra Organização Militar em que isto seja possível.

§ 2º A critério da autoridade que as impôs, as penas de prisão simples e prisão rigorosa poderão ser cumpridas pelas Praças como determina o art. 22, computando-se dois (2) dias de impedimento para cada dia de prisão simples e três (3) dias de impedimento para cada dia de prisão rigorosa.

§ 3º Não será considerada agravação da pena deste artigo a reclusão do Oficial, Suboficial ou Sargento a camarote, com ou sem sentinela, quando sua liberdade puder causar dano à ordem ou à disciplina.

CAPÍTULO IV

DAS NORMAS PARA IMPOSIÇÃO

Art. 26. Nenhuma pena será imposta sem ser ouvido o contraventor e serem devidamente apurados os fatos.

§ 1º Normalmente, a pena deverá ser imposta dentro do prazo de 48 horas, contado do momento em que a contravenção chegou ao conhecimento da autoridade que tiver que impô-la.

§ 2º O Oficial que lançou a contravenção disciplinar em Livro de Registro de Contravenções deverá dar conhecimento dos seus termos à referida Praça, antes do julgamento da mesma.

§ 3º Quando houver necessidade de maiores esclarecimentos sobre a contravenção, a autoridade mandará proceder a sindicância ou, se houver indício de crime a inquérito, de acordo com as normas e prazos legais.

§ 4º Durante o período de sindicância de que trata o parágrafo anterior, o contraventor poderá ficar detido na Organização Militar ou em qualquer outro local que seja determinado.

§ 5º Os militares detidos para averiguação de contravenções disciplinares não devem comparecer a exercícios ou fainas, nem executar serviço algum.

§ 6º A prisão ou detenção de qualquer militar e o local onde se encontra deverão ser comunicados imediatamente à sua família ou à pessoa por ele indicada, de acordo com a Constituição Federal.

▶ §§ 2º a 6º com a redação dada pelo Dec. nº 1.011, de 22-12-1993.

§ 7º Nenhum contraventor será interrogado se desprovido da plena capacidade de entender o caráter contravencional de sua ação ou omissão, devendo, nessa situação, ser recolhido a prisão, em benefício da manutenção da ordem ou da sua própria segurança.

▶ § 7º acrescido pelo Dec. nº 1.011, de 22-12-1993.

Art. 27. A autoridade julgará com imparcialidade e isenção de ânimo a gravidade da contravenção, sem condescendência ou rigor excessivo, levando em conta as circunstâncias justificativas ou atenuantes, em face das disposições deste Regulamento e tendo sempre em vista os acontecimentos e a situação pessoal do contraventor.

Art. 28. Toda pena disciplinar, exceto repreensão verbal, será imposta na forma abaixo:

a) para Oficiais e Suboficiais: mediante ordem de serviço que contenha resumo do histórico da falta, seu enquadramento neste Regulamento, as circunstâncias atenuantes ou agravantes e a pena imposta; e
b) para Sargentos e demais Praças: mediante lançamento nos respectivos Livros de Registro de Contravenções, onde constará o histórico da falta, seu enquadramento neste Regulamento, as circunstâncias atenuantes ou agravantes e a pena imposta.

Art. 29. Quando o contraventor houver cometido contravenções simultâneas mas não correlatas, ser-lhe-ão impostas penas separadamente.

Parágrafo único. Se essas penas consistirem em prisão rigorosa e seu total exceder o máximo fixado no art. 14, serão cumpridas em parcelas não maiores do que esse prazo, com intervalos de cinco dias.

Art. 30. A pena de licenciamento *ex officio* do Serviço Ativo da Marinha, a bem da disciplina, será imposta às Praças com estabilidade assegurada, como disposto no Estatuto dos Militares e nos Regulamentos do Corpo de Praças da Armada e do Corpo de Praças do Corpo de Fuzileiros Navais.

Art. 31. A pena de exclusão do serviço da Marinha será imposta:

a) a bem da disciplina ou por conveniência do serviço;
b) por incapacidade moral.

§ 1º A bem da disciplina ou por conveniência do serviço, a pena será imposta sempre que a Praça, de graduação inferior a Suboficial, houver sido punida no espaço de um ano com trinta dias de prisão rigorosa ou quando for julgado merecê-la por um Conselho de Disciplina, por má conduta habitual ou inaptidão profissional.

§ 2º Por incapacidade moral, será imposta quando houver cometido ato julgado aviltante ou infamante por um Conselho de Disciplina.

Art. 32. A pena de exclusão do Serviço Ativo da Marinha a bem da disciplina será aplicada *ex officio* às Praças com estabilidade assegurada, como disposto no Estatuto dos Militares.

Art. 33. O licenciamento *ex officio* e a exclusão do Serviço Ativo da Marinha a bem da disciplina inabilitam o militar para exercer cargo, função ou emprego na Marinha.

Parágrafo único. A sua situação posterior relativa à Reserva será determinada pela Lei do Serviço Militar e pelo Estatuto dos Militares.

Capítulo V

DA CONTAGEM DO TEMPO DE PUNIÇÃO

Art. 34. O tempo que durar o impedimento de que trata o art. 26, § 3º, será levado em conta:

a) integralmente para o cumprimento de penas de impedimento;
b) na razão de 1/2 para as de prisão simples; e
c) na razão de 1/3 para as de prisão rigorosa.

Art. 35. O tempo passado em hospitais (doentes hospitalizados) não será computado para cumprimento de pena disciplinar.

Capítulo VI

DO REGISTRO E DA TRANSCRIÇÃO

Art. 36. Para o registro das contravenções cometidas e penas impostas, haverá nas Organizações Militares dois livros numerados e rubricados pelo Comandante ou por quem dele haja recebido delegação, sendo um para os Sargentos e outro para as demais Praças.

Art. 37. Todas as penas impostas, exceto repreensões em particular, serão transcritas nos assentamentos do contraventor, logo após o seu cumprimento ou a solução de recursos interpostos.

§ 1º Para Sargentos e demais Praças, esta transcrição será feita na Caderneta Registro, independentemente de ordem superior.

§ 2º Para Oficiais e Suboficiais cópia da Ordem de Serviço que publicou a punição será remetida à DPMM ou ao CApCFN, conforme o caso, a fim de ser anexada aos documentos de informação referentes ao oficial ou suboficial punido.

▶ § 2º com a redação dada pelo Dec. nº 94.387, de 29-5-1987.

§ 3º A transcrição conterá o resumo do histórico da falta cometida e a pena imposta.

Capítulo VII

DA ANULAÇÃO, ATENUAÇÃO, AGRAVAMENTO, RELEVAMENTO E CANCELAMENTO

▶ Denominação do Capítulo dada pelo Dec. nº 94.387, de 29-5-1987.

Art. 38. O disposto no art. 19 não inibe a autoridade superior na Cadeia de Comando de tomar conhecimento *ex officio* de qualquer contravenção e julgá-la de acordo com as normas deste Regulamento, ou reformar o julgamento de autoridade inferior, anulando, atenuando, agravando a pena imposta, ou ainda relevando o seu cumprimento.

▶ *Caput* com a redação dada pelo Dec. nº 94.387, de 29-5-1987.

§ 1º A revisão do julgamento poderá ocorrer até cento e vinte dias após a data da sua imposição. Fora desse prazo só poderá ser feita, privativamente, pelo Ministro da Marinha.

§ 2º Quando já tiver havido transcrição da pena nos assentamentos, será dado conhecimento à DPMM ou ao, CApCFN, conforme o caso, para efeito de cancelamento ou alteração.

▶ §§ 1º e 2º com a redação dada pelo Dec. nº 94.387, de 29-5-1987.

§ 3º A competência para relevar o cumprimento da pena é atribuição das mesmas autoridades citadas nas alíneas *a* e *b* do art. 19, cada uma quanto às punições que houver imposto, ou quanto às aplicadas pelos seus subordinados. Esse relevamento poderá ser aplicado:

a) por motivo de serviços relevantes prestados à Nação pelo contraventor, privativamente, pelo Presidente da República e pelo Ministro da Marinha; e
b) por motivo de gala nacional ou passagem de Chefia, Comando ou Direção, quando o contraventor já houver cumprido pelo menos metade da pena.

▶ § 3º acrescido pelo Dec. nº 94.387, de 29-5-1987.

Art. 39. Poderá ser concedido ao militar o cancelamento de punições disciplinares que lhe houverem sido impostas *ex officio* ou mediante requerimento do interessado, desde que satisfaça as seguintes condições simultaneamente:

▶ Caput com a redação dada pelo Dec. nº 94.387, de 29-5-1987.

a) não ter sido a falta cometida atentatória à honra pessoal, ao pundonor militar ou ao decoro da classe;

▶ Alínea a acrescidas pelo Dec. nº 94.387, de 29-5-1987.

b) haver decorrido o prazo de cinco anos de efetivo serviço, sem qualquer punição, a contar da data do cumprimento da última pena.

▶ Alínea b com a redação dada pelo Dec. nº 1.011, de 22-12-1993.

c) ter bons serviços prestados no período acima, mediante análise de suas folhas de alterações; e

d) ter parecer favorável de seu Chefe, Comandante ou Diretor.

▶ Alíneas c e d acrescidas pelo Dec. nº 94.387, de 29-5-1987.

§ 1º O militar, cujas punições disciplinares tenham sido canceladas, poderá concorrer, a partir da data do ato de cancelamento, em igualdade de condições com seus pares em qualquer situação da carreira.

§ 2º Além das autoridades mencionadas na letra a do art. 19, a competência para autorizar o cancelamento de punições cabe aos Oficiais-Generais em cargo de Chefia, Comando ou Direção, obedecendo-se à Cadeia de Comando do interessado, não podendo ser delegada.

§ 3º A autoridade que conceder o cancelamento da punição deverá comunicar tal fato à DPMM ou CApCFN, conforme o caso.

§ 4º O cancelamento concedido não produzirá efeitos retroativos, para quaisquer fins de carreira.

▶ §§ 1º a 4º acrescidos pelo Dec. nº 94.387, de 29-5-1987.

TÍTULO IV – DA PARTE, PRISÃO IMEDIATA E RECURSOS

Capítulo I

DA PARTE E DA PRISÃO IMEDIATA

Art. 40. Todo superior que tiver conhecimento, direto ou indireto, de contravenção cometida por qualquer subalterno deverá dar parte escrita do fato à autoridade sob cujas ordens estiver, a fim de que esta puna ou remeta a parte à autoridade sob cujas ordens estiver o contraventor, para o mesmo fim.

Parágrafo único. Servindo superior e subalterno na mesma Organização Militar e sendo o subalterno Praça de graduação inferior a Suboficial, será efetuado o lançamento da parte no Livro de Registro de Contravenções Disciplinares.

Art. 41. O superior deverá também dar voz de prisão imediata ao contraventor e fazê-lo recolher-se à sua Organização Militar quando a contravenção ou suas circunstâncias assim o exigirem, a bem da ordem pública, da disciplina ou da regularidade do serviço.

Parágrafo único. Essa voz de prisão será dada em nome da autoridade a que o contraventor estiver diretamente subordinado, ou, quando esta for menos graduada ou antiga do que quem dá a voz, em nome da que se lhe seguir em escala ascendente. Caso o contraventor se recuse a declarar a Organização Militar em que serve, a voz de prisão será dada em nome do Comandante do Distrito Naval ou do Comando Naval em cuja jurisdição ocorrer a prisão.

Art. 42. O superior que houver agido de acordo com os arts. 40 e 41 terá cumprido seu dever e resguardada sua responsabilidade. A solução que for dada à sua parte pela autoridade superior é de inteira e exclusiva responsabilidade desta, devendo ser adotada dentro dos prazos previstos neste Regulamento e comunicada ao autor da parte.

Parágrafo único. A quem deu parte assiste o direito de pedir à respectiva autoridade, dentro de oito dias úteis, pelos meios legais, a reconsideração da solução, se julgar que esta deprime sua pessoa ou a dignidade de seu posto, não podendo o pedido ficar sem despacho. Para tanto, a autoridade que aplicar a pena disciplinar deverá comunicar ao autor da parte a punição efetivamente imposta e o enquadramento neste Regulamento, com as circunstâncias atenuantes ou agravantes que envolveram o ato do contraventor.

Art. 43. O subalterno preso nas condições do art. 41 só poderá ser solto por determinação da autoridade a cuja ordem foi feita a prisão, ou de autoridade superior a ela.

Art. 44. Esta prisão, de caráter preventivo, será cumprida como determina o art. 24.

Capítulo II

DOS RECURSOS

Art. 45. Àquele a quem for imposta pena disciplinar será facultado solicitar reconsideração da punição à autoridade que a aplicou, devendo esta apreciar e decidir sobre a mesma dentro de oito dias úteis, contados do recebimento do pedido.

Art. 46. Àquele a quem for imposta pena disciplinar poderá, verbalmente ou por escrito, por via hierárquica e em termos respeitosos, recorrer à autoridade superior à que a impôs, pedindo sua anulação ou modificação, com prévia licença da mesma autoridade.

§ 1º O recurso deve ser interposto após o cumprimento da pena e dentro do prazo de oito dias úteis.

§ 2º Da solução de um recurso só cabe a interposição de novos recursos às autoridades superiores, até o Ministro da Marinha.

§ 3º Contra decisão do Ministro da Marinha, o único recurso admissível é o pedido de reconsideração a essa mesma autoridade.

§ 4º Quando a punição disciplinar tiver sido imposta pelo Ministro da Marinha, caberá interposição de recurso ao Presidente da República, nos termos definidos no presente artigo.

Art. 47. O recurso deve ser remetido à autoridade a quem dirigido, dentro do prazo de oito dias úteis, devidamente informado pela autoridade que tiver imposto a pena.

Art. 48. A autoridade a quem for dirigido o recurso deve conhecer do mesmo sem demora, procedendo ou mandando proceder às averiguações necessárias para resolver a questão com justiça.

Parágrafo único. No caso de delegação, para proceder a estas averiguações será nomeado um Oficial de posto superior ao do recorrente.

Art. 49. Se o recurso for julgado inteiramente procedente, a punição será anulada e cancelado tudo quanto a ela se referir; se apenas em parte, será modificada a pena.

Parágrafo único. Se o recurso fizer referência somente aos termos em que foi aplicada a punição e parecer à autoridade que os mesmos devem ser modificados, ordenará que isso se faça, indicando a nova forma a ser usada.

TÍTULO V – DISPOSIÇÕES GERAIS

Art. 50. Aos Guardas-Marinha, Aspirantes, Alunos do Colégio Naval e Aprendizes-Marinheiros serão aplicados, quando na Escola Naval, Colégio Naval ou nas Escolas de Aprendizes, as penas estabelecidas nos respectivos regulamentos, e mais as escolares previstas para faltas de aproveitamento; quando embarcados, as que este Regulamento determina para Oficiais e Praças, conforme o caso.

Art. 51. O militar sob prisão rigorosa fica inibido de ordenar serviços aos seus subalternos ou subordinados, mas não perde o direito de precedência às honras e prerrogativas inerentes ao seu posto ou graduação.

Art. 52. Os Comandantes de Organizações Militares farão com que seus respectivos médicos ou requisitados para tal visitem com frequência os locais destinados à prisão fechada, a fim de proporem, por escrito, medidas que resguardem a saúde dos presos e higiene dos mesmos locais.

Art. 53. Os artigos deste Regulamento que definem as contravenções e estabelecem as penas disciplinares devem ser periodicamente lidos e explicados à guarnição.

Art. 54. A jurisdição disciplinar, quando erroneamente aplicada, não impede nem restringe a ação judicial militar.

Maximiano Eduardo da Silva Fonseca
Ministro da Marinha

LEI Nº 7.170, DE 14 DE DEZEMBRO DE 1983

Define os crimes contra a segurança nacional, a ordem política e social, estabelece seu processo e julgamento e dá outras providências.

▶ Publicada no *DOU* de 15-12-1983.

TÍTULO I – DISPOSIÇÕES GERAIS

Art. 1º Esta Lei prevê os crimes que lesam ou expõem a perigo de lesão:

I – a integridade territorial e a soberania nacional;

II – o regime representativo e democrático, a Federação e o Estado de Direito;

III – a pessoa dos chefes dos Poderes da União.

Art. 2º Quando o fato estiver também previsto como crime no Código Penal, no Código Penal Militar ou em Leis especiais, levar-se-ão em conta, para a aplicação desta Lei:

I – a motivação e os objetivos do agente;

II – a lesão real ou potencial aos bens jurídicos mencionados no artigo anterior.

Art. 3º Pune-se a tentativa com a pena correspondente ao crime consumado, reduzida de um a dois terços, quando não houver expressa previsão e cominação específica para a figura tentada.

▶ Art. 14, II, parágrafo único, do CP.
▶ Art. 30, II, parágrafo único, do CPM.

Parágrafo único. O agente que, voluntariamente, desiste de prosseguir na execução, ou impede que o resultado se produza, só responde pelos atos já praticados.

▶ Art. 15 do CP.
▶ Art. 31 do CPM.

Art. 4º São circunstâncias que sempre agravam a pena, quando não elementares do crime:

▶ Art. 61 do CP.
▶ Art. 70 do CPM.

I – ser o agente reincidente;

▶ Arts. 61, I, e 63 do CP.
▶ Arts. 70, I, e 71 do CPM.

II – ter o agente:

a) praticado o crime com o auxílio, de qualquer espécie, de governo, organização internacional ou grupos estrangeiros;

b) promovido, organizado ou dirigido a atividade dos demais, no caso do concurso de agentes.

▶ Art. 62 do CP.
▶ Art. 53, § 2º, I, do CPM.

Art. 5º Em tempo de paz, a execução da pena privativa da liberdade, não superior a dois anos, pode ser suspensa, por dois a seis anos, desde que:

▶ Arts. 77 a 82 do CP.
▶ Arts. 84 a 88 do CPM.

I – o condenado não seja reincidente em crime doloso, salvo o disposto no § 1º do artigo 71 do Código Penal Militar;

II – os seus antecedentes e personalidade, os motivos e as circunstâncias do crime, bem como sua conduta posterior, autorizem a presunção de que não tornará a delinquir.

Parágrafo único. A sentença especificará as condições a que fica subordinada a suspensão.

Art. 6º Extingue-se a punibilidade dos crimes previstos nesta Lei:

▶ Art. 107 do CP.
▶ Art. 123 do CPM.

I – pela morte do agente;

▶ Art. 107, I, do CP.
▶ Art. 123, I, do CPM.

II – pela anistia ou indulto;
- Art. 107, II, do CP.
- Art. 123, II, do CPM.

III – pela retroatividade da lei que não mais considera o fato como criminoso;
- Art. 107, III, do CP.
- Art. 123, III, do CPM.

IV – pela prescrição.
- Art. 107, IV, do CP.
- Art. 123, IV, do CPM.

Art. 7º Na aplicação desta Lei, observar-se-á, no que couber, a Parte Geral do Código Penal Militar e, subsidiariamente, a sua Parte Especial.

Parágrafo único. Os menores de dezoito anos são penalmente inimputáveis, ficando sujeitos às normas estabelecidas na legislação especial.
- Art. 228 da CF.
- Art. 27 do CP.
- Art. 52 do CPM.

TÍTULO II – DOS CRIMES E DAS PENAS

Art. 8º Entrar em entendimento ou negociação com governo ou grupo estrangeiro, ou seus agentes, para provocar guerra ou atos de hostilidade contra o Brasil.

Pena – reclusão, de três a quinze anos.

Parágrafo único. Ocorrendo a guerra ou sendo desencadeados os atos de hostilidade, a pena aumenta-se até o dobro.

Art. 9º Tentar submeter o Território Nacional, ou parte dele, ao domínio ou à soberania de outro País.

Pena – reclusão, de quatro a vinte anos.

Parágrafo único. Se do fato resulta lesão corporal grave, a pena aumenta-se até um terço; se resulta morte, aumenta-se até a metade.

Art. 10. Aliciar indivíduos de outro País para invasão do Território Nacional.

Pena – reclusão, de três a dez anos.

Parágrafo único. Ocorrendo a invasão, a pena aumenta-se até o dobro.

Art. 11. Tentar desmembrar parte do Território Nacional para constituir País independente.

Pena – reclusão, de quatro a doze anos.

Art. 12. Importar ou introduzir, no Território Nacional, por qualquer forma, sem autorização da autoridade Federal competente, armamento ou material militar privativo das Forças Armadas.

Pena – reclusão, de três a dez anos.

Parágrafo único. Na mesma pena incorre quem, sem autorização legal, fabrica, vende, transporta, recebe, oculta, mantém em depósito ou distribui o armamento ou material militar de que trata este artigo.

Art. 13. Comunicar, entregar ou permitir a comunicação ou a entrega, a governo ou grupo estrangeiro, ou a organização ou grupo de existência ilegal, de dados, documentos ou cópias de documentos, planos, códigos, cifras ou assuntos que, no interesse do Estado brasileiro, são classificados como sigilosos.

Pena – reclusão, de três a quinze anos.

Parágrafo único. Incorre na mesma pena quem:

I – com o objetivo de realizar os atos previstos neste artigo, mantém serviço de espionagem ou dele participa;

II – com o mesmo objetivo, realiza atividade aerofotográfica ou de sensoreamento remoto, em qualquer parte do Território Nacional;

III – oculta ou presta auxílio a espião, sabendo-o tal, para subtraí-lo à ação da autoridade pública;

IV – obtém ou revela, para fim de espionagem, desenhos, projetos, fotografias, notícias ou informações a respeito de técnicas, de tecnologias, de componentes, de equipamentos, de instalações ou de sistemas de processamento automatizado de dados, em uso ou em desenvolvimento no País, que, reputados essenciais para a sua defesa, segurança ou economia, devem permanecer em segredo.

Art. 14. Facilitar, culposamente, a prática de qualquer dos crimes previstos nos artigos 12 e 13, e seus parágrafos.

Pena – detenção, de um a cinco anos.

Art. 15. Praticar sabotagem contra instalações militares, meios de comunicações, meios e vias de transporte, estaleiros, portos, aeroportos, fábricas, usinas, barragens, depósitos e outras instalações congêneres.

Pena – reclusão, de três a dez anos.

§ 1º Se do fato resulta:

a) lesão corporal grave, a pena aumenta-se até a metade;
b) dano, destruição ou neutralização de meios de defesa ou de segurança; paralisação, total ou parcial, de atividade ou serviços públicos reputados essenciais para a defesa, a segurança ou a economia do País, a pena aumenta-se até o dobro;
c) morte, a pena aumenta-se até o triplo.

§ 2º Punem-se os atos preparatórios de sabotagem com a pena deste artigo reduzida de dois terços, se o fato não constitui crime mais grave.

Art. 16. Integrar ou manter associação, partido, comitê, entidade de classe ou grupamento que tenha por objetivo a mudança do regime vigente ou do Estado de Direito, por meios violentos ou com emprego de grave ameaça.

Pena – reclusão, de um a cinco anos.

Art. 17. Tentar mudar, com emprego de violência ou grave ameaça, a ordem, o regime vigente ou o Estado de Direito.

Pena – reclusão, de três a quinze anos.

Parágrafo único. Se do fato resulta lesão corporal grave, a pena aumenta-se até a metade; se resulta morte, aumenta-se até o dobro.

Art. 18. Tentar impedir, com emprego de violência ou grave ameaça, o livre exercício de qualquer dos Poderes da União ou dos Estados.

Pena – reclusão, de dois a seis anos.

Art. 19. Apoderar-se ou exercer o controle de aeronave, embarcação ou veículo de transporte coletivo, com emprego de violência ou grave ameaça à tripulação ou a passageiros.

Pena – reclusão, de dois a dez anos.

Parágrafo único. Se do fato resulta lesão corporal grave, a pena aumenta-se até o dobro; se resulta morte, aumenta-se até o triplo.

Art. 20. Devastar, saquear, extorquir, roubar, sequestrar, manter em cárcere privado, incendiar, depredar, provocar explosão, praticar atentado pessoal ou atos de terrorismo, por inconformismo político ou para obtenção de fundos destinados à manutenção de organizações políticas clandestinas ou subversivas.

Pena – reclusão, de três a dez anos.

Parágrafo único. Se do fato resulta lesão corporal grave, a pena aumenta-se até o dobro; se resulta morte, aumenta-se até o triplo.

Art. 21. Revelar segredo obtido em razão de cargo, emprego ou função pública, relativamente a planos, ações ou operações militares ou policiais contra rebeldes, insurretos ou revolucionários.

Pena – reclusão, de dois a dez anos.

Art. 22. Fazer, em público, propaganda:

I – de processos violentos ou ilegais para alteração da ordem política ou social;

II – de discriminação racial, de luta pela violência entre as classes sociais, de perseguição religiosa;

III – de guerra;

IV – de qualquer dos crimes previstos nesta Lei.

Pena – detenção, de um a quatro anos.

§ 1º A pena é aumentada de um terço quando a propaganda for feita em local de trabalho ou por meio de rádio ou televisão.

§ 2º Sujeita-se à mesma pena quem distribui ou redistribui:

a) fundos destinados a realizar a propaganda de que trata este artigo;

b) ostensiva ou clandestinamente boletins ou panfletos contendo a mesma propaganda.

§ 3º Não constitui propaganda criminosa a exposição, a crítica ou o debate de quaisquer doutrinas.

Art. 23. Incitar:

I – à subversão da ordem política ou social;

II – à animosidade entre as Forças Armadas ou entre estas e as classes sociais ou as instituições civis;

III – à luta com violência entre as classes sociais;

IV – à prática de qualquer dos crimes previstos nesta Lei.

Pena – reclusão, de um a quatro anos.

Art. 24. Constituir, integrar ou manter organização ilegal de tipo militar, de qualquer forma ou natureza, armada ou não, com ou sem fardamento, com finalidade combativa.

Pena – reclusão, de dois a oito anos.

Art. 25. Fazer funcionar, de fato, ainda que sob falso nome ou forma simulada, partido político ou associação dissolvidos por força de disposição legal ou de decisão judicial.

Pena – reclusão, de um a cinco anos.

Art. 26. Caluniar ou difamar o Presidente da República, o do Senado Federal, o da Câmara dos Deputados ou o do Supremo Tribunal Federal, imputando-lhes fato definido como crime ou fato ofensivo à reputação.

Pena – reclusão, de um a quatro anos.

Parágrafo único. Na mesma pena incorre quem, conhecendo o caráter ilícito da imputação, a propala ou divulga.

Art. 27. Ofender a integridade corporal ou a saúde de qualquer das autoridades mencionadas no artigo anterior.

Pena – reclusão, de um a três anos.

§ 1º Se a lesão é grave, aplica-se a pena de reclusão de três a quinze anos.

§ 2º Se da lesão resulta a morte e as circunstâncias evidenciam que este resultado pode ser atribuído a título de culpa ao agente, a pena é aumentada até um terço.

Art. 28. Atentar contra a liberdade pessoal de qualquer das autoridades referidas no artigo 26.

Pena – reclusão, de quatro a doze anos.

Art. 29. Matar qualquer das autoridades referidas no artigo 26.

Pena – reclusão, de quinze a trinta anos.

TÍTULO III – DA COMPETÊNCIA, DO PROCESSO E DAS NORMAS ESPECIAIS DE PROCEDIMENTOS

Art. 30. Compete à Justiça Militar processar e julgar os crimes previstos nesta Lei, com observância das normas estabelecidas no Código de Processo Penal Militar, no que não colidirem com disposição desta Lei, ressalvada a competência originária do Supremo Tribunal Federal nos casos previstos na Constituição.

Parágrafo único. A ação penal é pública, promovendo-a o Ministério Público.

▶ Art. 30 não recepcionado pelo art. 109, IV, da CF.

Art. 31. Para apuração do fato que configure crime previsto nesta Lei instaurar-se-á inquérito policial, pela Polícia Federal:

I – de ofício;

II – mediante requisição do Ministério Público;

III – mediante requisição de autoridade militar responsável pela segurança interna;

IV – mediante requisição do Ministro da Justiça.

Parágrafo único. Poderá a União delegar, mediante convênio, a Estado, ao Distrito Federal ou a Território, atribuições para a realização do inquérito referido neste artigo.

▶ Art. 31 não recepcionado pelo art. 109, IV, da CF.

Art. 32. Será instaurado inquérito Policial Militar se o agente for militar ou assemelhado, ou quando o crime:

I – lesar patrimônio sob administração militar;

II – for praticado em lugar diretamente sujeito à administração militar ou contra militar ou assemelhado em serviço;

III – for praticado nas regiões alcançadas pela decretação do estado de emergência ou do estado de sítio.

▶ Art. 32 não recepcionado pelo art. 109, IV, da CF.

Art. 33. Durante as investigações, a autoridade de que presidir o inquérito poderá manter o indiciado preso ou sob custódia, pelo prazo de quinze dias, comunicando imediatamente o fato ao juízo competente.

§ 1º Em caso de justificada necessidade, esse prazo poderá ser dilatado por mais quinze dias, por decisão do juiz, a pedido do encarregado do inquérito, ouvido o Ministério Público.

§ 2º A incomunicabilidade do indiciado, no período inicial das investigações, será permitida pelo prazo improrrogável de, no máximo, cinco dias.

§ 3º O preso ou custodiado deverá ser recolhido e mantido em lugar diverso do destinado aos presos por crimes comuns, com estrita observância do disposto nos arts. 237 a 242 do Código de Processo Penal Militar.

§ 4º Em qualquer fase do inquérito, a requerimento da defesa, do indiciado, de seu cônjuge, descendente ou ascendente, será realizado exame na pessoa do indiciado para verificação de sua integridade física e mental; uma via do laudo, elaborado por dois peritos médicos e instruída com fotografias, será juntada aos autos do inquérito.

§ 5º Esgotado o prazo de quinze dias de prisão ou custódia ou de sua eventual prorrogação, o indiciado será imediatamente libertado, salvo se decretada prisão preventiva, a requerimento do encarregado do inquérito ou do Órgão do Ministério Público.

§ 6º O tempo de prisão ou custódia será computado no de execução da pena privativa de liberdade.

▶ Art. 33 não recepcionado pelo art. 109, IV, da CF.

Art. 34. Esta Lei entra em vigor na data de sua publicação.

Art. 35. Revogam-se a Lei nº 6.620, de 17 de dezembro de 1978, e demais disposições em contrário.

Brasília, 14 de dezembro de 1983;
162º da Independência e
95º da República.

João Figueiredo

EXPOSIÇÃO DE MOTIVOS Nº 213, DE 9 DE MAIO DE 1983

DA LEI DE EXECUÇÃO PENAL (LEP)

(Do Senhor Ministro de Estado da Justiça)

Excelentíssimo Senhor Presidente da República,

1. A edição de lei específica para regular a execução das penas e das medidas de segurança tem sido preconizada por numerosos especialistas.

2. Em 1933, a Comissão integrada por Cândido Mendes de Almeida, José Gabriel de Lemos Brito e Heitor Carrilho apresentou ao Governo o Anteprojeto de Código Penitenciário da República, encaminhado dois anos depois à Câmara dos Deputados por iniciativa da bancada da Paraíba, e cuja discussão ficou impedida com o advento do Estado Novo.

3. Em 1955 e 1963, respectivamente, os eminentes juristas Oscar Stevenson e Roberto Lyra traziam a lume os Anteprojetos de Código das Execuções Penais, que haviam elaborado, e que não chegaram à fase de revisão. Objetiva-se, então, à constitucionalidade da iniciativa da união para legislar sobre as regras jurídicas fundamentais do regime penitenciário, de molde a instituir no País uma política penal executiva.

4. Contentou-se, assim, o Governo da República com a sanção, em 2 de outubro de 1957, da Lei nº 3.274, que dispõe sobre as normas gerais de regime penitenciário.

5. Finalmente, em 29 de outubro de 1970 o Coordenador da Comissão de Estudos Legislativos, Professor José Carlos Moreira Alves, encaminhou ao Ministro Alfredo Buzaid o texto do Anteprojeto de Código das Execuções Penais elaborado pelo Professor Benjamim Moraes Filho, revisto por Comissão composta dos Professores José Frederico Marques, José Salgado Martins e José Carlos Moreira Alves.

6. Na Exposição de Motivos desse último Anteprojeto já se demonstrou com bastante clareza a pertinência constitucional da iniciativa da União para editar um Código de Execuções Penais.

7. Foi essa a posição que sustentamos no relatório da Comissão Parlamentar de Inquérito instituída em 1975 na Câmara dos Deputados para apurar a situação penitenciária do País. Acentuávamos, ali, que a doutrina evoluíra no sentido da constitucionalidade de um diploma federal regulador da execução, alijando, assim, argumentos impugnadores da iniciativa da União para legislar sobre as regras jurídicas fundamentais do regime penitenciário. Com efeito, se a etapa de cumprimento das penas ou medidas de segurança não se dissocia do Direito Penal, sendo, ao contrário, o esteio central de seu sistema, não há como sustentar a ideia de um Código Penal unitário e leis de regulamentos regionais de execução penal. Uma lei específica e abrangente atenderá a todos os problemas relacionados com a execução penal, equacionando matérias pertinentes aos organismos administrativos, à intervenção jurisdicional e, sobretudo, ao tratamento penal em suas diversas fases e estágios, demarcando, assim, os limites penais de segurança. Retirará, em suma, a execução penal do hiato de legalidade em que se encontra (*Diário do Congresso Nacional*, Suplemento ao nº 61, de 4-6-1976, p. 9).

8. O tema relativo à instituição de lei específica para regular a execução penal vincula-se à autonomia científica da disciplina, que em razão de sua modernidade não possui designação definitiva. Tem-se usado a denominação *Direito Penitenciário*, à semelhança dos penalistas franceses, embora se restrinja essa expressão à problemática do cárcere. Outras, de sentido mais abrangente, foram propostas, como *Direito Penal Executivo* por Roberto Lyra (*As execuções penais no Brasil*, Rio de Janeiro, 1963, p. 13) e *Direito Executivo Penal* por Ítalo Luder ("El principio de legalidad en la ejecución de la pena", *Revista del Centro de Estudios Criminológicos*, Mendoza, 1968, p. 29 e ss.).

9. Em nosso entendimento pode-se denominar esse ramo *Direito de Execução Penal*, para abrangência do conjunto das normas jurídicas relativas à execução das penas e das medidas de segurança (cf. Cuello Calón, *Derecho penal*, Barcelona, 1971, v. II, t. I, p. 773; Jorge de Figueiredo Dias, *Direito processual penal*, Coimbra, 1974, p. 37).

10. Vencida a crença histórica de que o direito regulador da execução é de índole predominantemente administrativa, deve-se reconhecer, em nome de sua própria autonomia, a impossibilidade de sua inteira submissão aos domínios do Direito Penal e do Direito Processual Penal.

11. Seria, por outro lado, inviável a pretensão de confinar em diplomas herméticos todas as situações jurídicas oriundas das relações estabelecidas por uma disciplina. Na Constituição existem normas processuais penais, como as proibições de detenção arbitrária, da pena de morte, da prisão perpétua e da prisão por dívida. A Constituição consagra ainda regras características da execução ao estabelecer a personalidade e a individualização da pena como garantias do homem perante o Estado. Também no Código Penal existem regras de execução, destacando-se, dentre elas, as pertinentes aos estágios de cumprimento da pena e respectivos regimes prisionais.

12. O Projeto reconhece o caráter material de muitas de suas normas. Não sendo, porém, regulamento penitenciário ou estatuto do presidiário, avoca todo o complexo de princípios e regras que delimitam e jurisdicionalizam a execução das medidas de reação criminal. A execução das penas e das medidas de segurança deixa de ser um Livro do Código de Processo para ingressar nos costumes jurídicos do País com a autonomia inerente à dignidade de um novo ramo jurídico: o Direito de Execução Penal.

DO OBJETO E DA APLICAÇÃO DA LEI DE EXECUÇÃO PENAL

13. Contém o art. 1º duas ordens de finalidades: a correta efetivação dos mandamentos existentes nas sentenças ou outras decisões, destinados a reprimir e a prevenir os delitos, e a oferta de meios pelos quais os apenados e os submetidos às medidas de segurança venham a ter participação construtiva na comunhão social.

14. Sem questionar profundamente a grande temática das finalidades da pena, curva-se o Projeto, na esteira das concepções menos sujeitas à polêmica doutrinária, ao princípio de que as penas e medidas de segurança devem realizar a *proteção dos bens jurídicos* e a *reincorporação do autor à comunidade*.

15. À autonomia do Direito de Execução Penal corresponde o exercício de uma jurisdição especializada, razão pela qual, no art. 2º, se estabelece que a "jurisdição penal dos juízes ou tribunais da justiça ordinária, em todo o território nacional, será exercida, no processo de execução, na conformidade desta lei e do Código de Processo Penal".

16. A aplicação dos princípios e regras do Direito Processual Penal constitui corolário lógico da interação existente entre o *direito de execução das penas e das medidas de segurança* e os demais ramos do ordenamento jurídico, principalmente os que regulam em caráter fundamental ou complementar os problemas postos pela execução.

17. A igualdade da aplicação da lei ao preso provisório e ao condenado pela Justiça Eleitoral ou Militar, quando recolhidos a estabelecimento sujeito à jurisdição ordinária, assegurada no parágrafo único do art. 2º, visa a impedir o tratamento discriminatório de presos ou internados submetidos a jurisdições diversas.

18. Com o texto agora proposto, desaparece a injustificável diversidade de tratamento disciplinar a presos recolhidos ao mesmo estabelecimento, aos quais se assegura idêntico regime jurídico.

19. *O princípio da legalidade* domina o corpo e o espírito do Projeto, de forma a impedir que o excesso ou o desvio da execução comprometem a dignidade e a humanidade do Direito Penal.

20. É comum, no cumprimento das penas privativas da liberdade, a privação ou a limitação de direitos inerentes ao patrimônio jurídico do homem e não alcançados pela sentença condenatória. Essa *hipertrofia da punição* não só viola medida da proporcionalidade, como se transforma em poderoso fator de reincidência, pela formação de focos criminógenos que propicia.

21. O Projeto torna obrigatória a extensão, a toda a comunidade carcerária, de direitos sociais, econômicos e culturais de que ora se beneficia uma restrita percentagem da população penitenciária, tais como segurança social, saúde, trabalho remunerado sob regime previdenciário, ensino e desportos.

22. Como reconhece Hilde Kaufman "la ejecución penal humanizada no sólo no pone en peligro la seguridad y el orden estatal, sino todo lo contrario. Mientras la ejecución penal humanizada es un apoyo del orden y la seguridad estatal, una ejecución penal deshumanizada atenta precisamente contra la seguridad estatal" (*Principios para la reforma de la ejecución penal*, Buenos Aires, 1977, p. 55).

23. Com a declaração de que não haverá nenhuma distinção de natureza racial, social, religiosa ou política, o Projeto contempla o princípio da isonomia, comum à nossa tradição jurídica.

24. Nenhum programa destinado a enfrentar os problemas referentes ao delito, ao delinquente e à pena se completaria sem o indispensável e contínuo apoio comunitário.

25. Muito além da passividade ou da ausência de reação quanto às vítimas mortas ou traumatizadas, a comunidade participa ativamente do procedimento da execução, quer através de um conselho, quer através das pessoas jurídicas ou naturais, que assistem ou fiscalizam não somente as reações penais em meio fechado (penas privativas da liberdade e medida de segurança detentiva) como também em meio livre (pena de multa e penas restritivas de direitos).

DA CLASSIFICAÇÃO DOS CONDENADOS

26. A classificação dos condenados é requisito fundamental para demarcar o início da execução científica das penas privativas da liberdade e da medida de segurança detentiva. Além de constituir a efetivação de antiga norma geral do regime penitenciário, a classificação é o desdobramento lógico do princípio da *personalidade da pena*, inserido entre os direitos e garantias constitucionais. A exigência dogmática da *proporcionalidade da pena* está igualmente atendida no processo de classificação, de modo que a cada sentenciado, conhecida a sua personalidade e analisado o fato cometido, corresponda o tratamento penitenciário adequado.

27. Reduzir-se-á a mera falácia o princípio da individualização da pena, com todas as proclamações otimistas sobre a recuperação social, se não for efetuado o exame de personalidade no início da execução, como fator determinante do tipo de tratamento penal, e se não forem registradas as mutações de comportamento ocorridas no itinerário da execução.

28. O Projeto cria Comissão Técnica de Classificação com atribuições específicas para elaborar o programa de individualização e acompanhar a execução das penas privativas da liberdade e restritivas de direitos. Cabe-lhe propor as progressões e as regressões dos regimes, bem como as conversões que constituem incidentes de execução resolvidos pela autoridade judiciária competente.

29. Fiel aos objetivos assinados ao dinamismo do procedimento executivo, o sistema atende não somente aos direitos do condenado, como também, e inseparavelmente, aos interesses da defesa social. O mérito do sentenciado é o critério que comanda a execução progressiva, mas o Projeto também exige o cumprimento de pelo menos um sexto do tempo da pena no regime inicial ou anterior. Com esta ressalva, limitam-se os abusos a que conduz a execução arbitrária das penas privativas da liberdade em manifesta ofensa aos interesses sociais. Através da progressão, evolui-se de regime mais rigoroso para outro mais brando (do regime fechado para o semiaberto, do semiaberto para o aberto). Na regressão dá-se o inverso, se ocorrer qualquer das hipóteses taxativamente previstas pelo Projeto, entre elas a prática de fato definido como crime doloso ou falta grave.

30. Em homenagem ao princípio da *presunção de inocência*, o exame criminológico, pelas suas peculiaridades de investigação, somente é admissível após declarada a culpa ou a periculosidade do sujeito. O exame é obrigatório para os condenados à pena privativa de liberdade em regime fechado.

31. A gravidade do fato delituoso ou as condições pessoais do agente, determinantes da execução em regime fechado, aconselham o exame criminológico, que se orientará no sentido de conhecer a inteligência, a vida afetiva e os princípios morais do preso, para determinar a sua inserção no grupo com o qual conviverá no curso da execução da pena.

32. A ausência de tal exame e de outras cautelas tem permitido a transferência de reclusos para o regime de semiliberdade ou de prisão-albergue, bem como a concessão de livramento condicional, sem que eles estivessem para tanto preparados, em flagrante desatenção aos interesses da segurança social.

33. Com a adoção do exame criminológico entre as regras obrigatórias da execução da pena privativa da liberdade em regime fechado, os projetos de reforma da Parte Geral do Código Penal e da Lei de Execução Penal eliminam a controvérsia ainda não exaurida na literatura internacional acerca do momento processual e dos tipos criminológicos de autores passíveis desta forma de exame. Os escritores brasileiros tiveram o ensejo de analisar mais concretamente este ângulo do problema com a edição do Anteprojeto do Código de Processo Penal elaborado pelo Professor José Frederico Marques, quando se previu o exame facultativo de categorias determinadas de delinquentes, no curso do processo ou, conforme a condição do autor, no período inicial do cumprimento da sentença (Álvaro Mayrink da Costa, *Exame criminológico*, São Paulo, 1972, p. 255 e ss.). As discussões amplamente travadas a partir de tais textos revelaram, que não obstante as naturais inquietações a propósito dos destinatários das investigações e da fase em que deve processá-las, a soma das divergências não afetou a convicção da necessidade desse tipo de exame para o conhecimento mais aprofundado não só da relação delito-delinquente, mas também da essência e da circunstância do evento antissocial.

34. O Projeto distingue o *exame criminológico do exame da personalidade* com a espécie do gênero. O primeiro parte do binômio delito-delinquente, numa interação de causa e efeito, tendo como objetivo a investigação médica, psicológica e social, como o reclamavam os pioneiros da Criminologia. O segundo consiste no inquérito sobre o agente para além do crime cometido. Constitui tarefa exigida em todo o curso do procedimento criminal e não apenas elemento característico da execução da pena ou da medida de segurança. Diferem também quanto ao método esses dois tipos de análise, sendo o exame de personalidade submetido a esquemas técnicos de maior profundidade nos campos morfológico, funcional e psíquico, como recomendam os mais prestigiados especialistas, entre eles Di Tullio (*Principi di criminologia generale e clinica*, Roma, V. Ed., p. 213 e ss.).

35. O exame criminológico e o dossiê de personalidade constituem pontos de conexão necessários entre a Criminologia e o Direito Penal, particularmente sob as perspectivas da causalidade e da prevenção do delito.

36. O trabalho a ser desenvolvido pela Comissão Técnica de Classificação não se limita, pois, ao exame de peças ou informações processuais, o que restringiria a visão do condenado a certo trecho de sua vida, mas não a ela toda. Observando as prescrições éticas, a Comissão poderá entrevistar pessoas e requisitar às repartições ou estabelecimentos privados elementos de informação sobre o condenado, além de proceder a outras diligências e exames que reputar necessários.

37. Trata-se, portanto, de *individualizar* a observação como meio prático de identificar o tratamento penal adequado em contraste com a perspectiva massificante e segregadora, responsável pela avaliação feita "através das grades: 'olhando' para um delinquente por fora de sua natureza e distante de sua condição humana" (René Ariel Dotti, *Bases e alternativas para o sistema de penas*, Curitiba, 1980, p. 162/3).

DA ASSISTÊNCIA

38. A assistência aos condenados e aos internados é exigência básica para se conceber a pena e a medida de segurança como processo de diálogo entre os seus destinatários e a comunidade.

39. No Relatório da CPI do Sistema Penitenciário acentuamos que "a ação educativa individualizada ou a individualização da pena sobre a personalidade, requisito inafastável para a eficiência do tratamento penal, é obstaculizada na quase-totalidade do sistema penitenciário brasileiro pela superlotação carcerária, que impede a classificação dos prisioneiros em grupo e sua consequente distribuição por estabelecimentos distintos, onde se concretize o tratamento adequado"... "Tem, pois, esta singularidade o que entre nós se denomina sistema penitenciário: constitui-se de uma rede de prisões destinadas ao confinamento do recluso, caracterizadas pela ausência de qualquer tipo de tratamento penal e penitenciárias entre as quais há esforços sistematizados no sentido da reeducação do delinquente. Singularidade, esta, vincada por característica extremamente discriminatória: a minoria ínfima da população carcerária, recolhida a instituições penitenciárias, tem assistência clínica, psiquiátrica e psicológica nas diversas fases da execução da pena, tem cela individual, trabalho e estudo, pratica esportes e tem recreação. A grande maioria, porém, vive confinada em celas, sem trabalho, sem estudos, sem qualquer assistência no sentido da ressocialização" (*Diário do Congresso Nacional*, Suplemento ao nº 61, de 4-6-1976, p. 2).

40. Para evitar esse tratamento discriminatório, o projeto institui no Capítulo II a assistência ao preso e ao internado, concebendo-a como dever do Estado, visando a prevenir o delito e a reincidência e a orientar o retorno ao convívio social. Enumera o art. 11 as espécies de assistência a que terão direito o preso e o internado – material, à saúde, jurídica, educacional, social e religiosa – e a forma de sua prestação pelos estabelecimentos prisionais, cobrindo-se, dessa forma, o *vazio legislativo* dominante neste setor.

41. Tornou-se necessário esclarecer em que consiste cada uma das espécies de assistência em obediência aos princípios e regras internacionais sobre os direitos da pessoa presa, especialmente as que defluem das *regras mínimas* da ONU.

42. Em virtude de sua importância prática e das projeções naturais sobre a atividade dos estabelecimentos penais, o tema da assistência foi dos mais discutidos durante o I Congresso Brasileiro de Política Criminal e Penitenciária (Brasília, 27 a 30-9-1981) por grande número de especialistas. Reconhecido o acerto das disposições contidas no Anteprojeto, nenhum dos participantes fez objeção à existência de textos claros sobre a matéria. Os debates se travaram em torno de seus pormenores e de seu alcance, o mesmo ocorrendo em relação às emendas recebidas pela Comissão Revisora.

43. O projeto garante assistência social à família do preso e do internado, consistente em orientação e amparo, quando necessários, estendendo à vítima essa forma de atendimento.

44. Nesta quadra da vida nacional, marcada pela extensão de benefícios previdenciários a faixas crescentes da população, devem ser incluídas entre os assistidos, por via de legislação específica, as famílias das vítimas, quando carentes de recursos. A perda ou lesão por elas sofrida não deixa de ter como causa a falência, ainda que ocasional, dos organismos de prevenção da segurança pública, mantidos pelo Estado. Se os Poderes Públicos se preocupam com os delinquentes, com mais razão devem preocupar-se com a vítima e sua família.

45. Adotam alguns países, além do diploma legal regulador da execução, lei específica sobre o processo de reintegrar à vida social as pessoas liberadas do regime penitenciário.

46. O Projeto unifica os sistemas. A legislação ora proposta, ao cuidar minuciosamente dos problemas da execução em geral, cuida também da questão do egresso, ao qual se estende a assistência social nele estabelecida.

47. Para impedir distorção na aplicação da lei, o Projeto reconhece como egresso o liberado definitivo, pelo prazo de um ano, a contar da saída do estabelecimento penal, e o liberado condicional, durante o período de prova (art. 26).

48. A assistência ao egresso consiste em orientação e apoio para reintegrá-lo à vida em liberdade e na concessão, se necessária, de alojamento e alimentação em estabelecimento adequado, por dois meses, prorrogável por uma única vez mediante comprovação idônea de esforço na obtenção de emprego.

DO TRABALHO

49. No Projeto de reforma da Parte Geral do Código Penal ficou previsto que o trabalho do preso "será sempre remunerado, sendo-lhe garantidos os benefícios da Previdência Social".

50. A remuneração obrigatória do trabalho prisional foi introduzida na Lei nº 6.416, de 1977, que estabeleceu também a forma de sua aplicação. O Projeto mantém o texto, ficando assim reproduzido o elenco das exigências pertinentes ao emprego da remuneração obtida pelo preso: na indenização dos danos causados pelo crime, desde que determinados judicialmente e não reparados por outros meios; na assistência à própria família, segundo a lei civil; em pequenas despesas pessoais; e na constituição de pecúlio, em caderneta de poupança, que lhe será entregue à saída do estabelecimento penal.

51. Acrescentou-se a essas obrigações a previsão do ressarcimento do Estado quanto às despesas de manutenção do condenado, em proporção a ser fixada e sem prejuízo da destinação prevista nas letras anteriores (art. 29, §§ 1º e 2º).

52. A remuneração é previamente estabelecida em tabela própria e não poderá ser inferior a três quartos do salário mínimo (art. 29).

53. Essas disposições colocam o trabalho penitenciário sob a proteção de um regime jurídico. Até agora, nas penitenciárias onde o trabalho prisional é obrigatório, o preso não recebe remuneração e seu trabalho não é tutelado contra riscos nem amparado por seguro social. Nos estabelecimentos prisionais de qualquer natureza, os Poderes Públicos têm-se valido das aptidões profissionais dos presos em trabalhos gratuitos.

54. O Projeto adota a ideia de que o trabalho penitenciário deve ser organizado de forma tão aproximada quanto possível do trabalho na sociedade. Admite, por isso, observado o grau de recuperação e os interesses da segurança pública, o trabalho externo do condenado, nos estágios finais de execução da pena.

55. O trabalho externo, de natureza excepcional, depende da aptidão, disciplina e responsabilidade do preso, além do cumprimento mínimo de um sexto da pena. Tais exigências impedirão o favor arbitrário, em prejuízo do sistema progressivo a que se submete a execução da pena. Evidenciado tal critério, o Projeto dispõe sobre os casos em que deve ser revogada a autorização para o trabalho externo.

56. O Projeto conceitua o trabalho dos condenados presos como dever social e condição de dignidade humana – tal como dispõe a Constituição, no art. 160, inciso II –, assentando-o em dupla finalidade: educativa e produtiva.

57. Procurando, também nesse passo, reduzir as diferenças entre a vida nas prisões e a vida em liberdade, os textos propostos aplicam ao trabalho, tanto interno como externo, a organização, métodos e precauções relativas à segurança e à higiene, embora não esteja submetida essa forma de atividade à Consolidação das Leis do Trabalho, dada a inexistência de condição fundamental, de que o preso foi despojado pela sentença condenatória: a liberdade para a formação do contrato.

58. Evitando possíveis antagonismos entre a obrigação de trabalhar e o princípio da individualização da pena, o Projeto dispõe que a atividade laboral será destinada ao preso na medida de suas aptidões e capacidade. Serão levadas em conta a habitação, a condição pessoal e as necessidades futuras do preso, bem como as oportunidades oferecidas pelo mercado.

59. O conjunto de normas a que se subordinará o trabalho do preso, sua remuneração e forma de aplicação de seus frutos, sua higiene e segurança poderiam tornar-se inócuas sem a previsão de mudança radical em sua direção e gerência, de forma a protegê-lo ao mesmo tempo dos excessos da burocracia e da imprevisão comercial.

60. O Projeto dispõe que o trabalho nos estabelecimentos prisionais será gerenciado por fundação ou empresa pública dotada de autonomia administrativa, com a finalidade específica de se dedicar à formação profissional do condenado. Incumbirá a essa entidade promover e supervisionar a produção, financiá-la e comercializá-la, bem como encarregar-se das obrigações salariais.

61. O Projeto limita o artesanato sem expressão econômica, permitindo-o apenas nos presídios existentes em regiões de turismo.

62. Voltado para o objetivo de dar preparação profissional ao preso, o Projeto faculta aos órgãos da administração direta ou indireta da União, Estados, Territórios, Distrito Federal e Municípios a adquirir, com dispensa da concorrência pública, os bens ou produtos do trabalho prisional, sempre que não for possível ou recomendável realizar-se a venda a particulares.

DOS DEVERES

63. A instituição dos deveres gerais do preso (art. 38) e do conjunto de regras inerentes à boa convivência (art. 39) representa uma tomada de posição da lei em face do fenômeno da prisionalização, visando a depurá-lo, tanto quanto possível, das distorções e dos estigmas que encerra. Sem característica infamante ou aflitiva, os deveres do condenado se inserem no repertório normal das obrigações do apenado como ônus naturais da existência comunitária.

64. A especificação exaustiva atende ao interesse do condenado, cuja conduta passa a ser regulada mediante regras disciplinares claramente previstas.

DOS DIREITOS

65. Tornar-se-á inútil, contudo, a luta contra os efeitos nocivos da prisionalização, sem que se estabeleça a garantia jurídica dos direitos do condenado.

66. O Projeto declara que ao condenado e ao internado serão assegurados todos os direitos não atingidos pela sentença ou pela lei (art. 3º). Trata-se de proclamação formal de garantia, que ilumina todo o procedimento da execução.

67. A norma do art. 40, que impõe a todas as autoridades o respeito à integridade física e moral dos condenados e presos provisórios, reedita a garantia constitucional que integra a Constituição do Brasil desde 1967.

68. No estágio atual de revisão dos métodos e meios de execução penal, o reconhecimento dos direitos da pessoa presa configura exigência fundamental.

69. As regras mínimas da ONU, de 1955, têm como antecedentes remotos as disposições do Congresso de Londres, de 1872, e as da reunião de Berna, de 1926. Publicadas em 1929 no *Boletim da Comissão Internacional Penal Penitenciária*, essas disposições foram levadas ao exame do Congresso de Praga em 1930 e submetidas à Assembleia-Geral da Liga das Nações, que as aprovou em 26 de setembro de 1934.

70. Concluída a 2ª Grande Guerra, foram várias as sugestões oferecidas pelos especialistas no sentido da refusão dos textos. Reconhecendo que nos últimos vinte anos se promovera acentuada mudança de ideias sobre a execução penal, a Comissão Internacional Penal Penitenciária propôs no Congresso de Berna de 1949 o reexame do elenco de direitos da pessoa presa. Multiplicaram-se, a partir de então, os debates e trabalhos sobre o tema. Finalmente, durante o I Congresso das Nações Unidas sobre a Prevenção do Delito e Tratamento do Delinquente, realizado em Genebra, em agosto de 1955, foram aprovadas as novas regras mínimas que progressivamente se têm positivado nas legislações dos países-membros.

71. O tema foi novamente abordado pelo Grupo Consultivo das Nações Unidas sobre Prevenção do Delito e Tratamento do Delinquente, que recomendou ao Secretário-Geral da ONU a necessidade de novas modificações nas regras estabelecidas, em face do progresso da doutrina sobre a proteção dos direitos humanos nos domínios da execução da pena (*Pacto Internacional de Direitos Civis e Políticos*, Nova Iorque, 1956).

72. Cumprindo determinação tomada no IV Congresso da ONU sobre Prevenção do Delito e Tratamento do Delinquente, realizado em Kioto, em 1970, a Assembleia-Geral recomendou aos Estados-Membros, pela Resolução nº 2.858, de 20 de dezembro de 1971, reiterada pela Resolução nº 3.218, de 6 de novembro de 1974, a implementação das *regras mínimas* na administração das instituições penais e de correção. A propósito dessa luta pelos direitos da pessoa presa, retomada, ainda, no V Congresso da ONU, realizado em Genebra, em 1975, merecem leitura a pesquisa e os comentários de Heleno Fragoso, Yolanda Catão e Elisabeth Sussekind, em *Direitos dos presos*, Rio de Janeiro, 1980, p. 17 e ss.

73. As *regras mínimas* da ONU constituem a expressão de valores universais tidos como imutáveis no patrimônio jurídico do homem. Paul Cornil observa a semelhança entre a redação do texto final de 1955 e as recomendações ditadas por John Howard dois séculos antes, afirmando que são "assombrosas as analogias entre ambos os textos" (Las regias internacionales para el tratamiento de los delincuentes, *Revista Internacional de Política Criminal,* México, 1968, 26, p. 7).

74. A declaração desses direitos não pode conservar-se, porém, como corpo de regras meramente programáticas. O problema central está na conversão das *regras em direitos* do prisioneiro, positivados através de preceitos e sanções.

75. O Projeto indica com clareza e precisão o repertório dos direitos do condenado, a fim de evitar a fluidez e as incertezas resultantes de textos vagos ou omissos: alimentação suficiente e vestuário; atribuição de trabalho e sua remuneração; previdência social; constituição de pecúlio; proporcionalidade na distribuição do tempo para o trabalho, o descanso e a recreação; exercício das atividades profissionais, intelectuais, artísticas e desportivas anteriores, quando compatíveis com a execução da pena; assistência material, à saúde, jurídica, educacional, social e religiosa; proteção contra qualquer forma de sensacionalismo; entrevista pessoal e reservada com o advogado; visita do cônjuge, da companheira, de parentes e amigos; chamamento nominal; igualdade de tratamento; audiência com o diretor do estabelecimento; representação e petição a qualquer autoridade em defesa de direito; contato com o mundo exterior através de correspondência escrita, da leitura e de outros meios de informação (art. 41).

76. Esse repertório, de notável importância para o habitante do sistema prisional, seja ele condenado ou preso provisório, imputável, semi-imputável ou inimputável, se harmoniza não somente com as declarações internacionais de direitos mas também com os princípios subjacentes ou expressos de nosso sistema jurídico e ainda com o pensamento e ideias dos penitenciaristas (Jason Soares de Albergaria, *Os direitos do homem no processo penal e na execução da pena,* Belo Horizonte, 1975).

DA DISCIPLINA

77. O Projeto enfrenta de maneira adequada a tormentosa questão da disciplina. Consagra o princípio da reserva legal e defende os condenados e presos provisórios das sanções coletivas ou das que possam colocar em perigo sua integridade física, vedando, ainda, o emprego da chamada *cela escura* (art. 45 e parágrafos).

78. Na Comissão Parlamentar de Inquérito que levantou a situação penitenciária do País, chegamos à conclusão de que a disciplina tem sido considerada "matéria vaga por excelência, dada a interveniência de dois fatores: o da superposição da vontade do diretor ou guarda ao texto disciplinar e o da concepção dominantemente repressiva do texto. Com efeito, cumulativamente atribuídos à direção de cada estabelecimento prisional a competência para elaborar o seu código disciplinar e o poder de executá-lo, podem as normas alterar-se a cada conjuntura e se substituírem as penas segundo um conceito variável de necessidade, o que importa, afinal, na prevalência de vontades pessoais sobre a eficácia da norma disciplinar. O regime disciplinar, por seu turno, tem visado à conquista da obediência pelo império da punição, sem a tônica da preocupação com o despertar do senso de responsabilidade e da capacidade de autodomínio do paciente" (*Diário do Congresso Nacional,* Suplemento ao nº 61, de 6-4-1976, p. 6).

79. O Projeto confia a enumeração das faltas leves e médias, bem como as respectivas sanções, ao poder discricionário do legislador local. As peculiaridades de cada região, o tipo de criminalidade, mutante quanto aos meios e modos de execução, a natureza do bem jurídico ofendido e outros aspectos sugerem tratamentos disciplinares que se harmonizem com as características do ambiente.

80. Com relação às faltas graves, porém, o Projeto adota solução diversa. Além das repercussões que causa na vida do estabelecimento e no quadro da execução, a falta grave justifica a *regressão*, consistente, como já se viu, na transferência do condenado para regime mais rigoroso. A falta grave, para tal efeito, é equiparada à prática de fato definido como crime (art. 118, I) e a sua existência obriga a autoridade administrativa a representar ao juiz da execução (parágrafo único do art. 48) para decidir sobre a regressão.

81. Dadas as diferenças entre as penas de prisão e as restritivas de direitos, os tipos de ilicitude são igualmente considerados como distintos.

82. As sanções disciplinares – advertência verbal, repreensão, suspensão, restrição de direito e isolamento na própria cela ou em local adequado, com as garantias mínimas de salubridade (art. 53) – demonstram moderado rigor.

83. Teve-se extremo cuidado na individualização concreta das sanções disciplinares, na exigência da motivação do ato determinante do procedimento e na garantia do direito de defesa.

84. O Projeto elimina a forma pela qual o sistema disciplinar, quase sempre humilhante e restritivo, é atualmente instituído nos estabelecimentos prisionais. Abole o arbítrio existente em sua aplicação. Introduz disposições precisas, no lugar da regulamentação vaga e quase sempre arbitrária. Dá a definição legal taxativa das faltas. Prevê as regras do processo disciplinar, assegura a defesa e institui o sistema de recursos. Submete, em suma, o problema da disciplina, a tratamento legislativo científico e humanizado.

DOS ÓRGÃOS DA EXECUÇÃO PENAL

85. De forma incomparavelmente superior às disposições atuais, que indicam os órgãos encarregados da execução e regulamentam as suas atribuições, o Projeto abre a relação indicando o Conselho Nacional de Política Criminal e Penitenciária.

86. Hoje não mais se admite que o fenômeno da execução das penas e das medidas de segurança se mantenha neutro em relação aos aspectos variados e dinâmicos da delinquência e da Justiça Criminal, nos quadros da prevenção e repressão dos ilícitos penais. Nem que persista como processo indiferente ou marginal às preocupações do Estado e da comunidade quanto aos problemas de Política Criminal e Penitenciária, de Estatísticas de planificação geral de combate ao delito, de avaliação periódica do sistema criminal para sua adequação às necessidades do País, de estímulo e promoção das investigações criminológicas, de elaboração do programa nacional penitenciário e de formação e aperfeiçoamento do servidor, de estabelecimento de regras sobre arquitetura e construção de estabelecimentos penais, de inspeção e fiscalização dos estabelecimentos penais e dos poderes de representação, sempre que ocorra violação das normas de execução ou quando o estabelecimento estiver funcionando sem as condições adequadas.

87. O Juízo da Execução, o Ministério Público, o Conselho Penitenciário, os Departamentos Penitenciários, o Patronato e o Conselho da Comunidade (art. 65 e ss.) são os demais órgãos da execução, segundo a distribuição feita no Projeto.

88. As atribuições pertinentes a cada um de tais órgãos foram estabelecidas de forma a evitar conflitos, realçando-se, ao contrário, a possibilidade da atuação conjunta, destinada a superar os inconvenientes graves, resultantes do antigo e generalizado conceito de que a execução das penas e medidas de segurança é assunto de natureza eminentemente administrativa.

89. Diante das dúvidas sobre a natureza jurídica da execução e do consequente hiato de legalidade nesse terreno, o controle jurisdicional, que deveria ser frequente, tem-se manifestado timidamente para não ferir a suposta "autonomia" administrativa do processo executivo.

90. Essa compreensão sobre o caráter administrativo da execução tem sua sede jurídica na doutrina política de Montesquieu sobre a separação dos poderes. Discorrendo sobre a "individualização administrativa", Montesquieu sustentou que a lei deve conceder bastante elasticidade para o desempenho da administração penitenciaria, "porque ela individualiza a aplicação da pena às exigências educacionais e morais de cada um" (*L'individualisation de la peine*, Paris, 1927, p. 267-268).

91. O rigor metodológico dessa *divisão de poderes* tem sido, ao longo dos séculos, uma das causas marcantes do enfraquecimento do *direito penitenciário* como disciplina abrangente de todo o processo de execução.

92. A orientação estabelecida pelo Projeto, ao demarcar as áreas de competência dos órgãos da execução, vem consagrar antigos esforços no sentido de jurisdicionalizar, no que for possível, o Direito de Execução Penal. Já em 1893, no Congresso promovido pela recém-fundada União Internacional de Direito Penal, concluiu-se que como os tribunais e a administração penitenciária concorriam para um fim comum – valendo a condenação, principalmente, pelo seu modo de execução – o divisionismo consumado pelo Direito do final do século, entre as funções repressiva e penitenciária, deveria ser relegado como "irracional e danoso". O texto da conclusão votada naquele conclave já deixava antever a figura do juiz de execução, surgido na Itália em 1930 e em França após 1945.

93. Esse juízo especializado já existe, entre nós, em algumas Unidades da Federação. Com a transformação do Projeto em lei, estamos certos de que virá a ser criado, tão celeremente quanto possível, nos demais Estados e Territórios.

DOS ESTABELECIMENTOS PENAIS

94. Os estabelecimentos penais compreendem: 1º – a Penitenciária, destinada ao condenado à reclusão, a ser cumprida em regime fechado; 2º – a Colônia Agrícola, Industrial ou similar, reservada para a execução da pena de reclusão ou detenção em regime semiaberto; 3º – a Casa do Albergado, prevista para colher os condenados à pena privativa da liberdade em regime aberto e à pena de limitação de fim de semana; 4º – o Centro de Observação, onde serão realizados os exames gerais e o criminológico; 5º – o Hospital de Custódia e Tratamento Psiquiátrico, que se destina aos doentes mentais, aos portadores de desenvolvimento mental incompleto ou retardado e aos que manifestam perturbação das faculdades mentais; e, 6º – a Cadeia Pública, para onde devem ser remetidos os presos provisórios (prisão em flagrante, prisão temporária, prisão preventiva ou em razão da pronúncia) e, finalmente, os condenados enquanto não transitar em julgado a sentença (art. 87 e ss.).

95. O Projeto regulou as diferentes situações pessoais, dispondo que "a mulher será recolhida a estabelecimento próprio e adequado à sua condição pessoal", "o preso provisório ficará separado do condenado por sentença transitada em julgado", "o preso primário cumprirá a pena em seção distinta daquela reservada para os reincidentes" e "o preso que, ao tempo do fato, era funcionário da Administração da Justiça Criminal ficará em dependência separada" (arts. 82, § 1º, e 84 e parágrafos).

96. Relaciona-se com o problema da separação dos presidiários a superlotação dos estabelecimentos penais.

97. Na CPI do Sistema Penitenciário salientamos que o "dramático problema da vida sexual nas prisões não se resume na prática do homossexualismo, posto que comum. Seu aspecto mais grave está no assalto sexual, vitimador dos presos vencidos pela força de um ou mais agressores em celas superpovoadas. Trata-se de consequência inelutável da superlotação carcerária, já que o problema praticamente desaparece nos estabelecimentos de semiliberdade, em que se faculta aos presos saídas periódicas. Sua existência torna imperiosa a adoção de cela individual" (*Diário do Congresso Nacional*, Suplemento ao nº 61, de 4-6-1976, p. 9).

98. O Projeto adota, sem vacilação, a regra da cela individual com requisitos básicos quanto à salubridade e área mínima. As Penitenciárias e as Cadeias Públicas terão, necessariamente, as celas individuais. As Colônias, pela natureza de estabelecimentos coletivos, porém com os requisitos legais de salubridade ambiental (aeração, insolação e condicionamento térmico adequado à existência humana).

99. Relativamente ao Hospital de Custódia e Tratamento Psiquiátrico não existe a previsão da cela individual, já que a estrutura e as divisões de tal unidade estão na dependência de planificação especializada, dirigida segundo os padrões da medicina psiquiátrica. Estabelecem-se, entretanto, as garantias mínimas de salubridade do ambiente e área física de cada aposento.

100. É de conhecimento geral que "grande parte da população carcerária está confinada em cadeias públicas, presídios, casas de detenção e estabelecimentos análogos, onde prisioneiros de alta periculosidade convivem em celas superlotadas com criminosos ocasionais, de escassa ou nenhuma periculosidade, e pacientes de imposição penal prévia (presos provisórios ou aguardando julgamento), para quem é um mito, no caso, a presunção de inocência. Nestes ambientes de estufa, a ociosidade é a regra; a intimidade, inevitável e profunda. A deterioração do caráter, resultante da influência corruptora da subcultura criminal, o hábito da ociosidade, a alienação mental, a perda paulatina da aptidão para o trabalho, o comprometimento da saúde, são consequências desse tipo de confinamento promíscuo, já definido alhures como 'sementeiras de reincidências', dados os seus efeitos criminógenos" (cf. o nosso Relatório à CPI do Sistema Penitenciário, loc. cit., p. 2).

101. O Projeto é incisivo ao declarar que "o estabelecimento penal deverá ter lotação compatível com a sua estrutura e finalidade" (art. 85).

102. Para evitar o inconveniente de se prefixar, através da lei, o número adequado de presos ou internados, defere-se ao Conselho Nacional de Política Criminal e Penitenciária a atribuição para determinar os limites máximos de capacidade de cada estabelecimento, atendendo à sua natureza e peculiaridades (parágrafo único, art. 85).

103. A violação da regra sobre a capacidade de lotação é punida com a interdição do estabelecimento, a ser determinada pelo juiz da execução (inciso VIII, art. 65). O Projeto igualmente prevê a sanção a ser imposta às unidades federativas, consistente na suspensão de qualquer ajuda financeira a elas destinadas pela União, a fim de atender às despesas de execução das penas e medidas de segurança (§ 4º, art. 203).

104. A execução da pena privativa da liberdade em estabelecimento penal pertencente a outra unidade federativa é uma possibilidade já consagrada em nossos costumes penitenciários pelo Código Penal de 1940 (§ 3º, art. 29).

105. Anteriormente, o Código republicano (1890) dispunha que a prisão celular poderia ser cumprida em qualquer estabelecimento especial, ainda que não fosse no local do domicílio do condenado (art. 54).

106. O art. 86 do Projeto atende não somente ao interesse público da administração penitenciária como também ao interesse do próprio condenado.

107. Em princípio, a pena deve ser executada na comarca onde o delito se consumou, em coerência, aliás, com a regra da competência jurisdicional. Existem, no entanto, situações que determinam ou recomendam, no interesse da segurança pública ou do próprio condenado, o cumprimento da pena em local distante da condenação. Sendo assim, a previsão legal de que se cogita (§ 1º, art. 86) é pertinente à categoria especial de presidiários sujeitos à pena superior a quinze anos. O recolhimento depende de decisão judicial e poderá ocorrer no início ou durante a execução. Os estabelecimentos a serem construídos pela União podem ser tanto penitenciárias como colônias agrícolas, industriais ou similares.

108. O art. 83 dispõe que o estabelecimento penal, segundo a sua natureza, deverá contar em suas dependências com áreas e serviços destinados a dar assistência, educação, trabalho, recreação e prática desportiva. Trata-se de norma destinada a desartificializar o cenário que ainda hoje transparece em muitos presídios, nos quais se conservam a arquitetura e o cheiro de antiguidades medievais. Com grande propriedade, Eberhard Schmidt se referiu ao arcaísmo do sistema ortodoxo mundial, impregnado de "erros monumentais talhados em pedra" (cf. Peter Aebersold, "Le projet alternatif alleman d'une loi sur l'exécution des peines" (A.E.), trabalho divulgado na *Revue Internationale de Droit Pénal*, ns. 3/4, de 1975, p. 269 e ss.).

109. A Casa do Albergado deverá situar-se em centro urbano, separada dos demais estabelecimentos, caracterizando-se pela ausência de obstáculos físicos contra a fuga (art. 94). Tratando-se de estabelecimento que recolhe os condenados à pena privativa da liberdade em regime aberto e também os apenados com a limitação de fim de semana, há necessidade de conter, além dos aposentos para acomodar os presos, local apropriado para cursos e palestras (art. 95).

110. A experiência da prisão-albergue obteve grande receptividade no Estado de São Paulo, quando Secretário da Justiça o Professor Manoel Pedro Pimentel. Até o mês de outubro de 1977 já estavam instaladas 59 Casas do Albergado com uma população de 2.000 sentenciados. A propósito, o ilustre penalista iniciou uma grande campanha, "convocando as forças vivas da comunidade" (Clubes de Serviço, Lojas Maçônicas, Federações Espíritas, Igrejas Evangélicas, Igreja Católica), de maneira a ensejar uma pergunta: "por que o Estado, que já arrecada impostos para a prestação de serviços, não se encarrega da construção e manutenção das Casas do Albergado?" A resposta é simples. "Trata-se da necessidade de modificação da atitude da sociedade frente ao preso e da atitude do preso frente à sociedade. Estas atitudes jamais se modificarão se a sociedade não ficar conhecendo melhor o preso e este conhecendo melhor a sociedade. Não devemos esperar que o sentenciado seja o primeiro a estender a mão, por óbvias razões. O primeiro passo deve ser dado pela sociedade" (*Prisões fechadas. Prisões abertas*, São Paulo, 1978, p. 43).

111. Com a finalidade de melhor apurar o senso de responsabilidade dos condenados e promover-lhes a devida orientação, a Casa do Albergado deverá ser dotada de instalações apropriadas. Esta providência é uma das cautelas que, aliadas à rigorosa análise dos requisitos e das condições para o cumprimento da pena privativa da liberdade em regime aberto (art. 114 e ss.), permitirá à instituição permanecer no sistema, já que ao longo dos anos tem sido consagrada nos textos da reforma, como se poderá ver pelas Leis nos 6.016, de 31 de dezembro de 1973, e 6.416, de 24 de maio de 1977, e pelo Projeto de revisão da Parte Geral do Código Penal.

112. O funcionamento satisfatório da prisão-albergue depende, portanto, de regulamentação adequada quanto às condições de concessão e ao sujeito a que se destina. Além disso, a necessidade de efetivo controle jurisdicional, que impeça abusos, se coloca como providência indispensável para a estabilidade da instituição.

O Projeto cuidou de tais aspectos visando a fazer da Casa do Albergado um estabelecimento idôneo para determinados tipos de condenados (cf., para maiores detalhes sobre o tema, Alípio Silveira, *Prisão albergue: teoria e prática*).

DA EXECUÇÃO DAS PENAS PRIVATIVAS DA LIBERDADE

113. O Título V do Projeto abre a parte que se poderia reconhecer como especial, em cotejo com uma parte geral. Inicia-se com disposições sobre a execução das penas em espécie, particularmente as penas privativas da liberdade.

114. A matéria tratada nas disposições gerais diz respeito às exigências formais relativas ao início do cumprimento da pena com a declaração de garantia de que "ninguém será recolhido, para cumprimento da pena privativa da liberdade, sem a guia expedida pela autoridade judiciária" (art. 107).

115. O Projeto evoluiu sensivelmente, ao ampliar o conteúdo da carta de guia, documento que deve servir de indicador e roteiro primários para o procedimento da execução.

116. Nos termos do art. 676 do Código de Processo Penal, a carta de guia deve conter:

I – o nome do réu e a alcunha por que for conhecido;
II – a sua qualificação civil (naturalidade, filiação, idade, estado, profissão), instrução e, se constar, o número do registro geral do Instituto de Identificação e Estatística ou de repartição congênere;
III – o teor integral da sentença condenatória e a data da terminação da pena.

117. Segundo a redação agora proposta, a carta de guia conterá, além desses dados, informações sobre os antecedentes e o grau de instrução do condenado. Ao Ministério Público se dará ciência da guia de recolhimento, por lhe incumbir a fiscalização da regularidade formal de tal documento, além dos deveres próprios no processo executivo (arts. 67 e 68).

118. O projeto dispõe que o regime inicial de execução da pena privativa da liberdade é o estabelecido na sentença de condenação, com observância do art. 33 e seus parágrafos do Código Penal (art. 110). Mas o processo de execução deve ser dinâmico, sujeito a mutações. As mudanças no itinerário da execução consistem na transferência do condenado de regime mais rigoroso para outro menos rigoroso (progressão) ou de regime menos rigoroso para outro mais rigoroso (regressão).

119. A progressão deve ser uma conquista do condenado pelo seu mérito e pressupõe o cumprimento mínimo de um sexto da pena no regime inicial ou anterior. A transferência é determinada somente pelo juiz da execução, cuja decisão será motivada e precedida de parecer da Comissão Técnica de Classificação. Quando se tratar de condenado oriundo do sistema fechado, é imprescindível o exame criminológico (art. 112 e parágrafo único).

120. Se o condenado estiver no regime fechado não poderá ser transferido diretamente para o regime aberto. Esta progressão depende do cumprimento mínimo de um sexto da pena no regime semiaberto, além da demonstração do mérito, compreendido tal vocábulo como aptidão, capacidade e merecimento, demonstrados no curso da execução.

121. Segundo a orientação do Projeto, a prisão-albergue é espécie do regime aberto. O ingresso do condenado em tal regime poderá ocorrer no início ou durante a execução. Na primeira hipótese, os requisitos são os seguintes: a) pena igual ou inferior a quatro anos; b) não ser o condenado reincidente; c) exercício do trabalho ou comprovação da possibilidade de trabalhar imediatamente; d) apresentar, pelos antecedentes ou resultado dos exames a que foi submetido, fundados indícios de que irá ajustar-se, com autodisciplina e senso de responsabilidade, ao novo regime (Projeto de revisão da Parte Geral do Código Penal, letra c, § 2º, arts. 33 e 113 do presente Projeto).

122. Para a segunda hipótese, isto é, a passagem do regime semiaberto para o aberto (progressão), além dos requisitos indicados nas letras c e d, exige-se, também, o cumprimento de um sexto da pena no regime anterior (art. 112).

123. O deferimento do regime aberto pressupõe a aceitação do programa de execução e as condições impostas pelo juiz, que se classificam em especiais e gerais. As primeiras serão impostas segundo o prudente arbítrio do magistrado, levando em consideração a natureza do delito e as condições pessoais de seu autor. As outras têm caráter obrigatório e consistem: 1ª – na permanência, no local designado, durante o repouso e nos dias de folga; 2ª – na saída para o trabalho e no retorno, nos horários fixados; 3ª – em não se ausentar da cidade onde reside, sem autorização judicial; 4ª – no comparecimento a juízo, para informar e justificar as atividades (art. 115).

124. Reconhecendo que a prisão-albergue não se confunde com a prisão-domiciliar, o Projeto declara, para evitar dúvidas, que o regime aberto não admite a execução da pena em residência particular, salvo quando se tratar de condenado maior de setenta anos ou acometido de grave doença e de condenada com filho menor ou deficiente físico ou mental ou, finalmente, de condenada gestante (art. 117). Trata-se, aí, de exceção plenamente justificada em face das condições pessoais do agente.

125. A regressão (transferência do condenado de regime menos rigoroso para outro mais rigoroso) será determinada pelo juiz quando o condenado praticar fato definido como crime doloso ou falta grave; sofrer condenação, por delito anterior, cuja pena, somada ao restante da pena em execução, torne incabível o regime. Relativamente à execução em regime aberto, a regressão também poderá ocorrer se o condenado frustrar os fins de execução ou podendo, não pagar a multa cumulativamente aplicada.

126. A legislação local poderá estabelecer normas complementares para o cumprimento da pena privativa da liberdade em regime aberto, no que tange à regulamentação das atividades exercidas fora do estabelecimento penal, bem como dos dias e dos horários de recolhimento e dos dias de folga.

127. As autorizações de saída (permissão de saída e saída temporária) constituem notáveis fatores para atenuar o rigor da execução contínua da pena de prisão. Não se confundem tais autorizações com os chamados favores gradativos que são característicos da matéria tratada no Cap. IV do Tít. II (mais especialmente dos direitos e da disciplina).

128. As autorizações de saída estão acima da categoria normal dos direitos (art. 41), visto que constituem ora aspectos da assistência em favor de todos os presidiários, ora etapa da progressão em favor dos condenados que satisfaçam determinados requisitos e condições. No primeiro caso estão as permissões de saída (art. 120 e incisos) que se fundam em razões humanitárias.

129. As saídas temporárias são restritas aos condenados que cumprem pena em regime semiaberto (colônias). Consistem na autorização para sair do estabelecimento para, sem vigilância direta, visitar a família, frequentar cursos na Comarca da execução e participar de atividades que concorram para o retorno ao convívio social (art. 122 e incisos). A relação é exaustiva.

130. A limitação do prazo para a saída, as hipóteses de revogação e recuperação do benefício, além da motivação do ato judicial, após audiência do Ministério Público e da administração penitenciária, conferem o necessário rigor a este mecanismo de progressão que depende dos seguintes requisitos: 1º – comportamento adequado; 2º – cumprimento mínimo de um sexto da pena para o primário e um quarto para o reincidente; e 3º – a compatibilidade do benefício com os objetivos da pena (art. 123 e incisos).

131. Na lição de Elias Neumam, as autorizações de saída representam um considerável avanço penalógico e os seus resultados são sempre proveitosos quando outorgados mediante bom senso e adequada fiscalização (*Prisión abierta*, Buenos Aires, 1962, p. 136-137).

132. A remição é uma nova proposta ao sistema e tem, entre outros méritos, o de abreviar, pelo trabalho, parte do tempo da condenação. Três dias de trabalho correspondem a um dia de resgate. O tempo remido será computado para a concessão do livramento condicional e do indulto, que a exemplo da remição constituem hipóteses práticas de sentença indeterminada como fenômeno que abranda os rigores da pré-fixação invariável, contrária aos objetivos da Política Criminal e da reversão pessoal do delinquente.

133. O instituto da remição é consagrado pelo Código Penal espanhol (art. 100). Tem origem no Direito Penal Militar da guerra civil e foi estabelecido por decreto de 28 de maio de 1937 para os prisioneiros de guerra e os condenados por crimes especiais. Em 7 de outubro de 1938 foi criado um patronato central para tratar da *redención de penas por el trabajo* e a partir de 14 de março de 1939 o benefício foi estendido aos crimes comuns. Após mais alguns avanços, a prática foi incorporada ao Código Penal com a Reforma de 1944. Outras ampliações ao funcionamento da remição verificaram-se em 1956 e 1963 (cf. Rodrigues Devesa, *Derecho penal español*, parte general, Madrid, 1971, p. 763 e ss.).

134. Com a finalidade de se evitarem as distorções que poderiam comprometer a eficiência e o crédito deste novo mecanismo em nosso sistema, o Projeto adota cautelas para a concessão e revogação do benefício, dependente da declaração judicial e audiência do Ministério Público. E reconhece caracterizado o crime de falsidade ideológica quando se declara ou atesta falsamente a prestação de serviço para instruir o pedido de remição.

135. Relativamente ao livramento condicional as alterações são relevantes, conforme orientação adotada pelo projeto de revisão da Parte Geral do Código Penal (art. 83 e ss.).

136. No quadro da execução (art. 131 e ss.) o tema do livramento condicional acompanhou as importantes modificações introduzidas pela Lei nº 6.416/77, que alterou o art. 710 e ss. do Código de Processo Penal. Além do minucioso e adequado repertório de obrigações, deu-se ênfase à solenidade da audiência de concessão da medida e adotaram-se critérios de revogação fiéis ao regime de legalidade, de necessidade e de oportunidade. A observação cautelar e a proteção social do liberado constituem medidas de grande repercussão humana e social ao substituírem a chamada "vigilância da autoridade policial" prevista pelo Código de 1940 onde não existisse (e não existe em quase lugar algum do País!) patronato oficial ou particular.

137. Esses são alguns dos aspectos de acentuado valor para maior flexibilidade do livramento condicional, que é uma das medidas alternativas ao encarceramento.

DA EXECUÇÃO DAS PENAS RESTRITIVAS DE DIREITOS

138. A atividade judicial é de notável relevo na execução destas espécies de pena. Como se trata de inovação absoluta, inexistem parâmetros rigorosos a guiá-la. Cabe-lhe, assim, designar entidades ou programas comunitários ou estatais; determinar a intimação do condenado e adverti-lo das obrigações; alterar a forma de execução; verificar a natureza e a qualidade dos cursos a serem ministrados; comunicar à autoridade competente a existência da interdição temporária de direitos; determinar a apreensão dos documentos que autorizem o direito interditado etc. (art. 149 e ss.).

139. Na execução das penas restritivas de direitos domina também o princípio da individualização, aliado às características do estabelecimento, da entidade ou do programa comunitário ou estatal (art. 148).

140. A responsabilidade da autoridade judiciária no cumprimento das penas restritivas de direitos é dividida com as pessoas jurídicas de direito público ou privado ou com os particulares beneficiados com a prestação de serviços gratuitos. Mas o seu desempenho não é minimizado pelo servidor ou pela burocracia, como sucede, atualmente, com a execução das penas privativas da liberdade. O caráter pessoal e indelegável da jurisdição é marcante na hipótese de conversão da pena restritiva de direito em privativa da liberdade (art. 81) ou desta para aquela (art. 180).

141. Tais procedimentos revelam o dinamismo e a personalidade da execução.

DA SUSPENSÃO CONDICIONAL

142. A prática da suspensão condicional da pena tem revelado com frequência a perda do poder aflitivo que constitui a essência da reação anticriminal. Considerado como garantia de impunidade para o primeiro delito ou como expressão de clemência judicial, o instituto não tem atendido aos objetivos próprios à sua natureza.

143. O problema, visto pelos escritores italianos como a *debolezza della repressione*, tem contribuído para o descrédito da medida sob os ângulos da proporcionalidade e da intimidação. Marc Ancel analisa essa corrente crítica em obra vertida para a língua italiana sob o título *La sospensione dell´esecuzione della sentenza*, Milão, 1976, p. 80 e ss.

144. Na rotina forense, o procedimento da suspensão condicional da pena se encerra com a leitura de condições rotineiras que, distanciadas da realidade e do condenado, permanecem depois como naturezas mortas nos escaninhos dos cartórios.

145. Reagindo, porém, a essa letargia, o Projeto consagra as linhas da reforma introduzida pela Lei nº 6.416/77, que emprestou novos contornos materiais e formais à suspensão da pena privativa da liberdade, mediante condições. Além de alterações que deram mais amplitude, como a aplicação geral aos casos de reclusão e aos reincidentes, salvo exceção expressa, o sistema exige que o juiz, ao impor pena privativa da liberdade não superior a dois anos, se pronuncie, obrigatória e motivadamente, sobre o *sursis*, quer o conceda, quer o denegue.

146. As condições devem ser adequadas ao fato e à situação pessoal do condenado, evitando-se dessa forma as generalizações incompatíveis com o princípio da individualização.

147. A leitura da sentença pelo juiz, com advertência formal sobre as consequências de nova infração e do descumprimento das condições (art. 160), confere dignidade à mecânica do instituto, que não se pode manter como ato de rotina. A audiência especial presidida pelo magistrado visa a emprestar à cerimônia dignidade compatível com o ato, evitando-se que a sentença e as condições sejam anunciadas por funcionários do cartório, que colhem, no balcão, a assinatura do condenado.

DA EXECUÇÃO DA PENA DE MULTA

148. A pena de multa fixada em dias constitui grande evolução no sistema ora proposto à consideração de Vossa Excelência. Para compatibilizar tal progresso com os meios para efetivar a cobrança, o Projeto prevê que a nomeação de bens à penhora e a posterior execução (quando o condenado, regularmente citado, não paga o valor da multa nem indica bens à penhora) se processem segundo as disposições do Código de Processo Civil (§ 2º, art. 163). Recaindo a penhora sobre bem imóvel, os autos de execução (que se formam em apartado) serão remetidos ao juízo cível para o devido prosseguimento (art. 165).

149. Melhor flexibilidade para o instituto da multa advém da forma de cobrança mediante desconto no vencimento ou salário do condenado, com a intimação do responsável pelo desconto para que proceda ao recolhimento mensal da importância determinada, até o dia fixado pelo juiz. A recusa ou a simples omissão caracteriza o delito de desobediência.

150. O desconto, porém, é limitado (no máximo, a quarta parte da remuneração, e no mínimo, um décimo) a fim de impedir que a execução da pena de multa alcance expressão aflitiva exagerada ou desproporcional, com sacrifício do objetivo da prevenção especial, tanto em se tratando de condenado em meio livre (art. 168) como de condenado que cumpre, cumulativamente, a pena privativa da liberdade (art. 170).

DA EXECUÇÃO DAS MEDIDAS DE SEGURANÇA

151. Extremamente simplificada é a execução das medidas de segurança em face da revisão imposta pelo Projeto que altera a Parte Geral do Código Penal, com a supressão de algumas espécies de medidas e estabelecimentos.

152. O sistema agora proposto contém apenas dois tipos de medidas de segurança: internamento e sujeição a tratamento ambulatorial.

153. A guia expedida pela autoridade judiciária constitui o documento indispensável para a execução de qualquer uma das medidas. Trata-se da reafirmação da garantia individual da liberdade que deve existir para todas as pessoas, independentemente de sua condição, salvo as exceções legais.

154. A exemplo do que ocorre com o procedimento executivo das penas privativas da liberdade, a guia de internamento ou tratamento ambulatorial contém as indicações necessárias à boa e fiel execução fiscalizada pelo Ministério Público, que deverá manifestar a ciência do ato no próprio documento.

155. Tanto o exame criminológico como o exame geral de personalidade são, conforme as circunstâncias do caso concreto, necessários ou recomendáveis em relação aos destinatários das medidas de segurança. Daí porque o Projeto expressamente consigna a realização de tais pesquisas. Em relação aos internados, o exame criminológico é obrigatório. É facultativo – na dependência da natureza do fato e das condições do agente – quanto aos submetidos a tratamento ambulatorial.

156. Findo o prazo mínimo de duração da medida de segurança, detentiva ou não detentiva, proceder-se-á à verificação do estado de periculosidade. Trata-se, em tal caso, de procedimento *ex officio*. A decisão judicial será instruída com o relatório da autoridade administrativa, laudo psiquiátrico e diligências. O Ministério

Público e o curador ou defensor do agente serão necessariamente ouvidos, exigência que caracteriza a legalidade e o relevo de tal procedimento.

157. Significativa é a alteração proposta ao sistema atual, no sentido de que a averiguação do estado de periculosidade, antes mesmo de expirado o prazo mínimo, possa ser levada a cabo por iniciativa do próprio juiz da execução (art. 176). Atualmente, tal investigação somente é promovida por ordem do Tribunal (CPP, art. 777), suprimindo-se, portanto, a instância originária e natural, visto que a cessação da periculosidade é procedimento típico de execução.

158. A pesquisa sobre a condição dos internados ou dos submetidos a tratamento ambulatorial deve ser estimulada com rigor científico e desvelo humano. O problema assume contornos dramáticos em relação aos internamentos que não raro ultrapassam os limites razoáveis de durabilidade, consumando, em alguns casos, a perpétua privação da liberdade.

DOS INCIDENTES DE EXECUÇÃO

159. Os incidentes de execução compreendem as conversões, o excesso ou desvio de execução, a anistia e o indulto, salientando-se, quanto a estes dois últimos, o caráter substantivo de causas de extinção da punibilidade.

160. A conversão se distingue da transferência do condenado de um regime para outro, como ocorre com as progressões e as regressões.

161. Enquanto a conversão implica alterar de uma pena para outra (a detenção não superior a dois anos pode ser convertida em prestação de serviços à comunidade; a limitação de fim de semana pode ser convertida em detenção), a transferência é um evento que ocorre na dinâmica de execução da mesma pena (a reclusão é exequível em etapas: desde o regime fechado até o aberto, passando pelo semiaberto).

162. As hipóteses de conversão foram minuciosamente indicadas no Projeto (art. 180 e ss.) de modo a se cumprir fielmente o regime de legalidade e se atenderem amplamente aos interesses da defesa social e aos direitos do condenado.

163. A conversão, isto é, a alternatividade de uma pena por outra no curso da execução, poderá ser favorável ou prejudicial ao condenado. Exemplo do primeiro caso é a mudança da privação da liberdade para a restrição de direitos; exemplo do segundo caso é o processo inverso ou a passagem da multa para a detenção.

164. A instituição e a prática das conversões demonstram a orientação da reforma como um todo, consistente em dinamizar o quadro da execução de tal maneira que a pena finalmente cumprida não é, necessariamente, a pena de sentença. Esta possibilidade, permanentemente aberta, traduz o inegável empenho em dignificar o procedimento executivo das medidas de reação ao delito, em atenção ao interesse público e na dependência exclusiva da conduta e das condições pessoais do condenado. Todas as hipóteses de conversão, quer para agravar, quer para atenuar, resultam, necessariamente, do comportamento do condenado, embora sejam também considerados os antecedentes e a personalidade, mas de modo a complementar a investigação dos requisitos.

165. Uma das importantes alterações consiste em se eliminar a conversão da multa em detenção quando o condenado reincidente deixa de pagá-la, conforme prevê o art. 38, primeira parte, do Código Penal.

166. Limitando a conversão da pena de multa em privativa da liberdade somente quando o condenado solvente deixa de pagá-la ou frustra a sua execução (art. 182), o Projeto se coloca em harmonia com as melhores lições que consideram desumana a prisão por insuficiência econômica.

167. A conversão também ocorre quando se substitui a pena privativa da liberdade pela medida de segurança, sempre que, no curso da execução, sobrevier doença mental ou perturbação da saúde mental.

DO EXCESSO OU DESVIO

168. Todo procedimento está sujeito a desvios de rota. Em harmonia com o sistema instituído pelo Projeto, todos os atos e termos da execução se submetem aos rigores do princípio de legalidade. Um dos preceitos cardeais do texto ora posto à alta consideração de Vossa Excelência proclama que "ao condenado e ao internado serão assegurados todos os direitos não atingidos pela sentença ou pela lei" (art. 3º).

169. O excesso ou desvio na execução caracterizam fenômenos aberrantes não apenas sob a perspectiva individualista do *status* jurídico do destinatário das penas e das medidas de segurança. Para muito além dos direitos, a normalidade do processo de execução é uma das exigências da defesa social.

170. O excesso ou o desvio de execução consistem na prática de qualquer ato fora dos limites fixados pela sentença, por normas legais ou regulamentares.

171. Pode-se afirmar com segurança que a execução, no processo civil, guarda mais fidelidade aos limites da sentença, visto que se movimenta pelos caminhos rigorosamente traçados pela lei, o que nem sempre ocorre com o acidentado procedimento executivo penal. A explicação maior para essa diferença de tratamento consiste na previsão de sanções específicas para neutralizar o excesso de execução no cível – além da livre e atuante presença da parte executada –, o que não ocorre quanto à execução penal. A impotência da pessoa ou internado constitui poderoso obstáculo à autoproteção de direitos ou ao cumprimento dos princípios de legalidade e justiça que devem nortear o procedimento executivo. Na ausência de tal controle, necessariamente judicial, o arbítrio torna inseguras as suas próprias vítimas e o descompasso entre o crime e sua punição transforma a desproporcionalidade em fenômeno de hipertrofia e de abuso do poder.

172. As disposições em torno da anistia e do indulto (art. 187 e ss.) aprimoram sensivelmente os respectivos procedimentos e se ajustam também à orientação segundo a qual o instituto da graça foi absorvido pelo indulto, que pode ser individual ou coletivo. A Constituição Federal, aliás, não se refere à graça mas somente à anistia e ao indulto (arts. 8º, XVI; 43; 57, VI; 81, XXII). Em sentido amplo, a graça abrangeria tanto a anistia como o indulto.

DO PROCEDIMENTO JUDICIAL

173. O Juízo da Execução é o foro natural para o conhecimento de todos os atos praticados por qualquer autoridade, na execução das penas e das medidas de segurança (art. 194 e ss.).

174. A legitimidade para provocar o procedimento se estende para além da iniciativa judicial, cabendo, também, ao Ministério Público, ao interessado, ao Conselho Penitenciário e às autoridades administrativas invocar a prestação jurisdicional em face da natureza complexa da execução.

175. O procedimento judicial comporta a produção de prova pericial ou oral e as decisões são todas recorríveis (art. 195 e ss.). O agravo, sem efeito suspensivo, é o recurso adequado.

DISPOSIÇÕES FINAIS E TRANSITÓRIAS

176. A segurança pública e individual é comprometida quando as fugas ou as tentativas de fuga se manifestam, principalmente fora dos limites físicos dos estabelecimentos prisionais, quando a redução do número de guardas e as circunstâncias do transporte dos presos impedem o melhor policialmente. Daí a necessidade do emprego de algemas como instrumentos de constrição física.

177. O uso de tal meio deve ser disciplinado em caráter geral e uniforme. Esta é a razão do disposto no art. 199, segundo o qual "o emprego de algemas será disciplinado por decreto federal".

178. A preocupação generalizada em preservar o condenado por delito político de tratamento penitenciário idêntico ao dos delinquentes comuns é hoje dominante. Daí a orientação do Projeto.

179. O cumprimento da prisão civil ou administrativa não se dará nos estabelecimentos do sistema. Até que se construa ou adapte o estabelecimento adequado, tais formas não criminais de privação da liberdade serão efetivadas em seção especial da Cadeia Pública.

180. A reabilitação ganhou autonomia científica quando o Projeto de reforma da Parte Geral do Código Penal libertou o instituto do confinamento imposto pelo atual sistema, tratado timidamente entre as causas de extinção da punibilidade. Alcançando quaisquer penas e também os efeitos da condenação (art. 93 e parágrafo único) a reabilitação deve ser preservada contra a devassa pública ou particular que comprometa o processo de ajustamento social do condenado.

181. O Código Penal de 1969 previa o cancelamento, mediante averbação, dos antecedentes criminais, uma vez declarada a reabilitação. Em consequência, o registro oficial das condenações penais não poderia ser comunicado senão à autoridade policial ou judiciária, ou ao representante do Ministério Público para instrução do processo penal que viesse a ser instaurado contra o reabilitado (arts. 119 e 120).

182. O Projeto adota solução mais econômica e eficiente. Dispõe que "cumprida ou extinta a pena não constará da folha corrida, atestados ou certidões fornecidas por autoridades policial ou por auxiliares da Justiça, nenhuma notícia ou referência à condenação, salvo para instruir processo pela prática de nova infração penal" (art. 202).

183. O art. 203 e seus parágrafos contêm preceitos de absoluta necessidade a fim de se prover a execução das penas e das medidas de segurança dos meios materiais e humanos e dos mecanismos indispensáveis à fiel aplicação do futuro diploma.

184. Atualmente o chamado Direito Penitenciário em nosso País é reduzido a meras proclamações otimistas, oriundas de princípios gerais e regras de proteção dos condenados ou internados. As normas gerais do regime penitenciário, caracterizadas na Lei nº 3.274/57, não são verdadeiras normas jurídicas: materialmente, porque ineficazes nos casos concretos e, assim, inaplicáveis; formalmente, porque não contêm o elemento de coercibilidade, consistente na sanção para o descumprimento do comando emergente da norma. O referido diploma é sistematicamente ignorado, e ao longo de sua existência – mais de vinte anos – não ensejou o desenvolvimento da doutrina nem sensibilizou juízes, tribunais e a própria administração pública.

185. As unidades federativas, sob a orientação do novo diploma, devem prestar a necessária contribuição para que a frente de luta aberta contra a violência e a criminalidade possa alcançar bons resultados no campo prático, atenuando o sentimento de insegurança oriundos dos índices preocupantes da reincidência. O apoio da União é também fator poderoso para que o sistema de execução das penas e das medidas de segurança possa contar com os padrões científicos e humanos apropriados ao progresso social e cultural de nosso País.

CONCLUSÃO

186. O Projeto que tenho a honra de apresentar à consideração de Vossa Excelência constitui a síntese de todo um processo histórico no conjunto de problemas fundamentais à comunidade. A contribuição prestada por magistrados, membros do Ministério Público, professores de Direito, advogados e especialistas na questão penitenciária foi extensa e constante durante o tempo de maturação do Anteprojeto de Lei de Execução Penal, até o estágio final da revisão. As discussões abertas com a divulgação nacional do documento foram ensejadas pela Portaria nº 429, de 22 de julho de 1981, quando se declarou ser "do interesse do Governo o amplo e democrático debate sobre a reformulação das normas referentes à execução da pena". O I Congresso Brasileiro de Política Criminal e Penitenciária, realizado em Brasília (27 a 30-9-1981), foi o ponto de convergência das discussões entre os melhores especialistas, oportunidade em que o texto de reforma sofreu minudente e judiciosa apreciação crítica para aprimorá-lo. A elaboração do Anteprojeto foi iniciada em fevereiro de 1981, por Comissão integrada pelos Professores Francisco de Assis Toledo, Coordenador, René Ariel Dotti, Benjamin Moraes Filho, Miguel Reale Júnior, Rogério Lauria Tucci, Ricardo Antunes Andreucci, Sérgio Marcos de Moraes Pitombo e Negi Calixto. Os trabalhos de revisão, de que resultou o presente Projeto, foram levados a bom termo, um ano após, por Comissão Revisora composta pelos Professores Francisco de Assis Toledo, Coordenador, René Ariel Dotti, Jason Soares Albergaria e Ricardo Antunes Andreucci. Contou esta última, nas reuniões preliminares, com a colaboração dos Professores Sérgio Marcos de Moraes Pitombo e Everardo da Cunha Luna.

187. Merece referência especial o apoio dado às Comissões pelo Conselho Nacional de Política Penitenciária. Este órgão, eficientemente presidido pelo Doutor Pio Soares Canedo, tem proporcionado, desde a sua recente instalação, em julho do ano de 1980, valioso contingente de informações, de análises, de deliberações e de estímulo intelectual e material das atividades de prevenção da criminalidade.

188. Devo recomendar especialmente a Vossa Excelência os juristas mencionados, que tudo fizeram, com sacrifício de suas atividades normais, para que o Projeto alcançasse o estágio agora apresentado. Os trabalhos sintetizam a esperança e os esforços voltados para a causa universal do aprimoramento da pessoa humana e do progresso espiritual da comunidade.

189. Vencidas quatro décadas, durante as quais vigorou o regime penal-processual-penitenciário amoldado ao pensamento e à experiência da Europa do final do século passado e do começo deste, abre-se agora uma generosa e fecunda perspectiva. Apesar de inspirado também nas modernas e importantes contribuições científicas e doutrinárias, que não têm pátria, o sistema ora proposto não desconhece nem se afasta da realidade brasileira.

190. A sua transformação em lei fará com que a obra de reforma legislativa de Vossa Excelência seja inscrita entre os grandes monumentos de nossa história.

Valho-me da oportunidade para renovar a Vossa Excelência as expressões do meu profundo respeito.

Ibrahim Abi-Ackel
Ministro da Justiça

(Diário do Congresso –
Seção II, de 29 de maio de 1984.)

LEI Nº 7.210, DE 11 DE JULHO DE 1984

Institui a Lei de Execução Penal.

▶ Publicada no *DOU* de 13-7-1984.
▶ Lei nº 11.671, de 8-5-2008, dispõe sobre a transferência e inclusão de presos em estabelecimentos penais federais de segurança máxima.
▶ Lei nº 12.106, de 7-12-2009, cria, no âmbito do Conselho Nacional de Justiça, o Departamento de Monitoramento e Fiscalização do Sistema Carcerário e do Sistema de Execução de Medidas Socioeducativas.
▶ Lei nº 12.714, de 14-9-2012, dispõe sobre o sistema de acompanhamento da execução das penas, da prisão cautelar e da medida de segurança.
▶ Dec. nº 6.049, de 27-2-2007, aprova o Regulamento Penitenciário Federal.

TÍTULO I – DO OBJETO E DA APLICAÇÃO DA LEI DE EXECUÇÃO PENAL

Art. 1º A execução penal tem por objetivo efetivar as disposições de sentença ou decisão criminal e proporcionar condições para a harmônica integração social do condenado e do internado.

▶ Súm. nº 611 do STF.

Art. 2º A jurisdição penal dos juízes ou tribunais da justiça ordinária, em todo o Território Nacional, será exercida, no processo de execução, na conformidade desta Lei e do Código de Processo Penal.

▶ Art. 194 desta Lei.
▶ Art. 668 e seguintes do CPP.
▶ Art. 588 e seguintes do CPPM.
▶ Súm. nº 192 do STJ.

Parágrafo único. Esta Lei aplicar-se-á igualmente ao preso provisório e ao condenado pela Justiça Eleitoral ou Militar, quando recolhido a estabelecimento sujeito à jurisdição ordinária.

Art. 3º Ao condenado e ao internado serão assegurados todos os direitos não atingidos pela sentença ou pela lei.

▶ Arts. 10 a 37, 40, 41, 120 a 130 e 200 desta Lei.

Parágrafo único. Não haverá qualquer distinção de natureza racial, social, religiosa ou política.

Art. 4º O Estado deverá recorrer à cooperação da comunidade nas atividades de execução da pena e da medida de segurança.

TÍTULO II – DO CONDENADO E DO INTERNADO

CAPÍTULO I

DA CLASSIFICAÇÃO

Art. 5º Os condenados serão classificados, segundo os seus antecedentes e personalidade, para orientar a individualização da execução penal.

▶ Art. 5º, XLVI, da CF.

Art. 6º A classificação será feita por Comissão Técnica de Classificação que elaborará o programa individualizador da pena privativa de liberdade adequada ao condenado ou preso provisório.

▶ Artigo com a redação dada pela Lei nº 10.792, de 1º-12-2003.

Art. 7º A Comissão Técnica de Classificação, existente em cada estabelecimento, será presidida pelo Diretor e composta, no mínimo, por dois chefes de serviço, um psiquiatra, um psicólogo e um assistente social, quando se tratar de condenado à pena privativa da liberdade.

Parágrafo único. Nos demais casos a Comissão atuará junto ao Juízo da Execução e será integrada por fiscais do Serviço Social.

Art. 8º O condenado ao cumprimento de pena privativa de liberdade, em regime fechado, será submetido a exame criminológico para a obtenção dos elementos necessários a uma adequada classificação e com vistas à individualização da execução.

▶ Art. 174 desta Lei.
▶ Art. 34 do CP.
▶ Súm. Vinc. nº 26 do STF.
▶ Súm. nº 439 do STJ.

Parágrafo único. Ao exame de que trata este artigo poderá ser submetido o condenado ao cumprimento da pena privativa de liberdade em regime semiaberto.
▶ Art. 35 do CP.

Art. 9º A Comissão, no exame para a obtenção de dados reveladores da personalidade, observando a ética profissional e tendo sempre presentes peças ou informações do processo, poderá:
▶ Art. 174 desta Lei.

I – entrevistar pessoas;
II – requisitar, de repartições ou estabelecimentos privados, dados e informações a respeito do condenado;
III – realizar outras diligências e exames necessários.

Art. 9º-A. *Os condenados por crime praticado, dolosamente, com violência de natureza grave contra pessoa, ou por qualquer dos crimes previstos no art. 1º da Lei nº 8.072, de 25 de julho de 1990, serão submetidos, obrigatoriamente, à identificação do perfil genético, mediante extração de DNA – ácido desoxirribonucleico, por técnica adequada e indolor.*

§ 1º *A identificação do perfil genético será armazenada em banco de dados sigiloso, conforme regulamento a ser expedido pelo Poder Executivo.*

§ 2º *A autoridade policial, federal ou estadual, poderá requerer ao juiz competente, no caso de inquérito instaurado, o acesso ao banco de dados de identificação de perfil genético.*
▶ Art. 9º-A acrescido pela Lei nº 12.654, de 28-5-2012.

Capítulo II

DA ASSISTÊNCIA

Seção I

DISPOSIÇÕES GERAIS

▶ Arts. 20 a 30 do Regulamento Penitenciário Federal, aprovado pelo Dec. nº 6.049, de 27-2-2007.

Art. 10. A assistência ao preso e ao internado é dever do Estado, objetivando prevenir o crime e orientar o retorno à convivência em sociedade.

Parágrafo único. A assistência estende-se ao egresso.
▶ Art. 26 desta Lei.

Art. 11. A assistência será:
▶ Art. 41, VII, desta Lei.

I – material;
II – à saúde;
III – jurídica;
IV – educacional;
V – social;
VI – religiosa.

Seção II

DA ASSISTÊNCIA MATERIAL

Art. 12. A assistência material ao preso e ao internado consistirá no fornecimento de alimentação, vestuário e instalações higiênicas.
▶ Arts. 39, IX, e 41, I, desta Lei.

Art. 13. O estabelecimento disporá de instalações e serviços que atendam aos presos nas suas necessidades pessoais, além de locais destinados à venda de produtos e objetos permitidos e não fornecidos pela Administração.

Seção III

DA ASSISTÊNCIA À SAÚDE

Art. 14. A assistência à saúde do preso e do internado, de caráter preventivo e curativo, compreenderá atendimento médico, farmacêutico e odontológico.
▶ Arts. 41, VII, 43, 120, II, e 183, desta Lei.

§ 1º VETADO.

§ 2º Quando o estabelecimento penal não estiver aparelhado para prover a assistência médica necessária, esta será prestada em outro local, mediante autorização da direção do estabelecimento.

§ 3º Será assegurado acompanhamento médico à mulher, principalmente no pré-natal e no pós-parto, extensivo ao recém-nascido.
▶ § 3º acrescido pela Lei nº 11.942, de 28-5-2009.

Seção IV

DA ASSISTÊNCIA JURÍDICA

Art. 15. A assistência jurídica é destinada aos presos e aos internados sem recursos financeiros para constituir advogado.
▶ Art. 5º, LXXIV, da CF.
▶ Art. 41, VII e IX, desta Lei.
▶ Lei nº 1.060, de 5-2-1950 (Lei de Assistência Judiciária).

Art. 16. As Unidades da Federação deverão ter serviços de assistência jurídica, integral e gratuita, pela Defensoria Pública, dentro e fora dos estabelecimentos penais.
▶ *Caput* com a redação dada pela Lei nº 12.313, de 19-8-2010.
▶ Arts. 5º, LXXIV, e 134 da CF.
▶ LC nº 80, de 12-1-1994 (Lei da Defensoria Pública).

§ 1º As Unidades da Federação deverão prestar auxílio estrutural, pessoal e material à Defensoria Pública, no exercício de suas funções, dentro e fora dos estabelecimentos penais.

§ 2º Em todos os estabelecimentos penais, haverá local apropriado destinado ao atendimento pelo Defensor Público.

§ 3º Fora dos estabelecimentos penais, serão implementados Núcleos Especializados da Defensoria Pública para a prestação de assistência jurídica integral e gratuita aos réus, sentenciados em liberdade, egressos e seus familiares, sem recursos financeiros para constituir advogado.
▶ §§ 1º a 3º acrescidos pela Lei nº 12.313, de 19-8-2010.

Seção V

DA ASSISTÊNCIA EDUCACIONAL

Art. 17. A assistência educacional compreenderá a instrução escolar e a formação profissional do preso e do internado.
▶ Arts. 205 e 208, § 1º, da CF.
▶ Art. 41, VI, desta Lei.

Art. 18. O ensino de primeiro grau será obrigatório, integrando-se no sistema escolar da unidade federativa.

Art. 19. O ensino profissional será ministrado em nível de iniciação ou de aperfeiçoamento técnico.

Parágrafo único. A mulher condenada terá ensino profissional adequado à sua condição.

Art. 20. As atividades educacionais podem ser objeto de convênio com entidades públicas ou particulares, que instalem escolas ou ofereçam cursos especializados.

Art. 21. Em atendimento às condições locais, dotar-se-á cada estabelecimento de uma biblioteca, para uso de todas as categorias de reclusos, provida de livros instrutivos, recreativos e didáticos.

Seção VI

DA ASSISTÊNCIA SOCIAL

Art. 22. A assistência social tem por finalidade amparar o preso e o internado e prepará-los para o retorno à liberdade.

▶ Art. 41, VII, desta Lei.

Art. 23. Incumbe ao serviço de assistência social:

I – conhecer os resultados dos diagnósticos e exames;
II – relatar, por escrito, ao diretor do estabelecimento, os problemas e as dificuldades enfrentados pelo assistido;
III – acompanhar o resultado das permissões de saídas e das saídas temporárias;
IV – promover, no estabelecimento, pelos meios disponíveis, a recreação;
V – promover a orientação do assistido, na fase final do cumprimento da pena, e do liberando, de modo a facilitar o seu retorno à liberdade;
VI – providenciar a obtenção de documentos, dos benefícios da previdência social e do seguro por acidente no trabalho;
VII – orientar e amparar, quando necessário, a família do preso, do internado e da vítima.

Seção VII

DA ASSISTÊNCIA RELIGIOSA

Art. 24. A assistência religiosa, com liberdade de culto, será prestada aos presos e aos internados, permitindo-se-lhes a participação nos serviços organizados no estabelecimento penal, bem como a posse de livros de instrução religiosa.

▶ Art. 5º, VI, da CF.
▶ Art. 41, VII, desta Lei.

§ 1º No estabelecimento haverá local apropriado para os cultos religiosos.

§ 2º Nenhum preso ou internado poderá ser obrigado a participar de atividade religiosa.

Seção VIII

DA ASSISTÊNCIA AO EGRESSO

Art. 25. A assistência ao egresso consiste:

▶ Art. 78 desta Lei.

I – na orientação e apoio para reintegrá-lo à vida em liberdade;
II – na concessão, se necessário, de alojamento e alimentação, em estabelecimento adequado, pelo prazo de dois meses.

Parágrafo único. O prazo estabelecido no inciso II poderá ser prorrogado uma única vez, comprovado, por declaração do assistente social, o empenho na obtenção de emprego.

Art. 26. Considera-se egresso para os efeitos desta Lei:

I – o liberado definitivo, pelo prazo de um ano a contar da saída do estabelecimento;
II – o liberado condicional, durante o período de prova.

Art. 27. O serviço de assistência social colaborará com o egresso para a obtenção de trabalho.

Capítulo III

DO TRABALHO

Seção I

DISPOSIÇÕES GERAIS

▶ Arts. 98 a 100 do Regulamento Penitenciário Federal, aprovado pelo Dec. nº 6.049, de 27-2-2007.

Art. 28. O trabalho do condenado, como dever social e condição de dignidade humana, terá finalidade educativa e produtiva.

▶ Arts. 1º, III, 5º, XLVII, c, da CF.
▶ Arts. 126 a 130 desta Lei.

§ 1º Aplicam-se à organização e aos métodos de trabalho as precauções relativas à segurança e à higiene.

§ 2º O trabalho do preso não está sujeito ao regime da Consolidação das Leis do Trabalho.

Art. 29. O trabalho do preso será remunerado, mediante prévia tabela, não podendo ser inferior a três quartos do salário mínimo.

▶ Art. 39 do CP.

§ 1º O produto da remuneração pelo trabalho deverá atender:

a) à indenização dos danos causados pelo crime, desde que determinados judicialmente e não reparados por outros meios;
b) à assistência à família;
c) a pequenas despesas pessoais;
d) ao ressarcimento ao Estado das despesas realizadas com a manutenção do condenado, em proporção a ser fixada e sem prejuízo da destinação prevista nas letras anteriores.

§ 2º Ressalvadas outras aplicações legais, será depositada a parte restante para constituição do pecúlio, em cadernetas de poupança, que será entregue ao condenado quando posto em liberdade.

Art. 30. As tarefas executadas como prestação de serviço à comunidade não serão remuneradas.

▶ Arts. 43, IV, e 46, do CP.

Seção II

DO TRABALHO INTERNO

Art. 31. O condenado à pena privativa de liberdade está obrigado ao trabalho na medida de suas aptidões e capacidade.

▶ Arts. 1º, III, 5º, XLVII, c, da CF.
▶ Arts. 39, V, 41, II, 50, VI, e 126 a 130, desta Lei.
▶ Arts. 34, § 1º, e 35, § 1º, do CP.

Parágrafo único. Para o preso provisório, o trabalho não é obrigatório e só poderá ser executado no interior do estabelecimento.

Art. 32. Na atribuição do trabalho deverão ser levadas em conta a habilitação, a condição pessoal e as necessidades futuras do preso, bem como as oportunidades oferecidas pelo mercado.

§ 1º Deverá ser limitado, tanto quanto possível, o artesanato sem expressão econômica, salvo nas regiões de turismo.

§ 2º Os maiores de sessenta anos poderão solicitar ocupação adequada à sua idade.

§ 3º Os doentes ou deficientes físicos somente exercerão atividades apropriadas ao seu estado.

Art. 33. A jornada normal de trabalho não será inferior a seis, nem superior a oito horas, com descanso nos domingos e feriados.

Parágrafo único. Poderá ser atribuído horário especial de trabalho aos presos designados para os serviços de conservação e manutenção do estabelecimento penal.

Art. 34. O trabalho poderá ser gerenciado por fundação, ou empresa pública, com autonomia administrativa, e terá por objetivo a formação profissional do condenado.

§ 1º Nessa hipótese, incumbirá à entidade gerenciadora promover e supervisionar a produção, com critérios e métodos empresariais, encarregar-se de sua comercialização, bem como suportar despesas, inclusive pagamento de remuneração adequada.

▶ Parágrafo único transformado em § 1º pela Lei nº 10.792, de 1º-12-2003.

§ 2º Os governos federal, estadual e municipal poderão celebrar convênio com a iniciativa privada, para implantação de oficinas de trabalho referentes a setores de apoio dos presídios.

▶ § 2º acrescido pela Lei nº 10.792, de 1º-12-2003.

Art. 35. Os órgãos da administração direta ou indireta da União, Estados, Territórios, Distrito Federal e dos Municípios adquirirão, com dispensa de concorrência pública, os bens ou produtos do trabalho prisional, sempre que não for possível ou recomendável realizar-se a venda a particulares.

Parágrafo único. Todas as importâncias arrecadadas com as vendas reverterão em favor da fundação ou empresa pública a que alude o artigo anterior ou, na sua falta, do estabelecimento penal.

Seção III

DO TRABALHO EXTERNO

Art. 36. O trabalho externo será admissível para os presos em regime fechado somente em serviço ou obras públicas realizadas por órgãos da administração direta ou indireta, ou entidades privadas, desde que tomadas as cautelas contra a fuga e em favor da disciplina.

▶ Art. 34, § 3º, do CP.

§ 1º O limite máximo do número de presos será de dez por cento do total de empregados na obra.

§ 2º Caberá ao órgão da administração, à entidade ou à empresa empreiteira a remuneração desse trabalho.

§ 3º A prestação de trabalho a entidade privada depende do consentimento expresso do preso.

Art. 37. A prestação de trabalho externo, a ser autorizada pela direção do estabelecimento, dependerá de aptidão, disciplina e responsabilidade, além do cumprimento mínimo de um sexto da pena.

▶ Súm. nº 40 do STJ.

Parágrafo único. Revogar-se-á a autorização de trabalho externo ao preso que vier a praticar fato definido como crime, for punido por falta grave, ou tiver comportamento contrário aos requisitos estabelecidos neste artigo.

CAPÍTULO IV

DOS DEVERES, DOS DIREITOS E DA DISCIPLINA

Seção I

DOS DEVERES

▶ Art. 38 do Regulamento Penitenciário Federal, aprovado pelo Dec. nº 6.049, de 27-2-2007.

Art. 38. Cumpre ao condenado, além das obrigações legais inerentes ao seu estado, submeter-se às normas de execução da pena.

Art. 39. Constituem deveres do condenado:

I – comportamento disciplinado e cumprimento fiel da sentença;

II – obediência ao servidor e respeito a qualquer pessoa com quem deva relacionar-se;

▶ Arts. 50, VI, e 51, III, desta Lei.

III – urbanidade e respeito no trato com os demais condenados;

IV – conduta oposta aos movimentos individuais ou coletivos de fuga ou de subversão à ordem ou à disciplina;

V – execução do trabalho, das tarefas e das ordens recebidas;

▶ Arts. 50, VI, e 51, III, desta Lei.

VI – submissão à sanção disciplinar imposta;

VII – indenização à vítima ou aos seus sucessores;

VIII – indenização ao Estado, quando possível, das despesas realizadas com a sua manutenção, mediante desconto proporcional da remuneração do trabalho;

IX – higiene pessoal e asseio da cela ou alojamento;

X – conservação dos objetos de uso pessoal.

Parágrafo único. Aplica-se ao preso provisório, no que couber, o disposto neste artigo.

▶ Art. 31, parágrafo único, desta Lei.

Seção II

DOS DIREITOS

▶ Arts. 36 e 37 do Regulamento Penitenciário Federal, aprovado pelo Dec. nº 6.049, de 27-2-2007.

Art. 40. Impõe-se a todas as autoridades o respeito à integridade física e moral dos condenados e dos presos provisórios.

▶ Art. 5º, III e XLIX, da CF.
▶ Art. 38 do CP.

Art. 41. Constituem direitos do preso:

I – alimentação suficiente e vestuário;

II – atribuição de trabalho e sua remuneração;

III – previdência social;

IV – constituição de pecúlio;

V – proporcionalidade na distribuição do tempo para o trabalho, o descanso e a recreação;
VI – exercício das atividades profissionais, intelectuais, artísticas e desportivas anteriores, desde que compatíveis com a execução da pena;
VII – assistência material, à saúde, jurídica, educacional, social e religiosa;

► Arts. 10 e 11 desta Lei.

VIII – proteção contra qualquer forma de sensacionalismo;

► Art. 198 desta Lei.

IX – entrevista pessoal e reservada com o advogado;

► Art. 7º, III, da Lei nº 8.906, de 4-7-1994 (Estatuto da Advocacia e da OAB).

X – visita do cônjuge, da companheira, de parentes e amigos em dias determinados;

► Port. Conj. da Defensoria Pública-Geral da União e do Departamento Penitenciário Nacional nº 500, de 30-9-2010, dispõe sobre a visita virtual do cônjuge ou companheira(o) de comprovada união estável, dos parentes e amigos aos presos inseridos no Sistema Penitenciário Federal.

XI – chamamento nominal;
XII – igualdade de tratamento salvo quanto às exigências da individualização da pena;

► Art. 5º, XLVI, da CF.

XIII – audiência especial com o diretor do estabelecimento;
XIV – representação e petição a qualquer autoridade, em defesa de direito;
XV – contato com o mundo exterior por meio de correspondência escrita, da leitura e de outros meios de informação que não comprometam a moral e os bons costumes;
XVI – atestado de pena a cumprir, emitido anualmente, sob pena da responsabilidade da autoridade judiciária competente.

► Inciso XVI acrescido pela Lei nº 10.713, de 13-8-2003.

Parágrafo único. Os direitos previstos nos incisos V, X e XV poderão ser suspensos ou restringidos mediante ato motivado do diretor do estabelecimento.

► Art. 53, III, desta Lei.

Art. 42. Aplica-se ao preso provisório e ao submetido à medida de segurança, no que couber, o disposto nesta Seção.

Art. 43. É garantida a liberdade de contratar médico de confiança pessoal do internado ou do submetido a tratamento ambulatorial, por seus familiares ou dependentes, a fim de orientar e acompanhar o tratamento.

Parágrafo único. As divergências entre o médico oficial e o particular serão resolvidas pelo juiz de execução.

SEÇÃO III

DA DISCIPLINA

SUBSEÇÃO I

DISPOSIÇÕES GERAIS

► Arts. 39 a 41 do Regulamento Penitenciário Federal, aprovado pelo Dec. nº 6.049, de 27-2-2007.

Art. 44. A disciplina consiste na colaboração com a ordem, na obediência às determinações das autoridades e seus agentes e no desempenho do trabalho.

Parágrafo único. Estão sujeitos à disciplina o condenado à pena privativa de liberdade ou restritiva de direitos e o preso provisório.

Art. 45. Não haverá falta nem sanção disciplinar sem expressa e anterior previsão legal ou regulamentar.

► Art. 5º, XXXIX, da CF.
► Art. 1º do CP.
► Art. 1º do CPM.

§ 1º As sanções não poderão colocar em perigo a integridade física e moral do condenado.

§ 2º É vedado o emprego de cela escura.

§ 3º São vedadas as sanções coletivas.

Art. 46. O condenado ou denunciado, no início da execução da pena ou da prisão, será cientificado das normas disciplinares.

Art. 47. O poder disciplinar, na execução da pena privativa de liberdade, será exercido pela autoridade administrativa conforme as disposições regulamentares.

► Art. 58, parágrafo único, desta Lei.

Art. 48. Na execução das penas restritivas de direitos, o poder disciplinar será exercido pela autoridade administrativa a que estiver sujeito o condenado.

► Art. 43 do CP.

Parágrafo único. Nas faltas graves, a autoridade representará o juiz da execução para os fins dos artigos 118, I, 125, 127, 181, §§ 1º, d, e 2º desta Lei.

SUBSEÇÃO II

DAS FALTAS DISCIPLINARES

► Arts. 43, 44 e 54 a 58 do Regulamento Penitenciário Federal, aprovado pelo Dec. nº 6.049, de 27-2-2007.

Art. 49. As faltas disciplinares classificam-se em leves, médias e graves. A legislação local especificará as leves e médias, bem assim as respectivas sanções.

► Art. 53 desta Lei.

Parágrafo único. Pune-se a tentativa com a sanção correspondente à falta consumada.

Art. 50. Comete falta grave o condenado à pena privativa de liberdade que:

► Art. 118, I, desta Lei.

I – incitar ou participar de movimento para subverter a ordem ou a disciplina;

► Art. 354 do CP.

II – fugir;
III – possuir, indevidamente, instrumento capaz de ofender a integridade física de outrem;
IV – provocar acidente de trabalho;
V – descumprir, no regime aberto, as condições impostas;

► Arts. 113, 115 e 116 desta Lei.

VI – inobservar os deveres previstos nos incisos II e V do artigo 39 desta Lei;
VII – tiver em sua posse, utilizar ou fornecer aparelho telefônico, de rádio ou similar, que permita a comunicação com outros presos ou com o ambiente externo.

► Inciso VII acrescido pela Lei nº 11.466, de 28-3-2007.

Parágrafo único. O disposto neste artigo aplica-se, no que couber, ao preso provisório.

Art. 51. Comete falta grave o condenado à pena restritiva de direitos que:

I – descumprir, injustificadamente, a restrição imposta;
II – retardar, injustificadamente, o cumprimento da obrigação imposta;
III – inobservar os deveres previstos nos incisos II e V do artigo 39 desta Lei.

Art. 52. A prática de fato previsto como crime doloso constitui falta grave e, quando ocasione subversão da ordem ou disciplina internas, sujeita o preso provisório, ou condenado, sem prejuízo da sanção penal, ao regime disciplinar diferenciado, com as seguintes características:

▶ *Caput* com a redação dada pela Lei nº 10.792, de 1º-12-2003.

I – duração máxima de trezentos e sessenta dias, sem prejuízo de repetição da sanção por nova falta grave de mesma espécie, até o limite de um sexto da pena aplicada;
II – recolhimento em cela individual;
III – visitas semanais de duas pessoas, sem contar as crianças, com duração de duas horas;
IV – o preso terá direito à saída da cela por duas horas diárias para banho de sol.

▶ Incisos I a IV acrescidos pela Lei nº 10.792, de 1º-12-2003.

§ 1º O regime disciplinar diferenciado também poderá abrigar presos provisórios ou condenados, nacionais ou estrangeiros, que apresentem alto risco para a ordem e a segurança do estabelecimento penal ou da sociedade.

§ 2º Estará igualmente sujeito ao regime disciplinar diferenciado o preso provisório ou o condenado sob o qual recaiam fundadas suspeitas de envolvimento ou participação, a qualquer título, em organizações criminosas, quadrilha ou bando.

▶ §§ 1º e 2º acrescidos pela Lei nº 10.792, de 1º-12-2003.

Subseção III

DAS SANÇÕES E DAS RECOMPENSAS

▶ Arts. 31 a 35 e 46 a 53 do Regulamento Penitenciário Federal, aprovado pelo Dec. nº 6.049, de 27-2-2007.

Art. 53. Constituem sanções disciplinares:

I – advertência verbal;
II – repreensão;
III – suspensão ou restrição de direitos (artigo 41, parágrafo único);

▶ Art. 57, parágrafo único, desta Lei.

IV – isolamento na própria cela, ou em local adequado, nos estabelecimentos que possuam alojamento coletivo, observado o disposto no artigo 88 desta Lei;

▶ Art. 57, parágrafo único, desta Lei.

V – inclusão no regime disciplinar diferenciado.

▶ Inciso V acrescido pela Lei nº 10.792, de 1º-12-2003.
▶ Art. 57, parágrafo único, desta Lei.

Art. 54. As sanções dos incisos I a IV do art. 53 serão aplicadas por ato motivado do diretor do estabelecimento e a do inciso V, por prévio e fundamentado despacho do juiz competente.

▶ *Caput* com a redação dada pela Lei nº 10.792, de 1º-12-2003.

§ 1º A autorização para a inclusão do preso em regime disciplinar dependerá de requerimento circunstanciado elaborado pelo diretor do estabelecimento ou outra autoridade administrativa.

§ 2º A decisão judicial sobre inclusão de preso em regime disciplinar será precedida de manifestação do Ministério Público e da defesa e prolatada no prazo máximo de quinze dias.

▶ §§ 1º e 2º acrescidos pela Lei nº 10.792, de 1º-12-2003.

Art. 55. As recompensas têm em vista o bom comportamento reconhecido em favor do condenado, de sua colaboração com a disciplina e de sua dedicação ao trabalho.

Art. 56. São recompensas:

I – o elogio;
II – a concessão de regalias.

Parágrafo único. A legislação local e os regulamentos estabelecerão a natureza e a forma de concessão de regalias.

Subseção IV

DA APLICAÇÃO DAS SANÇÕES

Art. 57. Na aplicação das sanções disciplinares, levar-se-ão em conta a natureza, os motivos, as circunstâncias e as consequências do fato, bem como a pessoa do faltoso e seu tempo de prisão.

Parágrafo único. Nas faltas graves, aplicam-se as sanções previstas nos incisos III a V do art. 53 desta Lei.

▶ Art. 57 com a redação dada pela Lei nº 10.792, de 1º-12-2003.
▶ Art. 127 desta Lei.

Art. 58. O isolamento, a suspensão e a restrição de direitos não poderão exceder a trinta dias, ressalvada a hipótese do regime disciplinar diferenciado.

▶ *Caput* com a redação dada pela Lei nº 10.792, de 1º-12-2003.
▶ Súm. Vinc. nº 9 do STF.

Parágrafo único. O isolamento será sempre comunicado ao juiz da execução.

Subseção V

DO PROCEDIMENTO DISCIPLINAR

▶ Arts. 59 a 75 do Regulamento Penitenciário Federal, aprovado pelo Dec. nº 6.049, de 27-2-2007.

Art. 59. Praticada a falta disciplinar, deverá ser instaurado o procedimento para sua apuração, conforme regulamento, assegurado o direito de defesa.

Parágrafo único. A decisão será motivada.

Art. 60. A autoridade administrativa poderá decretar o isolamento preventivo do faltoso pelo prazo de até dez dias. A inclusão do preso no regime disciplinar diferenciado, no interesse da disciplina e da averiguação do fato, dependerá de despacho do juiz competente.

Parágrafo único. O tempo de isolamento ou inclusão preventiva no regime disciplinar diferenciado será computado no período de cumprimento da sanção disciplinar.
► Art. 60 com a redação dada pela Lei nº 10.792, de 1º-12-2003.

TÍTULO III – DOS ÓRGÃOS DA EXECUÇÃO PENAL

Capítulo I
DISPOSIÇÕES GERAIS

Art. 61. São órgãos da execução penal:

I – o Conselho Nacional de Política Criminal e Penitenciária;
II – o Juízo da Execução;
III – o Ministério Público;
IV – o Conselho Penitenciário;
V – os Departamentos Penitenciários;
VI – o Patronato;
VII – o Conselho da Comunidade;
VIII – a Defensoria Pública.

► Inciso VIII acrescido pela Lei nº 12.313, de 19-8-2010.
► Art. 134 da CF.
► LC nº 80, de 12-1-1994 (Lei da Defensoria Pública).

Capítulo II
DO CONSELHO NACIONAL DE POLÍTICA CRIMINAL E PENITENCIÁRIA

Art. 62. O Conselho Nacional de Política Criminal e Penitenciária, com sede na Capital da República, é subordinado ao Ministério da Justiça.

Art. 63. O Conselho Nacional de Política Criminal e Penitenciária será integrado por treze membros designados através de ato do Ministério da Justiça, dentre professores e profissionais da área do Direito Penal, Processual Penal, Penitenciário e ciências correlatas, bem como por representantes da comunidade e dos Ministérios da área social.

Parágrafo único. O mandato dos membros do Conselho terá duração de dois anos, renovado um terço em cada ano.

Art. 64. Ao Conselho Nacional de Política Criminal e Penitenciária, no exercício de suas atividades, em âmbito federal ou estadual, incumbe:

I – propor diretrizes da política criminal quanto a prevenção do delito, administração da justiça criminal e execução das penas e das medidas de segurança;
II – contribuir na elaboração de planos nacionais de desenvolvimento, sugerindo as metas e prioridades da política criminal e penitenciária;
III – promover a avaliação periódica do sistema criminal para a sua adequação às necessidades do País;
IV – estimular e promover a pesquisa criminológica;
V – elaborar programa nacional penitenciário de formação e aperfeiçoamento do servidor;
VI – estabelecer regras sobre a arquitetura e construção de estabelecimentos penais e casas de albergados;
VII – estabelecer os critérios para a elaboração da estatística criminal;
VIII – inspecionar e fiscalizar os estabelecimentos penais, bem assim informar-se, mediante relatórios do Conselho Penitenciário, requisições, visitas ou outros meios, acerca do desenvolvimento da execução penal nos Estados, Territórios e Distrito Federal, propondo às autoridades dela incumbidas as medidas necessárias ao seu aprimoramento;
IX – representar ao juiz da execução ou à autoridade administrativa para instauração de sindicância ou procedimento administrativo, em caso de violação das normas referentes à execução penal;
X – representar à autoridade competente para a interdição, no todo ou em parte, de estabelecimento penal.

Capítulo III
DO JUÍZO DA EXECUÇÃO

Art. 65. A execução penal competirá ao juiz indicado na lei local de organização judiciária e, na sua ausência, ao da sentença.

► Art. 194 desta Lei.
► Art. 668 do CPP.
► Art. 588 do CPPM.
► Súm. nº 192 do STJ.

Art. 66. Compete ao juiz da execução:

► Súm. nº 192 do STJ.

I – aplicar aos casos julgados lei posterior que de qualquer modo favorecer o condenado;

► Art. 5º, XL, da CF.
► Art. 2º, parágrafo único, do CP.
► Art. 2º, § 1º, do CPM.
► Súm. nº 611 do STF.

II – declarar extinta a punibilidade;

► Art. 107 do CP.
► Art. 123 do CPM.

III – decidir sobre:

a) soma ou unificação de penas;

► Arts. 69, 75 e 76 do CP.
► Arts. 79 e 81 do CPM.
► Súm. nº 715 do STF.

b) progressão ou regressão nos regimes;

► Arts. 110 a 119 desta Lei.
► Súm. Vinc. nº 26 do STF.

c) detração e remição da pena;

► Arts. 126 a 130 desta Lei.
► Art. 42 do CP.
► Art. 67 do CPM.

d) suspensão condicional da pena;

► Arts. 156 a 163 desta Lei.
► Arts. 696 a 709 do CPP.
► Arts. 606 a 617 do CPPM.

e) livramento condicional;

► Arts. 131 a 146 desta Lei.
► Arts. 710 a 733 do CPP.
► Arts. 618 a 642 do CPPM.

f) incidentes da execução;

IV – autorizar saídas temporárias;

► Arts. 122 a 125 desta Lei.

V – determinar:

a) a forma de cumprimento da pena restritiva de direitos e fiscalizar sua execução;
▶ Arts. 147 a 155 desta Lei.

b) a conversão da pena restritiva de direitos e de multa em privativa de liberdade;
▶ Arts. 45 e 51 do CP.

c) a conversão da pena privativa de liberdade em restritiva de direitos;
▶ Art. 44 do CP.

d) a aplicação da medida de segurança, bem como a substituição da pena por medida de segurança;
▶ Art. 96 do CP.
▶ Art. 110 do CPM.

e) a revogação da medida de segurança;
▶ Arts. 171 a 179 desta Lei.

f) a desinternação e o restabelecimento da situação anterior;
g) o cumprimento de pena ou medida de segurança em outra comarca;
h) a remoção do condenado na hipótese prevista no § 1º do artigo 86 desta Lei;
i) VETADA. Lei nº 12.258, de 15-6-2010.

VI – zelar pelo correto cumprimento da pena e da medida de segurança;
VII – inspecionar, mensalmente, os estabelecimentos penais, tomando providências para o adequado funcionamento e promovendo, quando for o caso, a apuração de responsabilidade;
▶ Art. 8º da Lei nº 11.671, de 8-5-2008, que dispõe sobre o registro em livro próprio das visitas feitas pelo juiz responsável ou por membro do Ministério Público.

VIII – interditar, no todo ou em parte, estabelecimento penal que estiver funcionando em condições inadequadas ou com infringência aos dispositivos desta Lei;
IX – compor e instalar o Conselho da Comunidade;
X – emitir anualmente atestado de pena a cumprir.
▶ Inciso X acrescido pela Lei nº 10.713, de 13-8-2003.

Capítulo IV
DO MINISTÉRIO PÚBLICO

Art. 67. O Ministério Público fiscalizará a execução da pena e da medida de segurança, oficiando no processo executivo e nos incidentes da execução.
▶ Art. 129, II, da CF.
▶ Art. 196 desta Lei.
▶ Lei nº 8.625, de 12-2-1993 (Lei Orgânica Nacional do Ministério Público).

Art. 68. Incumbe, ainda, ao Ministério Público:

I – fiscalizar a regularidade formal das guias de recolhimento e de internamento;
II – requerer:

a) todas as providências necessárias ao desenvolvimento do processo executivo;
b) a instauração dos incidentes de excesso ou desvio de execução;
c) a aplicação de medida de segurança, bem como a substituição da pena por medida de segurança;
d) a revogação da medida de segurança;

e) a conversão de penas, a progressão ou regressão nos regimes e a revogação da suspensão condicional da pena e do livramento condicional;
f) a internação, a desinternação e o restabelecimento da situação anterior;

III – interpor recursos de decisões proferidas pela autoridade judiciária, durante a execução.

Parágrafo único. O órgão do Ministério Público visitará mensalmente os estabelecimentos penais, registrando a sua presença em livro próprio.
▶ Art. 8º da Lei nº 11.671, de 8-5-2008, que dispõe sobre o registro em livro próprio das visitas feitas pelo juiz responsável ou por membro do Ministério Público.

Capítulo V
DO CONSELHO PENITENCIÁRIO

Art. 69. O Conselho Penitenciário é órgão consultivo e fiscalizador da execução da pena.

§ 1º O Conselho será integrado por membros nomeados pelo governador do Estado, do Distrito Federal e dos Territórios, dentre professores e profissionais da área de Direito Penal, Processual Penal, Penitenciário e ciências correlatas, bem como por representantes da comunidade. A legislação federal e estadual regulará o seu funcionamento.

§ 2º O mandato dos membros do Conselho Penitenciário terá a duração de quatro anos.

Art. 70. Incumbe ao Conselho Penitenciário:
▶ Arts. 143, 145, 186, II, e 187 desta Lei.

I – emitir parecer sobre indulto e comutação de pena, excetuada a hipótese de pedido de indulto com base no estado de saúde do preso;
▶ Inciso I com a redação dada pela Lei nº 10.792, de 1º-12-2003.

II – inspecionar os estabelecimentos e serviços penais;
III – apresentar, no primeiro trimestre de cada ano, ao Conselho Nacional de Política Criminal e Penitenciária, relatório dos trabalhos efetuados no exercício anterior;
IV – supervisionar os patronatos, bem como a assistência aos egressos.

Capítulo VI
DOS DEPARTAMENTOS PENITENCIÁRIOS

Seção I

DO DEPARTAMENTO PENITENCIÁRIO NACIONAL

Art. 71. O Departamento Penitenciário Nacional, subordinado ao Ministério da Justiça, é órgão executivo da Política Penitenciária Nacional e de apoio administrativo e financeiro do Conselho Nacional de Política Criminal e Penitenciária.
▶ Art. 25 do Anexo I do Dec. nº 6.061, de 15-3-2007, que aprova a estrutura regimental e o quadro demonstrativo dos cargos em comissão e das funções gratificadas do Ministério da Justiça.

Art. 72. São atribuições do Departamento Penitenciário Nacional:
▶ Art. 25 do Anexo I do Dec. nº 6.061, de 15-3-2007, que aprova a estrutura regimental e o quadro demonstrativo dos cargos em comissão e das funções gratificadas do Ministério da Justiça.

I – acompanhar a fiel aplicação das normas de execução penal em todo o Território Nacional;
II – inspecionar e fiscalizar periodicamente os estabelecimentos e serviços penais;
III – assistir tecnicamente as unidades federativas na implementação dos princípios e regras estabelecidos nesta Lei;
IV – colaborar com as unidades federativas, mediante convênios, na implantação de estabelecimentos e serviços penais;
V – colaborar com as unidades federativas para a realização de cursos de formação de pessoal penitenciário e de ensino profissionalizante do condenado e do internado;
VI – estabelecer, mediante convênios com as unidades federativas, o cadastro nacional das vagas existentes em estabelecimentos locais destinadas ao cumprimento de penas privativas de liberdade aplicadas pela justiça de outra unidade federativa, em especial para presos sujeitos a regime disciplinar.

▶ Inciso VI acrescido pela Lei nº 10.792, de 1º-12-2003.

Parágrafo único. Incumbem também ao Departamento a coordenação e supervisão dos estabelecimentos penais e de internamento federais.

Seção II
DO DEPARTAMENTO PENITENCIÁRIO LOCAL

Art. 73. A legislação local poderá criar Departamento Penitenciário ou órgão similar, com as atribuições que estabelecer.

Art. 74. O Departamento Penitenciário local, ou órgão similar, tem por finalidade supervisionar e coordenar os estabelecimentos penais da unidade da Federação a que pertencer.

Seção III
DA DIREÇÃO E DO PESSOAL DOS ESTABELECIMENTOS PENAIS

Art. 75. O ocupante do cargo de diretor de estabelecimento deverá satisfazer os seguintes requisitos:
I – ser portador de diploma de nível superior de Direito, ou Psicologia, ou Ciências Sociais, ou Pedagogia, ou Serviços Sociais;
II – possuir experiência administrativa na área;
III – ter idoneidade moral e reconhecida aptidão para o desempenho da função.

Parágrafo único. O diretor deverá residir no estabelecimento, ou nas proximidades, e dedicará tempo integral à sua função.

Art. 76. O Quadro do Pessoal Penitenciário será organizado em diferentes categorias funcionais, segundo as necessidades do serviço, com especificação de atribuições relativas às funções de direção, chefia e assessoramento do estabelecimento e às demais funções.

Art. 77. A escolha do pessoal administrativo, especializado, de instrução técnica e de vigilância atenderá a vocação, preparação profissional e antecedentes pessoais do candidato.

§ 1º O ingresso do pessoal penitenciário, bem como a progressão ou a ascensão funcional dependerão de cursos específicos de formação, procedendo-se à reciclagem periódica dos servidores em exercício.

§ 2º No estabelecimento para mulheres somente se permitirá o trabalho de pessoal do sexo feminino, salvo quando se tratar de pessoal técnico especializado.

Capítulo VII
DO PATRONATO

Art. 78. O Patronato público ou particular destina-se a prestar assistência aos albergados e aos egressos (artigo 26).

▶ Arts. 26 e 70, IV, desta Lei.

Art. 79. Incumbe também ao Patronato:
I – orientar os condenados à pena restritiva de direitos;
II – fiscalizar o cumprimento das penas de prestação de serviço à comunidade e de limitação de fim de semana;
III – colaborar na fiscalização do cumprimento das condições da suspensão e do livramento condicional.

Capítulo VIII
DO CONSELHO DA COMUNIDADE

Art. 80. Haverá, em cada comarca, um Conselho da Comunidade composto, no mínimo, por 1 (um) representante de associação comercial ou industrial, 1 (um) advogado indicado pela Seção da Ordem dos Advogados do Brasil, 1 (um) Defensor Público indicado pelo Defensor Público Geral e 1 (um) assistente social escolhido pela Delegacia Seccional do Conselho Nacional de Assistentes Sociais.

▶ *Caput* com a redação dada pela Lei nº 12.313, de 19-8-2010.

Parágrafo único. Na falta da representação prevista neste artigo, ficará a critério do juiz da execução a escolha dos integrantes do Conselho.

Art. 81. Incumbe ao Conselho da Comunidade:

▶ Art. 139 desta Lei.

I – visitar, pelo menos mensalmente, os estabelecimentos penais existentes na comarca;
II – entrevistar presos;
III – apresentar relatórios mensais ao juiz da execução e ao Conselho Penitenciário;
IV – diligenciar a obtenção de recursos materiais e humanos para melhor assistência ao preso ou internado, em harmonia com a direção do estabelecimento.

Capítulo IX
DA DEFENSORIA PÚBLICA

▶ Capítulo IX acrescido pela Lei nº 12.313, de 19-8-2010.
▶ Arts. 5º, LXXIV, e 134 da CF.
▶ LC nº 80, de 12-1-1994 (Lei da Defensoria Pública).

Art. 81-A. A Defensoria Pública velará pela regular execução da pena e da medida de segurança, oficiando, no processo executivo e nos incidentes da execução, para a defesa dos necessitados em todos os graus e instâncias, de forma individual e coletiva.

Art. 81-B. Incumbe, ainda, à Defensoria Pública:
I – requerer:
a) todas as providências necessárias ao desenvolvimento do processo executivo;
b) a aplicação aos casos julgados de lei posterior que de qualquer modo favorecer o condenado;
c) a declaração de extinção da punibilidade;
d) a unificação de penas;

e) a detração e remição da pena;
f) a instauração dos incidentes de excesso ou desvio de execução;
g) a aplicação de medida de segurança e sua revogação, bem como a substituição da pena por medida de segurança;
h) a conversão de penas, a progressão nos regimes, a suspensão condicional da pena, o livramento condicional, a comutação de pena e o indulto;
i) a autorização de saídas temporárias;
j) a internação, a desinternação e o restabelecimento da situação anterior;
k) o cumprimento de pena ou medida de segurança em outra comarca;
l) a remoção do condenado na hipótese prevista no § 1º do art. 86 desta Lei;

II – requerer a emissão anual do atestado de pena a cumprir;
III – interpor recursos de decisões proferidas pela autoridade judiciária ou administrativa durante a execução;
IV – representar ao Juiz da execução ou à autoridade administrativa para instauração de sindicância ou procedimento administrativo em caso de violação das normas referentes à execução penal;
V – visitar os estabelecimentos penais, tomando providências para o adequado funcionamento, e requerer, quando for o caso, a apuração de responsabilidade;
VI – requerer à autoridade competente a interdição, no todo ou em parte, de estabelecimento penal.

Parágrafo único. O órgão da Defensoria Pública visitará periodicamente os estabelecimentos penais, registrando a sua presença em livro próprio.

▶ Arts. 81-A e 81-B acrescidos pela Lei nº 12.313, de 19-8-2010.

TÍTULO IV – DOS ESTABELECIMENTOS PENAIS

Capítulo I

DISPOSIÇÕES GERAIS

▶ Arts. 1º a 8º do Regulamento Penitenciário Federal, aprovado pelo Dec. nº 6.049, de 27-2-2007.

Art. 82. Os estabelecimentos penais destinam-se ao condenado, ao submetido à medida de segurança, ao preso provisório e ao egresso.

§ 1º A mulher e o maior de sessenta anos, separadamente, serão recolhidos a estabelecimento próprio e adequado à sua condição pessoal.

▶ § 1º com a redação dada pela Lei nº 9.460, de 4-6-1997.
▶ Art. 5º, XLVIII, da CF.

§ 2º O mesmo conjunto arquitetônico poderá abrigar estabelecimentos de destinação diversa desde que devidamente isolados.

Art. 83. O estabelecimento penal, conforme a sua natureza, deverá contar em suas dependências com áreas e serviços destinados a dar assistência, educação, trabalho, recreação e prática esportiva.

§ 1º Haverá instalação destinada a estágio de estudantes universitários.

▶ § 1º com a redação dada pela Lei nº 9.046, de 18-5-1995.

§ 2º Os estabelecimentos penais destinados a mulheres serão dotados de berçário, onde as condenadas possam cuidar de seus filhos, inclusive amamentá-los, no mínimo, até 6 (seis) meses de idade.

▶ § 2º com a redação dada pela Lei nº 11.942, de 28-5-2009.

§ 3º Os estabelecimentos de que trata o § 2º deste artigo deverão possuir, exclusivamente, agentes do sexo feminino na segurança de suas dependências internas.

▶ § 3º acrescido pela Lei nº 12.121, de 15-12-2009.

§ 4º Serão instaladas salas de aulas destinadas a cursos do ensino básico e profissionalizante.

▶ § 4º acrescido pela Lei nº 12.245, de 24-5-2010.

§ 5º Haverá instalação destinada à Defensoria Pública.

▶ § 5º acrescido pela Lei nº 12.313, de 19-8-2010.
▶ Art. 134 da CF.
▶ Art. 4º, XVII, e § 11, da LC nº 80, de 12-1-1994 (Lei da Defensoria Pública).

Art. 84. O preso provisório ficará separado do condenado por sentença transitada em julgado.

§ 1º O preso primário cumprirá pena em seção distinta daquela reservada para os reincidentes.

§ 2º O preso que, ao tempo do fato, era funcionário da administração da justiça criminal ficará em dependência separada.

▶ Art. 106, § 3º, desta Lei.

Art. 85. O estabelecimento penal deverá ter lotação compatível com a sua estrutura e finalidade.

Parágrafo único. O Conselho Nacional de Política Criminal e Penitenciária determinará o limite máximo de capacidade do estabelecimento, atendendo a sua natureza e peculiaridades.

Art. 86. As penas privativas de liberdade aplicadas pela Justiça de uma unidade federativa podem ser executadas em outra unidade, em estabelecimento local ou da União.

§ 1º A União Federal poderá construir estabelecimento penal em local distante da condenação para recolher os condenados, quando a medida se justifique no interesse da segurança pública ou do próprio condenado.

▶ § 1º com a redação dada pela Lei nº 10.792, de 1º-12-2003.
▶ Art. 66, V, h, desta Lei.

§ 2º Conforme a natureza do estabelecimento, nele poderão trabalhar os liberados ou egressos que se dediquem a obras públicas ou ao aproveitamento de terras ociosas.

§ 3º Caberá ao juiz competente, a requerimento da autoridade administrativa definir o estabelecimento prisional adequado para abrigar o preso provisório ou condenado, em atenção ao regime e aos requisitos estabelecidos.

▶ § 3º acrescido pela Lei nº 10.792, de 1º-12-2003.

Capítulo II

DA PENITENCIÁRIA

Art. 87. A Penitenciária destina-se ao condenado à pena de reclusão, em regime fechado.

▶ Art. 33, § 1º, a, do CP.

Parágrafo único. A União Federal, os Estados, o Distrito Federal e os Territórios poderão construir Penitenciárias destinadas, exclusivamente, aos presos provisórios e condenados que estejam em regime fechado, sujeitos ao regime disciplinar diferenciado, nos termos do art. 52 desta Lei.

▶ Parágrafo único acrescido pela Lei nº 10.792, de 1º-12-2003.

Art. 88. O condenado será alojado em cela individual que conterá dormitório, aparelho sanitário e lavatório.

Parágrafo único. São requisitos básicos da unidade celular:

a) salubridade do ambiente pela concorrência dos fatores de aeração, insolação e condicionamento térmico adequado à existência humana;

▶ Art. 92, caput, desta Lei.

b) área mínima de seis metros quadrados.

▶ Arts. 53, IV, 99, parágrafo único, e 104 desta Lei.

Art. 89. Além dos requisitos referidos no art. 88, a penitenciária de mulheres será dotada de seção para gestante e parturiente e de creche para abrigar crianças maiores de 6 (seis) meses e menores de 7 (sete) anos, com a finalidade de assistir a criança desamparada cuja responsável estiver presa.

▶ Caput com a redação dada pela Lei nº 11.942, de 28-5-2009.
▶ Art. 5º, XLVIII e L, da CF.
▶ Art. 37 do CP.

Parágrafo único. São requisitos básicos da seção e da creche referidas neste artigo:

I – atendimento por pessoal qualificado, de acordo com as diretrizes adotadas pela legislação educacional e em unidades autônomas; e

II – horário de funcionamento que garanta a melhor assistência à criança e à sua responsável.

▶ Parágrafo único acrescido pela Lei nº 11.942, de 28-5-2009.

Art. 90. A penitenciária de homens será construída em local afastado do centro urbano à distância que não restrinja a visitação.

Capítulo III

DA COLÔNIA AGRÍCOLA, INDUSTRIAL OU SIMILAR

Art. 91. A Colônia Agrícola, Industrial ou similar destina-se ao cumprimento da pena em regime semiaberto.

▶ Art. 35 do CP.

Art. 92. O condenado poderá ser alojado em compartimento coletivo, observados os requisitos da letra a do parágrafo único do artigo 88 desta Lei.

Parágrafo único. São também requisitos básicos das dependências coletivas:

a) a seleção adequada dos presos;
b) o limite de capacidade máxima que atenda os objetivos de individualização da pena.

Capítulo IV

DA CASA DO ALBERGADO

Art. 93. A Casa do Albergado destina-se ao cumprimento da pena privativa de liberdade, em regime aberto, e da pena de limitação de fim de semana.

▶ Art. 117 desta Lei.
▶ Arts. 36 e 48 do CP.

Art. 94. O prédio deverá situar-se em centro urbano, separado dos demais estabelecimentos, e caracterizar-se pela ausência de obstáculos físicos contra a fuga.

Art. 95. Em cada região haverá, pelo menos, uma Casa de Albergado, a qual deverá conter, além dos aposentos para acomodar os presos, local adequado para cursos e palestras.

▶ Art. 48, parágrafo único, do CP.

Parágrafo único. O estabelecimento terá instalações para os serviços de fiscalização e orientação dos condenados.

Capítulo V

DO CENTRO DE OBSERVAÇÃO

Art. 96. No Centro de Observação realizar-se-ão os exames gerais e o criminológico, cujos resultados serão encaminhados à Comissão Técnica de Classificação.

▶ Art. 8º desta Lei.
▶ Arts. 34, caput, e 35 do CP.

Parágrafo único. No Centro poderão ser realizadas pesquisas criminológicas.

Art. 97. O Centro de Observação será instalado em unidade autônoma ou em anexo a estabelecimento penal.

Art. 98. Os exames poderão ser realizados pela Comissão Técnica de Classificação, na falta do Centro de Observação.

Capítulo VI

DO HOSPITAL DE CUSTÓDIA E TRATAMENTO PSIQUIÁTRICO

Art. 99. O Hospital de Custódia e Tratamento Psiquiátrico destina-se aos inimputáveis e semi-imputáveis referidos no artigo 26 e seu parágrafo único do Código Penal.

▶ Art. 41 do CP.
▶ Art. 66 do CPM.
▶ Arts. 154 e 682 do CPP.
▶ Art. 600 do CPPM.

Parágrafo único. Aplica-se ao Hospital, no que couber, o disposto no parágrafo único do artigo 88 desta Lei.

Art. 100. O exame psiquiátrico e os demais exames necessários ao tratamento são obrigatórios para todos os internados.

Art. 101. O tratamento ambulatorial, previsto no artigo 97, segunda parte, do Código Penal, será realizado no Hospital de Custódia e Tratamento Psiquiátrico ou em outro local com dependência médica adequada.

Capítulo VII

DA CADEIA PÚBLICA

Art. 102. A Cadeia Pública destina-se ao recolhimento de presos provisórios.

▶ Art. 84 desta Lei.

Art. 103. Cada Comarca terá, pelo menos, uma Cadeia Pública a fim de resguardar o interesse da Administração da Justiça Criminal e a permanência do preso em local próximo ao seu meio social e familiar.

Art. 104. O estabelecimento de que trata este Capítulo será instalado próximo de centro urbano, observando-se na construção as exigências mínimas referidas no artigo 88 e seu parágrafo único desta Lei.

TÍTULO V – DA EXECUÇÃO DAS PENAS EM ESPÉCIE

Capítulo I
DAS PENAS PRIVATIVAS DE LIBERDADE

Seção I
DISPOSIÇÕES GERAIS

Art. 105. Transitando em julgado a sentença que aplicar pena privativa de liberdade, se o réu estiver ou vier a ser preso, o juiz ordenará a expedição de guia de recolhimento para a execução.

▶ Arts. 674 a 685 do CPP.
▶ Arts. 594 a 603 do CPPM.

Art. 106. A guia de recolhimento, extraída pelo escrivão, que a rubricará em todas as folhas e a assinará com o juiz, será remetida à autoridade administrativa incumbida da execução e conterá:

I – o nome do condenado;
II – a sua qualificação civil e o número do registro geral no órgão oficial de identificação;
III – o inteiro teor da denúncia e da sentença condenatória, bem como certidão do trânsito em julgado;
IV – a informação sobre os antecedentes e o grau de instrução;
V – a data da terminação da pena;
VI – outras peças do processo reputadas indispensáveis ao adequado tratamento penitenciário.

§ 1º Ao Ministério Público se dará ciência da guia de recolhimento.

▶ Art. 68, I, desta Lei.

§ 2º A guia de recolhimento será retificada sempre que sobrevier modificação quanto ao início da execução ou ao tempo de duração da pena.

§ 3º Se o condenado, ao tempo do fato, era funcionário da administração da justiça criminal, far-se-á, na guia, menção dessa circunstância, para fins do disposto no § 2º do artigo 84 desta Lei.

Art. 107. Ninguém será recolhido, para cumprimento de pena privativa de liberdade, sem a guia expedida pela autoridade judiciária.

▶ Art. 4º, a, da Lei nº 4.898, de 9-12-1965 (Lei do Abuso de Autoridade).

§ 1º A autoridade administrativa incumbida da execução passará recibo da guia de recolhimento, para juntá-la aos autos do processo, e dará ciência dos seus termos ao condenado.

§ 2º As guias de recolhimento serão registradas em livro especial, segundo a ordem cronológica do recebimento, e anexadas ao prontuário do condenado, aditando-se, no curso da execução, o cálculo das remições e de outras retificações posteriores.

Art. 108. O condenado a quem sobrevier doença mental será internado em Hospital de Custódia e Tratamento Psiquiátrico.

Art. 109. Cumprida ou extinta a pena, o condenado será posto em liberdade, mediante alvará do juiz, se por outro motivo não estiver preso.

Seção II
DOS REGIMES

Art. 110. O juiz, na sentença, estabelecerá o regime no qual o condenado iniciará o cumprimento da pena privativa de liberdade, observado o disposto no artigo 33 e seus parágrafos do Código Penal.

Art. 111. Quando houver condenação por mais de um crime, no mesmo processo ou em processos distintos, a determinação do regime de cumprimento será feita pelo resultado da soma ou unificação das penas, observada, quando for o caso, a detração ou remição.

▶ Arts. 118, II, e 126 desta Lei.
▶ Art. 42 do CP.
▶ Art. 67 do CPM.

Parágrafo único. Sobrevindo condenação no curso da execução, somar-se-á pena ao restante da que está sendo cumprida, para determinação do regime.

Art. 112. A pena privativa de liberdade será executada em forma progressiva com a transferência para regime menos rigoroso, a ser determinada pelo juiz, quando o preso tiver cumprido ao menos um sexto da pena no regime anterior e ostentar bom comportamento carcerário, comprovado pelo diretor do estabelecimento, respeitadas as normas que vedam a progressão.

▶ Caput com a redação dada pela Lei nº 10.792, de 1º-12-2003.
▶ Súm. Vinc. nº 26 do STF.
▶ Súm. nº 716 do STF.
▶ Súmulas nos 471 e 491 do STJ.

§ 1º A decisão será sempre motivada e precedida de manifestação do Ministério Público e do defensor.

§ 2º Idêntico procedimento será adotado na concessão de livramento condicional, indulto e comutação de penas, respeitados os prazos previstos nas normas vigentes.

▶ §§ 1º e 2º acrescidos pela Lei nº 10.792, de 1º-12-2003.

Art. 113. O ingresso do condenado em regime aberto supõe a aceitação de seu programa e das condições impostas pelo juiz.

▶ Art. 115 desta Lei.

Art. 114. Somente poderá ingressar no regime aberto o condenado que:

I – estiver trabalhando ou comprovar a possibilidade de fazê-lo imediatamente;
II – apresentar, pelos seus antecedentes ou pelo resultado dos exames a que foi submetido, fundados indícios de que irá ajustar-se, com autodisciplina e senso de responsabilidade, ao novo regime.

Parágrafo único. Poderão ser dispensadas do trabalho as pessoas referidas no artigo 117 desta Lei.

Art. 115. O juiz poderá estabelecer condições especiais para a concessão de regime aberto, sem prejuízo das seguintes condições gerais e obrigatórias:

▶ A alteração que seria introduzida neste caput pela Lei nº 12.258, de 15-6-2010, foi vetada, razão pela qual mantivemos a sua redação.
▶ Súm. nº 491 do STJ.

I – permanecer no local que for designado, durante o repouso e nos dias de folga;

II – sair para o trabalho e retornar, nos horários fixados;
III – não se ausentar da cidade onde reside, sem autorização judicial;
IV – comparecer a juízo, para informar e justificar as suas atividades, quando for determinado.

Art. 116. O juiz poderá modificar as condições estabelecidas, de ofício, a requerimento do Ministério Público, da autoridade administrativa ou do condenado, desde que as circunstâncias assim o recomendem.

Art. 117. Somente se admitirá o recolhimento do beneficiário de regime aberto em residência particular quando se tratar de:

▶ Art. 114, parágrafo único, desta Lei.

I – condenado maior de setenta anos;
II – condenado acometido de doença grave;
III – condenada com filho menor ou deficiente físico ou mental;
IV – condenada gestante.

Art. 118. A execução da pena privativa de liberdade ficará sujeita à forma regressiva, com a transferência para qualquer dos regimes mais rigorosos, quando o condenado:

I – praticar fato definido como crime doloso ou falta grave;

▶ Arts. 48, parágrafo único, 50 a 52 desta Lei.

II – sofrer condenação, por crime anterior, cuja pena, somada ao restante da pena em execução, torne incabível o regime (artigo 111).

§ 1º O condenado será transferido do regime aberto se, além das hipóteses referidas nos incisos anteriores, frustrar os fins da execução ou não pagar, podendo, a multa cumulativamente imposta.

§ 2º Nas hipóteses do inciso I e do parágrafo anterior, deverá ser ouvido, previamente, o condenado.

Art. 119. A legislação local poderá estabelecer normas complementares para o cumprimento da pena privativa de liberdade em regime aberto (artigo 36, § 1º, do Código Penal).

SEÇÃO III

DAS AUTORIZAÇÕES DE SAÍDA

SUBSEÇÃO I

DA PERMISSÃO DE SAÍDA

Art. 120. Os condenados que cumprem pena em regime fechado ou semiaberto e os presos provisórios poderão obter permissão para sair do estabelecimento, mediante escolta, quando ocorrer um dos seguintes fatos:

I – falecimento ou doença grave do cônjuge, companheira, ascendente, descendente ou irmão;
II – necessidade de tratamento médico (parágrafo único do artigo 14).

▶ A menção "parágrafo único" do inciso II, acima transcrito, deve ser substituída por § 2º.

Parágrafo único. A permissão de saída será concedida pelo diretor do estabelecimento onde se encontra o preso.

▶ Art. 66, IV, desta Lei.

Art. 121. A permanência do preso fora do estabelecimento terá duração necessária à finalidade da saída.

SUBSEÇÃO II

DA SAÍDA TEMPORÁRIA

Art. 122. Os condenados que cumprem pena em regime semiaberto poderão obter autorização para saída temporária do estabelecimento, sem vigilância direta, nos seguintes casos:

▶ Súm. nº 492 do STJ.

I – visita à família;
II – frequência a curso supletivo profissionalizante, bem como de instrução do segundo grau ou superior, na Comarca do Juízo da Execução;
III – participação em atividades que concorram para o retorno ao convívio social.

Parágrafo único. A ausência de vigilância direta não impede a utilização de equipamento de monitoração eletrônica pelo condenado, quando assim determinar o juiz da execução.

▶ Parágrafo único acrescido pela Lei nº 12.258, de 15-6-2010.
▶ Art. 319, IX, do CPP.

Art. 123. A autorização será concedida por ato motivado do juiz da execução, ouvidos o Ministério Público e a administração penitenciária, e dependerá da satisfação dos seguintes requisitos:

▶ Art. 66, IV, desta Lei.

I – comportamento adequado;
II – cumprimento mínimo de um sexto da pena, se o condenado for primário, e um quarto, se reincidente;
III – compatibilidade do benefício com os objetivos da pena.

Art. 124. A autorização será concedida por prazo não superior a sete dias, podendo ser renovada por mais quatro vezes durante o ano.

§ 1º Ao conceder a saída temporária, o juiz imporá ao beneficiário as seguintes condições, entre outras que entender compatíveis com as circunstâncias do caso e a situação pessoal do condenado:

I – fornecimento do endereço onde reside a família a ser visitada ou onde poderá ser encontrado durante o gozo do benefício;
II – recolhimento à residência visitada, no período noturno;
III – proibição de frequentar bares, casas noturnas e estabelecimentos congêneres.

▶ § 1º acrescido pela Lei nº 12.258, de 15-6-2010.

§ 2º Quando se tratar de frequência a curso profissionalizante, de instrução de ensino médio ou superior, o tempo de saída será o necessário para o cumprimento das atividades discentes.

▶ Antigo parágrafo único transformado em § 2º e com a redação dada pela Lei nº 12.258, de 15-6-2010.

§ 3º Nos demais casos, as autorizações de saída somente poderão ser concedidas com prazo mínimo de 45 (quarenta e cinco) dias de intervalo entre uma e outra.

▶ § 3º acrescido pela Lei nº 12.258, de 15-6-2010.

Art. 125. O benefício será automaticamente revogado quando o condenado praticar fato definido como crime doloso, for punido por falta grave, desatender as condições impostas na autorização ou revelar baixo grau de aproveitamento do curso.

Parágrafo único. A recuperação do direito à saída temporária dependerá da absolvição no processo penal, do cancelamento da punição disciplinar ou da demonstração do merecimento do condenado.

Seção IV
DA REMIÇÃO

▶ Art. 66, III, c, desta Lei.

Art. 126. O condenado que cumpre a pena em regime fechado ou semiaberto poderá remir, por trabalho ou por estudo, parte do tempo de execução da pena.

▶ Caput com a redação dada pela Lei nº 12.433, de 29-6-2011.
▶ Art. 41, II e VII, da LEP.

§ 1º A contagem de tempo referida no caput será feita à razão de:

▶ Caput do § 1º com a redação dada pela Lei nº 12.433, de 29-6-2011.

I – 1 (um) dia de pena a cada 12 (doze) horas de frequência escolar – atividade de ensino fundamental, médio, inclusive profissionalizante, ou superior, ou ainda de requalificação profissional – divididas, no mínimo, em 3 (três) dias;

II – 1 (um) dia de pena a cada 3 (três) dias de trabalho.

▶ Incisos I e II acrescidos pela Lei nº 12.433, de 29-6-2011.

§ 2º As atividades de estudo a que se refere o § 1º deste artigo poderão ser desenvolvidas de forma presencial ou por metodologia de ensino a distância e deverão ser certificadas pelas autoridades educacionais competentes dos cursos frequentados.

§ 3º Para fins de cumulação dos casos de remição, as horas diárias de trabalho e de estudo serão definidas de forma a se compatibilizarem.

▶ §§ 2º e 3º com a redação dada pela Lei nº 12.433, de 29-6-2011.

§ 4º O preso impossibilitado, por acidente, de prosseguir no trabalho ou nos estudos continuará a beneficiar-se com a remição.

§ 5º O tempo a remir em função das horas de estudo será acrescido de 1/3 (um terço) no caso de conclusão do ensino fundamental, médio ou superior durante o cumprimento da pena, desde que certificada pelo órgão competente do sistema de educação.

§ 6º O condenado que cumpre pena em regime aberto ou semiaberto e o que usufrui liberdade condicional poderão remir, pela frequência a curso de ensino regular ou de educação profissional, parte do tempo de execução da pena ou do período de prova, observado o disposto no inciso I do § 1º deste artigo.

§ 7º O disposto neste artigo aplica-se às hipóteses de prisão cautelar.

§ 8º A remição será declarada pelo juiz da execução, ouvidos o Ministério Público e a defesa.

▶ §§ 4º a 8º acrescidos pela Lei nº 12.433, de 29-6-2011.

Art. 127. Em caso de falta grave, o juiz poderá revogar até 1/3 (um terço) do tempo remido, observado o disposto no art. 57, recomeçando a contagem a partir da data da infração disciplinar.

▶ Arts. 48, parágrafo único, e 50 a 52 desta Lei.
▶ Súm. Vinc. nº 9 do STF.

Art. 128. O tempo remido será computado como pena cumprida, para todos os efeitos.

▶ Arts. 127 e 128 com a redação dada pela Lei nº 12.433, de 29-6-2011.

Art. 129. A autoridade administrativa encaminhará mensalmente ao juízo da execução cópia do registro de todos os condenados que estejam trabalhando ou estudando, com informação dos dias de trabalho ou das horas de frequência escolar ou de atividades de ensino de cada um deles.

▶ Caput com a redação dada pela Lei nº 12.433, de 29-6-2011.

§ 1º O condenado autorizado a estudar fora do estabelecimento penal deverá comprovar mensalmente, por meio de declaração da respectiva unidade de ensino, a frequência e o aproveitamento escolar.

▶ § 1º acrescido pela Lei nº 12.433, de 29-6-2011.

§ 2º Ao condenado dar-se-á a relação de seus dias remidos.

▶ Antigo parágrafo único transformado em § 2º pela Lei nº 12.433, de 29-6-2011.

Art. 130. Constitui o crime do artigo 299 do Código Penal declarar ou atestar falsamente prestação de serviço para fim de instruir pedido de remição.

Seção V
DO LIVRAMENTO CONDICIONAL

Art. 131. O livramento condicional poderá ser concedido pelo juiz da execução, presentes os requisitos do artigo 83, incisos e parágrafo único, do Código Penal, ouvidos o Ministério Público e o Conselho Penitenciário.

▶ Arts. 83 a 90 do CP.
▶ Arts. 710 a 733 do CPP.
▶ Arts. 89 a 97 do CPM.
▶ Arts. 618 a 642 do CPPM.
▶ Arts. 49 a 52 da LEP.
▶ Súm. nº 441 do STJ.

Art. 132. Deferido o pedido, o juiz especificará as condições a que fica subordinado o livramento.

▶ Art. 178 desta Lei.

§ 1º Serão sempre impostas ao liberado condicional as obrigações seguintes:

a) obter ocupação lícita, dentro de prazo razoável se for apto para o trabalho;
b) comunicar periodicamente ao juiz sua ocupação;
c) não mudar do território da comarca do Juízo da Execução, sem prévia autorização deste.

§ 2º Poderão ainda ser impostas ao liberado condicional, entre outras obrigações, as seguintes:

a) não mudar de residência sem comunicação ao juiz e à autoridade incumbida da observação cautelar e de proteção;
b) recolher-se à habitação em hora fixada;
c) não frequentar determinados lugares;
d) VETADA. Lei nº 12.258, de 15-6-2010.

Art. 133. Se for permitido ao liberado residir fora da comarca do Juízo da Execução, remeter-se-á cópia da sentença do livramento ao juízo do lugar para onde ele se houver transferido e à autoridade incumbida da observação cautelar e de proteção.

▶ Art. 178 desta Lei.

Art. 134. O liberado será advertido da obrigação de apresentar-se imediatamente às autoridades referidas no artigo anterior.

Art. 135. Reformada a sentença denegatória do livramento, os autos baixarão ao Juízo da Execução, para as providências cabíveis.

Art. 136. Concedido o benefício, será expedida a carta de livramento com a cópia integral da sentença em duas vias, remetendo-se uma à autoridade administrativa incumbida da execução e outra ao Conselho Penitenciário.

Art. 137. A cerimônia do livramento condicional será realizada solenemente no dia marcado pelo presidente do Conselho Penitenciário, no estabelecimento onde está sendo cumprida a pena, observando-se o seguinte:

I – a sentença será lida ao liberando, na presença dos demais condenados, pelo presidente do Conselho Penitenciário ou membro por ele designado, ou, na falta, pelo juiz;

II – a autoridade administrativa chamará a atenção do liberando para as condições impostas na sentença de livramento;

III – o liberando declarará se aceita as condições.

§ 1º De tudo, em livro próprio, será lavrado termo subscrito por quem presidir a cerimônia e pelo liberando, ou alguém a seu rogo, se não souber ou não puder escrever.

§ 2º Cópia desse termo deverá ser remetida ao juiz da execução.

Art. 138. Ao sair o liberado do estabelecimento penal, ser-lhe-á entregue, além do saldo de seu pecúlio e do que lhe pertencer, uma caderneta, que exibirá à autoridade judiciária ou administrativa, sempre que lhe for exigida.

§ 1º A caderneta conterá:

a) a identificação do liberado;
b) o texto impresso do presente Capítulo;
c) as condições impostas.

§ 2º Na falta de caderneta, será entregue ao liberado um salvo-conduto, em que constem as condições do livramento, podendo substituir-se a ficha de identificação ou o seu retrato pela descrição dos sinais que possam identificá-lo.

§ 3º Na caderneta e no salvo-conduto deverá haver espaço para consignar-se o cumprimento das condições referidas no artigo 132 desta Lei.

Art. 139. A observação cautelar e a proteção realizadas por serviço social penitenciário, Patronato ou Conselho da Comunidade terão a finalidade de:

I – fazer observar o cumprimento das condições especificadas na sentença concessiva do benefício;

II – proteger o beneficiário, orientando-o na execução de suas obrigações e auxiliando-o na obtenção de atividade laborativa.

Parágrafo único. A entidade encarregada da observação cautelar e da proteção do liberado apresentará relatório ao Conselho Penitenciário, para efeito da representação prevista nos artigos 143 e 144 desta Lei.

Art. 140. A revogação do livramento condicional dar-se-á nas hipóteses previstas nos artigos 86 e 87 do Código Penal.

Parágrafo único. Mantido o livramento condicional, na hipótese da revogação facultativa, o juiz deverá advertir o liberado ou agravar as condições.

Art. 141. Se a revogação for motivada por infração penal anterior à vigência do livramento, computar-se-á como tempo de cumprimento da pena o período de prova, sendo permitida, para a concessão de novo livramento, a soma do tempo das duas penas.

Art. 142. No caso de revogação por outro motivo, não se computará na pena o tempo em que esteve solto o liberado, e tampouco se concederá, em relação à mesma pena, novo livramento.

Art. 143. A revogação será decretada a requerimento do Ministério Público, mediante representação do Conselho Penitenciário, ou, de ofício, pelo juiz, ouvido o liberado.

▶ Art. 139, parágrafo único, desta Lei.

Art. 144. O Juiz, de ofício, a requerimento do Ministério Público, da Defensoria Pública ou mediante representação do Conselho Penitenciário, e ouvido o liberado, poderá modificar as condições especificadas na sentença, devendo o respectivo ato decisório ser lido ao liberado por uma das autoridades ou funcionários indicados no inciso I do *caput* do art. 137 desta Lei, observado o disposto nos incisos II e III e §§ 1º e 2º do mesmo artigo.

▶ Artigo com a redação dada pela Lei nº 12.313, de 19-8-2010.
▶ Art. 139, parágrafo único, desta Lei.

Art. 145. Praticada pelo liberado outra infração penal, o juiz poderá ordenar a sua prisão, ouvidos o Conselho Penitenciário e o Ministério Público, suspendendo o curso do livramento condicional, cuja revogação, entretanto, ficará dependendo da decisão final.

Art. 146. O juiz, de ofício, a requerimento do interessado, do Ministério Público ou mediante representação do Conselho Penitenciário, julgará extinta a pena privativa de liberdade, se expirar o prazo do livramento sem revogação.

SEÇÃO VI
DA MONITORAÇÃO ELETRÔNICA

▶ Seção VI acrescida pela Lei nº 12.258, de 15-6-2010.
▶ Art. 319, IX, do CPP.
▶ Dec. nº 7.627, de 24-11-2011, regulamenta os arts. 146-B, 146-C e 146-D desta Lei.

Art. 146-A. VETADO. Lei nº 12.258, de 15-6-2010.

Art. 146-B. O juiz poderá definir a fiscalização por meio da monitoração eletrônica quando:

I – VETADO. Lei nº 12.258, de 15-6-2010;
II – autorizar a saída temporária no regime semiaberto;
III – VETADO. Lei nº 12.258, de 15-6-2010;
IV – determinar a prisão domiciliar;
V – VETADO. Lei nº 12.258, de 15-6-2010.

Parágrafo único. VETADO. Lei nº 12.258, de 15-6-2010.

Art. 146-C. O condenado será instruído acerca dos cuidados que deverá adotar com o equipamento eletrônico e dos seguintes deveres:

I – receber visitas do servidor responsável pela monitoração eletrônica, responder aos seus contatos e cumprir suas orientações;

II – abster-se de remover, de violar, de modificar, de danificar de qualquer forma o dispositivo de monitoração eletrônica ou de permitir que outrem o faça;

III – VETADO. Lei nº 12.258, de 15-6-2010.

Parágrafo único. A violação comprovada dos deveres previstos neste artigo poderá acarretar, a critério do juiz da execução, ouvidos o Ministério Público e a defesa:

I – a regressão do regime;
II – a revogação da autorização de saída temporária;
III a V – VETADOS. Lei nº 12.258, de 15-6-2010;
VI – a revogação da prisão domiciliar;
VII – advertência, por escrito, para todos os casos em que o juiz da execução decida não aplicar alguma das medidas previstas nos incisos de I a VI deste parágrafo.

Art. 146-D. A monitoração eletrônica poderá ser revogada:

I – quando se tornar desnecessária ou inadequada;
II – se o acusado ou condenado violar os deveres a que estiver sujeito durante a sua vigência ou cometer falta grave.

▶ Arts. 146-B a 146-D acrescidos pela Lei nº 12.258, de 15-6-2010.

Capítulo II
DAS PENAS RESTRITIVAS DE DIREITO
Seção I
DISPOSIÇÕES GERAIS

Art. 147. Transitada em julgado a sentença que aplicou a pena restritiva de direitos, o juiz de execução, de ofício ou a requerimento do Ministério Público, promoverá a execução, podendo, para tanto, requisitar, quando necessário, a colaboração de entidades públicas ou solicitá-la a particulares.

▶ Arts. 43 a 48, 54 e 55 do CP.

Art. 148. Em qualquer fase da execução, poderá o juiz, motivadamente, alterar a forma de cumprimento das penas de prestação de serviços à comunidade e de limitação de fim de semana, ajustando-as às condições pessoais do condenado e às características do estabelecimento, da entidade ou do programa comunitário ou estatal.

Seção II
DA PRESTAÇÃO DE SERVIÇOS À COMUNIDADE

Art. 149. Caberá ao juiz da execução:

▶ Art. 46 do CP.

I – designar a entidade ou programa comunitário ou estatal, devidamente credenciado ou convencionado, junto ao qual o condenado deverá trabalhar gratuitamente, de acordo com as suas aptidões;

II – determinar a intimação do condenado, cientificando-o da entidade, dias e horário em que deverá cumprir a pena;

III – alterar a forma de execução, a fim de ajustá-la às modificações ocorridas na jornada de trabalho.

§ 1º O trabalho terá a duração de oito horas semanais e será realizado aos sábados, domingos e feriados, ou em dias úteis, de modo a não prejudicar a jornada normal de trabalho, nos horários estabelecidos pelo juiz.

§ 2º A execução terá início a partir da data do primeiro comparecimento.

Art. 150. A entidade beneficiada com a prestação de serviços encaminhará mensalmente, ao juiz da execução, relatório circunstanciado das atividades do condenado, bem como, a qualquer tempo, comunicação sobre ausência ou falta disciplinar.

Seção III
DA LIMITAÇÃO DE FIM DE SEMANA

Art. 151. Caberá ao juiz da execução determinar a intimação do condenado, cientificando-o do local, dias e horário em que deverá cumprir a pena.

▶ Art. 48 do CP.

Parágrafo único. A execução terá início a partir da data do primeiro comparecimento.

Art. 152. Poderão ser ministrados ao condenado, durante o tempo de permanência, cursos e palestras, ou atribuídas atividades educativas.

Parágrafo único. Nos casos de violência doméstica contra a mulher, o juiz poderá determinar o comparecimento obrigatório do agressor a programas de recuperação e reeducação.

▶ Parágrafo único acrescido pela Lei nº 11.340, de 7-8-2006.

Art. 153. O estabelecimento designado encaminhará, mensalmente, ao juiz da execução, relatório, bem assim comunicará, a qualquer tempo, a ausência ou falta disciplinar do condenado.

Seção IV
DA INTERDIÇÃO TEMPORÁRIA DE DIREITOS

Art. 154. Caberá ao juiz da execução comunicar à autoridade competente a pena aplicada, determinada a intimação do condenado.

▶ Art. 47 do CP.

§ 1º Na hipótese de pena de interdição do artigo 47, inciso I, do Código Penal, a autoridade deverá, em vinte e quatro horas, contadas do recebimento do ofício, baixar ato, a partir do qual a execução terá seu início.

§ 2º Nas hipóteses do artigo 47, incisos II e III, do Código Penal, o Juízo da Execução determinará a apreensão dos documentos, que autorizam o exercício do direito interditado.

Art. 155. A autoridade deverá comunicar imediatamente ao juiz da execução o descumprimento da pena.

▶ Art. 181, § 3º, desta Lei.
▶ Art. 45 do CP.

Parágrafo único. A comunicação prevista neste artigo poderá ser feita por qualquer prejudicado.

Capítulo III
DA SUSPENSÃO CONDICIONAL

Art. 156. O juiz poderá suspender, pelo período de dois a quatro anos, a execução da pena privativa de liberdade, não superior a dois anos, na forma prevista nos artigos 77 a 82 do Código Penal.

▶ Arts. 77 a 82 do CP.
▶ Arts. 696 a 709 do CPP.
▶ Arts. 84 a 88 do CPM.
▶ Arts. 606 a 617 do CPPM.

Art. 157. O juiz ou Tribunal, na sentença que aplicar pena privativa de liberdade, na situação determinada no artigo anterior, deverá pronunciar-se, motivadamente, sobre a suspensão condicional, quer a conceda, quer a denegue.

Art. 158. Concedida a suspensão, o juiz especificará as condições a que fica sujeito o condenado, pelo prazo fixado, começando este a correr da audiência prevista no artigo 160 desta Lei.

§ 1º As condições serão adequadas ao fato e à situação pessoal do condenado, devendo ser incluída entre as mesmas a de prestar serviços à comunidade, ou limitação de fim de semana, salvo hipótese do artigo 78, § 2º, do Código Penal.

§ 2º O juiz poderá, a qualquer tempo, de ofício, a requerimento do Ministério Público ou mediante proposta do Conselho Penitenciário, modificar as condições e regras estabelecidas na sentença, ouvido o condenado.

§ 3º A fiscalização do cumprimento das condições, regulada nos Estados, Territórios e Distrito Federal por normas supletivas, será atribuída a serviço social penitenciário, Patronato, Conselho da Comunidade ou instituição beneficiada com a prestação de serviços, inspecionados pelo Conselho Penitenciário, pelo Ministério Público, ou ambos, devendo o juiz da execução suprir, por ato, a falta das normas supletivas.

§ 4º O beneficiário, ao comparecer periodicamente à entidade fiscalizadora, para comprovar a observância das condições a que está sujeito, comunicará, também, a sua ocupação e os salários ou proventos de que vive.

§ 5º A entidade fiscalizadora deverá comunicar imediatamente ao órgão de inspeção, para os fins legais, qualquer fato capaz de acarretar a revogação do benefício, a prorrogação do prazo ou a modificação das condições.

§ 6º Se for permitido ao beneficiário mudar-se, será feita a comunicação ao juiz e à entidade fiscalizadora do local da nova residência, aos quais o primeiro deverá apresentar-se imediatamente.

Art. 159. Quando a suspensão condicional da pena for concedida por Tribunal, a este caberá estabelecer as condições do benefício.

§ 1º De igual modo proceder-se-á quando o tribunal modificar as condições estabelecidas na sentença recorrida.

§ 2º O Tribunal, ao conceder a suspensão condicional da pena, poderá, todavia, conferir ao Juízo da Execução a incumbência de estabelecer as condições do benefício, e, em qualquer caso, a de realizar a audiência admonitória.

Art. 160. Transitada em julgado a sentença condenatória, o juiz a lerá ao condenado, em audiência, advertindo-o das consequências de nova infração penal e do descumprimento das condições impostas.

Art. 161. Se, intimado pessoalmente ou por edital com prazo de vinte dias, o réu não comparecer injustificadamente à audiência admonitória, a suspensão ficará sem efeito e será executada imediatamente a pena.

Art. 162. A revogação da suspensão condicional da pena e a prorrogação do período de prova dar-se-ão na forma do artigo 81 e respectivos parágrafos do Código Penal.

Art. 163. A sentença condenatória será registrada, com a nota de suspensão, em livro especial do juízo a que couber a execução da pena.

§ 1º Revogada a suspensão ou extinta a pena, será o fato averbado à margem do registro.

§ 2º O registro e a averbação serão sigilosos, salvo para efeito de informações requisitadas por órgão judiciário ou pelo Ministério Público, para instruir processo penal.

Capítulo IV
DA PENA DE MULTA

Art. 164. Extraída certidão da sentença condenatória com trânsito em julgado, que valerá como título executivo judicial, o Ministério Público requererá, em autos apartados, a citação do condenado para, no prazo de dez dias, pagar o valor da multa ou nomear bens à penhora.

▶ Arts. 49 a 52, e 60 do CP.
▶ Arts. 686 a 690 do CPP.

§ 1º Decorrido o prazo sem o pagamento da multa, ou o depósito da respectiva importância, proceder-se-á à penhora de tantos bens quantos bastem para garantir a execução.

§ 2º A nomeação de bens à penhora e a posterior execução seguirão o que dispuser a lei processual civil.

Art. 165. Se a penhora recair em bem imóvel, os autos apartados serão remetidos ao juízo cível para prosseguimento.

Art. 166. Recaindo a penhora em outros bens, dar-se-á prosseguimento nos termos do § 2º do artigo 164 desta Lei.

Art. 167. A execução da pena de multa será suspensa quando sobrevier ao condenado doença mental (artigo 52 do Código Penal).

Art. 168. O juiz poderá determinar que a cobrança da multa se efetue mediante desconto no vencimento ou salário do condenado, nas hipóteses do artigo 50, § 1º, do Código Penal, observando-se o seguinte:

I – o limite máximo do desconto mensal será o da quarta parte da remuneração e o mínimo o de um décimo;
II – o desconto será feito mediante ordem do juiz a quem de direito;
III – o responsável pelo desconto será intimado a recolher mensalmente, até o dia fixado pelo juiz, a importância determinada.

▶ Art. 50, § 1º, a a c, do CP.

Art. 169. Até o término do prazo a que se refere o artigo 164 desta Lei, poderá o condenado requerer ao juiz o pagamento da multa em prestações mensais, iguais e sucessivas.

§ 1º O juiz, antes de decidir, poderá determinar diligências para verificar a real situação econômica do condenado e, ouvido o Ministério Público, fixará o número de prestações.

§ 2º Se o condenado for impontual ou se melhorar de situação econômica, o juiz, de ofício ou a requerimento do Ministério Público, revogará o benefício executando-se a multa, na forma prevista neste Capítulo, ou prosseguindo-se na execução já iniciada.

Art. 170. Quando a pena de multa for aplicada cumulativamente com pena privativa da liberdade, enquanto esta estiver sendo executada, poderá aquela ser cobrada mediante desconto na remuneração do condenado (artigo 168).

§ 1º Se o condenado cumprir a pena privativa de liberdade ou obtiver livramento condicional, sem haver resgatado a multa, far-se-á a cobrança nos termos deste Capítulo.

§ 2º Aplicar-se-á o disposto no parágrafo anterior aos casos em que for concedida a suspensão condicional da pena.

TÍTULO VI – DA EXECUÇÃO DAS MEDIDAS DE SEGURANÇA

Capítulo I

DISPOSIÇÕES GERAIS

Art. 171. Transitada em julgado a sentença que aplicar medida de segurança, será ordenada a expedição de guia para a execução.

▶ Arts. 96 a 99 do CP.
▶ Arts. 751 a 779 do CPP.
▶ Arts. 110 a 120 do CPM.
▶ Arts. 659 a 674 do CPPM.

Art. 172. Ninguém será internado em Hospital de Custódia e Tratamento Psiquiátrico, ou submetido a tratamento ambulatorial, para cumprimento de medida de segurança, sem a guia expedida pela autoridade judiciária.

Art. 173. A guia de internamento ou de tratamento ambulatorial, extraída pelo escrivão, que a rubricará em todas as folhas e a subscreverá com o juiz, será remetida à autoridade administrativa incumbida da execução e conterá:

I – a qualificação do agente e o número do registro geral do órgão oficial de identificação;
II – o inteiro teor da denúncia e da sentença que tiver aplicado a medida de segurança, bem como a certidão do trânsito em julgado;
III – a data em que terminará o prazo mínimo de internação, ou do tratamento ambulatorial;
IV – outras peças do processo reputadas indispensáveis ao adequado tratamento ou internamento.

§ 1º Ao Ministério Público será dada ciência da guia de recolhimento e de sujeição a tratamento.

§ 2º A guia será retificada sempre que sobrevier modificação quanto ao prazo de execução.

Art. 174. Aplicar-se-á, na execução da medida de segurança, naquilo que couber, o disposto nos artigos 8º e 9º desta Lei.

Capítulo II

DA CESSAÇÃO DA PERICULOSIDADE

Art. 175. A cessação da periculosidade será averiguada no fim do prazo mínimo de duração da medida de segurança, pelo exame das condições pessoais do agente, observando-se o seguinte:

I – a autoridade administrativa, até um mês antes de expirar o prazo de duração mínima da medida, remeterá ao juiz minucioso relatório que o habilite a resolver sobre a revogação ou permanência da medida;
II – o relatório será instruído com o laudo psiquiátrico;
III – juntado aos autos o relatório ou realizadas as diligências, serão ouvidos, sucessivamente, o Ministério Público e o curador ou defensor, no prazo de três dias para cada um;
IV – o juiz nomeará curador ou defensor para o agente que não o tiver;
V – o juiz, de ofício ou a requerimento de qualquer das partes, poderá determinar novas diligências, ainda que expirado o prazo de duração mínima da medida de segurança;
VI – ouvidas as partes ou realizadas as diligências a que se refere o inciso anterior, o juiz proferirá a sua decisão, no prazo de cinco dias.

Art. 176. Em qualquer tempo, ainda no decorrer do prazo mínimo de duração da medida de segurança, poderá o juiz da execução, diante de requerimento fundamentado do Ministério Público ou do interessado, seu procurador ou defensor, ordenar o exame para que se verifique a cessação da periculosidade, procedendo-se nos termos do artigo anterior.

▶ Súm. nº 520 do STF.

Art. 177. Nos exames sucessivos para verificar-se a cessação da periculosidade, observar-se-á, no que lhes for aplicável, o disposto no artigo anterior.

Art. 178. Nas hipóteses de desinternação ou de liberação (artigo 97, § 3º, do Código Penal), aplicar-se-á o disposto nos artigos 132 e 133 desta Lei.

Art. 179. Transitada em julgado a sentença, o juiz expedirá ordem para a desinternação ou a liberação.

TÍTULO VII – DOS INCIDENTES DE EXECUÇÃO

Capítulo I

DAS CONVERSÕES

Art. 180. A pena privativa de liberdade, não superior a dois anos, poderá ser convertida em restritiva de direitos, desde que:

I – o condenado a esteja cumprindo em regime aberto;
II – tenha sido cumprido pelo menos um quarto da pena;
III – os antecedentes e a personalidade do condenado indiquem ser a conversão recomendável.

Art. 181. A pena restritiva de direitos será convertida em privativa de liberdade nas hipóteses e na forma do artigo 45 e seus incisos do Código Penal.

§ 1º A pena de prestação de serviços à comunidade será convertida quando o condenado:

a) não for encontrado por estar em lugar incerto e não sabido, ou desatender a intimação por edital;

b) não comparecer, injustificadamente, à entidade ou programa em que deva prestar serviço;
c) recusar-se, injustificadamente, a prestar o serviço que lhe foi imposto;
d) praticar falta grave;
e) sofrer condenação por outro crime à pena privativa de liberdade, cuja execução não tenha sido suspensa.

§ 2º A pena de limitação de fim de semana será convertida quando o condenado não comparecer ao estabelecimento designado para o cumprimento da pena, recusar-se a exercer a atividade determinada pelo juiz ou se ocorrer qualquer das hipóteses das letras *a*, *d* e *e* do parágrafo anterior.

§ 3º A pena de interdição temporária de direitos será convertida quando o condenado exercer, injustificadamente, o direito interditado ou se ocorrer qualquer das hipóteses das letras *a* e *e* do § 1º deste artigo.

Art. 182. *Revogado.* Lei nº 9.268, de 1º-4-1996.

Art. 183. Quando, no curso da execução da pena privativa de liberdade, sobrevier doença mental ou perturbação da saúde mental, o Juiz, de ofício, a requerimento do Ministério Público, da Defensoria Pública ou da autoridade administrativa, poderá determinar a substituição da pena por medida de segurança.

► Artigo com a redação dada pela Lei nº 12.313, de 19-8-2010.
► Art. 41 do CP.
► Art. 154 do CPP.

Art. 184. O tratamento ambulatorial poderá ser convertido em internação se o agente revelar incompatibilidade com a medida.

Parágrafo único. Nesta hipótese, o prazo mínimo de internação será de um ano.

CAPÍTULO II

DO EXCESSO OU DESVIO

Art. 185. Haverá excesso ou desvio de execução sempre que algum ato for praticado além dos limites fixados na sentença, em normas legais ou regulamentares.

Art. 186. Podem suscitar o incidente de excesso ou desvio de execução:

I – o Ministério Público;
II – o Conselho Penitenciário;
III – o sentenciado;
IV – qualquer dos demais órgãos da execução penal.

CAPÍTULO III

DA ANISTIA E DO INDULTO

Art. 187. Concedida a anistia, o juiz, de ofício, a requerimento do interessado ou do Ministério Público, por proposta da autoridade administrativa ou do Conselho Penitenciário, declarará extinta a punibilidade.

► Arts. 21, XVII, 48, VIII, 84, XII, da CF.
► Art. 107, II, do CP.
► Arts. 734 a 742 do CPP.
► Art. 123, II, do CPM.
► Arts. 643 a 650 do CPPM.

Art. 188. O indulto individual poderá ser provocado por petição do condenado, por iniciativa do Ministério Público, do Conselho Penitenciário, ou da autoridade administrativa.

Art. 189. A petição do indulto, acompanhada dos documentos que a instruírem, será entregue ao Conselho Penitenciário, para a elaboração de parecer e posterior encaminhamento ao Ministério da Justiça.

Art. 190. O Conselho Penitenciário, à vista dos autos do processo e do prontuário, promoverá as diligências que entender necessárias e fará, em relatório, a narração do ilícito penal e dos fundamentos da sentença condenatória, a exposição dos antecedentes do condenado e do procedimento deste depois da prisão, emitindo seu parecer sobre o mérito do pedido e esclarecendo qualquer formalidade ou circunstâncias omitidas na petição.

Art. 191. Processada no Ministério da Justiça com documentos e o relatório do Conselho Penitenciário, a petição será submetida a despacho do Presidente da República, a quem serão presentes os autos do processo ou a certidão de qualquer de suas peças, se ele o determinar.

Art. 192. Concedido o indulto e anexada aos autos cópia do decreto, o juiz declarará extinta a pena ou ajustará a execução aos termos do decreto, no caso de comutação.

Art. 193. Se o sentenciado for beneficiado por indulto coletivo, o juiz, de ofício, a requerimento do interessado, do Ministério Público, ou por iniciativa do Conselho Penitenciário ou da autoridade administrativa, providenciará de acordo com o disposto no artigo anterior.

TÍTULO VIII – DO PROCEDIMENTO JUDICIAL

Art. 194. O procedimento correspondente às situações previstas nesta Lei será judicial, desenvolvendo-se perante o Juízo da Execução.

Art. 195. O procedimento judicial iniciar-se-á de ofício, a requerimento do Ministério Público, do interessado, de quem o represente, de seu cônjuge, parente ou descendente, mediante proposta do Conselho Penitenciário, ou, ainda, da autoridade administrativa.

Art. 196. A portaria ou petição será autuada ouvindo-se, em três dias, o condenado e o Ministério Público, quando não figurem como requerentes da medida.

§ 1º Sendo desnecessária a produção de prova, o juiz decidirá de plano, em igual prazo.

§ 2º Entendendo indispensável a realização de prova pericial ou oral, o juiz a ordenará, decidindo após a produção daquela ou na audiência designada.

Art. 197. Das decisões proferidas pelo juiz caberá recurso de agravo, sem efeito suspensivo.

TÍTULO IX – DAS DISPOSIÇÕES FINAIS E TRANSITÓRIAS

Art. 198. É defesa ao integrante dos órgãos da execução penal, e ao servidor, a divulgação de ocorrência que perturbe a segurança e a disciplina dos estabelecimentos, bem como exponha o preso a inconveniente notoriedade, durante o cumprimento da pena.

▶ Art. 41, VIII, desta Lei.

Art. 199. O emprego de algemas será disciplinado por decreto federal.

▶ Art. 5º, XLIX, da CF.
▶ Art. 40 desta Lei.
▶ Arts. 23, III, 329 a 331 e 352 do CP.
▶ Arts. 284 e 292 do CPP.
▶ Arts. 42, 177, 180, 298 a 301 do CPM.
▶ Arts. 234 e 242 do CPPM.
▶ Arts. 3º, i, e 4º, b, da Lei nº 4.898, de 9-12-1965 (Lei do Abuso de Autoridade).
▶ Súm. Vinc. nº 11 do STF.

Art. 200. O condenado por crime político não está obrigado ao trabalho.

Art. 201. Na falta de estabelecimento adequado, o cumprimento da prisão civil e da prisão administrativa se efetivará em seção especial da Cadeia Pública.

Art. 202. Cumprida ou extinta a pena, não constarão da folha corrida, atestados ou certidões fornecidas por autoridade policial ou por auxiliares da Justiça, qualquer notícia ou referência à condenação, salvo para instruir processo pela prática de nova infração penal ou outros casos expressos em lei.

▶ Arts. 93 a 95 do CP.
▶ Arts. 123, V, 134 e 135 do CPM.
▶ Arts. 743 a 750 do CPP.
▶ Arts. 651 a 658 do CPPM.

Art. 203. No prazo de seis meses, a contar da publicação desta Lei, serão editadas as normas complementares ou regulamentares, necessárias à eficácia dos dispositivos não autoaplicáveis.

§ 1º Dentro do mesmo prazo deverão as unidades federativas, em convênio com o Ministério da Justiça, projetar a adaptação, construção e equipamento de estabelecimentos e serviços penais previstos nesta Lei.

§ 2º Também, no mesmo prazo, deverá ser providenciada a aquisição ou desapropriação de prédios para instalação de casas de albergados.

§ 3º O prazo a que se refere o caput deste artigo poderá ser ampliado, por ato do Conselho Nacional de Política Criminal e Penitenciária, mediante justificada solicitação, instruída com os projetos de reforma ou de construção de estabelecimentos.

§ 4º O descumprimento injustificado dos deveres estabelecidos para as unidades federativas implicará na suspensão de qualquer ajuda financeira a elas destinada pela União, para atender às despesas de execução das penas e medidas de segurança.

Art. 204. Esta Lei entra em vigor concomitantemente com a lei de reforma da Parte Geral do Código Penal, revogadas as disposições em contrário, especialmente a Lei nº 3.274, de 2 de outubro de 1957.

Brasília, em 11 de julho de 1984;
163º da Independência e
96º da República.

João Figueiredo

LEI Nº 7.524, DE 17 DE JULHO DE 1986

Dispõe sobre a manifestação, por militar inativo, de pensamento e opinião políticos ou filosóficos.

▶ Publicada no DOU de 18-7-1986.

Art. 1º Respeitados os limites estabelecidos na lei civil, é facultado ao militar inativo, independentemente das disposições constantes dos Regulamentos Disciplinares das Forças Armadas, opinar livremente sobre assunto político, e externar pensamento e conceito ideológico, filosófico ou relativo à matéria pertinente ao interesse público.

Parágrafo único. A faculdade assegurada neste artigo não se aplica aos assuntos de natureza militar de caráter sigiloso e independe de filiação político-partidária.

Art. 2º O disposto nesta lei aplica-se ao militar agregado a que se refere a alínea b do § 1º do art. 150 da Constituição Federal.

Art. 3º Esta lei entra em vigor na data de sua publicação.

Art. 4º Revogam-se as disposições em contrário.

Brasília, 17 de julho de 1986;
165º da Independência e
98º da República.

José Sarney

LEI Nº 7.565, DE 19 DE DEZEMBRO DE 1986

Dispõe sobre o Código Brasileiro de Aeronáutica.

(EXCERTOS)

▶ Publicada no DOU de 23-12-1986 e retificada no DOU de 30-12-1986.
▶ Dec. nº 6.854, de 25-5-2009, dispõe sobre o Regulamento da Reserva da Aeronáutica.

CAPÍTULO IV

DA DETENÇÃO, INTERDIÇÃO E APREENSÃO DE AERONAVE

Art. 303. A aeronave poderá ser detida por autoridades aeronáuticas, fazendárias ou da polícia federal, nos seguintes casos:

I – se voar no espaço aéreo brasileiro com infração das convenções ou atos internacionais, ou das autorizações para tal fim;

II – se, entrando no espaço aéreo brasileiro, desrespeitar a obrigatoriedade de pouso em aeroporto internacional;

III – para exame dos certificados e outros documentos indispensáveis;

IV – para verificação de sua carga no caso de restrição legal (artigo 21) ou de porte proibido de equipamento (parágrafo único do artigo 21);

V – para averiguação de ilícito.

§ 1º A autoridade aeronáutica poderá empregar os meios que julgar necessários para compelir a aeronave a efetuar o pouso no aeródromo que lhe for indicado.
► Dec. nº 5.144, de 16-7-2004, regulamenta este parágrafo.

§ 2º Esgotados os meios coercitivos legalmente previstos, a aeronave será classificada como hostil, ficando sujeita à medida de destruição, nos casos dos incisos do *caput* deste artigo e após autorização do Presidente da República ou autoridade por ele delegada.
► Parágrafo acrescido pela Lei nº 9.614, de 5-3-1998.
► Dec. nº 5.144, de 16-7-2004, regulamenta este parágrafo.

§ 3º A autoridade mencionada no § 1º responderá por seus atos quando agir com excesso de poder ou com espírito emulatório.
► § 2º transformado em § 3º pela Lei nº 9.614, de 5-3-1998.
► Dec. nº 5.144, de 16-7-2004, regulamenta este parágrafo.

Art. 304. Quando, no caso do item IV do artigo anterior, for constatada a existência de material proibido, explosivo ou apetrechos de guerra, sem autorização, ou contrariando os termos da que foi outorgada, pondo em risco a segurança pública ou a paz entre as nações, a autoridade aeronáutica poderá reter o material de que trata este artigo e liberar a aeronave se, por força de lei, não houver necessidade de apreendê-la.

§ 1º Se a aeronave for estrangeira e a carga não puser em risco a segurança pública ou a paz entre as nações, poderá a autoridade aeronáutica fazer a aeronave retornar ao país de origem pela rota e prazo determinados, sem a retenção da carga.

§ 2º Embora estrangeira a aeronave, se a carga puser em risco a segurança pública e a paz entre os povos, poderá a autoridade aeronáutica reter o material bélico e fazer retornar a aeronave na forma do disposto no parágrafo anterior.

Art. 305. A aeronave pode ser interditada:

I – nos casos do artigo 302, I, alíneas a até n; II, alíneas c, d, g, j; III, alíneas a, e, f, g; e V, alíneas a a e;
II – durante a investigação de acidente em que estiver envolvida.

§ 1º Efetuada a interdição, será lavrado o respectivo auto, assinado pela autoridade que a realizou e pelo responsável pela aeronave.

§ 2º Será entregue ao responsável pela aeronave cópia do auto a que se refere o parágrafo anterior.

Art. 306. A aeronave interditada não será impedida de funcionar, para efeito de manutenção.

Art. 307. A autoridade aeronáutica poderá interditar a aeronave, por prazo não superior a 15 (quinze) dias, mediante requisição da autoridade aduaneira, de polícia ou de saúde.

Parágrafo único. A requisição deverá ser motivada, de modo a demonstrar justo receio de que haja lesão grave e de difícil reparação a direitos do Poder Público ou de terceiros; ou que haja perigo à ordem pública, à saúde ou às instituições.

Art. 308. A apreensão da aeronave dar-se-á para preservar a eficácia da detenção ou interdição, e consistirá em mantê-la estacionada, com ou sem remoção para hangar, área de estacionamento, oficina ou lugar seguro (artigos 155 e 309).

Art. 309. A apreensão de aeronave só se dará em cumprimento a ordem judicial, ressalvadas outras hipóteses de apreensão previstas nesta Lei.

Art. 310. Satisfeitas as exigências legais, a aeronave detida, interditada ou apreendida será imediatamente liberada.

Art. 311. Em qualquer dos casos previstos neste Capítulo, o proprietário ou explorador da aeronave não terá direito a indenização.

....

Art. 323. Este Código entra em vigor na data de sua publicação.

Art. 324. Ficam revogados o Decreto-Lei nº 32, de 18 de novembro de 1966, o Decreto-Lei nº 234, de 28 de fevereiro de 1967, a Lei nº 5.448, de 4 de junho de 1968, a Lei nº 5.710, de 7 de outubro de 1971, a Lei nº 6.298, de 15 de dezembro de 1975, a Lei nº 6.350, de 7 de julho de 1976, a Lei nº 6.833, de 30 de setembro de 1980, a Lei nº 6.997, de 7 de junho de 1982, e demais disposições em contrário.

Brasília, 19 de dezembro de 1986;
165º da Independência e
98º da República.

José Sarney

LEI Nº 7.960,
DE 21 DE DEZEMBRO DE 1989

Dispõe sobre prisão temporária.

► Publicada no *DOU* de 22-12-1989.
► Art. 2º, § 4º, da Lei nº 8.072, de 25-7-1990 (Lei dos Crimes Hediondos).

Art. 1º Caberá prisão temporária:
► Lei nº 8.072, de 25-6-1990 (Lei dos Crimes Hediondos).

I – quando imprescindível para as investigações do inquérito policial;
II – quando o indiciado não tiver residência fixa ou não fornecer elementos necessários ao esclarecimento de sua identidade;
III – quando houver fundadas razões, de acordo com qualquer prova admitida na legislação penal, de autoria ou participação do indiciado nos seguintes crimes:

a) homicídio doloso (artigo 121, *caput*, e seu § 2º);
b) sequestro ou cárcere privado (artigo 148, *caput*, e seus §§ 1º e 2º);
c) roubo (artigo 157, *caput*, e seus §§ 1º, 2º e 3º);
d) extorsão (artigo 158, *caput*, e seus §§ 1º e 2º);
e) extorsão mediante sequestro (artigo 159, *caput*, e seus §§ 1º, 2º e 3º);
f) estupro (artigo 213, *caput*, e sua combinação com o artigo 223, *caput*, e parágrafo único);

g) atentado violento ao pudor (artigo 214, *caput*, e sua combinação com o artigo 223, *caput*, e parágrafo único);
▶ A Lei nº 12.015, de 7-8-2009, revogou os arts. 214 e 223, passando a matéria a ser tratada pelo art. 213 do CP.

h) rapto violento (artigo 219, e sua combinação com o artigo 223, *caput*, e parágrafo único);
▶ O crime de rapto foi expressamente revogado pela Lei nº 11.106, de 28-3-2005.

i) epidemia com resultado de morte (artigo 267, § 1º);
j) envenenamento de água potável ou substância alimentícia ou medicinal qualificado pela morte (artigo 270, *caput*, combinado com o artigo 285);
l) quadrilha ou bando (artigo 288), todos do Código Penal;
m) genocídio (artigos 1º, 2º e 3º da Lei nº 2.889, de 1º de outubro de 1956), em qualquer de suas formas típicas;
n) tráfico de drogas (artigo 12 da Lei nº 6.368, de 21 de outubro de 1976);
o) crimes contra o sistema financeiro (Lei nº 7.492, de 16 de junho de 1986).

Art. 2º A prisão temporária será decretada pelo juiz, em face da representação da autoridade policial ou de requerimento do Ministério Público, e terá o prazo de cinco dias, prorrogável por igual período em caso de extrema e comprovada necessidade.
▶ Art. 2º, § 4º, da Lei nº 8.072, de 25-7-1990 (Lei dos Crimes Hediondos).

§ 1º Na hipótese de representação da autoridade policial, o juiz, antes de decidir, ouvirá o Ministério Público.

§ 2º O despacho que decretar a prisão temporária deverá ser fundamentado e prolatado dentro do prazo de vinte e quatro horas, contadas a partir do recebimento da representação ou do requerimento.

§ 3º O juiz poderá, de ofício, ou a requerimento do Ministério Público e do Advogado, determinar que o preso lhe seja apresentado, solicitar informações e esclarecimentos da autoridade policial e submetê-lo a exame de corpo de delito.

§ 4º Decretada a prisão temporária, expedir-se-á mandado de prisão, em duas vias, uma das quais será entregue ao indiciado e servirá como nota de culpa.

§ 5º A prisão somente poderá ser executada depois da expedição de mandado judicial.

§ 6º Efetuada a prisão, a autoridade policial informará o preso dos direitos previstos no artigo 5º da Constituição Federal.
▶ Art. 5º, LXIII e LXIV, da CF.

§ 7º Decorrido o prazo de cinco dias de detenção, o preso deverá ser posto imediatamente em liberdade, salvo se já tiver sido decretada sua prisão preventiva.

Art. 3º Os presos temporários deverão permanecer, obrigatoriamente, separados dos demais detentos.
▶ Arts. 82 e 84 da LEP.

Art. 4º O artigo 4º da Lei nº 4.898, de 9 de dezembro de 1965, fica acrescido da alínea *i*, com a seguinte redação:
▶ Alteração inserida no texto da referida Lei.

Art. 5º Em todas as comarcas e seções judiciárias haverá um plantão permanente de vinte e quatro horas do Poder Judiciário e do Ministério Público para apreciação dos pedidos de prisão temporária.

Art. 6º Esta Lei entra em vigor na data de sua publicação.
▶ Art. 5º, LXIII e LXIV, da CF.

Art. 7º Revogam-se as disposições em contrário.

Brasília, 21 de dezembro de 1989;
168º da Independência e
101º da República.
José Sarney

LEI Nº 8.072, DE 25 DE JULHO DE 1990

Dispõe sobre os crimes hediondos, nos termos do artigo 5º, inciso XLIII, da Constituição Federal, e determina outras providências.

▶ Publicada no *DOU* de 26-7-1990.

Art. 1º São considerados hediondos os seguintes crimes, todos tipificados no Decreto-Lei nº 2.848, de 7 de dezembro de 1940 – Código Penal, consumados ou tentados:
▶ *Caput* com a redação dada pela Lei nº 8.930, de 6-9-1994.

I – homicídio (artigo 121), quando praticado em atividade típica de grupo de extermínio, ainda que cometido por um só agente, e homicídio qualificado (artigo 121, § 2º, I, II, III, IV e V);
II – latrocínio (artigo 157, § 3º, *in fine*);
III – extorsão qualificada pela morte (artigo 158, § 2º);
IV – extorsão mediante sequestro e na forma qualificada (artigo 159, *caput*, e §§ 1º, 2º e 3º);
▶ Incisos I a IV com a redação dada pela Lei nº 8.930, de 6-9-1994.
▶ Art. 158, § 3º, do CP.

V – estupro (art. 213, *caput* e §§ 1º e 2º);
VI – estupro de vulnerável (art. 217-A, *caput* e §§ 1º, 2º, 3º e 4º);
▶ Incisos V e VI com a redação dada pela Lei nº 12.015, de 7-8-2009.

VII – epidemia com resultado morte (artigo 267, § 1º);
▶ Inciso VII com a redação dada pela Lei nº 8.930, de 6-9-1994.

VII-A – VETADO. Lei nº 9.695, de 20-8-1998;
VII-B – falsificação, corrupção, adulteração ou alteração de produto destinado a fins terapêuticos ou medicinais (artigo 273, *caput* e § 1º, § 1º-A e § 1º-B, com a redação dada pela Lei nº 9.677, de 2-7-1998).
▶ Inciso VII-B acrescido pela Lei nº 9.695, de 20-8-1998.

Parágrafo único. Considera-se também hediondo o crime de genocídio previsto nos artigos 1º, 2º e 3º da Lei nº 2.889, de 1º de outubro de 1956, tentado ou consumado.
▶ Art. 5º, XLIII, da CF.

Art. 2º Os crimes hediondos, a prática da tortura, o tráfico ilícito de entorpecentes e drogas afins e o terrorismo são insuscetíveis de:

▶ Súm. Vinc. nº 26 do STF.

I – anistia, graça e indulto;
II – fiança.

▶ Inciso II com a redação dada pela Lei nº 11.464, de 28-3-2007.
▶ Art. 323, II, do CPP.

§ 1º A pena por crime previsto neste artigo será cumprida inicialmente em regime fechado.

§ 2º A progressão de regime, no caso dos condenados aos crimes previstos neste artigo, dar-se-á após o cumprimento de 2/5 (dois quintos) da pena, se o apenado for primário, e de 3/5 (três quintos), se reincidente.

▶ Súm. Vinc. nº 26 do STF.
▶ Súm. nº 471 do STJ.

§ 3º Em caso de sentença condenatória, o juiz decidirá fundamentadamente se o réu poderá apelar em liberdade.

▶ §§ 1º a 3º com a redação dada pela Lei nº 11.464, de 28-3-2007.

§ 4º A prisão temporária, sobre a qual dispõe a Lei nº 7.960, de 21 de dezembro de 1989, nos crimes previstos neste artigo, terá o prazo de 30 (trinta) dias, prorrogável por igual período em caso de extrema e comprovada necessidade.

▶ § 4º acrescido pela Lei nº 11.464, de 28-3-2007.

Art. 3º A União manterá estabelecimentos penais, de segurança máxima, destinados ao cumprimento de penas impostas a condenados de alta periculosidade, cuja permanência em presídios estaduais ponha em risco a ordem ou incolumidade pública.

▶ Arts. 52 e 86, § 2º, da LEP.

Art. 4º VETADO.

Art. 5º Ao artigo 83 do Código Penal é acrescido o seguinte inciso:

"Art. 83. ....

....

V – cumprido mais de dois terços da pena, nos casos de condenação por crime hediondo, prática da tortura, tráfico ilícito de entorpecentes e drogas afins, e terrorismo, se o apenado não for reincidente específico em crimes dessa natureza."

Art. 6º Os artigos 157, § 3º; 159, *caput* e seus §§ 1º, 2º e 3º; 213; 214; 223, *caput* e seu parágrafo único; 267, *caput* e 270, *caput*, todos do Código Penal, passam a vigorar com a seguinte redação:

"Art. 157. ....

§ 3º Se da violência resulta lesão corporal grave, a pena é de reclusão, de cinco a quinze anos, além da multa; se resulta morte, a reclusão é de vinte a trinta anos, sem prejuízo da multa.

....

Art. 159. ....
Pena – reclusão, de oito a quinze anos.
§ 1º ....
Pena – reclusão, de doze a vinte anos.

§ 2º ....
Pena – reclusão, de dezesseis a vinte e quatro anos.
§ 3º ....
Pena – reclusão, de vinte e quatro a trinta anos.

....

Art. 213. ....
Pena – reclusão, de seis a dez anos.
Art. 214. ....
Pena – reclusão, de seis a dez anos.

....

Art. 223. ....
Pena – reclusão, de oito a doze anos.
Parágrafo único. ....
Pena - reclusão, de doze a vinte e cinco anos.

....

Art. 267. ....
Pena - reclusão, de dez a quinze anos.

....

Art. 270. ....
Pena – reclusão, de dez a quinze anos.

...."

Art. 7º Ao artigo 159 do Código Penal fica acrescido o seguinte parágrafo:

▶ Alteração inserida no texto do referido Código.

Art. 8º Será de três a seis anos de reclusão a pena prevista no artigo 288 do Código Penal, quando se tratar de crimes hediondos, prática da tortura, tráfico ilícito de entorpecentes e drogas afins ou terrorismo.

Parágrafo único. O participante e o associado que denunciar à autoridade o bando ou quadrilha, possibilitando seu desmantelamento, terá a pena reduzida de um a dois terços.

▶ Art. 41 da Lei nº 11.343, de 23-8-2006 (Lei Antidrogas).

Art. 9º As penas fixadas no artigo 6º para os crimes capitulados nos artigos 157, § 3º, 158, § 2º, 159, *caput* e seus §§ 1º, 2º e 3º, 213, *caput*, e sua combinação com o artigo 223, *caput* e parágrafo único, 214 e sua combinação com o artigo 223, *caput* e parágrafo único, todos do Código Penal, são acrescidas de metade, respeitado o limite superior de trinta anos de reclusão, estando a vítima em qualquer das hipóteses referidas no artigo 224 também do Código Penal.

Art. 10. O artigo 35 da Lei nº 6.368, de 21 de outubro de 1976, passa a vigorar acrescido de parágrafo único, com a seguinte redação:

▶ A Lei nº 6.368, de 21-10-1976, foi revogada expressamente pela Lei nº 11.343, de 23-8-2006 (Lei Antidrogas).

Art. 11. VETADO.

Art. 12. Esta Lei entra em vigor na data de sua publicação.

Art. 13. Revogam-se as disposições em contrário.

Brasília, em 25 de julho de 1990;
169º da Independência e
102º da República.

Fernando Collor

LEI Nº 8.239,
DE 4 DE OUTUBRO DE 1991

Regulamenta o art. 143, §§ 1º e 2º, da Constituição Federal, que dispõe sobre a prestação de Serviço Alternativo ao Serviço Militar Obrigatório.

► Publicada no DOU de 7-10-1991 e retificada no DOU de 6-12-1991.

Art. 1º O Serviço Militar consiste no exercício de atividades específicas, desempenhadas nas Forças Armadas – Marinha, Exército e Aeronáutica.

Art. 2º O Serviço Militar inicial tem por finalidade a formação de reservas, destinadas a atender às necessidades de pessoal das Forças Armadas, no que se refere aos encargos relacionados com a defesa nacional, em caso de mobilização.

Art. 3º O Serviço Militar inicial é obrigatório a todos os brasileiros, nos termos da lei.

► Art. 143 da CF.

§ 1º Ao Estado-Maior das Forças Armadas compete, na forma da lei e em coordenação com os Ministérios Militares, atribuir Serviço Alternativo aos que, em tempo de paz, após alistados, alegarem imperativo de consciência decorrente de crença religiosa ou de convicção filosófica ou política, para se eximirem de atividades de caráter essencialmente militar.

§ 2º Entende-se por Serviço Alternativo o exercício de atividades de caráter administrativo, assistencial, filantrópico ou mesmo produtivo, em substituição às atividades de caráter essencialmente militar.

§ 3º O Serviço Militar será prestado em organizações militares da ativa e em órgãos de formação de reservas das Forças Armadas ou em órgãos subordinados aos Ministérios Civis, mediante convênios entre estes e os Ministérios Militares, desde que haja interesse recíproco e, também, sejam atendidas as aptidões do convocado.

§ 4º O Serviço Alternativo incluirá o treinamento para atuação em áreas atingidas por desastre, em situação de emergência e estado de calamidade, executado de forma integrada com o órgão federal responsável pela implantação das ações de proteção e defesa civil.

§ 5º A União articular-se-á com os Estados e o Distrito Federal para a execução do treinamento a que se refere o § 4º deste artigo.

► §§ 4º e 5º acrescidos pela Lei nº 12.608, de 10-4-2012.

Art. 4º Ao final do período de atividades previsto no § 2º do art. 3º desta lei, será conferido Certificado de Prestação Alternativa ao Serviço Militar Obrigatório, com os mesmos efeitos jurídicos do Certificado de Reservista.

§ 1º A recusa ou o cumprimento incompleto do Serviço Alternativo, sob qualquer pretexto, por motivo de responsabilidade pessoal do convocado, implicará o não fornecimento do certificado correspondente, pelo prazo de dois anos após o vencimento do período estabelecido.

§ 2º Findo o prazo previsto no parágrafo anterior, o certificado só será emitido após a decretação, pela autoridade competente, da suspensão dos direitos políticos do inadimplente, que poderá, a qualquer tempo, regularizar sua situação mediante cumprimento das obrigações devidas.

Art. 5º As mulheres e os eclesiásticos ficam isentos do Serviço Militar Obrigatório em tempo de paz, sujeitos, porém, de acordo com suas aptidões, a encargos de interesse da mobilização.

Art. 6º O Chefe do Estado-Maior das Forças Armadas baixará, no prazo de cento e oitenta dias após a sanção desta lei, normas complementares a sua execução, da qual será coordenador.

Art. 7º Esta lei entra em vigor na data de sua publicação.

Art. 8º Revogam-se as disposições em contrário.

Brasília, 4 de outubro de 1991;
170º da Independência e
103º da República.

Fernando Collor

LEI Nº 8.457,
DE 4 DE SETEMBRO DE 1992

Organiza a Justiça Militar da União e regula o funcionamento de seus Serviços Auxiliares.

► Publicada no DOU de 8-9-1992 e retificada no DOU de 23-10-1992.

PARTE I – DA ESTRUTURA DA JUSTIÇA MILITAR DA UNIÃO

TÍTULO I – DAS DISPOSIÇÕES PRELIMINARES

Art. 1º São órgãos da Justiça Militar:

I – o Superior Tribunal Militar;
II – a Auditoria de Correição;
III – os Conselhos de justiça;
IV – os Juízes-Auditores e os Juízes-Auditores Substitutos.

TÍTULO II – DAS CIRCUNSCRIÇÕES JUDICIÁRIAS MILITARES

Art. 2º Para efeito de administração da justiça Militar em tempo de paz, o território nacional divide-se em doze Circunscrições Judiciárias Militares, abrangendo:

a) a 1ª – Estados do Rio de Janeiro e Espírito Santo;
b) a 2ª – Estado de São Paulo;
c) a 3ª – Estado do Rio Grande do Sul;
d) a 4ª – Estado de Minas Gerais;
e) a 5ª – Estados do Paraná e Santa Catarina;
f) a 6ª – Estados da Bahia e Sergipe;
g) a 7ª – Estados de Pernambuco, Rio Grande do Norte, Paraíba e Alagoas;
h) a 8ª – Estados do Pará, Amapá e Maranhão;
i) a 9ª – Estados do Mato Grosso do Sul e Mato Grosso;

► Alínea *i* com a redação dada pela Lei nº 8.719, de 19-10-1993.

j) a 10ª – Estados do Ceará e Piauí;
l) a 11ª – Distrito Federal e Estados de Goiás e Tocantins;
m) a 12ª – Estados do Amazonas, Acre, Roraima e Rondônia.

▶ Alínea *m* com a redação dada pela Lei nº 8.719, de 19-10-1993.

TÍTULO III – DO SUPERIOR TRIBUNAL MILITAR

Capítulo I

DA COMPOSIÇÃO

Art. 3º O Superior Tribunal Militar, com sede na Capital Federal e jurisdição em todo o território nacional, compõe-se de quinze Ministros vitalícios, nomeados pelo Presidente da República, depois de aprovada indicação pelo Senado Federal, sendo três dentre oficiais-generais da Marinha, quatro dentre oficiais-generais do Exército e três dentre oficiais-generais da Aeronáutica, todos da ativa e do posto mais elevado da carreira, e cinco dentre civis.

▶ Art. 123 da CF.

§ 1º Os Ministros civis são escolhidos pelo Presidente da República, dentre brasileiros com mais de trinta e cinco e menos de sessenta e cinco anos de idade, sendo:

a) três dentre advogados de notório saber jurídico e conduta ilibada, com mais de dez anos de efetiva atividade profissional;
b) dois por escolha paritária, dentre Juízes-Auditores e membros do Ministério Público da Justiça Militar.

§ 2º Os Ministros militares permanecem na ativa, em quadros especiais da Marinha, Exército e Aeronáutica.

Art. 4º Observadas as disposições legais, o Regimento Interno do Superior Tribunal Militar poderá instituir Turmas e fixar-lhes a competência, bem como instituir Conselho de Administração para decidir sobre matéria administrativa da Justiça Militar.

▶ Caput com a redação dada pela Lei nº 9.283, de 13-6-1996.

Parágrafo único. O Conselho de Administração será presidido pelo Presidente do Tribunal e integrado pelo Vice-Presidente e por mais três Ministros, conforme dispuser o Regimento Interno.

▶ Parágrafo único acrescido pela Lei nº 9.283, de 13-6-1996.

Art. 5º A eleição do Presidente e Vice-Presidente do Tribunal obedecerá ao disposto em seu Regimento Interno.

Capítulo II

DA COMPETÊNCIA

Seção I

DA COMPETÊNCIA DO SUPERIOR TRIBUNAL MILITAR

Art. 6º Compete ao Superior Tribunal Militar:

I – processar e julgar originariamente:

a) os oficiais-generais das Forças Armadas, nos crimes militares definidos em lei;

▶ Alínea *a* com a redação dada pela Lei nº 8.719, de 19-10-1993.

b) *Revogada.* Lei nº 8.719, de 19-10-1993;
c) os pedidos de *Habeas Corpus* e *Habeas Data*, nos casos permitidos em lei;
d) o mandado de segurança contra seus atos, os do Presidente do Tribunal e de outras autoridades da Justiça Militar;
e) a revisão dos processos findos na Justiça Militar;
f) a reclamação para preservar a integridade da competência ou assegurar a autoridade de seu julgado;
g) os procedimentos administrativos para decretação da perda do cargo e da disponibilidade de seus membros e demais magistrados da Justiça Militar, bem como para remoção, por motivo de interesse público, destes últimos, observado o Estatuto da Magistratura;
h) a representação para decretação de indignidade de oficial ou sua incompatibilidade para com o oficialato;
i) a representação formulada pelo Ministério Público Militar, Conselho de Justiça, Juiz-Auditor e advogado, no interesse da Justiça Militar;

II – julgar:

a) os embargos opostos às suas decisões;
b) os pedidos de correição parcial;
c) as apelações e os recursos de decisões dos Juízes de primeiro grau;
d) os incidentes processuais previstos em lei;
e) os agravos regimentais e recursos contra despacho de relator, previstos em lei processual militar ou no Regimento Interno;
f) os feitos originários dos Conselhos de justificação;
g) os conflitos de competência entre Conselhos de Justiça, entre Juízes-Auditores, ou entre estes e aqueles, bem como os de atribuição entre autoridades administrativa e judiciária militares;
h) os pedidos de desaforamento;
i) as questões administrativas e recursos interpostos contra atos administrativos praticados pelo Presidente do Tribunal;
j) os recursos de penas disciplinares aplicadas pelo Presidente do Tribunal, Corregedor da Justiça Militar e Juiz-Auditor;

III – declarar a inconstitucionalidade de lei ou ato normativo do Poder Público, pelo voto da maioria absoluta de seus membros;

IV – restabelecer a sua competência quando invadida por juiz de primeira instância, mediante avocatória;

V – resolver questão prejudicial surgida no curso de processo submetido a seu julgamento;

VI – determinar medidas preventivas e assecuratórias previstas na lei processual penal militar, em processo originário ou durante julgamento de recurso, em decisão sua ou por intermédio do relator;

VII – decretar prisão preventiva, revogá-la ou restabelecê-la, de ofício ou mediante representação da autoridade competente, nos feitos de sua competência originária;

VIII – conceder ou revogar menagem e liberdade provisória, bem como aplicar medida provisória de segurança nos feitos de sua competência originária;

IX – determinar a restauração de autos extraviados ou destruídos, na forma da lei;

X – remeter à autoridade competente cópia de peça ou documento constante de processo sob seu julgamento, para o procedimento legal cabível, quando verificar a existência de indícios de crime;

XI – deliberar sobre o plano de correição proposto pelo Corregedor da Justiça Militar e determinar a realização de correição geral ou especial em Auditoria;

XII – elaborar seu Regimento Interno com observância das normas de processo e das garantias processuais das partes, dispondo sobre a competência e funcionamento dos respectivos órgãos jurisdicionais e administrativos, bem como decidir os pedidos de uniformização de sua jurisprudência;

XIII – organizar suas Secretarias e Serviços Auxiliares, bem como dos Juízos que lhe forem subordinados, provendo-lhes os cargos, na forma da lei;

XIV – propor ao Poder Legislativo, observado o disposto na Constituição Federal:

a) a alteração do número de membros dos tribunais inferiores;
b) a criação e a extinção de cargos e a fixação de vencimentos dos seus membros, do Juiz-Auditor Corregedor, dos Juízes-Auditores, dos Juízes-Auditores Substitutos e dos Serviços Auxiliares;
c) a criação ou a extinção de Auditoria da Justiça Militar;
d) a alteração da organização e da divisão judiciária militar;

XV – eleger seu Presidente e Vice-Presidente e dar-lhes posse; dar posse a seus membros, deferindo-lhes o compromisso legal;

XVI – conceder licença, férias e outros afastamentos a seus membros, ao Juiz-Auditor Corregedor, aos Juízes-Auditores, Juízes-Auditores Substitutos e servidores que lhe forem imediatamente vinculados;

XVII – aplicar sanções disciplinares aos magistrados;

XVIII – deliberar, para efeito de aposentadoria, sobre processo de verificação de invalidez de magistrado;

XIX – nomear Juiz-Auditor Substituto e promovê-lo, pelos critérios alternados de antiguidade e merecimento;

XX – determinar a instauração de sindicância, inquérito e processo administrativo, quando envolvidos magistrado ou servidores da Justiça Militar;

XXI – demitir servidores integrantes dos Serviços Auxiliares;

XXII – aprovar instruções para realização de concurso para ingresso na carreira da Magistratura e para o provimento dos cargos dos Serviços Auxiliares;

XXIII – homologar o resultado de concurso público e de processo seletivo interno;

XXIV – remover Juiz-Auditor e Juiz-Auditor Substituto, a pedido ou por motivo de interesse público;

XXV – remover, a pedido ou *ex officio*, servidores dos Serviços Auxiliares;

XXVI – apreciar reclamação apresentada contra lista de antiguidade dos magistrados;

XXVII – apreciar e aprovar proposta orçamentária elaborada pela Presidência do Tribunal, dentro dos limites estipulados conjuntamente com os demais Poderes na Lei de Diretrizes Orçamentárias;

XXVIII – praticar os demais atos que lhe são conferidos por lei.

§ 1º O Tribunal pode delegar competência a seu Presidente para concessão de licenças, férias e outros afastamentos a magistrados de primeira instância e servidores que lhe sejam imediatamente vinculados, bem como para o provimento de cargos dos Serviços Auxiliares.

§ 2º Ao Conselho de Administração, após a sua instituição, caberá deliberar sobre matéria administrativa, conforme dispuser o Regimento Interno.

▶ § 2º acrescido pela Lei nº 9.283, de 13-6-1996.

§ 3º É de dois terços dos membros do Tribunal o *quorum* para julgamento das hipóteses previstas nos incisos I, alíneas *h* e *i*, II, alínea *f*, XVIII e XXIV, parte final, deste artigo.

▶ § 2º transformado em § 3º pela Lei nº 9.283, de 13-6-1996.

§ 4º As decisões do Tribunal, judiciais e administrativas, são tomadas por maioria de votos, com a presença de, no mínimo, oito ministros, dos quais, pelo menos, quatro militares e dois civis, salvo *quorum* especial exigido em lei.

▶ § 3º transformado em § 4º pela Lei nº 9.283, de 13-6-1996.

Art. 7º O Regimento Interno disciplinará o procedimento e o julgamento dos feitos, obedecido o disposto na Constituição Federal, no Código de Processo Penal Militar e nesta Lei.

Art. 8º Após a distribuição e até a inclusão em pauta para julgamento, o relator conduz o processo, determinando a realização das diligências que entender necessárias.

Parágrafo único. Na fase a que se refere este artigo, cabe ao relator adotar as medidas previstas nos incisos V, VI, VII e VIII do artigo 6º desta Lei.

Seção II

DA COMPETÊNCIA DO PRESIDENTE

Art. 9º Compete ao Presidente:

I – dirigir os trabalhos do Tribunal, presidir as sessões plenárias e proclamar as decisões;

II – manter a regularidade dos trabalhos do Tribunal, mandando retirar do recinto as pessoas que perturbarem a ordem, autuando-as no caso de flagrante delito;

III – representar o Tribunal em suas relações com outros Poderes e autoridades;

IV – corresponder-se com autoridades, sobre assuntos de interesse do Tribunal e da Justiça Militar;

V – praticar todos os atos processuais nos recursos e feitos de competência originária do Tribunal, antes da distribuição e depois de exaurida a competência do relator;

VI – declarar, no caso de empate, a decisão mais favorável ao réu ou paciente;

VII – proferir voto nas questões administrativas, inclusive o de qualidade, no caso de empate, exceto em recurso de decisão sua;

VIII – decidir questões de ordem suscitadas por Ministro, por representante do Ministério Público Militar ou por advogado, ou submetê-las ao Tribunal, se a este couber a decisão;

IX – conceder a palavra ao representante do Ministério Público Militar e a advogado, pelo tempo permitido em lei e no Regimento Interno, podendo, após advertência, cassá-la no caso de linguagem desrespeitosa;

X – conceder a palavra, pela ordem, ao representante do Ministério Público Militar e a advogado que funcione no feito, para, mediante intervenção sumária, esclarecer equívoco ou dúvida em relação a fatos, documentos ou afirmações que possam influir no julgamento;

XI – convocar sessão extraordinária nos casos previstos em lei ou no Regimento Interno;

XII – suspender a sessão quando necessário à ordem e resguardo de sua autoridade;

XIII – presidir a audiência pública de distribuição dos feitos;

XIV – providenciar o cumprimento dos julgados do Tribunal e sua execução nos processos de competência originária;

XV – decidir sobre o cabimento de recurso extraordinário, determinando, em caso de admissão, seu processamento, nos termos da lei;

XVI – prestar às autoridades judiciárias informações requisitadas para instrução de feitos, podendo consultar o relator do processo principal, se houver;

XVII – assinar com o relator e o revisor, ou somente com aquele, quando for o caso, os acórdãos do Tribunal e, com o Secretário do Tribunal Pleno, as atas das sessões;

XVIII – decidir sobre liminar em *Habeas Corpus*, durante as férias e feriados forenses, podendo ouvir previamente o Ministério Público;

XIX – expedir salvo-conduto a paciente beneficiado com *Habeas Corpus* preventivo;

XX – requisitar força federal ou policial para garantia dos trabalhos do Tribunal ou de seus Ministros;

XXI – requisitar oficial de posto mais elevado, ou do mesmo posto de maior antiguidade, para conduzir oficial condenado presente à sessão de julgamento, observada a Força a que este pertencer;

XXII – convocar para substituir Ministros, os oficiais-generais das Forças Armadas e magistrados, na forma do disposto no artigo 62, incisos II, III, IV e V, desta Lei;

XXIII – adotar providências para realização de concurso público e processo seletivo interno;

XXIV – expedir atos sobre matéria de sua competência, bem como assinar os de provimento e vacância dos cargos dos Serviços Auxiliares;

XXV – VETADO;

XXVI – dar posse e deferir o compromisso legal a Juiz-Auditor Substituto e a todos os nomeados para cargos do Grupo-Direção e Assessoramento Superiores do Quadro da Secretaria do Tribunal;

XXVII – velar pelo funcionamento regular da Justiça Militar e perfeita exação das autoridades judiciárias e servidores no cumprimento de seus deveres, expedindo portarias, recomendações e provimentos que se fizerem necessários;

XXVIII – designar, observada a ordem de antiguidade, Juiz-Auditor para exercer a função de Diretor do Foro, definindo suas atribuições;

XXIX – conhecer de representação formulada contra servidores, por falta de exação no cumprimento do dever;

XXX – determinar a instauração de sindicância, inquérito e processo administrativo, exceto quanto a magistrado;

XXXI – aplicar penas disciplinares da sua competência, reconsiderá-las, relevá-las e revê-las;

XXXII – providenciar a publicação mensal de dados estatísticos sobre os trabalhos do Tribunal;

XXXIII – apresentar ao Tribunal, até o dia 15 de março, anualmente, relatório circunstanciado das atividades dos órgãos da Justiça Militar;

XXXIV – determinar a publicação anual da lista de antiguidade dos magistrados;

XXXV – comunicar ao Presidente da República a ocorrência de vaga de Ministro, indicando, no caso de Ministro civil, o critério de provimento;

XXXVI – conceder licença e férias aos servidores que lhe são diretamente subordinados;

XXXVII – encaminhar a proposta orçamentária aprovada pelo Tribunal e gerir os recursos orçamentários da Justiça Militar, podendo delegar competência na forma da lei;

XXXVIII – praticar os demais atos que lhe forem atribuídos em lei e no Regimento Interno.

§ 1º Durante as férias coletivas, pode o Presidente, ou seu substituto legal, decidir de pedido liminar em mandado de segurança, determinar liberdade provisória ou sustação de ordem de prisão, e demais medidas que reclamem urgência, devendo, em qualquer caso, após as férias, o feito prosseguir, na forma da lei.

§ 2º O Presidente do Tribunal, de comum acordo com o Vice-Presidente, pode delegar-lhes atribuições.

§ 3º A providência enunciada no inciso XIV, 2ª parte, deste artigo pode ser delegada a Juiz-Auditor, com jurisdição no local onde os atos executórios devam ser praticados.

SEÇÃO III

DA COMPETÊNCIA DO VICE-PRESIDENTE

Art. 10. Compete ao Vice-Presidente:

a) substituir o Presidente nas licenças, férias, faltas e impedimentos, assumindo a Presidência, em caso de vaga, até a posse do novo titular, na forma do Regimento Interno;

b) exercer funções judicantes e relatar os processos que lhe forem distribuídos;

c) desempenhar atribuições delegadas pelo Presidente do Tribunal, na forma do § 2º do artigo anterior.

Parágrafo único. Quando no exercício temporário da presidência, não serão redistribuídos os feitos em que o Vice-Presidente for relator ou revisor.

TÍTULO IV – DOS ÓRGÃOS DE PRIMEIRA INSTÂNCIA DA JUSTIÇA MILITAR

CAPÍTULO I

DAS DISPOSIÇÕES PRELIMINARES

Art. 11. A cada Circunscrição judiciária Militar corresponde uma Auditoria, excetuadas as primeira, segunda, terceira e décima primeira, que terão:

a) a primeira: quatro Auditorias;

▶ Alínea a com a redação dada pela Lei nº 10.333, de 19-12-2001.

b) a terceira: três Auditorias;

c) a segunda e a décima primeira: duas Auditorias.

§ 1º Nas Circunscrições com mais de uma Auditoria, essas são designadas por ordem numérica.

§ 2º As Auditorias têm jurisdição mista, cabendo-lhes conhecer dos feitos relativos à Marinha, Exército e Aeronáutica.

§ 3º Nas Circunscrições em que houver mais de uma Auditoria e sedes coincidentes, a distribuição dos feitos cabe ao Juiz-Auditor mais antigo.

§ 4º Nas Circunscrições em que houver mais de uma Auditoria com sede na mesma cidade, a distribuição dos feitos relativos a crimes militares, quando indiciados somente civis, faz-se, indistintamente, entre as Auditorias, pelo Juiz-Auditor mais antigo.

Capítulo II

DA AUDITORIA DE CORREIÇÃO

Seção Única

DA COMPOSIÇÃO E COMPETÊNCIA

Art. 12. A Auditoria de Correição é exercida pelo Juiz-Auditor Corregedor, com jurisdição em todo o território nacional.

Art. 13. A Auditoria de Correição, órgão de fiscalização e orientação judiciária-administrativa, compõe-se de Juiz-Auditor Corregedor, um Diretor de Secretaria e auxiliares constantes de quadro previsto em lei.

Art. 14. Compete ao Juiz-Auditor Corregedor:

I – proceder às correições:

a) gerais e especiais nas Auditorias, na forma desta Lei;
b) nos processos findos;
c) nos autos de inquérito mandados arquivar pelo Juiz-Auditor, representando ao Tribunal, mediante despacho fundamentado, desde que entenda existente indícios de crime e de autoria;
d) nos autos em andamento nas Auditorias, de ofício, ou por determinação do Tribunal;

II – apresentar ao Tribunal, para aprovação, o plano bianual de correição;

III – comunicar ao Presidente do Tribunal fato que exija pronta solução, verificado durante correição, independentemente das providências de sua alçada;

IV – baixar provimentos necessários ao bom funcionamento dos serviços que lhe incumbe fiscalizar;

V – requisitar de autoridades judiciária e administrativa, civil ou militar, as informações que julgar necessárias ao exercício de suas funções;

VI – instaurar procedimento administrativo para apuração de falta cometida por servidor que lhe seja subordinado, e aplicar pena disciplinar ressalvada a competência do Tribunal e de seu Presidente;

VII – providenciar a uniformização de livros, registros e impressos necessários ao bom andamento dos serviços nas Auditorias, observados os modelos instituídos em lei;

VIII – praticar os demais atos que lhe forem atribuídos em lei.

Parágrafo único. As correições gerais a que se refere este artigo compreendem o exame dos processos em andamento, dos livros e documentos existentes na Auditoria e a verificação das providências relativas a medidas preventivas e assecuratórias para o resguardo de bens da Fazenda Pública, sob a administração militar.

Capítulo III

DAS AUDITORIAS E DOS CONSELHOS DE JUSTIÇA

Seção I

DA COMPOSIÇÃO DAS AUDITORIAS

Art. 15. Cada Auditoria tem um Juiz-Auditor, um Juiz-Auditor Substituto, um Diretor de Secretaria, dois Oficiais de Justiça Avaliadores e demais auxiliares, conforme quadro previsto em lei.

Seção II

DA COMPOSIÇÃO DOS CONSELHOS

Art. 16. São duas as espécies de Conselhos de Justiça:

a) Conselho Especial de justiça, constituído pelo Juiz-Auditor e quatro Juízes Militares, sob a presidência, dentre estes, de um oficial-general ou oficial superior, de posto mais elevado que os dos demais juízes, ou de maior antiguidade, no caso de igualdade;
b) Conselho Permanente de justiça, constituído pelo Juiz-Auditor, por um oficial superior, que será o presidente, e três oficiais de posto até capitão-tenente ou capitão.

Art. 17. Os Conselhos Especial e Permanente funcionarão na sede das Auditorias, salvo casos especiais por motivo relevante de ordem pública ou de interesse da Justiça e pelo tempo indispensável, mediante deliberação do Superior Tribunal Militar.

Art. 18. Os juízes militares dos Conselhos Especial e Permanente são sorteados dentre oficiais de carreira, da sede da Auditoria, com vitaliciedade assegurada, recorrendo-se a oficiais no âmbito de jurisdição da Auditoria se insuficientes os da sede e, se persistir a necessidade, excepcionalmente a oficiais que sirvam nas demais localidades abrangidas pela respectiva Circunscrição Judiciária Militar.

▶ Artigo com a redação dada pela Lei nº 10.445, de 7-5-2002.

Art. 19. Para efeito de composição dos Conselhos de que trata o artigo anterior, nas respectivas Circunscrições, os comandantes de Distrito ou Comando Naval, Região Militar e Comando Aéreo Regional organizarão, trimestralmente, relação de todos os oficiais em serviço ativo, com respectivos posto, antiguidade e local de serviço, publicando-a em boletim e remetendo-a ao Juiz-Auditor competente.

§ 1º A remessa a que se refere esse artigo será efetuada até o quinto dia do último mês do trimestre e as alterações que se verificarem, inclusive os nomes de novos oficiais em condições de servir, serão comunicadas mensalmente.

§ 2º Não sendo remetida no prazo a relação de oficiais, serão os Juízes sorteados pela última relação recebida, consideradas as alterações de que trata o parágrafo anterior.

§ 3º A relação não incluirá:

a) os oficiais dos Gabinetes dos Ministros de Estado;
b) os oficiais agregados;
c) os comandantes, diretores ou chefes, professores, instrutores e alunos de escolas, institutos, acade-

mias, centros e cursos de formação, especialização, aperfeiçoamento, Estado-Maior e altos estudos;

d) na Marinha: os Almirantes de Esquadra e Oficiais que sirvam em seus gabinetes, os Comandantes de Distrito Naval e de Comando Naval, o Vice-Chefe do Estado-Maior da Armada, o Chefe do Estado-Maior do Comando de Operações Navais e os oficiais embarcados ou na tropa, em condições de, efetivamente, participar de atividades operativas programadas para o trimestre;

e) no Exército: os Generais de Exército, Generais Comandantes de Divisão de Exército e de Região Militar, bem como os respectivos Chefes de Estado-Maior ou de Gabinete e oficiais do Estado-Maior Pessoal;

f) na Aeronáutica; os Tenentes-Brigadeiros, bem como seus Chefes de Estado-Maior ou de Gabinete, Assistentes e Ajudantes-de-Ordens, ou Vice-Chefe e o Subchefe do Estado-Maior da Aeronáutica.

Art. 20. O sorteio dos juízes do Conselho Especial de Justiça é feito pelo Juiz-Auditor, em audiência pública, na presença do Procurador, do Diretor de Secretaria e do acusado, quando preso.

▶ Art. 403 do CPPM.

Art. 21. O sorteio dos juízes do Conselho Permanente de justiça é feito pelo Juiz-Auditor, em audiência pública, entre os dias cinco e dez do último mês do trimestre anterior, na presença do Procurador e do Diretor de Secretaria.

Parágrafo único. Para cada Conselho Permanente, são sorteados dois juízes suplentes, sendo um oficial superior – que substituirá o Presidente em suas faltas e impedimentos legais e um oficial até o posto de capitão-tenente ou capitão, que substituirá os demais membros nos impedimentos legais.

Art. 22. Do sorteio a que se referem os artigos 20 e 21 desta Lei, lavrar-se-á ata, em livro próprio, com respectivo resultado, certificando o Diretor de Secretaria, em cada processo, além do sorteio, o compromisso dos juízes.

Parágrafo único. A ata é assinada pelo Juiz-Auditor e pelo Procurador, cabendo ao primeiro comunicar imediatamente à autoridade competente o resultado do sorteio, para que esta ordene o comparecimento dos juízes à sede da Auditoria, no prazo fixado pelo juiz.

Art. 23. Os juízes militares que integrarem os Conselhos Especiais serão de posto superior ao do acusado, ou do mesmo posto e de maior antiguidade.

§ 1º O Conselho Especial é constituído para cada processo e dissolvido após a conclusão dos seus trabalhos, reunindo-se, novamente, se sobrevier nulidade do processo ou do julgamento, ou diligência determinada pela instância superior.

§ 2º No caso de pluralidade de agentes, servirá de base à constituição do Conselho Especial a patente do acusado de maior posto.

§ 3º Se a acusação abranger oficial e praça ou civil, responderão todos perante o mesmo Conselho, ainda que excluído do processo o oficial.

§ 4º No caso de impedimento de algum dos juízes, será sorteado outro para substituí-lo.

▶ § 4º com a redação dada pela Lei nº 10.445, de 7-5-2002.

Art. 24. O Conselho Permanente, uma vez constituído, funcionará durante três meses consecutivos, coincidindo com os trimestres do ano civil, podendo o prazo de sua jurisdição ser prorrogado nos casos previstos em lei.

Parágrafo único. O oficial que tiver integrado Conselho Permanente não será sorteado para o trimestre imediato, salvo se para sua constituição houver insuficiência de oficiais.

Art. 25. Os Conselhos Especial e Permanente de Justiça podem instalar-se e funcionar com a maioria de seus membros, sendo obrigatória a presença do Juiz-Auditor e do Presidente, observado o disposto no artigo 31, alíneas *a* e *b* desta Lei.

▶ Art. 390, § 6º, do CPPM.

§ 1º As autoridades militares mencionadas no artigo 19 desta Lei devem comunicar ao Juiz-Auditor a falta eventual do juiz militar.

§ 2º Na sessão de julgamento são obrigatórios a presença e voto de todos os juízes.

Art. 26. Os juízes militares dos Conselhos Especial e Permanente ficarão dispensados do serviço em suas organizações, nos dias de sessão.

§ 1º O Juiz-Auditor deve comunicar a falta do juiz militar, sem motivo justificado, ao seu superior hierárquico, para as providências cabíveis.

§ 2º Aplica-se o disposto no parágrafo anterior ao Juiz-Auditor, aos representantes da Defensoria Pública da União e Ministério Público Militar e respectivos Substitutos, devendo a comunicação ser efetivada pelo Presidente do Conselho ao Presidente do Superior Tribunal Militar, ou à autoridade competente conforme o caso.

Seção III

DA COMPETÊNCIA DOS CONSELHOS DE JUSTIÇA

Art. 27. Compete aos Conselhos:

I – Especial de Justiça, processar e julgar oficiais, exceto oficiais-generais, nos delitos previstos na legislação penal militar;

II – Permanente de Justiça, processar e julgar acusados que não sejam oficiais, nos delitos de que trata o inciso anterior, excetuado o disposto no artigo 6º, inciso I, alínea *b*, desta Lei.

Art. 28. Compete ainda aos Conselhos:

I – decretar a prisão preventiva de acusado, revogá-la ou restabelecê-la;

▶ Art. 254 do CPPM.

II – conceder menagem e liberdade provisória, bem como revogá-las;

▶ Art. 5º, LXVI, da CF.
▶ Arts. 263 e 270 do CPPM.

III – decretar medidas preventivas e assecuratórias, nos processos pendentes de seu julgamento;

IV – declarar a inimputabilidade de acusado nos termos da lei penal militar, quando constatada aquela condição no curso do processo, mediante exame pericial;
V – decidir as questões de direito ou de fato suscitadas durante instrução criminal ou julgamento;
VI – ouvir o representante do Ministério Público sobre as questões suscitadas durante as sessões;
VII – conceder a suspensão condicional da pena, nos termos da lei;
VIII – praticar os demais atos que lhe forem atribuídos em lei.

Seção IV
DA COMPETÊNCIA DOS PRESIDENTES DOS CONSELHOS DE JUSTIÇA

Art. 29. Compete aos Presidentes dos Conselhos Especial e Permanente de Justiça:

I – abrir as sessões, presidi-las, apurar e proclamar as decisões do Conselho;
II – mandar proceder à leitura da ata da sessão anterior;
III – nomear defensor ao acusado que não o tiver e curador ao revel ou incapaz;
IV – manter a regularidade dos trabalhos da sessão, mandando retirar do recinto as pessoas que portarem armas ou perturbarem a ordem, autuando-as no caso de flagrante delito;
V – conceder a palavra ao representante do Ministério Público Militar, ou assistente, e ao defensor, pelo tempo previsto em lei, podendo cassá-la após advertência, no caso de linguagem desrespeitosa;
VI – resolver questões de ordem suscitadas pelas partes ou submetê-las à decisão do Conselho, ouvido o Ministério Público;
VII – mandar consignar em ata incidente ocorrido no curso da sessão.

Seção V
DA COMPETÊNCIA DO JUIZ-AUDITOR

Art. 30. Compete ao Juiz-Auditor:

I – decidir sobre recebimento de denúncia, pedido de arquivamento, de devolução de inquérito e representação;
II – relaxar, quando ilegal, em despacho fundamentado, a prisão que lhe for comunicada por autoridade encarregada de investigações policiais;

- Art. 5º, LXV, da CF.
- Art. 7º, nº 6, do Pacto de São José da Costa Rica.

III – manter ou relaxar prisão em flagrante, decretar, revogar e restabelecer a prisão preventiva de indiciado, mediante despacho fundamentado em qualquer caso;

- Art. 5º, LXV, da CF.
- Art. 254 do CPPM.
- Art. 7º, nº 6, do Pacto de São José da Costa Rica.

IV – requisitar de autoridades civis e militares as providências necessárias ao andamento do feito e esclarecimento do fato;
V – determinar a realização de exames, perícias, diligências e nomear peritos;
VI – formular ao réu, ofendido ou testemunha suas perguntas e as requeridas pelos demais juízes, bem como as requeridas pelas partes para serem respondidas por ofendido ou testemunha;
VII – relatar aos processos nos Conselhos de Justiça e redigir, no prazo de oito dias, as sentenças e decisões;

- Art. 438, § 2º, do CPPM.

VIII – proceder ao sorteio dos Conselhos, observado o disposto nos artigos 20 e 21 desta Lei;
IX – expedir alvará de soltura e mandados;
X – decidir sobre o recebimento de recursos interpostos;
XI – executar as sentenças, inclusive as proferidas em processo originário do Superior Tribunal Militar, na hipótese prevista no § 3º do artigo 9º desta Lei;
XII – renovar, de seis em seis meses, diligências junto às autoridades competentes, para captura de condenado;
XIII – comunicar, à autoridade a que estiver subordinado o acusado, as decisões a ele relativas;
XIV – decidir sobre livramento condicional;

- Arts. 89 a 97 do CPM.
- Arts. 618 a 642 do CPPM.
- Arts. 128, 131 a 146 e 170, § 1º, da LEP.
- Súm. nº 441 do STJ.

XV – revogar o benefício da suspensão condicional da pena;

- Arts. 84 a 88 do CPM.
- Arts. 606 a 617 do CPPM.
- Arts. 156 a 163 da LEP.

XVI – remeter à Corregedoria da Justiça Militar, no prazo de dez dias, os autos de inquéritos arquivados e processos julgados, quando não interpostos recursos;
XVII – encaminhar relatório ao Presidente do Tribunal, até o dia trinta de janeiro, dos trabalhos da Auditoria, relativos ao ano anterior;
XVIII – instaurar procedimento administrativo quando tiver ciência de irregularidade praticada por servidor que lhe é subordinado;
XIX – aplicar penas disciplinares aos servidores que lhe são subordinados;
XX – dar posse, conceder licenças, férias e salário-família aos servidores da Auditoria;
XXI – autorizar, na forma da lei, o pagamento de auxílio-funeral de magistrado e dos servidores lotados na Auditoria;
XXII – distribuir alternadamente, entre si e o Juiz-Auditor Substituto e, quando houver, o Substituto de Auditor estável, os feitos aforados na Auditoria, obedecida a ordem de entrada;
XXIII – cumprir as normas legais relativas às gestões administrativa, financeira e orçamentária e ao controle de material;
XXIV – praticar os demais atos que lhe forem atribuídos em lei.

Parágrafo único. Compete ao Juiz-Auditor Substituto praticar todos os atos enumerados neste artigo, com exceção dos atos previstos nos incisos VIII, XVII, XVIII, XIX, XX, XXI, XXII e XXIII, que lhes são deferidos somente durante as férias e impedimentos do Juiz-Auditor.

- Parágrafo único com a redação dada pela Lei nº 8.719, de 19-10-1993.

Seção VI
DAS SUBSTITUIÇÕES DOS JUÍZES MILITARES

Art. 31. Os juízes militares são substituídos em suas licenças, faltas e impedimentos, bem como nos afastamentos de sede por movimentação, que decorram de requisito de carreira, ou por outro motivo justificado e reconhecido pelo Superior Tribunal Militar como de relevante interesse para a administração militar.

▶ *Caput* com a redação dada pela Lei nº 10.445, de 7-5-2002.

a a d) Revogadas. Lei nº 10.445, de 7-5-2002.

§§ 1º a 3º *Revogados.* Lei nº 10.445, de 7-5-2002.

TÍTULO V – DOS MAGISTRADOS

Capítulo I

DAS DISPOSIÇÕES GERAIS

Art. 32. Aplicam-se aos Ministros do Superior Tribunal Militar, Juízes-Auditores e Juízes Substitutos as disposições do Estatuto da Magistratura, desta Lei e, subsidiariamente, as do Regime Jurídico Único dos Servidores Públicos Civis da União.

Capítulo II

DO PROVIMENTO DOS CARGOS E DA REMOÇÃO

Art. 33. O ingresso na carreira da magistratura da justiça Militar dar-se-á no cargo de Juiz-Auditor Substituto, mediante concurso público de provas e títulos organizado e realizado pelo Superior Tribunal Militar, com a participação da Ordem dos Advogados do Brasil, em todas as suas fases.

Parágrafo único. A nomeação dar-se-á com estrita observância da ordem de classificação no concurso.

Art. 34. Exigir-se-á dos candidatos a satisfação dos seguintes requisitos, além de outros previstos no Estatuto da Magistratura:

I – ser brasileiro;
II – ter mais de vinte e cinco e menos de quarenta anos de idade, salvo se ocupante de cargo ou função pública.
III – estar no gozo dos direitos políticos;
IV – ser bacharel em Direito, graduado por estabelecimento oficial ou reconhecido;
V – haver exercido durante três anos, no mínimo, no último decênio, a advocacia, magistério jurídico em nível superior ou função que confira prática forense;
VI – ser moralmente idôneo e gozar de boa saúde física e mental, comprovada a última pela aplicação de teste de personalidade por órgão oficial especializado e no curso de inspeção de saúde.

§ 1º Das instruções do concurso constarão os programas das diversas disciplinas, a constituição da Comissão Examinadora, vagas existentes e sua localização, assim como outros esclarecimentos reputados, úteis aos candidatos, inclusive ao direito assegurado no artigo 38 desta Lei.

§ 2º O concurso terá validade por dois anos, contados da homologação, prorrogável uma vez, por igual período.

Art. 35. As nomeações e promoções serão feitas por ato do Superior Tribunal Militar.

Art. 36. A promoção ao cargo de Juiz-Auditor é feita dentre os Juízes-Auditores Substitutos e obedece aos critérios de antiguidade e merecimento, alternadamente, observado o seguinte:

a) na apuração da antiguidade, o Tribunal somente pode recusar o juiz mais antigo pelo voto de dois terços de seus membros, conforme procedimento próprio, repetindo-se a votação até fixar-se a indicação;
b) havendo simultaneidade na posse, a promoção por antiguidade recairá preferentemente sobre o de melhor classificação no concurso de ingresso na carreira;
c) é obrigatória a promoção de juiz que figure por três vezes consecutivas, ou cinco alternadas, em lista de merecimento, desde que conte dois anos de efetivo exercício e integre a primeira quinta parte da lista de antiguidade;
d) a promoção por merecimento pressupõe dois anos de exercício no cargo, salvo se não houver com tal requisito quem aceite a vaga;
e) aferição do merecimento pelos critérios de presteza e segurança no exercício da jurisdição e, ainda, pela frequência e aproveitamento em cursos reconhecidos de aperfeiçoamento;
f) o merecimento do magistrado de primeira instância é aferido no efetivo exercício do cargo.

Art. 37. O magistrado não será removido ou promovido senão com seu assentimento, manifestado na forma da lei, ressalvada a remoção compulsória.

Art. 38. Ao provimento inicial e à promoção por merecimento precederá a remoção, observando-se, para preferência, a ordem de antiguidade para o Juiz-Auditor e a ordem de classificação em concurso público para o Juiz-Auditor Substituto, quando os concorrentes forem do mesmo concurso e, sendo eles de concursos diferentes, a ordem de antiguidade na classe.

§ 1º Preenchido o claro em decorrência de remoção publica-se notícia da vaga, fixando-se prazo de quinze dias, contado da publicação, aos interessados, para requererem.

§ 2º O candidato habilitado em concurso público, no momento de sua nomeação, somente pode optar por vaga existente após terem-se pronunciado os Juízes Substitutos que tiverem interesse em remoção.

§ 3º Somente após dois anos de exercício na Auditoria onde estiver lotado, pode o juiz ser removido, salvo se não houver candidato com tal requisito.

Art. 39. A nomeação para o cargo de Juiz-Auditor Corregedor é feita mediante escolha do Superior Tribunal Militar, em escrutínio secreto, dentre Juízes-Auditores situados no primeiro terço da classe.

Capítulo III

DA POSSE E DO EXERCÍCIO

Art. 40. A posse terá lugar no prazo de trinta dias, contado da publicação do ato de provimento no órgão oficial.

Parágrafo único. A requerimento do interessado, o prazo previsto neste artigo poderá, a critério do Tribunal ou do seu Presidente, ser prorrogado por igual período.

Art. 41. Do termo de posse, assinado pela autoridade competente e pelo magistrado, constará o compromisso de desempenhar com retidão as funções do cargo, cumprindo a Constituição e as Leis.

§ 1º O magistrado, no ato da posse, deverá apresentar declaração pública de seus bens.

§ 2º Não haverá posse nos casos de remoção, promoção e reintegração.

Art. 42. São competentes para dar posse:

I – o Superior Tribunal Militar a seus Ministros;
II – o Presidente do Superior Tribunal Militar ao Juiz-Auditor Corregedor e a Juiz-Auditor Substituto.

Art. 43. As datas de início, interrupção e reinício do exercício devem ser comunicadas imediatamente ao Tribunal, para registro no assentamento individual do magistrado.

Art. 44. O exercício do cargo terá início no prazo de trinta dias, contado:

I – da data da posse;
II – da data da publicação oficial do ato, no caso de reintegração.

Art. 45. É considerado como de efetivo exercício o período de tempo necessário à viagem para nova a sede.

§ 1º O período de que trata este artigo constará do ato de remoção ou de designação do magistrado promovido e não excederá de trinta dias.

§ 2º O magistrado removido ou promovido com designação para nova sede, quando licenciado ou afastado em virtude de férias, casamento ou luto, terá o prazo a que se refere o parágrafo anterior contado a partir do término do afastamento.

Art. 46. A promoção não interrompe o exercício, que é contado a partir da data da publicação do ato que promover o magistrado.

Art. 47. Não se verificando a posse ou exercício dentro dos prazos previstos nesta Lei, o ato de nomeação, promoção ou remoção será revogado, não produzindo qualquer efeito.

Art. 48. Os magistrados de carreira adquirem vitaliciedade após dois anos de exercício.

§ 1º Os magistrados de que trata este artigo, e que não hajam adquirido a vitaliciedade, não perdem o cargo senão por proposta do Tribunal, adotada pelo voto de dois terços de seus membros.

§ 2º Os magistrados podem praticar todos os atos reservados por lei aos juízes vitalícios, mesmo que não hajam adquirido a vitaliciedade.

Capítulo IV

DA ANTIGUIDADE

Art. 49. Considera-se de efetivo exercício o afastamento em virtude de:

I – férias;
II – casamento;
III – falecimento de cônjuge, ascendente, descendente ou irmão;
IV – prestação de serviços à Justiça Eleitoral;
V – licença à gestante;
VI – licença-paternidade;
VII – licença por acidente em serviço;
VIII – licença para tratamento de saúde, em decorrência de moléstia especificada em lei;
IX – período de trânsito;
X – frequência a cursos ou seminários de aperfeiçoamento e estudos, a critério do Superior Tribunal Militar, pelo prazo máximo de dois anos;
XI – afastamento do exercício do cargo, em virtude de inquérito ou processo criminal ou administrativo, desde que reconhecida a inocência do magistrado ou quando não resultar pena disciplinar, ou esta se limitar a advertência ou censura.

Art. 50. A antiguidade do Ministro do Superior Tribunal Militar conta-se a partir da posse.

Parágrafo único. Em caso de empate, prevalece:

I – a antiguidade na carreira militar;
II – o maior tempo de efetivo exercício em cargo anterior do serviço público federal, prevalecendo, neste caso, o de serviço na justiça Militar;
III – a idade, em benefício de quem a tiver maior.

Art. 51. A antiguidade de Juiz-Auditor e Juiz-Auditor Substituto é determinada pelo tempo de efetivo exercício nos respectivos cargos.

Art. 52. Em caso de empate na classificação por antiguidade, prevalece, sucessivamente:

I – maior tempo de serviço na posse;
II – maior tempo de serviço na carreira da Magistratura da Justiça Militar;
III – maior tempo de serviço público federal, prevalecendo, neste caso, o de serviço na Justiça Militar;
IV – idade, em benefício de quem a tiver maior.

Parágrafo único. Na classificação inicial, o primeiro desempate é determinado pela classificação em concurso para ingresso na carreira da Magistratura.

Art. 53. Anualmente, até o dia trinta e um de janeiro, o Superior Tribunal Militar organizará e publicará no *Diário da Justiça* a lista de antiguidade dos magistrados de carreira.

Art. 54. Contra a lista de que trata o artigo anterior, podem ser apresentadas reclamações dentro de trinta dias contados da publicação, que serão processadas e julgadas pelo Superior Tribunal Militar.

Parágrafo único. O relator e o Tribunal podem determinar diligências, inclusive mandar ouvir os interessados, marcando-lhes prazo que não excederá de trinta dias.

Capítulo V

DAS FÉRIAS, LICENÇAS E APOSENTADORIA

Art. 55. Os Ministros do Superior Tribunal Militar gozam férias coletivas de dois a trinta e um de janeiro e de dois a trinta e um de julho.

Parágrafo único. Se a necessidade do serviço judiciário lhes exigir a contínua presença no Tribunal, o Presidente e Vice-Presidente gozarão trinta dias consecutivos de férias individuais, por semestre.

Art. 56. Os magistrados de primeira instância da Justiça Militar gozam férias individuais, de sessenta dias, concedidas segundo a conveniência do serviço.

Parágrafo único. As férias de que trata este artigo não podem fracionar-se por períodos inferiores a trinta dias, podendo acumular-se somente por necessidade do serviço e pelo máximo de dois meses.

Art. 57. Os Magistrados gozam licenças na forma do Estatuto da Magistratura.

Art. 58. A aposentadoria dos magistrados da Justiça Militar com vencimentos integrais é compulsória por invalidez ou aos setenta anos de idade, e facultativa aos trinta anos de serviço, após cinco anos de exercício efetivo na judicatura.

Art. 59. A verificação de invalidez, para o fim de aposentadoria, far-se-á na forma da lei e do Regimento Interno do Superior Tribunal Militar.

Parágrafo único. O magistrado que, por dois anos consecutivos, afastar-se, ao todo, por seis meses ou mais, para tratamento de saúde, deve submeter-se, ao requerer nova licença, para igual fim, dentro de dois anos, a exame para verificação de invalidez.

Art. 60. O processo de aposentadoria obedece às disposições de lei especial.

Capítulo VI
DA INCOMPATIBILIDADE

Art. 61. Não podem servir, conjuntamente, os magistrados, membros do Ministério Público e advogados que sejam entre si cônjuges, parentes consanguíneos ou afins em linha reta, bem como em linha colateral, até o terceiro grau, e os que tenham vínculo de adoção.

§ 1º A incompatibilidade a que se refere este artigo se resolve:

I – antes da posse, contra o último nomeado ou contra o menos idoso, se as nomeações forem da mesma data;

II – depois da posse, contra quem lhe deu causa; e contra o mais moderno, se a incompatibilidade for imputada a ambos.

§ 2º Se a incompatibilidade se der com advogado, este deverá ser substituído.

Capítulo VII
DAS SUBSTITUIÇÕES

Art. 62. Os magistrados da Justiça Militar são substituídos:

I – o Presidente do Superior Tribunal Militar, pelo Vice-Presidente e este pelo Ministro civil mais antigo;

II – os Ministros militares, mediante convocação pelo Presidente do Tribunal, por oficiais da Marinha, Exército ou Aeronáutica, do mais alto posto, sorteados dentre os constantes da lista enviada pelos Ministros das respectivas Pastas;

III – Os Ministros civis pelo Juiz-Auditor Corregedor e, na falta deste, por convocação do Presidente do Tribunal, após sorteio público ao qual concorrerão os cinco Juízes-Auditores mais antigos;

IV – os Juízes-Auditores pelos Juízes-Auditores Substitutos do Juízo, ou, na falta destes, mediante convocação do Presidente do Tribunal dentre Juízes-Auditores Substitutos, observado, quando for o caso, o disposto no artigo 64 desta Lei;

V – o Juiz-Auditor Corregedor, por convocação do Presidente do Tribunal, dentre os Juízes-Auditores titulares.

Parágrafo único. A convocação prevista nos incisos II e III deste artigo só se fará para completar o *quorum* de julgamento.

Art. 63. Em caso de afastamento de Ministro ou de vaga por prazo superior a trinta dias, poderá ser convocado substituto, por decisão da maioria absoluta dos membros do Superior Tribunal Militar.

§ 1º O substituto de Ministro militar será escolhido na forma do inciso II do artigo anterior.

§ 2º O substituto de Ministro civil será escolhido na forma do inciso III do artigo anterior.

§ 3º Em caso de afastamento, por período superior a trinta dias, os feitos em poder do magistrado afastado e aqueles em que tenha proferido relatório, como os que haja colocado em mesa para julgamento, são redistribuídos aos demais membros do Tribunal, mediante oportuna compensação. Os feitos em que seja revisor passam ao substituto, na forma do Regimento Interno.

§ 4º O julgamento que tiver sido iniciado prosseguirá, computando-se os votos já proferidos, ainda que o magistrado afastado seja o relator.

§ 5º Quando o afastamento for por período igual ou superior a três dias, são redistribuídos, mediante oportuna compensação, os *Habeas Corpus*, os mandados de segurança, e os feitos que, consoante fundada alegação do interessado, reclamem solução urgente.

§ 6º Em caso de vaga, ressalvados os processos a que se refere o parágrafo anterior, os demais serão atribuídos ao nomeado para preenchê-la.

§ 7º Não concorrerão ao sorteio de que trata o inciso III do artigo anterior os magistrados punidos com as penas de advertência, censura, remoção compulsória e disponibilidade.

Art. 64. Nas Circunscrições Judiciárias com mais de uma Auditoria na mesma sede, a substituição de Juiz-Auditor, quando não houver substituto disponível na Auditoria, faz-se por magistrado em exercício na mesma sede.

Parágrafo único. A substituição de que trata este artigo ocorrerá nos casos de licença, falta e impedimento do substituído, sem prejuízo das funções do substituto.

Art. 65. A substituição nos casos de ausência ou impedimento eventual não autoriza a concessão de qualquer vantagem, salvo diárias e transporte, se for o caso.

Art. 66. O magistrado convocado para substituir Ministro civil perceberá a diferença de vencimentos correspondente, durante o período da convocação, inclusive diárias e transporte, se for o caso.

TÍTULO VI – DO MINISTÉRIO PÚBLICO DA UNIÃO JUNTO À JUSTIÇA MILITAR

Capítulo Único
DO MINISTÉRIO PÚBLICO

Art. 67. O Ministério Público mantém representantes junto à Justiça Militar.

Art. 68. Os membros do Ministério Público desempenham, junto à Justiça Militar, atribuições previstas no Código de Processo Penal Militar e leis especiais.

TÍTULO VII – DA DEFENSORIA PÚBLICA DA UNIÃO JUNTO À JUSTIÇA MILITAR

Capítulo Único
DA DEFENSORIA PÚBLICA

Art. 69. A Defensoria Pública da União mantém representantes junto à Justiça Militar.

Art. 70. Os membros da Defensoria Pública, junto à Justiça Militar, desempenham as atribuições previstas no Código de Processo Penal Militar e leis especiais.

PARTE II – DOS SERVIÇOS AUXILIARES

TÍTULO I – DAS DISPOSIÇÕES GERAIS

Art. 71. Os Serviços Auxiliares da Justiça Militar são executados:

I – pela Secretaria do Superior Tribunal Militar;
II – pelas Secretarias das Auditorias.

Art. 72. Aos funcionários da Justiça Militar aplica-se o Regime Jurídico Único dos Servidores Públicos Civis da União, observadas as disposições desta Lei.

Art. 73. VETADO.

Art. 74. O provimento dos cargos de direção e assessoramento, classificado nos três primeiros níveis do Grupo-Direção e Assessoramento Superiores, do Quadro das Secretarias do Superior Tribunal Militar e das Auditorias, faz-se dentre os ocupantes de cargos de nível superior do respectivo Quadro, que atendam aos seguintes requisitos:

a) qualificação específica para a área relativa à direção ou assessoramento, mediante graduação em curso de nível superior;
b) experiência para o respectivo exercício, de acordo com as normas regulamentares expedidas pelo Tribunal.

§ 1º O provimento dos cargos do Grupo-Direção e Assessoramento Superiores, vinculados a Gabinete de Ministro, faz-se por indicação da respectiva autoridade, dentre pessoas com formação de nível superior.

§ 2º O provimento dos cargos do Grupo-Direção e Assessoramento Superiores, classificados nos demais níveis, observado o limite de cinquenta por cento, somente pode recair em funcionário da Justiça Militar que atenda aos requisitos estabelecidos na parte final do *caput* deste artigo e suas alíneas *a* e *b*.

TÍTULO II – DA COMPETÊNCIA

Art. 75. A competência dos órgãos da Secretaria do Superior Tribunal Militar será definida em ato próprio, baixado pelo Tribunal.

Art. 76. Às Secretarias das Auditorias incumbe a realização dos serviços de apoio aos respectivos juízos, nos termos das leis processuais, atos e provimentos do Superior Tribunal Militar e Corregedoria da Justiça Militar, bem como portarias e despachos dos Juízes-Auditores, aos quais estejam diretamente subordinados.

TÍTULO III – DAS ATRIBUIÇÕES DOS SERVIDORES

CAPÍTULO I

DA SECRETARIA DO
SUPERIOR TRIBUNAL MILITAR

Art. 77. As atribuições dos servidores da Secretaria do Superior Tribunal Militar serão definidas em ato próprio por este baixado, observadas as especificações de classes.

CAPÍTULO II

DAS SECRETARIAS DAS AUDITORIAS

Art. 78. Os servidores da Secretaria são, nos processos em que funcionarem, auxiliares do juiz e a ele subordinados.

SEÇÃO I

DOS DIRETORES DE SECRETARIA

Art. 79. São atribuições do Diretor de Secretaria:

I – ter em boa guarda os autos e papéis a seu cargo e os que, por força de ofício, receber das partes;
II – conservar a Secretaria em boa ordem e classificar, por espécie, número e ordem cronológica, os autos e papéis a seu cargo, quer os em andamento, quer os arquivados;
III – escrever em forma legal e de modo legível, ou datilografar, os termos dos processos, mandados, precatórias, depoimentos, atas das sessões dos Conselhos e demais atos próprios do seu ofício;
IV – providenciar, com diligência, o cumprimento de decisões ou despachos do juiz, com vistas à notificação ou intimação das partes, testemunhas, ofendido ou acusado, para comparecerem dia, hora e lugar designados no curso do processo, bem como cumprir quaisquer atos que lhe incumba por dever de ofício;
V – lavrar procuração *apud acta*;
VI – prestar as informações que lhe forem pedidas sobre processos em andamento, salvo quanto a matéria que tramite em segredo de justiça;
VII – fornecer, independentemente de despacho, certidões requeridas pelos interessados, submetendo ao Juiz-Auditor os casos que versarem a matéria referida na parte final do inciso anterior, bem como aqueles passíveis de dúvidas;
VIII – numerar e rubricar as folhas dos autos e quaisquer peças neles juntadas;
IX – providenciar o registro das sentenças e decisões dos Conselhos de Justiça e do Juiz-Auditor;
X – registrar, em livro próprio, os nomes dos réus condenados e a data da condenação, bem como a pena aplicada e o seu término;
XI – registrar, em ordem cronológica, a entrada de processos e inquéritos, sua distribuição, a remessa a outro juízo ou autoridade, bem como as devoluções ocorridas;
XII – providenciar livros, classificadores, fichas e demais materiais necessários à ordem e a boa guarda dos processos;
XIII – providenciar o expediente administrativo da Secretaria;
XIV – acompanhar o Juiz-Auditor nas diligências de ofício;
XV – fornecer ao Juiz-Auditor, de três em três meses, a relação de inquérito e demais processos que se encontrarem parados na Secretaria;
XVI – apresentar, até o dia quinze de janeiro de cada ano, relatório das atividades anuais da Secretaria;
XVII – praticar os atos de que tratam os artigos 20, 21 e 22 desta Lei;
XVIII – distribuir o serviço pelos servidores da Secretaria, fiscalizando sua execução e representando ao

Seção II
DOS TÉCNICOS JUDICIÁRIOS

Art. 80. São atribuições do Técnico Judiciário:

I – substituir o Diretor de Secretaria, nas férias, licenças, faltas e impedimentos, por designação do Juiz-Auditor;

II – executar os serviços determinados pelo Juiz-Auditor e Diretor de Secretaria, inclusive os atos previstos nos incisos III, VIII, X e XI do artigo 79 desta Lei que serão por este último subscritos;

III – lavrar procuração *apud acta*, quando estiver funcionando em audiência.

Seção III
DOS OFICIAIS DE JUSTIÇA AVALIADORES

Art. 81. São atribuições do Oficial de Justiça Avaliador:

I – funcionar, nos casos indicados em Lei, como perito oficial na determinação de valores, salvo quando exigidos conhecimentos técnicos especializados;

II – fazer, de acordo com a Lei Processual Penal Militar, as citações por mandado, bem como as notificações e intimações de que for incumbido;

III – convocar pessoas idôneas para testemunharem atos de seu ofício, quando a lei o exigir;

IV – dar contrafé e certificar os atos e diligências que houver cumprido;

V – lavrar autos, efetuar prisões, diligências e medidas preventivas ou assecuratórias determinadas por Conselhos de Justiça ou Juiz-Auditor;

VI – apregoar a abertura e o encerramento das sessões do Conselho de Justiça;

VII – fazer a chamada das partes e testemunhas;

VIII – passar a certidão de pregões e de fixação de editais;

IX – praticar outros atos compatíveis com a natureza do cargo, ordenados por presidente de Conselho de Justiça, Juiz-Auditor e Diretor de Secretaria.

Seção IV
DOS DEMAIS SERVIDORES

Art. 82. As atribuições previstas nos incisos II e III do artigo 80 desta Lei poderão, no interesse do serviço, ser deferidas ao Auxiliar Judiciário.

Art. 83. Aos demais servidores da Secretaria incumbe a execução das tarefas pertinentes a seus cargos, conforme for determinado pelo Juiz-Auditor e pelo Diretor de Secretaria.

Capítulo III
DO REGIME DISCIPLINAR

Art. 84. Os funcionários dos Serviços Auxiliares da Justiça Militar estão sujeitos ao regime disciplinar estabelecido no Regime Jurídico Único dos Servidores Públicos Civis da União, observadas as disposições desta Lei.

Art. 85. Para aplicação de pena disciplinar são competentes:

a) o Presidente do Superior Tribunal Militar, aos ocupantes de cargos do Grupo-Direção e Assessoramento Superiores do Quadro do Tribunal, bem como aos servidores subordinados a Ministro, mediante representação deste;

b) o Juiz-Auditor Corregedor e Juiz-Auditor, aos servidores que lhes são subordinados;

c) o Diretor-Geral, aos servidores do Quadro da Secretaria, não compreendidos na alínea *a* deste artigo.

§ 1º A pena de suspensão por mais de trinta dias será aplicada pelo Presidente do Superior Tribunal Militar.

§ 2º A aplicação da pena de destituição de função caberá à autoridade que houver feito a designação, mediante representação da autoridade a que estiver subordinado o funcionário.

§ 3º Independe de processo a aplicação das penas de repressão, multa e suspensão até trinta dias.

Art. 86. As penas de demissão e de cassação de aposentadoria ou disponibilidade serão impostas pelo Superior Tribunal Militar.

Art. 87. A aplicação de pena disciplinar poderá ser precedida de advertência, a juízo da autoridade competente, no caso de negligência no cumprimento dos deveres do cargo.

Parágrafo único. A advertência, que poderá se fazer reservadamente, não constará dos assentamentos funcionais.

Art. 88. Caberá recurso para o Superior Tribunal Militar das penas aplicadas pelas autoridades referidas nas alíneas *a* e *b* do artigo 85 desta Lei, no prazo de quinze dias contado da data da ciência de sua aplicação ou do indeferimento do pedido de reconsideração.

Parágrafo único. Das penas aplicadas pelo Diretor-Geral caberá recurso ao Presidente do Tribunal, na forma deste artigo.

Parte III

Capítulo Único
DA ORGANIZAÇÃO DA JUSTIÇA MILITAR EM TEMPO DE GUERRA

▶ Arts. 675 a 710 do CPPM.

Art. 89. Na vigência do estado de guerra, são órgãos da Justiça Militar junto às forças em operações:

I – os Conselhos Superiores de Justiça Militar;

II – os Conselhos de Justiça Militar;

III – os Juízes-Auditores.

Art. 90. Compete aos órgãos referidos no artigo anterior o processo e julgamento dos crimes praticados em teatro de operações militares ou em território estrangeiro, militarmente ocupados por forças brasileiras, ressalvado o disposto em tratados e convenções internacionais.

Parágrafo único. O agente é considerado em operações militares desde o momento de seu deslocamento para o teatro de operações ou para o território estrangeiro ocupado.

Art. 91. O Conselho Superior de Justiça é órgão de segunda instância e compõe-se de dois oficiais-generais, de carreira ou reserva convocado, e um Juiz-Auditor, nomeados pelo Presidente da República.

Parágrafo único. A Presidência do Conselho Superior de Justiça Militar é exercida pelo Juiz de posto mais elevado, ou pelo mais antigo, em caso de igualdade de posto.

Art. 92. Junto a cada Conselho Superior de Justiça funcionarão um Procurador e um Defensor Público, nomeados pelo Presidente da República, dentre os membros do Ministério Público da União junto à Justiça Militar e da Defensoria Pública da União, respectivamente.

Parágrafo único. O Presidente do Conselho Superior de Justiça requisitará, ao Ministro militar competente, o pessoal necessário ao Serviço de Secretaria, designando o Secretário, que será de preferência bacharel em Direito.

Art. 93. O Conselho de Justiça compõe-se de um Juiz-Auditor ou Juiz-Auditor Substituto e dois oficiais de posto superior ou igual ao do acusado, observado, na última hipótese, o princípio da antiguidade de posto.

§ 1º O Conselho de que trata este artigo será constituído para cada processo e dissolvido após o término do julgamento, cabendo a presidência ao juiz de posto mais elevado, ou ao mais antigo em caso de igualdade de posto.

§ 2º Os Oficiais da Marinha, do Exército e da Aeronáutica serão julgados, quando possível, por juízes militares da respectiva Força.

Art. 94. Haverá, no teatro de operações, tantas Auditorias quantas forem necessárias.

§ 1º Compõe-se a Auditoria de um Juiz-Auditor, um Procurador, um Defensor Público, um Secretário e auxiliares necessários, podendo as duas últimas funções ser exercidas por praças graduadas.

§ 2º Um dos auxiliares de que trata o parágrafo anterior, exercerá, por designação do Juiz-Auditor, a função de oficial de justiça.

Art. 95. Compete ao Conselho Superior de justiça:

I – processar e julgar originariamente os oficiais-generais;

II – julgar as apelações interpostas das sentenças proferidas pelos Conselhos de Justiça e Juízes-Auditores;

III – julgar os embargos opostos às decisões proferidas nos processos de sua competência originária.

Parágrafo único. O comandante do teatro de operações responderá a processo perante o Superior Tribunal Militar, condicionada a instauração da ação penal à requisição do Presidente da República.

Art. 96. Compete ao Conselho de justiça:

I – o julgamento dos oficiais até o posto de Coronel, inclusive;

II – decidir sobre arquivamento de inquérito e instauração de processo, nos casos de violência praticada contra inferior para compeli-lo ao cumprimento do dever legal, ou em repulsa a agressão.

Art. 97. Compete ao Juiz-Auditor:

I – presidir a instrução criminal dos processos em que forem réus praças, civis ou oficiais até o posto de capitão de mar e guerra ou coronel, inclusive;

II – julgar as Praças e os civis.

PARTE IV – DAS DISPOSIÇÕES GERAIS, TRANSITÓRIAS E FINAIS

CAPÍTULO I

DAS DISPOSIÇÕES GERAIS

Art. 98. No exercício de suas funções na justiça Militar, há recíproca independência entre os membros da Magistratura, do Ministério Público e da Defesa.

Art. 99. Os magistrados, os representantes do Ministério Público, os Defensores, o Secretário do Tribunal Pleno, o Diretor de Secretaria, o Oficial de Justiça Avaliador e outros servidores usarão, nas sessões e audiência, o vestuário e insígnias estabelecidos em lei ou no Regimento Interno do Tribunal.

Art. 100. Aplica-se o disposto no artigo 61 desta Lei os representantes do Ministério Público, advogados e servidores da Justiça Militar, observada, quanto a estes, a exceção prevista no Regime Jurídico Único dos Servidores Públicos Civis da União.

Art. 101. Nos atos de seu ofício, estão investidos de fé pública o Secretário do Tribunal Pleno, os Diretores de Secretaria, os Oficiais de justiça Avaliadores e, bem assim, o Diretor-Geral do Tribunal e aqueles que realizem atividades processuais nos autos de recursos ou processos de competência originária.

CAPÍTULO II

DAS DISPOSIÇÕES TRANSITÓRIAS E FINAIS

Art. 102. As Auditorias da justiça Militar têm por sede: as da Primeira Circunscrição judiciária Militar, a cidade do Rio de Janeiro/RJ; as da Segunda, a cidade de São Paulo/SP; as da Terceira, respectivamente, as cidades de Porto Alegre, Bagé e Santa Maria/RS; a da Quarta, a cidade de Juiz de Fora/MG; a da Quinta, a cidade de Curitiba/PR; a da Sexta, a cidade de Salvador/BA; a da Sétima, a cidade de Recife/PE; a da Oitava, a cidade de Belém/PA; a da Nona, a cidade de Campo Grande/MS; a da Décima, a cidade de Fortaleza/CE; as da Décima Primeira, a cidade de Brasília/DF; e a da Décima Segunda, a cidade de Manaus/AM.

Parágrafo único. A instalação da 2ª Auditoria da 11ª Circunscrição Judiciária Militar, a que se refere o artigo 11, alínea c, desta Lei, que terá por sede a cidade de Brasília, fica condicionada à existência de recursos orçamentários específicos.

Art. 103. O atual quadro de Defensores Públicos da Justiça Militar da União permanecerá, funcionalmente, na forma da legislação anterior, até que seja organizada a Defensoria Pública da União.

Art. 104. Esta Lei entra em vigor sessenta dias após a sua publicação, revogadas as disposições em contrário (Decreto-Lei nº 1.003, de 21 de outubro de 1969) e, em especial, o § 2º do artigo 470 do Código de Processo Penal Militar.

Brasília, 4 de setembro de 1992;
171º da Independência e
104º da República.

Fernando Collor

DECRETO Nº 678, DE 6 DE NOVEMBRO DE 1992

Promulga a Convenção Americana sobre Direitos Humanos (Pacto de São José da Costa Rica), de 22 de novembro de 1969.

▶ Publicado no *DOU* de 9-11-1992.

Art. 1º A Convenção Americana sobre Direitos Humanos (Pacto de São José da Costa Rica), celebrada em São José da Costa Rica, em 22 de novembro de 1969, apensa por cópia ao presente decreto, deverá ser cumprida tão inteiramente como nela se contém.

Art. 2º Ao depositar a carta de adesão a esse ato internacional, em 25 de setembro de 1992, o Governo brasileiro fez a seguinte declaração interpretativa: "O Governo do Brasil entende que os arts. 43 e 48, alínea *d*, não incluem o direito automático de visitas e inspeções *in loco* da Comissão Interamericana de Direitos Humanos, as quais dependerão da anuência expressa do Estado".

Art. 3º O presente decreto entra em vigor na data de sua publicação.

Brasília, 6 de novembro de 1992;
171º da Independência e
104º da República.

Itamar Franco

CONVENÇÃO AMERICANA SOBRE DIREITOS HUMANOS (PACTO DE SÃO JOSÉ DA COSTA RICA)

PREÂMBULO

▶ Adotada no âmbito da Organização dos Estados Americanos, em São José da Costa Rica, em 22-11-1969, entrou em vigor internacional em 18-7-1978, na forma do segundo parágrafo de seu art. 74. O Governo brasileiro depositou a Carta de Adesão a essa Convenção em 25-9-1992. Aprovada pelo Dec. Legislativo nº 27, de 25-9-1992 e promulgada pelo Dec. nº 678, de 6-11-1992.

Os Estados americanos signatários da presente Convenção,

Reafirmando seu propósito de consolidar neste Continente, dentro do quadro das instituições democráticas, um regime de liberdade pessoal e de justiça social, fundado no respeito dos direitos essenciais do homem;

Reconhecendo que os direitos essenciais do homem não derivam do fato de ser ele nacional de determinado Estado, mas sim do fato de ter como fundamento os atributos da pessoa humana, razão por que justificam uma proteção internacional, de natureza convencional, coadjuvante ou complementar da que oferece o direito interno dos Estados americanos;

Considerando que esses princípios foram consagrados na Carta da Organização dos Estados Americanos, na Declaração Americana dos Direitos e Deveres do Homem e na Declaração Universal dos Direitos do Homem e que foram reafirmados e desenvolvidos em outros instrumentos internacionais, tanto de âmbito mundial como regional;

Reiterando que, de acordo com a Declaração Universal dos Direitos do Homem, só pode ser realizado o ideal do ser humano livre, isento do temor e da miséria, se forem criadas condições que permitam a cada pessoa gozar dos seus direitos econômicos, sociais e culturais, bem como dos seus direitos civis e políticos; e

Considerando que a Terceira Conferência Interamericana Extraordinária (Buenos Aires, 1967) aprovou a incorporação à própria Carta da Organização de normas mais amplas sobre direitos econômicos, sociais e educacionais e resolveu que uma Convenção Interamericana sobre Direitos Humanos determinasse a estrutura, competência e processo dos órgãos encarregados dessa matéria,

Convieram no seguinte:

PARTE I – DEVERES DOS ESTADOS E DIREITOS PROTEGIDOS

CAPÍTULO I

ENUMERAÇÃO DE DEVERES

ARTIGO 1º
Obrigação de Respeitar os Direitos

1. Os Estados-Partes nesta Convenção comprometem-se a respeitar os direitos e liberdades nela reconhecidos e a garantir seu livre e pleno exercício a toda pessoa que esteja sujeita à sua jurisdição, sem discriminação alguma, por motivo de raça, cor, sexo, idioma, religião, opiniões políticas ou de qualquer outra natureza, origem nacional ou social, posição econômica, nascimento ou qualquer outra condição social.

2. Para os efeitos desta Convenção, pessoa é todo ser humano.

ARTIGO 2º
Dever de Adotar Disposições de Direito Interno

Se o exercício dos direitos e liberdades mencionados no artigo 1º ainda não estiver garantido por disposições legislativas ou de outra natureza, os Estados-Partes comprometem-se a adotar, de acordo com as suas normas constitucionais e com as disposições desta Convenção, as medidas legislativas ou de outra natureza que forem necessárias para tornar efetivos tais direitos e liberdades.

CAPÍTULO II

DIREITOS CIVIS E POLÍTICOS

ARTIGO 3º
Direito ao Reconhecimento da Personalidade Jurídica

Toda pessoa tem direito ao reconhecimento de sua personalidade jurídica.

ARTIGO 4º
Direito à Vida

▶ Art. 5º, *caput* e XLVII, *a*, da CF.

1. Toda pessoa tem o direito de que se respeite sua vida. Esse direito deve ser protegido pela lei e, em geral, desde o momento da concepção. Ninguém pode ser privado da vida arbitrariamente.

2. Nos países que não houverem abolido a pena de morte, esta só poderá ser imposta pelos delitos mais graves, em cumprimento de sentença final de tribunal

competente e em conformidade com lei que estabeleça tal pena, promulgada antes de haver o delito sido cometido. Tampouco se estenderá sua aplicação a delitos aos quais não se aplique atualmente.

3. Não se pode restabelecer a pena de morte nos Estados que a hajam abolido.

4. Em nenhum caso pode a pena de morte ser aplicada por delitos políticos, nem por delitos comuns conexos com delitos políticos.

5. Não se deve impor a pena de morte a pessoa que, no momento da perpetração do delito, for menor de dezoito anos, ou maior de setenta, nem aplicá-la a mulher em estado de gravidez.

6. Toda pessoa condenada à morte tem direito a solicitar anistia, indulto ou comutação da pena, os quais podem ser concedidos em todos os casos. Não se pode executar a pena de morte enquanto o pedido estiver pendente de decisão ante a autoridade competente.

Artigo 5º
Direito à Integridade Pessoal

1. Toda pessoa tem o direito de que se respeite sua integridade física, psíquica e moral.

▶ Art. 5º, XLIX, da CF.

2. Ninguém deve ser submetido a torturas, nem a penas ou tratos cruéis, desumanos ou degradantes. Toda pessoa privada da liberdade deve ser tratada com o respeito devido à dignidade inerente ao ser humano.

▶ Art. 5º, III, da CF.

3. A pena não pode passar da pessoa do delinquente.

▶ Art. 5º, XLV, da CF.

4. Os processados devem ficar separados dos condenados, salvo em circunstâncias excepcionais, e devem ser submetidos a tratamento adequado à sua condição de pessoas não condenadas.

5. Os menores, quando puderem ser processados, devem ser separados dos adultos e conduzidos a tribunal especializado, com a maior rapidez possível, para seu tratamento.

6. As penas privativas da liberdade devem ter por finalidade essencial a reforma e a readaptação social dos condenados.

Artigo 6º
Proibição da Escravidão e da Servidão

▶ Art. 5º, XIII e XLVII, c, da CF.

1. Ninguém pode ser submetido a escravidão ou a servidão, e tanto estas como o tráfico de escravos e o tráfico de mulheres são proibidos em todas as formas.

▶ A Lei nº 11.106, de 28-3-2005, alterou o tipo penal "tráfico de mulheres" para "tráfico internacional de pessoas".

2. Ninguém deve ser constrangido a executar trabalho forçado ou obrigatório. Nos países em que se prescreve, para certos delitos, pena privativa da liberdade acompanhada de trabalhos forçados, esta disposição não pode ser interpretada no sentido de proibir o cumprimento da dita pena, imposta por juiz ou tribunal competente. O trabalho forçado não deve afetar a dignidade nem a capacidade física e intelectual do recluso.

3. Não constituem trabalhos forçados ou obrigatórios para os efeitos deste artigo:

a) os trabalhos ou serviços normalmente exigidos de pessoa reclusa em cumprimento de sentença ou resolução formal expedida pela autoridade judiciária competente. Tais trabalhos ou serviços devem ser executados sob a vigilância e controle das autoridades públicas, e os indivíduos que os executarem não devem ser postos à disposição de particulares, companhias ou pessoas jurídicas de caráter privado;

b) o serviço militar e, nos países onde se admite a isenção por motivo de consciência, o serviço nacional que a lei estabelecer em lugar daquele;

c) o serviço imposto em casos de perigo ou calamidade que ameacem a existência ou o bem-estar da comunidade; e

d) o trabalho ou serviço que faça parte das obrigações cívicas normais.

Artigo 7º
Direito à Liberdade Pessoal

1. Toda pessoa tem direito à liberdade e à segurança pessoais.

2. Ninguém pode ser privado de sua liberdade física, salvo pelas causas e nas condições previamente fixadas pelas constituições políticas dos Estados-Partes ou pelas leis de acordo com elas promulgadas.

▶ Art. 5º, LXI, da CF.

3. Ninguém pode ser submetido a detenção ou encarceramento arbitrários.

4. Toda pessoa detida ou retida deve ser informada das razões da sua detenção e notificada, sem demora, da acusação ou acusações formuladas contra ela.

5. Toda pessoa detida ou retida deve ser conduzida, sem demora, à presença de um juiz ou outra autoridade autorizada pela lei a exercer funções judiciais e tem direito a ser julgada dentro de um prazo razoável ou a ser posta em liberdade, sem prejuízo de que prossiga o processo. Sua liberdade pode ser condicionada a garantias que assegurem o seu comparecimento em juízo.

▶ Art. 5º, LXXVIII, da CF.

6. Toda pessoa privada da liberdade tem direito a recorrer a um juiz ou tribunal competente, a fim de que este decida, sem demora, sobre a legalidade de sua prisão ou detenção e ordene sua soltura se a prisão ou a detenção forem ilegais. Nos Estados-Partes cujas leis preveem que toda pessoa que se vir ameaçada de ser privada de sua liberdade tem direito a recorrer a um juiz ou tribunal competente a fim de que este decida sobre a legalidade de tal ameaça, tal recurso não pode ser restringido nem abolido. O recurso pode ser interposto pela própria pessoa ou por outra pessoa.

▶ Art. 5º, LXV, da CF.

7. Ninguém deve ser detido por dívidas. Este princípio não limita os mandados de autoridade judiciária competente expedidos em virtude de inadimplemento de obrigação alimentar.

▶ Art. 5º, LXVII, da CF.
▶ Súm. Vinc. nº 25 do STF.

Artigo 8º
Garantias Judiciais

1. Toda pessoa tem direito a ser ouvida, com as devidas garantias e dentro de um prazo razoável, por um juiz ou tribunal competente, independente e imparcial, estabelecido anteriormente por lei, na apuração de qualquer acusação penal formulada contra ela, ou para que se determinem seus direitos ou obrigações de natureza civil, trabalhista, fiscal ou de qualquer outra natureza.

▶ Art. 5º, LIII, da CF.

2. Toda pessoa acusada de delito tem direito a que se presuma sua inocência enquanto não se comprove legalmente sua culpa. Durante o processo, toda pessoa tem direito, em plena igualdade, às seguintes garantias mínimas:

▶ Art. 5º, LVII, da CF.
▶ Súm. nº 444 do STJ.

a) direito do acusado de ser assistido gratuitamente por tradutor ou intérprete, se não compreender ou não falar o idioma do juízo ou tribunal;
b) comunicação prévia e pormenorizada ao acusado da acusação formulada;
c) concessão ao acusado do tempo e dos meios adequados para a preparação de sua defesa;
d) direito do acusado de defender-se pessoalmente ou de ser assistido por um defensor de sua escolha e de comunicar-se, livremente e em particular, com seu defensor;
e) direito irrenunciável de ser assistido por um defensor proporcionado pelo Estado, remunerado ou não, segundo a legislação interna, se o acusado não se defender ele próprio, nem nomear defensor dentro do prazo estabelecido pela lei;

▶ Art. 5º, LXXIV, da CF.

f) direito da defesa de inquirir as testemunhas presentes no Tribunal e de obter o comparecimento, como testemunhas ou peritos, de outras pessoas que possam lançar luz sobre os fatos;
g) direito de não ser obrigado a depor contra si mesma, nem a declarar-se culpada; e

▶ Art. 5º, LXIII, da CF.

h) direito de recorrer da sentença para juiz ou tribunal superior.

3. A confissão do acusado só é válida se feita sem coação de nenhuma natureza.

▶ Art. 1º, I, a, da Lei nº 9.455, de 7-4-1997 (Lei dos Crimes de Tortura).

4. O acusado absolvido por sentença passada em julgado não poderá ser submetido a novo processo pelos mesmos fatos.

5. O processo penal deve ser público, salvo no que for necessário para preservar os interesses da justiça.

▶ Art. 5º, LX, da CF.

Artigo 9º
Princípio da Legalidade e da Retroatividade

▶ Art. 5º, XXXIX e XL, da CF.
▶ Art. 2º, parágrafo único, do CP.
▶ Art. 2º, § 1º, do CPM.
▶ Art. 66, I, da LEP.

Ninguém pode ser condenado por ações ou omissões que, no momento em que forem cometidas, não sejam delituosas, de acordo com o direito aplicável. Tampouco se pode impor pena mais grave que a aplicável no momento da perpetração do delito. Se, depois da perpetração do delito, a lei dispuser a imposição de pena mais leve, o delinquente será por isso beneficiado.

Artigo 10
Direito a Indenização

▶ Art. 5º, LXXV, da CF.
▶ Art. 630 do CPP.

Toda pessoa tem direito de ser indenizada conforme a lei, no caso de haver sido condenada em sentença passada em julgado, por erro judiciário.

Artigo 11
Proteção da Honra e da Dignidade

▶ Art. 5º, X, XI e XII, da CF.

1. Toda pessoa tem direito ao respeito de sua honra e ao reconhecimento de sua dignidade.

2. Ninguém pode ser objeto de ingerências arbitrárias ou abusivas em sua vida privada, na de sua família, em seu domicílio ou em sua correspondência, nem de ofensas ilegais à sua honra ou reputação.

3. Toda pessoa tem direito à proteção da lei contra tais ingerências ou tais ofensas.

Artigo 12
Liberdade de Consciência e de Religião

▶ Art. 5º, VI e VIII, da CF.

1. Toda pessoa tem direito à liberdade de consciência e de religião. Esse direito implica a liberdade de conservar sua religião ou suas crenças, ou de mudar de religião ou de crenças, bem como a liberdade de professar e divulgar sua religião ou suas crenças, individual ou coletivamente, tanto em público como em privado.

2. Ninguém pode ser objeto de medidas restritivas que possam limitar sua liberdade de conservar sua religião ou suas crenças, ou de mudar de religião ou de crenças.

3. A liberdade de manifestar a própria religião e as próprias crenças está sujeita unicamente às limitações prescritas pela lei e que sejam necessárias para proteger a segurança, a ordem, a saúde ou a moral públicas ou os direitos e as liberdades das demais pessoas.

4. Os pais e, quando for o caso, os tutores têm direito a que seus filhos ou pupilos recebam a educação religiosa e moral que esteja acorde com suas próprias convicções.

Artigo 13
Liberdade de Pensamento e de Expressão

▶ Art. 5º, IV, da CF.

1. Toda pessoa tem direito à liberdade de pensamento e de expressão. Esse direito compreende a liberdade de buscar, receber e difundir informações e ideias de toda natureza, sem consideração de fronteiras, verbalmente ou por escrito, ou em forma impressa ou artística, ou por qualquer outro processo de sua escolha.

2. O exercício do direito previsto no inciso precedente não pode estar sujeito a censura prévia, mas a responsabilidades ulteriores, que devem ser expressa-

mente fixadas pela lei e que se façam necessárias para assegurar:

a) o respeito aos direitos ou à reputação das demais pessoas; ou

b) a proteção da segurança nacional, da ordem pública, ou da saúde ou da moral públicas.

3. Não se pode restringir o direito de expressão por vias ou meios indiretos, tais como o abuso de controles oficiais ou particulares de papel de imprensa, de frequências radioelétricas ou de equipamentos e aparelhos usados na difusão de informação, nem por quaisquer outros meios destinados a obstar a comunicação e a circulação de ideias e opiniões.

4. A lei pode submeter os espetáculos públicos a censura prévia, com o objetivo exclusivo de regular o acesso a eles, para proteção moral da infância e da adolescência, sem prejuízo do disposto no inciso 2.

5. A lei deve proibir toda propaganda a favor da guerra, bem como toda apologia ao ódio nacional, racial ou religioso que constitua incitação à discriminação, à hostilidade, ao crime ou à violência.

Artigo 14
Direito de Retificação ou Resposta

▶ Art. 5º, V, da CF.

1. Toda pessoa, atingida por informações inexatas ou ofensivas emitidas em seu prejuízo por meios de difusão legalmente regulamentados e que se dirijam ao público em geral tem direito a fazer, pelo mesmo órgão de difusão, sua retificação ou resposta, nas condições que estabeleça a lei.

2. Em nenhum caso a retificação ou a resposta eximirão das outras responsabilidades legais em que se houver incorrido.

3. Para a efetiva proteção da honra e da reputação, toda publicação ou empresa jornalística, cinematográfica, de rádio ou televisão, deve ter uma pessoa responsável, que não seja protegida por imunidades, nem goze de foro especial.

Artigo 15
Direito de Reunião

▶ Art. 5º, XVI, da CF.

É reconhecido o direito de reunião pacífica e sem armas. O exercício de tal direito só pode estar sujeito às restrições previstas pela lei e que sejam necessárias, numa sociedade democrática, no interesse da segurança nacional, da segurança ou da ordem públicas, ou para proteger a saúde ou a moral públicas ou os direitos e liberdades das demais pessoas.

Artigo 16
Liberdade de Associação

▶ Art. 5º, XVII e XX, da CF.

1. Todas as pessoas têm o direito de associar-se livremente com fins ideológicos, religiosos, políticos, econômicos, trabalhistas, sociais, culturais, desportivos ou de qualquer outra natureza.

2. O exercício de tal direito só pode estar sujeito às restrições previstas pela lei que sejam necessárias, numa sociedade democrática, no interesse da segurança nacional, da segurança ou da ordem públicas, ou para proteger a saúde ou a moral públicas ou os direitos e liberdades das demais pessoas.

3. O disposto neste artigo não impede a imposição de restrições legais, e mesmo a privação do exercício do direito de associação, aos membros das forças armadas e da polícia.

Artigo 17
Proteção da Família

1. A família é o elemento natural e fundamental da sociedade e deve ser protegida pela sociedade e pelo Estado.

2. É reconhecido o direito do homem e da mulher de contraírem casamento e de fundarem uma família, se tiverem a idade e as condições para isso exigidas pelas leis internas, na medida em que não afetem estas o princípio da não discriminação estabelecido nesta Convenção.

3. O casamento não pode ser celebrado sem o livre e pleno consentimento dos contraentes.

4. Os Estados-Partes devem tomar medidas apropriadas no sentido de assegurar a igualdade de direitos e a adequada equivalência de responsabilidades dos cônjuges quanto ao casamento, durante o casamento e em caso de dissolução do mesmo. Em caso de dissolução, serão adotadas disposições que assegurem a proteção necessária aos filhos, com base unicamente no interesse e conveniência dos mesmos.

5. A lei deve reconhecer iguais direitos tanto aos filhos nascidos fora do casamento como aos nascidos dentro do casamento.

Artigo 18
Direito ao Nome

Toda pessoa tem direito a um prenome e aos nomes de seus pais ou ao de um destes. A lei deve regular a forma de assegurar a todos esse direito, mediante nomes fictícios, se for necessário.

Artigo 19
Direitos da Criança

Toda criança tem direito às medidas de proteção que a sua condição de menor requer por parte da sua família, da sociedade e do Estado.

Artigo 20
Direito à Nacionalidade

1. Toda pessoa tem direito a uma nacionalidade.

2. Toda pessoa tem direito à nacionalidade do Estado em cujo território houver nascido, se não tiver direito a outra.

3. A ninguém se deve privar arbitrariamente de sua nacionalidade nem do direito de mudá-la.

Artigo 21
Direito à Propriedade Privada

1. Toda pessoa tem direito ao uso e gozo dos seus bens. A lei pode subordinar esse uso e gozo ao interesse social.

2. Nenhuma pessoa pode ser privada de seus bens, salvo mediante o pagamento de indenização justa, por motivo de utilidade pública ou de interesse social e nos casos e na forma estabelecidos pela lei.

3. Tanto a usura como qualquer outra forma de exploração do homem pelo homem devem ser reprimidas pela lei.

Artigo 22
Direito de Circulação e de Residência

▶ Art. 5º, XV, da CF.

1. Toda pessoa que se ache legalmente no território de um Estado tem direito de circular nele e de nele residir em conformidade com as disposições legais.

2. Toda pessoa tem o direito de sair livremente de qualquer país, inclusive do próprio.

3. O exercício dos direitos acima mencionados não pode ser restringido senão em virtude de lei, na medida indispensável, numa sociedade democrática, para prevenir infrações penais ou para proteger a segurança nacional, a segurança ou a ordem públicas, a moral ou a saúde públicas, ou os direitos e liberdades das demais pessoas.

4. O exercício dos direitos reconhecidos no inciso 1 pode também ser restringido pela lei, em zonas determinadas, por motivo de interesse público.

5. Ninguém pode ser expulso do território do Estado do qual for nacional, nem ser privado do direito de nele entrar.

6. O estrangeiro que se ache legalmente no território de um Estado-Parte nesta Convenção só poderá dele ser expulso em cumprimento de decisão adotada de acordo com a lei.

7. Toda pessoa tem o direito de buscar e receber asilo em território estrangeiro, em caso de perseguição por delitos políticos ou comuns conexos com delitos políticos e de acordo com a legislação de cada Estado e com os convênios internacionais.

8. Em nenhum caso o estrangeiro pode ser expulso ou entregue a outro país, seja ou não de origem, onde seu direito à vida ou à liberdade pessoal esteja em risco de violação por causa da sua raça, nacionalidade, religião, condição social ou de suas opiniões políticas.

9. É proibida a expulsão coletiva de estrangeiros.

Artigo 23
Direitos Políticos

1. Todos os cidadãos devem gozar dos seguintes direitos e oportunidades:

a) de participar da direção dos assuntos públicos, diretamente ou por meio de representantes livremente eleitos;
b) de votar e ser eleito em eleições periódicas, autênticas, realizadas por sufrágio universal e igual e por voto secreto que garanta a livre expressão da vontade dos eleitores; e
c) de ter acesso, em condições gerais de igualdade, às funções públicas de seu país.

2. A lei pode regular o exercício dos direitos e oportunidades e a que se refere o inciso anterior, exclusivamente por motivos de idade, nacionalidade, residência, idioma, instrução, capacidade civil ou mental, ou condenação, por juiz competente, em processo penal.

Artigo 24
Igualdade Perante a Lei

▶ Art. 5º, *caput*, da CF.

Todas as pessoas são iguais perante a lei. Por conseguinte, têm direito, sem discriminação, a igual proteção da lei.

Artigo 25
Proteção Judicial

1. Toda pessoa tem direito a um recurso simples e rápido ou a qualquer outro recurso efetivo, perante os juízes ou tribunais competentes, que a proteja contra atos que violem seus direitos fundamentais reconhecidos pela Constituição, pela lei ou pela presente Convenção, mesmo quando tal violação seja cometida por pessoas que estejam atuando no exercício de suas funções oficiais.

2. Os Estados-Partes comprometem-se:

a) a assegurar que a autoridade competente prevista pelo sistema legal do Estado decida sobre os direitos de toda pessoa que interpuser tal recurso;
b) a desenvolver as possibilidades de recurso judicial; e
c) a assegurar o cumprimento, pelas autoridades competentes, de toda decisão em que se tenha considerado procedente o recurso.

Capítulo III
DIREITOS ECONÔMICOS, SOCIAIS E CULTURAIS

Artigo 26
Desenvolvimento Progressivo

Os Estados-Partes comprometem-se a adotar providências, tanto no âmbito interno como mediante cooperação internacional, especialmente econômica e técnica, a fim de conseguir progressivamente a plena efetividade dos direitos que decorrem das normas econômicas, sociais e sobre educação, ciência e cultura, constantes da Carta da Organização dos Estados Americanos, reformada pelo Protocolo de Buenos Aires, na medida dos recursos disponíveis, por via legislativa ou por outros meios apropriados.

Capítulo IV
SUSPENSÃO DE GARANTIAS, INTERPRETAÇÃO E APLICAÇÃO

Artigo 27
Suspensão de Garantias

1. Em caso de guerra, de perigo público, ou de outra emergência que ameace a independência ou segurança do Estado-Parte, este poderá adotar disposições que, na medida e pelo tempo estritamente limitados às exigências da situação, suspendam as obrigações contraídas em virtude desta Convenção, desde que tais disposições não sejam incompatíveis com as demais obrigações que lhe impõe o Direito Internacional e não encerrem discriminação alguma fundada em motivos de raça, cor, sexo, idioma, religião ou origem social.

2. A disposição precedente não autoriza a suspensão dos direitos determinados nos seguintes artigos: 3 (Direito ao Reconhecimento da Personalidade Jurídica), 4 (Direito à Vida), 5 (Direito à Integridade Pessoal), 6 (Proibição da Escravidão e Servidão), 9 (Princípio da

Legalidade e da Retroatividade), 12 (Liberdade de Consciência e de Religião), 17 (Proteção da Família), 18 (Direito ao Nome), 19 (Direitos da Criança), 20 (Direito à Nacionalidade), e 23 (Direitos Políticos), nem das garantias indispensáveis para a proteção de tais direitos.

3. Todo Estado-Parte que fizer uso do direito de suspensão deverá informar imediatamente os outros Estados-Partes na presente Convenção, por intermédio do Secretário-Geral da Organização dos Estados Americanos, das disposições cuja aplicação haja suspendido, dos motivos determinantes da suspensão e da data em que haja dado por terminada tal suspensão.

Artigo 28
Cláusula Federal

1. Quando se tratar de um Estado-Parte constituído como Estado federal, o governo nacional do aludido Estado-Parte cumprirá todas as disposições da presente Convenção, relacionadas com as matérias sobre as quais exerce competência legislativa e judicial.

2. No tocante às disposições relativas às matérias que correspondem à competência das entidades componentes da federação, o governo nacional deve tomar imediatamente as medidas pertinentes, em conformidade com sua constituição e suas leis, a fim de que as autoridades competentes das referidas entidades possam adotar as disposições cabíveis para o cumprimento desta Convenção.

3. Quando dois ou mais Estados-Partes decidirem constituir entre eles uma federação ou outro tipo de associação, diligenciarão no sentido de que o pacto comunitário respectivo contenha as disposições necessárias para que continuem sendo efetivas no novo Estado, assim organizado, as normas da presente Convenção.

Artigo 29
Normas de Interpretação

Nenhuma disposição desta Convenção pode ser interpretada no sentido de:

a) permitir a qualquer dos Estados-Partes, grupo ou pessoa, suprimir o gozo e exercício dos direitos e liberdades reconhecidos na Convenção ou limitá-los em maior medida do que a nela prevista;

b) limitar o gozo e exercício de qualquer direito ou liberdade que possam ser reconhecidos de acordo com as leis de qualquer dos Estados-Partes ou de acordo com outra convenção em que seja parte um dos referidos Estados;

c) excluir outros direitos e garantias que são inerentes ao ser humano ou que decorrem da forma democrática representativa de governo; e

d) excluir ou limitar o efeito que possam produzir a Declaração Americana dos Direitos e Deveres do Homem e outros atos internacionais da mesma natureza.

Artigo 30
Alcance das Restrições

As restrições permitidas, de acordo com esta Convenção, ao gozo e exercício dos direitos e liberdades nela reconhecidos, não podem ser aplicadas senão de acordo com leis que forem promulgadas por motivo de interesse geral e com o propósito para o qual houverem sido estabelecidas.

Artigo 31
Reconhecimento de Outros Direitos

Poderão ser incluídos no regime de proteção desta Convenção outros direitos e liberdades que forem reconhecidos de acordo com os processos estabelecidos nos artigos 69 e 70.

Capítulo V
DEVERES DAS PESSOAS
Artigo 32
Correlação entre Deveres e Direitos

1. Toda pessoa tem deveres para com a família, a comunidade e a humanidade.

2. Os direitos de cada pessoa são limitados pelos direitos dos demais, pela segurança de todos e pelas justas exigências do bem comum, numa sociedade democrática.

Parte II – Meios da Proteção
Capítulo VI
ÓRGÃOS COMPETENTES
Artigo 33

São competentes para conhecer dos assuntos relacionados com o cumprimento dos compromissos assumidos pelos Estados-Partes nesta Convenção:

a) a Comissão Interamericana de Direitos Humanos, doravante denominada a Comissão; e

b) a Corte Interamericana de Direitos Humanos, doravante denominada a Corte.

Capítulo VII
COMISSÃO INTERAMERICANA DE DIREITOS HUMANOS

Seção 1

ORGANIZAÇÃO

Artigo 34

A Comissão Interamericana de Direitos Humanos compor-se-á de sete membros, que deverão ser pessoas de alta autoridade moral e de reconhecido saber em matéria de direitos humanos.

Artigo 35

A Comissão representa todos os Membros da Organização dos Estados Americanos.

Artigo 36

1. Os membros da Comissão serão eleitos a título pessoal, pela Assembleia-Geral da Organização, de uma lista de candidatos propostos pelos governos dos Estados-Membros.

2. Cada um dos referidos governos pode propor até três candidatos, nacionais do Estado que os propuser ou de qualquer outro Estado-Membro da Organização dos Estados Americanos. Quando for proposta uma lista de três candidatos, pelo menos um deles deverá ser nacional de Estado diferente do proponente.

Artigo 37

1. Os membros da Comissão serão eleitos por quatro anos e só poderão ser reeleitos uma vez, porém o mandato de três dos membros designados na primeira

eleição expirará ao cabo de dois anos. Logo depois da referida eleição, serão determinados por sorteio, na Assembleia-Geral, os nomes desses três membros.

2. Não pode fazer parte da Comissão mais de um nacional de um mesmo País.

Artigo 38

As vagas que ocorrerem na Comissão, que não se devam à expiração normal do mandato, serão preenchidas pelo Conselho Permanente da Organização, de acordo com o que dispuser o Estatuto da Comissão.

Artigo 39

A Comissão elaborará seu estatuto e submetê-lo-á à aprovação da Assembleia-Geral e expedirá seu próprio regulamento.

Artigo 40

Os serviços de secretaria da Comissão devem ser desempenhados pela unidade funcional especializada que faz parte da Secretaria-Geral da Organização e deve dispor dos recursos necessários para cumprir as tarefas que lhe forem confiadas pela Comissão.

Seção 2

FUNÇÕES

Artigo 41

A Comissão tem a função principal de promover a observância e a defesa dos direitos humanos e, no exercício do seu mandato, tem as seguintes funções e atribuições:

a) estimular a consciência dos direitos humanos nos povos da América;
b) formular recomendações aos governos dos Estados-Membros, quando o considerar conveniente, no sentido de que adotem medidas progressivas em prol dos direitos humanos no âmbito de suas leis internas e seus preceitos constitucionais, bem como disposições apropriadas para promover o devido respeito a esses direitos;
c) preparar os estudos ou relatórios que considerar convenientes para o desempenho de suas funções;
d) solicitar aos governos dos Estados-Membros que lhe proporcionem informações sobre as medidas que adotarem em matéria de direitos humanos;
e) atender às consultas que, por meio da Secretaria-Geral da Organização dos Estados Americanos, lhe formularem os Estados-Membros sobre questões relacionadas com os direitos humanos e, dentro de suas possibilidades, prestar-lhes o assessoramento que lhe solicitarem;
f) atuar com respeito às petições e outras comunicações, no exercício de sua autoridade, de conformidade com o disposto nos artigos 44 a 51 desta Convenção; e
g) apresentar um relatório anual à Assembleia-Geral da Organização dos Estados Americanos.

Artigo 42

Os Estados-Partes devem remeter à Comissão cópia dos relatórios e estudos que, em seus respectivos campos, submetem anualmente às Comissões Executivas do Conselho Interamericano Econômico e Social e do Conselho Interamericano de Educação, Ciência e Cultura, a fim de que aquela zele por que se promovam os direitos decorrentes das normas econômicas, sociais e sobre educação, ciência e cultura, constantes da Carta da Organização dos Estados Americanos, reformada pelo Protocolo de Buenos Aires.

Artigo 43

Os Estados-Partes obrigam-se a proporcionar à Comissão as informações que esta lhes solicitar sobre a maneira pela qual o seu direito interno assegura a aplicação efetiva de quaisquer disposições desta Convenção.

Seção 3

COMPETÊNCIA

Artigo 44

Qualquer pessoa ou grupo de pessoas, ou entidade não governamental legalmente reconhecida em um ou mais Estados-Membros da Organização, pode apresentar à Comissão petições que contenham denúncias ou queixas de violação desta Convenção por um Estado-Parte.

Artigo 45

1. Todo Estado-Parte pode, no momento do depósito do seu instrumento de ratificação desta Convenção, ou de adesão a ela, ou em qualquer momento posterior, declarar que reconhece a competência da Comissão para receber e examinar as comunicações em que um Estado-Parte alegue haver outro Estado-Parte incorrido em violações dos direitos humanos estabelecidos nesta Convenção.

2. As comunicações feitas em virtude deste artigo só podem ser admitidas e examinadas se forem apresentadas por um Estado-Parte que haja feito uma declaração pela qual reconheça a referida competência da Comissão. A Comissão não admitirá nenhuma comunicação contra um Estado-Parte que não haja feito tal declaração.

3. As declarações sobre reconhecimento de competência podem ser feitas para que esta vigore por tempo indefinido, por período determinado ou para casos específicos.

4. As declarações serão depositadas na Secretaria-Geral da Organização dos Estados Americanos, a qual encaminhará cópia das mesmas aos Estados-Membros da referida Organização.

Artigo 46

1. Para que uma petição ou comunicação apresentada de acordo com os artigos 44 ou 45 seja admitida pela Comissão, será necessário:

a) que hajam sido interpostos e esgotados os recursos da jurisdição interna, de acordo com os princípios de direito internacional geralmente reconhecidos;
b) que seja apresentada dentro do prazo de seis meses, a partir da data em que o presumido prejudicado em seus direitos tenha sido notificado da decisão definitiva;
c) que a matéria da petição ou comunicação não esteja pendente de outro processo de solução internacional; e
d) que, no caso do artigo 44, a petição contenha o nome, a nacionalidade, a profissão, o domicílio e a assinatura da pessoa ou pessoas ou do representante legal da entidade que submeter a petição.

2. As disposições das alíneas *a* e *b* do inciso 1 deste artigo não se aplicarão quando:

a) não existir, na legislação interna do Estado de que se tratar, o devido processo legal para a proteção do direito ou direitos que se alegue tenham sido violados;

b) não se houver permitido ao presumido prejudicado em seus direitos o acesso aos recursos da jurisdição interna, ou houver sido ele impedido de esgotá-los; e

c) houver demora injustificada na decisão sobre os mencionados recursos.

Artigo 47

A Comissão declarará inadmissível toda petição ou comunicação apresentada de acordo com os arts. 44 ou 45 quando:

a) não preencher algum dos requisitos estabelecidos no artigo 46;

b) não expuser fatos que caracterizem violação dos direitos garantidos por esta Convenção;

c) pela exposição do próprio peticionário ou do Estado, for manifestamente infundada a petição ou comunicação ou for evidente sua total improcedência; ou

d) for substancialmente reprodução de petição ou comunicação anterior, já examinada pela Comissão ou por outro organismo internacional.

Seção 4

PROCESSO

Artigo 48

1. A Comissão, ao receber uma petição ou comunicação na qual se alegue violação de qualquer dos direitos consagrados nesta Convenção, procederá da seguinte maneira:

a) se reconhecer a admissibilidade da petição ou comunicação, solicitará informações ao Governo do Estado ao qual pertença a autoridade apontada como responsável pela violação alegada e transcreverá as partes pertinentes da petição ou comunicação. As referidas informações devem ser enviadas dentro de um prazo razoável, fixado pela Comissão ao considerar as circunstâncias de cada caso;

b) recebidas as informações, ou transcorrido o prazo fixado sem que sejam elas recebidas, verificará se existem ou subsistem os motivos da petição ou comunicação. No caso de não existirem ou não subsistirem, mandará arquivar o expediente;

c) poderá também declarar a inadmissibilidade ou a improcedência da petição ou comunicação, com base em informação ou prova supervenientes;

d) se o expediente não houver sido arquivado, e com o fim de comprovar os fatos, a Comissão procederá, com conhecimento das partes, a um exame do assunto exposto na petição ou comunicação. Se for necessário e conveniente, a Comissão procederá a uma investigação para cuja eficaz realização solicitará, e os Estados interessados lhe proporcionarão, todas as facilidades necessárias;

e) poderá pedir aos Estados interessados qualquer informação pertinente e receberá, se isso lhe for solicitado, as exposições verbais ou escritas que apresentarem os interessados; e

f) pôr-se-á à disposição das partes interessadas, a fim de chegar a uma solução amistosa do assunto, fundada no respeito aos direitos humanos reconhecidos nesta Convenção.

2. Entretanto, em casos graves e urgentes, pode ser realizada uma investigação, mediante prévio consentimento do Estado em cujo território se alegue haver sido cometida a violação, tão-somente com a apresentação de uma petição ou comunicação que reúna todos os requisitos formais de admissibilidade.

Artigo 49

Se se houver chegado a uma solução amistosa de acordo com as disposições do inciso 1, *f*, do artigo 48, a Comissão redigirá um relatório que será encaminhado ao peticionário e aos Estados-Partes nesta Convenção e, posteriormente transmitido, para sua publicação, ao Secretário-Geral da Organização dos Estados Americanos. O referido relatório conterá uma breve exposição dos fatos e da solução alcançada. Se qualquer das partes no caso o solicitar, ser-lhe-á proporcionada a mais ampla informação possível.

Artigo 50

1. Se não se chegar a uma solução, e dentro do prazo que for fixado pelo Estatuto da Comissão, esta redigirá um relatório no qual exporá os fatos e suas conclusões. Se o relatório não representar, no todo ou em parte, o acordo unânime dos membros da Comissão, qualquer deles poderá agregar ao referido relatório seu voto em separado. Também se agregarão ao relatório as exposições verbais ou escritas que houverem sido feitas pelos interessados em virtude do inciso 1, e, do artigo 48.

2. O relatório será encaminhado aos Estados interessados, aos quais não será facultado publicá-lo.

3. Ao encaminhar o relatório, a Comissão pode formular as proposições e recomendações que julgar adequadas.

Artigo 51

1. Se no prazo de três meses, a partir da remessa aos Estados interessados do relatório da Comissão, o assunto não houver sido solucionado ou submetido à decisão da Corte pela Comissão ou pelo Estado interessado, aceitando sua competência, a Comissão poderá emitir, pelo voto da maioria absoluta dos seus membros, sua opinião e conclusões sobre a questão submetida à sua consideração.

2. A Comissão fará as recomendações pertinentes e fixará um prazo dentro do qual o Estado deve tomar as medidas que lhe competirem para remediar a situação examinada.

3. Transcorrido o prazo fixado, a Comissão decidirá, pelo voto da maioria absoluta dos seus membros, se o Estado tomou ou não medidas adequadas e se publica ou não seu relatório.

Capítulo VIII

CORTE INTERAMERICANA DE DIREITOS HUMANOS

Seção 1

ORGANIZAÇÃO

Artigo 52

1. A Corte compor-se-á de sete juízes, nacionais dos Estados-Membros da Organização, eleitos a título pessoal dentre juristas da mais alta autoridade moral,

de reconhecida competência em matéria de direitos humanos, que reúnam as condições requeridas para o exercício das mais elevadas funções judiciais, de acordo com a lei do Estado do qual sejam nacionais, ou do Estado que os propuser como candidatos.

2. Não deve haver dois juízes da mesma nacionalidade.

Artigo 53

1. Os juízes da Corte serão eleitos, em votação secreta e pelo voto da maioria absoluta dos Estados-Partes na Convenção, na Assembleia-Geral da Organização, de uma lista de candidatos propostos pelos mesmos Estados.

2. Cada um dos Estados-Partes pode propor até três candidatos, nacionais do Estado que os propuser ou de qualquer outro Estado-Membro da Organização dos Estados Americanos. Quando se propuser uma lista de três candidatos, pelo menos um deles deverá ser nacional de Estado diferente do proponente.

Artigo 54

1. Os juízes da Corte serão eleitos por um período de seis anos e só poderão ser reeleitos uma vez. O mandato de três dos juízes designados na primeira eleição expirará ao cabo de três anos. Imediatamente depois da referida eleição, determinar-se-ão por sorteio, na Assembleia-Geral, os nomes desses três juízes.

2. O juiz eleito para substituir outro, cujo mandato não haja expirado, completará o período deste.

3. Os juízes permanecerão em suas funções até o término dos seus mandatos. Entretanto, continuarão funcionando nos casos de que já houverem tomado conhecimento e que se encontrem em fase de sentença e, para tais efeitos, não serão substituídos pelos novos juízes eleitos.

Artigo 55

1. O juiz, que for nacional de algum dos Estados-Partes no caso submetido à Corte, conservará o seu direito de conhecer do mesmo.

2. Se um dos juízes chamados a conhecer do caso for de nacionalidade de um dos Estados-Partes, outro Estado-Parte no caso poderá designar uma pessoa de sua escolha para integrar a Corte na qualidade de juiz ad hoc.

3. Se, dentre os juízes chamados a conhecer do caso, nenhum for da nacionalidade dos Estados-Partes, cada um destes poderá designar um juiz ad hoc.

4. O juiz ad hoc deve reunir os requisitos indicados no artigo 52.

5. Se vários Estados-Partes na Convenção tiverem o mesmo interesse no caso, serão considerados como uma só parte, para os fins das disposições anteriores. Em caso de dúvida, a Corte decidirá.

Artigo 56

O *quorum* para as deliberações da Corte é constituído por cinco juízes.

Artigo 57

A Comissão comparecerá em todos os casos perante a Corte.

Artigo 58

1. A Corte terá sua sede no lugar que for determinado, na Assembleia-Geral da Organização, pelos Estados-Partes na Convenção, mas poderá realizar reuniões no território de qualquer Estado-Membro da Organização dos Estados Americanos em que considerar conveniente pela maioria dos seus membros e mediante prévia aquiescência do Estado respectivo. Os Estados-Partes na Convenção podem, na Assembleia-Geral, por dois terços dos seus votos, mudar a sede da Corte.

2. A Corte designará seu Secretário.

3. O Secretário residirá na sede da Corte e deverá assistir às reuniões que ela realizar fora da mesma.

Artigo 59

A Secretaria da Corte será por esta estabelecida e funcionará sob a direção do Secretário-Geral da Organização em tudo o que não for incompatível com a independência da Corte. Seus funcionários serão nomeados pelo Secretário-Geral da Organização, em consulta com o Secretário da Corte.

Artigo 60

A Corte elaborará seu Estatuto e submetê-lo-á à aprovação da Assembleia-Geral e expedirá seu regimento.

Seção 2

COMPETÊNCIA E FUNÇÕES

Artigo 61

1. Somente os Estados-Partes e a Comissão têm direito de submeter um caso à decisão da Corte.

2. Para que a Corte possa conhecer de qualquer caso, é necessário que sejam esgotados os processos previstos nos artigos 48 a 50.

Artigo 62

1. Todo Estado-Parte pode, no momento do depósito do seu instrumento de ratificação desta Convenção ou de adesão a ela, ou em qualquer momento posterior, declarar que reconhece como obrigatória, de pleno direito e sem convenção especial, a competência da Corte em todos os casos relativos à interpretação ou aplicação desta Convenção.

2. A declaração pode ser feita incondicionalmente, ou sob condição de reciprocidade, por prazo determinado ou para casos específicos. Deverá ser apresentada ao Secretário-Geral da Organização, que encaminhará cópias da mesma aos outros Estados-Membros da Organização e ao Secretário da Corte.

3. A Corte tem competência para conhecer de qualquer caso, relativo à interpretação e aplicação das disposições desta Convenção, que lhe seja submetido, desde que os Estados-Partes no caso tenham reconhecido ou reconheçam a referida competência, seja por declaração especial, como preveem os incisos anteriores, seja por convenção especial.

Artigo 63

1. Quando decidir que houve violação de um direito ou liberdade protegidos nesta Convenção, a Corte determinará que se assegure ao prejudicado o gozo do seu direito ou liberdade violados. Determinará também, se isso for procedente, que sejam reparadas as consequências da medida ou situação que haja configurado

a violação desses direitos, bem como o pagamento de indenização justa à parte lesada.

2. Em casos de extrema gravidade e urgência, e quando se fizer necessário evitar danos irreparáveis às pessoas, a Corte, nos assuntos de que estiver conhecendo, poderá tomar as medidas provisórias que considerar pertinentes. Se se tratar de assuntos que ainda não estiverem submetidos ao seu conhecimento, poderá atuar a pedido da Comissão.

Artigo 64

1. Os Estados-Membros da Organização poderão consultar a Corte sobre a interpretação desta Convenção ou de outros tratados concernentes à proteção dos direitos humanos nos Estados americanos. Também poderão consultá-la, no que lhes compete, os órgãos enumerados no capítulo X da Carta da Organização dos Estados Americanos, reformada pelo Protocolo de Buenos Aires.

2. A Corte, a pedido de um Estado-Membro da Organização, poderá emitir pareceres sobre a compatibilidade entre qualquer de suas leis internas e os mencionados instrumentos internacionais.

Artigo 65

A Corte submeterá à consideração da Assembleia-Geral da Organização, em cada período ordinário de sessões, um relatório sobre as suas atividades no ano anterior. De maneira especial, e com as recomendações pertinentes, indicará os casos em que um Estado não tenha dado cumprimento a suas sentenças.

Seção 3

PROCESSO

Artigo 66

1. A sentença da Corte deve ser fundamentada.

2. Se a sentença não expressar no todo ou em parte a opinião unânime dos juízes, qualquer deles terá direito a que se agregue à sentença o seu voto dissidente ou individual.

Artigo 67

A sentença da Corte será definitiva e inapelável. Em caso de divergência sobre o sentido ou alcance da sentença, a Corte interpretá-la-á, a pedido de qualquer das partes, desde que o pedido seja apresentado dentro de noventa dias a partir da data da notificação da sentença.

Artigo 68

1. Os Estados-Partes na Convenção comprometem-se a cumprir a decisão da Corte em todo caso em que forem partes.

2. A parte da sentença que determinar indenização compensatória poderá ser executada no país respectivo pelo processo interno vigente para a execução de sentenças contra o Estado.

Artigo 69

A sentença da Corte deve ser notificada às partes no caso e transmitida aos Estados-Partes na Convenção.

Capítulo IX

DISPOSIÇÕES COMUNS

Artigo 70

1. Os juízes da Corte e os membros da Comissão gozam, desde o momento de sua eleição e enquanto durar o seu mandato, das imunidades reconhecidas aos agentes diplomáticos pelo Direito Internacional. Durante o exercício dos seus cargos gozam, além disso, dos privilégios diplomáticos necessários para o desempenho de suas funções.

2. Não se poderá exigir responsabilidade em tempo algum dos juízes da Corte, nem dos membros da Comissão, por votos e opiniões emitidos no exercício de suas funções.

Artigo 71

Os cargos de juiz da Corte ou de membro da Comissão são incompatíveis com outras atividades que possam afetar sua independência ou imparcialidade, conforme o que for determinado nos respectivos estatutos.

Artigo 72

Os juízes da Corte e os membros da Comissão perceberão honorários e despesas de viagem na forma e nas condições que determinarem os seus Estatutos, levando em conta a importância e independência de suas funções. Tais honorários e despesas de viagem serão fixados no orçamento-programa da Organização dos Estados Americanos, no qual devem ser incluídas, além disso, as despesas da Corte e da sua Secretaria. Para tais efeitos, a Corte elaborará o seu próprio projeto de orçamento e submetê-lo-á à aprovação da Assembleia-Geral, por intermédio da Secretaria-Geral. Esta última não poderá nele introduzir modificações.

Artigo 73

Somente por solicitação da Comissão ou da Corte, conforme o caso, cabe à Assembleia-Geral da Organização resolver sobre as sanções aplicáveis aos membros da Comissão ou aos juízes da Corte que incorrerem nos casos previstos nos respectivos estatutos. Para expedir uma resolução, será necessária maioria de dois terços dos votos dos Estados-Membros da Organização, no caso dos membros da Comissão; e, além disso, de dois terços dos votos dos Estados-Partes na Convenção, se se tratar dos juízes da Corte.

Parte III – Disposições Gerais e Transitórias

Capítulo X

ASSINATURA, RATIFICAÇÃO, RESERVA, EMENDA, PROTOCOLO E DENÚNCIA

Artigo 74

1. Esta Convenção fica aberta à assinatura e à ratificação ou adesão de todos os Estados-Membros da Organização dos Estados Americanos.

2. A ratificação desta Convenção ou a adesão a ela efetuar-se-á mediante depósito de um instrumento de ratificação ou de adesão na Secretaria-Geral da Organização dos Estados Americanos. Esta Convenção entrará em vigor logo que onze Estados houverem depositado os seus respectivos instrumentos de ratificação ou de adesão. Com referência a qualquer outro Estado que a ratificar ou que a ela aderir ulteriormente, a Convenção entrará em vigor na data do depósito do seu instrumento de ratificação ou de adesão.

3. O Secretário-Geral informará todos os Estados-Membros da Organização sobre a entrada em vigor da Convenção.

Artigo 75

Esta Convenção só pode ser objeto de reservas em conformidade com as disposições da Convenção de Viena sobre Direito dos Tratados, assinada em 23 de maio de 1969.

Artigo 76

1. Qualquer Estado-Parte, diretamente, e a Comissão ou a Corte, por intermédio do Secretário-Geral, podem submeter à Assembleia-Geral, para o que julgarem conveniente, proposta de emenda a esta Convenção.

2. As emendas entrarão em vigor para os Estados que ratificarem as mesmas na data em que houver sido depositado o respectivo instrumento de ratificação que corresponda ao número de dois terços dos Estados-Partes nesta Convenção. Quanto aos outros Estados-Partes, entrarão em vigor na data em que depositarem eles os seus respectivos instrumentos de ratificação.

Artigo 77

1. De acordo com a faculdade estabelecida no artigo 31, qualquer Estado-Parte e a Comissão podem submeter à consideração dos Estados-Partes reunidos por ocasião da Assembleia-Geral, projetos de protocolos adicionais a esta Convenção, com a finalidade de incluir progressivamente no regime de proteção da mesma outros direitos e liberdades.

2. Cada protocolo deve estabelecer as modalidades de sua entrada em vigor e será aplicado somente entre os Estados-Partes no mesmo.

Artigo 78

1. Os Estados-Partes poderão denunciar esta Convenção depois de expirado um prazo de cinco anos, a partir da data de entrada em vigor da mesma e mediante aviso prévio de um ano, notificando o Secretário-Geral da Organização, o qual deve informar as outras Partes.

2. Tal denúncia não terá o efeito de desligar o Estado-Parte interessado das obrigações contidas nesta Convenção, no que diz respeito a qualquer ato que, podendo constituir violação dessas obrigações, houver sido cometido por ele anteriormente à data na qual a denúncia produzir efeito.

Capítulo XI

DISPOSIÇÕES TRANSITÓRIAS

Seção 1

COMISSÃO INTERAMERICANA DE DIREITOS HUMANOS

Artigo 79

Ao entrar em vigor esta Convenção, o Secretário-Geral pedirá por escrito a cada Estado-Membro da Organização que apresente, dentro de um prazo de noventa dias, seus candidatos a membro da Comissão Interamericana de Direitos Humanos. O Secretário-Geral preparará uma lista por ordem alfabética dos candidatos apresentados e a encaminhará aos Estados-Membros da Organização pelo menos trinta dias antes da Assembleia-Geral seguinte.

Artigo 80

A eleição dos membros da Comissão far-se-á dentre os candidatos que figurem na lista a que se refere o artigo 79, por votação secreta da Assembleia-Geral, e serão declarados eleitos os candidatos que obtiverem maior número de votos e a maioria absoluta dos votos dos representantes dos Estados-Membros. Se, para eleger todos os membros da Comissão, for necessário realizar várias votações, serão eliminados sucessivamente, na forma que for determinada pela Assembleia-Geral, os candidatos que receberem menor número de votos.

Seção 2

CORTE INTERAMERICANA DE DIREITOS HUMANOS

Artigo 81

Ao entrar em vigor esta Convenção, o Secretário-Geral solicitará por escrito a cada Estado-Parte que apresente, dentro de um prazo de noventa dias, seus candidatos a juiz da Corte Interamericana de Direitos Humanos. O Secretário-Geral preparará uma lista por ordem alfabética dos candidatos apresentados e a encaminhará aos Estados-Partes pelo menos trinta dias antes da Assembleia-Geral seguinte.

Artigo 82

A eleição dos juízes da Corte far-se-á dentre os candidatos que figurem na lista a que se refere o artigo 81, por votação secreta dos Estados-Partes, na Assembleia-Geral, e serão declarados eleitos os candidatos que obtiverem maior número de votos e a maioria absoluta dos votos dos representantes dos Estados-Partes. Se, para eleger todos os juízes da Corte, for necessário realizar várias votações, serão eliminados sucessivamente, na forma que for determinada pelos Estados-Partes, os candidatos que receberem menor número de votos.

Em fé do que, os plenipotenciários abaixo assinados, cujos plenos poderes foram encontrados em boa e devida forma, assim esta Convenção, que se denominará "Pacto de San José da Costa Rica", na cidade de São José, Costa Rica, em 22 de novembro de 1969.

DECLARAÇÕES E RESERVAS

DECLARAÇÃO DO CHILE

A Delegação do Chile apõe sua assinatura a esta Convenção, sujeita à sua posterior aprovação parlamentar e ratificação, em conformidade com as normas constitucionais vigentes.

DECLARAÇÃO DO EQUADOR

A Delegação do Equador tem a honra de assinar a Convenção Americana sobre Direitos Humanos. Não crê necessário especificar reserva alguma, deixando a salvo tão somente a faculdade geral constante da mesma Convenção, que deixa aos governos a liberdade de ratificá-la.

RESERVA DO URUGUAI

O artigo 80, parágrafo 2º, da Constituição da República Oriental do Uruguai, estabelece que se suspende a cidadania "pela condição de legalmente processado em causa criminal de que possa resultar pena de penitenciária". Essa limitação ao exercício dos direitos reconhecidos no artigo 23 da Convenção não está prevista entre as circunstâncias que a tal respeito prevê o parágrafo 2 do referido artigo 23, motivo por que a Delegação do Uruguai formula a reserva pertinente.

Em fé do que, os plenipotenciários abaixo-assinados, cujos plenos poderes foram encontrados em boa e devida forma, assinam esta Convenção, que se denominará "Pacto de São José da Costa Rica", na cidade de São José, Costa Rica, em vinte e dois de novembro de mil novecentos e sessenta e nove.

DECLARAÇÃO INTERPRETATIVA DO BRASIL

Ao depositar a Carta de Adesão à Convenção Americana sobre Direitos Humanos (Pacto de São José da Costa Rica), em 25 de setembro de 1992, o Governo brasileiro fez a seguinte declaração interpretativa sobre os artigos 43 e 48, alínea d:

"O Governo do Brasil entende que os artigos 43 e 48, alínea d, não incluem o direito automático de visitas e inspeções in loco da Comissão Interamericana de Direitos Humanos, as quais dependerão da anuência expressa do Estado."

LEI Nº 8.625, DE 12 DE FEVEREIRO DE 1993

Institui a Lei Orgânica Nacional do Ministério Público, dispõe sobre normas gerais para a organização do Ministério Público dos Estados e dá outras providências.

▶ Publicada no *DOU* de 15-2-1993.

CAPÍTULO I

DAS DISPOSIÇÕES GERAIS

Art. 1º O Ministério Público é instituição permanente, essencial à função jurisdicional do Estado, incumbindo-lhe a defesa da ordem jurídica, do regime democrático e dos interesses sociais e individuais indisponíveis.

▶ Art. 127 da CF.
▶ Art. 257 do CPP.
▶ Arts. 54 a 59 do CPPM.
▶ Art. 1º da LC nº 75, de 20-5-1993 (Lei Orgânica do Ministério Público da União).

Parágrafo único. São princípios institucionais do Ministério Público a unidade, a indivisibilidade e a independência funcional.

▶ Art. 127, § 1º, da CF.
▶ Art. 4º da LC nº 75, de 20-5-1993 (Lei Orgânica do Ministério Público da União).

Art. 2º Lei complementar, denominada Lei Orgânica do Ministério Público, cuja iniciativa é facultada aos Procuradores-Gerais de Justiça dos Estados, estabelecerá, no âmbito de cada uma dessas unidades federativas, normas específicas de organização, atribuições e estatuto do respectivo Ministério Público.

▶ Art. 128, § 5º, da CF.

Parágrafo único. A organização, atribuições e estatuto do Ministério Público do Distrito Federal e Territórios serão objeto da Lei Orgânica do Ministério Público da União.

▶ LC nº 75, de 20-5-1993 (Lei Orgânica do Ministério Público da União).

Art. 3º Ao Ministério Público é assegurada autonomia funcional, administrativa e financeira, cabendo-lhe, especialmente:

▶ Art. 127, §§ 2º e 3º, da CF.

I – praticar atos próprios de gestão;
II – praticar atos e decidir sobre a situação funcional e administrativa do pessoal, ativo e inativo, da carreira e dos serviços auxiliares, organizados em quadros próprios;
III – elaborar suas folhas de pagamento e expedir os competentes demonstrativos;
IV – adquirir bens e contratar serviços, efetuando a respectiva contabilização;
V – propor ao Poder Legislativo a criação e a extinção de seus cargos, bem como a fixação e o reajuste dos vencimentos de seus membros;

▶ Art. 127, § 2º, da CF.

VI – propor ao Poder Legislativo a criação e a extinção dos cargos de seus serviços auxiliares, bem como a fixação e o reajuste dos vencimentos de seus servidores;
VII – prover os cargos iniciais da carreira e dos serviços auxiliares, bem como nos casos de remoção, promoção e demais formas de provimento derivado;
VIII – editar atos de aposentadoria, exoneração e outros que importem em vacância de cargos de carreira e dos serviços auxiliares, bem como os de disponibilidade de membros do Ministério Público e de seus servidores;
IX – organizar suas secretarias e os serviços auxiliares das Procuradorias e Promotorias de Justiça;
X – compor os seus órgãos de administração;
XI – elaborar seus regimentos internos;
XII – exercer outras competências dela decorrentes.

Parágrafo único. As decisões do Ministério Público fundadas em sua autonomia funcional, administrativa e financeira, obedecidas as formalidades legais, têm eficácia plena e executoriedade imediata, ressalvada a competência constitucional do Poder Judiciário e do Tribunal de Contas.

Art. 4º O Ministério Público elaborará sua proposta orçamentária dentro dos limites estabelecidos na Lei de Diretrizes Orçamentárias, encaminhando-a diretamente ao Governador do Estado, que a submeterá ao Poder Legislativo.

▶ Art. 127, § 3º, da CF.

§ 1º Os recursos correspondentes às suas dotações orçamentárias próprias e globais, compreendidos os créditos suplementares e especiais, ser-lhe-ão entregues até o dia vinte de cada mês, sem vinculação a qualquer tipo de despesa.

§ 2º A fiscalização contábil, financeira, orçamentária, operacional e patrimonial do Ministério Público, quanto à legalidade, legitimidade, economicidade, aplicação de dotações e recursos próprios e renúncia de receitas, será exercida pelo Poder Legislativo, mediante controle externo e pelo sistema de controle interno estabelecido na Lei Orgânica.

Capítulo II
DA ORGANIZAÇÃO DO MINISTÉRIO PÚBLICO
Seção I
DOS ÓRGÃOS DE ADMINISTRAÇÃO

Art. 5º São órgãos da Administração Superior do Ministério Público:

I – a Procuradoria-Geral de Justiça;

▶ Arts. 9º a 11 desta Lei.

II – o Colégio de Procuradores de Justiça;

▶ Arts. 12 e 13 desta Lei.

III – o Conselho Superior do Ministério Público;

▶ Arts. 14 e 15 desta Lei.

IV – a Corregedoria-Geral do Ministério Público.

▶ Arts. 16 a 18 desta Lei.

Art. 6º São também órgãos de Administração do Ministério Público:

I – as Procuradorias de Justiça;

▶ Arts. 19 a 22 desta Lei.

II – as Promotorias de Justiça.

▶ Arts. 23 e 24 desta Lei.

Seção II
DOS ÓRGÃOS DE EXECUÇÃO

Art. 7º São órgãos de execução do Ministério Público:

I – o Procurador-Geral de Justiça;

▶ Art. 29 desta Lei.

II – o Conselho Superior do Ministério Público;

▶ Art. 30 desta Lei.

III – os Procuradores de Justiça;

▶ Art. 31 desta Lei.

IV – os Promotores de Justiça.

▶ Art. 32 desta Lei.

Seção III
DOS ÓRGÃOS AUXILIARES

Art. 8º São órgãos auxiliares do Ministério Público, além de outros criados pela Lei Orgânica:

I – os Centros de Apoio Operacional;

▶ Art. 33 desta Lei.

II – a Comissão de Concurso;

▶ Art. 34 desta Lei.

III – o Centro de Estudos e Aperfeiçoamento Funcional;

▶ Art. 35 desta Lei.

IV – os órgãos de apoio administrativo;

▶ Art. 36 desta Lei.

V – os estagiários.

▶ Art. 37 desta Lei.

Capítulo III
DOS ÓRGÃOS DE ADMINISTRAÇÃO
Seção I
DA PROCURADORIA-GERAL DE JUSTIÇA

Art. 9º Os Ministérios Públicos dos Estados formarão lista tríplice, dentre integrantes da carreira, na forma da lei respectiva, para escolha de seu Procurador-Geral, que será nomeado pelo Chefe do Poder Executivo, para mandato de dois anos, permitida uma recondução, observado o mesmo procedimento.

▶ Art. 128, § 3º, da CF.

§ 1º A eleição da lista tríplice far-se-á mediante voto plurinominal de todos os integrantes da carreira.

§ 2º A destituição do Procurador-Geral de Justiça, por iniciativa do Colégio de Procuradores, deverá ser precedida de autorização de um terço dos membros da Assembleia Legislativa.

▶ Art. 128, § 4º, da CF.

§ 3º Nos seus afastamentos e impedimentos o Procurador-Geral de Justiça será substituído na forma da Lei Orgânica.

§ 4º Caso o Chefe do Poder Executivo não efetive a nomeação do Procurador-Geral de Justiça, nos quinze dias que se seguirem ao recebimento da lista tríplice, será investido automaticamente no cargo o membro do Ministério Público mais votado, para exercício do mandato.

Art. 10. Compete ao Procurador-Geral de Justiça:

I – exercer a chefia do Ministério Público, representando-o judicial e extrajudicialmente;

▶ Arts. 29, III, e 38, § 2º, desta Lei.

II – integrar, como membro nato, e presidir o Colégio de Procuradores de Justiça e o Conselho Superior do Ministério Público;

▶ Art. 14, I, desta Lei.

III – submeter ao Colégio de Procuradores de Justiça as propostas de criação e extinção de cargos e serviços auxiliares e de orçamento anual;

IV – encaminhar ao Poder Legislativo os projetos de lei de iniciativa do Ministério Público;

V – praticar atos e decidir questões relativas à administração geral e execução orçamentária do Ministério Público;

VI – prover os cargos iniciais da carreira e dos serviços auxiliares, bem como nos casos de remoção, promoção, convocação e demais formas de provimento derivado;

VII – editar atos de aposentadoria, exoneração e outros que importem em vacância de cargos da carreira ou dos serviços auxiliares e atos de disponibilidade de membros do Ministério Público e de seus servidores;

VIII – delegar suas funções administrativas;

IX – designar membros do Ministério Público para:

a) exercer as atribuições de dirigente dos Centros de Apoio Operacional;

b) ocupar cargo de confiança junto aos órgãos da Administração Superior;

c) integrar organismos estatais afetos a sua área de atuação;

d) oferecer denúncia ou propor ação civil pública nas hipóteses de não confirmação de arquivamento de inquérito policial ou civil, bem como de quaisquer peças de informação;

e) acompanhar inquérito policial ou diligência investigatória, devendo recair a escolha sobre o membro do Ministério Público com atribuição para, em tese, oficiar no feito, segundo as regras ordinárias de distribuição de serviços;

f) assegurar a continuidade dos serviços, em caso de vacância, afastamento temporário, ausência, impedimento ou suspeição de titular de cargo, ou com consentimento deste;

g) por ato excepcional e fundamentado, exercer as funções processuais afetas a outro membro da instituição, submetendo sua decisão previamente ao Conselho Superior do Ministério Público;

h) oficiar perante a Justiça Eleitoral de primeira instância, ou junto ao Procurador-Regional Eleitoral, quando por este solicitado;

X – dirimir conflitos de atribuições entre membros do Ministério Público, designando quem deva oficiar no feito;

XI – decidir processo disciplinar contra membro do Ministério Público, aplicando as sanções cabíveis;

XII – expedir recomendações, sem caráter normativo aos órgãos do Ministério Público, para o desempenho de suas funções;

XIII – encaminhar aos Presidentes dos Tribunais as listas sêxtuplas a que se referem os artigos 94, *caput*, e 104, parágrafo único, II, da Constituição Federal;

XIV – exercer outras atribuições previstas em lei.

Art. 11. O Procurador-Geral de Justiça poderá ter em seu Gabinete, no exercício de cargo de confiança, Procuradores ou Promotores de Justiça da mais elevada entrância ou categoria, por ele designados.

SEÇÃO II

DO CÓLEGIO DE PROCURADORES DE JUSTIÇA

Art. 12. O Colégio de Procuradores de Justiça é composto por todos os Procuradores de Justiça, competindo-lhe:

I – opinar, por solicitação do Procurador-Geral de Justiça ou de um quarto de seus integrantes, sobre matéria relativa à autonomia do Ministério Público, bem como sobre outras de interesse institucional;

II – propor ao Procurador-Geral de Justiça a criação de cargos e serviços auxiliares, modificações na Lei Orgânica e providências relacionadas ao desempenho das funções institucionais;

III – aprovar a proposta orçamentária anual do Ministério Público, elaborada pela Procuradoria-Geral de Justiça, bem como os projetos de criação de cargos e serviços auxiliares;

IV – propor ao Poder Legislativo a destituição do Procurador-Geral de Justiça, pelo voto de dois terços de seus membros e por iniciativa da maioria absoluta de seus integrantes em caso de abuso de poder, conduta incompatível ou grave omissão nos deveres do cargo, assegurada ampla defesa;

V – eleger o Corregedor-Geral do Ministério Público;

▶ Art. 16 desta Lei.

VI – destituir o Corregedor-Geral do Ministério Público, pelo voto de dois terços de seus membros, em caso de abuso de poder, conduta incompatível ou grave omissão nos deveres do cargo, por representação do Procurador-Geral de Justiça ou da maioria de seus integrantes, assegurada ampla defesa;

VII – recomendar ao Corregedor-Geral do Ministério Público a instauração de procedimento administrativo disciplinar contra membro do Ministério Público;

VIII – julgar recurso contra decisão:

a) de vitaliciamento, ou não, de membro do Ministério Público;

b) condenatória em procedimento administrativo disciplinar;

c) proferida em reclamação sobre o quadro geral de antiguidade;

d) de disponibilidade e remoção de membro do Ministério Público, por motivo de interesse público;

▶ Art. 128, § 5º, I, *b*, da CF.

e) de recusa prevista no § 3º do artigo 15 desta Lei;

IX – decidir sobre pedido de revisão de procedimento administrativo disciplinar;

X – deliberar por iniciativa de um quarto de seus integrantes ao Procurador-Geral de Justiça, que este ajuíze ação cível de decretação de perda do cargo de membro vitalício do Ministério Público nos casos previstos nesta Lei;

▶ Art. 128, § 5º, I, *a*, da CF.

XI – rever, mediante requerimento de legítimo interessado, nos termos da Lei Orgânica, decisão de arquivamento de inquérito policial ou peças de informação determinada pelo Procurador-Geral de Justiça, nos casos de sua atribuição originária;

XII – elaborar seu regimento interno;

XIII – desempenhar outras atribuições que lhe forem conferidas por lei.

Parágrafo único. As decisões do Colégio de Procuradores de Justiça serão motivadas e publicadas, por extrato, salvo nas hipóteses legais de sigilo ou por deliberação da maioria de seus integrantes.

▶ Art. 37 da CF.

Art. 13. Para exercer as atribuições do Colégio de Procuradores de Justiça com número superior a quarenta Procuradores de Justiça, poderá ser constituído Órgão Especial, cuja composição e número de integrantes a Lei Orgânica fixará.

Parágrafo único. O disposto neste artigo não se aplica às hipóteses previstas nos incisos I, IV, V e VI do artigo anterior, bem como a outras atribuições a serem deferidas à totalidade do Colégio de Procuradores de Justiça pela Lei Orgânica.

SEÇÃO III

DO CONSELHO SUPERIOR DO MINISTÉRIO PÚBLICO

Art. 14. Lei Orgânica de cada Ministério Público disporá sobre a composição, inelegibilidade e prazos de sua cessação, posse e duração do mandato dos integrantes do Conselho Superior do Ministério Público, respeitadas as seguintes disposições:

I – o Conselho Superior terá como membros natos apenas o Procurador-Geral de Justiça e o Corregedor-Geral do Ministério Público;

▶ Arts. 10, II, e 16, parágrafo único, desta Lei.

II – são elegíveis somente Procuradores de Justiça que não estejam afastados da carreira;
III – o eleitor poderá votar em cada um dos elegíveis até o número de cargos postos em eleição, na forma da lei complementar estadual.

Art. 15. Ao Conselho Superior do Ministério Público compete:

▶ Art. 30 desta Lei.

I – elaborar as listas sêxtuplas a que se referem os artigos 94, *caput*, e 104, parágrafo único, II, da Constituição Federal;
II – indicar ao Procurador-Geral de Justiça, em lista tríplice, os candidatos a remoção ou promoção por merecimento;
III – eleger, na forma da Lei Orgânica, os membros do Ministério Público que integrarão a Comissão de Concurso de ingresso na carreira;

▶ Art. 34 desta Lei.

IV – indicar o nome do mais antigo membro do Ministério Público para remoção ou promoção por antiguidade;
V – indicar ao Procurador-Geral de Justiça Promotores de Justiça para substituição por convocação;
VI – aprovar os pedidos de remoção por permuta entre membros do Ministério Público;
VII – decidir sobre vitaliciamento de membros do Ministério Público;

▶ Art. 128, § 5º, I, *a*, da CF.

VIII – determinar por voto de dois terços de seus integrantes a disponibilidade ou remoção de membros do Ministério Público, por interesse público, assegurada ampla defesa;

▶ Art. 128, § 5º, I, *b*, da CF.

IX – aprovar o quadro geral de antiguidade do Ministério Público e decidir sobre reclamações formuladas a esse respeito;
X – sugerir ao Procurador-Geral a edição de recomendações, sem caráter vinculativo, aos órgãos do Ministério Público para o desempenho de suas funções e a adoção de medidas convenientes ao aprimoramento dos serviços;
XI – autorizar o afastamento de membro do Ministério Público para frequentar curso ou seminário de aperfeiçoamento e estudo, no País ou no exterior;
XII – elaborar seu regimento interno;
XIII – exercer outras atribuições previstas em lei.

§ 1º As decisões do Conselho Superior do Ministério Público serão motivadas e publicadas, por extrato, salvo nas hipóteses legais de sigilo ou por deliberação da maioria de seus integrantes.

▶ Art. 37 da CF.

§ 2º A remoção e a promoção voluntária por antiguidade e por merecimento, bem como a convocação, dependerão de prévia manifestação escrita do interessado.

▶ Art. 128, § 5º, I, *b*, da CF.

§ 3º Na indicação por antiguidade, o Conselho Superior do Ministério Público somente poderá recusar o membro do Ministério Público mais antigo pelo voto de dois terços de seus integrantes, conforme procedimento próprio, repetindo-se a votação até fixar-se a indicação, após o julgamento de eventual recurso interposto com apoio na alínea e do inciso VIII do artigo 12 desta Lei.

Seção IV

DA CORREGEDORIA-GERAL DO MINISTÉRIO PÚBLICO

Art. 16. O Corregedor-Geral do Ministério Público será eleito pelo Colégio de Procuradores, dentre os Procuradores de Justiça, para mandato de dois anos, permitida uma recondução, observado o mesmo procedimento.

▶ Arts. 12, V, e 13, parágrafo único, desta Lei.

Parágrafo único. O Corregedor-Geral do Ministério Público é membro nato do Colégio de Procuradores de Justiça e do Conselho Superior do Ministério Público.

▶ Art. 14, I, desta Lei.

Art. 17. A Corregedoria-Geral do Ministério Público é o órgão orientador e fiscalizador das atividades funcionais e da conduta dos membros do Ministério Público, incumbindo-lhe, dentre outras atribuições:

I – realizar correições e inspeções;
II – realizar inspeções nas Procuradorias de Justiça, remetendo relatório reservado ao Colégio de Procuradores de Justiça;
III – propor ao Conselho Superior do Ministério Público, na forma da Lei Orgânica, o não vitaliciamento de membro do Ministério Público;
IV – fazer recomendações, sem caráter vinculativo, a órgão de execução;
V – instaurar, de ofício ou por provocação dos demais órgãos da Administração Superior do Ministério Público, processo disciplinar contra membro da instituição, presidindo-o e aplicando as sanções administrativas cabíveis, na forma da Lei Orgânica;
VI – encaminhar ao Procurador-Geral de Justiça os processos administrativos disciplinares que, na forma da Lei Orgânica, incumba a ele decidir;
VII – remeter aos demais órgãos da Administração Superior do Ministério Público informações necessárias ao desempenho de suas atribuições;
VIII – apresentar ao Procurador-Geral de Justiça, na primeira quinzena de fevereiro, relatório com dados estatísticos sobre as atividades das Procuradorias e Promotorias de Justiça, relativas ao ano anterior.

Art. 18. O Corregedor-Geral do Ministério Público será assessorado por Promotores de Justiça da mais elevada entrância ou categoria, por ele indicados e designados pelo Procurador-Geral de Justiça.

Parágrafo único. Recusando-se o Procurador-Geral de Justiça a designar os Promotores de Justiça que lhe foram indicados, o Corregedor-Geral do Ministério Público poderá submeter a indicação à deliberação do Colégio de Procuradores.

Seção V

DAS PROCURADORIAS DE JUSTIÇA

Art. 19. As Procuradorias de Justiça são órgãos de Administração do Ministério Público, com cargos de

Procurador de Justiça e serviços auxiliares necessários ao desempenho das funções que lhe forem cometidas pela Lei Orgânica.

§ 1º É obrigatória a presença de Procurador de Justiça nas sessões de julgamento dos processos da respectiva Procuradoria de Justiça.

§ 2º Os Procuradores de Justiça exercerão inspeção permanente dos serviços dos Promotores de Justiça nos autos em que oficiem, remetendo seus relatórios à Corregedoria-Geral do Ministério Público.

Art. 20. Os Procuradores de Justiça das Procuradorias de Justiça civis e criminais, que oficiem junto ao mesmo Tribunal, reunir-se-ão para fixar orientações jurídicas, sem caráter vinculativo, encaminhando-as ao Procurador-Geral de Justiça.

Art. 21. A divisão interna dos serviços das Procuradorias de Justiça sujeitar-se-á a critérios objetivos definidos pelo Colégio de Procuradores, que visem à distribuição equitativa dos processos por sorteio, observadas, para esse efeito, as regras de proporcionalidade, especialmente a alternância fixada em função da natureza, volume e espécie dos feitos.

Parágrafo único. A norma deste artigo só não incidirá nas hipóteses em que os Procuradores de Justiça definam, consensualmente, conforme critérios próprios, a divisão interna dos serviços.

Art. 22. À Procuradoria de Justiça compete, na forma da Lei Orgânica, dentre outras atribuições:

I – escolher o Procurador de Justiça responsável pelos serviços administrativos da Procuradoria;
II – propor ao Procurador-Geral de Justiça a escala de férias de seus integrantes;
III – solicitar ao Procurador-Geral de Justiça, em caso de licença de Procurador de Justiça ou afastamento de suas funções junto à Procuradoria de Justiça, que convoque Promotor de Justiça da mais elevada entrância ou categoria para substituí-lo.

SEÇÃO VI

DAS PROMOTORIAS DE JUSTIÇA

Art. 23. As Promotorias de Justiça são órgãos de administração do Ministério Público com pelo menos um cargo de Promotor de Justiça e serviços auxiliares necessários ao desempenho das funções que lhe forem cometidas pela Lei Orgânica.

§ 1º As Promotorias de Justiça poderão ser judiciais ou extrajudiciais, especializadas, gerais ou cumulativas.

§ 2º As atribuições das Promotorias de Justiça e dos cargos dos Promotores de Justiça que a integram serão fixadas mediante proposta do Procurador-Geral de Justiça, aprovada pelo Colégio de Procuradores de Justiça.

§ 3º A exclusão, inclusão ou outra modificação nas atribuições das Promotorias de Justiça ou dos cargos dos Promotores de Justiça que a integram serão efetuadas mediante proposta do Procurador-Geral de Justiça, aprovada por maioria absoluta do Colégio de Procuradores.

Art. 24. O Procurador-Geral de Justiça poderá, com a concordância do Promotor de Justiça titular, designar outro Promotor para funcionar em feito determinado, de atribuição daquele.

CAPÍTULO IV

DAS FUNÇÕES DOS ÓRGÃOS DE EXECUÇÃO

SEÇÃO I

DAS FUNÇÕES GERAIS

Art. 25. Além das funções previstas nas Constituições Federal e Estadual, na Lei Orgânica e em outras leis, incumbe, ainda, ao Ministério Público:

I – propor ação de inconstitucionalidade de leis ou atos normativos estaduais ou municipais, face à Constituição Estadual;
II – promover a representação de inconstitucionalidade para efeito de intervenção do Estado nos Municípios;
III – promover, privativamente, a ação penal pública, na forma da lei;
IV – promover o inquérito civil e a ação civil pública, na forma da lei:

a) para a proteção, prevenção e reparação dos danos causados ao meio ambiente, ao consumidor, aos bens e direitos de valor artístico, estético, histórico, turístico e paisagístico, e a outros interesses difusos, coletivos e individuais indisponíveis e homogêneos;

▶ Súm. nº 643 do STF.

b) para a anulação ou declaração de nulidade de atos lesivos ao patrimônio público ou à moralidade administrativa do Estado ou de Município, de suas administrações indiretas ou fundacionais ou de entidades privadas de que participem;

V – manifestar-se nos processos em que sua presença seja obrigatória por lei e, ainda, sempre que cabível a intervenção, para assegurar o exercício de suas funções institucionais, não importando a fase ou grau de jurisdição em que se encontrem os processos;
VI – exercer a fiscalização dos estabelecimentos prisionais e dos que abriguem idosos, menores, incapazes ou pessoas portadoras de deficiência;
VII – deliberar sobre a participação em organismos estatais de defesa do meio ambiente, neste compreendido o do trabalho, do consumidor, de política penal e penitenciária e outros afetos à sua área de atuação;
VIII – ingressar em juízo, de ofício, para responsabilizar os gestores do dinheiro público condenados por tribunais e conselhos de contas;
IX – interpor recursos ao Supremo Tribunal Federal e ao Superior Tribunal de Justiça;
X e XI – VETADOS.

Parágrafo único. É vedado o exercício das funções do Ministério Público a pessoas a ele estranhas, sob pena de nulidade do ato praticado.

Art. 26. No exercício de suas funções, o Ministério Público poderá:

I – instaurar inquéritos civis e outras medidas e procedimentos administrativos pertinentes e, para instruí-los:

a) expedir notificações para colher depoimento ou esclarecimentos e, em caso de não comparecimento injustificado, requisitar condução coercitiva, inclusive pela Polícia Civil ou Militar, ressalvadas as prerrogativas previstas em lei;

▶ Art. 129, VI, da CF.

b) requisitar informações, exames periciais e documentos de autoridades federais, estaduais e municipais, bem como dos órgãos e entidades da administração direta, indireta ou fundacional, de qualquer dos Poderes da União, dos Estados, do Distrito Federal e dos Municípios;

▶ Art. 129, VIII, da CF.
▶ Art. 47 do CPP.
▶ Art. 80 do CPPM.

c) promover inspeções e diligências investigatórias junto às autoridades, órgãos e entidades a que se refere a alínea anterior;

II – requisitar informações e documentos a entidades privadas, para instruir procedimentos ou processo em que oficie;

III – requisitar à autoridade competente a instauração de sindicância ou procedimento administrativo cabível;

IV – requisitar diligências investigatórias e a instauração de inquérito policial e de inquérito policial militar, observado o disposto no artigo 129, VIII, da Constituição Federal, podendo acompanhá-los;

V – praticar atos administrativos executórios, de caráter preparatório;

VI – dar publicidade dos procedimentos administrativos não disciplinares que instaurar e das medidas adotadas;

VII – sugerir ao Poder competente a edição de normas e a alteração da legislação em vigor, bem como a adoção de medidas propostas, destinadas à prevenção e controle da criminalidade;

VIII – manifestar-se em qualquer fase dos processos, acolhendo solicitação do juiz, da parte ou por sua iniciativa, quando entender existente interesse em causa que justifique a intervenção.

§ 1º As notificações e requisições previstas neste artigo, quando tiverem como destinatários o Governador do Estado, os membros do Poder Legislativo e os desembargadores, serão encaminhadas pelo Procurador-Geral de Justiça.

§ 2º O membro do Ministério Público será responsável pelo uso indevido das informações e documentos que requisitar, inclusive nas hipóteses legais de sigilo.

§ 3º Serão cumpridas gratuitamente as requisições feitas pelo Ministério Público às autoridades, órgãos e entidades da Administração Pública direta, indireta ou fundacional, de qualquer dos Poderes da União, dos Estados, do Distrito Federal e dos Municípios.

§ 4º A falta ao trabalho, em virtude de atendimento a notificação ou requisição, na forma do inciso I deste artigo, não autoriza desconto de vencimentos ou salário, considerando-se de efetivo exercício, para todos os efeitos, mediante comprovação escrita do membro do Ministério Público.

§ 5º Toda representação ou petição formulada ao Ministério Público será distribuída entre os membros da instituição que tenham atribuições para apreciá-la, observados os critérios fixados pelo Colégio de Procuradores.

Art. 27. Cabe ao Ministério Público exercer a defesa dos direitos assegurados nas Constituições Federal e Estadual, sempre que se cuidar de garantir-lhe o respeito:

I – pelos poderes estaduais ou municipais;
II – pelos órgãos da Administração Pública Estadual ou Municipal, direta ou indireta;
III – pelos concessionários e permissionários de serviço público estadual ou municipal;
IV – por entidades que exerçam outra função delegada do Estado ou do Município ou executem serviço de relevância pública.

Parágrafo único. No exercício das atribuições a que se refere este artigo, cabe ao Ministério Público, entre outras providências:

I – receber notícias de irregularidades, petições ou reclamações de qualquer natureza, promover as apurações cabíveis que lhes sejam próprias e dar-lhes as soluções adequadas;

II – zelar pela celeridade e racionalização dos procedimentos administrativos;

III – dar andamento, no prazo de trinta dias, às notícias de irregularidades, petições ou reclamações referidas no inciso I;

IV – promover audiências públicas e emitir relatórios, anual ou especiais, e recomendações dirigidas aos órgãos e entidades mencionadas no *caput* deste artigo, requisitando ao destinatário sua divulgação adequada e imediata, assim como resposta por escrito.

Art. 28. VETADO.

Seção II

DO PROCURADOR-GERAL DE JUSTIÇA

Art. 29. Além das atribuições previstas nas Constituições Federal e Estadual, na Lei Orgânica e em outras leis, compete ao Procurador-Geral de Justiça:

▶ Art. 10 desta Lei.

I – representar aos Tribunais locais por inconstitucionalidade de leis ou atos normativos estaduais ou municipais, face à Constituição Estadual;

II – representar para fins de intervenção do Estado no Município, com o objetivo de assegurar a observância de princípios indicados na Constituição Estadual ou prover a execução de lei, de ordem ou de decisão judicial;

▶ Arts. 35, IV, e 36, III, da CF.

III – representar o Ministério Público nas sessões plenárias dos Tribunais;

IV – VETADO;

V – ajuizar ação penal de competência originária dos Tribunais, nela oficiando;

VI – oficiar nos processos de competência originária dos Tribunais, nos limites estabelecidos na Lei Orgânica;

VII – determinar o arquivamento de representação, notícia de crime, peças de informação, conclusão de comissões parlamentares de inquérito ou inquérito policial, nas hipóteses de suas atribuições legais;

VIII – exercer as atribuições do artigo 129, II e III, da Constituição Federal, quando a autoridade reclamada for o Governador do Estado, o Presidente da Assembleia Legislativa ou os Presidentes de Tribunais, bem como quando contra estes, por ato praticado em razão de suas funções, deva ser ajuizada a competente ação;

IX – delegar a membro do Ministério Público suas funções de órgão de execução.

SEÇÃO III
DO CONSELHO SUPERIOR DO MINISTÉRIO PÚBLICO

Art. 30. Cabe ao Conselho Superior do Ministério Público rever o arquivamento de inquérito civil, na forma da lei.

SEÇÃO IV
DOS PROCURADORES DE JUSTIÇA

Art. 31. Cabe aos Procuradores de Justiça exercer as atribuições junto aos Tribunais, desde que não cometidas ao Procurador-Geral de Justiça, e inclusive por delegação deste.

▶ Arts. 15, V, e 22, III, desta Lei.

SEÇÃO V
DOS PROMOTORES DE JUSTIÇA

Art. 32. Além de outras funções cometidas nas Constituições Federal e Estadual, na Lei Orgânica e demais leis, compete aos Promotores de Justiça, dentro de suas esferas de atribuições:

I – impetrar *habeas corpus* e mandado de segurança e requerer correição parcial, inclusive perante os Tribunais locais competentes;

II – atender a qualquer do povo, tomando as providências cabíveis;

▶ Art. 43, XIII, desta Lei.

III – oficiar perante a Justiça Eleitoral de primeira instância, com as atribuições do Ministério Público Eleitoral previstas na Lei Orgânica do Ministério Público da União que forem pertinentes, além de outras estabelecidas na legislação eleitoral e partidária.

▶ Arts. 10, IX, *h*, e 73 desta Lei.

CAPÍTULO V
DOS ÓRGÃOS AUXILIARES

SEÇÃO I
DOS CENTROS DE APOIO OPERACIONAL

Art. 33. Os Centros de Apoio Operacional são órgãos auxiliares da atividade funcional do Ministério Público, competindo-lhes, na forma da Lei Orgânica:

I – estimular a integração e o intercâmbio entre órgãos de execução que atuem na mesma área de atividade e que tenham atribuições comuns;

II – remeter informações técnico-jurídicas, sem caráter vinculativo, aos órgãos ligados à sua atividade;

III – estabelecer intercâmbio permanente com entidades ou órgãos públicos ou privados que atuem em áreas afins, para obtenção de elementos técnicos especializados necessários ao desempenho de suas funções;

IV – remeter, anualmente, ao Procurador-Geral de Justiça relatório das atividades do Ministério Público relativas às suas áreas de atribuições;

V – exercer outras funções compatíveis com suas finalidades, vedado o exercício de qualquer atividade de órgão de execução, bem como a expedição de atos normativos a estes dirigidos.

SEÇÃO II
DA COMISSÃO DE CONCURSO

Art. 34. À Comissão de Concurso, órgão auxiliar de natureza transitória, incumbe realizar a seleção de candidatos ao ingresso na carreira do Ministério Público, na forma da Lei Orgânica e observado o artigo 129, § 3º, da Constituição Federal.

Parágrafo único. A Lei Orgânica definirá o critério de escolha do Presidente da Comissão de Concurso de ingresso na carreira, cujos demais integrantes serão eleitos na forma do artigo 15, III, desta Lei.

SEÇÃO III
DO CENTRO DE ESTUDOS E APERFEIÇOAMENTO FUNCIONAL

Art. 35. O Centro de Estudos e Aperfeiçoamento Funcional é órgão auxiliar do Ministério Público destinado a realizar cursos, seminários, congressos, simpósios, pesquisas, atividades, estudos e publicações visando ao aprimoramento profissional e cultural dos membros da instituição, de seus auxiliares e funcionários, bem como a melhor execução de seus serviços e racionalização de seus recursos materiais.

Parágrafo único. A Lei Orgânica estabelecerá a organização, funcionamento e demais atribuições do Centro de Estudos e Aperfeiçoamento Funcional.

SEÇÃO IV
DOS ÓRGÃOS DE APOIO ADMINISTRATIVO

Art. 36. Lei de iniciativa do Procurador-Geral de Justiça disciplinará os órgãos e serviços auxiliares de apoio administrativo, organizados em quadro próprio de carreiras, com os cargos que atendam às suas peculiaridades e às necessidades da administração e das atividades funcionais.

SEÇÃO V
DOS ESTAGIÁRIOS

Art. 37. Os estagiários do Ministério Público, auxiliares das Promotorias de Justiça, serão nomeados pelo Procurador-Geral de Justiça, para período não superior a três anos.

Parágrafo único. A Lei Orgânica disciplinará a seleção, investidura, vedações e dispensa dos estagiários, que serão alunos dos três últimos anos do curso de bacharelado de Direito, de escolas oficiais ou reconhecidas.

CAPÍTULO VI
DAS GARANTIAS E PRERROGATIVAS DOS MEMBROS DO MINISTÉRIO PÚBLICO

Art. 38. Os membros do Ministério Público sujeitam-se a regime jurídico especial e têm as seguintes garantias:

I – vitaliciedade, após dois anos de exercício, não podendo perder o cargo senão por sentença judicial transitada em julgado;

▶ Art. 128, § 5º, I, *a*, da CF.
▶ Art. 15, VII, desta Lei.

II – inamovibilidade, salvo por motivo de interesse público;

▶ Art. 128, § 5º, I, *b*, da CF.

III – irredutibilidade de vencimentos, observado, quanto à remuneração, o disposto na Constituição Federal.

▶ Art. 128, § 5º, I, *c*, da CF.

§ 1º O membro vitalício do Ministério Público somente perderá o cargo por sentença judicial transitada em julgado, proferida em ação civil própria, nos seguintes casos:

▶ Art. 12, VIII, a, desta Lei.

I – prática de crime incompatível com o exercício do cargo, após decisão judicial transitada em julgado;
II – exercício da advocacia;
III – abandono do cargo por prazo superior a trinta dias corridos.

§ 2º A ação civil para a decretação da perda do cargo será proposta pelo Procurador-Geral de Justiça perante o Tribunal de Justiça local, após autorização do Colégio de Procuradores, na forma da Lei Orgânica.

▶ Art. 12, X, desta Lei.

Art. 39. Em caso de extinção do órgão de execução, da Comarca ou mudança da sede da Promotoria de Justiça, será facultado ao Promotor de Justiça remover-se para outra Promotoria de igual entrância ou categoria, ou obter a disponibilidade com vencimentos integrais e a contagem do tempo de serviço como se em exercício estivesse.

§ 1º O membro do Ministério Público em disponibilidade remunerada, continuará sujeito às vedações constitucionais e será classificado em quadro especial, provendo-se a vaga que ocorrer.

▶ Art. 128, § 5º, II, da CF.

§ 2º A disponibilidade, nos casos previstos no *caput* deste artigo, outorga ao membro do Ministério Público o direito à percepção de vencimentos e vantagens integrais e à contagem do tempo de serviço como se em exercício estivesse.

▶ Arts. 45 a 58 desta Lei.

Art. 40. Constituem prerrogativas dos membros do Ministério Público, além de outras previstas na Lei Orgânica:

I – ser ouvido, como testemunha ou ofendido, em qualquer processo ou inquérito, em dia, hora e local previamente ajustados com o juiz ou a autoridade competente;

▶ Art. 221 do CPP.
▶ Art. 350, a, do CPPM.

II – estar sujeito a intimação ou convocação para comparecimento, somente se expedida pela autoridade judiciária ou por órgão da Administração Superior do Ministério Público competente, ressalvadas as hipóteses constitucionais;

III – ser preso somente por ordem judicial escrita, salvo em flagrante de crime inafiançável, caso em que a autoridade fará, no prazo máximo de vinte e quatro horas, a comunicação e a apresentação do membro do Ministério Público ao Procurador-Geral de Justiça;

IV – ser processado e julgado originariamente pelo Tribunal de Justiça de seu Estado, nos crimes comuns e de responsabilidade, ressalvada exceção de ordem constitucional;

▶ Art. 96, III, da CF.
▶ Arts. 69, VII, e 87 do CPP.

V – ser custodiado ou recolhido à prisão domiciliar ou à sala especial de Estado Maior, por ordem e à disposição do Tribunal competente, quando sujeito a prisão antes do julgamento final;

▶ Art. 295 do CPP.
▶ Art. 242 do CPPM.

VI – ter assegurado o direito de acesso, retificação e complementação dos dados e informações relativos à sua pessoa, existentes nos órgãos da instituição, na forma da Lei Orgânica.

Art. 41. Constituem prerrogativas dos membros do Ministério Público, no exercício de sua função, além de outras previstas na Lei Orgânica:

I – receber o mesmo tratamento jurídico e protocolar dispensado aos membros do Poder Judiciário junto aos quais oficiem;
II – não ser indiciado em inquérito policial, observado o disposto no parágrafo único deste artigo;
III – ter vista dos autos após distribuição às Turmas ou Câmaras e intervir nas sessões de julgamento, para sustentação oral ou esclarecimento de matéria de fato;
IV – receber intimação pessoal em qualquer processo e grau de jurisdição, através da entrega dos autos com vista;
V – gozar de inviolabilidade pelas opiniões que externar ou pelo teor de suas manifestações processuais ou procedimentos, nos limites de sua independência funcional;
VI – ingressar e transitar livremente:

a) nas salas de sessões de Tribunais, mesmo além dos limites que separam a parte reservada aos Magistrados;
b) nas salas e dependências de audiências, secretarias, cartórios, tabelionatos, ofícios da justiça, inclusive dos registros públicos, delegacias de polícia e estabelecimento de internação coletiva;
c) em qualquer recinto público ou privado, ressalvada a garantia constitucional de inviolabilidade de domicílio;

VII – examinar, em qualquer Juízo ou Tribunal, autos de processos findos ou em andamento, ainda que conclusos à autoridade, podendo copiar peças e tomar apontamentos;
VIII – examinar, em qualquer repartição policial, autos de flagrante ou inquérito, findos ou em andamento, ainda que conclusos à autoridade, podendo copiar peças e tomar apontamentos;
IX – ter acesso ao indiciado preso, a qualquer momento, mesmo quando decretada a sua incomunicabilidade;
X – usar as vestes talares e as insígnias privativas do Ministério Público;
XI – tomar assento à direita dos Juízes de primeira instância ou do Presidente do Tribunal, Câmara ou Turma.

Parágrafo único. Quando, no curso de investigação, houver indício da prática de infração penal por parte de membro do Ministério Público, a autoridade policial, civil ou militar, remeterá, imediatamente, sob pena de responsabilidade, os respectivos autos ao Procurador-Geral de Justiça, a quem competirá dar prosseguimento à apuração.

Art. 42. Os membros do Ministério Público terão carteira funcional, expedida na forma da Lei Orgânica, valendo em todo o Território Nacional como cédula de identidade, e porte de arma, independentemente, neste caso, de qualquer ato formal de licença ou autorização.

▶ Art. 19, II, da CF.

CAPÍTULO VII
DOS DEVERES E VEDAÇÕES DOS MEMBROS DO MINISTÉRIO PÚBLICO

Art. 43. São deveres dos membros do Ministério Público, além de outros previstos em lei:

I – manter ilibada conduta pública e particular;

II – zelar pelo prestígio da Justiça, por suas prerrogativas e pela dignidade de suas funções;

III – indicar os fundamentos jurídicos de seus pronunciamentos processuais, elaborando relatório em sua manifestação final ou recursal;

▶ Art. 129, VIII, da CF.

IV – obedecer aos prazos processuais;

V – assistir aos atos judiciais, quando obrigatória ou conveniente a sua presença;

VI – desempenhar, com zelo e presteza, as suas funções;

VII – declarar-se suspeito ou impedido, nos termos da lei;

▶ Arts. 112 e 258 do CPP.
▶ Art. 137 do CPPM.
▶ Súm. nº 234 do STJ.

VIII – adotar, nos limites de suas atribuições, as providências cabíveis face à irregularidade de que tenha conhecimento ou que ocorra nos serviços a seu cargo;

IX – tratar com urbanidade as partes, testemunhas, funcionários e auxiliares da Justiça;

X – residir, se titular, na respectiva Comarca;

XI – prestar informações solicitadas pelos órgãos da instituição;

XII – identificar-se em suas manifestações funcionais;

XIII – atender aos interessados, a qualquer momento, nos casos urgentes;

▶ Art. 32, II, desta Lei.

XIV – acatar, no plano administrativo, as decisões dos órgãos da Administração Superior do Ministério Público.

Art. 44. Aos membros do Ministério Público se aplicam as seguintes vedações:

I – receber, a qualquer título e sob qualquer pretexto, honorários, percentagens ou custas processuais;

▶ Art. 128, § 5º, II, a, da CF.

II – exercer advocacia;

▶ Art. 128, § 5º, II, b, da CF.

III – exercer o comércio ou participar de sociedade comercial, exceto como cotista ou acionista;

▶ Art. 128, § 5º, II, c, da CF.

IV – exercer, ainda que em disponibilidade, qualquer outra função pública, salvo uma de Magistério;

▶ Art. 128, § 5º, II, d, da CF.

V – exercer atividade político-partidária, ressalvada a filiação e as exceções previstas em lei.

▶ O STF, por maioria de votos, julgou parcialmente procedente a ADIN nº 1.377-1, para, sem redução de texto, conferir a este inciso interpretação conforme à CF, definindo como única exegese constitucionalmente possível aquela que apenas admite a filiação partidária de representante do Ministério Público dos Estados-membros, se realizada nas hipóteses de afastamento do integrante do *Parquet* de suas funções institucionais, mediante licença, nos termos da lei (*DOU* de 16-2-2006).

Parágrafo único. Não constituem acumulação, para os efeitos do inciso IV deste artigo, as atividades exercidas em organismos estatais afetos à área de atuação do Ministério Público, em Centro de Estudo e Aperfeiçoamento de Ministério Público, em entidades de representação de classe e o exercício de cargos de confiança na sua administração e nos órgãos auxiliares.

CAPÍTULO VIII
DOS VENCIMENTOS, VANTAGENS E DIREITOS

Art. 45. O membro do Ministério Público, convocado ou designado para substituição, terá direito à diferença de vencimento entre o seu cargo e o que ocupar.

Art. 46. A revisão da remuneração dos membros do Ministério Público far-se-á na forma da lei estadual.

Art. 47. Os vencimentos dos membros do Ministério Público serão fixados com diferença não excedente a dez por cento de uma para outra entrância ou categoria, ou da entrância mais elevada para o cargo de Procurador-Geral de Justiça, garantindo-se aos Procuradores de Justiça não menos de noventa e cinco por cento dos vencimentos atribuídos ao Procurador-Geral.

Art. 48. A remuneração dos membros dos Ministérios Públicos dos Estados observará, como limite máximo, os valores percebidos como remuneração, em espécie, a qualquer título, pelos membros do Poder Judiciário local.

Art. 49. Os vencimentos do Procurador-Geral de Justiça, em cada Estado, para efeito do disposto no § 1º do artigo 39 da Constituição Federal, guardarão equivalência com os vencimentos dos Desembargadores dos Tribunais de Justiça.

▶ O STF, por unanimidade de votos, julgou procedente a ADIN nº 1.274-6, para declarar a inconstitucionalidade deste artigo (*DOU* de 26-2-2003).

Art. 50. Além dos vencimentos, poderão ser outorgadas, a membro do Ministério Público, nos termos da lei, as seguintes vantagens:

I – ajuda de custo, para despesas de transporte e mudança;

II – auxílio-moradia, nas Comarcas em que não haja residência oficial condigna para o membro do Ministério Público;

III – salário-família;

IV – diárias;

V – verba de representação de Ministério Público;

VI – gratificação pela prestação de serviço à Justiça Eleitoral, equivalente àquela devida ao Magistrado ante o qual oficiar;

VII – gratificação pela prestação de serviço à Justiça do Trabalho, nas Comarcas em que não haja Junta de Conciliação e Julgamento;

▶ A EC nº 24, de 9-12-1999, extinguiu a representação pelos juízes classistas na Justiça do Trabalho e substituiu as Juntas de Conciliação e Julgamento por Varas do Trabalho.

VIII – gratificação adicional por ano de serviço, incidente sobre o vencimento básico e a verba de representação, observado o disposto no § 3º deste artigo e no inciso XIV do artigo 37 da Constituição Federal;
IX – gratificação pelo efetivo exercício em Comarca de difícil provimento, assim definida e indicada em lei ou em ato do Procurador-Geral de Justiça;
X – gratificação pelo exercício cumulativo de cargos ou funções;
XI – verba de representação pelo exercício de cargos de direção ou de confiança junto aos órgãos da Administração Superior;
XII – outras vantagens previstas em lei, inclusive as concedidas aos servidores públicos em geral.

§ 1º Aplicam-se aos membros do Ministério Público os direitos sociais previstos no artigo 7º, VIII, XII, XVII, XVIII e XIX, da Constituição Federal.

§ 2º Computar-se-á, para efeito de aposentadoria, disponibilidade e adicionais por tempo de serviço, o tempo de exercício da advocacia, até o máximo de quinze anos.

§ 3º Constitui parcela dos vencimentos, para todos os efeitos, a gratificação de representação de Ministério Público.

Art. 51. O direito a férias anuais, coletivas e individuais, do membro do Ministério Público, será igual ao dos Magistrados, regulando a Lei Orgânica a sua concessão e aplicando-se o disposto no artigo 7º, XVII, da Constituição Federal.

Art. 52. Conceder-se-á licença:
I – para tratamento de saúde;
II – por motivo de doença de pessoa da família;
III – à gestante;
IV – paternidade;
V – em caráter especial;
VI – para casamento, até oito dias;
VII – por luto, em virtude de falecimento do cônjuge, ascendente, descendente, irmãos, sogros, noras e genros, até oito dias;
VIII – em outros casos previstos em lei.

Parágrafo único. A Lei Orgânica disciplinará as licenças referidas neste artigo, não podendo o membro do Ministério Público, nessas situações, exercer qualquer de suas funções.

Art. 53. São considerados como de efetivo exercício, para todos os efeitos legais, exceto para vitaliciamento, os dias em que o membro do Ministério Público estiver afastado de suas funções em razão:

I – de licença prevista no artigo anterior;
II – de férias;
III – de cursos ou seminários de aperfeiçoamento e estudos, no País ou no exterior, de duração máxima de dois anos e mediante prévia autorização do Conselho Superior do Ministério Público;
IV – de período de trânsito;
V – de disponibilidade remunerada, exceto para promoção, em caso de afastamento decorrente de punição;
VI – de designação do Procurador-Geral de Justiça para:

a) realização de atividade de relevância para a instituição;
b) direção de Centro de Estudos e Aperfeiçoamento Funcional do Ministério Público;

VII – de exercício de cargos ou de funções de direção de associação representativa de classe, na forma da Lei Orgânica;
VIII – de exercício das atividades previstas no parágrafo único do artigo 44 desta Lei;
IX – de outras hipóteses definidas em lei.

Art. 54. O membro do Ministério Público será aposentado, com proventos integrais, compulsoriamente, por invalidez ou aos setenta anos de idade, e, facultativamente, aos trinta anos de serviço, após cinco anos de efetivo exercício na carreira.

▶ Art. 129, § 4º, da CF.

Art. 55. Os proventos da aposentadoria, que corresponderão à totalidade dos vencimentos percebidos no serviço ativo, a qualquer título, serão revistos na mesma proporção e na mesma data, sempre que se modificar a remuneração dos membros do Ministério Público em atividade, sendo também estendidos aos inativos quaisquer benefícios ou vantagens posteriormente concedidos àqueles, inclusive quando decorrentes de transformação ou reclassificação do cargo ou função em que se deu a aposentadoria.

Parágrafo único. Os proventos dos membros do Ministério Público aposentados serão pagos na mesma ocasião em que o forem os vencimentos dos membros do Ministério Público em atividade, figurando em folha de pagamento expedida pelo Ministério Público.

Art. 56. A pensão por morte, igual à totalidade dos vencimentos ou proventos percebidos pelos membros em atividade ou inatividade do Ministério Público, será reajustada na mesma data e proporção daqueles.

Parágrafo único. A pensão obrigatória não impedirá a percepção de benefícios decorrentes de contribuição voluntária para qualquer entidade de previdência.

Art. 57. Ao cônjuge sobrevivente e, em sua falta, aos herdeiros ou dependentes do membro do Ministério Público, ainda que aposentado ou em disponibilidade, será pago o auxílio-funeral, em importância igual a um mês de vencimentos ou proventos percebidos pelo falecido.

Art. 58. Para os fins deste Capítulo, equipara-se à esposa a companheira, nos termos da lei.

CAPÍTULO IX

DA CARREIRA

Art. 59. O ingresso nos cargos iniciais da carreira dependerá da aprovação prévia em concurso público de provas e títulos, organizado e realizado pela Procuradoria-Geral de Justiça, com participação da Ordem dos Advogados do Brasil.

▶ Art. 129, § 3º, da CF.
▶ Art. 10, VI, desta Lei.

§ 1º É obrigatória a abertura do concurso de ingresso quando o número de vagas atingir a um quinto dos cargos iniciais da carreira.

§ 2º Assegurar-se-ão ao candidato aprovado a nomeação e a escolha do cargo, de acordo com a ordem de classificação no concurso.

§ 3º São requisitos para o ingresso na carreira, dentre outros estabelecidos pela Lei Orgânica:

I – ser brasileiro;
II – ter concluído o curso de bacharelado em Direito, em escola oficial ou reconhecida;
III – estar quite com o serviço militar;
IV – estar em gozo dos direitos políticos.

§ 4º O candidato nomeado deverá apresentar, no ato de sua posse, declaração de seus bens e prestar compromisso de desempenhar, com retidão, as funções do cargo e de cumprir a Constituição e as leis.

Art. 60. Suspende-se, até definitivo julgamento, o exercício funcional de membro do Ministério Público quando, antes do decurso do prazo de dois anos, houver impugnação de seu vitaliciamento.

§ 1º A Lei Orgânica disciplinará o procedimento de impugnação, cabendo ao Conselho Superior do Ministério Público decidir, no prazo máximo de sessenta dias, sobre o não vitaliciamento e ao Colégio de Procuradores, em trinta dias, eventual recurso.

▶ Arts. 12, VIII, a, e 15, VII, desta Lei.

§ 2º Durante a tramitação do procedimento de impugnação, o membro do Ministério Público perceberá vencimentos integrais, contando-se para todos os efeitos o tempo de suspensão do exercício funcional, no caso de vitaliciamento.

Art. 61. A Lei Orgânica regulamentará o regime de remoção e promoção dos membros do Ministério Público, observados os seguintes princípios:

I – promoção voluntária, por antiguidade e merecimento, alternadamente, de uma para outra entrância ou categoria e da entrância ou categoria mais elevada para o cargo de Procurador de Justiça, aplicando-se, por assemelhação, o disposto no artigo 93, III e VI, da Constituição Federal;

▶ Art. 15, II e IV, desta Lei.

II – apurar-se-á a antiguidade na entrância e o merecimento pela atuação do membro do Ministério Público em toda a carreira, com prevalência de critérios de ordem objetiva, levando-se inclusive em conta sua conduta, operosidade e dedicação no exercício do cargo, presteza e segurança nas suas manifestações processuais, o número de vezes que já tenha participado de listas, bem como a frequência e o aproveitamento em cursos oficiais, ou reconhecidos, de aperfeiçoamento;

III – obrigatoriedade de promoção do Promotor de Justiça que figure por três vezes consecutivas ou cinco alternadas em lista de merecimento;

IV – a promoção por merecimento pressupõe dois anos de exercício na respectiva entrância ou categoria e integrar o Promotor de Justiça a primeira quinta parte da lista de antiguidade, salvo se não houver com tais requisitos quem aceite o lugar vago, ou quando o número limitado de membros do Ministério Público inviabilizar a formação de lista tríplice;

V – a lista de merecimento resultará dos três nomes mais votados, desde que obtida maioria de votos, procedendo-se, para alcançá-la, a tantas votações quantas necessárias, examinados em primeiro lugar os nomes dos remanescentes de lista anterior;

VI – não sendo caso de promoção obrigatória, a escolha recairá no membro do Ministério Público mais votado, observada a ordem dos escrutínios, prevalecendo, em caso de empate, a antiguidade na entrância ou categoria, salvo se preferir o Conselho Superior delegar a competência ao Procurador-Geral de Justiça.

Art. 62. Verificada a vaga para remoção ou promoção, o Conselho Superior do Ministério Público expedirá, no prazo máximo de sessenta dias, edital para preenchimento do cargo, salvo se ainda não instalado.

Art. 63. Para cada vaga destinada ao preenchimento por remoção ou promoção, expedir-se-á edital distinto, sucessivamente, com a indicação do cargo correspondente à vaga a ser preenchida.

Art. 64. Será permitida a remoção por permuta entre membros do Ministério Público da mesma entrância ou categoria, observado, além do disposto na Lei Orgânica:

▶ Art. 15, VI, desta Lei.

I – pedido escrito e conjunto, formulado por ambos os pretendentes;
II – a renovação de remoção por permuta somente permitida após o decurso de dois anos;
III – que a remoção por permuta não confere direito a ajuda de custo.

Art. 65. A Lei Orgânica poderá prever a substituição por convocação, em caso de licença do titular de cargo da carreira ou de afastamento de suas funções junto à Procuradoria ou Promotoria de Justiça, somente podendo ser convocados membros do Ministério Público.

▶ Art. 15, V, desta Lei.

Art. 66. A reintegração, que decorrerá de sentença transitada em julgado, é o retorno do membro do Ministério Público ao cargo, com ressarcimento dos vencimentos e vantagens deixados de perceber em razão do afastamento, inclusive a contagem do tempo de serviço.

§ 1º Achando-se provido o cargo no qual será reintegrado o membro do Ministério Público, o seu ocupante passará à disponibilidade, até posterior aproveitamento.

§ 2º O membro do Ministério Público reintegrado será submetido a inspeção médica e, se considerado incapaz, será aposentado compulsoriamente, com as vantagens a que teria direito se efetivada a reintegração.

Art. 67. A reversão dar-se-á na entrância em que se aposentou o membro do Ministério Público, em vaga a ser provida pelo critério de merecimento, observados os requisitos legais.

Art. 68. O aproveitamento é o retorno do membro do Ministério Público em disponibilidade ao exercício funcional.

§ 1º O membro do Ministério Público será aproveitado no órgão de execução que ocupava quando posto em disponibilidade, salvo se aceitar outro de igual entrância ou categoria, ou se for promovido.

§ 2º Ao retornar à atividade, será o membro do Ministério Público submetido a inspeção médica e, se julgado incapaz, será aposentado compulsoriamente, com as vantagens a que teria direito se efetivado o seu retorno.

CAPÍTULO X
DAS DISPOSIÇÕES FINAIS E TRANSITÓRIAS

Art. 69. Os Ministérios Públicos dos Estados adequarão suas tabelas de vencimentos ao disposto nesta Lei, visando à revisão da remuneração dos seus membros e servidores.

Art. 70. Fica instituída a gratificação pela prestação de serviço à Justiça Eleitoral, de que trata o artigo 50, VI, desta Lei.

Art. 71. VETADO.

Art. 72. Ao membro ou servidor do Ministério Público é vedado manter, sob sua chefia imediata, em cargo ou função de confiança, cônjuge, companheiro, ou parente até o segundo grau civil.

Art. 73. Para exercer as funções junto à Justiça Eleitoral, por solicitação do Procurador-Geral da República, os membros do Ministério Público do Estado serão designados, se for o caso, pelo respectivo Procurador-Geral de Justiça.

§ 1º Não ocorrendo designação, exclusivamente para os serviços eleitorais, na forma do caput deste artigo, o Promotor Eleitoral será o membro do Ministério Público local que oficie perante o Juízo incumbido daqueles serviços.

§ 2º Havendo impedimento ou recusa justificável, o Procurador-Geral de Justiça designará o substituto.

Art. 74. Para fins do disposto no artigo 104, parágrafo único, II, da Constituição Federal e observado o que dispõe o artigo 15, I, desta Lei, a lista sêxtupla de membros do Ministério Público será organizada pelo Conselho Superior de cada Ministério Público dos Estados.

Art. 75. Compete ao Procurador-Geral de Justiça, ouvido o Conselho Superior do Ministério Público, autorizar o afastamento da carreira de membro do Ministério Público que tenha exercido a opção de que trata o artigo 29, § 3º, do Ato das Disposições Constitucionais Transitórias, para exercer o cargo, emprego ou função de nível equivalente ou maior na administração direta ou indireta.

Parágrafo único. O período de afastamento da carreira estabelecido neste artigo será considerado de efetivo exercício, para todos os efeitos legais, exceto para remoção ou promoção por merecimento.

Art. 76. A Procuradoria-Geral de Justiça deverá propor, no prazo de um ano da promulgação desta Lei, a criação ou transformação de cargos correspondentes às funções não atribuídas aos cargos já existentes.

Parágrafo único. Aos Promotores de Justiça que executem as funções previstas neste artigo assegurar-se-á preferência no concurso de remoção.

Art. 77. No âmbito do Ministério Público, para os fins do disposto no artigo 37, XI, da Constituição Federal, ficam estabelecidos como limite de remuneração os valores percebidos em espécie, a qualquer título, pelo Procurador-Geral de Justiça.

Art. 78. O Ministério Público poderá firmar convênios com as associações de membros de instituição com vistas à manutenção de serviços assistenciais e culturais a seus associados.

Art. 79. O disposto nos artigos 57 e 58 desta Lei aplica-se, a partir de sua publicação, aos proventos e pensões anteriormente concedidos, não gerando efeitos financeiros anteriormente à sua vigência.

Art. 80. Aplicam-se aos Ministérios Públicos dos Estados, subsidiariamente, as normas da Lei Orgânica do Ministério Público da União.

Art. 81. Os Estados adaptarão a organização de seu Ministério Público aos preceitos desta Lei, no prazo de cento e vinte dias a contar de sua publicação.

Art. 82. O dia 14 de dezembro será considerado "Dia Nacional do Ministério Público".

Art. 83. Esta Lei entra em vigor na data de sua publicação.

Art. 84. Revogam-se as disposições em contrário.

Brasília, 12 de fevereiro de 1993;
172º da Independência e
105º da República.

Itamar Franco

LEI COMPLEMENTAR Nº 75, DE 20 DE MAIO DE 1993

Dispõe sobre a organização, as atribuições e o estatuto do Ministério Público da União.

(EXCERTOS)

► Publicada no *DOU* de 21-5-1993.
► Lei nº 8.625, de 12-2-1993 (Lei Orgânica Nacional do Ministério Público).

TÍTULO I – DAS DISPOSIÇÕES GERAIS

CAPÍTULO I
DA DEFINIÇÃO, DOS PRINCÍPIOS E DAS FUNÇÕES INSTITUCIONAIS

Art. 1º O Ministério Público da União, organizado por esta lei Complementar, é instituição permanente, essencial à função jurisdicional do Estado, incumbindo-lhe a defesa da ordem jurídica, do regime democrático, dos interesses sociais e dos interesses individuais indisponíveis.

Art. 2º Incumbem ao Ministério Público as medidas necessárias para garantir o respeito dos Poderes Públicos e dos serviços de relevância pública aos direitos assegurados pela Constituição Federal.

Art. 3º O Ministério Público da União exercerá o controle externo da atividade policial tendo em vista:

a) o respeito aos fundamentos do Estado Democrático de Direito, aos objetivos fundamentais da República Federativa do Brasil, aos princípios informadores das relações internacionais, bem como aos direitos assegurados na Constituição Federal e na lei;

b) a preservação da ordem pública, da incolumidade das pessoas e do patrimônio público;

c) a prevenção e a correção de ilegalidade ou de abuso de poder;
d) a indisponibilidade da persecução penal;
e) a competência dos órgãos incumbidos da segurança pública.

Art. 4º São princípios institucionais do Ministério Público da União a unidade, a indivisibilidade e a independência funcional.

Art. 5º São funções institucionais do Ministério Público da União:

I – a defesa da ordem jurídica, do regime democrático, dos interesses sociais e dos interesses individuais indisponíveis, considerados, dentre outros, os seguintes fundamentos e princípios:

a) a soberania e a representatividade popular;
b) os direitos políticos;
c) os objetivos fundamentais da República Federativa do Brasil;
d) a indissolubilidade da União;
e) a independência e a harmonia dos Poderes da União;
f) a autonomia dos Estados, do Distrito Federal e dos Municípios;
g) as vedações impostas à União, aos Estados, ao Distrito Federal e aos Municípios;
h) a legalidade, a impessoalidade, a moralidade e a publicidade, relativas à administração pública direta, indireta ou fundacional, de qualquer dos Poderes da União;

II – zelar pela observância dos princípios constitucionais relativos:

a) ao sistema tributário, às limitações do poder de tributar, à repartição do poder impositivo e das receitas tributárias e aos direitos do contribuinte;
b) às finanças públicas;
c) à atividade econômica, à política urbana, agrícola, fundiária e de reforma agrária e ao sistema financeiro nacional;
d) à seguridade social, à educação, à cultura e ao desporto, à ciência e à tecnologia, à comunicação social e ao meio ambiente;
e) à segurança pública;

III – a defesa dos seguintes bens e interesses:

a) o patrimônio nacional;
b) o patrimônio público e social;
c) o patrimônio cultural brasileiro;
d) o meio ambiente;
e) os direitos e interesses coletivos, especialmente das comunidades indígenas, da família, da criança, do adolescente e do idoso;

IV – zelar pelo efetivo respeito dos Poderes Públicos da União, dos serviços de relevância pública e dos meios de comunicação social aos princípios, garantias, condições, direitos, deveres e vedações previstos na Constituição Federal e na lei, relativos à comunicação social;
V – zelar pelo efetivo respeito dos Poderes Públicos da União e dos serviços de relevância pública quanto:

a) aos direitos assegurados na Constituição Federal relativos às ações e aos serviços de saúde e à educação;
b) aos princípios da legalidade, da impessoalidade, da moralidade e da publicidade;

VI – exercer outras funções previstas na Constituição Federal e na lei.

§ 1º Os órgãos do Ministério Público da União devem zelar pela observância dos princípios e competências da Instituição, bem como pelo livre exercício de suas funções.

§ 2º Somente a lei poderá especificar as funções atribuídas pela Constituição Federal e por esta Lei Complementar ao Ministério Público da União, observados os princípios e normas nelas estabelecidos.

CAPÍTULO II

DOS INSTRUMENTOS DE ATUAÇÃO

Art. 6º Compete ao Ministério Público da União:

I – promover a ação direta de inconstitucionalidade e o respectivo pedido de medida cautelar;
II – promover a ação direta de inconstitucionalidade por omissão;
III – promover a arguição de descumprimento de preceito fundamental decorrente da Constituição Federal;
IV – promover a representação para intervenção federal nos Estados e no Distrito Federal;
V – promover, privativamente, a ação penal pública, na forma da lei;
VI – impetrar *Habeas Corpus* e mandado de segurança;
VII – promover o inquérito civil e a ação civil pública para:

a) a proteção dos direitos constitucionais;
b) a proteção do patrimônio público e social, do meio ambiente, dos bens e direitos de valor artístico, estético, histórico, turístico e paisagístico;
c) a proteção dos interesses individuais indisponíveis, difusos e coletivos, relativos às comunidades indígenas, à família, à criança, ao adolescente, ao idoso, às minorias étnicas e ao consumidor;
d) outros interesses individuais indisponíveis, homogêneos, sociais, difusos e coletivos;

VIII – promover outras ações, nelas incluído o mandado de injunção sempre que a falta de norma regulamentadora torne inviável o exercício dos direitos e liberdades constitucionais e das prerrogativas inerentes à nacionalidade, à soberania e à cidadania, quando difusos os interesses a serem protegidos;
IX – promover ação visando ao cancelamento de naturalização, em virtude de atividade nociva ao interesse nacional;
X – promover a responsabilidade dos executores ou agentes do estado de defesa ou do estado de sítio, pelos ilícitos cometidos no período de sua duração;
XI – defender judicialmente os direitos e interesses das populações indígenas, incluídos os relativos às terras por elas tradicionalmente habitadas, propondo as ações cabíveis;
XII – propor ação civil coletiva para defesa de interesses individuais homogêneos;
XIII – propor ações de responsabilidade do fornecedor de produtos e serviços;
XIV – promover outras ações necessárias ao exercício de suas funções institucionais, em defesa da ordem jurídica, do regime democrático e dos interesses sociais e individuais indisponíveis, especialmente quanto:

a) ao Estado de Direito e às instituições democráticas;
b) à ordem econômica e financeira;

c) à ordem social;
d) ao patrimônio cultural brasileiro;
e) à manifestação de pensamento, de criação, de expressão ou de informação;
f) à probidade administrativa;
g) ao meio ambiente;

XV – manifestar-se em qualquer fase dos processos, acolhendo solicitação do juiz ou por sua iniciativa, quando entender existente interesse em causa que justifique a intervenção;
XVI – VETADO;
XVII – propor as ações cabíveis para:

a) perda ou suspensão de direitos políticos, nos casos previstos na Constituição Federal;
b) declaração de nulidade de atos ou contratos geradores do endividamento externo da União, de suas autarquias, fundações e demais entidades controladas pelo Poder Público Federal, ou com repercussão direta ou indireta em suas finanças;
c) dissolução compulsória de associações, inclusive de partidos políticos, nos casos previstos na Constituição Federal;
d) cancelamento de concessão ou de permissão, nos casos previstos na Constituição Federal;
e) declaração de nulidade de cláusula contratual que contrarie direito do consumidor;

XVIII – representar;

a) ao órgão judicial competente para quebra de sigilo da correspondência e das comunicações telegráficas, de dados e das comunicações telefônicas, para fins de investigação criminal ou instrução processual penal, bem como manifestar-se sobre representação a ele dirigida para os mesmos fins;
b) ao Congresso Nacional, visando ao exercício das competências deste ou de qualquer de suas Casas ou comissões;
c) ao Tribunal de Contas da União, visando ao exercício das competências deste;
d) ao órgão judicial competente, visando à aplicação de penalidade por infrações cometidas contra as normas de proteção à infância e à juventude, sem prejuízo da promoção da responsabilidade civil e penal do infrator, quando cabível;

XIX – promover a responsabilidade:

a) da autoridade competente, pelo não exercício das incumbências, constitucional e legalmente impostas ao Poder Público da União, em defesa do meio ambiente, de sua preservação e de sua recuperação;
b) de pessoas físicas ou jurídicas, em razão da prática de atividade lesiva ao meio ambiente, tendo em vista a aplicação de sanções penais e a reparação dos danos causados;

XX – expedir recomendações, visando à melhoria dos serviços públicos e de relevância pública, bem como ao respeito, aos interesses, direitos e bens cuja defesa lhe cabe promover, fixando prazo razoável para a adoção das providências cabíveis.

§ 1º Será assegurada a participação do Ministério Público da União, como instituição observadora, na forma e nas condições estabelecidas em ato do Procurador-Geral da República, em qualquer órgão da administração pública direta, indireta ou fundacional da União, que tenha atribuições correlatas às funções da Instituição.

§ 2º A lei assegurará a participação do Ministério Público da União nos órgãos colegiados estatais, federais ou do Distrito Federal, constituídos para defesa de direitos e interesses relacionados com as funções da Instituição.

Art. 7º Incumbe ao Ministério Público da União, sempre que necessário ao exercício de suas funções institucionais:

I – instaurar inquérito civil e outros procedimentos administrativos correlatos;
II – requisitar diligências investigatórias e a instauração de inquérito policial e de inquérito policial militar, podendo acompanhá-los e apresentar provas;
III – requisitar à autoridade competente a instauração de procedimentos administrativos, ressalvados os de natureza disciplinar, podendo acompanhá-los e produzir provas.

Art. 8º Para o exercício de suas atribuições, o Ministério Público da União poderá, nos procedimentos de sua competência:

I – notificar testemunhas e requisitar sua condução coercitiva, no caso de ausência injustificada;
II – requisitar informações, exames, perícias e documentos de autoridades da Administração Pública direta ou indireta;
III – requisitar da Administração Pública serviços temporários de seus servidores e meios materiais necessários para a realização de atividades específicas;
IV – requisitar informações e documentos a entidades privadas;
V – realizar inspeções e diligências investigatórias;
VI – ter livre acesso a qualquer local público ou privado, respeitadas as normas constitucionais pertinentes à inviolabilidade do domicílio;
VII – expedir notificações e intimações necessárias aos procedimentos e inquéritos que instaurar;
VIII – ter acesso incondicional a qualquer banco de dados de caráter público ou relativo a serviço de relevância pública;
IX – requisitar o auxílio de força policial.

§ 1º O membro do Ministério Público será civil e criminalmente responsável pelo uso indevido das informações e documentos que requisitar; a ação penal, na hipótese, poderá ser proposta também pelo ofendido, subsidiariamente, na forma da lei processual penal.

§ 2º Nenhuma autoridade poderá opor ao Ministério Público, sob qualquer pretexto, a exceção de sigilo, sem prejuízo da subsistência do caráter sigiloso da informação, do registro, do dado ou do documento que lhe seja fornecido.

§ 3º A falta injustificada e o retardamento indevido do cumprimento das requisições do Ministério Público implicarão a responsabilidade de quem lhe der causa.

§ 4º As correspondências, notificações, requisições e intimações do Ministério Público quando tiverem como destinatário o Presidente da República, o Vice-Presidente da República, membro do Congresso Nacional, Ministro do Supremo Tribunal Federal, Ministro de Estado, Ministro de Tribunal Superior, Ministro do Tribunal de Contas da União ou chefe de missão diplomática de caráter permanente serão encaminhadas e levadas a efeito pelo Procurador-Geral da República ou outro órgão do Ministério Público a quem essa atribuição seja delegada, cabendo às autoridades mencionadas fixar data, hora e local em que puderem ser ouvidas, se for o caso.

§ 5º As requisições do Ministério Público serão feitas fixando-se prazo razoável de até dez dias úteis para atendimento, prorrogável mediante solicitação justificada.

CAPÍTULO III

DO CONTROLE EXTERNO DA ATIVIDADE POLICIAL

Art. 9º O Ministério Público da União exercerá o controle externo da atividade policial por meio de medidas judiciais e extrajudiciais, podendo:

I – ter livre ingresso em estabelecimentos policiais ou prisionais;

II – ter acesso a quaisquer documentos relativos à atividade-fim policial;

III – representar à autoridade competente pela adoção de providências para sanar a omissão indevida, ou para prevenir ou corrigir ilegalidade ou abuso de poder;

IV – requisitar à autoridade competente a instauração de inquérito policial sobre a omissão ou fato ilícito ocorrido no exercício da atividade policial;

V – promover a ação penal por abuso de poder.

Art. 10. A prisão de qualquer pessoa, por parte de autoridade federal ou do Distrito Federal e Territórios, deverá ser comunicada imediatamente ao Ministério Público competente, com indicação do lugar onde se encontra o preso e cópia dos documentos comprobatórios da legalidade da prisão.

CAPÍTULO IV

DA DEFESA DOS DIREITOS CONSTITUCIONAIS

Art. 11. A defesa dos direitos constitucionais do cidadão visa à garantia do seu efetivo respeito pelos Poderes Públicos e pelos prestadores de serviços de relevância pública.

Art. 12. O Procurador dos Direitos do Cidadão agirá de ofício ou mediante representação, notificando a autoridade questionada para que preste informação, no prazo que assinar.

Art. 13. Recebidas ou não as informações e instruído o caso, se o Procurador dos Direitos do Cidadão concluir que direitos constitucionais foram ou estão sendo desrespeitados, deverá notificar o responsável para que tome as providências necessárias a prevenir a repetição ou que determine a cessação do desrespeito verificado.

Art. 14. Não atendida, no prazo devido, a notificação prevista no artigo anterior, a Procuradoria dos Direitos do Cidadão representará ao poder ou autoridade competente para promover a responsabilidade pela ação ou omissão inconstitucionais.

Art. 15. É vedado aos órgãos de defesa dos direitos constitucionais do cidadão promover em juízo a defesa de direitos individuais lesados.

§ 1º Quando a legitimidade para a ação decorrente da inobservância da Constituição Federal, verificada pela Procuradoria, couber a outro órgão do Ministério Público, os elementos de informação ser-lhe-ão remetidos.

§ 2º Sempre que o titular do direito lesado não puder constituir advogado e a ação cabível não incumbir ao Ministério Público, o caso, com os elementos colhidos, será encaminhado à Defensoria Pública competente.

Art. 16. A lei regulará os procedimentos da atuação do Ministério Público na defesa dos direitos constitucionais do cidadão.

CAPÍTULO V

DAS GARANTIAS E DAS PRERROGATIVAS

Art. 17. Os membros do Ministério Público da União gozam das seguintes garantias:

I – vitaliciedade, após dois anos de efetivo exercício, não podendo perder o cargo senão por sentença judicial transitada em julgado;

II – inamovibilidade, salvo por motivo de interesse público, mediante decisão do Conselho Superior, por voto de dois terços de seus membros, assegurada ampla defesa;

III – VETADO.

Art. 18. São prerrogativas dos membros do Ministério Público da União:

I – institucionais:

a) sentar-se no mesmo plano e imediatamente à direita dos juízes singulares ou presidentes dos órgãos judiciários perante os quais oficiem;

b) usar vestes talares;

c) ter ingresso e trânsito livres, em razão de serviço, em qualquer recinto público ou privado, respeitada a garantia constitucional da inviolabilidade do domicílio;

d) a prioridade em qualquer serviço de transporte ou comunicação, público ou privado, no território nacional, quando em serviço de caráter urgente;

e) o porte de arma, independentemente de autorização;

f) carteira de identidade especial, de acordo com modelo aprovado pelo Procurador-Geral da República e por ele expedida, nela se consignando as prerrogativas constantes do inciso I, alíneas c, d e e do inciso II, alíneas d, e e f deste artigo;

II – processuais:

a) do Procurador-Geral da República, ser processado e julgado, nos crimes comuns, pelo Supremo Tribunal Federal e pelo Senado Federal, nos crimes de responsabilidade;

b) do membro do Ministério Público da União que oficie perante tribunais, ser processado e julgado, nos crimes comuns e de responsabilidade, pelo Superior Tribunal de Justiça;

c) do membro do Ministério Público da União que oficie perante juízos de primeira instância, ser processado e julgado, nos crimes comuns e de responsabilidade, pelos Tribunais Regionais Federais, ressalvada a competência da Justiça Eleitoral;

d) ser preso ou detido somente por ordem escrita do tribunal competente ou em razão de flagrante de crime inafiançável, caso em que a autoridade fará imediata comunicação àquele tribunal e

ao Procurador-Geral da República, sob pena de responsabilidade;
e) ser recolhido à prisão especial ou à sala especial de Estado-Maior, com direito a privacidade e à disposição do tribunal competente para o julgamento, quando sujeito a prisão antes da decisão final; e a dependência separada no estabelecimento em que tiver de ser cumprida a pena;
f) não ser indiciado em inquérito policial, observado o disposto no parágrafo único deste artigo;
g) ser ouvido, como testemunhas em dia, hora e local previamente ajustados com o magistrado ou a autoridade competente;
h) receber intimação pessoalmente nos autos em qualquer processo e grau de jurisdição nos feitos em que tiver que oficiar.

Parágrafo único. Quando, no curso de investigação, houver indício da prática de infração penal por membro do Ministério Público da União, a autoridade policial, civil ou militar, remeterá imediatamente os autos ao Procurador-Geral da República, que designará membro do Ministério Público para prosseguimento da apuração do fato.

Art. 19. O Procurador-Geral da República terá as mesmas honras e tratamento dos Ministros do Supremo Tribunal Federal; e os demais membros da instituição, as que forem reservadas aos magistrados perante os quais oficiem.

Art. 20. Os órgãos do Ministério Público da União terão presença e palavra asseguradas em todas as sessões dos colegiados em que oficiem.

Art. 21. As garantias e prerrogativas dos membros do Ministério Público da União são inerentes ao exercício de suas funções e irrenunciáveis.

Parágrafo único. As garantias e prerrogativas previstas nesta Lei Complementar não excluem as que sejam estabelecidas em outras leis.

Capítulo VI
DA AUTONOMIA DO MINISTÉRIO PÚBLICO

Art. 22. Ao Ministério Público da União é assegurada autonomia funcional, administrativa e financeira, cabendo-lhe:

I – propor ao Poder Legislativo a criação e extinção de seus cargos e serviços auxiliares, bem como a fixação dos vencimentos de seus membros e servidores;
II – prover os cargos de suas carreiras e dos serviços auxiliares;
III – organizar os serviços auxiliares;
IV – praticar atos próprios de gestão.

Art. 23. O Ministério Público da União elaborará sua proposta orçamentária dentro dos limites da lei de diretrizes orçamentárias.

§ 1º Os recursos correspondentes às suas dotações orçamentárias, compreendidos os créditos suplementares e especiais, ser-lhe-ão entregues até o dia vinte de cada mês.

§ 2º A fiscalização contábil, financeira, orçamentária, operacional e patrimonial do Ministério Público da União será exercida pelo Congresso Nacional, mediante controle externo, com o auxílio do Tribunal de Contas da União, segundo o disposto no Título IV, Capítulo I, Seção IX, da Constituição Federal, e por sistema próprio de controle interno.

§ 3º As contas referentes ao exercício anterior serão prestadas, anualmente, dentro de sessenta dias da abertura da sessão legislativa do Congresso Nacional.

Capítulo VII
DA ESTRUTURA

Art. 24. O Ministério Público da União compreende:

I – o Ministério Público Federal;
II – o Ministério Público do Trabalho;
III – o Ministério Público Militar;
IV – o Ministério Público do Distrito Federal e Territórios.

Parágrafo único. A estrutura básica do Ministério Público da União será organizada por regulamento, nos termos da lei.

Capítulo VIII
DO PROCURADOR-GERAL DA REPÚBLICA

Art. 25. O Procurador-Geral da República é o chefe do Ministério Público da União, nomeado pelo Presidente da República dentre integrantes da carreira, maiores de trinta e cinco anos, após a aprovação de seu nome pela maioria absoluta do Senado Federal, para mandato de dois anos, permitida a recondução, precedida de nova decisão do Senado Federal.

Parágrafo único. A exoneração, de ofício, do Procurador-Geral da República, por iniciativa do Presidente da República, deverá ser precedida de autorização da maioria absoluta do Senado Federal, em votação secreta.

Art. 26. São atribuições do Procurador-Geral da República, como Chefe do Ministério Público da União:

I – representar a instituição;
II – propor ao Poder Legislativo os projetos de lei sobre o Ministério Público da União;
III – apresentar a proposta de orçamento do Ministério Público da União, compatibilizando os anteprojetos dos diferentes ramos da Instituição, na forma da lei de diretrizes orçamentárias;
IV – nomear e dar posse ao Vice-Procurador-Geral da República, ao Procurador-Geral do Trabalho, ao Procurador-Geral da Justiça Militar, bem como dar posse ao Procurador-Geral de Justiça do Distrito Federal e Territórios;
V – encaminhar ao Presidente da República a lista tríplice para nomeação do Procurador-Geral de Justiça do Distrito Federal e Territórios;
VI – encaminhar aos respectivos Presidentes as listas sêxtuplas para composição dos Tribunais Regionais Federais, do Tribunal de Justiça do Distrito Federal e Territórios, do Superior Tribunal de Justiça, do Tribunal Superior do Trabalho e dos Tribunais Regionais do Trabalho;
VII – dirimir conflitos de atribuição entre integrantes de ramos diferentes do Ministério Público da União;
VIII – praticar atos de gestão administrativa, financeira e de pessoal;
IX – prover e desprover os cargos das carreiras do Ministério Público da União e de seus serviços auxiliares;
X – arbitrar o valor das vantagens devidas aos membros do Ministério Público da União, nos casos previstos nesta Lei Complementar;

XI – fixar o valor das bolsas devidas aos estagiários;
XII – exercer outras atribuições previstas em lei;
XIII – exercer o poder regulamentar, no âmbito do Ministério Público da União, ressalvadas as competências estabelecidas nesta Lei Complementar para outros órgãos nela instituídos.

§ 1º O Procurador-Geral da República poderá delegar aos Procuradores-Gerais as atribuições previstas nos incisos VII e VIII deste artigo.

§ 2º A delegação também poderá ser feita ao Diretor-Geral da Secretaria do Ministério Público da União para a prática de atos de gestão administrativa, financeira e de pessoal, estes apenas em relação aos servidores e serviços auxiliares.

Art. 27. O Procurador-Geral da República designará, dentre os integrantes da carreira, maiores de trinta e cinco anos, o Vice-Procurador-Geral da República, que o substituirá em seus impedimentos. No caso de vacância, exercerá o cargo o Vice-Presidente do Conselho Superior do Ministério Público Federal, até o provimento definitivo do cargo.

CAPÍTULO IX

DO CONSELHO DE ASSESSORAMENTO SUPERIOR DO MINISTÉRIO PÚBLICO DA UNIÃO

Art. 28. O Conselho de Assessoramento Superior do Ministério Público da União, sob a presidência do Procurador-Geral da República, será integrado pelo Vice-Procurador-Geral da República, pelo Procurador-Geral do Trabalho, pelo Procurador-Geral da Justiça Militar e pelo Procurador-Geral de Justiça do Distrito Federal e Territórios.

Art. 29. As reuniões do Conselho de Assessoramento Superior do Ministério Público da União serão convocadas pelo Procurador-Geral da República, podendo solicitá-las qualquer de seus membros.

Art. 30. O Conselho de Assessoramento Superior do Ministério Público da União deverá opinar sobre as matérias de interesse geral da Instituição, e em especial sobre:

I – projetos de lei de interesse comum do Ministério Público da União, neles incluídos:

a) os que visem a alterar normas gerais da Lei Orgânica do Ministério Público da União;
b) a proposta de orçamento do Ministério Público da União;
c) os que proponham a fixação dos vencimentos nas carreiras e nos serviços auxiliares;

II – a organização e o funcionamento da Diretoria-Geral e dos Serviços da Secretaria do Ministério Público da União.

Art. 31. O Conselho de Assessoramento Superior poderá propor aos Conselhos Superiores dos diferentes ramos do Ministério Público da União medidas para uniformizar os atos decorrentes de seu poder normativo.

CAPÍTULO X

DAS CARREIRAS

Art. 32. As carreiras dos diferentes ramos do Ministério Público da União são independentes entre si, tendo cada uma delas organização própria, na forma desta lei complementar.

Art. 33. As funções do Ministério Público da União só podem ser exercidas por integrantes da respectiva carreira, que deverão residir onde estiverem lotados.

Art. 34. A lei estabelecerá o número de cargos das carreiras do Ministério Público da União e os ofícios em que serão exercidas suas funções.

CAPÍTULO XI

DOS SERVIÇOS AUXILIARES

Art. 35. A Secretaria do Ministério Público da União é dirigida pelo seu Diretor-Geral de livre escolha do Procurador-Geral da República e demissível *ad nutum*, incumbindo-lhe os serviços auxiliares de apoio técnico e administrativo à Instituição.

Art. 36. O pessoal dos serviços auxiliares será organizado em quadro próprio de carreira, sob regime estatutário, para apoio técnico-administrativo adequado às atividades específicas da Instituição.

TÍTULO II – DOS RAMOS DO MINISTÉRIO PÚBLICO DA UNIÃO

CAPÍTULO III

DO MINISTÉRIO PÚBLICO MILITAR

SEÇÃO I

DA COMPETÊNCIA, DOS ÓRGÃOS E DA CARREIRA

Art. 116. Compete ao Ministério Público Militar o exercício das seguintes atribuições junto aos órgãos da Justiça Militar:

I – promover, privativamente, a ação penal pública;
II – promover a declaração de indignidade ou de incompatibilidade para o oficialato;
III – manifestar-se em qualquer fase do processo, acolhendo solicitação do juiz ou por sua iniciativa, quando entender existente interesse público que justifique a intervenção.

Art. 117. Incumbe ao Ministério Público Militar:

I – requisitar diligências investigatórias e a instauração de inquérito Policial Militar, podendo acompanhá-los e apresentar provas;
II – exercer o controle externo da atividade da polícia judiciária militar.

Art. 118. São órgãos do Ministério Público Militar:

I – o Procurador-Geral da Justiça Militar;
II – o Colégio de Procuradores da Justiça Militar;
III – o Conselho Superior do Ministério Público Militar;
IV – a Câmara de Coordenação e Revisão do Ministério Público Militar;
V – a Corregedoria do Ministério Público Militar;
VI – os Subprocuradores-Gerais da Justiça Militar;
VII – os Procuradores da Justiça Militar;
VIII – os Promotores da Justiça Militar.

Art. 119. A carreira do Ministério Público Militar é constituída pelos cargos de Subprocurador-Geral da Justiça Militar, Procurador da Justiça Militar e Promotor da Justiça Militar.

Parágrafo único. O cargo inicial da carreira é o de Promotor da Justiça Militar e o do último nível é o de Subprocurador-Geral da Justiça Militar.

SEÇÃO II

DO PROCURADOR-GERAL DA JUSTIÇA MILITAR

Art. 120. O Procurador-Geral da Justiça Militar é o Chefe do Ministério Público Militar.

Art. 121. O Procurador-Geral da Justiça Militar será nomeado pelo Procurador-Geral da República, dentre integrantes da Instituição, com mais de trinta e cinco anos de idade e de cinco anos na carreira, escolhidos em lista tríplice mediante voto plurinominal, facultativo e secreto, pelo Colégio de Procuradores, para um mandato de dois anos, permitida uma recondução, observado o mesmo processo. Caso não haja número suficiente de candidatos com mais de cinco anos na carreira, poderá concorrer à lista tríplice quem contar mais de dois anos na carreira.

Parágrafo único. A exoneração do Procurador-Geral da Justiça Militar, antes do término do mandato, será proposta pelo Conselho Superior ao Procurador-Geral da República, mediante deliberação obtida com base em voto secreto de dois terços de seus integrantes.

Art. 122. O Procurador-Geral da Justiça Militar designará dentre os Subprocuradores-Gerais, o Vice-Procurador-Geral da Justiça Militar, que o substituirá em seus impedimentos. Em caso de vacância, exercerá o cargo o Vice-Presidente do Conselho Superior, até o seu provimento definitivo.

Art. 123. Compete ao Procurador-Geral da Justiça Militar exercer as funções atribuídas ao Ministério Público Militar junto ao Superior Tribunal Militar, propondo as ações cabíveis e manifestando-se nos processos de sua competência.

Art. 124. São atribuições do Procurador-Geral da Justiça Militar:

I – representar o Ministério Público Militar;
II – integrar, como membro nato, e presidir o Colégio de Procuradores da Justiça Militar, o Conselho Superior do Ministério Público da Justiça Militar e a Comissão de Concurso;
III – nomear o Corregedor-Geral do Ministério Público Militar, segundo lista tríplice elaborada pelo Conselho Superior;
IV – designar um dos membros e o Coordenador da Câmara de Coordenação e Revisão do Ministério Público Militar;
V – designar, observados os critérios da lei e os estabelecidos pelo Conselho Superior, os ofícios em que exercerão suas funções os membros do Ministério Público Militar;
VI – decidir, em grau de recurso, os conflitos de atribuições entre os órgãos do Ministério Público Militar;
VII – determinar a abertura de correição, sindicância ou inquérito administrativo;
VIII – determinar a instauração de inquérito ou processo administrativo contra servidores dos serviços auxiliares;
IX – decidir processo disciplinar contra membro da carreira ou servidor dos serviços auxiliares, aplicando as sanções que sejam de sua competência;

X – decidir, atendida a necessidade do serviço, sobre:

a) remoção a pedido ou por permuta;
b) alteração parcial da lista bienal de designações;

XI – autorizar o afastamento de membros do Ministério Público Militar, ouvido o Conselho Superior, nas hipóteses da lei;
XII – dar posse aos membros do Ministério Público Militar;
XIII – designar membro do Ministério Público para:

a) funcionar nos órgãos em que a participação da instituição seja legalmente prevista, ouvido o Conselho Superior;
b) integrar comissões técnicas ou científicas, relacionadas às funções da Instituição, ouvido o Conselho Superior;
c) assegurar a continuidade dos serviços, em caso de vacância, afastamento temporário, ausência, impedimento ou suspeição do titular, na inexistência ou falta do substituto designado;

XIV – homologar, ouvido o Conselho Superior, o resultado do concurso para ingresso na carreira;
XV – fazer publicar o aviso de existência de vaga, na lotação e na relação bienal de designações;
XVI – propor ao Procurador-Geral da República, ouvido o Conselho Superior, a criação e extinção de cargos da carreira e dos ofícios em que devam ser exercidas suas funções;
XVII – elaborar a proposta orçamentária do Ministério Público Militar, submetendo-a ao Conselho Superior;
XVIII – encaminhar ao Procurador-Geral da República a proposta orçamentária do Ministério Público Militar, após sua aprovação pelo Conselho Superior;
XIX – organizar a prestação de contas do exercício anterior, encaminhando-a ao Procurador-Geral da República;
XX – praticar atos de gestão administrativa, financeira e de pessoal;
XXI – elaborar o relatório de atividades do Ministério Público Militar;
XXII – coordenar as atividades do Ministério Público Militar;
XXIII – exercer outras atribuições previstas em lei.

Art. 125. As atribuições do Procurador-Geral da Justiça Militar, previstas no artigo anterior, poderão ser delegadas:

I – ao Coordenador da Câmara de Coordenação e Revisão, as dos incisos XIII, alínea c, e XXII;
II – ao Procurador da Justiça Militar, as dos incisos I e XX.

SEÇÃO III

DO COLÉGIO DE PROCURADORES DA JUSTIÇA MILITAR

Art. 126. O Colégio de Procuradores da Justiça Militar, presidido pelo Procurador-Geral da Justiça Militar, é integrado por todos os membros da carreira em atividade no Ministério Público da Justiça Militar.

Art. 127. Compete ao Colégio de Procuradores da Justiça Militar:

I – elaborar, mediante voto plurinominal, facultativo e secreto, lista tríplice para a escolha do Procurador-Geral da Justiça Militar;

II – opinar sobre assuntos gerais de interesse da Instituição.

§ 1º Para os fins previstos no inciso I, prescindir-se-á de reunião do Colégio de Procuradores, procedendo-se segundo dispuser o seu regimento interno, exigido o voto da maioria absoluta dos eleitores.

§ 2º Excepcionalmente, em caso de interesse relevante da Instituição, o Colégio de Procuradores reunir-se-á em local designado pelo Procurador-Geral da Justiça Militar, desde que convocado por ele ou pela maioria de seus membros.

§ 3º O Regimento Interno do Colégio de Procuradores Militares disporá sobre seu funcionamento.

Seção IV

DO CONSELHO SUPERIOR DO MINISTÉRIO PÚBLICO MILITAR

Art. 128. O Conselho Superior do Ministério Público Militar, presidido pelo Procurador-Geral da Justiça Militar, tem a seguinte composição:

I – o Procurador-Geral da Justiça Militar e o Vice-Procurador-Geral da Justiça Militar;

II – os Subprocuradores-Gerais da Justiça Militar.

Parágrafo único. O Conselho Superior elegerá o seu Vice-Presidente, que substituirá o Presidente em seus impedimentos e em caso de vacância.

Art. 129. O Conselho Superior do Ministério Público Militar reunir-se-á, ordinariamente, uma vez por mês, em dia previamente fixado, e extraordinariamente, quando convocado pelo Procurador-Geral da Justiça Militar ou por proposta da maioria absoluta de seus membros.

Art. 130. Salvo disposição em contrário, as deliberações do Conselho Superior serão tomadas por maioria de votos, presente a maioria absoluta dos seus membros.

§ 1º Em caso de empate, prevalecerá o voto do Presidente, exceto em matéria de sanções, caso em que prevalecerá a solução mais favorável ao acusado.

§ 2º As deliberações do Conselho Superior serão publicadas no *Diário da Justiça*, exceto quando o regimento interno determine sigilo.

Art. 131. Compete ao Conselho Superior do Ministério Público Militar:

I – exercer o poder normativo no âmbito do Ministério Público Militar, observados os princípios desta lei complementar, especialmente para elaborar e aprovar:

a) o seu regimento interno, o do Colégio de Procuradores da Justiça Militar e o da Câmara de Coordenação e Revisão do Ministério Público Militar;
b) as normas e as instruções para o concurso de ingresso na carreira;
c) as normas sobre as designações para os diferentes ofícios do Ministério Público Militar;
d) os critérios para distribuição de inquéritos e quaisquer outros feitos, no Ministério Público Militar;
e) os critérios de promoção por merecimento na carreira;

f) o procedimento para avaliar o cumprimento das condições do estágio probatório;

II – indicar os integrantes da Câmara de Coordenação e Revisão do Ministério Público Militar;

III – propor a exoneração do Procurador-Geral da Justiça Militar;

IV – destituir, por iniciativa do Procurador-Geral do Ministério Público Militar e pelo voto de dois terços de seus membros, antes do término do mandato, o Corregedor-Geral;

V – elaborar a lista tríplice destinada à promoção por merecimento;

VI – elaborar a lista tríplice para Corregedor-Geral do Ministério Público Militar;

VII – aprovar a lista de antiguidade do Ministério Público Militar e decidir sobre as reclamações a ela concernentes;

VIII – indicar o membro do Ministério Público Militar para promoção por antiguidade, observado o disposto no art. 93, II, alínea *d*, da Constituição Federal;

IX – opinar sobre a designação de membro do Ministério Público Militar para:

a) funcionar nos órgãos em que a participação da Instituição seja legalmente prevista;
b) integrar comissões técnicas ou científicas relacionadas às funções da Instituição;

X – opinar sobre o afastamento temporário de membro do Ministério Público Militar;

XI – autorizar a designação, em caráter excepcional, de membro do Ministério Público Militar, para exercício de atribuições processuais perante juízos, tribunais ou ofícios diferentes dos estabelecidos para cada categoria;

XII – determinar a realização de correições e sindicâncias e apreciar os relatórios correspondentes;

XIII – determinar a instauração de processos administrativos em que o acusado seja membro do Ministério Público Militar, apreciar seus relatórios e propor as medidas cabíveis;

XIV – determinar o afastamento preventivo do exercício de suas funções, de membro do Ministério Público Militar, indiciado ou acusado em processo disciplinar, e seu retorno;

XV – designar a comissão de processo administrativo em que o acusado seja membro do Ministério Público Militar;

XVI – decidir sobre o cumprimento do estágio probatório por membro do Ministério Público Militar, encaminhando cópia da decisão ao Procurador-Geral da República, quando for o caso, para ser efetivada sua exoneração;

XVII – decidir sobre remoção e disponibilidade de membro do Ministério Público Militar, por motivo de interesse público;

XVIII – autorizar, pela maioria absoluta de seus membros, que o Procurador-Geral da República ajuíze ação de perda de cargo contra membro vitalício do Ministério Público Militar, nos casos previstos nesta lei complementar;

XIX – opinar sobre os pedidos de reversão de membro da carreira;

XX – aprovar a proposta de lei para o aumento do número de cargos da carreira e dos ofícios;

XXI – deliberar sobre a realização de concurso para ingresso na carreira, designar os membros da Comissão de Concurso e opinar sobre a homologação dos resultados;

XXII – exercer outras funções atribuídas em lei.

§ 1º Aplicam-se ao Procurador-Geral e aos demais membros do Conselho Superior as normas processuais em geral, pertinentes aos impedimentos e suspeição dos membros do Ministério Público.

§ 2º As deliberações relativas aos incisos I, alíneas a e e, XI, XIII, XIV, XV e XVII somente poderão ser tomadas com o voto favorável de dois terços dos membros do Conselho Superior.

SEÇÃO V

DA CÂMARA DE COORDENAÇÃO E REVISÃO DO MINISTÉRIO PÚBLICO MILITAR

Art. 132. A Câmara de Coordenação e Revisão do Ministério Público Militar é o órgão de coordenação, de integração e de revisão do exercício funcional na Instituição.

Art. 133. A Câmara de Coordenação e Revisão do Ministério Público Militar será organizada por ato normativo e o Regimento Interno, que disporá sobre seu funcionamento, será elaborado e aprovado pelo Conselho Superior.

Art. 134. A Câmara de Coordenação e Revisão do Ministério Público Militar será composta por três membros do Ministério Público Militar, sendo um indicado pelo Procurador-Geral da Justiça Militar e dois pelo Conselho Superior do Ministério Público Militar, juntamente com seus suplentes, para um mandato de dois anos, sempre que possível, dentre integrantes do último grau da carreira.

Art. 135. Dentre os integrantes da Câmara de Coordenação e Revisão, um deles será designado pelo Procurador-Geral para a função executiva de Coordenador.

Art. 136. Compete à Câmara de Coordenação e Revisão do Ministério Público Militar:

I – promover a integração e a coordenação dos órgãos institucionais do Ministério Público Militar, observado o princípio da independência funcional;

II – manter intercâmbio com órgãos ou entidades que atuem em áreas afins;

III – encaminhar informações técnico-jurídicas aos órgãos institucionais do Ministério Público Militar;

IV – manifestar-se sobre o arquivamento de inquérito policial militar, exceto nos casos de competência originária do Procurador-Geral;

V – resolver sobre a distribuição especial de inquéritos e quaisquer outros feitos, quando a matéria, por sua natureza ou relevância, assim o exigir;

VI – decidir os conflitos de atribuição entre os órgãos do Ministério Público Militar.

Parágrafo único. A competência fixada no inciso V será exercida segundo critérios objetivos previamente estabelecidos pelo Conselho Superior.

SEÇÃO VI

DA CORREGEDORIA DO MINISTÉRIO PÚBLICO MILITAR

Art. 137. A Corregedoria do Ministério Público Militar, dirigida pelo Corregedor-Geral, é o órgão fiscalizador das atividades funcionais e da conduta dos membros do Ministério Público.

Art. 138. O Corregedor-Geral do Ministério Público Militar será nomeado pelo Procurador-Geral da Justiça Militar dentre os Subprocuradores-Gerais da Justiça Militar integrantes de lista tríplice elaborada pelo Conselho Superior, para mandato de dois anos, renovável uma vez.

§ 1º Serão suplentes do Corregedor-Geral os demais integrantes da lista tríplice, na ordem em que os designar o Procurador-Geral.

§ 2º O Corregedor-Geral poderá ser destituído, por iniciativa do Procurador-Geral, antes do término do mandato, pelo voto de dois terços dos membros do Conselho Superior.

Art. 139. Incumbe ao Corregedor-Geral do Ministério Público:

I – realizar, de ofício, ou por determinação do Procurador-Geral ou do Conselho Superior, correições e sindicâncias, apresentando os respectivos relatórios;

II – instaurar inquérito contra integrante da carreira e propor ao Conselho Superior a instauração do processo administrativo consequente;

III – acompanhar o estágio probatório dos membros do Ministério Público Militar;

IV – propor ao Conselho Superior a exoneração de membro do Ministério Público Militar que não cumprir as condições do estágio probatório.

SEÇÃO VII

DOS SUBPROCURADORES-GERAIS DA JUSTIÇA MILITAR

Art. 140. Os Subprocuradores-Gerais da Justiça Militar serão designados para oficiar junto ao Superior Tribunal Militar e à Câmara de Coordenação e Revisão.

Parágrafo único. A designação de Subprocurador-Geral Militar para oficiar em órgãos jurisdicionais diferentes do previsto para a categoria dependerá de autorização do Conselho Superior.

Art. 141. Cabe aos Subprocuradores-Gerais da Justiça Militar, privativamente, o exercício das funções de:

I – Corregedor-Geral do Ministério Público Militar;

II – Coordenador da Câmara de Coordenação e Revisão do Ministério Público Militar.

Art. 142. Os Subprocuradores-Gerais da Justiça Militar serão lotados nos ofícios na Procuradoria-Geral da Justiça Militar.

SEÇÃO VIII

DOS PROCURADORES DA JUSTIÇA MILITAR

Art. 143. Os Procuradores da Justiça Militar serão designados para oficiar junto às Auditorias Militares.

§ 1º Em caso de vaga ou afastamento do Subprocurador-Geral da Justiça Militar por prazo superior a trinta dias, poderá ser convocado pelo Procurador-Geral, mediante aprovação pelo Conselho Superior, Procurador da Justiça Militar, e, nenhum desses aceitando, poderá ser convocado Promotor da Justiça Militar, para substituição.

§ 2º O Procurador da Justiça Militar convocado, ou o Promotor da Justiça Militar, receberá a diferença de vencimentos, correspondente ao cargo de Subprocurador-Geral da Justiça Militar, inclusive diárias e transporte se for o caso.

Art. 144. Os Procuradores da Justiça Militar serão lotados nos ofícios nas Procuradorias da Justiça Militar.

SEÇÃO IX

DOS PROMOTORES DA JUSTIÇA MILITAR

Art. 145. Os Promotores da Justiça Militar serão designados para oficiar junto às Auditorias Militares.

Parágrafo único. Em caso de vaga ou afastamento de Procurador da Justiça Militar por prazo superior a trinta dias, poderá ser convocado pelo Procurador-Geral, mediante aprovação do Conselho Superior, Promotor da Justiça Militar, para a substituição.

Art. 146. Os Promotores da Justiça Militar serão lotados nos ofícios nas Procuradorias da Justiça Militar.

SEÇÃO X

DAS UNIDADES DE LOTAÇÃO E DE ADMINISTRAÇÃO

Art. 147. Os ofícios na Procuradoria-Geral da Justiça Militar e nas Procuradorias da Justiça Militar são unidades de lotação e de administração do Ministério Público Militar.

Art. 148. A estrutura das unidades de lotação e de administração será organizada por regulamento, nos termos da lei.

TÍTULO IV – DAS DISPOSIÇÕES
FINAIS E TRANSITÓRIAS

Art. 294. Esta lei complementar entra em vigor na data de sua publicação.

Art. 295. Revogam-se as disposições em contrário.

Brasília, 20 de maio de 1993;
172º da Independência e
105º da República.

Itamar Franco

DECRETO Nº 983, DE 12 DE NOVEMBRO DE 1993

Dispõe sobre a colaboração dos órgãos e entidades da administração pública federal com o Ministério Publico Federal na repressão a todas as formas de improbidade administrativa.

▶ Publicado no *DOU* de 16-11-1993.

Art. 1º Os órgãos e entidades da administração pública federal direta, indireta e fundacional, observadas as respectivas áreas de competência, cooperarão, de ofício ou em face de requerimento fundamentado, com o Ministério Público Federal na repressão a todas as formas de improbidade administrativa.

Art. 2º Para os fins previstos na Lei nº 8.429, de 2 de junho de 1992, os órgãos integrantes da estrutura do Ministério da Fazenda, inclusive as entidades vinculadas e supervisionadas, por iniciativa do Ministério Público Federal, realizarão as diligências, perícias, levantamentos, coleta de dados e informações pertinentes à instrução de procedimento que tenha por finalidade apurar enriquecimento ilícito de agente público, fornecendo os meios de prova necessários ao ajuizamento da ação competente.

Parágrafo único. Quando os dados envolverem matéria protegida pelo sigilo fiscal ou bancário, observar-se-á o disposto na legislação pertinente.

Art. 3º Este Decreto entra em vigor na data de sua publicação.

Brasília, 12 de novembro de 1993;
172º da Independência e
105º da República

Itamar Franco

LEI Nº 8.906, DE 4 DE JULHO DE 1994

Dispõe sobre o Estatuto da Advocacia e a Ordem dos Advogados do Brasil – OAB.

▶ Publicada no *DOU* de 5-7-1994.
▶ Súm. nº 2/2011 do CF-OAB.

TÍTULO I – DA ADVOCACIA

CAPÍTULO I

DA ATIVIDADE DE ADVOCACIA

Art. 1º São atividades privativas de advocacia:

▶ Art. 133 da CF.
▶ Art. 4º desta Lei.
▶ Art. 36 do CPC.

I – a postulação a qualquer órgão do Poder Judiciário e aos Juizados Especiais;

▶ O STF, por maioria de votos, julgou parcialmente procedente a ADIN nº 1.127-8, para declarar a inconstitucionalidade da expressão "qualquer" contida neste inciso (*DOU* de 26-5-2006).

II – as atividades de consultoria, assessoria e direção jurídicas.

§ 1º Não se inclui na atividade privativa de advocacia a impetração de *habeas corpus* em qualquer instância ou Tribunal.

▶ Art. 5º, LXXVII, da CF.
▶ Art. 654 do CPP.
▶ Art. 470 do CPPM.

§ 2º Os atos e contratos constitutivos de pessoas jurídicas, sob pena de nulidade, só podem ser admitidos a registro, nos órgãos competentes, quando visados por advogados.

▶ Art. 9º, § 2º, da LC nº 123, de 14-12-2006 (Estatuto Nacional da Microempresa e da Empresa de Pequeno Porte).

§ 3º É vedada a divulgação de advocacia em conjunto com outra atividade.

▶ Art. 16, *caput* e § 2º, desta Lei.

Art. 2º O advogado é indispensável à administração da Justiça.

▶ Art. 133 da CF.

▶ Art. 9º, § 2º, da LC nº 123, de 14-12-2006 (Estatuto Nacional da Microempresa e da Empresa de Pequeno Porte).
▶ Arts. 9º e 72 da Lei nº 9.099, de 26-9-1995 (Lei dos Juizados Especiais).

§ 1º No seu ministério privado, o advogado presta serviço público e exerce função social.

§ 2º No processo judicial, o advogado contribui, na postulação de decisão favorável ao seu constituinte, ao convencimento do julgador, e seus atos constituem múnus público.

§ 3º No exercício da profissão, o advogado é inviolável por seus atos e manifestações, nos limites desta Lei.

▶ Art. 7º, II, IV e XIX, e §§ 2º e 3º, desta Lei.

Art. 3º O exercício da atividade de advocacia no território brasileiro e a denominação de advogado são privativos dos inscritos na Ordem dos Advogados do Brasil – OAB.

▶ Arts. 8º a 14 desta Lei.

§ 1º Exercem atividade de advocacia, sujeitando-se ao regime desta Lei, além do regime próprio a que se subordinem, os integrantes da Advocacia-Geral da União, da Procuradoria da Fazenda Nacional, da Defensoria Pública e das Procuradorias e Consultorias Jurídicas dos Estados, do Distrito Federal, dos Municípios e das respectivas entidades de administração indireta e fundacional.

§ 2º O estagiário de advocacia, regularmente inscrito, pode praticar os atos previstos no artigo 1º, na forma do Regulamento Geral, em conjunto com o advogado e sob responsabilidade deste.

▶ Arts. 9º e 34, XXIX, desta Lei.

Art. 4º São nulos os atos privativos de advogado praticados por pessoa não inscrita na OAB, sem prejuízo das sanções civis, penais e administrativas.

Parágrafo único. São também nulos os atos praticados por advogado impedido, no âmbito do impedimento, suspenso, licenciado ou que passar a exercer atividade incompatível com a advocacia.

▶ Art. 2º desta Lei.
▶ Arts. 9º e 72 da Lei nº 9.099, de 26-9-1995 (Lei dos Juizados Especiais).

Art. 5º O advogado postula, em Juízo ou fora dele, fazendo prova do mandato.

▶ Art. 15, § 3º, desta Lei.
▶ Arts. 37 e 38 do CPC.
▶ Art. 266 do CPP.
▶ Art. 71, § 1º, do CPPM.

§ 1º O advogado, afirmando urgência, pode atuar sem procuração, obrigando-se a apresentá-la no prazo de quinze dias, prorrogável por igual período.

§ 2º A procuração para o foro em geral habilita o advogado a praticar todos os atos judiciais, em qualquer Juízo ou Instância, salvo os que exijam poderes especiais.

▶ Art. 7º, VI, d, desta Lei.
▶ Art. 991, III, do CPC.
▶ Arts. 44, 50, 98 e 146 do CPP.
▶ Art. 165 do CPPM.

§ 3º O advogado que renunciar ao mandato continuará, durante os dez dias seguintes à notificação da renúncia, a representar o mandante, salvo se for substituído antes do término desse prazo.

▶ Art. 34, XI, desta Lei.
▶ Art. 45 do CPC.

Capítulo II
DOS DIREITOS DO ADVOGADO

Art. 6º Não há hierarquia nem subordinação entre advogados, magistrados e membros do Ministério Público, devendo todos tratar-se com consideração e respeito recíprocos.

Parágrafo único. As autoridades, os servidores públicos e os serventuários da justiça devem dispensar ao advogado, no exercício da profissão, tratamento compatível com a dignidade da advocacia e condições adequadas a seu desempenho.

▶ Súm. Vinc. nº 14 do STF.

Art. 7º São direitos do advogado:

▶ Art. 40 do CPC.

I – exercer, com liberdade, a profissão em todo o Território Nacional;

II – a inviolabilidade de seu escritório ou local de trabalho, bem como de seus instrumentos de trabalho, de sua correspondência escrita, eletrônica, telefônica e telemática, desde que relativas ao exercício da advocacia;

▶ Inciso II com a redação dada pela Lei nº 11.767, de 7-8-2008.

III – comunicar-se com seus clientes, pessoal e reservadamente, mesmo sem procuração, quando estes se acharem presos, detidos ou recolhidos em estabelecimentos civis ou militares, ainda que considerados incomunicáveis;

▶ Art. 21, parágrafo único, do CPP.

IV – ter a presença de representante da OAB, quando preso em flagrante, por motivo ligado ao exercício da advocacia, para lavratura do auto respectivo, sob pena de nulidade e, nos demais casos, a comunicação expressa à seccional da OAB;

V – não ser recolhido preso, antes de sentença transitada em julgado, senão em sala de Estado-Maior, com instalações e comodidades condignas, assim reconhecidas pela OAB, e, na sua falta, em prisão domiciliar;

▶ O STF, por maioria de votos, julgou parcialmente procedente a ADIN nº 1.127-8, para declarar a inconstitucionalidade da expressão "assim reconhecidas pela OAB" contida neste inciso (DOU de 26-5-2006).

VI – ingressar livremente:

a) nas salas de sessões dos Tribunais, mesmo além dos cancelos que separam a parte reservada aos magistrados;

b) nas salas e dependências de audiências, secretarias, cartórios, ofícios de justiça, serviços notariais e de registro, e, no caso de delegacias e prisões, mesmo fora da hora de expediente e independentemente da presença de seus titulares;

c) em qualquer edifício ou recinto em que funcione repartição judicial ou outro serviço público onde o advogado deva praticar ato ou colher prova ou informação útil ao exercício da atividade profissional, dentro do expediente ou fora dele, e ser atendido, desde que se ache presente qualquer servidor ou empregado;

d) em qualquer assembleia ou reunião de que participe ou possa participar o seu cliente, ou perante a qual este deva comparecer, desde que munido de poderes especiais;

VII – permanecer sentado ou em pé e retirar-se de quaisquer locais indicados no inciso anterior, independentemente de licença;

VIII – dirigir-se diretamente aos magistrados nas salas e gabinetes de trabalho, independentemente de horário previamente marcado ou outra condição, observando-se a ordem de chegada;

IX – sustentar oralmente as razões de qualquer recurso ou processo, nas sessões de julgamento, após o voto do relator, em instância judicial ou administrativa, pelo prazo de quinze minutos, salvo se prazo maior for concedido;

▶ O STF, por maioria de votos, julgou procedente as Ações Diretas de Inconstitucionalidade nºs 1.105-7 e 1.127-8, para declarar a inconstitucionalidade deste inciso (*DOU* de 26-5-2006).

X – usar da palavra, pela ordem, em qualquer Juízo ou Tribunal, mediante intervenção sumária, para esclarecer equívoco ou dúvida surgida em relação a fatos, documentos ou afirmações que influam no julgamento, bem como para replicar acusação ou censura que lhe forem feitas;

XI – reclamar, verbalmente ou por escrito, perante qualquer Juízo, Tribunal ou autoridade, contra a inobservância de preceito de lei, regulamento ou regimento;

XII – falar, sentado ou em pé, em Juízo, Tribunal ou órgão de deliberação coletiva da Administração Pública ou do Poder Legislativo;

▶ Art. 793 do CPP.
▶ Art. 386 do CPPM.

XIII – examinar, em qualquer órgão dos Poderes Judiciário e Legislativo, ou da Administração Pública em geral, autos de processos findos ou em andamento, mesmo sem procuração, quando não estejam sujeitos a sigilo, assegurada a obtenção de cópias, podendo tomar apontamentos;

▶ Art. 40, I, do CPC.
▶ Súm. Vinc. nº 14 do STF.

XIV – examinar em qualquer repartição policial, mesmo sem procuração, autos de flagrante e de inquérito, findos ou em andamento, ainda que conclusos à autoridade, podendo copiar peças e tomar apontamentos;

▶ Súm. Vinc. nº 14 do STF.

XV – ter vista dos processos judiciais ou administrativos de qualquer natureza, em cartório ou na repartição competente, ou retirá-los pelos prazos legais;

▶ Art. 40, II e III, do CPC.
▶ Art. 803 do CPP.

XVI – retirar autos de processos findos, mesmo sem procuração, pelo prazo de dez dias;

▶ Art. 803 do CPP.

XVII – ser publicamente desagravado, quando ofendido no exercício da profissão ou em razão dela;

XVIII – usar os símbolos privativos da profissão de advogado;

XIX – recusar-se a depor como testemunha em processo no qual funcionou ou deva funcionar, ou sobre fato relacionado com pessoa de quem seja ou foi advogado, mesmo quando autorizado ou solicitado pelo constituinte, bem como sobre fato que constitua sigilo profissional;

XX – retirar-se do recinto onde se encontre aguardando pregão para ato judicial, após trinta minutos do horário designado e ao qual ainda não tenha comparecido a autoridade que deva presidir a ele, mediante comunicação protocolizada em Juízo.

§ 1º Não se aplica o disposto nos incisos XV e XVI:

1) aos processos sob regime de Segredo de Justiça;
2) quando existirem nos autos documentos originais de difícil restauração ou ocorrer circunstância relevante que justifique a permanência dos autos no cartório, secretaria ou repartição, reconhecida pela autoridade em despacho motivado, proferido de ofício, mediante representação ou a requerimento da parte interessada;
3) até o encerramento do processo, ao advogado que houver deixado de devolver os respectivos autos no prazo legal, e só o fizer depois de intimado.

▶ Art. 58, VI, desta Lei.
▶ Art. 195 do CPC.

§ 2º O advogado tem imunidade profissional, não constituindo injúria, difamação ou desacato puníveis qualquer manifestação de sua parte, no exercício de sua atividade, em Juízo ou fora dele, sem prejuízo das sanções disciplinares perante a OAB, pelos excessos que cometer.

▶ O STF, por maioria de votos, julgou parcialmente procedente a ADIN nº 1.127-8, para declarar a inconstitucionalidade da expressão "ou desacato" contida neste parágrafo (*DOU* de 26-5-2006).

§ 3º O advogado somente poderá ser preso em flagrante, por motivo de exercício da profissão, em caso de crime inafiançável, observado o disposto no inciso IV deste artigo.

§ 4º O Poder Judiciário e o Poder Executivo devem instalar, em todos os Juizados, fóruns, Tribunais, delegacias de polícia e presídios, salas especiais permanentes para os advogados, com uso e controle assegurados à OAB.

▶ O STF, por maioria de votos, julgou parcialmente procedente a ADIN nº 1.127-8, para declarar a inconstitucionalidade da expressão "e controle" contida neste parágrafo (*DOU* de 26-5-2006).

§ 5º No caso de ofensa a inscrito na OAB, no exercício da profissão ou de cargo ou função de órgão da OAB, o conselho competente deve promover o desagravo público do ofendido, sem prejuízo da responsabilidade criminal em que incorrer o infrator.

▶ A alteração que seria introduzida neste dispositivo pela Lei nº 11.767, de 7-8-2008 foi vetada, razão pela qual mantivemos a sua redação.

§ 6º Presentes indícios de autoria e materialidade da prática de crime por parte de advogado, a autoridade judiciária competente poderá decretar a quebra da inviolabilidade de que trata o inciso II do *caput* deste artigo, em decisão motivada, expedindo mandado de busca e apreensão, específico e pormenorizado, a ser cumprido na presença de representante da OAB, sendo, em qualquer hipótese, vedada a utilização dos documentos, das mídias e dos objetos pertencentes a clientes do advogado averiguado, bem como dos demais instrumentos de trabalho que contenham informações sobre clientes.

§ 7º A ressalva constante do § 6º deste artigo não se estende a clientes do advogado averiguado que estejam sendo formalmente investigados como seus partícipes ou coautores pela prática do mesmo crime que deu causa à quebra da inviolabilidade.

▶ §§ 6º e 7º acrescidos pela Lei nº 11.767, de 7-8-2008.

§§ 8º e 9º VETADOS. Lei nº 11.767, de 7-8-2008.

Capítulo III

DA INSCRIÇÃO

Art. 8º Para inscrição como advogado é necessário:

I – capacidade civil;

▶ Arts. 34, XXVI, e 61, parágrafo único, *d*, desta Lei.

II – diploma ou certidão de graduação em direito, obtido em instituição de ensino oficialmente autorizada e credenciada;
III – título de eleitor e quitação do serviço militar, se brasileiro;
IV – aprovação em Exame de Ordem;

▶ Art. 84 desta Lei.

V – não exercer atividade incompatível com a advocacia;

▶ Arts. 27 e 28 desta Lei.

VI – idoneidade moral;

▶ Art. 34, XXVII, desta Lei.

VII – prestar compromisso perante o Conselho.

§ 1º O Exame de Ordem é regulamentado em provimento do Conselho Federal da OAB.

▶ Art. 58, VI, desta Lei.

§ 2º O estrangeiro ou brasileiro, quando não graduado em direito no Brasil, deve fazer prova do título de graduação, obtido em instituição estrangeira, devidamente revalidado, além de atender aos demais requisitos previstos neste artigo.

§ 3º A inidoneidade moral, suscitada por qualquer pessoa, deve ser declarada mediante decisão que obtenha no mínimo dois terços dos votos de todos os membros do conselho competente, em procedimento que observe os termos do processo disciplinar.

§ 4º Não atende ao requisito de idoneidade moral aquele que tiver sido condenado por crime infamante, salvo reabilitação judicial.

Art. 9º Para inscrição como estagiário é necessário:

▶ Art. 61, parágrafo único, *d*, desta Lei.

I – preencher os requisitos mencionados nos incisos I, III, V, VI e VII do artigo 8º;
II – ter sido admitido em estágio profissional de advocacia.

§ 1º O estágio profissional de advocacia, com duração de dois anos, realizado nos últimos anos do curso jurídico, pode ser mantido pelas respectivas instituições de ensino superior, pelos Conselhos da OAB, ou por setores, órgãos jurídicos e de advocacia credenciados pela OAB, sendo obrigatório o estudo deste Estatuto e do Código de Ética e Disciplina.

§ 2º A inscrição do estagiário é feita no Conselho Seccional em cujo território se localize seu curso jurídico.

§ 3º O aluno de curso jurídico que exerça atividade incompatível com a advocacia pode frequentar o estágio ministrado pela respectiva instituição de ensino superior, para fins de aprendizagem, vedada a inscrição na OAB.

▶ Arts. 27 e 28 desta Lei.

§ 4º O estágio profissional poderá ser cumprido por bacharel em Direito que queira se inscrever na Ordem.

Art. 10. A inscrição principal do advogado deve ser feita no Conselho Seccional em cujo território pretende estabelecer o seu domicílio profissional, na forma do Regulamento Geral.

§ 1º Considera-se domicílio profissional a sede principal da atividade de advocacia, prevalecendo, na dúvida, o domicílio da pessoa física do advogado.

§ 2º Além da principal, o advogado deve promover a inscrição suplementar nos Conselhos Seccionais em cujos territórios passar a exercer habitualmente a profissão, considerando-se habitualidade a intervenção judicial que exceder de cinco causas por ano.

§ 3º No caso de mudança efetiva de domicílio profissional para outra unidade federativa, deve o advogado requerer a transferência de sua inscrição para o Conselho Seccional correspondente.

§ 4º O Conselho Seccional deve suspender o pedido de transferência ou de inscrição suplementar, ao verificar a existência de vício ou ilegalidade na inscrição principal, contra ela representando ao Conselho Federal.

Art. 11. Cancela-se a inscrição do profissional que:

I – assim o requerer;
II – sofrer penalidade de exclusão;

▶ Art. 38 desta Lei.

III – falecer;
IV – passar a exercer, em caráter definitivo, atividade incompatível com a advocacia;

▶ Arts. 27 e 28 desta Lei.

V – perder qualquer um dos requisitos necessários para inscrição.

▶ Art. 8º desta Lei.

§ 1º Ocorrendo uma das hipóteses dos incisos II, III e IV, o cancelamento deve ser promovido, de ofício, pelo Conselho competente ou em virtude de comunicação por qualquer pessoa.

§ 2º Na hipótese de novo pedido de inscrição – que não restaura o número de inscrição anterior – deve o interessado fazer prova dos requisitos dos incisos I, V, VI e VII do artigo 8º.

§ 3º Na hipótese do inciso II deste artigo, o novo pedido de inscrição também deve ser acompanhado de provas de reabilitação.

Art. 12. Licencia-se o profissional que:

I – assim o requerer, por motivo justificado;

II – passar a exercer, em caráter temporário, atividade incompatível com o exercício da advocacia;

▶ Arts. 27 e 28 desta Lei.

III – sofrer doença mental considerada curável.

Art. 13. O documento de identidade profissional, na forma prevista no Regulamento Geral, é de uso obrigatório no exercício da atividade de advogado ou de estagiário e constitui prova de identidade civil para todos os fins legais.

Art. 14. É obrigatória a indicação do nome e do número de inscrição em todos os documentos assinados pelo advogado, no exercício de sua atividade.

Parágrafo único. É vedado anunciar ou divulgar qualquer atividade relacionada com o exercício da advocacia ou o uso da expressão "escritório de advocacia", sem indicação expressa do nome e do número de inscrição dos advogados que o integrem ou o número de registro da sociedade de advogados na OAB.

▶ Arts. 15 a 17 desta Lei.

Capítulo IV

DA SOCIEDADE DE ADVOGADOS

Art. 15. Os advogados podem reunir-se em sociedade civil de prestação de serviço de advocacia, na forma disciplinada nesta Lei e no Regulamento Geral.

▶ Arts. 5º e 34, II, desta Lei.
▶ Arts. 37 e 38 do CPC.

§ 1º A sociedade de advogados adquire personalidade jurídica com o registro aprovado dos seus atos constitutivos no Conselho Seccional da OAB em cuja base territorial tiver sede.

§ 2º Aplica-se à sociedade de advogados o Código de Ética e Disciplina, no que couber.

§ 3º As procurações devem ser outorgadas individualmente aos advogados e indicar a sociedade de que façam parte.

§ 4º Nenhum advogado pode integrar mais de uma sociedade de advogados, com sede ou filial na mesma área territorial do respectivo Conselho Seccional.

§ 5º O ato de constituição de filial deve ser averbado no registro da sociedade e arquivado junto ao Conselho Seccional onde se instalar, ficando os sócios obrigados a inscrição suplementar.

§ 6º Os advogados sócios de uma mesma sociedade profissional não podem representar em Juízo clientes de interesses opostos.

▶ Art. 355, parágrafo único, do CP.

Art. 16. Não são admitidas a registro, nem podem funcionar, as sociedades de advogados que apresentem forma ou características mercantis, que adotem denominação de fantasia, que realizem atividades estranhas à advocacia, que incluam sócio não inscrito como advogado ou totalmente proibido de advogar.

§ 1º A razão social deve ter, obrigatoriamente, o nome de, pelo menos, um advogado responsável pela sociedade, podendo permanecer o de sócio falecido, desde que prevista tal possibilidade no ato constitutivo.

§ 2º O licenciamento do sócio para exercer atividade incompatível com a advocacia em caráter temporário deve ser averbado no registro da sociedade, não alterando sua constituição.

▶ Arts. 27 e 28 desta Lei.

§ 3º É proibido o registro, nos cartórios de registro civil de pessoas jurídicas e nas juntas comerciais, de sociedade que inclua, entre outras finalidades, a atividade de advocacia.

Art. 17. Além da sociedade, o sócio responde subsidiária e ilimitadamente pelos danos causados aos clientes por ação ou omissão no exercício da advocacia, sem prejuízo da responsabilidade disciplinar em que possa incorrer.

Capítulo V

DO ADVOGADO EMPREGADO

Art. 18. A relação de emprego, na qualidade de advogado, não retira a isenção técnica nem reduz a independência profissional inerentes à advocacia.

Parágrafo único. O advogado empregado não está obrigado à prestação de serviços profissionais de interesse pessoal dos empregadores, fora da relação de emprego.

Art. 19. O salário mínimo profissional do advogado será fixado em sentença normativa, salvo se ajustado em acordo ou convenção coletiva de trabalho.

Art. 20. A jornada de trabalho do advogado empregado, no exercício da profissão, não poderá exceder a duração diária de quatro horas contínuas e a de vinte horas semanais, salvo acordo ou convenção coletiva ou em caso de dedicação exclusiva.

▶ OJ da SBDI-I nº 403 do TST.

§ 1º Para efeitos deste artigo, considera-se como período de trabalho o tempo em que o advogado estiver à disposição do empregador, aguardando ou executando ordens, no seu escritório ou em atividades externas, sendo-lhe reembolsadas as despesas feitas com transporte, hospedagem e alimentação.

§ 2º As horas trabalhadas que excederem a jornada normal são remuneradas por um adicional não inferior a cem por cento sobre o valor da hora normal, mesmo havendo contrato escrito.

§ 3º As horas trabalhadas no período das vinte horas de um dia até às cinco horas do dia seguinte são remuneradas como noturnas, acrescidas do adicional de vinte e cinco por cento.

Art. 21. Nas causas em que for parte o empregador, ou pessoa por este representada, os honorários de sucumbência são devidos aos advogados empregados.

Parágrafo único. Os honorários de sucumbência, percebidos por advogado empregado de sociedade de advogados são partilhados entre ele e a empregadora, na forma estabelecida em acordo.

▶ O STF, por maioria de votos, julgou parcialmente procedente a ADIN nº 1.194-4, para dar interpretação conforme a CF a este artigo e seu parágrafo único, no sentido da preservação da liberdade contratual quanto à destinação dos honorários de sucumbência fixados judicialmente (*DOU* de 28-5-2009).

Capítulo VI
DOS HONORÁRIOS ADVOCATÍCIOS

Art. 22. A prestação de serviço profissional assegura aos inscritos na OAB o direito aos honorários convencionados, aos fixados por arbitramento judicial e aos de sucumbência.

▶ Arts. 23 e 24, §§ 2º a 4º, desta Lei.
▶ Arts. 20 e 275, II, f, do CPC.

§ 1º O advogado, quando indicado para patrocinar causa de juridicamente necessitado, no caso de impossibilidade da Defensoria Pública no local da prestação de serviço, tem direito aos honorários fixados pelo juiz, segundo tabela organizada pelo Conselho Seccional da OAB, e pagos pelo Estado.

§ 2º Na falta de estipulação ou de acordo, os honorários são fixados por arbitramento judicial, em remuneração compatível com o trabalho e o valor econômico da questão, não podendo ser inferiores aos estabelecidos na tabela organizada pelo Conselho Seccional da OAB.

§ 3º Salvo estipulação em contrário, um terço dos honorários é devido no início do serviço, outro terço até a decisão de primeira instância e o restante no final.

§ 4º Se o advogado fizer juntar aos autos o seu contrato de honorários antes de expedir-se o mandado de levantamento ou precatório, o juiz deve determinar que lhe sejam pagos diretamente, por dedução da quantia a ser recebida pelo constituinte, salvo se este provar que já os pagou.

§ 5º O disposto neste artigo não se aplica quando se tratar de mandato outorgado por advogado para defesa em processo oriundo de ato ou omissão praticada no exercício da profissão.

Art. 23. Os honorários incluídos na condenação, por arbitramento ou sucumbência, pertencem ao advogado, tendo este direito autônomo para executar a sentença nesta parte, podendo requerer que o precatório, quando necessário, seja expedido em seu favor.

▶ Art. 26 desta Lei.
▶ Arts. 28, 267, § 2º, e 268 do CPC.
▶ Súm. nº 306 do STJ.

Art. 24. A decisão judicial que fixar ou arbitrar honorários e o contrato escrito que os estipular são títulos executivos e constituem crédito privilegiado na falência, concordata, concurso de credores, insolvência civil e liquidação extrajudicial.

§ 1º A execução dos honorários pode ser promovida nos mesmos autos da ação em que tenha atuado o advogado, se assim lhe convier.

§ 2º Na hipótese de falecimento ou incapacidade civil do advogado, os honorários de sucumbência, proporcionais ao trabalho realizado, são recebidos por seus sucessores ou representantes legais.

§ 3º É nula qualquer disposição, cláusula, regulamento ou convenção individual ou coletiva que retire do advogado o direito ao recebimento dos honorários de sucumbência.

▶ O STF, por unanimidade de votos, julgou parcialmente procedente a ADIN nº 1.194-4, para declarar a inconstitucionalidade deste parágrafo (DOU de 28-5-2009).

§ 4º O acordo feito pelo cliente do advogado e a parte contrária, salvo aquiescência do profissional, não lhe prejudica os honorários, quer os convencionados, quer os concedidos por sentença.

Art. 25. Prescreve em cinco anos a ação de cobrança de honorários de advogado, contado o prazo:

▶ Súm. nº 363 do STJ.

I – do vencimento do contrato, se houver;
II – do trânsito em julgado da decisão que os fixar;
III – da ultimação do serviço extrajudicial;
IV – da desistência ou transação;
V – da renúncia ou revogação do mandato.

Art. 25-A. Prescreve em cinco anos a ação de prestação de contas pelas quantias recebidas pelo advogado de seu cliente, ou de terceiros por conta dele (art. 34, XXI).

▶ Artigo acrescido pela Lei nº 11.902, de 12-1-2009.

Art. 26. O advogado substabelecido, com reserva de poderes, não pode cobrar honorários sem a intervenção daquele que lhe conferiu o substabelecimento.

Capítulo VII
DAS INCOMPATIBILIDADES E IMPEDIMENTOS

Art. 27. A incompatibilidade determina a proibição total, e o impedimento, a proibição parcial do exercício da advocacia.

▶ Arts. 4º, parágrafo único, e 16, § 2º, do CPC.

Art. 28. A advocacia é incompatível, mesmo em causa própria, com as seguintes atividades:

I – chefe do Poder Executivo e membros da Mesa do Poder Legislativo e seus substitutos legais;
II – membros de órgãos do Poder Judiciário, do Ministério Público, dos Tribunais e Conselhos de Contas, dos Juizados Especiais, da Justiça de Paz, Juízes Classistas, bem como de todos os que exerçam função de julgamento em órgãos de deliberação coletiva da Administração Pública direta ou indireta;

▶ O STF, por maioria de votos, julgou parcialmente procedente a ADIN nº 1.127-8, para excluir apenas os juízes eleitorais e seus suplentes (DOU de 26-5-2006).
▶ EC nº 24, de 9-12-1996, extinguiu a representação pelos Juízes Classistas na Justiça do Trabalho e substitui as Juntas de Conciliação e Julgamento por Varas do Trabalho.
▶ Art. 83 desta Lei.

III – ocupantes de cargos ou funções de direção em órgãos da Administração Pública direta ou indireta, em suas fundações e em suas empresas controladas ou concessionárias de serviço público;
IV – ocupantes de cargos ou funções vinculados direta ou indiretamente a qualquer órgão do Poder Judiciário e os que exercem serviços notariais e de registro;
V – ocupantes de cargos ou funções vinculados direta ou indiretamente a atividade policial de qualquer natureza;
VI – militares de qualquer natureza, na ativa;
VII – ocupantes de cargos ou funções que tenham competência de lançamento, arrecadação ou fiscalização de tributos e contribuições parafiscais;
VIII – ocupantes de funções de direção e gerência em instituições financeiras, inclusive privadas.

§ 1º A incompatibilidade permanece mesmo que o ocupante do cargo ou função deixe de exercê-lo temporariamente.
► Art. 16, § 2º, desta Lei.

§ 2º Não se incluem nas hipóteses do inciso III os que não detenham poder de decisão relevante sobre interesses de terceiro, a Juízo do Conselho competente da OAB, bem como a administração acadêmica diretamente relacionada ao magistério jurídico.

Art. 29. Os Procuradores-Gerais, Advogados-Gerais, Defensores-Gerais e dirigentes de órgãos jurídicos da Administração Pública direta, indireta e fundacional são exclusivamente legitimados para o exercício da advocacia vinculada à função que exerçam, durante o período da investidura.

Art. 30. São impedidos de exercer a advocacia:

I – os servidores da Administração direta, indireta e fundacional, contra a Fazenda Pública que os remunere ou à qual seja vinculada a entidade empregadora;

II – os membros do Poder Legislativo, em seus diferentes níveis, contra ou a favor das pessoas jurídicas de direito público, empresas públicas, sociedades de economia mista, fundações públicas, entidades paraestatais ou empresas concessionárias ou permissionárias de serviço público.

Parágrafo único. Não se incluem nas hipóteses do inciso I os docentes dos cursos jurídicos.

Capítulo VIII

DA ÉTICA DO ADVOGADO

Art. 31. O advogado deve proceder de forma que o torne merecedor de respeito e que contribua para o prestígio da classe e da advocacia.

§ 1º O advogado, no exercício da profissão, deve manter independência em qualquer circunstância.

§ 2º Nenhum receio de desagradar a magistrado ou a qualquer autoridade, nem de incorrer em impopularidade, deve deter o advogado no exercício da profissão.

Art. 32. O advogado é responsável pelos atos que, no exercício profissional, praticar com dolo ou culpa.
► Art. 17 desta Lei.

Parágrafo único. Em caso de lide temerária, o advogado será solidariamente responsável com seu cliente, desde que coligado com este para lesar a parte contrária, o que será apurado em ação própria.
► Art. 14 do CPC.

Art. 33. O advogado obriga-se a cumprir rigorosamente os deveres consignados no Código de Ética e Disciplina.

Parágrafo único. O Código de Ética e Disciplina regula os deveres do advogado para com a comunidade, o cliente, o outro profissional e, ainda, a publicidade, a recusa do patrocínio, o dever de assistência jurídica, o dever geral de urbanidade e os respectivos procedimentos disciplinares.

Capítulo IX

DAS INFRAÇÕES E SANÇÕES DISCIPLINARES

Art. 34. Constitui infração disciplinar:

I – exercer a profissão, quando impedido de fazê-lo, ou facilitar, por qualquer meio, o seu exercício aos não inscritos, proibidos ou impedidos;
► Arts. 28 a 30 e 36, I, desta Lei.

II – manter sociedade profissional fora das normas e preceitos estabelecidos nesta Lei;
► Arts. 15 a 17 e 36, I, desta Lei.

III – valer-se de agenciador de causas, mediante participação nos honorários a receber;
► Art. 36, I, desta Lei.

IV – angariar ou captar causas, com ou sem a intervenção de terceiros;
► Art. 36, I, desta Lei.

V – assinar qualquer escrito destinado a processo judicial ou para fim extrajudicial que não tenha feito, ou em que não tenha colaborado;
► Art. 36, I, desta Lei.

VI – advogar contra literal disposição de lei, presumindo-se a boa-fé quando fundamentado na inconstitucionalidade, na injustiça da lei ou em pronunciamento judicial anterior;
► Arts. 32, parágrafo único, e 36, I, desta Lei.

VII – violar, sem justa causa, sigilo profissional;
► Arts. 7º, XIX, e 36, I, desta Lei.

VIII – estabelecer entendimento com a parte adversa sem autorização do cliente ou ciência do advogado contrário;
► Art. 36, I, desta Lei.

IX – prejudicar, por culpa grave, interesse confiado ao seu patrocínio;
► Art. 36, I, desta Lei.
► Art. 355, caput, do CP.

X – acarretar, conscientemente, por ato próprio, a anulação ou a nulidade do processo em que funcione;
► Art. 36, I, desta Lei.

XI – abandonar a causa sem justo motivo ou antes de decorridos dez dias da comunicação da renúncia;
► Arts. 5º, § 3º, e 36, I, desta Lei.
► Art. 45 do CPC.

XII – recusar-se a prestar, sem justo motivo, assistência jurídica, quando nomeado em virtude de impossibilidade da Defensoria Pública;
► Arts. 22, § 1º, e 36, I, desta Lei.

XIII – fazer publicar na imprensa, desnecessária e habitualmente, alegações forenses ou relativas a causas pendentes;
► Art. 36, I, desta Lei.

XIV – deturpar o teor de dispositivo de lei, de citação doutrinária ou de julgado, bem como de depoimentos, documentos e alegações da parte contrária, para confundir o adversário ou iludir o juiz da causa;
► Art. 36, I, desta Lei.
► Art. 17, II, do CPC.

XV – fazer, em nome do constituinte, sem autorização escrita deste, imputação a terceiro de fato definido como crime;
► Art. 36, I, desta Lei.

XVI – deixar de cumprir, no prazo estabelecido, determinação emanada do órgão ou autoridade da Ordem, em matéria da competência desta, depois de regularmente notificado;
► Art. 36, I, desta Lei.

XVII – prestar concurso a clientes ou a terceiros para realização de ato contrário à lei ou destinado a fraudá-la;
► Art. 37, I, desta Lei.

XVIII – solicitar ou receber de constituinte qualquer importância para aplicação ilícita ou desonesta;
► Art. 37, I, desta Lei.
► Art. 317 do CP.
► Art. 308 do CPM.

XIX – receber valores, da parte contrária ou de terceiro, relacionados com o objeto do mandato, sem expressa autorização do constituinte;
► Art. 37, I, desta Lei.

XX – locupletar-se, por qualquer forma, à custa do cliente ou da parte adversa, por si ou interposta pessoa;
► Art. 37, I, desta Lei.

XXI – recusar-se, injustificadamente, a prestar contas ao cliente de quantias recebidas dele ou de terceiros por conta dele;
► Arts. 25-A e 37, I e § 2º, desta Lei.

XXII – reter, abusivamente, ou extraviar autos recebidos com vista ou em confiança;
► Arts. 7º, § 1º, nº 3, e 37, I, desta Lei.
► Arts. 195 e 196 do CPC.

XXIII – deixar de pagar as contribuições, multas e preços de serviços devidos à OAB, depois de regularmente notificado a fazê-lo;
► Art. 37, I e § 2º, desta Lei.

XXIV – incidir em erros reiterados que evidenciem inépcia profissional;
► Art. 37, I e § 3º, desta Lei.

XXV – manter conduta incompatível com a advocacia;
► Arts. 28, 31 e 37, I, desta Lei.

XXVI – fazer falsa prova de qualquer dos requisitos para inscrição na OAB;
► Arts. 8º e 38, II, desta Lei.

XXVII – tornar-se moralmente inidôneo para o exercício da advocacia;
► Arts. 8º, § 3º, e 38, II, desta Lei.

XXVIII – praticar crime infamante;
► Arts. 8º, § 4º, e 38, II, desta Lei.

XXIX – praticar, o estagiário, ato excedente de sua habilitação.
► Arts. 3º, § 2º, e 36, I, desta Lei.

Parágrafo único. Inclui-se na conduta incompatível:

a) prática reiterada de jogo de azar, não autorizado por lei;
b) incontinência pública e escandalosa;
c) embriaguez ou toxicomania habituais.

Art. 35. As sanções disciplinares consistem em:
I – censura;
II – suspensão;
III – exclusão;
IV – multa.

Parágrafo único. As sanções devem constar dos assentamentos do inscrito, após o trânsito em julgado da decisão, não podendo ser objeto de publicidade a de censura.

Art. 36. A censura é aplicável nos casos de:
I – infrações definidas nos incisos I a XVI e XXIX do artigo 34;
II – violação a preceito do Código de Ética e Disciplina;
III – violação a preceito desta Lei, quando para a infração não se tenha estabelecido sanção mais grave.

Parágrafo único. A censura pode ser convertida em advertência, em ofício reservado, sem registro nos assentamentos do inscrito, quando presente circunstância atenuante.

Art. 37. A suspensão é aplicável nos casos de:
I – infrações definidas nos incisos XVII a XXV do artigo 34;
II – reincidência em infração disciplinar.

§ 1º A suspensão acarreta ao infrator a interdição do exercício profissional, em todo o território nacional, pelo prazo de trinta dias a doze meses, de acordo com os critérios de individualização previstos neste Capítulo.

§ 2º Nas hipóteses dos incisos XXI e XXIII do artigo 34, a suspensão perdura até que satisfaça integralmente a dívida, inclusive com correção monetária.

§ 3º Na hipótese do inciso XXIV do artigo 34, a suspensão perdura até que preste novas provas de habilitação.

Art. 38. A exclusão é aplicável nos casos de:
I – aplicação, por três vezes, de suspensão;
II – infrações definidas nos incisos XXVI a XXVIII do artigo 34.

Parágrafo único. Para a aplicação da sanção disciplinar de exclusão é necessária a manifestação favorável de dois terços dos membros do Conselho Seccional competente.

Art. 39. A multa, variável entre o mínimo correspondente ao valor de uma anuidade e o máximo de seu décuplo, é aplicável cumulativamente com a censura ou suspensão, em havendo circunstâncias agravantes.

Art. 40. Na aplicação das sanções disciplinares são consideradas, para fins de atenuação, as seguintes circunstâncias, entre outras:

I – falta cometida na defesa de prerrogativa profissional;
II – ausência de punição disciplinar anterior;
III – exercício assíduo e proficiente de mandato ou cargo em qualquer órgão da OAB;
IV – prestação de relevantes serviços à advocacia ou à causa pública.

Parágrafo único. Os antecedentes profissionais do inscrito, as atenuantes, o grau de culpa por ele revelado, as circunstâncias e as consequências da infração são considerados para o fim de decidir:

a) sobre a conveniência da aplicação cumulativa da multa e de outra sanção disciplinar;
b) sobre o tempo de suspensão e o valor da multa aplicáveis.

Art. 41. É permitido ao que tenha sofrido qualquer sanção disciplinar requerer, um ano após seu cumprimento, a reabilitação, em face de provas efetivas de bom comportamento.

Parágrafo único. Quando a sanção disciplinar resultar da prática de crime, o pedido de reabilitação depende também da correspondente reabilitação criminal.

Art. 42. Fica impedido de exercer o mandato o profissional a quem forem aplicadas as sanções disciplinares de suspensão ou exclusão.

▶ Art. 4º, parágrafo único, desta Lei.

Art. 43. A pretensão à punibilidade das infrações disciplinares prescreve em cinco anos, contados da data da constatação oficial do fato.

▶ Súm. nº 1/2011 do CF – OAB.

§ 1º Aplica-se a prescrição a todo processo disciplinar paralisado por mais de três anos, pendente de despacho ou julgamento, devendo ser arquivado de ofício, ou a requerimento da parte interessada, sem prejuízo de serem apuradas as responsabilidades pela paralisação.

§ 2º A prescrição interrompe-se:

I – pela instauração de processo disciplinar ou pela notificação válida feita diretamente ao representado;
II – pela decisão condenatória recorrível de qualquer órgão julgador da OAB.

TÍTULO II – DA ORDEM DOS ADVOGADOS DO BRASIL

Capítulo I
DOS FINS E DA ORGANIZAÇÃO

Art. 44. A Ordem dos Advogados do Brasil – OAB, serviço público, dotada de personalidade jurídica e forma federativa, tem por finalidade:

I – defender a Constituição, a ordem jurídica do Estado democrático de direito, os direitos humanos, a justiça social, e pugnar pela boa aplicação das leis, pela rápida administração da Justiça e pelo aperfeiçoamento da cultura e das instituições jurídicas;
II – promover, com exclusividade, a representação, a defesa, a seleção e a disciplina dos advogados em toda a República Federativa do Brasil.

§ 1º A OAB não mantém com órgãos da Administração Pública qualquer vínculo funcional ou hierárquico.

§ 2º O uso da sigla "OAB" é privativo da Ordem dos Advogados do Brasil.

Art. 45. São órgãos da OAB:

I – o Conselho Federal;
▶ Arts. 51 a 55 desta Lei.

II – os Conselhos Seccionais;
▶ Arts. 56 a 59 desta Lei.

III – as Subseções;
▶ Arts. 60 e 61 desta Lei.

IV – as Caixas de Assistência dos Advogados.
▶ Art. 62 desta Lei.

§ 1º O Conselho Federal, dotado de personalidade jurídica própria, com sede na capital da República, é o órgão supremo da OAB.

§ 2º Os Conselhos Seccionais, dotados de personalidade jurídica própria, têm jurisdição sobre os respectivos territórios dos Estados-Membros, do Distrito Federal e dos Territórios.

§ 3º As Subseções são partes autônomas do Conselho Seccional, na forma desta Lei e de seu ato constitutivo.

§ 4º As Caixas de Assistência dos Advogados, dotadas de personalidade jurídica própria, são criadas pelos Conselhos Seccionais, quando estes contarem com mais de mil e quinhentos inscritos.

§ 5º A OAB, por constituir serviço público, goza de imunidade tributária total em relação a seus bens, rendas e serviços.

§ 6º Os atos conclusivos dos órgãos da OAB, salvo quando reservados ou de administração interna, devem ser publicados na imprensa oficial ou afixados no fórum, na íntegra ou em resumo.

Art. 46. Compete à OAB fixar e cobrar, de seus inscritos, contribuições, preços de serviços e multas.

Parágrafo único. Constitui título executivo extrajudicial a certidão passada pela diretoria do Conselho competente, relativa a crédito previsto neste artigo.

▶ Art. 585, VII, do CPC.

Art. 47. O pagamento da contribuição anual à OAB isenta os inscritos nos seus quadros do pagamento obrigatório da contribuição sindical.

Art. 48. O cargo de conselheiro ou de membro de diretoria de órgão da OAB é de exercício gratuito e obrigatório, considerado serviço público relevante, inclusive para fins de disponibilidade e aposentadoria.

Art. 49. Os Presidentes dos Conselhos e das Subseções da OAB têm legitimidade para agir, judicial e extrajudicialmente, contra qualquer pessoa que infringir as disposições ou os fins desta Lei.

Parágrafo único. As autoridades mencionadas no caput deste artigo têm, ainda, legitimidade para intervir, inclusive como assistentes, nos inquéritos e processos em que sejam indiciados, acusados ou ofendidos os inscritos na OAB.

Art. 50. Para os fins desta Lei, os Presidentes dos Conselhos da OAB e das Subseções podem requisitar cópias de peças de autos e documentos a qualquer Tribunal, magistrado, cartório e órgão da Administração Pública direta, indireta e fundacional.

▶ O STF, por maioria de votos, julgou parcialmente procedente a ADIN nº 1.127-8, para, sem redução de texto, dar interpretação conforme ao dispositivo, de modo a fazer compreender a palavra "requisitar" como dependente de motivação, compatibilização com as finalidades da lei e atendimento de custos desta requisição, ressalvados os documentos cobertos por sigilo (DOU de 26-5-2006).

Capítulo II

DO CONSELHO FEDERAL

Art. 51. O Conselho Federal compõe-se:

I – dos conselheiros federais, integrantes das delegações de cada unidade federativa;
II – dos seus ex-Presidentes, na qualidade de membros honorários vitalícios.

§ 1º Cada delegação é formada por três conselheiros federais.

§ 2º Os ex-Presidentes têm direito apenas a voz nas sessões.

Art. 52. Os Presidentes dos Conselhos Seccionais, nas sessões do Conselho Federal, têm lugar reservado junto à delegação respectiva e direito somente a voz.

Art. 53. O Conselho Federal tem sua estrutura e funcionamento definidos no Regulamento Geral da OAB.

§ 1º O Presidente, nas deliberações do Conselho, tem apenas o voto de qualidade.

§ 2º O voto é tomado por delegação, e não pode ser exercido nas matérias de interesse da unidade que represente.

§ 3º Na eleição para a escolha da Diretoria do Conselho Federal, cada membro da delegação terá direito a um voto, vedado aos membros honorários vitalícios.

▶ § 3º acrescido pela Lei nº 11.179, de 22-9-2005.

Art. 54. Compete ao Conselho Federal:

I – dar cumprimento efetivo às finalidades da OAB;
II – representar, em Juízo ou fora dele, os interesses coletivos ou individuais dos advogados;
III – velar pela dignidade, independência, prerrogativas e valorização da advocacia;
IV – representar, com exclusividade, os advogados brasileiros nos órgãos e eventos internacionais da advocacia;
V – editar e alterar o Regulamento Geral, o Código de Ética e Disciplina, e os Provimentos que julgar necessários;
VI – adotar medidas para assegurar o regular funcionamento dos Conselhos Seccionais;
VII – intervir nos Conselhos Seccionais, onde e quando constatar grave violação desta Lei ou do Regulamento Geral;
VIII – cassar ou modificar, de ofício ou mediante representação, qualquer ato, de órgão ou autoridade da OAB, contrário a esta Lei, ao Regulamento Geral, ao Código de Ética e Disciplina, e aos provimentos, ouvida a autoridade ou o órgão em causa;
IX – julgar, em grau de recurso, as questões decididas pelos Conselhos Seccionais, nos casos previstos neste Estatuto e no Regulamento Geral;
X – dispor sobre a identificação dos inscritos na OAB e sobre os respectivos símbolos privativos;
XI – apreciar o relatório anual e deliberar sobre o balanço e as contas de sua diretoria;
XII – homologar ou mandar suprir relatório anual, o balanço e as contas dos Conselhos Seccionais;
XIII – elaborar as listas constitucionalmente previstas, para o preenchimento dos cargos nos Tribunais Judiciários de âmbito nacional ou interestadual, com advogados que estejam em pleno exercício da profissão, vedada a inclusão de nome de membro do próprio Conselho ou de outro órgão da OAB;

▶ Art. 94 da CF.

XIV – ajuizar Ação Direta de Inconstitucionalidade de normas legais e atos normativos, Ação Civil Pública, Mandado de Segurança Coletivo, Mandado de Injunção e demais ações cuja legitimação lhe seja outorgada por lei;

▶ Art. 103, VII, da CF.

XV – colaborar com o aperfeiçoamento dos cursos jurídicos, e opinar, previamente, nos pedidos apresentados aos órgãos competentes para criação, reconhecimento ou credenciamento desses cursos;
XVI – autorizar, pela maioria absoluta das delegações, a oneração ou alienação de seus bens imóveis;
XVII – participar de concursos públicos, nos casos previstos na Constituição e na lei, em todas as suas fases, quando tiverem abrangência nacional ou interestadual;

▶ Art. 93, I, da CF.

XVIII – resolver os casos omissos neste Estatuto.

Parágrafo único. A intervenção referida no inciso VII deste artigo depende de prévia aprovação por dois terços das delegações, garantindo o amplo direito de defesa do Conselho Seccional respectivo, nomeando-se diretoria provisória para o prazo que se fixar.

Art. 55. A diretoria do Conselho Federal é composta de um Presidente, de um Vice-Presidente, de um Secretário Geral, de um Secretário-Geral Adjunto e de um Tesoureiro.

§ 1º O Presidente exerce a representação nacional e internacional da OAB, competindo-lhe convocar o Conselho Federal, presidi-lo, representá-lo ativa e passivamente, em Juízo ou fora dele, promover-lhe a administração patrimonial e dar execução às suas decisões.

§ 2º O Regulamento Geral define as atribuições dos membros da diretoria e a ordem de substituição em caso de vacância, licença, falta ou impedimento.

§ 3º Nas deliberações do Conselho Federal, os membros da diretoria votam como membros de suas delegações, cabendo ao Presidente, apenas, o voto de qualidade e o direito de embargar a decisão, se esta não for unânime.

Capítulo III

DO CONSELHO SECCIONAL

Art. 56. O Conselho Seccional compõe-se de conselheiros em número proporcional ao de seus inscritos, segundo critérios estabelecidos no Regulamento Geral.

§ 1º São membros honorários vitalícios os seus ex-Presidentes, somente com direito a voz em suas sessões.

§ 2º O Presidente do Instituto dos Advogados local é membro honorário, somente com direito a voz nas sessões do Conselho.

§ 3º Quando presentes às sessões do Conselho Seccional, o Presidente do Conselho Federal, os Conselheiros Federais integrantes da respectiva delegação, o Presidente da Caixa de Assistência dos Advogados e os Presidentes das Subseções têm direito a voz.

Art. 57. O Conselho Seccional exerce e observa, no respectivo território, as competências, vedações e funções atribuídas ao Conselho Federal, no que couber e no âmbito de sua competência material e territorial, e as normas gerais estabelecidas nesta Lei, no Regulamento Geral, no Código de Ética e Disciplina, e nos Provimentos.

Art. 58. Compete privativamente ao Conselho Seccional:

I – editar seu Regimento Interno e Resoluções;
II – criar as Subseções e a Caixa de Assistência dos Advogados;
III – julgar, em grau de recurso, as questões decididas por seu Presidente, por sua diretoria, pelo Tribunal de Ética e Disciplina, pelas diretorias das Subseções e da Caixa de Assistência dos Advogados;
IV – fiscalizar a aplicação da receita, apreciar o relatório anual e deliberar sobre o balanço e as contas de sua diretoria, das diretorias das Subseções e da Caixa de Assistência dos Advogados;
V – fixar a tabela de honorários, válida para todo o território estadual;
VI – realizar o Exame de Ordem;

▶ Art. 8º, § 1º, desta Lei.

VII – decidir os pedidos de inscrição nos quadros de advogados e estagiários;
VIII – manter cadastro de seus inscritos;
IX – fixar, alterar e receber contribuições obrigatórias, preços de serviços e multas;
X – participar da elaboração dos concursos públicos, em todas as suas fases, nos casos previstos na Constituição e nas leis, no âmbito do seu território;

▶ Art. 93, I, da CF.
▶ Art. 54, XVII, desta Lei.

XI – determinar, com exclusividade, critérios para o traje dos advogados, no exercício profissional;
XII – aprovar ou modificar seu orçamento anual;
XIII – definir a composição e o funcionamento do Tribunal de Ética e Disciplina, e escolher seus membros;
XIV – eleger as listas, constitucionalmente previstas, para preenchimento dos cargos nos Tribunais Judiciários, no âmbito de sua competência e na forma do Provimento do Conselho Federal, vedada a inclusão de membros do próprio Conselho e de qualquer órgão da OAB;

▶ Art. 94 da CF.
▶ Art. 54, XIII, desta Lei.

XV – intervir nas Subseções e na Caixa de Assistência dos Advogados;

▶ Arts. 60, § 6º, e 62, § 7º, desta Lei.

XVI – desempenhar outras atribuições previstas no Regulamento Geral.

Art. 59. A diretoria do Conselho Seccional tem composição idêntica e atribuições equivalentes às do Conselho Federal, na forma do Regimento Interno daquele.

▶ Art. 55, caput e § 2º, desta Lei.

CAPÍTULO IV

DA SUBSEÇÃO

Art. 60. A Subseção pode ser criada pelo Conselho Seccional, que fixa sua área territorial e seus limites de competência e autonomia.

§ 1º A área territorial da Subseção pode abranger um ou mais municípios, ou parte de município, inclusive da capital do Estado, contando com um mínimo de quinze advogados, nela profissionalmente domiciliados.

§ 2º A Subseção é administrada por uma diretoria, com atribuições e composição equivalentes às da diretoria do Conselho Seccional.

▶ Arts. 55, § 2º, e 59 desta Lei.

§ 3º Havendo mais de cem advogados, a Subseção pode ser integrada, também, por um Conselho em número de membros fixado pelo Conselho Seccional.

§ 4º Os quantitativos referidos nos §§ 1º e 3º deste artigo podem ser ampliados, na forma do Regimento Interno do Conselho Seccional.

§ 5º Cabe ao Conselho Seccional fixar, em seu orçamento, dotações específicas destinadas à manutenção das Subseções.

§ 6º O Conselho Seccional, mediante o voto de dois terços de seus membros, pode intervir nas Subseções, onde constatar grave violação desta Lei ou do Regimento Interno daquele.

▶ Art. 58, XIV, desta Lei.

Art. 61. Compete à Subseção, no âmbito de seu território:

I – dar cumprimento efetivo às finalidades da OAB;
II – velar pela dignidade, independência e valorização da advocacia, e fazer valer as prerrogativas do advogado;
III – representar a OAB perante os poderes constituídos;
IV – desempenhar as atribuições previstas no Regulamento Geral ou por delegação de competência do Conselho Seccional.

Parágrafo único. Ao Conselho da Subseção, quando houver, compete exercer as funções e atribuições do Conselho Seccional, na forma do Regimento Interno deste, e ainda:

▶ Art. 58 desta Lei.

a) editar seu Regimento Interno, a ser referendado pelo Conselho Seccional;
b) editar resoluções, no âmbito de sua competência;
c) instaurar e instruir processos disciplinares, para julgamento pelo Tribunal de Ética e Disciplina;
d) receber pedido de inscrição nos quadros de advogado e estagiário, instruindo e emitindo parecer prévio, para decisão do Conselho Seccional.

▶ Arts. 8º e 9º desta Lei.

CAPÍTULO V

DA CAIXA DE ASSISTÊNCIA DOS ADVOGADOS

Art. 62. A Caixa de Assistência dos Advogados, com personalidade jurídica própria, destina-se a prestar assistência aos inscritos no Conselho Seccional a que se vincule.

§ 1º A Caixa é criada e adquire personalidade jurídica com a aprovação e registro de seu Estatuto pelo respectivo Conselho Seccional da OAB, na forma do Regulamento Geral.

§ 2º A Caixa pode, em benefício dos advogados, promover a seguridade complementar.

§ 3º Compete ao Conselho Seccional fixar contribuição obrigatória devida por seus inscritos, destinada à manutenção do disposto no parágrafo anterior, incidente sobre atos decorrentes do efetivo exercício da advocacia.

§ 4º A diretoria da Caixa é composta de cinco membros, com atribuições definidas no seu Regimento Interno.

§ 5º Cabe à Caixa a metade da receita das anuidades recebidas pelo Conselho Seccional, considerado o valor resultante após as deduções regulamentares obrigatórias.

§ 6º Em caso de extinção ou desativação da Caixa, seu patrimônio se incorpora ao do Conselho Seccional respectivo.

§ 7º O Conselho Seccional, mediante voto de dois terços de seus membros, pode intervir na Caixa de Assistência dos Advogados, no caso de descumprimento de suas finalidades, designando diretoria provisória, enquanto durar a intervenção.

▶ Art. 58, XV, desta Lei.

CAPÍTULO VI

DAS ELEIÇÕES E DOS MANDATOS

Art. 63. A eleição dos membros de todos os órgãos da OAB será realizada na segunda quinzena do mês de novembro, do último ano do mandato, mediante cédula única e votação direta dos advogados regularmente inscritos.

§ 1º A eleição, na forma e segundo os critérios e procedimentos estabelecidos no Regulamento Geral, é de comparecimento obrigatório para todos os advogados inscritos na OAB.

§ 2º O candidato deve comprovar situação regular junto à OAB, não ocupar cargo exonerável ad nutum, não ter sido condenado por infração disciplinar, salvo reabilitação, e exercer efetivamente a profissão há mais de cinco anos.

Art. 64. Consideram-se eleitos os candidatos integrantes da chapa que obtiver a maioria dos votos válidos.

§ 1º A chapa para o Conselho Seccional deve ser composta dos candidatos ao Conselho e à sua diretoria e, ainda, à delegação ao Conselho Federal e à diretoria da Caixa de Assistência dos Advogados para eleição conjunta.

§ 2º A chapa para a Subseção deve ser composta com os candidatos à diretoria, e de seu Conselho quando houver.

Art. 65. O mandato em qualquer órgão da OAB é de três anos, iniciando-se em primeiro de janeiro do ano seguinte ao da eleição, salvo o Conselho Federal.

Parágrafo único. Os Conselheiros Federais eleitos iniciam seus mandatos em primeiro de fevereiro do ano seguinte ao da eleição.

Art. 66. Extingue-se o mandato automaticamente, antes do seu término, quando:

I – ocorrer qualquer hipótese de cancelamento de inscrição ou de licenciamento do profissional;
II – o titular sofrer condenação disciplinar;
III – o titular faltar, sem motivo justificado, a três reuniões ordinárias consecutivas de cada órgão deliberativo do Conselho ou da diretoria da Subseção ou da Caixa de Assistência dos Advogados, não podendo ser reconduzido no mesmo período de mandato.

Parágrafo único. Extinto qualquer mandato, nas hipóteses deste artigo, cabe ao Conselho Seccional escolher o substituto, caso não haja suplente.

Art. 67. A eleição da diretoria do Conselho Federal, que tomará posse no dia primeiro de fevereiro, obedecerá às seguintes regras:

I – será admitido registro, junto ao Conselho Federal, de candidatura à presidência, desde seis meses até um mês antes da eleição;
II – o requerimento de registro deverá vir acompanhado do apoiamento de, no mínimo, seis Conselhos Seccionais;
III – até um mês antes das eleições, deverá ser requerido o registro da chapa completa, sob pena de cancelamento da candidatura respectiva;
IV – no dia 31 de janeiro do ano seguinte ao da eleição, o Conselho Federal elegerá, em reunião presidida pelo conselheiro mais antigo, por voto secreto e para mandato de três anos, sua diretoria, que tomará posse no dia seguinte;
V – será considerada eleita a chapa que obtiver maioria simples dos votos dos Conselheiros Federais, presente a metade mais um de seus membros.

▶ Incisos IV e V com a redação dada pela Lei nº 11.179, de 22-9-2005.

Parágrafo único. Com exceção do candidato a Presidente, os demais integrantes da chapa deverão ser Conselheiros Federais eleitos.

TÍTULO III – DO PROCESSO NA OAB

CAPÍTULO I

DISPOSIÇÕES GERAIS

Art. 68. Salvo disposição em contrário, aplicam-se subsidiariamente ao processo disciplinar as regras da legislação processual penal comum e, nos demais processos, as regras gerais do procedimento administrativo comum e da legislação processual civil, nessa ordem.

Art. 69. Todos os prazos necessários à manifestação de advogados, estagiários e terceiros, nos processos em geral da OAB, são de quinze dias, inclusive para interposição de recursos.

§ 1º Nos casos de comunicação por ofício reservado, ou de notificação pessoal, o prazo se conta a partir do dia útil imediato ao da notificação do recebimento.

§ 2º Nos casos de publicação na imprensa oficial do ato ou da decisão, o prazo inicia-se no primeiro dia útil seguinte.

CAPÍTULO II

DO PROCESSO DISCIPLINAR

Art. 70. O poder de punir disciplinarmente os inscritos na OAB compete exclusivamente ao Conselho Seccional em cuja base territorial tenha ocorrido a infração, salvo se a falta for cometida perante o Conselho Federal.

▶ Res. do Conselho Federal da OAB nº 1, de 20-9-2011, disciplina o processamento de processos ético-disciplinares previstos neste artigo.

§ 1º Cabe ao Tribunal de Ética e Disciplina, do Conselho Seccional competente, julgar os processos disciplinares, instruídos pelas Subseções ou por relatores do próprio Conselho.

§ 2º A decisão condenatória irrecorrível deve ser imediatamente comunicada ao Conselho Seccional onde o representado tenha inscrição principal, para constar dos respectivos assentamentos.

§ 3º O Tribunal de Ética e Disciplina do Conselho onde o acusado tenha inscrição principal pode suspendê-lo preventivamente, em caso de repercussão prejudicial à dignidade da advocacia, depois de ouvi-lo em sessão especial para a qual deve ser notificado a comparecer, salvo se não atender à notificação. Neste caso, o processo disciplinar deve ser concluído no prazo máximo de noventa dias.

Art. 71. A jurisdição disciplinar não exclui a comum e, quando o fato constituir crime ou contravenção, deve ser comunicado às autoridades competentes.

Art. 72. O processo disciplinar instaura-se de ofício ou mediante representação de qualquer autoridade ou pessoa interessada.

§ 1º O Código de Ética e Disciplina estabelece os critérios de admissibilidade da representação e os procedimentos disciplinares.

§ 2º O processo disciplinar tramita em sigilo, até o seu término, só tendo acesso às suas informações as partes, seus defensores e a autoridade judiciária competente.

Art. 73. Recebida a representação, o Presidente deve designar relator, a quem compete a instrução do processo e o oferecimento de parecer preliminar a ser submetido ao Tribunal de Ética e Disciplina.

§ 1º Ao representado deve ser assegurado amplo direito de defesa, podendo acompanhar o processo em todos os termos, pessoalmente ou por intermédio de procurador, oferecendo defesa prévia após ser notificado, razões finais após a instrução e defesa oral perante o Tribunal de Ética e Disciplina, por ocasião do julgamento.

§ 2º Se, após a defesa prévia, o relator se manifestar pelo indeferimento liminar da representação, este deve ser decidido pelo Presidente do Conselho Seccional, para determinar seu arquivamento.

§ 3º O prazo para defesa prévia pode ser prorrogado por motivo relevante, a juízo do relator.

§ 4º Se o representado não for encontrado, ou for revel, o Presidente do Conselho ou da Subseção deve designar-lhe defensor dativo.

§ 5º É também permitida a revisão do processo disciplinar, por erro de julgamento ou por condenação baseada em falsa prova.

Art. 74. O Conselho Seccional pode adotar as medidas administrativas e judiciais pertinentes, objetivando a que o profissional suspenso ou excluído devolva os documentos de identificação.

CAPÍTULO III

DOS RECURSOS

Art. 75. Cabe recurso ao Conselho Federal de todas as decisões definitivas proferidas pelo Conselho Seccional, quando não tenham sido unânimes ou, sendo unânimes, contrariem esta Lei, decisão do Conselho Federal ou de outro Conselho Seccional e, ainda, o Regulamento Geral, o Código de Ética e Disciplina e os Provimentos.

Parágrafo único. Além dos interessados, o Presidente do Conselho Seccional é legitimado a interpor o recurso referido neste artigo.

▶ Art. 55, § 3º, desta Lei.

Art. 76. Cabe recurso ao Conselho Seccional de todas as decisões proferidas por seu Presidente, pelo Tribunal de Ética e Disciplina, ou pela diretoria da Subseção ou da Caixa de Assistência dos Advogados.

Art. 77. Todos os recursos têm efeito suspensivo, exceto quando tratarem de eleições (artigos 63 e seguintes), de suspensão preventiva decidida pelo Tribunal de Ética e Disciplina, e de cancelamento da inscrição obtida com falsa prova.

Parágrafo único. O Regulamento Geral disciplina o cabimento de recursos específicos, no âmbito de cada órgão julgador.

TÍTULO IV – DAS DISPOSIÇÕES GERAIS E TRANSITÓRIAS

Art. 78. Cabe ao Conselho Federal da OAB, por deliberação de dois terços, pelo menos, das delegações, editar o Regulamento Geral deste Estatuto, no prazo de seis meses, contados da publicação desta Lei.

Art. 79. Aos servidores da OAB, aplica-se o regime trabalhista.

§ 1º Aos servidores da OAB, sujeitos ao regime da Lei nº 8.112, de 11 de dezembro de 1990, é concedido o direito de opção pelo regime trabalhista, no prazo de noventa dias a partir da vigência desta Lei, sendo assegurado aos optantes o pagamento de indenização, quando da aposentadoria, correspondente a cinco vezes o valor da última remuneração.

§ 2º Os servidores que não optarem pelo regime trabalhista serão posicionados no quadro em extinção, assegurado o direito adquirido ao regime legal anterior.

Art. 80. Os Conselhos Federal e Seccionais devem promover trienalmente as respectivas Conferências, em data não coincidente com o ano eleitoral, e, periodicamente, reunião do colégio de Presidentes a eles vinculados, com finalidade consultiva.

Art. 81. Não se aplicam aos que tenham assumido originariamente o cargo de Presidente do Conselho Federal ou dos Conselhos Seccionais, até a data da publicação desta Lei, as normas contidas no Título II, acerca da composição desses Conselhos, ficando assegurado o pleno direito de voz e voto em suas sessões.

▶ Arts. 51, § 2º, e 56, § 1º, desta Lei.

Art. 82. Aplicam-se as alterações previstas nesta Lei, quanto a mandatos, eleições, composição e atribuições dos órgãos da OAB, a partir do término do mandato dos atuais membros, devendo os Conselhos Federal e Seccionais disciplinarem os respectivos procedimentos de adaptação.

Parágrafo único. Os mandatos dos membros dos órgãos da OAB, eleitos na primeira eleição sob a vigência desta Lei, e na forma do Capítulo VI do Título II, terão início no dia seguinte ao término dos atuais mandatos, encerrando-se em 31 de dezembro do terceiro ano do mandato e em 31 de janeiro do terceiro ano do mandato, neste caso com relação ao Conselho Federal.

Art. 83. Não se aplica o disposto no artigo 28, inciso II, desta Lei, aos membros do Ministério Público que, na data de promulgação da Constituição, se incluam na previsão do artigo 29, § 3º, do seu Ato das Disposições Constitucionais Transitórias.

Art. 84. O estagiário, inscrito no respectivo quadro, fica dispensado do Exame de Ordem, desde que comprove, em até dois anos da promulgação desta Lei, o exercício e resultado do estágio profissional ou a conclusão, com aproveitamento, do estágio de "Prática Forense e Organização Judiciária", realizado junto à respectiva faculdade, na forma da legislação em vigor.

▶ Art. 8º, IV, desta Lei.

Art. 85. O Instituto dos Advogados Brasileiros e as instituições a ele filiadas têm qualidade para promover perante a OAB o que julgarem do interesse dos advogados em geral ou de qualquer dos seus membros.

Art. 86. Esta Lei entra em vigor na data de sua publicação.

Art. 87. Revogam-se as disposições em contrário, especialmente a Lei nº 4.215, de 27 de abril de 1963, a Lei nº 5.390, de 23 fevereiro de 1968, o Decreto-Lei nº 505, de 18 de março de 1969, a Lei nº 5.681, de 20 de julho de 1971, a Lei nº 5.842, de 6 de dezembro de 1972, a Lei nº 5.960, de 10 de dezembro de 1973, a Lei nº 6.743, de 5 de dezembro de 1979, a Lei nº 6.884, de 9 de dezembro de 1980, a Lei nº 6.994, de 26 de maio de 1982, mantidos os efeitos da Lei nº 7.346, de 22 de julho de 1985.

Brasília, 4 de julho de 1994;
173º da Independência e
106º da República.

Itamar Franco

CÓDIGO DE ÉTICA E DISCIPLINA DA OAB

▶ Publicado no DJU de 1º-3-1995.

TÍTULO I – DA ÉTICA DO ADVOGADO

Capítulo I
DAS REGRAS DEONTOLÓGICAS FUNDAMENTAIS

Art. 1º O exercício da advocacia exige conduta compatível com os preceitos deste Código, do Estatuto, do Regulamento Geral, dos Provimentos e com os demais princípios da moral individual, social e profissional.

Art. 2º O advogado, indispensável à administração da Justiça, é defensor do estado democrático de direito, da cidadania, da moralidade pública, da Justiça e da paz social, subordinando a atividade do seu Ministério Privado à elevada função pública que exerce.

Parágrafo único. São deveres do advogado:

I – preservar, em sua conduta, a honra, a nobreza e a dignidade da profissão, zelando pelo seu caráter de essencialidade e indispensabilidade;

II – atuar com destemor, independência, honestidade, decoro, veracidade, lealdade, dignidade e boa-fé;

III – velar por sua reputação pessoal e profissional;

IV – empenhar-se, permanentemente, em seu aperfeiçoamento pessoal e profissional;

V – contribuir para o aprimoramento das instituições, do Direito e das leis;

VI – estimular a conciliação entre os litigantes, prevenindo, sempre que possível, a instauração de litígios;

VII – aconselhar o cliente a não ingressar em aventura judicial;

VIII – abster-se de:

a) utilizar de influência indevida, em seu benefício ou do cliente;

b) patrocinar interesses ligados a outras atividades estranhas à advocacia, em que também atue;

c) vincular o seu nome a empreendimentos de cunho manifestamente duvidoso;

d) emprestar concurso aos que atentem contra a ética, a moral, a honestidade e a dignidade da pessoa humana;

e) entender-se diretamente com a parte adversa que tenha patrono constituído, sem o assentimento deste;

IX – pugnar pela solução dos problemas da cidadania e pela efetivação dos seus direitos individuais, coletivos e difusos, no âmbito da comunidade.

Art. 3º O advogado deve ter consciência de que o Direito é um meio de mitigar as desigualdades para o encontro de soluções justas e que a lei é um instrumento para garantir a igualdade de todos.

Art. 4º O advogado vinculado ao cliente ou constituinte, mediante relação empregatícia ou por contrato de prestação permanente de serviços, integrante de departamento jurídico, ou órgão de assessoria jurídica, público ou privado, deve zelar pela sua liberdade e independência.

Parágrafo único. É legítima a recusa, pelo advogado, do patrocínio de pretensão concernente à lei ou direito que também lhe seja aplicável, ou contrarie expressa orientação sua, manifestada anteriormente.

Art. 5º O exercício da advocacia é incompatível com qualquer procedimento de mercantilização.

Art. 6º É defeso ao advogado expor os fatos em Juízo falseando deliberadamente a verdade ou estribando-se na má-fé.

Art. 7º É vedado o oferecimento de serviços profissionais que impliquem, direta ou indiretamente, inculcação ou captação de clientela.

Capítulo II
DAS RELAÇÕES COM O CLIENTE

Art. 8º O advogado deve informar o cliente, de forma clara e inequívoca, quanto a eventuais riscos da sua pretensão, e das consequências que poderão advir da demanda.

Art. 9º A conclusão ou desistência da causa, com ou sem a extinção do mandato, obriga o advogado à devolução de bens, valores e documentos recebidos no exercício do mandato, e à pormenorizada prestação de contas, não excluindo outras prestações solicitadas, pelo cliente, a qualquer momento.

Art. 10. Concluída a causa ou arquivado o processo, presumem-se o cumprimento e a cessação do mandato.

Art. 11. O advogado não deve aceitar procuração de quem já tenha patrono constituído, sem prévio conhecimento do mesmo, salvo por motivo justo ou para adoção de medidas judiciais urgentes e inadiáveis.

Art. 12. O advogado não deve deixar ao abandono ou ao desamparo os feitos, sem motivo justo e comprovada ciência do constituinte.

Art. 13. A renúncia ao patrocínio implica omissão do motivo e a continuidade da responsabilidade profissional do advogado ou escritório de advocacia, durante o prazo estabelecido em lei; não exclui, todavia, a responsabilidade pelos danos causados dolosa ou culposamente aos clientes ou a terceiros.

Art. 14. A revogação do mandato judicial por vontade do cliente não o desobriga do pagamento das verbas honorárias contratadas, bem como não retira o direito do advogado de receber o quanto lhe seja devido em eventual verba honorária de sucumbência, calculada proporcionalmente, em face do serviço efetivamente prestado.

Art. 15. O mandato judicial ou extrajudicial deve ser outorgado individualmente aos advogados que integrem sociedade de que façam parte, e será exercido no interesse do cliente, respeitada a liberdade de defesa.

Art. 16. O mandato judicial ou extrajudicial não se extingue pelo decurso de tempo, desde que permaneça a confiança recíproca entre o outorgante e o seu patrono no interesse da causa.

Art. 17. Os advogados integrantes da mesma sociedade profissional, ou reunidos em caráter permanente para cooperação recíproca, não podem representar em juízo clientes com interesses opostos.

Art. 18. Sobrevindo conflitos de interesse entre seus constituintes, e não estando acordes os interessados, com a devida prudência e discernimento, optará o advogado por um dos mandatos, renuncian-do aos demais, resguardado o sigilo profissional.

Art. 19. O advogado, ao postular em nome de terceiros, contra ex-cliente ou ex-empregador, judicial e extrajudicialmente, deve resguardar o segredo profissional e as informações reservadas ou privilegiadas que lhe tenham sido confiadas.

Art. 20. O advogado deve abster-se de patrocinar causa contrária à ética, à moral ou à validade de ato jurídico em que tenha colaborado, orientado ou conhecido em consulta; da mesma forma, deve declinar seu impedimento ético quando tenha sido convidado pela outra parte, se esta lhe houver revelado segredos ou obtido seu parecer.

Art. 21. É direito e dever do advogado assumir a defesa criminal, sem considerar sua própria opinião sobre a culpa do acusado.

Art. 22. O advogado não é obrigado a aceitar a imposição de seu cliente que pretenda ver com ele atuando outros advogados, nem aceitar a indicação de outro profissional para com ele trabalhar no processo.

Art. 23. É defeso ao advogado funcionar no mesmo processo, simultaneamente, como patrono e preposto do empregador ou cliente.

Art. 24. O substabelecimento do mandato, com reserva de poderes, é ato pessoal do advogado da causa.

§ 1º O substabelecimento do mandato sem reservas de poderes exige o prévio e inequívoco conhecimento do cliente.

§ 2º O substabelecido com reserva de poderes deve ajustar antecipadamente seus honorários com o substabelecente.

CAPÍTULO III

DO SIGILO PROFISSIONAL

Art. 25. O sigilo profissional é inerente à profissão, impondo-se o seu respeito, salvo grave ameaça ao direito à vida, à honra, ou quando o advogado se veja afrontado pelo próprio cliente e, em defesa própria, tenha que revelar segredo, porém sempre restrito ao interesse da causa.

Art. 26. O advogado deve guardar sigilo, mesmo em depoimento judicial, sobre o que saiba em razão de seu ofício, cabendo-lhe recusar-se a depor como testemunha em processo no qual funcionou ou deva funcionar, ou sobre fato relacionado com pessoa de quem seja ou tenha sido advogado, mesmo que autorizado ou solicitado pelo constituinte.

Art. 27. As confidências feitas ao advogado pelo cliente podem ser utilizadas nos limites da necessidade da defesa, desde que autorizado aquele pelo constituinte.

Parágrafo único. Presumem-se confidenciais as comunicações epistolares entre advogado e cliente, as quais não podem ser reveladas a terceiros.

CAPÍTULO IV

DA PUBLICIDADE

Art. 28. O advogado pode anunciar os seus serviços profissionais, individual ou coletivamente, com discrição e moderação, para finalidade exclusivamente informativa, vedada a divulgação em conjunto com outra atividade.

Art. 29. O anúncio deve mencionar o nome completo do advogado e o número da inscrição na OAB, podendo fazer referência a títulos ou qualificações profissionais, especialização técnico-científica e associações culturais e científicas, endereços, horário do expediente e meios de comunicação, vedadas a sua veiculação pelo rádio e televisão e a denominação de fantasia.

§ 1º Títulos ou qualificações profissionais são os relativos à profissão de advogado, conferidos por universidades ou instituições de ensino superior, reconhecidas.

§ 2º Especialidades são os ramos do Direito, assim entendidos pelos doutrinadores ou legalmente reconhecidos.

§ 3º Correspondências, comunicados e publicações, versando sobre constituição, colaboração, composição e qualificação de componentes de escritório e especificação de especialidades profissionais, bem como boletins informativos e comentários sobre legislação, somente podem ser fornecidos a colegas, clientes, ou pessoas que os solicitem ou os autorizem previamente.

§ 4º O anúncio de advogado não deve mencionar, direta ou indiretamente, qualquer cargo, função pública ou relação de emprego e patrocínio que tenha exercido, passível de captar clientela.

§ 5º O uso das expressões "escritórios de advocacia" ou "sociedade de advogados" deve estar acompanhado da indicação de número de registro na OAB ou do nome e do número de inscrição dos advogados que o integrem.

§ 6º O anúncio, no Brasil, deve adotar o idioma português e, quando em idioma estrangeiro, deve estar acompanhado da respectiva tradução.

Art. 30. O anúncio sob a forma de placas, na sede profissional ou na residência do advogado, deve observar discrição quanto ao conteúdo, forma e dimensões, sem qualquer aspecto mercantilista, vedada a utilização de "outdoor" ou equivalente.

Art. 31. O anúncio não deve conter fotografias, ilustrações, cores, figuras, desenhos, logotipos, marcas ou símbolos incompatíveis com a sobriedade da advocacia, sendo proibido o uso dos símbolos oficiais e dos que sejam utilizados pela Ordem dos Advogados do Brasil.

§ 1º São vedadas referências a valores dos serviços, tabelas, gratuidade ou forma de pagamento, termos ou expressões que possam iludir ou confundir o público, informações de serviços jurídicos suscetíveis de implicar, direta ou indiretamente, captação de causa ou clientes, bem como menção ao tamanho, qualidade e estrutura da sede profissional.

§ 2º Considera-se imoderado o anúncio profissional do advogado mediante remessa de correspondência a uma coletividade, salvo para comunicar a clientes e colegas a instalação ou mudança de endereço, a indicação expressa do seu nome e escritório em partes externas de veículo, ou a inserção de seu nome em anúncio relativo a outras atividades não advocatícias, faça delas parte ou não.

Art. 32. O advogado que eventualmente participar de programa de televisão ou de rádio, de entrevista na imprensa, de reportagem televisionada ou de qualquer outro meio, para manifestação profissional, deve visar a objetivos exclusivamente ilustrativos, educacionais e instrutivos, sem propósito de promoção pessoal ou profissional, vedados pronunciamentos sobre métodos de trabalho usados por seus colegas de profissão.

Parágrafo único. Quando convidado para manifestação pública, por qualquer modo e forma, visando ao esclarecimento de tema jurídico de interesse geral, deve o advogado evitar insinuações e promoção pessoal ou profissional, bem como o debate de caráter sensacionalista.

Art. 33. O advogado deve abster-se de:

I – responder com habitualidade consulta sobre matéria jurídica, nos meios de comunicação social, com intuito de promover-se profissionalmente;
II – debater, em qualquer veículo de divulgação, causa sob seu patrocínio ou patrocínio de colega;
III – abordar tema de modo a comprometer a dignidade da profissão e da instituição que o congrega;
IV – divulgar ou deixar que seja divulgada a lista de clientes e demandas;

V – insinuar-se para reportagens e declarações públicas.

Art. 34. A divulgação pública, pelo advogado, de assuntos técnicos ou jurídicos de que tenha ciência em razão do exercício profissional como advogado constituído, assessor jurídico ou parecerista, deve limitar-se a aspectos que não quebrem ou violem o segredo ou o sigilo profissional.

Capítulo V

DOS HONORÁRIOS PROFISSIONAIS

Art. 35. Os honorários advocatícios e sua eventual correção, bem como sua majoração decorrente do aumento dos atos judiciais que advierem como necessários, devem ser previstos em contrato escrito, qualquer que seja o objeto e o meio da prestação do serviço profissional, contendo todas as especificações e forma de pagamento, inclusive no caso de acordo.

§ 1º Os honorários da sucumbência não excluem os contratados, porém devem ser levados em conta no acerto final com o cliente ou constituinte, tendo sempre presente o que foi ajustado na aceitação da causa.

§ 2º A compensação ou o desconto dos honorários contratados e de valores que devam ser entregues ao constituinte ou cliente só podem ocorrer se houver prévia autorização ou previsão contratual.

§ 3º A forma e as condições de resgate dos encargos gerais, judiciais e extrajudiciais, inclusive eventual remuneração de outro profissional, advogado ou não, para desempenho de serviço auxiliar ou complementar técnico e especializado, ou com incumbência pertinente fora da Comarca, devem integrar as condições gerais do contrato.

Art. 36. Os honorários profissionais devem ser fixados com moderação, atendidos os elementos seguintes:

I – a relevância, o vulto, a complexidade e a dificuldade das questões versadas;
II – o trabalho e o tempo necessários;
III – a possibilidade de ficar o advogado impedido de intervir em outros casos, ou de se desavir com outros clientes ou terceiros;
IV – o valor da causa, a condição econômica do cliente e o proveito para ele resultante do serviço profissional;
V – o caráter da intervenção, conforme se trate de serviço a cliente avulso, habitual ou permanente;
VI – o lugar da prestação dos serviços, fora ou não do domicílio do advogado;
VII – a competência e o renome do profissional;
VIII – a praxe do foro sobre trabalhos análogos.

Art. 37. Em face da imprevisibilidade do prazo de tramitação da demanda, devem ser delimitados os serviços profissionais a se prestarem nos procedimentos preliminares, judiciais ou conciliatórios, a fim de que outras medidas, solicitadas ou necessárias, incidentais ou não, diretas ou indiretas, decorrentes da causa, possam ter novos honorários estimados, e da mesma forma receber do constituinte ou cliente a concordância hábil.

Art. 38. Na hipótese da adoção de cláusula *quota litis*, os honorários devem ser necessariamente representados por pecúnia e, quando acrescidos dos de honorários da sucumbência, não podem ser superiores às vantagens advindas em favor do constituinte ou do cliente.

Parágrafo único. A participação do advogado em bens particulares de cliente, comprovadamente sem condições pecuniárias, só é tolerada em caráter excepcional, e desde que contratada por escrito.

Art. 39. A celebração de convênios para prestação de serviços jurídicos com redução dos valores estabelecidos na Tabela de Honorários implica captação de clientes ou causa, salvo se as condições peculiares da necessidade e dos carentes puderem ser demonstradas com a devida antecedência ao respectivo Tribunal de Ética e Disciplina, que deve analisar a sua oportunidade.

Art. 40. Os honorários advocatícios devidos ou fixados em tabelas no regime da assistência judiciária não podem ser alterados no *quantum* estabelecido; mas a verba honorária decorrente da sucumbência pertence ao advogado.

Art. 41. O advogado deve evitar o aviltamento de valores dos serviços profissionais, não os fixando de forma irrisória ou inferior ao mínimo fixado pela Tabela de Honorários, salvo motivo plenamente justificável.

Art. 42. O crédito por honorários advocatícios, seja do advogado autônomo, seja de sociedade de advogados, não autoriza o saque de duplicatas ou qualquer outro título de crédito de natureza mercantil, exceto a emissão de fatura, desde que constitua exigência do constituinte ou assistido, decorrente de contrato escrito, vedada a tiragem de protesto.

Art. 43. Havendo necessidade de arbitramento e cobrança judicial dos honorários advocatícios, deve o advogado renunciar ao patrocínio da causa, fazendo-se representar por um colega.

Capítulo VI

DO DEVER DE URBANIDADE

Art. 44. Deve o advogado tratar o público, os colegas, as autoridades e os funcionários do Juízo com respeito, discrição e independência, exigindo igual tratamento e zelando pelas prerrogativas a que tem direito.

Art. 45. Impõe-se ao advogado lhaneza, emprego de linguagem escorreita e polida, esmero e disciplina na execução dos serviços.

Art. 46. O advogado, na condição de defensor nomeado, conveniado ou dativo, deve comportar-se com zelo, empenhando-se para que o cliente se sinta amparado e tenha a expectativa de regular desenvolvimento da demanda.

Capítulo VII

DAS DISPOSIÇÕES GERAIS

Art. 47. A falta ou inexistência, neste Código, de definição ou orientação sobre questão de ética profissional, que seja relevante para o exercício da advocacia ou dele advenha, enseja consulta e manifestação do Tribunal de Ética e Disciplina ou do Conselho Federal.

Art. 48. Sempre que tenha conhecimento de transgressão das normas deste Código, do Estatuto, do Regulamento Geral e dos Provimentos, o Presidente do Conselho Seccional, da Subseção, ou do Tribunal de Ética e Disciplina deve chamar a atenção do responsável para

o dispositivo violado, sem prejuízo da instauração do competente procedimento para apuração das infrações e aplicação das penalidades cominadas.

TÍTULO II – DO PROCESSO DISCIPLINAR

Capítulo I

DA COMPETÊNCIA DO TRIBUNAL DE ÉTICA E DISCIPLINA

Art. 49. O Tribunal de Ética e Disciplina é competente para orientar e aconselhar sobre ética profissional, respondendo às consultas em tese, e julgar os processos disciplinares.

Parágrafo único. O Tribunal reunir-se-á mensalmente ou em menor período, se necessário, e todas as sessões serão plenárias.

Art. 50. Compete também ao Tribunal de Ética e Disciplina:

I – instaurar, de ofício, processo competente sobre ato ou matéria que considere passível de configurar, em tese, infração a princípio ou norma de ética profissional;

II – organizar, promover e desenvolver cursos, palestras, seminários e discussões a respeito de ética profissional, inclusive junto aos Cursos Jurídicos, visando à formação da consciência dos futuros profissionais para os problemas fundamentais da Ética;

III – expedir provisões ou resoluções sobre o modo de proceder em casos previstos nos regulamentos e costumes do foro;

IV – mediar e conciliar nas questões que envolvam:

a) dúvidas e pendências entre advogados;
b) partilha de honorários contratados em conjunto ou mediante substabelecimento, ou decorrente de sucumbência;
c) controvérsias surgidas quando da dissolução de sociedade de advogados.

Capítulo II

DOS PROCEDIMENTOS

Art. 51. O processo disciplinar instaura-se de ofício ou mediante representação dos interessados, que não pode ser anônima.

§ 1º Recebida a representação, o Presidente do Conselho Seccional ou da Subseção, quando esta dispuser de Conselho, designa relator um de seus integrantes, para presidir a instrução processual.

§ 2º O relator pode propor ao Presidente do Conselho Seccional ou da Subseção o arquivamento da representação, quando estiver desconstituída dos pressupostos de admissibilidade.

§ 3º A representação contra membros do Conselho Federal e Presidentes dos Conselhos Seccionais é processada e julgada pelo Conselho Federal.

Art. 52. Compete ao relator do processo disciplinar determinar a notificação dos interessados para esclarecimentos, ou do representado para a defesa prévia, em qualquer caso no prazo de quinze dias.

§ 1º Se o representado não for encontrado ou for revel, o Presidente do Conselho ou da Subseção deve designar-lhe defensor dativo.

§ 2º Oferecida a defesa prévia, que deve estar acompanhada de todos os documentos e o rol de testemunhas, até o máximo de cinco, é proferido o despacho saneador e, ressalvada a hipótese do § 2º do artigo 73 do Estatuto, designada, se reputada necessária, a audiência para oitiva do interessado, do representado e das testemunhas. O interessado e o representado deverão incumbir-se do comparecimento de suas testemunhas, a não ser que prefiram suas intimações pessoais, o que deverá ser requerido na representação e na defesa prévia. As intimações pessoais não serão renovadas em caso de não comparecimento, facultada a substituição de testemunhas, se presente a substituta na audiência.

▶ § 2º com a redação dada pelo Pleno do Conselho Federal da OAB, na sessão ordinária de 9-12-2002 (DJ de 3-2-2003).

§ 3º O relator pode determinar a realização de diligências que julgar convenientes.

§ 4º Concluída a instrução, será aberto o prazo sucessivo de quinze dias para a apresentação de razões finais pelo interessado e pelo representado, após a juntada da última intimação.

§ 5º Extinto o prazo das razões finais, o relator profere parecer preliminar, a ser submetido ao Tribunal.

Art. 53. O Presidente do Tribunal, após o recebimento do processo devidamente instruído, designa relator para proferir o voto.

§ 1º O processo é inserido automaticamente na pauta da primeira sessão de julgamento, após o prazo de vinte dias de seu recebimento pelo Tribunal, salvo se o relator determinar diligências.

§ 2º O representado é intimado pela Secretaria do Tribunal para a defesa oral na sessão, com quinze dias de antecedência.

§ 3º A defesa oral é produzida na sessão de julgamento perante o Tribunal, após o voto do relator, no prazo de quinze minutos, pelo representado ou por seu advogado.

Art. 54. Ocorrendo a hipótese do artigo 70, § 3º, do Estatuto, na sessão especial designada pelo Presidente do Tribunal, são facultadas ao representado ou ao seu defensor a apresentação de defesa, a produção de prova e a sustentação oral, restritas, entretanto, à questão do cabimento, ou não, da suspensão preventiva.

Art. 55. O expediente submetido à apreciação do Tribunal é autuado pela Secretaria, registrado em livro próprio e distribuído às Seções ou Turmas julgadoras, quando houver.

Art. 56. As consultas formuladas recebem autuação em apartado, e a esse processo são designados relator e revisor, pelo Presidente.

§ 1º O relator e o revisor têm prazo de dez dias, cada um, para elaboração de seus pareceres, apresentando-os na primeira sessão seguinte, para julgamento.

§ 2º Qualquer dos membros pode pedir vista do processo pelo prazo de uma sessão e desde que a matéria não seja urgente, caso em que o exame deve ser procedido durante a mesma sessão. Sendo vários os pedidos, a Secretaria providencia a distribuição do prazo, proporcionalmente, entre os interessados.

§ 3º Durante o julgamento e para dirimir dúvidas, o relator e o revisor, nessa ordem, têm preferência na manifestação.

§ 4º O relator permitirá aos interessados produzir provas, alegações e arrazoados, respeitado o rito sumário atribuído por este Código.

§ 5º Após o julgamento, os autos vão ao relator designado ou ao membro que tiver parecer vencedor para lavratura de acórdão, contendo ementa a ser publicada no órgão oficial do Conselho Seccional.

Art. 57. Aplica-se ao funcionamento das sessões do Tribunal o procedimento adotado no Regimento Interno do Conselho Seccional.

Art. 58. Comprovado que os interessados no processo nele tenham intervindo de modo temerário, com sentido de emulação ou procrastinação, tal fato caracteriza falta de ética passível de punição.

Art. 59. Considerada a natureza da infração ética cometida, o Tribunal pode suspender temporariamente a aplicação das penas de advertência e censura impostas, desde que o infrator primário, dentro do prazo de cento e vinte dias, passe a frequentar e conclua, comprovadamente, curso, simpósio, seminário ou atividade equivalente, sobre Ética Profissional do Advogado, realizado por entidade de notória idoneidade.

Art. 60. Os recursos contra decisões do Tribunal de Ética e Disciplina, ao Conselho Seccional, regem-se pelas disposições do Estatuto, do Regulamento Geral e do Regimento Interno do Conselho Seccional.

Parágrafo único. O Tribunal dará conhecimento de todas as suas decisões ao Conselho Seccional, para que determine periodicamente a publicação de seus julgados.

Art. 61. Cabe revisão do processo disciplinar, na forma prescrita no artigo 73, § 5º, do Estatuto.

CAPÍTULO III

DAS DISPOSIÇÕES GERAIS E TRANSITÓRIAS

Art. 62. O Conselho Seccional deve oferecer os meios e suporte imprescindíveis para o desenvolvimento das atividades do Tribunal.

Art. 63. O Tribunal de Ética e Disciplina deve organizar seu Regimento Interno, a ser submetido ao Conselho Seccional e, após, ao Conselho Federal.

Art. 64. A pauta de julgamentos do Tribunal é publicada em órgão oficial e no quadro de avisos gerais, na sede do Conselho Seccional, com antecedência de sete dias, devendo ser dada prioridade nos julgamentos para os interessados que estiverem presentes.

Art. 65. As regras deste Código obrigam igualmente as sociedades de advogados e os estagiários, no que lhes forem aplicáveis.

Art. 66. Este Código entra em vigor, em todo o território nacional, na data de sua publicação, cabendo aos Conselhos Federal e Seccionais e às Subseções da OAB promover a sua ampla divulgação, revogadas as disposições em contrário.

Brasília, 13 de fevereiro de 1995.

José Roberto Batochio

LEI Nº 9.034, DE 3 DE MAIO DE 1995

Dispõe sobre a utilização de meios operacionais para a prevenção e repressão de ações praticadas por organizações criminosas.

▶ Publicada no *DOU* de 4-5-1995.

Capítulo I
DA DEFINIÇÃO DE AÇÃO PRATICADA POR ORGANIZAÇÕES CRIMINOSAS E DOS MEIOS OPERACIONAIS DE INVESTIGAÇÃO E PROVA

Art. 1º Esta Lei define e regula meios de prova e procedimentos investigatórios que versem sobre ilícitos decorrentes de ações praticadas por quadrilha ou bando ou organizações ou associações criminosas de qualquer tipo.

▶ Artigo com a redação dada pela Lei nº 10.217, de 11-4-2001.

Art. 2º Em qualquer fase de persecução criminal são permitidos, sem prejuízo dos já previstos em lei, os seguintes procedimentos de investigação e formação de provas:

▶ *Caput* com a redação dada pela Lei nº 10.217, de 11-4-2001.

I – VETADO;

II – a ação controlada, que consiste em retardar a interdição policial do que se supõe ação praticada por organizações criminosas ou a ela vinculado, desde que mantida sob observação e acompanhamento para que a medida legal se concretize no momento mais eficaz do ponto de vista da formação de provas e fornecimento de informações;

III – o acesso a dados, documentos e informações fiscais, bancárias, financeiras e eleitorais;

IV – a captação e a interceptação ambiental de sinais eletromagnéticos, óticos ou acústicos, e o seu registro e análise, mediante circunstanciada autorização judicial;

V – infiltração por agentes de polícia ou de inteligência, em tarefas de investigação, constituída pelos órgãos especializados pertinentes, mediante circunstanciada autorização judicial.

▶ Incisos IV e V acrescidos pela Lei nº 10.217, de 11-4-2001.

Parágrafo único. A autorização judicial será estritamente sigilosa e permanecerá nesta condição enquanto perdurar a infiltração.

▶ Parágrafo único acrescido pela Lei nº 10.217, de 11-4-2001.

Capítulo II
DA PRESERVAÇÃO DO SIGILO CONSTITUCIONAL

Art. 3º Nas hipóteses do inciso III do artigo 2º desta Lei, ocorrendo possibilidade de violação de sigilo preservado pela Constituição ou por lei, a diligência será realizada pessoalmente pelo juiz, adotado o mais rigoroso segredo de justiça.

▶ O STF, por maioria de votos, julgou parcialmente procedente a ADIN nº 1.570-2, para declarar a inconstitucionalidade do artigo no que se refere aos dados "fiscais" e "eleitorais" (*DOU* de 19-11-2004).

§ 1º Para realizar a diligência, o juiz poderá requisitar o auxílio de pessoas que, pela natureza da função ou profissão, tenham ou possam ter acesso aos objetos do sigilo.

§ 2º O juiz, pessoalmente, fará lavrar auto circunstanciado da diligência, relatando as informações colhidas oralmente e anexando cópias autênticas dos documentos que tiverem relevância probatória, podendo, para esse efeito, designar uma das pessoas referidas no parágrafo anterior como escrivão *ad hoc*.

§ 3º O auto de diligência será conservado fora dos autos do processo, em lugar seguro, sem intervenção de cartório ou servidor, somente podendo a ele ter acesso, na presença do juiz, as partes legítimas na causa, que não poderão dele servir-se para fins estranhos à mesma, e estão sujeitas às sanções previstas pelo Código Penal em caso de divulgação.

§ 4º Os argumentos de acusação e defesa que versarem sobre a diligência serão apresentados em separado para serem anexados ao auto da diligência, que poderá servir como elemento na formação da convicção final do juiz.

§ 5º Em caso de recurso, o auto da diligência será fechado, lacrado e endereçado em separado ao juízo competente para revisão, que dele tomará conhecimento sem intervenção das secretarias e gabinetes, devendo o relator dar vistas ao Ministério Público e ao Defensor em recinto isolado, para o efeito de que a discussão e o julgamento sejam mantidos em absoluto segredo de justiça.

Capítulo III
DAS DISPOSIÇÕES GERAIS

Art. 4º Os órgãos da polícia judiciária estruturarão setores e equipes de policiais especializados no combate à ação praticada por organizações criminosas.

Art. 5º A identificação criminal de pessoas envolvidas com a ação praticada por organizações criminosas será realizada independentemente da identificação civil.

▶ Art. 5º, LVIII, da CF.
▶ Lei nº 12.037, de 1º-10-2009 (Lei da Identificação Criminal).

Art. 6º Nos crimes praticados em organização criminosa, a pena será reduzida de um a dois terços, quando a colaboração espontânea do agente levar ao esclarecimento de infrações penais e sua autoria.

▶ Art. 41 da Lei nº 11.343, de 23-8-2006 (Lei Antidrogas).

Art. 7º Não será concedida liberdade provisória, com ou sem fiança, aos agentes que tenham tido intensa e efetiva participação na organização criminosa.

Art. 8º O prazo para encerramento da instrução criminal, nos processos por crime de que trata esta Lei, será de oitenta e um dias, quando o réu estiver preso, e de cento e vinte dias, quando solto.

▶ Artigo com a redação dada pela Lei nº 9.303, de 5-9-1996.

Art. 9º O réu não poderá apelar em liberdade, nos crimes previstos nesta Lei.

Art. 10. Os condenados por crimes decorrentes de organização criminosa iniciarão o cumprimento da pena em regime fechado.

Art. 11. Aplicam-se, no que não forem incompatíveis subsidiariamente, as disposições do Código de Processo Penal.

Art. 12. Esta Lei entra em vigor na data de sua publicação.

Art. 13. Revogam-se as disposições em contrário.

Brasília, 3 de maio de 1995;
174º da Independência e
107º da República.

Fernando Henrique Cardoso

LEI Nº 9.051, DE 18 DE MAIO DE 1995

Dispõe sobre a expedição de certidões para a defesa de direitos e esclarecimentos de situações.

▶ Publicada no *DOU* de 19-5-1995.
▶ Art. 5º, XXXIII e XXXIV, da CF.
▶ Lei nº 11.971, de 6-7-2009, dispõe sobre as certidões expedidas pelos Ofícios do Registro de Distribuição e Distribuidores Judiciais.

Art. 1º As certidões para a defesa de direitos e esclarecimentos de situações, requeridas aos órgãos da administração centralizada ou autárquica, às empresas públicas, às sociedades de economia mista e às fundações públicas da União, dos Estados, do Distrito Federal e dos Municípios, deverão ser expedidas no prazo improrrogável de quinze dias, contado do registro do pedido no órgão expedidor.

Art. 2º Nos requerimentos que objetivam a obtenção das certidões a que se refere esta lei, deverão os interessados fazer constar esclarecimentos relativos aos fins e razões do pedido.

Art. 3º VETADO.

Art. 4º Esta lei entra em vigor na data de sua publicação.

Art. 5º Revogam-se as disposições em contrário.

Brasília, 18 de maio de 1995;
174º da Independência e
107º da República.

Fernando Henrique Cardoso

LEI Nº 9.099, DE 26 DE SETEMBRO DE 1995

Dispõe sobre os Juizados Especiais Cíveis e Criminais e dá outras providências.

(EXCERTOS)

▶ Publicada no *DOU* de 27-9-1995.
▶ Lei nº 10.259, de 12-7-2001 (Lei dos Juizados Especiais Federais).
▶ Lei nº 12.153, de 22-12-2009 (Lei dos Juizados Especiais da Fazenda Pública).

CAPÍTULO III

DOS JUIZADOS ESPECIAIS CRIMINAIS

DISPOSIÇÕES GERAIS

Art. 60. O Juizado Especial Criminal, provido por juízes togados ou togados e leigos, tem competência para a conciliação, o julgamento e a execução das infrações penais de menor potencial ofensivo, respeitadas as regras de conexão e continência.

▶ *Caput* com a redação dada pela Lei nº 11.313, de 28-6-2006.

Parágrafo único. Na reunião de processos, perante o juízo comum ou o tribunal do júri, decorrentes da aplicação das regras de conexão e continência, observar-se-ão os institutos da transação penal e da composição dos danos civis.

▶ Parágrafo único acrescido pela Lei nº 11.313, de 28-6-2006.

Art. 61. Consideram-se infrações penais de menor potencial ofensivo, para os efeitos desta Lei, as contravenções penais e os crimes a que a lei comine pena máxima não superior a 2 (dois) anos, cumulada ou não com multa.

▶ Artigo com a redação dada pela Lei nº 11.313, de 28-6-2006.
▶ Art. 98, I, da CF.
▶ Art. 2º da Lei nº 10.259, de 12-7-2001 (Lei dos Juizados Especiais Federais).
▶ Art. 41 da Lei nº 11.340, de 7-8-2006 (Lei que Coíbe a Violência Doméstica e Familiar Contra a Mulher).

Art. 62. O processo perante o Juizado Especial orientar-se-á pelos critérios da oralidade, informalidade, economia processual e celeridade, objetivando, sempre que possível, a reparação dos danos sofridos pela vítima e a aplicação de pena não privativa de liberdade.

▶ Art. 5º, LXXVIII, da CF.
▶ Art. 65 desta Lei.
▶ Arts. 9º, I, 16, 43 a 52, 65, III, *b*, 91, I, e 312, § 3º, do CP.
▶ Arts. 147 a 155 e 164 a 170 da LEP.

SEÇÃO I

DA COMPETÊNCIA E DOS ATOS PROCESSUAIS

Art. 63. A competência do Juizado será determinada pelo lugar em que foi praticada a infração penal.

▶ Art. 6º do CP.
▶ Arts. 69, I, 70 e 71 do CPP.

Art. 64. Os atos processuais serão públicos e poderão realizar-se em horário noturno e em qualquer dia da semana, conforme dispuserem as normas de organização judiciária.

Art. 65. Os atos processuais serão válidos sempre que preencherem as finalidades para as quais foram realizados, atendidos os critérios indicados no artigo 62 desta Lei.

§ 1º Não se pronunciará qualquer nulidade sem que tenha havido prejuízo.

▶ Arts. 563 e 566 do CPP.
▶ Art. 499 do CPPM.
▶ Súm. nº 523 do STF.

§ 2º A prática de atos processuais em outras comarcas poderá ser solicitada por qualquer meio hábil de comunicação.
- Arts. 353 a 356 do CPP.

§ 3º Serão objeto de registro escrito exclusivamente os atos havidos por essenciais. Os atos realizados em audiência de instrução e julgamento poderão ser gravados em fita magnética ou equivalente.
- Art. 82, § 3º, desta Lei.

Art. 66. A citação será pessoal e far-se-á no próprio Juizado, sempre que possível, ou por mandado.
- Art. 78, § 1º, desta Lei.
- Arts. 351, 352, 357 e 358 do CPP.

Parágrafo único. Não encontrado o acusado para ser citado, o Juiz encaminhará as peças existentes ao juízo comum para adoção do procedimento previsto em lei.
- Art. 77, § 2º, desta Lei.

Art. 67. A intimação far-se-á por correspondência, com aviso de recebimento pessoal ou, tratando-se de pessoa jurídica ou firma individual, mediante entrega ao encarregado da recepção, que será obrigatoriamente identificado, ou, sendo necessário, por oficial de justiça, independentemente de mandado ou carta precatória, ou ainda por qualquer meio idôneo de comunicação.
- Arts. 71 e 78, § 2º, desta Lei.
- Arts. 370 a 372 do CPP.

Parágrafo único. Dos atos praticados em audiência considerar-se-ão desde logo cientes as partes, os interessados e defensores.

Art. 68. Do ato de intimação do autor do fato e do mandado de citação do acusado, constará a necessidade de seu comparecimento acompanhado de advogado, com a advertência de que, na sua falta, ser-lhe-á designado defensor público.
- Arts. 71 e 78, § 2º, desta Lei.
- Art. 564, III, c, do CPP.
- Súm. nº 523 do STF.

Seção II

DA FASE PRELIMINAR
- Art. 492, § 1º, do CPP.

Art. 69. A autoridade policial que tomar conhecimento da ocorrência lavrará termo circunstanciado e o encaminhará imediatamente ao Juizado, com o autor do fato e a vítima, providenciando-se as requisições dos exames periciais necessários.
- Art. 77, § 1º, desta Lei.
- Arts. 4º, 6º e 158 a 184 do CPP.
- Arts. 12 e 314 a 346 do CPPM.

Parágrafo único. Ao autor do fato que, após a lavratura do termo, for imediatamente encaminhado ao juizado ou assumir o compromisso de a ele comparecer, não se imporá prisão em flagrante, nem se exigirá fiança. Em caso de violência doméstica, o juiz poderá determinar, como medida de cautela, seu afastamento do lar, domicílio ou local de convivência com a vítima.

- Parágrafo único com a redação dada pela Lei nº 10.455, de 13-5-2002.
- Art. 5º, LXV e LXVI, da CF.

- Arts. 301 a 310, 313, III, e 322 a 350 do CPP.
- Arts. 243 a 253, 270 e 271 do CPPM.
- Arts. 3º, a, e 4º, a, da Lei nº 4.898, de 9-12-1965 (Lei do Abuso de Autoridade).
- Lei nº 11.340, de 7-8-2006 (Lei que Coíbe a Violência Doméstica e Familiar Contra a Mulher).
- Lei nº 12.037, de 1º-10-2009 (Lei da Identificação Criminal).

Art. 70. Comparecendo o autor do fato e a vítima, e não sendo possível a realização imediata da audiência preliminar, será designada data próxima, da qual ambos sairão cientes.

Art. 71. Na falta do comparecimento de qualquer dos envolvidos, a Secretaria providenciará sua intimação e, se for o caso, a do responsável civil, na forma dos artigos 67 e 68 desta Lei.
- Arts. 370 a 372 do CPP.

Art. 72. Na audiência preliminar, presente o representante do Ministério Público, o autor do fato e a vítima e, se possível, o responsável civil, acompanhados por seus advogados, o Juiz esclarecerá sobre a possibilidade da composição dos danos e da aceitação da proposta de aplicação imediata de pena não privativa de liberdade.
- Art. 79 desta Lei.
- Arts. 43 a 52 do CP.
- Art. 564, III, d, do CPP.
- Arts, 147 a 155 e 164 a 170 da LEP.

Art. 73. A conciliação será conduzida pelo Juiz ou por conciliador sob sua orientação.

Parágrafo único. Os conciliadores são auxiliares da Justiça, recrutados, na forma da lei local, preferentemente entre bacharéis em Direito, excluídos os que exercem funções na administração da Justiça Criminal.

Art. 74. A composição dos danos civis será reduzida a escrito e, homologada pelo Juiz mediante sentença irrecorrível, terá eficácia de título a ser executado no juízo civil competente.
- Art. 87 desta Lei.

Parágrafo único. Tratando-se de ação penal de iniciativa privada ou de ação penal pública condicionada à representação, o acordo homologado acarreta a renúncia ao direito de queixa ou representação.
- Arts. 100, 104, parágrafo único, e 107, V, do CP.
- Arts. 24, § 1º, 30, 31, 36 a 39, 49 e 57 do CPP.

Art. 75. Não obtida a composição dos danos civis, será dada imediatamente ao ofendido a oportunidade de exercer o direito de representação verbal, que será reduzida a termo.
- Arts. 25 e 39 do CPP.

Parágrafo único. O não oferecimento da representação na audiência preliminar não implica decadência do direito, que poderá ser exercido no prazo previsto em lei.
- Art. 103 do CP.
- Art. 38 do CPP.

Art. 76. Havendo representação ou tratando-se de crime de ação penal pública incondicionada, não sendo caso de arquivamento, o Ministério Público poderá propor a aplicação imediata de pena restritiva de direitos ou multas, a ser especificada na proposta.

▶ Art. 77 desta Lei.
▶ Arts. 43 a 52 do CP.
▶ Arts. 24 e 28 do CPP.
▶ Arts. 147 a 155 e 164 a 170 da LEP.
▶ Art. 27 da Lei nº 9.605, de 12-2-1998 (Lei dos Crimes Ambientais).
▶ Art. 48, § 5º, da Lei nº 11.343, de 23-8-2006 (Lei Antidrogas).

§ 1º Nas hipóteses de ser a pena de multa a única aplicável, o Juiz poderá reduzi-la até a metade.

▶ Arts. 49 a 52 e 60 do CP.
▶ Arts. 164 a 170 da LEP.

§ 2º Não se admitirá a proposta se ficar comprovado:

I – ter sido o autor da infração condenado, pela prática de crime, à pena privativa de liberdade, por sentença definitiva;

▶ Arts. 381 a 392 do CPP.
▶ Arts. 105 a 109 da LEP.

II – ter sido o agente beneficiado anteriormente, no prazo de cinco anos, pela aplicação de pena restritiva ou multa, nos termos deste artigo;

▶ Arts. 43 a 52 do CP.
▶ Arts. 147 a 155 e 164 a 170 da LEP.

III – não indicarem os antecedentes, a conduta social e a personalidade do agente, bem como os motivos e as circunstâncias, ser necessária e suficiente a adoção da medida.

▶ Art. 5º, XLVI, da CF.
▶ Art. 59 do CP.
▶ Art. 69 do CPM.

§ 3º Aceita a proposta pelo autor da infração e seu defensor, será submetida à apreciação do Juiz.

§ 4º Acolhendo a proposta do Ministério Público aceita pelo autor da infração, o Juiz aplicará a pena restritiva de direitos ou multa, que não importará em reincidência, sendo registrada apenas para impedir novamente o mesmo benefício no prazo de cinco anos.

▶ Art. 87 desta Lei.
▶ Arts. 43 a 52, 63 e 64 do CP.
▶ Art. 71 do CPM.
▶ Arts. 147 a 155 e 164 a 170 da LEP.

§ 5º Da sentença prevista no parágrafo anterior caberá a apelação referida no artigo 82 desta Lei.

§ 6º A imposição da sanção de que trata o § 4º deste artigo não constará de certidão de antecedentes criminais, salvo para os fins previstos no mesmo dispositivo, e não terá efeitos civis, cabendo aos interessados propor ação cabível no juízo cível.

▶ Art. 91, I, do CP.
▶ Art. 202 da LEP.

SEÇÃO III

DO PROCEDIMENTO SUMARÍSSIMO

Art. 77. Na ação penal de iniciativa pública, quando não houver aplicação de pena, pela ausência do autor do fato, ou pela não ocorrência da hipótese prevista no artigo 76 desta Lei, o Ministério Público oferecerá ao Juiz, de imediato, denúncia oral, se não houver necessidade de diligências imprescindíveis.

▶ Art. 129, I e VIII, da CF.
▶ Art. 100, caput e § 1º, do CP.
▶ Arts. 24, 27, 41 e 47 do CPP.

§ 1º Para o oferecimento da denúncia, que será elaborada com base no termo de ocorrência referido no artigo 69 desta Lei, com dispensa do inquérito policial, prescindir-se-á do exame do corpo de delito quando a materialidade do crime estiver aferida por boletim médico ou prova equivalente.

▶ Arts. 12, 39, § 5º, 158 e 564, III, b, do CPP.

§ 2º Se a complexidade ou circunstâncias do caso não permitirem a formulação da denúncia, o Ministério Público poderá requerer ao Juiz o encaminhamento das peças existentes, na forma do parágrafo único do artigo 66 desta Lei.

§ 3º Na ação penal de iniciativa do ofendido poderá ser oferecida queixa oral, cabendo ao Juiz verificar se a complexidade e as circunstâncias do caso determinam a adoção das providências previstas no parágrafo único do artigo 66 desta Lei.

▶ Arts. 30, 41, 44, 45 e 48 do CPP.

Art. 78. Oferecida a denúncia ou queixa, será reduzida a termo, entregando-se cópia ao acusado, que com ela ficará citado e imediatamente cientificado da designação de dia e hora para a audiência de instrução e julgamento, da qual também tomarão ciência o Ministério Público, o ofendido, o responsável civil e seus advogados.

▶ Art. 564, III, d, e e, do CPP.

§ 1º Se o acusado não estiver presente, será citado na forma dos artigos 66 e 68 desta Lei e cientificado da data da audiência de instrução e julgamento, devendo a ela trazer suas testemunhas ou apresentar requerimento para intimação, no mínimo cinco dias antes de sua realização.

▶ Arts. 202 a 225, 351, 352, 357 e 358 do CPP.
▶ Arts. 347 a 364 do CPPM.

§ 2º Não estando presentes o ofendido e o responsável civil, serão intimados nos termos do artigo 67 desta Lei para comparecerem à audiência de instrução e julgamento.

§ 3º As testemunhas arroladas serão intimadas na forma prevista no artigo 67 desta Lei.

▶ Arts. 202 a 225 do CPP.
▶ Arts. 347 a 364 do CPPM.

Art. 79. No dia e hora designados para a audiência de instrução e julgamento, se na fase preliminar não tiver havido possibilidade de tentativa de conciliação e de oferecimento de proposta pelo Ministério Público, proceder-se-á nos termos dos artigos 72, 73, 74 e 75 desta Lei.

Art. 80. Nenhum ato será adiado, determinando o Juiz, quando imprescindível, a condução coercitiva de quem deva comparecer.

▶ Arts. 206 e 260 do CPP.
▶ Art. 354 do CPPM.

Art. 81. Aberta a audiência, será dada a palavra ao defensor para responder à acusação, após o que o Juiz

receberá, ou não, a denúncia ou queixa; havendo recebimento, serão ouvidas as vítimas e as testemunhas de acusação e defesa, interrogando-se a seguir o acusado, se presente, passando-se imediatamente aos debates orais e à prolação da sentença.
▶ Arts. 185 a 196, 201 a 225 e 381 a 392 do CPP.
▶ Arts. 302 a 306, 311 a 313, 347 a 364 do CPPM.

§ 1º Todas as provas serão produzidas na audiência de instrução e julgamento, podendo o Juiz limitar ou excluir as que considerar excessivas, impertinentes ou protelatórias.

§ 2º De todo o ocorrido na audiência será lavrado termo, assinado pelo Juiz e pelas partes, contendo breve resumo dos fatos relevantes ocorridos em audiência e a sentença.

§ 3º A sentença, dispensado o relatório, mencionará os elementos de convicção do Juiz.
▶ Art. 93, IX, da CF.

Art. 82. Da decisão de rejeição da denúncia ou queixa e da sentença caberá apelação, que poderá ser julgada por turma composta de três Juízes em exercício no primeiro grau de jurisdição, reunidos na sede do Juizado.
▶ Art. 76, § 5º, desta Lei.
▶ Arts. 395 e 581, I, do CPP.

§ 1º A apelação será interposta no prazo de dez dias, contados da ciência da sentença pelo Ministério Público, pelo réu e seu defensor, por petição escrita, da qual constarão as razões e o pedido do recorrente.
▶ Arts. 564, III, d e e, e 593 do CPP.

§ 2º O recorrido será intimado para oferecer resposta escrita no prazo de dez dias.
▶ Art. 600 do CPP.
▶ Art. 531 do CPPM.

§ 3º As partes poderão requerer a transcrição da gravação da fita magnética a que alude o § 3º do artigo 65 desta Lei.

§ 4º As partes serão intimadas da data da sessão de julgamento pela imprensa.
▶ Arts. 370 a 372 do CPP.

§ 5º Se a sentença for confirmada pelos próprios fundamentos, a súmula do julgamento servirá de acórdão.

Art. 83. Caberão embargos de declaração quando, em sentença ou acórdão, houver obscuridade, contradição, omissão ou dúvida.
▶ Art. 619 do CPP.

§ 1º Os embargos de declaração serão opostos por escrito ou oralmente, no prazo de cinco dias, contados da ciência da decisão.

§ 2º Quando opostos contra sentença, os embargos de declaração suspenderão o prazo para o recurso.

§ 3º Os erros materiais podem ser corrigidos de ofício.

Seção IV

DA EXECUÇÃO

Art. 84. Aplicada exclusivamente pena de multa, seu cumprimento far-se-á mediante pagamento na Secretaria do Juizado.

Parágrafo único. Efetuado o pagamento, o Juiz declarará extinta a punibilidade, determinando que a condenação não fique constando dos registros criminais, exceto para fins de requisição judicial.

Art. 85. Não efetuado o pagamento de multa, será feita a conversão em pena privativa da liberdade, ou restritiva de direitos, nos termos previstos em lei.
▶ Art. 51 do CP.

Art. 86. A execução das penas privativas de liberdade e restritivas de direitos, ou de multa cumulada com estas, será processada perante o órgão competente, nos termos da lei.

Seção V

DAS DESPESAS PROCESSUAIS

Art. 87. Nos casos de homologação de acordo civil e aplicação de pena restritiva de direitos ou multa (arts. 74 e 76, § 4º), as despesas processuais serão reduzidas, conforme dispuser lei estadual.

Seção VI

DISPOSIÇÕES FINAIS

Art. 88. Além das hipóteses do Código Penal e da legislação especial, dependerá de representação a ação penal relativa aos crimes de lesões corporais leves e lesões culposas.

Art. 89. Nos crimes em que a pena mínima cominada for igual ou inferior a um ano, abrangidas ou não por esta Lei, o Ministério Público, ao oferecer a denúncia, poderá propor a suspensão do processo, por dois a quatro anos, desde que o acusado não esteja sendo processado ou não tenha sido condenado por outro crime, presentes os demais requisitos que autorizariam a suspensão condicional da pena (artigo 77 do Código Penal).
▶ Súmulas nºs 696 e 723 do STF.
▶ Súm. nº 337 do STJ.

§ 1º Aceita a proposta pelo acusado e seu defensor, na presença do Juiz, este, recebendo a denúncia, poderá suspender o processo, submetendo o acusado a período de prova, sob as seguintes condições:

I – reparação do dano, salvo impossibilidade de fazê-lo;
II – proibição de frequentar determinados lugares;
III – proibição de ausentar-se da comarca onde reside, sem autorização do Juiz;
IV – comparecimento pessoal e obrigatório a juízo, mensalmente, para informar e justificar suas atividades.

§ 2º O Juiz poderá especificar outras condições a que fica subordinada a suspensão, desde que adequadas ao fato e à situação pessoal do acusado.

§ 3º A suspensão será revogada se, no curso do prazo, o beneficiário vier a ser processado por outro crime ou não efetuar, sem motivo justificado, a reparação do dano.

§ 4º A suspensão poderá ser revogada se o acusado vier a ser processado, no curso do prazo, por contravenção, ou descumprir qualquer outra condição imposta.

§ 5º Expirado o prazo sem revogação, o Juiz declarará extinta a punibilidade.

§ 6º Não correrá a prescrição durante o prazo de suspensão do processo.

§ 7º Se o acusado não aceitar a proposta prevista neste artigo, o processo prosseguirá em seus ulteriores termos.

▶ Arts. 77 a 83 desta Lei.
▶ Art. 28 da Lei nº 9.605, de 12-2-1998 (Lei dos Crimes Ambientais).

Art. 90. As disposições desta Lei não se aplicam aos processos penais cuja instrução já estiver iniciada.

▶ O STF, por unanimidade de votos, julgou parcialmente procedente a ADIN nº 1.719-9, dando a este artigo interpretação conforme a CF, para excluir de sua abrangência as normas de direito penal mais favoráveis aos réus contidas nesta Lei (DJU de 3-8-2007).
▶ Art. 2º do CPP.
▶ Art. 5º do CPPM.

Art. 90-A. As disposições desta Lei não se aplicam no âmbito da Justiça Militar.

▶ Art. 90-A acrescido pela Lei nº 9.839, de 27-9-1999.
▶ Arts. 42, 124, 125, §§ 4º e 5º, e 142 da CF.

Art. 91. Nos casos em que esta Lei passa a exigir representação para a propositura da ação penal pública, o ofendido ou seu representante legal será intimado para oferecê-la no prazo de trinta dias, sob pena de decadência.

▶ Art. 103 do CP.
▶ Art. 38 do CPP.

Art. 92. Aplicam-se subsidiariamente as disposições dos Códigos Penal e de Processo Penal, no que não forem incompatíveis com esta Lei.

▶ Art. 3º do CPPM.

CAPÍTULO IV

DISPOSIÇÕES FINAIS COMUNS

Art. 93. Lei Estadual disporá sobre o Sistema de Juizados Especiais Cíveis e Criminais, sua organização, composição e competência.

Art. 94. Os serviços de cartório poderão ser prestados, e as audiências realizadas fora da sede da Comarca, em bairros ou cidades a ela pertencentes, ocupando instalações de prédios públicos, de acordo com audiências previamente anunciadas.

Art. 95. Os Estados, Distrito Federal e Territórios criarão e instalarão os Juizados Especiais no prazo de seis meses, a contar da vigência desta Lei.

Parágrafo único. No prazo de 6 (seis) meses, contado da publicação desta Lei, serão criados e instalados os Juizados Especiais Itinerantes, que deverão dirimir, prioritariamente, os conflitos existentes nas áreas rurais ou nos locais de menor concentração populacional.

▶ Parágrafo único acrescido pela Lei nº 12.726, de 16-10-2012.

Art. 96. Esta Lei entra em vigor no prazo de sessenta dias após a sua publicação.

Art. 97. Ficam revogadas a Lei nº 4.611, de 2 de abril de 1965, e a Lei nº 7.244, de 7 de novembro de 1984.

Brasília, 26 de setembro de 1995;
174º da Independência e
107º da República.

Fernando Henrique Cardoso

LEI Nº 9.296, DE 24 DE JULHO DE 1996

Regulamenta o inciso XII, parte final, do artigo 5º da Constituição Federal.

▶ Publicada no DOU de 25-7-1996.

Art. 1º A interceptação de comunicações telefônicas, de qualquer natureza, para prova em investigação criminal e em instrução processual penal, observará o disposto nesta Lei e dependerá de ordem do juiz competente da ação principal, sob segredo de justiça.

Parágrafo único. O disposto nesta Lei aplica-se à interceptação do fluxo de comunicações em sistemas de informática e telemática.

Art. 2º Não será admitida a interceptação de comunicações telefônicas quando ocorrer qualquer das seguintes hipóteses:

I – não houver indícios razoáveis da autoria ou participação em infração penal;
II – a prova puder ser feita por outros meios disponíveis;
III – o fato investigado constituir infração penal punida, no máximo, com pena de detenção.

Parágrafo único. Em qualquer hipótese deve ser descrita com clareza a situação objeto da investigação, inclusive com a indicação e qualificação dos investigados, salvo impossibilidade manifesta, devidamente justificada.

Art. 3º A interceptação das comunicações telefônicas poderá ser determinada pelo juiz, de ofício ou a requerimento:

I – da autoridade policial, na investigação criminal;
II – do representante do Ministério Público, na investigação criminal e na instrução processual penal.

Art. 4º O pedido de interceptação de comunicação telefônica conterá a demonstração de que a sua realização é necessária à apuração de infração penal, com indicação dos meios a serem empregados.

§ 1º Excepcionalmente, o juiz poderá admitir que o pedido seja formulado verbalmente, desde que estejam presentes os pressupostos que autorizem a interceptação, caso em que a concessão será condicionada à sua redução a termo.

§ 2º O juiz, no prazo máximo de vinte e quatro horas, decidirá sobre o pedido.

Art. 5º A decisão será fundamentada, sob pena de nulidade, indicando também a forma de execução da diligência, que não poderá exceder o prazo de quinze dias, renovável por igual tempo uma vez comprovada a indispensabilidade do meio de prova.

▶ Art. 93, IX, da CF.

Art. 6º Deferido o pedido, a autoridade policial conduzirá os procedimentos de interceptação, dando ciência ao Ministério Público, que poderá acompanhar a sua realização.

§ 1º No caso de a diligência possibilitar a gravação da comunicação interceptada, será determinada a sua transcrição.

§ 2º Cumprida a diligência, a autoridade policial encaminhará o resultado da interceptação ao juiz, acompanhado de auto circunstanciado, que deverá conter o resumo das operações realizadas.

§ 3º Recebidos esses elementos, o juiz determinará a providência do artigo 8º, ciente o Ministério Público.

Art. 7º Para os procedimentos de interceptação de que trata esta Lei, a autoridade policial poderá requisitar serviços e técnicos especializados às concessionárias de serviço público.

Art. 8º A interceptação de comunicação telefônica, de qualquer natureza, ocorrerá em autos apartados, apensados aos autos do inquérito policial ou do processo criminal, preservando-se o sigilo das diligências, gravações e transcrições respectivas.

Parágrafo único. A apensação somente poderá ser realizada imediatamente antes do relatório da autoridade, quando se tratar de inquérito policial (Código de Processo Penal, artigo 10, § 1º) ou na conclusão do processo ao juiz para o despacho decorrente do disposto nos artigos 407, 502 ou 538 do Código de Processo Penal.

Art. 9º A gravação que não interessar à prova será inutilizada por decisão judicial, durante o inquérito, a instrução processual ou após esta, em virtude de requerimento do Ministério Público ou da parte interessada.

Parágrafo único. O incidente de inutilização será assistido pelo Ministério Público, sendo facultada a presença do acusado ou de seu representante legal.

Art. 10. Constitui crime realizar interceptação de comunicações telefônicas, de informática ou telemática, ou quebrar segredo da Justiça, sem autorização judicial ou com objetivos não autorizados em lei.

Pena: reclusão, de dois a quatro anos, e multa.

Art. 11. Esta Lei entra em vigor na data de sua publicação.

Art. 12. Revogam-se as disposições em contrário.

Brasília, 24 de julho de 1996;
175º da Independência e
108º da República.

Fernando Henrique Cardoso

LEI Nº 9.455, DE 7 DE ABRIL DE 1997

Define os crimes de tortura e dá outras providências.

▶ Publicada no *DOU* de 8-4-1997.

Art. 1º Constitui crime de tortura:

▶ Art. 5º, III e XLIII, da CF.
▶ Arts. 61, II, *d*, 83, V, 121, § 2º, III, e 136 do CP.
▶ Arts. 70, II, e, 205, § 2º, III, e 213 do CPM.

I – constranger alguém com emprego de violência ou grave ameaça, causando-lhe sofrimento físico ou mental:

a) com o fim de obter informação, declaração ou confissão da vítima ou de terceira pessoa;

▶ Art. 8º, nº 3, do Pacto de São José da Costa Rica.

b) para provocar ação ou omissão de natureza criminosa;

c) em razão de discriminação racial ou religiosa;

II – submeter alguém, sob sua guarda, poder ou autoridade, com emprego de violência ou grave ameaça, a intenso sofrimento físico ou mental, como forma de aplicar castigo pessoal ou medida de caráter preventivo.

Pena – reclusão, de dois a oito anos.

§ 1º Na mesma pena incorre quem submete pessoa presa ou sujeita a medida de segurança a sofrimento físico ou mental, por intermédio da prática de ato não previsto em lei ou não resultante de medida legal.

§ 2º Aquele que se omite em face dessas condutas, quando tinha o dever de evitá-las ou apurá-las, incorre na pena de detenção de um a quatro anos.

§ 3º Se resulta lesão corporal de natureza grave ou gravíssima, a pena é de reclusão de quatro a dez anos; se resulta morte, a reclusão é de oito a dezesseis anos.

§ 4º Aumenta-se a pena de um sexto até um terço:

I – se o crime é cometido por agente público;

II – se o crime é cometido contra criança, gestante, portador de deficiência, adolescente ou maior de 60 (sessenta) anos;

▶ Inciso II com a redação dada pela Lei nº 10.741, de 1º-10-2003.

III – se o crime é cometido mediante sequestro.

§ 5º A condenação acarretará a perda do cargo, função ou emprego público e a interdição para seu exercício pelo dobro do prazo da pena aplicada.

§ 6º O crime de tortura é inafiançável e insuscetível de graça ou anistia.

§ 7º O condenado por crime previsto nesta Lei, salvo a hipótese do § 2º, iniciará o cumprimento da pena em regime fechado.

Art. 2º O disposto nesta Lei aplica-se ainda quando o crime não tenha sido cometido em território nacional, sendo a vítima brasileira ou encontrando-se o agente em local sob jurisdição brasileira.

Art. 3º Esta Lei entra em vigor na data de sua publicação.

Art. 4º Revoga-se o artigo 233 da Lei nº 8.069, de 13 de julho de 1990 – Estatuto da Criança e do Adolescente.

Brasília, 7 de abril de 1997;
176º da Independência e
109º da República.

Fernando Henrique Cardoso

LEI Nº 9.507, DE 12 DE NOVEMBRO DE 1997

Regula o direito de acesso a informações e disciplina o rito processual do habeas data.

▶ Publicada no *DOU* de 13-11-1997.
▶ Arts. 5º, XXXIII, LXXII e LXXVII, 102, I, *d*, e II, *a*, 105, I, *b*, 108, I, *c*, 109, VIII, e 121, § 4º, V, da CF.
▶ Súm. nº 368 do STJ.

Art. 1º VETADO.

Parágrafo único. Considera-se de caráter público todo registro ou banco de dados contendo informações que sejam ou que possam ser transmitidas a terceiros ou que não sejam de uso privativo do órgão ou entidade produtora ou depositária das informações.

Art. 2º O requerimento será apresentado ao órgão ou entidade depositária do registro ou banco de dados e será deferido ou indeferido no prazo de quarenta e oito horas.

Parágrafo único. A decisão será comunicada ao requerente em vinte e quatro horas.

Art. 3º Ao deferir o pedido, o depositário do registro ou do banco de dados marcará dia e hora para que o requerente tome conhecimento das informações.

Parágrafo único. VETADO.

Art. 4º Constatada a inexatidão de qualquer dado a seu respeito, o interessado, em petição acompanhada de documentos comprobatórios, poderá requerer sua retificação.

§ 1º Feita a retificação em, no máximo, dez dias após a entrada do requerimento, a entidade ou órgão depositário do registro ou da informação dará ciência ao interessado.

§ 2º Ainda que não se constate a inexatidão do dado, se o interessado apresentar explicação ou contestação sobre o mesmo, justificando possível pendência sobre o fato objeto do dado, tal explicação será anotada no cadastro do interessado.

Arts. 5º e 6º VETADOS.

Art. 7º Conceder-se-á *habeas data*:

► Súm. nº 2 do STJ.

I – para assegurar o conhecimento de informações relativas à pessoa do impetrante, constantes de registro ou banco de dados de entidades governamentais ou de caráter público;
II – para a retificação de dados, quando não se prefira fazê-lo por processo sigiloso, judicial ou administrativo;
III – para a anotação nos assentamentos do interessado, de contestação ou explicação sobre dado verdadeiro mas justificável e que esteja sob pendência judicial ou amigável.

Art. 8º A petição inicial, que deverá preencher os requisitos dos arts. 282 a 285 do Código de Processo Civil, será apresentada em duas vias, e os documentos que instruírem a primeira serão reproduzidos por cópia na segunda.

Parágrafo único. A petição inicial deverá ser instruída com prova:

I – da recusa ao acesso às informações ou do decurso de mais de dez dias sem decisão;

► Súm. nº 2 do STJ.

II – da recusa em fazer-se a retificação ou do decurso de mais de quinze dias, sem decisão; ou
III – da recusa em fazer-se a anotação a que se refere o § 2º do art. 4º ou do decurso de mais de quinze dias sem decisão.

Art. 9º Ao despachar a inicial, o juiz ordenará que se notifique o coator do conteúdo da petição, entregando-lhe a segunda via apresentada pelo impetrante, com as cópias dos documentos, a fim de que, no prazo de dez dias, preste as informações que julgar necessárias.

Art. 10. A inicial será desde logo indeferida, quando não for o caso de *habeas data*, ou se lhe faltar algum dos requisitos previstos nesta Lei.

Parágrafo único. Do despacho de indeferimento caberá recurso previsto no art. 15.

Art. 11. Feita a notificação, o serventuário em cujo cartório corra o feito, juntará aos autos cópia autêntica do ofício endereçado ao coator, bem como a prova da sua entrega a este ou da recusa, seja de recebê-lo, seja de dar recibo.

Art. 12. Findo o prazo a que se refere o art. 9º, e ouvido o representante do Ministério Público dentro de cinco dias, os autos serão conclusos ao juiz para decisão a ser proferida em cinco dias.

Art. 13. Na decisão, se julgar procedente o pedido, o juiz marcará data e horário para que o coator:

I – apresente ao impetrante as informações a seu respeito, constantes de registros ou bancos de dados; ou
II – apresente em juízo a prova da retificação ou da anotação feita nos assentamentos do impetrante.

Art. 14. A decisão será comunicada ao coator, por correio, com aviso de recebimento, ou por telegrama, radiograma ou telefonema, conforme o requerer o impetrante.

Parágrafo único. Os originais, no caso de transmissão telegráfica, radiofônica ou telefônica deverão ser apresentados à agência expedidora, com a firma do juiz devidamente reconhecida.

Art. 15. Da sentença que conceder ou negar o *habeas data* cabe apelação.

► Arts. 513 a 521 do CPC.

Parágrafo único. Quando a sentença conceder o *habeas data*, o recurso terá efeito meramente devolutivo.

Art. 16. Quando o *habeas data* for concedido e o Presidente do Tribunal ao qual competir o conhecimento do recurso ordenar ao juiz a suspensão da execução da sentença, desse seu ato caberá agravo para o Tribunal a que presida.

Art. 17. Nos casos de competência do Supremo Tribunal Federal e dos demais Tribunais caberá ao relator a instrução do processo.

Art. 18. O pedido de *habeas data* poderá ser renovado se a decisão denegatória não lhe houver apreciado o mérito.

Art. 19. Os processos de *habeas data* terão prioridade sobre todos os atos judiciais, exceto *habeas corpus* e mandado de segurança. Na instância superior, deverão ser levados a julgamento na primeira sessão que se seguir à data em que, feita a distribuição, forem conclusos ao relator.

Parágrafo único. O prazo para a conclusão não poderá exceder de vinte e quatro horas, a contar da distribuição.

Art. 20. O julgamento do *habeas data* compete:

I – originariamente:

a) ao Supremo Tribunal Federal, contra atos do Presidente da República, das Mesas da Câmara dos Deputados e do Senado Federal, do Tribunal de Contas da União, do Procurador-Geral da República e do próprio Supremo Tribunal Federal;

b) ao Superior Tribunal de Justiça, contra atos de Ministro de Estado ou do próprio Tribunal;

c) aos Tribunais Regionais Federais contra atos do próprio Tribunal ou de juiz federal;

d) a juiz federal, contra ato de autoridade federal, excetuados os casos de competência dos tribunais federais;

e) a tribunais estaduais, segundo o disposto na Constituição do Estado;

f) a juiz estadual, nos demais casos;

II – em grau de recurso:

a) ao Supremo Tribunal Federal, quando a decisão denegatória for proferida em única instância pelos Tribunais Superiores;

b) ao Superior Tribunal de Justiça, quando a decisão for proferida em única instância pelos Tribunais Regionais Federais;

c) aos Tribunais Regionais Federais, quando a decisão for proferida por juiz federal;

d) aos Tribunais Estaduais e ao do Distrito Federal e Territórios, conforme dispuserem a respectiva Constituição e a lei que organizar a Justiça do Distrito Federal;

III – mediante recurso extraordinário ao Supremo Tribunal Federal, nos casos previstos na Constituição.

Art. 21. São gratuitos o procedimento administrativo para acesso a informações e retificação de dados e para anotação de justificação, bem como a ação de *habeas data*.

Art. 22. Esta Lei entra em vigor na data de sua publicação.

Art. 23. Revogam-se as disposições em contrário.

Brasília, 12 de novembro de 1997;
176º da Independência e
109º da República.

Fernando Henrique Cardoso

LEI Nº 9.613, DE 3 DE MARÇO DE 1998

Dispõe sobre os crimes de "lavagem" ou ocultação de bens, direitos e valores; a prevenção da utilização do sistema financeiro para os ilícitos previstos nesta Lei; cria o Conselho de Controle de Atividades Financeiras – COAF, e dá outras providências.

▶ Publicada no *DOU* de 4-3-1998.

CAPÍTULO I

DOS CRIMES DE "LAVAGEM" OU OCULTAÇÃO DE BENS, DIREITOS E VALORES

Art. 1º Ocultar ou dissimular a natureza, origem, localização, disposição, movimentação ou propriedade de bens, direitos ou valores provenientes, direta ou indiretamente, de infração penal.

▶ *Caput* com a redação dada pela Lei nº 12.683, de 9-7-2012.
▶ Art. 180 do CP.
▶ Art. 254 do CPM.

I a VIII – Revogados. *Lei nº 12.683, de 9-7-2012.*

Pena – reclusão, de 3 (três) a 10 (dez) anos, e multa.

▶ Pena com a redação dada pela Lei nº 12.683, de 9-7-2012.

§ 1º Incorre na mesma pena quem, para ocultar ou dissimular a utilização de bens, direitos ou valores provenientes de infração penal:

▶ *Caput* do § 1º com a redação dada pela Lei nº 12.683, de 9-7-2012.

I – os converte em ativos lícitos;

II – os adquire, recebe, troca, negocia, dá ou recebe em garantia, guarda, tem em depósito, movimenta ou transfere;

III – importa ou exporta bens com valores não correspondentes aos verdadeiros.

§ 2º Incorre, ainda, na mesma pena quem:

▶ *Caput* do § 2º com a redação dada pela Lei nº 12.683, de 9-7-2012.

I – utiliza, na atividade econômica ou financeira, bens, direitos ou valores provenientes de infração penal;

▶ Inciso I com a redação dada pela Lei nº 12.683, de 9-7-2012.

II – participa de grupo, associação ou escritório tendo conhecimento de que sua atividade principal ou secundária é dirigida à prática de crimes previstos nesta Lei.

§ 3º A tentativa é punida nos termos do parágrafo único do art. 14 do Código Penal.

§ 4º A pena será aumentada de um a dois terços, se os crimes definidos nesta Lei forem cometidos de forma reiterada ou por intermédio de organização criminosa.

§ 5º A pena poderá ser reduzida de um a dois terços e ser cumprida em regime aberto ou semiaberto, facultando-se ao juiz deixar de aplicá-la ou substituí-la, a qualquer tempo, por pena restritiva de direitos, se o autor, coautor ou partícipe colaborar espontaneamente com as autoridades, prestando esclarecimentos que conduzam à apuração das infrações penais, à identificação dos autores, coautores e partícipes, ou à localização dos bens, direitos ou valores objeto do crime.

▶ §§ 4º e 5º com a redação dada pela Lei nº 12.683, de 9-7-2012.
▶ Art. 65, III, *d*, do CP.
▶ Art. 72, III, *d*, do CPM.
▶ Art. 6º da Lei nº 9.034, de 3-5-1995 (Lei do Crime Organizado).

Capítulo II
DISPOSIÇÕES PROCESSUAIS ESPECIAIS

Art. 2º O processo e julgamento dos crimes previstos nesta Lei:

▶ Arts. 394 a 405 do CPP.

I – obedecem às disposições relativas ao procedimento comum dos crimes punidos com reclusão, da competência do juiz singular;

II – *independem do processo e julgamento das infrações penais antecedentes, ainda que praticados em outro país, cabendo ao juiz competente para os crimes previstos nesta Lei a decisão sobre a unidade de processo e julgamento;*

▶ Inciso II com a redação dada pela Lei nº 12.683, de 9-7-2012.

III – são da competência da Justiça Federal:

a) quando praticados contra o sistema financeiro e a ordem econômico-financeira, ou em detrimento de bens, serviços ou interesses da União, ou de suas entidades autárquicas ou empresas públicas;
b) *quando a infração penal antecedente for de competência da Justiça Federal.*

▶ Alínea *b* com a redação dada pela Lei nº 12.683, de 9-7-2012.

§ 1º *A denúncia será instruída com indícios suficientes da existência da infração penal antecedente, sendo puníveis os fatos previstos nesta Lei, ainda que desconhecido ou isento de pena o autor, ou extinta a punibilidade da infração penal antecedente.*

▶ Arts. 41 e 239 do CPP.
▶ Art. 77 do CPPM.

§ 2º *No processo por crime previsto nesta Lei, não se aplica o disposto no art. 366 do Decreto-Lei nº 3.689, de 3 de outubro de 1941 (Código de Processo Penal), devendo o acusado que não comparecer nem constituir advogado ser citado por edital, prosseguindo o feito até o julgamento, com a nomeação de defensor dativo.*

▶ §§ 1º e 2º com a redação dada pela Lei nº 12.683, de 9-7-2012.

Art. 3º *Revogado. Lei nº 12.683, de 9-7-2012.*

Art. 4º *O juiz, de ofício, a requerimento do Ministério Público ou mediante representação do delegado de polícia, ouvido o Ministério Público em 24 (vinte e quatro) horas, havendo indícios suficientes de infração penal, poderá decretar medidas assecuratórias de bens, direitos ou valores do investigado ou acusado, ou existentes em nome de interpostas pessoas, que sejam instrumento, produto ou proveito dos crimes previstos nesta Lei ou das infrações penais antecedentes.*

§ 1º *Proceder-se-á à alienação antecipada para preservação do valor dos bens sempre que estiverem sujeitos a qualquer grau de deterioração ou depreciação, ou quando houver dificuldade para sua manutenção.*

§ 2º *O juiz determinará a liberação total ou parcial dos bens, direitos e valores quando comprovada a licitude de sua origem, mantendo-se a constrição dos bens, direitos e valores necessários e suficientes à reparação dos danos e ao pagamento de prestações pecuniárias, multas e custas decorrentes da infração penal.*

§ 3º *Nenhum pedido de liberação será conhecido sem o comparecimento pessoal do acusado ou de interposta pessoa a que se refere o caput deste artigo, podendo o juiz determinar a prática de atos necessários à conservação de bens, direitos ou valores, sem prejuízo do disposto no § 1º.*

§ 4º *Poderão ser decretadas medidas assecuratórias sobre bens, direitos ou valores para reparação do dano decorrente da infração penal antecedente ou da prevista nesta Lei ou para pagamento de prestação pecuniária, multa e custas.*

▶ Art. 4º com a redação dada pela Lei nº 12.683, de 9-7-2012.

Art. 4º-A. *A alienação antecipada para preservação de valor de bens sob constrição será decretada pelo juiz, de ofício, a requerimento do Ministério Público ou por solicitação da parte interessada, mediante petição autônoma, que será autuada em apartado e cujos autos terão tramitação em separado em relação ao processo principal.*

§ 1º *O requerimento de alienação deverá conter a relação de todos os demais bens, com a descrição e a especificação de cada um deles, e informações sobre quem os detém e local onde se encontram.*

§ 2º *O juiz determinará a avaliação dos bens, nos autos apartados, e intimará o Ministério Público.*

§ 3º *Feita a avaliação e dirimidas eventuais divergências sobre o respectivo laudo, o juiz, por sentença, homologará o valor atribuído aos bens e determinará sejam alienados em leilão ou pregão, preferencialmente eletrônico, por valor não inferior a 75% (setenta e cinco por cento) da avaliação.*

§ 4º *Realizado o leilão, a quantia apurada será depositada em conta judicial remunerada, adotando-se a seguinte disciplina:*

I – *nos processos de competência da Justiça Federal e da Justiça do Distrito Federal:*

a) *os depósitos serão efetuados na Caixa Econômica Federal ou em instituição financeira pública, mediante documento adequado para essa finalidade;*
b) *os depósitos serão repassados pela Caixa Econômica Federal ou por outra instituição financeira pública para a Conta Única do Tesouro Nacional, independentemente de qualquer formalidade, no prazo de 24 (vinte e quatro) horas; e*
c) *os valores devolvidos pela Caixa Econômica Federal ou por instituição financeira pública serão debitados à Conta Única do Tesouro Nacional, em subconta de restituição;*

II – *nos processos de competência da Justiça dos Estados:*

a) *os depósitos serão efetuados em instituição financeira designada em lei, preferencialmen-*

te pública, de cada Estado ou, na sua ausência, em instituição financeira pública da União;
b) os depósitos serão repassados para a conta única de cada Estado, na forma da respectiva legislação.

§ 5º Mediante ordem da autoridade judicial, o valor do depósito, após o trânsito em julgado da sentença proferida na ação penal, será:

I – em caso de sentença condenatória, nos processos de competência da Justiça Federal e da Justiça do Distrito Federal, incorporado definitivamente ao patrimônio da União, e, nos processos de competência da Justiça Estadual, incorporado ao patrimônio do Estado respectivo;

II – em caso de sentença absolutória extintiva de punibilidade, colocado à disposição do réu pela instituição financeira, acrescido da remuneração da conta judicial.

§ 6º A instituição financeira depositária manterá controle dos valores depositados ou devolvidos.

§ 7º Serão deduzidos da quantia apurada no leilão todos os tributos e multas incidentes sobre o bem alienado, sem prejuízo de iniciativas que, no âmbito da competência de cada ente da Federação, venham a desonerar bens sob constrição judicial daqueles ônus.

§ 8º Feito o depósito a que se refere o § 4º deste artigo, os autos da alienação serão apensados aos do processo principal.

§ 9º Terão apenas efeito devolutivo os recursos interpostos contra as decisões proferidas no curso do procedimento previsto neste artigo.

§ 10. Sobrevindo o trânsito em julgado de sentença penal condenatória, o juiz decretará, em favor, conforme o caso, da União ou do Estado:

I – a perda dos valores depositados na conta remunerada e da fiança;

II – a perda dos bens não alienados antecipadamente e daqueles aos quais não foi dada destinação prévia; e

III – a perda dos bens não reclamados no prazo de 90 (noventa) dias após o trânsito em julgado da sentença condenatória, ressalvado o direito de lesado ou terceiro de boa-fé.

§ 11. Os bens a que se referem os incisos II e III do § 10 deste artigo serão adjudicados ou levados a leilão, depositando-se o saldo na conta única do respectivo ente.

§ 12. O juiz determinará ao registro público competente que emita documento de habilitação à circulação e utilização dos bens colocados sob o uso e custódia das entidades a que se refere o caput deste artigo.

§ 13. Os recursos decorrentes da alienação antecipada de bens, direitos e valores oriundos do crime de tráfico ilícito de drogas e que tenham sido objeto de dissimulação e ocultação nos termos desta Lei permanecem submetidos à disciplina definida em lei específica.

Art. 4º-B. A ordem de prisão de pessoas ou as medidas assecuratórias de bens, direitos ou valores poderão ser suspensas pelo juiz, ouvido o Ministério Público, quando a sua execução imediata puder comprometer as investigações.

▶ Arts. 4º-A e 4º-B acrescidos pela Lei nº 12.683, de 9-7-2012.

Art. 5º Quando as circunstâncias o aconselharem, o juiz, ouvido o Ministério Público, nomeará pessoa física ou jurídica qualificada para a administração dos bens, direitos ou valores sujeitos a medidas assecuratórias, mediante termo de compromisso.

▶ Artigo com a redação dada pela Lei nº 12.683, de 9-7-2012.

Art. 6º A pessoa responsável pela administração dos bens:

▶ Caput com a redação dada pela Lei nº 12.683, de 9-7-2012.

I – fará jus a uma remuneração, fixada pelo juiz, que será satisfeita com o produto dos bens objeto da administração;

II – prestará, por determinação judicial, informações periódicas da situação dos bens sob sua administração, bem como explicações e detalhamentos sobre investimentos e reinvestimentos realizados.

Parágrafo único. Os atos relativos à administração dos bens sujeitos a medidas assecuratórias serão levados ao conhecimento do Ministério Público, que requererá o que entender cabível.

▶ Parágrafo único com a redação dada pela Lei nº 12.683, de 9-7-2012.

CAPÍTULO III

DOS EFEITOS DA CONDENAÇÃO

Art. 7º São efeitos da condenação, além dos previstos no Código Penal:

▶ Art. 5º, XLV, da CF.
▶ Arts. 91 e 92 do CP.

I – a perda, em favor da União – e dos Estados, nos casos de competência da Justiça Estadual –, de todos os bens, direitos e valores relacionados, direta ou indiretamente, à prática dos crimes previstos nesta Lei, inclusive aqueles utilizados para prestar a fiança, ressalvado o direito do lesado ou de terceiro de boa-fé;

▶ Inciso I com a redação dada pela Lei nº 12.683, de 9-7-2012.
▶ Art. 91, II, do CP.

II – a interdição do exercício de cargo ou função pública de qualquer natureza e de diretor, de membro de conselho de administração ou de gerência das pessoas jurídicas referidas no art. 9º, pelo dobro do tempo da pena privativa de liberdade aplicada.

▶ Art. 92, I, do CP.

§ 1º A União e os Estados, no âmbito de suas competências, regulamentarão a forma de destinação dos bens, direitos e valores cuja perda houver sido declarada, assegurada, quanto aos processos de competência da Justiça Federal, a sua utilização pelos órgãos federais encarregados da prevenção, do combate, da ação penal e do julgamento dos crimes previstos nesta Lei, e, quanto aos processos de competência da Justiça Estadual, a preferência dos órgãos locais com idêntica função.

§ 2º Os instrumentos do crime sem valor econômico cuja perda em favor da União ou do Estado for decretada serão inutilizados ou doados a museu criminal ou a entidade pública, se houver interesse na sua conservação.

▶ §§ 1º e 2º acrescidos pela Lei nº 12.683, de 9-7-2012.

Capítulo IV
DOS BENS, DIREITOS OU VALORES ORIUNDOS DE CRIMES PRATICADOS NO ESTRANGEIRO

Art. 8º O juiz determinará, na hipótese de existência de tratado ou convenção internacional e por solicitação de autoridade estrangeira competente, medidas assecuratórias sobre bens, direitos ou valores oriundos de crimes descritos no art. 1º praticados no estrangeiro.

▶ Caput com a redação dada pela Lei nº 12.683, de 9-7-2012.
▶ Art. 109, V, da CF.
▶ Arts. 5º, 7º e 8º do CP.

§ 1º Aplica-se o disposto neste artigo, independentemente de tratado ou convenção internacional, quando o governo do país da autoridade solicitante prometer reciprocidade ao Brasil.

§ 2º Na falta de tratado ou convenção, os bens, direitos ou valores privados sujeitos a medidas assecuratórias por solicitação de autoridade estrangeira competente ou os recursos provenientes da sua alienação serão repartidos entre o Estado requerente e o Brasil, na proporção de metade, ressalvado o direito do lesado ou de terceiro de boa-fé.

▶ § 2º com a redação dada pela Lei nº 12.683, de 9-7-2012.

Capítulo V
DAS PESSOAS SUJEITAS AO MECANISMO DE CONTROLE

▶ Denominação do Capítulo V dada pela Lei nº 12.683, de 9-7-2012.

Art. 9º Sujeitam-se às obrigações referidas nos arts. 10 e 11 as pessoas físicas e jurídicas que tenham, em caráter permanente ou eventual, como atividade principal ou acessória, cumulativamente ou não:

▶ Caput com a redação dada pela Lei nº 12.683, de 9-7-2012.

I – a captação, intermediação e aplicação de recursos financeiros de terceiros, em moeda nacional ou estrangeira;
II – a compra e venda de moeda estrangeira ou ouro como ativo financeiro ou instrumento cambial;
III – a custódia, emissão, distribuição, liquidação, negociação, intermediação ou administração de títulos ou valores mobiliários.

Parágrafo único. Sujeitam-se às mesmas obrigações:

I – as bolsas de valores, as bolsas de mercadorias ou futuros e os sistemas de negociação do mercado de balcão organizado;

▶ Inciso I com a redação pela Lei nº 12.683, de 9-7-2012.

II – as seguradoras, as corretoras de seguros e as entidades de previdência complementar ou de capitalização;
III – as administradoras de cartões de credenciamento ou cartões de crédito, bem como as administradoras de consórcios para aquisição de bens ou serviços;
IV – as administradoras ou empresas que se utilizem de cartão ou qualquer outro meio eletrônico, magnético ou equivalente, que permita a transferência de fundos;
V – as empresas de arrendamento mercantil (*leasing*) e as de fomento comercial (*factoring*);
VI – as sociedades que efetuem distribuição de dinheiro ou quaisquer bens móveis, imóveis, mercadorias, serviços, ou, ainda, concedam descontos na sua aquisição, mediante sorteio ou método assemelhado;
VII – as filiais ou representações de entes estrangeiros que exerçam no Brasil qualquer das atividades listadas neste artigo, ainda que de forma eventual;
VIII – as demais entidades cujo funcionamento dependa de autorização de órgão regulador dos mercados financeiro, de câmbio, de capitais e de seguros;
IX – as pessoas físicas ou jurídicas, nacionais ou estrangeiras, que operem no Brasil como agentes, dirigentes, procuradoras, comissionárias ou por qualquer forma representem interesses de ente estrangeiro que exerça qualquer das atividades referidas neste artigo;
X – as pessoas físicas ou jurídicas que exerçam atividades de promoção imobiliária ou compra e venda de imóveis;

▶ Inciso X com a redação pela Lei nº 12.683, de 9-7-2012.

XI – as pessoas físicas ou jurídicas que comercializem joias, pedras e metais preciosos, objetos de arte e antiguidades.
XII – as pessoas físicas ou jurídicas que comercializem bens de luxo ou de alto valor, intermedeiem a sua comercialização ou exerçam atividades que envolvam grande volume de recursos em espécie;

▶ Inciso XII com a redação pela Lei nº 12.683, de 9-7-2012.

XIII – as juntas comerciais e os registros públicos;
XIV – as pessoas físicas ou jurídicas que prestem, mesmo que eventualmente, serviços de assessoria, consultoria, contadoria, auditoria, aconselhamento ou assistência, de qualquer natureza, em operações:

a) *de compra e venda de imóveis, estabelecimentos comerciais ou industriais ou participações societárias de qualquer natureza;*
b) *de gestão de fundos, valores mobiliários ou outros ativos;*
c) *de abertura ou gestão de contas bancárias, de poupança, investimento ou de valores mobiliários;*
d) *de criação, exploração ou gestão de sociedades de qualquer natureza, fundações, fundos fiduciários ou estruturas análogas;*
e) *financeiras, societárias ou imobiliárias; e*

f) de alienação ou aquisição de direitos sobre contratos relacionados a atividades desportivas ou artísticas profissionais;

XV – pessoas físicas ou jurídicas que atuem na promoção, intermediação, comercialização, agenciamento ou negociação de direitos de transferência de atletas, artistas ou feiras, exposições ou eventos similares;
XVI – as empresas de transporte e guarda de valores;
XVII – as pessoas físicas ou jurídicas que comercializem bens de alto valor de origem rural ou animal ou intermedeiem a sua comercialização; e
XVIII – as dependências no exterior das entidades mencionadas neste artigo, por meio de sua matriz no Brasil, relativamente a residentes no País.

▶ Incisos XIII a XVIII acrescidos pela Lei nº 12.683, de 9-7-2012.

Capítulo VI
DA IDENTIFICAÇÃO DOS CLIENTES E MANUTENÇÃO DE REGISTROS

Art. 10. As pessoas referidas no art. 9º:

I – identificarão seus clientes e manterão cadastro atualizado, nos termos de instruções emanadas das autoridades competentes;
II – manterão registro de toda transação em moeda nacional ou estrangeira, títulos e valores mobiliários, títulos de crédito, metais, ou qualquer ativo passível de ser convertido em dinheiro, que ultrapassar limite fixado pela autoridade competente e nos termos de instruções por esta expedidas;
III – deverão adotar políticas, procedimentos e controles internos, compatíveis com seu porte e volume de operações, que lhes permitam atender ao disposto neste artigo e no art. 11, na forma disciplinada pelos órgãos competentes;

▶ Inciso III com a redação dada pela Lei nº 12.683, de 9-7-2012.

IV – deverão cadastrar-se e manter seu cadastro atualizado no órgão regulador ou fiscalizador e, na falta deste, no Conselho de Controle de Atividades Financeiras (COAF), na forma e condições por eles estabelecidas;
V – deverão atender às requisições formuladas pelo COAF na periodicidade, forma e condições por ele estabelecidas, cabendo-lhe preservar, nos termos da lei, o sigilo das informações prestadas.

▶ Incisos IV e V acrescidos pela Lei nº 12.683, de 9-7-2012.

§ 1º Na hipótese de o cliente constituir-se em pessoa jurídica, a identificação referida no inciso I deste artigo deverá abranger as pessoas físicas autorizadas a representá-la, bem como seus proprietários.

§ 2º Os cadastros e registros referidos nos incisos I e II deste artigo deverão ser conservados durante o período mínimo de cinco anos a partir do encerramento da conta ou da conclusão da transação, prazo este que poderá ser ampliado pela autoridade competente.

§ 3º O registro referido no inciso II deste artigo será efetuado também quando a pessoa física ou jurídica, seus entes ligados, houver realizado, em um mesmo mês-calendário, operações com uma mesma pessoa, conglomerado ou grupo que, em seu conjunto, ultrapassem o limite fixado pela autoridade competente.

Art. 10-A. O Banco Central manterá registro centralizado formando o cadastro geral de correntistas e clientes de instituições financeiras, bem como de seus procuradores.

▶ Artigo acrescido pela Lei nº 10.701, de 9-7-2003.

Capítulo VII
DA COMUNICAÇÃO DE OPERAÇÕES FINANCEIRAS

Art. 11. As pessoas referidas no art. 9º:

I – dispensarão especial atenção às operações que, nos termos de instruções emanadas das autoridades competentes, possam constituir-se em sérios indícios dos crimes previstos nesta Lei, ou com eles relacionar-se;
II – deverão comunicar ao COAF, abstendo-se de dar ciência de tal ato a qualquer pessoa, inclusive àquela à qual se refira a informação, no prazo de 24 (vinte e quatro) horas, a proposta ou realização:

▶ *Caput* do inciso II com a redação dada pela Lei nº 12.683, de 9-7-2012.

a) de todas as transações referidas no inciso II do art. 10, acompanhadas da identificação de que trata o inciso I do mencionado artigo; e
b) das operações referidas no inciso I;

▶ Alíneas a e b com a redação dada pela Lei nº 12.683, de 9-7-2012.

III – deverão comunicar ao órgão regulador ou fiscalizador da sua atividade ou, na sua falta, ao COAF, na periodicidade, forma e condições por eles estabelecidas, a não ocorrência de propostas, transações ou operações passíveis de serem comunicadas nos termos do inciso II.

▶ Inciso III acrescido pela Lei nº 12.683, de 9-7-2012.

§ 1º As autoridades competentes, nas instruções referidas no inciso I deste artigo, elaborarão relação de operações que, por suas características, no que se refere às partes envolvidas, valores, forma de realização, instrumentos utilizados, ou pela falta de fundamento econômico ou legal, possam configurar a hipótese nele prevista.

§ 2º As comunicações de boa-fé, feitas na forma prevista neste artigo, não acarretarão responsabilidade civil ou administrativa.

§ 3º O COAF disponibilizará as comunicações recebidas com base no inciso II do caput aos respectivos órgãos responsáveis pela regulação ou fiscalização das pessoas a que se refere o art. 9º.

▶ § 3º com a redação dada pela Lei nº 12.683, de 9-7-2012.

Art. 11-A. *As transferências internacionais e os saques em espécie deverão ser previamente comunicados à instituição financeira, nos termos, limites, prazos e condições fixados pelo Banco Central do Brasil.*

▶ Artigo acrescido pela Lei nº 12.683, de 9-7-2012.

CAPÍTULO VIII

DA RESPONSABILIDADE ADMINISTRATIVA

Art. 12. Às pessoas referidas no art. 9º, bem como aos administradores das pessoas jurídicas, que deixem de cumprir as obrigações previstas nos arts. 10 e 11 serão aplicadas, cumulativamente ou não, pelas autoridades competentes, as seguintes sanções:

I – advertência;

II – *multa pecuniária variável não superior:*

▶ Caput do inciso II com a redação dada pela Lei nº 12.683, de 9-7-2012.

a) *ao dobro do valor da operação;*
b) *ao dobro do lucro real obtido ou que presumivelmente seria obtido pela realização da operação; ou*
c) *ao valor de R$ 20.000.000,00 (vinte milhões de reais);*

▶ Alíneas a a c acrescidas pela Lei nº 12.683, de 9-7-2012.

III – inabilitação temporária, pelo prazo de até dez anos, para o exercício do cargo de administrador das pessoas jurídicas referidas no art. 9º;

IV – *cassação ou suspensão da autorização para o exercício de atividade, operação ou funcionamento.*

▶ Inciso IV com a redação dada pela Lei nº 12.683, de 9-7-2012.

§ 1º A pena de advertência será aplicada por irregularidade no cumprimento das instruções referidas nos incisos I e II do art. 10.

§ 2º *A multa será aplicada sempre que as pessoas referidas no art. 9º, por culpa ou dolo:*

▶ Caput do § 2º com a redação dada pela Lei nº 12.683, de 9-7-2012.

I – deixarem de sanar as irregularidades objeto de advertência, no prazo assinalado pela autoridade competente;

II – *não cumprirem o disposto nos incisos I a IV do art. 10;*

III – *deixarem de atender, no prazo estabelecido, a requisição formulada nos termos do inciso V do art. 10;*

▶ Incisos II e III com a redação dada pela Lei nº 12.683, de 9-7-2012.

IV – descumprirem a vedação ou deixarem de fazer a comunicação a que se refere o art. 11.

§ 3º A inabilitação temporária será aplicada quando forem verificadas infrações graves quanto ao cumprimento das obrigações constantes desta Lei ou quando ocorrer reincidência específica, devidamente caracterizada em transgressões anteriormente punidas com multa.

§ 4º A cassação da autorização será aplicada nos casos de reincidência específica de infrações anteriormente punidas com a pena prevista no inciso III do *caput* deste artigo.

Art. 13. O procedimento para a aplicação das sanções previstas neste Capítulo será regulado por decreto, assegurados o contraditório e a ampla defesa.

▶ Art. 5º, LIV e LV, da CF.

CAPÍTULO IX

DO CONSELHO DE CONTROLE DE ATIVIDADES FINANCEIRAS

Art. 14. É criado, no âmbito do Ministério da Fazenda, o Conselho de Controle de Atividades Financeiras – COAF, com a finalidade de disciplinar, aplicar penas administrativas, receber, examinar e identificar as ocorrências suspeitas de atividades ilícitas previstas nesta Lei, sem prejuízo da competência de outros órgãos e entidades.

§ 1º As instruções referidas no art. 10 destinadas às pessoas mencionadas no art. 9º, para as quais não exista órgão próprio fiscalizador ou regulador, serão expedidas pelo COAF, competindo-lhe, para esses casos, a definição das pessoas abrangidas e a aplicação das sanções enumeradas no art. 12.

§ 2º O COAF deverá, ainda, coordenar e propor mecanismos de cooperação e de troca de informações que viabilizem ações rápidas e eficientes no combate à ocultação ou dissimulação de bens, direitos e valores.

§ 3º O COAF poderá requerer aos órgãos da Administração Pública as informações cadastrais bancárias e financeiras de pessoas envolvidas em atividades suspeitas.

▶ § 3º acrescido pela Lei nº 10.701, de 9-7-2003.

Art. 15. O COAF comunicará às autoridades competentes para a instauração dos procedimentos cabíveis, quando concluir pela existência de crimes previstos nesta Lei, de fundados indícios de sua prática, ou de qualquer outro ilícito.

Art. 16. *O COAF será composto por servidores públicos de reputação ilibada e reconhecida competência, designados em ato do Ministro de Estado da Fazenda, dentre os integrantes do quadro de pessoal efetivo do Banco Central do Brasil, da Comissão de Valores Mobiliários, da Superintendência de Seguros Privados, da Procuradoria-Geral da Fazenda Nacional, da Secretaria da Receita Federal do Brasil, da Agência Brasileira de Inteligência, do Ministério das Relações Exteriores, do Ministério da Justiça, do Departamento de Polícia Federal, do Ministério da Previdência Social e da Controladoria-Geral da União, atendendo à indicação dos respectivos Ministros de Estado.*

▶ Caput com a redação dada pela Lei nº 12.683, de 9-7-2012.

▶ Dec. nº 2.799, de 8-10-1998, aprova o Estatuto do Conselho de Controle de Atividades Financeiras – COAF.

§ 1º O Presidente do Conselho será nomeado pelo Presidente da República, por indicação do Ministro de Estado da Fazenda.

§ 2º Das decisões do COAF relativas às aplicações de penas administrativas caberá recurso ao Ministro de Estado da Fazenda.

Art. 17. O COAF terá organização e funcionamento definidos em estatuto aprovado por decreto do Poder Executivo.

Capítulo X
DISPOSIÇÕES GERAIS

Art. 17-A. *Aplicam-se, subsidiariamente, as disposições do Decreto-Lei nº 3.689, de 3 de outubro de 1941 (Código de Processo Penal), no que não forem incompatíveis com esta Lei.*

Art. 17-B. *A autoridade policial e o Ministério Público terão acesso, exclusivamente, aos dados cadastrais do investigado que informam qualificação pessoal, filiação e endereço, independentemente de autorização judicial, mantidos pela Justiça Eleitoral, pelas empresas telefônicas, pelas instituições financeiras, pelos provedores de internet e pelas administradoras de cartão de crédito.*

Art. 17-C. *Os encaminhamentos das instituições financeiras e tributárias em resposta às ordens judiciais de quebra ou transferência de sigilo deverão ser, sempre que determinado, em meio informático, e apresentados em arquivos que possibilitem a migração de informações para os autos do processo sem redigitação.*

Art. 17-D. *Em caso de indiciamento de servidor público, este será afastado, sem prejuízo de remuneração e demais direitos previstos em lei, até que o juiz competente autorize, em decisão fundamentada, o seu retorno.*

Art. 17-E. *A Secretaria da Receita Federal do Brasil conservará os dados fiscais dos contribuintes pelo prazo mínimo de 5 (cinco) anos, contado a partir do início do exercício seguinte ao da declaração de renda respectiva ou ao do pagamento do tributo.*

▶ Arts. 17-A a 17-E acrescidos pela Lei nº 12.683, de 9-7-2012.

Art. 18. Esta Lei entra em vigor na data de sua publicação.

Brasília, 3 de março de 1998;
177º da Independência e
110º da República.
Fernando Henrique Cardoso

LEI Nº 9.800,
DE 26 DE MAIO DE 1999

Permite às partes a utilização de sistema de transmissão de dados para a prática de atos processuais.

▶ Publicada no *DOU* de 27-5-1999.

Art. 1º É permitida às partes a utilização de sistema de transmissão de dados e imagens tipo fac-símile ou outro similar, para a prática de atos processuais que dependam de petição escrita.

▶ Art. 154 do CPC.

Art. 2º A utilização de sistema de transmissão de dados e imagens não prejudica o cumprimento dos prazos, devendo os originais ser entregues em juízo, necessariamente, até cinco dias da data de seu término.

Parágrafo único. Nos atos não sujeitos a prazo, os originais deverão ser entregues, necessariamente, até cinco dias da data da recepção do material.

▶ Art. 177 e seguintes do CPC.

Art. 3º Os juízes poderão praticar atos de sua competência à vista de transmissões efetuadas na forma desta Lei, sem prejuízo do disposto no artigo anterior.

Art. 4º Quem fizer uso do sistema de transmissão torna-se responsável pela qualidade e fidelidade do material transmitido, e por sua entrega ao órgão judiciário.

Parágrafo único. Sem prejuízo de outras sanções, o usuário do sistema será considerado litigante de má-fé se não houver perfeita concordância entre o original remetido pelo fac-símile e o original entregue em juízo.

▶ Arts. 17 e 18 do CPC.

Art. 5º O disposto nesta Lei não obriga a que os órgãos judiciários disponham de equipamentos, para recepção.

Art. 6º Esta Lei entra em vigor trinta dias após a data de sua publicação.

Brasília, 26 de maio de 1999;
178º da Independência e
111º da República.
Fernando Henrique Cardoso

LEI COMPLEMENTAR Nº 97,
DE 9 DE JUNHO DE 1999

Dispõe sobre as normas gerais para a organização, o preparo e o emprego das Forças Armadas.

▶ Publicada no *DOU* de 10-6-1999, Edição Extra.

Capítulo I
DISPOSIÇÕES PRELIMINARES

Seção I

DA DESTINAÇÃO E ATRIBUIÇÕES

Art. 1º As Forças Armadas, constituídas pela Marinha, pelo Exército e pela Aeronáutica, são instituições nacionais permanentes e regulares, organizadas com base na hierarquia e na disciplina, sob a autoridade suprema do Presidente da República e destinam-se à defesa da Pátria, à garantia dos poderes constitucionais e, por iniciativa de qualquer destes, da lei e da ordem.

▶ Art. 142 da CF.

Parágrafo único. Sem comprometimento de sua destinação constitucional, cabe também às Forças Armadas o cumprimento das atribuições subsidiárias explicitadas nesta Lei Complementar.

Seção II

DO ASSESSORAMENTO
AO COMANDANTE SUPREMO

Art. 2º O Presidente da República, na condição de Comandante Supremo das Forças Armadas, é assessorado:

I – no que concerne ao emprego de meios militares, pelo Conselho Militar de Defesa; e

II – no que concerne aos demais assuntos pertinentes à área militar, pelo Ministro de Estado da Defesa.

§ 1º O Conselho Militar de Defesa é composto pelos Comandantes da Marinha, do Exército e da Aeronáutica e pelo Chefe do Estado-Maior Conjunto das Forças Armadas.

▶ § 1º com a redação dada pela LC nº 136, de 25-8-2010.

§ 2º Na situação prevista no inciso I deste artigo, o Ministro de Estado da Defesa integrará o Conselho Militar de Defesa na condição de seu Presidente.

Capítulo II

DA ORGANIZAÇÃO

Seção I

DAS FORÇAS ARMADAS

Art. 3º As Forças Armadas são subordinadas ao Ministro de Estado da Defesa, dispondo de estruturas próprias.

Art. 3º-A. O Estado-Maior Conjunto das Forças Armadas, órgão de assessoramento permanente do Ministro de Estado da Defesa, tem como chefe um oficial-general do último posto, da ativa ou da reserva, indicado pelo Ministro de Estado da Defesa e nomeado pelo Presidente da República, e disporá de um comitê, integrado pelos chefes de Estados-Maiores das 3 (três) Forças, sob a coordenação do Chefe do Estado-Maior Conjunto das Forças Armadas.

§ 1º Se o oficial-general indicado para o cargo de Chefe do Estado-Maior Conjunto das Forças Armadas estiver na ativa, será transferido para a reserva remunerada quando empossado no cargo.

§ 2º É assegurado ao Chefe do Estado-Maior Conjunto das Forças Armadas o mesmo grau de precedência hierárquica dos Comandantes e precedência hierárquica sobre os demais oficiais generais das 3 (três) Forças Armadas.

§ 3º É assegurado ao Chefe do Estado-Maior Conjunto das Forças Armadas todas as prerrogativas, direitos e deveres do Serviço Ativo, inclusive com a contagem de tempo de serviço, enquanto estiver em exercício.

▶ Art. 3º-A acrescido pela LC nº 136, de 25-8-2010.

Art. 4º A Marinha, o Exército e a Aeronáutica dispõem, singularmente, de 1 (um) Comandante, indicado pelo Ministro de Estado da Defesa e nomeado pelo Presidente da República, o qual, no âmbito de suas atribuições, exercerá a direção e a gestão da respectiva Força.

▶ Artigo com a redação dada pela LC nº 136, de 25-8-2010.

Art. 5º Os cargos de Comandante da Marinha, do Exército e da Aeronáutica são privativos de oficiais-generais do último posto da respectiva Força.

§ 1º É assegurada aos Comandantes da Marinha, do Exército e da Aeronáutica precedência hierárquica sobre os demais oficiais-generais das três Forças Armadas.

§ 2º Se o oficial-general indicado para o cargo de Comandante da sua respectiva Força estiver na ativa, será transferido para a reserva remunerada, quando empossado no cargo.

§ 3º São asseguradas aos Comandantes da Marinha, do Exército e da Aeronáutica todas as prerrogativas, direitos e deveres do Serviço Ativo, inclusive com a contagem de tempo de serviço, enquanto estiverem em exercício.

Art. 6º O Poder Executivo definirá a competência dos Comandantes da Marinha, do Exército e da Aeronáutica para a criação, a denominação, a localização e a definição das atribuições das organizações integrantes das estruturas das Forças Armadas.

Art. 7º Compete aos Comandantes das Forças apresentar ao Ministro de Estado da Defesa a Lista de Escolha, elaborada na forma da lei, para a promoção aos postos de oficiais-generais e propor-lhe os oficiais-generais para a nomeação aos cargos que lhes são privativos.

▶ Caput com a redação dada pela LC nº 136, de 25-8-2010.

Parágrafo único. O Ministro de Estado da Defesa, acompanhado do Comandante de cada Força, apresentará os nomes ao Presidente da República, a quem compete promover os oficiais-generais e nomeá-los para os cargos que lhes são privativos.

Art. 8º A Marinha, o Exército e a Aeronáutica dispõem de efetivos de pessoal militar e civil, fixados em lei, e dos meios orgânicos necessários ao cumprimento de sua destinação constitucional e atribuições subsidiárias.

Parágrafo único. Constituem reserva das Forças Armadas o pessoal sujeito a incorporação, mediante mobilização ou convocação, pelo Ministério da Defesa, por intermédio da Marinha, do Exército e da Aeronáutica, bem como as organizações assim definidas em lei.

Seção II

DA DIREÇÃO SUPERIOR DAS FORÇAS ARMADAS

Art. 9º O Ministro de Estado da Defesa exerce a direção superior das Forças Armadas, assessorado pelo Conselho Militar de Defesa, órgão permanente de assessoramento, pelo Estado-Maior Conjunto das Forças Armadas e pelos demais órgãos, conforme definido em lei.

▶ Caput com a redação dada pela LC nº 136, de 25-8-2010.

§ 1º Ao Ministro de Estado da Defesa compete a implantação do Livro Branco de Defesa Nacional, documento de caráter público, por meio do qual se permitirá o acesso ao amplo contexto da Estratégia de Defesa Nacional, em perspectiva de médio e longo prazos, que viabilize o acompanhamento do orçamento e do planejamento plurianual relativos ao setor.

▶ Dec. nº 7.438, de 11-2-2011, estabelece princípios e diretrizes para criação e elaboração do Livro Branco de Defesa Nacional e institui Grupo de Trabalho Interministerial com o objetivo de elaborar estudos sobre temas pertinentes àquele Livro.

§ 2º O Livro Branco de Defesa Nacional deverá conter dados estratégicos, orçamentários, institucionais e materiais detalhados sobre as Forças Armadas, abordando os seguintes tópicos:

I – cenário estratégico para o século XXI;
II – política nacional de defesa;
III – estratégia nacional de defesa;
IV – modernização das Forças Armadas;
V – racionalização e adaptação das estruturas de defesa;
VI – suporte econômico da defesa nacional;
VII – as Forças Armadas: Marinha, Exército e Aeronáutica;
VIII – operações de paz e ajuda humanitária.

§ 3º O Poder Executivo encaminhará à apreciação do Congresso Nacional, na primeira metade da sessão legislativa ordinária, de 4 (quatro) em 4 (quatro) anos, a partir do ano de 2012, com as devidas atualizações:

I – a Política de Defesa Nacional;
II – a Estratégia Nacional de Defesa;
III – o Livro Branco de Defesa Nacional.

▶ §§ 1º a 3º acrescidos pela LC nº 136, de 25-8-2010.

Art. 10. Revogado. LC nº 136, de 25-8-2010.

Art. 11. Compete ao Estado-Maior Conjunto das Forças Armadas elaborar o planejamento do emprego conjunto das Forças Armadas e assessorar o Ministro de Estado da Defesa na condução dos exercícios conjuntos e quanto à atuação de forças brasileiras em operações de paz, além de outras atribuições que lhe forem estabelecidas pelo Ministro de Estado da Defesa.

▶ Artigo com a redação dada pela LC nº 136, de 25-8-2010.

Art. 11-A. Compete ao Ministério da Defesa, além das demais competências previstas em lei, formular a política e as diretrizes referentes aos produtos de defesa empregados nas atividades operacionais, inclusive armamentos, munições, meios de transporte e de comunicações, fardamentos e materiais de uso individual e coletivo, admitido delegações às Forças.

▶ Art. 11-A acrescido pela LC nº 136, de 25-8-2010.

CAPÍTULO III

DO ORÇAMENTO

Art. 12. O orçamento do Ministério da Defesa contemplará as prioridades definidas pela Estratégia Nacional de Defesa, explicitadas na lei de diretrizes orçamentárias.

▶ *Caput* com a redação dada pela LC nº 136, de 25-8-2010.

§ 1º O orçamento do Ministério da Defesa identificará as dotações próprias da Marinha, do Exército e da Aeronáutica.

§ 2º A proposta orçamentária das Forças será elaborada em conjunto com o Ministério da Defesa, que a consolidará, obedecendo às prioridades estabelecidas na Estratégia Nacional de Defesa, explicitadas na lei de diretrizes orçamentárias.

▶ § 2º com a redação dada pela LC nº 136, de 25-8-2010.

§ 3º A Marinha, o Exército e a Aeronáutica farão a gestão, de forma individualizada, dos recursos orçamentários que lhes forem destinados no orçamento do Ministério da Defesa.

CAPÍTULO IV

DO PREPARO

Art. 13. Para o cumprimento da destinação constitucional das Forças Armadas, cabe aos Comandantes da Marinha, do Exército e da Aeronáutica o preparo de seus órgãos operativos e de apoio, obedecidas as políticas estabelecidas pelo Ministro da Defesa.

§ 1º O preparo compreende, entre outras, as atividades permanentes de planejamento, organização e articulação, instrução e adestramento, desenvolvimento de doutrina e pesquisas específicas, inteligência e estruturação das Forças Armadas, de sua logística e mobilização.

§ 2º No preparo das Forças Armadas para o cumprimento de sua destinação constitucional, poderão ser planejados e executados exercícios operacionais em áreas públicas, adequadas à natureza das operações, ou em áreas privadas cedidas para esse fim.

§ 3º O planejamento e a execução dos exercícios operacionais poderão ser realizados com a cooperação dos órgãos de segurança pública e de órgãos públicos com interesses afins.

▶ §§ 1º a 3º acrescidos pela LC nº 117, de 2-9-2004.

Art. 14. O preparo das Forças Armadas é orientado pelos seguintes parâmetros básicos:

▶ Art. 41 da Lei nº 11.343, de 23-8-2006 (Lei Antidrogas).

I – permanente eficiência operacional singular e nas diferentes modalidades de emprego interdependentes;
II – procura da autonomia nacional crescente, mediante contínua nacionalização de seus meios, nela incluídas pesquisa e desenvolvimento e o fortalecimento da indústria nacional;
III – correta utilização do potencial nacional, mediante mobilização criteriosamente planejada.

CAPÍTULO V

DO EMPREGO

Art. 15. O emprego das Forças Armadas na defesa da Pátria e na garantia dos poderes constitucionais, da lei e da ordem, e na participação em operações de paz, é de responsabilidade do Presidente da República, que determinará ao Ministro de Estado da Defesa a ativação de órgãos operacionais, observada a seguinte forma de subordinação:

I – ao Comandante Supremo, por intermédio do Ministro de Estado da Defesa, no caso de Comandos conjuntos, compostos por meios adjudicados pelas Forças Armadas e, quando necessário, por outros órgãos;
II – diretamente ao Ministro de Estado da Defesa, para fim de adestramento, em operações conjuntas, ou por ocasião da participação brasileira em operações de paz;

▶ Incisos I e II com a redação dada pela LC nº 136, de 25-8-2010.

III – diretamente ao respectivo Comandante da Força, respeitada a direção superior do Ministro de Estado da Defesa, no caso de emprego isolado de meios de uma única Força.

§ 1º Compete ao Presidente da República a decisão do emprego das Forças Armadas, por iniciativa própria ou em atendimento a pedido manifestado por quaisquer dos poderes constitucionais, por intermédio dos Presidentes do Supremo Tribunal Federal, do Senado Federal ou da Câmara dos Deputados.

§ 2º A atuação das Forças Armadas, na garantia da lei e da ordem, por iniciativa de quaisquer dos poderes constitucionais, ocorrerá de acordo com as diretrizes baixadas em ato do Presidente da República, após esgotados os instrumentos destinados à preservação da ordem pública e da incolumidade das pessoas e do patrimônio, relacionados no artigo 144 da Constituição Federal.

§ 3º Consideram-se esgotados os instrumentos relacionados no art. 144 da Constituição Federal quando, em determinado momento, forem eles formalmente reconhecidos pelo respectivo Chefe do Poder Executivo Federal ou Estadual, como indisponíveis, inexistentes ou insuficientes ao desempenho regular de sua missão constitucional.

§ 4º Na hipótese de emprego nas condições previstas no § 3º deste artigo, após mensagem do Presidente da República, serão ativados os órgãos operacionais das Forças Armadas, que desenvolverão, de forma episódica, em área previamente estabelecida e por tempo limitado, as ações de caráter preventivo e repressivo necessárias para assegurar o resultado das operações na garantia da lei e da ordem.

§ 5º Determinado o emprego das Forças Armadas na garantia da lei e da ordem, caberá à autoridade competente, mediante ato formal, transferir o controle operacional dos órgãos de segurança pública necessários ao desenvolvimento das ações para a autoridade encarregada das operações, a qual deverá constituir um centro de coordenação de operações, composto por representantes dos órgãos públicos sob seu controle operacional ou com interesses afins.

§ 6º Considera-se controle operacional, para fins de aplicação desta Lei Complementar, o poder conferido à autoridade encarregada das operações, para atribuir e coordenar missões ou tarefas específicas a serem desempenhadas por efetivos dos órgãos de segurança pública, obedecidas as suas competências constitucionais ou legais.

▶ §§ 3º a 6º acrescidos pela LC nº 117, de 2-9-2004.

§ 7º A atuação do militar nos casos previstos nos arts. 13, 14, 15, 16-A, nos incisos IV e V do art. 17, no inciso III do art. 17-A, nos incisos VI e VII do art. 18, nas atividades de defesa civil a que se refere o art. 16 desta Lei Complementar e no inciso XIV do art. 23 da Lei nº 4.737, de 15 de julho de 1965 (Código Eleitoral), é considerada atividade militar para os fins do art. 124 da Constituição Federal.

▶ § 7º com a redação dada pela LC nº 136, de 25-8-2010.

CAPÍTULO VI

DAS DISPOSIÇÕES COMPLEMENTARES

Art. 16. Cabe às Forças Armadas, como atribuição subsidiária geral, cooperar com o desenvolvimento nacional e a defesa civil, na forma determinada pelo Presidente da República.

Parágrafo único. Para os efeitos deste artigo, integra as referidas ações de caráter geral a participação em campanhas institucionais de utilidade pública ou de interesse social.

▶ Parágrafo único acrescido pela LC nº 117, de 2-9-2004.

Art. 16-A. Cabe às Forças Armadas, além de outras ações pertinentes, também como atribuições subsidiárias, preservadas as competências exclusivas das polícias judiciárias, atuar, por meio de ações preventivas e repressivas, na faixa de fronteira terrestre, no mar e nas águas interiores, independentemente da posse, da propriedade, da finalidade ou de qualquer gravame que sobre ela recaia, contra delitos transfronteiriços e ambientais, isoladamente ou em coordenação com outros órgãos do Poder Executivo, executando, dentre outras, as ações de:

I – patrulhamento;

II – revista de pessoas, de veículos terrestres, de embarcações e de aeronaves; e

III – prisões em flagrante delito.

Parágrafo único. As Forças Armadas, ao zelar pela segurança pessoal das autoridades nacionais e estrangeiras em missões oficiais, isoladamente ou em coordenação com outros órgãos do Poder Executivo, poderão exercer as ações previstas nos incisos II e III deste artigo.

▶ Art. 16-A acrescido pela LC nº 136, de 25-8-2010.

Art. 17. Cabe à Marinha, como atribuições subsidiárias particulares:

I – orientar e controlar a Marinha Mercante e suas atividades correlatas, no que interessa à defesa nacional;

II – prover a segurança da navegação aquaviária;

III – contribuir para a formulação e condução de políticas nacionais que digam respeito ao mar;

IV – implementar e fiscalizar o cumprimento de leis e regulamentos, no mar e nas águas interiores, em coordenação com outros órgãos do Poder Executivo, federal ou estadual, quando se fizer necessária, em razão de competências específicas;

V – cooperar com os órgãos federais, quando se fizer necessário, na repressão aos delitos de repercussão nacional ou internacional, quanto ao uso do mar, águas interiores e de áreas portuárias, na forma de apoio logístico, de inteligência, de comunicações e de instrução.

▶ Inciso V acrescido pela LC nº 117, de 2-9-2004.

Parágrafo único. Pela especificidade dessas atribuições, é da competência do Comandante da Marinha o trato dos assuntos dispostos neste artigo, ficando designado como "Autoridade Marítima", para esse fim.

Art. 17-A. Cabe ao Exército, além de outras ações pertinentes, como atribuições subsidiárias particulares:

I – contribuir para a formulação e condução de políticas nacionais que digam respeito ao Poder Militar Terrestre;

II – cooperar com órgãos públicos federais, estaduais e municipais e, excepcionalmente, com empresas privadas, na execução de obras e serviços de engenharia, sendo os recursos advindos do órgão solicitante;

III – cooperar com órgãos federais, quando se fizer necessário, na repressão aos delitos de repercussão nacional e internacional, no território nacional, na forma de apoio logístico, de inteligência, de comunicações e de instrução;

▶ Art. 17-A acrescido pela LC nº 117, de 2-9-2004.

IV – *Revogado*. LC nº 136, de 25-8-2010.

Art. 18. Cabe à Aeronáutica, como atribuições subsidiárias particulares:

I – orientar, coordenar e controlar as atividades de Aviação Civil;

II – prover a segurança da navegação aérea;

III – contribuir para a formulação e condução da Política Aeroespacial Nacional;

IV – estabelecer, equipar e operar, diretamente ou mediante concessão, a infraestrutura aeroespacial, aeronáutica e aeroportuária;

V – operar o Correio Aéreo Nacional;

VI – cooperar com os órgãos federais, quando se fizer necessário, na repressão aos delitos de repercussão nacional e internacional, quanto ao uso do espaço aéreo e de áreas aeroportuárias, na forma de apoio logístico, de inteligência, de comunicações e de instrução;

▶ Inciso VI acrescido pela LC nº 117, de 2-9-2004.

VII – preservadas as competências exclusivas das polícias judiciárias, atuar, de maneira contínua e permanente, por meio das ações de controle do espaço aéreo brasileiro, contra todos os tipos de tráfego aéreo ilícito, com ênfase nos envolvidos no tráfico de drogas, armas, munições e passageiros ilegais, agindo em operação combinada com organismos de fiscalização competentes, aos quais caberá a tarefa de agir após a aterragem das aeronaves envolvidas em tráfego aéreo ilícito, podendo, na ausência destes, revistar pessoas, veículos terrestres, embarcações e aeronaves, bem como efetuar prisões em flagrante delito.

▶ Inciso VII com a redação dada pela LC nº 136, de 25-8-2010.

Parágrafo único. Pela especificidade dessas atribuições, é da competência do Comandante da Aeronáutica o trato dos assuntos dispostos neste artigo, ficando designado como "Autoridade Aeronáutica Militar", para esse fim.

▶ Parágrafo único com a redação dada pela LC nº 136, de 25-8-2010.

Art. 18-A. VETADO. LC nº 117, de 2-9-2004.

CAPÍTULO VII
DAS DISPOSIÇÕES TRANSITÓRIAS E FINAIS

Art. 19. Até que se proceda à revisão dos atos normativos pertinentes, as referências legais a Ministério ou a Ministro de Estado da Marinha, do Exército e da Aeronáutica passam a ser entendidas como a Comando ou a Comandante dessas Forças, respectivamente, desde que não colidam com atribuições do Ministério ou Ministro de Estado da Defesa.

Art. 20. Os Ministérios da Marinha, do Exército e da Aeronáutica serão transformados em Comandos, por ocasião da criação do Ministério da Defesa.

Art. 21. Lei criará a Agência Nacional de Aviação Civil, vinculada ao Ministério da Defesa, órgão regulador e fiscalizador da Aviação Civil e da infraestrutura aeronáutica e aeroportuária, estabelecendo, entre outras matérias institucionais, quais, dentre as atividades e procedimentos referidos nos incisos I e IV do artigo 18, serão de sua responsabilidade.

Art. 22. Esta Lei Complementar entra em vigor na data de sua publicação.

Art. 23. Revoga-se a Lei Complementar nº 69, de 23 de julho de 1991.

Brasília, 9 de junho de 1999;
178º da Independência e
111º da República.

Fernando Henrique Cardoso

LEI Nº 9.807, DE 13 DE JULHO DE 1999

Estabelece normas para a organização e a manutenção de programas especiais de proteção a vítimas e a testemunhas ameaçadas, institui o Programa Federal de Assistência a Vítimas e a Testemunhas Ameaçadas e dispõe sobre a proteção de acusados ou condenados que tenham voluntariamente prestado efetiva colaboração à investigação policial e ao processo criminal.

▶ Publicada no *DOU* de 14-7-1999.

CAPÍTULO I
DA PROTEÇÃO ESPECIAL A VÍTIMAS E A TESTEMUNHAS

Art. 1º As medidas de proteção requeridas por vítimas ou por testemunhas de crimes que estejam coagidas ou expostas a grave ameaça em razão de colaborarem com a investigação ou processo criminal serão prestadas pela União, pelos Estados e pelo Distrito Federal, no âmbito das respectivas competências, na forma de programas especiais organizados com base nas disposições desta Lei.

▶ Título VII, Capítulo VI, do CPP.

▶ Arts. 18, 57, § 7º, e 58, parágrafo único, da Lei nº 6.015, de 31-12-1973 (Lei dos Registros Públicos).

§ 1º A União, os Estados e o Distrito Federal poderão celebrar convênios, acordos, ajustes ou termos de parceria entre si ou com entidades não governamentais objetivando a realização dos programas.

§ 2º A supervisão e a fiscalização dos convênios, acordos, ajustes e termos de parceria de interesse da União ficarão a cargo do órgão do Ministério da Justiça com atribuições para a execução da política de direitos humanos.

Art. 2º A proteção concedida pelos programas e as medidas dela decorrentes levarão em conta a gravidade da coação ou da ameaça à integridade física ou psicológica, a dificuldade de preveni-las ou reprimi-las pelos meios convencionais e a sua importância para a produção da prova.

§ 1º A proteção poderá ser dirigida ou estendida ao cônjuge ou companheiro, ascendentes, descendentes e dependentes que tenham convivência habitual com a vítima ou testemunha, conforme o especificamente necessário em cada caso.

§ 2º Estão excluídos da proteção os indivíduos cuja personalidade ou conduta seja incompatível com as restrições de comportamento exigidas pelo programa, os condenados que estejam cumprindo pena e os indiciados ou acusados sob prisão cautelar em qualquer de suas modalidades. Tal exclusão não trará prejuízo a eventual prestação de medidas de preservação da integridade física desses indivíduos por parte dos órgãos de segurança pública.

§ 3º O ingresso no programa, as restrições de segurança e demais medidas por ele adotadas terão sempre a anuência da pessoa protegida, ou de seu representante legal.

§ 4º Após ingressar no programa, o protegido ficará obrigado ao cumprimento das normas por ele prescritas.

§ 5º As medidas e providências relacionadas com os programas serão adotadas, executadas e mantidas em sigilo pelos protegidos e pelos agentes envolvidos em sua execução.

Art. 3º Toda admissão no programa ou exclusão dele será precedida de consulta ao Ministério Público sobre o disposto no artigo 2º e deverá ser subsequentemente comunicada à autoridade policial ou ao juiz competente.

Art. 4º Cada programa será dirigido por um conselho deliberativo em cuja composição haverá representantes do Ministério Público, do Poder Judiciário e de órgãos públicos e privados relacionados com a segurança pública e a defesa dos direitos humanos.

§ 1º A execução das atividades necessárias ao programa ficará a cargo de um dos órgãos representados no conselho deliberativo, devendo os agentes dela incumbidos ter formação e capacitação profissional compatíveis com suas tarefas.

§ 2º Os órgãos policiais prestarão a colaboração e o apoio necessários à execução de cada programa.

Art. 5º A solicitação objetivando ingresso no programa poderá ser encaminhada ao órgão executor:

I – pelo interessado;
II – por representante do Ministério Público;
III – pela autoridade policial que conduz a investigação criminal;
IV – pelo Juiz competente para a instrução do processo criminal.
V – por órgãos públicos e entidades com atribuições de defesa dos direitos humanos.

§ 1º A solicitação será instruída com a qualificação da pessoa a ser protegida e com informações sobre a sua vida pregressa, o fato delituoso e a coação ou ameaça que a motiva.

§ 2º Para fins de instrução do pedido, o órgão executor poderá solicitar, com a aquiescência do interessado:

I – documentos ou informações comprobatórios de sua identidade, estado civil, situação profissional, patrimônio e grau de instrução, e da pendência de obrigações civis, administrativas, fiscais, financeiras ou penais;
II – exames ou pareceres técnicos sobre a sua personalidade, estado físico ou psicológico.

§ 3º Em caso de urgência e levando em consideração a procedência, gravidade e a iminência da coação ou ameaça, a vítima ou testemunha poderá ser colocada provisoriamente sob a custódia de órgão policial, pelo órgão executor, no aguardo de decisão do conselho deliberativo, com comunicação imediata a seus membros e ao Ministério Público.

Art. 6º O conselho deliberativo decidirá sobre:

I – o ingresso do protegido no programa ou a sua exclusão;
II – as providências necessárias ao cumprimento do programa.

Parágrafo único. As deliberações do conselho serão tomadas por maioria absoluta de seus membros e sua execução ficará sujeita à disponibilidade orçamentária.

Art. 7º Os programas compreendem, dentre outras, as seguintes medidas, aplicáveis isolada ou cumulativamente em benefício da pessoa protegida, segundo a gravidade e as circunstâncias de cada caso:

I – segurança na residência, incluindo o controle de telecomunicações;
II – escolta e segurança nos deslocamentos da residência, inclusive para fins de trabalho ou para a prestação de depoimentos;
III – transferência de residência ou acomodação provisória em local compatível com a proteção;
IV – preservação da identidade, imagem e dados pessoais;
V – ajuda financeira mensal para prover as despesas necessárias à subsistência individual ou familiar, no caso de a pessoa protegida estar impossibilitada de desenvolver trabalho regular ou de inexistência de qualquer fonte de renda;
VI – suspensão temporária das atividades funcionais, sem prejuízo dos respectivos vencimentos ou vantagens, quando servidor público ou militar;
VII – apoio e assistência social, médica e psicológica;
VIII – sigilo em relação aos atos praticados em virtude da proteção concedida;
IX – apoio do órgão executor do programa para o cumprimento de obrigações civis e administrativas que exijam o comparecimento pessoal.

Parágrafo único. A ajuda financeira mensal terá um teto fixado pelo conselho deliberativo no início de cada exercício financeiro.

Art. 8º Quando entender necessário, poderá o conselho deliberativo solicitar ao Ministério Público que requeira ao juiz a concessão de medidas cautelares direta ou indiretamente relacionadas com a eficácia da proteção.

Art. 9º Em casos excepcionais e considerando as características e gravidade da coação ou ameaça, poderá o conselho deliberativo encaminhar requerimento da pessoa protegida ao juiz competente para registros públicos objetivando a alteração de nome completo.

§ 1º A alteração de nome completo poderá estender-se às pessoas mencionadas no § 1º do artigo 2º desta

Lei, inclusive aos filhos menores, e será precedida das providências necessárias ao resguardo de direitos de terceiros.

§ 2º O requerimento será sempre fundamentado e o juiz ouvirá previamente o Ministério Público, determinando, em seguida, que o procedimento tenha rito sumaríssimo e corra em segredo de justiça.

§ 3º Concedida a alteração pretendida, o juiz determinará na sentença, observando o sigilo indispensável à proteção do interessado:

I – a averbação no registro original de nascimento da menção de que houve alteração de nome completo em conformidade com o estabelecido nesta Lei, com expressa referência à sentença autorizatória e ao juiz que a exarou e sem a aposição do nome alterado;
II – a determinação aos órgãos competentes para o fornecimento dos documentos decorrentes da alteração;
III – a remessa da sentença ao órgão nacional competente para o registro único de identificação civil, cujo procedimento obedecerá às necessárias restrições de sigilo.

§ 4º O conselho deliberativo, resguardado o sigilo das informações, manterá controle sobre a localização do protegido cujo nome tenha sido alterado.

§ 5º Cessada a coação ou ameaça que deu causa à alteração, ficará facultado ao protegido solicitar ao juiz competente o retorno à situação anterior, com a alteração para o nome original, em petição que será encaminhada pelo conselho deliberativo e terá manifestação prévia do Ministério Público.

Art. 10. A exclusão da pessoa protegida de programa de proteção a vítimas e a testemunhas poderá ocorrer a qualquer tempo:

I – por solicitação do próprio interessado;
II – por decisão do conselho deliberativo, em consequência de:

a) cessação dos motivos que ensejaram a proteção;
b) conduta incompatível do protegido.

Art. 11. A proteção oferecida pelo programa terá a duração máxima de dois anos.

Parágrafo único. Em circunstâncias excepcionais, perdurando os motivos que autorizam a admissão, a permanência poderá ser prorrogada.

Art. 12. Fica instituído, no âmbito do órgão do Ministério da Justiça com atribuições para a execução da política de direitos humanos, o Programa Federal de Assistência a Vítimas e a Testemunhas Ameaçadas, a ser regulamentado por decreto do Poder Executivo.

CAPÍTULO II

DA PROTEÇÃO AOS RÉUS COLABORADORES

Art. 13. Poderá o juiz, de ofício ou a requerimento das partes, conceder o perdão judicial e a consequente extinção da punibilidade ao acusado que, sendo primário, tenha colaborado efetiva e voluntariamente com a investigação e o processo criminal, desde que dessa colaboração tenha resultado:

I – a identificação dos demais coautores ou partícipes da ação criminosa;

II – a localização da vítima com a sua integridade física preservada;
III – a recuperação total ou parcial do produto do crime.

Parágrafo único. A concessão do perdão judicial levará em conta a personalidade do beneficiado e a natureza, circunstâncias, gravidade e repercussão social do fato criminoso.

Art. 14. O indiciado ou acusado que colaborar voluntariamente com a investigação policial e o processo criminal na identificação dos demais coautores ou partícipes do crime, na localização da vítima com vida e na recuperação total ou parcial do produto do crime, no caso de condenação, terá pena reduzida de um a dois terços.

▶ Art. 41 da Lei nº 11.343, de 23-8-2006 (Lei Antidrogas).

Art. 15. Serão aplicadas em benefício do colaborador, na prisão ou fora dela, medidas especiais de segurança e proteção a sua integridade física, considerando ameaça ou coação eventual ou efetiva.

§ 1º Estando sob prisão temporária, preventiva ou em decorrência de flagrante delito, o colaborador será custodiado em dependência separada dos demais presos.

§ 2º Durante a instrução criminal, poderá o juiz competente determinar em favor do colaborador qualquer das medidas previstas no artigo 8º desta Lei.

§ 3º No caso de cumprimento da pena em regime fechado, poderá o juiz criminal determinar medidas especiais que proporcionem a segurança do colaborador em relação aos demais apenados.

DISPOSIÇÕES GERAIS

Art. 16. O artigo 57 da Lei nº 6.015, de 31 de dezembro de 1973, fica acrescido do seguinte § 7º:

"§ 7º Quando a alteração de nome for concedida em razão de fundada coação ou ameaça decorrente de colaboração com a apuração de crime, o juiz competente determinará que haja a averbação no registro de origem de menção da existência de sentença concessiva da alteração, sem a averbação do nome alterado, que somente poderá ser procedida mediante determinação posterior, que levará em consideração a cessação da coação ou ameaça que deu causa à alteração."

Art. 17. O parágrafo único do artigo 58 da Lei nº 6.015, de 31 de dezembro de 1973, com a redação dada pela Lei nº 9.708 de 18 e novembro de 1998, passa a ter a seguinte redação:

"Parágrafo único. A substituição do prenome será ainda admitida em razão de fundada coação ou ameaça decorrente da colaboração com a apuração de crime, por determinação, em sentença, de juiz competente, ouvido o Ministério Público."

Art. 18. O artigo 18 da Lei nº 6.015, de 31 de dezembro de 1973, passa a ter a seguinte redação:

"Art. 18. Ressalvado o disposto nos artigos 45, 57, § 7º, e 95, parágrafo único, a certidão será lavrada independentemente de despacho judicial, devendo mencionar o livro de registro ou o documento arquivado no cartório."

Art. 19. A União poderá utilizar estabelecimentos especialmente destinados ao cumprimento de pena de condenados que tenham prévia e voluntariamente prestado a colaboração de que trata esta Lei.

Parágrafo único. Para fins de utilização desses estabelecimentos, poderá a União celebrar convênios com os Estados e o Distrito Federal.

Art. 19-A. Terão prioridade na tramitação o inquérito e o processo criminal em que figure indiciado, acusado, vítima ou réu colaboradores, vítima ou testemunha protegidas pelos programas de que trata esta Lei.

Parágrafo único. Qualquer que seja o rito processual criminal, o juiz, após a citação, tomará antecipadamente o depoimento das pessoas incluídas nos programas de proteção previstos nesta Lei, devendo justificar a eventual impossibilidade de fazê-lo no caso concreto ou o possível prejuízo que a oitiva antecipada traria para a instrução criminal.

▶ Art. 19-A acrescido pela Lei nº 12.483, de 8-9-2011.

Art. 20. As despesas decorrentes da aplicação desta Lei, pela União, correrão à conta de dotação consignada no orçamento.

Art. 21. Esta Lei entra em vigor na data de sua publicação.

Brasília, 13 de julho de 1999;
178º da Independência e
111º da República.

Fernando Henrique Cardoso

LEI Nº 10.259, DE 12 DE JULHO DE 2001

Dispõe sobre a instituição dos Juizados Especiais Cíveis e Criminais no âmbito da Justiça Federal.

▶ Publicada no *DOU* de 13-7-2001.
▶ Lei nº 9.099, de 26-9-1995 (Lei dos Juizados Especiais).
▶ Lei nº 12.153, de 22-12-2009 (Lei dos Juizados Especiais da Fazenda Pública).
▶ Dec. nº 4.250, de 27-5-2002, regulamenta a representação judicial da União, autarquias, fundações e empresas públicas federais perante os Juizados Especiais Federais.
▶ Súm. nº 428 do STJ.

Art. 1º São instituídos os Juizados Especiais Cíveis e Criminais da Justiça Federal, aos quais se aplica, no que não conflitar com esta Lei, o disposto na Lei nº 9.099, de 26 de setembro de 1995.

▶ Súm. nº 376 do STJ.

Art. 2º Compete ao Juizado Especial Federal Criminal processar e julgar os feitos de competência da Justiça Federal relativos às infrações de menor potencial ofensivo, respeitadas as regras de conexão e continência.

Parágrafo único. Na reunião de processos, perante o juízo comum ou tribunal do júri, decorrente da aplicação das regras de conexão e continência, observar-se-ão os institutos da transação penal e da composição dos danos civis.

▶ Art. 2º com a redação dada pela Lei nº 11.313, de 28-6-2006.

Art. 3º Compete ao Juizado Especial Federal Cível processar, conciliar e julgar causas de competência da Justiça Federal até o valor de sessenta salários mínimos, bem como executar as suas sentenças.

§ 1º Não se incluem na competência do Juizado Especial Cível as causas:

I – referidas no artigo 109, incisos II, III e XI, da Constituição Federal, as ações de mandado de segurança, de desapropriação, de divisão e demarcação, populares, execuções fiscais e por improbidade administrativa e as demandas sobre direitos ou interesses difusos, coletivos ou individuais homogêneos;
II – sobre bens imóveis da União, autarquias e fundações públicas federais;
III – para a anulação ou cancelamento de ato administrativo federal, salvo o de natureza previdenciária e o de lançamento fiscal;
IV – que tenham como objeto a impugnação da pena de demissão imposta a servidores públicos civis ou de sanções disciplinares aplicadas a militares.

▶ Súm. nº 376 do STJ.

§ 2º Quando a pretensão versar sobre obrigações vincendas, para fins de competência do Juizado Especial, a soma de doze parcelas não poderá exceder o valor referido no artigo 3º, *caput*.

§ 3º No foro onde estiver instalada Vara do Juizado Especial, a sua competência é absoluta.

Art. 4º O Juiz poderá, de ofício ou a requerimento das partes, deferir medidas cautelares no curso do processo, para evitar dano de difícil reparação.

Art. 5º Exceto nos casos do artigo 4º, somente será admitido recurso de sentença definitiva.

Art. 6º Podem ser partes no Juizado Especial Federal Cível:

I – como autores, as pessoas físicas e as microempresas e empresas de pequeno porte, assim definidas na Lei nº 9.317, de 5 de dezembro de 1996;

▶ Art. 74 da LC nº 123, de 14-12-2006 (Estatuto Nacional da Microempresa e da Empresa de Pequeno Porte).

II – como rés, a União, autarquias, fundações e empresas públicas federais.

Art. 7º As citações e intimações da União serão feitas na forma prevista nos artigos 35 a 38 da Lei Complementar nº 73, de 10 de fevereiro de 1993.

Parágrafo único. A citação das autarquias, fundações e empresas públicas será feita na pessoa do representante máximo da entidade, no local onde proposta a causa, quando ali instalado seu escritório ou representação; se não, na sede da entidade.

Art. 8º As partes serão intimadas da sentença, quando não proferida esta na audiência em que estiver presente seu representante, por ARMP (aviso de recebimento em mão própria).

§ 1º As demais intimações das partes serão feitas na pessoa dos advogados ou dos Procuradores que oficiem nos respectivos autos, pessoalmente ou por via postal.

§ 2º Os tribunais poderão organizar serviço de intimação das partes e de recepção de petições por meio eletrônico.

Art. 9º Não haverá prazo diferenciado para a prática de qualquer ato processual pelas pessoas jurídicas de direito público, inclusive a interposição de recursos, devendo a citação para audiência de conciliação ser efetuada com antecedência mínima de trinta dias.

Art. 10. As partes poderão designar, por escrito, representantes para a causa, advogado ou não.

▶ O STF, por maioria de votos, julgou parcialmente procedente a ADIN nº 3.168-6, para dar interpretação conforme a CF a este artigo, no sentido de excluir os feitos criminais, respeitado o teto estabelecido no art. 3º desta Lei, e sem prejuízo da aplicação subsidiária integral dos parágrafos do art. 9º da Lei nº 9.099, de 26-9-1995 – Lei dos Juizados Especiais (DOU de 17-8-2007).

Parágrafo único. Os representantes judiciais da União, autarquias, fundações e empresas públicas federais, bem como os indicados na forma do *caput*, ficam autorizados a conciliar, transigir ou desistir, nos processos da competência dos Juizados Especiais Federais.

▶ Dec. nº 4.250, de 27-5-2002, regulamenta a representação judicial da União, autarquias, fundações e empresas públicas federais perante os Juizados Especiais Federais.

Art. 11. A entidade pública ré deverá fornecer ao Juizado a documentação de que disponha para o esclarecimento da causa, apresentando-a até a instalação da audiência de conciliação.

Parágrafo único. Para a audiência de composição dos danos resultantes de ilícito criminal (artigos 71, 72 e 74 da Lei nº 9.099, de 26 de setembro de 1995), o representante da entidade que comparecer terá poderes para acordar, desistir ou transigir, na forma do artigo 10.

Art. 12. Para efetuar o exame técnico necessário à conciliação ou ao julgamento da causa, o Juiz nomeará pessoa habilitada, que apresentará o laudo até cinco dias antes da audiência, independentemente de intimação das partes.

§ 1º Os honorários do técnico serão antecipados à conta de verba orçamentária do respectivo Tribunal e, quando vencida na causa a entidade pública, seu valor será incluído na ordem de pagamento a ser feita em favor do Tribunal.

§ 2º Nas ações previdenciárias e relativas à assistência social, havendo designação de exame, serão as partes intimadas para, em dez dias, apresentar quesitos e indicar assistentes.

Art. 13. Nas causas de que trata esta Lei, não haverá reexame necessário.

Art. 14. Caberá pedido de uniformização de interpretação de lei federal quando houver divergência entre decisões sobre questões de direito material proferidas por Turmas Recursais na interpretação da lei.

§ 1º O pedido fundado em divergência entre Turmas da mesma Região será julgado em reunião conjunta das Turmas em conflito, sob a presidência do Juiz Coordenador.

§ 2º O pedido fundado em divergência entre decisões de turmas de diferentes regiões ou da proferida em contrariedade a súmula ou jurisprudência dominante do STJ será julgado por Turma de Uniformização, integrada por juízes de Turmas Recursais, sob a presidência do Coordenador da Justiça Federal.

§ 3º A reunião de juízes domiciliados em cidades diversas será feita pela via eletrônica.

§ 4º Quando a orientação acolhida pela Turma de Uniformização, em questões de direito material, contrariar súmula ou jurisprudência dominante no Superior Tribunal de Justiça – STJ, a parte interessada poderá provocar a manifestação deste, que dirimirá a divergência.

§ 5º No caso do § 4º, presente a plausibilidade do direito invocado e havendo fundado receio de dano de difícil reparação, poderá o relator conceder, de ofício ou a requerimento do interessado, medida liminar determinando a suspensão dos processos nos quais a controvérsia esteja estabelecida.

§ 6º Eventuais pedidos de uniformização idênticos, recebidos subsequentemente em quaisquer Turmas Recursais, ficarão retidos nos autos, aguardando-se pronunciamento do Superior Tribunal de Justiça.

§ 7º Se necessário, o relator pedirá informações ao Presidente da Turma Recursal ou Coordenador da Turma de Uniformização e ouvirá o Ministério Público, no prazo de cinco dias. Eventuais interessados, ainda que não sejam partes no processo, poderão se manifestar, no prazo de trinta dias.

§ 8º Decorridos os prazos referidos no § 7º, o relator incluirá o pedido em pauta na Seção, com preferência sobre todos os demais feitos, ressalvados os processos com réus presos, os *habeas corpus* e os mandados de segurança.

§ 9º Publicado o acórdão respectivo, os pedidos retidos referidos no § 6º serão apreciados pelas Turmas Recursais, que poderão exercer juízo de retratação ou declará-los prejudicados, se veicularem tese não acolhida pelo Superior Tribunal de Justiça.

§ 10. Os Tribunais Regionais, o Superior Tribunal de Justiça e o Supremo Tribunal Federal, no âmbito de suas competências, expedirão normas regulamentando a composição dos órgãos e os procedimentos a serem adotados para o processamento e o julgamento do pedido de uniformização e do recurso extraordinário.

Art. 15. O recurso extraordinário, para os efeitos desta Lei, será processado e julgado segundo o estabelecido nos §§ 4º a 9º do artigo 14, além da observância das normas do Regimento.

Art. 16. O cumprimento do acordo ou da sentença, com trânsito em julgado, que imponham obrigação de fazer, não fazer ou entrega de coisa certa, será efetuado mediante ofício do Juiz à autoridade citada para a causa, com cópia da sentença ou do acordo.

Art. 17. Tratando-se de obrigação de pagar quantia certa, após o trânsito em julgado da decisão, o pagamento será efetuado no prazo de sessenta dias, contados da entrega da requisição, por ordem do Juiz, à autoridade citada para a causa, na agência mais próxima da Caixa Econômica Federal ou do Banco do Brasil, independentemente de precatório.

§ 1º Para os efeitos do § 3º do artigo 100 da Constituição Federal, as obrigações ali definidas como de pequeno valor, a serem pagas independentemente de precatório, terão como limite o mesmo valor estabelecido nesta Lei para a competência do Juizado Especial Federal Cível (art. 3º, *caput*).

§ 2º Desatendida a requisição judicial, o Juiz determinará o sequestro do numerário suficiente ao cumprimento da decisão.

§ 3º São vedados o fracionamento, repartição ou quebra do valor da execução, de modo que o pagamento se faça, em parte, na forma estabelecida no § 1º deste artigo, e, em parte, mediante expedição do precatório, e a expedição de precatório complementar ou suplementar do valor pago.

§ 4º Se o valor da execução ultrapassar o estabelecido no § 1º, o pagamento far-se-á, sempre, por meio do precatório, sendo facultado à parte exequente a renúncia ao crédito do valor excedente, para que possa optar pelo pagamento do saldo sem o precatório, da forma lá prevista.

Art. 18. Os Juizados Especiais serão instalados por decisão do Tribunal Regional Federal. O Juiz presidente do Juizado designará os conciliadores pelo período de dois anos, admitida a recondução. O exercício dessas funções será gratuito, assegurados os direitos e prerrogativas do jurado (art. 437 do Código de Processo Penal).

Parágrafo único. Serão instalados Juizados Especiais Adjuntos nas localidades cujo movimento forense não justifique a existência de Juizado Especial, cabendo ao Tribunal designar a Vara onde funcionará.

Art. 19. No prazo de seis meses, a contar da publicação desta Lei, deverão ser instalados os Juizados Especiais nas capitais dos Estados e no Distrito Federal.

Parágrafo único. Na capital dos Estados, no Distrito Federal e em outras cidades onde for necessário, neste último caso, por decisão do Tribunal Regional Federal, serão instalados Juizados com competência exclusiva para ações previdenciárias.

Art. 20. Onde não houver Vara Federal, a causa poderá ser proposta no Juizado Especial Federal mais próximo do foro definido no artigo 4º da Lei nº 9.099, de 26 de setembro de 1995, vedada a aplicação desta Lei no juízo estadual.

Art. 21. As Turmas Recursais serão instituídas por decisão do Tribunal Regional Federal, que definirá sua composição e área de competência, podendo abranger mais de uma seção.

§§ 1º e 2º Revogados. Lei nº 12.665, de 13-6-2012.

Art. 22. Os Juizados Especiais serão coordenados por Juiz do respectivo Tribunal Regional, escolhido por seus pares, com mandato de dois anos.

Parágrafo único. O Juiz Federal, quando o exigirem as circunstâncias, poderá determinar o funcionamento do Juizado Especial em caráter itinerante, mediante autorização prévia do Tribunal Regional Federal, com antecedência de dez dias.

Art. 23. O Conselho da Justiça Federal poderá limitar, por até três anos, contados a partir da publicação desta Lei, a competência dos Juizados Especiais Cíveis, atendendo à necessidade da organização dos serviços judiciários ou administrativos.

Art. 24. O Centro de Estudos Judiciários do Conselho da Justiça Federal e as Escolas de Magistratura dos Tribunais Regionais Federais criarão programas de informática necessários para subsidiar a instrução das causas submetidas aos Juizados e promoverão cursos de aperfeiçoamento destinados aos seus magistrados e servidores.

Art. 25. Não serão remetidas aos Juizados Especiais as demandas ajuizadas até a data de sua instalação.

Art. 26. Competirá aos Tribunais Regionais Federais prestar o suporte administrativo necessário ao funcionamento dos Juizados Especiais.

Art. 27. Esta Lei entra em vigor seis meses após a data de sua publicação.

Brasília, 12 de julho de 2001;
180º da Independência e
113º da República.

Fernando Henrique Cardoso

DECRETO Nº 3.897, DE 24 DE AGOSTO DE 2001

Fixa as diretrizes para o emprego das Forças Armadas na garantia da lei e da ordem, e dá outras providências.

▶ Publicado no *DOU* de 27-8-2001.

Art. 1º As diretrizes estabelecidas neste Decreto têm por finalidade orientar o planejamento, a coordenação e a execução das ações das Forças Armadas, e de órgãos governamentais federais, na garantia da lei e da ordem.

Art. 2º É de competência exclusiva do Presidente da República a decisão de emprego das Forças Armadas na garantia da lei e da ordem.

§ 1º A decisão presidencial poderá ocorrer por sua própria iniciativa, ou dos outros poderes constitucionais, representados pelo Presidente do Supremo Tribunal Federal, pelo Presidente do Senado Federal ou pelo Presidente da Câmara dos Deputados.

§ 2º O Presidente da República, à vista de solicitação de Governador de Estado ou do Distrito Federal, poderá, por iniciativa própria, determinar o emprego das Forças Armadas para a garantia da lei e da ordem.

Art. 3º Na hipótese de emprego das Forças Armadas para a garantia da lei e da ordem, objetivando a preservação da ordem pública e da incolumidade das pessoas e do patrimônio, porque esgotados os instrumentos a isso previstos no art. 144 da Constituição, lhes incumbirá, sempre que se faça necessário, desenvolver as ações de polícia ostensiva, como as demais, de natureza preventiva ou repressiva, que se incluem na competência, constitucional e legal, das Polícias Militares, observados os termos e limites impostos, a estas últimas, pelo ordenamento jurídico.

Parágrafo único. Consideram-se esgotados os meios previstos no art. 144 da Constituição, inclusive no que concerne às Polícias Militares, quando, em determinado momento, indisponíveis, inexistentes, ou insuficientes ao desempenho regular de sua missão constitucional.

Art. 4º Na situação de emprego das Forças Armadas objeto do art. 3º, caso estejam disponíveis meios, conquanto insuficientes, da respectiva Polícia Militar, esta, com a anuência do Governador do Estado, atuará, parcial ou totalmente, sob o controle operacional do comando militar responsável pelas operações, sempre que assim o exijam, ou recomendem, as situações a serem enfrentadas.

§ 1º Tem-se como controle operacional a autoridade que é conferida, a um comandante ou chefe militar, para atribuir e coordenar missões ou tarefas específicas a serem desempenhadas por efetivos policiais que se encontrem sob esse grau de controle, em tal autoridade não se incluindo, em princípio, assuntos disciplinares e logísticos.

§ 2º Aplica-se às Forças Armadas, na atuação de que trata este artigo, o disposto no *caput* do art. 3º anterior quanto ao exercício da competência, constitucional e legal, das Polícias Militares.

Art. 5º O emprego das Forças Armadas na garantia da lei e da ordem, que deverá ser episódico, em área previamente definida e ter a menor duração possível, abrange, ademais da hipótese objeto dos arts. 3º e 4º, outras em que se presuma ser possível a perturbação da ordem, tais como as relativas a eventos oficiais ou públicos, particularmente os que contem com a participação de Chefe de Estado, ou de Governo, estrangeiro, e à realização de pleitos eleitorais, nesse caso quando solicitado.

Parágrafo único. Nas situações de que trata este artigo, as Forças Armadas atuarão em articulação com as autoridades locais, adotando-se, inclusive, o procedimento previsto no art. 4º.

Art. 6º A decisão presidencial de emprego das Forças Armadas será comunicada ao Ministro de Estado da Defesa por meio de documento oficial que indicará a missão, os demais órgãos envolvidos e outras informações necessárias.

Art. 7º Nas hipóteses de emprego das Forças Armadas na garantia da lei e da ordem, constitui incumbência:

I – do Ministério da Defesa, especialmente:

a) empregar as Forças Armadas em operações decorrentes de decisão do Presidente da República;
b) planejar e coordenar as ações militares destinadas à garantia da lei e da ordem, em qualquer parte do território nacional, conforme determinado pelo Presidente da República, observadas as disposições deste Decreto, além de outras que venham a ser estabelecidas, bem como a legislação pertinente em vigor;
c) constituir órgãos operacionais, quando a situação assim o exigir, e assessorar o Presidente da República com relação ao momento da ativação, desativação, início e fim de seu emprego;
d) solicitar, quando for o caso, os recursos orçamentários necessários ao cumprimento da missão determinada, devendo diligenciar, junto aos Ministérios do Planejamento, Orçamento e Gestão e da Fazenda, no sentido de que os créditos e os respectivos recursos sejam tempestivamente liberados, em coordenação com os demais órgãos envolvidos;
e) manter o Ministério das Relações Exteriores informado sobre as medidas adotadas pela União, na área militar, quando houver possibilidade de repercussão internacional;
f) prestar apoio logístico, de inteligência, de comunicações e de instrução, bem como assessoramento aos órgãos governamentais envolvidos nas ações de garantia da lei e da ordem, inclusive nas de combate aos delitos transfronteiriços e ambientais, quando determinado;

II – do Gabinete de Segurança Institucional da Presidência da República:

a) centralizar, por meio da Agência Brasileira de Inteligência, os conhecimentos que interessem ao planejamento e à execução de medidas a serem adotadas pelo Governo Federal, produzidos pelos órgãos de inteligência como subsídios às decisões presidenciais;
b) prover informações ao Presidente da República nos assuntos referentes à garantia da lei e da ordem, particularmente os discutidos na Câmara de Relações Exteriores e Defesa Nacional;
c) prevenir a ocorrência e articular o gerenciamento de crises, inclusive, se necessário, ativando e fazendo operar o Gabinete de Crise;
d) elaborar e expedir o documento oficial de que trata o art. 6º deste Decreto; e
e) contatar, em situação de atuação das Forças Armadas com as polícias militares, o Governador do Estado, ou do Distrito Federal, conforme o caso, a fim de articular a passagem de efetivos da respectiva polícia militar ao controle operacional do comando militar responsável pelas operações terrestres.

§ 1º Os demais Ministérios e Órgãos integrantes da Presidência da República, bem como as entidades da Administração Federal indireta, darão apoio às ações do Ministério da Defesa, quando por este solicitado, inclusive disponibilizando recursos financeiros, humanos e materiais.

§ 2º A Advocacia-Geral da União prestará ao Ministério da Defesa, e aos demais órgãos e entes envolvidos nas ações objeto deste Decreto, a assistência necessária à execução destas.

§ 3º O militar e o servidor civil, caso venham a responder a inquérito policial ou a processo judicial por sua atuação nas situações descritas no presente Decreto, serão assistidos ou representados judicialmente pela Advocacia-Geral da União, nos termos do art. 22 da Lei nº 9.028, de 12 de abril de 1995.

Art. 8º Para o emprego das Forças Armadas nos termos dos arts. 34, 136 e 137 da Constituição, o Presidente da República editará diretrizes específicas.

Art. 9º Este Decreto entra em vigor na data de sua publicação.

Brasília, 24 de agosto de 2001;
180º da Independência e
113º da República.

Fernando Henrique Cardoso

**DECRETO Nº 4.346,
DE 26 DE AGOSTO DE 2002**

Aprova o Regulamento Disciplinar do Exército (R-4) e dá outras providências.

▶ Publicado no *DOU* de 27-8-2002 e retificada no *DOU* de 3-9-2002.

CAPÍTULO I

DAS DISPOSIÇÕES GERAIS

SEÇÃO I

DA FINALIDADE E DO ÂMBITO DE APLICAÇÃO

Art. 1º O Regulamento Disciplinar do Exército (R-4) tem por finalidade especificar as transgressões disciplinares e estabelecer normas relativas a punições disciplinares, comportamento militar das praças, recursos e recompensas.

Art. 2º Estão sujeitos a este Regulamento os militares do Exército na ativa, na reserva remunerada e os reformados.

§ 1º Os oficiais-generais nomeados Ministros do Superior Tribunal Militar são regidos por legislação específica.

§ 2º O militar agregado fica sujeito às obrigações disciplinares concernentes às suas relações com militares e autoridades civis.

SEÇÃO II

DOS PRINCÍPIOS GERAIS DO REGULAMENTO

Art. 3º A camaradagem é indispensável à formação e ao convívio da família militar, contribuindo para as melhores relações sociais entre os militares.

§ 1º Incumbe aos militares incentivar e manter a harmonia e a amizade entre seus pares e subordinados.

§ 2º As demonstrações de camaradagem, cortesia e consideração, obrigatórias entre os militares brasileiros, devem ser dispensadas aos militares das nações amigas.

Art. 4º A civilidade, sendo parte da educação militar, é de interesse vital para a disciplina consciente.

§ 1º É dever do superior tratar os subordinados em geral, e os recrutas em particular, com interesse e bondade.

§ 2º O subordinado é obrigado a todas as provas de respeito e deferência para com os seus superiores hierárquicos.

Art. 5º Para efeito deste Regulamento, a palavra "comandante", quando usada genericamente, engloba também os cargos de diretor e chefe.

Art. 6º Para efeito deste Regulamento, deve-se, ainda, considerar:

I – honra pessoal: sentimento de dignidade própria, como o apreço e o respeito de que é objeto ou se torna merecedor o militar, perante seus superiores, pares e subordinados;
II – pundonor militar: dever de o militar pautar a sua conduta como a de um profissional correto. Exige dele, em qualquer ocasião, alto padrão de comportamento ético que refletirá no seu desempenho perante a Instituição a que serve e no grau de respeito que lhe é devido; e
III – decoro da classe: valor moral e social da Instituição. Ele representa o conceito social dos militares que a compõem e não subsiste sem esse.

SEÇÃO III

DOS PRINCÍPIOS GERAIS DA HIERARQUIA E DA DISCIPLINA

Art. 7º A hierarquia militar é a ordenação da autoridade, em níveis diferentes, por postos e graduações.

Parágrafo único. A ordenação dos postos e graduações se faz conforme preceitua o Estatuto dos Militares.

Art. 8º A disciplina militar é a rigorosa observância e o acatamento integral das leis, regulamentos, normas e disposições, traduzindo-se pelo perfeito cumprimento do dever por parte de todos e de cada um dos componentes do organismo militar.

§ 1º São manifestações essenciais de disciplina:

I – a correção de atitudes;
II – a obediência pronta às ordens dos superiores hierárquicos;
III – a dedicação integral ao serviço; e
IV – a colaboração espontânea para a disciplina coletiva e a eficiência das Forças Armadas.

§ 2º A disciplina e o respeito à hierarquia devem ser mantidos permanentemente pelos militares na ativa e na inatividade.

Art. 9º As ordens devem ser prontamente cumpridas.

§ 1º Cabe ao militar a inteira responsabilidade pelas ordens que der e pelas consequências que delas advierem.

§ 2º Cabe ao subordinado, ao receber uma ordem, solicitar os esclarecimentos necessários ao seu total entendimento e compreensão.

§ 3º Quando a ordem contrariar preceito regulamentar ou legal, o executante poderá solicitar a sua confirmação por escrito, cumprindo à autoridade que a emitiu atender à solicitação.

§ 4º Cabe ao executante, que exorbitou no cumprimento de ordem recebida, a responsabilidade pelos excessos e abusos que tenha cometido.

SEÇÃO IV

DA COMPETÊNCIA PARA A APLICAÇÃO

Art. 10. A competência para aplicar as punições disciplinares é definida pelo cargo e não pelo grau hierárquico, sendo competente para aplicá-las:

I – o Comandante do Exército, a todos aqueles que estiverem sujeitos a este Regulamento; e
II – aos que estiverem subordinados às seguintes autoridades ou servirem sob seus comandos, chefia ou direção:

a) Chefe do Estado-Maior do Exército, dos órgãos de direção setorial e de assessoramento, comandantes militares de área e demais ocupantes de cargos privativos de oficial-general;
b) Chefes de Estado-Maior, Chefes de gabinete, Comandantes de unidade, demais Comandantes cujos cargos sejam privativos de oficiais superiores e comandantes das demais Organizações Militares – OM com autonomia administrativa;
c) Subchefes de Estado-Maior, Comandantes de unidade incorporada, chefes de divisão, seção, escalão regional, serviço e assessoria; ajudantes-gerais, subcomandantes e subdiretores; e
d) Comandantes das demais subunidades ou de elementos destacados com efetivo menor que subunidade.

§ 1º Compete aos comandantes militares de área aplicar a punição aos militares da reserva remunerada, reformados ou agregados, que residam ou exerçam atividades em sua respectiva área de jurisdição, podendo delegar a referida competência aos comandantes de região militar e aos comandantes de guarnição, respeitada a precedência hierárquica e observado o disposto no art. 40 deste Regulamento.

§ 2º A competência conferida aos chefes de divisão, seção, escalão regional, ajudante-geral, serviço e assessoria limita-se às ocorrências relacionadas com as atividades inerentes ao serviço de suas repartições.

§ 3º Durante o trânsito, o militar movimentado está sujeito à jurisdição disciplinar do comandante da guarnição, em cujo território se encontrar.

§ 4º O cumprimento da punição dar-se-á na forma do *caput* do art. 47 deste Regulamento.

Art. 11. Para efeito de disciplina e recompensa, o pessoal militar do Exército Brasileiro servindo no Ministério da Defesa submete-se a este Regulamento, cabendo sua aplicação:

I – ao Comandante do Exército, quanto aos oficiais-generais do último posto; e

II – ao oficial mais antigo do Exército no serviço ativo, quanto aos demais militares da Força.

§ 1º A autoridade de que trata o inciso II poderá delegar a competência ali atribuída, no todo ou em parte, a oficiais subordinados.

§ 2º As dispensas de serviço, como recompensa, poderão ser concedidas pelos chefes das unidades integrantes da estrutura organizacional do Ministério da Defesa, sejam eles civis ou militares.

Art. 12. Todo militar que tiver conhecimento de fato contrário à disciplina, deverá participá-lo ao seu chefe imediato, por escrito.

§ 1º A parte deve ser clara, precisa e concisa; qualificar os envolvidos e as testemunhas; discriminar bens e valores; precisar local, data e hora da ocorrência e caracterizar as circunstâncias que envolverem o fato, sem tecer comentários ou emitir opiniões pessoais.

§ 2º Quando, para preservação da disciplina e do decoro da Instituição, a ocorrência exigir pronta intervenção, mesmo sem possuir ascendência funcional sobre o transgressor, a autoridade militar de maior antiguidade que presenciar ou tiver conhecimento do fato deverá tomar providências imediatas e enérgicas, inclusive prendê-lo "em nome da autoridade competente", dando ciência a esta, pelo meio mais rápido, da ocorrência e das providências em seu nome tomadas.

§ 3º No caso de prisão, como pronta intervenção para preservar a disciplina e o decoro da Instituição, a autoridade competente em cujo nome for efetuada é aquela à qual está disciplinarmente subordinado o transgressor.

§ 4º Esquivando-se o transgressor de esclarecer em que OM serve, a prisão será efetuada em nome do Comandante do Exército e, neste caso, a recusa constitui transgressão disciplinar em conexão com a principal.

§ 5º Nos casos de participação de ocorrência com militar de OM diversa daquela a que pertence o signatário da parte, deve este ser notificado da solução dada, direta ou indiretamente, pela autoridade competente, no prazo máximo de oito dias úteis.

§ 6º A autoridade, a quem a parte disciplinar é dirigida, deve dar a solução no prazo máximo de oito dias úteis,

devendo, obrigatoriamente, ouvir as pessoas envolvidas, obedecidas as demais prescrições regulamentares.

§ 7º Caso não seja possível solucionar a questão no prazo do § 6º, o motivo disto deverá ser publicado em boletim e, neste caso, o prazo será prorrogado para trinta dias úteis.

§ 8º Caso a autoridade determine a instauração de inquérito ou sindicância, a apuração dos fatos será processada de acordo com a legislação específica.

§ 9º A autoridade que receber a parte, caso não seja de sua competência decidi-la, deve encaminhá-la a seu superior imediato.

Art. 13. Em guarnição militar com mais de uma OM, a ação disciplinar sobre os seus integrantes é coordenada e supervisionada por seu comandante, podendo ser exercida por intermédio dos comandantes das OM existentes na área de sua jurisdição.

Parágrafo único. No caso de ocorrência disciplinar envolvendo militares de mais de uma OM, caberá ao comandante da guarnição apurar os fatos ou determinar sua apuração, procedendo a seguir, em conformidade com o art. 12, *caput*, e parágrafos, deste Regulamento, com os que não sirvam sob sua linha de subordinação funcional.

CAPÍTULO II

DAS TRANSGRESSÕES DISCIPLINARES

SEÇÃO I

DA CONCEITUAÇÃO E DA ESPECIFICAÇÃO

Art. 14. Transgressão disciplinar é toda ação praticada pelo militar contrária aos preceitos estatuídos no ordenamento jurídico pátrio ofensiva à ética, aos deveres e às obrigações militares, mesmo na sua manifestação elementar e simples, ou, ainda, que afete a honra pessoal, o pundonor militar e o decoro da classe.

§ 1º Quando a conduta praticada estiver tipificada em lei como crime ou contravenção penal, não se caracterizará transgressão disciplinar.

§ 2º As responsabilidades nas esferas cível, criminal e administrativa são independentes entre si e podem ser apuradas concomitantemente.

§ 3º As responsabilidades cível e administrativa do militar serão afastadas no caso de absolvição criminal, com sentença transitada em julgado, que negue a existência do fato ou da sua autoria.

§ 4º No concurso de crime e transgressão disciplinar, quando forem da mesma natureza, esta é absorvida por aquele e aplica-se somente a pena relativa ao crime.

§ 5º Na hipótese do § 4º, a autoridade competente para aplicar a pena disciplinar deve aguardar o pronunciamento da Justiça, para posterior avaliação da questão no âmbito administrativo.

§ 6º Quando, por ocasião do julgamento do crime, este for descaracterizado para transgressão ou a denúncia for rejeitada, a falta cometida deverá ser apreciada, para efeito de punição, pela autoridade a que estiver subordinado o faltoso.

§ 7º É vedada a aplicação de mais de uma penalidade por uma única transgressão disciplinar.

§ 8º Quando a falta tiver sido cometida contra a pessoa do comandante da OM, será ela apreciada, para efeito de punição, pela autoridade a que estiver subordinado o ofendido.

§ 9º São equivalentes, para efeito deste Regulamento, as expressões transgressão disciplinar e transgressão militar.

Art. 15. São transgressões disciplinares todas as ações especificadas no Anexo I deste Regulamento.

SEÇÃO II

DO JULGAMENTO

Art. 16. O julgamento da transgressão deve ser precedido de análise que considere:

I – a pessoa do transgressor;
II – as causas que a determinaram;
III – a natureza dos fatos ou atos que a envolveram; e
IV – as consequências que dela possam advir.

Art. 17. No julgamento da transgressão, podem ser levantadas causas que justifiquem a falta ou circunstâncias que a atenuem ou a agravem.

Art. 18. Haverá causa de justificação quando a transgressão for cometida:

I – na prática de ação meritória ou no interesse do serviço, da ordem ou do sossego público;
II – em legítima defesa, própria ou de outrem;
III – em obediência a ordem superior;
IV – para compelir o subordinado a cumprir rigorosamente o seu dever, em caso de perigo, necessidade urgente, calamidade pública, manutenção da ordem e da disciplina;
V – por motivo de força maior, plenamente comprovado; e
VI – por ignorância, plenamente comprovada, desde que não atente contra os sentimentos normais de patriotismo, humanidade e probidade.

Parágrafo único. Não haverá punição quando for reconhecida qualquer causa de justificação.

Art. 19. São circunstâncias atenuantes:

I – o bom comportamento;
II – a relevância de serviços prestados;
III – ter sido a transgressão cometida para evitar mal maior;
IV – ter sido a transgressão cometida em defesa própria, de seus direitos ou de outrem, não se configurando causa de justificação; e
V – a falta de prática do serviço.

Art. 20. São circunstâncias agravantes:

I – o mau comportamento;
II – a prática simultânea ou conexão de duas ou mais transgressões;
III – a reincidência de transgressão, mesmo que a punição anterior tenha sido uma advertência;
IV – o conluio de duas ou mais pessoas;
V – ter o transgressor abusado de sua autoridade hierárquica ou funcional; e
VI – ter praticado a transgressão:

a) durante a execução de serviço;
b) em presença de subordinado;
c) com premeditação;
d) em presença de tropa; e
e) em presença de público.

SEÇÃO III

DA CLASSIFICAÇÃO

Art. 21. A transgressão da disciplina deve ser classificada, desde que não haja causa de justificação, em leve, média e grave, segundo os critérios dos arts. 16, 17, 19 e 20.

Parágrafo único. A competência para classificar a transgressão é da autoridade a qual couber sua aplicação.

Art. 22. Será sempre classificada como "grave" a transgressão da disciplina que constituir ato que afete a honra pessoal, o pundonor militar ou o decoro da classe.

CAPÍTULO III

PUNIÇÕES DISCIPLINARES

SEÇÃO I

DA GRADAÇÃO, CONCEITUAÇÃO E EXECUÇÃO

Art. 23. A punição disciplinar objetiva a preservação da disciplina e deve ter em vista o benefício educativo ao punido e à coletividade a que ele pertence.

Art. 24. Segundo a classificação resultante do julgamento da transgressão, as punições disciplinares a que estão sujeitos os militares são, em ordem de gravidade crescente:

I – a advertência;
II – o impedimento disciplinar;
III – a repreensão;
IV – a detenção disciplinar;
V – a prisão disciplinar; e
VI – o licenciamento e a exclusão a bem da disciplina.

Parágrafo único. As punições disciplinares de detenção e prisão disciplinar não podem ultrapassar trinta dias e a de impedimento disciplinar, dez dias.

Art. 25. Advertência é a forma mais branda de punir, consistindo em admoestação feita verbalmente ao transgressor, em caráter reservado ou ostensivo.

§ 1º Quando em caráter ostensivo, a advertência poderá ser na presença de superiores ou no círculo de seus pares.

§ 2º A advertência não constará das alterações do punido, devendo, entretanto, ser registrada, para fins de referência, na ficha disciplinar individual.

Art. 26. Impedimento disciplinar é a obrigação de o transgressor não se afastar da OM, sem prejuízo de qualquer serviço que lhe competir dentro da unidade em que serve.

Parágrafo único. O impedimento disciplinar será publicado em boletim interno e registrado, para fins de referência, na ficha disciplinar individual, sem constar das alterações do punido.

Art. 27. Repreensão é a censura enérgica ao transgressor, feita por escrito e publicada em boletim interno.

Art. 28. Detenção disciplinar é o cerceamento da liberdade do punido disciplinarmente, o qual deve permanecer no alojamento da subunidade a que pertencer ou em local que lhe for determinado pela autoridade que aplicar a punição disciplinar.

§ 1º O detido disciplinarmente não ficará no mesmo local destinado aos presos disciplinares.

§ 2º O detido disciplinarmente comparece a todos os atos de instrução e serviço, exceto ao serviço de escala externo.

§ 3º Em casos especiais, a critério da autoridade que aplicar a punição, o oficial ou aspirante a oficial pode ficar detido disciplinarmente em sua residência.

Art. 29. Prisão disciplinar consiste na obrigação de o punido disciplinarmente permanecer em local próprio e designado para tal.

§ 1º Os militares de círculos hierárquicos diferentes não poderão ficar presos na mesma dependência.

§ 2º O comandante designará o local de prisão de oficiais, no aquartelamento, e dos militares, nos estacionamentos e marchas.

§ 3º Os presos que já estiverem passíveis de serem licenciados ou excluídos a bem da disciplina, os que estiverem à disposição da justiça e os condenados pela Justiça Militar deverão ficar em prisão separada dos demais presos disciplinares.

§ 4º Em casos especiais, a critério da autoridade que aplicar a punição disciplinar, o oficial ou aspirante a oficial pode ter sua residência como local de cumprimento da punição, quando a prisão disciplinar não for superior a quarenta e oito horas.

§ 5º Quando a OM não dispuser de instalações apropriadas, cabe à autoridade que aplicar a punição solicitar ao escalão superior local para servir de prisão.

Art. 30. A prisão disciplinar deve ser cumprida com prejuízo da instrução e dos serviços internos, exceto por comprovada necessidade do serviço.

§ 1º As razões de comprovada necessidade do serviço que justifiquem o cumprimento de prisão disciplinar, ainda que parcialmente, sem prejuízo da instrução e dos serviços internos, deverão ser publicadas em boletim interno.

§ 2º O preso disciplinar fará suas refeições na dependência onde estiver cumprindo sua punição.

Art. 31. O recolhimento de qualquer transgressor à prisão, sem nota da punição publicada em boletim da OM, só poderá ocorrer por ordem das autoridades referidas nos incisos I e II do art. 10 deste Regulamento.

Parágrafo único. O disposto neste artigo não se aplica na hipótese do § 2º do art. 12 deste Regulamento, ou quando houver:

I – presunção ou indício de crime;
II – embriaguez; e
III – uso de drogas ilícitas.

Art. 32. Licenciamento e exclusão a bem da disciplina consistem no afastamento, ex officio, do militar das fileiras do Exército, conforme prescrito no Estatuto dos Militares.

§ 1º O licenciamento a bem da disciplina será aplicado pelo Comandante do Exército ou comandante, chefe ou diretor de OM à praça sem estabilidade assegurada, após concluída a devida sindicância, quando:

I – a transgressão afete a honra pessoal, o pundonor militar ou o decoro da classe e, como repressão imediata, se torne absolutamente necessário à disciplina;

II – estando a praça no comportamento "mau", se verifique a impossibilidade de melhoria de comportamento, como está prescrito neste Regulamento; e
III – houver condenação transitada em julgado por crime doloso, comum ou militar.

§ 2º O licenciamento a bem da disciplina será aplicado, também, pelo Comandante do Exército ou comandante, chefe ou diretor de organização militar aos oficiais da reserva não remunerada, quando convocados, no caso de condenação com sentença transitada em julgado por crime doloso, comum ou militar.

§ 3º O licenciamento a bem da disciplina poderá ser aplicado aos oficiais da reserva não remunerada, quando convocados, e praças sem estabilidade, em virtude de condenação por crime militar ou comum culposo, com sentença transitada em julgado, a critério do Comandante do Exército ou comandante, chefe ou diretor de OM.

§ 4º Quando o licenciamento a bem da disciplina for ocasionado pela prática de crime comum, com sentença transitada em julgado, o militar deverá ser entregue ao órgão policial com jurisdição sobre a área em que estiver localizada a OM.

§ 5º A exclusão a bem da disciplina será aplicada ex officio ao aspirante a oficial e à praça com estabilidade assegurada, de acordo com o prescrito no Estatuto dos Militares.

Art. 33. A reabilitação dos licenciados ou excluídos, a bem da disciplina, segue o prescrito no Estatuto dos Militares e na Lei do Serviço Militar, e sua concessão obedecerá ao seguinte:

I – a autoridade competente para conceder a reabilitação é o comandante da região militar em que o interessado tenha prestado serviço militar, por último;
II – a concessão será feita mediante requerimento do interessado, instruído, quando possível, com documento passado por autoridade policial do município de sua residência, comprovando o seu bom comportamento, como civil, nos dois últimos anos que antecederam o pedido;
III – a reabilitação ex officio poderá ser determinada pela autoridade relacionada no inciso I do art. 10, deste Regulamento, ou ser proposta, independentemente de prazo, por qualquer outra autoridade com atribuição para excluir ou licenciar a bem da disciplina;
IV – quando o licenciamento ou a exclusão a bem da disciplina for decorrente de condenação criminal, com sentença transitada em julgado, a reabilitação estará condicionada à apresentação de documento comprobatório da reabilitação judicial, expedido pelo juiz competente; e
V – a autoridade que conceder a reabilitação determinará a expedição do documento correspondente à inclusão ou reinclusão na reserva do Exército, em conformidade com o grau de instrução militar do interessado.

SEÇÃO II

DA APLICAÇÃO

Art. 34. A aplicação da punição disciplinar compreende:

I – elaboração de nota de punição, de acordo com o modelo do Anexo II;
II – publicação no boletim interno da OM, exceto no caso de advertência; e
III – registro na ficha disciplinar individual.

§ 1º A nota de punição deve conter:

I – a descrição sumária, clara e precisa dos fatos;
II – as circunstâncias que configuram a transgressão, relacionando-as às prescritas neste Regulamento; e
III – o enquadramento que caracteriza a transgressão, acrescida de outros detalhes relacionados com o comportamento do transgressor, para as praças, e com o cumprimento da punição disciplinar.

§ 2º No enquadramento, serão mencionados:

I – a descrição clara e precisa do fato, bem como o número da relação do Anexo I no qual este se enquadra;
II – a referência aos artigos, parágrafos, incisos, alíneas e números das leis, regulamentos, convenções, normas ou ordens que forem contrariados ou contra os quais tenha havido omissão, no caso de transgressões a outras normas do ordenamento jurídico;
III – os artigos, incisos e alíneas das circunstâncias atenuantes ou agravantes, ou causas de exclusão ou de justificação;
IV – a classificação da transgressão;
V – a punição disciplinar imposta;
VI – o local para o cumprimento da punição disciplinar, se for o caso;
VII – a classificação do comportamento militar em que o punido permanecer ou ingressar;
VIII – as datas do início e do término do cumprimento da punição disciplinar; e
IX – a determinação para posterior cumprimento, se o punido estiver baixado, afastado do serviço ou à disposição de outras autoridades.

§ 3º Não devem constar da nota de punição comentários deprimentes ou ofensivos, permitindo-se, porém, os ensinamentos decorrentes, desde que não contenham alusões pessoais.

§ 4º A publicação em boletim interno é o ato administrativo que formaliza a aplicação das punições disciplinares, exceto para o caso de advertência, que é formalizada pela admoestação verbal ao transgressor.

§ 5º A nota de punição será transcrita no boletim interno das OM subordinadas à autoridade que impôs a punição disciplinar.

§ 6º A ficha disciplinar individual, conforme modelo constante do Anexo VI, é um documento que deverá conter dados sobre a vida disciplinar do militar, acompanhando-o em caso de movimentação, da incorporação ao licenciamento ou à transferência para a inatividade, quando ficará arquivada no órgão designado pela Força.

§ 7º Quando a autoridade que aplicar a punição disciplinar não dispuser de boletim, a publicação desta deverá ser feita, mediante solicitação escrita, no boletim do escalão imediatamente superior.

§ 8º Caso, durante o processo de apuração da transgressão disciplinar, venham a ser constatadas causas de exclusão ou de justificação, tal fato deverá ser registrado no respectivo formulário de apuração de transgressão disciplinar e publicado em boletim interno.

Art. 35. O julgamento e a aplicação da punição disciplinar devem ser feitos com justiça, serenidade e imparcialidade, para que o punido fique consciente e convicto de que ela se inspira no cumprimento exclusivo do dever, na preservação da disciplina e que tem em vista o benefício educativo do punido e da coletividade.

§ 1º Nenhuma punição disciplinar será imposta sem que ao transgressor sejam assegurados o contraditório e a ampla defesa, inclusive o direito de ser ouvido pela autoridade competente para aplicá-la, e sem estarem os fatos devidamente apurados.

§ 2º Para fins de ampla defesa e contraditório, são direitos do militar:

I – ter conhecimento e acompanhar todos os atos de apuração, julgamento, aplicação e cumprimento da punição disciplinar, de acordo com os procedimentos adequados para cada situação;
II – ser ouvido;
III – produzir provas;
IV – obter cópias de documentos necessários à defesa;
V – ter oportunidade, no momento adequado, de contrapor-se às acusações que lhe são imputadas;
VI – utilizar-se dos recursos cabíveis, segundo a legislação;
VII – adotar outras medidas necessárias ao esclarecimento dos fatos; e
VIII – ser informado de decisão que fundamente, de forma objetiva e direta, o eventual não acolhimento de alegações formuladas ou de provas apresentadas.

§ 3º O militar poderá ser preso disciplinarmente, por prazo que não ultrapasse setenta e duas horas, se necessário para a preservação do decoro da classe ou houver necessidade de pronta intervenção.

Art. 36. A publicação da punição disciplinar imposta a oficial ou aspirante a oficial, em princípio, será feita em boletim reservado, podendo ser em boletim ostensivo, se as circunstâncias ou a natureza da transgressão assim o recomendarem.

Art. 37. A aplicação da punição disciplinar deve obedecer às seguintes normas:

I – a punição disciplinar deve ser proporcional à gravidade da transgressão, dentro dos seguintes limites:

a) para a transgressão leve, de advertência até dez dias de impedimento disciplinar, inclusive;
b) para a transgressão média, de repreensão até a detenção disciplinar; e
c) para a transgressão grave, de prisão disciplinar até o licenciamento ou exclusão a bem da disciplina;

II – a punição disciplinar não pode atingir o limite máximo previsto nas alíneas do inciso I deste artigo, quando ocorrerem apenas circunstâncias atenuantes;
III – quando ocorrerem circunstâncias atenuantes e agravantes, a punição disciplinar será aplicada conforme preponderem essas ou aquelas;
IV – por uma única transgressão não deve ser aplicada mais de uma punição disciplinar;
V – a punição disciplinar não exime o punido da responsabilidade civil;
VI – na ocorrência de mais de uma transgressão, sem conexão entre si, a cada uma deve ser imposta a punição disciplinar correspondente; e
VII – havendo conexão, a transgressão de menor gravidade será considerada como circunstância agravante da transgressão principal.

Art. 38. A aplicação da punição classificada como "prisão disciplinar" somente pode ser efetuada pelo

Comandante do Exército ou comandante, chefe ou diretor de OM.

Art. 39. Nenhum transgressor será interrogado ou punido em estado de embriaguez ou sob a ação de psicotrópicos, mas ficará, desde logo, convalescendo em hospital, enfermaria ou dependência similar em sua OM, até a melhora do seu quadro clínico.

Art. 40. A punição disciplinar máxima, que cada autoridade referida no art. 10 deste Regulamento pode aplicar ao transgressor, bem como aquela a que este está sujeito, são as previstas no Anexo III.

§ 1º O Comandante do Exército, na área de sua competência, poderá aplicar toda e qualquer punição disciplinar a que estão sujeitos os militares na ativa ou na inatividade.

§ 2º Quando duas autoridades de níveis hierárquicos diferentes, ambas com ação disciplinar sobre o transgressor, tomarem conhecimento da transgressão, compete a punição à de nível mais elevado.

§ 3º Na hipótese do § 2º, se a de maior nível entender que a punição disciplinar está dentro dos limites de competência da de menor nível, comunicará este entendimento à autoridade de menor nível, devendo esta participar àquela a solução adotada.

§ 4º Quando uma autoridade, ao julgar uma transgressão, concluir que a punição disciplinar a aplicar está além do limite máximo que lhe é autorizado, solicitará à autoridade superior, com ação sobre o transgressor, a aplicação da punição devida.

Art. 41. A punição disciplinar aplicada pode ser anulada, relevada ou atenuada pela autoridade para tanto competente, quando tiver conhecimento de fatos que recomendem este procedimento, devendo a respectiva decisão ser justificada e publicada em boletim.

Art. 42. A anulação da punição disciplinar consiste em tornar sem efeito sua aplicação.

§ 1º A anulação da punição disciplinar deverá ocorrer quando for comprovado ter havido injustiça ou ilegalidade na sua aplicação.

§ 2º A anulação poderá ocorrer nos seguintes prazos:

I – em qualquer tempo e em qualquer circunstância, pelo Comandante do Exército; ou
II – até cinco anos, a contar do término do cumprimento da punição disciplinar, pela autoridade que a aplicou, nos termos do art. 10 deste Regulamento, ou por autoridade superior a esta, na cadeia de comando.

§ 3º Ocorrendo a anulação, durante o cumprimento de punição disciplinar, será o punido posto em liberdade imediatamente.

§ 4º A anulação produz efeitos retroativos à data de aplicação da punição disciplinar.

Art. 43. A anulação de punição disciplinar deve eliminar, nas alterações do militar e na ficha disciplinar individual, prevista no § 6º do art. 34 deste Regulamento, toda e qualquer anotação ou registro referente à sua aplicação.

§ 1º A eliminação de anotação ou registro de punição disciplinar anulada deverá ocorrer mediante substituição da folha de alterações que a consubstancia, fazendo constar no espaço correspondente o número e a data do boletim que publicou a anulação, seguidos do nome e rubrica da autoridade expedidora deste boletim.

§ 2º A autoridade que anular punição disciplinar comunicará o ato ao Órgão de Direção Setorial de Pessoal do Exército.

Art. 44. A autoridade que tomar conhecimento de comprovada ilegalidade ou injustiça na aplicação de punição disciplinar e não tiver competência para anulá-la ou não dispuser dos prazos referidos no § 2º do art. 42 deste Regulamento deverá apresentar proposta fundamentada de anulação à autoridade competente.

Art. 45. A relevação de punição disciplinar consiste na suspensão de seu cumprimento e poderá ser concedida:

I – quando ficar comprovado que foram atingidos os objetivos visados com a sua aplicação, independentemente do tempo a cumprir; e
II – por motivo de passagem de comando ou por ocasião de datas festivas militares, desde que se tenha cumprido, pelo menos, metade da punição disciplinar.

Art. 46. A atenuação da punição disciplinar consiste na transformação da punição proposta ou aplicada em outra menos rigorosa, se assim recomendar o interesse da disciplina e da ação educativa do punido, ou mesmo por critério de justiça, quando verificada a inadequação da punição aplicada.

Parágrafo único. A atenuação da punição disciplinar poderá ocorrer, a pedido ou de ofício, mediante decisão das autoridades competentes para anulação.

Seção III

DO CUMPRIMENTO

Art. 47. O início do cumprimento de punição disciplinar deve ocorrer com a distribuição do boletim interno, da OM a que pertence o transgressor, que publicar a aplicação da punição disciplinar, especificando-se as datas de início e término.

§ 1º Nenhum militar deve ser recolhido ao local de cumprimento da punição disciplinar antes da distribuição do boletim que publicar a nota de punição.

§ 2º A contagem do tempo de cumprimento da punição disciplinar tem início no momento em que o punido for impedido, detido ou recolhido à prisão e termina quando for posto em liberdade.

Art. 48. A autoridade que punir um subordinado seu, que esteja à disposição ou a serviço de outra autoridade, deverá requisitar a apresentação do transgressor para o cumprimento da punição disciplinar.

Parágrafo único. Quando o local determinado para o cumprimento da punição disciplinar não for a própria OM do transgressor, a autoridade que puniu poderá solicitar à outra autoridade que determine o recolhimento do punido diretamente ao local designado.

Art. 49. O cumprimento da punição disciplinar por militar afastado totalmente do serviço, em caráter temporário, somente deverá ocorrer após sua apresentação "pronto na organização militar".

§ 1º O cumprimento da punição disciplinar será imediato nos casos de preservação da disciplina e de decoro da classe, publicando-se a nota de punição em boletim interno, tão logo seja possível.

§ 2º A Licença Especial – LE e a Licença para Tratar de Interesse Particular – LTIP serão interrompidas para cumprimento de punição disciplinar de detenção ou prisão disciplinar.

§ 3º A interrupção ou o adiamento de LE, LTIP ou punição disciplinar é atribuição do comandante do punido, cabendo-lhe fixar as datas de seu início e término.

§ 4º Quando a punição disciplinar anteceder a entrada em gozo de LE ou LTIP e o seu cumprimento estender-se além da data prevista para início da licença, fica esta adiada até que o transgressor seja colocado em liberdade.

§ 5º O cumprimento de punição disciplinar imposta a militar em gozo de Licença para Tratamento de Saúde Própria (LTSP) ou Licença para Tratamento de Saúde de Pessoa da Família (LTSPF) somente ocorrerá após a sua apresentação por término de licença.

§ 6º Comprovada a necessidade de LTSP, LTSPF, baixa a enfermaria ou a hospital, ou afastamento inadiável da organização, por parte do militar cumprindo punição disciplinar de impedimento, detenção ou prisão disciplinar, será esta sustada pelo seu comandante, até que cesse a causa da interrupção.

Art. 50. A suspensão da contagem do tempo de cumprimento da punição disciplinar tem início no momento em que o punido for retirado do local do cumprimento da punição disciplinar e término no retorno a esse mesmo local.

Parágrafo único. Tanto o afastamento quanto o retorno do punido ao local de cumprimento da punição disciplinar serão publicados no boletim interno, incluindo-se na publicação do retorno a nova data em que o punido será colocado em liberdade.

Capítulo IV

COMPORTAMENTO MILITAR

Art. 51. O comportamento militar da praça abrange o seu procedimento civil e militar, sob o ponto de vista disciplinar.

§ 1º O comportamento militar da praça deve ser classificado em:

I – excepcional:
a) quando no período de nove anos de efetivo serviço, mantendo os comportamentos "bom", ou "ótimo", não tenha sofrido qualquer punição disciplinar;
b) quando, tendo sido condenada por crime culposo, após transitada em julgado a sentença, passe dez anos de efetivo serviço sem sofrer qualquer punição disciplinar, mesmo que lhe tenha sido concedida a reabilitação judicial, em cujo período somente serão computados os anos em que a praça estiver classificada nos comportamentos "bom" ou "ótimo"; e
c) quando, tendo sido condenada por crime doloso, após transitada em julgado a sentença, passe doze anos de efetivo serviço sem sofrer qualquer punição disciplinar, mesmo que lhe tenha sido concedida a reabilitação judicial. Neste período somente serão computados os anos em que a praça estiver classificada nos comportamentos "bom" ou "ótimo";

II – ótimo:
a) quando, no período de cinco anos de efetivo serviço, contados a partir do comportamento "bom", tenha sido punida com a pena de até uma detenção disciplinar;
b) quando, tendo sido condenada por crime culposo, após transitada em julgado a sentença, passe seis anos de efetivo serviço, punida, no máximo, com uma detenção disciplinar, contados a partir do comportamento "bom", mesmo que lhe tenha sido concedida a reabilitação judicial; e
c) quando, tendo sido condenada por crime doloso, após transitada em julgado a sentença, passe oito anos de efetivo serviço, punida, no máximo, com uma detenção disciplinar, contados a partir do comportamento "bom", mesmo que lhe tenha sido concedida a reabilitação judicial;

III – bom:
a) quando, no período de dois anos de efetivo serviço, tenha sido punida com a pena de até duas prisões disciplinares; e
b) quando, tendo sido condenada criminalmente, após transitada em julgado a sentença, houver cumprido os prazos previstos para a melhoria de comportamento de que trata o § 7º deste artigo, mesmo que lhe tenha sido concedida a reabilitação judicial;

IV – insuficiente:
a) quando, no período de um ano de efetivo serviço, tenha sido punida com duas prisões disciplinares ou, ainda, quando no período de dois anos tenha sido punida com mais de duas prisões disciplinares; e
b) quando, tendo sido condenada criminalmente, após transitada em julgado a sentença, houver cumprido os prazos previstos para a melhoria de comportamento de que trata o § 7º deste artigo, mesmo que lhe tenha sido concedida a reabilitação judicial;

V – mau:
a) quando, no período de um ano de efetivo serviço tenha sido punida com mais de duas prisões disciplinares; e
b) quando condenada por crime culposo ou doloso, a contar do trânsito em julgado da sentença ou acórdão, até que satisfaça as condições para a mudança de comportamento de que trata o § 7º deste artigo.

§ 2º A classificação, reclassificação e melhoria de comportamento são da competência das autoridades discriminadas nos incisos I e II do art. 10, deste Regulamento, e necessariamente publicadas em boletim, obedecidas às disposições deste Capítulo.

§ 3º Ao ser incorporada ao Exército, a praça será classificada no comportamento "bom".

§ 4º Para os efeitos deste artigo, é estabelecida a seguinte equivalência de punição:

I – uma prisão disciplinar equipara-se a duas detenções disciplinares; e

II – uma detenção disciplinar equivale a duas repreensões.

§ 5º A advertência e o impedimento disciplinar não serão considerados para fins de classificação de comportamento.

§ 6º A praça condenada por crime ou punida com prisão disciplinar superior a vinte dias ingressará, automaticamente, no comportamento "mau".

§ 7º A melhoria de comportamento é progressiva, devendo observar o disposto no art. 63 deste Regulamento e obedecer aos seguintes prazos e condições:

I – do "mau" para o "insuficiente":

a) punição disciplinar: dois anos de efetivo serviço, sem punição;
b) crime culposo: dois anos e seis meses de efetivo serviço, sem punição; e
c) crime doloso: três anos de efetivo serviço, sem punição;

II – do "insuficiente" para o "bom":

a) punição disciplinar: um ano de efetivo serviço sem punição, contado a partir do comportamento "insuficiente";
b) crime culposo: dois anos de efetivo serviço sem punição, contados a partir do comportamento "insuficiente"; e
c) crime doloso: três anos de efetivo serviço sem punição, contados a partir do comportamento "insuficiente";

III – do "bom" para o "ótimo", deverá ser observada a prescrição constante do inciso II do § 1º deste artigo; e
IV – do "ótimo" para o "excepcional", deverá ser observada a prescrição constante do inciso I do § 1º deste artigo.

§ 8º A reclassificação do comportamento far-se-á em boletim interno da OM, por meio de "nota de reclassificação de comportamento", uma vez decorridos os prazos citados no § 7º deste artigo, mediante:

I – requerimento do interessado, quando se tratar de pena criminal, ao comandante da própria OM, se esta for comandada por oficial-general; caso contrário, o requerimento deve ser dirigido ao comandante da OM enquadrante, cujo cargo seja privativo de oficial-general; e
II – solicitação do interessado ao comandante imediato, nos casos de punição disciplinar.

§ 9º A reclassificação dar-se-á na data da publicação do despacho da autoridade responsável.

§ 10. A condenação de praça por contravenção penal é, para fins de classificação de comportamento, equiparada a uma prisão.

CAPÍTULO V

RECURSOS E RECOMPENSAS

Seção I

DOS RECURSOS DISCIPLINARES

Art. 52. O militar que se julgue, ou julgue subordinado seu, prejudicado, ofendido ou injustiçado por superior hierárquico tem o direito de recorrer na esfera disciplinar.

Parágrafo único. São cabíveis:

I – pedido de reconsideração de ato; e
II – recurso disciplinar.

Art. 53. Cabe pedido de reconsideração de ato à autoridade que houver proferido a primeira decisão, não podendo ser renovado.

§ 1º Da decisão do Comandante do Exército só é admitido o pedido de reconsideração de ato a esta mesma autoridade.

§ 2º O militar punido tem o prazo de cinco dias úteis, contados a partir do dia imediato ao que tomar conhecimento, oficialmente, da publicação da decisão da autoridade em boletim interno, para requerer a reconsideração de ato.

§ 3º O requerimento com pedido de reconsideração de ato de que trata este artigo deverá ser decidido no prazo máximo de dez dias úteis, iniciado a partir do dia imediato ao do seu protocolo na OM de destino.

§ 4º O despacho exarado no requerimento de pedido de reconsideração de ato será publicado em boletim interno.

Art. 54. É facultado ao militar recorrer do indeferimento de pedido de reconsideração de ato e das decisões sobre os recursos disciplinares sucessivamente interpostos.

§ 1º O recurso disciplinar será dirigido, por intermédio de requerimento, à autoridade imediatamente superior à que tiver proferido a decisão e, sucessivamente, em escala ascendente, às demais autoridades, até o Comandante do Exército, observado o canal de comando da OM a que pertence o recorrente.

§ 2º O recurso disciplinar de que trata este artigo poderá ser apresentado no prazo de cinco dias úteis, a contar do dia imediato ao que tomar conhecimento oficialmente da decisão recorrida.

§ 3º O recurso disciplinar deverá:

I – ser feito individualmente;
II – tratar de caso específico;
III – cingir-se aos fatos que o motivaram; e
IV – fundamentar-se em argumentos, provas ou documentos comprobatórios e elucidativos.

§ 4º Nenhuma autoridade poderá deixar de encaminhar recurso disciplinar sob argumento de:

I – não atendimento a formalidades previstas em instruções baixadas pelo Comandante do Exército; e
II – inobservância dos incisos II, III e IV do § 3º.

§ 5º O recurso disciplinar será encaminhado por intermédio da autoridade a que estiver imediatamente subordinado o requerente, no prazo de três dias úteis a contar do dia seguinte ao do seu protocolo na OM, observando-se o canal de comando e o prazo acima mencionado até o destinatário final.

§ 6º A autoridade à qual for dirigido o recurso disciplinar deve solucioná-lo no prazo máximo de dez dias úteis a contar do dia seguinte ao do seu recebimento no protocolo, procedendo ou mandando proceder às averiguações necessárias para decidir a questão.

§ 7º A decisão do recurso disciplinar será publicada em boletim interno.

Art. 55. Se o recurso disciplinar for julgado inteiramente procedente, a punição disciplinar será anulada e tudo quanto a ela se referir será cancelado.

Parágrafo único. Se apenas em parte, a punição aplicada poderá ser atenuada, cancelada em caráter excepcional ou relevada.

Art. 56. O militar que requerer reconsideração de ato, se necessário para preservação da hierarquia e disciplina, poderá ser afastado da subordinação direta da autoridade contra quem formulou o recurso disciplinar, até que seja ele julgado.

§ 1º O militar de que trata o *caput* permanecerá na guarnição onde serve, salvo a existência de fato que nela contraindique sua permanência.

§ 2º O afastamento será efetivado pela autoridade imediatamente superior à recorrida, mediante solicitação desta ou do militar recorrente.

Art. 57. O recurso disciplinar que contrarie o prescrito neste Capítulo será considerado prejudicado pela autoridade a quem foi destinado, cabendo a esta mandar arquivá-lo e publicar sua decisão, fundamentada, em boletim.

Parágrafo único. A tramitação de recursos disciplinares deve ter tratamento de urgência em todos os escalões.

Seção II

DO CANCELAMENTO DE REGISTRO DE PUNIÇÕES

Art. 58. Poderá ser concedido ao militar o cancelamento dos registros de punições disciplinares e outras notas a elas relacionadas, em suas alterações e na ficha disciplinar individual.

Art. 59. O cancelamento dos registros de punição disciplinar pode ser concedido ao militar que o requerer, desde que satisfaça a todas as condições abaixo:

I – não ser a transgressão, objeto da punição, atentatória à honra pessoal, ao pundonor militar ou ao decoro da classe;
II – ter o requerente bons serviços prestados, comprovados pela análise de suas alterações;
III – ter o requerente conceito favorável de seu comandante; e
IV – ter o requerente completado, sem qualquer punição:

a) seis anos de efetivo serviço, a contar do cumprimento da punição de prisão disciplinar a cancelar; e
b) quatro anos de efetivo serviço, a contar do cumprimento da punição de repreensão ou detenção disciplinar a cancelar.

§ 1º O cancelamento das punições disciplinares interfere nas mudanças de comportamento previstas no § 7º do art. 51 deste Regulamento.

§ 2º As autoridades competentes para anular punições disciplinares o são, também, para cancelar.

§ 3º A autoridade que conceder o cancelamento da punição disciplinar deverá comunicar tal fato ao Órgão de Direção Setorial de Pessoal do Exército.

§ 4º O cancelamento concedido não produzirá efeitos retroativos, para quaisquer fins de carreira.

§ 5º As punições escolares poderão ser canceladas, justificadamente, por ocasião da conclusão do curso, a critério do comandante do estabelecimento de ensino, independentemente de requerimento ou tempo de serviço sem punição.

§ 6º O cancelamento dos registros criminais será efetuado mediante a apresentação da competente reabilitação judicial:

I – ao Comandante da OM, quando se tratar de crime culposo; ou
II – ao comando enquadrante da OM, exercido por oficial-general, quando se tratar de crime doloso.

§ 7º O impedimento disciplinar será cancelado, independentemente de requerimento, decorridos dois anos de sua aplicação.

§ 8º A advertência, por ser verbal, será cancelada independentemente de requerimento, decorrido um ano de sua aplicação.

§ 9º A competência para cancelar punições não poderá ser delegada.

Art. 60. A entrada de requerimento solicitando cancelamento dos registros de punição disciplinar, bem como a solução a ele dada, devem constar no boletim interno da OM, ou proceder de acordo com o § 7º do art. 34 deste Regulamento.

Art. 61. O Comandante do Exército pode cancelar um ou todos os registros de punições disciplinares de militares sujeitos a este Regulamento, independentemente das condições enunciadas no art. 59 deste Regulamento.

Parágrafo único. O cancelamento dos registros de punições disciplinares com base neste artigo, quando instruído com requerimento ou proposta, deverá ser fundamentado com fatos que possam justificar plenamente a excepcionalidade da medida requerida ou proposta, devendo ser ratificado ou não, obrigatoriamente, nos pareceres das autoridades da cadeia de comando, quando do encaminhamento da documentação à apreciação da autoridade mencionada neste artigo.

Art. 62. O militar entregará à OM a que estiver vinculado a folha de alterações que contenha a punição ou registro a ser cancelado.

Parágrafo único. Os procedimentos a serem adotados pela OM encarregada de eliminar o registro da punição cancelada serão definidos pelo Órgão de Direção Setorial de Pessoal do Exército, devendo a autoridade que suprimir o registro informar esse ato ao referido Órgão.

Art. 63. As contagens dos prazos estipulados para a mudança de comportamento e o cancelamento de registros começa a partir da data:

I – da publicação, nos casos de repreensão; e
II – do cumprimento do último dia de cada detenção disciplinar, prisão disciplinar, ou pena criminal, a ser cancelada.

Seção III

DAS RECOMPENSAS

Art. 64. As recompensas constituem reconhecimento aos bons serviços prestados por militares.

Parágrafo único. Além de outras previstas em leis e regulamentos especiais, são recompensas militares:

I – o elogio e a referência elogiosa; e
II – as dispensas do serviço.

Art. 65. O elogio é individual e a referência elogiosa pode ser individual ou coletiva.

§ 1º O elogio somente deverá ser formulado a militares que se tenham destacado em ação meritória ou quando regulado em legislação específica.

§ 2º A descrição do fato ou fatos que motivarem o elogio ou a referência elogiosa deve precisar a atuação do militar em linguagem sucinta, sóbria, sem generalizações e adjetivações desprovidas de real significado, como convém ao estilo castrense.

§ 3º Os elogios e as referências elogiosas individuais serão registrados nos assentamentos dos militares.

§ 4º As autoridades que possuem competência para conceder elogios e referências elogiosas são as especificadas no art. 10 deste Regulamento obedecidos aos universos de atuação nele contidos.

Art. 66. As dispensas do serviço, como recompensa, podem ser:

I – dispensa total do serviço, que isenta o militar de todos os trabalhos da OM, inclusive os de instrução; ou
II – dispensa parcial do serviço, quando isenta de alguns trabalhos, que devem ser especificados na concessão.

§ 1º A dispensa total do serviço, para ser gozada fora da guarnição, fica subordinada às mesmas normas de concessão de férias.

§ 2º A dispensa total do serviço é regulada por período de vinte e quatro horas, contadas de boletim a boletim e a sua publicação deve ser feita, no mínimo, vinte e quatro horas antes de seu início, salvo por motivo de força maior.

Art. 67. A concessão de dispensa do serviço, como recompensa, no decorrer de um ano civil, obedecerá à seguinte gradação:

I – o Chefe do Estado-Maior do Exército, os chefes dos órgãos de direção setorial e de assessoramento e os comandantes militares de área: até vinte dias, consecutivos ou não;
II – os oficiais-generais, exceto os especificados no inciso I, e demais militares que exerçam funções de oficiais-generais: até quinze dias, consecutivos ou não;
III – o Chefe de Estado-Maior, o chefe de gabinete, o comandante de unidade, os comandantes das demais OM com autonomia administrativa e os daquelas cujos cargos sejam privativos de oficial superior: até oito dias, consecutivos ou não; e
IV – as demais autoridades competentes para aplicar punições: até quatro dias, consecutivos ou não.

§ 1º A competência de que trata este artigo não vai além dos subordinados que se acham inteiramente sob a jurisdição da autoridade que conceda a recompensa.

§ 2º O Comandante do Exército tem competência para conceder dispensa do serviço aos militares do Exército, como recompensa, até o máximo de trinta dias, consecutivos ou não, por ano civil.

Art. 68. Quando a autoridade que conceder a recompensa não dispuser de boletim para a sua publicação, esta deve ser feita, mediante solicitação escrita, no da autoridade a que estiver subordinado.

Art. 69. São competentes para anular, restringir ou ampliar as recompensas concedidas por si ou por seus subordinados as autoridades discriminadas nos incisos I e II do art. 10 deste Regulamento.

Parágrafo único. O ato de que trata o *caput* deverá ser justificado, em boletim, no prazo de quatro dias úteis.

CAPÍTULO VI

DAS DISPOSIÇÕES FINAIS

Art. 70. A instalação, o funcionamento e o julgamento dos conselhos de justificação e conselhos de disciplina obedecerão a legislação específica.

Art. 71. As autoridades com competência para aplicar punições, julgar recursos ou conceder recompensas, devem difundir prontamente a informação dos seus atos aos órgãos interessados, considerando as normas, os prazos estabelecidos e os reflexos que tais atos têm na situação e acesso do pessoal militar.

Art. 72. O Comandante do Exército poderá baixar instruções complementares que se fizerem necessárias à interpretação, orientação e aplicação deste Regulamento.

Art. 73. Este Decreto entra em vigor após decorridos sessenta dias de sua publicação oficial.

Art. 74. Ficam revogados os Decretos nº 90.608, de 4 de dezembro de 1984, 94.504, de 22 de junho de 1987, 97.578, de 20 de março de 1989, 351, de 21 de novembro de 1991, 1.654, de 3 de outubro de 1995, 1.715, de 23 de novembro de 1995, 2.324, de 10 de setembro de 1997, 2.847, de 20 de novembro de 1998 e 3.288, de 15 de dezembro de 1999.

Brasília, 26 de agosto de 2002;
181º da Independência e
114º da República.

Fernando Henrique Cardoso

ANEXO I – RELAÇÃO
DE TRANSGRESSÕES

---

1. Faltar à verdade ou omitir deliberadamente informações que possam conduzir à apuração de uma transgressão disciplinar;

2. Utilizar-se do anonimato;

3. Concorrer para a discórdia ou a desarmonia ou cultivar inimizade entre militares ou seus familiares;

4. Deixar de exercer autoridade compatível com seu posto ou graduação.

5. Deixar de punir o subordinado que cometer transgressão, salvo na ocorrência das circunstâncias de justificação previstas neste Regulamento;

6. Não levar falta ou irregularidade que presenciar, ou de que tiver ciência e não lhe couber reprimir, ao conhecimento de autoridade competente, no mais curto prazo;

7. Retardar o cumprimento, deixar de cumprir ou de fazer cumprir norma regulamentar na esfera de suas atribuições;

8. Deixar de comunicar a tempo, ao superior imediato, ocorrência no âmbito de suas atribuições, quando se julgar suspeito ou impedido de providenciar a respeito;

9. Deixar de cumprir prescrições expressamente estabelecidas no Estatuto dos Militares ou em outras leis e regulamentos, desde que não haja tipificação como crime ou contravenção penal, cuja violação afete os preceitos da hierarquia e disciplina, a ética militar, a honra pessoal, o pundonor militar ou o decoro da classe;

10. Deixar de instruir, na esfera de suas atribuições, processo que lhe for encaminhado, ressalvado o caso em que não for possível obter elementos para tal;

11. Deixar de encaminhar à autoridade competente, na linha de subordinação e no mais curto prazo, recurso ou documento que receber elaborado de acordo com os preceitos regulamentares, se não for da sua alçada a solução;

12. Desrespeitar, retardar ou prejudicar medidas de cumprimento ou ações de ordem judicial, administrativa ou policial, ou para isso concorrer;

13. Apresentar parte ou recurso suprimindo instância administrativa, dirigindo para autoridade incompetente, repetindo requerimento já rejeitado pela mesma autoridade ou empregando termos desrespeitosos;

14. Dificultar ao subordinado a apresentação de recurso;

15. Deixar de comunicar, tão logo possível, ao superior a execução de ordem recebida;

16. Aconselhar ou concorrer para que não seja cumprida qualquer ordem de autoridade competente, ou para retardar a sua execução;

17. Deixar de cumprir ou alterar, sem justo motivo, as determinações constantes da missão recebida, ou qualquer outra determinação escrita ou verbal;

18. Simular doença para esquivar-se do cumprimento de qualquer dever militar;

19. Trabalhar mal, intencionalmente ou por falta de atenção, em qualquer serviço ou instrução;

20. Causar ou contribuir para a ocorrência de acidentes no serviço ou na instrução, por imperícia, imprudência ou negligência;

21. Disparar arma por imprudência ou negligência;

22. Não zelar devidamente, danificar ou extraviar por negligência ou desobediência das regras e normas de serviço, material ou animal da União ou documentos oficiais, que estejam ou não sob sua responsabilidade direta, ou concorrer para tal;

23. Não ter pelo preparo próprio, ou pelo de seus comandados, instruendos ou educandos, a dedicação imposta pelo sentimento do dever;

24. Deixar de providenciar a tempo, na esfera de suas atribuições, por negligência, medidas contra qualquer irregularidade de que venha a tomar conhecimento;

25. Deixar de participar em tempo, à autoridade imediatamente superior, a impossibilidade de comparecer à OM ou a qualquer ato de serviço para o qual tenha sido escalado ou a que deva assistir;

26. Faltar ou chegar atrasado, sem justo motivo, a qualquer ato, serviço ou instrução de que deva participar ou a que deva assistir;

27. Permutar serviço sem permissão de autoridade competente ou com o objetivo de obtenção de vantagem pecuniária;

28. Ausentar-se, sem a devida autorização, da sede da organização militar onde serve, do local do serviço ou de outro qualquer em que deva encontrar-se por força de disposição legal ou ordem;

29. Deixar de apresentar-se, nos prazos regulamentares, à OM para a qual tenha sido transferido ou classificado e às autoridades competentes, nos casos de comissão ou serviço extraordinário para os quais tenha sido designado;

30. Não se apresentar ao fim de qualquer afastamento do serviço ou, ainda, logo que souber da interrupção;

31. Representar a organização militar ou a corporação, em qualquer ato, sem estar devidamente autorizado;

32. Assumir compromissos, prestar declarações ou divulgar informações, em nome da corporação ou da unidade que comanda ou em que serve, sem autorização;

33. Contrair dívida ou assumir compromisso superior às suas possibilidades, que afete o bom nome da Instituição;

34. Esquivar-se de satisfazer compromissos de ordem moral ou pecuniária que houver assumido, afetando o bom nome da Instituição;

35. Não atender, sem justo motivo, à observação de autoridade superior no sentido de satisfazer débito já reclamado;

36. Não atender à obrigação de dar assistência à sua família ou dependente legalmente constituídos, de que trata o Estatuto dos Militares;

37. Fazer diretamente, ou por intermédio de outrem, transações pecuniárias envolvendo assunto de serviço, bens da União ou material cuja comercialização seja proibida;

38. Realizar ou propor empréstimo de dinheiro a outro militar visando auferir lucro;

39. Ter pouco cuidado com a apresentação pessoal ou com o asseio próprio ou coletivo;

40. Portar-se de maneira inconveniente ou sem compostura;

41. Deixar de tomar providências cabíveis, com relação ao procedimento de seus dependentes, estabelecidos no Estatuto dos Militares, junto à sociedade, após devidamente admoestado por seu Comandante;

42. Frequentar lugares incompatíveis com o decoro da sociedade ou da classe;

43. Portar a praça armamento militar sem estar de serviço ou sem autorização;

44. Executar toques de clarim ou corneta, realizar tiros de salva, fazer sinais regulamentares, içar ou arriar a Bandeira Nacional ou insígnias, sem ordem para tal;

45. Conversar ou fazer ruídos em ocasiões ou lugares impróprios quando em serviço ou em local sob administração militar;

46. Disseminar boatos no interior de OM ou concorrer para tal;

47. Provocar ou fazer-se causa, voluntariamente, de alarme injustificável;

48. Usar de força desnecessária no ato de efetuar prisão disciplinar ou de conduzir transgressor;

49. Deixar alguém conversar ou entender-se com preso disciplinar, sem autorização de autoridade competente;

50. Conversar com sentinela, vigia, plantão ou preso disciplinar, sem para isso estar autorizado por sua função ou por autoridade competente;

51. Consentir que preso disciplinar conserve em seu poder instrumentos ou objetos não permitidos;

52. Conversar, distrair-se, sentar-se ou fumar, quando exercendo função de sentinela, vigia ou plantão da hora;

53. Consentir, quando de sentinela, vigia ou plantão da hora, a formação de grupo ou a permanência de pessoa junto a seu posto;

54. Fumar em lugar ou ocasião onde seja vedado;

55. Tomar parte em jogos proibidos ou em jogos a dinheiro, em área militar ou sob jurisdição militar;

56. Tomar parte, em área militar ou sob jurisdição militar, em discussão a respeito de assuntos de natureza político-partidária ou religiosa;

57. Manifestar-se, publicamente, o militar da ativa, sem que esteja autorizado, a respeito de assuntos de natureza político-partidária;

58. Tomar parte, fardado, em manifestações de natureza político-partidária;

59. Discutir ou provocar discussão, por qualquer veículo de comunicação, sobre assuntos políticos ou militares, exceto se devidamente autorizado;

60. Ser indiscreto em relação a assuntos de caráter oficial cuja divulgação possa ser prejudicial à disciplina ou à boa ordem do serviço;

61. Dar conhecimento de atos, documentos, dados ou assuntos militares a quem deles não deva ter ciência ou não tenha atribuições para neles intervir;

62. Publicar ou contribuir para que sejam publicados documentos, fatos ou assuntos militares que possam concorrer para o desprestígio das Forças Armadas ou que firam a disciplina ou a segurança destas;

63. Comparecer o militar da ativa, a qualquer atividade, em traje ou uniforme diferente do determinado;

64. Deixar o superior de determinar a saída imediata de solenidade militar ou civil, de subordinado que a ela compareça em traje ou uniforme diferente do determinado;

65. Apresentar-se, em qualquer situação, sem uniforme, mal uniformizado, com o uniforme alterado ou em trajes em desacordo com as disposições em vigor;

66. Sobrepor ao uniforme insígnia ou medalha não regulamentar, bem como, indevidamente, distintivo ou condecoração;

67. Recusar ou devolver insígnia, medalha ou condecoração que lhe tenha sido outorgada;

68. Usar o militar da ativa, em via pública, uniforme inadequado, contrariando o Regulamento de Uniformes do Exército ou normas a respeito;

69. Transitar o soldado, o cabo ou o taifeiro, pelas ruas ou logradouros públicos, durante o expediente, sem permissão da autoridade competente;

70. Entrar ou sair da OM, ou ainda permanecer no seu interior o cabo ou soldado usando traje civil, sem a devida permissão da autoridade competente;

71. Entrar em qualquer OM, ou dela sair, o militar, por lugar que não seja para isso designado;

72. Entrar em qualquer OM, ou dela sair, o taifeiro, o cabo ou o soldado, com objeto ou embrulho, sem autorização do comandante da guarda ou de autoridade equivalente;

73. Deixar o oficial ou aspirante a oficial, ao entrar em OM onde não sirva, de dar ciência da sua presença ao oficial de dia e, em seguida, de procurar o comandante ou o oficial de maior precedência hierárquica, para cumprimentá-lo;

74. Deixar o subtenente, sargento, taifeiro, cabo ou soldado, ao entrar em organização militar onde não sirva, de apresentar-se ao oficial de dia ou a seu substituto legal;

75. Deixar o comandante da guarda ou responsável pela segurança correspondente, de cumprir as prescrições regulamentares com respeito à entrada ou permanência na OM de civis ou militares a ela estranhos;

76. Adentrar o militar, sem permissão ou ordem, em aposentos destinados a superior ou onde este se ache, bem como em qualquer lugar onde a entrada lhe seja vedada;

77. Adentrar ou tentar entrar em alojamento de outra subunidade, depois da revista do recolher, salvo os oficiais ou sargentos que, por suas funções, sejam a isso obrigados;

78. Entrar ou permanecer em dependência da OM onde sua presença não seja permitida;

79. Entrar ou sair de OM com tropa, sem prévio conhecimento, autorização ou ordem da autoridade competente;

80. Retirar ou tentar retirar de qualquer lugar sob jurisdição militar, material, viatura, aeronave, embarcação ou animal, ou mesmo deles servir-se, sem ordem do responsável ou proprietário;

81. Abrir ou tentar abrir qualquer dependência de organização militar, fora das horas de expediente, desde que não seja o respectivo chefe ou sem a devida ordem e a expressa declaração de motivo, salvo em situações de emergência;

82. Desrespeitar regras de trânsito, medidas gerais de ordem policial, judicial ou administrativa;

83. Deixar de portar a identidade militar, estando ou não fardado;

84. Deixar de se identificar quando solicitado por militar das Forças Armadas em serviço ou em cumprimento de missão;

85. Desrespeitar, em público, as convenções sociais;

86. Desconsiderar ou desrespeitar autoridade constituída;

87. Desrespeitar corporação judiciária militar ou qualquer de seus membros;

88. Faltar, por ação ou omissão, com o respeito devido aos símbolos nacionais, estaduais, municipais e militares;

89. Apresentar-se a superior hierárquico ou retirar-se de sua presença, sem obediência às normas regulamentares;

90. Deixar, quando estiver sentado, de demonstrar respeito, consideração e cordialidade ao superior hierárquico, deixando de oferecer-lhe seu lugar, ressalvadas as situações em que houver lugar marcado ou em que as convenções sociais assim não o indiquem;

91. Sentar-se, sem a devida autorização, à mesa em que estiver superior hierárquico;

92. Deixar, deliberadamente, de corresponder a cumprimento de subordinado;

93. Deixar, deliberadamente, de cumprimentar superior hierárquico, uniformizado ou não, neste último caso desde que o conheça, ou de saudá-lo de acordo com as normas regulamentares;

94. Deixar o oficial ou aspirante a oficial, diariamente, tão logo seus afazeres o permitam, de apresentar-se ao comandante ou ao substituto legal imediato da OM onde serve, para cumprimentá-lo, salvo ordem ou outras normas em contrário;

95. Deixar o subtenente ou sargento, diariamente, tão logo seus afazeres o permitam, de apresentar-se ao seu comandante de subunidade ou chefe imediato, salvo ordem ou outras normas em contrário;

96. Recusar-se a receber vencimento, alimentação, fardamento, equipamento ou material que lhe seja destinado ou deva ficar em seu poder ou sob sua responsabilidade;

97. Recusar-se a receber equipamento, material ou documento que tenha solicitado oficialmente, para atender a interesse próprio;

98. Desacreditar, dirigir-se, referir-se ou responder de maneira desatenciosa a superior hierárquico;

99. Censurar ato de superior hierárquico ou procurar desconsiderá-lo seja entre militares, seja entre civis.

100. Ofender, provocar, desafiar, desconsiderar ou procurar desacreditar outro militar, por atos, gestos ou palavras, mesmo entre civis.

101. Ofender a moral, os costumes ou as instituições nacionais ou do país estrangeiro em que se encontrar, por atos, gestos ou palavras;

102. Promover ou envolver-se em rixa, inclusive luta corporal, com outro militar;

103. Autorizar, promover ou tomar parte em qualquer manifestação coletiva, seja de caráter reivindicatório ou político, seja de crítica ou de apoio a ato de superior hierárquico, com exceção das demonstrações íntimas de boa e sã camaradagem e com consentimento do homenageado;

104. Aceitar qualquer manifestação coletiva de seus subordinados, com exceção das demonstrações íntimas de boa e sã camaradagem e com consentimento do homenageado;

105. Autorizar, promover, assinar representações, documentos coletivos ou publicações de qualquer tipo, com finalidade política, de reivindicação coletiva ou de crítica a autoridades constituídas ou às suas atividades;

106. Autorizar, promover ou assinar petição ou memorial, de qualquer natureza, dirigido a autoridade civil, sobre assunto da alçada da administração do Exército;

107. Ter em seu poder, introduzir ou distribuir, em área militar ou sob a jurisdição militar, publicações, estampas, filmes ou meios eletrônicos que atentem contra a disciplina ou a moral;

108. Ter em seu poder ou introduzir, em área militar ou sob a jurisdição militar, armas, explosivos, material inflamável, substâncias ou instrumentos proibidos, sem conhecimento ou permissão da autoridade competente;

109. Fazer uso, ter em seu poder ou introduzir, em área militar ou sob jurisdição militar, bebida alcoólica ou com efeitos entorpecentes, salvo quando devidamente autorizado;

110. Comparecer a qualquer ato de serviço em estado visível de embriaguez ou nele se embriagar;

111. Falar, habitualmente, língua estrangeira em OM ou em área de estacionamento de tropa, exceto quando o cargo ocupado o exigir;

112. Exercer a praça, quando na ativa, qualquer atividade comercial ou industrial, ressalvadas as permitidas pelo Estatuto dos Militares;

113. Induzir ou concorrer intencionalmente para que outrem incida em transgressão disciplinar.

ANEXO II – MODELO DE NOTA DE PUNIÇÃO

- O Soldado número.........., [nome completo do militar], da.......... Cia por ter chegado atrasado, sem justo motivo, ao primeiro tempo de instrução de 20 do corrente (número 26 do Anexo I, com a agravante do inciso III, do art. 20, tudo do RDE, transgressão leve), fica repreendido, ingressa no "comportamento mau".

- O Cabo número.........., [nome completo do militar], da.......... Cia por ter usado de força desnecessária no ato de efetuar a prisão do Soldado .... , no dia.... do corrente (número 48 do Anexo I, com as atenuantes dos incisos I e II, do art. 19, tudo do RDE, transgressão média), fica detido disciplinarmente por 8 (oito) dias; permanece no "comportamento bom".

- O Soldado número..........,[nome completo do militar], da.......... Cia por ter faltado à verdade quando inquirido pelo Cap.........., no dia.... do corrente (número 1 do Anexo I, com a agravante da letra "c", do inciso VI, do art. 20, e a atenuante do inciso I, do art. 19, tudo do RDE, transgressão grave), fica preso disciplinarmente por 15 (quinze) dias, ingressa no "comportamento insuficiente".

- O Cabo número.........., [nome completo do militar], do........ Esqd por ter sido encontrado no interior do quartel em estado de embriaguez, no dia.... do.......... (número 110 do Anexo I, com a agravante da letra a, do inciso VI, do art. 20, e a atenuante do inciso I, do art. 19, tudo do RDE, transgressão grave), fica preso disciplinarmente por 21 (vinte e um) dias, ingressa no "comportamento mau".

Observação: não dispondo de boletim, à autoridade que aplicar a punição caberá solicitar sua publicação no boletim daquela a que estiver subordinado.

ANEXO III – QUADRO DE PUNIÇÕES MÁXIMAS, REFERIDAS NO ART. 40, QUE PODEM APLICAR AS AUTORIDADES DEFINIDAS NOS ITENS I, II E § 1º DO ART. 10 E A QUE ESTÃO SUJEITOS OS TRANSGRESSORES

POSTOS E GRADUAÇÕES	Chefe do EME, chefes dos órgãos de direção setorial e de assessoramento e comandante militar de área	Comandante, chefe ou diretor, cujo cargo privativo seja de oficial-general	Demais ocupantes de cargos privativos de oficial general	Comandante, chefe ou diretor, de OM, cujo cargo seja privativo de oficial superior e CMT das demais OM com autonomia administrativa	Chefe de Estado-Maior, chefe de Gab, não privativos de oficial-general	Subchefe de Estado-Maior, comandante de unidade incorporada, chefe de divisão, seção, escalão regional, serviço e assessoria, ajudante-geral, subcmt e subdiretor	Comandante das demais subunidades ou de elemento destacado com efetivo menor que subunidade	outras punições a que estão sujeitos
Oficiais de carreira da ativa	30 dias de prisão disciplinar	20 dias de prisão disciplinar	30 dias de detenção disciplinar	15 dias de prisão disciplinar	25 dias de detenção disciplinar	20 dias de detenção disciplinar	repreensão	
Oficiais da reserva, convocados ou mobilizados								o oficial da reserva não remunerada, quando convocado, pode ser licenciado a bem da disciplina
Oficiais da Res Rem ou reformados	30 dias de prisão disciplinar (3)	20 dias de prisão disciplinar (3)	–	15 dias de prisão disciplinar (3)	–	–	–	
Aspirantes a oficial e subtenentes da ativa	30 dias de prisão disciplinar		30 dias de detenção disciplinar	30 dias de prisão disciplinar	25 dias de detenção disciplinar	20 dias de detenção disciplinar	8 dias de detenção disciplinar	exclusão a bem da disciplina (2)
Sargentos, taifeiros, cabos e soldados da ativa	30 dias de prisão disciplinar ou licenciamento a bem da disciplina (1)		30 dias de detenção disciplinar	30 dias de prisão disciplinar ou licenciamento a bem da disciplina (1)	25 dias de detenção disciplinar	20 dias de detenção disciplinar	20 dias de detenção disciplinar	exclusão a bem da disciplina (2)
Aspirantes a oficial e subtenentes da Res Rem ou reformados	30 dias de prisão disciplinar (3)			30 dias de prisão disciplinar (3)	–	–	–	
Sargentos, taifeiros, cabos e soldados da Res Rem ou reformados	30 dias de prisão disciplinar (3)		–	30 dias de prisão disciplinar (3)	–	–	–	
Cadetes e alunos da EsPCEx	licenciamento a bem da disciplina							
Alunos de órgão de formação de sargentos	licenciamento a bem da disciplina		30 dias de detenção disciplinar	licenciamento a bem da disciplina	25 dias de detenção disciplinar	20 dias de detenção disciplinar	8 dias de detenção disciplinar	- Exclusão a bem da disciplina (2) - Punições estabelecidas nos regulamentos específicos das organizações a que pertencem
Alunos de órgão de formação de oficial da reserva	licenciamento a bem da disciplina			licenciamento a bem da disciplina				
Alunos de órgão de formação de reservistas			30 dias de detenção disciplinar	25 dias de detenção disciplinar	repreensão			

OBSERVAÇÕES: (1) Conforme possuam ou não estabilidade assegurada. (2) De acordo com a legislação concernente a conselho de disciplina. (3) Autoridades estabelecidas no § 1º do art. 10 deste Regulamento.

ANEXO IV – INSTRUÇÕES PARA PADRONIZAÇÃO DO CONTRADITÓRIO E DA AMPLA DEFESA NAS TRANSGRESSÕES DISCIPLINARES

1. FINALIDADE:

Regular, no âmbito do Exército Brasileiro, os procedimentos para padronizar a concessão do contraditório e da ampla defesa nas transgressões disciplinares;

2. REFERÊNCIAS:

a) Constituição Federal;
b) Estatuto dos Militares;
c) Regulamento Disciplinar do Exército;
d) Instruções Gerais para Elaboração de Sindicância, no Âmbito do Exército – (IG 10-11);

3. OBJETIVOS:

a) Regular as normas para padronizar a concessão do contraditório e da ampla defesa nas transgressões disciplinares;
b) Auxiliar a autoridade competente na tomada de decisão referente à aplicação de punição disciplinar;

4. DO PROCEDIMENTO:

a) Recebida e processada a parte, será entregue o Formulário de Apuração de Transgressão Disciplinar ao militar arrolado como autor do(s) fato(s) que aporá o seu ciente na 1ª via e permanecerá com a 2ª via, tendo, a partir de então, três dias úteis, para apresentar, por escrito (de próprio punho ou impresso) e assinado, suas alegações de defesa, no verso do formulário;
b) Em caráter excepcional, sem comprometer a eficácia e a oportunidade da ação disciplinar, o prazo para apresentar as alegações de defesa poderá ser prorrogado, justificadamente, pelo período que se fizer necessário, a critério da autoridade competente, podendo ser concedido, ainda, pela mesma autoridade, prazo para que o interessado possa produzir as provas que julgar necessárias à sua defesa;
c) Caso não deseje apresentar defesa, o militar deverá manifestar esta intenção, de próprio punho, no verso do Formulário de Apuração de Transgressão Disciplinar;
d) Se o militar não apresentar, dentro do prazo, as razões de defesa e não manifestar a renúncia à apresentação da defesa, nos termos do item c, a autoridade que estiver conduzindo a apuração do fato certificará no Formulário de Apuração de Transgressão Disciplinar, juntamente com duas testemunhas, que o prazo para apresentação de defesa foi concedido, mas o militar permaneceu inerte;
e) Cumpridas as etapas anteriores, a autoridade competente para aplicar a punição emitirá conclusão escrita, quanto à procedência ou não das acusações e das alegações de defesa, que subsidiará a análise para o julgamento da transgressão;
f) Finalizando, a autoridade competente para aplicar a punição emitirá a decisão, encerrando o processo de apuração;

5. DA FORMA E DA ESCRITURAÇÃO:

a) O processo terá início com o recebimento da comunicação da ocorrência, sendo processado no âmbito do comando que tem competência para apurar a transgressão disciplinar e aplicar a punição;
b) O preenchimento do Formulário de Apuração de Transgressão Disciplinar se dará sem emendas ou rasuras, segundo o modelo constante do Anexo V;
c) Os documentos escritos de próprio punho deverão ser confeccionados com tinta azul ou preta e com letra legível;
d) A identificação do militar arrolado como autor do(s) fato(s) deverá ser a mais completa possível, mencionando-se grau hierárquico, nome completo, seu número (se for o caso), identidade, subunidade ou organização em que serve, etc.;
e) As justificativas ou razões de defesa, de forma sucinta, objetiva e clara, sem conter comentários ou opiniões pessoais e com menção de eventuais testemunhas serão aduzidas por escrito, de próprio punho ou impresso, no verso do Formulário de Apuração de Transgressão Disciplinar na parte de JUSTIFICATIVAS / RAZÕES DE DEFESA, pelo militar e anexadas ao processo. Se desejar, poderá anexar documentos que comprovem suas razões de defesa e aporá sua assinatura e seus dados de identificação;
f) Após ouvir o militar e julgar suas justificativas ou razões de defesa, a autoridade competente lavrará, de próprio punho, sua decisão;
g) Ao final da apuração, será registrado no Formulário de Apuração de Transgressão Disciplinar o número do boletim interno que publicar a decisão da autoridade competente;

6. PRESCRIÇÕES DIVERSAS:

a) As razões de defesa serão apresentadas no verso do Formulário de Apuração de Transgressão Disciplinar, podendo ser acrescidas mais folhas se necessário;
b) Contra o ato da autoridade competente que aplicar a punição disciplinar, publicado em BI, podem ser impetrados os recursos regulamentares peculiares do Exército;
c) Na publicação da punição disciplinar, deverá ser acrescentado, entre parênteses e após o texto da Nota de Punição, o número e a data do respectivo processo;
d) O processo será arquivado na OM do militar arrolado;
e) Os procedimentos formais previstos nestas Instruções serão adotados, obrigatoriamente, nas apurações de transgressões disciplinares que redundarem em punições publicadas em boletim interno e transcritas nos assentamentos do militar.

**DECRETO Nº 4.388,
DE 25 DE SETEMBRO DE 2002**

Promulga o Estatuto de Roma do Tribunal Penal Internacional.

▶ Publicado no *DOU* de 26-9-2002.

O Presidente da República, no uso da atribuição que lhe confere o art. 84, inciso VIII, da Constituição,

Considerando que o Congresso Nacional aprovou o texto do Estatuto de Roma do Tribunal Penal Internacional, por meio do Decreto Legislativo nº 112, de 6 de junho de 2002;

Considerando que o mencionado Ato Internacional entrou em vigor internacional em 1º de julho de 2002, e passou a vigorar, para o Brasil, em 1º de setembro de 2002, nos termos de seu art. 126; decreta:

Art. 1º O Estatuto de Roma do Tribunal Penal Internacional, apenso por cópia ao presente Decreto, será executado e cumprido tão inteiramente como nele se contém.

Art. 2º São sujeitos à aprovação do Congresso Nacional quaisquer atos que possam resultar em revisão do referido Acordo, assim como quaisquer ajustes complementares que, nos termos do art. 49, inciso I, da Constituição, acarretem encargos ou compromissos gravosos ao patrimônio nacional.

Art. 3º Este Decreto entra em vigor na data de sua publicação.

Brasília, 25 de setembro de 2002;
181º da Independência e
114º da República.

Fernando Henrique Cardoso

ESTATUTO DE ROMA DO TRIBUNAL PENAL INTERNACIONAL

▶ Aprovado pelo Congresso Nacional por meio do Dec. Legislativo nº 112, de 6-6-2002, e promulgado pelo Dec. nº 4.388, de 25-9-2002, passou a vigorar, para o Brasil, em 1º-9-2002.
▶ Art. 5º, § 4º, da CF.
▶ Art. 7º do ADCT.

PREÂMBULO

Os Estados-Partes no presente Estatuto,

Conscientes de que todos os povos estão unidos por laços comuns e de que suas culturas foram construídas sobre uma herança que partilham, e preocupados com o fato deste delicado mosaico poder vir a quebrar-se a qualquer instante,

Tendo presente que, no decurso deste século, milhões de crianças, homens e mulheres têm sido vítimas de atrocidades inimagináveis que chocam profundamente a consciência da humanidade,

Reconhecendo que crimes de uma tal gravidade constituem uma ameaça à paz, à segurança e ao bem-estar da humanidade,

Afirmando que os crimes de maior gravidade, que afetam a comunidade internacional no seu conjunto, não devem ficar impunes e que a sua repressão deve ser efetivamente assegurada através da adoção de medidas em nível nacional e do reforço da cooperação internacional,

Decididos a pôr fim à impunidade dos autores desses crimes e a contribuir assim para a prevenção de tais crimes,

Relembrando que é dever de cada Estado exercer a respectiva jurisdição penal sobre os responsáveis por crimes internacionais,

Reafirmando os objetivos e princípios consignados na Carta das Nações Unidas e, em particular, que todos os Estados se devem abster de recorrer à ameaça ou ao uso da força, contra a integridade territorial ou a independência política de qualquer Estado, ou de atuar por qualquer outra forma incompatível com os objetivos das Nações Unidas,

Salientando, a este propósito, que nada no presente Estatuto deverá ser entendido como autorizando qualquer Estado-Parte a intervir em um conflito armado ou nos assuntos internos de qualquer Estado,

Determinados em perseguir este objetivo e no interesse das gerações presentes e vindouras, a criar um Tribunal Penal Internacional com caráter permanente e independente, no âmbito do sistema das Nações Unidas, e com jurisdição sobre os crimes de maior gravidade que afetem a comunidade internacional no seu conjunto,

Sublinhando que o Tribunal Penal Internacional, criado pelo presente Estatuto, será complementar às jurisdições penais nacionais,

Decididos a garantir o respeito duradouro pela efetivação da justiça internacional,

Convieram no seguinte:

CAPÍTULO I

CRIAÇÃO DO TRIBUNAL

ARTIGO 1º
O Tribunal

É criado, pelo presente instrumento, um Tribunal Penal Internacional ("o Tribunal"). O Tribunal será uma instituição permanente, com jurisdição sobre as pessoas responsáveis pelos crimes de maior gravidade com alcance internacional, de acordo com o presente Estatuto, e será complementar às jurisdições penais nacionais. A competência e o funcionamento do Tribunal reger-se-ão pelo presente Estatuto.

ARTIGO 2º
Relação do Tribunal com as Nações Unidas

A relação entre o Tribunal e as Nações Unidas será estabelecida através de um acordo a ser aprovado pela Assembleia dos Estados-Partes no presente Estatuto e, em seguida, concluído pelo Presidente do Tribunal em nome deste.

ARTIGO 3º
Sede do Tribunal

1. A sede do Tribunal será na Haia, Países Baixos ("o Estado anfitrião").

2. O Tribunal estabelecerá um acordo de sede com o Estado anfitrião, a ser aprovado pela Assembleia dos Estados-Partes e em seguida concluído pelo Presidente do Tribunal em nome deste.

3. Sempre que entender conveniente, o Tribunal poderá funcionar em outro local, nos termos do presente Estatuto.

ARTIGO 4º
Regime jurídico e poderes do Tribunal

1. O Tribunal terá personalidade jurídica internacional. Possuirá, igualmente, a capacidade jurídica necessária ao desempenho das suas funções e à prossecução dos seus objetivos.

2. O Tribunal poderá exercer os seus poderes e funções nos termos do presente Estatuto, no território de qualquer Estado-Parte e, por acordo especial, no território de qualquer outro Estado.

Capítulo II
COMPETÊNCIA, ADMISSIBILIDADE E DIREITO APLICÁVEL

Artigo 5º
Crimes da competência do Tribunal

1. A competência do Tribunal restringir-se-á aos crimes mais graves, que afetam a comunidade internacional no seu conjunto. Nos termos do presente Estatuto, o Tribunal terá competência para julgar os seguintes crimes:

a) O crime de genocídio;

► Convenção para Prevenção e Repressão do Crime de Genocídio (1948).

b) Crimes contra a humanidade;
c) Crimes de guerra;
d) O crime de agressão.

2. O Tribunal poderá exercer a sua competência em relação ao crime de agressão desde que, nos termos dos artigos 121 e 123, seja aprovada uma disposição em que se defina o crime e se enunciem as condições em que o Tribunal terá competência relativamente a este crime. Tal disposição deve ser compatível com as disposições pertinentes da Carta das Nações Unidas.

Artigo 6º
Crime de genocídio

Para os efeitos do presente Estatuto, entende-se por "genocídio", qualquer um dos atos que a seguir se enumeram, praticados com intenção de destruir, no todo ou em parte, um grupo nacional, étnico, racial ou religioso, enquanto tal:

a) Homicídio de membros do grupo;
b) Ofensas graves à integridade física ou mental de membros do grupo;
c) Sujeição intencional do grupo a condições de vida com vista a provocar a sua destruição física, total ou parcial;
d) Imposição de medidas destinadas a impedir nascimentos no seio do grupo;
e) Transferência, à força, de crianças do grupo para outro grupo.

Artigo 7º
Crimes contra a humanidade

1. Para os efeitos do presente Estatuto, entende-se por "crime contra a humanidade", qualquer um dos atos seguintes, quando cometido no quadro de um ataque, generalizado ou sistemático, contra qualquer população civil, havendo conhecimento desse ataque:

a) Homicídio;
b) Extermínio;
c) Escravidão;
d) Deportação ou transferência forçada de uma população;
e) Prisão ou outra forma de privação da liberdade física grave, em violação das normas fundamentais de direito internacional;
f) Tortura;
g) Agressão sexual, escravatura sexual, prostituição forçada, gravidez forçada, esterilização forçada ou qualquer outra forma de violência no campo sexual de gravidade comparável;
h) Perseguição de um grupo ou coletividade que possa ser identificado, por motivos políticos, raciais, nacionais, étnicos, culturais, religiosos ou de gênero, tal como definido no parágrafo 3, ou em função de outros critérios universalmente reconhecidos como inaceitáveis no direito internacional, relacionados com qualquer ato referido neste parágrafo ou com qualquer crime da competência do Tribunal;
i) Desaparecimento forçado de pessoas;
j) Crime de *apartheid*;
k) Outros atos desumanos de caráter semelhante, que causem intencionalmente grande sofrimento, ou afetem gravemente a integridade física ou a saúde física ou mental.

2. Para efeitos do parágrafo 1:

a) Por "ataque contra uma população civil" entende-se qualquer conduta que envolva a prática múltipla de atos referidos no parágrafo 1 contra uma população civil, de acordo com a política de um Estado ou de uma organização de praticar esses atos ou tendo em vista a prossecução dessa política;
b) O "extermínio" compreende a sujeição intencional a condições de vida, tais como a privação do acesso a alimentos ou medicamentos, com vista a causar a destruição de uma parte da população;
c) Por "escravidão" entende-se o exercício, relativamente a uma pessoa, de um poder ou de um conjunto de poderes que traduzam um direito de propriedade sobre uma pessoa, incluindo o exercício desse poder no âmbito do tráfico de pessoas, em particular mulheres e crianças;
d) Por "deportação ou transferência à força de uma população" entende-se o deslocamento forçado de pessoas, através da expulsão ou outro ato coercivo, da zona em que se encontram legalmente, sem qualquer motivo reconhecido no direito internacional;
e) Por "tortura" entende-se o ato por meio do qual uma dor ou sofrimentos agudos, físicos ou mentais, são intencionalmente causados a uma pessoa que esteja sob a custódia ou o controle do acusado; este termo não compreende a dor ou os sofrimentos resultantes unicamente de sanções legais, inerentes a essas sanções ou por elas ocasionadas;
f) Por "gravidez à força" entende-se a privação ilegal de liberdade de uma mulher que foi engravidada à força, com o propósito de alterar a composição étnica de uma população ou de cometer outras violações graves do direito internacional. Esta definição não pode, de modo algum, ser interpretada como afetando as disposições de direito interno relativas à gravidez;
g) Por "perseguição" entende-se a privação intencional e grave de direitos fundamentais em violação do direito internacional, por motivos relacionados com a identidade do grupo ou da coletividade em causa;
h) Por "crime de *apartheid*" entende-se qualquer ato desumano análogo aos referidos no parágrafo 1º, praticado no contexto de um regime institucionalizado de opressão e domínio sistemático de um grupo racial sobre um ou outros grupos nacionais e com a intenção de manter esse regime;
i) Por "desaparecimento forçado de pessoas" entende-se a detenção, a prisão ou o sequestro de pessoas por um Estado ou uma organização política ou com a autorização, o apoio ou a concordância

destes, seguidos de recusa a reconhecer tal estado de privação de liberdade ou a prestar qualquer informação sobre a situação ou localização dessas pessoas, com o propósito de lhes negar a proteção da lei por um prolongado período de tempo.

3. Para efeitos do presente Estatuto, entende-se que o termo "gênero" abrange os sexos masculino e feminino, dentro do contexto da sociedade, não lhe devendo ser atribuído qualquer outro significado.

Artigo 8º
Crimes de guerra

1. O Tribunal terá competência para julgar os crimes de guerra, em particular quando cometidos como parte integrante de um plano ou de uma política ou como parte de uma prática em larga escala desse tipo de crimes.

2. Para os efeitos do presente Estatuto, entende-se por "crimes de guerra":

a) As violações graves às Convenções de Genebra, de 12 de agosto de 1949, a saber, qualquer um dos seguintes atos, dirigidos contra pessoas ou bens protegidos nos termos da Convenção de Genebra que for pertinente:

i) Homicídio doloso;

ii) Tortura ou outros tratamentos desumanos, incluindo as experiências biológicas;

iii) O ato de causar intencionalmente grande sofrimento ou ofensas graves à integridade física ou à saúde;

iv) Destruição ou a apropriação de bens em larga escala, quando não justificadas por quaisquer necessidades militares e executadas de forma ilegal e arbitrária;

v) O ato de compelir um prisioneiro de guerra ou outra pessoa sob proteção a servir nas forças armadas de uma potência inimiga;

vi) Privação intencional de um prisioneiro de guerra ou de outra pessoa sob proteção do seu direito a um julgamento justo e imparcial;

vii) Deportação ou transferência ilegais, ou a privação ilegal de liberdade;

viii) Tomada de reféns;

b) Outras violações graves das leis e costumes aplicáveis em conflitos armados internacionais no âmbito do direito internacional, a saber, qualquer um dos seguintes atos:

i) Dirigir intencionalmente ataques à população civil em geral ou civis que não participem diretamente nas hostilidades;

ii) Dirigir intencionalmente ataques a bens civis, ou seja, bens que não sejam objetivos militares;

iii) Dirigir intencionalmente ataques ao pessoal, instalações, material, unidades ou veículos que participem numa missão de manutenção da paz ou de assistência humanitária, de acordo com a Carta das Nações Unidas, sempre que estes tenham direito à proteção conferida aos civis ou aos bens civis pelo direito internacional aplicável aos conflitos armados;

iv) Lançar intencionalmente um ataque, sabendo que o mesmo causará perdas acidentais de vidas humanas ou ferimentos na população civil, danos em bens de caráter civil ou prejuízos extensos, duradouros e graves no meio ambiente que se revelem claramente excessivos em relação à vantagem militar global concreta e direta que se previa;

v) Atacar ou bombardear, por qualquer meio, cidades, vilarejos, habitações ou edifícios que não estejam defendidos e que não sejam objetivos militares;

vi) Matar ou ferir um combatente que tenha deposto as armas ou que, não tendo mais meios para se defender, se tenha incondicionalmente rendido;

vii) Utilizar indevidamente uma bandeira de trégua, a bandeira nacional, as insígnias militares ou o uniforme do inimigo ou das Nações Unidas, assim como os emblemas distintivos das Convenções de Genebra, causando deste modo a morte ou ferimentos graves;

viii) A transferência, direta ou indireta, por uma potência ocupante de parte da sua população civil para o território que ocupa ou a deportação ou transferência da totalidade ou de parte da população do território ocupado, dentro ou para fora desse território;

ix) Dirigir intencionalmente ataques a edifícios consagrados ao culto religioso, à educação, às artes, às ciências ou à beneficência, monumentos históricos, hospitais e lugares onde se agrupem doentes e feridos, sempre que não se trate de objetivos militares;

x) Submeter pessoas que se encontrem sob o domínio de uma parte beligerante a mutilações físicas ou a qualquer tipo de experiências médicas ou científicas que não sejam motivadas por um tratamento médico, dentário ou hospitalar, nem sejam efetuadas no interesse dessas pessoas, e que causem a morte ou coloquem seriamente em perigo a sua saúde;

xi) Matar ou ferir à traição pessoas pertencentes à nação ou ao exército inimigo;

xii) Declarar que não será dado quartel;

xiii) Destruir ou apreender bens do inimigo, a menos que tais destruições ou apreensões sejam imperativamente determinadas pelas necessidades da guerra;

xiv) Declarar abolidos, suspensos ou não admissíveis em tribunal os direitos e ações dos nacionais da parte inimiga;

xv) Obrigar os nacionais da parte inimiga a participar em operações bélicas dirigidas contra o seu próprio país, ainda que eles tenham estado ao serviço daquela parte beligerante antes do início da guerra;

xvi) Saquear uma cidade ou uma localidade, mesmo quando tomada de assalto;

xvii) Utilizar veneno ou armas envenenadas;

xviii) Utilizar gases asfixiantes, tóxicos ou outros gases ou qualquer líquido, material ou dispositivo análogo;

xix) Utilizar balas que se expandem ou achatam facilmente no interior do corpo humano, tais como balas de revestimento duro que não cobre totalmente o interior ou possui incisões;

xx) Utilizar armas, projéteis, materiais e métodos de combate que, pela sua própria natureza, causem ferimentos supérfluos ou sofrimentos desnecessários ou que surtam efeitos indiscriminados, em violação do direito internacional aplicável aos conflitos armados, na medida em que tais armas, projéteis, materiais e métodos de combate sejam objeto de uma proibição geral e estejam incluídos em um anexo ao presente Estatuto, em virtude de uma alteração aprovada em conformidade com o disposto nos artigos 121 e 123;

xxi) Ultrajar a dignidade da pessoa, em particular por meio de tratamentos humilhantes e degradantes;

xxii) Cometer atos de violação, escravidão sexual, prostituição forçada, gravidez à força, tal como definida na alínea f do parágrafo 2 do artigo 7º, esterilização à força e qualquer outra forma de violência sexual que constitua também um desrespeito grave às Convenções de Genebra;

xxiii) Utilizar a presença de civis ou de outras pessoas protegidas para evitar que determinados pontos, zonas ou forças militares sejam alvo de operações militares;

xxiv) Dirigir intencionalmente ataques a edifícios, material, unidades e veículos sanitários, assim como o pessoal que esteja usando os emblemas distintivos das Convenções de Genebra, em conformidade com o direito internacional;

xxv) Provocar deliberadamente a inanição da população civil como método de guerra, privando-a dos bens indispensáveis à sua sobrevivência, impedindo, inclusive, o envio de socorros, tal como previsto nas Convenções de Genebra;

xxvi) Recrutar ou alistar menores de 15 anos nas forças armadas nacionais ou utilizá-los para participar ativamente nas hostilidades;

▶ Art. 38 da Convenção sobre os Direitos da Criança (1989).

c) Em caso de conflito armado que não seja de índole internacional, as violações graves do artigo 3º comum às quatro Convenções de Genebra, de 12 de agosto de 1949, a saber, qualquer um dos atos que a seguir se indicam, cometidos contra pessoas que não participem diretamente nas hostilidades, incluindo os membros das forças armadas que tenham deposto armas e os que tenham ficado impedidos de continuar a combater devido a doença, lesões, prisão ou qualquer outro motivo:

i) Atos de violência contra a vida e contra a pessoa, em particular o homicídio sob todas as suas formas, as mutilações, os tratamentos cruéis e a tortura;

ii) Ultrajes à dignidade da pessoa, em particular por meio de tratamentos humilhantes e degradantes;

iii) A tomada de reféns;

iv) As condenações proferidas e as execuções efetuadas sem julgamento prévio por um tribunal regularmente constituído e que ofereça todas as garantias judiciais geralmente reconhecidas como indispensáveis;

d) A alínea c do parágrafo 2 do presente artigo aplica-se aos conflitos armados que não tenham caráter internacional e, por conseguinte, não se aplica a situações de distúrbio e de tensão internas, tais como motins, atos de violência esporádicos ou isolados ou outros de caráter semelhante;

e) As outras violações graves das leis e costumes aplicáveis aos conflitos armados que não têm caráter internacional, no quadro do direito internacional, a saber qualquer um dos seguintes atos:

i) Dirigir intencionalmente ataques à população civil em geral ou civis que não participem diretamente nas hostilidades;

ii) Dirigir intencionalmente ataques a edifícios, material, unidades e veículos sanitários, bem como ao pessoal que esteja usando os emblemas distintivos das Convenções de Genebra, em conformidade com o direito internacional;

iii) Dirigir intencionalmente ataques ao pessoal, instalações, material, unidades ou veículos que participem numa missão de manutenção da paz ou de assistência humanitária, de acordo com a Carta das Nações Unidas, sempre que estes tenham direito à proteção conferida pelo direito internacional dos conflitos armados aos civis e aos bens civis;

iv) Atacar intencionalmente edifícios consagrados ao culto religioso, à educação, às artes, às ciências ou à beneficência, monumentos históricos, hospitais e lugares onde se agrupem doentes e feridos, sempre que não se trate de objetivos militares;

v) Saquear um aglomerado populacional ou um local, mesmo quando tomado de assalto;

vi) Cometer atos de agressão sexual, escravidão sexual, prostituição forçada, gravidez à força, tal como definida na alínea f do parágrafo 2 do artigo 7º; esterilização à força ou qualquer outra forma de violência sexual que constitua uma violação grave do artigo 3º comum às quatro Convenções de Genebra;

vii) Recrutar ou alistar menores de 15 anos nas forças armadas nacionais ou em grupos, ou utilizá-los para participar ativamente nas hostilidades;

viii) Ordenar a deslocação da população civil por razões relacionadas com o conflito, salvo se assim o exigirem a segurança dos civis em questão ou razões militares imperiosas;

ix) Matar ou ferir à traição um combatente de uma parte beligerante;

x) Declarar que não será dado quartel;

xi) Submeter pessoas que se encontrem sob o domínio de outra parte beligerante a mutilações físicas ou a qualquer tipo de experiências médicas ou científicas que não sejam motivadas por um tratamento médico, dentário ou hospitalar nem sejam efetuadas no interesse dessa pessoa, e que causem a morte ou ponham seriamente a sua saúde em perigo;

xii) Destruir ou apreender bens do inimigo, a menos que as necessidades da guerra assim o exijam;

f) A alínea e do parágrafo 2 do presente artigo aplicar-se-á aos conflitos armados que não tenham caráter internacional e, por conseguinte, não se aplicará a situações de distúrbio e de tensão internas, tais como motins, atos de violência esporádicos ou isolados ou outros de caráter semelhante; aplicar-se-á, ainda, a conflitos armados que tenham lugar no território de um Estado, quando exista um conflito armado prolongado entre as autoridades governamentais e grupos armados organizados ou entre estes grupos.

3. O disposto nas alíneas c e e do parágrafo 2, em nada afetará a responsabilidade que incumbe a todo o Governo de manter e de restabelecer a ordem pública no Estado, e de defender a unidade e a integridade territorial do Estado por qualquer meio legítimo.

Artigo 9º
Elementos constitutivos dos crimes

1. Os elementos constitutivos dos crimes que auxiliarão o Tribunal a interpretar e a aplicar os artigos 6º, 7º e 8º do presente Estatuto, deverão ser adotados por uma maioria de dois terços dos membros da Assembleia dos Estados-Partes.

2. As alterações aos elementos constitutivos dos crimes poderão ser propostas por:
   a) Qualquer Estado-Parte;
   b) Os juízes, através de deliberação tomada por maioria absoluta;
   c) O Procurador.

As referidas alterações entram em vigor depois de aprovadas por uma maioria de dois terços dos membros da Assembleia dos Estados-Partes.

3. Os elementos constitutivos dos crimes e respectivas alterações deverão ser compatíveis com as disposições contidas no presente Estatuto.

Artigo 10

Nada no presente capítulo deverá ser interpretado como limitando ou afetando, de alguma maneira, as normas existentes ou em desenvolvimento de direito internacional com fins distintos dos do presente Estatuto.

Artigo 11
Competência *ratione temporis*

1. O Tribunal só terá competência relativamente aos crimes cometidos após a entrada em vigor do presente Estatuto.

2. Se um Estado se tornar Parte no presente Estatuto depois da sua entrada em vigor, o Tribunal só poderá exercer a sua competência em relação a crimes cometidos depois da entrada em vigor do presente Estatuto relativamente a esse Estado, a menos que este tenha feito uma declaração nos termos do parágrafo 3 do artigo 12.

Artigo 12
Condições prévias ao exercício da jurisdição

1. O Estado que se torne Parte no presente Estatuto, aceitará a jurisdição do Tribunal relativamente aos crimes a que se refere o artigo 5º.

2. Nos casos referidos nos parágrafos a ou c do artigo 13, o Tribunal poderá exercer a sua jurisdição se um ou mais Estados a seguir identificados forem Partes no presente Estatuto ou aceitarem a competência do Tribunal de acordo com o disposto no parágrafo 3:
   a) Estado em cujo território tenha tido lugar a conduta em causa, ou, se o crime tiver sido cometido a bordo de um navio ou de uma aeronave, o Estado de matrícula do navio ou aeronave;
   b) Estado de que seja nacional a pessoa a quem é imputado um crime.

3. Se a aceitação da competência do Tribunal por um Estado que não seja Parte no presente Estatuto for necessária nos termos do parágrafo 2, pode o referido Estado, mediante declaração depositada junto do Secretário, consentir em que o Tribunal exerça a sua competência em relação ao crime em questão. O Estado que tiver aceito a competência do Tribunal colaborará com este, sem qualquer demora ou exceção, de acordo com o disposto no Capítulo IX.

Artigo 13
Exercício da jurisdição

O Tribunal poderá exercer a sua jurisdição em relação a qualquer um dos crimes a que se refere o artigo 5º, de acordo com o disposto no presente Estatuto, se:
   a) Um Estado-Parte denunciar ao Procurador, nos termos do artigo 14, qualquer situação em que haja indícios de ter ocorrido a prática de um ou vários desses crimes;
   b) O Conselho de Segurança, agindo nos termos do Capítulo VII da Carta das Nações Unidas, denunciar ao Procurador qualquer situação em que haja indícios de ter ocorrido a prática de um ou vários desses crimes; ou
   c) O Procurador tiver dado início a um inquérito sobre tal crime, nos termos do disposto no artigo 15.

Artigo 14
Denúncia por um Estado-Parte

1. Qualquer Estado-Parte poderá denunciar ao Procurador uma situação em que haja indícios de ter ocorrido a prática de um ou vários crimes da competência do Tribunal e solicitar ao Procurador que a investigue, com vista a determinar se uma ou mais pessoas identificadas deverão ser acusadas da prática desses crimes.

2. O Estado que proceder à denúncia deverá, tanto quanto possível, especificar as circunstâncias relevantes do caso e anexar toda a documentação de que disponha.

Artigo 15
Procurador

1. O Procurador poderá, por sua própria iniciativa, abrir um inquérito com base em informações sobre a prática de crimes da competência do Tribunal.

2. O Procurador apreciará a seriedade da informação recebida. Para tal, poderá recolher informações suplementares junto aos Estados, aos órgãos da Organização das Nações Unidas, às Organizações Intergovernamentais ou Não Governamentais ou outras fontes fidedignas que considere apropriadas, bem como recolher depoimentos escritos ou orais na sede do Tribunal.

3. Se concluir que existe fundamento suficiente para abrir um inquérito, o Procurador apresentará um pedido de autorização nesse sentido ao Juízo de Instrução, acompanhado da documentação de apoio que tiver reunido. As vítimas poderão apresentar representações no Juízo de Instrução, de acordo com o Regulamento Processual.

4. Se, após examinar o pedido e a documentação que o acompanha, o Juízo de Instrução considerar que há fundamento suficiente para abrir um Inquérito e que o caso parece caber na jurisdição do Tribunal, autorizará a abertura do inquérito, sem prejuízo das decisões que

o Tribunal vier a tomar posteriormente em matéria de competência e de admissibilidade.

5. A recusa do Juízo de Instrução em autorizar a abertura do inquérito não impedirá o Procurador de formular ulteriormente outro pedido com base em novos fatos ou provas respeitantes à mesma situação.

6. Se, depois da análise preliminar a que se referem os parágrafos 1 e 2, o Procurador concluir que a informação apresentada não constitui fundamento suficiente para um inquérito, o Procurador informará quem a tiver apresentado de tal entendimento. Tal não impede que o Procurador examine, à luz de novos fatos ou provas, qualquer outra informação que lhe venha a ser comunicada sobre o mesmo caso.

Artigo 16
Adiamento do inquérito e do procedimento criminal

Nenhum inquérito ou procedimento crime poderá ter início ou prosseguir os seus termos, com base no presente Estatuto, por um período de 12 (doze) meses a contar da data em que o Conselho de Segurança assim o tiver solicitado em resolução aprovada nos termos do disposto no Capítulo VII da Carta das Nações Unidas; o pedido poderá ser renovado pelo Conselho de Segurança nas mesmas condições.

▶ Arts. 39 e 41 da Carta das Nações Unidas.

Artigo 17
Questões relativas à admissibilidade

1. Tendo em consideração o décimo parágrafo do preâmbulo e o artigo 1º, o Tribunal decidirá sobre a não admissibilidade de um caso se:
a) O caso for objeto de inquérito ou de procedimento criminal por parte de um Estado que tenha jurisdição sobre o mesmo, salvo se este não tiver vontade de levar a cabo o inquérito ou o procedimento ou, não tenha capacidade para o fazer;
b) O caso tiver sido objeto de inquérito por um Estado com jurisdição sobre ele e tal Estado tenha decidido não dar seguimento ao procedimento criminal contra a pessoa em causa, a menos que esta decisão resulte do fato de esse Estado não ter vontade de proceder criminalmente ou da sua incapacidade real para o fazer;
c) A pessoa em causa já tiver sido julgada pela conduta a que se refere a denúncia, e não puder ser julgada pelo Tribunal em virtude do disposto no parágrafo 3 do artigo 20;
d) O caso não for suficientemente grave para justificar a ulterior intervenção do Tribunal.

2. A fim de determinar se há ou não vontade de agir num determinado caso, o Tribunal, tendo em consideração as garantias de um processo equitativo reconhecidas pelo direito internacional, verificará a existência de uma ou mais das seguintes circunstâncias:
a) O processo ter sido instaurado ou estar pendente ou a decisão ter sido proferida no Estado com o propósito de subtrair a pessoa em causa à sua responsabilidade criminal por crimes da competência do Tribunal, nos termos do disposto no artigo 5º;
b) Ter havido demora injustificada no processamento, a qual, dadas as circunstâncias, se mostra incompatível com a intenção de fazer responder a pessoa em causa perante a justiça;
c) O processo não ter sido ou não estar sendo conduzido de maneira independente ou imparcial, e ter estado ou estar sendo conduzido de uma maneira que, dadas as circunstâncias, seja incompatível com a intenção de levar a pessoa em causa perante a justiça.

3. A fim de determinar se há incapacidade de agir num determinado caso, o Tribunal verificará se o Estado, por colapso total ou substancial da respectiva administração da justiça ou por indisponibilidade desta, não estará em condições de fazer comparecer o acusado, de reunir os meios de prova e depoimentos necessários ou não estará, por outros motivos, em condições de concluir o processo.

Artigo 18
Decisões preliminares sobre admissibilidade

1. Se uma situação for denunciada ao Tribunal nos termos do artigo 13, parágrafo a, e o Procurador determinar que existem fundamentos para abrir um inquérito ou der início a um inquérito de acordo com os artigos 13, parágrafo c e 15, deverá notificar todos os Estados-Partes e os Estados que, de acordo com a informação disponível, teriam jurisdição sobre esses crimes. O Procurador poderá proceder à notificação a título confidencial e, sempre que o considere necessário com vista a proteger pessoas, impedir a destruição de provas ou a fuga de pessoas, poderá limitar o âmbito da informação a transmitir aos Estados.

2. No prazo de 1 (um) mês após a recepção da referida notificação, qualquer Estado poderá informar o Tribunal de que está procedendo, ou já procedeu, a um inquérito sobre nacionais seus ou outras pessoas sob a sua jurisdição, por atos que possam constituir crimes a que se refere o artigo 5º e digam respeito à informação constante na respectiva notificação. A pedido desse Estado, o Procurador transferirá para ele o inquérito sobre essas pessoas, a menos que, a pedido do Procurador, o Juízo de Instrução decida autorizar o inquérito.

3. A transferência do inquérito poderá ser reexaminada pelo Procurador 6 (seis) meses após a data em que tiver sido decidida ou, a todo o momento, quando tenha ocorrido uma alteração significativa de circunstâncias, decorrente da falta de vontade ou da incapacidade efetiva do Estado de levar a cabo o inquérito.

4. O Estado interessado ou o Procurador poderão interpor recurso para o Juízo de Recursos da decisão proferida por um Juízo de Instrução, tal como previsto no artigo 82. Este recurso poderá seguir uma forma sumária.

5. Se o Procurador transferir o inquérito, nos termos do parágrafo 2, poderá solicitar ao Estado interessado que o informe periodicamente do andamento do mesmo e de qualquer outro procedimento subsequente. Os Estados-Partes responderão a estes pedidos sem atrasos injustificados.

6. O Procurador poderá, enquanto aguardar uma decisão a proferir no Juízo de Instrução, ou a todo o momento se tiver transferido o inquérito nos termos do presente artigo, solicitar ao tribunal de instrução, a título excepcional, que o autorize a efetuar as investigações que considere necessárias para preservar elementos de prova, quando exista uma oportunidade única de obter provas relevantes ou um risco significa-

tivo de que essas provas possam não estar disponíveis numa fase ulterior.

7. O Estado que tenha recorrido de uma decisão do Juízo de Instrução nos termos do presente artigo poderá impugnar a admissibilidade de um caso nos termos do artigo 19, invocando fatos novos relevantes ou uma alteração significativa de circunstâncias.

Artigo 19
Impugnação da jurisdição do Tribunal ou da admissibilidade do caso

1. O Tribunal deverá certificar-se de que detém jurisdição sobre todos os casos que lhe sejam submetidos. O Tribunal poderá pronunciar-se de ofício sobre a admissibilidade do caso em conformidade com o artigo 17.

2. Poderão impugnar a admissibilidade do caso, por um dos motivos referidos no artigo 17, ou impugnar a jurisdição do Tribunal:
a) O acusado ou a pessoa contra a qual tenha sido emitido um mandado ou ordem de detenção ou de comparecimento, nos termos do artigo 58;
b) Um Estado que detenha o poder de jurisdição sobre um caso, pelo fato de o estar investigando ou julgando, ou por já o ter feito antes; ou
c) Um Estado cuja aceitação da competência do Tribunal seja exigida, de acordo com o artigo 12.

3. O Procurador poderá solicitar ao Tribunal que se pronuncie sobre questões de jurisdição ou admissibilidade. Nas ações relativas a jurisdição ou admissibilidade, aqueles que tiverem denunciado um caso ao abrigo do artigo 13, bem como as vítimas, poderão também apresentar as suas observações ao Tribunal.

4. A admissibilidade de um caso ou a jurisdição do Tribunal só poderão ser impugnadas uma única vez por qualquer pessoa ou Estado a que se faz referência no parágrafo 2. A impugnação deverá ser feita antes do julgamento ou no seu início. Em circunstâncias excepcionais, o Tribunal poderá autorizar que a impugnação se faça mais de uma vez ou depois do início do julgamento. As impugnações à admissibilidade de um caso feitas no início do julgamento, ou posteriormente com a autorização do Tribunal, só poderão fundamentar-se no disposto no parágrafo 1, alínea c do artigo 17.

5. Os Estados a que se referem as alíneas b e c do parágrafo 2 do presente artigo deverão deduzir impugnação logo que possível.

6. Antes da confirmação da acusação, a impugnação da admissibilidade de um caso ou da jurisdição do Tribunal será submetida ao Juízo de Instrução e, após confirmação, ao Juízo de Julgamento em Primeira Instância. Das decisões relativas à jurisdição ou admissibilidade caberá recurso para o Juízo de Recursos, de acordo com o artigo 82.

7. Se a impugnação for feita pelo Estado referido nas alíneas b e c do parágrafo 2, o Procurador suspenderá o inquérito até que o Tribunal decida em conformidade com o artigo 17.

8. Enquanto aguardar uma decisão, o Procurador poderá solicitar ao Tribunal autorização para:
a) Proceder às investigações necessárias previstas no parágrafo 6 do artigo 18;

b) Recolher declarações ou o depoimento de uma testemunha ou completar o recolhimento e o exame das provas que tenha iniciado antes da impugnação; e
c) Impedir, em colaboração com os Estados interessados, a fuga de pessoas em relação às quais já tenha solicitado um mandado de detenção, nos termos do artigo 58.

9. A impugnação não afetará a validade de nenhum ato realizado pelo Procurador, nem de nenhuma decisão ou mandado anteriormente emitido pelo Tribunal.

10. Se o Tribunal tiver declarado que um caso não é admissível, de acordo com o artigo 17, o Procurador poderá pedir a revisão dessa decisão, após se ter certificado de que surgiram novos fatos que invalidam os motivos pelos quais o caso havia sido considerado inadmissível nos termos do artigo 17.

11. Se o Procurador, tendo em consideração as questões referidas no artigo 17, decidir transferir um inquérito, poderá pedir ao Estado em questão que o mantenha informado do seguimento do processo. Esta informação deverá, se esse Estado o solicitar, ser mantida confidencial. Se o Procurador decidir, posteriormente, abrir um inquérito, comunicará a sua decisão ao Estado para o qual foi transferido o processo.

Artigo 20
Ne bis in idem

1. Salvo disposição contrária do presente Estatuto, nenhuma pessoa poderá ser julgada pelo Tribunal por atos constitutivos de crimes pelos quais este já a tenha condenado ou absolvido.

2. Nenhuma pessoa poderá ser julgada por outro tribunal por um crime mencionado no artigo 5º, relativamente ao qual já tenha sido condenada ou absolvida pelo Tribunal.

3. O Tribunal não poderá julgar uma pessoa que já tenha sido julgada por outro tribunal, por atos também punidos pelos artigos 6º, 7º ou 8º, a menos que o processo nesse outro tribunal:
a) Tenha tido por objetivo subtrair o acusado à sua responsabilidade criminal por crimes da competência do Tribunal; ou
b) Não tenha sido conduzido de forma independente ou imparcial, em conformidade com as garantias de um processo equitativo reconhecidas pelo direito internacional, ou tenha sido conduzido de uma maneira que, no caso concreto, se revele incompatível com a intenção de submeter a pessoa à ação da justiça.

▶ Art. 14, item 7, do Pacto Internacional sobre Direitos Civis e Políticos (1966).

Artigo 21
Direito aplicável

1. O Tribunal aplicará:
a) Em primeiro lugar, o presente Estatuto, os Elementos Constitutivos do Crime e o Regulamento Processual;
b) Em segundo lugar, se for o caso, os tratados e os princípios e normas de direito internacional aplicáveis, incluindo os princípios estabelecidos no direito internacional dos conflitos armados;
c) Na falta destes, os princípios gerais do direito que o Tribunal retire do direito interno dos diferentes

sistemas jurídicos existentes, incluindo, se for o caso, o direito interno dos Estados que exerceriam normalmente a sua jurisdição relativamente ao crime, sempre que esses princípios não sejam incompatíveis com o presente Estatuto, com o direito internacional, nem com as normas e padrões internacionalmente reconhecidos.

2. O Tribunal poderá aplicar princípios e normas de direito tal como já tenham sido por si interpretados em decisões anteriores.

3. A aplicação e interpretação do direito, nos termos do presente artigo, deverá ser compatível com os direitos humanos internacionalmente reconhecidos, sem discriminação alguma baseada em motivos tais como o gênero, definido no parágrafo 3 do artigo 7º, a idade, a raça, a cor, a religião ou o credo, a opinião política ou outra, a origem nacional, étnica ou social, a situação econômica, o nascimento ou outra condição.

Capítulo III
PRINCÍPIOS GERAIS DE DIREITO PENAL
Artigo 22
Nullum crimen sine lege

1. Nenhuma pessoa será considerada criminalmente responsável, nos termos do presente Estatuto, a menos que a sua conduta constitua, no momento em que tiver lugar, um crime da competência do Tribunal.

2. A previsão de um crime será estabelecida de forma precisa e não será permitido o recurso à analogia. Em caso de ambiguidade, será interpretada a favor da pessoa objeto de inquérito, acusada ou condenada.

3. O disposto no presente artigo em nada afetará a tipificação de uma conduta como crime nos termos do direito internacional, independentemente do presente Estatuto.

Artigo 23
Nulla poena sine lege

Qualquer pessoa condenada pelo Tribunal só poderá ser punida em conformidade com as disposições do presente Estatuto.

Artigo 24
Não retroatividade *ratione personae*

1. Nenhuma pessoa será considerada criminalmente responsável, de acordo com o presente Estatuto, por uma conduta anterior à entrada em vigor do presente Estatuto.

2. Se o direito aplicável a um caso for modificado antes de proferida sentença definitiva, aplicar-se-á o direito mais favorável à pessoa objeto de inquérito, acusada ou condenada.

Artigo 25
Responsabilidade criminal individual

1. De acordo com o presente Estatuto, o Tribunal será competente para julgar as pessoas físicas.

2. Quem cometer um crime da competência do Tribunal será considerado individualmente responsável e poderá ser punido de acordo com o presente Estatuto.

3. Nos termos do presente Estatuto, será considerado criminalmente responsável e poderá ser punido pela prática de um crime da competência do Tribunal quem:

a) Cometer esse crime individualmente ou em conjunto ou por intermédio de outrem, quer essa pessoa seja, ou não, criminalmente responsável;

b) Ordenar, solicitar ou instigar à prática desse crime, sob forma consumada ou sob a forma de tentativa;

c) Com o propósito de facilitar a prática desse crime, for cúmplice ou encobridor, ou colaborar de algum modo na prática ou na tentativa de prática do crime, nomeadamente pelo fornecimento dos meios para a sua prática;

d) Contribuir de alguma outra forma para a prática ou tentativa de prática do crime por um grupo de pessoas que tenha um objetivo comum. Esta contribuição deverá ser intencional e ocorrer, conforme o caso:

 i) Com o propósito de levar a cabo a atividade ou o objetivo criminal do grupo, quando um ou outro impliquem a prática de um crime da competência do Tribunal; ou

 ii) Com o conhecimento da intenção do grupo de cometer o crime;

e) No caso de crime de genocídio, incitar, direta e publicamente, à sua prática;

▶ Art. 3º, c, da Convenção para Prevenção e Repressão do Crime de Genocídio (1948).

f) Tentar cometer o crime mediante atos que contribuam substancialmente para a sua execução, ainda que não se venha a consumar devido a circunstâncias alheias à sua vontade. Porém, quem desistir da prática do crime, ou impedir de outra forma que este se consuma, não poderá ser punido em conformidade com o presente Estatuto pela tentativa, se renunciar total e voluntariamente ao propósito delituoso.

4. O disposto no presente Estatuto sobre a responsabilidade criminal das pessoas físicas em nada afetará a responsabilidade do Estado, de acordo com o direito internacional.

Artigo 26
Exclusão da jurisdição relativamente a menores de 18 anos

O Tribunal não terá jurisdição sobre pessoas que, à data da alegada prática do crime, não tenham ainda completado 18 anos de idade.

Artigo 27
Irrelevância da qualidade oficial

1. O presente Estatuto será aplicável de forma igual a todas as pessoas sem distinção alguma baseada na qualidade oficial. Em particular, a qualidade oficial de Chefe de Estado ou de Governo, de membro de Governo ou do Parlamento, de representante eleito ou de funcionário público, em caso algum eximirá a pessoa em causa de responsabilidade criminal nos termos do presente Estatuto, nem constituirá de per se motivo de redução da pena.

2. As imunidades ou normas de procedimento especiais decorrentes da qualidade oficial de uma pessoa; nos termos do direito interno ou do direito internacional, não deverão obstar a que o Tribunal exerça a sua jurisdição sobre essa pessoa.

Artigo 28
Responsabilidade dos chefes militares e outros superiores hierárquicos

Além de outras fontes de responsabilidade criminal previstas no presente Estatuto, por crimes da competência do Tribunal:

a) O chefe militar, ou a pessoa que atue efetivamente como chefe militar, será criminalmente responsável por crimes da competência do Tribunal que tenham sido cometidos por forças sob o seu comando e controle efetivos ou sob a sua autoridade e controle efetivos, conforme o caso, pelo fato de não exercer um controle apropriado sobre essas forças quando:
   i) Esse chefe militar ou essa pessoa tinha conhecimento ou, em virtude das circunstâncias do momento, deveria ter tido conhecimento de que essas forças estavam a cometer ou preparavam-se para cometer esses crimes; e
   ii) Esse chefe militar ou essa pessoa não tenha adotado todas as medidas necessárias e adequadas ao seu alcance para prevenir ou reprimir a sua prática, ou para levar o assunto ao conhecimento das autoridades competentes, para efeitos de inquérito e procedimento criminal;

b) Nas relações entre superiores hierárquicos e subordinados, não referidos na alínea a, o superior hierárquico será criminalmente responsável pelos crimes da competência do Tribunal que tiverem sido cometidos por subordinados sob a sua autoridade e controle efetivos, pelo fato de não ter exercido um controle apropriado sobre esses subordinados, quando:
   a) O superior hierárquico teve conhecimento ou deliberadamente não levou em consideração a informação que indicava claramente que os subordinados estavam a cometer ou se preparavam para cometer esses crimes;
   b) Esses crimes estavam relacionados com atividades sob a sua responsabilidade e controle efetivos; e
   c) O superior hierárquico não adotou todas as medidas necessárias e adequadas ao seu alcance para prevenir ou reprimir a sua prática ou para levar o assunto ao conhecimento das autoridades competentes, para efeitos de inquérito e procedimento criminal.

Artigo 29
Imprescritibilidade

Os crimes da competência do Tribunal não prescrevem.

Artigo 30
Elementos psicológicos

1. Salvo disposição em contrário, nenhuma pessoa poderá ser criminalmente responsável e punida por um crime da competência do Tribunal, a menos que atue com vontade de o cometer e conhecimento dos seus elementos materiais.

2. Para os efeitos do presente artigo, entende-se que atua intencionalmente quem:

a) Relativamente a uma conduta, se propuser adotá-la;
b) Relativamente a um efeito do crime, se propuser causá-lo ou estiver ciente de que ele terá lugar em uma ordem normal dos acontecimentos.

3. Nos termos do presente artigo, entende-se por "conhecimento" a consciência de que existe uma circunstância ou de que um efeito irá ter lugar, em uma ordem normal dos acontecimentos. As expressões "ter conhecimento" e "com conhecimento" deverão ser entendidas em conformidade.

Artigo 31
Causas de exclusão da responsabilidade criminal

1. Sem prejuízo de outros fundamentos para a exclusão de responsabilidade criminal previstos no presente Estatuto, não será considerada criminalmente responsável a pessoa que, no momento da prática de determinada conduta:

a) Sofrer de enfermidade ou deficiência mental que a prive da capacidade para avaliar a ilicitude ou a natureza da sua conduta, ou da capacidade para controlar essa conduta a fim de não violar a lei;
b) Estiver em estado de intoxicação que a prive da capacidade para avaliar a ilicitude ou a natureza da sua conduta, ou da capacidade para controlar essa conduta a fim de não transgredir a lei, a menos que se tenha intoxicado voluntariamente em circunstâncias que lhe permitiam ter conhecimento de que, em consequência da intoxicação, poderia incorrer numa conduta tipificada como crime da competência do Tribunal, ou, de que haveria o risco de tal suceder;
c) Agir em defesa própria ou de terceiro com razoabilidade ou, em caso de crimes de guerra, em defesa de um bem que seja essencial para a sua sobrevivência ou de terceiro ou de um bem que seja essencial à realização de uma missão militar, contra o uso iminente e ilegal da força, de forma proporcional ao grau de perigo para si, para terceiro ou para os bens protegidos. O fato de participar em uma força que realize uma operação de defesa não será causa bastante de exclusão de responsabilidade de criminal, nos termos desta alínea;
d) Tiver incorrido numa conduta que presumivelmente constitui crime da competência do Tribunal, em consequência de coação decorrente de uma ameaça iminente de morte ou ofensas corporais graves para si ou para outrem, e em que se veja compelida a atuar de forma necessária e razoável para evitar essa ameaça, desde que não tenha a intenção de causar um dano maior que aquele que se propunha evitar. Essa ameaça tanto poderá:
   i) Ter sido feita por outras pessoas; ou
   ii) Ser constituída por outras circunstâncias alheias à sua vontade.

2. O Tribunal determinará se os fundamentos de exclusão da responsabilidade criminal previstos no presente Estatuto serão aplicáveis no caso em apreço.

3. No julgamento, o Tribunal poderá levar em consideração outros fundamentos de exclusão da responsabilidade criminal, distintos dos referidos no parágrafo 1, sempre que esses fundamentos resultem do direito aplicável em conformidade com o artigo 21. O processo

de exame de um fundamento de exclusão deste tipo será definido no Regulamento Processual.

Artigo 32
Erro de fato ou erro de direito

1. O erro de fato só excluirá a responsabilidade criminal se eliminar o dolo requerido pelo crime.

2. O erro de direito sobre se determinado tipo de conduta constitui crime da competência do Tribunal não será considerado fundamento de exclusão de responsabilidade criminal. No entanto, o erro de direito poderá ser considerado fundamento de exclusão de responsabilidade criminal se eliminar o dolo requerido pelo crime ou se decorrer do artigo 33 do presente Estatuto.

Artigo 33
Decisão hierárquica e disposições legais

1. Quem tiver cometido um crime da competência do Tribunal, em cumprimento de uma decisão emanada de um Governo ou de um superior hierárquico, quer seja militar ou civil, não será isento de responsabilidade criminal, a menos que:

a) Estivesse obrigado por lei a obedecer a decisões emanadas do Governo ou superior hierárquico em questão;
b) Não tivesse conhecimento de que a decisão era ilegal; e
c) A decisão não fosse manifestamente ilegal.

2. Para os efeitos do presente artigo, qualquer decisão de cometer genocídio ou crimes contra a humanidade será considerada como manifestamente ilegal.

Capítulo IV
COMPOSIÇÃO E ADMINISTRAÇÃO DO TRIBUNAL

Artigo 34
Órgãos do Tribunal

O Tribunal será composto pelos seguintes órgãos:

a) A Presidência;
b) Uma Seção de Recursos, uma Seção de Julgamento em Primeira Instância e uma Seção de Instrução;
c) O Gabinete do Procurador;
d) A Secretaria.

Artigo 35
Exercício das funções de juiz

1. Os juízes serão eleitos membros do Tribunal para exercer funções em regime de exclusividade e deverão estar disponíveis para desempenhar o respectivo cargo desde o início do seu mandato.

2. Os juízes que comporão a Presidência desempenharão as suas funções em regime de exclusividade desde a sua eleição.

3. A Presidência poderá, em função do volume de trabalho do Tribunal, e após consulta dos seus membros, decidir periodicamente em que medida é que será necessário que os restantes juízes desempenhem as suas funções em regime de exclusividade. Estas decisões não prejudicarão o disposto no artigo 40.

4. Os ajustes de ordem financeira relativos aos juízes que não tenham de exercer os respectivos cargos em regime de exclusividade serão adotadas em conformidade com o disposto no artigo 49.

Artigo 36
Qualificações, candidatura e eleição dos juízes

1. Sob reserva do disposto no parágrafo 2, o Tribunal será composto por 18 juízes.

2. a) A Presidência, agindo em nome do Tribunal, poderá propor o aumento do número de juízes referido no parágrafo 1 fundamentando as razões pelas quais considera necessária e apropriada tal medida. O Secretário comunicará imediatamente a proposta a todos os Estados-Partes;
b) A proposta será seguidamente apreciada em sessão da Assembleia dos Estados-Partes convocada nos termos do artigo 112 e deverá ser considerada adotada se for aprovada na sessão por maioria de dois terços dos membros da Assembleia dos Estados-Partes; a proposta entrará em vigor na data fixada pela Assembleia dos Estados-Partes;
c) i) Logo que seja aprovada a proposta de aumento do número de juízes, de acordo com o disposto na alínea b, a eleição dos juízes adicionais terá lugar no período seguinte de sessões da Assembleia dos Estados-Partes, nos termos dos parágrafos 3 a 8 do presente artigo e do parágrafo 2 do artigo 37;
ii) Após a aprovação e a entrada em vigor de uma proposta de aumento do número de juízes, de acordo com o disposto nas alíneas b e c (i), a Presidência poderá, a qualquer momento, se o volume de trabalho do Tribunal assim o justificar, propor que o número de juízes seja reduzido, mas nunca para um número inferior ao fixado no parágrafo 1. A proposta será apreciada de acordo com o procedimento definido nas alíneas a e b. Caso a proposta seja aprovada, o número de juízes será progressivamente reduzido, à medida que expirem os mandatos e até que se alcance o número previsto.

3. a) Os juízes serão eleitos dentre pessoas de elevada idoneidade moral, imparcialidade e integridade, que reúnam os requisitos para o exercício das mais altas funções judiciais nos seus respectivos países.
b) Os candidatos a juízes deverão possuir:

i) Reconhecida competência em direito penal e direito processual penal e a necessária experiência em processos penais na qualidade de juiz, procurador, advogado ou outra função semelhante; ou
ii) Reconhecida competência em matérias relevantes de direito internacional, tais como o direito internacional humanitário e os direitos humanos, assim como vasta experiência em profissões jurídicas com relevância para a função judicial do Tribunal;

c) Os candidatos a juízes deverão possuir um excelente conhecimento e serem fluentes em, pelo menos, uma das línguas de trabalho do Tribunal.

4. a) Qualquer Estado-Parte no presente Estatuto poderá propor candidatos às eleições para juiz do Tribunal mediante:

i) O procedimento previsto para propor candidatos aos mais altos cargos judiciais do país; ou
ii) O procedimento previsto no Estatuto da Corte Internacional de Justiça para propor candidatos a esse Tribunal.

As propostas de candidatura deverão ser acompanhadas de uma exposição detalhada comprovativa de que o candidato possui os requisitos enunciados no parágrafo 3;

b) Qualquer Estado-Parte poderá apresentar uma candidatura de uma pessoa que não tenha necessariamente a sua nacionalidade, mas que seja nacional de um Estado-Parte;

c) A Assembleia dos Estados-Partes poderá decidir constituir, se apropriado, uma Comissão consultiva para o exame das candidaturas, neste caso, a Assembleia dos Estados-Partes determinará a composição e o mandato da Comissão.

5. Para efeitos da eleição, serão estabelecidas duas listas de candidatos:

A lista A, com os nomes dos candidatos que reúnam os requisitos enunciados na alínea b (i) do parágrafo 3; e

A lista B, com os nomes dos candidatos que reúnam os requisitos enunciados na alínea b (ii) do parágrafo 3.

O candidato que reúna os requisitos constantes de ambas as listas, poderá escolher em qual delas deseja figurar. Na primeira eleição de membros do Tribunal, pelo menos nove juízes serão eleitos entre os candidatos da lista A e pelo menos cinco entre os candidatos da lista B. As eleições subsequentes serão organizadas por forma a que se mantenha no Tribunal uma proporção equivalente de juízes de ambas as listas.

6. a) Os juízes serão eleitos por escrutínio secreto, em sessão da Assembleia dos Estados-Partes convocada para esse efeito, nos termos do artigo 112. Sob reserva do disposto no parágrafo 7, serão eleitos os 18 candidatos que obtenham o maior número de votos e uma maioria de dois terços dos Estados-Partes presentes e votantes;

b) No caso em que da primeira votação não resulte eleito um número suficiente de juízes, proceder-se-á a nova votação, de acordo com os procedimentos estabelecidos na alínea a, até provimento dos lugares restantes.

7. O Tribunal não poderá ter mais de um juiz nacional do mesmo Estado. Para este efeito, a pessoa que for considerada nacional de mais de um Estado será considerada nacional do Estado onde exerce habitualmente os seus direitos civis e políticos.

8. a) Na seleção dos juízes, os Estados-Partes ponderarão sobre a necessidade de assegurar que a composição do Tribunal inclua:

i) A representação dos principais sistemas jurídicos do mundo;
ii) Uma representação geográfica equitativa; e
iii) Uma representação justa de juízes do sexo feminino e do sexo masculino;

b) Os Estados-Partes levarão igualmente em consideração a necessidade de assegurar a presença de juízes especializados em determinadas matérias incluindo, entre outras, a violência contra mulheres ou crianças.

9. a) Salvo o disposto na alínea b, os juízes serão eleitos por um mandato de nove anos e não poderão ser reeleitos, salvo o disposto na alínea c e no parágrafo 2 do artigo 37;

b) Na primeira eleição, um terço dos juízes eleitos será selecionado por sorteio para exercer um mandato de três anos; outro terço será selecionado, também por sorteio, para exercer um mandato de seis anos; e os restantes exercerão um mandato de nove anos;

c) Um juiz selecionado para exercer um mandato de três anos, em conformidade com a alínea b, poderá ser reeleito para um mandato completo.

10. Não obstante o disposto no parágrafo 9, um juiz afeto a um Juízo de Julgamento em Primeira Instância ou de Recurso, em conformidade com o artigo 39, permanecerá em funções até a conclusão do julgamento ou do recurso dos casos que tiver a seu cargo.

Artigo 37
Vagas

1. Caso ocorra uma vaga, realizar-se-á uma eleição para o seu provimento, de acordo com o artigo 36.

2. O juiz eleito para prover uma vaga, concluirá o mandato do seu antecessor e, se esse período for igual ou inferior a três anos, poderá ser reeleito para um mandato completo, nos termos do artigo 36.

Artigo 38
A presidência

1. O Presidente, o Primeiro Vice-Presidente e o Segundo Vice-Presidente serão eleitos por maioria absoluta dos juízes. Cada um desempenhará o respectivo cargo por um período de três anos ou até ao termo do seu mandato como juiz, conforme o que expirar em primeiro lugar. Poderão ser reeleitos uma única vez.

2. O Primeiro Vice-Presidente substituirá o Presidente em caso de impossibilidade ou recusa deste. O Segundo Vice-Presidente substituirá o Presidente em caso de impedimento ou recusa deste ou do Primeiro Vice-Presidente.

3. O Presidente, o Primeiro Vice-Presidente e o Segundo Vice-Presidente constituirão a Presidência, que ficará encarregada:

a) Da adequada administração do Tribunal, com exceção do Gabinete do Procurador; e
b) Das restantes funções que lhe forem conferidas de acordo com o presente Estatuto.

4. Embora eximindo-se da sua responsabilidade nos termos do parágrafo 3, a, a Presidência atuará em coordenação com o Gabinete do Procurador e deverá obter a aprovação deste em todos os assuntos de interesse comum.

Artigo 39
Juízos

1. Após a eleição dos juízes e logo que possível, o Tribunal deverá organizar-se nas seções referidas no artigo 34, b. A Seção de Recursos será composta pelo Presidente e quatro juízes, a Seção de Julgamento em Primeira Instância por, pelo menos, seis juízes e a Seção de Instrução por, pelo menos, seis juízes. Os juízes serão adstritos às Seções de acordo com a natureza das funções que corresponderem a cada um e com as respectivas qualificações e experiência, por forma a que cada Seção disponha de um conjunto adequado de especialistas em direito penal e processual penal e em direito internacional. A Seção de Julgamento em

Primeira Instância e a Seção de Instrução serão predominantemente compostas por juízes com experiência em processo penal.

2. *a)* As funções judiciais do Tribunal serão desempenhadas em cada Seção pelos juízos;

   b) *i)* O Juízo de Recursos será composto por todos os juízes da Seção de Recursos;
   ii) As funções do Juízo de Julgamento em Primeira Instância serão desempenhadas por três juízes da Seção de Julgamento em Primeira Instância;
   iii) As funções do Juízo de Instrução serão desempenhadas por três juízes da Seção de Instrução ou por um só juiz da referida Seção, em conformidade com o presente Estatuto e com o Regulamento Processual;

   c) Nada no presente número obstará a que se constituam simultaneamente mais de um Juízo de Julgamento em Primeira Instância ou Juízo de Instrução, sempre que a gestão eficiente do trabalho do Tribunal assim o exigir.

3. *a)* Os juízes adstritos às Seções de Julgamento em Primeira Instância e de Instrução desempenharão o cargo nessas Seções por um período de 3 (três) anos ou, decorrido esse período, até à conclusão dos casos que lhes tenham sido cometidos pela respectiva Seção;

   b) Os juízes adstritos à Seção de Recursos desempenharão o cargo nessa Seção durante todo o seu mandato.

4. Os juízes adstritos à Seção de Recursos desempenharão o cargo unicamente nessa Seção. Nada no presente artigo obstará a que sejam adstritos temporariamente juízes da Seção de Julgamento em Primeira Instância à Seção de Instrução, ou inversamente, se a Presidência entender que a gestão eficiente do trabalho do Tribunal assim o exige; porém, o juiz que tenha participado na fase instrutória não poderá, em caso algum, fazer parte do Juízo de Julgamento em Primeira Instância encarregado do caso.

Artigo 40
Independência dos juízes

1. Os juízes serão independentes no desempenho das suas funções.

2. Os juízes não desenvolverão qualquer atividade que possa ser incompatível com o exercício das suas funções judiciais ou prejudicar a confiança na sua independência.

3. Os juízes que devam desempenhar os seus cargos em regime de exclusividade na sede do Tribunal não poderão ter qualquer outra ocupação de natureza profissional.

4. As questões relativas à aplicação dos parágrafo 2 e 3 serão decididas por maioria absoluta dos juízes. Nenhum juiz participará na decisão de uma questão que lhe diga respeito.

Artigo 41
Impedimento e desqualificação de juízes

1. A Presidência poderá, a pedido de um juiz, declarar seu impedimento para o exercício de alguma das funções que lhe confere o presente Estatuto, em conformidade com o Regulamento Processual.

2. *a)* Nenhum juiz pode participar num caso em que, por qualquer motivo, seja posta em dúvida a sua imparcialidade. Será desqualificado, em conformidade com o disposto neste número, entre outras razões, se tiver intervindo anteriormente, a qualquer título, em um caso submetido ao Tribunal ou em um procedimento criminal conexo em nível nacional que envolva a pessoa objeto de inquérito ou procedimento criminal. Pode ser igualmente desqualificado por qualquer outro dos motivos definidos no Regulamento Processual;

   b) O Procurador ou a pessoa objeto de inquérito ou procedimento criminal poderá solicitar a desqualificação de um juiz em virtude do disposto no presente número;

   c) As questões relativas à desqualificação de juízes serão decididas por maioria absoluta dos juízes. O juiz cuja desqualificação for solicitada, poderá pronunciar-se sobre a questão, mas não poderá tomar parte na decisão.

Artigo 42
O Gabinete do Procurador

1. O Gabinete do Procurador atuará de forma independente, enquanto órgão autônomo do Tribunal. Competir-lhe-á recolher comunicações e qualquer outro tipo de informação, devidamente fundamentada, sobre crimes da competência do Tribunal, a fim de os examinar e investigar e de exercer a ação penal junto ao Tribunal. Os membros do Gabinete do Procurador não solicitarão nem cumprirão ordens de fontes externas ao Tribunal.

2. O Gabinete do Procurador será presidido pelo Procurador, que terá plena autoridade para dirigir e administrar o Gabinete do Procurador, incluindo o pessoal, as instalações e outros recursos. O Procurador será coadjuvado por um ou mais Procuradores-Adjuntos, que poderão desempenhar qualquer uma das funções que incumbam àquele, em conformidade com o disposto no presente Estatuto. O Procurador e os Procuradores-Adjuntos terão nacionalidades diferentes e desempenharão o respectivo cargo em regime de exclusividade.

3. O Procurador e os Procuradores-Adjuntos deverão ter elevada idoneidade moral, elevado nível de competência e vasta experiência prática em matéria de processo penal. Deverão possuir um excelente conhecimento e serem fluentes em, pelo menos, uma das línguas de trabalho do Tribunal.

4. O Procurador será eleito por escrutínio secreto e por maioria absoluta de votos dos membros da Assembleia dos Estados-Partes. Os Procuradores-Adjuntos serão eleitos da mesma forma, de entre uma lista de candidatos apresentada pelo Procurador. O Procurador proporá três candidatos para cada cargo de Procurador-Adjunto a prover. A menos que, ao tempo da eleição, seja fixado um período mais curto, o Procurador e os Procuradores-Adjuntos exercerão os respectivos cargos por um período de nove anos e não poderão ser reeleitos.

5. O Procurador e os Procuradores-Adjuntos não deverão desenvolver qualquer atividade que possa interferir com o exercício das suas funções ou afetar a confiança na sua independência e não poderão desempenhar qualquer outra função de caráter profissional.

6. A Presidência poderá, a pedido do Procurador ou de um Procurador-Adjunto, escusá-lo de intervir num determinado caso.

7. O Procurador e os Procuradores-Adjuntos não poderão participar em qualquer processo em que, por qualquer motivo, a sua imparcialidade possa ser posta em causa. Serão recusados, em conformidade com o disposto no presente número, entre outras razões, se tiverem intervindo anteriormente, a qualquer título, num caso submetido ao Tribunal ou num procedimento crime conexo em nível nacional, que envolva a pessoa objeto de inquérito ou procedimento criminal.

8. As questões relativas à recusa do Procurador ou de um Procurador-Adjunto serão decididas pelo Juízo de Recursos.

a) A pessoa objeto de inquérito ou procedimento criminal poderá solicitar, a todo o momento, a recusa do Procurador ou de um Procurador-Adjunto, pelos motivos previstos no presente artigo;
b) O Procurador ou o Procurador-Adjunto, segundo o caso, poderão pronunciar-se sobre a questão.

9. O Procurador nomeará assessores jurídicos especializados em determinadas áreas incluindo, entre outras, as da violência sexual ou violência por motivos relacionados com a pertença a um determinado gênero e da violência contra as crianças.

Artigo 43
A Secretaria

1. A Secretaria será responsável pelos aspectos não judiciais da administração e do funcionamento do Tribunal, sem prejuízo das funções e atribuições do Procurador definidas no artigo 42.

2. A Secretaria será dirigida pelo Secretário, principal responsável administrativo do Tribunal. O Secretário exercerá as suas funções na dependência do Presidente do Tribunal.

3. O Secretário e o Secretário-Adjunto deverão ser pessoas de elevada idoneidade moral e possuir um elevado nível de competência e um excelente conhecimento e domínio de, pelo menos, uma das línguas de trabalho do Tribunal.

4. Os juízes elegerão o Secretário em escrutínio secreto, por maioria absoluta, tendo em consideração as recomendações da Assembleia dos Estados-Partes. Se necessário, elegerão um Secretário-Adjunto, por recomendação do Secretário e pela mesma forma.

5. O Secretário será eleito por um período de 5 (cinco) anos para exercer funções em regime de exclusividade e só poderá ser reeleito uma vez. O Secretário-Adjunto será eleito por um período de 5 (cinco) anos, ou por um período mais curto se assim o decidirem os juízes por deliberação tomada por maioria absoluta, e exercerá as suas funções de acordo com as exigências de serviço.

6. O Secretário criará, no âmbito da Secretaria, uma Unidade de Apoio às Vítimas e Testemunhas. Esta Unidade, em conjunto com o Gabinete do Procurador, adotará medidas de proteção e dispositivos de segurança e prestará assessoria e outro tipo de assistência às testemunhas e vítimas que compareçam perante o Tribunal e a outras pessoas ameaçadas em virtude do testemunho prestado por aquelas. A Unidade incluirá pessoal especializado para atender as vítimas de traumas, nomeadamente os relacionados com crimes de violência sexual.

Artigo 44
O pessoal

1. O Procurador e o Secretário nomearão o pessoal qualificado necessário aos respectivos serviços, nomeadamente, no caso do Procurador, o pessoal encarregado de efetuar diligências no âmbito do inquérito.

2. No tocante ao recrutamento de pessoal, o Procurador e o Secretário assegurarão os mais altos padrões de eficiência, competência e integridade, tendo em consideração, mutatis mutandis, os critérios estabelecidos no parágrafo 8 do artigo 36.

3. O Secretário, com o acordo da Presidência e do Procurador, proporá o Estatuto do Pessoal, que fixará as condições de nomeação, remuneração e cessação de funções do pessoal do Tribunal. O Estatuto do Pessoal será aprovado pela Assembleia dos Estados-Partes.

4. O Tribunal poderá, em circunstâncias excepcionais, recorrer aos serviços de pessoal colocado à sua disposição, a título gratuito, pelos Estados-Partes, organizações intergovernamentais e organizações não governamentais, com vista a colaborar com qualquer um dos órgãos do Tribunal. O Procurador poderá anuir a tal eventualidade em nome do Gabinete do Procurador. A utilização do pessoal disponibilizado a título gratuito ficará sujeita às diretivas estabelecidas pela Assembleia dos Estados-Partes.

Artigo 45
Compromisso solene

Antes de assumir as funções previstas no presente Estatuto, os juízes, o Procurador, os Procuradores-Adjuntos, o Secretário e o Secretário-Adjunto declararão solenemente, em sessão pública, que exercerão as suas funções imparcial e conscienciosamente.

Artigo 46
Cessação de funções

1. Um Juiz, o Procurador, um Procurador-Adjunto, o Secretário ou o Secretário-Adjunto cessará as respectivas funções, por decisão adotada de acordo com o disposto no parágrafo 2, nos casos em que:

a) Se conclua que a pessoa em causa incorreu em falta grave ou incumprimento grave das funções conferidas pelo presente Estatuto, de acordo com o previsto no Regulamento Processual; ou
b) A pessoa em causa se encontre impossibilitada de desempenhar as funções definidas no presente Estatuto.

2. A decisão relativa à cessação de funções de um juiz, do Procurador ou de um Procurador-Adjunto, de acordo com o parágrafo 1, será adotada pela Assembleia dos Estados-Partes em escrutínio secreto:

a) No caso de um juiz, por maioria de dois terços dos Estados-Partes, com base em recomendação adotada por maioria de dois terços dos restantes juízes;
b) No caso do Procurador, por maioria absoluta dos Estados-Partes;

c) No caso de um Procurador-Adjunto, por maioria absoluta dos Estados-Partes, com base na recomendação do Procurador.

3. A decisão relativa à cessação de funções do Secretário ou do Secretário-Adjunto será adotada por maioria absoluta de votos dos juízes.

4. Os juízes, o Procurador, os Procuradores-Adjuntos, o Secretário ou o Secretário-Adjunto, cuja conduta ou idoneidade para o exercício das funções inerentes ao cargo em conformidade com o presente Estatuto tiver sido contestada ao abrigo do presente artigo, terão plena possibilidade de apresentar e obter meios de prova e produzir alegações de acordo com o Regulamento Processual; não poderão, no entanto, participar, de qualquer outra forma, na apreciação do caso.

Artigo 47
Medidas disciplinares

Os juízes, o Procurador, os Procuradores-Adjuntos, o Secretário ou o Secretário-Adjunto que tiverem cometido uma falta menos grave que a prevista no parágrafo 1 do artigo 46 incorrerão em responsabilidade disciplinar nos termos do Regulamento Processual.

Artigo 48
Privilégios e imunidades

1. O Tribunal gozará, no território dos Estados-Partes, dos privilégios e imunidades que se mostrem necessários ao cumprimento das suas funções.

2. Os juízes, o Procurador, os Procuradores-Adjuntos e o Secretário gozarão, no exercício das suas funções ou em relação a estas, dos mesmos privilégios e imunidades reconhecidos aos chefes das missões diplomáticas, continuando a usufruir de absoluta imunidade judicial relativamente às suas declarações, orais ou escritas, e aos atos que pratiquem no desempenho de funções oficiais após o termo do respectivo mandato.

3. O Secretário-Adjunto, o pessoal do Gabinete do Procurador e o pessoal da Secretaria gozarão dos mesmos privilégios e imunidades e das facilidades necessárias ao cumprimento das respectivas funções, nos termos do acordo sobre os privilégios e imunidades do Tribunal.

4. Os advogados, peritos, testemunhas e outras pessoas, cuja presença seja requerida na sede do Tribunal, beneficiarão do tratamento que se mostre necessário ao funcionamento adequado deste, nos termos do acordo sobre os privilégios e imunidades do Tribunal.

5. Os privilégios e imunidades poderão ser levantados:
a) No caso de um juiz ou do Procurador, por decisão adotada por maioria absoluta dos juízes;
b) No caso do Secretário, pela Presidência;
c) No caso dos Procuradores-Adjuntos e do pessoal do Gabinete do Procurador, pelo Procurador;
d) No caso do Secretário-Adjunto e do pessoal da Secretaria, pelo Secretário.

Artigo 49
Vencimentos, subsídios e despesas

Os juízes, o Procurador, os Procuradores-Adjuntos, o Secretário e o Secretário-Adjunto auferirão os vencimentos e terão direito aos subsídios e ao reembolso de despesas que forem estabelecidos em Assembleia dos Estados-Partes. Estes vencimentos e subsídios não serão reduzidos no decurso do mandato.

Artigo 50
Línguas oficiais e línguas de trabalho

1. As línguas árabe, chinesa, espanhola, francesa, inglesa e russa serão as línguas oficiais do Tribunal. As sentenças proferidas pelo Tribunal, bem como outras decisões sobre questões fundamentais submetidas ao Tribunal, serão publicadas nas línguas oficiais. A Presidência, de acordo com os critérios definidos no Regulamento Processual, determinará quais as decisões que poderão ser consideradas como decisões sobre questões fundamentais, para os efeitos do presente parágrafo.

2. As línguas francesa e inglesa serão as línguas de trabalho do Tribunal. O Regulamento Processual definirá os casos em que outras línguas oficiais poderão ser usadas como línguas de trabalho.

3. A pedido de qualquer Parte ou qualquer Estado que tenha sido admitido a intervir num processo, o Tribunal autorizará o uso de uma língua que não seja a francesa ou a inglesa, sempre que considere que tal autorização se justifica.

Artigo 51
Regulamento processual

1. O Regulamento Processual entrará em vigor mediante a sua aprovação por uma maioria de dois terços dos votos dos membros da Assembleia dos Estados-Partes.

2. Poderão propor alterações ao Regulamento Processual:
a) Qualquer Estado-Parte;
b) Os juízes, por maioria absoluta; ou
c) O Procurador.

Estas alterações entrarão em vigor mediante a aprovação por uma maioria de dois terços dos votos dos membros da Assembleia dos Estados-Partes.

3. Após a aprovação do Regulamento Processual, em casos urgentes em que a situação concreta suscitada em Tribunal não se encontre prevista no Regulamento Processual, os juízes poderão, por maioria de dois terços, estabelecer normas provisórias a serem aplicadas até que a Assembleia dos Estados-Partes as aprove, altere ou rejeite na sessão ordinária ou extraordinária seguinte.

4. O Regulamento Processual, e respectivas alterações, bem como quaisquer normas provisórias, deverão estar em consonância com o presente Estatuto. As alterações ao Regulamento Processual, assim como as normas provisórias aprovadas em conformidade com o parágrafo 3, não serão aplicadas com caráter retroativo em detrimento de qualquer pessoa que seja objeto de inquérito ou de procedimento criminal, ou que tenha sido condenada.

5. Em caso de conflito entre as disposições do Estatuto e as do Regulamento Processual, o Estatuto prevalecerá.

Artigo 52
Regimento do Tribunal

1. De acordo com o presente Estatuto e com o Regulamento Processual, os juízes aprovarão, por maioria

absoluta, o Regimento necessário ao normal funcionamento do Tribunal.

2. O Procurador e o Secretário serão consultados sobre a elaboração do Regimento ou sobre qualquer alteração que lhe seja introduzida.

3. O Regimento do Tribunal e qualquer alteração posterior entrarão em vigor mediante a sua aprovação, salvo decisão em contrário dos juízes. Imediatamente após a adoção, serão circulados pelos Estados-Partes para observações e continuarão em vigor se, dentro de 6 (seis) meses, não forem formuladas objeções pela maioria dos Estados-Partes.

Capítulo V

INQUÉRITO E PROCEDIMENTO CRIMINAL

Artigo 53

Abertura do inquérito

1. O Procurador, após examinar a informação de que dispõe, abrirá um inquérito, a menos que considere que, nos termos do presente Estatuto, não existe fundamento razoável para proceder ao mesmo. Na sua decisão, o Procurador terá em conta se:

a) A informação de que dispõe constitui fundamento razoável para crer que foi, ou está sendo, cometido um crime da competência do Tribunal;
b) O caso é ou seria admissível nos termos do artigo 17; e
c) Tendo em consideração a gravidade do crime e os interesses das vítimas, não existirão, contudo, razões substanciais para crer que o inquérito não serve os interesses da justiça.

Se decidir que não há motivo razoável para abrir um inquérito e se esta decisão se basear unicamente no disposto na alínea c, o Procurador informará o Juízo de Instrução.

2. Se, concluído o inquérito, o Procurador chegar à conclusão de que não há fundamento suficiente para proceder criminalmente, na medida em que:

a) Não existam elementos suficientes, de fato ou de direito, para requerer a emissão de um mandado de detenção ou notificação para comparência, de acordo com o artigo 58;
b) O caso seja inadmissível, de acordo com o artigo 17; ou
c) O procedimento não serviria o interesse da justiça, consideradas todas as circunstâncias, tais como a gravidade do crime, os interesses das vítimas e a idade ou o estado de saúde do presumível autor e o grau de participação no alegado crime, comunicará a sua decisão, devidamente fundamentada, ao Juízo de Instrução e ao Estado que lhe submeteu o caso, de acordo com o artigo 14, ou ao Conselho de Segurança, se se tratar de um caso previsto no parágrafo b do artigo 13.

3. a) A pedido do Estado que tiver submetido o caso, nos termos do artigo 14, ou do Conselho de Segurança, nos termos do parágrafo b do artigo 13, o Juízo de Instrução poderá examinar a decisão do Procurador de não proceder criminalmente em conformidade com os parágrafos 1 ou 2 e solicitar-lhe que reconsidere essa decisão;

b) Além disso, o Juízo de Instrução poderá, oficiosamente, examinar a decisão do Procurador de não proceder criminalmente, se essa decisão se basear unicamente no disposto no parágrafo 1, alínea c, e no parágrafo 2, alínea c. Nesse caso, a decisão do Procurador só produzirá efeitos se confirmada pelo Juízo de Instrução.

4. O Procurador poderá, a todo o momento, reconsiderar a sua decisão de abrir um inquérito ou proceder criminalmente, com base em novos fatos ou novas informações.

Artigo 54

Funções e poderes do Procurador em matéria de inquérito

1. O Procurador deverá:

a) A fim de estabelecer a verdade dos fatos, alargar o inquérito a todos os fatos e provas pertinentes para a determinação da responsabilidade criminal, em conformidade com o presente Estatuto e, para esse efeito, investigar, de igual modo, as circunstâncias que interessam quer à acusação, quer à defesa;
b) Adotar as medidas adequadas para assegurar a eficácia do inquérito e do procedimento criminal relativamente aos crimes da jurisdição do Tribunal e, na sua atuação, o Procurador terá em conta os interesses e a situação pessoal das vítimas e testemunhas, incluindo a idade, o gênero tal como definido no parágrafo 3 do artigo 7º, e o estado de saúde; terá igualmente em conta a natureza do crime, em particular quando envolva violência sexual, violência por motivos relacionados com a pertença a um determinado gênero e violência contra as crianças;
c) Respeitar plenamente os direitos conferidos às pessoas pelo presente Estatuto.

2. O Procurador poderá realizar investigações no âmbito do presente Estatuto no território de um Estado:

a) De acordo com o disposto na Parte IX; ou
b) Mediante autorização do Juízo de Instrução, dada nos termos do parágrafo 3, alínea d, do artigo 57.

3. O Procurador poderá:

a) Reunir e examinar provas;
b) Convocar e interrogar pessoas objeto de inquérito e convocar e tomar o depoimento de vítimas e testemunhas;
c) Procurar obter a cooperação de qualquer Estado ou organização intergovernamental ou instrumento intergovernamental, de acordo com a respectiva competência e/ou mandato;
d) Celebrar acordos ou convênios compatíveis com o presente Estatuto, que se mostrem necessários para facilitar a cooperação de um Estado, de uma organização intergovernamental ou de uma pessoa;
e) Concordar em não divulgar, em qualquer fase do processo, documentos ou informação que tiver obtido, com a condição de preservar o seu caráter confidencial e com o objetivo único de obter novas provas, a menos que quem tiver facilitado a informação consinta na sua divulgação; e
f) Adotar ou requerer que se adotem as medidas necessárias para assegurar o caráter confidencial da

informação, a proteção de pessoas ou a preservação da prova.

Artigo 55
Direitos das pessoas no decurso do inquérito

1. No decurso de um inquérito aberto nos termos do presente Estatuto:
   a) Nenhuma pessoa poderá ser obrigada a depor contra si própria ou a declarar-se culpada;
   ▶ Art. 14, item 3, g, do Pacto Internacional sobre Direitos Civis e Políticos (1966).
   b) Nenhuma pessoa poderá ser submetida a qualquer forma de coação, intimidação ou ameaça, tortura ou outras formas de penas ou tratamentos cruéis, desumanos ou degradantes; e
   c) Qualquer pessoa que for interrogada numa língua que não compreenda ou não fale fluentemente, será assistida, gratuitamente, por um intérprete competente e disporá das traduções que são necessárias às exigências de equidade;
   d) Nenhuma pessoa poderá ser presa ou detida arbitrariamente, nem ser privada da sua liberdade, salvo pelos motivos previstos no presente Estatuto e em conformidade com os procedimentos nele estabelecidos.

2. Sempre que existam motivos para crer que uma pessoa cometeu um crime da competência do Tribunal e que deve ser interrogada pelo Procurador ou pelas autoridades nacionais, em virtude de um pedido feito em conformidade com o disposto na Parte IX do presente Estatuto, essa pessoa será informada, antes do interrogatório, de que goza ainda dos seguintes direitos:
   a) A ser informada antes de ser interrogada de que existem indícios de que cometeu um crime da competência do Tribunal;
   b) A guardar silêncio, sem que tal seja tido em consideração para efeitos de determinação da sua culpa ou inocência;
   c) A ser assistida por um advogado da sua escolha ou, se não o tiver, a solicitar que lhe seja designado um defensor dativo, em todas as situações em que o interesse da justiça assim o exija e sem qualquer encargo se não possuir meios suficientes para lhe pagar; e
   d) A ser interrogada na presença do seu advogado, a menos que tenha renunciado voluntariamente ao direito de ser assistida por um advogado.

Artigo 56
Intervenção do juízo de instrução em caso de oportunidade única de proceder a um inquérito

1. a) Sempre que considere que um inquérito oferece uma oportunidade única de recolher depoimentos ou declarações de uma testemunha ou de examinar, reunir ou verificar provas, o Procurador comunicará esse fato ao Juízo de Instrução;
   b) Nesse caso, o Juízo de Instrução, a pedido do Procurador, poderá adotar as medidas que entender necessárias para assegurar a eficácia e a integridade do processo e, em particular, para proteger os direitos de defesa;
   c) Salvo decisão em contrário do Juízo de Instrução, o Procurador transmitirá a informação relevante à pessoa que tenha sido detida, ou que tenha comparecido na sequência de notificação emitida no âmbito do inquérito a que se refere a alínea a, para que possa ser ouvida sobre a matéria em causa.

2. As medidas a que se faz referência na alínea b do parágrafo 1 poderão consistir em:
   a) Fazer recomendações ou proferir despachos sobre o procedimento a seguir;
   b) Ordenar que seja lavrado o processo;
   c) Nomear um perito;
   d) Autorizar o advogado de defesa do detido, ou de quem tiver comparecido no Tribunal na sequência de notificação, a participar no processo ou, no caso dessa detenção ou comparecimento não se ter ainda verificado ou não tiver ainda sido designado advogado, a nomear outro defensor que se encarregará dos interesses da defesa e os representará;
   e) Encarregar um dos seus membros ou, se necessário, outro juiz disponível da Seção de Instrução ou da Seção de Julgamento em Primeira Instância, de formular recomendações ou proferir despachos sobre o recolhimento e a preservação de meios de prova e a inquirição de pessoas;
   f) Adotar todas as medidas necessárias para reunir ou preservar meios de prova.

3. a) Se o Procurador não tiver solicitado as medidas previstas no presente artigo, mas o Juízo de Instrução considerar que tais medidas serão necessárias para preservar meios de prova que lhe pareçam essenciais para a defesa no julgamento, o Juízo consultará o Procurador a fim de saber se existem motivos poderosos para este não requerer as referidas medidas. Se, após consulta, o Juízo concluir que a omissão de requerimento de tais medidas é injustificada, poderá adotar essas medidas de ofício;
   b) O Procurador poderá recorrer da decisão do Juízo de Instrução de ofício, nos termos do presente número. O recurso seguirá uma forma sumária.

4. A admissibilidade dos meios de prova preservados ou recolhidos para efeitos do processo ou o respectivo registro, em conformidade com o presente artigo, reger-se-ão, em julgamento, pelo disposto no artigo 69, e terão o valor que lhes for atribuído pelo Juízo de Julgamento em Primeira Instância.

Artigo 57
Funções e poderes do juízo de instrução

1. Salvo disposição em contrário contida no presente Estatuto, o Juízo de Instrução exercerá as suas funções em conformidade com o presente artigo.

2. a) Para os despachos do Juízo de Instrução proferidos ao abrigo dos artigos 15, 18, 19, 54, parágrafo 2, 61, parágrafo 7, e 72, deve concorrer maioria de votos dos juízes que o compõem;
   b) Em todos os outros casos, um único juiz do Juízo de Instrução poderá exercer as funções definidas no presente Estatuto, salvo disposição em contrário contida no Regulamento Processual ou decisão em contrário do Juízo de Instrução tomada por maioria de votos.

3. Independentemente das outras funções conferidas pelo presente Estatuto, o Juízo de Instrução poderá:
   a) A pedido do Procurador, proferir os despachos e emitir os mandados que se revelem necessários para um inquérito;

b) A pedido de qualquer pessoa que tenha sido detida ou tenha comparecido na sequência de notificação expedida nos termos do artigo 58, proferir despachos, incluindo medidas tais como as indicadas no artigo 56, ou procurar obter, nos termos do disposto na Parte IX, a cooperação necessária para auxiliar essa pessoa a preparar a sua defesa;
c) Sempre que necessário, assegurar a proteção e o respeito pela privacidade de vítimas e testemunhas, a preservação da prova, a proteção de pessoas detidas ou que tenham comparecido na sequência de notificação para comparecimento, assim como a proteção de informação que afete a segurança nacional;
d) Autorizar o Procurador a adotar medidas específicas no âmbito de um inquérito, no território de um Estado-Parte sem ter obtido a cooperação deste nos termos do disposto na Parte IX, caso o Juízo de Instrução determine que, tendo em consideração, na medida do possível, a posição do referido Estado, este último não está manifestamente em condições de satisfazer um pedido de cooperação face à incapacidade de todas as autoridades ou órgãos do seu sistema judiciário com competência para dar seguimento a um pedido de cooperação formulado nos termos do disposto na Parte IX.
e) Quando tiver emitido um mandado de detenção ou uma notificação para comparecimento nos termos do artigo 58, e levando em consideração o valor das provas e os direitos das partes em questão, em conformidade com o disposto no presente Estatuto e no Regulamento Processual, procurar obter a cooperação dos Estados, nos termos do parágrafo 1, alínea *k* do artigo 93, para adoção de medidas cautelares que visem à apreensão, em particular no interesse superior das vítimas.

Artigo 58
Mandado de detenção e notificação para comparecimento do juízo de instrução

1. A todo o momento após a abertura do inquérito, o Juízo de Instrução poderá, a pedido do Procurador, emitir um mandado de detenção contra uma pessoa se, após examinar o pedido e as provas ou outras informações submetidas pelo Procurador, considerar que:

a) Existem motivos suficientes para crer que essa pessoa cometeu um crime da competência do Tribunal; e
b) A detenção dessa pessoa se mostra necessária para:
  i) Garantir o seu comparecimento em tribunal;
  ii) Garantir que não obstruirá, nem porá em perigo, o inquérito ou a ação do Tribunal; ou
  iii) Se for o caso, impedir que a pessoa continue a cometer esse crime ou um crime conexo que seja da competência do Tribunal e tenha a sua origem nas mesmas circunstâncias.

2. Do requerimento do Procurador deverão constar os seguintes elementos:

a) O nome da pessoa em causa e qualquer outro elemento útil de identificação;
b) A referência precisa do crime da competência do Tribunal que a pessoa tenha presumivelmente cometido;
c) Uma descrição sucinta dos fatos que alegadamente constituem o crime;
d) Um resumo das provas e de qualquer outra informação que constitua motivo suficiente para crer que a pessoa cometeu o crime; e
e) Os motivos pelos quais o Procurador considere necessário proceder à detenção daquela pessoa.

3. Do mandado de detenção deverão constar os seguintes elementos:

a) O nome da pessoa em causa e qualquer outro elemento útil de identificação;
b) A referência precisa do crime da competência do Tribunal que justifique o pedido de detenção; e
c) Uma descrição sucinta dos fatos que alegadamente constituem o crime.

4. O mandado de detenção manter-se-á válido até decisão em contrário do Tribunal.

5. Com base no mandado de detenção, o Tribunal poderá solicitar a prisão preventiva ou a detenção e entrega da pessoa em conformidade com o disposto na Parte IX do presente Estatuto.

6. O Procurador poderá solicitar ao Juízo de Instrução que altere o mandado de detenção no sentido de requalificar os crimes aí indicados ou de adicionar outros. O Juízo de Instrução alterará o mandado de detenção se considerar que existem motivos suficientes para crer que a pessoa cometeu quer os crimes na forma que se indica nessa requalificação, quer os novos crimes.

7. O Procurador poderá solicitar ao Juízo de Instrução que, em vez de um mandado de detenção, emita uma notificação para comparecimento. Se o Juízo considerar que existem motivos suficientes para crer que a pessoa cometeu o crime que lhe é imputado e que uma notificação para comparecimento será suficiente para garantir a sua presença efetiva em tribunal, emitirá uma notificação para que a pessoa compareça, com ou sem a imposição de medidas restritivas de liberdade (distintas da detenção) se previstas no direito interno. Da notificação para comparecimento deverão constar os seguintes elementos:

a) O nome da pessoa em causa e qualquer outro elemento útil de identificação;
b) A data de comparecimento;
c) A referência precisa ao crime da competência do Tribunal que a pessoa alegadamente tenha cometido; e
d) Uma descrição sucinta dos fatos que alegadamente constituem o crime.

Esta notificação será diretamente feita à pessoa em causa.

Artigo 59
Procedimento de detenção no Estado da detenção

1. O Estado-Parte que receber um pedido de prisão preventiva ou de detenção e entrega, adotará imediatamente as medidas necessárias para proceder à detenção, em conformidade com o respectivo direito interno e com o disposto na Parte IX.

2. O detido será imediatamente levado à presença da autoridade judiciária competente do Estado da deten-

ção que determinará se, de acordo com a legislação desse Estado:

a) O mandado de detenção é aplicável à pessoa em causa;
b) A detenção foi executada de acordo com a lei;
c) Os direitos do detido foram respeitados,

3. O detido terá direito a solicitar à autoridade competente do Estado da detenção autorização para aguardar a sua entrega em liberdade.

4. Ao decidir sobre o pedido, a autoridade competente do Estado da detenção determinará se, em face da gravidade dos crimes imputados, se verificam circunstâncias urgentes e excepcionais que justifiquem a liberdade provisória e se existem as garantias necessárias para que o Estado de detenção possa cumprir a sua obrigação de entregar a pessoa ao Tribunal. Essa autoridade não terá competência para examinar se o mandado de detenção foi regularmente emitido, nos termos das alíneas a e b do parágrafo 1 do artigo 58.

5. O pedido de liberdade provisória será notificado ao Juízo de Instrução, o qual fará recomendações à autoridade competente do Estado da detenção. Antes de tomar uma decisão, a autoridade competente do Estado da detenção terá em conta essas recomendações, incluindo as relativas a medidas adequadas para impedir a fuga da pessoa.

6. Se a liberdade provisória for concedida, o Juízo de Instrução poderá solicitar informações periódicas sobre a situação de liberdade provisória.

7. Uma vez que o Estado da detenção tenha ordenado a entrega, o detido será colocado, o mais rapidamente possível, à disposição do Tribunal.

Artigo 60
Início da fase instrutória

1. Logo que uma pessoa seja entregue ao Tribunal ou nele compareça voluntariamente em cumprimento de uma notificação para comparecimento, o Juízo de Instrução deverá assegurar-se de que essa pessoa foi informada dos crimes que lhe são imputados e dos direitos que o presente Estatuto lhe confere, incluindo o direito de solicitar autorização para aguardar o julgamento em liberdade.

2. A pessoa objeto de um mandado de detenção poderá solicitar autorização para aguardar julgamento em liberdade. Se o Juízo de Instrução considerar verificadas as condições enunciadas no parágrafo 1 do artigo 58, a detenção será mantida. Caso contrário, a pessoa será posta em liberdade, com ou sem condições.

3. O Juízo de Instrução reexaminará periodicamente a sua decisão quanto à liberdade provisória ou à detenção, podendo fazê-lo a todo o momento, a pedido do Procurador ou do interessado. Ao tempo da revisão, o Juízo poderá modificar a sua decisão quanto à detenção, à liberdade provisória ou às condições desta, se considerar que a alteração das circunstâncias o justifica.

4. O Juízo de Instrução certificar-se-á de que a detenção não será prolongada por período não razoável devido à demora injustificada por parte do Procurador. Caso se produza a referida demora, o Tribunal considerará a possibilidade de por o interessado em liberdade, com ou sem condições.

5. Se necessário, o Juízo de Instrução poderá emitir um mandado de detenção para garantir o comparecimento de uma pessoa que tenha sido posta em liberdade.

Artigo 61
Apreciação da acusação antes do julgamento

1. Salvo o disposto no parágrafo 2, e em um prazo razoável após a entrega da pessoa ao Tribunal ou ao seu comparecimento voluntário perante este, o Juízo de Instrução realizará uma audiência para apreciar os fatos constantes da acusação com base nos quais o Procurador pretende requerer o julgamento. A audiência ocorrerá lugar na presença do Procurador e do acusado, assim como do defensor deste.

2. O Juízo de Instrução, de ofício ou a pedido do Procurador, poderá realizar a audiência na ausência do acusado, a fim de apreciar os fatos constantes da acusação com base nos quais o Procurador pretende requerer o julgamento, se o acusado:

a) Tiver renunciado ao seu direito a estar presente; ou
b) Tiver fugido ou não for possível encontrá-lo, tendo sido tomadas todas as medidas razoáveis para assegurar o seu comparecimento em Tribunal e para o informar dos fatos constantes da acusação e da realização de uma audiência para apreciação dos mesmos.

Neste caso, o acusado será representado por um defensor, se o Juízo de Instrução decidir que tal servirá os interesses da justiça.

3. Num prazo razoável antes da audiência, o acusado:

a) Receberá uma cópia do documento especificando os fatos constantes da acusação com base nos quais o Procurador pretende requerer o julgamento; e
b) Será informado das provas que o Procurador pretende apresentar em audiência.

O Juízo de Instrução poderá proferir despacho sobre a divulgação de informação para efeitos da audiência.

4. Antes da audiência, o Procurador poderá reabrir o inquérito e alterar ou retirar parte dos fatos constantes da acusação. O acusado será notificado de qualquer alteração ou retirada em tempo razoável, antes da realização da audiência. No caso de retirada de parte dos fatos constantes da acusação, o Procurador informará o Juízo de Instrução dos motivos da mesma.

5. Na audiência, o Procurador produzirá provas satisfatórias dos fatos constantes da acusação, nos quais baseou a sua convicção de que o acusado cometeu o crime que lhe é imputado. O Procurador poderá basear-se em provas documentais ou um resumo das provas, não sendo obrigado a chamar as testemunhas que irão depor no julgamento.

6. Na audiência, o acusado poderá:

a) Contestar as acusações;
b) Impugnar as provas apresentadas pelo Procurador; e
c) Apresentar provas.

7. Com base nos fatos apreciados durante a audiência, o Juízo de Instrução decidirá se existem provas sufi-

cientes de que o acusado cometeu os crimes que lhe são imputados. De acordo com essa decisão, o Juízo de Instrução:

a) Declarará procedente a acusação na parte relativamente à qual considerou terem sido reunidas provas suficientes e remeterá o acusado para o juízo de Julgamento em Primeira Instância, a fim de aí ser julgado pelos fatos confirmados;
b) Não declarará procedente a acusação na parte relativamente à qual considerou não terem sido reunidas provas suficientes;
c) Adiará a audiência e solicitará ao Procurador que considere a possibilidade de:
   i) Apresentar novas provas ou efetuar novo inquérito relativamente a um determinado fato constante da acusação; ou
   ii) Modificar parte da acusação, se as provas reunidas parecerem indicar que um crime distinto, da competência do Tribunal, foi cometido.

8. A declaração de não procedência relativamente a parte de uma acusação, proferida pelo Juízo de Instrução, não obstará a que o Procurador solicite novamente a sua apreciação, na condição de apresentar provas adicionais.

9. Tendo os fatos constantes da acusação sido declarados procedentes, e antes do início do julgamento, o Procurador poderá, mediante autorização do Juízo de Instrução e notificação prévia do acusado, alterar alguns fatos constantes da acusação. Se o Procurador pretender acrescentar novos fatos ou substituí-los por outros de natureza mais grave, deverá, nos termos do preserve artigo, requerer uma audiência para a respectiva apreciação. Após o início do julgamento, o Procurador poderá retirar a acusação, com autorização do Juízo de Instrução.

10. Qualquer mandado emitido deixará de ser válido relativamente aos fatos constantes da acusação que tenham sido declarados não procedentes pelo Juízo de Instrução ou que tenham sido retirados pelo Procurador.

11. Tendo a acusação sido declarada procedente nos termos do presente artigo, a Presidência designará um Juízo de Julgamento em Primeira Instância que, sob reserva do disposto no parágrafo 9 do presente artigo e no parágrafo 4 do artigo 64, se encarregará da fase seguinte do processo e poderá exercer as funções do Juízo de Instrução que se mostrem pertinentes e apropriadas nessa fase do processo.

Capítulo VI

O JULGAMENTO

Artigo 62
Local do julgamento

Salvo decisão em contrário, o julgamento terá lugar na sede do Tribunal.

Artigo 63
Presença do acusado em julgamento

1. O acusado estará presente durante o julgamento.

2. Se o acusado, presente em tribunal, perturbar persistentemente a audiência, o Juízo de Julgamento em Primeira Instância poderá ordenar a sua remoção da sala e providenciar para que acompanhe o processo e dê instruções ao seu defensor a partir do exterior da mesma, utilizando, se necessário, meios técnicos de comunicação. Estas medidas só serão adotadas em circunstâncias excepcionais e pelo período estritamente necessário, após se terem esgotado outras possibilidades razoáveis.

Artigo 64
Funções e poderes do juízo de julgamento em primeira instância

1. As funções e poderes do Juízo de Julgamento em Primeira Instância, enunciadas no presente artigo, deverão ser exercidas em conformidade com o presente Estatuto e o Regulamento Processual.

2. O Juízo de Julgamento em Primeira Instância zelará para que o julgamento seja conduzido de maneira equitativa e célere, com total respeito dos direitos do acusado e tendo em devida conta a proteção das vítimas e testemunhas.

3. O Juízo de Julgamento em Primeira Instância a que seja submetido um caso nos termos do presente Estatuto:

a) Consultará as partes e adotará as medidas necessárias para que o processo se desenrole de maneira equitativa e célere;
b) Determinará qual a língua, ou quais as línguas, a utilizar no julgamento; e
c) Sob reserva de qualquer outra disposição pertinente do presente Estatuto, providenciará pela revelação de quaisquer documentos ou da informação que não tenha sido divulgada anteriormente, com suficiente antecedência relativamente ao início do julgamento, a fim de permitir a sua preparação adequada para o julgamento.

4. O Juízo de Julgamento em Primeira Instância poderá, se mostrar necessário para o seu funcionamento eficaz e imparcial, remeter questões preliminares ao Juízo de Instrução ou, se necessário, a um outro juiz disponível da Seção de Instrução.

5. Mediante notificação às partes, o Juízo de Julgamento em Primeira Instância poderá, conforme se lhe afigure mais adequado, ordenar que as acusações contra mais de um acusado sejam deduzidas conjunta ou separadamente.

6. No desempenho das suas funções, antes ou no decurso de um julgamento, o Juízo de Julgamento em Primeira Instância poderá, se necessário:

a) Exercer qualquer uma das funções do Juízo de Instrução consignadas no parágrafo 11 do artigo 61;
b) Ordenar a comparência e a audição de testemunhas e a apresentação de documentos e outras provas, obtendo para tal, se necessário, o auxílio de outros Estados, conforme previsto no presente Estatuto;
c) Adotar medidas para a proteção da informação confidencial;
d) Ordenar a apresentação de provas adicionais às reunidas antes do julgamento ou às apresentadas no decurso do julgamento pelas partes;
e) Adotar medidas para a proteção do acusado, testemunhas e vítimas; e
f) Decidir sobre qualquer outra questão pertinente.

7. A audiência de julgamento será pública. No entanto, o Juízo de Julgamento em Primeira Instância poderá decidir que determinadas diligências se efetuem à porta fechada, em conformidade com os objetivos enunciados no artigo 68 ou com vista a proteger informação de caráter confidencial ou restrita que venha a ser apresentada como prova.

8. a) No início da audiência de julgamento, o Juízo de Julgamento em Primeira Instância ordenará a leitura ao acusado, dos fatos constantes da acusação previamente confirmados pelo Juízo de Instrução. O Juízo de Julgamento em Primeira Instância deverá certificar-se de que o acusado compreende a natureza dos fatos que lhe são imputados e dar-lhe a oportunidade de os confessar, de acordo com o disposto no artigo 65, ou de se declarar inocente;
b) Durante o julgamento, o juiz presidente poderá dar instruções sobre a condução da audiência, nomeadamente para assegurar que esta se desenrole de maneira equitativa e imparcial. Salvo qualquer orientação do juiz presidente, as partes poderão apresentar provas em conformidade com as disposições do presente Estatuto.

9. O Juízo de Julgamento em Primeira Instância poderá, inclusive, de ofício ou a pedido de uma das partes, a saber:
a) Decidir sobre a admissibilidade ou pertinência das provas; e
b) Tomar todas as medidas necessárias para manter a ordem na audiência.

10. O Juízo de Julgamento em Primeira Instância providenciará para que o Secretário proceda a um registro completo da audiência de julgamento onde sejam fielmente relatadas todas as diligências efetuadas, registro que deverá manter e preservar.

Artigo 65
Procedimento em caso de confissão

1. Se o acusado confessar nos termos do parágrafo 8, alínea a, do artigo 64, o Juízo de Julgamento em Primeira Instância apurará:
a) Se o acusado compreende a natureza e as consequências da sua confissão;
b) Se essa confissão foi feita livremente, após devida consulta ao seu advogado de defesa; e
c) Se a confissão é corroborada pelos fatos que resultam:
   i) Da acusação deduzida pelo Procurador e aceita pelo acusado;
   ii) De quaisquer meios de prova que confirmam os fatos constantes da acusação deduzida pelo Procurador e aceita pelo acusado; e
   iii) De quaisquer outros meios de prova, tais como depoimentos de testemunhas, apresentados pelo Procurador ou pelo acusado.

2. Se o Juízo de Julgamento em Primeira Instância estimar que estão reunidas as condições referidas no parágrafo 1, considerará que a confissão, juntamente com quaisquer provas adicionais produzidas, constitui um reconhecimento de todos os elementos essenciais constitutivos do crime pelo qual o acusado se declarou culpado e poderá condená-lo por esse crime.

3. Se o Juízo de Julgamento em Primeira Instância estimar que não estão reunidas as condições referidas no parágrafo 1, considerará a confissão como não tendo tido lugar e, nesse caso, ordenará que o julgamento prossiga de acordo com o procedimento comum estipulado no presente Estatuto, podendo transmitir o processo a outro Juízo de Julgamento em Primeira Instância.

4. Se o Juízo de Julgamento em Primeira Instância considerar necessária, no interesse da justiça, e em particular no interesse das vítimas, uma explanação mais detalhada dos fatos integrantes do caso, poderá:
a) Solicitar ao Procurador que apresente provas adicionais, incluindo depoimentos de testemunhas; ou
b) Ordenar que o processo prossiga de acordo com o procedimento comum estipulado no presente Estatuto, caso em que considerará a confissão como não tendo tido lugar e poderá transmitir o processo a outro Juízo de Julgamento em Primeira Instância.

5. Quaisquer consultas entre o Procurador e a defesa, no que diz respeito à alteração dos fatos constantes da acusação, à confissão ou à pena a ser imposta, não vincularão o Tribunal.

Artigo 66
Presunção de inocência

1. Toda a pessoa se presume inocente até prova da sua culpa perante o Tribunal, de acordo com o direito aplicável.

2. Incumbe ao Procurador o ônus da prova da culpa do acusado.

3. Para proferir sentença condenatória, o Tribunal deve estar convencido de que o acusado é culpado, além de qualquer dúvida razoável.

▶ Art. 14, item 7, do Pacto Internacional sobre Direitos Civis e Políticos (1966).

Artigo 67
Direitos do acusado

1. Durante a apreciação de quaisquer fatos constantes da acusação, o acusado tem direito a ser ouvido em audiência pública, levando em conta o disposto no presente Estatuto, a uma audiência conduzida de forma equitativa e imparcial e às seguintes garantias mínimas, em situação de plena igualdade:
a) A ser informado, sem demora e de forma detalhada, numa língua que compreenda e fale fluentemente, da natureza, motivo e conteúdo dos fatos que lhe são imputados;
b) A dispor de tempo e de meios adequados para a preparação da sua defesa e a comunicar-se livre e confidencialmente com um defensor da sua escolha;
c) A ser julgado sem atrasos indevidos;
d) Salvo o disposto no parágrafo 2 do artigo 63, o acusado terá direito a estar presente na audiência de julgamento e a defender-se a si próprio ou a ser assistido por um defensor da sua escolha; se não o tiver, a ser informado do direito de o tribunal lhe nomear um defensor sempre que o interesse da justiça o exija, sendo tal assistência gratuita se o acusado carecer de meios suficientes para remunerar o defensor assim nomeado;
e) A inquirir ou a fazer inquirir as testemunhas de acusação e a obter o comparecimento das teste-

munhas de defesa e a inquirição destas nas mesmas condições que as testemunhas de acusação. O acusado terá também direito a apresentar defesa e a oferecer qualquer outra prova admissível, de acordo com o presente Estatuto;

f) A ser assistido gratuitamente por um intérprete competente e a serem-lhe facultadas as traduções necessárias que a equidade exija, se não compreender perfeitamente ou não falar a língua utilizada em qualquer ato processual ou documento produzido em tribunal;

g) A não ser obrigado a depor contra si próprio, nem a declarar-se culpado, e a guardar silêncio, sem que este seja levado em conta na determinação da sua culpa ou inocência;

h) A prestar declarações não ajuramentadas, oralmente ou por escrito, em sua defesa; e

i) A que não lhe seja imposta quer a inversão do ônus da prova, quer a impugnação.

2. Além de qualquer outra revelação de informação prevista no presente Estatuto, o Procurador comunicará à defesa, logo que possível, as provas que tenha em seu poder ou sob o seu controle e que, no seu entender, revelem ou tendam a revelar a inocência do acusado, ou a atenuar a sua culpa, ou que possam afetar a credibilidade das provas de acusação. Em caso de dúvida relativamente à aplicação do presente número, cabe ao Tribunal decidir.

▶ Art. 14, item 3, do Pacto Internacional sobre Direitos Civis e Políticos (1966).

Artigo 68
Proteção das vítimas e das testemunhas e sua participação no processo

1. O Tribunal adotará as medidas adequadas para garantir a segurança, o bem-estar físico e psicológico, a dignidade e a vida privada das vítimas e testemunhas. Para tal, o Tribunal levará em conta todos os fatores pertinentes, incluindo a idade, o gênero tal como definido no parágrafo 3 do artigo 7º, e o estado de saúde, assim como a natureza do crime, em particular, mas não apenas quando este envolva elementos de agressão sexual, de violência relacionada com a pertença a um determinado gênero ou de violência contra crianças. O Procurador adotará estas medidas, nomeadamente durante o inquérito e o procedimento criminal. Tais medidas não poderão prejudicar nem ser incompatíveis com os direitos do acusado ou com a realização de um julgamento equitativo e imparcial.

2. Enquanto excepção ao princípio do caráter público das audiências estabelecido no artigo 67, qualquer um dos Juízes que compõem o Tribunal poderá, a fim de proteger as vítimas e as testemunhas ou o acusado, decretar que um ato processual se realize, no todo ou em parte, à porta fechada ou permitir a produção de prova por meios eletrônicos ou outros meios especiais. Estas medidas aplicar-se-ão, nomeadamente, no caso de uma vítima de violência sexual ou de um menor que seja vítima ou testemunha, salvo decisão em contrário adotada pelo Tribunal, ponderadas todas as circunstâncias, particularmente a opinião da vítima ou da testemunha.

3. Se os interesses pessoais das vítimas forem afetados, o Tribunal permitir-lhes-á que expressem as suas opiniões e preocupações em fase processual que entenda apropriada e por forma a não prejudicar os direitos do acusado nem a ser incompatível com estes ou com a realização de um julgamento equitativo e imparcial. Os representantes legais das vítimas poderão apresentar as referidas opiniões e preocupações quando o Tribunal o considerar oportuno e em conformidade com o Regulamento Processual.

4. A Unidade de Apoio às Vítimas e Testemunhas poderá aconselhar o Procurador e o Tribunal relativamente a medidas adequadas de proteção, mecanismos de segurança, assessoria e assistência a que se faz referência no parágrafo 6 do artigo 43.

5. Quando a divulgação de provas ou de informação, de acordo com o presente Estatuto, representar um grave perigo para a segurança de uma testemunha ou da sua família, o Procurador poderá, para efeitos de qualquer diligência anterior ao julgamento, não apresentar as referidas provas ou informação, mas antes um resumo das mesmas. As medidas desta natureza deverão ser postas em prática de uma forma que não seja prejudicial aos direitos do acusado ou incompatível com estes e com a realização de um julgamento equitativo e imparcial.

6. Qualquer Estado poderá solicitar que sejam tomadas as medidas necessárias para assegurar a proteção dos seus funcionários ou agentes, bem como a proteção de toda a informação de caráter confidencial ou restrito.

Artigo 69
Prova

1. Em conformidade com o Regulamento Processual e antes de depor, qualquer testemunha se comprometerá a fazer o seu depoimento com verdade.

2. A prova testemunhal deverá ser prestada pela própria pessoa no decurso do julgamento, salvo quando se apliquem as medidas estabelecidas no artigo 68 ou no Regulamento Processual. De igual modo, o Tribunal poderá permitir que uma testemunha preste declarações oralmente ou por meio de gravação em vídeo ou áudio, ou que sejam apresentados documentos ou transcrições escritas, nos termos do presente Estatuto e de acordo com o Regulamento Processual. Estas medidas não poderão prejudicar os direitos do acusado, nem ser incompatíveis com eles.

3. As partes poderão apresentar provas que interessem ao caso, nos termos do artigo 64. O Tribunal será competente para solicitar de ofício a produção de todas as provas que entender necessárias para determinar a veracidade dos fatos.

4. O Tribunal poderá decidir sobre a relevância ou admissibilidade de qualquer prova, tendo em conta, entre outras coisas, o seu valor probatório e qualquer prejuízo que possa acarretar para a realização de um julgamento equitativo ou para a avaliação equitativa dos depoimentos de uma testemunha, em conformidade com o Regulamento Processual.

5. O Tribunal respeitará e atenderá aos privilégios de confidencialidade estabelecidos no Regulamento Processual.

6. O Tribunal não exigirá prova dos fatos do domínio público, mas poderá fazê-los constar dos autos.

7. Não serão admissíveis as provas obtidas com violação do presente Estatuto ou das normas de direitos humanos internacionalmente reconhecidas quando:

a) Essa violação suscite sérias dúvidas sobre a fiabilidade das provas; ou
b) A sua admissão atente contra a integridade do processo ou resulte em grave prejuízo deste.

8. O Tribunal, ao decidir sobre a relevância ou admissibilidade das provas apresentadas por um Estado, não poderá pronunciar-se sobre a aplicação do direito interno desse Estado.

Artigo 70
Infrações contra a administração da justiça

1. O Tribunal terá competência para conhecer das seguintes infrações contra a sua administração da justiça, quando cometidas intencionalmente:

a) Prestação de falso testemunho, quando há a obrigação de dizer a verdade, de acordo com o parágrafo 1 do artigo 69;
b) Apresentação de provas, tendo a parte conhecimento de que são falsas ou que foram falsificadas;
c) Suborno de uma testemunha, impedimento ou interferência no seu comparecimento ou depoimento, represálias contra uma testemunha por esta ter prestado depoimento, destruição ou alteração de provas ou interferência nas diligências de obtenção de prova;
d) Entrave, intimidação ou corrupção de um funcionário do Tribunal, com a finalidade de o obrigar ou o induzir a não cumprir as suas funções ou a fazê-lo de maneira indevida;
e) Represálias contra um funcionário do Tribunal, em virtude das funções que ele ou outro funcionário tenham desempenhado; e
f) Solicitação ou aceitação de suborno na qualidade de funcionário do Tribunal, e em relação com o desempenho das respectivas funções oficiais.

2. O Regulamento Processual estabelecerá os princípios e procedimentos que regularão o exercício da competência do Tribunal relativamente às infrações a que se faz referência no presente artigo. As condições de cooperação internacional com o Tribunal, relativamente ao procedimento que adote de acordo com o presente artigo, reger-se-ão pelo direito interno do Estado requerido.

3. Em caso de decisão condenatória, o Tribunal poderá impor uma pena de prisão não superior a 5 (cinco) anos, ou de multa, de acordo com o Regulamento Processual, ou ambas.

4. *a)* Cada Estado-Parte tornará extensivas as normas penais de direito interno que punem as infrações contra a realização da justiça às infrações contra a administração da justiça a que se faz referência no presente artigo, e que sejam cometidas no seu território ou por um dos seus nacionais;
b) A pedido do Tribunal, qualquer Estado-Parte submeterá, sempre que o entender necessário, o caso à apreciação das suas autoridades competentes para fins de procedimento criminal. Essas autoridades conhecerão do caso com diligência e acionarão os meios necessários para a sua eficaz condução.

Artigo 71
Sanções por desrespeito ao tribunal

1. Em caso de atitudes de desrespeito ao Tribunal, tal como perturbar a audiência ou recusar-se deliberadamente a cumprir as suas instruções, o Tribunal poderá impor sanções administrativas que não impliquem privação de liberdade, como, por exemplo, a expulsão temporária ou permanente da sala de audiências, a multa ou outra medida similar prevista no Regulamento Processual.

2. O processo de imposição das medidas a que se refere o número anterior reger-se-á pelo Regulamento Processual.

Artigo 72
Proteção de informação relativa à segurança nacional

1. O presente artigo aplicar-se-á a todos os casos em que a divulgação de informação ou de documentos de um Estado possa, no entender deste, afetar os interesses da sua segurança nacional. Tais casos incluem os abrangidos pelas disposições constantes dos parágrafos 2 e 3 do artigo 56, parágrafo 3 do artigo 61, parágrafo 3 do artigo 64, parágrafo 2 do artigo 67, parágrafo 6 do artigo 68, parágrafo 6 do artigo 87 e do artigo 93, assim como os que se apresentem em qualquer outra fase do processo em que uma tal divulgação possa estar em causa.

2. O presente artigo aplicar-se-á igualmente aos casos em que uma pessoa a quem tenha sido solicitada a prestação de informação ou provas, se tenha recusado a apresentá-las ou tenha entregue a questão ao Estado, invocando que tal divulgação afetaria os interesses da segurança nacional do Estado, e o Estado em causa confirme que, no seu entender, essa divulgação afetaria os interesses da sua segurança nacional.

3. Nada no presente artigo afetará os requisitos de confidencialidade a que se referem as alíneas e e f do parágrafo 3 do artigo 54, nem a aplicação do artigo 73.

4. Se um Estado tiver conhecimento de que informações ou documentos do Estado estão a ser, ou poderão vir a ser, divulgados em qualquer fase do processo, e considerar que essa divulgação afetaria os seus interesses de segurança nacional, tal Estado terá o direito de intervir com vista a ver alcançada a resolução desta questão em conformidade com o presente artigo.

5. O Estado que considere que a divulgação de determinada informação poderá afetar os seus interesses de segurança nacional adotará, em conjunto com o Procurador, a defesa, o Juízo de Instrução ou o Juízo de Julgamento em Primeira Instância, conforme o caso, todas as medidas razoavelmente possíveis para encontrar uma solução através da concertação. Estas medidas poderão incluir:

a) A alteração ou o esclarecimento dos motivos do pedido;
b) Uma decisão do Tribunal relativa à relevância das informações ou dos elementos de prova solicitados, ou uma decisão sobre se as provas, ainda que relevantes, não poderiam ser ou ter sido obtidas junto de fonte distinta do Estado requerido;
c) A obtenção da informação ou de provas de fonte distinta ou em uma forma diferente; ou
d) Um acordo sobre as condições em que a assistência poderá ser prestada, incluindo, entre outras, a disponibilização de resumos ou exposições, restrições à divulgação, recurso ao procedimento à porta fechada ou à revelia de uma das partes, ou aplicação

de outras medidas de proteção permitidas pelo Estatuto ou pelas Regulamento Processual.

6. Realizadas todas as diligências razoavelmente possíveis com vista a resolver a questão por meio de concertação, e se o Estado considerar não haver meios nem condições para que as informações ou os documentos possam ser fornecidos ou revelados sem prejuízo dos seus interesses de segurança nacional, notificará o Procurador ou o Tribunal nesse sentido, indicando as razões precisas que fundamentaram a sua decisão, a menos que a descrição específica dessas razões prejudique, necessariamente, os interesses de segurança nacional do Estado.

7. Posteriormente, se decidir que a prova é relevante e necessária para a determinação da culpa ou inocência do acusado, o Tribunal poderá adotar as seguintes medidas:

a) Quando a divulgação da informação ou do documento for solicitada no âmbito de um pedido de cooperação, nos termos da Parte IX do presente Estatuto ou nas circunstâncias a que se refere o parágrafo 2 do presente artigo, e o Estado invocar o motivo de recusa estatuído no parágrafo 4 do artigo 93:

  i) O Tribunal poderá, antes de chegar a qualquer uma das conclusões a que se refere o ponto (ii) da alínea a do parágrafo 7, solicitar consultas suplementares com o fim de ouvir o Estado, incluindo, se for caso disso, a sua realização à porta fechada ou à revelia de uma das partes;

  ii) Se o Tribunal concluir que, ao invocar o motivo de recusa estatuído no parágrafo 4 do artigo 93, dadas as circunstâncias do caso, o Estado requerido não está a atuar de harmonia com as obrigações impostas pelo presente Estatuto, poderá remeter a questão nos termos do parágrafo 7 do artigo 87, especificando as razões da sua conclusão; e

  iii) O Tribunal poderá tirar as conclusões, que entender apropriadas, em razão das circunstâncias, ao julgar o acusado, quanto à existência ou inexistência de um fato; ou

b) Em todas as restantes circunstâncias:

  i) Ordenar a revelação; ou

  ii) Se não ordenar a revelação, inferir, no julgamento do acusado, quanto à existência ou inexistência de um fato, conforme se mostrar apropriado.

Artigo 73
Informação ou documentos disponibilizados por terceiros

Se um Estado-Parte receber um pedido do Tribunal para que lhe forneça uma informação ou um documento que esteja sob sua custódia, posse ou controle, e que lhe tenha sido comunicado a título confidencial por um Estado, uma organização intergovernamental ou uma organização internacional, tal Estado-Parte deverá obter o consentimento do seu autor para a divulgação dessa informação ou documento. Se o autor for um Estado-Parte, este poderá consentir em divulgar a referida informação ou documento ou comprometer-se a resolver a questão com o Tribunal, salvaguardando-se o disposto no artigo 72. Se o autor não for um Estado-Parte e não consentir em divulgar a informação ou o documento, o Estado requerido comunicará ao Tribunal que não lhe será possível fornecer a informação ou o documento em causa, devido à obrigação previamente assumida com o respectivo autor de preservar o seu caráter confidencial.

Artigo 74
Requisitos para a decisão

1. Todos os juízes do Juízo de Julgamento em Primeira Instância estarão presentes em cada uma das fases do julgamento e nas deliberações. A Presidência poderá designar, conforme o caso, um ou vários juízes substitutos, em função das disponibilidades, para estarem presentes em todas as fases do julgamento, bem como para substituírem qualquer membro do Juízo de Julgamento em Primeira Instância que se encontre impossibilitado de continuar a participar no julgamento.

2. O Juízo de Julgamento em Primeira Instância fundamentará a sua decisão com base na apreciação das provas e do processo no seu conjunto. A decisão não exorbitará dos fatos e circunstâncias descritos na acusação ou nas alterações que lhe tenham sido feitas. O Tribunal fundamentará a sua decisão exclusivamente nas provas produzidas ou examinadas em audiência de julgamento.

3. Os juízes procurarão tomar uma decisão por unanimidade e, não sendo possível, por maioria.

4. As deliberações do Juízo de Julgamento em Primeira Instância serão e permanecerão secretas.

5. A decisão será proferida por escrito e conterá uma exposição completa e fundamentada da apreciação das provas e as conclusões do Juízo de Julgamento em Primeira Instância. Será proferida uma só decisão pelo Juízo de Julgamento em Primeira Instância. Se não houver unanimidade, a decisão do Juízo de Julgamento em Primeira Instância conterá as opiniões tanto da maioria como da minoria dos juízes. A leitura da decisão ou de uma sua súmula far-se-á em audiência pública.

Artigo 75
Reparação em favor das vítimas

1. O Tribunal estabelecerá princípios aplicáveis às formas de reparação, tais como a restituição, a indenização ou a reabilitação, que hajam de ser atribuídas às vítimas ou aos titulares desse direito. Nesta base, o Tribunal poderá, de ofício ou por requerimento, em circunstâncias excepcionais, determinar a extensão e o nível dos danos, da perda ou do prejuízo causados às vítimas ou aos titulares do direito à reparação, com a indicação dos princípios nos quais fundamentou a sua decisão.

2. O Tribunal poderá lavrar despacho contra a pessoa condenada, no qual determinará a reparação adequada a ser atribuída às vítimas ou aos titulares de tal direito. Esta reparação poderá, nomeadamente, assumir a forma de restituição, indenização ou reabilitação. Se for caso disso, o Tribunal poderá ordenar que a indenização atribuída a título de reparação seja paga por intermédio do Fundo previsto no artigo 79.

3. Antes de lavrar qualquer despacho ao abrigo do presente artigo, o Tribunal poderá solicitar e levar em consideração as pretensões formuladas pela pessoa condenada, pelas vítimas, por outras pessoas interessadas ou por outros Estados interessados, bem como

as observações formuladas em nome dessas pessoas ou desses Estados.

4. Ao exercer os poderes conferidos pelo presente artigo, o Tribunal poderá, após a condenação por crime que seja da sua competência, determinar se, para fins de aplicação dos despachos que lavrar ao abrigo do presente artigo, será necessário tomar quaisquer medidas em conformidade com o parágrafo 1 do artigo 93.

5. Os Estados-Partes observarão as decisões proferidas nos termos deste artigo como se as disposições do artigo 109 se aplicassem ao presente artigo.

6. Nada no presente artigo será interpretado como prejudicando os direitos reconhecidos às vítimas pelo direito interno ou internacional.

Artigo 76
Aplicação da pena

1. Em caso de condenação, o Juízo de Julgamento em Primeira Instância determinará a pena a aplicar tendo em conta os elementos de prova e as exposições relevantes produzidos no decurso do julgamento.

2. Salvo nos casos em que seja aplicado o artigo 65 e antes de concluído o julgamento, o Juízo de Julgamento em Primeira Instância poderá, oficiosamente, e deverá, a requerimento do Procurador ou do acusado, convocar uma audiência suplementar, a fim de conhecer de quaisquer novos elementos de prova ou exposições relevantes para a determinação da pena, de harmonia com o Regulamento Processual.

3. Sempre que o parágrafo 2 for aplicável, as pretensões previstas no artigo 75 serão ouvidas pelo Juízo de Julgamento em Primeira Instância no decorrer da audiência suplementar referida no parágrafo 2 e, se necessário, no decorrer de qualquer nova audiência.

4. A sentença será proferida em audiência pública e, sempre que possível, na presença do acusado.

Capítulo VII
AS PENAS

Artigo 77
Penas aplicáveis

1. Sem prejuízo do disposto no artigo 110, o Tribunal pode impor à pessoa condenada por um dos crimes previstos no artigo 5º do presente Estatuto uma das seguintes penas:

a) Pena de prisão por um número determinado de anos, até ao limite máximo de 30 (trinta) anos; ou
b) Pena de prisão perpétua, se o elevado grau de ilicitude do fato e as condições pessoais do condenado o justificarem.

2. Além da pena de prisão, o Tribunal poderá aplicar:

a) Uma multa, de acordo com os critérios previstos no Regulamento Processual;
b) A perda de produtos, bens e haveres provenientes, direta ou indiretamente, do crime, sem prejuízo dos direitos de terceiros que tenham agido de boa-fé.

Artigo 78
Determinação da pena

1. Na determinação da pena, o Tribunal atenderá, em harmonia com o Regulamento Processual, a fatores tais como a gravidade do crime e as condições pessoais do condenado.

2. O Tribunal descontará, na pena de prisão que vier a aplicar, o período durante o qual o acusado esteve sob detenção por ordem daquele. O Tribunal poderá ainda descontar qualquer outro período de detenção que tenha sido cumprido em razão de uma conduta constitutiva do crime.

3. Se uma pessoa for condenada pela prática de vários crimes, o Tribunal aplicará penas de prisão parcelares relativamente a cada um dos crimes e uma pena única, na qual será especificada a duração total da pena de prisão. Esta duração não poderá ser inferior à pena parcelar mais elevada e não poderá ser superior a 30 (trinta) anos de prisão ou ir além da pena de prisão perpétua prevista no artigo 77, parágrafo 1, alínea b.

Artigo 79
Fundo em favor das vítimas

1. Por decisão da Assembleia dos Estados-Partes, será criado um Fundo a favor das vítimas de crimes da competência do Tribunal, bem como das respectivas famílias.

2. O Tribunal poderá ordenar que o produto das multas e quaisquer outros bens declarados perdidos revertam para o Fundo.

3. O Fundo será gerido em harmonia com os critérios a serem adotados pela Assembleia dos Estados-Partes.

Artigo 80
Não interferência no regime de aplicação de penas nacionais e nos direitos internos

Nada no presente Capítulo prejudicará a aplicação, pelos Estados, das penas previstas nos respectivos direitos internos, ou a aplicação da legislação de Estados que não preveja as penas referidas neste Capítulo.

Capítulo VIII
RECURSO E REVISÃO

Artigo 81
Recurso da sentença condenatória ou absolutória ou da pena

1. A sentença proferida nos termos do artigo 74 é recorrível em conformidade com o disposto no Regulamento Processual nos seguintes termos:

a) O Procurador poderá interpor recurso com base num dos seguintes fundamentos:
 i) Vício processual;
 ii) Erro de fato; ou
 iii) Erro de direito;

b) O condenado ou o Procurador, no interesse daquele; poderá interpor recurso com base num dos seguintes fundamentos:
 i) Vício processual;
 ii) Erro de fato;
 iii) Erro de direito; ou
 iv) Qualquer outro motivo suscetível de afetar a equidade ou a regularidade do processo ou da sentença.

2. a) O Procurador ou o condenado poderá, em conformidade com o Regulamento Processual, interpor

recurso da pena decretada invocando desproporção entre esta e o crime;

b) Se, ao conhecer de recurso interposto da pena decretada, o Tribunal considerar que há fundamentos suscetíveis de justificar a anulação, no todo ou em parte, da sentença condenatória, poderá convidar o Procurador e o condenado a motivarem a sua posição nos termos da alínea a ou b do parágrafo 1 do artigo 81, após o que poderá pronunciar-se sobre a sentença condenatória nos termos do artigo 83;

c) O mesmo procedimento será aplicado sempre que o Tribunal, ao conhecer de recurso interposto unicamente da sentença condenatória, considerar haver fundamentos comprovativos de uma redução da pena nos termos da alínea a do parágrafo 2.

3. a) Salvo decisão em contrário do Juízo de Julgamento em Primeira Instância, o condenado permanecerá sob prisão preventiva durante a tramitação do recurso;

b) Se o período de prisão preventiva ultrapassar a duração da pena decretada, o condenado será posto em liberdade; todavia, se o Procurador também interpuser recurso, a libertação ficará sujeita às condições enunciadas na alínea c infra;

c) Em caso de absolvição, o acusado será imediatamente posto em liberdade, sem prejuízo das seguintes condições:

i) Em circunstâncias excepcionais e tendo em conta, nomeadamente, o risco de fuga, a gravidade da infração e as probabilidades de o recurso ser julgado procedente, o Juízo de Julgamento em Primeira Instância poderá, a requerimento do Procurador, ordenar que o acusado seja mantido em regime de prisão preventiva durante a tramitação do recurso;

ii) A decisão proferida pelo juízo de julgamento em primeira instância nos termos da subalínea (i), será recorrível em harmonia com as Regulamento Processual.

4. Sem prejuízo do disposto nas alíneas a e b do parágrafo 3, a execução da sentença condenatória ou da pena ficará suspensa pelo período fixado para a interposição do recurso, bem como durante a fase de tramitação do recurso.

Artigo 82
Recurso de outras decisões

1. Em conformidade com o Regulamento Processual, qualquer uma das Partes poderá recorrer das seguintes decisões:

a) Decisão sobre a competência ou a admissibilidade do caso;

b) Decisão que autorize ou recuse a libertação da pessoa objeto de inquérito ou de procedimento criminal;

c) Decisão do Juízo de Instrução de agir por iniciativa própria, nos termos do parágrafo 3 do artigo 56;

d) Decisão relativa a uma questão suscetível de afetar significativamente a tramitação equitativa e célere do processo ou o resultado do julgamento, e cuja resolução imediata pelo Juízo de Recursos poderia, no entender do Juízo de Instrução ou do Juízo de Julgamento em Primeira Instância, acelerar a marcha do processo.

2. Quer o Estado interessado quer o Procurador poderão recorrer da decisão proferida pelo Juízo de Instrução, mediante autorização deste, nos termos do artigo 57, parágrafo 3, alínea d. Este recurso adotará uma forma sumária.

3. O recurso só terá efeito suspensivo se o Juízo de Recursos assim o ordenar, mediante requerimento, em conformidade com o Regulamento Processual.

4. O representante legal das vítimas, o condenado ou o proprietário de boa fé de bens que hajam sido afetados por um despacho proferido ao abrigo do artigo 75 poderá recorrer de tal despacho, em conformidade com o Regulamento Processual.

Artigo 83
Processo sujeito a recurso

1. Para os fins do procedimento referido no artigo 81 e no presente artigo, o Juízo de Recursos terá todos os poderes conferidos ao Juízo de Julgamento em Primeira Instância.

2. Se o Juízo de Recursos concluir que o processo sujeito a recurso padece de vícios tais que afetem a regularidade da decisão ou da sentença, ou que a decisão ou a sentença recorridas estão materialmente afetadas por erros de fato ou de direito, ou vício processual, ela poderá:

a) Anular ou modificar a decisão ou a pena; ou

b) Ordenar um novo julgamento perante um outro Juízo de Julgamento em Primeira Instância.

Para os fins mencionados, poderá o Juízo de Recursos reenviar uma questão de fato para o Juízo de Julgamento em Primeira Instância à qual foi submetida originariamente, a fim de que esta decida a questão e lhe apresente um relatório, ou pedir, ela própria, elementos de prova para decidir. Tendo o recurso da decisão ou da pena sido interposto somente pelo condenado, ou pelo Procurador no interesse daquele, não poderão aquelas ser modificadas em prejuízo do condenado.

3. Se, ao conhecer, do recurso de uma pena, o Juízo de Recursos considerar que a pena é desproporcionada relativamente ao crime, poderá modificá-la nos termos do Capítulo VII.

4. O acórdão do Juízo de Recursos será tirado por maioria dos juízes e proferido em audiência pública. O acórdão será sempre fundamentado. Não havendo unanimidade, deverá conter as opiniões da parte maioria e da minoria de juízes; contudo, qualquer juiz poderá exprimir uma opinião separada ou discordante sobre uma questão de direito.

5. O Juízo de Recursos poderá emitir o seu acórdão na ausência da pessoa absolvida ou condenada.

Artigo 84
Revisão da sentença condenatória ou da pena

1. O condenado ou, se este tiver falecido, o cônjuge sobrevivo, os filhos, os pais ou qualquer pessoa que, em vida do condenado, dele tenha recebido incumbência expressa, por escrito, nesse sentido, ou o Procurador no seu interesse, poderá submeter ao Juízo de Recursos um requerimento solicitando a revisão da sentença condenatória ou da pena pelos seguintes motivos:

a) A descoberta de novos elementos de prova:

i) De que não dispunha ao tempo do julgamento, sem que essa circunstância pudesse ser imputada, no todo ou em parte, ao requerente; e

ii) De tal forma importantes que, se tivessem ficado provados no julgamento, teriam provavelmente conduzido a um veredicto diferente;

b) A descoberta de que elementos de prova, apreciados no julgamento e decisivos para a determinação da culpa, eram falsos ou tinham sido objeto de contrafação ou falsificação;

c) Um ou vários dos juízes que intervieram na sentença condenatória ou confirmaram a acusação hajam praticado atos de conduta reprovável ou de incumprimento dos respectivos deveres de tal forma graves que justifiquem a sua cessação de funções nos termos do artigo 46.

2. O Juízo de Recursos rejeitará o pedido se o considerar manifestamente infundado. Caso contrário, poderá o Juízo, se julgar oportuno:

a) Convocar de novo o Juízo de Julgamento em Primeira Instância que proferiu a sentença inicial;

b) Constituir um novo Juízo de Julgamento em Primeira Instância; ou

c) Manter a sua competência para conhecer da causa, a fim de determinar se, após a audição das partes nos termos do Regulamento Processual, haverá lugar à revisão da sentença.

Artigo 85
Indenização do detido ou condenado

1. Quem tiver sido objeto de detenção ou prisão ilegal terá direito a reparação.

2. Sempre que uma decisão final seja posteriormente anulada em razão de fatos novos ou recentemente descobertos que apontem inequivocamente para um erro judiciário, a pessoa que tiver cumprido pena em resultado de tal sentença condenatória será indenizada, em conformidade com a lei, a menos que fique provado que a não revelação, em tempo útil, do fato desconhecido lhe seja imputável, no todo ou em parte.

3. Em circunstâncias excepcionais e em face de fatos que conclusivamente demonstrem a existência de erro judiciário grave e manifesto, o Tribunal poderá, no uso do seu poder discricionário, atribuir uma indenização, de acordo com os critérios enunciados no Regulamento Processual, à pessoa que, em virtude de sentença absolutória ou de extinção da instância por tal motivo, haja sido posta em liberdade.

Capítulo IX
COOPERAÇÃO INTERNACIONAL E AUXÍLIO JUDICIÁRIO

Artigo 86
Obrigação geral de cooperar

Os Estados-Partes deverão, em conformidade com o disposto no presente Estatuto, cooperar plenamente com o Tribunal no inquérito e no procedimento contra crimes da competência deste.

Artigo 87
Pedidos de cooperação: disposições gerais

1. *a)* O Tribunal estará habilitado a dirigir pedidos de cooperação aos Estados-Partes. Estes pedidos serão transmitidos pela via diplomática ou por qualquer outra via apropriada escolhida pelo Estado-Parte no momento de ratificação, aceitação, aprovação ou adesão ao presente Estatuto.

Qualquer Estado-Parte poderá alterar posteriormente a escolha feita nos termos do Regulamento Processual.

b) Se for caso disso, e sem prejuízo do disposto na alínea *a*, os pedidos poderão ser igualmente transmitidos pela Organização internacional de Polícia Criminal (INTERPOL) ou por qualquer outra organização regional competente.

2. Os pedidos de cooperação e os documentos comprovativos que os instruam serão redigidos na língua oficial do Estado requerido ou acompanhados de uma tradução nessa língua, ou numa das línguas de trabalho do Tribunal ou acompanhados de uma tradução numa dessas línguas, de acordo com a escolha feita pelo Estado requerido no momento da ratificação, aceitação, aprovação ou adesão ao presente Estatuto.

Qualquer alteração posterior será feita de harmonia com o Regulamento Processual.

3. O Estado requerido manterá a confidencialidade dos pedidos de cooperação e dos documentos comprovativos que os instruam, salvo quando a sua revelação for necessária para a execução do pedido.

4. Relativamente aos pedidos de auxílio formulados ao abrigo do presente Capítulo, o Tribunal poderá, nomeadamente em matéria de proteção da informação, tomar as medidas necessárias à garantia da segurança e do bem-estar físico ou psicológico das vítimas, das potenciais testemunhas e dos seus familiares. O Tribunal poderá solicitar que as informações fornecidas ao abrigo do presente Capítulo sejam comunicadas e tratadas por forma a que a segurança e o bem-estar físico ou psicológico das vítimas, das potenciais testemunhas e dos seus familiares sejam devidamente preservados.

5. *a)* O Tribunal poderá convidar qualquer Estado que não seja Parte no presente Estatuto a prestar auxílio ao abrigo do presente Capítulo com base num convênio *ad hoc*, num acordo celebrado com esse Estado ou por qualquer outro modo apropriado.

b) Se, após a celebração de um convênio *ad hoc* ou de um acordo com o Tribunal, um Estado que não seja Parte no presente Estatuto se recusar a cooperar nos termos de tal convênio ou acordo, o Tribunal dará conhecimento desse fato à Assembleia dos Estados-Partes ou ao Conselho de Segurança, quando tiver sido este a referenciar o fato ao Tribunal.

6. O Tribunal poderá solicitar informações ou documentos a qualquer organização intergovernamental. Poderá igualmente requerer outras formas de cooperação e auxílio a serem acordadas com tal organização e que estejam em conformidade com a sua competência ou o seu mandato.

7. Se, contrariamente ao disposto no presente Estatuto, um Estado-Parte recusar um pedido de cooperação formulado pelo Tribunal, impedindo-o assim de exercer os seus poderes e funções nos termos do presente Estatuto, o Tribunal poderá elaborar um relatório e remeter a questão à Assembleia dos Estados-Partes ou ao Conselho de Segurança, quando tiver sido este a submeter o fato ao Tribunal.

Artigo 88
Procedimentos previstos no direito interno

Os Estados-Partes deverão assegurar-se de que o seu direito interno prevê procedimentos que permitam responder a todas as formas de cooperação especificadas neste Capítulo.

Artigo 89
Entrega de pessoas ao tribunal

1. O Tribunal poderá dirigir um pedido de detenção e entrega de uma pessoa, instruído com os documentos comprovativos referidos no artigo 91, a qualquer Estado em cujo território essa pessoa se possa encontrar, e solicitar a cooperação desse Estado na detenção e entrega da pessoa em causa. Os Estados-Partes darão satisfação aos pedidos de detenção e de entrega em conformidade com o presente Capítulo e com os procedimentos previstos nos respectivos direitos internos.

2. Sempre que a pessoa cuja entrega é solicitada impugnar a sua entrega perante um tribunal nacional com base no princípio *ne bis in idem* previsto no artigo 20, o Estado requerido consultará, de imediato, o Tribunal para determinar se houve uma decisão relevante sobre a admissibilidade. Se o caso for considerado admissível, o Estado requerido dará seguimento ao pedido. Se estiver pendente decisão sobre a admissibilidade, o Estado requerido poderá diferir a execução do pedido até que o Tribunal se pronuncie.

3. a) Os Estados-Partes autorizarão, de acordo com os procedimentos previstos na respectiva legislação nacional, o trânsito, pelo seu território, de uma pessoa entregue ao Tribunal por um outro Estado, salvo quando o trânsito por esse Estado impedir ou retardar a entrega.

b) Um pedido de trânsito formulado pelo Tribunal será transmitido em conformidade com o artigo 87. Do pedido de trânsito constarão:

  i) A identificação da pessoa transportada;
  ii) Um resumo dos fatos e da respectiva qualificação jurídica;
  iii) O mandado de detenção e entrega.

c) A pessoa transportada será mantida sob custódia no decurso do trânsito.

d) Nenhuma autorização será necessária se a pessoa for transportada por via aérea e não esteja prevista qualquer aterrissagem no território do Estado de trânsito.

e) Se ocorrer, uma aterrissagem imprevista no território do Estado de trânsito, poderá este exigir ao Tribunal a apresentação de um pedido de trânsito nos termos previstos na alínea *b*. O Estado de trânsito manterá a pessoa sob detenção até a recepção do pedido de trânsito e a efetivação do trânsito. Todavia, a detenção ao abrigo da presente alínea não poderá prolongar-se para além das noventa e seis horas subsequentes à aterrissagem imprevista se o pedido não for recebido dentro desse prazo.

4. Se a pessoa reclamada for objeto de procedimento criminal ou estiver cumprindo uma pena no Estado requerido por crime diverso do que motivou o pedido de entrega ao Tribunal, este Estado consultará o Tribunal após ter decidido anuir ao pedido.

Artigo 90
Pedidos concorrentes

1. Um Estado-Parte que, nos termos do artigo 89, receba um pedido de entrega de uma pessoa formulado pelo Tribunal, e receba igualmente, de qualquer outro Estado, um pedido de extradição relativo à mesma pessoa, pelos mesmos fatos que motivaram o pedido de entrega por parte do Tribunal, deverá notificar o Tribunal e o Estado requerente de tal fato.

2. Se o Estado requerente for um Estado-Parte, o Estado requerido dará prioridade ao pedido do Tribunal:

a) Se o Tribunal tiver decidido, nos termos do artigo 18 ou 19, da admissibilidade do caso a que respeita o pedido de entrega, e tal determinação tiver levado em conta o inquérito ou o procedimento criminal conduzido pelo Estado requerente relativamente ao pedido de extradição por este formulado; ou
b) Se o Tribunal tiver tomado a decisão referida na alínea *a* em conformidade com a notificação feita pelo Estado requerido, em aplicação do parágrafo 1.

3. Se o Tribunal não tiver tomado uma decisão nos termos da alínea *a* do parágrafo 2, o Estado requerido poderá, se assim o entender, estando pendente a determinação do Tribunal nos termos da alínea *b* do parágrafo 2, dar seguimento ao pedido de extradição formulado pelo Estado requerente sem, contudo, extraditar a pessoa até que o Tribunal decida sobre a admissibilidade do caso. A decisão do Tribunal seguirá a forma sumária.

4. Se o Estado requerente não for Parte no presente Estatuto, o Estado requerido, desde que não esteja obrigado por uma norma internacional a extraditar o acusado para o Estado requerente, dará prioridade ao pedido de entrega formulado pelo Tribunal, no caso de este se ter decidido pela admissibilidade do caso.

5. Quando um caso previsto no parágrafo 4 não tiver sido declarado admissível pelo Tribunal, o Estado requerido poderá, se assim o entender, dar seguimento ao pedido de extradição formulado pelo Estado requerente.

6. Relativamente aos casos em que o disposto no parágrafo 4 seja aplicável, mas o Estado requerido se veja obrigado, por força de uma norma internacional, a extraditar a pessoa para o Estado requerente que não seja Parte no presente Estatuto, o Estado requerido decidirá se procederá à entrega da pessoa em causa ao Tribunal ou se a extraditará para o Estado requerente. Na sua decisão, o Estado requerido terá em conta todos os fatores relevantes, incluindo, entre outros:

a) A ordem cronológica dos pedidos;
b) Os interesses do Estado requerente, incluindo, se relevante, se o crime foi cometido no seu território bem como a nacionalidade das vítimas e da pessoa reclamada; e
c) A possibilidade de o Estado requerente vir a proceder posteriormente à entrega da pessoa ao Tribunal.

7. Se um Estado-Parte receber um pedido de entrega de uma pessoa formulado pelo Tribunal e um pedido de extradição formulado por um outro Estado-Parte relativamente à mesma pessoa, por fatos diferentes dos que constituem o crime objeto do pedido de entrega:

a) O Estado requerido dará prioridade ao pedido do Tribunal, se não estiver obrigado por uma norma internacional a extraditar a pessoa para o Estado requerente;

b) O Estado requerido terá de decidir se entrega a pessoa ao Tribunal ou a extradita para o Estado requerente, se estiver obrigado por uma norma internacional a extraditar a pessoa para o Estado requerente. Na sua decisão, o Estado requerido considerará todos os fatores relevantes, incluindo, entre outros, os constantes do parágrafo 6; todavia, deverá dar especial atenção à natureza e à gravidade dos fatos em causa.

8. Se, em conformidade com a notificação prevista no presente artigo, o Tribunal se tiver pronunciado pela inadmissibilidade do caso e, posteriormente, a extradição para o Estado requerente for recusada, o Estado requerido notificará o Tribunal dessa decisão.

Artigo 91
Conteúdo do pedido de detenção e de entrega

1. O pedido de detenção e de entrega será formulado por escrito. Em caso de urgência, o pedido poderá ser feito através de qualquer outro meio de que fique registro escrito, devendo, no entanto, ser confirmado através dos canais previstos na alínea a do parágrafo 1 do artigo 87.

2. O pedido de detenção e entrega de uma pessoa relativamente à qual o Juízo de Instrução tiver emitido um mandado de detenção ao abrigo do artigo 58, deverá conter ou ser acompanhado dos seguintes documentos:

a) Uma descrição da pessoa procurada, contendo informação suficiente que permita a sua identificação, bem como informação sobre a sua provável localização;
b) Uma cópia do mandado de detenção; e
c) Os documentos, declarações e informações necessários para satisfazer os requisitos do processo de entrega pelo Estado requerido; contudo, tais requisitos não deverão ser mais rigorosos dos que os que devem ser observados em caso de um pedido de extradição em conformidade com tratados ou convênios celebrados entre o Estado requerido e outros Estados, devendo, se possível, ser menos rigorosos face à natureza específica de que se reveste o Tribunal.

3. Se o pedido respeitar à detenção e à entrega de uma pessoa já condenada, deverá conter ou ser acompanhado dos seguintes documentos:

a) Uma cópia do mandado de detenção dessa pessoa;
b) Uma cópia da sentença condenatória;
c) Elementos que demonstrem que a pessoa procurada é a mesma a que se refere a sentença condenatória; e
d) Se a pessoa já tiver sido condenada, uma cópia da sentença e, em caso de pena de prisão, a indicação do período que já tiver cumprido, bem como o período que ainda lhe falte cumprir.

4. Mediante requerimento do Tribunal, um Estado-Parte manterá, no que respeite a questões genéricas ou a uma questão específica, consultas com o Tribunal sobre quaisquer requisitos previstos no seu direito interno que possam ser aplicados nos termos da alínea c do parágrafo 2. No decurso de tais consultas, o Estado-Parte informará o Tribunal dos requisitos específicos constantes do seu direito interno.

Artigo 92
Prisão preventiva

1. Em caso de urgência, o Tribunal poderá solicitar a prisão preventiva da pessoa procurada até a apresentação do pedido de entrega e os documentos de apoio referidos no artigo 91.

2. O pedido de prisão preventiva será transmitido por qualquer meio de que fique registro escrito e conterá:

a) Uma descrição da pessoa procurada, contendo informação suficiente que permita a sua identificação, bem como informação sobre a sua provável localização;
b) Uma exposição sucinta dos crimes pelos quais a pessoa é procurada, bem como dos fatos alegadamente constitutivos de tais crimes incluindo, se possível, a data e o local da sua prática;
c) Uma declaração que certifique a existência de um mandado de detenção ou de uma decisão condenatória contra a pessoa procurada; e
d) Uma declaração de que o pedido de entrega relativo à pessoa procurada será enviado posteriormente.

3. Qualquer pessoa mantida sob prisão preventiva poderá ser posta em liberdade se o Estado requerido não tiver recebido, em conformidade com o artigo 91, o pedido de entrega e os respectivos documentos no prazo fixado pelo Regulamento Processual. Todavia, essa pessoa poderá consentir na sua entrega antes do termo do período se a legislação do Estado requerido o permitir. Nesse caso, o Estado requerido procede à entrega da pessoa reclamada ao Tribunal, o mais rapidamente possível.

4. O fato de a pessoa reclamada ter sido posta em liberdade em conformidade com o parágrafo 3 não obstará a que seja de novo detida e entregue se o pedido de entrega e os documentos em apoio, vierem a ser apresentados posteriormente.

Artigo 93
Outras formas de cooperação

1. Em conformidade com o disposto no presente Capítulo e nos termos dos procedimentos previstos nos respectivos direitos internos, os Estados-Partes darão seguimento aos pedidos formulados pelo Tribunal para concessão de auxílio, no âmbito de inquéritos ou procedimentos criminais, no que se refere a:

a) Identificar uma pessoa e o local onde se encontra, ou localizar objetos;
b) Reunir elementos de prova, incluindo os depoimentos prestados sob juramento, bem como produzir elementos de prova, incluindo perícias e relatórios de que o Tribunal necessita;
c) Interrogar qualquer pessoa que seja objeto de inquérito ou de procedimento criminal;
d) Notificar documentos, nomeadamente documentos judiciários;
e) Facilitar o comparecimento voluntária, perante o Tribunal, de pessoas que deponham na qualidade de testemunhas ou de peritos;
f) Proceder à transferência temporária de pessoas, em conformidade com o parágrafo 7;

g) Realizar inspeções, nomeadamente a exumação e o exame de cadáveres enterrados em fossas comuns;
h) Realizar buscas e apreensões;
i) Transmitir registros e documentos, nomeadamente registros e documentos oficiais;
j) Proteger vítimas e testemunhas, bem como preservar elementos de prova;
k) Identificar, localizar e congelar ou apreender o produto de crimes, bens, haveres e instrumentos ligados aos crimes, com vista à sua eventual declaração de perda, sem prejuízo dos direitos de terceiros de boa-fé; e
l) Prestar qualquer outra forma de auxílio não proibida pela legislação do Estado requerido, destinada a facilitar o inquérito e o julgamento por crimes da competência do Tribunal.

2. O Tribunal tem poderes para garantir à testemunha ou ao perito que perante ele compareça de que não serão perseguidos, detidos ou sujeitos a qualquer outra restrição da sua liberdade pessoal, por fato ou omissão anteriores à sua saída do território do Estado requerido.

3. Se a execução de uma determinada medida de auxílio constante de um pedido apresentado ao abrigo do parágrafo 1 não for permitida no Estado requerido em virtude de um princípio jurídico fundamental de aplicação geral, o Estado em causa iniciará sem demora consultas com o Tribunal com vista à solução dessa questão. No decurso das consultas, serão consideradas outras formas de auxílio, bem como as condições da sua realização. Se, concluídas as consultas, a questão não estiver resolvida, o Tribunal alterará o conteúdo do pedido conforme se mostrar necessário.

4. Nos termos do disposto no artigo 72, um Estado-Parte só poderá recusar, no todo ou em parte, um pedido de auxílio formulado pelo Tribunal se tal pedido se reportar unicamente à produção de documentos ou à divulgação de elementos de prova que atentem contra a sua segurança nacional.

5. Antes de denegar o pedido de auxílio previsto na alínea *l* do parágrafo 1, o Estado requerido considerará se o auxílio poderá ser concedido sob determinadas condições ou se poderá sê-lo em data ulterior ou sob uma outra forma, com a ressalva de que, se o Tribunal ou o Procurador aceitarem tais condições, deverão observá-las.

6. O Estado requerido que recusar um pedido de auxílio comunicará, sem demora, os motivos ao Tribunal ou ao Procurador.

7. a) O Tribunal poderá pedir a transferência temporária de uma pessoa detida para fins de identificação ou para obter um depoimento ou outras forma de auxílio. A transferência realizar-se-á sempre que:
   i) A pessoa der o seu consentimento, livremente e com conhecimento de causa; e
   ii) O Estado requerido concordar com a transferência, sem prejuízo das condições que esse Estado e o Tribunal possam acordar;
b) A pessoa transferida permanecerá detida. Esgotado o fim que determinou a transferência, o Tribunal reenviá-la-á imediatamente para o Estado requerido.

8. a) O Tribunal garantirá a confidencialidade dos documentos e das informações recolhidas, exceto se necessários para o inquérito e os procedimentos descritos no pedido;
b) O Estado requerido poderá, se necessário, comunicar os documentos ou as informações ao Procurador a título confidencial. O Procurador só poderá utilizá-los para recolher novos elementos de prova;
c) O Estado requerido poderá, de ofício ou a pedido do Procurador, autorizar a divulgação posterior de tais documentos ou informações; os quais poderão ser utilizados como meios de prova, nos termos do disposto nos Capítulos V e VI e no Regulamento Processual.

9. a) i) Se um Estado-Parte receber pedidos concorrentes formulados pelo Tribunal e por um outro Estado, no âmbito de uma obrigação internacional, e cujo objeto não seja nem a entrega nem a extradição, esforçar-se-á, mediante consultas com o Tribunal e esse outro Estado, por dar satisfação a ambos os pedidos adiando ou estabelecendo determinadas condições a um ou outro pedido, se necessário.
   ii) Não sendo possível, os pedidos concorrentes observarão os princípios fixados no artigo 90.
b) Todavia, sempre que o pedido formulado pelo Tribunal respeitar a informações, bens ou pessoas que estejam sob o controle de um Estado terceiro ou de uma organização internacional ao abrigo de um acordo internacional, os Estados requeridos informarão o Tribunal em conformidade, este dirigirá o seu pedido ao Estado terceiro ou à organização internacional.

10. a) Mediante pedido, o Tribunal cooperará com um Estado-Parte e prestar-lhe-á auxílio na condução de um inquérito ou julgamento relacionado com fatos que constituam um crime da jurisdição do Tribunal ou que constituam um crime grave à luz do direito interno do Estado requerente.
b) i) O auxílio previsto na alínea *a* deve compreender, a saber:
   a. A transmissão de depoimentos, documentos e outros elementos de prova recolhidos no decurso do inquérito ou do julgamento conduzidos pelo Tribunal; e
   b. O interrogatório de qualquer pessoa detida por ordem do Tribunal;
ii) No caso previsto na alínea *b*), i), a;
   a. A transmissão dos documentos e de outros elementos de prova obtidos com o auxílio de um Estado necessita do consentimento desse Estado;
   b. A transmissão de depoimentos, documentos e outros elementos de prova fornecidos quer por uma testemunha, quer por um perito, será feita em conformidade com o disposto no artigo 68.
c) O Tribunal poderá, em conformidade com as condições enunciadas neste número, deferir um pedido de auxílio formulado por um Estado que não seja parte no presente Estatuto.

Artigo 94
Suspensão da execução de um pedido relativamente a um inquérito ou a procedimento criminal em curso

1. Se a imediata execução de um pedido prejudicar o desenrolar de um inquérito ou de um procedimento

criminal relativos a um caso diferente daquele a que se reporta o pedido, o Estado requerido poderá suspender a execução do pedido por tempo determinado, acordado com o Tribunal. Contudo, a suspensão não deve prolongar-se além do necessário para que o inquérito ou o procedimento criminal em causa sejam efetuados no Estado requerido. Este, antes de decidir suspender a execução do pedido, verificará se o auxílio não poderá ser concedido de imediato sob determinadas condições.

2. Se for decidida a suspensão de execução do pedido em conformidade com o parágrafo 1, o Procurador poderá, no entanto, solicitar que sejam adotadas medidas para preservar os elementos de prova, nos termos da alínea j do parágrafo 1 do artigo 93.

Artigo 95
Suspensão da execução de um pedido por impugnação de admissibilidade

Se o Tribunal estiver apreciando uma impugnação de admissibilidade, de acordo com os artigos 18 ou 19, o Estado requerido poderá suspender a execução de um pedido formulado ao abrigo do presente Capítulo enquanto aguarda que o Tribunal se pronuncie, a menos que o Tribunal tenha especificamente ordenado que o Procurador continue a reunir elementos de prova, nos termos dos artigos 18 ou 19.

Artigo 96
Conteúdo do pedido sob outras formas de cooperarão previstas no artigo 93

1. Todo o pedido relativo a outras formas de cooperação previstas no artigo 93 será formulado por escrito. Em caso de urgência, o pedido poderá ser feito por qualquer meio que permita manter um registro escrito, desde que seja confirmado através dos canais indicados na alínea a do parágrafo 1 do artigo 87.

2. O pedido deverá conter, ou ser instruído com, os seguintes documentos:

a) Um resumo do objeto do pedido, bem como da natureza do auxílio solicitado, incluindo os fundamentos jurídicos e os motivos do pedido;
b) Informações tão completas quanto possível sobre a pessoa ou o lugar a identificar ou a localizar, por forma a que o auxílio solicitado possa ser prestado;
c) Uma exposição sucinta dos fatos essenciais que fundamentam o pedido;
d) A exposição dos motivos e a explicação pormenorizada dos procedimentos ou das condições a respeitar;
e) Toda a informação que o Estado requerido possa exigir de acordo com o seu direito interno para dar seguimento ao pedido; e
f) Toda a informação útil para que o auxílio possa ser concedido.

3. A requerimento do Tribunal, um Estado-Parte manterá, no que respeita a questões genéricas ou a uma questão específica, consultas com o Tribunal sobre as disposições aplicáveis do seu direito interno, susceptíveis de serem aplicadas em conformidade com a alínea e do parágrafo 2. No decurso de tais consultas, o Estado-Parte informará o Tribunal das disposições específicas constantes do seu direito interno.

4. O presente artigo aplicar-se-á, se for caso disso, a qualquer pedido de auxílio dirigido ao Tribunal.

Artigo 97
Consultas

Sempre que, ao abrigo do presente Capítulo, um Estado-Parte receba um pedido e verifique que este suscita dificuldades que possam obviar à sua execução ou impedi-la, o Estado em causa iniciará, sem demora, as consultas com o Tribunal com vista à solução desta questão. Tais dificuldades podem revestir as seguintes formas:

a) Informações insuficientes para dar seguimento ao pedido;
b) No caso de um pedido de entrega, o paradeiro da pessoa reclamada continuar desconhecido a despeito de todos os esforços ou a investigação realizada permitiu determinar que a pessoa que se encontra no Estado Requerido não é manifestamente a pessoa identificada no mandado; ou
c) O Estado requerido ver-se-ia compelido, para cumprimento do pedido na sua forma atual, a violar uma obrigação constante de um tratado anteriormente celebrado com outro Estado.

Artigo 98
Cooperação relativa à renúncia, à imunidade e ao consentimento na entrega

1. O Tribunal pode não dar seguimento a um pedido de entrega ou de auxílio por força do qual o Estado requerido devesse atuar de forma incompatível com as obrigações que lhe incumbem à luz do direito internacional em matéria de imunidade dos Estados ou de imunidade diplomática de pessoa ou de bens de um Estado terceiro, a menos que obtenha, previamente a cooperação desse Estado terceiro com vista ao levantamento da imunidade.

2. O Tribunal pode não dar seguimento à execução de um pedido de entrega por força do qual o Estado requerido devesse atuar de forma incompatível com as obrigações que lhe incumbem em virtude de acordos internacionais à luz dos quais o consentimento do Estado de envio é necessário para que uma pessoa pertencente a esse Estado seja entregue ao Tribunal, a menos que o Tribunal consiga, previamente, obter a cooperação do Estado de envio para consentir na entrega.

Artigo 99
Execução dos pedidos apresentados ao abrigo dos artigos 93 e 96

1. Os pedidos de auxílio serão executados de harmonia com os procedimentos previstos na legislação interna do Estado requerido e, a menos que o seu direito interno o proíba, na forma especificada no pedido, aplicando qualquer procedimento nele indicado ou autorizando as pessoas nele indicadas a estarem presentes e a participarem na execução do pedido.

2. Em caso de pedido urgente, os documentos e os elementos de prova produzidos na resposta serão, a requerimento do Tribunal, enviados com urgência.

3. As respostas do Estado requerido serão transmitidas na sua língua e forma originais.

4. Sem prejuízo dos demais artigos do presente Capítulo, sempre que for necessário para a execução com sucesso de um pedido, e não haja que recorrer a medidas coercitivas, nomeadamente quando se trate de ouvir ou levar uma pessoa a depor de sua livre vontade, mesmo sem a presença das autoridades do Estado-Parte requerido se tal for determinante para a execução do pedido, ou quando se trate de examinar, sem proceder a alterações, um lugar público ou um outro local público, o Procurador poderá dar cumprimento ao pedido diretamente no território de um Estado, de acordo com as seguintes modalidades:

a) Quando o Estado requerido for o Estado em cujo território haja indícios de ter sido cometido o crime e existir uma decisão sobre a admissibilidade tal como previsto nos artigos 18 e 19, o Procurador poderá executar diretamente o pedido, depois de ter levado a cabo consultas tão amplas quanto possível com o Estado requerido;

b) Em outros casos, o Procurador poderá executar o pedido após consultas com o Estado-Parte requerido e tendo em conta as condições ou as preocupações razoáveis que esse Estado tenha eventualmente argumentado. Sempre que o Estado requerido verificar que a execução de um pedido nos termos da presente alínea suscita dificuldades, consultará de imediato o Tribunal para resolver a questão.

5. As disposições que autorizam a pessoa ouvida ou interrogada pelo Tribunal ao abrigo do artigo 72, a invocar as restrições previstas para impedir a divulgação de informações confidenciais relacionadas com a segurança nacional, aplicar-se-ão de igual modo à execução dos pedidos de auxílio referidos no presente artigo.

Artigo 100
Despesas

1. As despesas ordinárias decorrentes da execução dos pedidos no território do Estado requerido serão por este suportadas, com exceção das seguintes, que correrão a cargo do Tribunal:

a) As despesas relacionadas com as viagens e a proteção das testemunhas e dos peritos ou com a transferência de detidos ao abrigo do artigo 93;

b) As despesas de tradução, de interpretação e de transcrição;

c) As despesas de deslocação e de estada dos juízes, do Procurador, dos Procuradores-adjuntos, do Secretário, do Secretário-Adjunto e dos membros do pessoal de todos os órgãos do Tribunal;

d) Os custos das perícias ou dos relatórios periciais solicitados pelo Tribunal;

e) As despesas decorrentes do transporte das pessoas entregues ao Tribunal pelo Estado de detenção; e

f) Após consulta, quaisquer despesas extraordinárias decorrentes da execução de um pedido.

2. O disposto no parágrafo 1 aplicar-se-á, sempre que necessário, aos pedidos dirigidos pelos Estados-Partes ao Tribunal. Neste caso, o Tribunal tomará a seu cargo as despesas ordinárias decorrentes da execução.

Artigo 101
Regra da especialidade

1. Nenhuma pessoa entregue ao Tribunal nos termos do presente Estatuto poderá ser perseguida, condenada ou detida por condutas anteriores à sua entrega, salvo quando estas constituam crimes que tenham fundamentado a sua entrega.

2. O Tribunal poderá solicitar uma derrogação dos requisitos estabelecidos no parágrafo 1 ao Estado que lhe tenha entregue uma pessoa e, se necessário, facultar-lhe-á, em conformidade com o artigo 91, informações complementares. Os Estados-Partes estarão habilitados a conceder uma derrogação ao Tribunal e deverão envidar esforços nesse sentido.

Artigo 102
Termos usados

Para os fins do presente Estatuto:

a) Por "entrega", entende-se a entrega de uma pessoa por um Estado ao Tribunal nos termos do presente Estatuto.

b) Por "extradição", entende-se a entrega de uma pessoa por um Estado a outro Estado conforme previsto em um tratado, em uma convenção ou no direito interno.

Capítulo X

EXECUÇÃO DA PENA

Artigo 103
Função dos Estados na execução das penas privativas de liberdade

1. a) As penas privativas de liberdade serão cumpridas num Estado indicado pelo Tribunal a partir de uma lista de Estados que lhe tenham manifestado a sua disponibilidade para receber pessoas condenadas.

b) Ao declarar a sua disponibilidade para receber pessoas condenadas, um Estado poderá formular condições acordadas com o Tribunal e em conformidade com o presente Capítulo.

c) O Estado indicado no âmbito de um determinado caso dará prontamente a conhecer se aceita ou não a indicação do Tribunal.

2. a) O Estado da execução informará o Tribunal de qualquer circunstância, incluindo o cumprimento de quaisquer condições acordadas nos termos do parágrafo 1, que possam afetar materialmente as condições ou a duração da detenção. O Tribunal será informado com, pelo menos, 45 (quarenta e cinco) dias de antecedência sobre qualquer circunstância dessa natureza, conhecida ou previsível. Durante este período, o Estado da execução não tomará qualquer medida que possa ser contrária às suas obrigações ao abrigo do artigo 110.

b) Se o Tribunal não puder aceitar as circunstâncias referidas na alínea a, deverá informar o Estado da execução e proceder em harmonia com o parágrafo 1 do artigo 104.

3. Sempre que exercer o seu poder de indicação em conformidade com o parágrafo 1, o Tribunal levará em consideração:

a) O princípio segundo o qual os Estados-Partes devem partilhar da responsabilidade na execução das penas privativas de liberdade, em conformidade com os princípios de distribuição equitativa estabelecidos no Regulamento Processual;

b) A aplicação de normas convencionais do direito internacional amplamente aceitas, que regulam o tratamento dos reclusos;
c) A opinião da pessoa condenada; e
d) A nacionalidade da pessoa condenada;
e) Outros fatores relativos às circunstâncias do crime, às condições pessoais da pessoa condenada ou à execução efetiva da pena, adequadas à indicação do Estado da execução.

4. Se nenhum Estado for designado nos termos do parágrafo 1, a pena privativa de liberdade será cumprida num estabelecimento prisional designado pelo Estado anfitrião, em conformidade com as condições estipuladas no acordo que determinou o local da sede previsto no parágrafo 2 do artigo 3º. Neste caso, as despesas relacionadas com a execução da pena ficarão a cargo do Tribunal.

Artigo 104
Alteração da indicação do Estado da execução

1. O Tribunal poderá, a qualquer momento, decidir transferir um condenado para uma prisão de um outro Estado.

2. A pessoa condenada pelo Tribunal poderá, a qualquer momento, solicitar-lhe que a transfira do Estado encarregado da execução.

Artigo 105
Execução da pena

1. Sem prejuízo das condições que um Estado haja estabelecido nos termos do artigo 103, parágrafo 1, alínea b, a pena privativa de liberdade é vinculativa para os Estados-Partes, não podendo estes modificá-la em caso algum.

2. Será da exclusiva competência do Tribunal pronunciar-se sobre qualquer pedido de revisão ou recurso. O Estado da execução não obstará a que o condenado apresente um tal pedido.

Artigo 106
Controle da execução da pena
e das condições de detenção

1. A execução de uma pena privativa de liberdade será submetida ao controle do Tribunal e observará as regras convencionais internacionais amplamente aceitas em matéria de tratamento dos reclusos.

2. As condições de detenção serão reguladas pela legislação do Estado da execução e observarão as regras convencionais internacionais amplamente aceitas em matéria de tratamento dos reclusos. Em caso algum devem ser menos ou mais favoráveis do que as aplicáveis aos reclusos condenados no Estado da execução por infrações análogas.

3. As comunicações entre o condenado e o Tribunal serão livres e terão caráter confidencial.

Artigo 107
Transferência do condenado depois
de cumprida a pena

1. Cumprida a pena, a pessoa que não seja nacional do Estado da execução poderá, de acordo com a legislação desse mesmo Estado, ser transferida para um outro Estado obrigado a aceitá-la ou ainda para um outro Estado que aceite acolhê-la tendo em conta a vontade expressa pela pessoa em ser transferida para esse Estado; a menos que o Estado da execução autorize essa pessoa a permanecer no seu território.

2. As despesas relativas à transferência do condenado para um outro Estado nos termos do parágrafo 1 serão suportadas pelo Tribunal se nenhum Estado as tomar a seu cargo.

3. Sem prejuízo do disposto no artigo 108, o Estado da execução poderá igualmente, em harmonia com o seu direito interno, extraditar ou entregar por qualquer outro modo a pessoa a um Estado que tenha solicitado a sua extradição ou a sua entrega para fins de julgamento ou de cumprimento de uma pena.

Artigo 108
Restrições ao procedimento criminal ou à
condenação por outras infrações

1. A pessoa condenada que esteja detida no Estado da execução não poderá ser objeto de procedimento criminal, condenação ou extradição para um Estado terceiro em virtude de uma conduta anterior à sua transferência para o Estado da execução, a menos que a Tribunal tenha dado a sua aprovação a tal procedimento, condenação ou extradição, a pedido do Estado da execução.

2. Ouvido o condenado, o Tribunal pronunciar-se-á sobre a questão.

3. O parágrafo 1 deixará de ser aplicável se o condenado permanecer voluntariamente no território do Estado da execução por um período superior a trinta dias após o cumprimento integral da pena proferida pelo Tribunal, ou se regressar ao território desse Estado após dele ter saído.

Artigo 109
Execução das penas de multa
e das medidas de perda

1. Os Estados-Partes aplicarão as penas de multa, bem como as medidas de perda ordenadas pelo Tribunal ao abrigo do Capítulo VII, sem prejuízo dos direitos de terceiros de boa fé e em conformidade com os procedimentos previstos no respectivo direito interno.

2. Sempre que um Estado-Parte não possa tornar efetiva a declaração de perda, deverá tomar medidas para recuperar o valor do produto, dos bens ou dos haveres cuja perda tenha sido declarada pelo Tribunal, sem prejuízo dos direitos de terceiros de boa-fé.

3. Os bens, ou o produto da venda de bens imóveis ou, se for caso disso, da venda de outros bens, obtidos por um Estado-Parte por força da execução de uma decisão do Tribunal, serão transferidos para o Tribunal.

Artigo 110
Reexame pelo Tribunal
da questão de redução de pena

1. O Estado da execução não poderá libertar o recluso antes de cumprida a totalidade da pena proferida pelo Tribunal.

2. Somente o Tribunal terá a faculdade de decidir sobre qualquer redução da pena e, ouvido o condenado, pronunciar-se-á a tal respeito.

3. Quando a pessoa já tiver cumprido dois terços da pena, ou vinte e cinco anos de prisão em caso de pena

de prisão perpétua, o Tribunal reexaminará a pena para determinar se haverá lugar a sua redução. Tal reexame só será efetuado transcorrido o período acima referido.

4. No reexame a que se refere o parágrafo 3, o Tribunal poderá reduzir a pena se constatar que se verificam uma ou várias das condições seguintes:

a) A pessoa tiver manifestado, desde o início e de forma contínua, a sua vontade em cooperar com o Tribunal no inquérito e no procedimento;
b) A pessoa tiver, voluntariamente, facilitado a execução das decisões e despachos do Tribunal em outros casos, nomeadamente ajudando-o a localizar bens sobre os quais recaíam decisões de perda, de multa ou de reparação que poderão ser usados em benefício das vítimas; ou
c) Outros fatores que conduzam a uma clara e significativa alteração das circunstâncias suficiente para justificar a redução da pena, conforme previsto no Regulamento Processual;

5. Se, no reexame inicial a que se refere o parágrafo 3, o Tribunal considerar não haver motivo para redução da pena, ele reexaminará subsequentemente a questão da redução da pena com a periodicidade e nos termos previstos no Regulamento Processual.

Artigo 111
Evasão

Se um condenado se evadir do seu local de detenção e fugir do território do Estado da execução, este poderá, depois de ter consultado o Tribunal, pedir ao Estado no qual se encontra localizado o condenado que o entregue em conformidade com os acordos bilaterais ou multilaterais em vigor, ou requerer ao Tribunal que solicite a entrega dessa pessoa ao abrigo do Capítulo IX. O Tribunal poderá, ao solicitar a entrega da pessoa, determinar que esta seja entregue ao Estado no qual se encontrava a cumprir a sua pena, ou a outro Estado por ele indicado.

Capítulo XI

ASSEMBLEIA DOS ESTADOS-PARTES

Artigo 112
Assembleia dos Estados-Partes

1. É constituída, pelo presente instrumento, uma Assembleia dos Estados-Partes. Cada um dos Estados-Partes nela disporá de um representante, que poderá ser coadjuvado por substitutos e assessores. Outros Estados signatários do Estatuto ou da Ata Final poderão participar nos trabalhos da Assembleia na qualidade de observadores.

2. A Assembleia:

a) Examinará e adotará, se adequado, as recomendações da Comissão Preparatória;
b) Promoverá junto à Presidência, ao Procurador e ao Secretário as linhas orientadoras gerais no que toca à administração do Tribunal;
c) Examinará os relatórios e as atividades da Mesa estabelecido nos termos do parágrafo 3 e tomará as medidas apropriadas;
d) Examinará e aprovará o orçamento do Tribunal;
e) Decidirá, se for caso disso, alterar o número de juízes nos termos do artigo 36;
f) Examinará, em harmonia com os parágrafos 5 e 7 do artigo 87, qualquer questão relativa à não cooperação dos Estados;
g) Desempenhará qualquer outra função compatível com as disposições do presente Estatuto ou do Regulamento Processual;

3. a) A Assembleia será dotada de uma Mesa composta por um presidente, dois vice-presidentes e 18 membros por ela eleitos por períodos de três anos;
b) A Mesa terá um caráter representativo, atendendo nomeadamente ao princípio da distribuição geográfica equitativa e à necessidade de assegurar uma representação adequada dos principais sistemas jurídicos do mundo;
c) A Mesa reunir-se-á as vezes que forem necessárias, mas, pelo menos, uma vez por ano. Assistirá a Assembleia no desempenho das suas funções.

4. A Assembleia poderá criar outros órgãos subsidiários que julgue necessários, nomeadamente um mecanismo de controle independente que proceda a inspeções, avaliações e inquéritos em ordem a melhorar a eficiência e economia da administração do Tribunal.

5. O Presidente do Tribunal, o Procurador e o Secretário ou os respectivos representantes poderão participar, sempre que julguem oportuno, nas reuniões da Assembleia e da Mesa.

6. A Assembleia reunir-se-á na sede do Tribunal ou na sede da Organização das Nações Unidas uma vez por ano e, sempre que as circunstâncias o exigirem, reunir-se-á em sessão extraordinária. A menos que o presente Estatuto estabeleça em contrário, as sessões extraordinárias são convocadas pela Mesa, de ofício ou a pedido de um terço dos Estados-Partes.

7. Cada um dos Estados-Partes disporá de um voto. Todos os esforços deverão ser envidados para que as decisões da Assembleia e da Mesa sejam adotadas por consenso. Se tal não for possível, e a menos que o Estatuto estabeleça em contrário:

a) As decisões sobre as questões de fundo serão tomadas por maioria de dois terços dos membros presentes e votantes, sob a condição que a maioria absoluta dos Estados-Partes constitua *quorum* para o escrutínio;
b) As decisões sobre as questões de procedimento serão tomadas por maioria simples dos Estados-Partes presentes e votantes.

8. O Estado-Parte em atraso no pagamento da sua contribuição financeira para as despesas do Tribunal não poderá votar nem na Assembleia nem na Mesa se o total das suas contribuições em atraso igualar ou exceder a soma das contribuições correspondentes aos dois anos anteriores completos por ele devidos. A Assembleia-Geral poderá, no entanto, autorizar o Estado em causa a votar na Assembleia ou na Mesa se ficar provado que a falta de pagamento é devida a circunstâncias alheias ao controle do Estado-Parte.

9. A Assembleia adotará o seu próprio Regimento.

10. As línguas oficiais e de trabalho da Assembleia dos Estados-Partes serão as línguas oficiais e de trabalho da Assembleia-Geral da Organização das Nações Unidas.

Capítulo XII

FINANCIAMENTO

Artigo 113
Regulamento financeiro

Salvo disposição expressa em contrário, todas as questões financeiras atinentes ao Tribunal e às reuniões da Assembleia dos Estados-Partes, incluindo a sua Mesa e os seus órgãos subsidiários, serão reguladas pelo presente Estatuto, pelo Regulamento Financeiro e pelas normas de gestão financeira adotados pela Assembleia dos Estados-Partes.

Artigo 114
Pagamento de despesas

As despesas do Tribunal e da Assembleia dos Estados-Partes, incluindo a sua Mesa e os seus órgãos subsidiários, serão pagas pelos fundos do Tribunal.

Artigo 115
Fundos do Tribunal e da Assembleia dos Estados-Partes

As despesas do Tribunal e da Assembleia dos Estados-Partes, incluindo a sua Mesa e os seus órgãos subsidiários, inscritas no orçamento aprovado pela Assembleia dos Estados-Partes, serão financiadas:

a) Pelas quotas dos Estados-Partes;
b) Pelos fundos provenientes da Organização das Nações Unidas, sujeitos à aprovação da Assembleia-Geral, nomeadamente no que diz respeito às despesas relativas a questões remetidas para o Tribunal pelo Conselho de Segurança.

Artigo 116
Contribuições voluntárias

Sem prejuízo do artigo 115, o Tribunal poderá receber e utilizar, a título de fundos adicionais, as contribuições voluntárias dos Governos, das organizações internacionais, dos particulares, das empresas e demais entidades, de acordo com os critérios estabelecidos pela Assembleia dos Estados-Partes nesta matéria.

Artigo 117
Cálculo das quotas

As quotas dos Estados-Partes serão calculadas em conformidade com uma tabela de quotas que tenha sido acordada, com base na tabela adotada pela Organização das Nações Unidas para o seu orçamento ordinário, e adaptada de harmonia com os princípios nos quais se baseia tal tabela.

Artigo 118
Verificação anual de contas

Os relatórios, livros e contas do Tribunal, incluindo os balanços financeiros anuais, serão verificados anualmente por um revisor de contas independente.

Capítulo XIII

CLÁUSULAS FINAIS

Artigo 119
Resolução de diferendos

1. Qualquer diferendo relativo às funções judiciais do Tribunal será resolvido por decisão do Tribunal.

2. Quaisquer diferendos entre dois ou mais Estados-Partes relativos à interpretação ou à aplicação do presente Estatuto, que não forem resolvidos pela via negocial num período de três meses após o seu início, serão submetidos à Assembleia dos Estados-Partes. A Assembleia poderá procurar resolver o diferendo ou fazer recomendações relativas a outros métodos de resolução, incluindo a submissão do diferendo à Corte Internacional de Justiça, em conformidade com o Estatuto dessa Corte.

Artigo 120
Reservas

Não são admitidas reservas a este Estatuto.

Artigo 121
Alterações

1. Expirado o período de sete anos após a entrada em vigor do presente Estatuto, qualquer Estado-Parte poderá propor alterações ao Estatuto. O texto das propostas de alterações será submetido ao Secretário-Geral da Organização das Nações Unidas, que o comunicará sem demora a todos os Estados-Partes.

2. Decorridos pelo menos três meses após a data desta notificação, a Assembleia dos Estados-Partes decidirá na reunião seguinte, por maioria dos seus membros presentes e votantes, se deverá examinar a proposta. A Assembleia poderá tratar desta proposta, ou convocar uma Conferência de Revisão se a questão suscitada o justificar.

3. A adoção de uma alteração numa reunião da Assembleia dos Estados-Partes ou numa Conferência de Revisão exigirá a maioria de dois terços dos Estados-Partes, quando não for possível chegar a um consenso.

4. Sem prejuízo do disposto no parágrafo 5, qualquer alteração entrará em vigor, para todos os Estados-Partes, um ano depois que sete oitavos de entre eles tenham depositado os respectivos instrumentos de ratificação ou de aceitação junto do Secretário-Geral da Organização das Nações Unidas.

5. Qualquer alteração ao artigo 5º, 6º, 7º e 8º do presente Estatuto entrará em vigor, para todos os Estados-Partes que a tenham aceitado, um ano após o depósito dos seus instrumentos de ratificação ou de aceitação. O Tribunal não exercerá a sua competência relativamente a um crime abrangido pela alteração sempre que este tiver sido cometido por nacionais de um Estado-Parte que não tenha aceitado a alteração, ou no território desse Estado-Parte.

6. Se uma alteração tiver sido aceita por sete oitavos dos Estados-Partes nos termos do parágrafo 4, qualquer Estado-Parte que não a tenha aceito poderá retirar-se do Estatuto com efeito imediato, não obstante o disposto no parágrafo 1 do artigo 127, mas sem prejuízo do disposto no parágrafo 2 do artigo 127, mediante notificação da sua retirada o mais tardar um ano após a entrada em vigor desta alteração.

7. O Secretário-Geral da Organização dás Nações Unidas comunicará a todos os Estados-Partes quaisquer alterações que tenham sido adotadas em reunião da Assembleia dos Estados-Partes ou numa Conferência de Revisão.

Artigo 122
Alteração de disposições de caráter institucional

1. Não obstante o artigo 121, parágrafo 1, qualquer Estado-Parte poderá, em qualquer momento, propor alterações às disposições do Estatuto, de caráter exclusivamente institucional, a saber, artigos 35, 36, parágrafos 8 e 9, artigos 37, 38, 39, parágrafos 1 (as primeiras duas frases), 2 e 4, artigo 42, parágrafos 4 a 9, artigo 43, parágrafos 2 e 3 e artigos 44, 46, 47 e 49. O texto de qualquer proposta será submetido ao Secretário-Geral da Organização das Nações Unidas ou a qualquer outra pessoa designada pela Assembleia dos Estados-Partes, que o comunicará sem demora a todos os Estados-Partes e aos outros participantes na Assembleia.

2. As alterações apresentadas nos termos deste artigo, sobre as quais não seja possível chegar a um consenso, serão adotadas pela Assembleia dos Estados-Partes ou por uma Conferência de Revisão, por uma maioria de dois terços dos Estados-Partes. Tais alterações entrarão em vigor, para todos os Estados-Partes, seis meses após a sua adoção pela Assembleia ou, conforme o caso, pela Conferência de Revisão.

Artigo 123
Revisão do Estatuto

1. Sete anos após a entrada em vigor do presente Estatuto, o Secretário-Geral da Organização das Nações Unidas convocará uma Conferência de Revisão para examinar qualquer alteração ao presente Estatuto. A revisão poderá incidir nomeadamente, mas não exclusivamente, sobre a lista de crimes que figura no artigo 5º. A Conferência estará aberta aos participantes na Assembleia dos Estados-Partes, nas mesmas condições.

2. A todo o momento ulterior, a requerimento de um Estado-Parte e para os fins enunciados no parágrafo 1, o Secretário-Geral da Organização das Nações Unidas, mediante aprovação da maioria dos Estados-Partes, convocará uma Conferência de Revisão.

3. A adoção e a entrada em vigor de qualquer alteração ao Estatuto examinada numa Conferência de Revisão serão reguladas pelas disposições do artigo 121, parágrafos 3 a 7.

Artigo 124
Disposição transitória

Não obstante o disposto nos parágrafos 1 e 2 do artigo 12, um Estado que se torne Parte no presente Estatuto, poderá declarar que, durante um período de sete anos a contar da data da entrada em vigor do Estatuto no seu território, não aceitará a competência do Tribunal relativamente à categoria de crimes referidos no artigo 8º, quando haja indícios de que um crime tenha sido praticado por nacionais seus ou no seu território. A declaração formulada ao abrigo deste artigo poderá ser retirada a qualquer momento. O disposto neste artigo será reexaminado na Conferência de Revisão a convocar em conformidade com o parágrafo 1 do artigo 123.

Artigo 125
Assinatura, ratificação, aceitação, aprovação ou adesão

1. O presente Estatuto estará aberto à assinatura de todos os Estados na sede da Organização das Nações Unidas para a Alimentação e a Agricultura, em Roma, a 17 de julho de 1998, continuando aberto à assinatura no Ministério dos Negócios Estrangeiros de Itália, em Roma, até 17 de outubro de 1998. Após esta data, o Estatuto continuará aberto na sede da Organização das Nações Unidas, em Nova Iorque, até 31 de dezembro de 2000.

2. O presente Estatuto ficará sujeito a ratificação, aceitação ou aprovação dos Estados signatários. Os instrumentos de ratificação, aceitação ou aprovação serão depositados junto do Secretário-Geral da Organização das Nações Unidas.

3. O presente Estatuto ficará aberto à adesão de qualquer Estado. Os instrumentos de adesão serão depositados junto do Secretário-Geral da Organização das Nações Unidas.

Artigo 126
Entrada em vigor

1. O presente Estatuto entrará em vigor no primeiro dia do mês seguinte ao termo de um período de sessenta dias após a data do depósito do sexagésimo instrumento de ratificação, de aceitação, de aprovação ou de adesão junto do Secretário-Geral da Organização das Nações Unidas.

2. Em relação ao Estado que ratifique, aceite ou aprove o Estatuto, ou a ele adira após o depósito do sexagésimo instrumento de ratificação, de aceitação, de aprovação ou de adesão, o Estatuto entrará em vigor no primeiro dia do mês seguinte ao termo de um período de sessenta dias após a data do depósito do respectivo instrumento de ratificação, de aceitação, de aprovação ou de adesão.

Artigo 127
Retirada

1. Qualquer Estado-Parte poderá, mediante notificação escrita e dirigida ao Secretário-Geral da Organização das Nações Unidas, retirar-se do presente Estatuto. A retirada produzirá efeitos um ano após a data de recepção da notificação, salvo se esta indicar uma data ulterior.

2. A retirada não isentará o Estado das obrigações que lhe incumbem em virtude do presente Estatuto enquanto Parte do mesmo, incluindo as obrigações financeiras que tiver assumido, não afetando também a cooperação com o Tribunal no âmbito de inquéritos e de procedimentos criminais relativamente aos quais o Estado tinha o dever de cooperar e que se iniciaram antes da data em que a retirada começou a produzir efeitos; a retirada em nada afetará a prossecução da apreciação das causas que o Tribunal já tivesse começado a apreciar antes da data em que a retirada começou a produzir efeitos.

Artigo 128
Textos autênticos

O original do presente Estatuto, cujos textos em árabe, chinês, espanhol, francês, inglês e russo fazem igualmente fé, será depositado junto do Secretário-Geral das Nações Unidas, que enviará cópia autenticada a todos os Estados.

Em fé do que, os abaixo assinados, devidamente autorizados pelos respectivos Governos, assinaram o presente Estatuto.

Feito em Roma, aos dezessete dias do mês de julho de mil novecentos e noventa e oito.

LEI Nº 10.826,
DE 22 DE DEZEMBRO DE 2003

Dispõe sobre registro, posse e comercialização de armas de fogo e munição, sobre o Sistema Nacional de Armas – SINARM, define crimes e dá outras providências.

▶ Publicada no *DOU* de 23-12-2003.
▶ Dec. nº 5.123, de 1º-7-2004, regulamenta esta Lei.

CAPÍTULO I
DO SISTEMA NACIONAL DE ARMAS

Art. 1º O Sistema Nacional de Armas – SINARM, instituído no Ministério da Justiça, no âmbito da Polícia Federal, tem circunscrição em todo o território nacional.

Art. 2º Ao SINARM compete:

I – identificar as características e a propriedade de armas de fogo, mediante cadastro;
II – cadastrar as armas de fogo produzidas, importadas e vendidas no País;
III – cadastrar as autorizações de porte de arma de fogo e as renovações expedidas pela Polícia Federal;
IV – cadastrar as transferências de propriedade, extravio, furto, roubo e outras ocorrências suscetíveis de alterar os dados cadastrais, inclusive as decorrentes de fechamento de empresas de segurança privada e de transporte de valores;
V – identificar as modificações que alterem as características ou o funcionamento de arma de fogo;
VI – integrar no cadastro os acervos policiais já existentes;
VII – cadastrar as apreensões de armas de fogo, inclusive as vinculadas a procedimentos policiais e judiciais;
VIII – cadastrar os armeiros em atividade no País, bem como conceder licença para exercer a atividade;
IX – cadastrar mediante registro os produtores, atacadistas, varejistas, exportadores e importadores autorizados de armas de fogo, acessórios e munições;
X – cadastrar a identificação do cano da arma, as características das impressões de raiamento e de microestriamento de projétil disparado, conforme marcação e testes obrigatoriamente realizados pelo fabricante;
XI – informar às Secretarias de Segurança Pública dos Estados e do Distrito Federal os registros e autorizações de porte de armas de fogo nos respectivos territórios, bem como manter o cadastro atualizado para consulta.

Parágrafo único. As disposições deste artigo não alcançam as armas de fogo das Forças Armadas e Auxiliares, bem como as demais que constem dos seus registros próprios.

CAPÍTULO II
DO REGISTRO

Art. 3º É obrigatório o registro de arma de fogo no órgão competente.

Parágrafo único. As armas de fogo de uso restrito serão registradas no Comando do Exército, na forma do regulamento desta Lei.

Art. 4º Para adquirir arma de fogo de uso permitido o interessado deverá, além de declarar a efetiva necessidade, atender aos seguintes requisitos:

I – comprovação de idoneidade, com a apresentação de certidões negativas de antecedentes criminais fornecidas pela Justiça Federal, Estadual, Militar e Eleitoral e de não estar respondendo a inquérito policial ou a processo criminal, que poderão ser fornecidas por meios eletrônicos;

▶ Inciso I com a redação dada pela Lei nº 11.706, de 19-6-2008.

II – apresentação de documento comprobatório de ocupação lícita e de residência certa;
III – comprovação de capacidade técnica e de aptidão psicológica para o manuseio de arma de fogo, atestadas na forma disposta no regulamento desta Lei.

§ 1º O SINARM expedirá autorização de compra de arma de fogo após atendidos os requisitos anteriormente estabelecidos, em nome do requerente e para a arma indicada, sendo intransferível esta autorização.

§ 2º A aquisição de munição somente poderá ser feita no calibre correspondente à arma registrada e na quantidade estabelecida no regulamento desta Lei.

▶ § 2º com a redação dada pela Lei nº 11.706, de 19-6-2008.

§ 3º A empresa que comercializar arma de fogo em território nacional é obrigada a comunicar a venda à autoridade competente, como também a manter banco de dados com todas as características da arma e cópia dos documentos previstos neste artigo.

§ 4º A empresa que comercializa armas de fogo, acessórios e munições responde legalmente por essas mercadorias, ficando registradas como de sua propriedade enquanto não forem vendidas.

§ 5º A comercialização de armas de fogo, acessórios e munições entre pessoas físicas somente será efetivada mediante autorização do SINARM.

§ 6º A expedição da autorização a que se refere o § 1º será concedida, ou recusada com a devida fundamentação, no prazo de 30 (trinta) dias úteis, a contar da data do requerimento do interessado.

§ 7º O registro precário a que se refere o § 4º prescinde do cumprimento dos requisitos dos incisos I, II e III deste artigo.

§ 8º Estará dispensado das exigências constantes do inciso III do *caput* deste artigo, na forma do regulamento, o interessado em adquirir arma de fogo de uso permitido que comprove estar autorizado a portar arma com as mesmas características daquela a ser adquirida.

▶ § 8º acrescido pela Lei nº 11.706, de 19-6-2008.

Art. 5º O certificado de Registro de Arma de Fogo, com validade em todo o território nacional, autoriza o seu proprietário a manter a arma de fogo exclusivamente no interior de sua residência ou domicílio, ou dependência desses, ou, ainda, no seu local de trabalho, desde que seja ele o titular ou o responsável legal pelo estabelecimento ou empresa.

▶ *Caput* com a redação dada pela Lei nº 10.884, de 17-6-2004.

§ 1º O certificado de registro de arma de fogo será expedido pela Polícia Federal e será precedido de autorização do SINARM.

§ 2º Os requisitos de que tratam os incisos I, II e III do art. 4º deverão ser comprovados periodicamente, em período não inferior a 3 (três) anos, na conformidade do estabelecido no regulamento desta Lei, para a renovação do Certificado de Registro de Arma de Fogo.

§ 3º O proprietário de arma de fogo com certificados de registro de propriedade expedido por órgão estadual ou do Distrito Federal até a data da publicação desta Lei que não optar pela entrega espontânea prevista no art. 32 desta Lei deverá renová-lo mediante o pertinente registro federal, até o dia 31 de dezembro de 2008, ante a apresentação de documento de identificação pessoal e comprovante de residência fixa, ficando dispensado do pagamento de taxas e do cumprimento das demais exigências constantes dos incisos I a III do *caput* do art. 4º desta Lei.

▶ § 3º com a redação dada pela Lei nº 11.706, de 19-6-2008.

▶ Art. 20 da Lei nº 11.922, de 13-4-2009, que prorroga o prazo deste parágrafo para 31-12-2009.

§ 4º Para fins do cumprimento do disposto no § 3º deste artigo, o proprietário de arma de fogo poderá obter, no Departamento de Polícia Federal, certificado de registro provisório, expedido na rede mundial de computadores – internet, na forma do regulamento e obedecidos os procedimentos a seguir:

I – emissão de certificado de registro provisório pela internet, com validade inicial de 90 (noventa) dias; e

II – revalidação pela unidade do Departamento de Polícia Federal do certificado de registro provisório pelo prazo que estimar como necessário para a emissão definitiva do certificado de registro de propriedade.

▶ § 4º acrescido pela Lei nº 11.706, de 19-6-2008.

Capítulo III

DO PORTE

Art. 6º É proibido o porte de arma de fogo em todo o território nacional, salvo para os casos previstos em legislação própria e para:

▶ Art. 22, I e § 2º, da Lei nº 11.340, de 7-8-2006, que dispõe sobre a criação de mecanismos para coibir a violência doméstica e familiar contra a mulher.

I – os integrantes das Forças Armadas;

II – os integrantes de órgãos referidos nos incisos do *caput* do art. 144 da Constituição Federal;

III – os integrantes das guardas municipais das capitais dos Estados e dos Municípios com mais de 500.000 (quinhentos mil) habitantes, nas condições estabelecidas no regulamento desta Lei;

IV – os integrantes das guardas municipais dos Municípios com mais de 50.000 (cinquenta mil) e menos de 500.000 (quinhentos mil) habitantes, quando em serviço;

▶ Inciso IV com a redação dada pela Lei nº 10.867, de 12-5-2004.

V – os agentes operacionais da Agência Brasileira de Inteligência e os agentes do Departamento de Segurança do Gabinete de Segurança Institucional da Presidência da República;

VI – os integrantes dos órgãos policiais referidos no art. 51, IV, e no art. 52, XIII, da Constituição Federal;

VII – os integrantes do quadro efetivo dos agentes e guardas prisionais, os integrantes das escoltas de presos e as guardas portuárias;

VIII – as empresas de segurança privada e de transporte de valores constituídas, nos termos desta Lei;

IX – para os integrantes das entidades de desporto legalmente constituídas, cujas atividades esportivas demandem o uso de armas de fogo, na forma do regulamento desta Lei, observando-se, no que couber, a legislação ambiental;

X – integrantes das Carreiras de Auditoria da Receita Federal do Brasil e de Auditoria-Fiscal do Trabalho, cargos de Auditor-Fiscal e Analista Tributário;

▶ Inciso X com a redação dada pela Lei nº 11.501, de 11-7-2007.

XI – os tribunais do Poder Judiciário descritos no art. 92 da Constituição Federal e os Ministérios Públicos da União e dos Estados, para uso exclusivo de servidores de seus quadros pessoais que efetivamente estejam no exercício de funções de segurança, na forma de regulamento a ser emitido pelo Conselho Nacional de Justiça – CNJ e pelo Conselho Nacional do Ministério Público – CNMP.

▶ Inciso XI acrescido pela Lei nº 12.694, de 24-7-2012, para vigorar 90 (noventa) dias após a sua publicação (*DOU* de 25-7-2012).

§ 1º As pessoas previstas nos incisos I, II, III, V e VI do *caput* deste artigo terão direito de portar arma de fogo de propriedade particular ou fornecida pela respectiva corporação ou instituição, mesmo fora de serviço, nos termos do regulamento desta Lei, com validade em âmbito nacional para aquelas constantes dos incisos I, II, V e VI.

▶ § 1º com a redação dada pela Lei nº 11.706, de 19-6-2008.

§ 1º-A. *Revogado*. Lei nº 11.706, de 19-6-2008.

§ 2º A autorização para o porte de arma de fogo aos integrantes das instituições descritas nos incisos V, VI, VII e X do *caput* deste artigo está condicionada à comprovação do requisito a que se refere o inciso III do *caput* do art. 4º desta Lei nas condições estabelecidas no regulamento desta Lei.

▶ § 2º com a redação dada pela Lei nº 11.706, de 19-6-2008.

§ 3º A autorização para o porte de arma de fogo das guardas municipais está condicionada à formação funcional de seus integrantes em estabelecimentos de ensino de atividade policial, à existência *f*de mecanismos de fiscalização e de controle interno, nas condições estabelecidas no regulamento desta Lei, observada a supervisão do Ministério da Justiça.

▶ § 3º com a redação dada pela Lei nº 10.884, de 17-6-2004.

§ 4º Os integrantes das Forças Armadas, das polícias federais e estaduais e do Distrito Federal, bem como os militares dos Estados e do Distrito Federal, ao exercerem o direito descrito no art. 4º, ficam dispensados do cumprimento do disposto nos incisos I, II e III do mesmo artigo, na forma do regulamento desta Lei.

§ 5º Aos residentes em áreas rurais, maiores de 25 (vinte e cinco) anos que comprovem depender do emprego de arma de fogo para prover sua subsistência alimentar familiar será concedido pela Polícia Federal o porte de arma de fogo, na categoria caçador para subsistência, de uma arma de uso permitido, de tiro simples, com 1 (um) ou 2 (dois) canos, de alma lisa e de calibre igual ou inferior a 16 (dezesseis), desde que o interessado comprove a efetiva necessidade em requerimento ao qual deverão ser anexados os seguintes documentos:

▶ § 5º com a redação dada pela Lei nº 11.706, de 19-6-2008.

I – documento de identificação pessoal;
II – comprovante de residência em área rural; e
III – atestado de bons antecedentes.

▶ Incisos I a III acrescidos pela Lei nº 11.706, de 19-6-2008.

§ 6º O caçador para subsistência que der outro uso à sua arma de fogo, independentemente de outras tipificações penais, responderá, conforme o caso, por porte ilegal ou por disparo de arma de fogo de uso permitido.

▶ § 6º com a redação dada pela Lei nº 11.706, de 19-6-2008.

§ 7º Aos integrantes das guardas municipais dos Municípios que integram regiões metropolitanas será autorizado porte de arma de fogo, quando em serviço.

▶ § 7º acrescido pela Lei nº 11.706, de 19-6-2008.

Art. 7º As armas de fogo utilizadas pelos empregados das empresas de segurança privada e de transporte de valores, constituídas na forma da lei, serão de propriedade, responsabilidade e guarda das respectivas empresas, somente podendo ser utilizadas quando em serviço, devendo essas observar as condições de uso e de armazenagem estabelecidas pelo órgão competente, sendo o certificado de registro e a autorização de porte expedidos pela Polícia Federal em nome da empresa.

§ 1º O proprietário ou diretor responsável de empresa de segurança privada e de transporte de valores responderá pelo crime previsto no parágrafo único do art. 13 desta Lei, sem prejuízo das demais sanções administrativas e civis, se deixar de registrar ocorrência policial e de comunicar à Polícia Federal perda, furto, roubo ou outras formas de extravio de armas de fogo, acessórios e munições que estejam sob sua guarda, nas primeiras 24 (vinte e quatro) horas depois de ocorrido o fato.

§ 2º A empresa de segurança e de transporte de valores deverá apresentar documentação comprobatória do preenchimento dos requisitos constantes do art. 4º desta Lei quanto aos empregados que portarão arma de fogo.

§ 3º A listagem dos empregados das empresas referidas neste artigo deverá ser atualizada semestralmente junto ao SINARM.

Art. 7º-A. *As armas de fogo utilizadas pelos servidores das instituições descritas no inciso XI do art. 6º serão de propriedade, responsabilidade e guarda das respectivas instituições, somente podendo ser utilizadas quando em serviço, devendo estas observar as condições de uso e de armazenagem estabelecidas pelo órgão competente, sendo o certificado de registro e a autorização de porte expedidos pela Polícia Federal em nome da instituição.*

§ 1º A autorização para o porte de arma de fogo de que trata este artigo independe do pagamento de taxa.

§ 2º O presidente do tribunal ou o chefe do Ministério Público designará os servidores de seus quadros pessoais no exercício de funções de segurança que poderão portar arma de fogo, respeitado o limite máximo de 50% (cinquenta por cento) do número de servidores que exerçam funções de segurança.

§ 3º O porte de arma pelos servidores das instituições de que trata este artigo fica condicionado à apresentação de documentação comprobatória do preenchimento dos requisitos constantes do art. 4º desta Lei, bem como à formação funcional em estabelecimentos de ensino de atividade policial e à existência de mecanismos de fiscalização e de controle interno, nas condições estabelecidas no regulamento desta Lei.

§ 4º A listagem dos servidores das instituições de que trata este artigo deverá ser atualizada semestralmente no SINARM.

§ 5º As instituições de que trata este artigo são obrigadas a registrar ocorrência policial e a comunicar à Polícia Federal eventual perda, furto, roubo ou outras formas de extravio de armas de fogo, acessórios e munições que estejam sob sua guarda, nas primeiras 24 (vinte e quatro) horas depois de ocorrido o fato.

▶ Art. 7º-A acrescido pela Lei nº 12.694, de 24-7-2012, para vigorar 90 (noventa) dias após a sua publicação (*DOU* de 25-7-2012).

Art. 8º As armas de fogo utilizadas em entidades desportivas legalmente constituídas devem obedecer às condições de uso e de armazenagem estabelecidas pelo órgão competente, respondendo o possuidor ou o autorizado a portar a arma pela sua guarda na forma do regulamento desta Lei.

Art. 9º Compete ao Ministério da Justiça a autorização do porte de arma para os responsáveis pela segurança de cidadãos estrangeiros em visita ou sediados no Brasil e, ao Comando do Exército, nos termos do regulamento desta Lei, o registro e a concessão de porte de trânsito de arma de fogo para colecionadores, atiradores e caçadores e de representantes estrangeiros em competição internacional oficial de tiro realizada no território nacional.

Art. 10. A autorização para o porte de arma de fogo de uso permitido, em todo o território nacional, é de competência da Polícia Federal e somente será concedida após autorização do SINARM.

§ 1º A autorização prevista neste artigo poderá ser concedida com eficácia temporária e territorial limitada, nos termos de atos regulamentares, e dependerá de o requerente:

I – demonstrar a sua efetiva necessidade por exercício de atividade profissional de risco ou de ameaça à sua integridade física;
II – atender às exigências previstas no art. 4º desta Lei;

III – apresentar documentação de propriedade de arma de fogo, bem como o seu devido registro no órgão competente.

§ 2º A autorização de porte de arma de fogo, prevista neste artigo, perderá automaticamente sua eficácia caso o portador dela seja detido ou abordado em estado de embriaguez ou sob efeito de substâncias químicas ou alucinógenas.

Art. 11. Fica instituída a cobrança de taxas, nos valores constantes do Anexo desta Lei, pela prestação de serviços relativos:

I – ao registro de arma de fogo;
II – à renovação de registro de arma de fogo;
III – à expedição de segunda via de registro de arma de fogo;
IV – à expedição de porte federal de arma de fogo;
V – à renovação de porte de arma de fogo;
VI – à expedição de segunda via de porte federal de arma de fogo.

§ 1º Os valores arrecadados destinam-se ao custeio e à manutenção das atividades do SINARM, da Polícia Federal e do Comando do Exército, no âmbito de suas respectivas responsabilidades.

§ 2º São isentas do pagamento das taxas previstas neste artigo as pessoas e as instituições a que se referem os incisos I a VII e X e o § 5º do art. 6º desta Lei.

▶ § 2º com a redação dada pela Lei nº 11.706, de 19-6-2008.

Art. 11-A. O Ministério da Justiça disciplinará a forma e as condições do credenciamento de profissionais pela Polícia Federal para comprovação da aptidão psicológica e da capacidade técnica para o manuseio de arma de fogo.

§ 1º Na comprovação da aptidão psicológica, o valor cobrado pelo psicólogo não poderá exceder ao valor médio dos honorários profissionais para realização de avaliação psicológica constante do item 1.16 da tabela do Conselho Federal de Psicologia.

§ 2º Na comprovação da capacidade técnica, o valor cobrado pelo instrutor de armamento e tiro não poderá exceder R$ 80,00 (oitenta reais), acrescido do custo da munição.

§ 3º A cobrança de valores superiores aos previstos nos §§ 1º e 2º deste artigo implicará o descredenciamento do profissional pela Polícia Federal.

▶ Art. 11-A com a redação dada pela Lei nº 11.706, de 19-6-2008.

Capítulo IV
DOS CRIMES E DAS PENAS
Posse irregular de arma de fogo de uso permitido

Art. 12. Possuir ou manter sob sua guarda arma de fogo, acessório ou munição, de uso permitido, em desacordo com determinação legal ou regulamentar, no interior de sua residência ou dependência desta, ou, ainda no seu local de trabalho, desde que seja o titular ou o responsável legal do estabelecimento ou empresa:

Pena – detenção, de 1 (um) a 3 (três) anos, e multa.

Omissão de cautela

Art. 13. Deixar de observar as cautelas necessárias para impedir que menor de 18 (dezoito) anos ou pessoa portadora de deficiência mental se apodere de arma de fogo que esteja sob sua posse ou que seja de sua propriedade:

Pena – detenção, de 1 (um) a 2 (dois) anos, e multa.

Parágrafo único. Nas mesmas penas incorrem o proprietário ou diretor responsável de empresa de segurança e transporte de valores que deixarem de registrar ocorrência policial e de comunicar à Polícia Federal perda, furto, roubo ou outras formas de extravio de arma de fogo, acessório ou munição que estejam sob sua guarda, nas primeiras 24 (vinte quatro) horas depois de ocorrido o fato.

Porte ilegal de arma de fogo de uso permitido

Art. 14. Portar, deter, adquirir, fornecer, receber, ter em depósito, transportar, ceder, ainda que gratuitamente, emprestar, remeter, empregar, manter sob guarda ou ocultar arma de fogo, acessório ou munição, de uso permitido, sem autorização e em desacordo com determinação legal ou regulamentar:

Pena – reclusão, de 2 (dois) a 4 (quatro) anos, e multa.

Parágrafo único. O crime previsto neste artigo é inafiançável, salvo quando a arma de fogo estiver registrada em nome do agente.

▶ O STF, por maioria de votos, julgou parcialmente procedente a ADIN nº 3.112-1, para declarar a inconstitucionalidade deste parágrafo único (DOU de 10-5-2007).

Disparo de arma de fogo

Art. 15. Disparar arma de fogo ou acionar munição em lugar habitado ou em suas adjacências, em via pública ou em direção a ela, desde que essa conduta não tenha como finalidade a prática de outro crime:

Pena – reclusão, de 2 (dois) a 4 (quatro) anos, e multa.

Parágrafo único. O crime previsto neste artigo é inafiançável.

▶ O STF, por maioria de votos, julgou parcialmente procedente a ADIN nº 3.112-1, para declarar a inconstitucionalidade deste parágrafo único (DOU de 10-5-2007).

Posse ou porte ilegal de arma de fogo de uso restrito

Art. 16. Possuir, deter, portar, adquirir, fornecer, receber, ter em depósito, transportar, ceder, ainda que gratuitamente, emprestar, remeter, empregar, manter sob sua guarda ou ocultar arma de fogo, acessório ou munição de uso proibido ou restrito, sem autorização e em desacordo com determinação legal ou regulamentar:

Pena – reclusão, de 3 (três) a 6 (seis) anos, e multa.

Parágrafo único. Nas mesmas penas incorre quem:

I – suprimir ou alterar marca, numeração ou qualquer sinal de identificação de arma de fogo ou artefato;
II – modificar as características de arma de fogo, de forma a torná-la equivalente a arma de fogo de uso proibido ou restrito ou para fins de dificultar ou de qualquer modo induzir a erro autoridade policial, perito ou juiz;

III – possuir, deter, fabricar ou empregar artefato explosivo ou incendiário, sem autorização ou em desacordo com determinação legal ou regulamentar;

IV – portar, possuir, adquirir, transportar ou fornecer arma de fogo com numeração, marca ou qualquer outro sinal de identificação raspado, suprimido ou adulterado;

V – vender, entregar ou fornecer, ainda que gratuitamente, arma de fogo, acessório, munição ou explosivo a criança ou adolescente; e

▶ Art. 242 do ECA.

VI – produzir, recarregar ou reciclar, sem autorização legal, ou adulterar, de qualquer forma, munição ou explosivo.

Comércio ilegal de arma de fogo

Art. 17. Adquirir, alugar, receber, transportar, conduzir, ocultar, ter em depósito, desmontar, montar, remontar, adulterar, vender, expor à venda, ou de qualquer forma utilizar, em proveito próprio ou alheio, no exercício de atividade comercial ou industrial, arma de fogo, acessório ou munição, sem autorização ou em desacordo com determinação legal ou regulamentar:

Pena – reclusão, de 4 (quatro) a 8 (oito) anos, e multa.

Parágrafo único. Equipara-se à atividade comercial ou industrial, para efeito deste artigo, qualquer forma de prestação de serviços, fabricação ou comércio irregular ou clandestino, inclusive o exercido em residência.

Tráfico internacional de arma de fogo

Art. 18. Importar, exportar, favorecer a entrada ou saída do território nacional, a qualquer título, de arma de fogo, acessório ou munição, sem autorização da autoridade competente:

Pena – reclusão de 4 (quatro) a 8 (oito) anos, e multa.

Art. 19. Nos crimes previstos nos arts. 17 e 18, a pena é aumentada da metade se a arma de fogo, acessório ou munição forem de uso proibido ou restrito.

Art. 20. Nos crimes previstos nos arts. 14, 15, 16, 17 e 18, a pena é aumentada da metade se forem praticados por integrante dos órgãos e empresas referidas nos arts. 6º, 7º e 8º desta Lei.

Art. 21. Os crimes previstos nos arts. 16, 17 e 18 são insuscetíveis de liberdade provisória.

▶ O STF, por maioria de votos, julgou parcialmente procedente a ADIN nº 3.112-1, para declarar a inconstitucionalidade deste artigo (*DOU* de 10-5-2007).

Capítulo V
DISPOSIÇÕES GERAIS

Art. 22. O Ministério da Justiça poderá celebrar convênios com os Estados e o Distrito Federal para o cumprimento do disposto nesta Lei.

Art. 23. A classificação legal, técnica e geral bem como a definição das armas de fogo e demais produtos controlados, de usos proibidos, restritos, permitidos ou obsoletos e de valor histórico serão disciplinadas em ato do chefe do Poder Executivo Federal, mediante proposta do Comando do Exército.

▶ *Caput* com a redação dada pela Lei nº 11.706, de 19-6-2008.

§ 1º Todas as munições comercializadas no País deverão estar acondicionadas em embalagens com sistema de código de barras, gravado na caixa, visando possibilitar a identificação do fabricante e do adquirente, entre outras informações definidas pelo regulamento desta Lei.

§ 2º Para os órgãos referidos no art. 6º, somente serão expedidas autorizações de compra de munição com identificação do lote e do adquirente no culote dos projéteis, na forma do regulamento desta Lei.

§ 3º As armas de fogo fabricadas a partir de 1 (um) ano da data de publicação desta Lei conterão dispositivo intrínseco de segurança e de identificação, gravado no corpo da arma, definido pelo regulamento desta Lei, exclusive para os órgãos previstos no art. 6º.

§ 4º As instituições de ensino policial e as guardas municipais referidas nos incisos III e IV do *caput* do art. 6º desta Lei e no seu § 7º poderão adquirir insumos e máquinas de recarga de munição para o fim exclusivo de suprimento de suas atividades, mediante autorização concedida nos termos definidos em regulamento.

▶ § 4º com a redação dada pela Lei nº 11.706, de 19-6-2008.

Art. 24. Excetuadas as atribuições a que se refere o art. 2º desta Lei, compete ao Comando do Exército autorizar e fiscalizar a produção, exportação, importação, desembaraço alfandegário e o comércio de armas de fogo e demais produtos controlados, inclusive o registro e o porte de trânsito de arma de fogo de colecionadores, atiradores e caçadores.

Art. 25. As armas de fogo apreendidas, após a elaboração do laudo pericial e sua juntada aos autos, quando não mais interessarem à persecução penal serão encaminhadas pelo juiz competente ao Comando do Exército, no prazo máximo de 48 (quarenta e oito) horas, para destruição ou doação aos órgãos de segurança pública ou às Forças Armadas, na forma do regulamento desta Lei.

▶ *Caput* com a redação dada pela Lei nº 11.706, de 19-6-2008.

§ 1º As armas de fogo encaminhadas ao Comando do Exército que receberem parecer favorável à doação, obedecidos o padrão e a dotação de cada Força Armada ou órgão de segurança pública, atendidos os critérios de prioridade estabelecidos pelo Ministério da Justiça e ouvido o Comando do Exército, serão arroladas em relatório reservado trimestral a ser encaminhado àquelas instituições, abrindo-se-lhes prazo para manifestação de interesse.

§ 2º O Comando do Exército encaminhará a relação das armas a serem doadas ao juiz competente, que determinará o seu perdimento em favor da instituição beneficiada.

§ 3º O transporte das armas de fogo doadas será de responsabilidade da instituição beneficiada, que procederá ao seu cadastramento no SINARM ou no SIGMA.

▶ §§ 1º a 3º acrescidos pela Lei nº 11.706, de 19-6-2008.

§ 4º VETADO. Lei nº 11.706, de 19-6-2008.

§ 5º O Poder Judiciário instituirá instrumentos para o encaminhamento ao SINARM ou ao SIGMA, conforme se trate de arma de uso permitido ou de uso restrito, semestralmente, da relação de armas acauteladas em juízo, mencionando suas características e o local onde se encontram.

▶ § 5º acrescido pela Lei nº 11.706, de 19-6-2008.

Art. 26. São vedadas a fabricação, a venda, a comercialização e a importação de brinquedos, réplicas e simulacros de armas de fogo, que com estas se possam confundir.

Parágrafo único. Excetuam-se da proibição as réplicas e os simulacros destinados à instrução, ao adestramento, ou à coleção de usuário autorizado, nas condições fixadas pelo Comando do Exército.

Art. 27. Caberá ao Comando do Exército autorizar, excepcionalmente, a aquisição de armas de fogo de uso restrito.

Parágrafo único. O disposto neste artigo não se aplica às aquisições dos Comandos Militares.

Art. 28. É vedado ao menor de 25 (vinte e cinco) anos adquirir arma de fogo, ressalvados os integrantes das entidades constantes dos incisos I, II, III, V, VI, VII e X do *caput* do art. 6º desta Lei.

▶ Artigo com a redação dada pela Lei nº 11.706, de 19-6-2008.

Art. 29. As autorizações de porte de armas de fogo já concedidas expirar-se-ão noventa dias após a publicação desta Lei.

Parágrafo único. O detentor de autorização com prazo de validade superior a noventa dias poderá renová-la, perante a Polícia Federal, nas condições dos arts. 4º, 6º e 10 desta Lei, no prazo de noventa dias após sua publicação, sem ônus para o requerente.

▶ Lei nº 10.884, de 17-6-2004, prorroga o prazo de que trata este artigo, passando a fluir a partir da data da publicação do decreto que o regulamentar, não ultrapassando, para ter efeito, a data-limite de 23-6-2004.

Art. 30. Os possuidores e proprietários de arma de fogo de uso permitido ainda não registrada deverão solicitar seu registro até o dia 31 de dezembro de 2008, mediante apresentação de documento de identificação pessoal e comprovante de residência fixa, acompanhados de nota fiscal de compra ou comprovação da origem lícita da posse, pelos meios de prova admitidos em direito, ou declaração firmada na qual constem as características da arma e a sua condição de proprietário, ficando este dispensado do pagamento de taxas e do cumprimento das demais exigências constantes dos incisos I a III do *caput* do art. 4º desta Lei.

▶ Art. 20 da Lei nº 11.922, de 13-4-2009, que prorroga o prazo deste *caput* para 31-12-2009.

Parágrafo único. Para fins do cumprimento do disposto no *caput* deste artigo, o proprietário de arma de fogo poderá obter, no Departamento de Polícia Federal, certificado de registro provisório, expedido na forma do § 4º do art. 5º desta Lei.

▶ Art. 30 com a redação dada pela Lei nº 11.706, de 19-6-2008.

Art. 31. Os possuidores e proprietários de armas de fogo adquiridas regularmente poderão, a qualquer tempo, entregá-las à Polícia Federal, mediante recibo e indenização, nos termos do regulamento desta Lei.

▶ Port. do MJ nº 797, de 5-5-2011, estabelece os procedimentos de entrega de arma de fogo, acessório ou munição e da indenização prevista neste artigo.

Art. 32. Os possuidores e proprietários de arma de fogo poderão entregá-la, espontaneamente, mediante recibo, e, presumindo-se de boa-fé, serão indenizados, na forma do regulamento, ficando extinta a punibilidade de eventual posse irregular da referida arma.

▶ *Caput* com a redação dada pela Lei nº 11.706, de 19-6-2008.
▶ Arts. 68 e 69 do Dec. nº 5.123, de 1º-7-2007, que regulamenta esta Lei.
▶ Port. do MJ nº 797, de 5-5-2011, estabelece os procedimentos de entrega de arma de fogo, acessório ou munição e da indenização prevista neste artigo.

Parágrafo único. *Revogado.* Lei nº 11.706, de 19-6-2008.

Art. 33. Será aplicada multa de R$ 100.000,00 (cem mil reais) a R$ 300.000,00 (trezentos mil reais), conforme especificar o regulamento desta Lei:

I – à empresa de transporte aéreo, rodoviário, ferroviário, marítimo, fluvial ou lacustre que deliberadamente, por qualquer meio, faça, promova, facilite ou permita o transporte de arma ou munição sem a devida autorização ou com inobservância das normas de segurança;

II – à empresa de produção ou comércio de armamentos que realize publicidade para venda, estimulando o uso indiscriminado de armas de fogo, exceto nas publicações especializadas.

Art. 34. Os promotores de eventos em locais fechados, com aglomeração superior a 1000 (um mil) pessoas, adotarão, sob pena de responsabilidade, as providências necessárias para evitar o ingresso de pessoas armadas, ressalvados os eventos garantidos pelo inciso VI do art. 5º da Constituição Federal.

Parágrafo único. As empresas responsáveis pela prestação dos serviços de transporte internacional e interestadual de passageiros adotarão as providências necessárias para evitar o embarque de passageiros armados.

CAPÍTULO VI

DISPOSIÇÕES FINAIS

Art. 35. É proibida a comercialização de arma de fogo e munição em todo o território nacional, salvo para as entidades previstas no art. 6º desta Lei.

§ 1º Este dispositivo, para entrar em vigor, dependerá de aprovação mediante referendo popular, a ser realizado em outubro de 2005.

§ 2º Em caso de aprovação do referendo popular, o disposto neste artigo entrará em vigor na data de publicação de seu resultado pelo Tribunal Superior Eleitoral.

Art. 36. É revogada a Lei nº 9.437, de 20 de fevereiro de 1997.

Art. 37. Esta Lei entra em vigor na data de sua publicação.

Brasília, 22 de dezembro de 2003;
182º da Independência e
115º da República.

Luiz Inácio Lula da Silva

ANEXO
TABELA DE TAXAS

▶ Anexo com a redação dada pela Lei nº 11.706, de 19-6-2008.

ATO ADMINISTRATIVO	R$
I – Registro de arma de fogo:	
- até 31 de dezembro de 2008	Gratuito (art. 30)
- a partir de 1º de janeiro de 2009	60,00
II – Renovação do certificado de registro de arma de fogo:	
- até 31 de dezembro de 2008	Gratuito (art. 5º, § 3º)
- a partir de 1º de janeiro de 2009	60,00
III – Registro de arma de fogo para empresa de segurança privada e de transporte de valores	60,00
IV – Renovação do certificado de registro de arma de fogo para empresa de segurança privada e de transporte de valores:	
- até 30 de junho de 2008	30,00
- de 1º de julho de 2008 a 31 de outubro de 2008	45,00
- a partir de 1º de novembro de 2008	60,00
V – Expedição de porte de arma de fogo	1.000,00
VI – Renovação de porte de arma de fogo	1.000,00
VII – Expedição de segunda via de certificado de registro de arma de fogo	60,00
VIII – Expedição de segunda via de porte de arma de fogo	60,00

DECRETO Nº 5.123, DE 1º DE JULHO DE 2004

Regulamenta a Lei nº 10.826, de 22 de dezembro de 2003, que dispõe sobre registro, posse e comercialização de armas de fogo e munição, sobre o Sistema Nacional de Armas – SINARM e define crimes.

▶ Publicado no *DOU* de 2-7-2004.

CAPÍTULO I

DOS SISTEMAS DE CONTROLE DE ARMAS DE FOGO

Art. 1º O Sistema Nacional de Armas – SINARM, instituído no Ministério da Justiça, no âmbito da Polícia Federal, com circunscrição em todo o território nacional e competência estabelecida pelo *caput* e incisos do art. 2º da Lei nº 10.826, de 22 de dezembro de 2003, tem por finalidade manter cadastro geral, integrado e permanente das armas de fogo importadas, produzidas e vendidas no país, de competência do SINARM, e o controle dos registros dessas armas.

§ 1º Serão cadastradas no SINARM:

I – as armas de fogo institucionais, constantes de registros próprios:

a) da Polícia Federal;
b) da Polícia Rodoviária Federal;
c) das Polícias Civis;
d) dos órgãos policiais da Câmara dos Deputados e do Senado Federal, referidos nos arts. 51, inciso IV, e 52, inciso XIII da Constituição;
e) dos integrantes do quadro efetivo dos agentes e guardas prisionais, dos integrantes das escoltas de presos e das Guardas Portuárias;
f) das Guardas Municipais; e
g) dos órgãos públicos não mencionados nas alíneas anteriores, cujos servidores tenham autorização legal para portar arma de fogo em serviço, em razão das atividades que desempenhem, nos termos do *caput* do art. 6º da Lei nº 10.826, de 2003.

II – as armas de fogo apreendidas, que não constem dos cadastros do SINARM ou Sistema de Gerenciamento Militar de Armas – SIGMA, inclusive as vinculadas a procedimentos policiais e judiciais, mediante comunicação das autoridades competentes à Polícia Federal;

III – as armas de fogo de uso restrito dos integrantes dos órgãos, instituições e corporações mencionados no inciso II do art. 6º da Lei nº 10.826, de 2003; e

IV – as armas de fogo de uso restrito, salvo aquelas mencionadas no inciso II, do § 1º, do art. 2º deste Decreto.

§ 2º Serão registradas na Polícia Federal e cadastradas no SINARM:

I – as armas de fogo adquiridas pelo cidadão com atendimento aos requisitos do art. 4º da Lei nº 10.826, de 2003;
II – as armas de fogo das empresas de segurança privada e de transporte de valores; e
III – as armas de fogo de uso permitido dos integrantes dos órgãos, instituições e corporações mencionados no inciso II do art. 6º da Lei nº 10.826, de 2003.

§ 3º A apreensão das armas de fogo a que se refere o inciso II do §1º deste artigo deverá ser imediatamente comunicada à Polícia Federal, pela autoridade competente, podendo ser recolhidas aos depósitos do Comando do Exército, para guarda, a critério da mesma autoridade.

§ 4º O cadastramento das armas de fogo de que trata o inciso I do § 1º observará as especificações e os procedimentos estabelecidos pelo Departamento de Polícia Federal.

▶ § 4º acrescido pelo Dec. nº 6.715, de 29-12-2008.

Art. 2º O SIGMA, instituído no Ministério da Defesa, no âmbito do Comando do Exército, com circunscrição em todo o território nacional, tem por finalidade manter cadastro geral, permanente e integrado das armas de fogo importadas, produzidas e vendidas no país, de competência do SIGMA, e das armas de fogo que constem dos registros próprios.

§ 1º Serão cadastradas no SIGMA:

I – as armas de fogo institucionais, de porte e portáteis, constantes de registros próprios:

a) das Forças Armadas;
b) das Polícias Militares e Corpos de Bombeiros Militares;
c) da Agência Brasileira de Inteligência; e
d) do Gabinete de Segurança Institucional da Presidência da República.

II – as armas de fogo dos integrantes das Forças Armadas, da Agência Brasileira de Inteligência e do Gabinete de Segurança Institucional da Presidência da República, constantes de registros próprios;
III – as informações relativas às exportações de armas de fogo, munições e demais produtos controlados, devendo o Comando do Exército manter sua atualização;
IV – as armas de fogo importadas ou adquiridas no país para fins de testes e avaliação técnica; e
V – as armas de fogo obsoletas.

§ 2º Serão registradas no Comando do Exército e cadastradas no SIGMA:

I – as armas de fogo de colecionadores, atiradores e caçadores; e
II – as armas de fogo das representações diplomáticas.

Art. 3º Entende-se por registros próprios, para os fins deste Decreto, os feitos pelas instituições, órgãos e corporações em documentos oficiais de caráter permanente.

Art. 4º A aquisição de armas de fogo, diretamente da fábrica, será precedida de autorização do Comando do Exército.

Art. 5º Os dados necessários ao cadastro mediante registro, a que se refere o inciso IX do art. 2º da Lei nº 10.826, de 2003, serão fornecidos ao SINARM pelo Comando do Exército.

Art. 6º Os dados necessários ao cadastro da identificação do cano da arma, das características das impressões de raiamento e microestriamento de projetil disparado, a marca do percutor e extrator no estojo do cartucho deflagrado pela arma de que trata o inciso X do art. 2º da Lei nº 10.826, de 2003, serão disciplinados em norma específica da Polícia Federal, ouvido o Comando do Exército, cabendo às fábricas de armas de fogo o envio das informações necessárias ao órgão responsável da Polícia Federal.

Parágrafo único. A norma específica de que trata este artigo será expedida no prazo de cento e oitenta dias.

Art. 7º As fábricas de armas de fogo fornecerão à Polícia Federal, para fins de cadastro, quando da saída do estoque, relação das armas produzidas, que devam constar do SINARM, na conformidade do art. 2º da Lei nº 10.826, de 2003, com suas características e os dados dos adquirentes.

Art. 8º As empresas autorizadas a comercializar armas de fogo encaminharão à Polícia Federal, quarenta e oito horas após a efetivação da venda, os dados que identifiquem a arma e o comprador.

Art. 9º Os dados do SINARM e do SIGMA serão interligados e compartilhados no prazo máximo de um ano.

Parágrafo único. Os Ministros da Justiça e da Defesa estabelecerão no prazo máximo de um ano os níveis de acesso aos cadastros mencionados no *caput*.

CAPÍTULO II

DA ARMA DE FOGO

Seção I

DAS DEFINIÇÕES

Art. 10. Arma de fogo de uso permitido é aquela cuja utilização é autorizada a pessoas físicas, bem como a pessoas jurídicas, de acordo com as normas do Comando do Exército e nas condições previstas na Lei nº 10.826, de 2003.

Art. 11. Arma de fogo de uso restrito é aquela de uso exclusivo das Forças Armadas, de instituições de segurança pública e de pessoas físicas e jurídicas habilitadas, devidamente autorizadas pelo Comando do Exército, de acordo com legislação específica.

Seção II

DA AQUISIÇÃO E DO REGISTRO DA ARMA DE FOGO DE USO PERMITIDO

Art. 12. Para adquirir arma de fogo de uso permitido o interessado deverá:

I – declarar efetiva necessidade;
II – ter, no mínimo, vinte e cinco anos;
III – apresentar original e cópia, ou cópia autenticada, de documento de identificação pessoal;
IV – comprovar, em seu pedido de aquisição e em cada renovação do Certificado de Registro de Arma de Fogo, idoneidade e inexistência de inquérito policial ou processo criminal, por meio de certidões de antecedentes criminais da Justiça Federal, Estadual, Militar e Eleitoral, que poderão ser fornecidas por meio eletrônico;

▶ Incisos III e IV com a redação dada pelo Dec. nº 6.715, de 29-12-2008.

V – apresentar documento comprobatório de ocupação lícita e de residência certa;

VI – comprovar, em seu pedido de aquisição e em cada renovação do Certificado de Registro de Arma de Fogo, a capacidade técnica para o manuseio de arma de fogo;

► Inciso VI com a redação dada pelo Dec. nº 6.715, de 29-12-2008.

VII – comprovar aptidão psicológica para o manuseio de arma de fogo, atestada em laudo conclusivo fornecido por psicólogo do quadro da Polícia Federal ou por esta credenciado.

§ 1º A declaração de que trata o inciso I do *caput* deverá explicitar os fatos e circunstâncias justificadoras do pedido, que serão examinados pela Polícia Federal segundo as orientações a serem expedidas pelo Ministério da Justiça.

► § 1º com a redação dada pelo Dec. nº 6.715, de 29-12-2008.

§ 2º O indeferimento do pedido deverá ser fundamentado e comunicado ao interessado em documento próprio.

§ 3º O comprovante de capacitação técnica, de que trata o inciso VI do *caput*, deverá ser expedido por instrutor de armamento e tiro credenciado pela Polícia Federal e deverá atestar, necessariamente:

► *Caput* do § 3º com a redação dada pelo Dec. nº 6.715, de 29-12-2008.

I – conhecimento da conceituação e normas de segurança pertinentes à arma de fogo;

II – conhecimento básico dos componentes e partes da arma de fogo; e

III – habilidade do uso da arma de fogo demonstrada, pelo interessado, em estande de tiro credenciado pelo Comando do Exército.

§ 4º Após a apresentação dos documentos referidos nos incisos III a VII do *caput*, havendo manifestação favorável do órgão competente mencionada no § 1º, será expedida, pelo SINARM, no prazo máximo de trinta dias, em nome do interessado, a autorização para a aquisição da arma de fogo indicada.

§ 5º É intransferível a autorização para a aquisição da arma de fogo, de que trata o § 4º deste artigo.

§ 6º Está dispensado da comprovação dos requisitos a que se referem os incisos VI e VII do *caput* o interessado em adquirir arma de fogo de uso permitido que comprove estar autorizado a portar arma da mesma espécie daquela a ser adquirida, desde que o porte de arma de fogo esteja válido e o interessado tenha se submetido a avaliações em período não superior a um ano, contado do pedido de aquisição.

► § 6º acrescido pelo Dec. nº 6.715, de 29-12-2008.

Art. 13. A transferência de propriedade da arma de fogo, por qualquer das formas em direito admitidas, entre particulares, sejam pessoas físicas ou jurídicas, estará sujeita à prévia autorização da Polícia Federal, aplicando-se ao interessado na aquisição as disposições do art. 12 deste Decreto.

Parágrafo único. A transferência de arma de fogo registrada no Comando do Exército será autorizada pela instituição e cadastrada no SIGMA.

Art. 14. É obrigatório o registro da arma de fogo, no SINARM ou no SIGMA, excetuadas as obsoletas.

Art. 15. O registro da arma de fogo de uso permitido deverá conter, no mínimo, os seguintes dados:

I – do interessado:

a) nome, filiação, data e local de nascimento;
b) endereço residencial;
c) endereço da empresa ou órgão em que trabalhe;
d) profissão;
e) número da cédula de identidade, data da expedição, órgão expedidor e Unidade da Federação; e
f) número do Cadastro de Pessoa Física – CPF ou Cadastro Nacional de Pessoa Jurídica – CNPJ;

II – da arma:

a) número do cadastro no SINARM;
b) identificação do fabricante e do vendedor;
c) número e data da nota Fiscal de venda;
d) espécie, marca, modelo e número de série;
e) calibre e capacidade de cartuchos;
f) tipo de funcionamento;
g) quantidade de canos e comprimento;
h) tipo de alma (lisa ou raiada);
i) quantidade de raias e sentido; e
j) número de série gravado no cano da arma.

Art. 16. O Certificado de Registro de Arma de Fogo expedido pela Polícia Federal, precedido de cadastro no SINARM, tem validade em todo o território nacional e autoriza o seu proprietário a manter a arma de fogo exclusivamente no interior de sua residência ou dependência desta, ou, ainda, no seu local de trabalho, desde que seja ele o titular ou o responsável legal pelo estabelecimento ou empresa.

► *Caput* com a redação dada pelo Dec. nº 6.715, de 29-12-2008.

§ 1º Para os efeitos do disposto no *caput* deste artigo considerar-se-á titular do estabelecimento ou empresa todo aquele assim definido em contrato social, e responsável legal o designado em contrato individual de trabalho, com poderes de gerência.

§ 2º Os requisitos de que tratam os incisos IV, V, VI e VII do art. 12 deste Decreto deverão ser comprovados, periodicamente, a cada três anos, junto à Polícia Federal, para fins de renovação do Certificado de Registro.

§ 3º *Revogado*. Dec. nº 6.715, de 29-12-2008.

§ 4º O disposto no § 2º não se aplica, para a aquisição e renovação do Certificado de Registro de Arma de Fogo, aos integrantes dos órgãos, instituições e corporações, mencionados nos incisos I e II do *caput* do art. 6º da Lei nº 10.826, de 2003.

► § 4º acrescido pelo Dec. nº 6.715, de 29-12-2008.

Art. 17. O proprietário de arma de fogo é obrigado a comunicar, imediatamente, à unidade policial local, o extravio, furto ou roubo de arma de fogo ou do Certificado de Registro de Arma de Fogo, bem como a sua recuperação.

► *Caput* com a redação dada pelo Dec. nº 6.715, de 29-12-2008.

§ 1º A unidade policial deverá, em quarenta e oito horas, remeter as informações coletadas à Polícia Federal, para fins de cadastro no SINARM.

§ 2º No caso de arma de fogo de uso restrito, a Polícia Federal repassará as informações ao Comando do Exército, para fins de cadastro no SIGMA.

▶ §§ 1º e 2º com a redação dada pelo Dec. nº 6.715, de 29-12-2008.

§ 3º Nos casos previstos no *caput*, o proprietário deverá, também, comunicar o ocorrido à Polícia Federal ou ao Comando do Exército, encaminhando, se for o caso, cópia do Boletim de Ocorrência.

Seção III

DA AQUISIÇÃO E REGISTRO DA ARMA DE FOGO DE USO RESTRITO

Art. 18. Compete ao Comando do Exército autorizar a aquisição e registrar as armas de fogo de uso restrito.

§ 1º As armas de que trata o *caput* serão cadastradas no SIGMA e no SINARM, conforme o caso.

§ 2º O registro de arma de fogo de uso restrito, de que trata o *caput* deste artigo, deverá conter as seguintes informações:

I – do interessado:

a) nome, filiação, data e local de nascimento;
b) endereço residencial;
c) endereço da empresa ou órgão em que trabalhe;
d) profissão;
e) número da cédula de identidade, data da expedição, órgão expedidor e Unidade da Federação; e
f) número do Cadastro de Pessoa Física – CPF ou Cadastro Nacional de Pessoa Jurídica – CNPJ;

II – da arma:

a) número do cadastro no SINARM;
b) identificação do fabricante e do vendedor;
c) número e data da nota Fiscal de venda;
d) espécie, marca, modelo e número de série;
e) calibre e capacidade de cartuchos;
f) tipo de funcionamento;
g) quantidade de canos e comprimento;
h) tipo de alma (lisa ou raiada);
i) quantidade de raias e sentido; e
j) número de série gravado no cano da arma.

§ 3º Os requisitos de que tratam os incisos IV, V, VI e VII do art. 12 deste Decreto deverão ser comprovados periodicamente, a cada três anos, junto ao Comando do Exército, para fins de renovação do Certificado de Registro.

§ 4º Não se aplica aos integrantes dos órgãos, instituições e corporações mencionados nos incisos I e II do art. 6º da Lei nº 10.826, de 2003, o disposto no § 3º deste artigo.

Seção IV

DO COMÉRCIO ESPECIALIZADO DE ARMAS DE FOGO E MUNIÇÕES

Art. 19. É proibida a venda de armas de fogo, munições e demais produtos controlados, de uso restrito, no comércio.

Art. 20. O estabelecimento que comercializar arma de fogo de uso permitido em território nacional é obrigado a comunicar à Polícia Federal, mensalmente, as vendas que efetuar e a quantidade de armas em estoque, respondendo legalmente por essas mercadorias, que ficarão registradas como de sua propriedade, de forma precária, enquanto não forem vendidas, sujeitos seus responsáveis às penas previstas em lei.

▶ Artigo com a redação dada pelo Dec. nº 6.715, de 29-12-2008.

Art. 21. A comercialização de acessórios de armas de fogo e de munições, incluídos estojos, espoletas, pólvora e projéteis, só poderá ser efetuada em estabelecimento credenciado pela Polícia Federal e pelo comando do Exército que manterão um cadastro dos comerciantes.

§ 1º Quando se tratar de munição industrializada, a venda ficará condicionada à apresentação pelo adquirente, do Certificado de Registro de Arma de Fogo válido, e ficará restrita ao calibre correspondente à arma registrada.

§ 2º Os acessórios e a quantidade de munição que cada proprietário de arma de fogo poderá adquirir serão fixados em Portaria do Ministério da Defesa, ouvido o Ministério da Justiça.

§ 3º O estabelecimento mencionado no *caput* deste artigo deverá manter à disposição da Polícia Federal e do Comando do Exército os estoques e a relação das vendas efetuadas mensalmente, pelo prazo de cinco anos.

Capítulo III

DO PORTE E DO TRÂNSITO DA ARMA DE FOGO

Seção I

DO PORTE

Art. 22. O Porte de Arma de Fogo de uso permitido, vinculado ao prévio registro da arma e ao cadastro no SINARM, será expedido pela Polícia Federal, em todo o território nacional, em caráter excepcional, desde que atendidos os requisitos previstos nos incisos I, II e III do § 1º do art. 10 da Lei nº 10.826, de 2003.

▶ *Caput* com a redação dada pelo Dec. nº 6.715, de 29-12-2008.

Parágrafo único. A taxa estipulada para o Porte de Arma de Fogo somente será recolhida após a análise e a aprovação dos documentos apresentados.

Art. 23. O Porte de Arma de Fogo é documento obrigatório para a condução da arma e deverá conter os seguintes dados:

I – abrangência territorial;
II – eficácia temporal;
III – características da arma;
IV – número do cadastro da arma no SINARM;

▶ Inciso IV com a redação dada pelo Dec. nº 6.715, de 29-12-2008.

V – identificação do proprietário da arma; e
VI – assinatura, cargo e função da autoridade concedente.

Art. 24. O Porte de Arma de Fogo é pessoal, intransferível e revogável a qualquer tempo, sendo válido apenas com relação à arma nele especificada e com a apresentação do documento de identificação do portador.

▶ Artigo com a redação dada pelo Dec. nº 6.715, de 29-12-2008.

Art. 24-A. Para portar a arma de fogo adquirida nos termos do § 6º do art. 12, o proprietário deverá solicitar a expedição do respectivo documento de porte, que observará o disposto no art. 23 e terá a mesma validade do documento referente à primeira arma.

▶ Artigo acrescido pelo Dec. nº 6.715, de 29-12-2008.

Art. 25. O titular do Porte de Arma de Fogo deverá comunicar imediatamente:

I – a mudança de domicílio, ao órgão expedidor do Porte de Arma de Fogo; e

II – o extravio, furto ou roubo da arma de fogo, à Unidade Policial mais próxima e, posteriormente, à Polícia Federal.

Parágrafo único. A inobservância do disposto neste artigo implicará na suspensão do Porte de Arma de Fogo, por prazo a ser estipulado pela autoridade concedente.

Art. 26. O titular de porte de arma de fogo para defesa pessoal concedido nos termos do art. 10 da Lei nº 10.826, de 2003, não poderá conduzi-la ostensivamente ou com ela adentrar ou permanecer em locais públicos, tais como igrejas, escolas, estádios desportivos, clubes, agências bancárias ou outros locais onde haja aglomeração de pessoas em virtude de eventos de qualquer natureza.

▶ Caput com a redação dada pelo Dec. nº 6.715, de 29-12-2008.

§ 1º A inobservância do disposto neste artigo implicará na cassação do Porte de Arma de Fogo e na apreensão da arma, pela autoridade competente, que adotará as medidas legais pertinentes.

§ 2º Aplica-se o disposto no § 1º deste artigo, quando o titular do Porte de Arma de Fogo esteja portando o armamento em estado de embriaguez ou sob o efeito de drogas ou medicamentos que provoquem alteração do desempenho intelectual ou motor.

Art. 27. Será concedido pela Polícia Federal, nos termos do § 5º do art. 6º da Lei nº 10.826, de 2003, o Porte de Arma de Fogo, na categoria "caçador de subsistência", de uma arma portátil, de uso permitido, de tiro simples, com um ou dois canos, de alma lisa e de calibre igual ou inferior a 16, desde que o interessado comprove a efetiva necessidade em requerimento ao qual deverão ser anexados os seguintes documentos:

I – documento comprobatório de residência em área rural ou certidão equivalente expedida por órgão municipal;

II – original e cópia, ou cópia autenticada, do documento de identificação pessoal; e

▶ Incisos I e II com a redação dada pelo Dec. nº 6.715, de 29-12-2008.

III – atestado de bons antecedentes.

Parágrafo único. Aplicam-se ao portador do Porte de Arma de Fogo mencionado neste artigo as demais obrigações estabelecidas neste Decreto.

Art. 28. O proprietário de arma de fogo de uso permitido registrada, em caso de mudança de domicílio ou outra situação que implique o transporte da arma, deverá solicitar guia de trânsito à Polícia Federal para as armas de fogo cadastradas no SINARM, na forma estabelecida pelo Departamento de Polícia Federal.

▶ Artigo com a redação dada pelo Dec. nº 6.715, de 29-12-2008.

Art. 29. Observado o princípio da reciprocidade previsto em convenções internacionais, poderá ser autorizado o Porte de Arma de Fogo pela Polícia Federal, a diplomatas de missões diplomáticas e consulares acreditadas junto ao Governo Brasileiro, e a agentes de segurança de dignitários estrangeiros durante a permanência no país, independentemente dos requisitos estabelecidos neste Decreto.

Art. 29-A. Caberá ao Departamento de Polícia Federal estabelecer os procedimentos relativos à concessão e renovação do Porte de Arma de Fogo.

▶ Artigo acrescido pelo Dec. nº 6.715, de 29-12-2008.

SEÇÃO II
DOS ATIRADORES, CAÇADORES E COLECIONADORES

SUBSEÇÃO I
DA PRÁTICA DE TIRO DESPORTIVO

Art. 30. As agremiações esportivas e as empresas de instrução de tiro, os colecionadores, atiradores e caçadores serão registrados no Comando do Exército, ao qual caberá estabelecer normas e verificar o cumprimento das condições de segurança dos depósitos das armas de fogo, munições e equipamentos de recarga.

§ 1º As armas pertencentes às entidades mencionadas no caput e seus integrantes terão autorização para porte de trânsito (guia de tráfego) a ser expedida pelo Comando do Exército.

§ 2º A prática de tiro desportivo por menores de dezoito anos deverá ser autorizada judicialmente e deve restringir-se aos locais autorizados pelo Comando do Exército, utilizando arma da agremiação ou do responsável quando por este acompanhado.

§ 3º A prática de tiro desportivo por maiores de dezoito anos e menores de vinte e cinco anos pode ser feita utilizando arma de sua propriedade, registrada com amparo na Lei nº 9.437, de 20 de fevereiro de 1997, de agremiação ou arma registrada e cedida por outro desportista.

Art. 31. A entrada de arma de fogo e munição no país, como bagagem de atletas, para competições internacionais será autorizada pelo Comando do Exército.

§ 1º O Porte de Trânsito das armas a serem utilizadas por delegações estrangeiras em competição oficial de tiro no país será expedido pelo Comando do Exército.

§ 2º Os responsáveis e os integrantes pelas delegações estrangeiras e brasileiras em competição oficial de tiro no país transportarão suas armas desmuniciadas.

SUBSEÇÃO II
DOS COLECIONADORES E CAÇADORES

Art. 32. O Porte de Trânsito das armas de fogo de colecionadores e caçadores será expedido pelo Comando do Exército.

Parágrafo único. Os colecionadores e caçadores transportarão suas armas desmuniciadas.

Subseção III

DOS INTEGRANTES E DAS INSTITUIÇÕES MENCIONADAS NO ART. 6º DA LEI Nº 10.826, DE 2003

Art. 33. O Porte de Arma de Fogo é deferido aos militares das Forças Armadas, aos policiais federais e estaduais e do Distrito Federal, civis e militares, aos Corpos de Bombeiros Militares, bem como aos policiais da Câmara dos Deputados e do Senado Federal em razão do desempenho de suas funções institucionais.

§ 1º O Porte de Arma de Fogo das praças das Forças Armadas e dos Policiais e Corpos de Bombeiros Militares é regulado em norma específica, por atos dos Comandantes das Forças Singulares e dos Comandantes-Gerais das Corporações.

§ 2º Os integrantes das polícias civis estaduais e das Forças Auxiliares, quando no exercício de suas funções institucionais ou em trânsito, poderão portar arma de fogo fora da respectiva unidade federativa, desde que expressamente autorizados pela instituição a que pertençam, por prazo determinado, conforme estabelecido em normas próprias.

Art. 33-A. A autorização para o porte de arma de fogo previsto em legislação própria, na forma do *caput* do art. 6º da Lei nº 10.826, de 2003, está condicionada ao atendimento dos requisitos previstos no inciso III do *caput* do art. 4º da mencionada Lei.

▶ Artigo acrescido pelo Dec. nº 6.715, de 29-12-2008.

Art. 34. Os órgãos, instituições e corporações mencionados nos incisos I, II, III, V, VI, VII e X do *caput* do art. 6º da Lei nº 10.826, de 2003, estabelecerão, em normativos internos, os procedimentos relativos às condições para a utilização das armas de fogo de sua propriedade, ainda que fora do serviço.

▶ *Caput* com a redação dada pelo Dec. nº 6.146, de 3-7-2007.

§ 1º As instituições mencionadas no inciso IV do art. 6º da Lei nº 10.826, de 2003, estabelecerão em normas próprias os procedimentos relativos às condições para a utilização, em serviço, das armas de fogo de sua propriedade.

§ 2º As instituições, órgãos e corporações nos procedimentos descritos no *caput*, disciplinarão as normas gerais de uso de arma de fogo de sua propriedade, fora do serviço, quando se tratar de locais onde haja aglomeração de pessoas, em virtude de evento de qualquer natureza, tais como no interior de igrejas, escolas, estádios desportivos, clubes, públicos e privados.

§ 3º Os órgãos e instituições que tenham os portes de arma de seus agentes públicos ou políticos estabelecidos em lei própria, na forma do *caput* do art. 6º da Lei nº 10.826, de 2003, deverão encaminhar à Polícia Federal a relação dos autorizados a portar arma de fogo, observando-se, no que couber, o disposto no art. 26.

§ 4º Não será concedida a autorização para o porte de arma de fogo de que trata o art. 22 a integrantes de órgãos, instituições e corporações não autorizados a portar arma de fogo fora do serviço, exceto se comprovarem o risco à sua integridade física, observando-se o disposto no art. 11 da Lei nº 10.826, de 2003.

§ 5º O porte de que tratam os incisos V, VI e X do *caput* do art. 6º da Lei nº 10.826, de 2003, e aquele previsto em lei própria, na forma do *caput* do mencionado artigo, serão concedidos, exclusivamente, para defesa pessoal, sendo vedado aos seus respectivos titulares o porte ostensivo da arma de fogo.

▶ §§ 3º a 5º acrescidos pelo Dec. nº 6.715, de 29-12-2008.

§ 6º A vedação prevista no § 5º não se aplica aos servidores designados para execução da atividade fiscalizatória do Instituto Brasileiro do Meio Ambiente e dos Recursos Naturais Renováveis – IBAMA e do Instituto Chico Mendes de Conservação da Biodiversidade – Instituto Chico Mendes.

▶ § 6º acrescido pelo Dec. nº 6.817, de 7-4-2009.

Art. 35. Poderá ser autorizado, em casos excepcionais, pelo órgão competente, o uso, em serviço, de arma de fogo, de propriedade particular do integrante dos órgãos, instituições ou corporações mencionados no inciso II do art. 6º da Lei nº 10.826, de 2003.

§ 1º A autorização mencionada no *caput* será regulamentada em ato próprio do órgão competente.

§ 2º A arma de fogo de que trata este artigo deverá ser conduzida com o seu respectivo Certificado de Registro.

Art. 35-A. As armas de fogo particulares de que trata o art. 35, e as institucionais não brasonadas, deverão ser conduzidas com o seu respectivo Certificado de Registro ou termo de cautela decorrente de autorização judicial para uso, sob pena de aplicação das sanções penais cabíveis.

▶ Artigo acrescido pelo Dec. nº 6.715, de 29-12-2008.

Art. 36. A capacidade técnica e a aptidão psicológica para o manuseio de armas de fogo, para os integrantes das instituições descritas nos incisos III, IV, V, VI, VII e X do *caput* do art. 6º da Lei nº 10.826, de 2003, serão atestadas pela própria instituição, depois de cumpridos os requisitos técnicos e psicológicos estabelecidos pela Polícia Federal.

▶ *Caput* com a redação dada pelo Dec. nº 6.146, de 3-7-2007.

Parágrafo único. Caberá à Polícia Federal avaliar a capacidade técnica e a aptidão psicológica, bem como expedir o Porte de Arma de Fogo para os guardas portuários.

Art. 37. Os integrantes das Forças Armadas e os servidores dos órgãos, instituições e corporações mencionados nos incisos II, V, VI e VII do *caput* do art. 6º da Lei nº 10.826, de 2003, transferidos para a reserva remunerada ou aposentados, para conservarem a autorização de porte de arma de fogo de sua propriedade deverão submeter-se, a cada três anos, aos testes de avaliação da aptidão psicológica a que faz menção o inciso III do *caput* do art. 4º da Lei nº 10.826, de 2003.

▶ *Caput* com a redação dada pelo Dec. nº 6.146, de 3-7-2007.

§ 1º O cumprimento destes requisitos será atestado pelas instituições, órgãos e corporações de vinculação.

§ 2º Não se aplicam aos integrantes da reserva não remunerada das Forças Armadas e Auxiliares, as prerrogativas mencionadas no *caput*.

SUBSEÇÃO IV

DAS EMPRESAS DE SEGURANÇA PRIVADA E DE TRANSPORTE DE VALORES

Art. 38. A autorização para o uso de arma de fogo expedida pela Polícia Federal, em nome das empresas de segurança privada e de transporte de valores, será precedida, necessariamente, da comprovação do preenchimento de todos os requisitos constantes do art. 4º da Lei nº 10.826, de 2003, pelos empregados autorizados a portar arma de fogo.

§ 1º A autorização de que trata o *caput* é válida apenas para a utilização da arma de fogo em serviço.

§ 2º As empresas de que trata o *caput* encaminharão, trimestralmente, à Polícia Federal, para cadastro no SINARM, a relação nominal dos empregados autorizados a portar arma de fogo.

▶ § 2º com a redação dada pelo Dec. nº 6.715, de 29-12-2008.

§ 3º A transferência de armas de fogo, por qualquer motivo, entre estabelecimentos da mesma empresa ou para empresa diversa, deverão ser previamente autorizados pela Polícia Federal.

§ 4º Durante o trâmite do processo de transferência de armas de fogo de que trata o § 3º, a Polícia Federal poderá, em caráter excepcional, autorizar a empresa adquirente a utilizar as armas em fase de aquisição, em seus postos de serviço, antes da expedição do novo Certificado de Registro.

▶ § 4º acrescido pelo Dec. nº 6.715, de 29-12-2008.

Art. 39. É de responsabilidade das empresas de segurança privada e de transportes de valores a guarda e armazenagem das armas, munições e acessórios de sua propriedade, nos termos da legislação específica.

Parágrafo único. A perda, furto, roubo ou outras formas de extravio de arma de fogo, acessório e munições que estejam sob a guarda das empresas de segurança privada e de transporte de valores deverá ser comunicada à Polícia Federal, no prazo máximo de vinte e quatro horas, após a ocorrência do fato, sob pena de responsabilização do proprietário ou diretor responsável.

SUBSEÇÃO V

DAS GUARDAS MUNICIPAIS

Art. 40. Cabe ao Ministério da Justiça, por intermédio da Polícia Federal, diretamente ou mediante convênio com os órgãos de segurança pública dos Estados, do Distrito Federal ou dos Municípios, nos termos do § 3º do art. 6º da Lei nº 10.826, de 2003:

▶ *Caput* com a redação dada pelo Dec. nº 6.715, de 29-12-2008.

I – conceder autorização para o funcionamento dos cursos de formação de guardas municipais;

II – fixar o currículo dos cursos de formação;

III – conceder Porte de Arma de Fogo;

IV – fiscalizar os cursos mencionados no inciso II; e

V – fiscalizar e controlar o armamento e a munição utilizados.

Parágrafo único. As competências previstas nos incisos I e II deste artigo não serão objeto de convênio.

Art. 41. Compete ao Comando do Exército autorizar a aquisição de armas de fogo e de munições para as Guardas Municipais.

Art. 42. O Porte de Arma de Fogo aos profissionais citados nos incisos III e IV, do art. 6º, da Lei nº 10.826, de 2003, será concedido desde que comprovada a realização de treinamento técnico de, no mínimo, sessenta horas para armas de repetição e cem horas para arma semiautomática.

§ 1º O treinamento de que trata o *caput* desse artigo deverá ter, no mínimo, sessenta e cinco por cento de conteúdo prático.

§ 2º O curso de formação dos profissionais das Guardas Municipais deverá conter técnicas de tiro defensivo e defesa pessoal.

§ 3º Os profissionais da Guarda Municipal deverão ser submetidos a estágio de qualificação profissional por, no mínimo, oitenta horas ao ano.

§ 4º Não será concedido aos profissionais das Guardas Municipais Porte de Arma de Fogo de calibre restrito, privativos das forças policiais e forças armadas.

Art. 43. O profissional da Guarda Municipal com Porte de Arma de Fogo deverá ser submetido, a cada dois anos, a teste de capacidade psicológica e, sempre que estiver envolvido em evento de disparo de arma de fogo em via pública, com ou sem vítimas, deverá apresentar relatório circunstanciado, ao Comando da Guarda Civil e ao Órgão Corregedor para justificar o motivo da utilização da arma.

Art. 44. A Polícia Federal poderá conceder Porte de Arma de Fogo, nos termos no §3º do art. 6º, da Lei nº 10.826, de 2003, às Guardas Municipais dos municípios que tenham criado corregedoria própria e autônoma, para a apuração de infrações disciplinares atribuídas aos servidores integrantes do Quadro da Guarda Municipal.

Parágrafo único. A concessão a que se refere o *caput* dependerá, também, da existência de Ouvidoria, como órgão permanente, autônomo e independente, com competência para fiscalizar, investigar, auditorar e propor políticas de qualificação das atividades desenvolvidas pelos integrantes das Guardas Municipais.

Art. 45. Revogado. Dec. nº 5.871, de 10-8-2006.

CAPÍTULO IV

DAS DISPOSIÇÕES GERAIS, FINAIS E TRANSITÓRIAS

SEÇÃO I

DAS DISPOSIÇÕES GERAIS

Art. 46. O Ministro da Justiça designará as autoridades policiais competentes, no âmbito da Polícia Federal, para autorizar a aquisição e conceder o Porte de Arma de Fogo, que terá validade máxima de cinco anos.

Art. 47. O Ministério da Justiça, por intermédio da Polícia Federal, poderá celebrar convênios com os órgãos de segurança pública dos Estados e do Distrito Federal para possibilitar a integração, ao SINARM, dos acervos policiais de armas de fogo já existentes, em cumprimento ao disposto no inciso VI do art. 2º da Lei nº 10.826, de 2003.

▶ Artigo com a redação dada pelo Dec. nº 6.715, de 29-12-2008.

Art. 48. Compete ao Ministério da Defesa e ao Ministério da Justiça:

I – estabelecer as normas de segurança a serem observadas pelos prestadores de serviços de transporte aéreo de passageiros, para controlar o embarque de passageiros armados e fiscalizar o seu cumprimento;

II – regulamentar as situações excepcionais do interesse da ordem pública, que exijam de policiais federais, civis e militares, integrantes das Forças Armadas e agentes do Departamento de Segurança do Gabinete de Segurança Institucional da Presidência da República, o Porte de Arma de Fogo a bordo de aeronaves; e

III – estabelecer, nas ações preventivas com vistas à segurança da aviação civil, os procedimentos de restrição e condução de armas por pessoas com a prerrogativa de Porte de Arma de Fogo em áreas restritas aeroportuárias, ressalvada a competência da Polícia Federal, prevista no inciso III do §1º do art. 144 da Constituição.

Parágrafo único. As áreas restritas aeroportuárias são aquelas destinadas à operação de um aeroporto, cujos acessos são controlados, para os fins de segurança e proteção da aviação civil.

Art. 49. A classificação legal, técnica e geral e a definição das armas de fogo e demais produtos controlados, de uso restrito ou permitido são as constantes do Regulamento para a Fiscalização de Produtos Controlados e sua legislação complementar.

Parágrafo único. Compete ao Comando do Exército promover a alteração do Regulamento mencionado no *caput*, com o fim de adequá-lo aos termos deste Decreto.

Art. 50. Compete, ainda, ao Comando do Exército:

I – autorizar e fiscalizar a produção e o comércio de armas, munições e demais produtos controlados, em todo o território nacional;

II – estabelecer as dotações em armamento e munição das corporações e órgãos previstos nos incisos II, III, IV, V, VI e VII do art. 6º da Lei nº 10.826, de 2003; e

III – estabelecer normas, ouvido o Ministério da Justiça, em cento e oitenta dias:

a) para que todas as munições estejam acondicionadas em embalagens com sistema de código de barras, gravado na caixa, visando possibilitar a identificação do fabricante e do adquirente;

b) para que as munições comercializadas para os órgãos referidos no art. 6º da Lei nº 10.826, de 2003, contenham gravação na base dos estojos que permita identificar o fabricante, o lote de venda e o adquirente;

c) para definir os dispositivos de segurança e identificação previstos no 3º do art. 23 da Lei nº 10.826, de 2003; e

IV – expedir regulamentação específica para o controle da fabricação, importação, comércio, trânsito e utilização de simulacros de armas de fogo, conforme o art. 26 da Lei nº 10.826, de 2003.

Art. 51. A importação de armas de fogo, munições e acessórios de uso restrito está sujeita ao regime de licenciamento não automático prévio ao embarque da mercadoria no exterior e dependerá da anuência do Comando do Exército.

§ 1º A autorização é concedida por meio do Certificado Internacional de Importação.

§ 2º A importação desses produtos somente será autorizada para os órgãos de segurança pública e para colecionadores, atiradores e caçadores nas condições estabelecidas em normas específicas.

Art. 52. Os interessados pela importação de armas de fogo, munições e acessórios, de uso restrito, ao preencherem a Licença de Importação no Sistema Integrado de Comércio Exterior – SISCOMEX, deverão informar as características específicas dos produtos importados, ficando o desembaraço aduaneiro sujeito à satisfação desse requisito.

Art. 53. As importações realizadas pelas Forças Armadas dependem de autorização prévia do Ministério da Defesa e serão por este controladas.

Art. 54. A importação de armas de fogo, munições e acessórios de uso permitido e demais produtos controlados está sujeita, no que couber, às condições estabelecidas nos arts. 51 e 52 deste Decreto.

Art. 55. A Secretaria da Receita Federal e o Comando do Exército fornecerão à Polícia Federal, as informações relativas às importações de que trata o art. 54 e que devam constar do cadastro de armas do SINARM.

Art. 56. O Comando do Exército poderá autorizar a entrada temporária no país, por prazo definido, de armas de fogo, munições e acessórios para fins de demonstração, exposição, conserto, mostruário ou testes, mediante requerimento do interessado ou de seus representantes legais ou, ainda, das representações diplomáticas do país de origem.

§ 1º A importação sob o regime de admissão temporária deverá ser autorizada por meio do Certificado Internacional de Importação.

§ 2º Terminado o evento que motivou a importação, o material deverá retornar ao seu país de origem, não podendo ser doado ou vendido no território nacional, exceto a doação para os museus das Forças Armadas e das instituições policiais.

§ 3º A Receita Federal fiscalizará a entrada e saída desses produtos.

§ 4º O desembaraço alfandegário das armas e munições trazidas por agentes de segurança de dignitários estrangeiros, em visita ao país, será feito pela Receita Federal, com posterior comunicação ao Comando do Exército.

Art. 57. Fica vedada a importação de armas de fogo, seus acessórios e peças, de munições e seus componentes, por meio do serviço postal e similares.

Parágrafo único. Fica autorizada, em caráter excepcional, a importação de peças de armas de fogo, com exceção de armações, canos e ferrolho, por meio do serviço postal e similares.

Art. 58. O Comando do Exército autorizará a exportação de armas, munições e demais produtos controlados.

§ 1º A autorização das exportações enquadradas nas diretrizes de exportação de produtos de defesa rege-se por legislação específica, a cargo do Ministério da Defesa.

§ 2º Considera-se autorizada a exportação quando efetivado o respectivo Registro de Exportação, no Sistema de Comércio Exterior – SISCOMEX.

Art. 59. O exportador de armas de fogo, munições ou demais produtos controlados deverá apresentar como prova da venda ou transferência do produto, um dos seguintes documentos:

I – Licença de Importação (LI), expedida por autoridade competente do país de destino; ou

II – Certificado de Usuário Final (End User), expedido por autoridade competente do país de destino, quando for o caso.

Art. 60. As exportações de armas de fogo, munições ou demais produtos controlados considerados de valor histórico somente serão autorizadas pelo Comando do Exército após consulta aos órgãos competentes.

Parágrafo único. O Comando do Exército estabelecerá, em normas específicas, os critérios para definição do termo "valor histórico".

Art. 61. O Comando do Exército cadastrará no SIGMA os dados relativos às exportações de armas, munições e demais produtos controlados, mantendo-os devidamente atualizados.

Art. 62. Fica vedada a exportação de armas de fogo, de seus acessórios e peças, de munição e seus componentes, por meio do serviço postal e similares.

Art. 63. O desembaraço alfandegário de armas e munições, peças e demais produtos controlados será autorizado pelo Comando do Exército.

Parágrafo único. O desembaraço alfandegário de que trata este artigo abrange:

I – operações de importação e exportação, sob qualquer regime;

II – internação de mercadoria em entrepostos aduaneiros;

III – nacionalização de mercadoria entrepostadas;

IV – ingresso e saída de armamento e munição de atletas brasileiros e estrangeiros inscritos em competições nacionais ou internacionais;

V – ingresso e saída de armamento e munição;

VI – ingresso e saída de armamento e munição de órgãos de segurança estrangeiros, para participação em operações, exercícios e instruções de natureza oficial; e

VII – as armas de fogo, munições, suas partes e peças, trazidos como bagagem acompanhada ou desacompanhada.

Art. 64. O desembaraço alfandegário de armas de fogo e munição somente será autorizado após o cumprimento de normas específicas sobre marcação, a cargo do Comando do Exército.

Art. 65. As armas de fogo, acessórios ou munições mencionados no art. 25 da Lei nº 10.826, de 2003, serão encaminhados, no prazo máximo de quarenta e oito horas, ao Comando do Exército, para destruição, após a elaboração do laudo pericial e desde que não mais interessem ao processo judicial.

§ 1º É vedada a doação, acautelamento ou qualquer outra forma de cessão para órgão, corporação ou instituição, exceto as doações de arma de fogo de valor histórico ou obsoletas para museus das Forças Armadas ou das instituições policiais.

§ 2º As armas brasonadas ou quaisquer outras de uso restrito poderão ser recolhidas ao Comando do Exército pela autoridade competente, para sua guarda até ordem judicial para destruição.

§ 3º As armas apreendidas poderão ser devolvidas pela autoridade competente aos seus legítimos proprietários se presentes os requisitos do art. 4º da Lei nº 10.826, de 2003.

§ 4º O Comando do Exército designará as Organizações Militares que ficarão incumbidas de destruir as armas que lhe forem encaminhadas para esse fim, bem como incluir este dado no respectivo Sistema no qual foi cadastrada a arma.

Art. 66. A solicitação de informações sobre a origem de armas de fogo, munições e explosivos deverá ser encaminhada diretamente ao órgão controlador da Polícia Federal ou do Comando do Exército.

Art. 67. No caso de falecimento ou interdição do proprietário de arma de fogo, o administrador da herança ou curador, conforme o caso, deverá providenciar a transferência da propriedade da arma mediante alvará judicial ou autorização firmada por todos os herdeiros, desde que maiores e capazes, aplicando-se ao herdeiro ou interessado na aquisição as disposições do art. 12.

▶ *Caput* com a redação dada pelo Dec. nº 6.715, de 29-12-2008.

§ 1º O administrador da herança ou o curador comunicará à Polícia Federal ou ao Comando do Exército, conforme o caso, a morte ou interdição do proprietário da arma de fogo.

▶ § 1º com a redação dada pelo Dec. nº 6.715, de 29-12-2008.

§ 2º Nos casos previstos no *caput* deste artigo, a arma deverá permanecer sob a guarda e responsabilidade do administrador da herança ou curador, depositada em local seguro, até a expedição do Certificado de Registro e entrega ao novo proprietário.

§ 3º A inobservância do disposto no § 2º implicará a apreensão da arma pela autoridade competente, aplicando-se ao administrador da herança ou ao curador as sanções penais cabíveis.

▶ § 3º com a redação dada pelo Dec. nº 6.715, de 29-12-2008.

Art. 67-A. Serão cassadas as autorizações de posse e de porte de arma de fogo do titular a quem seja imputada a prática de crime doloso.

§ 1º Nos casos previstos no *caput*, o proprietário deverá entregar a arma de fogo à Polícia Federal, mediante indenização na forma do art. 68, ou providenciar sua transferência no prazo máximo de sessenta dias, aplicando-se, ao interessado na aquisição, as disposições do art. 4º da Lei nº 10.826, de 2003.

§ 2º A cassação da autorização de posse ou de porte de arma de fogo será determinada a partir do indiciamento do investigado no inquérito policial ou do recebimento da denúncia ou queixa pelo juiz.

§ 3º Aplica-se o disposto neste artigo a todas as armas de fogo de propriedade do indiciado ou acusado.

Art. 67-B. No caso do não atendimento dos requisitos previstos no art. 12, para a renovação do Certificado de Registro da arma de fogo, o proprietário deverá entregar a arma à Polícia Federal, mediante indenização na forma do art. 68, ou providenciar sua transferência para terceiro, no prazo máximo de sessenta dias, aplicando-se, ao interessado na aquisição, as disposições do art. 4º da Lei nº 10.826, de 2003.

Parágrafo único. A inobservância do disposto no *caput* implicará a apreensão da arma de fogo pela Polícia Federal ou órgão público por esta credenciado, aplicando-se ao proprietário as sanções penais cabíveis.

► Arts. 67-A e 67-B acrescidos pelo Dec. nº 6.715, de 29-12-2008.

SEÇÃO II
DAS DISPOSIÇÕES FINAIS E TRANSITÓRIAS

Art. 68. O valor da indenização de que tratam os arts. 31 e 32 da Lei nº 10.826, de 2003, bem como o procedimento para pagamento, será fixado pelo Ministério da Justiça.

Parágrafo único. Os recursos financeiros necessários para o cumprimento do disposto nos arts. 31 e 32 da Lei nº 10.826, de 2003, serão custeados por dotação específica constante do orçamento do Ministério da Justiça.

► Parágrafo único com a redação dada pelo Dec. nº 7.473, de 5-5-2011.

Art. 69. Presumir-se-á a boa-fé dos possuidores e proprietários de armas de fogo que espontaneamente entregá-las na Polícia Federal ou nos postos de recolhimento credenciados, nos termos do art. 32 da Lei nº 10.826, de 2003.

► Artigo com a redação dada pelo Dec. nº 7.473, de 5-5-2011.

Art. 70. A entrega da arma de fogo, acessório ou munição, de que tratam os arts. 31 e 32 da Lei nº 10.826, de 2003, deverá ser feita na Polícia Federal ou nos órgãos e entidades credenciados pelo Ministério da Justiça.

► *Caput* com a redação dada pelo Dec. nº 7.473, de 5-5-2011.

§ 1º Para o transporte da arma de fogo até o local de entrega, será exigida guia de trânsito, expedida pela Polícia Federal, ou órgão por ela credenciado, contendo as especificações mínimas estabelecidas pelo Ministério da Justiça.

► § 1º com a redação dada pelo Dec. nº 7.473, de 5-5-2011.

§ 2º A guia de trânsito poderá ser expedida pela rede mundial de computadores - Internet, na forma disciplinada pelo Departamento de Polícia Federal.

§ 3º A guia de trânsito não autoriza o porte da arma, mas apenas o seu transporte, desmuniciada e acondicionada de maneira que não possa ser feito o seu pronto uso e, somente, no percurso nela autorizado.

§ 4º O transporte da arma de fogo sem a guia de trânsito ou o transporte com a guia, mas sem a observância do que nela estiver estipulado, poderá sujeitar o infrator às sanções penais cabíveis.

► §§ 2º a 4º acrescidos pelo Dec. nº 6.715, de 29-12-2008.

Art. 70-A. Para o registro da arma de fogo de uso permitido ainda não registrada de que trata o art. 30 da Lei nº 10.826, de 2003, deverão ser apresentados pelo requerente os documentos previstos no art. 70-C e original e cópia, ou cópia autenticada, da nota fiscal de compra ou de comprovação da origem lícita da posse, pelos meios de prova admitidos em direito, ou declaração firmada na qual constem as características da arma e a sua condição de proprietário.

Art. 70-B. Para a renovação do Certificado de Registro de Arma de Fogo de que trata o § 3º do art. 5º da Lei nº 10.826, de 2003, deverão ser apresentados pelo requerente os documentos previstos no art. 70-C e cópia do referido Certificado ou, se for o caso, do boletim de ocorrência comprovando o seu extravio.

Art. 70-C. Para a renovação do Certificado de Registro de Arma de Fogo ou para o registro da arma de fogo de que tratam, respectivamente, o § 3º do art. 5º e o art. 30 da Lei nº 10.826, de 2003, o requerente deverá:

I – ter, no mínimo, vinte e cinco anos de idade;
II – apresentar originais e cópias, ou cópias autenticadas, do documento de identificação pessoal e do comprovante de residência fixa;
III – apresentar o formulário SINARM devidamente preenchido;
IV – apresentar o certificado de registro provisório e comprovar os dados pessoais informados, caso o procedimento tenha sido iniciado pela rede mundial de computadores - Internet.

§ 1º O procedimento de registro da arma de fogo, ou sua renovação, poderá ser iniciado por meio do preenchimento do formulário SINARM na rede mundial de computadores - Internet, cujo comprovante de preenchimento impresso valerá como certificado de registro provisório, pelo prazo de noventa dias.

§ 2º No ato do preenchimento do formulário pela rede mundial de computadores - Internet, o requerente deverá escolher a unidade da Polícia Federal, ou órgão por ela credenciado, na qual entregará pessoalmente a documentação exigida para o registro ou renovação.

§ 3º Caso o requerente deixe de apresentar a documentação exigida para o registro ou renovação na unidade da Polícia Federal, ou órgão por ela credenciado, escolhida dentro do prazo de noventa dias, o certificado de registro provisório, que será expedido pela rede mundial de computadores - Internet uma única vez, perderá a validade, tornando irregular a posse da arma.

§ 4º No caso da perda de validade do certificado de registro provisório, o interessado deverá se dirigir imediatamente à unidade da Polícia Federal, ou órgão por ela credenciado, para a regularização de sua situação.

§ 5º Aplica-se o disposto no art. 70-B à renovação dos registros de arma de fogo cujo certificado tenha sido expedido pela Polícia Federal, inclusive aqueles com vencimento até o prazo previsto no § 3º do art. 5º da Lei nº 10.826, de 2003, ficando o proprietário isento do pagamento de taxa nas condições e prazos da Tabela constante do Anexo à referida Lei.

§ 6º Nos requerimentos de registro ou de renovação de Certificado de Registro de Arma de Fogo em que se constate a existência de cadastro anterior em nome de terceiro, será feita no SINARM a transferência da arma para o novo proprietário.

§ 7º Nos requerimentos de registro ou de renovação de Certificado de Registro de Arma de Fogo em que se constate a existência de cadastro anterior em nome de terceiro e a ocorrência de furto, roubo, apreensão ou extravio, será feita no SINARM a transferência da arma para o novo proprietário e a respectiva arma de fogo deverá ser entregue à Polícia Federal para posterior encaminhamento à autoridade policial ou judicial competente.

§ 8º No caso do requerimento de renovação do Certificado de Registro de que trata o § 6º, além dos documentos previstos no art. 70-B, deverá ser comprovada a origem lícita da posse, pelos meios de prova admitidos em direito, ou, ainda, apresentada declaração firmada na qual constem as características da arma e a sua condição de proprietário.

§ 9º Nos casos previstos neste artigo, além dos dados de identificação do proprietário, o Certificado de Registro provisório e o definitivo deverão conter, no mínimo, o número de série da arma de fogo, a marca, a espécie e o calibre.

Art. 70-D. Não se aplicam as disposições do § 6º do art. 70-C às armas de fogo cujos Certificados de Registros tenham sido expedidos pela Polícia Federal a partir da vigência deste Decreto e cujas transferências de propriedade dependam de prévia autorização.

Art. 70-E. As armas de fogo entregues na campanha do desarmamento não serão submetidas a perícia, salvo se estiverem com o número de série ilegível ou houver dúvidas quanto à sua caracterização como arma de fogo, podendo, nesse último caso, serem submetidas a simples exame de constatação.

Parágrafo único. As armas de fogo de que trata o *caput* serão, obrigatoriamente, destruídas.

Art. 70-F. Não poderão ser registradas ou terem seu registro renovado as armas de fogo adulteradas ou com o número de série suprimido.

Parágrafo único. Nos prazos previstos nos arts. 5º, § 3º, e 30 da Lei nº 10.826, de 2003, as armas de que trata o *caput* serão recolhidas, mediante indenização, e encaminhadas para destruição.

▶ Arts. 70-A a 70-F acrescidos pelo Dec. nº 6.715, de 29-12-2008.

Art. 70-G. Compete ao Ministério da Justiça estabelecer os procedimentos necessários à execução da campanha do desarmamento e ao Departamento de Polícia Federal a regularização de armas de fogo.

▶ Artigo com a redação dada pelo Dec. nº 7.473, de 5-5-2011.

Art. 70-H. As disposições sobre entrega de armas de que tratam os arts. 31 e 32 da Lei nº 10.826, de 2003, não se aplicam às empresas de segurança privada e transporte de valores.

▶ Artigo acrescido pelo Dec. nº 6.715, de 29-12-2008.

Art. 71. Será aplicada pelo órgão competente pela fiscalização multa no valor de:

I – R$ 100.000,00 (cem mil reais):

a) à empresa de transporte aéreo, rodoviário, ferroviário, marítimo, fluvial ou lacustre que permita o transporte de arma de fogo, munição ou acessórios, sem a devida autorização, ou com inobservância das normas de segurança; e

b) à empresa de produção ou comércio de armamentos que realize publicidade estimulando a venda e o uso indiscriminado de armas de fogo, acessórios e munição, exceto nas publicações especializadas;

II – R$ 200.000,00 (duzentos mil reais), sem prejuízo das sanções penais cabíveis:

a) à empresa de transporte aéreo, rodoviário, ferroviário, marítimo, fluvial ou lacustre que deliberadamente, por qualquer meio, faça, promova ou facilite o transporte de arma ou munição sem a devida autorização ou com inobservância das normas de segurança; e

b) à empresa de produção ou comércio de armamentos, na reincidência da hipótese mencionada no inciso I, alínea *b*; e

III – R$ 300.000,00 (trezentos mil reais), sem prejuízo das sanções penais cabíveis, na hipótese de reincidência da conduta prevista na alínea *a*, do inciso I, e nas alíneas *a* e *b*, do inciso II.

Art. 72. A empresa de segurança e de transporte de valores ficará sujeita às penalidades de que trata o art. 23 da Lei nº 7.102, de 20 de junho de 1983, quando deixar de apresentar, nos termos do art. 7º, §§ 2º e 3º, da Lei nº 10.826, de 2003:

I – a documentação comprobatória do preenchimento dos requisitos constantes do art. 4º da Lei nº 10.826, de 2003, quanto aos empregados que portarão arma de fogo; ou

II – semestralmente, ao SINARM, a listagem atualizada de seus empregados.

Art. 73. *Revogado.* Dec. nº 6.146, de 3-7-2007.

Art. 74. Os recursos arrecadados em razão das taxas e das sanções pecuniárias de caráter administrativo previstas neste Decreto serão aplicados na forma prevista no § 1º do art. 11 da Lei nº 10.826, de 2003.

Parágrafo único. As receitas destinadas ao SINARM serão recolhidas ao Banco do Brasil S.A., na conta Fundo para Aparelhamento e Operacionalização das Atividades-Fim da Polícia Federal, e serão alocadas para o reaparelhamento, manutenção e custeio das atividades de controle e fiscalização da circulação de armas de fogo e de repressão a seu tráfico ilícito, a cargo da Polícia Federal.

▶ Parágrafo único com a redação dada pelo Dec. nº 6.715, de 29-12-2008.

Art. 75. Serão concluídos em sessenta dias, a partir da publicação deste Decreto, os processos de doação, em andamento no Comando do Exército, das armas de fogo apreendidas e recolhidas na vigência da Lei nº 9.437, de 20 de fevereiro de 1997.

Art. 76. Este Decreto entra em vigor na data de sua publicação.

Art. 77. Ficam revogados os Decretos nºs 2.222, de 8 de maio de 1997, 2.532, de 30 de março de 1998, e 3.305, de 23 de dezembro de 1999.

Brasília, 1º de julho de 2004;
183º da Independência e
116º da República.

Luiz Inácio Lula da Silva

DECRETO Nº 5.289,
DE 29 DE NOVEMBRO DE 2004

Disciplina a organização e o funcionamento da Administração Pública Federal, para desenvolvimento do programa de cooperação federativa denominado Força Nacional de Segurança Pública, e dá outras providências.

▶ Publicado no *DOU* de 30-11-2004.

▶ Port. do MJ nº 178, de 4-2-2010, regulamenta as disposições da Lei nº 11.473, de 10-5-2007, e deste Decreto, relativas aos critérios de atuação e emprego da Força Nacional de Segurança Pública.

Art. 1º Este Decreto disciplina as regras gerais de organização e funcionamento da administração pública federal, para desenvolvimento do programa de cooperação federativa denominado Força Nacional de Segurança Pública, ao qual poderão voluntariamente aderir os Estados interessados, por meio de atos formais específicos.

Art. 2º A Força Nacional de Segurança Pública atuará em atividades destinadas à preservação da ordem pública e da incolumidade das pessoas e do patrimônio, nas hipóteses previstas neste Decreto e no ato formal de adesão dos Estados e do Distrito Federal.

▶ Artigo com a redação pelo Dec. nº 7.318, de 28-9-2010.

Art. 2º-A. A atuação dos servidores civis nas atividades desenvolvidas no âmbito da Força Nacional de Segurança Pública, conforme previsto nos arts. 3º e 5º da Lei nº 11.473, de 10 de maio de 2007, compreende:

I – auxílio às ações de polícia judiciária estadual na função de investigação de infração penal, para a elucidação das causas, circunstâncias, motivos, autoria e materialidade;

II – auxílio às ações de inteligência relacionadas às atividades destinadas à preservação da ordem pública e da incolumidade das pessoas e do patrimônio;

III – realização de atividades periciais e de identificação civil e criminal destinadas a colher e resguardar indícios ou provas da ocorrência de fatos ou de infração penal;

IV – auxílio na ocorrência de catástrofes ou desastres coletivos, inclusive para reconhecimento de vitimados; e

V – apoio a ações que visem à proteção de indivíduos, grupos e órgãos da sociedade que promovem e protegem os direitos humanos e as liberdades fundamentais.

§ 1º As atividades de cooperação federativa serão desenvolvidas sob a coordenação conjunta da União e do ente convenente.

§ 2º A presidência do inquérito policial será exercida pela autoridade policial da circunscrição local, nos termos do art. 4º do Decreto-Lei nº 3.689, de 3 de outubro de 1941 – Código de Processo Penal.

▶ Art. 2º-A acrescido pelo Dec. nº 7.318, de 28-9-2010.

Art. 3º Nas atividades da Força Nacional de Segurança Pública, serão atendidos, dentre outros, os seguintes princípios:

I – respeito aos direitos individuais e coletivos, inclusive à integridade moral das pessoas;

II – uso moderado e proporcional da força;

III – unidade de comando;

IV – eficácia;

V – pronto atendimento;

VI – emprego de técnicas proporcionais e adequadas de controle de distúrbios civis;

VII – qualificação especial para gestão de conflitos; e

VIII – solidariedade federativa.

Art. 4º A Força Nacional de Segurança Pública poderá ser empregada em qualquer parte do território nacional, mediante solicitação expressa do respectivo Governador de Estado ou do Distrito Federal.

§ 1º Compete ao Ministro de Estado da Justiça determinar o emprego da Força Nacional de Segurança Pública, que será episódico e planejado.

§ 2º O contingente mobilizável da Força Nacional de Segurança Pública será composto por servidores que tenham recebido, do Ministério da Justiça, treinamento especial para atuação conjunta, integrantes das polícias federais e dos órgãos de segurança pública dos Estados que tenham aderido ao programa de cooperação federativa.

§ 3º O ato do Ministro de Estado da Justiça que determinar o emprego da Força Nacional de Segurança Pública conterá:

I – delimitação da área de atuação e limitação do prazo nos quais as atividades da Força Nacional de Segurança Pública serão desempenhadas;

II – indicação das medidas de preservação da ordem pública a serem implementadas; e

III – as diretrizes que nortearão o desenvolvimento das operações de segurança pública.

§ 4º As atribuições dos integrantes dos órgãos de segurança pública envolvidos em atividades da Força Nacional de Segurança Pública são aquelas previstas no art. 144 da Constituição e na legislação em vigor.

§ 5º O Ministério da Justiça deverá assegurar contingente permanente mínimo de quinhentos homens da Força Nacional de Segurança Pública treinados para emprego imediato.

▶ § 5º acrescido pelo Dec. nº 6.189, de 20-8-2007.

Art. 5º Os servidores de órgãos de segurança pública mobilizados para atuar de forma integrada, no programa de cooperação federativa, ficarão sob coordenação do Ministério da Justiça enquanto durar sua mobilização, mas não deixam de integrar o quadro funcional de seus respectivos órgãos.

§§ 1º a 4º *Revogados*. Dec. nº 6.189, de 20-8-2007.

Parágrafo único. Os servidores civis e militares dos Estados e do Distrito Federal que participarem de atividades desenvolvidas em decorrência de convênio de cooperação de que trata este Decreto farão jus ao recebimento de diária, a ser paga na forma prevista pelo art. 6º da Lei nº 11.473, de 10 de maio de 2007.

▶ Parágrafo único acrescido pelo Dec. nº 6.189, de 20-8-2007.

Art. 6º O Ministério da Justiça, consultados os Estados que aderirem ao programa de cooperação federativa, elaborará proposta para a provisão de assistência médica e seguro de vida e de acidentes dos servidores mobilizados, vitimados quando em atuação efetiva em operações da Força Nacional de Segurança Pública.

Art. 7º Caso algum servidor militar mobilizado venha a responder a inquérito policial ou a processo judicial por sua atuação efetiva em operações da Força Nacional de Segurança Pública, poderá ser ele representado judicialmente pela Advocacia-Geral da União, nos termos do art. 22, parágrafo único, da Lei nº 9.028, de 12 de abril de 1995.

Art. 8º Os servidores dos Estados mobilizados para atuar em operação da Força Nacional de Segurança Pública serão designados pelo Ministério da Justiça.

Art. 9º A União poderá fornecer recursos humanos e materiais complementares ou suplementares quando forem inexistentes, indisponíveis, inadequados ou insuficientes os recursos dos órgãos estaduais, para o desempenho das atividades da Força Nacional de Segurança Pública.

§ 1º As Forças Armadas, por autorização específica do Presidente da República, e outros órgãos federais desvinculados do Ministério da Justiça poderão oferecer instalações, recursos de inteligência, transporte, logística e treinamento de modo a contribuir com as atividades da Força Nacional de Segurança Pública.

§ 2º Em caso de emprego das Forças Armadas para a garantia da lei e da ordem, na forma da legislação específica, o Presidente da República poderá determinar ao Ministério da Justiça que coloque à disposição do Ministério da Defesa os recursos materiais da Força Nacional de Segurança Pública.

§ 3º Os Estados também poderão participar de operações conjuntas da Força Nacional de Segurança Pública, fornecendo recursos materiais e logísticos.

Art. 10. Caberá ao Ministério da Justiça:

I – coordenar o planejamento, o preparo e a mobilização da Força Nacional de Segurança Pública, compreendendo:

a) mobilização, coordenação e definição da estrutura de comando dos integrantes da Força Nacional de Segurança Pública;
b) administração e disposição dos recursos materiais e financeiros necessários ao emprego da Força Nacional de Segurança Pública;
c) realização de consultas a outros órgãos da administração pública federal sobre quaisquer aspectos pertinentes às atividades da Força Nacional de Segurança Pública;
d) solicitação de apoio da administração dos Estados e do Distrito Federal às atividades da Força Nacional de Segurança Pública, respeitando-se a organização federativa; e
e) inteligência e gestão das informações produzidas pelos órgãos de segurança pública;

II – providenciar a aquisição de bens e equipamentos necessários às atividades da Força Nacional de Segurança Pública e gerir programas de apoio material e reaparelhamento dirigidos aos órgãos de segurança pública dos Estados e do Distrito Federal, com recursos do Fundo Nacional de Segurança Pública, após o aprovo do seu Conselho Gestor, na forma do parágrafo único do art. 3º e § 1º do art. 4º da Lei nº 10.201, de 14 de fevereiro de 2001;

III – estabelecer os critérios de seleção e treinamento dos servidores integrantes da Força Nacional de Segurança Pública;

IV – selecionar e treinar os servidores policiais que os Governadores dos Estados participantes do programa de cooperação federativa colocarem à disposição da Força Nacional de Segurança Pública;

V – realizar o planejamento orçamentário e a gestão financeira relativos à execução das atividades da Força Nacional de Segurança Pública, de acordo com as autorizações do Conselho Gestor do Fundo Nacional de Segurança Pública, na forma do parágrafo único do art. 3º e § 1º do art. 4º da Lei nº 10.201, de 2001;

VI – estabelecer a interlocução com os Estados e o Distrito Federal, bem assim com órgãos de segurança pública e do Governo Federal, para a disponibilização de recursos humanos, materiais e financeiros necessários ao funcionamento da Força Nacional de Segurança Pública; e

VII – definir, de acordo com a legislação específica em vigor, os sinais exteriores de identificação e o uniforme dos servidores policiais mobilizados para atuar nas operações da Força Nacional de Segurança Pública.

Art. 11. A estrutura hierárquica existente nos órgãos de segurança pública da União, dos Estados e do Distrito Federal e o princípio da unidade de comando serão observados nas operações da Força Nacional de Segurança Pública.

Art. 12. As aquisições de equipamentos, armamentos, munições, veículos, aeronaves e embarcações para uso em treinamento e operações coordenadas da Força Nacional de Segurança Pública serão feitas mediante critérios técnicos de qualidade, quantidade, modernidade, eficiência e resistência, apropriados ao uso em ações de segurança destinadas à preservação da ordem pública, com respeito à integridade física das pessoas.

Parágrafo único. Caberá ao Ministério da Justiça estabelecer os parâmetros administrativos e especificações técnicas para o atendimento do contido neste artigo.

Art. 13. Fica o Ministério da Justiça autorizado a celebrar com os Estados interessados convênio de cooperação federativa, nos termos e para os fins específicos deste Decreto.

Art. 14. Este Decreto entra em vigor na data de sua publicação.

Brasília, 29 de novembro de 2004;
183º da Independência e
116º da República.

Luiz Inácio Lula da Silva

LEI Nº 11.343, DE 23 DE AGOSTO DE 2006

Institui o Sistema Nacional de Políticas Públicas sobre Drogas – SISNAD; prescreve medidas para prevenção do uso indevido, atenção e reinserção social de usuários e dependentes de drogas; estabelece normas para repressão à produção não autorizada e ao tráfico ilícito de drogas; define crimes e dá outras providências.

▶ Publicada no *DOU* de 24-8-2006.
▶ Dec. nº 5.912, de 27-9-2006, regulamenta esta Lei.

TÍTULO I – DISPOSIÇÕES PRELIMINARES

Art. 1º Esta Lei institui o Sistema Nacional de Políticas Públicas sobre Drogas – SISNAD; prescreve medidas para prevenção do uso indevido, atenção e reinserção social de usuários e dependentes de drogas; estabelece normas para repressão à produção não autorizada e ao tráfico ilícito de drogas e define crimes.

Parágrafo único. Para fins desta Lei, consideram-se como drogas as substâncias ou os produtos capazes de causar dependência, assim especificados em lei ou relacionados em listas atualizadas periodicamente pelo Poder Executivo da União.

Art. 2º Ficam proibidas, em todo o território nacional, as drogas, bem como o plantio, a cultura, a colheita e a exploração de vegetais e substratos dos quais possam ser extraídas ou produzidas drogas, ressalvada a hipótese de autorização legal ou regulamentar, bem como o que estabelece a Convenção de Viena, das Nações Unidas, sobre Substâncias Psicotrópicas, de 1971, a respeito de plantas de uso estritamente ritualístico-religioso.

▶ Art. 243 da CF.

Parágrafo único. Pode a União autorizar o plantio, a cultura e a colheita dos vegetais referidos no *caput* deste artigo, exclusivamente para fins medicinais ou científicos, em local e prazo predeterminados, mediante fiscalização, respeitadas as ressalvas supramencionadas.

TÍTULO II – DO SISTEMA NACIONAL DE POLÍTICAS PÚBLICAS SOBRE DROGAS

Art. 3º O SISNAD tem a finalidade de articular, integrar, organizar e coordenar as atividades relacionadas com:

I – a prevenção do uso indevido, a atenção e a reinserção social de usuários e dependentes de drogas;
II – a repressão da produção não autorizada e do tráfico ilícito de drogas.

Capítulo I
DOS PRINCÍPIOS E DOS OBJETIVOS DO SISTEMA NACIONAL DE POLÍTICAS PÚBLICAS SOBRE DROGAS

Art. 4º São princípios do SISNAD:

I – o respeito aos direitos fundamentais da pessoa humana, especialmente quanto à sua autonomia e à sua liberdade;
II – o respeito à diversidade e às especificidades populacionais existentes;
III – a promoção dos valores éticos, culturais e de cidadania do povo brasileiro, reconhecendo-os como fatores de proteção para o uso indevido de drogas e outros comportamentos correlacionados;
IV – a promoção de consensos nacionais, de ampla participação social, para o estabelecimento dos fundamentos e estratégias do SISNAD;
V – a promoção da responsabilidade compartilhada entre Estado e Sociedade, reconhecendo a importância da participação social nas atividades do SISNAD;
VI – o reconhecimento da intersetorialidade dos fatores correlacionados com o uso indevido de drogas, com a sua produção não autorizada e o seu tráfico ilícito;
VII – a integração das estratégias nacionais e internacionais de prevenção do uso indevido, atenção e reinserção social de usuários e dependentes de drogas e de repressão à sua produção não autorizada e ao seu tráfico ilícito;
VIII – a articulação com os órgãos do Ministério Público e dos Poderes Legislativo e Judiciário visando à cooperação mútua nas atividades do SISNAD;
IX – a adoção de abordagem multidisciplinar que reconheça a interdependência e a natureza complementar das atividades de prevenção do uso indevido, atenção e reinserção social de usuários e dependentes de drogas, repressão da produção não autorizada e do tráfico ilícito de drogas;
X – a observância do equilíbrio entre as atividades de prevenção do uso indevido, atenção e reinserção social de usuários e dependentes de drogas e de repressão à sua produção não autorizada e ao seu tráfico ilícito, visando o garantir a estabilidade e o bem-estar social;
XI – a observância às orientações e normas emanadas do Conselho Nacional Antidrogas – CONAD.

Art. 5º O SISNAD tem os seguintes objetivos:

I – contribuir para a inclusão social do cidadão, visando a torná-lo menos vulnerável a assumir comportamentos de risco para o uso indevido de drogas, seu tráfico ilícito e outros comportamentos correlacionados;
II – promover a construção e a socialização do conhecimento sobre drogas no país;
III – promover a integração entre as políticas de prevenção do uso indevido, atenção e reinserção social de usuários e dependentes de drogas e de repressão à sua produção não autorizada e ao tráfico ilícito e as políticas públicas setoriais dos órgãos do Poder Executivo da União, Distrito Federal, Estados e Municípios;
IV – assegurar as condições para a coordenação, a integração e a articulação das atividades de que trata o art. 3º desta Lei.

Capítulo II
DA COMPOSIÇÃO E DA ORGANIZAÇÃO DO SISTEMA NACIONAL DE POLÍTICAS PÚBLICAS SOBRE DROGAS

Art. 6º VETADO.

Art. 7º A organização do SISNAD assegura a orientação central e a execução descentralizada das atividades realizadas em seu âmbito, nas esferas federal, distrital, estadual e municipal e se constitui matéria definida no regulamento desta Lei.

Art. 8º VETADO.

Capítulo III

(VETADO)

Arts. 9º a 14. VETADOS.

Capítulo IV
DA COLETA, ANÁLISE E DISSEMINAÇÃO DE INFORMAÇÕES SOBRE DROGAS

Art. 15. VETADO.

Art. 16. As instituições com atuação nas áreas da atenção à saúde e da assistência social que atendam usuários ou dependentes de drogas devem comunicar ao órgão competente do respectivo sistema municipal de saúde os casos atendidos e os óbitos ocorridos, preservando a identidade das pessoas, conforme orientações emanadas da União.

Art. 17. Os dados estatísticos nacionais de repressão ao tráfico ilícito de drogas integrarão sistema de informações do Poder Executivo.

TÍTULO III – DAS ATIVIDADES DE PREVENÇÃO DO USO INDEVIDO, ATENÇÃO E REINSERÇÃO SOCIAL DE USUÁRIOS E DEPENDENTES DE DROGAS

Capítulo I
DA PREVENÇÃO

Art. 18. Constituem atividades de prevenção do uso indevido de drogas, para efeito desta Lei, aquelas direcionadas para a redução dos fatores de vulnerabilidade e risco e para a promoção e o fortalecimento dos fatores de proteção.

Art. 19. As atividades de prevenção do uso indevido de drogas devem observar os seguintes princípios e diretrizes:

I – o reconhecimento do uso indevido de drogas como fator de interferência na qualidade de vida do indivíduo e na sua relação com a comunidade à qual pertence;
II – a adoção de conceitos objetivos e de fundamentação científica como forma de orientar as ações dos serviços públicos comunitários e privados e de evitar preconceitos e estigmatização das pessoas e dos serviços que as atendam;
III – o fortalecimento da autonomia e da responsabilidade individual em relação ao uso indevido de drogas;
IV – o compartilhamento de responsabilidades e a colaboração mútua com as instituições do setor privado e com os diversos segmentos sociais, incluindo usuários e dependentes de drogas e respectivos familiares, por meio do estabelecimento de parcerias;
V – a adoção de estratégias preventivas diferenciadas e adequadas às especificidades socioculturais das diversas populações, bem como das diferentes drogas utilizadas;
VI – o reconhecimento do "não uso", do "retardamento do uso" e a redução de riscos como resultados desejáveis das atividades de natureza preventiva, quando da definição dos objetivos a serem alcançados;
VII – o tratamento especial dirigido às parcelas mais vulneráveis da população, levando em consideração as suas necessidades específicas;
VIII – a articulação entre os serviços e organizações que atuam em atividades de prevenção do uso indevido de drogas e a rede de atenção a usuários e dependentes de drogas e respectivos familiares;
IX – o investimento em alternativas esportivas, culturais, artísticas, profissionais, entre outras, como forma de inclusão social e de melhoria da qualidade de vida;
X – o estabelecimento de políticas de formação continuada na área da prevenção do uso indevido de drogas para profissionais de educação nos 3 (três) níveis de ensino;
XI – a implantação de projetos pedagógicos de prevenção do uso indevido de drogas, nas instituições de ensino público e privado, alinhados às Diretrizes Curriculares Nacionais e aos conhecimentos relacionados a drogas;
XII – a observância das orientações e normas emanadas do CONAD;
XIII – o alinhamento às diretrizes dos órgãos de controle social de políticas setoriais específicas.
Parágrafo único. As atividades de prevenção do uso indevido de drogas dirigidas à criança e ao adolescente deverão estar em consonância com as diretrizes emanadas pelo Conselho Nacional dos Direitos da Criança e do Adolescente – CONANDA.

Capítulo II
DAS ATIVIDADES DE ATENÇÃO E DE REINSERÇÃO SOCIAL DE USUÁRIOS OU DEPENDENTES DE DROGAS

Art. 20. Constituem atividades de atenção ao usuário e dependente de drogas e respectivos familiares, para efeito desta Lei, aquelas que visem à melhoria da qualidade de vida e à redução dos riscos e dos danos associados ao uso de drogas.

Art. 21. Constituem atividades de reinserção social do usuário ou do dependente de drogas e respectivos familiares, para efeito desta Lei, aquelas direcionadas para sua integração ou reintegração em redes sociais.

Art. 22. As atividades de atenção e as de reinserção social do usuário e do dependente de drogas e respectivos familiares devem observar os seguintes princípios e diretrizes:

I – respeito ao usuário e ao dependente de drogas, independentemente de quaisquer condições, observados os direitos fundamentais da pessoa humana, os princípios e diretrizes do Sistema Único de Saúde e da Política Nacional de Assistência Social;
II – a adoção de estratégias diferenciadas de atenção e reinserção social do usuário e do dependente de drogas e respectivos familiares que considerem as suas peculiaridades socioculturais;
III – definição de projeto terapêutico individualizado, orientado para a inclusão social e para a redução de riscos e de danos sociais e à saúde;
IV – atenção ao usuário ou dependente de drogas e aos respectivos familiares, sempre que possível, de forma multidisciplinar e por equipes multiprofissionais;
V – observância das orientações e normas emanadas do CONAD;
VI – o alinhamento às diretrizes dos órgãos de controle social de políticas setoriais específicas.

Art. 23. As redes dos serviços de saúde da União, dos Estados, do Distrito Federal, dos Municípios desenvolverão programas de atenção ao usuário e ao dependente de drogas, respeitadas as diretrizes do Ministério da Saúde e os princípios explicitados no art. 22 desta Lei, obrigatória a previsão orçamentária adequada.

Art. 24. A União, os Estados, o Distrito Federal e os Municípios poderão conceder benefícios às instituições privadas que desenvolverem programas de reinserção no mercado de trabalho, do usuário e do dependente de drogas encaminhados por órgão oficial.

Art. 25. As instituições da sociedade civil, sem fins lucrativos, com atuação nas áreas da atenção à saúde e da assistência social, que atendam usuários ou dependentes de drogas poderão receber recursos do FUNAD, condicionados à sua disponibilidade orçamentária e financeira.

Art. 26. O usuário e o dependente de drogas que, em razão da prática de infração penal, estiverem cumprindo pena privativa de liberdade ou submetidos a medida de segurança, têm garantidos os serviços de atenção à sua saúde, definidos pelo respectivo sistema penitenciário.

CAPÍTULO III

DOS CRIMES E DAS PENAS

Art. 27. As penas previstas neste Capítulo poderão ser aplicadas isolada ou cumulativamente, bem como substituídas a qualquer tempo, ouvidos o Ministério Público e o defensor.

Art. 28. Quem adquirir, guardar, tiver em depósito, transportar ou trouxer consigo, para consumo pessoal, drogas sem autorização ou em desacordo com determinação legal ou regulamentar será submetido às seguintes penas:

► Art. 48 desta Lei.

I – advertência sobre os efeitos das drogas;
II – prestação de serviços à comunidade;
III – medida educativa de comparecimento a programa ou curso educativo.

§ 1º Às mesmas medidas submete-se quem, para seu consumo pessoal, semeia, cultiva ou colhe plantas destinadas à preparação de pequena quantidade de substância ou produto capaz de causar dependência física ou psíquica.

► Art. 243 da CF.

§ 2º Para determinar se a droga destinava-se a consumo pessoal, o juiz atenderá à natureza e à quantidade da substância apreendida, ao local e às condições em que se desenvolveu a ação, às circunstâncias sociais e pessoais, bem como à conduta e aos antecedentes do agente.

§ 3º As penas previstas nos incisos II e III do *caput* deste artigo serão aplicadas pelo prazo máximo de 5 (cinco) meses.

§ 4º Em caso de reincidência, as penas previstas nos incisos II e III do *caput* deste artigo serão aplicadas pelo prazo máximo de 10 (dez) meses.

§ 5º A prestação de serviços à comunidade será cumprida em programas comunitários, entidades educacionais ou assistenciais, hospitais, estabelecimentos congêneres, públicos ou privados sem fins lucrativos, que se ocupem, preferencialmente, da prevenção do consumo ou da recuperação de usuários e dependentes de drogas.

§ 6º Para garantia do cumprimento das medidas educativas a que se refere o *caput*, nos incisos I, II e III, a que injustificadamente se recuse o agente, poderá o juiz submetê-lo, sucessivamente a:

I – admoestação verbal;
II – multa.

§ 7º O juiz determinará ao Poder Público que coloque à disposição do infrator, gratuitamente, estabelecimento de saúde, preferencialmente ambulatorial, para tratamento especializado.

Art. 29. Na imposição da medida educativa a que se refere o inciso II do § 6º do art. 28, o juiz, atendendo à reprovabilidade da conduta, fixará o número de dias-multa, em quantidade nunca inferior a 40 (quarenta) nem superior a 100 (cem), atribuindo depois a cada um, segundo a capacidade econômica do agente, o valor de um trinta avos até 3 (três) vezes o valor do maior salário mínimo.

Parágrafo único. Os valores decorrentes da imposição da multa a que se refere o § 6º do art. 28 serão creditados à conta do Fundo Nacional Antidrogas.

Art. 30. Prescrevem em 2 (dois) anos a imposição e a execução das penas, observado, no tocante à interrupção do prazo, o disposto nos arts. 107 e seguintes do Código Penal.

TÍTULO IV – DA REPRESSÃO À PRODUÇÃO NÃO AUTORIZADA E AO TRÁFICO ILÍCITO DE DROGAS

CAPÍTULO I

DISPOSIÇÕES GERAIS

Art. 31. É indispensável a licença prévia da autoridade competente para produzir, extrair, fabricar, transformar, preparar, possuir, manter em depósito, importar, exportar, reexportar, remeter, transportar, expor, oferecer, vender, comprar, trocar, ceder ou adquirir, para qualquer fim, drogas ou matéria-prima destinada à sua preparação, observadas as demais exigências legais.

Art. 32. As plantações ilícitas serão imediatamente destruídas pelas autoridades de polícia judiciária, que recolherão quantidade suficiente para exame pericial, de tudo lavrando auto de levantamento das condições encontradas, com a delimitação do local, asseguradas as medidas necessárias para a preservação da prova.

§ 1º A destruição de drogas far-se-á por incineração, no prazo máximo de 30 (trinta) dias, guardando-se as amostras necessárias à preservação da prova.

§ 2º A incineração prevista no § 1º deste artigo será precedida de autorização judicial, ouvido o Ministério Público, e executada pela autoridade de polícia judiciária competente, na presença de representante do Ministério Público e da autoridade sanitária competente, mediante auto circunstanciado e após a perícia realizada no local da incineração.

§ 3º Em caso de ser utilizada a queimada para destruir a plantação, observar-se-á, além das cautelas necessárias à proteção ao meio ambiente, o disposto no Decreto nº 2.661, de 8 de julho de 1998, no que couber, dispensada a autorização prévia do órgão próprio do Sistema Nacional do Meio Ambiente – SISNAMA.

§ 4º As glebas cultivadas com plantações ilícitas serão expropriadas, conforme o disposto no art. 243 da Constituição Federal, de acordo com a legislação em vigor.

Capítulo II
DOS CRIMES

Art. 33. Importar, exportar, remeter, preparar, produzir, fabricar, adquirir, vender, expor à venda, oferecer, ter em depósito, transportar, trazer consigo, guardar, prescrever, ministrar, entregar a consumo ou fornecer drogas, ainda que gratuitamente, sem autorização ou em desacordo com determinação legal ou regulamentar:

► Art. 44 desta Lei.

Pena – reclusão de 5 (cinco) a 15 (quinze) anos e pagamento de 500 (quinhentos) a 1.500 (mil e quinhentos) dias-multa.

§ 1º Nas mesmas penas incorre quem:

► Art. 44 desta Lei.

I – importa, exporta, remete, produz, fabrica, adquire, vende, expõe à venda, oferece, fornece, tem em depósito, transporta, traz consigo ou guarda, ainda que gratuitamente, sem autorização ou em desacordo com determinação legal ou regulamentar, matéria-prima, insumo ou produto químico destinado à preparação de drogas;

II – semeia, cultiva ou faz a colheita, sem autorização ou em desacordo com determinação legal ou regulamentar, de plantas que se constituam em matéria-prima para a preparação de drogas;

► Art. 243 da CF.

III – utiliza local ou bem de qualquer natureza de que tem a propriedade, posse, administração, guarda ou vigilância, ou consente que outrem dele se utilize, ainda que gratuitamente, sem autorização ou em desacordo com determinação legal ou regulamentar, para o tráfico ilícito de drogas.

§ 2º Induzir, instigar ou auxiliar alguém ao uso indevido de droga:

► O STF, por unanimidade de votos, julgou procedente a ADIN nº 4.274 para dar a este parágrafo interpretação conforme à Constituição, para dele excluir qualquer significado que enseje a proibição de manifestações e debates públicos acerca da descriminalização ou legalização do uso de drogas ou de qualquer substância que leve o ser humano ao entorpecimento episódico, ou então viciado, das suas faculdades psicofísicas (DOU de 2-12-2011).

► Art. 62, II e III, do CP.

Pena – detenção, de 1 (um) a 3 (três) anos, e multa de 100 (cem) a 300 (trezentos) dias-multa.

§ 3º Oferecer droga, eventualmente e sem objetivo de lucro, a pessoa de seu relacionamento, para juntos a consumirem:

Pena – detenção, de 6 (seis) meses a 1 (um) ano, e pagamento de 700 (setecentos) a 1.500 (mil e quinhentos) dias-multa, sem prejuízo das penas previstas no art. 28.

§ 4º Nos delitos definidos no caput e no § 1º deste artigo, as penas poderão ser reduzidas de um sexto a dois terços, vedada a conversão em penas restritivas de direitos, desde que o agente seja primário, de bons antecedentes, não se dedique às atividades criminosas nem integre organização criminosa.

► Res. do Senado Federal nº 5, de 15-2-2012, suspende a expressão "vedada a conversão em penas restritivas de direitos", contida neste parágrafo.

Art. 34. Fabricar, adquirir, utilizar, transportar, oferecer, vender, distribuir, entregar a qualquer título, possuir, guardar ou fornecer, ainda que gratuitamente, maquinário, aparelho, instrumento ou qualquer objeto destinado à fabricação, preparação, produção ou transformação de drogas, sem autorização ou em desacordo com determinação legal ou regulamentar:

Pena – reclusão de 3 (três) a 10 (dez) anos, e pagamento de 1.200 (mil e duzentos) a 2.000 (dois mil) dias-multa.

Art. 35. Associarem-se duas ou mais pessoas para o fim de praticar, reiteradamente ou não, qualquer dos crimes previstos nos arts. 33, caput e § 1º, e 34 desta Lei:

► Art. 44 desta Lei.
► Art. 288 do CP.

Pena – reclusão, de 3 (três) a 10 (dez) anos, e pagamento de 700 (setecentos) a 1.200 (mil e duzentos) dias-multa.

Parágrafo único. Nas mesmas penas do caput deste artigo incorre quem se associa para a prática reiterada do crime definido no art. 36 desta Lei.

Art. 36. Financiar ou custear a prática de qualquer dos crimes previstos nos arts. 33, caput e § 1º, e 34 desta Lei:

► Art. 44 desta Lei.

Pena – reclusão, de 8 (oito) a 20 (vinte) anos, e pagamento de 1.500 (mil e quinhentos) a 4.000 (quatro mil) dias-multa.

Art. 37. Colaborar, como informante, com grupo, organização ou associação destinados à prática de qualquer dos crimes previstos nos arts. 33, caput e § 1º, e 34 desta Lei:

► Art. 44 desta Lei.

Pena – reclusão, de 2 (dois) a 6 (seis) anos, e pagamento de 300 (trezentos) a 700 (setecentos) dias-multa.

Art. 38. Prescrever ou ministrar, culposamente, drogas, sem que delas necessite o paciente, ou fazê-lo em doses excessivas ou em desacordo com determinação legal ou regulamentar:

Pena – detenção, de 6 (seis) meses a 2 (dois) anos, e pagamento de 50 (cinquenta) a 200 (duzentos) dias-multa.

Parágrafo único. O juiz comunicará a condenação ao Conselho Federal da categoria profissional a que pertença o agente.

Art. 39. Conduzir embarcação ou aeronave após o consumo de drogas, expondo a dano potencial a incolumidade de outrem:

Pena – detenção, de 6 (seis) meses a 3 (três) anos, além da apreensão do veículo, cassação da habilitação respectiva ou proibição de obtê-la, pelo mesmo prazo da pena privativa de liberdade aplicada, e pagamento de 200 (duzentos) a 400 (quatrocentos) dias-multa.

Parágrafo único. As penas de prisão e multa, aplicadas cumulativamente com as demais, serão de 4 (quatro) a 6 (seis) anos e de 400 (quatrocentos) a 600 (seiscentos) dias-multa, se o veículo referido no *caput* deste artigo for de transporte coletivo de passageiros.

Art. 40. As penas previstas nos arts. 33 a 37 desta Lei são aumentadas de um sexto a dois terços, se:

I – a natureza, a procedência da substância ou do produto apreendido e as circunstâncias do fato evidenciarem a transnacionalidade do delito;

▶ Arts. 5º e 7º do CP.

II – o agente praticar o crime prevalecendo-se de função pública ou no desempenho de missão de educação, poder familiar, guarda ou vigilância;

III – a infração tiver sido cometida nas dependências ou imediações de estabelecimentos prisionais, de ensino ou hospitalares, de sedes de entidades estudantis, sociais, culturais, recreativas, esportivas, ou beneficentes, de locais de trabalho coletivo, de recintos onde se realizem espetáculos ou diversões de qualquer natureza, de serviços de tratamento de dependentes de drogas ou de reinserção social, de unidades militares ou policiais ou em transportes públicos;

IV – o crime tiver sido praticado com violência, grave ameaça, emprego de arma de fogo, ou qualquer processo de intimidação difusa ou coletiva;

V – caracterizado o tráfico entre Estados da Federação ou entre estes e o Distrito Federal;

VI – sua prática envolver ou visar a atingir criança ou adolescente ou a quem tenha, por qualquer motivo, diminuída ou suprimida a capacidade de entendimento e determinação;

VII – o agente financiar ou custear a prática do crime.

Art. 41. O indiciado ou acusado que colaborar voluntariamente com a investigação policial e o processo criminal na identificação dos demais coautores ou partícipes do crime e na recuperação total ou parcial do produto do crime, no caso de condenação, terá pena reduzida de um terço a dois terços.

Art. 42. O juiz, na fixação das penas, considerará, com preponderância sobre o previsto no art. 59 do Código Penal, a natureza e a quantidade da substância ou do produto, a personalidade e a conduta social do agente.

Art. 43. Na fixação da multa a que se referem os arts. 33 a 39 desta Lei, o juiz, atendendo ao que dispõe o art. 42 desta Lei, determinará o número de dias-multa, atribuindo a cada um, segundo as condições econômicas dos acusados, valor não inferior a um trinta avos nem superior a 5 (cinco) vezes o maior salário mínimo.

▶ Art. 49, § 1º, do CP.

Parágrafo único. As multas, que em caso de concurso de crimes serão impostas sempre cumulativamente, podem ser aumentadas até o décuplo se, em virtude da situação econômica do acusado, considerá-las o juiz ineficazes, ainda que aplicadas no máximo.

Art. 44. Os crimes previstos nos arts. 33, *caput* e § 1º, e 34 a 37 desta Lei são inafiançáveis e insuscetíveis de sursis, graça, indulto, anistia e liberdade provisória, vedada a conversão de suas penas em restritivas de direitos.

▶ Art. 5º, XLIII, da CF.

Parágrafo único. Nos crimes previstos no *caput* deste artigo, dar-se-á o livramento condicional após o cumprimento de dois terços da pena, vedada sua concessão ao reincidente específico.

Art. 45. É isento de pena o agente que, em razão da dependência, ou sob o efeito, proveniente de caso fortuito ou força maior, de droga, era, ao tempo da ação ou da omissão, qualquer que tenha sido a infração penal praticada, inteiramente incapaz de entender o caráter ilícito do fato ou de determinar-se de acordo com esse entendimento.

▶ Art. 28, § 1º, do CP.

Parágrafo único. Quando absolver o agente, reconhecendo, por força pericial, que este apresentava, à época do fato previsto neste artigo, as condições referidas no *caput* deste artigo, poderá determinar o juiz, na sentença, o seu encaminhamento para tratamento médico adequado.

Art. 46. As penas podem ser reduzidas de um terço a dois terços se, por força das circunstâncias previstas no art. 45 desta Lei, o agente não possuía, ao tempo da ação ou da omissão, a plena capacidade de entender o caráter ilícito do fato ou de determinar-se de acordo com esse entendimento.

▶ Art. 28, § 2º, do CP.

Art. 47. Na sentença condenatória, o juiz, com base em avaliação que ateste a necessidade de encaminhamento do agente para tratamento, realizada por profissional de saúde com competência específica na forma da lei, determinará que a tal se proceda, observado o disposto no art. 26 desta Lei.

CAPÍTULO III

DO PROCEDIMENTO PENAL

Art. 48. O procedimento relativo aos processos por crimes definidos neste Título rege-se pelo disposto neste Capítulo, aplicando-se, subsidiariamente, as disposições do Código de Processo Penal e da Lei de Execução Penal.

§ 1º O agente de qualquer das condutas previstas no art. 28 desta Lei, salvo se houver concurso com os crimes previstos nos arts. 33 a 37 desta Lei, será processado e julgado na forma dos arts. 60 e seguintes da Lei nº 9.099, de 26 de setembro de 1995, que dispõe sobre os Juizados Especiais Criminais.

§ 2º Tratando-se da conduta prevista no art. 28 desta Lei, não se imporá prisão em flagrante, devendo o autor do fato ser imediatamente encaminhado ao juízo competente ou, na falta deste, assumir o compromisso de a ele comparecer, lavrando-se termo circunstanciado e providenciando-se as requisições dos exames e perícias necessários.

§ 3º Se ausente a autoridade judicial, as providências previstas no § 2º deste artigo serão tomadas de imediato pela autoridade policial, no local em que se encontrar, vedada a detenção do agente.

§ 4º Concluídos os procedimentos de que trata o § 2º deste artigo, o agente será submetido a exame de corpo de delito, se o requerer ou se a autoridade de polícia judiciária entender conveniente, e em seguida liberado.

§ 5º Para os fins do disposto no art. 76 da Lei nº 9.099, de 1995, que dispõe sobre os Juizados Especiais Criminais, o Ministério Público poderá propor a aplicação imediata de pena prevista no art. 28 desta Lei, a ser especificada na proposta.

Art. 49. Tratando-se de condutas tipificadas nos arts. 33, *caput* e § 1º, e 34 a 37 desta Lei, o juiz, sempre que as circunstâncias o recomendem, empregará os instrumentos protetivos de colaboradores e testemunhas previstos na Lei nº 9.807, de 13 de julho de 1999.

SEÇÃO I

DA INVESTIGAÇÃO

Art. 50. Ocorrendo prisão em flagrante, a autoridade de polícia judiciária fará, imediatamente, comunicação ao juiz competente, remetendo-lhe cópia do auto lavrado, do qual será dada vista ao órgão do Ministério Público, em 24 (vinte e quatro) horas.

§ 1º Para efeito da lavratura do auto de prisão em flagrante e estabelecimento da materialidade do delito, é suficiente o laudo de constatação da natureza e quantidade da droga, firmado por perito oficial ou, na falta deste, por pessoa idônea.

§ 2º O perito que subscrever o laudo a que se refere o § 1º deste artigo não ficará impedido de participar da elaboração do laudo definitivo.

Art. 51. O inquérito policial será concluído no prazo de 30 (trinta) dias, se o indiciado estiver preso, e de 90 (noventa) dias, quando solto.

▶ Art. 10 do CPP.

Parágrafo único. Os prazos a que se refere este artigo podem ser duplicados pelo juiz, ouvido o Ministério Público, mediante pedido justificado da autoridade de polícia judiciária.

Art. 52. Findos os prazos a que se refere o art. 51 desta Lei, a autoridade de polícia judiciária, remetendo os autos do inquérito ao juízo:

I – relatará sumariamente as circunstâncias do fato, justificando as razões que a levaram à classificação do delito, indicando a quantidade e natureza da substância ou do produto apreendido, o local e as condições em que se desenvolveu a ação criminosa, as circunstâncias da prisão, a conduta, a qualificação e os antecedentes do agente; ou

II – requererá sua devolução para a realização de diligências necessárias.

Parágrafo único. A remessa dos autos far-se-á sem prejuízo de diligências complementares:

I – necessárias ou úteis à plena elucidação do fato, cujo resultado deverá ser encaminhado ao juízo competente até 3 (três) dias antes da audiência de instrução e julgamento;

II – necessárias ou úteis à indicação dos bens, direitos e valores de que seja titular o agente, ou que figurem em seu nome, cujo resultado deverá ser encaminhado ao juízo competente até 3 (três) dias antes da audiência de instrução e julgamento.

Art. 53. Em qualquer fase da persecução criminal relativa aos crimes previstos nesta Lei, são permitidos, além dos previstos em lei, mediante autorização judicial e ouvido o Ministério Público, os seguintes procedimentos investigatórios:

I – a infiltração por agentes de polícia, em tarefas de investigação, constituída pelos órgãos especializados pertinentes;

II – a não atuação policial sobre os portadores de drogas, seus precursores químicos ou outros produtos utilizados em sua produção, que se encontrem no território brasileiro, com a finalidade de identificar e responsabilizar maior número de integrantes de operações de tráfico e distribuição, sem prejuízo da ação penal cabível.

Parágrafo único. Na hipótese do inciso II deste artigo, a autorização será concedida desde que sejam conhecidos o itinerário provável e a identificação dos agentes do delito ou de colaboradores.

SEÇÃO II

DA INSTRUÇÃO CRIMINAL

Art. 54. Recebidos em juízo os autos do inquérito policial, de Comissão Parlamentar de Inquérito ou peças de informação, dar-se-á vista ao Ministério Público para, no prazo de 10 (dez) dias, adotar uma das seguintes providências:

I – requerer o arquivamento;

II – requisitar as diligências que entender necessárias;

III – oferecer denúncia, arrolar até 5 (cinco) testemunhas e requerer as demais provas que entender pertinentes.

Art. 55. Oferecida a denúncia, o juiz ordenará a notificação do acusado para oferecer defesa prévia, por escrito, no prazo de 10 (dez) dias.

§ 1º Na resposta, consistente em defesa preliminar e exceções, o acusado poderá arguir preliminares e invocar todas as razões de defesa, oferecer documentos e justificações, especificar as provas que pretende produzir e, até o número de 5 (cinco), arrolar testemunhas.

§ 2º As exceções serão processadas em apartado, nos termos dos arts. 95 a 113 do Decreto-Lei nº 3.689, de 3 de outubro de 1941 – Código de Processo Penal.

§ 3º Se a resposta não for apresentada no prazo, o juiz nomeará defensor para oferecê-la em 10 (dez) dias, concedendo-lhe vista dos autos no ato de nomeação.

§ 4º Apresentada a defesa, o juiz decidirá em 5 (cinco) dias.

§ 5º Se entender imprescindível, o juiz, no prazo máximo de 10 (dez) dias, determinará a apresentação do preso, realização de diligências, exames e perícias.

Art. 56. Recebida a denúncia, o juiz designará dia e hora para a audiência de instrução e julgamento, ordenará a citação pessoal do acusado, a intimação do Ministério Público, do assistente, se for o caso, e requisitará os laudos periciais.

§ 1º Tratando-se de condutas tipificadas como infração do disposto nos arts. 33, *caput* e § 1º, e 34 a 37 desta Lei, o juiz, ao receber a denúncia, poderá decretar o afastamento cautelar do denunciado de suas atividades, se for funcionário público, comunicando ao órgão respectivo.

§ 2º A audiência a que se refere o *caput* deste artigo será realizada dentro dos 30 (trinta) dias seguintes ao recebimento da denúncia, salvo se determinada a realização de avaliação para atestar dependência de drogas, quando se realizará em 90 (noventa) dias.

Art. 57. Na audiência de instrução e julgamento, após o interrogatório do acusado e a inquirição das testemunhas, será dada a palavra, sucessivamente, ao representante do Ministério Público e ao defensor do acusado, para sustentação oral, pelo prazo de 20 (vinte) minutos para cada um, prorrogável por mais 10 (dez), a critério do juiz.

Parágrafo único. Após proceder ao interrogatório, o juiz indagará das partes se restou algum fato para ser esclarecido, formulando as perguntas correspondentes se o entender pertinente e relevante.

Art. 58. Encerrados os debates, proferirá o juiz sentença de imediato, ou o fará em 10 (dez) dias, ordenando que os autos para isso lhe sejam conclusos.

§ 1º Ao proferir sentença, o juiz, não tendo havido controvérsia, no curso do processo, sobre a natureza ou quantidade da substância ou do produto, ou sobre a regularidade do respectivo laudo, determinará que se proceda na forma do art. 32, § 1º, desta Lei, preservando-se, para eventual contraprova, a fração que fixar.

§ 2º Igual procedimento poderá adotar o juiz, em decisão motivada e, ouvido o Ministério Público, quando a quantidade ou valor da substância ou do produto o indicar, precedendo a medida a elaboração e juntada aos autos do laudo toxicológico.

Art. 59. Nos crimes previstos nos arts. 33, *caput* e § 1º, e 34 a 37 desta Lei, o réu não poderá apelar sem recolher-se à prisão, salvo se for primário e de bons antecedentes, assim reconhecido na sentença condenatória.

▶ Dec. nº 5.912, de 27-9-2006, regulamenta esta Lei.

Capítulo IV

DA APREENSÃO, ARRECADAÇÃO E DESTINAÇÃO DE BENS DO ACUSADO

Art. 60. O juiz, de ofício, a requerimento do Ministério Público ou mediante representação da autoridade de polícia judiciária, ouvido o Ministério Público, havendo indícios suficientes, poderá decretar, no curso do inquérito ou da ação penal, a apreensão e outras medidas assecuratórias relacionadas aos bens móveis e imóveis ou valores consistentes em produtos dos crimes previstos nesta Lei, ou que constituam proveito auferido com sua prática, procedendo-se na forma dos arts. 125 a 144 do Decreto-Lei nº 3.689, de 3 de outubro de 1941 – Código de Processo Penal.

▶ Art. 243, parágrafo único, da CF.
▶ Art. 14, III, *d*, do Dec. nº 5.912, de 27-9-2006, que dispõe sobre a prestação de informações à SENAD para a implementação do disposto neste Capítulo.

§ 1º Decretadas quaisquer das medidas previstas neste artigo, o juiz facultará ao acusado que, no prazo de 5 (cinco) dias, apresente ou requeira a produção de provas acerca da origem lícita do produto, bem ou valor objeto da decisão.

§ 2º Provada a origem lícita do produto, bem ou valor, o juiz decidirá pela sua liberação.

§ 3º Nenhum pedido de restituição será conhecido sem o comparecimento pessoal do acusado, podendo o juiz determinar a prática de atos necessários à conservação de bens, direitos ou valores.

§ 4º A ordem de apreensão ou sequestro de bens, direitos ou valores poderá ser suspensa pelo juiz, ouvido o Ministério Público, quando a sua execução imediata possa comprometer as investigações.

Art. 61. Não havendo prejuízo para a produção da prova dos fatos e comprovado o interesse público ou social, ressalvado o disposto no art. 62 desta Lei, mediante autorização do juízo competente, ouvido o Ministério Público e cientificada a SENAD, os bens apreendidos poderão ser utilizados pelos órgãos ou pelas entidades que atuam na prevenção do uso indevido, na atenção e reinserção social de usuários e dependentes de drogas e na repressão à produção não autorizada e ao tráfico ilícito de drogas, exclusivamente no interesse dessas atividades.

Parágrafo único. Recaindo a autorização sobre veículos, embarcações ou aeronaves, o juiz ordenará à autoridade de trânsito ou ao equivalente órgão de registro e controle a expedição de certificado provisório de registro e licenciamento, em favor da instituição à qual tenha deferido o uso, ficando esta livre do pagamento de multas, encargos e tributos anteriores, até o trânsito em julgado da decisão que decretar o seu perdimento em favor da União.

Art. 62. Os veículos, embarcações, aeronaves e quaisquer outros meios de transporte, os maquinários, utensílios, instrumentos e objetos de qualquer natureza, utilizados para a prática dos crimes definidos nesta Lei, após a sua regular apreensão, ficarão sob custódia da autoridade de polícia judiciária, excetuadas as armas, que serão recolhidas na forma de legislação específica.

§ 1º Comprovado o interesse público na utilização de qualquer dos bens mencionados neste artigo, a autoridade de polícia judiciária poderá deles fazer uso, sob sua responsabilidade e com o objetivo de sua conservação, mediante autorização judicial, ouvido o Ministério Público.

§ 2º Feita a apreensão a que se refere o *caput* deste artigo, e tendo recaído sobre dinheiro ou cheques emitidos como ordem de pagamento, a autoridade de polícia judiciária que presidir o inquérito deverá, de imediato, requerer ao juízo competente a intimação do Ministério Público.

§ 3º Intimado, o Ministério Público deverá requerer ao juízo, em caráter cautelar, a conversão do numerário apreendido em moeda nacional, se for o caso, a compensação dos cheques emitidos após a instrução do inquérito, com cópias autênticas dos respectivos títulos, e o depósito das correspondentes quantias em conta judicial, juntando-se aos autos o recibo.

§ 4º Após a instauração da competente ação penal, o Ministério Público, mediante petição autônoma, requererá ao juízo competente que, em caráter cautelar, proceda à alienação dos bens apreendidos, excetuados aqueles que a União, por intermédio da SENAD, indicar para serem colocados sob uso e custódia da autoridade de polícia judiciária, de órgãos de inteligência ou militares, envolvidos nas ações de prevenção ao uso indevido de drogas e operações de repressão à produção não autorizada e ao tráfico ilícito de drogas, exclusivamente no interesse dessas atividades.

§ 5º Excluídos os bens que se houver indicado para os fins previstos no § 4º deste artigo, o requerimento de alienação deverá conter a relação de todos os demais bens apreendidos, com a descrição e a especificação de cada um deles, e informações sobre quem os tem sob custódia e o local onde se encontram.

§ 6º Requerida a alienação dos bens, a respectiva petição será autuada em apartado, cujos autos terão tramitação autônoma em relação aos da ação penal principal.

§ 7º Autuado o requerimento de alienação, os autos serão conclusos ao juiz, que, verificada a presença de nexo de instrumentalidade entre o delito e os objetos utilizados para a sua prática e risco de perda de valor econômico pelo decurso do tempo, determinará a avaliação dos bens relacionados, cientificará a SENAD e intimará a União, o Ministério Público e o interessado, este, se for o caso, por edital com prazo de 5 (cinco) dias.

§ 8º Feita a avaliação e dirimidas eventuais divergências sobre o respectivo laudo, o juiz, por sentença, homologará o valor atribuído aos bens e determinará sejam alienados em leilão.

§ 9º Realizado o leilão, permanecerá depositada em conta judicial a quantia apurada, até o final da ação penal respectiva, quando será transferida ao FUNAD, juntamente com os valores de que trata o § 3º deste artigo.

§ 10. Terão apenas efeito devolutivo os recursos interpostos contra as decisões proferidas no curso do procedimento previsto neste artigo.

§ 11. Quanto aos bens indicados na forma do § 4º deste artigo, recaindo a autorização sobre veículos, embarcações ou aeronaves, o juiz ordenará à autoridade de trânsito ou ao equivalente órgão de registro e controle a expedição de certificado provisório de registro e licenciamento, em favor da autoridade de polícia judiciária ou órgão aos quais tenha deferido o uso, ficando estes livres do pagamento de multas, encargos e tributos anteriores, até o trânsito em julgado da decisão que decretar o seu perdimento em favor da União.

Art. 63. Ao proferir a sentença de mérito, o juiz decidirá sobre o perdimento do produto, bem ou valor apreendido, sequestrado ou declarado indisponível.

§ 1º Os valores apreendidos em decorrência dos crimes tipificados nesta Lei e que não forem objeto de tutela cautelar, após decretado o seu perdimento em favor da União, serão revertidos diretamente ao FUNAD.

§ 2º Compete à SENAD a alienação dos bens apreendidos e não leiloados em caráter cautelar, cujo perdimento já tenha sido decretado em favor da União.

§ 3º A SENAD poderá firmar convênios de cooperação, a fim de dar imediato cumprimento ao estabelecido no § 2º deste artigo.

§ 4º Transitada em julgado a sentença condenatória, o juiz do processo, de ofício ou a requerimento do Ministério Público, remeterá à SENAD relação dos bens, direitos e valores declarados perdidos em favor da União, indicando, quanto aos bens, o local em que se encontram e a entidade ou o órgão em cujo poder estejam, para os fins de sua destinação nos termos da legislação vigente.

Art. 64. A União, por intermédio da SENAD, poderá firmar convênio com os Estados, com o Distrito Federal e com organismos orientados para a prevenção do uso indevido de drogas, a atenção e a reinserção social de usuários ou dependentes e a atuação na repressão à produção não autorizada e ao tráfico ilícito de drogas, com vistas na liberação de equipamentos e de recursos por ela arrecadados, para a implantação e execução de programas relacionados à questão das drogas.

TÍTULO V – DA COOPERAÇÃO INTERNACIONAL

Art. 65. De conformidade com os princípios da não intervenção em assuntos internos, da igualdade jurídica e do respeito à integridade territorial dos Estados e às leis e aos regulamentos nacionais em vigor, e observado o espírito das Convenções das Nações Unidas e outros instrumentos jurídicos internacionais relacionados à questão das drogas, de que o Brasil é parte, o governo brasileiro prestará, quando solicitado, cooperação a outros países e organismos internacionais e, quando necessário, deles solicitará a colaboração, nas áreas de:

I – intercâmbio de informações sobre legislações, experiências, projetos e programas voltados para atividades de prevenção do uso indevido, de atenção e de reinserção social de usuários e dependentes de drogas;

II – intercâmbio de inteligência policial sobre produção e tráfico de drogas e delitos conexos, em especial o tráfico de armas, a lavagem de dinheiro e o desvio de precursores químicos;

III – intercâmbio de informações policiais e judiciais sobre produtores e traficantes de drogas e seus precursores químicos.

TÍTULO VI – DISPOSIÇÕES FINAIS E TRANSITÓRIAS

Art. 66. Para fins do disposto no parágrafo único do art. 1º desta Lei, até que seja atualizada a terminologia da lista mencionada no preceito, denominam-se drogas substâncias entorpecentes, psicotrópicas, precursoras e outras sob controle especial, da Portaria SVS/MS nº 344, de 12 de maio de 1998.

Art. 67. A liberação dos recursos previstos na Lei nº 7.560, de 19 de dezembro de 1986, em favor de Estados e do Distrito Federal, dependerá de sua adesão e respeito às diretrizes básicas contidas nos convênios firmados e do fornecimento de dados necessários à atualização do sistema previsto no art. 17 desta Lei, pelas respectivas polícias judiciárias.

Art. 68. A União, os Estados, o Distrito Federal e os Municípios poderão criar estímulos fiscais e outros, destinados às pessoas físicas e jurídicas que colaborem na prevenção do uso indevido de drogas, atenção e reinserção social de usuários e dependentes e na repressão da produção não autorizada e do tráfico ilícito de drogas.

Art. 69. No caso de falência ou liquidação extrajudicial de empresas ou estabelecimentos hospitalares, de pesquisa, de ensino, ou congêneres, assim como nos serviços de saúde que produzirem, venderem, adquirirem, consumirem, prescreverem ou fornecerem drogas ou de qualquer outro em que existam essas substâncias ou produtos, incumbe ao juízo perante o qual tramite o feito:

I – determinar, imediatamente à ciência da falência ou liquidação, sejam lacradas suas instalações;

II – ordenar à autoridade sanitária competente a urgente adoção das medidas necessárias ao recebimento e guarda, em depósito, das drogas arrecadadas;

III – dar ciência ao órgão do Ministério Público, para acompanhar o feito.

§ 1º Da licitação para alienação de substâncias ou produtos não proscritos referidos no inciso II do *caput* deste artigo, só podem participar pessoas jurídicas regularmente habilitadas na área de saúde ou de pesquisa científica que comprovem a destinação lícita a ser dada ao produto a ser arrematado.

§ 2º Ressalvada a hipótese de que trata o § 3º deste artigo, o produto não arrematado será, ato contínuo à hasta pública, destruído pela autoridade sanitária, na presença dos Conselhos Estaduais sobre Drogas e do Ministério Público.

§ 3º Figurando entre o praceado e não arrematadas especialidades farmacêuticas em condições de emprego terapêutico, ficarão elas depositadas sob a guarda do Ministério da Saúde, que as destinará à rede pública de saúde.

Art. 70. O processo e o julgamento dos crimes previstos nos arts. 33 a 37 desta Lei, se caracterizado ilícito transnacional, são da competência da Justiça Federal.

Parágrafo único. Os crimes praticados nos Municípios que não sejam sede de vara federal serão processados e julgados na vara federal da circunscrição respectiva.

Art. 71. VETADO.

Art. 72. Sempre que conveniente ou necessário, o juiz, de ofício, mediante representação da autoridade de polícia judiciária, ou a requerimento do Ministério Público, determinará que se proceda, nos limites de sua jurisdição e na forma prevista no § 1º do art. 32 desta Lei, à destruição de drogas em processos já encerrados.

Art. 73. A União poderá estabelecer convênios com os Estados e o com o Distrito Federal, visando à prevenção e repressão do tráfico ilícito e do uso indevido de drogas, e com os Municípios, com o objetivo de prevenir o uso indevido delas e de possibilitar a atenção e reinserção social de usuários e dependentes de drogas.

▶ Artigo com a redação dada pela Lei nº 12.219, de 31-3-2010.

Art. 74. Esta Lei entra em vigor 45 (quarenta e cinco) dias após sua publicação.

Art. 75. Revogam-se a Lei nº 6.368, de 21 de outubro de 1976, e a Lei nº 10.409, de 11 de janeiro de 2002.

Brasília, 23 de agosto de 2006;
185º da Independência e
118º da República.

Luiz Inácio Lula da Silva

DECRETO Nº 5.912, DE 27 DE SETEMBRO DE 2006

Regulamenta a Lei nº 11.343, de 23 de agosto de 2006, que trata das políticas públicas sobre drogas e da instituição do Sistema Nacional de Políticas Públicas sobre Drogas – SISNAD, e dá outras providências.

▶ Publicada no *DOU* de 28-9-2006.

CAPÍTULO I
DA FINALIDADE E DA ORGANIZAÇÃO DO SISNAD

Art. 1º O Sistema Nacional de Políticas Públicas sobre Drogas – SISNAD, instituído pela Lei nº 11.343, de 23 de agosto de 2006, tem por finalidade articular, integrar, organizar e coordenar as atividades relacionadas com:

I – a prevenção do uso indevido, atenção e reinserção social de usuários e dependentes de drogas; e

II – a repressão da produção não autorizada e do tráfico ilícito de drogas.

Art. 2º Integram o SISNAD:

I – o Conselho Nacional Antidrogas – CONAD, órgão normativo e de deliberação coletiva do sistema, vinculado ao Ministério da Justiça;

▶ Inciso I com a redação dada pelo Dec. nº 7.426, de 7-1-2011.

II – a Secretaria Nacional Antidrogas – SENAD, na qualidade de secretaria-executiva do colegiado;

III – o conjunto de órgãos e entidades públicos que exerçam atividades de que tratam os incisos I e II do art. 1º:

a) do Poder Executivo federal;
b) dos Estados, dos Municípios e do Distrito Federal, mediante ajustes específicos; e

IV – as organizações, instituições ou entidades da sociedade civil que atuam nas áreas da atenção à saúde e da assistência social e atendam usuários ou dependentes de drogas e respectivos familiares, mediante ajustes específicos.

Art. 3º A organização do SISNAD assegura a orientação central e a execução descentralizada das atividades realizadas em seu âmbito, nas esferas federal e, mediante ajustes específicos, estadual, municipal e do Distrito Federal, dispondo para tanto do Observatório Brasileiro de Informações sobre Drogas, unidade administrativa da Estrutura Regimental aprovada pelo Decreto nº 5.772, de 8 de maio de 2006.

CAPÍTULO II
DA COMPETÊNCIA E DA COMPOSIÇÃO DO CONAD

Art. 4º Compete ao CONAD, na qualidade de órgão superior do SISNAD:

I – acompanhar e atualizar a política nacional sobre drogas, consolidada pela SENAD;

II – exercer orientação normativa sobre as atividades previstas no art. 1º;

III – acompanhar e avaliar a gestão dos recursos do Fundo Nacional Antidrogas – FUNAD e o desempenho dos planos e programas da política nacional sobre drogas;
IV – propor alterações em seu Regimento Interno; e
V – promover a integração ao SISNAD dos órgãos e entidades congêneres dos Estados, dos Municípios e do Distrito Federal.

Art. 5º São membros do CONAD, com direito a voto:
I – o Ministro de Estado da Justiça, que o presidirá;
II – o Secretário Nacional de Políticas sobre Drogas;
III – um representante da área técnica da Secretaria Nacional de Políticas sobre Drogas, indicado pelo Secretário;
▶ Incisos I a III com a redação dada pelo Dec. nº 7.426, de 7-1-2011.

IV – representantes dos seguintes órgãos, indicados pelos seus respectivos titulares:
a) um da Secretaria Especial dos Diretos Humanos da Presidência da República;
b) um do Ministério da Educação;
c) um do Ministério da Defesa;
d) um do Ministério das Relações Exteriores;
e) um do Ministério do Desenvolvimento Social e Combate à Fome;
f) dois do Ministério da Saúde, sendo um da Agência Nacional de Vigilância Sanitária;
g) dois do Ministério da Justiça, sendo um do Departamento de Polícia Federal e um da Secretaria Nacional de Segurança Pública;
h) dois do Ministério da Fazenda, sendo um da Secretaria da Receita Federal e um do Conselho de Controle de Atividades Financeiras;

V – um representante dos Conselhos Estaduais de Entorpecentes ou Antidrogas, indicado pelo Presidente do CONAD;
VI – representantes de organizações, instituições ou entidades nacionais da sociedade civil:
a) um jurista, de comprovada experiência em assuntos de drogas, indicado pelo Conselho Federal da Ordem dos Advogados do Brasil – OAB-Federal;
b) um médico, de comprovada experiência e atuação na área de drogas, indicado pelo Conselho Federal de Medicina – CFM;
c) um psicólogo, de comprovada experiência voltada para a questão de drogas, indicado pelo Conselho Federal de Psicologia – CFP;
d) um assistente social, de comprovada experiência voltada para a questão de drogas, indicado pelo Conselho Federal de Serviço Social – CFESS;
e) um enfermeiro, de comprovada experiência e atuação na área de drogas, indicado pelo Conselho Federal de Enfermagem – COFEN;
f) um educador, com comprovada experiência na prevenção do uso de drogas na escola, indicado pelo Conselho Federal de Educação – CFE;
g) um cientista, com comprovada produção científica na área de drogas, indicado pela Sociedade Brasileira para o Progresso da Ciência – SBPC;
h) um estudante indicado pela União Nacional dos Estudantes – UNE;

VII – profissionais ou especialistas, de manifesta sensibilidade na questão das drogas, indicados pelo Presidente do CONAD:
a) um de imprensa, de projeção nacional;
b) um antropólogo;
c) um do meio artístico, de projeção nacional; e
d) dois de organizações do Terceiro Setor, de abrangência nacional, de comprovada atuação na área de redução da demanda de drogas.

§ 1º Cada membro titular do CONAD, de que tratam os incisos III a VII, terá seu respectivo suplente, que o substituirá em suas ausências e impedimentos, todos designados pelo Ministro de Estado da Justiça.

§ 2º Em suas ausências e impedimentos, o Presidente do CONAD será substituído pelo Secretário Nacional de Políticas sobre Drogas, e este, por um suplente por ele indicado e designado na forma do § 1º.

▶ §§ 1º e 2º com a redação dada pelo Dec. nº 7.426, de 7-1-2011.

Art. 6º Os membros titulares e suplentes referidos nos incisos III a VII do art. 5º terão mandato de dois anos, permitida uma única recondução.

Art. 7º Os membros referidos nos incisos III a VII do art. 5º perderão o mandato, antes do prazo de dois anos, nos seguintes casos:
I – por renúncia; e
II – pela ausência imotivada em três reuniões consecutivas do Conselho.

Parágrafo único. No caso de perda do mandato, será designado novo Conselheiro para a função.

Art. 8º As reuniões ordinárias do CONAD, ressalvadas as situações de excepcionalidade, deverão ser convocadas com antecedência mínima de cinco dias úteis, com pauta previamente comunicada aos seus integrantes.

Art. 9º O CONAD deliberará por maioria simples de votos, cabendo ao seu Presidente utilizar o voto de qualidade para fins de desempate.

Art. 10. O CONAD formalizará suas deliberações por meio de resoluções, que serão publicadas no *Diário Oficial da União*.

Parágrafo único. Observado o disposto no art. 3º, as deliberações do CONAD serão cumpridas pelos órgãos e entidades integrantes do SISNAD, sob acompanhamento da SENAD e do Departamento de Polícia Federal, em suas respectivas áreas de competência.

Art. 11. O Presidente do CONAD poderá constituir grupos técnicos com a finalidade de assessorá-lo no exercício de suas atribuições, assim como convidar especialista, sem direito a voto, para prestar informações ou acompanhar as reuniões do colegiado, cujas despesas com viagem serão suportadas na forma do art. 20.

Parágrafo único. Será convidado a participar das reuniões do colegiado um membro do Ministério Público Federal, na qualidade de observador e com direito a voz

Art. 12. O CONAD definirá em ato próprio, mediante proposta aprovada pela maioria absoluta de seus integrantes e homologada pelo seu Presidente, as normas complementares relativas à sua organização e funcionamento.

Capítulo III
DAS ATRIBUIÇÕES DO PRESIDENTE DO CONAD

Art. 13. São atribuições do Presidente do CONAD, entre outras previstas no Regimento Interno:

I – convocar e presidir as reuniões do colegiado; e

II – solicitar estudos, informações e posicionamento sobre temas de relevante interesse público.

Capítulo IV
DAS COMPETÊNCIAS ESPECÍFICAS DOS ÓRGÃOS E ENTIDADES QUE COMPÕEM O SISNAD

Art. 14. Para o cumprimento do disposto neste Decreto, são competências específicas dos órgãos e entidades que compõem o SISNAD:

I – do Ministério da Saúde:

a) publicar listas atualizadas periodicamente das substâncias ou produtos capazes de causar dependência;
b) baixar instruções de caráter geral ou específico sobre limitação, fiscalização e controle da produção, do comércio e do uso das drogas;
c) autorizar o plantio, a cultura e a colheita dos vegetais dos quais possam ser extraídas ou produzidas drogas, exclusivamente para fins medicinais ou científicos, em local e prazo predeterminados, mediante fiscalização, ressalvadas as hipóteses de autorização legal ou regulamentar;
d) assegurar a emissão da indispensável licença prévia, pela autoridade sanitária competente, para produzir, extrair, fabricar, transformar, preparar, possuir, manter em depósito, importar, exportar, reexportar, remeter, transportar, expor, oferecer, vender, comprar, trocar, ceder ou adquirir, para qualquer fim, drogas ou matéria-prima destinada à sua preparação, observadas as demais exigências legais;
e) disciplinar a política de atenção aos usuários e dependentes de drogas, bem como aos seus familiares, junto à rede do Sistema Único de Saúde – SUS;
f) disciplinar as atividades que visem à redução de danos e riscos sociais e à saúde;
g) disciplinar serviços públicos e privados que desenvolvam ações de atenção às pessoas que façam uso ou sejam dependentes de drogas e seus familiares;
h) gerir, em articulação com a SENAD, o banco de dados das instituições de atenção à saúde e de assistência social que atendam usuários ou dependentes de drogas;

II – do Ministério da Educação:

a) propor e implementar, em articulação com o Ministério da Saúde, a Secretaria Especial dos Direitos Humanos da Presidência da República e a SENAD, políticas de formação continuada para os profissionais de educação nos três níveis de ensino que abordem a prevenção ao uso indevido de drogas;
b) apoiar os dirigentes das instituições de ensino público e privado na elaboração de projetos pedagógicos alinhados às Diretrizes Curriculares Nacionais e aos princípios de prevenção do uso indevido de drogas, de atenção e reinserção social de usuários e dependentes, bem como seus familiares;

III – do Ministério da Justiça:

a) articular e coordenar as atividades de repressão da produção não autorizada e do tráfico ilícito de drogas;
b) propor a atualização da política nacional sobre drogas na esfera de sua competência;
c) instituir e gerenciar o sistema nacional de dados estatísticos de repressão ao tráfico ilícito de drogas;

▶ Alíneas *a* a *c* com a redação dada pelo Dec. nº 7.426, de 7-1-2011.

d) *Revogada.* Dec. nº 7.434, de 21-1-2011;
e) articular e coordenar as atividades de prevenção do uso indevido, a atenção e a reinserção social de usuários e dependentes de drogas;

▶ Alínea *e* acrescida pelo Dec. nº 7.426, de 7-1-2011.

f) *Revogada.* Dec. nº 7.434, de 21-1-2011;
g) gerir o FUNAD e o Observatório Brasileiro de Informações sobre Drogas; e

▶ Alínea *g* acrescida pelo Dec. nº 7.426, de 7-1-2011.

IV – *Revogado.* Dec. nº 7.426, de 7-1-2011;
V – dos órgãos formuladores de políticas sociais, identificar e regulamentar rede nacional das instituições da sociedade civil, sem fins lucrativos, que atendam usuários ou dependentes de drogas e respectivos familiares.

Parágrafo único. As competências específicas dos Ministérios e órgãos de que trata este artigo se estendem, quando for o caso, aos órgãos e entidades que lhes sejam vinculados.

Art. 15. No âmbito de suas respectivas competências, os órgãos e entidades de que trata o art. 2º atentarão para:

I – o alinhamento das suas respectivas políticas públicas setoriais ao disposto nos princípios e objetivos do SISNAD, de que tratam os arts. 4º e 5º da Lei nº 11.343, de 2006;
II – as orientações e normas emanadas do CONAD; e
III – a colaboração nas atividades de prevenção do uso indevido, atenção e reinserção social de usuários e dependentes de drogas.

Capítulo V
DA GESTÃO DAS INFORMAÇÕES

Art. 16. O Observatório Brasileiro de Informações sobre Drogas reunirá e centralizará informações e conhecimentos atualizados sobre drogas, incluindo dados de estudos, pesquisas e levantamentos nacionais, produzindo e divulgando informações, fundamentadas cientificamente, que contribuam para o desenvolvimento de novos conhecimentos aplicados às atividades de prevenção do uso indevido, de atenção e de reinserção social de usuários e dependentes de drogas e para a criação de modelos de intervenção baseados nas necessidades específicas das diferentes populações-alvo, respeitadas suas características socioculturais.

§ 1º Respeitado o caráter sigiloso das informações, fará parte do banco de dados central de que trata este artigo base de dados atualizada das instituições de atenção à saúde ou de assistência social que atendam usuários ou dependentes de drogas, bem como das de ensino e pesquisa que participem de tais atividades.

§ 2º Os órgãos e entidades da administração pública federal prestarão as informações de que necessitar o Observatório Brasileiro de Informações sobre Drogas, obrigando-se a atender tempestivamente às requisições da SENAD.

Art. 17. Será estabelecido mecanismo de intercâmbio de informações com os Estados, os Municípios e o Distrito Federal, com o objetivo de se evitar duplicidade de ações no apoio às atividades de que trata este Decreto, executadas nas respectivas unidades federadas.

Art. 18. As instituições com atuação nas áreas da atenção à saúde e da assistência social que atendam usuários ou dependentes de drogas devem comunicar ao órgão competente do respectivo sistema municipal de saúde os casos atendidos e os óbitos ocorridos, preservando a identidade das pessoas, conforme orientações emanadas do CONAD.

CAPÍTULO VI
DAS DISPOSIÇÕES FINAIS

Art. 19. Os membros do CONAD não farão jus a nenhuma remuneração, sendo seus serviços considerados de relevante interesse público.

Art. 20. As despesas com viagem de conselheiros poderão correr à conta do FUNAD, em conformidade com o disposto no art. 5º da Lei nº 7.560, de 19 de dezembro de 1986, sem prejuízo da assunção de tais despesas pelos respectivos órgãos e entidades que representem.

Art. 21. Este Decreto entra em vigor em 8 de outubro de 2006, data de início da vigência da Lei nº 11.343, de 2006.

Art. 22. Ficam revogados os Decretos nºs 3.696, de 21 de dezembro de 2000, e 4.513, de 13 de dezembro de 2002.

Brasília, 27 de setembro de 2006;
185º da Independência e
118º da República.

Luiz Inácio Lula da Silva

LEI Nº 11.417,
DE 19 DE DEZEMBRO DE 2006

Regulamenta o art. 103-A da Constituição Federal e altera a Lei nº 9.784, de 29 de janeiro de 1999, disciplinando a edição, a revisão e o cancelamento de enunciado de súmula vinculante pelo Supremo Tribunal Federal, e dá outras providências.

▶ Publicada no *DOU* de 20-12-2006.

Art. 1º Esta Lei disciplina a edição, a revisão e o cancelamento de enunciado de súmula vinculante pelo Supremo Tribunal Federal e dá outras providências.

Art. 2º O Supremo Tribunal Federal poderá, de ofício ou por provocação, após reiteradas decisões sobre matéria constitucional, editar enunciado de súmula que, a partir de sua publicação na imprensa oficial, terá efeito vinculante em relação aos demais órgãos do Poder Judiciário e à administração pública direta e indireta, nas esferas federal, estadual e municipal, bem como proceder à sua revisão ou cancelamento, na forma prevista nesta Lei.

§ 1º O enunciado da súmula terá por objeto a validade, a interpretação e a eficácia de normas determinadas, acerca das quais haja, entre órgãos judiciários ou entre esses e a administração pública, controvérsia atual que acarrete grave insegurança jurídica e relevante multiplicação de processos sobre idêntica questão.

§ 2º O Procurador-Geral da República, nas propostas que não houver formulado, manifestar-se-á previamente à edição, revisão ou cancelamento de enunciado de súmula vinculante.

§ 3º A edição, a revisão e o cancelamento de enunciado de súmula com efeito vinculante dependerão de decisão tomada por 2/3 (dois terços) dos membros do Supremo Tribunal Federal, em sessão plenária.

§ 4º No prazo de 10 (dez) dias após a sessão em que editar, rever ou cancelar enunciado de súmula com efeito vinculante, o Supremo Tribunal Federal fará publicar, em seção especial do *Diário da Justiça* e do *Diário Oficial da União*, o enunciado respectivo.

Art. 3º São legitimados a propor a edição, a revisão ou o cancelamento de enunciado de súmula vinculante:

I – o Presidente da República;
II – a Mesa do Senado Federal;
III – a Mesa da Câmara dos Deputados;
IV – o Procurador-Geral da República;
V – o Conselho Federal da Ordem dos Advogados do Brasil;
VI – o Defensor Público-Geral da União;
VII – partido político com representação no Congresso Nacional;
VIII – confederação sindical ou entidade de classe de âmbito nacional;
IX – a Mesa de Assembleia Legislativa ou da Câmara Legislativa do Distrito Federal;
X – o Governador de Estado ou do Distrito Federal;
XI – os Tribunais Superiores, os Tribunais de Justiça de Estados ou do Distrito Federal e Territórios, os Tribunais Regionais Federais, os Tribunais Regionais do Trabalho, os Tribunais Regionais Eleitorais e os Tribunais Militares.

§ 1º O Município poderá propor, incidentalmente ao curso de processo em que seja parte, a edição, a revisão ou o cancelamento de enunciado de súmula vinculante, o que não autoriza a suspensão do processo.

§ 2º No procedimento de edição, revisão ou cancelamento de enunciado da súmula vinculante, o relator poderá admitir, por decisão irrecorrível, a manifestação de terceiros na questão, nos termos do Regimento Interno do Supremo Tribunal Federal.

Art. 4º A súmula com efeito vinculante tem eficácia imediata, mas o Supremo Tribunal Federal, por decisão de 2/3 (dois terços) dos seus membros, poderá restringir os efeitos vinculantes ou decidir que só tenha eficácia a partir de outro momento, tendo em vista razões de segurança jurídica ou de excepcional interesse público.

Art. 5º Revogada ou modificada a lei em que se fundou a edição de enunciado de súmula vinculante, o Supremo Tribunal Federal, de ofício ou por provocação, procederá à sua revisão ou cancelamento, conforme o caso.

Art. 6º A proposta de edição, revisão ou cancelamento de enunciado de súmula vinculante não autoriza a suspensão dos processos em que se discuta a mesma questão.

Art. 7º Da decisão judicial ou do ato administrativo que contrariar enunciado de súmula vinculante, negar-lhe vigência ou aplicá-lo indevidamente caberá reclamação ao Supremo Tribunal Federal, sem prejuízo dos recursos ou outros meios admissíveis de impugnação.

§ 1º Contra omissão ou ato da administração pública, o uso da reclamação só será admitido após esgotamento das vias administrativas.

§ 2º Ao julgar procedente a reclamação, o Supremo Tribunal Federal anulará o ato administrativo ou cassará a decisão judicial impugnada, determinando que outra seja proferida com ou sem aplicação da súmula, conforme o caso.

Art. 8º O art. 56 da Lei nº 9.784, de 29 de janeiro de 1999, passa a vigorar acrescido do seguinte § 3º:

"Art. 56. ....

....

§ 3º Se o recorrente alegar que a decisão administrativa contraria enunciado da súmula vinculante, caberá à autoridade prolatora da decisão impugnada, se não a reconsiderar, explicitar, antes de encaminhar o recurso à autoridade superior, as razões da aplicabilidade ou inaplicabilidade da súmula, conforme o caso."

Art. 9º A Lei nº 9.784, de 29 de janeiro de 1999, passa a vigorar acrescida dos seguintes arts. 64-A e 64-B:

"Art. 64-A. Se o recorrente alegar violação de enunciado da súmula vinculante, o órgão competente para decidir o recurso explicitará as razões da aplicabilidade ou inaplicabilidade da súmula, conforme o caso."

"Art. 64-B. Acolhida pelo Supremo Tribunal Federal a reclamação fundada em violação de enunciado da súmula vinculante, dar-se-á ciência à autoridade prolatora e ao órgão competente para o julgamento do recurso, que deverão adequar as futuras decisões administrativas em casos semelhantes, sob pena de responsabilização pessoal nas esferas cível, administrativa e penal."

Art. 10. O procedimento de edição, revisão ou cancelamento de enunciado de súmula com efeito vinculante obedecerá, subsidiariamente, ao disposto no Regimento Interno do Supremo Tribunal Federal.

Art. 11. Esta Lei entra em vigor 3 (três) meses após a sua publicação.

Brasília, 19 de dezembro de 2006;
185º da Independência e
118º da República.

Luiz Inácio Lula da Silva

LEI Nº 11.419, DE 19 DE DEZEMBRO DE 2006

Dispõe sobre a informatização do processo judicial; altera a Lei nº 5.869, de 11 de janeiro de 1973 – Código de Processo Civil; e dá outras providências.

▶ Publicada no *DOU* de 20-12-2006.
▶ Lei nº 8.038, de 28-5-1990, institui normas procedimentais para os processos que especifica, perante o Superior Tribunal de Justiça e o Supremo Tribunal Federal.
▶ IN do TST nº 30, de 13-9-2007, regulamenta, no âmbito da Justiça do Trabalho, o disposto nesta Lei.
▶ Res. do CNJ nº 100, de 24-11-2009, dispõe sobre a comunicação oficial, por meio eletrônico, no âmbito do Poder Judiciário.
▶ Res. do STF nº 427, de 20-4-2010, regulamenta o processo eletrônico no âmbito do Supremo Tribunal Federal.
▶ Res. do STJ nº 1, de 10-2-2010, regulamenta o processo judicial eletrônico no âmbito do Superior Tribunal de Justiça.

CAPÍTULO I

DA INFORMATIZAÇÃO DO PROCESSO JUDICIAL

Art. 1º O uso de meio eletrônico na tramitação de processos judiciais, comunicação de atos e transmissão de peças processuais será admitido nos termos desta Lei.

§ 1º Aplica-se o disposto nesta Lei, indistintamente, aos processos civil, penal e trabalhista, bem como aos juizados especiais, em qualquer grau de jurisdição.

§ 2º Para o disposto nesta Lei, considera-se:

I – meio eletrônico qualquer forma de armazenamento ou tráfego de documentos e arquivos digitais;

II – transmissão eletrônica toda forma de comunicação a distância com a utilização de redes de comunicação, preferencialmente a rede mundial de computadores;

III – assinatura eletrônica as seguintes formas de identificação inequívoca do signatário:

a) assinatura digital baseada em certificado digital emitido por Autoridade Certificadora credenciada, na forma de lei específica;

b) mediante cadastro de usuário no Poder Judiciário, conforme disciplinado pelos órgãos respectivos.

Art. 2º O envio de petições, de recursos e a prática de atos processuais em geral por meio eletrônico serão admitidos mediante uso de assinatura eletrônica, na forma do art. 1º desta Lei, sendo obrigatório o credenciamento prévio no Poder Judiciário, conforme disciplinado pelos órgãos respectivos.

§ 1º O credenciamento no Poder Judiciário será realizado mediante procedimento no qual esteja assegurada a adequada identificação presencial do interessado.

§ 2º Ao credenciado será atribuído registro e meio de acesso ao sistema, de modo a preservar o sigilo, a identificação e a autenticidade de suas comunicações.

§ 3º Os órgãos do Poder Judiciário poderão criar um cadastro único para o credenciamento previsto neste artigo.

Art. 3º Consideram-se realizados os atos processuais por meio eletrônico no dia e hora do seu envio ao sistema do Poder Judiciário, do que deverá ser fornecido protocolo eletrônico.

Parágrafo único. Quando a petição eletrônica for enviada para atender prazo processual, serão consideradas tempestivas as transmitidas até as 24 (vinte e quatro) horas do seu último dia.

Capítulo II
DA COMUNICAÇÃO ELETRÔNICA DOS ATOS PROCESSUAIS

Art. 4º Os tribunais poderão criar *Diário da Justiça eletrônico*, disponibilizado em sítio da rede mundial de computadores, para publicação de atos judiciais e administrativos próprios e dos órgãos a eles subordinados, bem como comunicações em geral.

§ 1º O sítio e o conteúdo das publicações de que trata este artigo deverão ser assinados digitalmente com base em certificado emitido por Autoridade Certificadora credenciada na forma da lei específica.

§ 2º A publicação eletrônica na forma deste artigo substitui qualquer outro meio e publicação oficial, para quaisquer efeitos legais, à exceção dos casos que, por lei, exigem intimação ou vista pessoal.

§ 3º Considera-se como data da publicação o primeiro dia útil seguinte ao da disponibilização da informação no *Diário da Justiça eletrônico*.

§ 4º Os prazos processuais terão início no primeiro dia útil que seguir ao considerado como data da publicação.

§ 5º A criação do *Diário da Justiça eletrônico* deverá ser acompanhada de ampla divulgação, e o ato administrativo correspondente será publicado durante 30 (trinta) dias no *Diário Oficial* em uso.

Art. 5º As intimações serão feitas por meio eletrônico em portal próprio aos que se cadastrarem na forma do art. 2º desta Lei, dispensando-se a publicação no órgão oficial, inclusive eletrônico.

§ 1º Considerar-se-á realizada a intimação no dia em que o intimando efetivar a consulta eletrônica ao teor da intimação, certificando-se nos autos a sua realização.

§ 2º Na hipótese do § 1º deste artigo, nos casos em que a consulta se dê em dia não útil, a intimação será considerada como realizada no primeiro dia útil seguinte.

§ 3º A consulta referida nos §§ 1º e 2º deste artigo deverá ser feita em até 10 (dez) dias corridos contados da data do envio da intimação, sob pena de considerar-se a intimação automaticamente realizada na data do término desse prazo.

§ 4º Em caráter informativo, poderá ser efetivada remessa de correspondência eletrônica, comunicando o envio da intimação e a abertura automática do prazo processual nos termos do § 3º deste artigo, aos que manifestarem interesse por esse serviço.

§ 5º Nos casos urgentes em que a intimação feita na forma deste artigo possa causar prejuízo a quaisquer das partes ou nos casos em que for evidenciada qualquer tentativa de burla ao sistema, o ato processual deverá ser realizado por outro meio que atinja a sua finalidade, conforme determinado pelo juiz.

§ 6º As intimações feitas na forma deste artigo, inclusive da Fazenda Pública, serão consideradas pessoais para todos os efeitos legais.

Art. 6º Observadas as formas e as cautelas do art. 5º desta Lei, as citações, inclusive da Fazenda Pública, excetuadas as dos Direitos Processuais Criminal e Infracional, poderão ser feitas por meio eletrônico, desde que a íntegra dos autos seja acessível ao citando.

Art. 7º As cartas precatórias, rogatórias, de ordem e, de um modo geral, todas as comunicações oficiais que transitem entre órgãos do Poder Judiciário, bem como entre os deste e os dos demais Poderes, serão feitas preferentemente por meio eletrônico.

▶ Res. do CNJ nº 100, de 24-11-2009, dispõe sobre a comunicação oficial, por meio eletrônico, no âmbito do Poder Judiciário.

Capítulo III
DO PROCESSO ELETRÔNICO

Art. 8º Os órgãos do Poder Judiciário poderão desenvolver sistemas eletrônicos de processamento de ações judiciais por meio de autos total ou parcialmente digitais, utilizando, preferencialmente, a rede mundial de computadores e acesso por meio de redes internas e externas.

Parágrafo único. Todos os atos processuais do processo eletrônico serão assinados eletronicamente na forma estabelecida nesta Lei.

Art. 9º No processo eletrônico, todas as citações, intimações e notificações, inclusive da Fazenda Pública, serão feitas por meio eletrônico, na forma desta Lei.

§ 1º As citações, intimações, notificações e remessas que viabilizem o acesso à íntegra do processo correspondente serão consideradas vista pessoal do interessado para todos os efeitos legais.

§ 2º Quando, por motivo técnico, for inviável o uso do meio eletrônico para a realização de citação, intimação ou notificação, esses atos processuais poderão ser praticados segundo as regras ordinárias, digitalizando-se o documento físico, que deverá ser posteriormente destruído.

Art. 10. A distribuição da petição inicial e a juntada da contestação, dos recursos e das petições em geral, todos em formato digital, nos autos de processo eletrônico, podem ser feitas diretamente pelos advogados públicos e privados, sem necessidade da intervenção do cartório ou secretaria judicial, situação em que a autuação deverá se dar de forma automática, fornecendo-se recibo eletrônico de protocolo.

§ 1º Quando o ato processual tiver que ser praticado em determinado prazo, por meio de petição eletrônica, serão considerados tempestivos os efetivados até as 24 (vinte e quatro) horas do último dia.

§ 2º No caso do § 1º deste artigo, se o Sistema do Poder Judiciário se tornar indisponível por motivo técnico, o prazo fica automaticamente prorrogado para o primeiro dia útil seguinte à resolução do problema.

§ 3º Os órgãos do Poder Judiciário deverão manter equipamentos de digitalização e de acesso à rede mundial de computadores à disposição dos interessados para distribuição de peças processuais.

Art. 11. Os documentos produzidos eletronicamente e juntados aos processos eletrônicos com garantia da origem e de seu signatário, na forma estabelecida nesta Lei, serão considerados originais para todos os efeitos legais.

§ 1º Os extratos digitais e os documentos digitalizados e juntados aos autos pelos órgãos da Justiça e seus auxiliares, pelo Ministério Público e seus auxiliares, pelas procuradorias, pelas autoridades policiais, pelas repartições públicas em geral e por advogados públicos e privados têm a mesma força probante dos originais, ressalvada a alegação motivada e fundamentada de adulteração antes ou durante o processo de digitalização.

§ 2º A arguição de falsidade do documento original será processada eletronicamente na forma da lei processual em vigor.

§ 3º Os originais dos documentos digitalizados, mencionados no § 2º deste artigo, deverão ser preservados pelo seu detentor até o trânsito em julgado da sentença ou, quando admitida, até o final do prazo para interposição de ação rescisória.

§ 4º VETADO.

§ 5º Os documentos cuja digitalização seja tecnicamente inviável devido ao grande volume ou por motivo de ilegibilidade deverão ser apresentados ao cartório ou secretaria no prazo de 10 (dez) dias contados do envio de petição eletrônica comunicando o fato, os quais serão devolvidos à parte após o trânsito em julgado.

§ 6º Os documentos digitalizados juntados em processo eletrônico somente estarão disponíveis para acesso por meio da rede externa para suas respectivas partes processuais e para o Ministério Público, respeitado o disposto em lei para as situações de sigilo e de segredo de justiça.

Art. 12. A conservação dos autos do processo poderá ser efetuada total ou parcialmente por meio eletrônico.

§ 1º Os autos dos processos eletrônicos deverão ser protegidos por meio de sistemas de segurança de acesso e armazenados em meio que garanta a preservação e integridade dos dados, sendo dispensada a formação de autos suplementares.

§ 2º Os autos de processos eletrônicos que tiverem de ser remetidos a outro juízo ou instância superior que não disponham de sistema compatível deverão ser impressos em papel, autuados na forma dos arts. 166 a 168 da Lei nº 5.869, de 11 de janeiro de 1973 – Código de Processo Civil, ainda que de natureza criminal ou trabalhista, ou pertinentes a juizado especial.

§ 3º No caso do § 2º deste artigo, o escrivão ou o chefe de secretaria certificará os autores ou a origem dos documentos produzidos nos autos, acrescentando, ressalvada a hipótese de existir segredo de justiça, a forma pela qual o banco de dados poderá ser acessado para aferir a autenticidade das peças e das respectivas assinaturas digitais.

§ 4º Feita a autuação na forma estabelecida no § 2º deste artigo, o processo seguirá a tramitação legalmente estabelecida para os processos físicos.

§ 5º A digitalização de autos em mídia não digital, em tramitação ou já arquivados, será precedida de publicação de editais de intimações ou da intimação pessoal das partes e de seus procuradores, para que, no prazo preclusivo de 30 (trinta) dias, se manifestem sobre o desejo de manterem pessoalmente a guarda de algum dos documentos originais.

Art. 13. O magistrado poderá determinar que sejam realizados por meio eletrônico a exibição e o envio de dados e de documentos necessários à instrução do processo.

§ 1º Consideram-se cadastros públicos, para os efeitos deste artigo, dentre outros existentes ou que venham a ser criados, ainda que mantidos por concessionárias de serviço público ou empresas privadas, os que contenham informações indispensáveis ao exercício da função judicante.

§ 2º O acesso de que trata este artigo dar-se-á por qualquer meio tecnológico disponível, preferentemente o de menor custo, considerada sua eficiência.

§ 3º VETADO.

CAPÍTULO IV
DISPOSIÇÕES GERAIS E FINAIS

Art. 14. Os sistemas a serem desenvolvidos pelos órgãos do Poder Judiciário deverão usar, preferencialmente, programas com código aberto, acessíveis ininterruptamente por meio da rede mundial de computadores, priorizando-se a sua padronização.

Parágrafo único. Os sistemas devem buscar identificar os casos de ocorrência de prevenção, litispendência e coisa julgada.

Art. 15. Salvo impossibilidade que comprometa o acesso à justiça, a parte deverá informar, ao distribuir a petição inicial de qualquer ação judicial, o número no cadastro de pessoas físicas ou jurídicas, conforme o caso, perante a Secretaria da Receita Federal.

Parágrafo único. Da mesma forma, as peças de acusação criminais deverão ser instruídas pelos membros do Ministério Público ou pelas autoridades policiais com os números de registros dos acusados no Instituto Nacional de Identificação do Ministério da Justiça, se houver.

Art. 16. Os livros cartorários e demais repositórios dos órgãos do Poder Judiciário poderão ser gerados e armazenados em meio totalmente eletrônico.

Art. 17. VETADO.

Art. 18. Os órgãos do Poder Judiciário regulamentarão esta Lei, no que couber, no âmbito de suas respectivas competências.

Art. 19. Ficam convalidados os atos processuais praticados por meio eletrônico até a data de publicação desta Lei, desde que tenham atingido sua finalidade e não tenha havido prejuízo para as partes.

Art. 20. A Lei nº 5.869, de 11 de janeiro de 1973 – Código de Processo Civil, passa a vigorar com as seguintes alterações:

"Art. 38. ....

Parágrafo único. A procuração pode ser assinada digitalmente com base em certificado emitido por Autoridade Certificadora credenciada, na forma da lei específica."

"Art. 154. ....

Parágrafo único. VETADO.

§ 2º Todos os atos e termos do processo podem ser produzidos, transmitidos, armazenados e assinados por meio eletrônico, na forma da lei."

"Art. 164. ....

Parágrafo único. A assinatura dos juízes, em todos os graus de jurisdição, pode ser feita eletronicamente, na forma da lei."

"Art. 169. ...."

§ 1º É vedado usar abreviaturas.

§ 2º Quando se tratar de processo total ou parcialmente eletrônico, os atos processuais praticados na presença do juiz poderão ser produzidos e armazenados de modo integralmente digital em arquivo eletrônico inviolável, na forma da lei, mediante registro em termo que será assinado digitalmente pelo juiz e pelo escrivão ou chefe de secretaria, bem como pelos advogados das partes.

§ 3º No caso do § 2º deste artigo, eventuais contradições na transcrição deverão ser suscitadas oralmente no momento da realização do ato, sob pena de preclusão, devendo o juiz decidir de plano, registrando-se a alegação e a decisão no termo."

"Art. 202. ...."

§ 3º A carta de ordem, carta precatória ou carta rogatória pode ser expedida por meio eletrônico, situação em que a assinatura do juiz deverá ser eletrônica, na forma da lei."

"Art. 221. ...."
....

IV – por meio eletrônico, conforme regulado em lei própria."

"Art. 237. ...."

Parágrafo único. As intimações podem ser feitas de forma eletrônica, conforme regulado em lei própria."

"Art. 365. ...."

V – os extratos digitais de bancos de dados, públicos e privados, desde que atestado pelo seu emitente, sob as penas da lei, que as informações conferem com o que consta na origem;
VI – as reproduções digitalizadas de qualquer documento, público ou particular, quando juntados aos autos pelos órgãos da Justiça e seus auxiliares, pelo Ministério Público e seus auxiliares, pelas procuradorias, pelas repartições públicas em geral e por advogados públicos ou privados, ressalvada a alegação motivada e fundamentada de adulteração antes ou durante o processo de digitalização.

§ 1º Os originais dos documentos digitalizados, mencionados no inciso VI do *caput* deste artigo, deverão ser preservados pelo seu detentor até o final do prazo para interposição de ação rescisória.

§ 2º Tratando-se de cópia digital de título executivo extrajudicial ou outro documento relevante à instrução do processo, o juiz poderá determinar o seu depósito em cartório ou secretaria."

"Art. 399. ...."

§ 1º Recebidos os autos, o juiz mandará extrair, no prazo máximo e improrrogável de 30 (trinta) dias, certidões ou reproduções fotográficas das peças indicadas pelas partes ou de ofício; findo o prazo, devolverá os autos à repartição de origem.

§ 2º As repartições públicas poderão fornecer todos os documentos em meio eletrônico conforme disposto em lei, certificando, pelo mesmo meio, que se trata de extrato fiel do que consta em seu banco de dados ou do documento digitalizado."

"Art. 417. ...."

§ 1º O depoimento será passado para a versão datilográfica quando houver recurso da sentença ou noutros casos, quando o juiz o determinar, de ofício ou a requerimento da parte.

§ 2º Tratando-se de processo eletrônico, observar-se-á o disposto nos §§ 2º e 3º do art. 169 desta Lei."

"Art. 457. ...."

§ 4º Tratando-se de processo eletrônico, observar-se-á o disposto nos §§ 2º e 3º do art. 169 desta Lei."

"Art. 556. ...."

Parágrafo único. Os votos, acórdãos e demais atos processuais podem ser registrados em arquivo eletrônico inviolável e assinados eletronicamente, na forma da lei, devendo ser impressos para juntada aos autos do processo quando este não for eletrônico."

Art. 21. VETADO.

Art. 22. Esta Lei entra em vigor 90 (noventa) dias depois de sua publicação.

Brasília, 19 de dezembro de 2006;
185º da Independência e
118º da República.

Luiz Inácio Lula da Silva

LEI Nº 11.473, DE 10 DE MAIO DE 2007

Dispõe sobre cooperação federativa no âmbito da segurança pública e revoga a Lei nº 10.277, de 10 de setembro de 2001.

▶ Publicada no *DOU* de 11-5-2007.
▶ Port. do MJ nº 178, de 4-2-2010, regulamenta as disposições desta Lei e do Dec. nº 5.289, de 29-11-2004, relativas aos critérios de atuação e emprego da Força Nacional de Segurança Pública.

Art. 1º A União poderá firmar convênio com os Estados e o Distrito Federal para executar atividades e serviços imprescindíveis à preservação da ordem pública e da incolumidade das pessoas e do patrimônio.

Art. 2º A cooperação federativa de que trata o art. 1º desta Lei, para fins desta Lei, compreende operações conjuntas, transferências de recursos e desenvolvimento de atividades de capacitação e qualificação de profissionais, no âmbito da Força Nacional de Segurança Pública.

Parágrafo único. As atividades de cooperação federativa têm caráter consensual e serão desenvolvidas sob a coordenação conjunta da União e do Ente convenente.

Art. 3º Consideram-se atividades e serviços imprescindíveis à preservação da ordem pública e da incolumidade das pessoas e do patrimônio, para os fins desta Lei:

▶ Art. 2º-A do Dec. nº 5.289, de 29-11-2004, que disciplina a organização e o funcionamento da Administração Pública Federal, para desenvolvimento do programa de cooperação federativa denominado Força Nacional de Segurança Pública.

I – o policiamento ostensivo;
II – o cumprimento de mandados de prisão;
III – o cumprimento de alvarás de soltura;
IV – a guarda, a vigilância e a custódia de presos;
V – os serviços técnico-periciais, qualquer que seja sua modalidade;
VI – o registro de ocorrências policiais.

Art. 4º Os ajustes celebrados na forma do art. 1º desta Lei deverão conter, essencialmente:

I – identificação do objeto;
II – identificação de metas;
III – definição das etapas ou fases de execução;
IV – plano de aplicação dos recursos financeiros;
V – cronograma de desembolso;
VI – previsão de início e fim da execução do objeto; e
VII – especificação do aporte de recursos, quando for o caso.

Parágrafo único. A União, por intermédio do Ministério da Justiça, poderá colocar à disposição dos Estados e do Distrito Federal, em caráter emergencial e provisório, servidores públicos federais, ocupantes de cargos congêneres e de formação técnica compatível, para execução do convênio de cooperação federativa de que trata esta Lei, sem ônus.

Art. 5º As atividades de cooperação federativa, no âmbito da Força Nacional de Segurança Pública, serão desempenhadas por militares e servidores civis dos entes federados que celebrarem convênio, na forma do art. 1º desta Lei.

Art. 6º Os servidores civis e militares dos Estados e do Distrito Federal que participarem de atividades desenvolvidas em decorrência de convênio de cooperação de que trata esta Lei farão jus ao recebimento de diária a ser paga na forma prevista no art. 4º da Lei nº 8.162, de 8 de janeiro de 1991.

§ 1º A diária de que trata o *caput* deste artigo será concedida aos servidores enquanto mobilizados no âmbito do programa da Força Nacional de Segurança Pública em razão de deslocamento da sede em caráter eventual ou transitório para outro ponto do território nacional e não será computada para efeito de adicional de férias e do 13º (décimo terceiro) salário, nem integrará os salários, remunerações, subsídios, proventos ou pensões, inclusive alimentícias.

§ 2º A diária de que trata o *caput* deste artigo será custeada pelo Fundo Nacional de Segurança Pública, instituído pela Lei nº 10.201, de 14 de fevereiro de 2001, e, excepcionalmente, à conta de dotação orçamentária da União.

Art. 7º O servidor civil ou militar vitimado durante as atividades de cooperação federativa de que trata esta Lei, bem como o Policial Federal, o Policial Rodoviário Federal, o Policial Civil e o Policial Militar, em ação operacional conjunta com a Força Nacional de Segurança Pública, farão jus, no caso de invalidez incapacitante para o trabalho, à indenização no valor de R$ 100.000,00 (cem mil reais), e seus dependentes, ao mesmo valor, no caso de morte.

Parágrafo único. A indenização de que trata o *caput* deste artigo correrá à conta do Fundo Nacional de Segurança Pública.

Art. 8º As indenizações previstas nesta Lei não excluem outros direitos e vantagens previstos em legislação específica.

Art. 9º Ficam criados, no âmbito do Poder Executivo Federal, para atender às necessidades do Programa da Força Nacional de Segurança Pública, 9 (nove) cargos em comissão do Grupo Direção e Assessoramento Superiores DAS, sendo 1 (um) DAS-5, 3 (três) DAS-4 e 5 (cinco) DAS-3.

Art. 10. Esta Lei entra em vigor na data de sua publicação.

Art. 11. Fica revogada a Lei nº 10.277, de 10 de setembro de 2001.

Brasília, 10 de maio de 2007;
186º da Independência e
119º da República.

Luiz Inácio Lula da Silva

LEI Nº 11.631, DE 27 DE DEZEMBRO DE 2007

Dispõe sobre a Mobilização Nacional e cria o Sistema Nacional de Mobilização – SINAMOB.

▶ Publicada no *DOU* de 28-12-2007.

Art. 1º Esta Lei dispõe sobre a Mobilização Nacional a que se refere o inciso XIX do *caput* do art. 84 da Constituição Federal e cria o Sistema Nacional de Mobilização – SINAMOB.

Art. 2º Para os fins desta Lei, consideram-se:

I – Mobilização Nacional o conjunto de atividades planejadas, orientadas e empreendidas pelo Estado, complementadas pela Logística Nacional, destinadas a capacitar o País a realizar ações estratégicas, no campo da Defesa Nacional, diante de agressão estrangeira; e
II – Desmobilização Nacional o conjunto de atividades planejadas, orientadas e empreendidas pelo Estado, com vistas no retorno gradativo do País à situação de normalidade, quando cessados ou reduzidos os motivos determinantes da execução da Mobilização Nacional.

Art. 3º O preparo da Mobilização Nacional consiste na realização de ações estratégicas que viabilizem a sua execução, sendo desenvolvido desde a situação de normalidade, de modo contínuo, metódico e permanente.

Art. 4º A execução da Mobilização Nacional, caracterizada pela celeridade e compulsoriedade das ações a serem implementadas, com vistas em propiciar ao País condições para enfrentar o fato que a motivou, será decretada por ato do Poder Executivo autorizado pelo Congresso Nacional ou referendado por ele, quando no intervalo das sessões legislativas.

Parágrafo único. Na decretação da Mobilização Nacional, o Poder Executivo especificará o espaço geográfico do território nacional em que será realizada e as medidas necessárias à sua execução, dentre elas:

I – a convocação dos entes federados para integrar o esforço da Mobilização Nacional;
II – a reorientação da produção, da comercialização, da distribuição e do consumo de bens e da utilização de serviços;
III – a intervenção nos fatores de produção públicos e privados;
IV – a requisição e a ocupação de bens e serviços; e
V – a convocação de civis e militares.

Art. 5º Fica criado o Sistema Nacional de Mobilização – SINAMOB, que consiste no conjunto de órgãos que atuam de modo ordenado e integrado, a fim de planejar e realizar todas as fases da Mobilização e da Desmobilização Nacionais.

Art. 6º O SINAMOB é composto pelos seguintes órgãos:

I – Ministério da Defesa;
II – Ministério da Justiça;
III – Ministério das Relações Exteriores;
IV – Ministério do Planejamento, Orçamento e Gestão;
V – Ministério da Ciência e Tecnologia;
VI – Ministério da Fazenda;
VII – Ministério da Integração Nacional;
VIII – Casa Civil da Presidência da República;
IX – Gabinete de Segurança Institucional da Presidência da República; e
X – Secretaria de Comunicação de Governo e Gestão Estratégica da Presidência da República.

Parágrafo único. O SINAMOB, tendo como órgão central o Ministério da Defesa, estrutura-se sob a forma de direções setoriais que responderão pelas necessidades da Mobilização Nacional nas áreas política, econômica, social, psicológica, de segurança e inteligência, de defesa civil, científico-tecnológica e militar.

Art. 7º Compete ao SINAMOB:

I – prestar assessoramento direto e imediato ao Presidente da República na definição das medidas necessárias à Mobilização Nacional, bem como aquelas relativas à Desmobilização Nacional;
II – formular a Política de Mobilização Nacional;
III – elaborar o Plano Nacional de Mobilização e os demais documentos relacionados com a Mobilização Nacional;
IV – elaborar propostas de atos normativos e conduzir a atividade de Mobilização Nacional;
V – consolidar os planos setoriais de Mobilização Nacional;
VI – articular o esforço de Mobilização Nacional com as demais atividades essenciais à vida da Nação; e
VII – exercer outras competências e atribuições que lhe forem cometidas por regulamento.

Art. 8º O SINAMOB poderá requerer dos órgãos e entidades dos Estados, do Distrito Federal e dos Municípios e de pessoas ou de outras entidades as informações necessárias às suas atividades.

Parágrafo único. Na execução da Mobilização Nacional, as requisições referidas no *caput* deste artigo terão prioridade absoluta no seu atendimento pelos órgãos, pessoas e entidades requeridos.

Art. 9º Os recursos financeiros necessários ao preparo da Mobilização Nacional serão consignados nos orçamentos dos órgãos integrantes do SINAMOB, respeitada a característica orçamentária de cada órgão.

Art. 10. O Poder Executivo regulamentará o disposto nesta Lei.

Art. 11. Esta Lei entra em vigor na data de sua publicação.

Brasília, 27 de dezembro de 2007;
186º da Independência e
119º da República.

Luiz Inácio Lula da Silva

LEI Nº 11.705, DE 19 JUNHO DE 2008

Altera a Lei nº 9.503, de 23 de setembro de 1997, que "institui o Código de Trânsito Brasileiro", e a Lei nº 9.294, de 15 de julho de 1996, que dispõe sobre as restrições ao uso e à propaganda de produtos fumígeros, bebidas alcoólicas, medicamentos, terapias e defensivos agrícolas, nos termos do § 4º do art. 220 da Constituição Federal, para inibir o consumo de bebida alcoólica por condutor de veículo automotor, e dá outras providências.

▶ Publicada no *DOU* de 20-6-2008.
▶ Dec. nº 6.489, de 19-6-2008, regulamenta esta Lei.

Art. 1º Esta Lei altera dispositivos da Lei nº 9.503, de 23 de setembro de 1997, que institui o Código de Trânsito Brasileiro, com a finalidade de estabelecer alcoolemia 0 (zero) e de impor penalidades mais severas para o condutor que dirigir sob a influência do álcool, e da Lei nº 9.294, de 15 de julho de 1996, que dispõe sobre as restrições ao uso e à propaganda de produtos fumígeros, bebidas alcoólicas, medicamentos, terapias e defensivos agrícolas, nos termos do § 4º do art. 220 da Constituição Federal, para obrigar os estabelecimentos comerciais em que se vendem ou oferecem bebidas alcoólicas a estampar, no recinto, aviso de que constitui crime dirigir sob a influência de álcool.

Art. 2º São vedados, na faixa de domínio de rodovia federal ou em terrenos contíguos à faixa de domínio com acesso direto a rodovia, a venda varejista ou o oferecimento de bebidas alcoólicas para consumo no local.

§ 1º A violação do disposto no *caput* deste artigo implica multa de R$ 1.500,00 (um mil e quinhentos reais).

§ 2º Em caso de reincidência, dentro do prazo de 12 (doze) meses, a multa será aplicada em dobro, e suspensa a autorização de acesso à rodovia, pelo prazo de até 1 (um) ano.

§ 3º Não se aplica o disposto neste artigo em área urbana, de acordo com a delimitação dada pela legislação de cada município ou do Distrito Federal.

Art. 3º Ressalvado o disposto no § 3º do art. 2º desta Lei, o estabelecimento comercial situado na faixa de domínio de rodovia federal ou em terreno contíguo à faixa de domínio com acesso direto a rodovia, que inclua entre suas atividades a venda varejista ou o fornecimento de bebidas ou alimentos, deverá afixar, em local de ampla visibilidade, aviso da vedação de que trata o art. 2º desta Lei.

Parágrafo único. O descumprimento do disposto no *caput* deste artigo implica multa de R$ 300,00 (trezentos reais).

Art. 4º Competem à Polícia Rodoviária Federal a fiscalização e a aplicação das multas previstas nos arts. 2º e 3º desta Lei.

§ 1º A União poderá firmar convênios com Estados, Municípios e com o Distrito Federal, a fim de que estes também possam exercer a fiscalização e aplicar as multas de que tratam os arts. 2º e 3º desta Lei.

§ 2º Configurada a reincidência, a Polícia Rodoviária Federal ou ente conveniado comunicará o fato ao Departamento Nacional de Infraestrutura de Transportes – DNIT ou, quando se tratar de rodovia concedida, à Agência Nacional de Transportes Terrestres – ANTT, para a aplicação da penalidade de suspensão da autorização de acesso à rodovia.

Art. 5º A Lei nº 9.503, de 23 de setembro de 1997, passa a vigorar com as seguintes modificações:

I – o art. 10 passa a vigorar acrescido do seguinte inciso XXIII:

"Art. 10. ....
....
XXIII – um representante do Ministério da Justiça.
...."

II – o caput do art. 165 passa a vigorar com a seguinte redação:

"Art. 165. Dirigir sob a influência de álcool ou de qualquer outra substância psicoativa que determine dependência:

Infração – gravíssima;

Penalidade – multa 5 (cinco vezes) e suspensão do direito de dirigir por 12 (doze) meses;

Medida Administrativa – retenção do veículo até a apresentação de condutor habilitado e recolhimento do documento de habilitação.
...."

III – o art. 276 passa a vigorar com a seguinte redação:

"Art. 276. Qualquer concentração de álcool por litro de sangue sujeita o condutor às penalidades previstas no art. 165 deste Código.

Parágrafo único. Órgão do Poder Executivo federal disciplinará as margens de tolerância para casos específicos."

IV – o art. 277 passa a vigorar com as seguintes alterações:

"Art. 277. ....
....

§ 2º A infração prevista no art. 165 deste Código poderá ser caracterizada pelo agente de trânsito mediante a obtenção de outras provas em direito admitidas, acerca dos notórios sinais de embriaguez, excitação ou torpor apresentados pelo condutor.

§ 3º Serão aplicadas as penalidades e medidas administrativas estabelecidas no art. 165 deste Código ao condutor que se recusar a se submeter a qualquer dos procedimentos previstos no *caput* deste artigo."

V – o art. 291 passa a vigorar com as seguintes alterações:

"Art. 291. ....

§ 1º Aplica-se aos crimes de trânsito de lesão corporal culposa o disposto nos arts. 74, 76 e 88 da Lei nº 9.099, de 26 de setembro de 1995, exceto se o agente estiver:

I – sob a influência de álcool ou qualquer outra substância psicoativa que determine dependência;

II – participando, em via pública, de corrida, disputa ou competição automobilística, de exibição ou demonstração de perícia em manobra de veículo automotor, não autorizada pela autoridade competente;

III – transitando em velocidade superior à máxima permitida para a via em 50 km/h (cinquenta quilômetros por hora).

§ 2º Nas hipóteses previstas no § 1º deste artigo, deverá ser instaurado inquérito policial para a investigação da infração penal."

VI – o art. 296 passa a vigorar com a seguinte redação:

"Art. 296. Se o réu for reincidente na prática de crime previsto neste Código, o juiz aplicará a penalidade de suspensão da permissão ou habilitação para dirigir veículo automotor, sem prejuízo das demais sanções penais cabíveis."

VII – VETADO;

VIII – o art. 306 passa a vigorar com a seguinte alteração:

"Art. 306. Conduzir veículo automotor, na via pública, estando com concentração de álcool por litro de sangue igual ou superior a 6 (seis) decigramas, ou sob a influência de qualquer outra substância psicoativa que determine dependência.
....

Parágrafo único. O Poder Executivo federal estipulará a equivalência entre distintos testes de alcoolemia, para efeito de caracterização do crime tipificado neste artigo."

Art. 6º Consideram-se bebidas alcoólicas, para efeitos desta Lei, as bebidas potáveis que contenham álcool em sua composição, com grau de concentração igual ou superior a meio grau Gay-Lussac.

Art. 7º A Lei nº 9.294, de 15 de julho de 1996, passa a vigorar acrescida do seguinte art. 4º-A:

"Art. 4º-A. Na parte interna dos locais em que se vende bebida alcoólica, deverá ser afixado advertência escrita de forma legível e ostensiva de que é crime dirigir sob a influência de álcool, punível com detenção."

Art. 8º Esta Lei entra em vigor na data de sua publicação.

Art. 9º Fica revogado o inciso V do parágrafo único do art. 302 da Lei nº 9.503, de 23 de setembro de 1997.

Brasília, 16 de junho de 2008;
187º da Independência e
120º da República.

Luiz Inácio Lula da Silva

LEI Nº 11.971, DE 6 DE JULHO DE 2009

Dispõe sobre as certidões expedidas pelos Ofícios do Registro de Distribuição e Distribuidores Judiciais.

▶ Publicada no *DOU* de 7-7-2009.
▶ Lei nº 9.051, de 18-5-1995, dispõe sobre a expedição de certidões para a defesa de direitos e esclarecimentos de situações.

Art. 1º Esta Lei dispõe sobre os requisitos obrigatórios que devem constar das certidões expedidas pelos Ofícios do Registro de Distribuição, serviços extrajudiciais, e pelos Distribuidores Judiciais.

Art. 2º Os Ofícios do Registro de Distribuição, serviços extrajudiciais, e os Distribuidores Judiciais farão constar em suas certidões, obrigatoriamente, a distribuição dos feitos ajuizados ao Poder Judiciário e o resumo de suas respectivas sentenças criminais condenatórias e, na forma da Lei, as baixas e as sentenças absolutórias, quando requeridas.

Parágrafo único. Deverão constar das certidões referidas no *caput* deste artigo os seguintes dados de identificação, salvo aqueles que não forem disponibilizados pelo Poder Judiciário:

I – nome completo do réu, pessoa natural ou jurídica, proibido o uso de abreviações;
II – nacionalidade;
III – estado civil;
IV – número do documento de identidade e órgão expedidor;
V – número de inscrição do CPF ou CNPJ;
VI – filiação da pessoa natural;
VII – residência ou domicílio, se pessoa natural, e sede, se pessoa jurídica;
VIII – data da distribuição do feito;
IX – tipo da ação;
X – Ofício do Registro de Distribuição ou Distribuidor Judicial competente; e
XI – resumo da sentença criminal absolutória ou condenatória, ou o seu arquivamento.

Art. 3º É obrigatória a comunicação pelos Órgãos e Juízos competentes, em consonância com a legislação de cada Estado-membro, aos Ofícios do Registro de Distribuição ou Distribuidores Judiciais do teor das sentenças criminais absolutórias ou condenatórias, para o devido registro e as anotações de praxe.

Art. 4º Os Registradores de feitos ajuizados responderão civil e criminalmente, na forma do disposto no inciso I do *caput* do art. 31 e no art. 32 da Lei nº 8.935, de 18 de novembro de 1994, por danos causados a terceiros, decorrentes da omissão em sua certificação das exigências contidas nesta Lei.

Art. 5º Esta Lei entra em vigor na data de sua publicação.

Brasília, 6 de julho de 2009;
188º da Independência e
121º da República.

José Alencar Gomes da Silva

LEI Nº 12.016, DE 7 DE AGOSTO DE 2009

Disciplina o mandado de segurança individual e coletivo e dá outras providências.

▶ Publicada no *DOU* de 10-8-2009.
▶ Arts. 5º, LXIX e LXX, 102, I, *d*, e II, *a*, 105, I, *b*, e II, *b*, 108, I, *c*, 109, VIII, e 121, § 4º, V, da CF.
▶ Lei nº 8.437, de 30-6-1992 (Lei de Medidas Cautelares).
▶ Lei nº 9.494, de 10-9-1997, dispõe sobre a aplicação da tutela antecipada contra a Fazenda Pública.
▶ Súmulas nºs 622 a 632 do STF.
▶ Súmulas nºs 41 e 460 do STJ.

Art. 1º Conceder-se-á mandado de segurança para proteger direito líquido e certo, não amparado por *habeas corpus* ou *habeas data*, sempre que, ilegalmente ou com abuso de poder, qualquer pessoa física ou jurídica sofrer violação ou houver justo receio de sofrê-la por parte de autoridade, seja de que categoria for e sejam quais forem as funções que exerça.

▶ Art. 5º, LXIX, da CF.
▶ Súm. nº 625 do STF.

§ 1º Equiparam-se às autoridades, para os efeitos desta Lei, os representantes ou órgãos de partidos políticos e os administradores de entidades autárquicas, bem como os dirigentes de pessoas jurídicas ou as pessoas naturais no exercício de atribuições do poder público, somente no que disser respeito a essas atribuições.

§ 2º Não cabe mandado de segurança contra os atos de gestão comercial praticados pelos administradores de empresas públicas, de sociedade de economia mista e de concessionárias de serviço público.

§ 3º Quando o direito ameaçado ou violado couber a várias pessoas, qualquer delas poderá requerer o mandado de segurança.

Art. 2º Considerar-se-á federal a autoridade coatora se as consequências de ordem patrimonial do ato contra o qual se requer o mandado houverem de ser suportadas pela União ou entidade por ela controlada.

Art. 3º O titular de direito líquido e certo decorrente de direito, em condições idênticas, de terceiro poderá impetrar mandado de segurança a favor do direito originário, se o seu titular não o fizer, no prazo de 30 (trinta) dias, quando notificado judicialmente.

Parágrafo único. O exercício do direito previsto no *caput* deste artigo submete-se ao prazo fixado no art. 23 desta Lei, contado da notificação.

Art. 4º Em caso de urgência, é permitido, observados os requisitos legais, impetrar mandado de segurança por telegrama, radiograma, fax ou outro meio eletrônico de autenticidade comprovada.

§ 1º Poderá o juiz, em caso de urgência, notificar a autoridade por telegrama, radiograma ou outro meio que assegure a autenticidade do documento e a imediata ciência pela autoridade.

▶ Art. 11 desta Lei.

§ 2º O texto original da petição deverá ser apresentado nos 5 (cinco) dias úteis seguintes.

§ 3º Para os fins deste artigo, em se tratando de documento eletrônico, serão observadas as regras da Infraestrutura de Chaves Públicas Brasileira – ICP-Brasil.

Art. 5º Não se concederá mandado de segurança quando se tratar:

I – de ato do qual caiba recurso administrativo com efeito suspensivo, independentemente de caução;

▶ Art. 5º, XXXV, da CF.
▶ Súm. nº 429 do STF.

II – de decisão judicial da qual caiba recurso com efeito suspensivo;

▶ Súm. nº 267 do STF.
▶ Súm. nº 202 do STJ.

III – de decisão judicial transitada em julgado.

▶ Súm. nº 268 do STF.

Parágrafo único. VETADO.

Art. 6º A petição inicial, que deverá preencher os requisitos estabelecidos pela lei processual, será apresentada em duas vias com os documentos que instruírem a primeira reproduzidos na segunda e indicará, além da autoridade coatora, a pessoa jurídica que esta integra, à qual se acha vinculada ou da qual exerce atribuições.

§ 1º No caso em que o documento necessário à prova do alegado se ache em repartição ou estabelecimento público ou em poder de autoridade que se recuse a fornecê-lo por certidão ou de terceiro, o juiz ordenará, preliminarmente, por ofício, a exibição desse documento em original ou em cópia autêntica e marcará, para o cumprimento da ordem, o prazo de 10 (dez) dias. O escrivão extrairá cópias do documento para juntá-las à segunda via da petição.

▶ Art. 399 do CPC.

§ 2º Se a autoridade que tiver procedido dessa maneira for a própria coatora, a ordem far-se-á no próprio instrumento da notificação.

§ 3º Considera-se autoridade coatora aquela que tenha praticado o ato impugnado ou da qual emane a ordem para a sua prática.

▶ Súm. nº 627 do STF.

§ 4º VETADO.

§ 5º Denega-se o mandado de segurança nos casos previstos pelo art. 267 da Lei nº 5.869, de 11 de janeiro de 1973 – Código de Processo Civil.

§ 6º O pedido de mandado de segurança poderá ser renovado dentro do prazo decadencial, se a decisão denegatória não lhe houver apreciado o mérito.

▶ Art. 23 desta Lei.

Art. 7º Ao despachar a inicial, o juiz ordenará:

I – que se notifique o coator do conteúdo da petição inicial, enviando-lhe a segunda via apresentada com as cópias dos documentos, a fim de que, no prazo de 10 (dez) dias, preste as informações;

▶ Art. 12 desta Lei.

II – que se dê ciência do feito ao órgão de representação judicial da pessoa jurídica interessada, enviando-lhe cópia da inicial sem documentos, para que, querendo, ingresse no feito;

III – que se suspenda o ato que deu motivo ao pedido, quando houver fundamento relevante e do ato impugnado puder resultar a ineficácia da medida, caso seja finalmente deferida, sendo facultado exigir do impetrante caução, fiança ou depósito, com o objetivo de assegurar o ressarcimento à pessoa jurídica.

▶ Art. 151, IV, do CTN.
▶ Súm. nº 405 do STF.

§ 1º Da decisão do juiz de primeiro grau que conceder ou denegar a liminar caberá agravo de instrumento, observado o disposto na Lei nº 5.869, de 11 de janeiro de 1973 – Código de Processo Civil.

§ 2º Não será concedida medida liminar que tenha por objeto a compensação de créditos tributários, a entrega de mercadorias e bens provenientes do exterior, a reclassificação ou equiparação de servidores públicos e a concessão de aumento ou a extensão de vantagens ou pagamento de qualquer natureza.

▶ Art. 170-A do CTN.
▶ Lei nº 2.770, de 4-5-1956, suprime a concessão de medidas liminares nas ações e procedimentos judiciais de qualquer natureza que visem à liberação de bens, mercadorias ou coisas de procedência estrangeira.
▶ Art. 1º, § 4º, da Lei nº 8.437, de 30-6-1992 (Lei de Medidas Cautelares).

▶ Art. 2º-B da Lei nº 9.494, de 10-9-1997, que disciplina a aplicação da tutela antecipada contra a Fazenda Pública.
▶ Súmulas nºs 212 e 213 do STJ.

§ 3º Os efeitos da medida liminar, salvo se revogada ou cassada, persistirão até a prolação da sentença.

§ 4º Deferida a medida liminar, o processo terá prioridade para julgamento.

§ 5º As vedações relacionadas com a concessão de liminares previstas neste artigo se estendem à tutela antecipada a que se referem os arts. 273 e 461 da Lei nº 5.869, de 11 de janeiro de 1973 – Código de Processo Civil.

Art. 8º Será decretada a perempção ou caducidade da medida liminar ex officio ou a requerimento do Ministério Público quando, concedida a medida, o impetrante criar obstáculo ao normal andamento do processo ou deixar de promover, por mais de 3 (três) dias úteis, os atos e as diligências que lhe cumprirem.

▶ Súm. nº 631 do STF.

Art. 9º As autoridades administrativas, no prazo de 48 (quarenta e oito) horas da notificação da medida liminar, remeterão ao Ministério ou órgão a que se acham subordinadas e ao Advogado-Geral da União ou a quem tiver a representação judicial da União, do Estado, do Município ou da entidade apontada como coatora cópia autenticada do mandado notificatório, assim como indicações e elementos outros necessários às providências a serem tomadas para a eventual suspensão da medida e defesa do ato apontado como ilegal ou abusivo de poder.

Art. 10. A inicial será desde logo indeferida, por decisão motivada, quando não for o caso de mandado de segurança ou lhe faltar algum dos requisitos legais ou quando decorrido o prazo legal para a impetração.

§ 1º Do indeferimento da inicial pelo juiz de primeiro grau caberá apelação e, quando a competência para o julgamento do mandado de segurança couber originariamente a um dos tribunais, do ato do relator caberá agravo para o órgão competente do tribunal que integre.

▶ Arts. 513 a 521 do CPC.
▶ Súm. nº 41 do STJ.

§ 2º O ingresso de litisconsorte ativo não será admitido após o despacho da petição inicial.

Art. 11. Feitas as notificações, o serventuário em cujo cartório corra o feito juntará aos autos cópia autêntica dos ofícios endereçados ao coator e ao órgão de representação judicial da pessoa jurídica interessada, bem como a prova da entrega a estes ou da sua recusa em aceitá-los ou dar recibo e, no caso do art. 4º desta Lei, a comprovação da remessa.

Art. 12. Findo o prazo a que se refere o inciso I do caput do art. 7º desta Lei, o juiz ouvirá o representante do Ministério Público, que opinará, dentro do prazo improrrogável de 10 (dez) dias.

Parágrafo único. Com ou sem o parecer do Ministério Público, os autos serão conclusos ao juiz, para a decisão, a qual deverá ser necessariamente proferida em 30 (trinta) dias.

Art. 13. Concedido o mandado, o juiz transmitirá em ofício, por intermédio do oficial do juízo, ou pelo correio, mediante correspondência com aviso de recebimento, o inteiro teor da sentença à autoridade coatora e à pessoa jurídica interessada.

Parágrafo único. Em caso de urgência, poderá o juiz observar o disposto no art. 4º desta Lei.

Art. 14. Da sentença, denegando ou concedendo o mandado, cabe apelação.

▶ Arts. 513 a 521 do CPC.
▶ Súm. nº 405 do STF.
▶ Súmulas nºs 169 e 177 do STJ.

§ 1º Concedida a segurança, a sentença estará sujeita obrigatoriamente ao duplo grau de jurisdição.

▶ Art. 475 do CPC.

§ 2º Estende-se à autoridade coatora o direito de recorrer.

§ 3º A sentença que conceder o mandado de segurança pode ser executada provisoriamente, salvo nos casos em que for vedada a concessão da medida liminar.

▶ Art. 7º, § 2º, desta Lei.
▶ Arts. 475-I, § 1º, e 475-O do CPC.

§ 4º O pagamento de vencimentos e vantagens pecuniárias assegurados em sentença concessiva de mandado de segurança a servidor público da administração direta ou autárquica federal, estadual e municipal somente será efetuado relativamente às prestações que se vencerem a contar da data do ajuizamento da inicial.

Art. 15. Quando, a requerimento de pessoa jurídica de direito público interessada ou do Ministério Público e para evitar grave lesão à ordem, à saúde, à segurança e à economia públicas, o presidente do tribunal ao qual couber o conhecimento do respectivo recurso suspender, em decisão fundamentada, a execução da liminar e da sentença, dessa decisão caberá agravo, sem efeito suspensivo, no prazo de 5 (cinco) dias, que será levado a julgamento na sessão seguinte à sua interposição.

▶ Art. 25 da Lei nº 8.038, de 28-5-1990, que institui normas procedimentais para os processos que especifica, perante o STJ e o STF.
▶ Art. 4º da Lei nº 8.437, de 30-6-1992 (Lei de Medidas Cautelares).
▶ Súm. nº 626 do STF.

§ 1º Indeferido o pedido de suspensão ou provido o agravo a que se refere o *caput* deste artigo, caberá novo pedido de suspensão ao presidente do tribunal competente para conhecer de eventual recurso especial ou extraordinário.

§ 2º É cabível também o pedido de suspensão a que se refere o § 1º deste artigo, quando negado provimento a agravo de instrumento interposto contra liminar a que se refere este artigo.

§ 3º A interposição de agravo de instrumento contra liminar concedida nas ações movidas contra o poder público e seus agentes não prejudica nem condiciona o julgamento do pedido de suspensão a que se refere este artigo.

§ 4º O presidente do tribunal poderá conferir ao pedido efeito suspensivo liminar se constatar, em juízo prévio, a plausibilidade do direito invocado e a urgência na concessão da medida.

§ 5º As liminares cujo objeto seja idêntico poderão ser suspensas em uma única decisão, podendo o presidente do tribunal estender os efeitos da suspensão a liminares supervenientes, mediante simples aditamento do pedido original.

Art. 16. Nos casos de competência originária dos tribunais, caberá ao relator a instrução do processo, sendo assegurada a defesa oral na sessão do julgamento.

▶ Súm. nº 624 do STF.

Parágrafo único. Da decisão do relator que conceder ou denegar a medida liminar caberá agravo ao órgão competente do tribunal que integre.

Art. 17. Nas decisões proferidas em mandado de segurança e nos respectivos recursos, quando não publicado, no prazo de 30 (trinta) dias, contado da data do julgamento, o acórdão será substituído pelas respectivas notas taquigráficas, independentemente de revisão.

Art. 18. Das decisões em mandado de segurança proferidas em única instância pelos tribunais cabe recurso especial e extraordinário, nos casos legalmente previstos, e recurso ordinário, quando a ordem for denegada.

▶ Arts. 102, III, e 105, III, da CF.
▶ Arts. 539 a 546 do CPC.
▶ Arts. 33 a 35 da Lei nº 8.038, de 28-5-1990, que institui normas procedimentais para os processos que especifica, perante o STJ e o STF.

Art. 19. A sentença ou o acórdão que denegar mandado de segurança, sem decidir o mérito, não impedirá que o requerente, por ação própria, pleiteie os seus direitos e os respectivos efeitos patrimoniais.

▶ Súmulas nºs 271 e 304 do STF.

Art. 20. Os processos de mandado de segurança e os respectivos recursos terão prioridade sobre todos os atos judiciais, salvo *habeas corpus*.

§ 1º Na instância superior, deverão ser levados a julgamento na primeira sessão que se seguir à data em que forem conclusos ao relator.

§ 2º O prazo para a conclusão dos autos não poderá exceder de 5 (cinco) dias.

Art. 21. O mandado de segurança coletivo pode ser impetrado por partido político com representação no Congresso Nacional, na defesa de seus interesses legítimos relativos a seus integrantes ou à finalidade partidária, ou por organização sindical, entidade de classe ou associação legalmente constituída e em funcionamento há, pelo menos, 1 (um) ano, em defesa de direitos líquidos e certos da totalidade, ou de parte, dos seus membros ou associados, na forma dos seus estatutos e desde que pertinentes às suas finalidades, dispensada, para tanto, autorização especial.

▶ Art. 5º, LXX, da CF.
▶ Súmulas nºs 629 e 630 do STF.

Parágrafo único. Os direitos protegidos pelo mandado de segurança coletivo podem ser:

I – coletivos, assim entendidos, para efeito desta Lei, os transindividuais, de natureza indivisível, de que seja titular grupo ou categoria de pessoas ligadas entre si ou com a parte contrária por uma relação jurídica básica;

II – individuais homogêneos, assim entendidos, para efeito desta Lei, os decorrentes de origem comum e da atividade ou situação específica da totalidade ou de parte dos associados ou membros do impetrante.

► Art. 2º-A da Lei nº 9.494, de 10-9-1997, que dispõe sobre a aplicação da tutela antecipada contra a Fazenda Pública.
► Súm. nº 630 do STF.

Art. 22. No mandado de segurança coletivo, a sentença fará coisa julgada limitadamente aos membros do grupo ou categoria substituídos pelo impetrante.

► Art. 2º-A da Lei nº 9.494, de 10-9-1997, que disciplina a aplicação da tutela antecipada contra a Fazenda Pública.

§ 1º O mandado de segurança coletivo não induz litispendência para as ações individuais, mas os efeitos da coisa julgada não beneficiarão o impetrante a título individual se não requerer a desistência de seu mandado de segurança no prazo de 30 (trinta) dias a contar da ciência comprovada da impetração da segurança coletiva.

§ 2º No mandado de segurança coletivo, a liminar só poderá ser concedida após a audiência do representante judicial da pessoa jurídica de direito público, que deverá se pronunciar no prazo de 72 (setenta e duas) horas.

► Art. 2º da Lei nº 8.437, de 30-6-1992 (Lei de Medidas Cautelares).

Art. 23. O direito de requerer mandado de segurança extinguir-se-á decorridos 120 (cento e vinte) dias, contados da ciência, pelo interessado, do ato impugnado.

► Art. 6º, § 6º, desta Lei.
► Súm. nº 632 do STF.

Art. 24. Aplicam-se ao mandado de segurança os arts. 46 a 49 da Lei nº 5.869, de 11 de janeiro de 1973 – Código de Processo Civil.

► Súm. nº 631 do STF.

Art. 25. Não cabem, no processo de mandado de segurança, a interposição de embargos infringentes e a condenação ao pagamento dos honorários advocatícios, sem prejuízo da aplicação de sanções no caso de litigância de má-fé.

► Súmulas nºs 294, 512 e 597 do STF.
► Súmulas nºs 105 e 169 do STJ.

Art. 26. Constitui crime de desobediência, nos termos do art. 330 do Decreto-Lei nº 2.848, de 7 de dezembro de 1940, o não cumprimento das decisões proferidas em mandado de segurança, sem prejuízo das sanções administrativas e da aplicação da Lei nº 1.079, de 10 de abril de 1950, quando cabíveis.

Art. 27. Os regimentos dos tribunais e, no que couber, as leis de organização judiciária deverão ser adaptados às disposições desta Lei no prazo de 180 (cento e oitenta) dias, contado da sua publicação.

Art. 28. Esta Lei entra em vigor na data de sua publicação.

Art. 29. Revogam-se as Leis nºs 1.533, de 31 de dezembro de 1951, 4.166, de 4 de dezembro de 1962, 4.348, de 26 de junho de 1964, 5.021, de 9 de junho de 1966; o art. 3º da Lei nº 6.014, de 27 de dezembro de 1973, o art. 1º da Lei nº 6.071, de 3 de julho de 1974, o art. 12 da Lei nº 6.978, de 19 de janeiro de 1982, e o art. 2º da Lei nº 9.259, de 9 de janeiro de 1996.

Brasília, 7 de agosto de 2009;
188º da Independência e
121º da República.

Luiz Inácio Lula da Silva

LEI Nº 12.030, DE 17 DE SETEMBRO DE 2009

Dispõe sobre as perícias oficiais e dá outras providências.

► Publicada no *DOU* de 18-9-2009.

Art. 1º Esta Lei estabelece normas gerais para as perícias oficiais de natureza criminal.

Art. 2º No exercício da atividade de perícia oficial de natureza criminal, é assegurado autonomia técnica, científica e funcional, exigido concurso público, com formação acadêmica específica, para o provimento do cargo de perito oficial.

Art. 3º Em razão do exercício das atividades de perícia oficial de natureza criminal, os peritos de natureza criminal estão sujeitos a regime especial de trabalho, observada a legislação específica de cada ente a que se encontrem vinculados.

Art. 4º VETADO.

Art. 5º Observado o disposto na legislação específica de cada ente a que o perito se encontra vinculado, são peritos de natureza criminal os peritos criminais, peritos médico-legistas e peritos odontolegistas com formação superior específica detalhada em regulamento, de acordo com a necessidade de cada órgão e por área de atuação profissional.

Art. 6º Esta Lei entra em vigor 90 (noventa) dias após a data de sua publicação.

Brasília, 17 de setembro de 2009;
188º da Independência e
121º da República.

Luiz Inácio Lula da Silva

LEI Nº 12.037, DE 1º DE OUTUBRO DE 2009

Dispõe sobre a identificação criminal do civilmente identificado, regulamentando o art. 5º, inciso LVIII, da Constituição Federal.

► Publicada no *DOU* de 2-10-2009.
► Art. 5º, LVIII, da CF.
► Art. 6º, VIII, do CPP.
► Art. 5º da Lei nº 9.034, de 3-5-1995 (Lei do Crime Organizado).

Art. 1º O civilmente identificado não será submetido a identificação criminal, salvo nos casos previstos nesta Lei.

Art. 2º A identificação civil é atestada por qualquer dos seguintes documentos:

I – carteira de identidade;
II – carteira de trabalho;

III – carteira profissional;
IV – passaporte;
V – carteira de identificação funcional;
VI – outro documento público que permita a identificação do indiciado.

Parágrafo único. Para as finalidades desta Lei, equiparam-se aos documentos de identificação civis os documentos de identificação militares.

Art. 3º Embora apresentado documento de identificação, poderá ocorrer identificação criminal quando:

I – o documento apresentar rasura ou tiver indício de falsificação;
II – o documento apresentado for insuficiente para identificar cabalmente o indiciado;
III – o indiciado portar documentos de identidade distintos, com informações conflitantes entre si;
IV – a identificação criminal for essencial às investigações policiais, segundo despacho da autoridade judiciária competente, que decidirá de ofício ou mediante representação da autoridade policial, do Ministério Público ou da defesa;
V – constar de registros policiais o uso de outros nomes ou diferentes qualificações;
VI – o estado de conservação ou a distância temporal ou da localidade da expedição do documento apresentado impossibilite a completa identificação dos caracteres essenciais.

Parágrafo único. As cópias dos documentos apresentados deverão ser juntadas aos autos do inquérito, ou outra forma de investigação, ainda que consideradas insuficientes para identificar o indiciado.

Art. 4º Quando houver necessidade de identificação criminal, a autoridade encarregada tomará as providências necessárias para evitar o constrangimento do identificado.

Art. 5º A identificação criminal incluirá o processo datiloscópico e o fotográfico, que serão juntados aos autos da comunicação da prisão em flagrante, ou do inquérito policial ou outra forma de investigação.

Parágrafo único. Na hipótese do inciso IV do art. 3º, a identificação criminal poderá incluir a coleta de material biológico para a obtenção do perfil genético.

▶ Parágrafo único acrescido pela Lei nº 12.654, de 28-5-2012, para vigorar 180 dias após a data da publicação (*DOU* de 29-5-2012).

***Art. 5º-A.** Os dados relacionados à coleta do perfil genético deverão ser armazenados em banco de dados de perfis genéticos, gerenciado por unidade oficial de perícia criminal.*

§ 1º As informações genéticas contidas nos bancos de dados de perfis genéticos não poderão revelar traços somáticos ou comportamentais das pessoas, exceto determinação genética de gênero, consoante as normas constitucionais e internacionais sobre direitos humanos, genoma humano e dados genéticos.

§ 2º Os dados constantes dos bancos de dados de perfis genéticos terão caráter sigiloso, respondendo civil, penal e administrativamente aquele que permitir ou promover sua utilização para fins diversos dos previstos nesta Lei ou em decisão judicial.

§ 3º As informações obtidas a partir da coincidência de perfis genéticos deverão ser consignadas em laudo pericial firmado por perito oficial devidamente habilitado.

▶ Art. 5º-A acrescido pela Lei nº 12.654, de 28-5-2012, para vigorar 180 dias após a data da publicação (*DOU* de 29-5-2012).

Art. 6º É vedado mencionar a identificação criminal do indiciado em atestados de antecedentes ou em informações não destinadas ao juízo criminal, antes do trânsito em julgado da sentença condenatória.

Art. 7º No caso de não oferecimento da denúncia, ou sua rejeição, ou absolvição, é facultado ao indiciado ou ao réu, após o arquivamento definitivo do inquérito, ou trânsito em julgado da sentença, requerer a retirada da identificação fotográfica do inquérito ou processo, desde que apresente provas de sua identificação civil.

***Art. 7º-A.** A exclusão dos perfis genéticos dos bancos de dados ocorrerá no término do prazo estabelecido em lei para a prescrição do delito.*

***Art. 7º-B.** A identificação do perfil genético será armazenada em banco de dados sigiloso, conforme regulamento a ser expedido pelo Poder Executivo.*

▶ Arts. 7º-A e 7º-B acrescidos pela Lei nº 12.654, de 28-5-2012, para vigorar 180 dias após a data da publicação (*DOU* de 29-5-2012).

Art. 8º Esta Lei entra em vigor na data de sua publicação.

Art. 9º Revoga-se a Lei nº 10.054, de 7 de dezembro de 2000.

Brasília, 1º de outubro de 2009;
188º da Independência e
121º da República.

José Alencar Gomes da Silva

DECRETO Nº 7.627, DE 24 DE NOVEMBRO DE 2011

Regulamenta a monitoração eletrônica de pessoas prevista no Decreto-Lei nº 3.689, de 3 de outubro de 1941 – Código de Processo Penal, e na Lei nº 7.210, de 11 de julho de 1984 – Lei de Execução Penal.

▶ Publicado no *DOU* de 25-11-2011.

Art. 1º Este Decreto regulamenta a monitoração eletrônica de pessoas prevista no inciso IX do art. 319 do Decreto-Lei nº 3.689, de 3 de outubro de 1941 – Código de Processo Penal, e nos arts. 146-B, 146-C e 146-D da Lei nº 7.210, de 11 de julho de 1984 – Lei de Execução Penal.

Art. 2º Considera-se monitoração eletrônica a vigilância telemática posicional à distância de pessoas presas sob medida cautelar ou condenadas por sentença transitada em julgado, executada por meios técnicos que permitam indicar a sua localização.

Art. 3º A pessoa monitorada deverá receber documento no qual constem, de forma clara e expressa, seus direitos e os deveres a que estará sujeita, o período de vigilância e os procedimentos a serem observados durante a monitoração.

Art. 4º A responsabilidade pela administração, execução e controle da monitoração eletrônica caberá aos órgãos de gestão penitenciária, cabendo-lhes ainda:

I – verificar o cumprimento dos deveres legais e das condições especificadas na decisão judicial que autorizar a monitoração eletrônica;

II – encaminhar relatório circunstanciado sobre a pessoa monitorada ao juiz competente na periodicidade estabelecida ou, a qualquer momento, quando por este determinado ou quando as circunstâncias assim o exigirem;

III – adequar e manter programas e equipes multiprofissionais de acompanhamento e apoio à pessoa monitorada condenada;

IV – orientar a pessoa monitorada no cumprimento de suas obrigações e auxiliá-la na reintegração social, se for o caso; e

V – comunicar, imediatamente, ao juiz competente sobre fato que possa dar causa à revogação da medida ou modificação de suas condições.

Parágrafo único. A elaboração e o envio de relatório circunstanciado poderão ser feitos por meio eletrônico certificado digitalmente pelo órgão competente.

Art. 5º O equipamento de monitoração eletrônica deverá ser utilizado de modo a respeitar a integridade física, moral e social da pessoa monitorada.

Art. 6º O sistema de monitoramento será estruturado de modo a preservar o sigilo dos dados e das informações da pessoa monitorada.

Art. 7º O acesso aos dados e informações da pessoa monitorada ficará restrito aos servidores expressamente autorizados que tenham necessidade de conhecê-los em virtude de suas atribuições.

Art. 8º Este Decreto entra em vigor na data de sua publicação.

Brasília, 24 de novembro de 2011;
190º da Independência e
123º da República.

Dilma Rousseff

NOVA

LEI Nº 12.663, DE 5 DE JUNHO DE 2012

Dispõe sobre as medidas relativas à Copa das Confederações FIFA 2013, à Copa do Mundo FIFA 2014 e a Jornada Mundial da Juventude – 2013, que serão realizadas no Brasil; altera as Leis nºs 6.815, de 19 de agosto de 1980, e 10.671, de 15 de maio de 2003; e estabelece concessão de prêmio e de auxílio especial mensal aos jogadores das seleções campeãs do mundo em 1958, 1962 e 1970.

(EXCERTOS)

▶ Publicada no *DOU* de 6-6-2012.
▶ Dec. nº 7.783, de 7-8-2012, regulamenta esta Lei.

Capítulo I
DISPOSIÇÕES PRELIMINARES

Art. 1º Esta Lei dispõe sobre as medidas relativas à Copa das Confederações FIFA 2013, à Copa do Mundo FIFA 2014 e aos eventos relacionados, que serão realizados no Brasil.

Art. 2º Para os fins desta Lei, serão observadas as seguintes definições:

I – *Fédération Internationale de Football Association* (FIFA): associação suíça de direito privado, entidade mundial que regula o esporte de futebol de associação, e suas subsidiárias não domiciliadas no Brasil;

II – Subsidiária FIFA no Brasil: pessoa jurídica de direito privado, domiciliada no Brasil, cujo capital social total pertence à FIFA;

III – Copa do Mundo FIFA 2014 – Comitê Organizador Brasileiro Ltda. (COL): pessoa jurídica de direito privado, reconhecida pela FIFA, constituída sob as leis brasileiras com o objetivo de promover a Copa das Confederações FIFA 2013 e a Copa do Mundo FIFA 2014, bem como os eventos relacionados;

IV – Confederação Brasileira de Futebol (CBF): associação brasileira de direito privado, sendo a associação nacional de futebol no Brasil;

V – Competições: a Copa das Confederações FIFA 2013 e a Copa do Mundo FIFA 2014;

VI – Eventos: as Competições e as seguintes atividades relacionadas às Competições, oficialmente organizadas, chanceladas, patrocinadas ou apoiadas pela FIFA, Subsidiárias FIFA no Brasil, COL ou CBF:

a) os congressos da FIFA, cerimônias de abertura, encerramento, premiação e outras cerimônias, sorteio preliminar, final e quaisquer outros sorteios, lançamentos de mascote e outras atividades de lançamento;

b) seminários, reuniões, conferências, *workshops* e coletivas de imprensa;

c) atividades culturais, concertos, exibições, apresentações, espetáculos ou outras expressões culturais, bem como os projetos Futebol pela Esperança (*Football for Hope*) ou projetos beneficentes similares;

d) partidas de futebol e sessões de treino; e

e) outras atividades consideradas relevantes para a realização, organização, preparação, *marketing*, divulgação, promoção ou encerramento das Competições;

VII – Confederações FIFA: as seguintes confederações:

a) Confederação Asiática de Futebol (*Asian Football Confederation* – AFC);

b) Confederação Africana de Futebol (*Confédération Africaine de Football* – CAF);

c) Confederação de Futebol da América do Norte, Central e Caribe (*Confederation of North, Central American and Caribbean Association Football* – Concacaf);

d) Confederação Sul-Americana de Futebol (*Confederación Sudamericana de Fútbol* – Conmebol);

e) Confederação de Futebol da Oceania (*Oceania Football Confederation* – OFC); e

f) União das Associações Europeias de Futebol (*Union des Associations Européennes de Football* – Uefa);

VIII – Associações Estrangeiras Membros da FIFA: as associações nacionais de futebol de origem estrangeira, oficialmente afiliadas à FIFA, participantes ou não das Competições;
IX – Emissora Fonte da FIFA: pessoa jurídica licenciada ou autorizada, com base em relação contratual, para produzir o sinal e o conteúdo audiovisual básicos ou complementares dos Eventos com o objetivo de distribuição no Brasil e no exterior para os detentores de direitos de mídia;
X – Prestadores de Serviços da FIFA: pessoas jurídicas licenciadas ou autorizadas, com base em relação contratual, para prestar serviços relacionados à organização e à produção dos Eventos, tais como:

a) coordenadores da FIFA na gestão de acomodações, de serviços de transporte, de programação de operadores de turismo e dos estoques de Ingressos;
b) fornecedores da FIFA de serviços de hospitalidade e de soluções de tecnologia da informação; e
c) outros prestadores licenciados ou autorizados pela FIFA para a prestação de serviços ou fornecimento de bens;

XI – Parceiros Comerciais da FIFA: pessoas jurídicas licenciadas ou autorizadas com base em qualquer relação contratual, em relação aos Eventos, bem como os seus subcontratados, com atividades relacionadas aos Eventos, excluindo as entidades referidas nos incisos III, IV e VII a X;
XII – Emissoras: pessoas jurídicas licenciadas ou autorizadas com base em relação contratual, seja pela FIFA, seja por nomeada ou licenciada pela FIFA, que adquiram o direito de realizar emissões ou transmissões, por qualquer meio de comunicação, do sinal e do conteúdo audiovisual básicos ou complementares de qualquer Evento, consideradas Parceiras Comerciais da FIFA;
XIII – Agência de Direitos de Transmissão: pessoa jurídica licenciada ou autorizada com base em relação contratual, seja pela FIFA, seja por nomeada ou autorizada pela FIFA, para prestar serviços de representação de vendas e nomeação de Emissoras, considerada Prestadora de Serviços da FIFA;
XIV – Locais Oficiais de Competição: locais oficialmente relacionados às Competições, tais como estádios, centros de treinamento, centros de mídia, centros de credenciamento, áreas de estacionamento, áreas para a transmissão de Partidas, áreas oficialmente designadas para atividades de lazer destinadas aos fãs, localizados ou não nas cidades que irão sediar as Competições, bem como qualquer local no qual o acesso seja restrito aos portadores de credenciais emitidas pela FIFA ou de Ingressos;
XV – Partida: jogo de futebol realizado como parte das Competições;
XVI – Períodos de Competição: espaço de tempo compreendido entre o 20º (vigésimo) dia anterior à realização da primeira Partida e o 5º (quinto) dia após a realização da última Partida de cada uma das Competições;
XVII – Representantes de Imprensa: pessoas naturais autorizadas pela FIFA, que recebam credenciais oficiais de imprensa relacionadas aos Eventos, cuja relação será divulgada com antecedência, observados os critérios previamente estabelecidos nos termos do § 1º do art. 13, podendo tal relação ser alterada com base nos mesmos critérios;

XVIII – Símbolos Oficiais: sinais visivelmente distintivos, emblemas, marcas, logomarcas, mascotes, lemas, hinos e qualquer outro símbolo de titularidade da FIFA; e
XIX – Ingressos: documentos ou produtos emitidos pela FIFA que possibilitam o ingresso em um Evento, inclusive pacotes de hospitalidade e similares.

Parágrafo único. A Emissora Fonte, os Prestadores de Serviços e os Parceiros Comerciais da FIFA referidos nos incisos IX, X e XI poderão ser autorizados ou licenciados diretamente pela FIFA ou por meio de uma de suas autorizadas ou licenciadas.

Capítulo VI

DAS CONDIÇÕES DE ACESSO E PERMANÊNCIA NOS LOCAIS OFICIAIS DE COMPETIÇÃO

Art. 28. São condições para o acesso e permanência de qualquer pessoa nos Locais Oficiais de Competição, entre outras:

I – estar na posse de Ingresso ou documento de credenciamento, devidamente emitido pela FIFA ou pessoa ou entidade por ela indicada;
II – não portar objeto que possibilite a prática de atos de violência;
III – consentir na revista pessoal de prevenção e segurança;
IV – não portar ou ostentar cartazes, bandeiras, símbolos ou outros sinais com mensagens ofensivas, de caráter racista, xenófobo ou que estimulem outras formas de discriminação;
V – não entoar xingamentos ou cânticos discriminatórios, racistas ou xenófobos;
VI – não arremessar objetos, de qualquer natureza, no interior do recinto esportivo;
VII – não portar ou utilizar fogos de artifício ou quaisquer outros engenhos pirotécnicos ou produtores de efeitos análogos, inclusive instrumentos dotados de raios *laser* ou semelhantes, ou que os possam emitir, exceto equipe autorizada pela FIFA, pessoa ou entidade por ela indicada para fins artísticos;
VIII – não incitar e não praticar atos de violência, qualquer que seja a sua natureza;
IX – não invadir e não incitar a invasão, de qualquer forma, da área restrita aos competidores, Representantes de Imprensa, autoridades ou equipes técnicas; e
X – não utilizar bandeiras, inclusive com mastro de bambu ou similares, para outros fins que não o da manifestação festiva e amigável.

§ 1º É ressalvado o direito constitucional ao livre exercício de manifestação e à plena liberdade de expressão em defesa da dignidade da pessoa humana.

§ 2º O não cumprimento de condição estabelecida neste artigo implicará a impossibilidade de ingresso da pessoa no Local Oficial de Competição ou o seu afastamento imediato do recinto, sem prejuízo de outras sanções administrativas, civis ou penais.

Capítulo VII

DAS CAMPANHAS SOCIAIS NAS COMPETIÇÕES

Art. 29. O poder público poderá adotar providências visando à celebração de acordos com a FIFA, com vistas à:

I – divulgação, nos Eventos:

a) de campanha com o tema social "Por um mundo sem armas, sem drogas, sem violência e sem racismo";
b) de campanha pelo trabalho decente; e
c) dos pontos turísticos brasileiros;

II – efetivação de aplicação voluntária pela referida entidade de recursos oriundos dos Eventos, para:

a) a construção de centros de treinamento de atletas de futebol, conforme os requisitos determinados na alínea d do inciso II do § 2º do art. 29 da Lei nº 9.615, de 24 de março de 1998;
b) o incentivo para a prática esportiva das pessoas com deficiência; e
c) o apoio às pesquisas específicas de tratamento das doenças raras;

III – divulgação da importância do combate ao racismo no futebol e da promoção da igualdade racial nos empregos gerados pela Copa do Mundo.

Capítulo VIII

DISPOSIÇÕES PENAIS

Utilização indevida de Símbolos Oficiais

Art. 30. Reproduzir, imitar, falsificar ou modificar indevidamente quaisquer Símbolos Oficiais de titularidade da FIFA:

Pena – detenção, de 3 (três) meses a 1 (um) ano ou multa.

Art. 31. Importar, exportar, vender, distribuir, oferecer ou expor à venda, ocultar ou manter em estoque Símbolos Oficiais ou produtos resultantes da reprodução, imitação, falsificação ou modificação não autorizadas de Símbolos Oficiais para fins comerciais ou de publicidade:

Pena – detenção, de 1 (um) a 3 (três) meses ou multa.

Marketing de Emboscada por Associação

Art. 32. Divulgar marcas, produtos ou serviços, com o fim de alcançar vantagem econômica ou publicitária, por meio de associação direta ou indireta com os Eventos ou Símbolos Oficiais, sem autorização da FIFA ou de pessoa por ela indicada, induzindo terceiros a acreditar que tais marcas, produtos ou serviços são aprovados, autorizados ou endossados pela FIFA:

Pena – detenção, de 3 (três) meses a 1 (um) ano ou multa.

Parágrafo único. Na mesma pena incorre quem, sem autorização da FIFA ou de pessoa por ela indicada, vincular o uso de Ingressos, convites ou qualquer espécie de autorização de acesso aos Eventos a ações de publicidade ou atividade comerciais, com o intuito de obter vantagem econômica.

Marketing de Emboscada por Intrusão

Art. 33. Expor marcas, negócios, estabelecimentos, produtos, serviços ou praticar atividade promocional, não autorizados pela FIFA ou por pessoa por ela indicada, atraindo de qualquer forma a atenção pública nos locais da ocorrência dos Eventos, com o fim de obter vantagem econômica ou publicitária:

Pena – detenção, de 3 (três) meses a 1 (um) ano ou multa.

Art. 34. Nos crimes previstos neste Capítulo, somente se procede mediante representação da FIFA.

Art. 35. Na fixação da pena de multa prevista neste Capítulo e nos arts. 41-B a 41-G da Lei nº 10.671, de 15 de maio de 2003, quando os delitos forem relacionados às Competições, o limite a que se refere o § 1º do art. 49 do Decreto-Lei nº 2.848, de 7 de dezembro de 1940 (Código Penal), pode ser acrescido ou reduzido em até 10 (dez) vezes, de acordo com as condições financeiras do autor da infração e da vantagem indevidamente auferida.

Art. 36. Os tipos penais previstos neste Capítulo terão vigência até o dia 31 de dezembro de 2014.

Capítulo X

DISPOSIÇÕES FINAIS

Art. 51. A União será obrigatoriamente intimada nas causas demandadas contra a FIFA, as Subsidiárias FIFA no Brasil, seus representantes legais, empregados ou consultores, cujo objeto verse sobre as hipóteses estabelecidas nos arts. 22 e 23, para que informe se possui interesse de integrar a lide.

Art. 52. As controvérsias entre a União e a FIFA, Subsidiárias FIFA no Brasil, seus representantes legais, empregados ou consultores, cujo objeto verse sobre os Eventos, poderão ser resolvidas pela Advocacia-Geral da União, em sede administrativa, mediante conciliação, se conveniente à União e às demais pessoas referidas neste artigo.

Parágrafo único. A validade de Termo de Conciliação que envolver o pagamento de indenização será condicionada:

I – à sua homologação pelo Advogado-Geral da União; e
II – à sua divulgação, previamente à homologação, mediante publicação no *Diário Oficial da União* e a manutenção de seu inteiro teor, por prazo mínimo de 5 (cinco) dias úteis, na página da Advocacia-Geral da União na internet.

Art. 53. A FIFA, as Subsidiárias FIFA no Brasil, seus representantes legais, consultores e empregados são isentos do adiantamento de custas, emolumentos, caução, honorários periciais e quaisquer outras despesas devidas aos órgãos da Justiça Federal, da Justiça do Trabalho, da Justiça Militar da União, da Justiça Eleitoral e da Justiça do Distrito Federal e Territórios, em qualquer instância, e aos tribunais superiores, assim como não serão condenados em custas e despesas processuais, salvo comprovada má-fé.

Art. 54. A União colaborará com o Distrito Federal, com os Estados e com os Municípios que sediarão as Competições, e com as demais autoridades competentes, para assegurar que, durante os Períodos de Competição, os Locais Oficiais de Competição, em especial os estádios, onde sejam realizados os Eventos, estejam disponíveis, inclusive quanto ao uso de seus assentos, para uso exclusivo da FIFA.

Art. 55. A União, observadas a Lei Complementar nº 101, de 4 de maio de 2000, e as responsabilidades definidas em instrumento próprio, promoverá a disponibilização para a realização dos Eventos, sem qualquer custo para o seu Comitê Organizador, de serviços de sua competência relacionados, entre outros, a:

I – segurança;
II – saúde e serviços médicos;
III – vigilância sanitária; e
IV – alfândega e imigração.

§ 1º Observada a disposição do caput, a União, por meio da administração pública federal direta ou indireta, poderá disponibilizar, através de instrumento próprio, os serviços de telecomunicação necessários para a realização dos Eventos.

§ 2º É dispensável a licitação para a contratação, pela administração pública federal direta ou indireta, da TELEBRAS ou de empresa por ela controlada, para realizar os serviços previstos no § 1º.

▶ §§ 1º e 2º acrescidos pela MP nº 600, de 28-12-2012, que até o encerramento desta edição não havia sido convertida em Lei.

Art. 56. Durante a Copa do Mundo FIFA 2014 de Futebol, a União poderá declarar feriados nacionais os dias em que houver jogo da Seleção Brasileira de Futebol.

Parágrafo único. Os Estados, o Distrito Federal e os Municípios que sediarão os Eventos poderão declarar feriado ou ponto facultativo os dias de sua ocorrência em seu território.

Art. 57. O serviço voluntário que vier a ser prestado por pessoa física para auxiliar a FIFA, a Subsidiária FIFA no Brasil ou o COL na organização e realização dos Eventos constituirá atividade não remunerada e atenderá ao disposto neste artigo.

§ 1º O serviço voluntário referido no caput:

I – não gera vínculo empregatício, nem obrigação de natureza trabalhista, previdenciária ou afim para o tomador do serviço voluntário; e

II – será exercido mediante a celebração de termo de adesão entre a entidade contratante e o voluntário, dele devendo constar o objeto e as condições de seu exercício.

§ 2º A concessão de meios para a prestação do serviço voluntário, a exemplo de transporte, alimentação e uniformes, não descaracteriza a gratuidade do serviço voluntário.

§ 3º O prestador do serviço voluntário poderá ser ressarcido pelas despesas que comprovadamente realizar no desempenho das atividades voluntárias, desde que expressamente autorizadas pela entidade a que for prestado o serviço voluntário.

Art. 58. O serviço voluntário que vier a ser prestado por pessoa física a entidade pública de qualquer natureza ou instituição privada de fins não lucrativos, para os fins de que trata esta Lei, observará o disposto na Lei nº 9.608, de 18 de fevereiro de 1998.

Arts. 59 e 60. VETADOS.

Art. 61. Durante a realização dos Eventos, respeitadas as peculiaridades e condicionantes das operações militares, fica autorizado o uso de Aeródromos Militares para embarque e desembarque de passageiros e cargas, trânsito e estacionamento de aeronaves civis, ouvidos o Ministério da Defesa e demais órgãos do setor aéreo brasileiro, mediante Termo de Cooperação próprio, que deverá prever recursos para o custeio das operações aludidas.

Art. 62. As autoridades aeronáuticas deverão estimular a utilização dos aeroportos nas cidades limítrofes dos Municípios que sediarão os Eventos.

Parágrafo único. Aplica-se o disposto no art. 22 da Lei nº 6.815, de 19 de agosto de 1980, à entrada de estrangeiro no território nacional fazendo uso de Aeródromos Militares.

Art. 63. Os procedimentos previstos para a emissão de vistos de entrada estabelecidos nesta Lei serão também adotados para a organização da Jornada Mundial da Juventude – 2013, conforme regulamentado por meio de ato do Poder Executivo.

Parágrafo único. As disposições sobre a prestação de serviço voluntário constante do art. 57 também poderão ser adotadas para a organização da Jornada Mundial da Juventude – 2013.

Art. 64. Em 2014, os sistemas de ensino deverão ajustar os calendários escolares de forma que as férias escolares decorrentes do encerramento das atividades letivas do primeiro semestre do ano, nos estabelecimentos de ensino das redes pública e privada, abranjam todo o período entre a abertura e o encerramento da Copa do Mundo FIFA 2014 de Futebol.

Art. 65. Será concedido Selo de Sustentabilidade pelo Ministério do Meio Ambiente às empresas e entidades fornecedoras dos Eventos que apresentem programa de sustentabilidade com ações de natureza econômica, social e ambiental, conforme normas e critérios por ele estabelecidos.

Art. 66. Aplicam-se subsidiariamente as disposições das Leis nos 9.279, de 14 de maio de 1996, 9.609, de 19 de fevereiro de 1998, e 9.610, de 19 de fevereiro de 1998.

Art. 67. Aplicam-se subsidiariamente às Competições, no que couber e exclusivamente em relação às pessoas jurídicas ou naturais brasileiras, exceto às subsidiárias FIFA no Brasil e ao COL, as disposições da Lei nº 9.615, de 24 de março de 1998.

Art. 68. Aplicam-se a essas Competições, no que couberem, as disposições da Lei nº 10.671, de 15 de maio de 2003.

§ 1º Excetua-se da aplicação supletiva constante do caput deste artigo o disposto nos arts. 13-A a 17, 19 a 22, 24 e 27, no § 2º do art. 28, nos arts. 31-A, 32 e 37 e nas disposições constantes dos Capítulos II, III, VIII, IX e X da referida Lei.

§ 2º Para fins da realização das Competições, a aplicação do disposto nos arts. 2º-A, 39-A e 39-B da Lei nº 10.671, de 15 de maio de 2003, fica restrita às pessoas jurídicas de direito privado ou existentes de fato, constituídas ou sediadas no Brasil.

Art. 69. Aplicam-se, no que couber, às Subsidiárias FIFA no Brasil e ao COL, as disposições relativas à FIFA previstas nesta Lei.

Art. 70. A prestação dos serviços de segurança privada nos Eventos obedecerá a legislação pertinente e as orientações normativas da Polícia Federal quanto à autorização de funcionamento das empresas contratadas e à capacitação dos seus profissionais.

Art. 71. Esta Lei entra em vigor na data de sua publicação.

Parágrafo único. As disposições constantes dos arts. 37 a 47 desta Lei somente produzirão efeitos a partir de 1º de janeiro de 2013.

Brasília, 5 de junho de 2012;
191º da Independência e
124º da República.

Dilma Rousseff

LEI Nº 12.694, DE 24 DE JULHO DE 2012

Dispõe sobre o processo e o julgamento colegiado em primeiro grau de jurisdição de crimes praticados por organizações criminosas; altera o Decreto-Lei nº 2.848, de 7 de dezembro de 1940 – Código Penal, o Decreto-Lei nº 3.689, de 3 de outubro de 1941 – Código de Processo Penal, e as Leis nºˢ 9.503, de 23 de setembro de 1997 – Código de Trânsito Brasileiro, e 10.826, de 22 de dezembro de 2003; e dá outras providências.

▶ Publicada no *DOU* de 25-7-2012.

Art. 1º Em processos ou procedimentos que tenham por objeto crimes praticados por organizações criminosas, o juiz poderá decidir pela formação de colegiado para a prática de qualquer ato processual, especialmente:

I – decretação de prisão ou de medidas assecuratórias;
II – concessão de liberdade provisória ou revogação de prisão;
III – sentença;
IV – progressão ou regressão de regime de cumprimento de pena;
V – concessão de liberdade condicional;
VI – transferência de preso para estabelecimento prisional de segurança máxima; e
VII – inclusão do preso no regime disciplinar diferenciado.

§ 1º O juiz poderá instaurar o colegiado, indicando os motivos e as circunstâncias que acarretam risco à sua integridade física em decisão fundamentada, da qual será dado conhecimento ao órgão correicional.

§ 2º O colegiado será formado pelo juiz do processo e por 2 (dois) outros juízes escolhidos por sorteio eletrônico dentre aqueles de competência criminal em exercício no primeiro grau de jurisdição.

§ 3º A competência do colegiado limita-se ao ato para o qual foi convocado.

§ 4º As reuniões poderão ser sigilosas sempre que houver risco de que a publicidade resulte em prejuízo à eficácia da decisão judicial.

§ 5º A reunião do colegiado composto por juízes domiciliados em cidades diversas poderá ser feita pela via eletrônica.

§ 6º As decisões do colegiado, devidamente fundamentadas e firmadas, sem exceção, por todos os seus integrantes, serão publicadas sem qualquer referência a voto divergente de qualquer membro.

§ 7º Os tribunais, no âmbito de suas competências, expedirão normas regulamentando a composição do colegiado e os procedimentos a serem adotados para o seu funcionamento.

Art. 2º Para os efeitos desta Lei, considera-se organização criminosa a associação, de 3 (três) ou mais pessoas, estruturalmente ordenada e caracterizada pela divisão de tarefas, ainda que informalmente, com objetivo de obter, direta ou indiretamente, vantagem de qualquer natureza, mediante a prática de crimes cuja pena máxima seja igual ou superior a 4 (quatro) anos ou que sejam de caráter transnacional.

Art. 3º Os tribunais, no âmbito de suas competências, são autorizados a tomar medidas para reforçar a segurança dos prédios da Justiça, especialmente:

I – controle de acesso, com identificação, aos seus prédios, especialmente aqueles com varas criminais, ou às áreas dos prédios com varas criminais;
II – instalação de câmeras de vigilância nos seus prédios, especialmente nas varas criminais e áreas adjacentes;
III – instalação de aparelhos detectores de metais, aos quais se devem submeter todos que queiram ter acesso aos seus prédios, especialmente às varas criminais ou às respectivas salas de audiência, ainda que exerçam qualquer cargo ou função pública, ressalvados os integrantes de missão policial, a escolta de presos e os agentes ou inspetores de segurança próprios.

Art. 4º O art. 91 do Decreto-Lei nº 2.848, de 7 de dezembro de 1940 – Código Penal, passa a vigorar acrescido dos seguintes §§ 1º e 2º:

"Art. 91. ....

§ 1º Poderá ser decretada a perda de bens ou valores equivalentes ao produto ou proveito do crime quando estes não forem encontrados ou quando se localizarem no exterior.

§ 2º Na hipótese do § 1º, as medidas assecuratórias previstas na legislação processual poderão abranger bens ou valores equivalentes do investigado ou acusado para posterior decretação de perda."

Art. 5º O Decreto-Lei nº 3.689, de 3 de outubro de 1941 – Código de Processo Penal, passa a vigorar acrescido do seguinte art. 144-A:

"Art. 144-A. O juiz determinará a alienação antecipada para preservação do valor dos bens sempre que estiverem sujeitos a qualquer grau de deterioração ou depreciação, ou quando houver dificuldade para sua manutenção.

§ 1º O leilão far-se-á preferencialmente por meio eletrônico.

§ 2º Os bens deverão ser vendidos pelo valor fixado na avaliação judicial ou por valor maior. Não alcançado o valor estipulado pela administração judicial, será realizado novo leilão, em até 10 (dez) dias contados da realização do primeiro, podendo os bens ser alienados por valor não inferior a 80% (oitenta por cento) do estipulado na avaliação judicial.

§ 3º O produto da alienação ficará depositado em conta vinculada ao juízo até a decisão final do processo, procedendo-se à sua conversão em renda para a União, Estado ou Distrito Federal, no caso de condenação, ou, no caso de absolvição, à sua devolução ao acusado.

§ 4º Quando a indisponibilidade recair sobre dinheiro, inclusive moeda estrangeira, títulos, valores mobiliários ou cheques emitidos como ordem de pagamento, o juízo determinará a conversão do numerário apreendido em moeda nacional corrente e o depósito dos correspondentes quantias em conta judicial.

§ 5º No caso da alienação de veículos, embarcações ou aeronaves, o juiz ordenará à autoridade de trânsito ou ao equivalente órgão de registro e controle a expedição de certificado de registro e licenciamento em favor do arrematante, ficando este livre do pagamento de multas, encargos e tributos anteriores, sem prejuízo de execução fiscal em relação ao antigo proprietário.

§ 6º O valor dos títulos da dívida pública, das ações das sociedades e dos títulos de crédito negociáveis em bolsa será o da cotação oficial do dia, provada por certidão ou publicação no órgão oficial.

§ 7º VETADO."

Art. 6º O art. 115 da Lei nº 9.503, de 23 de setembro de 1997 – Código de Trânsito Brasileiro, passa a vigorar acrescido do seguinte § 7º:

"Art. 115. ....
....

§ 7º Excepcionalmente, mediante autorização específica e fundamentada das respectivas corregedorias e com a devida comunicação aos órgãos de trânsito competentes, os veículos utilizados por membros do Poder Judiciário e do Ministério Público que exerçam competência ou atribuição criminal poderão temporariamente ter placas especiais, de forma a impedir a identificação de seus usuários específicos, na forma de regulamento a ser emitido, conjuntamente, pelo Conselho Nacional de Justiça – CNJ, pelo Conselho Nacional do Ministério Público – CNMP e pelo Conselho Nacional de Trânsito – CONTRAN."

Art. 7º O art. 6º da Lei nº 10.826, de 22 de dezembro de 2003, passa a vigorar acrescido do seguinte inciso XI:

"Art. 6º ....
....

XI – os tribunais do Poder Judiciário descritos no art. 92 da Constituição Federal e os Ministérios Públicos da União e dos Estados, para uso exclusivo de servidores de seus quadros pessoais que efetivamente estejam no exercício de funções de segurança, na forma de regulamento a ser emitido pelo Conselho Nacional de Justiça – CNJ e pelo Conselho Nacional do Ministério Público – CNMP.
...."

Art. 8º A Lei nº 10.826, de 22 de dezembro de 2003, passa a vigorar acrescida do seguinte art. 7º-A:

"Art. 7º-A. As armas de fogo utilizadas pelos servidores das instituições descritas no inciso XI do art. 6º serão de propriedade, responsabilidade e guarda das respectivas instituições, somente podendo ser utilizadas quando em serviço, devendo estas observar as condições de uso e de armazenagem estabelecidas pelo órgão competente, sendo o certificado de registro e a autorização de porte expedidos pela Polícia Federal em nome da instituição.

§ 1º A autorização para o porte de arma de fogo de que trata este artigo independe do pagamento de taxa.

§ 2º O presidente do tribunal ou o chefe do Ministério Público designará os servidores de seus quadros pessoais no exercício de funções de segurança que poderão portar arma de fogo, respeitado o limite máximo de 50% (cinquenta por cento) do número de servidores que exerçam funções de segurança.

§ 3º O porte de arma pelos servidores das instituições de que trata este artigo fica condicionado à apresentação de documentação comprobatória do preenchimento dos requisitos constantes do art. 4º desta Lei, bem como à formação funcional em estabelecimentos de ensino de atividade policial e à existência de mecanismos de fiscalização e de controle interno, nas condições estabelecidas no regulamento desta Lei.

§ 4º A listagem dos servidores das instituições de que trata este artigo deverá ser atualizada semestralmente no SINARM.

§ 5º As instituições de que trata este artigo são obrigadas a registrar ocorrência policial e a comunicar à Polícia Federal eventual perda, furto, roubo ou outras formas de extravio de armas de fogo, acessórios e munições que estejam sob sua guarda, nas primeiras 24 (vinte e quatro) horas depois de ocorrido o fato."

Art. 9º Diante de situação de risco, decorrente do exercício da função, das autoridades judiciais ou membros do Ministério Público e de seus familiares, o fato será comunicado à polícia judiciária, que avaliará a necessidade, o alcance e os parâmetros da proteção pessoal.

§ 1º A proteção pessoal será prestada de acordo com a avaliação realizada pela polícia judiciária e após a comunicação à autoridade judicial ou ao membro do Ministério Público, conforme o caso:

I – pela própria polícia judiciária;
II – pelos órgãos de segurança institucional;
III – por outras forças policiais;
IV – de forma conjunta pelos citados nos incisos I, II e III.

§ 2º Será prestada proteção pessoal imediata nos casos urgentes, sem prejuízo da adequação da medida, segundo a avaliação a que se referem o *caput* e o § 1º deste artigo.

§ 3º A prestação de proteção pessoal será comunicada ao Conselho Nacional de Justiça ou ao Conselho Nacional do Ministério Público, conforme o caso.

§ 4º Verificado o descumprimento dos procedimentos de segurança definidos pela polícia judiciária, esta encaminhará relatório ao Conselho Nacional de Justiça – CNJ ou ao Conselho Nacional do Ministério Público – CNMP.

Art. 10. Esta Lei entra em vigor após decorridos 90 (noventa) dias de sua publicação oficial.

Brasília, 24 de julho de 2012;
191º da Independência e
124º da República.

Dilma Rousseff

LEI Nº 12.714,
DE 14 DE SETEMBRO DE 2012

Dispõe sobre o sistema de acompanhamento da execução das penas, da prisão cautelar e da medida de segurança.

▶ Publicada no *DOU* de 17-9-2012.

Art. 1º Os dados e as informações da execução da pena, da prisão cautelar e da medida de segurança deverão ser mantidos e atualizados em sistema informatizado de acompanhamento da execução da pena.

§ 1º Os sistemas informatizados de que trata o *caput* serão, preferencialmente, de tipo aberto.

§ 2º Considera-se sistema ou programa aberto aquele cuja licença de uso não restrinja sob nenhum aspecto a sua cessão, distribuição, utilização ou modificação, assegurando ao usuário o acesso irrestrito e sem custos adicionais ao seu código fonte e documentação associada, permitindo a sua modificação parcial ou total, garantindo-se os direitos autorais do programador.

§ 3º Os dados e as informações previstos no *caput* serão acompanhados pelo magistrado, pelo representante do Ministério Público e pelo defensor e estarão disponíveis à pessoa presa ou custodiada.

§ 4º O sistema de que trata o *caput* deverá permitir o cadastramento do defensor, dos representantes dos conselhos penitenciários estaduais e do Distrito Federal e dos conselhos da comunidade para acesso aos dados e informações.

Art. 2º O sistema previsto no art. 1º deverá conter o registro dos seguintes dados e informações:

I – nome, filiação, data de nascimento e sexo;
II – data da prisão ou da internação;
III – comunicação da prisão à família e ao defensor;
IV – tipo penal e pena em abstrato;
V – tempo de condenação ou da medida aplicada;
VI – dias de trabalho ou estudo;
VII – dias remidos;
VIII – atestado de comportamento carcerário expedido pelo diretor do estabelecimento prisional;
IX – faltas graves;
X – exame de cessação de periculosidade, no caso de medida de segurança; e
XI – utilização de equipamento de monitoração eletrônica pelo condenado.

Art. 3º O lançamento dos dados ou das informações de que trata o art. 2º ficará sob a responsabilidade:

I – da autoridade policial, por ocasião da prisão, quanto ao disposto nos incisos I a IV do *caput* do art. 2º;
II – do magistrado que proferir a decisão ou acórdão, quanto ao disposto nos incisos V, VII e XI do *caput* do art. 2º;
III – do diretor do estabelecimento prisional, quanto ao disposto nos incisos VI, VIII e IX do *caput* do art. 2º; e
IV – do diretor da unidade de internação, quanto ao disposto no inciso X do *caput* do art. 2º.

Parágrafo único. Os dados e informações previstos no inciso II do *caput* do art. 2º poderão, a qualquer momento, ser revistos pelo magistrado.

Art. 4º O sistema referido no art. 1º deverá conter ferramentas que:

I – informem as datas estipuladas para:

a) conclusão do inquérito;
b) oferecimento da denúncia;
c) obtenção da progressão de regime;
d) concessão do livramento condicional;
e) realização do exame de cessação de periculosidade; e
f) enquadramento nas hipóteses de indulto ou de comutação de pena;

II – calculem a remição da pena; e
III – identifiquem a existência de outros processos em que tenha sido determinada a prisão do réu ou acusado.

§ 1º O sistema deverá ser programado para informar tempestiva e automaticamente, por aviso eletrônico, as datas mencionadas no inciso I do *caput*:

I – ao magistrado responsável pela investigação criminal, processo penal ou execução da pena ou cumprimento da medida de segurança;
II – ao Ministério Público; e
III – ao defensor.

§ 2º Recebido o aviso previsto no § 1º, o magistrado verificará o cumprimento das condições legalmente previstas para soltura ou concessão de outros benefícios à pessoa presa ou custodiada e dará vista ao Ministério Público.

Art. 5º O Poder Executivo federal instituirá sistema nacional, visando à interoperabilidade das bases de dados e informações dos sistemas informatizados instituídos pelos Estados e pelo Distrito Federal.

Parágrafo único. A União poderá apoiar os Estados e o Distrito Federal no desenvolvimento, implementação e adequação de sistemas próprios que permitam interoperabilidade com o sistema nacional de que trata o *caput*.

Art. 6º Esta Lei entra em vigor após decorridos 365 (trezentos e sessenta e cinco) dias de sua publicação oficial.

Brasília, 14 de setembro de 2012;
191º da Independência e
124º da República.

Dilma Rousseff

LEI Nº 12.735, DE 30 DE NOVEMBRO DE 2012

Altera o Decreto-Lei nº 2.848, de 7 de dezembro de 1940 – Código Penal, o Decreto-Lei nº 1.001, de 21 de outubro de 1969 – Código Penal Militar, e a Lei nº 7.716, de 5 de janeiro de 1989, para tipificar condutas realizadas mediante uso de sistema eletrônico, digital ou similares, que sejam praticadas contra sistemas informatizados e similares; e dá outras providências.

▶ Publicada no *DOU* de 3-12-2012.

Art. 1º Esta Lei altera o Decreto-Lei nº 2.848, de 7 de dezembro de 1940 – Código Penal, o Decreto-Lei nº 1.001, de 21 de outubro de 1969 – Código Penal Militar, e a Lei nº 7.716, de 5 de janeiro de 1989, para tipificar condutas realizadas mediante uso de sistema eletrônico, digital ou similares, que sejam praticadas contra sistemas informatizados e similares; e dá outras providências.

Arts. 2º e 3º VETADOS.

Art. 4º Os órgãos da polícia judiciária estruturarão, nos termos de regulamento, setores e equipes especializadas no combate à ação delituosa em rede de computadores, dispositivo de comunicação ou sistema informatizado.

Art. 5º O inciso II do § 3º do art. 20 da Lei nº 7.716, de 5 de janeiro de 1989, passa a vigorar com a seguinte redação:

"Art. 20. ....
....
§ 3º ....
....
II – a cessação das respectivas transmissões radiofônicas, televisivas, eletrônicas ou da publicação por qualquer meio;
.... "

Art. 6º Esta Lei entra em vigor após decorridos 120 (cento e vinte) dias de sua publicação oficial.

Brasília, 30 de novembro de 2012;
191º da Independência e
124º da República.

Dilma Rousseff

Súmulas

SÚMULAS VINCULANTES DO SUPREMO TRIBUNAL FEDERAL

1. Ofende a garantia constitucional do ato jurídico perfeito a decisão que, sem ponderar as circunstâncias do caso concreto, desconsidera a validez e a eficácia de acordo constante de termo de adesão instituído pela Lei Complementar nº 110/2001.

▶ Publicada no *DOU* de 6-6-2007.
▶ Art. 5º, XXXVI, da CF.
▶ LC nº 110, de 29-6-2001, institui contribuições sociais, autoriza créditos de complementos de atualização monetária em contas vinculadas do FGTS.

2. É inconstitucional a lei ou ato normativo estadual ou distrital que disponha sobre sistemas de consórcios e sorteios, inclusive bingos e loterias.

▶ Publicada no *DOU* de 6-6-2007.
▶ Art. 22, XX, da CF.

3. Nos processos perante o Tribunal de Contas da União asseguram-se o contraditório e a ampla defesa quando da decisão puder resultar anulação ou revogação de ato administrativo que beneficie o interessado, excetuada a apreciação da legalidade do ato de concessão inicial de aposentadoria, reforma e pensão.

▶ Publicada no *DOU* de 6-6-2007.
▶ Arts. 5º, LIV, LV, e 71, III, da CF.
▶ Art. 2º da Lei nº 9.784, de 29-1-1999 (Lei do Processo Administrativo Federal).

4. Salvo nos casos previstos na Constituição, o salário mínimo não pode ser usado como indexador de base de cálculo de vantagem de servidor público ou de empregado, nem ser substituído por decisão judicial.

▶ Publicada no *DOU* de 9-5-2008.
▶ Arts. 7º, XXIII, 39, *caput*, § 1º, 42, § 1º, e 142, X, da CF.

5. A falta de defesa técnica por advogado no processo administrativo disciplinar não ofende a Constituição.

▶ Publicada no *DOU* de 16-5-2008.
▶ Art. 5º, LV, da CF.

6. Não viola a Constituição o estabelecimento de remuneração inferior ao salário mínimo para as praças prestadoras de serviço militar inicial.

▶ Publicada no *DOU* de 16-5-2008.
▶ Arts. 1º, III, 7º, IV, e 142, § 3º, VIII, da CF.

7. A norma do § 3º do artigo 192 da Constituição, revogada pela Emenda Constitucional nº 40/2003, que limitava a taxa de juros reais a 12% ao ano, tinha sua aplicação condicionada à edição de lei complementar.

▶ Publicada no *DOU* de 20-6-2008.
▶ Art. 591 do CC.
▶ MP nº 2.172-32, de 23-8-2001, que até o encerramento desta edição não havia sido convertida em lei, estabelece a nulidade das disposições contratuais que menciona e inverte, nas hipóteses que prevê, o ônus da prova nas ações intentadas para sua declaração.

8. São inconstitucionais o parágrafo único do artigo 5º do Decreto-Lei nº 1.569/1977 e os artigos 45 e 46 da Lei nº 8.212/1991, que tratam de prescrição e decadência de crédito tributário.

▶ Publicada no *DOU* de 20-6-2008.
▶ Art. 146, III, *b*, da CF.
▶ Arts. 173 e 174 do CTN.
▶ Art. 2º, § 3º, da Lei nº 6.830, de 22-9-1980 (Lei das Execuções Fiscais).
▶ Art. 348 do Dec. nº 3.048, de 6-5-1999 (Regulamento da Previdência Social).

9. O disposto no artigo 127 da Lei nº 7.210/1984 (Lei de Execução Penal) foi recebido pela ordem constitucional vigente, e não se lhe aplica o limite temporal previsto no *caput* do artigo 58.

▶ Publicada no *DOU* de 20-6-2008 e republicada no *DOU* de 27-6-2008.
▶ Art. 5º, XXXVI, da CF.

10. Viola a cláusula de reserva de plenário (CF, artigo 97) a decisão de órgão fracionário de Tribunal que, embora não declare expressamente a inconstitucionalidade de lei ou ato normativo do poder público, afasta sua incidência, no todo ou em parte.

▶ Publicada no *DOU* de 27-6-2008.
▶ Art. 97 da CF.

11. Só é lícito o uso de algemas em casos de resistência e de fundado receio de fuga ou de perigo à integridade física própria ou alheia, por parte do preso ou de terceiros, justificada a excepcionalidade por escrito, sob pena de responsabilidade disciplinar, civil e penal do agente ou da autoridade e de nulidade da prisão ou do ato processual a que se refere, sem prejuízo da responsabilidade civil do Estado.

▶ Publicada no *DOU* de 22-8-2008.
▶ Art. 5º, XLIX, da CF.
▶ Arts. 23, III, 329 a 331 e 352 do CP.
▶ Arts. 284 e 292 do CPP.
▶ Arts. 42, 177, 180, 298 a 301 do CPM.
▶ Arts. 234 e 242 do CPPM.
▶ Arts. 3º, *i*, e 4º, *b*, da Lei nº 4.898, de 9-12-1965 (Lei do Abuso de Autoridade).
▶ Art. 40 da LEP.

12. A cobrança de taxa de matrícula nas universidades públicas viola o disposto no art. 206, IV, da Constituição Federal.

▶ Publicada no *DOU* de 22-8-2008.

13. A nomeação de cônjuge, companheiro ou parente em linha reta, colateral ou por afinidade, até o terceiro grau, inclusive, da autoridade nomeante ou de servidor da mesma pessoa jurídica investido em cargo de direção, chefia ou assessoramento, para o exercício de cargo em comissão ou de confiança ou, ainda, de função gratificada na administração pública direta e indireta em qualquer dos Poderes da União, dos Estados, do Distrito Federal e dos Municípios, compreendido o ajuste mediante designações recíprocas, viola a Constituição Federal.

▶ Publicada no *DOU* de 29-8-2008.
▶ Art. 37, *caput*, da CF.
▶ Dec. nº 7.203, de 4-6-2010, dispõe sobre a vedação do nepotismo no âmbito da administração pública federal.

14. É direito do defensor, no interesse do representado, ter acesso amplo aos elementos de prova que, já documentados em procedimento investigatório realizado por órgão com competência de polícia judiciária, digam respeito ao exercício do direito de defesa.

▶ Publicada no *DOU* de 9-2-2009.
▶ Art. 5º, XXXIII, LIV e LV, da CF.
▶ Art. 9º do CPP.
▶ Arts. 6º, parágrafo único, e 7º, XIII e XIV, da Lei nº 8.906, de 4-7-1994 (Estatuto da Advocacia e da OAB).

15. O cálculo de gratificações e outras vantagens do servidor público não incide sobre o abono utilizado para se atingir o salário mínimo.

▶ Publicada no *DOU* de 1º-7-2009.
▶ Art. 7º, IV, da CF.

16. Os artigos 7º, IV, e 39, § 3º (redação da EC nº 19/1998), da Constituição, referem-se ao total da remuneração percebida pelo servidor público.

▶ Publicada no *DOU* de 1º-7-2009.

17. Durante o período previsto no § 1º do artigo 100 da Constituição, não incidem juros de mora sobre os precatórios que nele sejam pagos.

▶ Publicada no *DOU* de 10-11-2009.
▶ Refere-se ao art. 100, § 5º, com a redação dada pela EC nº 62, de 9-12-2009.

18. A dissolução da sociedade ou do vínculo conjugal, no curso do mandato, não afasta a inelegibilidade prevista no § 7º do artigo 14 da Constituição Federal.

▶ Publicada no *DOU* de 10-11-2009.

19. A taxa cobrada exclusivamente em razão dos serviços públicos de coleta, remoção e tratamento ou destinação de lixo ou resíduos provenientes de imóveis, não viola o artigo 145, II, da Constituição Federal.

▶ Publicada no *DOU* de 10-11-2009.

20. A Gratificação de Desempenho de Atividade Técnico-Administrativa – GDATA, instituída pela Lei nº 10.404/2002, deve ser deferida aos inativos nos valores correspondentes a 37,5 (trinta e sete vírgula cinco) pontos no período de fevereiro a maio de 2002 e, nos termos do artigo 5º, parágrafo único, da Lei nº 10.404/2002, no período de junho de 2002 até a conclusão dos efeitos do último ciclo de avaliação a que se refere o artigo 1º da Medida Provisória nº 198/2004, a partir da qual passa a ser de 60 (sessenta) pontos.

▶ Publicada no *DOU* de 10-11-2009.
▶ Art. 40, § 8º, da CF.

21. É inconstitucional a exigência de depósito ou arrolamento prévios de dinheiro ou bens para admissibilidade de recurso administrativo.

▶ Publicada no *DOU* de 10-11-2009.
▶ Art. 5º, XXXIV, *a*, e LV, da CF.
▶ Art. 33, § 2º, do Dec. nº 70.235, de 6-3-1972 (Lei do Processo Administrativo Fiscal).

22. A Justiça do Trabalho é competente para processar e julgar as ações de indenização por danos morais e patrimoniais decorrentes de acidente de trabalho propostas por empregado contra empregador, inclusive aquelas que ainda não possuíam sentença de mérito em primeiro grau quando da promulgação da Emenda Constitucional nº 45/2004.

▶ Publicada no *DOU* de 11-12-2009.
▶ Arts. 7º, XXVIII, 109, I, e 114 da CF.

▶ Súm. nº 235 do STF.

23. A Justiça do Trabalho é competente para processar e julgar ação possessória ajuizada em decorrência do exercício do direito de greve pelos trabalhadores da iniciativa privada.

▶ Publicada no *DOU* de 11-12-2009.
▶ Art. 114, II, da CF.

24. Não se tipifica crime material contra a ordem tributária, previsto no art. 1º, incisos I a IV, da Lei nº 8.137/1990, antes do lançamento definitivo do tributo.

▶ Publicada no *DOU* de 11-12-2009.
▶ Art. 5º, LV, da CF.
▶ Art. 142, *caput*, do CTN.
▶ Lei nº 8.137, de 27-12-1990 (Lei dos Crimes Contra a Ordem Tributária, Econômica e Contra as Relações de Consumo).
▶ Art. 83 da Lei nº 9.430, de 27-12-1996, que dispõe sobre a legislação tributária federal, as contribuições para a seguridade social e o processo administrativo de consulta.
▶ Art. 9º, § 2º, da Lei nº 10.684, de 30-5-2003, que dispõe sobre parcelamento de débitos junto à Secretaria da Receita Federal, à Procuradoria-Geral da Fazenda Nacional e ao Instituto Nacional do Seguro Social.

25. É ilícita a prisão civil de depositário infiel, qualquer que seja a modalidade do depósito.

▶ Publicada no *DOU* de 23-12-2009.
▶ Art. 5º, § 2º, da CF.
▶ Art. 7º, 7, do Pacto de São José da Costa Rica.
▶ Súmulas nºs 304, 305 e 419 do STJ.

26. Para efeito de progressão de regime no cumprimento de pena por crime hediondo, ou equiparado, o juízo da execução observará a inconstitucionalidade do art. 2º da Lei nº 8.072, de 25 de julho de 1990, sem prejuízo de avaliar se o condenado preenche, ou não, os requisitos objetivos e subjetivos do benefício, podendo determinar, para tal fim, de modo fundamentado, a realização de exame criminológico.

▶ Publicada no *DOU* de 23-12-2009.
▶ Art. 5º, XLVI e XLVII, da CF.
▶ Arts. 33, § 3º, e 59 do CP.
▶ Art. 66, III, *b*, da LEP.
▶ Lei nº 8.072, de 25-7-1990 (Lei dos Crimes Hediondos).
▶ Súmulas nºs 439 e 471 do STJ.

27. Compete à Justiça estadual julgar causas entre consumidor e concessionária de serviço público de telefonia, quando a ANATEL não seja litisconsorte passiva necessária, assistente, nem opoente.

▶ Publicada no *DOU* de 23-12-2009.
▶ Arts. 98, I, e 109, I, da CF.

28. É inconstitucional a exigência de depósito prévio como requisito de admissibilidade de ação judicial na qual se pretenda discutir a exigibilidade de crédito tributário.

▶ Publicada no *DOU* de 17-2-2010.
▶ Art. 5º, XXXV, da CF.
▶ Súm. nº 112 do STJ.

29. É constitucional a adoção, no cálculo do valor de taxa, de um ou mais elementos da base de cálculo própria de determinado imposto, desde que não haja integral identidade entre uma base e outra.

▶ Publicada no *DOU* de 17-2-2010.
▶ Art. 145, § 2º, da CF.

30. ....

▶ O STF decidiu suspender a publicação da Súmula Vinculante nº 30, em razão de questão de ordem levantada pelo Ministro José Antonio Dias Toffoli, em 4-2-2010.

31. É inconstitucional a incidência do Imposto sobre Serviços de Qualquer Natureza – ISS sobre operações de locação de bens móveis.

▶ Publicada no *DOU* de 17-2-2010.
▶ Art. 156, III, da CF.
▶ LC nº 116, de 31-4-2003 (Lei do ISS).

32. O ICMS não incide sobre alienação de salvados de sinistro pelas seguradoras.

▶ Publicada no *DOU* de 24-2-2011.
▶ Art. 153, V, da CF.
▶ Art. 3º, IX, da LC nº 87, de 13-9-1996 (Lei Kandir – ICMS).
▶ Art. 73 do Dec.-lei nº 73, de 21-11-1966, que dispõe sobre o Sistema Nacional de Seguros Privados, e regula as operações de seguros e resseguros.

SÚMULAS DO SUPREMO TRIBUNAL FEDERAL

9. Para o acesso de auditores ao Superior Tribunal Militar só concorrem os de segunda entrância.

10. O tempo de serviço militar conta-se para efeito de disponibilidade e aposentadoria do servidor público estadual.

45. A estabilidade dos substitutos do Ministério Público Militar não confere direito aos vencimentos da atividade fora dos períodos de exercício.

51. Militar não tem direito a mais de duas promoções na passagem para a inatividade, ainda que por motivos diversos.

52. A promoção de militar, vinculada à inatividade, pode ser feita, quando couber, a posto inexistente no quadro.

53. A promoção de professor militar, vinculada à sua reforma, pode ser feita, quando couber, a posto inexistente no quadro.

54. A reserva ativa do magistério militar não confere vantagens vinculadas à efetiva passagem para a inatividade.

55. Militar da reserva está sujeito à pena disciplinar.

56. Militar reformado não está sujeito a pena disciplinar.

57. Militar inativo não tem direito ao uso do uniforme fora dos casos previstos em lei ou regulamento.

145. Não há crime, quando a preparação do flagrante pela polícia torna impossível a sua consumação.

▶ Arts. 302 e 303 do CPP.
▶ Art. 244 do CPPM.

146. A prescrição da ação penal regula-se pela pena concretizada na sentença, quando não há recurso da acusação.

▶ Art. 110 do CP.

155. É relativa a nulidade do processo criminal por falta de intimação da expedição de precatória para inquirição de testemunhas.

▶ Arts. 563 a 573 do CPP.
▶ Arts. 499 a 509 do CPPM.

160. É nula a decisão do tribunal que acolhe, contra o réu, nulidade não arguida no recurso da acusação, ressalvados os casos de recurso de ofício.

▶ Arts. 563 a 573 do CPP.

208. O assistente do Ministério Público não pode recorrer, extraordinariamente, de decisão concessiva de *habeas corpus*.

▶ Arts. 268 a 273 do CPP.

246. Comprovado não ter havido fraude, não se configura o crime de emissão de cheque sem fundos.

279. Para simples reexame de prova não cabe recurso extraordinário.

▶ Art. 102, III, *a* a *d*, da CF.
▶ Súm. nº 7 do STJ.

280. Por ofensa a direito local não cabe recurso extraordinário.

▶ Art. 102, III, *a* a *d*, da CF.

281. É inadmissível o recurso extraordinário, quando couber, na justiça de origem, recurso ordinário da decisão impugnada.

▶ Art. 102, III, *a* a *d*, da CF.

282. É inadmissível o recurso extraordinário, quando não ventilada, na decisão recorrida, a questão federal suscitada.

▶ Art. 102, III, *a* a *d*, da CF.
▶ Súm. nº 356 do STF.

283. É inadmissível o recurso extraordinário, quando a decisão recorrida assenta em mais de um fundamento suficiente e o recurso não abrange todos eles.

▶ Art. 102, III, *a* a *d*, da CF.

284. É inadmissível o recurso extraordinário, quando a deficiência na sua fundamentação não permitir a exata compreensão da controvérsia.

▶ Art. 102, III, *a* a *d*, da CF.

285. Não sendo razoável a arguição de inconstitucionalidade, não se conhece do recurso extraordinário fundado na letra *c* do artigo 101, III, da Constituição Federal.

▶ Art. 102, III, *a* a *d*, da CF.

286. Não se conhece do recurso extraordinário fundado em divergência jurisprudencial, quando a orientação do plenário do Supremo Tribunal Federal já se firmou no mesmo sentido da decisão recorrida.

▶ Art. 102, III, *a* a *d*, da CF.
▶ Súm. nº 83 do STJ.

287. Nega-se provimento ao agravo quando a deficiência na sua fundamentação, ou na do recurso

extraordinário, não permitir a exata compreensão da controvérsia.
▶ Art. 102, III, *a* a *d*, da CF.

288. Nega-se provimento a agravo para subida de recurso extraordinário, quando faltar no traslado o despacho agravado, a decisão recorrida, a petição de recurso extraordinário ou qualquer peça essencial à compreensão da controvérsia.
▶ Art. 102, III, *a* a *d*, da CF.
▶ Súm. nº 639 do STF.

289. O provimento do agravo por uma das turmas do Supremo Tribunal Federal, ainda que sem ressalva, não prejudica a questão do cabimento do recurso extraordinário.
▶ Art. 102, III, *a* a *d*, da CF.
▶ Súm. nº 300 do STF.

293. São inadmissíveis embargos infringentes contra decisão em matéria constitucional submetida ao plenário dos tribunais.
▶ Art. 609, parágrafo único, do CPP.
▶ Arts. 538 a 549 e 609, parágrafo único, do CPPM.
▶ Súm. nº 455 do STF.

297. Oficiais e praças das milícias dos Estados no exercício de função policial civil, não são considerados militares para efeitos penais, sendo competente a Justiça comum para julgar os crimes cometidos por ou contra eles.
▶ Súmula com pedido de revisão proposto no RHC nº 56.049/SP (*DJU* de 30-6-1978) e HC nº 82.142-1/MS (*DJU* de 12-9-2003).

298. O legislador ordinário só pode sujeitar civis à Justiça Militar, em tempo de paz, nos crimes contra a segurança externa do País ou as instituições militares.
▶ Arts. 9º, III, *a* a *d*, 136 a 148 do CPM.

299. O recurso ordinário e o extraordinário interpostos no mesmo processo de mandado de segurança, ou de *habeas corpus*, serão julgados conjuntamente pelo Tribunal Pleno.
▶ Art. 102, II, *a* e *b*, e inciso III, *a* a *d*, da CF.

310. Quando a intimação tiver lugar na sexta-feira, ou a publicação com efeito de intimação for feita nesse dia, o prazo judicial terá início na segunda-feira imediata, salvo se não houver expediente, caso em que começará no primeiro dia útil que se seguir.
▶ Art. 110, § 1º, do RISTF.
▶ Art. 798 do CPP.

319. O prazo do recurso ordinário para o Supremo Tribunal Federal, em *habeas corpus* ou mandado de segurança, é de cinco dias.
▶ Art. 102, II, *a* a *b*, da CF.

320. A apelação despachada pelo juiz no prazo legal não fica prejudicada pela demora da juntada, por culpa do cartório.
▶ Art. 506 do CPC.

322. Não terá seguimento pedido ou recurso dirigido ao Supremo Tribunal Federal, quando manifestamente incabível, ou apresentado fora do prazo, ou quando for evidente a incompetência do tribunal.

351. É nula a citação por edital de réu preso na mesma unidade da Federação em que o juiz exerce a sua jurisdição.
▶ Art. 361 do CPP.

352. Não é nulo o processo penal por falta de nomeação de curador ao réu menor que teve assistência de defensor dativo.
▶ Arts. 563 a 573 do CPP.
▶ Arts. 499 a 509 do CPPM.

356. O ponto omisso da decisão, sobre o qual não foram opostos embargos declaratórios, não pode ser objeto de recurso extraordinário, por faltar o requisito do pré-questionamento.
▶ Art. 102, III, *a* a *d*, da CF.
▶ Arts. 382 e 619 do CPP.
▶ Art. 538 do CPPM.
▶ Súm. nº 282 do STF.

361. No processo penal, é nulo o exame realizado por um só perito, considerando-se impedido o que tiver funcionado anteriormente na diligência da apreensão.
▶ Arts. 159 e 563 a 573 do CPP.
▶ Arts. 499 a 509 do CPPM.

364. Enquanto o Estado da Guanabara não tiver Tribunal Militar de segunda instância, o Tribunal de Justiça é competente para julgar os recursos das decisões da auditoria da Polícia Militar.

366. Não é nula a citação por edital que indica o dispositivo da lei penal, embora não transcreva a denúncia ou queixa, ou não resuma os fatos em que se baseia.
▶ Art. 365 do CPP.
▶ Art. 286 do CPPM.

369. Julgados do mesmo tribunal não servem para fundamentar o recurso extraordinário por divergência jurisprudencial.

385. Oficial das Forças Armadas só pode ser reformado, em tempo de paz, por decisão de Tribunal Militar permanente, ressalvada a situação especial dos atingidos pelo art. 177 da Constituição de 1937.

393. Para requerer revisão criminal, o condenado não é obrigado a recolher-se à prisão.
▶ Art. 622 do CPP.
▶ Art. 552 do CPPM.

399. Não cabe recurso extraordinário por violação de lei federal, quando a ofensa alegada for a regimento de tribunal.
▶ Art. 102, III, *a* a *d*, da CF.

407. Não tem direito ao terço de campanha o militar que não participou de operações de guerra, embora servisse na "zona de guerra".

422. A absolvição criminal não prejudica a medida de segurança, quando couber, ainda que importe privação da liberdade.

423. Não transita em julgado a sentença por haver omitido o recurso *ex officio*, que se considera interposto *ex lege*.

424. Transita em julgado o despacho saneador de que não houve recurso, excluídas as questões deixadas, explícita ou implicitamente, para a sentença.

▶ Súmula em vigor salvo para as hipóteses previstas no art. 267, § 3º, do CPC vigente. RE nº 104.469-1/DF (DJU de 31-5-1985).

428. Não fica prejudicada a apelação entregue em cartório no prazo legal, embora despachada tardiamente.

▶ Art. 593 do CPP.
▶ Art. 526 do CPP.

431. É nulo o julgamento de recurso criminal, na segunda instância, sem prévia intimação ou publicação da pauta, salvo em *habeas corpus*.

441. O militar, que passa a inatividade com proventos integrais, não tem direito às cotas trigésimas a que se refere o código de vencimentos e vantagens dos militares.

448. O prazo para o assistente recorrer, supletivamente, começa a correr imediatamente após o transcurso do prazo do Ministério Público.

▶ Súmula com pedido de revisão preliminar suscitado no HC nº 50.417/SP.

453. Não se aplicam à segunda instância o artigo 384 e parágrafo único do Código de Processo Penal, que possibilitam dar nova definição jurídica ao fato delituoso, em virtude de circunstância elementar não contida explícita ou implicitamente, na denúncia ou queixa.

456. O Supremo Tribunal Federal, conhecendo do recurso extraordinário, julgará a causa, aplicando o direito à espécie.

▶ Art. 102, III, *a* a *d*, da CF.

463. Para efeito de indenização e estabilidade, conta-se o tempo em que o empregado esteve afastado, em serviço militar obrigatório, mesmo anteriormente à Lei nº 4.072, de 1º-6-1962.

497. Quando se tratar de crime continuado, a prescrição regula-se pela pena imposta na sentença, não se computando o acréscimo decorrente da continuação.

▶ Art. 110 do CP.

499. Não obsta à concessão do *sursis* condenação anterior à pena de multa.

▶ Art. 77, § 1º, do CP.

520. Não exige a lei que, para requerer o exame a que se refere o artigo 777 do Código de Processo Penal, que tenha o sentenciado cumprido mais de metade do prazo da medida de segurança imposta.

521. O foro competente para o processo e julgamento dos crimes de estelionato, sob a modalidade da emissão dolosa de cheque sem provisão de fundos, é o do local onde se deu a recusa do pagamento pelo sacado.

▶ Art. 171, § 2º, VI, do CP.
▶ Súm. nº 246.

522. Salvo ocorrência de tráfico para o Exterior, quando, então, a competência será da Justiça Federal, compete à Justiça dos Estados o processo e julgamento dos crimes relativos a entorpecentes.

523. No processo penal, a falta da defesa constitui nulidade absoluta, mas a deficiência só o anulará se houver prova de prejuízo para o réu.

▶ Arts. 5º, LV, e 133 da CF.
▶ Arts. 532 e 564, III, *c*, do CPP.
▶ Art. 71 do CPPM.

524. Arquivado o inquérito policial, por despacho do juiz, a requerimento do promotor de justiça, não pode a ação penal ser iniciada, sem novas provas.

▶ Arts. 67, I, e 414, parágrafo único, do CPP.
▶ Art. 25 do CPPM.
▶ Art. 7º da Lei nº 1.521, de 26-12-1951, que altera dispositivos da legislação vigente sobre crimes contra a economia popular.

525. A medida de segurança não será aplicada em segunda instância, quando só o réu tenha recorrido.

554. O pagamento de cheque emitido sem provisão de fundos, após o recebimento da denúncia, não obsta ao prosseguimento da ação penal.

▶ Refere-se à CF/1967.

555. É competente o Tribunal de Justiça para julgar conflito de jurisdição entre Juiz de Direito do Estado e a Justiça Militar local.

▶ O STF no julgamento dos Conflitos de Jurisdição nº 6.155-2/SP (DJU de 25-5-1979) e nº 6.195/SP (DJU de 28-9-1979), entendeu que não mais vigora o princípio contido nesta súmula.
▶ Arts. 102, I, *o*, 105, I, *d*, e 108, I, *e*, da CF, que tratam de conflito de competência.

568. A identificação criminal não constitui constrangimento ilegal, ainda que o indiciado já tenha sido identificado civilmente.

▶ *Súmula superada*. Art. 5º, LVIII da CF/1988 e RHC nº 66.881-0/DF.
▶ Lei nº 12.037, de 1º-10-2009 (Lei da Identificação Criminal).

594. Os direitos de queixa e de representação podem ser exercidos, independentemente, pelo ofendido ou por seu representante legal.

▶ Arts. 34 e 39 do CPP.

602. Nas causas criminais, o prazo de interposição de recurso extraordinário é de dez dias.

▶ Art. 102, III, *a* a *d*, da CF.

603. A competência para o processo e julgamento de latrocínio é do juiz singular e não do Tribunal do Júri.

▶ Art. 157, § 3º, *in fine*, do CP.

647. Compete privativamente à União legislar sobre vencimentos dos membros das polícias civil e militar do Distrito Federal.

673. O art. 125, § 4º, da Constituição, não impede a perda da graduação de militar mediante procedimento administrativo.

674. A anistia prevista no art. 8º do ADCT não alcança os militares expulsos com base em legislação disciplinar ordinária, ainda que em razão de atos praticados por motivação política.

691. Não compete ao Supremo Tribunal Federal conhecer de *habeas corpus* impetrado contra decisão

do Relator que, em *habeas corpus* requerido a tribunal superior, indefere a liminar.
- Art. 647 do CPP.
- Art. 466 do CPPM.

694. Não cabe *habeas corpus* contra a imposição da pena de exclusão de militar ou de perda de patente ou de função pública.
- Art. 92 do CP.
- Art. 647 do CPP.
- Art. 466 do CPPM.

695. Não cabe *habeas corpus* quando já extinta a pena privativa de liberdade.
- Art. 647 do CPP.
- Art. 466 do CPPM.

696. Reunidos os pressupostos legais permissivos da suspensão condicional do processo, mas se recusando o Promotor de Justiça a propô-la, o Juiz, dissentindo, remeterá a questão ao Procurador-Geral, aplicando-se por analogia o art. 28 do Código de Processo Penal.
- Art. 89 da Lei nº 9.099, de 26-9-1995 (Lei dos Juizados Especiais).

697. A proibição de liberdade provisória nos processos por crimes hediondos não veda o relaxamento da prisão processual por excesso de prazo.
- Art. 5º, XLIII, da CF.
- Súmula editada antes da Lei nº 11.464, de 28-3-2007, que alterou o art. 2º, II, da Lei nº 8.072, de 25-7-1990 (Lei dos Crimes Hediondos).

698. Não se estende aos demais crimes hediondos a admissibilidade de progressão no regime de execução da pena aplicada ao crime de tortura.
- Súmula editada antes da Lei nº 11.464, de 28-3-2007, que alterou o art. 2º, II, da Lei nº 8.072, de 25-7-1990 (Lei dos Crimes Hediondos).
- Súm. Vinc. nº 26 do STF.

699. O prazo para interposição de agravo, em processo penal, é de cinco dias, de acordo com a Lei nº 8.038/1990, não se aplicando o disposto a respeito nas alterações da Lei nº 8.950/1994 ao Código de Processo Civil.

700. É de cinco dias o prazo para interposição de agravo contra decisão do juiz da execução penal.

701. No mandado de segurança impetrado pelo Ministério Público contra decisão proferida em processo penal, é obrigatória a citação do réu como litisconsorte passivo.
- Art. 5º, LV, da CF.

704. Não viola as garantias do juiz natural, da ampla defesa e do devido processo legal a atração por continência ou conexão do processo do corréu ao foro por prerrogativa de função de um dos denunciados.
- Art. 5º, LIII, LIV e LV, da CF.

705. A renúncia do réu ao direito de apelação, manifestada sem a assistência do defensor, não impede o conhecimento da apelação por este interposta.
- Art. 577 do CPP.
- Art. 511 do CPPM.

706. É relativa a nulidade decorrente da inobservância da competência penal por prevenção.
- Arts. 563 a 573 do CPP.
- Arts. 499 a 509 do CPPM.

707. Constitui nulidade a falta de intimação do denunciado para oferecer contrarrazões ao recurso interposto da rejeição da denúncia, não a suprindo a nomeação de defensor dativo.
- Arts. 563 a 573 do CPP.
- Arts. 499 a 509 do CPPM.

708. É nulo o julgamento da apelação se, após a manifestação nos autos da renúncia do único defensor, o réu não foi previamente intimado para constituir outro.
- Arts. 5º, LV, e 133 da CF.
- Art. 261 do CPP.
- Art. 71 do CPPM.

709. Salvo quando nula a decisão de primeiro grau, o acórdão que provê o recurso contra a rejeição da denúncia vale, desde logo, pelo recebimento dela.

710. No processo penal, contam-se os prazos da data da intimação, e não da juntada aos autos do mandado ou da carta precatória ou de ordem.

711. A lei penal mais grave aplica-se ao crime continuado ou ao crime permanente, se a sua vigência é anterior à cessação da continuidade ou permanência.
- Art. 71 do CP.
- Art. 303 do CPP.
- Art. 244, parágrafo único, do CPPM.

712. É nula a decisão que determina o desaforamento de processo da competência do júri sem audiência da defesa.
- Art. 5º, LV, da CF.
- Arts. 70 e 427 e 428 do CPP.
- Art. 109 do CPPM.

715. A pena unificada para atender ao limite de trinta anos de cumprimento, determinado pelo art. 75 do Código Penal, não é considerada para a concessão de outros benefícios, como o livramento condicional ou regime mais favorável de execução.
- Art. 111 da LEP.

716. Admite-se a progressão de regime de cumprimento da pena ou a aplicação imediata de regime menos severo nela determinada, antes do trânsito em julgado da sentença condenatória.
- Art. 112 da LEP.
- Súm. nº 471 do STJ.

717. Não impede a progressão de regime de execução da pena, fixada em sentença não transitada em julgado, o fato de o réu se encontrar em prisão especial.

718. A opinião do julgador sobre a gravidade em abstrato do crime não constitui motivação idônea para a imposição de regime mais severo do que o permitido segundo a pena aplicada.
- Art. 59, III, do CP.
- Súm. nº 440 do STJ.

719. A imposição do regime de cumprimento mais severo do que a pena aplicada permitir exige motivação idônea.
- Art. 93, IX, da CF.
- Art. 59, III, do CP.
- Súm. nº 440 do STJ.

721. A competência constitucional do Tribunal do Júri prevalece sobre o foro por prerrogativa de função estabelecido exclusivamente pela Constituição estadual.
- Arts. 5º, XXXVIII, d, e art. 125, § 1º, da CF.

727. Não pode o magistrado deixar de encaminhar ao Supremo Tribunal Federal o agravo de instrumento interposto da decisão que não admite recurso extraordinário, ainda que referente a causa instaurada no âmbito dos Juizados Especiais.
- Art. 102, III, a a d, da CF.

734. Não cabe reclamação quando já houver transitado em julgado o ato judicial que se alega tenha desrespeitado decisão do Supremo Tribunal Federal.
- Art. 156 do RISTF.

735. Não cabe recurso extraordinário contra acórdão que defere medida liminar.
- Art. 102, III, a e d, da CF.

SÚMULAS DO TRIBUNAL FEDERAL DE RECURSOS

- As Súmulas abaixo foram publicadas antes da Constituição Federal de 1988, que extinguiu o TFR. Foram mantidas nesta edição por sua importância histórica.

19. Compete ao Tribunal Federal de Recursos julgar conflito de jurisdição entre auditor militar e juiz de direito dos Estados em que haja Tribunal Militar Estadual (Constituição Federal, artigo 192).

20. Compete à Justiça Militar Estadual processar os integrantes das polícias militares estaduais nos crimes militares (Código Penal Militar, artigo 9º).

22. Compete à Justiça Federal processar e julgar contravenções penais praticadas em detrimento de bens, serviços ou interesses da União, autarquias e empresas públicas federais.

23. O juízo da execução criminal é o competente para a aplicação de lei nova mais benigna a fato julgado por sentença condenatória irrecorrível.

30. Conexos os crimes praticados por policial militar e por civil, ou acusados estes como coautores pela mesma infração, compete à Justiça Militar Estadual processar e julgar o policial militar pelo crime militar (Código Penal Militar, artigo 9º) e à Justiça comum, o civil.

31. Compete à Justiça Estadual o processo e julgamento de crime de falsificação ou de uso de certificado de conclusão de curso de 1º e 2º graus, desde que não se refira a estabelecimento federal de ensino ou a falsidade não seja de assinatura de funcionário federal.

52. Compete à Justiça Federal o processo e julgamento unificado dos crimes conexos de competência federal e estadual, não se aplicando a regra do artigo 78, II, a, do Código de Processo Penal.

55. Compete à Justiça comum o julgamento de militar das Forças Armadas que, não se encontrando numa das situações previstas no artigo 9º do Código Penal Militar, praticar delito contra integrante da Polícia Militar em função policial Civil.

98. Compete à Justiça Federal processar e julgar os crimes praticados contra servidor público federal, no exercício de suas funções e com estas relacionadas.

115. Compete à Justiça Federal processar e julgar os crimes contra a organização do trabalho, quando tenham por objeto a organização geral do trabalho ou direitos dos trabalhadores considerados coletivamente.

120. A decisão proferida em processo de retificação do registro civil, a fim de fazer prova junto à administração militar, não faz coisa julgada relativamente à União Federal, se esta não houver sido citada para o feito.

186. A prescrição de que trata o artigo 110, § 1º, do Código Penal é a pretensão punitiva.

199. Compete à Justiça Militar Estadual processar e julgar os crimes cometidos por policial militar, mediante uso de arma da corporação, mesmo que se encontre no exercício de policiamento civil.

200. Compete à Justiça Federal processar e julgar o crime de falsificação ou de uso de documento falso perante a Justiça do Trabalho.

233. Compete à Justiça Comum Estadual processar e julgar o policial militar por crime de promover ou facilitar fuga de preso de cadeia pública.

241. A extinção da punibilidade pela prescrição da pretensão punitiva prejudica o exame do mérito da apelação criminal.
- Súm. nº 438 do STJ.

253. A companheira tem direito a concorrer com outros dependentes à pensão militar, sem observância da ordem de preferência.

254. Compete à Justiça Federal processar e julgar os delitos praticados por funcionário publico federal, no exercício de suas funções e com estas relacionados.

SÚMULAS DO SUPERIOR TRIBUNAL DE JUSTIÇA

6. Compete à Justiça Comum Estadual processar e julgar delito decorrente de acidente de trânsito envolvendo viatura de Polícia Militar, salvo se autor e vítima forem policiais militares em situação de atividade.
- Art. 125, § 4º, da CF.
- Art. 9º, II a, do CPM.

7. A pretensão de simples reexame de prova não enseja recurso especial.
- Art. 105, III, a a c, da CF.
- Art. 257 do RISTJ.

9. A exigência da prisão provisória, para apelar, não ofende a garantia constitucional da presunção de inocência.
- Art. 5º, LVII, da CF.
- Art. 393, I, do CPP.
- Súm. nº 347 do STJ.

17. Quando o falso se exaure no estelionato, sem mais potencialidade lesiva, é por este absorvido.
▶ Art. 171 do CP.

18. A sentença concessiva do perdão judicial é declaratória da extinção da punibilidade, não subsistindo qualquer efeito condenatório.
▶ Arts. 107, IX, e 120, do CP.

21. Pronunciado o réu, fica superada a alegação do constrangimento ilegal da prisão por excesso de prazo na instrução.
▶ Art. 413 do CPP.

24. Aplica-se ao crime de estelionato, em que figure como vítima entidade autárquica da Previdência Social, a qualificadora do § 3º do artigo 171 do Código Penal.

38. Compete à Justiça Estadual Comum, na vigência da Constituição de 1988, o processo por contravenção penal, ainda que praticada em detrimento de bens, serviços ou interesse da União ou de suas entidades.
▶ Art. 109, IV, da CF.

40. Para obtenção dos benefícios de saída temporária e trabalho externo, considera-se o tempo de cumprimento da pena no regime fechado.
▶ Arts. 40 e 122 da LEP.

42. Compete à Justiça Comum Estadual processar e julgar as causas cíveis em que é parte sociedade de economia mista e os crimes praticados em seu detrimento.
▶ Art. 109, I e IV, da CF.

47. Compete à Justiça Militar processar e julgar crime cometido por militar contra civil, com emprego de arma pertencente à corporação, mesmo não estando em serviço.

48. Compete ao juízo do local da obtenção da vantagem ilícita processar e julgar crimes de estelionato cometido mediante falsificação de cheques.
▶ Art. 171 do CP.

52. Encerrada a instrução criminal, fica superada a alegação de constrangimento por excesso de prazo.
▶ Arts. 400, 412 e 531 do CPP.

53. Compete à Justiça Comum Estadual processar e julgar civil acusado de prática de crime contra instituições militares estaduais.
▶ Art. 125, §§ 4º e 5º, da CF.

59. Não há conflito de competência se já existe sentença com trânsito em julgado, proferida por um dos juízos conflitantes.

62. Compete à Justiça Estadual processar e julgar o crime de falsa anotação na Carteira de Trabalho e Previdência Social, atribuído à empresa privada.

64. Não constitui constrangimento ilegal o excesso de prazo na instrução, provocado pela defesa.
▶ Arts. 400, 412 e 531 do CPP.

73. A utilização de papel-moeda grosseiramente falsificado configura, em tese, o crime de estelionato, da competência da Justiça Estadual.
▶ Arts. 171 e 289 do CP.

74. Para efeitos penais, o reconhecimento da menoridade do réu requer prova por documento hábil.
▶ Art. 65, I, do CP.
▶ Art. 72, I, do CPM.

75. Compete à Justiça Comum Estadual processar e julgar o policial militar por crime de promover ou facilitar a fuga de preso de estabelecimento penal.
▶ Art. 351 do CP.

78. Compete à Justiça Militar processar e julgar policial de corporação estadual, ainda que o delito tenha sido praticado em outra unidade federativa.

81. Não se concede fiança quando, em concurso material, a soma das penas mínimas cominadas for superior a dois anos de reclusão.
▶ Art. 69 do CP.

83. Não se conhece do recurso especial pela divergência, quando a orientação do Tribunal se firmou no mesmo sentido da decisão recorrida.
▶ Art. 105, III, a a c, da CF.

86. Cabe recurso especial contra acórdão proferido no julgamento de agravo de instrumento.

90. Compete à Justiça Estadual Militar processar e julgar o policial militar pela prática do crime militar, e à Comum pela prática do crime comum simultâneo àquele.
▶ Art. 125, §§ 4º e 5º, da CF.

96. O crime de extorsão consuma-se independentemente da obtenção da vantagem indevida.
▶ Art. 158 do CP.
▶ Art. 243 do CPM.

103. Incluem-se entre os imóveis funcionais que podem ser vendidos os administrados pelas Forças Armadas e ocupados pelos servidores civis.

104. Compete à Justiça Estadual o processo e julgamento dos crimes de falsificação e uso de documento falso relativo a estabelecimento particular de ensino.
▶ Art. 304 do CP.

107. Compete à Justiça Comum estadual processar e julgar crime de estelionato praticado mediante falsificação das guias de recolhimento das contribuições previdenciárias, quando não ocorrente lesão à autarquia federal.
▶ Art. 171 do CP.

108. A aplicação de medidas socioeducativas ao adolescente , pela prática de ato infracional, é de competência exclusiva do juíz.
▶ Art. 112 do ECA.

122. Compete à Justiça Federal o processo e julgamento unificado dos crimes conexos de competência federal e estadual, não se aplicando a regra do art. 78, II, a, do Código de Processo Penal.
▶ Art. 109 da CF.
▶ Art. 78, II, a, e III, do CPP.

123. A decisão que admite, ou não, o Recurso Especial deve ser fundamentada, com o exame dos seus pressupostos gerais e constitucionais.
▶ Arts. 93, IX, e 105, III, a a c, da CF.
▶ Art. 27, § 1º, da Lei nº 8.038, de 28-5-1990, que institui normas procedimentais para os processos que especifica, perante o STJ e o STF.

126. É inadmissível recurso especial, quando o acórdão recorrido assenta em fundamentos constitucional e infraconstitucional, qualquer deles suficiente, por si só, para mantê-lo, e a parte vencida não manifesta Recurso Extraordinário.
▶ Art. 105, III, a a c, da CF.

130. A empresa responde, perante o cliente, pela reparação de dano ou furto de veículo ocorridos em seu estacionamento.

140. Compete à Justiça Comum Estadual processar e julgar crime em que o indígena figure autor ou vítima.
▶ Art. 109 da CF.

147. Compete à Justiça Federal processar e julgar os crimes praticados contra funcionário público federal, quando relacionados com o exercício da função.
▶ Art. 109, IV, da CF.

151. A competência para o processo e julgamento por crime de contrabando ou descaminho define-se pela prevenção do Juízo Federal do lugar da apreensão dos bens.
▶ Art. 334 do CP.
▶ Art. 71 do CPP.

158. Não se presta a justificar embargos de divergência, o dissídio com acórdão de Turma ou Seção que não mais tenha competência para a matéria neles versada.
▶ Art. 546, I, do CPC.

165. Compete à Justiça Federal processar e julgar crime de falso testemunho cometido no processo trabalhista.
▶ Art. 109, IV, da CF.

171. Cominadas cumulativamente, em Lei especial, penas privativa de liberdade e pecuniária, é defeso a substituição da prisão por multa.
▶ Art. 60, § 2º, do CP.

172. Compete à Justiça Comum processar e julgar militar por crime de abuso de autoridade, ainda que praticado em serviço.
▶ Lei nº 4.898, de 9-12-1965 (Lei do Abuso de Autoridade).

187. É deserto o recurso interposto para o Superior Tribunal de Justiça, quando o recorrente não recolhe, na origem, a importância das despesas de remessa e retorno dos autos.
▶ Art. 511 do CPC.
▶ Art. 112 do RISTJ.

191. A pronúncia é causa interruptiva da prescrição, ainda que o Tribunal do Júri venha a desclassificar o crime.
▶ Art. 117, II, do CP.
▶ Art. 413 do CPP.

192. Compete ao Juízo das Execuções Penais do Estado a execução das penas impostas a sentenciados pela Justiça Federal, Militar ou Eleitoral, quando recolhidos a estabelecimentos sujeitos à administração estadual.
▶ Art. 62 do CPM.
▶ Arts. 2º, 65 e 66 da LEP.

200. O Juízo Federal competente para processar e julgar acusado de crime de uso de passaporte falso é o do lugar onde o delito se consumou.
▶ Art. 109 da CF.
▶ Arts. 304 e 308 do CP.
▶ Arts. 69, I, e 70 do CPP.

207. É inadmissível recurso especial quando cabíveis embargos infringentes contra o acórdão proferido no tribunal de origem.
▶ Art. 105, III, da CF.
▶ Art. 530 do CPC.

211. Inadmissível recurso especial quanto à questão que, a despeito da oposição de embargos declaratórios, não foi apreciada pelo tribunal a quo.
▶ Art. 535, II, do CPC.
▶ Súm. nº 418 do STJ.

216. A tempestividade de recurso interposto no Superior Tribunal de Justiça é aferida pelo registro no protocolo da Secretaria e não pela data da entrega na agência do correio.
▶ Arts. 374 e 508 do CPC.
▶ Art. 66 do RISTJ.

231. A incidência da circunstância atenuante não pode conduzir à redução da pena abaixo do mínimo legal.
▶ Art. 65 do CP.
▶ Art. 72 do CPM.

234. A participação de membro do Ministério Público na fase investigatória criminal não acarreta o seu impedimento ou suspeição para o oferecimento da denúncia.
▶ Arts. 251 a 258 do CPP.
▶ Arts. 57 a 59 do CPPM.

235. A conexão não determina a reunião dos processos, se um deles já foi julgado.
▶ Arts. 76 a 82 do CPP.
▶ Arts. 99 a 107 do CPPM.

241. A reincidência penal não pode ser considerada como circunstância agravante e, simultaneamente, como circunstância judicial.
▶ Arts. 59, 61, I, e 63 do CP.
▶ Arts. 69, 70, I, e 71, do CPM.
▶ Súm. nº 444 do STJ.

243. O benefício da suspensão do processo não é aplicável em relação às infrações penais cometidas em concurso material, concurso formal ou continuidade delitiva, quando a pena mínima cominada, seja pelo somatório seja pela incidência da majorante, ultrapassar o limite de um (1) ano.
▶ Arts. 69, 70 e 71 do CP.
▶ Art. 89 da Lei nº 9.099, de 26-9-1995 (Lei dos Juizados Especiais).

244. Compete ao foro do local da recusa processar e julgar o crime de estelionato mediante cheque sem provisão de fundos.
- Art. 171, § 2º, VI, do CP.

265. É necessária a oitiva do menor infrator antes de decretar-se a regressão da medida socioeducativa.
- Arts. 110 e 112 do ECA.

267. A interposição de recurso, sem efeito suspensivo, contra decisão condenatória não obsta a expedição de mandado de prisão.

269. É admissível a adoção do regime prisional semiaberto aos reincidentes condenados a pena igual ou inferior a quatro anos se favoráveis as circunstâncias judiciais.
- Arts. 35, 59 e 63 do CP.

273. Intimada a defesa da expedição da carta precatória, torna-se desnecessária intimação da data da audiência no juízo deprecado.
- Art. 222 do CPP.

304. É ilegal a decretação da prisão civil daquele que não assume expressamente o encargo de depositário judicial.
- Art. 5º, LXVII, da CF.

315. Não cabem embargos de divergência no âmbito do agravo de instrumento que não admite recurso especial.
- Art. 544 do CPC.
- Art. 266 do RISTJ.

316. Cabem embargos de divergência contra acórdão que, em agravo regimental, decide recurso especial.
- Art. 266 do RISTJ.

320. A questão federal somente ventilada no voto vencido não atende ao requisito do prequestionamento.

330. É desnecessária a resposta preliminar de que trata o artigo 514 do Código de Processo Penal, na ação penal instruída por inquérito policial.

337. É cabível a suspensão condicional do processo na desclassificação do crime e na procedência parcial da pretensão punitiva.
- Art. 89 da Lei nº 9.099, de 26-9-1995 (Lei dos Juizados Especiais).

338. A prescrição penal é aplicável nas medidas socioeducativas.
- Arts. 109 e 110 do CP.
- Arts. 112 e 226 do ECA.

341. A frequência a curso de ensino formal é causa de remição de parte do tempo de execução de pena sob regime fechado ou semiaberto.
- Arts. 126 a 130 da LEP.

342. No procedimento para aplicação de medida socioeducativa, é nula a desistência de outras provas em face da confissão do adolescente.
- Art. 112 do ECA.

343. É obrigatória a presença de advogado em todas as fases do processo administrativo disciplinar.
- Arts. 5º, LV, e 133, da CF.
- Arts. 153, 163 e 164 da Lei nº 8.112, de 11-12-1990 (Estatuto dos Servidores Públicos Civis da União, Autarquias e Fundações Públicas Federais).

344. A liquidação por forma diversa estabelecida na sentença não ofende a coisa julgada.

346. É vedada aos militares temporários, para aquisição de estabilidade, a contagem em dobro de férias e licenças não gozadas.

347. O conhecimento de recurso de apelação do réu independe de sua prisão.
- Art. 5º, LV, da CF.
- Art. 387, parágrafo único, do CPP.

376. Compete a turma recursal processar e julgar o mandado de segurança contra ato de juizado especial.
- Art. 98, I, da CF.
- Art. 21, VI, da LC nº 35, de 14-3-1979 (Lei Orgânica da Magistratura Nacional).
- Art. 41, § 1º, da Lei nº 9.099, de 26-9-1995 (Lei dos Juizados Especiais).

415. O período de suspensão do prazo prescricional é regulado pelo máximo da pena cominada.
- Art. 109 do CP.
- Art. 366 do CPP.

418. É inadmissível o recurso especial interposto antes da publicação do acórdão dos embargos de declaração, sem posterior ratificação.
- Art. 105, III, da CF.
- Art. 538 do CPC.
- Súm. nº 211 do STJ.

419. Descabe a prisão civil do depositário judicial infiel.
- Art. 5º, LXVII, da CF.
- Art. 652 do CC.
- Arts. 666, § 3º, 902 a 906 do CPC.
- Art. 4º, §§ 1º e 2º, da Lei nº 8.866, de 11-4-1994 (Lei do Depositário Infiel).
- Art. 4º do Dec.-lei nº 911, de 1º-10-1969 (Lei das Alienações Fiduciárias).
- Art. 11 do Dec. nº 592, de 6-7-1992, que promulga o Pacto Internacional sobre Direitos Civis e Políticos.
- Art. 7º, 7, do Pacto de São José da Costa Rica.
- Súm. Vinc. nº 25 do STF.
- Súmulas nºs 304 e 305 do STJ.

438. É inadmissível a extinção da punibilidade pela prescrição da pretensão punitiva com fundamento em pena hipotética, independentemente da existência ou sorte do processo penal.
- Arts. 107, IV, 109 e 110 do CP.
- Art. 581, VIII, do CPP.
- Súm. nº 241 do TFR.

439. Admite-se o exame criminológico pelas peculiaridades do caso, desde que em decisão motivada.
- Arts. 34 e 97, § 1º, do CP.
- Arts. 8º e 174 da LEP.
- Súm. Vinc. nº 26 do STF.

440. Fixada a pena-base no mínimo legal, é vedado o estabelecimento de regime prisional mais gravoso do que o cabível em razão da sanção imposta, com base apenas na gravidade abstrata do delito.
- Arts. 33, §§ 2º e 3º, 59 e 68 do CP.
- Súm. nº 718 do STF.

441. A falta grave não interrompe o prazo para obtenção de livramento condicional.
- Art. 83 do CP.
- Arts. 49 a 52 e 131 da LEP.

442. É inadmissível aplicar, no furto qualificado, pelo concurso de agentes, a majorante do roubo.
- Arts. 155, § 4º, IV, e 157, § 2º, II, do CP.

443. O aumento na terceira fase de aplicação da pena no crime de roubo circunstanciado exige fundamentação concreta, não sendo suficiente para a sua exasperação a mera indicação do número de majorantes.
- Arts. 68, parágrafo único, e 157, § 2º, do CP.

444. É vedada a utilização de inquéritos policiais e ações penais em curso para agravar a pena-base.
- Art. 5º, LVII, da CF.
- Arts. 59 e 68 do CP.

455. A decisão que determina a produção antecipada de provas com base no art. 366 do CPP deve ser concretamente fundamentada, não a justificando unicamente o mero decurso do tempo.

471. Os condenados por crimes hediondos ou assemelhados cometidos antes da vigência da Lei nº 11.464/2007 sujeitam-se ao disposto no art. 112 da Lei nº 7.210/1984 (Lei de Execução Penal) para a progressão de regime prisional.
- Art. 5º, XL, da CF.
- Art. 2º, parágrafo único, do CP.
- Art. 2º, §§ 1º e 2º, da Lei nº 8.072, de 25-7-1990 (Lei dos Crimes Hediondos).
- Súm. Vinc. nº 26 do STF.
- Súm. nº 716 do STF.

481. *Faz jus ao benefício da justiça gratuita a pessoa jurídica com ou sem fins lucrativos que demonstrar sua impossibilidade de arcar com os encargos processuais.*
- Lei nº 1.060, de 5-2-1950 (Lei de Assistência Judiciária).

491. *É inadmissível a chamada progressão per saltum de regime prisional.*
- Art. 112 da LEP.

492. *O ato infracional análogo ao tráfico de drogas, por si só, não conduz obrigatoriamente à imposição de medida socioeducativa de internação do adolescente.*
- Art. 122 do ECA.

493. *É inadmissível a fixação de pena substitutiva (art. 44 do CP) como condição especial ao regime aberto.*
- Art. 44 do CP.
- Art. 115 da LEP.

SÚMULAS DO SUPERIOR TRIBUNAL MILITAR

1. *Cancelada.* (*DJU* de 24-4-1995).

2. *Cancelada.* (*DJU* de 24-4-1995).

3. Não constituem excludentes de culpabilidade, nos crimes de deserção e insubmissão, alegações de ordem particular ou familiar desacompanhadas de provas.
- Arts. 39, 183 e 187 do CPM.

4. *Cancelada.* (*DJU* de 24-4-1995).

5. A desclassificação de crime capitulado na denúncia pode ser operada pelo Tribunal ou pelos Conselhos de Justiça, mesmo sem manifestação neste sentido do Ministério Público Militar nas alegações finais, desde quando importe em benefício para o réu e conste da matéria fática.
- Art. 437, *a*, do CPPM.

6. *Cancelada.* (*DJU* de 24-4-1995).

7. O crime de insubmissão, capitulado no art. 183 do CPM, caracteriza-se quando provado de maneira inconteste o conhecimento pelo Conscrito da data e local de sua apresentação para incorporação, através de documento hábil constante dos autos. A confissão do indigitado insubmisso deverá ser considerada no quadro do conjunto probatório.

8. O desertor sem estabilidade e o insubmisso que, por apresentação voluntária ou em razão de captura, forem julgados em inspeção de saúde, para fins de reinclusão ou incorporação, incapazes para o Serviço Militar, podem ser isentos do processo, após o pronunciamento do representante do Ministério Público.
- Arts. 457, § 2º, e 464 do CPPM.

9. A Lei nº 9.099, de 26-9-1995, que dispõe sobre os Juízos Especiais Cíveis e Criminais e dá outras providências, não se aplica à Justiça Militar da União.
- Art. 142 da CF.

10. Não se concede liberdade provisória a preso por deserção antes de decorrido o prazo previsto no art. 453 do CPPM.
- Art. 5º, LXVI, da CF.

11. O recolhimento à prisão, como condição para apelar (art. 527 do CPPM), aplica-se ao Réu foragido e, tratando-se de revel, só é aplicável se a sentença houver negado o direito de apelar em liberdade.
- Súm. nº 347 do STJ.

12. A praça sem estabilidade não pode ser denunciada por deserção sem ter readquirido o status de militar, condição de procedibilidade para a *persecutio criminis*, através da reinclusão. Para a praça estável, a condição de procedibilidade é a reversão ao serviço ativo.
- Art. 457, §§ 1º e 3º, do CPPM.

13. A declaração de extinção de punibilidade em IPI, IPD e IPM deve ser objeto de Decisão, que, também, determinará o arquivamento dos autos.

Índice por Assuntos

Índice por Assuntos da Legislação Complementar ao Código Penal Militar, Código de Processo Penal Militar e Súmulas

A

ABUSO DE AUTORIDADE
- crime praticado em serviço; competência da Justiça Comum para processar e julgar: Súmula 172 do STJ
- responsabilidade administrativa, civil e penal; direito de representação: Lei nº 4.898, de 9-12-1965

ADMINISTRAÇÃO PÚBLICA FEDERAL
- Força Nacional de Segurança Pública, desenvolvimento: Decreto nº 5.289, de 29-11-2004

AERONÁUTICA
- atribuições subsidiárias particulares: art. 18 da Lei Complementar nº 97, de 9-6-1999
- regulamento disciplinar a: Decreto nº 76.322, de 22-9-1975

AERONAVE
- Detenção, Interdição e Apreensão de: arts. 303 a 311 da Lei nº 7.565, de 19-12-1986

AGREGAÇÃO
- conceito; casos de; efeitos; formalidades: arts. 80 a 85 da Lei nº 6.880, de 9-12-1980

ÁGUA POTÁVEL
- ou substância alimentícia ou medicinal; envenenamento; cabimento de prisão temporária: art. 1º, III, *j*, da Lei nº 7.960, de 21-12-1989

ÁLCOOL
- condutor de veículo automotor; inibição do uso: Lei nº 11.705, de 19-6-2008

ANTIGUIDADE
- momento em que é considerada; efeitos: arts. 50 a 54 da Lei nº 8.457, de 4-9-1992

ANULAÇÃO DE INCORPORAÇÃO
- e desincorporação da praça: art. 124 da Lei nº 6.880, de 9-12-1980

APOSENTADORIA
- dos magistrados de primeira instância da Justiça Militar; processo de: arts. 58 a 60 da Lei nº 8.457, de 4-9-1992

ARMAS
- Registro, posse e comercialização: Lei nº 10.826, de 22-12-2003, e Decreto nº 5.123, de 1º-7-2004

ASSISTÊNCIA RELIGIOSA
- regras na legislação específica: art. 150 da Lei nº 6.880, de 9-12-1980

ATOS PROCESSUAIS
- sistema de transmissão de dados: Lei nº 9.800, de 26-5-1999

AUDITORES
- quem poderá concorrer os de segunda entrância: Súmula 9 do STF

AUDITORIA DE CORREIÇÃO
- composição e competência: arts. 12 a 14 da Lei nº 8.457, de 4-9-1992

AUDITORIA E CONSELHOS DE JUSTIÇA
- composição e competências: arts. 15 a 28 da Lei nº 8.457, de 4-9-1992

AUSENTE
- consideração; formalidade de lei específica: art. 89 da Lei nº 6.880, de 9-12-1980

AUTORIA
- ou participação; provas; cabimento de prisão temporária: art. 1º, III, da Lei nº 7.960, de 21-12-1989

AUTORIDADE
- quem é considerada, para efeitos legais: art. 5º da Lei nº 4.898, de 9-12-1965

AUTORIDADE POLICIAL
- legitimidade para representar quanto à prisão temporária; providências após a prisão: art. 2º, §§ 1º, 3º e 6º, da Lei nº 7.960, de 21-12-1989

AVIAÇÃO CIVIL
- equivalente a reserva das Forças Armadas: art. 4º, §§ 1º e 2º, da Lei nº 6.880, de 9-12-1980

B

BEBIDAS ALCOÓLICAS
- condutor de veículo automotor; inibição do uso: Lei nº 11.705, de 19-6-2008

C

CADEIA PÚBLICA
- a quem se destina; instalação: arts. 102 a 104 da Lei nº 7.210, de 11-7-1984
- competência da Justiça Comum Estadual, julgar e processar o policial militar que promover ou facilitar fuga de preso em: Súmula 233 do TFR

CAPITAIS
- lavagem ou ocultação de; Conselho de Controle de Atividades Financeiras (COAF): Lei nº 9.613, de 3-3-1998

CARGO
- e função militar; definição; obrigações; provimento: arts. 20 a 26 da Lei nº 6.880, de 9-12-1980

CASA
- do albergado; pena e regime; exigências de acomodações e localização: arts. 93 a 95 da Lei nº 7.210, de 11-7-1984

CENTRO DE OBSERVAÇÃO
- realização de exames e pesquisas; instalação; substituição da realização de exames: arts. 96 a 98 da Lei nº 7.210, de 11-7-1984

CERTIDÕES
- expedição: Leis nº 9.051, de 18-5-1995 e 11.971, de 6-7-2009

CIRCUNSCRIÇÃO JUDICIÁRIA MILITAR
- abrangência: art. 2º da Lei nº 8.457, de 4-9-1992

CIVIL
- acusado de prática de crime contra instituições militares estaduais; competência da Justiça comum estadual para processar e julgar: Súmula 53 do STJ
- efetivo de pessoal militar e; fixação em lei: art. 8º da Lei Complementar nº 97, de 9-6-1999
- sujeitos a Justiça militar nos casos de crime contra a segurança externa do País: Súmula 298 do STF

CÓDIGO BRASILEIRO DE AERONÁUTICA
- Lei nº 7.565, de 19-12-1986

CÓDIGO DE ÉTICA E DISCIPLINA DA OAB DE 13-2-1995
- dever de urbanidade: arts. 44 a 46
- ética do advogado: arts. 1º a 7º
- honorários profissionais: arts. 35 a 43
- processo disciplinar: arts. 49 a 66
- processo disciplinar; procedimentos: arts. 51 a 61
- publicidade: arts. 28 a 34
- relações com cliente: arts. 8º a 24
- sigilo profissional: arts. 25 a 27
- tribunal de ética; competência: arts. 49 e 50

COISA JULGADA
- não tem efeito de; decisão proferida em processo de retificação de registro civil, a fim de fazer prova junto à administração militar, se a União não foi citada para o feito: Súmula 120 do TFR

COLÔNIA AGRÍCOLA
- industrial ou similar; destino; requisitos básicos: arts. 91 e 92 da Lei nº 7.210, de 11-7-1984

COMANDANTE SUPREMO
- assessoramento do: art. 2º da Lei Complementar nº 97, de 9-6-1999

COMANDO MILITAR
- e subordinação: arts. 34 a 41 da Lei nº 6.880, de 9-12-1980

COMISSIONAMENTO
- em casos de guerra; regras em legislação específica: art. 93 da Lei nº 6.880, de 9-12-1980

COMPETÊNCIA
- da Justiça Militar Estadual processar e julgar os integrantes das polícias militares nos crimes militares: Súmula 20 do TFR
- do juiz da execução: art. 66 da Lei nº 7.210, de 11-7-1984
- do Superior Tribunal Militar; presidente; vice-presidente: arts. 6º, 9º e 10 da Lei nº 8.457, de 4-9-1992
- dos comandantes da Marinha, do Exército e da Aeronáutica: arts. 6º e 7º da Lei Complementar nº 97, de 9-6-1999

COMPORTAMENTO MILITAR
- abrangência; classificação: art. 51 do Decreto nº 4.346, de 26-8-2002

COMPROMISSO
- militar: arts. 32 e 33 da Lei nº 6.880, de 9-12-1980

CONFISSÃO
- do indigitado insubmisso deverá ser considerada no quadro do conjunto probatório; caracterização do crime de insubmissão: Súmula 7 do STM

CONFLITO DE JURISDIÇÃO
- entre auditor militar e juiz de Direito dos Estados em que haja Tribunal Militar Estadual; comepetência do Tribunal Federal de Recursos: Súmula 19 do TFR
- entre Juiz de Direito do Estado e Justiça Militar local; competência do Tribunal de Justiça para julgar: Súmula 555 do STF

CONSELHO DE DISCIPLINA
- Decreto nº 71.500, de 5-12-1972

CONSELHO DE JUSTIFICAÇÃO
- disposições gerais: Lei nº 5.836, de 5-12-1972
- e da disciplina; quem e o que a ele será submetido: arts. 48 e 49 da Lei nº 6.880, de 9-12-1980

CONSELHOS DE JUSTIÇA
- composição; competências: arts. 16 a 28 da Lei nº 8.457, de 4-9-1992

CONTRAVENÇÕES PENAIS
- praticadas em detrimento de bens, serviços ou interesse da União, autarquias e empresas públicas federais; competência da Justiça Federal para processar e julgar: Súmula 22 do TFR

COOPERAÇÃO FEDERATIVA
- no âmbito da segurança pública; instituição: Lei nº 11.473, de 10-5-2007

CRIME(S)
- cometido por militar contra civil; competência da Justiça militar para processar e julgar: Súmula 47 do STJ
- conexo praticado por militar e por civil; coautores da mesma infração; competência da Justiça militar para processar e julgar o policial militar e Justiça comum quanto ao civil: Súmula 30 do TFR
- continuado; prescrição; desconsideração de acréscimos da continuação: Súmula 497 do STF
- contra a segurança nacional, a ordem política e social; processo e julgamento: Lei nº 7.170, de 14-12-1983
- contra o sistema financeiro; admissibilidade de prisão temporária: art. 1º, III, o, da Lei nº 7.960, de 21-12-1989
- de deserção ou insubmissão; não constituem excludentes de culpabilidade as alegações de ordem particular ou familiar, desacompanhadas de provas: Súmula 3 do STM
- de insubmissão; caracterização; efeito da confissão: Súmula 8 do STM
- de tóxico; prevenção e repressão ao tráfico e uso indevido de entorpecentes: Lei nº 11.343, de 23-8-2006
- hediondo; considerações gerais: Lei nº 8.072, de 25-7-1990
- inexistência; flagrante preparado; impossível consumação: Súmula 145 do STF
- Lei nº 11.343, de 23-8-2006 (Lei Antidrogas); regulamentação: Decreto nº 5.912, de 27-9-2006
- militar; abuso de autoridade; competência para processar e julgar: Súmula 172 do STJ
- militar; aplicação do Código Penal Militar: art. 46 da Lei n.º 6.880, de 9-12-1980
- militar; competência do Superior Tribunal Militar: art. 6º da Lei nº 8.457, de 4-9-1992
- militar; concurso; aplicação de pena: art. 42, § 2º, da Lei nº 6.880, de 9-12-1980
- promoção ou facilitação de fuga por policial militar; competência da justiça comum estadual para processar e julgar: Súmula 75 do STJ

D

DECLARAÇÃO
- de indignidade para o oficialato; quem será sujeito à: art. 120 da Lei nº 6.880, de 9-12-1980

DEFENSORIA PÚBLICA
- atribuições: arts. 69 e 70 da Lei nº 8.457, de 4-9-1992

DEFESA CIVIL
- cooperação das Forças Armadas: art. 16 da Lei Complementar nº 97, de 9-6-1999

DEMISSÃO
- das Forças Armadas; aplicação exclusiva: arts. 115 a 117 da Lei nº 6.880, de 9-12-1980

DENÚNCIA
- de deserção a praça sem estabilidade; impossibilidade antes de adquirido o status de militar; condição para *persecutio criminis*; para a praça estável a condição é a reversão ao serviço ativo: Súmula 12 do STM
- desclassificação de crime capitulado na; pode ser operada pelo Tribunal ou pelo Conselho de Justiça, mesmo sem manifestação do Ministério Público nas alegações finais; desde que importe benefício para o réu e conste matéria fática: Súmula 5 do STM

DESAPARECIDO
- ou extraviado; casos de consideração: arts. 91 e 92 da Lei nº 6.880, de 9-12-1980

DESARMAMENTO
- Estatuto do: Lei nº 10.826, de 22-12-2003, e Decreto nº 5.123, de 1º-7-2004

DESERÇÃO
- consequências da: art. 128 da Lei nº 6.880, de 9-12-1980
- ou insubmissão; não excludentes de culpabilidade a alegação de ordem particular ou familiar desacompanhada de provas: Súmula 3 do STM

DESERTOR
- aplicação da lei penal militar: art. 90 da Lei nº 6.880, de 9-12-1980
- sem estabilidade e o insubmisso; reapresentação voluntária ou recapturação; julgamento sem inspeção de saúde para efeitos de reinclusão; possibilidade de isenção do processo: Súmula 8 do STM

DESINTERNAÇÃO
- e restabelecimento da situação anterior; competência da decisão: art. 66, V, f, da Lei nº 7.210, de 11-7-1984

DESLIGAMENTO
- do militar; formalidades: art. 95 da Lei nº 6.880, de 9-12-1980

DESPESA
- de direitos; certidões: Lei nº 9.051, de 18-5-1995

DETRAÇÃO
- e remição das penas; competência: art. 66, III, c, da Lei nº 7.210, de 11-7-1984

DEVER MILITAR
- conceituação; violação das obrigações e dos deveres: arts. 31 e 42 a 45 da Lei nº 6.880, de 9-12-1980

DIREITOS DO MILITAR
- art. 50 da Lei nº 6.880, de 9-12-1980
- de alistamento; elegibilidade: art. 52 da Lei nº 6.880, de 9-12-1980

DIREITOS HUMANOS
- Convenção Americana sobre Direitos Humanos (Pacto de São José da Costa Rica): Decreto nº 678, de 6-11-1992

DROGAS
- Lei nº 11.343, de 23-8-2006 (Lei Antidrogas); regulamentação: Decreto nº 5.912, de 27-9-2006
- prevenção e repressão ao tráfico ilícito e uso indevido: Lei nº 11.343, de 23-8-2006
- tráfico de; admissibilidade de prisão temporária: art. 1º, III, n, da Lei nº 7.960, de 21-12-1989

E

ENTORPECENTES
- Lei nº 11.343, de 23-8-2006 (Lei Antidrogas); regulamentação: Decreto nº 5.912, de 27-9-2006
- prevenção; tratamento; fiscalização, controle e repressão à produção, ao uso e ao tráfico de drogas ilícitas que causem dependência física ou psíquica: Lei nº 11.343, de 23-8-2006

EPIDEMIA
- com resultado morte; cabimento de prisão temporária: art. 1º, III, i, da Lei nº 7.960, de 21-12-1989
- com resultado morte; crime hediondo: art. 1º, VII, da Lei nº 8.072, de 25-7-1990

ESTABELECIMENTOS PENAIS
- disposições gerais; lotação e limites; inspeção mensal; apuração de responsabilidades; interdição; Conselho da Comunidade: arts. 66, VII, VIII e IX, e 82 a 86 da Lei nº 7.210, de 11-7-1984

ESTABILIDADE
- adquirida por Cabos; permissão de continuidade no serviço ativo: art. 155 da Lei nº 6.880, de 9-12-1980
- dos substitutos do Ministério Público Militar; não direitos a vencimentos fora dos períodos de exercício: Súmula 45 do STF

ESTADO MAIOR
- de Defesa; exercício; assessoramento; quem será o Chefe; competência: arts. 9º a 10 da Lei Complementar nº 97, de 9-6-1999

ESTATUTO DA ADVOCACIA
- Lei nº 8.906, de 4-7-1994
- advogado; direitos: arts. 6º e 7º da Lei nº 8.906, de 4-7-1994
- advogado; inscrição: arts. 8º a 14 da Lei nº 8.906, de 4-7-1994
- advogado empregado: arts. 18 a 21 da Lei nº 8.906, de 4-7-1994
- atividade de advocacia: arts. 1º a 5º da Lei nº 8.906, de 4-7-1994
- Caixa de Assistência dos Advogados: art. 62 da Lei nº 8.906, de 4-7-1994
- ética: arts. 31 a 33 da Lei nº 8.906, de 4-7-1994
- honorários advocatícios: arts. 22 a 26 da Lei nº 8.906, de 4-7-1994
- impedimentos: art. 30 da Lei nº 8.906, de 4-7-1994
- incompatibilidade: arts. 27 a 29 da Lei nº 8.906, de 4-7-1994
- infrações e sanções disciplinares: arts. 34 a 43 da Lei nº 8.906, de 4-7-1994
- OAB: arts. 44 a 67 da Lei nº 8.906, de 4-7-1994
- OAB; Conselho Federal: arts. 51 a 55 da Lei nº 8.906, de 4-7-1994
- OAB; Conselho Seccional: arts. 56 a 59 da Lei nº 8.906, de 4-7-1994
- OAB; eleições: arts. 63 a 67 da Lei nº 8.906, de 4-7-1994
- OAB; finalidade: arts. 44 a 50 da Lei nº 8.906, de 4-7-1994
- OAB; subseção: arts. 60 e 61 da Lei nº 8.906, de 4-7-1994
- processo: arts. 68 a 77 da Lei nº 8.906, de 4-7-1994
- processo disciplinar: arts. 70 a 74 da Lei nº 8.906, de 4-7-1994
- recursos: arts. 75 a 77 da Lei nº 8.906, de 4-7-1994
- sociedade de advogados: arts. 15 a 17 da Lei nº 8.906, de 4-7-1994

ESTATUTO DO DESARMAMENTO
- Lei nº 10.826, de 22-12-2003, e Decreto nº 5.123, de 1º-7-2004

ESTATUTO DOS MILITARES
- disposições preliminares: Lei nº 6.880, de 9-12-1980

ESTUDANTES
- universitários; estabelecimentos penais; instalação destinada a estágio: art. 83 da Lei nº 7.210, de 11-7-1984

ESTUPRO
- ou atentado violento ao pudor; cabimento de prisão temporária: art. 1º, III, f e g, da Lei nº 7.960, de 21-12-1989
- ou atentado violento ao pudor; crime hediondo: art. 1º, V e VI, da Lei nº 8.072, de 25-7-1990

ÉTICA MILITAR
- conceitos; vedações; permissões; violações dos preceitos: arts. 28, 29 e 42, § 1º, da Lei nº 6.880, de 9-12-1980

EXAMES
- gerais e criminológicos; realização; psiquiátrico; obrigatoriedade: arts. 96, 98 e 100 da Lei nº 7.210, de 11-7-1984

EXCEDENTE
- definição; efeitos da consideração: art. 88 da Lei nº 6.880, de 9-12-1980

EXCLUSÃO
- da praça a bem da disciplina; competência; efeitos: arts. 125 a 127 da Lei nº 6.880, de 9-12-1980
- das Forças Armadas; motivos decorrentes; efeitos; alçada do Presidente da República ou da autoridade competente: arts. 94 e 95 da Lei nº 6.880, de 9-12-1980

EXECUÇÃO
- da Lei do Serviço Militar; autoridades participantes: arts. 66 e 67 da Lei nº 4.375, de 17-8-1964

EXECUÇÃO DA PENA
- sistema de acompanhamento: Lei nº 12.714, de 14-9-2012

EXECUÇÃO PENAL
- competência do juiz da execução: art. 66 da Lei nº 7.210, de 11-7-1984
- competência para o sentenciado pela justiça federal, militar ou eleitoral: Súmula 192 do STJ
- Lei nº 7.210, de 11-7-1984

EXÉRCITO
- regulamento disciplinar: Decreto nº 4.346, de 26-8-2002

EXTINÇÃO DA PUNIBILIDADE
- declaração; objeto da Decisão e determinação de arquivamento dos autos: Súmula 13 do STM
- Exposição de Motivos nº 213, de 9-5-1983
- quando será declarada; competência para declarar: arts. 66, II, e 187 da Lei nº 7.210, de 11-7-1984

EXTORSÃO
- forma qualificada pela morte; mediante sequestro; crime hediondo: art. 1º, III e IV, da Lei nº 8.072, de 25-7-1990

F

FALECIMENTO
- e extravio; reaparecimento: arts. 129 a 131 da Lei nº 6.880, de 9-12-1980

FALSIFICAÇÃO
- ou corrupção, ou adulteração, ou alteração de produtos com fins terapêuticos ou medicinais; crime hediondo: art. 1º, VII-B, da Lei nº 8.072, de 25-7-1990

FÉRIAS MILITARES
- e afastamentos; definição; obrigatoriedade; períodos; remuneração: arts. 63 a 66 da Lei nº 6.880, de 9-12-1980
- magistrados da Justiça Militar; licenças e aposentadoria: art. 55 da Lei nº 8.457, de 4-9-1992

FORÇA NACIONAL DE SEGURANÇA PÚBLICA
- desenvolvimento deste programa dentro da Administração Pública Federal: Decreto nº 5.289, de 29-11-2004

FORÇAS ARMADAS
- emprego das: Decreto nº 3.897, de 24-8-2001
- ingresso; instituição; destinação; convocação; incorporação; mobilização: arts. 10 a 13 e 47 da Lei nº 6.880, de 9-12-1980
- militar das; competência da Justiça comum em caso de delito contra integrante da Polícia Militar em função policial civil: Súmula 55 do TFR
- preparo e emprego das; organização; direção; orçamento: Lei Complementar nº 97, de 9-6-1999
- reforma do oficial; ressalva: Súmula 385 do STF

FUNÇÃO MILITAR
- definição: art. 23 da Lei nº 6.880, de 9-12-1980

FUNDO DO SERVIÇO MILITAR
- criação; destinação; disposições diversas: arts. 68 a 80 da Lei nº 4.375, de 17-8-1964

G

GENOCÍDIO
- crime hediondo: art. 1º, parágrafo único, da Lei nº 8.072, de 25-7-1990
- crime passível de prisão temporária: art. 1º, III, m, da Lei nº 7.960, de 21-12-1989

H

HABEAS DATA
- Lei nº 9.507, de 12-11-1997

HIERARQUIA MILITAR
- e disciplina: arts. 14 a 19 da Lei nº 6.880, de 9-12-1980

HOMICÍDIO
- crime hediondo: art. 1º, I, da Lei nº 8.072, de 25-7-1990
- doloso; indício de autoria ou participação; prisão temporária: art. 1º, III, a, da Lei nº 7.960, de 21-12-1989

HOSPITAL
- de custódia e tratamento psiquiátrico; a quem se destina: arts. 99 a 101 da Lei nº 7.210, de 11-7-1984

I

IDENTIFICAÇÃO CRIMINAL
- coleta de material biológico: art. 5º, parágrafo único, da Lei nº 12.037/2009
- Lei nº 12.037, de 1º-10-2009
- perfil genético: art. 9º-A da LEP

IMÓVEIS FUNCIONAIS
- podem ser vendidos administrativamente pelas forças armadas, incluindo os ocupados pelos servidores civis: Súmula 103 do STJ

IMPEDIMENTO
- de perito que funcionou, anteriormente, na diligência de apreensão: Súmula 361 do STF

IMPROBIDADE ADMINISTRATIVA
- repressão a todas as formas de: Decreto nº 983, de 12-11-1993

INCAPACIDADE
- definitiva; provas de; efeitos da: arts. 108 a 112 da Lei nº 6.880, de 9-12-1980
- dos militares da aeronáutica; condição para a inatividade: art. 154 da Lei nº 6.880, de 9-12-1980

INCIDENTES DA EXECUÇÃO
- competência para decidir sobre: art. 66, III, f, da Lei nº 7.210, de 11-7-1984

INCOMPATIBILIDADES
- conjuntamente entre magistrados, membros do Ministério Público e advogados: art. 61 da Lei nº 8.457, de 4-9-1992

INDICIADO
- sem residência fixa; impossibilidade de identificação; prisão temporária: art. 1º, II, da Lei nº 7.960, de 21-12-1989

INFORMAÇÕES
- sobre a origem e natureza dos bens dos militares; admissibilidade: art. 30 da Lei nº 6.880, de 9-12-1980

INQUÉRITO POLICIAL
- prisão temporária imprescindível: art. 1º, I, da Lei nº 7.960, de 21-12-1989

INTERCEPTAÇÃO TELEFÔNICA
- Lei nº 9.296, de 24-7-1996

INTERDIÇÃO
- judicial; alienado mental; legitimidade; formalidades: arts. 113 e 114 da Lei nº 6.880, de 9-12-1980

INVESTIGAÇÃO CRIMINAL
- uso de interceptação telefônica: art. 1º da Lei nº 9.296, de 24-7-1996

J

JUIZ
- auditor; competência: arts. 30 e 97 da Lei nº 8.457, de 4-9-1992
- da execução; competência: art. 66 da Lei nº 7.210, de 11-7-1984
- despacho fundamentado da prisão temporária: art. 2º, § 2º, da Lei nº 7.960, de 21-12-1989

JUIZADOS ESPECIAIS
- Lei nº 9.099, de 26-9-1995
- atos processuais: arts. 12 e 13 da Lei nº 9.099, de 26-9-1995
- citações e intimações: arts. 18 e 19 da Lei nº 9.099, de 26-9-1995
- conciliação: arts. 21 a 26 da Lei nº 9.099, de 26-9-1995
- competência: arts. 3º e 4º da Lei nº 9.099, de 26-9-1995
- despesas: arts. 54 e 55 da Lei nº 9.099, de 26-9-1995
- embargos de declaração: arts. 48 a 50 da Lei nº 9.099, de 26-9-1995
- execução: arts. 52 e 53 da Lei nº 9.099, de 26-9-1995
- extinção sem julgamento do mérito: art. 51 da Lei nº 9.099, de 26-9-1995
- inaplicabilidade à Justiça Militar: art. 90-A da Lei nº 9.099, de 26-9-1995
- instrução e julgamento: arts. 27 a 29 da Lei nº 9.099, de 26-9-1995
- juiz, conciliadores e juízes leigos: arts. 5º a 7º da Lei nº 9.099, de 26-9-1995
- juizados especiais criminais: arts. 72 e 74 da Lei nº 9.099, de 26-9-1995
- juízo arbitral: arts. 21 a 26 da Lei nº 9.099, de 26-9-1995
- Justiça Federal: Lei nº 10.259, de 12-7-2001
- partes: arts. 8º a 11 da Lei nº 9.099, de 26-9-1995
- pedido: arts. 14 a 17 da Lei nº 9.099, de 26-9-1995
- provas: arts. 32 a 37 da Lei nº 9.099, de 26-9-1995
- resposta do réu: arts. 30 e 31 da Lei nº 9.099, de 26-9-1995
- revelia: art. 20 da Lei nº 9.099, de 26-9-1995

- sentença: arts. 38 a 47 da Lei nº 9.099, de 26-9-1995

JUIZADOS ESPECIAIS DA JUSTIÇA FEDERAL
- Lei nº 10.259, de 12-7-2001

JULGAMENTO
- das transgressões disciplinares: arts. 16 a 20 do Decreto nº 4.346, de 26-8-2002

JUSTIÇA FEDERAL
- competência para processar e julgar contravenções penais praticadas em detrimento de bens, serviços ou interesse da União, autarquias e empresas públicas federais: Súmula 22 do TRF
- juizados especiais: Lei nº 10.259, de 12-7-2001

JUSTIÇA INTERNACIONAL
- Estatuto de Roma do Tribunal Penal Internacional

JUSTIÇA MILITAR
- competência para processar e julgar policial de corporação; mesmo em delito praticado em outra unidade federativa: Súmula 78 do STJ
- da União; inaplicabilidade da Lei nº 9.099, de 26-9-1995: Súmula 9 do STM
- disposições; organização; composição; competência: Lei nº 8.457, de 4-9-1992
- Lei nº 9.099, de 26-9-1995; Juizados Especiais Cíveis e Criminais; inaplicabilidade
- organização e competência em tempo de guerra: arts. 89 a 97 da Lei nº 8.457, de 4-9-1992

L

LEI DE INTRODUÇÃO ÀS NORMAS DO DIREITO BRASILEIRO
- Dec.-lei nº 4.657/1942

LEI GERAL DA COPA
- Lei nº 12.663/2012

LEI ORGÂNICA NACIONAL DO MINISTÉRIO PÚBLICO
- Lei nº 8.625, de 12-2-1993

LEI SECA
- Lei nº 11.705, de 19-6-2008

LIBERDADE
- admissibilidade para recorrer em; crime hediondo: art. 2º, § 2º, da Lei nº 8.072, de 25-7-1990

LIBERDADE PROVISÓRIA
- não se concede a preso por deserção antes de decorrido o prazo previsto no art. 453 do CPPM: Súmula 10 do STM

LICENÇA
- definição; espécies; concessão; interrupção: arts. 67 a 70 da Lei nº 6.880, de 9-12-1980
- substituição do juiz militar em: art. 31 da Lei nº 8.457, de 4-9-1992

LICENCIAMENTO
- do serviço ativo; concessão; requisitos; suspensão do: arts. 121 a 123 da Lei nº 6.880, de 9-12-1980

M

MAGISTRADO
- provimento de cargo; remoção; posse e exercício: Lei nº 8.457, de 4-9-1992

MANDADO DE SEGURANÇA
- Lei nº 12.016, de 7-8-2009

MANIFESTAÇÃO
- coletiva; proibição: art. 45 da Lei nº 6.880, de 9-12-1980

MARINHA
- atribuições subsidiárias particulares: art. 17 da Lei Complementar nº 97, de 9-6-1999
- regulamento disciplinar: Decreto nº 88.545, de 26-7-1983

MEDIDA DE SEGURANÇA
- competência para a aplicação; substituição; revogação; cumprimento em outra comarca: art. 66, V, d, e, g, e VI, da Lei nº 7.210, de 11-7-1984

MILITAR
- amparado por uma ou mais lei; direitos assegurados: art. 152 da Lei nº 6.880, de 9-12-1980
- carreira; equivalência; privativa: arts. 5º e 6º da Lei nº 6.880, de 9-12-1980
- casamento do; obediência a legislação específica: arts. 144 e 145 da Lei nº 6.880, de 9-12-1980
- categoria especial; aplicação do estatuto: arts. 3º e 8º da Lei nº 6.880, de 9-12-1980
- condição jurídica: art. 7º da Lei nº 6.880, de 9-12-1980
- da reserva; sujeito a pena disciplinar: Súmula 55 do STF
- inativo; manifestação de pensamento e opinião políticos ou filosóficos: Lei nº 7.524, de 17-7-1986
- inativo; não direito a uso do uniforme fora dos casos previstos em lei: Súmula 57 do STF
- incompatível com o cargo; efeitos: art. 44 da Lei nº 6.880, de 9-12-1980
- juiz; substituição: art. 31 da Lei nº 8.457, de 4-9-1992
- não considerados para efeitos penais; competência para julgar os crimes cometidos por ou contra eles, da Justiça comum: Súmula 297 do STF
- não tem direito a mais de duas promoções na passagem para a inatividade: Súmula 51 do STF
- obrigações; do valor militar: art. 27 da Lei nº 6.880, de 9-12-1980
- obrigado a voo em razão de transferência para a reserva remunerada; tempo de serviço: art. 154 da Lei nº 6.880, de 9-12-1980
- policial que pratica crime; competência para processar e julgar da Justiça Estadual Militar: Súmula 90 do STJ
- prejudicado ou ofendido por ato administrativo ou disciplinar de superior; direitos: art. 51 da Lei nº 6.880, de 9-12-1980
- que não participou de operações de guerra; sem direito ao terço de campanha: Súmula 407 do STF
- reformado; não sujeito a pena disciplinar: Súmula 56 do STF

MINISTÉRIO DA DEFESA
- orçamento do; prioridades; propostas orçamentárias: art. 12 da Lei Complementar nº 97, de 9-6-1999

MINISTÉRIO PÚBLICO
- atribuições: arts. 67 e 68 da Lei nº 8.457, de 4-9-1992
- dos Estados; organização; normas gerais: Lei nº 8.625, de 12-2-1993
- organização; atribuições; estatuto: Lei Complementar nº 75, de 20-5-1993
- prisão temporária; legitimidade para representação: art. 2º da Lei nº 7.960, de 21-12-1989

MINISTRO
- de Estado e da Defesa; estrutura; oitiva; subordinação das Forças Armadas; lista de nomes para promoção aos cargos privativos: arts. 3º e 7º, parágrafo único, da Lei Complementar nº 97, de 9-6-1999

MONITORAÇÃO ELETRÔNICA: Dec. nº 7.627, de 24-11-2011

O

OBRIGAÇÕES MILITARES
- deveres; compromisso; comando e subordinação; violação: arts. 31 a 45 da Lei nº 6.880, de 9-12-1980

OFICIAIS DE JUSTIÇA AVALIADORES
- atribuições: art. 81 da Lei nº 8.457, de 4-9-1992

ORGANIZAÇÃO
- civil de designação que sugerem vinculação às Forças Armadas; vedação: art. 151 da Lei nº 6.880, de 9-12-1980

ORGANIZAÇÕES CRIMINOSAS
- prevenção e repressão de ações praticadas por: Lei nº 9.034, de 3-5-1995

- processo e julgamento colegiado em primeiro grau de jurisdição de crimes praticados por: Lei nº 12.694, de 24-7-2012

P

PACTO DE SÃO JOSÉ DA COSTA RICA
- Convenção Americana sobre Direitos Humanos; promulgação no Brasil: Decreto nº 678, de 6-11-1992

PENAS
- disciplinar aplicada aos servidores da justiça: art. 87 da Lei nº 8.457, de 4-9-1992
- em caso de crime hediondo; espécie de regime para cumprimento; casos de redução; ressalvas: arts. 2º, § 1º, 8º, parágrafo único, e 9º da Lei nº 8.072, de 25-7-1990
- privativas de liberdade; conversão; cumprimento: arts. 66, V, c, e 86 da Lei nº 7.210, de 11-7-1984
- restritivas de direitos; forma de cumprimento; conversão: art. 66, V, a e b, da Lei nº 7.210, de 11-7-1984
- soma ou unificação; competência da decisão; detração; forma de cumprimento; conversão: art. 66 da Lei nº 7.210, de 11-7-1984
- substitutiva: Súm. nº 493 do STJ

PENITENCIÁRIA
- destino; composição da cela; de homens e de mulheres; requisitos básicos: arts. 87 a 90 da Lei nº 7.210, de 11-7-1984

PENSAMENTO E OPINIÃO POLÍTICO FILOSÓFICO
- manifestação do militar inativo: Lei nº 7.524, de 17-7-1986

PENSÃO MILITAR
- destinação; aplicação de lei específica: arts. 71 e 72 da Lei nº 6.880, de 9-12-1980
- direito da companheira em concorrer com os dependentes, sem observância da ordem de preferência: Súmula 253 do TFR

PERÍCIAS OFICIAIS
- Lei nº 12.030, de 17-9-2009

PERICULOSIDADE
- condenados de alta; estabelecimentos de segurança máxima: art. 3º da Lei nº 8.072, de 25-7-1990
- inexigibilidade legal de cumprimento de mais da metade do prazo da medida de segurança imposta, para requerer o exame para a cessação da: Súmula 520 do STF

POSTO
- e patente; perda; efeitos: arts. 118 a 120 da Lei nº 6.880, de 9-12-1980

PRAZO
- da pena em casos de crime hediondo e assemelhados: art. 8º da Lei nº 8.072, de 25-7-1990
- da prisão temporária; validade; decretação; consequências após decorrido o: art. 2º e § 7º, da Lei nº 7.960, de 21-12-1989

PRERROGATIVAS
- direitos; constituição e enumeração: arts. 50 a 52 e 73 a 75 da Lei nº 6.880, de 9-12-1980

PRESO
- nulidade de citação por edital: Súmula 351 do STF
- provisório; primário; ex-funcionário da Administração da Justiça Criminal; regras para aplicação no estabelecimento penal: art. 84 da Lei nº 7.210, de 11-7-1984
- temporário; obrigatoriedade e separação dos demais: art. 3º da Lei nº 7.960, de 21-12-1989

PRISÃO
- recolhimento à; condição para apelar; réu foragido e revel; aplicação desde que negado em sentença o direito de apelar em liberdade: Súmula 11 do STM
- temporária; cabimento; decretação; prazo; mandado; execução: Lei nº 7.960, de 21-12-1989
- temporária; em crime de tortura; admissibilidade; prazo: art. 2º, § 3º, da Lei nº 8.072, de 25-7-1990

PROCESSO
- de retificação do registro civil; decisão proferida a fim de fazer prova junto à administração militar, não faz coisa julgada relativamente à União, se esta não houver sido citada para o feito: Súmula 120 do TFR

PROCESSO JUDICIAL
- informatização: Lei nº 11.419, de 19-12-2006

PROCESSO PENAL
- nulidade de exame realizado por um só perito: Súmula 361 do STF

PROMOÇÃO
- ao cargo de juiz-auditor: art. 36 da Lei nº 8.457, de 4-9-1992
- de militar, vinculada à inatividade, pode ser feita a posto inexistente: Súmula 52 do STF
- de oficiais e praças; planejamento; critérios; não admissão: arts. 59 a 62 da Lei nº 6.880, de 9-12-1980
- do professor militar, pode ser feita a posto inexistente: Súmula 53 do STF

PROVENTOS
- do militar que passa à inatividade; integral; não direito às cotas trigésimas: Súmula 441 do STF

PUNIÇÃO DISCIPLINAR
- competência para aplicação; abrangência; cumprimento: arts. 10 a 13, 34 a 50 e 58 a 63 do Decreto nº 4.346, de 24-8-2002

Q

QUADRILHA OU BANDO
- crime passível de prisão temporária: art. 1º, III, l, da Lei nº 7.960, de 21-12-1989

QUOTA COMPULSÓRIA
- arts. 98, V, VI, e 99 a 103 da Lei nº 6.880, de 9-12-1980

R

RAPTO
- violento; cabimento de prisão temporária: art. 1º, III, h, da Lei nº 7.960, de 21-12-1989

REABILITAÇÃO
- do militar; efetivação; concessão: arts. 132 e 133 da Lei nº 6.880, de 9-12-1980

RECOMPENSA
- e dispensa do serviço; definição; concessão: arts. 146 a 148 da Lei nº 6.880, de 9-12-1980
- em que constituem: arts. 64 a 69 do Decreto nº 4.346, de 26-8-2002

RECURSO DISCIPLINAR
- cabimento: arts. 52 a 57 do Decreto nº 4.346, de 26-8-2002

REFORMA
- conceito; formas de pedido; aplicação; requisitos para concessão: arts. 104 a 107 da Lei nº 6.880, de 9-12-1980

REGIME
- prisional; progressão per saltum: Súm. nº 491 do STJ

REGIME DISCIPLINAR
- sujeição; penalidades; recurso: arts. 84 a 88 da Lei nº 8.457, de 4-9-1992

REMUNERAÇÃO
- militar; denominação; irredutibilidade; direitos em caso de inatividade; proibição de cumular proventos: arts. 53 a 58 da Lei nº 6.880, de 9-12-1980

RESERVA ATIVA
- do Magistério Militar não confere vantagens vinculadas à efetiva passagem para a inatividade: Súmula 54 do STF

RESERVA DAS FORÇAS ARMADAS
- consideração individual e coletiva: art. 4º da Lei nº 6.880, de 9-12-1980

RESERVISTAS
- direitos: arts. 60 a 65 da Lei nº 4.375, de 17-8-1964

RESPONSABILIDADE
- do Presidente da República; emprego das Forças Armadas: art. 15 da Lei Complementar nº 97, de 9-6-1999
- funcional; pecuniária; disciplinar ou penal; apuração; efeitos: art. 43 da Lei nº 6.880, de 9-12-1980

RÉU
- foragido e revel; recolhimento à prisão para apelar desde que a sentença negue direito a recorrer em liberdade: Súmula 11 do STM

REVERSÃO
- ao sérvio ativo; condição de procedibilidade em caso de denúncia de deserção de praça estável: Súmula 12 do STM
- definição; formalidade: arts. 86 e 87 da Lei nº 6.880, de 9-12-1980

ROUBO
- e extorsão ou sequestro mediante extorsão; cabimento de prisão temporária: art. 1º, III, c, d e e, da Lei nº 7.960, de 21-12-1989

S

SEGURANÇA PÚBLICA
- cooperação federativa; instituição: Lei nº 11.473, de 10-5-2007

SEQUESTRO
- ou cárcere privado; provas de autoria; cabimento de prisão temporária: art. 1º, III, b, da Lei nº 7.960, de 21-12-1989

SERVIÇO MILITAR
- obrigatoriedade; duração; divisão territorial; recrutamento; seleção; convocação: Lei nº 4.375, de 17-8-1964
- prestação de serviço alternativo: Lei nº 8.239, de 4-10-1991
- regulamento da lei do: Decreto nº 57.654, de 20-1-1966

SERVIÇOS AUXILIARES
- da Justiça Militar; execuções; provimento de cargos; competência: arts. 71 a 74 da Lei nº 8.457, de 4-9-1992

SERVIDORES
- atribuições: arts. 77 a 83 da Lei nº 8.457, de 4-9-1992

SISTEMA DE TRANSMISSÃO DE DADOS
- atos processuais: Lei nº 9.800, de 26-5-1999

SISTEMA NACIONAL DE MOBILIZAÇÃO – SINAMOB
- Lei nº 11.631, de 27-12-2007

SUBSTITUIÇÃO
- dos magistrados da Justiça Militar: arts. 62 a 66 da Lei nº 8.457, de 4-9-1992

SÚMULA VINCULANTE
- edição, revisão e cancelamento: Lei nº 11.417, de 19-12-2006

SUPERIOR TRIBUNAL MILITAR
- composição; competência: arts. 3º a 8º da Lei nº 8.457, de 4-9-1992

SUPREMO TRIBUNAL FEDERAL
- Súmula Vinculante: Lei nº 11.417, de 19-12-2006

SUSPENSÃO CONDICIONAL DA PENA
- competência do juiz da execução: art. 66, III, d, da Lei nº 7.210, de 11-7-1984

T

TÉCNICO JUDICIÁRIO
- atribuições: art. 80 da Lei nº 8.457, de 4-9-1992

TEMPO DE SERVIÇO
- início da contagem; casos de indistinção; acréscimos: arts. 134 a 143 da Lei nº 6.880, de 9-12-1980
- militar; contagem para efeito de disponibilidade e aposentadoria do servidor público estadual: Súmula 10 do STF
- militar obrigatório; efeito de indenização e estabilidade: Súmula 463 do STF

TESTEMUNHA
- programa especial de proteção à: Lei nº 9.807, de 13-7-1999

TORTURA
- crime hediondo; insuscetibilidades; regime de cumprimento da pena: art. 2º da Lei nº 8.072, de 25-7-1990
- definição: Lei nº 9.455, de 7-4-1997

TRÁFICO
- entorpecentes; ilicitude Lei nº 11.343, de 23-8-2006
- Lei nº 11.343, de 23-8-2006 (Lei Antidrogas); regulamentação: Decreto nº 5.912, de 27-9-2006

TRANSFERÊNCIA
- para a reserva remunerada; formalidade; concessão; não concessão; requisitos: arts. 96 a 99 e 149 da Lei nº 6.880, de 9-12-1980

TRANSGRESSÕES DISCIPLINARES
- conceituação; classificação; punições: arts. 14 e 15 e 21 a 33 do Decreto nº 4.346, de 26-8-2002
- ou contravenções: art. 47 da Lei nº 6.880, de 9-12-1980

TRATAMENTO
- ambulatorial; a quem é necessário: arts. 97 e 101 da Lei nº 7.210, de 11-7-1984

TRIBUNAL
- de Justiça; competente para julgar conflito de jurisdição entre juiz de Direito de Estado e a Justiça Militar local: Súmula 555 do STF
- Militar de segunda instância; inexistência no estado da Guanabara; competência do Tribunal de Justiça: Súmula 364 do STF
- Pleno Internacional: Estatuto de Roma

U

UNIFORMES
- distintivos e insígnias; uso privativo; desrespeito ao; proibições: arts. 76 a 79 da Lei nº 6.880, de 9-12-1980

USO DE ARMA
- da corporação; crime cometido por policial militar, mesmo em exercício de policiamento civil; competência para processar e julgar da Justiça Militar Estadual: Súmula 199 do TFR